THE NEW AMERICAN MIDPOINT EPHEMERIS
2006-2020

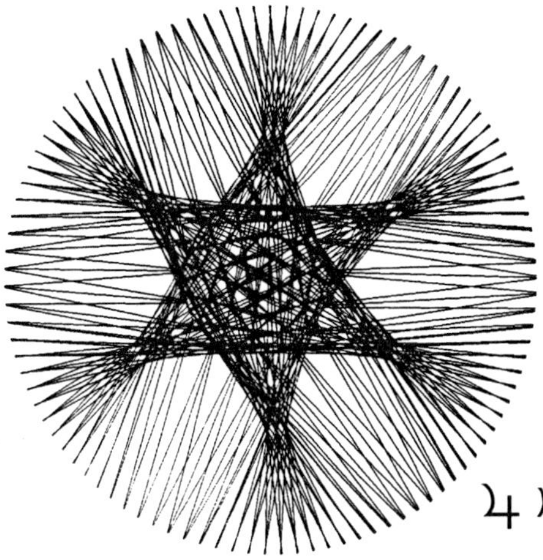

♃ ♅

Compiled and Programmed by

Rique Pottenger

based on the earlier work of

Neil F. Michelsen

***Introduction* by Roger Hutcheon**

Calculated for 0 Hours Ephemeris Time

The New American Midpoint Ephemeris 2006-2020

First Printing 2007

Compiled and Programmed by Rique Pottenger
Based on the earlier work of Neil F. Michelsen

Introduction by Roger Hutcheon

Cover by Maria Kay Simms

The graphic used on the cover and title page is a computer plotted image by Neil F. Michelsen from his book, *Tables of Planetary Phenomena*. It was constructed by calculating the heliocentric orbital positions of Jupiter and Uranus from Jan. 1, 1900 to August 4, 2145.

Library of Congress Control Number: 2007932614

International Standard Book Number: ISBN 978-0-9762422-7-7

Published by Starcrafts Publishing, Starcrafts LLC
PO Box 446, Exeter, NH 03833-0446
http://www.starcraftspublishing.com

Printed in the United States of America

Welcome to the New American Midpoint Ephemeris

The most obviously "new" feature of ***The New American Midpoint Ephemeris 2006-2020*** is that it is for 15 years. To avoid time gaps for users of the prior 5-year versions of ***The American Midpoint Ephemeris***, as compiled and programmed by Neil F. Michelsen and published by ACS Publications, we've begun this new version with 2006, continuing from the last 2001-2005 ACS edition. Rique has reprogrammed and reformatted Neil's routines to include all midpoints involving Ceres, in order to be consistent with the daily planetary format of ***The New American Ephemeris for the 21st Century 2001-2100 at Midnight***, and he has also extended the years through 2020. As in prior versions, this midpoint ephemeris is calculated for midnight ET (Greenwich) and the Moon's True Node is used. Because it was at the urging of researcher Roger Hutcheon that Neil originated this midpoint ephemeris, we are repeating Hutcheon's ***Introduction*** with only minor edits for current changes. Hutcheon's article explains midpoint theory and the advantages of having a midpoint ephemeris for the quick scanning of transiting midpoints.

—Maria Kay Simms

Introduction

by Roger Hutcheon

Appreciation for the tables in this 20-year midpoint ephemeris increases with knowledge of the evolution of midpoint theory and the use of midpoints themselves. How far back the first idea germinated is difficult to determine, but it is significant that Alfred Witte (1878-1941) based an entire astrological system around midpoints. That system, the Uranian System of astrology, has grown to astounding proportions and has proven to be a major innovation in the astrology of the last century. Because Uranian astrology is based on symmetry, various tools were needed to simplify the measurements. Most—but not all—of the tools were invented and perfected by Witte, the Rudolphs, the Ebertins and Edith Wangemann.

A midpoint is that point which is equidistant between two planets or other points (including the Ascendant, Midheaven, etc.) Actually midpoints form an axis: there are two of them—directly opposite each other, across the chart. By convention, the nearer midpoint of a Sun at 0 Gemini 00 and a Moon at 0 Leo 00 would be at 0 Cancer 00. However, there is another midpoint at 0 Capricorn 00 as well.) Midpoints can be referred to as Half sums, since the midpoint is found by adding the zodiacal longitude of the two planets, then dividing the sum in half. The midpoint is a key to the characteristics of the two planets or points it symmetrically divides.

The midpoint between Venus and Jupiter in one's natal chart could be a point of generous affection (loving generosity) or excessive indulgence. The Mars/Saturn midpoint represents a blend of assertion with practical recognition of reality. This can lead to energetic accomplishments or excessive blocking of the self with a sense of inadequacy or limitation. Venus/Uranus can denote sudden affection ("falling in love); fluctuating finances; freedom needs battling security needs; individuality at odds with comfort and love needs; or friendly, mutually pleasurable interactions with others. Saturn/Neptune may connote despair and frustration, often related to wishing for more than is practical. It can also point to practical manifestation of one's dreams, realistic enactment of one's ideals and visions.

Any third planet which hits a midpoint modifies the combination according to the meaning of the third planet. This is true whether the third planet is situated there permanently, as in a natal chart, or temporarily touching the point by transits, progressions or directions. If any combination or "planetary picture" exists in a natal chart, the individual is likely to retain those characteristics; they will be part of his/her personality. The combination can be triggered at any time when any planet by transit, progression or direction hits the midpoint, either directly or by a hard angle: 180°, 135°, 90° or 45°. In some cases, 22-1/2° aspects have been significant. When triggered, the individual's latent traits, as signified by the combination, then surface, often in the form of an event.

If, for example, an individual has Mars on the midpoint of Venus/Uranus natally, there may be a tendency to fall in love suddenly (and fall out of love quickly as well, unless attachment needs and the drive for independence are well integrated by the individual). Since most people do not fall in love every day, romance is most likely to occur when any planet hits that natal midpoint by transit, progression or direction. The slower a planet is hitting the midpoint, the more time an individual's mind has to magnify the emotions involved, making them more significant. A quicker transit on the midpoints (perhaps of the Sun) might only symbolize a momentary feeling of love, with the individual not taking the time to develop it into something more enduring.

Events do not always have a planet on the midpoint. If we use the current eleven astrological planets [adding Ceres to the prior ten], plus the Ascendant, Midheaven and lunar node, there are a possible 91 midpoints located throughout the natal chart (including Ascendant/Midheaven). Chances are that quite a few of these midpoints will not have planets making hard aspects to them. Nevertheless, they are still meaningful. Although unaspected by a natal planet, these midpoints will still often indicate an event, when triggered by planets moving into them by transit, progression or direction.

Midpoints are keys to events. Many everyday midpoint "hits" that involve Sun, Mercury and Mars designate activities, errands, phone calls and other events that are not frequent enough to be considered "routine." Major patterns with slower planets commonly depict events of great importance.

For transiting planets hitting planets, the conventional orb is anywhere from 1° to 3° approaching exactness, until 1° to 3° departing, creating a total orb of 2° to 6°. Planets hitting midpoints, however, have a very narrow orb. Most people limit them to a 1° orb on either side. Some authors feel a 0° orb is appropriate.

Until recently, midpoints have been primarily used as stationary points in the chart. They awaited contact from other factors, except when natal midpoints were moved by progression or direction. However, it only makes sense that any two planets transiting the zodiac would carry their midpoint between them. If an event can be represented by a transiting planet hitting a natal midpoint, then why not also by a transiting midpoint hitting a natal planet? The Germans were aware of this phenomenon, it seemed, and although there was little mention of it in the exported Uranian and Cosmobiological texts, Ebertin's school followed transiting midpoints with great interest, enough to print an ephemeris for them in graphic style. Although graphic ephemerides are useful, especially for those who prefer a visual approach, they are not as precise in timing as some astrologers might like.

For many years, if astrologers wanted transiting midpoint positions, they had to calculate them by hand from a planetary ephemeris. Straight midpoint calculations are not at all difficult, as the formula is quite simple, but can become tedious when figuring many midpoints. However, to calculate when a transiting midpoint will hit a particular spot in the zodiac is quite a task. Since both bodies are moving as varying speeds, the calculations usually require several repetitions before the answer is narrowed down to a time. To repeat this for all transiting midpoints to all natal planets, also looking for hard angles to those planets, for a period of several months, is a backbreaking exercise in monotonous number crunching.

More astrologers are finding transiting midpoints worth some effort. Years ago, before the arrival of the numerical ephemeris, I thought they were worth great effort. However, with little information available on the parameters of their sensitivity, I felt the need to implement a long term (three-year) study of them. Using survey research and ten accurate charts, I observed and recorded the events correlated with middle and outer planetary combinations (from Mars/Jupiter to Neptune/Pluto) making 0°, 90° and 180° angles to the natal known planets. Using these combinations, there were an average of 125 contacts a year. Of these, an average of 111 corresponded to an event or psychological episode closely resembling the planetary signatures. Meanwhile, a study of transiting planets to stationary natal midpoints averaged only about 20% over the same period.

Some examples from this study's list of events:

T. **Mars/Neptune to Venus.** Skin infection resulting from contact with questionable plants.

T. **Saturn/Neptune to Neptune.** News of a friend relocating causes depression.

T. **Jupiter/Pluto to Sun.** Individual experiences positive transformation of attitude toward difficulty.

T. **Mars/Pluto to Uranus.** Sudden but necessary emergency operation.

T. **Mars/Pluto to Ascendant.** Tension erupts in neighborhood.

T. **Mars/Pluto to Moon in chart of male.** Man experiences change in attitude toward wife.

T. **Mars/Neptune to MC (one minute from exactness).** Individual's boss experiences uncertaintly during routine decision.

T. **Jupiter/Saturn to Uranus.** Hasty attempt to organize.

T. **Jupiter/Saturn to Uranus.** Client consults astrologer for answer to problem.

T. **Mars/Pluto to Neptune.** Individual purchases wine futures.

T. **Mars/Pluto to Sun.** Athlete overdoes training and injures body.

T. **Mars/Saturn to Mars.** Work interrupted by illness.

T. **Mars/Saturn to Pluto.** Woman witnesses violence.

T. **Mars/Neptune, to Jupiter.** Man goes to movies, but feels disappointed by the film.

A few observations: these events occurred at a 0° orb. This can generally be expected unless directions or other transits combine prior to, or after, the midpoints hit to alter the timing of the event. The 0° and 180° angles were most significant, with the 45°, 90° and 135° being less consistent. Trines and sextiles occasionally were connected with events, but more often corresponded with harmonious, psychological manifestations, regardless of the planetary combination. hey implied ease in any attempted activitiy. The middles and slower-moving midpoints mirrored more powerful events than the quicker midpoints. In many ways, transiting midpoints resembles single planetary transits with the major difference of having less range of aspects and orbs, but greater precision of timing, definition and predictability.

Interpretations of midpoint contacts would be based on standard meanings of the planets involved in the midpoint, plus additional planets being aspected. It may be assumed that both positive and negative potentials are inherent in any combination in the horoscope. The planets mirror the basic issues and drives with which we are dealing in any given moment. We, as individuals, use our own personal power and responsibility to choose (consciously or unconsciously) the manifestations of those themes in our inner and outer lives. Mars/Saturn, Mars/Uranus, Mars/Neptune and Mars/Pluto can be associated with an illness or accident, but can also point to energetic professional attainments, increased freedom and self-expression, active creation of beauty and powerful transformation of inner drives or outer circumstances—plus many other alternatives. The more aware we are of the cycles and patterns in our lives, the more we are able to create positive, affirming and fulfilling outcomes for ourselves.

An accurate, numerical ephemeris makes transiting midpoint calculations almost effortless. One simply notes the day a midpoint becomes conjunct, opposite or square (or other aspect for those who wish) to a natal planet. If you wish the exact time, simple one-way interpolaton supplies the answer. That accurate, numerical midpoint ephemeris lies within these pages.

January 2006

	1	2	3	4	5	6	7	8	9	10	11	12	13	14	15	16
☉/☽	16♑24	24♑22	2♒19	10♒10	17♒54	25♒28	2♓52	10♓08	17♓15	24♓16	1♈10	7♈59	14♈44	21♈23	27♎58	4♏29
/☿	3♑02	4♑18	5♑33	6♑49	8♑05	9♑21	10♑38	11♑55	13♑11	14♑29	15♑46	17♑03	18♑21	19♑39	20♑57	22♑16
/♀	20♑21	20♑42	21♑01	21♑20	21♑37	21♑53	22♑09	22♑23	22♑37	22♑51	23♑03	23♑16	23♑28	23♑40	23♑52	24♑04
/♂	10♓45	11♓23	12♓01	12♓40	13♓19	13♓58	14♓37	15♓17	15♓56	16♓36	17♓17	17♓57	18♓38	19♓18	19♓59	20♓40
/⚳	9♑21	10♑04	10♑47	11♑29	12♑12	12♑55	13♑37	14♑20	15♑03	15♑45	16♑28	17♑11	17♑53	18♑36	19♑18	20♑01
/♃	11♐52	12♐27	13♐02	13♐38	14♐13	14♐48	15♐23	15♐58	16♐33	17♐08	17♐43	18♐18	18♐53	19♐27	20♐02	20♐36
/♄	25♎10	25♎39	26♎07	26♎36	27♎05	27♎33	28♎01	28♎30	28♎58	29♎27	29♎55	0♏23	0♏51	1♏20	1♏48	2♏16
/♅	9♒04	9♒36	10♒08	10♒39	11♒11	11♒43	12♒15	12♒47	13♒18	13♒50	14♒22	14♒54	15♒26	15♒58	16♒29	17♒01
/♆	28♑12	28♑44	29♑15	29♑47	0♒18	0♒50	1♒21	1♒53	2♒25	2♒56	3♒28	3♒59	4♒31	5♒03	5♒34	6♒06
/♇	2♑39	3♑11	3♑43	4♑14	4♑46	5♑18	5♑49	6♑21	6♑53	7♑24	7♑56	8♑27	8♑59	9♑30	10♑02	10♑34
/☊	24♒36	25♒01	25♒27	25♒55	26♒25	26♒55	27♒25	27♒56	28♒25	28♒53	29♒19	29♒44	0♓08	0♓32	0♓56	1♓20
☽/☿	9♑01	17♑14	25♑25	3♒31	11♒29	19♒18	26♒58	4♓29	11♓52	19♓09	26♓19	3♈25	10♈26	17♎22	24♎14	1♏02
/♀	26♑20	3♒37	10♒52	18♒01	25♒00	1♓50	8♓28	14♓57	21♓18	27♓31	3♈37	9♈37	15♈33	21♈23	27♎09	2♏51
/♂	16♓44	24♓19	1♈53	9♈21	16♈42	23♈54	0♉57	7♉51	14♉37	21♉16	27♉50	4♊18	10♊42	17♊01	23♊16	29♊27
/⚳	15♑20	22♑60	0♒38	8♒11	15♒36	22♒51	29♒57	6♓54	13♓43	20♓25	27♓01	3♈32	9♈58	16♎19	22♎35	28♎47
/♃	17♐51	25♐23	2♑54	10♑19	17♑37	24♑45	1♒43	8♒32	15♌14	21♌48	28♌17	4♍39	10♍57	17♍10	23♍19	29♍23
/♄	1♏09	8♏35	15♉59	23♉17	0♊28	7♊29	14♊21	21♊04	27♊39	4♋07	10♋28	16♋45	22♋56	29♋03	5♌05	11♌03
/♅	15♒03	22♒32	29♒59	7♓21	14♓35	21♓39	28♓34	5♈21	11♈59	18♈30	24♈56	1♉15	7♉30	13♉40	19♉46	25♉48
/♆	4♒11	11♒39	19♒06	26♒28	3♓42	10♓46	17♓41	24♓27	1♈05	7♈36	14♈01	20♈21	26♈36	2♉46	8♉51	14♉52
/♇	8♑38	16♑07	23♑34	0♒56	8♒10	15♒14	22♒09	28♒55	5♓33	12♓04	18♓29	24♓49	1♎03	7♎13	13♎19	19♎20
/☊	0♓35	7♓57	15♓19	22♓37	29♓48	6♈51	13♈45	20♈30	27♈06	3♉33	9♉53	16♉06	22♉13	28♉15	4♊12	10♊06
☿/♀	12♑58	13♑33	14♑07	14♑40	15♑12	15♑44	16♑14	16♑45	17♑14	17♑43	18♑12	18♑41	19♑10	19♑39	20♑08	20♑38
/♂	3♓22	4♓14	5♓07	6♓00	6♓54	7♓48	8♓43	9♓38	10♓33	11♓29	12♓26	13♓22	14♓20	15♓17	16♓15	17♓14
/⚳	1♑58	2♑55	3♑52	4♑50	5♑47	6♑45	7♑43	8♑41	9♑40	10♑38	11♑37	12♑36	13♑35	14♑35	15♑34	16♑34
/♃	4♐29	5♐18	6♐08	6♐58	7♐48	8♐39	9♐29	10♐20	11♐10	12♐01	12♐52	13♐43	14♐35	15♐26	16♐18	17♐10
/♄	17♎47	18♎30	19♎13	19♎56	20♎40	21♎23	22♎07	22♎51	23♎35	24♎19	25♎04	25♎49	26♎33	27♎18	28♎04	28♎49
/♅	1♒41	2♒27	3♒13	3♒60	4♒46	5♒33	6♒20	7♒08	7♒55	8♒43	9♒31	10♒19	11♒08	11♒56	12♒45	13♒35
/♆	20♑49	21♑35	22♑21	23♑07	23♑54	24♑40	25♑27	26♑14	27♑02	27♑49	28♑37	29♑25	0♒13	1♒02	1♒50	2♒39
/♇	25♐16	26♐02	26♐48	27♐35	28♐21	29♐08	29♐55	0♑42	1♑29	2♑17	3♑05	3♑53	4♑41	5♑29	6♑18	7♑07
/☊	17♒13	17♒52	18♒33	19♒16	19♒60	20♒45	21♒31	22♒17	23♒02	23♒46	24♒28	25♒10	25♒50	26♒31	27♒11	27♒53
♀/♂	20♓41	20♓38	20♓35	20♓31	20♓26	20♓20	20♓14	20♓07	19♓59	19♓51	19♓43	19♓35	19♓27	19♓18	19♓10	19♓03
/⚳	19♑17	19♑19	19♑20	19♑20	19♑19	19♑17	19♑14	19♑10	19♑05	19♑00	18♑55	18♑49	18♑42	18♑36	18♑29	18♑23
/♃	21♐47	21♐42	21♐36	21♐28	21♐20	21♐10	20♐60	20♐48	20♐36	20♐23	20♐10	19♐56	19♐42	19♐27	19♐13	18♐59
/♄	5♏06	4♏54	4♏41	4♏27	4♏11	3♏55	3♏38	3♏20	3♏01	2♏41	2♏21	2♏01	1♏40	1♏20	0♏59	0♏38
/♅	18♒60	18♒51	18♒41	18♒30	18♒18	18♒05	17♒51	17♒36	17♒21	17♒05	16♒49	16♒32	16♒15	15♒58	15♒40	15♒24
/♆	8♒08	7♒59	7♒49	7♒37	7♒25	7♒12	6♒58	6♒43	6♒27	6♒11	5♒54	5♒37	5♒20	5♒03	4♒45	4♒28
/♇	12♑35	12♑26	12♑16	12♑05	11♑53	11♑40	11♑26	11♑11	10♑55	10♑39	10♑22	10♑05	9♑48	9♑30	9♑13	8♑56
/☊	4♓32	4♓16	4♓01	3♓46	3♓32	3♓17	3♓02	2♓46	2♓28	2♓08	1♓46	1♓22	0♓57	0♓32	0♓07	29♒42
♂/⚳	9♓41	10♓00	10♓20	10♓40	11♓01	11♓21	11♓42	12♓03	12♓25	12♓46	13♓08	13♓30	13♓52	14♓14	14♓36	14♓59
/♃	12♒11	12♒24	12♒36	12♒49	13♒02	13♒15	13♒28	13♒41	13♒55	14♒09	14♒23	14♒37	14♒51	15♒06	15♒20	15♌35
/♄	25♊30	25♊35	25♊41	25♊47	25♊53	25♊60	26♊06	26♊13	26♊20	26♊27	26♊35	26♊42	26♊50	26♊58	27♊06	27♊14
/♅	9♈24	9♈32	9♈41	9♈50	9♈60	10♈10	10♈20	10♈30	10♈40	10♈51	11♈02	11♈13	11♈24	11♈36	11♈48	11♈60
/♆	28♓32	28♓40	28♓49	28♓58	29♓07	29♓16	29♓26	29♓36	29♓46	29♓57	0♈08	0♈18	0♈30	0♈41	0♈52	1♈04
/♇	2♓59	3♓07	3♓16	3♓25	3♓35	3♓44	3♓54	4♓04	4♓14	4♓25	4♓35	4♓46	4♓57	5♓09	5♓20	5♓32
/☊	24♈56	24♈58	25♈01	25♈06	25♈13	25♈22	25♈30	25♈39	25♈47	25♈54	25♈59	26♈03	26♈07	26♈10	26♈14	26♈18
⚳/♃	10♐48	11♐04	11♐21	11♐38	11♐55	12♐12	12♐28	12♐45	13♐01	13♐18	13♐34	13♐51	14♐07	14♐23	14♐39	14♐55
/♄	24♎06	24♎16	24♎26	24♎37	24♎47	24♎57	25♎07	25♎16	25♎26	25♎36	25♎46	25♎56	26♎06	26♎15	26♎25	26♎35
/♅	8♒00	8♒13	8♒27	8♒40	8♒53	9♒07	9♒20	9♒33	9♒46	9♒60	10♒13	10♒27	10♒40	10♒53	11♒07	11♒20
/♆	27♑08	27♑21	27♑34	27♑47	28♑00	28♑13	28♑27	28♑40	28♑53	29♑06	29♑19	29♑32	29♑45	29♑58	0♒11	0♒25
/♇	1♑35	1♑48	2♑02	2♑15	2♑28	2♑41	2♑54	3♑08	3♑21	3♑34	3♑47	4♑00	4♑13	4♑26	4♑39	4♑52
/☊	23♒32	23♒39	23♒46	23♒56	24♒07	24♒18	24♒31	24♒42	24♒53	25♒03	25♒10	25♒17	25♒22	25♒27	25♒33	25♒39
♃/♄	26♍37	26♍40	26♍42	26♍45	26♍48	26♍50	26♍52	26♍55	26♍57	26♍59	27♍01	27♍03	27♍05	27♍07	27♍09	27♍10
/♅	10♑31	10♑37	10♑42	10♑48	10♑54	10♑60	11♑06	11♑11	11♑17	11♑23	11♑28	11♑34	11♑39	11♑45	11♑50	11♑56
/♆	29♐38	29♐44	29♐50	29♐56	0♑01	0♑07	0♑12	0♑18	0♑23	0♑29	0♑34	0♑39	0♑45	0♑50	0♑55	1♑00
/♇	4♐06	4♐12	4♐17	4♐23	4♐29	4♐35	4♐40	4♐46	4♐51	4♐57	5♐02	5♐07	5♐13	5♐18	5♐23	5♐28
/☊	26♑02	26♑02	26♑02	26♑04	26♑08	26♑12	26♑16	26♑21	26♑24	26♑25	26♑26	26♑24	26♑22	26♑19	26♑16	26♑14
♄/♅	23♉49	23♉48	23♉48	23♉47	23♉46	23♉45	23♉44	23♉43	23♉42	23♉41	23♉40	23♉39	23♉38	23♉37	23♉36	23♉35
/♆	12♉57	12♉56	12♉55	12♉54	12♉53	12♉52	12♉51	12♉49	12♉48	12♉47	12♉46	12♉45	12♉43	12♉42	12♉41	12♉40
/♇	17♎24	17♎23	17♎23	17♎22	17♎21	17♎20	17♎18	17♎17	17♎16	17♎15	17♎14	17♎13	17♎11	17♎10	17♎09	17♎07
/☊	9♊21	9♊14	9♊07	9♊03	8♊59	8♊57	8♊55	8♊52	8♊49	8♊44	8♊37	8♊29	8♊21	8♊11	8♊02	7♊54
♅/♆	26♒51	26♒53	26♒55	26♒57	26♒59	27♒02	27♒04	27♒06	27♒08	27♒11	27♒13	27♒15	27♒18	27♒20	27♒23	27♒25
/♇	1♒18	1♒20	1♒23	1♒25	1♒27	1♒29	1♒32	1♒34	1♒36	1♒39	1♒41	1♒43	1♒46	1♒48	1♒50	1♒53
/☊	23♓15	23♓11	23♓08	23♓06	23♓06	23♓07	23♓08	23♓09	23♓09	23♓07	23♓04	23♓00	22♓55	22♓49	22♓44	22♓39
♆/♇	20♑26	20♑28	20♑30	20♑32	20♑34	20♑36	20♑38	20♑41	20♑43	20♑45	20♑47	20♑49	20♑51	20♑53	20♑55	20♑57
/☊	12♓23	12♓18	12♓15	12♓13	12♓13	12♓14	12♓15	12♓15	12♓15	12♓13	12♓10	12♓06	12♓00	11♓54	11♓49	11♓44
♇/☊	16♒50	16♒46	16♒43	16♒41	16♒41	16♒41	16♒42	16♒43	16♒43	16♒41	16♒38	16♒34	16♒28	16♒22	16♒16	16♒11

	17	18	19	20	21	22	23	24	25	26	27	28	29	30	31
☉/☽	10♏56	17♏21	23♏45	0♐11	6♐39	13♐13	19♐55	26♐49	3♑56	11♑17	18♑53	26♑43	4♒44	12♒50	20♒56
/☿	23♑34	24♑53	26♑12	27♑32	28♑51	0♒11	1♒32	2♒52	4♒13	5♒34	6♒56	8♒18	9♒40	11♒02	12♒25
/♀	24♑17	24♑30	24♑43	24♑57	25♑12	25♑28	25♑44	26♑02	26♑20	26♑40	27♑01	27♑23	27♑46	28♑11	28♑37
/♂	21♓22	22♓03	22♓45	23♓27	24♓09	24♓51	25♓33	26♓16	26♓59	27♓41	28♓24	29♓07	29♓51	0♈34	1♈17
/⚳	20♑43	21♑26	22♑09	22♑51	23♑33	24♑16	24♑58	25♑41	26♑23	27♑06	27♑48	28♑30	29♑13	29♑55	0♒37
/♃	21♐11	21♐45	22♐20	22♐54	23♐28	24♐02	24♐36	25♐10	25♐44	26♐18	26♐52	27♐25	27♐59	28♐32	29♐06
/♄	2♏44	3♏12	3♏41	4♏09	4♏37	5♏05	5♏33	6♏01	6♏29	6♏57	7♏25	7♉53	8♉21	8♉49	9♉17
/♅	17♒33	18♒05	18♒37	19♒09	19♒41	20♒13	20♒45	21♒17	21♒49	22♒21	22♒53	23♒25	23♒57	24♒29	25♒01
/♆	6♒38	7♒09	7♒41	8♒12	8♒44	9♒16	9♒47	10♒19	10♒51	11♒22	11♒54	12♒25	12♒57	13♒29	14♒00
/♇	11♑05	11♑37	12♑08	12♑40	13♑11	13♑43	14♑14	14♑46	15♑17	15♑48	16♑20	16♑51	17♑23	17♑54	18♑25
/☊	1♓46	2♓13	2♓41	3♓11	3♓41	4♓12	4♓43	5♓12	5♓41	6♓09	6♓35	7♓01	7♓27	7♓53	8♓20
☽/☿	7♏47	14♏30	21♏12	27♏56	4♐43	11♐36	18♐37	25♐50	3♑17	10♑59	18♑55	27♑06	5♒28	13♒55	22♒24
/♀	8♏30	14♏07	19♏43	25♏21	1♐03	6♐52	12♐50	18♐60	25♐24	2♑04	9♑01	16♑11	23♑34	1♒04	8♒35
/♂	5♋35	11♋40	17♋45	23♋51	0♌00	6♌15	12♌39	19♒14	26♒02	3♓05	10♓24	17♓56	25♓38	3♈27	11♈16
/⚳	4♏56	11♏03	17♏08	23♏15	29♏25	5♐40	12♐04	18♐39	25♐27	2♑30	9♑47	17♑19	25♑00	2♒48	10♒36
/♃	5♎24	11♎22	17♎20	23♎18	29♎19	5♏26	11♏42	18♏08	24♏48	1♐42	8♐51	16♐14	23♐47	1♑25	9♑04
/♄	16♌57	22♌49	28♌41	4♍33	10♍28	16♍29	22♍39	28♍59	5♎33	12♎21	19♎25	26♎42	4♏09	11♉42	19♉16
/♅	1♊46	7♊42	13♐37	19♐33	25♐32	1♑37	7♑51	14♑15	20♑53	27♑45	4♒53	12♒13	19♒45	27♒22	4♓60
/♆	20♏50	26♏46	2♐41	8♐36	14♐35	20♐40	26♐53	3♑17	9♑54	16♑46	23♑53	1♒14	8♒45	16♒22	23♒59
/♇	25♎18	1♏14	7♏08	13♏04	19♏02	25♏07	1♐20	7♐44	14♐21	21♐13	28♐19	5♑40	13♑10	20♑47	28♑24
/☊	15♊58	21♊50	27♊41	3♋35	9♑33	15♑36	21♑48	28♑11	4♒45	11♒33	18♒35	25♒50	3♓15	10♓46	18♓19
☿/♀	21♑08	21♑38	22♑10	22♑42	23♑16	23♑51	24♑26	25♑03	25♑42	26♑22	27♑03	27♑46	28♑30	29♑16	0♒04
/♂	18♓13	19♓12	20♓12	21♓12	22♓13	23♓14	24♓15	25♓17	26♓20	27♓23	28♓26	29♓30	0♈35	1♈39	2♈45
/⚳	17♑34	18♑35	19♑35	20♑36	21♑37	22♑39	23♑40	24♑42	25♑45	26♑47	27♑50	28♑53	29♑57	1♒00	2♒04
/♃	18♐02	18♐54	19♐46	20♐39	21♐32	22♐25	23♐18	24♐12	25♐06	25♐60	26♐54	27♐48	28♐43	29♐38	0♑33
/♄	29♎35	0♏21	1♏07	1♏54	2♏41	3♏28	4♏15	5♏03	5♏50	6♏39	7♏27	8♉16	9♉05	9♉55	10♉45
/♅	14♒24	15♒14	16♒04	16♒54	17♒45	18♒36	19♒27	20♒19	21♒10	22♒03	22♒55	23♒48	24♒41	25♒35	26♒29
/♆	3♒28	4♒18	5♒08	5♒58	6♒48	7♒38	8♒29	9♒20	10♒12	11♒04	11♒56	12♒48	13♒41	14♒34	15♒28
/♇	7♑56	8♑45	9♑35	10♑25	11♑15	12♑05	12♑56	13♑47	14♑38	15♑30	16♑22	17♑14	18♑07	18♑59	19♑53
/☊	28♒36	29♒21	0♓08	0♓56	1♓45	2♓35	3♓25	4♓14	5♓03	5♓50	6♓37	7♓24	8♓11	8♓59	9♓48
♀/♂	18♓55	18♓49	18♓43	18♓38	18♓33	18♓30	18♓28	18♓27	18♓27	18♓29	18♓32	18♓36	18♓41	18♓48	18♓56
/⚳	18♑17	18♑11	18♑06	18♑02	17♑58	17♑55	17♑53	17♑52	17♑52	17♑53	17♑55	17♑59	18♑03	18♑09	18♑16
/♃	18♐44	18♐31	18♐17	18♐05	17♐53	17♐41	17♐31	17♐21	17♐13	17♐05	16♐59	16♐54	16♐49	16♐46	16♐45
/♄	0♏18	29♎58	29♎38	29♎19	29♎01	28♎44	28♎28	28♎12	27♎58	27♎44	27♎32	27♎21	27♎12	27♎03	26♎56
/♅	15♒07	14♒51	14♒35	14♒20	14♒06	13♒52	13♒40	13♒28	13♒18	13♒08	13♒00	12♒53	12♒48	12♒43	12♒40
/♆	4♒11	3♒55	3♒39	3♒23	3♒09	2♒55	2♒42	2♒30	2♒19	2♒10	2♒01	1♒54	1♒48	1♒43	1♒39
/♇	8♑39	8♑22	8♑06	7♑50	7♑36	7♑22	7♑09	6♑57	6♑46	6♑36	6♑27	6♑20	6♑13	6♑08	6♑04
/☊	29♒19	28♒58	28♒39	28♒22	28♒06	27♒51	27♒37	27♒24	27♒10	26♒56	26♒43	26♒29	26♒17	26♒07	25♒59
♂/⚳	15♓22	15♓45	16♓08	16♓31	16♓55	17♓18	17♓42	18♓06	18♓30	18♓54	19♓18	19♓43	20♓07	20♓32	20♓57
/♃	15♌49	16♌04	16♌19	16♌34	16♌49	17♌05	17♌20	17♌35	17♌51	18♌06	18♌22	18♌38	18♌54	19♌09	19♌25
/♄	27♊23	27♊31	27♊40	27♊49	27♊58	28♊07	28♊17	28♊26	28♊36	28♊46	28♊56	29♊06	29♊16	29♊26	29♊37
/♅	12♈12	12♈24	12♈37	12♈49	13♈02	13♈15	13♈29	13♈42	13♈56	14♈10	14♈24	14♈38	14♈52	15♈06	15♈21
/♆	1♈16	1♈28	1♈40	1♈53	2♈05	2♈18	2♈31	2♈44	2♈57	3♈11	3♈24	3♈38	3♈52	4♈06	4♈20
/♇	5♓44	5♓56	6♓08	6♓20	6♓32	6♓45	6♓58	7♓11	7♓24	7♓37	7♓50	8♓04	8♓17	8♓31	8♓45
/☊	26♈24	26♈32	26♈41	26♈51	27♈03	27♈14	27♈26	27♈38	27♈48	27♈57	28♈06	28♈14	28♈22	28♈30	28♈40
⚳/♃	15♐11	15♐27	15♐43	15♐58	16♐14	16♐29	16♐45	17♐00	17♐16	17♐31	17♐46	18♐01	18♐16	18♐31	18♐45
/♄	26♎44	26♎54	27♎04	27♎13	27♎23	27♎32	27♎42	27♎51	28♎00	28♎10	28♎19	28♎29	28♎38	28♎47	28♎57
/♅	11♒33	11♒47	12♒00	12♒14	12♒27	12♒40	12♒54	13♒07	13♒20	13♒34	13♒47	14♒01	14♒14	14♒27	14♒41
/♆	0♒38	0♒51	1♒04	1♒17	1♒30	1♒43	1♒56	2♒09	2♒22	2♒35	2♒48	3♒01	3♒14	3♒27	3♒40
/♇	5♑05	5♑18	5♑31	5♑44	5♑57	6♑10	6♑23	6♑36	6♑48	7♑01	7♑14	7♑27	7♑39	7♑52	8♑05
/☊	25♒46	25♒54	26♒04	26♒15	26♒27	26♒39	26♒51	27♒03	27♒13	27♒22	27♒29	27♒37	27♒44	27♒51	27♒60
♃/♄	27♍12	27♍13	27♍15	27♍16	27♍17	27♍18	27♍19	27♍20	27♍21	27♍22	27♍23	27♍24	27♍24	27♍25	27♍25
/♅	12♑01	12♑06	12♑11	12♑16	12♑22	12♑27	12♑32	12♑37	12♑41	12♑46	12♑51	12♑56	13♑00	13♑05	13♑09
/♆	1♑05	1♑10	1♑15	1♑20	1♑25	1♑29	1♑34	1♑38	1♑43	1♑47	1♑52	1♑56	2♑00	2♑04	2♑08
/♇	5♐33	5♐38	5♐42	5♐47	5♐52	5♐56	6♐01	6♐05	6♐09	6♐14	6♐18	6♐22	6♐26	6♐30	6♐33
/☊	26♑13	26♑14	26♑15	26♑18	26♑22	26♑26	26♑29	26♑32	26♑34	26♑34	26♑33	26♑32	26♑30	26♑29	26♑28
♄/♅	23♉34	23♉33	23♉32	23♉31	23♉30	23♉29	23♉28	23♉27	23♉26	23♉25	23♉24	23♉23	23♉23	23♉22	23♉21
/♆	12♉38	12♉37	12♉36	12♉34	12♉33	12♉32	12♉31	12♉29	12♉28	12♉27	12♉25	12♉24	12♉23	12♉21	12♉20
/♇	17♎06	17♎05	17♎03	17♎02	17♎00	16♎59	16♎57	16♎56	16♎54	16♎53	16♎51	16♎50	16♎48	16♎46	16♎45
/☊	7♊46	7♊41	7♊36	7♊33	7♊30	7♊28	7♊26	7♊23	7♊19	7♊13	7♊07	6♊60	6♊52	6♊46	6♊40
♅/♆	27♒27	27♒30	27♒32	27♒35	27♒37	27♒40	27♒43	27♒45	27♒48	27♒50	27♒53	27♒56	27♒58	28♒01	28♒04
/♇	1♒55	1♒57	1♒60	2♒02	2♒05	2♒07	2♒09	2♒12	2♒14	2♒17	2♒19	2♒22	2♒24	2♒26	2♒29
/☊	22♓36	22♓33	22♓33	22♓33	22♓35	22♓36	22♓38	22♓39	22♓39	22♓37	22♓35	22♓31	22♓28	22♓26	22♓24
♆/♇	20♑59	21♑01	21♑03	21♑06	21♑08	21♑10	21♑12	21♑14	21♑16	21♑18	21♑20	21♑22	21♑24	21♑26	21♑28
/☊	11♓40	11♓37	11♓36	11♓37	11♓38	11♓39	11♓40	11♓41	11♓40	11♓38	11♓35	11♓32	11♓28	11♓25	11♓23
♇/☊	16♒07	16♒05	16♒04	16♒04	16♒05	16♒06	16♒07	16♒07	16♒06	16♒04	16♒01	15♒58	15♒54	15♒50	15♒48

January 2006

February 2006

	1	2	3	4	5	6	7	8	9	10	11	12	13	14
☉/☽	28♒59	6♓52	14♓34	22♓04	29♓22	6♈29	13♈26	20♈15	26♈57	3♉34	10♉07	16♉37	23♉04	29♏29
/☿	13♒48	15♒11	16♒35	17♒59	19♒23	20♒47	22♒11	23♒35	24♒60	26♒24	27♒48	29♒11	0♓35	1♓57
/♀	29♑03	29♑32	0♒01	0♒32	1♒03	1♒36	2♒10	2♒45	3♒22	3♒59	4♒37	5♒17	5♒57	6♒38
/♂	2♈01	2♈45	3♈28	4♈12	4♈56	5♈40	6♈25	7♈09	7♈53	8♈38	9♈22	10♈07	10♈52	11♈36
/⚷	1♒19	2♒02	2♒44	3♒26	4♒08	4♒50	5♒32	6♒14	6♒56	7♒38	8♒20	9♒02	9♒43	10♒25
/♃	29♐39	0♑12	0♑46	1♑19	1♑52	2♑24	2♑57	3♑30	4♑02	4♑35	5♑07	5♑40	6♑12	6♑44
/♄	9♉45	10♉13	10♉41	11♉09	11♉37	12♉05	12♉33	13♉01	13♉29	13♉57	14♉25	14♉53	15♉21	15♉49
/♅	25♒33	26♒05	26♒37	27♒09	27♒41	28♒13	28♒45	29♒17	29♒50	0♓22	0♓54	1♓26	1♓58	2♓30
/♆	14♒32	15♒04	15♒35	16♒07	16♒38	17♒10	17♒41	18♒13	18♒44	19♒16	19♒47	20♒19	20♒50	21♒22
/♇	18♑57	19♑28	19♑59	20♑30	21♑02	21♑33	22♑04	22♑35	23♑06	23♑37	24♑09	24♑40	25♑11	25♑42
/☊	8♓49	9♓18	9♓49	10♓20	10♓51	11♓21	11♓50	12♓18	12♓46	13♓12	13♓38	14♓04	14♓31	14♓58
☽/☿	0♓48	9♓04	17♓09	25♓02	2♈42	10♈13	17♈33	24♈45	1♉51	8♉52	15♉48	22♉41	29♉30	6♊17
/♀	16♒03	23♒24	0♓35	7♓34	14♓23	21♓02	27♓32	3♈56	10♈13	16♈27	22♎38	28♎46	4♏53	10♏59
/♂	19♈01	26♈37	4♉02	11♉15	18♉16	25♉06	1♊47	8♊19	14♊45	21♊06	27♊22	3♋36	9♋47	15♋57
/⚷	18♒19	25♒54	3♓18	10♓29	17♓28	24♓16	0♈54	7♈24	13♈48	20♈06	26♎20	2♏31	8♏39	14♏46
/♃	16♑39	24♑05	1♒19	8♒21	15♒11	21♌50	28♌19	4♍40	10♍54	17♍03	23♍07	29♍09	5♎07	11♎04
/♄	26♉45	4♊06	11♊15	18♊12	24♊57	1♋31	7♋55	14♋12	20♋21	26♋25	2♌26	8♌23	14♌17	20♌10
/♅	12♓33	19♓58	27♓11	4♈12	11♈01	17♈39	24♈07	0♉28	6♉41	12♉50	18♉54	24♉55	0♊53	6♊50
/♆	1♓32	8♓56	16♓09	23♓10	29♓58	6♈36	13♈03	19♈23	25♈36	1♉44	7♉48	13♉48	19♏46	25♏42
/♇	5♒57	13♒20	20♒33	27♒33	4♓22	10♓59	17♓26	23♓45	29♍58	6♎06	12♎09	18♎09	24♎06	0♏02
/☊	25♓49	3♈11	10♈23	17♈23	24♈11	0♉47	7♉12	13♉29	19♉37	25♉40	1♊38	7♊33	13♊26	19♊19
☿/♀	0♒53	1♒43	2♒35	3♒29	4♒24	5♒20	6♒17	7♒16	8♒16	9♒17	10♒18	11♒21	12♒23	13♒27
/♂	3♈50	4♈56	6♈03	7♈10	8♈17	9♈24	10♈32	11♈40	12♈47	13♈55	15♈03	16♈11	17♈18	18♈25
/⚷	3♒09	4♒13	5♒18	6♒23	7♒28	8♒34	9♒39	10♒45	11♒50	12♒56	14♒01	15♒06	16♒10	17♒14
/♃	1♑29	2♑24	3♑20	4♑16	5♑12	6♑08	7♑04	8♑01	8♑57	9♑53	10♑48	11♑43	12♑38	13♑32
/♄	11♉35	12♉25	13♉16	14♉07	14♉58	15♉49	16♉40	17♉32	18♉24	19♉15	20♉06	20♉57	21♉48	22♉38
/♅	27♒23	28♒17	29♒12	0♓07	1♓02	1♓57	2♓53	3♓48	4♓44	5♓39	6♓34	7♓29	8♓24	9♓18
/♆	16♒21	17♒15	18♒09	19♒04	19♒59	20♒54	21♒49	22♒44	23♒39	24♒34	25♒28	26♒23	27♒17	28♒10
/♇	20♑46	21♑40	22♑34	23♑28	24♑22	25♑17	26♑11	27♑06	28♑01	28♑55	29♑50	0♒44	1♒37	2♒30
/☊	10♓38	11♓30	12♓23	13♓17	14♓11	15♓05	15♓57	16♓49	17♓40	18♓30	19♓19	20♓08	20♓57	21♓47
♀/♂	19♓06	19♓17	19♓29	19♓42	19♓57	20♓14	20♓31	20♓50	21♓10	21♓31	21♓53	22♓16	22♓40	23♓06
/⚷	18♑24	18♑34	18♑44	18♑56	19♑09	19♑23	19♑39	19♑55	20♑12	20♑31	20♑50	21♑11	21♑32	21♑55
/♃	16♐44	16♐44	16♐46	16♐49	16♐53	16♐58	17♐04	17♐11	17♐19	17♐28	17♐38	17♐49	18♐01	18♐13
/♄	26♎50	26♎45	26♎42	26♎40	26♎38	26♎39	26♎40	26♎42	26♎46	26♎50	26♎56	27♎03	27♎10	27♎19
/♅	12♒38	12♒37	12♒38	12♒40	12♒43	12♒47	12♒52	12♒58	13♒06	13♒14	13♒24	13♒35	13♒46	13♒59
/♆	1♒37	1♒36	1♒36	1♒37	1♒39	1♒43	1♒48	1♒54	2♒01	2♒09	2♒18	2♒28	2♒39	2♒51
/♇	6♑01	5♑60	5♑60	6♑01	6♑03	6♑06	6♑11	6♑16	6♑23	6♑30	6♑39	6♑49	6♑60	7♑11
/☊	25♒54	25♒51	25♒50	25♒50	25♒52	25♒54	25♒57	25♒59	26♒02	26♒05	26♒09	26♒14	26♒20	26♒28
♂/⚷	21♓22	21♓47	22♓12	22♓37	23♓02	23♓27	23♓53	24♓18	24♓44	25♓10	25♓35	26♓01	26♓27	26♓53
/♃	19♌41	19♌57	20♌13	20♌29	20♌46	21♌02	21♌18	21♌34	21♌50	22♌06	22♌23	22♌39	22♌55	23♌11
/♄	29♊47	29♊58	0♋09	0♋20	0♋31	0♋43	0♋54	1♋06	1♋17	1♋29	1♋41	1♋53	2♋05	2♋17
/♅	15♈35	15♈50	16♈05	16♈20	16♈35	16♈51	17♈06	17♈22	17♈37	17♈53	18♈09	18♈25	18♈41	18♈57
/♆	4♈34	4♈48	5♈03	5♈18	5♈32	5♈47	6♈02	6♈17	6♈32	6♈48	7♈03	7♈18	7♈34	7♈49
/♇	8♓59	9♓13	9♓27	9♓41	9♓56	10♓10	10♓25	10♓39	10♓54	11♓09	11♓24	11♓39	11♓54	12♓09
/☊	28♈51	29♈03	29♈17	29♈31	29♈45	29♈58	0♉11	0♉23	0♉34	0♉44	0♉54	1♉04	1♉14	1♉26
⚷/♃	18♐60	19♐14	19♐29	19♐43	19♐57	20♐11	20♐25	20♐39	20♐53	21♐07	21♐20	21♐34	21♐47	22♐00
/♄	29♎06	29♎15	29♎25	29♎34	29♎43	29♎52	0♏02	0♏11	0♏20	0♏29	0♏38	0♏48	0♏57	1♏06
/♅	14♒54	15♒07	15♒21	15♒34	15♒47	16♒00	16♒14	16♒27	16♒40	16♒53	17♒07	17♒20	17♒33	17♒46
/♆	3♒53	4♒06	4♒18	4♒31	4♒44	4♒57	5♒10	5♒22	5♒35	5♒48	6♒00	6♒13	6♒26	6♒38
/♇	8♑17	8♑30	8♑43	8♑55	9♑08	9♑20	9♑32	9♑45	9♑57	10♑09	10♑22	10♑34	10♑46	10♑58
/☊	28♒10	28♒21	28♒32	28♒45	28♒57	29♒08	29♒19	29♒28	29♒36	29♒44	29♒51	29♒59	0♓06	0♓15
♃/♄	27♍26	27♍26	27♍26	27♍27	27♍27	27♍27	27♍27	27♍27	27♍26	27♍26	27♍26	27♍25	27♍25	27♍25
/♅	13♑14	13♑18	13♑22	13♑27	13♑31	13♑35	13♑39	13♑43	13♑47	13♑50	13♑54	13♑58	14♑01	14♑05
/♆	2♑12	2♑16	2♑20	2♑24	2♑28	2♑31	2♑35	2♑38	2♑41	2♑45	2♑48	2♑51	2♑54	2♑57
/♇	6♐37	6♐41	6♐44	6♐48	6♐51	6♐54	6♐57	7♐00	7♐03	7♐06	7♐09	7♐12	7♐14	7♐17
/☊	26♑29	26♑31	26♑34	26♑37	26♑40	26♑42	26♑44	26♑44	26♑43	26♑41	26♑39	26♑36	26♑34	26♑33
♄/♅	23♉20	23♉19	23♉18	23♉17	23♉17	23♉16	23♉15	23♉14	23♉14	23♉13	23♉12	23♉11	23♉11	23♉10
/♆	12♉19	12♉17	12♉16	12♉15	12♉13	12♉12	12♉11	12♉10	12♉08	12♉07	12♉06	12♉05	12♉04	12♉03
/♇	16♎43	16♎42	16♎40	16♎38	16♎37	16♎35	16♎34	16♎32	16♎30	16♎29	16♎27	16♎26	16♎24	16♎22
/☊	6♊35	6♊32	6♊30	6♊28	6♊26	6♊23	6♊20	6♊15	6♊10	6♊03	5♊57	5♊50	5♊44	5♊39
♅/♆	28♒07	28♒09	28♒12	28♒15	28♒17	28♒20	28♒23	28♒26	28♒29	28♒31	28♒34	28♒37	28♒40	28♒43
/♇	2♒31	2♒34	2♒36	2♒38	2♒41	2♒43	2♒46	2♒48	2♒51	2♒53	2♒55	2♒58	3♒00	3♒02
/☊	22♓23	22♓24	22♓26	22♓28	22♓30	22♓31	22♓32	22♓31	22♓30	22♓28	22♓25	22♓22	22♓20	22♓19
♆/♇	21♑30	21♑32	21♑34	21♑36	21♑38	21♑40	21♑42	21♑44	21♑45	21♑47	21♑49	21♑51	21♑53	21♑55
/☊	11♓22	11♓22	11♓24	11♓25	11♓27	11♓28	11♓28	11♓27	11♓25	11♓22	11♓19	11♓16	11♓13	11♓11
♇/☊	15♒47	15♒47	15♒48	15♒49	15♒50	15♒51	15♒51	15♒49	15♒47	15♒44	15♒40	15♒36	15♒33	15♒31

	15	16	17	18	19	20	21	22	23	24	25	26	27	28
☉/☽	5♐54	12♐18	18♐45	25♐15	1♑50	8♑32	15♑23	22♑27	29♑43	7♒14	14♒58	22♒54	0♓58	9♓06
/☿	3♓19	4♓40	5♓59	7♓17	8♓33	9♓47	10♓59	12♓08	13♓14	14♓16	15♓15	16♓09	16♓60	17♓46
/♀	7♒20	8♒03	8♒47	9♒32	10♒17	11♒04	11♒50	12♒38	13♒26	14♒15	15♒05	15♒55	16♒45	17♒37
/♂	12♈21	13♈06	13♈51	14♈36	15♈21	16♈07	16♈52	17♈37	18♈23	19♈08	19♈54	20♈39	21♈25	22♈11
/⚷	11♒07	11♒49	12♒30	13♒12	13♒53	14♒35	15♒17	15♒58	16♒39	17♒21	18♒02	18♒43	19♒25	20♒06
/♃	7♑16	7♑48	8♑19	8♑51	9♑23	9♑54	10♑26	10♑57	11♑28	11♑59	12♑30	13♑01	13♑32	14♑02
/♄	16♉18	16♉46	17♉14	17♉42	18♉10	18♉38	19♉06	19♉34	20♉03	20♉31	20♉59	21♉27	21♉56	22♉24
/♅	3♓01	3♓33	4♓05	4♓37	5♓09	5♓41	6♓13	6♓45	7♓17	7♓49	8♓21	8♓53	9♓25	9♓57
/♆	21♒53	22♒25	22♒56	23♒27	23♒59	24♒30	25♒01	25♒33	26♒04	26♒35	27♒07	27♒38	28♒09	28♒41
/♇	26♑13	26♑44	27♑15	27♑45	28♑16	28♑47	29♑18	29♑49	0♒20	0♒50	1♒21	1♒52	2♒22	2♒53
/☊	15♓27	15♓56	16♓26	16♓57	17♓28	17♓59	18♓30	18♓60	19♓29	19♓58	20♓26	20♓54	21♓23	21♓51
☽/☿	13♐03	19♐48	26♐34	3♑21	10♑11	17♑07	24♑10	1♒22	8♒43	16♒16	23♒58	1♓49	9♓43	17♓36
/♀	17♏05	23♏12	29♏22	5♐36	11♐55	18♐23	25♐01	1♑52	8♑56	16♑15	23♑48	1♒34	9♒28	17♒27
/♂	22♋06	28♋15	4♌26	10♌40	16♌60	23♌26	0♍03	6♓51	13♓52	21♓08	28♓37	6♈18	14♈08	22♈01
/⚷	20♏51	26♏57	3♐05	9♐16	15♐32	21♐55	28♐28	5♑12	12♑09	19♑21	26♑46	4♒23	12♒08	19♒56
/♃	17♎00	22♎56	28♎54	4♏55	11♏01	17♏14	23♏37	0♐11	6♐58	13♐59	21♐14	28♐40	6♑15	13♑53
/♄	26♌02	1♍54	7♍48	13♍45	19♍48	25♍58	2♎17	8♎48	15♎32	22♎31	29♎43	7♉06	14♉39	22♉14
/♅	12♐46	18♐42	24♐40	0♑41	6♑47	13♑01	19♑24	25♑59	2♒47	9♒49	17♒05	24♒32	2♓08	9♓47
/♆	1♐37	7♐33	13♐31	19♐31	25♐37	1♑50	8♑12	14♑47	21♑34	28♑35	5♒50	13♒17	20♒52	28♒31
/♇	5♏57	11♏52	17♏49	23♏49	29♏54	6♐07	12♐29	19♐03	25♐49	2♑50	10♑05	17♑31	25♑05	2♒44
/☊	25♊11	1♋04	7♑01	13♑01	19♑06	25♑19	1♒41	8♒14	14♒59	21♒58	29♒10	6♓34	14♓06	21♓42
☿/♀	14♒30	15♒33	16♒36	17♒38	18♒39	19♒39	20♒37	21♒33	22♒27	23♒17	24♒05	24♒50	25♒30	26♒07
/♂	19♈31	20♈36	21♈40	22♈42	23♈43	24♈42	25♈38	26♈32	27♈23	28♈10	28♈54	29♈34	0♉10	0♉41
/⚷	18♒17	19♒18	20♒19	21♒18	22♒15	23♒10	24♒03	24♒53	25♒40	26♒23	27♒03	27♒38	28♒10	28♒36
/♃	14♑25	15♑17	16♑08	16♑57	17♑44	18♑29	19♑12	19♑52	20♑28	21♑01	21♑31	21♑56	22♑17	22♑33
/♄	23♉27	24♉15	25♉02	25♉48	26♉32	27♉13	27♉53	28♉29	29♉03	29♉33	29♉60	0♊22	0♊41	0♊55
/♅	10♓11	11♓03	11♓54	12♓43	13♓31	14♓17	14♓60	15♓40	16♓17	16♓51	17♓22	17♓48	18♓10	18♓27
/♆	29♒03	29♒54	0♓45	1♓33	2♓20	3♓05	3♓48	4♓28	5♓04	5♓38	6♓07	6♓33	6♓54	7♓11
/♇	3♒22	4♒13	5♒03	5♒51	6♒38	7♒22	8♒04	8♒44	9♒20	9♒53	10♒22	10♒47	11♒08	11♒24
/☊	22♓36	23♓26	24♓15	25♓03	25♓50	26♓34	27♓16	27♓55	28♓29	29♓00	29♓27	29♓49	0♈08	0♈22
♀/♂	23♓32	23♓60	24♓28	24♓57	25♓27	25♓58	26♓30	27♓02	27♓36	28♓10	28♓44	29♓20	29♓55	0♈32
/⚷	22♑18	22♑42	23♑07	23♑33	23♑59	24♑27	24♑54	25♑23	25♑52	26♑22	26♑53	27♑24	27♑55	28♑27
/♃	18♐27	18♐41	18♐56	19♐12	19♐29	19♐46	20♐04	20♐22	20♐41	21♐01	21♐21	21♐41	22♐02	22♐24
/♄	27♎29	27♎39	27♎50	28♎03	28♎16	28♎30	28♎44	28♎59	29♎15	29♎32	29♎50	0♏08	0♏26	0♏45
/♅	14♒13	14♒27	14♒42	14♒58	15♒15	15♒33	15♒51	16♒10	16♒30	16♒50	17♒12	17♒33	17♒55	18♒18
/♆	3♒04	3♒18	3♒33	3♒48	4♒05	4♒22	4♒39	4♒58	5♒17	5♒37	5♒57	6♒18	6♒40	7♒02
/♇	7♑24	7♑37	7♑51	8♑06	8♑22	8♑39	8♑56	9♑14	9♑33	9♑52	10♑12	10♑32	10♑53	11♑14
/☊	26♒38	26♒49	27♒03	27♒18	27♒34	27♒51	28♒08	28♒25	28♒42	28♒59	29♒17	29♒35	29♒53	0♓13
♂/⚷	27♓19	27♓45	28♓11	28♓37	29♓03	29♓30	29♓56	0♈22	0♈49	1♈15	1♈42	2♈08	2♈35	3♈01
/♃	23♌28	23♌44	24♌00	24♌16	24♌33	24♌49	25♌05	25♌21	25♌37	25♌53	26♌10	26♌26	26♌42	26♌58
/♄	2♋29	2♋42	2♋54	3♋07	3♋20	3♋33	3♋46	3♋59	4♋12	4♋25	4♋39	4♋52	5♋06	5♋19
/♅	19♈13	19♈30	19♈46	20♈03	20♈19	20♈36	20♈53	21♈10	21♈26	21♈43	22♈00	22♈18	22♈35	22♈52
/♆	8♈05	8♈21	8♈37	8♈53	9♈09	9♈25	9♈41	9♈57	10♈13	10♈30	10♈46	11♈03	11♈19	11♈36
/♇	12♓25	12♓40	12♓55	13♓11	13♓26	13♓42	13♓57	14♓13	14♓29	14♓45	15♓01	15♓16	15♓32	15♓48
/☊	1♉38	1♉52	2♉07	2♉22	2♉38	2♉54	3♉09	3♉24	3♉39	3♉52	4♉06	4♉19	4♉33	4♉47
⚷/♃	22♐13	22♐26	22♐39	22♐52	23♐05	23♐17	23♐30	23♐42	23♐54	24♐06	24♐18	24♐30	24♐41	24♐53
/♄	1♏15	1♏24	1♏34	1♏43	1♏52	2♏01	2♏10	2♏19	2♏29	2♏38	2♏47	2♏56	3♏05	3♏14
/♅	17♒59	18♒12	18♒25	18♒38	18♒51	19♒04	19♒17	19♒30	19♒43	19♒56	20♒09	20♒22	20♒34	20♒47
/♆	6♒51	7♒03	7♒16	7♒28	7♒41	7♒53	8♒06	8♒18	8♒30	8♒42	8♒55	9♒07	9♒19	9♒31
/♇	11♑10	11♑22	11♑34	11♑46	11♑58	12♑10	12♑22	12♑34	12♑46	12♑57	13♑09	13♑21	13♑32	13♑44
/☊	0♓24	0♓35	0♓46	0♓58	1♓10	1♓22	1♓34	1♓45	1♓55	2♓05	2♓14	2♓23	2♓32	2♓42
♃/♄	27♍24	27♍23	27♍23	27♍22	27♍21	27♍20	27♍19	27♍18	27♍17	27♍16	27♍15	27♍14	27♍12	27♍11
/♅	14♑08	14♑11	14♑14	14♑18	14♑21	14♑24	14♑26	14♑29	14♑32	14♑34	14♑37	14♑39	14♑42	14♑44
/♆	2♑60	3♑02	3♑05	3♑08	3♑10	3♑12	3♑15	3♑17	3♑19	3♑21	3♑23	3♑24	3♑26	3♑28
/♇	7♐19	7♐21	7♐24	7♐26	7♐28	7♐29	7♐31	7♐33	7♐34	7♐36	7♐37	7♐38	7♐39	7♐40
/☊	26♑33	26♑34	26♑35	26♑37	26♑39	26♑41	26♑43	26♑44	26♑44	26♑43	26♑42	26♑41	26♑40	26♑39
♄/♅	23♉10	23♉09	23♉09	23♉08	23♉08	23♉07	23♉07	23♉07	23♉06	23♉06	23♉06	23♉06	23♉05	23♉05
/♆	12♉01	12♉00	11♉59	11♉58	11♉57	11♉56	11♉55	11♉54	11♉53	11♉52	11♉52	11♉51	11♉50	11♉49
/♇	16♎21	16♎19	16♎18	16♎16	16♎15	16♎13	16♎12	16♎10	16♎09	16♎07	16♎06	16♎05	16♎03	16♎02
/☊	5♊35	5♊32	5♊29	5♊28	5♊26	5♊25	5♊23	5♊21	5♊18	5♊15	5♊11	5♊07	5♊03	5♊00
♅/♆	28♒45	28♒48	28♒51	28♒54	28♒57	28♒59	29♒02	29♒05	29♒08	29♒11	29♒14	29♒16	29♒19	29♒22
/♇	3♒05	3♒07	3♒10	3♒12	3♒14	3♒16	3♒19	3♒21	3♒23	3♒26	3♒28	3♒30	3♒32	3♒35
/☊	22♓19	22♓19	22♓21	22♓23	22♓26	22♓28	22♓31	22♓32	22♓33	22♓33	22♓33	22♓33	22♓33	22♓33
♆/♇	21♑57	21♑58	22♑00	22♑02	22♑04	22♑05	22♑07	22♑09	22♑10	22♑12	22♑14	22♑15	22♑17	22♑18
/☊	11♓10	11♓11	11♓12	11♓13	11♓15	11♓17	11♓19	11♓20	11♓20	11♓20	11♓19	11♓18	11♓17	11♓17
♇/☊	15♒30	15♒30	15♒30	15♒31	15♒33	15♒34	15♒35	15♒36	15♒35	15♒35	15♒33	15♒32	15♒30	15♒29

February 2006

March 2006

	1	2	3	4	5	6	7	8	9	10	11	12	13	14	15	16
☉/☽	17♓12	25♓12	3♈01	10♈39	18♈02	25♈13	2♉11	8♉59	15♉39	22♉12	28♉41	5♊07	11♊32	17♊56	24♐21	0♑48
/☿	18♓27	19♓04	19♓36	20♓03	20♓25	20♓43	20♓57	21♓07	21♓15	21♓19	21♓22	21♓23	21♓24	21♓24	21♓26	21♓28
/♀	18♒28	19♒20	20♒13	21♒06	21♒60	22♒53	23♒48	24♒42	25♒37	26♒33	27♒28	28♒24	29♒21	0♓17	1♓14	2♓11
/♂	22♈56	23♈42	24♈28	25♈14	25♈60	26♈46	27♈32	28♈18	29♈04	29♈50	0♉36	1♉22	2♉08	2♉54	3♉41	4♉27
/⚳	20♒47	21♒28	22♒09	22♒50	23♒31	24♒12	24♒52	25♒33	26♒14	26♒54	27♒35	28♒15	28♒56	29♒36	0♓16	0♓57
/♃	14♑33	15♑03	15♑34	16♑04	16♑34	17♑04	17♑34	18♑04	18♑33	19♑03	19♑32	20♑01	20♑31	20♑60	21♑29	21♑58
/♄	22♉52	23♉21	23♉49	24♉17	24♉46	25♉14	25♉43	26♉11	26♉40	27♉08	27♉37	28♉06	28♉34	29♉03	29♉32	0♊00
/♅	10♓28	11♓00	11♓32	12♓04	12♓36	13♓08	13♓39	14♓11	14♓43	15♓14	15♓46	16♓18	16♓49	17♓21	17♓53	18♓24
/♆	29♒12	29♒43	0♓14	0♓45	1♓16	1♓47	2♓19	2♓50	3♓21	3♓52	4♓23	4♓54	5♓24	5♓55	6♓26	6♓57
/♇	3♒24	3♒54	4♒25	4♒55	5♒26	5♒56	6♒27	6♒57	7♒27	7♒58	8♒28	8♒58	9♒28	9♒59	10♒29	10♒59
/☊	22♓21	22♓51	23♓21	23♓52	24♓23	24♓53	25♓24	25♓53	26♓23	26♓52	27♓21	27♓49	28♓18	28♓48	29♓17	29♓47
☽/☿	25♓24	2♈60	10♈21	17♈25	24♈11	0♉40	6♉52	12♉50	18♉37	24♉15	29♉47	5♊14	10♊39	16♊04	21♐31	27♐01
/♀	25♒25	3♓17	10♓59	18♓29	25♓46	2♈50	9♈43	16♈25	23♈00	29♈29	5♏53	12♏15	18♏36	24♏57	1♐20	7♐44
/♂	29♈53	7♉38	15♉14	22♉36	29♉46	6♊42	13♊26	20♊01	26♊26	2♋46	9♋01	15♋13	21♋24	27♋34	3♌46	9♌60
/⚳	27♒43	5♓24	12♓55	20♓12	27♓17	4♈08	10♈47	17♈16	23♈36	29♈50	5♏60	12♏06	18♏11	24♏16	0♐22	6♐29
/♃	21♑29	28♑59	6♒19	13♒26	20♌20	27♌00	3♍29	9♍46	15♍56	21♍59	27♍57	3♎52	9♎46	15♎40	21♎34	27♎30
/♄	29♉49	7♊17	14♊35	21♊40	28♊32	5♋11	11♋38	17♋54	24♋02	0♌04	6♌02	11♌56	17♌50	23♌43	29♌37	5♍33
/♅	17♓25	24♓56	2♈18	9♈27	16♈22	23♈04	29♈34	5♉54	12♉05	18♉10	24♉11	0♊09	6♊05	12♐01	17♐58	23♐57
/♆	6♓08	13♓39	20♓60	28♓08	5♈02	11♈44	18♈13	24♈32	0♉43	6♉48	12♉47	18♏44	24♏40	0♐35	6♐32	12♐30
/♇	10♒20	17♒50	25♒10	2♓18	9♓12	15♓53	22♓21	28♍40	4♎50	10♎54	16♎53	22♎49	28♎44	4♏38	10♏34	16♏32
/☊	29♓17	6♈47	14♈07	21♈15	28♈09	4♉50	11♉18	17♉36	23♉45	29♉48	5♊45	11♊40	17♊34	23♊28	29♊22	5♑20
☿/♀	26♒40	27♒09	27♒33	27♒53	28♒08	28♒20	28♒28	28♒33	28♒36	28♒35	28♒34	28♒31	28♒28	28♒26	28♒24	28♒24
/♂	1♉08	1♉30	1♉48	2♉00	2♉09	2♉13	2♉12	2♉09	2♉02	1♉53	1♉41	1♉29	1♉16	1♉03	0♉51	0♉40
/⚳	28♒59	29♒16	29♒29	29♒36	29♒40	29♒38	29♒33	29♒24	29♒12	28♒57	28♒40	28♒22	28♒03	27♒45	27♒26	27♒09
/♃	22♑45	22♑51	22♑53	22♑50	22♑43	22♑31	22♑15	21♑55	21♑31	21♑05	20♑38	20♑08	19♑38	19♑08	18♑39	18♑10
/♄	1♊04	1♊09	1♊09	1♊04	0♊55	0♊41	0♊24	0♊02	29♉38	29♉11	28♉42	28♉12	27♉42	27♉11	26♉42	26♉13
/♅	18♓40	18♓48	18♓52	18♓51	18♓45	18♓34	18♓20	18♓02	17♓41	17♓17	16♓51	16♓25	15♓57	15♓29	15♓02	14♓37
/♆	7♓24	7♓31	7♓34	7♓32	7♓25	7♓14	6♓59	6♓41	6♓19	5♓54	5♓28	5♓00	4♓32	4♓04	3♓36	3♓10
/♇	11♒35	11♒42	11♒45	11♒42	11♒35	11♒23	11♒07	10♒48	10♒26	10♒00	9♒33	9♒05	8♒36	8♒07	7♒39	7♒12
/☊	0♈33	0♈39	0♈41	0♈39	0♈32	0♈20	0♈04	29♓44	29♓21	28♓54	28♓26	27♓56	27♓26	26♓56	26♓27	25♓60
♀/♂	1♈09	1♈47	2♈25	3♈04	3♈43	4♈23	5♈03	5♈44	6♈25	7♈06	7♈48	8♈30	9♈13	9♈56	10♈39	11♈23
/⚳	28♑60	29♑33	0♒06	0♒40	1♒14	1♒49	2♒24	2♒59	3♒35	4♒11	4♒47	5♒24	6♒01	6♒38	7♒15	7♒53
/♃	22♐46	23♐08	23♐31	23♐54	24♐17	24♐41	25♐05	25♐30	25♐54	26♐19	26♐44	27♐10	27♐35	28♐01	28♐27	28♐54
/♄	1♏05	1♏25	1♏46	2♏07	2♏29	2♏51	3♏14	3♏37	4♏01	4♏25	4♏49	5♉14	5♉39	6♉04	6♉30	6♉56
/♅	18♒41	19♒05	19♒29	19♒54	20♒19	20♒45	21♒11	21♒37	22♒04	22♒31	22♒58	23♒26	23♒54	24♒22	24♒51	25♒20
/♆	7♒25	7♒48	8♒11	8♒35	8♒60	9♒25	9♒50	10♒16	10♒42	11♒08	11♒35	12♒02	12♒29	12♒57	13♒25	13♒53
/♇	11♑36	11♑59	12♑22	12♑45	13♑09	13♑33	13♑58	14♑23	14♑48	15♑14	15♑40	16♑06	16♑33	17♑00	17♑27	17♑55
/☊	0♓34	0♓56	1♓18	1♓42	2♓06	2♓31	2♓55	3♓19	3♓44	4♓08	4♓33	4♓58	5♓23	5♓49	6♓16	6♓43
♂/⚳	3♈28	3♈54	4♈21	4♈48	5♈14	5♈41	6♈08	6♈34	7♈01	7♈28	7♈55	8♈21	8♈48	9♈15	9♈42	10♈08
/♃	27♌14	27♌30	27♌46	28♌02	28♌17	28♌33	28♌49	29♌05	29♌21	29♌36	29♌52	0♍07	0♍23	0♍38	0♍54	1♍09
/♄	5♋33	5♋47	6♋01	6♋15	6♋29	6♋44	6♋58	7♋13	7♋27	7♋42	7♋57	8♋12	8♋26	8♋42	8♋57	9♋12
/♅	23♈09	23♈27	23♈44	24♈02	24♈19	24♈37	24♈55	25♈12	25♈30	25♈48	26♈06	26♈24	26♈42	26♈60	27♈18	27♈36
/♆	11♈53	12♈09	12♈26	12♈43	12♈60	13♈17	13♈34	13♈51	14♈08	14♈25	14♈42	14♈59	15♈17	15♈34	15♈51	16♈09
/♇	16♓05	16♓21	16♓37	16♓53	17♓09	17♓26	17♓42	17♓58	18♓15	18♓31	18♓48	19♓04	19♓21	19♓37	19♓54	20♓10
/☊	5♉02	5♉17	5♉33	5♉50	6♉06	6♉23	6♉39	6♉55	7♉10	7♉25	7♉40	7♉55	8♉11	8♉26	8♉42	8♉58
⚳/♃	25♐04	25♐16	25♐27	25♐38	25♐49	25♐59	26♐10	26♐20	26♐31	26♐41	26♐51	27♐01	27♐10	27♐20	27♐30	27♐39
/♄	3♏24	3♏33	3♏42	3♏51	4♏00	4♏10	4♏19	4♏28	4♏37	4♏46	4♏56	5♉05	5♉14	5♉23	5♉32	5♉42
/♅	20♒60	21♒13	21♒25	21♒38	21♒50	22♒03	22♒15	22♒28	22♒40	22♒52	23♒05	23♒17	23♒29	23♒41	23♒53	24♒05
/♆	9♒43	9♒55	10♒07	10♒19	10♒31	10♒43	10♒55	11♒06	11♒18	11♒30	11♒41	11♒53	12♒04	12♒16	12♒27	12♒38
/♇	13♑55	14♑06	14♑18	14♑29	14♑40	14♑52	15♑03	15♑14	15♑25	15♑36	15♑47	15♑57	16♑08	16♑19	16♑30	16♑40
/☊	2♓52	3♓03	3♓14	3♓26	3♓37	3♓49	3♓60	4♓10	4♓20	4♓30	4♓39	4♓49	4♓58	5♓08	5♓18	5♓28
♃/♄	27♍10	27♍08	27♍07	27♍05	27♍04	27♍02	27♍00	26♍58	26♍57	26♍55	26♍53	26♍51	26♍49	26♍47	26♍45	26♍43
/♅	14♑46	14♑48	14♑50	14♑52	14♑54	14♑55	14♑57	14♑58	14♑60	15♑01	15♑02	15♑03	15♑04	15♑05	15♑06	15♑06
/♆	3♑29	3♑31	3♑32	3♑33	3♑34	3♑35	3♑36	3♑37	3♑37	3♑38	3♑38	3♑39	3♑39	3♑39	3♑39	3♑39
/♇	7♐41	7♐42	7♐43	7♐43	7♐44	7♐44	7♐44	7♐44	7♐44	7♐44	7♐44	7♐43	7♐43	7♐42	7♐42	7♐41
/☊	26♑38	26♑38	26♑39	26♑40	26♑41	26♑41	26♑41	26♑40	26♑39	26♑38	26♑36	26♑35	26♑33	26♑32	26♑30	26♑29
♄/♅	23♉05	23♉05	23♉05	23♉05	23♉05	23♉06	23♉06	23♉06	23♉06	23♉06	23♉07	23♉07	23♉08	23♉08	23♉09	23♉09
/♆	11♉49	11♉48	11♉47	11♉47	11♉46	11♉45	11♉45	11♉44	11♉44	11♉44	11♉43	11♉43	11♉43	11♉42	11♉42	11♉42
/♇	16♎00	15♎59	15♎58	15♎57	15♎55	15♎54	15♎53	15♎52	15♎51	15♎50	15♎49	15♎48	15♎47	15♎46	15♎45	15♎44
/☊	4♊58	4♊56	4♊54	4♊53	4♊52	4♊51	4♊50	4♊48	4♊46	4♊44	4♊41	4♊39	4♊37	4♊35	4♊33	4♊32
♅/♆	29♒25	29♒28	29♒30	29♒33	29♒36	29♒39	29♒41	29♒44	29♒47	29♒50	29♒52	29♒55	29♒58	0♓00	0♓03	0♓06
/♇	3♒37	3♒39	3♒41	3♒43	3♒45	3♒47	3♒50	3♒52	3♒54	3♒56	3♒58	3♒60	4♒02	4♒04	4♒06	4♒08
/☊	22♓34	22♓35	22♓38	22♓40	22♓42	22♓45	22♓47	22♓48	22♓49	22♓50	22♓50	22♓51	22♓52	22♓53	22♓54	22♓56
♆/♇	22♑20	22♑22	22♑23	22♑24	22♑26	22♑27	22♑29	22♑30	22♑32	22♑33	22♑34	22♑36	22♑37	22♑38	22♑39	22♑40
/☊	11♓17	11♓18	11♓20	11♓21	11♓23	11♓25	11♓26	11♓27	11♓27	11♓27	11♓27	11♓27	11♓27	11♓27	11♓28	11♓29
♇/☊	15♒29	15♒29	15♒30	15♒31	15♒32	15♒33	15♒34	15♒34	15♒34	15♒33	15♒32	15♒31	15♒31	15♒30	15♒30	15♒30

	17	18	19	20	21	22	23	24	25	26	27	28	29	30	31
☉/☽	7♑18	13♑53	20♑32	27♑18	4♒12	11♒15	18♒29	25♒53	3♓29	11♓15	19♓10	27♓09	5♈10	13♈08	20♈58
/☿	21♓32	21♓39	21♓48	21♓59	22♓14	22♓31	22♓52	23♓15	23♓42	24♓11	24♓44	25♓19	25♓57	26♓37	27♓19
/♀	3♓09	4♓07	5♓05	6♓03	7♓01	7♓60	8♓59	9♓58	10♓57	11♓56	12♓56	13♓56	14♓56	15♓56	16♓56
/♂	5♉13	5♉60	6♉46	7♉32	8♉19	9♉05	9♉51	10♉38	11♉24	12♉11	12♉57	13♉44	14♉30	15♉17	16♉04
/⚳	1♓37	2♓17	2♓57	3♓37	4♓17	4♓57	5♓37	6♓16	6♓56	7♓36	8♓15	8♓54	9♓34	10♓13	10♓52
/♃	22♑26	22♑55	23♑24	23♑52	24♑20	24♑49	25♑17	25♑45	26♑13	26♑41	27♑08	27♑36	28♑04	28♑31	28♑58
/♄	0♊29	0♊58	1♊27	1♊56	2♊25	2♊54	3♊23	3♊52	4♊21	4♊50	5♊19	5♊48	6♊18	6♊47	7♊16
/♅	18♓56	19♓27	19♓59	20♓30	21♓02	21♓33	22♓05	22♓36	23♓07	23♓39	24♓10	24♓41	25♓13	25♓44	26♓15
/♆	7♓28	7♓59	8♓29	9♓00	9♓31	10♓02	10♓32	11♓03	11♓34	12♓04	12♓35	13♓05	13♓36	14♓06	14♓37
/♇	11♒29	11♒59	12♒29	12♒59	13♒29	13♒59	14♒29	14♒59	15♒28	15♒58	16♒28	16♒58	17♒27	17♒57	18♒27
/☊	0♈17	0♈47	1♈17	1♈47	2♈17	2♈47	3♈17	3♈47	4♈17	4♈46	5♈16	5♈46	6♈16	6♈45	7♈15
☽/☿	2♑36	8♑17	14♑05	20♑03	26♑12	2♒33	9♒07	15♒56	22♒59	0♓15	7♓42	15♓18	22♓57	0♈35	8♈09
/♀	14♐12	20♐44	27♐22	4♑07	10♑59	18♑02	25♑14	2♒38	10♒14	17♒60	25♒55	3♓54	11♓56	19♓54	27♓46
/♂	16♌16	22♌37	29♌04	5♍36	12♍17	19♓07	26♓07	3♈19	10♈41	18♈15	25♈56	3♉43	11♉31	19♉16	26♉54
/⚳	12♐40	18♐55	25♐15	1♑41	8♑15	14♑59	21♑52	28♑57	6♒13	13♒39	21♒14	28♒53	6♓34	14♓12	21♓42
/♃	3♏30	9♏33	15♏41	21♏56	28♏19	4♐51	11♐33	18♐26	25♐30	2♑44	10♑07	17♑35	25♑04	2♒30	9♒48
/♄	11♍33	17♍36	23♍45	29♍60	6♎23	12♎56	19♎39	26♎33	3♏38	10♉54	18♉18	25♉47	3♊18	10♊46	18♊06
/♅	29♐59	6♑05	12♑16	18♑34	25♑00	1♒35	8♒20	15♒17	22♒24	29♒42	7♓09	14♓40	22♓13	29♓43	7♈05
/♆	18♐31	24♐37	0♑47	7♑04	13♑29	20♑03	26♑48	3♒44	10♒51	18♒08	25♒33	3♓04	10♓36	18♓05	25♓27
/♇	22♏32	28♏37	4♐47	11♐03	17♐27	24♐01	0♑45	7♑39	14♑46	22♑02	29♑27	6♒57	14♒28	21♒56	29♒17
/☊	11♑20	17♑25	23♑35	29♑51	6♒16	12♒49	19♒33	26♒28	3♓34	10♓50	18♓15	25♓45	3♈16	10♈44	18♈05
☿/♀	28♒26	28♒30	28♒38	28♒48	29♒01	29♒18	29♒37	0♓00	0♓27	0♓56	1♓29	2♓04	2♓42	3♓23	4♓07
/♂	0♉30	0♉23	0♉19	0♉17	0♉19	0♉23	0♉30	0♉41	0♉54	1♉11	1♉30	1♉52	2♉17	2♉45	3♉15
/⚳	26♒54	26♒41	26♒30	26♒22	26♒17	26♒15	26♒15	26♒19	26♒26	26♒35	26♒48	27♒03	27♒21	27♒41	28♒03
/♃	17♑44	17♑19	16♑57	16♑37	16♑20	16♑07	15♑56	15♑48	15♑43	15♑41	15♑41	15♑45	15♑51	15♑59	16♑09
/♄	25♉46	25♉22	25♉00	24♉41	24♉25	24♉12	24♉02	23♉55	23♉51	23♉50	23♉52	23♉57	24♉05	24♉15	24♉27
/♅	14♓13	13♓51	13♓32	13♓15	13♓02	12♓51	12♓43	12♓39	12♓37	12♓39	12♓43	12♓50	12♓60	13♓12	13♓26
/♆	2♓45	2♓23	2♓03	1♓45	1♓31	1♓19	1♓11	1♓06	1♓03	1♓04	1♓08	1♓14	1♓23	1♓34	1♓48
/♇	6♒46	6♒23	6♒02	5♒44	5♒29	5♒17	5♒08	5♒01	4♒58	4♒58	5♒01	5♒06	5♒14	5♒25	5♒38
/☊	25♓34	25♓11	24♓50	24♓32	24♓17	24♓05	23♓56	23♓50	23♓47	23♓46	23♓49	23♓55	24♓03	24♓13	24♓26
♀/♂	12♈07	12♈51	13♈36	14♈21	15♈06	15♈51	16♈37	17♈23	18♈09	18♈56	19♈42	20♈29	21♈16	22♈04	22♈51
/⚳	8♒31	9♒09	9♒47	10♒26	11♒04	11♒43	12♒22	13♒01	13♒41	14♒20	15♒00	15♒40	16♒20	16♒60	17♒40
/♃	29♐20	29♐47	0♑14	0♑41	1♑08	1♑35	2♑03	2♑30	2♑58	3♑26	3♑53	4♑21	4♑50	5♑18	5♑46
/♄	7♉23	7♉50	8♉17	8♉44	9♉12	9♉40	10♉08	10♉37	11♉06	11♉35	12♉04	12♉34	13♉04	13♉34	14♉04
/♅	25♒49	26♒19	26♒49	27♒19	27♒49	28♒20	28♒50	29♒21	29♒52	0♓24	0♓55	1♓27	1♓59	2♓31	3♓03
/♆	14♒22	14♒50	15♒19	15♒49	16♒18	16♒48	17♒18	17♒48	18♒18	18♒49	19♒20	19♒51	20♒22	20♒53	21♒24
/♇	18♑23	18♑51	19♑19	19♑48	20♑16	20♑45	21♑14	21♑44	22♑13	22♑43	23♑13	23♑43	24♑13	24♑44	25♑14
/☊	7♓11	7♓39	8♓07	8♓36	9♓05	9♓34	10♓03	10♓32	11♓02	11♓31	12♓01	12♓31	13♓02	13♓32	14♓02
♂/⚳	10♈35	11♈02	11♈28	11♈55	12♈22	12♈48	13♈15	13♈42	14♈08	14♈35	15♈02	15♈28	15♈55	16♈21	16♈48
/♃	1♍24	1♍40	1♍55	2♍10	2♍25	2♍40	2♍55	3♍10	3♍25	3♍40	3♍55	4♍10	4♍24	4♍39	4♍54
/♄	9♋27	9♋43	9♋58	10♋14	10♋30	10♋45	11♋01	11♋17	11♋33	11♋49	12♋06	12♋22	12♋38	12♋55	13♋12
/♅	27♈54	28♈12	28♈30	28♈48	29♈06	29♈25	29♈43	0♉01	0♉20	0♉38	0♉57	1♉15	1♉33	1♉52	2♉10
/♆	16♈26	16♈43	17♈01	17♈18	17♈36	17♈53	18♈11	18♈28	18♈46	19♈04	19♈21	19♈39	19♈57	20♈14	20♈32
/♇	20♓27	20♓44	21♓00	21♓17	21♓34	21♓51	22♓07	22♓24	22♓41	22♓58	23♓15	23♓31	23♓48	24♓05	24♓22
/☊	9♉15	9♉32	9♉49	10♉05	10♉22	10♉39	10♉56	11♉12	11♉29	11♉46	12♉03	12♉20	12♉36	12♉53	13♉10
⚳/♃	27♐48	27♐57	28♐06	28♐15	28♐24	28♐32	28♐40	28♐49	28♐57	29♐05	29♐13	29♐20	29♐28	29♐35	29♐42
/♄	5♉51	6♉00	6♉09	6♉19	6♉28	6♉37	6♉46	6♉56	7♉05	7♉14	7♉23	7♉33	7♉42	7♉51	8♉00
/♅	24♒17	24♒29	24♒41	24♒53	25♒05	25♒17	25♒28	25♒40	25♒51	26♒03	26♒14	26♒26	26♒37	26♒48	26♒59
/♆	12♒50	13♒01	13♒12	13♒23	13♒34	13♒45	13♒56	14♒07	14♒18	14♒28	14♒39	14♒49	14♒60	15♒10	15♒21
/♇	16♑51	17♑01	17♑11	17♑22	17♑32	17♑42	17♑52	18♑02	18♑12	18♑22	18♑32	18♑42	18♑52	19♑01	19♑11
/☊	5♓39	5♓49	5♓60	6♓10	6♓21	6♓31	6♓41	6♓51	7♓01	7♓10	7♓20	7♓30	7♓40	7♓49	7♓59
♃/♄	26♍40	26♍38	26♍36	26♍34	26♍31	26♍29	26♍27	26♍24	26♍22	26♍19	26♍17	26♍14	26♍12	26♍09	26♍06
/♅	15♑07	15♑07	15♑08	15♑08	15♑08	15♑08	15♑08	15♑08	15♑08	15♑08	15♑08	15♑07	15♑07	15♑06	15♑05
/♆	3♑39	3♑39	3♑39	3♑38	3♑38	3♑37	3♑36	3♑35	3♑34	3♑33	3♑32	3♑31	3♑30	3♑28	3♑27
/♇	7♐40	7♐39	7♐38	7♐37	7♐36	7♐34	7♐33	7♐31	7♐29	7♐28	7♐26	7♐24	7♐21	7♐19	7♐17
/☊	26♑28	26♑27	26♑26	26♑25	26♑24	26♑23	26♑21	26♑19	26♑17	26♑16	26♑14	26♑12	26♑10	26♑07	26♑05
♄/♅	23♉10	23♉10	23♉11	23♉12	23♉13	23♉14	23♉14	23♉15	23♉16	23♉17	23♉18	23♉19	23♉21	23♉22	23♉23
/♆	11♉42	11♉42	11♉42	11♉42	11♉42	11♉42	11♉42	11♉42	11♉42	11♉43	11♉43	11♉43	11♉44	11♉44	11♉45
/♇	15♎43	15♎42	15♎41	15♎41	15♎40	15♎39	15♎39	15♎38	15♎37	15♎37	15♎36	15♎36	15♎35	15♎35	15♎35
/☊	4♊31	4♊30	4♊30	4♊29	4♊28	4♊28	4♊27	4♊26	4♊26	4♊25	4♊24	4♊24	4♊24	4♊23	4♊23
♅/♆	0♓08	0♓11	0♓14	0♓16	0♓19	0♓21	0♓24	0♓26	0♓29	0♓31	0♓34	0♓36	0♓39	0♓41	0♓44
/♇	4♒09	4♒11	4♒13	4♒15	4♒17	4♒19	4♒20	4♒22	4♒24	4♒26	4♒27	4♒29	4♒30	4♒32	4♒34
/☊	22♓58	22♓59	23♓01	23♓03	23♓05	23♓07	23♓09	23♓10	23♓12	23♓14	23♓15	23♓17	23♓19	23♓20	23♓22
♆/♇	22♑42	22♑43	22♑44	22♑45	22♑46	22♑47	22♑48	22♑49	22♑50	22♑51	22♑52	22♑53	22♑54	22♑54	22♑55
/☊	11♓30	11♓31	11♓32	11♓33	11♓35	11♓36	11♓36	11♓37	11♓38	11♓39	11♓40	11♓41	11♓42	11♓43	11♓43
♇/☊	15♒31	15♒31	15♒32	15♒32	15♒33	15♒33	15♒33	15♒33	15♒33	15♒33	15♒33	15♒33	15♒34	15♒33	15♒33

March 2006

April 2006

	1	2	3	4	5	6	7	8	9	10
☉/☽	28♈38	6♉06	13♉21	20♉22	27♉12	3♊52	10♊25	16♊52	23♊17	29♊40
/☿	28♓04	28♓51	29♓40	0♈31	1♈23	2♈17	3♈13	4♈11	5♈09	6♈10
/♀	17♓56	18♓57	19♓57	20♓58	21♓59	22♓60	24♓01	25♓02	26♓03	27♓05
/♂	16♉50	17♉37	18♉23	19♉10	19♉57	20♉43	21♉30	22♉17	23♉03	23♉50
/⚷	11♓31	12♓10	12♓49	13♓28	14♓07	14♓46	15♓24	16♓03	16♓41	17♓20
/♃	29♑26	29♑53	0♒20	0♒47	1♒14	1♒41	2♒07	2♒34	3♒00	3♒27
/♄	7♊46	8♊15	8♊44	9♊14	9♊43	10♊13	10♊43	11♊12	11♊42	12♊11
/♅	26♓46	27♓17	27♓49	28♓20	28♓51	29♓22	29♓53	0♈24	0♈55	1♈26
/♆	15♓07	15♓38	16♓08	16♓38	17♓09	17♓39	18♓09	18♓39	19♓09	19♓40
/♇	18♒56	19♒26	19♒55	20♒25	20♒54	21♒24	21♒53	22♒23	22♒52	23♒21
/☊	7♈44	8♈13	8♈42	9♈12	9♈41	10♈10	10♈40	11♈10	11♈40	12♈10
☽/☿	15♈35	22♈50	29♈55	6♉48	13♉31	20♉06	26♉36	3♊01	9♊26	15♊50
/♀	5♈27	12♈56	20♈12	27♈15	4♉07	10♉49	17♉24	23♉53	0♊20	6♐45
/♂	4♊21	11♊36	18♊38	25♊27	2♋05	8♋32	14♋53	21♋07	27♋19	3♌31
/⚷	29♓02	6♈10	13♈04	19♈45	26♈15	2♉35	8♉47	14♏54	20♏58	27♏00
/♃	16♒57	23♌52	0♍35	7♍04	13♍22	19♍30	25♍30	1♎25	7♎17	13♎08
/♄	25♊16	2♋14	8♋59	15♋31	21♋51	28♋02	4♌05	10♌03	15♌58	21♌52
/♅	14♈17	21♈17	28♈03	4♉37	10♉59	17♉11	23♉15	29♉15	5♊11	11♊06
/♆	2♈38	9♈37	16♈23	22♈55	29♈16	5♉28	11♉32	17♉30	23♏26	29♏20
/♇	6♓27	13♓25	20♓10	26♓42	3♎02	9♎13	15♎16	21♎14	27♎08	3♏02
/☊	25♈15	2♉13	8♉57	15♉29	21♉49	27♉59	4♊03	10♊01	15♊57	21♊51
☿/♀	4♓53	5♓41	6♓31	7♓24	8♓18	9♓14	10♓12	11♓11	12♓12	13♓15
/♂	3♉47	4♉21	4♉57	5♉35	6♉16	6♉57	7♉41	8♉26	9♉12	10♉00
/⚷	28♒28	28♒55	29♒23	29♒54	0♓26	0♓60	1♓35	2♓12	2♓50	3♓30
/♃	16♑22	16♑37	16♑54	17♑12	17♑33	17♑55	18♑18	18♑43	19♑10	19♑37
/♄	24♉42	24♉59	25♉18	25♉39	26♉02	26♉27	26♉53	27♉21	27♉51	28♉22
/♅	13♓43	14♓02	14♓22	14♓45	15♓10	15♓36	16♓04	16♓33	17♓04	17♓36
/♆	2♓04	2♓22	2♓42	3♓04	3♓27	3♓53	4♓20	4♓48	5♓18	5♓50
/♇	5♒53	6♒10	6♒29	6♒50	7♒13	7♒38	8♒04	8♒32	9♒01	9♒32
/☊	24♓41	24♓57	25♓16	25♓37	25♓60	26♓24	26♓51	27♓19	27♓49	28♓21
♀/♂	23♈39	24♈27	25♈15	26♈03	26♈51	27♈40	28♈29	29♈17	0♉06	0♉55
/⚷	18♒20	19♒00	19♒41	20♒21	21♒02	21♒42	22♒23	23♒04	23♒45	24♒25
/♃	6♑14	6♑43	7♑11	7♑40	8♑08	8♑37	9♑06	9♑35	10♑04	10♑32
/♄	14♉34	15♉05	15♉36	16♉07	16♉38	17♉09	17♉41	18♉13	18♉45	19♉17
/♅	3♓35	4♓07	4♓40	5♓13	5♓45	6♓18	6♓51	7♓25	7♓58	8♓31
/♆	21♒56	22♒27	22♒59	23♒31	24♒03	24♒35	25♒08	25♒40	26♒13	26♒45
/♇	25♑45	26♑16	26♑47	27♑18	27♑49	28♑20	28♑52	29♑23	29♑55	0♒27
/☊	14♓33	15♓03	15♓34	16♓04	16♓35	17♓07	17♓39	18♓11	18♓43	19♓16
♂/⚷	17♈14	17♈40	18♈07	18♈33	18♈59	19♈26	19♈52	20♈18	20♈44	21♈10
/♃	5♍08	5♍23	5♍37	5♍52	6♍06	6♍21	6♍35	6♍49	7♍03	7♍18
/♄	13♋28	13♋45	14♋02	14♋19	14♋36	14♋53	15♋10	15♋27	15♋45	16♋02
/♅	2♉29	2♉47	3♉06	3♉25	3♉43	4♉02	4♉20	4♉39	4♉58	5♉16
/♆	20♈50	21♈08	21♈25	21♈43	22♈01	22♈19	22♈37	22♈54	23♈12	23♈30
/♇	24♓39	24♓56	25♓13	25♓30	25♓47	26♓04	26♓21	26♓38	26♍55	27♍12
/☊	13♉27	13♉43	13♉60	14♉16	14♉33	14♉50	15♉08	15♉25	15♉43	16♉01
⚷/♃	29♐50	29♐57	0♑03	0♑10	0♑17	0♑23	0♑29	0♑36	0♑42	0♑47
/♄	8♉09	8♉19	8♉28	8♉37	8♉46	8♉55	9♉05	9♉14	9♉23	9♉32
/♅	27♒10	27♒21	27♒32	27♒43	27♒54	28♒04	28♒15	28♒25	28♒36	28♒46
/♆	15♒31	15♒41	15♒51	16♒01	16♒11	16♒21	16♒31	16♒41	16♒50	17♒00
/♇	19♑20	19♑30	19♑39	19♑48	19♑57	20♑06	20♑15	20♑24	20♑33	20♑42
/☊	8♓08	8♓17	8♓26	8♓35	8♓44	8♓53	9♓02	9♓12	9♓21	9♓31
♃/♄	26♍04	26♍01	25♍58	25♍56	25♍53	25♍50	25♍47	25♍45	25♍42	25♍39
/♅	15♑04	15♑04	15♑03	15♑01	15♑00	14♑59	14♑58	14♑56	14♑55	14♑53
/♆	3♑25	3♑24	3♑22	3♑20	3♑18	3♑16	3♑14	3♑12	3♑10	3♑07
/♇	7♐15	7♐12	7♐09	7♐07	7♐04	7♐01	6♐58	6♐55	6♐52	6♐49
/☊	26♑02	25♑59	25♑56	25♑53	25♑50	25♑48	25♑45	25♑43	25♑40	25♑38
♄/♅	23♉24	23♉26	23♉27	23♉28	23♉30	23♉31	23♉33	23♉35	23♉36	23♉38
/♆	11♉45	11♉46	11♉46	11♉47	11♉48	11♉48	11♉49	11♉50	11♉51	11♉52
/♇	15♎34	15♎34	15♎34	15♎34	15♎34	15♎33	15♎33	15♎33	15♎33	15♎33
/☊	4♊22	4♊21	4♊21	4♊20	4♊20	4♊20	4♊20	4♊21	4♊22	4♊23
♅/♆	0♓46	0♓48	0♓51	0♓53	0♓55	0♓57	0♓60	1♓02	1♓04	1♓06
/♇	4♒35	4♒37	4♒38	4♒40	4♒41	4♒42	4♒44	4♒45	4♒46	4♒48
/☊	23♓23	23♓24	23♓25	23♓26	23♓27	23♓29	23♓31	23♓33	23♓35	23♓37
♆/♇	22♑56	22♑57	22♑57	22♑58	22♑59	22♑59	22♑60	23♑00	23♑01	23♑02
/☊	11♓44	11♓44	11♓44	11♓45	11♓45	11♓46	11♓47	11♓48	11♓49	11♓51
♇/☊	15♒33	15♒32	15♒32	15♒31	15♒31	15♒31	15♒31	15♒31	15♒32	15♒32

	11	12	13	14	15	16	17	18	19	20
☉/☽	6♋04	12♋31	19♋02	25♑38	2♒19	9♒07	16♒01	23♒02	0♓10	7♓26
/☿	7♈11	8♈14	9♈18	10♈23	11♈29	12♈36	13♈44	14♈54	16♈04	17♈15
/♀	28♓06	29♓08	0♈10	1♈11	2♈13	3♈15	4♈17	5♈19	6♈21	7♈24
/♂	24♉37	25♉23	26♉10	26♉57	27♉43	28♉30	29♉17	0♊03	0♊50	1♊37
/⚷	17♓58	18♓36	19♓14	19♓52	20♓30	21♓08	21♓46	22♓23	23♓01	23♓38
/♃	3♒53	4♒20	4♒46	5♒12	5♒38	6♒04	6♒30	6♒56	7♒22	7♒48
/♄	12♊41	13♊11	13♊41	14♊11	14♊40	15♊10	15♊40	16♊10	16♊40	17♊10
/♅	1♈57	2♈27	2♈58	3♈29	3♈60	4♈31	5♈01	5♈32	6♈03	6♈33
/♆	20♓10	20♓40	21♓10	21♓40	22♓10	22♓40	23♓10	23♓40	24♓09	24♓39
/♇	23♒50	24♒20	24♒49	25♒18	25♒47	26♒16	26♒45	27♒14	27♒43	28♒12
/☊	12♈40	13♈10	13♈39	14♈08	14♈36	15♈04	15♈32	15♈59	16♈27	16♈56
☽/☿	22♊17	28♐48	5♑24	12♑06	18♑55	25♑51	2♒55	10♒06	17♒26	24♒54
/♀	13♐12	19♐42	26♐16	2♑55	9♑39	16♑30	23♑27	0♒32	7♒44	15♒03
/♂	9♌43	15♌57	22♌16	28♌40	5♍09	11♍45	18♍27	25♍16	2♎12	9♈16
/⚷	3♐04	9♐10	15♐21	21♐36	27♐56	4♑23	10♑56	17♑36	24♑23	1♒18
/♃	18♎59	24♎54	0♏52	6♏55	13♏04	19♏19	25♏40	2♐09	8♐44	15♐27
/♄	27♌47	3♍45	9♍47	15♍54	22♍06	28♍25	4♎51	11♎23	18♎02	24♎49
/♅	17♐03	23♐02	29♐05	5♑12	11♑26	17♑45	24♑12	0♒45	7♒25	14♒12
/♆	5♐16	11♐14	17♐16	23♐23	29♐36	5♑54	12♑20	18♑52	25♑32	2♒18
/♇	8♏57	14♏54	20♏55	27♏01	3♐13	9♐31	15♐56	22♐27	29♐06	5♑52
/☊	27♊47	3♋44	9♑46	15♑51	22♑02	28♑19	4♒42	11♒12	17♒50	24♒35
☿/♀	14♓19	15♓25	16♓31	17♓39	18♓49	19♓59	21♓11	22♓23	23♓37	24♓52
/♂	10♉49	11♉40	12♉32	13♉25	14♉19	15♉14	16♉10	17♉08	18♉06	19♉05
/⚷	4♓11	4♓53	5♓36	6♓20	7♓06	7♓52	8♓39	9♓28	10♓17	11♓07
/♃	20♑06	20♑36	21♑08	21♑40	22♑14	22♑48	23♑24	24♑00	24♑38	25♑16
/♄	28♉54	29♉28	0♊03	0♊39	1♊16	1♊54	2♊34	3♊14	3♊56	4♊39
/♅	18♓09	18♓44	19♓20	19♓57	20♓35	21♓15	21♓55	22♓36	23♓19	24♓02
/♆	6♓23	6♓56	7♓32	8♓08	8♓45	9♓24	10♓03	10♓44	11♓25	12♓08
/♇	10♒03	10♒36	11♒11	11♒46	12♒23	13♒00	13♒39	14♒19	14♒59	15♒41
/☊	28♓53	29♓27	0♈01	0♈36	1♈12	1♈48	2♈25	3♈04	3♈43	4♈24
♀/♂	1♉45	2♉34	3♉24	4♉13	5♉03	5♉53	6♉43	7♉33	8♉23	9♉14
/⚷	25♒06	25♒47	26♒28	27♒09	27♒50	28♒31	29♒12	29♒53	0♓34	1♓15
/♃	11♑01	11♑30	11♑60	12♑29	12♑58	13♑27	13♑56	14♑26	14♑55	15♑25
/♄	19♉49	20♉22	20♉54	21♉27	22♉00	22♉33	23♉07	23♉40	24♉14	24♉47
/♅	9♓05	9♓38	10♓12	10♓46	11♓20	11♓54	12♓28	13♓02	13♓36	14♓10
/♆	27♒18	27♒51	28♒23	28♒56	29♒30	0♓03	0♓36	1♓09	1♓43	2♓16
/♇	0♒59	1♒31	2♒03	2♒35	3♒07	3♒39	4♒12	4♒44	5♒17	5♒49
/☊	19♓49	20♓21	20♓53	21♓25	21♓56	22♓27	22♓58	23♓29	24♓01	24♓33
♂/⚷	21♈36	22♈02	22♈28	22♈54	23♈20	23♈46	24♈12	24♈37	25♈03	25♈28
/♃	7♍32	7♍46	7♍60	8♍14	8♍28	8♍42	8♍56	9♍10	9♍24	9♍38
/♄	16♋20	16♋37	16♋55	17♋12	17♋30	17♋48	18♋06	18♋24	18♋42	19♋00
/♅	5♉35	5♉54	6♉12	6♉31	6♉50	7♉08	7♉27	7♉46	8♉05	8♉23
/♆	23♈48	24♈06	24♈24	24♈42	24♈60	25♈18	25♈36	25♈53	26♈11	26♈29
/♇	27♍29	27♍46	28♍03	28♍20	28♍37	28♍54	29♍11	29♍28	29♍45	0♎02
/☊	16♉19	16♉36	16♉53	17♉10	17♉26	17♉42	17♉58	18♉13	18♉29	18♉46
⚷/♃	0♑53	0♑59	1♑04	1♑10	1♑15	1♑20	1♑25	1♑30	1♑35	1♑39
/♄	9♉41	9♉50	9♉59	10♉08	10♉17	10♉26	10♉35	10♉44	10♉53	11♉02
/♅	28♒56	29♒07	29♒17	29♒27	29♒37	29♒47	29♒56	0♓06	0♓15	0♓25
/♆	17♒10	17♒19	17♒28	17♒37	17♒47	17♒56	18♒05	18♒13	18♒22	18♒31
/♇	20♑50	20♑59	21♑07	21♑16	21♑24	21♑32	21♑40	21♑48	21♑56	22♑04
/☊	9♓40	9♓49	9♓58	10♓06	10♓13	10♓20	10♓27	10♓33	10♓40	10♓47
♃/♄	25♍36	25♍34	25♍31	25♍28	25♍25	25♍22	25♍20	25♍17	25♍14	25♍11
/♅	14♑52	14♑50	14♑48	14♑46	14♑45	14♑43	14♑41	14♑39	14♑36	14♑34
/♆	3♑05	3♑02	2♑60	2♑57	2♑54	2♑52	2♑49	2♑46	2♑43	2♑40
/♇	6♐46	6♐42	6♐39	6♐35	6♐32	6♐28	6♐25	6♐21	6♐17	6♐13
/☊	25♑36	25♑33	25♑29	25♑25	25♑21	25♑16	25♑11	25♑06	25♑01	24♑57
♄/♅	23♉40	23♉41	23♉43	23♉45	23♉47	23♉49	23♉51	23♉53	23♉55	23♉57
/♆	11♉53	11♉54	11♉55	11♉56	11♉57	11♉58	11♉59	12♉00	12♉02	12♉03
/♇	15♎33	15♎34	15♎34	15♎34	15♎34	15♎34	15♎35	15♎35	15♎36	15♎36
/☊	4♊23	4♊24	4♊24	4♊24	4♊23	4♊22	4♊21	4♊20	4♊19	4♊19
♅/♆	1♓08	1♓10	1♓12	1♓14	1♓16	1♓18	1♓20	1♓22	1♓24	1♓26
/♇	4♒49	4♒50	4♒51	4♒53	4♒54	4♒55	4♒56	4♒57	4♒58	4♒59
/☊	23♓39	23♓41	23♓42	23♓43	23♓43	23♓43	23♓42	23♓42	23♓42	23♓42
♆/♇	23♑02	23♑02	23♑03	23♑03	23♑04	23♑04	23♑04	23♑04	23♑05	23♑05
/☊	11♓52	11♓53	11♓53	11♓53	11♓53	11♓52	11♓51	11♓49	11♓49	11♓48
♇/☊	15♒33	15♒33	15♒32	15♒32	15♒30	15♒28	15♒26	15♒24	15♒23	15♒21

21	22	23	24	25	26	27	28	29	30	
14♓49	22♓19	29♓56	7♈39	15♈26	23♈15	1♉02	8♉46	16♉22	23♉48	☉/☽
18♈27	19♈40	20♈54	22♈09	23♈25	24♈42	25♈59	27♈18	28♈37	29♈57	/☿
8♈26	9♈28	10♈31	11♈33	12♈36	13♈38	14♈41	15♈44	16♈47	17♈50	/♀
2♊24	3♊10	3♊57	4♊44	5♊30	6♊17	7♊04	7♊51	8♊38	9♊24	/♂
24♓16	24♓53	25♓30	26♓07	26♓44	27♓21	27♓58	28♓34	29♓11	29♓47	/⚷
8♒13	8♒39	9♒05	9♒30	9♒56	10♒21	10♒47	11♒12	11♒38	12♒03	/♃
17♊40	18♊11	18♊41	19♊11	19♊41	20♊11	20♊42	21♊12	21♊43	22♊13	/♄
7♈04	7♈34	8♈05	8♈35	9♈06	9♈36	10♈07	10♈37	11♈07	11♈38	/♅
25♓09	25♓39	26♓09	26♓38	27♓08	27♓38	28♓07	28♓37	29♓06	29♓36	/♆
28♒41	29♒10	29♒39	0♓08	0♓37	1♓06	1♓34	2♓03	2♓32	3♓01	/♇
17♈25	17♈54	18♈24	18♈54	19♈24	19♈53	20♈21	20♈49	21♈16	21♈42	/☊
2♓31	10♓16	18♓08	26♓07	4♈12	12♈19	20♈26	28♈29	6♉26	14♉14	☽/☿
22♒29	0♓03	7♓44	15♓31	23♓22	1♈15	9♈07	16♈55	24♈36	2♉06	/♀
16♈27	23♈45	1♉11	8♉42	16♉17	23♉54	1♊30	9♊02	16♊26	23♊41	/♂
8♒19	15♒28	22♒44	0♓05	7♓31	14♓58	22♓24	29♓46	6♈60	14♈04	/⚷
22♐17	29♐14	6♑18	13♑28	20♑42	27♑58	5♒13	12♒24	19♌27	26♌20	/♃
1♏44	8♉46	15♉54	23♉09	0♊28	7♊48	15♊08	22♊23	29♊31	6♋30	/♄
21♒07	28♒10	5♓19	12♓33	19♓52	27♓13	4♈33	11♈48	18♈56	25♈54	/♅
9♒12	16♒14	23♒22	0♓36	7♓54	15♓15	22♓34	29♓48	6♈55	13♈53	/♆
12♑45	19♑45	26♑53	4♒06	11♒23	18♒43	26♒01	3♓14	10♓21	17♓17	/♇
1♓28	8♓29	15♓37	22♓52	0♈10	7♈30	14♈48	22♈00	29♈05	5♉59	/☊
26♓08	27♓25	28♓43	0♈02	1♈22	2♈43	4♈04	5♈27	6♈51	8♈16	☿/♀
20♉06	21♉07	22♉09	23♉12	24♉16	25♉21	26♉27	27♉34	28♉42	29♉50	/♂
11♓58	12♓50	13♓42	14♓36	15♓30	16♓25	17♓21	18♓18	19♓15	20♓13	/⚷
25♑55	26♑36	27♑17	27♑59	28♑42	29♑25	0♒10	0♒56	1♒42	2♒29	/♃
5♊22	6♊07	6♊53	7♊39	8♊27	9♊16	10♊05	10♊55	11♊47	12♊39	/♄
24♓46	25♓31	26♓17	27♓04	27♓52	28♓40	29♓30	0♈20	1♈12	2♈04	/♅
12♓51	13♓35	14♓21	15♓07	15♓54	16♓42	17♓30	18♓20	19♓11	20♓02	/♆
16♒23	17♒07	17♒51	18♒37	19♒23	20♒10	20♒58	21♒46	22♒36	23♒27	/♇
5♈07	5♈51	6♈36	7♈22	8♈09	8♈57	9♈44	10♈32	11♈20	12♈08	/☊
10♉04	10♉55	11♉45	12♉36	13♉27	14♉18	15♉09	16♉00	16♉51	17♉43	♀/♂
1♓56	2♓37	3♓19	3♓60	4♓41	5♓22	6♓03	6♓44	7♓25	8♓06	/⚷
15♑54	16♑24	16♑53	17♑23	17♑52	18♑22	18♑52	19♑22	19♑51	20♑21	/♃
25♉21	25♉55	26♉29	27♉03	27♉38	28♉12	28♉47	29♉21	29♉56	0♊31	/♄
14♓45	15♓19	15♓53	16♓28	17♓02	17♓37	18♓12	18♓46	19♓21	19♓56	/♅
2♓50	3♓23	3♓57	4♓31	5♓05	5♓38	6♓12	6♓46	7♓20	7♓54	/♆
6♒22	6♒55	7♒28	8♒00	8♒33	9♒06	9♒39	10♒13	10♒46	11♒19	/♇
25♓05	25♓38	26♓12	26♓46	27♓20	27♓54	28♓26	28♓58	29♓30	0♈01	/☊
25♈54	26♈19	26♈45	27♈10	27♈35	28♈00	28♈26	28♈51	29♈15	29♈40	♂/⚷
9♍52	10♍05	10♍19	10♍33	10♍47	11♍01	11♍15	11♍28	11♍42	11♍56	/♃
19♋19	19♋37	19♋55	20♋14	20♋32	20♋51	21♋10	21♋28	21♋47	22♋06	/♄
8♉42	9♉01	9♉20	9♉38	9♉57	10♉16	10♉35	10♉53	11♉12	11♉31	/♅
26♈47	27♈05	27♈23	27♈41	27♈59	28♈17	28♈35	28♈53	29♈11	29♈29	/♆
0♎20	0♎37	0♎54	1♎11	1♎28	1♎45	2♎02	2♎19	2♎37	2♎54	/♇
19♉03	19♉20	19♉38	19♉57	20♉15	20♉32	20♉49	21♉05	21♉20	21♉35	/☊
1♑44	1♑48	1♑52	1♑57	2♑01	2♑05	2♑08	2♑12	2♑16	2♑19	⚷/♃
11♉11	11♉20	11♉28	11♉37	11♉46	11♉55	12♉03	12♉12	12♉20	12♉29	/♄
0♓34	0♓44	0♓53	1♓02	1♓11	1♓20	1♓28	1♓37	1♓45	1♓54	/♅
18♒39	18♒48	18♒56	19♒05	19♒13	19♒21	19♒29	19♒37	19♒44	19♒52	/♆
22♑12	22♑19	22♑27	22♑34	22♑42	22♑49	22♑56	23♑03	23♑10	23♑17	/♇
10♓55	11♓03	11♓12	11♓20	11♓28	11♓36	11♓43	11♓49	11♓54	11♓58	/☊
25♍08	25♍06	25♍03	25♍00	24♍58	24♍55	24♍52	24♍50	24♍47	24♍45	♃/♄
14♑32	14♑30	14♑27	14♑25	14♑22	14♑20	14♑17	14♑15	14♑12	14♑10	/♅
2♑37	2♑34	2♑31	2♑28	2♑24	2♑21	2♑18	2♑15	2♑11	2♑08	/♆
6♐09	6♐06	6♐02	5♐57	5♐53	5♐49	5♐45	5♐41	5♐37	5♐32	/♇
24♑53	24♑49	24♑46	24♑43	24♑40	24♑36	24♑32	24♑27	24♑21	24♑14	/☊
23♉59	24♉01	24♉03	24♉05	24♉08	24♉10	24♉12	24♉15	24♉17	24♉19	♄/♅
12♉04	12♉05	12♉07	12♉08	12♉10	12♉11	12♉13	12♉14	12♉16	12♉18	/♆
15♎36	15♎37	15♎37	15♎38	15♎39	15♎39	15♎40	15♎41	15♎42	15♎42	/♇
4♊20	4♊21	4♊22	4♊24	4♊25	4♊26	4♊27	4♊27	4♊25	4♊24	/☊
1♓28	1♓29	1♓31	1♓33	1♓35	1♓36	1♓38	1♓39	1♓41	1♓42	♅/♆
4♒60	5♒01	5♒02	5♒03	5♒03	5♒04	5♒05	5♒06	5♒06	5♒07	/♇
23♓43	23♓45	23♓46	23♓48	23♓50	23♓51	23♓52	23♓51	23♓50	23♓49	/☊
23♑05	23♑05	23♑05	23♑05	23♑06	23♑06	23♑06	23♑06	23♑05	23♑05	♆/♇
11♓48	11♓49	11♓50	11♓51	11♓52	11♓53	11♓52	11♓51	11♓49	11♓47	/☊
15♒21	15♒20	15♒21	15♒21	15♒21	15♒21	15♒20	15♒18	15♒15	15♒12	♇/☊

May 2006

	1	2	3	4	5	6	7	8	9	10	11	12	13	14	15	16
☉/☽	1♊02	8♊05	14♊56	21♊37	28♊10	4♋37	11♋01	17♋25	23♋50	0♌19	6♌53	13♌35	20♌24	27♒22	4♓27	11♓39
/☿	1♉18	2♉40	4♉03	5♉27	6♉51	8♉17	9♉43	11♉10	12♉38	14♉07	15♉37	17♉08	18♉39	20♉11	21♉44	23♉17
/♀	18♈52	19♈55	20♈58	22♈01	23♈04	24♈07	25♈10	26♈14	27♈17	28♈20	29♈23	0♉27	1♉30	2♉33	3♉37	4♉40
/♂	10♊11	10♊58	11♊45	12♊31	13♊18	14♊05	14♊52	15♊38	16♊25	17♊12	17♊59	18♊46	19♊32	20♊19	21♊06	21♊53
/⚷	0♈24	0♈60	1♈36	2♈12	2♈48	3♈23	3♈59	4♈34	5♈10	5♈45	6♈20	6♈55	7♈30	8♈05	8♈39	9♈14
/♃	12♒28	12♒54	13♒19	13♒44	14♌10	14♌35	14♌60	15♌25	15♌50	16♌16	16♌41	17♌06	17♌31	17♌56	18♌22	18♌47
/♄	22♊43	23♊14	23♊44	24♊15	24♊46	25♊16	25♊47	26♊18	26♊48	27♊19	27♊50	28♊21	28♊52	29♊22	29♊53	0♋24
/♅	12♈08	12♈38	13♈08	13♈39	14♈09	14♈39	15♈09	15♈39	16♈09	16♈39	17♈09	17♈39	18♈08	18♈38	19♈08	19♈38
/♆	0♈05	0♈35	1♈04	1♈34	2♈03	2♈33	3♈02	3♈31	4♈00	4♈30	4♈59	5♈28	5♈57	6♈26	6♈55	7♈24
/♇	3♓29	3♓58	4♓27	4♓55	5♓24	5♓52	6♓21	6♓49	7♓18	7♓46	8♓15	8♓43	9♓11	9♓40	10♓08	10♓36
/☊	22♈08	22♈35	23♈02	23♈30	23♈58	24♈28	24♈57	25♈27	25♈57	26♈25	26♈53	27♈20	27♈46	28♈11	28♈36	29♈01
☽/☿	21♉51	29♉18	6♊33	13♊40	20♊39	27♊34	4♋26	11♋18	18♋13	25♋13	2♌20	9♌34	16♒57	24♒29	2♓09	9♓56
/♀	9♉25	16♉33	23♉29	0♊14	6♊52	13♊24	19♊53	26♊22	2♋52	9♑26	16♑06	22♑53	29♑48	6♒51	14♒01	21♒19
/♂	0♋44	7♋35	14♋15	20♋44	27♋06	3♌22	9♌34	15♌46	22♌00	28♌18	4♍41	11♍12	17♍50	24♍37	1♎31	8♎32
/⚷	20♈57	27♈37	4♉06	10♉25	16♉35	22♏40	28♏42	4♐42	10♐45	16♐51	23♐03	29♐21	5♑48	12♑22	19♑04	25♑53
/♃	3♍01	9♍31	15♍49	21♍57	27♍57	3♎52	9♎43	15♎33	21♎25	27♎22	3♏23	9♏32	15♏49	22♏14	28♏47	5♐26
/♄	13♋16	19♋51	26♋15	2♌28	8♌33	14♌33	20♌30	26♌26	2♍23	8♍25	14♍32	20♍47	27♍09	3♎40	10♎18	17♎03
/♅	2♉41	9♉16	15♉39	21♉52	27♉57	3♊56	9♊52	15♐47	21♐44	27♐45	3♑51	10♑05	16♑26	22♑56	29♑33	6♒17
/♆	20♈38	27♈12	3♉35	9♉47	15♉51	21♏49	27♏45	3♐39	9♐35	15♐35	21♐41	27♐54	4♑15	10♑44	17♑20	24♑03
/♇	24♓02	0♎35	6♎57	13♎08	19♎12	25♎09	1♏03	6♏57	12♏53	18♏52	24♏57	1♐09	7♐29	13♐57	20♐33	27♐15
/☊	12♉41	19♉12	25♉32	1♊43	7♊46	13♊44	19♊40	25♊35	1♋31	7♑31	13♑36	19♑47	26♑04	2♒29	9♒01	15♒40
☿/♀	9♈41	11♈08	12♈35	14♈04	15♈33	17♈04	18♈35	20♈07	21♈41	23♈15	24♈50	26♈26	28♈02	29♈40	1♉18	2♉57
/♂	0♊60	2♊10	3♊22	4♊34	5♊47	7♊01	8♊16	9♊32	10♊49	12♊07	13♊25	14♊45	16♊05	17♊26	18♊47	20♊10
/⚷	21♓12	22♓12	23♓13	24♓14	25♓17	26♓20	27♓23	28♓28	29♓34	0♈40	1♈47	2♈54	4♈02	5♈11	6♈21	7♈31
/♃	3♒17	4♒06	4♒56	5♒47	6♒39	7♒31	8♒25	9♒19	10♒14	11♒10	12♒07	13♌05	14♌04	15♌03	16♌03	17♌04
/♄	13♊32	14♊26	15♊22	16♊18	17♊15	18♊13	19♊12	20♊11	21♊12	22♊14	23♊16	24♊20	25♊24	26♊29	27♊35	28♊41
/♅	2♈57	3♈51	4♈46	5♈41	6♈38	7♈35	8♈33	9♈33	10♈33	11♈34	12♈35	13♈38	14♈41	15♈45	16♈50	17♈55
/♆	20♓54	21♓47	22♓41	23♓36	24♓32	25♓29	26♓26	27♓25	28♓24	29♓24	0♈25	1♈27	2♈30	3♈33	4♈37	5♈41
/♇	24♒18	25♒10	26♒04	26♒58	27♒53	28♒49	29♒45	0♓43	1♓41	2♓41	3♓41	4♓42	5♓44	6♓46	7♓50	8♓53
/☊	12♈57	13♈47	14♈39	15♈32	16♈27	17♈24	18♈22	19♈21	20♈20	21♈20	22♈20	23♈19	24♈19	25♈18	26♈18	27♈18
♀/♂	18♉34	19♉25	20♉17	21♉08	22♉00	22♉52	23♉44	24♉35	25♉27	26♉19	27♉11	28♉03	28♉56	29♉48	0♊40	1♊32
/⚷	8♓46	9♓27	10♓08	10♓49	11♓30	12♓10	12♓51	13♓31	14♓12	14♓52	15♓33	16♓13	16♓53	17♓33	18♓13	18♓53
/♃	20♑51	21♑21	21♑51	22♑21	22♑51	23♑22	23♑52	24♑22	24♑53	25♑23	25♑53	26♑24	26♑54	27♑25	27♑56	28♑27
/♄	1♊06	1♊41	2♊17	2♊52	3♊28	4♊03	4♊39	5♊15	5♊50	6♊26	7♊02	7♊39	8♊15	8♊51	9♊28	10♊04
/♅	20♓31	21♓06	21♓41	22♓16	22♓51	23♓26	24♓01	24♓36	25♓11	25♓46	26♓21	26♓57	27♓32	28♓07	28♓42	29♓18
/♆	8♓28	9♓02	9♓37	10♓11	10♓45	11♓19	11♓54	12♓28	13♓02	13♓37	14♓11	14♓46	15♓20	15♓55	16♓29	17♓04
/♇	11♒52	12♒26	12♒59	13♒32	14♒06	14♒39	15♒13	15♒46	16♒20	16♒53	17♒27	18♒01	18♒35	19♒08	19♒42	20♒16
/☊	0♈31	1♈03	1♈34	2♈07	2♈40	3♈14	3♈49	4♈24	4♈59	5♈33	6♈06	6♈38	7♈09	7♈40	8♈10	8♈40
♂/⚷	0♉05	0♉30	0♉54	1♉19	1♉43	2♉08	2♉32	2♉56	3♉20	3♉44	4♉08	4♉32	4♉56	5♉19	5♉43	6♉06
/♃	12♍10	12♍24	12♍38	12♍51	13♍05	13♍19	13♍33	13♍47	14♍01	14♍15	14♍29	14♍43	14♍57	15♍11	15♍25	15♍39
/♄	22♋25	22♋44	23♋03	23♋22	23♋41	24♋01	24♋20	24♋39	24♋59	25♋18	25♋38	25♋58	26♋17	26♋37	26♋57	27♋17
/♅	11♉50	12♉08	12♉27	12♉46	13♉05	13♉23	13♉42	14♉01	14♉19	14♉38	14♉57	15♉16	15♉34	15♉53	16♉12	16♉30
/♆	29♈47	0♉05	0♉23	0♉41	0♉59	1♉17	1♉35	1♉53	2♉11	2♉29	2♉47	3♉05	3♉23	3♉41	3♉59	4♉17
/♇	3♎11	3♎28	3♎45	4♎02	4♎20	4♎37	4♎54	5♎11	5♎28	5♎45	6♎03	6♎20	6♎37	6♎54	7♎11	7♎29
/☊	21♉50	22♉05	22♉21	22♉37	22♉54	23♉12	23♉30	23♉49	24♉07	24♉25	24♉41	24♉57	25♉12	25♉26	25♉39	25♉53
⚷/♃	2♑22	2♑26	2♑29	2♑32	2♑35	2♑38	2♑40	2♑43	2♑45	2♑48	2♑50	2♑52	2♑55	2♑57	2♑59	3♑00
/♄	12♉37	12♉46	12♉54	13♉03	13♉11	13♉19	13♉27	13♉35	13♉43	13♉51	13♉59	14♉07	14♉15	14♉23	14♉30	14♉38
/♅	2♓02	2♓10	2♓18	2♓26	2♓34	2♓42	2♓49	2♓57	3♓04	3♓11	3♓18	3♓25	3♓32	3♓38	3♓45	3♓51
/♆	19♒60	20♒07	20♒14	20♒21	20♒28	20♒35	20♒42	20♒49	20♒55	21♒02	21♒08	21♒14	21♒20	21♒26	21♒32	21♒38
/♇	23♑23	23♑30	23♑36	23♑43	23♑49	23♑55	24♑01	24♑07	24♑13	24♑18	24♑24	24♑29	24♑35	24♑40	24♑45	24♑50
/☊	12♓03	12♓07	12♓12	12♓17	12♓24	12♓30	12♓38	12♓45	12♓52	12♓58	13♓03	13♓07	13♓09	13♓11	13♓13	13♓14
♃/♄	24♍42	24♍40	24♍37	24♍35	24♍33	24♍31	24♍28	24♍26	24♍24	24♍22	24♍20	24♍18	24♍16	24♍14	24♍13	24♍11
/♅	14♑07	14♑04	14♑01	13♑59	13♑56	13♑53	13♑50	13♑47	13♑45	13♑42	13♑39	13♑36	13♑33	13♑30	13♑27	13♑25
/♆	2♑04	2♑01	1♑57	1♑54	1♑50	1♑47	1♑43	1♑40	1♑36	1♑32	1♑29	1♑25	1♑22	1♑18	1♑15	1♑11
/♇	5♐28	5♐24	5♐20	5♐15	5♐11	5♐07	5♐02	4♐58	4♐53	4♐49	4♐45	4♐40	4♐36	4♐32	4♐27	4♐23
/☊	24♑07	24♑01	23♑55	23♑50	23♑45	23♑42	23♑39	23♑36	23♑32	23♑28	23♑24	23♑18	23♑11	23♑03	22♑55	22♑47
♄/♅	24♉22	24♉24	24♉27	24♉29	24♉32	24♉35	24♉37	24♉40	24♉43	24♉45	24♉48	24♉51	24♉53	24♉56	24♉59	25♉02
/♆	12♉19	12♉21	12♉23	12♉25	12♉26	12♉28	12♉30	12♉32	12♉34	12♉36	12♉38	12♉40	12♉42	12♉44	12♉46	12♉48
/♇	15♎43	15♎44	15♎45	15♎46	15♎47	15♎48	15♎49	15♎50	15♎51	15♎53	15♎54	15♎55	15♎56	15♎58	15♎59	16♎00
/☊	4♊22	4♊21	4♊20	4♊21	4♊22	4♊23	4♊26	4♊28	4♊30	4♊32	4♊33	4♊32	4♊31	4♊29	4♊27	4♊25
♅/♆	1♓44	1♓45	1♓47	1♓48	1♓50	1♓51	1♓52	1♓53	1♓55	1♓56	1♓57	1♓58	1♓59	1♓60	2♓01	2♓02
/♇	5♒08	5♒08	5♒09	5♒10	5♒10	5♒11	5♒11	5♒12	5♒12	5♒12	5♒13	5♒13	5♒13	5♒13	5♒14	5♒14
/☊	23♓47	23♓45	23♓44	23♓44	23♓45	23♓46	23♓48	23♓49	23♓51	23♓52	23♓51	23♓50	23♓48	23♓45	23♓42	23♓38
♆/♇	23♑05	23♑05	23♑05	23♑05	23♑05	23♑04	23♑04	23♑04	23♑03	23♑03	23♑03	23♑02	23♑02	23♑01	23♑01	23♑00
/☊	11♓44	11♓42	11♓40	11♓39	11♓39	11♓40	11♓40	11♓41	11♓42	11♓42	11♓41	11♓40	11♓37	11♓33	11♓29	11♓25
♇/☊	15♒08	15♒05	15♒03	15♒01	14♒60	14♒59	14♒59	14♒60	14♒60	14♒59	14♒57	14♒55	14♒51	14♒46	14♒42	14♒37

	17	18	19	20	21	22	23	24	25	26	27	28	29	30	31	
☉/☽	18♓57	26♓20	3♈47	11♈18	18♈50	26♈25	4♉01	11♉37	19♉11	26♉42	4♊08	11♊26	18♊36	25♊35	2♋24	☉/☽
/☿	24♉51	26♉25	27♉60	29♉34	1♊09	2♊43	4♊18	5♊51	7♊25	8♊57	10♊29	12♊00	13♊30	14♊59	16♊27	/☿
/♀	5♉43	6♉47	7♉50	8♉54	9♉57	11♉01	12♉05	13♉08	14♉12	15♉16	16♉19	17♉23	18♉27	19♉30	20♉34	/♀
/♂	22♊39	23♊26	24♊13	24♊60	25♊46	26♊33	27♊20	28♊07	28♊54	29♊40	0♋27	1♋14	2♋01	2♋48	3♋34	/♂
/⚷	9♈48	10♈22	10♈56	11♈30	12♈04	12♈37	13♈11	13♈44	14♈18	14♈51	15♈24	15♈56	16♈29	17♈01	17♈34	/⚷
/♃	19♌12	19♌37	20♌03	20♌28	20♌53	21♌19	21♌44	22♌10	22♌35	23♌01	23♌26	23♌52	24♌18	24♌43	25♌09	/♃
/♄	0♋55	1♋26	1♋57	2♋28	2♋59	3♋31	4♋02	4♋33	5♋04	5♋35	6♋07	6♋38	7♋09	7♋41	8♋12	/♄
/♅	20♈08	20♈37	21♈07	21♈36	22♈06	22♈36	23♈05	23♈35	24♈04	24♈33	25♈03	25♈32	26♈02	26♈31	27♈00	/♅
/♆	7♈53	8♈22	8♈51	9♈20	9♈49	10♈18	10♈47	11♈16	11♈44	12♈13	12♈42	13♈11	13♈39	14♈08	14♈37	/♆
/♇	11♓04	11♓33	12♓01	12♓29	12♓57	13♓26	13♓54	14♓22	14♓50	15♓18	15♓46	16♓14	16♓42	17♓10	17♓38	/♇
/☊	29♈26	29♈52	0♉19	0♉47	1♉16	1♉45	2♉14	2♉42	3♉09	3♉35	3♉60	4♉23	4♉47	5♉10	5♉35	/☊
☽/☿	17♓50	25♓50	3♈53	12♈00	20♈10	28♈21	6♉34	14♉46	22♉56	1♊02	9♊02	16♊54	24♊36	2♋06	9♋26	☽/☿
/♀	28♒43	6♓11	13♓44	21♓20	28♓59	6♈39	14♈21	22♈03	29♈43	7♉20	14♉52	22♉17	29♉32	6♊38	13♊33	/♀
/♂	15♎39	22♈51	0♉07	7♉26	14♉48	22♉11	29♉36	7♊01	14♊25	21♊45	29♊00	6♋08	13♋06	19♋55	26♋33	/♂
/⚷	2♒47	9♒47	16♒50	23♒56	1♓05	8♓16	15♓27	22♓39	29♓49	6♈55	13♈56	20♈50	27♈34	4♉08	10♉33	/⚷
/♃	12♐12	19♐02	25♐57	2♑54	9♑55	16♑57	24♑00	1♒04	8♒07	15♌06	21♌59	28♌46	5♍23	11♍51	18♍08	/♃
/♄	23♎55	0♏51	7♉51	14♉55	22♉01	29♉09	6♊18	13♊27	20♊35	27♊40	4♋40	11♋32	18♋15	24♋48	1♌11	/♄
/♅	13♒07	20♒02	27♒01	4♓03	11♓07	18♓14	25♓21	2♈29	9♈35	16♈38	23♈36	0♉26	7♉07	13♉38	19♉59	/♅
/♆	0♒53	7♒47	14♒45	21♒46	28♒50	5♓56	13♓03	20♓10	27♓16	4♈18	11♈15	18♈04	24♈45	1♉15	7♉36	/♆
/♇	4♑04	10♑57	17♑55	24♑55	1♒59	9♒04	16♒10	23♒16	0♓21	7♓23	14♓19	21♓08	27♍48	4♎17	10♎37	/♇
/☊	22♒25	29♒16	6♓13	13♓13	20♓17	27♓23	4♈30	11♈37	18♈41	25♈40	2♉33	9♉17	15♉52	22♉18	28♉34	/☊
☿/♀	4♉36	6♉16	7♉56	9♉37	11♉17	12♉57	14♉38	16♉17	17♉57	19♉35	21♉13	22♉50	24♉27	26♉02	27♉36	☿/♀
/♂	21♊32	22♊55	24♊19	25♊43	27♊06	28♊30	29♊53	1♋16	2♋38	4♋00	5♋21	6♋42	8♋01	9♋19	10♋36	/♂
/⚷	8♈41	9♈51	11♈02	12♈13	13♈24	14♈34	15♈44	16♈54	18♈02	19♈10	20♈18	21♈24	22♈29	23♈33	24♈35	/⚷
/♃	18♌05	19♌07	20♌09	21♌11	22♌13	23♌15	24♌17	25♌19	26♌20	27♌21	28♌21	29♌20	0♍18	1♍15	2♍11	/♃
/♄	29♊48	0♋56	2♋03	3♋11	4♋19	5♋27	6♋35	7♋42	8♋49	9♋55	11♋01	12♋06	13♋09	14♋12	15♋14	/♄
/♅	19♈01	20♈07	21♈13	22♈19	23♈26	24♈32	25♈38	26♈44	27♈49	28♈53	29♈57	0♉60	2♉01	3♉02	4♉02	/♅
/♆	6♈46	7♈52	8♈57	10♈03	11♈09	12♈14	13♈20	14♈25	15♈29	16♈33	17♈36	18♈38	19♈39	20♈39	21♈38	/♆
/♇	9♓57	11♓02	12♓07	13♓12	14♓17	15♓22	16♓27	17♓31	18♓35	19♓38	20♓40	21♓42	22♓42	23♓42	24♓40	/♇
/☊	28♈19	29♈21	0♉25	1♉30	2♉36	3♉42	4♉47	5♉52	6♉54	7♉55	8♉54	9♉51	10♉47	11♉42	12♉36	/☊
♀/♂	2♊25	3♊17	4♊10	5♊02	5♊55	6♊47	7♊40	8♊33	9♊26	10♊18	11♊11	12♊04	12♊57	13♊50	14♊43	♀/♂
/⚷	19♓33	20♓13	20♓53	21♓33	22♓12	22♓52	23♓31	24♓10	24♓50	25♓29	26♓08	26♓46	27♓25	28♓04	28♓42	/⚷
/♃	28♑58	29♑29	29♑60	0♒31	1♒02	1♒33	2♒04	2♒36	3♒07	3♒39	4♒10	4♒42	5♒14	5♒46	6♒18	/♃
/♄	10♊41	11♊17	11♊54	12♊31	13♊08	13♊45	14♊22	14♊59	15♊36	16♊13	16♊51	17♊28	18♊06	18♊43	19♊21	/♄
/♅	29♓53	0♈28	1♈04	1♈39	2♈14	2♈50	3♈25	4♈01	4♈36	5♈11	5♈47	6♈22	6♈58	7♈33	8♈09	/♅
/♆	17♓39	18♓13	18♓48	19♓23	19♓57	20♓32	21♓07	21♓42	22♓16	22♓51	23♓26	24♓01	24♓36	25♓11	25♓45	/♆
/♇	20♒50	21♒24	21♒58	22♒32	23♒06	23♒40	24♒14	24♒48	25♒22	25♒56	26♒30	27♒04	27♒39	28♒13	28♒47	/♇
/☊	9♈11	9♈43	10♈16	10♈49	11♈24	11♈59	12♈34	13♈08	13♈41	14♈13	14♈44	15♈14	15♈43	16♈13	16♈43	/☊
♂/⚷	6♉29	6♉52	7♉15	7♉38	8♉01	8♉24	8♉46	9♉09	9♉31	9♉53	10♉16	10♉38	10♉59	11♉21	11♉43	♂/⚷
/♃	15♍54	16♍08	16♍22	16♍36	16♍51	17♍05	17♍20	17♍34	17♍49	18♍04	18♍18	18♍33	18♍48	19♍03	19♍18	/♃
/♄	27♋37	27♋57	28♋17	28♋37	28♋57	29♋17	29♋37	29♋58	0♌18	0♌38	0♌59	1♌19	1♌40	2♌00	2♌21	/♄
/♅	16♉49	17♉08	17♉26	17♉45	18♉03	18♉22	18♉41	18♉59	19♉18	19♉36	19♉55	20♉13	20♉32	20♉51	21♉09	/♅
/♆	4♉35	4♉53	5♉10	5♉28	5♉46	6♉04	6♉22	6♉40	6♉58	7♉16	7♉34	7♉52	8♉10	8♉28	8♉46	/♆
/♇	7♎46	8♎03	8♎20	8♎37	8♎55	9♎12	9♎29	9♎46	10♎04	10♎21	10♎38	10♎55	11♎13	11♎30	11♎47	/♇
/☊	26♉07	26♉22	26♉38	26♉55	27♉13	27♉32	27♉50	28♉07	28♉23	28♉38	28♉52	29♉05	29♉17	29♉30	29♉44	/☊
⚷/♃	3♑02	3♑04	3♑05	3♑07	3♑08	3♑10	3♑11	3♑12	3♑13	3♑14	3♑15	3♑16	3♑16	3♑17	3♑17	⚷/♃
/♄	14♉45	14♉53	14♉60	15♉07	15♉14	15♉21	15♉28	15♉35	15♉42	15♉49	15♉55	16♉02	16♉08	16♉14	16♉20	/♄
/♅	3♓57	4♓04	4♓09	4♓15	4♓21	4♓26	4♓32	4♓37	4♓42	4♓47	4♓51	4♓56	5♓00	5♓04	5♓08	/♅
/♆	21♒43	21♒49	21♒54	21♒59	22♒04	22♒09	22♒13	22♒18	22♒22	22♒26	22♒30	22♒34	22♒38	22♒41	22♒45	/♆
/♇	24♑54	24♑59	25♑04	25♑08	25♑12	25♑16	25♑20	25♑24	25♑28	25♑31	25♑35	25♑38	25♑41	25♑44	25♑47	/♇
/☊	13♓16	13♓18	13♓21	13♓26	13♓31	13♓36	13♓41	13♓44	13♓47	13♓48	13♓48	13♓47	13♓45	13♓44	13♓43	/☊
♃/♄	24♍10	24♍08	24♍07	24♍05	24♍04	24♍03	24♍02	24♍01	23♍60	23♍59	23♍58	23♍57	23♍57	23♍56	23♍56	♃/♄
/♅	13♑22	13♑19	13♑16	13♑13	13♑10	13♑08	13♑05	13♑02	12♑59	12♑57	12♑54	12♑51	12♑49	12♑46	12♑44	/♅
/♆	1♑07	1♑04	1♑00	0♑57	0♑53	0♑50	0♑47	0♑43	0♑40	0♑36	0♑33	0♑30	0♑27	0♑24	0♑20	/♆
/♇	4♐19	4♐14	4♐10	4♐06	4♐02	3♐58	3♐53	3♐49	3♐45	3♐41	3♐37	3♐34	3♐30	3♐26	3♐22	/♇
/☊	22♑40	22♑33	22♑28	22♑24	22♑20	22♑17	22♑14	22♑10	22♑05	21♑58	21♑51	21♑43	21♑34	21♑26	21♑18	/☊
♄/♅	25♉05	25♉08	25♉11	25♉14	25♉16	25♉19	25♉22	25♉25	25♉28	25♉31	25♉34	25♉38	25♉41	25♉44	25♉47	♄/♅
/♆	12♉51	12♉53	12♉55	12♉57	12♉59	13♉02	13♉04	13♉06	13♉09	13♉11	13♉14	13♉16	13♉18	13♉21	13♉23	/♆
/♇	16♎02	16♎03	16♎05	16♎06	16♎08	16♎09	16♎11	16♎13	16♎14	16♎16	16♎18	16♎20	16♎21	16♎23	16♎25	/♇
/☊	4♊23	4♊22	4♊23	4♊24	4♊26	4♊29	4♊31	4♊33	4♊34	4♊33	4♊31	4♊29	4♊26	4♊23	4♊21	/☊
♅/♆	2♓03	2♓04	2♓04	2♓05	2♓06	2♓07	2♓07	2♓08	2♓09	2♓09	2♓10	2♓10	2♓11	2♓11	2♓11	♅/♆
/♇	5♒14	5♒14	5♒14	5♒14	5♒14	5♒14	5♒14	5♒14	5♒14	5♒14	5♒14	5♒14	5♒14	5♒13	5♒13	/♇
/☊	23♓35	23♓33	23♓32	23♓32	23♓33	23♓34	23♓35	23♓35	23♓34	23♓31	23♓27	23♓23	23♓18	23♓13	23♓09	/☊
♆/♇	22♑60	22♑59	22♑59	22♑58	22♑57	22♑57	22♑56	22♑55	22♑54	22♑54	22♑53	22♑52	22♑51	22♑50	22♑50	♆/♇
/☊	11♓21	11♓18	11♓16	11♓16	11♓16	11♓16	11♓16	11♓16	11♓14	11♓11	11♓06	11♓01	10♓56	10♓51	10♓46	/☊
♇/☊	14♒32	14♒29	14♒26	14♒25	14♒24	14♒24	14♒23	14♒22	14♒19	14♒16	14♒11	14♒05	13♒59	13♒53	13♒48	♇/☊

June 2006

	1	2	3	4	5	6	7	8	9	10	11	12	13	14	15
☉/☽	9♋05	15♋37	22♋04	28♋28	4♌51	11♌16	17♌46	24♌24	1♍10	8♍06	15♍13	22♓29	29♓54	7♈24	14♈59
/☿	17♊54	19♊19	20♊43	22♊06	23♊28	24♊48	26♊06	27♊24	28♊40	29♊54	1♋08	2♋19	3♋30	4♋39	5♋46
/♀	21♉38	22♉42	23♉46	24♉50	25♉53	26♉57	28♉01	29♉05	0♊09	1♊13	2♊17	3♊21	4♊25	5♊29	6♊33
/♂	4♋21	5♋08	5♋55	6♋42	7♋29	8♋15	9♋02	9♋49	10♋36	11♋23	12♋10	12♋56	13♋43	14♋30	15♋17
/⚷	18♈06	18♈38	19♈10	19♈41	20♈13	20♈44	21♈15	21♈46	22♈17	22♈48	23♈18	23♈49	24♈19	24♈49	25♈19
/♃	25♌35	26♌01	26♌27	26♌53	27♌19	27♌45	28♌11	28♌37	29♌04	29♌30	29♌57	0♍23	0♍50	1♍16	1♍43
/♄	8♋44	9♋15	9♋47	10♋18	10♋50	11♋21	11♋53	12♋24	12♋56	13♋27	13♋59	14♋31	15♋02	15♋34	16♋06
/♅	27♈29	27♈59	28♈28	28♈57	29♈26	29♈55	0♉24	0♉53	1♉22	1♉51	2♉20	2♉49	3♉17	3♉46	4♉15
/♆	15♈05	15♈34	16♈03	16♈31	16♈60	17♈28	17♈57	18♈25	18♈53	19♈22	19♈50	20♈19	20♈47	21♈15	21♈43
/♇	18♓06	18♓34	19♓02	19♓30	19♓58	20♓26	20♓54	21♓22	21♓50	22♓18	22♓46	23♓14	23♓42	24♓10	24♓37
/☊	6♉00	6♉27	6♉54	7♉23	7♉52	8♉20	8♉49	9♉16	9♉41	10♉06	10♉29	10♉52	11♉15	11♉38	12♉03
☽/☿	16♋35	23♋36	0♌29	7♌18	14♌05	20♌53	27♌45	4♍42	11♍47	19♍01	26♍23	3♎54	11♎31	19♈14	26♈58
/♀	20♊20	26♊58	3♋31	10♋02	16♋31	23♋03	29♋40	6♌24	13♒16	20♒19	27♒32	4♓55	12♓27	20♓04	27♓45
/♂	3♌03	9♌25	15♌41	21♌54	28♌06	4♍21	10♍41	17♍08	23♍43	0♎29	7♎25	14♎31	21♎45	29♎05	6♏29
/⚷	16♉47	22♉54	28♏55	4♐53	10♐51	16♐50	22♐54	29♐05	5♑25	11♑54	18♑34	25♑23	2♒20	9♒24	16♒31
/♃	24♍17	0♎17	6♎13	12♎05	17♎57	23♎51	29♎50	5♏56	12♏11	18♏36	25♏12	1♐58	8♐51	15♐51	22♐55
/♄	7♌25	13♌31	19♌32	25♌30	1♍27	7♍27	13♍31	19♍43	26♍03	2♎34	9♎15	16♎05	23♎04	0♏09	7♏18
/♅	26♉11	2♊15	8♊13	14♊09	20♐04	26♐01	2♑03	8♑11	14♑29	20♑57	27♑35	4♒23	11♒19	18♒21	25♒27
/♆	13♉47	19♏50	25♏48	1♐43	7♐37	13♐34	19♐35	25♐44	2♑01	8♑28	15♑06	21♑53	28♑49	5♒50	12♒56
/♇	16♎48	22♎51	28♎48	4♏42	10♏36	16♏32	22♏33	28♏41	4♐57	11♐24	18♐01	24♐48	1♑43	8♑45	15♑50
/☊	4♊42	10♊43	16♊40	22♊35	28♊30	4♑26	10♑27	16♑34	22♑49	29♑12	5♒45	12♒27	19♒17	26♒13	3♓15
☿/♀	29♉09	0♊40	2♊11	3♊40	5♊08	6♊34	7♊60	9♊24	10♊46	12♊07	13♊27	14♊46	16♊03	17♊18	18♊32
/♂	11♋52	13♋07	14♋20	15♋32	16♋43	17♋53	19♋01	20♋08	21♋13	22♋17	23♋20	24♋21	25♋21	26♋19	27♋16
/⚷	25♈37	26♈36	27♈35	28♈32	29♈27	0♉21	1♉14	2♉05	2♉54	3♉42	4♉29	5♉13	5♉57	6♉38	7♉18
/♃	3♍06	3♍59	4♍52	5♍43	6♍33	7♍22	8♍10	8♍56	9♍41	10♍25	11♍07	11♍48	12♍27	13♍06	13♍42
/♄	16♋14	17♋14	18♋12	19♋09	20♋04	20♋58	21♋51	22♋43	23♋33	24♋22	25♋09	25♋56	26♋40	27♋24	28♋05
/♅	5♉00	5♉57	6♉53	7♉47	8♉40	9♉32	10♉23	11♉12	11♉59	12♉45	13♉30	14♉13	14♉55	15♉36	16♉14
/♆	22♈36	23♈32	24♈28	25♈22	26♈14	27♈05	27♈55	28♈44	29♈31	0♉16	1♉01	1♉43	2♉25	3♉05	3♉43
/♇	25♓37	26♍33	27♍28	28♍21	29♍13	0♎04	0♎53	1♎41	2♎27	3♎12	3♎56	4♎39	5♎19	5♎59	6♎37
/☊	13♉31	14♉25	15♉20	16♉13	17♉06	17♉58	18♉47	19♉34	20♉18	21♉00	21♉39	22♉17	22♉53	23♉28	24♉02
♀/♂	15♊36	16♊29	17♊23	18♊16	19♊09	20♊02	20♊55	21♊49	22♊42	23♊36	24♊29	25♊23	26♊16	27♊10	28♊03
/⚷	29♓21	29♓59	0♈37	1♈15	1♈53	2♈31	3♈09	3♈46	4♈23	5♈01	5♈38	6♈15	6♈52	7♈28	8♈05
/♃	6♒50	7♒22	7♒54	8♒27	8♒59	9♒32	10♒04	10♌37	11♌10	11♌43	12♌16	12♌49	13♌22	13♌56	14♌29
/♄	19♊59	20♊36	21♊14	21♊52	22♊30	23♊08	23♊46	24♊24	25♊02	25♊40	26♊19	26♊57	27♊35	28♊14	28♊52
/♅	8♈44	9♈20	9♈55	10♈31	11♈06	11♈42	12♈17	12♈53	13♈28	14♈04	14♈39	15♈15	15♈50	16♈26	17♈01
/♆	26♓20	26♓55	27♓30	28♓05	28♓40	29♓15	29♓50	0♈25	0♈60	1♈35	2♈10	2♈45	3♈20	3♈55	4♈30
/♇	29♒21	29♒56	0♓30	1♓04	1♓39	2♓13	2♓48	3♓22	3♓56	4♓31	5♓05	5♓40	6♓15	6♓49	7♓24
/☊	17♈15	17♈48	18♈22	18♈57	19♈32	20♈07	20♈42	21♈15	21♈48	22♈19	22♈49	23♈18	23♈48	24♈18	24♈49
♂/⚷	12♉04	12♉25	12♉46	13♉08	13♉28	13♉49	14♉10	14♉30	14♉50	15♉10	15♉30	15♉50	16♉10	16♉29	16♉49
/♃	19♍33	19♍48	20♍04	20♍19	20♍34	20♍50	21♍06	21♍21	21♍37	21♍53	22♍09	22♍25	22♍41	22♍57	23♍13
/♄	2♌42	3♌03	3♌23	3♌44	4♌05	4♌26	4♌47	5♌08	5♌29	5♌50	6♌11	6♌32	6♌54	7♌15	7♌36
/♅	21♉28	21♉46	22♉05	22♉23	22♉41	22♉60	23♉18	23♉37	23♉55	24♉14	24♉32	24♉50	25♉09	25♉27	25♉45
/♆	9♉04	9♉21	9♉39	9♉57	10♉15	10♉33	10♉51	11♉09	11♉27	11♉45	12♉02	12♉20	12♉38	12♉56	13♉14
/♇	12♎05	12♎22	12♎39	12♎57	13♎14	13♎31	13♎49	14♎06	14♎23	14♎41	14♎58	15♎15	15♎33	15♎50	16♎08
/☊	29♉58	0♊14	0♊31	0♊49	1♊07	1♊25	1♊43	1♊59	2♊14	2♊28	2♊41	2♊54	3♊06	3♊19	3♊33
⚷/♃	3♑18	3♑18	3♑18	3♑19	3♑19	3♑19	3♑19	3♑18	3♑18	3♑18	3♑17	3♑17	3♑16	3♑16	3♑15
/♄	16♉26	16♉32	16♉38	16♉44	16♉49	16♉55	17♉00	17♉05	17♉10	17♉15	17♉20	17♉25	17♉29	17♉34	17♉38
/♅	5♓12	5♓16	5♓19	5♓23	5♓26	5♓29	5♓31	5♓34	5♓36	5♓39	5♓41	5♓42	5♓44	5♓46	5♓47
/♆	22♒48	22♒51	22♒54	22♒57	22♒59	23♒02	23♒04	23♒06	23♒08	23♒10	23♒11	23♒12	23♒14	23♒15	23♒15
/♇	25♑49	25♑52	25♑54	25♑56	25♑58	26♑00	26♑02	26♑03	26♑05	26♑06	26♑07	26♑08	26♑08	26♑09	26♑09
/☊	13♓43	13♓44	13♓46	13♓49	13♓52	13♓54	13♓56	13♓57	13♓56	13♓54	13♓50	13♓46	13♓42	13♓38	13♓35
♃/♄	23♍56	23♍55	23♍55	23♍55	23♍55	23♍56	23♍56	23♍56	23♍57	23♍58	23♍58	23♍59	24♍00	24♍01	24♍02
/♅	12♑41	12♑39	12♑36	12♑34	12♑32	12♑30	12♑27	12♑25	12♑23	12♑21	12♑19	12♑17	12♑15	12♑13	12♑11
/♆	0♑17	0♑14	0♑11	0♑08	0♑05	0♑03	29♐60	29♐57	29♐54	29♐52	29♐49	29♐47	29♐45	29♐42	29♐40
/♇	3♐18	3♐15	3♐11	3♐08	3♐04	3♐01	2♐58	2♐54	2♐51	2♐48	2♐45	2♐42	2♐39	2♐37	2♐34
/☊	21♑12	21♑07	21♑03	21♑00	20♑58	20♑55	20♑52	20♑48	20♑42	20♑36	20♑28	20♑20	20♑13	20♑05	19♑59
♄/♅	25♉50	25♉53	25♉56	25♉59	26♉02	26♉06	26♉09	26♉12	26♉15	26♉18	26♉21	26♉25	26♉28	26♉31	26♉34
/♆	13♉26	13♉28	13♉31	13♉34	13♉36	13♉39	13♉41	13♉44	13♉47	13♉49	13♉52	13♉55	13♉57	14♉00	14♉03
/♇	16♎27	16♎29	16♎31	16♎33	16♎35	16♎37	16♎39	16♎41	16♎43	16♎45	16♎48	16♎50	16♎52	16♎54	16♎57
/☊	4♊21	4♊21	4♊23	4♊25	4♊28	4♊31	4♊33	4♊34	4♊34	4♊33	4♊31	4♊28	4♊25	4♊23	4♊22
♅/♆	2♓12	2♓12	2♓12	2♓12	2♓12	2♓13	2♓13	2♓13	2♓13	2♓13	2♓13	2♓12	2♓12	2♓12	2♓12
/♇	5♒13	5♒12	5♒12	5♒12	5♒11	5♒11	5♒10	5♒10	5♒09	5♒09	5♒08	5♒08	5♒07	5♒06	5♒06
/☊	23♓06	23♓05	23♓04	23♓04	23♓05	23♓05	23♓05	23♓03	23♓01	22♓57	22♓52	22♓46	22♓40	22♓35	22♓31
♆/♇	22♑49	22♑48	22♑47	22♑46	22♑45	22♑44	22♑43	22♑42	22♑41	22♑40	22♑39	22♑38	22♑37	22♑35	22♑34
/☊	10♓42	10♓40	10♓39	10♓38	10♓38	10♓38	10♓37	10♓35	10♓32	10♓28	10♓22	10♓16	10♓10	10♓04	9♓60
♇/☊	13♒44	13♒41	13♒39	13♒38	13♒37	13♒36	13♒35	13♒32	13♒29	13♒24	13♒18	13♒11	13♒05	12♒59	12♒54

	16	17	18	19	20	21	22	23	24	25	26	27	28	29	30
☉/☽	22♈35	0♉11	7♉45	15♉17	22♉47	0♊13	7♊36	14♊54	22♊08	29♊15	6♋15	13♋07	19♋52	26♋29	2♌59
/☿	6♋52	7♋56	8♋59	10♋00	11♋00	11♋58	12♋54	13♋49	14♋42	15♋33	16♋22	17♋09	17♋54	18♋36	19♋17
/♀	7♊37	8♊41	9♊45	10♊49	11♊53	12♊58	14♊02	15♊06	16♊10	17♊15	18♊19	19♊23	20♊27	21♊32	22♊36
/♂	16♋04	16♋51	17♋38	18♋24	19♋11	19♋58	20♋45	21♋32	22♋19	23♋06	23♋53	24♋40	25♋27	26♋14	27♋01
/⚷	25♈48	26♈18	26♈47	27♈16	27♈45	28♈14	28♈42	29♈11	29♈39	0♉07	0♉35	1♉02	1♉30	1♉57	2♉24
/♃	2♍10	2♍37	3♍04	3♍31	3♍58	4♍25	4♍52	5♍20	5♍47	6♍15	6♍42	7♍10	7♍38	8♍06	8♍34
/♄	16♋38	17♋10	17♋41	18♋13	18♋45	19♋17	19♋49	20♋21	20♋53	21♋25	21♋57	22♋29	23♋01	23♋33	24♋05
/♅	4♉44	5♉12	5♉41	6♉10	6♉38	7♉07	7♉36	8♉04	8♉33	9♉01	9♉30	9♉58	10♉27	10♉55	11♉23
/♆	22♈12	22♈40	23♈08	23♈36	24♈05	24♈33	25♈01	25♈29	25♈57	26♈26	26♈54	27♈22	27♈50	28♈18	28♈46
/♇	25♓05	25♍33	26♍01	26♍29	26♍57	27♍25	27♍52	28♍20	28♍48	29♍16	29♍44	0♎12	0♎39	1♎07	1♎35
/☊	12♉29	12♉56	13♉24	13♉53	14♉21	14♉49	15♉15	15♉40	16♉04	16♉26	16♉49	17♉11	17♉34	17♉59	18♉24
☽/☿	4♉43	12♉26	20♉06	27♉42	5♊14	12♊41	20♊03	27♊18	4♋27	11♋28	18♋20	25♋02	1♌34	7♌57	14♌11
/♀	5♈28	13♈11	20♈52	28♈31	6♉07	13♉40	21♉10	28♉35	5♊56	13♊10	20♊17	27♊17	4♋08	10♋52	17♋30
/♂	13♉55	21♉20	28♉44	6♊06	13♊25	20♊41	27♊53	5♋02	12♋05	19♋02	25♋51	2♌33	9♌08	15♌34	21♌54
/⚷	23♒39	0♓47	7♓54	14♓58	21♓59	28♓56	5♈50	12♈40	19♈25	26♈03	2♉33	8♉56	15♉11	21♉18	27♏18
/♃	0♑01	7♑07	14♑11	21♑12	28♑12	5♒08	12♌01	18♌49	25♌33	2♍10	8♍41	15♍04	21♍19	27♍26	3♎27
/♄	14♉29	21♉39	28♉48	5♊55	12♊59	19♊60	26♊57	3♋50	10♋38	17♋20	23♋55	0♌22	6♌41	12♌53	18♌58
/♅	2♓35	9♓42	16♓48	23♓51	0♈52	7♈50	14♈44	21♈34	28♈18	4♉57	11♉28	17♉52	24♉07	0♊15	6♊17
/♆	20♒03	27♒10	4♓15	11♓18	18♓18	25♓16	2♈09	8♈59	15♈43	22♈21	28♈52	5♉15	11♉31	17♉38	23♏40
/♇	22♑56	0♒03	7♒08	14♒10	21♒10	28♒07	5♓01	11♓50	18♓34	25♓12	1♎42	8♎05	14♎20	20♎28	26♎29
/☊	10♓20	17♓26	24♓31	1♈34	8♈35	15♈31	22♈23	29♈09	5♉49	12♉22	18♉47	25♉05	1♊15	7♊19	13♊18
☿/♀	19♊45	20♊56	22♊06	23♊14	24♊21	25♊25	26♊29	27♊30	28♊30	29♊28	0♋24	1♋18	2♋10	2♋60	3♋48
/♂	28♋12	29♋06	29♋58	0♌49	1♌38	2♌26	3♌12	3♌56	4♌39	5♌19	5♌58	6♌35	7♌09	7♌42	8♌12
/⚷	7♉56	8♉33	9♉08	9♉41	10♉12	10♉42	11♉09	11♉35	11♉59	12♉20	12♉40	12♉57	13♉12	13♉25	13♉36
/♃	14♍18	14♍52	15♍24	15♍55	16♍25	16♍53	17♍19	17♍44	18♍07	18♍28	18♍47	19♍05	19♍20	19♍34	19♍46
/♄	28♋46	29♋25	0♌02	0♌38	1♌12	1♌45	2♌16	2♌45	3♌12	3♌38	4♌02	4♌23	4♌43	5♌01	5♌16
/♅	16♉52	17♉28	18♉02	18♉34	19♉05	19♉35	20♉02	20♉28	20♉52	21♉14	21♉35	21♉53	22♉09	22♉23	22♉35
/♆	4♉20	4♉55	5♉29	6♉01	6♉32	7♉01	7♉28	7♉53	8♉17	8♉39	8♉59	9♉16	9♉32	9♉46	9♉58
/♇	7♎13	7♎48	8♎22	8♎54	9♎24	9♎52	10♎19	10♎44	11♎08	11♎29	11♎49	12♎06	12♎22	12♎35	12♎47
/☊	24♉37	25♉11	25♉45	26♉17	26♉48	27♉16	27♉42	28♉04	28♉23	28♉39	28♉53	29♉06	29♉17	29♉27	29♉36
♀/♂	28♊57	29♊50	0♋44	1♋38	2♋32	3♋26	4♋19	5♋13	6♋07	7♋01	7♋55	8♋49	9♋43	10♋37	11♋31
/⚷	8♈41	9♈18	9♈54	10♈30	11♈05	11♈41	12♈17	12♈52	13♈27	14♈02	14♈37	15♈12	15♈46	16♈21	16♈55
/♃	15♌03	15♌37	16♌10	16♌44	17♌18	17♌52	18♌27	19♌01	19♌35	20♌10	20♌45	21♌19	21♌54	22♌29	23♌04
/♄	29♊31	0♋09	0♋48	1♋27	2♋05	2♋44	3♋23	4♋02	4♋41	5♋20	5♋59	6♋38	7♋17	7♋56	8♋35
/♅	17♈37	18♈12	18♈48	19♈23	19♈59	20♈34	21♈10	21♈45	22♈21	22♈56	23♈32	24♈07	24♈43	25♈18	25♈54
/♆	5♈05	5♈40	6♈15	6♈50	7♈25	8♈00	8♈35	9♈10	9♈46	10♈21	10♈56	11♈31	12♈06	12♈41	13♈16
/♇	7♓58	8♓33	9♓08	9♓42	10♓17	10♓52	11♓27	12♓01	12♓36	13♓11	13♓46	14♓21	14♓56	15♓31	16♓06
/☊	25♈22	25♈56	26♈31	27♈06	27♈41	28♈16	28♈49	29♈21	29♈52	0♉21	0♉51	1♉20	1♉50	2♉22	2♉55
♂/⚷	17♉08	17♉27	17♉46	18♉05	18♉23	18♉42	18♉60	19♉18	19♉36	19♉54	20♉11	20♉29	20♉46	21♉03	21♉20
/♃	23♍30	23♍46	24♍03	24♍19	24♍36	24♍53	25♍10	25♍27	25♍44	26♍01	26♍19	26♍36	26♍54	27♍11	27♍29
/♄	7♌58	8♌19	8♌40	9♌02	9♌23	9♌45	10♌06	10♌28	10♌50	11♌11	11♌33	11♌55	12♌17	12♌38	13♌00
/♅	26♉04	26♉22	26♉40	26♉58	27♉17	27♉35	27♉53	28♉11	28♉30	28♉48	29♉06	29♉24	29♉42	0♊00	0♊19
/♆	13♉32	13♉49	14♉07	14♉25	14♉43	15♉01	15♉19	15♉36	15♉54	16♉12	16♉30	16♉48	17♉06	17♉23	17♉41
/♇	16♎25	16♎43	17♎00	17♎17	17♎35	17♎52	18♎10	18♎27	18♎45	19♎03	19♎20	19♎38	19♎55	20♎13	20♎30
/☊	3♊49	4♊05	4♊23	4♊41	4♊59	5♊17	5♊33	5♊47	6♊00	6♊13	6♊25	6♊37	6♊50	7♊04	7♊20
⚷/♃	3♑14	3♑13	3♑12	3♑11	3♑10	3♑09	3♑07	3♑06	3♑04	3♑02	3♑01	2♑59	2♑57	2♑55	2♑53
/♄	17♉42	17♉46	17♉50	17♉53	17♉57	18♉00	18♉04	18♉07	18♉10	18♉12	18♉15	18♉17	18♉20	18♉22	18♉24
/♅	5♓48	5♓49	5♓50	5♓50	5♓50	5♓50	5♓50	5♓50	5♓49	5♓49	5♓48	5♓47	5♓45	5♓44	5♓42
/♆	23♒16	23♒16	23♒17	23♒17	23♒17	23♒16	23♒16	23♒15	23♒14	23♒13	23♒12	23♒10	23♒09	23♒07	23♒05
/♇	26♑10	26♑10	26♑09	26♑09	26♑09	26♑08	26♑07	26♑06	26♑05	26♑04	26♑02	26♑00	25♑58	25♑56	25♑54
/☊	13♓33	13♓32	13♓33	13♓33	13♓33	13♓32	13♓30	13♓26	13♓20	13♓14	13♓07	12♓60	12♓53	12♓48	12♓43
♃/♄	24♍04	24♍05	24♍07	24♍08	24♍10	24♍12	24♍14	24♍16	24♍18	24♍20	24♍23	24♍25	24♍28	24♍30	24♍33
/♅	12♑10	12♑08	12♑06	12♑05	12♑03	12♑02	12♑00	11♑59	11♑58	11♑57	11♑56	11♑54	11♑53	11♑53	11♑52
/♆	29♐38	29♐36	29♐33	29♐31	29♐30	29♐28	29♐26	29♐24	29♐23	29♐21	29♐20	29♐18	29♐17	29♐16	29♐14
/♇	2♐31	2♐29	2♐26	2♐24	2♐22	2♐19	2♐17	2♐15	2♐13	2♐11	2♐10	2♐08	2♐06	2♐05	2♐04
/☊	19♑55	19♑51	19♑49	19♑48	19♑46	19♑43	19♑40	19♑35	19♑29	19♑22	19♑14	19♑07	19♑01	18♑56	18♑53
♄/♅	26♉38	26♉41	26♉44	26♉47	26♉50	26♉54	26♉57	27♉00	27♉03	27♉07	27♉10	27♉13	27♉16	27♉19	27♉23
/♆	14♉06	14♉08	14♉11	14♉14	14♉17	14♉20	14♉22	14♉25	14♉28	14♉31	14♉34	14♉37	14♉40	14♉42	14♉45
/♇	16♎59	17♎01	17♎04	17♎06	17♎09	17♎11	17♎14	17♎16	17♎19	17♎21	17♎24	17♎27	17♎29	17♎32	17♎35
/☊	4♊23	4♊24	4♊27	4♊30	4♊33	4♊35	4♊36	4♊36	4♊34	4♊32	4♊29	4♊26	4♊24	4♊23	4♊24
♅/♆	2♓12	2♓11	2♓11	2♓10	2♓10	2♓10	2♓09	2♓09	2♓08	2♓07	2♓07	2♓06	2♓05	2♓05	2♓04
/♇	5♒05	5♒04	5♒04	5♒03	5♒02	5♒01	5♒00	4♒60	4♒59	4♒58	4♒57	4♒56	4♒55	4♒54	4♒53
/☊	22♓29	22♓27	22♓27	22♓27	22♓26	22♓25	22♓23	22♓19	22♓14	22♓08	22♓02	21♓55	21♓50	21♓45	21♓42
♆/♇	22♑33	22♑32	22♑31	22♑30	22♑28	22♑27	22♑26	22♑25	22♑23	22♑22	22♑21	22♑20	22♑18	22♑17	22♑16
/☊	9♓57	9♓55	9♓54	9♓53	9♓53	9♓51	9♓49	9♓44	9♓39	9♓32	9♓26	9♓19	9♓13	9♓08	9♓05
♇/☊	12♒50	12♒48	12♒47	12♒46	12♒45	12♒43	12♒40	12♒35	12♒30	12♒23	12♒16	12♒09	12♒03	11♒58	11♒54

June 2006

July 2006

	1	2	3	4	5	6	7	8	9	10	11	12	13	14	15	16
☉/☽	9♌25	15♌48	22♌10	28♌36	5♍06	11♍44	18♍32	25♍32	2♎44	10♎09	17♎44	25♈26	3♉13	11♉01	18♉47	26♉28
/☿	19♋56	20♋32	21♋06	21♋38	22♋07	22♋34	22♋59	23♋21	23♋41	23♋59	24♋15	24♋30	24♋42	24♋53	25♋03	25♋13
/♀	23♊40	24♊45	25♊49	26♊54	27♊58	29♊02	0♋07	1♋11	2♋16	3♋20	4♋25	5♋30	6♋34	7♋39	8♋43	9♋48
/♂	27♋48	28♋35	29♋22	0♌09	0♌56	1♌43	2♌30	3♌17	4♌04	4♌51	5♌38	6♌25	7♌13	7♌60	8♌47	9♌34
/⚳	2♉51	3♉18	3♉45	4♉11	4♉37	5♉03	5♉29	5♉55	6♉20	6♉46	7♉11	7♉36	8♉01	8♉26	8♉50	9♉15
/♃	9♍02	9♍30	9♍58	10♍27	10♍55	11♍24	11♍52	12♍21	12♍50	13♍19	13♍48	14♍17	14♍46	15♍15	15♍45	16♍14
/♄	24♋37	25♋09	25♋41	26♋13	26♋46	27♋18	27♋50	28♋22	28♋54	29♋26	29♋59	0♌31	1♌03	1♌36	2♌08	2♌40
/♅	11♉52	12♉20	12♉48	13♉17	13♉45	14♉13	14♉41	15♉09	15♉37	16♉06	16♉34	17♉02	17♉30	17♉58	18♉26	18♉54
/♆	29♈14	29♈42	0♉10	0♉38	1♉06	1♉34	2♉02	2♉30	2♉58	3♉26	3♉54	4♉22	4♉50	5♉18	5♉45	6♉13
/♇	2♎03	2♎31	2♎59	3♎27	3♎54	4♎22	4♎50	5♎18	5♎46	6♎14	6♎42	7♎10	7♎38	8♎05	8♎33	9♎01
/☊	18♉51	19♉19	19♉48	20♉16	20♉45	21♉12	21♉38	22♉03	22♉27	22♉50	23♉14	23♉37	24♉02	24♉28	24♉56	25♉24
☽/☿	20♌18	26♌20	2♍19	8♍19	14♍21	20♍29	26♍45	3♎10	9♎45	16♎31	23♎24	0♉24	7♉26	14♉28	21♉27	28♉20
/♀	24♋02	0♌32	7♌02	13♌35	20♌12	26♌58	3♍53	11♍00	18♓20	25♓52	3♈34	11♈24	19♈18	27♈14	5♉07	12♉56
/♂	28♌10	4♍23	10♍35	16♍50	23♍10	29♍38	6♎16	13♎06	20♎08	27♎22	4♏47	12♏20	19♏57	27♉35	5♊10	12♊42
/⚳	3♐13	9♐06	14♐58	20♐52	26♐52	2♑59	9♑15	15♑44	22♑25	29♑17	6♒20	13♒30	20♒45	28♒01	5♓14	12♓22
/♃	9♎24	15♎18	21♎12	27♎08	3♏10	9♏19	15♏39	22♏10	28♏54	5♐50	12♐57	20♐11	27♐30	4♑50	12♑08	19♑22
/♄	24♌59	0♍57	6♍54	12♍54	18♍60	25♍13	1♎36	8♎11	14♎58	21♎58	29♎08	6♏25	13♉47	21♉11	28♉31	5♊48
/♅	12♊14	18♐08	24♐01	29♐58	5♑59	12♑08	18♑27	24♑58	1♒42	8♒37	15♒43	22♒56	0♓14	7♓33	14♓49	22♓02
/♆	29♏36	5♐30	11♐23	17♐19	23♐20	29♐29	5♑48	12♑19	19♑02	25♑57	3♒03	10♒16	17♒34	24♒53	2♓09	9♓21
/♇	2♏25	8♏19	14♏12	20♏08	26♏09	2♐18	8♐36	15♐07	21♐50	28♐45	5♑51	13♑04	20♑22	27♑40	4♒57	12♒09
/☊	19♊13	25♊07	1♑01	6♑57	12♑59	19♑07	25♑24	1♒52	8♒31	15♒21	22♒22	29♒32	6♓46	14♓03	21♓19	28♓32
☿/♀	4♋33	5♋17	5♋58	6♋37	7♋13	7♋48	8♋20	8♋49	9♋17	9♋42	10♋06	10♋27	10♋47	11♋06	11♋23	11♋40
/♂	8♌41	9♌07	9♌31	9♌52	10♌11	10♌28	10♌43	10♌55	11♌05	11♌13	11♌19	11♌23	11♌26	11♌27	11♌27	11♌26
/⚳	13♉44	13♉50	13♉53	13♉54	13♉53	13♉49	13♉42	13♉33	13♉21	13♉08	12♉52	12♉34	12♉14	11♉53	11♉30	11♉06
/♃	19♍55	20♍02	20♍07	20♍10	20♍11	20♍09	20♍05	19♍59	19♍51	19♍40	19♍28	19♍14	18♍59	18♍42	18♍24	18♍06
/♄	5♌30	5♌41	5♌50	5♌57	6♌01	6♌03	6♌03	5♌60	5♌55	5♌48	5♌39	5♌29	5♌16	5♌03	4♌48	4♌32
/♅	22♉45	22♉52	22♉57	22♉60	23♉00	22♉58	22♉54	22♉47	22♉38	22♉27	22♉14	21♉59	21♉43	21♉25	21♉06	20♉46
/♆	10♉07	10♉14	10♉19	10♉21	10♉21	10♉19	10♉15	10♉08	9♉59	9♉48	9♉34	9♉19	9♉03	8♉45	8♉25	8♉05
/♇	12♎56	13♎03	13♎08	13♎10	13♎10	13♎08	13♎03	12♎56	12♎47	12♎36	12♎22	12♎07	11♎51	11♎32	11♎13	10♎53
/☊	29♉44	29♉51	29♉56	29♉60	29♉60	29♉57	29♉51	29♉41	29♉28	29♉12	28♉54	28♉35	28♉15	27♉55	27♉36	27♉16
♀/♂	12♋25	13♋20	14♋14	15♋08	16♋02	16♋57	17♋51	18♋45	19♋40	20♋34	21♋29	22♋23	23♋18	24♋12	25♋07	26♋01
/⚳	17♈29	18♈03	18♈37	19♈10	19♈44	20♈17	20♈50	21♈23	21♈56	22♈29	23♈01	23♈34	24♈06	24♈38	25♈10	25♈42
/♃	23♌40	24♌15	24♌50	25♌26	26♌02	26♌37	27♌13	27♌49	28♌25	29♌02	29♌38	0♍14	0♍51	1♍28	2♍04	2♍41
/♄	9♋15	9♋54	10♋33	11♋13	11♋52	12♋31	13♋11	13♋50	14♋30	15♋09	15♋49	16♋29	17♋08	17♋48	18♋28	19♋07
/♅	26♈29	27♈05	27♈40	28♈16	28♈51	29♈27	0♉02	0♉38	1♉13	1♉48	2♉24	2♉59	3♉35	4♉10	4♉46	5♉21
/♆	13♈52	14♈27	15♈02	15♈37	16♈12	16♈48	17♈23	17♈58	18♈33	19♈09	19♈44	20♈19	20♈55	21♈30	22♈05	22♈41
/♇	16♓41	17♓16	17♓51	18♓26	19♓01	19♓36	20♓11	20♓46	21♓21	21♓57	22♓32	23♓07	23♓42	24♓18	24♍53	25♍29
/☊	3♉29	4♉04	4♉40	5♉15	5♉51	6♉25	6♉59	7♉31	8♉02	8♉33	9♉04	9♉35	10♉07	10♉41	11♉16	11♉51
♂/⚳	21♉36	21♉53	22♉09	22♉26	22♉42	22♉58	23♉13	23♉29	23♉44	23♉60	24♉15	24♉30	24♉44	24♉59	25♉14	25♏28
/♃	27♍47	28♍05	28♍23	28♍41	28♍60	29♍18	29♍36	29♍55	0♎14	0♎32	0♎51	1♎10	1♎29	1♎49	2♎08	2♎27
/♄	13♌22	13♌44	14♌06	14♌28	14♌50	15♌12	15♌34	15♌56	16♌18	16♌40	17♌02	17♌25	17♌47	18♌09	18♌31	18♌53
/♅	0♊37	0♊55	1♊13	1♊31	1♊49	2♊07	2♊25	2♊43	3♊01	3♊19	3♊37	3♊55	4♊13	4♊31	4♊49	5♊07
/♆	17♉59	18♉17	18♉35	18♉53	19♉10	19♏28	19♏46	20♏04	20♏22	20♏40	20♏57	21♏15	21♏33	21♏51	22♏09	22♏27
/♇	20♎48	21♎06	21♎23	21♎41	21♎59	22♎17	22♎34	22♎52	23♎10	23♎28	23♎45	24♎03	24♎21	24♎39	24♎57	25♎15
/☊	7♊36	7♊54	8♊12	8♊31	8♊49	9♊06	9♊22	9♊37	9♊51	10♊04	10♊17	10♊31	10♊46	11♊02	11♊19	11♊37
⚳/♃	2♑51	2♑48	2♑46	2♑43	2♑41	2♑38	2♑36	2♑33	2♑30	2♑27	2♑24	2♑21	2♑18	2♑14	2♑11	2♑08
/♄	18♉26	18♉27	18♉29	18♉30	18♉31	18♉32	18♉33	18♉34	18♉34	18♉35	18♉35	18♉35	18♉35	18♉35	18♉35	18♉34
/♅	5♓40	5♓38	5♓36	5♓33	5♓30	5♓28	5♓24	5♓21	5♓18	5♓14	5♓10	5♓06	5♓02	4♓57	4♓53	4♓48
/♆	23♒03	23♒00	22♒58	22♒55	22♒52	22♒49	22♒45	22♒42	22♒38	22♒34	22♒30	22♒26	22♒21	22♒17	22♒12	22♒07
/♇	25♑52	25♑49	25♑46	25♑43	25♑40	25♑37	25♑33	25♑30	25♑26	25♑22	25♑18	25♑14	25♑09	25♑05	25♑00	24♑55
/☊	12♓40	12♓37	12♓35	12♓33	12♓30	12♓26	12♓21	12♓15	12♓07	11♓59	11♓50	11♓42	11♓34	11♓28	11♓22	11♓18
♃/♄	24♍36	24♍39	24♍42	24♍46	24♍49	24♍53	24♍56	24♍60	25♍04	25♍08	25♍12	25♍16	25♍20	25♍24	25♍29	25♍33
/♅	11♑51	11♑50	11♑49	11♑49	11♑48	11♑48	11♑48	11♑47	11♑47	11♑47	11♑47	11♑47	11♑47	11♑47	11♑47	11♑47
/♆	29♐13	29♐12	29♐11	29♐11	29♐10	29♐09	29♐08	29♐08	29♐07	29♐07	29♐07	29♐07	29♐06	29♐06	29♐06	29♐07
/♇	2♐02	2♐01	2♐00	1♐59	1♐58	1♐57	1♐57	1♐56	1♐55	1♐55	1♐55	1♐54	1♐54	1♐54	1♐54	1♐55
/☊	18♑50	18♑49	18♑49	18♑49	18♑48	18♑47	18♑44	18♑41	18♑36	18♑31	18♑27	18♑22	18♑19	18♑17	18♑17	18♑17
♄/♅	27♉26	27♉29	27♉32	27♉35	27♉39	27♉42	27♉45	27♉48	27♉51	27♉55	27♉58	28♉01	28♉04	28♉07	28♉10	28♉13
/♆	14♉48	14♉51	14♉54	14♉57	15♉00	15♉03	15♉06	15♉09	15♉12	15♉15	15♉18	15♉21	15♉24	15♉27	15♉30	15♉33
/♇	17♎37	17♎40	17♎43	17♎46	17♎48	17♎51	17♎54	17♎57	17♎60	18♎03	18♎06	18♎09	18♎12	18♎15	18♎18	18♎21
/☊	4♊25	4♊28	4♊32	4♊35	4♊38	4♊41	4♊42	4♊42	4♊41	4♊39	4♊38	4♊36	4♊36	4♊38	4♊40	4♊44
♅/♆	2♓03	2♓02	2♓01	2♓00	1♓59	1♓58	1♓57	1♓56	1♓55	1♓54	1♓53	1♓52	1♓50	1♓49	1♓48	1♓47
/♇	4♒52	4♒51	4♒50	4♒49	4♒48	4♒46	4♒45	4♒44	4♒43	4♒42	4♒41	4♒39	4♒38	4♒37	4♒36	4♒34
/☊	21♓40	21♓39	21♓39	21♓38	21♓38	21♓36	21♓33	21♓29	21♓24	21♓18	21♓13	21♓07	21♓03	20♓60	20♓58	20♓57
♆/♇	22♑14	22♑13	22♑12	22♑10	22♑09	22♑08	22♑06	22♑05	22♑04	22♑02	22♑01	21♑59	21♑58	21♑57	21♑55	21♑54
/☊	9♓02	9♓01	9♓01	9♓00	8♓59	8♓57	8♓54	8♓50	8♓44	8♓39	8♓33	8♓27	8♓23	8♓20	8♓18	8♓17
♇/☊	11♒51	11♒50	11♒49	11♒49	11♒47	11♒45	11♒42	11♒38	11♒32	11♒27	11♒21	11♒15	11♒11	11♒08	11♒06	11♒05

	17	18	19	20	21	22	23	24	25	26	27	28	29	30	31
☉/☽	4♊04	11♊33	18♊55	26♊10	3♋19	10♋21	17♋18	24♋08	0♌52	7♌29	14♌01	20♌29	26♌53	3♍15	9♍37
/☿	25♋21	25♋30	25♋38	25♋48	25♋58	26♋09	26♋22	26♋36	26♋53	27♋12	27♋33	27♋58	28♋25	28♋55	29♋28
/♀	10♋53	11♋57	13♋02	14♋07	15♋12	16♋17	17♋21	18♋26	19♋31	20♋36	21♋41	22♋46	23♋51	24♋56	26♋01
/♂	10♌21	11♌08	11♌56	12♌43	13♌30	14♌17	15♌05	15♌52	16♌39	17♌27	18♌14	19♌02	19♌49	20♌36	21♌24
/⚳	9♉39	10♉03	10♉27	10♉51	11♉15	11♉38	12♉02	12♉25	12♉48	13♉11	13♉34	13♉57	14♉20	14♉43	15♉05
/♃	16♍43	17♍13	17♍43	18♍13	18♍43	19♍12	19♍43	20♍13	20♍43	21♍13	21♍44	22♍14	22♍45	23♍16	23♍46
/♄	3♌13	3♌45	4♌17	4♌50	5♌22	5♌54	6♌27	6♌59	7♌32	8♌04	8♌37	9♌09	9♌42	10♌14	10♌47
/♅	19♉22	19♉50	20♉18	20♉46	21♉14	21♉42	22♉10	22♉38	23♉05	23♉33	24♉01	24♉29	24♉57	25♉25	25♉52
/♆	6♉41	7♉09	7♉37	8♉05	8♉33	9♉01	9♉29	9♉57	10♉24	10♉52	11♉20	11♉48	12♉16	12♉44	13♉12
/♇	9♎29	9♎57	10♎25	10♎53	11♎21	11♎49	12♎17	12♎45	13♎13	13♎42	14♎10	14♎38	15♎06	15♎34	16♎02
/☊	25♉53	26♉22	26♉50	27♉17	27♉43	28♉08	28♉32	28♉55	29♉19	29♉44	0♊09	0♊35	1♊03	1♊31	2♊01
☽/☿	5♊07	11♊47	18♊20	24♊48	1♋09	7♋26	13♋38	19♋45	25♋48	1♌47	7♌44	13♌38	19♌32	25♌26	1♍24
/♀	20♉39	28♉15	5♊44	13♊07	20♊23	27♊34	4♋38	11♋35	18♋27	25♋12	1♌51	8♌26	14♌58	21♌28	27♌58
/♂	20♊07	27♊26	4♋38	11♋43	18♋42	25♋35	2♌21	9♌01	15♌35	22♌02	28♌25	4♍42	10♍56	17♍08	23♍20
/⚳	19♓25	26♓20	3♈09	9♈51	16♈26	22♈55	29♈18	5♉34	11♉43	17♉47	23♏44	29♏37	5♐27	11♐14	17♐02
/♃	26♑29	3♒30	10♌25	17♌13	23♌54	0♍30	6♍59	13♍22	19♍38	25♍49	1♎54	7♎55	13♎52	19♎47	25♎43
/♄	12♊58	20♊02	26♊59	3♋50	10♋34	17♋12	23♋43	0♌08	6♌27	12♌40	18♌47	24♌50	0♍49	6♍46	12♍43
/♅	29♓08	6♈07	12♈60	19♈46	26♈25	2♉59	9♉26	15♉46	22♉01	28♉09	4♊11	10♊09	16♐04	21♐56	27♐49
/♆	16♓27	23♓26	0♈19	7♈05	13♈45	20♈18	26♈45	3♉05	9♉20	15♉28	21♏31	27♏28	3♐23	9♐15	15♐08
/♇	19♒15	26♒15	3♓07	9♓53	16♓33	23♓06	29♍33	5♎54	12♎09	18♎17	24♎20	0♏18	6♏13	12♏06	17♏59
/☊	5♈39	12♈39	19♈32	26♈17	2♉55	9♉25	15♉48	22♉04	28♉14	4♊19	10♊19	16♊16	22♊10	28♐03	3♑57
☿/♀	11♋56	12♋12	12♋28	12♋45	13♋02	13♋21	13♋41	14♋04	14♋28	14♋54	15♋24	15♋55	16♋30	17♋08	17♋49
/♂	11♌24	11♌23	11♌22	11♌21	11♌21	11♌22	11♌25	11♌29	11♌36	11♌45	11♌57	12♌11	12♌28	12♌48	13♌11
/⚳	10♉42	10♉17	9♉53	9♉29	9♉05	8♉43	8♉21	8♉02	7♉45	7♉29	7♉17	7♉06	6♉59	6♉54	6♉53
/♃	17♍47	17♍28	17♍09	16♍50	16♍33	16♍17	16♍02	15♍50	15♍40	15♍32	15♍26	15♍24	15♍24	15♍27	15♍34
/♄	4♌16	3♌59	3♌43	3♌27	3♌13	2♌59	2♌47	2♌37	2♌28	2♌22	2♌19	2♌19	2♌21	2♌26	2♌34
/♅	20♉25	20♉04	19♉44	19♉24	19♉04	18♉46	18♉30	18♉15	18♉02	17♉51	17♉44	17♉38	17♉36	17♉36	17♉40
/♆	7♉45	7♉24	7♉03	6♉43	6♉23	6♉05	5♉49	5♉34	5♉21	5♉11	5♉03	4♉57	4♉55	4♉56	4♉59
/♇	10♎33	10♎12	9♎51	9♎31	9♎12	8♎54	8♎37	8♎23	8♎10	7♎60	7♎52	7♎47	7♎45	7♎46	7♎50
/☊	26♉56	26♉36	26♉16	25♉55	25♉33	25♉12	24♉52	24♉32	24♉16	24♉02	23♉51	23♉45	23♉42	23♉43	23♉48
♀/♂	26♋56	27♋51	28♋45	29♋40	0♌35	1♌30	2♌25	3♌20	4♌14	5♌09	6♌04	6♌59	7♌54	8♌50	9♌45
/⚳	26♈14	26♈45	27♈17	27♈48	28♈19	28♈50	29♈21	29♈52	0♉23	0♉54	1♉24	1♉55	2♉25	2♉56	3♉26
/♃	3♍18	3♍55	4♍32	5♍10	5♍47	6♍25	7♍02	7♍40	8♍18	8♍56	9♍34	10♍12	10♍50	11♍29	12♍07
/♄	19♋47	20♋27	21♋07	21♋47	22♋27	23♋07	23♋47	24♋27	25♋07	25♋47	26♋27	27♋07	27♋47	28♋27	29♋08
/♅	5♉57	6♉32	7♉08	7♉43	8♉18	8♉54	9♉29	10♉05	10♉40	11♉16	11♉51	12♉27	13♉02	13♉38	14♉13
/♆	23♈16	23♈51	24♈27	25♈02	25♈38	26♈13	26♈48	27♈24	27♈59	28♈35	29♈10	29♈46	0♉21	0♉57	1♉33
/♇	26♍04	26♍39	27♍15	27♍50	28♍26	29♍02	29♍37	0♎13	0♎48	1♎24	1♎60	2♎36	3♎11	3♎47	4♎23
/☊	12♉28	13♉04	13♉40	14♉14	14♉48	15♉20	15♉51	16♉23	16♉54	17♉26	17♉59	18♉33	19♉08	19♉45	20♉21
♂/⚳	25♏42	25♏56	26♏10	26♏24	26♏38	26♏51	27♏05	27♏18	27♏31	27♏44	27♏57	28♏10	28♏23	28♏36	28♏49
/♃	2♎47	3♎06	3♎26	3♎46	4♎06	4♎26	4♎46	5♎06	5♎26	5♎47	6♎07	6♎28	6♎48	7♎09	7♎30
/♄	19♌16	19♌38	20♌00	20♌23	20♌45	21♌08	21♌30	21♌53	22♌15	22♌38	23♌00	23♌23	23♌45	24♌08	24♌30
/♅	5♊25	5♊43	6♊01	6♊19	6♊37	6♊55	7♊13	7♊31	7♊49	8♊06	8♊24	8♊42	9♊00	9♊18	9♊36
/♆	22♏45	23♏02	23♏20	23♏38	23♏56	24♏14	24♏32	24♏50	25♏08	25♏26	25♏43	26♏01	26♏19	26♏37	26♏55
/♇	25♎33	25♎50	26♎08	26♎26	26♎44	27♎02	27♎20	27♎39	27♎57	28♎15	28♎33	28♎51	29♎09	29♎27	29♎46
/☊	11♊56	12♊15	12♊33	12♊50	13♊06	13♊21	13♊35	13♊48	14♊02	14♊17	14♊32	14♊49	15♊06	15♊25	15♊44
⚳/♃	2♑04	2♑01	1♑57	1♑54	1♑50	1♑46	1♑42	1♑39	1♑35	1♑31	1♑27	1♑23	1♑19	1♑15	1♑11
/♄	18♉33	18♉33	18♉32	18♉31	18♉30	18♉28	18♉27	18♉25	18♉24	18♉22	18♉20	18♉18	18♉16	18♉14	18♉12
/♅	4♓43	4♓38	4♓32	4♓27	4♓21	4♓15	4♓10	4♓03	3♓57	3♓51	3♓44	3♓38	3♓31	3♓24	3♓17
/♆	22♒02	21♒57	21♒52	21♒46	21♒40	21♒35	21♒29	21♒22	21♒16	21♒10	21♒03	20♒57	20♒50	20♒43	20♒37
/♇	24♑50	24♑45	24♑40	24♑34	24♑29	24♑23	24♑17	24♑11	24♑05	23♑59	23♑53	23♑47	23♑40	23♑34	23♑27
/☊	11♓14	11♓09	11♓04	10♓58	10♓50	10♓41	10♓32	10♓21	10♓11	10♓01	9♓52	9♓44	9♓37	9♓31	9♓25
♃/♄	25♍38	25♍43	25♍48	25♍52	25♍58	26♍03	26♍08	26♍13	26♍19	26♍24	26♍30	26♍35	26♍41	26♍47	26♍53
/♅	11♑47	11♑48	11♑48	11♑49	11♑49	11♑50	11♑51	11♑51	11♑52	11♑53	11♑54	11♑55	11♑56	11♑57	11♑58
/♆	29♐07	29♐07	29♐07	29♐08	29♐08	29♐09	29♐10	29♐10	29♐11	29♐12	29♐13	29♐14	29♐15	29♐17	29♐18
/♇	1♐55	1♐55	1♐56	1♐56	1♐57	1♐57	1♐58	1♐59	2♐00	2♐01	2♐03	2♐04	2♐05	2♐07	2♐08
/☊	18♑18	18♑20	18♑20	18♑20	18♑18	18♑16	18♑13	18♑09	18♑06	18♑03	18♑02	18♑01	18♑02	18♑04	18♑07
♄/♅	28♉16	28♉20	28♉23	28♉26	28♉29	28♉32	28♉35	28♉38	28♉41	28♉44	28♉47	28♉50	28♉53	28♉56	28♉59
/♆	15♉36	15♉39	15♉42	15♉45	15♉48	15♉51	15♉54	15♉57	16♉00	16♉03	16♉06	16♉09	16♉12	16♉15	16♉18
/♇	18♎24	18♎27	18♎30	18♎33	18♎36	18♎39	18♎43	18♎46	18♎49	18♎52	18♎56	18♎59	19♎02	19♎05	19♎09
/☊	4♊48	4♊51	4♊55	4♊57	4♊58	4♊58	4♊57	4♊56	4♊55	4♊54	4♊55	4♊56	4♊59	5♊03	5♊07
♅/♆	1♓45	1♓44	1♓42	1♓41	1♓40	1♓38	1♓37	1♓35	1♓34	1♓32	1♓30	1♓29	1♓27	1♓26	1♓24
/♇	4♒33	4♒32	4♒31	4♒29	4♒28	4♒27	4♒25	4♒24	4♒23	4♒21	4♒20	4♒18	4♒17	4♒16	4♒14
/☊	20♓57	20♓56	20♓55	20♓53	20♓50	20♓45	20♓40	20♓34	20♓28	20♓23	20♓19	20♓16	20♓14	20♓13	20♓13
♆/♇	21♑53	21♑51	21♑50	21♑48	21♑47	21♑46	21♑44	21♑43	21♑42	21♑40	21♑39	21♑38	21♑36	21♑35	21♑34
/☊	8♓16	8♓16	8♓14	8♓12	8♓09	8♓04	7♓59	7♓53	7♓47	7♓42	7♓38	7♓35	7♓33	7♓32	7♓32
♇/☊	11♒04	11♒04	11♒03	11♒00	10♒57	10♒53	10♒47	10♒42	10♒36	10♒31	10♒28	10♒25	10♒23	10♒23	10♒22

July 2006

August 2006

	1	2	3	4	5	6	7	8	9	10	11	12	13	14	15	16
☉/☽	16♍02	22♍32	29♍09	5♎57	12♎57	20♎11	27♎38	5♏17	13♏07	21♉04	29♉03	6♊60	14♊51	22♊34	0♋08	7♋31
/☿	0♌04	0♌44	1♌26	2♌12	3♌01	3♌53	4♌49	5♌47	6♌48	7♌52	8♌59	10♌09	11♌21	12♌36	13♌52	15♌11
/♀	27♋06	28♋11	29♋17	0♌22	1♌27	2♌32	3♌37	4♌43	5♌48	6♌53	7♌59	9♌04	10♌09	11♌15	12♌20	13♌26
/♂	22♌11	22♌59	23♌46	24♌34	25♌21	26♌09	26♌57	27♌44	28♌32	29♌19	0♍07	0♍55	1♍43	2♍30	3♍18	4♍06
/⚷	15♉28	15♉50	16♉13	16♉35	16♉57	17♉20	17♉42	18♉04	18♉26	18♉48	19♉10	19♉33	19♏55	20♏17	20♏39	21♏01
/♃	24♍17	24♍48	25♍19	25♍50	26♍22	26♍53	27♍24	27♍56	28♍27	28♍59	29♍31	0♎02	0♎34	1♎06	1♎38	2♎10
/♄	11♌19	11♌52	12♌24	12♌57	13♌30	14♌02	14♌35	15♌07	15♌40	16♌13	16♌45	17♌18	17♌50	18♌23	18♌56	19♌28
/♅	26♉20	26♉48	27♉16	27♉44	28♉11	28♉39	29♉07	29♉35	0♊02	0♊30	0♊58	1♊26	1♊53	2♊21	2♊49	3♊16
/♆	13♉40	14♉08	14♉35	15♉03	15♉31	15♉59	16♉27	16♉55	17♉23	17♉51	18♉19	18♏47	19♏15	19♏43	20♏11	20♏39
/♇	16♎30	16♎59	17♎27	17♎55	18♎23	18♎52	19♎20	19♎48	20♎17	20♎45	21♎13	21♎42	22♎10	22♎39	23♎07	23♎36
/☊	2♊30	2♊59	3♊28	3♊56	4♊22	4♊49	5♊14	5♊40	6♊06	6♊32	6♊60	7♊28	7♊57	8♊27	8♊56	9♊25
☽/☿	7♍28	13♍40	20♍03	26♍39	3♎31	10♎39	18♎04	25♎44	3♉38	11♉41	19♉50	27♉59	6♊05	14♊05	21♊57	29♊42
/♀	4♍30	11♍08	17♍53	24♍49	1♎57	9♎18	16♎53	24♈40	2♉38	10♉42	18♉49	26♉54	4♊53	12♊44	20♊25	27♊56
/♂	29♍35	5♎55	12♎23	19♎01	25♎51	2♏55	10♏12	17♏42	25♏22	3♐08	10♐57	18♊45	26♊26	3♋59	11♋23	18♋36
/⚷	22♐52	28♐47	4♑49	11♑02	17♑27	24♑05	0♒57	8♒01	15♒16	22♒37	0♓01	7♓22	14♓38	21♓46	28♓44	5♈32
/♃	1♏41	7♏45	13♏56	20♏18	26♏51	3♐39	10♐40	17♐53	25♐17	2♑48	10♑21	17♑52	25♑18	2♒35	9♒43	16♌41
/♄	18♍43	24♍48	1♎01	7♎24	13♎59	20♎48	27♎50	5♏05	12♏30	20♉02	27♉36	5♊08	12♊34	19♊52	27♊01	3♋59
/♅	3♑44	9♑45	15♑53	22♑11	28♑41	5♒25	12♒22	19♒32	26♒52	4♓19	11♓48	19♓15	26♓37	3♈50	10♈54	17♈47
/♆	21♐04	27♐04	3♑12	9♑31	16♑01	22♑45	29♑42	6♒53	14♒13	21♒40	29♒09	6♓37	13♓58	21♓12	28♓16	5♈09
/♇	23♏54	29♏55	6♐04	12♐22	18♐53	25♐37	2♑35	9♑46	17♑07	24♑34	2♒04	9♒31	16♒54	24♒08	1♓12	8♓06
/☊	9♑54	15♑56	22♑04	28♑23	4♒52	11♒34	18♒30	25♒37	2♓56	10♓21	17♓50	25♓18	2♈41	9♈56	17♈01	23♈56
☿/♀	18♋33	19♋20	20♋10	21♋04	22♋01	23♋01	24♋04	25♋10	26♋19	27♋31	28♋45	0♌03	1♌23	2♌45	4♌10	5♌37
/♂	13♌38	14♌07	14♌40	15♌16	15♌55	16♌37	17♌23	18♌11	19♌03	19♌57	20♌54	21♌54	22♌56	24♌01	25♌08	26♌17
/⚷	6♉54	6♉59	7♉06	7♉17	7♉31	7♉48	8♉08	8♉31	8♉57	9♉26	9♉57	10♉32	11♉08	11♉47	12♉29	13♉12
/♃	15♍44	15♍57	16♍13	16♍33	16♍55	17♍21	17♍51	18♍23	18♍58	19♍36	20♍18	21♍01	21♍48	22♍37	23♍28	24♍22
/♄	2♌46	3♌00	3♌18	3♌39	4♌03	4♌31	5♌01	5♌34	6♌11	6♌50	7♌32	8♌17	9♌04	9♌54	10♌45	11♌39
/♅	17♉47	17♉57	18♉10	18♉26	18♉45	19♉08	19♉33	20♉02	20♉33	21♉08	21♉45	22♉24	23♉07	23♉52	24♉38	25♉27
/♆	5♉06	5♉16	5♉29	5♉46	6♉05	6♉28	6♉53	7♉22	7♉54	8♉28	9♉06	9♉46	10♉28	11♉13	12♉01	12♉50
/♇	7♎57	8♎07	8♎21	8♎37	8♎57	9♎20	9♎46	10♎15	10♎47	11♎22	12♎00	12♎41	13♎24	14♎09	14♎57	15♎47
/☊	23♉56	24♉08	24♉21	24♉38	24♉56	25♉17	25♉41	26♉07	26♉37	27♉10	27♉47	28♉27	29♉11	29♉57	0♊46	1♊36
♀/♂	10♌40	11♌35	12♌30	13♌26	14♌21	15♌16	16♌11	17♌07	18♌02	18♌58	19♌53	20♌49	21♌44	22♌40	23♌36	24♌31
/⚷	3♉56	4♉26	4♉57	5♉27	5♉57	6♉27	6♉57	7♉27	7♉57	8♉27	8♉57	9♉27	9♉57	10♉27	10♉57	11♉27
/♃	12♍46	13♍24	14♍03	14♍42	15♍21	16♍00	16♍39	17♍19	17♍58	18♍37	19♍17	19♍56	20♍36	21♍16	21♍56	22♍36
/♄	29♋48	0♌28	1♌08	1♌49	2♌29	3♌09	3♌50	4♌30	5♌10	5♌51	6♌31	7♌12	7♌52	8♌33	9♌13	9♌54
/♅	14♉49	15♉24	15♉60	16♉35	17♉11	17♉46	18♉22	18♉57	19♉33	20♉08	20♉44	21♉19	21♉55	22♉31	23♉06	23♉42
/♆	2♉08	2♉44	3♉19	3♉55	4♉31	5♉06	5♉42	6♉18	6♉53	7♉29	8♉05	8♉41	9♉17	9♉52	10♉28	11♉04
/♇	4♎59	5♎35	6♎11	6♎47	7♎23	7♎59	8♎35	9♎11	9♎47	10♎23	10♎59	11♎36	12♎12	12♎48	13♎25	14♎01
/☊	20♉58	21♉35	22♉12	22♉47	23♉22	23♉56	24♉29	25♉03	25♉36	26♉11	26♉46	27♉22	27♉59	28♉36	29♉14	29♉51
♂/⚷	29♏01	29♏14	29♏26	29♏39	29♏51	0♐04	0♐16	0♐28	0♐41	0♐53	1♐05	1♐17	1♐30	1♐42	1♐54	2♐07
/♃	7♎51	8♎12	8♎33	8♎54	9♎16	9♎37	9♎59	10♎20	10♎42	11♎04	11♎25	11♎47	12♎09	12♎31	12♎54	13♎16
/♄	24♌53	25♌16	25♌38	26♌01	26♌24	26♌46	27♌09	27♌32	27♌54	28♌17	28♌40	29♌03	29♌25	29♌48	0♍11	0♍34
/♅	9♊54	10♊12	10♊30	10♊47	11♊05	11♊23	11♊41	11♊59	12♊17	12♊35	12♊53	13♊10	13♊28	13♐46	14♐04	14♐22
/♆	27♏13	27♏31	27♏49	28♏07	28♏25	28♏43	29♏01	29♏19	29♏37	29♏55	0♐14	0♐32	0♐50	1♐08	1♐26	1♐44
/♇	0♏04	0♏22	0♏41	0♏59	1♏17	1♏36	1♏54	2♏13	2♏31	2♏50	3♏08	3♏27	3♏45	4♏04	4♏22	4♏41
/☊	16♊03	16♊23	16♊41	16♊59	17♊16	17♊33	17♊48	18♊04	18♊20	18♊37	18♊55	19♊13	19♊32	19♊52	20♊11	20♊31
⚷/♃	1♑07	1♑03	0♑59	0♑55	0♑51	0♑48	0♑44	0♑40	0♑36	0♑32	0♑29	0♑25	0♑22	0♑18	0♑15	0♑11
/♄	18♉09	18♉07	18♉04	18♉02	17♉59	17♉57	17♉54	17♉51	17♉49	17♉46	17♉43	17♉40	17♉38	17♉35	17♉32	17♉29
/♅	3♓10	3♓03	2♓56	2♓48	2♓41	2♓34	2♓26	2♓19	2♓11	2♓03	1♓56	1♓48	1♓40	1♓33	1♓25	1♓17
/♆	20♒30	20♒23	20♒15	20♒08	20♒01	19♒54	19♒46	19♒39	19♒32	19♒24	19♒17	19♒09	19♒02	18♒55	18♒47	18♒40
/♇	23♑20	23♑14	23♑07	23♑00	22♑53	22♑46	22♑39	22♑32	22♑25	22♑18	22♑11	22♑04	21♑57	21♑50	21♑43	21♑37
/☊	9♓20	9♓14	9♓08	9♓00	8♓52	8♓43	8♓34	8♓24	8♓15	8♓06	7♓58	7♓51	7♓44	7♓38	7♓32	7♓26
♃/♄	26♍59	27♍05	27♍11	27♍17	27♍24	27♍30	27♍37	27♍43	27♍50	27♍57	28♍03	28♍10	28♍17	28♍24	28♍31	28♍38
/♅	11♑60	12♑01	12♑03	12♑04	12♑06	12♑07	12♑09	12♑11	12♑12	12♑14	12♑16	12♑18	12♑20	12♑22	12♑24	12♑27
/♆	29♐19	29♐21	29♐22	29♐24	29♐25	29♐27	29♐29	29♐31	29♐33	29♐35	29♐37	29♐39	29♐42	29♐44	29♐46	29♐49
/♇	2♐10	2♐12	2♐14	2♐16	2♐18	2♐20	2♐22	2♐24	2♐27	2♐29	2♐32	2♐34	2♐37	2♐40	2♐43	2♐46
/☊	18♑09	18♑12	18♑14	18♑16	18♑17	18♑17	18♑16	18♑16	18♑16	18♑16	18♑18	18♑21	18♑24	18♑28	18♑32	18♑35
♄/♅	29♉02	29♉05	29♉08	29♉11	29♉13	29♉16	29♉19	29♉22	29♉25	29♉28	29♉31	29♉33	29♉36	29♉39	29♉42	29♉44
/♆	16♉21	16♉24	16♉27	16♉30	16♉33	16♉36	16♉39	16♉43	16♉46	16♉49	16♉52	16♉55	16♉58	17♉01	17♉04	17♉07
/♇	19♎12	19♎15	19♎19	19♎22	19♎25	19♎29	19♎32	19♎36	19♎39	19♎43	19♎46	19♎50	19♎53	19♎57	20♎00	20♎04
/☊	5♊12	5♊16	5♊20	5♊22	5♊25	5♊26	5♊27	5♊27	5♊28	5♊30	5♊33	5♊36	5♊40	5♊45	5♊49	5♊53
♅/♆	1♓22	1♓20	1♓19	1♓17	1♓15	1♓13	1♓12	1♓10	1♓08	1♓06	1♓04	1♓02	1♓01	0♓59	0♓57	0♓55
/♇	4♒13	4♒11	4♒10	4♒09	4♒07	4♒06	4♒04	4♒03	4♒02	4♒00	3♒59	3♒57	3♒56	3♒55	3♒53	3♒52
/☊	20♓12	20♓12	20♓11	20♓09	20♓06	20♓03	19♓59	19♓55	19♓51	19♓48	19♓45	19♓44	19♓43	19♓43	19♓42	19♓41
♆/♇	21♑32	21♑31	21♑30	21♑28	21♑27	21♑26	21♑25	21♑23	21♑22	21♑21	21♑20	21♑19	21♑17	21♑16	21♑15	21♑14
/☊	7♓32	7♓31	7♓31	7♓29	7♓26	7♓23	7♓19	7♓15	7♓11	7♓08	7♓06	7♓05	7♓04	7♓04	7♓04	7♓04
♇/☊	10♒23	10♒23	10♒22	10♒21	10♒18	10♒15	10♒12	10♒08	10♒05	10♒02	10♒01	9♒60	9♒60	10♒00	10♒01	10♒01

17	18	19	20	21	22	23	24	25	26	27	28	29	30	31	
14♋44	21♋48	28♋44	5♌32	12♌13	18♌50	25♌21	1♍48	8♍13	14♍36	20♍58	27♍21	3♎46	10♎17	16♎55	☉/☽
16♌32	17♌55	19♌19	20♌44	22♌10	23♌37	25♌05	26♌33	28♌02	29♌31	0♍59	2♍28	3♍57	5♍25	6♍53	/☿
14♌31	15♌37	16♌42	17♌48	18♌54	19♌59	21♌05	22♌11	23♌17	24♌23	25♌28	26♌34	27♌40	28♌46	29♌52	/♀
4♍54	5♍42	6♍29	7♍17	8♍05	8♍53	9♍41	10♍29	11♍17	12♍05	12♍54	13♍42	14♍30	15♍18	16♍06	/♂
21♏24	21♏46	22♏08	22♏31	22♏53	23♏16	23♏38	24♏01	24♏24	24♏47	25♏10	25♏33	25♏56	26♏19	26♏43	/⚷
2♎43	3♎15	3♎47	4♎20	4♎52	5♎25	5♎58	6♎30	7♎03	7♎36	8♎09	8♎42	9♎15	9♎48	10♎22	/♃
20♌01	20♌34	21♌06	21♌39	22♌12	22♌44	23♌17	23♌50	24♌23	24♌55	25♌28	26♌01	26♌33	27♌06	27♌39	/♄
3♊44	4♊12	4♊40	5♊07	5♊35	6♊03	6♊31	6♊58	7♊26	7♊54	8♊22	8♊50	9♊17	9♊45	10♊13	/♅
21♏07	21♏35	22♏03	22♏31	22♏59	23♏27	23♏55	24♏23	24♏52	25♏20	25♏48	26♏16	26♏44	27♏12	27♏41	/♆
24♎04	24♎33	25♎01	25♎30	25♎59	26♎27	26♎56	27♎25	27♎53	28♎22	28♎51	29♎20	29♎49	0♏18	0♏47	/♇
9♊54	10♊22	10♊49	11♊16	11♊42	12♊09	12♊36	13♊03	13♊31	14♊00	14♊29	14♊59	15♊29	15♊58	16♊28	/☊
7♋18	14♋47	22♋09	29♋24	6♌35	13♌40	20♌41	27♌39	4♍34	11♍28	18♍21	25♍15	2♎11	9♎12	16♎19	☽/☿
5♋17	12♋29	19♋33	26♋29	3♌18	10♌02	16♌42	23♌17	29♌49	6♍20	12♍50	19♍21	25♍55	2♎33	9♎19	/♀
25♋40	2♌34	9♌20	15♌58	22♌30	28♌56	5♍18	11♍35	17♍50	24♍03	0♎15	6♎28	12♎44	19♎05	25♎33	/♂
12♈10	18♈38	24♈58	1♉11	7♉18	13♉18	19♏15	25♏07	0♐56	6♐44	12♐31	18♐19	24♐10	0♑06	6♑09	/⚷
23♌29	0♍07	6♍37	13♍00	19♍17	25♍28	1♎34	7♎36	13♎36	19♎33	25♎31	1♏29	7♏30	13♏36	19♏48	/♃
10♋47	17♋26	23♋56	0♌20	6♌36	12♌47	18♌53	24♌56	0♍55	6♍53	12♍49	18♍47	24♍48	0♎53	7♎05	/♄
24♈30	1♉04	7♉30	13♉48	19♉60	26♉06	2♊07	8♊04	13♐59	19♐51	25♐43	1♑36	7♑32	13♑32	19♑40	/♅
11♈53	18♈27	24♈53	1♉11	7♉23	13♉30	19♏32	25♏29	1♐24	7♐17	13♐09	19♐03	24♐59	0♑60	7♑07	/♆
14♓50	21♓25	27♍51	4♎10	10♎23	16♎30	22♎32	28♎31	4♏26	10♏20	16♏12	22♏06	28♏03	4♐05	10♐13	/♇
0♉40	7♉14	13♉39	19♉56	26♉07	2♊12	8♊12	14♊09	20♊04	25♐57	1♑51	7♑46	13♑43	19♑46	25♑55	/☊
7♌05	8♌36	10♌08	11♌41	13♌15	14♌50	16♌26	18♌02	19♌38	21♌15	22♌52	24♌28	26♌05	27♌41	29♌17	☿/♀
27♌28	28♌40	29♌55	1♍10	2♍26	3♍44	5♍02	6♍20	7♍39	8♍58	10♍17	11♍36	12♍54	14♍13	15♍31	/♂
13♉58	14♉45	15♉33	16♉23	17♉14	18♏06	18♏59	19♏52	20♏45	21♏39	22♏33	23♏27	24♏21	25♏14	26♏07	/⚷
25♍17	26♍14	27♍12	28♍12	29♍13	0♎15	1♎18	2♎21	3♎25	4♎29	5♎32	6♎36	7♎40	8♎43	9♎46	/♃
12♌35	13♌33	14♌32	15♌32	16♌33	17♌35	18♌38	19♌41	20♌44	21♌48	22♌51	23♌55	24♌58	26♌01	27♌04	/♄
26♉18	27♉11	28♉05	29♉00	29♉56	0♊53	1♊51	2♊49	3♊48	4♊46	5♊45	6♊44	7♊42	8♊40	9♊38	/♅
13♉41	14♉34	15♉28	16♉24	17♉20	18♏18	19♏16	20♏14	21♏13	22♏12	23♏11	24♏10	25♏09	26♏07	27♏05	/♆
16♎38	17♎32	18♎26	19♎23	20♎20	21♎18	22♎16	23♎16	24♎15	25♎15	26♎14	27♎14	28♎13	29♎12	0♏11	/♇
2♊28	3♊21	4♊14	5♊08	6♊03	6♊59	7♊56	8♊54	9♊53	10♊53	11♊53	12♊53	13♊53	14♊53	15♊53	/☊
25♌27	26♌23	27♌18	28♌14	29♌10	0♍06	1♍02	1♍58	2♍54	3♍50	4♍46	5♍42	6♍38	7♍34	8♍30	♀/♂
11♉57	12♉27	12♉57	13♉28	13♉58	14♉28	14♉59	15♉30	16♉00	16♉31	17♏02	17♏33	18♏04	18♏36	19♏07	/⚷
23♍16	23♍56	24♍36	25♍17	25♍57	26♍38	27♍18	27♍59	28♍40	29♍21	0♎01	0♎42	1♎24	2♎05	2♎46	/♃
10♌34	11♌15	11♌55	12♌36	13♌17	13♌57	14♌38	15♌18	15♌59	16♌40	17♌20	18♌01	18♌42	19♌22	20♌03	/♄
24♉17	24♉53	25♉29	26♉04	26♉40	27♉16	27♉51	28♉27	29♉03	29♉38	0♊14	0♊50	1♊26	2♊01	2♊37	/♅
11♉40	12♉16	12♉52	13♉28	14♉04	14♉40	15♉16	15♉52	16♉28	17♉04	17♉40	18♏16	18♏53	19♏29	20♏05	/♆
14♎37	15♎14	15♎50	16♎27	17♎03	17♎40	18♎17	18♎53	19♎30	20♎07	20♎43	21♎20	21♎57	22♎34	23♎11	/♇
0♊27	1♊03	1♊38	2♊13	2♊47	3♊22	3♊56	4♊32	5♊08	5♊45	6♊22	6♊59	7♊37	8♊15	8♊52	/☊
2♐19	2♐32	2♐44	2♐57	3♐09	3♐22	3♐35	3♐48	4♐01	4♐14	4♐27	4♐40	4♐54	5♐07	5♐21	♂/⚷
13♎38	14♎01	14♎23	14♎46	15♎09	15♎31	15♎54	16♎17	16♎40	17♎03	17♎26	17♎50	18♎13	18♎36	18♎60	/♃
0♍57	1♍19	1♍42	2♍05	2♍28	2♍51	3♍14	3♍37	3♍60	4♍23	4♍45	5♍08	5♍31	5♍54	6♍17	/♄
14♐40	14♐58	15♐16	15♐34	15♐51	16♐09	16♐27	16♐45	17♐03	17♐21	17♐39	17♐57	18♐15	18♐33	18♐51	/♅
2♐02	2♐21	2♐39	2♐57	3♐15	3♐34	3♐52	4♐10	4♐29	4♐47	5♐05	5♐24	5♐42	6♐00	6♐19	/♆
4♏60	5♏19	5♏37	5♏56	6♏15	6♏34	6♏53	7♏12	7♏30	7♏49	8♏08	8♏27	8♏47	9♏06	9♏25	/♇
20♊49	21♊07	21♊25	21♊42	21♊59	22♊15	22♊32	22♊50	23♊08	23♊27	23♊47	24♊07	24♊27	24♊47	25♊06	/☊
0♑08	0♑05	0♑02	29♐59	29♐56	29♐54	29♐51	29♐49	29♐47	29♐45	29♐43	29♐41	29♐39	29♐38	29♐36	⚷/♃
17♉27	17♉24	17♉21	17♉18	17♉16	17♉13	17♉11	17♉08	17♉06	17♏04	17♏02	16♏59	16♏57	16♏55	16♏54	/♄
1♓10	1♓02	0♓54	0♓47	0♓39	0♓32	0♓24	0♓17	0♓10	0♓02	29♒55	29♒48	29♒41	29♒34	29♒28	/♅
18♒32	18♒25	18♒18	18♒10	18♒03	17♒56	17♒49	17♒42	17♒35	17♒28	17♒21	17♒15	17♒08	17♒02	16♒55	/♆
21♑30	21♑23	21♑16	21♑09	21♑03	20♑56	20♑50	20♑43	20♑37	20♑31	20♑25	20♑19	20♑13	20♑07	20♑01	/♇
7♓19	7♓12	7♓04	6♓55	6♓46	6♓38	6♓29	6♓22	6♓15	6♓09	6♓03	5♓58	5♓53	5♓48	5♓43	/☊
28♍46	28♍53	29♍00	29♍08	29♍15	29♍23	29♍30	29♍38	29♍45	29♍53	0♎01	0♎09	0♎17	0♎25	0♎33	♃/♄
12♑29	12♑31	12♑34	12♑36	12♑38	12♑41	12♑44	12♑46	12♑49	12♑52	12♑55	12♑58	13♑01	13♑04	13♑07	/♅
29♐51	29♐54	29♐57	29♐60	0♑02	0♑05	0♑08	0♑11	0♑14	0♑18	0♑21	0♑24	0♑27	0♑31	0♑34	/♆
2♐49	2♐52	2♐55	2♐59	3♐02	3♐05	3♐09	3♐13	3♐16	3♐20	3♐24	3♐28	3♐32	3♐36	3♐40	/♇
18♑38	18♑41	18♑43	18♑44	18♑46	18♑47	18♑49	18♑51	18♑54	18♑58	19♑02	19♑07	19♑12	19♑17	19♑22	/☊
29♉47	29♉50	29♉53	29♉55	29♉58	0♊01	0♊03	0♊06	0♊08	0♊11	0♊14	0♊16	0♊19	0♊21	0♊24	♄/♅
17♉10	17♉13	17♉16	17♉19	17♉22	17♉25	17♉28	17♉31	17♉34	17♉37	17♉40	17♉43	17♉46	17♉49	17♉52	/♆
20♎07	20♎11	20♎14	20♎18	20♎21	20♎25	20♎29	20♎32	20♎36	20♎39	20♎43	20♎47	20♎50	20♎54	20♎57	/♇
5♊57	5♊60	6♊02	6♊04	6♊05	6♊07	6♊08	6♊11	6♊14	6♊17	6♊21	6♊26	6♊30	6♊35	6♊39	/☊
0♓53	0♓51	0♓49	0♓47	0♓45	0♓43	0♓41	0♓39	0♓37	0♓35	0♓33	0♓32	0♓30	0♓28	0♓26	♅/♆
3♒50	3♒49	3♒48	3♒46	3♒45	3♒43	3♒42	3♒41	3♒39	3♒38	3♒37	3♒35	3♒34	3♒33	3♒31	/♇
19♓40	19♓38	19♓35	19♓32	19♓28	19♓25	19♓22	19♓19	19♓17	19♓16	19♓15	19♓14	19♓14	19♓14	19♓13	/☊
21♑13	21♑12	21♑11	21♑10	21♑09	21♑08	21♑07	21♑06	21♑05	21♑04	21♑03	21♑02	21♑01	21♑00	20♑59	♆/♇
7♓03	7♓01	6♓58	6♓55	6♓52	6♓49	6♓46	6♓44	6♓43	6♓42	6♓41	6♓41	6♓41	6♓41	6♓41	/☊
9♒60	9♒59	9♒57	9♒54	9♒52	9♒49	9♒47	9♒46	9♒45	9♒44	9♒44	9♒45	9♒45	9♒46	9♒47	♇/☊

August 2006

September 2006

	1	2	3	4	5	6	7	8	9	10	11	12	13	14	15
☉/☽	23♎41	0♏39	7♏50	15♏15	22♏53	0♐43	8♐43	16♊47	24♊52	2♋52	10♋44	18♋25	25♋54	3♌10	10♌14
/☿	8♍20	9♍47	11♍14	12♍40	14♍05	15♍30	16♍54	18♍18	19♍41	21♍04	22♍26	23♍47	25♍08	26♍29	27♍49
/♀	0♍58	2♍04	3♍10	4♍16	5♍22	6♍29	7♍35	8♍41	9♍47	10♍53	11♍60	13♍06	14♍12	15♍19	16♍25
/♂	16♍54	17♍43	18♍31	19♍19	20♍08	20♍56	21♍45	22♍33	23♍21	24♍10	24♍58	25♍47	26♍36	27♍24	28♍13
/⚳	27♏06	27♏30	27♏54	28♏18	28♏42	29♏06	29♏31	29♏56	0♐20	0♐45	1♐11	1♐36	2♐01	2♐27	2♐53
/♃	10♎55	11♎28	12♎02	12♎36	13♎09	13♎43	14♎17	14♎50	15♎24	15♎58	16♎32	17♎06	17♎40	18♎15	18♎49
/♄	28♌12	28♌44	29♌17	29♌50	0♍22	0♍55	1♍28	2♍01	2♍33	3♍06	3♍39	4♍11	4♍44	5♍17	5♍49
/♅	10♊41	11♊09	11♊36	12♊04	12♊32	13♐00	13♐28	13♐56	14♐24	14♐52	15♐20	15♐48	16♐16	16♐44	17♐12
/♆	28♏09	28♏37	29♏06	29♏34	0♐02	0♐31	0♐59	1♐27	1♐56	2♐24	2♐53	3♐21	3♐50	4♐18	4♐47
/♇	1♏15	1♏44	2♏13	2♏42	3♏12	3♏41	4♏10	4♏39	5♏08	5♏37	6♏06	6♏36	7♏05	7♏34	8♏04
/☊	16♊57	17♊26	17♊55	18♊23	18♊51	19♊19	19♊48	20♊17	20♊46	21♊15	21♊45	22♊14	22♊44	23♊13	23♊42
☽/☿	23♎35	1♏02	8♏42	16♏34	24♏40	2♐57	11♐22	19♐52	28♊22	6♋46	15♋02	23♋07	0♌58	8♌36	16♌01
/♀	16♎14	23♎19	0♏38	8♏11	15♏57	23♏55	2♊03	10♊15	18♊28	26♊36	4♋36	12♋25	20♋02	27♋26	4♌38
/♂	2♏10	8♏58	15♏59	23♏14	0♐42	8♐23	16♐12	24♐07	2♋02	9♋53	17♋35	25♋06	2♌25	9♌31	16♌25
/⚳	12♑22	18♑45	25♑22	2♒13	9♒17	16♒33	23♒59	1♓30	9♓01	16♓28	23♓47	0♈55	7♈51	14♈34	21♈05
/♃	26♏10	2♐44	9♐30	16♐30	23♐44	1♑09	8♑44	16♑24	24♑05	1♒41	9♒09	16♌25	23♌30	0♍22	7♍01
/♄	13♎27	19♎60	26♎45	3♏44	10♏57	18♏22	25♉56	3♊34	11♊14	18♊49	26♊15	3♋31	10♋33	17♋24	24♋02
/♅	25♑56	2♒24	9♒04	15♒59	23♒07	0♓27	7♓56	15♓30	23♓04	0♈34	7♈56	15♈07	22♈05	28♈51	5♉24
/♆	13♑24	19♑53	26♑34	3♒28	10♒37	17♒57	25♒27	3♓01	10♓36	18♓07	25♓29	2♈40	9♈39	16♈25	22♈59
/♇	16♐31	22♐60	29♐41	6♑37	13♑46	21♑07	28♑38	6♒13	13♒49	21♒20	28♒43	5♓55	12♓55	19♓41	26♍16
/☊	2♒13	8♒41	15♒23	22♒17	29♒26	6♓46	14♓16	21♓51	29♓26	6♈58	14♈21	21♈33	28♈33	5♉20	11♉54
☿/♀	0♍52	2♍27	4♍02	5♍36	7♍09	8♍42	10♍14	11♍46	13♍17	14♍48	16♍18	17♍47	19♍16	20♍45	22♍13
/♂	16♍49	18♍06	19♍23	20♍39	21♍54	23♍10	24♍24	25♍38	26♍51	28♍04	29♍17	0♎28	1♎40	2♎50	4♎00
/⚳	27♏00	27♏53	28♏45	29♏37	0♐29	1♐20	2♐11	3♐01	3♐50	4♐40	5♐29	6♐17	7♐05	7♐53	8♐40
/♃	10♎49	11♎52	12♎53	13♎55	14♎56	15♎56	16♎56	17♎55	18♎54	19♎53	20♎50	21♎48	22♎44	23♎41	24♎36
/♄	28♌06	29♌07	0♍08	1♍09	2♍09	3♍09	4♍07	5♍06	6♍03	7♍00	7♍57	8♍53	9♍48	10♍43	11♍37
/♅	10♊35	11♊32	12♊28	13♐24	14♐19	15♐13	16♐07	17♐01	17♐54	18♐46	19♐38	20♐29	21♐20	22♐10	22♐59
/♆	28♏03	29♏00	29♏57	0♐53	1♐49	2♐44	3♐38	4♐32	5♐26	6♐19	7♐11	8♐02	8♐54	9♐44	10♐34
/♇	1♏10	2♏08	3♏05	4♏02	4♏58	5♏54	6♏49	7♏44	8♏38	9♏32	10♏25	11♏17	12♏09	13♏00	13♏51
/☊	16♊51	17♊49	18♊46	19♊42	20♊38	21♊33	22♊27	23♊22	24♊16	25♊10	26♐03	26♐55	27♐47	28♐39	29♐29
♀/♂	9♍27	10♍23	11♍19	12♍15	13♍12	14♍08	15♍05	16♍01	16♍57	17♍54	18♍51	19♍47	20♍44	21♍40	22♍37
/⚳	19♏39	20♏10	20♏42	21♏14	21♏46	22♏19	22♏51	23♏24	23♏56	24♏29	25♏03	25♏36	26♏09	26♏43	27♏17
/♃	3♎27	4♎09	4♎50	5♎32	6♎13	6♎55	7♎37	8♎18	9♎00	9♎42	10♎24	11♎06	11♎48	12♎31	13♎13
/♄	20♌44	21♌24	22♌05	22♌46	23♌26	24♌07	24♌48	25♌29	26♌09	26♌50	27♌31	28♌11	28♌52	29♌33	0♍13
/♅	3♊13	3♊49	4♊25	5♊00	5♊36	6♊12	6♊48	7♊24	7♊60	8♊36	9♊12	9♊48	10♊24	10♊60	11♊36
/♆	20♏41	21♏17	21♏54	22♏30	23♏06	23♏43	24♏19	24♏55	25♏32	26♏08	26♏45	27♏21	27♏58	28♏34	29♏11
/♇	23♎48	24♎25	25♎02	25♎39	26♎16	26♎53	27♎30	28♎07	28♎44	29♎21	29♎58	0♏36	1♏13	1♏50	2♏28
/☊	9♊29	10♊06	10♊43	11♊19	11♊55	12♊31	13♊08	13♊45	14♊22	14♊59	15♊37	16♊14	16♊52	17♊29	18♊06
♂/⚳	5♐35	5♐49	6♐03	6♐17	6♐32	6♐46	7♐01	7♐16	7♐31	7♐46	8♐01	8♐17	8♐33	8♐49	9♐05
/♃	19♎24	19♎47	20♎11	20♎35	20♎58	21♎22	21♎46	22♎10	22♎35	22♎59	23♎23	23♎47	24♎12	24♎36	25♎01
/♄	6♍40	7♍03	7♍26	7♍49	8♍12	8♍35	8♍58	9♍21	9♍44	10♍06	10♍29	10♍52	11♍15	11♍38	12♍01
/♅	19♐09	19♐27	19♐45	20♐03	20♐22	20♐40	20♐58	21♐16	21♐34	21♐52	22♐10	22♐29	22♐47	23♐05	23♐23
/♆	6♐37	6♐56	7♐14	7♐33	7♐52	8♐10	8♐29	8♐47	9♐06	9♐25	9♐43	10♐02	10♐21	10♐40	10♐59
/♇	9♏44	10♏03	10♏22	10♏42	11♏01	11♏20	11♏40	11♏59	12♏18	12♏38	12♏57	13♏17	13♏36	13♏56	14♏16
/☊	25♊26	25♐45	26♐03	26♐22	26♐40	26♐59	27♐18	27♐37	27♐56	28♐16	28♐35	28♐55	29♐15	29♐34	29♐54
⚳/♃	29♐35	29♐34	29♐34	29♐33	29♐33	29♐33	29♐33	29♐33	29♐33	29♐34	29♐35	29♐36	29♐37	29♐39	29♐41
/♄	16♏52	16♏50	16♏49	16♏47	16♏46	16♏45	16♏44	16♏43	16♏42	16♏42	16♏41	16♏41	16♏41	16♏41	16♏41
/♅	29♒21	29♒15	29♒08	29♒02	28♒56	28♒50	28♒44	28♒39	28♒33	28♒28	28♒22	28♒17	28♒13	28♒08	28♒03
/♆	16♒49	16♒43	16♒37	16♒32	16♒26	16♒20	16♒15	16♒10	16♒05	16♒00	15♒55	15♒51	15♒47	15♒42	15♒38
/♇	19♑56	19♑50	19♑45	19♑40	19♑35	19♑31	19♑26	19♑22	19♑17	19♑13	19♑09	19♑06	19♑02	18♑59	18♑55
/☊	5♓38	5♓32	5♓26	5♓21	5♓15	5♓09	5♓04	4♓59	4♓55	4♓51	4♓47	4♓44	4♓40	4♓37	4♓34
♃/♄	0♎41	0♎49	0♎57	1♎05	1♎13	1♎21	1♎30	1♎38	1♎46	1♎55	2♎03	2♎11	2♎20	2♎28	2♎37
/♅	13♑10	13♑13	13♑16	13♑20	13♑23	13♑26	13♑30	13♑33	13♑37	13♑40	13♑44	13♑48	13♑52	13♑55	13♑59
/♆	0♑38	0♑42	0♑45	0♑49	0♑53	0♑57	1♑01	1♑05	1♑09	1♑13	1♑17	1♑21	1♑26	1♑30	1♑34
/♇	3♐45	3♐49	3♐53	3♐58	4♐02	4♐07	4♐12	4♐16	4♐21	4♐26	4♐31	4♐36	4♐41	4♐46	4♐51
/☊	19♑26	19♑30	19♑34	19♑38	19♑42	19♑46	19♑50	19♑54	19♑59	20♑04	20♑09	20♑14	20♑19	20♑25	20♑30
♄/♅	0♊26	0♊29	0♊31	0♊34	0♊36	0♊39	0♊41	0♊43	0♊46	0♊48	0♊51	0♊53	0♊55	0♊58	0♊60
/♆	17♏55	17♏57	18♏00	18♏03	18♏06	18♏09	18♏12	18♏15	18♏18	18♏21	18♏24	18♏26	18♏29	18♏32	18♏35
/♇	21♎01	21♎05	21♎08	21♎12	21♎16	21♎19	21♎23	21♎26	21♎30	21♎34	21♎37	21♎41	21♎45	21♎48	21♎52
/☊	6♊43	6♊46	6♊49	6♊52	6♊55	6♊58	7♊01	7♊04	7♊08	7♊12	7♊16	7♊19	7♊23	7♊27	7♊30
♅/♆	0♓24	0♓22	0♓20	0♓18	0♓16	0♓14	0♓12	0♓10	0♓08	0♓06	0♓05	0♓03	0♓01	29♒59	29♒57
/♇	3♒30	3♒29	3♒28	3♒27	3♒25	3♒24	3♒23	3♒22	3♒21	3♒20	3♒18	3♒17	3♒16	3♒15	3♒14
/☊	19♓12	19♓11	19♓09	19♓07	19♓05	19♓03	19♓01	18♓60	18♓58	18♓57	18♓57	18♓56	18♓55	18♓54	18♓53
♆/♇	20♑58	20♑58	20♑57	20♑56	20♑55	20♑55	20♑54	20♑53	20♑53	20♑52	20♑51	20♑51	20♑50	20♑50	20♑49
/☊	6♓40	6♓39	6♓38	6♓36	6♓35	6♓33	6♓32	6♓31	6♓30	6♓30	6♓30	6♓29	6♓29	6♓28	6♓28
♇/☊	9♒47	9♒46	9♒46	9♒45	9♒44	9♒43	9♒43	9♒43	9♒43	9♒43	9♒43	9♒44	9♒44	9♒44	9♒45

	16	17	18	19	20	21	22	23	24	25	26	27	28	29	30
☉/☽	17♌07	23♌51	0♍27	6♍58	13♍25	19♍49	26♍12	2♎35	8♎59	15♎25	21♎54	28♎28	5♏08	11♏56	18♏53
/☿	29♍08	0♎27	1♎45	3♎03	4♎20	5♎37	6♎54	8♎10	9♎25	10♎40	11♎55	13♎09	14♎22	15♎35	16♎48
/♀	17♍32	18♍38	19♍45	20♍51	21♍58	23♍04	24♍11	25♍18	26♍25	27♍31	28♍38	29♍45	0♎52	1♎58	3♎05
/♂	29♍02	29♍50	0♎39	1♎28	2♎17	3♎06	3♎55	4♎44	5♎33	6♎22	7♎11	8♎00	8♎49	9♎38	10♎28
/⚳	3♐19	3♐45	4♐12	4♐38	5♐05	5♐32	5♐59	6♐27	6♐54	7♐22	7♐50	8♐19	8♐47	9♐16	9♐44
/♃	19♎23	19♎58	20♎32	21♎07	21♎41	22♎16	22♎51	23♎25	24♎00	24♎35	25♎10	25♎45	26♎20	26♎55	27♎30
/♄	6♍22	6♍55	7♍27	8♍00	8♍33	9♍05	9♍38	10♍11	10♍43	11♍16	11♍49	12♍21	12♍54	13♍26	13♍59
/♅	17♐40	18♐08	18♐36	19♐04	19♐32	20♐00	20♐29	20♐57	21♐25	21♐53	22♐22	22♐50	23♐18	23♐47	24♐15
/♆	5♐15	5♐44	6♐13	6♐41	7♐10	7♐39	8♐08	8♐36	9♐05	9♐34	10♐03	10♐32	11♐01	11♐30	11♐59
/♇	8♏33	9♏03	9♏32	10♏02	10♏31	11♏01	11♏30	11♏60	12♏30	12♏59	13♏29	13♏59	14♏29	14♏58	15♏28
/☊	24♊11	24♊40	25♊10	25♐39	26♐08	26♐38	27♐07	27♐36	28♐06	28♐35	29♐04	29♐32	0♑01	0♑30	0♑60
☽/☿	23♌15	0♍19	7♍16	14♍06	20♍52	27♍34	4♎15	10♎55	17♎36	24♎18	1♏03	7♏52	14♏47	21♏48	28♏59
/♀	11♌39	18♌30	25♌15	1♍54	8♍29	15♍01	21♍32	28♍03	4♎35	11♎09	17♎46	24♎28	1♏16	8♏11	15♏16
/♂	23♌09	29♌43	6♍10	12♍31	18♍48	25♍03	1♎16	7♎29	13♎43	19♎59	26♎19	2♏43	9♏13	15♏51	22♏39
/⚳	27♈26	3♉38	9♉42	15♏41	21♏36	27♏29	3♐20	9♐12	15♐05	20♐60	26♐58	3♑02	9♑11	15♑29	21♑55
/♃	13♍30	19♍50	26♍02	2♎09	8♎12	14♎13	20♎12	26♎11	2♏10	8♏13	14♏18	20♏28	26♏44	3♐08	9♐41
/♄	0♌29	6♌47	12♌58	19♌03	25♌04	1♍02	6♍59	12♍56	18♍54	24♍53	0♎57	7♎04	13♎18	19♎39	26♎10
/♅	11♉47	18♉00	24♉06	0♊07	6♊03	11♊57	17♐50	23♐42	29♐35	5♑31	11♑30	17♑33	23♑43	29♑60	6♒26
/♆	29♈22	5♉36	11♉43	17♏44	23♏41	29♏36	5♐29	11♐22	17♐16	23♐12	29♐11	5♑15	11♑25	17♑43	24♑10
/♇	2♎40	8♎55	15♎02	21♎04	27♎02	2♏57	8♏51	14♏45	20♏40	26♏37	2♐37	8♐42	14♐53	21♐11	27♐39
/☊	18♉18	24♉33	0♊40	6♊42	12♊39	18♊34	24♊28	0♑22	6♑16	12♑12	18♑12	24♑16	0♒26	6♒43	13♒11
☿/♀	23♍40	25♍07	26♍33	27♍59	29♍24	0♎49	2♎14	3♎37	5♎01	6♎24	7♎46	9♎08	10♎30	11♎51	13♎11
/♂	5♎10	6♎19	7♎28	8♎36	9♎43	10♎51	11♎57	13♎03	14♎09	15♎14	16♎19	17♎24	18♎27	19♎31	20♎34
/⚳	9♐27	10♐14	11♐00	11♐46	12♐32	13♐17	14♐02	14♐46	15♐31	16♐15	16♐59	17♐42	18♐25	19♐08	19♐50
/♃	25♎31	26♎26	27♎21	28♎14	29♎08	0♏01	0♏53	1♏45	2♏36	3♏28	4♏18	5♏08	5♏58	6♏47	7♏36
/♄	12♍30	13♍23	14♍16	15♍08	15♍59	16♍50	17♍40	18♍30	19♍20	20♍09	20♍57	21♍45	22♍32	23♍19	24♍05
/♅	23♐48	24♐36	25♐24	26♐12	26♐59	27♐45	28♐31	29♐17	0♑01	0♑46	1♑30	2♑14	2♑57	3♑39	4♑21
/♆	11♐24	12♐13	13♐01	13♐49	14♐37	15♐24	16♐10	16♐56	17♐42	18♐27	19♐11	19♐55	20♐39	21♐22	22♐05
/♇	14♏41	15♏31	16♏21	17♏09	17♏58	18♏45	19♏33	20♏20	21♏06	21♏52	22♏37	23♏22	24♏07	24♏51	25♏34
/☊	0♑20	1♑09	1♑58	2♑47	3♑35	4♑22	5♑10	5♑56	6♑42	7♑27	8♑12	8♑56	9♑40	10♑23	11♑06
♀/♂	23♍34	24♍30	25♍27	26♍24	27♍21	28♍18	29♍15	0♎12	1♎09	2♎06	3♎03	3♎60	4♎57	5♎54	6♎51
/⚳	27♏51	28♏25	28♏60	29♏34	0♐09	0♐44	1♐19	1♐55	2♐30	3♐06	3♐42	4♐18	4♐54	5♐31	6♐08
/♃	13♎55	14♎38	15♎20	16♎02	16♎45	17♎28	18♎10	18♎53	19♎36	20♎19	21♎02	21♎45	22♎27	23♎11	23♎54
/♄	0♍54	1♍35	2♍15	2♍56	3♍37	4♍17	4♍58	5♍38	6♍19	6♍60	7♍40	8♍21	9♍01	9♍42	10♍22
/♅	12♊12	12♐48	13♐24	13♐60	14♐36	15♐12	15♐48	16♐25	17♐01	17♐37	18♐13	18♐50	19♐26	20♐02	20♐39
/♆	29♏47	0♐24	1♐01	1♐37	2♐14	2♐51	3♐27	4♐04	4♐41	5♐18	5♐55	6♐32	7♐08	7♐45	8♐22
/♇	3♏05	3♏43	4♏20	4♏57	5♏35	6♏13	6♏50	7♏28	8♏05	8♏43	9♏21	9♏58	10♏36	11♏14	11♏52
/☊	18♊43	19♊20	19♊58	20♊35	21♊12	21♊50	22♊27	23♊04	23♊41	24♊18	24♊55	25♐32	26♐09	26♐46	27♐23
♂/⚳	9♐21	9♐37	9♐54	10♐11	10♐28	10♐45	11♐03	11♐21	11♐38	11♐57	12♐15	12♐33	12♐52	13♐11	13♐30
/♃	25♎25	25♎50	26♎15	26♎39	27♎04	27♎29	27♎54	28♎19	28♎44	29♎09	29♎34	29♎60	0♏25	0♏50	1♏16
/♄	12♍24	12♍47	13♍10	13♍33	13♍56	14♍19	14♍42	15♍04	15♍27	15♍50	16♍13	16♍36	16♍59	17♍22	17♍45
/♅	23♐42	24♐00	24♐18	24♐37	24♐55	25♐14	25♐32	25♐51	26♐09	26♐28	26♐46	27♐05	27♐23	27♐42	28♐01
/♆	11♐17	11♐36	11♐55	12♐14	12♐33	12♐52	13♐11	13♐30	13♐49	14♐08	14♐28	14♐47	15♐06	15♐25	15♐44
/♇	14♏35	14♏55	15♏15	15♏34	15♏54	16♏14	16♏34	16♏54	17♏14	17♏34	17♏54	18♏14	18♏34	18♏54	19♏14
/☊	0♑13	0♑33	0♑52	1♑12	1♑31	1♑51	2♑11	2♑30	2♑50	3♑09	3♑28	3♑47	4♑06	4♑26	4♑45
⚳/♃	29♐42	29♐45	29♐47	29♐50	29♐52	29♐55	29♐59	0♑02	0♑06	0♑10	0♑14	0♑18	0♑23	0♑28	0♑33
/♄	16♏41	16♏42	16♏42	16♏43	16♏44	16♏45	16♏46	16♏47	16♏49	16♏51	16♏52	16♏54	16♏57	16♏59	17♏01
/♅	27♒59	27♒55	27♒51	27♒47	27♒43	27♒40	27♒37	27♒34	27♒31	27♒28	27♒26	27♒23	27♒21	27♒19	27♒18
/♆	15♒35	15♒31	15♒28	15♒24	15♒21	15♒18	15♒16	15♒13	15♒11	15♒09	15♒07	15♒05	15♒04	15♒02	15♒01
/♇	18♑52	18♑50	18♑47	18♑45	18♑42	18♑40	18♑38	18♑37	18♑35	18♑34	18♑33	18♑32	18♑31	18♑31	18♑31
/☊	4♓31	4♓27	4♓25	4♓22	4♓19	4♓17	4♓15	4♓13	4♓11	4♓09	4♓08	4♓06	4♓04	4♓03	4♓02
♃/♄	2♎45	2♎54	3♎03	3♎11	3♎20	3♎29	3♎37	3♎46	3♎55	4♎03	4♎12	4♎21	4♎30	4♎38	4♎47
/♅	14♑03	14♑07	14♑11	14♑15	14♑19	14♑24	14♑28	14♑32	14♑36	14♑41	14♑45	14♑50	14♑54	14♑59	15♑03
/♆	1♑39	1♑43	1♑48	1♑53	1♑57	2♑02	2♑07	2♑12	2♑17	2♑22	2♑27	2♑32	2♑37	2♑42	2♑47
/♇	4♐57	5♐02	5♐07	5♐13	5♐18	5♐24	5♐30	5♐35	5♐41	5♐47	5♐53	5♐59	6♐04	6♐11	6♐17
/☊	20♑35	20♑40	20♑45	20♑50	20♑55	21♑01	21♑06	21♑12	21♑17	21♑22	21♑27	21♑32	21♑37	21♑42	21♑48
♄/♅	1♊02	1♊04	1♊07	1♊09	1♊11	1♊13	1♊15	1♊18	1♊20	1♊22	1♊24	1♊26	1♊28	1♊30	1♊32
/♆	18♏38	18♏41	18♏43	18♏46	18♏49	18♏52	18♏54	18♏57	18♏60	19♏03	19♏05	19♏08	19♏11	19♏13	19♏16
/♇	21♎55	21♎59	22♎03	22♎06	22♎10	22♎13	22♎17	22♎21	22♎24	22♎28	22♎31	22♎35	22♎38	22♎42	22♎45
/☊	7♊34	7♊37	7♊40	7♊44	7♊47	7♊50	7♊54	7♊57	8♊00	8♊03	8♊06	8♊08	8♊11	8♊14	8♊17
♅/♆	29♒55	29♒54	29♒52	29♒50	29♒48	29♒47	29♒45	29♒43	29♒42	29♒40	29♒38	29♒37	29♒35	29♒34	29♒32
/♇	3♒13	3♒12	3♒11	3♒10	3♒09	3♒08	3♒08	3♒07	3♒06	3♒05	3♒04	3♒04	3♒03	3♒02	3♒02
/☊	18♓51	18♓50	18♓49	18♓48	18♓47	18♓45	18♓44	18♓43	18♓42	18♓40	18♓39	18♓37	18♓36	18♓34	18♓33
♆/♇	20♑49	20♑48	20♑48	20♑48	20♑47	20♑47	20♑47	20♑46	20♑46	20♑46	20♑46	20♑46	20♑45	20♑45	20♑45
/☊	6♓27	6♓26	6♓26	6♓25	6♓24	6♓24	6♓23	6♓23	6♓22	6♓21	6♓20	6♓19	6♓18	6♓17	6♓16
♇/☊	9♒45	9♒45	9♒45	9♒45	9♒45	9♒46	9♒46	9♒46	9♒46	9♒46	9♒46	9♒46	9♒46	9♒46	9♒46

October 2006

	1	2	3	4	5	6	7	8	9	10	11	12	13	14	15	16	17	18	19	20	21	22	23	24	25	26	27	28	29	30	31	
☉/☽	26♏01	3♐20	10♐53	18♐37	26♐31	4♑33	12♑38	20♋42	28♋39	6♌27	14♌02	21♌22	28♌29	5♍24	12♍07	18♍42	25♍11	1♎36	7♎59	14♎22	20♎47	27♎15	3♏46	10♏21	17♏02	23♏49	0♐42	7♐42	14♐49	22♐06	29♐32	☉/☽
/☿	18♎00	19♎12	20♎23	21♎34	22♎44	23♎53	25♎02	26♎10	27♎18	28♎25	29♎31	0♏36	1♏41	2♏44	3♏47	4♏48	5♏48	6♏47	7♏45	8♏41	9♏35	10♏27	11♏16	12♏04	12♏49	13♏30	14♏09	14♏44	15♏15	15♏42	16♏05	/☿
/♀	4♎12	5♎19	6♎26	7♎33	8♎40	9♎47	10♎54	12♎01	13♎08	14♎15	15♎22	16♎29	17♎37	18♎44	19♎51	20♎58	22♎06	23♎13	24♎20	25♎28	26♎35	27♎43	28♎50	29♎57	1♏05	2♏12	3♏20	4♏28	5♏35	6♏43	7♏50	/♀
/♂	11♎17	12♎06	12♎55	13♎45	14♎34	15♎23	16♎13	17♎02	17♎52	18♎41	19♎31	20♎21	21♎10	22♎00	22♎50	23♎40	24♎29	25♎19	26♎09	26♎59	27♎49	28♎39	29♎29	0♏19	1♏09	1♏60	2♏50	3♏40	4♏30	5♏21	6♏11	/♂
/⚳	10♐13	10♐43	11♐12	11♐42	12♐11	12♐41	13♐12	13♐42	14♐12	14♐43	15♐14	15♐45	16♐17	16♐48	17♐20	17♐52	18♐24	18♐56	19♐28	20♐01	20♐34	21♐07	21♐40	22♐13	22♐47	23♐20	23♐54	24♐28	25♐02	25♐37	26♐11	/⚳
/♃	28♎05	28♎41	29♎16	29♎51	0♏27	1♏02	1♏38	2♏13	2♏49	3♏24	4♏00	4♏36	5♏12	5♏47	6♏23	6♏59	7♏35	8♏11	8♏47	9♏23	9♏59	10♏36	11♏12	11♏48	12♏24	13♏01	13♏37	14♏13	14♏50	15♏26	16♏03	/♃
/♄	14♍31	15♍04	15♍36	16♍09	16♍41	17♍14	17♍46	18♍19	18♍51	19♍24	19♍56	20♍28	21♍01	21♍33	22♍05	22♍38	23♍10	23♍42	24♍14	24♍47	25♍19	25♍51	26♍23	26♍55	27♍27	27♍59	28♍31	29♍03	29♍35	0♎07	0♎39	/♄
/♅	24♐44	25♐12	25♐41	26♐09	26♐38	27♐06	27♐35	28♐03	28♐32	29♐01	29♐30	29♐58	0♑27	0♑56	1♑25	1♑54	2♑23	2♑52	3♑21	3♑50	4♑19	4♑48	5♑17	5♑47	6♑16	6♑45	7♑14	7♑44	8♑13	8♑43	9♑12	/♅
/♆	12♐28	12♐57	13♐26	13♐55	14♐24	14♐53	15♐23	15♐52	16♐21	16♐50	17♐20	17♐49	18♐19	18♐48	19♐17	19♐47	20♐17	20♐46	21♐16	21♐45	22♐15	22♐45	23♐15	23♐44	24♐14	24♐44	25♐14	25♐44	26♐14	26♐44	27♐14	/♆
/♇	15♏58	16♏28	16♏58	17♏28	17♏58	18♏28	18♏58	19♏28	19♏58	20♏28	20♏59	21♏29	21♏59	22♏29	22♏60	23♏30	24♏01	24♏31	25♏01	25♏32	26♏02	26♏33	27♏04	27♏34	28♏05	28♏36	29♏06	29♏37	0♐08	0♐38	1♐09	/♇
/☊	1♑29	1♑59	2♑29	2♑59	3♑29	3♑59	4♑28	4♑57	5♑25	5♑53	6♑22	6♑50	7♑19	7♑48	8♑18	8♑49	9♑19	9♑50	10♑20	10♑50	11♑19	11♑47	12♑14	12♑41	13♑08	13♑34	14♑02	14♑29	14♑58	15♑28	15♑58	/☊
☽/☿	6♐20	13♐52	21♐37	29♐32	7♑38	15♑50	24♑05	2♒17	10♌23	18♌19	26♌00	3♍27	10♍39	17♍38	24♍24	1♎01	7♎31	13♎55	20♎16	26♎36	2♏55	9♏14	15♏36	21♏59	28♏25	4♐53	11♐25	17♐60	24♐39	1♑23	8♑11	☽/☿
/♀	22♏32	29♏60	7♐40	15♐32	23♐34	1♑44	9♋57	18♋08	26♋14	4♌09	11♌52	19♌20	26♌35	3♍37	10♍29	17♍12	23♍48	0♎21	6♎52	13♎23	19♎55	26♎30	3♏09	9♏53	16♏41	23♏35	0♐36	7♐43	14♐59	22♐23	29♐57	/♀
/♂	29♏37	6♐47	14♐09	21♐43	29♐28	7♑20	15♑16	23♋10	0♌57	8♌35	16♌00	23♌12	0♍09	6♍54	13♍27	19♍53	26♍12	2♎27	8♎41	14♎54	21♎09	27♎27	3♏48	10♏15	16♏46	23♏22	0♐06	6♐56	13♐54	21♐01	28♐18	/♂
/⚳	28♑33	5♒23	12♒26	19♒40	27♒05	4♓38	12♓14	19♓49	27♓18	4♈37	11♈44	18♈36	25♈15	1♉42	7♉57	14♏05	20♏06	26♏04	1♐60	7♐56	13♐54	19♐55	25♐59	2♑08	8♑23	14♑43	21♑10	27♑44	4♒26	11♒17	18♒18	/⚳
/♃	16♐25	23♐21	0♑30	7♑50	15♑21	22♑59	0♒40	8♒20	15♒54	23♌18	0♍29	7♍27	14♍10	20♍41	27♍01	3♎12	9♎18	15♎19	21♎19	27♎18	3♏19	9♏23	15♏31	21♏43	28♏00	4♐23	10♐53	17♐29	24♐14	1♑07	8♑09	/♃
/♄	2♏51	9♏45	16♏50	24♉08	1♊35	9♊11	16♊49	24♊26	1♋57	9♋17	16♋25	23♋19	29♋59	6♌27	12♌43	18♌51	24♌52	0♍50	6♍46	12♍42	18♍39	24♍39	0♎42	6♎50	13♎04	19♎22	25♎47	2♏19	8♏59	15♏48	22♏46	/♄
/♅	13♒04	19♒53	26♒54	4♓08	11♓32	19♓03	26♓37	4♈11	11♈38	18♈55	25♈59	2♉49	9♉26	15♉50	22♉03	28♉07	4♊05	9♊60	15♐52	21♐45	27♐39	3♑36	9♑37	15♑42	21♑52	28♑08	4♒30	10♒60	17♒37	24♒23	1♓19	/♅
/♆	0♒48	7♒38	14♒40	21♒54	29♒18	6♓50	14♓25	21♓59	29♓27	6♈44	13♈49	20♈40	27♈17	3♉42	9♉55	16♉00	21♏59	27♏54	3♐47	9♐40	15♐35	21♐33	27♐34	3♑39	9♑50	16♑07	22♑30	28♑60	5♒38	12♒24	19♒20	/♆
/♇	4♑18	11♑09	18♑12	25♑27	2♒52	10♒25	18♒01	25♒35	3♓04	10♓22	17♓28	24♓20	0♎58	7♎23	13♎37	19♎43	25♎43	1♏39	7♏33	13♏27	19♏22	25♏21	1♐23	7♐29	13♐41	19♐58	26♐22	2♑53	9♑32	16♑19	23♑16	/♇
/☊	19♒49	26♒39	3♓43	10♓58	18♓23	25♓55	3♈31	11♈04	18♈31	25♈47	2♉51	9♉41	16♉17	22♉42	28♉56	5♊02	11♊02	16♊58	22♊52	28♐45	4♑39	10♑35	16♑34	22♑36	28♑44	4♒57	11♒17	17♒45	24♒22	1♓08	8♓05	/☊
☿/♀	14♎31	15♎51	17♎10	18♎29	19♎47	21♎04	22♎21	23♎37	24♎52	26♎07	27♎21	28♎34	29♎47	0♏58	2♏08	3♏18	4♏26	5♏32	6♏37	7♏41	8♏43	9♏42	10♏40	11♏35	12♏27	13♏17	14♏03	14♏46	15♏25	15♏59	16♏30	☿/♀
/♂	21♎36	22♎38	23♎39	24♎40	25♎41	26♎40	27♎40	28♎38	29♎36	0♏33	1♏30	2♏25	3♏20	4♏14	5♏07	5♏59	6♏49	7♏38	8♏26	9♏12	9♏57	10♏39	11♏19	11♏57	12♏32	13♏04	13♏33	13♏58	14♏20	14♏37	14♏50	/♂
/⚳	20♐33	21♐15	21♐56	22♐37	23♐18	23♐58	24♐38	25♐18	25♐57	26♐35	27♐13	27♐50	28♐27	29♐02	29♐37	0♑11	0♑44	1♑15	1♑45	2♑14	2♑41	3♑07	3♑30	3♑51	4♑09	4♑25	4♑37	4♑46	4♑52	4♑53	4♑50	/⚳
/♃	8♏25	9♏13	10♏00	10♏47	11♏33	12♏19	13♏04	13♏49	14♏33	15♏16	15♏59	16♏41	17♏21	18♏01	18♏40	19♏18	19♏55	20♏30	21♏04	21♏36	22♏07	22♏35	23♏02	23♏26	23♏47	24♏05	24♏20	24♏32	24♏39	24♏43	24♏42	/♃
/♄	24♍51	25♍36	26♍21	27♍05	27♍48	28♍31	29♍13	29♍55	0♎35	1♎15	1♎55	2♎33	3♎11	3♎47	4♎23	4♎57	5♎30	6♎01	6♎31	6♎60	7♎26	7♎51	8♎13	8♎33	8♎50	9♎04	9♎15	9♎22	9♎25	9♎24	9♎19	/♄
/♅	5♑03	5♑44	6♑25	7♑05	7♑44	8♑23	9♑02	9♑39	10♑16	10♑53	11♑28	12♑03	12♑37	13♑10	13♑42	14♑13	14♑43	15♑11	15♑38	16♑03	16♑26	16♑48	17♑07	17♑24	17♑38	17♑50	17♑58	18♑02	18♑03	17♑59	17♑51	/♅
/♆	22♐47	23♐29	24♐10	24♐51	25♐31	26♐10	26♐49	27♐28	28♐05	28♐42	29♐19	29♐54	0♑28	1♑02	1♑35	2♑06	2♑36	3♑05	3♑33	3♑59	4♑23	4♑45	5♑04	5♑22	5♑37	5♑48	5♑57	6♑02	6♑03	6♑00	5♑53	/♆
/♇	26♏17	27♏00	27♏42	28♏24	29♏05	29♏45	0♐25	1♐04	1♐43	2♐20	2♐57	3♐34	4♐09	4♐44	5♐17	5♐49	6♐20	6♐50	7♐18	7♐45	8♐10	8♐33	8♐54	9♐12	9♐27	9♐40	9♐49	9♐55	9♐57	9♐55	9♐49	/♇
/☊	11♑48	12♑31	13♑13	13♑55	14♑36	15♑16	15♑55	16♑33	17♑09	17♑45	18♑20	18♑55	19♑29	20♑02	20♑35	21♑08	21♑39	22♑09	22♑37	23♑03	23♑26	23♑47	24♑04	24♑19	24♑30	24♑39	24♑45	24♑48	24♑48	24♑44	24♑37	/☊
♀/♂	7♎48	8♎45	9♎43	10♎40	11♎37	12♎34	13♎32	14♎29	15♎26	16♎24	17♎21	18♎19	19♎16	20♎14	21♎11	22♎09	23♎06	24♎04	25♎02	25♎60	26♎57	27♎55	28♎53	29♎51	0♏48	1♏46	2♏44	3♏42	4♏40	5♏38	6♏36	♀/♂
/⚳	6♐45	7♐22	7♐59	8♐37	9♐14	9♐52	10♐30	11♐09	11♐47	12♐26	13♐04	13♐43	14♐22	15♐02	15♐41	16♐21	17♐01	17♐41	18♐21	19♐01	19♐42	20♐23	21♐04	21♐45	22♐26	23♐07	23♐49	24♐30	25♐12	25♐54	26♐36	/⚳
/♃	24♎37	25♎20	26♎03	26♎46	27♎30	28♎13	28♎56	29♎40	0♏23	1♏07	1♏50	2♏34	3♏17	4♏01	4♏45	5♏28	6♏12	6♏56	7♏40	8♏24	9♏07	9♏51	10♏35	11♏19	12♏03	12♏47	13♏31	14♏15	14♏59	15♏43	16♏27	/♃
/♄	11♍03	11♍43	12♍24	13♍04	13♍44	14♍25	15♍05	15♍45	16♍26	17♍06	17♍46	18♍26	19♍07	19♍47	20♍27	21♍07	21♍47	22♍27	23♍07	23♍47	24♍27	25♍07	25♍47	26♍27	27♍06	27♍46	28♍26	29♍05	29♍45	0♎25	1♎04	/♄
/♅	21♐15	21♐51	22♐28	23♐04	23♐41	24♐17	24♐54	25♐30	26♐07	26♐43	27♐20	27♐56	28♐33	29♐10	29♐46	0♑23	0♑60	1♑37	2♑13	2♑50	3♑27	4♑04	4♑41	5♑18	5♑55	6♑32	7♑09	7♑46	8♑23	8♑60	9♑37	/♅
/♆	8♐59	9♐36	10♐13	10♐50	11♐27	12♐04	12♐41	13♐18	13♐56	14♐33	15♐10	15♐47	16♐24	17♐02	17♐39	18♐16	18♐54	19♐31	20♐08	20♐46	21♐23	22♐01	22♐38	23♐16	23♐53	24♐31	25♐08	25♐46	26♐23	27♐01	27♐39	/♆
/♇	12♏29	13♏07	13♏45	14♏23	15♏01	15♏39	16♏17	16♏55	17♏33	18♏11	18♏49	19♏27	20♏05	20♏43	21♏21	21♏59	22♏38	23♏16	23♏54	24♏32	25♏11	25♏49	26♏27	27♏05	27♏44	28♏22	29♏01	29♏39	0♐17	0♐56	1♐34	/♇
/☊	28♐00	28♐38	29♐16	29♐54	0♑32	1♑09	1♑47	2♑23	2♑60	3♑36	4♑12	4♑48	5♑25	6♑02	6♑40	7♑18	7♑56	8♑35	9♑13	9♑50	10♑27	11♑03	11♑38	12♑13	12♑47	13♑21	13♑56	14♑31	15♑08	15♑45	16♑23	/☊
♂/⚳	13♐49	14♐09	14♐28	14♐48	15♐08	15♐29	15♐49	16♐10	16♐31	16♐52	17♐13	17♐35	17♐56	18♐18	18♐40	19♐02	19♐25	19♐47	20♐10	20♐33	20♐56	21♐19	21♐43	22♐06	22♐30	22♐54	23♐18	23♐43	24♐07	24♐32	24♐57	♂/⚳
/♃	1♏41	2♏07	2♏32	2♏58	3♏24	3♏49	4♏15	4♏41	5♏07	5♏33	5♏59	6♏25	6♏51	7♏17	7♏43	8♏10	8♏36	9♏02	9♏29	9♏55	10♏21	10♏48	11♏14	11♏41	12♏08	12♏34	13♏01	13♏28	13♏55	14♏21	14♏48	/♃
/♄	18♍07	18♍30	18♍53	19♍16	19♍39	20♍01	20♍24	20♍47	21♍09	21♍32	21♍55	22♍18	22♍40	23♍03	23♍25	23♍48	24♍11	24♍33	24♍56	25♍18	25♍41	26♍03	26♍26	26♍48	27♍11	27♍33	27♍56	28♍18	28♍40	29♍03	29♍25	/♄
/♅	28♐20	28♐38	28♐57	29♐16	29♐35	29♐54	0♑12	0♑31	0♑50	1♑09	1♑28	1♑48	2♑07	2♑26	2♑45	3♑04	3♑24	3♑43	4♑02	4♑22	4♑41	5♑01	5♑20	5♑40	5♑59	6♑19	6♑39	6♑58	7♑18	7♑38	7♑58	/♅
/♆	16♐04	16♐23	16♐43	17♐02	17♐21	17♐41	18♐00	18♐20	18♐39	18♐59	19♐19	19♐38	19♐58	20♐18	20♐38	20♐57	21♐17	21♐37	21♐57	22♐17	22♐37	22♐57	23♐17	23♐37	23♐58	24♐18	24♐38	24♐58	25♐19	25♐39	25♐59	/♆
/♇	19♏34	19♏54	20♏15	20♏35	20♏55	21♏15	21♏36	21♏56	22♏17	22♏37	22♏58	23♏18	23♏39	23♏59	24♏20	24♏41	25♏01	25♏22	25♏43	26♏04	26♏25	26♏45	27♏06	27♏27	27♏48	28♏09	28♏30	28♏51	29♏13	29♏34	29♏55	/♇
/☊	5♑05	5♑25	5♑45	6♑06	6♑26	6♑46	7♑06	7♑25	7♑43	8♑02	8♑20	8♑39	8♑58	9♑18	9♑38	9♑59	10♑20	10♑41	11♑02	11♑22	11♑41	11♑59	12♑17	12♑34	12♑51	13♑08	13♑26	13♑44	14♑03	14♑23	14♑44	/☊
⚳/♃	0♑38	0♑43	0♑49	0♑55	1♑01	1♑07	1♑14	1♑21	1♑28	1♑35	1♑42	1♑50	1♑57	2♑05	2♑13	2♑22	2♑30	2♑39	2♑48	2♑57	3♑06	3♑16	3♑25	3♑35	3♑45	3♑55	4♑05	4♑16	4♑27	4♑37	4♑48	⚳/♃
/♄	17♏04	17♏07	17♏10	17♏13	17♏16	17♏19	17♏23	17♏26	17♏30	17♏34	17♏38	17♏42	17♏47	17♏51	17♏56	18♏00	18♏05	18♏10	18♏15	18♏20	18♏26	18♏31	18♏37	18♏42	18♏48	18♏54	18♏60	19♏06	19♏12	19♏19	19♏25	/♄
/♅	27♒16	27♒15	27♒14	27♒13	27♒12	27♒11	27♒11	27♒11	27♒11	27♒11	27♒12	27♒12	27♒13	27♒14	27♒15	27♒16	27♒18	27♒20	27♒21	27♒24	27♒26	27♒28	27♒31	27♒34	27♒37	27♒40	27♒43	27♒46	27♒50	27♒54	27♒58	/♅
/♆	15♒00	14♒60	14♒59	14♒59	14♒59	14♒59	14♒59	14♒59	15♒00	15♒01	15♒02	15♒03	15♒04	15♒06	15♒08	15♒10	15♒12	15♒14	15♒16	15♒19	15♒22	15♒25	15♒28	15♒31	15♒35	15♒38	15♒42	15♒46	15♒50	15♒55	15♒59	/♆
/♇	18♑31	18♑31	18♑31	18♑32	18♑32	18♑33	18♑34	18♑36	18♑37	18♑39	18♑41	18♑43	18♑45	18♑47	18♑50	18♑53	18♑56	18♑59	19♑02	19♑06	19♑09	19♑13	19♑17	19♑21	19♑26	19♑30	19♑35	19♑40	19♑45	19♑50	19♑55	/♇
/☊	4♓02	4♓02	4♓02	4♓03	4♓03	4♓04	4♓04	4♓04	4♓04	4♓04	4♓04	4♓04	4♓05	4♓06	4♓08	4♓11	4♓14	4♓18	4♓21	4♓24	4♓26	4♓27	4♓28	4♓28	4♓29	4♓29	4♓30	4♓32	4♓35	4♓39	4♓44	/☊
♃/♄	4♎56	5♎05	5♎14	5♎22	5♎31	5♎40	5♎49	5♎58	6♎06	6♎15	6♎24	6♎33	6♎41	6♎50	6♎59	7♎08	7♎16	7♎25	7♎34	7♎42	7♎51	7♎60	8♎08	8♎17	8♎26	8♎34	8♎43	8♎51	8♎60	9♎08	9♎16	♃/♄
/♅	15♑08	15♑13	15♑18	15♑22	15♑27	15♑32	15♑37	15♑42	15♑47	15♑52	15♑57	16♑03	16♑08	16♑13	16♑18	16♑24	16♑29	16♑35	16♑40	16♑46	16♑51	16♑57	17♑03	17♑08	17♑14	17♑20	17♑26	17♑31	17♑37	17♑43	17♑49	/♅
/♆	2♑52	2♑58	3♑03	3♑09	3♑14	3♑19	3♑25	3♑31	3♑36	3♑42	3♑48	3♑53	3♑59	4♑05	4♑11	4♑17	4♑23	4♑29	4♑35	4♑41	4♑47	4♑54	4♑60	5♑06	5♑12	5♑19	5♑25	5♑31	5♑38	5♑44	5♑51	/♆
/♇	6♐23	6♐29	6♐35	6♐41	6♐48	6♐54	7♐00	7♐07	7♐13	7♐20	7♐27	7♐33	7♐40	7♐47	7♐53	8♐00	8♐07	8♐14	8♐21	8♐28	8♐35	8♐42	8♐49	8♐56	9♐03	9♐10	9♐17	9♐25	9♐32	9♐39	9♐46	/♇
/☊	21♑54	21♑60	22♑06	22♑12	22♑19	22♑25	22♑30	22♑36	22♑40	22♑45	22♑49	22♑54	22♑60	23♑05	23♑12	23♑19	23♑26	23♑33	23♑40	23♑46	23♑51	23♑56	23♑60	24♑03	24♑06	24♑09	24♑13	24♑17	24♑22	24♑29	24♑35	/☊
♄/♅	1♊34	1♊36	1♊38	1♊40	1♊42	1♊44	1♊46	1♊48	1♊50	1♊52	1♊53	1♊55	1♊57	1♊59	2♊01	2♊02	2♊04	2♊06	2♊07	2♊09	2♊11	2♊12	2♊14	2♊16	2♊17	2♊19	2♊20	2♊22	2♊23	2♊25	2♊26	♄/♅
/♆	19♏18	19♏21	19♏24	19♏26	19♏29	19♏31	19♏34	19♏36	19♏39	19♏41	19♏44	19♏46	19♏48	19♏51	19♏53	19♏55	19♏58	20♏00	20♏02	20♏05	20♏07	20♏09	20♏11	20♏13	20♏15	20♏17	20♏20	20♏22	20♏24	20♏26	20♏28	/♆
/♇	22♎49	22♎52	22♎56	22♎59	23♎02	23♎06	23♎09	23♎13	23♎16	23♎19	23♎23	23♎26	23♎29	23♎32	23♎36	23♎39	23♎42	23♎45	23♎48	23♎51	23♎54	23♎57	24♎00	24♎03	24♎06	24♎09	24♎12	24♎15	24♎18	24♎20	24♎23	/♇
/☊	8♊20	8♊23	8♊26	8♊30	8♊33	8♊36	8♊39	8♊41	8♊43	8♊44	8♊45	8♊47	8♊49	8♊51	8♊54	8♊57	9♊01	9♊04	9♊07	9♊09	9♊11	9♊11	9♊11	9♊10	9♊09	9♊08	9♊07	9♊07	9♊08	9♊10	9♊12	/☊
♅/♆	29♒31	29♒29	29♒28	29♒26	29♒25	29♒24	29♒22	29♒21	29♒20	29♒18	29♒17	29♒16	29♒15	29♒14	29♒13	29♒12	29♒11	29♒10	29♒09	29♒08	29♒07	29♒06	29♒05	29♒05	29♒04	29♒03	29♒03	29♒02	29♒01	29♒01	29♒00	♅/♆
/♇	3♒01	3♒00	2♒60	2♒59	2♒59	2♒58	2♒58	2♒57	2♒57	2♒56	2♒56	2♒56	2♒56	2♒55	2♒55	2♒55	2♒55	2♒55	2♒54	2♒54	2♒54	2♒54	2♒54	2♒54	2♒55	2♒55	2♒55	2♒55	2♒55	2♒56	2♒56	/♇
/☊	18♓32	18♓31	18♓31	18♓30	18♓30	18♓29	18♓27	18♓26	18♓24	18♓21	18♓19	18♓17	18♓15	18♓14	18♓13	18♓13	18♓13	18♓13	18♓13	18♓12	18♓11	18♓08	18♓05	18♓02	17♓58	17♓54	17♓50	17♓48	17♓46	17♓45	17♓45	/☊
♆/♇	20♑45	20♑45	20♑45	20♑45	20♑45	20♑45	20♑46	20♑46	20♑46	20♑46	20♑46	20♑47	20♑47	20♑47	20♑48	20♑48	20♑48	20♑49	20♑49	20♑50	20♑50	20♑51	20♑52	20♑52	20♑53	20♑54	20♑54	20♑55	20♑56	20♑57	20♑58	♆/♇
/☊	6♓16	6♓16	6♓16	6♓16	6♓16	6♓16	6♓15	6♓14	6♓13	6♓11	6♓09	6♓08	6♓07	6♓06	6♓06	6♓06	6♓07	6♓08	6♓08	6♓08	6♓07	6♓05	6♓02	5♓59	5♓56	5♓53	5♓50	5♓48	5♓46	5♓46	5♓46	/☊
♇/☊	9♒46	9♒47	9♒48	9♒49	9♒50	9♒51	9♒51	9♒51	9♒50	9♒49	9♒48	9♒47	9♒47	9♒48	9♒48	9♒50	9♒51	9♒53	9♒54	9♒54	9♒54	9♒53	9♒52	9♒49	9♒47	9♒44	9♒42	9♒41	9♒40	9♒41	9♒42	♇/☊

October 2006

November 2006

	1	2	3	4	5	6	7	8	9	10
☉/☽	7♑08	14♑52	22♑45	0♒42	8♒40	16♌36	24♌24	2♍01	9♍25	16♍35
/☿	16♏23	16♏36	16♏45	16♏49	16♏48	16♏44	16♏38	16♏29	16♏19	16♏10
/♀	8♏58	10♏06	11♏13	12♏21	13♏28	14♏36	15♏44	16♏52	17♏59	19♏07
/♂	7♏01	7♏52	8♏42	9♏33	10♏23	11♏14	12♏04	12♏55	13♏46	14♏36
/⚳	26♐46	27♐20	27♐55	28♐30	29♐05	29♐41	0♑16	0♑52	1♑28	2♑03
/♃	16♏39	17♏16	17♏52	18♏29	19♏05	19♏42	20♏19	20♏55	21♏32	22♏09
/♄	1♎11	1♎43	2♎15	2♎47	3♎18	3♎50	4♎22	4♎53	5♎25	5♎57
/♅	9♑42	10♑11	10♑41	11♑10	11♑40	12♑10	12♑39	13♑09	13♑39	14♑09
/♆	27♐44	28♐14	28♐44	29♐14	29♐44	0♑14	0♑44	1♑15	1♑45	2♑15
/♇	1♐40	2♐11	2♐42	3♐13	3♐44	4♐15	4♐46	5♐17	5♐48	6♐19
/☊	16♑29	16♑59	17♑29	17♑58	18♑26	18♑52	19♑18	19♑44	20♑11	20♑37
☽/☿	15♑05	22♑03	29♑04	6♒05	13♒03	19♒54	26♌35	3♍03	9♍18	15♍19
/♀	7♑40	15♑33	23♑32	1♒37	9♒43	17♌46	25♌41	3♍26	10♍58	18♍16
/♂	5♑44	13♑19	21♑02	28♑49	6♒38	14♌24	22♌02	29♌30	6♍44	13♍45
/⚳	25♒28	2♓47	10♓15	17♓47	25♓20	2♈51	10♈14	17♈26	24♈26	1♉12
/♃	15♑21	22♑43	0♒11	7♒45	15♒20	22♒52	0♍16	7♍30	14♍31	21♍18
/♄	29♉53	7♊10	14♊34	22♊03	29♊33	6♋60	14♋19	21♋28	28♋24	5♌05
/♅	8♓24	15♓38	23♓00	0♈27	7♈55	15♈20	22♈37	29♈44	6♉38	13♉18
/♆	26♒26	3♓41	11♓03	18♓30	25♓59	3♈24	10♈42	17♈49	24♈44	1♉24
/♇	0♒22	7♒38	15♒01	22♒29	29♒58	7♓24	14♓43	21♓51	28♍46	5♎27
/☊	15♓11	22♓26	29♓48	7♈14	14♈40	22♈02	29♈16	6♉19	13♉09	19♉46
☿/♀	16♏55	17♏16	17♏32	17♏44	17♏51	17♏55	17♏56	17♏54	17♏52	17♏51
/♂	14♏59	15♏02	15♏01	14♏56	14♏46	14♏32	14♏16	13♏58	13♏38	13♏20
/⚳	4♑43	4♑31	4♑14	3♑53	3♑28	2♑59	2♑28	1♑54	1♑20	0♑47
/♃	24♏36	24♏26	24♏11	23♏52	23♏28	23♏01	22♏30	21♏58	21♏25	20♏52
/♄	9♎09	8♎54	8♎34	8♎10	7♎41	7♎09	6♎33	5♎56	5♎18	4♎40
/♅	17♑39	17♑22	16♑60	16♑33	16♑03	15♑28	14♑51	14♑12	13♑32	12♑52
/♆	5♑41	5♑24	5♑03	4♑37	4♑07	3♑33	2♑56	2♑17	1♑38	0♑59
/♇	9♐37	9♐22	9♐01	8♐36	8♐06	7♐33	6♐57	6♐19	5♐40	5♐02
/☊	24♑26	24♑10	23♑48	23♑21	22♑48	22♑11	21♑30	20♑47	20♑03	19♑21
♀/♂	7♏34	8♏32	9♏30	10♏28	11♏26	12♏24	13♏22	14♏20	15♏19	16♏17
/⚳	27♐18	28♐00	28♐43	29♐26	0♑08	0♑51	1♑34	2♑17	3♑01	3♑44
/♃	17♏12	17♏56	18♏40	19♏24	20♏08	20♏52	21♏37	22♏21	23♏05	23♏49
/♄	1♎44	2♎23	3♎02	3♎42	4♎21	5♎00	5♎40	6♎19	6♎58	7♎37
/♅	10♑14	10♑51	11♑28	12♑06	12♑43	13♑20	13♑57	14♑35	15♑12	15♑49
/♆	28♐16	28♐54	29♐32	0♑09	0♑47	1♑25	2♑02	2♑40	3♑18	3♑56
/♇	2♐13	2♐51	3♐30	4♐08	4♐46	5♐25	6♐04	6♐42	7♐21	7♐59
/☊	17♑01	17♑39	18♑17	18♑53	19♑29	20♑03	20♑36	21♑10	21♑44	22♑18
♂/⚳	25♐22	25♐47	26♐12	26♐37	27♐03	27♐29	27♐55	28♐21	28♐47	29♐13
/♃	15♏15	15♏42	16♏09	16♏36	17♏03	17♏30	17♏57	18♏24	18♏51	19♏19
/♄	29♍47	0♎09	0♎32	0♎54	1♎16	1♎38	2♎00	2♎22	2♎44	3♎06
/♅	8♑18	8♑38	8♑58	9♑18	9♑38	9♑58	10♑18	10♑38	10♑58	11♑19
/♆	26♐20	26♐40	27♐01	27♐21	27♐42	28♐02	28♐23	28♐44	29♐04	29♐25
/♇	0♐16	0♐37	0♐59	1♐20	1♐41	2♐03	2♐24	2♐45	3♐07	3♐28
/☊	15♑05	15♑26	15♑46	16♑05	16♑23	16♑40	16♑57	17♑13	17♑30	17♑47
⚳/♃	4♑59	5♑11	5♑22	5♑34	5♑45	5♑57	6♑09	6♑21	6♑33	6♑46
/♄	19♏31	19♏38	19♏45	19♏51	19♏58	20♏05	20♏12	20♏19	20♏26	20♏33
/♅	28♒02	28♒06	28♒11	28♒15	28♒20	28♒25	28♒30	28♒35	28♒40	28♒46
/♆	16♒04	16♒09	16♒14	16♒19	16♒24	16♒29	16♒35	16♒41	16♒46	16♒52
/♇	20♑00	20♑06	20♑12	20♑17	20♑23	20♑30	20♑36	20♑42	20♑49	20♑56
/☊	4♓49	4♓54	4♓59	5♓03	5♓06	5♓07	5♓09	5♓10	5♓12	5♓14
♃/♄	9♎25	9♎33	9♎42	9♎50	9♎58	10♎06	10♎14	10♎23	10♎31	10♎39
/♅	17♑55	18♑01	18♑07	18♑14	18♑20	18♑26	18♑32	18♑38	18♑45	18♑51
/♆	5♑57	6♑04	6♑11	6♑17	6♑24	6♑31	6♑37	6♑44	6♑51	6♑58
/♇	9♐54	10♐01	10♐09	10♐16	10♐23	10♐31	10♐38	10♐46	10♐53	11♐01
/☊	24♑43	24♑49	24♑56	25♑01	25♑05	25♑09	25♑11	25♑14	25♑16	25♑20
♄/♅	2♊27	2♊29	2♊30	2♊31	2♊33	2♊34	2♊35	2♊36	2♊38	2♊39
/♆	20♏29	20♏31	20♏33	20♏35	20♏37	20♏39	20♏40	20♏42	20♏44	20♏45
/♇	24♎26	24♎29	24♎31	24♎34	24♎36	24♎39	24♎41	24♎44	24♎46	24♎49
/☊	9♊15	9♊17	9♊18	9♊19	9♊18	9♊17	9♊14	9♊12	9♊09	9♊07
♅/♆	28♒60	28♒59	28♒59	28♒59	28♒58	28♒58	28♒58	28♒58	28♒58	28♒58
/♇	2♒56	2♒57	2♒57	2♒58	2♒58	2♒59	2♒59	2♒60	3♒00	3♒01
/☊	17♓45	17♓45	17♓44	17♓43	17♓40	17♓36	17♓32	17♓27	17♓23	17♓20
♆/♇	20♑58	20♑59	21♑00	21♑01	21♑02	21♑03	21♑04	21♑05	21♑06	21♑07
/☊	5♓47	5♓48	5♓47	5♓46	5♓44	5♓41	5♓37	5♓33	5♓29	5♓26
♇/☊	9♒43	9♒45	9♒45	9♒45	9♒44	9♒41	9♒38	9♒35	9♒32	9♒30

	11	12	13	14	15	16	17	18	19	20
☉/☽	23♍32	0♎18	6♎54	13♎23	19♎48	26♎11	2♏35	9♏03	15♏34	22♏12
/☿	16♏03	15♏58	15♏58	16♏02	16♏12	16♏28	16♏49	17♏17	17♏50	18♏28
/♀	20♏15	21♏23	22♏31	23♏38	24♏46	25♏54	27♏02	28♏10	29♏18	0♐26
/♂	15♏27	16♏18	17♏09	17♏60	18♏50	19♏41	20♏32	21♏23	22♏14	23♏05
/⚳	2♑40	3♑16	3♑52	4♑28	5♑05	5♑42	6♑18	6♑55	7♑32	8♑10
/♃	22♏46	23♏22	23♏59	24♏36	25♏13	25♏50	26♏27	27♏04	27♏40	28♏17
/♄	6♎28	6♎60	7♎31	8♎02	8♎34	9♎05	9♎37	10♎08	10♎39	11♎10
/♅	14♑39	15♑09	15♑39	16♑09	16♑39	17♑09	17♑39	18♑09	18♑39	19♑10
/♆	2♑46	3♑16	3♑47	4♑17	4♑47	5♑18	5♑49	6♑19	6♑50	7♑20
/♇	6♐50	7♐21	7♐52	8♐23	8♐54	9♐25	9♐57	10♐28	10♐59	11♐30
/☊	21♑05	21♑35	22♑05	22♑35	23♑06	23♑36	24♑05	24♑34	25♑00	25♑26
☽/☿	21♍08	26♍49	2♎24	7♎57	13♎32	19♎10	24♎56	0♏50	6♏54	13♏09
/♀	25♍21	2♎13	8♎57	15♎33	22♎06	28♎36	5♏08	11♏43	18♏22	25♏07
/♂	20♍33	27♍09	3♎35	9♎54	16♎10	22♎24	28♎38	4♏56	11♏18	17♏46
/⚳	7♉45	14♉06	20♏18	26♏23	2♐24	8♐24	14♐25	20♐28	26♐37	2♑51
/♃	27♍51	4♎13	10♎25	16♎31	22♎32	28♎32	4♏33	10♏36	16♏45	22♏58
/♄	11♌34	17♌50	23♌57	29♌57	5♍53	11♍48	17♍43	23♍41	29♍43	5♎51
/♅	19♉44	25♉59	2♊05	8♊04	13♐58	19♐51	25♐45	1♑42	7♑44	13♑51
/♆	7♉51	14♉07	20♏13	26♏12	2♐07	8♐00	13♐55	19♐52	25♐54	2♑01
/♇	11♎55	18♎12	24♎18	0♏18	6♏14	12♏08	18♏03	24♏01	0♐03	6♐12
/☊	26♉11	2♊25	8♊31	14♊30	20♊25	26♐18	2♑12	8♑06	14♑05	20♑07
☿/♀	17♏51	17♏54	18♏01	18♏13	18♏30	18♏53	19♏22	19♏57	20♏37	21♏23
/♂	13♏03	12♏49	12♏39	12♏34	12♏34	12♏40	12♏52	13♏10	13♏34	14♏02
/⚳	0♑15	29♐47	29♐22	29♐03	28♐49	28♐41	28♐39	28♐42	28♐52	29♐06
/♃	20♏21	19♏53	19♏29	19♏10	18♏57	18♏49	18♏47	18♏50	18♏60	19♏14
/♄	4♎04	3♎31	3♎01	2♎37	2♎18	2♎04	1♎57	1♎55	1♎58	2♎07
/♅	12♑15	11♑40	11♑09	10♑43	10♑23	10♑08	9♑59	9♑56	9♑59	10♑07
/♆	0♑21	29♐47	29♐17	28♐51	28♐31	28♐17	28♐09	28♐06	28♐09	28♐17
/♇	4♐25	3♐52	3♐22	2♐57	2♐38	2♐25	2♐17	2♐15	2♐18	2♐27
/☊	18♑41	18♑06	17♑35	17♑09	16♑50	16♑35	16♑25	16♑20	16♑20	16♑23
♀/♂	17♏15	18♏13	19♏12	20♏10	21♏08	22♏07	23♏05	24♏03	25♏02	26♏00
/⚳	4♑28	5♑11	5♑55	6♑39	7♑23	8♑07	8♑51	9♑35	10♑20	11♑04
/♃	24♏34	25♏18	26♏02	26♏46	27♏31	28♏15	28♏59	29♏44	0♐28	1♐12
/♄	8♎16	8♎55	9♎34	10♎13	10♎52	11♎31	12♎09	12♎48	13♎27	14♎05
/♅	16♑27	17♑04	17♑42	18♑19	18♑57	19♑34	20♑12	20♑49	21♑27	22♑05
/♆	4♑34	5♑12	5♑49	6♑27	7♑05	7♑43	8♑21	8♑59	9♑37	10♑15
/♇	8♐38	9♐16	9♐55	10♐34	11♐12	11♐51	12♐29	13♐08	13♐47	14♐25
/☊	22♑54	23♑30	24♑08	24♑46	25♑24	26♑01	26♑38	27♑14	27♑48	28♑21
♂/⚳	29♐40	0♑06	0♑33	0♑60	1♑27	1♑54	2♑21	2♑49	3♑16	3♑44
/♃	19♏46	20♏13	20♏40	21♏08	21♏35	22♏02	22♏30	22♏57	23♏25	23♏52
/♄	3♎28	3♎50	4♎12	4♎34	4♎56	5♎18	5♎40	6♎01	6♎23	6♎45
/♅	11♑39	11♑59	12♑20	12♑40	13♑01	13♑21	13♑42	14♑03	14♑23	14♑44
/♆	29♐46	0♑07	0♑28	0♑49	1♑10	1♑31	1♑52	2♑13	2♑34	2♑55
/♇	3♐50	4♐11	4♐33	4♐55	5♐16	5♐38	5♐60	6♐21	6♐43	7♐05
/☊	18♑06	18♑25	18♑46	19♑07	19♑28	19♑49	20♑08	20♑27	20♑44	21♑01
⚳/♃	6♑58	7♑11	7♑24	7♑36	7♑49	8♑03	8♑16	8♑29	8♑43	8♑56
/♄	20♏41	20♏48	20♏55	21♏03	21♏10	21♏18	21♏26	21♏33	21♏41	21♏49
/♅	28♒51	28♒57	29♒03	29♒09	29♒15	29♒22	29♒28	29♒35	29♒42	29♒48
/♆	16♒58	17♒05	17♒11	17♒17	17♒24	17♒31	17♒38	17♒45	17♒52	17♒59
/♇	21♑02	21♑09	21♑16	21♑24	21♑31	21♑38	21♑46	21♑53	22♑01	22♑09
/☊	5♓18	5♓23	5♓29	5♓36	5♓42	5♓49	5♓54	5♓59	6♓02	6♓05
♃/♄	10♎47	10♎55	11♎03	11♎11	11♎18	11♎26	11♎34	11♎42	11♎49	11♎57
/♅	18♑57	19♑04	19♑10	19♑17	19♑23	19♑30	19♑36	19♑43	19♑50	19♑56
/♆	7♑04	7♑11	7♑18	7♑25	7♑32	7♑39	7♑46	7♑53	7♑60	8♑07
/♇	11♐08	11♐16	11♐24	11♐31	11♐39	11♐46	11♐54	12♐02	12♐09	12♐17
/☊	25♑24	25♑30	25♑36	25♑43	25♑50	25♑57	26♑03	26♑07	26♑11	26♑13
♄/♅	2♊40	2♊41	2♊42	2♊43	2♊44	2♊45	2♊46	2♊47	2♊48	2♊49
/♆	20♏47	20♏48	20♏50	20♏52	20♏53	20♏54	20♏56	20♏57	20♏58	20♏60
/♇	24♎51	24♎53	24♎55	24♎58	24♎60	25♎02	25♎04	25♎06	25♎08	25♎10
/☊	9♊07	9♊07	9♊08	9♊10	9♊11	9♊12	9♊13	9♊12	9♊09	9♊05
♅/♆	28♒58	28♒58	28♒58	28♒58	28♒58	28♒58	28♒58	28♒59	28♒59	28♒59
/♇	3♒02	3♒02	3♒03	3♒04	3♒05	3♒06	3♒06	3♒07	3♒08	3♒09
/☊	17♓17	17♓16	17♓16	17♓16	17♓16	17♓16	17♓15	17♓13	17♓10	17♓05
♆/♇	21♑09	21♑10	21♑11	21♑12	21♑13	21♑15	21♑16	21♑17	21♑19	21♑20
/☊	5♓24	5♓23	5♓23	5♓24	5♓25	5♓25	5♓25	5♓23	5♓20	5♓15
♇/☊	9♒28	9♒28	9♒29	9♒30	9♒32	9♒33	9♒33	9♒32	9♒29	9♒26

	21	22	23	24	25	26	27	28	29	30
☉/☽	28♏56	5♐46	12♐43	19♐45	26♐54	4♑08	11♑27	18♑51	26♑22	3♒58
/☿	19♏11	19♏58	20♏49	21♏44	22♏42	23♏42	24♏45	25♏49	26♏56	28♏04
/♀	1♐34	2♐42	3♐50	4♐58	6♐06	7♐14	8♐22	9♐30	10♐38	11♐46
/♂	23♏57	24♏48	25♏39	26♏30	27♏21	28♏13	29♏04	29♏55	0♐47	1♐38
/⚳	8♑47	9♑24	10♑02	10♑39	11♑17	11♑55	12♑33	13♑11	13♑49	14♑27
/♃	28♏54	29♏31	0♐08	0♐45	1♐22	1♐59	2♐36	3♐13	3♐51	4♐28
/♄	11♎41	12♎13	12♎44	13♎15	13♎46	14♎17	14♎48	15♎18	15♎49	16♎20
/♅	19♑40	20♑10	20♑41	21♑11	21♑42	22♑12	22♑43	23♑13	23♑44	24♑14
/♆	7♑51	8♑22	8♑52	9♑23	9♑54	10♑25	10♑56	11♑26	11♑57	12♑28
/♇	12♐02	12♐33	13♐04	13♐36	14♐07	14♐39	15♐10	15♐41	16♐13	16♐44
/☊	25♑51	26♑15	26♑39	27♑04	27♑30	27♑57	28♑26	28♑56	29♑26	29♑56
☽/☿	19♏35	26♏12	2♐59	9♐56	17♐01	24♐15	1♑36	9♑04	16♑41	24♑24
/♀	1♐58	8♐56	15♐60	23♐10	0♑25	7♑47	15♑13	22♑45	0♒22	8♒06
/♂	24♏21	1♐02	7♐49	14♐42	21♐41	28♐45	5♑55	13♑10	20♑31	27♑58
/⚳	9♑11	15♑38	22♑12	28♑51	5♒37	12♒28	19♒24	26♒26	3♓34	10♓47
/♃	29♏19	5♐45	12♐18	18♐57	25♐42	2♑32	9♑28	16♑29	23♑35	0♒47
/♄	12♎06	18♎27	24♎54	1♏27	8♏05	14♏49	21♏39	28♉33	5♊34	12♊40
/♅	20♑04	26♑24	2♒51	9♒23	16♒01	22♒45	29♒34	6♓28	13♓28	20♓34
/♆	8♑15	14♑36	21♑02	27♑35	4♒14	10♒58	17♒47	24♒42	1♓42	8♓48
/♇	12♐26	18♐47	25♐15	1♑48	8♑27	15♑11	22♑01	28♑57	5♒58	13♒04
/☊	26♑15	2♒29	8♒49	15♒16	21♒49	28♒30	5♓17	12♓11	19♓11	26♓16
☿/♀	22♏13	23♏08	24♏06	25♏08	26♏13	27♏21	28♏31	29♏43	0♐57	2♐12
/♂	14♏36	15♏14	15♏55	16♏40	17♏29	18♏20	19♏13	20♏08	21♏06	22♏04
/⚳	29♐26	29♐50	0♑18	0♑50	1♑25	2♑02	2♑42	3♑24	4♑08	4♑54
/♃	19♏34	19♏57	20♏25	20♏56	21♏30	22♏07	22♏46	23♏27	24♏10	24♏54
/♄	2♎21	2♎38	3♎00	3♎25	3♎53	4♎24	4♎57	5♎32	6♎08	6♎46
/♅	10♑19	10♑36	10♑57	11♑22	11♑49	12♑19	12♑52	13♑26	14♑03	14♑41
/♆	28♐30	28♐48	29♐09	29♐34	0♑01	0♑32	1♑05	1♑40	2♑16	2♑54
/♇	2♐41	2♐59	3♐21	3♐46	4♐15	4♐46	5♐19	5♐55	6♐32	7♐11
/☊	16♑30	16♑41	16♑55	17♑14	17♑37	18♑04	18♑35	19♑09	19♑45	20♑23
♀/♂	26♏59	27♏57	28♏56	29♏54	0♐53	1♐52	2♐50	3♐49	4♐47	5♐46
/⚳	11♑49	12♑34	13♑19	14♑04	14♑49	15♑34	16♑19	17♑05	17♑50	18♑36
/♃	1♐57	2♐41	3♐25	4♐10	4♐54	5♐38	6♐23	7♐07	7♐51	8♐36
/♄	14♎44	15♎22	16♎01	16♎39	17♎17	17♎56	18♎34	19♎12	19♎50	20♎28
/♅	22♑42	23♑20	23♑58	24♑35	25♑13	25♑51	26♑29	27♑07	27♑45	28♑23
/♆	10♑53	11♑31	12♑09	12♑48	13♑26	14♑04	14♑42	15♑20	15♑58	16♑36
/♇	15♐04	15♐43	16♐21	17♐00	17♐39	18♐18	18♐56	19♐35	20♐14	20♐53
/☊	28♑53	29♑24	29♑56	0♒28	1♒01	1♒36	2♒12	2♒49	3♒27	4♒05
♂/⚳	4♑12	4♑40	5♑08	5♑36	6♑04	6♑33	7♑01	7♑30	7♑59	8♑28
/♃	24♏19	24♏47	25♏15	25♏42	26♏10	26♏37	27♏05	27♏33	28♏00	28♏28
/♄	7♎07	7♎28	7♎50	8♎11	8♎33	8♎54	9♎16	9♎37	9♎59	10♎20
/♅	15♑05	15♑26	15♑47	16♑08	16♑29	16♑50	17♑11	17♑32	17♑53	18♑15
/♆	3♑16	3♑37	3♑59	4♑20	4♑41	5♑03	5♑24	5♑45	6♑07	6♑28
/♇	7♐27	7♐49	8♐11	8♐33	8♐54	9♐16	9♐38	10♐00	10♐23	10♐45
/☊	21♑16	21♑30	21♑45	22♑00	22♑17	22♑35	22♑54	23♑15	23♑36	23♑57
⚳/♃	9♑10	9♑24	9♑37	9♑51	10♑05	10♑20	10♑34	10♑48	11♑03	11♑17
/♄	21♏57	22♏05	22♏13	22♏21	22♏29	22♏37	22♏45	22♏53	23♏01	23♏10
/♅	29♒55	0♓03	0♓10	0♓17	0♓25	0♓32	0♓40	0♓48	0♓56	1♓04
/♆	18♒06	18♒14	18♒21	18♒29	18♒37	18♒45	18♒53	19♒01	19♒10	19♒18
/♇	22♑17	22♑25	22♑34	22♑42	22♑50	22♑59	23♑07	23♑16	23♑25	23♑34
/☊	6♓06	6♓07	6♓08	6♓10	6♓13	6♓17	6♓23	6♓30	6♓38	6♓46
♃/♄	12♎04	12♎12	12♎19	12♎27	12♎34	12♎41	12♎48	12♎56	13♎03	13♎10
/♅	20♑03	20♑10	20♑16	20♑23	20♑30	20♑37	20♑44	20♑50	20♑57	21♑04
/♆	8♑14	8♑21	8♑28	8♑35	8♑42	8♑49	8♑57	9♑04	9♑11	9♑18
/♇	12♐25	12♐32	12♐40	12♐48	12♐56	13♐03	13♐11	13♐19	13♐26	13♐34
/☊	26♑14	26♑14	26♑15	26♑16	26♑18	26♑22	26♑27	26♑33	26♑40	26♑46
♄/♅	2♊50	2♊51	2♊52	2♊52	2♊53	2♊54	2♊55	2♊55	2♊56	2♊57
/♆	21♏01	21♏02	21♏03	21♏04	21♏06	21♏07	21♏08	21♏09	21♏10	21♏10
/♇	25♎12	25♎14	25♎15	25♎17	25♎19	25♎20	25♎22	25♎24	25♎25	25♎27
/☊	9♊01	8♊55	8♊50	8♊45	8♊41	8♊39	8♊38	8♊38	8♊38	8♊39
♅/♆	28♒60	28♒60	29♒00	29♒01	29♒01	29♒02	29♒03	29♒03	29♒04	29♒05
/♇	3♒10	3♒11	3♒12	3♒14	3♒15	3♒16	3♒17	3♒18	3♒20	3♒21
/☊	16♓59	16♓53	16♓47	16♓42	16♓37	16♓34	16♓33	16♓33	16♓33	16♓33
♆/♇	21♑21	21♑23	21♑24	21♑26	21♑27	21♑29	21♑30	21♑32	21♑33	21♑35
/☊	5♓10	5♓04	4♓59	4♓54	4♓50	4♓47	4♓46	4♓46	4♓46	4♓47
♇/☊	9♒21	9♒16	9♒11	9♒06	9♒03	9♒01	9♒00	9♒01	9♒02	9♒03

November 2006

December 2006

	1	2	3	4	5	6	7	8	9	10	11	12	13	14	15	16
☉/☽	11♒39	19♒23	27♒10	4♓55	12♓35	20♍07	27♍29	4♎39	11♎37	18♎24	25♎01	1♏31	7♏57	14♏21	20♏46	27♏15
/☿	29♏13	0♐24	1♐35	2♐47	3♐60	5♐13	6♐27	7♐41	8♐56	10♐11	11♐26	12♐42	13♐58	15♐13	16♐30	17♐46
/♀	12♐54	14♐02	15♐10	16♐18	17♐26	18♐34	19♐42	20♐51	21♐59	23♐07	24♐15	25♐23	26♐31	27♐39	28♐48	29♐56
/♂	2♐29	3♐21	4♐12	5♐04	5♐55	6♐47	7♐39	8♐30	9♐22	10♐14	11♐05	11♐57	12♐49	13♐41	14♐33	15♐24
/⚳	15♑06	15♑44	16♑23	17♑01	17♑40	18♑19	18♑58	19♑37	20♑16	20♑55	21♑34	22♑13	22♑53	23♑32	24♑12	24♑52
/♃	5♐05	5♐42	6♐19	6♐56	7♐33	8♐10	8♐47	9♐24	10♐01	10♐38	11♐15	11♐52	12♐29	13♐06	13♐43	14♐20
/♄	16♎51	17♎21	17♎52	18♎22	18♎53	19♎23	19♎54	20♎24	20♎55	21♎25	21♎55	22♎25	22♎55	23♎26	23♎56	24♎26
/♅	24♑45	25♑16	25♑46	26♑17	26♑48	27♑19	27♑50	28♑21	28♑52	29♑22	29♑53	0♒24	0♒56	1♒27	1♒58	2♒29
/♆	12♑59	13♑30	14♑01	14♑32	15♑03	15♑34	16♑05	16♑36	17♑07	17♑39	18♑10	18♑41	19♑12	19♑43	20♑15	20♑46
/♇	17♐16	17♐47	18♐19	18♐50	19♐22	19♐53	20♐25	20♐56	21♐28	21♐60	22♐31	23♐03	23♐34	24♐06	24♐38	25♐09
/☊	0♒26	0♒54	1♒21	1♒47	2♒11	2♒35	2♒60	3♒25	3♒51	4♒19	4♒49	5♒19	5♒49	6♒19	6♒49	7♒17
☽/☿	2♒13	10♒08	18♒04	26♌01	3♍53	11♍38	19♍12	26♍36	3♎48	10♎48	17♎40	24♎25	1♏05	7♏44	14♏24	21♏09
/♀	15♒54	23♒46	1♓40	9♓32	17♓19	24♍59	2♎28	9♎45	16♎50	23♎44	0♏29	7♏06	13♏39	20♏10	26♏43	3♐19
/♂	5♒29	13♒05	20♒42	28♒17	5♍48	13♍11	20♍24	27♍25	4♎13	10♎51	17♎19	23♎40	29♎56	6♏11	12♏27	18♏47
/⚳	18♓06	25♓28	2♈52	10♈15	17♈33	24♈43	1♉43	8♉31	15♉07	21♉32	27♏48	3♐56	10♐00	16♐03	22♐07	28♐15
/♃	8♒05	15♒26	22♒48	0♓09	7♍26	14♍34	21♍32	28♍18	4♎53	11♎15	17♎29	23♎35	29♎37	5♏37	11♏38	17♏43
/♄	19♊51	27♊05	4♋21	11♋36	18♋46	25♋48	2♌39	9♌19	15♌46	22♌02	28♌09	4♍08	10♍03	15♍56	21♍51	27♍49
/♅	27♓45	4♈60	12♈16	19♈31	26♈41	3♉43	10♉35	17♉15	23♉43	29♉60	6♊07	12♐07	18♐03	23♐57	29♐53	5♑52
/♆	15♓59	23♓14	0♈31	7♈46	14♈56	21♈58	28♈51	5♉31	11♉59	18♏16	24♏23	0♐24	6♐20	12♐14	18♐10	24♐09
/♇	20♒16	27♒31	4♓48	12♓04	19♓15	26♍18	3♎10	9♎51	16♎19	22♎37	28♎45	4♏46	10♏42	16♏37	22♏33	28♏32
/☊	3♈26	10♈38	17♈51	25♈00	2♉04	8♉60	15♉45	22♉19	28♉43	4♊57	11♊02	17♊02	22♐57	28♐50	4♑44	10♑40
☿/♀	3♐29	4♐46	6♐05	7♐24	8♐44	10♐05	11♐26	12♐47	14♐09	15♐32	16♐54	18♐17	19♐40	21♐03	22♐26	23♐49
/♂	23♏04	24♏05	25♏07	26♏10	27♏13	28♏17	29♏22	0♐27	1♐33	2♐38	3♐44	4♐51	5♐57	7♐04	8♐11	9♐18
/⚳	5♑40	6♑28	7♑17	8♑07	8♑58	9♑49	10♑41	11♑34	12♑26	13♑20	14♑13	15♑07	16♑01	16♑56	17♑50	18♑45
/♃	25♏39	26♏26	27♏14	28♏02	28♏51	29♏40	0♐31	1♐21	2♐12	3♐03	3♐54	4♐46	5♐38	6♐30	7♐22	8♐14
/♄	7♎25	8♎06	8♎47	9♎29	10♎11	10♎54	11♎37	12♎21	13♎05	13♎50	14♎34	15♎19	16♎04	16♎49	17♎34	18♎19
/♅	15♑20	15♑60	16♑41	17♑23	18♑06	18♑49	19♑33	20♑18	21♑02	21♑47	22♑33	23♑18	24♑04	24♑50	25♑36	26♑22
/♆	3♑34	4♑14	4♑56	5♑38	6♑21	7♑05	7♑49	8♑33	9♑18	10♑03	10♑49	11♑35	12♑20	13♑07	13♑53	14♑39
/♇	7♐51	8♐32	9♐14	9♐56	10♐40	11♐24	12♐08	12♐53	13♐39	14♐24	15♐10	15♐56	16♐43	17♐29	18♐16	19♐03
/☊	21♑01	21♑39	22♑16	22♑53	23♑29	24♑06	24♑43	25♑22	26♑02	26♑44	27♑28	28♑12	28♑57	29♑43	0♒27	1♒10
♀/♂	6♐45	7♐44	8♐42	9♐41	10♐40	11♐39	12♐37	13♐36	14♐35	15♐34	16♐33	17♐32	18♐31	19♐30	20♐29	21♐28
/⚳	19♑21	20♑07	20♑53	21♑38	22♑24	23♑10	23♑57	24♑43	25♑29	26♑15	27♑02	27♑48	28♑35	29♑21	0♒08	0♒55
/♃	9♐20	10♐04	10♐49	11♐33	12♐17	13♐02	13♐46	14♐30	15♐14	15♐59	16♐43	17♐27	18♐11	18♐55	19♐40	20♐24
/♄	21♎06	21♎44	22♎22	22♎60	23♎37	24♎15	24♎53	25♎30	26♎08	26♎45	27♎23	28♎00	28♎37	29♎15	29♎52	0♏29
/♅	29♑00	29♑38	0♒16	0♒54	1♒32	2♒10	2♒49	3♒27	4♒05	4♒43	5♒21	5♒59	6♒37	7♒16	7♒54	8♒32
/♆	17♑15	17♑53	18♑31	19♑09	19♑48	20♑26	21♑04	21♑42	22♑21	22♑59	23♑37	24♑16	24♑54	25♑32	26♑11	26♑49
/♇	21♐31	22♐10	22♐49	23♐27	24♐06	24♐45	25♐24	26♐02	26♐41	27♐20	27♐59	28♐38	29♐16	29♐55	0♑34	1♑13
/☊	4♒41	5♒17	5♒51	6♒24	6♒56	7♒27	7♒59	8♒31	9♒05	9♒40	10♒16	10♒53	11♒31	12♒08	12♒45	13♒21
♂/⚳	8♑57	9♑26	9♑55	10♑24	10♑54	11♑23	11♑53	12♑22	12♑52	13♑22	13♑52	14♑22	14♑52	15♑23	15♑53	16♑24
/♃	28♏56	29♏23	29♏51	0♐19	0♐46	1♐14	1♐42	2♐10	2♐38	3♐05	3♐33	4♐01	4♐29	4♐57	5♐25	5♐52
/♄	10♎42	11♎03	11♎24	11♎45	12♎07	12♎28	12♎49	13♎10	13♎31	13♎52	14♎13	14♎34	14♎55	15♎16	15♎37	15♎58
/♅	18♑36	18♑57	19♑19	19♑40	20♑02	20♑23	20♑45	21♑06	21♑28	21♑50	22♑11	22♑33	22♑55	23♑17	23♑39	24♑01
/♆	6♑50	7♑12	7♑33	7♑55	8♑17	8♑38	9♑00	9♑22	9♑44	10♑06	10♑28	10♑50	11♑12	11♑34	11♑56	12♑18
/♇	11♐07	11♐29	11♐51	12♐13	12♐35	12♐58	13♐20	13♐42	14♐04	14♐27	14♐49	15♐11	15♐34	15♐56	16♐19	16♐41
/☊	24♑17	24♑36	24♑53	25♑10	25♑25	25♑40	25♑55	26♑11	26♑28	26♑47	27♑07	27♑27	27♑49	28♑10	28♑30	28♑49
⚳/♃	11♑32	11♑47	12♑01	12♑16	12♑31	12♑46	13♑01	13♑16	13♑31	13♑47	14♑02	14♑17	14♑33	14♑48	15♑04	15♑20
/♄	23♏18	23♏26	23♏34	23♏43	23♏51	23♏60	24♏08	24♏17	24♏25	24♏33	24♏42	24♏51	24♏59	25♉08	25♉16	25♉25
/♅	1♓12	1♓21	1♓29	1♓38	1♓46	1♓55	2♓04	2♓13	2♓22	2♓31	2♓40	2♓50	2♓59	3♓09	3♓18	3♓28
/♆	19♒26	19♒35	19♒44	19♒52	20♒01	20♒10	20♒19	20♒29	20♒38	20♒47	20♒57	21♒06	21♒16	21♒25	21♒35	21♒45
/♇	23♑43	23♑52	24♑01	24♑11	24♑20	24♑29	24♑39	24♑49	24♑58	25♑08	25♑18	25♑28	25♑38	25♑48	25♑58	26♑08
/☊	6♓53	6♓59	7♓04	7♓07	7♓09	7♓11	7♓14	7♓17	7♓22	7♓28	7♓35	7♓44	7♓53	8♓01	8♓09	8♓16
♃/♄	13♎17	13♎24	13♎31	13♎37	13♎44	13♎51	13♎57	14♎04	14♎10	14♎17	14♎23	14♎29	14♎35	14♎42	14♎48	14♎54
/♅	21♑11	21♑18	21♑25	21♑32	21♑39	21♑46	21♑53	22♑00	22♑07	22♑14	22♑21	22♑28	22♑36	22♑43	22♑50	22♑57
/♆	9♑25	9♑32	9♑40	9♑47	9♑54	10♑01	10♑09	10♑16	10♑23	10♑30	10♑38	10♑45	10♑52	10♑59	11♑07	11♑14
/♇	13♐42	13♐50	13♐57	14♐05	14♐13	14♐21	14♐28	14♐36	14♐44	14♐51	14♐59	15♐07	15♐14	15♐22	15♐30	15♐37
/☊	26♑52	26♑57	26♑60	27♑01	27♑02	27♑02	27♑03	27♑04	27♑07	27♑11	27♑16	27♑23	27♑29	27♑35	27♑41	27♑45
♄/♅	2♊57	2♊58	2♊58	2♊59	2♊59	2♊60	2♊60	3♊00	3♊01	3♊01	3♊01	3♊02	3♊02	3♊02	3♊02	3♊02
/♆	21♏11	21♏12	21♏13	21♏14	21♏14	21♏15	21♏16	21♏16	21♏17	21♏17	21♏18	21♏18	21♏18	21♏19	21♏19	21♏19
/♇	25♎28	25♎29	25♎31	25♎32	25♎33	25♎34	25♎35	25♎36	25♎37	25♎38	25♎39	25♎40	25♎41	25♎41	25♎42	25♎42
/☊	8♊38	8♊36	8♊33	8♊28	8♊22	8♊16	8♊10	8♊05	8♊01	7♊58	7♊56	7♊56	7♊55	7♊55	7♊53	7♊50
♅/♆	29♒06	29♒07	29♒07	29♒08	29♒09	29♒10	29♒11	29♒12	29♒14	29♒15	29♒16	29♒17	29♒18	29♒20	29♒21	29♒22
/♇	3♒22	3♒24	3♒25	3♒27	3♒28	3♒29	3♒31	3♒33	3♒34	3♒36	3♒37	3♒39	3♒41	3♒42	3♒44	3♒46
/☊	16♓32	16♓31	16♓27	16♓23	16♓17	16♓11	16♓06	16♓01	15♓58	15♓55	15♓55	15♓55	15♓55	15♓56	15♓55	15♓54
♆/♇	21♑36	21♑38	21♑40	21♑41	21♑43	21♑45	21♑47	21♑48	21♑50	21♑52	21♑54	21♑55	21♑57	21♑59	22♑01	22♑03
/☊	4♓47	4♓45	4♓42	4♓38	4♓32	4♓27	4♓21	4♓17	4♓14	4♓12	4♓11	4♓11	4♓12	4♓12	4♓12	4♓11
♇/☊	9♒03	9♒02	8♒60	8♒56	8♒51	8♒46	8♒41	8♒37	8♒34	8♒33	8♒32	8♒33	8♒34	8♒35	8♒35	8♒34

	17	18	19	20	21	22	23	24	25	26	27	28	29	30	31	
☉/☽	3♐50	10♐33	17♐24	24♐23	1♑31	8♑46	16♑07	23♑33	1♒01	8♒31	16♒03	23♒36	1♓10	8♓43	16♓17	☉/☽
/☿	19♐02	20♐18	21♐35	22♐52	24♐09	25♐25	26♐42	27♐59	29♐17	0♑34	1♑51	3♑09	4♑27	5♑44	7♑02	/☿
/♀	1♑04	2♑12	3♑20	4♑29	5♑37	6♑45	7♑53	9♑01	10♑10	11♑18	12♑26	13♑34	14♑42	15♑51	16♑59	/♀
/♂	16♐16	17♐08	18♐00	18♐52	19♐44	20♐36	21♐28	22♐21	23♐13	24♐05	24♐57	25♐49	26♐41	27♐34	28♐26	/♂
/⚳	25♑31	26♑11	26♑51	27♑31	28♑11	28♑51	29♑31	0♒11	0♒52	1♒32	2♒12	2♒53	3♒33	4♒14	4♒54	/⚳
/♃	14♐57	15♐34	16♐12	16♐49	17♐26	18♐02	18♐39	19♐16	19♐53	20♐30	21♐07	21♐44	22♐21	22♐58	23♐34	/♃
/♄	24♎56	25♎25	25♎55	26♎25	26♎55	27♎25	27♎54	28♎24	28♎53	29♎23	29♎52	0♏22	0♏51	1♏21	1♏50	/♄
/♅	3♒00	3♒31	4♒03	4♒34	5♒05	5♒37	6♒08	6♒39	7♒11	7♒42	8♒14	8♒45	9♒17	9♒48	10♒20	/♅
/♆	21♑17	21♑49	22♑20	22♑51	23♑23	23♑54	24♑25	24♑57	25♑28	25♑60	26♑31	27♑03	27♑34	28♑06	28♑37	/♆
/♇	25♐41	26♐13	26♐44	27♐16	27♐48	28♐19	28♐51	29♐23	29♐54	0♑26	0♑58	1♑29	2♑01	2♑33	3♑04	/♇
/☊	7♒44	8♒10	8♒34	8♒58	9♒21	9♒46	10♒11	10♒39	11♒07	11♒37	12♒08	12♒38	13♒08	13♒37	14♒04	/☊
☽/☿	27♏59	4♐57	12♐03	19♐18	26♐42	4♑13	11♑50	19♑31	27♑15	5♒02	12♒50	20♒39	28♒29	6♓20	14♓10	☽/☿
/♀	10♐01	16♐50	23♐48	0♑55	8♑10	15♑32	23♑00	0♒33	8♒08	15♒45	23♒24	1♓04	8♓45	16♓26	24♓06	/♀
/♂	25♏13	1♐46	8♐28	15♐19	22♐18	29♐24	6♑36	13♑52	21♑11	28♑32	5♒55	13♒19	20♒44	28♒09	5♓33	/♂
/⚳	4♑28	10♑49	17♑19	23♑57	0♒44	7♒38	14♒38	21♒43	28♒50	5♓59	13♓10	20♓23	27♓36	4♈49	12♈02	/⚳
/♃	23♏54	0♐13	6♐39	13♐15	19♐59	26♐50	3♑47	10♑48	17♑52	24♑58	2♒05	9♒14	16♒23	23♒33	0♓42	/♃
/♄	3♎52	10♎04	16♎23	22♎52	29♎28	6♏12	13♏02	19♏55	26♉52	3♊51	10♊51	17♊52	24♊54	1♋56	8♋57	/♄
/♅	11♑57	18♑09	24♑31	1♒00	7♒39	14♒24	21♒15	28♒11	5♓09	12♓10	19♓12	26♓15	3♈19	10♈24	17♈27	/♅
/♆	0♑14	6♑27	12♑48	19♑18	25♑56	2♒41	9♒33	16♒28	23♒27	0♓27	7♓29	14♓33	21♓37	28♓41	5♈44	/♆
/♇	4♐38	10♐51	17♐12	23♐42	0♑21	7♑07	13♑58	20♑54	27♑53	4♒54	11♒56	18♒59	26♒04	3♓08	10♓12	/♇
/☊	16♑41	22♑48	29♑02	5♒24	11♒55	18♒33	25♒19	2♓10	9♓06	16♓05	23♓06	0♈08	7♈11	14♈12	21♈12	/☊
☿/♀	25♐12	26♐36	27♐60	29♐23	0♑47	2♑11	3♑35	4♑60	6♑24	7♑48	9♑13	10♑37	12♑02	13♑27	14♑52	☿/♀
/♂	10♐25	11♐32	12♐40	13♐47	14♐55	16♐03	17♐11	18♐19	19♐27	20♐35	21♐44	22♐52	24♐01	25♐10	26♐19	/♂
/⚳	19♑40	20♑35	21♑30	22♑26	23♑21	24♑17	25♑13	26♑09	27♑06	28♑02	28♑59	29♑56	0♒53	1♒50	2♒47	/⚳
/♃	9♐06	9♐58	10♐51	11♐43	12♐36	13♐29	14♐22	15♐15	16♐08	17♐01	17♐54	18♐47	19♐40	20♐34	21♐27	/♃
/♄	19♎04	19♎49	20♎35	21♎20	22♎06	22♎51	23♎37	24♎22	25♎08	25♎53	26♎39	27♎25	28♎11	28♎57	29♎43	/♄
/♅	27♑09	27♑55	28♑42	29♑29	0♒16	1♒03	1♒50	2♒38	3♒25	4♒13	5♒00	5♒48	6♒36	7♒25	8♒13	/♅
/♆	15♑26	16♑12	16♑59	17♑46	18♑33	19♑20	20♑08	20♑55	21♑43	22♑30	23♑18	24♑06	24♑54	25♑42	26♑30	/♆
/♇	19♐49	20♐36	21♐24	22♐11	22♐58	23♐46	24♐33	25♐21	26♐09	26♐56	27♐44	28♐32	29♐21	0♑09	0♑57	/♇
/☊	1♒53	2♒33	3♒13	3♒53	4♒32	5♒12	5♒54	6♒37	7♒21	8♒08	8♒54	9♒41	10♒28	11♒13	11♒58	/☊
♀/♂	22♐27	23♐26	24♐25	25♐24	26♐23	27♐22	28♐21	29♐21	0♑20	1♑19	2♑18	3♑17	4♑17	5♑16	6♑15	♀/♂
/⚳	1♒42	2♒29	3♒16	4♒03	4♒50	5♒37	6♒24	7♒11	7♒59	8♒46	9♒33	10♒21	11♒08	11♒56	12♒44	/⚳
/♃	21♐08	21♐52	22♐36	23♐20	24♐04	24♐48	25♐32	26♐16	27♐00	27♐44	28♐28	29♐12	29♐56	0♑40	1♑24	/♃
/♄	1♏06	1♏43	2♏20	2♏57	3♏34	4♏11	4♏47	5♏24	6♏01	6♏37	7♏14	7♏50	8♏27	9♏03	9♏39	/♄
/♅	9♒11	9♒49	10♒27	11♒06	11♒44	12♒23	13♒01	13♒39	14♒18	14♒56	15♒35	16♒14	16♒52	17♒31	18♒09	/♅
/♆	27♑28	28♑06	28♑45	29♑23	0♒01	0♒40	1♒18	1♒57	2♒35	3♒14	3♒52	4♒31	5♒10	5♒48	6♒27	/♆
/♇	1♑51	2♑30	3♑09	3♑48	4♑26	5♑05	5♑44	6♑23	7♑01	7♑40	8♑19	8♑58	9♑36	10♑15	10♑54	/♇
/☊	13♒55	14♒27	14♒59	15♒29	16♒00	16♒32	17♒04	17♒39	18♒14	18♒51	19♒29	20♒07	20♒44	21♒19	21♒54	/☊
♂/⚳	16♑54	17♑25	17♑56	18♑26	18♑57	19♑28	19♑59	20♑30	21♑02	21♑33	22♑04	22♑36	23♑07	23♑39	24♑11	♂/⚳
/♃	6♐20	6♐48	7♐16	7♐44	8♐12	8♐40	9♐08	9♐36	10♐03	10♐31	10♐59	11♐27	11♐55	12♐23	12♐51	/♃
/♄	16♎18	16♎39	16♎60	17♎21	17♎41	18♎02	18♎23	18♎43	19♎04	19♎24	19♎45	20♎05	20♎26	20♎46	21♎06	/♄
/♅	24♑23	24♑45	25♑07	25♑29	25♑52	26♑14	26♑36	26♑59	27♑21	27♑43	28♑06	28♑28	28♑51	29♑14	29♑36	/♅
/♆	12♑40	13♑02	13♑24	13♑47	14♑09	14♑31	14♑54	15♑16	15♑38	16♑01	16♑23	16♑46	17♑08	17♑31	17♑54	/♆
/♇	17♐04	17♐26	17♐49	18♐11	18♐34	18♐57	19♐19	19♐42	20♐05	20♐27	20♐50	21♐13	21♐35	21♐58	22♐21	/♇
/☊	29♑07	29♑23	29♑38	29♑53	0♒08	0♒23	0♒40	0♒58	1♒17	1♒38	1♒60	2♒22	2♒43	3♒02	3♒21	/☊
⚳/♃	15♑35	15♑51	16♑07	16♑23	16♑38	16♑54	17♑10	17♑26	17♑42	17♑58	18♑15	18♑31	18♑47	19♑03	19♑19	⚳/♃
/♄	25♉33	25♉42	25♉51	25♉59	26♉08	26♉17	26♉25	26♉34	26♉43	26♉51	26♉60	27♉09	27♉17	27♉26	27♉35	/♄
/♅	3♓38	3♓48	3♓58	4♓08	4♓18	4♓29	4♓39	4♓49	4♓60	5♓11	5♓21	5♓32	5♓43	5♓54	6♓05	/♅
/♆	21♒55	22♒05	22♒15	22♒25	22♒36	22♒46	22♒56	23♒07	23♒17	23♒28	23♒39	23♒49	24♒00	24♒11	24♒22	/♆
/♇	26♑19	26♑29	26♑40	26♑50	27♑01	27♑11	27♑22	27♑33	27♑43	27♑54	28♑05	28♑16	28♑27	28♑38	28♑49	/♇
/☊	8♓22	8♓26	8♓29	8♓32	8♓34	8♓38	8♓42	8♓49	8♓56	9♓05	9♓15	9♓25	9♓34	9♓43	9♓49	/☊
♃/♄	14♎60	15♎05	15♎11	15♎17	15♎23	15♎28	15♎34	15♎39	15♎44	15♎50	15♎55	15♎60	16♎05	16♎10	16♎15	♃/♄
/♅	23♑04	23♑11	23♑18	23♑26	23♑33	23♑40	23♑47	23♑54	24♑02	24♑09	24♑16	24♑23	24♑30	24♑38	24♑45	/♅
/♆	11♑21	11♑28	11♑36	11♑43	11♑50	11♑57	12♑05	12♑12	12♑19	12♑26	12♑34	12♑41	12♑48	12♑55	13♑02	/♆
/♇	15♐45	15♐53	16♐00	16♐08	16♐15	16♐23	16♐30	16♐38	16♐45	16♐53	17♐00	17♐07	17♐15	17♐22	17♐29	/♇
/☊	27♑48	27♑49	27♑50	27♑49	27♑49	27♑49	27♑51	27♑54	27♑58	28♑04	28♑10	28♑16	28♑22	28♑26	28♑29	/☊
♄/♅	3♊02	3♊02	3♊02	3♊02	3♊02	3♊02	3♊02	3♊02	3♊02	3♊02	3♊01	3♊01	3♊01	3♊01	3♊00	♄/♅
/♆	21♏19	21♏19	21♏20	21♏20	21♏20	21♏20	21♏20	21♏19	21♏19	21♏19	21♏19	21♏19	21♏18	21♏18	21♏18	/♆
/♇	25♎43	25♎43	25♎44	25♎44	25♎45	25♎45	25♎45	25♎45	25♎45	25♎45	25♎45	25♎45	25♎45	25♎45	25♎45	/♇
/☊	7♊46	7♊40	7♊34	7♊26	7♊18	7♊11	7♊06	7♊01	6♊58	6♊57	6♊55	6♊54	6♊52	6♊49	6♊45	/☊
♅/♆	29♒24	29♒25	29♒27	29♒28	29♒30	29♒32	29♒33	29♒35	29♒37	29♒38	29♒40	29♒42	29♒44	29♒46	29♒48	♅/♆
/♇	3♒48	3♒49	3♒51	3♒53	3♒55	3♒57	3♒59	4♒01	4♒03	4♒05	4♒07	4♒09	4♒11	4♒13	4♒15	/♇
/☊	15♓51	15♓46	15♓41	15♓35	15♓29	15♓23	15♓19	15♓17	15♓16	15♓16	15♓17	15♓18	15♓18	15♓17	15♓15	/☊
♆/♇	22♑05	22♑07	22♑08	22♑10	22♑12	22♑14	22♑16	22♑18	22♑20	22♑22	22♑24	22♑26	22♑28	22♑30	22♑32	♆/♇
/☊	4♓08	4♓04	3♓58	3♓52	3♓46	3♓41	3♓37	3♓34	3♓33	3♓33	3♓34	3♓35	3♓35	3♓35	3♓32	/☊
♇/☊	8♒31	8♒28	8♒22	8♒17	8♒11	8♒06	8♒02	7♒60	7♒59	7♒60	8♒01	8♒02	8♒02	8♒02	7♒60	♇/☊

December 2006

January 2007

	1	2	3	4	5	6	7	8	9	10	11	12	13	14	15	16
☉/☽	23♓48	1♈14	8♈35	15♎48	22♎52	29♎46	6♏31	13♏08	19♏39	26♏05	2♐30	8♐55	15♐24	22♐00	28♐44	5♑38
/☿	8♑20	9♑39	10♑57	12♑16	13♑34	14♑53	16♑13	17♑32	18♑52	20♑11	21♑31	22♑51	24♑12	25♑33	26♑53	28♑14
/♀	18♑07	19♑15	20♑23	21♑31	22♑40	23♑48	24♑56	26♑04	27♑12	28♑20	29♑28	0♒36	1♒44	2♒53	4♒01	5♒09
/♂	29♐18	0♑10	1♑03	1♑55	2♑47	3♑40	4♑32	5♑24	6♑17	7♑09	8♑02	8♑54	9♑47	10♑39	11♑32	12♑25
/⚳	5♒35	6♒16	6♒56	7♒37	8♒18	8♒59	9♒40	10♒21	11♒02	11♒43	12♒24	13♒05	13♒46	14♒27	15♒09	15♒50
/♃	24♐11	24♐48	25♐24	26♐01	26♐38	27♐14	27♐51	28♐27	29♐04	29♐40	0♑17	0♑53	1♑30	2♑06	2♑42	3♑19
/♄	2♏19	2♏48	3♏17	3♏46	4♏15	4♏44	5♏13	5♏42	6♏11	6♏40	7♏09	7♏37	8♏06	8♏35	9♏03	9♏32
/♅	10♒51	11♒23	11♒55	12♒26	12♒58	13♒30	14♒01	14♒33	15♒05	15♒36	16♒08	16♒40	17♒12	17♒44	18♒15	18♒47
/♆	29♑09	29♑40	0♒12	0♒43	1♒15	1♒46	2♒18	2♒49	3♒21	3♒53	4♒24	4♒56	5♒27	5♒59	6♒31	7♒02
/♇	3♑36	4♑08	4♑39	5♑11	5♑43	6♑14	6♑46	7♑18	7♑49	8♑21	8♑52	9♑24	9♑56	10♑27	10♑59	11♑30
/☊	14♒31	14♒56	15♒20	15♒45	16♒11	16♒38	17♒06	17♒35	18♒06	18♒36	19♒07	19♒38	20♒08	20♒36	21♒04	21♒31
☽/☿	21♓58	29♓42	7♈20	14♎50	22♎12	29♎24	6♏27	13♏22	20♏11	26♏56	3♐39	10♐24	17♐12	24♐07	1♑11	8♑25
/♀	1♈44	9♈18	16♈46	24♈06	1♏17	8♏18	15♏10	21♏54	28♏31	5♐05	11♐36	18♐09	24♐45	1♑28	8♑19	15♑20
/♂	12♓55	20♍13	27♍25	4♎29	11♎24	18♎10	24♎46	1♏14	7♏36	13♏54	20♏10	26♏27	2♐47	9♐14	15♐50	22♐36
/⚳	19♈12	26♈18	3♉19	10♉11	16♉55	23♉29	29♉54	6♐11	12♐21	18♐27	24♐32	0♑37	6♑46	13♑02	19♑26	26♑01
/♃	7♓48	14♍51	21♍47	28♍35	5♎15	11♎45	18♎05	24♎17	0♏23	6♏25	12♏25	18♏25	24♏30	0♐41	7♐00	13♐30
/♄	15♋56	22♋51	29♋40	6♌21	12♌52	19♌15	25♌28	1♍32	7♍30	13♍24	19♍16	25♍10	1♎07	7♎10	13♎21	19♎43
/♅	24♈28	1♉26	8♉17	15♉00	21♉35	27♉60	4♊15	10♊23	16♐24	22♐21	28♐16	4♑12	10♑12	16♑19	22♑33	28♑58
/♆	12♈46	19♈43	26♈34	3♉17	9♉52	16♉17	22♏32	28♏39	4♐40	10♐37	16♐32	22♐28	28♐28	4♑34	10♑49	17♑13
/♇	17♓13	24♓11	1♎02	7♎45	14♎20	20♎44	27♎00	3♏07	9♏08	15♏05	21♏00	26♏56	2♐56	9♐02	15♐17	21♐41
/☊	28♈08	4♉58	11♉43	18♉20	24♉48	1♊08	7♊20	13♊25	19♐25	25♐21	1♑15	7♑10	13♑08	19♑11	25♑22	1♒42
☿/♀	16♑17	17♑42	19♑08	20♑33	21♑59	23♑25	24♑51	26♑18	27♑44	29♑11	0♒38	2♒05	3♒32	4♒60	6♒28	7♒56
/♂	27♐28	28♐38	29♐47	0♑57	2♑07	3♑17	4♑27	5♑38	6♑49	8♑00	9♑11	10♑23	11♑35	12♑47	13♑59	15♑11
/⚳	3♒45	4♒43	5♒41	6♒39	7♒37	8♒36	9♒35	10♒34	11♒34	12♒33	13♒33	14♒33	15♒34	16♒35	17♒36	18♒37
/♃	22♐21	23♐15	24♐09	25♐03	25♐57	26♐52	27♐46	28♐41	29♐36	0♑31	1♑26	2♑22	3♑17	4♑13	5♑09	6♑05
/♄	0♏29	1♏15	2♏02	2♏48	3♏35	4♏22	5♏09	5♏56	6♏43	7♏31	8♏18	9♏06	9♏54	10♏42	11♏30	12♏19
/♅	9♒01	9♒50	10♒39	11♒28	12♒17	13♒07	13♒57	14♒47	15♒37	16♒27	17♒18	18♒09	18♒60	19♒51	20♒42	21♒34
/♆	27♑19	28♑07	28♑56	29♑45	0♒34	1♒24	2♒13	3♒03	3♒53	4♒43	5♒34	6♒24	7♒15	8♒06	8♒58	9♒49
/♇	1♑46	2♑35	3♑24	4♑13	5♑02	5♑52	6♑41	7♑31	8♑21	9♑11	10♑02	10♑53	11♑43	12♑35	13♑26	14♑17
/☊	12♒41	13♒23	14♒05	14♒47	15♒30	16♒15	17♒01	17♒49	18♒38	19♒27	20♒17	21♒07	21♒56	22♒44	23♒31	24♒18
♀/♂	7♑15	8♑14	9♑13	10♑13	11♑12	12♑11	13♑11	14♑10	15♑09	16♑09	17♑08	18♑08	19♑07	20♑07	21♑06	22♑06
/⚳	13♒31	14♒19	15♒07	15♒55	16♒42	17♒30	18♒18	19♒06	19♒54	20♒42	21♒30	22♒18	23♒06	23♒55	24♒43	25♒31
/♃	2♑08	2♑51	3♑35	4♑19	5♑02	5♑46	6♑29	7♑13	7♑56	8♑40	9♑23	10♑07	10♑50	11♑33	12♑17	12♑60
/♄	10♏16	10♏52	11♏28	12♏04	12♏40	13♏16	13♏52	14♏28	15♏04	15♏39	16♏15	16♏51	17♏27	18♏02	18♏38	19♏13
/♅	18♒48	19♒26	20♒05	20♒44	21♒22	22♒01	22♒40	23♒18	23♒57	24♒36	25♒15	25♒53	26♒32	27♒11	27♒50	28♒29
/♆	7♒05	7♒44	8♒22	9♒01	9♒39	10♒18	10♒56	11♒35	12♒14	12♒52	13♒31	14♒09	14♒48	15♒26	16♒05	16♒44
/♇	11♑33	12♑11	12♑50	13♑29	14♑07	14♑46	15♑24	16♑03	16♑42	17♑20	17♑59	18♑37	19♑16	19♑55	20♑33	21♑12
/☊	22♒27	22♒59	23♒31	24♒03	24♒35	25♒09	25♒44	26♒21	26♒58	27♒36	28♒14	28♒52	29♒28	0♓04	0♓38	1♓12
♂/⚳	24♑42	25♑14	25♑46	26♑18	26♑50	27♑22	27♑54	28♑27	28♑59	29♑31	0♒04	0♒36	1♒09	1♒41	2♒14	2♒47
/♃	13♐19	13♐47	14♐14	14♐42	15♐10	15♐38	16♐06	16♐34	17♐01	17♐29	17♐57	18♐25	18♐52	19♐20	19♐48	20♐16
/♄	21♎27	21♎47	22♎07	22♎28	22♎48	23♎08	23♎28	23♎48	24♎09	24♎29	24♎49	25♎09	25♎29	25♎49	26♎09	26♎29
/♅	29♑59	0♒22	0♒45	1♒07	1♒30	1♒53	2♒16	2♒39	3♒02	3♒25	3♒48	4♒11	4♒35	4♒58	5♒21	5♒44
/♆	18♑16	18♑39	19♑02	19♑24	19♑47	20♑10	20♑33	20♑56	21♑18	21♑41	22♑04	22♑27	22♑50	23♑13	23♑36	23♑59
/♇	22♐44	23♐06	23♐29	23♐52	24♐15	24♐38	25♐01	25♐24	25♐47	26♐10	26♐32	26♐55	27♐18	27♐41	28♐04	28♐27
/☊	3♒38	3♒54	4♒10	4♒26	4♒43	5♒01	5♒21	5♒41	6♒03	6♒25	6♒48	7♒09	7♒31	7♒51	8♒10	8♒28
⚳/♃	19♑35	19♑52	20♑08	20♑24	20♑41	20♑57	21♑13	21♑30	21♑46	22♑02	22♑19	22♑35	22♑52	23♑08	23♑24	23♑41
/♄	27♉43	27♉52	28♉01	28♉10	28♉18	28♉27	28♉36	28♉44	28♉53	29♉02	29♉11	29♉19	29♉28	29♉37	29♉46	29♉54
/♅	6♓16	6♓27	6♓38	6♓49	7♓01	7♓12	7♓24	7♓35	7♓47	7♓58	8♓10	8♓22	8♓34	8♓46	8♓58	9♓10
/♆	24♒33	24♒44	24♒55	25♒06	25♒18	25♒29	25♒40	25♒52	26♒03	26♒15	26♒26	26♒38	26♒49	27♒01	27♒13	27♒25
/♇	29♑00	29♑12	29♑23	29♑34	29♑46	29♑57	0♒08	0♒20	0♒31	0♒43	0♒54	1♒06	1♒18	1♒29	1♒41	1♒53
/☊	9♓55	9♓60	10♓04	10♓08	10♓14	10♓20	10♓28	10♓37	10♓48	10♓58	11♓09	11♓20	11♓30	11♓39	11♓46	11♓53
♃/♄	16♎20	16♎24	16♎29	16♎34	16♎38	16♎43	16♎47	16♎51	16♎56	16♎60	17♎04	17♎08	17♎12	17♎16	17♎19	17♎23
/♅	24♑52	24♑59	25♑06	25♑13	25♑21	25♑28	25♑35	25♑42	25♑49	25♑56	26♑03	26♑10	26♑17	26♑24	26♑31	26♑38
/♆	13♑09	13♑16	13♑23	13♑30	13♑38	13♑45	13♑52	13♑59	14♑05	14♑12	14♑19	14♑26	14♑33	14♑40	14♑47	14♑53
/♇	17♐37	17♐44	17♐51	17♐58	18♐05	18♐13	18♐20	18♐27	18♐34	18♐41	18♐47	18♐54	19♐01	19♐08	19♐15	19♐21
/☊	28♑31	28♑32	28♑32	28♑33	28♑34	28♑36	28♑39	28♑44	28♑50	28♑56	29♑03	29♑08	29♑13	29♑17	29♑20	29♑22
♄/♅	2♊60	2♊60	2♊59	2♊59	2♊58	2♊58	2♊57	2♊57	2♊56	2♊56	2♊55	2♊55	2♊54	2♊53	2♊53	2♊52
/♆	21♏17	21♏17	21♏16	21♏16	21♏15	21♏15	21♏14	21♏13	21♏13	21♏12	21♏11	21♏10	21♏10	21♏09	21♏08	21♏07
/♇	25♎45	25♎44	25♎44	25♎44	25♎43	25♎43	25♎42	25♎41	25♎41	25♎40	25♎39	25♎39	25♎38	25♎37	25♎36	25♎35
/☊	6♊39	6♊32	6♊25	6♊18	6♊11	6♊06	6♊02	5♊59	5♊57	5♊56	5♊54	5♊53	5♊50	5♊46	5♊41	5♊35
♅/♆	29♒50	29♒52	29♒54	29♒56	29♒58	29♒60	0♓02	0♓04	0♓06	0♓08	0♓11	0♓13	0♓15	0♓17	0♓20	0♓22
/♇	4♒17	4♒19	4♒21	4♒23	4♒26	4♒28	4♒30	4♒32	4♒34	4♒37	4♒39	4♒41	4♒43	4♒46	4♒48	4♒50
/☊	15♓11	15♓07	15♓02	14♓58	14♓54	14♓51	14♓50	14♓50	14♓51	14♓52	14♓54	14♓55	14♓56	14♓55	14♓53	14♓51
♆/♇	22♑34	22♑36	22♑38	22♑40	22♑42	22♑45	22♑47	22♑49	22♑51	22♑53	22♑55	22♑57	22♑59	23♑01	23♑03	23♑05
/☊	3♓29	3♓24	3♓19	3♓15	3♓11	3♓08	3♓06	3♓06	3♓07	3♓08	3♓10	3♓11	3♓11	3♓10	3♓08	3♓05
♇/☊	7♒56	7♒52	7♒47	7♒42	7♒39	7♒36	7♒34	7♒34	7♒35	7♒37	7♒38	7♒39	7♒39	7♒39	7♒37	7♒34

17	18	19	20	21	22	23	24	25	26	27	28	29	30	31	
12♑44	19♑60	27♑25	4♒59	12♒38	20♒20	28♒02	5♓43	13♓20	20♓54	28♓23	5♈47	13♈06	20♈20	27♈27	☉/☽
29♑36	0♒57	2♒19	3♒40	5♒02	6♒24	7♒46	9♒08	10♒29	11♒51	13♒12	14♒33	15♒53	17♒13	18♒31	/☿
6♒17	7♒25	8♒33	9♒41	10♒49	11♒57	13♒05	14♒13	15♒21	16♒29	17♒37	18♒45	19♒52	21♒00	22♒08	/♀
13♑17	14♑10	15♑02	15♑55	16♑48	17♑40	18♑33	19♑26	20♑18	21♑11	22♑04	22♑56	23♑49	24♑42	25♑35	/♂
16♒31	17♒12	17♒54	18♒35	19♒17	19♒58	20♒40	21♒21	22♒03	22♒44	23♒26	24♒08	24♒49	25♒31	26♒13	/⚳
3♑55	4♑31	5♑07	5♑43	6♑19	6♑55	7♑31	8♑07	8♑43	9♑19	9♑54	10♑30	11♑05	11♑41	12♑16	/♃
10♏01	10♏29	10♏58	11♏26	11♏54	12♏23	12♏51	13♏19	13♏48	14♏16	14♏44	15♏12	15♏41	16♏09	16♏37	/♄
19♒19	19♒51	20♒23	20♒55	21♒27	21♒59	22♒31	23♒03	23♒35	24♒07	24♒38	25♒10	25♒42	26♒14	26♒46	/♅
7♒34	8♒06	8♒37	9♒09	9♒40	10♒12	10♒44	11♒15	11♒47	12♒19	12♒50	13♒22	13♒53	14♒25	14♒57	/♆
12♑02	12♑34	13♑05	13♑37	14♑08	14♑40	15♑11	15♑43	16♑14	16♑46	17♑17	17♑48	18♑20	18♑51	19♑22	/♇
21♒57	22♒23	22♒49	23♒16	23♒45	24♒14	24♒45	25♒16	25♒47	26♒18	26♒48	27♒17	27♒45	28♒13	28♒40	/☊
15♑51	23♑27	1♒13	9♒07	17♒07	25♒10	3♓13	11♓14	19♓13	27♓07	4♈56	12♈40	20♈18	27♈50	5♉15	☽/☿
22♑32	29♑55	7♒28	15♒08	22♒54	0♓43	8♓32	16♓19	24♓04	1♈44	9♈20	16♈52	24♈17	1♉38	8♉52	/♀
29♐32	6♑40	13♑57	21♑22	28♑53	6♒26	14♒00	21♒32	29♒01	6♓27	13♓47	21♓03	28♓14	5♈19	12♎18	/♂
2♒46	9♒42	16♒48	24♒02	1♓22	8♓44	16♓07	23♓28	0♈46	7♈60	15♈10	22♈15	29♈14	6♉08	12♉56	/⚳
20♐10	27♐01	4♑02	11♑10	18♑24	25♑41	2♒58	10♒13	17♒26	24♒34	1♓38	8♓37	15♍30	22♍18	29♍00	/♃
26♎16	2♏59	9♏52	16♏53	23♉60	1♊09	8♊18	15♊26	22♊31	29♊32	6♋28	13♋19	20♋06	26♋46	3♌21	/♄
5♒34	12♒21	19♒18	26♒22	3♓32	10♓45	17♓58	25♓09	2♈18	9♈22	16♈22	23♈17	0♉07	6♉52	13♉30	/♅
23♑49	0♒35	7♒32	14♒36	21♒46	28♒58	6♓11	13♓22	20♓30	27♓34	4♈34	11♈29	18♈18	25♈03	1♉40	/♆
28♐17	5♑03	11♑60	19♑04	26♑13	3♒26	10♒38	17♒49	24♒57	2♓01	9♓01	15♓55	22♓45	29♍29	6♎06	/♇
8♒12	14♒53	21♒44	28♒43	5♓50	12♓60	20♓12	27♓22	4♈30	11♈33	18♈31	25♈24	2♉10	8♉50	15♉24	/☊
9♒24	10♒52	12♒21	13♒49	15♒18	16♒47	18♒16	19♒44	21♒13	22♒42	24♒10	25♒37	27♒05	28♒31	29♒56	☿/♀
16♑24	17♑37	18♑50	20♑03	21♑17	22♑30	23♑44	24♑57	26♑11	27♑24	28♑37	29♑49	1♒01	2♒13	3♒23	/♂
19♒38	20♒40	21♒42	22♒44	23♒46	24♒48	25♒50	26♒53	27♒55	28♒57	29♒59	1♓00	2♓01	3♓02	4♓01	/⚳
7♑02	7♑58	8♑55	9♑52	10♑48	11♑45	12♑42	13♑38	14♑35	15♑31	16♑27	17♑23	18♑18	19♑12	20♑05	/♃
13♏08	13♏56	14♏45	15♏34	16♏24	17♏13	18♏02	18♏51	19♏40	20♏29	21♏17	22♏05	22♉53	23♉39	24♉25	/♄
22♒26	23♒18	24♒11	25♒03	25♒56	26♒49	27♒41	28♒34	29♒27	0♓19	1♓11	2♓03	2♓54	3♓45	4♓35	/♅
10♒41	11♒33	12♒25	13♒17	14♒10	15♒02	15♒55	16♒47	17♒39	18♒31	19♒23	20♒15	21♒06	21♒56	22♒45	/♆
15♑09	16♑01	16♑53	17♑45	18♑37	19♑30	20♑22	21♑14	22♑06	22♑58	23♑50	24♑41	25♑32	26♑22	27♑11	/♇
25♒04	25♒50	26♒37	27♒25	28♒14	29♒04	29♒55	0♓47	1♓39	2♓30	3♓21	4♓10	4♓57	5♓43	6♓28	/☊
23♑05	24♑05	25♑04	26♑04	27♑04	28♑03	29♑03	0♒02	1♒02	2♒02	3♒01	4♒01	5♒00	6♒00	6♒60	♀/♂
26♒19	27♒08	27♒56	28♒44	29♒33	0♓21	1♓10	1♓58	2♓46	3♓35	4♓23	5♓12	6♓00	6♓49	7♓38	/⚳
13♑43	14♑26	15♑09	15♑52	16♑35	17♑18	18♑01	18♑44	19♑26	20♑09	20♑52	21♑34	22♑17	22♑59	23♑42	/♃
19♏49	20♏24	20♏60	21♏35	22♏10	22♏46	23♉21	23♉56	24♉31	25♉07	25♉42	26♉17	26♉52	27♉27	28♉02	/♄
29♒07	29♒46	0♓25	1♓04	1♓43	2♓22	3♓00	3♓39	4♓18	4♓57	5♓36	6♓15	6♓54	7♓33	8♓11	/♅
17♒22	18♒01	18♒39	19♒18	19♒56	20♒35	21♒14	21♒52	22♒31	23♒09	23♒48	24♒26	25♒05	25♒43	26♒22	/♆
21♑50	22♑29	23♑07	23♑46	24♑24	25♑03	25♑41	26♑19	26♑58	27♑36	28♑14	28♑53	29♑31	0♒09	0♒47	/♇
1♓45	2♓18	2♓51	3♓25	4♓01	4♓37	5♓14	5♓52	6♓30	7♓08	7♓45	8♓21	8♓56	9♓31	10♓05	/☊
3♒20	3♒53	4♒25	4♒58	5♒31	6♒04	6♒38	7♒11	7♒44	8♒17	8♒51	9♒24	9♒57	10♒31	11♒04	♂/⚳
20♐43	21♐11	21♐39	22♐06	22♐34	23♐01	23♐29	23♐56	24♐24	24♐51	25♐19	25♐46	26♐14	26♐41	27♐08	/♃
26♎49	27♎09	27♎29	27♎49	28♎09	28♎29	28♎49	29♎09	29♎29	29♎49	0♏09	0♏29	0♏49	1♏09	1♏29	/♄
6♒08	6♒31	6♒55	7♒18	7♒41	8♒05	8♒29	8♒52	9♒16	9♒39	10♒03	10♒27	10♒50	11♒14	11♒38	/♅
24♑22	24♑46	25♑09	25♑32	25♑55	26♑18	26♑42	27♑05	27♑28	27♑51	28♑15	28♑38	29♑02	29♑25	29♑48	/♆
28♐51	29♐14	29♐37	29♐60	0♑23	0♑46	1♑09	1♑32	1♑55	2♑18	2♑41	3♑05	3♑28	3♑51	4♑14	/♇
8♒45	9♒03	9♒21	9♒39	9♒59	10♒20	10♒42	11♒05	11♒28	11♒50	12♒12	12♒33	12♒53	13♒12	13♒31	/☊
23♑57	24♑14	24♑30	24♑46	25♑03	25♑19	25♑36	25♑52	26♑08	26♑25	26♑41	26♑57	27♑14	27♑30	27♑46	⚳/♃
0♊03	0♊12	0♊21	0♊29	0♊38	0♊47	0♊56	1♊05	1♊13	1♊22	1♊31	1♊40	1♊49	1♊57	2♊06	/♄
9♓22	9♓34	9♓46	9♓58	10♓11	10♓23	10♓35	10♓48	11♓00	11♓13	11♓25	11♓38	11♓50	12♓03	12♓16	/♅
27♒36	27♒48	28♒00	28♒12	28♒24	28♒36	28♒48	29♒00	29♒13	29♒25	29♒37	29♒49	0♓01	0♓14	0♓26	/♆
2♒05	2♒16	2♒28	2♒40	2♒52	3♒04	3♒16	3♒28	3♒40	3♒52	4♒04	4♒16	4♒28	4♒40	4♒52	/♇
11♓59	12♓05	12♓12	12♓20	12♓28	12♓38	12♓49	13♓01	13♓12	13♓24	13♓34	13♓44	13♓53	14♓01	14♓09	/☊
17♎27	17♎30	17♎34	17♎37	17♎41	17♎44	17♎47	17♎50	17♎53	17♎56	17♎59	18♎02	18♎05	18♎08	18♎10	♃/♄
26♑45	26♑52	26♑59	27♑06	27♑13	27♑20	27♑27	27♑33	27♑40	27♑47	27♑53	28♑00	28♑07	28♑13	28♑20	/♅
15♑00	15♑07	15♑13	15♑20	15♑27	15♑33	15♑40	15♑46	15♑53	15♑59	16♑05	16♑12	16♑18	16♑24	16♑30	/♆
19♐28	19♐35	19♐41	19♐48	19♐54	20♐01	20♐07	20♐13	20♐20	20♐26	20♐32	20♐38	20♐44	20♐50	20♐56	/♇
29♑23	29♑24	29♑25	29♑27	29♑31	29♑35	29♑40	29♑46	29♑52	29♑58	0♒03	0♒06	0♒09	0♒11	0♒13	/☊
2♊51	2♊50	2♊50	2♊49	2♊48	2♊47	2♊47	2♊46	2♊45	2♊44	2♊43	2♊43	2♊42	2♊41	2♊40	♄/♅
21♏06	21♏05	21♏04	21♏03	21♏02	21♏01	20♏60	20♏59	20♏58	20♏56	20♏55	20♏54	20♏53	20♏52	20♏50	/♆
25♎34	25♎33	25♎32	25♎31	25♎30	25♎28	25♎27	25♎26	25♎25	25♎23	25♎22	25♎21	25♎19	25♎18	25♎16	/♇
5♊29	5♊22	5♊16	5♊10	5♊06	5♊03	5♊01	4♊59	4♊57	4♊55	4♊53	4♊49	4♊44	4♊39	4♊34	/☊
0♓25	0♓27	0♓29	0♓32	0♓34	0♓37	0♓39	0♓42	0♓44	0♓47	0♓49	0♓52	0♓55	0♓57	0♓60	♅/♆
4♒53	4♒55	4♒57	4♒60	5♒02	5♒04	5♒07	5♒09	5♒11	5♒14	5♒16	5♒19	5♒21	5♒23	5♒26	/♇
14♓47	14♓44	14♓41	14♓39	14♓38	14♓39	14♓40	14♓42	14♓44	14♓46	14♓47	14♓47	14♓46	14♓45	14♓43	/☊
23♑07	23♑09	23♑11	23♑14	23♑16	23♑18	23♑20	23♑22	23♑24	23♑26	23♑28	23♑30	23♑32	23♑34	23♑36	♆/♇
3♓02	2♓58	2♓55	2♓53	2♓52	2♓52	2♓53	2♓55	2♓57	2♓58	2♓59	2♓58	2♓57	2♓56	2♓53	/☊
7♒30	7♒26	7♒23	7♒21	7♒20	7♒20	7♒21	7♒22	7♒24	7♒25	7♒25	7♒25	7♒24	7♒22	7♒19	♇/☊

January 2007

February 2007

	1	2	3	4	5	6	7	8	9	10	11	12	13	14
☉/☽	4♉27	11♉21	18♏08	24♏47	1♐21	7♐50	14♐16	20♐41	27♐06	3♑35	10♑09	16♑52	23♑45	0♒51
/☿	19♒49	21♒05	22♒20	23♒32	24♒42	25♒50	26♒55	27♒56	28♒54	29♒47	0♓36	1♓21	1♓60	2♓34
/♀	23♒16	24♒24	25♒31	26♒39	27♒47	28♒54	0♓02	1♓10	2♓17	3♓25	4♓32	5♓40	6♓47	7♓55
/♂	26♑27	27♑20	28♑13	29♑06	29♑59	0♒51	1♒44	2♒37	3♒30	4♒23	5♒15	6♒08	7♒01	7♒54
/⚷	26♒54	27♒36	28♒18	28♒59	29♒41	0♓23	1♓05	1♓46	2♓28	3♓10	3♓52	4♓34	5♓15	5♓57
/♃	12♑52	13♑27	14♑03	14♑38	15♑13	15♑48	16♑23	16♑58	17♑33	18♑08	18♑43	19♑17	19♑52	20♑26
/♄	17♏05	17♏33	18♏01	18♏29	18♏57	19♏25	19♏53	20♏21	20♏49	21♏17	21♉45	22♉13	22♉41	23♉08
/♅	27♒18	27♒50	28♒22	28♒54	29♒26	29♒58	0♓30	1♓02	1♓34	2♓06	2♓38	3♓10	3♓42	4♓14
/♆	15♒28	15♒60	16♒31	17♒03	17♒34	18♒06	18♒38	19♒09	19♒41	20♒12	20♒44	21♒15	21♒47	22♒18
/♇	19♑54	20♑25	20♑56	21♑28	21♑59	22♑30	23♑01	23♑32	24♑04	24♑35	25♑06	25♑37	26♑08	26♑39
/☊	29♒07	29♒35	0♓03	0♓33	1♓03	1♓33	2♓05	2♓36	3♓07	3♓38	4♓08	4♓38	5♓07	5♓36
☽/☿	12♉32	19♉41	26♉41	3♐33	10♐16	16♐52	23♐22	29♐47	6♑09	12♑31	18♑54	25♑20	1♒52	8♒30
/♀	15♉59	22♉60	29♉53	6♊40	13♐21	19♐57	26♐29	3♑01	9♑33	16♑08	22♑50	29♑39	6♒39	13♒51
/♂	19♎11	25♎56	2♏35	9♏07	15♏33	21♏54	28♏11	4♐28	10♐45	17♐06	23♐33	0♑08	6♑53	13♑51
/⚷	19♉38	26♉12	2♊40	9♊00	15♐15	21♐25	27♐32	3♑37	9♑44	15♑54	22♑09	28♑33	5♒08	11♒54
/♃	5♎35	12♎03	18♎24	24♎39	0♏47	6♏50	12♏50	18♏49	24♏48	0♐51	6♐60	13♐17	19♐44	26♐23
/♄	9♌48	16♌09	22♌23	28♌30	4♍31	10♍27	16♍20	22♍12	28♍04	4♎00	10♎02	16♎12	22♎33	29♎05
/♅	20♉02	26♉26	2♊44	8♊55	15♐00	21♐00	26♐57	2♑53	8♑50	14♑50	20♑56	27♑10	3♒34	10♒11
/♆	8♉12	14♉36	20♏53	27♏04	3♐08	9♐08	15♐05	20♐60	26♐56	2♑56	9♑01	15♑15	21♑39	28♑15
/♇	12♎37	19♎01	25♎18	1♏29	7♏33	13♏32	19♏28	25♏23	1♐19	7♐18	13♐23	19♐37	26♐00	2♑36
/☊	21♉51	28♉11	4♊25	10♊34	16♐37	22♐36	28♐32	4♑27	10♑23	16♑22	22♑26	28♑38	4♒59	11♒33
☿/♀	1♓21	2♓44	4♓05	5♓25	6♓42	7♓56	9♓08	10♓16	11♓21	12♓21	13♓17	14♓08	14♓54	15♓35
/♂	4♒32	5♒40	6♒47	7♒51	8♒54	9♒53	10♒50	11♒43	12♒33	13♒19	13♒60	14♒36	15♒08	15♒34
/⚷	4♓59	5♓56	6♓51	7♓45	8♓36	9♓25	10♓10	10♓53	11♓31	12♓06	12♓36	13♓02	13♓22	13♓37
/♃	20♑57	21♑47	22♑36	23♑23	24♑08	24♑50	25♑29	26♑05	26♑36	27♑04	27♑27	27♑45	27♑58	28♑06
/♄	25♉10	25♉53	26♉35	27♉15	27♉52	28♉27	28♉59	29♉27	29♉52	0♊13	0♊29	0♊41	0♊47	0♊48
/♅	5♓23	6♓11	6♓56	7♓40	8♓21	9♓00	9♓36	10♓09	10♓37	11♓02	11♓23	11♓38	11♓49	11♓54
/♆	23♒33	24♒20	25♒05	25♒49	26♒30	27♒08	27♒43	28♒16	28♒44	29♒08	29♒28	29♒43	29♒53	29♒58
/♇	27♑59	28♑45	29♑30	0♒13	0♒54	1♒32	2♒07	2♒39	3♒07	3♒31	3♒50	4♒05	4♒14	4♒19
/☊	7♓12	7♓55	8♓37	9♓18	9♓58	10♓35	11♓11	11♓42	12♓11	12♓34	12♓53	13♓06	13♓14	13♓16
♀/♂	7♒59	8♒59	9♒59	10♒58	11♒58	12♒58	13♒57	14♒57	15♒57	16♒56	17♒56	18♒55	19♒55	20♒55
/⚷	8♓26	9♓15	10♓03	10♓52	11♓40	12♓29	13♓18	14♓06	14♓55	15♓44	16♓32	17♓21	18♓09	18♓58
/♃	24♑24	25♑06	25♑48	26♑30	27♑12	27♑54	28♑36	29♑18	29♑60	0♒41	1♒23	2♒04	2♒46	3♒27
/♄	28♉37	29♉12	29♉47	0♊22	0♊56	1♊31	2♊06	2♊41	3♊16	3♊50	4♊25	4♊60	5♊35	6♊09
/♅	8♓50	9♓29	10♓08	10♓47	11♓26	12♓04	12♓43	13♓22	14♓01	14♓40	15♓18	15♓57	16♓36	17♓15
/♆	27♒00	27♒39	28♒17	28♒55	29♒34	0♓12	0♓51	1♓29	2♓07	2♓46	3♓24	4♓02	4♓41	5♓19
/♇	1♒26	2♒04	2♒42	3♒20	3♒58	4♒36	5♒14	5♒52	6♒30	7♒08	7♒46	8♒24	9♒02	9♒40
/☊	10♓39	11♓14	11♓49	12♓25	13♓02	13♓40	14♓18	14♓56	15♓34	16♓12	16♓49	17♓25	18♓01	18♓37
♂/⚷	11♒38	12♒11	12♒45	13♒19	13♒52	14♒26	14♒60	15♒34	16♒07	16♒41	17♒15	17♒49	18♒23	18♒57
/♃	27♐35	28♐03	28♐30	28♐57	29♐24	29♐51	0♑18	0♑45	1♑12	1♑39	2♑06	2♑33	2♑60	3♑26
/♄	1♏48	2♏08	2♏28	2♏48	3♏08	3♏28	3♏48	4♏08	4♏28	4♏48	5♏08	5♏28	5♏48	6♏08
/♅	12♒02	12♒26	12♒50	13♒13	13♒37	14♒01	14♒25	14♒49	15♒13	15♒38	16♒02	16♒26	16♒50	17♒14
/♆	0♒12	0♒35	0♒59	1♒22	1♒46	2♒09	2♒33	2♒56	3♒20	3♒44	4♒07	4♒31	4♒54	5♒18
/♇	4♑37	5♑00	5♑24	5♑47	6♑10	6♑33	6♑56	7♑20	7♑43	8♑06	8♑29	8♑53	9♑16	9♑39
/☊	13♒51	14♒10	14♒31	14♒52	15♒14	15♒37	15♒60	16♒23	16♒46	17♒09	17♒32	17♒54	18♒15	18♒36
⚷/♃	28♑02	28♑18	28♑34	28♑51	29♑07	29♑23	29♑39	29♑55	0♒11	0♒27	0♒42	0♒58	1♒14	1♒30
/♄	2♊15	2♊24	2♊33	2♊42	2♊51	2♊60	3♊09	3♊18	3♊27	3♊36	3♊45	3♊54	4♊03	4♊12
/♅	12♓29	12♓41	12♓54	13♓07	13♓20	13♓33	13♓46	13♓59	14♓12	14♓25	14♓38	14♓51	15♓04	15♓17
/♆	0♓38	0♓51	1♓03	1♓16	1♓28	1♓41	1♓53	2♓06	2♓18	2♓31	2♓43	2♓56	3♓09	3♓21
/♇	5♒04	5♒16	5♒28	5♒40	5♒53	6♒05	6♒17	6♒29	6♒41	6♒54	7♒06	7♒18	7♒30	7♒42
/☊	14♓17	14♓26	14♓35	14♓45	14♓56	15♓08	15♓20	15♓33	15♓45	15♓57	16♓08	16♓19	16♓29	16♓40
♃/♄	18♎13	18♎15	18♎18	18♎20	18♎23	18♎25	18♎27	18♎29	18♎31	18♎33	18♎35	18♎37	18♎39	18♎41
/♅	28♑26	28♑33	28♑39	28♑45	28♑52	28♑58	29♑04	29♑10	29♑17	29♑23	29♑29	29♑35	29♑41	29♑47
/♆	16♑36	16♑42	16♑48	16♑54	17♑00	17♑06	17♑12	17♑17	17♑23	17♑29	17♑34	17♑40	17♑45	17♑50
/♇	21♐02	21♐07	21♐13	21♐19	21♐24	21♐30	21♐35	21♐41	21♐46	21♐51	21♐56	22♐02	22♐07	22♐12
/☊	0♒15	0♒17	0♒20	0♒24	0♒28	0♒33	0♒39	0♒44	0♒50	0♒55	0♒59	1♒03	1♒06	1♒09
♄/♅	2♊39	2♊38	2♊38	2♊37	2♊36	2♊35	2♊34	2♊33	2♊33	2♊32	2♊31	2♊30	2♊29	2♊29
/♆	20♏49	20♏48	20♏47	20♏45	20♏44	20♏43	20♏42	20♏40	20♏39	20♏38	20♏36	20♏35	20♏34	20♏32
/♇	25♎15	25♎13	25♎12	25♎10	25♎09	25♎07	25♎05	25♎04	25♎02	25♎00	24♎59	24♎57	24♎55	24♎54
/☊	4♊28	4♊23	4♊19	4♊15	4♊12	4♊10	4♊09	4♊07	4♊06	4♊04	4♊01	3♊58	3♊55	3♊51
♅/♆	1♓03	1♓05	1♓08	1♓11	1♓13	1♓16	1♓19	1♓22	1♓24	1♓27	1♓30	1♓33	1♓35	1♓38
/♇	5♒28	5♒31	5♒33	5♒35	5♒38	5♒40	5♒43	5♒45	5♒47	5♒50	5♒52	5♒54	5♒57	5♒59
/☊	14♓42	14♓40	14♓40	14♓40	14♓42	14♓44	14♓46	14♓48	14♓51	14♓53	14♓55	14♓56	14♓56	14♓56
♆/♇	23♑38	23♑40	23♑42	23♑44	23♑46	23♑48	23♑50	23♑52	23♑54	23♑56	23♑58	23♑59	24♑01	24♑03
/☊	2♓51	2♓50	2♓49	2♓49	2♓50	2♓51	2♓53	2♓55	2♓57	2♓59	3♓00	3♓01	3♓01	3♓00
♇/☊	7♒17	7♒15	7♒14	7♒14	7♒14	7♒15	7♒17	7♒19	7♒20	7♒22	7♒22	7♒22	7♒22	7♒21

	15	16	17	18	19	20	21	22	23	24	25	26	27	28	
☉/☽	8♒08	15♒39	23♒20	1♓09	9♓04	16♓59	24♓53	2♈40	10♈21	17♈52	25♈14	2♉27	9♉31	16♉28	☉/☽
/☿	3♓02	3♓26	3♓44	3♓58	4♓07	4♓12	4♓14	4♓14	4♓12	4♓09	4♓06	4♓04	4♓04	4♓06	/☿
/♀	9♓02	10♓10	11♓17	12♓24	13♓32	14♓39	15♓46	16♓53	18♓00	19♓08	20♓15	21♓22	22♓29	23♓36	/♀
/♂	8♒47	9♒40	10♒33	11♒26	12♒18	13♒11	14♒04	14♒57	15♒50	16♒43	17♒36	18♒29	19♒21	20♒14	/♂
/⚷	6♓39	7♓21	8♓03	8♓45	9♓27	10♓09	10♓50	11♓32	12♓14	12♓56	13♓38	14♓20	15♓02	15♓44	/⚷
/♃	21♑01	21♑35	22♑10	22♑44	23♑18	23♑52	24♑26	25♑00	25♑34	26♑08	26♑41	27♑15	27♑48	28♑22	/♃
/♄	23♉36	24♉04	24♉32	24♉60	25♉28	25♉56	26♉24	26♉51	27♉19	27♉47	28♉15	28♉43	29♉11	29♉39	/♄
/♅	4♓46	5♓18	5♓50	6♓22	6♓54	7♓26	7♓58	8♓30	9♓02	9♓34	10♓05	10♓37	11♓09	11♓41	/♅
/♆	22♒50	23♒21	23♒52	24♒24	24♒55	25♒27	25♒58	26♒29	27♒01	27♒32	28♒03	28♒35	29♒06	29♒37	/♆
/♇	27♑10	27♑41	28♑12	28♑43	29♑14	29♑45	0♒16	0♒47	1♒17	1♒48	2♒19	2♒50	3♒20	3♒51	/♇
/☊	6♓05	6♓34	7♓03	7♓33	8♓03	8♓33	9♓04	9♓35	10♓05	10♓36	11♓06	11♓36	12♓06	12♓35	/☊
☽/☿	15♒16	22♒09	29♒08	6♓10	13♓13	20♓14	27♓09	3♈55	10♈33	17♈01	23♈20	29♈31	5♉35	11♉33	☽/☿
/♀	21♒16	28♒53	6♓41	14♓37	22♓38	0♈41	8♈41	16♈35	24♈22	2♉00	9♉29	16♉49	23♉59	1♊03	/♀
/♂	21♑01	28♑23	5♒56	13♒38	21♒25	29♒13	6♓59	14♓39	22♓12	29♓35	6♈50	13♈55	20♈52	27♈41	/♂
/⚷	18♒53	26♒04	3♓27	10♓57	18♓33	26♓10	3♈45	11♈14	18♈36	25♈49	2♉52	9♉47	16♉32	23♉11	/⚷
/♃	3♑15	10♑19	17♑33	24♑57	2♒25	9♒54	17♒21	24♒42	1♓56	9♓00	15♓56	22♍42	29♍19	5♎49	/♃
/♄	5♏50	12♏47	19♏56	27♉13	4♊34	11♊57	19♊18	26♊33	3♋41	10♋40	17♋29	24♋10	0♌42	7♌06	/♄
/♅	16♒60	24♒01	1♓14	8♓35	16♓01	23♓28	0♈52	8♈12	15♈23	22♈26	29♈20	6♉04	12♉40	19♉08	/♅
/♆	5♒03	12♒04	19♒16	26♒37	4♓02	11♓28	18♓53	26♓11	3♈22	10♈25	17♈18	24♈01	0♉37	7♉04	/♆
/♇	9♑24	16♑24	23♑36	0♒56	8♒21	15♒47	23♒10	0♓29	7♓39	14♓41	21♓33	28♓16	4♎51	11♎18	/♇
/☊	18♒19	25♒17	2♓27	9♓45	17♓09	24♓35	1♈59	9♈17	16♈27	23♈28	0♉20	7♉03	13♉36	20♉02	/☊
☿/♀	16♓10	16♓40	17♓05	17♓26	17♓41	17♓53	18♓02	18♓08	18♓13	18♓17	18♓21	18♓26	18♓32	18♓41	☿/♀
/♂	15♒55	16♒10	16♒21	16♒27	16♒28	16♒26	16♒20	16♒12	16♒03	15♒52	15♒42	15♒33	15♒25	15♒19	/♂
/⚷	13♓47	13♓52	13♓51	13♓46	13♓36	13♓23	13♓06	12♓47	12♓27	12♓05	11♓44	11♓24	11♓05	10♓49	/⚷
/♃	28♑09	28♑06	27♑58	27♑45	27♑28	27♑07	26♑42	26♑15	25♑47	25♑17	24♑48	24♑19	23♑52	23♑27	/♃
/♄	0♊44	0♊35	0♊20	0♊01	29♉38	29♉10	28♉39	28♉06	27♉32	26♉57	26♉21	25♉47	25♉14	24♉44	/♄
/♅	11♓54	11♓49	11♓38	11♓23	11♓04	10♓40	10♓14	9♓45	9♓14	8♓43	8♓12	7♓41	7♓13	6♓46	/♅
/♆	29♒57	29♒52	29♒41	29♒25	29♒05	28♒41	28♒14	27♒44	27♒13	26♒41	26♒10	25♒39	25♒09	24♒42	/♆
/♇	4♒18	4♒12	4♒00	3♒44	3♒24	2♒59	2♒32	2♒02	1♒30	0♒58	0♒25	29♑54	29♑24	28♑56	/♇
/☊	13♓13	13♓04	12♓51	12♓34	12♓12	11♓48	11♓20	10♓50	10♓18	9♓45	9♓12	8♓40	8♓09	7♓40	/☊
♀/♂	21♒54	22♒54	23♒54	24♒53	25♒53	26♒53	27♒52	28♒52	29♒51	0♓51	1♓51	2♓50	3♓50	4♓49	♀/♂
/⚷	19♓47	20♓35	21♓24	22♓13	23♓01	23♓50	24♓39	25♓27	26♓16	27♓04	27♓53	28♓41	29♓30	0♈19	/⚷
/♃	4♒08	4♒50	5♒31	6♒12	6♒53	7♒34	8♒14	8♒55	9♒35	10♒16	10♒56	11♒37	12♒17	12♒57	/♃
/♄	6♊44	7♊19	7♊53	8♊28	9♊02	9♊37	10♊12	10♊46	11♊21	11♊55	12♊30	13♊05	13♊39	14♊14	/♄
/♅	17♓54	18♓32	19♓11	19♓50	20♓29	21♓07	21♓46	22♓25	23♓03	23♓42	24♓20	24♓59	25♓38	26♓16	/♅
/♆	5♓57	6♓35	7♓13	7♓52	8♓30	9♓08	9♓46	10♓24	11♓02	11♓40	12♓18	12♓56	13♓34	14♓12	/♆
/♇	10♒18	10♒55	11♒33	12♒11	12♒49	13♒26	14♒04	14♒41	15♒19	15♒56	16♒34	17♒11	17♒49	18♒26	/♇
/☊	19♓12	19♓48	20♓24	21♓00	21♓37	22♓15	22♓52	23♓30	24♓07	24♓44	25♓21	25♓58	26♓34	27♓10	/☊
♂/⚷	19♒31	20♒06	20♒40	21♒14	21♒48	22♒22	22♒57	23♒31	24♒05	24♒40	25♒14	25♒48	26♒23	26♒57	♂/⚷
/♃	3♑53	4♑20	4♑46	5♑13	5♑39	6♑06	6♑32	6♑59	7♑25	7♑51	8♑17	8♑43	9♑09	9♑35	/♃
/♄	6♏29	6♏49	7♏09	7♏29	7♏49	8♏09	8♏30	8♏50	9♏10	9♏31	9♏51	10♏11	10♏32	10♏52	/♄
/♅	17♒38	18♒03	18♒27	18♒51	19♒15	19♒40	20♒04	20♒28	20♒53	21♒17	21♒41	22♒06	22♒30	22♒55	/♅
/♆	5♒42	6♒05	6♒29	6♒53	7♒17	7♒40	8♒04	8♒28	8♒52	9♒15	9♒39	10♒03	10♒27	10♒51	/♆
/♇	10♑02	10♑26	10♑49	11♑12	11♑35	11♑59	12♑22	12♑45	13♑08	13♑32	13♑55	14♑18	14♑41	15♑05	/♇
/☊	18♒57	19♒18	19♒40	20♒02	20♒24	20♒47	21♒10	21♒33	21♒56	22♒19	22♒42	23♒04	23♒27	23♒49	/☊
⚷/♃	1♒45	2♒01	2♒17	2♒32	2♒48	3♒03	3♒19	3♒34	3♒49	4♒04	4♒20	4♒35	4♒50	5♒05	⚷/♃
/♄	4♊21	4♊30	4♊39	4♊48	4♊58	5♊07	5♊16	5♊25	5♊35	5♊44	5♊53	6♊03	6♊12	6♊22	/♄
/♅	15♓31	15♓44	15♓57	16♓10	16♓24	16♓37	16♓50	17♓04	17♓17	17♓30	17♓44	17♓57	18♓11	18♓24	/♅
/♆	3♓34	3♓47	3♓59	4♓12	4♓25	4♓38	4♓50	5♓03	5♓16	5♓29	5♓42	5♓54	6♓07	6♓20	/♆
/♇	7♒55	8♒07	8♒19	8♒31	8♒44	8♒56	9♒08	9♒20	9♒33	9♒45	9♒57	10♒09	10♒22	10♒34	/♇
/☊	16♓49	16♓60	17♓10	17♓21	17♓32	17♓44	17♓56	18♓09	18♓21	18♓33	18♓44	18♓56	19♓07	19♓18	/☊
♃/♄	18♎43	18♎44	18♎46	18♎47	18♎49	18♎50	18♎52	18♎53	18♎54	18♎56	18♎57	18♎58	18♎59	18♎60	♃/♄
/♅	29♑52	29♑58	0♒04	0♒09	0♒15	0♒21	0♒26	0♒31	0♒37	0♒42	0♒47	0♒52	0♒57	1♒02	/♅
/♆	17♑56	18♑01	18♑06	18♑11	18♑16	18♑21	18♑26	18♑31	18♑36	18♑40	18♑45	18♑49	18♑54	18♑58	/♆
/♇	22♐16	22♐21	22♐26	22♐31	22♐35	22♐40	22♐44	22♐48	22♐52	22♐57	23♐01	23♐05	23♐08	23♐12	/♇
/☊	1♒11	1♒14	1♒17	1♒20	1♒24	1♒28	1♒32	1♒36	1♒40	1♒44	1♒48	1♒51	1♒54	1♒56	/☊
♄/♅	2♊28	2♊27	2♊26	2♊25	2♊25	2♊24	2♊23	2♊23	2♊22	2♊21	2♊21	2♊20	2♊20	2♊19	♄/♅
/♆	20♏31	20♏30	20♏29	20♏27	20♏26	20♏25	20♏24	20♏22	20♏21	20♏20	20♏19	20♏17	20♏16	20♏15	/♆
/♇	24♎52	24♎50	24♎48	24♎47	24♎45	24♎43	24♎41	24♎40	24♎38	24♎36	24♎34	24♎33	24♎31	24♎29	/♇
/☊	3♊47	3♊43	3♊39	3♊36	3♊34	3♊31	3♊30	3♊28	3♊26	3♊24	3♊21	3♊19	3♊16	3♊13	/☊
♅/♆	1♓41	1♓44	1♓47	1♓49	1♓52	1♓55	1♓58	2♓01	2♓03	2♓06	2♓09	2♓12	2♓15	2♓17	♅/♆
/♇	6♒02	6♒04	6♒06	6♒09	6♒11	6♒13	6♒16	6♒18	6♒20	6♒22	6♒25	6♒27	6♒29	6♒31	/♇
/☊	14♓56	14♓57	14♓57	14♓58	14♓60	15♓02	15♓04	15♓06	15♓08	15♓10	15♓12	15♓13	15♓14	15♓16	/☊
♆/♇	24♑05	24♑07	24♑09	24♑10	24♑12	24♑14	24♑16	24♑17	24♑19	24♑21	24♑23	24♑24	24♑26	24♑27	♆/♇
/☊	2♓60	2♓60	2♓60	3♓00	3♓01	3♓02	3♓04	3♓06	3♓07	3♓09	3♓10	3♓10	3♓11	3♓12	/☊
♇/☊	7♒20	7♒20	7♒19	7♒19	7♒20	7♒21	7♒22	7♒23	7♒24	7♒25	7♒25	7♒26	7♒26	7♒26	♇/☊

February 2007

March 2007

	1	2	3	4	5	6	7	8	9	10	11	12	13	14	15	16	17	18	19	20	21	22	23	24	25	26	27	28	29	30	31	
☉/☽	23♉17	0♊00	6♊38	13♐11	19♐40	26♐07	2♑32	8♑56	15♑22	21♑50	28♑24	5♒05	11♒55	18♒57	26♒11	3♓39	11♓20	19♓12	27♓12	5♈17	13♈21	21♈19	29♈09	6♉47	14♉12	21♉25	28♉26	5♊17	11♊59	18♊35	25♊06	☉/☽
/☿	4♓10	4♓18	4♓28	4♓42	5♓00	5♓21	5♓46	6♓13	6♓44	7♓18	7♓55	8♓35	9♓17	10♓01	10♓48	11♓37	12♓28	13♓21	14♓15	15♓11	16♓09	17♓08	18♓08	19♓10	20♓12	21♓16	22♓21	23♓27	24♓34	25♓42	26♓51	/☿
/♀	24♓43	25♓49	26♓56	28♓03	29♓10	0♈16	1♈23	2♈30	3♈36	4♈43	5♈49	6♈56	8♈02	9♈08	10♈15	11♈21	12♈27	13♈33	14♈39	15♈45	16♈51	17♈57	19♈03	20♈09	21♈15	22♈21	23♈26	24♈32	25♈37	26♈43	27♈48	/♀
/♂	21♒07	22♒00	22♒53	23♒46	24♒39	25♒31	26♒24	27♒17	28♒10	29♒03	29♒56	0♓48	1♓41	2♓34	3♓27	4♓20	5♓12	6♓05	6♓58	7♓51	8♓44	9♓36	10♓29	11♓22	12♓15	13♓07	13♓60	14♓53	15♓45	16♓38	17♓31	/♂
/⚳	16♓25	17♓07	17♓49	18♓31	19♓13	19♓55	20♓36	21♓18	21♓60	22♓42	23♓24	24♓05	24♓47	25♓29	26♓11	26♓52	27♓34	28♓16	28♓57	29♓39	0♈21	1♈02	1♈44	2♈26	3♈07	3♈49	4♈30	5♈12	5♈53	6♈35	7♈16	/⚳
/♃	28♑55	29♑28	0♒01	0♒34	1♒07	1♒40	2♒13	2♒46	3♒18	3♒51	4♒23	4♒55	5♒27	5♒60	6♒32	7♒03	7♒35	8♒07	8♒38	9♒10	9♒41	10♒12	10♒44	11♒15	11♒46	12♒16	12♒47	13♒18	13♒48	14♒18	14♒49	/♃
/♄	0♊07	0♊35	1♊02	1♊30	1♊58	2♊26	2♊54	3♊22	3♊50	4♊18	4♊46	5♊14	5♊42	6♊11	6♊39	7♊07	7♊35	8♊03	8♊31	8♊60	9♊28	9♊56	10♊25	10♊53	11♊21	11♊50	12♊18	12♊47	13♊15	13♊44	14♊12	/♄
/♅	12♓13	12♓45	13♓17	13♓48	14♓20	14♓52	15♓24	15♓55	16♓27	16♓59	17♓30	18♓02	18♓34	19♓05	19♓37	20♓09	20♓40	21♓12	21♓43	22♓15	22♓46	23♓18	23♓49	24♓21	24♓52	25♓24	25♓55	26♓26	26♓58	27♓29	28♓00	/♅
/♆	0♓08	0♓39	1♓11	1♓42	2♓13	2♓44	3♓15	3♓46	4♓17	4♓48	5♓19	5♓50	6♓21	6♓52	7♓23	7♓54	8♓25	8♓56	9♓26	9♓57	10♓28	10♓59	11♓29	12♓00	12♓31	13♓01	13♓32	14♓03	14♓33	15♓04	15♓34	/♆
/♇	4♒22	4♒52	5♒23	5♒53	6♒24	6♒54	7♒25	7♒55	8♒26	8♒56	9♒26	9♒57	10♒27	10♒57	11♒27	11♒57	12♒28	12♒58	13♒28	13♒58	14♒28	14♒58	15♒28	15♒58	16♒28	16♒57	17♒27	17♒57	18♒27	18♒56	19♒26	/♇
/☊	13♓05	13♓35	14♓05	14♓35	15♓05	15♓35	16♓05	16♓35	17♓05	17♓35	18♓04	18♓34	19♓04	19♓34	20♓05	20♓35	21♓05	21♓35	22♓05	22♓35	23♓04	23♓33	24♓01	24♓30	24♓60	25♓29	25♓59	26♓30	27♓00	27♓31	28♓01	/☊
☽/☿	17♉26	23♉17	29♏05	4♐52	10♐39	16♐26	22♐15	28♐08	4♑04	10♑07	16♑18	22♑38	29♑11	5♒57	12♒58	20♒15	27♒47	5♓32	13♓27	21♓28	29♓30	7♈28	15♈18	22♈58	0♉27	7♉44	14♉51	21♉48	28♉38	5♊22	12♊03	☽/☿
/♀	7♊59	14♊49	21♊33	28♊13	4♋49	11♋22	17♑53	24♑24	0♒56	7♒31	14♒12	20♒59	27♒56	5♓04	12♓25	19♓59	27♓46	5♈44	13♈51	22♈02	0♉12	8♉17	16♉13	23♉58	1♊29	8♊48	15♊56	22♊53	29♊41	6♋23	12♋60	/♀
/♂	4♏23	10♏59	17♏30	23♏55	0♐17	6♐37	12♐54	19♐11	25♐30	1♑51	8♑18	14♑52	21♑35	28♑30	5♒37	12♒57	20♒31	28♒16	6♓10	14♓08	22♓05	29♓56	7♈39	15♈11	22♈29	29♈35	6♉29	13♉13	19♉49	26♏18	2♐42	/♂
/⚳	29♉42	6♊06	12♊26	18♊41	24♐52	0♑60	7♑06	13♑13	19♑20	25♑30	1♒46	8♒09	14♒41	21♒24	28♒21	5♓30	12♓53	20♓27	28♓09	5♈56	13♈42	21♈23	28♈54	6♉14	13♉22	20♉17	26♉60	3♊33	9♊57	16♊15	22♊28	/⚳
/♃	12♎11	18♎27	24♎38	0♏44	6♏46	12♏45	18♏43	24♏40	0♐38	6♐39	12♐46	18♐59	25♐21	1♑55	8♑41	15♑41	22♑54	0♒18	7♒50	15♒27	23♒02	0♓33	7♓54	15♓03	22♍00	28♍44	5♎16	11♎38	17♎52	23♎59	0♏00	/♃
/♄	13♌23	19♌34	25♌39	1♍40	7♍37	13♍31	19♍24	25♍17	1♎10	7♎07	13♎09	19♎18	25♎36	2♏06	8♏49	15♏45	22♉54	0♊14	7♊43	15♊16	22♊49	0♋16	7♋35	14♋42	21♋36	28♋18	4♌48	11♌07	17♌19	23♌24	29♌24	/♄
/♅	25♉29	1♊44	7♊53	13♊58	19♐59	25♐57	1♑54	7♑50	13♑47	19♑47	25♑53	2♒06	8♒28	15♒01	21♒47	28♒47	5♓59	13♓23	20♓55	28♓32	6♈07	13♈38	20♈60	28♈09	5♉07	11♉51	18♉24	24♉47	1♊01	7♊09	13♊12	/♅
/♆	13♉24	19♉39	25♏47	1♐51	7♐52	13♐49	19♐45	25♐40	1♑37	7♑37	13♑42	19♑54	26♑15	2♒48	9♒33	16♒32	23♒44	1♓07	8♓38	16♓14	23♓49	1♈19	8♈40	15♈49	22♈45	29♈29	6♉01	12♉23	18♉37	24♏44	0♐46	/♆
/♇	17♎38	23♎51	29♎59	6♏03	12♏03	17♏60	23♏55	29♏50	5♐46	11♐45	17♐49	24♐00	0♑21	6♑53	13♑37	20♑35	27♑46	5♒09	12♒40	20♒15	27♒49	5♓18	12♓38	19♓46	26♓42	3♎25	9♎56	16♎18	22♎30	28♎37	4♏38	/♇
/☊	26♉21	2♊34	8♊41	14♊44	20♐44	26♐40	2♑35	8♑29	14♑25	20♑23	26♑27	2♒38	8♒58	15♒30	22♒15	29♒13	6♓24	13♓46	21♓17	28♓51	6♈25	13♈53	21♈12	28♈19	5♉14	11♉57	18♉29	24♉50	1♊04	7♊11	13♊12	/☊
☿/♀	18♓52	19♓06	19♓23	19♓44	20♓08	20♓36	21♓07	21♓41	22♓19	22♓59	23♓43	24♓29	25♓17	26♓08	27♓02	27♓57	28♓54	29♓53	0♈54	1♈57	3♈00	4♈06	5♈12	6♈20	7♈29	8♈40	9♈51	11♈03	12♈16	13♈30	14♈45	☿/♀
/♂	15♒16	15♒17	15♒20	15♒27	15♒37	15♒51	16♒08	16♒29	16♒52	17♒19	17♒49	18♒21	18♒57	19♒34	20♒14	20♒56	21♒40	22♒25	23♒13	24♒02	24♒53	25♒45	26♒38	27♒33	28♒29	29♒26	0♓24	1♓24	2♓24	3♓25	4♓28	/♂
/⚳	10♓35	10♓24	10♓16	10♓12	10♓11	10♓14	10♓20	10♓30	10♓42	10♓58	11♓17	11♓38	12♓02	12♓29	12♓58	13♓28	14♓01	14♓36	15♓12	15♓50	16♓30	17♓11	17♓53	18♓37	19♓22	20♓08	20♓55	21♓43	22♓32	23♓22	24♓14	/⚳
/♃	23♑04	22♑45	22♑28	22♑15	22♑06	21♑60	21♑57	21♑57	22♑01	22♑07	22♑16	22♑28	22♑43	22♑60	23♑18	23♑39	24♑02	24♑27	24♑53	25♑21	25♑50	26♑21	26♑53	27♑26	28♑00	28♑35	29♑12	29♑49	0♒27	1♒06	1♒46	/♃
/♄	24♉16	23♉51	23♉29	23♉11	22♉57	22♉46	22♉38	22♉34	22♉33	22♉35	22♉40	22♉47	22♉58	23♉10	23♉26	23♉43	24♉02	24♉23	24♉46	25♉11	25♉37	26♉05	26♉34	27♉04	27♉36	28♉09	28♉43	29♉18	29♉54	0♊31	1♊09	/♄
/♅	6♓22	6♓01	5♓44	5♓29	5♓19	5♓11	5♓07	5♓07	5♓09	5♓15	5♓24	5♓35	5♓49	6♓05	6♓24	6♓45	7♓07	7♓32	7♓58	8♓26	8♓56	9♓26	9♓59	10♓32	11♓07	11♓43	12♓19	12♓57	13♓36	14♓16	14♓57	/♅
/♆	24♒18	23♒56	23♒38	23♒23	23♒11	23♒03	22♒59	22♒58	22♒60	23♒05	23♒13	23♒23	23♒36	23♒52	24♒10	24♒30	24♒52	25♒16	25♒41	26♒08	26♒37	27♒07	27♒39	28♒11	28♒45	29♒20	29♒57	0♓34	1♓12	1♓51	2♓31	/♆
/♇	28♑31	28♑09	27♑50	27♑34	27♑22	27♑14	27♑09	27♑07	27♑08	27♑12	27♑20	27♑30	27♑42	27♑57	28♑14	28♑33	28♑55	29♑18	29♑43	0♒09	0♒37	1♒06	1♒37	2♒09	2♒42	3♒16	3♒52	4♒28	5♒06	5♒44	6♒23	/♇
/☊	7♓14	6♓51	6♓32	6♓16	6♓03	5♓54	5♓49	5♓46	5♓47	5♓51	5♓58	6♓07	6♓20	6♓34	6♓52	7♓11	7♓32	7♓55	8♓20	8♓46	9♓13	9♓41	10♓11	10♓42	11♓14	11♓48	12♓24	13♓01	13♓39	14♓18	14♓58	/☊
♀/♂	5♓49	6♓48	7♓48	8♓47	9♓47	10♓46	11♓46	12♓45	13♓44	14♓44	15♓43	16♓42	17♓42	18♓41	19♓40	20♓40	21♓39	22♓38	23♓37	24♓36	25♓35	26♓34	27♓34	28♓33	29♓32	0♈30	1♈29	2♈28	3♈27	4♈26	5♈25	♀/♂
/⚳	1♈07	1♈56	2♈44	3♈32	4♈21	5♈09	5♈58	6♈46	7♈34	8♈23	9♈11	9♈59	10♈48	11♈36	12♈24	13♈12	14♈00	14♈48	15♈37	16♈25	17♈13	18♈01	18♈49	19♈36	20♈24	21♈12	21♈60	22♈48	23♈35	24♈23	25♈11	/⚳
/♃	13♒37	14♒17	14♒56	15♒36	16♒16	16♒55	17♒34	18♒14	18♒53	19♒32	20♒11	20♒49	21♒28	22♒07	22♒45	23♒23	24♒01	24♒40	25♒17	25♒55	26♒33	27♒11	27♒48	28♒25	29♒03	29♒40	0♓16	0♓53	1♓30	2♓06	2♓43	/♃
/♄	14♊48	15♊23	15♊57	16♊32	17♊06	17♊41	18♊16	18♊50	19♊25	19♊59	20♊34	21♊08	21♊43	22♊18	22♊52	23♊27	24♊01	24♊36	25♊11	25♊45	26♊20	26♊54	27♊29	28♊04	28♊38	29♊13	29♊48	0♋22	0♋57	1♋32	2♋06	/♄
/♅	26♓55	27♓33	28♓11	28♓50	29♓28	0♈07	0♈45	1♈23	2♈02	2♈40	3♈18	3♈56	4♈34	5♈12	5♈51	6♈29	7♈07	7♈45	8♈22	9♈00	9♈38	10♈16	10♈54	11♈32	12♈09	12♈47	13♈24	14♈02	14♈39	15♈17	15♈54	/♅
/♆	14♓50	15♓28	16♓06	16♓43	17♓21	17♓59	18♓36	19♓14	19♓52	20♓29	21♓07	21♓44	22♓22	22♓59	23♓36	24♓14	24♓51	25♓28	26♓06	26♓43	27♓20	27♓57	28♓34	29♓11	29♓48	0♈25	1♈01	1♈38	2♈15	2♈52	3♈28	/♆
/♇	19♒03	19♒41	20♒18	20♒55	21♒32	22♒09	22♒46	23♒23	24♒00	24♒37	25♒14	25♒51	26♒27	27♒04	27♒41	28♒17	28♒54	29♒30	0♓07	0♓43	1♓20	1♓56	2♓32	3♓08	3♓45	4♓21	4♓57	5♓33	6♓09	6♓44	7♓20	/♇
/☊	27♓47	28♓23	28♓60	29♓36	0♈13	0♈50	1♈26	2♈03	2♈39	3♈16	3♈52	4♈28	5♈05	5♈41	6♈18	6♈55	7♈32	8♈08	8♈44	9♈20	9♈55	10♈31	11♈06	11♈41	12♈17	12♈52	13♈29	14♈05	14♈42	15♈18	15♈55	/☊
♂/⚳	27♒32	28♒06	28♒41	29♒15	29♒50	0♓24	0♓59	1♓33	2♓08	2♓43	3♓17	3♓52	4♓27	5♓01	5♓36	6♓11	6♓46	7♓20	7♓55	8♓30	9♓05	9♓40	10♓14	10♓49	11♓24	11♓59	12♓34	13♓08	13♓43	14♓18	14♓53	♂/⚳
/♃	10♑01	10♑27	10♑53	11♑19	11♑44	12♑10	12♑35	13♑01	13♑26	13♑52	14♑17	14♑42	15♑07	15♑32	15♑57	16♑22	16♑47	17♑12	17♑36	18♑01	18♑25	18♑50	19♑14	19♑38	20♑02	20♑26	20♑50	21♑14	21♑38	22♑02	22♑25	/♃
/♄	11♏13	11♏33	11♏54	12♏15	12♏35	12♏56	13♏17	13♏37	13♏58	14♏19	14♏40	15♏01	15♏22	15♏43	16♏04	16♏25	16♏47	17♏08	17♏29	17♏51	18♏12	18♏33	18♉55	19♉16	19♉38	19♉60	20♉21	20♉43	21♉05	21♉27	21♉49	/♄
/♅	23♒19	23♒44	24♒08	24♒33	24♒57	25♒22	25♒46	26♒11	26♒35	26♒60	27♒24	27♒49	28♒13	28♒38	29♒03	29♒27	29♒52	0♓17	0♓41	1♓06	1♓30	1♓55	2♓20	2♓44	3♓09	3♓34	3♓58	4♓23	4♓47	5♓12	5♓37	/♅
/♆	11♒15	11♒38	12♒02	12♒26	12♒50	13♒14	13♒38	14♒01	14♒25	14♒49	15♒13	15♒37	16♒01	16♒25	16♒49	17♒13	17♒36	18♒00	18♒24	18♒48	19♒12	19♒36	19♒60	20♒24	20♒47	21♒11	21♒35	21♒59	22♒23	22♒47	23♒11	/♆
/♇	15♑28	15♑51	16♑14	16♑38	17♑01	17♑24	17♑47	18♑10	18♑34	18♑57	19♑20	19♑43	20♑07	20♑30	20♑53	21♑16	21♑39	22♑02	22♑26	22♑49	23♑12	23♑35	23♑58	24♑21	24♑44	25♑07	25♑30	25♑53	26♑16	26♑39	27♑02	/♇
/☊	24♒11	24♒34	24♒56	25♒19	25♒42	26♒04	26♒27	26♒50	27♒13	27♒36	27♒58	28♒21	28♒44	29♒07	29♒30	29♒54	0♓17	0♓40	1♓03	1♓25	1♓48	2♓10	2♓32	2♓54	3♓16	3♓39	4♓02	4♓26	4♓50	5♓14	5♓37	/☊
⚳/♃	5♒20	5♒34	5♒49	6♒04	6♒19	6♒33	6♒48	7♒02	7♒16	7♒31	7♒45	7♒59	8♒13	8♒27	8♒41	8♒55	9♒08	9♒22	9♒36	9♒49	10♒02	10♒16	10♒29	10♒42	10♒55	11♒08	11♒21	11♒33	11♒46	11♒59	12♒11	⚳/♃
/♄	6♊31	6♊41	6♊50	6♊60	7♊09	7♊19	7♊29	7♊39	7♊48	7♊58	8♊08	8♊18	8♊28	8♊38	8♊48	8♊58	9♊08	9♊18	9♊29	9♊39	9♊49	9♊59	10♊10	10♊20	10♊31	10♊41	10♊52	11♊02	11♊13	11♊24	11♊35	/♄
/♅	18♓37	18♓51	19♓04	19♓18	19♓31	19♓45	19♓58	20♓12	20♓25	20♓39	20♓52	21♓06	21♓19	21♓33	21♓46	21♓60	22♓14	22♓27	22♓41	22♓54	23♓08	23♓21	23♓35	23♓48	24♓02	24♓15	24♓29	24♓42	24♓56	25♓09	25♓22	/♅
/♆	6♓33	6♓46	6♓58	7♓11	7♓24	7♓37	7♓50	8♓03	8♓15	8♓28	8♓41	8♓54	9♓07	9♓20	9♓32	9♓45	9♓58	10♓11	10♓24	10♓36	10♓49	11♓02	11♓15	11♓27	11♓40	11♓53	12♓06	12♓18	12♓31	12♓44	12♓56	/♆
/♇	10♒46	10♒58	11♒11	11♒23	11♒35	11♒47	11♒59	12♒12	12♒24	12♒36	12♒48	13♒00	13♒12	13♒25	13♒37	13♒49	14♒01	14♒13	14♒25	14♒37	14♒49	15♒01	15♒13	15♒25	15♒37	15♒49	16♒01	16♒13	16♒25	16♒36	16♒48	/♇
/☊	19♓29	19♓41	19♓52	20♓04	20♓16	20♓28	20♓39	20♓51	21♓03	21♓15	21♓26	21♓38	21♓50	22♓02	22♓14	22♓26	22♓38	22♓50	23♓02	23♓14	23♓25	23♓36	23♓47	23♓58	24♓09	24♓21	24♓33	24♓45	24♓58	25♓11	25♓23	/☊
♃/♄	19♎01	19♎02	19♎03	19♎03	19♎04	19♎05	19♎05	19♎06	19♎07	19♎07	19♎08	19♎08	19♎08	19♎09	19♎09	19♎09	19♎09	19♎09	19♎10	19♎10	19♎10	19♎09	19♎09	19♎09	19♎09	19♎09	19♎09	19♎08	19♎08	19♎07	19♎07	♃/♄
/♅	1♒07	1♒12	1♒17	1♒21	1♒26	1♒30	1♒35	1♒39	1♒44	1♒48	1♒52	1♒56	1♒60	2♒04	2♒07	2♒11	2♒15	2♒18	2♒22	2♒25	2♒28	2♒31	2♒34	2♒37	2♒40	2♒43	2♒45	2♒48	2♒50	2♒53	2♒55	/♅
/♆	19♑02	19♑07	19♑11	19♑15	19♑19	19♑23	19♑26	19♑30	19♑34	19♑37	19♑41	19♑44	19♑47	19♑50	19♑53	19♑56	19♑59	20♑02	20♑05	20♑07	20♑10	20♑12	20♑14	20♑16	20♑18	20♑20	20♑22	20♑24	20♑26	20♑27	20♑29	/♆
/♇	23♐16	23♐19	23♐23	23♐26	23♐30	23♐33	23♐36	23♐39	23♐42	23♐45	23♐48	23♐50	23♐53	23♐55	23♐58	23♐60	24♐02	24♐04	24♐06	24♐08	24♐09	24♐11	24♐13	24♐14	24♐15	24♐16	24♐17	24♐18	24♐19	24♐20	24♐21	/♇
/☊	1♒59	2♒02	2♒05	2♒08	2♒11	2♒13	2♒16	2♒19	2♒21	2♒24	2♒26	2♒28	2♒30	2♒33	2♒35	2♒37	2♒40	2♒42	2♒43	2♒44	2♒45	2♒46	2♒46	2♒47	2♒47	2♒48	2♒50	2♒51	2♒53	2♒54	2♒55	/☊
♄/♅	2♊19	2♊18	2♊18	2♊17	2♊17	2♊16	2♊16	2♊16	2♊16	2♊15	2♊15	2♊15	2♊15	2♊15	2♊15	2♊14	2♊14	2♊14	2♊15	2♊15	2♊15	2♊15	2♊15	2♊15	2♊16	2♊16	2♊16	2♊17	2♊17	2♊18	2♊18	♄/♅
/♆	20♉14	20♉13	20♉12	20♉11	20♉10	20♉09	20♉08	20♉07	20♉06	20♉05	20♉04	20♉03	20♉02	20♉01	20♉00	19♉60	19♉59	19♉58	19♉58	19♉57	19♉56	19♉56	19♉55	19♉55	19♉54	19♉54	19♉53	19♉53	19♉53	19♉53	19♉52	/♆
/♇	24♎27	24♎26	24♎24	24♎22	24♎21	24♎19	24♎17	24♎16	24♎14	24♎12	24♎11	24♎09	24♎08	24♎06	24♎05	24♎03	24♎02	24♎00	23♎59	23♎58	23♎56	23♎55	23♎54	23♎52	23♎51	23♎50	23♎49	23♎48	23♎46	23♎45	23♎44	/♇
/☊	3♊11	3♊08	3♊06	3♊04	3♊01	2♊59	2♊57	2♊55	2♊53	2♊51	2♊49	2♊47	2♊45	2♊44	2♊42	2♊41	2♊39	2♊38	2♊36	2♊34	2♊32	2♊30	2♊27	2♊25	2♊23	2♊22	2♊21	2♊20	2♊20	2♊19	2♊19	/☊
♅/♆	2♓20	2♓23	2♓26	2♓29	2♓31	2♓34	2♓37	2♓40	2♓43	2♓45	2♓48	2♓51	2♓53	2♓56	2♓59	3♓02	3♓04	3♓07	3♓10	3♓12	3♓15	3♓17	3♓20	3♓23	3♓25	3♓28	3♓30	3♓33	3♓35	3♓38	3♓40	♅/♆
/♇	6♒34	6♒36	6♒38	6♒40	6♒42	6♒45	6♒47	6♒49	6♒51	6♒53	6♒55	6♒57	6♒59	7♒01	7♒03	7♒05	7♒07	7♒09	7♒11	7♒13	7♒15	7♒16	7♒18	7♒20	7♒22	7♒24	7♒25	7♒27	7♒29	7♒30	7♒32	/♇
/☊	15♓17	15♓18	15♓20	15♓21	15♓23	15♓25	15♓27	15♓28	15♓30	15♓32	15♓33	15♓35	15♓37	15♓39	15♓41	15♓43	15♓45	15♓47	15♓48	15♓50	15♓51	15♓51	15♓52	15♓53	15♓54	15♓56	15♓57	15♓60	16♓02	16♓05	16♓07	/☊
♆/♇	24♑29	24♑31	24♑32	24♑34	24♑35	24♑37	24♑38	24♑40	24♑41	24♑42	24♑44	24♑45	24♑46	24♑48	24♑49	24♑50	24♑52	24♑53	24♑54	24♑55	24♑56	24♑57	24♑58	24♑59	25♑00	25♑01	25♑02	25♑03	25♑04	25♑05	25♑06	♆/♇
/☊	3♓12	3♓13	3♓14	3♓15	3♓16	3♓17	3♓18	3♓19	3♓20	3♓21	3♓22	3♓23	3♓24	3♓25	3♓26	3♓28	3♓29	3♓30	3♓31	3♓32	3♓32	3♓32	3♓32	3♓32	3♓33	3♓33	3♓35	3♓36	3♓38	3♓39	3♓41	/☊
♇/☊	7♒26	7♒26	7♒26	7♒26	7♒27	7♒27	7♒28	7♒28	7♒29	7♒29	7♒29	7♒29	7♒30	7♒30	7♒31	7♒31	7♒32	7♒32	7♒33	7♒32	7♒32	7♒31	7♒30	7♒30	7♒29	7♒29	7♒30	7♒30	7♒31	7♒32	7♒33	♇/☊

March 2007

April 2007

	1	2	3	4	5	6	7	8	9	10
☉/☽	1♋33	7♋59	14♑23	20♑47	27♑12	3♒40	10♒10	16♒45	23♒26	0♓15
/☿	28♓01	29♓12	0♈23	1♈35	2♈49	4♈02	5♈17	6♈33	7♈49	9♈06
/♀	28♈54	29♈59	1♉04	2♉09	3♉14	4♉19	5♉24	6♉29	7♉34	8♉39
/♂	18♓23	19♓16	20♓08	21♓01	21♓53	22♓46	23♓39	24♓31	25♓24	26♓16
/⚷	7♈58	8♈39	9♈21	10♈02	10♈43	11♈25	12♈06	12♈47	13♈29	14♈10
/♃	15♒19	15♒49	16♒19	16♒49	17♒18	17♒48	18♒17	18♒47	19♒16	19♒45
/♄	14♊41	15♊10	15♊38	16♊07	16♊36	17♊04	17♊33	18♊02	18♊31	18♊60
/♅	28♓31	29♓03	29♓34	0♈05	0♈36	1♈07	1♈38	2♈09	2♈40	3♈11
/♆	16♓05	16♓35	17♓05	17♓36	18♓06	18♓36	19♓07	19♓37	20♓07	20♓37
/♇	19♒56	20♒25	20♒55	21♒24	21♒54	22♒23	22♒53	23♒22	23♒51	24♒21
/☊	28♓30	28♓59	29♓27	29♓55	0♈22	0♈49	1♈16	1♈43	2♈11	2♈40
☽/☿	18♐41	25♐18	1♑54	8♑32	15♑11	21♑53	28♑39	5♒31	12♒29	19♒36
/♀	19♋33	26♋05	2♌35	9♌06	15♌37	22♌10	28♒47	5♓27	12♓14	19♓09
/♂	9♐03	15♐22	21♐39	27♐57	4♑16	10♑37	17♑01	23♑29	0♒04	6♒46
/⚷	28♊38	4♋45	10♑52	16♑58	23♑06	29♑15	5♒28	11♒46	18♒09	24♒40
/♃	5♏59	11♏55	17♏50	23♏45	29♏41	5♐39	11♐40	17♐45	23♐56	0♑15
/♄	5♍21	11♍16	17♍09	23♍03	28♍58	4♎55	10♎55	17♎00	23♎11	29♎30
/♅	19♐11	25♐09	1♑05	7♑01	12♑59	18♑58	25♑00	1♒07	7♒20	13♒41
/♆	6♐44	12♐41	18♐36	24♐32	0♑29	6♑27	12♑29	18♑35	24♑47	1♒07
/♇	10♏36	16♏31	22♏26	28♏21	4♐16	10♐14	16♐15	22♐20	28♐32	4♑51
/☊	19♐10	25♐05	0♑59	6♑51	12♑45	18♑40	24♑38	0♒41	6♒51	13♒10
☿/♀	16♈01	17♈18	18♈35	19♈54	21♈13	22♈33	23♈53	25♈15	26♈37	27♈60
/♂	5♓31	6♓35	7♓40	8♓46	9♓52	10♓60	12♓08	13♓17	14♓26	15♓37
/⚷	25♓06	25♓58	26♓52	27♓47	28♓42	29♓38	0♈35	1♈33	2♈31	3♈31
/♃	2♒27	3♒08	3♒50	4♒33	5♒17	6♒01	6♒47	7♒32	8♒19	9♒06
/♄	1♊49	2♊29	3♊10	3♊52	4♊34	5♊18	6♊02	6♊48	7♊34	8♊21
/♅	15♓39	16♓22	17♓05	17♓49	18♓35	19♓21	20♓07	20♓55	21♓43	22♓32
/♆	3♓12	3♓54	4♓37	5♓20	6♓05	6♓50	7♓36	8♓22	9♓10	9♓58
/♇	7♒03	7♒44	8♒26	9♒09	9♒52	10♒37	11♒22	12♒08	12♒54	13♒42
/☊	15♓38	16♓18	16♓59	17♓40	18♓21	19♓03	19♓45	20♓29	21♓14	22♓01
♀/♂	6♈23	7♈22	8♈21	9♈19	10♈18	11♈16	12♈15	13♈13	14♈12	15♈10
/⚷	25♈58	26♈46	27♈33	28♈20	29♈08	29♈55	0♉42	1♉29	2♉17	3♉04
/♃	3♓19	3♓55	4♓31	5♓07	5♓43	6♓18	6♓54	7♓29	8♓04	8♓39
/♄	2♋41	3♋16	3♋51	4♋25	4♋60	5♋35	6♋09	6♋44	7♋19	7♋54
/♅	16♈32	17♈09	17♈46	18♈23	19♈00	19♈37	20♈14	20♈51	21♈28	22♈05
/♆	4♈05	4♈41	5♈18	5♈54	6♈30	7♈07	7♈43	8♈19	8♈55	9♈31
/♇	7♓56	8♓32	9♓07	9♓43	10♓18	10♓54	11♓29	12♓04	12♓39	13♓15
/☊	16♈30	17♈05	17♈40	18♈13	18♈47	19♈19	19♈52	20♈25	20♈59	21♈33
♂/⚷	15♓28	16♓02	16♓37	17♓12	17♓47	18♓22	18♓57	19♓31	20♓06	20♓41
/♃	22♑49	23♑12	23♑35	23♑59	24♑22	24♑45	25♑08	25♑31	25♑54	26♑16
/♄	22♉11	22♉33	22♉55	23♉17	23♉39	24♉01	24♉24	24♉46	25♉08	25♉31
/♅	6♓01	6♓26	6♓50	7♓15	7♓40	8♓04	8♓29	8♓53	9♓18	9♓42
/♆	23♒34	23♒58	24♒22	24♒46	25♒10	25♒33	25♒57	26♒21	26♒45	27♒08
/♇	27♑25	27♑48	28♑11	28♑34	28♑57	29♑20	29♑43	0♒06	0♒29	0♒52
/☊	6♓00	6♓22	6♓44	7♓05	7♓26	7♓46	8♓06	8♓27	8♓49	9♓11
⚷/♃	12♒23	12♒36	12♒48	12♒60	13♒12	13♒24	13♒35	13♒47	13♒59	14♒10
/♄	11♊45	11♊56	12♊07	12♊18	12♊29	12♊40	12♊51	13♊02	13♊13	13♊25
/♅	25♓36	25♓49	26♓03	26♓16	26♓29	26♓43	26♓56	27♓09	27♓23	27♓36
/♆	13♓09	13♓22	13♓34	13♓47	13♓59	14♓12	14♓25	14♓37	14♓50	15♓02
/♇	17♒00	17♒12	17♒24	17♒36	17♒47	17♒59	18♒11	18♒22	18♒34	18♒46
/☊	25♓35	25♓46	25♓56	26♓06	26♓16	26♓25	26♓34	26♓43	26♓54	27♓04
♃/♄	19♎06	19♎06	19♎05	19♎05	19♎04	19♎03	19♎02	19♎02	19♎01	18♎60
/♅	2♒57	2♒59	3♒01	3♒03	3♒04	3♒06	3♒07	3♒09	3♒10	3♒11
/♆	20♑30	20♑31	20♑32	20♑33	20♑34	20♑35	20♑36	20♑36	20♑37	20♑37
/♇	24♐21	24♐22	24♐22	24♐22	24♐22	24♐22	24♐22	24♐22	24♐21	24♐21
/☊	2♒56	2♒56	2♒55	2♒53	2♒51	2♒48	2♒45	2♒43	2♒41	2♒40
♄/♅	2♊19	2♊20	2♊20	2♊21	2♊22	2♊22	2♊23	2♊24	2♊25	2♊26
/♆	19♉52	19♉52	19♉52	19♉52	19♉52	19♉52	19♉52	19♉52	19♉52	19♉52
/♇	23♎43	23♎42	23♎41	23♎40	23♎40	23♎39	23♎38	23♎37	23♎36	23♎36
/☊	2♊18	2♊16	2♊14	2♊11	2♊08	2♊04	2♊01	1♊58	1♊56	1♊54
♅/♆	3♓43	3♓45	3♓47	3♓50	3♓52	3♓54	3♓57	3♓59	4♓01	4♓03
/♇	7♒34	7♒35	7♒37	7♒38	7♒40	7♒41	7♒43	7♒44	7♒46	7♒47
/☊	16♓08	16♓09	16♓09	16♓09	16♓08	16♓07	16♓06	16♓05	16♓05	16♓06
♆/♇	25♑07	25♑08	25♑08	25♑09	25♑10	25♑11	25♑11	25♑12	25♑12	25♑13
/☊	3♓41	3♓42	3♓41	3♓40	3♓38	3♓36	3♓34	3♓33	3♓32	3♓32
♇/☊	7♒33	7♒32	7♒31	7♒29	7♒26	7♒23	7♒21	7♒18	7♒16	7♒15

	11	12	13	14	15	16	17	18	19	20
☉/☽	7♓13	14♓23	21♓45	29♓19	7♈07	15♈05	23♈09	1♉16	9♉21	17♉17
/☿	10♈24	11♈42	13♈02	14♈22	15♈42	17♈04	18♈26	19♈49	21♈13	22♈38
/♀	9♉43	10♉48	11♉53	12♉57	14♉02	15♉06	16♉10	17♉14	18♉19	19♉23
/♂	27♓09	28♓01	28♓53	29♓46	0♈38	1♈31	2♈23	3♈16	4♈08	5♈00
/⚷	14♈51	15♈32	16♈13	16♈55	17♈36	18♈17	18♈58	19♈39	20♈20	21♈01
/♃	20♒14	20♒43	21♒12	21♒41	22♒09	22♒38	23♒06	23♒34	24♒03	24♒31
/♄	19♊29	19♊58	20♊27	20♊56	21♊25	21♊54	22♊23	22♊53	23♊22	23♊51
/♅	3♈42	4♈13	4♈44	5♈15	5♈46	6♈16	6♈47	7♈18	7♈49	8♈19
/♆	21♓07	21♓37	22♓08	22♓38	23♓08	23♓38	24♓08	24♓38	25♓08	25♓37
/♇	24♒50	25♒19	25♒49	26♒18	26♒47	27♒16	27♒45	28♒14	28♒44	29♒13
/☊	3♈09	3♈39	4♈09	4♈39	5♈08	5♈37	6♈05	6♈32	6♈58	7♈24
☽/☿	26♒53	4♓22	12♓05	20♓01	28♓10	6♈30	14♈59	23♈30	1♉60	10♉22
/♀	26♓13	3♈28	10♈56	18♈36	26♈29	4♉32	12♉43	20♉55	29♉05	7♊07
/♂	13♒38	20♒41	27♒57	5♓25	13♓06	20♓57	28♓56	6♈56	14♈54	22♈44
/⚷	1♓21	8♓12	15♓16	22♓34	0♈03	7♈43	15♈30	23♈20	1♉06	8♉45
/♃	6♑44	13♑23	20♑15	27♑20	4♒37	12♒04	19♒39	27♒15	4♓49	12♓15
/♄	5♏58	12♏38	19♉30	26♉35	3♊53	11♊21	18♊56	26♊33	4♋08	11♋35
/♅	20♒12	26♒53	3♓47	10♓54	18♓13	25♓43	3♈20	10♈59	18♈35	26♈03
/♆	7♒37	14♒17	21♒11	28♒17	5♓35	13♓04	20♓40	28♓19	5♈54	13♈21
/♇	11♑20	17♑59	24♑52	1♒57	9♒15	16♒43	24♒18	1♓55	9♓30	16♓56
/☊	19♒38	26♒19	3♓12	10♓18	17♓36	25♓04	2♈38	10♈13	17♈44	25♈08
☿/♀	29♈23	0♉48	2♉13	3♉38	5♉05	6♉32	7♉60	9♉28	10♉58	12♉28
/♂	16♓48	18♓00	19♓13	20♓27	21♓41	22♓57	24♓13	25♓29	26♓47	28♓05
/⚷	4♈31	5♈32	6♈33	7♈36	8♈39	9♈43	10♈47	11♈53	12♈59	14♈06
/♃	9♒54	10♒43	11♒32	12♒22	13♒12	14♒04	14♒56	15♒48	16♒42	17♒36
/♄	9♊09	9♊57	10♊47	11♊37	12♊28	13♊20	14♊13	15♊06	16♊01	16♊56
/♅	23♓22	24♓12	25♓04	25♓56	26♓49	27♓42	28♓37	29♓32	0♈28	1♈25
/♆	10♓47	11♓37	12♓27	13♓19	14♓11	15♓04	15♓57	16♓52	17♓47	18♓43
/♇	14♒30	15♒19	16♒09	16♒59	17♒50	18♒42	19♒35	20♒28	21♒23	22♒18
/☊	22♓49	23♓38	24♓29	25♓20	26♓12	27♓03	27♓54	28♓46	29♓37	0♈29
♀/♂	16♈08	17♈06	18♈04	19♈03	20♈01	20♈59	21♈57	22♈54	23♈52	24♈50
/⚷	3♉51	4♉38	5♉24	6♉11	6♉58	7♉45	8♉31	9♉18	10♉04	10♉51
/♃	9♓14	9♓48	10♓23	10♓57	11♓32	12♓06	12♓40	13♓13	13♓47	14♓21
/♄	8♋28	9♋03	9♋38	10♋13	10♋47	11♋22	11♋57	12♋31	13♋06	13♋41
/♅	22♈42	23♈18	23♈55	24♈32	25♈08	25♈44	26♈21	26♈57	27♈33	28♈09
/♆	10♈07	10♈43	11♈19	11♈54	12♈30	13♈06	13♈41	14♈17	14♈52	15♈27
/♇	13♓50	14♓25	14♓60	15♓35	16♓09	16♓44	17♓19	17♓53	18♓28	19♓02
/☊	22♈08	22♈44	23♈20	23♈56	24♈31	25♈05	25♈38	26♈11	26♈42	27♈14
♂/⚷	21♓16	21♓51	22♓25	23♓00	23♓35	24♓10	24♓44	25♓19	25♓54	26♓28
/♃	26♑39	27♑01	27♑24	27♑46	28♑08	28♑30	28♑53	29♑14	29♑36	29♑58
/♄	25♉53	26♉16	26♉39	27♉01	27♉24	27♉47	28♉10	28♉33	28♉55	29♉18
/♅	10♓07	10♓31	10♓56	11♓20	11♓45	12♓09	12♓34	12♓58	13♓22	13♓47
/♆	27♒32	27♒56	28♒19	28♒43	29♒07	29♒30	29♒54	0♓18	0♓41	1♓05
/♇	1♒15	1♒38	2♒01	2♒23	2♒46	3♒09	3♒32	3♒55	4♒17	4♒40
/☊	9♓34	9♓57	10♓21	10♓44	11♓08	11♓30	11♓51	12♓12	12♓32	12♓51
⚷/♃	14♒21	14♒33	14♒44	14♒55	15♒06	15♒17	15♒27	15♒38	15♒48	15♒59
/♄	13♊36	13♊47	13♊59	14♊10	14♊21	14♊33	14♊44	14♊56	15♊08	15♊19
/♅	27♓49	28♓03	28♓16	28♓29	28♓42	28♓55	29♓08	29♓22	29♓35	29♓48
/♆	15♓14	15♓27	15♓39	15♓52	16♓04	16♓16	16♓29	16♓41	16♓53	17♓06
/♇	18♒57	19♒09	19♒20	19♒32	19♒44	19♒55	20♒06	20♒18	20♒29	20♒41
/☊	27♓16	27♓28	27♓41	27♓53	28♓05	28♓16	28♓26	28♓35	28♓44	28♓52
♃/♄	18♎59	18♎58	18♎57	18♎56	18♎55	18♎54	18♎53	18♎51	18♎50	18♎49
/♅	3♒12	3♒13	3♒14	3♒15	3♒16	3♒16	3♒17	3♒17	3♒17	3♒17
/♆	20♑38	20♑38	20♑38	20♑38	20♑38	20♑37	20♑37	20♑37	20♑36	20♑35
/♇	24♐20	24♐20	24♐19	24♐18	24♐17	24♐16	24♐15	24♐13	24♐12	24♐10
/☊	2♒39	2♒39	2♒39	2♒39	2♒38	2♒37	2♒34	2♒31	2♒26	2♒22
♄/♅	2♊27	2♊28	2♊29	2♊30	2♊31	2♊33	2♊34	2♊35	2♊36	2♊38
/♆	19♉52	19♉52	19♉53	19♉53	19♉53	19♉54	19♉54	19♉55	19♉55	19♉56
/♇	23♎35	23♎34	23♎34	23♎33	23♎33	23♎32	23♎32	23♎31	23♎31	23♎31
/☊	1♊54	1♊54	1♊54	1♊54	1♊54	1♊53	1♊51	1♊49	1♊46	1♊42
♅/♆	4♓06	4♓08	4♓10	4♓12	4♓14	4♓16	4♓18	4♓20	4♓22	4♓24
/♇	7♒48	7♒50	7♒51	7♒52	7♒53	7♒55	7♒56	7♒57	7♒58	7♒59
/☊	16♓07	16♓09	16♓11	16♓13	16♓15	16♓16	16♓15	16♓14	16♓13	16♓11
♆/♇	25♑14	25♑14	25♑15	25♑15	25♑15	25♑16	25♑16	25♑17	25♑17	25♑17
/☊	3♓32	3♓33	3♓35	3♓36	3♓37	3♓37	3♓36	3♓34	3♓31	3♓29
♇/☊	7♒15	7♒15	7♒16	7♒16	7♒16	7♒15	7♒14	7♒11	7♒07	7♒04

	21	22	23	24	25	26	27	28	29	30
☉/☽	25♉01	2♊31	9♊47	16♊49	23♊39	0♋19	6♋51	13♋18	19♋43	26♋06
/☿	24♈03	25♈30	26♈57	28♈25	29♈53	1♉22	2♉53	4♉23	5♉55	7♉27
/♀	20♉27	21♉31	22♉34	23♉38	24♉42	25♉45	26♉49	27♉52	28♉56	29♉59
/♂	5♈53	6♈45	7♈37	8♈29	9♈21	10♈14	11♈06	11♈58	12♈50	13♈42
/⚷	21♈42	22♈23	23♈04	23♈45	24♈26	25♈06	25♈47	26♈28	27♈09	27♈49
/♃	24♒59	25♒26	25♒54	26♒22	26♒49	27♒17	27♒44	28♒11	28♒39	29♒06
/♄	24♊20	24♊50	25♊19	25♊49	26♊18	26♊48	27♊17	27♊47	28♊16	28♊46
/♅	8♈50	9♈21	9♈51	10♈22	10♈52	11♈23	11♈53	12♈24	12♈54	13♈25
/♆	26♓07	26♓37	27♓07	27♓37	28♓06	28♓36	29♓06	29♓35	0♈05	0♈35
/♇	29♒42	0♓11	0♓39	1♓08	1♓37	2♓06	2♓35	3♓04	3♓32	4♓01
/☊	7♈50	8♈17	8♈45	9♈13	9♈43	10♈13	10♈42	11♈12	11♈40	12♈07
☽/☿	18♉33	26♉31	4♊16	11♊47	19♊07	26♊17	3♋21	10♋21	17♋18	24♋15
/♀	14♊56	22♊32	29♊53	7♋00	13♋55	20♋40	27♋18	3♌50	10♌19	16♌47
/♂	0♉22	7♉46	14♉56	21♉51	28♉35	5♊08	11♊35	17♐56	24♐14	0♑31
/⚷	16♉12	23♉24	0♊23	7♊07	13♊39	20♊01	26♊16	2♋25	8♋32	14♋38
/♃	19♍28	26♍28	3♎13	9♎44	16♎03	22♎12	28♎13	4♏09	10♏02	15♏54
/♄	18♋50	25♋51	2♌38	9♌11	15♌32	21♌42	27♌46	3♍44	9♍40	15♍34
/♅	3♉20	10♉22	17♉10	23♉44	0♊06	6♊18	12♊22	18♐21	24♐18	0♑13
/♆	20♈37	27♈39	4♉26	10♉59	17♉20	23♏31	29♏34	5♐33	11♐28	17♐23
/♇	24♓11	1♎12	7♎58	14♎31	20♎51	27♎01	3♏04	9♏01	14♏56	20♏50
/☊	2♉20	9♉19	16♉03	22♉36	28♉56	5♊07	11♊11	17♐09	23♐03	28♐56
☿/♀	13♉59	15♉30	17♉03	18♉36	20♉09	21♉44	23♉19	24♉55	26♉31	28♉08
/♂	29♓25	0♈45	2♈05	3♈27	4♈49	6♈12	7♈36	9♈01	10♈26	11♈52
/⚷	15♈14	16♈23	17♈32	18♈42	19♈53	21♈05	22♈17	23♈31	24♈44	25♈59
/♃	18♒31	19♒26	20♒22	21♒19	22♒17	23♒15	24♒14	25♒14	26♒14	27♒15
/♄	17♊52	18♊50	19♊47	20♊46	21♊46	22♊46	23♊47	24♊49	25♊52	26♊56
/♅	2♈22	3♈21	4♈20	5♈20	6♈20	7♈22	8♈24	9♈27	10♈30	11♈34
/♆	19♓39	20♓37	21♓35	22♓34	23♓34	24♓35	25♓36	26♓38	27♓41	28♓44
/♇	23♒14	24♒10	25♒08	26♒06	27♒05	28♒05	29♒05	0♓06	1♓08	2♓11
/☊	1♈22	2♈17	3♈13	4♈11	5♈10	6♈11	7♈12	8♈14	9♈16	10♈17
♀/♂	25♈48	26♈45	27♈43	28♈40	29♈38	0♉35	1♉32	2♉30	3♉27	4♉24
/⚷	11♉37	12♉23	13♉10	13♉56	14♉42	15♉28	16♉14	16♉59	17♉45	18♉31
/♃	14♓54	15♓27	16♓00	16♓33	17♓06	17♓38	18♓11	18♓43	19♍15	19♍47
/♄	14♋16	14♋50	15♋25	15♋60	16♋34	17♋09	17♋44	18♋18	18♋53	19♋28
/♅	28♈45	29♈21	29♈57	0♉33	1♉09	1♉44	2♉20	2♉55	3♉31	4♉06
/♆	16♈03	16♈38	17♈13	17♈48	18♈23	18♈58	19♈32	20♈07	20♈41	21♈16
/♇	19♓37	20♓11	20♓45	21♓20	21♓54	22♓28	23♓01	23♓35	24♓09	24♓43
/☊	27♈45	28♈18	28♈51	29♈25	29♈59	0♉34	1♉09	1♉43	2♉16	2♉49
♂/⚷	27♓03	27♓38	28♓12	28♓47	29♓22	29♓56	0♈31	1♈05	1♈40	2♈14
/♃	0♒20	0♒41	1♒03	1♒24	1♒45	2♒07	2♒28	2♒49	3♒10	3♒30
/♄	29♉42	0♊05	0♊28	0♊51	1♊14	1♊37	2♊01	2♊24	2♊48	3♊11
/♅	14♓11	14♓36	14♓60	15♓24	15♓48	16♓13	16♓37	17♓01	17♓25	17♓50
/♆	1♓28	1♓52	2♓15	2♓39	3♓02	3♓26	3♓49	4♓13	4♓36	4♓59
/♇	5♒03	5♒25	5♒48	6♒11	6♒33	6♒56	7♒18	7♒41	8♒04	8♒26
/☊	13♓11	13♓32	13♓53	14♓16	14♓39	15♓02	15♓26	15♓49	16♓11	16♓32
⚷/♃	16♒09	16♒19	16♒30	16♒40	16♒49	16♒59	17♒09	17♒19	17♒28	17♒38
/♄	15♊31	15♊43	15♊54	16♊06	16♊18	16♊30	16♊42	16♊54	17♊06	17♊18
/♅	0♈01	0♈14	0♈27	0♈40	0♈53	1♈05	1♈18	1♈31	1♈44	1♈57
/♆	17♓18	17♓30	17♓42	17♓54	18♓06	18♓19	18♓31	18♓43	18♓55	19♓06
/♇	20♒52	21♒03	21♒15	21♒26	21♒37	21♒49	21♒60	22♒11	22♒22	22♒33
/☊	29♓01	29♓10	29♓20	29♓31	29♓43	29♓55	0♈07	0♈19	0♈30	0♈39
♃/♄	18♎48	18♎46	18♎45	18♎44	18♎42	18♎41	18♎39	18♎38	18♎36	18♎34
/♅	3♒17	3♒17	3♒17	3♒17	3♒16	3♒16	3♒15	3♒15	3♒14	3♒13
/♆	20♑34	20♑34	20♑33	20♑32	20♑30	20♑29	20♑28	20♑26	20♑25	20♑23
/♇	24♐09	24♐07	24♐05	24♐03	24♐01	23♐59	23♐57	23♐54	23♐52	23♐49
/☊	2♒17	2♒14	2♒10	2♒08	2♒07	2♒05	2♒04	2♒02	1♒59	1♒56
♄/♅	2♊39	2♊41	2♊42	2♊44	2♊45	2♊47	2♊48	2♊50	2♊52	2♊53
/♆	19♉56	19♉57	19♉58	19♉58	19♉59	19♉60	20♉01	20♉01	20♉02	20♉03
/♇	23♎31	23♎30	23♎30	23♎30	23♎30	23♎30	23♎30	23♎30	23♎30	23♎30
/☊	1♊39	1♊37	1♊35	1♊35	1♊35	1♊36	1♊37	1♊38	1♊37	1♊36
♅/♆	4♓26	4♓28	4♓30	4♓32	4♓33	4♓35	4♓37	4♓39	4♓40	4♓42
/♇	8♒00	8♒01	8♒02	8♒03	8♒04	8♒05	8♒06	8♒07	8♒08	8♒09
/☊	16♓09	16♓08	16♓08	16♓08	16♓10	16♓12	16♓13	16♓15	16♓15	16♓15
♆/♇	25♑17	25♑18	25♑18	25♑18	25♑18	25♑18	25♑18	25♑18	25♑18	25♑18
/☊	3♓26	3♓24	3♓23	3♓23	3♓24	3♓25	3♓26	3♓26	3♓26	3♓24
♇/☊	7♒00	6♒58	6♒56	6♒55	6♒55	6♒55	6♒55	6♒55	6♒53	6♒51

April 2007

May 2007

	1	2	3	4	5	6	7	8	9	10	11	12	13	14	15	16
☉/☽	2♌29	8♌54	15♒22	21♒53	28♒28	5♓07	11♓52	18♓43	25♓41	2♈49	10♈06	17♈34	25♈14	3♉04	11♉01	19♉03
/☿	8♉59	10♉32	12♉06	13♉40	15♉14	16♉48	18♉22	19♉55	21♉29	23♉02	24♉34	26♉05	27♉36	29♉06	0♊34	2♊01
/♀	1♊02	2♊05	3♊08	4♊11	5♊13	6♊16	7♊18	8♊21	9♊23	10♊25	11♊28	12♊30	13♊31	14♊33	15♊35	16♊36
/♂	14♈34	15♈26	16♈18	17♈10	18♈02	18♈54	19♈46	20♈38	21♈30	22♈22	23♈14	24♈05	24♈57	25♈49	26♈41	27♈33
/⚳	28♈30	29♈11	29♈51	0♉32	1♉12	1♉53	2♉33	3♉14	3♉54	4♉34	5♉15	5♉55	6♉35	7♉16	7♉56	8♉36
/♃	29♒33	29♒59	0♓26	0♓53	1♓19	1♓46	2♓12	2♓39	3♓05	3♓31	3♓57	4♓23	4♓49	5♓15	5♓41	6♓06
/♄	29♊16	29♊45	0♋15	0♋45	1♋15	1♋45	2♋15	2♋45	3♋15	3♋45	4♋15	4♋45	5♋15	5♋45	6♋16	6♋46
/♅	13♈55	14♈25	14♈56	15♈26	15♈56	16♈26	16♈56	17♈26	17♈56	18♈26	18♈57	19♈26	19♈56	20♈26	20♈56	21♈26
/♆	1♈04	1♈34	2♈03	2♈32	3♈02	3♈31	4♈01	4♈30	4♈59	5♈28	5♈58	6♈27	6♈56	7♈25	7♈54	8♈23
/♇	4♓30	4♓59	5♓27	5♓56	6♓24	6♓53	7♓21	7♓50	8♓18	8♓47	9♓15	9♓44	10♓12	10♓41	11♓09	11♓37
/☊	12♈33	12♈58	13♈22	13♈46	14♈09	14♈34	14♈59	15♈25	15♈52	16♈21	16♈50	17♈19	17♈48	18♈15	18♈42	19♈07
☽/☿	1♌13	8♌13	15♒16	22♒23	29♒33	6♓49	14♓09	21♓36	29♓10	6♈52	14♈44	22♈45	0♉57	9♉19	17♉47	26♉18
/♀	23♌16	29♌45	6♍18	12♍54	19♍33	26♍17	3♈06	10♈01	17♈04	24♈16	1♉37	9♉09	16♉53	24♉46	2♊48	10♊53
/♂	6♑48	13♑07	19♑28	25♑53	2♒22	8♒55	15♒34	22♒18	29♒11	6♓12	13♓23	20♓45	28♓19	6♈02	13♈53	21♈49
/⚳	20♑44	26♑51	3♒01	9♒15	15♒32	21♒54	28♒21	4♓54	11♓35	18♓25	25♓24	2♈35	9♈57	17♈29	25♈08	2♉52
/♃	21♏46	27♏40	3♐36	9♐36	15♐39	21♐47	27♐60	4♑19	10♑46	17♑21	24♑07	1♒03	8♒10	15♒28	22♒53	0♓23
/♄	21♍29	27♍26	3♎25	9♎28	15♎35	21♎46	28♎02	4♏25	10♏56	17♏35	24♉24	1♊25	8♊36	15♊58	23♊28	1♋02
/♅	6♑09	12♑06	18♑06	24♑09	0♒16	6♒27	12♒44	19♒07	25♒37	2♓17	9♓06	16♓06	23♓18	0♈39	8♈09	15♈43
/♆	23♐18	29♐14	5♑13	11♑15	17♑21	23♑32	29♑48	6♒10	12♒40	19♒19	26♒07	3♓07	10♓17	17♓38	25♓07	2♈40
/♇	26♏44	2♐39	8♐37	14♐39	20♐44	26♐54	3♑09	9♑30	15♑59	22♑37	29♑25	6♒24	13♒34	20♒54	28♒22	5♓54
/☊	4♑47	10♑39	16♑32	22♑29	28♑29	4♒34	10♒46	17♒05	23♒33	0♓11	6♓60	13♓59	21♓09	28♓28	5♈54	13♈23
☿/♀	29♉46	1♊23	3♊02	4♊40	6♊19	7♊57	9♊36	11♊14	12♊51	14♊29	16♊05	17♊40	19♊15	20♊48	22♊21	23♊51
/♂	13♈18	14♈45	16♈12	17♈40	19♈08	20♈35	22♈03	23♈31	24♈58	26♈25	27♈51	29♈16	0♉41	2♉04	3♉26	4♉47
/⚳	27♈14	28♈29	29♈45	1♉01	2♉18	3♉34	4♉50	6♉06	7♉22	8♉37	9♉52	11♉06	12♉19	13♉31	14♉41	15♉51
/♃	28♒16	29♒18	0♓20	1♓22	2♓25	3♓27	4♓29	5♓31	6♓33	7♓34	8♓34	9♓34	10♓33	11♓30	12♓26	13♓21
/♄	27♊60	29♊04	0♋09	1♋15	2♋20	3♋26	4♋32	5♋38	6♋43	7♋48	8♋52	9♋56	10♋59	12♋00	13♋01	14♋01
/♅	12♈39	13♈44	14♈49	15♈55	17♈01	18♈07	19♈13	20♈19	21♈25	22♈30	23♈34	24♈37	25♈40	26♈41	27♈42	28♈41
/♆	29♓48	0♈52	1♈57	3♈02	4♈07	5♈12	6♈18	7♈23	8♈27	9♈32	10♈35	11♈38	12♈40	13♈40	14♈40	15♈38
/♇	3♓14	4♓17	5♓21	6♓25	7♓30	8♓34	9♓39	10♓43	11♓47	12♓50	13♓53	14♓55	15♓56	16♓56	17♓55	18♓52
/☊	11♈17	12♈17	13♈16	14♈15	15♈15	16♈15	17♈16	18♈18	19♈21	20♈24	21♈27	22♈30	23♈31	24♈31	25♈27	26♈22
♀/♂	5♉21	6♉17	7♉14	8♉11	9♉07	10♉04	11♉00	11♉56	12♉53	13♉49	14♉45	15♉40	16♉36	17♉32	18♉27	19♉23
/⚳	19♉16	20♉02	20♉47	21♉32	22♉17	23♉02	23♉47	24♉32	25♉17	26♉01	26♉46	27♉30	28♉14	28♉58	29♉42	0♊26
/♃	20♍19	20♍50	21♍22	21♍53	22♍24	22♍55	23♍26	23♍57	24♍27	24♍58	25♍28	25♍58	26♍28	26♍58	27♍27	27♍57
/♄	20♋02	20♋37	21♋11	21♋46	22♋20	22♋54	23♋29	24♋03	24♋37	25♋12	25♋46	26♋20	26♋54	27♋28	28♋02	28♋36
/♅	4♉41	5♉16	5♉51	6♉26	7♉01	7♉36	8♉10	8♉45	9♉19	9♉53	10♉27	11♉01	11♉35	12♉09	12♉43	13♉16
/♆	21♈50	22♈25	22♈59	23♈33	24♈07	24♈41	25♈15	25♈48	26♈22	26♈55	27♈29	28♈02	28♈35	29♈08	29♈41	0♉14
/♇	25♓16	25♓50	26♓23	26♓56	27♓29	28♓02	28♓35	29♍08	29♍41	0♎14	0♎46	1♎19	1♎51	2♎23	2♎55	3♎27
/☊	3♉20	3♉49	4♉18	4♉46	5♉15	5♉43	6♉13	6♉43	7♉15	7♉48	8♉21	8♉54	9♉27	9♉58	10♉28	10♉57
♂/⚳	2♈49	3♈23	3♈57	4♈32	5♈06	5♈41	6♈15	6♈49	7♈23	7♈58	8♈32	9♈06	9♈40	10♈14	10♈48	11♈22
/♃	3♒51	4♒12	4♒32	4♒53	5♒13	5♒34	5♒54	6♒14	6♒34	6♒54	7♒14	7♒34	7♒54	8♒13	8♒33	8♒53
/♄	3♊34	3♊58	4♊22	4♊45	5♊09	5♊33	5♊56	6♊20	6♊44	7♊08	7♊32	7♊56	8♊20	8♊44	9♊08	9♊32
/♅	18♓14	18♓38	19♓02	19♓26	19♓50	20♓14	20♓38	21♓02	21♓26	21♓50	22♓14	22♓37	23♓01	23♓25	23♓49	24♓12
/♆	5♓23	5♓46	6♓09	6♓33	6♓56	7♓19	7♓42	8♓05	8♓29	8♓52	9♓15	9♓38	10♓01	10♓24	10♓47	11♓10
/♇	8♒49	9♒11	9♒33	9♒56	10♒18	10♒41	11♒03	11♒25	11♒48	12♒10	12♒32	12♒55	13♒17	13♒39	14♒01	14♒23
/☊	16♓52	17♓11	17♓29	17♓46	18♓03	18♓21	18♓40	19♓00	19♓22	19♓44	20♓07	20♓30	20♓53	21♓14	21♓34	21♓53
⚳/♃	17♒47	17♒56	18♒05	18♒14	18♒23	18♒32	18♒41	18♒50	18♒58	19♒07	19♒15	19♒24	19♒32	19♒40	19♒48	19♒56
/♄	17♊30	17♊42	17♊54	18♊07	18♊19	18♊31	18♊43	18♊56	19♊08	19♊21	19♊33	19♊45	19♊58	20♊10	20♊23	20♊35
/♅	2♈09	2♈22	2♈35	2♈47	2♈60	3♈12	3♈25	3♈37	3♈50	4♈02	4♈15	4♈27	4♈39	4♈51	5♈04	5♈16
/♆	19♓18	19♓30	19♓42	19♓54	20♓06	20♓18	20♓29	20♓41	20♓53	21♓04	21♓16	21♓27	21♓39	21♓50	22♓02	22♓13
/♇	22♒44	22♒55	23♒06	23♒17	23♒28	23♒39	23♒50	24♒01	24♒12	24♒23	24♒33	24♒44	24♒55	25♒06	25♒16	25♒27
/☊	0♈48	0♈55	1♈01	1♈07	1♈13	1♈20	1♈27	1♈36	1♈46	1♈57	2♈08	2♈20	2♈31	2♈40	2♈49	2♈56
♃/♄	18♎33	18♎31	18♎29	18♎28	18♎26	18♎24	18♎23	18♎21	18♎19	18♎17	18♎15	18♎13	18♎12	18♎10	18♎08	18♎06
/♅	3♒12	3♒11	3♒10	3♒08	3♒07	3♒06	3♒04	3♒02	3♒01	2♒59	2♒57	2♒55	2♒53	2♒51	2♒49	2♒46
/♆	20♑21	20♑19	20♑17	20♑15	20♑13	20♑11	20♑08	20♑06	20♑03	20♑01	19♑58	19♑55	19♑53	19♑50	19♑47	19♑44
/♇	23♐47	23♐44	23♐41	23♐38	23♐35	23♐32	23♐29	23♐26	23♐23	23♐19	23♐16	23♐12	23♐09	23♐05	23♐01	22♐57
/☊	1♒50	1♒44	1♒36	1♒29	1♒21	1♒13	1♒06	1♒01	0♒57	0♒53	0♒51	0♒48	0♒44	0♒40	0♒34	0♒27
♄/♅	2♊55	2♊57	2♊59	3♊01	3♊03	3♊05	3♊07	3♊09	3♊11	3♊13	3♊15	3♊17	3♊19	3♊21	3♊23	3♊26
/♆	20♉04	20♉05	20♉06	20♉07	20♉08	20♉10	20♉11	20♉12	20♉13	20♉15	20♉16	20♉17	20♉19	20♉20	20♉22	20♉23
/♇	23♎30	23♎30	23♎30	23♎31	23♎31	23♎31	23♎32	23♎32	23♎33	23♎33	23♎34	23♎34	23♎35	23♎35	23♎36	23♎37
/☊	1♊33	1♊30	1♊26	1♊21	1♊16	1♊12	1♊09	1♊07	1♊07	1♊07	1♊08	1♊10	1♊10	1♊10	1♊09	1♊06
♅/♆	4♓43	4♓45	4♓47	4♓48	4♓50	4♓51	4♓52	4♓54	4♓55	4♓56	4♓58	4♓59	4♓60	5♓01	5♓02	5♓03
/♇	8♒09	8♒10	8♒11	8♒11	8♒12	8♒13	8♒13	8♒14	8♒14	8♒15	8♒15	8♒16	8♒16	8♒16	8♒17	8♒17
/☊	16♓13	16♓10	16♓06	16♓01	15♓57	15♓53	15♓50	15♓49	15♓48	15♓49	15♓50	15♓51	15♓52	15♓51	15♓49	15♓46
♆/♇	25♑18	25♑18	25♑18	25♑18	25♑18	25♑18	25♑18	25♑17	25♑17	25♑17	25♑16	25♑16	25♑16	25♑15	25♑15	25♑14
/☊	3♓22	3♓18	3♓13	3♓08	3♓03	2♓58	2♓55	2♓52	2♓51	2♓51	2♓51	2♓52	2♓51	2♓50	2♓48	2♓44
♇/☊	6♒48	6♒43	6♒37	6♒31	6♒26	6♒20	6♒16	6♒12	6♒10	6♒09	6♒09	6♒08	6♒07	6♒05	6♒02	5♒58

	17	18	19	20	21	22	23	24	25	26	27	28	29	30	31
☉/☽	27♉04	4♊59	12♊45	20♊17	27♊35	4♋39	11♋30	18♋10	24♋42	1♌08	7♌32	13♌55	20♌19	26♌46	3♍18
/☿	3♊27	4♊52	6♊15	7♊36	8♊56	10♊14	11♊31	12♊46	13♊60	15♊12	16♊22	17♊30	18♊37	19♊42	20♊45
/♀	17♊38	18♊39	19♊40	20♊42	21♊42	22♊43	23♊44	24♊44	25♊45	26♊45	27♊45	28♊45	29♊44	0♋44	1♋43
/♂	28♈24	29♈16	0♉08	0♉59	1♉51	2♉42	3♉34	4♉25	5♉17	6♉08	6♉59	7♉51	8♉42	9♉33	10♉25
/⚳	9♉16	9♉56	10♉36	11♉16	11♉56	12♉36	13♉16	13♉56	14♉36	15♉16	15♉55	16♉35	17♉15	17♉54	18♉34
/♃	6♓32	6♓58	7♓23	7♓49	8♓14	8♓40	9♓05	9♓30	9♓55	10♓21	10♓46	11♓11	11♓36	12♓01	12♓26
/♄	7♋16	7♋47	8♋17	8♋47	9♋18	9♋48	10♋19	10♋49	11♋20	11♋51	12♋21	12♋52	13♋23	13♋53	14♋24
/♅	21♈56	22♈26	22♈55	23♈25	23♈55	24♈25	24♈54	25♈24	25♈53	26♈23	26♈52	27♈22	27♈51	28♈21	28♈50
/♆	8♈53	9♈22	9♈51	10♈20	10♈49	11♈18	11♈46	12♈15	12♈44	13♈13	13♈42	14♈10	14♈39	15♈08	15♈37
/♇	12♓06	12♓34	13♓02	13♓30	13♓59	14♓27	14♓55	15♓23	15♓51	16♓19	16♓48	17♓16	17♓44	18♓12	18♓40
/☊	19♈31	19♈54	20♈18	20♈43	21♈08	21♈35	22♈03	22♈32	23♈01	23♈29	23♈57	24♈23	24♈48	25♈12	25♈35
☽/☿	4♊47	13♊09	21♊19	29♊16	6♋56	14♋20	21♋30	28♋28	5♌16	11♌56	18♌32	25♌06	1♍39	8♍14	14♍51
/♀	18♊57	26♊56	4♋45	12♋21	19♋42	26♋49	3♌43	10♌26	17♌00	23♌29	29♌55	6♍21	12♍47	19♍16	25♍49
/♂	29♈44	7♉33	15♉12	22♉39	29♉50	6♊48	13♊33	20♊07	26♊32	2♋53	9♑10	15♑27	21♑45	28♑06	4♒31
/⚳	10♉36	18♉13	25♉41	2♊56	9♊56	16♊42	23♊15	29♊37	5♋52	12♋00	18♋06	24♋11	0♒17	6♒27	12♒40
/♃	7♓52	15♓15	22♍28	29♍28	6♎14	12♎45	19♎04	25♎12	1♏11	7♏05	12♏56	18♏47	24♏38	0♐33	6♐32
/♄	8♋36	16♋04	23♋22	0♌27	7♌18	13♌54	20♌18	26♌31	2♍36	8♍35	14♍32	20♍28	26♍25	2♎26	8♎30
/♅	23♈15	0♉43	8♉00	15♉05	21♉55	28♉30	4♊53	11♊05	17♊09	23♐07	29♐03	4♑58	10♑54	16♑53	22♑56
/♆	10♈12	17♈39	24♈55	1♉59	8♉48	15♉23	21♉45	27♏57	3♐60	9♐58	15♐52	21♐46	27♐42	3♑40	9♑43
/♇	13♓25	20♓51	28♓07	5♎10	11♎58	18♎33	24♎54	1♏05	7♏07	13♏04	18♏58	24♏51	0♐46	6♐44	12♐46
/☊	20♈50	28♈11	5♉23	12♉22	19♉08	25♉41	2♊02	8♊14	14♐17	20♐14	26♐07	1♑59	7♑51	13♑44	19♑41
☿/♀	25♊21	26♊49	28♊15	29♊40	1♋03	2♋24	3♋44	5♋02	6♋18	7♋33	8♋45	9♋56	11♋05	12♋12	13♋17
/♂	6♉07	7♉25	8♉42	9♉58	11♉11	12♉23	13♉34	14♉43	15♉50	16♉56	17♉60	19♉02	20♉02	21♉01	21♉58
/⚳	16♉59	18♉06	19♉11	20♉15	21♉17	22♉17	23♉16	24♉14	25♉09	26♉03	26♉56	27♉46	28♉35	29♉22	0♊07
/♃	14♓15	15♓07	15♓58	16♓47	17♍35	18♍21	19♍05	19♍48	20♍29	21♍08	21♍46	22♍22	22♍56	23♍28	23♍59
/♄	14♋59	15♋56	16♋52	17♋46	18♋38	19♋30	20♋19	21♋07	21♋54	22♋38	23♋22	24♋03	24♋43	25♋21	25♋57
/♅	29♈39	0♉35	1♉30	2♉24	3♉16	4♉06	4♉54	5♉42	6♉27	7♉11	7♉53	8♉33	9♉11	9♉48	10♉23
/♆	16♈35	17♈31	18♈25	19♈18	20♈09	20♈59	21♈47	22♈33	23♈18	24♈01	24♈42	25♈22	25♈59	26♈36	27♈10
/♇	19♓48	20♓43	21♓37	22♓29	23♓19	24♓08	24♓55	25♓41	26♓25	27♓07	27♓48	28♍27	29♍04	29♍39	0♎13
/☊	27♈14	28♈04	28♈53	29♈41	0♉29	1♉17	2♉04	2♉50	3♉35	4♉17	4♉57	5♉34	6♉08	6♉39	7♉08
♀/♂	20♉18	21♉13	22♉08	23♉03	23♉58	24♉52	25♉47	26♉41	27♉35	28♉29	29♉23	0♊17	1♊10	2♊03	2♊56
/⚳	1♊10	1♊53	2♊37	3♊20	4♊03	4♊46	5♊29	6♊12	6♊54	7♊37	8♊19	9♊01	9♊43	10♊24	11♊06
/♃	28♍26	28♍55	29♍24	29♍53	0♎21	0♎50	1♎18	1♎46	2♎14	2♎42	3♎09	3♎37	4♎04	4♎31	4♎58
/♄	29♋10	29♋44	0♌18	0♌51	1♌25	1♌58	2♌32	3♌05	3♌38	4♌12	4♌45	5♌18	5♌51	6♌23	6♌56
/♅	13♉50	14♉23	14♉56	15♉29	16♉02	16♉35	17♉07	17♉40	18♉12	18♉44	19♉16	19♉47	20♉19	20♉50	21♉22
/♆	0♉46	1♉19	1♉51	2♉24	2♉56	3♉28	3♉59	4♉31	5♉03	5♉34	6♉05	6♉36	7♉07	7♉38	8♉08
/♇	3♎59	4♎31	5♎03	5♎34	6♎06	6♎37	7♎08	7♎39	8♎10	8♎41	9♎11	9♎41	10♎12	10♎42	11♎12
/☊	11♉24	11♉51	12♉19	12♉47	13♉15	13♉46	14♉16	14♉48	15♉19	15♉50	16♉20	16♉49	17♉16	17♉42	18♉06
♂/⚳	11♈56	12♈30	13♈04	13♈38	14♈12	14♈45	15♈19	15♈53	16♈26	16♈60	17♈33	18♈07	18♈40	19♈13	19♈47
/♃	9♒12	9♒32	9♒51	10♒10	10♒29	10♒49	11♒08	11♒27	11♒46	12♒05	12♒24	12♒42	13♒01	13♒20	13♒39
/♄	9♊56	10♊20	10♊45	11♊09	11♊33	11♊57	12♊22	12♊46	13♊10	13♊35	13♊59	14♊24	14♊48	15♊13	15♊37
/♅	24♓36	24♓60	25♓23	25♓47	26♓10	26♓34	26♓57	27♓20	27♓44	28♓07	28♓30	28♓53	29♓17	29♓40	0♈03
/♆	11♓33	11♓55	12♓18	12♓41	13♓04	13♓27	13♓49	14♓12	14♓35	14♓57	15♓20	15♓42	16♓05	16♓27	16♓50
/♇	14♒46	15♒08	15♒30	15♒52	16♒14	16♒36	16♒58	17♒20	17♒42	18♒04	18♒26	18♒47	19♒09	19♒31	19♒53
/☊	22♓11	22♓28	22♓46	23♓04	23♓24	23♓45	24♓06	24♓29	24♓51	25♓14	25♓35	25♓55	26♓14	26♓31	26♓47
⚳/♃	20♒04	20♒12	20♒20	20♒27	20♒35	20♒43	20♒50	20♒58	21♒05	21♒12	21♒20	21♒27	21♒34	21♒41	21♒48
/♄	20♊48	21♊01	21♊13	21♊26	21♊39	21♊51	22♊04	22♊17	22♊30	22♊42	22♊55	23♊08	23♊21	23♊34	23♊46
/♅	5♈28	5♈40	5♈52	6♈04	6♈16	6♈28	6♈39	6♈51	7♈03	7♈15	7♈26	7♈38	7♈49	8♈01	8♈12
/♆	22♓24	22♓36	22♓47	22♓58	23♓09	23♓21	23♓32	23♓43	23♓54	24♓05	24♓16	24♓26	24♓37	24♓48	24♓59
/♇	25♒37	25♒48	25♒59	26♒09	26♒19	26♒30	26♒40	26♒51	27♒01	27♒11	27♒21	27♒32	27♒42	27♒52	28♒02
/☊	3♈03	3♈08	3♈14	3♈21	3♈29	3♈38	3♈49	3♈60	4♈11	4♈21	4♈31	4♈39	4♈46	4♈52	4♈57
♃/♄	18♎04	18♎02	18♎00	17♎58	17♎57	17♎55	17♎53	17♎51	17♎49	17♎47	17♎45	17♎44	17♎42	17♎40	17♎38
/♅	2♒44	2♒41	2♒39	2♒36	2♒34	2♒31	2♒28	2♒25	2♒22	2♒19	2♒16	2♒13	2♒10	2♒07	2♒04
/♆	19♑41	19♑37	19♑34	19♑31	19♑27	19♑24	19♑20	19♑17	19♑13	19♑10	19♑06	19♑02	18♑58	18♑55	18♑51
/♇	22♐54	22♐50	22♐46	22♐42	22♐37	22♐33	22♐29	22♐25	22♐20	22♐16	22♐12	22♐07	22♐03	21♐58	21♐54
/☊	0♒19	0♒10	0♒02	29♑54	29♑47	29♑42	29♑37	29♑34	29♑30	29♑26	29♑21	29♑15	29♑07	28♑59	28♑49
♄/♅	3♊28	3♊30	3♊33	3♊35	3♊37	3♊40	3♊42	3♊45	3♊47	3♊50	3♊52	3♊55	3♊57	3♊60	4♊02
/♆	20♉25	20♉26	20♉28	20♉29	20♉31	20♉33	20♉34	20♉36	20♉38	20♉40	20♉41	20♉43	20♉45	20♉47	20♉49
/♇	23♎38	23♎38	23♎39	23♎40	23♎41	23♎42	23♎43	23♎44	23♎45	23♎46	23♎47	23♎49	23♎50	23♎51	23♎52
/☊	1♊03	0♊59	0♊55	0♊52	0♊51	0♊51	0♊51	0♊53	0♊55	0♊56	0♊57	0♊56	0♊54	0♊51	0♊47
♅/♆	5♓04	5♓05	5♓06	5♓07	5♓08	5♓09	5♓10	5♓10	5♓11	5♓12	5♓13	5♓13	5♓14	5♓14	5♓15
/♇	8♒17	8♒18	8♒18	8♒18	8♒18	8♒18	8♒18	8♒18	8♒18	8♒18	8♒18	8♒18	8♒18	8♒18	8♒18
/☊	15♓42	15♓38	15♓34	15♓30	15♓28	15♓27	15♓27	15♓27	15♓28	15♓28	15♓28	15♓26	15♓23	15♓18	15♓13
♆/♇	25♑14	25♑13	25♑13	25♑12	25♑12	25♑11	25♑11	25♑10	25♑09	25♑09	25♑08	25♑07	25♑06	25♑06	25♑05
/☊	2♓39	2♓34	2♓29	2♓25	2♓22	2♓20	2♓19	2♓19	2♓19	2♓19	2♓17	2♓15	2♓11	2♓06	1♓59
♇/☊	5♒52	5♒46	5♒40	5♒35	5♒32	5♒29	5♒28	5♒27	5♒26	5♒25	5♒23	5♒20	5♒15	5♒10	5♒03

May 2007

June 2007

	1	2	3	4	5	6	7	8	9	10
☉/☽	9♍54	16♓35	23♓22	0♈14	7♈11	14♈15	21♈25	28♈43	6♉08	13♉41
/☿	21♊46	22♊46	23♊43	24♊39	25♊33	26♊24	27♊14	28♊02	28♊47	29♊30
/♀	2♋43	3♋42	4♋40	5♋39	6♋37	7♋36	8♋34	9♋31	10♋29	11♋26
/♂	11♉16	12♉07	12♉58	13♉49	14♉40	15♉31	16♉22	17♉13	18♉04	18♉55
/⚳	19♉13	19♉53	20♉32	21♉12	21♉51	22♉30	23♉10	23♉49	24♉28	25♉07
/♃	12♓51	13♓16	13♓41	14♓06	14♓31	14♍55	15♍20	15♍45	16♍10	16♍35
/♄	14♋55	15♋26	15♋57	16♋28	16♋59	17♋30	18♋01	18♋32	19♋03	19♋34
/♅	29♈19	29♈48	0♉18	0♉47	1♉16	1♉45	2♉14	2♉43	3♉13	3♉42
/♆	16♈05	16♈34	17♈02	17♈31	17♈60	18♈28	18♈57	19♈25	19♈54	20♈22
/♇	19♓08	19♓36	20♓04	20♓32	20♓60	21♓28	21♓56	22♓24	22♓52	23♓20
/☊	25♈57	26♈19	26♈41	27♈05	27♈30	27♈57	28♈25	28♈53	29♈22	29♈50
☽/☿	21♍31	28♍14	5♎01	11♈51	18♈45	25♈43	2♉45	9♉53	17♉06	24♉26
/♀	2♎27	9♎10	15♎58	22♎51	29♈50	6♉54	14♉05	21♉23	28♉48	6♊22
/♂	11♒00	17♒35	24♒16	1♓01	7♓53	14♓50	21♓54	29♓05	6♈24	13♈51
/⚳	18♒58	25♒21	1♓50	8♓24	15♓03	21♓49	28♓41	5♈40	12♈48	20♈03
/♃	12♐35	18♐44	24♐58	1♑18	7♑43	14♑14	20♑52	27♑37	4♒29	11♒30
/♄	14♎40	20♎54	27♎14	3♏40	10♏11	16♏48	23♉32	0♊23	7♊22	14♊29
/♅	29♑04	5♒17	11♒35	17♒59	24♒28	1♓04	7♓46	14♓35	21♓32	28♓37
/♆	15♑50	22♑02	28♑20	4♒43	11♒12	17♒47	24♒28	1♓17	8♓13	15♓17
/♇	18♐53	25♐04	1♑21	7♑44	14♑12	20♑46	27♑27	4♒15	11♒11	18♒15
/☊	25♑41	1♒47	7♒59	14♒17	20♒43	27♒15	3♓56	10♓45	17♓41	24♓45
☿/♀	14♋20	15♋20	16♋19	17♋16	18♋11	19♋03	19♋54	20♋42	21♋27	22♋11
/♂	22♉53	23♉46	24♉37	25♉27	26♉14	26♉59	27♉43	28♉24	29♉03	29♉40
/⚳	0♊50	1♊32	2♊11	2♊49	3♊25	3♊58	4♊30	4♊59	5♊27	5♊52
/♃	24♍28	24♍55	25♍20	25♍43	26♍04	26♍23	26♍40	26♍55	27♍08	27♍19
/♄	26♋32	27♋05	27♋36	28♋05	28♋32	28♋57	29♋21	29♋42	0♌01	0♌18
/♅	10♉56	11♉27	11♉57	12♉24	12♉50	13♉13	13♉34	13♉54	14♉11	14♉26
/♆	27♈42	28♈13	28♈42	29♈08	29♈33	29♈56	0♉17	0♉35	0♉52	1♉06
/♇	0♎45	1♎15	1♎43	2♎09	2♎33	2♎56	3♎16	3♎34	3♎50	4♎04
/☊	7♉34	7♉58	8♉20	8♉42	9♉04	9♉25	9♉45	10♉03	10♉20	10♉34
♀/♂	3♊49	4♊42	5♊34	6♊27	7♊19	8♊11	9♊02	9♊54	10♊45	11♊36
/⚳	11♊47	12♊28	13♊09	13♊49	14♊29	15♊10	15♊49	16♊29	17♊08	17♊48
/♃	5♎24	5♎51	6♎17	6♎43	7♎09	7♎35	8♎00	8♎25	8♎50	9♎15
/♄	7♌28	8♌01	8♌33	9♌05	9♌37	10♌09	10♌40	11♌12	11♌43	12♌14
/♅	21♉53	22♉23	22♉54	23♉24	23♉54	24♉24	24♉54	25♉24	25♉53	26♉22
/♆	8♉39	9♉09	9♉39	10♉08	10♉38	11♉07	11♉36	12♉05	12♉34	13♉02
/♇	11♎41	12♎11	12♎40	13♎09	13♎38	14♎07	14♎35	15♎04	15♎32	15♎60
/☊	18♉30	18♉54	19♉18	19♉43	20♉09	20♉36	21♉04	21♉33	22♉02	22♉30
♂/⚳	20♈20	20♈53	21♈26	21♈59	22♈32	23♈05	23♈38	24♈11	24♈44	25♈17
/♃	13♒57	14♒16	14♒35	14♒53	15♒12	15♒30	15♒49	16♒07	16♒26	16♒44
/♄	16♊02	16♊26	16♊51	17♊15	17♊40	18♊05	18♊29	18♊54	19♊18	19♊43
/♅	0♈26	0♈49	1♈12	1♈35	1♈57	2♈20	2♈43	3♈06	3♈28	3♈51
/♆	17♓12	17♓34	17♓56	18♓19	18♓41	19♓03	19♓25	19♓47	20♓09	20♓31
/♇	20♒14	20♒36	20♒58	21♒20	21♒41	22♒03	22♒24	22♒46	23♒07	23♒29
/☊	27♓03	27♓19	27♓35	27♓53	28♓12	28♓32	28♓53	29♓15	29♓38	29♓59
⚳/♃	21♒55	22♒02	22♒09	22♒16	22♒23	22♒29	22♒36	22♒43	22♒50	22♒56
/♄	23♊59	24♊12	24♊25	24♊38	24♊51	25♊04	25♊16	25♊29	25♊42	25♊55
/♅	8♈23	8♈35	8♈46	8♈57	9♈08	9♈19	9♈30	9♈41	9♈52	10♈03
/♆	25♓09	25♓20	25♓31	25♓41	25♓52	26♓02	26♓12	26♓23	26♓33	26♓43
/♇	28♒12	28♒22	28♒32	28♒42	28♒52	29♒02	29♒12	29♒21	29♒31	29♒41
/☊	5♈01	5♈05	5♈10	5♈15	5♈22	5♈31	5♈40	5♈51	6♈01	6♈11
♃/♄	17♎37	17♎35	17♎33	17♎32	17♎30	17♎29	17♎27	17♎26	17♎24	17♎23
/♅	2♒01	1♒58	1♒54	1♒51	1♒48	1♒44	1♒41	1♒37	1♒34	1♒30
/♆	18♑47	18♑43	18♑39	18♑35	18♑31	18♑27	18♑23	18♑19	18♑15	18♑11
/♇	21♐49	21♐45	21♐40	21♐36	21♐31	21♐27	21♐22	21♐18	21♐13	21♐08
/☊	28♑38	28♑28	28♑18	28♑09	28♑02	27♑56	27♑51	27♑47	27♑43	27♑39
♄/♅	4♊05	4♊08	4♊10	4♊13	4♊16	4♊18	4♊21	4♊24	4♊27	4♊29
/♆	20♉51	20♉53	20♉55	20♉57	20♉59	21♉01	21♉03	21♉05	21♉08	21♉10
/♇	23♎54	23♎55	23♎56	23♎58	23♎59	24♎01	24♎02	24♎04	24♎06	24♎07
/☊	0♊42	0♊38	0♊34	0♊31	0♊30	0♊30	0♊31	0♊33	0♊36	0♊38
♅/♆	5♓15	5♓16	5♓16	5♓16	5♓17	5♓17	5♓17	5♓17	5♓17	5♓18
/♇	8♒18	8♒18	8♒17	8♒17	8♒17	8♒17	8♒16	8♒16	8♒15	8♒15
/☊	15♓07	15♓00	14♓55	14♓50	14♓47	14♓46	14♓45	14♓45	14♓46	14♓45
♆/♇	25♑04	25♑03	25♑02	25♑01	25♑00	24♑59	24♑58	24♑57	24♑56	24♑55
/☊	1♓53	1♓46	1♓40	1♓35	1♓31	1♓28	1♓27	1♓27	1♓27	1♓26
♇/☊	4♒55	4♒48	4♒41	4♒35	4♒31	4♒28	4♒26	4♒25	4♒25	4♒23

	11	12	13	14	15	16	17	18	19	20
☉/☽	21♉22	29♉09	7♊00	14♊51	22♊38	0♋18	7♋46	15♋03	22♋06	28♋58
/☿	0♋11	0♋50	1♋27	2♋01	2♋33	3♋03	3♋31	3♋56	4♋19	4♋40
/♀	12♋23	13♋20	14♋17	15♋13	16♋10	17♋05	18♋01	18♋56	19♋51	20♋46
/♂	19♉46	20♉37	21♉28	22♉19	23♉10	24♉00	24♉51	25♉42	26♉32	27♉23
/⚳	25♉46	26♉26	27♉05	27♉44	28♉23	29♉01	29♉40	0♊19	0♊58	1♊37
/♃	16♍60	17♍25	17♍50	18♍15	18♍40	19♍04	19♍29	19♍54	20♍19	20♍45
/♄	20♋05	20♋36	21♋07	21♋39	22♋10	22♋41	23♋13	23♋44	24♋15	24♋47
/♅	4♉11	4♉40	5♉09	5♉37	6♉06	6♉35	7♉04	7♉33	8♉02	8♉30
/♆	20♈50	21♈19	21♈47	22♈16	22♈44	23♈12	23♈41	24♈09	24♈37	25♈05
/♇	23♓47	24♓15	24♓43	25♓11	25♓39	26♓07	26♓35	27♓03	27♓31	27♍58
/☊	0♉17	0♉43	1♉08	1♉31	1♉55	2♉18	2♉42	3♉07	3♉34	4♉01
☽/☿	1♊50	9♊19	16♊49	24♊17	1♋39	8♋50	15♋49	22♋34	29♋03	5♌18
/♀	14♊02	21♊49	29♊39	7♋29	15♋15	22♋53	0♌20	7♌34	14♌35	21♌24
/♂	21♈25	29♈06	6♉50	14♉34	22♉15	29♉48	7♊10	14♊20	21♊16	28♊01
/⚳	27♈25	4♉54	12♉27	19♉59	27♉28	4♊49	11♊59	18♊57	25♊42	2♋15
/♃	18♒39	25♒53	3♓12	10♓30	17♍45	24♍52	1♎48	8♎32	15♎03	21♎23
/♄	21♊44	29♊05	6♋29	13♋54	21♋15	28♋29	5♌31	12♌22	18♌59	25♌25
/♅	5♈49	13♈08	20♈30	27♈53	5♉12	12♉23	19♉23	26♉11	2♊46	9♊08
/♆	22♓29	29♓47	7♈09	14♈31	21♈49	28♈60	5♉59	12♉47	19♉21	25♏44
/♇	25♒26	2♓44	10♓05	17♓27	24♓44	1♎54	8♎54	15♎41	22♎15	28♎36
/☊	1♈56	9♈12	16♈30	23♈47	0♉60	8♉05	15♉01	21♉45	28♉18	4♊39
☿/♀	22♋51	23♋30	24♋06	24♋39	25♋10	25♋38	26♋04	26♋27	26♋48	27♋07
/♂	0♊14	0♊47	1♊17	1♊45	2♊10	2♊33	2♊54	3♊13	3♊29	3♊44
/⚳	6♊14	6♊35	6♊53	7♊09	7♊23	7♊34	7♊43	7♊50	7♊55	7♊57
/♃	27♍28	27♍34	27♍38	27♍40	27♍40	27♍37	27♍32	27♍25	27♍16	27♍05
/♄	0♌33	0♌46	0♌56	1♌04	1♌10	1♌14	1♌16	1♌15	1♌12	1♌07
/♅	14♉39	14♉49	14♉57	15♉03	15♉07	15♉08	15♉07	15♉04	14♉58	14♉51
/♆	1♉18	1♉28	1♉36	1♉41	1♉44	1♉45	1♉44	1♉40	1♉34	1♉26
/♇	4♎15	4♎25	4♎32	4♎37	4♎39	4♎40	4♎38	4♎34	4♎27	4♎19
/☊	10♉45	10♉53	10♉56	10♉57	10♉55	10♉51	10♉45	10♉38	10♉31	10♉22
♀/♂	12♊26	13♊17	14♊07	14♊57	15♊46	16♊36	17♊24	18♊13	19♊01	19♊49
/⚳	18♊26	19♊05	19♊43	20♊21	20♊59	21♊37	22♊14	22♊50	23♊27	24♊03
/♃	9♎40	10♎04	10♎28	10♎52	11♎16	11♎40	12♎03	12♎26	12♎49	13♎11
/♄	12♌45	13♌16	13♌46	14♌16	14♌47	15♌16	15♌46	16♌15	16♌44	17♌13
/♅	26♉51	27♉19	27♉47	28♉15	28♉43	29♉10	29♉37	0♊04	0♊31	0♊57
/♆	13♉30	13♉58	14♉26	14♉54	15♉21	15♉48	16♉14	16♉40	17♉06	17♉32
/♇	16♎27	16♎55	17♎22	17♎49	18♎16	18♎42	19♎08	19♎34	19♎60	20♎25
/☊	22♉57	23♉23	23♉47	24♉09	24♉31	24♉53	25♉15	25♉39	26♉03	26♉28
♂/⚳	25♈49	26♈22	26♈54	27♈27	27♈59	28♈32	29♈04	29♈36	0♉08	0♉40
/♃	17♒03	17♒21	17♒39	17♒58	18♒16	18♒35	18♒53	19♒11	19♒30	19♒48
/♄	20♊08	20♊32	20♊57	21♊22	21♊47	22♊11	22♊36	23♊01	23♊25	23♊50
/♅	4♈13	4♈36	4♈58	5♈21	5♈43	6♈05	6♈27	6♈50	7♈12	7♈34
/♆	20♓53	21♓15	21♓37	21♓59	22♓21	22♓42	23♓04	23♓26	23♓47	24♓09
/♇	23♒50	24♒12	24♒33	24♒54	25♒16	25♒37	25♒58	26♒20	26♒41	27♒02
/☊	0♈20	0♈39	0♈58	1♈15	1♈31	1♈48	2♈05	2♈24	2♈44	3♈05
⚳/♃	23♒03	23♒09	23♒16	23♒23	23♒29	23♒36	23♒42	23♒49	23♒55	24♒02
/♄	26♊08	26♊21	26♊34	26♊47	26♊60	27♊12	27♊25	27♊38	27♊51	28♊04
/♅	10♈14	10♈24	10♈35	10♈45	10♈56	11♈06	11♈17	11♈27	11♈37	11♈47
/♆	26♓53	27♓04	27♓14	27♓24	27♓34	27♓44	27♓53	28♓03	28♓13	28♓23
/♇	29♒50	0♓00	0♓10	0♓19	0♓29	0♓38	0♓48	0♓57	1♓06	1♓15
/☊	6♈20	6♈28	6♈34	6♈39	6♈44	6♈49	6♈55	7♈01	7♈09	7♈18
♃/♄	17♎21	17♎20	17♎19	17♎18	17♎16	17♎15	17♎14	17♎13	17♎13	17♎12
/♅	1♒27	1♒23	1♒20	1♒16	1♒13	1♒09	1♒06	1♒02	0♒59	0♒55
/♆	18♑07	18♑03	17♑59	17♑55	17♑51	17♑47	17♑43	17♑39	17♑35	17♑31
/♇	21♐04	20♐59	20♐55	20♐50	20♐46	20♐41	20♐37	20♐32	20♐28	20♐23
/☊	27♑34	27♑27	27♑19	27♑10	27♑01	26♑52	26♑44	26♑37	26♑31	26♑26
♄/♅	4♊32	4♊35	4♊38	4♊40	4♊43	4♊46	4♊49	4♊52	4♊55	4♊58
/♆	21♉12	21♉14	21♉16	21♉19	21♉21	21♉23	21♉26	21♉28	21♉30	21♉33
/♇	24♎09	24♎11	24♎12	24♎14	24♎16	24♎18	24♎20	24♎22	24♎24	24♎26
/☊	0♊39	0♊38	0♊37	0♊34	0♊32	0♊29	0♊27	0♊26	0♊27	0♊29
♅/♆	5♓18	5♓18	5♓18	5♓18	5♓17	5♓17	5♓17	5♓17	5♓17	5♓16
/♇	8♒15	8♒14	8♒14	8♒13	8♒12	8♒12	8♒11	8♒11	8♒10	8♒09
/☊	14♓44	14♓42	14♓38	14♓33	14♓28	14♓23	14♓18	14♓15	14♓13	14♓12
♆/♇	24♑54	24♑53	24♑52	24♑51	24♑50	24♑49	24♑48	24♑47	24♑46	24♑44
/☊	1♓24	1♓21	1♓17	1♓11	1♓06	1♓00	0♓55	0♓51	0♓49	0♓47
♇/☊	4♒21	4♒18	4♒13	4♒07	4♒01	3♒55	3♒49	3♒45	3♒42	3♒40

	21	22	23	24	25	26	27	28	29	30
☉/☽	5♌38	12♌11	18♌38	25♌02	1♍26	7♍52	14♍21	20♍56	27♍38	4♎26
/☿	4♋59	5♋16	5♋32	5♋46	5♋59	6♋11	6♋23	6♋33	6♋44	6♋55
/♀	21♋40	22♋34	23♋28	24♋21	25♋14	26♋07	26♋59	27♋50	28♋42	29♋33
/♂	28♉13	29♉04	29♉54	0♊45	1♊35	2♊25	3♊16	4♊06	4♊56	5♊46
/⚳	2♊15	2♊54	3♊32	4♊11	4♊49	5♊28	6♊06	6♊44	7♊22	8♊00
/♃	21♍10	21♍35	21♍60	22♍25	22♍50	23♍16	23♍41	24♍06	24♍32	24♍57
/♄	25♋18	25♋50	26♋21	26♋53	27♋24	27♋56	28♋27	28♋59	29♋31	0♌02
/♅	8♉59	9♉28	9♉56	10♉25	10♉54	11♉22	11♉51	12♉19	12♉48	13♉16
/♆	25♈34	26♈02	26♈30	26♈58	27♈26	27♈55	28♈23	28♈51	29♈19	29♈47
/♇	28♍26	28♍54	29♍22	29♍50	0♎18	0♎45	1♎13	1♎41	2♎09	2♎37
/☊	4♉30	4♉59	5♉27	5♉55	6♉22	6♉48	7♉13	7♉36	7♉60	8♉23
☽/☿	11♌21	17♌14	22♌59	28♌40	4♍20	10♍00	15♍44	21♍33	27♍28	3♎30
/♀	28♌02	4♍31	10♍55	17♍15	23♍34	29♍55	6♎20	12♎49	19♎25	26♎07
/♂	4♋35	11♋01	17♋21	23♋39	29♋55	6♒14	12♒37	19♒05	25♒40	2♓21
/⚳	8♋37	14♋51	20♋59	27♋05	3♌10	9♒16	15♒27	21♒43	28♒06	4♓35
/♃	27♎31	3♏32	9♏27	15♏19	21♏11	27♏04	3♐02	9♐05	15♐15	21♐32
/♄	1♍40	7♍47	13♍48	19♍46	25♍45	1♎45	7♎49	13♎58	20♎14	26♎37
/♅	15♊21	21♐25	27♐23	3♑19	9♑14	15♑11	21♑12	27♑18	3♒31	9♒51
/♆	1♐55	7♐59	13♐57	19♐52	25♐47	1♑43	7♑44	13♑50	20♑02	26♑21
/♇	4♏48	10♏51	16♏49	22♏44	28♏38	4♐34	10♐35	16♐40	22♐52	29♐11
/☊	10♐51	16♐56	22♐54	28♐49	4♑42	10♑37	16♑34	22♑35	28♑43	4♒57
☿/♀	27♋23	27♋37	27♋49	27♋59	28♋08	28♋15	28♋21	28♋27	28♋31	28♋36
/♂	3♊56	4♊06	4♊15	4♊23	4♊29	4♊34	4♊38	4♊42	4♊46	4♊50
/⚳	7♊58	7♊56	7♊53	7♊49	7♊43	7♊36	7♊28	7♊20	7♊12	7♊04
/♃	26♍52	26♍37	26♍21	26♍03	25♍44	25♍24	25♍03	24♍42	24♍21	24♍01
/♄	1♌01	0♌52	0♌42	0♌30	0♌18	0♌04	29♋50	29♋35	29♋20	29♋06
/♅	14♉41	14♉30	14♉17	14♉03	13♉47	13♉31	13♉13	12♉55	12♉37	12♉20
/♆	1♉16	1♉04	0♉51	0♉36	0♉20	0♉03	29♈45	29♈27	29♈09	28♈51
/♇	4♎09	3♎57	3♎43	3♎28	3♎11	2♎54	2♎36	2♎17	1♎59	1♎40
/☊	10♉12	10♉01	9♉48	9♉33	9♉16	8♉56	8♉35	8♉12	7♉49	7♉26
♀/♂	20♊37	21♊24	22♊11	22♊58	23♊44	24♊29	25♊14	25♊59	26♊43	27♊27
/⚳	24♊39	25♊14	25♊49	26♊24	26♊58	27♊31	28♊05	28♊37	29♊10	29♊41
/♃	13♎33	13♎55	14♎17	14♎38	14♎59	15♎19	15♎39	15♎59	16♎19	16♎38
/♄	17♌42	18♌10	18♌38	19♌05	19♌33	19♌59	20♌26	20♌52	21♌18	21♌43
/♅	1♊23	1♊48	2♊13	2♊38	3♊02	3♊26	3♊49	4♊12	4♊35	4♊57
/♆	17♉57	18♉22	18♉47	19♉11	19♉35	19♉58	20♉21	20♉44	21♉06	21♉28
/♇	20♎50	21♎14	21♎39	22♎03	22♎26	22♎49	23♎12	23♎34	23♎56	24♎18
/☊	26♉53	27♉19	27♉44	28♉08	28♉31	28♉52	29♉11	29♉29	29♉47	0♊04
♂/⚳	1♉12	1♉44	2♉15	2♉47	3♉19	3♉50	4♉21	4♉53	5♉24	5♉55
/♃	20♒06	20♒25	20♒43	21♒01	21♒20	21♒38	21♒56	22♒15	22♒33	22♒52
/♄	24♊15	24♊40	25♊04	25♊29	25♊54	26♊18	26♊43	27♊08	27♊32	27♊57
/♅	7♈56	8♈18	8♈40	9♈01	9♈23	9♈45	10♈06	10♈28	10♈49	11♈11
/♆	24♓30	24♓52	25♓13	25♓35	25♓56	26♓17	26♓38	26♓59	27♓21	27♓42
/♇	27♒23	27♒44	28♒05	28♒26	28♒47	29♒08	29♒29	29♒50	0♓11	0♓31
/☊	3♈26	3♈48	4♈10	4♈31	4♈52	5♈10	5♈28	5♈45	6♈01	6♈17
⚳/♃	24♒08	24♒14	24♒21	24♒27	24♒34	24♒40	24♒47	24♒53	24♒59	25♒06
/♄	28♊17	28♊29	28♊42	28♊55	29♊08	29♊20	29♊33	29♊46	29♊58	0♋11
/♅	11♈57	12♈07	12♈17	12♈27	12♈37	12♈47	12♈56	13♈06	13♈15	13♈25
/♆	28♓32	28♓42	28♓51	29♓01	29♓10	29♓19	29♓28	29♓38	29♓47	29♓56
/♇	1♓25	1♓34	1♓43	1♓52	2♓01	2♓10	2♓19	2♓28	2♓37	2♓46
/☊	7♈28	7♈38	7♈48	7♈57	8♈06	8♈13	8♈18	8♈23	8♈27	8♈31
♃/♄	17♎11	17♎10	17♎10	17♎09	17♎09	17♎08	17♎08	17♎08	17♎08	17♎08
/♅	0♒52	0♒48	0♒45	0♒42	0♒38	0♒35	0♒31	0♒28	0♒25	0♒21
/♆	17♑27	17♑23	17♑19	17♑15	17♑11	17♑07	17♑03	16♑60	16♑56	16♑52
/♇	20♐19	20♐15	20♐11	20♐06	20♐02	19♐58	19♐54	19♐50	19♐46	19♐42
/☊	26♑23	26♑19	26♑16	26♑12	26♑07	26♑00	25♑53	25♑45	25♑37	25♑28
♄/♅	5♊00	5♊03	5♊06	5♊09	5♊12	5♊15	5♊18	5♊21	5♊24	5♊27
/♆	21♉35	21♉38	21♉40	21♉42	21♉45	21♏47	21♏50	21♏52	21♏55	21♏58
/♇	24♎28	24♎30	24♎32	24♎34	24♎36	24♎38	24♎41	24♎43	24♎45	24♎47
/☊	0♊31	0♊34	0♊37	0♊39	0♊41	0♊41	0♊40	0♊38	0♊36	0♊33
♅/♆	5♓16	5♓16	5♓15	5♓15	5♓14	5♓14	5♓13	5♓13	5♓12	5♓11
/♇	8♒09	8♒08	8♒07	8♒06	8♒06	8♒05	8♒04	8♒03	8♒02	8♒01
/☊	14♓12	14♓12	14♓12	14♓12	14♓10	14♓07	14♓03	13♓58	13♓53	13♓47
♆/♇	24♑43	24♑42	24♑41	24♑40	24♑38	24♑37	24♑36	24♑35	24♑33	24♑32
/☊	0♓47	0♓46	0♓46	0♓45	0♓43	0♓40	0♓35	0♓30	0♓24	0♓18
♇/☊	3♒39	3♒39	3♒38	3♒36	3♒34	3♒30	3♒26	3♒20	3♒14	3♒08

June 2007

July 2007

	1	2	3	4	5	6	7	8	9	10	11	12	13	14	15	16	17	18	19	20	21	22	23	24	25	26	27	28	29	30	31
☉/☽	11♈22	18♈23	25♈31	2♉45	10♉03	17♉27	24♉54	2♊26	10♊02	17♊40	25♊19	2♋57	10♋31	17♋59	25♋19	2♌28	9♌28	16♌17	22♌57	29♌30	5♍57	12♍22	18♍47	25♍13	1♎44	8♎22	15♎07	22♎01	29♎04	6♏16	13♉36
/☿	7♋07	7♋19	7♋32	7♋47	8♋04	8♋22	8♋42	9♋04	9♋29	9♋56	10♋26	10♋58	11♋33	12♋10	12♋51	13♋33	14♋19	15♋07	15♋58	16♋52	17♋48	18♋47	19♋48	20♋51	21♋58	23♋06	24♋17	25♋30	26♋45	28♋03	29♋22
/♀	0♌23	1♌13	2♌02	2♌51	3♌39	4♌27	5♌14	6♌01	6♌47	7♌32	8♌17	9♌00	9♌44	10♌26	11♌08	11♌49	12♌29	13♌08	13♌46	14♌24	15♌00	15♌36	16♌10	16♌43	17♌16	17♌47	18♌17	18♌46	19♌14	19♌40	20♌06
/♂	6♊37	7♊27	8♊17	9♊07	9♊57	10♊47	11♊36	12♊26	13♊16	14♊06	14♊56	15♊45	16♊35	17♊25	18♊14	19♊04	19♊53	20♊42	21♊32	22♊21	23♊10	23♊60	24♊49	25♊38	26♊27	27♊16	28♊05	28♊54	29♊42	0♋31	1♋20
/⚳	8♊39	9♊17	9♊55	10♊33	11♊10	11♊48	12♊26	13♊04	13♊41	14♊19	14♊56	15♊34	16♊11	16♊49	17♊26	18♊03	18♊40	19♊17	19♊54	20♊31	21♊08	21♊45	22♊21	22♊58	23♊34	24♊11	24♊47	25♊23	25♊59	26♊36	27♊12
/♃	25♍23	25♍48	26♍14	26♍40	27♍05	27♍31	27♍57	28♍23	28♍49	29♍15	29♍41	0♎08	0♎34	1♎00	1♎27	1♎54	2♎20	2♎47	3♎14	3♎41	4♎08	4♎35	5♎02	5♎30	5♎57	6♎25	6♎52	7♎20	7♎48	8♎15	8♎43
/♄	0♌34	1♌06	1♌37	2♌09	2♌41	3♌13	3♌45	4♌17	4♌49	5♌20	5♌52	6♌24	6♌56	7♌28	8♌01	8♌33	9♌05	9♌37	10♌09	10♌41	11♌13	11♌46	12♌18	12♌50	13♌22	13♌54	14♌27	14♌59	15♌31	16♌04	16♌36
/♅	13♉45	14♉13	14♉41	15♉10	15♉38	16♉06	16♉35	17♉03	17♉31	17♉59	18♉28	18♉56	19♉24	19♉52	20♉20	20♉48	21♉17	21♉45	22♉13	22♉41	23♉09	23♉37	24♉05	24♉33	25♉01	25♉29	25♉57	26♉24	26♉52	27♉20	27♉48
/♆	0♉15	0♉43	1♉11	1♉39	2♉07	2♉35	3♉03	3♉31	3♉59	4♉27	4♉55	5♉23	5♉51	6♉19	6♉47	7♉15	7♉43	8♉11	8♉39	9♉07	9♉34	10♉02	10♉30	10♉58	11♉26	11♉54	12♉22	12♉50	13♉18	13♉45	14♉13
/♇	3♎05	3♎32	4♎00	4♎28	4♎56	5♎24	5♎52	6♎20	6♎47	7♎15	7♎43	8♎11	8♎39	9♎07	9♎35	10♎03	10♎31	10♎59	11♎27	11♎55	12♎23	12♎51	13♎19	13♎47	14♎15	14♎43	15♎11	15♎39	16♎07	16♎35	17♎03
/☊	8♉46	9♉11	9♉37	10♉04	10♉32	11♉01	11♉30	11♉59	12♉27	12♉54	13♉20	13♉45	14♉10	14♉35	15♉00	15♉26	15♉54	16♉22	16♉51	17♉20	17♉49	18♉19	18♉47	19♉15	19♉42	20♉08	20♉34	21♉00	21♉26	21♉53	22♉20
☽/☿	9♈39	15♈56	22♈21	28♈52	5♉29	12♉13	19♉04	26♉01	3♊04	10♊12	17♊24	24♊37	1♋48	8♋57	15♋59	22♋55	29♋42	6♌22	12♌56	19♌25	25♌52	2♍18	8♍46	15♍19	21♍59	28♍48	5♎47	12♎57	20♈18	27♈50	5♉32
/♀	2♏55	9♏50	16♏50	23♏55	1♊05	8♊19	15♊36	22♊58	0♋22	7♋48	15♋15	22♋39	29♋59	7♌13	14♌17	21♌10	27♌52	4♍23	10♍44	16♍57	23♍04	29♍07	5♎09	11♎11	17♎18	23♎29	29♎47	6♏13	12♏46	19♏27	26♏15
/♂	9♓09	16♓04	23♓05	0♈11	7♈22	14♈38	21♈59	29♈23	6♉51	14♉22	21♉54	29♉24	6♊51	14♊11	21♊23	28♊25	5♋16	11♋58	18♋30	24♋55	1♌14	7♌31	13♌47	20♌06	26♒29	2♓58	9♓35	16♓20	23♓15	0♈18	7♈29
/⚳	11♓11	17♓54	24♓43	1♈37	8♈36	15♈40	22♈48	0♉01	7♉17	14♉35	21♉54	29♉13	6♊27	13♊35	20♊35	27♊24	4♋03	10♋32	16♋52	23♋05	29♋12	5♌16	11♌20	17♒26	23♒36	29♒53	6♓17	12♓50	19♓32	26♓23	3♈21
/♃	27♐55	4♑25	11♑02	17♑44	24♑31	1♒23	8♒19	15♒20	22♒24	29♒31	6♓39	13♍46	20♍50	27♍47	4♎36	11♎15	17♎44	24♎02	0♏12	6♏14	12♏12	18♏07	24♏01	29♏58	5♐59	12♐06	18♐22	24♐47	1♑20	8♑03	14♑53
/♄	3♏07	9♏43	16♏26	23♉14	0♊07	7♊05	14♊07	21♊14	28♊24	5♋37	12♋50	20♋03	27♋12	4♌15	11♌09	17♌54	24♌28	0♍52	7♍07	13♍15	19♍17	25♍17	1♎16	7♎18	13♎24	19♎36	25♎57	2♏26	9♏04	15♏51	22♏46
/♅	16♒17	22♒50	29♒30	6♓14	13♓04	19♓58	26♓57	3♈60	11♈06	18♈16	25♈26	2♉35	9♉40	16♉39	23♉29	0♊10	6♊40	12♊60	19♐11	25♐14	1♑13	7♑08	13♑03	19♑01	25♑02	1♒11	7♒26	13♒51	20♒25	27♒07	3♓58
/♆	2♒48	9♒20	15♒59	22♒44	29♒33	6♓27	13♓25	20♓28	27♓34	4♈43	11♈53	19♈02	26♈07	3♉05	9♉56	16♉36	23♏06	29♏26	5♐37	11♐40	17♐38	23♐34	29♐29	5♑26	11♑28	17♑36	23♑52	0♒16	6♒50	13♒33	20♒23
/♇	5♑37	12♑10	18♑48	25♑33	2♒22	9♒16	16♒14	23♒17	0♓23	7♓32	14♓41	21♓50	28♍55	5♎53	12♎44	19♎24	25♎54	2♏14	8♏25	14♏28	20♏27	26♏22	2♐17	8♐15	14♐17	20♐25	26♐41	3♑06	9♑40	16♑22	23♑13
/☊	11♒19	17♒48	24♒25	1♓08	7♓58	14♓53	21♓52	28♓56	6♈02	13♈10	20♈18	27♈24	4♉25	11♉21	18♉09	24♉48	1♊17	7♊37	13♐49	19♐54	25♐53	1♑50	7♑46	13♑43	19♑44	25♑50	2♒04	8♒27	14♒59	21♒40	28♒30
☿/♀	28♋41	28♋46	28♋51	28♋58	29♋05	29♋14	29♋24	29♋36	29♋49	0♌04	0♌21	0♌40	1♌01	1♌24	1♌49	2♌15	2♌44	3♌14	3♌46	4♌19	4♌55	5♌31	6♌10	6♌50	7♌31	8♌13	8♌57	9♌41	10♌27	11♌14	12♌01
/♂	4♊54	4♊60	5♊06	5♊13	5♊23	5♊33	5♊46	6♊01	6♊19	6♊38	7♊00	7♊25	7♊52	8♊22	8♊55	9♊30	10♊08	10♊48	11♊31	12♊17	13♊05	13♊55	14♊48	15♊44	16♊42	17♊42	18♊44	19♊49	20♊56	22♊05	23♊15
/⚳	6♊56	6♊50	6♊44	6♊39	6♊36	6♊35	6♊36	6♊39	6♊44	6♊51	7♊01	7♊14	7♊29	7♊46	8♊06	8♊29	8♊55	9♊23	9♊53	10♊27	11♊02	11♊40	12♊21	13♊04	13♊49	14♊37	15♊27	16♊19	17♊13	18♊09	19♊07
/♃	23♍40	23♍21	23♍03	22♍46	22♍31	22♍18	22♍07	21♍58	21♍51	21♍48	21♍46	21♍47	21♍51	21♍58	22♍08	22♍20	22♍35	22♍53	23♍13	23♍36	24♍02	24♍31	25♍02	25♍36	26♍12	26♍51	27♍32	28♍15	29♍01	29♍49	0♎39
/♄	28♋52	28♋39	28♋27	28♋16	28♋07	27♋60	27♋55	27♋52	27♋51	27♋53	27♋57	28♋04	28♋14	28♋26	28♋41	28♋59	29♋19	29♋42	0♌08	0♌37	1♌08	1♌41	2♌17	2♌56	3♌37	4♌21	5♌07	5♌55	6♌45	7♌37	8♌32
/♅	12♉02	11♉46	11♉31	11♉16	11♉04	10♉53	10♉44	10♉38	10♉34	10♉32	10♉32	10♉36	10♉41	10♉50	11♉01	11♉15	11♉31	11♉50	12♉12	12♉36	13♉03	13♉33	14♉05	14♉39	15♉16	15♉55	16♉36	17♉20	18♉06	18♉54	19♉44
/♆	28♈33	28♈16	28♈00	27♈46	27♈33	27♈22	27♈13	27♈06	27♈02	26♈59	26♈60	27♈03	27♈08	27♈17	27♈28	27♈41	27♈57	28♈16	28♈38	29♈02	29♈29	29♈58	0♉30	1♉04	1♉41	2♉20	3♉02	3♉45	4♉31	5♉19	6♉09
/♇	1♎22	1♎05	0♎49	0♎35	0♎22	0♎11	0♎02	29♍55	29♍50	29♍48	29♍48	29♍51	29♍56	0♎05	0♎16	0♎29	0♎45	1♎04	1♎26	1♎50	2♎17	2♎47	3♎18	3♎53	4♎30	5♎09	5♎51	6♎35	7♎21	8♎09	8♎59
/☊	7♉04	6♉44	6♉26	6♉11	5♉58	5♉48	5♉40	5♉34	5♉29	5♉26	5♉24	5♉25	5♉27	5♉32	5♉41	5♉53	6♉08	6♉27	6♉50	7♉16	7♉44	8♉14	8♉47	9♉21	9♉57	10♉34	11♉14	11♉56	12♉40	13♉26	14♉16
♀/♂	28♊10	28♊53	29♊35	0♋17	0♋58	1♋39	2♋18	2♋58	3♋36	4♋14	4♋51	5♋28	6♋03	6♋38	7♋12	7♋45	8♋18	8♋49	9♋19	9♋49	10♋17	10♋44	11♋11	11♋36	11♋60	12♋23	12♋44	13♋05	13♋24	13♋42	13♋59
/⚳	0♋13	0♋43	1♋13	1♋43	2♋12	2♋40	3♋08	3♋35	4♋01	4♋27	4♋52	5♋16	5♋40	6♋02	6♋24	6♋45	7♋05	7♋24	7♋42	7♋59	8♋15	8♋29	8♋43	8♋56	9♋07	9♋18	9♋27	9♋35	9♋41	9♋47	9♋51
/♃	16♎57	17♎15	17♎33	17♎50	18♎07	18♎23	18♎39	18♎54	19♎09	19♎23	19♎37	19♎50	20♎02	20♎14	20♎25	20♎35	20♎45	20♎54	21♎01	21♎09	21♎15	21♎20	21♎24	21♎28	21♎30	21♎32	21♎32	21♎31	21♎29	21♎27	21♎23
/♄	22♌08	22♌32	22♌56	23♌20	23♌43	24♌05	24♌27	24♌48	25♌09	25♌29	25♌48	26♌07	26♌25	26♌42	26♌59	27♌14	27♌29	27♌43	27♌56	28♌09	28♌20	28♌30	28♌40	28♌48	28♌55	29♌02	29♌07	29♌10	29♌13	29♌15	29♌15
/♅	5♊19	5♊40	6♊00	6♊20	6♊40	6♊58	7♊17	7♊34	7♊51	8♊08	8♊23	8♊38	8♊52	9♊06	9♊18	9♊30	9♊41	9♊51	10♊00	10♊08	10♊16	10♊22	10♊27	10♊31	10♊34	10♊36	10♊36	10♊36	10♊34	10♊31	10♊27
/♆	21♏49	22♏10	22♏30	22♏50	23♏09	23♏27	23♏45	24♏03	24♏19	24♏35	24♏51	25♏05	25♏19	25♏33	25♏45	25♏57	26♏07	26♏17	26♏26	26♏34	26♏41	26♏47	26♏52	26♏56	26♏59	27♏01	27♏02	27♏01	26♏59	26♏57	26♏52
/♇	24♎39	24♎59	25♎19	25♎39	25♎58	26♎16	26♎34	26♎51	27♎08	27♎24	27♎39	27♎53	28♎07	28♎21	28♎33	28♎45	28♎55	29♎05	29♎14	29♎22	29♎29	29♎36	29♎41	29♎45	29♎48	29♎50	29♎51	29♎50	29♎49	29♎46	29♎42
/☊	0♊20	0♊38	0♊56	1♊14	1♊34	1♊53	2♊12	2♊30	2♊47	3♊02	3♊15	3♊27	3♊38	3♊48	3♊58	4♊08	4♊18	4♊28	4♊38	4♊48	4♊56	5♊03	5♊09	5♊13	5♊15	5♊15	5♊14	5♊11	5♊08	5♊04	4♊59
♂/⚳	6♉26	6♉57	7♉28	7♉59	8♉29	8♉60	9♉30	10♉01	10♉31	11♉01	11♉31	12♉01	12♉31	13♉00	13♉30	13♉59	14♉29	14♉58	15♉27	15♉56	16♉25	16♉53	17♉22	17♉50	18♉18	18♉47	19♉14	19♉42	20♉10	20♉37	21♉05
/♃	23♒10	23♒29	23♒47	24♒06	24♒24	24♒43	25♒01	25♒20	25♒39	25♒57	26♒16	26♒35	26♒54	27♒12	27♒31	27♒50	28♒09	28♒28	28♒47	29♒06	29♒25	29♒44	0♓03	0♓22	0♓41	1♓00	1♓20	1♓39	1♓58	2♓17	2♓37
/♄	28♊22	28♊46	29♊11	29♊35	0♋00	0♋25	0♋49	1♋14	1♋38	2♋03	2♋27	2♋52	3♋16	3♋40	4♋05	4♋29	4♋53	5♋18	5♋42	6♋06	6♋30	6♋54	7♋18	7♋42	8♋06	8♋30	8♋54	9♋18	9♋42	10♋06	10♋29
/♅	11♈32	11♈53	12♈15	12♈36	12♈57	13♈18	13♈39	14♈00	14♈21	14♈42	15♈02	15♈23	15♈44	16♈04	16♈25	16♈45	17♈05	17♈25	17♈46	18♈06	18♈26	18♈46	19♈05	19♈25	19♈45	20♈04	20♈24	20♈43	21♈03	21♈22	21♈41
/♆	28♓03	28♓24	28♓45	29♓05	29♓26	29♓47	0♈08	0♈28	0♈49	1♈09	1♈30	1♈50	2♈11	2♈31	2♈51	3♈11	3♈31	3♈52	4♈12	4♈31	4♈51	5♈11	5♈31	5♈51	6♈10	6♈30	6♈49	7♈09	7♈28	7♈47	8♈07
/♇	0♓52	1♓13	1♓34	1♓54	2♓15	2♓36	2♓56	3♓17	3♓37	3♓58	4♓18	4♓38	4♓59	5♓19	5♓39	5♓59	6♓19	6♓40	6♓60	7♓20	7♓40	7♓60	8♓19	8♓39	8♓59	9♓19	9♓38	9♓58	10♓18	10♓37	10♓57
/☊	6♈34	6♈52	7♈10	7♈30	7♈51	8♈13	8♈34	8♈56	9♈16	9♈36	9♈54	10♈12	10♈29	10♈46	11♈04	11♈23	11♈42	12♈03	12♈24	12♈45	13♈06	13♈27	13♈48	14♈07	14♈26	14♈44	15♈02	15♈19	15♈37	15♈55	16♈14
⚳/♃	25♒12	25♒19	25♒25	25♒32	25♒38	25♒44	25♒51	25♒57	26♒04	26♒10	26♒17	26♒23	26♒30	26♒36	26♒43	26♒49	26♒56	27♒03	27♒09	27♒16	27♒22	27♒29	27♒35	27♒42	27♒49	27♒55	28♒02	28♒09	28♒15	28♒22	28♒28
/♄	0♋24	0♋36	0♋49	1♋01	1♋14	1♋26	1♋39	1♋51	2♋03	2♋16	2♋28	2♋40	2♋52	3♋04	3♋16	3♋28	3♋40	3♋52	4♋04	4♋16	4♋28	4♋39	4♋51	5♋02	5♋14	5♋25	5♋37	5♋48	5♋59	6♋10	6♋21
/♅	13♈34	13♈43	13♈53	14♈02	14♈11	14♈20	14♈29	14♈37	14♈46	14♈55	15♈03	15♈12	15♈20	15♈28	15♈36	15♈44	15♈52	16♈00	16♈08	16♈16	16♈23	16♈31	16♈38	16♈45	16♈52	16♈59	17♈06	17♈13	17♈20	17♈27	17♈33
/♆	0♈05	0♈14	0♈22	0♈31	0♈40	0♈49	0♈57	1♈06	1♈14	1♈22	1♈31	1♈39	1♈47	1♈55	2♈03	2♈11	2♈18	2♈26	2♈34	2♈41	2♈49	2♈56	3♈03	3♈11	3♈18	3♈25	3♈32	3♈38	3♈45	3♈52	3♈58
/♇	2♓54	3♓03	3♓12	3♓20	3♓29	3♓37	3♓46	3♓54	4♓02	4♓11	4♓19	4♓27	4♓35	4♓43	4♓51	4♓59	5♓07	5♓14	5♓22	5♓30	5♓37	5♓45	5♓52	5♓59	6♓06	6♓14	6♓21	6♓28	6♓35	6♓42	6♓48
/☊	8♈36	8♈42	8♈48	8♈56	9♈05	9♈14	9♈24	9♈33	9♈41	9♈49	9♈55	10♈00	10♈05	10♈10	10♈16	10♈22	10♈29	10♈37	10♈46	10♈55	11♈04	11♈12	11♈20	11♈27	11♈33	11♈39	11♈44	11♈49	11♈54	11♈59	12♈05
♃/♄	17♎08	17♎08	17♎08	17♎08	17♎09	17♎09	17♎10	17♎10	17♎11	17♎12	17♎13	17♎14	17♎15	17♎16	17♎18	17♎19	17♎21	17♎22	17♎24	17♎26	17♎28	17♎30	17♎32	17♎34	17♎37	17♎39	17♎42	17♎44	17♎47	17♎50	17♎53
/♅	0♒18	0♒15	0♒12	0♒09	0♒06	0♒03	29♑60	29♑57	29♑54	29♑51	29♑48	29♑45	29♑43	29♑40	29♑37	29♑35	29♑32	29♑30	29♑28	29♑25	29♑23	29♑21	29♑19	29♑17	29♑15	29♑13	29♑11	29♑10	29♑08	29♑07	29♑05
/♆	16♑49	16♑45	16♑42	16♑38	16♑35	16♑31	16♑28	16♑25	16♑22	16♑19	16♑16	16♑13	16♑10	16♑07	16♑04	16♑01	15♑59	15♑56	15♑54	15♑51	15♑49	15♑47	15♑45	15♑42	15♑41	15♑39	15♑37	15♑35	15♑33	15♑32	15♑30
/♇	19♐38	19♐35	19♐31	19♐27	19♐24	19♐20	19♐17	19♐13	19♐10	19♐07	19♐04	19♐01	18♐58	18♐55	18♐52	18♐49	18♐47	18♐44	18♐42	18♐39	18♐37	18♐35	18♐33	18♐31	18♐29	18♐28	18♐26	18♐24	18♐23	18♐22	18♐20
/☊	25♑20	25♑13	25♑07	25♑03	24♑60	24♑57	24♑55	24♑52	24♑49	24♑45	24♑40	24♑34	24♑28	24♑22	24♑17	24♑13	24♑10	24♑07	24♑06	24♑05	24♑04	24♑03	24♑01	23♑59	23♑56	23♑53	23♑49	23♑45	23♑42	23♑39	23♑37
♄/♅	5♊30	5♊33	5♊36	5♊38	5♊41	5♊44	5♊47	5♊50	5♊53	5♊56	5♊59	6♊02	6♊05	6♊08	6♊11	6♊14	6♊17	6♊20	6♊23	6♊26	6♊29	6♊32	6♊34	6♊37	6♊40	6♊43	6♊46	6♊49	6♊52	6♊55	6♊58
/♆	22♏00	22♏03	22♏05	22♏08	22♏11	22♏13	22♏16	22♏19	22♏21	22♏24	22♏27	22♏29	22♏32	22♏35	22♏38	22♏40	22♏43	22♏46	22♏49	22♏51	22♏54	22♏57	22♏60	23♏03	23♏06	23♏09	23♏11	23♏14	23♏17	23♏20	23♏23
/♇	24♎50	24♎52	24♎54	24♎57	24♎59	25♎02	25♎04	25♎07	25♎09	25♎12	25♎15	25♎17	25♎20	25♎23	25♎26	25♎28	25♎31	25♎34	25♎37	25♎40	25♎43	25♎46	25♎48	25♎51	25♎54	25♎57	26♎01	26♎04	26♎07	26♎10	26♎13
/☊	0♊32	0♊31	0♊31	0♊33	0♊35	0♊39	0♊43	0♊46	0♊49	0♊50	0♊51	0♊51	0♊51	0♊50	0♊51	0♊52	0♊54	0♊57	1♊01	1♊05	1♊09	1♊13	1♊17	1♊19	1♊21	1♊23	1♊24	1♊25	1♊26	1♊27	1♊30
♅/♆	5♓11	5♓10	5♓09	5♓08	5♓08	5♓07	5♓06	5♓05	5♓04	5♓03	5♓02	5♓01	4♓60	4♓59	4♓57	4♓56	4♓55	4♓54	4♓52	4♓51	4♓50	4♓48	4♓47	4♓46	4♓44	4♓43	4♓41	4♓40	4♓38	4♓37	4♓35
/♇	8♒00	7♒59	7♒58	7♒57	7♒56	7♒55	7♒54	7♒53	7♒52	7♒51	7♒50	7♒49	7♒48	7♒47	7♒45	7♒44	7♒43	7♒42	7♒41	7♒39	7♒38	7♒37	7♒35	7♒34	7♒33	7♒32	7♒30	7♒29	7♒28	7♒26	7♒25
/☊	13♓42	13♓38	13♓35	13♓33	13♓32	13♓32	13♓33	13♓32	13♓31	13♓29	13♓26	13♓23	13♓18	13♓14	13♓10	13♓08	13♓06	13♓05	13♓05	13♓05	13♓05	13♓05	13♓04	13♓02	12♓60	12♓57	12♓53	12♓50	12♓47	12♓44	12♓42
♆/♇	24♑31	24♑29	24♑28	24♑27	24♑26	24♑24	24♑23	24♑21	24♑20	24♑19	24♑17	24♑16	24♑15	24♑13	24♑12	24♑11	24♑09	24♑08	24♑06	24♑05	24♑04	24♑02	24♑01	23♑60	23♑58	23♑57	23♑56	23♑54	23♑53	23♑52	23♑50
/☊	0♓13	0♓08	0♓05	0♓03	0♓02	0♓01	0♓01	0♓01	29♒59	29♒57	29♒54	29♒50	29♒45	29♒41	29♒37	29♒34	29♒32	29♒31	29♒30	29♒30	29♒30	29♒30	29♒29	29♒28	29♒25	29♒22	29♒19	29♒15	29♒12	29♒09	29♒07
♇/☊	3♒02	2♒57	2♒54	2♒52	2♒50	2♒50	2♒50	2♒49	2♒48	2♒45	2♒42	2♒38	2♒33	2♒29	2♒25	2♒22	2♒20	2♒19	2♒19	2♒19	2♒19	2♒19	2♒18	2♒16	2♒14	2♒11	2♒08	2♒05	2♒01	1♒59	1♒57

July 2007

August 2007

	1	2	3	4	5	6	7	8	9	10	11	12	13	14	15	16	17	18	19	20	21	22	23	24	25	26	27	28	29	30	31
☉/☽	21♉02	28♉33	6♊07	13♊43	21♊20	28♊55	6♋28	13♋59	21♋25	28♋46	6♌00	13♌08	20♌08	26♌60	3♍44	10♍21	16♍53	23♍20	29♍45	6♎10	12♎36	19♎07	25♎45	2♏31	9♏28	16♏36	23♏55	1♐24	9♊02	16♊47	24♊35
/☿	0♌43	2♌06	3♌30	4♌56	6♌23	7♌51	9♌20	10♌50	12♌20	13♌50	15♌21	16♌51	18♌22	19♌52	21♌22	22♌52	24♌21	25♌50	27♌18	28♌45	0♍12	1♍39	3♍04	4♍29	5♍53	7♍17	8♍40	10♍02	11♍24	12♍45	14♍05
/♀	20♌30	20♌53	21♌15	21♌35	21♌55	22♌13	22♌31	22♌47	23♌02	23♌17	23♌30	23♌43	23♌55	24♌07	24♌18	24♌29	24♌39	24♌49	24♌60	25♌10	25♌20	25♌31	25♌42	25♌54	26♌07	26♌20	26♌34	26♌49	27♌05	27♌22	27♌40
/♂	2♋08	2♋57	3♋46	4♋34	5♋23	6♋11	6♋59	7♋48	8♋36	9♋24	10♋12	11♋00	11♋48	12♋36	13♋24	14♋11	14♋59	15♋47	16♋34	17♋22	18♋09	18♋56	19♋44	20♋31	21♋18	22♋05	22♋52	23♋39	24♋25	25♋12	25♋59
/⚳	27♊47	28♊23	28♊59	29♊35	0♋10	0♋46	1♋21	1♋56	2♋32	3♋07	3♋42	4♋17	4♋51	5♋26	6♋01	6♋35	7♋09	7♋44	8♋18	8♋52	9♋26	9♋59	10♋33	11♋06	11♋40	12♋13	12♋46	13♋19	13♋52	14♋25	14♋57
/♃	9♎12	9♎40	10♎08	10♎36	11♎05	11♎33	12♎02	12♎31	12♎60	13♎29	13♎58	14♎27	14♎56	15♎26	15♎55	16♎25	16♎55	17♎24	17♎54	18♎24	18♎54	19♎25	19♎55	20♎25	20♎56	21♎26	21♎57	22♎28	22♎59	23♎30	24♎01
/♄	17♌08	17♌41	18♌13	18♌46	19♌18	19♌51	20♌23	20♌56	21♌28	22♌01	22♌33	23♌06	23♌38	24♌11	24♌44	25♌16	25♌49	26♌22	26♌54	27♌27	27♌60	28♌32	29♌05	29♌38	0♍11	0♍43	1♍16	1♍49	2♍22	2♍54	3♍27
/♅	28♉16	28♉44	29♉12	29♉39	0♊07	0♊35	1♊03	1♊31	1♊59	2♊26	2♊54	3♊22	3♊50	4♊18	4♊45	5♊13	5♊41	6♊09	6♊36	7♊04	7♊32	7♊60	8♊28	8♊55	9♊23	9♊51	10♊19	10♊46	11♊14	11♊42	12♊10
/♆	14♉41	15♉09	15♉37	16♉05	16♉33	17♉01	17♉29	17♉57	18♉25	18♉53	19♉21	19♉48	20♉16	20♏44	21♏12	21♏40	22♏08	22♏37	23♏05	23♏33	24♏01	24♏29	24♏57	25♏25	25♏53	26♏21	26♏49	27♏17	27♏46	28♏14	28♏42
/♇	17♎31	17♎60	18♎28	18♎56	19♎24	19♎53	20♎21	20♎49	21♎17	21♎46	22♎14	22♎43	23♎11	23♎39	24♎08	24♎36	25♎05	25♎33	26♎02	26♎30	26♎59	27♎28	27♎56	28♎25	28♎54	29♎22	29♎51	0♏20	0♏49	1♏18	1♏46
/☊	22♉48	23♉17	23♉47	24♉16	24♉45	25♉14	25♉43	26♉11	26♉38	27♉05	27♉33	28♉01	28♉29	28♉57	29♉26	29♉55	0♊25	0♊54	1♊23	1♊53	2♊22	2♊50	3♊19	3♊47	4♊16	4♊45	5♊13	5♊42	6♊11	6♊40	7♐09
☽/☿	13♉21	21♉18	29♉19	7♊23	15♊29	23♊35	1♋40	9♋42	17♋41	25♋35	3♌23	11♌03	18♌36	26♌01	3♍17	10♍27	17♍30	24♍28	1♎23	8♎18	15♎13	22♎13	29♎19	6♏32	13♏55	21♏28	29♏12	7♐06	15♐08	23♊16	1♋27
/♀	3♊08	10♊05	17♊03	24♊03	1♋01	7♋57	14♋51	21♋40	28♋24	5♌02	11♌32	17♌55	24♌09	0♍15	6♍13	12♍03	17♍47	23♍27	29♍05	4♎42	10♎21	16♎06	21♎57	27♎57	4♏08	10♏31	17♏06	23♉53	0♊49	7♊53	15♊01
/♂	14♈47	22♈09	29♈34	7♉01	14♉29	21♉55	29♉19	6♊40	13♊57	21♊09	28♊14	5♋12	12♋02	18♋44	25♋19	1♌46	8♌08	14♌25	20♌39	26♌54	3♍10	9♓31	15♓58	22♓34	29♓20	6♈16	13♈24	20♈43	28♈10	5♉43	13♉20
/⚳	10♈26	17♈35	24♈48	2♉02	9♉16	16♉30	23♉41	0♊49	7♊53	14♊51	21♊43	28♊28	5♋05	11♋34	17♋56	24♋10	0♌18	6♌22	12♌23	18♌24	24♒27	0♓34	6♓47	13♓09	19♓41	26♓25	3♈19	10♈23	17♈37	24♈56	2♉19
/♃	21♑50	28♑52	5♒57	13♒04	20♒11	27♒17	4♓22	11♍24	18♍21	25♍13	1♎60	8♎39	15♎10	21♎34	27♎50	3♏60	10♏03	16♏02	21♏59	27♏56	3♐55	9♐59	16♐09	22♐28	28♐57	5♑38	12♑30	19♑32	26♑43	4♒01	11♒22
/♄	29♉47	6♊53	14♊02	21♊13	28♊24	5♋35	12♋43	19♋48	26♋49	3♌45	10♌35	17♌18	23♌53	0♍19	6♍39	12♍51	18♍57	24♍60	0♎60	6♎59	13♎01	19♎07	25♎19	1♏41	8♏12	14♏55	21♏49	28♏53	6♊06	13♊26	20♊48
/♅	10♓54	17♓56	25♓00	2♈07	9♈13	16♈19	23♈23	0♉23	7♉20	14♉11	20♉56	27♉34	4♊04	10♊26	16♊40	22♐48	28♐49	4♑47	10♑42	16♑36	22♑33	28♑34	4♒42	10♒58	17♒25	24♒02	0♓51	7♓51	14♓59	22♓13	29♓31
/♆	27♒20	4♓21	11♓26	18♓32	25♓39	2♈45	9♈49	16♈49	23♈46	0♉37	7♉22	14♉00	20♉31	26♏53	3♐07	9♐15	15♐17	21♐15	27♐10	3♑05	9♑02	15♑03	21♑11	27♑28	3♒55	10♒33	17♒22	24♒22	1♓30	8♓45	16♓03
/♇	0♒10	7♒12	14♒17	21♒23	28♒30	5♓36	12♓41	19♓42	26♍39	3♎30	10♎16	16♎54	23♎25	29♎48	6♏03	12♏11	18♏13	24♏11	0♐07	6♐03	12♐00	18♐02	24♐11	0♑28	6♑55	13♑34	20♑24	27♑24	4♒33	11♒49	19♒08
/☊	5♓27	12♓29	19♓35	26♓43	3♈51	10♈58	18♈02	25♈03	1♉59	8♉50	15♉35	22♉12	28♉43	5♊05	11♐21	17♐30	23♐33	29♐32	5♑29	11♑25	17♑23	23♑25	29♑33	5♒50	12♒18	18♒56	25♒46	2♓46	9♓56	17♓11	24♓31
☿/♀	12♌49	13♌38	14♌26	15♌16	16♌05	16♌54	17♌42	18♌31	19♌19	20♌06	20♌53	21♌39	22♌24	23♌08	23♌51	24♌34	25♌16	25♌57	26♌38	27♌18	27♌57	28♌37	29♌16	29♌55	0♍34	1♍13	1♍52	2♍31	3♍11	3♍51	4♍31
/♂	24♊28	25♊42	26♊57	28♊14	29♊32	0♋51	2♋11	3♋31	4♋52	6♋13	7♋34	8♋55	10♋16	11♋37	12♋57	14♋17	15♋36	16♋55	18♋13	19♋30	20♋46	22♋02	23♋17	24♋31	25♋45	26♋58	28♋10	29♋21	0♌31	1♌41	2♌50
/⚳	20♊07	21♊08	22♊11	23♊15	24♊20	25♊26	26♊33	27♊40	28♊48	29♊56	1♋04	2♋12	3♋20	4♋27	5♋34	6♋40	7♋46	8♋51	9♋56	10♋60	12♋03	13♋05	14♋06	15♋07	16♋07	17♋06	18♋04	19♋02	19♋58	20♋54	21♋49
/♃	1♎31	2♎24	3♎20	4♎17	5♎15	6♎14	7♎14	8♎15	9♎16	10♎18	11♎20	12♎22	13♎25	14♎27	15♎29	16♎30	17♎31	18♎32	19♎33	20♎32	21♎32	22♎30	23♎28	24♎26	25♎23	26♎19	27♎15	28♎10	29♎05	29♎59	0♏52
/♄	9♌28	10♌26	11♌25	12♌26	13♌28	14♌31	15♌35	16♌39	17♌45	18♌50	19♌56	21♌01	22♌07	23♌12	24♌17	25♌22	26♌26	27♌29	28♌33	29♌35	0♍37	1♍38	2♍39	3♍38	4♍38	5♍36	6♍34	7♍31	8♍28	9♍23	10♍19
/♅	20♉35	21♉29	22♉23	23♉20	24♉17	25♉15	26♉15	27♉15	28♉15	29♉16	0♊16	1♊17	2♊18	3♊19	4♊19	5♊18	6♊18	7♊16	8♊15	9♊12	10♊09	11♊05	12♊01	12♊56	13♊50	14♊44	15♊37	16♊29	17♐20	18♐11	19♐01
/♆	7♉01	7♉54	8♉49	9♉45	10♉43	11♉41	12♉40	13♉40	14♉41	15♉42	16♉43	17♉44	18♉45	19♉45	20♏46	21♏46	22♏45	23♏44	24♏43	25♏41	26♏38	27♏34	28♏30	29♏26	0♐20	1♐14	2♐07	2♐60	3♐52	4♐43	5♐34
/♇	9♎51	10♎44	11♎40	12♎36	13♎34	14♎33	15♎33	16♎33	17♎34	18♎35	19♎36	20♎38	21♎39	22♎40	23♎41	24♎42	25♎42	26♎41	27♎40	28♎38	29♎36	0♏33	1♏30	2♏26	3♏21	4♏15	5♏09	6♏02	6♏55	7♏47	8♏38
/☊	15♉08	16♉02	16♉58	17♉56	18♉55	19♉55	20♉54	21♉54	22♉54	23♉55	24♉55	25♉56	26♉57	27♉58	28♉59	0♊00	1♊01	2♊02	3♊02	4♊01	4♊59	5♊56	6♊52	7♐48	8♐43	9♐37	10♐31	11♐25	12♐17	13♐09	14♐01
♀/♂	14♋14	14♋29	14♋42	14♋53	15♋04	15♋13	15♋22	15♋29	15♋35	15♋40	15♋44	15♋47	15♋50	15♋51	15♋53	15♋53	15♋54	15♋54	15♋54	15♋54	15♋54	15♋55	15♋55	15♋57	15♋58	16♋01	16♋04	16♋07	16♋12	16♋18	16♋25
/⚳	9♋53	9♋55	9♋55	9♋54	9♋52	9♋48	9♋43	9♋38	9♋31	9♋23	9♋14	9♋04	8♋53	8♋42	8♋30	8♋17	8♋04	7♋51	7♋38	7♋24	7♋11	6♋58	6♋45	6♋32	6♋20	6♋09	5♋58	5♋48	5♋39	5♋31	5♋23
/♃	21♎18	21♎11	21♎04	20♎56	20♎46	20♎36	20♎24	20♎12	19♎59	19♎45	19♎30	19♎14	18♎58	18♎41	18♎24	18♎07	17♎49	17♎32	17♎14	16♎57	16♎40	16♎23	16♎07	15♎51	15♎36	15♎22	15♎09	14♎57	14♎46	14♎36	14♎27
/♄	29♌14	29♌13	29♌09	29♌05	28♌60	28♌53	28♌45	28♌37	28♌27	28♌17	28♌05	27♌53	27♌40	27♌27	27♌13	26♌58	26♌44	26♌29	26♌14	25♌59	25♌45	25♌31	25♌17	25♌04	24♌51	24♌39	24♌28	24♌18	24♌08	24♌00	23♌53
/♅	10♊22	10♊15	10♊08	9♊59	9♊49	9♊38	9♊25	9♊12	8♊58	8♊42	8♊26	8♊09	7♊51	7♊33	7♊14	6♊55	6♊36	6♊16	5♊56	5♊37	5♊17	4♊58	4♊39	4♊21	4♊03	3♊47	3♊30	3♊15	3♊01	2♊48	2♊36
/♆	26♏47	26♏41	26♏33	26♏24	26♏14	26♏03	25♏51	25♏38	25♏24	25♏08	24♏52	24♏36	24♏18	24♏00	23♏41	23♏22	23♏03	22♏44	22♏24	22♏05	21♏46	21♏27	21♏09	20♏51	20♏33	20♉17	20♉01	19♉46	19♉33	19♉20	19♉08
/♇	29♎37	29♎31	29♎24	29♎15	29♎06	28♎55	28♎43	28♎30	28♎16	28♎02	27♎46	27♎30	27♎13	26♎55	26♎37	26♎18	25♎60	25♎41	25♎22	25♎03	24♎44	24♎26	24♎08	23♎51	23♎34	23♎18	23♎03	22♎49	22♎36	22♎23	22♎12
/☊	4♊54	4♊49	4♊43	4♊35	4♊27	4♊17	4♊05	3♊52	3♊37	3♊21	3♊05	2♊48	2♊30	2♊13	1♊55	1♊37	1♊19	1♊01	0♊43	0♊25	0♊07	29♉49	29♉31	29♉13	28♉56	28♉40	28♉25	28♉11	27♉58	27♉46	27♉35
♂/⚳	21♉32	21♉59	22♉26	22♉53	23♉19	23♉46	24♉12	24♉38	25♉04	25♉30	25♉55	26♉21	26♉46	27♉11	27♉35	27♉60	28♉24	28♉48	29♉12	29♉36	29♉60	0♊23	0♊46	1♊09	1♊31	1♊54	2♊16	2♊38	2♊60	3♊21	3♊42
/♃	2♓56	3♓16	3♓35	3♓54	4♓14	4♓33	4♓53	5♓13	5♓32	5♓52	6♓11	6♓31	6♓51	7♓10	7♓30	7♓50	8♓09	8♓29	8♓49	9♓09	9♓28	9♓48	10♓08	10♍28	10♍47	11♍07	11♍27	11♍47	12♍06	12♍26	12♍46
/♄	10♋53	11♋17	11♋40	12♋04	12♋27	12♋51	13♋14	13♋37	14♋01	14♋24	14♋47	15♋10	15♋33	15♋56	16♋18	16♋41	17♋04	17♋26	17♋49	18♋11	18♋34	18♋56	19♋18	19♋40	20♋02	20♋24	20♋46	21♋07	21♋29	21♋51	22♋12
/♅	22♈01	22♈20	22♈39	22♈58	23♈16	23♈35	23♈54	24♈12	24♈31	24♈49	25♈08	25♈26	25♈44	26♈02	26♈20	26♈38	26♈56	27♈13	27♈31	27♈49	28♈06	28♈23	28♈40	28♈58	29♈15	29♈32	29♈48	0♉05	0♉22	0♉38	0♉55
/♆	8♈26	8♈45	9♈04	9♈23	9♈42	10♈01	10♈20	10♈38	10♈57	11♈16	11♈34	11♈52	12♈11	12♈29	12♈47	13♈05	13♈23	13♈41	13♈59	14♈17	14♈35	14♈52	15♈10	15♈27	15♈45	16♈02	16♈19	16♈36	16♈53	17♈10	17♈27
/♇	11♓16	11♓35	11♓55	12♓14	12♓33	12♓53	13♓12	13♓31	13♓50	14♓09	14♓28	14♓46	15♓05	15♓24	15♓43	16♓01	16♓20	16♓38	16♓56	17♓15	17♓33	17♓51	18♓09	18♓27	18♓45	19♓03	19♓21	19♓39	19♓56	20♓14	20♓31
/☊	16♈33	16♈53	17♈14	17♈34	17♈54	18♈14	18♈33	18♈52	19♈10	19♈28	19♈46	20♈04	20♈23	20♈42	21♈01	21♈20	21♈39	21♈59	22♈18	22♈37	22♈55	23♈14	23♈32	23♈50	24♈08	24♈25	24♈43	25♈01	25♈19	25♈36	25♈54
⚳/♃	28♒35	28♒42	28♒48	28♒55	29♒02	29♒08	29♒15	29♒21	29♒28	29♒34	29♒41	29♒48	29♒54	0♓00	0♓07	0♓13	0♓20	0♓26	0♓32	0♓39	0♓45	0♓51	0♓57	1♓03	1♓09	1♓15	1♓21	1♓27	1♓33	1♓39	1♓44
/♄	6♋32	6♋43	6♋54	7♋04	7♋15	7♋25	7♋36	7♋46	7♋56	8♋06	8♋16	8♋26	8♋36	8♋46	8♋55	9♋05	9♋14	9♋23	9♋32	9♋41	9♋50	9♋59	10♋07	10♋16	10♋24	10♋32	10♋40	10♋48	10♋56	11♋03	11♋11
/♅	17♈40	17♈46	17♈52	17♈58	18♈04	18♈10	18♈16	18♈21	18♈27	18♈32	18♈37	18♈42	18♈47	18♈52	18♈57	19♈02	19♈06	19♈10	19♈14	19♈19	19♈22	19♈26	19♈30	19♈33	19♈37	19♈40	19♈43	19♈46	19♈48	19♈51	19♈53
/♆	4♈05	4♈11	4♈17	4♈24	4♈30	4♈36	4♈41	4♈47	4♈53	4♈58	5♈04	5♈09	5♈14	5♈19	5♈24	5♈29	5♈34	5♈38	5♈43	5♈47	5♈51	5♈55	5♈59	6♈03	6♈07	6♈10	6♈13	6♈17	6♈20	6♈23	6♈26
/♇	6♓55	7♓02	7♓08	7♓15	7♓21	7♓27	7♓33	7♓40	7♓46	7♓51	7♓57	8♓03	8♓09	8♓14	8♓19	8♓25	8♓30	8♓35	8♓40	8♓45	8♓49	8♓54	8♓59	9♓03	9♓07	9♓11	9♓15	9♓19	9♓23	9♓27	9♓30
/☊	12♈12	12♈19	12♈27	12♈35	12♈42	12♈49	12♈55	13♈01	13♈06	13♈11	13♈16	13♈21	13♈26	13♈32	13♈38	13♈44	13♈50	13♈56	14♈01	14♈07	14♈12	14♈17	14♈21	14♈25	14♈30	14♈34	14♈38	14♈41	14♈45	14♈49	14♈53
♃/♄	17♎56	17♎59	18♎03	18♎06	18♎10	18♎13	18♎17	18♎21	18♎25	18♎29	18♎33	18♎37	18♎41	18♎46	18♎50	18♎55	18♎59	19♎04	19♎09	19♎14	19♎19	19♎24	19♎29	19♎35	19♎40	19♎45	19♎51	19♎57	20♎02	20♎08	20♎14
/♅	29♑04	29♑02	29♑01	28♑60	28♑59	28♑58	28♑57	28♑56	28♑55	28♑54	28♑54	28♑53	28♑52	28♑52	28♑52	28♑51	28♑51	28♑51	28♑51	28♑51	28♑51	28♑51	28♑52	28♑52	28♑53	28♑53	28♑54	28♑54	28♑55	28♑56	28♑57
/♆	15♑29	15♑28	15♑26	15♑25	15♑24	15♑23	15♑22	15♑22	15♑21	15♑20	15♑20	15♑19	15♑19	15♑19	15♑19	15♑19	15♑19	15♑19	15♑19	15♑19	15♑20	15♑20	15♑21	15♑22	15♑22	15♑23	15♑24	15♑25	15♑27	15♑28	15♑29
/♇	18♐19	18♐18	18♐17	18♐16	18♐16	18♐15	18♐14	18♐14	18♐14	18♐14	18♐13	18♐13	18♐14	18♐14	18♐14	18♐15	18♐15	18♐16	18♐16	18♐17	18♐18	18♐19	18♐20	18♐22	18♐23	18♐25	18♐26	18♐28	18♐30	18♐31	18♐33
/☊	23♑36	23♑36	23♑36	23♑36	23♑37	23♑37	23♑36	23♑36	23♑34	23♑33	23♑32	23♑31	23♑31	23♑31	23♑32	23♑33	23♑35	23♑36	23♑38	23♑39	23♑41	23♑42	23♑43	23♑44	23♑45	23♑47	23♑48	23♑50	23♑52	23♑54	23♑56
♄/♅	7♊01	7♊03	7♊06	7♊09	7♊12	7♊15	7♊18	7♊20	7♊23	7♊26	7♊29	7♊32	7♊35	7♊37	7♊40	7♊43	7♊46	7♊48	7♊51	7♊54	7♊57	7♊59	8♊02	8♊05	8♊07	8♊10	8♊13	8♊15	8♊18	8♊21	8♊23
/♆	23♏26	23♏29	23♏32	23♏35	23♏38	23♏41	23♏43	23♏46	23♏49	23♏52	23♏55	23♏58	24♏01	24♏04	24♏07	24♏10	24♏13	24♏16	24♏19	24♏22	24♏25	24♏28	24♏31	24♏34	24♏37	24♏40	24♏43	24♏46	24♏49	24♏52	24♏55
/♇	26♎16	26♎19	26♎22	26♎26	26♎29	26♎32	26♎36	26♎39	26♎42	26♎46	26♎49	26♎52	26♎56	26♎59	27♎03	27♎06	27♎10	27♎13	27♎17	27♎20	27♎24	27♎27	27♎31	27♎34	27♎38	27♎42	27♎45	27♎49	27♎52	27♎56	27♎60
/☊	1♊33	1♊37	1♊41	1♊46	1♊50	1♊54	1♊57	2♊00	2♊03	2♊05	2♊08	2♊10	2♊13	2♊17	2♊21	2♊25	2♊29	2♊34	2♊38	2♊42	2♊46	2♊50	2♊53	2♊57	3♊00	3♊04	3♊07	3♊11	3♊15	3♊19	3♊22
♅/♆	4♓33	4♓32	4♓30	4♓28	4♓27	4♓25	4♓23	4♓21	4♓20	4♓18	4♓16	4♓14	4♓13	4♓11	4♓09	4♓07	4♓05	4♓03	4♓01	3♓59	3♓57	3♓56	3♓54	3♓52	3♓50	3♓48	3♓46	3♓44	3♓42	3♓40	3♓38
/♇	7♒24	7♒22	7♒21	7♒19	7♒18	7♒17	7♒15	7♒14	7♒13	7♒11	7♒10	7♒08	7♒07	7♒06	7♒04	7♒03	7♒01	7♒00	6♒59	6♒57	6♒56	6♒54	6♒53	6♒52	6♒50	6♒49	6♒48	6♒46	6♒45	6♒44	6♒42
/☊	12♓41	12♓40	12♓40	12♓39	12♓39	12♓38	12♓37	12♓35	12♓33	12♓31	12♓28	12♓26	12♓25	12♓23	12♓22	12♓22	12♓21	12♓21	12♓20	12♓19	12♓18	12♓17	12♓16	12♓14	12♓13	12♓11	12♓10	12♓09	12♓08	12♓06	12♓05
♆/♇	23♑49	23♑48	23♑46	23♑45	23♑44	23♑42	23♑41	23♑40	23♑39	23♑37	23♑36	23♑35	23♑34	23♑32	23♑31	23♑30	23♑29	23♑28	23♑27	23♑26	23♑25	23♑23	23♑22	23♑21	23♑20	23♑19	23♑18	23♑17	23♑16	23♑16	23♑15
/☊	29♒06	29♒05	29♒05	29♒05	29♒05	29♒04	29♒03	29♒01	28♒59	28♒57	28♒55	28♒53	28♒51	28♒50	28♒49	28♒49	28♒49	28♒48	28♒48	28♒48	28♒47	28♒46	28♒45	28♒44	28♒43	28♒42	28♒41	28♒40	28♒39	28♒38	28♒37
♇/☊	1♒56	1♒56	1♒56	1♒56	1♒56	1♒56	1♒55	1♒54	1♒52	1♒50	1♒48	1♒47	1♒46	1♒45	1♒45	1♒45	1♒45	1♒45	1♒46	1♒46	1♒45	1♒45	1♒45	1♒44	1♒43	1♒43	1♒42	1♒42	1♒42	1♒42	1♒42

August 2007

September 2007

	1	2	3	4	5	6	7	8	9	10
☉/☽	2♋24	10♋09	17♋50	25♋24	2♌51	10♌09	17♌20	24♌23	1♍20	8♍09
/☿	15♍25	16♍44	18♍03	19♍21	20♍38	21♍55	23♍11	24♍27	25♍42	26♍56
/♀	27♌59	28♌19	28♌41	29♌04	29♌28	29♌53	0♍20	0♍47	1♍16	1♍46
/♂	26♋45	27♋32	28♋18	29♋04	29♋50	0♌36	1♌22	2♌08	2♌54	3♌40
/⚳	15♋30	16♋02	16♋34	17♋06	17♋38	18♋10	18♋42	19♋13	19♋44	20♋15
/♃	24♎32	25♎03	25♎35	26♎06	26♎38	27♎09	27♎41	28♎13	28♎45	29♎17
/♄	3♍60	4♍33	5♍06	5♍38	6♍11	6♍44	7♍17	7♍50	8♍23	8♍56
/♅	12♊38	13♊06	13♊33	14♊01	14♊29	14♊57	15♊25	15♊53	16♊21	16♐49
/♆	29♏10	29♏39	0♐07	0♐35	1♐03	1♐32	2♐00	2♐29	2♐57	3♐25
/♇	2♏15	2♏44	3♏13	3♏42	4♏11	4♏40	5♏09	5♏38	6♏08	6♏37
/☊	7♐38	8♐07	8♐36	9♐05	9♐34	10♐03	10♐33	11♐02	11♐32	12♐01
☽/☿	9♋37	17♋44	25♋45	3♌39	11♌25	19♌02	26♌31	3♍51	11♍04	18♍10
/♀	22♊11	29♊19	6♋23	13♋22	20♋15	27♋00	3♌39	10♌12	16♌39	23♌00
/♂	20♉57	28♉31	6♊00	13♊22	20♊37	27♊44	4♋42	11♋33	18♋17	24♋53
/⚳	9♉42	17♉02	24♉16	1♊25	8♊25	15♊17	22♊01	28♊38	5♋07	11♋29
/♃	18♒44	26♒03	3♓17	10♓24	17♍24	24♍17	1♎01	7♎38	14♎08	20♎31
/♄	28♊12	5♋32	12♋48	19♋57	26♋58	3♌51	10♌37	17♌15	23♌45	0♍09
/♅	6♈49	14♈05	21♈16	28♈19	5♉16	12♉04	18♉45	25♉18	1♊43	8♊02
/♆	23♓22	0♈38	7♈49	14♈53	21♈50	28♈39	5♉20	11♉53	18♉20	24♏39
/♇	26♒27	3♓44	10♓55	18♓00	24♓58	1♎47	8♎29	15♎03	21♎30	27♎51
/☊	1♈50	9♈07	16♈18	23♈23	0♉21	7♉11	13♉53	20♉27	26♉54	3♊15
☿/♀	5♍12	5♍54	6♍36	7♍19	8♍02	8♍46	9♍30	10♍15	11♍01	11♍47
/♂	3♌58	5♌06	6♌13	7♌19	8♌24	9♌29	10♌33	11♌36	12♌39	13♌40
/⚳	22♋43	23♋37	24♋29	25♋21	26♋12	27♋02	27♋52	28♋41	29♋29	0♌16
/♃	1♏45	2♏38	3♏29	4♏21	5♏12	6♏02	6♏52	7♏41	8♏30	9♏18
/♄	11♍13	12♍07	13♍00	13♍53	14♍45	15♍37	16♍27	17♍18	18♍07	18♍56
/♅	19♐51	20♐40	21♐28	22♐16	23♐03	23♐50	24♐35	25♐21	26♐05	26♐49
/♆	6♐24	7♐13	8♐02	8♐50	9♐37	10♐24	11♐11	11♐56	12♐42	13♐26
/♇	9♏29	10♏19	11♏08	11♏57	12♏45	13♏33	14♏20	15♏06	15♏52	16♏37
/☊	14♐51	15♐41	16♐31	17♐20	18♐08	18♐56	19♐43	20♐30	21♐16	22♐02
♀/♂	16♋32	16♋41	16♋51	17♋02	17♋14	17♋27	17♋41	17♋57	18♋13	18♋31
/⚳	5♋17	5♋12	5♋07	5♋04	5♋02	5♋01	5♋01	5♋02	5♋04	5♋07
/♃	14♎19	14♎13	14♎08	14♎04	14♎01	14♎00	14♎00	14♎02	14♎04	14♎08
/♄	23♌47	23♌42	23♌39	23♌36	23♌35	23♌35	23♌36	23♌38	23♌42	23♌47
/♅	2♊25	2♊15	2♊06	1♊59	1♊53	1♊48	1♊44	1♊41	1♊40	1♊40
/♆	18♉57	18♉48	18♉40	18♉33	18♉27	18♉23	18♉19	18♉17	18♉16	18♉16
/♇	22♎02	21♎54	21♎46	21♎40	21♎35	21♎31	21♎28	21♎27	21♎27	21♎28
/☊	27♉25	27♉17	27♉09	27♉03	26♉58	26♉54	26♉52	26♉51	26♉51	26♉52
♂/⚳	4♊03	4♊24	4♊44	5♊05	5♊24	5♊44	6♊03	6♊23	6♊41	6♊60
/♃	13♍05	13♍25	13♍45	14♍04	14♍24	14♍43	15♍03	15♍22	15♍42	16♍01
/♄	22♋33	22♋54	23♋16	23♋37	23♋57	24♋18	24♋39	24♋59	25♋20	25♋40
/♅	1♉11	1♉27	1♉43	1♉59	2♉15	2♉31	2♉47	3♉02	3♉18	3♉33
/♆	17♈44	18♈00	18♈17	18♈33	18♈50	19♈06	19♈22	19♈38	19♈54	20♈10
/♇	20♓49	21♓06	21♓23	21♓40	21♓57	22♓14	22♓31	22♓48	23♓05	23♓21
/☊	26♈11	26♈29	26♈46	27♈03	27♈20	27♈37	27♈55	28♈12	28♈29	28♈45
⚳/♃	1♓50	1♓56	2♓01	2♓06	2♓12	2♓17	2♓22	2♓27	2♓32	2♓37
/♄	11♋18	11♋25	11♋32	11♋39	11♋45	11♋52	11♋58	12♋04	12♋10	12♋16
/♅	19♈56	19♈58	19♈60	20♈02	20♈03	20♈05	20♈06	20♈07	20♈08	20♈09
/♆	6♈28	6♈31	6♈33	6♈35	6♈38	6♈39	6♈41	6♈43	6♈44	6♈46
/♇	9♓33	9♓37	9♓40	9♓43	9♓45	9♓48	9♓50	9♓53	9♓55	9♓57
/☊	14♈56	14♈59	15♈02	15♈05	15♈08	15♈11	15♈14	15♈17	15♈19	15♈21
♃/♄	20♎20	20♎26	20♎32	20♎38	20♎45	20♎51	20♎58	21♎04	21♎11	21♎17
/♅	28♑58	28♑59	29♑00	29♑01	29♑03	29♑04	29♑06	29♑07	29♑09	29♑10
/♆	15♑30	15♑32	15♑34	15♑35	15♑37	15♑39	15♑41	15♑43	15♑45	15♑47
/♇	18♐35	18♐38	18♐40	18♐42	18♐45	18♐47	18♐50	18♐53	18♐56	18♐58
/☊	23♑58	24♑00	24♑03	24♑05	24♑08	24♑10	24♑13	24♑16	24♑20	24♑23
♄/♅	8♊26	8♊28	8♊31	8♊34	8♊36	8♊39	8♊41	8♊44	8♊46	8♊49
/♆	24♏58	25♏01	25♏04	25♏07	25♏11	25♏14	25♏17	25♏20	25♏23	25♏26
/♇	28♎03	28♎07	28♎11	28♎15	28♎18	28♎22	28♎26	28♎29	28♎33	28♎37
/☊	3♊26	3♊30	3♊34	3♊37	3♊41	3♊45	3♊49	3♊53	3♊57	4♊01
♅/♆	3♓36	3♓34	3♓32	3♓30	3♓28	3♓26	3♓25	3♓23	3♓21	3♓19
/♇	6♒41	6♒40	6♒39	6♒37	6♒36	6♒35	6♒34	6♒33	6♒31	6♒30
/☊	12♓04	12♓03	12♓01	12♓00	11♓59	11♓58	11♓57	11♓56	11♓55	11♓55
♆/♇	23♑14	23♑13	23♑12	23♑11	23♑10	23♑10	23♑09	23♑08	23♑08	23♑07
/☊	28♒37	28♒36	28♒35	28♒34	28♒33	28♒33	28♒32	28♒32	28♒32	28♒31
♇/☊	1♒42	1♒41	1♒41	1♒41	1♒41	1♒41	1♒42	1♒42	1♒42	1♒43

	11	12	13	14	15	16	17	18	19	20
☉/☽	14♍53	21♍30	28♍04	4♎33	10♎59	17♎24	23♎48	0♏15	6♏45	13♏22
/☿	28♍10	29♍23	0♎36	1♎48	2♎59	4♎10	5♎21	6♎30	7♎39	8♎47
/♀	2♍18	2♍50	3♍24	3♍58	4♍34	5♍11	5♍48	6♍27	7♍07	7♍47
/♂	4♌25	5♌11	5♌56	6♌41	7♌26	8♌11	8♌56	9♌41	10♌26	11♌10
/⚳	20♋46	21♋17	21♋48	22♋18	22♋49	23♋19	23♋49	24♋19	24♋48	25♋18
/♃	29♎49	0♏21	0♏54	1♏26	1♏59	2♏31	3♏04	3♏37	4♏09	4♏42
/♄	9♍28	10♍01	10♍34	11♍07	11♍40	12♍13	12♍46	13♍19	13♍52	14♍24
/♅	17♐17	17♐45	18♐13	18♐41	19♐09	19♐37	20♐05	20♐33	21♐01	21♐29
/♆	3♐54	4♐22	4♐51	5♐19	5♐48	6♐17	6♐45	7♐14	7♐42	8♐11
/♇	7♏06	7♏35	8♏04	8♏34	9♏03	9♏32	10♏02	10♏31	11♏01	11♏30
/☊	12♐30	12♐59	13♐28	13♐56	14♐24	14♐52	15♐21	15♐49	16♐18	16♐47
☽/☿	25♍09	2♎02	8♎49	15♎32	22♎11	28♎48	5♏25	12♏02	18♏43	25♏29
/♀	29♌17	5♍29	11♍37	17♍42	23♍46	29♍49	5♎52	11♎59	18♎11	24♎29
/♂	1♌24	7♌49	14♌09	20♌25	26♌38	2♍49	9♍00	15♍13	21♍30	27♓52
/⚳	17♋45	23♋56	0♌01	6♌02	12♌01	17♌57	23♌53	29♒51	5♓52	11♓60
/♃	26♎48	2♏60	9♏07	15♏10	21♏10	27♏09	3♐08	9♐09	15♐13	21♐24
/♄	6♍27	12♍40	18♍47	24♍51	0♎52	6♎51	12♎50	18♎51	24♎56	1♏06
/♅	14♊16	20♐23	26♐26	2♑25	8♑21	14♑15	20♑09	26♑05	2♒05	8♒11
/♆	0♐53	7♐01	13♐04	19♐03	24♐60	0♑55	6♑49	12♑46	18♑46	24♑53
/♇	4♏05	10♏14	16♏18	22♏18	28♏15	4♐11	10♐06	16♐03	22♐05	28♐12
/☊	9♐29	15♐38	21♐41	27♐40	3♑36	9♑30	15♑25	21♑21	27♑22	3♒29
☿/♀	12♍34	13♍21	14♍09	14♍57	15♍46	16♍35	17♍25	18♍14	19♍04	19♍54
/♂	14♌41	15♌42	16♌41	17♌40	18♌39	19♌36	20♌33	21♌28	22♌23	23♌17
/⚳	1♌03	1♌48	2♌33	3♌18	4♌01	4♌43	5♌25	6♌06	6♌46	7♌25
/♃	10♏05	10♏53	11♏39	12♏25	13♏11	13♏56	14♏40	15♏24	16♏07	16♏50
/♄	19♍45	20♍32	21♍20	22♍06	22♍52	23♍37	24♍22	25♍06	25♍49	26♍32
/♅	27♐33	28♐16	28♐58	29♐40	0♑21	1♑01	1♑41	2♑20	2♑59	3♑36
/♆	14♐10	14♐54	15♐36	16♐19	17♐00	17♐41	18♐21	19♐01	19♐40	20♐18
/♇	17♏22	18♏06	18♏50	19♏33	20♏15	20♏57	21♏38	22♏19	22♏58	23♏38
/☊	22♐47	23♐30	24♐13	24♐55	25♐36	26♐17	26♐57	27♐36	28♐15	28♐54
♀/♂	18♋49	19♋09	19♋29	19♋51	20♋13	20♋36	21♋00	21♋25	21♋51	22♋17
/⚳	5♋10	5♋15	5♋21	5♋28	5♋35	5♋44	5♋53	6♋03	6♋14	6♋25
/♃	14♎13	14♎19	14♎27	14♎36	14♎45	14♎56	15♎08	15♎21	15♎35	15♎50
/♄	23♌52	23♌59	24♌07	24♌17	24♌27	24♌38	24♌50	25♌03	25♌17	25♌32
/♅	1♊41	1♊43	1♊46	1♊50	1♊55	2♊02	2♊09	2♊17	2♊26	2♊36
/♆	18♉18	18♉20	18♉24	18♉29	18♉35	18♉41	18♉49	18♉58	19♉08	19♉18
/♇	21♎30	21♎33	21♎38	21♎43	21♎50	21♎57	22♎06	22♎15	22♎26	22♎37
/☊	26♉54	26♉57	27♉01	27♉06	27♉11	27♉17	27♉25	27♉33	27♉43	27♉54
♂/⚳	7♊18	7♊36	7♊54	8♊11	8♊28	8♊45	9♊01	9♊17	9♊33	9♊48
/♃	16♍21	16♍40	16♍59	17♍19	17♍38	17♍57	18♍16	18♍35	18♍54	19♍13
/♄	26♋00	26♋20	26♋40	26♋60	27♋19	27♋38	27♋58	28♋17	28♋36	28♋55
/♅	3♉48	4♉03	4♉18	4♉33	4♉48	5♉02	5♉17	5♉31	5♉45	5♉59
/♆	20♈25	20♈41	20♈56	21♈12	21♈27	21♈42	21♈57	22♈12	22♈27	22♈41
/♇	23♓38	23♓54	24♓10	24♓26	24♓42	24♓58	25♓14	25♓29	25♓45	26♓00
/☊	29♈02	29♈18	29♈33	29♈49	0♉03	0♉18	0♉32	0♉47	1♉02	1♉17
⚳/♃	2♓42	2♓47	2♓51	2♓56	3♓00	3♓04	3♓09	3♓13	3♓17	3♓20
/♄	12♋21	12♋27	12♋32	12♋37	12♋41	12♋46	12♋50	12♋55	12♋59	13♋02
/♅	20♈09	20♈10	20♈10	20♈10	20♈10	20♈10	20♈09	20♈09	20♈08	20♈07
/♆	6♈47	6♈48	6♈48	6♈49	6♈49	6♈50	6♈50	6♈50	6♈49	6♈49
/♇	9♓59	10♓00	10♓02	10♓03	10♓05	10♓06	10♓07	10♓07	10♓08	10♓08
/☊	15♈23	15♈25	15♈25	15♈26	15♈26	15♈26	15♈25	15♈25	15♈25	15♈25
♃/♄	21♎24	21♎31	21♎38	21♎44	21♎51	21♎58	22♎05	22♎13	22♎20	22♎27
/♅	29♑12	29♑14	29♑16	29♑18	29♑20	29♑22	29♑24	29♑27	29♑29	29♑32
/♆	15♑49	15♑52	15♑54	15♑57	15♑59	16♑02	16♑05	16♑08	16♑11	16♑14
/♇	19♐01	19♐05	19♐08	19♐11	19♐14	19♐18	19♐22	19♐25	19♐29	19♐33
/☊	24♑26	24♑29	24♑31	24♑33	24♑36	24♑38	24♑40	24♑43	24♑46	24♑49
♄/♅	8♊51	8♊54	8♊56	8♊59	9♊01	9♊04	9♊06	9♊09	9♊11	9♊14
/♆	25♏29	25♏32	25♏35	25♏38	25♏41	25♏44	25♏47	25♏50	25♏53	25♏56
/♇	28♎41	28♎45	28♎48	28♎52	28♎56	28♎60	29♎03	29♎07	29♎11	29♎15
/☊	4♊05	4♊09	4♊12	4♊14	4♊17	4♊20	4♊22	4♊25	4♊28	4♊31
♅/♆	3♓17	3♓15	3♓13	3♓11	3♓09	3♓08	3♓06	3♓04	3♓02	3♓00
/♇	6♒29	6♒28	6♒27	6♒26	6♒25	6♒23	6♒22	6♒21	6♒20	6♒19
/☊	11♓53	11♓52	11♓50	11♓48	11♓46	11♓43	11♓41	11♓39	11♓37	11♓36
♆/♇	23♑06	23♑06	23♑05	23♑04	23♑04	23♑03	23♑03	23♑02	23♑02	23♑01
/☊	28♒31	28♒30	28♒28	28♒27	28♒25	28♒23	28♒21	28♒20	28♒19	28♒18
♇/☊	1♒43	1♒42	1♒42	1♒41	1♒40	1♒39	1♒38	1♒37	1♒37	1♒37

	21	22	23	24	25	26	27	28	29	30
☉/☽	20♏07	27♏02	4♐09	11♐30	19♐04	26♐50	4♋45	12♋45	20♋47	28♋45
/☿	9♎55	11♎02	12♎07	13♎13	14♎17	15♎20	16♎22	17♎24	18♎24	19♎22
/♀	8♍29	9♍11	9♍54	10♍38	11♍22	12♍08	12♍54	13♍41	14♍28	15♍17
/♂	11♌54	12♌39	13♌23	14♌07	14♌50	15♌34	16♌18	17♌01	17♌44	18♌27
/⚳	25♋47	26♋16	26♋45	27♋14	27♋43	28♋11	28♋39	29♋08	29♋35	0♌03
/♃	5♏15	5♏49	6♏22	6♏55	7♏28	8♏02	8♏35	9♏09	9♏42	10♏16
/♄	14♍57	15♍30	16♍03	16♍36	17♍09	17♍42	18♍15	18♍48	19♍20	19♍53
/♅	21♐57	22♐25	22♐54	23♐22	23♐50	24♐18	24♐47	25♐15	25♐43	26♐11
/♆	8♐40	9♐09	9♐37	10♐06	10♐35	11♐04	11♐33	12♐01	12♐30	12♐59
/♇	11♏60	12♏29	12♏59	13♏28	13♏58	14♏28	14♏57	15♏27	15♏57	16♏27
/☊	17♐17	17♐46	18♐17	18♐47	19♐16	19♐45	20♐14	20♐42	21♐09	21♐37
☽/☿	2♐23	9♐26	16♐41	24♐08	1♑47	9♑38	17♑36	25♑39	3♌42	11♌40
/♀	0♏57	7♏36	14♏28	21♉33	28♉53	6♊25	14♊08	21♊57	29♊47	7♋34
/♂	4♈23	11♈03	17♈56	25♈02	2♉21	9♉52	17♉32	25♉17	3♊03	10♊45
/⚳	18♓15	24♓41	1♈19	8♈10	15♈13	22♈29	29♈53	7♉23	14♉54	22♉21
/♃	27♐44	4♑13	10♑55	17♑51	24♑59	2♒19	9♒49	17♒24	25♒01	2♓34
/♄	7♏26	13♏55	20♏37	27♏32	4♊40	11♊59	19♊29	27♊03	4♋39	12♋11
/♅	14♒25	20♒50	27♒27	4♓17	11♓21	18♓36	26♓00	3♈30	11♈01	18♈29
/♆	1♒08	7♒33	14♒11	21♒02	28♒05	5♓21	12♓46	20♓17	27♓49	5♈17
/♇	4♑28	10♑54	17♑32	24♑24	1♒29	8♒45	16♒11	23♒43	1♓15	8♓44
/☊	9♒45	16♒11	22♒50	29♒42	6♓47	14♓03	21♓28	28♓57	6♈27	13♈54
☿/♀	20♍45	21♍35	22♍26	23♍16	24♍06	24♍56	25♍46	26♍35	27♍24	28♍12
/♂	24♌11	25♌03	25♌54	26♌45	27♌34	28♌22	29♌09	29♌55	0♍39	1♍22
/⚳	8♌03	8♌41	9♌17	9♌52	10♌26	10♌59	11♌31	12♌01	12♌31	12♌58
/♃	17♏32	18♏13	18♏53	19♏33	20♏12	20♏50	21♏27	22♏03	22♏38	23♏11
/♄	27♍14	27♍55	28♍35	29♍14	29♍52	0♎30	1♎06	1♎41	2♎16	2♎48
/♅	4♑13	4♑50	5♑25	5♑60	6♑34	7♑06	7♑38	8♑09	8♑38	9♑06
/♆	20♐56	21♐33	22♐09	22♐44	23♐18	23♐52	24♐24	24♐55	25♐25	25♐54
/♇	24♏16	24♏54	25♏30	26♏06	26♏42	27♏16	27♏49	28♏21	28♏52	29♏22
/☊	29♐33	0♑11	0♑48	1♑25	1♑60	2♑33	3♑05	3♑36	4♑04	4♑32
♀/♂	22♋44	23♋12	23♋41	24♋10	24♋40	25♋10	25♋41	26♋12	26♋44	27♋17
/⚳	6♋37	6♋50	7♋03	7♋17	7♋32	7♋47	8♋03	8♋19	8♋35	8♋52
/♃	16♎05	16♎22	16♎40	16♎58	17♎18	17♎38	17♎58	18♎20	18♎42	19♎05
/♄	25♌47	26♌04	26♌21	26♌39	26♌58	27♌18	27♌38	27♌59	28♌20	28♌43
/♅	2♊47	2♊59	3♊12	3♊25	3♊39	3♊54	4♊10	4♊26	4♊43	5♊01
/♆	19♉30	19♏42	19♏55	20♏09	20♏24	20♏40	20♏56	21♏13	21♏30	21♏49
/♇	22♎50	23♎03	23♎17	23♎32	23♎47	24♎04	24♎21	24♎38	24♎57	25♎16
/☊	28♉07	28♉20	28♉35	28♉50	29♉05	29♉21	29♉37	29♉53	0♊09	0♊26
♂/⚳	10♊03	10♊18	10♊32	10♊46	10♊60	11♊13	11♊26	11♊39	11♊51	12♊03
/♃	19♍31	19♍50	20♍09	20♍27	20♍46	21♍04	21♍22	21♍40	21♍58	22♍16
/♄	29♋13	29♋32	29♋50	0♌08	0♌26	0♌44	1♌02	1♌19	1♌36	1♌53
/♅	6♉13	6♉27	6♉40	6♉54	7♉07	7♉20	7♉33	7♉46	7♉59	8♉11
/♆	22♈56	23♈10	23♈24	23♈38	23♈52	24♈06	24♈19	24♈33	24♈46	24♈59
/♇	26♓16	26♍31	26♍46	27♍01	27♍15	27♍30	27♍44	27♍59	28♍13	28♍27
/☊	1♉32	1♉48	2♉03	2♉19	2♉33	2♉47	3♉01	3♉13	3♉25	3♉36
⚳/♃	3♓24	3♓28	3♓31	3♓35	3♓38	3♓41	3♓44	3♓47	3♓49	3♓52
/♄	13♋06	13♋09	13♋13	13♋16	13♋18	13♋21	13♋23	13♋25	13♋27	13♋29
/♅	20♈06	20♈05	20♈03	20♈01	19♈59	19♈57	19♈55	19♈53	19♈50	19♈47
/♆	6♈48	6♈48	6♈47	6♈46	6♈44	6♈43	6♈41	6♈39	6♈37	6♈35
/♇	10♓08	10♓08	10♓08	10♓08	10♓08	10♓07	10♓06	10♓05	10♓04	10♓03
/☊	15♈25	15♈26	15♈26	15♈26	15♈26	15♈24	15♈22	15♈20	15♈16	15♈12
♃/♄	22♎34	22♎42	22♎49	22♎56	23♎04	23♎11	23♎19	23♎27	23♎34	23♎42
/♅	29♑34	29♑37	29♑39	29♑42	29♑45	29♑48	29♑51	29♑54	29♑57	0♒00
/♆	16♑17	16♑20	16♑23	16♑26	16♑30	16♑33	16♑37	16♑41	16♑44	16♑48
/♇	19♐37	19♐41	19♐45	19♐49	19♐53	19♐57	20♐02	20♐06	20♐11	20♐16
/☊	24♑53	24♑58	25♑02	25♑07	25♑11	25♑15	25♑18	25♑21	25♑23	25♑25
♄/♅	9♊16	9♊18	9♊21	9♊23	9♊26	9♊28	9♊30	9♊33	9♊35	9♊37
/♆	25♏59	26♏02	26♏05	26♏08	26♏10	26♏13	26♏16	26♏19	26♏22	26♏25
/♇	29♎19	29♎22	29♎26	29♎30	29♎34	29♎38	29♎41	29♎45	29♎49	29♎53
/☊	4♊35	4♊40	4♊44	4♊48	4♊52	4♊55	4♊58	4♊59	5♊01	5♊02
♅/♆	2♓59	2♓57	2♓55	2♓53	2♓52	2♓50	2♓48	2♓47	2♓45	2♓43
/♇	6♒18	6♒18	6♒17	6♒16	6♒15	6♒14	6♒13	6♒12	6♒12	6♒11
/☊	11♓35	11♓35	11♓34	11♓34	11♓33	11♓31	11♓29	11♓27	11♓24	11♓21
♆/♇	23♑01	23♑01	23♑00	22♑60	22♑60	22♑59	22♑59	22♑59	22♑59	22♑59
/☊	28♒18	28♒18	28♒18	28♒18	28♒18	28♒17	28♒15	28♒13	28♒11	28♒08
♇/☊	1♒38	1♒39	1♒40	1♒40	1♒41	1♒41	1♒40	1♒39	1♒38	1♒36

September 2007

October 2007

	1	2	3	4	5	6	7	8	9	10	11	12	13	14	15	16
☉/☽	6♌35	14♌15	21♌44	29♌00	6♍06	13♍02	19♍50	26♍32	3♎08	9♎40	16♎09	22♎36	29♎02	5♏27	11♏52	18♏19
/☿	20♎20	21♎16	22♎10	23♎03	23♎54	24♎43	25♎29	26♎13	26♎55	27♎33	28♎09	28♎41	29♎09	29♎34	29♎55	0♏11
/♀	16♍05	16♍55	17♍45	18♍36	19♍27	20♍18	21♍11	22♍03	22♍56	23♍50	24♍44	25♍39	26♍33	27♍29	28♍24	29♍20
/♂	19♌10	19♌53	20♌36	21♌18	22♌00	22♌42	23♌24	24♌06	24♌48	25♌29	26♌10	26♌51	27♌32	28♌12	28♌52	29♌32
/⚷	0♌31	0♌58	1♌25	1♌53	2♌19	2♌46	3♌13	3♌39	4♌05	4♌31	4♌57	5♌23	5♌48	6♌14	6♌39	7♌04
/♃	10♏50	11♏24	11♏58	12♏32	13♏06	13♏40	14♏15	14♏49	15♏23	15♏58	16♏33	17♏07	17♏42	18♏17	18♏52	19♏27
/♄	20♍26	20♍59	21♍32	22♍05	22♍38	23♍10	23♍43	24♍16	24♍49	25♍22	25♍55	26♍27	27♍00	27♍33	28♍06	28♍38
/♅	26♐40	27♐08	27♐37	28♐05	28♐34	29♐02	29♐31	29♐59	0♑28	0♑57	1♑25	1♑54	2♑23	2♑52	3♑20	3♑49
/♆	13♐28	13♐57	14♐26	14♐55	15♐25	15♐54	16♐23	16♐52	17♐21	17♐51	18♐20	18♐49	19♐19	19♐48	20♐17	20♐47
/♇	16♏57	17♏26	17♏56	18♏26	18♏56	19♏26	19♏56	20♏26	20♏56	21♏27	21♏57	22♏27	22♏57	23♏27	23♏58	24♏28
/☊	22♐04	22♐32	23♐01	23♐31	24♐01	24♐31	25♐02	25♐31	26♐00	26♐29	26♐56	27♐22	27♐48	28♐13	28♐39	29♐05
☽/☿	19♌29	27♌06	4♍30	11♍40	18♍38	25♍23	1♎59	8♎25	14♎43	20♎55	27♎00	2♏60	8♏54	14♏45	20♏31	26♏15
/♀	15♋14	22♋45	0♌04	7♌13	14♌10	20♌59	27♌40	4♍15	10♍45	17♍11	23♍35	29♍57	6♎18	12♎39	19♎01	25♎25
/♂	18♊19	25♊43	2♋55	9♋55	16♋44	23♋23	29♋54	6♌18	12♌36	18♌50	25♌01	1♍10	7♍17	13♍23	19♍29	25♍37
/⚷	29♉40	6♊48	13♊45	20♊30	27♊03	3♋27	9♋42	15♋51	21♋54	27♋53	3♌48	9♌42	15♌33	21♌24	27♒16	3♓09
/♃	9♓59	17♍14	24♍17	1♎09	7♎50	14♎21	20♎44	27♎01	3♏12	9♏19	15♏24	21♏26	27♏27	3♐27	9♐28	15♐31
/♄	19♋35	26♋49	3♌51	10♌42	17♌21	23♌51	0♍13	6♍28	12♍37	18♍43	24♍46	0♎46	6♎45	12♎43	18♎42	24♎43
/♅	25♈49	2♉58	9♉56	16♉42	23♉17	29♉43	6♊00	12♊11	18♐16	24♐18	0♑16	6♑13	12♑08	18♑02	23♑57	29♑54
/♆	12♈37	19♈47	26♈46	3♉33	10♉08	16♉34	22♏52	29♏04	5♐10	11♐12	17♐11	23♐08	29♐04	4♑59	10♑54	16♑51
/♇	16♓05	23♓16	0♎16	7♎03	13♎40	20♎07	26♎26	2♏38	8♏45	14♏48	20♏48	26♏46	2♐42	8♐38	14♐34	20♐33
/☊	21♈13	28♈22	5♉21	12♉08	18♉45	25♉12	1♊31	7♐43	13♐49	19♐50	25♐47	1♑41	7♑33	13♑24	19♑15	25♑09
☿/♀	28♍59	29♍46	0♎31	1♎15	1♎58	2♎40	3♎19	3♎57	4♎32	5♎05	5♎35	6♎02	6♎26	6♎47	7♎03	7♎16
/♂	2♍04	2♍44	3♍22	3♍58	4♍32	5♍04	5♍33	5♍59	6♍23	6♍44	7♍01	7♍15	7♍24	7♍30	7♍32	7♍28
/⚷	13♌24	13♌49	14♌11	14♌32	14♌51	15♌07	15♌21	15♌32	15♌41	15♌46	15♌48	15♌47	15♌41	15♌32	15♌18	15♌00
/♃	23♏44	24♏15	24♏44	25♏12	25♏38	26♏01	26♏23	26♏42	26♏59	27♏13	27♏24	27♏31	27♏35	27♏35	27♏31	27♏23
/♄	3♎20	3♎50	4♎18	4♎44	5♎09	5♎32	5♎52	6♎10	6♎25	6♎37	6♎46	6♎51	6♎53	6♎51	6♎45	6♎34
/♅	9♑33	9♑59	10♑23	10♑45	11♑05	11♑23	11♑39	11♑53	12♑04	12♑12	12♑16	12♑18	12♑16	12♑10	11♑60	11♑45
/♆	26♐22	26♐48	27♐12	27♐35	27♐56	28♐15	28♐31	28♐46	28♐57	29♐06	29♐11	29♐13	29♐11	29♐06	28♐57	28♐43
/♇	29♏50	0♐17	0♐42	1♐06	1♐28	1♐47	2♐05	2♐20	2♐32	2♐42	2♐48	2♐51	2♐50	2♐46	2♐37	2♐24
/☊	4♑58	5♑23	5♑47	6♑10	6♑32	6♑52	7♑10	7♑25	7♑36	7♑43	7♑47	7♑46	7♑40	7♑31	7♑18	7♑01
♀/♂	27♋49	28♋23	28♋56	29♋30	0♌05	0♌39	1♌14	1♌49	2♌25	3♌00	3♌36	4♌12	4♌48	5♌25	6♌01	6♌38
/⚷	9♋10	9♋28	9♋46	10♋05	10♋24	10♋43	11♋02	11♋22	11♋42	12♋03	12♋23	12♋44	13♋05	13♋27	13♋48	14♋10
/♃	19♎29	19♎54	20♎19	20♎44	21♎10	21♎37	22♎04	22♎32	23♎01	23♎29	23♎59	24♎29	24♎59	25♎29	26♎00	26♎32
/♄	29♌05	29♌29	29♌52	0♍17	0♍42	1♍07	1♍33	1♍59	2♍26	2♍53	3♍21	3♍49	4♍17	4♍46	5♍15	5♍44
/♅	5♊19	5♊38	5♊57	6♊17	6♊38	6♊59	7♊21	7♊43	8♊05	8♊28	8♊52	9♊15	9♊40	10♊04	10♊29	10♊55
/♆	22♏07	22♏27	22♏47	23♏08	23♏29	23♏51	24♏13	24♏35	24♏59	25♏22	25♏46	26♏11	26♏35	27♏01	27♏26	27♏52
/♇	25♎36	25♎56	26♎17	26♎38	27♎01	27♎23	27♎46	28♎10	28♎34	28♎58	29♎23	29♎48	0♏14	0♏40	1♏07	1♏34
/☊	0♊43	1♊02	1♊22	1♊43	2♊05	2♊28	2♊51	3♊15	3♊38	4♊00	4♊22	4♊43	5♊04	5♊26	5♊47	6♐10
♂/⚷	12♊15	12♊26	12♊37	12♊47	12♊57	13♊07	13♊16	13♊25	13♊34	13♊42	13♊49	13♊57	14♊04	14♊10	14♊16	14♊22
/♃	22♍34	22♍52	23♍09	23♍27	23♍44	24♍01	24♍18	24♍35	24♍52	25♍08	25♍25	25♍41	25♍57	26♍13	26♍29	26♍44
/♄	2♌10	2♌27	2♌43	2♌59	3♌15	3♌31	3♌47	4♌02	4♌17	4♌32	4♌47	5♌01	5♌15	5♌29	5♌43	5♌56
/♅	8♉24	8♉36	8♉48	8♉60	9♉12	9♉23	9♉34	9♉45	9♉56	10♉07	10♉17	10♉28	10♉38	10♉48	10♉57	11♉07
/♆	25♈12	25♈25	25♈38	25♈50	26♈02	26♈15	26♈26	26♈38	26♈50	27♈01	27♈12	27♈23	27♈34	27♈44	27♈54	28♈04
/♇	28♍41	28♍54	29♍08	29♍21	29♍34	29♍47	29♍60	0♎12	0♎25	0♎37	0♎49	1♎01	1♎12	1♎24	1♎35	1♎46
/☊	3♉48	4♉00	4♉13	4♉25	4♉39	4♉52	5♉05	5♉17	5♉29	5♉39	5♉48	5♉56	6♉03	6♉09	6♉15	6♉22
⚷/♃	3♓55	3♓57	3♓59	4♓01	4♓03	4♓05	4♓07	4♓08	4♓09	4♓11	4♓12	4♓13	4♓14	4♓15	4♓15	4♓16
/♄	13♋31	13♋32	13♋33	13♋34	13♋34	13♋35	13♋35	13♋35	13♋35	13♋35	13♋34	13♋33	13♋32	13♋31	13♋29	13♋28
/♅	19♈44	19♈41	19♈38	19♈34	19♈31	19♈27	19♈23	19♈18	19♈14	19♈09	19♈05	18♈60	18♈55	18♈49	18♈44	18♈39
/♆	6♈33	6♈30	6♈27	6♈25	6♈21	6♈18	6♈15	6♈11	6♈07	6♈03	5♈59	5♈55	5♈51	5♈46	5♈41	5♈36
/♇	10♓01	9♓59	9♓57	9♓55	9♓53	9♓51	9♓48	9♓45	9♓43	9♓39	9♓36	9♓33	9♓29	9♓25	9♓21	9♓17
/☊	15♈09	15♈05	15♈02	14♈60	14♈58	14♈56	14♈53	14♈50	14♈46	14♈41	14♈35	14♈28	14♈19	14♈11	14♈02	13♈54
♃/♄	23♎50	23♎58	24♎05	24♎13	24♎21	24♎29	24♎37	24♎45	24♎53	25♎01	25♎09	25♎17	25♎26	25♎34	25♎42	25♎50
/♅	0♒04	0♒07	0♒10	0♒14	0♒17	0♒21	0♒25	0♒28	0♒32	0♒36	0♒40	0♒44	0♒48	0♒52	0♒57	1♒01
/♆	16♑52	16♑56	16♑60	17♑04	17♑08	17♑12	17♑17	17♑21	17♑26	17♑30	17♑35	17♑39	17♑44	17♑49	17♑54	17♑59
/♇	20♐20	20♐25	20♐30	20♐35	20♐40	20♐45	20♐50	20♐55	21♐01	21♐06	21♐12	21♐17	21♐23	21♐28	21♐34	21♐40
/☊	25♑28	25♑31	25♑35	25♑39	25♑45	25♑50	25♑55	26♑00	26♑05	26♑08	26♑10	26♑12	26♑13	26♑14	26♑15	26♑16
♄/♅	9♊40	9♊42	9♊44	9♊46	9♊49	9♊51	9♊53	9♊55	9♊58	9♊60	10♊02	10♊04	10♊06	10♊08	10♊11	10♊13
/♆	26♏28	26♏31	26♏34	26♏37	26♏40	26♏43	26♏45	26♏48	26♏51	26♏54	26♏57	26♏59	27♏02	27♏05	27♏08	27♏10
/♇	29♎56	0♏00	0♏04	0♏08	0♏11	0♏15	0♏19	0♏22	0♏26	0♏30	0♏34	0♏37	0♏41	0♏44	0♏48	0♏52
/☊	5♊04	5♊06	5♊09	5♊12	5♊16	5♊20	5♊24	5♊27	5♊30	5♊32	5♊32	5♊32	5♊31	5♊30	5♊29	5♊28
♅/♆	2♓42	2♓40	2♓39	2♓37	2♓36	2♓34	2♓33	2♓31	2♓30	2♓29	2♓27	2♓26	2♓25	2♓24	2♓22	2♓21
/♇	6♒10	6♒09	6♒09	6♒08	6♒07	6♒07	6♒06	6♒06	6♒05	6♒05	6♒04	6♒04	6♒03	6♒03	6♒03	6♒02
/☊	11♓18	11♓15	11♓14	11♓13	11♓12	11♓12	11♓11	11♓11	11♓09	11♓07	11♓03	10♓59	10♓54	10♓49	10♓43	10♓39
♆/♇	22♑59	22♑58	22♑58	22♑58	22♑58	22♑58	22♑58	22♑58	22♑59	22♑59	22♑59	22♑59	22♑59	22♑60	22♑60	23♑00
/☊	28♒06	28♒04	28♒03	28♒03	28♒03	28♒03	28♒04	28♒03	28♒03	28♒01	27♒58	27♒54	27♒50	27♒45	27♒41	27♒37
♇/☊	1♒34	1♒33	1♒33	1♒34	1♒35	1♒36	1♒37	1♒38	1♒38	1♒37	1♒35	1♒32	1♒28	1♒24	1♒21	1♒18

17	18	19	20	21	22	23	24	25	26	27	28	29	30	31	
24♏50	1♐26	8♐09	15♐01	22♐05	29♐22	6♑54	14♑40	22♑38	0♒44	8♌54	17♌02	25♌02	2♍50	10♍25	☉/☽
0♏23	0♏31	0♏35	0♏35	0♏32	0♏27	0♏19	0♏12	0♏04	29♎58	29♎55	29♎56	0♏01	0♏11	0♏27	/☿
0♎17	1♎13	2♎10	3♎08	4♎05	5♎03	6♎02	7♎00	7♎59	8♎58	9♎57	10♎57	11♎57	12♎57	13♎57	/♀
0♍12	0♍52	1♍31	2♍10	2♍49	3♍28	4♍06	4♍44	5♍22	5♍59	6♍36	7♍13	7♍50	8♍26	9♍02	/♂
7♌29	7♌54	8♌19	8♌43	9♌08	9♌32	9♌56	10♌20	10♌44	11♌08	11♌32	11♌55	12♌19	12♌42	13♌06	/⚷
20♏02	20♏37	21♏12	21♏47	22♏22	22♏57	23♏33	24♏08	24♏44	25♏19	25♏55	26♏30	27♏06	27♏42	28♏18	/♃
29♍11	29♍44	0♎17	0♎49	1♎22	1♎55	2♎27	2♎60	3♎32	4♎05	4♎37	5♎10	5♎42	6♎15	6♎47	/♄
4♑18	4♑47	5♑16	5♑45	6♑14	6♑43	7♑12	7♑41	8♑10	8♑39	9♑09	9♑38	10♑07	10♑37	11♑06	/♅
21♐16	21♐46	22♐16	22♐45	23♐15	23♐44	24♐14	24♐44	25♐14	25♐43	26♐13	26♐43	27♐13	27♐43	28♐13	/♆
24♏58	25♏29	25♏59	26♏30	27♏00	27♏31	28♏01	28♏32	29♏02	29♏33	0♐04	0♐34	1♐05	1♐36	2♐06	/♇
29♐32	29♐60	0♑29	0♑59	1♑29	1♑59	2♑29	2♑58	3♑25	3♑52	4♑17	4♑43	5♑08	5♑35	6♑03	/☊
1♐59	7♐43	13♐30	19♐23	25♐25	1♑37	8♑01	14♑40	21♑30	28♋31	5♌38	12♌47	19♌52	26♌51	3♍41	☽/☿
1♏52	8♏25	15♏06	21♏56	28♏58	6♐13	13♊44	21♊28	29♊25	7♋31	15♋40	23♋48	1♌48	9♌36	17♌11	/♀
1♎48	8♈04	14♈26	20♈58	27♈41	4♉38	11♉48	19♉12	26♉48	4♊32	12♊19	20♊04	27♊41	5♋06	12♋16	/♂
9♓05	15♓06	21♓14	27♓31	4♈00	10♈42	17♈38	24♈48	2♉10	9♉41	17♉14	24♉46	2♊10	9♊22	16♊20	/⚷
21♐37	27♐48	4♑07	10♑35	17♑15	24♑07	1♒15	8♒36	16♒10	23♒52	1♓38	9♓21	16♓57	24♍21	1♎32	/♃
0♏47	6♏56	13♏12	19♏37	26♏14	3♐05	10♊09	17♊28	24♊58	2♋38	10♋20	18♋01	25♋33	2♌54	10♌01	/♄
5♒54	11♒59	18♒11	24♒33	1♓06	7♓53	14♓54	22♓09	29♓36	7♈12	14♈52	22♈29	29♈58	7♉16	14♉20	/♅
22♑52	28♑58	5♒11	11♒33	18♒07	24♒55	1♓56	9♓12	16♓40	24♓16	1♈56	9♈34	17♈04	24♈22	1♉27	/♆
26♐34	2♑41	8♑55	15♑18	21♑53	28♑41	5♒43	12♒60	20♒28	28♒06	5♓46	13♓25	20♓56	28♍15	5♎20	/♇
1♒07	7♒11	13♒24	19♒47	26♒21	3♓09	10♓11	17♓26	24♓51	2♈24	10♈00	17♈33	24♈59	2♉14	9♉17	/☊
7♎25	7♎30	7♎32	7♎30	7♎25	7♎18	7♎09	6♎60	6♎52	6♎45	6♎42	6♎42	6♎47	6♎57	7♎14	☿/♀
7♍21	7♍09	6♍53	6♍32	6♍08	5♍42	5♍13	4♍44	4♍14	3♍46	3♍20	2♍58	2♍40	2♍27	2♍19	/♂
14♌38	14♌11	13♌40	13♌05	12♌27	11♌46	11♌03	10♌20	9♌37	8♌55	8♌16	7♌40	7♌09	6♌43	6♌22	/⚷
27♏10	26♏54	26♏33	26♏09	25♏42	25♏12	24♏40	24♏08	23♏36	23♏06	22♏39	22♏15	21♏56	21♏42	21♏34	/♃
6♎20	6♎01	5♎38	5♎11	4♎41	4♎09	3♎35	2♎60	2♎25	1♎52	1♎22	0♎55	0♎33	0♎15	0♎04	/♄
11♑27	11♑04	10♑37	10♑07	9♑33	8♑57	8♑19	7♑41	7♑03	6♑27	5♑53	5♑23	4♑57	4♑37	4♑22	/♅
28♐25	28♐03	27♐37	27♐07	26♐34	25♐59	25♐21	24♐44	24♐06	23♐30	22♐57	22♐28	22♐03	21♐43	21♐29	/♆
2♐07	1♐46	1♐21	0♐52	0♐20	29♏45	29♏09	28♏32	27♏55	27♏20	26♏48	26♏19	25♏55	25♏36	25♏23	/♇
6♑40	6♑17	5♑50	5♑21	4♑48	4♑13	3♑36	2♑57	2♑18	1♑39	1♑02	0♑28	29♐59	29♐35	29♐19	/☊
7♌14	7♌51	8♌28	9♌05	9♌42	10♌19	10♌55	11♌32	12♌09	12♌46	13♌23	13♌59	14♌36	15♌12	15♌49	♀/♂
14♋31	14♋53	15♋16	15♋38	16♋00	16♋23	16♋46	17♋08	17♋32	17♋55	18♋18	18♋41	19♋05	19♋29	19♋52	/⚷
27♎04	27♎36	28♎09	28♎41	29♎15	29♎48	0♏22	0♏57	1♏31	2♏06	2♏41	3♏16	3♏52	4♏28	5♏04	/♃
6♍13	6♍43	7♍13	7♍44	8♍15	8♍46	9♍17	9♍48	10♍20	10♍52	11♍24	11♍56	12♍29	13♍01	13♍34	/♄
11♊20	11♊46	12♊13	12♊40	13♊07	13♊34	14♊02	14♊30	14♊58	15♐26	15♐55	16♐24	16♐53	17♐23	17♐53	/♅
28♏19	28♏45	29♏12	29♏40	0♐07	0♐35	1♐04	1♐32	2♐01	2♐30	2♐59	3♐29	3♐59	4♐29	4♐59	/♆
2♏01	2♏28	2♏56	3♏24	3♏53	4♏22	4♏51	5♏20	5♏50	6♏20	6♏50	7♏20	7♏51	8♏22	8♏53	/♇
6♐34	6♐59	7♐26	7♐53	8♐22	8♐50	9♐18	9♐46	10♐13	10♐38	11♐04	11♐29	11♐55	12♐21	12♐49	/☊
14♊27	14♊32	14♊36	14♊40	14♊44	14♊47	14♊50	14♊52	14♊54	14♊56	14♊57	14♊58	14♊58	14♊58	14♊57	♂/⚷
26♍59	27♍14	27♍29	27♍44	27♍58	28♍13	28♍27	28♍40	28♍54	29♍07	29♍20	29♍33	29♍45	29♍57	0♎09	/♃
6♌09	6♌22	6♌34	6♌46	6♌58	7♌10	7♌21	7♌32	7♌42	7♌53	8♌03	8♌12	8♌21	8♌30	8♌39	/♄
11♉16	11♉25	11♉34	11♉42	11♉50	11♉58	12♉06	12♉13	12♉20	12♉27	12♉34	12♉40	12♉46	12♉52	12♉57	/♅
28♈14	28♈24	28♈33	28♈42	28♈51	28♈60	29♈08	29♈16	29♈24	29♈31	29♈38	29♈45	29♈52	29♈58	0♉04	/♆
1♎56	2♎07	2♎17	2♎27	2♎36	2♎46	2♎55	3♎04	3♎12	3♎21	3♎29	3♎37	3♎44	3♎51	3♎58	/♇
6♉29	6♉37	6♉46	6♉56	7♉05	7♉14	7♉23	7♉30	7♉35	7♉40	7♉43	7♉45	7♉48	7♉50	7♉54	/☊
4♓16	4♓17	4♓17	4♓17	4♓17	4♓17	4♓17	4♓17	4♓16	4♓16	4♓15	4♓15	4♓14	4♓14	4♓13	⚷/♃
13♋26	13♋24	13♋22	13♋19	13♋17	13♋14	13♋11	13♋08	13♋05	13♋02	12♋58	12♋54	12♋51	12♋47	12♋43	/♄
18♈33	18♈27	18♈21	18♈15	18♈09	18♈03	17♈56	17♈50	17♈43	17♈36	17♈29	17♈22	17♈15	17♈08	17♈01	/♅
5♈31	5♈26	5♈21	5♈15	5♈10	5♈04	4♈58	4♈52	4♈46	4♈40	4♈34	4♈27	4♈21	4♈15	4♈08	/♆
9♓13	9♓09	9♓04	8♓60	8♓55	8♓50	8♓45	8♓40	8♓35	8♓30	8♓24	8♓19	8♓13	8♓07	8♓02	/♇
13♈46	13♈40	13♈34	13♈29	13♈24	13♈19	13♈13	13♈06	12♈58	12♈48	12♈38	12♈27	12♈17	12♈07	11♈58	/☊
25♎58	26♎06	26♎15	26♎23	26♎31	26♎40	26♎48	26♎56	27♎04	27♎13	27♎21	27♎29	27♎38	27♎46	27♎54	♃/♄
1♒05	1♒10	1♒14	1♒19	1♒23	1♒28	1♒33	1♒38	1♒42	1♒47	1♒52	1♒57	2♒03	2♒08	2♒13	/♅
18♑04	18♑09	18♑14	18♑19	18♑24	18♑29	18♑35	18♑40	18♑46	18♑51	18♑57	19♑02	19♑08	19♑14	19♑20	/♆
21♐46	21♐51	21♐57	22♐03	22♐10	22♐16	22♐22	22♐28	22♐34	22♐41	22♐47	22♐54	23♐00	23♐07	23♐13	/♇
26♑19	26♑22	26♑27	26♑32	26♑38	26♑44	26♑50	26♑54	26♑57	26♑60	27♑01	27♑02	27♑04	27♑06	27♑10	/☊
10♊15	10♊17	10♊19	10♊21	10♊23	10♊25	10♊27	10♊29	10♊31	10♊33	10♊35	10♊37	10♊39	10♊41	10♊43	♄/♅
27♏13	27♏16	27♏19	27♏21	27♏24	27♏27	27♏29	27♏32	27♏34	27♏37	27♏40	27♏42	27♏45	27♏47	27♏50	/♆
0♏55	0♏59	1♏02	1♏06	1♏09	1♏13	1♏16	1♏20	1♏23	1♏27	1♏30	1♏33	1♏37	1♏40	1♏43	/♇
5♊28	5♊30	5♊32	5♊35	5♊38	5♊41	5♊44	5♐46	5♐46	5♐45	5♐44	5♐42	5♐40	5♐39	5♐39	/☊
2♓20	2♓19	2♓18	2♓17	2♓16	2♓15	2♓14	2♓13	2♓12	2♓12	2♓11	2♓10	2♓09	2♓09	2♓08	♅/♆
6♒02	6♒02	6♒02	6♒02	6♒01	6♒01	6♒01	6♒01	6♒01	6♒01	6♒01	6♒01	6♒01	6♒02	6♒02	/♇
10♓35	10♓33	10♓31	10♓30	10♓30	10♓30	10♓29	10♓27	10♓24	10♓20	10♓15	10♓10	10♓05	10♓01	9♓58	/☊
23♑01	23♑01	23♑01	23♑02	23♑02	23♑03	23♑03	23♑04	23♑04	23♑05	23♑06	23♑06	23♑07	23♑08	23♑09	♆/♇
27♒34	27♒32	27♒31	27♒31	27♒31	27♒31	27♒31	27♒30	27♒27	27♒24	27♒20	27♒15	27♒11	27♒07	27♒05	/☊
1♒16	1♒15	1♒14	1♒15	1♒16	1♒17	1♒18	1♒18	1♒16	1♒13	1♒10	1♒06	1♒03	0♒60	0♒58	♇/☊

October 2007

November 2007

	1	2	3	4	5	6	7	8	9	10	11	12	13	14	15
☉/☽	17♍45	24♍51	1♎45	8♎30	15♎07	21♎38	28♎07	4♏33	10♏59	17♏25	23♏51	0♐19	6♐50	13♐23	20♐01
/☿	0♏49	1♏16	1♏49	2♏28	3♏11	3♏59	4♏51	5♏47	6♏46	7♏49	8♏53	9♏60	11♏09	12♏19	13♏30
/♀	14♎58	15♎59	16♎60	18♎01	19♎02	20♎04	21♎06	22♎08	23♎10	24♎12	25♎15	26♎17	27♎20	28♎23	29♎26
/♂	9♍38	10♍13	10♍48	11♍23	11♍57	12♍31	13♍05	13♍38	14♍11	14♍44	15♍16	15♍48	16♍19	16♍50	17♍20
/⚳	13♌29	13♌53	14♌16	14♌39	15♌02	15♌25	15♌49	16♌12	16♌35	16♒58	17♒21	17♒44	18♒08	18♒31	18♒54
/♃	28♏54	29♏29	0♐05	0♐41	1♐18	1♐54	2♐30	3♐06	3♐42	4♐19	4♐55	5♐32	6♐08	6♐45	7♐21
/♄	7♎20	7♎52	8♎25	8♎57	9♎29	10♎02	10♎34	11♎06	11♎39	12♎11	12♎43	13♎15	13♎47	14♎19	14♎51
/♅	11♑35	12♑05	12♑34	13♑04	13♑33	14♑03	14♑33	15♑02	15♑32	16♑02	16♑32	17♑02	17♑31	18♑01	18♑31
/♆	28♐43	29♐13	29♐43	0♑13	0♑43	1♑13	1♑43	2♑14	2♑44	3♑14	3♑44	4♑15	4♑45	5♑16	5♑46
/♇	2♐37	3♐08	3♐39	4♐10	4♐41	5♐12	5♐43	6♐13	6♐45	7♐16	7♐47	8♐18	8♐49	9♐20	9♐51
/☊	6♑31	7♑01	7♑31	8♑02	8♑31	8♑60	9♑27	9♑53	10♑17	10♑41	11♑04	11♑27	11♑51	12♑16	12♑42
☽/☿	10♍23	16♍56	23♍24	29♍46	6♎07	12♎26	18♎47	25♎09	1♏34	8♏01	14♏32	21♏07	27♏45	4♐29	11♐18
/♀	24♌32	1♍39	8♍34	15♍20	21♍58	28♍31	5♎01	11♎29	17♎57	24♎25	0♏54	7♏24	13♏57	20♏33	27♏13
/♂	19♋12	25♋53	2♌23	8♌42	14♌53	20♌59	27♌00	2♍60	8♍58	14♍56	20♍55	26♍54	2♎56	8♎60	15♈08
/⚳	23♊03	29♊33	5♋50	11♋58	17♋58	23♋53	29♋44	5♌33	11♌22	17♒11	23♒00	28♒51	4♓44	10♓41	16♓41
/♃	8♎28	15♎10	21♎40	28♎00	4♏13	10♏21	16♏25	22♏28	28♏30	4♐31	10♐34	16♐38	22♐45	28♐54	5♑08
/♄	16♌54	23♌33	29♌59	6♍16	12♍25	18♍29	24♍30	0♎28	6♎26	12♎23	18♎22	24♎22	0♏24	6♏29	12♏39
/♅	21♉09	27♉45	4♊09	10♊23	16♐29	22♐30	28♐28	4♑24	10♑19	16♑15	22♑11	28♑08	4♒08	10♒11	16♒19
/♆	8♉17	14♉53	21♏17	27♏32	3♐39	9♐41	15♐39	21♐35	27♐31	3♑27	9♑23	15♑22	21♑22	27♑25	3♒33
/♇	12♎11	18♎48	25♎13	1♏29	7♏36	13♏39	19♏38	25♏35	1♐32	7♐28	13♐26	19♐24	25♐26	1♑30	7♑38
/☊	16♉05	22♉41	29♉06	5♐20	11♐27	17♐27	23♐22	29♐14	5♑04	10♑53	16♑43	22♑34	28♑27	4♒26	10♒30
☿/♀	7♎36	8♎04	8♎38	9♎18	10♎02	10♎52	11♎46	12♎43	13♎44	14♎49	15♎55	17♎04	18♎16	19♎28	20♎43
/♂	2♍16	2♍19	2♍27	2♍40	2♍57	3♍19	3♍45	4♍14	4♍46	5♍20	5♍57	6♍35	7♍14	7♍55	8♍37
/⚳	6♌07	5♌58	5♌54	5♌56	6♌02	6♌13	6♌29	6♌47	7♌10	7♌35	8♌02	8♌32	9♌03	9♌36	10♌11
/♃	21♏32	21♏35	21♏44	21♏58	22♏18	22♏42	23♏10	23♏42	24♏17	24♏55	25♏36	26♏19	27♏04	27♏50	28♏37
/♄	29♍58	29♍58	0♎03	0♎14	0♎29	0♎50	1♎14	1♎42	2♎13	2♎47	3♎24	4♎02	4♎43	5♎25	6♎08
/♅	4♑13	4♑10	4♑13	4♑21	4♑33	4♑51	5♑13	5♑38	6♑07	6♑38	7♑12	7♑49	8♑27	9♑07	9♑48
/♆	21♐21	21♐18	21♐21	21♐30	21♐43	22♐01	22♐23	22♐49	23♐19	23♐51	24♐25	25♐02	25♐41	26♐21	27♐02
/♇	25♏15	25♏13	25♏17	25♏26	25♏41	25♏59	26♏22	26♏49	27♏19	27♏52	28♏27	29♏05	29♏44	0♐25	1♐07
/☊	29♐09	29♐07	29♐10	29♐18	29♐31	29♐48	0♑07	0♑28	0♑52	1♑17	1♑44	2♑14	2♑46	3♑21	3♑59
♀/♂	16♌25	17♌01	17♌37	18♌13	18♌49	19♌24	19♌59	20♌34	21♌09	21♌44	22♌18	22♌52	23♌26	23♌59	24♌33
/⚳	20♋16	20♋40	21♋05	21♋29	21♋54	22♋18	22♋43	23♋08	23♋33	23♋58	24♋23	24♋49	25♋15	25♋40	26♋06
/♃	5♏41	6♏17	6♏54	7♏31	8♏09	8♏46	9♏24	10♏02	10♏40	11♏19	11♏57	12♏36	13♏15	13♏54	14♏33
/♄	14♍07	14♍40	15♍14	15♍47	16♍21	16♍54	17♍28	18♍02	18♍37	19♍11	19♍45	20♍20	20♍54	21♍29	22♍04
/♅	18♐23	18♐53	19♐23	19♐54	20♐25	20♐56	21♐27	21♐58	22♐30	23♐02	23♐34	24♐06	24♐38	25♐11	25♐44
/♆	5♐30	6♐01	6♐32	7♐03	7♐34	8♐06	8♐38	9♐10	9♐42	10♐14	10♐47	11♐19	11♐52	12♐25	12♐58
/♇	9♏24	9♏56	10♏28	10♏60	11♏32	12♏04	12♏37	13♏10	13♏43	14♏16	14♏49	15♏22	15♏56	16♏29	17♏03
/☊	13♐19	13♐49	14♐20	14♐52	15♐22	15♐52	16♐21	16♐49	17♐15	17♐41	18♐06	18♐31	18♐58	19♐25	19♐55
♂/⚳	14♊56	14♊55	14♊53	14♊51	14♊49	14♊46	14♊42	14♊38	14♊34	14♊30	14♊25	14♊19	14♊13	14♊07	14♊01
/♃	0♎21	0♎32	0♎43	0♎54	1♎04	1♎14	1♎24	1♎33	1♎42	1♎50	1♎59	2♎06	2♎14	2♎21	2♎28
/♄	8♌47	8♌55	9♌02	9♌09	9♌16	9♌22	9♌28	9♌33	9♌38	9♌42	9♌46	9♌50	9♌53	9♌56	9♌58
/♅	13♉03	13♉07	13♉12	13♉16	13♉20	13♉23	13♉26	13♉29	13♉31	13♉33	13♉35	13♉36	13♉37	13♉38	13♉38
/♆	0♉10	0♉15	0♉20	0♉25	0♉29	0♉33	0♉37	0♉40	0♉43	0♉46	0♉48	0♉50	0♉51	0♉52	0♉53
/♇	4♎04	4♎11	4♎16	4♎22	4♎27	4♎32	4♎36	4♎40	4♎44	4♎47	4♎50	4♎53	4♎55	4♎56	4♎58
/☊	7♉59	8♉04	8♉09	8♉14	8♉18	8♉20	8♉21	8♉19	8♉16	8♉12	8♉07	8♉02	7♉57	7♉52	7♉49
⚳/♃	4♓12	4♓11	4♓11	4♓10	4♓09	4♓08	4♓07	4♓06	4♓06	4♓05	4♓04	4♓03	4♓03	4♓02	4♓01
/♄	12♋38	12♋34	12♋30	12♋25	12♋21	12♋16	12♋11	12♋07	12♋02	11♋57	11♋52	11♋47	11♋42	11♋37	11♋32
/♅	16♈54	16♈47	16♈39	16♈32	16♈25	16♈17	16♈10	16♈03	15♈55	15♈48	15♈41	15♈33	15♈26	15♈19	15♈12
/♆	4♈01	3♈55	3♈48	3♈41	3♈34	3♈28	3♈21	3♈14	3♈07	3♈00	2♈53	2♈47	2♈40	2♈33	2♈26
/♇	7♓56	7♓50	7♓44	7♓38	7♓32	7♓26	7♓20	7♓14	7♓08	7♓02	6♓55	6♓49	6♓43	6♓37	6♓31
/☊	11♈50	11♈43	11♈36	11♈30	11♈22	11♈14	11♈04	10♈53	10♈40	10♈27	10♈12	9♈58	9♈45	9♈33	9♈23
♃/♄	28♎03	28♎11	28♎19	28♎28	28♎36	28♎44	28♎53	29♎01	29♎09	29♎17	29♎26	29♎34	29♎42	29♎50	29♎59
/♅	2♒18	2♒24	2♒29	2♒35	2♒40	2♒46	2♒51	2♒57	3♒03	3♒09	3♒14	3♒20	3♒26	3♒32	3♒38
/♆	19♑26	19♑32	19♑38	19♑44	19♑50	19♑56	20♑02	20♑08	20♑15	20♑21	20♑27	20♑34	20♑40	20♑47	20♑53
/♇	23♐20	23♐27	23♐34	23♐40	23♐47	23♐54	24♐01	24♐08	24♐15	24♐22	24♐29	24♐37	24♐44	24♐51	24♐58
/☊	27♑14	27♑20	27♑26	27♑32	27♑38	27♑42	27♑46	27♑47	27♑48	27♑47	27♑46	27♑46	27♑46	27♑47	27♑50
♄/♅	10♊45	10♊46	10♊48	10♊50	10♊52	10♊54	10♊55	10♊57	10♊59	11♊01	11♊02	11♊04	11♊06	11♊07	11♊09
/♆	27♏52	27♏54	27♏57	27♏59	28♏02	28♏04	28♏06	28♏08	28♏11	28♏13	28♏15	28♏17	28♏19	28♏22	28♏24
/♇	1♏46	1♏50	1♏53	1♏56	1♏59	2♏02	2♏05	2♏08	2♏11	2♏14	2♏17	2♏20	2♏23	2♏26	2♏29
/☊	5♐41	5♐43	5♐45	5♐48	5♐50	5♐50	5♐50	5♐47	5♐44	5♐39	5♐34	5♐29	5♐25	5♐22	5♐20
♅/♆	2♓08	2♓07	2♓06	2♓06	2♓06	2♓05	2♓05	2♓04	2♓04	2♓04	2♓04	2♓04	2♓04	2♓04	2♓04
/♇	6♒02	6♒02	6♒02	6♒03	6♒03	6♒04	6♒04	6♒04	6♒05	6♒05	6♒06	6♒07	6♒07	6♒08	6♒08
/☊	9♓56	9♓55	9♓55	9♓55	9♓54	9♓52	9♓48	9♓44	9♓37	9♓30	9♓23	9♓16	9♓09	9♓04	8♓60
♆/♇	23♑09	23♑10	23♑11	23♑12	23♑13	23♑14	23♑15	23♑16	23♑17	23♑18	23♑19	23♑20	23♑21	23♑22	23♑23
/☊	27♒03	27♒03	27♒03	27♒04	27♒03	27♒02	26♒59	26♒55	26♒49	26♒43	26♒36	26♒29	26♒23	26♒18	26♒15
♇/☊	0♒58	0♒58	0♒59	1♒00	1♒01	1♒00	0♒58	0♒55	0♒50	0♒44	0♒38	0♒32	0♒26	0♒22	0♒20

	16	17	18	19	20	21	22	23	24	25	26	27	28	29	30
☉/☽	26♐45	3♑36	10♑37	17♑50	25♑16	2♒55	10♒47	18♒50	26♒59	5♍08	13♍13	21♍07	28♍47	6♎12	13♎23
/☿	14♏43	15♏57	17♏11	18♏26	19♏41	20♏57	22♏14	23♏30	24♏47	26♏04	27♏21	28♏38	29♏56	1♐13	2♐30
/♀	0♏29	1♏33	2♏36	3♏40	4♏44	5♏48	6♏52	7♏56	8♏60	10♏04	11♏09	12♏13	13♏18	14♏23	15♏28
/♂	17♍51	18♍20	18♍50	19♍19	19♍47	20♍15	20♍43	21♍10	21♍37	22♍03	22♍29	22♍55	23♍20	23♍45	24♍09
/⚳	19♒18	19♒41	20♒04	20♒28	20♒52	21♒15	21♒39	22♒03	22♒27	22♒51	23♒16	23♒40	24♒05	24♒30	24♒54
/♃	7♐58	8♐34	9♐11	9♐48	10♐24	11♐01	11♐38	12♐15	12♐52	13♐28	14♐05	14♐42	15♐19	15♐56	16♐33
/♄	15♎23	15♎55	16♎27	16♎59	17♎31	18♎03	18♎35	19♎07	19♎38	20♎10	20♎42	21♎13	21♎45	22♎16	22♎48
/♅	19♑01	19♑31	20♑01	20♑32	21♑02	21♑32	22♑02	22♑32	23♑03	23♑33	24♑03	24♑34	25♑04	25♑35	26♑05
/♆	6♑17	6♑47	7♑18	7♑48	8♑19	8♑49	9♑20	9♑51	10♑21	10♑52	11♑23	11♑54	12♑24	12♑55	13♑26
/♇	10♐22	10♐53	11♐25	11♐56	12♐27	12♐58	13♐30	14♐01	14♐32	15♐04	15♐35	16♐06	16♐38	17♐09	17♐41
/☊	13♑10	13♑40	14♑10	14♑40	15♑10	15♑38	16♑06	16♑32	16♑57	17♑21	17♑46	18♑11	18♑38	19♑06	19♑36
☽/☿	18♐13	25♐18	2♑33	9♑60	17♑41	25♑36	3♒44	12♒02	20♌27	28♌53	7♍14	15♍24	23♍21	1♎03	8♎30
/♀	3♐60	10♐54	17♐58	25♐14	2♑43	10♑26	18♋22	26♋28	4♌40	12♌53	21♌02	28♌59	6♍44	14♍13	21♍27
/♂	21♈21	27♈42	4♉12	10♉53	17♉46	24♉53	2♊13	9♊42	17♊17	24♊52	2♋22	9♋41	16♋46	23♋35	0♌09
/⚳	22♓48	29♓02	5♈26	12♈02	18♈51	25♈54	3♉09	10♉35	18♉08	25♉41	3♊08	10♊26	17♊30	24♊20	0♋54
/♃	11♑28	17♑56	24♑33	1♒22	8♒24	15♒39	23♒08	0♓47	8♓32	16♓18	23♓58	1♎28	8♎45	15♎47	22♎33
/♄	18♏54	25♏17	1♐49	8♊33	15♊30	22♊41	0♋05	7♋39	15♋19	22♋59	0♌34	7♌59	15♌10	22♌06	28♌47
/♅	22♒32	28♒53	5♓23	12♓06	19♓01	26♓10	3♈32	11♈04	18♈43	26♈22	3♉56	11♉20	18♉30	25♉25	2♊05
/♆	9♒47	16♒08	22♒40	29♒22	6♓18	13♓28	20♓50	28♓23	6♈02	13♈41	21♈16	28♈40	5♉50	12♉45	19♉26
/♇	13♑53	20♑15	26♑47	3♒30	10♒26	17♒37	24♒60	2♓33	10♓13	17♓53	25♓28	2♎52	10♎03	16♎59	23♎40
/☊	16♒41	23♒01	29♒32	6♓14	13♓09	20♓17	27♓36	5♈04	12♈37	20♈10	27♈39	4♉57	12♉04	18♉57	25♉36
☿/♀	21♎58	23♎14	24♎32	25♎50	27♎09	28♎28	29♎48	1♏08	2♏28	3♏49	5♏10	6♏31	7♏52	9♏14	10♏35
/♂	9♍19	10♍02	10♍45	11♍29	12♍12	12♍56	13♍39	14♍22	15♍05	15♍48	16♍30	17♍12	17♍54	18♍36	19♍16
/⚳	10♌46	11♌23	12♌00	12♌38	13♌17	13♌56	14♒35	15♒15	15♒56	16♒36	17♒17	17♒58	18♒39	19♒20	20♒02
/♃	29♏26	0♐16	1♐07	1♐58	2♐49	3♐42	4♐34	5♐27	6♐20	7♐13	8♐06	8♐60	9♐53	10♐47	11♐41
/♄	6♎52	7♎37	8♎23	9♎09	9♎56	10♎43	11♎31	12♎19	13♎07	13♎55	14♎43	15♎31	16♎19	17♎07	17♎55
/♅	10♑30	11♑13	11♑57	12♑42	13♑27	14♑12	14♑58	15♑44	16♑31	17♑18	18♑04	18♑51	19♑38	20♑25	21♑12
/♆	27♐45	28♐29	29♐13	29♐58	0♑44	1♑30	2♑16	3♑03	3♑50	4♑37	5♑24	6♑11	6♑59	7♑46	8♑33
/♇	1♐51	2♐35	3♐20	4♐06	4♐52	5♐39	6♐26	7♐13	8♐01	8♐48	9♐36	10♐24	11♐12	11♐60	12♐48
/☊	4♑39	5♑21	6♑05	6♑50	7♑35	8♑19	9♑02	9♑44	10♑25	11♑06	11♑47	12♑29	13♑12	13♑57	14♑43
♀/♂	25♌06	25♌38	26♌11	26♌43	27♌14	27♌46	28♌17	28♌48	29♌18	29♌48	0♍18	0♍48	1♍17	1♍46	2♍14
/⚳	26♋33	26♋59	27♋25	27♋52	28♋19	28♋46	29♋13	29♋41	0♌09	0♌36	1♌05	1♌33	2♌02	2♌30	2♌59
/♃	15♏13	15♏52	16♏32	17♏12	17♏52	18♏32	19♏12	19♏52	20♏33	21♏14	21♏54	22♏35	23♏16	23♏57	24♏38
/♄	22♍38	23♍13	23♍48	24♍23	24♍59	25♍34	26♍09	26♍44	27♍20	27♍55	28♍30	29♍06	29♍42	0♎17	0♎53
/♅	26♐16	26♐49	27♐22	27♐56	28♐29	29♐02	29♐36	0♑10	0♑44	1♑18	1♑52	2♑26	3♑01	3♑35	4♑10
/♆	13♐32	14♐05	14♐39	15♐12	15♐46	16♐20	16♐54	17♐28	18♐03	18♐37	19♐12	19♐46	20♐21	20♐56	21♐31
/♇	17♏37	18♏11	18♏46	19♏20	19♏54	20♏29	21♏04	21♏39	22♏14	22♏49	23♏24	23♏59	24♏35	25♏10	25♏46
/☊	20♐25	20♐58	21♐31	22♐04	22♐37	23♐09	23♐40	24♐09	24♐38	25♐06	25♐35	26♐04	26♐35	27♐07	27♐41
♂/⚳	13♊54	13♊47	13♊39	13♊31	13♊22	13♊14	13♊05	12♊55	12♊46	12♊35	12♊25	12♊14	12♊03	11♊52	11♊41
/♃	2♎34	2♎40	2♎45	2♎50	2♎55	2♎59	3♎03	3♎07	3♎10	3♎13	3♎15	3♎17	3♎18	3♎19	3♎20
/♄	9♌60	10♌01	10♌02	10♌02	10♌02	10♌01	10♌00	9♌59	9♌57	9♌54	9♌51	9♌47	9♌43	9♌39	9♌34
/♅	13♉38	13♉37	13♉36	13♉34	13♉32	13♉30	13♉27	13♉24	13♉21	13♉17	13♉13	13♉08	13♉03	12♉57	12♉51
/♆	0♉53	0♉53	0♉52	0♉51	0♉50	0♉48	0♉45	0♉43	0♉40	0♉36	0♉32	0♉28	0♉23	0♉18	0♉12
/♇	4♎59	4♎59	4♎59	4♎59	4♎58	4♎57	4♎55	4♎53	4♎51	4♎48	4♎44	4♎41	4♎36	4♎32	4♎27
/☊	7♉47	7♉45	7♉44	7♉43	7♉41	7♉37	7♉31	7♉24	7♉15	7♉05	6♉55	6♉46	6♉37	6♉29	6♉22
⚳/♃	4♓01	4♓00	4♓00	3♓60	3♓60	3♓60	3♓60	3♓60	4♓00	4♓01	4♓01	4♓02	4♓03	4♓04	4♓05
/♄	11♋27	11♋22	11♋17	11♋12	11♋07	11♋02	10♋57	10♋52	10♋47	10♋42	10♋37	10♋33	10♋28	10♋24	10♋19
/♅	15♈05	14♈58	14♈51	14♈44	14♈37	14♈30	14♈24	14♈17	14♈11	14♈05	13♈59	13♈53	13♈47	13♈42	13♈37
/♆	2♈20	2♈13	2♈07	2♈00	1♈54	1♈48	1♈42	1♈36	1♈30	1♈24	1♈19	1♈13	1♈08	1♈03	0♈58
/♇	6♓25	6♓20	6♓14	6♓08	6♓02	5♓57	5♓51	5♓46	5♓41	5♓36	5♓31	5♓26	5♓21	5♓17	5♓12
/☊	9♈14	9♈06	8♈59	8♈52	8♈45	8♈37	8♈28	8♈17	8♈05	7♈53	7♈42	7♈31	7♈22	7♈14	7♈07
♃/♄	0♏07	0♏15	0♏23	0♏31	0♏39	0♏47	0♏55	1♏03	1♏11	1♏19	1♏27	1♏35	1♏43	1♏51	1♏58
/♅	3♒45	3♒51	3♒57	4♒03	4♒10	4♒16	4♒22	4♒29	4♒35	4♒42	4♒49	4♒55	5♒02	5♒09	5♒16
/♆	20♑60	21♑07	21♑13	21♑20	21♑27	21♑34	21♑40	21♑47	21♑54	22♑01	22♑08	22♑15	22♑22	22♑29	22♑37
/♇	25♐06	25♐13	25♐20	25♐28	25♐35	25♐43	25♐50	25♐58	26♐05	26♐13	26♐20	26♐28	26♐36	26♐43	26♐51
/☊	27♑54	27♑59	28♑05	28♑12	28♑18	28♑23	28♑26	28♑28	28♑30	28♑30	28♑31	28♑33	28♑36	28♑41	28♑46
♄/♅	11♊10	11♊12	11♊14	11♊15	11♊16	11♊18	11♊19	11♊21	11♊22	11♊24	11♊25	11♊26	11♊27	11♊29	11♊30
/♆	28♏26	28♏28	28♏30	28♏32	28♏34	28♏35	28♏37	28♏39	28♏41	28♏43	28♏44	28♏46	28♏48	28♏49	28♏51
/♇	2♏31	2♏34	2♏37	2♏39	2♏42	2♏45	2♏47	2♏49	2♏52	2♏54	2♏57	2♏59	3♏01	3♏03	3♏06
/☊	5♐20	5♐20	5♐22	5♐24	5♐25	5♐25	5♐23	5♐20	5♐16	5♐12	5♐07	5♐04	5♐02	5♐01	5♐01
♅/♆	2♓04	2♓04	2♓04	2♓04	2♓04	2♓04	2♓05	2♓05	2♓05	2♓06	2♓06	2♓07	2♓07	2♓08	2♓08
/♇	6♒09	6♒10	6♒11	6♒12	6♒12	6♒13	6♒14	6♒15	6♒16	6♒17	6♒18	6♒19	6♒20	6♒22	6♒23
/☊	8♓57	8♓56	8♓56	8♓56	8♓55	8♓53	8♓50	8♓46	8♓41	8♓35	8♓29	8♓24	8♓21	8♓19	8♓18
♆/♇	23♑24	23♑26	23♑27	23♑28	23♑30	23♑31	23♑32	23♑34	23♑35	23♑36	23♑38	23♑39	23♑41	23♑42	23♑44
/☊	26♒13	26♒12	26♒12	26♒12	26♒12	26♒11	26♒08	26♒04	25♒59	25♒54	25♒49	25♒44	25♒41	25♒40	25♒39
♇/☊	0♒18	0♒18	0♒19	0♒20	0♒21	0♒20	0♒18	0♒15	0♒10	0♒05	0♒01	29♑57	29♑55	29♑54	29♑54

November 2007

December 2007

	1	2	3	4	5	6	7	8	9	10	11
☉/☽	20♎19	27♎05	3♏42	10♏12	16♏39	23♏05	29♏30	5♐58	12♐27	18♐59	25♐35
/☿	3♐48	5♐05	6♐22	7♐40	8♐57	10♐15	11♐32	12♐50	14♐07	15♐25	16♐42
/♀	16♏33	17♏38	18♏43	19♏48	20♏54	21♏59	23♏05	24♏10	25♏16	26♏22	27♏28
/♂	24♍33	24♍57	25♍20	25♍43	26♍05	26♍27	26♍49	27♍10	27♍31	27♍52	28♍12
/⚳	25♒19	25♒45	26♒10	26♒35	27♒01	27♒27	27♒53	28♒19	28♒46	29♒12	29♒39
/♃	17♐11	17♐48	18♐25	19♐02	19♐39	20♐16	20♐54	21♐31	22♐08	22♐45	23♐23
/♄	23♎19	23♎51	24♎22	24♎53	25♎25	25♎56	26♎27	26♎58	27♎29	28♎00	28♎31
/♅	26♑36	27♑06	27♑37	28♑07	28♑38	29♑09	29♑40	0♒10	0♒41	1♒12	1♒43
/♆	13♑57	14♑28	14♑59	15♑30	16♑01	16♑32	17♑03	17♑34	18♑05	18♑36	19♑07
/♇	18♐12	18♐44	19♐15	19♐46	20♐18	20♐50	21♐21	21♐53	22♐24	22♐56	23♐27
/☊	20♑06	20♑37	21♑06	21♑35	22♑03	22♑29	22♑54	23♑18	23♑41	24♑04	24♑29
☽/☿	15♎43	22♎45	29♎39	6♏26	13♏10	19♏52	26♏34	3♐17	10♐03	16♐52	23♐44
/♀	28♍28	5♎18	11♎59	18♎35	25♎06	1♏36	8♏06	14♏38	21♏12	27♏49	4♐30
/♂	6♌29	12♌37	18♌36	24♌29	0♍17	6♍04	11♍50	17♍38	23♍27	29♍19	5♎14
/⚳	7♋15	13♋25	19♋26	25♋22	1♌14	7♌04	12♒55	18♒47	24♒42	0♓40	6♓41
/♃	29♎06	5♏28	11♏41	17♏48	23♏51	29♏53	5♐55	11♐58	18♐04	24♐13	0♑25
/♄	5♍15	11♍31	17♍38	23♍39	29♍37	5♎33	11♎29	17♎26	23♎25	29♎28	5♏33
/♅	8♊31	14♊46	20♐53	26♐54	2♑50	8♑46	14♑41	20♑38	26♑37	2♒40	8♒45
/♆	25♏53	2♐08	8♐15	14♐16	20♐13	26♐09	2♑04	8♑02	14♑01	20♑04	26♑09
/♇	0♏08	6♏24	12♏31	18♏33	24♏30	0♐26	6♐23	12♐20	18♐20	24♐23	0♑29
/☊	2♐02	8♐17	14♐23	20♐22	26♐15	2♑06	7♑56	13♑45	19♑37	25♑32	1♒31
☿/♀	11♏57	13♏19	14♏40	16♏02	17♏24	18♏46	20♏08	21♏30	22♏53	24♏15	25♏37
/♂	19♍57	20♍37	21♍17	21♍56	22♍35	23♍14	23♍52	24♍30	25♍07	25♍45	26♍22
/⚳	20♒43	21♒25	22♒07	22♒49	23♒31	24♒14	24♒57	25♒39	26♒22	27♒05	27♒49
/♃	12♐34	13♐28	14♐22	15♐16	16♐09	17♐03	17♐57	18♐51	19♐45	20♐38	21♐32
/♄	18♎43	19♎31	20♎19	21♎07	21♎55	22♎43	23♎30	24♎18	25♎06	25♎53	26♎41
/♅	21♑60	22♑47	23♑34	24♑21	25♑08	25♑56	26♑43	27♑30	28♑18	29♑05	29♑53
/♆	9♑21	10♑08	10♑56	11♑44	12♑31	13♑19	14♑06	14♑54	15♑42	16♑29	17♑17
/♇	13♐36	14♐24	15♐12	16♐00	16♐48	17♐36	18♐24	19♐13	20♐01	20♐49	21♐37
/☊	15♑30	16♑17	17♑04	17♑49	18♑33	19♑16	19♑57	20♑38	21♑18	21♑57	22♑38
♀/♂	2♍42	3♍10	3♍38	4♍05	4♍32	4♍58	5♍25	5♍51	6♍16	6♍42	7♍07
/⚳	3♌29	3♌58	4♌28	4♌58	5♌28	5♌58	6♌29	7♌00	7♌31	8♌03	8♌34
/♃	25♏20	26♏01	26♏43	27♏24	28♏06	28♏48	29♏30	0♐11	0♐53	1♐36	2♐18
/♄	1♎28	2♎04	2♎40	3♎16	3♎51	4♎27	5♎03	5♎39	6♎15	6♎51	7♎26
/♅	4♑45	5♑20	5♑55	6♑30	7♑05	7♑40	8♑16	8♑51	9♑27	10♑02	10♑38
/♆	22♐06	22♐41	23♐17	23♐52	24♐28	25♐03	25♐39	26♐15	26♐50	27♐26	28♐02
/♇	26♏21	26♏57	27♏33	28♏09	28♏45	29♏21	29♏57	0♐33	1♐10	1♐46	2♐22
/☊	28♐15	28♐50	29♐24	29♐58	0♑30	1♑01	1♑30	1♑58	2♑26	2♑55	3♑24
♂/⚳	11♊29	11♊17	11♊04	10♊52	10♊39	10♊26	10♊13	9♊59	9♊46	9♊32	9♊19
/♃	3♎20	3♎20	3♎19	3♎18	3♎17	3♎15	3♎13	3♎11	3♎08	3♎05	3♎02
/♄	9♌29	9♌23	9♌16	9♌10	9♌02	8♌55	8♌47	8♌38	8♌29	8♌20	8♌11
/♅	12♉45	12♉38	12♉31	12♉24	12♉16	12♉08	11♉59	11♉51	11♉42	11♉32	11♉23
/♆	0♉06	0♉00	29♈53	29♈46	29♈39	29♈31	29♈23	29♈14	29♈05	28♈56	28♈47
/♇	4♎21	4♎16	4♎09	4♎03	3♎56	3♎48	3♎41	3♎33	3♎24	3♎16	3♎07
/☊	6♉16	6♉09	6♉01	5♉52	5♉41	5♉28	5♉14	4♉58	4♉41	4♉24	4♉08
⚳/♃	4♓06	4♓08	4♓09	4♓11	4♓13	4♓15	4♓18	4♓20	4♓23	4♓26	4♓29
/♄	10♋15	10♋11	10♋07	10♋03	9♋59	9♋55	9♋51	9♋48	9♋44	9♋41	9♋38
/♅	13♈31	13♈26	13♈21	13♈17	13♈12	13♈08	13♈04	13♈00	12♈56	12♈53	12♈50
/♆	0♈53	0♈48	0♈43	0♈39	0♈35	0♈31	0♈27	0♈24	0♈20	0♈17	0♈14
/♇	5♓08	5♓04	4♓60	4♓56	4♓52	4♓49	4♓45	4♓42	4♓39	4♓36	4♓34
/☊	7♈02	6♈57	6♈51	6♈45	6♈37	6♈28	6♈18	6♈07	5♈56	5♈45	5♈35
♃/♄	2♏06	2♏14	2♏21	2♏29	2♏37	2♏44	2♏52	2♏59	3♏07	3♏14	3♏21
/♅	5♒22	5♒29	5♒36	5♒43	5♒50	5♒57	6♒04	6♒11	6♒19	6♒26	6♒33
/♆	22♑44	22♑51	22♑58	23♑06	23♑13	23♑20	23♑28	23♑35	23♑42	23♑50	23♑57
/♇	26♐59	27♐07	27♐14	27♐22	27♐30	27♐38	27♐46	27♐54	28♐01	28♐09	28♐17
/☊	28♑53	28♑60	29♑06	29♑11	29♑15	29♑18	29♑19	29♑19	29♑18	29♑18	29♑18
♄/♅	11♊31	11♊32	11♊34	11♊35	11♊36	11♊37	11♊38	11♊39	11♊40	11♊41	11♊42
/♆	28♏53	28♏54	28♏56	28♏57	28♏58	28♏60	29♏01	29♏02	29♏04	29♏05	29♏06
/♇	3♏08	3♏10	3♏12	3♏14	3♏16	3♏17	3♏19	3♏21	3♏23	3♏24	3♏26
/☊	5♐02	5♐03	5♐03	5♐03	5♐01	4♐57	4♐52	4♐46	4♐40	4♐33	4♐27
♅/♆	2♓09	2♓10	2♓10	2♓11	2♓12	2♓13	2♓14	2♓15	2♓16	2♓17	2♓18
/♇	6♒24	6♒25	6♒26	6♒28	6♒29	6♒30	6♒32	6♒33	6♒35	6♒36	6♒38
/☊	8♓18	8♓18	8♓18	8♓17	8♓14	8♓10	8♓05	7♓58	7♓52	7♓45	7♓39
♆/♇	23♑45	23♑47	23♑49	23♑50	23♑52	23♑53	23♑55	23♑57	23♑58	24♑00	24♑02
/☊	25♒39	25♒40	25♒40	25♒39	25♒37	25♒33	25♒28	25♒22	25♒15	25♒09	25♒03
♇/☊	29♑55	29♑56	29♑56	29♑56	29♑54	29♑51	29♑46	29♑41	29♑34	29♑28	29♑23

	12	13	14	15	16	17	18	19	20	21
☉/☽	2♑14	8♑58	15♑47	22♑43	29♑45	6♒57	14♒18	21♒51	29♒34	7♓26
/☿	17♐60	19♐17	20♐35	21♐53	23♐10	24♐28	25♐46	27♐04	28♐22	29♐40
/♀	28♏34	29♏40	0♐46	1♐52	2♐58	4♐04	5♐10	6♐17	7♐23	8♐30
/♂	28♍32	28♍52	29♍12	29♍31	29♍51	0♎10	0♎29	0♎48	1♎07	1♎25
/⚳	0♓06	0♓33	1♓01	1♓29	1♓56	2♓24	2♓53	3♓21	3♓50	4♓18
/♃	24♐00	24♐37	25♐15	25♐52	26♐29	27♐07	27♐44	28♐22	28♐59	29♐36
/♄	29♎02	29♎33	0♏04	0♏35	1♏06	1♏36	2♏07	2♏38	3♏08	3♏39
/♅	2♒14	2♒45	3♒16	3♒47	4♒18	4♒49	5♒20	5♒51	6♒23	6♒54
/♆	19♑39	20♑10	20♑41	21♑12	21♑43	22♑15	22♑46	23♑17	23♑49	24♑20
/♇	23♐59	24♐31	25♐02	25♐34	26♐05	26♐37	27♐09	27♐40	28♐12	28♐44
/☊	24♑54	25♑21	25♑49	26♑19	26♑49	27♑20	27♑50	28♑20	28♑48	29♑16
☽/☿	0♑41	7♑41	14♑47	21♑58	29♑18	6♒46	14♒24	22♒14	0♓14	8♓23
/♀	11♐14	18♐03	24♐57	1♑58	9♑05	16♑22	23♑49	1♒26	9♒15	17♒12
/♂	11♈13	17♈16	23♈24	29♈37	5♉58	12♉28	19♉07	25♉58	2♊58	10♊08
/⚳	12♓47	18♓57	25♓13	1♈34	8♈04	14♈42	21♈31	28♈31	5♉41	13♉01
/♃	6♑41	13♑01	19♑26	25♑58	2♒37	9♒25	16♒23	23♒31	0♓51	8♓19
/♄	11♏43	17♏57	24♏16	0♐41	7♐13	13♊54	20♊45	27♊47	4♋60	12♋22
/♅	14♒55	21♒09	27♒28	3♓53	10♓26	17♓07	23♓59	1♈01	8♈14	15♈37
/♆	2♒19	8♒33	14♒53	21♒18	27♒51	4♓32	11♓24	18♓27	25♓40	3♈03
/♇	6♑40	12♑54	19♑14	25♑40	2♒13	8♒55	15♒47	22♒50	0♓04	7♓27
/☊	7♒35	13♒44	20♒01	26♒24	2♓56	9♓38	16♓29	23♓29	0♈40	7♈58
☿/♀	26♏60	28♏22	29♏45	1♐08	2♐30	3♐53	5♐16	6♐40	8♐03	9♐26
/♂	26♍58	27♍35	28♍11	28♍47	29♍23	29♍59	0♎35	1♎11	1♎46	2♎22
/⚳	28♒32	29♒16	0♓00	0♓44	1♓29	2♓14	2♓59	3♓44	4♓29	5♓15
/♃	22♐26	23♐20	24♐14	25♐08	26♐02	26♐56	27♐50	28♐44	29♐39	0♑33
/♄	27♎28	28♎16	29♎03	29♎51	0♏38	1♏26	2♏13	3♏00	3♏48	4♏35
/♅	0♒40	1♒28	2♒15	3♒03	3♒51	4♒38	5♒26	6♒14	7♒02	7♒51
/♆	18♑05	18♑52	19♑40	20♑28	21♑16	22♑04	22♑52	23♑40	24♑28	25♑17
/♇	22♐25	23♐13	24♐01	24♐50	25♐38	26♐26	27♐15	28♐03	28♐52	29♐40
/☊	23♑20	24♑03	24♑48	25♑34	26♑21	27♑09	27♑56	28♑43	29♑28	0♒12
♀/♂	7♍32	7♍57	8♍22	8♍46	9♍11	9♍35	9♍59	10♍24	10♍48	11♍12
/⚳	9♌06	9♌38	10♌11	10♒43	11♒16	11♒50	12♒23	12♒57	13♒31	14♒05
/♃	2♐60	3♐42	4♐25	5♐07	5♐50	6♐32	7♐15	7♐57	8♐40	9♐23
/♄	8♎02	8♎38	9♎14	9♎50	10♎26	11♎02	11♎37	12♎13	12♎49	13♎25
/♅	11♑14	11♑50	12♑26	13♑02	13♑38	14♑14	14♑51	15♑27	16♑04	16♑40
/♆	28♐38	29♐15	29♐51	0♑27	1♑03	1♑40	2♑16	2♑53	3♑29	4♑06
/♇	2♐59	3♐35	4♐12	4♐49	5♐26	6♐02	6♐39	7♐16	7♐53	8♐30
/☊	3♑54	4♑26	4♑59	5♑33	6♑09	6♑45	7♑21	7♑56	8♑29	9♑02
♂/⚳	9♊05	8♊51	8♊37	8♊23	8♊09	7♊55	7♊41	7♊28	7♊14	7♊01
/♃	2♎59	2♎55	2♎51	2♎47	2♎42	2♎38	2♎33	2♎28	2♎24	2♎19
/♄	8♌01	7♌51	7♌40	7♌29	7♌18	7♌07	6♌56	6♌44	6♌33	6♌21
/♅	11♉13	11♉03	10♉52	10♉42	10♉31	10♉20	10♉09	9♉58	9♉47	9♉36
/♆	28♈37	28♈27	28♈17	28♈07	27♈56	27♈46	27♈35	27♈24	27♈13	27♈02
/♇	2♎58	2♎48	2♎38	2♎28	2♎18	2♎08	1♎58	1♎47	1♎36	1♎26
/☊	3♉52	3♉38	3♉25	3♉13	3♉02	2♉51	2♉39	2♉27	2♉13	1♉58
⚳/♃	4♓32	4♓36	4♓40	4♓44	4♓48	4♓52	4♓57	5♓02	5♓06	5♓12
/♄	9♋35	9♋32	9♋29	9♋27	9♋24	9♋22	9♋20	9♋17	9♋16	9♋14
/♅	12♈47	12♈44	12♈41	12♈39	12♈37	12♈35	12♈33	12♈31	12♈30	12♈29
/♆	0♈11	0♈08	0♈06	0♈04	0♈02	0♈00	29♓58	29♓57	29♓56	29♓55
/♇	4♓31	4♓29	4♓27	4♓25	4♓24	4♓22	4♓21	4♓20	4♓19	4♓19
/☊	5♈26	5♈19	5♈14	5♈10	5♈07	5♈05	5♈03	4♈60	4♈56	4♈51
♃/♄	3♏29	3♏36	3♏43	3♏50	3♏57	4♏04	4♏11	4♏18	4♏25	4♏32
/♅	6♒40	6♒48	6♒55	7♒02	7♒10	7♒17	7♒25	7♒32	7♒40	7♒47
/♆	24♑05	24♑12	24♑20	24♑27	24♑35	24♑43	24♑50	24♑58	25♑05	25♑13
/♇	28♐25	28♐33	28♐41	28♐49	28♐57	29♐05	29♐13	29♐21	29♐29	29♐37
/☊	29♑20	29♑23	29♑28	29♑34	29♑41	29♑48	29♑54	0♒00	0♒05	0♒09
♄/♅	11♊43	11♊43	11♊44	11♊45	11♊46	11♊47	11♊47	11♊48	11♊49	11♊49
/♆	29♏07	29♏08	29♏09	29♏10	29♏11	29♏12	29♏13	29♏14	29♏14	29♏15
/♇	3♏27	3♏29	3♏30	3♏32	3♏33	3♏34	3♏36	3♏37	3♏38	3♏39
/☊	4♐22	4♐19	4♐17	4♐17	4♐17	4♐17	4♐17	4♐16	4♐14	4♐11
♅/♆	2♓19	2♓20	2♓21	2♓22	2♓24	2♓25	2♓26	2♓28	2♓29	2♓30
/♇	6♒39	6♒41	6♒42	6♒44	6♒46	6♒47	6♒49	6♒51	6♒52	6♒54
/☊	7♓34	7♓31	7♓29	7♓29	7♓29	7♓30	7♓31	7♓30	7♓29	7♓26
♆/♇	24♑04	24♑05	24♑07	24♑09	24♑11	24♑13	24♑15	24♑16	24♑18	24♑20
/☊	24♒59	24♒56	24♒54	24♒54	24♒54	24♒55	24♒56	24♒56	24♒55	24♒52
♇/☊	29♑19	29♑16	29♑15	29♑15	29♑16	29♑18	29♑19	29♑19	29♑18	29♑16

	22	23	24	25	26	27	28	29	30	31
☉/☽	15♓25	23♓26	1♈24	9♎16	16♎56	24♎24	1♏37	8♏38	15♏26	22♏05
/☿	0♑58	2♑16	3♑35	4♑53	6♑12	7♑31	8♑49	10♑08	11♑28	12♑47
/♀	9♐36	10♐43	11♐49	12♐56	14♐02	15♐09	16♐16	17♐23	18♐29	19♐36
/♂	1♎44	2♎03	2♎21	2♈40	2♈59	3♈18	3♈37	3♈56	4♈15	4♈35
/⚳	4♓48	5♓17	5♓46	6♓16	6♓46	7♓16	7♓46	8♓17	8♓47	9♓18
/♃	0♑14	0♑51	1♑29	2♑06	2♑44	3♑21	3♑58	4♑36	5♑13	5♑51
/♄	4♏09	4♏39	5♏10	5♏40	6♏10	6♏40	7♏11	7♏41	8♏11	8♏41
/♅	7♒25	7♒56	8♒28	8♒59	9♒30	10♒02	10♒33	11♒04	11♒36	12♒07
/♆	24♑51	25♑23	25♑54	26♑25	26♑57	27♑28	27♑60	28♑31	29♑02	29♑34
/♇	29♐15	29♐47	0♑19	0♑50	1♑22	1♑54	2♑25	2♑57	3♑29	4♑00
/☊	29♑42	0♒08	0♒33	0♒60	1♒28	1♒56	2♒26	2♒57	3♒28	3♒59
☽/☿	16♓39	24♓57	3♈13	11♎22	19♎20	27♎05	4♏36	11♏54	19♏00	25♏58
/♀	25♌17	3♍23	11♍27	19♍24	27♍10	4♎43	12♎02	19♎08	26♎02	2♏47
/♂	17♊25	24♊43	1♋59	9♋08	16♋07	22♋52	29♋23	5♌41	11♌48	17♌45
/⚳	20♉28	27♉57	5♊24	12♊44	19♊53	26♊50	3♋32	10♋02	16♋20	22♋29
/♃	15♓54	23♓32	1♈07	8♎34	15♎51	22♎55	29♎45	6♏21	12♏46	19♏02
/♄	19♋50	27♋20	4♌48	12♌08	19♌18	26♌14	2♍57	9♍26	15♍44	21♍52
/♅	23♈06	0♉37	8♉06	15♉27	22♉38	29♉36	6♊19	12♊50	19♐09	25♐18
/♆	10♈32	18♈03	25♈32	2♉54	10♉04	17♉02	23♏46	0♐17	6♐35	12♐45
/♇	14♓56	22♓27	29♍57	7♎18	14♎30	21♎28	28♎12	4♏42	11♏01	17♏11
/☊	15♈22	22♈48	0♉11	7♉28	14♉35	21♉30	28♉13	4♐43	11♐01	17♐10
☿/♀	10♐50	12♐14	13♐37	15♐01	16♐26	17♐50	19♐14	20♐39	22♐04	23♐28
/♂	2♎58	3♈34	4♈10	4♈46	5♈22	5♈59	6♈35	7♈12	7♈49	8♈27
/⚳	6♓01	6♓48	7♓35	8♓22	9♓09	9♓57	10♓45	11♓33	12♓21	13♓10
/♃	1♑28	2♑22	3♑17	4♑12	5♑07	6♑02	6♑57	7♑52	8♑48	9♑43
/♄	5♏23	6♏10	6♏58	7♏46	8♏33	9♏21	10♏09	10♏57	11♏45	12♏33
/♅	8♒39	9♒27	10♒16	11♒05	11♒53	12♒42	13♒31	14♒21	15♒10	15♒60
/♆	26♑05	26♑54	27♑42	28♑31	29♑20	0♒09	0♒58	1♒47	2♒37	3♒26
/♇	0♑29	1♑18	2♑07	2♑56	3♑45	4♑34	5♑24	6♑13	7♑03	7♑53
/☊	0♒56	1♒39	2♒22	3♒06	3♒51	4♒37	5♒25	6♒14	7♒03	7♒52
♀/♂	11♍36	11♍60	12♍24	12♍48	13♍13	13♍37	14♍02	14♍26	14♍51	15♍16
/⚳	14♒39	15♒14	15♒49	16♒24	16♒59	17♒35	18♒11	18♒47	19♒23	19♒60
/♃	10♐06	10♐48	11♐31	12♐14	12♐57	13♐40	14♐23	15♐06	15♐49	16♐33
/♄	14♎01	14♎37	15♎12	15♎48	16♎24	16♎60	17♎35	18♎11	18♎47	19♎22
/♅	17♑17	17♑53	18♑30	19♑07	19♑44	20♑21	20♑58	21♑35	22♑12	22♑49
/♆	4♑43	5♑20	5♑56	6♑33	7♑10	7♑47	8♑24	9♑01	9♑39	10♑16
/♇	9♐07	9♐44	10♐21	10♐58	11♐35	12♐13	12♐50	13♐27	14♐05	14♐42
/☊	9♑33	10♑05	10♑36	11♑08	11♑41	12♑16	12♑51	13♑28	14♑05	14♑41
♂/⚳	6♊47	6♊34	6♊21	6♊08	5♊56	5♊44	5♊32	5♊20	5♊09	4♊58
/♃	2♎14	2♎09	2♎04	1♎59	1♎54	1♈49	1♈44	1♈40	1♈35	1♈31
/♄	6♌09	5♌57	5♌45	5♌33	5♌21	5♌08	4♌56	4♌44	4♌33	4♌21
/♅	9♉25	9♉14	9♉03	8♉51	8♉41	8♉30	8♉19	8♉08	7♉58	7♉47
/♆	26♈51	26♈40	26♈29	26♈18	26♈07	25♈56	25♈45	25♈35	25♈24	25♈14
/♇	1♎15	1♎04	0♎54	0♎43	0♎32	0♎22	0♎11	0♎01	29♍50	29♍40
/☊	1♉42	1♉25	1♉08	0♉53	0♉38	0♉24	0♉12	0♉01	29♈50	29♈40
⚳/♃	5♓17	5♓23	5♓28	5♓34	5♓41	5♓47	5♓54	6♓00	6♓07	6♓14
/♄	9♋12	9♋11	9♋09	9♋08	9♋07	9♋06	9♋06	9♋05	9♋05	9♋04
/♅	12♈28	12♈28	12♈27	12♈27	12♈27	12♈28	12♈28	12♈29	12♈30	12♈31
/♆	29♓54	29♓54	29♓54	29♓54	29♓54	29♓54	29♓55	29♓55	29♓56	29♓58
/♇	4♓18	4♓18	4♓18	4♓18	4♓19	4♓19	4♓20	4♓21	4♓23	4♓24
/☊	4♈45	4♈39	4♈33	4♈28	4♈25	4♈22	4♈22	4♈22	4♈22	4♈23
♃/♄	4♏39	4♏45	4♏52	4♏59	5♏05	5♏12	5♏18	5♏24	5♏31	5♏37
/♅	7♒55	8♒02	8♒10	8♒17	8♒25	8♒33	8♒40	8♒48	8♒56	9♒04
/♆	25♑21	25♑28	25♑36	25♑44	25♑52	25♑59	26♑07	26♑15	26♑23	26♑30
/♇	29♐45	29♐53	0♑01	0♑09	0♑17	0♑25	0♑33	0♑41	0♑49	0♑57
/☊	0♒11	0♒13	0♒16	0♒19	0♒22	0♒28	0♒34	0♒41	0♒49	0♒56
♄/♅	11♊50	11♊50	11♊51	11♊51	11♊52	11♊52	11♊53	11♊53	11♊53	11♊54
/♆	29♏16	29♏17	29♏17	29♏18	29♏18	29♏19	29♏19	29♏20	29♏20	29♏20
/♇	3♏40	3♏41	3♏42	3♏43	3♏43	3♏44	3♏45	3♏45	3♏46	3♏46
/☊	4♐06	4♐02	3♐57	3♐52	3♐49	3♐47	3♐46	3♐46	3♐46	3♐46
♅/♆	2♓32	2♓33	2♓35	2♓37	2♓38	2♓40	2♓42	2♓43	2♓45	2♓47
/♇	6♒56	6♒58	6♒60	7♒02	7♒03	7♒05	7♒07	7♒09	7♒11	7♒13
/☊	7♓23	7♓18	7♓15	7♓11	7♓09	7♓08	7♓08	7♓10	7♓11	7♓12
♆/♇	24♑22	24♑24	24♑26	24♑28	24♑30	24♑32	24♑34	24♑36	24♑38	24♑40
/☊	24♒49	24♒45	24♒41	24♒38	24♒36	24♒35	24♒35	24♒36	24♒38	24♒39
♇/☊	29♑13	29♑09	29♑05	29♑03	29♑01	29♑00	29♑01	29♑02	29♑04	29♑05

December 2007

January 2008

	1	2	3	4	5	6	7	8	9	10	11	12	13	14	15	16
☉/☽	28♏37	5♐05	11♐31	17♐58	24♐26	0♑58	7♑35	14♑17	21♑04	27♑57	4♒56	12♒01	19♒12	26♒28	3♓52	11♓22
/☿	14♑06	15♑25	16♑45	18♑04	19♑24	20♑43	22♑03	23♑22	24♑41	26♑00	27♑19	28♑37	29♑55	1♒12	2♒28	3♒43
/♀	20♐43	21♐50	22♐57	24♐04	25♐11	26♐18	27♐25	28♐32	29♐39	0♑47	1♑54	3♑01	4♑08	5♑15	6♑23	7♑30
/♂	4♈54	5♈14	5♈34	5♈54	6♈15	6♈36	6♈57	7♈18	7♈40	8♈02	8♈25	8♈48	9♈11	9♈35	9♈59	10♈23
/⚳	9♓49	10♓20	10♓52	11♓24	11♓55	12♓28	12♓60	13♓32	14♓05	14♓38	15♓11	15♓44	16♓17	16♓51	17♓24	17♓58
/♃	6♑28	7♑06	7♑43	8♑21	8♑58	9♑35	10♑13	10♑50	11♑28	12♑05	12♑42	13♑20	13♑57	14♑34	15♑12	15♑49
/♄	9♏11	9♏40	10♏10	10♏40	11♏10	11♏39	12♏09	12♏39	13♏08	13♏38	14♏07	14♏36	15♏06	15♏35	16♏04	16♏33
/♅	12♒39	13♒10	13♒42	14♒13	14♒45	15♒17	15♒48	16♒20	16♒52	17♒23	17♒55	18♒27	18♒58	19♒30	20♒02	20♒34
/♆	0♒05	0♒37	1♒08	1♒40	2♒12	2♒43	3♒15	3♒46	4♒18	4♒49	5♒21	5♒53	6♒24	6♒56	7♒27	7♒59
/♇	4♑32	5♑04	5♑35	6♑07	6♑39	7♑10	7♑42	8♑14	8♑45	9♑17	9♑49	10♑20	10♑52	11♑23	11♑55	12♑27
/☊	4♒30	4♒59	5♒28	5♒55	6♒22	6♒48	7♒15	7♒41	8♒09	8♒37	9♒07	9♒37	10♒08	10♒40	11♒11	11♒42
☽/☿	2♐48	9♐34	16♐18	23♐03	29♐50	6♑40	13♑35	20♑35	27♑41	4♒52	12♒08	19♒30	26♒57	4♓30	12♓08	19♓52
/♀	9♏25	15♏59	22♏30	29♏02	5♐37	12♐15	18♐57	25♐45	2♑39	9♑38	16♑43	23♑53	1♒10	8♒33	16♒03	23♒39
/♂	23♌36	29♌23	5♍07	10♍53	16♍41	22♍32	28♓29	4♈31	10♈39	16♈53	23♈14	29♈40	6♉13	12♉52	19♉39	26♉32
/⚳	28♋31	4♌29	10♒25	16♒22	22♒21	28♒24	4♓32	10♓45	17♓04	23♓29	29♓60	6♈36	13♈19	20♈08	27♈04	4♉07
/♃	25♏10	1♐14	7♐17	13♐19	19♐24	25♐32	1♑45	8♑03	14♑27	20♑56	27♑31	4♒12	10♒59	17♒52	24♒52	1♓58
/♄	27♍52	3♎49	9♎44	15♎39	21♎36	27♎36	3♏41	9♏51	16♏07	22♏29	28♏56	5♐29	12♊08	18♊53	25♊44	2♋42
/♅	1♑21	7♑19	13♑15	19♑12	25♑11	1♒13	7♒20	13♒33	19♒51	26♒14	2♓44	9♓19	16♓00	22♓48	29♓42	6♈43
/♆	18♐47	24♐46	0♑42	6♑39	12♑37	18♑40	24♑47	0♒59	7♒17	13♒41	20♒10	26♒45	3♓26	10♓14	17♓07	24♓08
/♇	23♏14	29♏12	5♐09	11♐05	17♐04	23♐07	29♐14	5♑26	11♑44	18♑08	24♑37	1♒13	7♒54	14♒41	21♒35	28♒35
/☊	23♐12	29♐08	5♑01	10♑54	16♑48	22♑45	28♑47	4♒54	11♒08	17♒28	23♒56	0♓30	7♓10	13♓57	20♓51	27♓51
☿/♀	24♐54	26♐19	27♐44	29♐09	0♑35	2♑00	3♑25	4♑51	6♑16	7♑41	9♑06	10♑30	11♑54	13♑17	14♑39	16♑00
/♂	9♈05	9♈43	10♈21	10♈60	11♈38	12♈18	12♈57	13♈37	14♈17	14♈57	15♈37	16♈17	16♈56	17♈36	18♈15	18♈53
/⚳	13♓60	14♓49	15♓39	16♓29	17♓19	18♓09	18♓60	19♓51	20♓41	21♓32	22♓22	23♓13	24♓03	24♓52	25♓41	26♓29
/♃	10♑39	11♑34	12♑30	13♑26	14♑22	15♑17	16♑13	17♑09	18♑04	18♑59	19♑54	20♑49	21♑43	22♑36	23♑28	24♑19
/♄	13♏21	14♏09	14♏57	15♏45	16♏33	17♏21	18♏09	18♏57	19♏45	20♏32	21♏19	22♏05	22♏51	23♏36	24♏20	25♏04
/♅	16♒49	17♒39	18♒29	19♒19	20♒09	20♒59	21♒48	22♒38	23♒28	24♒18	25♒07	25♒56	26♒44	27♒31	28♒18	29♒04
/♆	4♒16	5♒06	5♒55	6♒45	7♒35	8♒25	9♒15	10♒05	10♒54	11♒44	12♒33	13♒21	14♒10	14♒57	15♒44	16♒29
/♇	8♑42	9♑32	10♑22	11♑12	12♑02	12♑52	13♑42	14♑32	15♑22	16♑11	17♑00	17♑49	18♑37	19♑25	20♑11	20♑57
/☊	8♒40	9♒28	10♒15	11♒01	11♒46	12♒30	13♒15	13♒60	14♒45	15♒32	16♒19	17♒06	17♒54	18♒41	19♒27	20♒12
♀/♂	15♍42	16♍07	16♍33	16♍59	17♍26	17♍52	18♍19	18♍47	19♍15	19♍43	20♍11	20♍40	21♍09	21♍39	22♍09	22♍40
/⚳	20♒37	21♒14	21♒51	22♒29	23♒06	23♒44	24♒22	25♒01	25♒39	26♒18	26♒57	27♒36	28♒16	28♒55	29♒35	0♓15
/♃	17♐16	17♐59	18♐42	19♐25	20♐09	20♐52	21♐35	22♐19	23♐02	23♐45	24♐29	25♐12	25♐56	26♐39	27♐22	28♐06
/♄	19♎58	20♎34	21♎09	21♎45	22♎21	22♎56	23♎32	24♎07	24♎43	25♎18	25♎53	26♎29	27♎04	27♎40	28♎15	28♎50
/♅	23♑26	24♑04	24♑41	25♑18	25♑56	26♑33	27♑11	27♑48	28♑26	29♑04	29♑41	0♒19	0♒57	1♒35	2♒13	2♒51
/♆	10♑53	11♑30	12♑08	12♑45	13♑22	13♑60	14♑37	15♑15	15♑52	16♑30	17♑07	17♑45	18♑23	19♑00	19♑38	20♑16
/♇	15♐19	15♐57	16♐34	17♐12	17♐49	18♐27	19♐05	19♐42	20♐20	20♐57	21♐35	22♐13	22♐50	23♐28	24♐06	24♐43
/☊	15♑17	15♑53	16♑27	17♑00	17♑33	18♑05	18♑37	19♑10	19♑43	20♑18	20♑53	21♑30	22♑07	22♑44	23♑22	23♑59
♂/⚳	4♊48	4♊38	4♊28	4♊19	4♊10	4♊02	3♊54	3♊47	3♊40	3♊34	3♊28	3♊23	3♊18	3♊14	3♊11	3♊08
/♃	1♈27	1♈23	1♈19	1♈16	1♈13	1♈10	1♈07	1♈05	1♈03	1♈01	0♈60	0♈59	0♈58	0♈58	0♈58	0♈59
/♄	4♌09	3♌58	3♌46	3♌35	3♌24	3♌14	3♌03	2♌53	2♌43	2♌34	2♌24	2♌16	2♌07	1♌59	1♌51	1♌43
/♅	7♉37	7♉28	7♉18	7♉09	6♉60	6♉51	6♉43	6♉34	6♉27	6♉19	6♉12	6♉06	5♉60	5♉54	5♉49	5♉44
/♆	25♈04	24♈54	24♈45	24♈35	24♈26	24♈17	24♈09	24♈01	23♈53	23♈46	23♈39	23♈32	23♈25	23♈20	23♈14	23♈09
/♇	29♍31	29♍21	29♓11	29♓02	28♓53	28♓45	28♓36	28♓28	28♓20	28♓13	28♓06	27♓59	27♓53	27♓47	27♓42	27♓36
/☊	29♈28	29♈17	29♈04	28♈51	28♈37	28♈23	28♈09	27♈56	27♈44	27♈33	27♈24	27♈16	27♈10	27♈04	26♈58	26♈52
⚳/♃	6♓22	6♓29	6♓37	6♓45	6♓53	7♓02	7♓10	7♓19	7♓28	7♓37	7♓46	7♓55	8♓05	8♓14	8♓24	8♓34
/♄	9♋04	9♋04	9♋04	9♋05	9♋05	9♋06	9♋06	9♋07	9♋08	9♋09	9♋10	9♋12	9♋13	9♋15	9♋17	9♋19
/♅	12♈32	12♈34	12♈36	12♈38	12♈40	12♈43	12♈45	12♈48	12♈51	12♈55	12♈58	13♈02	13♈06	13♈10	13♈14	13♈19
/♆	29♓59	0♈01	0♈02	0♈05	0♈07	0♈09	0♈12	0♈15	0♈18	0♈21	0♈24	0♈28	0♈32	0♈36	0♈40	0♈44
/♇	4♓26	4♓27	4♓29	4♓31	4♓34	4♓36	4♓39	4♓42	4♓45	4♓48	4♓52	4♓56	4♓59	5♓03	5♓07	5♓12
/☊	4♈23	4♈23	4♈22	4♈20	4♈17	4♈14	4♈12	4♈10	4♈09	4♈09	4♈10	4♈13	4♈16	4♈20	4♈24	4♈27
♃/♄	5♏43	5♏49	5♏55	6♏02	6♏08	6♏13	6♏19	6♏25	6♏31	6♏36	6♏42	6♏48	6♏53	6♏59	7♏04	7♏09
/♅	9♒11	9♒19	9♒27	9♒35	9♒43	9♒51	9♒58	10♒06	10♒14	10♒22	10♒30	10♒38	10♒46	10♒54	11♒02	11♒10
/♆	26♑38	26♑46	26♑54	27♑02	27♑09	27♑17	27♑25	27♑33	27♑41	27♑48	27♑56	28♑04	28♑12	28♑19	28♑27	28♑35
/♇	1♑05	1♑13	1♑20	1♑28	1♑36	1♑44	1♑52	2♑00	2♑08	2♑16	2♑24	2♑31	2♑39	2♑47	2♑55	3♑03
/☊	1♒03	1♒08	1♒13	1♒17	1♒20	1♒22	1♒25	1♒28	1♒31	1♒36	1♒42	1♒49	1♒56	2♒03	2♒11	2♒18
♄/♅	11♊54	11♊54	11♊54	11♊54	11♊55	11♊55	11♊55	11♊55	11♊55	11♊55	11♊55	11♊55	11♊54	11♊54	11♊54	11♊54
/♆	29♏20	29♏21	29♏21	29♏21	29♏21	29♏21	29♏21	29♏21	29♏21	29♏21	29♏21	29♏21	29♏20	29♏20	29♏20	29♏19
/♇	3♏47	3♏47	3♏48	3♏48	3♏48	3♏48	3♏48	3♏48	3♏48	3♏48	3♏48	3♏48	3♏48	3♏48	3♏47	3♏47
/☊	3♐45	3♐43	3♐40	3♐36	3♐32	3♐26	3♐21	3♐16	3♐12	3♐09	3♐07	3♐05	3♐04	3♐04	3♐03	3♐02
♅/♆	2♓49	2♓51	2♓52	2♓54	2♓56	2♓58	3♓00	3♓02	3♓04	3♓07	3♓09	3♓11	3♓13	3♓15	3♓17	3♓20
/♇	7♒15	7♒17	7♒19	7♒21	7♒23	7♒25	7♒28	7♒30	7♒32	7♒34	7♒36	7♒38	7♒41	7♒43	7♒45	7♒47
/☊	7♓13	7♓13	7♓12	7♓10	7♓07	7♓04	7♓00	6♓57	6♓55	6♓54	6♓54	6♓56	6♓57	6♓59	7♓01	7♓02
♆/♇	24♑42	24♑44	24♑46	24♑48	24♑50	24♑52	24♑54	24♑56	24♑58	25♑00	25♑02	25♑04	25♑06	25♑08	25♑11	25♑13
/☊	24♒40	24♒40	24♒38	24♒36	24♒33	24♒30	24♒27	24♒24	24♒22	24♒21	24♒21	24♒21	24♒23	24♒25	24♒27	24♒28
♇/☊	29♑06	29♑06	29♑05	29♑03	29♑00	28♑57	28♑54	28♑51	28♑49	28♑48	28♑48	28♑49	28♑51	28♑52	28♑54	28♑55

	17	18	19	20	21	22	23	24	25	26	27	28	29	30	31
☉/☽	18♓58	26♓40	4♈25	12♈12	19♈57	27♈37	5♏09	12♏32	19♏43	26♏44	3♐34	10♐15	16♐49	23♐19	29♐45
/☿	4♒57	6♒10	7♒21	8♒29	9♒35	10♒39	11♒39	12♒35	13♒28	14♒16	14♒59	15♒37	16♒10	16♒36	16♒58
/♀	8♑37	9♑44	10♑52	11♑59	13♑06	14♑14	15♑21	16♑28	17♑36	18♑43	19♑50	20♑58	22♑05	23♑13	24♑20
/♂	10♈48	11♈13	11♈39	12♈04	12♈31	12♈58	13♈25	13♈52	14♈20	14♈49	15♈18	15♈47	16♈16	16♈46	17♈17
/⚳	18♓32	19♓07	19♓41	20♓15	20♓50	21♓25	21♓60	22♓35	23♓10	23♓46	24♓21	24♓57	25♓33	26♓09	26♓45
/♃	16♑26	17♑03	17♑41	18♑18	18♑55	19♑32	20♑09	20♑46	21♑23	22♑00	22♑37	23♑14	23♑51	24♑28	25♑05
/♄	17♏02	17♏31	18♏00	18♏29	18♏58	19♏27	19♏56	20♏25	20♏53	21♏22	21♏51	22♏19	22♏48	23♏16	23♏45
/♅	21♒06	21♒37	22♒09	22♒41	23♒13	23♒45	24♒16	24♒48	25♒20	25♒52	26♒24	26♒56	27♒28	27♒60	28♒32
/♆	8♒31	9♒02	9♒34	10♒05	10♒37	11♒09	11♒40	12♒12	12♒44	13♒15	13♒47	14♒18	14♒50	15♒22	15♒53
/♇	12♑58	13♑30	14♑01	14♑33	15♑04	15♑36	16♑07	16♑39	17♑10	17♑42	18♑13	18♑45	19♑16	19♑47	20♑19
/☊	12♒12	12♒41	13♒10	13♒38	14♒07	14♒35	15♒05	15♒34	16♒05	16♒36	17♒07	17♒39	18♒10	18♒40	19♒11
☽/☿	27♓41	5♈34	13♈29	21♈24	29♈14	6♉56	14♉27	21♉46	28♏49	5♐36	12♐09	18♐27	24♐32	0♑27	6♑14
/♀	1♓21	9♓09	17♓01	24♍53	2♎45	10♎31	18♎10	25♎38	2♏57	10♏03	16♏60	23♏47	0♐28	7♐04	13♐37
/♂	3♊32	10♊38	17♊47	24♊59	2♋09	9♋15	16♋13	23♋03	29♋41	6♌09	12♌27	18♌36	24♌39	0♍37	6♍33
/⚳	11♉16	18♉31	25♉50	3♊10	10♊28	17♊42	24♊48	1♋45	8♋31	15♋06	21♋31	27♋47	3♌56	9♌60	16♒02
/♃	9♓10	16♓28	23♓50	1♈12	8♎33	15♎49	22♎58	29♎57	6♏44	13♏21	19♏47	26♏04	2♐14	8♐19	14♐22
/♄	9♋46	16♋56	24♋09	1♌24	8♌36	15♌44	22♌44	29♌35	6♍14	12♍42	19♍00	25♍09	1♎11	7♎07	13♎02
/♅	13♈50	21♈02	28♈18	5♉35	12♉51	20♉02	27♉05	3♊59	10♊41	17♐13	23♐34	29♐46	5♑51	11♑51	17♑49
/♆	1♈15	8♈27	15♈43	22♈60	0♉15	7♉26	14♉29	21♏22	28♏04	4♐36	10♐56	17♐08	23♐13	29♐13	5♑10
/♇	5♓42	12♓54	20♓10	27♓27	4♎43	11♎53	18♎56	25♎49	2♏31	9♏02	15♏23	21♏34	27♏39	3♐38	9♐36
/☊	4♈56	12♈06	19♈19	26♈33	3♉45	10♉52	17♉53	24♉45	1♐26	7♐56	14♐17	20♐28	26♐32	2♑32	8♑28
☿/♀	17♑20	18♑39	19♑56	21♑11	22♑23	23♑33	24♑39	25♑42	26♑41	27♑35	28♑25	29♑09	29♑48	0♒21	0♒49
/♂	19♈31	20♈08	20♈43	21♈16	21♈48	22♈17	22♈43	23♈06	23♈26	23♈41	23♈52	23♈58	23♈59	23♈55	23♈46
/⚳	27♓16	28♓01	28♓45	29♓27	0♈07	0♈44	1♈18	1♈49	2♈16	2♈38	2♈56	3♈08	3♈16	3♈18	3♈14
/♃	25♑10	25♑58	26♑45	27♑30	28♑12	28♑51	29♑28	0♒00	0♒29	0♒53	1♒12	1♒26	1♒34	1♒37	1♒34
/♄	25♏46	26♏26	27♏05	27♏41	28♏15	28♏46	29♏14	29♏39	29♏59	0♐14	0♐25	0♐31	0♐31	0♐25	0♐14
/♅	29♒49	0♓32	1♓13	1♓53	2♓30	3♓04	3♓35	4♓02	4♓26	4♓45	4♓59	5♓07	5♓11	5♓09	5♓01
/♆	17♒14	17♒57	18♒38	19♒17	19♒54	20♒28	20♒59	21♒26	21♒49	22♒08	22♒21	22♒30	22♒33	22♒30	22♒22
/♇	21♑41	22♑24	23♑05	23♑45	24♑21	24♑55	25♑26	25♑53	26♑16	26♑34	26♑48	26♑56	26♑59	26♑56	26♑48
/☊	20♒55	21♒36	22♒14	22♒50	23♒23	23♒54	24♒23	24♒48	25♒10	25♒28	25♒42	25♒50	25♒53	25♒49	25♒40
♀/♂	23♍11	23♍42	24♍14	24♍46	25♓19	25♓52	26♓25	26♓59	27♓34	28♓08	28♓43	29♓19	29♓55	0♈31	1♈08
/⚳	0♓55	1♓36	2♓16	2♓57	3♓38	4♓19	5♓00	5♓42	6♓23	7♓05	7♓47	8♓29	9♓11	9♓54	10♓36
/♃	28♐49	29♐33	0♑16	0♑60	1♑43	2♑26	3♑10	3♑53	4♑37	5♑20	6♑03	6♑47	7♑30	8♑13	8♑57
/♄	29♎25	0♏01	0♏36	1♏11	1♏46	2♏21	2♏56	3♏31	4♏06	4♏41	5♏17	5♏51	6♏26	7♏01	7♏36
/♅	3♒29	4♒07	4♒45	5♒23	6♒01	6♒39	7♒17	7♒55	8♒33	9♒12	9♒50	10♒28	11♒06	11♒45	12♒23
/♆	20♑54	21♑31	22♑09	22♑47	23♑25	24♑03	24♑41	25♑19	25♑57	26♑35	27♑13	27♑51	28♑29	29♑07	29♑45
/♇	25♐21	25♐59	26♐37	27♐14	27♐52	28♐30	29♐08	29♐46	0♑23	1♑01	1♑39	2♑17	2♑55	3♑32	4♑10
/☊	24♑35	25♑10	25♑45	26♑20	26♑54	27♑29	28♑05	28♑41	29♑18	29♑55	0♒33	1♒11	1♒48	2♒26	3♒02
♂/⚳	3♊06	3♊04	3♊03	3♊02	3♊02	3♊03	3♊04	3♊06	3♊08	3♊11	3♊14	3♊18	3♊23	3♊27	3♊33
/♃	0♈60	1♈01	1♈03	1♈05	1♈07	1♈10	1♈14	1♈17	1♈21	1♈26	1♈31	1♈36	1♈41	1♈47	1♈53
/♄	1♌36	1♌29	1♌23	1♌16	1♌11	1♌05	1♌00	0♌56	0♌51	0♌47	0♌44	0♌40	0♌38	0♌35	0♌33
/♅	5♉39	5♉35	5♉31	5♉28	5♉25	5♉23	5♉21	5♉19	5♉18	5♉17	5♉17	5♉17	5♉18	5♉19	5♉20
/♆	23♈04	22♈60	22♈56	22♈53	22♈50	22♈47	22♈45	22♈43	22♈41	22♈40	22♈40	22♈40	22♈40	22♈40	22♈41
/♇	27♓32	27♓27	27♓23	27♓20	27♓17	27♓14	27♓12	27♓10	27♓08	27♓07	27♓06	27♓06	27♓06	27♓06	27♓07
/☊	26♈45	26♈39	26♈32	26♈25	26♈19	26♈13	26♈09	26♈05	26♈03	26♈01	26♈00	25♈60	25♈59	25♈59	25♈59
⚳/♃	8♓44	8♓55	9♓05	9♓16	9♓27	9♓38	9♓49	9♓60	10♓11	10♓23	10♓34	10♓46	10♓58	11♓10	11♓22
/♄	9♋21	9♋23	9♋25	9♋27	9♋30	9♋32	9♋35	9♋38	9♋41	9♋44	9♋47	9♋51	9♋54	9♋58	10♋01
/♅	13♈24	13♈29	13♈34	13♈39	13♈44	13♈50	13♈56	14♈02	14♈08	14♈14	14♈21	14♈27	14♈34	14♈41	14♈48
/♆	0♈49	0♈54	0♈58	1♈03	1♈09	1♈14	1♈20	1♈25	1♈31	1♈37	1♈43	1♈50	1♈56	2♈03	2♈09
/♇	5♓16	5♓21	5♓26	5♓31	5♓36	5♓41	5♓47	5♓52	5♓58	6♓04	6♓10	6♓16	6♓22	6♓29	6♓35
/☊	4♈30	4♈32	4♈34	4♈36	4♈38	4♈41	4♈44	4♈48	4♈53	4♈58	5♈04	5♈10	5♈16	5♈22	5♈27
♃/♄	7♏14	7♏20	7♏25	7♏30	7♏35	7♏40	7♏45	7♏50	7♏54	7♏59	8♏04	8♏08	8♏13	8♏17	8♏22
/♅	11♒18	11♒26	11♒34	11♒41	11♒49	11♒57	12♒05	12♒13	12♒21	12♒29	12♒37	12♒45	12♒53	13♒01	13♒08
/♆	28♑43	28♑51	28♑58	29♑06	29♑14	29♑21	29♑29	29♑37	29♑44	29♑52	29♑60	0♒07	0♒15	0♒22	0♒30
/♇	3♑10	3♑18	3♑26	3♑33	3♑41	3♑49	3♑56	4♑04	4♑11	4♑19	4♑26	4♑33	4♑41	4♑48	4♑56
/☊	2♒24	2♒29	2♒34	2♒39	2♒43	2♒48	2♒53	2♒59	3♒06	3♒13	3♒20	3♒27	3♒35	3♒41	3♒48
♄/♅	11♊54	11♊53	11♊53	11♊53	11♊53	11♊52	11♊52	11♊51	11♊51	11♊51	11♊50	11♊50	11♊49	11♊49	11♊48
/♆	29♏19	29♏18	29♏18	29♏17	29♏17	29♏16	29♏16	29♏15	29♏14	29♏14	29♏13	29♏12	29♏11	29♏10	29♏09
/♇	3♏46	3♏46	3♏45	3♏45	3♏44	3♏43	3♏43	3♏42	3♏41	3♏40	3♏39	3♏38	3♏37	3♏36	3♏35
/☊	3♐00	2♐57	2♐54	2♐50	2♐46	2♐43	2♐40	2♐38	2♐36	2♐34	2♐33	2♐32	2♐31	2♐29	2♐27
♅/♆	3♓22	3♓24	3♓27	3♓29	3♓31	3♓34	3♓36	3♓39	3♓41	3♓44	3♓46	3♓49	3♓51	3♓54	3♓56
/♇	7♒50	7♒52	7♒54	7♒56	7♒59	8♒01	8♒03	8♒06	8♒08	8♒10	8♒13	8♒15	8♒17	8♒20	8♒22
/☊	7♓03	7♓03	7♓03	7♓02	7♓01	7♓00	7♓00	7♓01	7♓03	7♓05	7♓07	7♓09	7♓11	7♓13	7♓14
♆/♇	25♑15	25♑17	25♑19	25♑21	25♑23	25♑25	25♑27	25♑29	25♑31	25♑33	25♑35	25♑37	25♑39	25♑41	25♑43
/☊	24♒28	24♒28	24♒27	24♒26	24♒25	24♒24	24♒24	24♒25	24♒26	24♒28	24♒29	24♒31	24♒33	24♒35	24♒36
♇/☊	28♑56	28♑56	28♑55	28♑54	28♑52	28♑52	28♑51	28♑52	28♑53	28♑54	28♑56	28♑58	28♑59	29♑00	29♑01

January 2008

February 2008

	1	2	3	4	5	6	7	8	9	10	11	12	13	14	15
☉/☽	6♑12	12♑41	19♑14	25♑54	2♒40	9♒35	16♒37	23♒48	1♓05	8♓29	15♓58	23♓30	1♈05	8♈41	16♈17
/☿	17♒13	17♒23	17♒29	17♒30	17♒29	17♒24	17♒19	17♒13	17♒08	17♒04	17♒03	17♒05	17♒10	17♒19	17♒31
/♀	25♑27	26♑35	27♑42	28♑50	29♑57	1♒04	2♒12	3♒19	4♒27	5♒34	6♒41	7♒49	8♒56	10♒04	11♒11
/♂	17♈47	18♈18	18♈50	19♈21	19♈54	20♈26	20♈59	21♈32	22♈05	22♈39	23♈13	23♈48	24♈22	24♈57	25♈33
/⚳	27♓21	27♓57	28♓34	29♓11	29♓47	0♈24	1♈01	1♈38	2♈15	2♈53	3♈30	4♈08	4♈45	5♈23	6♈01
/♃	25♑42	26♑19	26♑56	27♑32	28♑09	28♑46	29♑22	29♑59	0♒36	1♒12	1♒49	2♒25	3♒01	3♒38	4♒14
/♄	24♏13	24♏42	25♏10	25♏38	26♏07	26♏35	27♏03	27♏31	27♏59	28♏27	28♏56	29♏24	29♏52	0♐20	0♐48
/♅	29♒04	29♒36	0♓07	0♓39	1♓11	1♓43	2♓15	2♓47	3♓19	3♓51	4♓23	4♓55	5♓27	5♓59	6♓31
/♆	16♒25	16♒56	17♒28	17♒59	18♒31	19♒03	19♒34	20♒06	20♒37	21♒09	21♒40	22♒12	22♒43	23♒15	23♒46
/♇	20♑50	21♑21	21♑53	22♑24	22♑55	23♑27	23♑58	24♑29	25♑00	25♑31	26♑03	26♑34	27♑05	27♑36	28♑07
/☊	19♒41	20♒10	20♒40	21♒09	21♒39	22♒08	22♒38	23♒09	23♒39	24♒10	24♒41	25♒11	25♒42	26♒12	26♒42
☽/☿	11♑56	17♑34	23♑12	28♑52	4♒36	10♒25	16♒21	22♒25	28♒37	4♓56	11♓23	17♓56	24♓36	1♈20	8♈08
/♀	20♐10	26♐46	3♑25	10♑11	17♑04	24♑05	1♒14	8♒31	15♒56	23♒26	1♓01	8♓40	16♓22	24♓05	1♈47
/♂	12♍30	18♍29	24♓33	0♈43	7♈01	13♈27	20♈01	26♈44	3♉34	10♉31	17♉33	24♉39	1♊48	8♊59	16♊09
/⚳	22♒04	28♒08	4♓17	10♓32	16♓55	23♓25	0♈04	6♈50	13♈45	20♈45	27♈50	4♉59	12♉11	19♉24	26♉38
/♃	20♐25	26♐30	2♑39	8♑54	15♑16	21♑47	28♑25	5♒11	12♒05	19♒04	26♒09	3♓17	10♓27	17♓39	24♓51
/♄	18♎56	24♎53	0♏53	6♏60	13♏14	19♏36	26♏06	2♐43	9♊28	16♊19	23♊15	0♋15	7♋17	14♋21	21♋24
/♅	23♑46	29♑46	5♒51	12♒01	18♒19	24♒44	1♓18	7♓60	14♓48	21♓43	28♓43	5♈47	12♈53	20♈00	27♈08
/♆	11♑08	17♑07	23♑11	29♑21	5♒38	12♒03	18♒37	25♒18	2♓06	9♓01	16♓00	23♓03	0♈09	7♈16	14♈23
/♇	15♐33	21♐32	27♐36	3♑46	10♑03	16♑27	23♑00	29♑41	6♒29	13♒23	20♒23	27♒25	4♓30	11♓37	18♓44
/☊	14♑24	20♑21	26♑23	2♒31	8♒46	15♒09	21♒41	28♒21	5♓08	12♓02	19♓00	26♓03	3♈07	10♈13	17♈19
☿/♀	1♒11	1♒28	1♒40	1♒48	1♒53	1♒55	1♒56	1♒57	1♒58	2♒01	2♒07	2♒15	2♒27	2♒42	3♒02
/♂	23♈31	23♈11	22♈47	22♈20	21♈49	21♈17	20♈43	20♈10	19♈37	19♈07	18♈39	18♈14	17♈53	17♈36	17♈24
/⚳	3♈05	2♈51	2♈32	2♈09	1♈43	1♈15	0♈45	0♈16	29♓47	29♓20	28♓56	28♓34	28♓16	28♓02	27♓52
/♃	1♒26	1♒12	0♒54	0♒31	0♒05	29♑36	29♑07	28♑37	28♑07	27♑39	27♑14	26♑51	26♑32	26♑17	26♑05
/♄	29♏57	29♏35	29♏08	28♏37	28♏02	27♏25	26♏47	26♏09	25♏31	24♏55	24♏21	23♏50	23♏22	22♏59	22♏39
/♅	4♓47	4♓29	4♓05	3♓38	3♓07	2♓34	1♓60	1♓25	0♓51	0♓19	29♒49	29♒21	28♒58	28♒38	28♒22
/♆	22♒08	21♒49	21♒26	20♒58	20♒27	19♒53	19♒18	18♒43	18♒09	17♒36	17♒06	16♒38	16♒14	15♒54	15♒37
/♇	26♑34	26♑15	25♑51	25♑22	24♑51	24♑17	23♑42	23♑07	22♑32	21♑59	21♑28	21♑00	20♑36	20♑15	19♑58
/☊	25♒25	25♒04	24♒38	24♒08	23♒34	22♒59	22♒23	21♒46	21♒11	20♒37	20♒06	19♒37	19♒12	18♒51	18♒33
♀/♂	1♈45	2♈23	3♈01	3♈39	4♈18	4♈57	5♈36	6♈16	6♈56	7♈36	8♈17	8♈58	9♈39	10♈21	11♈03
/⚳	11♓19	12♓02	12♓45	13♓28	14♓11	14♓55	15♓38	16♓22	17♓06	17♓50	18♓34	19♓18	20♓02	20♓47	21♓31
/♃	9♑40	10♑23	11♑07	11♑50	12♑33	13♑16	13♑60	14♑43	15♑26	16♑09	16♑52	17♑35	18♑18	19♑01	19♑44
/♄	8♏11	8♏46	9♏21	9♏56	10♏31	11♏05	11♏40	12♏15	12♏50	13♏24	13♏59	14♏34	15♏09	15♏43	16♏18
/♅	13♒02	13♒40	14♒18	14♒57	15♒35	16♒14	16♒53	17♒31	18♒10	18♒48	19♒27	20♒05	20♒44	21♒23	22♒01
/♆	0♒23	1♒01	1♒39	2♒17	2♒55	3♒33	4♒11	4♒49	5♒28	6♒06	6♒44	7♒22	8♒00	8♒38	9♒17
/♇	4♑48	5♑26	6♑04	6♑42	7♑19	7♑57	8♑35	9♑13	9♑51	10♑28	11♑06	11♑44	12♑22	12♑60	13♑37
/☊	3♒39	4♒15	4♒51	5♒27	6♒03	6♒39	7♒16	7♒52	8♒30	9♒07	9♒44	10♒21	10♒59	11♒36	12♒13
♂/⚳	3♊39	3♊45	3♊52	3♊60	4♊08	4♊16	4♊25	4♊35	4♊45	4♊55	5♊06	5♊17	5♊29	5♊41	5♊53
/♃	1♈60	2♈07	2♈14	2♈22	2♈30	2♈38	2♈47	2♈56	3♈05	3♈14	3♈24	3♈34	3♈45	3♈55	4♈06
/♄	0♌31	0♌30	0♌28	0♌28	0♌27	0♌27	0♌27	0♌28	0♌29	0♌30	0♌31	0♌33	0♌35	0♌37	0♌40
/♅	5♉21	5♉24	5♉26	5♉29	5♉32	5♉36	5♉40	5♉44	5♉48	5♉53	5♉59	6♉04	6♉10	6♉17	6♉23
/♆	22♈43	22♈44	22♈46	22♈49	22♈52	22♈55	22♈58	23♈02	23♈06	23♈11	23♈16	23♈21	23♈27	23♈32	23♈38
/♇	27♓08	27♓09	27♓11	27♓13	27♓16	27♓19	27♓22	27♓26	27♓29	27♓34	27♓38	27♓43	27♓48	27♓54	27♓59
/☊	25♈59	25♈58	25♈58	25♈59	25♈59	26♈01	26♈03	26♈05	26♈08	26♈12	26♈16	26♈20	26♈25	26♈30	26♈35
⚳/♃	11♓34	11♓46	11♓58	12♓11	12♓24	12♓36	12♓49	13♓02	13♓15	13♓28	13♓41	13♓54	14♓08	14♓21	14♓34
/♄	10♋05	10♋09	10♋13	10♋17	10♋21	10♋25	10♋30	10♋34	10♋39	10♋43	10♋48	10♋53	10♋58	11♋03	11♋08
/♅	14♈55	15♈03	15♈10	15♈18	15♈26	15♈34	15♈42	15♈50	15♈58	16♈07	16♈16	16♈24	16♈33	16♈42	16♈51
/♆	2♈16	2♈23	2♈31	2♈38	2♈45	2♈53	3♈01	3♈09	3♈16	3♈25	3♈33	3♈41	3♈49	3♈58	4♈07
/♇	6♓42	6♓49	6♓55	7♓03	7♓10	7♓17	7♓24	7♓32	7♓39	7♓47	7♓55	8♓03	8♓11	8♓19	8♓27
/☊	5♈32	5♈38	5♈43	5♈48	5♈53	5♈59	6♈05	6♈11	6♈18	6♈26	6♈33	6♈40	6♈48	6♈55	7♈03
♃/♄	8♏26	8♏30	8♏34	8♏39	8♏43	8♏47	8♏51	8♏55	8♏59	9♏03	9♏06	9♏10	9♏14	9♏17	9♏21
/♅	13♒16	13♒24	13♒32	13♒40	13♒48	13♒55	14♒03	14♒11	14♒19	14♒26	14♒34	14♒42	14♒49	14♒57	15♒04
/♆	0♒37	0♒45	0♒52	0♒60	1♒07	1♒15	1♒22	1♒29	1♒37	1♒44	1♒51	1♒58	2♒05	2♒13	2♒20
/♇	5♑03	5♑10	5♑17	5♑24	5♑32	5♑39	5♑46	5♑53	5♑60	6♑07	6♑13	6♑20	6♑27	6♑34	6♑40
/☊	3♒53	3♒59	4♒04	4♒10	4♒15	4♒20	4♒26	4♒32	4♒39	4♒45	4♒51	4♒58	5♒04	5♒10	5♒16
♄/♅	11♊47	11♊47	11♊46	11♊46	11♊45	11♊44	11♊44	11♊43	11♊42	11♊42	11♊41	11♊40	11♊40	11♊39	11♊38
/♆	29♏09	29♏08	29♏07	29♏06	29♏05	29♏04	29♏03	29♏01	29♏00	28♏59	28♏58	28♏57	28♏56	28♏55	28♏53
/♇	3♏34	3♏33	3♏32	3♏30	3♏29	3♏28	3♏26	3♏25	3♏23	3♏22	3♏20	3♏19	3♏17	3♏16	3♏14
/☊	2♐25	2♐22	2♐19	2♐15	2♐12	2♐09	2♐07	2♐04	2♐02	2♐00	1♐58	1♐56	1♐54	1♐52	1♐50
♅/♆	3♓59	4♓02	4♓04	4♓07	4♓10	4♓12	4♓15	4♓18	4♓20	4♓23	4♓26	4♓28	4♓31	4♓34	4♓37
/♇	8♒24	8♒27	8♒29	8♒31	8♒34	8♒36	8♒39	8♒41	8♒43	8♒46	8♒48	8♒50	8♒53	8♒55	8♒57
/☊	7♓15	7♓16	7♓16	7♓17	7♓17	7♓18	7♓19	7♓20	7♓22	7♓24	7♓26	7♓28	7♓30	7♓31	7♓33
♆/♇	25♑45	25♑47	25♑49	25♑51	25♑53	25♑55	25♑57	25♑59	26♑01	26♑03	26♑05	26♑07	26♑09	26♑11	26♑13
/☊	24♒36	24♒36	24♒36	24♒37	24♒37	24♒37	24♒38	24♒39	24♒40	24♒42	24♒43	24♒44	24♒46	24♒47	24♒48
♇/☊	29♑01	29♑01	29♑01	29♑01	29♑01	29♑01	29♑02	29♑02	29♑03	29♑04	29♑05	29♑06	29♑07	29♑08	29♑09

	16	17	18	19	20	21	22	23	24	25	26	27	28	29
☉/☽	23♈52	1♉25	8♉55	16♉19	23♉38	0♊50	7♐54	14♐49	21♐37	28♐17	4♑52	11♑21	17♑48	24♑15
/☿	17♒48	18♒09	18♒33	19♒01	19♒33	20♒07	20♒45	21♒26	22♒10	22♒56	23♒44	24♒34	25♒27	26♒21
/♀	12♒18	13♒26	14♒33	15♒40	16♒47	17♒55	19♒02	20♒09	21♒17	22♒24	23♒31	24♒38	25♒46	26♒53
/♂	26♈08	26♈44	27♈20	27♈57	28♈33	29♈10	29♈47	0♉25	1♉02	1♉40	2♉18	2♉56	3♉35	4♉13
/⚳	6♈39	7♈17	7♈55	8♈33	9♈12	9♈50	10♈28	11♈07	11♈46	12♈24	13♈03	13♈42	14♈21	14♈60
/♃	4♒50	5♒26	6♒02	6♒38	7♒14	7♒50	8♒26	9♒02	9♒38	10♒14	10♒49	11♒25	12♒00	12♒36
/♄	1♐16	1♐43	2♐11	2♐39	3♐07	3♐35	4♐03	4♐31	4♐58	5♊26	5♊54	6♊22	6♊49	7♊17
/♅	7♓03	7♓35	8♓07	8♓39	9♓11	9♓42	10♓14	10♓46	11♓18	11♓50	12♓22	12♓54	13♓26	13♓57
/♆	24♒18	24♒49	25♒20	25♒52	26♒23	26♒55	27♒26	27♒57	28♒29	28♒60	29♒31	0♓02	0♓34	1♓05
/♇	28♑38	29♑09	29♑40	0♒11	0♒42	1♒13	1♒44	2♒14	2♒45	3♒16	3♒47	4♒17	4♒48	5♒19
/☊	27♒13	27♒43	28♒13	28♒44	29♒14	29♒44	0♓14	0♓44	1♓14	1♓44	2♓13	2♓43	3♓13	3♓43
☽/☿	14♈59	21♈52	28♈45	5♉38	12♏27	19♏13	25♏55	2♐31	9♐02	15♐28	21♐50	28♐10	4♑29	10♑49
/♀	9♈29	17♈09	24♈45	2♏17	9♏42	17♏01	24♏12	1♐14	8♐09	14♐56	21♐37	28♐14	4♑48	11♑21
/♂	23♊19	0♋28	7♋33	14♋33	21♋28	28♋16	4♌57	11♌29	17♌54	24♌12	0♍24	6♍31	12♍37	18♍42
/⚳	3♊50	11♊00	18♊08	25♊10	2♋06	8♋56	15♋38	22♋12	28♋38	4♌56	11♌09	17♌17	23♒23	29♒28
/♃	2♈01	9♈10	16♎15	23♎15	0♏09	6♏56	13♏36	20♏07	26♏30	2♐46	8♐55	15♐00	21♐02	27♐04
/♄	28♋27	5♌27	12♌24	19♌16	26♌02	2♍41	9♍12	15♍35	21♍50	27♍58	3♎60	9♎57	15♎51	21♎45
/♅	4♉14	11♉18	18♉19	25♉15	2♊05	8♊49	15♊24	21♐51	28♐10	4♑22	10♑28	16♑29	22♑28	28♑26
/♆	21♈29	28♈33	5♉33	12♉29	19♉18	26♏01	2♐35	9♐02	15♐21	21♐32	27♐37	3♑38	9♑36	15♑33
/♇	25♓49	2♎53	9♎52	16♎48	23♎37	0♏19	6♏53	13♏19	19♏37	25♏48	1♐53	7♐53	13♐50	19♐47
/☊	24♈24	1♉26	8♉26	15♉20	22♉09	28♏50	5♐24	11♐49	18♐06	24♐16	0♑19	6♑18	12♑15	18♑11
☿/♀	3♒25	3♒52	4♒24	4♒58	5♒37	6♒18	7♒03	7♒51	8♒41	9♒34	10♒29	11♒27	12♒26	13♒27
/♂	17♈15	17♈11	17♈11	17♈15	17♈23	17♈34	17♈48	18♈06	18♈27	18♈50	19♈16	19♈44	20♈15	20♈47
/⚳	27♓46	27♓44	27♓46	27♓52	28♓01	28♓14	28♓30	28♓48	29♓10	29♓34	0♈01	0♈30	1♈01	1♈34
/♃	25♑57	25♑53	25♑53	25♑57	26♑04	26♑14	26♑27	26♑44	27♑03	27♑24	27♑47	28♑13	28♑41	29♑10
/♄	22♏23	22♏10	22♏02	21♏58	21♏56	21♏59	22♏04	22♏12	22♏23	22♏36	22♏52	23♏10	23♏30	23♏51
/♅	28♒10	28♒02	27♒58	27♒57	27♒60	28♒06	28♒16	28♒28	28♒43	29♒00	29♒20	29♒42	0♓06	0♓32
/♆	15♒25	15♒16	15♒11	15♒10	15♒13	15♒18	15♒27	15♒39	15♒53	16♒10	16♒29	16♒51	17♒14	17♒39
/♇	19♑45	19♑36	19♑31	19♑29	19♑31	19♑36	19♑45	19♑56	20♑10	20♑26	20♑45	21♑06	21♑28	21♑53
/☊	18♒20	18♒10	18♒04	18♒02	18♒03	18♒08	18♒15	18♒26	18♒39	18♒54	19♒11	19♒31	19♒53	20♒17
♀/♂	11♈45	12♈28	13♈11	13♈54	14♈37	15♈21	16♈05	16♈49	17♈34	18♈18	19♈03	19♈48	20♈34	21♈19
/⚳	22♓16	23♓01	23♓46	24♓31	25♓16	26♓01	26♓46	27♓32	28♓17	29♓03	29♓48	0♈34	1♈20	2♈06
/♃	20♑27	21♑10	21♑53	22♑36	23♑19	24♑01	24♑44	25♑27	26♑10	26♑52	27♑35	28♑17	28♑60	29♑42
/♄	16♏53	17♏27	18♏02	18♏37	19♏11	19♏46	20♏21	20♏55	21♏30	22♏05	22♏39	23♏14	23♏49	24♏23
/♅	22♒40	23♒19	23♒57	24♒36	25♒15	25♒54	26♒32	27♒11	27♒50	28♒29	29♒07	29♒46	0♓25	1♓04
/♆	9♒55	10♒33	11♒11	11♒49	12♒27	13♒06	13♒44	14♒22	15♒00	15♒38	16♒17	16♒55	17♒33	18♒11
/♇	14♑15	14♑53	15♑31	16♑08	16♑46	17♑24	18♑01	18♑39	19♑17	19♑54	20♑32	21♑10	21♑47	22♑25
/☊	12♒50	13♒27	14♒04	14♒41	15♒18	15♒55	16♒32	17♒09	17♒46	18♒22	18♒59	19♒35	20♒12	20♒49
♂/⚳	6♊06	6♊19	6♊33	6♊47	7♊02	7♊16	7♊31	7♊47	8♊03	8♊19	8♊35	8♊52	9♊09	9♊26
/♃	4♈17	4♈29	4♈40	4♈52	5♈04	5♈17	5♈29	5♈42	5♈55	6♈08	6♈22	6♈35	6♈49	7♈03
/♄	0♌43	0♌46	0♌49	0♌53	0♌57	1♌01	1♌06	1♌11	1♌15	1♌21	1♌26	1♌32	1♌38	1♌44
/♅	6♉30	6♉37	6♉45	6♉53	7♉01	7♉09	7♉17	7♉26	7♉35	7♉45	7♉54	8♉04	8♉14	8♉24
/♆	23♈45	23♈52	23♈59	24♈06	24♈13	24♈21	24♈29	24♈37	24♈46	24♈55	25♈03	25♈13	25♈22	25♈32
/♇	28♓05	28♓11	28♓18	28♓25	28♓32	28♓39	28♓47	28♓54	29♓02	29♓11	29♓19	29♓28	29♓36	29♓45
/☊	26♈40	26♈45	26♈51	26♈57	27♈04	27♈11	27♈17	27♈24	27♈31	27♈38	27♈45	27♈53	28♈01	28♈09
⚳/♃	14♓48	15♓02	15♓15	15♓29	15♓43	15♓57	16♓10	16♓24	16♓38	16♓52	17♓07	17♓21	17♓35	17♓49
/♄	11♋13	11♋19	11♋24	11♋30	11♋35	11♋41	11♋47	11♋53	11♋59	12♋05	12♋11	12♋17	12♋24	12♋30
/♅	17♈01	17♈10	17♈20	17♈29	17♈39	17♈49	17♈59	18♈09	18♈19	18♈29	18♈39	18♈50	19♈00	19♈11
/♆	4♈15	4♈24	4♈33	4♈42	4♈52	5♈01	5♈10	5♈20	5♈29	5♈39	5♈49	5♈58	6♈08	6♈18
/♇	8♓36	8♓44	8♓53	9♓01	9♓10	9♓19	9♓28	9♓37	9♓46	9♓55	10♓04	10♓13	10♓23	10♓32
/☊	7♈10	7♈18	7♈26	7♈34	7♈42	7♈50	7♈58	8♈07	8♈15	8♈23	8♈31	8♈39	8♈47	8♈56
♃/♄	9♏25	9♏28	9♏32	9♏35	9♏38	9♏42	9♏45	9♏48	9♏51	9♏54	9♏57	10♏00	10♏03	10♏06
/♅	15♒12	15♒19	15♒27	15♒34	15♒42	15♒49	15♒56	16♒04	16♒11	16♒18	16♒25	16♒33	16♒40	16♒47
/♆	2♒27	2♒34	2♒41	2♒48	2♒54	3♒01	3♒08	3♒15	3♒22	3♒28	3♒35	3♒41	3♒48	3♒54
/♇	6♑47	6♑54	7♑00	7♑07	7♑13	7♑19	7♑26	7♑32	7♑38	7♑44	7♑50	7♑56	8♑02	8♑08
/☊	5♒22	5♒28	5♒33	5♒39	5♒45	5♒51	5♒56	6♒02	6♒07	6♒12	6♒17	6♒22	6♒27	6♒32
♄/♅	11♊37	11♊37	11♊36	11♊35	11♊34	11♊34	11♊33	11♊32	11♊31	11♊31	11♊30	11♊29	11♊29	11♊28
/♆	28♏52	28♏51	28♏50	28♏48	28♏47	28♏46	28♏45	28♏43	28♏42	28♏41	28♏39	28♏38	28♏37	28♏35
/♇	3♏12	3♏11	3♏09	3♏07	3♏06	3♏04	3♏02	3♏00	2♏58	2♏57	2♏55	2♏53	2♏51	2♏49
/☊	1♐47	1♐45	1♐42	1♐40	1♐38	1♐35	1♐33	1♐30	1♐27	1♐24	1♐21	1♐18	1♐16	1♐13
♅/♆	4♓39	4♓42	4♓45	4♓48	4♓51	4♓53	4♓56	4♓59	5♓02	5♓05	5♓07	5♓10	5♓13	5♓16
/♇	8♒60	9♒02	9♒04	9♒07	9♒09	9♒11	9♒14	9♒16	9♒18	9♒21	9♒23	9♒25	9♒27	9♒30
/☊	7♓34	7♓36	7♓38	7♓39	7♓41	7♓43	7♓44	7♓46	7♓47	7♓48	7♓49	7♓51	7♓52	7♓53
♆/♇	26♑15	26♑16	26♑18	26♑20	26♑22	26♑24	26♑25	26♑27	26♑29	26♑31	26♑32	26♑34	26♑36	26♑37
/☊	24♒49	24♒50	24♒51	24♒53	24♒54	24♒55	24♒56	24♒57	24♒58	24♒58	24♒59	24♒59	25♒00	25♒01
♇/☊	29♑10	29♑10	29♑11	29♑12	29♑12	29♑13	29♑14	29♑14	29♑14	29♑14	29♑14	29♑14	29♑14	29♑15

February 2008

March 2008

	1	2	3	4	5	6	7	8	9	10	11	12	13	14	15	16	17	18	19	20	21	22	23	24	25	26	27	28	29	30	31	
☉/☽	0♒43	7♒16	13♒55	20♒43	27♒41	4♓49	12♓09	19♓38	27♓16	4♈59	12♈45	20♈30	28♈13	5♉51	13♉22	20♉47	28♉05	5♊17	12♊22	19♊21	26♊14	3♑01	9♑43	16♑20	22♑52	29♑20	5♒46	12♒12	18♒39	25♒10	1♓48	☉/☽
/☿	27♒17	28♒14	29♒13	0♓13	1♓15	2♓18	3♓21	4♓26	5♓32	6♓39	7♓47	8♓55	10♓05	11♓15	12♓26	13♓37	14♓50	16♓03	17♓17	18♓31	19♓46	21♓02	22♓18	23♓35	24♓53	26♓11	27♓31	28♓50	0♈11	1♈32	2♈53	/☿
/♀	27♒60	29♒07	0♓14	1♓22	2♓29	3♓36	4♓43	5♓50	6♓57	8♓04	9♓11	10♓18	11♓25	12♓32	13♓39	14♓46	15♓53	17♓00	18♓07	19♓14	20♓21	21♓28	22♓35	23♓41	24♓48	25♓55	27♓02	28♓08	29♓15	0♈22	1♈29	/♀
/♂	4♉52	5♉31	6♉10	6♉50	7♉29	8♉09	8♉49	9♉29	10♉09	10♉50	11♉30	12♉11	12♉52	13♉33	14♉14	14♉55	15♉37	16♉18	16♉60	17♉42	18♉24	19♉05	19♉48	20♉30	21♉12	21♉54	22♉37	23♉19	24♉02	24♉45	25♉28	/♂
/⚳	15♈39	16♈18	16♈57	17♈37	18♈16	18♈55	19♈35	20♈14	20♈54	21♈34	22♈13	22♈53	23♈33	24♈13	24♈53	25♈33	26♈13	26♈53	27♈33	28♈13	28♈53	29♈33	0♉14	0♉54	1♉34	2♉15	2♉55	3♉36	4♉16	4♉57	5♉37	/⚳
/♃	13♒11	13♒47	14♒22	14♒57	15♒32	16♒07	16♒43	17♒17	17♒52	18♒27	19♒02	19♒37	20♒11	20♒46	21♒20	21♒55	22♒29	23♒03	23♒37	24♒11	24♒45	25♒19	25♒53	26♒26	27♒00	27♒34	28♒07	28♒40	29♒14	29♒47	0♓20	/♃
/♄	7♊45	8♊12	8♊40	9♊08	9♊36	10♊03	10♊31	10♊59	11♊26	11♊54	12♊22	12♊49	13♊17	13♊45	14♊13	14♊40	15♊08	15♊36	16♊04	16♊31	16♊59	17♊27	17♊55	18♊23	18♊50	19♊18	19♊46	20♊14	20♊42	21♊10	21♊38	/♄
/♅	14♓29	15♓01	15♓33	16♓05	16♓36	17♓08	17♓40	18♓12	18♓43	19♓15	19♓47	20♓18	20♓50	21♓22	21♓53	22♓25	22♓57	23♓28	23♓60	24♓31	25♓03	25♓34	26♓06	26♓37	27♓08	27♓40	28♓11	28♓42	29♓14	29♓45	0♈16	/♅
/♆	1♓36	2♓07	2♓39	3♓10	3♓41	4♓12	4♓43	5♓14	5♓45	6♓16	6♓47	7♓18	7♓49	8♓20	8♓51	9♓22	9♓53	10♓24	10♓54	11♓25	11♓56	12♓27	12♓57	13♓28	13♓59	14♓29	14♓60	15♓30	16♓01	16♓31	17♓02	/♆
/♇	5♒49	6♒20	6♒51	7♒21	7♒52	8♒22	8♒53	9♒23	9♒54	10♒24	10♒54	11♒25	11♒55	12♒25	12♒55	13♒25	13♒56	14♒26	14♒56	15♒26	15♒56	16♒26	16♒56	17♒26	17♒55	18♒25	18♒55	19♒25	19♒55	20♒24	20♒54	/♇
/☊	4♓13	4♓43	5♓14	5♓45	6♓15	6♓46	7♓16	7♓45	8♓14	8♓43	9♓11	9♓39	10♓08	10♓38	11♓07	11♓38	12♓09	12♓39	13♓09	13♓39	14♓07	14♓35	15♓02	15♓29	15♓55	16♓21	16♓48	17♓16	17♓44	18♓14	18♓44	/☊
☽/☿	17♑13	23♑43	0♒21	7♒09	14♒08	21♒19	28♒42	6♓17	14♓00	21♓50	29♓44	7♈38	15♈30	23♈18	1♉01	8♉37	16♉08	23♉33	0♊52	8♐06	15♐15	22♐18	29♐17	6♑11	13♑02	19♑49	26♑35	3♒21	10♒09	17♒02	24♒02	☽/☿
/♀	17♑57	24♑36	1♒22	8♒17	15♒22	22♒37	0♓04	7♓40	15♓25	23♓16	1♈09	9♈01	16♈51	24♈36	2♉14	9♉47	17♉12	24♉31	1♊43	8♐49	15♐50	22♐44	29♐33	6♑17	12♑57	19♑33	26♑06	2♒39	9♒14	15♒52	22♒37	/♀
/♂	24♍49	1♈00	7♈18	13♈45	20♈22	27♈11	4♉10	11♉19	18♉37	26♉01	3♊27	10♊54	18♊17	25♊36	2♋49	9♋55	16♋55	23♋49	0♌36	7♌17	13♌52	20♌22	26♌46	3♍06	9♍21	15♍32	21♍41	27♍50	4♎01	10♈15	16♈36	/♂
/⚳	5♓35	11♓47	18♓05	24♓32	1♈09	7♈57	14♈56	22♈05	29♈22	6♉45	14♉10	21♉36	28♉58	6♊16	13♊28	20♊33	27♊31	4♋23	11♋09	17♋48	24♋22	0♌50	7♌12	13♌30	19♌43	25♌52	1♓60	8♓06	14♓15	20♓27	26♓46	/⚳
/♃	3♑08	9♑16	15♑30	21♑53	28♑26	5♒09	12♒04	19♒08	26♒20	3♓38	10♓59	18♓19	25♓37	2♈49	9♈55	16♈55	23♎47	0♏33	7♏13	13♏46	20♏14	26♏36	2♐52	9♐02	15♐09	21♐11	27♐12	3♑11	9♑12	15♑17	21♑29	/♃
/♄	27♎41	3♏42	9♏48	16♏03	22♏29	29♏05	5♊52	12♊49	19♊54	27♊05	4♋19	11♋32	18♋43	25♋48	2♌48	9♌41	16♌27	23♌06	29♌39	6♍07	12♍28	18♍44	24♍54	0♎59	6♎59	12♎56	18♎51	24♎45	0♏41	6♏41	12♏47	/♄
/♅	4♒26	10♒30	16♒41	23♒00	29♒30	6♓10	13♓01	20♓02	27♓11	4♈26	11♈44	19♈01	26♈16	3♉25	10♉28	17♉25	24♉15	0♊58	7♊35	14♊06	20♐31	26♐51	3♑04	9♑13	15♑17	21♑17	27♑16	3♒13	9♒13	15♒16	21♒25	/♅
/♆	21♑33	27♑36	3♒47	10♒05	16♒34	23♒14	0♓04	7♓05	14♓13	21♓27	28♓44	6♈01	13♈15	20♈23	27♈26	4♉22	11♉11	17♉54	24♏30	1♐00	7♐25	13♐43	19♐56	26♐04	2♑07	8♑07	14♑04	20♑01	25♑60	2♒02	8♒11	/♆
/♇	25♐46	1♑49	7♑59	14♑17	20♑45	27♑24	4♒14	11♒13	18♒21	25♒35	2♓51	10♓07	17♓20	24♓28	1♎30	8♎26	15♎14	21♎56	28♎32	5♏01	11♏25	17♏42	23♏55	0♐02	6♐04	12♐03	17♐60	23♐56	29♐53	5♑55	12♑03	/♇
/☊	24♑09	0♒12	6♒22	12♒40	19♒09	25♒47	2♓37	9♓36	16♓42	23♓54	1♈08	8♈22	15♈34	22♈41	29♈42	6♉38	13♉27	20♉09	26♉45	3♐14	9♐36	15♐52	22♐01	28♐05	4♑04	9♑59	15♑53	21♑47	27♑43	3♒44	9♒52	/☊
☿/♀	14♒30	15♒34	16♒40	17♒47	18♒56	20♒06	21♒17	22♒29	23♒42	24♒56	26♒10	27♒26	28♒43	29♒60	1♓18	2♓37	3♓56	5♓17	6♓38	7♓60	9♓22	10♓45	12♓09	13♓33	14♓58	16♓24	17♓50	19♓17	20♓45	22♓14	23♓43	☿/♀
/♂	21♈22	21♈58	22♈36	23♈16	23♈57	24♈39	25♈23	26♈08	26♈54	27♈41	28♈29	29♈19	0♉09	1♉00	1♉53	2♉46	3♉40	4♉35	5♉31	6♉27	7♉24	8♉23	9♉22	10♉21	11♉22	12♉23	13♉26	14♉28	15♉32	16♉37	17♉42	/♂
/⚳	2♈09	2♈45	3♈23	4♈02	4♈43	5♈25	6♈08	6♈53	7♈38	8♈25	9♈12	10♈01	10♈50	11♈40	12♈31	13♈23	14♈16	15♈09	16♈03	16♈58	17♈54	18♈51	19♈48	20♈46	21♈44	22♈44	23♈44	24♈45	25♈46	26♈48	27♈51	/⚳
/♃	29♑41	0♒14	0♒48	1♒23	1♒60	2♒37	3♒16	3♒56	4♒37	5♒18	6♒01	6♒44	7♒28	8♒13	8♒59	9♒45	10♒32	11♒20	12♒08	12♒57	13♒46	14♒36	15♒27	16♒18	17♒10	18♒03	18♒56	19♒49	20♒44	21♒39	22♒34	/♃
/♄	24♏15	24♏40	25♏06	25♏34	26♏03	26♏33	27♏05	27♏37	28♏11	28♏45	29♏21	29♏57	0♐34	1♐12	1♐51	2♐31	3♐11	3♊52	4♊34	5♊17	6♊00	6♊44	7♊29	8♊14	9♊00	9♊47	10♊35	11♊23	12♊12	13♊02	13♊52	/♄
/♅	0♓59	1♓28	1♓59	2♓31	3♓04	3♓38	4♓14	4♓50	5♓28	6♓06	6♓46	7♓26	8♓07	8♓49	9♓32	10♓15	10♓60	11♓45	12♓30	13♓17	14♓04	14♓51	15♓40	16♓29	17♓18	18♓09	18♓60	19♓51	20♓44	21♓37	22♓30	/♅
/♆	18♒06	18♒34	19♒04	19♒36	20♒08	20♒42	21♒17	21♒53	22♒30	23♒07	23♒46	24♒26	25♒06	25♒48	26♒30	27♒12	27♒56	28♒40	29♒25	0♓11	0♓57	1♓44	2♓31	3♓20	4♓09	4♓58	5♓48	6♓39	7♓31	8♓23	9♓16	/♆
/♇	22♑19	22♑47	23♑16	23♑47	24♑19	24♑52	25♑26	26♑02	26♑38	27♑15	27♑53	28♑32	29♑12	29♑53	0♒34	1♒16	1♒59	2♒42	3♒26	4♒11	4♒57	5♒43	6♒30	7♒17	8♒05	8♒54	9♒44	10♒34	11♒25	12♒16	13♒08	/♇
/☊	20♒43	21♒10	21♒40	22♒11	22♒43	23♒16	23♒49	24♒24	24♒58	25♒34	26♒10	26♒47	27♒25	28♒05	28♒46	29♒28	0♓12	0♓56	1♓40	2♓24	3♓08	3♓52	4♓36	5♓20	6♓05	6♓50	7♓37	8♓25	9♓14	10♓05	10♓58	/☊
♀/♂	22♈05	22♈51	23♈37	24♈24	25♈11	25♈57	26♈44	27♈32	28♈19	29♈06	29♈54	0♉42	1♉30	2♉18	3♉06	3♉55	4♉44	5♉32	6♉21	7♉10	7♉59	8♉49	9♉38	10♉28	11♉17	12♉07	12♉57	13♉47	14♉37	15♉27	16♉17	♀/♂
/⚳	2♈52	3♈38	4♈24	5♈11	5♈57	6♈44	7♈30	8♈17	9♈03	9♈50	10♈37	11♈24	12♈11	12♈58	13♈45	14♈32	15♈20	16♈07	16♈54	17♈42	18♈29	19♈17	20♈04	20♈52	21♈39	22♈27	23♈15	24♈03	24♈51	25♈39	26♈27	/⚳
/♃	0♒25	1♒07	1♒49	2♒31	3♒14	3♒56	4♒38	5♒20	6♒02	6♒44	7♒26	8♒07	8♒49	9♒31	10♒13	10♒54	11♒36	12♒17	12♒58	13♒40	14♒21	15♒02	15♒43	16♒24	17♒05	17♒46	18♒27	19♒08	19♒48	20♒29	21♒09	/♃
/♄	24♏58	25♏33	26♏07	26♏42	27♏17	27♏52	28♏26	29♏01	29♏36	0♐11	0♐46	1♐20	1♐55	2♐30	3♐05	3♊40	4♊15	4♊50	5♊25	5♊60	6♊35	7♊10	7♊45	8♊20	8♊56	9♊31	10♊06	10♊41	11♊17	11♊52	12♊27	/♄
/♅	1♓42	2♓21	3♓00	3♓39	4♓18	4♓56	5♓35	6♓14	6♓53	7♓32	8♓11	8♓49	9♓28	10♓07	10♓46	11♓25	12♓03	12♓42	13♓21	13♓60	14♓38	15♓17	15♓56	16♓35	17♓13	17♓52	18♓31	19♓10	19♓48	20♓27	21♓06	/♅
/♆	18♒49	19♒28	20♒06	20♒44	21♒22	22♒00	22♒38	23♒17	23♒55	24♒33	25♒11	25♒49	26♒27	27♒05	27♒43	28♒22	28♒60	29♒38	0♓16	0♓54	1♓32	2♓10	2♓48	3♓26	4♓04	4♓42	5♓20	5♓58	6♓36	7♓14	7♓51	/♆
/♇	23♑03	23♑40	24♑18	24♑55	25♑33	26♑10	26♑48	27♑26	28♑03	28♑41	29♑18	29♑55	0♒33	1♒10	1♒48	2♒25	3♒02	3♒40	4♒17	4♒54	5♒32	6♒09	6♒46	7♒23	8♒01	8♒38	9♒15	9♒52	10♒29	11♒06	11♒43	/♇
/☊	21♒26	22♒03	22♒41	23♒19	23♒57	24♒34	25♒11	25♒48	26♒24	26♒59	27♒35	28♒10	28♒46	29♒23	29♒60	0♓37	1♓15	1♓53	2♓31	3♓07	3♓43	4♓18	4♓53	5♓27	6♓00	6♓34	7♓08	7♓43	8♓19	8♓56	9♓33	/☊
♂/⚳	9♊44	10♊02	10♊20	10♊39	10♊58	11♊17	11♊36	11♊56	12♊16	12♊36	12♊56	13♊17	13♊37	13♊58	14♊20	14♊41	15♊03	15♊25	15♊47	16♊09	16♊32	16♊54	17♊17	17♊40	18♊03	18♊27	18♊50	19♊14	19♊38	20♊02	20♊26	♂/⚳
/♃	7♈17	7♈31	7♈45	7♈60	8♈14	8♈29	8♈44	8♈59	9♈14	9♈29	9♈45	10♈00	10♈16	10♈31	10♈47	11♈03	11♈19	11♈35	11♈51	12♈07	12♈24	12♈40	12♈56	13♈13	13♈29	13♈46	14♈02	14♈19	14♈35	14♈52	15♈09	/♃
/♄	1♌50	1♌57	2♌03	2♌10	2♌17	2♌25	2♌32	2♌40	2♌48	2♌56	3♌04	3♌13	3♌22	3♌31	3♌40	3♌49	3♌58	4♌08	4♌18	4♌28	4♌38	4♌48	4♌58	5♌09	5♌19	5♌30	5♌41	5♌52	6♌04	6♌15	6♌27	/♄
/♅	8♉34	8♉45	8♉56	9♉07	9♉18	9♉30	9♉41	9♉53	10♉05	10♉17	10♉30	10♉42	10♉55	11♉07	11♉20	11♉33	11♉47	12♉00	12♉14	12♉27	12♉41	12♉55	13♉09	13♉23	13♉37	13♉52	14♉06	14♉21	14♉35	14♉50	15♉05	/♅
/♆	25♈41	25♈51	26♈02	26♈12	26♈23	26♈33	26♈44	26♈56	27♈07	27♈18	27♈30	27♈42	27♈54	28♈06	28♈18	28♈30	28♈43	28♈56	29♈08	29♈21	29♈34	29♈47	0♉01	0♉14	0♉28	0♉41	0♉55	1♉09	1♉23	1♉37	1♉51	/♆
/♇	29♓55	0♈04	0♈14	0♈24	0♈34	0♈44	0♈54	1♎05	1♎15	1♎26	1♎37	1♎48	1♎59	2♎11	2♎22	2♎34	2♎46	2♎58	3♎10	3♎22	3♎34	3♎47	3♎59	4♎12	4♎24	4♎37	4♎50	5♎03	5♎16	5♎29	5♎43	/♇
/☊	28♈18	28♈27	28♈37	28♈47	28♈57	29♈07	29♈17	29♈27	29♈36	29♈45	29♈54	0♉03	0♉13	0♉23	0♉34	0♉46	0♉59	1♉11	1♉23	1♉35	1♉46	1♉56	2♉06	2♉15	2♉24	2♉33	2♉43	2♉54	3♉06	3♉19	3♉32	/☊
⚳/♃	18♓03	18♓18	18♓32	18♓46	19♓01	19♓15	19♓30	19♓44	19♓59	20♓13	20♓28	20♓42	20♓57	21♓11	21♓26	21♓40	21♓55	22♓10	22♓24	22♓39	22♓53	23♓08	23♓22	23♓37	23♓51	24♓06	24♓20	24♓35	24♓49	25♓04	25♓18	⚳/♃
/♄	12♋37	12♋43	12♋50	12♋57	13♋04	13♋11	13♋18	13♋25	13♋33	13♋40	13♋47	13♋55	14♋03	14♋10	14♋18	14♋26	14♋34	14♋42	14♋51	14♋59	15♋07	15♋16	15♋24	15♋33	15♋42	15♋50	15♋59	16♋08	16♋18	16♋27	16♋36	/♄
/♅	19♈21	19♈32	19♈43	19♈54	20♈05	20♈16	20♈27	20♈38	20♈50	21♈01	21♈12	21♈24	21♈36	21♈47	21♈59	22♈11	22♈23	22♈35	22♈47	22♈59	23♈11	23♈23	23♈35	23♈47	23♈60	24♈12	24♈24	24♈37	24♈49	25♈02	25♈14	/♅
/♆	6♈28	6♈38	6♈49	6♈59	7♈09	7♈20	7♈30	7♈41	7♈51	8♈02	8♈13	8♈24	8♈35	8♈46	8♈57	9♈08	9♈19	9♈30	9♈41	9♈53	10♈04	10♈15	10♈27	10♈38	10♈50	11♈01	11♈13	11♈25	11♈36	11♈48	11♈60	/♆
/♇	10♓42	10♓51	11♓01	11♓10	11♓20	11♓30	11♓40	11♓50	11♓60	12♓10	12♓20	12♓30	12♓40	12♓51	13♓01	13♓11	13♓22	13♓32	13♓43	13♓53	14♓04	14♓14	14♓25	14♓36	14♓47	14♓57	15♓08	15♓19	15♓30	15♓41	15♓52	/♇
/☊	9♈05	9♈14	9♈24	9♈34	9♈44	9♈54	10♈03	10♈12	10♈20	10♈28	10♈37	10♈45	10♈54	11♈03	11♈13	11♈24	11♈35	11♈46	11♈56	12♈06	12♈16	12♈24	12♈32	12♈39	12♈46	12♈54	13♈01	13♈10	13♈20	13♈30	13♈42	/☊
♃/♄	10♏09	10♏12	10♏15	10♏18	10♏20	10♏23	10♏26	10♏28	10♏31	10♏34	10♏36	10♏39	10♏41	10♏43	10♏46	10♏48	10♏50	10♏53	10♏55	10♏57	10♏59	11♏01	11♏03	11♏05	11♏07	11♏09	11♏11	11♏13	11♏15	11♏17	11♏19	♃/♄
/♅	16♒54	17♒01	17♒08	17♒15	17♒21	17♒28	17♒35	17♒41	17♒48	17♒55	18♒01	18♒08	18♒14	18♒20	18♒26	18♒33	18♒39	18♒45	18♒51	18♒57	19♒03	19♒08	19♒14	19♒20	19♒25	19♒31	19♒36	19♒42	19♒47	19♒52	19♒57	/♅
/♆	4♒01	4♒07	4♒13	4♒20	4♒26	4♒32	4♒38	4♒44	4♒50	4♒56	5♒02	5♒07	5♒13	5♒19	5♒24	5♒30	5♒35	5♒40	5♒46	5♒51	5♒56	6♒01	6♒06	6♒11	6♒16	6♒20	6♒25	6♒30	6♒34	6♒38	6♒43	/♆
/♇	8♑14	8♑20	8♑25	8♑31	8♑37	8♑42	8♑48	8♑53	8♑58	9♑03	9♑09	9♑14	9♑19	9♑24	9♑28	9♑33	9♑38	9♑42	9♑47	9♑51	9♑56	10♑00	10♑04	10♑08	10♑12	10♑16	10♑20	10♑24	10♑28	10♑31	10♑35	/♇
/☊	6♒37	6♒43	6♒49	6♒55	7♒00	7♒06	7♒11	7♒15	7♒19	7♒22	7♒25	7♒28	7♒32	7♒36	7♒41	7♒46	7♒51	7♒56	8♒00	8♒04	8♒07	8♒10	8♒11	8♒12	8♒12	8♒13	8♒13	8♒15	8♒18	8♒21	8♒25	/☊
♄/♅	11♊27	11♊26	11♊26	11♊25	11♊24	11♊24	11♊23	11♊23	11♊22	11♊21	11♊21	11♊20	11♊20	11♊19	11♊19	11♊19	11♊18	11♊18	11♊17	11♊17	11♊17	11♊16	11♊16	11♊16	11♊16	11♊16	11♊15	11♊15	11♊15	11♊15	11♊15	♄/♅
/♆	28♏34	28♏33	28♏32	28♏30	28♏29	28♏28	28♏26	28♏25	28♏24	28♏23	28♏21	28♏20	28♏19	28♏18	28♏17	28♏15	28♏14	28♏13	28♏12	28♏11	28♏10	28♏09	28♏08	28♏07	28♏06	28♏05	28♏04	28♏03	28♏02	28♏02	28♏01	/♆
/♇	2♏47	2♏45	2♏44	2♏42	2♏40	2♏38	2♏36	2♏34	2♏32	2♏30	2♏28	2♏26	2♏25	2♏23	2♏21	2♏19	2♏17	2♏15	2♏13	2♏12	2♏10	2♏08	2♏06	2♏05	2♏03	2♏01	1♏59	1♏58	1♏56	1♏54	1♏53	/♇
/☊	1♐11	1♐09	1♐07	1♐05	1♐04	1♐01	0♐59	0♐56	0♐53	0♐49	0♐45	0♐41	0♐38	0♐35	0♐33	0♐31	0♐30	0♐29	0♐27	0♐25	0♐22	0♐18	0♐13	0♐08	0♐02	29♏57	29♏53	29♏49	29♏46	29♏44	29♏43	/☊
♅/♆	5♓19	5♓21	5♓24	5♓27	5♓30	5♓33	5♓35	5♓38	5♓41	5♓44	5♓46	5♓49	5♓52	5♓55	5♓57	6♓00	6♓03	6♓05	6♓08	6♓11	6♓13	6♓16	6♓19	6♓21	6♓24	6♓26	6♓29	6♓32	6♓34	6♓37	6♓39	♅/♆
/♇	9♒32	9♒34	9♒36	9♒38	9♒41	9♒43	9♒45	9♒47	9♒49	9♒51	9♒53	9♒55	9♒58	9♒60	10♒02	10♒04	10♒06	10♒08	10♒09	10♒11	10♒13	10♒15	10♒17	10♒19	10♒21	10♒22	10♒24	10♒26	10♒28	10♒29	10♒31	/♇
/☊	7♓55	7♓57	7♓60	8♓02	8♓04	8♓06	8♓08	8♓09	8♓10	8♓10	8♓10	8♓10	8♓11	8♓12	8♓14	8♓16	8♓18	8♓21	8♓23	8♓24	8♓25	8♓25	8♓24	8♓22	8♓20	8♓19	8♓17	8♓17	8♓18	8♓19	8♓21	/☊
♆/♇	26♑39	26♑40	26♑42	26♑44	26♑45	26♑47	26♑48	26♑50	26♑51	26♑52	26♑54	26♑55	26♑57	26♑58	26♑59	27♑01	27♑02	27♑03	27♑04	27♑05	27♑07	27♑08	27♑09	27♑10	27♑11	27♑12	27♑13	27♑14	27♑15	27♑16	27♑17	♆/♇
/☊	25♒02	25♒04	25♒05	25♒07	25♒09	25♒10	25♒11	25♒12	25♒12	25♒11	25♒11	25♒10	25♒10	25♒10	25♒11	25♒13	25♒15	25♒16	25♒18	25♒18	25♒18	25♒17	25♒15	25♒13	25♒11	25♒08	25♒06	25♒05	25♒05	25♒05	25♒07	/☊
♇/☊	29♑15	29♑16	29♑17	29♑19	29♑20	29♑20	29♑21	29♑21	29♑20	29♑19	29♑17	29♑16	29♑16	29♑15	29♑16	29♑16	29♑18	29♑19	29♑19	29♑19	29♑18	29♑16	29♑14	29♑11	29♑07	29♑04	29♑01	28♑60	28♑58	28♑58	28♑59	♇/☊

March 2008

April 2008

	1	2	3	4	5	6	7	8	9	10
☉/☽	8♓34	15♓31	22♓40	0♈03	7♈39	15♈26	23♈21	1♉20	9♉18	17♉11
/☿	4♈16	5♈39	7♈03	8♈27	9♈52	11♈18	12♈44	14♈12	15♈40	17♈08
/♀	2♈35	3♈42	4♈49	5♈55	7♈02	8♈08	9♈15	10♈21	11♈28	12♈35
/♂	26♉11	26♉54	27♉37	28♉20	29♉03	29♉47	0♊30	1♊14	1♊57	2♊41
/⚳	6♉18	6♉58	7♉39	8♉20	9♉00	9♉41	10♉22	11♉03	11♉44	12♉25
/♃	0♓53	1♓26	1♓59	2♓32	3♓04	3♓37	4♓09	4♓42	5♓14	5♓46
/♄	22♊06	22♊34	23♊02	23♊30	23♊58	24♊26	24♊55	25♊23	25♊51	26♊19
/♅	0♈48	1♈19	1♈50	2♈21	2♈52	3♈23	3♈55	4♈26	4♈57	5♈28
/♆	17♓32	18♓03	18♓33	19♓04	19♓34	20♓04	20♓35	21♓05	21♓35	22♓05
/♇	21♒24	21♒53	22♒23	22♒52	23♒22	23♒51	24♒21	24♒50	25♒20	25♒49
/☊	19♓14	19♓44	20♓14	20♓43	21♓10	21♓37	22♓03	22♓28	22♓54	23♓20
☽/☿	1♓11	8♓32	16♓06	23♓54	1♈56	10♈10	18♈33	26♈60	5♉27	13♉49
/♀	29♒31	6♓35	13♓52	21♓22	29♓06	7♈01	15♈03	23♈10	1♉15	9♉16
/♂	23♈06	29♈47	6♉40	13♉47	21♉07	28♉39	6♊18	14♊02	21♊44	29♊22
/⚳	3♈13	9♈51	16♈42	23♈47	1♉04	8♉33	16♉10	23♉51	1♊31	9♊06
/♃	27♑48	4♒19	11♒02	17♒59	25♒08	2♓29	9♓57	17♓30	25♓01	2♈27
/♄	19♏01	25♏27	2♐06	8♊57	16♊02	23♊19	0♋43	8♋11	15♋38	23♋00
/♅	27♒43	4♓12	10♓53	17♓48	24♓56	2♈16	9♈43	17♈14	24♈44	2♉09
/♆	14♒28	20♒56	27♒37	4♓31	11♓38	18♓56	26♓23	3♈53	11♈22	18♈46
/♇	18♑19	24♑46	1♒26	8♒20	15♒26	22♒44	0♓09	7♓39	15♓07	22♓30
/☊	16♒09	22♒37	29♒17	6♓10	13♓14	20♓29	27♓51	5♈16	12♈41	20♈01
☿/♀	25♓13	26♓43	28♓14	29♓46	1♈19	2♈52	4♈26	6♈01	7♈36	9♈13
/♂	18♉48	19♉55	21♉03	22♉11	23♉20	24♉31	25♉41	26♉53	28♉06	29♉19
/⚳	28♈55	29♈60	1♉05	2♉11	3♉18	4♉25	5♉33	6♉42	7♉52	9♉03
/♃	23♒30	24♒27	25♒25	26♒23	27♒21	28♒21	29♒20	0♓21	1♓22	2♓24
/♄	14♊43	15♊35	16♊28	17♊21	18♊15	19♊10	20♊06	21♊02	21♊60	22♊57
/♅	23♓25	24♓20	25♓16	26♓12	27♓09	28♓07	29♓06	0♈05	1♈05	2♈06
/♆	10♓10	11♓04	11♓59	12♓55	13♓51	14♓48	15♓46	16♓44	17♓44	18♓43
/♇	14♒01	14♒54	15♒49	16♒43	17♒39	18♒35	19♒32	20♒30	21♒28	22♒27
/☊	11♓51	12♓45	13♓40	14♓34	15♓27	16♓21	17♓14	18♓08	19♓02	19♓58
♀/♂	17♉08	17♉58	18♉49	19♉39	20♉30	21♉21	22♉12	23♉03	23♉54	24♉45
/⚳	27♈15	28♈03	28♈51	29♈39	0♉27	1♉16	2♉04	2♉52	3♉41	4♉29
/♃	21♒50	22♒30	23♒11	23♒51	24♒31	25♒11	25♒51	26♒31	27♒11	27♒50
/♄	13♊03	13♊38	14♊14	14♊50	15♊25	16♊01	16♊36	17♊12	17♊48	18♊24
/♅	21♓44	22♓23	23♓02	23♓40	24♓19	24♓58	25♓36	26♓15	26♓54	27♓32
/♆	8♓29	9♓07	9♓45	10♓23	11♓01	11♓39	12♓16	12♓54	13♓32	14♓10
/♇	12♒21	12♒58	13♒35	14♒12	14♒49	15♒26	16♒03	16♒40	17♒17	17♒53
/☊	10♓11	10♓49	11♓26	12♓02	12♓37	13♓11	13♓45	14♓18	14♓51	15♓25
♂/⚳	20♊50	21♊15	21♊39	22♊04	22♊29	22♊54	23♊19	23♊44	24♊10	24♊35
/♃	15♈25	15♈42	15♈59	16♈16	16♈32	16♈49	17♈06	17♈23	17♈40	17♈57
/♄	6♌38	6♌50	7♌02	7♌14	7♌27	7♌39	7♌52	8♌04	8♌17	8♌30
/♅	15♉20	15♉35	15♉50	16♉05	16♉21	16♉36	16♉51	17♉07	17♉23	17♉38
/♆	2♉05	2♉19	2♉33	2♉48	3♉02	3♉17	3♉32	3♉46	4♉01	4♉16
/♇	5♎56	6♎09	6♎23	6♎37	6♎50	7♎04	7♎18	7♎32	7♎46	7♎60
/☊	3♉46	4♉00	4♉14	4♉27	4♉39	4♉50	4♉60	5♉10	5♉20	5♉31
⚳/♃	25♓32	25♓47	26♓01	26♓15	26♓30	26♓44	26♓58	27♓12	27♓26	27♓40
/♄	16♋45	16♋55	17♋04	17♋14	17♋24	17♋34	17♋43	17♋54	18♋04	18♋14
/♅	25♈27	25♈40	25♈52	26♈05	26♈18	26♈31	26♈43	26♈56	27♈09	27♈22
/♆	12♈12	12♈24	12♈36	12♈47	12♈59	13♈11	13♈23	13♈35	13♈48	13♈60
/♇	16♓03	16♓14	16♓25	16♓36	16♓47	16♓59	17♓10	17♓21	17♓32	17♓43
/☊	13♈53	14♈05	14♈16	14♈26	14♈36	14♈44	14♈52	14♈59	15♈06	15♈15
♃/♄	11♏21	11♏22	11♏24	11♏26	11♏27	11♏29	11♏31	11♏32	11♏34	11♏35
/♅	20♒02	20♒07	20♒12	20♒17	20♒21	20♒26	20♒31	20♒35	20♒39	20♒44
/♆	6♒47	6♒51	6♒55	6♒59	7♒03	7♒07	7♒11	7♒14	7♒18	7♒21
/♇	10♑38	10♑42	10♑45	10♑48	10♑51	10♑54	10♑57	10♑60	11♑02	11♑05
/☊	8♒29	8♒33	8♒36	8♒38	8♒40	8♒40	8♒39	8♒38	8♒37	8♒36
♄/♅	11♊15	11♊15	11♊15	11♊15	11♊16	11♊16	11♊16	11♊16	11♊17	11♊17
/♆	28♏00	27♏59	27♏59	27♏58	27♏57	27♏57	27♏56	27♏56	27♏55	27♏55
/♇	1♏51	1♏50	1♏48	1♏47	1♏45	1♏44	1♏42	1♏41	1♏40	1♏38
/☊	29♏42	29♏41	29♏39	29♏37	29♏34	29♏29	29♏24	29♏19	29♏14	29♏09
♅/♆	6♓42	6♓44	6♓46	6♓49	6♓51	6♓54	6♓56	6♓58	7♓01	7♓03
/♇	10♒33	10♒34	10♒36	10♒38	10♒39	10♒41	10♒42	10♒44	10♒45	10♒47
/☊	8♓23	8♓25	8♓27	8♓28	8♓28	8♓26	8♓24	8♓22	8♓19	8♓18
♆/♇	27♑18	27♑19	27♑19	27♑20	27♑21	27♑22	27♑22	27♑23	27♑24	27♑24
/☊	25♒08	25♒09	25♒10	25♒10	25♒09	25♒07	25♒04	25♒01	24♒58	24♒55
♇/☊	28♑59	28♑60	28♑60	28♑59	28♑57	28♑54	28♑51	28♑46	28♑42	28♑39

	11	12	13	14	15	16	17	18	19	20
☉/☽	24♉56	2♊30	9♊53	17♊06	24♊10	1♋06	7♋55	14♋38	21♋17	27♋52
/☿	18♈37	20♈07	21♈38	23♈09	24♈40	26♈13	27♈45	29♈18	0♉51	2♉24
/♀	13♈41	14♈47	15♈54	17♈00	18♈07	19♈13	20♈19	21♈26	22♈32	23♈38
/♂	3♊25	4♊08	4♊52	5♊36	6♊20	7♊04	7♊48	8♊32	9♊16	10♊00
/⚳	13♉05	13♉46	14♉27	15♉08	15♉49	16♉30	17♉11	17♉52	18♉33	19♉14
/♃	6♓18	6♓50	7♓22	7♓54	8♓25	8♓57	9♓28	9♓60	10♓31	11♓02
/♄	26♊48	27♊16	27♊44	28♊13	28♊41	29♊10	29♊38	0♋07	0♋35	1♋04
/♅	5♈59	6♈30	7♈01	7♈31	8♈02	8♈33	9♈04	9♈35	10♈05	10♈36
/♆	22♓35	23♓06	23♓36	24♓06	24♓36	25♓06	25♓36	26♓06	26♓36	27♓05
/♇	26♒18	26♒48	27♒17	27♒46	28♒15	28♒44	29♒14	29♒43	0♓12	0♓41
/☊	23♓47	24♓16	24♓45	25♓15	25♓44	26♓14	26♓42	27♓09	27♓34	27♓58
☽/☿	22♉04	0♊09	8♊04	15♊50	23♊26	0♋55	8♋18	15♋36	22♋49	29♋58
/♀	17♉08	24♉49	2♊20	9♊41	16♊52	23♊56	0♋52	7♋44	14♋30	21♑13
/♂	6♋51	14♋10	21♋19	28♋17	5♌06	11♌47	18♌21	24♌50	1♍15	7♍35
/⚳	16♊32	23♊48	0♋54	7♋49	14♋35	21♋13	27♋44	4♌10	10♌31	16♌49
/♃	9♈45	16♈52	23♎48	0♏34	7♏11	13♏39	20♏01	26♏18	2♐29	8♐37
/♄	0♌14	7♌18	14♌11	20♌53	27♌27	3♍52	10♍11	16♍25	22♍33	28♍38
/♅	9♉25	16♉31	23♉27	0♊12	6♊48	13♊16	19♊37	25♐53	2♑04	8♑11
/♆	26♈02	3♉07	10♉02	16♉46	23♉21	29♏48	6♐09	12♐24	18♐34	24♐40
/♇	29♓45	6♎50	13♎43	20♎27	27♎01	3♏27	9♏47	16♏01	22♏10	28♏15
/☊	27♈14	4♉18	11♉11	17♉55	24♉30	0♐56	7♐15	13♐27	19♐32	25♐33
☿/♀	10♈49	12♈27	14♈05	15♈44	17♈23	19♈03	20♈43	22♈23	24♈04	25♈44
/♂	0♊33	1♊48	3♊03	4♊19	5♊36	6♊54	8♊11	9♊30	10♊48	12♊07
/⚳	10♉14	11♉26	12♉38	13♉52	15♉05	16♉20	17♉34	18♉50	20♉05	21♉20
/♃	3♓26	4♓29	5♓33	6♓37	7♓41	8♓46	9♓52	10♓57	12♓03	13♓08
/♄	23♊56	24♊55	25♊55	26♊56	27♊57	28♊59	0♋01	1♋04	2♋07	3♋10
/♅	3♈07	4♈09	5♈12	6♈15	7♈19	8♈23	9♈27	10♈32	11♈37	12♈42
/♆	19♓44	20♓45	21♓47	22♓49	23♓52	24♓55	25♓59	27♓03	28♓07	29♓12
/♇	23♒27	24♒27	25♒28	26♒30	27♒32	28♒34	29♒37	0♓40	1♓44	2♓47
/☊	20♓56	21♓55	22♓56	23♓58	25♓01	26♓03	27♓05	28♓06	29♓06	0♈05
♀/♂	25♉37	26♉28	27♉19	28♉11	29♉02	29♉54	0♊46	1♊37	2♊29	3♊21
/⚳	5♉17	6♉06	6♉54	7♉43	8♉32	9♉20	10♉09	10♉57	11♉46	12♉35
/♃	28♒30	29♒10	29♒49	0♓28	1♓08	1♓47	2♓26	3♓05	3♓44	4♓23
/♄	18♊60	19♊36	20♊12	20♊48	21♊24	21♊60	22♊36	23♊12	23♊48	24♊24
/♅	28♓11	28♓49	29♓28	0♈06	0♈45	1♈23	2♈02	2♈40	3♈18	3♈57
/♆	14♓47	15♓25	16♓03	16♓41	17♓18	17♓56	18♓33	19♓11	19♓49	20♓26
/♇	18♒30	19♒07	19♒44	20♒21	20♒58	21♒35	22♒11	22♒48	23♒25	24♒02
/☊	15♓59	16♓35	17♓12	17♓49	18♓27	19♓04	19♓39	20♓14	20♓47	21♓19
♂/⚳	25♊01	25♊27	25♊53	26♊19	26♊45	27♊11	27♊37	28♊04	28♊31	28♊57
/♃	18♈14	18♈30	18♈47	19♈04	19♈21	19♈38	19♈55	20♈11	20♈28	20♈45
/♄	8♌43	8♌56	9♌10	9♌23	9♌37	9♌51	10♌04	10♌18	10♌32	10♌47
/♅	17♉54	18♉10	18♉26	18♉42	18♉58	19♉14	19♉30	19♉47	20♉03	20♉19
/♆	4♉31	4♉46	5♉01	5♉16	5♉32	5♉47	6♉02	6♉18	6♉33	6♉48
/♇	8♎14	8♎28	8♎42	8♎57	9♎11	9♎26	9♎40	9♎55	10♎09	10♎24
/☊	5♉43	5♉56	6♉10	6♉25	6♉40	6♉55	7♉08	7♉20	7♉31	7♉41
⚳/♃	27♓54	28♓08	28♓22	28♓36	28♓50	29♓04	29♓18	29♓31	29♓45	29♓59
/♄	18♋24	18♋34	18♋45	18♋55	19♋06	19♋17	19♋28	19♋38	19♋49	20♋00
/♅	27♈35	27♈48	28♈01	28♈14	28♈27	28♈40	28♈53	29♈07	29♈20	29♈33
/♆	14♈12	14♈24	14♈36	14♈48	15♈01	15♈13	15♈25	15♈38	15♈50	16♈02
/♇	17♓55	18♓06	18♓17	18♓29	18♓40	18♓52	19♓03	19♓15	19♓26	19♓37
/☊	15♈24	15♈34	15♈45	15♈57	16♈09	16♈21	16♈31	16♈40	16♈48	16♈55
♃/♄	11♏37	11♏38	11♏39	11♏41	11♏42	11♏43	11♏45	11♏46	11♏47	11♏48
/♅	20♒48	20♒52	20♒56	20♒60	21♒03	21♒07	21♒11	21♒14	21♒17	21♒21
/♆	7♒24	7♒28	7♒31	7♒34	7♒37	7♒40	7♒42	7♒45	7♒48	7♒50
/♇	11♑07	11♑10	11♑12	11♑14	11♑16	11♑18	11♑20	11♑22	11♑24	11♑25
/☊	8♒36	8♒38	8♒40	8♒43	8♒45	8♒47	8♒48	8♒48	8♒46	8♒43
♄/♅	11♊17	11♊18	11♊18	11♊19	11♊19	11♊20	11♊20	11♊21	11♊22	11♊22
/♆	27♏54	27♏54	27♏53	27♏53	27♏53	27♏52	27♏52	27♏52	27♏52	27♏52
/♇	1♏37	1♏36	1♏35	1♏33	1♏32	1♏31	1♏30	1♏29	1♏28	1♏27
/☊	29♏06	29♏04	29♏03	29♏02	29♏01	29♏00	28♏58	28♏55	28♏50	28♏45
♅/♆	7♓05	7♓07	7♓10	7♓12	7♓14	7♓16	7♓18	7♓20	7♓22	7♓24
/♇	10♒48	10♒49	10♒51	10♒52	10♒53	10♒55	10♒56	10♒57	10♒58	10♒59
/☊	8♓17	8♓17	8♓19	8♓21	8♓22	8♓24	8♓24	8♓23	8♓21	8♓17
♆/♇	27♑25	27♑25	27♑26	27♑26	27♑27	27♑27	27♑28	27♑28	27♑28	27♑29
/☊	24♒54	24♒53	24♒54	24♒55	24♒56	24♒56	24♒56	24♒54	24♒51	24♒46
♇/☊	28♑37	28♑36	28♑35	28♑35	28♑35	28♑35	28♑34	28♑31	28♑27	28♑22

	21	22	23	24	25	26	27	28	29	30	
☉/☽	4♒24	10♒52	17♒19	23♒44	0♓09	6♓36	13♓06	19♓41	26♓25	3♈19	☉/☽
/☿	3♉57	5♉30	7♉02	8♉34	10♉06	11♉36	13♉06	14♉34	16♉02	17♉28	/☿
/♀	24♈44	25♈51	26♈57	28♈03	29♈09	0♉15	1♉22	2♉28	3♉34	4♉40	/♀
/♂	10♊45	11♊29	12♊13	12♊58	13♊42	14♊27	15♊11	15♊56	16♊40	17♊25	/♂
/⚳	19♉55	20♉36	21♉17	21♉59	22♉40	23♉21	24♉02	24♉43	25♉24	26♉06	/⚳
/♃	11♓33	12♓04	12♓35	13♓05	13♓36	14♓07	14♓37	15♓07	15♓37	16♓08	/♃
/♄	1♋32	2♋01	2♋30	2♋58	3♋27	3♋56	4♋25	4♋54	5♋22	5♋51	/♄
/♅	11♈07	11♈37	12♈08	12♈39	13♈09	13♈40	14♈10	14♈41	15♈11	15♈42	/♅
/♆	27♓35	28♓05	28♓35	29♓05	29♓34	0♈04	0♈34	1♈03	1♈33	2♈03	/♆
/♇	1♓10	1♓39	2♓08	2♓37	3♓05	3♓34	4♓03	4♓32	5♓01	5♓29	/♇
/☊	28♓22	28♓45	29♓08	29♓32	29♓56	0♈23	0♈50	1♈18	1♈47	2♈17	/☊
☽/☿	7♒04	14♒08	21♒08	28♒07	5♓05	12♓04	19♓05	26♓11	3♈24	10♈46	☽/☿
/♀	27♑52	4♒29	11♒03	17♒36	24♒09	0♓43	7♓21	14♓04	20♓56	27♓58	/♀
/♂	13♍52	20♍07	26♍19	2♎31	8♎42	14♎54	21♎10	27♈32	4♉02	10♉43	/♂
/⚳	23♌03	29♌14	5♍23	11♓31	17♓39	23♓48	0♈01	6♈20	12♈46	19♈23	/⚳
/♃	14♐41	20♐42	26♐41	2♑38	8♑36	14♑34	20♑36	26♑44	2♒59	9♒25	/♃
/♄	4♎40	10♎39	16♎36	22♎31	28♎27	4♏24	10♏24	16♏30	22♏44	29♏09	/♄
/♅	14♑15	20♑15	26♑14	2♒11	8♒09	14♒07	20♒10	26♒17	2♓33	8♓59	/♅
/♆	0♑43	6♑43	12♑41	18♑37	24♑34	0♒32	6♒33	12♒40	18♒55	25♒20	/♆
/♇	4♐18	10♐17	16♐14	22♐09	28♐05	4♑02	10♑02	16♑08	22♑22	28♑47	/♇
/☊	1♑29	7♑23	13♑14	19♑04	24♑56	0♒50	6♒49	12♒55	19♒09	25♒34	/☊
☿/♀	27♈25	29♈06	0♉46	2♉26	4♉05	5♉43	7♉21	8♉57	10♉32	12♉06	☿/♀
/♂	13♊25	14♊44	16♊02	17♊20	18♊38	19♊55	21♊10	22♊25	23♊39	24♊51	/♂
/⚳	22♉36	23♉51	25♉07	26♉21	27♉35	28♉49	0♊01	1♊13	2♊23	3♊32	/⚳
/♃	14♓14	15♓19	16♓24	17♓28	18♓32	19♓35	20♓36	21♓37	22♓36	23♓34	/♃
/♄	4♋13	5♋16	6♋19	7♋21	8♋23	9♋24	10♋24	11♋23	12♋21	13♋18	/♄
/♅	13♈48	14♈53	15♈57	17♈01	18♈05	19♈08	20♈10	21♈10	22♈10	23♈08	/♅
/♆	0♈16	1♈20	2♈24	3♈27	4♈30	5♈32	6♈33	7♈33	8♈32	9♈29	/♆
/♇	3♓50	4♓54	5♓57	6♓59	8♓01	9♓02	10♓02	11♓01	11♓59	12♓56	/♇
/☊	1♈02	1♈60	2♈57	3♈54	4♈52	5♈51	6♈49	7♈48	8♈46	9♈43	/☊
♀/♂	4♊13	5♊05	5♊57	6♊49	7♊42	8♊34	9♊26	10♊18	11♊11	12♊03	♀/♂
/⚳	13♉24	14♉12	15♉01	15♉50	16♉39	17♉28	18♉17	19♉06	19♉55	20♉44	/⚳
/♃	5♓01	5♓40	6♓19	6♓57	7♓35	8♓14	8♓52	9♓30	10♓08	10♓46	/♃
/♄	25♊01	25♊37	26♊13	26♊50	27♊26	28♊03	28♊40	29♊16	29♊53	0♋30	/♄
/♅	4♈35	5♈14	5♈52	6♈30	7♈09	7♈47	8♈25	9♈03	9♈42	10♈20	/♅
/♆	21♓04	21♓41	22♓19	22♓56	23♓34	24♓11	24♓49	25♓26	26♓04	26♓41	/♆
/♇	24♒38	25♒15	25♒52	26♒28	27♒05	27♒41	28♒18	28♒55	29♒31	0♓08	/♇
/☊	21♓50	22♓21	22♓52	23♓23	23♓56	24♓30	25♓05	25♓41	26♓18	26♓55	/☊
♂/⚳	29♊24	29♊51	0♋18	0♋45	1♋12	1♋39	2♋07	2♋34	3♋01	3♋29	♂/⚳
/♃	21♈02	21♈18	21♈35	21♈52	22♎08	22♎25	22♎42	22♎58	23♎15	23♎31	/♃
/♄	11♌01	11♌15	11♌30	11♌45	11♌59	12♌14	12♌29	12♌44	12♌60	13♌15	/♄
/♅	20♉36	20♉52	21♉08	21♉25	21♉42	21♉58	22♉15	22♉32	22♉48	23♉05	/♅
/♆	7♉04	7♉20	7♉35	7♉51	8♉07	8♉23	8♉38	8♉54	9♉10	9♉26	/♆
/♇	10♎38	10♎53	11♎08	11♎23	11♎38	11♎53	12♎08	12♎23	12♎38	12♎53	/♇
/☊	7♉50	7♉59	8♉08	8♉18	8♉29	8♉41	8♉55	9♉09	9♉25	9♉40	/☊
⚳/♃	0♈12	0♈26	0♈39	0♈53	1♈06	1♈19	1♈32	1♈45	1♈59	2♈12	⚳/♃
/♄	20♋12	20♋23	20♋34	20♋45	20♋57	21♋08	21♋20	21♋32	21♋44	21♋55	/♄
/♅	29♈46	29♈59	0♉13	0♉26	0♉39	0♉52	1♉06	1♉19	1♉32	1♉46	/♅
/♆	16♈15	16♈27	16♈39	16♈52	17♈04	17♈17	17♈29	17♈42	17♈54	18♈07	/♆
/♇	19♓49	20♓01	20♓12	20♓24	20♓35	20♓47	20♓58	21♓10	21♓22	21♓33	/♇
/☊	17♈01	17♈07	17♈12	17♈19	17♈26	17♈35	17♈45	17♈57	18♈09	18♈21	/☊
♃/♄	11♏49	11♏50	11♏51	11♏52	11♏53	11♏54	11♏55	11♏56	11♏57	11♏57	♃/♄
/♅	21♒24	21♒27	21♒30	21♒33	21♒35	21♒38	21♒41	21♒43	21♒45	21♒48	/♅
/♆	7♒52	7♒55	7♒57	7♒59	8♒01	8♒02	8♒04	8♒06	8♒07	8♒09	/♆
/♇	11♑27	11♑28	11♑29	11♑31	11♑32	11♑33	11♑33	11♑34	11♑35	11♑35	/♇
/☊	8♒39	8♒34	8♒30	8♒26	8♒23	8♒21	8♒20	8♒21	8♒22	8♒23	/☊
♄/♅	11♊23	11♊24	11♊25	11♊26	11♊26	11♊27	11♊28	11♊29	11♊30	11♊31	♄/♅
/♆	27♏52	27♏52	27♏52	27♏52	27♏52	27♏52	27♏52	27♏52	27♏52	27♏52	/♆
/♇	1♏26	1♏25	1♏24	1♏23	1♏23	1♏22	1♏21	1♏21	1♏20	1♏19	/♇
/☊	28♏38	28♏31	28♏24	28♏19	28♏14	28♏10	28♏08	28♏07	28♏07	28♏07	/☊
♅/♆	7♓26	7♓28	7♓30	7♓32	7♓34	7♓36	7♓37	7♓39	7♓41	7♓43	♅/♆
/♇	11♒01	11♒02	11♒03	11♒04	11♒05	11♒06	11♒07	11♒08	11♒09	11♒09	/♇
/☊	8♓13	8♓08	8♓03	7♓59	7♓56	7♓54	7♓54	7♓54	7♓55	7♓57	/☊
♆/♇	27♑29	27♑29	27♑30	27♑30	27♑30	27♑30	27♑30	27♑30	27♑30	27♑30	♆/♇
/☊	24♒41	24♒35	24♒30	24♒25	24♒21	24♒18	24♒17	24♒17	24♒17	24♒18	/☊
♇/☊	28♑16	28♑09	28♑03	27♑57	27♑52	27♑49	27♑46	27♑45	27♑45	27♑45	♇/☊

May 2008

	1	2	3	4	5	6	7	8	9	10	11	12	13	14	15	16
☉/☽	10♈26	17♈48	25♈23	3♉13	11♉13	19♉19	27♉26	5♊28	13♊20	21♊00	28♊27	5♋41	12♋42	19♋34	26♋18	2♌55
/☿	18♉52	20♉15	21♉37	22♉56	24♉14	25♉30	26♉44	27♉56	29♉06	0♊14	1♊20	2♊23	3♊25	4♊25	5♊22	6♊17
/♀	5♉46	6♉52	7♉58	9♉04	10♉10	11♉16	12♉22	13♉28	14♉34	15♉40	16♉46	17♉52	18♉58	20♉03	21♉09	22♉15
/♂	18♊10	18♊54	19♊39	20♊24	21♊09	21♊54	22♊39	23♊24	24♊09	24♊54	25♊39	26♊24	27♊09	27♊54	28♊40	29♊25
/⚳	26♉47	27♉28	28♉09	28♉51	29♉32	0♊13	0♊54	1♊36	2♊17	2♊58	3♊40	4♊21	5♊03	5♊44	6♊25	7♊07
/♃	16♓38	17♓07	17♓37	18♓07	18♓36	19♓06	19♓35	20♓04	20♓33	21♓03	21♓31	22♓00	22♓29	22♓57	23♓26	23♓54
/♄	6♋20	6♋49	7♋19	7♋48	8♋17	8♋46	9♋15	9♋44	10♋14	10♋43	11♋13	11♋42	12♋11	12♋41	13♋10	13♋40
/♅	16♈12	16♈42	17♈13	17♈43	18♈13	18♈43	19♈14	19♈44	20♈14	20♈44	21♈14	21♈44	22♈14	22♈44	23♈14	23♈44
/♆	2♈32	3♈02	3♈31	4♈01	4♈30	4♈59	5♈29	5♈58	6♈28	6♈57	7♈26	7♈55	8♈25	8♈54	9♈23	9♈52
/♇	5♓58	6♓27	6♓55	7♓24	7♓53	8♓21	8♓50	9♓18	9♓47	10♓15	10♓44	11♓12	11♓41	12♓09	12♓37	13♓06
/☊	2♈45	3♈13	3♈40	4♈05	4♈29	4♈53	5♈16	5♈41	6♈06	6♈33	7♈02	7♈30	7♈59	8♈28	8♈55	9♈21
☽/☿	18♈19	26♈05	4♉04	12♉15	20♉35	28♉59	7♊21	15♊37	23♊41	1♋31	9♋06	16♋25	23♋31	0♌24	7♌07	13♌42
/♀	5♈12	12♈41	20♈25	28♈23	6♉31	14♉45	22♉59	1♊09	9♊09	16♊57	24♊32	1♋53	9♋03	16♋03	22♋54	29♋40
/♂	17♉36	24♉44	2♊07	9♊43	17♊30	25♊23	3♋16	11♋05	18♋44	26♋11	3♌25	10♌26	17♌15	23♌54	0♍25	6♍50
/⚳	26♈13	3♉18	10♉37	18♉09	25♉52	3♊42	11♊32	19♊17	26♊53	4♋16	11♋26	18♋23	25♋08	1♌43	8♌10	14♌32
/♃	16♒04	22♒57	0♓04	7♓25	14♓57	22♓35	0♈13	7♈45	15♈09	22♈20	29♎17	6♏02	12♏34	18♏57	25♏11	1♐19
/♄	5♊47	12♊39	19♊46	27♊06	4♋37	12♋15	19♋53	27♋26	4♌49	12♌01	18♌59	25♌44	2♍17	8♍40	14♍56	21♍05
/♅	15♓38	22♓32	29♓40	7♈02	14♈34	22♈12	29♈51	7♉25	14♉49	22♉02	29♉00	5♊46	12♊20	18♊43	24♐59	1♑09
/♆	1♓59	8♓51	15♓58	23♓19	0♈51	8♈28	16♈06	23♈39	1♉03	8♉14	15♉12	21♉57	28♏30	4♐53	11♐08	17♐17
/♇	5♒25	12♒16	19♒23	26♒43	4♓13	11♓50	19♓27	26♓59	4♎22	11♎33	18♎30	25♎14	1♏46	8♏08	14♏23	20♏31
/☊	2♓12	9♓03	16♓07	23♓24	0♈50	8♈21	15♈54	23♈22	0♉42	7♉51	14♉48	21♉32	28♏05	4♐27	10♐40	16♐46
☿/♀	13♉39	15♉09	16♉38	18♉06	19♉31	20♉55	22♉17	23♉37	24♉55	26♉11	27♉25	28♉36	29♉46	0♊53	1♊59	3♊02
/♂	26♊02	27♊12	28♊20	29♊26	0♋30	1♋33	2♋34	3♋33	4♋30	5♋25	6♋18	7♋09	7♋58	8♋44	9♋29	10♋11
/⚳	4♊39	5♊45	6♊50	7♊52	8♊53	9♊52	10♊49	11♊45	12♊38	13♊29	14♊19	15♊06	15♊51	16♊34	17♊15	17♊53
/♃	24♓30	25♓25	26♓18	27♓09	27♓58	28♓45	29♓30	0♈13	0♈54	1♈33	2♈10	2♈45	3♈17	3♈47	4♈15	4♈41
/♄	14♋13	15♋07	15♋59	16♋49	17♋38	18♋25	19♋10	19♋53	20♋35	21♋14	21♋51	22♋27	22♋60	23♋31	23♋60	24♋27
/♅	24♈05	24♈60	25♈53	26♈45	27♈35	28♈23	29♈09	29♈53	0♉35	1♉15	1♉53	2♉29	3♉02	3♉34	4♉03	4♉31
/♆	10♈25	11♈19	12♈12	13♈02	13♈51	14♈39	15♈24	16♈07	16♈48	17♈28	18♈05	18♈40	19♈13	19♈44	20♈12	20♈39
/♇	13♓51	14♓44	15♓36	16♓26	17♓14	18♓00	18♓45	19♓27	20♓08	20♓46	21♓23	21♓57	22♓29	22♓59	23♓27	23♓52
/☊	10♈38	11♈31	12♈20	13♈07	13♈50	14♈32	15♈11	15♈50	16♈27	17♈04	17♈40	18♈15	18♈48	19♈18	19♈44	20♈08
♀/♂	12♊56	13♊48	14♊41	15♊34	16♊26	17♊19	18♊12	19♊05	19♊58	20♊51	21♊44	22♊37	23♊30	24♊23	25♊16	26♊09
/⚳	21♉33	22♉22	23♉11	24♉00	24♉49	25♉39	26♉28	27♉17	28♉06	28♉55	29♉45	0♊34	1♊23	2♊13	3♊02	3♊51
/♃	11♓24	12♓01	12♓39	13♓16	13♓54	14♓31	15♓08	15♓46	16♓23	16♓59	17♓36	18♓13	18♓50	19♓26	20♓03	20♓39
/♄	1♋07	1♋43	2♋20	2♋57	3♋34	4♋11	4♋48	5♋26	6♋03	6♋40	7♋17	7♋55	8♋32	9♋10	9♋47	10♋25
/♅	10♈58	11♈36	12♈14	12♈53	13♈31	14♈09	14♈47	15♈25	16♈03	16♈41	17♈19	17♈57	18♈35	19♈13	19♈51	20♈29
/♆	27♓18	27♓56	28♓33	29♓10	29♓48	0♈25	1♈02	1♈39	2♈17	2♈54	3♈31	4♈08	4♈45	5♈22	5♈59	6♈37
/♇	0♓44	1♓21	1♓57	2♓34	3♓10	3♓47	4♓23	4♓60	5♓36	6♓12	6♓49	7♓25	8♓01	8♓38	9♓14	9♓50
/☊	27♓32	28♓07	28♓41	29♓15	29♓47	0♈18	0♈50	1♈22	1♈56	2♈30	3♈06	3♈43	4♈20	4♈56	5♈32	6♈06
♂/⚳	3♋57	4♋25	4♋52	5♋20	5♋48	6♋16	6♋45	7♋13	7♋41	8♋09	8♋38	9♋06	9♋35	10♋04	10♋32	11♋01
/♃	23♎47	24♎04	24♎20	24♎37	24♎53	25♎09	25♎25	25♎41	25♎57	26♎13	26♎29	26♎45	27♎01	27♎17	27♎33	27♎49
/♄	13♌30	13♌46	14♌02	14♌17	14♌33	14♌49	15♌05	15♌21	15♌38	15♌54	16♌11	16♌27	16♌44	17♌01	17♌17	17♌34
/♅	23♉22	23♉39	23♉56	24♉13	24♉30	24♉47	25♉04	25♉21	25♉38	25♉55	26♉12	26♉29	26♉47	27♉04	27♉21	27♉38
/♆	9♉42	9♉58	10♉14	10♉30	10♉47	11♉03	11♉19	11♉35	11♉51	12♉08	12♉24	12♉41	12♉57	13♉13	13♉30	13♉46
/♇	13♎08	13♎23	13♎39	13♎54	14♎09	14♎24	14♎40	14♎55	15♎11	15♎26	15♎42	15♎57	16♎13	16♎29	16♎44	17♎00
/☊	9♉55	10♉10	10♉23	10♉35	10♉45	10♉56	11♉06	11♉18	11♉30	11♉44	11♉60	12♉16	12♉32	12♉47	13♉02	13♉16
⚳/♃	2♈25	2♈37	2♈50	3♈03	3♈16	3♈28	3♈41	3♈53	4♈06	4♈18	4♈30	4♈43	4♈55	5♈07	5♈19	5♈31
/♄	22♋07	22♋19	22♋32	22♋44	22♋56	23♋08	23♋21	23♋33	23♋46	23♋59	24♋11	24♋24	24♋37	24♋50	25♋03	25♋16
/♅	1♉59	2♉12	2♉26	2♉39	2♉53	3♉06	3♉19	3♉33	3♉46	3♉60	4♉13	4♉26	4♉40	4♉53	5♉07	5♉20
/♆	18♈19	18♈32	18♈44	18♈57	19♈09	19♈22	19♈35	19♈47	19♈60	20♈12	20♈25	20♈38	20♈50	21♈03	21♈16	21♈28
/♇	21♓45	21♓57	22♓09	22♓20	22♓32	22♓44	22♓56	23♓07	23♓19	23♓31	23♓43	23♓55	24♓06	24♓18	24♓30	24♓42
/☊	18♈32	18♈43	18♈53	19♈01	19♈08	19♈15	19♈22	19♈30	19♈39	19♈49	20♈00	20♈13	20♈25	20♈37	20♈48	20♈57
♃/♄	11♏58	11♏59	11♏59	12♏00	12♏01	12♏01	12♏02	12♏02	12♏02	12♏03	12♏03	12♏03	12♏03	12♏04	12♏04	12♏04
/♅	21♒50	21♒52	21♒54	21♒55	21♒57	21♒59	22♒00	22♒01	22♒03	22♒04	22♒05	22♒05	22♒06	22♒07	22♒07	22♒08
/♆	8♒10	8♒11	8♒12	8♒13	8♒14	8♒15	8♒15	8♒16	8♒16	8♒16	8♒17	8♒17	8♒17	8♒16	8♒16	8♒16
/♇	11♑36	11♑36	11♑36	11♑36	11♑36	11♑36	11♑36	11♑36	11♑35	11♑35	11♑34	11♑34	11♑33	11♑32	11♑31	11♑30
/☊	8♒23	8♒23	8♒21	8♒17	8♒13	8♒08	8♒03	7♒58	7♒55	7♒53	7♒52	7♒52	7♒51	7♒50	7♒48	7♒45
♄/♅	11♊33	11♊34	11♊35	11♊36	11♊37	11♊39	11♊40	11♊41	11♊43	11♊44	11♊46	11♊47	11♊49	11♊50	11♊52	11♊54
/♆	27♏53	27♏53	27♏53	27♏54	27♏54	27♏55	27♏55	27♏56	27♏56	27♏57	27♏58	27♏58	27♏59	27♏60	28♏01	28♏02
/♇	1♏19	1♏18	1♏18	1♏17	1♏17	1♏17	1♏16	1♏16	1♏16	1♏16	1♏15	1♏15	1♏15	1♏15	1♏15	1♏15
/☊	28♏06	28♏05	28♏02	27♏58	27♏53	27♏48	27♏43	27♏38	27♏35	27♏34	27♏33	27♏33	27♏34	27♏34	27♏33	27♏31
♅/♆	7♓44	7♓46	7♓48	7♓49	7♓51	7♓52	7♓54	7♓55	7♓57	7♓58	7♓59	8♓01	8♓02	8♓03	8♓04	8♓05
/♇	11♒10	11♒11	11♒12	11♒13	11♒13	11♒14	11♒15	11♒15	11♒16	11♒17	11♒17	11♒18	11♒18	11♒18	11♒19	11♒19
/☊	7♓58	7♓58	7♓56	7♓53	7♓50	7♓45	7♓41	7♓38	7♓36	7♓35	7♓35	7♓36	7♓37	7♓37	7♓37	7♓35
♆/♇	27♑30	27♑30	27♑30	27♑30	27♑30	27♑30	27♑30	27♑30	27♑30	27♑29	27♑29	27♑29	27♑28	27♑28	27♑28	27♑27
/☊	24♒18	24♒17	24♒15	24♒11	24♒07	24♒01	23♒56	23♒52	23♒49	23♒47	23♒47	23♒47	23♒47	23♒47	23♒45	23♒43
♇/☊	27♑44	27♑42	27♑39	27♑35	27♑29	27♑23	27♑17	27♑12	27♑08	27♑06	27♑04	27♑04	27♑03	27♑02	26♑60	26♑56

	17	18	19	20	21	22	23	24	25	26	27	28	29	30	31
☉/☽	9♌28	15♌58	22♌25	28♌51	5♓16	11♓41	18♓07	24♓35	1♈06	7♈42	14♈25	21♈18	28♈22	5♉40	13♉12
/☿	7♊10	8♊00	8♊49	9♊34	10♊18	10♊59	11♊38	12♊14	12♊48	13♊19	13♊49	14♊15	14♊40	15♊03	15♊23
/♀	23♉21	24♉27	25♉32	26♉38	27♉44	28♉50	29♉55	1♊01	2♊07	3♊12	4♊18	5♊24	6♊29	7♊35	8♊41
/♂	0♋10	0♋55	1♋41	2♋26	3♋11	3♋57	4♋42	5♋28	6♋13	6♋59	7♋44	8♋30	9♋15	10♋01	10♋47
/⚳	7♊48	8♊29	9♊11	9♊52	10♊34	11♊15	11♊56	12♊38	13♊19	14♊01	14♊42	15♊24	16♊05	16♊47	17♊28
/♃	24♓22	24♓51	25♓19	25♓47	26♓14	26♓42	27♓10	27♓37	28♓05	28♓32	28♓59	29♓26	29♓53	0♈20	0♈47
/♄	14♋10	14♋39	15♋09	15♋39	16♋08	16♋38	17♋08	17♋38	18♋08	18♋38	19♋08	19♋38	20♋08	20♋38	21♋08
/♅	24♈14	24♈44	25♈13	25♈43	26♈13	26♈43	27♈12	27♈42	28♈12	28♈41	29♈11	29♈40	0♉10	0♉39	1♉09
/♆	10♈21	10♈50	11♈19	11♈48	12♈17	12♈46	13♈15	13♈44	14♈13	14♈41	15♈10	15♈39	16♈08	16♈36	17♈05
/♇	13♓34	14♓02	14♓31	14♓59	15♓27	15♓55	16♓23	16♓52	17♓20	17♓48	18♓16	18♓44	19♓12	19♓40	20♓08
/☊	9♈46	10♈09	10♈31	10♈53	11♈15	11♈38	12♈02	12♈27	12♈54	13♈21	13♈50	14♈19	14♈48	15♈15	15♈42
☽/☿	20♌10	26♌32	2♍50	9♍04	15♍15	21♓24	27♓30	3♈37	9♈44	15♈54	22♈09	28♈31	5♉02	11♉45	18♉40
/♀	6♌21	12♌59	19♌34	26♒08	2♓41	9♓14	15♓48	22♓24	29♓03	5♈47	12♈38	19♈39	26♈51	4♉17	11♉57
/♂	13♍10	19♍27	25♍42	1♎56	8♎09	14♎21	20♎35	26♎50	3♏09	9♉33	16♉04	22♉45	29♉37	6♊43	14♊03
/⚳	20♌48	27♌01	3♍12	9♍22	15♍31	21♓40	27♓49	4♈01	10♈16	16♈35	23♈03	29♈39	6♉27	13♉29	20♉45
/♃	7♐23	13♐23	19♐20	25♐16	1♑12	7♑07	13♑03	19♑00	25♑01	1♒07	7♒20	13♒42	20♒16	27♒02	4♓04
/♄	27♍10	3♎11	9♎11	15♎09	21♎06	27♎03	3♏01	9♏01	15♏04	21♏12	27♏28	3♊53	10♊30	17♊20	24♊25
/♅	7♑14	13♑16	19♑15	25♑13	1♒10	7♒07	13♒05	19♒05	25♒08	1♓16	7♓31	13♓56	20♓32	27♓21	4♈25
/♆	23♐21	29♐22	5♑21	11♑18	17♑14	23♑11	29♑08	5♒06	11♒09	17♒16	23♒30	29♒54	6♓30	13♓19	20♓21
/♇	26♏34	2♐34	8♐32	14♐29	20♐24	26♐20	2♑16	8♑14	14♑16	20♑22	26♑36	2♒59	9♒34	16♒22	23♒25
/☊	22♐46	28♐41	4♑33	10♑23	16♑13	22♑03	27♑55	3♒50	9♒50	15♒56	22♒10	28♒34	5♓10	11♓57	18♓58
☿/♀	4♊02	5♊01	5♊57	6♊51	7♊43	8♊32	9♊18	10♊03	10♊45	11♊24	12♊01	12♊36	13♊09	13♊40	14♊09
/♂	10♋52	11♋30	12♋05	12♋39	13♋10	13♋39	14♋05	14♋29	14♋51	15♋11	15♋28	15♋43	15♋55	16♋06	16♋15
/⚳	18♊30	19♊04	19♊36	20♊05	20♊32	20♊57	21♊20	21♊40	21♊57	22♊13	22♊26	22♊37	22♊45	22♊52	22♊56
/♃	5♈04	5♈25	5♈43	5♈60	6♈13	6♈24	6♈33	6♈39	6♈43	6♈44	6♈43	6♈39	6♈33	6♈25	6♈15
/♄	24♋51	25♋14	25♋34	25♋52	26♋07	26♋20	26♋31	26♋40	26♋46	26♋50	26♋51	26♋51	26♋48	26♋43	26♋36
/♅	4♉55	5♉18	5♉38	5♉56	6♉12	6♉25	6♉35	6♉44	6♉50	6♉53	6♉54	6♉53	6♉50	6♉44	6♉36
/♆	21♈03	21♈24	21♈44	22♈01	22♈16	22♈28	22♈38	22♈45	22♈51	22♈53	22♈54	22♈52	22♈48	22♈41	22♈33
/♇	24♓16	24♓37	24♓55	25♓12	25♓26	25♓37	25♓47	25♓53	25♓58	25♓60	25♓59	25♓57	25♓52	25♓45	25♓36
/☊	20♈27	20♈43	20♈56	21♈06	21♈14	21♈20	21♈25	21♈29	21♈32	21♈33	21♈34	21♈32	21♈27	21♈20	21♈10
♀/♂	27♊03	27♊56	28♊49	29♊43	0♋36	1♋29	2♋23	3♋16	4♋10	5♋03	5♋57	6♋51	7♋44	8♋38	9♋32
/⚳	4♊41	5♊30	6♊19	7♊09	7♊58	8♊48	9♊37	10♊27	11♊16	12♊06	12♊55	13♊45	14♊34	15♊24	16♊13
/♃	21♓15	21♓51	22♓27	23♓03	23♓39	24♓15	24♓50	25♓26	26♓02	26♓37	27♓12	27♓47	28♓23	28♓58	29♓33
/♄	11♋02	11♋40	12♋18	12♋55	13♋33	14♋11	14♋49	15♋27	16♋05	16♋43	17♋21	17♋59	18♋37	19♋15	19♋54
/♅	21♈06	21♈44	22♈22	22♈60	23♈38	24♈15	24♈53	25♈31	26♈08	26♈46	27♈24	28♈01	28♈39	29♈16	29♈54
/♆	7♈14	7♈51	8♈28	9♈05	9♈42	10♈19	10♈55	11♈32	12♈09	12♈46	13♈23	13♈60	14♈37	15♈14	15♈50
/♇	10♓27	11♓03	11♓39	12♓15	12♓52	13♓28	14♓04	14♓40	15♓17	15♓53	16♓29	17♓05	17♓41	18♓17	18♓54
/☊	6♈38	7♈10	7♈40	8♈10	8♈40	9♈11	9♈43	10♈16	10♈51	11♈26	12♈03	12♈40	13♈17	13♈53	14♈27
♂/⚳	11♋30	11♋59	12♋28	12♋57	13♋26	13♋55	14♋24	14♋53	15♋23	15♋52	16♋21	16♋51	17♋20	17♋50	18♋19
/♃	28♎04	28♎20	28♎36	28♎51	29♎07	29♎22	29♎37	29♎53	0♏08	0♏23	0♏38	0♏54	1♏09	1♏24	1♏39
/♄	17♌52	18♌09	18♌26	18♌43	19♌01	19♌18	19♌36	19♌53	20♌11	20♌29	20♌47	21♌05	21♌23	21♌41	21♌60
/♅	27♉56	28♉13	28♉30	28♉48	29♉05	29♉23	29♉40	29♉57	0♊15	0♊32	0♊50	1♊07	1♊25	1♊42	1♊60
/♆	14♉03	14♉19	14♉36	14♉53	15♉09	15♉26	15♉42	15♉59	16♉16	16♉33	16♉49	17♉06	17♉23	17♉40	17♉56
/♇	17♎16	17♎32	17♎48	18♎03	18♎19	18♎35	18♎51	19♎07	19♎23	19♎39	19♎55	20♎11	20♎27	20♎43	20♎60
/☊	13♉28	13♉38	13♉48	13♉58	14♉08	14♉18	14♉30	14♉43	14♉57	15♉13	15♉29	15♉46	16♉03	16♉19	16♉33
⚳/♃	5♈42	5♈54	6♈06	6♈17	6♈29	6♈40	6♈52	7♈03	7♈14	7♈25	7♈37	7♈48	7♈58	8♈09	8♈20
/♄	25♋29	25♋43	25♋56	26♋09	26♋23	26♋36	26♋50	27♋04	27♋17	27♋31	27♋45	27♋59	28♋13	28♋27	28♋41
/♅	5♉34	5♉47	6♉01	6♉14	6♉27	6♉41	6♉54	7♉08	7♉21	7♉35	7♉48	8♉01	8♉15	8♉28	8♉41
/♆	21♈41	21♈53	22♈06	22♈19	22♈31	22♈44	22♈57	23♈09	23♈22	23♈35	23♈47	24♈00	24♈13	24♈25	24♈38
/♇	24♓54	25♓06	25♓18	25♓30	25♓41	25♓53	26♓05	26♓17	26♓29	26♓41	26♓53	27♓05	27♓17	27♓29	27♓41
/☊	21♈06	21♈13	21♈19	21♈24	21♈30	21♈36	21♈44	21♈53	22♈03	22♈15	22♈27	22♈40	22♈53	23♈04	23♈15
♃/♄	12♏04	12♏04	12♏04	12♏04	12♏04	12♏04	12♏03	12♏03	12♏03	12♏02	12♏02	12♏02	12♏01	12♏01	12♏00
/♅	22♒08	22♒08	22♒08	22♒08	22♒08	22♒08	22♒08	22♒07	22♒06	22♒06	22♒05	22♒04	22♒03	22♒02	22♒00
/♆	8♒15	8♒15	8♒14	8♒13	8♒12	8♒11	8♒10	8♒09	8♒07	8♒06	8♒04	8♒03	8♒01	7♒59	7♒57
/♇	11♑28	11♑27	11♑25	11♑24	11♑22	11♑20	11♑19	11♑17	11♑15	11♑12	11♑10	11♑08	11♑05	11♑03	11♑00
/☊	7♒40	7♒34	7♒26	7♒19	7♒11	7♒03	6♒57	6♒52	6♒49	6♒46	6♒44	6♒43	6♒41	6♒38	6♒34
♄/♅	11♊55	11♊57	11♊59	12♊00	12♊02	12♊04	12♊06	12♊08	12♊10	12♊12	12♊13	12♊15	12♊17	12♊19	12♊22
/♆	28♏02	28♏03	28♏04	28♏05	28♏06	28♏07	28♏08	28♏09	28♏11	28♏12	28♏13	28♏14	28♏15	28♏17	28♏18
/♇	1♏15	1♏16	1♏16	1♏16	1♏16	1♏17	1♏17	1♏17	1♏18	1♏18	1♏19	1♏19	1♏20	1♏21	1♏21
/☊	27♏27	27♏22	27♏17	27♏11	27♏05	26♏60	26♏56	26♏53	26♏52	26♏52	26♏53	26♏54	26♏55	26♏56	26♏55
♅/♆	8♓07	8♓08	8♓09	8♓10	8♓11	8♓12	8♓13	8♓13	8♓14	8♓15	8♓16	8♓16	8♓17	8♓18	8♓18
/♇	11♒20	11♒20	11♒20	11♒21	11♒21	11♒21	11♒21	11♒21	11♒21	11♒22	11♒22	11♒22	11♒22	11♒22	11♒22
/☊	7♓31	7♓27	7♓21	7♓15	7♓09	7♓04	6♓60	6♓57	6♓55	6♓55	6♓56	6♓57	6♓57	6♓57	6♓55
♆/♇	27♑27	27♑26	27♑26	27♑25	27♑25	27♑24	27♑24	27♑23	27♑22	27♑22	27♑21	27♑20	27♑20	27♑19	27♑18
/☊	23♒39	23♒33	23♒27	23♒20	23♒13	23♒07	23♒02	22♒59	22♒56	22♒55	22♒55	22♒55	22♒55	22♒54	22♒52
♇/☊	26♑52	26♑45	26♑38	26♑31	26♑23	26♑16	26♑11	26♑07	26♑04	26♑02	26♑01	26♑00	25♑59	25♑58	25♑55

June 2008

	1	2	3	4	5	6	7	8	9	10
☉/☽	20♉57	28♉55	6♊60	15♊08	23♊13	1♋09	8♋54	16♋25	23♋42	0♌46
/☿	15♊42	15♊59	16♊15	16♊29	16♊42	16♊55	17♊07	17♊19	17♊31	17♊43
/♀	9♊46	10♊52	11♊57	13♊03	14♊09	15♊14	16♊20	17♊25	18♊31	19♊37
/♂	11♋32	12♋18	13♋04	13♋49	14♋35	15♋21	16♋07	16♋53	17♋39	18♋25
/⚷	18♊10	18♊51	19♊33	20♊14	20♊56	21♊37	22♊19	23♊00	23♊42	24♊23
/♃	1♈14	1♈41	2♈07	2♈34	3♈00	3♈26	3♈53	4♈19	4♈45	5♈11
/♄	21♋38	22♋09	22♋39	23♋09	23♋40	24♋10	24♋41	25♋11	25♋42	26♋12
/♅	1♉38	2♉07	2♉37	3♉06	3♉35	4♉04	4♉34	5♉03	5♉32	6♉01
/♆	17♈34	18♈02	18♈31	18♈60	19♈28	19♈57	20♈25	20♈54	21♈22	21♈51
/♇	20♓36	21♓04	21♓32	22♓00	22♓28	22♓56	23♓24	23♓52	24♓20	24♓48
/☊	16♈07	16♈32	16♈56	17♈20	17♈44	18♈10	18♈37	19♈05	19♈34	20♈03
☽/☿	25♉46	3♊03	10♊27	17♊51	25♊12	2♋24	9♋24	16♋09	22♋41	28♋59
/♀	19♉51	27♉56	6♊10	14♊26	22♊39	0♋43	8♋37	16♋16	23♋41	0♌52
/♂	21♊37	29♊22	7♋16	15♋12	23♋05	0♌50	8♌24	15♌43	22♌48	29♌41
/⚷	28♉14	5♊56	13♊45	21♊37	29♊26	7♋07	14♋36	21♋51	28♋52	5♌39
/♃	11♓18	18♓45	26♓19	3♈56	11♈30	18♈56	26♎09	3♏09	9♏55	16♏27
/♄	1♋43	9♋13	16♋51	24♋32	2♌10	9♌39	16♌57	24♌01	0♍51	7♍28
/♅	11♈42	19♈12	26♈49	4♉28	12♉05	19♉34	26♉50	3♊53	10♊42	17♊17
/♆	27♓38	5♈07	12♈43	20♈22	27♈58	5♉26	12♉42	19♉44	26♏32	3♐07
/♇	0♓41	8♓09	15♓44	23♓23	0♎58	8♎26	15♎41	22♎43	29♎30	6♏04
/☊	26♓12	3♈36	11♈08	18♈42	26♈14	3♉39	10♉54	17♉55	24♏43	1♐19
☿/♀	14♊35	15♊00	15♊24	15♊47	16♊08	16♊29	16♊49	17♊09	17♊29	17♊50
/♂	16♋21	16♋27	16♋30	16♋33	16♋35	16♋36	16♋36	16♋37	16♋37	16♋38
/⚷	22♊59	22♊60	22♊59	22♊58	22♊55	22♊52	22♊48	22♊44	22♊40	22♊37
/♃	6♈03	5♈49	5♈34	5♈17	4♈60	4♈41	4♈22	4♈03	3♈43	3♈24
/♄	26♋28	26♋17	26♋06	25♋53	25♋39	25♋25	25♋10	24♋55	24♋40	24♋26
/♅	6♉27	6♉16	6♉03	5♉50	5♉35	5♉19	5♉03	4♉47	4♉30	4♉15
/♆	22♈23	22♈11	21♈58	21♈43	21♈28	21♈11	20♈55	20♈38	20♈21	20♈04
/♇	25♓25	25♓13	24♓59	24♓44	24♓28	24♓11	23♓54	23♓36	23♓19	23♓02
/☊	20♈57	20♈41	20♈23	20♈03	19♈44	19♈25	19♈06	18♈49	18♈32	18♈16
♀/♂	10♋26	11♋19	12♋13	13♋07	14♋01	14♋55	15♋49	16♋43	17♋37	18♋31
/⚷	17♊03	17♊53	18♊42	19♊32	20♊22	21♊11	22♊01	22♊51	23♊40	24♊30
/♃	0♈07	0♈42	1♈17	1♈51	2♈26	3♈00	3♈35	4♈09	4♈43	5♈18
/♄	20♋32	21♋10	21♋49	22♋27	23♋06	23♋44	24♋23	25♋01	25♋40	26♋19
/♅	0♉31	1♉09	1♉46	2♉24	3♉01	3♉39	4♉16	4♉53	5♉30	6♉08
/♆	16♈27	17♈04	17♈41	18♈17	18♈54	19♈31	20♈08	20♈44	21♈21	21♈58
/♇	19♓30	20♓06	20♓42	21♓18	21♓54	22♓30	23♓07	23♓43	24♓19	24♓55
/☊	15♈01	15♈33	16♈05	16♈38	17♈10	17♈44	18♈19	18♈55	19♈32	20♈09
♂/⚷	18♋49	19♋19	19♋49	20♋18	20♋48	21♋18	21♋48	22♋18	22♋48	23♋18
/♃	1♏53	2♏08	2♏23	2♏38	2♏53	3♏07	3♏22	3♏37	3♏51	4♏06
/♄	22♌18	22♌36	22♌55	23♌14	23♌32	23♌51	24♌10	24♌29	24♌48	25♌07
/♅	2♊17	2♊35	2♊53	3♊10	3♊28	3♊45	4♊03	4♊21	4♊38	4♊56
/♆	18♉13	18♉30	18♉47	19♉04	19♉21	19♉38	19♉55	20♉12	20♉29	20♉46
/♇	21♎16	21♎32	21♎48	22♎05	22♎21	22♎37	22♎54	23♎10	23♎26	23♎43
/☊	16♉47	16♉60	17♉12	17♉24	17♉37	17♉51	18♉06	18♉23	18♉40	18♉57
⚷/♃	8♈31	8♈42	8♈52	9♈03	9♈13	9♈24	9♈34	9♈44	9♈54	10♈05
/♄	28♋55	29♋10	29♋24	29♋38	29♋53	0♌07	0♌22	0♌36	0♌51	1♌06
/♅	8♉55	9♉08	9♉22	9♉35	9♉48	10♉02	10♉15	10♉28	10♉41	10♉55
/♆	24♈51	25♈03	25♈16	25♈29	25♈41	25♈54	26♈07	26♈19	26♈32	26♈45
/♇	27♓53	28♓05	28♓17	28♓29	28♓41	28♓53	29♓06	29♓18	29♓30	29♓42
/☊	23♈24	23♈33	23♈41	23♈49	23♈57	24♈07	24♈18	24♈30	24♈43	24♈56
♃/♄	11♏60	11♏59	11♏58	11♏58	11♏57	11♏56	11♏56	11♏55	11♏54	11♏53
/♅	21♒59	21♒58	21♒56	21♒54	21♒53	21♒51	21♒49	21♒47	21♒44	21♒42
/♆	7♒55	7♒53	7♒51	7♒48	7♒46	7♒43	7♒40	7♒38	7♒35	7♒32
/♇	10♑57	10♑55	10♑52	10♑49	10♑46	10♑43	10♑39	10♑36	10♑33	10♑29
/☊	6♒29	6♒22	6♒15	6♒08	6♒02	5♒56	5♒52	5♒49	5♒46	5♒44
♄/♅	12♊24	12♊26	12♊28	12♊30	12♊32	12♊34	12♊37	12♊39	12♊41	12♊43
/♆	28♏19	28♏21	28♏22	28♏24	28♏25	28♏27	28♏28	28♏30	28♏32	28♏33
/♇	1♏22	1♏23	1♏24	1♏24	1♏25	1♏26	1♏27	1♏28	1♏29	1♏30
/☊	26♏53	26♏50	26♏47	26♏44	26♏41	26♏40	26♏40	26♏41	26♏43	26♏45
♅/♆	8♓19	8♓19	8♓20	8♓20	8♓21	8♓21	8♓21	8♓22	8♓22	8♓22
/♇	11♒21	11♒21	11♒21	11♒21	11♒21	11♒21	11♒20	11♒20	11♒20	11♒19
/☊	6♓53	6♓49	6♓45	6♓40	6♓37	6♓34	6♓33	6♓33	6♓33	6♓34
♆/♇	27♑17	27♑16	27♑16	27♑15	27♑14	27♑13	27♑12	27♑11	27♑10	27♑09
/☊	22♒48	22♒44	22♒39	22♒34	22♒30	22♒27	22♒25	22♒24	22♒24	22♒24
♇/☊	25♑51	25♑46	25♑40	25♑35	25♑30	25♑26	25♑24	25♑22	25♑21	25♑21

	11	12	13	14	15	16	17	18	19	20
☉/☽	7♌38	14♌20	20♌56	27♌26	3♍53	10♍18	16♍43	23♍08	29♓34	6♈03
/☿	17♊56	18♊10	18♊26	18♊42	19♊00	19♊20	19♊42	20♊06	20♊33	21♊01
/♀	20♊42	21♊48	22♊53	23♊59	25♊04	26♊10	27♊15	28♊21	29♊26	0♋32
/♂	19♋10	19♋56	20♋42	21♋28	22♋14	23♋00	23♋46	24♋33	25♋19	26♋05
/⚷	25♊05	25♊47	26♊28	27♊10	27♊51	28♊33	29♊14	29♊56	0♋37	1♋19
/♃	5♈37	6♈03	6♈28	6♈54	7♈20	7♈45	8♈11	8♈36	9♈01	9♈27
/♄	26♋43	27♋13	27♋44	28♋15	28♋45	29♋16	29♋47	0♌18	0♌49	1♌19
/♅	6♉30	6♉59	7♉28	7♉57	8♉26	8♉55	9♉24	9♉53	10♉22	10♉50
/♆	22♈19	22♈48	23♈16	23♈45	24♈13	24♈41	25♈10	25♈38	26♈06	26♈34
/♇	25♓16	25♓44	26♓12	26♓40	27♓08	27♓35	28♓03	28♓31	28♓59	29♓27
/☊	20♈31	20♈59	21♈26	21♈52	22♈17	22♈41	23♈04	23♈28	23♈52	24♈17
☽/☿	5♌07	11♌06	16♌60	22♌49	28♌37	4♍25	10♍14	16♓06	22♓02	28♓01
/♀	7♌53	14♌43	21♌27	28♌06	4♍41	11♍14	17♍47	24♍20	0♈55	7♈32
/♂	6♍21	12♍52	19♍16	25♍35	1♎51	8♎05	14♎18	20♎32	26♎48	3♏05
/⚷	12♌16	18♌42	25♌02	1♍17	7♍28	13♍37	19♍46	25♍56	2♎06	8♈19
/♃	22♏47	28♏58	5♐02	11♐01	16♐56	22♐50	28♐43	4♑36	10♑30	16♑27
/♄	13♍53	20♍09	26♍18	2♎22	8♎22	14♎21	20♎19	26♎17	2♏17	8♏20
/♅	23♐41	29♐55	6♑02	12♑04	18♑03	23♑60	29♑56	5♒53	11♒51	17♒51
/♆	9♐30	15♐44	21♐50	27♐51	3♑49	9♑46	15♑41	21♑38	27♑35	3♒35
/♇	12♏27	18♏40	24♏46	0♐47	6♐44	12♐40	18♐35	24♐31	0♑28	6♑27
/☊	7♐42	13♐55	20♐00	25♐59	1♑53	7♑45	13♑36	19♑28	25♑21	1♒17
☿/♀	18♊11	18♊34	18♊57	19♊22	19♊48	20♊16	20♊47	21♊19	21♊53	22♊30
/♂	16♋40	16♋42	16♋46	16♋51	16♋58	17♋07	17♋18	17♋31	17♋46	18♋03
/⚷	22♊34	22♊32	22♊32	22♊33	22♊35	22♊40	22♊46	22♊54	23♊04	23♊17
/♃	3♈06	2♈49	2♈32	2♈17	2♈04	1♈52	1♈42	1♈34	1♈28	1♈25
/♄	24♋12	23♋59	23♋48	23♋38	23♋29	23♋23	23♋18	23♋16	23♋16	23♋18
/♅	3♉59	3♉45	3♉32	3♉20	3♉10	3♉02	2♉55	2♉51	2♉49	2♉49
/♆	19♈49	19♈34	19♈20	19♈08	18♈57	18♈48	18♈41	18♈36	18♈33	18♈33
/♇	22♓45	22♓30	22♓16	22♓03	21♓52	21♓42	21♓35	21♓29	21♓26	21♓25
/☊	18♈01	17♈45	17♈30	17♈15	17♈01	16♈48	16♈36	16♈26	16♈19	16♈15
♀/♂	19♋25	20♋19	21♋14	22♋08	23♋02	23♋56	24♋51	25♋45	26♋39	27♋34
/⚷	25♊20	26♊10	26♊59	27♊49	28♊39	29♊29	0♋18	1♋08	1♋58	2♋48
/♃	5♈52	6♈26	6♈60	7♈33	8♈07	8♈41	9♈15	9♈48	10♈22	10♈55
/♄	26♋58	27♋36	28♋15	28♋54	29♋33	0♌12	0♌51	1♌30	2♌09	2♌48
/♅	6♉45	7♉22	7♉59	8♉37	9♉14	9♉51	10♉28	11♉05	11♉42	12♉19
/♆	22♈34	23♈11	23♈47	24♈24	25♈01	25♈37	26♈14	26♈50	27♈27	28♈03
/♇	25♓31	26♓07	26♓43	27♓19	27♓55	28♓31	29♓07	29♓44	0♎20	0♎56
/☊	20♈46	21♈22	21♈58	22♈32	23♈04	23♈37	24♈08	24♈40	25♈13	25♈46
♂/⚷	23♋48	24♋18	24♋49	25♋19	25♋49	26♋19	26♋50	27♋20	27♋51	28♋21
/♃	4♏20	4♏34	4♏49	5♏03	5♏18	5♏32	5♏46	6♏00	6♏15	6♏29
/♄	25♌26	25♌45	26♌04	26♌24	26♌43	27♌03	27♌22	27♌42	28♌02	28♌21
/♅	5♊13	5♊31	5♊49	6♊06	6♊24	6♊42	6♊59	7♊17	7♊35	7♊53
/♆	21♉03	21♉20	21♉37	21♉54	22♉11	22♉28	22♉45	23♉02	23♉19	23♉36
/♇	23♎59	24♎16	24♎32	24♎49	25♎06	25♎22	25♎39	25♎56	26♎12	26♎29
/☊	19♉15	19♉31	19♉47	20♉01	20♉15	20♏27	20♏40	20♏52	21♏05	21♏19
⚷/♃	10♈15	10♈25	10♈35	10♈45	10♈54	11♈04	11♈14	11♈24	11♈33	11♈43
/♄	1♌20	1♌35	1♌50	2♌05	2♌20	2♌35	2♌50	3♌05	3♌20	3♌36
/♅	11♉08	11♉21	11♉34	11♉48	12♉01	12♉14	12♉27	12♉40	12♉54	13♉07
/♆	26♈57	27♈10	27♈22	27♈35	27♈48	28♈00	28♈13	28♈25	28♈38	28♈51
/♇	29♓54	0♎06	0♎18	0♎30	0♎42	0♎55	1♎07	1♎19	1♎31	1♎43
/☊	25♈09	25♈21	25♈33	25♈43	25♈52	25♈60	26♈08	26♈16	26♈24	26♈33
♃/♄	11♏52	11♏51	11♏50	11♏49	11♏48	11♏47	11♏46	11♏45	11♏44	11♏43
/♅	21♒40	21♒37	21♒35	21♒32	21♒29	21♒27	21♒24	21♒21	21♒18	21♒14
/♆	7♒29	7♒26	7♒23	7♒19	7♒16	7♒13	7♒09	7♒06	7♒02	6♒58
/♇	10♑26	10♑22	10♑18	10♑15	10♑11	10♑07	10♑03	9♑59	9♑55	9♑51
/☊	5♒41	5♒37	5♒33	5♒27	5♒20	5♒12	5♒04	4♒56	4♒48	4♒41
♄/♅	12♊46	12♊48	12♊50	12♊53	12♊55	12♊57	12♊60	13♊02	13♊05	13♊07
/♆	28♏35	28♏37	28♏38	28♏40	28♏42	28♏44	28♏45	28♏47	28♏49	28♏51
/♇	1♏32	1♏33	1♏34	1♏35	1♏36	1♏38	1♏39	1♏41	1♏42	1♏44
/☊	26♏47	26♏48	26♏48	26♏47	26♏46	26♏43	26♏40	26♏37	26♏35	26♏34
♅/♆	8♓22	8♓22	8♓23	8♓23	8♓23	8♓23	8♓22	8♓22	8♓22	8♓22
/♇	11♒19	11♒19	11♒18	11♒18	11♒17	11♒17	11♒16	11♒16	11♒15	11♒15
/☊	6♓34	6♓34	6♓33	6♓30	6♓27	6♓22	6♓17	6♓13	6♓08	6♓05
♆/♇	27♑08	27♑07	27♑06	27♑05	27♑04	27♑03	27♑02	27♑01	26♑60	26♑58
/☊	22♒23	22♒23	22♒21	22♒17	22♒13	22♒08	22♒03	21♒58	21♒53	21♒49
♇/☊	25♑20	25♑19	25♑16	25♑13	25♑08	25♑03	24♑57	24♑51	24♑46	24♑41

	21	22	23	24	25	26	27	28	29	30
☉/☽	12♈34	19♈09	25♈50	2♉36	9♉31	16♉36	23♉51	1♊18	8♊58	16♊47
/☿	21♊32	22♊05	22♊40	23♊18	23♊58	24♊40	25♊25	26♊12	27♊01	27♊53
/♀	1♋37	2♋42	3♋48	4♋53	5♋59	7♋04	8♋10	9♋15	10♋21	11♋26
/♂	26♋51	27♋37	28♋23	29♋10	29♋56	0♌42	1♌28	2♌15	3♌01	3♌48
/⚷	2♋01	2♋42	3♋24	4♋05	4♋47	5♋29	6♋10	6♋52	7♋33	8♋15
/♃	9♈52	10♈17	10♈42	11♈07	11♈32	11♈57	12♈22	12♈47	13♈12	13♈37
/♄	1♌50	2♌21	2♌52	3♌23	3♌54	4♌25	4♌57	5♌28	5♌59	6♌30
/♅	11♉19	11♉48	12♉17	12♉45	13♉14	13♉43	14♉11	14♉40	15♉09	15♉37
/♆	27♈03	27♈31	27♈59	28♈27	28♈55	29♈24	29♈52	0♉20	0♉48	1♉16
/♇	29♍55	0♎23	0♎50	1♎18	1♎46	2♎14	2♎42	3♎10	3♎37	4♎05
/☊	24♈43	25♈11	25♈39	26♈08	26♈37	27♈06	27♈35	28♈03	28♈29	28♈56
☽/☿	4♈06	10♈17	16♈35	23♈02	29♈40	6♉30	13♉33	20♉50	28♉21	6♊05
/♀	14♈11	20♈55	27♈43	4♉38	11♉41	18♉54	26♉18	3♊53	11♊41	19♊39
/♂	9♏25	15♏49	22♏19	28♉54	5♊38	12♊32	19♊36	26♊53	4♋21	11♋60
/⚷	14♈35	20♈54	27♈19	3♉50	10♉29	17♉18	24♉18	1♊30	8♊53	16♊27
/♃	22♑26	28♑29	4♒38	10♒52	17♒15	23♒47	0♓30	7♓25	14♓32	21♓50
/♄	14♏25	20♏33	26♏48	3♐08	9♊37	16♊15	23♊04	0♋06	7♋19	14♋43
/♅	23♒54	0♓00	6♓12	12♓30	18♓56	25♓32	2♈19	9♈18	16♈28	23♈49
/♆	9♒37	15♒43	21♒54	28♒12	4♓38	11♓13	17♓59	24♓58	2♈08	9♈28
/♇	12♑29	18♑35	24♑46	1♒03	7♒28	14♒03	20♒49	27♒47	4♓57	12♓18
/☊	7♒18	13♒23	19♒34	25♒52	2♓19	8♓56	15♓42	22♓40	29♓49	7♈08
☿/♀	23♊09	23♊50	24♊33	25♊19	26♊08	26♊58	27♊51	28♊47	29♊44	0♋44
/♂	18♋23	18♋45	19♋09	19♋36	20♋05	20♋36	21♋10	21♋46	22♋25	23♋05
/⚷	23♊32	23♊50	24♊09	24♊31	24♊56	25♊23	25♊52	26♊23	26♊57	27♊33
/♃	1♈24	1♈25	1♈28	1♈33	1♈41	1♈52	2♈04	2♈19	2♈36	2♈55
/♄	23♋22	23♋29	23♋38	23♋49	24♋03	24♋19	24♋38	24♋59	25♋22	25♋48
/♅	2♉51	2♉55	3♉02	3♉11	3♉23	3♉37	3♉53	4♉11	4♉32	4♉55
/♆	18♈34	18♈38	18♈45	18♈53	19♈04	19♈18	19♈33	19♈51	20♈11	20♈34
/♇	21♓26	21♓30	21♓36	21♓44	21♓55	22♓08	22♓23	22♓41	23♓01	23♓23
/☊	16♈15	16♈18	16♈24	16♈34	16♈46	17♈00	17♈16	17♈34	17♈53	18♈13
♀/♂	28♋28	29♋22	0♌17	1♌11	2♌06	3♌00	3♌55	4♌50	5♌44	6♌39
/⚷	3♋38	4♋27	5♋17	6♋07	6♋57	7♋47	8♋37	9♋27	10♋16	11♋06
/♃	11♈29	12♈02	12♈36	13♈09	13♈42	14♈16	14♈49	15♈22	15♈55	16♈29
/♄	3♌27	4♌07	4♌46	5♌25	6♌04	6♌44	7♌23	8♌03	8♌42	9♌22
/♅	12♉56	13♉33	14♉10	14♉47	15♉24	16♉01	16♉38	17♉15	17♉52	18♉28
/♆	28♈40	29♈16	29♈53	0♉29	1♉05	1♉42	2♉18	2♉55	3♉31	4♉07
/♇	1♎32	2♎08	2♎44	3♎20	3♎56	4♎32	5♎08	5♎44	6♎20	6♎57
/☊	26♈20	26♈56	27♈32	28♈09	28♈47	29♈24	0♉01	0♉37	1♉13	1♉47
♂/⚷	28♋52	29♋22	29♋53	0♌23	0♌54	1♌25	1♌55	2♌26	2♌57	3♌28
/♃	6♏43	6♏57	7♏11	7♏25	7♏39	7♏53	8♏08	8♏22	8♏36	8♏50
/♄	28♌41	29♌01	29♌21	29♌41	0♍01	0♍21	0♍42	1♍02	1♍22	1♍43
/♅	8♊10	8♊28	8♊46	9♊03	9♊21	9♊39	9♊56	10♊14	10♊32	10♊50
/♆	23♉54	24♏11	24♏28	24♏45	25♏02	25♏20	25♏37	25♏54	26♏11	26♏29
/♇	26♎46	27♎02	27♎19	27♎36	27♎53	28♎10	28♎27	28♎44	29♎01	29♎18
/☊	21♏34	21♏50	22♏08	22♏26	22♏44	23♏02	23♏20	23♏37	23♏53	24♏08
⚷/♃	11♈53	12♈02	12♈12	12♈21	12♈31	12♈40	12♈49	12♈59	13♈08	13♈17
/♄	3♌51	4♌06	4♌22	4♌37	4♌52	5♌08	5♌23	5♌39	5♌55	6♌10
/♅	13♉20	13♉33	13♉46	13♉59	14♉12	14♉25	14♉38	14♉51	15♉04	15♉17
/♆	29♈03	29♈16	29♈28	29♈41	29♈53	0♉06	0♉18	0♉31	0♉44	0♉56
/♇	1♎55	2♎08	2♎20	2♎32	2♎44	2♎56	3♎09	3♎21	3♎33	3♎45
/☊	26♈44	26♈56	27♈08	27♈21	27♈35	27♈48	28♈01	28♈14	28♈25	28♈36
♃/♄	11♏42	11♏41	11♏40	11♏39	11♏38	11♏37	11♏36	11♏35	11♏34	11♏32
/♅	21♒11	21♒08	21♒05	21♒01	20♒58	20♒54	20♒51	20♒47	20♒43	20♒39
/♆	6♒55	6♒51	6♒47	6♒43	6♒39	6♒35	6♒31	6♒27	6♒22	6♒18
/♇	9♑47	9♑43	9♑38	9♑34	9♑30	9♑25	9♑21	9♑16	9♑12	9♑08
/☊	4♒35	4♒31	4♒27	4♒23	4♒21	4♒17	4♒14	4♒09	4♒04	3♒58
♄/♅	13♊10	13♊12	13♊15	13♊17	13♊20	13♊22	13♊25	13♊27	13♊30	13♊32
/♆	28♏53	28♏55	28♏57	28♏59	29♏01	29♏03	29♏05	29♏07	29♏09	29♏11
/♇	1♏45	1♏47	1♏48	1♏50	1♏52	1♏53	1♏55	1♏57	1♏59	2♏01
/☊	26♏34	26♏35	26♏37	26♏39	26♏42	26♏45	26♏48	26♏50	26♏51	26♏51
♅/♆	8♓22	8♓22	8♓21	8♓21	8♓21	8♓20	8♓20	8♓19	8♓19	8♓18
/♇	11♒14	11♒13	11♒13	11♒12	11♒11	11♒11	11♒10	11♒09	11♒08	11♒07
/☊	6♓03	6♓01	6♓01	6♓01	6♓02	6♓03	6♓03	6♓02	6♓00	5♓58
♆/♇	26♑57	26♑56	26♑55	26♑54	26♑53	26♑51	26♑50	26♑49	26♑48	26♑46
/☊	21♒46	21♒44	21♒43	21♒43	21♒43	21♒43	21♒43	21♒42	21♒40	21♒37
♇/☊	24♑38	24♑36	24♑35	24♑34	24♑34	24♑34	24♑33	24♑32	24♑29	24♑26

July 2008

	1	2	3	4	5	6	7	8	9	10	11	12	13	14	15	16	17	18	19	20	21	22	23	24	25	26	27	28	29	30	31	
☉/☽	24♊45	2♋46	10♋46	18♋40	26♋25	3♌58	11♌17	18♌24	25♌18	2♍02	8♍38	15♍08	21♍34	27♍59	4♎24	10♎50	17♎19	23♎52	0♉29	7♉12	14♉00	20♉55	27♉56	5♊06	12♊23	19♊49	27♊24	5♋05	12♋52	20♋41	28♋30	☉/☽
/☿	28♊46	29♊42	0♋41	1♋41	2♋43	3♋47	4♋54	6♋02	7♋13	8♋25	9♋39	10♋56	12♋14	13♋33	14♋55	16♋18	17♋42	19♋08	20♋36	22♋04	23♋33	25♋04	26♋35	28♋06	29♋38	1♌10	2♌42	4♌15	5♌46	7♌18	8♌49	/☿
/♀	12♋32	13♋37	14♋43	15♋48	16♋54	17♋59	19♋05	20♋10	21♋16	22♋21	23♋27	24♋32	25♋38	26♋43	27♋49	28♋54	29♋60	1♌05	2♌11	3♌16	4♌22	5♌27	6♌33	7♌38	8♌44	9♌49	10♌55	12♌00	13♌06	14♌11	15♌17	/♀
/♂	4♌34	5♌20	6♌07	6♌53	7♌40	8♌27	9♌13	9♌60	10♌46	11♌33	12♌20	13♌06	13♌53	14♌40	15♌27	16♌13	17♌00	17♌47	18♌34	19♌21	20♌08	20♌55	21♌42	22♌29	23♌16	24♌03	24♌50	25♌37	26♌25	27♌12	27♌59	/♂
/⚳	8♋57	9♋38	10♋20	11♋02	11♋43	12♋25	13♋07	13♋48	14♋30	15♋12	15♋53	16♋35	17♋17	17♋58	18♋40	19♋22	20♋03	20♋45	21♋27	22♋08	22♋50	23♋32	24♋13	24♋55	25♋37	26♋18	27♋00	27♋42	28♋24	29♋05	29♋47	/⚳
/♃	14♈02	14♈27	14♈52	15♈17	15♈41	16♈06	16♈31	16♈56	17♈20	17♎45	18♎10	18♎35	18♎59	19♎24	19♎49	20♎14	20♎39	21♎03	21♎28	21♎53	22♎18	22♎43	23♎08	23♎33	23♎58	24♎23	24♎49	25♎14	25♎39	26♎04	26♎30	/♃
/♄	7♌01	7♌33	8♌04	8♌36	9♌07	9♌38	10♌10	10♌41	11♌13	11♌44	12♌16	12♌48	13♌19	13♌51	14♌23	14♌54	15♌26	15♌58	16♌30	17♌02	17♌33	18♌05	18♌37	19♌09	19♌41	20♌13	20♌45	21♌17	21♌49	22♌21	22♌54	/♄
/♅	16♉06	16♉34	17♉03	17♉31	17♉59	18♉28	18♉56	19♉25	19♉53	20♉21	20♉50	21♉18	21♉46	22♉14	22♉42	23♉11	23♉39	24♉07	24♉35	25♉03	25♉31	25♉59	26♉27	26♉55	27♉23	27♉51	28♉19	28♉47	29♉15	29♉43	0♊11	/♅
/♆	1♉44	2♉12	2♉40	3♉08	3♉36	4♉04	4♉32	5♉00	5♉28	5♉56	6♉24	6♉52	7♉20	7♉48	8♉16	8♉44	9♉12	9♉40	10♉08	10♉36	11♉04	11♉32	11♉60	12♉28	12♉55	13♉23	13♉51	14♉19	14♉47	15♉15	15♉43	/♆
/♇	4♎33	5♎01	5♎29	5♎57	6♎25	6♎52	7♎20	7♎48	8♎16	8♎44	9♎12	9♎40	10♎08	10♎35	11♎03	11♎31	11♎59	12♎27	12♎55	13♎23	13♎51	14♎19	14♎47	15♎15	15♎43	16♎11	16♎39	17♎07	17♎35	18♎04	18♎32	/♇
/☊	29♈22	29♈47	0♉14	0♉40	1♉08	1♉37	2♉06	2♉35	3♉04	3♉33	4♉02	4♉30	4♉57	5♉23	5♉50	6♉16	6♉43	7♉10	7♉38	8♉06	8♉35	9♉04	9♉34	10♉03	10♉32	11♉01	11♉29	11♉57	12♉25	12♉53	13♉21	/☊
☽/☿	13♊59	21♊59	29♊60	7♋57	15♋47	23♋27	0♌56	8♌13	15♌20	22♌20	29♌13	6♍02	12♍49	19♍36	26♍25	3♎17	10♎14	17♈15	24♈23	1♉36	8♉57	16♉25	23♉60	1♊44	9♊36	17♊37	25♊46	4♋02	12♋23	20♋47	29♋09	☽/☿
/♀	27♊44	5♋54	14♋02	22♋05	29♋58	7♌39	15♌06	22♌21	29♌23	6♍16	12♍60	19♍38	26♍13	2♎46	9♎19	15♎54	22♎31	29♎12	5♏58	12♉48	19♉45	26♉48	3♊58	11♊15	18♊41	26♊16	3♋58	11♋47	19♋42	27♋40	5♌37	/♀
/♂	19♋46	27♋37	5♌26	13♌10	20♌44	28♌06	5♍15	12♍10	18♍54	25♍28	1♎53	8♎13	14♎28	20♎43	26♎57	3♏13	9♏32	15♏54	22♏21	28♏53	5♐31	12♐16	19♊07	26♊06	3♋14	10♋30	17♋54	25♋25	3♌01	10♌40	18♌19	/♂
/⚳	24♊09	1♋55	9♋39	17♋18	24♋47	2♌04	9♌08	15♌59	22♌38	29♌06	5♍26	11♍41	17♍52	24♍01	0♎10	6♎21	12♎35	18♈52	25♈14	1♉41	8♉13	14♉52	21♉39	28♉32	5♊34	12♊45	20♊03	27♊29	5♋00	12♋34	20♋07	/⚳
/♃	29♓15	6♈43	14♈11	21♎33	28♎45	5♏46	12♏33	19♏06	25♏28	1♐40	7♐43	13♐41	19♐35	25♐27	1♑19	7♑13	13♑10	19♑11	25♑15	1♒26	7♒41	14♒04	20♒33	27♒10	3♓56	10♓50	17♓52	25♓01	2♈16	9♈33	16♎50	/♃
/♄	22♋14	29♋49	7♌23	14♌52	22♌11	29♌18	6♍12	12♍52	19♍21	25♍39	1♎49	7♎54	13♎55	19♎54	25♎53	1♏54	7♏58	14♏05	20♏17	26♏34	2♐57	9♊26	16♊02	22♊47	29♊39	6♋40	13♋48	21♋04	28♋26	5♌50	13♌14	/♄
/♅	1♉18	8♉50	16♉22	23♉47	1♊04	8♊07	14♊58	21♊35	28♐01	4♑16	10♑23	16♑24	22♑21	28♑17	4♒13	10♒10	16♒10	22♒14	28♒22	4♓36	10♓55	17♓20	23♓53	0♈33	7♈21	14♈18	21♈23	28♈35	5♉52	13♉12	20♉32	/♅
/♆	16♈57	24♈29	1♉60	9♉25	16♉40	23♉44	0♐34	7♐11	13♐36	19♐51	25♐58	1♑59	7♑56	13♑51	19♑47	25♑44	1♒44	7♒47	13♒55	20♒08	26♒27	2♓52	9♓25	16♓05	22♓53	29♓50	6♈54	14♈06	21♈24	28♈43	6♉03	/♆
/♇	19♓46	27♓17	4♎48	12♎13	19♎29	26♎32	3♏22	9♏59	16♏24	22♏38	28♏45	4♐46	10♐43	16♐38	22♐34	28♐31	4♑31	10♑34	16♑42	22♑56	29♑14	5♒40	12♒12	18♒52	25♒41	2♓38	9♓42	16♓54	24♓12	1♎32	8♎52	/♇
/☊	14♈34	22♈04	29♈33	6♉57	14♉12	21♏16	28♏07	4♐46	11♐12	17♐28	23♐35	29♐36	5♑32	11♑26	17♑20	23♑16	29♑15	5♒17	11♒25	17♒39	23♒58	0♓25	6♓59	13♓40	20♓29	27♓27	4♈32	11♈44	19♈02	26♈22	3♉41	/☊
☿/♀	1♋46	2♋50	3♋57	5♋05	6♋16	7♋28	8♋43	9♋60	11♋18	12♋39	14♋02	15♋26	16♋52	18♋20	19♋50	21♋21	22♋54	24♋28	26♋04	27♋41	29♋18	0♌57	2♌36	4♌16	5♌56	7♌36	9♌17	10♌57	12♌37	14♌17	15♌56	☿/♀
/♂	23♋48	24♋33	25♋21	26♋10	27♋02	27♋56	28♋51	29♋49	0♌49	1♌51	2♌55	4♌00	5♌08	6♌17	7♌28	8♌41	9♌55	11♌11	12♌28	13♌46	15♌05	16♌25	17♌45	19♌07	20♌28	21♌50	23♌12	24♌34	25♌56	27♌17	28♌39	/♂
/⚳	28♊11	28♊51	29♊34	0♋18	1♋05	1♋54	2♋45	3♋38	4♋33	5♋29	6♋28	7♋29	8♋31	9♋35	10♋41	11♋49	12♋58	14♋08	15♋20	16♋33	17♋47	19♋01	20♋17	21♋33	22♋49	24♋06	25♋22	26♋39	27♋55	29♋11	0♌26	/⚳
/♃	3♈16	3♈40	4♈06	4♈33	5♈03	5♈35	6♈09	6♈45	7♈23	8♈03	8♈45	9♈29	10♈14	11♈01	11♈50	12♈41	13♈33	14♈27	15♈22	16♎18	17♎15	18♎13	19♎12	20♎11	21♎11	22♎11	23♎11	24♎11	25♎10	26♎10	27♎09	/♃
/♄	26♋16	26♋46	27♋18	27♋52	28♋29	29♋07	29♋48	0♌31	1♌16	2♌02	2♌51	3♌42	4♌34	5♌28	6♌24	7♌22	8♌21	9♌21	10♌23	11♌26	12♌30	13♌35	14♌41	15♌47	16♌54	18♌00	19♌07	20♌14	21♌21	22♌27	23♌33	/♄
/♅	5♉20	5♉47	6♉16	6♉48	7♉21	7♉57	8♉35	9♉14	9♉56	10♉39	11♉25	12♉12	13♉01	13♉51	14♉44	15♉38	16♉33	17♉30	18♉29	19♉28	20♉28	21♉29	22♉31	23♉33	24♉36	25♉39	26♉41	27♉44	28♉47	29♉49	0♊51	/♅
/♆	20♈58	21♈25	21♈54	22♈25	22♈58	23♈34	24♈11	24♈50	25♈31	26♈14	26♈59	27♈46	28♈35	29♈26	0♉18	1♉11	2♉07	3♉03	4♉01	5♉01	6♉01	7♉02	8♉03	9♉05	10♉08	11♉10	12♉13	13♉16	14♉18	15♉21	16♉22	/♆
/♇	23♓47	24♓14	24♓43	25♓14	25♓46	26♓22	26♓59	27♓38	28♓19	29♓02	29♍47	0♎34	1♎22	2♎13	3♎05	3♎59	4♎54	5♎51	6♎49	7♎48	8♎48	9♎49	10♎51	11♎53	12♎55	13♎58	15♎01	16♎04	17♎07	18♎09	19♎11	/♇
/☊	18♈36	19♈00	19♈27	19♈57	20♈30	21♈06	21♈44	22♈25	23♈07	23♈51	24♈37	25♈23	26♈11	27♈01	27♈51	28♈44	29♈38	0♉34	1♉31	2♉31	3♉32	4♉34	5♉37	6♉41	7♉44	8♉48	9♉51	10♉54	11♉56	12♉59	14♉01	/☊
♀/♂	7♌33	8♌28	9♌23	10♌18	11♌13	12♌07	13♌02	13♌57	14♌52	15♌47	16♌42	17♌37	18♌32	19♌27	20♌22	21♌17	22♌12	23♌07	24♌02	24♌58	25♌53	26♌48	27♌43	28♌39	29♌34	0♍29	1♍25	2♍20	3♍15	4♍11	5♍06	♀/♂
/⚳	11♋56	12♋46	13♋36	14♋26	15♋16	16♋06	16♋56	17♋46	18♋36	19♋25	20♋15	21♋05	21♋55	22♋45	23♋35	24♋25	25♋15	26♋05	26♋55	27♋45	28♋35	29♋25	0♌15	1♌05	1♌55	2♌44	3♌34	4♌24	5♌14	6♌04	6♌54	/⚳
/♃	17♈02	17♈35	18♈08	18♎41	19♎14	19♎47	20♎20	20♎53	21♎26	21♎59	22♎32	23♎05	23♎38	24♎11	24♎44	25♎17	25♎50	26♎24	26♎57	27♎30	28♎03	28♎36	29♎09	29♎43	0♏16	0♏49	1♏23	1♏56	2♏30	3♏03	3♏37	/♃
/♄	10♌01	10♌41	11♌20	11♌60	12♌40	13♌19	13♌59	14♌39	15♌19	15♌58	16♌38	17♌18	17♌58	18♌38	19♌18	19♌58	20♌38	21♌18	21♌58	22♌38	23♌18	23♌58	24♌39	25♌19	25♌59	26♌39	27♌19	27♌60	28♌40	29♌20	0♍01	/♄
/♅	19♉05	19♉42	20♉19	20♉55	21♉32	22♉09	22♉45	23♉22	23♉59	24♉35	25♉12	25♉48	26♉25	27♉01	27♉38	28♉14	28♉51	29♉27	0♊03	0♊40	1♊16	1♊52	2♊29	3♊05	3♊41	4♊17	4♊54	5♊30	6♊06	6♊42	7♊18	/♅
/♆	4♉44	5♉20	5♉56	6♉33	7♉09	7♉45	8♉22	8♉58	9♉34	10♉10	10♉47	11♉23	11♉59	12♉35	13♉12	13♉48	14♉24	15♉00	15♉36	16♉13	16♉49	17♉25	18♉01	18♉37	19♉13	19♉49	20♉25	21♉02	21♉38	22♉14	22♉50	/♆
/♇	7♎33	8♎09	8♎45	9♎21	9♎57	10♎33	11♎09	11♎46	12♎22	12♎58	13♎34	14♎10	14♎46	15♎23	15♎59	16♎35	17♎11	17♎47	18♎24	18♎60	19♎36	20♎12	20♎48	21♎25	22♎01	22♎37	23♎13	23♎50	24♎26	25♎02	25♎39	/♇
/☊	2♉21	2♉55	3♉30	4♉05	4♉41	5♉17	5♉55	6♉32	7♉10	7♉47	8♉24	8♉60	9♉35	10♉10	10♉45	11♉20	11♉55	12♉30	13♉06	13♉43	14♉20	14♉57	15♉35	16♉12	16♉50	17♉27	18♉03	18♏40	19♏16	19♏52	20♏28	/☊
♂/⚳	3♌58	4♌29	5♌00	5♌31	6♌02	6♌33	7♌04	7♌35	8♌06	8♌37	9♌08	9♌40	10♌11	10♌42	11♌13	11♌45	12♌16	12♌47	13♌18	13♌50	14♌21	14♌53	15♌24	15♌55	16♌27	16♌58	17♌30	18♌02	18♌33	19♌05	19♌36	♂/⚳
/♃	9♏04	9♏18	9♏32	9♏46	10♏00	10♏14	10♏28	10♏43	10♏57	11♏11	11♏25	11♏39	11♏54	12♏08	12♏22	12♏37	12♏51	13♏06	13♏20	13♏35	13♏49	14♏04	14♏19	14♏34	14♏48	15♏03	15♏18	15♏33	15♏49	16♏04	16♏19	/♃
/♄	2♍03	2♍24	2♍44	3♍05	3♍26	3♍47	4♍07	4♍28	4♍49	5♍10	5♍31	5♍52	6♍14	6♍35	6♍56	7♍17	7♍39	8♍00	8♍22	8♍43	9♍05	9♍26	9♍48	10♍10	10♍31	10♍53	11♍15	11♍37	11♍59	12♍21	12♍43	/♄
/♅	11♊07	11♊25	11♊43	12♊01	12♊18	12♊36	12♊54	13♊12	13♊29	13♊47	14♊05	14♊23	14♊40	14♊58	15♊16	15♊34	15♊51	16♊09	16♊27	16♊45	17♊03	17♊20	17♊38	17♊56	18♊14	18♊31	18♊49	19♊07	19♊25	19♊43	20♊01	/♅
/♆	26♏46	27♏03	27♏21	27♏38	27♏55	28♏13	28♏30	28♏47	29♏05	29♏22	29♏40	29♏57	0♐15	0♐32	0♐50	1♐07	1♐25	1♐42	1♐60	2♐17	2♐35	2♐53	3♐10	3♐28	3♐46	4♐03	4♐21	4♐39	4♐57	5♐14	5♐32	/♆
/♇	29♎35	29♎52	0♏09	0♏26	0♏43	1♏01	1♏18	1♏35	1♏52	2♏10	2♏27	2♏44	3♏02	3♏19	3♏37	3♏54	4♏12	4♏29	4♏47	5♏05	5♏22	5♏40	5♏58	6♏16	6♏33	6♏51	7♏09	7♏27	7♏45	8♏03	8♏21	/♇
/☊	24♏23	24♏38	24♏54	25♏10	25♏27	25♏45	26♏03	26♏22	26♏41	26♏59	27♏17	27♏34	27♏51	28♏07	28♏23	28♏39	28♏56	29♏13	29♏30	29♏48	0♐06	0♐25	0♐44	1♐03	1♐22	1♐41	1♐59	2♐17	2♐35	2♐53	3♐11	/☊
⚳/♃	13♈27	13♈36	13♈45	13♈54	14♈03	14♈13	14♈22	14♈31	14♈40	14♈49	14♈59	15♈08	15♈17	15♈26	15♈36	15♈45	15♈54	16♈03	16♈13	16♎22	16♎31	16♎41	16♎50	16♎60	17♎09	17♎19	17♎28	17♎38	17♎48	17♎57	18♎07	⚳/♃
/♄	6♌26	6♌42	6♌57	7♌13	7♌29	7♌45	8♌01	8♌17	8♌33	8♌49	9♌05	9♌21	9♌37	9♌53	10♌09	10♌25	10♌42	10♌58	11♌14	11♌30	11♌47	12♌03	12♌19	12♌36	12♌52	13♌08	13♌25	13♌41	13♌58	14♌14	14♌31	/♄
/♅	15♉30	15♉43	15♉56	16♉09	16♉22	16♉34	16♉47	17♉00	17♉13	17♉26	17♉38	17♉51	18♉04	18♉16	18♉29	18♉42	18♉54	19♉07	19♉19	19♉32	19♉44	19♉57	20♉09	20♉22	20♉34	20♉47	20♉59	21♉11	21♉24	21♉36	21♉48	/♅
/♆	1♉09	1♉21	1♉34	1♉46	1♉59	2♉11	2♉23	2♉36	2♉48	3♉01	3♉13	3♉26	3♉38	3♉50	4♉03	4♉15	4♉28	4♉40	4♉52	5♉05	5♉17	5♉29	5♉42	5♉54	6♉06	6♉19	6♉31	6♉43	6♉55	7♉08	7♉20	/♆
/♇	3♎58	4♎10	4♎22	4♎34	4♎47	4♎59	5♎11	5♎24	5♎36	5♎48	6♎01	6♎13	6♎25	6♎38	6♎50	7♎02	7♎15	7♎27	7♎40	7♎52	8♎04	8♎17	8♎29	8♎42	8♎54	9♎06	9♎19	9♎31	9♎44	9♎56	10♎09	/♇
/☊	28♈46	28♈56	29♈07	29♈18	29♈30	29♈43	29♈57	0♉10	0♉24	0♉38	0♉51	1♉03	1♉14	1♉26	1♉36	1♉47	1♉59	2♉10	2♉22	2♉35	2♉48	3♉02	3♉16	3♉29	3♉43	3♉56	4♉09	4♉21	4♉34	4♉46	4♉58	/☊
♃/♄	11♏31	11♏30	11♏29	11♏28	11♏27	11♏26	11♏25	11♏24	11♏23	11♏22	11♏21	11♏21	11♏20	11♏19	11♏18	11♏18	11♏17	11♏16	11♏16	11♏15	11♏15	11♏14	11♏14	11♏14	11♏14	11♏13	11♏13	11♏13	11♏13	11♏13	11♏14	♃/♄
/♅	20♒35	20♒32	20♒28	20♒24	20♒20	20♒16	20♒12	20♒07	20♒03	19♒59	19♒55	19♒51	19♒47	19♒42	19♒38	19♒34	19♒30	19♒25	19♒21	19♒17	19♒13	19♒08	19♒04	19♒00	18♒56	18♒52	18♒48	18♒43	18♒39	18♒35	18♒31	/♅
/♆	6♒14	6♒10	6♒05	6♒01	5♒57	5♒52	5♒48	5♒43	5♒39	5♒34	5♒30	5♒25	5♒21	5♒16	5♒12	5♒07	5♒03	4♒59	4♒54	4♒50	4♒45	4♒41	4♒36	4♒32	4♒28	4♒24	4♒19	4♒15	4♒11	4♒07	4♒03	/♆
/♇	9♑03	8♑58	8♑54	8♑49	8♑45	8♑40	8♑36	8♑31	8♑26	8♑22	8♑17	8♑13	8♑08	8♑04	7♑59	7♑55	7♑50	7♑46	7♑41	7♑37	7♑33	7♑28	7♑24	7♑20	7♑16	7♑11	7♑07	7♑03	6♑59	6♑55	6♑52	/♇
/☊	3♒51	3♒45	3♒39	3♒33	3♒28	3♒24	3♒21	3♒18	3♒15	3♒11	3♒07	3♒02	2♒57	2♒51	2♒46	2♒40	2♒34	2♒29	2♒24	2♒20	2♒17	2♒13	2♒10	2♒07	2♒04	2♒01	1♒57	1♒53	1♒49	1♒45	1♒41	/☊
♄/♅	13♊35	13♊37	13♊40	13♊43	13♊45	13♊48	13♊51	13♊53	13♊56	13♊59	14♊01	14♊04	14♊06	14♊09	14♊12	14♊15	14♊17	14♊20	14♊23	14♊25	14♊28	14♊31	14♊33	14♊36	14♊39	14♊41	14♊44	14♊47	14♊50	14♊52	14♊55	♄/♅
/♆	29♏13	29♏16	29♏18	29♏20	29♏22	29♏24	29♏27	29♏29	29♏31	29♏34	29♏36	29♏38	29♏41	29♏43	29♏46	29♏48	29♏51	29♏53	29♏56	29♏58	0♐01	0♐03	0♐06	0♐08	0♐11	0♐13	0♐16	0♐19	0♐21	0♐24	0♐27	/♆
/♇	2♏02	2♏04	2♏06	2♏08	2♏10	2♏12	2♏15	2♏17	2♏19	2♏21	2♏23	2♏26	2♏28	2♏30	2♏33	2♏35	2♏38	2♏40	2♏43	2♏45	2♏48	2♏50	2♏53	2♏56	2♏58	3♏01	3♏04	3♏07	3♏10	3♏12	3♏15	/♇
/☊	26♏51	26♏51	26♏51	26♏52	26♏54	26♏57	26♏60	27♏04	27♏07	27♏11	27♏13	27♏16	27♏17	27♏18	27♏19	27♏20	27♏22	27♏23	27♏26	27♏28	27♏32	27♏36	27♏40	27♏43	27♏47	27♏51	27♏54	27♏57	27♏59	28♏02	28♏05	/☊
♅/♆	8♓18	8♓17	8♓16	8♓16	8♓15	8♓14	8♓13	8♓12	8♓11	8♓11	8♓10	8♓09	8♓08	8♓07	8♓05	8♓04	8♓03	8♓02	8♓01	7♓60	7♓58	7♓57	7♓56	7♓54	7♓53	7♓52	7♓50	7♓49	7♓47	7♓46	7♓44	♅/♆
/♇	11♒07	11♒06	11♒05	11♒04	11♒03	11♒02	11♒01	11♒00	10♒59	10♒58	10♒57	10♒56	10♒55	10♒54	10♒53	10♒51	10♒50	10♒49	10♒48	10♒47	10♒46	10♒44	10♒43	10♒42	10♒41	10♒39	10♒38	10♒37	10♒36	10♒34	10♒33	/♇
/☊	5♓55	5♓52	5♓49	5♓48	5♓46	5♓46	5♓46	5♓47	5♓47	5♓47	5♓47	5♓46	5♓44	5♓42	5♓39	5♓37	5♓34	5♓32	5♓31	5♓30	5♓30	5♓30	5♓30	5♓30	5♓29	5♓29	5♓28	5♓27	5♓25	5♓24	5♓23	/☊
♆/♇	26♑45	26♑44	26♑42	26♑41	26♑40	26♑39	26♑37	26♑36	26♑35	26♑33	26♑32	26♑30	26♑29	26♑28	26♑26	26♑25	26♑24	26♑22	26♑21	26♑20	26♑18	26♑17	26♑15	26♑14	26♑13	26♑11	26♑10	26♑09	26♑07	26♑06	26♑05	♆/♇
/☊	21♒33	21♒30	21♒27	21♒25	21♒23	21♒23	21♒23	21♒23	21♒23	21♒23	21♒22	21♒20	21♒18	21♒16	21♒13	21♒10	21♒08	21♒05	21♒04	21♒03	21♒02	21♒02	21♒02	21♒02	21♒01	21♒01	20♒60	20♒59	20♒57	20♒56	20♒54	/☊
♇/☊	24♑22	24♑19	24♑16	24♑13	24♑12	24♑11	24♑10	24♑10	24♑10	24♑10	24♑09	24♑08	24♑05	24♑03	24♑00	23♑57	23♑55	23♑53	23♑51	23♑50	23♑49	23♑49	23♑49	23♑49	23♑49	23♑49	23♑48	23♑47	23♑45	23♑44	23♑43	♇/☊

July 2008

August 2008

	1	2	3	4	5	6	7	8	9	10	11	12	13	14	15	16
☉/☽	6♌15	13♌54	21♌23	28♌41	5♍48	12♍44	19♍29	26♍07	2♎37	9♎04	15♎29	21♎55	28♎23	4♏55	11♏33	18♏17
/☿	10♌20	11♌50	13♌20	14♌49	16♌17	17♌45	19♌11	20♌37	22♌03	23♌27	24♌51	26♌14	27♌37	28♌58	0♍19	1♍39
/♀	16♌23	17♌28	18♌34	19♌39	20♌45	21♌51	22♌56	24♌02	25♌08	26♌13	27♌19	28♌24	29♌30	0♍36	1♍41	2♍47
/♂	28♌47	29♌34	0♍21	1♍09	1♍56	2♍44	3♍31	4♍19	5♍06	5♍54	6♍41	7♍29	8♍17	9♍05	9♍52	10♍40
/⚳	0♌29	1♌11	1♌52	2♌34	3♌16	3♌58	4♌39	5♌21	6♌03	6♌44	7♌26	8♌08	8♌50	9♌31	10♌13	10♌55
/♃	26♎55	27♎21	27♎47	28♎12	28♎38	29♎04	29♎30	29♎56	0♏22	0♏48	1♏14	1♏40	2♏07	2♏33	2♏60	3♏26
/♄	23♌26	23♌58	24♌30	25♌02	25♌35	26♌07	26♌39	27♌12	27♌44	28♌16	28♌49	29♌21	29♌54	0♍26	0♍59	1♍31
/♅	0♊39	1♊07	1♊35	2♊03	2♊31	2♊59	3♊27	3♊55	4♊22	4♊50	5♊18	5♊46	6♊14	6♊42	7♊09	7♊37
/♆	16♉11	16♉39	17♉07	17♉35	18♉03	18♉30	18♉58	19♉26	19♉54	20♉22	20♉50	21♉18	21♉46	22♉14	22♉42	23♏10
/♇	18♎60	19♎28	19♎56	20♎24	20♎53	21♎21	21♎49	22♎17	22♎46	23♎14	23♎42	24♎11	24♎39	25♎08	25♎36	26♎04
/☊	13♉50	14♉18	14♉47	15♉16	15♉45	16♉14	16♉43	17♉12	17♉41	18♉09	18♏38	19♏07	19♏36	20♏05	20♏34	21♏03
☽/☿	7♌28	15♌39	23♌41	1♍30	9♍08	16♍34	23♍49	0♎54	7♎53	14♎47	21♎38	28♎29	5♏22	12♏18	19♏19	26♏25
/♀	13♌31	21♌17	28♌55	6♍21	13♍36	20♍40	27♍33	4♎19	10♎58	17♎33	24♎06	0♏40	7♏16	13♏56	20♏41	27♏34
/♂	25♌55	3♍23	10♍42	17♍50	24♍47	1♎33	8♎08	14♎36	20♎57	27♎13	3♏29	9♏44	16♏02	22♏24	28♏52	5♐27
/⚳	27♋37	4♌60	12♌13	19♌16	26♌07	2♍47	9♍16	15♍38	21♍53	28♍04	4♎13	10♎23	16♎35	22♎51	29♈13	5♉41
/♃	24♎03	1♏10	8♏07	14♏54	21♏29	27♏53	4♐07	10♐13	16♐12	22♐08	28♐01	3♑56	9♑52	15♑53	21♑60	28♑13
/♄	20♌34	27♌47	4♍51	11♍44	18♍26	24♍56	1♎16	7♎29	13♎34	19♎36	25♎36	1♏36	7♏39	13♏46	19♏59	26♏18
/♅	27♉47	4♊56	11♊56	18♊45	25♐22	1♑48	8♑04	14♑11	20♑13	26♑10	2♒05	8♒01	13♒59	20♒02	26♒09	2♓24
/♆	13♉19	20♉28	27♏28	4♐16	10♐53	17♐20	23♐36	29♐43	5♑45	11♑42	17♑37	23♑33	29♑32	5♒34	11♒42	17♒57
/♇	16♎08	23♎17	0♏17	7♏06	13♏44	20♏10	26♏26	2♐34	8♐36	14♐34	20♐30	26♐26	2♑25	8♑28	14♑36	20♑51
/☊	10♉58	18♉07	25♏08	1♐58	8♐36	15♐03	21♐20	27♐29	3♑31	9♑29	15♑25	21♑22	27♑21	3♒25	9♒34	15♒49
☿/♀	17♌35	19♌14	20♌51	22♌28	24♌05	25♌41	27♌16	28♌50	0♍23	1♍56	3♍28	4♍59	6♍29	7♍59	9♍28	10♍56
/♂	29♌59	1♍19	2♍39	3♍58	5♍16	6♍34	7♍50	9♍06	10♍22	11♍36	12♍50	14♍03	15♍16	16♍28	17♍39	18♍49
/⚳	1♌41	2♌56	4♌10	5♌23	6♌36	7♌47	8♌59	10♌09	11♌18	12♌27	13♌35	14♌42	15♌49	16♌55	17♌59	19♌04
/♃	28♎08	29♎06	0♏04	1♏01	1♏58	2♏54	3♏49	4♏43	5♏37	6♏31	7♏23	8♏15	9♏06	9♏56	10♏46	11♏35
/♄	24♌39	25♌43	26♌48	27♌52	28♌55	29♌57	0♍59	1♍60	2♍60	3♍59	4♍58	5♍56	6♍53	7♍49	8♍45	9♍40
/♅	1♊52	2♊53	3♊53	4♊52	5♊51	6♊49	7♊46	8♊42	9♊38	10♊33	11♊27	12♊20	13♊13	14♊05	14♊56	15♊46
/♆	17♉24	18♉24	19♉24	20♉24	21♉22	22♉20	23♏18	24♏14	25♏10	26♏05	26♏59	27♏53	28♏45	29♏37	0♐28	1♐19
/♇	20♎13	21♎13	22♎14	23♎14	24♎13	25♎11	26♎08	27♎05	28♎01	28♎57	29♎51	0♏45	1♏38	2♏31	3♏22	4♏13
/☊	15♉02	16♉04	17♉05	18♉05	19♏05	20♏04	21♏02	21♏60	22♏56	23♏52	24♏47	25♏41	26♏35	27♏28	28♏20	29♏11
♀/♂	6♍02	6♍57	7♍53	8♍48	9♍44	10♍40	11♍35	12♍31	13♍27	14♍22	15♍18	16♍14	17♍09	18♍05	19♍01	19♍57
/⚳	7♌44	8♌34	9♌24	10♌14	11♌04	11♌54	12♌43	13♌33	14♌23	15♌13	16♌03	16♌53	17♌42	18♌32	19♌22	20♌12
/♃	4♏11	4♏44	5♏18	5♏52	6♏26	6♏60	7♏34	8♏08	8♏42	9♏16	9♏51	10♏25	10♏59	11♏34	12♏09	12♏43
/♄	0♍41	1♍21	2♍02	2♍42	3♍23	4♍03	4♍44	5♍24	6♍04	6♍45	7♍25	8♍06	8♍46	9♍27	10♍07	10♍48
/♅	7♊55	8♊31	9♊07	9♊43	10♊19	10♊55	11♊31	12♊07	12♊43	13♊19	13♊55	14♊31	15♊07	15♊42	16♊18	16♊54
/♆	23♏26	24♏02	24♏38	25♏14	25♏50	26♏26	27♏03	27♏39	28♏15	28♏51	29♏27	0♐03	0♐39	1♐15	1♐51	2♐27
/♇	26♎15	26♎51	27♎28	28♎04	28♎41	29♎17	29♎53	0♏30	1♏06	1♏43	2♏19	2♏55	3♏32	4♏08	4♏45	5♏21
/☊	21♏05	21♏42	22♏19	22♏56	23♏33	24♏10	24♏47	25♏24	26♏01	26♏38	27♏15	27♏52	28♏28	29♏05	29♏42	0♐19
♂/⚳	20♌08	20♌40	21♌11	21♌43	22♌15	22♌46	23♌18	23♌50	24♌22	24♌54	25♌25	25♌57	26♌29	27♌01	27♌33	28♌05
/♃	16♏35	16♏50	17♏06	17♏21	17♏37	17♏53	18♏09	18♏25	18♏41	18♏57	19♏13	19♏30	19♏46	20♏03	20♏19	20♏36
/♄	13♍05	13♍27	13♍49	14♍11	14♍34	14♍56	15♍18	15♍41	16♍03	16♍26	16♍48	17♍11	17♍33	17♍56	18♍18	18♍41
/♅	20♊18	20♊36	20♊54	21♊12	21♊30	21♊48	22♐06	22♐24	22♐41	22♐59	23♐17	23♐35	23♐53	24♐11	24♐29	24♐47
/♆	5♐50	6♐08	6♐26	6♐44	7♐02	7♐19	7♐37	7♐55	8♐13	8♐31	8♐49	9♐07	9♐26	9♐44	10♐02	10♐20
/♇	8♏39	8♏57	9♏15	9♏33	9♏52	10♏10	10♏28	10♏46	11♏05	11♏23	11♏42	12♏00	12♏19	12♏37	12♏56	13♏14
/☊	3♐29	3♐47	4♐06	4♐25	4♐44	5♐03	5♐22	5♐41	5♐60	6♐18	6♐37	6♐56	7♐15	7♐34	7♐53	8♐12
⚳/♃	18♎17	18♎27	18♎37	18♎47	18♎57	19♎07	19♎17	19♎27	19♎37	19♎48	19♎58	20♎09	20♎19	20♎30	20♎40	20♎51
/♄	14♌47	15♌04	15♌20	15♌37	15♌53	16♌10	16♌26	16♌43	16♌60	17♌16	17♌33	17♌49	18♌06	18♌23	18♌39	18♌56
/♅	22♉01	22♉13	22♉25	22♉37	22♉50	23♉02	23♉14	23♉26	23♉38	23♉50	24♉02	24♉14	24♉26	24♉38	24♉50	25♉02
/♆	7♉32	7♉45	7♉57	8♉09	8♉21	8♉33	8♉46	8♉58	9♉10	9♉22	9♉34	9♉46	9♉58	10♉11	10♉23	10♉35
/♇	10♎21	10♎34	10♎46	10♎59	11♎11	11♎24	11♎36	11♎49	12♎01	12♎14	12♎26	12♎39	12♎51	13♎04	13♎17	13♎29
/☊	5♉11	5♉24	5♉37	5♉50	6♉04	6♉17	6♉30	6♉43	6♉56	7♉09	7♉22	7♉35	7♉48	8♉01	8♉14	8♉27
♃/♄	11♏14	11♏14	11♏15	11♏15	11♏16	11♏16	11♏17	11♏18	11♏19	11♏20	11♏21	11♏22	11♏23	11♏24	11♏26	11♏27
/♅	18♒27	18♒23	18♒19	18♒16	18♒12	18♒08	18♒04	18♒01	17♒57	17♒53	17♒50	17♒47	17♒43	17♒40	17♒37	17♒33
/♆	3♒59	3♒55	3♒51	3♒47	3♒43	3♒40	3♒36	3♒32	3♒29	3♒25	3♒22	3♒19	3♒16	3♒12	3♒09	3♒06
/♇	6♑48	6♑44	6♑41	6♑37	6♑33	6♑30	6♑27	6♑23	6♑20	6♑17	6♑14	6♑11	6♑09	6♑06	6♑03	6♑01
/☊	1♒38	1♒34	1♒31	1♒29	1♒26	1♒23	1♒21	1♒18	1♒15	1♒12	1♒10	1♒07	1♒05	1♒03	1♒01	0♒59
♄/♅	14♊58	15♊00	15♊03	15♊06	15♊09	15♊11	15♊14	15♊17	15♊19	15♊22	15♊25	15♊27	15♊30	15♊33	15♊35	15♊38
/♆	0♐29	0♐32	0♐35	0♐37	0♐40	0♐43	0♐46	0♐48	0♐51	0♐54	0♐57	0♐60	1♐02	1♐05	1♐08	1♐11
/♇	3♏18	3♏21	3♏24	3♏27	3♏30	3♏33	3♏36	3♏40	3♏43	3♏46	3♏49	3♏52	3♏55	3♏59	4♏02	4♏05
/☊	28♏08	28♏11	28♏15	28♏19	28♏23	28♏26	28♏30	28♏34	28♏37	28♏41	28♏45	28♏48	28♏52	28♏56	28♏60	29♏03
♅/♆	7♓43	7♓41	7♓40	7♓38	7♓36	7♓35	7♓33	7♓31	7♓30	7♓28	7♓26	7♓24	7♓23	7♓21	7♓19	7♓17
/♇	10♒32	10♒30	10♒29	10♒28	10♒26	10♒25	10♒24	10♒22	10♒21	10♒20	10♒18	10♒17	10♒16	10♒14	10♒13	10♒11
/☊	5♓22	5♓21	5♓20	5♓19	5♓19	5♓18	5♓18	5♓17	5♓16	5♓15	5♓14	5♓13	5♓12	5♓11	5♓11	5♓10
♆/♇	26♑03	26♑02	26♑01	25♑59	25♑58	25♑57	25♑55	25♑54	25♑53	25♑52	25♑50	25♑49	25♑48	25♑47	25♑46	25♑44
/☊	20♒53	20♒52	20♒51	20♒51	20♒50	20♒50	20♒49	20♒49	20♒48	20♒47	20♒46	20♒45	20♒45	20♒44	20♒43	20♒43
♇/☊	23♑42	23♑41	23♑41	23♑41	23♑41	23♑40	23♑40	23♑40	23♑39	23♑39	23♑38	23♑38	23♑38	23♑37	23♑37	23♑37

	17	18	19	20	21	22	23	24	25	26	27	28	29	30	31	
☉/☽	25♉08	2♊07	9♊13	16♊27	23♊46	1♋12	8♋41	16♋15	23♋51	1♌28	9♌05	16♌41	24♌14	1♍41	9♍01	☉/☽
/☿	2♍58	4♍17	5♍35	6♍52	8♍09	9♍25	10♍40	11♍54	13♍08	14♍21	15♍33	16♍45	17♍56	19♍06	20♍16	/☿
/♀	3♍53	4♍58	6♍04	7♍10	8♍15	9♍21	10♍27	11♍33	12♍38	13♍44	14♍50	15♍56	17♍02	18♍07	19♍13	/♀
/♂	11♍28	12♍16	13♍04	13♍52	14♍40	15♍28	16♍16	17♍04	17♍52	18♍40	19♍28	20♍16	21♍05	21♍53	22♍41	/♂
/⚳	11♌37	12♌18	13♌00	13♌42	14♌24	15♌05	15♌47	16♌29	17♌11	17♌52	18♌34	19♌16	19♌58	20♌39	21♌21	/⚳
/♃	3♏53	4♏20	4♏47	5♏14	5♏41	6♏08	6♏36	7♏03	7♏31	7♏58	8♏26	8♏54	9♏22	9♏50	10♏18	/♃
/♄	2♍04	2♍36	3♍09	3♍41	4♍14	4♍47	5♍19	5♍52	6♍25	6♍57	7♍30	8♍03	8♍35	9♍08	9♍41	/♄
/♅	8♊05	8♊33	9♊01	9♊28	9♊56	10♊24	10♊52	11♊20	11♊48	12♊15	12♊43	13♊11	13♊39	14♊07	14♊35	/♅
/♆	23♏38	24♏06	24♏34	25♏02	25♏30	25♏58	26♏26	26♏55	27♏23	27♏51	28♏19	28♏47	29♏15	29♏44	0♐12	/♆
/♇	26♎33	27♎01	27♎30	27♎59	28♎27	28♎56	29♎24	29♎53	0♏22	0♏50	1♏19	1♏48	2♏17	2♏46	3♏14	/♇
/☊	21♏31	22♏00	22♏29	22♏57	23♏25	23♏54	24♏22	24♏51	25♏20	25♏49	26♏19	26♏48	27♏18	27♏47	28♏15	/☊
☽/☿	3♐39	10♐59	18♊25	25♊58	3♋36	11♋20	19♋07	26♋57	4♌49	12♌41	20♌33	28♌22	6♍08	13♍47	21♍19	☽/☿
/♀	4♐33	11♐40	18♊54	26♊16	3♋43	11♋16	18♋54	26♋35	4♌19	12♌04	19♌50	27♌33	5♍13	12♍48	20♍17	/♀
/♂	12♐08	18♐57	25♐54	2♋57	10♋07	17♋23	24♋43	2♌06	9♌33	17♌00	24♌28	1♍54	9♍17	16♍34	23♍45	/♂
/⚳	12♉17	18♉60	25♉50	2♊48	9♊51	17♊00	24♊14	1♋31	8♋51	16♋13	23♋34	0♌53	8♌09	15♌20	22♌25	/⚳
/♃	4♒33	11♒02	17♒37	24♒20	1♓09	8♓03	15♓03	22♓06	29♓11	6♈18	13♎26	20♎31	27♎34	4♏31	11♏22	/♃
/♄	2♐44	9♐18	15♊59	22♊47	29♊42	6♋42	13♋46	20♋54	28♋05	5♌17	12♌30	19♌40	26♌47	3♍49	10♍44	/♄
/♅	8♓45	15♓14	21♓51	28♓34	5♈24	12♈19	19♈19	26♈22	3♉28	10♉36	17♉43	24♉48	1♊51	8♊48	15♊38	/♅
/♆	24♒18	0♓48	7♓24	14♓08	20♓58	27♓53	4♈53	11♈57	19♈03	26♈11	3♉19	10♉25	17♉27	24♏25	1♐15	/♆
/♇	27♑13	3♒43	10♒20	17♒04	23♒55	0♓51	7♓51	14♓56	22♓02	29♍11	6♎19	13♎25	20♎29	27♎27	4♏18	/♇
/☊	22♒12	28♒42	5♓19	12♓03	18♓53	25♓49	2♈49	9♈53	17♈01	24♈10	1♉18	8♉26	15♉30	22♏28	29♏19	/☊
☿/♀	12♍23	13♍50	15♍16	16♍41	18♍05	19♍29	20♍52	22♍15	23♍36	24♍57	26♍18	27♍37	28♍56	0♎14	1♎31	☿/♀
/♂	19♍58	21♍07	22♍15	23♍23	24♍30	25♍36	26♍41	27♍46	28♍50	29♍53	0♎56	1♎58	2♎59	3♎59	4♎59	/♂
/⚳	20♌07	21♌10	22♌12	23♌13	24♌14	25♌13	26♌13	27♌11	28♌09	29♌05	0♍02	0♍57	1♍52	2♍46	3♍39	/⚳
/♃	12♏24	13♏11	13♏59	14♏45	15♏31	16♏16	17♏01	17♏45	18♏29	19♏11	19♏54	20♏35	21♏16	21♏56	22♏36	/♃
/♄	10♍34	11♍28	12♍20	13♍13	14♍04	14♍55	15♍45	16♍34	17♍22	18♍10	18♍58	19♍44	20♍30	21♍15	21♍59	/♄
/♅	16♊36	17♊24	18♊12	18♊60	19♊46	20♊32	21♊17	22♐02	22♐46	23♐29	24♐11	24♐52	25♐33	26♐13	26♐52	/♅
/♆	2♐09	2♐58	3♐46	4♐33	5♐20	6♐06	6♐52	7♐37	8♐21	9♐04	9♐47	10♐28	11♐10	11♐50	12♐30	/♆
/♇	5♏03	5♏53	6♏42	7♏30	8♏17	9♏04	9♏50	10♏35	11♏20	12♏04	12♏47	13♏29	14♏11	14♏52	15♏32	/♇
/☊	0♐02	0♐52	1♐40	2♐28	3♐15	4♐02	4♐48	5♐33	6♐18	7♐02	7♐46	8♐30	9♐12	9♐53	10♐33	/☊
♀/♂	20♍53	21♍49	22♍44	23♍40	24♍36	25♍32	26♍28	27♍24	28♍20	29♍16	0♎12	1♎08	2♎05	3♎01	3♎57	♀/♂
/⚳	21♌01	21♌51	22♌41	23♌31	24♌20	25♌10	25♌60	26♌49	27♌39	28♌29	29♌18	0♍08	0♍57	1♍47	2♍36	/⚳
/♃	13♏18	13♏53	14♏28	15♏03	15♏38	16♏13	16♏48	17♏24	17♏59	18♏35	19♏10	19♏46	20♏22	20♏58	21♏33	/♃
/♄	11♍28	12♍09	12♍50	13♍30	14♍11	14♍51	15♍32	16♍12	16♍53	17♍33	18♍14	18♍55	19♍35	20♍16	20♍56	/♄
/♅	17♊30	18♊06	18♊42	19♊17	19♊53	20♊29	21♊05	21♐40	22♐16	22♐52	23♐27	24♐03	24♐39	25♐14	25♐50	/♅
/♆	3♐03	3♐39	4♐15	4♐51	5♐27	6♐03	6♐39	7♐15	7♐51	8♐27	9♐03	9♐39	10♐15	10♐51	11♐27	/♆
/♇	5♏58	6♏34	7♏11	7♏47	8♏24	9♏00	9♏37	10♏13	10♏50	11♏27	12♏03	12♏40	13♏17	13♏53	14♏30	/♇
/☊	0♐56	1♐33	2♐09	2♐46	3♐22	3♐58	4♐35	5♐11	5♐48	6♐26	7♐03	7♐40	8♐17	8♐54	9♐31	/☊
♂/⚳	28♌37	29♌09	29♌40	0♍12	0♍44	1♍16	1♍48	2♍20	2♍52	3♍24	3♍56	4♍29	5♍01	5♍33	6♍05	♂/⚳
/♃	20♏53	21♏10	21♏27	21♏45	22♏02	22♏19	22♏37	22♏55	23♏12	23♏30	23♏48	24♏07	24♏25	24♏43	25♏02	/♃
/♄	19♍04	19♍26	19♍49	20♍12	20♍35	20♍58	21♍20	21♍43	22♍06	22♍29	22♍52	23♍15	23♍38	24♍02	24♍25	/♄
/♅	25♐05	25♐23	25♐41	25♐59	26♐17	26♐35	26♐53	27♐11	27♐29	27♐48	28♐06	28♐24	28♐42	29♐00	29♐18	/♅
/♆	10♐38	10♐56	11♐15	11♐33	11♐51	12♐09	12♐28	12♐46	13♐05	13♐23	13♐41	13♐60	14♐18	14♐37	14♐56	/♆
/♇	13♏33	13♏52	14♏10	14♏29	14♏48	15♏07	15♏26	15♏45	16♏03	16♏22	16♏42	17♏01	17♏20	17♏39	17♏58	/♇
/☊	8♐31	8♐50	9♐09	9♐28	9♐46	10♐05	10♐23	10♐42	11♐02	11♐21	11♐41	12♐01	12♐21	12♐40	12♐59	/☊
⚳/♃	21♎02	21♎13	21♎24	21♎35	21♎46	21♎57	22♎08	22♎20	22♎31	22♎43	22♎54	23♎06	23♎18	23♎30	23♎41	⚳/♃
/♄	19♌12	19♌29	19♌46	20♌02	20♌19	20♌35	20♌52	21♌09	21♌25	21♌42	21♌58	22♌15	22♌31	22♌48	23♌04	/♄
/♅	25♉14	25♉26	25♉38	25♉49	26♉01	26♉13	26♉25	26♉36	26♉48	26♉60	27♉12	27♉23	27♉35	27♉46	27♉58	/♅
/♆	10♉47	10♉59	11♉11	11♉23	11♉35	11♉47	11♉59	12♉11	12♉23	12♉35	12♉47	12♉59	13♉11	13♉23	13♉35	/♆
/♇	13♎42	13♎54	14♎07	14♎19	14♎32	14♎45	14♎57	15♎10	15♎22	15♎35	15♎47	15♎60	16♎13	16♎25	16♎38	/♇
/☊	8♉40	8♉53	9♉05	9♉18	9♉30	9♉42	9♉55	10♉08	10♉21	10♉34	10♉47	11♉00	11♉14	11♉26	11♉38	/☊
♃/♄	11♏29	11♏31	11♏32	11♏34	11♏36	11♏38	11♏41	11♏43	11♏45	11♏48	11♏50	11♏53	11♏56	11♏58	12♏01	♃/♄
/♅	17♒30	17♒27	17♒24	17♒21	17♒19	17♒16	17♒13	17♒11	17♒08	17♒06	17♒03	17♒01	16♒59	16♒57	16♒55	/♅
/♆	3♒03	3♒01	2♒58	2♒55	2♒53	2♒50	2♒48	2♒46	2♒43	2♒41	2♒39	2♒37	2♒36	2♒34	2♒32	/♆
/♇	5♑58	5♑56	5♑54	5♑51	5♑49	5♑48	5♑46	5♑44	5♑42	5♑41	5♑39	5♑38	5♑37	5♑36	5♑35	/♇
/☊	0♒57	0♒55	0♒52	0♒50	0♒48	0♒45	0♒43	0♒42	0♒41	0♒40	0♒39	0♒39	0♒38	0♒37	0♒36	/☊
♄/♅	15♊41	15♊43	15♊46	15♊49	15♊51	15♊54	15♊57	15♊59	16♊02	16♊05	16♊07	16♊10	16♊13	16♊15	16♊18	♄/♅
/♆	1♐14	1♐17	1♐20	1♐23	1♐25	1♐28	1♐31	1♐34	1♐37	1♐40	1♐43	1♐46	1♐49	1♐52	1♐55	/♆
/♇	4♏09	4♏12	4♏15	4♏19	4♏22	4♏26	4♏29	4♏33	4♏36	4♏40	4♏43	4♏47	4♏50	4♏54	4♏58	/♇
/☊	29♏07	29♏11	29♏14	29♏17	29♏20	29♏24	29♏27	29♏31	29♏34	29♏39	29♏43	29♏47	29♏51	29♏55	29♏58	/☊
♅/♆	7♓15	7♓13	7♓12	7♓10	7♓08	7♓06	7♓04	7♓02	7♓00	6♓58	6♓56	6♓55	6♓53	6♓51	6♓49	♅/♆
/♇	10♒10	10♒09	10♒07	10♒06	10♒05	10♒03	10♒02	10♒01	9♒59	9♒58	9♒57	9♒55	9♒54	9♒53	9♒51	/♇
/☊	5♓09	5♓07	5♓06	5♓04	5♓03	5♓01	4♓60	4♓59	4♓58	4♓57	4♓56	4♓56	4♓55	4♓54	4♓52	/☊
♆/♇	25♑43	25♑42	25♑41	25♑40	25♑39	25♑38	25♑36	25♑35	25♑34	25♑33	25♑32	25♑31	25♑30	25♑29	25♑28	♆/♇
/☊	20♒42	20♒41	20♒40	20♒38	20♒37	20♒35	20♒34	20♒33	20♒33	20♒32	20♒32	20♒32	20♒31	20♒31	20♒29	/☊
♇/☊	23♑36	23♑36	23♑35	23♑34	23♑34	23♑33	23♑32	23♑32	23♑32	23♑32	23♑32	23♑33	23♑33	23♑32	23♑32	♇/☊

August 2008

September 2008

	1	2	3	4	5	6	7	8	9	10	11	12	13	14	15
☉/☽	16♍14	23♍17	0♎11	6♎57	13♎34	20♎06	26♎33	2♏58	9♏24	15♏52	22♏26	29♏07	5♐57	12♐56	20♐06
/☿	21♍24	22♍32	23♍39	24♍45	25♍51	26♍55	27♍58	29♍01	0♎02	1♎02	2♎01	2♎58	3♎54	4♎49	5♎42
/♀	20♍19	21♍25	22♍31	23♍37	24♍42	25♍48	26♍54	27♍60	29♍06	0♎12	1♎18	2♎24	3♎29	4♎35	5♎41
/♂	23♍30	24♍18	25♍07	25♍55	26♍44	27♍33	28♍21	29♍10	29♍59	0♎47	1♎36	2♎25	3♎14	4♎03	4♎52
/⚳	22♌03	22♌45	23♌26	24♌08	24♌50	25♌31	26♌13	26♌55	27♌37	28♌18	28♌60	29♌42	0♍23	1♍05	1♍46
/♃	10♏46	11♏15	11♏43	12♏12	12♏41	13♏10	13♏38	14♏08	14♏37	15♏06	15♏35	16♏05	16♏34	17♏04	17♏34
/♄	10♍14	10♍47	11♍20	11♍52	12♍25	12♍58	13♍31	14♍04	14♍37	15♍10	15♍43	16♍16	16♍49	17♍22	17♍54
/♅	15♊03	15♊30	15♊58	16♊26	16♊54	17♊22	17♊50	18♊18	18♊46	19♊14	19♊42	20♊10	20♊38	21♐06	21♐34
/♆	0♐40	1♐08	1♐37	2♐05	2♐33	3♐02	3♐30	3♐58	4♐27	4♐55	5♐24	5♐52	6♐21	6♐49	7♐18
/♇	3♏43	4♏12	4♏41	5♏10	5♏39	6♏08	6♏37	7♏06	7♏36	8♏05	8♏34	9♏03	9♏32	10♏02	10♏31
/☊	28♏43	29♏11	29♏38	0♐06	0♐33	1♐01	1♐29	1♐59	2♐28	2♐58	3♐28	3♐58	4♐27	4♐56	5♐24
☽/☿	28♍42	5♎55	12♎58	19♎52	26♎36	3♏14	9♏46	16♏16	22♏44	29♏15	5♐49	12♐29	19♐16	26♐12	3♑17
/♀	27♍37	4♎48	11♎50	18♎43	25♎28	2♏07	8♏42	15♏15	21♏48	28♏24	5♐06	11♐54	18♐51	25♐59	3♑16
/♂	0♎48	7♎41	14♎26	21♎02	27♎30	3♏52	10♏09	16♏25	22♏41	29♏00	5♐24	11♐56	18♐36	25♐26	2♑26
/⚳	29♌21	6♍08	12♍45	19♍14	25♍35	1♎50	8♎01	14♎10	20♎19	26♎31	2♏48	9♏12	15♉45	22♉28	29♉21
/♃	18♏04	24♏38	1♐02	7♐18	13♐26	19♐29	25♐26	1♑23	7♑19	13♑19	19♑23	25♑36	1♒56	8♒27	15♒08
/♄	17♍32	24♍10	0♎39	6♎59	13♎11	19♎17	25♎19	1♏19	7♏19	13♏22	19♏31	25♏46	2♐11	8♐45	15♊29
/♅	22♐20	28♐53	5♑17	11♑32	17♑40	23♑41	29♑38	5♒33	11♒28	17♒26	23♒30	29♒40	5♓60	12♓29	19♓08
/♆	7♐58	14♐31	20♐56	27♐11	3♑19	9♑21	15♑18	21♑13	27♑09	3♒08	9♒12	15♒23	21♒43	28♒12	4♓52
/♇	11♏01	17♏35	24♏00	0♐16	6♐25	12♐27	18♐25	24♐21	0♑18	6♑17	12♑22	18♑34	24♑54	1♒25	8♒05
/☊	6♐01	12♐34	18♐57	25♐12	1♑19	7♑20	13♑17	19♑14	25♑11	1♒11	7♒16	13♒29	19♒49	26♒19	2♓58
☿/♀	2♎47	4♎03	5♎18	6♎32	7♎44	8♎56	10♎07	11♎17	12♎26	13♎34	14♎40	15♎45	16♎49	17♎51	18♎52
/♂	5♎58	6♎56	7♎54	8♎50	9♎46	10♎41	11♎35	12♎27	13♎19	14♎10	14♎59	15♎47	16♎34	17♎19	18♎02
/⚳	4♍31	5♍23	6♍13	7♍03	7♍52	8♍40	9♍27	10♍12	10♍57	11♍40	12♍23	13♍04	13♍43	14♍21	14♍57
/♃	23♏15	23♏53	24♏30	25♏07	25♏43	26♏18	26♏52	27♏25	27♏57	28♏28	28♏58	29♏27	29♏54	0♐20	0♐45
/♄	22♍42	23♍25	24♍06	24♍47	25♍27	26♍06	26♍44	27♍21	27♍57	28♍32	29♍05	29♍38	0♎08	0♎38	1♎05
/♅	27♐31	28♐09	28♐45	29♐21	29♐56	0♑30	1♑03	1♑35	2♑06	2♑36	3♑04	3♑32	3♑57	4♑22	4♑44
/♆	13♐08	13♐46	14♐24	14♐60	15♐35	16♐10	16♐43	17♐16	17♐47	18♐17	18♐46	19♐14	19♐40	20♐05	20♐28
/♇	16♏12	16♏50	17♏28	18♏05	18♏41	19♏17	19♏51	20♏24	20♏56	21♏27	21♏57	22♏25	22♏52	23♏18	23♏42
/☊	11♐12	11♐49	12♐25	13♐01	13♐35	14♐09	14♐43	15♐16	15♐49	16♐20	16♐51	17♐20	17♐47	18♐12	18♐34
♀/♂	4♎53	5♎49	6♎45	7♎42	8♎38	9♎34	10♎30	11♎27	12♎23	13♎19	14♎16	15♎12	16♎09	17♎05	18♎01
/⚳	3♍26	4♍15	5♍05	5♍54	6♍44	7♍33	8♍22	9♍12	10♍01	10♍50	11♍40	12♍29	13♍18	14♍07	14♍56
/♃	22♏10	22♏46	23♏22	23♏58	24♏35	25♏11	25♏48	26♏24	27♏01	27♏38	28♏15	28♏52	29♏29	0♐06	0♐44
/♄	21♍37	22♍18	22♍58	23♍39	24♍19	24♍60	25♍40	26♍21	27♍01	27♍42	28♍22	29♍03	29♍43	0♎24	1♎04
/♅	26♐26	27♐01	27♐37	28♐12	28♐48	29♐24	29♐59	0♑35	1♑10	1♑46	2♑21	2♑57	3♑32	4♑08	4♑43
/♆	12♐03	12♐39	13♐15	13♐51	14♐27	15♐03	15♐39	16♐15	16♐51	17♐27	18♐03	18♐39	19♐15	19♐51	20♐27
/♇	15♏06	15♏43	16♏20	16♏56	17♏33	18♏10	18♏47	19♏23	20♏00	20♏37	21♏14	21♏50	22♏27	23♏04	23♏41
/☊	10♐06	10♐42	11♐17	11♐52	12♐27	13♐03	13♐39	14♐15	14♐53	15♐30	16♐08	16♐45	17♐22	17♐58	18♐34
♂/⚳	6♍37	7♍09	7♍41	8♍13	8♍45	9♍17	9♍50	10♍22	10♍54	11♍26	11♍58	12♍30	13♍02	13♍35	14♍07
/♃	25♏20	25♏39	25♏58	26♏17	26♏36	26♏56	27♏15	27♏34	27♏54	28♏14	28♏34	28♏54	29♏14	29♏34	29♏54
/♄	24♍48	25♍11	25♍34	25♍58	26♍21	26♍44	27♍07	27♍31	27♍54	28♍17	28♍41	29♍04	29♍28	29♍51	0♎15
/♅	29♐37	29♐55	0♑13	0♑31	0♑50	1♑08	1♑26	1♑45	2♑03	2♑22	2♑40	2♑58	3♑17	3♑35	3♑54
/♆	15♐14	15♐33	15♐51	16♐10	16♐29	16♐48	17♐06	17♐25	17♐44	18♐03	18♐22	18♐41	18♐60	19♐19	19♐38
/♇	18♏17	18♏37	18♏56	19♏15	19♏35	19♏54	20♏14	20♏33	20♏53	21♏12	21♏32	21♏52	22♏12	22♏31	22♏51
/☊	13♐17	13♐35	13♐53	14♐11	14♐29	14♐47	15♐06	15♐25	15♐45	16♐06	16♐26	16♐47	17♐06	17♐26	17♐44
⚳/♃	23♎53	24♎05	24♎18	24♎30	24♎42	24♎54	25♎07	25♎19	25♎32	25♎45	25♎57	26♎10	26♎23	26♎36	26♎49
/♄	23♌21	23♌37	23♌54	24♌10	24♌27	24♌43	24♌59	25♌16	25♌32	25♌48	26♌05	26♌21	26♌37	26♌53	27♌09
/♅	28♉09	28♉21	28♉33	28♉44	28♉55	29♉07	29♉18	29♉30	29♉41	29♉52	0♊04	0♊15	0♊26	0♊37	0♊49
/♆	13♉47	13♉59	14♉11	14♉23	14♉35	14♉47	14♉58	15♉10	15♉22	15♉34	15♉46	15♉57	16♉09	16♉21	16♉33
/♇	16♎50	17♎03	17♎15	17♎28	17♎41	17♎53	18♎06	18♎18	18♎31	18♎43	18♎56	19♎08	19♎21	19♎33	19♎46
/☊	11♉50	12♉01	12♉12	12♉23	12♉34	12♉46	12♉58	13♉10	13♉23	13♉37	13♉50	14♉03	14♉16	14♉28	14♉39
♃/♄	12♏04	12♏08	12♏11	12♏14	12♏18	12♏21	12♏25	12♏28	12♏32	12♏36	12♏40	12♏44	12♏48	12♏53	12♏57
/♅	16♒53	16♒51	16♒50	16♒48	16♒46	16♒45	16♒44	16♒42	16♒41	16♒40	16♒39	16♒38	16♒37	16♒37	16♒36
/♆	2♒31	2♒29	2♒28	2♒27	2♒26	2♒25	2♒24	2♒23	2♒22	2♒22	2♒21	2♒21	2♒20	2♒20	2♒20
/♇	5♑34	5♑33	5♑32	5♑32	5♑32	5♑31	5♑31	5♑31	5♑31	5♑31	5♑31	5♑32	5♑32	5♑33	5♑33
/☊	0♒34	0♒32	0♒29	0♒27	0♒25	0♒24	0♒23	0♒23	0♒24	0♒24	0♒26	0♒26	0♒27	0♒27	0♒26
♄/♅	16♊21	16♊23	16♊26	16♊28	16♊31	16♊34	16♊36	16♊39	16♊41	16♊44	16♊46	16♊49	16♊52	16♊54	16♊57
/♆	1♐58	2♐01	2♐04	2♐07	2♐10	2♐13	2♐16	2♐19	2♐22	2♐25	2♐28	2♐31	2♐35	2♐38	2♐41
/♇	5♏01	5♏05	5♏09	5♏12	5♏16	5♏20	5♏24	5♏27	5♏31	5♏35	5♏39	5♏42	5♏46	5♏50	5♏54
/☊	0♐01	0♐04	0♐06	0♐08	0♐10	0♐12	0♐16	0♐19	0♐24	0♐28	0♐33	0♐37	0♐41	0♐44	0♐47
♅/♆	6♓47	6♓45	6♓43	6♓41	6♓39	6♓37	6♓35	6♓33	6♓31	6♓29	6♓27	6♓26	6♓24	6♓22	6♓20
/♇	9♒50	9♒49	9♒47	9♒46	9♒45	9♒44	9♒42	9♒41	9♒40	9♒39	9♒38	9♒36	9♒35	9♒34	9♒33
/☊	4♓50	4♓47	4♓44	4♓41	4♓39	4♓36	4♓35	4♓33	4♓33	4♓32	4♓32	4♓31	4♓30	4♓29	4♓26
♆/♇	25♑28	25♑27	25♑26	25♑25	25♑24	25♑23	25♑23	25♑22	25♑21	25♑20	25♑20	25♑19	25♑18	25♑18	25♑17
/☊	20♒27	20♒25	20♒23	20♒20	20♒18	20♒16	20♒15	20♒14	20♒14	20♒14	20♒14	20♒14	20♒13	20♒12	20♒10
♇/☊	23♑31	23♑29	23♑27	23♑25	23♑24	23♑23	23♑22	23♑22	23♑22	23♑23	23♑24	23♑25	23♑25	23♑24	23♑23

	16	17	18	19	20	21	22	23	24	25	26	27	28	29	30
☉/☽	27♊25	4♋53	12♋26	20♋04	27♋43	5♌21	12♌58	20♌30	27♌59	5♍23	12♍43	19♍58	27♍07	4♎10	11♎06
/☿	6♎34	7♎23	8♎11	8♎56	9♎39	10♎19	10♎57	11♎32	12♎04	12♎33	12♎58	13♎20	13♎38	13♎53	14♎03
/♀	6♎47	7♎53	8♎59	10♎05	11♎11	12♎17	13♎23	14♎29	15♎35	16♎41	17♎47	18♎53	19♎59	21♎05	22♎11
/♂	5♎41	6♎30	7♎19	8♎08	8♎57	9♎46	10♎36	11♎25	12♎14	13♎04	13♎53	14♎43	15♎32	16♎22	17♎11
/⚳	2♍28	3♍10	3♍51	4♍33	5♍14	5♍56	6♍38	7♍19	8♍01	8♍42	9♍24	10♍05	10♍47	11♍28	12♍10
/♃	18♏04	18♏34	19♏04	19♏34	20♏05	20♏35	21♏06	21♏37	22♏07	22♏38	23♏09	23♏40	24♏12	24♏43	25♏15
/♄	18♍27	19♍00	19♍33	20♍06	20♍39	21♍12	21♍46	22♍19	22♍52	23♍25	23♍58	24♍31	25♍04	25♍37	26♍10
/♅	22♐02	22♐30	22♐58	23♐26	23♐54	24♐22	24♐50	25♐19	25♐47	26♐15	26♐43	27♐11	27♐40	28♐08	28♐36
/♆	7♐46	8♐15	8♐43	9♐12	9♐41	10♐09	10♐38	11♐07	11♐36	12♐05	12♐33	13♐02	13♐31	14♐00	14♐29
/♇	11♏00	11♏30	11♏59	12♏28	12♏58	13♏27	13♏57	14♏26	14♏56	15♏26	15♏55	16♏25	16♏55	17♏25	17♏54
/☊	5♐51	6♐18	6♐44	7♐10	7♐38	8♐05	8♐34	9♐04	9♐34	10♐04	10♐33	11♐02	11♐29	11♐56	12♐21
☽/☿	10♑29	17♑47	25♋10	2♌34	9♌58	17♌18	24♌33	1♍43	8♍45	15♍39	22♍25	29♍03	5♎31	11♎49	17♎57
/♀	10♑42	18♑17	25♋58	3♌43	11♌30	19♌16	26♌59	4♍39	12♍15	19♍47	27♍14	4♎35	11♎52	19♎02	26♎05
/♂	9♑36	16♑54	24♋18	1♌46	9♌16	16♌45	24♌12	1♍35	8♍54	16♍09	23♍20	0♎25	7♎25	14♎19	21♎06
/⚳	6♊23	13♊34	20♊51	28♊11	5♋33	12♋55	20♋14	27♋29	4♌41	11♌48	18♌50	25♌48	2♍39	9♍25	16♍04
/♃	21♒59	28♒58	6♓04	13♓13	20♓24	27♓34	4♈42	11♈47	18♎48	25♎44	2♏36	9♏23	16♏04	22♏40	29♏09
/♄	22♊23	29♊25	6♋33	13♋45	20♋58	28♋11	5♌22	12♌29	19♌32	26♌30	3♍24	10♍13	16♍57	23♍34	0♎04
/♅	25♓57	2♈54	9♈57	17♈04	24♈13	1♉21	8♉26	15♉29	22♉27	29♉21	6♊10	12♊54	19♊32	26♐05	2♑31
/♆	11♓41	18♓39	25♓43	2♈51	9♈60	17♈08	24♈14	1♉17	8♉16	15♉10	22♏00	28♏45	5♐24	11♐57	18♐23
/♇	14♒55	21♒54	28♒58	6♓07	13♓17	20♓26	27♓33	4♎37	11♎36	18♎31	25♎22	2♏08	8♏47	15♏21	21♏49
/☊	9♓46	16♓42	23♓43	0♈49	7♈56	15♈04	22♈10	29♈14	6♉14	13♉09	19♏60	26♏44	3♐22	9♐53	16♐16
☿/♀	19♎51	20♎48	21♎43	22♎35	23♎26	24♎14	24♎59	25♎41	26♎20	26♎56	27♎29	27♎58	28♎23	28♎44	29♎02
/♂	18♎44	19♎24	20♎02	20♎38	21♎12	21♎43	22♎12	22♎37	22♎60	23♎19	23♎35	23♎47	23♎56	24♎01	24♎02
/⚳	15♍32	16♍04	16♍35	17♍03	17♍29	17♍53	18♍14	18♍31	18♍46	18♍58	19♍06	19♍10	19♍11	19♍08	19♍01
/♃	1♐07	1♐29	1♐48	2♐05	2♐20	2♐32	2♐42	2♐49	2♐53	2♐54	2♐51	2♐45	2♐36	2♐22	2♐06
/♄	1♎31	1♎55	2♎17	2♎37	2♎54	3♎09	3♎21	3♎31	3♎37	3♎40	3♎40	3♎36	3♎28	3♎16	3♎01
/♅	5♑05	5♑24	5♑41	5♑56	6♑09	6♑19	6♑26	6♑31	6♑32	6♑30	6♑25	6♑16	6♑04	5♑47	5♑27
/♆	20♐50	21♐09	21♐27	21♐42	21♐56	22♐06	22♐14	22♐19	22♐21	22♐20	22♐15	22♐07	21♐55	21♐39	21♐20
/♇	24♏04	24♏24	24♏43	24♏59	25♏13	25♏24	25♏33	25♏39	25♏42	25♏41	25♏37	25♏30	25♏19	25♏04	24♏45
/☊	18♐54	19♐12	19♐27	19♐41	19♐52	20♐02	20♐10	20♐16	20♐19	20♐19	20♐15	20♐07	19♐53	19♐35	19♐12
♀/♂	18♎58	19♎54	20♎51	21♎47	22♎44	23♎40	24♎37	25♎34	26♎30	27♎27	28♎24	29♎20	0♏17	1♏14	2♏10
/⚳	15♍45	16♍34	17♍23	18♍12	19♍01	19♍50	20♍39	21♍28	22♍17	23♍05	23♍54	24♍43	25♍31	26♍20	27♍09
/♃	1♐21	1♐59	2♐36	3♐14	3♐52	4♐29	5♐07	5♐45	6♐23	7♐01	7♐40	8♐18	8♐56	9♐35	10♐14
/♄	1♎45	2♎25	3♎05	3♎46	4♎26	5♎07	5♎47	6♎27	7♎08	7♎48	8♎28	9♎08	9♎49	10♎29	11♎09
/♅	5♑19	5♑54	6♑30	7♑05	7♑41	8♑16	8♑52	9♑27	10♑03	10♑38	11♑14	11♑49	12♑24	12♑60	13♑35
/♆	21♐03	21♐39	22♐15	22♐51	23♐28	24♐04	24♐40	25♐16	25♐52	26♐28	27♐04	27♐40	28♐16	28♐52	29♐28
/♇	24♏17	24♏54	25♏31	26♏08	26♏45	27♏21	27♏58	28♏35	29♏12	29♏49	0♐26	1♐03	1♐40	2♐16	2♐53
/☊	19♐08	19♐42	20♐16	20♐50	21♐24	21♐60	22♐36	23♐12	23♐50	24♐27	25♐04	25♐39	26♐14	26♐48	27♐20
♂/⚳	14♍39	15♍11	15♍43	16♍15	16♍47	17♍20	17♍52	18♍24	18♍56	19♍28	20♍00	20♍32	21♍05	21♍37	22♍09
/♃	0♐15	0♐35	0♐56	1♐17	1♐38	1♐59	2♐20	2♐41	3♐03	3♐24	3♐46	4♐08	4♐30	4♐52	5♐14
/♄	0♎38	1♎02	1♎25	1♎49	2♎12	2♎36	2♎60	3♎23	3♎47	4♎11	4♎34	4♎58	5♎22	5♎46	6♎09
/♅	4♑13	4♑31	4♑50	5♑08	5♑27	5♑46	6♑05	6♑23	6♑42	7♑01	7♑20	7♑39	7♑58	8♑17	8♑36
/♆	19♐57	20♐16	20♐35	20♐55	21♐14	21♐33	21♐52	22♐12	22♐31	22♐51	23♐10	23♐30	23♐49	24♐09	24♐28
/♇	23♏11	23♏31	23♏51	24♏11	24♏31	24♏51	25♏11	25♏31	25♏51	26♏12	26♏32	26♏52	27♏13	27♏33	27♏54
/☊	18♐02	18♐19	18♐36	18♐53	19♐11	19♐29	19♐48	20♐08	20♐29	20♐50	21♐10	21♐29	21♐47	22♐04	22♐21
⚳/♃	27♎02	27♎15	27♎28	27♎42	27♎55	28♎08	28♎22	28♎36	28♎49	29♎03	29♎17	29♎30	29♎44	29♎58	0♏12
/♄	27♌26	27♌42	27♌58	28♌14	28♌30	28♌46	29♌02	29♌18	29♌33	29♌49	0♍05	0♍21	0♍36	0♍52	1♍08
/♅	0♊60	1♊11	1♊22	1♊33	1♊44	1♊55	2♊06	2♊17	2♊28	2♊39	2♊50	3♊01	3♊12	3♊23	3♊34
/♆	16♉44	16♉56	17♉08	17♉19	17♉31	17♉43	17♉54	18♉06	18♉17	18♉29	18♉41	18♉52	19♉04	19♉15	19♉27
/♇	19♎58	20♎11	20♎23	20♎36	20♎48	21♎01	21♎13	21♎25	21♎38	21♎50	22♎03	22♎15	22♎27	22♎40	22♎52
/☊	14♉49	14♉59	15♉08	15♉18	15♉28	15♉39	15♉50	16♉03	16♉15	16♉28	16♉40	16♉52	17♉02	17♉11	17♉19
♃/♄	13♏01	13♏06	13♏11	13♏15	13♏20	13♏25	13♏30	13♏35	13♏40	13♏45	13♏51	13♏56	14♏01	14♏07	14♏13
/♅	16♒36	16♒35	16♒35	16♒35	16♒35	16♒35	16♒35	16♒35	16♒35	16♒36	16♒36	16♒37	16♒37	16♒38	16♒39
/♆	2♒20	2♒20	2♒21	2♒21	2♒21	2♒22	2♒23	2♒23	2♒24	2♒25	2♒26	2♒27	2♒29	2♒30	2♒31
/♇	5♑34	5♑35	5♑36	5♑37	5♑38	5♑40	5♑41	5♑43	5♑45	5♑46	5♑48	5♑50	5♑52	5♑54	5♑57
/☊	0♒25	0♒23	0♒21	0♒19	0♒18	0♒18	0♒19	0♒20	0♒22	0♒24	0♒26	0♒27	0♒27	0♒26	0♒24
♄/♅	16♊59	17♊02	17♊04	17♊07	17♊09	17♊12	17♊14	17♊17	17♊19	17♊22	17♊24	17♊27	17♊29	17♊32	17♊34
/♆	2♐44	2♐47	2♐50	2♐53	2♐56	2♐59	3♐02	3♐05	3♐08	3♐12	3♐15	3♐18	3♐21	3♐24	3♐27
/♇	5♏58	6♏02	6♏05	6♏09	6♏13	6♏17	6♏21	6♏25	6♏29	6♏33	6♏37	6♏41	6♏44	6♏48	6♏52
/☊	0♐48	0♐49	0♐50	0♐51	0♐53	0♐55	0♐58	1♐02	1♐06	1♐11	1♐14	1♐17	1♐19	1♐20	1♐19
♅/♆	6♓18	6♓16	6♓14	6♓12	6♓11	6♓09	6♓07	6♓05	6♓04	6♓02	6♓00	5♓58	5♓57	5♓55	5♓53
/♇	9♒32	9♒31	9♒30	9♒29	9♒28	9♒27	9♒26	9♒25	9♒24	9♒23	9♒22	9♒21	9♒20	9♒19	9♒19
/☊	4♓23	4♓19	4♓15	4♓11	4♓07	4♓05	4♓03	4♓02	4♓01	4♓01	3♓60	3♓58	3♓55	3♓51	3♓46
♆/♇	25♑17	25♑16	25♑15	25♑15	25♑14	25♑14	25♑14	25♑13	25♑13	25♑13	25♑12	25♑12	25♑12	25♑11	25♑11
/☊	20♒07	20♒04	20♒00	19♒57	19♒54	19♒52	19♒51	19♒50	19♒50	19♒50	19♒50	19♒49	19♒46	19♒43	19♒38
♇/☊	23♑21	23♑19	23♑16	23♑13	23♑11	23♑10	23♑10	23♑10	23♑11	23♑12	23♑12	23♑12	23♑10	23♑07	23♑04

September 2008

October 2008

	1	2	3	4	5	6	7	8	9	10	11	12	13	14	15	16	17	18	19	20	21	22	23	24	25	26	27	28	29	30	31	
☉/☽	17♎56	24♎38	1♏15	7♏45	14♏12	20♏37	27♏02	3♐30	10♐03	16♐45	23♐37	0♑40	7♑57	15♑27	23♋07	0♌55	8♌47	16♌39	24♌28	2♍10	9♍45	17♍11	24♍29	1♎40	8♎45	15♎43	22♎36	29♎24	6♏07	12♏45	19♏18	☉/☽
/☿	14♎10	14♎14	14♎14	14♎12	14♎08	14♎03	13♎57	13♎53	13♎49	13♎49	13♎51	13♎58	14♎10	14♎27	14♎49	15♎17	15♎50	16♎29	17♎13	18♎01	18♎54	19♎51	20♎51	21♎55	23♎01	24♎09	25♎20	26♎32	27♎46	29♎00	0♏16	/☿
/♀	23♎17	24♎23	25♎29	26♎36	27♎42	28♎48	29♎54	0♏60	2♏06	3♏12	4♏18	5♏24	6♏31	7♏37	8♏43	9♏49	10♏55	12♏01	13♏08	14♏14	15♏20	16♏26	17♏32	18♏38	19♏45	20♏51	21♏57	23♏03	24♏09	25♏16	26♏22	/♀
/♂	18♎01	18♎51	19♎41	20♎30	21♎20	22♎10	22♎60	23♎50	24♎40	25♎30	26♎20	27♎10	28♎00	28♎51	29♎41	0♏31	1♏21	2♏12	3♏02	3♏53	4♏43	5♏34	6♏24	7♏15	8♏06	8♏57	9♏47	10♏38	11♏29	12♏20	13♏11	/♂
/⚳	12♍51	13♍32	14♍14	14♍55	15♍37	16♍18	16♍59	17♍40	18♍22	19♍03	19♍44	20♍25	21♍06	21♍47	22♍28	23♍09	23♍50	24♍31	25♍12	25♍53	26♍34	27♍15	27♍56	28♍36	29♍17	29♍58	0♎38	1♎19	1♎59	2♎40	3♎20	/⚳
/♃	25♏46	26♏18	26♏50	27♏22	27♏54	28♏26	28♏58	29♏30	0♐03	0♐35	1♐08	1♐40	2♐13	2♐46	3♐19	3♐52	4♐25	4♐58	5♐32	6♐05	6♐39	7♐12	7♐46	8♐20	8♐54	9♐28	10♐02	10♐36	11♐10	11♐44	12♐19	/♃
/♄	26♍43	27♍16	27♍49	28♍22	28♍56	29♍29	0♎02	0♎35	1♎08	1♎41	2♎14	2♎47	3♎20	3♎53	4♎26	4♎59	5♎32	6♎05	6♎38	7♎11	7♎44	8♎17	8♎50	9♎23	9♎56	10♎29	11♎02	11♎35	12♎08	12♎41	13♎14	/♄
/♅	29♐05	29♐33	0♑02	0♑30	0♑59	1♑27	1♑56	2♑24	2♑53	3♑21	3♑50	4♑19	4♑47	5♑16	5♑45	6♑14	6♑42	7♑11	7♑40	8♑09	8♑38	9♑07	9♑36	10♑05	10♑34	11♑03	11♑33	12♑02	12♑31	13♑00	13♑30	/♅
/♆	14♐58	15♐27	15♐56	16♐25	16♐54	17♐23	17♐53	18♐22	18♐51	19♐20	19♐50	20♐19	20♐48	21♐18	21♐47	22♐16	22♐46	23♐15	23♐45	24♐15	24♐44	25♐14	25♐44	26♐13	26♐43	27♐13	27♐43	28♐12	28♐42	29♐12	29♐42	/♆
/♇	18♏24	18♏54	19♏24	19♏54	20♏24	20♏54	21♏24	21♏54	22♏24	22♏54	23♏24	23♏54	24♏25	24♏55	25♏25	25♏55	26♏26	26♏56	27♏27	27♏57	28♏27	28♏58	29♏28	29♏59	0♐30	1♐00	1♐31	2♐01	2♐32	3♐03	3♐34	/♇
/☊	12♐46	13♐11	13♐36	14♐02	14♐28	14♐56	15♐25	15♐55	16♐25	16♐55	17♐24	17♐52	18♐19	18♐45	19♐10	19♐35	19♐59	20♐25	20♐51	21♐19	21♐48	22♐18	22♐48	23♐18	23♐46	24♐13	24♐38	25♐02	25♐25	25♐48	26♐11	/☊
☽/☿	23♎55	29♎42	5♏19	10♏49	16♏13	21♏33	26♏53	2♐17	7♐48	13♐30	19♐25	25♐37	2♑06	8♋52	15♋56	23♋12	0♌38	8♌09	15♌42	23♌13	0♍41	8♍04	15♍23	22♍38	29♍49	6♎56	13♎60	20♎60	27♎56	4♏49	11♏38	☽/☿
/♀	3♏02	9♏52	16♏35	23♏12	29♏46	6♐18	12♐50	19♐25	26♐05	2♑53	9♑52	17♑03	24♑26	2♒02	9♒49	17♒44	25♒43	3♍42	11♍37	19♍26	27♍07	4♎39	12♎04	19♎22	26♎32	3♏37	10♏37	17♏31	24♏20	1♐04	7♐43	/♀
/♂	27♎46	4♏19	10♏46	17♏07	23♏25	29♏40	5♐56	12♐15	18♐39	25♐11	1♑54	8♑48	15♑56	23♑16	0♒47	8♌26	16♌09	23♌52	1♍32	9♍05	16♍30	23♍47	0♎56	7♎58	14♎54	21♎43	28♎27	5♏06	11♏40	18♏09	24♏33	/♂
/⚳	22♍36	29♍01	5♎19	11♎32	17♎41	23♎48	29♎55	6♏05	12♏21	18♏44	25♉18	2♊03	9♊02	16♊13	23♊35	1♋04	8♋38	16♋12	23♋41	1♌05	8♌21	15♌28	22♌27	29♌19	6♍05	12♍44	19♍18	25♍47	2♎10	8♎28	14♎41	/⚳
/♃	5♐31	11♐46	17♐55	23♐58	29♐58	5♑56	11♑54	17♑55	24♑01	0♒16	6♒41	13♒19	20♒09	27♒12	4♓25	11♓47	19♓13	26♓39	4♈01	11♈17	18♎25	25♎26	2♏18	9♏03	15♏42	22♏14	28♏42	5♐04	11♐21	17♐33	23♐40	/♃
/♄	6♎28	12♎44	18♎55	24♎59	1♏00	6♏59	12♏58	18♏60	25♏07	1♐22	7♐48	14♐25	21♊16	28♊19	5♋33	12♋54	20♋20	27♋46	5♌08	12♌23	19♌31	26♌31	3♍22	10♍07	16♍44	23♍16	29♍42	6♎03	12♎19	18♎30	24♎35	/♄
/♅	8♑49	15♑01	21♑07	27♑07	3♒03	8♒57	14♒52	20♒49	26♒52	3♓02	9♓24	15♓57	22♓43	29♓42	6♈51	14♈09	21♈30	28♈52	6♉09	13♉21	20♉25	27♉20	4♊08	10♊48	17♊22	23♐50	0♑12	6♑30	12♑42	18♑49	24♑51	/♅
/♆	24♐43	0♑55	7♑01	13♑02	18♑59	24♑54	0♒49	6♒47	12♒50	19♒01	25♒23	1♓57	8♓44	15♓43	22♓53	0♈11	7♈34	14♈56	22♈14	29♈27	6♉31	13♉27	20♉15	26♏56	3♐31	9♐59	16♐22	22♐40	28♐53	5♑01	11♑04	/♆
/♇	28♏09	4♐22	10♐29	16♐31	22♐28	28♐24	4♑20	10♑19	16♑23	22♑35	28♑58	5♒33	12♒20	19♒21	26♒32	3♓50	11♓13	18♓36	25♓56	3♎09	10♎14	17♎11	24♎00	0♏42	7♏17	13♏47	20♏11	26♏29	2♐43	8♐51	14♐55	/♇
/☊	22♐31	28♐39	4♑41	10♑39	16♑33	22♑26	28♑21	4♒20	10♒24	16♒36	22♒58	29♒31	6♓15	13♓11	20♓16	27♓30	4♈47	12♈05	19♈21	26♈31	3♉35	10♉32	17♏20	24♏01	0♐34	6♐59	13♐18	19♐30	25♐36	1♑37	7♑33	/☊
☿/♀	29♎16	29♎27	29♎34	29♎39	29♎42	29♎44	29♎46	29♎48	29♎51	29♎57	0♏07	0♏21	0♏39	1♏03	1♏32	2♏06	2♏46	3♏32	4♏22	5♏17	6♏16	7♏20	8♏26	9♏36	10♏49	12♏04	13♏20	14♏39	15♏59	17♏20	18♏42	☿/♀
/♂	24♎00	23♎54	23♎45	23♎34	23♎21	23♎06	22♎52	22♎38	22♎25	22♎15	22♎09	22♎06	22♎09	22♎16	22♎30	22♎48	23♎12	23♎42	24♎17	24♎56	25♎40	26♎27	27♎19	28♎13	29♎10	0♏09	1♏11	2♏14	3♏19	4♏24	5♏31	/♂
/⚳	18♍50	18♍36	18♍19	17♍59	17♍37	17♍14	16♍51	16♍28	16♍07	15♍48	15♍33	15♍21	15♍15	15♍13	15♍17	15♍27	15♍41	16♍01	16♍27	16♍56	17♍30	18♍08	18♍50	19♍34	20♍21	21♍10	22♍02	22♍54	23♍49	24♍44	25♍40	/⚳
/♃	1♐45	1♐21	0♐55	0♐25	29♏54	29♏22	28♏49	28♏18	27♏48	27♏20	26♏56	26♏36	26♏21	26♏12	26♏08	26♏09	26♏16	26♏29	26♏46	27♏08	27♏35	28♏06	28♏40	29♏18	29♏58	0♐40	1♐25	2♐12	2♐60	3♐49	4♐39	/♃
/♄	2♎42	2♎20	1♎54	1♎26	0♎56	0♎25	29♍53	29♍22	28♍53	28♍26	28♍03	27♍43	27♍29	27♍19	27♍15	27♍16	27♍23	27♍36	27♍53	28♍15	28♍41	29♍11	29♍45	0♎21	1♎01	1♎42	2♎26	3♎11	3♎58	4♎45	5♎34	/♄
/♅	5♑04	4♑37	4♑07	3♑34	2♑59	2♑23	1♑47	1♑12	0♑38	0♑06	29♐39	29♐15	28♐56	28♐42	28♐34	28♐31	28♐33	28♐41	28♐55	29♐12	29♐34	0♑01	0♑30	1♑03	1♑38	2♑16	2♑56	3♑38	4♑20	5♑05	5♑50	/♅
/♆	20♐57	20♐31	20♐01	19♐29	18♐55	18♐20	17♐44	17♐09	16♐36	16♐05	15♐38	15♐15	14♐57	14♐43	14♐36	14♐34	14♐37	14♐46	14♐59	15♐18	15♐41	16♐07	16♐38	17♐11	17♐47	18♐26	19♐06	19♐48	20♐32	21♐16	22♐02	/♆
/♇	24♏23	23♏58	23♏29	22♏58	22♏25	21♏50	21♏16	20♏42	20♏09	19♏39	19♏13	18♏51	18♏33	18♏21	18♏14	18♏13	18♏17	18♏26	18♏41	19♏00	19♏24	19♏51	20♏23	20♏57	21♏34	22♏13	22♏54	23♏37	24♏22	25♏07	25♏54	/♇
/☊	18♐45	18♐15	17♐41	17♐05	16♐29	15♐53	15♐17	14♐42	14♐10	13♐40	13♐13	12♐48	12♐28	12♐11	11♐59	11♐52	11♐50	11♐55	12♐06	12♐23	12♐45	13♐12	13♐42	14♐15	14♐50	15♐25	16♐01	16♐38	17♐15	17♐52	18♐31	/☊
♀/♂	3♏07	4♏04	5♏01	5♏57	6♏54	7♏51	8♏48	9♏45	10♏42	11♏39	12♏36	13♏32	14♏29	15♏26	16♏23	17♏20	18♏17	19♏14	20♏11	21♏08	22♏05	23♏03	23♏60	24♏57	25♏54	26♏51	27♏48	28♏45	29♏42	0♐40	1♐37	♀/♂
/⚳	27♍57	28♍46	29♍34	0♎22	1♎11	1♎59	2♎47	3♎35	4♎23	5♎12	5♎60	6♎47	7♎35	8♎23	9♎11	9♎59	10♎46	11♎34	12♎21	13♎09	13♎56	14♎43	15♎31	16♎18	17♎05	17♎52	18♎39	19♎26	20♎12	20♎59	21♎46	/⚳
/♃	10♐52	11♐31	12♐10	12♐49	13♐28	14♐07	14♐46	15♐25	16♐04	16♐44	17♐23	18♐03	18♐42	19♐22	20♐01	20♐41	21♐21	22♐01	22♐41	23♐21	24♐01	24♐41	25♐21	26♐01	26♐42	27♐22	28♐02	28♐43	29♐23	0♑04	0♑45	/♃
/♄	11♎49	12♎29	13♎10	13♎50	14♎30	15♎10	15♎50	16♎30	17♎10	17♎50	18♎30	19♎09	19♎49	20♎29	21♎09	21♎49	22♎28	23♎08	23♎47	24♎27	25♎07	25♎46	26♎26	27♎05	27♎44	28♎24	29♎03	29♎42	0♏22	1♏01	1♏40	/♄
/♅	14♑11	14♑46	15♑22	15♑57	16♑33	17♑08	17♑44	18♑19	18♑55	19♑30	20♑05	20♑41	21♑16	21♑52	22♑27	23♑03	23♑38	24♑14	24♑49	25♑25	26♑00	26♑36	27♑11	27♑47	28♑22	28♑58	29♑33	0♒09	0♒44	1♒20	1♒55	/♅
/♆	0♑04	0♑40	1♑16	1♑52	2♑28	3♑05	3♑41	4♑17	4♑53	5♑29	6♑05	6♑41	7♑17	7♑53	8♑30	9♑06	9♑42	10♑18	10♑54	11♑30	12♑06	12♑42	13♑19	13♑55	14♑31	15♑07	15♑43	16♑19	16♑56	17♑32	18♑08	/♆
/♇	3♐30	4♐07	4♐44	5♐21	5♐58	6♐35	7♐12	7♐49	8♐26	9♐03	9♐40	10♐17	10♐54	11♐31	12♐08	12♐45	13♐22	13♐59	14♐36	15♐13	15♐50	16♐27	17♐04	17♐41	18♐17	18♐54	19♐31	20♐08	20♐45	21♐22	21♐59	/♇
/☊	27♐52	28♐24	28♐56	29♐29	0♑03	0♑37	1♑13	1♑50	2♑27	3♑03	3♑40	4♑15	4♑48	5♑21	5♑53	6♑24	6♑55	7♑27	8♑00	8♑35	9♑11	9♑47	10♑23	10♑59	11♑34	12♑07	12♑39	13♑09	13♑39	14♑08	14♑37	/☊
♂/⚳	22♍41	23♍13	23♍45	24♍17	24♍49	25♍21	25♍53	26♍25	26♍57	27♍29	28♍01	28♍33	29♍05	29♍37	0♎09	0♎41	1♎12	1♎44	2♎16	2♎48	3♎20	3♎51	4♎23	4♎55	5♎26	5♎58	6♎29	7♎01	7♎32	8♎04	8♎35	♂/⚳
/♃	5♐36	5♐58	6♐21	6♐43	7♐06	7♐29	7♐52	8♐15	8♐38	9♐01	9♐25	9♐48	10♐12	10♐36	10♐59	11♐23	11♐47	12♐11	12♐36	12♐60	13♐24	13♐49	14♐13	14♐38	15♐03	15♐28	15♐53	16♐18	16♐43	17♐08	17♐34	/♃
/♄	6♎33	6♎57	7♎21	7♎44	8♎08	8♎32	8♎56	9♎20	9♎44	10♎07	10♎31	10♎55	11♎19	11♎43	12♎07	12♎31	12♎54	13♎18	13♎42	14♎06	14♎30	14♎54	15♎18	15♎42	16♎06	16♎30	16♎53	17♎17	17♎41	18♎05	18♎29	/♄
/♅	8♑55	9♑14	9♑33	9♑52	10♑11	10♑30	10♑50	11♑09	11♑28	11♑48	12♑07	12♑27	12♑46	13♑06	13♑25	13♑45	14♑05	14♑24	14♑44	15♑04	15♑24	15♑44	16♑03	16♑23	16♑43	17♑04	17♑24	17♑44	18♑04	18♑24	18♑45	/♅
/♆	24♐48	25♐08	25♐27	25♐47	26♐07	26♐27	26♐47	27♐07	27♐27	27♐47	28♐07	28♐27	28♐47	29♐07	29♐27	29♐48	0♑08	0♑28	0♑49	1♑09	1♑30	1♑50	2♑11	2♑32	2♑52	3♑13	3♑34	3♑54	4♑15	4♑36	4♑57	/♆
/♇	28♏14	28♏35	28♏55	29♏16	29♏37	29♏57	0♐18	0♐39	0♐60	1♐21	1♐41	2♐02	2♐23	2♐44	3♐06	3♐27	3♐48	4♐09	4♐30	4♐52	5♐13	5♐34	5♐56	6♐17	6♐39	7♐00	7♐22	7♐43	8♐05	8♐27	8♐49	/♇
/☊	22♐36	22♐52	23♐07	23♐24	23♐41	23♐60	24♐19	24♐40	25♐00	25♐21	25♐41	26♐00	26♐18	26♐35	26♐50	27♐06	27♐21	27♐38	27♐55	28♐14	28♐34	28♐55	29♐16	29♐36	29♐55	0♑13	0♑29	0♑44	0♑58	1♑12	1♑26	/☊
⚳/♃	0♏26	0♏40	0♏54	1♏08	1♏23	1♏37	1♏51	2♏06	2♏20	2♏34	2♏49	3♏03	3♏18	3♏32	3♏47	4♏01	4♏16	4♏31	4♏45	5♏00	5♏15	5♏30	5♏44	5♏59	6♏14	6♏29	6♏43	6♏58	7♏13	7♏28	7♏43	⚳/♃
/♄	1♍23	1♍39	1♍54	2♍09	2♍25	2♍40	2♍55	3♍10	3♍25	3♍40	3♍55	4♍10	4♍25	4♍40	4♍54	5♍09	5♍23	5♍38	5♍52	6♍06	6♍21	6♍35	6♍49	7♍03	7♍17	7♍30	7♍44	7♍58	8♍11	8♍25	8♍38	/♄
/♅	3♊45	3♊55	4♊06	4♊17	4♊28	4♊38	4♊49	4♊60	5♊10	5♊21	5♊31	5♊42	5♊52	6♊02	6♊13	6♊23	6♊33	6♊44	6♊54	7♊04	7♊14	7♊24	7♊34	7♊45	7♊55	8♊04	8♊14	8♊24	8♊34	8♊44	8♊54	/♅
/♆	19♉38	19♉49	20♉01	20♉12	20♉23	20♉35	20♉46	20♉57	21♉08	21♉20	21♉31	21♏42	21♏53	22♏04	22♏15	22♏26	22♏37	22♏48	22♏59	23♏10	23♏20	23♏31	23♏42	23♏53	24♏03	24♏14	24♏24	24♏35	24♏45	24♏56	25♏06	/♆
/♇	23♎04	23♎16	23♎29	23♎41	23♎53	24♎05	24♎17	24♎29	24♎41	24♎53	25♎05	25♎17	25♎29	25♎41	25♎53	26♎05	26♎17	26♎29	26♎40	26♎52	27♎04	27♎15	27♎27	27♎38	27♎50	28♎01	28♎13	28♎24	28♎35	28♎46	28♎57	/♇
/☊	17♏26	17♏33	17♏41	17♏49	17♏57	18♏07	18♏18	18♏30	18♏42	18♏54	19♏05	19♏15	19♏24	19♏31	19♏38	19♏44	19♏50	19♏57	20♏05	20♏14	20♏25	20♏36	20♏47	20♏57	21♏06	21♏14	21♏20	21♏25	21♏28	21♏32	21♏35	/☊
♃/♄	14♏18	14♏24	14♏30	14♏36	14♏42	14♏48	14♏54	14♏60	15♏06	15♏12	15♏19	15♏25	15♏32	15♏38	15♏45	15♏51	15♏58	16♏05	16♏12	16♏18	16♏25	16♏32	16♏39	16♏46	16♏53	17♏01	17♏08	17♏15	17♏22	17♏29	17♏37	♃/♄
/♅	16♒40	16♒41	16♒42	16♒43	16♒45	16♒46	16♒48	16♒49	16♒51	16♒53	16♒55	16♒57	16♒59	17♒01	17♒03	17♒06	17♒08	17♒11	17♒13	17♒16	17♒19	17♒22	17♒25	17♒28	17♒31	17♒35	17♒38	17♒41	17♒45	17♒49	17♒52	/♅
/♆	2♒33	2♒35	2♒37	2♒38	2♒40	2♒42	2♒45	2♒47	2♒49	2♒52	2♒54	2♒57	2♒60	3♒03	3♒06	3♒09	3♒12	3♒15	3♒18	3♒22	3♒25	3♒29	3♒32	3♒36	3♒40	3♒44	3♒48	3♒52	3♒56	4♒00	4♒05	/♆
/♇	5♑59	6♑02	6♑04	6♑07	6♑10	6♑13	6♑16	6♑19	6♑22	6♑26	6♑29	6♑33	6♑36	6♑40	6♑44	6♑48	6♑52	6♑56	6♑60	7♑04	7♑08	7♑13	7♑17	7♑22	7♑27	7♑31	7♑36	7♑41	7♑46	7♑51	7♑56	/♇
/☊	0♒21	0♒19	0♒16	0♒15	0♒14	0♒15	0♒17	0♒20	0♒23	0♒26	0♒29	0♒30	0♒31	0♒30	0♒29	0♒27	0♒25	0♒24	0♒25	0♒26	0♒29	0♒33	0♒37	0♒40	0♒43	0♒44	0♒43	0♒42	0♒39	0♒36	0♒34	/☊
♄/♅	17♊37	17♊39	17♊42	17♊44	17♊47	17♊49	17♊51	17♊54	17♊56	17♊59	18♊01	18♊04	18♊06	18♊08	18♊11	18♊13	18♊15	18♊18	18♊20	18♊22	18♊25	18♊27	18♊29	18♊32	18♊34	18♊36	18♊39	18♊41	18♊43	18♊45	18♊48	♄/♅
/♆	3♐30	3♐33	3♐36	3♐39	3♐42	3♐45	3♐49	3♐52	3♐55	3♐58	4♐01	4♐04	4♐07	4♐10	4♐13	4♐16	4♐19	4♐22	4♐25	4♐28	4♐31	4♐34	4♐37	4♐40	4♐43	4♐46	4♐49	4♐51	4♐54	4♐57	5♐00	/♆
/♇	6♏56	7♏00	7♏04	7♏08	7♏12	7♏16	7♏20	7♏24	7♏28	7♏32	7♏35	7♏39	7♏43	7♏47	7♏51	7♏55	7♏59	8♏03	8♏06	8♏10	8♏14	8♏18	8♏22	8♏26	8♏29	8♏33	8♏37	8♏40	8♏44	8♏48	8♏52	/♇
/☊	1♐18	1♐17	1♐16	1♐16	1♐16	1♐18	1♐21	1♐25	1♐28	1♐32	1♐35	1♐37	1♐38	1♐37	1♐36	1♐34	1♐32	1♐31	1♐31	1♐33	1♐35	1♐38	1♐42	1♐44	1♐46	1♐46	1♐44	1♐41	1♐37	1♐33	1♐29	/☊
♅/♆	5♓52	5♓50	5♓48	5♓47	5♓45	5♓44	5♓42	5♓41	5♓39	5♓38	5♓37	5♓35	5♓34	5♓33	5♓31	5♓30	5♓29	5♓28	5♓27	5♓26	5♓25	5♓23	5♓22	5♓22	5♓21	5♓20	5♓19	5♓18	5♓17	5♓16	5♓16	♅/♆
/♇	9♒18	9♒17	9♒16	9♒16	9♒15	9♒14	9♒14	9♒13	9♒12	9♒12	9♒11	9♒11	9♒10	9♒10	9♒10	9♒09	9♒09	9♒09	9♒08	9♒08	9♒08	9♒08	9♒07	9♒07	9♒07	9♒07	9♒07	9♒07	9♒07	9♒07	9♒07	/♇
/☊	3♓40	3♓34	3♓28	3♓23	3♓19	3♓17	3♓15	3♓14	3♓13	3♓12	3♓11	3♓09	3♓05	3♓00	2♓54	2♓48	2♓42	2♓37	2♓33	2♓30	2♓29	2♓28	2♓27	2♓26	2♓23	2♓20	2♓14	2♓08	2♓00	1♓52	1♓45	/☊
♆/♇	25♑11	25♑11	25♑11	25♑11	25♑11	25♑11	25♑11	25♑11	25♑11	25♑11	25♑11	25♑11	25♑11	25♑12	25♑12	25♑12	25♑12	25♑13	25♑13	25♑13	25♑14	25♑14	25♑15	25♑15	25♑16	25♑16	25♑17	25♑18	25♑18	25♑19	25♑20	♆/♇
/☊	19♒33	19♒28	19♒23	19♒19	19♒15	19♒13	19♒12	19♒12	19♒12	19♒11	19♒11	19♒09	19♒06	19♒02	18♒57	18♒51	18♒46	18♒41	18♒38	18♒36	18♒35	18♒35	18♒35	18♒34	18♒32	18♒29	18♒24	18♒18	18♒11	18♒04	17♒57	/☊
♇/☊	22♑59	22♑55	22♑51	22♑47	22♑45	22♑43	22♑43	22♑44	22♑45	22♑45	22♑45	22♑45	22♑42	22♑39	22♑35	22♑30	22♑26	22♑22	22♑19	22♑18	22♑18	22♑19	22♑19	22♑20	22♑19	22♑16	22♑12	22♑07	22♑01	21♑55	21♑49	♇/☊

October 2008

November 2008

	1	2	3	4	5	6	7	8	9	10
☉/☽	25♏46	2♐12	8♐36	15♐01	21♐28	27♐60	4♑40	11♑30	18♑34	25♑52
/☿	1♏33	2♏50	4♏08	5♏26	6♏44	8♏03	9♏22	10♏41	11♏60	13♏19
/♀	27♏28	28♏34	29♏41	0♐47	1♐53	2♐59	4♐05	5♐12	6♐18	7♐24
/♂	14♏02	14♏53	15♏44	16♏36	17♏27	18♏18	19♏09	20♏01	20♏52	21♏43
/⚷	4♎00	4♎41	5♎21	6♎01	6♎41	7♎21	8♎01	8♎41	9♎21	10♎01
/♃	12♐53	13♐28	14♐03	14♐37	15♐12	15♐47	16♐22	16♐57	17♐32	18♐07
/♄	13♎47	14♎20	14♎53	15♎26	15♎58	16♎31	17♎04	17♎37	18♎09	18♎42
/♅	13♑59	14♑28	14♑58	15♑27	15♑57	16♑26	16♑56	17♑26	17♑55	18♑25
/♆	0♑12	0♑42	1♑12	1♑42	2♑12	2♑43	3♑13	3♑43	4♑13	4♑43
/♇	4♐04	4♐35	5♐06	5♐37	6♐08	6♐39	7♐10	7♐41	8♐12	8♐43
/☊	26♐35	27♐00	27♐27	27♐55	28♐24	28♐54	29♐24	29♐54	0♑22	0♑50
☽/☿	18♏23	25♏06	1♐48	8♐30	15♐15	22♐06	29♐05	6♑14	13♑36	21♑12
/♀	14♐18	20♐50	27♐21	3♑51	10♑24	17♑02	23♑48	0♒45	7♒54	15♒18
/♂	0♐52	7♐09	13♐24	19♐40	25♐58	2♑21	8♑52	15♑34	22♑28	29♑37
/⚷	20♎51	26♎57	3♏01	9♏05	15♏12	21♏24	27♏44	4♊14	10♊57	17♊54
/♃	29♐44	5♑44	11♑43	17♑41	23♑43	29♑50	6♒05	12♒30	19♒08	26♒01
/♄	0♏37	6♏36	12♏33	18♏30	24♏29	0♐34	6♐47	13♐10	19♊46	26♊36
/♅	0♒49	6♒44	12♒38	18♒32	24♒28	0♓29	6♓39	12♓59	19♓31	26♓19
/♆	17♑02	22♑58	28♑52	4♒47	10♒43	16♒46	22♒55	29♒16	5♓49	12♓37
/♇	20♐55	26♐51	2♑46	8♑41	14♑39	20♑42	26♑52	3♒14	9♒48	16♒36
/☊	13♑25	19♑16	25♑07	0♒59	6♒55	12♒57	19♒07	25♒27	1♓59	8♓44
☿/♀	20♏05	21♏28	22♏52	24♏16	25♏41	27♏05	28♏30	29♏55	1♐20	2♐45
/♂	6♏39	7♏47	8♏56	10♏05	11♏14	12♏24	13♏34	14♏44	15♏54	17♏04
/⚷	26♍37	27♍34	28♍32	29♍31	0♎29	1♎27	2♎26	3♎24	4♎23	5♎21
/♃	5♐30	6♐22	7♐14	8♐07	8♐60	9♐53	10♐47	11♐40	12♐34	13♐28
/♄	6♎24	7♎14	8♎04	8♎55	9♎46	10♎37	11♎29	12♎20	13♎11	14♎03
/♅	6♑36	7♑22	8♑09	8♑57	9♑45	10♑33	11♑21	12♑09	12♑57	13♑46
/♆	22♐49	23♐36	24♐24	25♐12	26♐00	26♐49	27♐38	28♐26	29♐15	0♑04
/♇	26♏41	27♏29	28♏18	29♏06	29♏56	0♐45	1♐35	2♐24	3♐14	4♐03
/☊	19♐12	19♐54	20♐39	21♐25	22♐12	23♐01	23♐49	24♐37	25♐25	26♐10
♀/♂	2♐34	3♐31	4♐29	5♐26	6♐23	7♐20	8♐18	9♐15	10♐12	11♐09
/⚷	22♎32	23♎19	24♎05	24♎51	25♎37	26♎23	27♎09	27♎55	28♎41	29♎27
/♃	1♑25	2♑06	2♑47	3♑28	4♑08	4♑49	5♑30	6♑11	6♑52	7♑33
/♄	2♏19	2♏58	3♏37	4♏16	4♏55	5♏33	6♏12	6♏51	7♏30	8♏08
/♅	2♒31	3♒07	3♒42	4♒18	4♒53	5♒29	6♒04	6♒40	7♒15	7♒51
/♆	18♑44	19♑20	19♑56	20♑33	21♑09	21♑45	22♑21	22♑57	23♑33	24♑09
/♇	22♐36	23♐13	23♐50	24♐27	25♐04	25♐41	26♐18	26♐55	27♐32	28♐09
/☊	15♑07	15♑38	16♑11	16♑45	17♑21	17♑57	18♑33	19♑08	19♑43	20♑16
♂/⚷	9♎06	9♎38	10♎09	10♎40	11♎11	11♎42	12♎13	12♎44	13♎15	13♎46
/♃	17♐59	18♐25	18♐51	19♐16	19♐42	20♐08	20♐34	21♐00	21♐26	21♐53
/♄	18♎53	19♎17	19♎41	20♎05	20♎28	20♎52	21♎16	21♎40	22♎04	22♎28
/♅	19♑05	19♑25	19♑46	20♑06	20♑27	20♑48	21♑08	21♑29	21♑50	22♑10
/♆	5♑18	5♑39	6♑00	6♑21	6♑42	7♑04	7♑25	7♑46	8♑08	8♑29
/♇	9♐10	9♐32	9♐54	10♐16	10♐38	10♐60	11♐22	11♐44	12♐06	12♐28
/☊	1♑41	1♑57	2♑15	2♑34	2♑54	3♑15	3♑37	3♑57	4♑17	4♑35
⚷/♃	7♏57	8♏12	8♏27	8♏42	8♏56	9♏11	9♏26	9♏41	9♏55	10♏10
/♄	8♍51	9♍04	9♍17	9♍30	9♍43	9♍55	10♍08	10♍20	10♍33	10♍45
/♅	9♊03	9♊13	9♊22	9♊32	9♊41	9♊51	10♊00	10♊09	10♊19	10♊28
/♆	25♏16	25♏27	25♏37	25♏47	25♏57	26♏07	26♏17	26♏27	26♏36	26♏46
/♇	29♎09	29♎20	29♎31	29♎41	29♎52	0♏03	0♏14	0♏24	0♏35	0♏45
/☊	21♏39	21♏45	21♏52	21♏60	22♏09	22♏19	22♏28	22♏38	22♏46	22♏53
♃/♄	17♏44	17♏51	17♏59	18♏06	18♏14	18♏21	18♏29	18♏36	18♏44	18♏51
/♅	17♒56	18♒00	18♒04	18♒08	18♒12	18♒17	18♒21	18♒25	18♒30	18♒34
/♆	4♒09	4♒14	4♒18	4♒23	4♒28	4♒33	4♒38	4♒43	4♒48	4♒53
/♇	8♑02	8♑07	8♑12	8♑18	8♑23	8♑29	8♑35	8♑40	8♑46	8♑52
/☊	0♒32	0♒32	0♒33	0♒36	0♒40	0♒44	0♒49	0♒54	0♒57	0♒59
♄/♅	18♊50	18♊52	18♊54	18♊56	18♐59	19♐01	19♐03	19♐05	19♐07	19♐09
/♆	5♐03	5♐06	5♐09	5♐11	5♐14	5♐17	5♐20	5♐22	5♐25	5♐28
/♇	8♏55	8♏59	9♏02	9♏06	9♏10	9♏13	9♏17	9♏20	9♏23	9♏27
/☊	1♐26	1♐24	1♐23	1♐24	1♐26	1♐29	1♐31	1♐33	1♐34	1♐34
♅/♆	5♓15	5♓14	5♓14	5♓13	5♓13	5♓12	5♓12	5♓11	5♓11	5♓11
/♇	9♒07	9♒07	9♒08	9♒08	9♒08	9♒08	9♒09	9♒09	9♒09	9♒10
/☊	1♓38	1♓33	1♓29	1♓26	1♓25	1♓24	1♓23	1♓22	1♓20	1♓17
♆/♇	25♑20	25♑21	25♑22	25♑23	25♑24	25♑25	25♑25	25♑26	25♑27	25♑28
/☊	17♒51	17♒46	17♒43	17♒41	17♒40	17♒40	17♒40	17♒40	17♒38	17♒35
♇/☊	21♑43	21♑39	21♑37	21♑36	21♑36	21♑36	21♑37	21♑37	21♑37	21♑35

	11	12	13	14	15	16	17	18	19	20
☉/☽	3♒24	11♒11	19♒08	27♌11	5♍16	13♍17	21♍09	28♍51	6♎22	13♎40
/☿	14♏37	15♏56	17♏15	18♏34	19♏52	21♏11	22♏29	23♏48	25♏06	26♏24
/♀	8♐30	9♐36	10♐42	11♐48	12♐54	14♐00	15♐06	16♐13	17♐19	18♐25
/♂	22♏35	23♏26	24♏18	25♏09	26♏01	26♏52	27♏44	28♏36	29♏28	0♐19
/⚷	10♎40	11♎20	11♎59	12♎39	13♎18	13♎57	14♎37	15♎16	15♎55	16♎34
/♃	18♐42	19♐18	19♐53	20♐28	21♐04	21♐39	22♐15	22♐51	23♐26	24♐02
/♄	19♎15	19♎47	20♎20	20♎53	21♎25	21♎58	22♎30	23♎03	23♎35	24♎08
/♅	18♑55	19♑24	19♑54	20♑24	20♑54	21♑24	21♑54	22♑24	22♑54	23♑24
/♆	5♑14	5♑44	6♑14	6♑45	7♑15	7♑46	8♑16	8♑47	9♑17	9♑48
/♇	9♐14	9♐45	10♐16	10♐47	11♐18	11♐49	12♐20	12♐52	13♐23	13♐54
/☊	1♑16	1♑41	2♑05	2♑29	2♑55	3♑21	3♑49	4♑18	4♑48	5♑19
☽/☿	29♑04	7♒09	15♌24	23♌46	2♍09	10♍28	18♍38	26♍38	4♎26	12♎02
/♀	22♒56	0♓48	8♓51	17♓01	25♓11	3♈17	11♎15	19♎03	26♎39	4♏03
/♂	7♒01	14♒39	22♒27	0♍22	8♍17	16♍09	23♍53	1♎26	8♎48	15♎58
/⚷	25♊07	2♋32	10♋09	17♋51	25♋35	3♌14	10♌46	18♌06	25♌15	2♍12
/♃	3♓09	10♓30	18♓02	25♓41	3♈20	10♈56	18♈24	25♎41	2♏47	9♏41
/♄	3♋41	10♋60	18♋29	26♋05	3♌42	11♌14	18♌39	25♌53	2♍55	9♍46
/♅	3♈21	10♈37	18♈03	25♈36	3♉10	10♉41	18♉03	25♉14	2♊14	9♊02
/♆	19♓40	26♓56	4♈24	11♈57	19♈32	27♈02	4♉25	11♉37	18♉37	25♏26
/♇	23♒40	0♓57	8♓25	15♓59	23♓35	1♎06	8♎29	15♎42	22♎43	29♎32
/☊	15♓42	22♓53	0♈14	7♈42	15♈11	22♈38	29♈58	7♉09	14♏09	20♏57
☿/♀	4♐09	5♐34	6♐58	8♐23	9♐47	11♐11	12♐35	13♐59	15♐23	16♐47
/♂	18♏14	19♏24	20♏34	21♏44	22♏54	24♏03	25♏13	26♏22	27♏32	28♏41
/⚷	6♎20	7♎18	8♎16	9♎13	10♎11	11♎08	12♎06	13♎03	13♎59	14♎56
/♃	14♐22	15♐15	16♐09	17♐03	17♐57	18♐50	19♐44	20♐37	21♐31	22♐24
/♄	14♎54	15♎45	16♎36	17♎27	18♎18	19♎08	19♎59	20♎49	21♎39	22♎29
/♅	14♑34	15♑22	16♑11	16♑59	17♑47	18♑35	19♑23	20♑10	20♑58	21♑46
/♆	0♑53	1♑42	2♑31	3♑19	4♑08	4♑56	5♑45	6♑33	7♑21	8♑10
/♇	4♐53	5♐43	6♐32	7♐22	8♐11	9♐00	9♐49	10♐38	11♐27	12♐16
/☊	26♐55	27♐38	28♐21	29♐04	29♐47	0♑32	1♑18	2♑05	2♑53	3♑41
♀/♂	12♐07	13♐04	14♐01	14♐58	15♐56	16♐53	17♐50	18♐47	19♐45	20♐42
/⚷	0♏12	0♏58	1♏43	2♏28	3♏13	3♏58	4♏43	5♏28	6♏12	6♏57
/♃	8♑14	8♑55	9♑36	10♑18	10♑59	11♑40	12♑21	13♑02	13♑44	14♑25
/♄	8♏47	9♏25	10♏03	10♏42	11♏20	11♏58	12♏36	13♏14	13♏52	14♏30
/♅	8♒27	9♒02	9♒38	10♒13	10♒49	11♒24	11♒60	12♒35	13♒11	13♒47
/♆	24♑46	25♑22	25♑58	26♑34	27♑10	27♑46	28♑22	28♑58	29♑34	0♒10
/♇	28♐46	29♐22	29♐59	0♑36	1♑13	1♑50	2♑26	3♑03	3♑40	4♑17
/☊	20♑48	21♑18	21♑48	22♑19	22♑49	23♑22	23♑55	24♑30	25♑06	25♑41
♂/⚷	14♎17	14♎48	15♎18	15♎49	16♎19	16♎50	17♎20	17♎51	18♎21	18♎51
/♃	22♐19	22♐45	23♐12	23♐38	24♐05	24♐32	24♐59	25♐26	25♐53	26♐20
/♄	22♎51	23♎15	23♎39	24♎03	24♎26	24♎50	25♎14	25♎38	26♎01	26♎25
/♅	22♑31	22♑52	23♑13	23♑34	23♑55	24♑16	24♑38	24♑59	25♑20	25♑41
/♆	8♑50	9♑12	9♑33	9♑55	10♑16	10♑38	10♑60	11♑22	11♑43	12♑05
/♇	12♐50	13♐13	13♐35	13♐57	14♐19	14♐42	15♐04	15♐26	15♐49	16♐11
/☊	4♑52	5♑08	5♑24	5♑39	5♑56	6♑14	6♑33	6♑53	7♑15	7♑36
⚷/♃	10♏24	10♏39	10♏54	11♏08	11♏23	11♏37	11♏51	12♏06	12♏20	12♏34
/♄	10♍57	11♍09	11♍21	11♍32	11♍44	11♍55	12♍06	12♍18	12♍29	12♍39
/♅	10♊37	10♊46	10♊55	11♊04	11♊13	11♊21	11♊30	11♊39	11♊47	11♊56
/♆	26♏56	27♏06	27♏15	27♏24	27♏34	27♏43	27♏52	28♏02	28♏11	28♏20
/♇	0♏56	1♏06	1♏16	1♏27	1♏37	1♏47	1♏57	2♏07	2♏16	2♏26
/☊	22♏58	23♏02	23♏06	23♏09	23♏13	23♏19	23♏25	23♏33	23♏42	23♏51
♃/♄	18♏59	19♏07	19♏14	19♏22	19♏29	19♏37	19♏45	19♏52	20♏00	20♏08
/♅	18♒39	18♒44	18♒48	18♒53	18♒58	19♒03	19♒08	19♒14	19♒19	19♒24
/♆	4♒58	5♒03	5♒09	5♒14	5♒20	5♒25	5♒31	5♒36	5♒42	5♒48
/♇	8♑58	9♑04	9♑10	9♑16	9♑22	9♑29	9♑35	9♑41	9♑48	9♑54
/☊	0♒60	0♒60	0♒59	0♒59	0♒59	1♒01	1♒04	1♒08	1♒13	1♒19
♄/♅	19♐11	19♐13	19♐15	19♐18	19♐20	19♐22	19♐24	19♐26	19♐28	19♐29
/♆	5♐30	5♐33	5♐36	5♐38	5♐41	5♐43	5♐46	5♐48	5♐51	5♐53
/♇	9♏30	9♏34	9♏37	9♏40	9♏44	9♏47	9♏50	9♏53	9♏56	9♏60
/☊	1♐32	1♐29	1♐26	1♐23	1♐20	1♐19	1♐19	1♐20	1♐22	1♐24
♅/♆	5♓10	5♓10	5♓10	5♓10	5♓10	5♓10	5♓10	5♓10	5♓10	5♓10
/♇	9♒10	9♒11	9♒11	9♒12	9♒12	9♒13	9♒14	9♒14	9♒15	9♒16
/☊	1♓12	1♓07	1♓00	0♓54	0♓49	0♓45	0♓43	0♓41	0♓41	0♓41
♆/♇	25♑29	25♑30	25♑31	25♑33	25♑34	25♑35	25♑36	25♑37	25♑38	25♑40
/☊	17♒31	17♒26	17♒21	17♒15	17♒10	17♒07	17♒05	17♒04	17♒04	17♒05
♇/☊	21♑31	21♑27	21♑22	21♑17	21♑13	21♑10	21♑09	21♑09	21♑10	21♑11

	21	22	23	24	25	26	27	28	29	30	
☉/☽	20♎49	27♎48	4♏40	11♏25	18♏06	24♏42	1♐15	7♐44	14♐11	20♐36	☉/☽
/☿	27♏42	28♏60	0♐18	1♐36	2♐53	4♐11	5♐28	6♐46	8♐04	9♐21	/☿
/♀	19♐31	20♐37	21♐43	22♐48	23♐54	25♐00	26♐06	27♐12	28♐18	29♐24	/♀
/♂	1♐11	2♐03	2♐55	3♐47	4♐39	5♐31	6♐23	7♐15	8♐07	8♐60	/♂
/⚷	17♎13	17♎52	18♎30	19♎09	19♎47	20♎26	21♎04	21♎42	22♎20	22♎58	/⚷
/♃	24♐38	25♐14	25♐50	26♐26	27♐02	27♐38	28♐15	28♐51	29♐27	0♑04	/♃
/♄	24♎40	25♎12	25♎45	26♎17	26♎49	27♎21	27♎54	28♎26	28♎58	29♎30	/♄
/♅	23♑54	24♑24	24♑54	25♑25	25♑55	26♑25	26♑55	27♑26	27♑56	28♑27	/♅
/♆	10♑18	10♑49	11♑20	11♑50	12♑21	12♑52	13♑23	13♑53	14♑24	14♑55	/♆
/♇	14♐25	14♐57	15♐28	15♐59	16♐31	17♐02	17♐33	18♐05	18♐36	19♐08	/♇
/☊	5♑49	6♑18	6♑45	7♑12	7♑36	8♑00	8♑24	8♑48	9♑13	9♑39	/☊
☽/☿	19♎28	26♎45	3♏54	10♏57	17♏54	24♏47	1♐36	8♐23	15♐06	21♐48	☽/☿
/♀	11♏17	18♏22	25♏19	2♐09	8♐55	15♐36	22♐14	28♐49	5♑20	11♑50	/♀
/♂	22♎57	29♎48	6♏31	13♏08	19♏40	26♏07	2♐31	8♐52	15♐10	21♐26	/♂
/⚷	8♍59	15♍36	22♍06	28♍30	4♎48	11♎02	17♎12	23♎19	29♎23	5♏25	/⚷
/♃	16♏24	22♏59	29♏26	5♐47	12♐03	18♐15	24♐23	0♑27	6♑30	12♑30	/♃
/♄	16♍26	22♍57	29♍21	5♎38	11♎50	17♎58	24♎02	0♏02	6♏01	11♏57	/♄
/♅	15♊40	22♐09	28♐30	4♑46	10♑56	17♑01	23♑03	29♑02	4♒59	10♒54	/♅
/♆	2♐05	8♐34	14♐56	21♐11	27♐22	3♑28	9♑30	15♑30	21♑27	27♑22	/♆
/♇	6♏11	12♏41	19♏04	25♏20	1♐31	7♐38	13♐41	19♐41	25♐39	1♑34	/♇
/☊	27♏35	4♐03	10♐21	16♐33	22♐37	28♐37	4♑32	10♑25	16♑15	22♑05	/☊
☿/♀	18♐10	19♐33	20♐56	22♐20	23♐42	25♐05	26♐28	27♐51	29♐13	0♑36	☿/♀
/♂	29♏51	0♐60	2♐09	3♐18	4♐27	5♐36	6♐45	7♐54	9♐03	10♐12	/♂
/⚷	15♎52	16♎48	17♎44	18♎40	19♎35	20♎31	21♎26	22♎21	23♎16	24♎10	/⚷
/♃	23♐17	24♐11	25♐04	25♐57	26♐50	27♐43	28♐37	29♐30	0♑23	1♑16	/♃
/♄	23♎19	24♎09	24♎59	25♎48	26♎37	27♎27	28♎16	29♎05	29♎53	0♏42	/♄
/♅	22♑33	23♑21	24♑08	24♑56	25♑43	26♑30	27♑17	28♑04	28♑52	29♑39	/♅
/♆	8♑58	9♑46	10♑34	11♑21	12♑09	12♑57	13♑44	14♑32	15♑20	16♑07	/♆
/♇	13♐05	13♐53	14♐42	15♐30	16♐19	17♐07	17♐55	18♐43	19♐31	20♐20	/♇
/☊	4♑28	5♑14	5♑59	6♑43	7♑25	8♑06	8♑46	9♑27	10♑08	10♑51	/☊
♀/♂	21♐39	22♐36	23♐34	24♐31	25♐28	26♐25	27♐23	28♐20	29♐17	0♑14	♀/♂
/⚷	7♏41	8♏25	9♏09	9♏53	10♏37	11♏20	12♏04	12♏47	13♏30	14♏13	/⚷
/♃	15♑06	15♑47	16♑29	17♑10	17♑51	18♑33	19♑14	19♑56	20♑37	21♑18	/♃
/♄	15♏08	15♏46	16♏23	17♏01	17♏38	18♏16	18♏53	19♏31	20♏08	20♏45	/♄
/♅	14♒22	14♒58	15♒33	16♒09	16♒44	17♒20	17♒55	18♒31	19♒06	19♒41	/♅
/♆	0♒46	1♒22	1♒58	2♒34	3♒10	3♒46	4♒22	4♒58	5♒34	6♒10	/♆
/♇	4♑53	5♑30	6♑07	6♑43	7♑20	7♑56	8♑33	9♑09	9♑46	10♑22	/♇
/☊	26♑17	26♑51	27♑24	27♑56	28♑26	28♑55	29♑24	29♑53	0♒23	0♒53	/☊
♂/⚷	19♎21	19♎51	20♎21	20♎51	21♎21	21♎51	22♎21	22♎50	23♎19	23♎49	♂/⚷
/♃	26♐47	27♐14	27♐41	28♐09	28♐36	29♐04	29♐31	29♐59	0♑26	0♑54	/♃
/♄	26♎49	27♎12	27♎36	27♎59	28♎23	28♎47	29♎10	29♎34	29♎57	0♏21	/♄
/♅	26♑03	26♑24	26♑46	27♑07	27♑29	27♑50	28♑12	28♑34	28♑55	29♑17	/♅
/♆	12♑27	12♑49	13♑11	13♑33	13♑55	14♑17	14♑39	15♑01	15♑23	15♑46	/♆
/♇	16♐34	16♐56	17♐19	17♐42	18♐04	18♐27	18♐50	19♐13	19♐35	19♐58	/♇
/☊	7♑57	8♑18	8♑37	8♑54	9♑10	9♑26	9♑41	9♑56	10♑12	10♑29	/☊
⚷/♃	12♏48	13♏02	13♏17	13♏30	13♏44	13♏58	14♏12	14♏26	14♏39	14♏53	⚷/♃
/♄	12♍50	13♍01	13♍11	13♍21	13♍31	13♍41	13♍51	14♍01	14♍10	14♍19	/♄
/♅	12♊04	12♊13	12♊21	12♊29	12♊37	12♊45	12♊53	13♊01	13♊08	13♊16	/♅
/♆	28♏29	28♏37	28♏46	28♏55	29♏03	29♏12	29♏20	29♏28	29♏36	29♏44	/♆
/♇	2♏35	2♏45	2♏54	3♏04	3♏13	3♏22	3♏31	3♏39	3♏48	3♏57	/♇
/☊	23♏59	24♏06	24♏12	24♏16	24♏19	24♏20	24♏22	24♏23	24♏25	24♏28	/☊
♃/♄	20♏16	20♏23	20♏31	20♏39	20♏46	20♏54	21♏02	21♏09	21♏17	21♏25	♃/♄
/♅	19♒30	19♒35	19♒41	19♒46	19♒52	19♒58	20♒03	20♒09	20♒15	20♒21	/♅
/♆	5♒54	5♒60	6♒06	6♒12	6♒18	6♒24	6♒31	6♒37	6♒43	6♒50	/♆
/♇	10♑01	10♑07	10♑14	10♑21	10♑28	10♑34	10♑41	10♑48	10♑55	11♑02	/♇
/☊	1♒24	1♒29	1♒32	1♒33	1♒34	1♒33	1♒32	1♒32	1♒32	1♒33	/☊
♄/♅	19♐31	19♐33	19♐35	19♐37	19♐39	19♐41	19♐43	19♐44	19♐46	19♐48	♄/♅
/♆	5♐56	5♐58	6♐00	6♐03	6♐05	6♐07	6♐10	6♐12	6♐14	6♐16	/♆
/♇	10♏03	10♏06	10♏09	10♏12	10♏15	10♏17	10♏20	10♏23	10♏26	10♏29	/♇
/☊	1♐26	1♐27	1♐26	1♐24	1♐21	1♐16	1♐11	1♐07	1♐03	0♐60	/☊
♅/♆	5♓10	5♓10	5♓10	5♓10	5♓11	5♓11	5♓11	5♓12	5♓12	5♓13	♅/♆
/♇	9♒17	9♒18	9♒18	9♒19	9♒20	9♒21	9♒22	9♒23	9♒24	9♒25	/♇
/☊	0♓40	0♓39	0♓36	0♓32	0♓26	0♓20	0♓13	0♓07	0♓01	29♒56	/☊
♆/♇	25♑41	25♑42	25♑44	25♑45	25♑46	25♑48	25♑49	25♑51	25♑52	25♑54	♆/♇
/☊	17♒04	17♒03	17♒01	16♒57	16♒52	16♒46	16♒40	16♒34	16♒29	16♒25	/☊
♇/☊	21♑11	21♑11	21♑09	21♑06	21♑02	20♑56	20♑51	20♑45	20♑41	20♑37	♇/☊

November 2008

December 2008

	1	2	3	4	5	6	7	8
☉/☽	27♐00	3♑25	9♑52	16♑24	23♑03	29♑52	6♒52	14♒06
/☿	10♐38	11♐56	13♐13	14♐31	15♐48	17♐05	18♐23	19♐40
/♀	0♑29	1♑35	2♑41	3♑46	4♑52	5♑58	7♑03	8♑09
/♂	9♐52	10♐44	11♐36	12♐29	13♐21	14♐13	15♐06	15♐58
/⚷	23♎36	24♎14	24♎51	25♎29	26♎06	26♎43	27♎20	27♎57
/♃	0♑40	1♑17	1♑53	2♑30	3♑06	3♑43	4♑20	4♑56
/♄	0♏02	0♏34	1♏06	1♏38	2♏10	2♏42	3♏14	3♏46
/♅	28♑57	29♑28	29♑58	0♒29	0♒59	1♒30	2♒01	2♒32
/♆	15♑26	15♑57	16♑28	16♑59	17♑30	18♑01	18♑32	19♑03
/♇	19♐39	20♐10	20♐42	21♐13	21♐45	22♐16	22♐48	23♐19
/☊	10♑06	10♑35	11♑04	11♑35	12♑06	12♑37	13♑07	13♑35
☽/☿	28♐29	5♑10	11♑54	18♑43	25♑38	2♒43	9♒60	17♒30
/♀	18♑20	24♑50	1♒22	7♒58	14♒42	21♒35	28♒40	5♓59
/♂	27♐42	3♑59	10♑17	16♑41	23♑11	29♑51	6♒43	13♒49
/⚷	11♏26	17♏28	23♏32	29♏41	5♐56	12♊21	18♊57	25♊48
/♃	18♑30	24♑31	0♒34	6♒42	12♒56	19♒20	25♒57	2♓47
/♄	17♏53	23♏49	29♏47	5♐50	12♐00	18♐19	24♊51	1♋36
/♅	16♒48	22♒42	28♒39	4♓41	10♓50	17♓08	23♓38	0♈22
/♆	3♒16	9♒11	15♒09	21♒11	27♒20	3♓38	10♓09	16♓53
/♇	7♑29	13♑25	19♑23	25♑25	1♒35	7♒54	14♒25	21♒10
/☊	27♑56	3♒49	9♒45	15♒47	21♒56	28♒14	4♓43	11♓26
☿/♀	1♑58	3♑20	4♑43	6♑05	7♑27	8♑49	10♑11	11♑33
/♂	11♐20	12♐29	13♐38	14♐47	15♐56	17♐05	18♐14	19♐23
/⚷	25♎05	25♎59	26♎53	27♎47	28♎41	29♎35	0♏28	1♏22
/♃	2♑09	3♑02	3♑55	4♑48	5♑41	6♑34	7♑27	8♑21
/♄	1♏31	2♏19	3♏08	3♏56	4♏45	5♏33	6♏21	7♏10
/♅	0♒26	1♒13	2♒00	2♒47	3♒34	4♒21	5♒09	5♒56
/♆	16♑55	17♑42	18♑30	19♑17	20♑04	20♑52	21♑39	22♑27
/♇	21♐08	21♐56	22♐44	23♐32	24♐20	25♐08	25♐56	26♐44
/☊	11♑35	12♑20	13♑06	13♑53	14♑41	15♑28	16♑14	16♑60
♀/♂	1♑11	2♑09	3♑06	4♑03	4♑60	5♑57	6♑54	7♑51
/⚷	14♏56	15♏38	16♏21	17♏03	17♏45	18♏27	19♏08	19♏50
/♃	21♑60	22♑41	23♑22	24♑04	24♑45	25♑26	26♑08	26♑49
/♄	21♏22	21♏59	22♏36	23♏12	23♏49	24♏25	25♏02	25♏38
/♅	20♒17	20♒52	21♒28	22♒03	22♒38	23♒14	23♒49	24♒24
/♆	6♒46	7♒21	7♒57	8♒33	9♒09	9♒44	10♒20	10♒55
/♇	10♑59	11♑35	12♑11	12♑47	13♑24	13♑60	14♑36	15♑12
/☊	1♒26	1♒59	2♒34	3♒09	3♒45	4♒20	4♒55	5♒28
♂/⚷	24♎18	24♎47	25♎16	25♎45	26♎14	26♎43	27♎11	27♎40
/♃	1♑22	1♑50	2♑18	2♑46	3♑14	3♑42	4♑11	4♑39
/♄	0♏44	1♏08	1♏31	1♏55	2♏18	2♏41	3♏05	3♏28
/♅	29♑39	0♒01	0♒23	0♒45	1♒07	1♒29	1♒52	2♒14
/♆	16♑08	16♑30	16♑53	17♑15	17♑38	18♑00	18♑23	18♑45
/♇	20♐21	20♐44	21♐07	21♐30	21♐53	22♐16	22♐39	23♐02
/☊	10♑48	11♑08	11♑29	11♑51	12♑14	12♑36	12♑57	13♑18
⚷/♃	15♏06	15♏20	15♏33	15♏46	15♏59	16♏12	16♏25	16♏38
/♄	14♍28	14♍37	14♍46	14♍55	15♍03	15♍11	15♍19	15♍27
/♅	13♊23	13♊31	13♊38	13♊45	13♊52	13♊59	14♊06	14♊13
/♆	29♏52	29♏60	0♐08	0♐15	0♐23	0♐30	0♐37	0♐44
/♇	4♏05	4♏14	4♏22	4♏30	4♏38	4♏46	4♏53	5♏01
/☊	24♏32	24♏38	24♏44	24♏51	24♏59	25♏06	25♏12	25♏17
♃/♄	21♏33	21♏40	21♏48	21♏55	22♏03	22♏11	22♏18	22♏26
/♅	20♒27	20♒34	20♒40	20♒46	20♒53	20♒59	21♒05	21♒12
/♆	6♒56	7♒03	7♒09	7♒16	7♒23	7♒30	7♒36	7♒43
/♇	11♑09	11♑16	11♑24	11♑31	11♑38	11♑45	11♑53	11♑60
/☊	1♒36	1♒41	1♒46	1♒52	1♒59	2♒05	2♒11	2♒16
♄/♅	19♐50	19♐51	19♐53	19♐55	19♐56	19♐58	19♐59	20♐01
/♆	6♐18	6♐20	6♐23	6♐25	6♐27	6♐29	6♐30	6♐32
/♇	10♏31	10♏34	10♏37	10♏39	10♏42	10♏44	10♏47	10♏49
/☊	0♐58	0♐58	0♐59	1♐01	1♐03	1♐04	1♐05	1♐05
♅/♆	5♓13	5♓14	5♓15	5♓15	5♓16	5♓17	5♓17	5♓18
/♇	9♒26	9♒28	9♒29	9♒30	9♒31	9♒32	9♒34	9♒35
/☊	29♒53	29♒52	29♒51	29♒51	29♒52	29♒53	29♒52	29♒51
♆/♇	25♑55	25♑57	25♑58	25♑60	26♑01	26♑03	26♑05	26♑06
/☊	16♒22	16♒21	16♒21	16♒21	16♒22	16♒23	16♒23	16♒22
♇/☊	20♑35	20♑34	20♑35	20♑36	20♑38	20♑39	20♑39	20♑39

	9	10	11	12	13	14	15	16
☉/☽	21♒35	29♒20	7♓16	15♓22	23♍33	1♎41	9♎43	17♎34
/☿	20♐58	22♐15	23♐32	24♐50	26♐07	27♐25	28♐42	29♐60
/♀	9♑14	10♑19	11♑25	12♑30	13♑35	14♑40	15♑45	16♑50
/♂	16♐51	17♐43	18♐36	19♐29	20♐21	21♐14	22♐06	22♐59
/⚷	28♎34	29♎11	29♎47	0♏24	1♏00	1♏36	2♏12	2♏48
/♃	5♑33	6♑10	6♑47	7♑24	8♑01	8♑38	9♑15	9♑52
/♄	4♏17	4♏49	5♏21	5♏52	6♏24	6♏55	7♏27	7♏58
/♅	3♒02	3♒33	4♒04	4♒35	5♒06	5♒37	6♒07	6♒38
/♆	19♑34	20♑05	20♑36	21♑07	21♑38	22♑10	22♑41	23♑12
/♇	23♐51	24♐23	24♐54	25♐26	25♐57	26♐29	27♐00	27♐32
/☊	14♑03	14♑30	14♑57	15♑23	15♑50	16♑18	16♑47	17♑17
☽/☿	25♒16	3♓17	11♓30	19♓53	28♓19	6♎44	15♎02	23♎10
/♀	13♓32	21♓21	29♓22	7♈32	15♈47	23♈59	2♉05	10♏00
/♂	21♒09	28♒45	6♓33	14♓31	22♍33	0♎33	8♎26	16♎09
/⚷	2♋53	10♋13	17♋45	25♋26	3♌12	10♌55	18♌32	25♌58
/♃	9♓52	17♓12	24♓44	2♈26	10♈12	17♈57	25♎35	3♏02
/♄	8♋36	15♋51	23♋18	0♌55	8♌35	16♌14	23♌47	1♍08
/♅	7♈21	14♈35	22♈01	29♈37	7♉17	14♉56	22♉27	29♉49
/♆	23♓52	1♈07	8♈34	16♈10	23♈50	1♉29	9♉01	16♉22
/♇	28♒10	5♓24	12♓52	20♓28	28♓09	5♎48	13♎21	20♎42
/☊	18♓22	25♓32	2♈54	10♈26	18♈02	25♈37	3♉07	10♏27
☿/♀	12♑55	14♑16	15♑38	16♑60	18♑21	19♑43	21♑05	22♑26
/♂	20♐31	21♐40	22♐50	23♐59	25♐08	26♐17	27♐26	28♐35
/⚷	2♏15	3♏08	4♏01	4♏54	5♏47	6♏39	7♏32	8♏24
/♃	9♑14	10♑07	11♑00	11♑54	12♑47	13♑41	14♑34	15♑28
/♄	7♏58	8♏46	9♏34	10♏22	11♏10	11♏58	12♏46	13♏34
/♅	6♒43	7♒30	8♒17	9♒05	9♒52	10♒40	11♒27	12♒14
/♆	23♑15	24♑02	24♑50	25♑37	26♑25	27♑13	28♑00	28♑48
/♇	27♐32	28♐20	29♐08	29♐56	0♑44	1♑32	2♑20	3♑08
/☊	17♑44	18♑27	19♑10	19♑53	20♑37	21♑21	22♑06	22♑53
♀/♂	8♑48	9♑45	10♑42	11♑38	12♑35	13♑32	14♑29	15♑25
/⚷	20♏31	21♏12	21♏53	22♏34	23♏14	23♏54	24♏34	25♏14
/♃	27♑30	28♑11	28♑53	29♑34	0♒15	0♒56	1♒37	2♒18
/♄	26♏14	26♏50	27♏26	28♏02	28♏38	29♏13	29♏49	0♐24
/♅	24♒59	25♒34	26♒10	26♒45	27♒20	27♒55	28♒30	29♒05
/♆	11♒31	12♒06	12♒42	13♒17	13♒52	14♒28	15♒03	15♒38
/♇	15♑48	16♑24	16♑60	17♑36	18♑11	18♑47	19♑23	19♑58
/☊	6♒00	6♒32	7♒02	7♒33	8♒04	8♒36	9♒09	9♒43
♂/⚷	28♎08	28♎36	29♎04	29♎32	0♏00	0♏28	0♏56	1♏23
/♃	5♑07	5♑36	6♑04	6♑32	7♑01	7♑30	7♑58	8♑27
/♄	3♏51	4♏14	4♏38	5♏01	5♏24	5♏47	6♏10	6♏33
/♅	2♒36	2♒59	3♒21	3♒43	4♒06	4♒28	4♒51	5♒14
/♆	19♑08	19♑30	19♑53	20♑16	20♑39	21♑01	21♑24	21♑47
/♇	23♐25	23♐48	24♐11	24♐34	24♐58	25♐21	25♐44	26♐07
/☊	13♑37	13♑56	14♑14	14♑32	14♑50	15♑10	15♑31	15♑52
⚷/♃	16♏50	17♏03	17♏15	17♏28	17♏40	17♏52	18♏04	18♏16
/♄	15♍35	15♍42	15♍49	15♍56	16♍03	16♍10	16♍16	16♍22
/♅	14♊20	14♊26	14♊32	14♊39	14♊45	14♊51	14♊57	15♊02
/♆	0♐51	0♐58	1♐05	1♐11	1♐18	1♐24	1♐30	1♐36
/♇	5♏08	5♏16	5♏23	5♏30	5♏36	5♏43	5♏50	5♏56
/☊	25♏21	25♏23	25♏25	25♏27	25♏29	25♏32	25♏36	25♏41
♃/♄	22♏34	22♏41	22♏49	22♏56	23♏04	23♏11	23♏19	23♏26
/♅	21♒19	21♒25	21♒32	21♒39	21♒46	21♒52	21♒59	22♒06
/♆	7♒50	7♒57	8♒04	8♒11	8♒18	8♒25	8♒33	8♒40
/♇	12♑07	12♑15	12♑22	12♑30	12♑37	12♑45	12♑52	12♑60
/☊	2♒20	2♒22	2♒25	2♒27	2♒30	2♒34	2♒39	2♒45
♄/♅	20♐03	20♐04	20♐06	20♐07	20♐08	20♐10	20♐11	20♐13
/♆	6♐34	6♐36	6♐38	6♐40	6♐41	6♐43	6♐45	6♐46
/♇	10♏51	10♏54	10♏56	10♏58	11♏00	11♏02	11♏04	11♏06
/☊	1♐04	1♐01	0♐58	0♐55	0♐53	0♐51	0♐51	0♐51
♅/♆	5♓19	5♓20	5♓21	5♓22	5♓23	5♓24	5♓25	5♓26
/♇	9♒36	9♒38	9♒39	9♒41	9♒42	9♒44	9♒45	9♒47
/☊	29♒49	29♒45	29♒42	29♒38	29♒35	29♒33	29♒32	29♒32
♆/♇	26♑08	26♑10	26♑11	26♑13	26♑15	26♑17	26♑18	26♑20
/☊	16♒20	16♒17	16♒14	16♒10	16♒08	16♒06	16♒05	16♒05
♇/☊	20♑37	20♑35	20♑32	20♑29	20♑26	20♑25	20♑25	20♑25

	17	18	19	20	21	22	23	24
☉/☽	25♎12	2♏37	9♏49	16♏49	23♏39	0♐21	6♐57	13♐29
/☿	1♑17	2♑35	3♑52	5♑09	6♑26	7♑43	8♑60	10♑16
/♀	17♑55	18♑60	20♑05	21♑09	22♑14	23♑18	24♑23	25♑27
/♂	23♐52	24♐45	25♐37	26♐30	27♐23	28♐16	29♐09	0♑02
/⚷	3♏23	3♏59	4♏34	5♏09	5♏44	6♏19	6♏54	7♏28
/♃	10♑29	11♑06	11♑43	12♑20	12♑58	13♑35	14♑12	14♑49
/♄	8♏29	9♏01	9♏32	10♏03	10♏34	11♏06	11♏37	12♏08
/♅	7♒09	7♒40	8♒12	8♒43	9♒14	9♒45	10♒16	10♒47
/♆	23♑43	24♑14	24♑46	25♑17	25♑48	26♑20	26♑51	27♑22
/♇	28♐04	28♐35	29♐07	29♐39	0♑10	0♑42	1♑14	1♑45
/☊	17♑48	18♑19	18♑50	19♑21	19♑50	20♑19	20♑47	21♑14
☽/☿	1♏05	8♏46	16♏13	23♏30	0♐36	7♐34	14♐25	21♐12
/♀	17♏42	25♏11	2♐26	9♐30	16♐23	23♐09	29♐48	6♑23
/♂	23♎39	0♏56	7♏59	14♏51	21♏33	28♏07	4♐34	10♐58
/⚷	3♍11	10♍10	16♍56	23♍30	29♍54	6♎10	12♎19	18♎24
/♃	10♏16	17♏17	24♏05	0♐41	7♐07	13♐25	19♐38	25♐45
/♄	8♍17	15♍12	21♍54	28♍24	4♎44	10♎56	17♎02	23♎04
/♅	6♊57	13♊51	20♐33	27♐03	3♑23	9♑35	15♑42	21♑43
/♆	23♏31	0♐25	7♐07	13♐37	19♐58	26♐10	2♑17	8♑18
/♇	27♎51	4♏46	11♏29	17♏59	24♏20	0♐32	6♐39	12♐41
/☊	17♏35	24♏30	1♐12	7♐41	13♐60	20♐10	26♐12	2♑10
☿/♀	23♑47	25♑08	26♑29	27♑50	29♑11	0♒31	1♒51	3♒11
/♂	29♐44	0♑53	2♑02	3♑11	4♑20	5♑29	6♑37	7♑46
/⚷	9♏16	10♏08	10♏59	11♏50	12♏41	13♏32	14♏22	15♏12
/♃	16♑21	17♑15	18♑08	19♑01	19♑55	20♑48	21♑40	22♑33
/♄	14♏22	15♏09	15♏57	16♏44	17♏31	18♏18	19♏05	19♏51
/♅	13♒02	13♒49	14♒36	15♒24	16♒11	16♒58	17♒45	18♒31
/♆	29♑35	0♒23	1♒11	1♒58	2♒45	3♒33	4♒19	5♒06
/♇	3♑56	4♑44	5♑32	6♑20	7♑07	7♑55	8♑42	9♑29
/☊	23♑40	24♑28	25♑15	26♑02	26♑47	27♑32	28♑15	28♑58
♀/♂	16♑22	17♑18	18♑15	19♑11	20♑08	21♑04	22♑00	22♑56
/⚷	25♏53	26♏33	27♏12	27♏50	28♏29	29♏07	29♏45	0♐23
/♃	2♒59	3♒40	4♒21	5♒01	5♒42	6♒23	7♒03	7♒44
/♄	0♐59	1♐35	2♐09	2♐44	3♐19	3♐54	4♐28	5♐02
/♅	29♒39	0♓14	0♓49	1♓24	1♓58	2♓33	3♓07	3♓42
/♆	16♒13	16♒48	17♒23	17♒58	18♒33	19♒08	19♒42	20♒17
/♇	20♑34	21♑09	21♑44	22♑20	22♑55	23♑30	24♑05	24♑40
/☊	10♒18	10♒53	11♒28	12♒02	12♒35	13♒07	13♒38	14♒09
♂/⚷	1♏50	2♏18	2♏45	3♏12	3♏38	4♏05	4♏31	4♏58
/♃	8♑56	9♑25	9♑54	10♑22	10♑51	11♑20	11♑50	12♑19
/♄	6♏56	7♏19	7♏42	8♏05	8♏28	8♏51	9♏14	9♏37
/♅	5♒36	5♒59	6♒22	6♒45	7♒08	7♒31	7♒54	8♒17
/♆	22♑10	22♑33	22♑56	23♑19	23♑42	24♑05	24♑29	24♑52
/♇	26♐31	26♐54	27♐17	27♐41	28♐04	28♐28	28♐51	29♐15
/☊	16♑15	16♑38	17♑01	17♑23	17♑44	18♑05	18♑24	18♑43
⚷/♃	18♏27	18♏39	18♏50	19♏02	19♏13	19♏24	19♏34	19♏45
/♄	16♍28	16♍34	16♍39	16♍44	16♍50	16♍54	16♍59	17♍03
/♅	15♊08	15♊13	15♊19	15♊24	15♊29	15♊34	15♊38	15♊43
/♆	1♐42	1♐47	1♐53	1♐58	2♐03	2♐08	2♐13	2♐18
/♇	6♏02	6♏08	6♏14	6♏20	6♏25	6♏31	6♏36	6♏41
/☊	25♏46	25♏52	25♏57	26♏02	26♏05	26♏08	26♏09	26♏10
♃/♄	23♏33	23♏41	23♏48	23♏55	24♏03	24♏10	24♏17	24♏24
/♅	22♒13	22♒20	22♒28	22♒35	22♒42	22♒49	22♒57	23♒04
/♆	8♒47	8♒54	9♒02	9♒09	9♒17	9♒24	9♒32	9♒39
/♇	13♑08	13♑15	13♑23	13♑31	13♑39	13♑46	13♑54	14♑02
/☊	2♒52	2♒59	3♒06	3♒13	3♒19	3♒23	3♒27	3♒31
♄/♅	20♐14	20♐15	20♐16	20♐18	20♐19	20♐20	20♐21	20♐22
/♆	6♐48	6♐49	6♐51	6♐52	6♐53	6♐55	6♐56	6♐57
/♇	11♏08	11♏10	11♏12	11♏14	11♏15	11♏17	11♏19	11♏20
/☊	0♐52	0♐54	0♐55	0♐56	0♐55	0♐54	0♐52	0♐49
♅/♆	5♓28	5♓29	5♓30	5♓31	5♓33	5♓34	5♓36	5♓37
/♇	9♒48	9♒50	9♒51	9♒53	9♒55	9♒56	9♒58	9♒60
/☊	29♒32	29♒34	29♒35	29♒35	29♒35	29♒34	29♒31	29♒29
♆/♇	26♑22	26♑24	26♑26	26♑27	26♑29	26♑31	26♑33	26♑35
/☊	16♒06	16♒08	16♒09	16♒10	16♒09	16♒08	16♒06	16♒04
♇/☊	20♑27	20♑28	20♑30	20♑31	20♑31	20♑31	20♑29	20♑27

	25	26	27	28	29	30	31
☉/☽	19♐57	26♐23	2♑49	9♑14	15♑40	22♑08	28♑39
/☿	11♑32	12♑48	14♑03	15♑18	16♑31	17♑44	18♑55
/♀	26♑31	27♑36	28♑40	29♑44	0♒48	1♒51	2♒55
/♂	0♑55	1♑48	2♑41	3♑34	4♑27	5♑20	6♑13
/⚷	8♏02	8♏37	9♏10	9♏44	10♏18	10♏51	11♏24
/♃	15♑27	16♑04	16♑41	17♑19	17♑56	18♑34	19♑11
/♄	12♏39	13♏10	13♏40	14♏11	14♏42	15♏13	15♏43
/♅	11♒19	11♒50	12♒21	12♒53	13♒24	13♒55	14♒27
/♆	27♑54	28♑25	28♑57	29♑28	29♑60	0♒31	1♒02
/♇	2♑17	2♑49	3♑20	3♑52	4♑24	4♑55	5♑27
/☊	21♑41	22♑08	22♑36	23♑04	23♑33	24♑03	24♑33
☽/☿	27♐56	4♑36	11♑16	17♑54	24♑33	1♒12	7♒53
/♀	12♑55	19♑24	25♑52	2♒20	8♒49	15♒20	21♒53
/♂	17♐18	23♐36	29♐54	6♑11	12♑29	18♑49	25♑11
/⚷	24♎26	0♏25	6♏23	12♏21	18♏19	24♏19	0♐22
/♃	1♑50	7♑53	13♑54	19♑56	25♑58	2♒02	8♒09
/♄	29♎02	4♏58	10♏53	16♏48	22♏44	28♏41	4♐41
/♅	27♑42	3♒38	9♒34	15♒29	21♒26	27♒24	3♓25
/♆	14♑17	20♑14	26♑09	2♒05	8♒01	13♒59	20♒00
/♇	18♐40	24♐37	0♑33	6♑29	12♑25	18♑24	24♑25
/☊	8♑04	13♑56	19♑48	25♑41	1♒34	7♒31	13♒31
☿/♀	4♒30	5♒49	7♒07	8♒24	9♒40	10♒55	12♒09
/♂	8♑54	10♑01	11♑08	12♑14	13♑20	14♑24	15♑28
/⚷	16♏01	16♏50	17♏37	18♏24	19♏10	19♏55	20♏38
/♃	23♑25	24♑17	25♑08	25♑59	26♑49	27♑38	28♑26
/♄	20♏37	21♏23	22♏07	22♏51	23♏35	24♏17	24♏58
/♅	19♒17	20♒03	20♒48	21♒33	22♒17	22♒59	23♒41
/♆	5♒52	6♒38	7♒24	8♒08	8♒52	9♒35	10♒17
/♇	10♑16	11♑02	11♑47	12♑32	13♑16	13♑59	14♑41
/☊	29♑40	0♒21	1♒03	1♒44	2♒25	3♒07	3♒48
♀/♂	23♑53	24♑49	25♑45	26♑40	27♑36	28♑32	29♑28
/⚷	1♐00	1♐37	2♐14	2♐51	3♐27	4♐03	4♐38
/♃	8♒24	9♒05	9♒45	10♒25	11♒05	11♒45	12♒25
/♄	5♐36	6♐10	6♐44	7♐18	7♐51	8♐24	8♐58
/♅	4♓16	4♓51	5♓25	5♓59	6♓33	7♓07	7♓41
/♆	20♒51	21♒26	22♒00	22♒34	23♒09	23♒43	24♒17
/♇	25♑15	25♑49	26♑24	26♑58	27♑33	28♑07	28♑41
/☊	14♒39	15♒09	15♒39	16♒10	16♒42	17♒14	17♒48
♂/⚷	5♏24	5♏50	6♏15	6♏41	7♏06	7♏32	7♏57
/♃	12♑48	13♑17	13♑46	14♑16	14♑45	15♑14	15♑44
/♄	9♏60	10♏23	10♏45	11♏08	11♏31	11♏53	12♏16
/♅	8♒40	9♒03	9♒26	9♒49	10♒13	10♒36	10♒59
/♆	25♑15	25♑38	26♑02	26♑25	26♑48	27♑12	27♑35
/♇	29♐38	0♑02	0♑25	0♑49	1♑12	1♑36	1♑60
/☊	19♑02	19♑21	19♑40	20♑01	20♑22	20♑43	21♑06
⚷/♃	19♏55	20♏06	20♏16	20♏26	20♏36	20♏45	20♏55
/♄	17♍07	17♍11	17♍15	17♍18	17♍21	17♍24	17♍27
/♅	15♊47	15♊52	15♊56	15♊59	16♊03	16♊07	16♊10
/♆	2♐23	2♐27	2♐31	2♐35	2♐39	2♐42	2♐46
/♇	6♏46	6♏50	6♏55	6♏59	7♏03	7♏07	7♏10
/☊	26♏10	26♏10	26♏10	26♏11	26♏12	26♏14	26♏17
♃/♄	24♏32	24♏39	24♏46	24♏53	24♏60	25♏07	25♏14
/♅	23♒12	23♒19	23♒27	23♒34	23♒42	23♒49	23♒57
/♆	9♒47	9♒54	10♒02	10♒10	10♒17	10♒25	10♒33
/♇	14♑10	14♑18	14♑26	14♑34	14♑41	14♑49	14♑57
/☊	3♒34	3♒37	3♒41	3♒45	3♒51	3♒57	4♒04
♄/♅	20♐23	20♐24	20♐26	20♐26	20♐27	20♐28	20♐29
/♆	6♐59	6♐60	7♐01	7♐02	7♐03	7♐04	7♐05
/♇	11♏22	11♏23	11♏25	11♏26	11♏27	11♏28	11♏30
/☊	0♐46	0♐43	0♐40	0♐38	0♐36	0♐36	0♐36
♅/♆	5♓39	5♓40	5♓42	5♓43	5♓45	5♓47	5♓48
/♇	10♒02	10♒04	10♒05	10♒07	10♒09	10♒11	10♒13
/☊	29♒26	29♒23	29♒21	29♒19	29♒18	29♒18	29♒19
♆/♇	26♑37	26♑39	26♑41	26♑43	26♑45	26♑47	26♑49
/☊	16♒01	15♒58	15♒56	15♒55	15♒54	15♒54	15♒55
♇/☊	20♑24	20♑22	20♑20	20♑18	20♑18	20♑18	20♑20

December 2008

January 2009

	1	2	3	4	5	6	7	8	9	10	11	12	13	14	15	16
☉/☽	5♒14	11♒55	18♒44	25♒43	2♓53	10♓17	17♓53	25♓42	3♈40	11♈45	19♈52	27♎56	5♏51	13♏36	21♏07	28♏24
/☿	20♑05	21♑14	22♑20	23♑24	24♑26	25♑25	26♑20	27♑11	27♑58	28♑41	29♑18	29♑50	0♒16	0♒36	0♒50	0♒58
/♀	3♒58	5♒02	6♒05	7♒08	8♒11	9♒14	10♒17	11♒19	12♒21	13♒24	14♒26	15♒27	16♒29	17♒30	18♒32	19♒33
/♂	7♑07	7♑60	8♑53	9♑46	10♑39	11♑33	12♑26	13♑19	14♑12	15♑06	15♑59	16♑53	17♑46	18♑39	19♑33	20♑26
/⚷	11♏57	12♏30	13♏02	13♏35	14♏07	14♏38	15♏10	15♏42	16♏13	16♏44	17♏15	17♏45	18♏16	18♏46	19♏16	19♏45
/♃	19♑49	20♑26	21♑04	21♑41	22♑19	22♑56	23♑34	24♑11	24♑49	25♑27	26♑04	26♑42	27♑19	27♑57	28♑35	29♑12
/♄	16♏14	16♏45	17♏15	17♏45	18♏16	18♏46	19♏16	19♏47	20♏17	20♏47	21♏17	21♏47	22♏17	22♏47	23♏16	23♏46
/♅	14♒58	15♒30	16♒01	16♒32	17♒04	17♒36	18♒07	18♒39	19♒10	19♒42	20♒13	20♒45	21♒17	21♒48	22♒20	22♒52
/♆	1♒34	2♒05	2♒37	3♒08	3♒40	4♒12	4♒43	5♒15	5♒46	6♒18	6♒49	7♒21	7♒52	8♒24	8♒56	9♒27
/♇	5♑59	6♑30	7♑02	7♑34	8♑05	8♑37	9♑09	9♑40	10♑12	10♑43	11♑15	11♑47	12♑18	12♑50	13♑21	13♑53
/☊	25♑05	25♑36	26♑08	26♑39	27♑09	27♑39	28♑09	28♑38	29♑07	29♑36	0♒06	0♒36	1♒07	1♒38	2♒09	2♒40
☽/☿	14♒37	21♒25	28♒20	5♓22	12♓33	19♓54	27♓24	5♈03	12♈48	20♈34	28♈17	5♉51	13♏11	20♏14	26♏59	3♐24
/♀	28♒30	5♓14	12♓05	19♓06	26♓18	3♈43	11♈21	19♈11	27♈11	5♉17	13♉24	21♉28	29♉24	7♊09	14♐40	21♐58
/♂	1♒38	8♒12	14♒53	21♒44	28♒46	6♓02	13♓30	21♓11	29♓02	6♈59	14♎58	22♎54	0♏41	8♏18	15♏42	22♏51
/⚷	6♐29	12♐42	19♊02	25♊13	2♋13	9♋07	16♋14	23♋33	1♌02	8♌37	16♌13	23♌46	1♍11	8♍24	15♍24	22♍10
/♃	14♒21	20♒38	27♒04	3♓39	10♓26	17♓25	24♓38	2♈03	9♈38	17♈20	25♈03	2♏43	10♏15	17♏36	24♏43	1♐37
/♄	10♐46	16♐56	23♊15	29♊43	6♋23	13♋15	20♋21	27♋38	5♌06	12♌40	20♌16	27♌48	5♍12	12♍25	19♍25	26♍11
/♅	9♓30	15♓41	22♓01	28♓30	5♈11	12♈04	19♈11	26♈30	3♉59	11♉35	19♉12	26♉46	4♊12	11♊27	18♊29	25♐17
/♆	26♒06	2♓17	8♓37	15♓06	21♓47	28♓40	5♈47	13♈06	20♈35	28♈11	5♉48	13♉22	20♉48	28♏03	5♐04	11♐52
/♇	0♒30	6♒42	13♒02	19♒31	26♒12	3♓06	10♓13	17♓32	25♓01	2♎37	10♎14	17♎48	25♎14	2♏29	9♏30	16♏18
/☊	19♒37	25♒48	2♓07	8♓36	15♓16	22♓08	29♓13	6♈30	13♈56	21♈29	29♈05	6♉37	14♏02	21♏16	28♏18	5♐05
☿/♀	13♒22	14♒32	15♒41	16♒47	17♒51	18♒51	19♒48	20♒40	21♒29	22♒12	22♒50	23♒22	23♒49	24♒09	24♒23	24♒32
/♂	16♑30	17♑30	18♑29	19♑25	20♑19	21♑10	21♑57	22♑41	23♑20	23♑54	24♑24	24♑48	25♑06	25♑18	25♑25	25♑25
/⚷	21♏20	22♏00	22♏38	23♏13	23♏46	24♏15	24♏41	25♏03	25♏20	25♏32	25♏39	25♏40	25♏35	25♏24	25♏07	24♏45
/♃	29♑12	29♑57	0♒40	1♒20	1♒58	2♒33	3♒05	3♒33	3♒56	4♒15	4♒29	4♒37	4♒39	4♒36	4♒26	4♒12
/♄	25♏37	26♏15	26♏51	27♏24	27♏55	28♏23	28♏47	29♏08	29♏24	29♏35	29♏41	29♏42	29♏37	29♏25	29♏08	28♏45
/♅	24♒21	25♒00	25♒37	26♒11	26♒43	27♒12	27♒38	27♒60	28♒18	28♒30	28♒38	28♒40	28♒37	28♒27	28♒12	27♒51
/♆	10♒57	11♒36	12♒13	12♒47	13♒19	13♒48	14♒14	14♒36	14♒53	15♒06	15♒14	15♒16	15♒12	15♒03	14♒47	14♒26
/♇	15♑22	16♑01	16♑38	17♑13	17♑45	18♑14	18♑40	19♑02	19♑19	19♑32	19♑40	19♑42	19♑38	19♑29	19♑13	18♑52
/☊	4♒28	5♒07	5♒43	6♒18	6♒49	7♒16	7♒40	7♒59	8♒14	8♒25	8♒31	8♒31	8♒27	8♒16	8♒01	7♒39
♀/♂	0♒23	1♒18	2♒14	3♒09	4♒04	4♒59	5♒54	6♒48	7♒43	8♒37	9♒31	10♒25	11♒19	12♒13	13♒06	13♒60
/⚷	5♐13	5♐48	6♐23	6♐57	7♐31	8♐05	8♐38	9♐11	9♐43	10♐15	10♐47	11♐18	11♐49	12♐19	12♐49	13♐19
/♃	13♒05	13♒45	14♒24	15♒04	15♒43	16♒22	17♒02	17♒40	18♒19	18♒58	19♒36	20♒15	20♒53	21♒30	22♒08	22♒46
/♄	9♐30	10♐03	10♐36	11♐08	11♐40	12♐12	12♐44	13♐16	13♐47	14♐18	14♐49	15♐20	15♐50	16♐20	16♐50	17♐20
/♅	8♓15	8♓48	9♓22	9♓55	10♓29	11♓02	11♓35	12♓08	12♓40	13♓13	13♓46	14♓18	14♓50	15♓22	15♓54	16♓25
/♆	24♒50	25♒24	25♒58	26♒31	27♒04	27♒38	28♒11	28♒44	29♒16	29♒49	0♓21	0♓54	1♓26	1♓57	2♓29	3♓01
/♇	29♑15	29♑49	0♒23	0♒56	1♒30	2♒03	2♒36	3♒09	3♒42	4♒15	4♒47	5♒19	5♒52	6♒23	6♒55	7♒27
/☊	18♒21	18♒55	19♒28	20♒01	20♒34	21♒05	21♒36	22♒07	22♒37	23♒08	23♒38	24♒09	24♒40	25♒11	25♒42	26♒13
♂/⚷	8♏22	8♏46	9♏11	9♏35	9♏59	10♏23	10♏47	11♏11	11♏34	11♏57	12♏20	12♏43	13♏06	13♏28	13♏50	14♏12
/♃	16♑13	16♑43	17♑12	17♑42	18♑12	18♑41	19♑11	19♑41	20♑10	20♑40	21♑10	21♑40	22♑10	22♑39	23♑09	23♑39
/♄	12♏39	13♏01	13♏24	13♏46	14♏09	14♏31	14♏53	15♏16	15♏38	16♏00	16♏23	16♏45	17♏07	17♏29	17♏51	18♏13
/♅	11♒23	11♒46	12♒10	12♒33	12♒57	13♒20	13♒44	14♒08	14♒32	14♒55	15♒19	15♒43	16♒07	16♒31	16♒55	17♒19
/♆	27♑59	28♑22	28♑46	29♑09	29♑33	29♑56	0♒20	0♒44	1♒07	1♒31	1♒55	2♒19	2♒43	3♒06	3♒30	3♒54
/♇	2♑23	2♑47	3♑11	3♑34	3♑58	4♑22	4♑46	5♑09	5♑33	5♑57	6♑21	6♑45	7♑09	7♑32	7♑56	8♑20
/☊	21♑29	21♑53	22♑16	22♑39	23♑02	23♑24	23♑46	24♑07	24♑28	24♑50	25♑12	25♑34	25♑57	26♑20	26♑44	27♑07
⚷/♃	21♏04	21♏13	21♏22	21♏30	21♏39	21♏47	21♏55	22♏03	22♏11	22♏18	22♏25	22♏32	22♏39	22♏46	22♏52	22♏58
/♄	17♍29	17♍31	17♍33	17♍35	17♍36	17♍37	17♍38	17♍38	17♍38	17♍38	17♍38	17♍37	17♍37	17♍35	17♍34	17♍32
/♅	16♊13	16♊16	16♊19	16♊22	16♊24	16♊26	16♊28	16♊30	16♊32	16♊33	16♊35	16♊36	16♊37	16♊37	16♊38	16♊38
/♆	2♐49	2♐52	2♐55	2♐58	2♐60	3♐02	3♐04	3♐06	3♐08	3♐09	3♐10	3♐11	3♐12	3♐13	3♐13	3♐13
/♇	7♏14	7♏17	7♏20	7♏23	7♏25	7♏28	7♏30	7♏32	7♏33	7♏35	7♏36	7♏37	7♏38	7♏39	7♏39	7♏39
/☊	26♏20	26♏23	26♏26	26♏28	26♏29	26♏30	26♏30	26♏29	26♏29	26♏28	26♏27	26♏27	26♏27	26♏27	26♏26	26♏26
♃/♄	25♏21	25♏28	25♏34	25♏41	25♏48	25♏55	26♏01	26♏08	26♏15	26♏21	26♏28	26♏34	26♏40	26♏47	26♏53	26♏59
/♅	24♒05	24♒13	24♒20	24♒28	24♒36	24♒44	24♒52	25♒00	25♒08	25♒16	25♒24	25♒32	25♒40	25♒49	25♒57	26♒05
/♆	10♒41	10♒48	10♒56	11♒04	11♒12	11♒20	11♒28	11♒36	11♒44	11♒52	11♒60	12♒08	12♒16	12♒24	12♒32	12♒40
/♇	15♑05	15♑13	15♑21	15♑29	15♑37	15♑45	15♑54	16♑02	16♑10	16♑18	16♑26	16♑34	16♑42	16♑50	16♑58	17♑06
/☊	4♒11	4♒19	4♒27	4♒34	4♒41	4♒48	4♒54	4♒59	5♒05	5♒11	5♒17	5♒23	5♒30	5♒38	5♒45	5♒53
♄/♅	20♐30	20♐31	20♐32	20♐32	20♐33	20♐34	20♐35	20♐35	20♐36	20♐36	20♐37	20♐37	20♐38	20♐38	20♐39	20♐39
/♆	7♐06	7♐07	7♐08	7♐08	7♐09	7♐10	7♐11	7♐11	7♐12	7♐12	7♐13	7♐13	7♐13	7♐14	7♐14	7♐14
/♇	11♏31	11♏32	11♏33	11♏34	11♏35	11♏35	11♏36	11♏37	11♏37	11♏38	11♏39	11♏39	11♏39	11♏40	11♏40	11♏40
/☊	0♐37	0♐38	0♐38	0♐39	0♐38	0♐38	0♐36	0♐34	0♐33	0♐31	0♐29	0♐28	0♐28	0♐27	0♐27	0♐27
♅/♆	5♓50	5♓52	5♓54	5♓56	5♓57	5♓59	6♓01	6♓03	6♓05	6♓07	6♓09	6♓11	6♓13	6♓16	6♓18	6♓20
/♇	10♒15	10♒17	10♒19	10♒21	10♒23	10♒25	10♒27	10♒29	10♒31	10♒33	10♒35	10♒37	10♒39	10♒42	10♒44	10♒46
/☊	29♒21	29♒23	29♒24	29♒26	29♒27	29♒27	29♒27	29♒26	29♒26	29♒26	29♒26	29♒27	29♒28	29♒29	29♒31	29♒33
♆/♇	26♑51	26♑53	26♑55	26♑57	26♑59	27♑01	27♑03	27♑05	27♑07	27♑09	27♑11	27♑13	27♑15	27♑17	27♑19	27♑21
/☊	15♒57	15♒58	16♒00	16♒02	16♒03	16♒03	16♒03	16♒02	16♒02	16♒02	16♒02	16♒02	16♒03	16♒05	16♒06	16♒08
♇/☊	20♑21	20♑23	20♑25	20♑27	20♑28	20♑28	20♑28	20♑28	20♑28	20♑27	20♑28	20♑28	20♑29	20♑31	20♑32	20♑34

	17	18	19	20	21	22	23	24	25	26	27	28	29	30	31
☉/☽	5♐29	12♐21	19♐04	25♐39	2♑09	8♑35	14♑60	21♑25	27♑51	4♒20	10♒53	17♒30	24♒12	1♓00	7♓55
/☿	1♒02	1♒01	0♒56	0♒49	0♒41	0♒33	0♒26	0♒21	0♒19	0♒21	0♒26	0♒37	0♒51	1♒10	1♒33
/♀	20♒33	21♒34	22♒34	23♒34	24♒34	25♒34	26♒33	27♒32	28♒31	29♒29	0♓27	1♓25	2♓23	3♓20	4♓17
/♂	21♑20	22♑13	23♑06	23♑60	24♑53	25♑47	26♑41	27♑34	28♑28	29♑21	0♒15	1♒08	2♒02	2♒56	3♒49
/⚷	20♏15	20♏44	21♏13	21♏42	22♏10	22♏39	23♏07	23♏35	24♏02	24♏30	24♏57	25♏24	25♏51	26♏17	26♏44
/♃	29♑50	0♒27	1♒05	1♒43	2♒20	2♒58	3♒36	4♒13	4♒51	5♒28	6♒06	6♒44	7♒21	7♒59	8♒36
/♄	24♏16	24♏46	25♏15	25♏45	26♏14	26♏44	27♏13	27♏42	28♏12	28♏41	29♏10	29♏39	0♐08	0♐37	1♐06
/♅	23♒24	23♒55	24♒27	24♒59	25♒31	26♒02	26♒34	27♒06	27♒38	28♒10	28♒42	29♒13	29♒45	0♓17	0♓49
/♆	9♒59	10♒30	11♒02	11♒34	12♒05	12♒37	13♒08	13♒40	14♒12	14♒43	15♒15	15♒46	16♒18	16♒50	17♒21
/♇	14♑25	14♑56	15♑28	15♑59	16♑31	17♑02	17♑34	18♑05	18♑37	19♑08	19♑40	20♑11	20♑43	21♑14	21♑45
/☊	3♒11	3♒42	4♒12	4♒42	5♒12	5♒42	6♒12	6♒42	7♒13	7♒43	8♒14	8♒44	9♒15	9♒45	10♒16
☽/☿	9♐30	15♐21	20♐58	26♐25	1♑46	7♑03	12♑20	17♑39	23♑02	28♑32	4♒09	9♒55	15♒51	21♒57	28♒14
/♀	29♐02	5♑54	12♑36	19♑10	25♑38	2♒03	8♒26	14♒49	21♒14	27♒40	4♓10	10♓44	17♓22	24♓07	0♈58
/♂	29♏48	6♐33	13♐08	19♐36	25♐58	2♑17	8♑34	14♑51	21♑10	27♑32	3♒57	10♒27	17♒02	23♒42	0♓30
/⚷	28♍43	5♎04	11♎15	17♎17	23♎15	29♎08	5♏00	10♏52	16♏45	22♏40	28♏39	4♐42	10♐50	17♊04	23♊25
/♃	8♐18	14♐47	21♐07	27♐18	3♑25	9♑28	15♑29	21♑31	27♑34	3♒39	9♒48	16♒02	22♒21	28♒46	5♓17
/♄	2♎44	9♎05	15♎17	21♎20	27♎19	3♏13	9♏06	14♏60	20♏54	26♏52	2♐52	8♐57	15♐08	21♊24	27♊47
/♅	1♑52	8♑15	14♑29	20♑35	26♑35	2♒32	8♒28	14♒23	20♒21	26♒20	2♓24	8♓32	14♓45	21♓04	27♓30
/♆	18♐27	24♐50	1♑04	7♑09	13♑10	19♑06	25♑02	0♒57	6♒54	12♒54	18♒57	25♒05	1♓18	7♓36	14♓02
/♇	22♏53	29♏16	5♐29	11♐35	17♐35	23♐32	29♐27	5♑23	11♑20	17♑19	23♑22	29♑30	5♒42	12♒01	18♒26
/☊	11♐39	18♐02	24♐14	0♑18	6♑17	12♑12	18♑06	23♑60	29♑55	5♒54	11♒56	18♒03	24♒14	0♓32	6♓56
☿/♀	24♒35	24♒33	24♒28	24♒20	24♒11	24♒01	23♒53	23♒46	23♒41	23♒40	23♒43	23♒50	24♒01	24♒16	24♒35
/♂	25♑21	25♑13	25♑01	24♑46	24♑30	24♑15	24♑00	23♑48	23♑38	23♑32	23♑31	23♑33	23♑40	23♑52	24♑08
/⚷	24♏16	23♏43	23♏07	22♏28	21♏47	21♏06	20♏26	19♏48	19♏13	18♏41	18♏13	17♏49	17♏29	17♏14	17♏02
/♃	3♒51	3♒27	2♒59	2♒29	1♒57	1♒26	0♒55	0♒27	0♒01	29♑40	29♑22	29♑08	28♑60	28♑55	28♑55
/♄	28♏18	27♏45	27♏09	26♏31	25♏51	25♏11	24♏33	23♏56	23♏22	22♏52	22♏26	22♏04	21♏46	21♏33	21♏24
/♅	27♒25	26♒55	26♒21	25♒45	25♒07	24♒30	23♒54	23♒20	22♒48	22♒21	21♒57	21♒38	21♒24	21♒13	21♒08
/♆	14♒00	13♒30	12♒56	12♒20	11♒42	11♒04	10♒28	9♒54	9♒22	8♒54	8♒31	8♒11	7♒56	7♒46	7♒40
/♇	18♑26	17♑56	17♑22	16♑45	16♑08	15♑30	14♑53	14♑19	13♑47	13♑19	12♑56	12♑36	12♑21	12♑10	12♑04
/☊	7♒13	6♒41	6♒06	5♒28	4♒49	4♒10	3♒32	2♒56	2♒23	1♒54	1♒29	1♒09	0♒53	0♒41	0♒34
♀/♂	14♒53	15♒46	16♒38	17♒31	18♒23	19♒15	20♒07	20♒59	21♒50	22♒41	23♒32	24♒22	25♒12	26♒02	26♒51
/⚷	13♊48	14♊17	14♊45	15♊13	15♊40	16♊07	16♊33	16♊59	17♊24	17♊49	18♊14	18♊38	19♊01	19♊24	19♊46
/♃	23♒23	24♒00	24♒37	25♒14	25♒50	26♒26	27♒02	27♒38	28♒13	28♒48	29♒23	29♒57	0♓31	1♓05	1♓39
/♄	17♐49	18♐18	18♐47	19♐16	19♐44	20♐12	20♐39	21♐07	21♊34	22♊00	22♊27	22♊53	23♊18	23♊43	24♊08
/♅	16♓57	17♓28	17♓59	18♓30	19♓00	19♓31	20♓01	20♓31	21♓00	21♓29	21♓58	22♓27	22♓55	23♓24	23♓51
/♆	3♓32	4♓03	4♓34	5♓04	5♓35	6♓05	6♓35	7♓04	7♓34	8♓03	8♓32	9♓00	9♓28	9♓56	10♓23
/♇	7♒58	8♒29	8♒60	9♒30	10♒01	10♒31	11♒00	11♒30	11♒59	12♒28	12♒57	13♒25	13♒53	14♒20	14♒48
/☊	26♒44	27♒14	27♒44	28♒13	28♒42	29♒11	29♒39	0♓07	0♓35	1♓03	1♓30	1♓58	2♓25	2♓52	3♓18
♂/⚷	14♏34	14♏56	15♏17	15♏38	15♏59	16♏20	16♏41	17♏01	17♏21	17♏41	18♏01	18♏21	18♏40	18♏59	19♏18
/♃	24♑09	24♑39	25♑09	25♑39	26♑09	26♑39	27♑10	27♑40	28♑10	28♑40	29♑10	29♑40	0♒11	0♒41	1♒11
/♄	18♏35	18♏57	19♏19	19♏41	20♏03	20♏25	20♏47	21♏09	21♏31	21♏52	22♏14	22♏36	22♏57	23♏19	23♏41
/♅	17♒43	18♒07	18♒31	18♒55	19♒20	19♒44	20♒08	20♒33	20♒57	21♒21	21♒46	22♒10	22♒35	22♒59	23♒24
/♆	4♒18	4♒42	5♒06	5♒30	5♒54	6♒18	6♒42	7♒06	7♒31	7♒55	8♒19	8♒43	9♒07	9♒32	9♒56
/♇	8♑44	9♑08	9♑32	9♑56	10♑20	10♑44	11♑08	11♑32	11♑56	12♑20	12♑44	13♑08	13♑32	13♑56	14♑20
/☊	27♑30	27♑53	28♑16	28♑39	29♑01	29♑24	29♑46	0♒09	0♒32	0♒55	1♒18	1♒41	2♒04	2♒27	2♒50
⚷/♃	23♏04	23♏10	23♏16	23♏21	23♏26	23♏31	23♏36	23♏40	23♏44	23♏48	23♏52	23♏56	23♏59	24♏03	24♏06
/♄	17♍30	17♍28	17♍26	17♍23	17♍20	17♍17	17♍13	17♍09	17♍05	17♍01	16♍56	16♍51	16♍46	16♍41	16♍35
/♅	16♊38	16♊38	16♊38	16♊37	16♊36	16♊36	16♊34	16♊33	16♊31	16♊30	16♊28	16♊26	16♊23	16♊21	16♊18
/♆	3♐13	3♐13	3♐13	3♐12	3♐11	3♐10	3♐09	3♐07	3♐05	3♐03	3♐01	2♐59	2♐56	2♐53	2♐50
/♇	7♏39	7♏39	7♏38	7♏38	7♏37	7♏35	7♏34	7♏32	7♏30	7♏28	7♏26	7♏23	7♏21	7♏18	7♏15
/☊	26♏26	26♏24	26♏23	26♏21	26♏18	26♏15	26♏13	26♏09	26♏06	26♏03	25♏60	25♏56	25♏53	25♏49	25♏45
♃/♄	27♏06	27♏12	27♏18	27♏24	27♏30	27♏36	27♏42	27♏48	27♏54	27♏60	28♏05	28♏11	28♏17	28♏22	28♏28
/♅	26♒13	26♒22	26♒30	26♒38	26♒47	26♒55	27♒03	27♒12	27♒20	27♒29	27♒37	27♒45	27♒54	28♒02	28♒11
/♆	12♒48	12♒57	13♒05	13♒13	13♒21	13♒29	13♒37	13♒46	13♒54	14♒02	14♒10	14♒18	14♒27	14♒35	14♒43
/♇	17♑14	17♑22	17♑31	17♑39	17♑47	17♑55	18♑03	18♑11	18♑19	18♑27	18♑35	18♑43	18♑51	18♑59	19♑07
/☊	6♒01	6♒08	6♒15	6♒22	6♒28	6♒35	6♒41	6♒48	6♒55	7♒02	7♒09	7♒16	7♒23	7♒30	7♒37
♄/♅	20♐39	20♐40	20♐40	20♐40	20♐40	20♐40	20♐41	20♐41	20♐41	20♐41	20♐41	20♐41	20♐41	20♐41	20♐41
/♆	7♐15	7♐15	7♐15	7♐15	7♐15	7♐15	7♐15	7♐15	7♐14	7♐14	7♐14	7♐14	7♐13	7♐13	7♐13
/♇	11♏40	11♏41	11♏41	11♏41	11♏41	11♏40	11♏40	11♏40	11♏40	11♏39	11♏39	11♏39	11♏38	11♏37	11♏37
/☊	0♐27	0♐26	0♐25	0♐24	0♐22	0♐20	0♐19	0♐17	0♐16	0♐14	0♐13	0♐12	0♐10	0♐09	0♐07
♅/♆	6♓22	6♓24	6♓27	6♓29	6♓31	6♓34	6♓36	6♓38	6♓41	6♓43	6♓46	6♓48	6♓51	6♓53	6♓56
/♇	10♒48	10♒50	10♒53	10♒55	10♒57	10♒59	11♒01	11♒04	11♒06	11♒08	11♒11	11♒13	11♒15	11♒18	11♒20
/☊	29♒34	29♒36	29♒37	29♒38	29♒39	29♒39	29♒40	29♒41	29♒42	29♒43	29♒45	29♒46	29♒47	29♒49	29♒50
♆/♇	27♑23	27♑25	27♑27	27♑29	27♑32	27♑34	27♑36	27♑38	27♑40	27♑42	27♑44	27♑46	27♑48	27♑50	27♑52
/☊	16♒10	16♒11	16♒12	16♒12	16♒13	16♒14	16♒14	16♒15	16♒16	16♒17	16♒18	16♒19	16♒20	16♒21	16♒22
♇/☊	20♑35	20♑37	20♑38	20♑38	20♑39	20♑39	20♑40	20♑40	20♑41	20♑42	20♑43	20♑44	20♑45	20♑46	20♑46

January 2009

February 2009

	1	2	3	4	5	6	7	8	9	10	11	12	13	14	15	16	17	18	19	20	21	22	23	24	25	26	27	28	
☉/☽	14♓58	22♓09	29♓29	6♈59	14♈38	22♈24	0♉17	8♉13	16♉08	23♏59	1♐42	9♐14	16♐35	23♐43	0♑38	7♑24	13♑60	20♑30	26♑56	3♒20	9♒45	16♒13	22♒45	29♒23	6♓08	12♓59	19♓58	27♓04	☉/☽
/☿	2♒00	2♒32	3♒06	3♒45	4♒26	5♒10	5♒57	6♒46	7♒38	8♒31	9♒27	10♒24	11♒23	12♒23	13♒24	14♒27	15♒30	16♒35	17♒41	18♒47	19♒55	21♒03	22♒12	23♒22	24♒33	25♒44	26♒56	28♒08	/☿
/♀	5♓13	6♓09	7♓05	7♓60	8♓55	9♓49	10♓43	11♓36	12♓29	13♓21	14♓13	15♓04	15♓54	16♓44	17♓34	18♓22	19♓10	19♓57	20♓44	21♓29	22♓14	22♓58	23♓41	24♓24	25♓05	25♓45	26♓25	27♓03	/♀
/♂	4♒43	5♒36	6♒30	7♒24	8♒17	9♒11	10♒05	10♒58	11♒52	12♒45	13♒39	14♒33	15♒26	16♒20	17♒14	18♒07	19♒01	19♒54	20♒48	21♒42	22♒35	23♒29	24♒23	25♒16	26♒10	27♒03	27♒57	28♒51	/♂
/⚷	27♏10	27♏36	28♏02	28♏27	28♏53	29♏18	29♏43	0♐08	0♐33	0♐57	1♐22	1♐46	2♐10	2♐34	2♐58	3♐22	3♐45	4♐09	4♐32	4♐56	5♐19	5♐43	6♐06	6♐29	6♐52	7♊15	7♊39	8♊02	/⚷
/♃	9♒14	9♒51	10♒29	11♒06	11♒44	12♒21	12♒59	13♒36	14♒14	14♒51	15♒28	16♒06	16♒43	17♒20	17♒58	18♒35	19♒12	19♒49	20♒26	21♒04	21♒41	22♒18	22♒55	23♒32	24♒09	24♒46	25♒23	25♒60	/♃
/♄	1♐35	2♐04	2♐33	3♐01	3♐30	3♐59	4♐27	4♐56	5♐24	5♐53	6♐21	6♐50	7♐18	7♐46	8♐14	8♐43	9♐11	9♐39	10♐07	10♐35	11♐03	11♐31	11♐59	12♐27	12♐55	13♐23	13♐51	14♐18	/♄
/♅	1♓21	1♓53	2♓25	2♓57	3♓29	4♓00	4♓32	5♓04	5♓36	6♓08	6♓40	7♓12	7♓44	8♓16	8♓47	9♓19	9♓51	10♓23	10♓55	11♓27	11♓59	12♓31	13♓03	13♓34	14♓06	14♓38	15♓10	15♓42	/♅
/♆	17♒53	18♒24	18♒56	19♒27	19♒59	20♒31	21♒02	21♒34	22♒05	22♒37	23♒08	23♒40	24♒11	24♒42	25♒14	25♒45	26♒17	26♒48	27♒20	27♒51	28♒22	28♒54	29♒25	29♒56	0♓28	0♓59	1♓30	2♓02	/♆
/♇	22♑17	22♑48	23♑19	23♑51	24♑22	24♑53	25♑24	25♑56	26♑27	26♑58	27♑29	28♑00	28♑31	29♑02	29♑33	0♒04	0♒35	1♒06	1♒37	2♒08	2♒39	3♒10	3♒41	4♒12	4♒43	5♒13	5♒44	6♒15	/♇
/☊	10♒46	11♒16	11♒47	12♒17	12♒48	13♒18	13♒49	14♒20	14♒50	15♒21	15♒50	16♒20	16♒49	17♒18	17♒48	18♒17	18♒48	19♒18	19♒49	20♒20	20♒51	21♒22	21♒52	22♒22	22♒51	23♒20	23♒48	24♒15	/☊
☽/☿	4♓43	11♓24	18♓19	25♓26	2♈45	10♈15	17♈54	25♎38	3♏24	11♏07	18♏45	26♏14	3♐33	10♐40	17♐36	24♐23	1♑03	7♑37	14♑08	20♑39	27♑11	3♒47	10♒28	17♒15	24♒10	1♓12	8♓22	15♓40	☽/☿
/♀	7♈56	15♈02	22♈17	29♈41	7♉14	14♉54	22♉39	0♊27	8♊15	15♊57	23♊31	0♋54	8♑04	15♑02	21♑46	28♑19	4♒43	10♒59	17♒11	23♒21	29♒30	5♓42	11♓56	18♓16	24♓42	1♈13	7♈51	14♈35	/♀
/♂	7♓25	14♓29	21♓42	29♓05	6♈36	14♈16	22♈01	29♈50	7♏37	15♏21	22♏57	0♐23	7♐36	14♐37	21♐26	28♐04	4♑34	10♑57	17♑16	23♑33	29♑51	6♒12	12♒38	19♒09	25♒47	2♓31	9♓23	16♓22	/♂
/⚷	29♊52	6♋29	13♋14	20♋08	27♋12	4♌23	11♌39	18♌59	26♌18	3♍33	10♍40	17♍36	24♍20	0♎51	7♎10	13♎19	19♎18	25♎11	0♏60	6♏47	12♏35	18♏26	24♏21	0♐22	6♐29	12♊43	19♊05	25♊33	/⚷
/♃	11♓57	18♓44	25♓41	2♈47	10♈03	17♈26	24♈55	2♉28	9♏59	17♏27	24♏47	1♐56	8♐53	15♐38	22♐10	28♐32	4♑45	10♑51	16♑54	22♑55	28♑57	5♒01	11♒10	17♒24	23♒46	0♓14	6♓49	13♓31	/♃
/♄	4♋18	10♋57	17♋45	24♋42	1♌49	9♌03	16♌24	23♌47	1♍10	8♍29	15♍39	22♍40	29♍28	6♎03	12♎27	18♎39	24♎43	0♏41	6♏34	12♏26	18♏19	24♏14	0♐14	6♐20	12♐32	18♐51	25♊17	1♋50	/♄
/♅	4♈04	10♈46	17♈37	24♈38	1♉47	9♉05	16♉29	23♉56	1♊22	8♊44	15♊58	23♐02	29♐54	6♑33	12♑60	19♑16	25♑24	1♒25	7♒23	13♒18	19♒15	25♒14	1♓18	7♓27	13♓43	20♓06	26♓36	3♈14	/♅
/♆	20♓35	27♓17	4♈08	11♈08	18♈18	25♈35	2♉59	10♉25	17♉51	25♏12	2♐26	9♐30	16♐21	22♐60	29♐26	5♑42	11♑50	17♑50	23♑47	29♑42	5♒38	11♒37	17♒40	23♒49	0♓05	6♓27	12♓57	19♓33	/♆
/♇	24♒59	1♓41	8♓32	15♓32	22♓41	29♓58	7♎21	14♎47	22♎13	29♎34	6♏47	13♏50	20♏41	27♏20	3♐46	10♐01	16♐08	22♐09	28♐05	3♑60	9♑55	15♑53	21♑56	28♑04	4♒19	10♒41	17♒10	23♒47	/♇
/☊	13♓28	20♓09	26♓59	3♈58	11♈07	18♈23	25♈46	3♉11	10♏36	17♏56	25♏09	2♐10	8♐59	15♐36	22♐00	28♐14	4♑20	10♑20	16♑16	22♑11	28♑07	4♒05	10♒08	16♒15	22♒28	28♒48	5♓14	11♓47	/☊
☿/♀	24♒58	25♒24	25♒54	26♒26	27♒02	27♒39	28♒19	29♒01	29♒45	0♓30	1♓16	2♓04	2♓52	3♓41	4♓31	5♓22	6♓13	7♓04	7♓56	8♓48	9♓40	10♓32	11♓24	12♓15	13♓07	13♓58	14♓49	15♓40	☿/♀
/♂	24♑28	24♑52	25♑19	25♑50	26♑24	27♑01	27♑41	28♑23	29♑08	29♑54	0♒42	1♒32	2♒24	3♒17	4♒11	5♒07	6♒04	7♒02	8♒01	9♒00	10♒01	11♒03	12♒05	13♒08	14♒12	15♒16	16♒21	17♒27	/♂
/⚷	16♏55	16♏51	16♏51	16♏54	16♏60	17♏08	17♏20	17♏33	17♏48	18♏06	18♏25	18♏46	19♏08	19♏31	19♏56	20♏22	20♏48	21♏16	21♏45	22♏15	22♏45	23♏16	23♏48	24♏21	24♏54	25♏28	26♏03	26♏38	/⚷
/♃	28♑59	29♑07	29♑18	29♑33	29♑51	0♒12	0♒35	1♒01	1♒30	1♒60	2♒32	3♒05	3♒41	4♒17	4♒56	5♒35	6♒15	6♒57	7♒39	8♒22	9♒06	9♒51	10♒37	11♒24	12♒11	12♒58	13♒47	14♒36	/♃
/♄	21♏20	21♏19	21♏22	21♏28	21♏37	21♏49	22♏04	22♏21	22♏40	23♏01	23♏25	23♏49	24♏16	24♏43	25♏12	25♏42	26♏14	26♏46	27♏19	27♏54	28♏29	29♏05	29♏41	0♐19	0♐57	1♐35	2♐15	2♐55	/♄
/♅	21♒06	21♒08	21♒14	21♒23	21♒36	21♒51	22♒09	22♒29	22♒52	23♒17	23♒43	24♒12	24♒41	25♒13	25♒45	26♒19	26♒54	27♒30	28♒08	28♒46	29♒25	0♓04	0♓45	1♓26	2♓08	2♓51	3♓34	4♓18	/♅
/♆	7♒38	7♒39	7♒45	7♒54	8♒06	8♒21	8♒39	8♒59	9♒21	9♒45	10♒11	10♒39	11♒09	11♒40	12♒12	12♒45	13♒20	13♒56	14♒32	15♒10	15♒48	16♒27	17♒07	17♒48	18♒30	19♒12	19♒55	20♒38	/♆
/♇	12♑02	12♑03	12♑08	12♑17	12♑29	12♑44	13♑01	13♑21	13♑43	14♑07	14♑32	14♑60	15♑29	15♑60	16♑31	17♑04	17♑39	18♑14	18♑50	19♑27	20♑05	20♑44	21♑23	22♑03	22♑44	23♑26	24♑08	24♑51	/♇
/☊	0♒31	0♒31	0♒36	0♒44	0♒55	1♒09	1♒26	1♒45	2♒06	2♒29	2♒54	3♒20	3♒47	4♒15	4♒46	5♒17	5♒51	6♒25	7♒01	7♒39	8♒17	8♒56	9♒35	10♒14	10♒53	11♒32	12♒12	12♒52	/☊
♀/♂	27♒40	28♒29	29♒18	0♓06	0♓53	1♓40	2♓27	3♓13	3♓59	4♓44	5♓28	6♓12	6♓56	7♓39	8♓21	9♓03	9♓44	10♓24	11♓03	11♓42	12♓20	12♓57	13♓34	14♓09	14♓44	15♓17	15♓50	16♓22	♀/♂
/⚷	20♊08	20♊29	20♊49	21♊09	21♊28	21♊47	22♊05	22♊23	22♊39	22♊55	23♊11	23♊26	23♊40	23♊53	24♊05	24♊17	24♊28	24♊38	24♊48	24♊56	25♊04	25♊11	25♊17	25♊22	25♊26	25♊29	25♊32	25♊33	/⚷
/♃	2♓12	2♓44	3♓17	3♓48	4♓20	4♓51	5♓21	5♓51	6♓20	6♓49	7♓18	7♓45	8♓13	8♓39	9♓05	9♓30	9♓55	10♓19	10♓42	11♓04	11♓26	11♓46	12♓06	12♓25	12♓43	12♓60	13♓16	13♓31	/♃
/♄	24♊33	24♊57	25♊20	25♊43	26♊06	26♊28	26♊49	27♊11	27♊31	27♊51	28♊10	28♊29	28♊47	29♊05	29♊22	29♊38	29♊54	0♋08	0♋22	0♋36	0♋48	0♋59	1♋10	1♋20	1♋29	1♋37	1♋44	1♋50	/♄
/♅	24♓19	24♓46	25♓12	25♓38	26♓04	26♓30	26♓55	27♓19	27♓43	28♓06	28♓29	28♓52	29♓13	29♓34	29♓55	0♈15	0♈34	0♈53	1♈10	1♈27	1♈44	1♈59	2♈14	2♈28	2♈40	2♈52	3♈03	3♈13	/♅
/♆	10♓50	11♓17	11♓43	12♓09	12♓35	12♓60	13♓24	13♓48	14♓12	14♓35	14♓57	15♓19	15♓41	16♓01	16♓21	16♓41	16♓60	17♓18	17♓35	17♓52	18♓07	18♓22	18♓36	18♓49	19♓02	19♓13	19♓23	19♓33	/♆
/♇	15♒14	15♒41	16♒07	16♒33	16♒58	17♒22	17♒47	18♒10	18♒34	18♒56	19♒18	19♒40	20♒01	20♒21	20♒41	20♒60	21♒18	21♒36	21♒53	22♒09	22♒24	22♒39	22♒52	23♒05	23♒17	23♒27	23♒37	23♒46	/♇
/☊	3♓44	4♓09	4♓34	4♓59	5♓23	5♓48	6♓11	6♓35	6♓57	7♓19	7♓40	7♓60	8♓19	8♓37	8♓55	9♓13	9♓30	9♓47	10♓04	10♓21	10♓36	10♓51	11♓04	11♓15	11♓25	11♓34	11♓41	11♓46	/☊
♂/⚷	19♏37	19♏56	20♏14	20♏33	20♏51	21♏09	21♏27	21♏45	22♏02	22♏20	22♏37	22♏54	23♏11	23♏28	23♏45	24♏02	24♏19	24♏36	24♏52	25♏09	25♏25	25♏42	25♏58	26♏15	26♏31	26♏47	27♏04	27♏20	♂/⚷
/♃	1♒41	2♒11	2♒42	3♒12	3♒42	4♒13	4♒43	5♒13	5♒43	6♒14	6♒44	7♒14	7♒45	8♒15	8♒45	9♒15	9♒46	10♒16	10♒46	11♒16	11♒47	12♒17	12♒47	13♒17	13♒48	14♒18	14♒48	15♒18	/♃
/♄	24♏02	24♏24	24♏45	25♏07	25♏28	25♏50	26♏11	26♏33	26♏54	27♏15	27♏37	27♏58	28♏19	28♏41	29♏02	29♏23	29♏44	0♐06	0♐27	0♐48	1♐09	1♐30	1♐51	2♐13	2♐34	2♐55	3♐16	3♐37	/♄
/♅	23♒48	24♒13	24♒38	25♒02	25♒27	25♒52	26♒16	26♒41	27♒06	27♒31	27♒55	28♒20	28♒45	29♒10	29♒35	29♒60	0♓25	0♓50	1♓15	1♓40	2♓05	2♓30	2♓55	3♓20	3♓45	4♓10	4♓35	5♓01	/♅
/♆	10♒20	10♒44	11♒09	11♒33	11♒57	12♒22	12♒46	13♒10	13♒35	13♒59	14♒24	14♒48	15♒13	15♒37	16♒01	16♒26	16♒50	17♒15	17♒39	18♒04	18♒28	18♒53	19♒18	19♒42	20♒07	20♒31	20♒56	21♒20	/♆
/♇	14♑44	15♑08	15♑32	15♑56	16♑20	16♑44	17♑08	17♑32	17♑57	18♑21	18♑45	19♑09	19♑33	19♑57	20♑21	20♑45	21♑09	21♑33	21♑57	22♑21	22♑45	23♑09	23♑33	23♑57	24♑21	24♑45	25♑09	25♑33	/♇
/☊	3♒13	3♒36	3♒59	4♒23	4♒46	5♒10	5♒33	5♒57	6♒20	6♒43	7♒06	7♒28	7♒51	8♒13	8♒35	8♒58	9♒21	9♒45	10♒09	10♒33	10♒57	11♒21	11♒45	12♒08	12♒30	12♒52	13♒13	13♒34	/☊
⚷/♃	24♏08	24♏11	24♏13	24♏16	24♏18	24♏20	24♏21	24♏23	24♏24	24♏25	24♏27	24♏27	24♏28	24♏29	24♏29	24♏30	24♏30	24♏30	24♏31	24♏31	24♏31	24♏31	24♏30	24♏30	24♏30	24♏30	24♏30	24♏29	⚷/♃
/♄	16♍29	16♍23	16♍17	16♍10	16♍04	15♍57	15♍50	15♍42	15♍35	15♍27	15♍19	15♍11	15♍03	14♍55	14♍46	14♍38	14♍29	14♍20	14♍11	14♍02	13♍53	13♍44	13♍35	13♍25	13♍16	13♍07	12♍57	12♍48	/♄
/♅	16♊15	16♊12	16♊09	16♊06	16♊02	15♊59	15♊55	15♊51	15♊47	15♊42	15♊38	15♊34	15♊29	15♊24	15♊19	15♊14	15♊09	15♊04	14♊59	14♊54	14♊49	14♊44	14♊38	14♊33	14♊28	14♊22	14♊17	14♊12	/♅
/♆	2♐47	2♐44	2♐40	2♐37	2♐33	2♐29	2♐24	2♐20	2♐16	2♐11	2♐06	2♐01	1♐56	1♐51	1♐46	1♐40	1♐35	1♐29	1♐24	1♐18	1♐12	1♐07	1♐01	0♐55	0♐49	0♐43	0♐37	0♐31	/♆
/♇	7♏11	7♏08	7♏04	6♏60	6♏56	6♏51	6♏47	6♏42	6♏37	6♏32	6♏27	6♏22	6♏17	6♏11	6♏05	5♏60	5♏54	5♏48	5♏42	5♏35	5♏29	5♏23	5♏17	5♏10	5♏04	4♏57	4♏51	4♏45	/♇
/☊	25♏40	25♏36	25♏31	25♏26	25♏21	25♏17	25♏12	25♏06	25♏01	24♏55	24♏48	24♏42	24♏34	24♏27	24♏20	24♏12	24♏06	23♏59	23♏53	23♏47	23♏41	23♏35	23♏28	23♏21	23♏13	23♏04	22♏54	22♏45	/☊
♃/♄	28♏33	28♏39	28♏44	28♏50	28♏55	29♏00	29♏06	29♏11	29♏16	29♏21	29♏26	29♏31	29♏36	29♏41	29♏46	29♏51	29♏56	0♐00	0♐05	0♐10	0♐14	0♐19	0♐24	0♐28	0♐33	0♐37	0♐42	0♐46	♃/♄
/♅	28♒19	28♒28	28♒36	28♒45	28♒54	29♒02	29♒11	29♒19	29♒28	29♒36	29♒45	29♒53	0♓02	0♓11	0♓19	0♓28	0♓36	0♓45	0♓53	1♓02	1♓10	1♓19	1♓27	1♓36	1♓44	1♓53	2♓01	2♓09	/♅
/♆	14♒51	14♒59	15♒08	15♒16	15♒24	15♒32	15♒40	15♒49	15♒57	16♒05	16♒13	16♒21	16♒29	16♒37	16♒46	16♒54	17♒02	17♒10	17♒18	17♒26	17♒34	17♒42	17♒50	17♒58	18♒06	18♒13	18♒21	18♒29	/♆
/♇	19♑15	19♑23	19♑31	19♑39	19♑47	19♑55	20♑03	20♑11	20♑18	20♑26	20♑34	20♑42	20♑50	20♑57	21♑05	21♑13	21♑20	21♑28	21♑36	21♑43	21♑51	21♑58	22♑06	22♑13	22♑20	22♑28	22♑35	22♑42	/♇
/☊	7♒44	7♒51	7♒58	8♒05	8♒13	8♒20	8♒28	8♒35	8♒42	8♒49	8♒55	9♒01	9♒07	9♒13	9♒19	9♒26	9♒32	9♒40	9♒47	9♒55	10♒03	10♒10	10♒17	10♒24	10♒29	10♒34	10♒39	10♒43	/☊
♄/♅	20♐40	20♐40	20♐40	20♐40	20♐40	20♊39	20♊39	20♊39	20♊38	20♊38	20♊38	20♊37	20♊37	20♊36	20♊36	20♊35	20♊35	20♊34	20♊34	20♊33	20♊33	20♊32	20♊31	20♊31	20♊30	20♊30	20♊29	20♊28	♄/♅
/♆	7♐12	7♐12	7♐11	7♐11	7♐10	7♐09	7♐09	7♐08	7♐07	7♐07	7♐06	7♐05	7♐04	7♐03	7♐02	7♐01	7♐00	6♐59	6♐58	6♐57	6♐56	6♐55	6♐54	6♐53	6♐52	6♐50	6♐49	6♐48	/♆
/♇	11♏36	11♏35	11♏35	11♏34	11♏33	11♏32	11♏31	11♏30	11♏29	11♏28	11♏27	11♏26	11♏24	11♏23	11♏22	11♏20	11♏19	11♏18	11♏16	11♏15	11♏13	11♏11	11♏10	11♏08	11♏06	11♏05	11♏03	11♏01	/♇
/☊	0♐05	0♐04	0♐02	0♐00	29♏59	29♏57	29♏56	29♏54	29♏53	29♏50	29♏48	29♏45	29♏42	29♏39	29♏36	29♏33	29♏31	29♏29	29♏28	29♏26	29♏25	29♏23	29♏21	29♏19	29♏15	29♏11	29♏06	29♏02	/☊
♅/♆	6♓58	7♓01	7♓03	7♓06	7♓09	7♓11	7♓14	7♓17	7♓19	7♓22	7♓25	7♓27	7♓30	7♓33	7♓35	7♓38	7♓41	7♓44	7♓46	7♓49	7♓52	7♓55	7♓58	8♓00	8♓03	8♓06	8♓09	8♓11	♅/♆
/♇	11♒22	11♒25	11♒27	11♒29	11♒32	11♒34	11♒36	11♒39	11♒41	11♒43	11♒46	11♒48	11♒50	11♒53	11♒55	11♒57	11♒60	12♒02	12♒04	12♒06	12♒09	12♒11	12♒13	12♒16	12♒18	12♒20	12♒22	12♒25	/♇
/☊	29♒51	29♒53	29♒54	29♒56	29♒57	29♒59	0♓01	0♓03	0♓04	0♓06	0♓07	0♓07	0♓08	0♓09	0♓09	0♓10	0♓12	0♓13	0♓16	0♓18	0♓21	0♓23	0♓25	0♓26	0♓27	0♓27	0♓26	0♓25	/☊
♆/♇	27♑54	27♑56	27♑58	28♑00	28♑02	28♑04	28♑06	28♑08	28♑10	28♑12	28♑14	28♑16	28♑18	28♑19	28♑21	28♑23	28♑25	28♑27	28♑29	28♑31	28♑32	28♑34	28♑36	28♑38	28♑39	28♑41	28♑43	28♑44	♆/♇
/☊	16♒23	16♒24	16♒25	16♒26	16♒28	16♒29	16♒31	16♒32	16♒33	16♒34	16♒35	16♒35	16♒35	16♒35	16♒36	16♒36	16♒37	16♒39	16♒40	16♒42	16♒44	16♒46	16♒47	16♒48	16♒48	16♒47	16♒46	16♒45	/☊
♇/☊	20♑47	20♑48	20♑49	20♑50	20♑51	20♑52	20♑53	20♑54	20♑55	20♑56	20♑56	20♑56	20♑56	20♑55	20♑55	20♑55	20♑56	20♑57	20♑58	20♑60	21♑01	21♑02	21♑03	21♑03	21♑03	21♑02	21♑00	20♑58	♇/☊

February 2009

March 2009

	1	2	3	4	5	6	7	8	9	10	11	12	13	14	15	16
☉/☽	4♈16	11♈34	18♈57	26♈26	3♉59	11♉36	19♉15	26♉57	4♊38	12♊16	19♊50	27♐16	4♑33	11♑40	18♑36	25♑22
/☿	29♒21	0♓35	1♓49	3♓04	4♓20	5♓35	6♓52	8♓09	9♓27	10♓45	12♓03	13♓23	14♓42	16♓03	17♓24	18♓45
/♀	27♓40	28♓17	28♓52	29♓26	29♓58	0♈30	1♈00	1♈29	1♈57	2♈24	2♈49	3♈13	3♈35	3♈57	4♈17	4♈36
/♂	29♒44	0♓38	1♓31	2♓25	3♓18	4♓12	5♓05	5♓59	6♓52	7♓46	8♓39	9♓33	10♓26	11♓19	12♓13	13♓06
/⚳	8♊25	8♊48	9♊11	9♊34	9♊58	10♊21	10♊44	11♊08	11♊31	11♊55	12♊19	12♊42	13♊06	13♊30	13♊54	14♊19
/♃	26♒36	27♒13	27♒50	28♒27	29♒03	29♒40	0♓17	0♓53	1♓30	2♓06	2♓42	3♓19	3♓55	4♓31	5♓08	5♓44
/♄	14♐46	15♐14	15♐42	16♐09	16♐37	17♐05	17♐32	17♐60	18♊28	18♊55	19♊23	19♊50	20♊18	20♊45	21♊13	21♊40
/♅	16♓14	16♓45	17♓17	17♓49	18♓21	18♓53	19♓24	19♓56	20♓28	20♓59	21♓31	22♓03	22♓34	23♓06	23♓38	24♓09
/♆	2♓33	3♓04	3♓35	4♓06	4♓38	5♓09	5♓40	6♓11	6♓42	7♓13	7♓44	8♓15	8♓46	9♓17	9♓48	10♓19
/♇	6♒46	7♒16	7♒47	8♒17	8♒48	9♒18	9♒49	10♒19	10♒50	11♒20	11♒51	12♒21	12♒51	13♒21	13♒52	14♒22
/☊	24♒43	25♒11	25♒40	26♒09	26♒39	27♒10	27♒41	28♒11	28♒41	29♒09	29♒37	0♓04	0♓30	0♓56	1♓22	1♓49
☽/☿	23♓05	0♈36	8♈14	15♈57	23♈46	1♉38	9♉34	17♉33	25♉31	3♐28	11♐20	19♐06	26♐43	4♑10	11♑27	18♑35
/♀	21♈24	28♈18	5♉16	12♉19	19♉24	26♉33	3♊43	10♊53	18♊02	25♊07	2♋06	8♋56	15♑36	22♑04	28♑21	4♒26
/♂	23♓28	0♈39	7♈56	15♈18	22♈44	0♉15	7♉48	15♉23	22♉57	0♐29	7♐56	15♐16	22♐27	29♐27	6♑16	12♑56
/⚳	2♋08	8♋49	15♋36	22♋27	29♋24	6♌24	13♌27	20♌31	27♌36	4♍38	11♍36	18♍26	25♍07	1♎38	7♎58	14♎08
/♃	20♓20	27♓15	4♈15	11♈20	18♈29	25♈43	2♉59	10♉17	17♏34	24♏49	1♐59	9♐02	15♐56	22♐39	29♐11	5♑33
/♄	8♋30	15♋15	22♋06	29♋02	6♌03	13♌07	20♌15	27♌24	4♍32	11♍38	18♍40	25♍34	2♎18	8♎53	15♎16	21♎30
/♅	9♈57	16♈47	23♈42	0♉42	7♉47	14♉55	22♉07	29♉20	6♊32	13♊43	20♊48	27♐46	4♑35	11♑13	17♑41	23♑59
/♆	26♓16	3♈05	9♈60	16♈59	24♈04	1♉11	8♉22	15♉35	22♉47	29♏56	7♐01	13♐58	20♐46	27♐24	3♑51	10♑08
/♇	0♓29	7♓18	14♓12	21♓10	28♓14	5♎21	12♎31	19♎43	26♎55	4♏04	11♏08	18♏04	24♏52	1♐29	7♐55	14♐11
/☊	18♓26	25♓12	2♈04	9♈02	16♈05	23♈13	0♉23	7♉35	14♏45	21♏53	28♏54	5♐47	12♐31	19♐03	25♐26	1♑39
☿/♀	16♓30	17♓19	18♓08	18♓57	19♓45	20♓32	21♓19	22♓05	22♓51	23♓35	24♓19	25♓03	25♓45	26♓27	27♓09	27♓49
/♂	18♒33	19♒40	20♒48	21♒56	23♒05	24♒14	25♒24	26♒35	27♒46	28♒58	0♓10	1♓23	2♓36	3♓50	5♓04	6♓20
/⚳	27♏14	27♏51	28♏28	29♏06	29♏44	0♐23	1♐03	1♐44	2♐25	3♐07	3♐49	4♊32	5♊16	6♊01	6♊46	7♊32
/♃	15♒26	16♒16	17♒07	17♒58	18♒50	19♒42	20♒35	21♒29	22♒23	23♒18	24♒13	25♒09	26♒05	27♒02	27♒59	28♒57
/♄	3♐35	4♐17	4♐58	5♐41	6♐24	7♐07	7♐51	8♐36	9♐21	10♐07	10♐53	11♐40	12♐28	13♐16	14♐04	14♐54
/♅	5♓03	5♓48	6♓34	7♓20	8♓07	8♓55	9♓43	10♓32	11♓21	12♓11	13♓02	13♓53	14♓44	15♓36	16♓29	17♓23
/♆	21♒22	22♒07	22♒52	23♒38	24♒24	25♒11	25♒59	26♒47	27♒35	28♒25	29♒14	0♓05	0♓56	1♓47	2♓39	3♓32
/♇	25♑35	26♑19	27♑04	27♑49	28♑35	29♑21	0♒08	0♒55	1♒43	2♒32	3♒21	4♒11	5♒01	5♒52	6♒43	7♒35
/☊	13♒32	14♒14	14♒56	15♒40	16♒26	17♒12	17♒59	18♒47	19♒34	20♒21	21♒08	21♒54	22♒40	23♒26	24♒14	25♒03
♀/♂	16♓52	17♓22	17♓50	18♓18	18♓44	19♓09	19♓33	19♓55	20♓16	20♓36	20♓55	21♓13	21♓29	21♓44	21♓58	22♓10
/⚳	25♊33	25♊32	25♊30	25♊27	25♊23	25♊18	25♊11	25♊04	24♊55	24♊45	24♊34	24♊22	24♊09	23♊55	23♊39	23♊23
/♃	13♓45	13♓57	14♓09	14♓20	14♓29	14♓37	14♓44	14♓49	14♓54	14♓57	14♓58	14♓59	14♓58	14♓56	14♓52	14♓48
/♄	1♋54	1♋58	2♋01	2♋02	2♋02	2♋02	1♋59	1♋56	1♋52	1♋46	1♋39	1♋30	1♋21	1♋10	0♋58	0♋44
/♅	3♈22	3♈30	3♈36	3♈42	3♈46	3♈49	3♈51	3♈52	3♈52	3♈50	3♈47	3♈43	3♈37	3♈30	3♈22	3♈13
/♆	19♓41	19♓48	19♓54	19♓59	20♓03	20♓06	20♓07	20♓07	20♓06	20♓03	19♓60	19♓55	19♓49	19♓41	19♓33	19♓23
/♇	23♒54	24♒00	24♒06	24♒10	24♒13	24♒15	24♒16	24♒16	24♒14	24♒11	24♒06	24♒01	23♒54	23♒46	23♒36	23♒26
/☊	11♓51	11♓55	11♓59	12♓02	12♓05	12♓07	12♓08	12♓07	12♓05	11♓60	11♓53	11♓44	11♓33	11♓20	11♓07	10♓53
♂/⚳	27♏37	27♏53	28♏10	28♏26	28♏43	28♏60	29♏17	29♏34	29♏51	0♐08	0♐25	0♐42	0♐60	1♐17	1♐35	1♐53
/♃	15♒48	16♒19	16♒49	17♒19	17♒49	18♒19	18♒49	19♒19	19♒49	20♒19	20♒49	21♒19	21♒48	22♒18	22♒48	23♒18
/♄	3♐58	4♐19	4♐40	5♐01	5♐22	5♐44	6♐05	6♐26	6♐47	7♐08	7♐29	7♐50	8♐11	8♐32	8♐53	9♐15
/♅	5♓26	5♓51	6♓16	6♓41	7♓06	7♓31	7♓57	8♓22	8♓47	9♓12	9♓37	10♓03	10♓28	10♓53	11♓18	11♓43
/♆	21♒45	22♒09	22♒34	22♒58	23♒23	23♒48	24♒12	24♒37	25♒01	25♒26	25♒50	26♒15	26♒39	27♒04	27♒28	27♒53
/♇	25♑57	26♑21	26♑45	27♑09	27♑33	27♑57	28♑21	28♑45	29♑09	29♑33	29♑57	0♒21	0♒45	1♒08	1♒32	1♒56
/☊	13♒55	14♒16	14♒38	15♒01	15♒25	15♒49	16♒13	16♒37	16♒60	17♒22	17♒43	18♒04	18♒24	18♒43	19♒03	19♒23
⚳/♃	24♏29	24♏29	24♏28	24♏28	24♏28	24♏28	24♏28	24♏28	24♏28	24♏28	24♏28	24♏28	24♏29	24♏29	24♏30	24♏30
/♄	12♍39	12♍29	12♍20	12♍11	12♍02	11♍53	11♍44	11♍35	11♍26	11♍17	11♍08	10♍60	10♍51	10♍43	10♍35	10♍27
/♅	14♊06	14♊01	13♊56	13♊51	13♊46	13♊41	13♊36	13♊31	13♊26	13♊21	13♊17	13♊12	13♊08	13♊04	12♊60	12♊56
/♆	0♐25	0♐20	0♐14	0♐08	0♐02	29♏57	29♏51	29♏46	29♏40	29♏35	29♏30	29♏25	29♏20	29♏15	29♏10	29♏05
/♇	4♏38	4♏32	4♏25	4♏19	4♏13	4♏06	4♏00	3♏54	3♏48	3♏42	3♏36	3♏30	3♏25	3♏19	3♏14	3♏09
/☊	22♏35	22♏26	22♏18	22♏11	22♏04	21♏58	21♏52	21♏46	21♏39	21♏31	21♏23	21♏14	21♏04	20♏54	20♏45	20♏36
♃/♄	0♐50	0♐55	0♐59	1♐03	1♐07	1♐12	1♐16	1♐20	1♐24	1♐28	1♐32	1♐36	1♐40	1♐44	1♐48	1♐52
/♅	2♓18	2♓26	2♓35	2♓43	2♓51	2♓60	3♓08	3♓16	3♓24	3♓32	3♓41	3♓49	3♓57	4♓05	4♓13	4♓21
/♆	18♒37	18♒45	18♒53	19♒00	19♒08	19♒16	19♒23	19♒31	19♒38	19♒46	19♒53	20♒01	20♒08	20♒16	20♒23	20♒30
/♇	22♑50	22♑57	23♑04	23♑11	23♑18	23♑25	23♑32	23♑39	23♑46	23♑53	24♑00	24♑07	24♑14	24♑20	24♑27	24♑34
/☊	10♒47	10♒52	10♒57	11♒03	11♒10	11♒17	11♒24	11♒31	11♒37	11♒42	11♒47	11♒50	11♒53	11♒55	11♒58	12♒01
♄/♅	20♊28	20♊27	20♊26	20♊26	20♊25	20♊24	20♊24	20♊23	20♊22	20♊22	20♊21	20♊20	20♊20	20♊19	20♊18	20♊18
/♆	6♐47	6♐45	6♐44	6♐43	6♐42	6♐40	6♐39	6♐38	6♐36	6♐35	6♐34	6♐32	6♐31	6♐30	6♐28	6♐27
/♇	10♏59	10♏58	10♏56	10♏54	10♏52	10♏50	10♏48	10♏46	10♏44	10♏42	10♏40	10♏38	10♏36	10♏34	10♏32	10♏30
/☊	28♏57	28♏52	28♏49	28♏46	28♏43	28♏42	28♏40	28♏38	28♏35	28♏32	28♏27	28♏21	28♏15	28♏09	28♏03	27♏58
♅/♆	8♓14	8♓17	8♓20	8♓23	8♓25	8♓28	8♓31	8♓34	8♓37	8♓39	8♓42	8♓45	8♓48	8♓50	8♓53	8♓56
/♇	12♒27	12♒29	12♒31	12♒34	12♒36	12♒38	12♒40	12♒42	12♒45	12♒47	12♒49	12♒51	12♒53	12♒55	12♒57	12♒59
/☊	0♓24	0♓24	0♓24	0♓25	0♓27	0♓29	0♓32	0♓34	0♓35	0♓36	0♓35	0♓34	0♓32	0♓30	0♓28	0♓26
♆/♇	28♑46	28♑48	28♑49	28♑51	28♑53	28♑54	28♑56	28♑57	28♑59	29♑00	29♑02	29♑03	29♑04	29♑06	29♑07	29♑09
/☊	16♒43	16♒42	16♒42	16♒43	16♒44	16♒46	16♒47	16♒49	16♒50	16♒49	16♒48	16♒46	16♒43	16♒41	16♒38	16♒36
♇/☊	20♑56	20♑55	20♑54	20♑54	20♑54	20♑55	20♑56	20♑57	20♑57	20♑57	20♑55	20♑52	20♑49	20♑45	20♑42	20♑39

	17	18	19	20	21	22	23	24	25	26	27	28	29	30	31
☉/☽	1♒59	8♒29	14♒55	21♒19	27♒44	4♓13	10♓47	17♓29	24♓20	1♈20	8♈30	15♈48	23♈13	0♉43	8♉16
/☿	20♓07	21♓30	22♓54	24♓17	25♓42	27♓07	28♓33	29♓59	1♈26	2♈54	4♈22	5♈51	7♈20	8♈50	10♈20
/♀	4♈54	5♈11	5♈27	5♈42	5♈56	6♈09	6♈21	6♈33	6♈45	6♈56	7♈07	7♈18	7♈28	7♈39	7♈51
/♂	13♓60	14♓53	15♓46	16♓40	17♓33	18♓26	19♓19	20♓13	21♓06	21♓59	22♓52	23♓46	24♓39	25♓32	26♓25
/⚳	14♊43	15♊08	15♊32	15♊57	16♊22	16♊47	17♊13	17♊38	18♊04	18♊30	18♊56	19♊22	19♊49	20♊15	20♊42
/♃	6♓20	6♓56	7♓32	8♓08	8♓44	9♓20	9♓55	10♓31	11♓07	11♓43	12♓18	12♓54	13♓29	14♓04	14♓40
/♄	22♊08	22♊35	23♊03	23♊30	23♊58	24♊25	24♊53	25♊20	25♊48	26♊15	26♊43	27♊11	27♊38	28♊06	28♊33
/♅	24♓41	25♓12	25♓44	26♓15	26♓47	27♓18	27♓50	28♓21	28♓53	29♓24	29♓56	0♈27	0♈58	1♈30	2♈01
/♆	10♓50	11♓20	11♓51	12♓22	12♓53	13♓24	13♓54	14♓25	14♓56	15♓26	15♓57	16♓28	16♓58	17♓29	17♓59
/♇	14♒52	15♒22	15♒52	16♒22	16♒52	17♒23	17♒53	18♒22	18♒52	19♒22	19♒52	20♒22	20♒52	21♒22	21♒51
/☊	2♓17	2♓46	3♓16	3♓46	4♓16	4♓46	5♓16	5♓44	6♓11	6♓37	7♓02	7♓27	7♓52	8♓17	8♓43
☽/☿	25♑34	2♒28	9♒17	16♒06	22♒56	29♒50	6♓51	13♓59	21♓18	28♓46	6♈25	14♈12	22♈07	0♉07	8♉11
/♀	10♒21	16♒08	21♒51	27♒30	3♓09	8♓52	14♓39	20♓33	26♓36	2♈48	9♈09	15♈39	22♈15	28♈57	5♉42
/♂	19♑27	25♑51	2♒10	8♒28	14♒47	21♒09	27♒37	4♓13	10♓57	17♓52	24♓55	2♈07	9♈26	16♈49	24♈16
/⚳	20♎10	26♎05	1♏56	7♏46	13♏36	19♏30	25♏30	1♐38	7♊55	14♊22	20♊59	27♊43	4♋35	11♋33	18♋33
/♃	11♑47	17♑53	23♑56	29♑56	5♒58	12♒03	18♒13	24♒31	0♓58	7♓35	14♓21	21♓15	28♓16	5♈22	12♈31
/♄	27♎35	3♏33	9♏27	15♏19	21♏12	27♏08	3♐11	9♐20	15♐39	22♊08	28♊46	5♋32	12♋25	19♋23	26♋24
/♅	0♒08	6♒10	12♒08	18♒04	24♒01	0♓01	6♓08	12♓21	18♓44	25♓17	1♈58	8♈48	15♈45	22♈47	29♈52
/♆	16♑17	22♑18	28♑15	4♒11	10♒07	16♒07	22♒12	28♒25	4♓47	11♓19	17♓60	24♓49	1♈45	8♈46	15♈50
/♇	20♐19	26♐20	2♑16	8♑11	14♑06	20♑05	26♑10	2♒23	8♒44	15♒15	21♒55	28♒43	5♓39	12♓39	19♓42
/☊	7♑44	13♑43	19♑39	25♑34	1♒30	7♒29	13♒33	19♒44	26♒03	2♓30	9♓05	15♓48	22♓38	29♓34	6♈34
☿/♀	28♓30	29♓10	29♓49	0♈28	1♈07	1♈46	2♈25	3♈03	3♈42	4♈22	5♈01	5♈42	6♈22	7♈04	7♈46
/♂	7♓35	8♓52	10♓09	11♓26	12♓44	14♓03	15♓23	16♓43	18♓04	19♓25	20♓47	22♓09	23♓33	24♓56	26♓20
/⚳	8♊19	9♊06	9♊55	10♊44	11♊34	12♊25	13♊16	14♊08	15♊02	15♊56	16♊50	17♊46	18♊42	19♊40	20♊37
/♃	29♒55	0♓55	1♓54	2♓54	3♓55	4♓57	5♓59	7♓01	8♓05	9♓08	10♓13	11♓18	12♓23	13♓29	14♓35
/♄	15♐44	16♐34	17♐25	18♊17	19♊09	20♊03	20♊56	21♊51	22♊46	23♊41	24♊38	25♊34	26♊32	27♊30	28♊29
/♅	18♓17	19♓11	20♓06	21♓02	21♓59	22♓56	23♓53	24♓52	25♓51	26♓50	27♓50	28♓51	29♓52	0♈54	1♈56
/♆	4♓25	5♓19	6♓14	7♓09	8♓04	9♓01	9♓58	10♓55	11♓53	12♓52	13♓52	14♓52	15♓52	16♓53	17♓55
/♇	8♒28	9♒21	10♒15	11♒09	12♒04	12♒60	13♒56	14♒53	15♒50	16♒48	17♒47	18♒46	19♒46	20♒46	21♒47
/☊	25♒53	26♒45	27♒38	28♒32	29♒28	0♓23	1♓19	2♓14	3♓09	4♓03	4♓57	5♓51	6♓45	7♓41	8♓38
♀/♂	22♓22	22♓32	22♓42	22♓50	22♓58	23♓05	23♓11	23♓17	23♓22	23♓27	23♓32	23♓36	23♓41	23♓46	23♓51
/⚳	23♊05	22♊47	22♊28	22♊08	21♊47	21♊26	21♊04	20♊42	20♊20	19♊58	19♊35	19♊13	18♊51	18♊29	18♊08
/♃	14♓42	14♓35	14♓27	14♓19	14♓09	13♓58	13♓47	13♓35	13♓23	13♓10	12♓57	12♓44	12♓31	12♓18	12♓06
/♄	0♋30	0♋15	29♊58	29♊41	29♊23	29♊04	28♊45	28♊25	28♊04	27♊43	27♊22	27♊01	26♊40	26♊20	25♊59
/♅	3♈03	2♈52	2♈39	2♈26	2♈12	1♈57	1♈42	1♈26	1♈09	0♈52	0♈35	0♈18	0♈01	29♓44	29♓27
/♆	19♓12	18♓60	18♓47	18♓33	18♓18	18♓02	17♓46	17♓29	17♓12	16♓54	16♓36	16♓18	16♓00	15♓43	15♓25
/♇	23♒14	23♒02	22♒48	22♒33	22♒18	22♒01	21♒44	21♒27	21♒08	20♒50	20♒31	20♒13	19♒54	19♒35	19♒17
/☊	10♓39	10♓25	10♓11	9♓56	9♓41	9♓25	9♓07	8♓48	8♓27	8♓05	7♓42	7♓18	6♓54	6♓31	6♓09
♂/⚳	2♐11	2♐29	2♊48	3♊06	3♊25	3♊44	4♊03	4♊22	4♊41	5♊01	5♊21	5♊41	6♊01	6♊21	6♊42
/♃	23♒48	24♒17	24♒47	25♒17	25♒46	26♒16	26♒45	27♒15	27♒44	28♒14	28♒43	29♒12	29♒42	0♓11	0♓40
/♄	9♐36	9♐57	10♐18	10♐39	11♐00	11♐22	11♐43	12♐04	12♐25	12♐47	13♐08	13♐29	13♐51	14♐12	14♐33
/♅	12♓09	12♓34	12♓59	13♓24	13♓49	14♓15	14♓40	15♓05	15♓30	15♓55	16♓21	16♓46	17♓11	17♓36	18♓01
/♆	28♒17	28♒42	29♒06	29♒31	29♒55	0♓20	0♓44	1♓09	1♓33	1♓58	2♓22	2♓46	3♓11	3♓35	3♓59
/♇	2♒20	2♒44	3♒07	3♒31	3♒55	4♒19	4♒42	5♒06	5♒30	5♒53	6♒17	6♒41	7♒04	7♒28	7♒51
/☊	19♒45	20♒07	20♒31	20♒55	21♒19	21♒42	22♒06	22♒28	22♒49	23♒08	23♒27	23♒46	24♒04	24♒23	24♒43
⚳/♃	24♏31	24♏32	24♏33	24♏34	24♏36	24♏37	24♏39	24♏40	24♏42	24♏44	24♏46	24♏49	24♏51	24♏54	24♏57
/♄	10♍19	10♍12	10♍04	9♍57	9♍50	9♍43	9♍36	9♍30	9♍23	9♍17	9♍11	9♍06	9♍00	8♍55	8♍50
/♅	12♊52	12♊49	12♊45	12♊42	12♊39	12♊36	12♊33	12♊31	12♊28	12♊26	12♊24	12♊22	12♊21	12♊19	12♊18
/♆	29♏01	28♏57	28♏53	28♏49	28♏45	28♏41	28♏38	28♏34	28♏31	28♏28	28♏25	28♏23	28♏21	28♏18	28♏16
/♇	3♏03	2♏58	2♏54	2♏49	2♏44	2♏40	2♏36	2♏32	2♏28	2♏24	2♏21	2♏17	2♏14	2♏11	2♏08
/☊	20♏28	20♏22	20♏17	20♏12	20♏08	20♏04	19♏59	19♏53	19♏47	19♏39	19♏31	19♏22	19♏14	19♏06	19♏00
♃/♄	1♐56	1♐60	2♐04	2♐07	2♐11	2♐15	2♐19	2♐23	2♐26	2♐30	2♐34	2♐37	2♐41	2♐45	2♐48
/♅	4♓29	4♓37	4♓45	4♓53	5♓00	5♓08	5♓16	5♓24	5♓31	5♓39	5♓46	5♓54	6♓01	6♓09	6♓16
/♆	20♒38	20♒45	20♒52	20♒59	21♒06	21♒13	21♒20	21♒27	21♒34	21♒41	21♒48	21♒54	22♒01	22♒08	22♒14
/♇	24♑40	24♑47	24♑53	24♑59	25♑06	25♑12	25♑18	25♑25	25♑31	25♑37	25♑43	25♑49	25♑55	26♑00	26♑06
/☊	12♒05	12♒10	12♒16	12♒23	12♒29	12♒36	12♒42	12♒46	12♒50	12♒52	12♒53	12♒54	12♒54	12♒56	12♒58
♄/♅	20♊17	20♊16	20♊16	20♊15	20♊14	20♊14	20♊13	20♊13	20♊12	20♊12	20♊11	20♊11	20♊10	20♊10	20♊09
/♆	6♐26	6♐24	6♐23	6♐22	6♐20	6♐19	6♐18	6♐16	6♐15	6♐14	6♐13	6♐11	6♐10	6♐09	6♐08
/♇	10♏28	10♏26	10♏24	10♏22	10♏20	10♏18	10♏16	10♏14	10♏12	10♏10	10♏08	10♏06	10♏04	10♏02	9♏60
/☊	27♏53	27♏50	27♏47	27♏45	27♏44	27♏42	27♏39	27♏35	27♏31	27♏25	27♏18	27♏11	27♏03	26♏57	26♏51
♅/♆	8♓59	9♓01	9♓04	9♓07	9♓09	9♓12	9♓15	9♓17	9♓20	9♓23	9♓25	9♓28	9♓30	9♓33	9♓36
/♇	13♒01	13♒03	13♒05	13♒07	13♒09	13♒11	13♒13	13♒15	13♒17	13♒19	13♒20	13♒22	13♒24	13♒26	13♒27
/☊	0♓26	0♓27	0♓28	0♓30	0♓33	0♓35	0♓36	0♓36	0♓36	0♓34	0♓31	0♓27	0♓24	0♓21	0♓19
♆/♇	29♑10	29♑11	29♑12	29♑14	29♑15	29♑16	29♑17	29♑18	29♑20	29♑21	29♑22	29♑23	29♑24	29♑25	29♑26
/☊	16♒35	16♒35	16♒36	16♒37	16♒39	16♒40	16♒41	16♒40	16♒38	16♒36	16♒32	16♒28	16♒24	16♒20	16♒18
♇/☊	20♑37	20♑37	20♑37	20♑37	20♑38	20♑39	20♑39	20♑37	20♑35	20♑31	20♑27	20♑22	20♑17	20♑13	20♑09

March 2009

April 2009

	1	2	3	4	5	6	7	8	9	10
☉/☽	15♉50	23♉24	0♊57	8♊29	15♊59	23♊27	0♋51	8♋11	15♋26	22♑34
/☿	11♈51	13♈22	14♈54	16♈25	17♈57	19♈28	20♈60	22♈31	24♈02	25♈32
/♀	8♈02	8♈15	8♈27	8♈41	8♈55	9♈10	9♈26	9♈43	10♈02	10♈21
/♂	27♓18	28♓11	29♓04	29♓57	0♈50	1♈43	2♈36	3♈29	4♈22	5♈15
/⚳	21♊09	21♊36	22♊04	22♊31	22♊59	23♊27	23♊55	24♊23	24♊52	25♊21
/♃	15♓15	15♓50	16♓25	17♓01	17♓36	18♓10	18♓45	19♓20	19♓55	20♓30
/♄	29♊01	29♊28	29♊56	0♋23	0♋51	1♋19	1♋46	2♋14	2♋42	3♋09
/♅	2♈32	3♈04	3♈35	4♈06	4♈37	5♈08	5♈39	6♈11	6♈42	7♈13
/♆	18♓30	19♓00	19♓31	20♓01	20♓31	21♓02	21♓32	22♓02	22♓33	23♓03
/♇	22♒21	22♒51	23♒20	23♒50	24♒19	24♒49	25♒18	25♒48	26♒17	26♒47
/☊	9♓11	9♓39	10♓09	10♓39	11♓08	11♓36	12♓04	12♓29	12♓54	13♓17
☽/☿	16♉17	24♉23	2♊28	10♊32	18♊35	26♊35	4♋32	12♋25	20♋11	27♋50
/♀	12♉28	19♉15	26♉02	2♊48	9♊33	16♊17	22♊59	29♊37	6♑11	12♑39
/♂	1♉44	9♉12	16♉39	24♉04	1♊28	8♊50	16♊08	23♐22	0♑31	7♑33
/⚳	25♋35	2♌37	9♌38	16♌38	23♌37	0♍34	7♍27	14♍17	21♍01	27♍39
/♃	19♈41	26♈51	3♉60	11♉08	18♉14	25♏17	2♐18	9♐14	16♐04	22♐48
/♄	3♌26	10♌29	17♌30	24♌31	1♍29	8♍25	15♍19	22♍08	28♍51	5♎28
/♅	6♉58	14♉04	21♉09	28♉13	5♊15	12♊15	19♊12	26♐04	2♑51	9♑31
/♆	22♈56	0♉01	7♉05	14♉08	21♉10	28♏09	5♐04	11♐56	18♐42	25♐21
/♇	26♓47	3♎51	10♎55	17♎57	24♎58	1♏56	8♏51	15♏41	22♏27	29♏05
/☊	13♈36	20♈40	27♈43	4♉46	11♏46	18♏43	25♏36	2♐23	9♐03	15♐36
☿/♀	8♈29	9♈13	9♈58	10♈44	11♈31	12♈19	13♈08	13♈57	14♈47	15♈37
/♂	27♓45	29♓10	0♈35	2♈01	3♈26	4♈52	6♈17	7♈42	9♈07	10♈31
/⚳	21♊36	22♊35	23♊35	24♊35	25♊35	26♊36	27♊36	28♊37	29♊37	0♋37
/♃	15♓42	16♓49	17♓56	19♓04	20♓12	21♓19	22♓27	23♓34	24♓40	25♓46
/♄	29♊28	0♋27	1♋27	2♋27	3♋27	4♋27	5♋28	6♋27	7♋27	8♋26
/♅	2♈59	4♈02	5♈06	6♈10	7♈13	8♈17	9♈21	10♈24	11♈27	12♈29
/♆	18♓57	19♓59	21♓02	22♓05	23♓08	24♓11	25♓13	26♓16	27♓18	28♓19
/♇	22♒48	23♒49	24♒51	25♒53	26♒55	27♒58	28♒60	0♓01	1♓02	2♓03
/☊	9♓37	10♓38	11♓40	12♓42	13♓44	14♓45	15♓45	16♓43	17♓39	18♓34
♀/♂	23♓56	24♓02	24♓09	24♓16	24♓24	24♓33	24♓43	24♓55	25♓07	25♓20
/⚳	17♊47	17♊27	17♊08	16♊50	16♊33	16♊17	16♊03	15♊49	15♊37	15♊26
/♃	11♓53	11♓42	11♓30	11♓20	11♓10	11♓01	10♓53	10♓46	10♓40	10♓35
/♄	25♊39	25♊20	25♊01	24♊43	24♊25	24♊09	23♊54	23♊40	23♊27	23♊15
/♅	29♓11	28♓55	28♓40	28♓25	28♓12	27♓59	27♓47	27♓36	27♓27	27♓18
/♆	15♓08	14♓52	14♓36	14♓20	14♓06	13♓52	13♓40	13♓28	13♓18	13♓08
/♇	18♒59	18♒42	18♒25	18♒09	17♒54	17♒39	17♒26	17♒14	17♒02	16♒52
/☊	5♓49	5♓30	5♓14	4♓58	4♓42	4♓27	4♓11	3♓55	3♓39	3♓23
♂/⚳	7♊03	7♊24	7♊45	8♊07	8♊28	8♊50	9♊12	9♊35	9♊57	10♊20
/♃	1♓09	1♓38	2♓07	2♓36	3♓05	3♓34	4♓02	4♓31	4♓60	5♓28
/♄	14♐55	15♐16	15♐38	15♐59	16♐20	16♊42	17♊03	17♊25	17♊47	18♊08
/♅	18♓26	18♓51	19♓16	19♓42	20♓07	20♓32	20♓57	21♓22	21♓47	22♓12
/♆	4♓24	4♓48	5♓12	5♓37	6♓01	6♓25	6♓49	7♓13	7♓38	8♓02
/♇	8♒15	8♒38	9♒02	9♒25	9♒49	10♒12	10♒36	10♒59	11♒22	11♒46
/☊	25♒04	25♒27	25♒50	26♒14	26♒37	26♒60	27♒21	27♒40	27♒59	28♒16
⚳/♃	24♏60	25♏03	25♏06	25♏10	25♏14	25♏18	25♏22	25♏26	25♏30	25♏35
/♄	8♍46	8♍41	8♍37	8♍33	8♍29	8♍26	8♍23	8♍20	8♍17	8♍14
/♅	12♊17	12♊16	12♊16	12♊16	12♊15	12♊15	12♊16	12♊16	12♊17	12♊18
/♆	28♏15	28♏13	28♏12	28♏11	28♏10	28♏09	28♏08	28♏08	28♏08	28♏08
/♇	2♏06	2♏03	2♏01	1♏59	1♏58	1♏56	1♏55	1♏53	1♏53	1♏52
/☊	18♏55	18♏52	18♏50	18♏48	18♏46	18♏44	18♏40	18♏35	18♏29	18♏22
♃/♄	2♐52	2♐55	2♐59	3♐02	3♐06	3♐09	3♐13	3♐16	3♐20	3♐23
/♅	6♓23	6♓31	6♓38	6♓45	6♓52	6♓59	7♓06	7♓13	7♓20	7♓27
/♆	22♒21	22♒27	22♒34	22♒40	22♒46	22♒53	22♒59	23♒05	23♒11	23♒17
/♇	26♑12	26♑18	26♑23	26♑29	26♑34	26♑40	26♑45	26♑50	26♑55	27♑00
/☊	13♒02	13♒06	13♒12	13♒17	13♒23	13♒27	13♒30	13♒32	13♒32	13♒31
♄/♅	20♊09	20♊09	20♊08	20♊08	20♊08	20♊07	20♊07	20♊07	20♊07	20♊06
/♆	6♐06	6♐05	6♐04	6♐03	6♐02	6♐01	5♐60	5♐59	5♐58	5♐57
/♇	9♏58	9♏56	9♏54	9♏52	9♏50	9♏48	9♏46	9♏44	9♏42	9♏40
/☊	26♏47	26♏44	26♏42	26♏40	26♏38	26♏35	26♏31	26♏26	26♏19	26♏11
♅/♆	9♓38	9♓41	9♓43	9♓46	9♓48	9♓50	9♓53	9♓55	9♓58	9♓60
/♇	13♒29	13♒31	13♒33	13♒34	13♒36	13♒37	13♒39	13♒41	13♒42	13♒44
/☊	0♓19	0♓20	0♓21	0♓23	0♓24	0♓25	0♓24	0♓22	0♓19	0♓14
♆/♇	29♑27	29♑28	29♑28	29♑29	29♑30	29♑31	29♑32	29♑32	29♑33	29♑34
/☊	16♒16	16♒16	16♒17	16♒18	16♒19	16♒18	16♒17	16♒14	16♒10	16♒05
♇/☊	20♑07	20♑07	20♑07	20♑07	20♑07	20♑06	20♑03	19♑59	19♑54	19♑48

	11	12	13	14	15	16	17	18	19	20
☉/☽	29♑34	6♒25	13♒08	19♒44	26♒13	2♓39	9♓02	15♓27	21♓55	28♓30
/☿	27♈01	28♈30	29♈57	1♉23	2♉47	4♉10	5♉31	6♉50	8♉07	9♉22
/♀	10♈42	11♈03	11♈26	11♈50	12♈16	12♈42	13♈10	13♈39	14♈09	14♈40
/♂	6♈07	7♈00	7♈53	8♈46	9♈38	10♈31	11♈24	12♈16	13♈09	14♈02
/⚳	25♊50	26♊19	26♊48	27♊18	27♊48	28♊17	28♊48	29♊18	29♊48	0♋19
/♃	21♓04	21♓39	22♓13	22♓47	23♓22	23♓56	24♓30	25♓04	25♓38	26♓12
/♄	3♋37	4♋05	4♋33	5♋00	5♋28	5♋56	6♋24	6♋52	7♋20	7♋47
/♅	7♈44	8♈15	8♈46	9♈17	9♈48	10♈18	10♈49	11♈20	11♈51	12♈22
/♆	23♓33	24♓03	24♓33	25♓03	25♓34	26♓04	26♓34	27♓04	27♓34	28♓03
/♇	27♒16	27♒45	28♒15	28♒44	29♒13	29♒42	0♓11	0♓41	1♓10	1♓39
/☊	13♓41	14♓04	14♓28	14♓54	15♓20	15♓48	16♓17	16♓46	17♓15	17♓44
☽/☿	5♒21	12♒42	19♒53	26♒56	3♓51	10♓40	17♓26	24♓11	0♈58	7♈48
/♀	19♑01	25♑15	1♒22	7♒23	13♒19	19♒12	25♒05	1♓00	6♓60	13♓07
/♂	14♑27	21♑12	27♑49	4♒19	10♒42	17♒01	23♒19	29♒38	5♓60	12♓29
/⚳	4♎09	10♎31	16♎44	22♎51	28♎51	4♏48	10♏43	16♏39	22♏39	28♏46
/♃	29♐23	5♑50	12♑09	18♑20	24♑25	0♒26	6♒25	12♒25	18♒29	24♒39
/♄	11♎56	18♎17	24♎29	0♏33	6♏32	12♏26	18♏19	24♏13	0♐10	6♐14
/♅	16♑03	22♑27	28♑42	4♒50	10♒51	16♒49	22♒45	28♒41	4♓42	10♓49
/♆	1♑52	8♑15	14♑29	20♑36	26♑37	2♒34	8♒29	14♒25	20♒24	26♒30
/♇	5♐35	11♐57	18♐11	24♐17	0♑17	6♑13	12♑07	18♑02	24♑00	0♒06
/☊	21♐60	28♐16	4♑24	10♑26	16♑24	22♑18	28♑12	4♒07	10♒06	16♒11
☿/♀	16♈28	17♈20	18♈11	19♈02	19♈53	20♈44	21♈34	22♈23	23♈11	23♈59
/♂	11♈54	13♈17	14♈38	15♈58	17♈16	18♈33	19♈47	21♈00	22♈11	23♈20
/⚳	1♋37	2♋35	3♋33	4♋30	5♋25	6♋19	7♋11	8♋02	8♋51	9♋38
/♃	26♓51	27♓55	28♓58	29♓59	0♈59	1♈57	2♈54	3♈48	4♈41	5♈31
/♄	9♋24	10♋21	11♋17	12♋12	13♋06	13♋57	14♋47	15♋36	16♋22	17♋06
/♅	13♈31	14♈31	15♈30	16♈28	17♈25	18♈20	19♈13	20♈04	20♈53	21♈40
/♆	29♓20	0♈20	1♈18	2♈15	3♈11	4♈05	4♈57	5♈48	6♈36	7♈22
/♇	3♓03	4♓02	4♓59	5♓56	6♓50	7♓44	8♓35	9♓25	10♓12	10♓57
/☊	19♓27	20♓20	21♓13	22♓05	22♓58	23♓50	24♓41	25♓30	26♓18	27♓03
♀/♂	25♓34	25♓50	26♓07	26♓25	26♓44	27♓05	27♓27	27♓50	28♓14	28♓39
/⚳	15♊17	15♊09	15♊02	14♊57	14♊53	14♊51	14♊50	14♊51	14♊53	14♊56
/♃	10♓31	10♓29	10♓27	10♓27	10♓28	10♓30	10♓33	10♓37	10♓43	10♓50
/♄	23♊04	22♊55	22♊46	22♊40	22♊34	22♊30	22♊27	22♊25	22♊24	22♊25
/♅	27♓11	27♓05	26♓60	26♓56	26♓53	26♓52	26♓52	26♓53	26♓56	26♓59
/♆	13♓00	12♓53	12♓47	12♓43	12♓39	12♓37	12♓36	12♓37	12♓38	12♓41
/♇	16♒43	16♒35	16♒29	16♒23	16♒19	16♒16	16♒14	16♒14	16♒14	16♒16
/☊	3♓08	2♓54	2♓42	2♓33	2♓26	2♓22	2♓20	2♓19	2♓20	2♓21
♂/⚳	10♊43	11♊06	11♊29	11♊53	12♊16	12♊40	13♊04	13♊29	13♊53	14♊18
/♃	5♓57	6♓25	6♓54	7♓22	7♓50	8♓19	8♓47	9♓15	9♓43	10♓11
/♄	18♊30	18♊52	19♊13	19♊35	19♊57	20♊19	20♊40	21♊02	21♊24	21♊46
/♅	22♓37	23♓02	23♓26	23♓51	24♓16	24♓41	25♓06	25♓31	25♓56	26♓20
/♆	8♓26	8♓50	9♓14	9♓38	10♓02	10♓26	10♓50	11♓14	11♓38	12♓02
/♇	12♒09	12♒32	12♒55	13♒19	13♒42	14♒05	14♒28	14♒51	15♒14	15♒37
/☊	28♒33	28♒51	29♒09	29♒28	29♒49	0♓11	0♓34	0♓57	1♓20	1♓43
⚳/♃	25♏39	25♏44	25♏49	25♏54	25♏60	26♏05	26♏11	26♏16	26♏22	26♏28
/♄	8♍12	8♍10	8♍09	8♍07	8♍06	8♍05	8♍04	8♍04	8♍04	8♍04
/♅	12♊19	12♊20	12♊22	12♊23	12♊25	12♊27	12♊30	12♊32	12♊35	12♊38
/♆	28♏08	28♏09	28♏09	28♏10	28♏11	28♏13	28♏14	28♏16	28♏18	28♏20
/♇	1♏51	1♏51	1♏51	1♏51	1♏51	1♏51	1♏52	1♏53	1♏54	1♏55
/☊	18♏16	18♏09	18♏04	18♏00	17♏58	17♏57	17♏57	17♏58	17♏59	18♏00
♃/♄	3♐27	3♐30	3♐33	3♐37	3♐40	3♐44	3♐47	3♐50	3♐53	3♐57
/♅	7♓33	7♓40	7♓47	7♓53	7♓60	8♓06	8♓12	8♓19	8♓25	8♓31
/♆	23♒23	23♒28	23♒34	23♒40	23♒46	23♒51	23♒57	24♒02	24♒07	24♒13
/♇	27♑06	27♑11	27♑15	27♑20	27♑25	27♑30	27♑34	27♑39	27♑44	27♑48
/☊	13♒30	13♒29	13♒29	13♒30	13♒32	13♒36	13♒40	13♒45	13♒49	13♒53
♄/♅	20♊06	20♊06	20♊06	20♊06	20♊06	20♊06	20♊06	20♊06	20♊06	20♊06
/♆	5♐56	5♐55	5♐54	5♐53	5♐52	5♐51	5♐50	5♐49	5♐49	5♐48
/♇	9♏38	9♏37	9♏35	9♏33	9♏31	9♏30	9♏28	9♏26	9♏25	9♏23
/☊	26♏03	25♏55	25♏49	25♏43	25♏39	25♏36	25♏34	25♏32	25♏31	25♏28
♅/♆	10♓02	10♓05	10♓07	10♓09	10♓11	10♓14	10♓16	10♓18	10♓20	10♓22
/♇	13♒45	13♒47	13♒48	13♒49	13♒51	13♒52	13♒54	13♒55	13♒56	13♒57
/☊	0♓10	0♓05	0♓02	29♒59	29♒58	29♒58	29♒59	0♓00	0♓02	0♓03
♆/♇	29♑35	29♑35	29♑36	29♑36	29♑37	29♑37	29♑38	29♑38	29♑39	29♑39
/☊	15♒59	15♒54	15♒49	15♒46	15♒44	15♒43	15♒43	15♒44	15♒44	15♒44
♇/☊	19♑42	19♑36	19♑31	19♑26	19♑24	19♑22	19♑21	19♑21	19♑21	19♑20

	21	22	23	24	25	26	27	28	29	30
☉/☽	5♈13	12♈07	19♈13	26♈31	3♉60	11♉37	19♉20	27♉05	4♊49	12♊30
/☿	10♉34	11♉45	12♉52	13♉58	15♉01	16♉01	16♉59	17♉54	18♉47	19♉37
/♀	15♈13	15♈46	16♈21	16♈56	17♈33	18♈11	18♈49	19♈29	20♈09	20♈50
/♂	14♈54	15♈47	16♈39	17♈32	18♈24	19♈17	20♈09	21♈01	21♈54	22♈46
/⚳	0♋50	1♋21	1♋52	2♋24	2♋56	3♋27	3♋59	4♋31	5♋04	5♋36
/♃	26♓46	27♓20	27♓54	28♓27	29♓01	29♓34	0♈08	0♈41	1♈14	1♈47
/♄	8♋15	8♋43	9♋11	9♋40	10♋08	10♋36	11♋04	11♋32	12♋00	12♋29
/♅	12♈52	13♈23	13♈54	14♈25	14♈55	15♈26	15♈56	16♈27	16♈57	17♈28
/♆	28♓33	29♓03	29♓33	0♈03	0♈33	1♈02	1♈32	2♈02	2♈32	3♈01
/♇	2♓08	2♓37	3♓06	3♓35	4♓04	4♓33	5♓01	5♓30	5♓59	6♓28
/☊	18♓12	18♓38	19♓03	19♓27	19♓50	20♓13	20♓37	21♓02	21♓28	21♓56
☽/☿	14♈46	21♈52	29♈07	6♉32	14♉05	21♉44	29♉26	7♊08	14♊47	22♊19
/♀	19♓24	25♓54	2♈35	9♈30	16♈37	23♈53	1♉16	8♉43	16♉09	23♉33
/♂	19♓06	25♓54	2♈54	10♈06	17♈28	24♈59	2♉36	10♉15	17♉54	25♉28
/⚳	5♊02	11♊28	18♊07	24♊58	1♋60	9♋10	16♋27	23♋45	1♌04	8♌19
/♃	0♓58	7♓27	14♓08	21♓01	28♓05	5♈17	12♈35	19♈55	27♈14	4♉30
/♄	12♐27	18♊51	25♊26	2♋14	9♋12	16♋19	23♋31	0♌46	8♌00	15♌11
/♅	17♓04	23♓30	0♈09	6♈59	13♈59	21♈09	28♈24	5♉41	12♉57	20♉10
/♆	2♓45	9♓11	15♓48	22♓37	29♓37	6♈45	13♈59	21♈16	28♈31	5♉44
/♇	6♒19	12♒44	19♒20	26♒09	3♓08	10♓15	17♓29	24♓44	1♈59	9♎10
/☊	22♒23	28♒45	5♓17	12♓00	18♓54	25♓56	3♈04	10♈16	17♈28	24♈39
☿/♀	24♈45	25♈31	26♈15	26♈57	27♈38	28♈18	28♈56	29♈32	0♉07	0♉39
/♂	24♈27	25♈31	26♈33	27♈32	28♈29	29♈24	0♉16	1♉05	1♉51	2♉35
/⚳	10♋23	11♋06	11♋46	12♋25	13♋01	13♋35	14♋06	14♋35	15♋02	15♋26
/♃	6♈19	7♈04	7♈47	8♈28	9♈06	9♈42	10♈14	10♈45	11♈12	11♈37
/♄	17♋48	18♋28	19♋05	19♋40	20♋13	20♋43	21♋11	21♋36	21♋58	22♋18
/♅	22♈25	23♈08	23♈48	24♈25	25♈00	25♈33	26♈03	26♈30	26♈55	27♈17
/♆	8♈06	8♈48	9♈27	10♈04	10♈38	11♈10	11♈39	12♈05	12♈29	12♈50
/♇	11♓40	12♓21	12♓60	13♓35	14♓09	14♓40	15♓08	15♓34	15♓57	16♓17
/☊	27♓44	28♓22	28♓56	29♓27	29♓55	0♈20	0♈44	1♈05	1♈26	1♈45
♀/♂	29♓05	29♓33	0♈01	0♈31	1♈02	1♈33	2♈06	2♈39	3♈13	3♈49
/⚳	15♊01	15♊07	15♊15	15♊23	15♊33	15♊44	15♊56	16♊09	16♊24	16♊39
/♃	10♓57	11♓06	11♓16	11♓27	11♓38	11♓51	12♓04	12♓19	12♓34	12♓50
/♄	22♊27	22♊30	22♊34	22♊39	22♊45	22♊52	23♊01	23♊10	23♊20	23♊31
/♅	27♓04	27♓09	27♓16	27♓24	27♓33	27♓42	27♓53	28♓05	28♓17	28♓31
/♆	12♓44	12♓49	12♓55	13♓02	13♓10	13♓19	13♓29	13♓40	13♓51	14♓04
/♇	16♒19	16♒23	16♒28	16♒34	16♒41	16♒49	16♒58	17♒08	17♒19	17♒30
/☊	2♓23	2♓24	2♓25	2♓26	2♓27	2♓30	2♓34	2♓40	2♓48	2♓59
♂/⚳	14♊43	15♊08	15♊33	15♊58	16♊24	16♊50	17♊16	17♊42	18♊08	18♊35
/♃	10♓39	11♓07	11♓34	12♓02	12♓29	12♓57	13♓24	13♓52	14♓19	14♓46
/♄	22♊08	22♊30	22♊52	23♊14	23♊36	23♊58	24♊20	24♊43	25♊05	25♊27
/♅	26♓45	27♓10	27♓34	27♓59	28♓24	28♓48	29♓13	29♓37	0♈02	0♈26
/♆	12♓26	12♓50	13♓14	13♓37	14♓01	14♓25	14♓49	15♓12	15♓36	15♓60
/♇	16♒00	16♒23	16♒46	17♒09	17♒32	17♒55	18♒18	18♒41	19♒04	19♒26
/☊	2♓04	2♓24	2♓43	3♓01	3♓18	3♓36	3♓53	4♓12	4♓33	4♓55
⚳/♃	26♏35	26♏41	26♏47	26♏54	27♏01	27♏08	27♏15	27♏22	27♏29	27♏36
/♄	8♍04	8♍04	8♍05	8♍06	8♍08	8♍09	8♍11	8♍13	8♍15	8♍17
/♅	12♊41	12♊44	12♊48	12♊51	12♊55	12♊59	13♊03	13♊08	13♊12	13♊17
/♆	28♏22	28♏24	28♏27	28♏30	28♏33	28♏36	28♏39	28♏42	28♏46	28♏50
/♇	1♏56	1♏58	1♏60	2♏01	2♏04	2♏06	2♏08	2♏11	2♏14	2♏17
/☊	18♏00	17♏59	17♏56	17♏53	17♏50	17♏46	17♏44	17♏43	17♏43	17♏45
♃/♄	3♐60	4♐03	4♐06	4♐10	4♐13	4♐16	4♐19	4♐22	4♐25	4♐29
/♅	8♓37	8♓43	8♓49	8♓55	9♓00	9♓06	9♓12	9♓17	9♓23	9♓28
/♆	24♒18	24♒23	24♒28	24♒33	24♒38	24♒43	24♒47	24♒52	24♒57	25♒01
/♇	27♑52	27♑57	28♑01	28♑05	28♑09	28♑13	28♑17	28♑20	28♑24	28♑28
/☊	13♒56	13♒58	13♒58	13♒57	13♒55	13♒53	13♒52	13♒52	13♒54	13♒56
♄/♅	20♊06	20♊06	20♊07	20♊07	20♊07	20♊07	20♊08	20♊08	20♊09	20♊09
/♆	5♐47	5♐47	5♐46	5♐45	5♐45	5♐44	5♐44	5♐43	5♐43	5♐42
/♇	9♏22	9♏20	9♏19	9♏17	9♏16	9♏14	9♏13	9♏12	9♏10	9♏09
/☊	25♏25	25♏21	25♏15	25♏09	25♏02	24♏55	24♏48	24♏43	24♏40	24♏37
♅/♆	10♓24	10♓26	10♓28	10♓30	10♓32	10♓34	10♓36	10♓38	10♓40	10♓42
/♇	13♒59	13♒60	14♒01	14♒02	14♒03	14♒04	14♒05	14♒06	14♒07	14♒08
/☊	0♓02	0♓01	29♒58	29♒54	29♒49	29♒45	29♒41	29♒38	29♒37	29♒37
♆/♇	29♑40	29♑40	29♑40	29♑40	29♑41	29♑41	29♑41	29♑41	29♑41	29♑42
/☊	15♒43	15♒41	15♒37	15♒32	15♒27	15♒21	15♒17	15♒13	15♒11	15♒10
♇/☊	19♑18	19♑14	19♑10	19♑04	18♑58	18♑51	18♑46	18♑41	18♑38	18♑37

April 2009

May 2009

	1	2	3	4	5	6	7	8	9	10	11	12	13	14	15	16
☉/☽	20♊06	27♊37	5♋02	12♋21	19♋34	26♋43	3♌45	10♌42	17♌32	24♒16	0♓53	7♓25	13♓52	20♓16	26♓39	3♈03
/☿	20♉24	21♉08	21♉50	22♉29	23♉05	23♉39	24♉10	24♉38	25♉04	25♉27	25♉48	26♉07	26♉25	26♉40	26♉54	27♉07
/♀	21♈32	22♈15	22♈58	23♈43	24♈27	25♈13	25♈59	26♈46	27♈34	28♈22	29♈10	29♈59	0♉49	1♉39	2♉30	3♉21
/♂	23♈38	24♈31	25♈23	26♈15	27♈07	27♈59	28♈51	29♈43	0♉35	1♉27	2♉19	3♉11	4♉03	4♉55	5♉46	6♉38
/⚳	6♋09	6♋42	7♋15	7♋48	8♋21	8♋55	9♋28	10♋02	10♋36	11♋10	11♋44	12♋19	12♋53	13♋28	14♋02	14♋37
/♃	2♈21	2♈53	3♈26	3♈59	4♈32	5♈04	5♈37	6♈09	6♈42	7♈14	7♈46	8♈18	8♈50	9♈22	9♈54	10♈26
/♄	12♋57	13♋25	13♋54	14♋22	14♋50	15♋19	15♋47	16♋16	16♋44	17♋13	17♋42	18♋10	18♋39	19♋08	19♋37	20♋05
/♅	17♈58	18♈29	18♈59	19♈30	19♈60	20♈30	21♈00	21♈31	22♈01	22♈31	23♈01	23♈31	24♈01	24♈31	25♈01	25♈31
/♆	3♈31	4♈00	4♈30	4♈59	5♈29	5♈58	6♈28	6♈57	7♈26	7♈56	8♈25	8♈54	9♈23	9♈53	10♈22	10♈51
/♇	6♓57	7♓25	7♓54	8♓23	8♓51	9♓20	9♓49	10♓17	10♓46	11♓14	11♓43	12♓11	12♓39	13♓08	13♓36	14♓05
/☊	22♓25	22♓54	23♓23	23♓51	24♓18	24♓43	25♓07	25♓30	25♓53	26♓15	26♓39	27♓04	27♓30	27♓57	28♓26	28♓55
☽/☿	29♊44	7♋01	14♋09	21♋09	28♋01	4♌45	11♌20	17♌47	24♌05	0♍14	6♓15	12♓08	17♓54	23♓36	29♓15	4♈54
/♀	0♊52	8♊08	15♊18	22♊23	29♊23	6♑19	13♑10	19♑55	26♑35	3♒09	9♒37	16♒00	22♒19	28♒35	4♓51	11♓08
/♂	2♊59	10♊23	17♊42	24♊55	2♋03	9♋05	16♑02	22♑52	29♑36	6♒14	12♒46	19♒12	25♒33	1♓51	8♓07	14♓25
/⚳	15♌29	22♌35	29♌34	6♍28	13♍17	20♍01	26♍39	3♎11	9♎37	15♎57	22♎11	28♎19	4♏23	10♏24	16♏23	22♏24
/♃	11♉41	18♉46	25♏46	2♐39	9♐28	16♐10	22♐47	29♐18	5♑43	12♑01	18♑13	24♑19	0♒20	6♒18	12♒15	18♒12
/♄	22♌17	29♌18	6♍13	13♍02	19♍46	26♍25	2♎58	9♎25	15♎46	22♎00	28♎08	4♏11	10♏09	16♏04	21♏57	27♏52
/♅	27♉19	4♊22	11♊19	18♊10	24♊56	1♑36	8♑11	14♑40	21♑02	27♑18	3♒28	9♒32	15♒31	21♒27	27♒22	3♓18
/♆	12♉51	19♉53	26♏49	3♐40	10♐25	17♐04	23♐38	0♑06	6♑28	12♑43	18♑52	24♑55	0♒53	6♒49	12♒43	18♒38
/♇	16♎17	23♎18	0♏13	7♏03	13♏47	20♏26	26♏59	3♐26	9♐47	16♐01	22♐09	28♐12	4♑09	10♑04	15♑57	21♑51
/☊	1♉45	8♏47	15♏42	22♏31	29♏13	5♐49	12♐17	18♐39	24♐54	1♑03	7♑06	13♑04	18♑60	24♑53	0♒46	6♒41
☿/♀	1♉10	1♉39	2♉06	2♉31	2♉54	3♉15	3♉34	3♉51	4♉07	4♉20	4♉32	4♉42	4♉51	4♉59	5♉06	5♉12
/♂	3♉16	3♉55	4♉31	5♉03	5♉34	6♉01	6♉26	6♉48	7♉08	7♉25	7♉41	7♉54	8♉05	8♉14	8♉22	8♉29
/⚳	15♋47	16♋06	16♋23	16♋37	16♋48	16♋57	17♋03	17♋07	17♋09	17♋08	17♋06	17♋01	16♋55	16♋47	16♋38	16♋28
/♃	11♈59	12♈18	12♈34	12♈48	12♈59	13♈07	13♈12	13♈15	13♈15	13♈12	13♈08	13♈01	12♈52	12♈42	12♈30	12♈17
/♄	22♋35	22♋50	23♋01	23♋11	23♋17	23♋21	23♋22	23♋21	23♋17	23♋11	23♋03	22♋53	22♋41	22♋28	22♋13	21♋57
/♅	27♈37	27♈53	28♈07	28♈18	28♈27	28♈32	28♈35	28♈36	28♈34	28♈29	28♈23	28♈14	28♈03	27♈51	27♈37	27♈23
/♆	13♈09	13♈25	13♈38	13♈48	13♈55	14♈00	14♈03	14♈02	13♈59	13♈54	13♈47	13♈37	13♈25	13♈12	12♈58	12♈42
/♇	16♓35	16♓50	17♓02	17♓11	17♓18	17♓22	17♓23	17♓22	17♓18	17♓12	17♓04	16♓54	16♓41	16♓28	16♓12	15♓56
/☊	2♈03	2♈18	2♈31	2♈39	2♈44	2♈45	2♈42	2♈35	2♈25	2♈14	2♈01	1♈47	1♈32	1♈17	1♈02	0♈46
♀/♂	4♈25	5♈01	5♈39	6♈17	6♈56	7♈36	8♈16	8♈57	9♈38	10♈20	11♈03	11♈46	12♈29	13♈13	13♈58	14♈43
/⚳	16♊55	17♊13	17♊31	17♊50	18♊10	18♊31	18♊53	19♊16	19♊39	20♊03	20♊28	20♊53	21♊20	21♊46	22♊14	22♊42
/♃	13♓07	13♓24	13♓42	14♓01	14♓21	14♓41	15♓02	15♓23	15♓45	16♓07	16♓30	16♓53	17♓17	17♓41	18♓06	18♓31
/♄	23♊43	23♊56	24♊10	24♊24	24♊39	24♊55	25♊12	25♊29	25♊47	26♊06	26♊25	26♊45	27♊06	27♊27	27♊48	28♊10
/♅	28♓45	28♓60	29♓15	29♓32	29♓49	0♈07	0♈25	0♈44	1♈04	1♈24	1♈45	2♈06	2♈28	2♈50	3♈13	3♈36
/♆	14♓17	14♓31	14♓46	15♓02	15♓18	15♓35	15♓52	16♓10	16♓29	16♓49	17♓09	17♓29	17♓50	18♓11	18♓33	18♓56
/♇	17♒43	17♒56	18♒10	18♒25	18♒40	18♒56	19♒13	19♒31	19♒49	20♒07	20♒26	20♒46	21♒06	21♒27	21♒48	22♒09
/☊	3♓11	3♓25	3♓39	3♓53	4♓06	4♓19	4♓31	4♓43	4♓55	5♓08	5♓23	5♓39	5♓56	6♓16	6♓37	6♓59
♂/⚳	19♊02	19♊28	19♊55	20♊22	20♊50	21♊17	21♊45	22♊12	22♊40	23♊08	23♊37	24♊05	24♊33	25♊02	25♊30	25♊59
/♃	15♓13	15♓40	16♓07	16♓34	17♓00	17♓27	17♓53	18♓20	18♓46	19♓12	19♓39	20♓05	20♓31	20♓56	21♓22	21♓48
/♄	25♊49	26♊12	26♊34	26♊56	27♊19	27♊41	28♊04	28♊26	28♊49	29♊11	29♊34	29♊57	0♋19	0♋42	1♋05	1♋27
/♅	0♈51	1♈15	1♈40	2♈04	2♈28	2♈53	3♈17	3♈41	4♈05	4♈29	4♈54	5♈18	5♈42	6♈06	6♈30	6♈53
/♆	16♓23	16♓47	17♓10	17♓34	17♓57	18♓21	18♓44	19♓07	19♓31	19♓54	20♓17	20♓41	21♓04	21♓27	21♓50	22♓13
/♇	19♒49	20♒12	20♒35	20♒57	21♒20	21♒42	22♒05	22♒27	22♒50	23♒12	23♒35	23♒57	24♒20	24♒42	25♒04	25♒27
/☊	5♓17	5♓41	6♓03	6♓25	6♓46	7♓05	7♓23	7♓40	7♓57	8♓14	8♓31	8♓50	9♓10	9♓31	9♓54	10♓17
⚳/♃	27♏44	27♏51	27♏59	28♏07	28♏15	28♏23	28♏31	28♏39	28♏47	28♏55	29♏04	29♏12	29♏21	29♏29	29♏38	29♏47
/♄	8♍20	8♍23	8♍26	8♍30	8♍33	8♍37	8♍41	8♍45	8♍50	8♍54	8♍59	9♍04	9♍09	9♍15	9♍21	9♍27
/♅	13♊22	13♊27	13♊32	13♊37	13♊43	13♊48	13♊54	14♊00	14♊06	14♊12	14♊19	14♊25	14♊32	14♊39	14♊46	14♊53
/♆	28♏54	28♏58	29♏02	29♏07	29♏12	29♏16	29♏21	29♏26	29♏32	29♏37	29♏42	29♏48	29♏54	29♏60	0♐06	0♐12
/♇	2♏20	2♏23	2♏27	2♏30	2♏34	2♏38	2♏42	2♏46	2♏51	2♏55	3♏00	3♏05	3♏10	3♏15	3♏20	3♏26
/☊	17♏48	17♏52	17♏55	17♏58	18♏00	18♏01	18♏00	17♏59	17♏58	17♏57	17♏57	17♏58	18♏00	18♏04	18♏10	18♏16
♃/♄	4♐32	4♐35	4♐38	4♐41	4♐44	4♐47	4♐50	4♐53	4♐55	4♐58	5♐01	5♐04	5♐07	5♐10	5♐12	5♐15
/♅	9♓33	9♓38	9♓43	9♓48	9♓53	9♓58	10♓03	10♓07	10♓12	10♓16	10♓21	10♓25	10♓29	10♓33	10♓37	10♓41
/♆	25♒05	25♒10	25♒14	25♒18	25♒22	25♒26	25♒30	25♒34	25♒37	25♒41	25♒44	25♒48	25♒51	25♒54	25♒58	26♒01
/♇	28♑31	28♑35	28♑38	28♑41	28♑45	28♑48	28♑51	28♑54	28♑57	28♑59	29♑02	29♑05	29♑07	29♑10	29♑12	29♑14
/☊	13♒60	14♒04	14♒07	14♒10	14♒11	14♒11	14♒09	14♒07	14♒04	14♒01	13♒59	13♒58	13♒58	13♒59	14♒01	14♒04
♄/♅	20♊10	20♊10	20♊11	20♊11	20♊12	20♊12	20♊13	20♊14	20♊15	20♊15	20♊16	20♊17	20♊18	20♊19	20♊20	20♊21
/♆	5♐42	5♐42	5♐41	5♐41	5♐41	5♐40	5♐40	5♐40	5♐40	5♐40	5♐40	5♐40	5♐40	5♐40	5♐40	5♐40
/♇	9♏08	9♏07	9♏05	9♏04	9♏03	9♏02	9♏01	9♏00	8♏59	8♏58	8♏58	8♏57	8♏56	8♏55	8♏55	8♏54
/☊	24♏36	24♏35	24♏34	24♏32	24♏29	24♏25	24♏19	24♏13	24♏06	23♏60	23♏54	23♏50	23♏46	23♏45	23♏44	23♏44
♅/♆	10♓43	10♓45	10♓47	10♓49	10♓50	10♓52	10♓53	10♓55	10♓57	10♓58	10♓59	11♓01	11♓02	11♓04	11♓05	11♓06
/♇	14♒09	14♒10	14♒11	14♒12	14♒13	14♒14	14♒14	14♒15	14♒16	14♒16	14♒17	14♒18	14♒18	14♒19	14♒19	14♒20
/☊	29♒38	29♒39	29♒40	29♒40	29♒39	29♒36	29♒33	29♒28	29♒23	29♒18	29♒14	29♒11	29♒09	29♒08	29♒09	29♒10
♆/♇	29♑42	29♑42	29♑42	29♑42	29♑42	29♑42	29♑41	29♑41	29♑41	29♑41	29♑41	29♑41	29♑40	29♑40	29♑40	29♑39
/☊	15♒10	15♒10	15♒11	15♒10	15♒08	15♒04	14♒60	14♒54	14♒48	14♒42	14♒37	14♒33	14♒31	14♒29	14♒29	14♒29
♇/☊	18♑36	18♑35	18♑35	18♑33	18♑30	18♑26	18♑21	18♑14	18♑07	18♑01	17♑55	17♑50	17♑47	17♑45	17♑43	17♑43

	17	18	19	20	21	22	23	24	25	26	27	28	29	30	31	
☉/☽	9♈30	16♈04	22♈47	29♈41	6♉49	14♉09	21♉43	29♉28	7♊21	15♊17	23♊12	1♋03	8♋47	16♋22	23♋47	☉/☽
/☿	27♉20	27♉31	27♉43	27♉54	28♉06	28♉18	28♉32	28♉46	29♉02	29♉20	29♉39	0♊01	0♊24	0♊49	1♊17	/☿
/♀	4♉13	5♉04	5♉57	6♉50	7♉43	8♉36	9♉30	10♉24	11♉18	12♉13	13♉08	14♉04	14♉59	15♉55	16♉51	/♀
/♂	7♉30	8♉22	9♉13	10♉05	10♉57	11♉48	12♉40	13♉31	14♉23	15♉14	16♉06	16♉57	17♉48	18♉40	19♉31	/♂
/⚳	15♋12	15♋47	16♋23	16♋58	17♋34	18♋09	18♋45	19♋21	19♋57	20♋33	21♋09	21♋46	22♋22	22♋58	23♋35	/⚳
/♃	10♈57	11♈29	12♈00	12♈32	13♈03	13♈34	14♈05	14♈36	15♈07	15♈38	16♈08	16♈39	17♈09	17♈40	18♈10	/♃
/♄	20♋34	21♋03	21♋32	22♋01	22♋30	22♋59	23♋29	23♋58	24♋27	24♋56	25♋26	25♋55	26♋24	26♋54	27♋23	/♄
/♅	26♈01	26♈31	27♈01	27♈31	28♈01	28♈31	29♈01	29♈30	0♉00	0♉30	0♉59	1♉29	1♉59	2♉28	2♉58	/♅
/♆	11♈20	11♈49	12♈18	12♈47	13♈16	13♈45	14♈14	14♈43	15♈12	15♈41	16♈10	16♈39	17♈08	17♈36	18♈05	/♆
/♇	14♓33	15♓01	15♓30	15♓58	16♓26	16♓54	17♓23	17♓51	18♓19	18♓47	19♓15	19♓43	20♓12	20♓40	21♓08	/♇
/☊	29♓24	29♓53	0♈21	0♈47	1♈13	1♈38	2♈02	2♈27	2♈51	3♈17	3♈44	4♈12	4♈41	5♈10	5♈39	/☊
☽/☿	10♈36	16♈24	22♈20	28♈28	4♉49	11♉25	18♉15	25♉16	2♊27	9♊43	17♊00	24♊15	1♋24	8♋27	15♋23	☽/☿
/♀	17♓29	23♓57	0♈34	7♈24	14♈26	21♈43	29♈13	6♉54	14♉43	22♉36	0♊29	8♊18	15♊59	23♊33	0♋57	/♀
/♂	20♓46	27♓14	3♈51	10♈39	17♈40	24♈55	2♉22	10♉01	17♉47	25♉37	3♊26	11♊11	18♊49	26♊17	3♋37	/♂
/⚳	28♏29	4♐40	11♊00	17♊32	24♊17	1♋16	8♋28	15♋51	23♋21	0♌56	8♌30	15♌60	23♌22	0♍36	7♍41	/⚳
/♃	24♒14	0♓21	6♓38	13♓06	19♓46	26♓41	3♈48	11♈06	18♈32	26♈01	3♉29	10♉53	18♉10	25♉18	2♊16	/♃
/♄	3♐51	9♐56	16♊10	22♊35	29♊14	6♋06	13♋11	20♋28	27♋52	5♌19	12♌46	20♌09	27♌25	4♍31	11♍29	/♄
/♅	9♓18	15♓24	21♓39	28♓05	4♈44	11♈37	18♈43	26♈00	3♉25	10♉53	18♉20	25♉43	2♊59	10♊06	17♊04	/♅
/♆	24♒37	0♓42	6♓56	13♓21	19♓60	26♓52	3♈57	11♈13	18♈37	26♈04	3♉31	10♉53	18♉08	25♉14	2♐11	/♆
/♇	27♑49	3♒54	10♒07	16♒32	23♒10	0♓01	7♓05	14♓21	21♓44	29♓10	6♎36	13♎58	21♎12	28♎17	5♏14	/♇
/☊	12♒40	18♒45	24♒58	1♓22	7♓57	14♓45	21♓45	28♓56	6♈16	13♈40	21♈04	28♈26	5♏41	12♏47	19♏45	/☊
☿/♀	5♉18	5♉24	5♉30	5♉36	5♉43	5♉52	6♉01	6♉12	6♉25	6♉40	6♉56	7♉15	7♉37	8♉00	8♉26	☿/♀
/♂	8♉36	8♉41	8♉46	8♉52	8♉57	9♉04	9♉11	9♉19	9♉29	9♉41	9♉54	10♉09	10♉26	10♉45	11♉06	/♂
/⚳	16♋18	16♋07	15♋56	15♋45	15♋34	15♋25	15♋16	15♋09	15♋03	14♋59	14♋57	14♋57	14♋59	15♋04	15♋10	/⚳
/♃	12♈03	11♈48	11♈33	11♈18	11♈04	10♈50	10♈36	10♈24	10♈13	10♈04	9♈57	9♈51	9♈47	9♈45	9♈45	/♃
/♄	21♋40	21♋23	21♋05	20♋48	20♋31	20♋15	19♋60	19♋46	19♋33	19♋23	19♋14	19♋07	19♋02	18♋59	18♋58	/♄
/♅	27♈07	26♈51	26♈34	26♈18	26♈02	25♈46	25♈32	25♈18	25♈06	24♈56	24♈48	24♈41	24♈36	24♈33	24♈33	/♅
/♆	12♈26	12♈09	11♈51	11♈34	11♈17	11♈01	10♈46	10♈31	10♈19	10♈07	9♈58	9♈51	9♈45	9♈42	9♈40	/♆
/♇	15♓39	15♓21	15♓03	14♓45	14♓27	14♓10	13♓54	13♓39	13♓25	13♓14	13♓03	12♓55	12♓49	12♓45	12♓43	/♇
/☊	0♈29	0♈12	29♓54	29♓34	29♓14	28♓54	28♓34	28♓15	27♓58	27♓43	27♓32	27♓23	27♓18	27♓15	27♓14	/☊
♀/♂	15♈28	16♈14	17♈01	17♈47	18♈34	19♈21	20♈09	20♈57	21♈45	22♈34	23♈23	24♈12	25♈01	25♈51	26♈40	♀/♂
/⚳	23♊11	23♊40	24♊10	24♊40	25♊11	25♊42	26♊14	26♊47	27♊19	27♊53	28♊26	29♊00	29♊35	0♋09	0♋45	/⚳
/♃	18♓56	19♓22	19♓48	20♓14	20♓40	21♓07	21♓35	22♓02	22♓30	22♓57	23♓25	23♓54	24♓22	24♓51	25♓20	/♃
/♄	28♊33	28♊56	29♊19	29♊43	0♋08	0♋33	0♋58	1♋23	1♋49	2♋16	2♋43	3♋10	3♋37	4♋05	4♋33	/♄
/♅	3♈60	4♈24	4♈48	5♈13	5♈38	6♈04	6♈30	6♈56	7♈23	7♈49	8♈16	8♈44	9♈11	9♈39	10♈07	/♅
/♆	19♓19	19♓42	20♓05	20♓29	20♓54	21♓19	21♓44	22♓09	22♓35	23♓01	23♓27	23♓53	24♓20	24♓47	25♓15	/♆
/♇	22♒31	22♒54	23♒17	23♒40	24♒04	24♒28	24♒52	25♒17	25♒42	26♒07	26♒32	26♒58	27♒24	27♒51	28♒17	/♇
/☊	7♓22	7♓45	8♓08	8♓30	8♓51	9♓11	9♓32	9♓52	10♓14	10♓37	11♓01	11♓26	11♓53	12♓21	12♓48	/☊
♂/⚳	26♊28	26♊57	27♊26	27♊56	28♊25	28♊54	29♊24	29♊54	0♋24	0♋53	1♋23	1♋54	2♋24	2♋54	3♋24	♂/⚳
/♃	22♓13	22♓39	23♓04	23♓29	23♓54	24♓19	24♓44	25♓09	25♓34	25♓58	26♓23	26♓47	27♓11	27♓35	27♓59	/♃
/♄	1♋50	2♋13	2♋36	2♋59	3♋22	3♋45	4♋08	4♋31	4♋54	5♋17	5♋40	6♋03	6♋26	6♋49	7♋12	/♄
/♅	7♈17	7♈41	8♈05	8♈29	8♈52	9♈16	9♈40	10♈03	10♈27	10♈50	11♈14	11♈37	12♈00	12♈24	12♈47	/♅
/♆	22♓36	22♓59	23♓22	23♓45	24♓08	24♓31	24♓53	25♓16	25♓39	26♓02	26♓24	26♓47	27♓09	27♓32	27♓54	/♆
/♇	25♒49	26♒11	26♒33	26♒55	27♒18	27♒40	28♒02	28♒24	28♒46	29♒08	29♒30	29♒52	0♓13	0♓35	0♓57	/♇
/☊	10♓40	11♓02	11♓24	11♓45	12♓05	12♓23	12♓41	12♓59	13♓18	13♓37	13♓58	14♓20	14♓42	15♓05	15♓28	/☊
⚳/♃	29♏56	0♐04	0♐13	0♐22	0♐31	0♐40	0♐50	0♐59	1♐08	1♐17	1♐26	1♐36	1♐45	1♐54	2♐04	⚳/♃
/♄	9♍33	9♍39	9♍45	9♍52	9♍59	10♍06	10♍13	10♍20	10♍28	10♍36	10♍43	10♍52	10♍60	11♍08	11♍17	/♄
/♅	14♊60	15♊07	15♊14	15♊22	15♊29	15♊37	15♊45	15♊53	16♊01	16♊09	16♊17	16♊26	16♊34	16♊43	16♊51	/♅
/♆	0♐18	0♐25	0♐31	0♐38	0♐45	0♐52	0♐59	1♐06	1♐13	1♐20	1♐28	1♐35	1♐43	1♐51	1♐59	/♆
/♇	3♏31	3♏37	3♏43	3♏49	3♏55	4♏01	4♏07	4♏13	4♏20	4♏27	4♏33	4♏40	4♏47	4♏54	5♏01	/♇
/☊	18♏22	18♏28	18♏34	18♏38	18♏42	18♏44	18♏47	18♏49	18♏52	18♏56	19♏02	19♏08	19♏16	19♏24	19♏32	/☊
♃/♄	5♐18	5♐20	5♐23	5♐26	5♐28	5♐31	5♐33	5♐36	5♐38	5♐40	5♐43	5♐45	5♐47	5♐50	5♐52	♃/♄
/♅	10♓45	10♓48	10♓52	10♓55	10♓59	11♓02	11♓05	11♓08	11♓11	11♓14	11♓17	11♓19	11♓22	11♓24	11♓26	/♅
/♆	26♒03	26♒06	26♒09	26♒12	26♒14	26♒17	26♒19	26♒21	26♒23	26♒25	26♒27	26♒29	26♒31	26♒32	26♒34	/♆
/♇	29♑16	29♑18	29♑20	29♑22	29♑24	29♑26	29♑27	29♑29	29♑30	29♑31	29♑33	29♑34	29♑35	29♑36	29♑36	/♇
/☊	14♒07	14♒10	14♒11	14♒12	14♒11	14♒09	14♒07	14♒04	14♒02	14♒01	14♒01	14♒02	14♒04	14♒06	14♒07	/☊
♄/♅	20♊22	20♊23	20♊24	20♊25	20♊26	20♊27	20♊29	20♊30	20♊31	20♊32	20♊34	20♊35	20♊36	20♊38	20♊39	♄/♅
/♆	5♐40	5♐41	5♐41	5♐41	5♐42	5♐42	5♐42	5♐43	5♐43	5♐44	5♐44	5♐45	5♐45	5♐46	5♐47	/♆
/♇	8♏53	8♏53	8♏52	8♏52	8♏51	8♏51	8♏51	8♏50	8♏50	8♏50	8♏50	8♏49	8♏49	8♏49	8♏49	/♇
/☊	23♏44	23♏44	23♏43	23♏41	23♏38	23♏35	23♏30	23♏26	23♏22	23♏20	23♏18	23♏18	23♏18	23♏19	23♏20	/☊
♅/♆	11♓08	11♓09	11♓10	11♓11	11♓12	11♓13	11♓14	11♓15	11♓16	11♓17	11♓18	11♓19	11♓20	11♓20	11♓21	♅/♆
/♇	14♒20	14♒21	14♒21	14♒22	14♒22	14♒22	14♒23	14♒23	14♒23	14♒23	14♒23	14♒24	14♒24	14♒24	14♒24	/♇
/☊	29♒11	29♒12	29♒12	29♒11	29♒09	29♒06	29♒02	28♒59	28♒55	28♒53	28♒52	28♒52	28♒53	28♒54	28♒55	/☊
♆/♇	29♑39	29♑39	29♑38	29♑38	29♑37	29♑37	29♑36	29♑36	29♑35	29♑35	29♑34	29♑33	29♑33	29♑32	29♑31	♆/♇
/☊	14♒30	14♒30	14♒29	14♒27	14♒24	14♒21	14♒16	14♒12	14♒07	14♒04	14♒02	14♒02	14♒02	14♒02	14♒02	/☊
♇/☊	17♑43	17♑42	17♑40	17♑38	17♑34	17♑30	17♑24	17♑19	17♑14	17♑10	17♑08	17♑06	17♑06	17♑05	17♑05	♇/☊

May 2009

June 2009

	1	2	3	4	5	6	7	8	9	10	11	12	13	14	15	16	17	18	19	20	21	22	23	24	25	26	27	28	29	30	
☉/☽	1♌04	8♌12	15♌12	22♌06	28♌53	5♍34	12♍10	18♓41	25♓09	1♈33	7♈56	14♈18	20♈42	27♈09	3♉43	10♉25	17♉18	24♉23	1♊42	9♊16	17♊01	24♊57	2♋59	11♋02	19♋01	26♋54	4♌36	12♌07	19♌26	26♌33	☉/☽
/☿	1♊47	2♊19	2♊53	3♊29	4♊08	4♊49	5♊32	6♊17	7♊04	7♊53	8♊44	9♊37	10♊32	11♊29	12♊28	13♊28	14♊31	15♊35	16♊40	17♊48	18♊57	20♊08	21♊20	22♊34	23♊49	25♊07	26♊25	27♊46	29♊07	0♋31	/☿
/♀	17♉47	18♉44	19♉41	20♉38	21♉35	22♉32	23♉30	24♉28	25♉26	26♉24	27♉22	28♉20	29♉19	0♊18	1♊17	2♊16	3♊15	4♊15	5♊14	6♊14	7♊14	8♊14	9♊14	10♊14	11♊14	12♊15	13♊15	14♊16	15♊16	16♊17	/♀
/♂	20♉22	21♉13	22♉04	22♉55	23♉47	24♉38	25♉29	26♉19	27♉10	28♉01	28♉52	29♉43	0♊34	1♊25	2♊15	3♊06	3♊57	4♊47	5♊38	6♊28	7♊19	8♊09	8♊60	9♊50	10♊41	11♊31	12♊21	13♊12	14♊02	14♊52	/♂
/⚳	24♋12	24♋49	25♋26	26♋03	26♋40	27♋17	27♋54	28♋32	29♋09	29♋47	0♌24	1♌02	1♌40	2♌18	2♌56	3♌34	4♌12	4♌50	5♌28	6♌07	6♌45	7♌24	8♌02	8♌41	9♌20	9♌59	10♌37	11♌16	11♌55	12♌34	/⚳
/♃	18♈40	19♈10	19♈40	20♈10	20♈40	21♈10	21♈39	22♈08	22♈38	23♈07	23♈36	24♈05	24♈34	25♈03	25♈32	26♈00	26♈29	26♈57	27♈26	27♈54	28♈22	28♈50	29♈18	29♈46	0♉14	0♉41	1♉09	1♉36	2♉04	2♉31	/♃
/♄	27♋53	28♋22	28♋52	29♋21	29♋51	0♌21	0♌51	1♌20	1♌50	2♌20	2♌50	3♌20	3♌50	4♌20	4♌50	5♌20	5♌50	6♌20	6♌51	7♌21	7♌51	8♌22	8♌52	9♌23	9♌53	10♌24	10♌54	11♌25	11♌55	12♌26	/♄
/♅	3♉27	3♉57	4♉26	4♉55	5♉25	5♉54	6♉23	6♉53	7♉22	7♉51	8♉20	8♉49	9♉19	9♉48	10♉17	10♉46	11♉15	11♉44	12♉13	12♉42	13♉10	13♉39	14♉08	14♉37	15♉06	15♉35	16♉03	16♉32	17♉01	17♉29	/♅
/♆	18♈34	19♈02	19♈31	19♈60	20♈28	20♈57	21♈26	21♈54	22♈23	22♈51	23♈20	23♈48	24♈16	24♈45	25♈13	25♈42	26♈10	26♈38	27♈07	27♈35	28♈03	28♈32	28♈60	29♈28	29♈56	0♉25	0♉53	1♉21	1♉49	2♉17	/♆
/♇	21♓36	22♓04	22♓32	22♓60	23♓28	23♓56	24♓24	24♓52	25♓20	25♓48	26♓16	26♓44	27♓11	27♓39	28♓07	28♓35	29♓03	29♓31	29♓59	0♈27	0♈54	1♈22	1♈50	2♎18	2♎46	3♎14	3♎42	4♎09	4♎37	5♎05	/♇
/☊	6♈07	6♈35	7♈01	7♈27	7♈52	8♈16	8♈41	9♈06	9♈32	9♈59	10♈27	10♈56	11♈25	11♈55	12♈24	12♈53	13♈21	13♈49	14♈16	14♈42	15♈08	15♈35	16♈02	16♈30	16♈59	17♈28	17♈57	18♈26	18♈55	19♈24	/☊
☽/☿	22♋12	28♋54	5♌31	12♌03	18♌32	24♒56	1♓18	7♓37	13♓54	20♓10	26♓27	2♈45	9♈06	15♈33	22♈08	28♈54	5♉51	13♉03	20♉31	28♉14	6♊12	14♊21	22♊38	0♋58	9♋16	17♋28	25♋32	3♌25	11♌09	18♌42	☽/☿
/♀	8♋12	15♋19	22♋19	29♑12	5♒59	12♒40	19♒16	25♒48	2♓16	8♓41	15♓04	21♓28	27♓53	4♈22	10♈57	17♈41	24♈36	1♉44	9♉05	16♉41	24♉29	2♊27	10♊32	18♊38	26♊40	4♋36	12♋21	19♋55	27♋18	4♌29	/♀
/♂	10♋47	17♋49	24♋43	1♌30	8♒10	14♒45	21♒15	27♒40	4♓01	10♓18	16♓35	22♓50	29♓08	5♈29	11♈56	18♈31	25♈17	2♉16	9♉29	16♉55	24♉34	2♊23	10♊18	18♊14	26♊07	3♋52	11♋27	18♋51	26♋03	3♌04	/♂
/⚳	14♍37	21♍24	28♍04	4♎37	11♎04	17♎25	23♎40	29♎52	5♏59	12♏04	18♏07	24♏09	0♐14	6♐22	12♊36	18♊59	25♊33	2♋19	9♋19	16♋33	24♋00	1♌37	9♌20	17♌05	24♌46	2♍20	9♍44	16♍56	23♍57	0♎46	/⚳
/♃	9♐05	15♐46	22♐19	28♐44	5♑04	11♑17	17♑25	23♑29	29♑28	5♒24	11♒19	17♒13	23♒08	29♒07	5♓12	11♓26	17♓50	24♓26	1♈17	8♈21	15♈37	23♈04	0♉36	8♉10	15♉40	23♉02	0♐15	7♐16	14♐05	20♐43	/♃
/♄	18♍18	24♍58	1♎30	7♎56	14♎15	20♎28	26♎37	2♏40	8♏40	14♏37	20♏32	26♏27	2♐24	8♐24	14♐31	20♊45	27♊11	3♋49	10♋42	17♋48	25♋07	2♌35	10♌10	17♌46	25♌19	2♍45	10♍00	17♍05	23♍57	0♎38	/♄
/♅	23♊52	0♑32	7♑04	13♑30	19♑49	26♑02	2♒10	8♒13	14♒12	20♒08	26♒03	1♓57	7♓52	13♓52	19♓57	26♓11	2♈35	9♈13	16♈03	23♈08	0♉26	7♉53	15♉26	23♉01	0♊32	7♊56	15♊10	22♊12	29♐02	5♑41	/♅
/♆	8♐59	15♐38	22♐10	28♐34	4♑52	11♑05	17♑12	23♑14	29♑13	5♒08	11♒02	16♒55	22♒50	28♒49	4♓54	11♓07	17♓31	24♓07	0♈58	8♈02	15♈19	22♈45	0♉18	7♉52	15♉22	22♉46	29♏59	7♐01	13♐50	20♐29	/♆
/♇	12♏01	18♏39	25♏10	1♐34	7♐52	14♐03	20♐10	26♐12	2♑10	8♑05	13♑58	19♑51	25♑45	1♒44	7♒48	14♒00	20♒24	26♒60	3♓50	10♓53	18♓10	25♓36	3♎08	10♎42	18♎12	25♎35	2♏48	9♏49	16♏39	23♏17	/♇
/☊	26♏32	3♐10	9♐40	16♐01	22♐16	28♐24	4♑27	10♑26	16♑22	22♑16	28♑10	4♒03	9♒59	15♒59	22♒04	28♒18	4♓42	11♓18	18♓06	25♓09	2♈24	9♈49	17♈20	24♈54	2♏25	9♏49	17♏03	24♏06	0♐56	7♐35	/☊
☿/♀	8♉55	9♉26	9♉59	10♉35	11♉14	11♉55	12♉38	13♉23	14♉11	15♉01	15♉53	16♉47	17♉44	18♉42	19♉42	20♉45	21♉49	22♉55	24♉03	25♉13	26♉24	27♉38	28♉53	0♊10	1♊28	2♊49	4♊11	5♊34	6♊59	8♊26	☿/♀
/♂	11♉30	11♉55	12♉23	12♉53	13♉25	13♉60	14♉36	15♉15	15♉56	16♉38	17♉23	18♉10	18♉58	19♉49	20♉41	21♉35	22♉30	23♉27	24♉26	25♉27	26♉29	27♉33	28♉39	29♉46	0♊55	2♊05	3♊17	4♊30	5♊45	7♊01	/♂
/⚳	15♋19	15♋31	15♋44	16♋00	16♋19	16♋39	17♋02	17♋27	17♋54	18♋24	18♋55	19♋29	20♋04	20♋42	21♋21	22♋02	22♋45	23♋30	24♋17	25♋06	25♋56	26♋48	27♋42	28♋37	29♋34	0♌33	1♌33	2♌35	3♌39	4♌44	/⚳
/♃	9♈48	9♈52	9♈59	10♈08	10♈19	10♈32	10♈47	11♈04	11♈23	11♈44	12♈07	12♈32	12♈59	13♈27	13♈57	14♈29	15♈02	15♈38	16♈14	16♈53	17♈33	18♈14	18♈57	19♈42	20♈28	21♈15	22♈04	22♈55	23♈47	24♈40	/♃
/♄	19♋00	19♋04	19♋11	19♋19	19♋30	19♋43	19♋58	20♋16	20♋35	20♋57	21♋21	21♋47	22♋14	22♋44	23♋15	23♋49	24♋24	25♋01	25♋39	26♋20	27♋02	27♋46	28♋31	29♋18	0♌07	0♌58	1♌50	2♌43	3♌39	4♌35	/♄
/♅	24♈35	24♈39	24♈45	24♈53	25♈04	25♈16	25♈31	25♈48	26♈07	26♈28	26♈51	27♈16	27♈43	28♈12	28♈42	29♈14	29♈48	0♉24	1♉01	1♉40	2♉21	3♉03	3♉47	4♉33	5♉20	6♉09	6♉59	7♉51	8♉44	9♉39	/♅
/♆	9♈41	9♈44	9♈50	9♈57	10♈07	10♈19	10♈33	10♈50	11♈08	11♈28	11♈51	12♈15	12♈41	13♈09	13♈39	14♈10	14♈44	15♈19	15♈55	16♈34	17♈14	17♈56	18♈39	19♈24	20♈11	20♈59	21♈48	22♈40	23♈32	24♈26	/♆
/♇	12♓43	12♓46	12♓51	12♓58	13♓07	13♓18	13♓32	13♓47	14♓05	14♓25	14♓47	15♓10	15♓36	16♓03	16♓33	17♓04	17♓37	18♓11	18♓47	19♓25	20♓05	20♓46	21♓29	22♓14	23♓00	23♓48	24♓37	25♓28	26♓20	27♓14	/♇
/☊	27♓15	27♓17	27♓20	27♓25	27♓31	27♓39	27♓49	28♓02	28♓18	28♓36	28♓58	29♓23	29♓50	0♈19	0♈49	1♈21	1♈55	2♈29	3♈04	3♈41	4♈19	4♈59	5♈41	6♈26	7♈13	8♈02	8♈52	9♈45	10♈38	11♈33	/☊
♀/♂	27♈30	28♈21	29♈11	0♉02	0♉52	1♉43	2♉35	3♉26	4♉17	5♉09	6♉01	6♉53	7♉45	8♉37	9♉30	10♉22	11♉15	12♉08	13♉00	13♉53	14♉46	15♉40	16♉33	17♉26	18♉20	19♉13	20♉07	21♉00	21♉54	22♉48	♀/♂
/⚳	1♋20	1♋56	2♋32	3♋09	3♋46	4♋23	5♋00	5♋38	6♋16	6♋55	7♋33	8♋12	8♋51	9♋31	10♋10	10♋50	11♋30	12♋10	12♋51	13♋32	14♋13	14♋54	15♋35	16♋17	16♋59	17♋41	18♋23	19♋05	19♋47	20♋30	/⚳
/♃	25♓49	26♓18	26♓47	27♓16	27♓46	28♓15	28♓45	29♓15	29♓45	0♈15	0♈45	1♈15	1♈45	2♈16	2♈46	3♈17	3♈47	4♈18	4♈48	5♈19	5♈50	6♈20	6♈51	7♈22	7♈53	8♈23	8♈54	9♈25	9♈56	10♈26	/♃
/♄	5♋01	5♋30	5♋58	6♋28	6♋57	7♋27	7♋57	8♋27	8♋57	9♋28	9♋59	10♋30	11♋01	11♋33	12♋04	12♋36	13♋08	13♋41	14♋13	14♋46	15♋19	15♋52	16♋25	16♋58	17♋32	18♋06	18♋39	19♋13	19♋48	20♋22	/♄
/♅	10♈35	11♈04	11♈33	12♈02	12♈31	12♈60	13♈29	13♈59	14♈29	14♈59	15♈29	15♈59	16♈30	17♈00	17♈31	18♈02	18♈33	19♈04	19♈35	20♈07	20♈38	21♈10	21♈41	22♈13	22♈45	23♈17	23♈49	24♈21	24♈53	25♈25	/♅
/♆	25♓42	26♓10	26♓38	27♓06	27♓34	28♓03	28♓32	29♓01	29♓30	29♓59	0♈28	0♈58	1♈28	1♈58	2♈28	2♈58	3♈28	3♈59	4♈29	5♈00	5♈31	6♈02	6♈33	7♈04	7♈35	8♈07	8♈38	9♈09	9♈41	10♈13	/♆
/♇	28♒44	29♒11	29♒39	0♓06	0♓34	1♓02	1♓30	1♓58	2♓27	2♓56	3♓24	3♓53	4♓23	4♓52	5♓22	5♓51	6♓21	6♓51	7♓21	7♓52	8♓22	8♓53	9♓23	9♓54	10♓25	10♓56	11♓27	11♓58	12♓29	13♓01	/♇
/☊	13♓16	13♓42	14♓08	14♓33	14♓58	15♓22	15♓47	16♓13	16♓39	17♓07	17♓36	18♓06	18♓36	19♓07	19♓38	20♓09	20♓39	21♓09	21♓38	22♓07	22♓36	23♓05	23♓35	24♓06	24♓37	25♓10	25♓42	26♓15	26♓47	27♓19	/☊
♂/⚳	3♋55	4♋25	4♋56	5♋27	5♋57	6♋28	6♋59	7♋30	8♋01	8♋32	9♋03	9♋35	10♋06	10♋37	11♋09	11♋40	12♋11	12♋43	13♋15	13♋46	14♋18	14♋50	15♋21	15♋53	16♋25	16♋57	17♋29	18♋01	18♋33	19♋05	♂/⚳
/♃	28♓23	28♓47	29♓11	29♓34	29♓57	0♈21	0♈44	1♈07	1♈30	1♈53	2♈15	2♈38	3♈00	3♈22	3♈45	4♈07	4♈28	4♈50	5♈12	5♈33	5♈55	6♈16	6♈37	6♈58	7♈19	7♈40	8♈00	8♈21	8♈41	9♈01	/♃
/♄	7♋36	7♋59	8♋22	8♋45	9♋09	9♋32	9♋55	10♋19	10♋42	11♋05	11♋29	11♋52	12♋16	12♋39	13♋03	13♋26	13♋50	14♋13	14♋37	15♋00	15♋24	15♋48	16♋11	16♋35	16♋58	17♋22	17♋46	18♋09	18♋33	18♋57	/♄
/♅	13♈10	13♈33	13♈56	14♈19	14♈42	15♈05	15♈28	15♈51	16♈14	16♈37	16♈59	17♈22	17♈44	18♈07	18♈29	18♈52	19♈14	19♈37	19♈59	20♈21	20♈43	21♈05	21♈27	21♈49	22♈11	22♈33	22♈55	23♈17	23♈38	23♈60	/♅
/♆	28♓17	28♓39	29♓01	29♓24	29♓46	0♈08	0♈30	0♈52	1♈15	1♈37	1♈59	2♈21	2♈42	3♈04	3♈26	3♈48	4♈10	4♈31	4♈53	5♈14	5♈36	5♈58	6♈19	6♈40	7♈02	7♈23	7♈44	8♈05	8♈27	8♈48	/♆
/♇	1♓19	1♓41	2♓02	2♓24	2♓45	3♓07	3♓29	3♓50	4♓12	4♓33	4♓55	5♓16	5♓37	5♓59	6♓20	6♓41	7♓03	7♓24	7♓45	8♓06	8♓27	8♓48	9♓09	9♓30	9♓51	10♓12	10♓33	10♓54	11♓15	11♓36	/♇
/☊	15♓50	16♓11	16♓32	16♓51	17♓09	17♓28	17♓46	18♓05	18♓24	18♓45	19♓06	19♓28	19♓51	20♓14	20♓37	20♓59	21♓21	21♓41	22♓02	22♓21	22♓41	23♓01	23♓21	23♓42	24♓04	24♓26	24♓48	25♓11	25♓33	25♓54	/☊
⚳/♃	2♐13	2♐22	2♐32	2♐41	2♐51	3♐00	3♐10	3♐19	3♐28	3♐38	3♐47	3♐57	4♐06	4♐16	4♐25	4♐34	4♐44	4♐53	5♐02	5♐12	5♐21	5♐30	5♐40	5♐49	5♐58	6♐07	6♐17	6♐26	6♐35	6♐44	⚳/♃
/♄	11♍25	11♍34	11♍43	11♍53	12♍02	12♍11	12♍21	12♍31	12♍41	12♍51	13♍01	13♍11	13♍22	13♍32	13♍43	13♍54	14♍05	14♍16	14♍27	14♍39	14♍50	15♍02	15♍14	15♍26	15♍38	15♍50	16♍02	16♍14	16♍27	16♍39	/♄
/♅	16♊60	17♊09	17♊18	17♊27	17♊36	17♊45	17♊54	18♊03	18♊13	18♊22	18♊31	18♊41	18♊51	19♊00	19♊10	19♊20	19♊30	19♊39	19♊49	19♊59	20♊10	20♊20	20♊30	20♊40	20♊50	21♊01	21♊11	21♊21	21♊32	21♊42	/♅
/♆	2♐07	2♐15	2♐23	2♐31	2♐39	2♐48	2♐56	3♐05	3♐13	3♐22	3♐31	3♐40	3♐49	3♐58	4♐07	4♐16	4♐25	4♐34	4♐44	4♐53	5♐02	5♐12	5♐21	5♐31	5♐41	5♐51	6♐00	6♐10	6♐20	6♐30	/♆
/♇	5♏09	5♏16	5♏23	5♏31	5♏39	5♏47	5♏54	6♏02	6♏10	6♏19	6♏27	6♏35	6♏43	6♏52	7♏00	7♏09	7♏18	7♏27	7♏36	7♏44	7♏54	8♏03	8♏12	8♏21	8♏30	8♏40	8♏49	8♏59	9♏08	9♏18	/♇
/☊	19♏40	19♏47	19♏53	19♏58	20♏03	20♏07	20♏12	20♏17	20♏23	20♏30	20♏38	20♏47	20♏57	21♏07	21♏17	21♏27	21♏36	21♏44	21♏52	21♏60	22♏08	22♏15	22♏24	22♏33	22♏43	22♏54	23♏05	23♏16	23♏26	23♏37	/☊
♃/♄	5♐54	5♐56	5♐58	6♐00	6♐02	6♐04	6♐06	6♐08	6♐09	6♐11	6♐13	6♐15	6♐16	6♐18	6♐19	6♐21	6♐22	6♐23	6♐25	6♐26	6♐27	6♐28	6♐29	6♐30	6♐31	6♐32	6♐33	6♐34	6♐35	6♐36	♃/♄
/♅	11♓28	11♓30	11♓32	11♓34	11♓36	11♓37	11♓39	11♓40	11♓41	11♓42	11♓43	11♓44	11♓45	11♓45	11♓46	11♓46	11♓47	11♓47	11♓47	11♓47	11♓46	11♓46	11♓46	11♓45	11♓44	11♓43	11♓42	11♓41	11♓40	11♓39	/♅
/♆	26♒35	26♒36	26♒37	26♒38	26♒39	26♒40	26♒41	26♒41	26♒42	26♒42	26♒43	26♒43	26♒43	26♒43	26♒43	26♒42	26♒42	26♒41	26♒41	26♒40	26♒39	26♒38	26♒37	26♒36	26♒35	26♒33	26♒32	26♒30	26♒28	26♒27	/♆
/♇	29♑37	29♑38	29♑38	29♑39	29♑39	29♑39	29♑39	29♑39	29♑39	29♑39	29♑39	29♑38	29♑38	29♑37	29♑37	29♑36	29♑35	29♑34	29♑33	29♑32	29♑30	29♑29	29♑28	29♑26	29♑24	29♑23	29♑21	29♑19	29♑17	29♑15	/♇
/☊	14♒08	14♒09	14♒08	14♒06	14♒03	13♒60	13♒56	13♒54	13♒52	13♒50	13♒50	13♒51	13♒51	13♒52	13♒53	13♒53	13♒53	13♒52	13♒50	13♒47	13♒44	13♒42	13♒40	13♒38	13♒37	13♒36	13♒36	13♒35	13♒35	13♒33	/☊
♄/♅	20♊41	20♊42	20♊44	20♊45	20♊47	20♊49	20♊50	20♊52	20♊54	20♊55	20♊57	20♊59	21♊01	21♊02	21♊04	21♊06	21♊08	21♊10	21♊12	21♊14	21♊16	21♊18	21♊20	21♊22	21♊24	21♊26	21♊28	21♊30	21♊32	21♊34	♄/♅
/♆	5♐47	5♐48	5♐49	5♐50	5♐51	5♐51	5♐52	5♐53	5♐54	5♐55	5♐56	5♐57	5♐59	5♐60	6♐01	6♐02	6♐03	6♐04	6♐06	6♐07	6♐08	6♐10	6♐11	6♐13	6♐14	6♐16	6♐17	6♐19	6♐20	6♐22	/♆
/♇	8♏49	8♏50	8♏50	8♏50	8♏50	8♏50	8♏51	8♏51	8♏51	8♏52	8♏52	8♏53	8♏53	8♏54	8♏55	8♏55	8♏56	8♏57	8♏58	8♏59	8♏60	9♏01	9♏02	9♏03	9♏04	9♏05	9♏06	9♏07	9♏09	9♏10	/♇
/☊	23♏21	23♏20	23♏19	23♏17	23♏14	23♏11	23♏08	23♏05	23♏04	23♏03	23♏04	23♏05	23♏07	23♏09	23♏11	23♏13	23♏14	23♏15	23♏15	23♏14	23♏14	23♏13	23♏14	23♏15	23♏16	23♏19	23♏21	23♏24	23♏26	23♏28	/☊
♅/♆	11♓22	11♓23	11♓23	11♓24	11♓24	11♓25	11♓25	11♓26	11♓26	11♓26	11♓27	11♓27	11♓27	11♓27	11♓28	11♓28	11♓28	11♓28	11♓28	11♓28	11♓28	11♓27	11♓27	11♓27	11♓27	11♓27	11♓26	11♓26	11♓26	11♓25	♅/♆
/♇	14♒24	14♒24	14♒24	14♒24	14♒24	14♒24	14♒23	14♒23	14♒23	14♒23	14♒23	14♒22	14♒22	14♒22	14♒21	14♒21	14♒21	14♒20	14♒20	14♒19	14♒19	14♒18	14♒18	14♒17	14♒16	14♒16	14♒15	14♒15	14♒14	14♒13	/♇
/☊	28♒55	28♒55	28♒53	28♒51	28♒48	28♒44	28♒41	28♒38	28♒36	28♒34	28♒34	28♒35	28♒36	28♒37	28♒38	28♒39	28♒39	28♒38	28♒37	28♒35	28♒33	28♒31	28♒30	28♒29	28♒29	28♒30	28♒30	28♒31	28♒32	28♒32	/☊
♆/♇	29♑31	29♑30	29♑29	29♑28	29♑27	29♑27	29♑26	29♑25	29♑24	29♑23	29♑22	29♑21	29♑20	29♑19	29♑18	29♑17	29♑16	29♑15	29♑14	29♑13	29♑12	29♑10	29♑09	29♑08	29♑07	29♑06	29♑05	29♑03	29♑02	29♑01	♆/♇
/☊	14♒02	14♒01	13♒58	13♒55	13♒51	13♒47	13♒43	13♒39	13♒36	13♒35	13♒34	13♒33	13♒34	13♒34	13♒35	13♒35	13♒34	13♒33	13♒31	13♒28	13♒26	13♒23	13♒21	13♒20	13♒20	13♒20	13♒20	13♒20	13♒20	13♒19	/☊
♇/☊	17♑04	17♑02	16♑59	16♑55	16♑51	16♑46	16♑41	16♑37	16♑34	16♑31	16♑30	16♑29	16♑29	16♑29	16♑29	16♑28	16♑27	16♑25	16♑23	16♑20	16♑17	16♑14	16♑12	16♑10	16♑09	16♑09	16♑09	16♑09	16♑08	16♑07	♇/☊

June 2009

July 2009

	1	2	3	4	5	6	7	8	9	10	11	12	13	14	15	16	17	18	19	20	21	22	23	24	25	26	27	28	29	30	31	
☉/☽	3♍30	10♍19	16♍59	23♍34	0♎04	6♎31	12♎55	19♈17	25♈40	2♉03	8♉29	14♉59	21♉35	28♉17	5♊10	12♊13	19♊29	26♊57	4♋39	12♋31	20♋30	28♋34	6♌37	14♌35	22♌23	29♌60	7♍23	14♍33	21♍31	28♍18	4♎56	☉/☽
/☿	1♋55	3♋21	4♋48	6♋17	7♋46	9♋17	10♋48	12♋20	13♋53	15♋26	16♋59	18♋32	20♋06	21♋39	23♋12	24♋44	26♋16	27♋48	29♋19	0♌49	2♌18	3♌47	5♌15	6♌42	8♌08	9♌34	10♌58	12♌22	13♌45	15♌07	16♌28	/☿
/♀	17♊18	18♊19	19♊20	20♊21	21♊22	22♊24	23♊25	24♊26	25♊28	26♊30	27♊31	28♊33	29♊35	0♋37	1♋39	2♋41	3♋44	4♋46	5♋48	6♋51	7♋53	8♋56	9♋58	11♋01	12♋04	13♋07	14♋09	15♋12	16♋15	17♋18	18♋22	/♀
/♂	15♊42	16♊32	17♊22	18♊12	19♊02	19♊52	20♊42	21♊32	22♊22	23♊12	24♊02	24♊51	25♊41	26♊31	27♊20	28♊10	28♊60	29♊49	0♋39	1♋28	2♋18	3♋07	3♋56	4♋46	5♋35	6♋24	7♋13	8♋03	8♋52	9♋41	10♋30	/♂
/⚷	13♌14	13♌53	14♌32	15♌11	15♌51	16♌30	17♌09	17♌49	18♌29	19♌08	19♌48	20♌28	21♌07	21♌47	22♌27	23♌07	23♌47	24♌27	25♌07	25♌47	26♌28	27♌08	27♌48	28♌29	29♌09	29♌49	0♍30	1♍10	1♍51	2♍32	3♍12	/⚷
/♃	2♉58	3♉25	3♉52	4♉19	4♉46	5♉12	5♉39	6♉06	6♉32	6♉58	7♉25	7♉51	8♉17	8♉43	9♉09	9♉35	10♉01	10♉27	10♉52	11♉18	11♉44	12♉09	12♉35	13♉00	13♉25	13♉51	14♉16	14♉41	15♉06	15♉32	15♉57	/♃
/♄	12♌57	13♌28	13♌58	14♌29	15♌00	15♌31	16♌02	16♌33	17♌04	17♌35	18♌06	18♌37	19♌08	19♌40	20♌11	20♌42	21♌13	21♌45	22♌16	22♌48	23♌19	23♌51	24♌22	24♌54	25♌25	25♌57	26♌29	27♌00	27♌32	28♌04	28♌36	/♄
/♅	17♉58	18♉27	18♉55	19♉24	19♉52	20♉21	20♉49	21♉18	21♉46	22♉14	22♉43	23♉11	23♉40	24♉08	24♉36	25♉04	25♉33	26♉01	26♉29	26♉57	27♉26	27♉54	28♉22	28♉50	29♉18	29♉46	0♊14	0♊42	1♊11	1♊39	2♊07	/♅
/♆	2♉45	3♉13	3♉42	4♉10	4♉38	5♉06	5♉34	6♉02	6♉30	6♉58	7♉26	7♉54	8♉22	8♉50	9♉18	9♉46	10♉14	10♉42	11♉10	11♉38	12♉05	12♉33	13♉01	13♉29	13♉57	14♉25	14♉53	15♉21	15♉49	16♉17	16♉45	/♆
/♇	5♎33	6♎01	6♎29	6♎57	7♎24	7♎52	8♎20	8♎48	9♎16	9♎44	10♎11	10♎39	11♎07	11♎35	12♎03	12♎31	12♎59	13♎27	13♎55	14♎23	14♎51	15♎19	15♎47	16♎15	16♎43	17♎11	17♎39	18♎07	18♎35	19♎03	19♎31	/♇
/☊	19♈52	20♈20	20♈47	21♈14	21♈41	22♈09	22♈37	23♈05	23♈33	24♈02	24♈31	25♈00	25♈29	25♈58	26♈27	26♈56	27♈24	27♈53	28♈21	28♈50	29♈18	29♈47	0♏15	0♏44	1♏13	1♏41	2♏10	2♏38	3♏07	3♏36	4♏05	/☊
☽/☿	26♌07	3♍24	10♍35	17♍41	24♍43	1♎43	8♈41	15♈38	22♈36	29♈36	6♉38	13♉44	20♉55	28♉14	5♊42	13♊21	21♊11	29♊14	7♋29	15♋54	24♋26	3♌01	11♌34	20♌02	28♌19	6♍23	14♍14	21♍51	29♍14	6♎26	13♎28	☽/☿
/♀	11♌30	18♌22	25♌06	1♓45	8♓19	14♓49	21♓18	27♓45	4♈12	10♈40	17♈10	23♈45	0♉25	7♉12	14♉10	21♉18	28♉38	6♊12	13♊58	21♊55	0♋01	8♋10	16♋18	24♋21	2♌15	9♌57	17♌26	24♌41	1♍45	8♍38	15♍22	/♀
/♂	9♌54	16♌35	23♌09	29♒36	5♓59	12♓18	18♓35	24♓50	1♈06	7♈22	13♈40	20♈03	26♈31	3♉06	9♉51	16♉46	23♉54	1♊15	8♊49	16♊33	24♊25	2♋21	10♋16	18♋05	25♋46	3♌14	10♌30	17♌32	24♌21	1♍00	7♍30	/♂
/⚷	7♎25	13♎55	20♎18	26♎35	2♏47	8♏56	15♏02	21♏07	27♏12	3♐18	9♐26	15♐39	21♊57	28♊22	4♋57	11♋43	18♋42	25♋53	3♌17	10♌52	18♌35	26♌22	4♍08	11♍48	19♍20	26♍39	3♎46	10♎39	17♎20	23♎51	0♏12	/⚷
/♃	27♐10	3♑28	9♑38	15♑43	21♑42	27♑38	3♒32	9♒24	15♒16	21♒08	27♒03	3♓02	9♓07	15♓18	21♓39	28♓11	4♈56	11♈53	19♈02	26♈23	3♉51	11♉23	18♉54	26♏20	3♐36	10♐41	17♐32	24♐10	0♑36	6♑51	12♑57	/♃
/♄	7♎08	13♎30	19♎45	25♎53	1♏57	7♏57	13♏55	19♏51	25♏48	1♐45	7♐45	13♐49	19♊58	26♊15	2♋41	9♋19	16♋08	23♋11	0♌26	7♌53	15♌27	23♌05	0♍42	8♍13	15♍36	22♍47	29♍45	6♎29	13♎02	19♎23	25♎36	/♄
/♅	12♑10	18♑29	24♑41	0♒48	6♒49	12♒47	18♒42	24♒36	0♓30	6♓24	12♓21	18♓22	24♓29	0♈43	7♈06	13♈41	20♈28	27♈27	4♉39	12♉02	19♉33	27♉08	4♊41	12♊10	19♊29	26♐36	3♑30	10♑11	16♑40	22♑58	29♑07	/♅
/♆	26♐57	3♑16	9♑28	15♑33	21♑34	27♑32	3♒26	9♒20	15♒13	21♒08	27♒04	3♓05	9♓11	15♓25	21♓48	28♓22	5♈09	12♈08	19♈20	26♈42	4♉13	11♉47	19♉21	26♏49	4♐08	11♐15	18♐09	24♐50	1♑18	7♑36	13♑45	/♆
/♇	29♏45	6♐03	12♐15	18♐20	24♐21	0♑18	6♑13	12♑06	17♑59	23♑54	29♑50	5♒51	11♒57	18♒10	24♒33	1♓07	7♓54	14♓53	22♓05	29♓28	6♎58	14♎33	22♎06	29♎34	6♏53	14♏01	20♏55	27♏36	4♐04	10♐22	16♐31	/♇
/☊	14♐03	20♐22	26♐33	2♑38	8♑38	14♑35	20♑29	26♑23	2♒17	8♒12	14♒10	20♒12	26♒19	2♓34	8♓57	15♓32	22♓19	29♓19	6♈31	13♈54	21♈26	29♈01	6♏35	14♏04	21♏23	28♏31	5♐26	12♐07	18♐36	24♐55	1♑05	/☊
☿/♀	9♊54	11♊24	12♊55	14♊28	16♊01	17♊36	19♊11	20♊48	22♊25	24♊02	25♊40	27♊18	28♊56	0♋34	2♋12	3♋49	5♋26	7♋02	8♋38	10♋14	11♋48	13♋22	14♋56	16♋28	17♋60	19♋31	21♋01	22♋30	23♋58	25♋26	26♋53	☿/♀
/♂	8♊19	9♊38	10♊58	12♊19	13♊41	15♊04	16♊28	17♊53	19♊18	20♊44	22♊10	23♊36	25♊02	26♊27	27♊53	29♊18	0♋42	2♋06	3♋29	4♋51	6♋13	7♋34	8♋54	10♋13	11♋31	12♋48	14♋05	15♋20	16♋35	17♋48	19♋01	/♂
/⚷	5♌50	6♌58	8♌07	9♌18	10♌29	11♌42	12♌56	14♌10	15♌25	16♌40	17♌56	19♌12	20♌28	21♌44	22♌59	24♌15	25♌29	26♌44	27♌57	29♌11	0♍23	1♍35	2♍45	3♍55	5♍05	6♍13	7♍21	8♍28	9♍34	10♍39	11♍43	/⚷
/♃	25♈35	26♈30	27♈27	28♈26	29♈25	0♉25	1♉25	2♉27	3♉29	4♉31	5♉33	6♉35	7♉38	8♉40	9♉41	10♉43	11♉43	12♉43	13♉43	14♉41	15♉39	16♉36	17♉32	18♉27	19♉21	20♉15	21♉07	21♉59	22♉49	23♉39	24♏28	/♃
/♄	5♌33	6♌33	7♌34	8♌36	9♌39	10♌43	11♌48	12♌54	14♌00	15♌07	16♌14	17♌22	18♌29	19♌36	20♌43	21♌50	22♌56	24♌02	25♌07	26♌11	27♌14	28♌17	29♌19	0♍21	1♍21	2♍21	3♍20	4♍18	5♍15	6♍11	7♍07	/♄
/♅	10♉35	11♉32	12♉31	13♉30	14♉31	15♉33	16♉35	17♉39	18♉43	19♉47	20♉51	21♉56	23♉00	24♉04	25♉08	26♉12	27♉15	28♉18	29♉19	0♊21	1♊21	2♊20	3♊19	4♊17	5♊14	6♊10	7♊06	7♊60	8♊53	9♊46	10♊38	/♅
/♆	25♈22	26♈19	27♈17	28♈16	29♈17	0♉18	1♉20	2♉23	3♉26	4♉30	5♉34	6♉38	7♉42	8♉46	9♉50	10♉53	11♉56	12♉58	13♉60	15♉01	16♉01	17♉00	17♉59	18♉56	19♉53	20♉49	21♉44	22♉38	23♉32	24♉24	25♉16	/♆
/♇	28♓10	29♓06	0♈04	1♈03	2♎03	3♎04	4♎06	5♎09	6♎12	7♎16	8♎20	9♎24	10♎28	11♎32	12♎35	13♎39	14♎41	15♎43	16♎45	17♎46	18♎46	19♎45	20♎44	21♎42	22♎39	23♎35	24♎30	25♎24	26♎18	27♎11	28♎02	/♇
/☊	12♈28	13♈25	14♈22	15♈21	16♈20	17♈21	18♈23	19♈26	20♈30	21♈34	22♈40	23♈45	24♈50	25♈55	26♈59	28♈03	29♈07	0♉09	1♏11	2♏13	3♏13	4♏13	5♏13	6♏11	7♏08	8♏05	9♏01	9♏56	10♏50	11♏43	12♏36	/☊
♀/♂	23♉41	24♉35	25♉29	26♉23	27♉17	28♉11	29♉05	29♉60	0♊54	1♊48	2♊42	3♊37	4♊31	5♊26	6♊20	7♊15	8♊09	9♊04	9♊58	10♊53	11♊48	12♊42	13♊37	14♊32	15♊27	16♊21	17♊16	18♊11	19♊06	20♊00	20♊55	♀/♂
/⚷	21♋13	21♋56	22♋39	23♋22	24♋05	24♋49	25♋33	26♋16	27♋00	27♋44	28♋29	29♋13	29♋58	0♌42	1♌27	2♌12	2♌57	3♌42	4♌27	5♌12	5♌58	6♌43	7♌29	8♌15	9♌00	9♌46	10♌32	11♌19	12♌05	12♌51	13♌37	/⚷
/♃	10♈57	11♈28	11♈59	12♈30	13♈01	13♈31	14♈02	14♈33	15♈04	15♈35	16♈06	16♈36	17♈07	17♈38	18♈09	18♈40	19♈11	19♈41	20♈12	20♈43	21♈14	21♈45	22♈15	22♈46	23♈17	23♈48	24♈19	24♈49	25♈20	25♈51	26♈22	/♃
/♄	20♋56	21♋31	22♋05	22♋40	23♋15	23♋50	24♋25	25♋00	25♋36	26♋11	26♋47	27♋23	27♋59	28♋35	29♋11	29♋47	0♌23	0♌60	1♌36	2♌13	2♌49	3♌26	4♌03	4♌40	5♌17	5♌54	6♌31	7♌09	7♌46	8♌23	9♌01	/♄
/♅	25♈57	26♈30	27♈02	27♈35	28♈07	28♈40	29♈12	29♈45	0♉18	0♉51	1♉24	1♉57	2♉30	3♉03	3♉36	4♉09	4♉42	5♉16	5♉49	6♉22	6♉56	7♉29	8♉03	8♉36	9♉10	9♉43	10♉17	10♉51	11♉24	11♉58	12♉32	/♅
/♆	10♈45	11♈16	11♈48	12♈20	12♈53	13♈25	13♈57	14♈29	15♈02	15♈34	16♈07	16♈39	17♈12	17♈45	18♈17	18♈50	19♈23	19♈56	20♈29	21♈02	21♈36	22♈09	22♈42	23♈15	23♈49	24♈22	24♈56	25♈29	26♈03	26♈36	27♈10	/♆
/♇	13♓32	14♓04	14♓36	15♓07	15♓39	16♓11	16♓43	17♓15	17♓48	18♓20	18♓52	19♓25	19♓57	20♓30	21♓03	21♓36	22♓09	22♓41	23♓15	23♓48	24♓21	24♓54	25♓27	26♓01	26♓34	27♓08	27♓41	28♓15	28♓49	29♓23	29♓56	/♇
/☊	27♓51	28♓23	28♓54	29♓25	29♓56	0♈28	0♈60	1♈32	2♈05	2♈39	3♈12	3♈46	4♈20	4♈53	5♈27	6♈00	6♈34	7♈07	7♈41	8♈14	8♈48	9♈22	9♈56	10♈30	11♈04	11♈38	12♈12	12♈46	13♈21	13♈55	14♈30	/☊
♂/⚷	19♋37	20♋09	20♋41	21♋13	21♋45	22♋18	22♋50	23♋22	23♋54	24♋27	24♋59	25♋31	26♋03	26♋36	27♋08	27♋40	28♋13	28♋45	29♋17	29♋50	0♌22	0♌55	1♌27	1♌59	2♌32	3♌04	3♌36	4♌09	4♌41	5♌13	5♌46	♂/⚷
/♃	9♈22	9♈41	10♈01	10♈21	10♈41	11♈00	11♈19	11♈39	11♈58	12♈17	12♈36	12♈54	13♈13	13♈32	13♈50	14♈08	14♈27	14♈45	15♈03	15♈20	15♈38	15♈56	16♈13	16♈31	16♈48	17♈05	17♈23	17♈40	17♈57	18♈13	18♈30	/♃
/♄	19♋20	19♋44	20♋08	20♋31	20♋55	21♋19	21♋42	22♋06	22♋30	22♋53	23♋17	23♋41	24♋04	24♋28	24♋52	25♋15	25♋39	26♋03	26♋26	26♋50	27♋14	27♋37	28♋01	28♋25	28♋48	29♋12	29♋35	29♋59	0♌22	0♌46	1♌09	/♄
/♅	24♈21	24♈43	25♈04	25♈26	25♈47	26♈08	26♈30	26♈51	27♈12	27♈33	27♈54	28♈15	28♈36	28♈56	29♈17	29♈38	29♈58	0♉19	0♉39	0♉60	1♉20	1♉40	2♉01	2♉21	2♉41	3♉01	3♉21	3♉41	4♉01	4♉20	4♉40	/♅
/♆	9♈09	9♈30	9♈51	10♈12	10♈33	10♈53	11♈14	11♈35	11♈56	12♈16	12♈37	12♈57	13♈18	13♈38	13♈59	14♈19	14♈39	14♈60	15♈20	15♈40	16♈00	16♈20	16♈40	17♈00	17♈20	17♈40	17♈60	18♈19	18♈39	18♈59	19♈18	/♆
/♇	11♓56	12♓17	12♓38	12♓59	13♓19	13♓40	14♓00	14♓21	14♓41	15♓02	15♓22	15♓43	16♓03	16♓24	16♓44	17♓04	17♓25	17♓45	18♓05	18♓25	18♓45	19♓05	19♓25	19♓45	20♓05	20♓25	20♓45	21♓05	21♓25	21♓45	22♓05	/♇
/☊	26♓15	26♓36	26♓56	27♓16	27♓36	27♓56	28♓17	28♓38	28♓59	29♓21	29♓42	0♈04	0♈25	0♈47	1♈08	1♈29	1♈50	2♈11	2♈31	2♈52	3♈13	3♈33	3♈54	4♈15	4♈35	4♈56	5♈16	5♈37	5♈57	6♈17	6♈38	/☊
⚷/♃	6♐53	7♐02	7♐11	7♐20	7♐29	7♐38	7♐47	7♐56	8♐04	8♐13	8♐22	8♐31	8♐39	8♐48	8♐57	9♐05	9♐14	9♐23	9♐31	9♐40	9♐48	9♐57	10♐05	10♐14	10♐22	10♐30	10♐39	10♐47	10♐56	11♐04	11♐12	⚷/♃
/♄	16♍52	17♍05	17♍17	17♍30	17♍43	17♍56	18♍10	18♍23	18♍36	18♍50	19♍03	19♍17	19♍31	19♍45	19♍59	20♍13	20♍27	20♍41	20♍55	21♍09	21♍24	21♍38	21♍53	22♍07	22♍22	22♍37	22♍52	23♍06	23♍21	23♍36	23♍52	/♄
/♅	21♊53	22♊03	22♊14	22♊25	22♊35	22♊46	22♊57	23♊08	23♊18	23♊29	23♊40	23♊51	24♊02	24♊13	24♊24	24♊35	24♊46	24♊57	25♊08	25♊19	25♊30	25♊41	25♊52	26♊04	26♊15	26♐26	26♐37	26♐49	26♐60	27♐11	27♐22	/♅
/♆	6♐40	6♐50	7♐00	7♐11	7♐21	7♐31	7♐41	7♐52	8♐02	8♐13	8♐23	8♐34	8♐44	8♐55	9♐05	9♐16	9♐27	9♐38	9♐48	9♐59	10♐10	10♐21	10♐32	10♐43	10♐54	11♐05	11♐16	11♐27	11♐38	11♐49	12♐01	/♆
/♇	9♏28	9♏38	9♏48	9♏57	10♏07	10♏18	10♏28	10♏38	10♏48	10♏58	11♏09	11♏19	11♏30	11♏40	11♏51	12♏01	12♏12	12♏23	12♏34	12♏44	12♏55	13♏06	13♏17	13♏28	13♏39	13♏51	14♏02	14♏13	14♏24	14♏36	14♏47	/♇
/☊	23♏47	23♏56	24♏06	24♏15	24♏24	24♏34	24♏44	24♏55	25♏06	25♏17	25♏28	25♏40	25♏52	26♏03	26♏15	26♏26	26♏37	26♏49	26♏60	27♏11	27♏23	27♏34	27♏46	27♏58	28♏09	28♏21	28♏33	28♏44	28♏56	29♏08	29♏20	/☊
♃/♄	6♐36	6♐37	6♐37	6♐38	6♐38	6♐39	6♐39	6♐40	6♐40	6♐40	6♐40	6♐40	6♐41	6♐41	6♐41	6♐41	6♐40	6♐40	6♐40	6♐40	6♐40	6♐40	6♐39	6♐39	6♐39	6♐38	6♐38	6♐37	6♐37	6♐36	6♐36	♃/♄
/♅	11♓37	11♓36	11♓34	11♓32	11♓31	11♓29	11♓26	11♓24	11♓22	11♓20	11♓17	11♓14	11♓12	11♓09	11♓06	11♓03	10♓60	10♓56	10♓53	10♓50	10♓46	10♓43	10♓39	10♓35	10♓31	10♓27	10♓23	10♓19	10♓15	10♓11	10♓07	/♅
/♆	26♒25	26♒23	26♒21	26♒18	26♒16	26♒14	26♒11	26♒08	26♒06	26♒03	25♒60	25♒57	25♒54	25♒51	25♒47	25♒44	25♒41	25♒37	25♒33	25♒30	25♒26	25♒22	25♒18	25♒14	25♒10	25♒06	25♒02	24♒58	24♒54	24♒49	24♒45	/♆
/♇	29♑12	29♑10	29♑08	29♑05	29♑03	29♑00	28♑57	28♑55	28♑52	28♑49	28♑46	28♑43	28♑39	28♑36	28♑33	28♑29	28♑26	28♑22	28♑19	28♑15	28♑11	28♑08	28♑04	27♑60	27♑56	27♑52	27♑48	27♑44	27♑40	27♑36	27♑31	/♇
/☊	13♒31	13♒29	13♒26	13♒23	13♒20	13♒17	13♒14	13♒11	13♒09	13♒07	13♒05	13♒03	13♒01	12♒59	12♒57	12♒54	12♒51	12♒48	12♒45	12♒42	12♒39	12♒36	12♒32	12♒29	12♒26	12♒22	12♒19	12♒15	12♒12	12♒08	12♒05	/☊
♄/♅	21♊36	21♊38	21♊41	21♊43	21♊45	21♊47	21♊49	21♊52	21♊54	21♊56	21♊58	22♊01	22♊03	22♊05	22♊08	22♊10	22♊12	22♊15	22♊17	22♊19	22♊22	22♊24	22♊27	22♊29	22♊31	22♊34	22♊36	22♊39	22♊41	22♊43	22♊46	♄/♅
/♆	6♐24	6♐25	6♐27	6♐29	6♐30	6♐32	6♐34	6♐36	6♐38	6♐39	6♐41	6♐43	6♐45	6♐47	6♐49	6♐51	6♐53	6♐55	6♐57	6♐59	7♐02	7♐04	7♐06	7♐08	7♐10	7♐13	7♐15	7♐17	7♐19	7♐22	7♐24	/♆
/♇	9♏11	9♏13	9♏14	9♏16	9♏17	9♏19	9♏20	9♏22	9♏24	9♏25	9♏27	9♏29	9♏31	9♏33	9♏34	9♏36	9♏38	9♏40	9♏43	9♏45	9♏47	9♏49	9♏51	9♏54	9♏56	9♏58	10♏01	10♏03	10♏05	10♏08	10♏10	/♇
/☊	23♏30	23♏31	23♏32	23♏33	23♏34	23♏35	23♏37	23♏39	23♏41	23♏44	23♏47	23♏50	23♏53	23♏56	23♏59	24♏01	24♏04	24♏06	24♏09	24♏11	24♏14	24♏17	24♏20	24♏23	24♏26	24♏29	24♏31	24♏34	24♏37	24♏40	24♏44	/☊
♅/♆	11♓25	11♓24	11♓24	11♓23	11♓22	11♓22	11♓21	11♓20	11♓20	11♓19	11♓18	11♓17	11♓16	11♓15	11♓14	11♓13	11♓12	11♓11	11♓10	11♓09	11♓08	11♓07	11♓06	11♓04	11♓03	11♓02	11♓01	10♓59	10♓58	10♓56	10♓55	♅/♆
/♇	14♒12	14♒12	14♒11	14♒10	14♒09	14♒08	14♒07	14♒07	14♒06	14♒05	14♒04	14♒03	14♒02	14♒01	13♒60	13♒59	13♒58	13♒57	13♒56	13♒54	13♒53	13♒52	13♒51	13♒50	13♒49	13♒47	13♒46	13♒45	13♒44	13♒43	13♒41	/♇
/☊	28♒31	28♒30	28♒29	28♒28	28♒26	28♒25	28♒24	28♒23	28♒23	28♒23	28♒23	28♒24	28♒24	28♒24	28♒24	28♒23	28♒23	28♒22	28♒22	28♒21	28♒21	28♒20	28♒20	28♒19	28♒19	28♒18	28♒17	28♒16	28♒16	28♒15	28♒15	/☊
♆/♇	28♑60	28♑58	28♑57	28♑56	28♑55	28♑53	28♑52	28♑51	28♑49	28♑48	28♑47	28♑45	28♑44	28♑43	28♑41	28♑40	28♑39	28♑37	28♑36	28♑35	28♑33	28♑32	28♑30	28♑29	28♑28	28♑26	28♑25	28♑24	28♑22	28♑21	28♑20	♆/♇
/☊	13♒19	13♒17	13♒15	13♒13	13♒12	13♒10	13♒09	13♒08	13♒07	13♒07	13♒06	13♒06	13♒06	13♒06	13♒05	13♒05	13♒04	13♒03	13♒02	13♒01	13♒01	12♒60	12♒59	12♒58	12♒58	12♒57	12♒56	12♒55	12♒54	12♒53	12♒53	/☊
♇/☊	16♑06	16♑04	16♑02	16♑00	15♑58	15♑56	15♑55	15♑54	15♑53	15♑52	15♑52	15♑52	15♑52	15♑51	15♑51	15♑50	15♑49	15♑48	15♑47	15♑47	15♑46	15♑45	15♑44	15♑44	15♑43	15♑42	15♑42	15♑41	15♑40	15♑40	15♑39	♇/☊

August 2009

	1	2	3	4	5	6	7	8	9	10	11	12	13	14	15	16	17	18	19	20	21	22	23	24	25	26	27	28	29	30	31
☉/☽	11♎28	17♎55	24♎18	0♏41	7♏04	13♏28	19♉55	26♉26	3♊01	9♊42	16♊29	23♊24	0♋28	7♋41	15♋05	22♋39	0♌23	8♌15	16♌13	24♌12	2♍08	9♍57	17♍37	25♍03	2♎17	9♎17	16♎05	22♎43	29♎14	5♏40	12♏03
/☿	17♌48	19♌07	20♌26	21♌44	23♌01	24♌17	25♌32	26♌47	28♌01	29♌13	0♍26	1♍37	2♍47	3♍57	5♍05	6♍13	7♍19	8♍25	9♍30	10♍34	11♍36	12♍38	13♍38	14♍37	15♍35	16♍31	17♍26	18♍20	19♍11	20♍01	20♍49
/♀	19♋25	20♋28	21♋31	22♋35	23♋38	24♋42	25♋45	26♋49	27♋52	28♋56	29♋60	1♌04	2♌07	3♌11	4♌15	5♌19	6♌24	7♌28	8♌32	9♌36	10♌41	11♌45	12♌49	13♌54	14♌59	16♌03	17♌08	18♌12	19♌17	20♌22	21♌27
/♂	11♋19	12♋08	12♋57	13♋46	14♋35	15♋24	16♋12	17♋01	17♋50	18♋39	19♋27	20♋16	21♋04	21♋53	22♋41	23♋30	24♋18	25♋07	25♋55	26♋44	27♋32	28♋20	29♋08	29♋56	0♌45	1♌33	2♌21	3♌09	3♌56	4♌44	5♌32
/⚳	3♍53	4♍34	5♍14	5♍55	6♍36	7♍17	7♍58	8♍39	9♍20	10♍01	10♍42	11♍23	12♍04	12♍46	13♍27	14♍08	14♍49	15♍31	16♍12	16♍54	17♍35	18♍17	18♍58	19♍40	20♍22	21♍03	21♍45	22♍27	23♍08	23♍50	24♍32
/♃	16♉22	16♉47	17♉12	17♉37	18♉02	18♉27	18♉51	19♉16	19♉41	20♉06	20♉31	20♉56	21♉21	21♉46	22♏10	22♏35	23♏00	23♏25	23♏50	24♏15	24♏40	25♏05	25♏30	25♏55	26♏21	26♏46	27♏11	27♏36	28♏02	28♏27	28♏52
/♄	29♌08	29♌39	0♍11	0♍43	1♍15	1♍47	2♍19	2♍51	3♍23	3♍55	4♍27	4♍60	5♍32	6♍04	6♍36	7♍09	7♍41	8♍13	8♍46	9♍18	9♍50	10♍23	10♍55	11♍28	12♍00	12♍33	13♍05	13♍38	14♍11	14♍43	15♍16
/♅	2♊35	3♊03	3♊31	3♊59	4♊27	4♊55	5♊22	5♊50	6♊18	6♊46	7♊14	7♊42	8♊10	8♊38	9♊06	9♊34	10♊01	10♊29	10♊57	11♊25	11♊53	12♊21	12♊49	13♊17	13♊45	14♊12	14♊40	15♊08	15♊36	16♊04	16♊32
/♆	17♉13	17♉41	18♉09	18♉36	19♉04	19♉32	20♉00	20♉28	20♉56	21♉24	21♉52	22♉20	22♉48	23♉16	23♉44	24♉12	24♉40	25♏08	25♏36	26♏04	26♏32	27♏00	27♏28	27♏57	28♏25	28♏53	29♏21	29♏49	0♐17	0♐46	1♐14
/♇	19♎59	20♎27	20♎56	21♎24	21♎52	22♎20	22♎48	23♎17	23♎45	24♎13	24♎41	25♎10	25♎38	26♎07	26♎35	27♎03	27♎32	28♎00	28♎29	28♎57	29♎26	29♎55	0♏23	0♏52	1♏20	1♏49	2♏18	2♏47	3♏15	3♏44	4♏13
/☊	4♏34	5♏03	5♏32	6♏01	6♏30	6♏58	7♏27	7♏54	8♏22	8♏50	9♏17	9♏45	10♏13	10♏42	11♏11	11♏40	12♏10	12♏39	13♏08	13♏36	14♏04	14♏31	14♏58	15♏25	15♏52	16♏19	16♏48	17♏16	17♏46	18♏16	18♏46
☽/☿	20♎22	27♎11	3♏56	10♏39	17♏21	24♏04	0♐49	7♐37	14♊28	21♊24	28♊26	5♋35	12♋51	20♋17	27♋51	5♌36	13♌29	21♌29	29♌33	7♍38	15♍39	23♍32	1♎14	8♎42	15♎55	22♎54	29♎39	6♏13	12♏37	18♏55	25♏08
/♀	21♍59	28♍31	5♈01	11♈30	17♈58	24♈29	1♉02	7♉38	14♉20	21♉07	28♉00	5♊02	12♊12	19♊31	27♊02	4♋42	12♋33	20♋31	28♋35	6♌41	14♌43	22♌39	0♍25	7♍59	15♍19	22♍25	29♍20	6♎06	12♎43	19♎16	25♎46
/♂	13♓53	20♓11	26♓27	2♈41	8♈55	15♈11	21♈29	27♈51	4♉17	10♉49	17♉28	24♉14	1♊09	8♊13	15♊28	22♊53	0♋28	8♋10	15♋58	23♋48	1♌35	9♌14	16♌44	24♌01	1♍05	7♍55	14♍33	21♍02	27♍23	3♈38	9♈51
/⚳	6♏27	12♏37	18♏44	24♏50	0♐56	7♐04	13♐15	19♐29	25♐47	2♑12	8♋43	15♋21	22♋09	29♋06	6♌13	13♌31	20♌59	28♌34	6♍15	13♍58	21♍38	29♍11	6♎34	13♎45	20♎42	27♎25	3♏58	10♏20	16♏34	22♏44	28♏51
/♃	18♑56	24♑50	0♒42	6♒32	12♒22	18♒14	24♒08	0♓06	6♓09	12♓17	18♓31	24♓54	1♈25	8♈06	14♈57	21♈58	29♈10	6♉29	13♉53	21♉19	28♏43	5♐60	13♐06	20♐00	26♐41	3♑08	9♑24	15♑29	21♑28	27♑21	3♒11
/♄	1♏42	7♏43	13♏41	19♏38	25♏36	1♐34	7♐36	13♐41	19♐51	26♊06	2♋28	8♋58	15♋36	22♋24	29♋23	6♌31	13♌50	21♌17	28♌49	6♍22	13♍53	21♍17	28♍31	5♎32	12♎20	18♎55	25♎18	1♏31	7♏37	13♏37	19♏35
/♅	5♒09	11♒06	17♒00	22♒54	28♒47	4♓42	10♓39	16♓40	22♓46	28♓57	5♈15	11♈40	18♈14	24♈58	1♉52	8♉57	16♉11	23♉33	1♊00	8♊29	15♊56	23♊15	0♑25	7♑21	14♑05	20♑35	26♑53	3♒01	9♒02	14♒58	20♒51
/♆	19♑47	25♑44	1♒38	7♒31	13♒25	19♒20	25♒17	1♓18	7♓24	13♓35	19♓53	26♓18	2♈52	9♈36	16♈30	23♈35	0♉49	8♉12	15♉39	23♉09	0♐35	7♐55	15♐04	22♐01	28♐45	5♑15	11♑34	17♑42	23♑43	29♑39	5♒33
/♇	22♐33	28♐31	4♑25	10♑19	16♑12	22♑07	28♑05	4♒06	10♒12	16♒24	22♒42	29♒08	5♓42	12♓27	19♓21	26♓26	3♎41	11♎04	18♎32	26♎02	3♏29	10♏49	17♏59	24♏56	1♐40	8♐11	14♐31	20♐40	26♐41	2♑38	8♑32
/☊	7♑08	13♑06	19♑02	24♑56	0♒50	6♒46	12♒43	18♒44	24♒49	1♓00	7♓18	13♓43	20♓17	27♓02	3♈57	11♈03	18♈19	25♈43	3♏11	10♏41	18♏07	25♏25	2♐34	9♐29	16♐12	22♐42	29♐00	5♑10	11♑12	17♑10	23♑05
☿/♀	28♋19	29♋44	1♌09	2♌33	3♌55	5♌18	6♌39	7♌60	9♌20	10♌39	11♌57	13♌14	14♌31	15♌47	17♌02	18♌16	19♌29	20♌41	21♌52	23♌03	24♌12	25♌20	26♌27	27♌33	28♌37	29♌40	0♍42	1♍42	2♍40	3♍37	4♍32
/♂	20♋13	21♋24	22♋34	23♋44	24♋52	25♋60	27♋06	28♋12	29♋17	0♌21	1♌24	2♌27	3♌28	4♌28	5♌28	6♌26	7♌24	8♌20	9♌16	10♌10	11♌03	11♌55	12♌46	13♌35	14♌23	15♌09	15♌54	16♌38	17♌19	17♌59	18♌37
/⚳	12♍47	13♍50	14♍52	15♍53	16♍54	17♍53	18♍52	19♍50	20♍47	21♍44	22♍39	23♍34	24♍28	25♍21	26♍13	27♍04	27♍55	28♍44	29♍33	0♎20	1♎06	1♎52	2♎36	3♎18	3♎60	4♎40	5♎19	5♎56	6♎31	7♎05	7♎37
/♃	25♏16	26♏03	26♏49	27♏35	28♏19	29♏03	29♏45	0♐27	1♐08	1♐49	2♐28	3♐07	3♐44	4♐21	4♐57	5♐32	6♐06	6♐39	7♐11	7♐42	8♐11	8♐40	9♐08	9♐34	9♐59	10♐23	10♐45	11♐06	11♐25	11♐42	11♐57
/♄	8♍02	8♍56	9♍49	10♍41	11♍33	12♍23	13♍13	14♍02	14♍50	15♍38	16♍25	17♍10	17♍55	18♍39	19♍22	20♍05	20♍46	21♍27	22♍06	22♍44	23♍22	23♍58	24♍33	25♍06	25♍39	26♍10	26♍39	27♍07	27♍34	27♍58	28♍21
/♅	11♊29	12♊19	13♊08	13♊56	14♊44	15♊31	16♊16	17♊01	17♊46	18♊29	19♊11	19♊53	20♊33	21♊13	21♊52	22♊30	23♊07	23♊43	24♊18	24♊51	25♊24	25♐56	26♐26	26♐55	27♐23	27♐49	28♐14	28♐37	28♐59	29♐19	29♐37
/♆	26♏07	26♏57	27♏46	28♏34	29♏22	0♐08	0♐54	1♐39	2♐23	3♐07	3♐49	4♐31	5♐11	5♐51	6♐30	7♐08	7♐45	8♐21	8♐56	9♐31	10♐03	10♐35	11♐06	11♐35	12♐03	12♐30	12♐55	13♐18	13♐40	14♐00	14♐19
/♇	28♎53	29♎44	0♏33	1♏22	2♏09	2♏56	3♏42	4♏28	5♏12	5♏56	6♏39	7♏21	8♏02	8♏42	9♏21	9♏60	10♏37	11♏14	11♏49	12♏24	12♏57	13♏29	14♏00	14♏30	14♏59	15♏26	15♏52	16♏16	16♏38	16♏59	17♏18
/☊	13♏28	14♏19	15♏09	15♏59	16♏47	17♏34	18♏21	19♏05	19♏49	20♏32	21♏14	21♏56	22♏37	23♏17	23♏57	24♏37	25♏15	25♏53	26♏28	27♏03	27♏35	28♏06	28♏35	29♏03	29♏30	29♏56	0♐21	0♐46	1♐09	1♐31	1♐51
♀/♂	21♊50	22♊45	23♊40	24♊34	25♊29	26♊24	27♊19	28♊14	29♊09	0♋04	0♋59	1♋53	2♋48	3♋43	4♋38	5♋33	6♋28	7♋23	8♋18	9♋12	10♋07	11♋02	11♋57	12♋52	13♋46	14♋41	15♋36	16♋31	17♋25	18♋20	19♋15
/⚳	14♌24	15♌10	15♌57	16♌44	17♌31	18♌18	19♌05	19♌52	20♌39	21♌26	22♌13	23♌01	23♌48	24♌36	25♌23	26♌11	26♌59	27♌47	28♌35	29♌23	0♍11	0♍59	1♍47	2♍35	3♍23	4♍12	5♍00	5♍49	6♍37	7♍26	8♍15
/♃	26♈53	27♈24	27♈54	28♈25	28♈56	29♈27	29♈58	0♉29	1♉00	1♉31	2♉02	2♉33	3♉05	3♉36	4♉07	4♉38	5♉10	5♉41	6♉13	6♉44	7♉16	7♉47	8♉19	8♉51	9♉23	9♉54	10♉26	10♉58	11♉31	12♉03	12♉35
/♄	9♌38	10♌16	10♌54	11♌32	12♌10	12♌48	13♌26	14♌04	14♌42	15♌20	15♌59	16♌37	17♌16	17♌54	18♌33	19♌11	19♌50	20♌29	21♌08	21♌47	22♌26	23♌05	23♌44	24♌23	25♌02	25♌42	26♌21	27♌00	27♌40	28♌19	28♌59
/♅	13♉06	13♉39	14♉13	14♉47	15♉21	15♉55	16♉29	17♉03	17♉37	18♉11	18♉45	19♉20	19♉54	20♉28	21♉02	21♉37	22♉11	22♉45	23♉20	23♉54	24♉28	25♉03	25♉37	26♉12	26♉46	27♉21	27♉56	28♉30	29♉05	29♉40	0♊14
/♆	27♈44	28♈17	28♈51	29♈25	29♈59	0♉33	1♉07	1♉41	2♉15	2♉49	3♉23	3♉58	4♉32	5♉06	5♉41	6♉15	6♉49	7♉24	7♉59	8♉33	9♉08	9♉42	10♉17	10♉52	11♉27	12♉02	12♉36	13♉11	13♉46	14♉21	14♉56
/♇	0♈30	1♎04	1♎38	2♎12	2♎47	3♎21	3♎55	4♎29	5♎04	5♎38	6♎13	6♎47	7♎22	7♎57	8♎32	9♎06	9♎41	10♎16	10♎51	11♎26	12♎01	12♎37	13♎12	13♎47	14♎22	14♎58	15♎33	16♎09	16♎44	17♎20	17♎56
/☊	15♈05	15♈40	16♈15	16♈50	17♈24	17♈59	18♈33	19♈07	19♈41	20♈15	20♈48	21♈22	21♈57	22♈32	23♈07	23♈43	24♈19	24♈55	25♈30	26♈05	26♈39	27♈13	27♈47	28♈20	28♈54	29♈28	0♏03	0♏39	1♏15	1♏52	2♏28
♂/⚳	6♌18	6♌50	7♌23	7♌55	8♌27	8♌60	9♌32	10♌04	10♌36	11♌09	11♌41	12♌13	12♌45	13♌17	13♌50	14♌22	14♌54	15♌26	15♌58	16♌30	17♌02	17♌34	18♌06	18♌38	19♌09	19♌41	20♌13	20♌45	21♌17	21♌48	22♌20
/♃	18♈47	19♈04	19♈20	19♈37	19♈53	20♈09	20♈25	20♈42	20♈58	21♈14	21♈30	21♈46	22♈02	22♈17	22♈33	22♈49	23♈05	23♈20	23♈36	23♈51	24♈07	24♈22	24♈38	24♈53	25♈09	25♈24	25♈39	25♈55	26♈10	26♈25	26♈40
/♄	1♌33	1♌56	2♌20	2♌43	3♌06	3♌30	3♌53	4♌16	4♌40	5♌03	5♌26	5♌49	6♌13	6♌36	6♌59	7♌22	7♌45	8♌08	8♌31	8♌54	9♌17	9♌40	10♌03	10♌26	10♌48	11♌11	11♌34	11♌56	12♌19	12♌41	13♌04
/♅	4♉60	5♉19	5♉39	5♉58	6♉18	6♉37	6♉56	7♉16	7♉35	7♉54	8♉13	8♉32	8♉51	9♉10	9♉28	9♉47	10♉06	10♉24	10♉43	11♉01	11♉20	11♉38	11♉56	12♉14	12♉32	12♉51	13♉09	13♉26	13♉44	14♉02	14♉20
/♆	19♈38	19♈57	20♈17	20♈36	20♈56	21♈15	21♈34	21♈53	22♈13	22♈32	22♈51	23♈10	23♈29	23♈48	24♈07	24♈26	24♈44	25♈03	25♈22	25♈40	25♈59	26♈17	26♈36	26♈54	27♈13	27♈31	27♈49	28♈07	28♈26	28♈44	29♈02
/♇	22♓25	22♓44	23♓04	23♓24	23♓43	24♓03	24♓22	24♓42	25♓01	25♓21	25♓40	25♓60	26♓19	26♓38	26♓58	27♓17	27♓36	27♓55	28♓14	28♓34	28♓53	29♓12	29♓31	29♓50	0♈08	0♈27	0♎46	1♎05	1♎24	1♎42	2♎01
/☊	6♈59	7♈20	7♈40	8♈01	8♈21	8♈41	9♈01	9♈20	9♈39	9♈57	10♈16	10♈35	10♈54	11♈14	11♈34	11♈54	12♈14	12♈34	12♈54	13♈13	13♈31	13♈48	14♈05	14♈22	14♈40	14♈57	15♈16	15♈35	15♈54	16♈14	16♈34
⚳/♃	11♐21	11♐29	11♐38	11♐46	11♐54	12♐03	12♐11	12♐19	12♐28	12♐36	12♐45	12♐53	13♐02	13♐10	13♐19	13♐27	13♐36	13♐44	13♐53	14♐02	14♐10	14♐19	14♐28	14♐37	14♐46	14♐54	15♐03	15♐13	15♐22	15♐31	15♐40
/♄	24♍07	24♍22	24♍37	24♍52	25♍08	25♍23	25♍39	25♍54	26♍10	26♍25	26♍41	26♍57	27♍13	27♍28	27♍44	28♍00	28♍16	28♍32	28♍48	29♍04	29♍20	29♍37	29♍53	0♎09	0♎25	0♎42	0♎58	1♎14	1♎31	1♎47	2♎04
/♅	27♐34	27♐45	27♐56	28♐08	28♐19	28♐31	28♐42	28♐53	29♐05	29♐16	29♐28	29♐39	29♐51	0♑02	0♑14	0♑25	0♑37	0♑48	0♑60	1♑11	1♑23	1♑35	1♑46	1♑58	2♑09	2♑21	2♑33	2♑44	2♑56	3♑08	3♑19
/♆	12♐12	12♐23	12♐34	12♐46	12♐57	13♐08	13♐20	13♐31	13♐43	13♐54	14♐06	14♐17	14♐29	14♐40	14♐52	15♐04	15♐15	15♐27	15♐39	15♐51	16♐02	16♐14	16♐26	16♐38	16♐50	17♐02	17♐13	17♐25	17♐37	17♐49	18♐01
/♇	14♏58	15♏10	15♏21	15♏33	15♏45	15♏56	16♏08	16♏20	16♏31	16♏43	16♏55	17♏07	17♏19	17♏31	17♏43	17♏55	18♏07	18♏19	18♏32	18♏44	18♏56	19♏08	19♏21	19♏33	19♏45	19♏58	20♏10	20♏23	20♏35	20♏48	21♏01
/☊	29♏33	29♏45	29♏58	0♐10	0♐22	0♐34	0♐46	0♐57	1♐09	1♐20	1♐31	1♐42	1♐54	2♐06	2♐19	2♐32	2♐45	2♐58	3♐11	3♐23	3♐34	3♐45	3♐55	4♐06	4♐17	4♐28	4♐40	4♐53	5♐06	5♐20	5♐33
♃/♄	6♐35	6♐35	6♐34	6♐34	6♐33	6♐33	6♐32	6♐32	6♐31	6♐31	6♐30	6♐29	6♐29	6♐28	6♐28	6♐27	6♐27	6♐27	6♐26	6♐26	6♐25	6♐25	6♐25	6♐25	6♐24	6♐24	6♐24	6♐24	6♐24	6♐24	6♐24
/♅	10♓03	9♓58	9♓54	9♓49	9♓45	9♓40	9♓36	9♓31	9♓26	9♓21	9♓17	9♓12	9♓07	9♓02	8♓57	8♓53	8♓48	8♓43	8♓38	8♓33	8♓28	8♓23	8♓18	8♓13	8♓09	8♓04	7♓59	7♓54	7♓49	7♓45	7♓40
/♆	24♒41	24♒36	24♒32	24♒27	24♒23	24♒18	24♒13	24♒09	24♒04	23♒59	23♒55	23♒50	23♒45	23♒40	23♒36	23♒31	23♒26	23♒21	23♒17	23♒12	23♒07	23♒03	22♒58	22♒53	22♒49	22♒44	22♒40	22♒35	22♒31	22♒26	22♒22
/♇	27♑27	27♑23	27♑19	27♑14	27♑10	27♑06	27♑01	26♑57	26♑53	26♑48	26♑44	26♑40	26♑35	26♑31	26♑27	26♑22	26♑18	26♑14	26♑09	26♑05	26♑01	25♑57	25♑53	25♑49	25♑44	25♑40	25♑36	25♑33	25♑29	25♑25	25♑21
/☊	12♒01	11♒58	11♒55	11♒52	11♒48	11♒44	11♒40	11♒35	11♒30	11♒25	11♒20	11♒15	11♒10	11♒06	11♒03	10♒59	10♒56	10♒53	10♒49	10♒44	10♒39	10♒33	10♒27	10♒21	10♒16	10♒11	10♒06	10♒02	9♒59	9♒57	9♒54
♄/♅	22♊48	22♊51	22♊53	22♊56	22♊58	23♊01	23♊03	23♊06	23♊08	23♊11	23♊13	23♊16	23♊18	23♊21	23♊23	23♊26	23♊28	23♊31	23♊33	23♊36	23♊38	23♊41	23♊43	23♊46	23♊48	23♊51	23♊53	23♊56	23♊58	24♊01	24♊03
/♆	7♐26	7♐29	7♐31	7♐34	7♐36	7♐39	7♐41	7♐43	7♐46	7♐49	7♐51	7♐54	7♐56	7♐59	8♐01	8♐04	8♐07	8♐09	8♐12	8♐15	8♐17	8♐20	8♐23	8♐26	8♐28	8♐31	8♐34	8♐37	8♐40	8♐43	8♐45
/♇	10♏13	10♏16	10♏18	10♏21	10♏24	10♏26	10♏29	10♏32	10♏35	10♏38	10♏40	10♏43	10♏46	10♏49	10♏52	10♏55	10♏59	11♏02	11♏05	11♏08	11♏11	11♏14	11♏18	11♏21	11♏24	11♏28	11♏31	11♏34	11♏38	11♏41	11♏45
/☊	24♏47	24♏51	24♏55	24♏58	25♏01	25♏05	25♏07	25♏10	25♏12	25♏14	25♏16	25♏18	25♏21	25♏25	25♏28	25♏32	25♏36	25♏40	25♏44	25♏47	25♏49	25♏51	25♏52	25♏54	25♏55	25♏58	26♏01	26♏04	26♏08	26♏13	26♏17
♅/♆	10♓54	10♓52	10♓51	10♓49	10♓48	10♓46	10♓44	10♓43	10♓41	10♓39	10♓38	10♓36	10♓34	10♓33	10♓31	10♓29	10♓27	10♓26	10♓24	10♓22	10♓20	10♓18	10♓16	10♓15	10♓13	10♓11	10♓09	10♓07	10♓05	10♓03	10♓01
/♇	13♒40	13♒39	13♒38	13♒36	13♒35	13♒34	13♒32	13♒31	13♒30	13♒29	13♒27	13♒26	13♒25	13♒23	13♒22	13♒21	13♒19	13♒18	13♒16	13♒15	13♒14	13♒12	13♒11	13♒10	13♒08	13♒07	13♒06	13♒04	13♒03	13♒02	13♒01
/☊	28♒14	28♒14	28♒14	28♒14	28♒13	28♒12	28♒11	28♒09	28♒07	28♒05	28♒03	28♒01	27♒59	27♒58	27♒58	27♒57	27♒57	27♒57	27♒56	27♒54	27♒52	27♒49	27♒46	27♒43	27♒40	27♒37	27♒35	27♒34	27♒34	27♒33	27♒33
♆/♇	28♑18	28♑17	28♑16	28♑14	28♑13	28♑12	28♑10	28♑09	28♑08	28♑06	28♑05	28♑04	28♑03	28♑01	28♑00	27♑59	27♑58	27♑57	27♑55	27♑54	27♑53	27♑52	27♑51	27♑50	27♑49	27♑48	27♑46	27♑45	27♑44	27♑43	27♑42
/☊	12♒53	12♒52	12♒52	12♒51	12♒51	12♒50	12♒48	12♒47	12♒45	12♒43	12♒41	12♒39	12♒38	12♒37	12♒36	12♒36	12♒36	12♒35	12♒35	12♒33	12♒31	12♒28	12♒26	12♒22	12♒20	12♒18	12♒16	12♒15	12♒15	12♒15	12♒15
♇/☊	15♑39	15♑39	15♑39	15♑39	15♑38	15♑38	15♑37	15♑35	15♑34	15♑32	15♑30	15♑29	15♑28	15♑27	15♑27	15♑27	15♑28	15♑28	15♑27	15♑26	15♑25	15♑23	15♑20	15♑18	15♑16	15♑14	15♑13	15♑13	15♑13	15♑14	15♑14

August 2009

September 2009

	1	2	3	4	5	6	7	8	9	10	11	12	13	14	15	16	17	18	19	20	21	22	23	24	25	26	27	28	29	30	
☉/☽	18♏26	24♏50	1♐18	7♐50	14♊27	21♊11	28♊00	4♋56	11♋59	19♋08	26♋23	3♌46	11♌15	18♌51	26♌33	4♍19	12♍08	19♍56	27♍40	5♎16	12♎41	19♎55	26♎56	3♏46	10♏25	16♏56	23♏23	29♏46	6♐10	12♐36	☉/☽
/☿	21♍35	22♍19	23♍01	23♍40	24♍17	24♍51	25♍22	25♍50	26♍15	26♍37	26♍56	27♍11	27♍23	27♍32	27♍38	27♍41	27♍42	27♍41	27♍39	27♍36	27♍34	27♍32	27♍33	27♍35	27♍41	27♍51	28♍06	28♍25	28♍49	29♍18	/☿
/♀	22♌32	23♌37	24♌42	25♌47	26♌52	27♌57	29♌02	0♍07	1♍13	2♍18	3♍24	4♍29	5♍35	6♍40	7♍46	8♍51	9♍57	11♍03	12♍09	13♍15	14♍20	15♍26	16♍32	17♍38	18♍45	19♍51	20♍57	22♍03	23♍09	24♍16	/♀
/♂	6♌20	7♌08	7♌55	8♌43	9♌31	10♌18	11♌06	11♌53	12♌41	13♌28	14♌15	15♌03	15♌50	16♌37	17♌24	18♌11	18♌58	19♌45	20♌32	21♌19	22♌06	22♌53	23♌39	24♌26	25♌12	25♌59	26♌45	27♌32	28♌18	29♌04	/♂
/⚷	25♍14	25♍56	26♍38	27♍19	28♍01	28♍43	29♍25	0♎07	0♎50	1♎32	2♎14	2♎56	3♎38	4♎20	5♎03	5♎45	6♎27	7♎10	7♎52	8♎35	9♎17	9♎60	10♎42	11♎25	12♎07	12♎50	13♎32	14♎15	14♎58	15♎40	/⚷
/♃	29♏18	29♏43	0♐09	0♐35	1♐00	1♐26	1♐52	2♐18	2♐44	3♐10	3♐36	4♐03	4♐29	4♐56	5♐22	5♐49	6♐16	6♐42	7♐09	7♐36	8♐04	8♐31	8♐58	9♐26	9♐53	10♐21	10♐49	11♐17	11♐45	12♐13	/♃
/♄	15♍49	16♍21	16♍54	17♍27	17♍59	18♍32	19♍05	19♍38	20♍11	20♍44	21♍16	21♍49	22♍22	22♍55	23♍28	24♍01	24♍34	25♍07	25♍40	26♍13	26♍46	27♍20	27♍53	28♍26	28♍59	29♍32	0♎05	0♎38	1♎11	1♎45	/♄
/♅	16♊60	17♊28	17♊55	18♊23	18♊51	19♊19	19♊47	20♊15	20♊43	21♊11	21♊39	22♊07	22♊35	23♊03	23♊31	23♊59	24♊27	24♐55	25♐23	25♐51	26♐19	26♐48	27♐16	27♐44	28♐12	28♐40	29♐09	29♐37	0♑05	0♑33	/♅
/♆	1♐42	2♐10	2♐38	3♐07	3♐35	4♐03	4♐32	5♐00	5♐28	5♐57	6♐25	6♐54	7♐22	7♐51	8♐19	8♐48	9♐16	9♐45	10♐14	10♐42	11♐11	11♐40	12♐08	12♐37	13♐06	13♐35	14♐03	14♐32	15♐01	15♐30	/♆
/♇	4♏42	5♏11	5♏40	6♏08	6♏37	7♏06	7♏35	8♏04	8♏34	9♏03	9♏32	10♏01	10♏30	10♏59	11♏29	11♏58	12♏27	12♏57	13♏26	13♏56	14♏25	14♏55	15♏24	15♏54	16♏23	16♏53	17♏22	17♏52	18♏22	18♏52	/♇
/☊	19♏15	19♏44	20♏12	20♏39	21♏05	21♏30	21♏55	22♏20	22♏46	23♏13	23♏40	24♏09	24♏39	25♏08	25♏38	26♏06	26♏34	27♏00	27♏26	27♏50	28♏15	28♏40	29♏05	29♏32	29♏60	0♐29	0♐58	1♐28	1♐57	2♐26	/☊
☽/☿	1♐19	7♐29	13♐40	19♐54	26♐10	2♑29	8♋52	15♋17	21♋47	28♋19	4♌55	11♌34	18♌17	25♌04	1♍53	8♍44	15♍36	22♍24	29♍07	5♎41	12♎06	18♎19	24♎22	0♏16	6♏02	11♏45	17♏27	23♏10	28♏59	4♐56	☽/☿
/♀	2♏16	8♉47	15♉21	22♉00	28♉45	5♊35	12♊32	19♊35	26♊44	4♋00	11♋23	18♋52	26♋29	4♌12	12♌01	19♌55	27♌51	5♍46	13♍37	21♍20	28♍53	6♎14	13♎22	20♎19	27♎05	3♏44	10♏18	16♏49	23♏20	29♏53	/♀
/♂	16♈04	22♈18	28♈35	4♉57	11♉24	17♉56	24♉35	1♊20	8♊12	15♊10	22♊15	29♊26	6♋44	14♋09	21♋39	29♋15	6♌52	14♌28	22♌00	29♌24	6♍38	13♍40	20♍29	27♍06	3♎33	9♎52	16♎06	22♈17	28♈28	4♉42	/♂
/⚷	4♐58	11♐06	17♐17	23♐33	29♐54	6♑21	12♑55	19♋35	26♋21	3♌14	10♌13	17♌19	24♌32	1♍52	9♍18	16♍48	24♍21	1♎53	9♎20	16♎40	23♎49	0♏47	7♏32	14♏05	20♏28	26♏43	2♐53	9♐01	15♐08	21♐18	/⚷
/♃	9♒02	14♒53	20♒49	26♒48	2♓53	9♓04	15♓22	21♓45	28♓15	4♈52	11♈36	18♈26	25♈23	2♉27	9♉37	16♉52	24♏09	1♐25	8♐37	15♐42	22♐36	29♐18	5♑48	12♑06	18♑14	24♑15	0♒10	6♒02	11♒55	17♒51	/♃
/♄	25♏32	1♐31	7♐34	13♐40	19♐52	26♊10	2♋35	9♋05	15♋42	22♋26	29♋16	6♌13	13♌16	20♌27	27♌43	5♍05	12♍28	19♍50	27♍08	4♎19	11♎19	18♎07	24♎42	1♏06	7♏20	13♏26	19♏26	25♏24	1♐22	7♐22	/♄
/♅	26♒43	2♓38	8♓35	14♓37	20♓44	26♓57	3♈17	9♈42	16♈14	22♈53	29♈38	6♉30	13♉29	20♉35	27♉46	5♊02	12♊21	19♊38	26♐51	3♑57	10♑52	17♑35	24♑05	0♒24	6♒33	12♒34	18♒29	24♒22	0♓16	6♓11	/♅
/♆	11♒26	17♒20	23♒18	29♒20	5♓28	11♓41	18♓01	24♓27	0♈60	7♈39	14♈24	21♈17	28♈16	5♉22	12♉34	19♉51	27♏10	4♐28	11♐41	18♐47	25♐43	2♑27	8♑58	15♑17	21♑27	27♑28	3♒24	9♒18	15♒12	21♒08	/♆
/♇	14♑26	20♑21	26♑19	2♒22	8♒30	14♒44	21♒05	27♒32	4♓05	10♓45	17♓31	24♓24	1♎24	8♎31	15♎44	23♎01	0♏21	7♏40	14♏54	22♏01	28♏57	5♐42	12♐14	18♐34	24♐44	0♑46	6♑43	12♑38	18♑32	24♑29	/♇
/☊	28♑59	4♒54	10♒51	16♒52	22♒57	29♒08	5♓25	11♓48	18♓17	24♓55	1♈40	8♈32	15♈33	22♈40	29♎53	7♏10	14♏28	21♏43	28♏54	5♐55	12♐47	19♐27	25♐55	2♑12	8♑21	14♑22	20♑19	26♑14	2♒08	8♒04	/☊
☿/♀	5♍25	6♍16	7♍04	7♍50	8♍34	9♍15	9♍53	10♍28	11♍01	11♍30	11♍55	12♍18	12♍37	12♍53	13♍06	13♍16	13♍24	13♍31	13♍36	13♍40	13♍45	13♍51	13♍58	14♍09	14♍22	14♍39	15♍01	15♍27	15♍59	16♍35	☿/♀
/♂	19♌13	19♌47	20♌18	20♌47	21♌13	21♌36	21♌57	22♌14	22♌29	22♌40	22♌47	22♌51	22♌52	22♌50	22♌44	22♌36	22♌26	22♌13	21♌59	21♌45	21♌30	21♌17	21♌05	20♌56	20♌50	20♌47	20♌49	20♌56	21♌07	21♌24	/♂
/⚷	8♎07	8♎35	9♎00	9♎23	9♎44	10♎02	10♎17	10♎29	10♎37	10♎43	10♎46	10♎45	10♎41	10♎33	10♎23	10♎10	9♎55	9♎38	9♎19	9♎00	8♎42	8♎24	8♎08	7♎55	7♎45	7♎38	7♎36	7♎39	7♎47	7♎60	/⚷
/♃	12♐11	12♐22	12♐31	12♐38	12♐43	12♐44	12♐43	12♐39	12♐32	12♐22	12♐08	11♐51	11♐31	11♐08	10♐42	10♐14	9♐43	9♐10	8♐37	8♐02	7♐28	6♐55	6♐24	5♐56	5♐31	5♐10	4♐53	4♐41	4♐34	4♐32	/♃
/♄	28♍42	29♍00	29♍16	29♍30	29♍42	29♍50	29♍56	29♍59	29♍59	29♍55	29♍48	29♍38	29♍25	29♍08	28♍48	28♍26	28♍02	27♍35	27♍07	26♍39	26♍11	25♍44	25♍19	24♍56	24♍36	24♍21	24♍09	24♍02	24♍01	24♍04	/♄
/♅	29♐53	0♑06	0♑18	0♑27	0♑33	0♑37	0♑38	0♑36	0♑31	0♑22	0♑11	29♐56	29♐37	29♐16	28♐51	28♐24	27♐54	27♐23	26♐50	26♐17	25♐44	25♐12	24♐42	24♊14	23♊50	23♊29	23♊13	23♊01	22♊54	22♊53	/♅
/♆	14♐35	14♐49	15♐01	15♐10	15♐17	15♐21	15♐23	15♐21	15♐16	15♐08	14♐57	14♐42	14♐24	14♐03	13♐39	13♐13	12♐44	12♐13	11♐41	11♐08	10♐36	10♐04	9♐34	9♐07	8♐43	8♐23	8♐08	7♐57	7♐51	7♐50	/♆
/♇	17♏35	17♏50	18♏02	18♏12	18♏20	18♏25	18♏27	18♏26	18♏21	18♏14	18♏04	17♏50	17♏33	17♏12	16♏49	16♏23	15♏55	15♏25	14♏53	14♏21	13♏50	13♏19	12♏50	12♏24	12♏01	11♏41	11♏26	11♏16	11♏11	11♏11	/♇
/☊	2♐08	2♐23	2♐34	2♐42	2♐47	2♐48	2♐46	2♐41	2♐34	2♐24	2♐12	1♐58	1♐41	1♐21	0♐58	0♐31	0♐01	29♏28	28♏53	28♏16	27♏39	27♏04	26♏31	26♏02	25♏37	25♏17	25♏02	24♏52	24♏47	24♏45	/☊
♀/♂	20♋09	21♋04	21♋59	22♋53	23♋48	24♋42	25♋37	26♋31	27♋26	28♋20	29♋15	0♌09	1♌04	1♌58	2♌52	3♌47	4♌41	5♌35	6♌29	7♌23	8♌17	9♌11	10♌05	10♌59	11♌53	12♌47	13♌40	14♌34	15♌28	16♌21	♀/♂
/⚷	9♍03	9♍52	10♍41	11♍30	12♍19	13♍08	13♍57	14♍46	15♍35	16♍24	17♍13	18♍03	18♍52	19♍41	20♍31	21♍20	22♍10	22♍59	23♍49	24♍39	25♍28	26♍18	27♍08	27♍58	28♍48	29♍38	0♎27	1♎17	2♎07	2♎57	/⚷
/♃	13♉07	13♉40	14♉12	14♉45	15♉18	15♉50	16♉23	16♉56	17♉29	18♉03	18♉36	19♏09	19♏43	20♏17	20♏50	21♏24	21♏58	22♏32	23♏06	23♏41	24♏15	24♏50	25♏24	25♏59	26♏34	27♏09	27♏44	28♏19	28♏55	29♏30	/♃
/♄	29♌38	0♍18	0♍57	1♍37	2♍17	2♍56	3♍36	4♍16	4♍56	5♍36	6♍16	6♍56	7♍36	8♍16	8♍56	9♍36	10♍17	10♍57	11♍37	12♍17	12♍58	13♍38	14♍19	14♍59	15♍39	16♍20	17♍00	17♍41	18♍21	19♍02	/♄
/♅	0♊49	1♊24	1♊59	2♊34	3♊08	3♊43	4♊18	4♊53	5♊28	6♊03	6♊38	7♊13	7♊49	8♊24	8♊59	9♊34	10♊09	10♊45	11♊20	11♊55	12♊31	13♊06	13♊42	14♊17	14♊53	15♊28	16♊04	16♊39	17♊15	17♊51	/♅
/♆	15♉31	16♉07	16♉42	17♉17	17♉52	18♉28	19♉03	19♉38	20♉14	20♉49	21♉25	22♉00	22♉36	23♉12	23♉47	24♏23	24♏59	25♏35	26♏10	26♏46	27♏22	27♏58	28♏34	29♏10	29♏46	0♐22	0♐59	1♐35	2♐11	2♐47	/♆
/♇	18♎31	19♎07	19♎43	20♎19	20♎55	21♎31	22♎07	22♎43	23♎19	23♎55	24♎31	25♎08	25♎44	26♎20	26♎57	27♎33	28♎10	28♎46	29♎23	29♎60	0♏36	1♏13	1♏50	2♏27	3♏04	3♏41	4♏18	4♏55	5♏32	6♏09	/♇
/☊	3♏04	3♏40	4♏15	4♏49	5♏22	5♏54	6♏26	6♏59	7♏31	8♏05	8♏40	9♏16	9♏52	10♏29	11♏06	11♏42	12♏16	12♏50	13♏23	13♏54	14♏26	14♏58	15♏31	16♏05	16♏40	17♏17	17♏54	18♏31	19♏07	19♏43	/☊
♂/⚷	22♌51	23♌23	23♌55	24♌26	24♌57	25♌29	26♌00	26♌32	27♌03	27♌34	28♌05	28♌36	29♌07	29♌38	0♍09	0♍40	1♍11	1♍42	2♍13	2♍43	3♍14	3♍44	4♍15	4♍45	5♍15	5♍46	6♍16	6♍46	7♍16	7♍46	♂/⚷
/♃	26♈56	27♈11	27♈26	27♈41	27♈56	28♈12	28♈27	28♈42	28♈57	29♈13	29♈28	29♈43	29♈58	0♉13	0♉29	0♉44	0♉59	1♉15	1♉30	1♉45	2♉00	2♉16	2♉31	2♉46	3♉02	3♉17	3♉32	3♉48	4♉03	4♉19	/♃
/♄	13♌26	13♌49	14♌11	14♌33	14♌56	15♌18	15♌40	16♌02	16♌24	16♌46	17♌08	17♌30	17♌51	18♌13	18♌35	18♌56	19♌18	19♌39	20♌01	20♌22	20♌43	21♌04	21♌25	21♌46	22♌07	22♌28	22♌49	23♌09	23♌30	23♌50	/♄
/♅	14♉37	14♉55	15♉12	15♉30	15♉47	16♉05	16♉22	16♉39	16♉56	17♉13	17♉30	17♉47	18♉04	18♉21	18♉37	18♉54	19♉11	19♉27	19♉44	19♉60	20♉16	20♉32	20♉48	21♉04	21♉20	21♉36	21♉52	22♉08	22♉24	22♉39	/♅
/♆	29♈20	29♈38	29♈55	0♉13	0♉31	0♉49	1♉06	1♉24	1♉42	1♉59	2♉17	2♉34	2♉51	3♉09	3♉26	3♉43	3♉60	4♉17	4♉34	4♉51	5♉08	5♉24	5♉41	5♉58	6♉14	6♉31	6♉47	7♉03	7♉20	7♉36	/♆
/♇	2♎20	2♎38	2♎57	3♎15	3♎34	3♎52	4♎10	4♎29	4♎47	5♎05	5♎23	5♎41	5♎59	6♎17	6♎35	6♎53	7♎11	7♎29	7♎46	8♎04	8♎22	8♎39	8♎57	9♎14	9♎32	9♎49	10♎06	10♎23	10♎40	10♎57	/♇
/☊	16♈53	17♈11	17♈29	17♈45	18♈01	18♈15	18♈30	18♈44	18♈59	19♈15	19♈32	19♈49	20♈08	20♈26	20♈44	21♈02	21♈18	21♈32	21♈46	21♈59	22♈11	22♈24	22♈38	22♈53	23♈08	23♈25	23♈42	23♈59	24♈16	24♈32	/☊
⚷/♃	15♐49	15♐59	16♐08	16♐18	16♐27	16♐37	16♐47	16♐56	17♐06	17♐16	17♐26	17♐36	17♐47	17♐57	18♐07	18♐18	18♐28	18♐39	18♐50	19♐01	19♐12	19♐23	19♐34	19♐45	19♐56	20♐08	20♐19	20♐31	20♐43	20♐55	⚷/♃
/♄	2♎20	2♎37	2♎53	3♎10	3♎26	3♎43	3♎60	4♎16	4♎33	4♎50	5♎06	5♎23	5♎40	5♎57	6♎13	6♎30	6♎47	7♎04	7♎21	7♎37	7♎54	8♎11	8♎28	8♎45	9♎02	9♎19	9♎36	9♎53	10♎09	10♎26	/♄
/♅	3♑31	3♑43	3♑55	4♑06	4♑18	4♑30	4♑42	4♑53	5♑05	5♑17	5♑29	5♑40	5♑52	6♑04	6♑16	6♑28	6♑40	6♑52	7♑04	7♑15	7♑27	7♑39	7♑51	8♑03	8♑15	8♑27	8♑39	8♑51	9♑03	9♑15	/♅
/♆	18♐13	18♐26	18♐38	18♐50	19♐02	19♐14	19♐26	19♐38	19♐51	20♐03	20♐15	20♐27	20♐40	20♐52	21♐04	21♐17	21♐29	21♐41	21♐54	22♐06	22♐19	22♐31	22♐44	22♐56	23♐09	23♐21	23♐34	23♐47	23♐59	24♐12	/♆
/♇	21♏13	21♏26	21♏39	21♏51	22♏04	22♏17	22♏30	22♏43	22♏56	23♏09	23♏22	23♏35	23♏48	24♏01	24♏14	24♏27	24♏40	24♏53	25♏06	25♏20	25♏33	25♏46	25♏60	26♏13	26♏26	26♏40	26♏53	27♏06	27♏20	27♏33	/♇
/☊	5♐46	5♐59	6♐11	6♐21	6♐31	6♐41	6♐50	6♐59	7♐08	7♐19	7♐30	7♐43	7♐56	8♐10	8♐23	8♐35	8♐47	8♐57	9♐06	9♐14	9♐23	9♐31	9♐41	9♐51	10♐03	10♐16	10♐29	10♐42	10♐55	11♐08	/☊
♃/♄	6♐24	6♐24	6♐25	6♐25	6♐25	6♐26	6♐26	6♐27	6♐27	6♐28	6♐29	6♐30	6♐31	6♐32	6♐33	6♐34	6♐35	6♐36	6♐38	6♐39	6♐41	6♐43	6♐44	6♐46	6♐48	6♐50	6♐52	6♐54	6♐57	6♐59	♃/♄
/♅	7♓35	7♓31	7♓26	7♓22	7♓17	7♓13	7♓08	7♓04	6♓60	6♓55	6♓51	6♓47	6♓43	6♓39	6♓35	6♓32	6♓28	6♓24	6♓21	6♓17	6♓14	6♓11	6♓07	6♓04	6♓01	5♓58	5♓56	5♓53	5♓50	5♓48	/♅
/♆	22♒18	22♒13	22♒09	22♒05	22♒01	21♒57	21♒53	21♒49	21♒45	21♒41	21♒38	21♒34	21♒31	21♒27	21♒24	21♒20	21♒17	21♒14	21♒11	21♒08	21♒05	21♒03	21♒00	20♒58	20♒55	20♒53	20♒51	20♒48	20♒46	20♒45	/♆
/♇	25♑17	25♑14	25♑10	25♑07	25♑03	24♑60	24♑57	24♑53	24♑50	24♑47	24♑44	24♑41	24♑39	24♑36	24♑33	24♑31	24♑28	24♑26	24♑24	24♑22	24♑20	24♑18	24♑16	24♑14	24♑12	24♑11	24♑10	24♑08	24♑07	24♑06	/♇
/☊	9♒51	9♒47	9♒42	9♒37	9♒30	9♒23	9♒16	9♒09	9♒03	8♒57	8♒53	8♒49	8♒47	8♒45	8♒42	8♒39	8♒35	8♒30	8♒23	8♒16	8♒09	8♒03	7♒57	7♒52	7♒49	7♒47	7♒45	7♒44	7♒43	7♒40	/☊
♄/♅	24♊06	24♊09	24♊11	24♊14	24♊16	24♊19	24♊21	24♊24	24♊26	24♊29	24♊31	24♊34	24♊36	24♊39	24♊41	24♐44	24♐47	24♐49	24♐52	24♐54	24♐57	24♐59	25♐02	25♐04	25♐07	25♐09	25♐12	25♐15	25♐17	25♐20	♄/♅
/♆	8♐48	8♐51	8♐54	8♐57	8♐60	9♐03	9♐06	9♐09	9♐12	9♐15	9♐18	9♐21	9♐24	9♐27	9♐30	9♐33	9♐36	9♐39	9♐42	9♐45	9♐48	9♐51	9♐54	9♐58	10♐01	10♐04	10♐07	10♐10	10♐13	10♐16	/♆
/♇	11♏48	11♏52	11♏55	11♏59	12♏02	12♏06	12♏10	12♏13	12♏17	12♏21	12♏24	12♏28	12♏32	12♏35	12♏39	12♏43	12♏47	12♏51	12♏55	12♏58	13♏02	13♏06	13♏10	13♏14	13♏18	13♏22	13♏26	13♏30	13♏34	13♏38	/♇
/☊	26♏21	26♏25	26♏27	26♏29	26♏29	26♏29	26♏29	26♏29	26♏29	26♏31	26♏33	26♏36	26♏40	26♏44	26♏48	26♏51	26♏54	26♏54	26♏54	26♏53	26♏52	26♏51	26♏51	26♏52	26♏55	26♏58	27♏02	27♏06	27♏09	27♏12	/☊
♅/♆	9♓59	9♓57	9♓55	9♓54	9♓52	9♓50	9♓48	9♓46	9♓44	9♓42	9♓40	9♓38	9♓36	9♓34	9♓32	9♓31	9♓29	9♓27	9♓25	9♓23	9♓21	9♓19	9♓18	9♓16	9♓14	9♓12	9♓10	9♓09	9♓07	9♓05	♅/♆
/♇	12♒59	12♒58	12♒57	12♒55	12♒54	12♒53	12♒52	12♒50	12♒49	12♒48	12♒47	12♒45	12♒44	12♒43	12♒42	12♒41	12♒40	12♒39	12♒37	12♒36	12♒35	12♒34	12♒33	12♒32	12♒31	12♒30	12♒29	12♒28	12♒27	12♒27	/♇
/☊	27♒32	27♒31	27♒29	27♒25	27♒21	27♒16	27♒11	27♒06	27♒02	26♒58	26♒55	26♒54	26♒53	26♒52	26♒51	26♒49	26♒46	26♒42	26♒37	26♒31	26♒25	26♒19	26♒14	26♒11	26♒08	26♒06	26♒05	26♒04	26♒03	26♒01	/☊
♆/♇	27♑41	27♑41	27♑40	27♑39	27♑38	27♑37	27♑36	27♑35	27♑35	27♑34	27♑33	27♑32	27♑32	27♑31	27♑30	27♑30	27♑29	27♑28	27♑28	27♑27	27♑27	27♑26	27♑26	27♑25	27♑25	27♑25	27♑24	27♑24	27♑24	27♑23	♆/♇
/☊	12♒15	12♒14	12♒12	12♒09	12♒05	12♒01	11♒56	11♒51	11♒47	11♒44	11♒42	11♒40	11♒40	11♒40	11♒39	11♒38	11♒36	11♒32	11♒27	11♒22	11♒16	11♒11	11♒07	11♒04	11♒02	11♒01	11♒00	10♒60	10♒59	10♒58	/☊
♇/☊	15♑15	15♑14	15♑13	15♑11	15♑07	15♑04	14♑60	14♑56	14♑52	14♑50	14♑48	14♑48	14♑48	14♑48	14♑49	14♑48	14♑47	14♑44	14♑40	14♑35	14♑31	14♑26	14♑23	14♑20	14♑19	14♑19	14♑19	14♑20	14♑20	14♑19	♇/☊

September 2009

October 2009

	1	2	3	4	5	6	7	8	9	10	11	12	13	14	15	16	17	18	19	20	21	22	23	24	25	26	27	28	29	30	31
☉/☽	19♐07	25♐44	2♑29	9♑22	16♋22	23♋30	0♌44	8♌03	15♌26	22♌53	0♍23	7♍55	15♍29	23♍05	0♎42	8♎17	15♎50	23♎16	0♏35	7♏44	14♏43	21♏31	28♏10	4♐42	11♐09	17♐33	23♐57	0♑24	6♑57	13♑38	20♑28
/☿	29♍52	0♎32	1♎16	2♎05	2♎58	3♎56	4♎57	6♎01	7♎08	8♎18	9♎30	10♎44	11♎60	13♎16	14♎34	15♎53	17♎13	18♎33	19♎53	21♎14	22♎34	23♎55	25♎16	26♎37	27♎58	29♎19	0♏39	1♏60	3♏20	4♏40	5♏60
/♀	25♍22	26♍28	27♍35	28♍41	29♍48	0♎54	2♎01	3♎07	4♎14	5♎21	6♎28	7♎34	8♎41	9♎48	10♎55	12♎02	13♎09	14♎16	15♎23	16♎30	17♎37	18♎45	19♎52	20♎59	22♎06	23♎13	24♎21	25♎28	26♎36	27♎43	28♎50
/♂	29♌50	0♍36	1♍22	2♍08	2♍54	3♍40	4♍25	5♍11	5♍57	6♍42	7♍28	8♍13	8♍58	9♍43	10♍28	11♍13	11♍58	12♍43	13♍27	14♍12	14♍56	15♍41	16♍25	17♍09	17♍53	18♍37	19♍21	20♍04	20♍48	21♍31	22♍14
/⚳	16♎23	17♎06	17♎48	18♎31	19♎14	19♎57	20♎39	21♎22	22♎05	22♎48	23♎31	24♎14	24♎57	25♎40	26♎23	27♎06	27♎49	28♎32	29♎15	29♎58	0♏41	1♏24	2♏07	2♏50	3♏34	4♏17	4♏60	5♏43	6♏26	7♏10	7♏53
/♃	12♐41	13♐09	13♐38	14♐06	14♐35	15♐04	15♐33	16♐02	16♐31	17♐00	17♐30	17♐59	18♐29	18♐58	19♐28	19♐58	20♐28	20♐59	21♐29	21♐59	22♐30	23♐01	23♐31	24♐02	24♐33	25♐05	25♐36	26♐07	26♐39	27♐10	27♐42
/♄	2♎18	2♎51	3♎24	3♎57	4♎31	5♎04	5♎37	6♎10	6♎43	7♎17	7♎50	8♎23	8♎56	9♎30	10♎03	10♎36	11♎10	11♎43	12♎16	12♎49	13♎23	13♎56	14♎29	15♎03	15♎36	16♎09	16♎42	17♎16	17♎49	18♎22	18♎55
/♅	1♑02	1♑30	1♑58	2♑27	2♑55	3♑24	3♑52	4♑21	4♑49	5♑18	5♑46	6♑15	6♑44	7♑12	7♑41	8♑10	8♑38	9♑07	9♑36	10♑05	10♑34	11♑03	11♑32	12♑01	12♑30	12♑59	13♑28	13♑57	14♑26	14♑55	15♑25
/♆	15♐59	16♐28	16♐57	17♐26	17♐55	18♐24	18♐53	19♐22	19♐52	20♐21	20♐50	21♐19	21♐49	22♐18	22♐47	23♐17	23♐46	24♐16	24♐45	25♐15	25♐44	26♐14	26♐44	27♐13	27♐43	28♐13	28♐43	29♐12	29♐42	0♑12	0♑42
/♇	19♏21	19♏51	20♏21	20♏51	21♏21	21♏51	22♏21	22♏51	23♏21	23♏51	24♏21	24♏51	25♏21	25♏51	26♏22	26♏52	27♏22	27♏52	28♏23	28♏53	29♏24	29♏54	0♐25	0♐55	1♐26	1♐56	2♐27	2♐57	3♐28	3♐59	4♐29
/☊	2♐53	3♐19	3♐44	4♐08	4♐31	4♐54	5♐18	5♐44	6♐11	6♐39	7♐08	7♐38	8♐07	8♐36	9♐03	9♐29	9♐53	10♐17	10♐40	11♐04	11♐29	11♐55	12♐22	12♐50	13♐20	13♐50	14♐20	14♐49	15♐17	15♐43	16♐09
☽/☿	11♐02	17♐20	23♊50	0♋33	7♋27	14♋33	21♋49	29♋14	6♌45	14♌22	22♌04	29♌51	7♍41	15♍35	23♍30	1♎25	9♎17	17♎04	24♎43	2♏13	9♏33	16♏43	23♏43	0♐36	7♐24	14♐09	20♐54	27♐42	4♑35	11♑36	18♑45
/♀	6♐32	13♐16	20♊09	27♊09	4♋17	11♋32	18♋53	26♋20	3♌50	11♌24	19♌01	26♌41	4♍23	12♍06	19♍51	27♍34	5♎13	12♎47	20♎13	27♎30	4♏36	11♏32	18♏19	24♏58	1♐32	8♐04	14♐35	21♐10	27♐50	4♑39	11♑36
/♂	10♉60	17♉24	23♉56	0♊36	7♊23	14♊17	21♊18	28♊24	5♋33	12♋46	20♋01	27♋19	4♌40	12♌01	19♌24	26♌45	4♍02	11♍14	18♍18	25♍12	1♎55	8♎28	14♎52	21♎08	27♎19	3♏27	9♉35	15♉46	22♉03	28♉27	4♊60
/⚳	27♐33	3♑54	10♑22	16♑59	23♑43	0♌34	7♌32	14♌35	21♌41	28♌52	6♍05	13♍20	20♍38	27♍58	5♎18	12♎37	19♎53	27♎03	4♏05	10♏58	17♏40	24♏12	0♐34	6♐50	12♐60	19♐07	25♐15	1♑25	7♑41	14♑05	20♑38
/♃	23♒51	29♒57	6♓12	12♓34	19♓04	25♓42	2♈25	9♈14	16♈07	23♈04	0♉03	7♉06	14♉10	21♏17	28♏24	5♐30	12♐33	19♐30	26♐19	2♑59	9♑29	15♑48	21♑59	28♑02	3♒59	9♒55	15♒50	21♒49	27♒54	4♓06	10♓27
/♄	13♐27	19♐39	25♐58	2♋25	8♋60	15♋41	22♋29	29♋23	6♌20	13♌20	20♌24	27♌30	4♍38	11♍48	18♍59	26♍08	3♎14	10♎14	17♎06	23♎49	0♏21	6♏44	12♏56	19♏02	25♏02	0♐59	6♐57	12♐58	19♐04	25♐18	1♋41
/♅	12♓11	18♓18	24♓32	0♈54	7♈24	14♈01	20♈45	27♈33	4♉25	11♉21	18♉20	25♉21	2♊25	9♊31	16♊36	23♐41	0♑43	7♑38	14♑26	21♑05	27♑33	3♒50	9♒59	15♒60	21♒56	27♒49	3♓43	9♓39	15♓41	21♓51	28♓10
/♆	27♒09	3♓16	9♓31	15♓54	22♓24	29♓02	5♈46	12♈35	19♈28	26♈25	3♉24	10♉26	17♉30	24♏36	1♐43	8♐48	15♐51	22♐47	29♐36	6♑15	12♑43	19♑02	25♑11	1♒13	7♒09	13♒03	18♒57	24♒54	0♓57	7♓08	13♓28
/♇	0♒31	6♒39	12♒55	19♒18	25♒50	2♓28	9♓13	16♓03	22♓57	29♓54	6♎55	13♎58	21♎03	28♎10	5♏17	12♏23	19♏26	26♏24	3♐13	9♐53	16♐22	22♐42	28♐52	4♑54	10♑52	16♑46	22♑42	28♑40	4♒43	10♒54	17♒15
/☊	14♒03	20♒07	26♒18	2♓35	8♓60	15♓32	22♓11	28♓56	5♈47	12♈42	19♈42	26♎44	3♏49	10♏54	17♏59	25♏00	1♐58	8♐48	15♐31	22♐04	28♐27	4♑42	10♑49	16♑50	22♑46	28♑40	4♒34	10♒31	16♒32	22♒39	28♒54
☿/♀	17♍17	18♍04	18♍56	19♍52	20♍53	21♍57	23♍06	24♍18	25♍32	26♍50	28♍09	29♍30	0♎53	2♎18	3♎43	5♎09	6♎36	8♎04	9♎32	10♎60	12♎28	13♎56	15♎25	16♎53	18♎22	19♎50	21♎18	22♎46	24♎13	25♎41	27♎08
/♂	21♌45	22♌12	22♌43	23♌19	23♌59	24♌43	25♌31	26♌21	27♌15	28♌11	29♌09	0♍09	1♍10	2♍13	3♍16	4♍20	5♍25	6♍30	7♍36	8♍41	9♍47	10♍53	11♍58	13♍03	14♍08	15♍13	16♍18	17♍22	18♍26	19♍29	20♍32
/⚳	8♎18	8♎41	9♎09	9♎42	10♎19	10♎60	11♎44	12♎32	13♎23	14♎17	15♎12	16♎10	17♎09	18♎09	19♎11	20♎13	21♎16	22♎19	23♎23	24♎27	25♎32	26♎36	27♎40	28♎45	29♎49	0♏53	1♏57	3♏01	4♏04	5♏08	6♏11
/♃	4♐36	4♐45	4♐59	5♐17	5♐40	6♐07	6♐38	7♐12	7♐49	8♐29	9♐11	9♐55	10♐41	11♐28	12♐16	13♐06	13♐56	14♐46	15♐37	16♐29	17♐21	18♐13	19♐05	19♐57	20♐49	21♐41	22♐33	23♐25	24♐16	25♐08	25♐60
/♄	24♍13	24♍26	24♍45	25♍08	25♍36	26♍07	26♍42	27♍20	28♍02	28♍45	29♍31	0♎19	1♎09	1♎59	2♎51	3♎44	4♎37	5♎31	6♎25	7♎19	8♎13	9♎08	10♎02	10♎57	11♎51	12♎45	13♎39	14♎33	15♎27	16♎20	17♎13
/♅	22♊57	23♊06	23♊19	23♊38	24♐00	24♐27	24♐57	25♐31	26♐07	26♐46	27♐28	28♐11	28♐56	29♐42	0♑29	1♑17	2♑06	2♑55	3♑45	4♑34	5♑25	6♑15	7♑05	7♑55	8♑45	9♑35	10♑25	11♑15	12♑04	12♑53	13♑42
/♆	7♐54	8♐04	8♐18	8♐37	9♐00	9♐27	9♐58	10♐33	11♐10	11♐50	12♐32	13♐15	14♐01	14♐48	15♐35	16♐24	17♐14	18♐03	18♐54	19♐44	20♐35	21♐26	22♐17	23♐08	23♐58	24♐49	25♐40	26♐30	27♐20	28♐10	28♐60
/♇	11♏16	11♏27	11♏42	12♏02	12♏26	12♏54	13♏26	14♏01	14♏39	15♏20	16♏02	16♏47	17♏33	18♏21	19♏10	19♏59	20♏49	21♏40	22♏31	23♏23	24♏14	25♏06	25♏58	26♏49	27♏41	28♏32	29♏24	0♐15	1♐06	1♐57	2♐47
/☊	24♏48	24♏55	25♏05	25♏18	25♏36	25♏58	26♏24	26♏54	27♏29	28♏08	28♏49	29♏34	0♐19	1♐05	1♐51	2♐36	3♐21	4♐05	4♐49	5♐34	6♐19	7♐06	7♐55	8♐45	9♐35	10♐26	11♐17	12♐06	12♐54	13♐41	14♐26
♀/♂	17♌15	18♌08	19♌02	19♌55	20♌48	21♌41	22♌35	23♌28	24♌21	25♌14	26♌06	26♌59	27♌52	28♌44	29♌37	0♍29	1♍22	2♍14	3♍06	3♍58	4♍50	5♍42	6♍33	7♍25	8♍16	9♍08	9♍59	10♍50	11♍41	12♍32	13♍23
/⚳	3♎47	4♎38	5♎28	6♎18	7♎08	7♎58	8♎48	9♎39	10♎29	11♎19	12♎10	13♎00	13♎51	14♎41	15♎31	16♎22	17♎12	18♎03	18♎53	19♎44	20♎35	21♎25	22♎16	23♎06	23♎57	24♎48	25♎38	26♎29	27♎20	28♎10	29♎01
/♃	0♐06	0♐41	1♐17	1♐53	2♐29	3♐06	3♐42	4♐18	4♐55	5♐32	6♐08	6♐45	7♐23	7♐60	8♐37	9♐14	9♐52	10♐30	11♐08	11♐45	12♐23	13♐02	13♐40	14♐18	14♐57	15♐35	16♐14	16♐53	17♐32	18♐11	18♐50
/♄	19♍42	20♍23	21♍04	21♍44	22♍25	23♍05	23♍46	24♍27	25♍07	25♍48	26♍29	27♍10	27♍50	28♍31	29♍12	29♍52	0♎33	1♎14	1♎55	2♎35	3♎16	3♎57	4♎38	5♎18	5♎59	6♎40	7♎21	8♎01	8♎42	9♎23	10♎03
/♅	18♊26	19♊02	19♊38	20♊14	20♊49	21♊25	22♊01	22♊37	23♊13	23♐49	24♐25	25♐01	25♐37	26♐13	26♐50	27♐26	28♐02	28♐38	29♐15	29♐51	0♑27	1♑04	1♑40	2♑17	2♑53	3♑30	4♑06	4♑43	5♑20	5♑56	6♑33
/♆	3♐24	4♐00	4♐36	5♐13	5♐49	6♐26	7♐02	7♐39	8♐16	8♐52	9♐29	10♐06	10♐43	11♐19	11♐56	12♐33	13♐10	13♐47	14♐24	15♐01	15♐38	16♐15	16♐52	17♐29	18♐07	18♐44	19♐21	19♐58	20♐36	21♐13	21♐50
/♇	6♏46	7♏23	8♏00	8♏38	9♏15	9♏52	10♏30	11♏07	11♏45	12♏22	12♏60	13♏37	14♏15	14♏53	15♏30	16♏08	16♏46	17♏24	18♏01	18♏39	19♏17	19♏55	20♏33	21♏11	21♏49	22♏27	23♏05	23♏43	24♏21	24♏60	25♏38
/☊	20♏18	20♏51	21♏23	21♏54	22♏25	22♏56	23♏28	24♏00	24♏35	25♏10	25♏47	26♏24	27♏01	27♏37	28♏12	28♏45	29♏17	29♏48	0♐19	0♐50	1♐22	1♐56	2♐30	3♐06	3♐43	4♐21	4♐58	5♐35	6♐10	6♐44	7♐17
♂/⚳	8♍16	8♍46	9♍15	9♍45	10♍14	10♍44	11♍13	11♍42	12♍12	12♍41	13♍10	13♍39	14♍07	14♍36	15♍05	15♍33	16♍01	16♍30	16♍58	17♍26	17♍54	18♍21	18♍49	19♍16	19♍44	20♍11	20♍38	21♍05	21♍32	21♍58	22♍25
/♃	4♉34	4♉49	5♉05	5♉20	5♉36	5♉51	6♉07	6♉22	6♉37	6♉53	7♉08	7♉24	7♉39	7♉55	8♉10	8♉26	8♉41	8♉56	9♉12	9♉27	9♉42	9♉58	10♉13	10♉28	10♉44	10♉59	11♉14	11♉29	11♉44	11♉59	12♉14
/♄	24♌11	24♌31	24♌51	25♌11	25♌31	25♌51	26♌11	26♌30	26♌50	27♌09	27♌29	27♌48	28♌07	28♌26	28♌45	29♌04	29♌22	29♌41	29♌59	0♍17	0♍35	0♍53	1♍11	1♍29	1♍46	2♍03	2♍20	2♍37	2♍54	3♍11	3♍27
/♅	22♉55	23♉10	23♉25	23♉41	23♉56	24♉11	24♉26	24♉41	24♉56	25♉10	25♉25	25♉40	25♉54	26♉08	26♉23	26♉37	26♉51	27♉05	27♉19	27♉33	27♉46	27♉60	28♉13	28♉27	28♉40	28♉53	29♉06	29♉19	29♉32	29♉44	29♉57
/♆	7♉52	8♉08	8♉24	8♉40	8♉56	9♉11	9♉27	9♉43	9♉58	10♉14	10♉29	10♉44	10♉59	11♉14	11♉29	11♉44	11♉59	12♉14	12♉28	12♉43	12♉57	13♉11	13♉25	13♉39	13♉53	14♉07	14♉21	14♉34	14♉48	15♉01	15♉14
/♇	11♎14	11♎31	11♎48	12♎05	12♎21	12♎38	12♎54	13♎11	13♎27	13♎43	13♎60	14♎16	14♎32	14♎48	15♎03	15♎19	15♎35	15♎50	16♎06	16♎21	16♎36	16♎51	17♎06	17♎21	17♎36	17♎50	18♎05	18♎19	18♎34	18♎48	19♎02
/☊	24♈46	24♈59	25♈11	25♈21	25♈31	25♈42	25♈52	26♈04	26♈17	26♎32	26♎47	27♎02	27♎18	27♎32	27♎45	27♎56	28♎06	28♎15	28♎23	28♎32	28♎41	28♎52	29♎04	29♎16	29♎30	29♎44	29♎58	0♏11	0♏22	0♏32	0♏41
⚳/♃	21♐07	21♐19	21♐31	21♐43	21♐55	22♐08	22♐20	22♐33	22♐46	22♐59	23♐12	23♐25	23♐38	23♐51	24♐05	24♐18	24♐32	24♐46	24♐59	25♐13	25♐27	25♐41	25♐56	26♐10	26♐24	26♐39	26♐53	27♐08	27♐23	27♐38	27♐53
/♄	10♎43	11♎00	11♎17	11♎34	11♎51	12♎08	12♎25	12♎41	12♎58	13♎15	13♎32	13♎49	14♎06	14♎23	14♎39	14♎56	15♎13	15♎30	15♎47	16♎03	16♎20	16♎37	16♎53	17♎10	17♎27	17♎43	17♎60	18♎16	18♎33	18♎49	19♎06
/♅	9♑27	9♑39	9♑51	10♑03	10♑16	10♑28	10♑40	10♑52	11♑04	11♑16	11♑28	11♑41	11♑53	12♑05	12♑17	12♑30	12♑42	12♑54	13♑06	13♑19	13♑31	13♑43	13♑56	14♑08	14♑21	14♑33	14♑45	14♑58	15♑10	15♑23	15♑35
/♆	24♐25	24♐37	24♐50	25♐03	25♐15	25♐28	25♐41	25♐54	26♐07	26♐19	26♐32	26♐45	26♐58	27♐11	27♐24	27♐37	27♐50	28♐03	28♐16	28♐29	28♐42	28♐55	29♐08	29♐21	29♐34	29♐47	0♑00	0♑13	0♑26	0♑40	0♑53
/♇	27♏47	28♏00	28♏14	28♏27	28♏41	28♏55	29♏08	29♏22	29♏36	29♏49	0♐03	0♐17	0♐30	0♐44	0♐58	1♐12	1♐26	1♐39	1♐53	2♐07	2♐21	2♐35	2♐49	3♐03	3♐17	3♐30	3♐44	3♐58	4♐12	4♐26	4♐40
/☊	11♐19	11♐28	11♐37	11♐44	11♐51	11♐58	12♐06	12♐15	12♐26	12♐37	12♐50	13♐03	13♐16	13♐29	13♐39	13♐49	13♐57	14♐04	14♐11	14♐18	14♐26	14♐35	14♐46	14♐58	15♐11	15♐24	15♐37	15♐50	16♐01	16♐11	16♐19
♃/♄	7♐01	7♐04	7♐07	7♐09	7♐12	7♐15	7♐18	7♐21	7♐24	7♐27	7♐31	7♐34	7♐38	7♐41	7♐45	7♐49	7♐53	7♐57	8♐01	8♐05	8♐09	8♐13	8♐17	8♐22	8♐26	8♐31	8♐36	8♐40	8♐45	8♐50	8♐55
/♅	5♓45	5♓43	5♓41	5♓39	5♓37	5♓35	5♓33	5♓31	5♓30	5♓28	5♓27	5♓26	5♓25	5♓24	5♓23	5♓22	5♓21	5♓21	5♓21	5♓20	5♓20	5♓20	5♓20	5♓20	5♓20	5♓21	5♓21	5♓22	5♓23	5♓23	5♓24
/♆	20♒43	20♒41	20♒40	20♒38	20♒37	20♒35	20♒34	20♒33	20♒32	20♒32	20♒31	20♒30	20♒30	20♒30	20♒29	20♒29	20♒29	20♒30	20♒30	20♒30	20♒31	20♒31	20♒32	20♒33	20♒34	20♒35	20♒36	20♒37	20♒39	20♒40	20♒42
/♇	24♑05	24♑04	24♑03	24♑03	24♑02	24♑02	24♑02	24♑02	24♑01	24♑02	24♑02	24♑02	24♑02	24♑03	24♑04	24♑04	24♑05	24♑06	24♑07	24♑09	24♑10	24♑11	24♑13	24♑14	24♑16	24♑18	24♑20	24♑22	24♑24	24♑27	24♑29
/☊	7♒37	7♒32	7♒26	7♒20	7♒12	7♒06	6♒60	6♒55	6♒51	6♒50	6♒49	6♒49	6♒48	6♒47	6♒45	6♒41	6♒36	6♒31	6♒25	6♒19	6♒15	6♒12	6♒10	6♒10	6♒11	6♒12	6♒13	6♒13	6♒13	6♒11	6♒08
♄/♅	25♐22	25♐25	25♐27	25♐30	25♐32	25♐35	25♐37	25♐40	25♐42	25♐45	25♐48	25♐50	25♐53	25♐55	25♐58	26♐00	26♐03	26♐05	26♐08	26♐10	26♐13	26♐15	26♐18	26♐20	26♐23	26♐25	26♐28	26♐30	26♐33	26♐35	26♐38
/♆	10♐20	10♐23	10♐26	10♐29	10♐32	10♐35	10♐39	10♐42	10♐45	10♐48	10♐51	10♐55	10♐58	11♐01	11♐04	11♐07	11♐11	11♐14	11♐17	11♐20	11♐23	11♐27	11♐30	11♐33	11♐36	11♐39	11♐42	11♐46	11♐49	11♐52	11♐55
/♇	13♏42	13♏46	13♏50	13♏54	13♏58	14♏02	14♏06	14♏10	14♏14	14♏18	14♏22	14♏26	14♏30	14♏34	14♏38	14♏42	14♏46	14♏50	14♏54	14♏59	15♏03	15♏07	15♏11	15♏15	15♏19	15♏23	15♏27	15♏31	15♏35	15♏39	15♏43
/☊	27♏14	27♏14	27♏13	27♏10	27♏08	27♏05	27♏04	27♏03	27♏04	27♏06	27♏09	27♏13	27♏16	27♏19	27♏20	27♏19	27♏18	27♏15	27♏12	27♏09	27♏08	27♏07	27♏08	27♏10	27♏13	27♏16	27♏19	27♏22	27♏23	27♏23	27♏22
♅/♆	9♓03	9♓02	9♓00	8♓59	8♓57	8♓55	8♓54	8♓52	8♓51	8♓49	8♓48	8♓46	8♓45	8♓43	8♓42	8♓41	8♓39	8♓38	8♓37	8♓36	8♓34	8♓33	8♓32	8♓31	8♓30	8♓29	8♓28	8♓27	8♓26	8♓25	8♓24
/♇	12♒26	12♒25	12♒24	12♒23	12♒23	12♒22	12♒21	12♒20	12♒20	12♒19	12♒18	12♒18	12♒17	12♒17	12♒16	12♒16	12♒15	12♒15	12♒14	12♒14	12♒14	12♒13	12♒13	12♒13	12♒13	12♒12	12♒12	12♒12	12♒12	12♒12	12♒12
/☊	25♒57	25♒53	25♒47	25♒40	25♒33	25♒25	25♒19	25♒14	25♒10	25♒07	25♒06	25♒05	25♒03	25♒01	24♒58	24♒53	24♒47	24♒39	24♒32	24♒25	24♒19	24♒14	24♒10	24♒08	24♒07	24♒06	24♒05	24♒03	24♒01	23♒57	23♒51
♆/♇	27♑23	27♑23	27♑23	27♑23	27♑22	27♑22	27♑22	27♑22	27♑22	27♑22	27♑22	27♑22	27♑22	27♑23	27♑23	27♑23	27♑23	27♑23	27♑24	27♑24	27♑24	27♑25	27♑25	27♑26	27♑26	27♑26	27♑27	27♑28	27♑28	27♑29	27♑29
/☊	10♒55	10♒51	10♒45	10♒39	10♒33	10♒26	10♒20	10♒15	10♒12	10♒10	10♒09	10♒09	10♒08	10♒07	10♒04	9♒60	9♒54	9♒48	9♒41	9♒35	9♒29	9♒25	9♒22	9♒21	9♒20	9♒20	9♒20	9♒19	9♒17	9♒13	9♒09
♇/☊	14♑17	14♑14	14♑09	14♑04	13♑58	13♑52	13♑47	13♑44	13♑41	13♑40	13♑40	13♑41	13♑41	13♑40	13♑38	13♑35	13♑30	13♑25	13♑19	13♑13	13♑09	13♑05	13♑03	13♑03	13♑03	13♑04	13♑04	13♑04	13♑03	12♑60	12♑56

October 2009

November 2009

	1	2	3	4	5	6	7	8	9	10
☉/☽	27♑28	4♒38	11♌58	19♌25	26♌58	4♍34	12♍11	19♍47	27♍22	4♎55
/☿	7♏20	8♏39	9♏58	11♏17	12♏36	13♏55	15♏13	16♏31	17♏49	19♏07
/♀	29♎58	1♏05	2♏13	3♏20	4♏28	5♏35	6♏43	7♏51	8♏58	10♏06
/♂	22♍57	23♍40	24♍23	25♍06	25♍48	26♍31	27♍13	27♍55	28♍37	29♍19
/⚳	8♏36	9♏19	10♏02	10♏46	11♏29	12♏12	12♏56	13♏39	14♏22	15♏05
/♃	28♐14	28♐46	29♐18	29♐50	0♑22	0♑54	1♑27	1♑59	2♑32	3♑05
/♄	19♎28	20♎02	20♎35	21♎08	21♎41	22♎14	22♎47	23♎21	23♎54	24♎27
/♅	15♑54	16♑23	16♑52	17♑22	17♑51	18♑21	18♑50	19♑20	19♑49	20♑19
/♆	1♑12	1♑42	2♑12	2♑42	3♑12	3♑42	4♑12	4♑42	5♑12	5♑43
/♇	5♐00	5♐31	6♐02	6♐33	7♐03	7♐34	8♐05	8♐36	9♐07	9♐38
/☊	16♐33	16♐57	17♐21	17♐45	18♐11	18♐38	19♐07	19♐37	20♐07	20♐37
☽/☿	26♑05	3♒35	11♌14	19♌00	26♌52	4♍46	12♍41	20♍36	28♍28	6♎19
/♀	18♑44	26♋01	3♌29	11♌03	18♌44	26♌27	4♍11	11♍55	19♍37	27♍18
/♂	11♊43	18♊36	25♊39	2♋49	10♋04	17♋22	24♋41	1♌59	9♌16	16♌30
/⚳	27♑22	4♒15	11♌18	18♌29	25♌45	3♍04	10♍24	17♍43	25♍01	2♎17
/♃	16♓59	23♓42	0♈33	7♈33	14♈38	21♈46	28♈55	6♉04	13♉11	20♏16
/♄	8♋14	14♋58	21♋51	28♋51	5♌57	13♌06	20♌16	27♌25	4♍33	11♍38
/♅	4♈40	11♈19	18♈08	25♈05	2♉07	9♉12	16♉18	23♉24	0♊28	7♊30
/♆	19♓58	26♓38	3♈28	10♈25	17♈28	24♈33	1♉40	8♉47	15♉51	22♉54
/♇	23♒46	0♓27	7♓18	14♓16	21♓19	28♓26	5♎33	12♎40	19♎46	26♎49
/☊	5♓19	11♓53	18♓37	25♓28	2♈27	9♈30	16♈35	23♎41	0♏46	7♏49
☿/♀	28♎35	0♏02	1♏29	2♏55	4♏22	5♏48	7♏14	8♏39	10♏05	11♏30
/♂	21♍35	22♍37	23♍39	24♍41	25♍42	26♍43	27♍43	28♍44	29♍43	0♎43
/⚳	7♏14	8♏16	9♏19	10♏21	11♏23	12♏25	13♏26	14♏27	15♏29	16♏30
/♃	26♐51	27♐42	28♐34	29♐25	0♑16	1♑06	1♑57	2♑48	3♑38	4♑29
/♄	18♎06	18♎59	19♎51	20♎43	21♎35	22♎26	23♎18	24♎09	25♎00	25♎51
/♅	14♑31	15♑20	16♑09	16♑57	17♑45	18♑33	19♑21	20♑08	20♑56	21♑43
/♆	29♐49	0♑39	1♑28	2♑17	3♑06	3♑54	4♑43	5♑31	6♑19	7♑07
/♇	3♐38	4♐28	5♐18	6♐08	6♐57	7♐46	8♐36	9♐25	10♐13	11♐02
/☊	15♐10	15♐54	16♐37	17♐20	18♐05	18♐51	19♐38	20♐25	21♐14	22♐01
♀/♂	14♍13	15♍04	15♍54	16♍44	17♍34	18♍24	19♍13	20♍03	20♍52	21♍42
/⚳	29♎52	0♏42	1♏33	2♏24	3♏15	4♏05	4♏56	5♏47	6♏38	7♏28
/♃	19♐29	20♐09	20♐48	21♐28	22♐08	22♐47	23♐27	24♐07	24♐47	25♐28
/♄	10♎44	11♎25	12♎05	12♎46	13♎27	14♎07	14♎48	15♎28	16♎09	16♎50
/♅	7♑10	7♑46	8♑23	8♑60	9♑37	10♑14	10♑51	11♑28	12♑05	12♑42
/♆	22♐28	23♐05	23♐42	24♐20	24♐57	25♐35	26♐13	26♐50	27♐28	28♐05
/♇	26♏16	26♏54	27♏32	28♏11	28♏49	29♏27	0♐06	0♐44	1♐22	2♐01
/☊	7♐49	8♐20	8♐51	9♐24	9♐57	10♐32	11♐08	11♐45	12♐23	13♐00
♂/⚳	22♍51	23♍17	23♍43	24♍09	24♍35	25♍01	25♍26	25♍51	26♍16	26♍41
/♃	12♉29	12♉44	12♉59	13♉13	13♉28	13♉43	13♉57	14♉11	14♉26	14♉40
/♄	3♍44	3♍60	4♍16	4♍32	4♍47	5♍03	5♍18	5♍33	5♍48	6♍02
/♅	0♊09	0♊21	0♊33	0♊45	0♊57	1♊09	1♊20	1♊32	1♊43	1♊54
/♆	15♉27	15♉40	15♉53	16♉05	16♉18	16♉30	16♉42	16♉54	17♉06	17♉18
/♇	19♎15	19♎29	19♎43	19♎56	20♎09	20♎23	20♎35	20♎48	21♎01	21♎13
/☊	0♏48	0♏55	1♏02	1♏09	1♏17	1♏27	1♏38	1♏49	2♏01	2♏13
⚳/♃	28♐08	28♐23	28♐38	28♐53	29♐09	29♐24	29♐40	29♐55	0♑11	0♑27
/♄	19♎22	19♎39	19♎55	20♎12	20♎28	20♎44	21♎00	21♎17	21♎33	21♎49
/♅	15♑48	16♑00	16♑13	16♑25	16♑38	16♑51	17♑03	17♑16	17♑28	17♑41
/♆	1♑06	1♑19	1♑32	1♑45	1♑59	2♑12	2♑25	2♑38	2♑52	3♑05
/♇	4♐54	5♐08	5♐22	5♐36	5♐50	6♐04	6♐18	6♐32	6♐46	7♐00
/☊	16♐27	16♐34	16♐41	16♐49	16♐58	17♐08	17♐20	17♐33	17♐46	17♐60
♃/♄	8♐60	9♐05	9♐10	9♐15	9♐21	9♐26	9♐32	9♐37	9♐43	9♐48
/♅	5♓25	5♓27	5♓28	5♓29	5♓31	5♓32	5♓34	5♓36	5♓38	5♓40
/♆	20♒43	20♒45	20♒47	20♒49	20♒52	20♒54	20♒56	20♒59	21♒01	21♒04
/♇	24♑32	24♑34	24♑37	24♑40	24♑43	24♑46	24♑49	24♑53	24♑56	24♑59
/☊	6♒05	6♒00	5♒56	5♒53	5♒51	5♒50	5♒51	5♒53	5♒56	5♒59
♄/♅	26♐40	26♐43	26♐45	26♐48	26♐50	26♐52	26♐55	26♐57	26♐60	27♐02
/♆	11♐58	12♐01	12♐04	12♐08	12♐11	12♐14	12♐17	12♐20	12♐23	12♐26
/♇	15♏47	15♏50	15♏54	15♏58	16♏02	16♏06	16♏10	16♏14	16♏18	16♏21
/☊	27♏19	27♏16	27♏13	27♏11	27♏10	27♏10	27♏12	27♏15	27♏18	27♏21
♅/♆	8♓24	8♓23	8♓22	8♓21	8♓21	8♓20	8♓20	8♓19	8♓19	8♓18
/♇	12♒12	12♒12	12♒12	12♒12	12♒12	12♒12	12♒13	12♒13	12♒13	12♒13
/☊	23♒45	23♒38	23♒31	23♒25	23♒20	23♒17	23♒15	23♒14	23♒13	23♒13
♆/♇	27♑30	27♑31	27♑31	27♑32	27♑33	27♑34	27♑35	27♑35	27♑36	27♑37
/☊	9♒03	8♒57	8♒50	8♒45	8♒41	8♒38	8♒37	8♒36	8♒37	8♒37
♇/☊	12♑51	12♑46	12♑40	12♑36	12♑32	12♑30	12♑30	12♑30	12♑31	12♑32

	11	12	13	14	15	16	17	18	19	20
☉/☽	12♎25	19♎52	27♎16	4♏35	11♏49	18♏57	25♏57	2♐49	9♐33	16♐10
/☿	20♏25	21♏43	23♏00	24♏18	25♏35	26♏52	28♏09	29♏26	0♐42	1♐59
/♀	11♏14	12♏22	13♏29	14♏37	15♏45	16♏53	18♏01	19♏09	20♏17	21♏25
/♂	0♎00	0♎42	1♎23	2♎04	2♎45	3♎26	4♎06	4♎46	5♎26	6♎06
/⚳	15♏49	16♏32	17♏15	17♏59	18♏42	19♏26	20♏09	20♏52	21♏36	22♏19
/♃	3♑38	4♑10	4♑44	5♑17	5♑50	6♑23	6♑57	7♑30	8♑04	8♑38
/♄	24♎60	25♎33	26♎06	26♎39	27♎12	27♎45	28♎18	28♎51	29♎24	29♎57
/♅	20♑48	21♑18	21♑48	22♑18	22♑47	23♑17	23♑47	24♑17	24♑47	25♑17
/♆	6♑13	6♑43	7♑13	7♑44	8♑14	8♑45	9♑15	9♑46	10♑16	10♑47
/♇	10♐09	10♐40	11♐11	11♐42	12♐13	12♐44	13♐16	13♐47	14♐18	14♐49
/☊	21♐07	21♐35	22♐02	22♐28	22♐53	23♐18	23♐43	24♐09	24♐36	25♐04
☽/☿	14♎06	21♎51	29♎32	7♏08	14♏39	22♏03	29♏19	6♐28	13♐29	20♐22
/♀	4♎55	12♎30	20♎01	27♎28	4♏49	12♏04	19♏11	26♏11	3♐03	9♐47
/♂	23♌41	0♍50	7♍54	14♍54	21♍49	28♍37	5♎17	11♎49	18♎13	24♎29
/⚳	9♎30	16♎40	23♎47	0♏49	7♏46	14♏36	21♏20	27♏55	4♐22	10♐41
/♃	27♏19	4♐19	11♐15	18♐07	24♐54	1♑34	8♑07	14♑33	20♑50	27♑00
/♄	18♍41	25♍41	2♎37	9♎29	16♎16	22♎56	29♎29	5♏53	12♏10	18♏19
/♅	14♊30	21♊26	28♐19	5♑08	11♑51	18♑28	24♑58	1♒19	7♒33	13♒39
/♆	29♏54	6♐51	13♐45	20♐34	27♐18	3♑56	10♑26	16♑48	23♑02	29♑09
/♇	3♏50	10♏48	17♏42	24♏32	1♐17	7♐55	14♐26	20♐49	27♐04	3♑12
/☊	14♏48	21♏43	28♏34	5♐19	11♐57	18♐29	24♐54	1♑11	7♑22	13♑26
☿/♀	12♏55	14♏20	15♏45	17♏10	18♏35	19♏59	21♏24	22♏48	24♏12	25♏36
/♂	1♎42	2♎41	3♎39	4♎37	5♎35	6♎32	7♎29	8♎25	9♎22	10♎18
/⚳	17♏30	18♏31	19♏31	20♏32	21♏32	22♏32	23♏32	24♏31	25♏31	26♏30
/♃	5♑19	6♑09	6♑59	7♑50	8♑40	9♑30	10♑20	11♑10	11♑59	12♑49
/♄	26♎41	27♎32	28♎22	29♎12	0♏02	0♏51	1♏41	2♏30	3♏19	4♏08
/♅	22♑30	23♑17	24♑04	24♑50	25♑37	26♑23	27♑10	27♑56	28♑42	29♑28
/♆	7♑54	8♑42	9♑29	10♑17	11♑04	11♑51	12♑38	13♑25	14♑11	14♑58
/♇	11♐50	12♐39	13♐27	14♐15	15♐03	15♐51	16♐38	17♐26	18♐13	19♐01
/☊	22♐48	23♐34	24♐18	25♐01	25♐43	26♐24	27♐06	27♐48	28♐31	29♐15
♀/♂	22♍31	23♍19	24♍08	24♍57	25♍45	26♍33	27♍21	28♍09	28♍56	29♍43
/⚳	8♏19	9♏10	10♏01	10♏51	11♏42	12♏33	13♏24	14♏14	15♏05	15♏56
/♃	26♐08	26♐48	27♐29	28♐09	28♐50	29♐31	0♑12	0♑53	1♑34	2♑15
/♄	17♎30	18♎11	18♎51	19♎32	20♎12	20♎52	21♎33	22♎13	22♎53	23♎34
/♅	13♑19	13♑56	14♑33	15♑10	15♑47	16♑24	17♑02	17♑39	18♑16	18♑54
/♆	28♐43	29♐21	29♐59	0♑36	1♑14	1♑52	2♑30	3♑08	3♑46	4♑23
/♇	2♐39	3♐18	3♐56	4♐35	5♐13	5♐52	6♐30	7♐09	7♐47	8♐26
/☊	13♐37	14♐13	14♐47	15♐21	15♐53	16♐25	16♐58	17♐31	18♐05	18♐41
♂/⚳	27♍06	27♍30	27♍54	28♍18	28♍42	29♍06	29♍29	29♍52	0♎15	0♎38
/♃	14♉54	15♉08	15♉22	15♉36	15♉50	16♉03	16♉17	16♉30	16♉43	16♉56
/♄	6♍17	6♍31	6♍45	6♍58	7♍12	7♍25	7♍38	7♍51	8♍03	8♍15
/♅	2♊05	2♊16	2♊26	2♊37	2♊47	2♊57	3♊07	3♊17	3♊26	3♊35
/♆	17♉30	17♉41	17♉52	18♉03	18♉14	18♉25	18♉35	18♉45	18♉55	19♉05
/♇	21♎26	21♎38	21♎50	22♎01	22♎13	22♎24	22♎36	22♎46	22♎57	23♎08
/☊	2♏24	2♏33	2♏41	2♏48	2♏53	2♏58	3♏03	3♏09	3♏15	3♏22
⚳/♃	0♑43	0♑59	1♑15	1♑31	1♑47	2♑03	2♑20	2♑36	2♑53	3♑09
/♄	22♎05	22♎21	22♎37	22♎53	23♎09	23♎25	23♎41	23♎57	24♎12	24♎28
/♅	17♑54	18♑06	18♑19	18♑32	18♑44	18♑57	19♑10	19♑23	19♑35	19♑48
/♆	3♑18	3♑31	3♑45	3♑58	4♑11	4♑25	4♑38	4♑51	5♑05	5♑18
/♇	7♐14	7♐28	7♐42	7♐56	8♐10	8♐24	8♐38	8♐52	9♐06	9♐20
/☊	18♐12	18♐23	18♐34	18♐42	18♐50	18♐58	19♐06	19♐14	19♐24	19♐35
♃/♄	9♐54	9♐59	10♐05	10♐11	10♐17	10♐23	10♐29	10♐35	10♐41	10♐47
/♅	5♓42	5♓45	5♓47	5♓50	5♓52	5♓55	5♓58	6♓01	6♓04	6♓07
/♆	21♒07	21♒10	21♒13	21♒16	21♒19	21♒22	21♒26	21♒29	21♒33	21♒37
/♇	25♑03	25♑07	25♑10	25♑14	25♑18	25♑22	25♑26	25♑31	25♑35	25♑39
/☊	6♒01	6♒02	6♒02	6♒00	5♒58	5♒56	5♒54	5♒53	5♒53	5♒54
♄/♅	27♐05	27♐07	27♐09	27♐12	27♐14	27♐17	27♐19	27♐21	27♐24	27♐26
/♆	12♐29	12♐32	12♐35	12♐38	12♐41	12♐44	12♐47	12♐50	12♐53	12♐56
/♇	16♏25	16♏29	16♏33	16♏36	16♏40	16♏44	16♏47	16♏51	16♏55	16♏58
/☊	27♏23	27♏24	27♏24	27♏23	27♏20	27♏17	27♏15	27♏13	27♏12	27♏13
♅/♆	8♓18	8♓17	8♓17	8♓17	8♓16	8♓16	8♓16	8♓16	8♓16	8♓16
/♇	12♒14	12♒14	12♒15	12♒15	12♒15	12♒16	12♒16	12♒17	12♒18	12♒18
/☊	23♒12	23♒09	23♒06	23♒01	22♒55	22♒50	22♒44	22♒39	22♒35	22♒33
♆/♇	27♑38	27♑39	27♑40	27♑41	27♑42	27♑43	27♑44	27♑46	27♑47	27♑48
/☊	8♒36	8♒34	8♒31	8♒27	8♒22	8♒17	8♒12	8♒08	8♒05	8♒03
♇/☊	12♑32	12♑31	12♑29	12♑26	12♑21	12♑17	12♑12	12♑09	12♑06	12♑05

	21	22	23	24	25	26	27	28	29	30
☉/☽	22♐41	29♐07	5♑31	11♑56	18♑23	24♑55	1♒36	8♒27	15♒30	22♒45
/☿	3♐16	4♐32	5♐49	7♐05	8♐21	9♐37	10♐53	12♐09	13♐25	14♐41
/♀	22♏33	23♏41	24♏49	25♏57	27♏05	28♏13	29♏21	0♐29	1♐37	2♐45
/♂	6♎46	7♎25	8♎05	8♎44	9♎22	10♎01	10♎39	11♎17	11♎55	12♎32
/⚳	23♏02	23♏46	24♏29	25♏12	25♏56	26♏39	27♏22	28♏06	28♏49	29♏32
/♃	9♑12	9♑46	10♑20	10♑54	11♑28	12♑02	12♑37	13♑11	13♑46	14♑20
/♄	0♏30	1♏03	1♏35	2♏08	2♏41	3♏14	3♏47	4♏19	4♏52	5♏25
/♅	25♑47	26♑17	26♑47	27♑17	27♑47	28♑17	28♑48	29♑18	29♑48	0♒18
/♆	11♑17	11♑48	12♑18	12♑49	13♑20	13♑50	14♑21	14♑52	15♑23	15♑53
/♇	15♐20	15♐52	16♐23	16♐54	17♐25	17♐57	18♐28	18♐59	19♐31	20♐02
/☊	25♐33	26♐04	26♐34	27♐05	27♐36	28♐06	28♐35	29♐03	29♐30	29♐56
☽/☿	27♐08	3♑51	10♑30	17♑10	23♑53	0♒41	7♒37	14♒43	22♒01	29♒31
/♀	16♐25	22♐59	29♐30	6♑02	12♑36	19♑16	26♑04	3♒03	10♒13	17♒35
/♂	0♏39	6♏44	12♏46	18♉49	24♉54	1♊05	7♊23	13♊51	20♊31	27♊23
/⚳	16♐55	23♐04	29♐11	5♑18	11♑28	17♑43	24♑06	0♒40	7♒25	14♒23
/♃	3♒04	9♒04	15♒01	20♒59	26♒60	3♓06	9♓20	15♓45	22♓22	29♓11
/♄	24♏22	0♐21	6♐17	12♐14	18♐13	24♐18	0♑30	6♋53	13♋28	20♋15
/♅	19♒39	25♒35	1♓29	7♓22	13♓19	19♓21	25♓31	1♈52	8♈24	15♈09
/♆	5♒10	11♒06	17♒00	22♒54	28♒51	4♓54	11♓05	17♓26	23♓59	0♈44
/♇	9♑13	15♑10	21♑05	26♑60	2♒57	9♒01	15♒12	21♒34	28♒07	4♓53
/☊	19♑26	25♑22	1♒16	7♒11	13♒08	19♒10	25♒19	1♓37	8♓06	14♓47
☿/♀	27♏00	28♏24	29♏48	1♐11	2♐35	3♐58	5♐22	6♐45	8♐08	9♐31
/♂	11♎13	12♎09	13♎04	13♎58	14♎53	15♎47	16♎40	17♎33	18♎26	19♎19
/⚳	27♏30	28♏29	29♏28	0♐27	1♐26	2♐25	3♐24	4♐22	5♐21	6♐19
/♃	13♑39	14♑29	15♑19	16♑09	16♑58	17♑48	18♑38	19♑27	20♑17	21♑07
/♄	4♏57	5♏46	6♏35	7♏23	8♏11	8♏60	9♏48	10♏36	11♏23	12♏11
/♅	0♒14	1♒00	1♒46	2♒32	3♒18	4♒03	4♒49	5♒34	6♒20	7♒05
/♆	15♑45	16♑31	17♑17	18♑04	18♑50	19♑36	20♑22	21♑08	21♑54	22♑40
/♇	19♐48	20♐35	21♐22	22♐09	22♐56	23♐43	24♐29	25♐16	26♐02	26♐49
/☊	0♑01	0♑47	1♑33	2♑20	3♑06	3♑52	4♑36	5♑19	6♑01	6♑43
♀/♂	0♎30	1♎17	2♎04	2♎50	3♎36	4♎22	5♎07	5♎53	6♎38	7♎23
/⚳	16♏47	17♏37	18♏28	19♏19	20♏09	21♏00	21♏51	22♏41	23♏32	24♏23
/♃	2♑56	3♑37	4♑19	5♑00	5♑42	6♑23	7♑05	7♑47	8♑29	9♑11
/♄	24♎14	24♎54	25♎34	26♎15	26♎55	27♎35	28♎15	28♎55	29♎35	0♏15
/♅	19♑31	20♑08	20♑46	21♑23	22♑01	22♑38	23♑16	23♑54	24♑31	25♑09
/♆	5♑01	5♑39	6♑17	6♑55	7♑33	8♑11	8♑49	9♑28	10♑06	10♑44
/♇	9♐05	9♐43	10♐22	11♐01	11♐39	12♐18	12♐57	13♐35	14♐14	14♐53
/☊	19♐17	19♐55	20♐33	21♐12	21♐50	22♐27	23♐03	23♐38	24♐13	24♐47
♂/⚳	1♎00	1♎22	1♎44	2♎06	2♎27	2♎48	3♎09	3♎30	3♎50	4♎10
/♃	17♉09	17♉22	17♉35	17♉47	17♉59	18♉12	18♉23	18♉35	18♉47	18♉58
/♄	8♍27	8♍39	8♍51	9♍02	9♍13	9♍23	9♍33	9♍43	9♍53	10♍02
/♅	3♊44	3♊53	4♊02	4♊10	4♊19	4♊27	4♊34	4♊42	4♊49	4♊56
/♆	19♉15	19♉24	19♉33	19♉42	19♉51	19♉60	20♉08	20♉16	20♉24	20♉31
/♇	23♎18	23♎28	23♎38	23♎48	23♎57	24♎06	24♎15	24♎24	24♎32	24♎40
/☊	3♏31	3♏40	3♏49	3♏59	4♏07	4♏15	4♏21	4♏27	4♏31	4♏34
⚳/♃	3♑26	3♑42	3♑59	4♑16	4♑33	4♑50	5♑07	5♑24	5♑41	5♑58
/♄	24♎44	24♎59	25♎15	25♎31	25♎46	26♎01	26♎17	26♎32	26♎47	27♎02
/♅	20♑01	20♑14	20♑26	20♑39	20♑52	21♑05	21♑18	21♑31	21♑43	21♑56
/♆	5♑31	5♑45	5♑58	6♑11	6♑25	6♑38	6♑51	7♑05	7♑18	7♑31
/♇	9♐34	9♐48	10♐02	10♐16	10♐30	10♐44	10♐58	11♐12	11♐26	11♐40
/☊	19♐47	20♐00	20♐14	20♐28	20♐41	20♐53	21♐05	21♐15	21♐25	21♐34
♃/♄	10♐53	10♐59	11♐06	11♐12	11♐18	11♐25	11♐31	11♐37	11♐44	11♐50
/♅	6♓10	6♓14	6♓17	6♓21	6♓24	6♓28	6♓32	6♓36	6♓40	6♓44
/♆	21♒41	21♒44	21♒48	21♒53	21♒57	22♒01	22♒05	22♒10	22♒14	22♒19
/♇	25♑44	25♑48	25♑53	25♑58	26♑03	26♑08	26♑13	26♑18	26♑23	26♑28
/☊	5♒57	6♒00	6♒05	6♒09	6♒13	6♒16	6♒19	6♒21	6♒22	6♒22
♄/♅	27♐28	27♐31	27♐33	27♐35	27♐37	27♐40	27♐42	27♐44	27♐46	27♐49
/♆	12♐59	13♐01	13♐04	13♐07	13♐10	13♐13	13♐15	13♐18	13♐21	13♐23
/♇	17♏02	17♏05	17♏09	17♏12	17♏16	17♏19	17♏22	17♏26	17♏29	17♏32
/☊	27♏15	27♏17	27♏20	27♏23	27♏26	27♏28	27♏29	27♏29	27♏28	27♏26
♅/♆	8♓16	8♓16	8♓16	8♓16	8♓16	8♓16	8♓16	8♓17	8♓17	8♓17
/♇	12♒19	12♒20	12♒20	12♒21	12♒22	12♒23	12♒23	12♒24	12♒25	12♒26
/☊	22♒32	22♒31	22♒32	22♒32	22♒32	22♒32	22♒30	22♒27	22♒24	22♒20
♆/♇	27♑49	27♑50	27♑52	27♑53	27♑54	27♑56	27♑57	27♑58	27♑60	28♑01
/☊	8♒02	8♒02	8♒03	8♒04	8♒05	8♒05	8♒03	8♒01	7♒59	7♒55
♇/☊	12♑05	12♑06	12♑08	12♑09	12♑11	12♑11	12♑11	12♑09	12♑07	12♑04

November 2009

December 2009

	1	2	3	4	5	6	7	8	9	10	11	12	13	14	15	16
☉/☽	0♓12	7♓50	15♍35	23♍25	1♎16	9♎05	16♎49	24♎27	1♏58	9♏22	16♏38	23♏48	0♐50	7♐46	14♐36	21♐19
/☿	15♐56	17♐12	18♐27	19♐42	20♐57	22♐12	23♐26	24♐40	25♐53	27♐06	28♐19	29♐31	0♑41	1♑51	2♑60	4♑07
/♀	3♐53	5♐01	6♐09	7♐17	8♐25	9♐34	10♐42	11♐50	12♐58	14♐06	15♐15	16♐23	17♐31	18♐39	19♐48	20♐56
/♂	13♎09	13♎46	14♎23	14♎59	15♎35	16♎11	16♎47	17♎22	17♎57	18♎31	19♎06	19♎39	20♎13	20♎46	21♎19	21♎51
/⚳	0♐16	0♐59	1♐42	2♐25	3♐09	3♐52	4♐35	5♐18	6♐02	6♐45	7♐28	8♐11	8♐54	9♐38	10♐21	11♐04
/♃	14♑55	15♑30	16♑05	16♑39	17♑14	17♑50	18♑25	18♑60	19♑35	20♑11	20♑46	21♑22	21♑57	22♑33	23♑08	23♑44
/♄	5♏57	6♏30	7♏02	7♏35	8♏07	8♏40	9♏12	9♏44	10♏17	10♏49	11♏21	11♏54	12♏26	12♏58	13♏30	14♏02
/♅	0♒49	1♒19	1♒50	2♒20	2♒51	3♒21	3♒52	4♒22	4♒53	5♒24	5♒54	6♒25	6♒56	7♒27	7♒57	8♒28
/♆	16♑24	16♑55	17♑26	17♑57	18♑28	18♑59	19♑30	20♑01	20♑32	21♑03	21♑34	22♑05	22♑36	23♑07	23♑38	24♑10
/♇	20♐34	21♐05	21♐37	22♐08	22♐39	23♐11	23♐42	24♐14	24♐45	25♐17	25♐49	26♐20	26♐52	27♐23	27♐55	28♐26
/☊	0♑23	0♑50	1♑18	1♑47	2♑17	2♑47	3♑18	3♑50	4♑20	4♑50	5♑20	5♑48	6♑16	6♑44	7♑12	7♑41
☽/☿	7♓13	15♓06	23♓06	1♎10	9♎15	17♎17	25♎15	3♏06	10♏50	18♏25	25♏53	3♐13	10♐26	17♐30	24♐28	1♑18
/♀	25♒10	2♍55	10♍48	18♍45	26♍43	4♎39	12♎31	20♎16	27♎54	5♏25	12♏49	20♏06	27♏15	4♐19	11♐15	18♐06
/♂	4♋26	11♋40	19♋01	26♋27	3♌53	11♌17	18♌36	25♌48	2♍53	9♍50	16♍40	23♍22	29♍57	6♎25	12♎47	19♎02
/⚳	21♒33	28♌53	6♍21	13♍53	21♍26	28♍57	6♎24	13♎44	20♎58	28♎04	5♏02	11♏54	18♏39	25♏17	1♐49	8♐14
/♃	6♈12	13♈23	20♈43	28♈07	5♉32	12♉55	20♉13	27♏26	4♐31	11♐29	18♐20	25♐04	1♑41	8♑12	14♑36	20♑54
/♄	27♋14	4♌24	11♌41	19♌02	26♌25	3♍45	11♍01	18♍10	25♍13	2♎08	8♎56	15♎36	22♎10	28♎37	4♏58	11♏12
/♅	22♈06	29♈13	6♉28	13♉47	21♉08	28♉26	5♊40	12♊48	19♊49	26♐42	3♑29	10♑08	16♑40	23♑06	29♑25	5♒39
/♆	7♈41	14♈49	22♈04	29♈24	6♉45	14♉04	21♉18	28♏27	5♐28	12♐22	19♐08	25♐48	2♑20	8♑46	15♑06	21♑20
/♇	11♓51	18♓59	26♓15	3♎35	10♎57	18♎16	25♎31	2♏40	9♏42	16♏36	23♏23	0♐03	6♐36	13♐03	19♐23	25♐37
/☊	21♓40	28♓44	5♈56	13♈14	20♈34	27♎53	5♏07	12♏16	19♏16	26♏09	2♐54	9♐31	16♐01	22♐24	28♐40	4♑51
☿/♀	10♐54	12♐17	13♐40	15♐02	16♐24	17♐46	19♐08	20♐29	21♐50	23♐10	24♐29	25♐48	27♐06	28♐24	29♐40	0♑54
/♂	20♎11	21♎02	21♎53	22♎44	23♎34	24♎24	25♎13	26♎01	26♎48	27♎35	28♎20	29♎05	29♎48	0♏30	1♏11	1♏50
/⚳	7♐17	8♐15	9♐13	10♐10	11♐07	12♐04	13♐01	13♐57	14♐53	15♐48	16♐43	17♐37	18♐30	19♐22	20♐13	21♐02
/♃	21♑56	22♑46	23♑35	24♑24	25♑13	26♑02	26♑50	27♑39	28♑27	29♑14	0♒01	0♒47	1♒32	2♒17	3♒00	3♒42
/♄	12♏58	13♏46	14♏33	15♏19	16♏06	16♏52	17♏38	18♏23	19♏08	19♏52	20♏36	21♏19	22♏01	22♏42	23♏22	24♏00
/♅	7♒50	8♒35	9♒20	10♒05	10♒49	11♒33	12♒17	13♒01	13♒44	14♒27	15♒09	15♒50	16♒31	17♒11	17♒49	18♒26
/♆	23♑25	24♑11	24♑56	25♑41	26♑26	27♑11	27♑55	28♑39	29♑23	0♒06	0♒49	1♒30	2♒11	2♒51	3♒30	4♒08
/♇	27♐35	28♐21	29♐07	29♐53	0♑38	1♑23	2♑08	2♑53	3♑37	4♑20	5♑03	5♑46	6♑27	7♑07	7♑47	8♑25
/☊	7♑24	8♑06	8♑48	9♑31	10♑15	10♑60	11♑44	12♑28	13♑12	13♑54	14♑35	15♑14	15♑52	16♑29	17♑04	17♑39
♀/♂	8♎07	8♎51	9♎35	10♎19	11♎02	11♎45	12♎28	13♎11	13♎53	14♎35	15♎16	15♎57	16♎38	17♎18	17♎59	18♎38
/⚳	25♏13	26♏04	26♏55	27♏45	28♏36	29♏26	0♐17	1♐07	1♐58	2♐48	3♐39	4♐29	5♐20	6♐10	7♐00	7♐51
/♃	9♑53	10♑35	11♑17	11♑59	12♑41	13♑24	14♑06	14♑49	15♑31	16♑14	16♑57	17♑39	18♑22	19♑05	19♑48	20♑31
/♄	0♏55	1♏35	2♏15	2♏54	3♏34	4♏14	4♏54	5♏33	6♏13	6♏52	7♏32	8♏11	8♏51	9♏30	10♏10	10♏49
/♅	25♑46	26♑24	27♑02	27♑40	28♑17	28♑55	29♑33	0♒11	0♒49	1♒27	2♒05	2♒43	3♒21	3♒59	4♒37	5♒15
/♆	11♑22	12♑00	12♑38	13♑16	13♑55	14♑33	15♑11	15♑49	16♑28	17♑06	17♑44	18♑23	19♑01	19♑40	20♑18	20♑56
/♇	15♐31	16♐10	16♐49	17♐28	18♐06	18♐45	19♐24	20♐03	20♐41	21♐20	21♐59	22♐38	23♐17	23♐56	24♐34	25♐13
/☊	25♐21	25♐55	26♐30	27♐06	27♐43	28♐21	28♐60	29♐38	0♑16	0♑54	1♑30	2♑06	2♑42	3♑17	3♑52	4♑28
♂/⚳	4♎30	4♎49	5♎08	5♎27	5♎46	6♎04	6♎22	6♎39	6♎56	7♎13	7♎30	7♎46	8♎01	8♎17	8♎32	8♎46
/♃	19♉09	19♉20	19♉31	19♉41	19♉51	20♉01	20♉11	20♉21	20♉30	20♉39	20♉47	20♉56	21♉04	21♉12	21♉19	21♉26
/♄	10♍11	10♍20	10♍28	10♍37	10♍44	10♍52	10♍59	11♍05	11♍11	11♍17	11♍23	11♍28	11♍33	11♍37	11♍41	11♍44
/♅	5♊03	5♊09	5♊16	5♊22	5♊27	5♊33	5♊38	5♊43	5♊48	5♊52	5♊56	5♊59	6♊03	6♊06	6♊08	6♊11
/♆	20♉38	20♉45	20♉52	20♉59	21♉05	21♉11	21♉16	21♉21	21♉26	21♉31	21♉35	21♉39	21♉43	21♉46	21♉49	21♉52
/♇	24♎48	24♎55	25♎03	25♎10	25♎16	25♎23	25♎29	25♎35	25♎40	25♎45	25♎50	25♎54	25♎59	26♎02	26♎06	26♎09
/☊	4♏37	4♏40	4♏44	4♏48	4♏54	4♏59	5♏05	5♏10	5♏15	5♏19	5♏21	5♏23	5♏23	5♏23	5♏23	5♏23
⚳/♃	6♑15	6♑33	6♑50	7♑07	7♑25	7♑42	7♑60	8♑17	8♑35	8♑52	9♑10	9♑28	9♑45	10♑03	10♑21	10♑39
/♄	27♎18	27♎33	27♎48	28♎03	28♎17	28♎32	28♎47	29♎02	29♎16	29♎31	29♎45	29♎60	0♏14	0♏28	0♏43	0♏57
/♅	22♑09	22♑22	22♑35	22♑48	23♑01	23♑14	23♑27	23♑39	23♑52	24♑05	24♑18	24♑31	24♑44	24♑57	25♑10	25♑23
/♆	7♑45	7♑58	8♑11	8♑25	8♑38	8♑51	9♑05	9♑18	9♑31	9♑45	9♑58	10♑11	10♑24	10♑38	10♑51	11♑04
/♇	11♐54	12♐08	12♐22	12♐36	12♐50	13♐04	13♐17	13♐31	13♐45	13♐59	14♐13	14♐26	14♐40	14♐54	15♐07	15♐21
/☊	21♐43	21♐53	22♐03	22♐15	22♐27	22♐40	22♐53	23♐07	23♐20	23♐32	23♐44	23♐55	24♐05	24♐15	24♐25	24♐35
♃/♄	11♐57	12♐03	12♐10	12♐17	12♐23	12♐30	12♐36	12♐43	12♐50	12♐57	13♐03	13♐10	13♐17	13♐24	13♐30	13♐37
/♅	6♓48	6♓53	6♓57	7♓02	7♓06	7♓11	7♓16	7♓21	7♓26	7♓31	7♓36	7♓41	7♓47	7♓52	7♓58	8♓03
/♆	22♒24	22♒29	22♒34	22♒39	22♒44	22♒49	22♒54	22♒59	23♒05	23♒10	23♒16	23♒21	23♒27	23♒33	23♒39	23♒45
/♇	26♑33	26♑39	26♑44	26♑50	26♑55	27♑01	27♑07	27♑13	27♑18	27♑24	27♑30	27♑37	27♑43	27♑49	27♑55	28♑02
/☊	6♒23	6♒24	6♒26	6♒28	6♒32	6♒37	6♒43	6♒48	6♒53	6♒58	7♒02	7♒05	7♒08	7♒10	7♒13	7♒16
♄/♅	27♐51	27♐53	27♐55	27♐57	27♐59	28♐01	28♐03	28♐05	28♐08	28♐10	28♐12	28♐13	28♐15	28♐17	28♐19	28♐21
/♆	13♐26	13♐29	13♐31	13♐34	13♐36	13♐39	13♐41	13♐44	13♐46	13♐49	13♐51	13♐53	13♐56	13♐58	14♐00	14♐02
/♇	17♏36	17♏39	17♏42	17♏45	17♏48	17♏51	17♏54	17♏57	18♏00	18♏03	18♏06	18♏09	18♏11	18♏14	18♏17	18♏19
/☊	27♏25	27♏24	27♏23	27♏24	27♏25	27♏28	27♏30	27♏33	27♏35	27♏36	27♏37	27♏37	27♏36	27♏35	27♏34	27♏34
♅/♆	8♓18	8♓18	8♓19	8♓19	8♓20	8♓20	8♓21	8♓22	8♓22	8♓23	8♓24	8♓25	8♓26	8♓27	8♓28	8♓29
/♇	12♒27	12♒28	12♒29	12♒30	12♒31	12♒33	12♒34	12♒35	12♒36	12♒37	12♒39	12♒40	12♒41	12♒43	12♒44	12♒46
/☊	22♒16	22♒13	22♒11	22♒09	22♒09	22♒09	22♒10	22♒11	22♒11	22♒11	22♒10	22♒08	22♒06	22♒04	22♒02	21♒60
♆/♇	28♑03	28♑04	28♑06	28♑07	28♑09	28♑10	28♑12	28♑13	28♑15	28♑17	28♑18	28♑20	28♑22	28♑23	28♑25	28♑27
/☊	7♒52	7♒49	7♒47	7♒46	7♒46	7♒47	7♒48	7♒49	7♒50	7♒50	7♒50	7♒48	7♒46	7♒44	7♒43	7♒41
♇/☊	12♑01	11♑59	11♑58	11♑57	11♑57	11♑59	12♑00	12♑02	12♑04	12♑04	12♑04	12♑03	12♑02	12♑01	11♑59	11♑58

	17	18	19	20	21	22	23	24	25	26	27	28	29	30	31
☉/☽	27♐57	4♑30	10♑58	17♑24	23♑48	0♒12	6♒39	13♒11	19♒50	26♒39	3♓39	10♓53	18♓20	26♓00	3♈51
/☿	5♑13	6♑17	7♑19	8♑19	9♑16	10♑09	10♑59	11♑45	12♑26	13♑03	13♑34	13♑60	14♑19	14♑33	14♑41
/♀	22♐04	23♐13	24♐21	25♐29	26♐38	27♐46	28♐54	0♑02	1♑11	2♑19	3♑27	4♑36	5♑44	6♑52	8♑01
/♂	22♎24	22♎55	23♎27	23♎58	24♎28	24♎58	25♎28	25♎58	26♎27	26♎55	27♎23	27♎51	28♎18	28♎45	29♎12
/⚳	11♐47	12♐30	13♐13	13♐56	14♐39	15♐22	16♐05	16♐48	17♐31	18♐14	18♐57	19♐39	20♐22	21♐05	21♐48
/♃	24♑20	24♑56	25♑32	26♑08	26♑44	27♑20	27♑56	28♑33	29♑09	29♑45	0♒22	0♒58	1♒35	2♒11	2♒48
/♄	14♏34	15♏06	15♏38	16♏10	16♏42	17♏14	17♏45	18♏17	18♏49	19♏20	19♏52	20♏23	20♏55	21♏26	21♏57
/♅	8♒59	9♒30	10♒01	10♒32	11♒03	11♒34	12♒05	12♒36	13♒08	13♒39	14♒10	14♒41	15♒12	15♒44	16♒15
/♆	24♑41	25♑12	25♑43	26♑15	26♑46	27♑17	27♑48	28♑20	28♑51	29♑23	29♑54	0♒25	0♒57	1♒28	1♒60
/♇	28♐58	29♐30	0♑01	0♑33	1♑05	1♑36	2♑08	2♑40	3♑11	3♑43	4♑15	4♑46	5♑18	5♑49	6♑21
/☊	8♑10	8♑40	9♑10	9♑41	10♑12	10♑44	11♑15	11♑46	12♑17	12♑47	13♑17	13♑47	14♑16	14♑46	15♑16
☽/☿	8♑00	14♑36	21♑05	27♑29	3♒49	10♒05	16♒21	22♒38	28♒57	5♓21	11♓52	18♓30	25♓16	2♈08	9♈06
/♀	24♐51	1♑31	8♑07	14♑39	21♑11	27♑42	4♒16	10♒55	17♒42	24♒37	1♓45	9♓06	16♓40	24♓28	2♈26
/♂	25♎10	1♏14	7♏12	13♏08	19♏01	24♉55	0♊50	6♊50	12♊57	19♊13	25♊41	2♋21	9♋15	16♋21	23♋37
/⚳	14♐34	20♐49	26♐59	3♑06	9♑12	15♑18	21♑27	27♑41	4♒02	10♒32	17♒14	24♒10	1♓19	8♍40	16♍13
/♃	27♑07	3♒14	9♒18	15♒18	21♒17	27♒16	3♓18	9♓25	15♓40	22♓04	28♓39	5♈28	12♈31	19♈47	27♈13
/♄	17♏21	23♏25	29♏24	5♐20	11♐15	17♐10	23♐07	29♐10	5♋19	11♋39	18♋10	24♋53	1♌51	9♌02	16♌23
/♅	11♒46	17♒49	23♒47	29♒42	5♓36	11♓30	17♓27	23♓29	29♓38	5♈57	12♈28	19♈11	26♈09	3♉19	10♉40
/♆	27♑28	3♒31	9♒29	15♒25	21♒19	27♒13	3♓11	9♓13	15♓22	21♓41	28♓12	4♈55	11♈53	19♈04	26♈25
/♇	1♑45	7♑48	13♑47	19♑43	25♑38	1♒33	7♒30	13♒32	19♒42	26♒01	2♓32	9♓16	16♓14	23♓25	0♈47
/☊	10♑57	16♑58	22♑56	28♑51	4♒45	10♒40	16♒37	22♒39	28♒48	5♓05	11♓35	18♓17	25♓12	2♈21	9♈41
☿/♀	2♑07	3♑19	4♑28	5♑34	6♑38	7♑39	8♑36	9♑29	10♑18	11♑02	11♑40	12♑13	12♑40	13♑01	13♑16
/♂	2♏26	3♏01	3♏33	4♏03	4♏29	4♏52	5♏10	5♏25	5♏34	5♏38	5♏36	5♏28	5♏14	4♏54	4♏27
/⚳	21♐50	22♐36	23♐20	24♐01	24♐40	25♐15	25♐47	26♐15	26♐38	26♐57	27♐09	27♐17	27♐18	27♐13	27♐03
/♃	4♒23	5♒02	5♒39	6♒13	6♒45	7♒14	7♒39	7♒60	8♒16	8♒28	8♒34	8♒35	8♒30	8♒19	8♒03
/♄	24♏37	25♏12	25♏45	26♏15	26♏43	27♏07	27♏27	27♏44	27♏56	28♏03	28♏05	28♏00	27♏50	27♏34	27♏12
/♅	19♒02	19♒36	20♒08	20♒37	21♒04	21♒28	21♒47	22♒03	22♒15	22♒21	22♒23	22♒18	22♒08	21♒52	21♒30
/♆	4♒44	5♒18	5♒50	6♒20	6♒47	7♒10	7♒31	7♒47	7♒58	8♒05	8♒07	8♒02	7♒52	7♒36	7♒14
/♇	9♑01	9♑36	10♑08	10♑38	11♑05	11♑30	11♑50	12♑07	12♑19	12♑26	12♑27	12♑23	12♑13	11♑58	11♑36
/☊	18♑13	18♑46	19♑17	19♑46	20♑13	20♑37	20♑57	21♑13	21♑24	21♑30	21♑30	21♑24	21♑12	20♑54	20♑31
♀/♂	19♎18	19♎56	20♎35	21♎13	21♎51	22♎28	23♎05	23♎42	24♎18	24♎54	25♎29	26♎04	26♎39	27♎13	27♎47
/⚳	8♐41	9♐31	10♐22	11♐12	12♐02	12♐52	13♐42	14♐32	15♐23	16♐13	17♐03	17♐53	18♐43	19♐33	20♐22
/♃	21♑14	21♑57	22♑40	23♑24	24♑07	24♑50	25♑34	26♑17	27♑01	27♑44	28♑28	29♑11	29♑55	0♒39	1♒22
/♄	11♏28	12♏07	12♏46	13♏26	14♏05	14♏44	15♏23	16♏01	16♏40	17♏19	17♏58	18♏36	19♏15	19♏54	20♏32
/♅	5♒53	6♒31	7♒10	7♒48	8♒26	9♒04	9♒43	10♒21	10♒59	11♒38	12♒16	12♒54	13♒33	14♒11	14♒50
/♆	21♑35	22♑13	22♑52	23♑30	24♑09	24♑47	25♑26	26♑04	26♑43	27♑21	27♑60	28♑39	29♑17	29♑56	0♒34
/♇	25♐52	26♐31	27♐10	27♐49	28♐27	29♐06	29♐45	0♑24	1♑03	1♑42	2♑21	2♑59	3♑38	4♑17	4♑56
/☊	5♑04	5♑41	6♑18	6♑57	7♑35	8♑14	8♑52	9♑31	10♑08	10♑46	11♑23	11♑60	12♑37	13♑13	13♑51
♂/⚳	9♎00	9♎14	9♎27	9♎40	9♎53	10♎05	10♎16	10♎28	10♎38	10♎49	10♎59	11♎08	11♎17	11♎26	11♎34
/♃	21♉33	21♉40	21♉46	21♉52	21♉58	22♉03	22♉08	22♉12	22♉16	22♉20	22♉24	22♉27	22♉29	22♉32	22♉34
/♄	11♍47	11♍50	11♍52	11♍54	11♍55	11♍56	11♍57	11♍57	11♍56	11♍55	11♍54	11♍52	11♍49	11♍47	11♍43
/♅	6♊12	6♊14	6♊15	6♊16	6♊17	6♊17	6♊17	6♊16	6♊15	6♊14	6♊12	6♊10	6♊07	6♊04	6♊01
/♆	21♉54	21♉56	21♉57	21♉59	21♉59	21♉60	21♉60	21♉59	21♉59	21♉57	21♉56	21♉54	21♉51	21♉49	21♉46
/♇	26♎11	26♎14	26♎15	26♎17	26♎18	26♎19	26♎19	26♎19	26♎19	26♎18	26♎16	26♎15	26♎13	26♎10	26♎07
/☊	5♏23	5♏23	5♏24	5♏25	5♏26	5♏26	5♏26	5♏26	5♏24	5♏22	5♏19	5♏15	5♏11	5♏06	5♏02
⚳/♃	10♑57	11♑15	11♑33	11♑51	12♑09	12♑27	12♑45	13♑03	13♑21	13♑39	13♑57	14♑15	14♑33	14♑51	15♑09
/♄	1♏11	1♏25	1♏39	1♏53	2♏06	2♏20	2♏34	2♏47	3♏00	3♏14	3♏27	3♏40	3♏53	4♏06	4♏19
/♅	25♑36	25♑49	26♑02	26♑15	26♑28	26♑41	26♑54	27♑06	27♑19	27♑32	27♑45	27♑58	28♑11	28♑24	28♑37
/♆	11♑18	11♑31	11♑44	11♑57	12♑10	12♑24	12♑37	12♑50	13♑03	13♑16	13♑29	13♑42	13♑55	14♑08	14♑21
/♇	15♐35	15♐48	16♐02	16♐16	16♐29	16♐43	16♐56	17♐10	17♐23	17♐36	17♐50	18♐03	18♐16	18♐30	18♐43
/☊	24♐47	24♐58	25♐11	25♐24	25♐37	25♐50	26♐03	26♐16	26♐29	26♐41	26♐52	27♐04	27♐15	27♐26	27♐38
♃/♄	13♐44	13♐51	13♐58	14♐04	14♐11	14♐18	14♐25	14♐32	14♐38	14♐45	14♐52	14♐59	15♐06	15♐12	15♐19
/♅	8♓09	8♓15	8♓21	8♓27	8♓33	8♓39	8♓45	8♓51	8♓57	9♓04	9♓10	9♓17	9♓23	9♓30	9♓37
/♆	23♒51	23♒57	24♒03	24♒09	24♒15	24♒22	24♒28	24♒34	24♒41	24♒48	24♒54	25♒01	25♒08	25♒14	25♒21
/♇	28♑08	28♑14	28♑21	28♑27	28♑34	28♑41	28♑47	28♑54	29♑01	29♑08	29♑15	29♑22	29♑29	29♑36	29♑43
/☊	7♒20	7♒24	7♒30	7♒35	7♒42	7♒48	7♒55	8♒01	8♒07	8♒12	8♒17	8♒22	8♒27	8♒32	8♒38
♄/♅	28♐23	28♐25	28♐27	28♐29	28♐30	28♐32	28♐34	28♐35	28♐37	28♐39	28♐40	28♐42	28♐43	28♐45	28♐46
/♆	14♐05	14♐07	14♐09	14♐11	14♐13	14♐15	14♐17	14♐19	14♐21	14♐23	14♐24	14♐26	14♐28	14♐29	14♐31
/♇	18♏22	18♏24	18♏27	18♏29	18♏32	18♏34	18♏36	18♏39	18♏41	18♏43	18♏45	18♏47	18♏49	18♏51	18♏53
/☊	27♏34	27♏34	27♏36	27♏37	27♏39	27♏42	27♏44	27♏45	27♏46	27♏47	27♏47	27♏47	27♏47	27♏47	27♏47
♅/♆	8♓30	8♓31	8♓32	8♓33	8♓34	8♓36	8♓37	8♓38	8♓40	8♓41	8♓42	8♓44	8♓45	8♓47	8♓49
/♇	12♒47	12♒49	12♒50	12♒52	12♒53	12♒55	12♒56	12♒58	12♒60	13♒01	13♒03	13♒05	13♒07	13♒08	13♒10
/☊	21♒59	21♒58	21♒59	21♒60	22♒01	22♒02	22♒04	22♒05	22♒05	22♒06	22♒05	22♒05	22♒05	22♒05	22♒05
♆/♇	28♑29	28♑30	28♑32	28♑34	28♑36	28♑38	28♑40	28♑41	28♑43	28♑45	28♑47	28♑49	28♑51	28♑53	28♑55
/☊	7♒40	7♒40	7♒41	7♒42	7♒44	7♒45	7♒47	7♒48	7♒49	7♒49	7♒49	7♒49	7♒49	7♒49	7♒49
♇/☊	11♑58	11♑58	11♑59	12♑00	12♑02	12♑04	12♑06	12♑08	12♑09	12♑10	12♑10	12♑10	12♑10	12♑11	12♑11

January 2010

	1	2	3	4	5	6	7	8	9	10	11	12	13	14	15	16	17	18	19	20	21	22	23	24	25	26	27	28	29	30	31	
☉/☽	11♎50	19♎53	27♎55	5♏52	13♏41	21♏19	28♏46	6♐02	13♐07	20♐02	26♐50	3♑31	10♑06	16♑37	23♑05	29♑31	5♒56	12♒20	18♒46	25♒14	1♓46	8♓25	15♓12	22♓08	29♓17	6♈38	14♈13	22♈01	0♉00	8♉06	16♏15	☉/☽
/☿	14♑43	14♑41	14♑35	14♑27	14♑17	14♑07	13♑59	13♑52	13♑50	13♑51	13♑57	14♑08	14♑23	14♑44	15♑09	15♑39	16♑13	16♑50	17♑32	18♑16	19♑03	19♑53	20♑45	21♑40	22♑36	23♑34	24♑34	25♑35	26♑38	27♑41	28♑46	/☿
/♀	9♑09	10♑17	11♑26	12♑34	13♑42	14♑51	15♑59	17♑07	18♑16	19♑24	20♑32	21♑40	22♑49	23♑57	25♑05	26♑14	27♑22	28♑30	29♑39	0♒47	1♒55	3♒03	4♒12	5♒20	6♒28	7♒36	8♒44	9♒52	11♒01	12♒09	13♒17	/♀
/♂	29♎38	0♏04	0♏29	0♏54	1♏19	1♏43	2♏06	2♏30	2♏53	3♏15	3♏38	3♏59	4♏21	4♏42	5♏03	5♏24	5♏44	6♏04	6♏24	6♏43	7♏03	7♏22	7♏41	7♏60	8♏18	8♏37	8♏56	9♏14	9♏33	9♉51	10♉10	/♂
/⚳	22♐30	23♐13	23♐56	24♐38	25♐21	26♐03	26♐46	27♐28	28♐10	28♐53	29♐35	0♑17	0♑60	1♑42	2♑24	3♑06	3♑48	4♑30	5♑12	5♑54	6♑35	7♑17	7♑59	8♑40	9♑22	10♑04	10♑45	11♑26	12♑08	12♑49	13♑30	/⚳
/♃	3♒24	4♒01	4♒38	5♒14	5♒51	6♒28	7♒05	7♒42	8♒19	8♒56	9♒33	10♒10	10♒47	11♒24	12♒01	12♒38	13♒15	13♒53	14♒30	15♒07	15♒44	16♒22	16♒59	17♒36	18♒14	18♒51	19♒28	20♒06	20♒43	21♒21	21♒58	/♃
/♄	22♏29	22♏60	23♏31	24♏02	24♏33	25♏04	25♏35	26♏06	26♏37	27♏08	27♏39	28♏09	28♏40	29♏11	29♏41	0♐12	0♐42	1♐12	1♐43	2♐13	2♐43	3♐13	3♐43	4♐13	4♐43	5♐13	5♐43	6♐12	6♐42	7♐12	7♐41	/♄
/♅	16♒46	17♒18	17♒49	18♒20	18♒52	19♒23	19♒55	20♒26	20♒58	21♒29	22♒01	22♒32	23♒04	23♒35	24♒07	24♒39	25♒10	25♒42	26♒14	26♒45	27♒17	27♒49	28♒21	28♒52	29♒24	29♒56	0♓28	0♓59	1♓31	2♓03	2♓35	/♅
/♆	2♒31	3♒02	3♒34	4♒05	4♒37	5♒08	5♒40	6♒11	6♒43	7♒14	7♒46	8♒18	8♒49	9♒21	9♒52	10♒24	10♒55	11♒27	11♒59	12♒30	13♒02	13♒33	14♒05	14♒37	15♒08	15♒40	16♒11	16♒43	17♒14	17♒46	18♒18	/♆
/♇	6♑53	7♑24	7♑56	8♑28	8♑59	9♑31	10♑03	10♑34	11♑06	11♑38	12♑09	12♑41	13♑12	13♑44	14♑16	14♑47	15♑19	15♑50	16♑22	16♑54	17♑25	17♑57	18♑28	18♑60	19♑31	20♑03	20♑34	21♑05	21♑37	22♑08	22♑40	/♇
/☊	15♑46	16♑17	16♑47	17♑18	17♑49	18♑20	18♑51	19♑21	19♑52	20♑22	20♑53	21♑23	21♑54	22♑25	22♑55	23♑26	23♑56	24♑26	24♑56	25♑26	25♑56	26♑26	26♑56	27♑27	27♑58	28♑29	28♑60	29♑31	0♒02	0♒32	1♒02	/☊
☽/☿	16♈07	23♎06	0♏01	6♏48	13♏26	19♏53	26♏11	2♐19	8♐20	14♐16	20♐08	25♐59	1♑49	7♑39	13♑32	19♑26	25♑23	1♒24	7♒30	13♒41	19♒60	26♒27	3♓05	9♓55	16♓59	24♓18	1♈52	9♈40	17♎40	25♎49	4♏01	☽/☿
/♀	10♎32	18♎42	26♎51	4♏55	12♏51	20♏37	28♏11	5♐34	12♐46	19♐49	26♐44	3♑32	10♑14	16♑53	23♑28	0♒01	6♒32	13♒04	19♒37	26♒12	2♓52	9♓37	16♓31	23♓35	0♈51	8♈19	16♈02	23♈57	2♉03	10♉16	18♏32	/♀
/♂	1♌02	8♌29	15♌55	23♌16	0♍28	7♍29	14♍18	20♍56	27♍23	3♎40	9♎49	15♎51	21♎46	27♎38	3♏25	9♏11	14♉54	20♉38	26♉22	2♊09	7♊59	13♊56	20♊01	26♊15	2♋41	9♋21	16♋13	23♋19	0♌35	7♌59	15♌25	/♂
/⚳	23♍54	1♎38	9♎21	16♎60	24♎30	1♏49	8♏58	15♏55	22♏41	29♏18	5♐47	12♐09	18♐25	24♐37	0♑46	6♑53	12♑58	19♑04	25♑10	1♒19	7♒32	13♒51	20♒19	26♒56	3♓45	10♓47	18♍03	25♍31	3♎10	10♎56	18♎45	/⚳
/♃	4♉48	12♉26	20♉03	27♏36	5♐00	12♐14	19♐17	26♐08	2♑49	9♑21	15♑44	22♑01	28♑12	4♒19	10♒23	16♒25	22♒26	28♒26	4♓28	10♓32	16♓41	22♓56	29♓19	5♈52	12♈36	19♈34	26♈46	4♉10	11♉46	19♉28	27♉13	/♃
/♄	23♌52	1♍25	8♍57	16♍24	23♍42	0♎51	7♎47	14♎33	21♎08	27♎33	3♏50	10♏00	16♏05	22♏06	28♏03	3♐58	9♐52	15♐46	21♐41	27♐38	3♑40	9♋47	16♋03	22♋28	29♋06	5♌56	13♌00	20♌17	27♌45	5♍19	12♍56	/♄
/♅	18♉10	25♉43	3♊15	10♊42	18♊01	25♐09	2♑07	8♑53	15♑28	21♑54	28♑12	4♒23	10♒29	16♒31	22♒29	28♒26	4♓21	10♓16	16♓12	22♓11	28♓14	4♈23	10♈40	17♈08	23♈47	0♉39	7♉45	15♉04	22♉34	0♊10	7♊50	/♅
/♆	3♉54	11♉27	18♉60	26♏27	3♐46	10♐55	17♐52	24♐38	1♑13	7♑39	13♑57	20♑09	26♑15	2♒16	8♒15	14♒11	20♒06	26♒01	1♓57	7♓56	13♓59	20♓08	26♓25	2♈52	9♈31	16♈23	23♈29	0♉48	8♉17	15♉54	23♉33	/♆
/♇	8♎16	15♎49	23♎22	0♏49	8♏08	15♏17	22♏15	29♏01	5♐36	12♐03	18♐21	24♐32	0♑38	6♑40	12♑38	18♑34	24♑29	0♒24	6♒20	12♒19	18♒22	24♒31	0♓48	7♓15	13♓54	20♓46	27♓52	5♎10	12♎39	20♎16	27♎55	/♇
/☊	17♈10	24♎42	2♏13	9♏40	16♏58	24♏06	1♐03	7♐48	14♐22	20♐47	27♐04	3♑15	9♑19	15♑20	21♑18	27♑13	3♒07	9♒00	14♒55	20♒52	26♒53	3♓00	9♓16	15♓42	22♓21	29♓12	6♈18	13♈36	21♈04	28♎39	6♏17	/☊
☿/♀	13♑25	13♑30	13♑32	13♑30	13♑28	13♑25	13♑24	13♑25	13♑29	13♑38	13♑51	14♑09	14♑31	14♑59	15♑32	16♑08	16♑49	17♑34	18♑23	19♑14	20♑09	21♑06	22♑05	23♑07	24♑10	25♑16	26♑22	27♑31	28♑40	29♑51	1♒03	☿/♀
/♂	3♏54	3♏17	2♏35	1♏51	1♏04	0♏17	29♎31	28♎47	28♎06	27♎29	26♎56	26♎28	26♎04	25♎44	25♎29	25♎18	25♎11	25♎08	25♎08	25♎11	25♎16	25♎24	25♎34	25♎47	26♎01	26♎17	26♎34	26♎53	27♎12	27♎34	27♎56	/♂
/⚳	26♐47	26♐26	26♐02	25♐35	25♐06	24♐38	24♐10	23♐46	23♐24	23♐06	22♐54	22♐45	22♐42	22♐44	22♐50	23♐01	23♐15	23♐34	23♐56	24♐21	24♐49	25♐20	25♐52	26♐27	27♐04	27♐43	28♐23	29♐05	29♐47	0♑31	1♑16	/⚳
/♃	7♒41	7♒14	6♒44	6♒11	5♒37	5♒02	4♒30	3♒59	3♒32	3♒09	2♒51	2♒38	2♒29	2♒26	2♒27	2♒33	2♒43	2♒57	3♒14	3♒34	3♒58	4♒24	4♒53	5♒23	5♒56	6♒30	7♒07	7♒44	8♒23	9♒03	9♒44	/♃
/♄	26♏45	26♏13	25♏37	24♏59	24♏19	23♏39	23♏00	22♏24	21♏51	21♏22	20♏57	20♏37	20♏23	20♏13	20♏07	20♏06	20♏09	20♏16	20♏27	20♏40	20♏56	21♏15	21♏37	22♏00	22♏25	22♏52	23♏21	23♏51	24♏22	24♏54	25♏28	/♄
/♅	21♒03	20♒31	19♒55	19♒17	18♒37	17♒58	17♒19	16♒44	16♒11	15♒43	15♒19	15♒00	14♒46	14♒37	14♒33	14♒33	14♒38	14♒46	14♒58	15♒13	15♒31	15♒51	16♒14	16♒39	17♒06	17♒35	18♒06	18♒38	19♒11	19♒45	20♒21	/♅
/♆	6♒47	6♒16	5♒40	5♒02	4♒22	3♒43	3♒05	2♒29	1♒56	1♒28	1♒04	0♒46	0♒32	0♒23	0♒18	0♒19	0♒23	0♒31	0♒43	0♒58	1♒15	1♒36	1♒59	2♒24	2♒51	3♒19	3♒50	4♒21	4♒54	5♒29	6♒04	/♆
/♇	11♑09	10♑38	10♑02	9♑24	8♑45	8♑06	7♑27	6♑52	6♑19	5♑51	5♑28	5♑09	4♑55	4♑46	4♑42	4♑42	4♑46	4♑54	5♑06	5♑21	5♑39	5♑59	6♑22	6♑47	7♑13	7♑42	8♑12	8♑44	9♑17	9♑51	10♑26	/♇
/☊	20♑02	19♑30	18♑54	18♑15	17♑35	16♑55	16♑16	15♑39	15♑05	14♑36	14♑11	13♑51	13♑37	13♑27	13♑21	13♑21	13♑24	13♑30	13♑40	13♑54	14♑10	14♑29	14♑50	15♑14	15♑40	16♑08	16♑38	17♑09	17♑41	18♑14	18♑48	/☊
♀/♂	28♎20	28♎53	29♎25	29♎58	0♏29	1♏01	1♏31	2♏02	2♏32	3♏02	3♏31	4♏00	4♏29	4♏57	5♏25	5♏53	6♏21	6♏48	7♏15	7♏42	8♏08	8♏34	9♏01	9♏27	9♏53	10♏18	10♏44	11♉10	11♉35	12♉01	12♉27	♀/♂
/⚳	21♐12	22♐02	22♐52	23♐42	24♐31	25♐21	26♐11	27♐00	27♐50	28♐39	29♐29	0♑18	1♑08	1♑57	2♑46	3♑35	4♑25	5♑14	6♑03	6♑52	7♑41	8♑30	9♑19	10♑07	10♑56	11♑45	12♑33	13♑22	14♑10	14♑59	15♑47	/⚳
/♃	2♒06	2♒50	3♒34	4♒18	5♒02	5♒46	6♒30	7♒14	7♒58	8♒42	9♒26	10♒11	10♒55	11♒39	12♒23	13♒08	13♒52	14♒36	15♒21	16♒05	16♒50	17♒34	18♒19	19♒03	19♒48	20♒32	21♒17	22♒01	22♒46	23♒31	24♒15	/♃
/♄	21♏11	21♏49	22♏27	23♏06	23♏44	24♏22	25♏00	25♏38	26♏16	26♏54	27♏32	28♏10	28♏48	29♏26	0♐03	0♐41	1♐19	1♐56	2♐34	3♐11	3♐48	4♐26	5♐03	5♐40	6♐17	6♐54	7♐31	8♐08	8♐45	9♐22	9♐59	/♄
/♅	15♒28	16♒07	16♒45	17♒24	18♒02	18♒41	19♒20	19♒58	20♒37	21♒16	21♒54	22♒33	23♒12	23♒51	24♒29	25♒08	25♒47	26♒26	27♒05	27♒44	28♒22	29♒01	29♒40	0♓19	0♓58	1♓37	2♓16	2♓55	3♓34	4♓13	4♓52	/♅
/♆	1♒13	1♒52	2♒30	3♒09	3♒48	4♒26	5♒05	5♒44	6♒22	7♒01	7♒40	8♒18	8♒57	9♒36	10♒15	10♒53	11♒32	12♒11	12♒50	13♒28	14♒07	14♒46	15♒25	16♒04	16♒42	17♒21	17♒60	18♒39	19♒17	19♒56	20♒35	/♆
/♇	5♑35	6♑14	6♑52	7♑31	8♑10	8♑49	9♑28	10♑06	10♑45	11♑24	12♑03	12♑42	13♑20	13♑59	14♑38	15♑17	15♑56	16♑34	17♑13	17♑52	18♑30	19♑09	19♑48	20♑27	21♑05	21♑44	22♑22	23♑01	23♑40	24♑18	24♑57	/♇
/☊	14♑28	15♑06	15♑44	16♑22	16♑60	17♑38	18♑16	18♑53	19♑31	20♑09	20♑46	21♑24	22♑02	22♑40	23♑18	23♑55	24♑33	25♑10	25♑47	26♑24	27♑02	27♑39	28♑16	28♑54	29♑32	0♒10	0♒48	1♒27	2♒05	2♒42	3♒19	/☊
♂/⚳	11♎41	11♎49	11♎55	12♎02	12♎08	12♎13	12♎18	12♎23	12♎27	12♎31	12♎34	12♎37	12♎40	12♎42	12♎44	12♎45	12♎47	12♎47	12♎48	12♎48	12♎48	12♎48	12♎48	12♎47	12♎47	12♎46	12♎45	12♎44	12♎43	12♎41	12♎40	♂/⚳
/♃	22♉35	22♉37	22♉37	22♉38	22♉38	22♉38	22♉37	22♉36	22♉35	22♉34	22♉32	22♉29	22♉27	22♉24	22♉21	22♉18	22♉14	22♉10	22♉06	22♉02	21♉57	21♉53	21♉48	21♉43	21♉38	21♉33	21♉28	21♉23	21♉18	21♉13	21♉08	/♃
/♄	11♍40	11♍36	11♍31	11♍26	11♍20	11♍14	11♍08	11♍01	10♍54	10♍46	10♍38	10♍29	10♍20	10♍11	10♍01	9♍51	9♍41	9♍30	9♍19	9♍08	8♍56	8♍44	8♍32	8♍20	8♍08	7♍55	7♍43	7♍30	7♍17	7♍04	6♍51	/♄
/♅	5♊57	5♊53	5♊49	5♊44	5♊39	5♊33	5♊27	5♊21	5♊14	5♊07	4♊60	4♊52	4♊44	4♊36	4♊27	4♊18	4♊09	3♊60	3♊50	3♊40	3♊30	3♊20	3♊10	2♊59	2♊49	2♊38	2♊27	2♊17	2♊06	1♊55	1♊45	/♅
/♆	21♉42	21♉38	21♉34	21♉29	21♉24	21♉18	21♉12	21♉06	20♉59	20♉52	20♉45	20♉37	20♉29	20♉21	20♉12	20♉03	19♉54	19♉45	19♉35	19♉25	19♉15	19♉05	18♉54	18♉44	18♉33	18♉22	18♉11	18♉00	17♉49	17♉39	17♉28	/♆
/♇	26♎04	26♎00	25♎56	25♎51	25♎46	25♎41	25♎35	25♎29	25♎22	25♎16	25♎08	25♎01	24♎53	24♎44	24♎36	24♎27	24♎18	24♎08	23♎58	23♎48	23♎38	23♎28	23♎17	23♎07	22♎56	22♎45	22♎34	22♎23	22♎12	22♎01	21♎50	/♇
/☊	4♏57	4♏52	4♏47	4♏42	4♏36	4♏30	4♏23	4♏16	4♏08	4♏00	3♏52	3♏43	3♏34	3♏25	3♏15	3♏05	2♏55	2♏44	2♏33	2♏21	2♏09	1♏57	1♏46	1♏34	1♏22	1♏11	0♏60	0♏48	0♏37	0♏24	0♏12	/☊
⚳/♃	15♑28	15♑46	16♑04	16♑22	16♑40	16♑58	17♑17	17♑35	17♑53	18♑11	18♑29	18♑47	19♑06	19♑24	19♑42	19♑60	20♑18	20♑36	20♑54	21♑12	21♑30	21♑48	22♑06	22♑24	22♑42	22♑60	23♑18	23♑35	23♑53	24♑11	24♑29	⚳/♃
/♄	4♏32	4♏45	4♏57	5♏10	5♏22	5♏35	5♏47	5♏59	6♏11	6♏23	6♏35	6♏47	6♏59	7♏10	7♏22	7♏33	7♏45	7♏56	8♏07	8♏18	8♏29	8♏39	8♏50	9♏01	9♏11	9♏22	9♏32	9♏42	9♏52	10♏02	10♏12	/♄
/♅	28♑50	29♑02	29♑15	29♑28	29♑41	29♑54	0♒06	0♒19	0♒32	0♒45	0♒57	1♒10	1♒23	1♒35	1♒48	2♒00	2♒13	2♒25	2♒38	2♒50	3♒03	3♒15	3♒28	3♒40	3♒52	4♒04	4♒17	4♒29	4♒41	4♒53	5♒05	/♅
/♆	14♑34	14♑47	15♑00	15♑13	15♑26	15♑39	15♑52	16♑04	16♑17	16♑30	16♑43	16♑55	17♑08	17♑21	17♑33	17♑46	17♑58	18♑11	18♑23	18♑35	18♑48	18♑60	19♑12	19♑24	19♑36	19♑48	20♑00	20♑12	20♑24	20♑36	20♑48	/♆
/♇	18♐56	19♐09	19♐22	19♐35	19♐48	20♐01	20♐14	20♐27	20♐40	20♐53	21♐06	21♐19	21♐31	21♐44	21♐56	22♐09	22♐21	22♐34	22♐46	22♐59	23♐11	23♐23	23♐35	23♐47	23♐59	24♐11	24♐23	24♐35	24♐47	24♐58	25♐10	/♇
/☊	27♐49	28♐01	28♐14	28♐26	28♐38	28♐50	29♐02	29♐14	29♐26	29♐38	29♐49	0♑01	0♑13	0♑24	0♑36	0♑48	0♑59	1♑10	1♑21	1♑31	1♑42	1♑53	2♑04	2♑15	2♑26	2♑38	2♑49	3♑01	3♑12	3♑22	3♑32	/☊
♃/♄	15♐26	15♐33	15♐39	15♐46	15♐53	15♐60	16♐06	16♐13	16♐20	16♐26	16♐33	16♐39	16♐46	16♐53	16♐59	17♐06	17♐12	17♐18	17♐25	17♐31	17♐38	17♐44	17♐50	17♐57	18♐03	18♐09	18♐15	18♐21	18♐28	18♐34	18♐40	♃/♄
/♅	9♓43	9♓50	9♓57	10♓04	10♓11	10♓18	10♓26	10♓33	10♓40	10♓47	10♓55	11♓02	11♓10	11♓17	11♓25	11♓33	11♓40	11♓48	11♓56	12♓04	12♓12	12♓20	12♓28	12♓36	12♓44	12♓52	13♓00	13♓08	13♓17	13♓25	13♓33	/♅
/♆	25♒28	25♒35	25♒42	25♒49	25♒56	26♒04	26♒11	26♒18	26♒25	26♒33	26♒40	26♒48	26♒55	27♒03	27♒10	27♒18	27♒26	27♒33	27♒41	27♒49	27♒57	28♒04	28♒12	28♒20	28♒28	28♒36	28♒44	28♒52	29♒00	29♒08	29♒16	/♆
/♇	29♑50	29♑57	0♒04	0♒12	0♒19	0♒26	0♒34	0♒41	0♒48	0♒56	1♒03	1♒11	1♒18	1♒26	1♒34	1♒41	1♒49	1♒57	2♒04	2♒12	2♒20	2♒28	2♒35	2♒43	2♒51	2♒59	3♒07	3♒14	3♒22	3♒30	3♒38	/♇
/☊	8♒43	8♒49	8♒56	9♒02	9♒09	9♒15	9♒22	9♒28	9♒34	9♒41	9♒47	9♒53	10♒00	10♒07	10♒13	10♒20	10♒26	10♒32	10♒39	10♒45	10♒51	10♒57	11♒04	11♒11	11♒18	11♒25	11♒33	11♒40	11♒47	11♒54	12♒00	/☊
♄/♅	28♐48	28♐49	28♐51	28♐52	28♐53	28♐55	28♐56	28♐57	28♐58	28♐60	29♐01	29♐02	29♐03	29♐04	29♐05	29♐06	29♐07	29♐08	29♐09	29♐10	29♐10	29♐11	29♐12	29♐13	29♐13	29♐14	29♐14	29♐15	29♐15	29♐16	29♐16	♄/♅
/♆	14♐33	14♐34	14♐36	14♐37	14♐39	14♐40	14♐41	14♐43	14♐44	14♐45	14♐46	14♐47	14♐48	14♐49	14♐50	14♐51	14♐52	14♐53	14♐54	14♐54	14♐55	14♐56	14♐56	14♐57	14♐57	14♐58	14♐58	14♐59	14♐59	14♐59	14♐59	/♆
/♇	18♏54	18♏56	18♏58	18♏60	19♏01	19♏03	19♏04	19♏05	19♏07	19♏08	19♏09	19♏11	19♏12	19♏13	19♏14	19♏15	19♏15	19♏16	19♏17	19♏18	19♏18	19♏19	19♏19	19♏20	19♏20	19♏21	19♏21	19♏21	19♏21	19♏21	19♏21	/♇
/☊	27♏48	27♏48	27♏49	27♏50	27♏51	27♏52	27♏52	27♏52	27♏53	27♏53	27♏53	27♏53	27♏53	27♏53	27♏53	27♏53	27♏53	27♏52	27♏51	27♏50	27♏49	27♏49	27♏48	27♏47	27♏47	27♏47	27♏47	27♏47	27♏46	27♏45	27♏43	/☊
♅/♆	8♓50	8♓52	8♓54	8♓55	8♓57	8♓59	9♓01	9♓02	9♓04	9♓06	9♓08	9♓10	9♓12	9♓14	9♓16	9♓18	9♓20	9♓23	9♓25	9♓27	9♓29	9♓31	9♓34	9♓36	9♓38	9♓41	9♓43	9♓45	9♓48	9♓50	9♓53	♅/♆
/♇	13♒12	13♒14	13♒16	13♒18	13♒19	13♒21	13♒23	13♒25	13♒27	13♒29	13♒31	13♒33	13♒35	13♒38	13♒40	13♒42	13♒44	13♒46	13♒48	13♒50	13♒52	13♒55	13♒57	13♒59	14♒01	14♒03	14♒06	14♒08	14♒10	14♒12	14♒15	/♇
/☊	22♒05	22♒06	22♒07	22♒08	22♒09	22♒10	22♒11	22♒12	22♒13	22♒14	22♒15	22♒16	22♒17	22♒18	22♒19	22♒20	22♒21	22♒22	22♒22	22♒23	22♒24	22♒24	22♒25	22♒26	22♒28	22♒30	22♒32	22♒34	22♒35	22♒36	22♒37	/☊
♆/♇	28♑57	28♑59	29♑01	29♑03	29♑05	29♑07	29♑09	29♑11	29♑13	29♑15	29♑17	29♑19	29♑21	29♑23	29♑25	29♑27	29♑29	29♑31	29♑33	29♑35	29♑37	29♑39	29♑41	29♑43	29♑45	29♑47	29♑50	29♑52	29♑54	29♑56	29♑58	♆/♇
/☊	7♒50	7♒51	7♒52	7♒53	7♒55	7♒56	7♒57	7♒58	7♒59	7♒59	8♒00	8♒01	8♒02	8♒03	8♒05	8♒05	8♒06	8♒07	8♒07	8♒08	8♒08	8♒09	8♒10	8♒11	8♒12	8♒14	8♒16	8♒17	8♒18	8♒19	8♒20	/☊
♇/☊	12♑12	12♑13	12♑14	12♑16	12♑17	12♑18	12♑20	12♑21	12♑22	12♑23	12♑24	12♑25	12♑26	12♑27	12♑28	12♑29	12♑30	12♑30	12♑31	12♑31	12♑32	12♑32	12♑33	12♑34	12♑35	12♑37	12♑38	12♑40	12♑41	12♑41	12♑42	♇/☊

January 2010

February 2010

	1	2	3	4	5	6	7	8	9	10	11	12	13	14
☉/☽	24♏21	2♐19	10♐07	17♐41	25♐01	2♑07	9♑02	15♑46	22♑22	28♑52	5♒19	11♒43	18♒07	24♒32
/☿	29♑52	0♒58	2♒06	3♒14	4♒23	5♒33	6♒43	7♒54	9♒06	10♒18	11♒31	12♒44	13♒57	15♒12
/♀	14♒25	15♒33	16♒41	17♒49	18♒57	20♒05	21♒13	22♒21	23♒29	24♒37	25♒45	26♒53	28♒01	29♒09
/♂	10♉28	10♉47	11♉05	11♉24	11♉43	12♉02	12♉21	12♉40	12♉60	13♉20	13♉40	14♉00	14♉21	14♉41
/⚳	14♑11	14♑52	15♑33	16♑14	16♑55	17♑36	18♑16	18♑57	19♑37	20♑18	20♑58	21♑39	22♑19	22♑59
/♃	22♒35	23♒13	23♒50	24♒28	25♒05	25♒43	26♒20	26♒58	27♒35	28♒13	28♒50	29♒28	0♓05	0♓43
/♄	8♐11	8♐40	9♐10	9♐39	10♐08	10♐37	11♐07	11♐36	12♐05	12♐34	13♐03	13♐32	14♐00	14♐29
/♅	3♓07	3♓38	4♓10	4♓42	5♓14	5♓46	6♓18	6♓49	7♓21	7♓53	8♓25	8♓57	9♓29	10♓01
/♆	18♒49	19♒21	19♒52	20♒24	20♒55	21♒27	21♒58	22♒30	23♒01	23♒33	24♒05	24♒36	25♒08	25♒39
/♇	23♑11	23♑42	24♑14	24♑45	25♑16	25♑47	26♑19	26♑50	27♑21	27♑52	28♑24	28♑55	29♑26	29♑57
/☊	1♒31	1♒60	2♒29	2♒58	3♒27	3♒57	4♒28	4♒59	5♒30	6♒02	6♒32	7♒03	7♒32	8♒00
☽/☿	12♏12	20♏16	28♏10	5♐52	13♐20	20♐35	27♐39	4♑34	11♑20	18♑02	24♑41	1♒18	7♒55	14♒33
/♀	26♏45	4♐51	12♐46	20♐27	27♐54	5♑08	12♑09	19♑01	25♑44	2♒22	8♒55	15♒27	21♒58	28♒30
/♂	22♌48	0♍05	7♍10	14♍02	20♍40	27♍04	3♎17	9♎20	15♎15	21♎04	26♎50	2♏34	8♉18	14♉03
/⚳	26♎31	4♏10	11♏38	18♏52	25♏52	2♐38	9♐12	15♐36	21♐52	28♐02	4♑08	10♑13	16♑16	22♑20
/♃	4♐56	12♐31	19♐55	27♐06	4♑02	10♑45	17♑16	23♑37	29♑50	5♒57	12♒01	18♒02	24♒03	0♓04
/♄	20♍31	27♍58	5♎14	12♎17	19♎05	25♎40	2♏03	8♏15	14♏19	20♏18	26♏13	2♐06	7♐58	13♐50
/♅	15♊27	22♊56	0♑15	7♑20	14♑11	20♑48	27♑14	3♒29	9♒36	15♒37	21♒35	27♒31	3♓26	9♓22
/♆	1♐10	8♐39	15♐57	23♐02	29♐52	6♑30	12♑54	19♑09	25♑16	1♒17	7♒15	13♒10	19♒05	25♒00
/♇	5♏31	13♏00	20♏18	27♏23	4♐13	10♐50	17♐15	23♐29	29♐36	5♑37	11♑34	17♑29	23♑23	29♑18
/☊	13♏51	21♏18	28♏33	5♐36	12♐24	18♐60	25♐24	1♑38	7♑45	13♑46	19♑43	25♑37	1♒29	7♒21
☿/♀	2♒16	3♒30	4♒45	6♒00	7♒16	8♒33	9♒51	11♒09	12♒28	13♒47	15♒07	16♒28	17♒49	19♒10
/♂	28♎19	28♎44	29♎09	29♎35	0♏02	0♏30	0♏59	1♏28	1♏59	2♏30	3♏02	3♏35	4♏08	4♉42
/⚳	2♑02	2♑49	3♑37	4♑25	5♑14	6♑04	6♑54	7♑45	8♑36	9♑28	10♑20	11♑13	12♑06	12♑60
/♃	10♒27	11♒10	11♒54	12♒39	13♒25	14♒11	14♒58	15♒46	16♒34	17♒23	18♒12	19♒02	19♒53	20♒44
/♄	26♏02	26♏37	27♏13	27♏50	28♏27	29♏06	29♏44	0♐24	1♐03	1♐44	2♐25	3♐06	3♐48	4♐30
/♅	20♒58	21♒35	22♒14	22♒53	23♒33	24♒14	24♒55	25♒37	26♒20	27♒03	27♒47	28♒31	29♒16	0♓02
/♆	6♒40	7♒18	7♒56	8♒35	9♒15	9♒55	10♒36	11♒18	12♒00	12♒43	13♒27	14♒11	14♒55	15♒40
/♇	11♑02	11♑39	12♑17	12♑56	13♑35	14♑16	14♑56	15♑38	16♑20	17♑02	17♑46	18♑29	19♑13	19♑58
/☊	19♑22	19♑57	20♑32	21♑09	21♑46	22♑25	23♑06	23♑47	24♑29	25♑12	25♑54	26♑37	27♑19	28♑01
♀/♂	12♉53	13♉18	13♉44	14♉10	14♉36	15♉02	15♉29	15♉55	16♉22	16♉49	17♉16	17♉44	18♉12	18♉40
/⚳	16♑36	17♑24	18♑12	19♑00	19♑48	20♑36	21♑24	22♑12	22♑60	23♑47	24♑35	25♑22	26♑10	26♑57
/♃	24♒60	25♒45	26♒29	27♒14	27♒59	28♒43	29♒28	0♓13	0♓58	1♓42	2♓27	3♓12	3♓57	4♓41
/♄	10♐35	11♐12	11♐48	12♐25	13♐01	13♐38	14♐14	14♐51	15♐27	16♐03	16♐39	17♐15	17♐52	18♐28
/♅	5♓31	6♓10	6♓49	7♓28	8♓07	8♓46	9♓25	10♓04	10♓43	11♓23	12♓02	12♓41	13♓20	13♓59
/♆	21♒14	21♒52	22♒31	23♒10	23♒49	24♒27	25♒06	25♒45	26♒24	27♒02	27♒41	28♒20	28♒59	29♒37
/♇	25♑35	26♑14	26♑52	27♑31	28♑10	28♑48	29♑26	0♒05	0♒43	1♒22	2♒00	2♒39	3♒17	3♒55
/☊	3♒55	4♒31	5♒07	5♒44	6♒21	6♒58	7♒36	8♒14	8♒53	9♒31	10♒09	10♒46	11♒23	11♒59
♂/⚳	12♎39	12♎37	12♎36	12♎35	12♎34	12♎33	12♎32	12♎31	12♎30	12♎30	12♎29	12♎29	12♎29	12♎30
/♃	21♉03	20♉58	20♉53	20♉49	20♉44	20♉40	20♉36	20♉32	20♉28	20♉25	20♉22	20♉19	20♉16	20♉14
/♄	6♍38	6♍25	6♍13	5♍60	5♍47	5♍35	5♍22	5♍10	4♍58	4♍46	4♍34	4♍22	4♍11	4♍00
/♅	1♊34	1♊24	1♊13	1♊03	0♊53	0♊43	0♊33	0♊24	0♊14	0♊05	29♉56	29♉48	29♉39	29♉31
/♆	17♉17	17♉06	16♉55	16♉45	16♉34	16♉24	16♉14	16♉04	15♉54	15♉45	15♉36	15♉27	15♉18	15♉10
/♇	21♎39	21♎28	21♎17	21♎06	20♎55	20♎45	20♎34	20♎24	20♎14	20♎04	19♎55	19♎46	19♎37	19♎28
/☊	29♎58	29♎45	29♎32	29♎19	29♎06	28♎55	28♎44	28♎33	28♎23	28♎14	28♎04	27♎53	27♎43	27♎31
⚳/♃	24♑46	25♑04	25♑21	25♑39	25♑56	26♑14	26♑31	26♑48	27♑06	27♑23	27♑40	27♑57	28♑14	28♑31
/♄	10♏21	10♏31	10♏41	10♏50	10♏59	11♏08	11♏17	11♏26	11♏35	11♏44	11♏52	12♏01	12♏09	12♏17
/♅	5♒17	5♒29	5♒41	5♒53	6♒05	6♒17	6♒28	6♒40	6♒52	7♒03	7♒15	7♒26	7♒37	7♒49
/♆	20♑60	21♑12	21♑23	21♑35	21♑46	21♑58	22♑09	22♑21	22♑32	22♑43	22♑54	23♑05	23♑16	23♑27
/♇	25♐22	25♐33	25♐45	25♐56	26♐07	26♐18	26♐30	26♐41	26♐52	27♐02	27♐13	27♐24	27♐35	27♐45
/☊	3♑41	3♑51	3♑60	4♑09	4♑18	4♑28	4♑39	4♑50	5♑01	5♑12	5♑22	5♑32	5♑41	5♑48
♃/♄	18♐46	18♐52	18♐58	19♐04	19♐10	19♐16	19♐21	19♐27	19♐33	19♐39	19♐45	19♐50	19♐56	20♐02
/♅	13♓42	13♓50	13♓58	14♓07	14♓15	14♓24	14♓32	14♓41	14♓50	14♓58	15♓07	15♓15	15♓24	15♓33
/♆	29♒24	29♒32	29♒41	29♒49	29♒57	0♓05	0♓13	0♓22	0♓30	0♓38	0♓46	0♓55	1♓03	1♓11
/♇	3♒46	3♒54	4♒02	4♒10	4♒18	4♒26	4♒34	4♒42	4♒49	4♒57	5♒05	5♒13	5♒21	5♒29
/☊	12♒06	12♒11	12♒17	12♒23	12♒29	12♒35	12♒43	12♒51	12♒59	13♒07	13♒14	13♒21	13♒27	13♒33
♄/♅	29♐17	29♐17	29♐18	29♐18	29♐18	29♐18	29♐19	29♐19	29♐19	29♐19	29♐19	29♐19	29♐19	29♐19
/♆	14♐59	14♐60	14♐60	14♐60	14♐60	14♐60	14♐60	14♐59	14♐59	14♐59	14♐59	14♐58	14♐58	14♐58
/♇	19♏21	19♏21	19♏21	19♏21	19♏21	19♏20	19♏20	19♏19	19♏19	19♏18	19♏18	19♏17	19♏16	19♏16
/☊	27♏41	27♏39	27♏36	27♏34	27♏32	27♏30	27♏29	27♏29	27♏28	27♏28	27♏27	27♏25	27♏22	27♏19
♅/♆	9♓55	9♓58	10♓00	10♓03	10♓05	10♓08	10♓10	10♓13	10♓16	10♓18	10♓21	10♓24	10♓26	10♓29
/♇	14♒17	14♒19	14♒22	14♒24	14♒26	14♒28	14♒31	14♒33	14♒35	14♒38	14♒40	14♒42	14♒45	14♒47
/☊	22♒37	22♒37	22♒37	22♒37	22♒37	22♒38	22♒40	22♒42	22♒45	22♒47	22♒49	22♒50	22♒51	22♒50
♆/♇	29♑60	0♒02	0♒04	0♒06	0♒08	0♒10	0♒12	0♒14	0♒16	0♒18	0♒20	0♒21	0♒23	0♒25
/☊	8♒20	8♒19	8♒19	8♒18	8♒19	8♒20	8♒21	8♒23	8♒25	8♒27	8♒28	8♒29	8♒29	8♒29
♇/☊	12♑41	12♑41	12♑40	12♑40	12♑40	12♑40	12♑41	12♑43	12♑45	12♑46	12♑47	12♑48	12♑48	12♑47

	15	16	17	18	19	20	21	22	23	24	25	26	27	28
☉/☽	0♓58	7♓26	13♓58	20♓34	27♓16	4♈03	10♈59	18♈04	25♈19	2♉47	10♉26	18♉17	26♉16	4♊22
/☿	16♒26	17♒41	18♒57	20♒13	21♒30	22♒46	24♒04	25♒22	26♒40	27♒59	29♒18	0♓38	1♓58	3♓19
/♀	0♓17	1♓25	2♓33	3♓40	4♓48	5♓56	7♓04	8♓11	9♓19	10♓27	11♓35	12♓42	13♓50	14♓57
/♂	15♉03	15♉24	15♉46	16♉08	16♉30	16♉53	17♉16	17♉40	18♉04	18♉28	18♉53	19♉18	19♉43	20♉09
/⚳	23♑39	24♑19	24♑59	25♑38	26♑18	26♑58	27♑37	28♑16	28♑56	29♑35	0♒14	0♒53	1♒32	2♒11
/♃	1♓20	1♓58	2♓35	3♓13	3♓50	4♓28	5♓05	5♓43	6♓20	6♓58	7♓35	8♓13	8♓50	9♓27
/♄	14♐58	15♐27	15♐55	16♐24	16♐52	17♐21	17♐49	18♐18	18♐46	19♐14	19♐42	20♐11	20♐39	21♐07
/♅	10♓32	11♓04	11♓36	12♓08	12♓40	13♓12	13♓44	14♓15	14♓47	15♓19	15♓51	16♓23	16♓55	17♓26
/♆	26♒10	26♒42	27♒13	27♒45	28♒16	28♒48	29♒19	29♒50	0♓22	0♓53	1♓24	1♓56	2♓27	2♓58
/♇	0♒28	0♒59	1♒30	2♒01	2♒32	3♒03	3♒34	4♒05	4♒36	5♒07	5♒37	6♒08	6♒39	7♒10
/☊	8♒28	8♒55	9♒21	9♒48	10♒15	10♒43	11♒12	11♒42	12♒12	12♒43	13♒14	13♒44	14♒13	14♒41
☽/☿	21♒13	27♒56	4♓43	11♓34	18♓32	25♓36	2♈48	10♈11	17♈44	25♈30	3♉28	11♉38	19♉58	28♏23
/♀	5♓03	11♓39	18♓18	25♓02	1♈50	8♈45	15♈48	23♈00	0♉23	7♉58	15♉44	23♉42	1♊49	10♊02
/♂	19♉49	25♉39	1♊32	7♊29	13♊33	19♊43	26♊01	2♋29	9♋08	15♋59	23♋03	0♌18	7♌43	15♌14
/⚳	28♑25	4♒33	10♒44	16♒60	23♒20	29♒47	6♓21	13♓05	19♓60	27♍06	4♎24	11♎53	19♎31	27♎15
/♃	6♓07	12♓13	18♓21	24♓34	0♈53	7♈17	13♈50	20♈32	27♈24	4♉29	11♉45	19♉13	26♉50	4♊32
/♄	19♐45	25♐41	1♑41	7♋45	13♋54	20♋10	26♋34	3♌06	9♌50	16♌45	23♌52	1♍11	8♍38	16♍11
/♅	15♓19	21♓19	27♓22	3♈29	9♈42	16♈01	22♈28	29♈04	5♉51	12♉50	20♉01	27♉23	4♊54	12♊31
/♆	0♓57	6♓56	12♓59	19♓06	25♓18	1♈37	8♈03	14♈39	21♈26	28♈24	5♉34	12♉56	20♉26	28♏03
/♇	5♒15	11♒14	17♒16	23♒23	29♒34	5♓52	12♓18	18♓54	25♓40	2♈38	9♎47	17♎09	24♎39	2♏14
/☊	13♒14	19♒09	25♒07	1♓10	7♓17	13♓33	19♓57	26♓31	3♈17	10♈14	17♈24	24♎44	2♏13	9♏46
☿/♀	20♒32	21♒54	23♒17	24♒40	26♒04	27♒28	28♒53	0♓18	1♓44	3♓10	4♓36	6♓03	7♓31	8♓59
/♂	5♉18	5♉54	6♉30	7♉08	7♉46	8♉26	9♉06	9♉47	10♉29	11♉11	11♉55	12♉39	13♉25	14♉11
/⚳	13♑54	14♑48	15♑43	16♑38	17♑34	18♑30	19♑26	20♑23	21♑20	22♑18	23♑16	24♑14	25♑13	26♑12
/♃	21♒35	22♒27	23♒20	24♒13	25♒06	26♒00	26♒55	27♒50	28♒45	29♒41	0♓37	1♓34	2♓31	3♓29
/♄	5♐13	5♐56	6♐40	7♐24	8♐08	8♐53	9♐39	10♐24	11♐11	11♐57	12♐44	13♐32	14♐20	15♐08
/♅	0♓47	1♓34	2♓21	3♓08	3♓56	4♓44	5♓33	6♓22	7♓12	8♓02	8♓53	9♓44	10♓36	11♓28
/♆	16♒25	17♒11	17♒58	18♒45	19♒32	20♒20	21♒08	21♒57	22♒46	23♒36	24♒26	25♒17	26♒08	26♒60
/♇	20♑43	21♑29	22♑15	23♑01	23♑48	24♑35	25♑23	26♑12	27♑00	27♑50	28♑39	29♑29	0♒20	1♒11
/☊	28♑43	29♑24	0♒06	0♒48	1♒31	2♒16	3♒01	3♒49	4♒37	5♒26	6♒16	7♒05	7♒54	8♒43
♀/♂	19♉08	19♉37	20♉06	20♉35	21♉05	21♉35	22♉06	22♉36	23♉08	23♉39	24♉11	24♉44	25♉16	25♉49
/⚳	27♑44	28♑32	29♑19	0♒06	0♒53	1♒40	2♒26	3♒13	3♒59	4♒46	5♒32	6♒19	7♒05	7♒51
/♃	5♓26	6♓11	6♓56	7♓40	8♓25	9♓10	9♓55	10♓39	11♓24	12♓09	12♓53	13♓38	14♓23	15♓08
/♄	19♐04	19♐40	20♐15	20♐51	21♐27	22♐03	22♐38	23♐14	23♐50	24♐25	25♐01	25♐36	26♐12	26♐47
/♅	14♓38	15♓17	15♓56	16♓35	17♓15	17♓54	18♓33	19♓12	19♓51	20♓30	21♓09	21♓48	22♓27	23♓07
/♆	0♓16	0♓55	1♓33	2♓12	2♓51	3♓29	4♓08	4♓47	5♓25	6♓04	6♓43	7♓21	7♓60	8♓38
/♇	4♒34	5♒12	5♒50	6♒29	7♒07	7♒45	8♒23	9♒01	9♒40	10♒18	10♒56	11♒34	12♒12	12♒50
/☊	12♒33	13♒08	13♒42	14♒16	14♒50	15♒25	16♒01	16♒38	17♒16	17♒54	18♒32	19♒10	19♒46	20♒21
♂/⚳	12♎30	12♎31	12♎32	12♎33	12♎35	12♎37	12♎39	12♎41	12♎44	12♎47	12♎51	12♎54	12♎58	13♎03
/♃	20♉12	20♉10	20♉09	20♉08	20♉07	20♉07	20♉07	20♉08	20♉09	20♉10	20♉12	20♉14	20♉17	20♉19
/♄	3♍49	3♍39	3♍29	3♍19	3♍09	3♍00	2♍51	2♍43	2♍34	2♍27	2♍19	2♍12	2♍05	1♍59
/♅	29♉24	29♉17	29♉10	29♉03	28♉57	28♉51	28♉46	28♉40	28♉36	28♉32	28♉28	28♉24	28♉21	28♉18
/♆	15♉02	14♉54	14♉47	14♉40	14♉33	14♉27	14♉21	14♉15	14♉10	14♉05	14♉01	13♉57	13♉53	13♉50
/♇	19♎19	19♎11	19♎04	18♎56	18♎49	18♎42	18♎36	18♎30	18♎24	18♎19	18♎14	18♎10	18♎06	18♎02
/☊	27♎19	27♎07	26♎55	26♎43	26♎32	26♎23	26♎14	26♎07	26♎01	25♎56	25♎51	25♎46	25♎40	25♎33
⚳/♃	28♑48	29♑05	29♑22	29♑38	29♑55	0♒11	0♒28	0♒44	1♒01	1♒17	1♒33	1♒49	2♒05	2♒21
/♄	12♏26	12♏34	12♏41	12♏49	12♏57	13♏04	13♏12	13♏19	13♏26	13♏33	13♏40	13♏47	13♏54	14♏00
/♅	8♒00	8♒11	8♒22	8♒33	8♒44	8♒55	9♒06	9♒17	9♒28	9♒38	9♒49	9♒59	10♒10	10♒20
/♆	23♑38	23♑49	23♑60	24♑10	24♑21	24♑31	24♑41	24♑52	25♑02	25♑12	25♑22	25♑32	25♑42	25♑52
/♇	27♐56	28♐06	28♐16	28♐27	28♐37	28♐47	28♐57	29♐06	29♐16	29♐26	29♐35	29♐45	29♐54	0♑03
/☊	5♑55	6♑02	6♑08	6♑14	6♑20	6♑27	6♑35	6♑43	6♑53	7♑02	7♑12	7♑20	7♑28	7♑34
♃/♄	20♐07	20♐13	20♐18	20♐24	20♐29	20♐35	20♐40	20♐45	20♐51	20♐56	21♐01	21♐07	21♐12	21♐17
/♅	15♓42	15♓50	15♓59	16♓08	16♓17	16♓26	16♓34	16♓43	16♓52	17♓01	17♓10	17♓19	17♓28	17♓37
/♆	1♓20	1♓28	1♓36	1♓45	1♓53	2♓01	2♓10	2♓18	2♓26	2♓35	2♓43	2♓52	2♓60	3♓08
/♇	5♒37	5♒45	5♒53	6♒01	6♒09	6♒17	6♒25	6♒33	6♒41	6♒49	6♒56	7♒04	7♒12	7♒20
/☊	13♒37	13♒41	13♒44	13♒48	13♒52	13♒57	14♒03	14♒10	14♒17	14♒25	14♒33	14♒40	14♒46	14♒51
♄/♅	29♐19	29♐19	29♐19	29♐19	29♐19	29♐19	29♐18	29♐18	29♐18	29♐18	29♐17	29♐17	29♐17	29♐16
/♆	14♐57	14♐57	14♐56	14♐56	14♐55	14♐54	14♐54	14♐53	14♐52	14♐51	14♐51	14♐50	14♐49	14♐48
/♇	19♏15	19♏14	19♏13	19♏12	19♏11	19♏10	19♏09	19♏08	19♏06	19♏05	19♏04	19♏02	19♏01	18♏60
/☊	27♏15	27♏10	27♏04	26♏59	26♏54	26♏50	26♏47	26♏45	26♏43	26♏42	26♏40	26♏38	26♏35	26♏31
♅/♆	10♓32	10♓34	10♓37	10♓40	10♓42	10♓45	10♓48	10♓51	10♓53	10♓56	10♓59	11♓02	11♓05	11♓07
/♇	14♒49	14♒52	14♒54	14♒56	14♒58	15♒01	15♒03	15♒05	15♒08	15♒10	15♒12	15♒14	15♒17	15♒19
/☊	22♒49	22♒47	22♒45	22♒43	22♒42	22♒41	22♒41	22♒42	22♒44	22♒47	22♒49	22♒50	22♒51	22♒50
♆/♇	0♒27	0♒29	0♒31	0♒33	0♒35	0♒37	0♒38	0♒40	0♒42	0♒44	0♒46	0♒47	0♒49	0♒51
/☊	8♒27	8♒25	8♒22	8♒20	8♒18	8♒17	8♒17	8♒17	8♒19	8♒20	8♒22	8♒23	8♒23	8♒22
♇/☊	12♑45	12♑42	12♑39	12♑36	12♑34	12♑32	12♑32	12♑32	12♑33	12♑34	12♑35	12♑36	12♑35	12♑34

February 2010

March 2010

	1	2	3	4	5	6	7	8	9	10	11	12	13	14	15	16
☉/☽	12♐27	20♐29	28♐21	6♑00	13♑25	20♑35	27♑31	4♒16	10♒51	17♒20	23♒45	0♓08	6♓31	12♓57	19♓26	25♓59
/☿	4♓40	6♓01	7♓24	8♓46	10♓09	11♓33	12♓57	14♓22	15♓48	17♓13	18♓40	20♓07	21♓34	23♓02	24♓30	25♓59
/♀	16♓05	17♓12	18♓20	19♓27	20♓35	21♓42	22♓49	23♓57	25♓04	26♓12	27♓19	28♓26	29♓33	0♈41	1♈48	2♈55
/♂	20♉35	21♉02	21♉29	21♉56	22♉24	22♉52	23♉20	23♉49	24♉18	24♉48	25♉18	25♉48	26♉19	26♉50	27♉21	27♉53
/⚷	2♒49	3♒28	4♒06	4♒44	5♒23	6♒01	6♒39	7♒17	7♒54	8♒32	9♒09	9♒47	10♒24	11♒01	11♒38	12♒15
/♃	10♓05	10♓42	11♓19	11♓57	12♓34	13♓11	13♓49	14♓26	15♓03	15♓40	16♓17	16♓55	17♓32	18♓09	18♓46	19♓23
/♄	21♐35	22♐03	22♐31	22♐59	23♐27	23♐55	24♐22	24♐50	25♐18	25♐46	26♐13	26♐41	27♐09	27♐36	28♐04	28♐32
/♅	17♓58	18♓30	19♓02	19♓33	20♓05	20♓37	21♓09	21♓40	22♓12	22♓44	23♓15	23♓47	24♓19	24♓50	25♓22	25♓54
/♆	3♓29	4♓01	4♓32	5♓03	5♓34	6♓05	6♓36	7♓07	7♓39	8♓10	8♓41	9♓12	9♓43	10♓14	10♓45	11♓16
/♇	7♒40	8♒11	8♒42	9♒12	9♒43	10♒13	10♒44	11♒15	11♒45	12♒15	12♒46	13♒16	13♒47	14♒17	14♒47	15♒17
/☊	15♒08	15♒34	15♒60	16♒26	16♒53	17♒21	17♒50	18♒20	18♒50	19♒21	19♒51	20♒19	20♒47	21♒13	21♒38	22♒02
☽/☿	6♐50	15♐13	23♐27	1♑29	9♑17	16♑50	24♑11	1♒20	8♒21	15♒15	22♒07	28♒57	5♓48	12♓41	19♓39	26♓41
/♀	18♊15	26♐24	4♑23	12♑10	19♑42	26♑59	4♒03	10♒55	17♒37	24♒13	0♓45	7♓16	13♓47	20♓20	26♓56	3♈36
/♂	22♌46	0♍13	7♍32	14♍39	21♍31	28♍09	4♎34	10♎47	16♎52	22♎50	28♎45	4♉38	10♉32	16♉29	22♉29	28♉34
/⚷	4♏59	12♏39	20♏09	27♏27	4♐30	11♐18	17♐52	24♐14	0♑27	6♑34	12♑36	18♑37	24♑37	0♒40	6♒46	12♒56
/♃	12♐15	19♐53	27♐23	4♑39	11♑41	18♑28	25♑02	1♒24	7♒36	13♒42	19♒44	25♒45	1♓45	7♓48	13♓54	20♓05
/♄	23♍45	1♎14	8♎34	15♎41	22♎34	29♎12	5♏36	11♏48	17♏51	23♏48	29♏40	5♐31	11♐22	17♐16	23♐12	29♐13
/♅	20♊08	27♐41	5♑05	12♑16	19♑12	25♑54	2♒22	8♒38	14♒45	20♒46	26♒42	2♓37	8♓32	14♓30	20♓30	26♓35
/♆	5♐39	13♐12	20♐35	27♐45	4♑41	11♑22	17♑50	24♑05	0♒12	6♒11	12♒07	18♒02	23♒56	29♒53	5♓53	11♓57
/♇	9♏51	17♏22	24♏45	1♐55	8♐50	15♐31	21♐57	28♐12	4♑18	10♑17	16♑13	22♑06	28♑00	3♒56	9♒55	15♒59
/☊	17♏18	24♏45	2♐03	9♐08	16♐00	22♐38	29♐03	5♑18	11♑23	17♑23	23♑17	29♑09	5♒01	10♒53	16♒46	22♒44
☿/♀	10♓27	11♓56	13♓26	14♓56	16♓26	17♓57	19♓29	21♓01	22♓34	24♓07	25♓41	27♓15	28♓50	0♈25	2♈00	3♈37
/♂	14♉58	15♉46	16♉35	17♉25	18♉15	19♉07	19♉60	20♉53	21♉48	22♉43	23♉40	24♉37	25♉35	26♉34	27♉34	28♉34
/⚷	27♑12	28♑12	29♑12	0♒13	1♒14	2♒16	3♒18	4♒21	5♒24	6♒27	7♒31	8♒35	9♒40	10♒45	11♒51	12♒57
/♃	4♓27	5♓26	6♓25	7♓25	8♓26	9♓26	10♓28	11♓30	12♓32	13♓36	14♓39	15♓43	16♓48	17♓53	18♓59	20♓05
/♄	15♐57	16♐47	17♐37	18♐27	19♐18	20♐10	21♐02	21♐54	22♐47	23♐41	24♐35	25♐30	26♐25	27♐21	28♐17	29♐13
/♅	12♓21	13♓14	14♓08	15♓02	15♓57	16♓52	17♓48	18♓44	19♓41	20♓39	21♓37	22♓36	23♓35	24♓35	25♓35	26♓35
/♆	27♒52	28♒44	29♒38	0♓31	1♓26	2♓20	3♓16	4♓12	5♓08	6♓05	7♓02	8♓00	8♓59	9♓58	10♓57	11♓57
/♇	2♒03	2♒55	3♒48	4♒41	5♒34	6♒29	7♒23	8♒19	9♒14	10♒11	11♒08	12♒05	13♒03	14♒01	15♒00	15♒59
/☊	9♒30	10♒18	11♒06	11♒55	12♒45	13♒36	14♒29	15♒24	16♒20	17♒16	18♒12	19♒08	20♒03	20♒58	21♒51	22♒44
♀/♂	26♉23	26♉57	27♉31	28♉06	28♉41	29♉16	29♉52	0♊28	1♊04	1♊41	2♊19	2♊56	3♊34	4♊12	4♊51	5♊30
/⚷	8♒37	9♒22	10♒08	10♒54	11♒39	12♒25	13♒10	13♒55	14♒40	15♒25	16♒10	16♒55	17♒39	18♒24	19♒08	19♒52
/♃	15♓52	16♓37	17♓21	18♓06	18♓51	19♓35	20♓20	21♓05	21♓49	22♓34	23♓18	24♓03	24♓47	25♓32	26♓16	27♓00
/♄	27♐22	27♐58	28♐33	29♐08	29♐43	0♑19	0♑54	1♑29	2♑04	2♋39	3♋14	3♋49	4♋24	4♋59	5♋34	6♋09
/♅	23♓46	24♓25	25♓04	25♓43	26♓22	27♓01	27♓40	28♓19	28♓58	29♓37	0♈16	0♈55	1♈34	2♈13	2♈52	3♈31
/♆	9♓17	9♓55	10♓34	11♓12	11♓51	12♓29	13♓08	13♓46	14♓25	15♓03	15♓41	16♓20	16♓58	17♓36	18♓15	18♓53
/♇	13♒28	14♒06	14♒44	15♒22	15♒60	16♒38	17♒15	17♒53	18♒31	19♒09	19♒47	20♒24	21♒02	21♒40	22♒17	22♒55
/☊	20♒55	21♒29	22♒02	22♒35	23♒10	23♒45	24♒21	24♒59	25♒36	26♒14	26♒51	27♒27	28♒02	28♒36	29♒08	29♒40
♂/⚷	13♎07	13♎12	13♎17	13♎23	13♎29	13♎35	13♎41	13♎48	13♎55	14♎02	14♎09	14♎17	14♎25	14♎33	14♎41	14♎50
/♃	20♉23	20♉27	20♉31	20♉35	20♉40	20♉45	20♉51	20♉57	21♉03	21♉10	21♉17	21♉25	21♉33	21♉41	21♉49	21♉58
/♄	1♍53	1♍47	1♍42	1♍37	1♍33	1♍29	1♍25	1♍21	1♍18	1♍16	1♍13	1♍11	1♍10	1♍08	1♍07	1♍07
/♅	28♉16	28♉14	28♉13	28♉12	28♉11	28♉11	28♉11	28♉11	28♉12	28♉14	28♉15	28♉17	28♉20	28♉22	28♉25	28♉29
/♆	13♉47	13♉45	13♉43	13♉41	13♉40	13♉39	13♉39	13♉39	13♉39	13♉39	13♉40	13♉42	13♉44	13♉46	13♉48	13♉51
/♇	17♎59	17♎56	17♎53	17♎51	17♎49	17♎47	17♎46	17♎46	17♎45	17♎45	17♎46	17♎46	17♎47	17♎49	17♎51	17♎53
/☊	25♎26	25♎18	25♎11	25♎04	24♎59	24♎55	24♎52	24♎51	24♎51	24♎51	24♎50	24♎50	24♎48	24♎45	24♎42	24♎37
⚷/♃	2♒37	2♒52	3♒08	3♒23	3♒39	3♒54	4♒09	4♒24	4♒39	4♒54	5♒09	5♒23	5♒38	5♒52	6♒06	6♒21
/♄	14♏07	14♏13	14♏19	14♏25	14♏31	14♏37	14♏43	14♏49	14♏54	14♏59	15♏05	15♏10	15♏15	15♏20	15♏24	15♏29
/♅	10♒30	10♒40	10♒50	10♒60	11♒10	11♒20	11♒29	11♒39	11♒48	11♒57	12♒07	12♒16	12♒25	12♒34	12♒42	12♒51
/♆	26♑01	26♑11	26♑20	26♑29	26♑39	26♑48	26♑57	27♑06	27♑15	27♑23	27♑32	27♑40	27♑49	27♑57	28♑05	28♑13
/♇	0♑12	0♑21	0♑30	0♑39	0♑48	0♑56	1♑05	1♑13	1♑21	1♑29	1♑37	1♑45	1♑53	2♑00	2♑08	2♑15
/☊	7♑40	7♑44	7♑48	7♑53	7♑58	8♑04	8♑11	8♑18	8♑26	8♑34	8♑42	8♑48	8♑53	8♑57	8♑59	8♑60
♃/♄	21♐22	21♐27	21♐33	21♐38	21♐43	21♐48	21♐53	21♐58	22♐03	22♐08	22♐13	22♐18	22♐23	22♐27	22♐32	22♐37
/♅	17♓46	17♓54	18♓03	18♓12	18♓21	18♓30	18♓39	18♓48	18♓57	19♓06	19♓15	19♓24	19♓33	19♓42	19♓50	19♓59
/♆	3♓17	3♓25	3♓33	3♓42	3♓50	3♓58	4♓07	4♓15	4♓23	4♓32	4♓40	4♓48	4♓57	5♓05	5♓13	5♓21
/♇	7♒28	7♒36	7♒43	7♒51	7♒59	8♒07	8♒14	8♒22	8♒30	8♒38	8♒45	8♒53	9♒00	9♒08	9♒16	9♒23
/☊	14♒55	14♒59	15♒02	15♒05	15♒09	15♒14	15♒20	15♒28	15♒35	15♒43	15♒50	15♒56	16♒01	16♒04	16♒07	16♒08
♄/♅	29♐16	29♐15	29♐15	29♐14	29♐14	29♐13	29♐13	29♐12	29♐12	29♐11	29♐11	29♐10	29♐10	29♐09	29♐08	29♐08
/♆	14♐47	14♐46	14♐45	14♐44	14♐43	14♐42	14♐41	14♐40	14♐38	14♐37	14♐36	14♐35	14♐34	14♐32	14♐31	14♐30
/♇	18♏58	18♏57	18♏55	18♏53	18♏52	18♏50	18♏48	18♏47	18♏45	18♏43	18♏41	18♏39	18♏37	18♏35	18♏34	18♏32
/☊	26♏26	26♏19	26♏13	26♏07	26♏02	25♏58	25♏54	25♏52	25♏50	25♏48	25♏46	25♏42	25♏38	25♏32	25♏25	25♏16
♅/♆	11♓10	11♓13	11♓16	11♓18	11♓21	11♓24	11♓27	11♓30	11♓32	11♓35	11♓38	11♓41	11♓44	11♓46	11♓49	11♓52
/♇	15♒21	15♒23	15♒26	15♒28	15♒30	15♒32	15♒35	15♒37	15♒39	15♒41	15♒43	15♒45	15♒47	15♒50	15♒52	15♒54
/☊	22♒49	22♒46	22♒44	22♒42	22♒40	22♒40	22♒41	22♒42	22♒44	22♒46	22♒48	22♒48	22♒48	22♒46	22♒43	22♒38
♆/♇	0♒52	0♒54	0♒56	0♒57	0♒59	1♒01	1♒02	1♒04	1♒05	1♒07	1♒08	1♒10	1♒11	1♒13	1♒14	1♒16
/☊	8♒20	8♒17	8♒14	8♒11	8♒09	8♒08	8♒08	8♒09	8♒11	8♒12	8♒13	8♒13	8♒12	8♒09	8♒05	8♒00
♇/☊	12♑31	12♑28	12♑24	12♑21	12♑18	12♑16	12♑16	12♑16	12♑17	12♑18	12♑18	12♑18	12♑16	12♑12	12♑08	12♑02

	17	18	19	20	21	22	23	24	25	26	27	28	29	30	31
☉/☽	2♈36	9♈19	16♈07	23♈00	29♈60	7♉06	14♉20	21♉43	29♉15	6♊55	14♊44	22♊38	0♋35	8♋29	16♌17
/☿	27♓28	28♓58	0♈28	1♈58	3♈28	4♈57	6♈27	7♈57	9♈26	10♈54	12♈22	13♈48	15♈14	16♈38	17♈60
/♀	4♈02	5♈09	6♈16	7♈23	8♈30	9♈37	10♈44	11♈51	12♈58	14♈05	15♈11	16♈18	17♈25	18♈31	19♈38
/♂	28♉25	28♉57	29♉29	0♊02	0♊36	1♊09	1♊43	2♊17	2♊51	3♊26	4♊01	4♊36	5♊11	5♊47	6♊23
/⚷	12♒52	13♒28	14♒05	14♒41	15♒17	15♒53	16♒29	17♒05	17♒40	18♒16	18♒51	19♒26	20♒01	20♒36	21♒10
/♃	20♓00	20♓37	21♓14	21♓51	22♓28	23♓05	23♓42	24♓19	24♓56	25♓32	26♓09	26♓46	27♓22	27♓59	28♓36
/♄	28♐59	29♐27	29♐54	0♑22	0♑49	1♑16	1♋44	2♋11	2♋39	3♋06	3♋33	4♋01	4♋28	4♋55	5♋23
/♅	26♓25	26♓57	27♓28	27♓60	28♓32	29♓03	29♓35	0♈06	0♈37	1♈09	1♈40	2♈12	2♈43	3♈14	3♈46
/♆	11♓47	12♓17	12♓48	13♓19	13♓50	14♓21	14♓51	15♓22	15♓53	16♓24	16♓54	17♓25	17♓55	18♓26	18♓57
/♇	15♒48	16♒18	16♒48	17♒18	17♒48	18♒18	18♒48	19♒18	19♒48	20♒18	20♒48	21♒18	21♒48	22♒18	22♒47
/☊	22♒26	22♒49	23♒14	23♒39	24♒06	24♒34	25♒03	25♒32	26♒02	26♒31	26♒59	27♒26	27♒51	28♒15	28♒39
☽/☿	3♈48	10♈60	18♈18	25♈42	3♉11	10♉48	18♉33	26♉25	4♊26	12♊36	20♊53	29♊14	7♋37	15♋56	24♋07
/♀	10♈21	17♈11	24♈06	1♉07	8♉14	15♉28	22♉49	0♊19	7♊58	15♊46	23♊42	1♋44	9♋48	17♋49	25♋45
/♂	4♊44	10♊59	17♊20	23♊46	0♋20	6♋60	13♋48	20♋45	27♋52	5♌07	12♌32	20♌02	27♌34	5♍05	12♍30
/⚷	19♒11	25♒30	1♓55	8♓25	15♓01	21♓44	28♓34	5♎33	12♎41	19♎57	27♎22	4♏52	12♏24	19♏54	27♏17
/♃	26♓19	2♈39	9♈04	15♈35	22♈12	28♈56	5♉47	12♉47	19♉56	27♉14	4♊40	12♊11	19♐45	27♐17	4♑42
/♄	5♋18	11♋29	17♋44	24♋06	0♌33	7♌07	13♌49	20♌40	27♌39	4♍48	12♍04	19♍26	26♍51	4♎13	11♎29
/♅	2♈45	8♈59	15♈19	21♈44	28♈16	4♉54	11♉40	18♉34	25♉38	2♊50	10♊11	17♊37	25♊06	2♑32	9♑52
/♆	18♓06	24♓20	0♈39	7♈03	13♈34	20♈11	26♈57	3♉50	10♉53	18♉05	25♉25	2♐51	10♐18	17♐44	25♐03
/♇	22♒07	28♒20	4♓38	11♓02	17♓32	24♓09	0♈54	7♎47	14♎49	21♎60	29♎19	6♏44	14♏11	21♏36	28♏54
/☊	28♒45	4♓51	11♓04	17♓23	23♓50	0♈24	7♈08	14♈01	21♎03	28♎13	5♏30	12♏51	20♏14	27♏33	4♐46
☿/♀	5♈13	6♈50	8♈27	10♈04	11♈42	13♈19	14♈56	16♈33	18♈09	19♈45	21♈20	22♈54	24♈27	25♈58	27♈28
/♂	29♉36	0♊38	1♊40	2♊43	3♊47	4♊51	5♊55	6♊59	8♊03	9♊06	10♊10	11♊12	12♊13	13♊13	14♊12
/⚷	14♒03	15♒09	16♒16	17♒22	18♒29	19♒35	20♒41	21♒47	22♒52	23♒56	24♒60	26♒02	27♒03	28♒02	28♒60
/♃	21♓11	22♓18	23♓25	24♓32	25♓40	26♓47	27♓54	29♓01	0♈07	1♈13	2♈18	3♈22	4♈24	5♈26	6♈25
/♄	0♑10	1♑07	2♋05	3♋03	4♋01	4♋58	5♋56	6♋53	7♋50	8♋47	9♋42	10♋37	11♋30	12♋22	13♋12
/♅	27♓36	28♓38	29♓39	0♈41	1♈43	2♈45	3♈47	4♈48	5♈49	6♈49	7♈49	8♈48	9♈45	10♈41	11♈35
/♆	12♓58	13♓58	14♓59	16♓00	17♓01	18♓03	19♓04	20♓04	21♓05	22♓04	23♓03	24♓01	24♓57	25♓53	26♓46
/♇	16♒59	17♒59	18♒59	19♒59	20♒60	22♒00	23♒00	24♒00	24♒60	25♒59	26♒57	27♒54	28♒50	29♒44	0♓37
/☊	23♒37	24♒30	25♒24	26♒20	27♒17	28♒15	29♒15	0♓15	1♓14	2♓12	3♓08	4♓02	4♓53	5♓41	6♓28
♀/♂	6♊09	6♊49	7♊29	8♊09	8♊50	9♊30	10♊12	10♊53	11♊35	12♊17	12♊59	13♊42	14♊24	15♊07	15♊51
/⚷	20♒36	21♒20	22♒04	22♒48	23♒31	24♒15	24♒58	25♒41	26♒24	27♒06	27♒49	28♒32	29♒14	29♒56	0♓38
/♃	27♓45	28♓29	29♓14	29♓58	0♈42	1♈26	2♈11	2♈55	3♈39	4♈23	5♈07	5♈51	6♈35	7♈19	8♈03
/♄	6♋44	7♋19	7♋53	8♋28	9♋03	9♋38	10♋13	10♋47	11♋22	11♋57	12♋32	13♋06	13♋41	14♋16	14♋50
/♅	4♈10	4♈49	5♈28	6♈07	6♈46	7♈24	8♈03	8♈42	9♈21	9♈60	10♈39	11♈17	11♈56	12♈35	13♈13
/♆	19♓31	20♓09	20♓48	21♓26	22♓04	22♓42	23♓20	23♓58	24♓36	25♓14	25♓53	26♓30	27♓08	27♓46	28♓24
/♇	23♒32	24♒10	24♒47	25♒25	26♒02	26♒40	27♒17	27♒55	28♒32	29♒09	29♒46	0♓24	1♓01	1♓38	2♓15
/☊	0♓10	0♓41	1♓13	1♓46	2♓20	2♓55	3♓31	4♓09	4♓46	5♓22	5♓57	6♓31	7♓04	7♓35	8♓06
♂/⚷	14♎59	15♎08	15♎17	15♎27	15♎37	15♎46	15♎57	16♎07	16♎17	16♎28	16♎39	16♎49	17♎00	17♎12	17♎23
/♃	22♉08	22♉17	22♉27	22♉37	22♉48	22♉58	23♉10	23♉21	23♉33	23♉45	23♉57	24♉09	24♉22	24♉35	24♉48
/♄	1♍06	1♍06	1♍07	1♍08	1♍09	1♍10	1♍12	1♍13	1♍16	1♍18	1♍21	1♍24	1♍28	1♍31	1♍35
/♅	28♉33	28♉37	28♉41	28♉46	28♉51	28♉56	29♉02	29♉08	29♉15	29♉21	29♉28	29♉35	29♉43	29♉50	29♉58
/♆	13♉54	13♉57	14♉01	14♉05	14♉09	14♉14	14♉19	14♉24	14♉30	14♉36	14♉42	14♉48	14♉55	15♉02	15♉09
/♇	17♎55	17♎58	18♎01	18♎04	18♎08	18♎12	18♎16	18♎21	18♎25	18♎31	18♎36	18♎42	18♎47	18♎54	18♎60
/☊	24♎33	24♎29	24♎26	24♎25	24♎25	24♎27	24♎30	24♎35	24♎39	24♎43	24♎47	24♎49	24♎50	24♎51	24♎51
⚷/♃	6♒35	6♒48	7♒02	7♒16	7♒29	7♒42	7♒56	8♒09	8♒22	8♒34	8♒47	8♒59	9♒12	9♒24	9♒36
/♄	15♏33	15♏38	15♏42	15♏46	15♏50	15♏54	15♏58	16♏01	16♏05	16♏08	16♏11	16♏14	16♏17	16♏20	16♏23
/♅	12♒60	13♒08	13♒16	13♒25	13♒33	13♒40	13♒48	13♒56	14♒03	14♒11	14♒18	14♒25	14♒32	14♒39	14♒46
/♆	28♑21	28♑29	28♑36	28♑44	28♑51	28♑58	29♑05	29♑12	29♑19	29♑26	29♑32	29♑38	29♑45	29♑51	29♑56
/♇	2♑22	2♑29	2♑36	2♑43	2♑49	2♑56	3♑02	3♑08	3♑14	3♑20	3♑26	3♑31	3♑37	3♑42	3♑47
/☊	9♑00	9♑01	9♑01	9♑03	9♑07	9♑11	9♑16	9♑22	9♑28	9♑33	9♑37	9♑39	9♑40	9♑40	9♑39
♃/♄	22♐42	22♐47	22♐52	22♐56	23♐01	23♐06	23♐11	23♐15	23♐20	23♐25	23♐29	23♐34	23♐39	23♐43	23♐48
/♅	20♓08	20♓17	20♓26	20♓35	20♓44	20♓52	21♓01	21♓10	21♓19	21♓28	21♓36	21♓45	21♓54	22♓02	22♓11
/♆	5♓29	5♓38	5♓46	5♓54	6♓02	6♓10	6♓18	6♓26	6♓34	6♓42	6♓50	6♓58	7♓06	7♓14	7♓22
/♇	9♒31	9♒38	9♒46	9♒53	10♒00	10♒08	10♒15	10♒22	10♒30	10♒37	10♒44	10♒51	10♒59	11♒06	11♒13
/☊	16♒09	16♒10	16♒11	16♒14	16♒18	16♒23	16♒29	16♒37	16♒44	16♒50	16♒55	16♒59	17♒01	17♒03	17♒04
♄/♅	29♐07	29♐06	29♐06	29♐05	29♐05	29♐04	29♐03	29♐03	29♐02	29♐01	29♐01	28♐60	28♐59	28♐59	28♐58
/♆	14♐28	14♐27	14♐26	14♐24	14♐23	14♐22	14♐20	14♐19	14♐17	14♐16	14♐15	14♐13	14♐12	14♐10	14♐09
/♇	18♏30	18♏28	18♏25	18♏23	18♏21	18♏19	18♏17	18♏15	18♏13	18♏11	18♏09	18♏06	18♏04	18♏02	17♏60
/☊	25♏08	24♏59	24♏51	24♏44	24♏39	24♏34	24♏31	24♏29	24♏27	24♏24	24♏20	24♏14	24♏07	23♏59	23♏51
♅/♆	11♓55	11♓57	12♓00	12♓03	12♓05	12♓08	12♓11	12♓14	12♓16	12♓19	12♓22	12♓24	12♓27	12♓29	12♓32
/♇	15♒56	15♒58	15♒60	16♒02	16♒04	16♒06	16♒08	16♒10	16♒12	16♒14	16♒15	16♒17	16♒19	16♒21	16♒23
/☊	22♒34	22♒29	22♒25	22♒22	22♒21	22♒21	22♒22	22♒24	22♒25	22♒27	22♒26	22♒25	22♒22	22♒18	22♒14
♆/♇	1♒17	1♒18	1♒20	1♒21	1♒22	1♒23	1♒25	1♒26	1♒27	1♒28	1♒29	1♒30	1♒32	1♒33	1♒34
/☊	7♒55	7♒50	7♒45	7♒42	7♒39	7♒39	7♒39	7♒40	7♒41	7♒41	7♒40	7♒38	7♒35	7♒30	7♒25
♇/☊	11♑56	11♑50	11♑45	11♑41	11♑38	11♑36	11♑36	11♑36	11♑36	11♑36	11♑34	11♑31	11♑27	11♑22	11♑16

March 2010

April 2010

	1	2	3	4	5	6	7	8	9	10
☉/☽	23♑55	1♒20	8♒31	15♒29	22♒16	28♒52	5♓21	11♓46	18♓10	24♓34
/☿	19♈20	20♈39	21♈55	23♈09	24♈20	25♈29	26♈34	27♈37	28♈37	29♈34
/♀	20♈45	21♈51	22♈58	24♈04	25♈11	26♈17	27♈24	28♈30	29♈36	0♉43
/♂	6♊59	7♊35	8♊12	8♊49	9♊26	10♊03	10♊40	11♊18	11♊56	12♊34
/⚳	21♒45	22♒19	22♒53	23♒27	24♒01	24♒34	25♒08	25♒41	26♒14	26♒47
/♃	29♓12	29♓49	0♈25	1♈02	1♈38	2♈14	2♈51	3♈27	4♈03	4♈40
/♄	5♋50	6♋17	6♋45	7♋12	7♋39	8♋07	8♋34	9♋01	9♋28	9♋56
/♅	4♈17	4♈48	5♈19	5♈51	6♈22	6♈53	7♈24	7♈55	8♈27	8♈58
/♆	19♓27	19♓58	20♓28	20♓58	21♓29	21♓59	22♓30	22♓60	23♓30	24♓00
/♇	23♒17	23♒47	24♒16	24♒46	25♒16	25♒45	26♒15	26♒44	27♒14	27♒43
/☊	29♒03	29♒28	29♒54	0♓21	0♓50	1♓19	1♓48	2♓17	2♓46	3♓13
☽/☿	2♒06	9♒50	17♒18	24♒31	1♓29	8♓15	14♓51	21♓20	27♓45	4♈07
/♀	3♒30	11♒03	18♒21	25♒27	2♓20	9♓04	15♓41	22♓13	28♓44	5♈15
/♂	19♍44	26♍47	3♎36	10♎11	16♎35	22♎50	28♎57	5♉01	11♉03	17♉07
/⚳	4♐30	11♐30	18♐17	24♐50	1♑10	7♑21	13♑25	19♑24	25♑22	1♒20
/♃	11♑58	19♑00	25♑49	2♒24	8♒48	15♒01	21♒08	27♒10	3♓11	9♓12
/♄	18♎35	25♎29	2♏08	8♏34	14♏49	20♏53	26♏51	2♐44	8♐36	14♐28
/♅	17♑02	23♑60	0♒43	7♒13	13♒31	19♒40	25♒41	1♓38	7♓34	13♓30
/♆	2♑12	9♑09	15♑52	22♑21	28♑38	4♒46	10♒47	16♒43	22♒37	28♒33
/♇	6♐02	12♐58	19♐40	26♐09	2♑25	8♑32	14♑32	20♑27	26♑21	2♒16
/☊	11♐48	18♐39	25♐17	1♑44	7♑59	14♑06	20♑05	26♑00	1♒53	7♒45
☿/♀	28♈55	0♉21	1♉45	3♉06	4♉24	5♉40	6♉54	8♉04	9♉11	10♉16
/♂	15♊10	16♊05	16♊59	17♊50	18♊40	19♊26	20♊11	20♊52	21♊31	22♊07
/⚳	29♒55	0♓49	1♓40	2♓29	3♓15	3♓58	4♓38	5♓15	5♓49	6♓20
/♃	7♈23	8♈19	9♈12	10♈03	10♈52	11♈38	12♈21	13♈01	13♈38	14♈13
/♄	14♋01	14♋47	15♋32	16♋14	16♋53	17♋30	18♋04	18♋35	19♋04	19♋29
/♅	12♈28	13♈18	14♈06	14♈52	15♈36	16♈16	16♈54	17♈30	18♈02	18♈31
/♆	27♓38	28♓27	29♓15	0♈00	0♈43	1♈23	1♈60	2♈34	3♈05	3♈33
/♇	1♓28	2♓17	3♓03	3♓48	4♓29	5♓09	5♓45	6♓18	6♓49	7♓16
/☊	7♓13	7♓57	8♓41	9♓23	10♓03	10♓42	11♓18	11♓52	12♓21	12♓46
♀/♂	16♊34	17♊18	18♊02	18♊46	19♊30	20♊15	20♊60	21♊45	22♊30	23♊15
/⚳	1♓20	2♓01	2♓43	3♓24	4♓05	4♓46	5♓27	6♓08	6♓48	7♓29
/♃	8♈47	9♈31	10♈15	10♈59	11♈43	12♈26	13♈10	13♈54	14♈37	15♈21
/♄	15♋25	15♋60	16♋34	17♋09	17♋44	18♋18	18♋53	19♋28	20♋03	20♋37
/♅	13♈52	14♈31	15♈09	15♈48	16♈27	17♈05	17♈44	18♈22	19♈01	19♈39
/♆	29♓02	29♓40	0♈18	0♈56	1♈33	2♈11	2♈49	3♈27	4♈04	4♈42
/♇	2♓52	3♓29	4♓06	4♓43	5♓20	5♓57	6♓34	7♓11	7♓48	8♓25
/☊	8♓38	9♓10	9♓44	10♓18	10♓54	11♓31	12♓08	12♓44	13♓20	13♓54
♂/⚳	17♎34	17♎46	17♎57	18♎09	18♎20	18♎32	18♎44	18♎56	19♎08	19♎20
/♃	25♉02	25♉15	25♉29	25♉43	25♉58	26♉12	26♉27	26♉42	26♉57	27♉12
/♄	1♍39	1♍44	1♍49	1♍54	1♍59	2♍04	2♍10	2♍16	2♍22	2♍29
/♅	0♊06	0♊15	0♊24	0♊32	0♊42	0♊51	1♊00	1♊10	1♊20	1♊30
/♆	15♉17	15♉24	15♉32	15♉40	15♉48	15♉57	16♉06	16♉15	16♉24	16♉33
/♇	19♎07	19♎13	19♎20	19♎28	19♎35	19♎43	19♎51	19♎59	20♎07	20♎16
/☊	24♎52	24♎54	24♎58	25♎03	25♎09	25♎17	25♎25	25♎32	25♎39	25♎46
⚳/♃	9♒47	9♒59	10♒10	10♒22	10♒33	10♒44	10♒54	11♒05	11♒15	11♒26
/♄	16♏25	16♏28	16♏30	16♏32	16♏34	16♏36	16♏37	16♏39	16♏41	16♏42
/♅	14♒52	14♒58	15♒05	15♒11	15♒17	15♒22	15♒28	15♒33	15♒39	15♒44
/♆	0♒02	0♒08	0♒13	0♒18	0♒24	0♒28	0♒33	0♒38	0♒42	0♒46
/♇	3♑52	3♑57	4♑02	4♑06	4♑10	4♑14	4♑18	4♑22	4♑26	4♑29
/☊	9♑38	9♑38	9♑39	9♑41	9♑44	9♑48	9♑52	9♑55	9♑58	9♑59
♃/♄	23♐53	23♐57	24♐02	24♐07	24♐11	24♐16	24♐20	24♐25	24♐30	24♐34
/♅	22♓20	22♓28	22♓37	22♓45	22♓54	23♓02	23♓11	23♓19	23♓28	23♓36
/♆	7♓30	7♓38	7♓45	7♓53	8♓01	8♓08	8♓16	8♓24	8♓31	8♓39
/♇	11♒20	11♒27	11♒34	11♒41	11♒48	11♒54	12♒01	12♒08	12♒15	12♒22
/☊	17♒05	17♒08	17♒11	17♒16	17♒22	17♒28	17♒35	17♒41	17♒47	17♒51
♄/♅	28♐57	28♐57	28♐56	28♐56	28♐55	28♐54	28♐54	28♐53	28♐53	28♐52
/♆	14♐08	14♐06	14♐05	14♐03	14♐02	14♐01	13♐59	13♐58	13♐56	13♐55
/♇	17♏58	17♏55	17♏53	17♏51	17♏49	17♏47	17♏44	17♏42	17♏40	17♏38
/☊	23♏43	23♏36	23♏30	23♏26	23♏23	23♏20	23♏18	23♏15	23♏12	23♏07
♅/♆	12♓35	12♓37	12♓40	12♓42	12♓45	12♓47	12♓50	12♓52	12♓55	12♓57
/♇	16♒25	16♒26	16♒28	16♒30	16♒31	16♒33	16♒35	16♒36	16♒38	16♒40
/☊	22♒10	22♒07	22♒05	22♒05	22♒05	22♒07	22♒08	22♒10	22♒10	22♒09
♆/♇	1♒35	1♒36	1♒37	1♒37	1♒38	1♒39	1♒40	1♒41	1♒42	1♒42
/☊	7♒20	7♒16	7♒14	7♒12	7♒12	7♒13	7♒14	7♒14	7♒14	7♒12
♇/☊	11♑10	11♑06	11♑02	11♑00	10♑59	10♑59	10♑59	10♑58	10♑57	10♑55

	11	12	13	14	15	16	17	18	19	20
☉/☽	1♈01	7♈33	14♈10	20♈54	27♈45	4♉42	11♉45	18♉53	26♉07	3♊26
/☿	0♉28	1♉19	2♉06	2♉50	3♉31	4♉09	4♉43	5♉15	5♉43	6♉09
/♀	1♉49	2♉55	4♉01	5♉07	6♉14	7♉20	8♉26	9♉32	10♉38	11♉44
/♂	13♊12	13♊51	14♊29	15♊08	15♊47	16♊26	17♊05	17♊45	18♊25	19♊04
/⚳	27♒20	27♒52	28♒25	28♒57	29♒29	0♓01	0♓33	1♓04	1♓35	2♓06
/♃	5♈16	5♈52	6♈28	7♈04	7♈40	8♈16	8♈52	9♈28	10♈04	10♈39
/♄	10♋23	10♋50	11♋18	11♋45	12♋13	12♋40	13♋07	13♋35	14♋02	14♋30
/♅	9♈29	9♈60	10♈31	11♈02	11♈33	12♈04	12♈35	13♈06	13♈36	14♈07
/♆	24♓31	25♓01	25♓31	26♓01	26♓31	27♓01	27♓32	28♓02	28♓32	29♓02
/♇	28♒13	28♒42	29♒11	29♒41	0♓10	0♓39	1♓08	1♓38	2♓07	2♓36
/☊	3♓38	4♓03	4♓26	4♓49	5♓11	5♓35	5♓59	6♓25	6♓52	7♓21
☽/☿	10♈29	16♈52	23♈18	29♈48	6♉20	12♉56	19♉35	26♉16	2♊60	9♊45
/♀	11♈50	18♈29	25♈14	2♉05	9♉03	16♉07	23♉18	0♊33	7♊54	15♊20
/♂	23♉13	29♉24	5♊42	12♊06	18♊36	25♊14	1♋57	8♋46	15♋41	22♋41
/⚳	7♒21	13♒26	19♒37	25♒55	2♓18	8♓48	15♓24	22♓05	28♓52	5♎43
/♃	15♓16	21♓26	27♓40	4♈02	10♈29	17♈04	23♈44	0♉29	7♉20	14♉16
/♄	20♐24	26♐24	2♋30	8♋43	15♋02	21♋28	27♋59	4♌36	11♌19	18♌06
/♅	19♓29	25♓33	1♈43	7♈59	14♈22	20♈51	27♈26	4♉07	10♉53	17♉44
/♆	4♓31	10♓35	16♓43	22♓59	29♓21	5♈49	12♈23	19♈03	25♈48	2♉38
/♇	8♒13	14♒16	20♒24	26♒38	2♓59	9♓27	16♓00	22♓39	29♓23	6♎12
/☊	13♒39	19♒36	25♒38	1♓46	8♓01	14♓22	20♓51	27♓27	4♈09	10♈58
☿/♀	11♉17	12♉15	13♉09	14♉01	14♉49	15♉34	16♉16	16♉55	17♉31	18♉03
/♂	22♊40	23♊10	23♊37	24♊02	24♊23	24♊41	24♊56	25♊08	25♊17	25♊24
/⚳	6♓48	7♓12	7♓33	7♓51	8♓05	8♓15	8♓23	8♓27	8♓28	8♓26
/♃	14♈44	15♈11	15♈36	15♈57	16♈16	16♈31	16♈42	16♈51	16♈56	16♈59
/♄	19♋51	20♋10	20♋26	20♋39	20♋48	20♋55	20♋58	20♋58	20♋55	20♋49
/♅	18♈57	19♈19	19♈39	19♈55	20♈08	20♈18	20♈25	20♈29	20♈29	20♈27
/♆	3♈59	4♈21	4♈39	4♈55	5♈07	5♈16	5♈22	5♈25	5♈24	5♈21
/♇	7♓40	8♓02	8♓19	8♓34	8♓45	8♓54	8♓59	9♓01	8♓59	8♓55
/☊	13♓06	13♓22	13♓34	13♓42	13♓47	13♓49	13♓50	13♓48	13♓45	13♓41
♀/♂	24♊01	24♊47	25♊33	26♊19	27♊05	27♊52	28♊38	29♊25	0♋12	0♋59
/⚳	8♓09	8♓49	9♓28	10♓08	10♓47	11♓26	12♓05	12♓44	13♓23	14♓01
/♃	16♈04	16♈48	17♈31	18♈15	18♈58	19♈41	20♈25	21♈08	21♈51	22♈34
/♄	21♋12	21♋47	22♋21	22♋56	23♋31	24♋05	24♋40	25♋15	25♋50	26♋24
/♅	20♈17	20♈56	21♈34	22♈13	22♈51	23♈29	24♈07	24♈46	25♈24	26♈02
/♆	5♈19	5♈57	6♈35	7♈12	7♈50	8♈27	9♈04	9♈42	10♈19	10♈56
/♇	9♓01	9♓38	10♓15	10♓51	11♓28	12♓05	12♓41	13♓18	13♓54	14♓31
/☊	14♓27	14♓59	15♓29	15♓59	16♓29	17♓00	17♓32	18♓05	18♓40	19♓16
♂/⚳	19♎32	19♎44	19♎56	20♎08	20♎21	20♎33	20♎45	20♎57	21♎09	21♎22
/♃	27♉28	27♉44	27♉59	28♉15	28♉32	28♉48	29♉04	29♉21	29♉38	29♉55
/♄	2♍35	2♍42	2♍49	2♍57	3♍04	3♍12	3♍20	3♍28	3♍36	3♍45
/♅	1♊41	1♊51	2♊02	2♊13	2♊24	2♊36	2♊47	2♊59	3♊11	3♊23
/♆	16♉43	16♉53	17♉02	17♉13	17♉23	17♉33	17♉44	17♉55	18♉06	18♉17
/♇	20♎25	20♎34	20♎43	20♎52	21♎01	21♎11	21♎21	21♎31	21♎41	21♎51
/☊	25♎51	25♎54	25♎57	25♎60	26♎03	26♎07	26♎12	26♎18	26♎27	26♎36
⚳/♃	11♒36	11♒45	11♒55	12♒04	12♒14	12♒23	12♒31	12♒40	12♒48	12♒57
/♄	16♏43	16♏44	16♏45	16♏46	16♏46	16♏47	16♏47	16♏47	16♏47	16♏47
/♅	15♒49	15♒53	15♒58	16♒02	16♒06	16♒10	16♒14	16♒18	16♒21	16♒25
/♆	0♒51	0♒54	0♒58	1♒02	1♒05	1♒08	1♒11	1♒14	1♒16	1♒19
/♇	4♑32	4♑35	4♑38	4♑41	4♑43	4♑46	4♑48	4♑50	4♑52	4♑53
/☊	9♑58	9♑56	9♑53	9♑49	9♑45	9♑41	9♑39	9♑37	9♑37	9♑38
♃/♄	24♐39	24♐43	24♐48	24♐53	24♐57	25♐02	25♐06	25♐11	25♐15	25♐20
/♅	23♓44	23♓53	24♓01	24♓09	24♓17	24♓25	24♓34	24♓42	24♓50	24♓58
/♆	8♓46	8♓54	9♓01	9♓09	9♓16	9♓23	9♓30	9♓38	9♓45	9♓52
/♇	12♒28	12♒35	12♒41	12♒48	12♒54	13♒01	13♒07	13♒14	13♒20	13♒26
/☊	17♒54	17♒56	17♒56	17♒56	17♒56	17♒56	17♒58	18♒01	18♒06	18♒11
♄/♅	28♐52	28♐51	28♐51	28♐50	28♐50	28♐49	28♐49	28♐49	28♐48	28♐48
/♆	13♐54	13♐52	13♐51	13♐50	13♐48	13♐47	13♐46	13♐45	13♐43	13♐42
/♇	17♏36	17♏33	17♏31	17♏29	17♏27	17♏25	17♏23	17♏21	17♏19	17♏16
/☊	23♏01	22♏54	22♏46	22♏37	22♏28	22♏20	22♏14	22♏08	22♏04	22♏02
♅/♆	12♓59	13♓02	13♓04	13♓06	13♓09	13♓11	13♓13	13♓15	13♓18	13♓20
/♇	16♒41	16♒43	16♒44	16♒46	16♒47	16♒49	16♒50	16♒51	16♒53	16♒54
/☊	22♒07	22♒03	21♒59	21♒54	21♒49	21♒44	21♒41	21♒39	21♒39	21♒39
♆/♇	1♒43	1♒44	1♒44	1♒45	1♒46	1♒46	1♒47	1♒47	1♒48	1♒48
/☊	7♒09	7♒05	6♒59	6♒53	6♒47	6♒42	6♒38	6♒35	6♒34	6♒34
♇/☊	10♑51	10♑46	10♑39	10♑33	10♑26	10♑20	10♑15	10♑11	10♑09	10♑08

	21	22	23	24	25	26	27	28	29	30
☉/☽	10♊49	18♊19	25♊53	3♋32	11♋14	18♋57	26♋38	4♌15	11♒44	19♒03
/☿	6♉31	6♉51	7♉09	7♉24	7♉38	7♉50	8♉01	8♉11	8♉20	8♉29
/♀	12♉50	13♉56	15♉01	16♉07	17♉13	18♉19	19♉24	20♉30	21♉36	22♉41
/♂	19♊44	20♊24	21♊05	21♊45	22♊25	23♊06	23♊47	24♊28	25♊09	25♊50
/⚳	2♓37	3♓08	3♓38	4♓08	4♓38	5♓08	5♓38	6♓07	6♓37	7♓06
/♃	11♈15	11♈51	12♈26	13♈02	13♈37	14♈13	14♈48	15♈24	15♈59	16♈34
/♄	14♋57	15♋25	15♋52	16♋20	16♋47	17♋15	17♋42	18♋10	18♋37	19♋05
/♅	14♈38	15♈09	15♈40	16♈10	16♈41	17♈12	17♈42	18♈13	18♈43	19♈14
/♆	29♓31	0♈01	0♈31	1♈01	1♈31	2♈01	2♈30	3♈00	3♈30	3♈60
/♇	3♓05	3♓34	4♓03	4♓32	5♓01	5♓30	5♓59	6♓28	6♓56	7♓25
/☊	7♓50	8♓20	8♓48	9♓16	9♓43	10♓08	10♓32	10♓56	11♓20	11♓45
☽/☿	16♊33	23♊24	0♋17	7♋13	14♋10	21♋07	28♋01	4♌49	11♒29	17♒59
/♀	22♊52	0♋28	8♋10	15♋56	23♋45	1♌36	9♌24	17♌08	24♌44	2♍11
/♂	29♋46	6♌57	14♌13	21♌34	28♌58	6♍23	13♍47	21♍06	28♍17	5♎19
/⚳	12♎39	19♎40	26♎46	3♏57	11♏11	18♏25	25♏38	2♐46	9♐45	16♐35
/♃	21♉17	28♉23	5♊35	12♊51	20♊10	27♐30	4♑48	12♑02	19♑08	26♑03
/♄	24♌59	1♍57	9♍00	16♍08	23♍19	0♎32	7♎42	14♎48	21♎46	28♎35
/♅	24♉40	1♊41	8♊48	15♊59	23♊13	0♑29	7♑42	14♑51	21♑52	28♑43
/♆	9♉33	16♉34	23♉40	0♐50	8♐03	15♐18	22♐31	29♐38	6♑39	13♑29
/♇	13♎07	20♎06	27♎11	4♏21	11♏33	18♏47	25♏59	3♐06	10♐05	16♐55
/☊	17♎52	24♎52	1♏57	9♏05	16♏15	23♏25	0♐32	7♐34	14♐29	21♐14
☿/♀	18♉33	19♉01	19♉26	19♉48	20♉09	20♉29	20♉47	21♉04	21♉21	21♉37
/♂	25♊28	25♊29	25♊29	25♊26	25♊22	25♊16	25♊09	25♊02	24♊54	24♊46
/⚳	8♓21	8♓13	8♓02	7♓50	7♓35	7♓18	7♓00	6♓41	6♓22	6♓02
/♃	16♈59	16♈56	16♈50	16♈43	16♈34	16♈23	16♈11	15♈58	15♈44	15♈30
/♄	20♋41	20♋30	20♋16	20♋01	19♋43	19♋25	19♋05	18♋44	18♋23	18♋01
/♅	20♈22	20♈14	20♈04	19♈52	19♈37	19♈22	19♈05	18♈47	18♈29	18♈10
/♆	5♈15	5♈06	4♈55	4♈42	4♈27	4♈11	3♈53	3♈34	3♈15	2♈56
/♇	8♓48	8♓39	8♓27	8♓13	7♓57	7♓40	7♓21	7♓02	6♓42	6♓21
/☊	13♓34	13♓25	13♓13	12♓57	12♓39	12♓18	11♓55	11♓30	11♓05	10♓41
♀/♂	1♋46	2♋34	3♋21	4♋09	4♋57	5♋45	6♋33	7♋21	8♋09	8♋58
/⚳	14♓39	15♓17	15♓55	16♓33	17♓10	17♓47	18♓24	19♓01	19♓37	20♓14
/♃	23♈17	24♈00	24♈43	25♈26	26♈09	26♈52	27♈34	28♈17	28♈59	29♈42
/♄	26♋59	27♋34	28♋09	28♋44	29♋19	29♋53	0♌28	1♌03	1♌38	2♌13
/♅	26♈40	27♈18	27♈56	28♈34	29♈12	29♈50	0♉28	1♉06	1♉44	2♉22
/♆	11♈34	12♈11	12♈48	13♈25	14♈02	14♈39	15♈17	15♈54	16♈31	17♈07
/♇	15♓07	15♓43	16♓20	16♓56	17♓32	18♓09	18♓45	19♓21	19♓57	20♓33
/☊	19♓52	20♓29	21♓05	21♓40	22♓14	22♓47	23♓18	23♓49	24♓21	24♓53
♂/⚳	21♎34	21♎46	21♎58	22♎10	22♎22	22♎34	22♎46	22♎58	23♎10	23♎22
/♃	0♊12	0♊29	0♊46	1♊04	1♊21	1♊39	1♊57	2♊14	2♊32	2♊50
/♄	3♍54	4♍03	4♍12	4♍21	4♍31	4♍41	4♍51	5♍01	5♍11	5♍21
/♅	3♊35	3♊47	3♊60	4♊12	4♊25	4♊38	4♊51	5♊04	5♊17	5♊30
/♆	18♉28	18♉40	18♉51	19♉03	19♉15	19♉27	19♉39	19♉51	20♉03	20♉16
/♇	22♎02	22♎12	22♎23	22♎34	22♎45	22♎56	23♎07	23♎18	23♎30	23♎42
/☊	26♎47	26♎58	27♎08	27♎18	27♎26	27♎34	27♎41	27♎47	27♎54	28♎01
⚳/♃	13♒05	13♒12	13♒20	13♒27	13♒34	13♒41	13♒48	13♒54	14♒00	14♒06
/♄	16♏47	16♏46	16♏46	16♏45	16♏44	16♏43	16♏42	16♏41	16♏39	16♏38
/♅	16♒28	16♒30	16♒33	16♒36	16♒38	16♒40	16♒42	16♒44	16♒45	16♒46
/♆	1♒21	1♒23	1♒25	1♒26	1♒28	1♒29	1♒30	1♒31	1♒32	1♒32
/♇	4♑54	4♑56	4♑57	4♑57	4♑58	4♑58	4♑58	4♑58	4♑58	4♑58
/☊	9♑40	9♑41	9♑42	9♑41	9♑40	9♑36	9♑32	9♑27	9♑22	9♑17
♃/♄	25♐25	25♐29	25♐34	25♐38	25♐43	25♐48	25♐52	25♐57	26♐01	26♐06
/♅	25♓06	25♓13	25♓21	25♓29	25♓37	25♓45	25♓52	25♓60	26♓07	26♓15
/♆	9♓59	10♓06	10♓13	10♓20	10♓27	10♓34	10♓40	10♓47	10♓54	11♓00
/♇	13♒32	13♒39	13♒45	13♒51	13♒57	14♒03	14♒09	14♒14	14♒20	14♒26
/☊	18♒18	18♒24	18♒30	18♒35	18♒38	18♒41	18♒42	18♒43	18♒44	18♒46
♄/♅	28♐48	28♐47	28♐47	28♐47	28♐47	28♐46	28♊46	28♊46	28♊46	28♊46
/♆	13♐41	13♐40	13♐39	13♐38	13♐37	13♐35	13♐34	13♐33	13♐32	13♐31
/♇	17♏14	17♏12	17♏10	17♏08	17♏06	17♏05	17♏03	17♏01	16♏59	16♏57
/☊	21♏60	21♏58	21♏56	21♏53	21♏48	21♏43	21♏36	21♏29	21♏23	21♏17
♅/♆	13♓22	13♓24	13♓26	13♓28	13♓30	13♓32	13♓34	13♓36	13♓38	13♓40
/♇	16♒55	16♒57	16♒58	16♒59	17♒00	17♒02	17♒03	17♒04	17♒05	17♒06
/☊	21♒41	21♒42	21♒43	21♒43	21♒42	21♒40	21♒36	21♒32	21♒29	21♒26
♆/♇	1♒49	1♒49	1♒50	1♒50	1♒50	1♒51	1♒51	1♒51	1♒51	1♒51
/☊	6♒34	6♒35	6♒35	6♒34	6♒32	6♒29	6♒24	6♒20	6♒15	6♒11
♇/☊	10♑08	10♑07	10♑07	10♑05	10♑02	9♑58	9♑53	9♑47	9♑42	9♑37

April 2010

May 2010

	1	2	3	4	5	6	7	8	9	10	11	12	13	14	15	16
☉/☽	26♒10	3♓07	9♓52	16♓29	22♓59	29♓24	5♈48	12♈13	18♈42	25♈16	1♉57	8♉46	15♉44	22♉50	0♊03	7♊23
/☿	8♉39	8♉49	8♉60	9♉12	9♉26	9♉41	9♉58	10♉17	10♉38	11♉01	11♉27	11♉55	12♉25	12♉58	13♉33	14♉10
/♀	23♉47	24♉52	25♉58	27♉03	28♉09	29♉14	0♊19	1♊24	2♊30	3♊35	4♊40	5♊45	6♊50	7♊55	9♊01	10♊06
/♂	26♊31	27♊12	27♊54	28♊35	29♊17	29♊59	0♋40	1♋22	2♋05	2♋47	3♋29	4♋11	4♋54	5♋36	6♋19	7♋02
/⚳	7♓35	8♓03	8♓32	8♓60	9♓28	9♓56	10♓23	10♓51	11♓18	11♓45	12♓12	12♓38	13♓05	13♓31	13♓57	14♓23
/♃	17♈09	17♈44	18♈19	18♈54	19♈29	20♈04	20♈39	21♈14	21♈49	22♈23	22♈58	23♈33	24♈07	24♈42	25♈16	25♈50
/♄	19♋33	20♋00	20♋28	20♋56	21♋24	21♋52	22♋19	22♋47	23♋15	23♋43	24♋11	24♋39	25♋07	25♋35	26♋04	26♋32
/♅	19♈45	20♈15	20♈45	21♈16	21♈46	22♈17	22♈47	23♈17	23♈48	24♈18	24♈48	25♈18	25♈49	26♈19	26♈49	27♈19
/♆	4♈29	4♈59	5♈28	5♈58	6♈27	6♈57	7♈26	7♈56	8♈25	8♈55	9♈24	9♈53	10♈23	10♈52	11♈21	11♈50
/♇	7♓54	8♓23	8♓51	9♓20	9♓49	10♓17	10♓46	11♓15	11♓43	12♓12	12♓40	13♓09	13♓37	14♓06	14♓34	15♓03
/☊	12♓11	12♓38	13♓06	13♓35	14♓05	14♓34	15♓03	15♓31	15♓58	16♓23	16♓48	17♓13	17♓37	18♓02	18♓28	18♓55
☽/☿	24♒18	0♓26	6♓24	12♓15	18♓00	23♓43	29♓26	5♈12	11♈03	17♈02	23♈11	29♈30	6♉00	12♉41	19♉32	26♉31
/♀	9♓26	16♓29	23♓22	0♈06	6♈43	13♈16	19♈47	26♈19	2♉55	9♉36	16♉24	23♉20	0♊25	7♊39	14♊59	22♊27
/♂	12♎10	18♎49	25♎18	1♏38	7♏51	14♏01	20♉08	26♉17	2♊30	8♊48	15♊13	21♊47	28♊29	5♋20	12♋18	19♋23
/⚳	23♐13	29♐40	5♑56	12♑03	18♑02	23♑58	29♑51	5♒46	11♒43	17♒46	23♒56	0♓14	6♓40	13♓14	19♓56	26♓44
/♃	2♒48	9♒21	15♒44	21♒57	28♒04	4♓06	10♓07	16♓09	22♓14	28♓24	4♈42	11♈08	17♈42	24♈25	1♉15	8♉11
/♄	5♏12	11♏37	17♏52	23♏59	29♏58	5♐54	11♐47	17♐42	23♐40	29♊44	5♋55	12♋14	18♋42	25♋18	2♌02	8♌53
/♅	5♒23	11♒52	18♒10	24♒19	0♓21	6♓19	12♓15	18♓12	24♓13	0♈19	6♈32	12♈53	19♈23	26♈02	2♉48	9♉40
/♆	20♑08	26♑36	2♒53	9♒01	15♒02	20♒59	26♒54	2♓51	8♓50	14♓55	21♓08	27♓28	3♈57	10♈35	17♈20	24♈11
/♇	23♐33	29♐60	6♑16	12♑23	18♑23	24♑20	0♒14	6♒10	12♒08	18♒13	24♒24	0♓44	7♓12	13♓49	20♓33	27♓24
/☊	27♐50	4♑15	10♑30	16♑38	22♑39	28♑36	4♒31	10♒26	16♒23	22♒24	28♒32	4♓48	11♓12	17♓45	24♓27	1♈16
☿/♀	21♉54	22♉12	22♉30	22♉49	23♉10	23♉32	23♉57	24♉23	24♉51	25♉22	25♉55	26♉30	27♉07	27♉47	28♉29	29♉13
/♂	24♊38	24♊31	24♊26	24♊21	24♊18	24♊17	24♊18	24♊21	24♊26	24♊34	24♊43	24♊56	25♊11	25♊28	25♊48	26♊10
/⚳	5♓42	5♓22	5♓04	4♓46	4♓29	4♓14	4♓01	3♓49	3♓39	3♓32	3♓26	3♓23	3♓22	3♓23	3♓26	3♓31
/♃	15♈17	15♈04	14♈51	14♈40	14♈31	14♈23	14♈17	14♈12	14♈10	14♈10	14♈13	14♈17	14♈24	14♈33	14♈44	14♈58
/♄	17♋40	17♋20	17♋00	16♋42	16♋25	16♋10	15♋57	15♋46	15♋37	15♋30	15♋26	15♋24	15♋24	15♋27	15♋32	15♋39
/♅	17♈52	17♈34	17♈18	17♈02	16♈48	16♈35	16♈24	16♈16	16♈09	16♈05	16♈03	16♈03	16♈05	16♈10	16♈17	16♈27
/♆	2♈37	2♈18	2♈00	1♈44	1♈29	1♈15	1♈04	0♈54	0♈47	0♈41	0♈38	0♈38	0♈39	0♈43	0♈49	0♈58
/♇	6♓01	5♓42	5♓24	5♓06	4♓50	4♓36	4♓23	4♓13	4♓05	3♓59	3♓55	3♓53	3♓54	3♓57	4♓03	4♓10
/☊	10♓18	9♓57	9♓38	9♓21	9♓06	8♓52	8♓40	8♓29	8♓19	8♓10	8♓03	7♓57	7♓54	7♓54	7♓56	8♓02
♀/♂	9♋46	10♋35	11♋23	12♋12	13♋01	13♋50	14♋39	15♋28	16♋18	17♋07	17♋57	18♋46	19♋36	20♋25	21♋15	22♋05
/⚳	20♓50	21♓26	22♓01	22♓37	23♓12	23♓47	24♓22	24♓57	25♓31	26♓05	26♓39	27♓13	27♓47	28♓20	28♓53	29♓26
/♃	0♉24	1♉07	1♉49	2♉31	3♉14	3♉56	4♉38	5♉20	6♉02	6♉44	7♉26	8♉07	8♉49	9♉31	10♉12	10♉53
/♄	2♌48	3♌23	3♌58	4♌33	5♌08	5♌43	6♌18	6♌53	7♌28	8♌03	8♌39	9♌14	9♌49	10♌24	10♌60	11♌35
/♅	2♉60	3♉38	4♉15	4♉53	5♉31	6♉08	6♉46	7♉23	8♉01	8♉38	9♉16	9♉53	10♉30	11♉08	11♉45	12♉22
/♆	17♈44	18♈21	18♈58	19♈35	20♈12	20♈48	21♈25	22♈02	22♈38	23♈15	23♈51	24♈28	25♈04	25♈41	26♈17	26♈53
/♇	21♓09	21♓45	22♓21	22♓57	23♓33	24♓09	24♓45	25♓21	25♓56	26♓32	27♓08	27♓44	28♓19	28♓55	29♓30	0♈06
/☊	25♓26	26♓00	26♓36	27♓12	27♓49	28♓25	29♓02	29♓37	0♈11	0♈44	1♈16	1♈47	2♈19	2♈51	3♈24	3♈58
♂/⚳	23♎34	23♎46	23♎57	24♎09	24♎20	24♎32	24♎43	24♎55	25♎06	25♎17	25♎28	25♎39	25♎50	26♎01	26♎12	26♎22
/♃	3♊09	3♊27	3♊45	4♊04	4♊22	4♊41	4♊59	5♊18	5♊37	5♊56	6♊14	6♊33	6♊52	7♊11	7♊31	7♊50
/♄	5♍32	5♍43	5♍54	6♍05	6♍16	6♍28	6♍39	6♍51	7♍03	7♍15	7♍28	7♍40	7♍53	8♍05	8♍18	8♍31
/♅	5♊44	5♊57	6♊11	6♊25	6♊39	6♊53	7♊07	7♊21	7♊36	7♊50	8♊05	8♊19	8♊34	8♊49	9♊03	9♊18
/♆	20♉28	20♉41	20♉54	21♉07	21♉20	21♉33	21♉46	21♉60	22♉13	22♉27	22♉40	22♉54	23♉08	23♉22	23♉36	23♉50
/♇	23♎53	24♎05	24♎17	24♎29	24♎41	24♎54	25♎06	25♎19	25♎31	25♎44	25♎57	26♎10	26♎23	26♎36	26♎49	27♎02
/☊	28♎10	28♎20	28♎32	28♎44	28♎57	29♎10	29♎23	29♎35	29♎46	29♎56	0♏05	0♏14	0♏23	0♏32	0♏42	0♏54
⚳/♃	14♒12	14♒18	14♒23	14♒28	14♒33	14♒38	14♒42	14♒46	14♒50	14♒54	14♒57	15♒00	15♒03	15♒06	15♒09	15♒11
/♄	16♏36	16♏34	16♏32	16♏30	16♏27	16♏25	16♏22	16♏19	16♏17	16♏13	16♏10	16♏07	16♏04	15♏60	15♏56	15♏52
/♅	16♒48	16♒48	16♒49	16♒50	16♒50	16♒50	16♒50	16♒50	16♒49	16♒48	16♒47	16♒46	16♒45	16♒43	16♒41	16♒40
/♆	1♒32	1♒32	1♒32	1♒32	1♒31	1♒30	1♒29	1♒28	1♒26	1♒25	1♒23	1♒21	1♒19	1♒16	1♒14	1♒11
/♇	4♑57	4♑56	4♑55	4♑54	4♑52	4♑51	4♑49	4♑47	4♑45	4♑42	4♑39	4♑37	4♑34	4♑30	4♑27	4♑23
/☊	9♑14	9♑11	9♑10	9♑09	9♑08	9♑07	9♑06	9♑03	8♑59	8♑54	8♑48	8♑41	8♑33	8♑27	8♑20	8♑15
♃/♄	26♐11	26♐15	26♐20	26♐24	26♐29	26♐34	26♐38	26♐43	26♐47	26♐52	26♐57	27♐01	27♐06	27♐10	27♐15	27♐20
/♅	26♓22	26♓30	26♓37	26♓44	26♓52	26♓59	27♓06	27♓13	27♓20	27♓27	27♓34	27♓40	27♓47	27♓54	28♓00	28♓07
/♆	11♓07	11♓13	11♓20	11♓26	11♓33	11♓39	11♓45	11♓51	11♓57	12♓03	12♓09	12♓15	12♓21	12♓27	12♓33	12♓38
/♇	14♒32	14♒37	14♒43	14♒49	14♒54	14♒59	15♒05	15♒10	15♒15	15♒21	15♒26	15♒31	15♒36	15♒41	15♒46	15♒51
/☊	18♒49	18♒53	18♒58	19♒04	19♒10	19♒16	19♒22	19♒26	19♒30	19♒32	19♒34	19♒35	19♒36	19♒37	19♒39	19♒42
♄/♅	28♊46	28♊46	28♊46	28♊46	28♊46	28♊46	28♊46	28♊46	28♊46	28♊46	28♊47	28♊47	28♊47	28♊48	28♊48	28♊48
/♆	13♐30	13♐29	13♐29	13♐28	13♐27	13♐26	13♐25	13♐25	13♐24	13♐23	13♐22	13♐22	13♐21	13♐21	13♐20	13♐20
/♇	16♏55	16♏53	16♏52	16♏50	16♏48	16♏47	16♏45	16♏43	16♏42	16♏40	16♏39	16♏37	16♏36	16♏35	16♏33	16♏32
/☊	21♏12	21♏09	21♏06	21♏05	21♏04	21♏03	21♏02	20♏60	20♏56	20♏52	20♏47	20♏41	20♏36	20♏31	20♏27	20♏24
♅/♆	13♓42	13♓44	13♓46	13♓48	13♓49	13♓51	13♓53	13♓55	13♓56	13♓58	13♓59	14♓01	14♓02	14♓04	14♓05	14♓07
/♇	17♒07	17♒08	17♒09	17♒10	17♒11	17♒12	17♒13	17♒14	17♒14	17♒15	17♒16	17♒17	17♒17	17♒18	17♒19	17♒19
/☊	21♒24	21♒23	21♒24	21♒25	21♒27	21♒28	21♒29	21♒30	21♒29	21♒27	21♒24	21♒21	21♒17	21♒14	21♒12	21♒11
♆/♇	1♒52	1♒52	1♒52	1♒52	1♒52	1♒52	1♒52	1♒52	1♒52	1♒52	1♒52	1♒51	1♒51	1♒51	1♒51	1♒51
/☊	6♒08	6♒07	6♒07	6♒07	6♒08	6♒08	6♒09	6♒08	6♒06	6♒03	5♒60	5♒55	5♒51	5♒47	5♒44	5♒42
♇/☊	9♑33	9♑31	9♑30	9♑29	9♑29	9♑29	9♑28	9♑27	9♑24	9♑21	9♑16	9♑11	9♑06	9♑01	8♑58	8♑55

	17	18	19	20	21	22	23	24	25	26	27	28	29	30	31	
☉/☽	14♊48	22♊17	29♊49	7♋22	14♋56	22♋30	0♌03	7♌34	15♌02	22♌24	29♌40	6♓48	13♓47	20♓38	27♓20	☉/☽
/☿	14♉49	15♉31	16♉14	16♉60	17♉48	18♉37	19♉28	20♉21	21♉16	22♉13	23♉11	24♉11	25♉12	26♉15	27♉19	/☿
/♀	11♊11	12♊15	13♊20	14♊25	15♊30	16♊35	17♊39	18♊44	19♊49	20♊53	21♊58	23♊02	24♊07	25♊11	26♊16	/♀
/♂	7♋45	8♋28	9♋11	9♋54	10♋37	11♋20	12♋03	12♋47	13♋30	14♋14	14♋57	15♋41	16♋25	17♋08	17♋52	/♂
/⚳	14♓49	15♓14	15♓39	16♓04	16♓29	16♓54	17♓19	17♓43	18♓07	18♓31	18♓55	19♓19	19♓43	20♓06	20♓30	/⚳
/♃	26♈25	26♈59	27♈33	28♈07	28♈41	29♈15	29♈49	0♉22	0♉56	1♉30	2♉03	2♉37	3♉10	3♉44	4♉17	/♃
/♄	26♋60	27♋28	27♋56	28♋25	28♋53	29♋21	29♋50	0♌18	0♌47	1♌15	1♌44	2♌13	2♌41	3♌10	3♌39	/♄
/♅	27♈49	28♈19	28♈49	29♈19	29♈49	0♉19	0♉49	1♉18	1♉48	2♉18	2♉48	3♉17	3♉47	4♉17	4♉46	/♅
/♆	12♈19	12♈49	13♈18	13♈47	14♈16	14♈45	15♈14	15♈43	16♈12	16♈41	17♈10	17♈38	18♈07	18♈36	19♈05	/♆
/♇	15♓31	15♓59	16♓28	16♓56	17♓24	17♓53	18♓21	18♓49	19♓17	19♓45	20♓14	20♓42	21♓10	21♓38	22♓06	/♇
/☊	19♓22	19♓51	20♓21	20♓50	21♓19	21♓48	22♓15	22♓42	23♓08	23♓34	23♓60	24♓26	24♓53	25♓21	25♓50	/☊
☽/☿	3♊38	10♊50	18♊07	25♊28	2♋52	10♋18	17♋45	25♋11	2♌36	9♒57	17♒14	24♒24	1♓27	8♓22	15♓11	☽/☿
/♀	29♊59	7♋35	15♋13	22♋53	0♌34	8♌16	15♌56	23♌34	1♍09	8♍38	16♍01	23♍15	0♎22	7♎19	14♈08	/♀
/♂	26♋33	3♌47	11♌03	18♌22	25♌41	3♍01	10♍20	17♍37	24♍50	1♎58	9♎00	15♎54	22♎39	29♎16	5♏45	/♂
/⚳	3♈37	10♎33	17♎32	24♎33	1♏34	8♏35	15♏35	22♏33	29♏27	6♐16	12♐58	19♐32	25♐58	2♑14	8♑22	/⚳
/♃	15♉13	22♉18	29♉26	6♊35	13♊45	20♊56	28♐05	5♑12	12♑16	19♑14	26♑06	2♒50	9♒25	15♒51	22♒09	/♃
/♄	15♌48	22♌47	29♌49	6♍53	13♍58	21♍02	28♍06	5♎08	12♎07	19♎00	25♎47	2♏26	8♏56	15♏18	21♏31	/♄
/♅	16♉37	23♉38	0♊42	7♊47	14♊53	21♊60	29♊05	6♑08	13♑08	20♑03	26♑50	3♒31	10♒02	16♒24	22♒39	/♅
/♆	1♉08	8♉08	15♉11	22♉15	29♏20	6♐26	13♐30	20♐33	27♐32	4♑25	11♑12	17♑52	24♑22	0♒44	6♒57	/♆
/♇	4♈19	11♎19	18♎21	25♎24	2♏29	9♏33	16♏37	23♏39	0♐37	7♐30	14♐16	20♐55	27♐25	3♑46	9♑58	/♇
/☊	8♈11	15♎10	22♎13	29♎18	6♏24	13♏29	20♏32	27♏32	4♐28	11♐19	18♐03	24♐39	1♑08	7♑29	13♑42	/☊
☿/♀	29♉60	0♊48	1♊39	2♊32	3♊26	4♊23	5♊21	6♊21	7♊23	8♊26	9♊31	10♊38	11♊46	12♊56	14♊07	☿/♀
/♂	26♊34	27♊00	27♊29	28♊00	28♊33	29♊08	29♊45	0♋24	1♋04	1♋47	2♋31	3♋17	4♋04	4♋53	5♋44	/♂
/⚳	3♓38	3♓47	3♓58	4♓11	4♓26	4♓42	5♓00	5♓20	5♓41	6♓04	6♓29	6♓55	7♓22	7♓51	8♓21	/⚳
/♃	15♈14	15♈32	15♈51	16♈13	16♈37	17♈03	17♈30	17♈59	18♈30	19♈03	19♈37	20♈13	20♈50	21♈28	22♈08	/♃
/♄	15♋49	16♋01	16♋15	16♋31	16♋49	17♋09	17♋31	17♋55	18♋21	18♋48	19♋18	19♋48	20♋21	20♋55	21♋30	/♄
/♅	16♈38	16♈52	17♈07	17♈25	17♈45	18♈07	18♈30	18♈55	19♈22	19♈51	20♈21	20♈53	21♈26	22♈01	22♈38	/♅
/♆	1♈09	1♈21	1♈36	1♈53	2♈12	2♈33	2♈55	3♈20	3♈46	4♈14	4♈43	5♈14	5♈47	6♈21	6♈56	/♆
/♇	4♓20	4♓32	4♓46	5♓02	5♓20	5♓40	6♓02	6♓26	6♓51	7♓18	7♓47	8♓17	8♓49	9♓23	9♓58	/♇
/☊	8♓12	8♓24	8♓39	8♓56	9♓15	9♓36	9♓57	10♓19	10♓42	11♓07	11♓33	12♓02	12♓33	13♓06	13♓41	/☊
♀/♂	22♋55	23♋45	24♋35	25♋25	26♋15	27♋06	27♋56	28♋46	29♋37	0♌27	1♌18	2♌08	2♌59	3♌50	4♌40	♀/♂
/⚳	29♓59	0♈31	1♈04	1♈36	2♈08	2♈40	3♎11	3♎43	4♎14	4♎45	5♎16	5♎47	6♎17	6♎47	7♎18	/⚳
/♃	11♉35	12♉16	12♉57	13♉38	14♉19	15♉00	15♉41	16♉22	17♉03	17♉43	18♉24	19♉04	19♉45	20♉25	21♉05	/♃
/♄	12♌10	12♌46	13♌21	13♌56	14♌32	15♌07	15♌43	16♌18	16♌54	17♌29	18♌05	18♌40	19♌16	19♌51	20♌27	/♄
/♅	12♉59	13♉36	14♉13	14♉50	15♉27	16♉04	16♉41	17♉18	17♉55	18♉32	19♉08	19♉45	20♉21	20♉58	21♉34	/♅
/♆	27♈30	28♈06	28♈42	29♈18	29♈54	0♉30	1♉06	1♉42	2♉18	2♉54	3♉30	4♉06	4♉42	5♉17	5♉53	/♆
/♇	0♈41	1♈17	1♈52	2♈28	3♈03	3♈38	4♈14	4♈49	5♎24	5♎59	6♎34	7♎09	7♎44	8♎19	8♎54	/♇
/☊	4♈33	5♈09	5♈45	6♈22	6♈58	7♈33	8♈08	8♈42	9♈15	9♈48	10♈20	10♈54	11♈28	12♈02	12♎38	/☊
♂/⚳	26♎33	26♎44	26♎54	27♎04	27♎15	27♎25	27♎35	27♎45	27♎55	28♎05	28♎15	28♎25	28♎35	28♎45	28♎54	♂/⚳
/♃	8♊09	8♊28	8♊48	9♊07	9♊26	9♊46	10♊05	10♊25	10♊44	11♊04	11♊23	11♊43	12♊02	12♊22	12♊42	/♃
/♄	8♍44	8♍58	9♍11	9♍25	9♍39	9♍52	10♍06	10♍21	10♍35	10♍49	11♍04	11♍19	11♍33	11♍48	12♍03	/♄
/♅	9♊33	9♊49	10♊04	10♊19	10♊34	10♊50	11♊05	11♊21	11♊36	11♊52	12♊08	12♊23	12♊39	12♊55	13♊11	/♅
/♆	24♉04	24♉18	24♉32	24♉47	25♉01	25♉16	25♉30	25♉45	25♉60	26♉15	26♉29	26♉44	26♉59	27♉14	27♉29	/♆
/♇	27♎16	27♎29	27♎42	27♎56	28♎10	28♎24	28♎37	28♎51	29♎05	29♎19	29♎33	29♎48	0♏02	0♏16	0♏31	/♇
/☊	1♏07	1♏21	1♏35	1♏50	2♏05	2♏19	2♏32	2♏44	2♏56	3♏08	3♏20	3♏32	3♏45	3♏59	4♏14	/☊
⚳/♃	15♒13	15♒15	15♒16	15♒18	15♒19	15♒20	15♒21	15♒21	15♒21	15♒21	15♒21	15♒21	15♒20	15♒20	15♒19	⚳/♃
/♄	15♏48	15♏44	15♏40	15♏36	15♏31	15♏27	15♏22	15♏17	15♏12	15♏07	15♏02	14♏57	14♏52	14♏46	14♏41	/♄
/♅	16♒37	16♒35	16♒32	16♒30	16♒27	16♒24	16♒20	16♒17	16♒13	16♒10	16♒06	16♒02	15♒57	15♒53	15♒48	/♅
/♆	1♒08	1♒05	1♒01	0♒58	0♒54	0♒50	0♒46	0♒41	0♒37	0♒32	0♒28	0♒23	0♒17	0♒12	0♒07	/♆
/♇	4♑19	4♑15	4♑11	4♑07	4♑02	3♑58	3♑53	3♑48	3♑42	3♑37	3♑32	3♑26	3♑20	3♑14	3♑08	/♇
/☊	8♑11	8♑07	8♑04	8♑01	7♑57	7♑53	7♑47	7♑41	7♑33	7♑26	7♑18	7♑10	7♑03	6♑57	6♑52	/☊
♃/♄	27♐24	27♐29	27♐33	27♐38	27♐43	27♐47	27♐52	27♊56	28♊01	28♊05	28♊10	28♊15	28♊19	28♊24	28♊28	♃/♄
/♅	28♓13	28♓20	28♓26	28♓32	28♓38	28♓44	28♓50	28♓56	29♓02	29♓08	29♓14	29♓19	29♓25	29♓30	29♓36	/♅
/♆	12♓44	12♓49	12♓55	13♓00	13♓05	13♓11	13♓16	13♓21	13♓26	13♓31	13♓36	13♓40	13♓45	13♓50	13♓54	/♆
/♇	15♒55	16♒00	16♒05	16♒09	16♒14	16♒18	16♒23	16♒27	16♒31	16♒35	16♒40	16♒44	16♒48	16♒52	16♒55	/♇
/☊	19♒47	19♒52	19♒58	20♒03	20♒09	20♒13	20♒17	20♒20	20♒22	20♒24	20♒26	20♒28	20♒31	20♒35	20♒39	/☊
♄/♅	28♊49	28♊49	28♊50	28♊50	28♊51	28♊51	28♊52	28♊52	28♊53	28♊54	28♊54	28♊55	28♊56	28♊57	28♊58	♄/♅
/♆	13♐19	13♐19	13♐18	13♐18	13♐18	13♐17	13♐17	13♐17	13♐17	13♐16	13♐16	13♐16	13♐16	13♐16	13♐16	/♆
/♇	16♏31	16♏30	16♏28	16♏27	16♏26	16♏25	16♏24	16♏23	16♏22	16♏21	16♏20	16♏19	16♏19	16♏18	16♏17	/♇
/☊	20♏22	20♏21	20♏21	20♏21	20♏21	20♏20	20♏18	20♏16	20♏13	20♏10	20♏06	20♏04	20♏02	20♏01	20♏01	/☊
♅/♆	14♓08	14♓09	14♓11	14♓12	14♓13	14♓14	14♓16	14♓17	14♓18	14♓19	14♓20	14♓21	14♓22	14♓23	14♓24	♅/♆
/♇	17♒20	17♒20	17♒21	17♒21	17♒22	17♒22	17♒23	17♒23	17♒23	17♒24	17♒24	17♒24	17♒24	17♒25	17♒25	/♇
/☊	21♒11	21♒12	21♒14	21♒15	21♒17	21♒17	21♒17	21♒16	21♒14	21♒12	21♒10	21♒09	21♒08	21♒08	21♒08	/☊
♆/♇	1♒50	1♒50	1♒50	1♒49	1♒49	1♒48	1♒48	1♒47	1♒47	1♒46	1♒46	1♒45	1♒45	1♒44	1♒43	♆/♇
/☊	5♒42	5♒42	5♒42	5♒43	5♒44	5♒43	5♒42	5♒40	5♒38	5♒35	5♒32	5♒30	5♒28	5♒27	5♒27	/☊
♇/☊	8♑53	8♑53	8♑52	8♑52	8♑52	8♑51	8♑49	8♑47	8♑43	8♑40	8♑36	8♑33	8♑31	8♑29	8♑28	♇/☊

May 2010

June 2010

	1	2	3	4	5	6	7	8	9	10
☉/☽	3♈55	10♈24	16♈50	23♈14	29♈39	6♉08	12♉42	19♉24	26♉16	3♊18
/☿	28♉25	29♉32	0♊41	1♊51	3♊02	4♊15	5♊29	6♊44	8♊01	9♊19
/♀	27♊20	28♊24	29♊29	0♋33	1♋37	2♋41	3♋45	4♋49	5♋53	6♋57
/♂	18♋36	19♋20	20♋04	20♋48	21♋32	22♋17	23♋01	23♋45	24♋30	25♋14
/⚳	20♓53	21♓16	21♓39	22♓02	22♓24	22♓47	23♓10	23♓32	23♓55	24♓17
/♃	4♉50	5♉23	5♉56	6♉29	7♉02	7♉35	8♉08	8♉41	9♉13	9♉46
/♄	4♌08	4♌36	5♌05	5♌34	6♌03	6♌32	7♌01	7♌30	7♌59	8♌29
/♅	5♉16	5♉45	6♉15	6♉44	7♉14	7♉43	8♉13	8♉42	9♉11	9♉41
/♆	19♈34	20♈02	20♈31	20♈60	21♈28	21♈57	22♈26	22♈54	23♈23	23♈51
/♇	22♓34	23♓02	23♓30	23♓58	24♓26	24♓54	25♓22	25♓50	26♓18	26♓46
/☊	26♓19	26♓48	27♓18	27♓47	28♓16	28♓45	29♓12	29♓40	0♈07	0♈34
☽/☿	21♓55	28♓33	5♈10	11♈47	18♈26	25♈10	2♉01	9♉01	16♉12	23♉35
/♀	20♈50	27♈26	3♉58	10♉29	17♉01	23♉36	0♊18	7♊06	14♊05	21♊13
/♂	12♏06	18♏22	24♏34	0♊45	6♊56	13♊12	19♊33	26♊02	2♋41	9♋30
/⚳	14♑23	20♑17	26♑08	1♒58	7♒49	13♒42	19♒42	25♒49	2♓06	8♓33
/♃	28♒20	4♓25	10♓26	16♓26	22♓26	28♓30	4♈40	10♈58	17♈24	24♈02
/♄	27♏37	3♐38	9♐35	15♐31	21♐27	27♐28	3♋34	9♋47	16♋11	22♋44
/♅	28♒46	4♓47	10♓45	16♓41	22♓38	28♓39	4♈45	10♈59	17♈23	23♈57
/♆	13♒03	19♒04	25♒01	0♓56	6♓53	12♓52	18♓58	25♓11	1♈34	8♈07
/♇	16♑04	22♑04	27♑60	3♒55	9♒50	15♒50	21♒55	28♒07	4♓30	11♓02
/☊	19♑48	25♑50	1♒48	7♒44	13♒40	19♒40	25♒45	1♓57	8♓18	14♓50
☿/♀	15♊20	16♊34	17♊49	19♊06	20♊24	21♊43	23♊04	24♊26	25♊50	27♊14
/♂	6♋36	7♋29	8♋25	9♋21	10♋19	11♋19	12♋20	13♋22	14♋26	15♋31
/⚳	8♓53	9♓25	9♓59	10♓35	11♓11	11♓49	12♓29	13♓09	13♓51	14♓34
/♃	22♈50	23♈33	24♈17	25♈02	25♈49	26♈37	27♈27	28♈18	29♈10	0♉03
/♄	22♋07	22♋46	23♋26	24♋07	24♋50	25♋34	26♋20	27♋07	27♋56	28♋46
/♅	23♈16	23♈55	24♈36	25♈18	26♈01	26♈46	27♈32	28♈19	29♈08	29♈58
/♆	7♈33	8♈12	8♈52	9♈33	10♈15	10♈59	11♈45	12♈31	13♈19	14♈08
/♇	10♓34	11♓12	11♓51	12♓31	13♓13	13♓57	14♓41	15♓27	16♓15	17♓03
/☊	14♓18	14♓58	15♓38	16♓20	17♓03	17♓47	18♓31	19♓17	20♓03	20♓51
♀/♂	5♌31	6♌22	7♌13	8♌03	8♌54	9♌45	10♌36	11♌27	12♌18	13♌09
/⚳	7♎48	8♎18	8♎47	9♎17	9♎46	10♎16	10♎45	11♎14	11♎43	12♎12
/♃	21♉45	22♉25	23♉05	23♉45	24♉24	25♉04	25♉43	26♉23	27♉02	27♉41
/♄	21♌02	21♌38	22♌14	22♌49	23♌25	24♌01	24♌37	25♌12	25♌48	26♌24
/♅	22♉11	22♉47	23♉23	23♉60	24♉36	25♉12	25♉48	26♉24	27♉00	27♉36
/♆	6♉29	7♉04	7♉40	8♉15	8♉50	9♉26	10♉01	10♉36	11♉11	11♉47
/♇	9♎29	10♎04	10♎39	11♎14	11♎48	12♎23	12♎58	13♎32	14♎07	14♎42
/☊	13♎14	13♎50	14♎26	15♎03	15♎38	16♎13	16♎48	17♎22	17♎55	18♎29
♂/⚳	29♎04	29♎13	29♎23	29♎32	29♎42	29♎51	0♏01	0♏10	0♏20	0♏29
/♃	13♊01	13♊21	13♊40	14♊00	14♊20	14♊39	14♊59	15♊19	15♊38	15♊58
/♄	12♍19	12♍34	12♍49	13♍05	13♍21	13♍36	13♍52	14♍08	14♍24	14♍41
/♅	13♊27	13♊43	13♊59	14♊15	14♊31	14♊48	15♊04	15♊20	15♊36	15♊53
/♆	27♉45	27♉60	28♉15	28♉30	28♏46	29♏01	29♏17	29♏32	29♏48	0♐03
/♇	0♏45	0♏60	1♏14	1♏29	1♏44	1♏59	2♏13	2♏28	2♏43	2♏58
/☊	4♏30	4♏46	5♏02	5♏18	5♏34	5♏49	6♏03	6♏18	6♏32	6♏46
⚳/♃	15♒18	15♒17	15♒15	15♒14	15♒12	15♒10	15♒08	15♒05	15♒03	15♒01
/♄	14♏35	14♏30	14♏24	14♏18	14♏13	14♏07	14♏01	13♏55	13♏49	13♏44
/♅	15♒44	15♒39	15♒34	15♒29	15♒23	15♒18	15♒13	15♒07	15♒01	14♒56
/♆	0♒01	29♑56	29♑50	29♑44	29♑38	29♑32	29♑26	29♑19	29♑13	29♑06
/♇	3♑02	2♑56	2♑49	2♑43	2♑36	2♑29	2♑22	2♑15	2♑08	2♑01
/☊	6♑46	6♑42	6♑37	6♑31	6♑26	6♑19	6♑12	6♑05	5♑57	5♑49
♃/♄	28♊33	28♊37	28♊42	28♊46	28♊50	28♊55	28♊59	29♊04	29♊08	29♊12
/♅	29♓41	29♓46	29♓51	29♓56	0♈01	0♈06	0♈11	0♈15	0♈20	0♈25
/♆	13♓59	14♓03	14♓07	14♓12	14♓16	14♓20	14♓24	14♓28	14♓31	14♓35
/♇	16♒59	17♒03	17♒07	17♒10	17♒14	17♒17	17♒20	17♒24	17♒27	17♒30
/☊	20♒44	20♒49	20♒54	20♒59	21♒04	21♒07	21♒10	21♒13	21♒15	21♒17
♄/♅	28♊58	28♊59	29♊00	29♊01	29♊02	29♊03	29♊04	29♊05	29♊06	29♊07
/♆	13♐16	13♐16	13♐16	13♐16	13♐17	13♐17	13♐17	13♐17	13♐18	13♐18
/♇	16♏17	16♏16	16♏16	16♏15	16♏15	16♏14	16♏14	16♏13	16♏13	16♏13
/☊	20♏01	20♏02	20♏03	20♏04	20♏04	20♏04	20♏04	20♏03	20♏02	20♏00
♅/♆	14♓24	14♓25	14♓26	14♓27	14♓27	14♓28	14♓29	14♓29	14♓30	14♓30
/♇	17♒25	17♒25	17♒25	17♒25	17♒25	17♒25	17♒25	17♒25	17♒25	17♒25
/☊	21♒10	21♒11	21♒13	21♒14	21♒15	21♒16	21♒15	21♒15	21♒14	21♒12
♆/♇	1♒43	1♒42	1♒41	1♒41	1♒40	1♒39	1♒38	1♒37	1♒37	1♒36
/☊	5♒27	5♒28	5♒29	5♒30	5♒30	5♒29	5♒28	5♒27	5♒25	5♒23
♇/☊	8♑28	8♑28	8♑28	8♑28	8♑28	8♑27	8♑25	8♑23	8♑20	8♑18

	11	12	13	14	15	16	17	18	19	20
☉/☽	10♊30	17♊53	25♊24	3♋02	10♋43	18♋27	26♋09	3♌49	11♌24	18♌54
/☿	10♊38	11♊59	13♊21	14♊45	16♊09	17♊35	19♊02	20♊30	21♊59	23♊29
/♀	8♋01	9♋05	10♋09	11♋13	12♋17	13♋20	14♋24	15♋28	16♋31	17♋35
/♂	25♋59	26♋43	27♋28	28♋13	28♋57	29♋42	0♌27	1♌12	1♌57	2♌42
/⚳	24♓39	25♓01	25♓23	25♓46	26♓08	26♓30	26♓52	27♓14	27♍36	27♍58
/♃	10♉18	10♉51	11♉23	11♉55	12♉27	12♉59	13♉31	14♉03	14♉35	15♉07
/♄	8♌58	9♌27	9♌57	10♌26	10♌55	11♌25	11♌54	12♌24	12♌53	13♌23
/♅	10♉10	10♉39	11♉09	11♉38	12♉07	12♉36	13♉05	13♉34	14♉03	14♉32
/♆	24♈20	24♈48	25♈17	25♈45	26♈14	26♈42	27♈11	27♈39	28♈07	28♈36
/♇	27♓14	27♓42	28♓10	28♓38	29♓06	29♓34	0♈02	0♈30	0♈58	1♈25
/☊	1♈01	1♈28	1♈56	2♈25	2♈54	3♈23	3♈52	4♈21	4♈50	5♈19
☽/☿	1♊10	8♊55	16♊51	24♊55	3♋04	11♋16	19♋28	27♋38	5♌45	13♌48
/♀	28♊32	6♋01	13♋39	21♋23	29♋11	7♌01	14♌50	22♌36	0♍17	7♍53
/♂	16♋30	23♋39	0♌58	8♌23	15♌52	23♌23	0♍53	8♍20	15♍43	23♍00
/⚳	15♓10	21♓58	28♍53	5♎56	13♎02	20♎10	27♎17	4♏22	11♏22	18♏16
/♃	0♉49	7♉47	14♉53	22♉05	29♉22	6♊40	13♊57	21♊11	28♊21	5♑25
/♄	29♋29	6♌23	13♌26	20♌36	27♌50	5♍05	12♍20	19♍32	26♍39	3♎41
/♅	0♉41	7♉36	14♉39	21♉48	29♉02	6♊17	13♊31	20♊42	27♊49	4♑51
/♆	14♈51	21♈45	28♈47	5♉56	13♉09	20♉23	27♉36	4♐47	11♐53	18♐54
/♇	17♓45	24♓38	1♈40	8♎48	16♎01	23♎14	0♏27	7♏38	14♏43	21♏44
/☊	21♓32	28♓24	5♈26	12♎35	19♎48	27♎03	4♏18	11♏29	18♏36	25♏37
☿/♀	28♊40	0♋08	1♋36	3♋06	4♋37	6♋09	7♋42	9♋17	10♋52	12♋29
/♂	16♋38	17♋46	18♋55	20♋06	21♋18	22♋31	23♋46	25♋01	26♋18	27♋36
/⚳	15♓18	16♓04	16♓51	17♓39	18♓28	19♓18	20♓10	21♓03	21♓57	22♓52
/♃	0♉57	1♉53	2♉50	3♉48	4♉48	5♉48	6♉50	7♉53	8♉56	10♉01
/♄	29♋37	0♌30	1♌24	2♌19	3♌16	4♌14	5♌13	6♌13	7♌15	8♌17
/♅	0♉49	1♉42	2♉36	3♉31	4♉27	5♉25	6♉24	7♉24	8♉25	9♉27
/♆	14♈59	15♈51	16♈44	17♈38	18♈34	19♈31	20♈29	21♈28	22♈29	23♈30
/♇	17♓53	18♓45	19♓37	20♓31	21♓26	22♓23	23♓20	24♓19	25♓19	26♓20
/☊	21♓40	22♓31	23♓23	24♓18	25♓14	26♓12	27♓10	28♓10	29♓11	0♈13
♀/♂	14♌00	14♌52	15♌43	16♌34	17♌25	18♌16	19♌08	19♌59	20♌50	21♌41
/⚳	12♎41	13♎10	13♎38	14♎07	14♎35	15♎04	15♎32	16♎01	16♎29	16♎57
/♃	28♉20	28♉59	29♉38	0♊16	0♊55	1♊34	2♊12	2♊50	3♊28	4♊06
/♄	26♌60	27♌36	28♌11	28♌47	29♌23	29♌59	0♍35	1♍11	1♍47	2♍22
/♅	28♉12	28♉48	29♉23	29♉59	0♊35	1♊10	1♊46	2♊21	2♊57	3♊32
/♆	12♉22	12♉57	13♉32	14♉07	14♉42	15♉16	15♉51	16♉26	17♉01	17♉35
/♇	15♎16	15♎51	16♎25	16♎59	17♎34	18♎08	18♎42	19♎16	19♎51	20♎25
/☊	19♎03	19♎37	20♎11	20♎46	21♎21	21♎57	22♎33	23♎08	23♎43	24♎18
♂/⚳	0♏38	0♏48	0♏57	1♏07	1♏16	1♏26	1♏35	1♏45	1♏55	2♏04
/♃	16♊17	16♊37	16♊57	17♊16	17♊36	17♊55	18♊15	18♊34	18♊54	19♊13
/♄	14♍57	15♍14	15♍30	15♍47	16♍04	16♍21	16♍38	16♍55	17♍12	17♍30
/♅	16♊09	16♊26	16♊42	16♊59	17♊16	17♊32	17♊49	18♊06	18♊22	18♊39
/♆	0♐19	0♐35	0♐51	1♐07	1♐22	1♐38	1♐54	2♐10	2♐26	2♐42
/♇	3♏13	3♏29	3♏44	3♏59	4♏15	4♏30	4♏45	5♏01	5♏16	5♏32
/☊	7♏00	7♏15	7♏30	7♏46	8♏02	8♏19	8♏36	8♏52	9♏09	9♏25
⚳/♃	14♒58	14♒55	14♒52	14♒49	14♒46	14♒43	14♒40	14♒36	14♒33	14♒29
/♄	13♏38	13♏32	13♏26	13♏20	13♏14	13♏08	13♏02	12♏57	12♏51	12♏45
/♅	14♒50	14♒44	14♒38	14♒32	14♒26	14♒20	14♒13	14♒07	14♒01	13♒55
/♆	28♑60	28♑53	28♑46	28♑39	28♑33	28♑26	28♑19	28♑12	28♑05	27♑58
/♇	1♑54	1♑47	1♑39	1♑32	1♑25	1♑17	1♑10	1♑03	0♑55	0♑48
/☊	5♑41	5♑33	5♑26	5♑19	5♑12	5♑06	5♑00	4♑54	4♑48	4♑41
♃/♄	29♊17	29♊21	29♊25	29♊30	29♊34	29♊38	29♊42	29♊46	29♊50	29♊54
/♅	0♈29	0♈33	0♈37	0♈41	0♈45	0♈49	0♈53	0♈57	1♈00	1♈04
/♆	14♓39	14♓42	14♓46	14♓49	14♓52	14♓55	14♓59	15♓02	15♓04	15♓07
/♇	17♒33	17♒36	17♒39	17♒42	17♒44	17♒47	17♒50	17♒52	17♒55	17♒57
/☊	21♒20	21♒22	21♒25	21♒28	21♒32	21♒36	21♒40	21♒44	21♒47	21♒50
♄/♅	29♊09	29♊10	29♊11	29♊12	29♊13	29♊15	29♊16	29♊17	29♊19	29♊20
/♆	13♐18	13♐19	13♐19	13♐20	13♐20	13♐21	13♐21	13♐22	13♐23	13♐23
/♇	16♏13	16♏13	16♏12	16♏12	16♏12	16♏12	16♏13	16♏13	16♏13	16♏13
/☊	19♏59	19♏59	19♏59	19♏59	20♏00	20♏01	20♏03	20♏04	20♏05	20♏06
♅/♆	14♓31	14♓31	14♓31	14♓32	14♓32	14♓32	14♓32	14♓33	14♓33	14♓33
/♇	17♒25	17♒25	17♒25	17♒24	17♒24	17♒24	17♒24	17♒23	17♒23	17♒23
/☊	21♒11	21♒11	21♒11	21♒11	21♒12	21♒13	21♒14	21♒15	21♒15	21♒16
♆/♇	1♒35	1♒34	1♒33	1♒32	1♒31	1♒30	1♒29	1♒28	1♒27	1♒26
/☊	5♒21	5♒20	5♒19	5♒19	5♒19	5♒19	5♒19	5♒19	5♒19	5♒19
♇/☊	8♑16	8♑14	8♑12	8♑11	8♑11	8♑11	8♑10	8♑10	8♑10	8♑09

	21	22	23	24	25	26	27	28	29	30
☉/☽	26♌17	3♍34	10♍44	17♍47	24♍43	1♎32	8♈15	14♈51	21♈23	27♈50
/☿	25♊01	26♊32	28♊05	29♊38	1♋12	2♋46	4♋20	5♋54	7♋29	9♋02
/♀	18♋38	19♋42	20♋45	21♋48	22♋51	23♋55	24♋58	26♋01	27♋04	28♋07
/♂	3♌27	4♌12	4♌57	5♌43	6♌28	7♌13	7♌59	8♌44	9♌29	10♌15
/⚳	28♍20	28♍42	29♍04	29♍26	29♍48	0♎10	0♎32	0♎55	1♎17	1♎39
/♃	15♉38	16♉10	16♉41	17♉13	17♉44	18♉15	18♉46	19♉17	19♉48	20♉19
/♄	13♌53	14♌22	14♌52	15♌22	15♌52	16♌22	16♌52	17♌22	17♌52	18♌22
/♅	15♉01	15♉30	15♉59	16♉28	16♉57	17♉26	17♉55	18♉24	18♉52	19♉21
/♆	29♈04	29♈32	0♉01	0♉29	0♉57	1♉25	1♉54	2♉22	2♉50	3♉18
/♇	1♈53	2♈21	2♈49	3♈17	3♈45	4♎13	4♎40	5♎08	5♎36	6♎04
/☊	5♈47	6♈15	6♈43	7♈11	7♈39	8♈07	8♈36	9♈04	9♈33	10♈02
☽/☿	21♌45	29♌37	7♍22	15♍01	22♍34	29♍59	7♈19	14♈33	21♈41	28♈45
/♀	15♍23	22♍46	0♎02	7♎11	14♎13	21♎08	27♎57	4♏39	11♏16	17♏49
/♂	0♎12	7♎16	14♎14	21♎05	27♎49	4♏27	10♏57	17♏22	23♏42	29♏57
/⚳	25♏04	1♐46	8♐21	14♐49	21♐09	27♐23	3♑31	9♑33	15♑29	21♑22
/♃	12♑23	19♑14	25♑58	2♒36	9♒06	15♒29	21♒45	27♒56	4♓01	10♓02
/♄	10♎37	17♎27	24♎09	0♏45	7♏13	13♏35	19♏50	25♏60	2♐04	8♐04
/♅	11♑46	18♑35	25♑16	1♒51	8♒19	14♒39	20♒54	27♒02	3♓05	9♓04
/♆	25♐49	2♑37	9♑18	15♑52	22♑19	28♑39	4♒52	10♒60	17♒02	23♒01
/♇	28♏38	5♐25	12♐06	18♐40	25♐06	1♑26	7♑39	13♑46	19♑48	25♑46
/☊	2♐31	9♐19	15♐60	22♐34	29♐00	5♑21	11♑34	17♑42	23♑45	29♑44
☿/♀	14♋06	15♋44	17♋23	19♋02	20♋42	22♋22	24♋02	25♋42	27♋22	29♋02
/♂	28♋55	0♌15	1♌35	2♌57	4♌18	5♌40	7♌03	8♌25	9♌48	11♌10
/⚳	23♓48	24♓44	25♓42	26♍40	27♍38	28♍37	29♍37	0♎36	1♎35	2♎34
/♃	11♉06	12♉13	13♉19	14♉27	15♉35	16♉43	17♉51	18♉59	20♉07	21♉14
/♄	9♌21	10♌25	11♌30	12♌36	13♌42	14♌49	15♌56	17♌03	18♌10	19♌17
/♅	10♉29	11♉33	12♉37	13♉42	14♉48	15♉53	16♉59	18♉05	19♉11	20♉16
/♆	24♈32	25♈35	26♈39	27♈43	28♈48	29♈53	0♉58	2♉03	3♉08	4♉13
/♇	27♓21	28♓24	29♓27	0♈31	1♈35	2♈40	3♈45	4♎50	5♎54	6♎59
/☊	1♈15	2♈17	3♈21	4♈25	5♈29	6♈34	7♈40	8♈46	9♈51	10♈57
♀/♂	22♌33	23♌24	24♌15	25♌07	25♌58	26♌49	27♌40	28♌32	29♌23	0♍14
/⚳	17♎25	17♎53	18♎22	18♎50	19♎18	19♎46	20♎14	20♎42	21♎10	21♎39
/♃	4♊44	5♊22	5♊59	6♊37	7♊14	7♊51	8♊28	9♊05	9♊42	10♊19
/♄	2♍58	3♍34	4♍10	4♍46	5♍22	5♍58	6♍34	7♍09	7♍45	8♍21
/♅	4♊07	4♊42	5♊17	5♊52	6♊27	7♊02	7♊37	8♊11	8♊46	9♊21
/♆	18♉10	18♉44	19♉19	19♉53	20♉27	21♉01	21♉36	22♉10	22♉44	23♉18
/♇	20♎59	21♎33	22♎07	22♎41	23♎15	23♎48	24♎22	24♎56	25♎30	26♎03
/☊	24♎52	25♎27	26♎01	26♎35	27♎09	27♎43	28♎18	28♎52	29♎27	0♏01
♂/⚳	2♏14	2♏24	2♏34	2♏44	2♏54	3♏04	3♏15	3♏25	3♏36	3♏47
/♃	19♊33	19♊52	20♊12	20♊31	20♊50	21♊10	21♊29	21♊48	22♊07	22♊27
/♄	17♍47	18♍05	18♍22	18♍40	18♍58	19♍16	19♍34	19♍52	20♍11	20♍29
/♅	18♊56	19♊13	19♊30	19♊47	20♊03	20♊20	20♊37	20♊54	21♊11	21♊28
/♆	2♐59	3♐15	3♐31	3♐47	4♐04	4♐20	4♐36	4♐53	5♐09	5♐26
/♇	5♏48	6♏03	6♏19	6♏35	6♏51	7♏07	7♏23	7♏39	7♏55	8♏11
/☊	9♏41	9♏57	10♏13	10♏29	10♏45	11♏02	11♏18	11♏35	11♏52	12♏09
⚳/♃	14♒26	14♒22	14♒18	14♒14	14♒11	14♒07	14♒03	13♒59	13♒55	13♒51
/♄	12♏40	12♏34	12♏29	12♏23	12♏18	12♏13	12♏08	12♏03	11♏58	11♏53
/♅	13♒49	13♒42	13♒36	13♒30	13♒23	13♒17	13♒11	13♒05	12♒59	12♒53
/♆	27♑51	27♑44	27♑37	27♑30	27♑24	27♑17	27♑10	27♑03	26♑56	26♑50
/♇	0♑40	0♑33	0♑26	0♑18	0♑11	0♑04	29♐57	29♐50	29♐43	29♐36
/☊	4♑34	4♑27	4♑19	4♑12	4♑05	3♑58	3♑52	3♑46	3♑40	3♑34
♃/♄	29♊59	0♋03	0♋07	0♋11	0♋14	0♋18	0♋22	0♋26	0♋30	0♋33
/♅	1♈07	1♈11	1♈14	1♈17	1♈20	1♈23	1♈25	1♈28	1♈30	1♈33
/♆	15♓10	15♓13	15♓15	15♓17	15♓20	15♓22	15♓24	15♓26	15♓28	15♓30
/♇	17♒59	18♒01	18♒03	18♒05	18♒07	18♒09	18♒11	18♒13	18♒14	18♒16
/☊	21♒53	21♒55	21♒57	21♒59	22♒01	22♒04	22♒06	22♒09	22♒11	22♒14
♄/♅	29♊22	29♊23	29♊24	29♊26	29♊27	29♊29	29♊30	29♊32	29♊34	29♊35
/♆	13♐24	13♐25	13♐26	13♐27	13♐27	13♐28	13♐29	13♐30	13♐31	13♐32
/♇	16♏13	16♏14	16♏14	16♏15	16♏15	16♏15	16♏16	16♏17	16♏17	16♏18
/☊	20♏07	20♏07	20♏08	20♏08	20♏09	20♏10	20♏11	20♏13	20♏14	20♏16
♅/♆	14♓33	14♓33	14♓33	14♓33	14♓33	14♓33	14♓32	14♓32	14♓32	14♓32
/♇	17♒22	17♒22	17♒21	17♒21	17♒20	17♒20	17♒19	17♒19	17♒18	17♒17
/☊	21♒16	21♒15	21♒15	21♒15	21♒14	21♒14	21♒15	21♒15	21♒15	21♒16
♆/♇	1♒25	1♒24	1♒23	1♒21	1♒20	1♒19	1♒18	1♒17	1♒16	1♒14
/☊	5♒18	5♒17	5♒16	5♒15	5♒15	5♒14	5♒13	5♒13	5♒13	5♒13
♇/☊	8♑07	8♑06	8♑05	8♑03	8♑02	8♑01	8♑00	7♑59	7♑59	7♑58

June 2010

July 2010

	1	2	3	4	5	6	7	8	9	10	11	12	13	14	15	16	17	18	19	20	21	22	23	24	25	26	27	28	29	30	31	
☉/☽	4♉15	10♉39	17♉04	23♉32	0♊06	6♊47	13♊39	20♊41	27♊56	5♋23	13♋01	20♋48	28♋42	6♌38	14♌32	22♌21	0♍02	7♍33	14♍54	22♍06	29♍08	6♎01	12♎47	19♎27	26♎02	2♏33	9♉01	15♉26	21♉51	28♉15	4♊40	☉/☽
/☿	10♋36	12♋09	13♋42	15♋13	16♋45	18♋15	19♋45	21♋13	22♋41	24♋08	25♋34	26♋59	28♋23	29♋46	1♌08	2♌29	3♌50	5♌09	6♌27	7♌45	9♌01	10♌17	11♌31	12♌45	13♌57	15♌09	16♌19	17♌29	18♌38	19♌45	20♌52	/☿
/♀	29♋10	0♌13	1♌16	2♌18	3♌21	4♌24	5♌26	6♌29	7♌31	8♌34	9♌36	10♌38	11♌40	12♌43	13♌45	14♌47	15♌49	16♌50	17♌52	18♌54	19♌55	20♌57	21♌58	22♌60	24♌01	25♌02	26♌03	27♌04	28♌05	29♌05	0♍06	/♀
/♂	11♌00	11♌46	12♌32	13♌17	14♌03	14♌49	15♌35	16♌21	17♌07	17♌53	18♌39	19♌25	20♌11	20♌57	21♌44	22♌30	23♌16	24♌03	24♌49	25♌35	26♌22	27♌09	27♌55	28♌42	29♌29	0♍15	1♍02	1♍49	2♍36	3♍23	4♍10	/♂
/⚷	2♎02	2♎24	2♎47	3♎10	3♎33	3♎56	4♎19	4♎42	5♎05	5♎29	5♎52	6♎16	6♎40	7♎04	7♎28	7♎53	8♎17	8♎42	9♎07	9♎32	9♎57	10♎22	10♎48	11♎13	11♎39	12♎05	12♎32	12♎58	13♎25	13♎52	14♎19	/⚷
/♃	20♉50	21♉21	21♉51	22♉22	22♉52	23♉23	23♉53	24♉23	24♉53	25♉23	25♉53	26♉23	26♉52	27♉22	27♉51	28♉21	28♉50	29♉19	29♉48	0♊18	0♊46	1♊15	1♊44	2♊13	2♊41	3♊10	3♊38	4♊06	4♊34	5♊03	5♊30	/♃
/♄	18♌52	19♌22	19♌52	20♌22	20♌53	21♌23	21♌53	22♌24	22♌54	23♌25	23♌55	24♌26	24♌57	25♌27	25♌58	26♌29	26♌60	27♌30	28♌01	28♌32	29♌03	29♌34	0♍05	0♍36	1♍07	1♍39	2♍10	2♍41	3♍12	3♍44	4♍15	/♄
/♅	19♉50	20♉19	20♉47	21♉16	21♉44	22♉13	22♉42	23♉10	23♉39	24♉07	24♉36	25♉04	25♉33	26♉01	26♉30	26♉58	27♉26	27♉55	28♉23	28♉51	29♉20	29♉48	0♊16	0♊44	1♊13	1♊41	2♊09	2♊37	3♊05	3♊33	4♊01	/♅
/♆	3♉46	4♉14	4♉43	5♉11	5♉39	6♉07	6♉35	7♉03	7♉31	7♉59	8♉27	8♉55	9♉23	9♉51	10♉19	10♉47	11♉15	11♉43	12♉11	12♉39	13♉07	13♉35	14♉03	14♉31	14♉59	15♉27	15♉55	16♉23	16♉51	17♉19	17♉46	/♆
/♇	6♎32	6♎60	7♎27	7♎55	8♎23	8♎51	9♎19	9♎47	10♎14	10♎42	11♎10	11♎38	12♎06	12♎34	13♎02	13♎30	13♎58	14♎26	14♎53	15♎21	15♎49	16♎17	16♎45	17♎13	17♎41	18♎09	18♎37	19♎05	19♎33	20♎01	20♎29	/♇
/☊	10♈31	10♈59	11♈28	11♈57	12♎25	12♎54	13♎23	13♎51	14♎20	14♎49	15♎18	15♎46	16♎15	16♎43	17♎11	17♎39	18♎07	18♎36	19♎04	19♎33	20♎02	20♎32	21♎01	21♎30	21♎58	22♎26	22♎54	23♎21	23♎48	24♎14	24♎41	/☊
☽/☿	5♉46	12♉46	19♉46	26♉49	3♊57	11♊12	18♊35	26♊09	3♋54	11♋51	19♋58	28♋13	6♌33	14♌55	23♌14	1♍27	9♍31	17♍25	25♍07	2♎38	9♎59	17♎11	24♎14	1♏11	8♏01	14♏46	21♏27	28♏05	4♊40	11♊15	17♊49	☽/☿
/♀	24♉20	0♊50	7♊20	13♊54	20♊33	27♊20	4♋17	11♋24	18♋44	26♋16	3♌60	11♌52	19♌51	27♌52	5♍50	13♍44	21♍30	29♍06	6♎32	13♎47	20♎53	27♎51	4♏42	11♏26	18♏05	24♏39	1♐11	7♐40	14♐08	20♐35	27♊04	/♀
/♂	6♐11	12♐23	18♊37	24♊53	1♋16	7♋46	14♋25	21♋17	28♋20	5♌36	13♌03	20♌39	28♌22	6♍06	13♍49	21♍27	28♍58	6♎18	13♎29	20♎29	27♎20	4♏03	10♏38	17♏08	23♏32	29♏53	6♐10	12♐25	18♐39	24♐52	1♋07	/♂
/⚷	27♑12	3♒01	8♒52	14♒46	20♒45	26♒52	3♓09	9♓38	16♓18	23♓12	0♎16	7♎30	14♎50	22♎13	29♎34	6♏50	13♏58	20♏57	27♏46	4♐25	10♐55	17♐17	23♐31	29♐40	5♑43	11♑43	17♑40	23♑34	29♑28	5♒21	11♒16	/⚷
/♃	16♓00	21♓58	27♓56	3♈58	10♈05	16♈19	22♈43	29♈19	6♉06	13♉06	20♉17	27♉37	5♊03	12♊31	19♊57	27♊18	4♑32	11♑35	18♑28	25♑11	1♒45	8♒10	14♒27	20♒39	26♒45	2♓47	8♓46	14♓42	20♓37	26♓32	2♈28	/♃
/♄	14♐02	19♐59	25♐57	1♋58	8♋05	14♋20	20♋44	27♋20	4♌07	11♌08	18♌19	25♌40	3♍07	10♍36	18♍04	25♍26	2♎41	9♎46	16♎41	23♎26	0♏01	6♏29	12♏49	19♏02	25♏11	1♐16	7♐18	13♐17	19♐15	25♐13	1♋13	/♄
/♅	15♓00	20♓56	26♓52	2♈52	8♈57	15♈10	21♈32	28♈06	4♉52	11♉50	18♉60	26♉18	3♊43	11♊10	18♊36	25♊56	3♑08	10♑10	17♑03	23♑45	0♒18	6♒42	12♒59	19♒10	25♒16	1♓18	7♓17	13♓13	19♓08	25♓03	0♈59	/♅
/♆	28♒56	4♓51	10♓47	16♓47	22♓51	29♓04	5♈26	11♈59	18♈44	25♈42	2♉51	10♉09	17♉34	25♉00	2♐25	9♐45	16♐57	23♐59	0♑51	7♑33	14♑05	20♑29	26♑46	2♒57	9♒03	15♒04	21♒03	26♒59	2♓53	8♓48	14♓44	/♆
/♇	1♒42	7♒37	13♒32	19♒31	25♒36	1♓48	8♓09	14♓42	21♓28	28♓25	5♎34	12♎52	20♎16	27♎43	5♏08	12♏27	19♏39	26♏41	3♐33	10♐15	16♐48	23♐12	29♐29	5♑39	11♑45	17♑47	23♑45	29♑41	5♒36	11♒31	17♒27	/♇
/☊	5♒41	11♒36	17♒33	23♒33	29♒38	5♓51	12♓13	18♓47	25♓33	2♈32	9♈42	17♎01	24♎25	1♏52	9♏17	16♏37	23♏49	0♐51	7♐44	14♐27	21♐01	27♐26	3♑44	9♑56	16♑02	22♑04	28♑02	3♒57	9♒51	15♒44	21♒39	/☊
☿/♀	0♌41	2♌20	3♌58	5♌35	7♌12	8♌48	10♌23	11♌57	13♌30	15♌02	16♌33	18♌03	19♌32	20♌60	22♌27	23♌53	25♌18	26♌42	28♌04	29♌26	0♍47	2♍07	3♍25	4♍43	5♍59	7♍15	8♍29	9♍42	10♍55	12♍06	13♍15	☿/♀
/♂	12♌32	13♌53	15♌14	16♌35	17♌54	19♌13	20♌31	21♌49	23♌05	24♌21	25♌36	26♌50	28♌03	29♌15	0♍26	1♍36	2♍45	3♍54	5♍01	6♍08	7♍14	8♍18	9♍22	10♍25	11♍27	12♍28	13♍28	14♍28	15♍26	16♍23	17♍19	/♂
/⚷	3♎33	4♎31	5♎29	6♎27	7♎24	8♎20	9♎15	10♎10	11♎04	11♎57	12♎49	13♎41	14♎32	15♎21	16♎11	16♎59	17♎46	18♎33	19♎19	20♎04	20♎49	21♎32	22♎15	22♎57	23♎38	24♎18	24♎58	25♎37	26♎15	26♎52	27♎28	/⚷
/♃	22♉21	23♉28	24♉34	25♉39	26♉43	27♉47	28♉49	29♉51	0♊52	1♊51	2♊50	3♊47	4♊44	5♊39	6♊34	7♊27	8♊19	9♊11	10♊01	10♊50	11♊38	12♊25	13♊11	13♊56	14♊40	15♊23	16♊04	16♊45	17♊24	18♊03	18♊40	/♃
/♄	20♌23	21♌29	22♌35	23♌39	24♌44	25♌47	26♌50	27♌52	28♌53	29♌53	0♍52	1♍51	2♍48	3♍45	4♍40	5♍35	6♍29	7♍22	8♍14	9♍05	9♍55	10♍44	11♍32	12♍20	13♍06	13♍52	14♍36	15♍20	16♍02	16♍44	17♍24	/♄
/♅	21♉21	22♉26	23♉30	24♉33	25♉36	26♉37	27♉38	28♉38	29♉37	0♊36	1♊33	2♊29	3♊24	4♊19	5♊12	6♊04	6♊56	7♊46	8♊35	9♊24	10♊11	10♊58	11♊43	12♊28	13♊11	13♊54	14♊35	15♊16	15♊55	16♊33	17♊11	/♅
/♆	5♉18	6♉22	7♉25	8♉28	9♉30	10♉31	11♉32	12♉31	13♉30	14♉27	15♉24	16♉20	17♉15	18♉09	19♉02	19♉54	20♉45	21♉35	22♉24	23♉12	23♉59	24♉45	25♉30	26♉14	26♉58	27♉40	28♏21	29♏01	29♏40	0♐19	0♐56	/♆
/♇	8♎03	9♎07	10♎10	11♎12	12♎14	13♎15	14♎15	15♎15	16♎13	17♎11	18♎07	19♎03	19♎58	20♎51	21♎44	22♎36	23♎27	24♎17	25♎06	25♎54	26♎41	27♎27	28♎12	28♎57	29♎40	0♏22	1♏04	1♏44	2♏23	3♏02	3♏39	/♇
/☊	12♎02	13♎07	14♎11	15♎14	16♎16	17♎18	18♎19	19♎19	20♎19	21♎17	22♎15	23♎11	24♎06	25♎00	25♎53	26♎45	27♎36	28♎27	29♎17	0♏06	0♏54	1♏42	2♏28	3♏13	3♏57	4♏39	5♏20	5♏60	6♏38	7♏15	7♏50	/☊
♀/♂	1♍06	1♍57	2♍48	3♍39	4♍31	5♍22	6♍13	7♍04	7♍56	8♍47	9♍38	10♍29	11♍20	12♍11	13♍02	13♍53	14♍44	15♍35	16♍26	17♍17	18♍08	18♍59	19♍50	20♍40	21♍31	22♍21	23♍12	24♍02	24♍53	25♍43	26♍33	♀/♂
/⚷	22♎07	22♎35	23♎03	23♎32	23♎60	24♎28	24♎57	25♎25	25♎54	26♎23	26♎51	27♎20	27♎49	28♎18	28♎47	29♎16	29♎45	0♏15	0♏44	1♏13	1♏43	2♏12	2♏42	3♏12	3♏42	4♏12	4♏42	5♏12	5♏42	6♏12	6♏42	/⚷
/♃	10♊55	11♊32	12♊08	12♊44	13♊20	13♊55	14♊31	15♊07	15♊42	16♊17	16♊52	17♊27	18♊01	18♊36	19♊10	19♊44	20♊18	20♊52	21♊26	21♊59	22♊32	23♊05	23♊38	24♊11	24♊43	25♊16	25♊48	26♊20	26♊51	27♊23	27♊54	/♃
/♄	8♍57	9♍33	10♍09	10♍44	11♍20	11♍56	12♍32	13♍07	13♍43	14♍19	14♍54	15♍30	16♍06	16♍41	17♍17	17♍52	18♍28	19♍03	19♍39	20♍14	20♍49	21♍24	21♍60	22♍35	23♍10	23♍45	24♍20	24♍54	25♍29	26♍04	26♍39	/♄
/♅	9♊55	10♊29	11♊04	11♊38	12♊12	12♊46	13♊20	13♊54	14♊28	15♊01	15♊35	16♊08	16♊42	17♊15	17♊48	18♊22	18♊55	19♊27	20♊00	20♊33	21♊06	21♊38	22♊10	22♊43	23♊15	23♊47	24♊19	24♊51	25♊22	25♊54	26♊25	/♅
/♆	23♉51	24♉25	24♉59	25♉33	26♉06	26♉40	27♉13	27♉47	28♏20	28♏53	29♏26	29♏59	0♐32	1♐05	1♐38	2♐11	2♐43	3♐16	3♐48	4♐21	4♐53	5♐25	5♐57	6♐29	7♐01	7♐33	8♐05	8♐36	9♐08	9♐39	10♐10	/♆
/♇	26♎37	27♎10	27♎44	28♎17	28♎50	29♎24	29♎57	0♏30	1♏03	1♏36	2♏09	2♏42	3♏15	3♏48	4♏21	4♏53	5♏26	5♏58	6♏31	7♏03	7♏35	8♏08	8♏40	9♏12	9♏44	10♏15	10♏47	11♏19	11♏50	12♏22	12♏53	/♇
/☊	0♏36	1♏10	1♏44	2♏19	2♏53	3♏27	4♏01	4♏35	5♏09	5♏43	6♏17	6♏50	7♏24	7♏57	8♏30	9♏03	9♏35	10♏08	10♏41	11♏15	11♏48	12♏22	12♏55	13♏28	14♏01	14♏33	15♏04	15♏35	16♏05	16♏35	17♏05	/☊
♂/⚷	3♏57	4♏08	4♏20	4♏31	4♏42	4♏54	5♏06	5♏17	5♏30	5♏42	5♏54	6♏07	6♏20	6♏33	6♏46	6♏59	7♏13	7♏27	7♏41	7♏55	8♏09	8♏24	8♏39	8♏54	9♏09	9♏25	9♏41	9♏57	10♏13	10♏29	10♏46	♂/⚷
/♃	22♊46	23♊05	23♊24	23♊43	24♊02	24♊21	24♊40	24♊59	25♊17	25♊36	25♊55	26♊14	26♊32	26♊51	27♊09	27♊28	27♊46	28♊04	28♊23	28♊41	28♊59	29♊17	29♊35	29♊53	0♋11	0♋29	0♋47	1♋05	1♋22	1♋40	1♋58	/♃
/♄	20♍48	21♍06	21♍25	21♍43	22♍02	22♍21	22♍40	22♍59	23♍19	23♍38	23♍57	24♍17	24♍36	24♍56	25♍16	25♍36	25♍55	26♍15	26♍35	26♍56	27♍16	27♍36	27♍57	28♍17	28♍37	28♍58	29♍19	29♍40	0♎00	0♎21	0♎42	/♄
/♅	21♊46	22♊03	22♊20	22♊37	22♊54	23♊11	23♊29	23♊46	24♊03	24♊20	24♊38	24♊55	25♊13	25♊30	25♊47	26♊05	26♊22	26♊40	26♊57	27♊15	27♊32	27♊50	28♊07	28♊25	28♊43	29♊00	29♊18	29♊36	29♊53	0♋11	0♑29	/♅
/♆	5♐42	5♐59	6♐15	6♐32	6♐48	7♐05	7♐22	7♐39	7♐55	8♐12	8♐29	8♐46	9♐03	9♐20	9♐37	9♐54	10♐11	10♐28	10♐45	11♐03	11♐20	11♐37	11♐54	12♐12	12♐29	12♐46	13♐04	13♐21	13♐39	13♐56	14♐14	/♆
/♇	8♏27	8♏44	8♏60	9♏16	9♏33	9♏49	10♏06	10♏22	10♏39	10♏55	11♏12	11♏29	11♏46	12♏03	12♏20	12♏36	12♏54	13♏11	13♏28	13♏45	14♏02	14♏19	14♏37	14♏54	15♏11	15♏29	15♏46	16♏04	16♏21	16♏39	16♏57	/♇
/☊	12♏26	12♏44	13♏01	13♏18	13♏35	13♏52	14♏10	14♏27	14♏45	15♏02	15♏20	15♏37	15♏55	16♏12	16♏29	16♏46	17♏03	17♏21	17♏38	17♏57	18♏15	18♏34	18♏52	19♏10	19♏28	19♏46	20♏03	20♏20	20♏36	20♏52	21♏08	/☊
⚷/♃	13♒47	13♒43	13♒39	13♒35	13♒31	13♒27	13♒24	13♒20	13♒16	13♒12	13♒08	13♒05	13♒01	12♒57	12♒54	12♒50	12♒47	12♒44	12♒40	12♒37	12♒34	12♒31	12♒28	12♒25	12♒22	12♒19	12♒17	12♒14	12♒11	12♒09	12♒07	⚷/♃
/♄	11♏49	11♏44	11♏40	11♏36	11♏32	11♏28	11♏24	11♏20	11♏17	11♏14	11♏11	11♏08	11♏05	11♏03	11♏00	10♏58	10♏56	10♏55	10♏53	10♏52	10♏51	10♏50	10♏49	10♏49	10♏48	10♏48	10♏48	10♏49	10♏49	10♏50	10♏51	/♄
/♅	12♒47	12♒41	12♒35	12♒29	12♒24	12♒18	12♒12	12♒07	12♒02	11♒56	11♒51	11♒46	11♒41	11♒37	11♒32	11♒27	11♒23	11♒19	11♒15	11♒11	11♒07	11♒03	10♒60	10♒57	10♒53	10♒50	10♒48	10♒45	10♒42	10♒40	10♒38	/♅
/♆	26♑43	26♑37	26♑30	26♑24	26♑18	26♑12	26♑06	25♑60	25♑54	25♑48	25♑43	25♑37	25♑32	25♑27	25♑22	25♑17	25♑12	25♑07	25♑03	24♑59	24♑55	24♑51	24♑47	24♑43	24♑40	24♑36	24♑33	24♑30	24♑28	24♑25	24♑23	/♆
/♇	29♐29	29♐22	29♐15	29♐09	29♐02	28♐56	28♐49	28♐43	28♐37	28♐31	28♐26	28♐20	28♐15	28♐09	28♐04	27♐59	27♐54	27♐50	27♐45	27♐41	27♐37	27♐33	27♐29	27♐26	27♐22	27♐19	27♐16	27♐13	27♐10	27♐08	27♐06	/♇
/☊	3♑28	3♑22	3♑16	3♑10	3♑04	2♑59	2♑53	2♑48	2♑43	2♑38	2♑33	2♑28	2♑23	2♑18	2♑13	2♑09	2♑04	1♑60	1♑56	1♑53	1♑50	1♑47	1♑45	1♑42	1♑39	1♑36	1♑33	1♑29	1♑25	1♑21	1♑17	/☊
♃/♄	0♋37	0♋41	0♋44	0♋48	0♋51	0♋55	0♋58	1♋02	1♋05	1♋08	1♋11	1♋15	1♋18	1♋21	1♋24	1♋27	1♋29	1♋32	1♋35	1♋38	1♋40	1♋43	1♋45	1♋48	1♋50	1♋52	1♋55	1♋57	1♋59	2♋01	2♋03	♃/♄
/♅	1♈35	1♈37	1♈39	1♈41	1♈43	1♈45	1♈47	1♈48	1♈49	1♈51	1♈52	1♈53	1♈54	1♈55	1♈55	1♈56	1♈56	1♈57	1♈57	1♈57	1♈57	1♈57	1♈56	1♈56	1♈55	1♈55	1♈54	1♈53	1♈52	1♈51	1♈50	/♅
/♆	15♓32	15♓33	15♓35	15♓36	15♓38	15♓39	15♓40	15♓41	15♓42	15♓43	15♓43	15♓44	15♓44	15♓45	15♓45	15♓45	15♓45	15♓45	15♓45	15♓45	15♓44	15♓44	15♓43	15♓42	15♓42	15♓41	15♓40	15♓39	15♓37	15♓36	15♓35	/♆
/♇	18♒17	18♒18	18♒20	18♒21	18♒22	18♒23	18♒24	18♒24	18♒25	18♒26	18♒26	18♒27	18♒27	18♒27	18♒27	18♒27	18♒27	18♒27	18♒27	18♒27	18♒26	18♒26	18♒25	18♒25	18♒24	18♒23	18♒22	18♒21	18♒20	18♒19	18♒18	/♇
/☊	22♒16	22♒18	22♒20	22♒22	22♒24	22♒26	22♒28	22♒29	22♒31	22♒32	22♒34	22♒35	22♒36	22♒36	22♒37	22♒37	22♒37	22♒37	22♒38	22♒39	22♒39	22♒40	22♒41	22♒41	22♒41	22♒40	22♒39	22♒37	22♒35	22♒32	22♒29	/☊
♄/♅	29♊37	29♊39	29♊40	29♊42	29♊44	29♊45	29♊47	29♊49	29♊51	29♊52	29♊54	29♊56	29♊58	29♊60	0♋02	0♋04	0♋06	0♋08	0♋10	0♋11	0♋13	0♋15	0♋17	0♋19	0♋22	0♋24	0♑26	0♑28	0♑30	0♑32	0♑34	♄/♅
/♆	13♐33	13♐34	13♐36	13♐37	13♐38	13♐39	13♐40	13♐42	13♐43	13♐44	13♐46	13♐47	13♐48	13♐50	13♐51	13♐53	13♐54	13♐56	13♐58	13♐59	14♐01	14♐03	14♐04	14♐06	14♐08	14♐10	14♐11	14♐13	14♐15	14♐17	14♐19	/♆
/♇	16♏19	16♏20	16♏20	16♏21	16♏22	16♏23	16♏24	16♏25	16♏26	16♏27	16♏29	16♏30	16♏31	16♏33	16♏34	16♏35	16♏37	16♏38	16♏40	16♏42	16♏43	16♏45	16♏47	16♏48	16♏50	16♏52	16♏54	16♏56	16♏58	16♏60	17♏02	/♇
/☊	20♏18	20♏19	20♏21	20♏23	20♏24	20♏26	20♏28	20♏30	20♏32	20♏34	20♏36	20♏38	20♏40	20♏42	20♏43	20♏45	20♏46	20♏48	20♏51	20♏53	20♏56	20♏59	21♏02	21♏05	21♏07	21♏09	21♏11	21♏12	21♏12	21♏13	21♏14	/☊
♅/♆	14♓31	14♓31	14♓31	14♓30	14♓30	14♓29	14♓29	14♓28	14♓27	14♓27	14♓26	14♓25	14♓25	14♓24	14♓23	14♓22	14♓21	14♓20	14♓19	14♓18	14♓17	14♓16	14♓15	14♓14	14♓13	14♓12	14♓11	14♓09	14♓08	14♓07	14♓05	♅/♆
/♇	17♒17	17♒16	17♒15	17♒15	17♒14	17♒13	17♒12	17♒12	17♒11	17♒10	17♒09	17♒08	17♒07	17♒07	17♒06	17♒05	17♒04	17♒03	17♒02	17♒01	16♒60	16♒59	16♒58	16♒56	16♒55	16♒54	16♒53	16♒52	16♒51	16♒50	16♒49	/♇
/☊	21♒16	21♒16	21♒16	21♒16	21♒16	21♒16	21♒16	21♒17	21♒17	21♒17	21♒17	21♒17	21♒16	21♒16	21♒15	21♒14	21♒13	21♒13	21♒12	21♒12	21♒13	21♒13	21♒13	21♒13	21♒12	21♒11	21♒10	21♒08	21♒05	21♒03	21♒00	/☊
♆/♇	1♒13	1♒12	1♒11	1♒10	1♒08	1♒07	1♒06	1♒04	1♒03	1♒02	1♒01	0♒59	0♒58	0♒57	0♒55	0♒54	0♒53	0♒51	0♒50	0♒48	0♒47	0♒46	0♒44	0♒43	0♒42	0♒40	0♒39	0♒38	0♒36	0♒35	0♒34	♆/♇
/☊	5♒12	5♒12	5♒12	5♒11	5♒11	5♒10	5♒10	5♒09	5♒09	5♒09	5♒08	5♒08	5♒07	5♒06	5♒04	5♒03	5♒02	5♒01	5♒01	5♒00	5♒00	5♒00	4♒60	4♒60	4♒59	4♒58	4♒56	4♒53	4♒51	4♒48	4♒45	/☊
♇/☊	7♑58	7♑57	7♑56	7♑56	7♑55	7♑54	7♑53	7♑53	7♑52	7♑52	7♑51	7♑50	7♑49	7♑48	7♑47	7♑46	7♑44	7♑44	7♑43	7♑42	7♑42	7♑42	7♑42	7♑42	7♑41	7♑40	7♑38	7♑36	7♑33	7♑31	7♑28	♇/☊

July 2010

	1	2	3	4	5	6	7	8	9	10	11	12	13	14	15	16
☉/☽	11♊09	17♊42	24♊22	1♋11	8♋11	15♋24	22♋50	0♌30	8♌21	16♌21	24♌26	2♍30	10♍29	18♍18	25♍55	3♎18
/☿	21♌57	23♌01	24♌04	25♌06	26♌07	27♌06	28♌04	29♌01	29♌56	0♍49	1♍41	2♍31	3♍20	4♍06	4♍50	5♍32
/♀	1♍07	2♍07	3♍07	4♍07	5♍08	6♍07	7♍07	8♍07	9♍07	10♍06	11♍05	12♍05	13♍04	14♍02	15♍01	15♍60
/♂	4♍57	5♍44	6♍31	7♍18	8♍05	8♍53	9♍40	10♍27	11♍15	12♍02	12♍50	13♍37	14♍25	15♍12	16♍00	16♍48
/⚳	14♎46	15♎13	15♎41	16♎08	16♎36	17♎05	17♎33	18♎01	18♎30	18♎59	19♎28	19♎57	20♎27	20♎57	21♎26	21♎56
/♃	5♊58	6♊26	6♊54	7♊22	7♊49	8♊17	8♊44	9♊11	9♊38	10♊06	10♊33	10♊60	11♊27	11♊53	12♊20	12♊47
/♄	4♍46	5♍18	5♍49	6♍21	6♍52	7♍24	7♍56	8♍27	8♍59	9♍31	10♍03	10♍34	11♍06	11♍38	12♍10	12♍42
/♅	4♊30	4♊58	5♊26	5♊54	6♊22	6♊50	7♊18	7♊46	8♊14	8♊42	9♊10	9♊38	10♊06	10♊34	11♊02	11♊30
/♆	18♉14	18♉42	19♉10	19♉38	20♉06	20♉34	21♉02	21♉30	21♉58	22♉26	22♉54	23♉22	23♉50	24♉18	24♉46	25♉14
/♇	20♎58	21♎26	21♎54	22♎22	22♎50	23♎18	23♎47	24♎15	24♎43	25♎11	25♎40	26♎08	26♎36	27♎05	27♎33	28♎01
/☊	25♎08	25♎36	26♎04	26♎33	27♎02	27♎32	28♎01	28♎30	28♎58	29♎26	29♎52	0♏19	0♏45	1♏11	1♏38	2♏06
☽/☿	24♊26	1♋06	7♋52	14♋46	21♋49	29♋03	6♌30	14♌08	21♌57	29♌53	7♍52	15♍49	23♍38	1♎16	8♎40	15♎48
/♀	3♋35	10♋12	16♋55	23♋47	0♌49	8♌05	15♌33	23♌15	1♍08	9♍10	17♍16	25♍22	3♎22	11♎13	18♎50	26♎15
/♂	7♋26	13♋49	20♋18	26♋57	3♌47	10♌50	18♌06	25♌35	3♍16	11♍06	19♍01	26♍55	4♎44	12♎23	19♎50	27♎03
/⚳	17♒15	23♒18	29♒28	5♓48	12♓18	19♓02	25♍59	3♎09	10♎32	18♎03	25♎39	3♏15	10♏46	18♏07	25♏16	2♐12
/♃	8♈27	14♈31	20♈42	27♈01	3♉31	10♉14	17♉10	24♉19	1♊40	9♊10	16♊44	24♊17	1♋45	9♑03	16♑09	23♑02
/♄	7♋15	13♋23	19♋37	26♋00	2♌34	9♌21	16♌21	23♌35	1♍00	8♍35	16♍14	23♍52	1♎25	8♎48	15♎59	22♎57
/♅	6♈58	13♈02	19♈13	25♈33	2♉04	8♉47	15♉44	22♉54	0♊15	7♊46	15♊21	22♊56	0♑25	7♑44	14♑51	21♑45
/♆	20♓43	26♓47	2♈58	9♈17	15♈48	22♈31	29♈28	6♉38	13♉59	21♉30	29♏05	6♐40	14♐09	21♐28	28♐35	5♑29
/♇	23♒27	29♒31	5♓41	12♓01	18♓32	25♓15	2♈12	9♎22	16♎44	24♎15	1♏51	9♏26	16♏55	24♏15	1♐22	8♐17
/☊	27♒37	3♓41	9♓52	16♓12	22♓44	29♓29	6♈27	13♎38	20♎60	28♎30	6♏04	13♏36	21♏03	28♏21	5♐27	12♐21
☿/♀	14♍24	15♍31	16♍37	17♍42	18♍45	19♍47	20♍47	21♍46	22♍43	23♍38	24♍32	25♍24	26♍13	27♍01	27♍46	28♍29
/♂	18♍14	19♍08	20♍01	20♍52	21♍43	22♍32	23♍20	24♍06	24♍51	25♍34	26♍16	26♍56	27♍35	28♍11	28♍45	29♍18
/⚳	28♎03	28♎37	29♎10	29♎43	0♏14	0♏44	1♏13	1♏40	2♏06	2♏31	2♏55	3♏17	3♏37	3♏55	4♏12	4♏26
/♃	19♊16	19♊50	20♊24	20♊56	21♊27	21♊56	22♊24	22♊50	23♊15	23♊38	23♊59	24♊19	24♊36	24♊52	25♊05	25♊16
/♄	18♍04	18♍42	19♍19	19♍55	20♍30	21♍03	21♍35	22♍06	22♍35	23♍03	23♍29	23♍53	24♍16	24♍37	24♍55	25♍12
/♅	17♊47	18♊22	18♊55	19♊28	19♊59	20♊29	20♊58	21♊25	21♊50	22♊14	22♊36	22♊57	23♊16	23♊32	23♊47	23♊60
/♆	1♐32	2♐06	2♐40	3♐12	3♐44	4♐13	4♐42	5♐09	5♐34	5♐58	6♐21	6♐41	6♐60	7♐16	7♐31	7♐44
/♇	4♏15	4♏50	5♏24	5♏56	6♏28	6♏58	7♏26	7♏54	8♏19	8♏44	9♏06	9♏27	9♏46	10♏03	10♏18	10♏31
/☊	8♏26	9♏00	9♏34	10♏07	10♏40	11♏11	11♏41	12♏09	12♏35	12♏58	13♏19	13♏38	13♏54	14♏09	14♏23	14♏36
♀/♂	27♍23	28♍14	29♍04	29♍53	0♎43	1♎33	2♎23	3♎12	4♎02	4♎51	5♎40	6♎29	7♎18	8♎07	8♎56	9♎45
/⚳	7♏13	7♏43	8♏13	8♏44	9♏14	9♏45	10♏16	10♏46	11♏17	11♏48	12♏19	12♏50	13♏21	13♏51	14♏22	14♏53
/♃	28♊25	28♊56	29♊27	29♊57	0♋27	0♋57	1♋27	1♋56	2♋26	2♑55	3♑23	3♑52	4♑20	4♑48	5♑16	5♑43
/♄	27♍13	27♍48	28♍22	28♍56	29♍30	0♎04	0♎38	1♎12	1♎46	2♎20	2♎53	3♎27	3♎60	4♎33	5♎06	5♎39
/♅	26♊56	27♊27	27♊58	28♊29	28♊60	29♊30	0♋01	0♑31	1♑01	1♑31	2♑01	2♑30	2♑60	3♑29	3♑58	4♑27
/♆	10♐41	11♐12	11♐43	12♐14	12♐44	13♐15	13♐45	14♐15	14♐45	15♐15	15♐45	16♐14	16♐44	17♐13	17♐42	18♐11
/♇	13♏24	13♏55	14♏26	14♏57	15♏28	15♏59	16♏29	16♏60	17♏30	18♏00	18♏30	19♏00	19♏30	19♏60	20♏29	20♏58
/☊	17♏35	18♏06	18♏37	19♏09	19♏40	20♏12	20♏44	21♏15	21♏45	22♏15	22♏43	23♏11	23♏38	24♏06	24♏34	25♏03
♂/⚳	11♏03	11♏20	11♏37	11♏54	12♏12	12♏30	12♏48	13♏07	13♏25	13♏44	14♏03	14♏22	14♏42	15♏02	15♏21	15♏42
/♃	2♋15	2♋33	2♋50	3♋08	3♑25	3♑42	3♑59	4♑17	4♑34	4♑51	5♑08	5♑25	5♑41	5♑58	6♑15	6♑32
/♄	1♎03	1♎24	1♎46	2♎07	2♎28	2♎49	3♎11	3♎32	3♎54	4♎16	4♎37	4♎59	5♎21	5♎43	6♎05	6♎27
/♅	0♑46	1♑04	1♑22	1♑40	1♑58	2♑15	2♑33	2♑51	3♑09	3♑27	3♑45	4♑03	4♑21	4♑39	4♑57	5♑15
/♆	14♐31	14♐49	15♐07	15♐24	15♐42	15♐60	16♐17	16♐35	16♐53	17♐11	17♐29	17♐47	18♐05	18♐23	18♐41	18♐59
/♇	17♏14	17♏32	17♏50	18♏08	18♏26	18♏44	19♏02	19♏20	19♏38	19♏56	20♏15	20♏33	20♏51	21♏10	21♏28	21♏47
/☊	21♏25	21♏43	22♏01	22♏19	22♏38	22♏58	23♏17	23♏35	23♏54	24♏11	24♏27	24♏44	24♏60	25♏16	25♏33	25♏51
⚳/♃	12♒04	12♒02	12♒00	11♒58	11♒56	11♒54	11♒52	11♒51	11♒49	11♒48	11♒46	11♒45	11♒44	11♒42	11♒41	11♒40
/♄	10♏52	10♏54	10♏55	10♏57	10♏59	11♏02	11♏04	11♏07	11♏10	11♏13	11♏16	11♏20	11♏23	11♏27	11♏31	11♏36
/♅	10♒35	10♒34	10♒32	10♒30	10♒29	10♒27	10♒26	10♒25	10♒25	10♒24	10♒23	10♒23	10♒23	10♒23	10♒23	10♒23
/♆	24♑20	24♑18	24♑16	24♑15	24♑13	24♑12	24♑11	24♑09	24♑09	24♑08	24♑07	24♑07	24♑07	24♑07	24♑07	24♑08
/♇	27♐04	27♐02	26♐60	26♐58	26♐57	26♐56	26♐55	26♐54	26♐54	26♐53	26♐53	26♐53	26♐53	26♐54	26♐54	26♐55
/☊	1♑14	1♑12	1♑10	1♑10	1♑09	1♑10	1♑10	1♑10	1♑09	1♑08	1♑06	1♑04	1♑02	1♑00	0♑59	0♑59
♃/♄	2♋05	2♋07	2♋09	2♋10	2♋12	2♋14	2♋15	2♋17	2♋18	2♋19	2♋21	2♋22	2♋23	2♋24	2♋25	2♋26
/♅	1♈48	1♈47	1♈45	1♈43	1♈41	1♈39	1♈37	1♈35	1♈33	1♈30	1♈28	1♈25	1♈23	1♈20	1♈17	1♈14
/♆	15♓33	15♓31	15♓30	15♓28	15♓26	15♓24	15♓22	15♓19	15♓17	15♓15	15♓12	15♓09	15♓07	15♓04	15♓01	14♓58
/♇	18♒16	18♒15	18♒13	18♒12	18♒10	18♒08	18♒06	18♒04	18♒02	17♒60	17♒58	17♒55	17♒53	17♒51	17♒48	17♒45
/☊	22♒27	22♒25	22♒24	22♒23	22♒22	22♒22	22♒21	22♒20	22♒17	22♒14	22♒10	22♒06	22♒01	21♒57	21♒53	21♒50
♄/♅	0♑36	0♑38	0♑40	0♑42	0♑45	0♑47	0♑49	0♑51	0♑53	0♑56	0♑58	1♑00	1♑02	1♑04	1♑07	1♑09
/♆	14♐21	14♐23	14♐25	14♐27	14♐29	14♐31	14♐33	14♐35	14♐37	14♐40	14♐42	14♐44	14♐46	14♐49	14♐51	14♐53
/♇	17♏04	17♏06	17♏09	17♏11	17♏13	17♏15	17♏18	17♏20	17♏23	17♏25	17♏28	17♏30	17♏33	17♏35	17♏38	17♏41
/☊	21♏15	21♏17	21♏19	21♏22	21♏25	21♏29	21♏32	21♏35	21♏38	21♏39	21♏40	21♏41	21♏41	21♏42	21♏43	21♏45
♅/♆	14♓04	14♓03	14♓01	13♓60	13♓58	13♓57	13♓55	13♓54	13♓52	13♓51	13♓49	13♓48	13♓46	13♓44	13♓43	13♓41
/♇	16♒47	16♒46	16♒45	16♒44	16♒42	16♒41	16♒40	16♒39	16♒37	16♒36	16♒35	16♒34	16♒32	16♒31	16♒30	16♒28
/☊	20♒58	20♒56	20♒55	20♒55	20♒55	20♒55	20♒55	20♒54	20♒53	20♒51	20♒48	20♒44	20♒41	20♒37	20♒35	20♒33
♆/♇	0♒32	0♒31	0♒29	0♒28	0♒27	0♒25	0♒24	0♒23	0♒22	0♒20	0♒19	0♒18	0♒16	0♒15	0♒14	0♒13
/☊	4♒43	4♒41	4♒40	4♒39	4♒39	4♒39	4♒39	4♒38	4♒37	4♒35	4♒32	4♒28	4♒25	4♒21	4♒19	4♒17
♇/☊	7♑26	7♑25	7♑23	7♑23	7♑23	7♑23	7♑23	7♑23	7♑22	7♑20	7♑17	7♑14	7♑11	7♑08	7♑06	7♑05

	17	18	19	20	21	22	23	24	25	26	27	28	29	30	31
☉/☽	10♎29	17♎27	24♎16	0♏56	7♏30	13♏60	20♏27	26♏52	3♊16	9♊41	16♊07	22♊34	29♊05	5♋40	12♋20
/☿	6♍12	6♍50	7♍25	7♍58	8♍27	8♍54	9♍19	9♍40	9♍58	10♍13	10♍26	10♍36	10♍43	10♍48	10♍52
/♀	16♍58	17♍56	18♍54	19♍52	20♍49	21♍47	22♍44	23♍41	24♍38	25♍34	26♍30	27♍26	28♍22	29♍17	0♎12
/♂	17♍36	18♍24	19♍11	19♍59	20♍47	21♍35	22♍23	23♍12	23♍60	24♍48	25♍36	26♍25	27♍13	28♍01	28♍50
/⚳	22♎27	22♎57	23♎28	23♎58	24♎29	25♎00	25♎32	26♎03	26♎35	27♎06	27♎38	28♎10	28♎43	29♎15	29♎48
/♃	13♊13	13♊40	14♊06	14♊32	14♊59	15♊25	15♊51	16♊17	16♊43	17♊09	17♊35	18♊01	18♊27	18♊52	19♊18
/♄	13♍14	13♍46	14♍18	14♍50	15♍22	15♍54	16♍27	16♍59	17♍31	18♍03	18♍36	19♍08	19♍40	20♍13	20♍45
/♅	11♊58	12♊26	12♊54	13♊22	13♊49	14♊17	14♊45	15♊13	15♊41	16♊09	16♊37	17♊05	17♊33	18♊01	18♊29
/♆	25♉42	26♉10	26♉38	27♉06	27♏34	28♏02	28♏30	28♏58	29♏26	29♏55	0♐23	0♐51	1♐19	1♐47	2♐15
/♇	28♎30	28♎58	29♎27	29♎55	0♏24	0♏52	1♏21	1♏49	2♏18	2♏47	3♏15	3♏44	4♏13	4♏41	5♏10
/☊	2♏34	3♏04	3♏33	4♏03	4♏32	4♏60	5♏26	5♏52	6♏17	6♏41	7♏05	7♏29	7♏54	8♏20	8♏47
☽/☿	22♎41	29♎19	5♏45	12♏00	18♏06	24♏05	29♏58	5♐47	11♐32	17♐14	22♊55	28♊34	4♋14	9♋56	15♋42
/♀	3♏26	10♏25	17♏14	23♏54	0♐28	6♐58	13♐24	19♐48	26♐12	2♑35	8♑59	15♑24	21♋53	28♋25	5♌03
/♂	4♏04	10♏53	17♏31	24♏02	0♐26	6♐46	13♐03	19♐19	25♐34	1♑49	8♑05	14♑23	20♋44	27♋09	3♌40
/⚳	8♐55	15♐26	21♐47	28♐01	4♑08	10♑11	16♑11	22♑10	28♑09	4♒07	10♒07	16♒09	22♒14	28♒23	4♓38
/♃	29♑41	6♒09	12♒26	18♒35	24♒38	0♓36	6♓31	12♓24	18♓17	24♓10	0♈04	5♈59	11♈57	18♈00	24♈08
/♄	29♎42	6♏15	12♏38	18♏53	25♏01	1♐05	7♐07	13♐06	19♐05	25♐04	1♑04	7♋06	13♋11	19♋20	25♋36
/♅	28♑26	4♒55	11♒13	17♒24	23♒28	29♒28	5♓25	11♓20	17♓15	23♓10	29♓05	5♈03	11♈04	17♈08	23♈19
/♆	12♑10	18♑39	24♑58	1♒09	7♒13	13♒13	19♒10	25♒06	1♓00	6♓55	12♓51	18♓49	24♓50	0♈55	7♈06
/♇	14♐58	21♐27	27♐47	3♑58	10♑03	16♑03	22♑01	27♑57	3♒52	9♒47	15♒44	21♒42	27♒44	3♓49	10♓01
/☊	19♐03	25♐33	1♑53	8♑05	14♑10	20♑10	26♑06	1♒60	7♒51	13♒42	19♒34	25♒28	1♓25	7♓28	13♓37
☿/♀	29♍10	29♍48	0♎23	0♎56	1♎25	1♎52	2♎16	2♎36	2♎53	3♎07	3♎18	3♎26	3♎31	3♎34	3♎34
/♂	29♍48	0♎15	0♎41	1♎03	1♎23	1♎41	1♎55	2♎07	2♎15	2♎21	2♎24	2♎24	2♎22	2♎18	2♎11
/⚳	4♏39	4♏49	4♏57	5♏02	5♏05	5♏06	5♏03	4♏58	4♏50	4♏39	4♏26	4♏10	3♏52	3♏31	3♏09
/♃	25♊25	25♊32	25♊35	25♊36	25♊35	25♊30	25♊23	25♊12	24♊59	24♊42	24♊23	24♊01	23♊36	23♊09	22♊40
/♄	25♍26	25♍38	25♍47	25♍54	25♍58	25♍60	25♍58	25♍54	25♍47	25♍36	25♍23	25♍08	24♍49	24♍29	24♍07
/♅	24♊10	24♊18	24♊23	24♊26	24♊26	24♊23	24♊17	24♊08	23♊57	23♊42	23♊25	23♊04	22♊42	22♊17	21♊50
/♆	7♐54	8♐02	8♐07	8♐10	8♐10	8♐08	8♐02	7♐53	7♐42	7♐28	7♐10	6♐51	6♐28	6♐03	5♐37
/♇	10♏42	10♏50	10♏56	10♏59	10♏60	10♏58	10♏53	10♏45	10♏34	10♏20	10♏03	9♏44	9♏22	8♏58	8♏32
/☊	14♏46	14♏56	15♏03	15♏07	15♏08	15♏05	14♏58	14♏47	14♏33	14♏14	13♏53	13♏29	13♏03	12♏36	12♏08
♀/♂	10♎33	11♎22	12♎10	12♎58	13♎45	14♎33	15♎21	16♎08	16♎55	17♎42	18♎28	19♎15	20♎01	20♎47	21♎32
/⚳	15♏24	15♏55	16♏26	16♏57	17♏27	17♏58	18♏29	18♏59	19♏30	19♏60	20♏30	21♏00	21♏30	22♏00	22♏30
/♃	6♑11	6♑38	7♑04	7♑31	7♑57	8♑23	8♑48	9♑13	9♑38	10♑03	10♑27	10♑51	11♑14	11♑38	12♑00
/♄	6♎11	6♎44	7♎16	7♎48	8♎20	8♎52	9♎24	9♎55	10♎26	10♎57	11♎28	11♎58	12♎28	12♎58	13♎28
/♅	4♑55	5♑24	5♑52	6♑20	6♑48	7♑15	7♑42	8♑09	8♑36	9♑03	9♑29	9♑55	10♑21	10♑46	11♑11
/♆	18♐39	19♐08	19♐36	20♐04	20♐32	20♐60	21♐27	21♐55	22♐22	22♐48	23♐15	23♐41	24♐07	24♐32	24♐58
/♇	21♏27	21♏56	22♏25	22♏54	23♏22	23♏50	24♏18	24♏46	25♏13	25♏40	26♏07	26♏34	27♏01	27♏27	27♏53
/☊	25♏32	26♏02	26♏32	27♏01	27♏30	27♏57	28♏24	28♏49	29♏12	29♏35	29♏57	0♐19	0♐42	1♐05	1♐29
♂/⚳	16♏02	16♏22	16♏43	17♏04	17♏25	17♏47	18♏08	18♏30	18♏52	19♏14	19♏36	19♏59	20♏21	20♏44	21♏07
/♃	6♑49	7♑05	7♑22	7♑38	7♑55	8♑11	8♑28	8♑44	9♑00	9♑17	9♑33	9♑49	10♑05	10♑22	10♑38
/♄	6♎49	7♎11	7♎34	7♎56	8♎18	8♎41	9♎03	9♎26	9♎48	10♎11	10♎34	10♎56	11♎19	11♎42	12♎05
/♅	5♑33	5♑51	6♑09	6♑27	6♑45	7♑04	7♑22	7♑40	7♑58	8♑17	8♑35	8♑53	9♑11	9♑30	9♑48
/♆	19♐17	19♐35	19♐54	20♐12	20♐30	20♐49	21♐07	21♐25	21♐44	22♐02	22♐21	22♐39	22♐58	23♐16	23♐35
/♇	22♏05	22♏24	22♏42	23♏01	23♏20	23♏39	23♏57	24♏16	24♏35	24♏54	25♏13	25♏32	25♏52	26♏11	26♏30
/☊	26♏10	26♏29	26♏49	27♏09	27♏28	27♏46	28♏03	28♏19	28♏34	28♏49	29♏03	29♏18	29♏33	29♏49	0♐06
⚳/♃	11♒39	11♒39	11♒38	11♒37	11♒37	11♒36	11♒36	11♒35	11♒35	11♒35	11♒35	11♒35	11♒35	11♒35	11♒36
/♄	11♏40	11♏45	11♏50	11♏55	12♏00	12♏06	12♏11	12♏17	12♏23	12♏29	12♏36	12♏42	12♏49	12♏56	13♏03
/♅	10♒24	10♒25	10♒25	10♒26	10♒27	10♒29	10♒30	10♒31	10♒33	10♒35	10♒37	10♒39	10♒41	10♒44	10♒46
/♆	24♑08	24♑09	24♑10	24♑11	24♑12	24♑13	24♑15	24♑17	24♑19	24♑21	24♑23	24♑25	24♑28	24♑30	24♑33
/♇	26♐56	26♐57	26♐59	27♐00	27♐02	27♐04	27♐06	27♐08	27♐10	27♐13	27♐15	27♐18	27♐21	27♐24	27♐28
/☊	1♑01	1♑03	1♑05	1♑07	1♑09	1♑11	1♑11	1♑11	1♑09	1♑07	1♑05	1♑04	1♑03	1♑03	1♑04
♃/♄	2♑27	2♑28	2♑28	2♑29	2♑30	2♑30	2♑31	2♑31	2♑32	2♑32	2♑32	2♑33	2♑33	2♑33	2♑33
/♅	1♈10	1♈07	1♈04	1♈00	0♈57	0♈53	0♈49	0♈46	0♈42	0♈38	0♈34	0♈29	0♈25	0♈21	0♈16
/♆	14♓55	14♓52	14♓48	14♓45	14♓42	14♓38	14♓34	14♓31	14♓27	14♓23	14♓19	14♓15	14♓11	14♓07	14♓03
/♇	17♒43	17♒40	17♒37	17♒34	17♒31	17♒28	17♒25	17♒22	17♒19	17♒15	17♒12	17♒09	17♒05	17♒02	16♒58
/☊	21♒47	21♒45	21♒44	21♒42	21♒39	21♒35	21♒31	21♒25	21♒18	21♒10	21♒02	20♒54	20♒47	20♒40	20♒35
♄/♅	1♑11	1♑14	1♑16	1♑18	1♑20	1♑23	1♑25	1♑27	1♑30	1♑32	1♑34	1♑37	1♑39	1♑41	1♑44
/♆	14♐55	14♐58	15♐00	15♐03	15♐05	15♐08	15♐10	15♐12	15♐15	15♐18	15♐20	15♐23	15♐25	15♐28	15♐30
/♇	17♏43	17♏46	17♏49	17♏52	17♏55	17♏58	18♏01	18♏04	18♏07	18♏10	18♏13	18♏16	18♏19	18♏22	18♏25
/☊	21♏48	21♏52	21♏55	21♏59	22♏02	22♏05	22♏06	22♏06	22♏06	22♏04	22♏03	22♏01	22♏00	22♏00	22♏02
♅/♆	13♓39	13♓38	13♓36	13♓34	13♓32	13♓30	13♓29	13♓27	13♓25	13♓23	13♓21	13♓19	13♓18	13♓16	13♓14
/♇	16♒27	16♒26	16♒25	16♒23	16♒22	16♒21	16♒19	16♒18	16♒17	16♒15	16♒14	16♒13	16♒11	16♒10	16♒09
/☊	20♒32	20♒31	20♒31	20♒31	20♒30	20♒28	20♒25	20♒21	20♒16	20♒10	20♒04	19♒58	19♒53	19♒48	19♒45
♆/♇	0♒11	0♒10	0♒09	0♒08	0♒07	0♒05	0♒04	0♒03	0♒02	0♒01	29♑60	29♑59	29♑58	29♑57	29♑56
/☊	4♒16	4♒16	4♒15	4♒15	4♒14	4♒13	4♒10	4♒06	4♒01	3♒56	3♒50	3♒44	3♒39	3♒35	3♒32
♇/☊	7♑04	7♑04	7♑04	7♑04	7♑04	7♑03	7♑01	6♑57	6♑53	6♑48	6♑42	6♑37	6♑33	6♑29	6♑27

September 2010

	1	2	3	4	5	6	7	8	9	10	11	12	13	14	15	16	17	18	19	20	21	22	23	24	25	26	27	28	29	30	
☉/☽	19♋09	26♋06	3♌15	10♌37	18♌13	26♌01	4♍01	12♍07	20♍15	28♍19	6♎14	13♎57	21♎25	28♎38	5♏38	12♏25	19♏04	25♏36	2♐03	8♐28	14♐53	21♐18	27♐44	4♋14	10♋46	17♋21	24♋01	0♌45	7♌36	14♌35	☉/☽
/☿	10♍53	10♍54	10♍54	10♍55	10♍56	10♍59	11♍04	11♍12	11♍22	11♍36	11♍55	12♍17	12♍44	13♍16	13♍52	14♍33	15♍19	16♍09	17♍03	18♍01	19♍02	20♍07	21♍16	22♍26	23♍39	24♍55	26♍12	27♍30	28♍50	0♎11	/☿
/♀	1♎07	2♎02	2♎56	3♎50	4♎44	5♎37	6♎30	7♎22	8♎15	9♎06	9♎58	10♎48	11♎39	12♎29	13♎18	14♎07	14♎55	15♎43	16♎30	17♎16	18♎02	18♎47	19♎32	20♎16	20♎59	21♎41	22♎22	23♎03	23♎42	24♎21	/♀
/♂	29♍38	0♎27	1♎15	2♎04	2♎53	3♎42	4♎30	5♎19	6♎08	6♎57	7♎46	8♎35	9♎25	10♎14	11♎03	11♎52	12♎42	13♎31	14♎20	15♎10	15♎59	16♎49	17♎39	18♎28	19♎18	20♎08	20♎58	21♎47	22♎37	23♎27	/♂
/⚷	0♏20	0♏53	1♏26	1♏60	2♏33	3♏06	3♏40	4♏14	4♏48	5♏22	5♏56	6♏31	7♏05	7♏40	8♏15	8♏50	9♏25	10♏00	10♏36	11♏11	11♏47	12♏22	12♏58	13♏34	14♏10	14♏47	15♏23	15♏59	16♏36	17♏13	/⚷
/♃	19♊44	20♊09	20♊35	21♊00	21♊26	21♊51	22♊17	22♊42	23♊07	23♊33	23♊58	24♊23	24♊49	25♊14	25♊39	26♊05	26♊30	26♊55	27♊20	27♊46	28♊11	28♐36	29♐02	29♐27	29♐52	0♑18	0♑43	1♑09	1♑34	1♑60	/♃
/♄	21♍18	21♍50	22♍23	22♍55	23♍28	24♍00	24♍33	25♍06	25♍38	26♍11	26♍44	27♍17	27♍50	28♍22	28♍55	29♍28	0♎01	0♎34	1♎07	1♎40	2♎13	2♎46	3♎19	3♎52	4♎25	4♎58	5♎31	6♎04	6♎37	7♎10	/♄
/♅	18♊56	19♊24	19♊52	20♊20	20♊48	21♊16	21♊44	22♊12	22♊40	23♊08	23♊36	24♊04	24♊32	25♊00	25♊28	25♊56	26♊24	26♊52	27♊20	27♊48	28♊17	28♐45	29♐13	29♐41	0♑09	0♑37	1♑05	1♑34	2♑02	2♑30	/♅
/♆	2♐44	3♐12	3♐40	4♐08	4♐37	5♐05	5♐33	6♐02	6♐30	6♐58	7♐27	7♐55	8♐24	8♐52	9♐21	9♐49	10♐18	10♐46	11♐15	11♐44	12♐12	12♐41	13♐09	13♐38	14♐07	14♐36	15♐04	15♐33	16♐02	16♐31	/♆
/♇	5♏39	6♏08	6♏37	7♏06	7♏35	8♏04	8♏33	9♏02	9♏31	9♏60	10♏29	10♏58	11♏27	11♏56	12♏26	12♏55	13♏24	13♏53	14♏23	14♏52	15♏22	15♏51	16♏20	16♏50	17♏19	17♏49	18♏19	18♏48	19♏18	19♏48	/♇
/☊	9♏15	9♏43	10♏13	10♏42	11♏11	11♏38	12♏05	12♏30	12♏55	13♏19	13♏43	14♏09	14♏35	15♏03	15♏32	16♏01	16♏30	16♏59	17♏27	17♏53	18♏18	18♏41	19♏04	19♏26	19♏49	20♏12	20♏37	21♏03	21♏30	21♏59	/☊
☽/☿	21♋34	27♋34	3♌46	10♌10	16♌49	23♌42	0♍48	8♍03	15♍24	22♍44	29♍59	7♎06	14♎02	20♎49	27♎26	3♏57	10♏22	16♏46	23♏08	29♏33	6♐00	12♊32	19♊08	25♊49	2♋35	9♋27	16♋25	23♋29	0♌41	8♌01	☽/☿
/♀	11♌48	18♌42	25♌47	3♍05	10♍36	18♍20	26♍14	4♎14	12♎16	20♎13	28♎02	5♏37	12♏57	20♏01	26♏52	3♐30	9♐59	16♐20	22♐36	28♐48	5♑00	11♑12	17♑24	23♑38	29♑54	6♒13	12♌35	19♌02	25♌33	2♍12	/♀
/♂	10♌19	17♌07	24♌07	1♍19	8♍45	16♍24	24♍14	2♎11	10♎10	18♎05	25♎50	3♏24	10♏43	17♏47	24♏37	1♐16	7♐45	14♐08	20♐26	26♐42	2♑57	9♑13	15♑31	21♑51	28♑14	4♒40	11♌11	17♌47	24♌28	1♍18	/♂
/⚷	11♓01	17♓33	24♍18	1♎15	8♎25	15♎49	23♎24	1♏06	8♏49	16♏29	24♏01	1♐19	8♐23	15♐13	21♐49	28♐13	4♑28	10♑37	16♑41	22♑43	28♑44	4♒47	10♒51	16♒57	23♒06	29♒19	5♓36	11♓59	18♓27	25♓03	/⚷
/♃	0♉24	6♉49	13♉26	20♉15	27♉18	4♊34	12♊00	19♊34	27♊09	4♑40	12♑02	19♑12	26♑07	2♒47	9♒13	15♒28	21♒33	27♒32	3♓26	9♓18	15♓09	21♓01	26♓54	2♈50	8♈48	14♈50	20♈57	27♈08	3♉25	9♉50	/♃
/♄	1♌58	8♌30	15♌14	22♌10	29♌20	6♍43	14♍17	21♍57	29♍40	7♎18	14♎48	22♎05	29♎07	5♏55	12♏29	18♏51	25♏04	1♐11	7♐12	13♐12	19♐11	25♐10	1♑11	7♋14	13♋21	19♋30	25♋44	2♌03	8♌28	15♌01	/♄
/♅	29♈37	6♉05	12♉44	19♉35	26♉41	3♊59	11♊28	19♊04	26♊41	4♑15	11♑40	18♑52	25♑50	2♒33	9♒02	15♒19	21♒28	27♒29	3♓26	9♓20	15♓14	21♓09	27♓05	3♈04	9♈05	15♈10	21♈19	27♈33	3♉53	10♉21	/♅
/♆	13♈24	19♈52	26♈31	3♉23	10♉29	17♉48	25♉17	2♐53	10♐31	18♐06	25♐31	2♑44	9♑42	16♑25	22♑55	29♑12	5♒21	11♒23	17♒20	23♒16	29♒10	5♓05	11♓02	17♓01	23♓03	29♓08	5♈18	11♈32	17♈53	24♈22	/♆
/♇	16♓20	22♓48	29♓28	6♎21	13♎27	20♎46	28♎16	5♏53	13♏32	21♏07	28♏33	5♐46	12♐45	19♐29	25♐59	2♑18	8♑27	14♑30	20♑28	26♑24	2♒19	8♒15	14♒13	20♒12	26♒15	2♓22	8♓32	14♓47	21♓09	27♓38	/♇
/☊	19♓55	26♓24	3♈04	9♈57	17♎03	24♎21	1♏48	9♏22	16♏56	24♏26	1♐47	8♐57	15♐53	22♐36	29♐06	5♑24	11♑34	17♑36	23♑32	29♑25	5♒16	11♒06	16♒56	22♒49	28♒45	4♓45	10♓50	17♓02	23♓21	29♓49	/☊
☿/♀	3♎33	3♎30	3♎26	3♎23	3♎20	3♎18	3♎17	3♎19	3♎23	3♎31	3♎42	3♎57	4♎16	4♎39	5♎07	5♎38	6♎13	6♎52	7♎35	8♎21	9♎10	10♎01	10♎55	11♎51	12♎48	13♎47	14♎46	15♎47	16♎47	17♎48	☿/♀
/♂	2♎04	1♎55	1♎46	1♎37	1♎29	1♎22	1♎18	1♎16	1♎17	1♎22	1♎31	1♎44	2♎02	2♎25	2♎52	3♎24	3♎60	4♎41	5♎26	6♎14	7♎07	8♎03	9♎02	10♎04	11♎08	12♎14	13♎22	14♎31	15♎42	16♎54	/♂
/⚷	2♏46	2♏21	1♏57	1♏32	1♏09	0♏47	0♏27	0♏10	29♎57	29♎47	29♎41	29♎40	29♎43	29♎51	0♏04	0♏21	0♏43	1♏10	1♏41	2♏16	2♏54	3♏36	4♏22	5♏10	6♏00	6♏53	7♏47	8♏43	9♏41	10♏39	/⚷
/♃	22♊09	21♊37	21♊05	20♊33	20♊02	19♊32	19♊04	18♊38	18♊16	17♊58	17♊43	17♊32	17♊26	17♊25	17♊28	17♊36	17♊48	18♊05	18♊26	18♊50	19♊19	19♊50	20♊25	21♊02	21♊42	22♊24	23♊08	23♊53	24♊39	25♊26	/♃
/♄	23♍43	23♍18	22♍53	22♍28	22♍04	21♍41	21♍20	21♍02	20♍47	20♍36	20♍29	20♍26	20♍27	20♍33	20♍44	20♍59	21♍19	21♍43	22♍12	22♍44	23♍20	23♍60	24♍42	25♍27	26♍15	27♍04	27♍55	28♍48	29♍42	0♎37	/♄
/♅	21♊22	20♊52	20♊23	19♊53	19♊24	18♊57	18♊31	18♊08	17♊49	17♊33	17♊21	17♊13	17♊10	17♊11	17♊17	17♊27	17♊42	18♊02	18♊25	18♊53	19♊24	19♊59	20♊36	21♊16	21♊59	22♊43	23♊30	24♊18	25♊07	25♊57	/♅
/♆	5♐09	4♐40	4♐10	3♐41	3♐13	2♐45	2♐20	1♐58	1♐39	1♐23	1♐11	1♐04	1♐01	1♐03	1♐09	1♐20	1♐36	1♐56	2♐20	2♐48	3♐20	3♐55	4♐33	5♐13	5♐57	6♐42	7♐29	8♐17	9♐07	9♐58	/♆
/♇	8♏04	7♏36	7♏07	6♏38	6♏11	5♏44	5♏20	4♏58	4♏39	4♏24	4♏13	4♏07	4♏05	4♏07	4♏14	4♏26	4♏42	5♏03	5♏28	5♏57	6♏29	7♏05	7♏44	8♏25	9♏09	9♏55	10♏43	11♏32	12♏23	13♏14	/♇
/☊	11♏40	11♏11	10♏43	10♏15	9♏47	9♏19	8♏52	8♏27	8♏03	7♏43	7♏28	7♏18	7♏13	7♏14	7♏21	7♏32	7♏49	8♏09	8♏32	8♏58	9♏25	9♏55	10♏27	11♏02	11♏39	12♏18	13♏01	13♏47	14♏35	15♏25	/☊
♀/♂	22♎18	23♎03	23♎47	24♎32	25♎16	25♎60	26♎43	27♎27	28♎09	28♎52	29♎34	0♏15	0♏57	1♏37	2♏17	2♏57	3♏36	4♏15	4♏53	5♏30	6♏07	6♏43	7♏18	7♏53	8♏27	9♏00	9♏32	10♏04	10♏35	11♏04	♀/♂
/⚷	22♏60	23♏29	23♏58	24♏27	24♏56	25♏25	25♏53	26♏21	26♏49	27♏17	27♏44	28♏11	28♏37	29♏04	29♏29	29♏55	0♐20	0♐44	1♐08	1♐31	1♐54	2♐16	2♐38	2♐59	3♐19	3♐39	3♐58	4♐16	4♐33	4♐50	/⚷
/♃	12♑23	12♑45	13♑07	13♑28	13♑49	14♑10	14♑30	14♑49	15♑09	15♑27	15♑46	16♑03	16♑21	16♑37	16♑54	17♑09	17♑24	17♑39	17♑53	18♑06	18♑18	18♑30	18♑41	18♑52	19♑01	19♑10	19♑18	19♑25	19♑32	19♑37	/♃
/♄	13♎57	14♎26	14♎55	15♎23	15♎51	16♎19	16♎46	17♎13	17♎40	18♎06	18♎31	18♎57	19♎21	19♎46	20♎10	20♎33	20♎55	21♎18	21♎39	21♎60	22♎20	22♎40	22♎58	23♎16	23♎34	23♎50	24♎06	24♎21	24♎35	24♎48	/♄
/♅	11♑36	12♑00	12♑24	12♑48	13♑11	13♑34	13♑57	14♑19	14♑41	15♑03	15♑24	15♑44	16♑04	16♑23	16♑42	17♑01	17♑19	17♑36	17♑53	18♑09	18♑24	18♑39	18♑52	19♑06	19♑18	19♑30	19♑40	19♑50	19♑59	20♑07	/♅
/♆	25♐23	25♐48	26♐12	26♐36	26♐60	27♐23	27♐46	28♐09	28♐31	28♐53	29♐14	29♐35	29♐56	0♑16	0♑35	0♑54	1♑12	1♑30	1♑47	2♑04	2♑19	2♑35	2♑49	3♑03	3♑16	3♑28	3♑39	3♑50	3♑59	4♑08	/♆
/♇	28♏18	28♏44	29♏09	29♏33	29♏58	0♐22	0♐46	1♐09	1♐32	1♐54	2♐16	2♐38	2♐59	3♐20	3♐40	3♐60	4♐19	4♐37	4♐55	5♐12	5♐29	5♐45	6♐00	6♐15	6♐28	6♐41	6♐53	7♐05	7♐15	7♐25	/♇
/☊	1♐54	2♐19	2♐45	3♐10	3♐34	3♐57	4♐18	4♐37	4♐56	5♐13	5♐31	5♐49	6♐07	6♐27	6♐46	7♐06	7♐25	7♐43	7♐59	8♐13	8♐25	8♐35	8♐44	8♐51	8♐58	9♐05	9♐12	9♐19	9♐27	9♐36	/☊
♂/⚷	21♏31	21♏54	22♏18	22♏41	23♏05	23♏29	23♏54	24♏18	24♏43	25♏08	25♏33	25♏58	26♏23	26♏49	27♏14	27♏40	28♏06	28♏32	28♏58	29♏25	29♏51	0♐18	0♐45	1♐12	1♐39	2♐06	2♐33	3♐01	3♐28	3♐56	♂/⚷
/♃	10♑54	11♑10	11♑26	11♑42	11♑58	12♑14	12♑30	12♑46	13♑02	13♑18	13♑34	13♑50	14♑07	14♑23	14♑39	14♑55	15♑11	15♑27	15♑43	15♑59	16♑16	16♑32	16♑48	17♑04	17♑21	17♑37	17♑54	18♑10	18♑27	18♑43	/♃
/♄	12♎28	12♎51	13♎14	13♎37	14♎00	14♎23	14♎47	15♎10	15♎33	15♎57	16♎20	16♎44	17♎07	17♎31	17♎54	18♎18	18♎42	19♎06	19♎29	19♎53	20♎17	20♎41	21♎05	21♎29	21♎53	22♎17	22♎41	23♎05	23♎30	23♎54	/♄
/♅	10♑07	10♑25	10♑44	11♑02	11♑21	11♑39	11♑58	12♑16	12♑35	12♑54	13♑12	13♑31	13♑50	14♑09	14♑27	14♑46	15♑05	15♑24	15♑43	16♑02	16♑21	16♑40	16♑59	17♑18	17♑37	17♑57	18♑16	18♑35	18♑54	19♑14	/♅
/♆	23♐54	24♐13	24♐31	24♐50	25♐09	25♐28	25♐47	26♐06	26♐25	26♐44	27♐03	27♐22	27♐41	28♐01	28♐20	28♐39	28♐59	29♐18	29♐38	29♐57	0♑17	0♑36	0♑56	1♑15	1♑35	1♑55	2♑15	2♑35	2♑55	3♑14	/♆
/♇	26♏49	27♏09	27♏28	27♏47	28♏07	28♏27	28♏46	29♏06	29♏26	29♏45	0♐05	0♐25	0♐45	1♐05	1♐25	1♐45	2♐05	2♐25	2♐45	3♐06	3♐26	3♐46	4♐07	4♐27	4♐48	5♐08	5♐29	5♐50	6♐10	6♐31	/♇
/☊	0♐25	0♐44	1♐04	1♐24	1♐43	2♐01	2♐18	2♐34	2♐49	3♐04	3♐20	3♐36	3♐53	4♐12	4♐31	4♐51	5♐11	5♐31	5♐49	6♐07	6♐22	6♐37	6♐50	7♐04	7♐17	7♐32	7♐47	8♐04	8♐22	8♐42	/☊
⚷/♃	11♒36	11♒36	11♒37	11♒38	11♒38	11♒39	11♒40	11♒41	11♒42	11♒43	11♒45	11♒46	11♒47	11♒49	11♒51	11♒52	11♒54	11♒56	11♒58	12♒01	12♒03	12♒05	12♒08	12♒10	12♒13	12♒16	12♒19	12♒22	12♒25	12♒29	⚷/♃
/♄	13♏10	13♏17	13♏25	13♏32	13♏40	13♏48	13♏56	14♏05	14♏13	14♏22	14♏30	14♏39	14♏48	14♏57	15♏06	15♏16	15♏25	15♏35	15♏45	15♏55	16♏05	16♏15	16♏25	16♏35	16♏46	16♏56	17♏07	17♏17	17♏28	17♏39	/♄
/♅	10♒49	10♒52	10♒54	10♒57	11♒01	11♒04	11♒07	11♒11	11♒15	11♒18	11♒22	11♒26	11♒31	11♒35	11♒39	11♒44	11♒49	11♒53	11♒58	12♒03	12♒08	12♒14	12♒19	12♒24	12♒30	12♒35	12♒41	12♒47	12♒53	12♒59	/♅
/♆	24♑36	24♑39	24♑42	24♑46	24♑49	24♑53	24♑57	25♑00	25♑05	25♑09	25♑13	25♑18	25♑22	25♑27	25♑32	25♑37	25♑42	25♑47	25♑53	25♑58	26♑04	26♑10	26♑16	26♑21	26♑28	26♑34	26♑40	26♑47	26♑53	26♑60	/♆
/♇	27♐31	27♐35	27♐39	27♐43	27♐47	27♐51	27♐56	28♐00	28♐05	28♐10	28♐15	28♐20	28♐26	28♐31	28♐37	28♐43	28♐48	28♐54	29♐01	29♐07	29♐13	29♐20	29♐26	29♐33	29♐40	29♐47	29♐54	0♑01	0♑09	0♑16	/♇
/☊	1♑07	1♑11	1♑15	1♑19	1♑23	1♑26	1♑28	1♑29	1♑29	1♑29	1♑30	1♑31	1♑34	1♑38	1♑43	1♑49	1♑55	2♑00	2♑05	2♑08	2♑10	2♑10	2♑10	2♑10	2♑10	2♑10	2♑12	2♑16	2♑21	2♑27	/☊
♃/♄	2♑33	2♑33	2♑33	2♑33	2♑33	2♑33	2♑33	2♑33	2♑32	2♑32	2♑32	2♑32	2♑31	2♑31	2♑31	2♑31	2♑30	2♑30	2♑30	2♑29	2♑29	2♑29	2♑28	2♑28	2♑28	2♑27	2♑27	2♑27	2♑27	2♑26	♃/♄
/♅	0♈12	0♈07	0♈03	29♓58	29♓54	29♓49	29♓44	29♓39	29♓34	29♓29	29♓24	29♓19	29♓14	29♓09	29♓04	28♓59	28♓53	28♓48	28♓43	28♓38	28♓33	28♓27	28♓22	28♓17	28♓12	28♓07	28♓02	27♓56	27♓51	27♓46	/♅
/♆	13♓59	13♓55	13♓51	13♓46	13♓42	13♓38	13♓33	13♓29	13♓24	13♓19	13♓15	13♓10	13♓06	13♓01	12♓56	12♓52	12♓47	12♓42	12♓38	12♓33	12♓28	12♓24	12♓19	12♓14	12♓10	12♓05	12♓00	11♓56	11♓51	11♓47	/♆
/♇	16♒55	16♒51	16♒47	16♒44	16♒40	16♒36	16♒32	16♒29	16♒25	16♒21	16♒17	16♒13	16♒09	16♒05	16♒01	15♒57	15♒53	15♒49	15♒45	15♒42	15♒38	15♒34	15♒30	15♒26	15♒22	15♒18	15♒15	15♒11	15♒07	15♒03	/♇
/☊	20♒30	20♒27	20♒23	20♒20	20♒16	20♒11	20♒05	19♒57	19♒49	19♒40	19♒31	19♒24	19♒17	19♒12	19♒08	19♒04	18♒60	18♒55	18♒49	18♒42	18♒34	18♒24	18♒14	18♒03	17♒52	17♒42	17♒33	17♒25	17♒19	17♒15	/☊
♄/♅	1♑46	1♑48	1♑51	1♑53	1♑55	1♑58	2♑00	2♑03	2♑05	2♑07	2♑10	2♑12	2♑15	2♑17	2♑20	2♑22	2♑25	2♑27	2♑29	2♑32	2♑34	2♑37	2♑39	2♑42	2♑44	2♑47	2♑49	2♑52	2♑54	2♑57	♄/♅
/♆	15♐33	15♐36	15♐38	15♐41	15♐44	15♐47	15♐49	15♐52	15♐55	15♐58	16♐01	16♐04	16♐06	16♐09	16♐12	16♐15	16♐18	16♐21	16♐24	16♐27	16♐30	16♐33	16♐36	16♐39	16♐42	16♐45	16♐48	16♐51	16♐54	16♐58	/♆
/♇	18♏29	18♏32	18♏35	18♏39	18♏42	18♏45	18♏49	18♏52	18♏56	18♏59	19♏03	19♏06	19♏10	19♏13	19♏17	19♏21	19♏24	19♏28	19♏32	19♏36	19♏39	19♏43	19♏47	19♏51	19♏55	19♏58	20♏02	20♏06	20♏10	20♏14	/♇
/☊	22♏04	22♏07	22♏11	22♏15	22♏18	22♏20	22♏21	22♏21	22♏20	22♏18	22♏17	22♏17	22♏18	22♏20	22♏23	22♏27	22♏31	22♏34	22♏36	22♏36	22♏36	22♏34	22♏31	22♏27	22♏24	22♏22	22♏20	22♏21	22♏22	22♏25	/☊
♅/♆	13♓12	13♓10	13♓08	13♓06	13♓04	13♓02	13♓00	12♓59	12♓57	12♓55	12♓53	12♓51	12♓49	12♓47	12♓45	12♓43	12♓41	12♓39	12♓38	12♓36	12♓34	12♓32	12♓30	12♓28	12♓26	12♓25	12♓23	12♓21	12♓19	12♓17	♅/♆
/♇	16♒07	16♒06	16♒05	16♒04	16♒02	16♒01	15♒60	15♒59	15♒57	15♒56	15♒55	15♒54	15♒52	15♒51	15♒50	15♒49	15♒48	15♒46	15♒45	15♒44	15♒43	15♒42	15♒41	15♒40	15♒39	15♒38	15♒37	15♒36	15♒35	15♒34	/♇
/☊	19♒43	19♒42	19♒41	19♒40	19♒38	19♒36	19♒32	19♒27	19♒21	19♒15	19♒09	19♒04	19♒01	18♒58	18♒56	18♒55	18♒54	18♒52	18♒49	18♒45	18♒39	18♒33	18♒25	18♒16	18♒08	18♒01	17♒55	17♒50	17♒47	17♒45	/☊
♆/♇	29♑55	29♑54	29♑53	29♑52	29♑51	29♑50	29♑49	29♑48	29♑47	29♑46	29♑46	29♑45	29♑44	29♑43	29♑43	29♑42	29♑41	29♑41	29♑40	29♑39	29♑39	29♑38	29♑38	29♑37	29♑37	29♑36	29♑36	29♑35	29♑35	29♑35	♆/♇
/☊	3♒30	3♒29	3♒29	3♒28	3♒27	3♒25	3♒21	3♒17	3♒11	3♒05	3♒00	2♒56	2♒52	2♒50	2♒49	2♒48	2♒48	2♒46	2♒44	2♒40	2♒35	2♒29	2♒21	2♒14	2♒06	1♒59	1♒54	1♒50	1♒47	1♒46	/☊
♇/☊	6♑26	6♑25	6♑25	6♑25	6♑25	6♑23	6♑21	6♑17	6♑12	6♑07	6♑02	5♑58	5♑56	5♑54	5♑54	5♑54	5♑54	5♑53	5♑52	5♑49	5♑44	5♑39	5♑32	5♑25	5♑19	5♑13	5♑08	5♑05	5♑03	5♑02	♇/☊

October 2010

	1	2	3	4	5	6	7	8	9	10	11	12	13	14	15	16	17	18	19	20	21	22	23	24	25	26	27	28	29	30	31
☉/☽	21♌42	29♌00	6♍30	14♍12	22♍04	0♎03	8♎07	16♎09	24♎04	1♏48	9♏19	16♏35	23♏38	0♐28	7♐08	13♐40	20♐07	26♐33	2♑58	9♑24	15♑54	22♑28	29♑06	5♌48	12♌36	19♌29	26♌28	3♍32	10♍44	18♍02	25♍29
/☿	1♎32	2♎54	4♎17	5♎40	7♎03	8♎26	9♎49	11♎12	12♎35	13♎58	15♎21	16♎43	18♎05	19♎27	20♎48	22♎09	23♎30	24♎51	26♎11	27♎31	28♎50	0♏09	1♏28	2♏47	4♏06	5♏24	6♏42	7♏59	9♏17	10♏34	11♏51
/♀	24♎59	25♎36	26♎12	26♎46	27♎20	27♎53	28♎25	28♎55	29♎25	29♎53	0♏20	0♏46	1♏10	1♏34	1♏56	2♏17	2♏37	2♏56	3♏14	3♏31	3♏47	4♏01	4♏16	4♏29	4♏42	4♏54	5♏06	5♏18	5♏30	5♏41	5♏53
/♂	24♎17	25♎07	25♎58	26♎48	27♎38	28♎28	29♎19	0♏09	0♏60	1♏50	2♏41	3♏31	4♏22	5♏13	6♏03	6♏54	7♏45	8♏36	9♏27	10♏18	11♏09	12♏00	12♏51	13♏42	14♏34	15♏25	16♏16	17♏08	17♏59	18♏51	19♏42
/⚷	17♏49	18♏26	19♏03	19♏41	20♏18	20♏55	21♏33	22♏10	22♏48	23♏26	24♏03	24♏41	25♏20	25♏58	26♏36	27♏14	27♏53	28♏31	29♏10	29♏48	0♐27	1♐06	1♐45	2♐24	3♐03	3♐42	4♐22	5♐01	5♐40	6♐20	6♐59
/♃	2♑25	2♑51	3♑17	3♑42	4♑08	4♑34	5♑00	5♑26	5♑52	6♑18	6♑44	7♑11	7♑37	8♑03	8♑30	8♑57	9♑23	9♑50	10♑17	10♑44	11♑11	11♑38	12♑05	12♑32	12♑60	13♑27	13♑55	14♑23	14♑50	15♑18	15♑46
/♄	7♎44	8♎17	8♎50	9♎23	9♎57	10♎30	11♎03	11♎36	12♎10	12♎43	13♎16	13♎50	14♎23	14♎56	15♎30	16♎03	16♎37	17♎10	17♎43	18♎17	18♎50	19♎24	19♎57	20♎30	21♎04	21♎37	22♎11	22♎44	23♎18	23♎51	24♎24
/♅	2♑59	3♑27	3♑55	4♑24	4♑52	5♑20	5♑49	6♑17	6♑46	7♑14	7♑43	8♑11	8♑40	9♑09	9♑37	10♑06	10♑35	11♑03	11♑32	12♑01	12♑30	12♑59	13♑27	13♑56	14♑25	14♑54	15♑23	15♑52	16♑21	16♑50	17♑20
/♆	16♐60	17♐29	17♐58	18♐27	18♐56	19♐25	19♐54	20♐23	20♐52	21♐22	21♐51	22♐20	22♐49	23♐19	23♐48	24♐17	24♐47	25♐16	25♐46	26♐15	26♐45	27♐14	27♐44	28♐13	28♐43	29♐13	29♐42	0♑12	0♑42	1♑12	1♑42
/♇	20♏17	20♏47	21♏17	21♏47	22♏17	22♏47	23♏16	23♏46	24♏16	24♏46	25♏17	25♏47	26♏17	26♏47	27♏17	27♏47	28♏18	28♏48	29♏18	29♏48	0♐19	0♐49	1♐20	1♐50	2♐21	2♐51	3♐22	3♐52	4♐23	4♐53	5♐24
/☊	22♏28	22♏57	23♏26	23♏54	24♏21	24♏46	25♏10	25♏34	25♏58	26♏23	26♏50	27♏17	27♏46	28♏16	28♏46	29♏15	29♏44	0♐11	0♐37	1♐02	1♐25	1♐49	2♐13	2♐37	3♐02	3♐29	3♐57	4♐27	4♐57	5♐27	5♐57
☽/☿	15♌31	23♌13	1♍06	9♍12	17♍27	25♍51	4♎19	12♎44	21♎03	29♎11	7♏05	14♏44	22♏09	29♏22	6♐24	13♐18	20♐07	26♐53	3♑38	10♑25	17♑15	24♑08	1♒05	8♌07	15♌14	22♌25	29♌42	7♍04	14♍33	22♍09	29♍53
/♀	8♍58	15♍54	23♍01	0♎18	7♎45	15♎18	22♎54	0♏27	7♏52	15♏06	22♏04	28♏47	5♐15	11♐29	17♐32	23♐26	29♐14	4♑58	10♑42	16♑25	22♑11	28♑00	3♒53	9♌49	15♌50	21♌56	28♌06	4♍23	10♍46	17♍16	23♍55
/♂	8♍17	15♍26	22♍47	0♎19	8♎03	15♎54	23♎48	1♏41	9♏27	17♏03	24♏25	1♐33	8♐26	15♐08	21♐39	28♐03	4♑22	10♑38	16♑55	23♑13	29♑34	5♒59	12♒28	19♒02	25♒42	2♍26	9♍16	16♍12	23♍15	0♎26	7♎44
/⚷	1♎49	8♎45	15♎53	23♎12	0♏42	8♏20	16♏02	23♏42	1♐16	8♐39	15♐48	22♐43	29♐24	5♑53	12♑11	18♑23	24♑29	0♒33	6♒37	12♒43	18♒52	25♒05	1♓22	7♓44	14♓11	20♓44	27♓22	4♈06	10♎56	17♎55	25♎01
/♃	16♉25	23♉10	0♊06	7♊14	14♊33	21♊59	29♐29	6♑58	14♑20	21♑31	28♑29	5♒12	11♒41	17♒58	24♒05	0♓05	5♓60	11♓52	17♓44	23♓38	29♓35	5♈36	11♈42	17♈52	24♈08	0♉29	6♉55	13♉27	20♉07	26♉53	3♊48
/♄	21♌43	28♌35	5♍39	12♍55	20♍21	27♍55	5♎32	13♎08	20♎38	27♎56	5♏01	11♏51	18♏28	24♏51	1♐05	7♐12	13♐13	19♐12	25♐11	1♑11	7♑15	13♋22	19♋34	25♋50	2♌12	8♌39	15♌11	21♌49	28♌34	5♍26	12♍26
/♅	16♉58	23♉45	0♊44	7♊55	15♊16	22♊46	0♑18	7♑49	15♑14	22♑27	29♑27	6♒13	12♒44	19♒04	25♒13	1♓14	7♓11	13♓06	18♓60	24♓56	0♈54	6♈57	13♈04	19♈16	25♈33	1♉56	8♉23	14♉57	21♉37	28♉25	5♊21
/♆	0♉59	7♉47	14♉47	21♉59	29♏20	6♐50	14♐23	21♐55	29♐20	6♑34	13♑35	20♑21	26♑54	3♒14	9♒23	15♒26	21♒23	27♒18	3♓13	9♓10	15♓09	21♓13	27♓21	3♈33	9♈51	16♈14	22♈42	29♈17	5♉58	12♉47	19♉43
/♇	4♎17	11♎06	18♎06	25♎18	2♏41	10♏12	17♏46	25♏18	2♐44	9♐59	17♐01	23♐48	0♑21	6♑42	12♑53	18♑56	24♑54	0♒50	6♒46	12♒43	18♒44	24♒48	0♓57	7♓10	13♓29	19♓52	26♓22	2♈57	9♎39	16♎28	23♎26
/☊	6♈27	13♎16	20♎16	27♎26	4♏45	12♏11	19♏39	27♏06	4♐26	11♐36	18♐34	25♐19	1♑51	8♑11	14♑21	20♑23	26♑20	2♒13	8♒04	13♒56	19♒50	25♒47	1♓49	7♓57	14♓10	20♓30	26♓57	3♈31	10♎13	17♎02	23♎59
☿/♀	18♎48	19♎48	20♎48	21♎46	22♎44	23♎41	24♎37	25♎31	26♎24	27♎16	28♎06	28♎55	29♎42	0♏28	1♏12	1♏55	2♏36	3♏16	3♏55	4♏32	5♏07	5♏42	6♏15	6♏48	7♏19	7♏50	8♏20	8♏50	9♏19	9♏48	10♏17
/♂	18♎07	19♎20	20♎34	21♎48	23♎02	24♎16	25♎31	26♎45	27♎59	29♎13	0♏27	1♏40	2♏54	4♏07	5♏20	6♏32	7♏44	8♏56	10♏08	11♏19	12♏30	13♏41	14♏51	16♏01	17♏11	18♏21	19♏30	20♏39	21♏48	22♏57	24♏06
/⚷	11♏39	12♏39	13♏39	14♏40	15♏42	16♏43	17♏44	18♏46	19♏47	20♏49	21♏50	22♏51	23♏51	24♏52	25♏52	26♏52	27♏52	28♏51	29♏50	0♐49	1♐48	2♐47	3♐45	4♐43	5♐41	6♐38	7♐35	8♐33	9♐30	10♐26	11♐23
/♃	26♊15	27♐04	27♐53	28♐42	29♐32	0♑22	1♑12	2♑02	2♑52	3♑41	4♑31	5♑20	6♑09	6♑58	7♑46	8♑34	9♑22	10♑10	10♑57	11♑45	12♑32	13♑18	14♑05	14♑51	15♑37	16♑23	17♑09	17♑54	18♑40	19♑25	20♑10
/♄	1♎33	2♎29	3♎26	4♎23	5♎20	6♎18	7♎15	8♎12	9♎09	10♎06	11♎03	11♎59	12♎55	13♎51	14♎46	15♎41	16♎36	17♎30	18♎24	19♎18	20♎11	21♎04	21♎57	22♎49	23♎41	24♎33	25♎25	26♎16	27♎07	27♎58	28♎48
/♅	26♊48	27♊39	28♐31	29♐23	0♑16	1♑08	2♑01	2♑53	3♑45	4♑37	5♑29	6♑21	7♑12	8♑03	8♑53	9♑44	10♑34	11♑23	12♑13	13♑02	13♑51	14♑39	15♑27	16♑15	17♑03	17♑50	18♑37	19♑24	20♑11	20♑57	21♑43
/♆	10♐49	11♐41	12♐34	13♐27	14♐20	15♐13	16♐06	16♐59	17♐52	18♐44	19♐37	20♐29	21♐21	22♐13	23♐04	23♐55	24♐46	25♐36	26♐26	27♐16	28♐05	28♐55	29♐43	0♑32	1♑20	2♑08	2♑56	3♑44	4♑31	5♑18	6♑05
/♇	14♏07	14♏60	15♏53	16♏47	17♏40	18♏34	19♏28	20♏22	21♏16	22♏09	23♏03	23♏56	24♏49	25♏41	26♏33	27♏25	28♏17	29♏08	29♏59	0♐49	1♐40	2♐30	3♐19	4♐09	4♐58	5♐47	6♐36	7♐24	8♐12	9♐00	9♐48
/☊	16♏17	17♏10	18♏02	18♏54	19♏44	20♏34	21♏22	22♏10	22♏58	23♏46	24♏36	25♏26	26♏18	27♏10	28♏02	28♏53	29♏43	0♐31	1♐17	2♐02	2♐46	3♐29	4♐12	4♐56	5♐40	6♐25	7♐11	7♐58	8♐46	9♐34	10♐21
♀/♂	11♏33	12♏01	12♏28	12♏54	13♏19	13♏43	14♏06	14♏28	14♏48	15♏08	15♏26	15♏43	15♏59	16♏14	16♏28	16♏40	16♏51	17♏02	17♏11	17♏19	17♏26	17♏33	17♏38	17♏43	17♏48	17♏51	17♏55	17♏58	18♏02	18♏05	18♏08
/⚷	5♐05	5♐20	5♐34	5♐47	5♐59	6♐10	6♐20	6♐29	6♐37	6♐43	6♐49	6♐53	6♐57	6♐59	7♐00	6♐60	6♐59	6♐57	6♐54	6♐49	6♐44	6♐39	6♐32	6♐25	6♐17	6♐09	6♐00	5♐51	5♐43	5♐34	5♐25
/♃	19♑41	19♑45	19♑47	19♑49	19♑50	19♑49	19♑47	19♑45	19♑41	19♑36	19♑30	19♑23	19♑14	19♑05	18♑54	18♑42	18♑29	18♑16	18♑01	17♑45	17♑28	17♑10	16♑52	16♑33	16♑14	15♑54	15♑34	15♑13	14♑53	14♑33	14♑12
/♄	24♎60	25♎11	25♎21	25♎30	25♎38	25♎45	25♎50	25♎55	25♎58	26♎01	26♎02	26♎02	26♎00	25♎58	25♎54	25♎49	25♎43	25♎36	25♎27	25♎18	25♎07	24♎56	24♎44	24♎31	24♎18	24♎04	23♎49	23♎35	23♎20	23♎05	22♎50
/♅	20♑15	20♑21	20♑26	20♑30	20♑33	20♑35	20♑36	20♑36	20♑35	20♑32	20♑28	20♑23	20♑17	20♑10	20♑01	19♑52	19♑41	19♑29	19♑16	19♑02	18♑47	18♑31	18♑14	17♑57	17♑39	17♑21	17♑02	16♑43	16♑24	16♑05	15♑46
/♆	4♑16	4♑23	4♑29	4♑33	4♑37	4♑40	4♑41	4♑42	4♑41	4♑39	4♑36	4♑32	4♑26	4♑20	4♑12	4♑03	3♑53	3♑42	3♑29	3♑16	3♑02	2♑47	2♑31	2♑14	1♑57	1♑39	1♑21	1♑03	0♑44	0♑26	0♑07
/♇	7♐33	7♐41	7♐48	7♐53	7♐58	8♐01	8♐04	8♐05	8♐05	8♐04	8♐02	7♐59	7♐54	7♐48	7♐41	7♐33	7♐24	7♐13	7♐02	6♐49	6♐36	6♐22	6♐07	5♐51	5♐34	5♐18	5♐00	4♐43	4♐25	4♐08	3♐50
/☊	9♐44	9♐51	9♐57	10♐01	10♐02	10♐01	9♐57	9♐53	9♐47	9♐41	9♐35	9♐29	9♐23	9♐17	9♐10	9♐01	8♐50	8♐36	8♐21	8♐03	7♐43	7♐21	6♐60	6♐38	6♐16	5♐56	5♐36	5♐17	4♐59	4♐41	4♐23
♂/⚷	4♐24	4♐52	5♐20	5♐48	6♐17	6♐45	7♐14	7♐43	8♐12	8♐41	9♐10	9♐39	10♐08	10♐38	11♐07	11♐37	12♐07	12♐37	13♐07	13♐37	14♐07	14♐37	15♐08	15♐38	16♐09	16♐39	17♐10	17♐41	18♐12	18♐43	19♐14
/♃	18♑60	19♑17	19♑33	19♑50	20♑07	20♑24	20♑41	20♑59	21♑16	21♑33	21♑51	22♑08	22♑26	22♑44	23♑01	23♑19	23♑37	23♑55	24♑14	24♑32	24♑50	25♑09	25♑28	25♑46	26♑05	26♑24	26♑43	27♑03	27♑22	27♑42	28♑01
/♄	24♎18	24♎42	25♎07	25♎31	25♎56	26♎20	26♎44	27♎09	27♎33	27♎58	28♎23	28♎47	29♎12	29♎37	0♏01	0♏26	0♏51	1♏15	1♏40	2♏05	2♏30	2♏55	3♏20	3♏45	4♏09	4♏34	4♏59	5♏24	5♏49	6♏14	6♏39
/♅	19♑33	19♑52	20♑12	20♑31	20♑51	21♑11	21♑30	21♑50	22♑10	22♑29	22♑49	23♑09	23♑29	23♑49	24♑09	24♑29	24♑49	25♑09	25♑29	25♑49	26♑09	26♑30	26♑50	27♑10	27♑31	27♑51	28♑12	28♑32	28♑53	29♑14	29♑34
/♆	3♑34	3♑54	4♑15	4♑35	4♑55	5♑15	5♑35	5♑56	6♑16	6♑37	6♑57	7♑18	7♑38	7♑59	8♑19	8♑40	9♑01	9♑22	9♑42	10♑03	10♑24	10♑45	11♑06	11♑27	11♑49	12♑10	12♑31	12♑52	13♑14	13♑35	13♑56
/♇	6♐52	7♐13	7♐34	7♐55	8♐16	8♐37	8♐58	9♐19	9♐40	10♐01	10♐23	10♐44	11♐06	11♐27	11♐49	12♐10	12♐32	12♐53	13♐15	13♐37	13♐59	14♐20	14♐42	15♐04	15♐26	15♐48	16♐10	16♐32	16♐55	17♐17	17♐39
/☊	9♐02	9♐23	9♐43	10♐02	10♐20	10♐36	10♐51	11♐06	11♐22	11♐38	11♐56	12♐15	12♐35	12♐56	13♐17	13♐38	13♐58	14♐16	14♐34	14♐50	15♐05	15♐20	15♐35	15♐51	16♐08	16♐26	16♐46	17♐07	17♐29	17♐50	18♐12
⚷/♃	12♒32	12♒36	12♒39	12♒43	12♒47	12♒51	12♒55	12♒60	13♒04	13♒09	13♒13	13♒18	13♒23	13♒29	13♒34	13♒39	13♒45	13♒51	13♒56	14♒02	14♒09	14♒15	14♒21	14♒28	14♒35	14♒42	14♒49	14♒56	15♒03	15♒11	15♒18
/♄	17♏50	18♏01	18♏13	18♏24	18♏35	18♏47	18♏58	19♏10	19♏22	19♏34	19♏45	19♏57	20♏09	20♏22	20♏34	20♏46	20♏58	21♏11	21♏23	21♏36	21♏48	22♏01	22♏13	22♏26	22♏39	22♏52	23♏05	23♏17	23♏30	23♏43	23♏56
/♅	13♒05	13♒11	13♒18	13♒24	13♒31	13♒37	13♒44	13♒51	13♒58	14♒05	14♒12	14♒19	14♒26	14♒34	14♒41	14♒49	14♒56	15♒04	15♒12	15♒20	15♒28	15♒36	15♒44	15♒52	16♒00	16♒09	16♒17	16♒26	16♒34	16♒43	16♒52
/♆	27♑07	27♑13	27♑20	27♑27	27♑35	27♑42	27♑49	27♑57	28♑04	28♑12	28♑20	28♑28	28♑36	28♑44	28♑52	29♑00	29♑08	29♑17	29♑25	29♑34	29♑42	29♑51	0♒00	0♒09	0♒18	0♒27	0♒36	0♒45	0♒55	1♒04	1♒14
/♇	0♑24	0♑32	0♑39	0♑47	0♑55	1♑03	1♑12	1♑20	1♑28	1♑37	1♑46	1♑54	2♑03	2♑12	2♑21	2♑30	2♑39	2♑48	2♑58	3♑07	3♑17	3♑26	3♑36	3♑46	3♑56	4♑05	4♑15	4♑25	4♑36	4♑46	4♑56
/☊	2♑35	2♑42	2♑49	2♑55	2♑59	3♑03	3♑05	3♑07	3♑10	3♑14	3♑19	3♑25	3♑33	3♑41	3♑49	3♑58	4♑05	4♑11	4♑16	4♑20	4♑23	4♑26	4♑29	4♑32	4♑37	4♑43	4♑51	4♑60	5♑10	5♑20	5♑29
♃/♄	2♑26	2♑26	2♑26	2♑26	2♑26	2♑26	2♑26	2♑26	2♑26	2♑26	2♑26	2♑27	2♑27	2♑27	2♑28	2♑28	2♑29	2♑29	2♑30	2♑31	2♑32	2♑32	2♑33	2♑34	2♑36	2♑37	2♑38	2♑39	2♑41	2♑42	2♑44
/♅	27♓41	27♓36	27♓31	27♓26	27♓21	27♓16	27♓11	27♓07	27♓02	26♓57	26♓53	26♓48	26♓44	26♓39	26♓35	26♓31	26♓27	26♓23	26♓19	26♓15	26♓11	26♓07	26♓04	26♓00	25♓57	25♓54	25♓50	25♓47	25♓44	25♓41	25♓39
/♆	11♓42	11♓38	11♓34	11♓29	11♓25	11♓21	11♓17	11♓13	11♓09	11♓05	11♓01	10♓57	10♓53	10♓49	10♓46	10♓42	10♓39	10♓36	10♓32	10♓29	10♓26	10♓23	10♓20	10♓17	10♓15	10♓12	10♓10	10♓07	10♓05	10♓03	10♓01
/♇	14♒60	14♒56	14♒53	14♒49	14♒46	14♒42	14♒39	14♒36	14♒33	14♒30	14♒26	14♒23	14♒21	14♒18	14♒15	14♒12	14♒10	14♒07	14♒05	14♒02	14♒00	13♒58	13♒56	13♒54	13♒52	13♒51	13♒49	13♒47	13♒46	13♒44	13♒43
/☊	17♒10	17♒07	17♒02	16♒57	16♒50	16♒42	16♒33	16♒23	16♒14	16♒06	15♒60	15♒54	15♒50	15♒47	15♒44	15♒40	15♒36	15♒30	15♒23	15♒16	15♒07	14♒58	14♒49	14♒41	14♒34	14♒29	14♒25	14♒22	14♒20	14♒18	14♒16
♄/♅	2♑59	3♑02	3♑04	3♑07	3♑09	3♑12	3♑15	3♑17	3♑20	3♑22	3♑25	3♑27	3♑30	3♑32	3♑35	3♑38	3♑40	3♑43	3♑45	3♑48	3♑51	3♑53	3♑56	3♑58	4♑01	4♑04	4♑06	4♑09	4♑12	4♑14	4♑17
/♆	17♐01	17♐04	17♐07	17♐10	17♐13	17♐17	17♐20	17♐23	17♐26	17♐29	17♐33	17♐36	17♐39	17♐42	17♐46	17♐49	17♐52	17♐56	17♐59	18♐02	18♐05	18♐09	18♐12	18♐15	18♐19	18♐22	18♐25	18♐29	18♐32	18♐35	18♐39
/♇	20♏18	20♏22	20♏26	20♏30	20♏34	20♏38	20♏42	20♏46	20♏50	20♏54	20♏58	21♏03	21♏07	21♏11	21♏15	21♏19	21♏23	21♏27	21♏31	21♏36	21♏40	21♏44	21♏48	21♏52	21♏56	22♏01	22♏05	22♏09	22♏13	22♏17	22♏21
/☊	22♏29	22♏32	22♏35	22♏37	22♏38	22♏37	22♏36	22♏34	22♏32	22♏31	22♏32	22♏33	22♏36	22♏40	22♏43	22♏47	22♏49	22♏50	22♏50	22♏49	22♏46	22♏44	22♏41	22♏39	22♏38	22♏39	22♏40	22♏43	22♏47	22♏51	22♏54
♅/♆	12♓16	12♓14	12♓12	12♓10	12♓09	12♓07	12♓05	12♓04	12♓02	12♓01	11♓59	11♓58	11♓56	11♓55	11♓53	11♓52	11♓50	11♓49	11♓48	11♓46	11♓45	11♓44	11♓42	11♓41	11♓40	11♓39	11♓38	11♓37	11♓36	11♓35	11♓34
/♇	15♒33	15♒32	15♒31	15♒30	15♒29	15♒29	15♒28	15♒27	15♒26	15♒26	15♒25	15♒24	15♒24	15♒23	15♒22	15♒22	15♒21	15♒21	15♒20	15♒20	15♒19	15♒19	15♒18	15♒18	15♒18	15♒17	15♒17	15♒17	15♒17	15♒17	15♒16
/☊	17♒44	17♒42	17♒41	17♒38	17♒34	17♒28	17♒21	17♒15	17♒08	17♒02	16♒58	16♒55	16♒53	16♒52	16♒51	16♒49	16♒47	16♒44	16♒39	16♒33	16♒26	16♒18	16♒11	16♒05	15♒59	15♒55	15♒53	15♒51	15♒51	15♒50	15♒49
♆/♇	29♑34	29♑34	29♑34	29♑34	29♑33	29♑33	29♑33	29♑33	29♑33	29♑33	29♑33	29♑33	29♑33	29♑33	29♑33	29♑33	29♑33	29♑33	29♑34	29♑34	29♑34	29♑34	29♑35	29♑35	29♑35	29♑36	29♑36	29♑37	29♑37	29♑38	29♑38
/☊	1♒45	1♒44	1♒43	1♒41	1♒37	1♒33	1♒27	1♒20	1♒15	1♒10	1♒06	1♒03	1♒02	1♒02	1♒02	1♒01	0♒59	0♒56	0♒52	0♒47	0♒41	0♒34	0♒28	0♒22	0♒17	0♒14	0♒12	0♒11	0♒11	0♒12	0♒11
♇/☊	5♑02	5♑03	5♑02	5♑01	4♑58	4♑54	4♑49	4♑44	4♑39	4♑35	4♑32	4♑30	4♑30	4♑30	4♑31	4♑31	4♑30	4♑28	4♑25	4♑20	4♑15	4♑09	4♑04	3♑59	3♑55	3♑52	3♑51	3♑51	3♑52	3♑53	3♑54

October 2010

November 2010

	1	2	3	4	5	6	7	8	9	10
☉/☽	3♎04	10♎47	18♎36	26♎28	4♏19	12♏06	19♏45	27♏13	4♐29	11♐33
/☿	13♏08	14♏24	15♏41	16♏57	18♏13	19♏29	20♏44	21♏60	23♏15	24♏30
/♀	6♏05	6♏18	6♏31	6♏44	6♏58	7♏13	7♏29	7♏46	8♏04	8♏22
/♂	20♏34	21♏25	22♏17	23♏09	24♏01	24♏52	25♏44	26♏36	27♏28	28♏20
/⚷	7♐39	8♐19	8♐58	9♐38	10♐18	10♐58	11♐38	12♐18	12♐59	13♐39
/♃	16♑15	16♑43	17♑11	17♑40	18♑08	18♑37	19♑06	19♑35	20♑04	20♑33
/♄	24♎58	25♎31	26♎05	26♎38	27♎12	27♎45	28♎19	28♎52	29♎25	29♎59
/♅	17♑49	18♑18	18♑47	19♑17	19♑46	20♑15	20♑45	21♑14	21♑44	22♑13
/♆	2♑11	2♑41	3♑11	3♑41	4♑11	4♑41	5♑11	5♑42	6♑12	6♑42
/♇	5♐55	6♐26	6♐56	7♐27	7♐58	8♐29	8♐60	9♐31	10♐01	10♐32
/☊	6♐26	6♐54	7♐21	7♐48	8♐13	8♐39	9♐06	9♐34	10♐03	10♐32
☽/☿	7♎45	15♎44	23♎49	1♏57	10♏04	18♏07	26♏01	3♐45	11♐16	18♐34
/♀	0♎42	7♎37	14♎39	21♎44	28♎50	5♏51	12♏46	19♏31	26♏04	2♐27
/♂	15♎11	22♎45	0♏25	8♏09	15♏52	23♏31	1♐01	8♐21	15♐29	22♐24
/⚷	2♏16	9♏38	17♏07	24♏38	2♐10	9♐36	16♐55	24♐03	0♑60	7♑43
/♃	10♊52	18♊03	25♐20	2♑40	9♑60	17♑15	24♑23	1♒20	8♒05	14♒37
/♄	19♍35	26♍51	4♎13	11♎38	19♎03	26♎23	3♏36	10♏37	17♏26	24♏03
/♅	12♊26	19♊38	26♊56	4♑17	11♑37	18♑53	26♑02	2♒59	9♒44	16♒17
/♆	26♏48	4♐01	11♐20	18♐41	26♐03	3♑19	10♑28	17♑27	24♑13	0♒46
/♇	0♏32	7♏45	15♏05	22♏27	29♏49	7♐07	14♐17	21♐16	28♐02	4♑37
/☊	1♏03	8♏14	15♏30	22♏48	0♐05	7♐18	14♐23	21♐19	28♐03	4♑37
☿/♀	10♏46	11♏15	11♏44	12♏13	12♏43	13♏14	13♏45	14♏17	14♏50	15♏23
/♂	25♏14	26♏22	27♏30	28♏38	29♏46	0♐53	2♐00	3♐08	4♐14	5♐21
/⚷	12♐19	13♐16	14♐12	15♐08	16♐03	16♐59	17♐54	18♐50	19♐45	20♐40
/♃	20♑55	21♑40	22♑24	23♑09	23♑53	24♑38	25♑22	26♑06	26♑50	27♑34
/♄	29♎38	0♏28	1♏18	2♏07	2♏57	3♏46	4♏35	5♏23	6♏12	6♏60
/♅	22♑29	23♑15	24♑00	24♑46	25♑31	26♑16	27♑01	27♑45	28♑30	29♑14
/♆	6♑52	7♑38	8♑24	9♑11	9♑56	10♑42	11♑28	12♑13	12♑58	13♑43
/♇	10♐35	11♐22	12♐09	12♐56	13♐43	14♐29	15♐16	16♐02	16♐48	17♐33
/☊	11♐07	11♐51	12♐35	13♐17	13♐58	14♐40	15♐22	16♐05	16♐49	17♐33
♀/♂	18♏12	18♏16	18♏20	18♏25	18♏31	18♏38	18♏45	18♏54	19♏03	19♏14
/⚷	5♐17	5♐09	5♐02	4♐55	4♐49	4♐44	4♐39	4♐36	4♐34	4♐33
/♃	13♑53	13♑33	13♑14	12♑56	12♑39	12♑22	12♑07	11♑52	11♑39	11♑27
/♄	22♎36	22♎22	22♎08	21♎55	21♎42	21♎30	21♎20	21♎10	21♎00	20♎52
/♅	15♑27	15♑08	14♑50	14♑33	14♑16	14♑01	13♑46	13♑32	13♑19	13♑07
/♆	29♐49	29♐32	29♐14	28♐58	28♐42	28♐27	28♐12	27♐59	27♐47	27♐36
/♇	3♐33	3♐16	2♐59	2♐44	2♐28	2♐14	2♐01	1♐48	1♐37	1♐26
/☊	4♐04	3♐45	3♐25	3♐04	2♐44	2♐25	2♐07	1♐51	1♐38	1♐26
♂/⚷	19♐45	20♐17	20♐48	21♐20	21♐51	22♐23	22♐55	23♐26	23♐58	24♐30
/♃	28♑21	28♑41	29♑01	29♑21	29♑41	0♒02	0♒22	0♒43	1♒04	1♒25
/♄	7♏04	7♏29	7♏54	8♏20	8♏45	9♏10	9♏35	9♏60	10♏25	10♏50
/♅	29♑55	0♒16	0♒37	0♒58	1♒19	1♒40	2♒01	2♒22	2♒43	3♒04
/♆	14♑18	14♑39	15♑01	15♑23	15♑44	16♑06	16♑28	16♑50	17♑11	17♑33
/♇	18♐01	18♐24	18♐46	19♐08	19♐31	19♐53	20♐16	20♐39	21♐01	21♐24
/☊	18♐33	18♐52	19♐11	19♐29	19♐46	20♐04	20♐22	20♐42	21♐02	21♐24
⚷/♃	15♒26	15♒34	15♒42	15♒51	15♒59	16♒07	16♒16	16♒25	16♒34	16♒43
/♄	24♏10	24♏23	24♏36	24♏49	25♏02	25♏16	25♏29	25♏42	25♏56	26♏09
/♅	17♒00	17♒09	17♒18	17♒27	17♒36	17♒46	17♒55	18♒04	18♒14	18♒23
/♆	1♒23	1♒33	1♒42	1♒52	2♒02	2♒12	2♒22	2♒32	2♒42	2♒52
/♇	5♑06	5♑17	5♑27	5♑38	5♑48	5♑59	6♑10	6♑21	6♑32	6♑43
/☊	5♑38	5♑46	5♑52	5♑58	6♑04	6♑10	6♑16	6♑24	6♑33	6♑42
♃/♄	2♑45	2♑47	2♑49	2♑50	2♑52	2♑54	2♑56	2♑59	3♑01	3♑03
/♅	25♓36	25♓34	25♓31	25♓29	25♓27	25♓24	25♓23	25♓21	25♓19	25♓17
/♆	9♓59	9♓57	9♓55	9♓53	9♓52	9♓51	9♓49	9♓48	9♓47	9♓46
/♇	13♒42	13♒41	13♒40	13♒39	13♒39	13♒38	13♒38	13♒37	13♒37	13♒37
/☊	14♒14	14♒10	14♒05	13♒60	13♒54	13♒49	13♒44	13♒40	13♒38	13♒37
♄/♅	4♑19	4♑22	4♑25	4♑27	4♑30	4♑33	4♑35	4♑38	4♑40	4♑43
/♆	18♐42	18♐45	18♐49	18♐52	18♐55	18♐59	19♐02	19♐05	19♐09	19♐12
/♇	22♏25	22♏30	22♏34	22♏38	22♏42	22♏46	22♏50	22♏54	22♏58	23♏02
/☊	22♏57	22♏58	22♏59	22♏58	22♏57	22♏57	22♏57	22♏57	22♏59	23♏02
♅/♆	11♓33	11♓32	11♓31	11♓30	11♓29	11♓29	11♓28	11♓27	11♓27	11♓26
/♇	15♒16	15♒16	15♒16	15♒16	15♒16	15♒16	15♒16	15♒16	15♒16	15♒17
/☊	15♒48	15♒45	15♒41	15♒37	15♒32	15♒27	15♒23	15♒19	15♒18	15♒17
♆/♇	29♑39	29♑40	29♑40	29♑41	29♑42	29♑42	29♑43	29♑44	29♑45	29♑45
/☊	0♒10	0♒08	0♒05	0♒01	29♑57	29♑53	29♑49	29♑47	29♑46	29♑45
♇/☊	3♑54	3♑53	3♑50	3♑47	3♑44	3♑40	3♑38	3♑36	3♑35	3♑36

	11	12	13	14	15	16	17	18	19	20
☉/☽	18♐25	25♐07	1♑41	8♑10	14♑37	21♑03	27♑31	4♒03	10♒40	17♒24
/☿	25♏45	26♏59	28♏14	29♏28	0♐42	1♐56	3♐09	4♐22	5♐35	6♐47
/♀	8♏42	9♏04	9♏26	9♏50	10♏14	10♏40	11♏08	11♏36	12♏06	12♏37
/♂	29♏12	0♐04	0♐57	1♐49	2♐41	3♐33	4♐26	5♐18	6♐10	7♐03
/⚷	14♐19	14♐60	15♐40	16♐21	17♐01	17♐42	18♐22	19♐03	19♐44	20♐25
/♃	21♑02	21♑32	22♑01	22♑31	23♑01	23♑31	24♑01	24♑31	25♑01	25♑31
/♄	0♏32	1♏06	1♏39	2♏12	2♏46	3♏19	3♏52	4♏26	4♏59	5♏32
/♅	22♑43	23♑12	23♑42	24♑11	24♑41	25♑11	25♑41	26♑10	26♑40	27♑10
/♆	7♑12	7♑42	8♑13	8♑43	9♑13	9♑44	10♑14	10♑44	11♑15	11♑45
/♇	11♐03	11♐34	12♐05	12♐36	13♐08	13♐39	14♐10	14♐41	15♐12	15♐43
/☊	11♐03	11♐34	12♐05	12♐35	13♐05	13♐33	14♐01	14♐28	14♐55	15♐22
☽/☿	25♐40	2♑37	9♑25	16♑08	22♑48	29♑27	6♒08	12♒53	19♒42	26♒38
/♀	8♐38	14♐41	20♐37	26♐30	2♑20	8♑12	14♑07	20♑07	26♑14	2♌28
/♂	29♐08	5♑42	12♑08	18♑29	24♑47	1♒05	7♒25	13♒49	20♒18	26♒54
/⚷	14♑15	20♑37	26♑52	3♒01	9♒07	15♒13	21♒22	27♒34	3♓52	10♓15
/♃	20♒58	27♒09	3♓13	9♓11	15♓07	21♓02	27♓00	3♈02	9♈09	15♈22
/♄	0♐28	6♐43	12♐50	18♐52	24♐52	0♑51	6♑52	12♑56	19♋07	25♋23
/♅	22♒38	28♒50	4♓53	10♓51	16♓47	22♓42	28♓40	4♈41	10♈48	17♈01
/♆	7♒08	13♒20	19♒24	25♒23	1♓19	7♓15	13♓13	19♓15	25♓22	1♈36
/♇	10♑59	17♑12	23♑17	29♑17	5♒14	11♒10	17♒09	23♒12	29♒20	5♓34
/☊	10♑59	17♑11	23♑16	29♑15	5♒11	11♒05	17♒00	22♒59	29♒03	5♓13
☿/♀	15♏58	16♏33	17♏10	17♏47	18♏26	19♏05	19♏45	20♏26	21♏08	21♏51
/♂	6♐28	7♐34	8♐40	9♐46	10♐52	11♐58	13♐03	14♐08	15♐13	16♐17
/⚷	21♐35	22♐29	23♐24	24♐18	25♐12	26♐06	26♐60	27♐53	28♐46	29♐39
/♃	28♑18	29♑02	29♑45	0♒29	1♒12	1♒55	2♒38	3♒21	4♒04	4♒46
/♄	7♏48	8♏35	9♏23	10♏10	10♏57	11♏44	12♏30	13♏16	14♏01	14♏47
/♅	29♑58	0♒42	1♒26	2♒09	2♒52	3♒35	4♒18	5♒00	5♒43	6♒24
/♆	14♑28	15♑12	15♑56	16♑41	17♑24	18♑08	18♑51	19♑35	20♑17	20♑60
/♇	18♐19	19♐04	19♐49	20♐34	21♐19	22♐03	22♐47	23♐31	24♐14	24♐57
/☊	18♐18	19♐04	19♐49	20♐33	21♐16	21♐58	22♐38	23♐18	23♐57	24♐36
♀/♂	19♏26	19♏39	19♏53	20♏08	20♏25	20♏43	21♏02	21♏22	21♏44	22♏07
/⚷	4♐33	4♐34	4♐36	4♐40	4♐45	4♐51	4♐59	5♐07	5♐17	5♐29
/♃	11♑16	11♑06	10♑58	10♑50	10♑45	10♑40	10♑37	10♑35	10♑35	10♑35
/♄	20♎46	20♎40	20♎35	20♎32	20♎29	20♎28	20♎29	20♎30	20♎32	20♎36
/♅	12♑56	12♑46	12♑38	12♑31	12♑25	12♑20	12♑17	12♑14	12♑14	12♑14
/♆	27♐25	27♐16	27♐09	27♐02	26♐57	26♐53	26♐50	26♐49	26♐48	26♐49
/♇	1♐17	1♐09	1♐02	0♐56	0♐51	0♐48	0♐46	0♐45	0♐45	0♐47
/☊	1♐16	1♐08	1♐01	0♐54	0♐48	0♐42	0♐37	0♐32	0♐28	0♐26
♂/⚷	25♐02	25♐35	26♐07	26♐39	27♐12	27♐44	28♐17	28♐49	29♐22	29♐54
/♃	1♒46	2♒07	2♒28	2♒50	3♒11	3♒33	3♒55	4♒17	4♒39	5♒01
/♄	11♏15	11♏41	12♏06	12♏31	12♏56	13♏21	13♏46	14♏12	14♏37	15♏02
/♅	3♒26	3♒47	4♒09	4♒30	4♒51	5♒13	5♒35	5♒56	6♒18	6♒40
/♆	17♑55	18♑17	18♑39	19♑01	19♑24	19♑46	20♑08	20♑30	20♑53	21♑15
/♇	21♐47	22♐09	22♐32	22♐55	23♐18	23♐41	24♐04	24♐27	24♐50	25♐13
/☊	21♐46	22♐09	22♐31	22♐54	23♐15	23♐35	23♐55	24♐14	24♐33	24♐52
⚷/♃	16♒53	17♒02	17♒12	17♒21	17♒31	17♒41	17♒52	18♒02	18♒13	18♒23
/♄	26♏22	26♏36	26♏49	27♏03	27♏16	27♏30	27♏43	27♏57	28♏10	28♏24
/♅	18♒33	18♒42	18♒52	19♒02	19♒12	19♒21	19♒31	19♒41	19♒52	20♒02
/♆	3♒02	3♒13	3♒23	3♒33	3♒44	3♒54	4♒05	4♒16	4♒26	4♒37
/♇	6♑54	7♑05	7♑16	7♑27	7♑38	7♑49	8♑01	8♑12	8♑23	8♑35
/☊	6♑53	7♑04	7♑15	7♑25	7♑35	7♑44	7♑52	7♑59	8♑06	8♑14
♃/♄	3♑06	3♑08	3♑11	3♑13	3♑16	3♑19	3♑22	3♑25	3♑28	3♑31
/♅	25♓16	25♓15	25♓13	25♓12	25♓11	25♓10	25♓10	25♓09	25♓09	25♓08
/♆	9♓45	9♓45	9♓44	9♓44	9♓43	9♓43	9♓43	9♓43	9♓43	9♓44
/♇	13♒37	13♒37	13♒37	13♒37	13♒38	13♒38	13♒39	13♒40	13♒41	13♒42
/☊	13♒36	13♒36	13♒36	13♒36	13♒35	13♒33	13♒30	13♒27	13♒24	13♒20
♄/♅	4♑46	4♑48	4♑51	4♑54	4♑56	4♑59	5♑01	5♑04	5♑07	5♑09
/♆	19♐15	19♐19	19♐22	19♐25	19♐28	19♐32	19♐35	19♐38	19♐41	19♐45
/♇	23♏07	23♏11	23♏15	23♏19	23♏23	23♏27	23♏31	23♏35	23♏38	23♏42
/☊	23♏06	23♏10	23♏14	23♏17	23♏20	23♏21	23♏22	23♏22	23♏22	23♏21
♅/♆	11♓26	11♓25	11♓25	11♓24	11♓24	11♓23	11♓23	11♓23	11♓22	11♓22
/♇	15♒17	15♒17	15♒17	15♒18	15♒18	15♒18	15♒19	15♒19	15♒20	15♒20
/☊	15♒16	15♒17	15♒17	15♒16	15♒15	15♒13	15♒10	15♒06	15♒03	14♒59
♆/♇	29♑46	29♑47	29♑48	29♑49	29♑50	29♑51	29♑52	29♑53	29♑54	29♑55
/☊	29♑46	29♑47	29♑47	29♑48	29♑47	29♑46	29♑43	29♑41	29♑37	29♑34
♇/☊	3♑37	3♑39	3♑40	3♑41	3♑41	3♑41	3♑39	3♑37	3♑35	3♑32

	21	22	23	24	25	26	27	28	29	30	
☉/☽	24♒14	1♍12	8♍16	15♍27	22♍43	0♎04	7♎30	15♎00	22♎34	0♏11	☉/☽
/☿	7♐59	9♐11	10♐22	11♐32	12♐42	13♐51	14♐59	16♐06	17♐12	18♐17	/☿
/♀	13♏09	13♏43	14♏17	14♏53	15♏30	16♏08	16♏47	17♏27	18♏08	18♏49	/♀
/♂	7♐55	8♐48	9♐40	10♐33	11♐26	12♐18	13♐11	14♐04	14♐56	15♐49	/♂
/⚷	21♐06	21♐47	22♐28	23♐09	23♐50	24♐31	25♐12	25♐53	26♐34	27♐16	/⚷
/♃	26♑02	26♑32	27♑03	27♑34	28♑05	28♑36	29♑07	29♑38	0♒10	0♒41	/♃
/♄	6♏05	6♏39	7♏12	7♏45	8♏18	8♏52	9♏25	9♏58	10♏31	11♏04	/♄
/♅	27♑40	28♑10	28♑40	29♑10	29♑40	0♒10	0♒40	1♒10	1♒40	2♒10	/♅
/♆	12♑16	12♑46	13♑17	13♑47	14♑18	14♑49	15♑19	15♑50	16♑21	16♑52	/♆
/♇	16♐14	16♐46	17♐17	17♐48	18♐19	18♐51	19♐22	19♐53	20♐25	20♐56	/♇
/☊	15♐49	16♐17	16♐46	17♐16	17♐46	18♐17	18♐48	19♐19	19♐50	20♐20	/☊
☽/☿	3♓40	10♓49	18♓03	25♍24	2♎49	10♎19	17♎52	25♎29	3♏08	10♏48	☽/☿
/♀	8♌50	15♌20	21♌59	28♌44	5♍37	12♍35	19♍39	26♍49	4♎03	11♎21	/♀
/♂	3♓36	10♓25	17♓22	24♍24	1♎32	8♎46	16♎04	23♎26	0♏52	8♏21	/♂
/⚷	16♓46	23♓24	0♈09	6♈60	13♈56	20♎58	28♎05	5♏15	12♏30	19♏47	/⚷
/♃	21♈43	28♈10	4♉45	11♉25	18♉12	25♉03	1♊60	9♊01	16♊05	23♊13	/♃
/♄	1♌46	8♌16	14♌53	21♌36	28♌25	5♍19	12♍18	19♍20	26♍26	3♎35	/♄
/♅	23♈21	29♈47	6♉21	13♉01	19♉47	26♉37	3♊33	10♊32	17♊36	24♊42	/♅
/♆	7♈57	14♈24	20♈58	27♈39	4♉25	11♉16	18♉12	25♉12	2♐16	9♐23	/♆
/♇	11♓55	18♓23	24♓58	1♈39	8♎26	15♎18	22♎15	29♎16	6♏20	13♏27	/♇
/☊	11♓30	17♓55	24♓27	1♈07	7♎53	14♎45	21♎41	28♎42	5♏45	12♏51	/☊
☿/♀	22♏35	23♏19	24♏04	24♏50	25♏36	26♏22	27♏08	27♏55	28♏41	29♏27	☿/♀
/♂	17♐21	18♐25	19♐28	20♐30	21♐32	22♐33	23♐33	24♐32	25♐30	26♐27	/♂
/⚷	0♑31	1♑23	2♑15	3♑06	3♑56	4♑45	5♑34	6♑21	7♑08	7♑53	/⚷
/♃	5♒28	6♒09	6♒50	7♒31	8♒11	8♒50	9♒29	10♒07	10♒43	11♒18	/♃
/♄	15♏31	16♏16	16♏59	17♏42	18♏25	19♏06	19♏47	20♏26	21♏04	21♏41	/♄
/♅	7♒06	7♒47	8♒27	9♒07	9♒46	10♒24	11♒02	11♒38	12♒14	12♒48	/♅
/♆	21♑42	22♑23	23♑04	23♑45	24♑24	25♑03	25♑41	26♑18	26♑54	27♑29	/♆
/♇	25♐40	26♐22	27♐04	27♐45	28♐25	29♐05	29♐44	0♑21	0♑58	1♑33	/♇
/☊	25♐15	25♐54	26♐33	27♐13	27♐52	28♐32	29♐10	29♐48	0♑23	0♑57	/☊
♀/♂	22♏31	22♏56	23♏23	23♏50	24♏19	24♏49	25♏20	25♏52	26♏25	26♏59	♀/♂
/⚷	5♐41	5♐55	6♐10	6♐26	6♐43	7♐02	7♐21	7♐42	8♐03	8♐26	/⚷
/♃	10♑38	10♑41	10♑46	10♑51	10♑59	11♑07	11♑16	11♑27	11♑38	11♑51	/♃
/♄	20♎41	20♎47	20♎54	21♎03	21♎12	21♎23	21♎34	21♎46	21♎60	22♎14	/♄
/♅	12♑15	12♑18	12♑22	12♑27	12♑33	12♑41	12♑49	12♑59	13♑09	13♑20	/♅
/♆	26♐51	26♐55	26♐59	27♐05	27♐12	27♐20	27♐29	27♐39	27♐50	28♐02	/♆
/♇	0♐50	0♐54	0♐59	1♐06	1♐13	1♐22	1♐31	1♐42	1♐53	2♐06	/♇
/☊	0♐25	0♐26	0♐28	0♐33	0♐40	0♐48	0♐57	1♐08	1♐19	1♐30	/☊
♂/⚷	0♑27	1♑00	1♑33	2♑06	2♑39	3♑12	3♑45	4♑19	4♑52	5♑25	♂/⚷
/♃	5♒24	5♒46	6♒09	6♒32	6♒54	7♒17	7♒41	8♒04	8♒27	8♒51	/♃
/♄	15♏27	15♏52	16♏18	16♏43	17♏08	17♏33	17♏58	18♏23	18♏49	19♏14	/♄
/♅	7♒02	7♒23	7♒45	8♒07	8♒29	8♒51	9♒13	9♒36	9♒58	10♒20	/♅
/♆	21♑37	21♑60	22♑22	22♑45	23♑08	23♑30	23♑53	24♑16	24♑39	25♑01	/♆
/♇	25♐36	25♐59	26♐22	26♐46	27♐09	27♐32	27♐55	28♐19	28♐42	29♐06	/♇
/☊	25♐11	25♐31	25♐52	26♐13	26♐36	26♐59	27♐22	27♐45	28♐08	28♐30	/☊
⚷/♃	18♒34	18♒45	18♒56	19♒07	19♒19	19♒30	19♒42	19♒53	20♒05	20♒17	⚷/♃
/♄	28♏38	28♏51	29♏05	29♏18	29♏32	29♏46	29♏59	0♐13	0♐27	0♐40	/♄
/♅	20♒12	20♒22	20♒33	20♒43	20♒53	21♒04	21♒14	21♒25	21♒36	21♒47	/♅
/♆	4♒48	4♒59	5♒10	5♒21	5♒32	5♒43	5♒54	6♒05	6♒16	6♒28	/♆
/♇	8♑46	8♑58	9♑10	9♑21	9♑33	9♑45	9♑56	10♑08	10♑20	10♑32	/♇
/☊	8♑21	8♑30	8♑39	8♑49	8♑60	9♑11	9♑23	9♑34	9♑45	9♑56	/☊
♃/♄	3♑34	3♑37	3♑40	3♑44	3♑47	3♑51	3♑54	3♑58	4♑02	4♑06	♃/♄
/♅	25♓08	25♓08	25♓08	25♓08	25♓09	25♓09	25♓10	25♓10	25♓11	25♓12	/♅
/♆	9♓44	9♓45	9♓45	9♓46	9♓47	9♓48	9♓49	9♓50	9♓52	9♓53	/♆
/♇	13♒43	13♒44	13♒45	13♒47	13♒48	13♒50	13♒52	13♒53	13♒55	13♒58	/♇
/☊	13♒18	13♒15	13♒14	13♒14	13♒15	13♒16	13♒18	13♒20	13♒21	13♒21	/☊
♄/♅	5♑12	5♑14	5♑17	5♑20	5♑22	5♑25	5♑27	5♑30	5♑32	5♑35	♄/♅
/♆	19♐48	19♐51	19♐54	19♐57	20♐00	20♐04	20♐07	20♐10	20♐13	20♐16	/♆
/♇	23♏46	23♏50	23♏54	23♏58	24♏02	24♏05	24♏09	24♏13	24♏17	24♏20	/♇
/☊	23♏21	23♏22	23♏23	23♏26	23♏29	23♏32	23♏36	23♏39	23♏42	23♏44	/☊
♅/♆	11♓22	11♓22	11♓22	11♓22	11♓22	11♓22	11♓22	11♓22	11♓22	11♓22	♅/♆
/♇	15♒21	15♒21	15♒22	15♒22	15♒23	15♒24	15♒24	15♒25	15♒26	15♒27	/♇
/☊	14♒55	14♒53	14♒51	14♒50	14♒50	14♒50	14♒51	14♒51	14♒51	14♒51	/☊
♆/♇	29♑57	29♑58	29♑59	0♒00	0♒01	0♒03	0♒04	0♒05	0♒07	0♒08	♆/♇
/☊	29♑31	29♑29	29♑28	29♑28	29♑28	29♑29	29♑30	29♑31	29♑32	29♑32	/☊
♇/☊	3♑30	3♑29	3♑28	3♑28	3♑29	3♑31	3♑33	3♑34	3♑36	3♑36	♇/☊

November 2010

December 2010

	1	2	3	4	5	6	7	8	9	10	11	12	13	14	15	16
☉/☽	7♏50	15♏28	23♏05	0♐38	8♐05	15♐25	22♐35	29♐35	6♑26	13♑09	19♑44	26♑14	2♒42	9♒08	15♒37	22♒09
/☿	19♐20	20♐21	21♐21	22♐18	23♐12	24♐04	24♐52	25♐36	26♐16	26♐52	27♐22	27♐47	28♐07	28♐20	28♐28	28♐31
/♀	19♏32	20♏16	21♏01	21♏46	22♏32	23♏19	24♏07	24♏56	25♏45	26♏35	27♏25	28♏16	29♏08	29♏60	0♐52	1♐45
/♂	16♐42	17♐35	18♐28	19♐21	20♐14	21♐07	22♐00	22♐53	23♐47	24♐40	25♐33	26♐26	27♐20	28♐13	29♐06	29♐60
/⚳	27♐57	28♐38	29♐20	0♑01	0♑43	1♑25	2♑06	2♑48	3♑29	4♑11	4♑53	5♑35	6♑17	6♑58	7♑40	8♑22
/♃	1♒13	1♒45	2♒16	2♒48	3♒20	3♒53	4♒25	4♒57	5♒30	6♒02	6♒35	7♒08	7♒41	8♒14	8♒47	9♒20
/♄	11♏37	12♏10	12♏43	13♏16	13♏49	14♏22	14♏55	15♏28	16♏01	16♏34	17♏06	17♏39	18♏12	18♏44	19♏17	19♏50
/♅	2♒41	3♒11	3♒41	4♒12	4♒42	5♒13	5♒43	6♒14	6♒44	7♒15	7♒45	8♒16	8♒47	9♒17	9♒48	10♒19
/♆	17♑22	17♑53	18♑24	18♑55	19♑26	19♑57	20♑28	20♑59	21♑30	22♑01	22♑32	23♑03	23♑34	24♑05	24♑36	25♑07
/♇	21♐27	21♐59	22♐30	23♐02	23♐33	24♐05	24♐36	25♐08	25♐39	26♐11	26♐42	27♐14	27♐45	28♐17	28♐48	29♐20
/☊	20♐49	21♐18	21♐47	22♐16	22♐45	23♐15	23♐45	24♐15	24♐46	25♐17	25♐49	26♐20	26♐50	27♐21	27♐51	28♐21
☽/☿	18♏29	26♏08	3♐44	11♐13	18♐34	25♐43	2♑41	9♑25	15♑55	22♑12	28♑17	4♒11	9♒57	15♒36	21♒12	26♒46
/♀	18♎42	26♎03	3♏24	10♏42	17♏54	24♏59	1♐56	8♐44	15♐23	21♐55	28♐20	4♑40	10♑58	17♑15	23♑35	0♒00
/♂	15♏51	23♏22	0♐51	8♐16	15♐36	22♐47	29♐49	6♑42	13♑25	20♑00	26♑28	2♒50	9♒10	15♒29	21♒49	28♒14
/⚳	27♏06	4♐26	11♐43	18♐57	26♐04	3♑04	9♑55	16♑36	23♑08	29♑31	5♒48	11♒59	18♒07	24♒14	0♓23	6♓37
/♃	0♑22	7♑32	14♑40	21♑44	28♑42	5♒32	12♒14	18♒46	25♒08	1♓22	7♓30	13♓32	19♓31	25♓29	1♈30	7♈34
/♄	10♎46	17♎57	25♎06	2♏12	9♏11	16♏02	22♏44	29♏16	5♐39	11♐54	18♐01	24♐03	0♑02	6♑00	12♑00	18♋04
/♅	1♑50	8♑58	16♑04	23♑07	0♒04	6♒52	13♒32	20♒02	26♒23	2♓35	8♓40	14♓40	20♓37	26♓33	2♈31	8♈33
/♆	16♐32	23♐40	0♑47	7♑50	14♑47	21♑37	28♑17	4♒47	11♒08	17♒21	23♒27	29♒27	5♓24	11♓21	17♓19	23♓22
/♇	20♏36	27♏46	4♐53	11♐57	18♐55	25♐44	2♑25	8♑56	15♑18	21♑31	27♑37	3♒38	9♒35	15♒33	21♒32	27♒35
/☊	19♏58	27♏05	4♐10	11♐11	18♐06	24♐54	1♑34	8♑04	14♑25	20♑38	26♑43	2♒44	8♒41	14♒37	20♒34	26♒36
☿/♀	0♐12	0♐56	1♐39	2♐21	3♐01	3♐38	4♐13	4♐45	5♐13	5♐38	5♐58	6♐13	6♐23	6♐28	6♐27	6♐22
/♂	27♐22	28♐15	29♐07	29♐56	0♑42	1♑26	2♑06	2♑43	3♑15	3♑43	4♑06	4♑23	4♑35	4♑41	4♑41	4♑36
/⚳	8♑37	9♑19	9♑58	10♑36	11♑11	11♑43	12♑12	12♑37	12♑58	13♑14	13♑26	13♑32	13♑32	13♑26	13♑15	12♑59
/♃	11♒52	12♒25	12♒55	13♒23	13♒49	14♒11	14♒31	14♒47	14♒58	15♒05	15♒08	15♒04	14♒56	14♒41	14♒22	13♒56
/♄	22♏17	22♏50	23♏22	23♏51	24♏17	24♏41	25♏01	25♏17	25♏29	25♏37	25♏39	25♏36	25♏27	25♏12	24♏52	24♏26
/♅	13♒20	13♒51	14♒20	14♒46	15♒10	15♒31	15♒49	16♒03	16♒13	16♒18	16♒18	16♒13	16♒02	15♒45	15♒23	14♒55
/♆	28♑02	28♑33	29♑03	29♑30	29♑54	0♒16	0♒34	0♒48	0♒58	1♒04	1♒04	0♒60	0♒49	0♒33	0♒11	29♑44
/♇	2♑07	2♑39	3♑09	3♑36	4♑01	4♑23	4♑42	4♑57	5♑08	5♑14	5♑15	5♑10	5♑01	4♑45	4♑23	3♑56
/☊	1♑29	1♑58	2♑26	2♑51	3♑13	3♑33	3♑51	4♑05	4♑15	4♑21	4♑21	4♑16	4♑06	3♑49	3♑26	2♑58
♀/♂	27♏34	28♏10	28♏47	29♏24	0♐03	0♐42	1♐22	2♐03	2♐44	3♐26	4♐09	4♐52	5♐36	6♐20	7♐05	7♐51
/⚳	8♐49	9♐13	9♐39	10♐05	10♐32	10♐59	11♐28	11♐57	12♐27	12♐57	13♐28	14♐00	14♐33	15♐06	15♐39	16♐13
/♃	12♑05	12♑19	12♑35	12♑52	13♑09	13♑27	13♑46	14♑06	14♑27	14♑48	15♑10	15♑33	15♑57	16♑21	16♑45	17♑11
/♄	22♎29	22♎45	23♎02	23♎19	23♎38	23♎57	24♎17	24♎37	24♎58	25♎20	25♎42	26♎05	26♎28	26♎52	27♎16	27♎41
/♅	13♑33	13♑46	14♑00	14♑15	14♑31	14♑47	15♑05	15♑23	15♑41	16♑01	16♑21	16♑41	17♑03	17♑24	17♑47	18♑10
/♆	28♐14	28♐28	28♐43	28♐58	29♐15	29♐32	29♐49	0♑08	0♑27	0♑47	1♑07	1♑28	1♑50	2♑12	2♑35	2♑58
/♇	2♐19	2♐34	2♐49	3♐05	3♐22	3♐39	3♐58	4♐17	4♐36	4♐57	5♐18	5♐39	6♐01	6♐24	6♐47	7♐11
/☊	1♐41	1♐53	2♐06	2♐19	2♐34	2♐49	3♐06	3♐24	3♐44	4♐03	4♐24	4♐45	5♐07	5♐28	5♐50	6♐12
♂/⚳	5♑59	6♑32	7♑06	7♑40	8♑13	8♑47	9♑21	9♑55	10♑29	11♑03	11♑37	12♑11	12♑45	13♑19	13♑53	14♑27
/♃	9♒15	9♒38	10♒02	10♒26	10♒51	11♒15	11♒39	12♒04	12♒29	12♒54	13♒18	13♒44	14♒09	14♒34	14♒59	15♒25
/♄	19♏39	20♏04	20♏29	20♏54	21♏19	21♏45	22♏10	22♏35	22♏60	23♏25	23♏50	24♏15	24♏40	25♏05	25♏30	25♏55
/♅	10♒43	11♒05	11♒27	11♒50	12♒12	12♒35	12♒58	13♒20	13♒43	14♒06	14♒29	14♒52	15♒15	15♒38	16♒01	16♒24
/♆	25♑24	25♑47	26♑10	26♑33	26♑56	27♑19	27♑42	28♑06	28♑29	28♑52	29♑15	29♑39	0♒02	0♒26	0♒49	1♒12
/♇	29♐29	29♐53	0♑16	0♑40	1♑03	1♑27	1♑51	2♑14	2♑38	3♑02	3♑26	3♑50	4♑13	4♑37	5♑01	5♑25
/☊	28♐51	29♐12	29♐33	29♐54	0♑15	0♑37	0♑59	1♑22	1♑45	2♑09	2♑32	2♑56	3♑19	3♑41	4♑04	4♑26
⚳/♃	20♒30	20♒42	20♒54	21♒07	21♒20	21♒32	21♒45	21♒58	22♒12	22♒25	22♒38	22♒52	23♒06	23♒19	23♒33	23♒47
/♄	0♐54	1♐07	1♐21	1♐35	1♐48	2♐02	2♐16	2♐29	2♐43	2♐56	3♐10	3♐23	3♐37	3♐50	4♐04	4♐17
/♅	21♒57	22♒08	22♒19	22♒30	22♒41	22♒52	23♒04	23♒15	23♒26	23♒37	23♒49	24♒00	24♒12	24♒23	24♒35	24♒46
/♆	6♒39	6♒51	7♒02	7♒13	7♒25	7♒37	7♒48	7♒60	8♒12	8♒23	8♒35	8♒47	8♒59	9♒11	9♒23	9♒35
/♇	10♑44	10♑56	11♑08	11♑20	11♑32	11♑44	11♑57	12♑09	12♑21	12♑33	12♑46	12♑58	13♑10	13♑23	13♑35	13♑48
/☊	10♑06	10♑16	10♑25	10♑34	10♑44	10♑54	11♑05	11♑17	11♑28	11♑40	11♑52	12♑04	12♑16	12♑27	12♑38	12♑49
♃/♄	4♑10	4♑13	4♑17	4♑22	4♑26	4♑30	4♑34	4♑38	4♑43	4♑47	4♑52	4♑56	5♑01	5♑06	5♑10	5♑15
/♅	25♓13	25♓14	25♓16	25♓17	25♓19	25♓20	25♓22	25♓24	25♓26	25♓28	25♓31	25♓33	25♓36	25♓38	25♓41	25♓44
/♆	9♓55	9♓57	9♓58	10♓00	10♓02	10♓05	10♓07	10♓09	10♓12	10♓14	10♓17	10♓20	10♓23	10♓26	10♓29	10♓33
/♇	13♒60	14♒02	14♒04	14♒07	14♒10	14♒12	14♒15	14♒18	14♒21	14♒24	14♒28	14♒31	14♒34	14♒38	14♒41	14♒45
/☊	13♒22	13♒22	13♒21	13♒21	13♒22	13♒22	13♒24	13♒26	13♒28	13♒31	13♒34	13♒37	13♒40	13♒42	13♒44	13♒47
♄/♅	5♑37	5♑40	5♑42	5♑45	5♑47	5♑50	5♑52	5♑55	5♑57	5♑60	6♑02	6♑04	6♑07	6♑09	6♑12	6♑14
/♆	20♐19	20♐22	20♐25	20♐28	20♐31	20♐34	20♐37	20♐40	20♐43	20♐46	20♐49	20♐52	20♐54	20♐57	20♐60	21♐03
/♇	24♏24	24♏28	24♏31	24♏35	24♏38	24♏42	24♏45	24♏49	24♏52	24♏56	24♏59	25♏02	25♏06	25♏09	25♏12	25♏15
/☊	23♏46	23♏47	23♏48	23♏49	23♏50	23♏52	23♏54	23♏57	23♏59	24♏02	24♏05	24♏08	24♏11	24♏13	24♏15	24♏17
♅/♆	11♓23	11♓23	11♓23	11♓24	11♓24	11♓25	11♓25	11♓26	11♓26	11♓27	11♓28	11♓28	11♓29	11♓30	11♓31	11♓31
/♇	15♒28	15♒29	15♒29	15♒30	15♒31	15♒32	15♒33	15♒34	15♒36	15♒37	15♒38	15♒39	15♒40	15♒42	15♒43	15♒44
/☊	14♒50	14♒48	14♒46	14♒45	14♒43	14♒42	14♒42	14♒42	14♒43	14♒44	14♒44	14♒45	14♒46	14♒46	14♒46	14♒46
♆/♇	0♒09	0♒11	0♒12	0♒14	0♒15	0♒17	0♒18	0♒20	0♒21	0♒23	0♒24	0♒26	0♒28	0♒29	0♒31	0♒33
/☊	29♑31	29♑30	29♑29	29♑28	29♑27	29♑27	29♑27	29♑27	29♑28	29♑30	29♑31	29♑32	29♑33	29♑34	29♑34	29♑34
♇/☊	3♑36	3♑36	3♑35	3♑35	3♑34	3♑34	3♑35	3♑36	3♑38	3♑40	3♑41	3♑43	3♑44	3♑45	3♑46	3♑47

	17	18	19	20	21	22	23	24	25	26	27	28	29	30	31	
☉/☽	28♒48	5♓34	12♓30	19♓35	26♓49	4♎13	11♎43	19♎20	26♎59	4♏39	12♏19	19♏56	27♏30	4♐60	12♐24	☉/☽
/☿	28♐29	28♐23	28♐14	28♐03	27♐52	27♐42	27♐35	27♐32	27♐32	27♐38	27♐49	28♐06	28♐27	28♐54	29♐25	/☿
/♀	2♐39	3♐33	4♐28	5♐23	6♐18	7♐14	8♐11	9♐07	10♐04	11♐02	11♐60	12♐58	13♐56	14♐55	15♐54	/♀
/♂	0♑53	1♑46	2♑40	3♑33	4♑27	5♑20	6♑14	7♑08	8♑01	8♑55	9♑49	10♑42	11♑36	12♑30	13♑23	/♂
/⚳	9♑04	9♑46	10♑28	11♑10	11♑52	12♑34	13♑16	13♑58	14♑40	15♑22	16♑04	16♑47	17♑29	18♑11	18♑53	/⚳
/♃	9♒53	10♒26	10♒60	11♒33	12♒07	12♒41	13♒15	13♒48	14♒22	14♒56	15♒31	16♒05	16♒39	17♒14	17♒48	/♃
/♄	20♏22	20♏55	21♏27	21♏60	22♏32	23♏05	23♏37	24♏09	24♏41	25♏14	25♏46	26♏18	26♏50	27♏22	27♏54	/♄
/♅	10♒49	11♒20	11♒51	12♒22	12♒53	13♒24	13♒55	14♒26	14♒57	15♒28	15♒59	16♒30	17♒01	17♒32	18♒04	/♅
/♆	25♑38	26♑10	26♑41	27♑12	27♑43	28♑15	28♑46	29♑17	29♑48	0♒20	0♒51	1♒22	1♒54	2♒25	2♒57	/♆
/♇	29♐52	0♑23	0♑55	1♑26	1♑58	2♑30	3♑01	3♑33	4♑04	4♑36	5♑08	5♑39	6♑11	6♑43	7♑14	/♇
/☊	28♐51	29♐21	29♐51	0♑22	0♑52	1♑23	1♑53	2♑24	2♑54	3♑25	3♑55	4♑26	4♑57	5♑27	5♑58	/☊
☽/☿	2♓21	8♓00	13♓46	19♓39	25♓42	1♎54	8♎17	14♎48	21♎27	28♎12	5♏02	11♏54	18♏49	25♏44	2♐38	☽/☿
/♀	6♒31	13♌11	19♌60	26♌59	4♍08	11♍26	18♍52	26♍24	3♎59	11♎36	19♎12	26♎47	4♏18	11♏45	19♏07	/♀
/♂	4♓45	11♓24	18♓12	25♓09	2♈17	9♈32	16♎56	24♎24	1♏56	9♏29	17♏01	24♏31	1♐58	9♐20	16♐37	/♂
/⚳	12♓56	19♓23	25♓60	2♈46	9♈42	16♈46	23♈58	1♏15	8♏35	15♏56	23♏17	0♐36	7♐50	15♐01	22♐06	/⚳
/♃	13♈45	20♈04	26♈32	3♉09	9♉57	16♉53	23♉56	1♊05	8♊17	15♊31	22♊43	29♐54	7♑01	14♑03	21♑01	/♃
/♄	24♋14	0♌32	6♌59	13♌36	20♌22	27♌16	4♍18	11♍26	18♍36	25♍48	2♎58	10♎07	17♎12	24♎12	1♏07	/♄
/♅	14♈42	20♈58	27♈23	3♉58	10♉43	17♉36	24♉36	1♊42	8♊52	16♊02	23♊12	0♑19	7♑23	14♑22	21♑17	/♅
/♆	29♓31	5♈47	12♈13	18♈48	25♈33	2♉27	9♉27	16♉34	23♉43	0♐54	8♐04	15♐11	22♐16	29♐15	6♑10	/♆
/♇	3♓44	10♓01	16♓27	23♓02	29♓48	6♎42	13♎43	20♎49	27♎59	5♏10	12♏20	19♏28	26♏33	3♐33	10♐28	/♇
/☊	2♓43	8♓59	15♓23	21♓58	28♓42	5♎35	12♎35	19♎40	26♎49	3♏59	11♏08	18♏15	25♏18	2♐17	9♐11	/☊
☿/♀	6♐12	5♐59	5♐44	5♐27	5♐11	4♐56	4♐44	4♐36	4♐33	4♐35	4♐42	4♐56	5♐15	5♐39	6♐08	☿/♀
/♂	4♑26	4♑13	3♑56	3♑38	3♑19	3♑02	2♑47	2♑36	2♑30	2♑28	2♑31	2♑40	2♑54	3♑14	3♑38	/♂
/⚳	12♑37	12♑12	11♑44	11♑14	10♑44	10♑16	9♑49	9♑27	9♑09	8♑55	8♑47	8♑45	8♑47	8♑55	9♑08	/⚳
/♃	13♒26	12♒52	12♒16	11♒38	10♒59	10♒22	9♒48	9♒17	8♒51	8♒29	8♒13	8♒03	7♒58	7♒58	8♒02	/♃
/♄	23♏56	23♏21	22♏43	22♏04	21♏24	20♏46	20♏10	19♏38	19♏10	18♏47	18♏29	18♏16	18♏08	18♏06	18♏08	/♄
/♅	14♒23	13♒46	13♒07	12♒26	11♒45	11♒05	10♒28	9♒54	9♒25	9♒01	8♒42	8♒28	8♒20	8♒16	8♒18	/♅
/♆	29♑12	28♑36	27♑57	27♑16	26♑36	25♑56	25♑19	24♑46	24♑17	23♑53	23♑34	23♑21	23♑12	23♑09	23♑11	/♆
/♇	3♑25	2♑49	2♑11	1♑31	0♑50	0♑11	29♐35	29♐01	28♐33	28♐09	27♐51	27♐37	27♐30	27♐27	27♐29	/♇
/☊	2♑25	1♑47	1♑07	0♑26	29♐44	29♐04	28♐27	27♐53	27♐23	26♐58	26♐38	26♐24	26♐15	26♐11	26♐12	/☊
♀/♂	8♐37	9♐23	10♐10	10♐58	11♐46	12♐34	13♐23	14♐12	15♐01	15♐51	16♐42	17♐32	18♐23	19♐15	20♐06	♀/♂
/⚳	16♐48	17♐23	17♐58	18♐34	19♐11	19♐47	20♐25	21♐02	21♐40	22♐19	22♐58	23♐37	24♐16	24♐56	25♐36	/⚳
/♃	17♑37	18♑03	18♑30	18♑58	19♑26	19♑54	20♑23	20♑53	21♑23	21♑53	22♑24	22♑55	23♑27	23♑58	24♑31	/♃
/♄	28♎06	28♎32	28♎58	29♎24	29♎51	0♏18	0♏46	1♏13	1♏42	2♏10	2♏39	3♏08	3♏37	4♏07	4♏37	/♄
/♅	18♑33	18♑57	19♑21	19♑46	20♑12	20♑37	21♑04	21♑30	21♑57	22♑24	22♑52	23♑20	23♑49	24♑17	24♑46	/♅
/♆	3♑22	3♑46	4♑11	4♑36	5♑02	5♑28	5♑55	6♑21	6♑49	7♑16	7♑44	8♑13	8♑41	9♑10	9♑39	/♆
/♇	7♐35	7♐60	8♐25	8♐51	9♐17	9♐43	10♐10	10♐37	11♐05	11♐33	12♐01	12♐29	12♐58	13♐28	13♐57	/♇
/☊	6♐35	6♐58	7♐22	7♐46	8♐11	8♐36	9♐02	9♐28	9♐55	10♐21	10♐49	11♐16	11♐44	12♐12	12♐41	/☊
♂/⚳	15♑02	15♑36	16♑10	16♑45	17♑19	17♑54	18♑28	19♑03	19♑37	20♑12	20♑47	21♑21	21♑56	22♑31	23♑06	♂/⚳
/♃	15♒51	16♒16	16♒42	17♒08	17♒34	18♒00	18♒27	18♒53	19♒19	19♒46	20♒13	20♒40	21♒06	21♒33	22♒00	/♃
/♄	26♏20	26♏45	27♏10	27♏34	27♏59	28♏24	28♏49	29♏14	29♏38	0♐03	0♐28	0♐53	1♐17	1♐42	2♐06	/♄
/♅	16♒47	17♒10	17♒33	17♒57	18♒20	18♒43	19♒07	19♒30	19♒54	20♒17	20♒41	21♒05	21♒28	21♒52	22♒16	/♅
/♆	1♒36	1♒60	2♒23	2♒47	3♒10	3♒34	3♒58	4♒22	4♒46	5♒09	5♒33	5♒57	6♒21	6♒45	7♒09	/♆
/♇	5♑49	6♑13	6♑37	7♑01	7♑25	7♑49	8♑13	8♑37	9♑02	9♑26	9♑50	10♑14	10♑38	11♑03	11♑27	/♇
/☊	4♑49	5♑11	5♑34	5♑56	6♑19	6♑42	7♑05	7♑28	7♑51	8♑15	8♑38	9♑01	9♑24	9♑47	10♑11	/☊
⚳/♃	24♒01	24♒16	24♒30	24♒45	24♒59	25♒14	25♒29	25♒43	25♒58	26♒14	26♒29	26♒44	26♒59	27♒15	27♒30	⚳/♃
/♄	4♐31	4♐44	4♐58	5♐11	5♐24	5♐38	5♐51	6♐04	6♐17	6♐31	6♐44	6♐57	7♐10	7♐23	7♐36	/♄
/♅	24♒58	25♒10	25♒21	25♒33	25♒45	25♒57	26♒09	26♒21	26♒33	26♒45	26♒57	27♒09	27♒21	27♒34	27♒46	/♅
/♆	9♒47	9♒59	10♒11	10♒23	10♒35	10♒48	10♒60	11♒12	11♒25	11♒37	11♒49	12♒02	12♒14	12♒26	12♒39	/♆
/♇	13♑60	14♑12	14♑25	14♑38	14♑50	15♑03	15♑15	15♑28	15♑40	15♑53	16♑06	16♑18	16♑31	16♑44	16♑57	/♇
/☊	12♑60	13♑11	13♑22	13♑33	13♑44	13♑56	14♑07	14♑19	14♑30	14♑42	14♑54	15♑05	15♑17	15♑29	15♑40	/☊
♃/♄	5♑20	5♑25	5♑29	5♑34	5♑39	5♑44	5♑49	5♑55	5♑60	6♑05	6♑10	6♑15	6♑20	6♑26	6♑31	♃/♄
/♅	25♓47	25♓50	25♓53	25♓57	26♓00	26♓04	26♓07	26♓11	26♓15	26♓19	26♓23	26♓27	26♓32	26♓36	26♓41	/♅
/♆	10♓36	10♓39	10♓43	10♓47	10♓51	10♓54	10♓58	11♓03	11♓07	11♓11	11♓15	11♓20	11♓24	11♓29	11♓34	/♆
/♇	14♒49	14♒53	14♒57	15♒01	15♒05	15♒09	15♒14	15♒18	15♒23	15♒27	15♒32	15♒37	15♒42	15♒46	15♒51	/♇
/☊	13♒49	13♒51	13♒54	13♒56	13♒59	14♒02	14♒06	14♒09	14♒13	14♒16	14♒20	14♒23	14♒27	14♒31	14♒35	/☊
♄/♅	6♑16	6♑19	6♑21	6♑23	6♑25	6♑28	6♑30	6♑32	6♑34	6♑36	6♑38	6♑40	6♑43	6♑45	6♑47	♄/♅
/♆	21♐05	21♐08	21♐11	21♐13	21♐16	21♐18	21♐21	21♐23	21♐26	21♐28	21♐30	21♐33	21♐35	21♐37	21♐40	/♆
/♇	25♏18	25♏21	25♏24	25♏27	25♏30	25♏33	25♏36	25♏39	25♏42	25♏44	25♏47	25♏50	25♏52	25♏55	25♏57	/♇
/☊	24♏18	24♏20	24♏21	24♏23	24♏25	24♏26	24♏28	24♏30	24♏32	24♏33	24♏35	24♏36	24♏38	24♏39	24♏41	/☊
♅/♆	11♓32	11♓33	11♓34	11♓35	11♓36	11♓38	11♓39	11♓40	11♓41	11♓42	11♓44	11♓45	11♓46	11♓48	11♓49	♅/♆
/♇	15♒45	15♒47	15♒48	15♒50	15♒51	15♒53	15♒54	15♒56	15♒57	15♒59	16♒00	16♒02	16♒04	16♒05	16♒07	/♇
/☊	14♒45	14♒45	14♒45	14♒45	14♒45	14♒46	14♒46	14♒47	14♒47	14♒48	14♒48	14♒49	14♒49	14♒50	14♒51	/☊
♆/♇	0♒34	0♒36	0♒38	0♒40	0♒41	0♒43	0♒45	0♒47	0♒49	0♒51	0♒52	0♒54	0♒56	0♒58	1♒00	♆/♇
/☊	29♑34	29♑34	29♑35	29♑35	29♑36	29♑36	29♑37	29♑38	29♑39	29♑39	29♑40	29♑41	29♑42	29♑43	29♑44	/☊
♇/☊	3♑47	3♑48	3♑49	3♑49	3♑50	3♑51	3♑52	3♑54	3♑55	3♑56	3♑57	3♑58	3♑59	4♑00	4♑02	♇/☊

December 2010

January 2011

	1	2	3	4	5	6	7	8	9	10	11	12	13	14	15	16	17	18	19	20	21	22	23	24	25	26	27	28	29	30	31
☉/☽	19♐43	26♐56	4♑02	11♑02	17♑55	24♑41	1♒21	7♒56	14♒26	20♒53	27♒19	3♓47	10♓18	16♓55	23♓41	0♈36	7♈44	15♈04	22♈36	0♏18	8♏08	16♏03	23♏58	1♐49	9♐34	17♐10	24♐37	1♑55	9♑04	16♑06	23♑00
/☿	0♑01	0♑41	1♑25	2♑12	3♑02	3♑54	4♑49	5♑46	6♑45	7♑46	8♑48	9♑52	10♑56	12♑02	13♑09	14♑17	15♑25	16♑34	17♑44	18♑55	20♑06	21♑17	22♑30	23♑42	24♑55	26♑09	27♑23	28♑37	29♑52	1♒07	2♒22
/♀	16♐53	17♐53	18♐52	19♐52	20♐53	21♐53	22♐54	23♐55	24♐56	25♐57	26♐59	28♐00	29♐02	0♑04	1♑06	2♑09	3♑11	4♑14	5♑16	6♑19	7♑22	8♑25	9♑29	10♑32	11♑35	12♑39	13♑43	14♑47	15♑50	16♑54	17♑59
/♂	14♑17	15♑11	16♑05	16♑59	17♑53	18♑46	19♑40	20♑34	21♑28	22♑22	23♑16	24♑10	25♑04	25♑58	26♑52	27♑46	28♑40	29♑34	0♒28	1♒22	2♒16	3♒10	4♒04	4♒58	5♒52	6♒46	7♒40	8♒34	9♒29	10♒23	11♒17
/⚷	19♑36	20♑18	21♑00	21♑42	22♑25	23♑07	23♑49	24♑32	25♑14	25♑56	26♑39	27♑21	28♑03	28♑46	29♑28	0♒10	0♒53	1♒35	2♒18	2♒60	3♒42	4♒25	5♒07	5♒49	6♒32	7♒14	7♒56	8♒39	9♒21	10♒03	10♒46
/♃	18♒23	18♒57	19♒32	20♒07	20♒42	21♒17	21♒52	22♒27	23♒02	23♒37	24♒12	24♒48	25♒23	25♒58	26♒34	27♒10	27♒45	28♒21	28♒57	29♒32	0♓08	0♓44	1♓20	1♓56	2♓32	3♓08	3♓44	4♓20	4♓57	5♓33	6♓09
/♄	28♏26	28♏58	29♏30	0♐01	0♐33	1♐05	1♐36	2♐08	2♐40	3♐11	3♐42	4♐14	4♐45	5♐16	5♐48	6♐19	6♐50	7♐21	7♐52	8♐23	8♐53	9♐24	9♐55	10♐26	10♐56	11♐27	11♐57	12♐28	12♐58	13♐28	13♐59
/♅	18♒35	19♒06	19♒37	20♒09	20♒40	21♒11	21♒43	22♒14	22♒46	23♒17	23♒48	24♒20	24♒51	25♒23	25♒54	26♒26	26♒58	27♒29	28♒01	28♒32	29♒04	29♒36	0♓07	0♓39	1♓10	1♓42	2♓14	2♓46	3♓17	3♓49	4♓21
/♆	3♒28	3♒60	4♒31	5♒02	5♒34	6♒05	6♒37	7♒08	7♒40	8♒11	8♒43	9♒15	9♒46	10♒18	10♒49	11♒21	11♒52	12♒24	12♒55	13♒27	13♒59	14♒30	15♒02	15♒33	16♒05	16♒36	17♒08	17♒39	18♒11	18♒43	19♒14
/♇	7♑46	8♑18	8♑49	9♑21	9♑53	10♑24	10♑56	11♑28	11♑59	12♑31	13♑03	13♑34	14♑06	14♑37	15♑09	15♑41	16♑12	16♑44	17♑15	17♑47	18♑18	18♑50	19♑21	19♑53	20♑24	20♑56	21♑27	21♑59	22♑30	23♑02	23♑33
/☊	6♑29	7♑00	7♑31	8♑01	8♑32	9♑02	9♑31	10♑01	10♑30	10♑60	11♑29	11♑59	12♑30	13♑01	13♑32	14♑04	14♑35	15♑06	15♑36	16♑06	16♑34	17♑03	17♑31	17♑60	18♑29	18♑58	19♑29	19♑60	20♑31	21♑02	21♑33
☽/☿	9♐32	16♐24	23♐13	29♐58	6♑40	13♑17	19♑51	26♑22	2♒49	9♒16	15♒44	22♒14	28♒48	5♓30	12♓21	19♓23	26♓38	4♈06	11♎47	19♎39	27♎40	5♏45	13♏50	21♏53	29♏50	7♐39	15♐19	22♐50	0♑13	7♑28	14♑38
/♀	26♏24	3♐35	10♐40	17♐39	24♐31	1♑16	7♑56	14♑30	20♑60	27♑27	3♒54	10♒22	16♒54	23♒32	0♓18	7♓15	14♍24	21♍46	29♍19	7♎04	14♎56	22♎52	0♏49	8♏43	16♏30	24♏09	1♐39	8♐60	16♐12	23♐16	0♑14
/♂	23♐48	0♑54	7♑53	14♑45	21♑31	28♑10	4♒42	11♒09	17♒32	23♒52	0♓12	6♓32	12♓56	19♓26	26♓04	2♈53	9♈53	17♈06	24♈31	2♉06	9♏50	17♏37	25♏25	3♐09	10♐47	18♐16	25♐37	2♑48	9♑50	16♑44	23♑32
/⚷	29♐06	6♑00	12♑48	19♑29	26♑03	2♒30	8♒51	15♒07	21♒18	27♒27	3♓34	9♓43	15♓55	22♓14	28♓40	5♈17	12♈06	19♈07	26♈20	3♉44	11♏16	18♏52	26♏28	4♐00	11♐26	18♐44	25♐53	2♑52	9♑42	16♑25	23♑01
/♃	27♑53	4♒40	11♒20	17♒53	24♒20	0♓40	6♓54	13♓02	19♓06	25♓07	1♈08	7♈09	13♈15	19♈26	25♈46	2♉16	8♉58	15♉53	22♉59	0♊17	7♊42	15♊11	22♊41	0♋07	7♑27	14♑38	21♑40	28♑33	5♒18	11♒55	18♒25
/♄	7♏57	14♏40	21♏17	27♏48	4♐11	10♐28	16♐38	22♐43	28♐44	4♑41	10♑38	16♑36	22♋37	28♋44	4♌60	11♌25	18♌03	24♌53	1♍55	9♍07	16♍27	23♍51	1♎16	8♎37	15♎51	22♎57	29♎53	6♏41	13♏19	19♏50	26♏14
/♅	28♑06	4♒49	11♒25	17♒55	24♒18	0♓35	6♓45	12♓49	18♓50	24♓47	0♈44	6♈42	12♈43	18♈51	25♈07	1♉33	8♉11	15♉01	22♉04	29♉17	6♊38	14♊03	21♊28	28♐50	6♑05	13♑12	20♑10	26♑59	3♒39	10♒11	16♒36
/♆	12♑59	19♑42	26♑19	2♒49	9♒12	15♒29	21♒39	27♒44	3♓44	9♓42	15♓38	21♓36	27♓38	3♈46	10♈01	16♈28	23♈05	29♈56	6♉58	14♉11	21♉32	28♏57	6♐23	13♐44	20♐60	28♐06	5♑04	11♑53	18♑32	25♑04	1♒30
/♇	17♐17	24♐00	0♑37	7♑07	13♑31	19♑48	25♑58	2♒03	8♒03	14♒01	19♒58	25♒56	1♓58	8♓05	14♓21	20♓47	27♓25	4♈16	11♎18	18♎31	25♎52	3♏17	10♏42	18♏04	25♏19	2♐26	9♐23	16♐12	22♐51	29♐23	5♑49
/☊	15♐60	22♐43	29♐19	5♑48	12♑10	18♑25	24♑33	0♒36	6♒34	12♒30	18♒25	24♒21	0♓22	6♓29	12♓45	19♓11	25♓48	2♈38	9♎39	16♎50	24♎08	1♏30	8♏52	16♏11	23♏23	0♐28	7♐25	14♐13	20♐52	27♐24	3♑49
☿/♀	6♐42	7♐20	8♐03	8♐48	9♐37	10♐29	11♐24	12♐21	13♐20	14♐20	15♐23	16♐27	17♐32	18♐39	19♐47	20♐56	22♐06	23♐16	24♐28	25♐40	26♐53	28♐07	29♐21	0♑36	1♑52	3♑08	4♑25	5♑42	6♑59	8♑17	9♑36
/♂	4♑06	4♑39	5♑15	5♑55	6♑37	7♑23	8♑10	9♑00	9♑52	10♑45	11♑40	12♑37	13♑34	14♑33	15♑33	16♑33	17♑35	18♑37	19♑40	20♑43	21♑47	22♑52	23♑57	25♑03	26♑09	27♑15	28♑22	29♑30	0♒37	1♒46	2♒54
/⚷	9♑25	9♑46	10♑10	10♑38	11♑09	11♑43	12♑19	12♑58	13♑38	14♑20	15♑03	15♑48	16♑34	17♑21	18♑09	18♑58	19♑47	20♑38	21♑29	22♑21	23♑13	24♑06	24♑60	25♑54	26♑48	27♑43	28♑38	29♑34	0♒30	1♒26	2♒23
/♃	8♒12	8♒25	8♒42	9♒03	9♒26	9♒53	10♒22	10♒53	11♒26	12♒00	12♒37	13♒14	13♒53	14♒33	15♒15	15♒57	16♒40	17♒24	18♒08	18♒53	19♒39	20♒26	21♒13	22♒00	22♒48	23♒37	24♒26	25♒15	26♒05	26♒56	27♒46
/♄	18♏15	18♏26	18♏40	18♏57	19♏18	19♏41	20♏06	20♏34	21♏03	21♏34	22♏07	22♏41	23♏15	23♏51	24♏28	25♏06	25♏44	26♏24	27♏03	27♏44	28♏25	29♏06	29♏48	0♐30	1♐13	1♐56	2♐39	3♐23	4♐07	4♐51	5♐36
/♅	8♒24	8♒34	8♒48	9♒05	9♒25	9♒48	10♒13	10♒40	11♒09	11♒40	12♒13	12♒47	13♒22	13♒58	14♒35	15♒13	15♒52	16♒32	17♒12	17♒53	18♒35	19♒17	19♒60	20♒43	21♒27	22♒11	22♒56	23♒41	24♒26	25♒12	25♒58
/♆	23♑17	23♑27	23♑41	23♑59	24♑19	24♑42	25♑07	25♑34	26♑04	26♑35	27♑07	27♑41	28♑16	28♑53	29♑30	0♒08	0♒47	1♒27	2♒07	2♒48	3♒30	4♒12	4♒54	5♒38	6♒21	7♒05	7♒50	8♒35	9♒20	10♒06	10♒52
/♇	27♐35	27♐46	27♐60	28♐17	28♐37	29♐01	29♐26	29♐54	0♑23	0♑54	1♑27	2♑01	2♑36	3♑12	3♑50	4♑28	5♑07	5♑46	6♑27	7♑08	7♑49	8♑32	9♑14	9♑57	10♑41	11♑25	12♑09	12♑54	13♑39	14♑24	15♑10
/☊	26♐18	26♐28	26♐41	26♐57	27♐17	27♐38	28♐01	28♐27	28♐54	29♐23	29♐54	0♑26	1♑00	1♑36	2♑13	2♑51	3♑30	4♑09	4♑48	5♑27	6♑05	6♑44	7♑24	8♑04	8♑45	9♑27	10♑11	10♑55	11♑40	12♑25	13♑10
♀/♂	20♐58	21♐50	22♐43	23♐35	24♐28	25♐22	26♐15	27♐09	28♐02	28♐57	29♐51	0♑45	1♑40	2♑35	3♑30	4♑25	5♑20	6♑16	7♑12	8♑08	9♑04	9♑60	10♑56	11♑52	12♑49	13♑46	14♑42	15♑39	16♑36	17♑33	18♑31
/⚷	26♐16	26♐57	27♐38	28♐19	29♐00	29♐42	0♑24	1♑06	1♑48	2♑31	3♑13	3♑56	4♑39	5♑23	6♑06	6♑50	7♑33	8♑17	9♑01	9♑45	10♑30	11♑14	11♑59	12♑43	13♑28	14♑13	14♑58	15♑43	16♑29	17♑14	17♑59
/♃	25♑03	25♑36	26♑10	26♑43	27♑17	27♑52	28♑26	29♑01	29♑36	0♒11	0♒47	1♒23	1♒59	2♒35	3♒12	3♒49	4♒26	5♒03	5♒40	6♒18	6♒56	7♒34	8♒12	8♒50	9♒29	10♒07	10♒46	11♒25	12♒04	12♒43	13♒23
/♄	5♏07	5♏37	6♏07	6♏38	7♏09	7♏40	8♏11	8♏42	9♏14	9♏45	10♏17	10♏49	11♏21	11♏53	12♏25	12♏58	13♏30	14♏03	14♏35	15♏08	15♏41	16♏14	16♏47	17♏20	17♏53	18♏26	18♏59	19♏32	20♏06	20♏39	21♏12
/♅	25♑16	25♑45	26♑15	26♑45	27♑16	27♑46	28♑17	28♑48	29♑20	29♑51	0♒23	0♒55	1♒27	1♒60	2♒32	3♒05	3♒38	4♒11	4♒44	5♒18	5♒51	6♒25	6♒59	7♒33	8♒07	8♒41	9♒16	9♒50	10♒25	10♒60	11♒35
/♆	10♑09	10♑39	11♑09	11♑39	12♑10	12♑41	13♑12	13♑43	14♑14	14♑46	15♑18	15♑50	16♑22	16♑54	17♑27	17♑60	18♑33	19♑06	19♑39	20♑12	20♑46	21♑20	21♑53	22♑27	23♑01	23♑36	24♑10	24♑44	25♑19	25♑53	26♑28
/♇	14♐27	14♐57	15♐27	15♐58	16♐28	16♐59	17♐31	18♐02	18♐34	19♐05	19♐37	20♐09	20♐42	21♐14	21♐47	22♐20	22♐53	23♐26	23♐59	24♐32	25♐06	25♐39	26♐13	26♐47	27♐21	27♐55	28♐29	29♐03	29♐38	0♑12	0♑47
/☊	13♐10	13♐39	14♐09	14♐38	15♐07	15♐37	16♐06	16♐35	17♐04	17♐34	18♐04	18♐35	19♐06	19♐38	20♐10	20♐43	21♐15	21♐48	22♐20	22♐51	23♐22	23♐52	24♐23	24♐54	25♐25	25♐57	26♐31	27♐05	27♐39	28♐13	28♐47
♂/⚷	23♑41	24♑15	24♑50	25♑25	26♑00	26♑35	27♑10	27♑46	28♑21	28♑56	29♑31	0♒06	0♒41	1♒17	1♒52	2♒27	3♒02	3♒38	4♒13	4♒48	5♒24	5♒59	6♒34	7♒10	7♒45	8♒20	8♒56	9♒31	10♒07	10♒42	11♒18
/♃	22♒28	22♒55	23♒22	23♒50	24♒17	24♒45	25♒13	25♒41	26♒08	26♒36	27♒05	27♒33	28♒01	28♒29	28♒58	29♒26	29♒55	0♓23	0♓52	1♓21	1♓49	2♓18	2♓47	3♓16	3♓45	4♓14	4♓44	5♓13	5♓42	6♓12	6♓41
/♄	2♐31	2♐55	3♐20	3♐44	4♐09	4♐33	4♐58	5♐22	5♐46	6♐11	6♐35	6♐59	7♐23	7♐47	8♐11	8♐35	8♐59	9♐23	9♐47	10♐11	10♐35	10♐59	11♐22	11♐46	12♐10	12♐33	12♐57	13♐20	13♐44	14♐07	14♐31
/♅	22♒40	23♒04	23♒28	23♒52	24♒16	24♒40	25♒04	25♒28	25♒52	26♒16	26♒41	27♒05	27♒29	27♒54	28♒18	28♒42	29♒07	29♒31	29♒56	0♓21	0♓45	1♓10	1♓34	1♓59	2♓24	2♓49	3♓13	3♓38	4♓03	4♓28	4♓53
/♆	7♒33	7♒57	8♒21	8♒46	9♒10	9♒34	9♒58	10♒22	10♒47	11♒11	11♒35	11♒60	12♒24	12♒48	13♒13	13♒37	14♒02	14♒26	14♒51	15♒15	15♒40	16♒04	16♒29	16♒54	17♒18	17♒43	18♒07	18♒32	18♒57	19♒21	19♒46
/♇	11♑51	12♑15	12♑40	13♑04	13♑28	13♑53	14♑17	14♑42	15♑06	15♑30	15♑55	16♑19	16♑44	17♑08	17♑33	17♑57	18♑22	18♑46	19♑11	19♑35	19♑60	20♑24	20♑49	21♑13	21♑38	22♑02	22♑27	22♑51	23♑16	23♑40	24♑05
/☊	10♑34	10♑58	11♑21	11♑44	12♑07	12♑30	12♑52	13♑15	13♑37	13♑59	14♑22	14♑45	15♑08	15♑32	15♑56	16♑20	16♑44	17♑08	17♑31	17♑54	18♑16	18♑37	18♑58	19♑20	19♑42	20♑05	20♑28	20♑52	21♑17	21♑41	22♑05
⚷/♃	27♒46	28♒02	28♒18	28♒33	28♒49	29♒06	29♒22	29♒38	29♒54	0♓11	0♓27	0♓44	1♓00	1♓17	1♓34	1♓51	2♓07	2♓24	2♓41	2♓58	3♓16	3♓33	3♓50	4♓07	4♓25	4♓42	4♓60	5♓17	5♓35	5♓52	6♓10
/♄	7♐49	8♐02	8♐15	8♐28	8♐41	8♐54	9♐07	9♐19	9♐32	9♐45	9♐57	10♐10	10♐22	10♐35	10♐47	10♐60	11♐12	11♐24	11♐37	11♐49	12♐01	12♐13	12♐25	12♐37	12♐49	13♐01	13♐13	13♐24	13♐36	13♐48	13♐59
/♅	27♒58	28♒11	28♒23	28♒35	28♒48	29♒00	29♒13	29♒25	29♒38	29♒51	0♓03	0♓16	0♓29	0♓41	0♓54	1♓07	1♓20	1♓33	1♓46	1♓58	2♓11	2♓24	2♓37	2♓50	3♓03	3♓16	3♓29	3♓42	3♓55	4♓09	4♓22
/♆	12♒51	13♒04	13♒17	13♒29	13♒42	13♒54	14♒07	14♒20	14♒32	14♒45	14♒58	15♒11	15♒23	15♒36	15♒49	16♒02	16♒15	16♒27	16♒40	16♒53	17♒06	17♒19	17♒32	17♒45	17♒58	18♒10	18♒23	18♒36	18♒49	19♒02	19♒15
/♇	17♑09	17♑22	17♑35	17♑48	18♑00	18♑13	18♑26	18♑39	18♑52	19♑05	19♑17	19♑30	19♑43	19♑56	20♑09	20♑22	20♑34	20♑47	21♑00	21♑13	21♑26	21♑39	21♑51	22♑04	22♑17	22♑30	22♑43	22♑55	23♑08	23♑21	23♑34
/☊	15♑52	16♑04	16♑16	16♑28	16♑40	16♑51	17♑01	17♑12	17♑23	17♑33	17♑44	17♑56	18♑07	18♑20	18♑32	18♑45	18♑57	19♑09	19♑21	19♑32	19♑42	19♑52	20♑01	20♑11	20♑21	20♑32	20♑44	20♑57	21♑09	21♑22	21♑34
♃/♄	6♑36	6♑42	6♑47	6♑53	6♑58	7♑03	7♑09	7♑14	7♑20	7♑25	7♑31	7♑36	7♑42	7♑48	7♑53	7♑59	8♑04	8♑10	8♑16	8♑21	8♑27	8♑32	8♑38	8♑44	8♑49	8♑55	9♑01	9♑06	9♑12	9♑17	9♑23
/♅	26♓45	26♓50	26♓55	26♓60	27♓05	27♓10	27♓15	27♓20	27♓26	27♓31	27♓37	27♓43	27♓48	27♓54	28♓00	28♓06	28♓12	28♓18	28♓25	28♓31	28♓37	28♓44	28♓50	28♓57	29♓04	29♓10	29♓17	29♓24	29♓31	29♓38	29♓45
/♆	11♓39	11♓43	11♓48	11♓54	11♓59	12♓04	12♓09	12♓15	12♓20	12♓26	12♓31	12♓37	12♓43	12♓49	12♓55	13♓01	13♓07	13♓13	13♓19	13♓26	13♓32	13♓38	13♓45	13♓51	13♓58	14♓04	14♓11	14♓18	14♓25	14♓32	14♓39
/♇	15♒56	16♒02	16♒07	16♒12	16♒17	16♒23	16♒28	16♒34	16♒40	16♒45	16♒51	16♒57	17♒03	17♒09	17♒15	17♒21	17♒27	17♒33	17♒39	17♒45	17♒52	17♒58	18♒04	18♒11	18♒17	18♒24	18♒31	18♒37	18♒44	18♒51	18♒57
/☊	14♒40	14♒44	14♒48	14♒53	14♒57	15♒00	15♒04	15♒07	15♒10	15♒14	15♒18	15♒22	15♒27	15♒32	15♒38	15♒44	15♒50	15♒55	15♒60	16♒04	16♒08	16♒11	16♒14	16♒18	16♒22	16♒26	16♒32	16♒38	16♒45	16♒51	16♒57
♄/♅	6♑49	6♑51	6♑52	6♑54	6♑56	6♑58	7♑00	7♑02	7♑04	7♑05	7♑07	7♑09	7♑10	7♑12	7♑14	7♑15	7♑17	7♑18	7♑20	7♑21	7♑23	7♑24	7♑25	7♑27	7♑28	7♑29	7♑30	7♑31	7♑32	7♑34	7♑35
/♆	21♐42	21♐44	21♐46	21♐48	21♐50	21♐52	21♐54	21♐56	21♐58	21♐60	22♐02	22♐03	22♐05	22♐07	22♐08	22♐10	22♐11	22♐13	22♐14	22♐16	22♐17	22♐18	22♐20	22♐21	22♐22	22♐23	22♐24	22♐25	22♐26	22♐27	22♐28
/♇	25♏60	26♏02	26♏04	26♏07	26♏09	26♏11	26♏13	26♏15	26♏17	26♏19	26♏21	26♏23	26♏25	26♏27	26♏28	26♏30	26♏31	26♏33	26♏34	26♏36	26♏37	26♏38	26♏39	26♏41	26♏42	26♏43	26♏44	26♏44	26♏45	26♏46	26♏47
/☊	24♏43	24♏44	24♏46	24♏47	24♏48	24♏49	24♏49	24♏48	24♏48	24♏48	24♏48	24♏48	24♏49	24♏50	24♏52	24♏53	24♏54	24♏55	24♏55	24♏54	24♏53	24♏51	24♏49	24♏47	24♏46	24♏45	24♏45	24♏46	24♏46	24♏47	24♏47
♅/♆	11♓51	11♓52	11♓54	11♓55	11♓57	11♓59	12♓00	12♓02	12♓04	12♓06	12♓08	12♓09	12♓11	12♓13	12♓15	12♓17	12♓19	12♓21	12♓23	12♓25	12♓28	12♓30	12♓32	12♓34	12♓36	12♓39	12♓41	12♓43	12♓46	12♓48	12♓50
/♇	16♒09	16♒10	16♒12	16♒14	16♒16	16♒18	16♒20	16♒21	16♒23	16♒25	16♒27	16♒29	16♒31	16♒33	16♒35	16♒37	16♒39	16♒41	16♒43	16♒45	16♒47	16♒50	16♒52	16♒54	16♒56	16♒58	17♒00	17♒02	17♒05	17♒07	17♒09
/☊	14♒52	14♒53	14♒54	14♒54	14♒55	14♒55	14♒55	14♒55	14♒54	14♒54	14♒54	14♒54	14♒55	14♒57	14♒58	15♒00	15♒02	15♒03	15♒04	15♒04	15♒03	15♒02	15♒01	15♒01	15♒00	15♒01	15♒02	15♒04	15♒06	15♒08	15♒09
♆/♇	1♒02	1♒04	1♒06	1♒08	1♒10	1♒12	1♒14	1♒16	1♒18	1♒20	1♒22	1♒24	1♒26	1♒28	1♒30	1♒32	1♒34	1♒36	1♒38	1♒40	1♒42	1♒44	1♒46	1♒48	1♒50	1♒52	1♒54	1♒56	1♒58	2♒00	2♒02
/☊	29♑45	29♑46	29♑47	29♑48	29♑49	29♑49	29♑49	29♑49	29♑49	29♑48	29♑49	29♑49	29♑50	29♑51	29♑53	29♑55	29♑57	29♑58	29♑59	29♑59	29♑58	29♑57	29♑56	29♑55	29♑54	29♑55	29♑56	29♑57	29♑59	0♒01	0♒02
♇/☊	4♑03	4♑04	4♑06	4♑07	4♑08	4♑08	4♑08	4♑08	4♑08	4♑08	4♑08	4♑09	4♑10	4♑11	4♑13	4♑15	4♑17	4♑18	4♑19	4♑19	4♑18	4♑17	4♑16	4♑15	4♑14	4♑14	4♑15	4♑17	4♑18	4♑20	4♑21

January 2011

February 2011

	1	2	3	4	5	6	7	8	9	10	11	12	13	14
☉/☽	29♑49	6♒33	13♒12	19♒47	26♒19	2♓47	9♓14	15♓39	22♓06	28♓36	5♈11	11♈53	18♈46	25♈50
/☿	3♒38	4♒54	6♒11	7♒27	8♒45	10♒02	11♒20	12♒39	13♒57	15♒16	16♒36	17♒56	19♒16	20♒37
/♀	19♑03	20♑07	21♑11	22♑16	23♑20	24♑25	25♑29	26♑34	27♑39	28♑43	29♑48	0♒53	1♒58	3♒03
/♂	12♒11	13♒05	13♒59	14♒53	15♒47	16♒41	17♒35	18♒29	19♒24	20♒18	21♒12	22♒06	22♒60	23♒54
/⚳	11♒28	12♒10	12♒53	13♒35	14♒17	14♒59	15♒42	16♒24	17♒06	17♒48	18♒30	19♒12	19♒55	20♒37
/♃	6♓45	7♓22	7♓58	8♓35	9♓11	9♓48	10♓24	11♓01	11♓37	12♓14	12♓51	13♓27	14♓04	14♓41
/♄	14♐29	14♐59	15♐29	15♐59	16♐29	16♐59	17♐29	17♐58	18♐28	18♐58	19♐27	19♐57	20♐26	20♐56
/♅	4♓53	5♓24	5♓56	6♓28	6♓60	7♓32	8♓03	8♓35	9♓07	9♓39	10♓11	10♓42	11♓14	11♓46
/♆	19♒46	20♒17	20♒49	21♒20	21♒52	22♒24	22♒55	23♒27	23♒58	24♒30	25♒01	25♒33	26♒04	26♒36
/♇	24♑04	24♑36	25♑07	25♑38	26♑10	26♑41	27♑12	27♑44	28♑15	28♑46	29♑17	29♑48	0♒20	0♒51
/☊	22♑03	22♑32	22♑59	23♑26	23♑52	24♑18	24♑44	25♑11	25♑38	26♑07	26♑37	27♑07	27♑38	28♑09
☽/☿	21♑41	28♑40	5♒35	12♒26	19♒14	25♒59	2♓43	9♓26	16♓11	22♓59	29♓52	6♈54	14♈06	21♈31
/♀	7♑06	13♑53	20♑36	27♑14	3♒49	10♒22	16♒52	23♒22	29♒52	6♓26	13♓05	19♓51	26♓48	3♈57
/♂	0♒14	6♒51	13♒24	19♒52	26♒16	2♓38	8♓58	15♓17	21♓37	28♓00	4♈28	11♈04	17♈50	24♈48
/⚳	29♑32	5♒57	12♒17	18♒34	24♒46	0♓56	7♓04	13♓11	19♓20	25♓31	1♈47	8♈11	14♈45	21♈31
/♃	24♒49	1♓08	7♓23	13♓33	19♓40	25♓45	1♈47	7♈49	13♈51	19♈57	26♈07	2♉26	8♉54	15♉35
/♄	2♐32	8♐45	14♐54	20♐58	26♐58	2♑56	8♑51	14♑46	20♋42	26♋40	2♌44	8♌55	15♌16	21♌50
/♅	22♒56	29♒11	5♓21	11♓27	17♓29	23♓28	29♓26	5♈23	11♈21	17♈21	23♈27	29♈41	6♉04	12♉40
/♆	7♒49	14♒04	20♒14	26♒19	2♓21	8♓21	14♓18	20♓14	26♓12	2♈12	8♈18	14♈31	20♈54	27♈30
/♇	12♑08	18♑22	24♑32	0♒37	6♒39	12♒38	18♒35	24♒31	0♓29	6♓29	12♓34	18♓47	25♓10	1♈45
/☊	10♑06	16♑18	22♑24	28♑25	4♒21	10♒15	16♒07	21♒59	27♒52	3♓50	9♓53	16♓06	22♓28	29♓03
☿/♀	10♑55	12♑14	13♑34	14♑55	16♑16	17♑37	18♑59	20♑21	21♑43	23♑06	24♑30	25♑54	27♑19	28♑43
/♂	4♒03	5♒12	6♒22	7♒32	8♒43	9♒53	11♒05	12♒16	13♒28	14♒41	15♒53	17♒07	18♒20	19♒34
/⚳	3♒20	4♒18	5♒16	6♒14	7♒12	8♒11	9♒11	10♒11	11♒11	12♒11	13♒12	14♒13	15♒15	16♒17
/♃	28♒38	29♒29	0♓21	1♓14	2♓07	2♓60	3♓54	4♓48	5♓42	6♓37	7♓33	8♓28	9♓25	10♓21
/♄	6♐21	7♐06	7♐52	8♐38	9♐24	10♐11	10♐58	11♐45	12♐33	13♐21	14♐09	14♐58	15♐47	16♐36
/♅	26♒45	27♒32	28♒19	29♒07	29♒55	0♓44	1♓33	2♓22	3♓12	4♓02	4♓52	5♓43	6♓35	7♓26
/♆	11♒38	12♒25	13♒12	13♒60	14♒47	15♒36	16♒24	17♒13	18♒03	18♒53	19♒43	20♒34	21♒25	22♒16
/♇	15♑57	16♑43	17♑30	18♑17	19♑05	19♑53	20♑42	21♑30	22♑20	23♑09	23♑59	24♑49	25♑40	26♑31
/☊	13♑55	14♑39	15♑22	16♑05	16♑48	17♑30	18♑13	18♑58	19♑43	20♑30	21♑19	22♑08	22♑59	23♑49
♀/♂	19♑28	20♑25	21♑23	22♑20	23♑18	24♑16	25♑14	26♑12	27♑10	28♑08	29♑06	0♒04	1♒02	2♒01
/⚳	18♑45	19♑31	20♑16	21♑02	21♑48	22♑34	23♑20	24♑06	24♑52	25♑38	26♑25	27♑11	27♑57	28♑44
/♃	14♒03	14♒42	15♒22	16♒02	16♒42	17♒22	18♒03	18♒43	19♒24	20♒04	20♒45	21♒26	22♒07	22♒48
/♄	21♏46	22♏19	22♏53	23♏26	23♏60	24♏33	25♏07	25♏41	26♏14	26♏48	27♏21	27♏55	28♏29	29♏02
/♅	12♒10	12♒45	13♒20	13♒55	14♒31	15♒06	15♒42	16♒17	16♒53	17♒29	18♒05	18♒41	19♒17	19♒53
/♆	27♑03	27♑38	28♑13	28♑48	29♑23	29♑58	0♒33	1♒09	1♒44	2♒20	2♒55	3♒31	4♒07	4♒43
/♇	1♑21	1♑56	2♑31	3♑06	3♑41	4♑16	4♑51	5♑26	6♑01	6♑36	7♑12	7♑47	8♑22	8♑58
/☊	29♐20	29♐52	0♑23	0♑53	1♑23	1♑53	2♑23	2♑53	3♑25	3♑57	4♑31	5♑06	5♑41	6♑16
♂/⚳	11♒53	12♒29	13♒04	13♒40	14♒15	14♒51	15♒26	16♒01	16♒37	17♒12	17♒48	18♒23	18♒59	19♒34
/♃	7♓11	7♓40	8♓10	8♓39	9♓09	9♓39	10♓09	10♓39	11♓08	11♓38	12♓08	12♓38	13♓08	13♓38
/♄	14♐54	15♐17	15♐40	16♐04	16♐27	16♐50	17♐13	17♐36	17♐59	18♐22	18♐45	19♐08	19♐30	19♐53
/♅	5♓18	5♓43	6♓08	6♓33	6♓58	7♓23	7♓48	8♓13	8♓38	9♓03	9♓28	9♓53	10♓18	10♓44
/♆	20♒11	20♒36	21♒00	21♒25	21♒50	22♒15	22♒40	23♒04	23♒29	23♒54	24♒19	24♒44	25♒08	25♒33
/♇	24♑30	24♑54	25♑19	25♑43	26♑08	26♑32	26♑57	27♑21	27♑46	28♑10	28♑35	28♑59	29♑24	29♑48
/☊	22♑28	22♑50	23♑11	23♑31	23♑50	24♑09	24♑29	24♑49	25♑09	25♑31	25♑54	26♑18	26♑42	27♑07
⚳/♃	6♓28	6♓45	7♓03	7♓21	7♓39	7♓57	8♓15	8♓33	8♓51	9♓09	9♓27	9♓45	10♓03	10♓22
/♄	14♐11	14♐23	14♐34	14♐45	14♐57	15♐08	15♐19	15♐30	15♐41	15♐53	16♐04	16♐14	16♐25	16♐36
/♅	4♓35	4♓48	5♓01	5♓14	5♓28	5♓41	5♓54	6♓07	6♓20	6♓34	6♓47	7♓00	7♓13	7♓27
/♆	19♒28	19♒41	19♒54	20♒07	20♒20	20♒33	20♒46	20♒59	21♒12	21♒25	21♒37	21♒50	22♒03	22♒16
/♇	23♑47	23♑59	24♑12	24♑25	24♑38	24♑50	25♑03	25♑16	25♑28	25♑41	25♑54	26♑06	26♑19	26♑31
/☊	21♑45	21♑55	22♑04	22♑12	22♑20	22♑27	22♑35	22♑43	22♑52	23♑02	23♑13	23♑25	23♑37	23♑50
♃/♄	9♑29	9♑34	9♑40	9♑45	9♑51	9♑56	10♑02	10♑07	10♑13	10♑18	10♑24	10♑29	10♑35	10♑40
/♅	29♓52	29♓60	0♈07	0♈14	0♈22	0♈29	0♈37	0♈44	0♈52	0♈60	1♈07	1♈15	1♈23	1♈31
/♆	14♓46	14♓53	14♓60	15♓07	15♓14	15♓21	15♓28	15♓36	15♓43	15♓50	15♓58	16♓05	16♓13	16♓20
/♇	19♒04	19♒11	19♒18	19♒25	19♒32	19♒39	19♒46	19♒53	19♒60	20♒07	20♒14	20♒21	20♒28	20♒36
/☊	17♒03	17♒07	17♒10	17♒12	17♒14	17♒16	17♒17	17♒20	17♒23	17♒28	17♒33	17♒40	17♒47	17♒54
♄/♅	7♑36	7♑37	7♑38	7♑38	7♑39	7♑40	7♑41	7♑42	7♑42	7♑43	7♑44	7♑44	7♑45	7♑45
/♆	22♐29	22♐30	22♐30	22♐31	22♐32	22♐32	22♐33	22♐33	22♐34	22♐34	22♐34	22♐35	22♐35	22♐35
/♇	26♏47	26♏48	26♏49	26♏49	26♏49	26♏50	26♏50	26♏50	26♏50	26♏50	26♏50	26♏50	26♏50	26♏50
/☊	24♏46	24♏44	24♏41	24♏37	24♏32	24♏27	24♏22	24♏17	24♏14	24♏11	24♏10	24♏09	24♏09	24♏08
♅/♆	12♓53	12♓55	12♓58	12♓60	13♓02	13♓05	13♓07	13♓10	13♓13	13♓15	13♓18	13♓20	13♓23	13♓26
/♇	17♒11	17♒13	17♒16	17♒18	17♒20	17♒22	17♒25	17♒27	17♒29	17♒32	17♒34	17♒36	17♒38	17♒41
/☊	15♒10	15♒09	15♒08	15♒06	15♒03	14♒59	14♒57	14♒54	14♒53	14♒53	14♒53	14♒55	14♒57	14♒59
♆/♇	2♒04	2♒06	2♒09	2♒11	2♒13	2♒15	2♒17	2♒19	2♒20	2♒22	2♒24	2♒26	2♒28	2♒30
/☊	0♒03	0♒02	0♒01	29♑58	29♑55	29♑52	29♑48	29♑46	29♑44	29♑43	29♑44	29♑45	29♑47	29♑48
♇/☊	4♑21	4♑21	4♑19	4♑16	4♑13	4♑09	4♑06	4♑03	4♑01	3♑60	4♑00	4♑01	4♑02	4♑04

	15	16	17	18	19	20	21	22	23	24	25	26	27	28
☉/☽	3♉09	10♉42	18♉29	26♉27	4♐32	12♐39	20♐42	28♐37	6♑21	13♑52	21♑10	28♑16	5♒12	11♒60
/☿	21♒58	23♒19	24♒41	26♒03	27♒26	28♒49	0♓13	1♓37	3♓02	4♓27	5♓52	7♓18	8♓44	10♓11
/♀	4♒08	5♒13	6♒18	7♒23	8♒28	9♒34	10♒39	11♒44	12♒49	13♒55	15♒00	16♒06	17♒11	18♒17
/♂	24♒48	25♒42	26♒36	27♒30	28♒24	29♒17	0♓11	1♓05	1♓59	2♓53	3♓47	4♓41	5♓35	6♓29
/⚳	21♒19	22♒01	22♒43	23♒25	24♒07	24♒49	25♒31	26♒13	26♒55	27♒36	28♒18	29♒00	29♒42	0♓24
/♃	15♓18	15♓54	16♓31	17♓08	17♓45	18♓22	18♓58	19♓35	20♓12	20♓49	21♓26	22♓03	22♓40	23♓17
/♄	21♐25	21♐54	22♐23	22♐52	23♐21	23♐50	24♐19	24♐48	25♐17	25♐46	26♐15	26♐43	27♐12	27♐41
/♅	12♓18	12♓50	13♓21	13♓53	14♓25	14♓57	15♓29	16♓00	16♓32	17♓04	17♓36	18♓08	18♓39	19♓11
/♆	27♒07	27♒38	28♒10	28♒41	29♒13	29♒44	0♓15	0♓47	1♓18	1♓50	2♓21	2♓52	3♓23	3♓55
/♇	1♒22	1♒53	2♒24	2♒55	3♒26	3♒57	4♒28	4♒59	5♒30	6♒01	6♒31	7♒02	7♒33	8♒04
/☊	28♑39	29♑08	29♑36	0♒03	0♒29	0♒54	1♒20	1♒47	2♒14	2♒43	3♒13	3♒43	4♒14	4♒43
☽/☿	29♈10	7♉04	15♉12	23♏32	1♐59	10♐28	18♐55	27♐14	5♑22	13♑17	21♑01	28♑32	5♒54	13♒08
/♀	11♈20	18♎58	26♎49	4♏51	13♏01	21♏13	29♏21	7♐21	15♐10	22♐46	0♑09	7♑20	14♑21	21♑14
/♂	1♉60	9♉26	17♉06	24♉58	2♐56	10♐57	18♐53	26♐42	4♑19	11♑44	18♑55	25♑55	2♒45	9♒26
/⚳	28♈31	5♉45	13♉14	20♏53	28♏40	6♐28	14♐13	21♐49	29♐15	6♑27	13♑27	20♑14	26♑52	3♒21
/♃	22♉30	29♉39	7♊02	14♊36	22♊18	0♋01	7♑41	15♑12	22♑32	29♑40	6♒35	13♒17	19♒50	26♒14
/♄	28♌37	5♍39	12♍54	20♍21	27♍54	5♎30	13♎01	20♎25	27♎37	4♏37	11♏23	17♏58	24♏22	0♐38
/♅	19♉30	26♉34	3♊52	11♊21	18♊58	26♊36	4♑11	11♑37	18♑52	25♑55	2♒44	9♒22	15♒49	22♒08
/♆	4♉19	11♉23	18♉41	26♉10	3♐45	11♐23	18♐58	26♐24	3♑38	10♑40	17♑29	24♑06	0♒33	6♒52
/♇	8♎34	15♎37	22♎55	0♏23	7♏59	15♏36	23♏10	0♐36	7♐50	14♐51	21♐40	28♐16	4♑43	11♑01
/☊	5♎51	12♎53	20♎07	27♎31	5♏02	12♏33	20♏02	27♏23	4♐35	11♐34	18♐21	24♐58	1♑24	7♑41
☿/♀	0♒09	1♒35	3♒01	4♒28	5♒56	7♒24	8♒52	10♒21	11♒50	13♒20	14♒51	16♒22	17♒53	19♒25
/♂	20♒49	22♒03	23♒19	24♒35	25♒51	27♒07	28♒25	29♒42	1♓00	2♓19	3♓38	4♓57	6♓17	7♓37
/⚳	17♒20	18♒23	19♒26	20♒30	21♒34	22♒39	23♒44	24♒50	25♒56	27♒02	28♒09	29♒16	0♓24	1♓32
/♃	11♓19	12♓16	13♓14	14♓13	15♓12	16♓12	17♓12	18♓12	19♓13	20♓15	21♓17	22♓19	23♓22	24♓26
/♄	17♐26	18♐16	19♐06	19♐57	20♐49	21♐40	22♐33	23♐25	24♐18	25♐12	26♐05	26♐60	27♐54	28♐49
/♅	8♓19	9♓11	10♓05	10♓58	11♓52	12♓47	13♓42	14♓37	15♓33	16♓30	17♓26	18♓24	19♓22	20♓20
/♆	23♒08	24♒00	24♒53	25♒46	26♒40	27♒34	28♒29	29♒24	0♓19	1♓15	2♓12	3♓08	4♓06	5♓03
/♇	27♑23	28♑15	29♑07	29♑60	0♒53	1♒47	2♒41	3♒36	4♒31	5♒26	6♒22	7♒18	8♒15	9♒12
/☊	24♑40	25♑30	26♑19	27♑08	27♑56	28♑44	29♑33	0♒23	1♒15	2♒09	3♒04	3♒60	4♒56	5♒52
♀/♂	2♒59	3♒57	4♒56	5♒54	6♒53	7♒52	8♒50	9♒49	10♒48	11♒47	12♒46	13♒45	14♒44	15♒43
/⚳	29♑30	0♒17	1♒03	1♒50	2♒36	3♒23	4♒10	4♒57	5♒43	6♒30	7♒17	8♒04	8♒51	9♒38
/♃	23♒29	24♒10	24♒51	25♒33	26♒14	26♒56	27♒38	28♒19	29♒01	29♒43	0♓25	1♓07	1♓49	2♓31
/♄	29♏36	0♐10	0♐44	1♐17	1♐51	2♐25	2♐58	3♐32	4♐06	4♐40	5♐13	5♐47	6♐21	6♐55
/♅	20♒29	21♒05	21♒42	22♒18	22♒55	23♒31	24♒08	24♒44	25♒21	25♒58	26♒35	27♒11	27♒48	28♒25
/♆	5♒18	5♒54	6♒30	7♒06	7♒42	8♒18	8♒55	9♒31	10♒07	10♒43	11♒20	11♒56	12♒32	13♒09
/♇	9♑33	10♑09	10♑44	11♑20	11♑55	12♑31	13♑07	13♑43	14♑18	14♑54	15♑30	16♑06	16♑42	17♑18
/☊	6♑50	7♑24	7♑56	8♑28	8♑58	9♑29	9♑59	10♑30	11♑03	11♑37	12♑12	12♑47	13♑23	13♑57
♂/⚳	20♒10	20♒45	21♒21	21♒56	22♒32	23♒07	23♒42	24♒18	24♒53	25♒28	26♒04	26♒39	27♒15	27♒50
/♃	14♓09	14♓39	15♓09	15♓39	16♓09	16♓40	17♓10	17♓40	18♓11	18♓41	19♓12	19♓42	20♓13	20♓43
/♄	20♐16	20♐38	21♐01	21♐24	21♐46	22♐09	22♐31	22♐53	23♐16	23♐38	24♐00	24♐22	24♐45	25♐07
/♅	11♓09	11♓34	11♓59	12♓24	12♓50	13♓15	13♓40	14♓05	14♓31	14♓56	15♓21	15♓47	16♓12	16♓37
/♆	25♒58	26♒23	26♒48	27♒13	27♒37	28♒02	28♒27	28♒52	29♒17	29♒42	0♓06	0♓31	0♓56	1♓21
/♇	0♒13	0♒37	1♒02	1♒26	1♒51	2♒15	2♒39	3♒04	3♒28	3♒53	4♒17	4♒41	5♒06	5♒30
/☊	27♑30	27♑53	28♑14	28♑34	28♑53	29♑12	29♑32	29♑52	0♒13	0♒35	0♒59	1♒22	1♒46	2♒09
⚳/♃	10♓40	10♓58	11♓16	11♓34	11♓53	12♓11	12♓29	12♓48	13♓06	13♓25	13♓43	14♓01	14♓20	14♓38
/♄	16♐47	16♐58	17♐08	17♐19	17♐29	17♐40	17♐50	18♐01	18♐11	18♐21	18♐31	18♐42	18♐52	19♐02
/♅	7♓40	7♓53	8♓06	8♓20	8♓33	8♓46	8♓60	9♓13	9♓26	9♓39	9♓53	10♓06	10♓19	10♓32
/♆	22♒29	22♒42	22♒55	23♒08	23♒21	23♒34	23♒46	23♒59	24♒12	24♒25	24♒38	24♒50	25♒03	25♒16
/♇	26♑44	26♑56	27♑09	27♑21	27♑34	27♑46	27♑59	28♑11	28♑24	28♑36	28♑48	29♑01	29♑13	29♑25
/☊	24♑01	24♑12	24♑21	24♑29	24♑37	24♑44	24♑51	24♑59	25♑08	25♑19	25♑30	25♑42	25♑53	26♑05
♃/♄	10♑46	10♑51	10♑57	11♑02	11♑07	11♑13	11♑18	11♑23	11♑29	11♑34	11♑39	11♑45	11♑50	11♑55
/♅	1♈39	1♈47	1♈55	2♈03	2♈11	2♈19	2♈27	2♈35	2♈44	2♈52	3♈00	3♈09	3♈17	3♈26
/♆	16♓28	16♓36	16♓43	16♓51	16♓59	17♓06	17♓14	17♓22	17♓30	17♓38	17♓45	17♓53	18♓01	18♓09
/♇	20♒43	20♒50	20♒57	21♒05	21♒12	21♒19	21♒26	21♒34	21♒41	21♒49	21♒56	22♒03	22♒11	22♒18
/☊	17♒60	18♒05	18♒09	18♒12	18♒15	18♒17	18♒19	18♒22	18♒26	18♒31	18♒38	18♒45	18♒52	18♒58
♄/♅	7♑46	7♑46	7♑47	7♑47	7♑48	7♑48	7♑48	7♑48	7♑49	7♑49	7♑49	7♑49	7♑49	7♑49
/♆	22♐35	22♐35	22♐35	22♐35	22♐35	22♐35	22♐35	22♐35	22♐35	22♐34	22♐34	22♐34	22♐33	22♐33
/♇	26♏50	26♏50	26♏49	26♏49	26♏48	26♏48	26♏47	26♏47	26♏46	26♏45	26♏45	26♏44	26♏43	26♏42
/☊	24♏07	24♏05	24♏02	23♏57	23♏51	23♏45	23♏40	23♏35	23♏31	23♏28	23♏26	23♏25	23♏24	23♏21
♅/♆	13♓28	13♓31	13♓33	13♓36	13♓39	13♓42	13♓44	13♓47	13♓50	13♓52	13♓55	13♓58	14♓01	14♓03
/♇	17♒43	17♒45	17♒47	17♒50	17♒52	17♒54	17♒57	17♒59	18♒01	18♒03	18♒06	18♒08	18♒10	18♒12
/☊	15♒00	15♒01	14♒60	14♒58	14♒55	14♒52	14♒49	14♒47	14♒46	14♒46	14♒47	14♒49	14♒51	14♒52
♆/♇	2♒32	2♒34	2♒36	2♒38	2♒40	2♒42	2♒43	2♒45	2♒47	2♒49	2♒51	2♒53	2♒54	2♒56
/☊	29♑49	29♑49	29♑48	29♑46	29♑43	29♑39	29♑36	29♑33	29♑32	29♑32	29♑32	29♑34	29♑35	29♑36
♇/☊	4♑04	4♑04	4♑02	3♑59	3♑56	3♑52	3♑48	3♑45	3♑43	3♑43	3♑43	3♑44	3♑45	3♑45

March 2011

	1	2	3	4	5	6	7	8	9	10	11	12	13	14	15	16
☉/☽	18♒41	25♒17	1♓50	8♓19	14♓47	21♓14	27♓40	4♈06	10♈33	17♈03	23♈37	0♉18	7♉07	14♉08	21♉22	28♉50
/☿	11♓38	13♓05	14♓33	16♓01	17♓29	18♓57	20♓25	21♓52	23♓20	24♓47	26♓13	27♓38	29♓03	0♈26	1♈47	3♈07
/♀	19♒22	20♒28	21♒33	22♒39	23♒44	24♒50	25♒55	27♒01	28♒07	29♒12	0♓18	1♓24	2♓29	3♓35	4♓41	5♓46
/♂	7♓22	8♓16	9♓10	10♓04	10♓58	11♓51	12♓45	13♓39	14♓32	15♓26	16♓20	17♓13	18♓07	19♓00	19♓54	20♓47
/⚳	1♓05	1♓47	2♓29	3♓10	3♓52	4♓34	5♓15	5♓57	6♓38	7♓20	8♓01	8♓43	9♓24	10♓05	10♓46	11♓28
/♃	23♓54	24♓31	25♓08	25♓45	26♓22	26♓59	27♓36	28♓13	28♓50	29♓27	0♈04	0♈41	1♈18	1♈55	2♈32	3♈09
/♄	28♐09	28♐38	29♐06	29♐34	0♑03	0♑31	0♑59	1♑27	1♑55	2♑23	2♑51	3♑19	3♑47	4♑15	4♑43	5♑11
/♅	19♓43	20♓15	20♓46	21♓18	21♓50	22♓22	22♓53	23♓25	23♓57	24♓29	25♓00	25♓32	26♓04	26♓35	27♓07	27♓38
/♆	4♓26	4♓57	5♓28	5♓60	6♓31	7♓02	7♓33	8♓04	8♓35	9♓07	9♓38	10♓09	10♓40	11♓11	11♓42	12♓13
/♇	8♒35	9♒05	9♒36	10♒07	10♒37	11♒08	11♒38	12♒09	12♒39	13♒10	13♒40	14♒11	14♒41	15♒12	15♒42	16♒12
/☊	5♒12	5♒39	6♒05	6♒29	6♒52	7♒15	7♒38	8♒02	8♒27	8♒53	9♒21	9♒50	10♒20	10♒50	11♒19	11♒48
☽/☿	20♒16	27♒19	4♓19	11♓17	18♓13	25♓07	2♈01	8♈54	15♈49	22♈46	29♈46	6♉52	14♉06	21♉30	29♉05	6♊54
/♀	28♑00	4♒42	11♒19	17♒55	24♒28	1♓00	7♓32	14♓03	20♓36	27♓11	3♈51	10♈38	17♈33	24♈39	1♉59	9♉33
/♂	16♒01	22♒30	28♒56	5♓20	11♓41	18♓02	24♓21	0♈41	7♈02	13♈25	19♈53	26♈27	3♉10	10♉05	17♉12	24♉34
/⚳	9♒44	16♒01	22♒15	28♒27	4♓36	10♓44	16♓51	22♓59	29♓08	5♈19	11♈34	17♈56	24♈27	1♉09	8♉05	15♉14
/♃	2♓32	8♓45	14♓54	21♓01	27♓06	3♈09	9♈12	15♈15	21♈19	27♈26	3♉37	9♉55	16♉22	22♉59	29♉50	6♊56
/♄	6♐47	12♐52	18♐52	24♐50	0♑46	6♑41	12♑35	18♋29	24♋25	0♌22	6♌25	12♌33	18♌51	25♌19	2♍01	8♍58
/♅	28♒21	4♓29	10♓33	16♓34	22♓34	28♓32	4♈30	10♈27	16♈26	22♈28	28♈33	4♉46	11♉07	17♉39	24♉25	1♊25
/♆	13♒04	19♒11	25♒15	1♓16	7♓15	13♓12	19♓09	25♓06	1♈05	7♈06	13♈11	19♈23	25♈43	2♉15	8♉60	15♉59
/♇	17♑13	23♑19	29♑22	5♒23	11♒21	17♒18	23♒15	29♒11	5♓09	11♓09	17♓14	23♓25	29♓45	6♈16	13♎00	19♎59
/☊	13♑50	19♑53	25♑51	1♒45	7♒36	13♒25	19♒14	25♒04	0♓56	6♓52	12♓54	19♓04	25♓23	1♎54	8♎38	15♎35
☿/♀	20♒57	22♒30	24♒03	25♒36	27♒09	28♒43	0♓16	1♓49	3♓22	4♓55	6♓27	7♓58	9♓28	10♓57	12♓24	13♓50
/♂	8♓58	10♓19	11♓40	13♓01	14♓23	15♓44	17♓06	18♓27	19♓48	21♓09	22♓29	23♓48	25♓06	26♓22	27♓38	28♓51
/⚳	2♓41	3♓50	4♓59	6♓08	7♓17	8♓27	9♓36	10♓45	11♓54	13♓02	14♓10	15♓17	16♓23	17♓27	18♓30	19♓31
/♃	25♓29	26♓33	27♓38	28♓42	29♓47	0♈52	1♈57	3♈01	4♈06	5♈10	6♈13	7♈16	8♈17	9♈17	10♈16	11♈13
/♄	29♐44	0♑40	1♑36	2♑32	3♑28	4♑24	5♑20	6♑16	7♑11	8♑06	9♑00	9♑54	10♑46	11♑37	12♑27	13♑14
/♅	21♓18	22♓17	23♓16	24♓16	25♓15	26♓15	27♓14	28♓14	29♓13	0♈11	1♈09	2♈06	3♈02	3♈57	4♈50	5♈42
/♆	6♓01	6♓60	7♓58	8♓57	9♓56	10♓55	11♓54	12♓53	13♓51	14♓49	15♓47	16♓43	17♓39	18♓33	19♓25	20♓16
/♇	10♒10	11♒08	12♒06	13♒04	14♒02	15♒01	15♒59	16♒57	17♒55	18♒53	19♒49	20♒45	21♒40	22♒34	23♒26	24♒16
/☊	6♒47	7♒41	8♒34	9♒26	10♒17	11♒08	11♒59	12♒50	13♒43	14♒36	15♒30	16♒25	17♒19	18♒12	19♒03	19♒51
♀/♂	16♒42	17♒41	18♒40	19♒39	20♒38	21♒37	22♒37	23♒36	24♒35	25♒34	26♒34	27♒33	28♒32	29♒32	0♓31	1♓30
/⚳	10♒25	11♒12	11♒59	12♒46	13♒33	14♒20	15♒07	15♒54	16♒41	17♒28	18♒15	19♒02	19♒49	20♒36	21♒24	22♒11
/♃	3♓13	3♓56	4♓38	5♓20	6♓03	6♓45	7♓28	8♓10	8♓53	9♓36	10♓18	11♓01	11♓44	12♓27	13♓09	13♓52
/♄	7♐28	8♐02	8♐36	9♐10	9♐43	10♐17	10♐51	11♐24	11♐58	12♐32	13♐06	13♐39	14♐13	14♐47	15♐20	15♐54
/♅	29♒02	29♒39	0♓16	0♓53	1♓31	2♓08	2♓45	3♓22	3♓60	4♓37	5♓14	5♓52	6♓29	7♓06	7♓44	8♓21
/♆	13♒45	14♒22	14♒58	15♒35	16♒12	16♒48	17♒25	18♒02	18♒38	19♒15	19♒52	20♒28	21♒05	21♒42	22♒19	22♒56
/♇	17♑54	18♑30	19♑06	19♑42	20♑18	20♑54	21♑30	22♑06	22♑42	23♑18	23♑54	24♑31	25♑07	25♑43	26♑19	26♑55
/☊	14♑31	15♑04	15♑34	16♑04	16♑33	17♑01	17♑30	17♑59	18♑30	19♑02	19♑35	20♑10	20♑46	21♑21	21♑57	22♑31
♂/⚳	28♒25	29♒00	29♒36	0♓11	0♓46	1♓21	1♓56	2♓32	3♓07	3♓42	4♓17	4♓52	5♓27	6♓02	6♓37	7♓12
/♃	21♓14	21♓44	22♓15	22♓45	23♓16	23♓47	24♓17	24♓48	25♓19	25♓49	26♓20	26♓51	27♓21	27♓52	28♓23	28♓53
/♄	25♐29	25♐51	26♐13	26♐35	26♐57	27♐19	27♐40	28♐02	28♐24	28♐46	29♐07	29♐29	29♐50	0♑12	0♑34	0♑55
/♅	17♓03	17♓28	17♓53	18♓19	18♓44	19♓09	19♓35	19♓60	20♓25	20♓51	21♓16	21♓41	22♓07	22♓32	22♓57	23♓23
/♆	1♓46	2♓10	2♓35	3♓00	3♓25	3♓50	4♓14	4♓39	5♓04	5♓29	5♓53	6♓18	6♓43	7♓07	7♓32	7♓57
/♇	5♒54	6♒19	6♒43	7♒07	7♒31	7♒55	8♒20	8♒44	9♒08	9♒32	9♒56	10♒20	10♒44	11♒08	11♒32	11♒56
/☊	2♒32	2♒52	3♒11	3♒29	3♒46	4♒03	4♒19	4♒37	4♒55	5♒15	5♒37	5♒60	6♒23	6♒47	7♒10	7♒32
⚳/♃	14♓57	15♓15	15♓34	15♓52	16♓11	16♓29	16♓48	17♓06	17♓24	17♓43	18♓01	18♓20	18♓38	18♓57	19♓15	19♓34
/♄	19♐12	19♐22	19♐32	19♐41	19♐51	20♐01	20♐11	20♐20	20♐30	20♐39	20♐49	20♐58	21♐08	21♐17	21♐26	21♐35
/♅	10♓46	10♓59	11♓12	11♓25	11♓38	11♓52	12♓05	12♓18	12♓31	12♓44	12♓57	13♓11	13♓24	13♓37	13♓50	14♓03
/♆	25♒29	25♒41	25♒54	26♒07	26♒19	26♒32	26♒45	26♒57	27♒10	27♒22	27♒35	27♒47	27♒60	28♒12	28♒25	28♒37
/♇	29♑37	29♑49	0♒02	0♒14	0♒26	0♒38	0♒50	1♒02	1♒14	1♒26	1♒38	1♒50	2♒01	2♒13	2♒25	2♒37
/☊	26♑15	26♑23	26♑30	26♑36	26♑41	26♑45	26♑50	26♑55	27♑01	27♑09	27♑18	27♑29	27♑40	27♑51	28♑02	28♑12
♃/♄	12♑00	12♑06	12♑11	12♑16	12♑21	12♑26	12♑31	12♑36	12♑42	12♑47	12♑52	12♑57	13♑02	13♑07	13♑12	13♑17
/♅	3♈34	3♈43	3♈51	3♈60	4♈08	4♈17	4♈26	4♈34	4♈43	4♈52	5♈00	5♈09	5♈18	5♈27	5♈36	5♈44
/♆	18♓17	18♓25	18♓33	18♓41	18♓49	18♓57	19♓05	19♓14	19♓22	19♓30	19♓38	19♓46	19♓54	20♓02	20♓11	20♓19
/♇	22♒26	22♒33	22♒41	22♒48	22♒56	23♒03	23♒11	23♒18	23♒26	23♒33	23♒41	23♒48	23♒56	24♒03	24♒11	24♒18
/☊	19♒03	19♒07	19♒09	19♒10	19♒11	19♒10	19♒10	19♒11	19♒13	19♒17	19♒21	19♒28	19♒35	19♒42	19♒48	19♒54
♄/♅	7♑49	7♑49	7♑49	7♑49	7♑49	7♑49	7♑49	7♑49	7♑48	7♑48	7♑48	7♑47	7♑47	7♑47	7♑46	7♑46
/♆	22♐32	22♐32	22♐31	22♐31	22♐30	22♐29	22♐29	22♐28	22♐27	22♐26	22♐25	22♐24	22♐23	22♐22	22♐21	22♐20
/♇	26♏41	26♏40	26♏39	26♏38	26♏36	26♏35	26♏34	26♏32	26♏31	26♏29	26♏28	26♏26	26♏25	26♏23	26♏22	26♏20
/☊	23♏18	23♏13	23♏07	22♏60	22♏51	22♏42	22♏33	22♏25	22♏18	22♏13	22♏09	22♏06	22♏04	22♏02	21♏59	21♏55
♅/♆	14♓06	14♓09	14♓12	14♓14	14♓17	14♓20	14♓23	14♓26	14♓28	14♓31	14♓34	14♓37	14♓39	14♓42	14♓45	14♓48
/♇	18♒15	18♒17	18♒19	18♒21	18♒24	18♒26	18♒28	18♒30	18♒32	18♒35	18♒37	18♒39	18♒41	18♒43	18♒45	18♒47
/☊	14♒52	14♒51	14♒48	14♒44	14♒38	14♒33	14♒28	14♒23	14♒20	14♒18	14♒17	14♒18	14♒20	14♒21	14♒23	14♒23
♆/♇	2♒58	2♒59	3♒01	3♒03	3♒05	3♒06	3♒08	3♒09	3♒11	3♒13	3♒14	3♒16	3♒17	3♒19	3♒20	3♒22
/☊	29♑35	29♑33	29♑30	29♑25	29♑19	29♑13	29♑07	29♑02	28♑58	28♑56	28♑55	28♑55	28♑56	28♑57	28♑58	28♑57
♇/☊	3♑44	3♑41	3♑37	3♑32	3♑26	3♑19	3♑13	3♑07	3♑02	2♑59	2♑58	2♑57	2♑57	2♑58	2♑58	2♑57

	17	18	19	20	21	22	23	24	25	26	27	28	29	30	31
☉/☽	6♊33	14♊30	22♊36	0♑47	8♑56	16♑59	24♑50	2♒27	9♒49	16♒57	23♒53	0♓39	7♓17	13♓49	20♓18
/☿	4♈24	5♈40	6♈53	8♈03	9♈10	10♈14	11♈15	12♈12	13♈06	13♈56	14♈42	15♈24	16♈03	16♈38	17♈09
/♀	6♓52	7♓58	9♓03	10♓09	11♓15	12♓20	13♓26	14♓32	15♓38	16♓43	17♓49	18♓55	20♓00	21♓06	22♓12
/♂	21♓41	22♓34	23♓28	24♓21	25♓14	26♓08	27♓01	27♓54	28♓48	29♓41	0♈34	1♈27	2♈20	3♈13	4♈06
/⚳	12♓09	12♓50	13♓31	14♓12	14♓53	15♓34	16♓15	16♓56	17♓37	18♓17	18♓58	19♓39	20♓20	21♓00	21♓41
/♃	3♈46	4♈23	5♈00	5♈37	6♈14	6♈51	7♈28	8♈05	8♈42	9♈19	9♈56	10♈33	11♈10	11♈47	12♈24
/♄	5♑39	6♑06	6♑34	7♑02	7♑29	7♑57	8♑24	8♑52	9♑19	9♑47	10♑14	10♑42	11♑09	11♑36	12♑04
/♅	28♓10	28♓42	29♓13	29♓45	0♈16	0♈48	1♈19	1♈51	2♈22	2♈53	3♈25	3♈56	4♈28	4♈59	5♈30
/♆	12♓44	13♓14	13♓45	14♓16	14♓47	15♓18	15♓49	16♓19	16♓50	17♓21	17♓51	18♓22	18♓53	19♓23	19♓54
/♇	16♒42	17♒13	17♒43	18♒13	18♒43	19♒13	19♒43	20♒13	20♒43	21♒13	21♒43	22♒13	22♒43	23♒13	23♒43
/☊	12♒15	12♒40	13♒05	13♒29	13♒54	14♒19	14♒45	15♒13	15♒42	16♒11	16♒41	17♒10	17♒38	18♒05	18♒30
☽/☿	14♊55	23♊07	1♋26	9♋47	18♋05	26♑11	4♒04	11♒39	18♒55	25♒54	2♓37	9♓06	15♓23	21♓30	27♓31
/♀	17♉22	25♏25	3♐37	11♐54	20♐09	28♐18	6♑15	13♑58	21♑27	28♑41	5♒44	12♒36	19♒20	25♒59	2♓34
/♂	2♊11	10♊01	18♊01	26♐06	4♑09	12♑05	19♑50	27♑21	4♒37	11♒39	18♒29	25♒08	1♓40	8♓06	14♓29
/⚳	22♉39	0♐17	8♐04	15♐57	23♐47	1♑31	9♑04	16♑22	23♑26	0♒16	6♒53	13♒20	19♒39	25♒53	2♓03
/♃	14♊17	21♊50	29♊34	7♋22	15♑09	22♑49	0♒17	7♒32	14♒32	21♒17	27♒51	4♓14	10♓30	16♓40	22♓46
/♄	16♍09	23♍33	1♎07	8♎46	16♎24	23♎54	1♏13	8♏18	15♏09	21♏45	28♏09	4♐23	10♐29	16♐29	22♐26
/♅	8♊40	16♊08	23♊46	1♑29	9♑11	16♑45	24♑08	1♒17	8♒11	14♒52	21♒20	27♒37	3♓47	9♓52	15♓53
/♆	23♉14	0♐41	8♐19	16♐01	23♐41	1♑15	8♑37	15♑46	22♑39	29♑19	5♒46	12♒03	18♒12	24♒16	0♓16
/♇	27♎13	4♏40	12♏16	19♏58	27♏38	5♐11	12♐32	19♐40	26♐33	3♑11	9♑38	15♑54	22♑03	28♑06	4♒05
/☊	22♎45	0♏07	7♏39	15♏14	22♏48	0♐16	7♐34	14♐39	21♐31	28♐09	4♑36	10♑51	16♑58	22♑58	28♑53
☿/♀	15♓13	16♓35	17♓54	19♓10	20♓23	21♓33	22♓40	23♓44	24♓44	25♓40	26♓32	27♓21	28♓06	28♓47	29♓25
/♂	0♈02	1♈11	2♈18	3♈22	4♈23	5♈21	6♈15	7♈06	7♈54	8♈37	9♈17	9♈53	10♈26	10♈54	11♈19
/⚳	20♓30	21♓27	22♓21	23♓13	24♓01	24♓47	25♓29	26♓08	26♓43	27♓14	27♓42	28♓05	28♓25	28♓41	28♓53
/♃	12♈08	13♈00	13♈51	14♈38	15♈23	16♈04	16♈42	17♈17	17♈48	18♈16	18♈39	18♈59	19♈15	19♈28	19♈36
/♄	14♑00	14♑44	15♋24	16♋03	16♋38	17♋10	17♋39	18♋04	18♋25	18♋43	18♋58	19♋08	19♋15	19♋17	19♋16
/♅	6♈31	7♈19	8♈03	8♈45	9♈25	10♈01	10♈33	11♈02	11♈28	11♈50	12♈08	12♈23	12♈33	12♈40	12♈43
/♆	21♓05	21♓52	22♓36	23♓17	23♓55	24♓31	25♓03	25♓31	25♓56	26♓17	26♓35	26♓48	26♓58	27♓04	27♓07
/♇	25♒04	25♒50	26♒33	27♒14	27♒52	28♒26	28♒57	29♒25	29♒49	0♓10	0♓26	0♓39	0♓48	0♓54	0♓55
/☊	20♒36	21♒18	21♒55	22♒30	23♒02	23♒32	23♒59	24♒25	24♒48	25♒08	25♒24	25♒36	25♒44	25♒46	25♒43
♀/♂	2♓30	3♓29	4♓29	5♓28	6♓28	7♓27	8♓26	9♓26	10♓25	11♓25	12♓24	13♓24	14♓23	15♓23	16♓22
/⚳	22♒58	23♒45	24♒32	25♒19	26♒06	26♒53	27♒40	28♒27	29♒14	0♓01	0♓49	1♓36	2♓23	3♓10	3♓57
/♃	14♓35	15♓18	16♓01	16♓44	17♓27	18♓10	18♓54	19♓37	20♓20	21♓03	21♓46	22♓30	23♓13	23♓56	24♓40
/♄	16♐28	17♐01	17♐35	18♐09	18♐42	19♐16	19♐50	20♐23	20♐57	21♐31	22♐05	22♐38	23♐12	23♐46	24♐20
/♅	8♓59	9♓36	10♓14	10♓52	11♓29	12♓07	12♓44	13♓22	13♓60	14♓38	15♓15	15♓53	16♓31	17♓08	17♓46
/♆	23♒33	24♒09	24♒46	25♒23	26♒00	26♒37	27♒14	27♒51	28♒28	29♒05	29♒42	0♓19	0♓56	1♓33	2♓10
/♇	27♑31	28♑08	28♑44	29♑20	29♑56	0♒32	1♒09	1♒45	2♒21	2♒57	3♒33	4♒10	4♒46	5♒22	5♒58
/☊	23♑04	23♑35	24♑06	24♑36	25♑07	25♑38	26♑10	26♑44	27♑19	27♑55	28♑31	29♑07	29♑41	0♒14	0♒46
♂/⚳	7♓47	8♓22	8♓56	9♓31	10♓06	10♓41	11♓15	11♓50	12♓24	12♓59	13♓34	14♓08	14♓42	15♓17	15♓51
/♃	29♓24	29♓55	0♈26	0♈56	1♈27	1♈58	2♈29	2♈59	3♈30	4♈01	4♈31	5♈02	5♈33	6♈03	6♈34
/♄	1♑17	1♑38	1♑59	2♑21	2♑42	3♑03	3♑25	3♑46	4♑07	4♑28	4♑50	5♑11	5♑32	5♑53	6♑14
/♅	23♓48	24♓13	24♓38	25♓04	25♓29	25♓54	26♓19	26♓45	27♓10	27♓35	28♓00	28♓25	28♓51	29♓16	29♓41
/♆	8♓21	8♓46	9♓11	9♓35	9♓60	10♓24	10♓49	11♓13	11♓38	12♓02	12♓27	12♓51	13♓16	13♓40	14♓04
/♇	12♒20	12♒44	13♒08	13♒32	13♒56	14♒20	14♒44	15♒07	15♒31	15♒55	16♒18	16♒42	17♒06	17♒29	17♒53
/☊	7♒53	8♒12	8♒30	8♒48	9♒06	9♒25	9♒45	10♒07	10♒29	10♒53	11♒16	11♒39	12♒01	12♒22	12♒41
⚳/♃	19♓52	20♓11	20♓29	20♓47	21♓06	21♓24	21♓42	22♓01	22♓19	22♓37	22♓56	23♓14	23♓32	23♓50	24♓08
/♄	21♐44	21♐54	22♐03	22♐12	22♐21	22♐30	22♐39	22♐47	22♐56	23♐05	23♐14	23♐23	23♐31	23♐40	23♐48
/♅	14♓16	14♓29	14♓42	14♓55	15♓08	15♓20	15♓33	15♓46	15♓59	16♓12	16♓24	16♓37	16♓50	17♓03	17♓15
/♆	28♒49	29♒02	29♒14	29♒26	29♒38	29♒51	0♓03	0♓15	0♓27	0♓39	0♓51	1♓03	1♓15	1♓27	1♓39
/♇	2♒48	2♒60	3♒11	3♒23	3♒34	3♒46	3♒57	4♒09	4♒20	4♒31	4♒43	4♒54	5♒05	5♒16	5♒27
/☊	28♑21	28♑28	28♑34	28♑39	28♑45	28♑51	28♑59	29♑08	29♑19	29♑29	29♑40	29♑51	0♒00	0♒09	0♒15
♃/♄	13♑22	13♑27	13♑32	13♑37	13♑42	13♑47	13♑52	13♑57	14♑02	14♑07	14♑12	14♑17	14♋22	14♋27	14♋31
/♅	5♈53	6♈02	6♈11	6♈20	6♈29	6♈38	6♈47	6♈56	7♈04	7♈13	7♈22	7♈31	7♈40	7♈49	7♈58
/♆	20♓27	20♓35	20♓43	20♓51	20♓60	21♓08	21♓16	21♓24	21♓32	21♓41	21♓49	21♓57	22♓05	22♓13	22♓22
/♇	24♒26	24♒33	24♒41	24♒48	24♒56	25♒03	25♒11	25♒18	25♒26	25♒33	25♒41	25♒48	25♒55	26♒03	26♒10
/☊	19♒58	20♒01	20♒03	20♒05	20♒06	20♒09	20♒13	20♒18	20♒24	20♒31	20♒38	20♒45	20♒51	20♒55	20♒58
♄/♅	7♑46	7♑45	7♑45	7♑44	7♑44	7♑43	7♑43	7♑42	7♑42	7♑41	7♑41	7♑40	7♑39	7♑39	7♑38
/♆	22♐19	22♐18	22♐17	22♐16	22♐15	22♐13	22♐12	22♐11	22♐10	22♐08	22♐07	22♐06	22♐04	22♐03	22♐02
/♇	26♏18	26♏16	26♏15	26♏13	26♏11	26♏09	26♏07	26♏05	26♏03	26♏01	25♏59	25♏57	25♏55	25♏52	25♏50
/☊	21♏50	21♏44	21♏37	21♏29	21♏21	21♏14	21♏09	21♏04	21♏01	20♏59	20♏57	20♏54	20♏50	20♏45	20♏38
♅/♆	14♓51	14♓53	14♓56	14♓59	15♓01	15♓04	15♓07	15♓10	15♓12	15♓15	15♓18	15♓20	15♓23	15♓26	15♓28
/♇	18♒49	18♒51	18♒54	18♒56	18♒58	18♒60	19♒02	19♒04	19♒06	19♒07	19♒09	19♒11	19♒13	19♒15	19♒17
/☊	14♒22	14♒19	14♒16	14♒12	14♒08	14♒05	14♒03	14♒03	14♒04	14♒06	14♒07	14♒08	14♒09	14♒07	14♒05
♆/♇	3♒23	3♒24	3♒26	3♒27	3♒28	3♒30	3♒31	3♒32	3♒34	3♒35	3♒36	3♒37	3♒38	3♒39	3♒40
/☊	28♑55	28♑52	28♑48	28♑43	28♑39	28♑35	28♑33	28♑32	28♑32	28♑33	28♑34	28♑34	28♑34	28♑32	28♑28
♇/☊	2♑54	2♑50	2♑46	2♑40	2♑35	2♑31	2♑28	2♑26	2♑25	2♑25	2♑25	2♑25	2♑24	2♑21	2♑17

April 2011

	1	2	3	4	5	6	7	8	9	10	11	12	13	14	15
☉/☽	26♓45	3♈10	9♈36	16♈02	22♈29	28♈59	5♉32	12♉08	18♉51	25♉41	2♊40	9♊51	17♊14	24♊50	2♋39
/☿	17♈36	17♈60	18♈20	18♈38	18♈53	19♈05	19♈15	19♈24	19♈31	19♈38	19♈44	19♈50	19♈57	20♈05	20♈14
/♀	23♓18	24♓23	25♓29	26♓35	27♓40	28♓46	29♓52	0♈58	2♈03	3♈09	4♈14	5♈20	6♈26	7♈31	8♈37
/♂	4♈60	5♈53	6♈46	7♈38	8♈31	9♈24	10♈17	11♈10	12♈03	12♈56	13♈48	14♈41	15♈34	16♈26	17♈19
/⚳	22♓21	23♓02	23♓42	24♓23	25♓03	25♓43	26♓23	27♓04	27♓44	28♓24	29♓04	29♓44	0♈24	1♈03	1♈43
/♃	13♈01	13♈37	14♈14	14♈51	15♈28	16♈05	16♈42	17♈18	17♈55	18♈32	19♈09	19♈45	20♈22	20♈59	21♈35
/♄	12♑31	12♑58	13♑26	13♋53	14♋20	14♋47	15♋15	15♋42	16♋09	16♋36	17♋03	17♋30	17♋58	18♋25	18♋52
/♅	6♈02	6♈33	7♈04	7♈36	8♈07	8♈38	9♈09	9♈41	10♈12	10♈43	11♈14	11♈45	12♈16	12♈47	13♈18
/♆	20♓24	20♓55	21♓25	21♓56	22♓26	22♓57	23♓27	23♓58	24♓28	24♓58	25♓28	25♓59	26♓29	26♓59	27♓29
/♇	24♒12	24♒42	25♒12	25♒41	26♒11	26♒41	27♒10	27♒40	28♒09	28♒39	29♒08	29♒38	0♓07	0♓36	1♓06
/☊	18♒54	19♒18	19♒40	20♒03	20♒27	20♒51	21♒17	21♒45	22♒13	22♒43	23♒12	23♒42	24♒10	24♒38	25♒04
☽/☿	3♈25	9♈15	15♈02	20♈47	26♈30	2♉13	7♉57	13♉43	19♉34	25♉31	1♊38	7♊56	14♊27	21♊12	28♊12
/♀	9♓07	15♓39	22♓11	28♓44	5♈18	11♈54	18♈33	25♈17	2♉06	9♉03	16♉09	23♉26	0♊56	8♊39	16♊34
/♂	20♓49	27♓08	3♈27	9♈47	16♈09	22♈32	28♈59	5♉29	12♉05	18♉49	25♉42	2♊47	10♊03	17♊33	25♊16
/⚳	8♓11	14♓17	20♓24	26♓31	2♈40	8♈51	15♈05	21♈23	27♈46	4♉17	10♉58	17♉49	24♉53	2♊11	9♐40
/♃	28♓50	4♈53	10♈56	16♈60	23♈05	29♈13	5♉23	11♉38	17♉58	24♉26	1♊03	7♊51	14♊52	22♊06	29♊33
/♄	28♐20	4♑14	10♑07	16♋02	21♋57	27♋55	3♌56	10♌01	16♌12	22♌30	28♌57	5♍36	12♍27	19♍32	26♍49
/♅	21♓51	27♓49	3♈46	9♈44	15♈44	21♈46	27♈51	3♉60	10♉14	16♉36	23♉08	29♉51	6♊46	13♊54	21♊15
/♆	6♓14	12♓10	18♓07	24♓05	0♈04	6♈05	12♈09	18♈17	24♈31	0♉52	7♉23	14♉04	20♉59	28♉06	5♐27
/♇	10♒02	15♒58	21♒54	27♒50	3♓48	9♓48	15♓52	21♓59	28♓12	4♈33	11♎02	17♎43	24♎37	1♏44	9♏03
/☊	4♒44	10♒33	16♒22	22♒12	28♒04	3♓59	9♓59	16♓04	22♓16	28♍36	5♎06	11♎47	18♎40	25♎45	3♏02
☿/♀	29♓58	0♈29	0♈56	1♈20	1♈41	1♈60	2♈17	2♈32	2♈46	2♈59	3♈12	3♈25	3♈39	3♈54	4♈10
/♂	11♈40	11♈58	12♈12	12♈23	12♈32	12♈38	12♈42	12♈44	12♈46	12♈46	12♈46	12♈46	12♈47	12♈49	12♈51
/⚳	29♓02	29♓07	29♓09	29♓08	29♓03	28♓57	28♓48	28♓38	28♓26	28♓14	28♓01	27♓49	27♓37	27♓26	27♓16
/♃	19♈41	19♈43	19♈41	19♈36	19♈29	19♈19	19♈07	18♈53	18♈38	18♈22	18♈06	17♈51	17♈35	17♈21	17♈08
/♄	19♋12	19♋04	18♋52	18♋38	18♋21	18♋01	17♋39	17♋16	16♋52	16♋26	16♋01	15♋36	15♋11	14♋47	14♋25
/♅	12♈43	12♈38	12♈31	12♈21	12♈08	11♈52	11♈34	11♈15	10♈54	10♈33	10♈12	9♈50	9♈29	9♈09	8♈51
/♆	27♓05	27♓00	26♓52	26♓41	26♓27	26♓11	25♓52	25♓32	25♓11	24♓49	24♓26	24♓04	23♓42	23♓21	23♓02
/♇	0♓53	0♓47	0♓38	0♓26	0♓12	29♒55	29♒35	29♒14	28♒52	28♒29	28♒06	27♒43	27♒20	26♒59	26♒39
/☊	25♒35	25♒23	25♒07	24♒48	24♒27	24♒05	23♒42	23♒19	22♒56	22♒33	22♒10	21♒47	21♒24	21♒00	20♒37
♀/♂	17♓22	18♓21	19♓21	20♓20	21♓20	22♓19	23♓19	24♓18	25♓18	26♓17	27♓17	28♓16	29♓15	0♈15	1♈14
/⚳	4♓44	5♓30	6♓17	7♓04	7♓51	8♓38	9♓25	10♓12	10♓59	11♓45	12♓32	13♓19	14♓05	14♓52	15♓39
/♃	25♓23	26♓06	26♓50	27♓33	28♓16	28♓60	29♓43	0♈27	1♈10	1♈53	2♈37	3♈20	4♈04	4♈47	5♈31
/♄	24♐53	25♐27	26♐01	26♐35	27♐08	27♐42	28♐16	28♐50	29♐24	29♐58	0♑32	1♑05	1♑39	2♑13	2♑47
/♅	18♓24	19♓02	19♓40	20♓17	20♓55	21♓33	22♓11	22♓49	23♓27	24♓04	24♓42	25♓20	25♓58	26♓36	27♓14
/♆	2♓47	3♓24	4♓01	4♓38	5♓15	5♓52	6♓29	7♓06	7♓43	8♓20	8♓57	9♓34	10♓11	10♓48	11♓25
/♇	6♒35	7♒11	7♒47	8♒23	8♒59	9♒36	10♒12	10♒48	11♒24	12♒00	12♒37	13♒13	13♒49	14♒25	15♒01
/☊	1♒17	1♒46	2♒15	2♒45	3♒15	3♒46	4♒19	4♒53	5♒28	6♒04	6♒41	7♒17	7♒52	8♒27	8♒60
♂/⚳	16♓25	16♓60	17♓34	18♓08	18♓42	19♓16	19♓50	20♓24	20♓58	21♓32	22♓06	22♓39	23♓13	23♓47	24♓20
/♃	7♈05	7♈35	8♈06	8♈37	9♈07	9♈38	10♈09	10♈39	11♈10	11♈40	12♈11	12♈41	13♈12	13♈42	14♈12
/♄	6♑35	6♑56	7♑17	7♑38	7♑59	8♑20	8♑41	9♑02	9♑23	9♑44	10♑05	10♑26	10♑47	11♑08	11♑29
/♅	0♈06	0♈31	0♈56	1♈21	1♈46	2♈11	2♈36	3♈01	3♈26	3♈51	4♈16	4♈41	5♈06	5♈31	5♈55
/♆	14♓29	14♓53	15♓17	15♓42	16♓06	16♓30	16♓54	17♓18	17♓42	18♓06	18♓31	18♓55	19♓19	19♓43	20♓06
/♇	18♒17	18♒40	19♒04	19♒27	19♒50	20♒14	20♒37	21♒01	21♒24	21♒47	22♒10	22♒34	22♒57	23♒20	23♒43
/☊	12♒59	13♒16	13♒32	13♒49	14♒06	14♒24	14♒44	15♒05	15♒28	15♒51	16♒14	16♒38	17♒00	17♒21	17♒42
⚳/♃	24♓27	24♓45	25♓03	25♓21	25♓39	25♓57	26♓15	26♓33	26♓50	27♓08	27♓26	27♓44	28♓02	28♓19	28♓37
/♄	23♐57	24♐06	24♐14	24♐22	24♐31	24♐39	24♐48	24♐56	25♐04	25♐13	25♐21	25♐29	25♐37	25♐45	25♐53
/♅	17♓28	17♓40	17♓53	18♓05	18♓18	18♓30	18♓42	18♓55	19♓07	19♓19	19♓31	19♓44	19♓56	20♓08	20♓20
/♆	1♓50	2♓02	2♓14	2♓26	2♓37	2♓49	3♓00	3♓12	3♓23	3♓35	3♓46	3♓57	4♓09	4♓20	4♓31
/♇	5♒38	5♒49	6♒00	6♒11	6♒22	6♒33	6♒43	6♒54	7♒05	7♒15	7♒26	7♒36	7♒47	7♒57	8♒07
/☊	0♒20	0♒25	0♒29	0♒33	0♒37	0♒43	0♒50	0♒59	1♒09	1♒19	1♒30	1♒40	1♒50	1♒59	2♒06
♃/♄	14♋36	14♋41	14♋46	14♋51	14♋56	15♋01	15♋06	15♋11	15♋16	15♋21	15♋26	15♋31	15♋36	15♋41	15♋45
/♅	8♈07	8♈16	8♈25	8♈34	8♈43	8♈52	9♈01	9♈10	9♈19	9♈27	9♈36	9♈45	9♈54	10♈03	10♈12
/♆	22♓30	22♓38	22♓46	22♓54	23♓02	23♓10	23♓19	23♓27	23♓35	23♓43	23♓51	23♓59	24♓07	24♓15	24♓23
/♇	26♒18	26♒25	26♒32	26♒40	26♒47	26♒54	27♒02	27♒09	27♒16	27♒23	27♒31	27♒38	27♒45	27♒52	27♒59
/☊	20♒60	21♒00	21♒01	21♒01	21♒02	21♒05	21♒09	21♒14	21♒20	21♒27	21♒35	21♒42	21♒49	21♒54	21♒58
♄/♅	7♑38	7♑37	7♑36	7♑36	7♑35	7♑34	7♑34	7♑33	7♑32	7♑32	7♑31	7♑30	7♑30	7♑29	7♑28
/♆	22♐00	21♐59	21♐57	21♐56	21♐54	21♐53	21♐51	21♐50	21♐49	21♐47	21♐46	21♐44	21♐43	21♐41	21♐40
/♇	25♏48	25♏46	25♏44	25♏41	25♏39	25♏37	25♏35	25♏32	25♏30	25♏28	25♏25	25♏23	25♏21	25♏18	25♏16
/☊	20♏30	20♏21	20♏12	20♏03	19♏55	19♏47	19♏41	19♏37	19♏34	19♏32	19♏29	19♏27	19♏24	19♏20	19♏15
♅/♆	15♓31	15♓34	15♓36	15♓39	15♓41	15♓44	15♓46	15♓49	15♓51	15♓54	15♓56	15♓59	16♓01	16♓03	16♓06
/♇	19♒19	19♒21	19♒22	19♒24	19♒26	19♒28	19♒29	19♒31	19♒33	19♒34	19♒36	19♒38	19♒39	19♒41	19♒42
/☊	14♒01	13♒56	13♒51	13♒46	13♒41	13♒38	13♒36	13♒36	13♒37	13♒38	13♒40	13♒42	13♒43	13♒42	13♒41
♆/♇	3♒41	3♒43	3♒44	3♒44	3♒45	3♒46	3♒47	3♒48	3♒49	3♒50	3♒51	3♒51	3♒52	3♒53	3♒53
/☊	28♑24	28♑18	28♑12	28♑06	28♑01	27♑57	27♑54	27♑53	27♑53	27♑54	27♑55	27♑56	27♑56	27♑54	27♑52
♇/☊	2♑12	2♑05	1♑58	1♑52	1♑46	1♑41	1♑37	1♑35	1♑34	1♑34	1♑35	1♑34	1♑34	1♑32	1♑29

	16	17	18	19	20	21	22	23	24	25	26	27	28	29	30
☉/☽	10♋38	18♋43	26♋49	4♒51	12♒43	20♒23	27♒49	5♓01	11♓60	18♓47	25♓26	1♈58	8♈25	14♈50	21♈15
/☿	20♈25	20♈38	20♈52	21♈09	21♈29	21♈51	22♈15	22♈42	23♈11	23♈43	24♈18	24♈55	25♈34	26♈15	26♈58
/♀	9♈43	10♈48	11♈54	12♈59	14♈05	15♈10	16♈16	17♈22	18♈27	19♈33	20♈38	21♈44	22♈49	23♈55	25♈00
/♂	18♈11	19♈04	19♈56	20♈49	21♈41	22♈33	23♈26	24♈18	25♈10	26♈02	26♈55	27♈47	28♈39	29♈31	0♉23
/⚳	2♈23	3♈02	3♈42	4♈22	5♈01	5♈40	6♈20	6♈59	7♈38	8♈17	8♈57	9♈36	10♈15	10♈53	11♈32
/♃	22♈12	22♈48	23♈25	24♈01	24♈38	25♈14	25♈51	26♈27	27♈04	27♈40	28♈16	28♈53	29♈29	0♉05	0♉42
/♄	19♋19	19♋46	20♋13	20♋40	21♋07	21♋34	22♋02	22♋29	22♋56	23♋23	23♋50	24♋17	24♋45	25♋12	25♋39
/♅	13♈49	14♈20	14♈51	15♈22	15♈53	16♈24	16♈54	17♈25	17♈56	18♈27	18♈57	19♈28	19♈59	20♈29	21♈00
/♆	27♓59	28♓29	28♓60	29♓30	29♓60	0♈30	0♈59	1♈29	1♈59	2♈29	2♈59	3♈29	3♈59	4♈28	4♈58
/♇	1♓35	2♓04	2♓33	3♓03	3♓32	4♓01	4♓30	4♓59	5♓28	5♓57	6♓26	6♓55	7♓24	7♓53	8♓22
/☊	25♒30	25♒55	26♒20	26♒45	27♒12	27♒40	28♒09	28♒38	29♒08	29♒37	0♓06	0♓34	1♓01	1♓27	1♓53
☽/☿	5♋22	12♋41	20♑04	27♑24	4♒37	11♒41	18♒33	25♒13	1♓42	8♓03	14♓18	20♓28	26♓36	2♈44	8♈54
/♀	24♐40	2♑52	11♑05	19♑14	27♑13	5♒00	12♒33	19♒52	26♒58	3♓53	10♓38	17♓17	23♓52	0♈24	6♈56
/♂	3♋09	11♋07	19♑07	27♑03	4♒49	12♒23	19♒43	26♒49	3♓41	10♓22	16♓54	23♓20	29♓41	6♈00	12♈18
/⚳	17♐20	25♐06	2♑53	10♑36	18♑09	25♑30	2♒37	9♒30	16♒09	22♒37	28♒56	5♓09	11♓17	17♓23	23♓28
/♃	7♋09	14♋52	22♑36	0♒16	7♒46	15♒04	22♒08	28♒58	5♓35	12♓00	18♓16	24♓26	0♈31	6♈35	12♈37
/♄	4♎16	11♎50	19♎24	26♎54	4♏16	11♏24	18♏19	24♏59	1♐27	7♐43	13♐50	19♐51	25♐47	1♑41	7♑35
/♅	28♊47	6♑24	14♑02	21♑36	29♑01	6♒14	13♒12	19♒56	26♒27	2♓47	8♓57	15♓01	21♓01	26♓59	2♈56
/♆	12♐57	20♐33	28♐11	5♑44	13♑08	20♑19	27♑17	4♒00	10♒30	16♒49	22♒59	29♒02	5♓01	10♓57	16♓54
/♇	16♏32	24♏08	1♐45	9♐17	16♐40	23♐51	0♑47	7♑30	13♑59	20♑17	26♑26	2♒28	8♒26	14♒22	20♒17
/☊	10♏27	17♏59	25♏31	2♐60	10♐20	17♐30	24♐26	1♑09	7♑39	13♑57	20♑06	26♑08	2♒04	7♒57	13♒48
☿/♀	4♈27	4♈47	5♈09	5♈33	5♈59	6♈28	6♈59	7♈33	8♈10	8♈49	9♈30	10♈14	11♈00	11♈49	12♈39
/♂	12♈56	13♈02	13♈11	13♈22	13♈35	13♈51	14♈09	14♈29	14♈53	15♈18	15♈46	16♈17	16♈50	17♈25	18♈02
/⚳	27♓08	27♓01	26♓57	26♓55	26♓55	26♓58	27♓03	27♓11	27♓21	27♓33	27♓48	28♓06	28♓25	28♓47	29♓11
/♃	16♈57	16♈47	16♈40	16♈35	16♈32	16♈32	16♈34	16♈39	16♈46	16♈56	17♈08	17♈23	17♈40	17♈59	18♈21
/♄	14♋04	13♋45	13♋28	13♋13	13♋01	12♋52	12♋45	12♋40	12♋38	12♋39	12♋42	12♋48	12♋55	13♋06	13♋18
/♅	8♈34	8♈19	8♈06	7♈55	7♈47	7♈41	7♈38	7♈37	7♈39	7♈43	7♈49	7♈58	8♈10	8♈23	8♈39
/♆	22♓44	22♓28	22♓14	22♓03	21♓54	21♓47	21♓43	21♓41	21♓42	21♓45	21♓51	21♓59	22♓09	22♓22	22♓37
/♇	26♒20	26♒03	25♒48	25♒36	25♒26	25♒18	25♒13	25♒11	25♒11	25♒13	25♒18	25♒25	25♒35	25♒47	26♒01
/☊	20♒15	19♒54	19♒35	19♒19	19♒06	18♒57	18♒52	18♒50	18♒50	18♒53	18♒58	19♒05	19♒12	19♒21	19♒32
♀/♂	2♈14	3♈13	4♈12	5♈12	6♈11	7♈10	8♈10	9♈09	10♈08	11♈08	12♈07	13♈06	14♈05	15♈05	16♈04
/⚳	16♓25	17♓12	17♓58	18♓45	19♓31	20♓17	21♓04	21♓50	22♓36	23♓23	24♓09	24♓55	25♓41	26♓27	27♓13
/♃	6♈14	6♈58	7♈41	8♈25	9♈08	9♈51	10♈35	11♈18	12♈02	12♈45	13♈29	14♈12	14♈56	15♈39	16♈23
/♄	3♑21	3♑55	4♑29	5♑03	5♑37	6♑12	6♑46	7♑20	7♑54	8♑28	9♑03	9♑37	10♑11	10♑46	11♑20
/♅	27♓51	28♓29	29♓07	29♓45	0♈23	1♈01	1♈38	2♈16	2♈54	3♈32	4♈10	4♈48	5♈25	6♈03	6♈41
/♆	12♓02	12♓39	13♓16	13♓53	14♓30	15♓07	15♓44	16♓20	16♓57	17♓34	18♓11	18♓48	19♓25	20♓02	20♓39
/♇	15♒37	16♒13	16♒50	17♒26	18♒02	18♒38	19♒14	19♒50	20♒26	21♒02	21♒38	22♒14	22♒51	23♒27	24♒03
/☊	9♒32	10♒04	10♒36	11♒09	11♒42	12♒17	12♒53	13♒29	14♒06	14♒43	15♒19	15♒54	16♒28	17♒01	17♒34
♂/⚳	24♓54	25♓27	26♓01	26♓34	27♓07	27♓40	28♓13	28♓46	29♓19	29♓52	0♈25	0♈58	1♈31	2♈03	2♈36
/♃	14♈43	15♈13	15♈43	16♈14	16♈44	17♈14	17♈45	18♈15	18♈45	19♈15	19♈45	20♈15	20♈45	21♈15	21♈45
/♄	11♑50	12♑11	12♑32	12♋53	13♋13	13♋34	13♋55	14♋16	14♋37	14♋58	15♋19	15♋40	16♋01	16♋22	16♋43
/♅	6♈20	6♈45	7♈10	7♈34	7♈59	8♈23	8♈48	9♈13	9♈37	10♈02	10♈26	10♈51	11♈15	11♈39	12♈04
/♆	20♓30	20♓54	21♓18	21♓42	22♓06	22♓29	22♓53	23♓17	23♓40	24♓04	24♓28	24♓51	25♓15	25♓38	26♓02
/♇	24♒06	24♒29	24♒52	25♒15	25♒38	26♒01	26♒24	26♒46	27♒09	27♒32	27♒55	28♒17	28♒40	29♒03	29♒25
/☊	18♒01	18♒20	18♒38	18♒58	19♒18	19♒40	20♒02	20♒26	20♒49	21♒12	21♒35	21♒57	22♒18	22♒37	22♒56
⚳/♃	28♓54	29♓12	29♓29	29♓47	0♈04	0♈21	0♈39	0♈56	1♈13	1♈30	1♈47	2♈04	2♈21	2♈38	2♈55
/♄	26♐01	26♐09	26♐18	26♐26	26♐33	26♐41	26♐49	26♐57	27♐05	27♐13	27♐21	27♐29	27♐36	27♐44	27♐52
/♅	20♓32	20♓44	20♓55	21♓07	21♓19	21♓31	21♓42	21♓54	22♓05	22♓17	22♓28	22♓39	22♓51	23♓02	23♓13
/♆	4♓42	4♓53	5♓04	5♓15	5♓26	5♓36	5♓47	5♓58	6♓09	6♓19	6♓30	6♓40	6♓50	7♓01	7♓11
/♇	8♒18	8♒28	8♒38	8♒48	8♒58	9♒08	9♒18	9♒28	9♒37	9♒47	9♒57	10♒06	10♒16	10♒25	10♒35
/☊	2♒12	2♒18	2♒24	2♒31	2♒38	2♒47	2♒56	3♒07	3♒17	3♒27	3♒37	3♒46	3♒53	3♒60	4♒06
♃/♄	15♋50	15♋55	16♋00	16♋05	16♋10	16♋15	16♋20	16♋26	16♋31	16♋36	16♋41	16♋46	16♋51	16♋56	17♋01
/♅	10♈21	10♈29	10♈38	10♈47	10♈56	11♈05	11♈13	11♈22	11♈31	11♈39	11♈48	11♈57	12♈05	12♈14	12♈22
/♆	24♓31	24♓39	24♓47	24♓55	25♓03	25♓11	25♓18	25♓26	25♓34	25♓42	25♓50	25♓57	26♓05	26♓13	26♓20
/♇	28♒07	28♒14	28♒21	28♒28	28♒35	28♒42	28♒49	28♒56	29♒03	29♒10	29♒17	29♒23	29♒30	29♒37	29♒44
/☊	22♒01	22♒04	22♒07	22♒11	22♒15	22♒21	22♒28	22♒35	22♒43	22♒50	22♒57	23♒03	23♒08	23♒12	23♒15
♄/♅	7♑28	7♑27	7♑26	7♑26	7♑25	7♑25	7♑24	7♑23	7♑23	7♑22	7♑22	7♑21	7♑21	7♑20	7♑20
/♆	21♐38	21♐37	21♐35	21♐34	21♐32	21♐31	21♐29	21♐28	21♐26	21♐25	21♐23	21♐22	21♐20	21♐19	21♐18
/♇	25♏14	25♏11	25♏09	25♏07	25♏04	25♏02	24♏60	24♏57	24♏55	24♏53	24♏50	24♏48	24♏46	24♏44	24♏41
/☊	19♏08	19♏02	18♏55	18♏49	18♏45	18♏41	18♏38	18♏36	18♏35	18♏33	18♏31	18♏27	18♏23	18♏18	18♏12
♅/♆	16♓08	16♓11	16♓13	16♓15	16♓17	16♓20	16♓22	16♓24	16♓26	16♓28	16♓31	16♓33	16♓35	16♓37	16♓39
/♇	19♒44	19♒45	19♒47	19♒48	19♒50	19♒51	19♒52	19♒54	19♒55	19♒56	19♒58	19♒59	20♒00	20♒01	20♒02
/☊	13♒39	13♒36	13♒33	13♒31	13♒30	13♒30	13♒31	13♒33	13♒35	13♒37	13♒38	13♒38	13♒38	13♒36	13♒33
♆/♇	3♒54	3♒55	3♒55	3♒56	3♒56	3♒57	3♒57	3♒58	3♒58	3♒59	3♒59	3♒59	3♒60	4♒00	4♒00
/☊	27♑49	27♑45	27♑42	27♑39	27♑37	27♑36	27♑36	27♑37	27♑38	27♑39	27♑39	27♑39	27♑37	27♑35	27♑31
♇/☊	1♑25	1♑20	1♑16	1♑12	1♑09	1♑07	1♑07	1♑07	1♑07	1♑07	1♑07	1♑05	1♑03	0♑59	0♑55

April 2011

May 2011

	1	2	3	4	5	6	7	8	9	10	11	12	13	14	15	16
☉/☽	27♈40	4♉08	10♉39	17♉13	23♉51	0♊34	7♊23	14♊18	21♊21	28♊33	5♋54	13♋26	21♋06	28♋54	6♌48	14♌43
/☿	27♈44	28♈31	29♈21	0♉12	1♉05	1♉59	2♉56	3♉53	4♉53	5♉53	6♉55	7♉59	9♉04	10♉10	11♉17	12♉25
/♀	26♈06	27♈11	28♈17	29♈22	0♉28	1♉33	2♉39	3♉44	4♉49	5♉55	7♉00	8♉06	9♉11	10♉16	11♉22	12♉27
/♂	1♉15	2♉07	2♉59	3♉51	4♉43	5♉34	6♉26	7♉18	8♉10	9♉01	9♉53	10♉44	11♉36	12♉27	13♉19	14♉10
/⚳	12♈11	12♈50	13♈28	14♈07	14♈46	15♈24	16♈02	16♈41	17♈19	17♈57	18♈35	19♈13	19♈51	20♈29	21♈06	21♈44
/♃	1♉18	1♉54	2♉30	3♉06	3♉42	4♉19	4♉55	5♉31	6♉07	6♉42	7♉18	7♉54	8♉30	9♉06	9♉42	10♉17
/♄	26♋06	26♋33	27♋01	27♋28	27♋55	28♋23	28♋50	29♋17	29♋45	0♌12	0♌40	1♌07	1♌35	2♌02	2♌30	2♌57
/♅	21♈31	22♈01	22♈32	23♈02	23♈33	24♈03	24♈34	25♈04	25♈34	26♈05	26♈35	27♈05	27♈36	28♈06	28♈36	29♈06
/♆	5♈28	5♈57	6♈27	6♈57	7♈26	7♈56	8♈25	8♈55	9♈24	9♈54	10♈23	10♈52	11♈22	11♈51	12♈20	12♈49
/♇	8♓50	9♓19	9♓48	10♓17	10♓46	11♓14	11♓43	12♓12	12♓40	13♓09	13♓37	14♓06	14♓34	15♓03	15♓31	15♓60
/☊	2♓18	2♓43	3♓08	3♓34	4♓01	4♓30	4♓59	5♓28	5♓58	6♓28	6♓57	7♓25	7♓53	8♓20	8♓47	9♓14
☽/☿	15♈07	21♈23	27♈45	4♉12	10♉45	17♉25	24♉12	1♊07	8♊11	15♊26	22♊51	0♋28	8♋15	16♋11	24♋14	2♒20
/♀	13♈29	20♈03	26♈41	3♉22	10♉08	16♉58	23♉55	0♊57	8♊08	15♊27	22♊56	0♋34	8♋22	16♋18	24♋19	2♒21
/♂	18♈38	24♈59	1♉23	7♉51	14♉23	20♉60	27♉42	4♊31	11♊28	18♊33	25♊48	3♋13	10♋47	18♋29	26♋16	4♒05
/⚳	29♓34	5♈42	11♈53	18♈07	24♈26	0♉49	7♉18	13♉54	20♉37	27♉29	4♊30	11♊41	19♐02	26♐30	4♑03	11♑38
/♃	18♈41	24♈46	0♉55	7♉07	13♉23	19♉44	26♉10	2♊44	9♊25	16♊15	23♊14	0♋23	7♋41	15♋07	22♋39	0♒11
/♄	13♋29	19♋26	25♋25	1♌28	7♌36	13♌48	20♌06	26♌31	3♍03	9♍44	16♍35	23♍36	0♎46	8♎04	15♎27	22♎51
/♅	8♈54	14♈53	20♈56	27♈02	3♉13	9♉29	15♉50	22♉17	28♉53	5♊37	12♊31	19♊34	26♊47	4♑07	11♑33	19♑00
/♆	22♓50	28♓49	4♈51	10♈57	17♈06	23♈21	29♈41	6♉08	12♉42	19♉26	26♉18	3♐21	10♐33	17♐52	25♐17	2♑44
/♇	26♒13	2♓11	8♓12	14♓17	20♓26	26♓39	2♈59	9♎25	15♎59	22♎41	29♎33	6♏34	13♏45	21♏04	28♏28	5♐54
/☊	19♒40	25♒35	1♓32	7♓34	13♓42	19♓55	26♍14	2♎41	9♎16	15♎60	22♎52	29♎54	7♏04	14♏22	21♏44	29♏08
☿/♀	13♈32	14♈27	15♈23	16♈22	17♈22	18♈24	19♈27	20♈32	21♈39	22♈47	23♈57	25♈08	26♈20	27♈33	28♈48	0♉04
/♂	18♈41	19♈22	20♈05	20♈50	21♈37	22♈25	23♈15	24♈06	24♈59	25♈54	26♈49	27♈46	28♈45	29♈44	0♉45	1♉47
/⚳	29♓37	0♈05	0♈35	1♈06	1♈40	2♈15	2♈51	3♈29	4♈08	4♈49	5♈31	6♈15	6♈59	7♈45	8♈33	9♈21
/♃	18♈44	19♈09	19♈37	20♈06	20♈37	21♈09	21♈43	22♈19	22♈56	23♈35	24♈15	24♈56	25♈39	26♈23	27♈08	27♈54
/♄	13♋32	13♋49	14♋07	14♋27	14♋50	15♋13	15♋39	16♋06	16♋34	17♋04	17♋36	18♋09	18♋43	19♋19	19♋56	20♋34
/♅	8♈57	9♈17	9♈38	10♈02	10♈27	10♈54	11♈22	11♈53	12♈24	12♈57	13♈32	14♈07	14♈44	15♈23	16♈02	16♈43
/♆	22♓54	23♓13	23♓33	23♓56	24♓20	24♓46	25♓14	25♓43	26♓14	26♓46	27♓19	27♓54	28♓30	29♓08	29♓46	0♈26
/♇	26♒17	26♒35	26♒55	27♒16	27♒40	28♒05	28♒32	29♒00	29♒30	0♓01	0♓34	1♓08	1♓43	2♓20	2♓57	3♓37
/☊	19♒44	19♒58	20♒15	20♒34	20♒56	21♒20	21♒47	22♒17	22♒48	23♒20	23♒53	24♒27	25♒02	25♒37	26♒13	26♒51
♀/♂	17♈03	18♈02	19♈01	20♈01	20♈60	21♈59	22♈58	23♈57	24♈56	25♈55	26♈54	27♈53	28♈52	29♈51	0♉50	1♉49
/⚳	27♓59	28♓45	29♓31	0♈17	1♈03	1♈48	2♈34	3♈20	4♈05	4♈51	5♈36	6♈21	7♈07	7♈52	8♈37	9♈22
/♃	17♈06	17♈49	18♈33	19♈16	19♈60	20♈43	21♈26	22♈10	22♈53	23♈36	24♈20	25♈03	25♈46	26♈29	27♈12	27♈56
/♄	11♑54	12♋29	13♋03	13♋38	14♋12	14♋47	15♋22	15♋56	16♋31	17♋06	17♋41	18♋16	18♋51	19♋25	20♋00	20♋36
/♅	7♈19	7♈57	8♈34	9♈12	9♈50	10♈28	11♈05	11♈43	12♈21	12♈59	13♈36	14♈14	14♈52	15♈29	16♈07	16♈45
/♆	21♓16	21♓53	22♓30	23♓06	23♓43	24♓20	24♓57	25♓34	26♓11	26♓47	27♓24	28♓01	28♓38	29♓14	29♓51	0♈28
/♇	24♒39	25♒15	25♒51	26♒27	27♒03	27♒39	28♒15	28♒51	29♒27	0♓03	0♓38	1♓14	1♓50	2♓26	3♓02	3♓38
/☊	18♒06	18♒38	19♒11	19♒44	20♒19	20♒54	21♒30	22♒07	22♒44	23♒21	23♒58	24♒34	25♒09	25♒44	26♒18	26♒53
♂/⚳	3♈08	3♈41	4♈13	4♈45	5♈18	5♈50	6♈22	6♈54	7♈25	7♈57	8♈29	9♈00	9♈32	10♈03	10♈34	11♈06
/♃	22♈15	22♈45	23♈15	23♈45	24♈14	24♈44	25♈14	25♈43	26♈13	26♈43	27♈12	27♈42	28♈11	28♈40	29♈10	29♈39
/♄	17♋03	17♋24	17♋45	18♋06	18♋27	18♋48	19♋09	19♋30	19♋51	20♋12	20♋33	20♋54	21♋16	21♋37	21♋58	22♋19
/♅	12♈28	12♈52	13♈16	13♈41	14♈05	14♈29	14♈53	15♈17	15♈41	16♈05	16♈29	16♈53	17♈17	17♈40	18♈04	18♈28
/♆	26♓25	26♓48	27♓12	27♓35	27♓58	28♓21	28♓45	29♓08	29♓31	29♓54	0♈17	0♈40	1♈03	1♈25	1♈48	2♈11
/♇	29♒48	0♓10	0♓33	0♓55	1♓18	1♓40	2♓02	2♓25	2♓47	3♓09	3♓31	3♓53	4♓15	4♓37	4♓59	5♓21
/☊	23♒15	23♒34	23♒53	24♒13	24♒33	24♒55	25♒18	25♒41	26♒04	26♒28	26♒51	27♒13	27♒34	27♒55	28♒15	28♒36
⚳/♃	3♈11	3♈28	3♈44	4♈01	4♈17	4♈34	4♈50	5♈06	5♈22	5♈38	5♈54	6♈10	6♈26	6♈42	6♈57	7♈13
/♄	27♐60	28♐07	28♐15	28♐23	28♐30	28♐38	28♐45	28♐53	29♐01	29♐08	29♐15	29♐23	29♐30	29♐38	29♐45	29♐52
/♅	23♓24	23♓35	23♓46	23♓57	24♓08	24♓18	24♓29	24♓40	24♓50	25♓01	25♓11	25♓21	25♓31	25♓42	25♓52	26♓01
/♆	7♓21	7♓31	7♓41	7♓51	8♓01	8♓11	8♓21	8♓30	8♓40	8♓49	8♓59	9♓08	9♓17	9♓27	9♓36	9♓45
/♇	10♒44	10♒53	11♒02	11♒11	11♒20	11♒29	11♒38	11♒47	11♒56	12♒05	12♒13	12♒22	12♒30	12♒39	12♒47	12♒55
/☊	4♒11	4♒17	4♒22	4♒29	4♒36	4♒45	4♒54	5♒04	5♒14	5♒23	5♒33	5♒41	5♒49	5♒56	6♒03	6♒09
♃/♄	17♋06	17♋12	17♋17	17♋22	17♋27	17♋32	17♋38	17♋43	17♋48	17♋54	17♋59	18♋04	18♋10	18♋15	18♋20	18♋26
/♅	12♈31	12♈39	12♈48	12♈56	13♈05	13♈13	13♈21	13♈30	13♈38	13♈46	13♈54	14♈03	14♈11	14♈19	14♈27	14♈35
/♆	26♓28	26♓35	26♓43	26♓51	26♓58	27♓05	27♓13	27♓20	27♓28	27♓35	27♓42	27♓49	27♓57	28♓04	28♓11	28♓18
/♇	29♒51	29♒57	0♓04	0♓11	0♓17	0♓24	0♓31	0♓37	0♓44	0♓50	0♓57	1♓03	1♓09	1♓16	1♓22	1♓28
/☊	23♒18	23♒21	23♒24	23♒28	23♒33	23♒39	23♒46	23♒54	24♒01	24♒09	24♒16	24♒22	24♒28	24♒33	24♒38	24♒43
♄/♅	7♑19	7♑19	7♑18	7♑18	7♑18	7♑17	7♑17	7♑16	7♑16	7♑16	7♑16	7♑15	7♑15	7♑15	7♑15	7♑15
/♆	21♐16	21♐15	21♐14	21♐12	21♐11	21♐10	21♐08	21♐07	21♐06	21♐05	21♐03	21♐02	21♐01	21♐00	20♐59	20♐58
/♇	24♏39	24♏37	24♏35	24♏32	24♏30	24♏28	24♏26	24♏24	24♏22	24♏20	24♏18	24♏16	24♏14	24♏12	24♏10	24♏08
/☊	18♏06	18♏00	17♏55	17♏50	17♏46	17♏43	17♏42	17♏40	17♏40	17♏39	17♏37	17♏35	17♏33	17♏30	17♏26	17♏23
♅/♆	16♓41	16♓43	16♓45	16♓47	16♓48	16♓50	16♓52	16♓54	16♓56	16♓57	16♓59	17♓01	17♓02	17♓04	17♓05	17♓07
/♇	20♒04	20♒05	20♒06	20♒07	20♒08	20♒09	20♒10	20♒11	20♒12	20♒12	20♒13	20♒14	20♒15	20♒16	20♒16	20♒17
/☊	13♒31	13♒28	13♒26	13♒24	13♒24	13♒24	13♒25	13♒27	13♒29	13♒31	13♒33	13♒34	13♒34	13♒33	13♒32	13♒32
♆/♇	4♒01	4♒01	4♒01	4♒01	4♒01	4♒01	4♒01	4♒01	4♒01	4♒01	4♒01	4♒01	4♒01	4♒01	4♒01	4♒00
/☊	27♑28	27♑24	27♑21	27♑18	27♑17	27♑17	27♑17	27♑18	27♑19	27♑20	27♑21	27♑21	27♑20	27♑18	27♑17	27♑15
♇/☊	0♑51	0♑46	0♑42	0♑39	0♑36	0♑35	0♑35	0♑35	0♑35	0♑35	0♑35	0♑34	0♑32	0♑30	0♑28	0♑25

	17	18	19	20	21	22	23	24	25	26	27	28	29	30	31	
☉/☽	22♌35	0♓22	7♓58	15♓24	22♓36	29♓37	6♈26	13♈06	19♈39	26♈07	2♉32	8♉57	15♉24	21♉53	28♉27	☉/☽
/☿	13♉35	14♉46	15♉58	17♉11	18♉25	19♉41	20♉57	22♉15	23♉34	24♉54	26♉15	27♉37	29♉00	0♊25	1♊50	/☿
/♀	13♉32	14♉38	15♉43	16♉48	17♉54	18♉59	20♉04	21♉09	22♉15	23♉20	24♉25	25♉31	26♉36	27♉41	28♉46	/♀
/♂	15♉02	15♉53	16♉44	17♉36	18♉27	19♉18	20♉09	21♉00	21♉51	22♉42	23♉33	24♉24	25♉15	26♉06	26♉57	/♂
/⚳	22♈21	22♈59	23♈36	24♈14	24♈51	25♈28	26♈05	26♈42	27♈19	27♈56	28♈33	29♈09	29♈46	0♉22	0♉58	/⚳
/♃	10♉53	11♉29	12♉04	12♉40	13♉15	13♉51	14♉26	15♉02	15♉37	16♉12	16♉48	17♉23	17♉58	18♉33	19♉08	/♃
/♄	3♌25	3♌52	4♌20	4♌48	5♌15	5♌43	6♌11	6♌39	7♌07	7♌35	8♌02	8♌30	8♌58	9♌26	9♌55	/♄
/♅	29♈36	0♉06	0♉36	1♉06	1♉36	2♉06	2♉36	3♉06	3♉36	4♉06	4♉36	5♉06	5♉35	6♉05	6♉35	/♅
/♆	13♈19	13♈48	14♈17	14♈46	15♈15	15♈44	16♈13	16♈42	17♈11	17♈40	18♈09	18♈38	19♈07	19♈36	20♈05	/♆
/♇	16♓28	16♓56	17♓25	17♓53	18♓21	18♓50	19♓18	19♓46	20♓14	20♓43	21♓11	21♓39	22♓07	22♓35	23♓04	/♇
/☊	9♓41	10♓09	10♓37	11♓06	11♓36	12♓05	12♓35	13♓04	13♓33	14♓02	14♓30	14♓58	15♓25	15♓53	16♓20	/☊
☽/☿	10♒24	18♒23	26♒14	3♓55	11♓24	18♓42	25♓51	2♈51	9♈45	16♈35	23♈24	0♉13	7♉05	14♉02	21♉04	☽/☿
/♀	10♒21	18♒15	25♒59	3♓32	10♓52	18♓00	24♓57	1♈45	8♈26	15♈01	21♈34	28♈07	4♉41	11♉18	17♉60	/♀
/♂	11♒51	19♒30	27♒01	4♓19	11♓26	18♓20	25♓02	1♈36	8♈02	14♈24	20♈42	27♈01	3♉20	9♉43	16♉10	/♂
/⚳	19♑11	26♑36	3♒53	10♒58	17♒50	24♒30	0♓58	7♓18	13♓30	19♓37	25♓42	1♈45	7♈51	13♈59	20♈12	/⚳
/♃	7♒42	15♒06	22♒21	29♒24	6♓14	12♓52	19♓19	25♓37	1♈48	7♈53	13♈57	19♈59	26♈03	2♉10	8♉22	/♃
/♄	0♏14	7♏30	14♏36	21♏32	28♏14	4♐45	11♐04	17♐14	23♐18	29♐16	5♑11	11♋07	17♋03	23♋03	29♋08	/♄
/♅	26♑25	3♒44	10♒53	17♒50	24♒35	1♓08	7♓30	13♓42	19♓47	25♓47	1♈45	7♈42	13♈40	19♈42	25♈48	/♅
/♆	10♑08	17♑25	24♑33	1♒30	8♒14	14♒46	21♒07	27♒18	3♓22	9♓21	15♓18	21♓14	27♓12	3♈13	9♈18	/♆
/♇	13♐17	20♐34	27♐41	4♑37	11♑20	17♑51	24♑11	0♒22	6♒25	12♒24	18♒20	24♒15	0♓12	6♓12	12♓17	/♇
/☊	6♐30	13♐46	20♐54	27♐50	4♑34	11♑07	17♑28	23♑40	29♑44	5♒43	11♒39	17♒34	23♒30	29♒30	5♓34	/☊
☿/♀	1♉21	2♉39	3♉59	5♉20	6♉42	8♉05	9♉29	10♉54	12♉20	13♉48	15♉17	16♉47	18♉18	19♉50	21♉23	☿/♀
/♂	2♉50	3♉55	5♉00	6♉07	7♉15	8♉24	9♉34	10♉45	11♉57	13♉10	14♉25	15♉40	16♉57	18♉15	19♉34	/♂
/⚳	10♈10	11♈01	11♈52	12♈45	13♈39	14♈34	15♈30	16♈27	17♈25	18♈24	19♈24	20♈25	21♈27	22♈31	23♈35	/⚳
/♃	28♈42	29♈30	0♉20	1♉11	2♉03	2♉56	3♉51	4♉46	5♉43	6♉40	7♉39	8♉39	9♉40	10♉42	11♉45	/♃
/♄	21♋13	21♋54	22♋36	23♋19	24♋03	24♋49	25♋36	26♋23	27♋12	28♋03	28♋54	29♋46	0♌40	1♌35	2♌31	/♄
/♅	17♈25	18♈08	18♈52	19♈38	20♈24	21♈12	22♈01	22♈51	23♈42	24♈34	25♈27	26♈22	27♈17	28♈14	29♈11	/♅
/♆	1♈07	1♈50	2♈33	3♈17	4♈03	4♈50	5♈38	6♈27	7♈17	8♈08	9♈01	9♈54	10♈49	11♈44	12♈41	/♆
/♇	4♓17	4♓58	5♓41	6♓25	7♓09	7♓55	8♓43	9♓31	10♓20	11♓11	12♓02	12♓55	13♓49	14♓44	15♓40	/♇
/☊	27♒30	28♒11	28♒53	29♒38	0♓24	1♓11	1♓59	2♓49	3♓39	4♓30	5♓21	6♓14	7♓07	8♓01	8♓57	/☊
♀/♂	2♉48	3♉46	4♉45	5♉44	6♉43	7♉42	8♉40	9♉39	10♉38	11♉37	12♉35	13♉34	14♉32	15♉31	16♉30	♀/♂
/⚳	10♈07	10♈52	11♈37	12♈22	13♈07	13♈52	14♈36	15♈21	16♈06	16♈50	17♈34	18♈19	19♈03	19♈47	20♈31	/⚳
/♃	28♈39	29♈22	0♉05	0♉48	1♉31	2♉14	2♉57	3♉40	4♉23	5♉06	5♉49	6♉32	7♉15	7♉58	8♉41	/♃
/♄	21♋11	21♋46	22♋21	22♋56	23♋31	24♋07	24♋42	25♋18	25♋53	26♋29	27♋04	27♋40	28♋16	28♋51	29♋27	/♄
/♅	17♈22	17♈60	18♈37	19♈15	19♈52	20♈30	21♈08	21♈45	22♈23	23♈00	23♈38	24♈15	24♈52	25♈30	26♈07	/♅
/♆	1♈04	1♈41	2♈18	2♈55	3♈31	4♈08	4♈44	5♈21	5♈58	6♈34	7♈11	7♈48	8♈24	9♈01	9♈37	/♆
/♇	4♓14	4♓50	5♓26	6♓02	6♓38	7♓13	7♓49	8♓25	9♓01	9♓37	10♓13	10♓49	11♓24	12♓00	12♓36	/♇
/☊	27♒27	28♒02	28♒38	29♒15	29♒52	0♓29	1♓06	1♓43	2♓20	2♓56	3♓32	4♓07	4♓42	5♓18	5♓53	/☊
♂/⚳	11♈37	12♈08	12♈39	13♈10	13♈40	14♈11	14♈41	15♈12	15♈42	16♈12	16♈42	17♈12	17♈42	18♈12	18♈42	♂/⚳
/♃	0♉08	0♉37	1♉06	1♉35	2♉04	2♉33	3♉02	3♉31	3♉60	4♉29	4♉57	5♉26	5♉55	6♉23	6♉52	/♃
/♄	22♋40	23♋01	23♋22	23♋43	24♋05	24♋26	24♋47	25♋08	25♋30	25♋51	26♋12	26♋34	26♋55	27♋16	27♋38	/♄
/♅	18♈51	19♈15	19♈39	20♈02	20♈26	20♈49	21♈13	21♈36	21♈59	22♈22	22♈46	23♈09	23♈32	23♈55	24♈18	/♅
/♆	2♈34	2♈57	3♈19	3♈42	4♈04	4♈27	4♈49	5♈12	5♈34	5♈57	6♈19	6♈41	7♈04	7♈26	7♈48	/♆
/♇	5♓43	6♓05	6♓27	6♓49	7♓11	7♓33	7♓54	8♓16	8♓38	8♓59	9♓21	9♓42	10♓04	10♓25	10♓47	/♇
/☊	28♒57	29♒18	29♒40	0♓02	0♓25	0♓48	1♓11	1♓34	1♓56	2♓18	2♓40	3♓01	3♓22	3♓43	4♓04	/☊
⚳/♃	7♈28	7♈43	7♈58	8♈14	8♈29	8♈44	8♈58	9♈13	9♈28	9♈42	9♈57	10♈11	10♈25	10♈39	10♈53	⚳/♃
/♄	29♐60	0♑07	0♑14	0♑22	0♑29	0♑36	0♑43	0♑50	0♑57	1♑04	1♑11	1♑18	1♑25	1♑32	1♑39	/♄
/♅	26♓11	26♓21	26♓31	26♓40	26♓50	26♓59	27♓09	27♓18	27♓27	27♓36	27♓45	27♓54	28♓02	28♓11	28♓19	/♅
/♆	9♓54	10♓03	10♓11	10♓20	10♓29	10♓37	10♓45	10♓54	11♓02	11♓10	11♓18	11♓26	11♓34	11♓42	11♓49	/♆
/♇	13♒03	13♒11	13♒19	13♒27	13♒35	13♒43	13♒50	13♒58	14♒05	14♒13	14♒20	14♒27	14♒34	14♒41	14♒48	/♇
/☊	6♒16	6♒24	6♒32	6♒40	6♒49	6♒58	7♒07	7♒16	7♒24	7♒32	7♒39	7♒46	7♒52	7♒59	8♒05	/☊
♃/♄	18♋31	18♋37	18♋42	18♋48	18♋53	18♋59	19♋04	19♋10	19♋15	19♋21	19♋26	19♋32	19♋38	19♋43	19♋49	♃/♄
/♅	14♈43	14♈51	14♈58	15♈06	15♈14	15♈22	15♈30	15♈37	15♈45	15♈52	15♈60	16♈07	16♈15	16♈22	16♈29	/♅
/♆	28♓25	28♓32	28♓39	28♓46	28♓53	28♓60	29♓06	29♓13	29♓20	29♓27	29♓33	29♓40	29♓46	29♓53	29♓59	/♆
/♇	1♓35	1♓41	1♓47	1♓53	1♓59	2♓05	2♓11	2♓17	2♓23	2♓29	2♓35	2♓41	2♓47	2♓52	2♓58	/♇
/☊	24♒48	24♒53	24♒59	25♒06	25♒13	25♒21	25♒28	25♒35	25♒42	25♒48	25♒54	25♒59	26♒04	26♒10	26♒15	/☊
♄/♅	7♑15	7♑14	7♑14	7♑14	7♑14	7♑14	7♑14	7♑14	7♑14	7♑15	7♑15	7♑15	7♑15	7♑15	7♑16	♄/♅
/♆	20♐57	20♐56	20♐55	20♐54	20♐53	20♐52	20♐51	20♐50	20♐50	20♐49	20♐48	20♐47	20♐47	20♐46	20♐45	/♆
/♇	24♏06	24♏05	24♏03	24♏01	23♏59	23♏58	23♏56	23♏54	23♏53	23♏51	23♏50	23♏48	23♏47	23♏46	23♏44	/♇
/☊	17♏20	17♏17	17♏15	17♏14	17♏14	17♏13	17♏13	17♏12	17♏12	17♏10	17♏09	17♏07	17♏05	17♏03	17♏01	/☊
♅/♆	17♓08	17♓10	17♓11	17♓13	17♓14	17♓15	17♓17	17♓18	17♓19	17♓20	17♓21	17♓23	17♓24	17♓25	17♓26	♅/♆
/♇	20♒18	20♒19	20♒19	20♒20	20♒20	20♒21	20♒21	20♒22	20♒22	20♒23	20♒23	20♒24	20♒24	20♒24	20♒24	/♇
/☊	13♒31	13♒31	13♒32	13♒33	13♒35	13♒36	13♒38	13♒40	13♒41	13♒42	13♒42	13♒42	13♒42	13♒42	13♒41	/☊
♆/♇	4♒00	3♒60	3♒60	3♒59	3♒59	3♒59	3♒58	3♒58	3♒57	3♒57	3♒57	3♒56	3♒55	3♒55	3♒54	♆/♇
/☊	27♑13	27♑13	27♑12	27♑13	27♑13	27♑14	27♑15	27♑16	27♑16	27♑16	27♑15	27♑14	27♑13	27♑12	27♑11	/☊
♇/☊	0♑23	0♑21	0♑20	0♑20	0♑20	0♑20	0♑20	0♑20	0♑19	0♑18	0♑17	0♑15	0♑14	0♑12	0♑10	♇/☊

May 2011

	1	2	3	4	5	6	7	8	9	10
☉/☽	5♊06	11♊52	18♊44	25♊43	2♋48	10♋00	17♋19	24♋44	2♌15	9♌51
/☿	3♊17	4♊44	6♊13	7♊43	9♊13	10♊45	12♊17	13♊50	15♊23	16♊57
/♀	29♉52	0♊57	2♊02	3♊07	4♊13	5♊18	6♊23	7♊28	8♊34	9♊39
/♂	27♉48	28♉39	29♉30	0♊20	1♊11	2♊02	2♊52	3♊43	4♊33	5♊24
/⚳	1♉35	2♉11	2♉47	3♉23	3♉59	4♉35	5♉10	5♉46	6♉21	6♉56
/♃	19♉43	20♉18	20♉53	21♉28	22♉03	22♉38	23♉13	23♉48	24♉22	24♉57
/♄	10♌23	10♌51	11♌19	11♌47	12♌16	12♌44	13♌12	13♌41	14♌09	14♌38
/♅	7♉05	7♉34	8♉04	8♉33	9♉03	9♉33	10♉02	10♉31	11♉01	11♉30
/♆	20♈33	21♈02	21♈31	21♈60	22♈29	22♈57	23♈26	23♈55	24♈23	24♈52
/♇	23♓32	23♓60	24♓28	24♓56	25♓24	25♓52	26♓20	26♓48	27♓16	27♓44
/☊	16♓48	17♓17	17♓45	18♓14	18♓43	19♓13	19♓42	20♓11	20♓39	21♓08
☽/☿	28♉12	5♊27	12♊51	20♊21	27♊60	5♋46	13♋40	21♋40	29♋47	7♌59
/♀	24♉47	1♊40	8♊40	15♊46	22♊59	0♋19	7♋46	15♋19	22♋57	0♌41
/♂	22♉43	29♉22	6♊07	12♊59	19♊58	27♊03	4♋15	11♋33	18♋57	26♋26
/⚳	26♈30	2♉54	9♉24	16♉02	22♉45	29♉36	6♊33	13♊36	20♊45	27♐58
/♃	14♉38	21♉01	27♉31	4♊07	10♊50	17♊40	24♊36	1♋38	8♋46	15♋59
/♄	5♌18	11♌34	17♌57	24♌26	1♍02	7♍46	14♍35	21♍31	28♍33	5♎40
/♅	1♉60	8♉17	14♉41	21♉12	27♉50	4♊34	11♊25	18♊22	25♊25	2♋32
/♆	15♈28	21♈45	28♈08	4♉38	11♉15	17♉59	24♉49	1♐45	8♐47	15♐54
/♇	18♓27	24♓43	1♈05	7♎35	14♎11	20♎53	27♎43	4♏38	11♏40	18♏46
/☊	11♓43	17♓60	24♍23	0♎53	7♎30	14♎14	21♎04	28♎01	5♏03	12♏10
☿/♀	22♉57	24♉32	26♉09	27♉46	29♉25	1♊04	2♊44	4♊24	6♊06	7♊48
/♂	20♉53	22♉14	23♉36	24♉59	26♉23	27♉47	29♉13	0♊39	2♊05	3♊33
/⚳	24♈40	25♈46	26♈54	28♈02	29♈11	0♉20	1♉31	2♉42	3♉53	5♉05
/♃	12♉49	13♉54	15♉00	16♉07	17♉15	18♉24	19♉34	20♉44	21♉55	23♉06
/♄	3♌28	4♌26	5♌26	6♌26	7♌28	8♌30	9♌33	10♌37	11♌41	12♌47
/♅	0♉10	1♉10	2♉10	3♉12	4♉15	5♉18	6♉23	7♉28	8♉33	9♉39
/♆	13♈39	14♈38	15♈38	16♈39	17♈40	18♈43	19♈46	20♈51	21♈55	23♈00
/♇	16♓37	17♓35	18♓35	19♓35	20♓36	21♓38	22♓41	23♓44	24♓48	25♓53
/☊	9♓54	10♓52	11♓52	12♓53	13♓55	14♓58	16♓02	17♓07	18♓12	19♓17
♀/♂	17♉28	18♉27	19♉25	20♉24	21♉22	22♉21	23♉19	24♉17	25♉16	26♉14
/⚳	21♈15	21♈59	22♈43	23♈26	24♈10	24♈54	25♈37	26♈20	27♈04	27♈47
/♃	9♉24	10♉06	10♉49	11♉32	12♉15	12♉57	13♉40	14♉22	15♉05	15♉47
/♄	0♌03	0♌39	1♌15	1♌51	2♌27	3♌03	3♌39	4♌16	4♌52	5♌28
/♅	26♈45	27♈22	27♈60	28♈37	29♈14	29♈52	0♉29	1♉06	1♉43	2♉21
/♆	10♈14	10♈50	11♈27	12♈03	12♈40	13♈16	13♈53	14♈29	15♈06	15♈42
/♇	13♓12	13♓48	14♓24	14♓59	15♓35	16♓11	16♓47	17♓23	17♓59	18♓34
/☊	6♓29	7♓05	7♓41	8♓18	8♓55	9♓32	10♓09	10♓45	11♓22	11♓58
♂/⚳	19♈11	19♈41	20♈10	20♈39	21♈08	21♈37	22♈06	22♈35	23♈03	23♈32
/♃	7♉20	7♉48	8♉16	8♉45	9♉13	9♉41	10♉09	10♉37	11♉05	11♉32
/♄	27♋59	28♋21	28♋42	29♋04	29♋25	29♋47	0♌08	0♌30	0♌52	1♌13
/♅	24♈41	25♈04	25♈27	25♈50	26♈13	26♈35	26♈58	27♈21	27♈43	28♈06
/♆	8♈10	8♈32	8♈54	9♈16	9♈38	9♈60	10♈22	10♈44	11♈05	11♈27
/♇	11♓08	11♓30	11♓51	12♓12	12♓33	12♓55	13♓16	13♓37	13♓58	14♓19
/☊	4♓25	4♓47	5♓09	5♓31	5♓53	6♓15	6♓38	6♓60	7♓22	7♓43
⚳/♃	11♈07	11♈20	11♈34	11♈47	12♈01	12♈14	12♈27	12♈40	12♈52	13♈05
/♄	1♑46	1♑53	1♑60	2♑06	2♑13	2♑20	2♑26	2♑33	2♑39	2♑46
/♅	28♓28	28♓36	28♓44	28♓52	29♓00	29♓08	29♓16	29♓23	29♓31	29♓38
/♆	11♓57	12♓04	12♓12	12♓19	12♓26	12♓33	12♓40	12♓46	12♓53	12♓60
/♇	14♒55	15♒02	15♒08	15♒15	15♒21	15♒28	15♒34	15♒40	15♒46	15♒52
/☊	8♒12	8♒19	8♒26	8♒33	8♒41	8♒48	8♒55	9♒03	9♒09	9♒16
♃/♄	19♋55	20♋00	20♋06	20♋12	20♋18	20♋23	20♋29	20♋35	20♋41	20♋46
/♅	16♈36	16♈44	16♈51	16♈58	17♈05	17♈12	17♈19	17♈25	17♈32	17♈39
/♆	0♈05	0♈12	0♈18	0♈24	0♈30	0♈36	0♈43	0♈49	0♈54	1♈00
/♇	3♓04	3♓09	3♓15	3♓20	3♓26	3♓31	3♓37	3♓42	3♓47	3♓53
/☊	26♒20	26♒26	26♒32	26♒39	26♒45	26♒52	26♒58	27♒05	27♒11	27♒17
♄/♅	7♑16	7♑16	7♑17	7♑17	7♑17	7♑18	7♑18	7♑19	7♑19	7♑20
/♆	20♐45	20♐44	20♐44	20♐43	20♐43	20♐42	20♐42	20♐42	20♐41	20♐41
/♇	23♏43	23♏42	23♏41	23♏39	23♏38	23♏37	23♏36	23♏35	23♏34	23♏33
/☊	16♏60	16♏59	16♏58	16♏58	16♏58	16♏58	16♏58	16♏58	16♏58	16♏57
♅/♆	17♓27	17♓28	17♓28	17♓29	17♓30	17♓31	17♓32	17♓32	17♓33	17♓34
/♇	20♒25	20♒25	20♒25	20♒25	20♒26	20♒26	20♒26	20♒26	20♒26	20♒26
/☊	13♒42	13♒42	13♒43	13♒44	13♒45	13♒46	13♒47	13♒48	13♒49	13♒50
♆/♇	3♒54	3♒53	3♒52	3♒52	3♒51	3♒50	3♒50	3♒49	3♒48	3♒47
/☊	27♑11	27♑10	27♑10	27♑10	27♑11	27♑11	27♑11	27♑11	27♑11	27♑11
♇/☊	0♑09	0♑08	0♑07	0♑06	0♑06	0♑06	0♑05	0♑05	0♑04	0♑03

	11	12	13	14	15	16	17	18	19	20
☉/☽	17♌30	25♌11	2♍53	10♍32	18♍06	25♓33	2♈51	10♈00	16♈59	23♈48
/☿	18♊32	20♊06	21♊41	23♊16	24♊50	26♊24	27♊58	29♊31	1♋04	2♋36
/♀	10♊44	11♊49	12♊54	13♊60	15♊05	16♊10	17♊15	18♊21	19♊26	20♊31
/♂	6♊14	7♊05	7♊55	8♊45	9♊36	10♊26	11♊16	12♊06	12♊57	13♊47
/⚳	7♉32	8♉07	8♉42	9♉17	9♉51	10♉26	11♉00	11♉35	12♉09	12♉43
/♃	25♉32	26♉06	26♉41	27♉15	27♉50	28♉24	28♉58	29♉33	0♊07	0♊41
/♄	15♌06	15♌35	16♌04	16♌32	17♌01	17♌30	17♌59	18♌27	18♌56	19♌25
/♅	11♉60	12♉29	12♉58	13♉28	13♉57	14♉26	14♉55	15♉25	15♉54	16♉23
/♆	25♈20	25♈49	26♈17	26♈46	27♈14	27♈43	28♈11	28♈40	29♈08	29♈36
/♇	28♓12	28♓40	29♓08	29♓36	0♈04	0♈32	0♈59	1♈27	1♈55	2♈23
/☊	21♓37	22♓05	22♓34	23♓02	23♍31	23♍60	24♍28	24♍57	25♍25	25♍53
☽/☿	16♌16	24♌34	2♍53	11♍09	19♍21	27♍25	5♈20	13♈04	20♈39	28♈02
/♀	8♌28	16♌17	24♌07	1♍53	9♓35	17♓11	24♓37	1♈54	9♈01	15♈58
/♂	3♌58	11♌33	19♌07	26♒39	4♓06	11♓26	18♓38	25♓40	2♈31	9♈14
/⚳	5♑16	12♑35	19♑54	27♑10	4♒22	11♒26	18♒22	25♒08	1♓44	8♓10
/♃	23♋16	0♌34	7♒53	15♒09	22♒20	29♒25	6♓20	13♓06	19♓42	26♓08
/♄	12♎50	20♎03	27♎16	4♏26	11♏32	18♏30	25♏20	2♐01	8♐31	14♐52
/♅	9♑44	16♑57	24♑10	1♒21	8♒28	15♒27	22♒17	28♒58	5♓29	11♓50
/♆	23♐04	0♑17	7♑29	14♑40	21♑45	28♑43	5♒33	12♒13	18♒43	25♒03
/♇	25♏56	3♐08	10♐20	17♐29	24♐34	1♑32	8♑21	15♑01	21♑30	27♑50
/☊	19♏21	26♏33	3♐46	10♐56	18♐01	25♐00	1♑50	8♑30	15♑00	21♑20
☿/♀	9♊30	11♊12	12♊55	14♊37	16♊20	18♊02	19♊44	21♊25	23♊05	24♊45
/♂	5♊00	6♊28	7♊55	9♊23	10♊51	12♊18	13♊44	15♊11	16♊36	18♊01
/⚳	6♉17	7♉30	8♉42	9♉54	11♉06	12♉18	13♉29	14♉39	15♉49	16♉57
/♃	24♉17	25♉29	26♉41	27♉53	29♉05	0♊16	1♊27	2♊37	3♊46	4♊55
/♄	13♌52	14♌58	16♌04	17♌10	18♌16	19♌22	20♌27	21♌32	22♌36	23♌39
/♅	10♉46	11♉52	12♉59	14♉05	15♉12	16♉18	17♉24	18♉29	19♉33	20♉37
/♆	24♈06	25♈12	26♈18	27♈24	28♈29	29♈34	0♉39	1♉44	2♉47	3♉50
/♇	26♓58	28♓03	29♓08	0♈13	1♈19	2♈23	3♈28	4♈31	5♈35	6♎37
/☊	20♓22	21♓28	22♓34	23♍40	24♍46	25♍51	26♍56	28♍01	29♍05	0♎07
♀/♂	27♉12	28♉11	29♉09	0♊07	1♊05	2♊04	3♊02	3♊60	4♊58	5♊56
/⚳	28♈30	29♈13	29♈56	0♉38	1♉21	2♉04	2♉46	3♉28	4♉11	4♉53
/♃	16♉30	17♉12	17♉55	18♉37	19♉19	20♉02	20♉44	21♉26	22♉08	22♉50
/♄	6♌05	6♌41	7♌18	7♌54	8♌31	9♌07	9♌44	10♌21	10♌58	11♌35
/♅	2♉58	3♉35	4♉12	4♉50	5♉27	6♉04	6♉41	7♉18	7♉55	8♉32
/♆	16♈18	16♈55	17♈31	18♈08	18♈44	19♈20	19♈57	20♈33	21♈09	21♈46
/♇	19♓10	19♓46	20♓22	20♓58	21♓33	22♓09	22♓45	23♓21	23♓57	24♓33
/☊	12♓35	13♓11	13♓48	14♓24	15♓01	15♓37	16♓14	16♓50	17♓27	18♓03
♂/⚳	24♈00	24♈28	24♈56	25♈24	25♈52	26♈19	26♈47	27♈14	27♈42	28♈09
/♃	12♉00	12♉28	12♉55	13♉23	13♉50	14♉18	14♉45	15♉12	15♉39	16♉06
/♄	1♌35	1♌56	2♌18	2♌40	3♌02	3♌23	3♌45	4♌07	4♌29	4♌50
/♅	28♈28	28♈51	29♈13	29♈35	29♈57	0♉20	0♉42	1♉04	1♉26	1♉48
/♆	11♈49	12♈10	12♈32	12♈53	13♈15	13♈36	13♈58	14♈19	14♈40	15♈02
/♇	14♓40	15♓01	15♓22	15♓43	16♓04	16♓25	16♓46	17♓07	17♓28	17♓48
/☊	8♓05	8♓27	8♓48	9♓10	9♓31	9♓53	10♓15	10♓36	10♓57	11♓19
⚳/♃	13♈17	13♈30	13♈42	13♈54	14♈06	14♈18	14♈29	14♈41	14♈52	15♈03
/♄	2♑52	2♑58	3♑05	3♑11	3♑17	3♑23	3♑29	3♑35	3♑41	3♑47
/♅	29♓45	29♓53	29♓60	0♈06	0♈13	0♈20	0♈26	0♈32	0♈39	0♈45
/♆	13♓06	13♓12	13♓18	13♓25	13♓30	13♓36	13♓42	13♓47	13♓53	13♓58
/♇	15♒58	16♒03	16♒09	16♒14	16♒20	16♒25	16♒30	16♒35	16♒40	16♒45
/☊	9♒22	9♒29	9♒35	9♒41	9♒47	9♒53	9♒59	10♒05	10♒10	10♒15
♃/♄	20♋52	20♋58	21♋04	21♋10	21♋16	21♋21	21♋27	21♋33	21♋39	21♋45
/♅	17♈46	17♈52	17♈59	18♈05	18♈11	18♈18	18♈24	18♈30	18♈36	18♈42
/♆	1♈06	1♈12	1♈18	1♈23	1♈29	1♈34	1♈40	1♈45	1♈51	1♈56
/♇	3♓58	4♓03	4♓08	4♓13	4♓18	4♓23	4♓28	4♓33	4♓38	4♓43
/☊	27♒22	27♒28	27♒34	27♒40	27♒45	27♒51	27♒57	28♒02	28♒08	28♒13
♄/♅	7♑20	7♑21	7♑21	7♑22	7♑23	7♑23	7♑24	7♑25	7♑26	7♑27
/♆	20♐41	20♐41	20♐40	20♐40	20♐40	20♐40	20♐40	20♐40	20♐40	20♐40
/♇	23♏32	23♏32	23♏31	23♏30	23♏29	23♏29	23♏28	23♏28	23♏27	23♏27
/☊	16♏57	16♏57	16♏57	16♏57	16♏57	16♏57	16♏57	16♏57	16♏57	16♏57
♅/♆	17♓34	17♓35	17♓35	17♓36	17♓36	17♓36	17♓37	17♓37	17♓37	17♓38
/♇	20♒26	20♒26	20♒26	20♒26	20♒25	20♒25	20♒25	20♒25	20♒25	20♒24
/☊	13♒50	13♒51	13♒52	13♒52	13♒53	13♒53	13♒54	13♒54	13♒55	13♒55
♆/♇	3♒46	3♒45	3♒45	3♒44	3♒43	3♒42	3♒41	3♒40	3♒39	3♒38
/☊	27♑11	27♑11	27♑10	27♑10	27♑10	27♑10	27♑10	27♑09	27♑09	27♑08
♇/☊	0♑03	0♑02	0♑01	0♑00	29♐59	29♐59	29♐58	29♐57	29♐56	29♐55

	21	22	23	24	25	26	27	28	29	30
☉/☽	0♉29	7♉03	13♉31	19♉57	26♉22	2♊49	9♊20	15♊56	22♊40	29♊32
/☿	4♋07	5♋37	7♋06	8♋34	10♋01	11♋27	12♋53	14♋17	15♋40	17♋02
/♀	21♊36	22♊41	23♊47	24♊52	25♊57	27♊02	28♊08	29♊13	0♋18	1♋24
/♂	14♊37	15♊27	16♊17	17♊07	17♊57	18♊47	19♊37	20♊27	21♊17	22♊06
/⚳	13♉17	13♉51	14♉25	14♉59	15♉32	16♉06	16♉39	17♉12	17♉45	18♉18
/♃	1♊15	1♊49	2♊23	2♊57	3♊31	4♊05	4♊39	5♊12	5♊46	6♊20
/♄	19♌54	20♌23	20♌52	21♌22	21♌51	22♌20	22♌49	23♌19	23♌48	24♌17
/♅	16♉52	17♉21	17♉50	18♉19	18♉48	19♉17	19♉46	20♉15	20♉44	21♉13
/♆	0♉05	0♉33	1♉01	1♉30	1♉58	2♉26	2♉54	3♉23	3♉51	4♉19
/♇	2♈51	3♈19	3♈47	4♈15	4♈42	5♈10	5♈38	6♈06	6♎34	7♎02
/☊	26♍22	26♍50	27♍19	27♍47	28♍16	28♍45	29♍14	29♍43	0♎12	0♎41
☽/☿	5♉17	12♉23	19♉24	26♉21	3♊16	10♊12	17♊10	24♊14	1♋23	8♋40
/♀	22♈46	29♈28	6♉05	12♉38	19♉12	25♉46	2♊25	9♊10	16♊02	23♊02
/♂	15♈47	22♈14	28♈35	4♉53	11♉11	17♉31	23♉54	0♊24	7♊00	13♊45
/⚳	14♓28	20♓38	26♓43	2♈45	8♈47	14♈50	20♈57	27♈09	3♉29	9♉57
/♃	2♈25	8♈36	14♈41	20♈44	26♈45	2♉49	8♉56	15♉09	21♉30	27♉58
/♄	21♐04	27♐10	3♑10	9♑08	15♋05	21♋04	27♋07	3♌15	9♌31	15♌56
/♅	18♓02	24♓08	0♈08	6♈06	12♈02	18♈01	24♈04	0♉12	6♉27	12♉51
/♆	1♓15	7♓20	13♓19	19♓16	25♓12	1♈10	7♈12	13♈20	19♈34	25♈58
/♇	4♒01	10♒05	16♒05	22♒01	27♒57	3♓54	9♓56	16♓03	22♓17	28♓40
/☊	27♑32	3♒37	9♒37	15♒34	21♒30	27♒29	3♓32	9♓40	15♓56	22♓20
☿/♀	26♊24	28♊02	29♊39	1♋16	2♋51	4♋25	5♋58	7♋30	9♋01	10♋31
/♂	19♊25	20♊48	22♊10	23♊31	24♊51	26♊09	27♊27	28♊44	29♊60	1♋14
/⚳	18♉05	19♉12	20♉18	21♉22	22♉26	23♉28	24♉30	25♉30	26♉28	27♉26
/♃	6♊03	7♊10	8♊16	9♊21	10♊25	11♊27	12♊29	13♊30	14♊29	15♊28
/♄	24♌42	25♌44	26♌45	27♌45	28♌44	29♌42	0♍40	1♍36	2♍31	3♍25
/♅	21♉40	22♉42	23♉43	24♉43	25♉42	26♉40	27♉36	28♉32	29♉27	0♊20
/♆	4♉52	5♉54	6♉54	7♉53	8♉52	9♉49	10♉45	11♉40	12♉34	13♉27
/♇	7♎39	8♎39	9♎39	10♎38	11♎36	12♎33	13♎29	14♎23	15♎17	16♎09
/☊	1♎10	2♎11	3♎11	4♎11	5♎10	6♎08	7♎05	8♎01	8♎55	9♎49
♀/♂	6♊54	7♊52	8♊50	9♊48	10♊46	11♊44	12♊42	13♊40	14♊38	15♊36
/⚳	5♉35	6♉17	6♉59	7♉40	8♉22	9♉03	9♉45	10♉26	11♉07	11♉48
/♃	23♉33	24♉15	24♉57	25♉39	26♉20	27♉02	27♉44	28♉26	29♉08	29♉49
/♄	12♌12	12♌49	13♌26	14♌03	14♌40	15♌17	15♌55	16♌32	17♌10	17♌47
/♅	9♉09	9♉46	10♉23	11♉01	11♉38	12♉15	12♉51	13♉28	14♉05	14♉42
/♆	22♈22	22♈58	23♈35	24♈11	24♈47	25♈24	25♈60	26♈36	27♈13	27♈49
/♇	25♓08	25♓44	26♓20	26♓56	27♓32	28♓08	28♓44	29♓20	29♓55	0♈31
/☊	18♓39	19♓16	19♓52	20♓29	21♓06	21♓43	22♓20	22♓57	23♍34	24♍11
♂/⚳	28♈35	29♈02	29♈29	29♈55	0♉22	0♉48	1♉14	1♉40	2♉05	2♉31
/♃	16♉33	17♉00	17♉27	17♉54	18♉20	18♉47	19♉13	19♉40	20♉06	20♉32
/♄	5♌12	5♌34	5♌56	6♌18	6♌40	7♌02	7♌24	7♌46	8♌08	8♌30
/♅	2♉10	2♉32	2♉54	3♉16	3♉37	3♉59	4♉21	4♉42	5♉04	5♉25
/♆	15♈23	15♈44	16♈05	16♈26	16♈47	17♈08	17♈29	17♈50	18♈11	18♈32
/♇	18♓09	18♓30	18♓50	19♓11	19♓32	19♓52	20♓13	20♓33	20♓54	21♓14
/☊	11♓40	12♓01	12♓22	12♓44	13♓05	13♓27	13♓49	14♓11	14♓32	14♓54
⚳/♃	15♈14	15♈24	15♈35	15♈45	15♈56	16♈06	16♈16	16♈25	16♈35	16♈44
/♄	3♑53	3♑59	4♑04	4♑10	4♑15	4♑21	4♑26	4♑31	4♑37	4♑42
/♅	0♈51	0♈56	1♈02	1♈07	1♈13	1♈18	1♈23	1♈28	1♈32	1♈37
/♆	14♓03	14♓08	14♓13	14♓18	14♓23	14♓27	14♓31	14♓36	14♓40	14♓43
/♇	16♒50	16♒54	16♒59	17♒03	17♒07	17♒11	17♒15	17♒19	17♒22	17♒26
/☊	10♒20	10♒25	10♒30	10♒36	10♒41	10♒46	10♒51	10♒56	11♒01	11♒06
♃/♄	21♋51	21♋56	22♋02	22♋08	22♋14	22♋20	22♋26	22♋32	22♋37	22♋43
/♅	18♈48	18♈54	18♈60	19♈06	19♈11	19♈17	19♈22	19♈28	19♈33	19♈39
/♆	2♈01	2♈06	2♈11	2♈16	2♈21	2♈26	2♈31	2♈36	2♈40	2♈45
/♇	4♓47	4♓52	4♓57	5♓01	5♓06	5♓10	5♓15	5♓19	5♓23	5♓28
/☊	28♒18	28♒23	28♒29	28♒34	28♒39	28♒45	28♒51	28♒56	29♒02	29♒07
♄/♅	7♑27	7♑28	7♑29	7♑30	7♑31	7♑32	7♑33	7♑34	7♑35	7♑36
/♆	20♐40	20♐40	20♐40	20♐41	20♐41	20♐41	20♐41	20♐42	20♐42	20♐43
/♇	23♏26	23♏26	23♏26	23♏26	23♏25	23♏25	23♏25	23♏25	23♏25	23♏25
/☊	16♏57	16♏57	16♏58	16♏58	16♏59	17♏00	17♏01	17♏02	17♏04	17♏05
♅/♆	17♓38	17♓38	17♓38	17♓38	17♓38	17♓38	17♓38	17♓38	17♓38	17♓38
/♇	20♒24	20♒24	20♒23	20♒23	20♒23	20♒22	20♒22	20♒21	20♒21	20♒20
/☊	13♒55	13♒55	13♒55	13♒56	13♒56	13♒57	13♒58	13♒59	13♒60	14♒00
♆/♇	3♒37	3♒36	3♒35	3♒34	3♒33	3♒32	3♒30	3♒29	3♒28	3♒27
/☊	27♑08	27♑07	27♑07	27♑06	27♑06	27♑06	27♑06	27♑07	27♑07	27♑07
♇/☊	29♐54	29♐53	29♐52	29♐51	29♐51	29♐50	29♐50	29♐50	29♐50	29♐49

July 2011

	1	2	3	4	5	6	7	8	9	10	11	12	13	14	15	16	17	18	19	20	21	22	23	24	25	26	27	28	29	30	31
☉/☽	6♋34	13♋44	21♋02	28♋27	5♌58	13♌32	21♌08	28♌44	6♍19	13♍51	21♍21	28♍46	6♎07	13♎22	20♎30	27♈31	4♉25	11♉11	17♉50	24♉22	0♊51	7♊16	13♊41	20♊07	26♊38	3♋16	10♋02	16♋58	24♋07	1♌26	8♌57
/☿	18♋23	19♋42	21♋01	22♋19	23♋35	24♋50	26♋05	27♋18	28♋30	29♋41	0♌51	1♌59	3♌07	4♌13	5♌18	6♌21	7♌24	8♌25	9♌24	10♌22	11♌19	12♌14	13♌08	13♌59	14♌49	15♌37	16♌24	17♌08	17♌50	18♌30	19♌08
/♀	2♋29	3♋34	4♋40	5♋45	6♋50	7♋55	9♋01	10♋06	11♋11	12♋17	13♋22	14♋28	15♋33	16♋38	17♋44	18♋49	19♋55	20♋60	22♋05	23♋11	24♋16	25♋22	26♋27	27♋33	28♋38	29♋44	0♌50	1♌55	3♌01	4♌06	5♌12
/♂	22♊56	23♊46	24♊36	25♊25	26♊15	27♊05	27♊54	28♊44	29♊33	0♋23	1♋12	2♋02	2♋51	3♋41	4♋30	5♋19	6♋09	6♋58	7♋47	8♋36	9♋25	10♋15	11♋04	11♋53	12♋42	13♋31	14♋20	15♋09	15♋58	16♋47	17♋36
/⚷	18♉51	19♉24	19♉56	20♉28	21♉01	21♉33	22♉05	22♉36	23♉08	23♉39	24♉11	24♉42	25♉13	25♉43	26♉14	26♉45	27♉15	27♉45	28♉15	28♉45	29♉15	29♉44	0♊14	0♊43	1♊12	1♊41	2♊09	2♊38	3♊06	3♊34	4♊02
/♃	6♊53	7♊27	8♊00	8♊34	9♊07	9♊40	10♊14	10♊47	11♊20	11♊53	12♊26	12♊59	13♊31	14♊04	14♊37	15♊09	15♊42	16♊14	16♊47	17♊19	17♊52	18♊24	18♊56	19♊28	19♊60	20♊32	21♊04	21♊36	22♊07	22♊39	23♊10
/♄	24♌47	25♌16	25♌46	26♌16	26♌45	27♌15	27♌45	28♌14	28♌44	29♌14	29♌44	0♍14	0♍44	1♍14	1♍44	2♍15	2♍45	3♍15	3♍45	4♍16	4♍46	5♍16	5♍47	6♍17	6♍48	7♍19	7♍49	8♍20	8♍51	9♍22	9♍53
/♅	21♉42	22♉10	22♉39	23♉08	23♉37	24♉05	24♉34	25♉03	25♉31	25♉60	26♉29	26♉57	27♉26	27♉54	28♉23	28♉51	29♉20	29♉48	0♊16	0♊45	1♊13	1♊42	2♊10	2♊38	3♊07	3♊35	4♊03	4♊31	4♊60	5♊28	5♊56
/♆	4♉47	5♉16	5♉44	6♉12	6♉40	7♉08	7♉36	8♉04	8♉32	9♉00	9♉29	9♉57	10♉25	10♉53	11♉21	11♉49	12♉17	12♉45	13♉13	13♉41	14♉09	14♉37	15♉05	15♉32	16♉00	16♉28	16♉56	17♉24	17♉52	18♉20	18♉48
/♇	7♎30	7♎57	8♎25	8♎53	9♎21	9♎49	10♎17	10♎44	11♎12	11♎40	12♎08	12♎36	13♎04	13♎32	13♎60	14♎27	14♎55	15♎23	15♎51	16♎19	16♎47	17♎15	17♎43	18♎11	18♎39	19♎07	19♎35	20♎03	20♎31	20♎59	21♎27
/☊	1♎10	1♎38	2♎06	2♎33	3♎00	3♎28	3♎56	4♎24	4♎53	5♎22	5♎51	6♎20	6♎49	7♎18	7♎45	8♎12	8♎39	9♎05	9♎30	9♎57	10♎23	10♎51	11♎19	11♎48	12♎17	12♎46	13♎16	13♎44	14♎12	14♎39	15♎05
☽/☿	16♋05	23♋38	1♌17	9♌03	16♌53	24♌45	2♍38	10♍30	18♍20	26♍06	3♎48	11♎25	18♎56	26♎20	3♏36	10♏43	17♏42	24♉32	1♊13	7♊47	14♊14	20♊37	26♊58	3♋20	9♋43	16♋11	22♋46	29♋30	6♌23	13♌25	20♌36
/♀	0♋11	7♋29	14♋56	22♋29	0♌08	7♌50	15♌34	23♌18	1♍01	8♍42	16♍20	23♍54	1♎22	8♎45	16♈02	23♈11	0♉13	7♉07	13♉54	20♉35	27♉12	3♊45	10♊18	16♊53	23♊32	0♋18	7♋12	14♋17	21♋33	29♋01	6♌40
/♂	20♊39	27♊41	4♋52	12♋10	19♋33	26♋59	4♌27	11♌56	19♌23	26♌48	4♍10	11♍28	18♓41	25♓48	2♈48	9♈41	16♈27	23♈05	29♈36	6♉01	12♉21	18♉38	24♉55	1♊13	7♊36	14♊05	20♊43	27♊31	4♋31	11♋42	19♋04
/⚷	16♉33	23♉19	0♊12	7♊13	14♊18	21♊27	28♊38	5♑48	12♑58	20♑05	27♑08	4♒08	11♒02	17♒50	24♒32	1♓06	7♓33	13♓52	20♓04	26♓09	2♈10	8♈08	14♈05	20♈03	26♈06	2♉14	8♉32	14♉60	21♉39	28♉29	5♊30
/♃	4♊36	11♊22	18♊17	25♊18	2♋25	9♋35	16♋47	23♋59	1♌09	8♒18	15♒23	22♒25	29♒21	6♓11	12♓55	19♓31	26♓00	2♈21	8♈35	14♈43	20♈47	26♈47	2♉47	8♉48	14♉54	21♉06	27♉26	3♊57	10♊40	17♊34	24♊38
/♄	22♌29	29♌12	6♍02	12♍60	20♍03	27♍09	4♎18	11♎26	18♎34	25♎40	2♏42	9♏40	16♏33	23♏21	0♐02	6♐36	13♐03	19♐22	25♐34	1♑40	7♑41	13♋40	19♋38	25♋38	1♌42	7♌53	14♌12	20♌42	27♌24	4♍17	11♍21
/♅	19♉24	26♉06	2♊55	9♊52	16♊54	23♊60	1♋07	8♑15	15♑21	22♑25	29♑26	6♒23	13♒15	20♒01	26♒41	3♓13	9♓38	15♓55	22♓05	28♓09	4♈08	10♈05	16♈01	21♈58	28♈00	4♉09	10♉26	16♉53	23♉32	0♊23	7♊24
/♆	2♉30	9♉11	16♉00	22♉56	29♉58	7♐03	14♐09	21♐16	28♐22	5♑26	12♑26	19♑23	26♑14	2♒60	9♒39	16♒11	22♒35	28♒52	5♓01	11♓05	17♓04	22♓60	28♓55	4♈53	10♈54	17♈02	23♈19	29♈46	6♉25	13♉15	20♉16
/♇	5♈12	11♎53	18♎42	25♎37	2♏38	9♏43	16♏50	23♏56	1♐02	8♐05	15♐06	22♐02	28♐53	5♑39	12♑18	18♑49	25♑13	1♒30	7♒40	13♒43	19♒42	25♒38	1♓34	7♓31	13♓32	19♓41	25♓57	2♈25	9♎04	15♎54	22♎55
/☊	28♍52	5♎33	12♎22	19♎17	26♎18	3♏22	10♏29	17♏36	24♏42	1♐47	8♐49	15♐46	22♐39	29♐24	6♑03	12♑34	18♑57	25♑11	1♒19	7♒21	13♒19	19♒14	25♒10	1♓08	7♓11	13♓20	19♓38	26♍06	2♎45	9♎34	16♎33
☿/♀	12♋00	13♋28	14♋55	16♋21	17♋45	19♋09	20♋31	21♋52	23♋13	24♋32	25♋50	27♋06	28♋22	29♋36	0♌49	2♌01	3♌12	4♌21	5♌29	6♌35	7♌40	8♌43	9♌45	10♌45	11♌43	12♌40	13♌34	14♌27	15♌17	16♌05	16♌51
/♂	2♋28	3♋40	4♋51	6♋01	7♋10	8♋18	9♋25	10♋30	11♋35	12♋38	13♋40	14♋41	15♋40	16♋39	17♋36	18♋31	19♋26	20♋19	21♋10	22♋00	22♋49	23♋36	24♋21	25♋05	25♋47	26♋27	27♋05	27♋41	28♋14	28♋46	29♋15
/⚷	28♉22	29♉18	0♊11	1♊04	1♊56	2♊46	3♊35	4♊22	5♊09	5♊54	6♊38	7♊20	8♊02	8♊41	9♊20	9♊57	10♊32	11♊06	11♊38	12♊09	12♊38	13♊06	13♊31	13♊55	14♊17	14♊36	14♊54	15♊09	15♊22	15♊33	15♊42
/♃	16♊25	17♊21	18♊16	19♊09	20♊02	20♊54	21♊44	22♊33	23♊21	24♊08	24♊53	25♊37	26♊20	27♊02	27♊42	28♊21	28♊59	29♊35	0♋10	0♋43	1♋15	1♋45	2♋13	2♋40	3♋05	3♋28	3♋48	4♋07	4♋23	4♋38	4♋50
/♄	4♍18	5♍10	6♍01	6♍51	7♍40	8♍28	9♍15	10♍01	10♍45	11♍29	12♍11	12♍53	13♍33	14♍12	14♍50	15♍27	16♍02	16♍36	17♍09	17♍40	18♍10	18♍38	19♍05	19♍30	19♍53	20♍14	20♍34	20♍52	21♍07	21♍21	21♍32
/♅	1♊13	2♊04	2♊55	3♊44	4♊32	5♊19	6♊04	6♊49	7♊32	8♊15	8♊56	9♊36	10♊15	10♊52	11♊28	12♊03	12♊37	13♊09	13♊40	14♊09	14♊37	15♊03	15♊27	15♊50	16♊11	16♊30	16♊48	17♊03	17♊16	17♊27	17♊35
/♆	14♉19	15♉09	15♉59	16♉48	17♉35	18♉21	19♉07	19♉51	20♉34	21♉15	21♉56	22♉35	23♉14	23♉51	24♉26	25♉01	25♉34	26♉06	26♉36	27♉05	27♉32	27♉58	28♉22	28♉45	29♉05	29♉24	29♉41	29♉56	0♊09	0♐19	0♐27
/♇	17♎01	17♎51	18♎41	19♎29	20♎16	21♎02	21♎47	22♎31	23♎13	23♎55	24♎35	25♎15	25♎53	26♎30	27♎05	27♎39	28♎12	28♎44	29♎14	29♎43	0♏11	0♏36	1♏00	1♏23	1♏44	2♏02	2♏19	2♏34	2♏47	2♏58	3♏06
/☊	10♎41	11♎32	12♎21	13♎09	13♎55	14♎41	15♎26	16♎10	16♎54	17♎37	18♎18	18♎59	19♎38	20♎15	20♎51	21♎24	21♎56	22♎25	22♎54	23♎21	23♎47	24♎12	24♎36	24♎60	25♎22	25♎42	26♎00	26♎16	26♎28	26♎38	26♎44
♀/♂	16♊34	17♊32	18♊30	19♊27	20♊25	21♊23	22♊21	23♊18	24♊16	25♊14	26♊11	27♊09	28♊07	29♊04	0♋02	0♋59	1♋57	2♋54	3♋52	4♋49	5♋46	6♋44	7♋41	8♋39	9♋36	10♋33	11♋30	12♋28	13♋25	14♋22	15♋19
/⚷	12♉29	13♉09	13♉50	14♉30	15♉11	15♉51	16♉31	17♉11	17♉50	18♉30	19♉10	19♉49	20♉28	21♉07	21♉46	22♉25	23♉03	23♉41	24♉20	24♉58	25♉36	26♉13	26♉51	27♉28	28♉06	28♉43	29♉20	29♉57	0♊33	1♊10	1♊46
/♃	0♊31	1♊13	1♊54	2♊36	3♊17	3♊59	4♊40	5♊21	6♊02	6♊44	7♊25	8♊06	8♊47	9♊28	10♊08	10♊49	11♊30	12♊11	12♊51	13♊32	14♊12	14♊53	15♊33	16♊14	16♊54	17♊34	18♊14	18♊54	19♊34	20♊14	20♊54
/♄	18♌25	19♌02	19♌40	20♌18	20♌55	21♌33	22♌11	22♌49	23♌27	24♌05	24♌43	25♌21	25♌59	26♌38	27♌16	27♌54	28♌33	29♌11	29♌50	0♍28	1♍07	1♍46	2♍24	3♍03	3♍42	4♍21	4♍60	5♍39	6♍18	6♍57	7♍36
/♅	15♉19	15♉56	16♉33	17♉10	17♉47	18♉24	19♉00	19♉37	20♉14	20♉51	21♉28	22♉04	22♉41	23♉18	23♉54	24♉31	25♉08	25♉44	26♉21	26♉58	27♉34	28♉11	28♉47	29♉24	0♊00	0♊37	1♊14	1♊50	2♊27	3♊03	3♊39
/♆	28♈25	29♈01	29♈38	0♉14	0♉50	1♉26	2♉03	2♉39	3♉15	3♉51	4♉27	5♉04	5♉40	6♉16	6♉52	7♉29	8♉05	8♉41	9♉17	9♉53	10♉30	11♉06	11♉42	12♉18	12♉54	13♉31	14♉07	14♉43	15♉19	15♉55	16♉32
/♇	1♈07	1♈43	2♈19	2♈55	3♈31	4♈07	4♈43	5♈19	5♈55	6♎31	7♎07	7♎43	8♎19	8♎55	9♎31	10♎07	10♎43	11♎19	11♎56	12♎32	13♎08	13♎44	14♎20	14♎56	15♎33	16♎09	16♎45	17♎21	17♎58	18♎34	19♎10
/☊	24♍47	25♍24	25♍60	26♍35	27♍11	27♍46	28♍22	28♍58	29♍35	0♎13	0♎50	1♎27	2♎04	2♎41	3♎17	3♎52	4♎27	5♎01	5♎35	6♎09	6♎44	7♎20	7♎56	8♎33	9♎11	9♎49	10♎26	11♎03	11♎39	12♎14	12♎48
♂/⚷	2♉56	3♉21	3♉46	4♉11	4♉36	5♉00	5♉24	5♉49	6♉12	6♉36	6♉60	7♉23	7♉46	8♉09	8♉32	8♉55	9♉17	9♉39	10♉01	10♉23	10♉45	11♉06	11♉27	11♉48	12♉09	12♉30	12♉50	13♉10	13♉30	13♉50	14♉10
/♃	20♉58	21♉24	21♉50	22♉16	22♉42	23♉08	23♉33	23♉59	24♉24	24♉50	25♉15	25♉40	26♉05	26♉30	26♉55	27♉19	27♉44	28♉09	28♉33	28♉57	29♉22	29♉46	0♊10	0♊34	0♊57	1♊21	1♊45	2♊08	2♊31	2♊55	3♊18
/♄	8♌52	9♌14	9♌36	9♌58	10♌20	10♌42	11♌05	11♌27	11♌49	12♌11	12♌33	12♌56	13♌18	13♌40	14♌02	14♌25	14♌47	15♌09	15♌31	15♌54	16♌16	16♌38	17♌01	17♌23	17♌46	18♌08	18♌30	18♌53	19♌15	19♌38	19♌60
/♅	5♉47	6♉08	6♉29	6♉51	7♉12	7♉33	7♉54	8♉15	8♉36	8♉57	9♉18	9♉39	9♉59	10♉20	10♉41	11♉01	11♉22	11♉42	12♉03	12♉23	12♉43	13♉04	13♉24	13♉44	14♉04	14♉24	14♉44	15♉04	15♉24	15♉44	16♉03
/♆	18♈52	19♈13	19♈34	19♈55	20♈15	20♈36	20♈56	21♈17	21♈37	21♈57	22♈18	22♈38	22♈58	23♈18	23♈39	23♈59	24♈19	24♈39	24♈59	25♈19	25♈39	25♈59	26♈18	26♈38	26♈58	27♈18	27♈37	27♈57	28♈16	28♈36	28♈56
/♇	21♓35	21♓55	22♓15	22♓36	22♓56	23♓16	23♓37	23♓57	24♓17	24♓37	24♓57	25♓17	25♓37	25♓57	26♓17	26♓37	26♓57	27♓17	27♓37	27♓57	28♓17	28♓37	28♓57	29♓16	29♓36	29♓56	0♈16	0♈35	0♈55	1♈15	1♈34
/☊	15♓15	15♓36	15♓56	16♓16	16♓36	16♓55	17♓16	17♓36	17♓57	18♓19	18♓40	19♓02	19♓23	19♓43	20♓03	20♓22	20♓41	20♓59	21♓17	21♓35	21♓53	22♓13	22♓33	22♍53	23♍14	23♍36	23♍56	24♍17	24♍36	24♍55	25♍12
⚷/♃	16♈53	17♈02	17♈11	17♈19	17♈28	17♈36	17♈44	17♈51	17♈59	18♈06	18♈13	18♈20	18♈26	18♈33	18♈39	18♈45	18♈50	18♈56	19♈01	19♈06	19♈11	19♈15	19♈20	19♈24	19♈27	19♈31	19♈34	19♈37	19♈40	19♈42	19♈44
/♄	4♑47	4♑52	4♑56	5♑01	5♑06	5♑10	5♑15	5♑19	5♑23	5♑27	5♑31	5♑35	5♑39	5♑43	5♑46	5♑50	5♑53	5♑56	5♑60	6♑02	6♑05	6♑08	6♑11	6♑13	6♑15	6♑18	6♑20	6♑21	6♑23	6♑25	6♑26
/♅	1♈41	1♈46	1♈50	1♈53	1♈57	2♈01	2♈04	2♈07	2♈10	2♈13	2♈16	2♈18	2♈21	2♈23	2♈25	2♈27	2♈28	2♈29	2♈31	2♈32	2♈33	2♈33	2♈34	2♈34	2♈34	2♈34	2♈33	2♈33	2♈32	2♈31	2♈30
/♆	14♓47	14♓51	14♓54	14♓57	15♓01	15♓04	15♓06	15♓09	15♓11	15♓14	15♓16	15♓18	15♓20	15♓21	15♓23	15♓24	15♓25	15♓26	15♓27	15♓27	15♓28	15♓28	15♓28	15♓28	15♓28	15♓27	15♓27	15♓26	15♓25	15♓23	15♓22
/♇	17♒29	17♒33	17♒36	17♒39	17♒41	17♒44	17♒47	17♒49	17♒51	17♒53	17♒55	17♒57	17♒59	18♒00	18♒02	18♒03	18♒04	18♒05	18♒05	18♒06	18♒06	18♒06	18♒06	18♒06	18♒06	18♒06	18♒05	18♒04	18♒03	18♒02	18♒01
/☊	11♒10	11♒13	11♒16	11♒19	11♒21	11♒23	11♒26	11♒28	11♒32	11♒35	11♒38	11♒41	11♒44	11♒46	11♒47	11♒48	11♒47	11♒46	11♒45	11♒44	11♒43	11♒42	11♒43	11♒43	11♒44	11♒45	11♒46	11♒46	11♒44	11♒42	11♒39
♃/♄	22♋49	22♋55	23♋01	23♋06	23♋12	23♋18	23♋24	23♋29	23♋35	23♋41	23♋47	23♋52	23♋58	24♋04	24♋09	24♋15	24♋20	24♋26	24♋31	24♋37	24♋42	24♋48	24♋53	24♋58	25♋04	25♋09	25♋14	25♋19	25♋24	25♋29	25♋34
/♅	19♈44	19♈49	19♈54	19♈59	20♈04	20♈08	20♈13	20♈18	20♈22	20♈27	20♈31	20♈35	20♈39	20♈43	20♈47	20♈51	20♈55	20♈59	21♈02	21♈06	21♈09	21♈13	21♈16	21♈19	21♈22	21♈25	21♈28	21♈30	21♈33	21♈35	21♈38
/♆	2♈50	2♈54	2♈58	3♈03	3♈07	3♈11	3♈15	3♈19	3♈23	3♈27	3♈31	3♈35	3♈38	3♈42	3♈45	3♈49	3♈52	3♈55	3♈59	4♈02	4♈05	4♈08	4♈10	4♈13	4♈16	4♈18	4♈21	4♈23	4♈26	4♈28	4♈30
/♇	5♓32	5♓36	5♓40	5♓44	5♓48	5♓52	5♓56	5♓59	6♓03	6♓07	6♓10	6♓14	6♓17	6♓21	6♓24	6♓28	6♓31	6♓34	6♓37	6♓40	6♓43	6♓46	6♓49	6♓52	6♓54	6♓57	6♓59	7♓02	7♓04	7♓07	7♓09
/☊	29♒12	29♒16	29♒20	29♒24	29♒27	29♒31	29♒35	29♒39	29♒43	29♒48	29♒53	29♒58	0♓03	0♓07	0♓10	0♓12	0♓14	0♓15	0♓16	0♓18	0♓19	0♓22	0♓25	0♓28	0♓32	0♓36	0♓40	0♓43	0♓45	0♓47	0♓47
♄/♅	7♑37	7♑38	7♑39	7♑41	7♑42	7♑43	7♑44	7♑46	7♑47	7♑48	7♑49	7♑51	7♑52	7♑54	7♑55	7♑56	7♑58	7♑59	8♑01	8♑02	8♑04	8♑05	8♑07	8♑08	8♑10	8♑12	8♑13	8♑15	8♑17	8♑18	8♑20
/♆	20♐43	20♐44	20♐44	20♐45	20♐45	20♐46	20♐46	20♐47	20♐48	20♐49	20♐49	20♐50	20♐51	20♐52	20♐53	20♐54	20♐55	20♐56	20♐57	20♐58	20♐59	21♐00	21♐02	21♐03	21♐04	21♐05	21♐07	21♐08	21♐09	21♐11	21♐12
/♇	23♏25	23♏25	23♏26	23♏26	23♏26	23♏26	23♏27	23♏27	23♏28	23♏28	23♏29	23♏30	23♏30	23♏31	23♏32	23♏33	23♏34	23♏34	23♏35	23♏36	23♏38	23♏39	23♏40	23♏41	23♏42	23♏44	23♏45	23♏46	23♏48	23♏49	23♏51
/☊	17♏05	17♏06	17♏06	17♏06	17♏06	17♏06	17♏06	17♏07	17♏08	17♏10	17♏12	17♏14	17♏16	17♏17	17♏17	17♏17	17♏17	17♏16	17♏15	17♏14	17♏14	17♏15	17♏16	17♏18	17♏20	17♏23	17♏26	17♏28	17♏29	17♏29	17♏29
♅/♆	17♓38	17♓38	17♓37	17♓37	17♓37	17♓36	17♓36	17♓35	17♓35	17♓34	17♓34	17♓33	17♓33	17♓32	17♓31	17♓31	17♓30	17♓29	17♓28	17♓27	17♓26	17♓25	17♓24	17♓23	17♓22	17♓21	17♓20	17♓19	17♓18	17♓17	17♓16
/♇	20♒20	20♒19	20♒19	20♒18	20♒18	20♒17	20♒16	20♒16	20♒15	20♒14	20♒13	20♒13	20♒12	20♒11	20♒10	20♒09	20♒08	20♒08	20♒07	20♒06	20♒05	20♒04	20♒03	20♒02	20♒01	19♒60	19♒59	19♒58	19♒57	19♒55	19♒54
/☊	14♒00	13♒60	13♒59	13♒58	13♒57	13♒56	13♒55	13♒55	13♒55	13♒56	13♒56	13♒57	13♒57	13♒57	13♒56	13♒54	13♒52	13♒49	13♒46	13♒43	13♒41	13♒40	13♒39	13♒39	13♒39	13♒39	13♒40	13♒39	13♒38	13♒36	13♒32
♆/♇	3♒26	3♒25	3♒23	3♒22	3♒21	3♒20	3♒18	3♒17	3♒16	3♒15	3♒13	3♒12	3♒11	3♒09	3♒08	3♒07	3♒05	3♒04	3♒03	3♒01	3♒00	2♒59	2♒57	2♒56	2♒55	2♒53	2♒52	2♒51	2♒49	2♒48	2♒47
/☊	27♑06	27♑05	27♑04	27♑02	27♑00	26♑59	26♑57	26♑57	26♑56	26♑56	26♑56	26♑56	26♑56	26♑55	26♑54	26♑52	26♑49	26♑45	26♑42	26♑39	26♑37	26♑35	26♑33	26♑33	26♑33	26♑33	26♑33	26♑32	26♑30	26♑28	26♑25
♇/☊	29♐48	29♐47	29♐45	29♐43	29♐41	29♐39	29♐38	29♐37	29♐36	29♐36	29♐36	29♐36	29♐35	29♐34	29♐33	29♐30	29♐27	29♐24	29♐21	29♐17	29♐15	29♐13	29♐12	29♐11	29♐11	29♐11	29♐11	29♐11	29♐09	29♐07	29♐03

August 2011

	1	2	3	4	5	6	7	8	9	10	11	12	13	14	15	16	17	18	19	20	21	22	23	24	25	26	27	28	29	30	31	
☉/☽	16♌35	24♌20	2♍06	9♍52	17♍34	25♍10	2♎40	10♎02	17♎18	24♎27	1♏31	8♏28	15♏20	22♉06	28♉46	5♊22	11♊52	18♊19	24♊44	1♋08	7♋34	14♋04	20♋40	27♋26	4♌24	11♌35	18♌59	26♌37	4♍26	12♍23	20♍22	☉/☽
/☿	19♌43	20♌16	20♌46	21♌14	21♌40	22♌02	22♌22	22♌39	22♌54	23♌07	23♌17	23♌25	23♌32	23♌37	23♌41	23♌45	23♌49	23♌53	23♌58	24♌04	24♌12	24♌23	24♌36	24♌52	25♌12	25♌36	26♌03	26♌34	27♌10	27♌49	28♌33	/☿
/♀	6♌18	7♌23	8♌29	9♌35	10♌41	11♌46	12♌52	13♌58	15♌04	16♌09	17♌15	18♌21	19♌27	20♌33	21♌39	22♌44	23♌50	24♌56	26♌02	27♌08	28♌14	29♌20	0♍26	1♍32	2♍38	3♍45	4♍51	5♍57	7♍03	8♍09	9♍15	/♀
/♂	18♋25	19♋14	20♋03	20♋51	21♋40	22♋29	23♋18	24♋06	24♋55	25♋44	26♋32	27♋21	28♋10	28♋58	29♋47	0♌35	1♌24	2♌12	3♌00	3♌49	4♌37	5♌26	6♌14	7♌02	7♌51	8♌39	9♌27	10♌15	11♌04	11♌52	12♌40	/♂
/⚷	4♊30	4♊58	5♊25	5♊53	6♊20	6♊47	7♊13	7♊40	8♊07	8♊33	8♊59	9♊25	9♊51	10♊16	10♊42	11♊07	11♊32	11♊57	12♊22	12♊46	13♊11	13♊35	13♊60	14♊24	14♊48	15♊12	15♊35	15♊59	16♊22	16♊46	17♊09	/⚷
/♃	23♊42	24♊13	24♊45	25♊16	25♊47	26♊18	26♊49	27♊20	27♊51	28♊22	28♊53	29♊23	29♊54	0♋24	0♋54	1♋25	1♋55	2♋25	2♋55	3♋25	3♋55	4♋25	4♋54	5♋24	5♋53	6♋23	6♋52	7♋21	7♋51	8♋20	8♋49	/♃
/♄	10♍24	10♍55	11♍26	11♍57	12♍28	12♍59	13♍30	14♍01	14♍32	15♍04	15♍35	16♍06	16♍38	17♍09	17♍41	18♍12	18♍44	19♍15	19♍47	20♍19	20♍51	21♍22	21♍54	22♍26	22♍58	23♍30	24♍02	24♍34	25♍06	25♍38	26♍10	/♄
/♅	6♊24	6♊52	7♊21	7♊49	8♊17	8♊45	9♊13	9♊41	10♊09	10♊37	11♊05	11♊33	12♊02	12♊30	12♊58	13♊26	13♊54	14♊22	14♊50	15♊18	15♊45	16♊13	16♊41	17♊09	17♊37	18♊05	18♊33	19♊01	19♊29	19♊57	20♊25	/♅
/♆	19♉16	19♉44	20♉12	20♉40	21♉08	21♉36	22♉04	22♉32	22♉60	23♉28	23♉56	24♉24	24♉52	25♉20	25♉48	26♉16	26♉44	27♉12	27♉40	28♉08	28♉36	29♉04	29♏32	0♐00	0♐28	0♐56	1♐24	1♐53	2♐21	2♐49	3♐17	/♆
/♇	21♎55	22♎23	22♎51	23♎19	23♎48	24♎16	24♎44	25♎12	25♎40	26♎09	26♎37	27♎05	27♎33	28♎02	28♎30	28♎58	29♎27	29♎55	0♏24	0♏52	1♏21	1♏49	2♏18	2♏46	3♏15	3♏43	4♏12	4♏41	5♏09	5♏38	6♏07	/♇
/☊	15♎30	15♎55	16♎21	16♎47	17♎14	17♎42	18♎10	18♎40	19♎09	19♎37	20♎05	20♎31	20♎57	21♎21	21♎44	22♎07	22♎31	22♎55	23♎21	23♎47	24♎15	24♎44	25♎13	25♎42	26♎10	26♎38	27♎04	27♎29	27♎52	28♎16	28♎40	/☊
☽/☿	27♌52	5♍12	12♍32	19♍48	26♍58	3♎59	10♎51	17♎33	24♎07	0♏31	6♏47	12♏55	18♏56	24♏50	0♊37	6♊18	11♊55	17♊28	23♊00	28♊33	4♋09	9♋52	15♋44	21♋48	28♋08	4♌44	11♌38	18♌50	26♌16	3♍54	11♍39	☽/☿
/♀	14♌27	22♌20	0♍15	8♍09	15♍59	23♍43	1♎21	8♎52	16♎16	23♎33	0♏45	7♏51	14♏51	21♉45	28♉34	5♊18	11♊57	18♊32	25♊05	1♋37	8♋11	14♋49	21♋34	28♋28	5♌34	12♌53	20♌26	28♌12	6♍09	14♍14	22♍22	/♀
/♂	26♋34	4♌10	11♌48	19♌25	26♌58	4♍26	11♍47	19♍00	26♍07	3♎08	10♈02	16♈51	23♈33	0♉11	6♉42	13♉08	19♉30	25♉48	2♊03	8♊18	14♊34	20♊55	27♊22	3♋58	10♋46	17♋47	25♋02	2♌31	10♌10	17♌57	25♌46	/♂
/⚷	12♊40	19♊54	27♊11	4♑26	11♑38	18♑44	25♑42	2♒34	9♒19	15♒57	22♒29	28♒54	5♓14	11♓29	17♓37	23♓40	29♓38	5♈32	11♈24	17♈15	23♈08	29♈04	5♉07	11♉19	17♉43	24♉20	1♊10	8♊14	15♊29	22♊51	0♑15	/⚷
/♃	1♋51	9♋10	16♋30	23♋50	1♌05	8♌15	15♒18	22♒14	29♒03	5♓46	12♓22	18♓53	25♓18	1♈37	7♈50	13♈58	20♈01	26♈00	1♉57	7♉54	13♉52	19♉53	26♉02	2♊20	8♊49	15♊31	22♊27	29♊37	6♋57	14♋25	21♋55	/♃
/♄	18♍33	25♍51	3♎11	10♎30	17♎46	24♎56	1♏59	8♏55	15♏45	22♏28	29♏05	5♐36	12♐02	18♐22	24♐36	0♑46	6♑50	12♑51	18♋50	24♋48	0♌47	6♌51	13♌02	19♌22	25♌53	2♍38	9♍37	16♍49	24♍13	1♎43	9♎17	/♄
/♅	14♊34	21♊49	29♊06	6♑23	13♑35	20♑42	27♑42	4♒35	11♒22	18♒01	24♒35	1♓03	7♓25	13♓42	19♓53	25♓59	1♈60	7♈57	13♈52	19♈46	25♈42	1♉42	7♉49	14♉05	20♉33	27♉14	4♊09	11♊17	18♊36	26♊02	3♋32	/♅
/♆	27♉25	4♐40	11♐58	19♐14	26♐26	3♑33	10♑33	17♑26	24♑12	0♒52	7♒26	13♒53	20♒16	26♒32	2♓43	8♓49	14♓50	20♓47	26♓42	2♈37	8♈33	14♈33	20♈40	26♈56	3♉24	10♉05	16♉60	24♉08	1♐27	8♐54	16♐23	/♆
/♇	0♏04	7♏20	14♏37	21♏53	29♏06	6♐13	13♐13	20♐06	26♐53	3♑33	10♑07	16♑35	22♑57	29♑14	5♒26	11♒32	17♒33	23♒31	29♒26	5♓21	11♓17	17♓18	23♓25	29♓42	6♎10	12♎52	19♎47	26♎56	4♏16	11♏43	19♏13	/♇
/☊	23♎40	0♏52	8♏06	15♏21	22♏32	29♏39	6♐39	13♐34	20♐21	27♐01	3♑35	10♑01	16♑21	22♑33	28♑40	4♒41	10♒37	16♒31	22♒23	28♒16	4♓12	10♓13	16♓21	22♍38	29♍06	5♎46	12♎39	19♎44	26♎59	4♏21	11♏46	/☊
☿/♀	17♌35	18♌16	18♌55	19♌31	20♌04	20♌35	21♌03	21♌29	21♌52	22♌13	22♌32	22♌48	23♌03	23♌16	23♌29	23♌41	23♌53	24♌05	24♌18	24♌33	24♌49	25♌08	25♌30	25♌54	26♌22	26♌54	27♌29	28♌09	28♌53	29♌40	0♍32	☿/♀
/♂	29♋42	0♌06	0♌28	0♌47	1♌04	1♌18	1♌29	1♌38	1♌44	1♌47	1♌49	1♌48	1♌46	1♌42	1♌37	1♌32	1♌26	1♌21	1♌16	1♌14	1♌12	1♌14	1♌17	1♌24	1♌35	1♌48	2♌06	2♌28	2♌53	3♌23	3♌57	/♂
/⚷	15♊47	15♊50	15♊51	15♊49	15♊43	15♊36	15♊25	15♊11	14♊55	14♊36	14♊15	13♊52	13♊27	12♊60	12♊32	12♊03	11♊34	11♊06	10♊38	10♊11	9♊46	9♊23	9♊03	8♊46	8♊32	8♊21	8♊14	8♊11	8♊12	8♊17	8♊26	/⚷
/♃	4♋59	5♋06	5♋10	5♋12	5♋11	5♋07	5♋01	4♋51	4♋40	4♋25	4♋09	3♋50	3♋30	3♋08	2♋45	2♋21	1♋57	1♋34	1♋11	0♋50	0♋30	0♋12	29♊58	29♊46	29♊37	29♊32	29♊31	29♊34	29♊40	29♊51	0♋05	/♃
/♄	21♍41	21♍47	21♍51	21♍53	21♍51	21♍48	21♍41	21♍32	21♍21	21♍07	20♍51	20♍34	20♍14	19♍53	19♍31	19♍09	18♍46	18♍24	18♍03	17♍43	17♍26	17♍10	16♍58	16♍48	16♍42	16♍39	16♍41	16♍46	16♍56	17♍09	17♍27	/♄
/♅	17♊41	17♊45	17♊46	17♊45	17♊41	17♊34	17♊24	17♊12	16♊58	16♊41	16♊22	16♊01	15♊38	15♊13	14♊48	14♊22	13♊56	13♊30	13♊06	12♊42	12♊21	12♊01	11♊45	11♊31	11♊21	11♊15	11♊12	11♊14	11♊19	11♊28	11♊42	/♅
/♆	0♐33	0♐37	0♐38	0♐36	0♐32	0♐25	0♐15	0♐03	29♉48	29♉31	29♉12	28♉51	28♉28	28♉03	27♉38	27♉12	26♉46	26♉20	25♉56	25♉32	25♉11	24♉52	24♉35	24♉22	24♉12	24♉06	24♉03	24♉05	24♉10	24♉20	24♉34	/♆
/♇	3♏12	3♏16	3♏17	3♏15	3♏11	3♏05	2♏55	2♏43	2♏29	2♏12	1♏53	1♏32	1♏10	0♏45	0♏20	29♎55	29♎29	29♎04	28♎40	28♎17	27♎56	27♎37	27♎21	27♎08	26♎59	26♎53	26♎51	26♎53	26♎59	27♎09	27♎23	/♇
/☊	26♎47	26♎48	26♎46	26♎43	26♎38	26♎31	26♎22	26♎11	25♎57	25♎41	25♎21	24♎58	24♎33	24♎05	23♎35	23♎04	22♎33	22♎04	21♎37	21♎12	20♎50	20♎32	20♎16	20♎04	19♎54	19♎47	19♎43	19♎41	19♎42	19♎47	19♎57	/☊
♀/♂	16♋17	17♋14	18♋11	19♋08	20♋05	21♋02	21♋59	22♋56	23♋53	24♋50	25♋47	26♋44	27♋41	28♋37	29♋34	0♌31	1♌28	2♌24	3♌21	4♌18	5♌14	6♌11	7♌08	8♌04	9♌01	9♌57	10♌54	11♌50	12♌47	13♌43	14♌39	♀/♂
/⚷	2♊22	2♊58	3♊34	4♊09	4♊45	5♊20	5♊55	6♊30	7♊04	7♊39	8♊13	8♊47	9♊22	9♊55	10♊29	11♊03	11♊36	12♊09	12♊42	13♊15	13♊48	14♊21	14♊53	15♊26	15♊58	16♊30	17♊02	17♊34	18♊05	18♊37	19♊08	/⚷
/♃	21♊34	22♊13	22♊53	23♊32	24♊12	24♊51	25♊31	26♊10	26♊49	27♊28	28♊07	28♊46	29♊25	0♋03	0♋42	1♋20	1♋59	2♋37	3♋16	3♋54	4♋32	5♋10	5♋48	6♋26	7♋03	7♋41	8♋19	8♋56	9♋34	10♋11	10♋48	/♃
/♄	8♍15	8♍54	9♍34	10♍13	10♍52	11♍32	12♍11	12♍51	13♍30	14♍10	14♍49	15♍29	16♍09	16♍49	17♍28	18♍08	18♍48	19♍28	20♍08	20♍48	21♍28	22♍08	22♍48	23♍28	24♍08	24♍48	25♍28	26♍09	26♍49	27♍29	28♍10	/♄
/♅	4♊16	4♊52	5♊29	6♊05	6♊42	7♊18	7♊54	8♊31	9♊07	9♊44	10♊20	10♊56	11♊32	12♊09	12♊45	13♊21	13♊58	14♊34	15♊10	15♊46	16♊23	16♊59	17♊35	18♊11	18♊48	19♊24	19♊60	20♊36	21♊12	21♊48	22♊25	/♅
/♆	17♉08	17♉44	18♉20	18♉57	19♉33	20♉09	20♉45	21♉21	21♉58	22♉34	23♉10	23♉46	24♉23	24♉59	25♉35	26♉11	26♉48	27♉24	28♉00	28♉37	29♉13	29♏49	0♐26	1♐02	1♐38	2♐15	2♐51	3♐27	4♐04	4♐40	5♐16	/♆
/♇	19♎47	20♎23	20♎60	21♎36	22♎12	22♎49	23♎25	24♎02	24♎38	25♎15	25♎51	26♎28	27♎04	27♎41	28♎18	28♎54	29♎31	0♏07	0♏44	1♏21	1♏58	2♏34	3♏11	3♏48	4♏25	5♏02	5♏38	6♏15	6♏52	7♏29	8♏06	/♇
/☊	13♎22	13♎55	14♎29	15♎03	15♎39	16♎15	16♎52	17♎29	18♎07	18♎43	19♎19	19♎54	20♎28	21♎00	21♎32	22♎03	22♎35	23♎08	23♎41	24♎16	24♎52	25♎29	26♎06	26♎44	27♎20	27♎56	28♎30	29♎03	29♎35	0♏07	0♏39	/☊
♂/⚷	14♉29	14♉48	15♉07	15♉26	15♉44	16♉02	16♉20	16♉38	16♉56	17♉13	17♉30	17♉47	18♉04	18♉21	18♉37	18♉53	19♉09	19♉25	19♉41	19♉56	20♉11	20♉26	20♉41	20♉56	21♉10	21♉24	21♉38	21♉52	22♉06	22♉20	22♉33	♂/⚷
/♃	3♊41	4♊04	4♊26	4♊49	5♊12	5♊34	5♊56	6♊18	6♊40	7♊02	7♊24	7♊46	8♊07	8♊29	8♊50	9♊11	9♊32	9♊53	10♊14	10♊34	10♊55	11♊15	11♊36	11♊56	12♊16	12♊36	12♊55	13♊15	13♊34	13♊54	14♊13	/♃
/♄	20♌22	20♌45	21♌07	21♌30	21♌52	22♌14	22♌37	22♌59	23♌22	23♌44	24♌07	24♌29	24♌52	25♌14	25♌36	25♌59	26♌21	26♌44	27♌06	27♌28	27♌51	28♌13	28♌36	28♌58	29♌20	29♌43	0♍05	0♍27	0♍50	1♍12	1♍34	/♄
/♅	16♉23	16♉43	17♉02	17♉22	17♉41	18♉01	18♉20	18♉39	18♉59	19♉18	19♉37	19♉56	20♉15	20♉34	20♉53	21♉12	21♉31	21♉50	22♉08	22♉27	22♉46	23♉04	23♉23	23♉41	23♉60	24♉18	24♉36	24♉55	25♉13	25♉31	25♉49	/♅
/♆	29♈15	29♈34	29♈54	0♉13	0♉32	0♉52	1♉11	1♉30	1♉49	2♉08	2♉27	2♉46	3♉05	3♉24	3♉43	4♉02	4♉21	4♉40	4♉59	5♉17	5♉36	5♉55	6♉13	6♉32	6♉51	7♉09	7♉28	7♉46	8♉04	8♉23	8♉41	/♆
/♇	1♈54	2♈13	2♈33	2♈53	3♈12	3♈31	3♈51	4♈10	4♈30	4♈49	5♈08	5♎28	5♎47	6♎06	6♎26	6♎45	7♎04	7♎23	7♎42	8♎02	8♎21	8♎40	8♎59	9♎18	9♎37	9♎56	10♎15	10♎34	10♎53	11♎12	11♎31	/♇
/☊	25♍29	25♍46	26♍03	26♍20	26♍38	26♍57	27♍17	27♍38	27♍58	28♍18	28♍37	28♍54	29♍10	29♍25	29♍40	29♍54	0♎08	0♎23	0♎40	0♎57	1♎15	1♎35	1♎54	2♎14	2♎33	2♎50	3♎07	3♎22	3♎36	3♎50	4♎04	/☊
⚷/♃	19♈46	19♈48	19♈49	19♈50	19♈51	19♈52	19♈52	19♈52	19♈52	19♈51	19♈51	19♈50	19♈48	19♈47	19♈45	19♈43	19♈41	19♈38	19♈35	19♈32	19♈29	19♈25	19♈21	19♈17	19♈13	19♈08	19♈03	18♈58	18♈53	18♈47	18♈42	⚷/♃
/♄	6♑28	6♑29	6♑30	6♑31	6♑32	6♑32	6♑33	6♑33	6♑33	6♑33	6♑33	6♑33	6♑33	6♑32	6♑31	6♑31	6♑30	6♑29	6♑27	6♑26	6♑24	6♑23	6♑21	6♑19	6♑17	6♑15	6♑13	6♑11	6♑08	6♑06	6♑03	/♄
/♅	2♈28	2♈27	2♈25	2♈23	2♈21	2♈18	2♈16	2♈13	2♈10	2♈07	2♈04	1♈60	1♈56	1♈52	1♈48	1♈44	1♈39	1♈35	1♈30	1♈25	1♈19	1♈14	1♈08	1♈03	0♈57	0♈51	0♈45	0♈38	0♈32	0♈25	0♈18	/♅
/♆	15♓20	15♓19	15♓17	15♓14	15♓12	15♓09	15♓07	15♓04	15♓01	14♓57	14♓54	14♓50	14♓46	14♓42	14♓38	14♓34	14♓29	14♓25	14♓20	14♓15	14♓10	14♓04	13♓59	13♓53	13♓48	13♓42	13♓36	13♓29	13♓23	13♓17	13♓10	/♆
/♇	17♒59	17♒58	17♒56	17♒54	17♒52	17♒49	17♒47	17♒44	17♒41	17♒38	17♒35	17♒32	17♒28	17♒24	17♒21	17♒17	17♒12	17♒08	17♒04	16♒59	16♒54	16♒50	16♒44	16♒39	16♒34	16♒29	16♒23	16♒17	16♒12	16♒06	15♒60	/♇
/☊	11♒35	11♒30	11♒25	11♒21	11♒18	11♒15	11♒13	11♒12	11♒10	11♒07	11♒03	10♒58	10♒51	10♒43	10♒35	10♒26	10♒17	10♒08	10♒01	9♒54	9♒49	9♒44	9♒40	9♒35	9♒30	9♒23	9♒15	9♒05	8♒55	8♒44	8♒33	/☊
♃/♄	25♋39	25♋44	25♋49	25♋54	25♋59	26♋04	26♋08	26♋13	26♋18	26♋22	26♋27	26♋31	26♋36	26♋40	26♋44	26♋48	26♋52	26♋57	27♋01	27♋04	27♋08	27♋12	27♋16	27♋19	27♋23	27♋27	27♋30	27♋33	27♋37	27♋40	27♋43	♃/♄
/♅	21♈40	21♈42	21♈44	21♈46	21♈48	21♈50	21♈52	21♈53	21♈55	21♈56	21♈57	21♈58	21♈59	22♈00	22♈01	22♈02	22♈02	22♈03	22♈03	22♈03	22♈03	22♈03	22♈03	22♈03	22♈02	22♈02	22♈01	22♈01	21♈60	21♈59	21♈58	/♅
/♆	4♈32	4♈34	4♈36	4♈38	4♈39	4♈41	4♈42	4♈44	4♈45	4♈46	4♈48	4♈49	4♈49	4♈50	4♈51	4♈52	4♈52	4♈53	4♈53	4♈53	4♈54	4♈54	4♈54	4♈53	4♈53	4♈53	4♈52	4♈52	4♈51	4♈51	4♈50	/♆
/♇	7♓11	7♓13	7♓15	7♓17	7♓19	7♓21	7♓22	7♓24	7♓26	7♓27	7♓29	7♓30	7♓31	7♓32	7♓33	7♓34	7♓35	7♓36	7♓37	7♓38	7♓38	7♓39	7♓39	7♓39	7♓40	7♓40	7♓40	7♓40	7♓40	7♓40	7♓39	/♇
/☊	0♓46	0♓45	0♓45	0♓44	0♓45	0♓47	0♓49	0♓52	0♓54	0♓56	0♓57	0♓56	0♓54	0♓51	0♓48	0♓44	0♓40	0♓36	0♓34	0♓33	0♓33	0♓33	0♓34	0♓35	0♓35	0♓34	0♓32	0♓28	0♓23	0♓18	0♓13	/☊
♄/♅	8♑22	8♑23	8♑25	8♑27	8♑29	8♑31	8♑32	8♑34	8♑36	8♑38	8♑40	8♑42	8♑43	8♑45	8♑47	8♑49	8♑51	8♑53	8♑55	8♑57	8♑59	9♑01	9♑03	9♑05	9♑07	9♑09	9♑11	9♑13	9♑15	9♑17	9♑20	♄/♅
/♆	21♐14	21♐15	21♐17	21♐18	21♐20	21♐21	21♐23	21♐25	21♐27	21♐28	21♐30	21♐32	21♐34	21♐36	21♐37	21♐39	21♐41	21♐43	21♐45	21♐47	21♐49	21♐51	21♐54	21♐56	21♐58	22♐00	22♐02	22♐05	22♐07	22♐09	22♐11	/♆
/♇	23♏53	23♏54	23♏56	23♏58	23♏59	24♏01	24♏03	24♏05	24♏07	24♏09	24♏11	24♏13	24♏15	24♏18	24♏20	24♏22	24♏24	24♏27	24♏29	24♏32	24♏34	24♏37	24♏39	24♏42	24♏44	24♏47	24♏50	24♏53	24♏55	24♏58	25♏01	/♇
/☊	17♏28	17♏27	17♏25	17♏25	17♏25	17♏27	17♏30	17♏33	17♏35	17♏38	17♏39	17♏40	17♏39	17♏37	17♏34	17♏31	17♏27	17♏27	17♏26	17♏27	17♏29	17♏31	17♏34	17♏37	17♏40	17♏41	17♏42	17♏40	17♏39	17♏36	17♏34	/☊
♅/♆	17♓14	17♓13	17♓12	17♓10	17♓09	17♓08	17♓06	17♓05	17♓03	17♓02	17♓00	16♓59	16♓57	16♓56	16♓54	16♓53	16♓51	16♓49	16♓48	16♓46	16♓44	16♓43	16♓41	16♓39	16♓37	16♓35	16♓34	16♓32	16♓30	16♓28	16♓26	♅/♆
/♇	19♒53	19♒52	19♒51	19♒50	19♒49	19♒48	19♒46	19♒45	19♒44	19♒43	19♒42	19♒40	19♒39	19♒38	19♒37	19♒35	19♒34	19♒33	19♒31	19♒30	19♒29	19♒28	19♒26	19♒25	19♒24	19♒22	19♒21	19♒20	19♒19	19♒17	19♒16	/♇
/☊	13♒29	13♒24	13♒21	13♒17	13♒15	13♒13	13♒13	13♒13	13♒12	13♒12	13♒10	13♒07	13♒02	12♒57	12♒51	12♒44	12♒38	12♒33	12♒29	12♒26	12♒24	12♒22	12♒22	12♒21	12♒19	12♒17	12♒13	12♒08	12♒02	11♒55	11♒49	/☊
♆/♇	2♒45	2♒44	2♒42	2♒41	2♒40	2♒38	2♒37	2♒36	2♒34	2♒33	2♒32	2♒31	2♒29	2♒28	2♒27	2♒25	2♒24	2♒23	2♒22	2♒20	2♒19	2♒18	2♒17	2♒16	2♒15	2♒13	2♒12	2♒11	2♒10	2♒09	2♒08	♆/♇
/☊	26♑20	26♑16	26♑12	26♑09	26♑06	26♑04	26♑04	26♑03	26♑03	26♑02	25♑60	25♑57	25♑52	25♑47	25♑41	25♑35	25♑28	25♑23	25♑19	25♑16	25♑14	25♑13	25♑12	25♑11	25♑10	25♑08	25♑04	24♑59	24♑53	24♑47	24♑41	/☊
♇/☊	28♐59	28♐55	28♐51	28♐48	28♐46	28♐44	28♐44	28♐44	28♐43	28♐43	28♐41	28♐38	28♐34	28♐29	28♐23	28♐17	28♐12	28♐07	28♐03	28♐00	27♐59	27♐58	27♐58	27♐57	27♐57	27♐55	27♐51	27♐47	27♐42	27♐36	27♐31	♇/☊

August 2011

September 2011

	1	2	3	4	5	6	7	8	9	10
☉/☽	28♍20	6♎11	13♎53	21♎25	28♎46	5♏58	13♏01	19♏56	26♏45	3♐29
/☿	29♌20	0♍12	1♍07	2♍06	3♍08	4♍14	5♍23	6♍34	7♍48	9♍04
/♀	10♍22	11♍28	12♍34	13♍40	14♍47	15♍53	16♍59	18♍06	19♍12	20♍18
/♂	13♌28	14♌16	15♌04	15♌52	16♌40	17♌28	18♌16	19♌04	19♌52	20♌40
/⚳	17♊32	17♊55	18♊18	18♊41	19♊04	19♊27	19♊50	20♊12	20♊35	20♊58
/♃	9♋18	9♋46	10♋15	10♋44	11♋12	11♋41	12♋09	12♋37	13♋06	13♋34
/♄	26♍43	27♍15	27♍47	28♍19	28♍52	29♍24	29♍56	0♎29	1♎01	1♎34
/♅	20♊53	21♊21	21♊49	22♊17	22♊45	23♊13	23♊41	24♊09	24♊37	25♊05
/♆	3♐45	4♐14	4♐42	5♐10	5♐38	6♐07	6♐35	7♐03	7♐32	7♐60
/♇	6♏36	7♏04	7♏33	8♏02	8♏31	8♏60	9♏29	9♏58	10♏27	10♏56
/☊	29♎05	29♎31	29♎58	0♏26	0♏55	1♏24	1♏53	2♏20	2♏46	3♏10
☽/☿	19♍26	27♍10	4♎50	12♎23	19♎48	27♎07	4♏21	11♏29	18♏34	25♏35
/♀	0♎27	8♎27	16♎17	23♎57	1♏27	8♏46	15♏57	23♏01	29♏58	6♐49
/♂	3♍34	11♍15	18♍47	26♍09	3♎20	10♎22	17♎14	23♈59	0♉38	7♉11
/⚳	7♑38	14♑54	22♑01	28♑58	5♒44	12♒20	18♒48	25♒07	1♓21	7♓29
/♃	29♋23	6♌45	13♒58	21♒01	27♒52	4♓34	11♓07	17♓32	23♓51	0♈05
/♄	16♎48	24♎13	1♏30	8♏36	15♏32	22♏17	28♏54	5♐24	11♐47	18♐05
/♅	10♑59	18♑20	25♑32	2♒34	9♒25	16♒06	22♒39	29♒04	5♓23	11♓36
/♆	23♐51	1♑12	8♑25	15♑27	22♑18	28♑60	5♒33	11♒58	18♒17	24♒31
/♇	26♏41	4♐03	11♐16	18♐19	25♐11	1♑53	8♑27	14♑53	21♑12	27♑27
/☊	19♏10	26♏29	3♐41	10♐43	17♐35	24♐17	0♑50	7♑15	13♑31	19♑41
☿/♀	1♍28	2♍27	3♍31	4♍38	5♍49	7♍02	8♍19	9♍39	11♍01	12♍25
/♂	4♌34	5♌16	6♌01	6♌50	7♌42	8♌38	9♌36	10♌38	11♌41	12♌47
/⚳	8♊38	8♊55	9♊15	9♊39	10♊06	10♊36	11♊10	11♊45	12♊24	13♊04
/♃	0♋24	0♋46	1♋12	1♋41	2♋14	2♋50	3♋29	4♋11	4♋54	5♋41
/♄	17♍49	18♍14	18♍44	19♍17	19♍54	20♍33	21♍16	22♍02	22♍50	23♍40
/♅	11♊59	12♊21	12♊46	13♊15	13♊47	14♊23	15♊01	15♊42	16♊26	17♊12
/♆	24♉51	25♉13	25♉39	26♉08	26♉40	27♉16	27♉55	28♉36	29♏20	0♐07
/♇	27♎42	28♎04	28♎30	28♎60	29♎33	0♏09	0♏49	1♏31	2♏16	3♏02
/☊	20♎11	20♎30	20♎55	21♎24	21♎57	22♎34	23♎12	23♎53	24♎35	25♎17
♀/♂	15♌36	16♌32	17♌28	18♌24	19♌21	20♌17	21♌13	22♌09	23♌05	24♌01
/⚳	19♊40	20♊11	20♊42	21♊13	21♊44	22♊15	22♊46	23♊17	23♊48	24♊18
/♃	11♋25	12♋02	12♋39	13♋16	13♋52	14♋29	15♋06	15♋42	16♋18	16♋55
/♄	28♍50	29♍30	0♎11	0♎51	1♎32	2♎12	2♎53	3♎33	4♎14	4♎54
/♅	23♊01	23♊37	24♊13	24♊49	25♊25	26♊01	26♊38	27♊14	27♊50	28♊26
/♆	5♐53	6♐29	7♐06	7♐42	8♐18	8♐55	9♐31	10♐08	10♐44	11♐21
/♇	8♏43	9♏20	9♏57	10♏34	11♏11	11♏48	12♏25	13♏02	13♏39	14♏17
/☊	1♏12	1♏46	2♏22	2♏58	3♏35	4♏12	4♏49	5♏24	5♏58	6♏31
♂/⚳	22♉46	22♉60	23♉13	23♉25	23♉38	23♉51	24♉03	24♉16	24♉28	24♉40
/♃	14♊32	14♊51	15♊09	15♊28	15♊46	16♊05	16♊23	16♊41	16♊59	17♊17
/♄	1♍57	2♍19	2♍41	3♍03	3♍26	3♍48	4♍10	4♍32	4♍54	5♍16
/♅	26♉07	26♉25	26♉43	27♉01	27♉19	27♉37	27♉55	28♉12	28♉30	28♉48
/♆	8♉59	9♉18	9♉36	9♉54	10♉12	10♉30	10♉49	11♉07	11♉25	11♉43
/♇	11♎50	12♎09	12♎27	12♎46	13♎05	13♎24	13♎42	14♎01	14♎20	14♎38
/☊	4♎19	4♎35	4♎52	5♎10	5♎29	5♎48	6♎06	6♎23	6♎39	6♎53
⚳/♃	18♈36	18♈30	18♈23	18♈17	18♈10	18♈03	17♈56	17♈49	17♈41	17♈34
/♄	6♑01	5♑58	5♑55	5♑52	5♑49	5♑46	5♑43	5♑40	5♑37	5♑34
/♅	0♈11	0♈04	29♓57	29♓50	29♓43	29♓35	29♓28	29♓20	29♓13	29♓05
/♆	13♓04	12♓57	12♓50	12♓43	12♓36	12♓29	12♓22	12♓15	12♓07	11♓60
/♇	15♒54	15♒48	15♒41	15♒35	15♒29	15♒22	15♒16	15♒09	15♒02	14♒56
/☊	8♒23	8♒14	8♒06	7♒59	7♒53	7♒46	7♒39	7♒31	7♒21	7♒10
♃/♄	27♋46	27♋49	27♋52	27♋55	27♋57	28♋00	28♋03	28♋05	28♋08	28♋10
/♅	21♈57	21♈55	21♈54	21♈53	21♈51	21♈49	21♈47	21♈46	21♈43	21♈41
/♆	4♈49	4♈48	4♈47	4♈45	4♈44	4♈43	4♈41	4♈40	4♈38	4♈36
/♇	7♓39	7♓39	7♓38	7♓37	7♓37	7♓36	7♓35	7♓34	7♓33	7♓32
/☊	0♓08	0♓05	0♓03	0♓02	0♓01	0♓00	29♒59	29♒56	29♒52	29♒47
♄/♅	9♑22	9♑24	9♑26	9♑28	9♑30	9♑32	9♑35	9♑37	9♑39	9♑41
/♆	22♐14	22♐16	22♐19	22♐21	22♐23	22♐26	22♐28	22♐31	22♐33	22♐36
/♇	25♏04	25♏07	25♏10	25♏13	25♏16	25♏19	25♏22	25♏25	25♏29	25♏32
/☊	17♏33	17♏33	17♏35	17♏37	17♏40	17♏43	17♏46	17♏48	17♏48	17♏46
♅/♆	16♓24	16♓23	16♓21	16♓19	16♓17	16♓15	16♓13	16♓11	16♓09	16♓07
/♇	19♒15	19♒13	19♒12	19♒11	19♒10	19♒08	19♒07	19♒06	19♒05	19♒03
/☊	11♒44	11♒40	11♒37	11♒35	11♒34	11♒33	11♒31	11♒28	11♒24	11♒18
♆/♇	2♒07	2♒06	2♒05	2♒04	2♒03	2♒02	2♒01	1♒60	1♒59	1♒58
/☊	24♑36	24♑32	24♑29	24♑28	24♑27	24♑26	24♑25	24♑22	24♑18	24♑13
♇/☊	27♐26	27♐23	27♐21	27♐20	27♐20	27♐19	27♐18	27♐17	27♐13	27♐08

	11	12	13	14	15	16	17	18	19	20
☉/☽	10♐08	16♐42	23♊14	29♊42	6♋07	12♋31	18♋55	25♋21	1♌50	8♌26
/☿	10♍22	11♍42	13♍03	14♍26	15♍49	17♍13	18♍38	20♍03	21♍28	22♍54
/♀	21♍25	22♍31	23♍38	24♍44	25♍50	26♍57	28♍03	29♍10	0♎16	1♎23
/♂	21♌28	22♌16	23♌04	23♌52	24♌39	25♌27	26♌15	27♌02	27♌50	28♌38
/⚳	21♊20	21♊43	22♊05	22♊28	22♊50	23♊13	23♐35	23♐58	24♐20	24♐43
/♃	14♋02	14♋30	14♋58	15♋25	15♋53	16♋21	16♋48	17♋16	17♋43	18♋10
/♄	2♎06	2♎39	3♎11	3♎44	4♎16	4♎49	5♎22	5♎55	6♎27	7♎00
/♅	25♊33	26♊01	26♊29	26♊57	27♊25	27♊53	28♊21	28♊49	29♊17	29♊45
/♆	8♐28	8♐57	9♐25	9♐54	10♐22	10♐50	11♐19	11♐48	12♐16	12♐45
/♇	11♏25	11♏54	12♏23	12♏52	13♏21	13♏50	14♏20	14♏49	15♏18	15♏48
/☊	3♏33	3♏56	4♏18	4♏40	5♏04	5♏28	5♏54	6♏22	6♏50	7♏19
☽/☿	2♐34	9♊30	16♊25	23♊17	0♋07	6♋57	13♋47	20♋39	27♋35	4♌38
/♀	13♐36	20♐19	26♐59	3♋35	10♋08	16♋41	23♋13	29♋46	6♌24	13♌07
/♂	13♉40	20♉04	26♉25	2♊42	8♊57	15♊11	21♊24	27♊39	3♋57	10♋22
/⚳	13♓32	19♓31	25♓26	1♈18	7♈08	12♈56	18♈44	24♈34	0♉27	6♉27
/♃	6♈14	12♈18	18♈19	24♈16	0♉11	6♉04	11♉57	17♉52	23♉50	29♉55
/♄	24♐18	0♑27	6♑32	12♑35	18♋34	24♋33	0♌31	6♌31	12♌35	18♌44
/♅	17♓45	23♓49	29♓50	5♈48	11♈43	17♈37	23♈30	29♈26	5♉25	11♉30
/♆	0♓40	6♓45	12♓46	18♓44	24♓40	0♈34	6♈28	12♈24	18♈23	24♈29
/♇	3♒37	9♒42	15♒44	21♒43	27♒39	3♓34	9♓29	15♓25	21♓26	27♓32
/☊	25♑45	1♒44	7♒39	13♒31	19♒22	25♒12	1♓03	6♓58	12♓57	19♍04
☿/♀	13♍51	15♍19	16♍48	18♍19	19♍50	21♍22	22♍55	24♍28	26♍01	27♍35
/♂	13♌55	15♌04	16♌15	17♌26	18♌39	19♌53	21♌06	22♌21	23♌35	24♌50
/⚳	13♊47	14♊31	15♊16	16♊02	16♊50	17♊38	18♊27	19♊16	20♊05	20♊55
/♃	6♋28	7♋18	8♋09	9♋00	9♋53	10♋46	11♋40	12♋34	13♋28	14♋22
/♄	24♍33	25♍27	26♍22	27♍19	28♍16	29♍15	0♎14	1♎13	2♎12	3♎12
/♅	17♊60	18♊49	19♊40	20♊32	21♊25	22♊19	23♊13	24♊08	25♊02	25♊57
/♆	0♐55	1♐45	2♐36	3♐28	4♐22	5♐16	6♐11	7♐06	8♐01	8♐56
/♇	3♏51	4♏42	5♏34	6♏27	7♏21	8♏16	9♏11	10♏07	11♏03	11♏59
/☊	26♎00	26♎44	27♎29	28♎15	29♎04	29♎54	0♏46	1♏40	2♏35	3♏31
♀/♂	24♌57	25♌53	26♌49	27♌45	28♌41	29♌36	0♍32	1♍28	2♍23	3♍19
/⚳	24♐49	25♐20	25♐50	26♐21	26♐51	27♐22	27♐52	28♐23	28♐53	29♐24
/♃	17♋31	18♋07	18♋43	19♋19	19♋54	20♋30	21♋06	21♋41	22♋16	22♋52
/♄	5♎35	6♎16	6♎56	7♎37	8♎18	8♎58	9♎39	10♎20	11♎01	11♎41
/♅	29♊02	29♊38	0♋14	0♋50	1♋26	2♋02	2♋39	3♑15	3♑51	4♑27
/♆	11♐57	12♐34	13♐10	13♐47	14♐23	14♐60	15♐36	16♐13	16♐49	17♐26
/♇	14♏54	15♏31	16♏08	16♏45	17♏22	17♏60	18♏37	19♏14	19♏52	20♏29
/☊	7♏02	7♏33	8♏03	8♏34	9♏05	9♏38	10♏12	10♏47	11♏23	12♏00
♂/⚳	24♉52	25♉04	25♉16	25♉28	25♉40	25♉52	26♉04	26♉15	26♉27	26♉39
/♃	17♊34	17♊52	18♊09	18♊26	18♊43	19♊00	19♊17	19♊34	19♊50	20♊07
/♄	5♍38	6♍01	6♍23	6♍45	7♍07	7♍29	7♍50	8♍12	8♍34	8♍56
/♅	29♉05	29♉23	29♉40	29♉58	0♊15	0♊33	0♊50	1♊07	1♊24	1♊42
/♆	12♉01	12♉19	12♉36	12♉54	13♉12	13♉30	13♉48	14♉05	14♉23	14♉41
/♇	14♎57	15♎16	15♎34	15♎53	16♎11	16♎30	16♎48	17♎07	17♎25	17♎44
/☊	7♎06	7♎18	7♎29	7♎41	7♎54	8♎08	8♎23	8♎39	8♎57	9♎15
⚳/♃	17♈26	17♈18	17♈10	17♈02	16♈54	16♈46	16♈37	16♈29	16♈20	16♈11
/♄	5♑30	5♑27	5♑24	5♑21	5♑17	5♑14	5♑11	5♑08	5♑04	5♑01
/♅	28♓57	28♓50	28♓42	28♓34	28♓26	28♓18	28♓10	28♓02	27♓54	27♓46
/♆	11♓53	11♓45	11♓38	11♓30	11♓23	11♓15	11♓08	11♓00	10♓53	10♓46
/♇	14♒49	14♒42	14♒36	14♒29	14♒22	14♒15	14♒09	14♒02	13♒55	13♒49
/☊	6♒58	6♒44	6♒31	6♒17	6♒05	5♒53	5♒43	5♒35	5♒27	5♒20
♃/♄	28♋12	28♋14	28♋16	28♋18	28♋20	28♋22	28♋24	28♋26	28♋27	28♋29
/♅	21♈39	21♈37	21♈34	21♈32	21♈29	21♈26	21♈23	21♈20	21♈17	21♈14
/♆	4♈34	4♈32	4♈30	4♈28	4♈26	4♈24	4♈21	4♈19	4♈16	4♈13
/♇	7♓31	7♓30	7♓28	7♓27	7♓25	7♓24	7♓22	7♓20	7♓18	7♓16
/☊	29♒40	29♒32	29♒23	29♒15	29♒08	29♒01	28♒56	28♒53	28♒50	28♒48
♄/♅	9♑43	9♑46	9♑48	9♑50	9♑52	9♑55	9♑57	9♑59	10♑02	10♑04
/♆	22♐39	22♐41	22♐44	22♐47	22♐49	22♐52	22♐55	22♐57	23♐00	23♐03
/♇	25♏35	25♏38	25♏42	25♏45	25♏49	25♏52	25♏55	25♏59	26♏02	26♏06
/☊	17♏44	17♏40	17♏37	17♏33	17♏31	17♏30	17♏30	17♏31	17♏34	17♏38
♅/♆	16♓06	16♓04	16♓02	15♓60	15♓58	15♓56	15♓54	15♓52	15♓50	15♓48
/♇	19♒02	19♒01	18♒60	18♒58	18♒57	18♒56	18♒55	18♒54	18♒52	18♒51
/☊	11♒11	11♒03	10♒55	10♒47	10♒40	10♒34	10♒29	10♒26	10♒24	10♒23
♆/♇	1♒57	1♒56	1♒56	1♒55	1♒54	1♒53	1♒53	1♒52	1♒51	1♒51
/☊	24♑06	23♑58	23♑51	23♑43	23♑37	23♑31	23♑27	23♑24	23♑23	23♑22
♇/☊	27♐02	26♐56	26♐49	26♐42	26♐36	26♐31	26♐28	26♐26	26♐25	26♐25

	21	22	23	24	25	26	27	28	29	30
☉/☽	15♌11	22♌07	29♌16	6♍40	14♍19	22♍12	0♎14	8♎21	16♎28	24♎28
/☿	24♍19	25♍44	27♍10	28♍34	29♍59	1♎24	2♎48	4♎11	5♎34	6♎57
/♀	2♎30	3♎36	4♎43	5♎50	6♎56	8♎03	9♎10	10♎16	11♎23	12♎30
/♂	29♌25	0♍13	1♍01	1♍48	2♍36	3♍23	4♍11	4♍58	5♍45	6♍33
/⚳	25♐05	25♐28	25♐51	26♐14	26♐36	26♐59	27♐22	27♐46	28♐09	28♐32
/♃	18♋38	19♋05	19♋32	19♋59	20♋26	20♋53	21♋20	21♋47	22♋13	22♋40
/♄	7♎33	8♎06	8♎39	9♎12	9♎45	10♎18	10♎51	11♎24	11♎57	12♎30
/♅	0♋14	0♋42	1♋10	1♋38	2♋06	2♋34	3♑03	3♑31	3♑59	4♑27
/♆	13♐13	13♐42	14♐11	14♐39	15♐08	15♐37	16♐06	16♐34	17♐03	17♐32
/♇	16♏17	16♏46	17♏16	17♏45	18♏15	18♏44	19♏14	19♏44	20♏13	20♏43
/☊	7♏48	8♏17	8♏45	9♏12	9♏37	10♏02	10♏26	10♏50	11♏15	11♏42
☽/☿	11♌49	19♌12	26♌48	4♍38	12♍43	21♍01	29♍29	8♎01	16♎31	24♎56
/♀	19♌60	27♌04	4♍21	11♍53	19♍40	27♍41	5♎51	14♎06	22♎20	0♏29
/♂	16♋56	23♋41	0♌39	7♌52	15♌20	23♌01	0♍52	8♍47	16♍43	24♍32
/⚳	12♉36	18♉56	25♉29	2♊17	9♊20	16♊37	24♐03	1♑35	9♑06	16♑31
/♃	6♊08	12♊32	19♊10	26♊03	3♋10	10♋31	18♋01	25♋36	3♌10	10♒39
/♄	25♌03	1♍33	8♍17	15♍15	22♍29	29♍55	7♎32	15♎13	22♎54	0♏28
/♅	17♉44	24♉09	0♊48	7♊42	14♊50	22♊12	29♊44	7♑20	14♑56	22♑26
/♆	0♉44	7♉09	13♉49	20♉43	27♉52	5♐14	12♐47	20♐24	28♐00	5♑31
/♇	3♈47	10♎14	16♎54	23♎49	0♏59	8♏22	15♏55	23♏33	1♐10	8♐42
/☊	25♍19	1♎45	8♎23	15♎16	22♎22	29♎40	7♏07	14♏40	22♏12	29♏40
☿/♀	29♍08	0♎42	2♎15	3♎48	5♎20	6♎52	8♎24	9♎56	11♎27	12♎58
/♂	26♌04	27♌18	28♌32	29♌46	0♍60	2♍13	3♍25	4♍37	5♍49	7♍01
/⚳	21♊44	22♐33	23♐23	24♐12	25♐00	25♐49	26♐37	27♐25	28♐12	28♐60
/♃	15♋16	16♋10	17♋04	17♋57	18♋50	19♋42	20♋34	21♋26	22♋17	23♋08
/♄	4♎12	5♎11	6♎10	7♎10	8♎08	9♎07	10♎05	11♎03	12♎00	12♎57
/♅	26♊52	27♊47	28♊42	29♊36	0♋30	1♋24	2♋17	3♑10	4♑03	4♑55
/♆	9♐52	10♐47	11♐42	12♐37	13♐32	14♐26	15♐20	16♐14	17♐07	17♐60
/♇	12♏56	13♏52	14♏48	15♏43	16♏39	17♏34	18♏29	19♏23	20♏17	21♏10
/☊	4♏27	5♏23	6♏17	7♏10	8♏01	8♏51	9♏41	10♏30	11♏19	12♏09
♀/♂	4♍15	5♍10	6♍06	7♍01	7♍57	8♍52	9♍47	10♍43	11♍38	12♍33
/⚳	29♐55	0♑25	0♑56	1♑27	1♑57	2♑28	2♑59	3♑30	4♑01	4♑32
/♃	23♋27	24♋02	24♋37	25♋12	25♋47	26♋22	26♋57	27♋31	28♋06	28♋40
/♄	12♎22	13♎03	13♎44	14♎25	15♎06	15♎46	16♎27	17♎08	17♎49	18♎30
/♅	5♑03	5♑39	6♑15	6♑51	7♑27	8♑03	8♑39	9♑15	9♑52	10♑28
/♆	18♐03	18♐39	19♐16	19♐52	20♐29	21♐06	21♐42	22♐19	22♐56	23♐32
/♇	21♏06	21♏44	22♏21	22♏58	23♏36	24♏13	24♏51	25♏28	26♏06	26♏43
/☊	12♏38	13♏15	13♏50	14♏25	14♏59	15♏31	16♏03	16♏35	17♏08	17♏42
♂/⚳	26♉50	27♉02	27♉14	27♉25	27♉37	27♉49	28♉00	28♉12	28♉24	28♉35
/♃	20♊23	20♊39	20♊55	21♊11	21♊26	21♊42	21♊58	22♊13	22♊28	22♊43
/♄	9♍18	9♍40	10♍02	10♍23	10♍45	11♍07	11♍28	11♍50	12♍11	12♍33
/♅	1♊59	2♊16	2♊33	2♊50	3♊07	3♊24	3♊40	3♊57	4♊14	4♊31
/♆	14♉58	15♉16	15♉33	15♉51	16♉08	16♉26	16♉43	17♉01	17♉18	17♉35
/♇	18♎02	18♎20	18♎39	18♎57	19♎15	19♎33	19♎52	20♎10	20♎28	20♎46
/☊	9♎34	9♎51	10♎08	10♎24	10♎38	10♎51	11♎04	11♎17	11♎30	11♎45
⚳/♃	16♈03	15♈54	15♈45	15♈36	15♈27	15♈18	15♈09	15♈00	14♈51	14♈42
/♄	4♑58	4♑55	4♑52	4♑49	4♑46	4♑43	4♑40	4♑37	4♑35	4♑32
/♅	27♓39	27♓31	27♓23	27♓15	27♓07	26♓60	26♓52	26♓45	26♓37	26♓30
/♆	10♓38	10♓31	10♓24	10♓16	10♓09	10♓02	9♓55	9♓48	9♓41	9♓34
/♇	13♒42	13♒35	13♒29	13♒22	13♒16	13♒10	13♒03	12♒57	12♒51	12♒45
/☊	5♒13	5♒06	4♒58	4♒49	4♒39	4♒27	4♒16	4♒04	3♒53	3♒44
♃/♄	28♋30	28♋32	28♋33	28♋34	28♋35	28♋36	28♋37	28♋38	28♋39	28♋40
/♅	21♈11	21♈08	21♈04	21♈01	20♈57	20♈53	20♈49	20♈46	20♈42	20♈38
/♆	4♈11	4♈08	4♈05	4♈02	3♈59	3♈56	3♈52	3♈49	3♈46	3♈42
/♇	7♓14	7♓12	7♓10	7♓08	7♓06	7♓03	7♓01	6♓58	6♓56	6♓53
/☊	28♒46	28♒43	28♒40	28♒35	28♒28	28♒21	28♒13	28♒05	27♒58	27♒52
♄/♅	10♑06	10♑08	10♑11	10♑13	10♑15	10♑18	10♑20	10♑23	10♑25	10♑27
/♆	23♐06	23♐09	23♐12	23♐14	23♐17	23♐20	23♐23	23♐26	23♐29	23♐32
/♇	26♏10	26♏13	26♏17	26♏20	26♏24	26♏28	26♏32	26♏35	26♏39	26♏43
/☊	17♏41	17♏44	17♏46	17♏47	17♏47	17♏45	17♏44	17♏42	17♏41	17♏42
♅/♆	15♓46	15♓45	15♓43	15♓41	15♓39	15♓37	15♓35	15♓33	15♓32	15♓30
/♇	18♒50	18♒49	18♒48	18♒47	18♒46	18♒45	18♒44	18♒43	18♒42	18♒41
/☊	10♒22	10♒20	10♒17	10♒14	10♒08	10♒02	9♒56	9♒49	9♒44	9♒39
♆/♇	1♒50	1♒49	1♒49	1♒48	1♒48	1♒47	1♒47	1♒46	1♒46	1♒45
/☊	23♑21	23♑20	23♑18	23♑15	23♑10	23♑05	22♑59	22♑53	22♑48	22♑44
♇/☊	26♐25	26♐25	26♐23	26♐21	26♐17	26♐12	26♐07	26♐02	25♐58	25♐55

September 2011

October 2011

	1	2	3	4	5	6	7	8	9	10	11	12	13	14	15	16	17	18	19	20	21	22	23	24	25	26	27	28	29	30	31
☉/☽	2♏19	9♏57	17♏23	24♏36	1♐37	8♐29	15♐14	21♐52	28♐26	4♑56	11♑24	17♑50	24♋16	0♌40	7♌06	13♌34	20♌05	26♌42	3♍27	10♍22	17♍28	24♍49	2♎23	10♎11	18♎11	26♎17	4♏25	12♏30	20♏27	28♏12	5♐44
/☿	8♎20	9♎42	11♎03	12♎25	13♎45	15♎06	16♎26	17♎45	19♎04	20♎23	21♎42	22♎60	24♎18	25♎35	26♎52	28♎09	29♎25	0♏42	1♏57	3♏13	4♏28	5♏43	6♏58	8♏12	9♏26	10♏40	11♏54	13♏07	14♏20	15♏32	16♏44
/♀	13♎37	14♎44	15♎50	16♎57	18♎04	19♎11	20♎18	21♎25	22♎32	23♎39	24♎45	25♎52	26♎59	28♎06	29♎13	0♏20	1♏27	2♏35	3♏42	4♏49	5♏56	7♏03	8♏10	9♏17	10♏24	11♏32	12♏39	13♏46	14♏53	16♏01	17♏08
/♂	7♍20	8♍07	8♍55	9♍42	10♍29	11♍16	12♍03	12♍51	13♍38	14♍25	15♍12	15♍58	16♍45	17♍32	18♍19	19♍06	19♍53	20♍39	21♍26	22♍13	22♍59	23♍46	24♍32	25♍19	26♍05	26♍51	27♍38	28♍24	29♍10	29♍56	0♎42
/⚷	28♐55	29♐19	29♐43	0♑06	0♑30	0♑54	1♑19	1♑43	2♑07	2♑32	2♑57	3♑22	3♑47	4♑12	4♑38	5♑04	5♑30	5♑56	6♑22	6♑48	7♑15	7♑42	8♑09	8♑36	9♑03	9♑31	9♑59	10♑27	10♑55	11♑24	11♑52
/♃	23♋06	23♋33	23♋59	24♋26	24♋52	25♋18	25♋45	26♋11	26♋37	27♋03	27♋29	27♋55	28♋21	28♋47	29♋13	29♋39	0♌05	0♌31	0♌57	1♌23	1♌49	2♌14	2♌40	3♌06	3♌32	3♌58	4♌24	4♌49	5♌15	5♒41	6♒07
/♄	13♎03	13♎36	14♎09	14♎42	15♎15	15♎49	16♎22	16♎55	17♎28	18♎02	18♎35	19♎08	19♎42	20♎15	20♎48	21♎22	21♎55	22♎28	23♎02	23♎35	24♎09	24♎42	25♎16	25♎49	26♎23	26♎56	27♎30	28♎03	28♎37	29♎11	29♎44
/♅	4♑56	5♑24	5♑52	6♑21	6♑49	7♑17	7♑46	8♑14	8♑43	9♑11	9♑39	10♑08	10♑37	11♑05	11♑34	12♑02	12♑31	12♑60	13♑28	13♑57	14♑26	14♑55	15♑23	15♑52	16♑21	16♑50	17♑19	17♑48	18♑17	18♑46	19♑15
/♆	18♐01	18♐30	18♐59	19♐28	19♐57	20♐26	20♐55	21♐24	21♐53	22♐22	22♐51	23♐20	23♐50	24♐19	24♐48	25♐18	25♐47	26♐16	26♐46	27♐15	27♐45	28♐14	28♐44	29♐13	29♐43	0♑13	0♑42	1♑12	1♑42	2♑12	2♑41
/♇	21♏13	21♏42	22♏12	22♏42	23♏12	23♏41	24♏11	24♏41	25♏11	25♏41	26♏11	26♏41	27♏11	27♏41	28♏11	28♏42	29♏12	29♏42	0♐12	0♐43	1♐13	1♐43	2♐14	2♐44	3♐15	3♐45	4♐16	4♐46	5♐17	5♐47	6♐18
/☊	12♏09	12♏38	13♏08	13♏37	14♏07	14♏35	15♏02	15♏28	15♏53	16♏17	16♏41	17♏05	17♏30	17♏56	18♏23	18♏51	19♏20	19♏51	20♏21	20♏51	21♏21	21♏49	22♏17	22♏44	23♏10	23♏37	24♏04	24♏32	25♏01	25♏31	26♏01
☽/☿	3♏10	11♏12	18♏60	26♏34	3♐58	11♐11	18♐16	25♐15	2♑09	8♑59	15♑46	22♑31	29♑15	5♌58	12♌41	19♌26	26♌14	3♍08	10♍09	17♍20	24♍42	2♎18	10♎07	18♎10	26♎24	4♏44	13♏06	21♏24	29♏34	7♐32	15♐15
/♀	8♏27	16♏13	23♏47	1♐07	8♐17	15♐16	22♐09	28♐55	5♑36	12♑14	18♑50	25♑24	1♒56	8♌29	15♌02	21♌38	28♌17	5♍01	11♍53	18♍56	26♍10	3♎38	11♎20	19♎15	27♎22	5♏35	13♏51	22♏04	0♐08	8♐00	15♐39
/♂	2♎11	9♎37	16♎51	23♎52	0♏42	7♏22	13♉54	20♉21	26♉42	3♊00	9♊16	15♊30	21♊42	27♊55	4♋08	10♋23	16♋42	23♋06	29♋38	6♌19	13♌13	20♌20	27♌41	5♍16	13♍02	20♍55	28♍50	6♎41	14♎24	21♎55	29♎13
/⚷	23♑46	0♒49	7♒39	14♒16	20♒43	26♒60	3♓09	9♓13	15♓12	21♓08	27♓01	2♈53	8♈44	14♈35	20♈27	26♈21	2♉19	8♉22	14♉34	20♉55	27♉29	4♊16	11♊18	18♐34	26♐01	3♑35	11♑11	18♑44	26♑09	3♒23	10♒23
/♃	17♒57	25♒03	1♓56	8♓36	15♓05	21♓24	27♓35	3♈41	9♈42	15♈39	21♈34	27♈27	3♉18	9♉10	15♉02	20♉56	26♉54	2♊58	9♊09	15♊30	22♊02	28♊49	5♋50	13♋04	20♋29	28♋01	5♒36	13♒07	20♒29	27♒41	4♓38
/♄	7♏53	15♏06	22♏05	28♏52	5♐28	11♐54	18♐13	24♐25	0♑33	6♑37	12♑39	18♑39	24♋39	0♌37	6♌37	12♌39	18♌44	24♌55	1♍14	7♍42	14♍23	21♍17	28♍25	5♎47	13♎20	21♎00	28♎42	6♏21	13♏51	21♏10	28♏15
/♅	29♑46	6♒54	13♒48	20♒31	27♒01	3♓23	9♓36	15♓44	21♓47	27♓47	3♈44	9♈39	15♈34	21♈28	27♈23	3♉19	9♉20	15♉26	21♉40	28♉04	4♊40	11♊29	18♊33	25♊50	3♑18	10♑54	18♑31	26♑05	3♒31	10♒45	17♒46
/♆	12♑51	19♑60	26♑55	3♒38	10♒09	16♒31	22♒46	28♒54	4♓58	10♓58	16♓56	22♓52	28♓47	4♈42	10♈37	16♈35	22♈36	28♈43	4♉57	11♉22	17♉59	24♉49	1♐53	9♐11	16♐40	24♐16	1♑54	9♑29	16♑56	24♑11	1♒12
/♇	16♐03	23♐12	0♑08	6♑52	13♑24	19♑47	26♑02	2♒11	8♒16	14♒17	20♒16	26♒12	2♓08	8♓04	14♓00	19♓59	26♓01	2♈09	8♎24	14♎50	21♎27	28♎18	5♏23	12♏42	20♏12	27♏49	5♐28	13♐04	20♐31	27♐47	4♑49
/☊	6♐60	14♐08	21♐04	27♐47	4♑19	10♑40	16♑53	22♑58	28♑58	4♒53	10♒45	16♒36	22♒27	28♒18	4♓11	10♓08	16♍10	22♍17	28♍33	4♎58	11♎35	18♎24	25♎26	2♏42	10♏08	17♏41	25♏16	2♐49	10♐15	17♐30	24♐32
☿/♀	14♎28	15♎58	17♎27	18♎56	20♎25	21♎53	23♎20	24♎48	26♎15	27♎41	29♎07	0♏33	1♏58	3♏23	4♏48	6♏13	7♏37	9♏00	10♏24	11♏47	13♏10	14♏32	15♏54	17♏16	18♏37	19♏59	21♏20	22♏40	24♏00	25♏20	26♏40
/♂	8♍11	9♍22	10♍31	11♍41	12♍50	13♍58	15♍06	16♍14	17♍21	18♍27	19♍33	20♍39	21♍44	22♍49	23♍54	24♍58	26♍02	27♍05	28♍08	29♍11	0♎13	1♎15	2♎16	3♎17	4♎18	5♎18	6♎18	7♎18	8♎17	9♎16	10♎14
/⚷	29♐47	0♑33	1♑19	2♑05	2♑51	3♑36	4♑21	5♑06	5♑51	6♑35	7♑19	8♑03	8♑46	9♑30	10♑13	10♑56	11♑39	12♑21	13♑04	13♑46	14♑29	15♑11	15♑53	16♑35	17♑16	17♑58	18♑40	19♑21	20♑02	20♑43	21♑24
/♃	23♋58	24♋47	25♋36	26♋25	27♋13	28♋00	28♋47	29♋34	0♌20	1♌06	1♌51	2♌36	3♌20	4♌04	4♌48	5♌31	6♌14	6♒57	7♒39	8♒21	9♒02	9♒43	10♒24	11♒05	11♒45	12♒25	13♒04	13♒43	14♒22	15♒01	15♒39
/♄	13♎54	14♎50	15♎46	16♎41	17♎36	18♎30	19♎24	20♎18	21♎11	22♎04	22♎57	23♎49	24♎41	25♎32	26♎23	27♎14	28♎04	28♎54	29♎44	0♏33	1♏23	2♏11	2♏60	3♏48	4♏36	5♏23	6♏11	6♏57	7♏44	8♏30	9♏16
/♅	5♑47	6♑38	7♑29	8♑19	9♑09	9♑59	10♑48	11♑37	12♑26	13♑14	14♑01	14♑49	15♑36	16♑22	17♑08	17♑54	18♑40	19♑25	20♑10	20♑55	21♑39	22♑24	23♑07	23♑51	24♑34	25♑17	25♑60	26♑42	27♑24	28♑05	28♑47
/♆	18♐52	19♐44	20♐36	21♐27	22♐17	23♐08	23♐57	24♐47	25♐36	26♐25	27♐13	28♐01	28♐49	29♐36	0♑23	1♑10	1♑56	2♑42	3♑28	4♑13	4♑58	5♑43	6♑28	7♑12	7♑56	8♑40	9♑23	10♑06	10♑49	11♑31	12♑13
/♇	22♏04	22♏56	23♏49	24♏41	25♏32	26♏23	27♏14	28♏04	28♏54	29♏44	0♐33	1♐22	2♐10	2♐58	3♐46	4♐34	5♐21	6♐08	6♐54	7♐41	8♐27	9♐12	9♐58	10♐43	11♐28	12♐12	12♐56	13♐40	14♐24	15♐07	15♐50
/☊	13♏00	13♏52	14♏44	15♏36	16♏27	17♏17	18♏05	18♏51	19♏36	20♏20	21♏03	21♏45	22♏29	23♏13	23♏57	24♏43	25♏30	26♏16	27♏03	27♏49	28♏34	29♏18	0♐01	0♐43	1♐23	2♐04	2♐45	3♐26	4♐08	4♐50	5♐33
♀/♂	13♍28	14♍23	15♍19	16♍14	17♍09	18♍03	18♍58	19♍53	20♍48	21♍42	22♍37	23♍32	24♍26	25♍21	26♍15	27♍09	28♍04	28♍58	29♍52	0♎46	1♎40	2♎34	3♎28	4♎22	5♎16	6♎10	7♎03	7♎57	8♎51	9♎44	10♎37
/⚷	5♑04	5♑35	6♑06	6♑38	7♑10	7♑42	8♑13	8♑46	9♑18	9♑50	10♑23	10♑55	11♑28	12♑01	12♑34	13♑07	13♑41	14♑14	14♑48	15♑22	15♑56	16♑31	17♑05	17♑40	18♑15	18♑50	19♑25	20♑00	20♑36	21♑12	21♑48
/♃	29♋15	29♋49	0♌23	0♌57	1♌31	2♌06	2♌40	3♌13	3♌47	4♌21	4♌55	5♌29	6♌02	6♌36	7♒09	7♒43	8♒16	8♒50	9♒23	9♒56	10♒30	11♒03	11♒36	12♒10	12♒43	13♒16	13♒49	14♒23	14♒56	15♒29	16♒02
/♄	19♎11	19♎52	20♎33	21♎14	21♎55	22♎36	23♎17	23♎58	24♎39	25♎20	26♎00	26♎41	27♎22	28♎03	28♎44	29♎25	0♏06	0♏47	1♏28	2♏09	2♏50	3♏31	4♏12	4♏53	5♏34	6♏15	6♏56	7♏37	8♏18	8♏59	9♏39
/♅	11♑04	11♑40	12♑16	12♑52	13♑28	14♑04	14♑41	15♑17	15♑53	16♑29	17♑05	17♑41	18♑17	18♑54	19♑30	20♑06	20♑42	21♑18	21♑55	22♑31	23♑07	23♑43	24♑20	24♑56	25♑32	26♑09	26♑45	27♑21	27♑58	28♑34	29♑10
/♆	24♐09	24♐46	25♐23	25♐59	26♐36	27♐13	27♐50	28♐26	29♐03	29♐40	0♑17	0♑54	1♑31	2♑07	2♑44	3♑21	3♑58	4♑35	5♑12	5♑49	6♑26	7♑03	7♑40	8♑17	8♑54	9♑31	10♑08	10♑45	11♑22	11♑59	12♑37
/♇	27♏21	27♏58	28♏36	29♏13	29♏51	0♐29	1♐06	1♐44	2♐21	2♐59	3♐37	4♐14	4♐52	5♐30	6♐08	6♐45	7♐23	8♐01	8♐39	9♐16	9♐54	10♐32	11♐10	11♐48	12♐26	13♐04	13♐42	14♐19	14♐57	15♐35	16♐13
/☊	18♏17	18♏54	19♏31	20♏09	20♏46	21♏22	21♏57	22♏31	23♏03	23♏35	24♏06	24♏38	25♏11	25♏44	26♏19	26♏55	27♏32	28♏09	28♏47	29♏25	0♐02	0♐38	1♐13	1♐48	2♐21	2♐55	3♐30	4♐05	4♐41	5♐19	5♐57
♂/⚷	28♉47	28♉59	29♉11	29♉23	29♉35	29♉47	29♉59	0♊11	0♊24	0♊36	0♊49	1♊01	1♊14	1♊27	1♊40	1♊53	2♊06	2♊19	2♊32	2♊46	2♊59	3♊13	3♊27	3♊41	3♊55	4♊09	4♊23	4♊38	4♊52	5♊07	5♊22
/♃	22♊58	23♊13	23♊28	23♊42	23♊57	24♊11	24♊25	24♊39	24♊53	25♊07	25♊21	25♊35	25♊48	26♊02	26♊15	26♊28	26♊41	26♊54	27♊07	27♊20	27♊33	27♊46	27♊58	28♊11	28♊23	28♊36	28♊48	29♊00	29♊12	29♊24	29♊36
/♄	12♍54	13♍16	13♍37	13♍59	14♍20	14♍41	15♍02	15♍23	15♍45	16♍06	16♍27	16♍47	17♍08	17♍29	17♍50	18♍11	18♍31	18♍52	19♍12	19♍33	19♍53	20♍14	20♍34	20♍54	21♍14	21♍34	21♍54	22♍14	22♍34	22♍54	23♍14
/♅	4♊47	5♊04	5♊20	5♊37	5♊53	6♊10	6♊26	6♊42	6♊59	7♊15	7♊31	7♊47	8♊03	8♊19	8♊35	8♊51	9♊07	9♊23	9♊39	9♊55	10♊10	10♊26	10♊42	10♊57	11♊13	11♊28	11♊43	11♊59	12♊14	12♊29	12♊44
/♆	17♉53	18♉10	18♉27	18♉44	19♉01	19♉18	19♉35	19♉52	20♉09	20♉26	20♉43	20♉60	21♉17	21♉33	21♉50	22♉07	22♉23	22♉40	22♉56	23♉13	23♉29	23♉46	24♉02	24♉18	24♉34	24♉51	25♉07	25♉23	25♉39	25♉55	26♉11
/♇	21♎04	21♎22	21♎40	21♎58	22♎16	22♎34	22♎52	23♎10	23♎27	23♎45	24♎03	24♎20	24♎38	24♎56	25♎13	25♎31	25♎48	26♎06	26♎23	26♎40	26♎58	27♎15	27♎32	27♎49	28♎06	28♎23	28♎40	28♎57	29♎14	29♎31	29♎47
/☊	12♎01	12♎18	12♎36	12♎54	13♎11	13♎27	13♎43	13♎56	14♎09	14♎21	14♎32	14♎44	14♎56	15♎10	15♎24	15♎40	15♎57	16♎14	16♎32	16♎49	17♎05	17♎21	17♎35	17♎49	18♎02	18♎15	18♎29	18♎43	18♎58	19♎14	19♎31
⚷/♃	14♈33	14♈24	14♈15	14♈07	13♈58	13♈49	13♈40	13♈32	13♈23	13♈15	13♈06	12♈58	12♈50	12♈42	12♈34	12♈26	12♈18	12♈11	12♈03	11♈56	11♈49	11♈42	11♈35	11♈28	11♈22	11♈16	11♈09	11♈03	10♈58	10♈52	10♈47
/♄	4♑30	4♑27	4♑25	4♑23	4♑21	4♑19	4♑17	4♑16	4♑14	4♑13	4♑12	4♑11	4♑10	4♑09	4♑09	4♑09	4♑08	4♑08	4♑08	4♑09	4♑09	4♑10	4♑11	4♑12	4♑13	4♑14	4♑16	4♑18	4♑19	4♑22	4♑24
/♅	26♓23	26♓15	26♓08	26♓01	25♓55	25♓48	25♓41	25♓35	25♓29	25♓23	25♓17	25♓11	25♓05	24♓60	24♓54	24♓49	24♓44	24♓39	24♓35	24♓30	24♓26	24♓22	24♓18	24♓15	24♓11	24♓08	24♓05	24♓02	23♓59	23♓57	23♓55
/♆	9♓28	9♓21	9♓15	9♓09	9♓02	8♓56	8♓50	8♓45	8♓39	8♓34	8♓28	8♓23	8♓18	8♓13	8♓09	8♓04	8♓00	7♓56	7♓52	7♓49	7♓45	7♓42	7♓39	7♓36	7♓33	7♓30	7♓28	7♓26	7♓24	7♓22	7♓21
/♇	12♒39	12♒34	12♒28	12♒23	12♒17	12♒12	12♒07	12♒02	11♒57	11♒53	11♒48	11♒44	11♒40	11♒36	11♒32	11♒29	11♒25	11♒22	11♒19	11♒16	11♒13	11♒11	11♒09	11♒07	11♒05	11♒03	11♒02	11♒00	10♒59	10♒58	10♒58
/☊	3♒36	3♒29	3♒24	3♒18	3♒12	3♒06	2♒58	2♒49	2♒39	2♒29	2♒18	2♒08	1♒58	1♒50	1♒43	1♒38	1♒34	1♒30	1♒27	1♒24	1♒21	1♒17	1♒12	1♒06	1♒00	0♒55	0♒50	0♒46	0♒43	0♒42	0♒41
♃/♄	28♋41	28♋41	28♋42	28♋42	28♋43	28♋43	28♋44	28♋44	28♋44	28♋44	28♋44	28♋44	28♋44	28♋44	28♋44	28♋44	28♋44	28♋44	28♋43	28♋43	28♋43	28♋42	28♋42	28♋42	28♋41	28♋41	28♋40	28♋40	28♋39	28♋39	28♋39
/♅	20♈33	20♈29	20♈25	20♈21	20♈16	20♈12	20♈07	20♈03	19♈58	19♈54	19♈49	19♈44	19♈39	19♈34	19♈30	19♈25	19♈20	19♈15	19♈10	19♈05	18♈60	18♈55	18♈50	18♈45	18♈40	18♈35	18♈29	18♈24	18♈19	18♈14	18♈09
/♆	3♈39	3♈35	3♈32	3♈28	3♈24	3♈20	3♈17	3♈13	3♈09	3♈05	3♈01	2♈57	2♈52	2♈48	2♈44	2♈40	2♈36	2♈31	2♈27	2♈23	2♈19	2♈14	2♈10	2♈06	2♈01	1♈57	1♈53	1♈48	1♈44	1♈40	1♈36
/♇	6♓50	6♓48	6♓45	6♓42	6♓39	6♓36	6♓33	6♓30	6♓27	6♓24	6♓21	6♓17	6♓14	6♓11	6♓07	6♓04	6♓01	5♓57	5♓54	5♓50	5♓47	5♓44	5♓40	5♓37	5♓33	5♓30	5♓26	5♓23	5♓19	5♓16	5♓12
/☊	27♒47	27♒43	27♒40	27♒37	27♒34	27♒30	27♒24	27♒17	27♒09	26♒60	26♒50	26♒41	26♒32	26♒25	26♒19	26♒13	26♒09	26♒06	26♒02	25♒59	25♒55	25♒49	25♒43	25♒36	25♒29	25♒21	25♒15	25♒08	25♒03	24♒59	24♒56
♄/♅	10♑30	10♑32	10♑35	10♑37	10♑40	10♑42	10♑45	10♑47	10♑50	10♑52	10♑55	10♑57	10♑60	11♑02	11♑05	11♑07	11♑10	11♑12	11♑15	11♑17	11♑20	11♑23	11♑25	11♑28	11♑31	11♑33	11♑36	11♑39	11♑41	11♑44	11♑47
/♆	23♐35	23♐38	23♐41	23♐44	23♐47	23♐51	23♐54	23♐57	23♐60	24♐03	24♐06	24♐09	24♐13	24♐16	24♐19	24♐22	24♐26	24♐29	24♐32	24♐36	24♐39	24♐42	24♐46	24♐49	24♐52	24♐56	24♐59	25♐02	25♐06	25♐09	25♐13
/♇	26♏47	26♏51	26♏54	26♏58	27♏02	27♏06	27♏10	27♏14	27♏18	27♏22	27♏26	27♏30	27♏34	27♏38	27♏42	27♏47	27♏51	27♏55	27♏59	28♏03	28♏07	28♏11	28♏16	28♏20	28♏24	28♏28	28♏32	28♏37	28♏41	28♏45	28♏49
/☊	17♏43	17♏46	17♏50	17♏54	17♏57	17♏60	18♏01	18♏01	17♏60	17♏58	17♏56	17♏54	17♏53	17♏53	17♏54	17♏56	17♏59	18♏03	18♏08	18♏12	18♏15	18♏17	18♏19	18♏20	18♏20	18♏20	18♏21	18♏23	18♏25	18♏29	18♏33
♅/♆	15♓28	15♓26	15♓24	15♓23	15♓21	15♓19	15♓18	15♓16	15♓14	15♓13	15♓11	15♓09	15♓08	15♓06	15♓05	15♓03	15♓02	15♓00	14♓59	14♓57	14♓56	14♓55	14♓53	14♓52	14♓51	14♓49	14♓48	14♓47	14♓46	14♓45	14♓44
/♇	18♒40	18♒39	18♒38	18♒37	18♒36	18♒35	18♒34	18♒33	18♒32	18♒32	18♒31	18♒30	18♒29	18♒29	18♒28	18♒27	18♒27	18♒26	18♒25	18♒25	18♒24	18♒24	18♒23	18♒23	18♒22	18♒22	18♒22	18♒21	18♒21	18♒21	18♒20
/☊	9♒36	9♒34	9♒33	9♒32	9♒31	9♒28	9♒25	9♒20	9♒14	9♒07	9♒00	8♒54	8♒48	8♒43	8♒39	8♒37	8♒35	8♒34	8♒34	8♒33	8♒32	8♒30	8♒26	8♒23	8♒18	8♒14	8♒10	8♒07	8♒05	8♒04	8♒04
♆/♇	1♒45	1♒45	1♒44	1♒44	1♒44	1♒43	1♒43	1♒43	1♒43	1♒43	1♒43	1♒42	1♒42	1♒42	1♒42	1♒42	1♒43	1♒43	1♒43	1♒43	1♒43	1♒43	1♒44	1♒44	1♒44	1♒44	1♒45	1♒45	1♒46	1♒46	1♒47
/☊	22♑42	22♑40	22♑40	22♑39	22♑39	22♑37	22♑34	22♑30	22♑25	22♑18	22♑12	22♑06	22♑01	21♑57	21♑54	21♑52	21♑51	21♑51	21♑51	21♑51	21♑51	21♑49	21♑47	21♑44	21♑40	21♑36	21♑33	21♑31	21♑30	21♑29	21♑30
♇/☊	25♐53	25♐53	25♐53	25♐53	25♐53	25♐53	25♐51	25♐47	25♐43	25♐38	25♐32	25♐27	25♐22	25♐19	25♐17	25♐16	25♐16	25♐17	25♐18	25♐19	25♐19	25♐18	25♐17	25♐14	25♐12	25♐09	25♐07	25♐05	25♐05	25♐05	25♐07

October 2011

November 2011

	1	2	3	4	5	6	7	8	9	10	11	12	13	14	15
☉/☽	13♐02	20♐06	26♐60	3♑44	10♑21	16♑52	23♑20	29♑46	6♒12	12♒38	19♌05	25♌35	2♍07	8♍45	15♍27
/☿	17♏56	19♏08	20♏18	21♏29	22♏39	23♏48	24♏57	26♏05	27♏12	28♏18	29♏24	0♐28	1♐31	2♐33	3♐33
/♀	18♏15	19♏23	20♏30	21♏37	22♏45	23♏52	24♏59	26♏07	27♏14	28♏21	29♏29	0♐36	1♐44	2♐51	3♐59
/♂	1♎28	2♎14	2♎60	3♎46	4♎31	5♎17	6♎03	6♎48	7♎34	8♎19	9♎04	9♎50	10♎35	11♎20	12♎05
/⚳	12♑21	12♑50	13♑20	13♑49	14♑19	14♑49	15♑19	15♑49	16♑20	16♑50	17♑21	17♑52	18♑23	18♑55	19♑27
/♃	6♒33	6♒59	7♒25	7♒51	8♒17	8♒43	9♒09	9♒35	10♒02	10♒28	10♒54	11♒21	11♒47	12♒14	12♒40
/♄	0♏18	0♏51	1♏25	1♏59	2♏32	3♏06	3♏39	4♏13	4♏46	5♏20	5♏54	6♏27	7♏01	7♏34	8♏08
/♅	19♑44	20♑13	20♑43	21♑12	21♑41	22♑10	22♑40	23♑09	23♑38	24♑08	24♑37	25♑06	25♑36	26♑06	26♑35
/♆	3♑11	3♑41	4♑11	4♑41	5♑11	5♑41	6♑11	6♑41	7♑11	7♑41	8♑11	8♑41	9♑12	9♑42	10♑12
/♇	6♐49	7♐19	7♐50	8♐21	8♐52	9♐22	9♐53	10♐24	10♐55	11♐26	11♐57	12♐28	12♐59	13♐30	14♐01
/☊	26♏32	27♏03	27♏33	28♏02	28♏31	28♏59	29♏26	29♏54	0♐21	0♐49	1♐18	1♐47	2♐17	2♐47	3♐18
☽/☿	22♐45	0♑01	7♑06	13♑60	20♑47	27♑27	4♒04	10♒38	17♒10	23♒42	0♓15	6♓48	13♍24	20♍02	26♍45
/♀	23♐04	0♑16	7♑17	14♑08	20♑52	27♑31	4♒06	10♒39	17♒12	23♒45	0♓20	6♓56	13♍36	20♍20	27♍10
/♂	6♏17	13♏08	19♏47	26♏17	2♊39	8♊56	15♊10	21♊21	27♊32	3♋43	9♋55	16♋10	22♋27	28♋49	5♌16
/⚳	17♒10	23♒44	0♓07	6♓20	12♓27	18♓28	24♓26	0♈22	6♈18	12♈14	18♈12	24♈12	0♉16	6♉24	12♉38
/♃	11♓22	17♓53	24♓12	0♈22	6♈25	12♈22	18♈16	24♈08	29♈60	5♉52	11♉45	17♉41	23♉40	29♉43	5♊51
/♄	5♐07	11♐45	18♐12	24♐30	0♑40	6♑45	12♑46	18♑46	24♋44	0♌44	6♌44	12♌47	18♌53	25♌04	1♍19
/♅	24♒33	1♓07	7♓30	13♓43	19♓49	25♓49	1♈46	7♈42	13♈36	19♈31	25♈28	1♉27	7♉29	13♉35	19♉46
/♆	7♒60	14♒35	20♒58	27♒12	3♓19	9♓20	15♓18	21♓14	27♓09	3♈05	9♈02	15♈02	21♈04	27♈11	3♉24
/♇	11♑38	18♑13	24♑37	0♒52	6♒59	13♒01	19♒00	24♒57	0♓53	6♓50	12♓47	18♓48	24♓51	0♈59	7♎12
/☊	1♑21	7♑56	14♑20	20♑33	26♑39	2♒38	8♒33	14♒27	20♒19	26♒13	2♓08	8♓07	14♓09	20♍16	26♍29
☿/♀	27♏59	29♏17	0♐36	1♐53	3♐10	4♐27	5♐43	6♐58	8♐12	9♐26	10♐38	11♐50	13♐00	14♐09	15♐16
/♂	11♎12	12♎09	13♎05	14♎02	14♎57	15♎52	16♎46	17♎40	18♎32	19♎24	20♎14	21♎03	21♎51	22♎38	23♎23
/⚳	22♑05	22♑45	23♑25	24♑05	24♑45	25♑24	26♑02	26♑40	27♑18	27♑55	28♑31	29♑06	29♑40	0♒13	0♒44
/♃	16♒16	16♒54	17♒31	18♒07	18♒43	19♒18	19♒53	20♒27	20♒60	21♒32	22♒04	22♒34	23♒03	23♒31	23♒58
/♄	10♏01	10♏46	11♏31	12♏14	12♏58	13♏41	14♏23	15♏04	15♏45	16♏25	17♏03	17♏41	18♏17	18♏52	19♏26
/♅	29♑28	0♒08	0♒48	1♒28	2♒07	2♒45	3♒23	4♒00	4♒37	5♒12	5♒47	6♒20	6♒52	7♒23	7♒53
/♆	12♑55	13♑36	14♑17	14♑57	15♑37	16♑16	16♑54	17♑32	18♑09	18♑46	19♑21	19♑55	20♑28	20♑60	21♑30
/♇	16♐32	17♐14	17♐56	18♐37	19♐17	19♐57	20♐37	21♐15	21♐53	22♐30	23♐06	23♐41	24♐15	24♐47	25♐18
/☊	6♐15	6♐57	7♐38	8♐18	8♐57	9♐34	10♐10	10♐45	11♐20	11♐54	12♐27	13♐00	13♐33	14♐05	14♐35
♀/♂	11♎31	12♎24	13♎17	14♎10	15♎03	15♎56	16♎49	17♎41	18♎34	19♎27	20♎19	21♎11	22♎04	22♎56	23♎48
/⚳	22♑24	23♑00	23♑37	24♑13	24♑50	25♑27	26♑05	26♑42	27♑20	27♑58	28♑36	29♑14	29♑52	0♒31	1♒09
/♃	16♒36	17♒09	17♒42	18♒15	18♒49	19♒22	19♒55	20♒29	21♒02	21♒35	22♒09	22♒42	23♒16	23♒49	24♒23
/♄	10♏20	11♏01	11♏42	12♏23	13♏04	13♏44	14♏25	15♏06	15♏47	16♏28	17♏08	17♏49	18♏30	19♏10	19♏51
/♅	29♑47	0♒23	0♒60	1♒36	2♒13	2♒49	3♒25	4♒02	4♒39	5♒15	5♒52	6♒28	7♒05	7♒41	8♒18
/♆	13♑14	13♑51	14♑28	15♑05	15♑42	16♑20	16♑57	17♑34	18♑11	18♑49	19♑26	20♑03	20♑40	21♑18	21♑55
/♇	16♐51	17♐29	18♐07	18♐45	19♐23	20♐01	20♐39	21♐17	21♐55	22♐33	23♐11	23♐49	24♐27	25♐06	25♐44
/☊	6♐35	7♐13	7♐50	8♐27	9♐03	9♐38	10♐12	10♐47	11♐22	11♐57	12♐32	13♐08	13♐45	14♐23	15♐01
♂/⚳	5♊37	5♊52	6♊07	6♊22	6♊37	6♊53	7♊08	7♊24	7♊39	7♊55	8♊11	8♊27	8♊43	8♊60	9♊16
/♃	29♊48	0♋00	0♋12	0♋24	0♋35	0♋47	0♋59	1♋10	1♋22	1♋33	1♋44	1♋56	2♋07	2♋18	2♋29
/♄	23♍33	23♍53	24♍12	24♍31	24♍51	25♍10	25♍29	25♍48	26♍06	26♍25	26♍44	27♍02	27♍21	27♍39	27♍57
/♅	12♊60	13♊15	13♊30	13♊44	13♊59	14♊14	14♊29	14♊44	14♊58	15♊13	15♊27	15♊42	15♊56	16♊10	16♊24
/♆	26♉26	26♉42	26♉58	27♉14	27♉29	27♉45	28♉00	28♏16	28♏31	28♏46	29♏01	29♏17	29♏32	29♏47	0♐02
/♇	0♏04	0♏21	0♏37	0♏54	1♏10	1♏26	1♏43	1♏59	2♏15	2♏31	2♏47	3♏03	3♏19	3♏34	3♏50
/☊	19♎47	20♎04	20♎20	20♎35	20♎49	21♎03	21♎16	21♎29	21♎41	21♎54	22♎08	22♎22	22♎37	22♎52	23♎07
⚳/♃	10♈42	10♈37	10♈32	10♈27	10♈23	10♈19	10♈15	10♈11	10♈07	10♈04	10♈01	9♈58	9♈56	9♈53	9♈51
/♄	4♑26	4♑29	4♑32	4♑35	4♑38	4♑41	4♑45	4♑48	4♑52	4♑56	5♑00	5♑05	5♑09	5♑14	5♑19
/♅	23♓53	23♓51	23♓49	23♓48	23♓47	23♓46	23♓45	23♓44	23♓44	23♓44	23♓44	23♓44	23♓44	23♓45	23♓46
/♆	7♓20	7♓19	7♓18	7♓17	7♓17	7♓16	7♓16	7♓16	7♓17	7♓17	7♓18	7♓19	7♓20	7♓22	7♓23
/♇	10♒57	10♒57	10♒57	10♒57	10♒57	10♒58	10♒59	10♒60	11♒01	11♒02	11♒04	11♒05	11♒07	11♒09	11♒12
/☊	0♒41	0♒40	0♒40	0♒38	0♒37	0♒34	0♒32	0♒29	0♒27	0♒25	0♒24	0♒24	0♒25	0♒27	0♒29
♃/♄	28♋38	28♋38	28♋37	28♋37	28♋36	28♋36	28♋35	28♋35	28♋34	28♋34	28♋34	28♋33	28♋33	28♋33	28♋32
/♅	18♈04	17♈60	17♈55	17♈50	17♈45	17♈40	17♈35	17♈31	17♈26	17♈22	17♈17	17♈13	17♈08	17♈04	16♈60
/♆	1♈31	1♈27	1♈23	1♈19	1♈15	1♈11	1♈07	1♈03	0♈59	0♈55	0♈51	0♈47	0♈44	0♈40	0♈37
/♇	5♓09	5♓06	5♓02	4♓59	4♓56	4♓52	4♓49	4♓46	4♓43	4♓40	4♓37	4♓34	4♓31	4♓28	4♓25
/☊	24♒52	24♒49	24♒45	24♒40	24♒35	24♒29	24♒22	24♒16	24♒09	24♒03	23♒58	23♒53	23♒49	23♒45	23♒42
♄/♅	11♑49	11♑52	11♑55	11♑57	12♑00	12♑03	12♑05	12♑08	12♑11	12♑14	12♑16	12♑19	12♑22	12♑25	12♑27
/♆	25♐16	25♐20	25♐23	25♐26	25♐30	25♐33	25♐37	25♐40	25♐44	25♐47	25♐51	25♐54	25♐58	26♐01	26♐04
/♇	28♏54	28♏58	29♏02	29♏06	29♏11	29♏15	29♏19	29♏23	29♏28	29♏32	29♏36	29♏40	29♏45	29♏49	29♏53
/☊	18♏37	18♏41	18♏45	18♏48	18♏50	18♏51	18♏52	18♏53	18♏54	18♏55	18♏57	18♏59	19♏02	19♏06	19♏10
♅/♆	14♓43	14♓42	14♓41	14♓40	14♓39	14♓38	14♓37	14♓36	14♓35	14♓35	14♓34	14♓33	14♓33	14♓32	14♓32
/♇	18♒20	18♒20	18♒20	18♒20	18♒20	18♒19	18♒19	18♒19	18♒19	18♒19	18♒20	18♒20	18♒20	18♒20	18♒20
/☊	8♒04	8♒03	8♒03	8♒01	7♒59	7♒56	7♒53	7♒49	7♒46	7♒43	7♒40	7♒39	7♒38	7♒37	7♒37
♆/♇	1♒47	1♒48	1♒48	1♒49	1♒49	1♒50	1♒51	1♒51	1♒52	1♒53	1♒54	1♒55	1♒55	1♒56	1♒57
/☊	21♑30	21♑31	21♑31	21♑30	21♑29	21♑27	21♑24	21♑21	21♑19	21♑16	21♑15	21♑14	21♑13	21♑14	21♑14
♇/☊	25♐08	25♐09	25♐10	25♐10	25♐10	25♐08	25♐06	25♐04	25♐02	25♐01	25♐00	24♐60	25♐00	25♐01	25♐03

	16	17	18	19	20	21	22	23	24	25	26	27	28	29	30
☉/☽	22♍16	29♍13	6♎20	13♎37	21♎06	28♎46	6♏36	14♏33	22♏33	0♐34	8♐29	16♐16	23♐51	1♑14	8♑23
/☿	4♐32	5♐28	6♐22	7♐14	8♐03	8♐49	9♐31	10♐10	10♐44	11♐13	11♐37	11♐57	12♐10	12♐18	12♐22
/♀	5♐06	6♐14	7♐21	8♐29	9♐36	10♐44	11♐51	12♐59	14♐06	15♐14	16♐21	17♐29	18♐37	19♐44	20♐52
/♂	12♎50	13♎35	14♎20	15♎04	15♎49	16♎33	17♎18	18♎02	18♎46	19♎30	20♎14	20♎58	21♎42	22♎26	23♎09
/⚳	19♑58	20♑30	21♑03	21♑35	22♑08	22♑40	23♑13	23♑47	24♑20	24♑53	25♑27	26♑01	26♑35	27♑09	27♑43
/♃	13♒07	13♒33	14♒00	14♒27	14♒54	15♒21	15♒48	16♒15	16♒42	17♒10	17♒37	18♒05	18♒32	18♒60	19♒28
/♄	8♏42	9♏15	9♏49	10♏22	10♏56	11♏29	12♏03	12♏36	13♏10	13♏43	14♏17	14♏50	15♏24	15♏57	16♏31
/♅	27♑05	27♑34	28♑04	28♑34	29♑03	29♑33	0♒03	0♒33	1♒03	1♒33	2♒03	2♒33	3♒03	3♒33	4♒03
/♆	10♑42	11♑13	11♑43	12♑14	12♑44	13♑14	13♑45	14♑16	14♑46	15♑17	15♑47	16♑18	16♑49	17♑19	17♑50
/♇	14♐32	15♐03	15♐34	16♐05	16♐36	17♐07	17♐39	18♐10	18♐41	19♐12	19♐44	20♐15	20♐46	21♐18	21♐49
/☊	3♐49	4♐20	4♐50	5♐21	5♐51	6♐20	6♐50	7♐19	7♐49	8♐18	8♐49	9♐19	9♐50	10♐21	10♐51
☽/☿	3♎32	10♎25	17♎26	24♎34	1♏51	9♏16	16♏48	24♏22	1♐57	9♐26	16♐45	23♐50	0♑38	7♑08	13♑20
/♀	4♎06	11♎10	18♎24	25♎48	3♏24	11♏11	19♏08	27♏11	5♐19	13♐26	21♐29	29♐22	7♑04	14♑34	21♑50
/♂	11♌50	18♌32	25♌23	2♍24	9♍37	17♍01	24♍34	2♎15	9♎59	17♎43	25♎22	2♏52	10♏10	17♏15	24♏08
/⚳	18♉58	25♉27	2♊06	8♊55	15♊56	23♐08	0♑30	7♑59	15♑33	23♑06	0♒34	7♒54	15♒03	21♒59	28♒42
/♃	12♊07	18♊30	25♊03	1♋47	8♋42	15♋48	23♋04	0♌28	7♒55	15♒22	22♒44	29♒58	7♓00	13♓49	20♓26
/♄	7♍42	14♍12	20♍52	27♍42	4♎44	11♎57	19♎19	26♎49	4♏23	11♏56	19♏24	26♏44	3♐52	10♐47	17♐29
/♅	26♉05	2♊31	9♊07	15♊54	22♊52	0♋01	7♑20	14♑46	22♑16	29♑45	7♒10	14♒26	21♒31	28♒22	5♓01
/♆	9♉43	16♉10	22♉46	29♏34	6♐32	13♐42	21♐01	28♐28	5♑59	13♑29	20♑55	28♑11	5♒16	12♒09	18♒48
/♇	13♎32	19♎60	26♎37	3♏25	10♏24	17♏35	24♏55	2♐23	9♐54	17♐25	24♐51	2♑08	9♑14	16♑07	22♑47
/☊	2♎49	9♎17	15♎54	22♎41	29♎39	6♏48	14♏06	21♏32	29♏02	6♐31	13♐56	21♐12	28♐18	5♑10	11♑49
☿/♀	16♐22	17♐25	18♐27	19♐25	20♐21	21♐14	22♐03	22♐48	23♐29	24♐06	24♐37	25♐03	25♐23	25♐38	25♐48
/♂	24♎06	24♎46	25♎25	26♎01	26♎34	27♎04	27♎30	27♎52	28♎10	28♎22	28♎30	28♎32	28♎29	28♎20	28♎06
/⚳	1♒14	1♒42	2♒08	2♒32	2♒53	3♒11	3♒25	3♒36	3♒43	3♒45	3♒43	3♒35	3♒22	3♒03	2♒40
/♃	24♒22	24♒45	25♒06	25♒24	25♒39	25♒51	26♒00	26♒05	26♒06	26♒02	25♒53	25♒39	25♒19	24♒54	24♒24
/♄	19♏57	20♏27	20♏54	21♏19	21♏41	21♏60	22♏15	22♏26	22♏33	22♏35	22♏33	22♏24	22♏11	21♏52	21♏27
/♅	8♒20	8♒46	9♒10	9♒30	9♒49	10♒04	10♒15	10♒23	10♒26	10♒25	10♒18	10♒07	9♒50	9♒27	8♒60
/♆	21♑58	22♑25	22♑49	23♑10	23♑29	23♑45	23♑57	24♑05	24♑09	24♑09	24♑03	23♑52	23♑35	23♑14	22♑47
/♇	25♐47	26♐15	26♐39	27♐02	27♐21	27♐38	27♐51	27♐60	28♐04	28♐04	27♐59	27♐49	27♐33	27♐12	26♐45
/☊	15♐04	15♐31	15♐56	16♐18	16♐36	16♐51	17♐02	17♐09	17♐12	17♐10	17♐04	16♐53	16♐37	16♐15	15♐48
♀/♂	24♎40	25♎32	26♎24	27♎15	28♎07	28♎58	29♎50	0♏41	1♏32	2♏23	3♏14	4♏05	4♏55	5♏46	6♏36
/⚳	1♒48	2♒27	3♒07	3♒46	4♒26	5♒05	5♒45	6♒25	7♒06	7♒46	8♒27	9♒07	9♒48	10♒29	11♒10
/♃	24♒57	25♒30	26♒04	26♒38	27♒12	27♒46	28♒20	28♒54	29♒28	0♓02	0♓37	1♓11	1♓45	2♓20	2♓55
/♄	20♏32	21♏12	21♏53	22♏33	23♏14	23♏54	24♏35	25♏15	25♏56	26♏36	27♏16	27♏57	28♏37	29♏17	29♏58
/♅	8♒55	9♒31	10♒08	10♒45	11♒21	11♒58	12♒35	13♒12	13♒49	14♒25	15♒02	15♒39	16♒16	16♒53	17♒30
/♆	22♑32	23♑10	23♑47	24♑25	25♑02	25♑39	26♑17	26♑54	27♑32	28♑09	28♑47	29♑24	0♒02	0♒39	1♒17
/♇	26♐22	26♐60	27♐38	28♐16	28♐54	29♐32	0♑10	0♑49	1♑27	2♑05	2♑43	3♑21	3♑59	4♑38	5♑16
/☊	15♐39	16♐17	16♐55	17♐32	18♐09	18♐45	19♐22	19♐58	20♐34	21♐11	21♐48	22♐25	23♐03	23♐41	24♐18
♂/⚳	9♊32	9♊49	10♊05	10♊22	10♊38	10♊55	11♊12	11♊29	11♊46	12♊03	12♊20	12♊37	12♊54	13♊11	13♊28
/♃	2♋41	2♋52	3♋03	3♋14	3♋25	3♋36	3♋47	3♋57	4♋08	4♋19	4♋30	4♋40	4♋51	5♋02	5♋12
/♄	28♍15	28♍33	28♍51	29♍09	29♍27	29♍44	0♎01	0♎19	0♎36	0♎53	1♎10	1♎26	1♎43	1♎59	2♎15
/♅	16♊39	16♊53	17♊07	17♊20	17♊34	17♊48	18♊02	18♊15	18♊29	18♊42	18♊55	19♊09	19♊22	19♊35	19♊48
/♆	0♐16	0♐31	0♐46	1♐00	1♐15	1♐29	1♐44	1♐58	2♐12	2♐26	2♐40	2♐54	3♐07	3♐21	3♐35
/♇	4♏06	4♏21	4♏36	4♏52	5♏07	5♏22	5♏37	5♏52	6♏07	6♏22	6♏36	6♏51	7♏05	7♏19	7♏33
/☊	23♎23	23♎38	23♎53	24♎08	24♎22	24♎35	24♎48	25♎01	25♎14	25♎28	25♎41	25♎55	26♎09	26♎22	26♎36
⚳/♃	9♈49	9♈47	9♈46	9♈45	9♈44	9♈43	9♈42	9♈42	9♈42	9♈42	9♈42	9♈43	9♈44	9♈45	9♈46
/♄	5♑24	5♑29	5♑34	5♑40	5♑45	5♑51	5♑57	6♑03	6♑09	6♑16	6♑22	6♑29	6♑36	6♑42	6♑49
/♅	23♓47	23♓48	23♓50	23♓51	23♓53	23♓55	23♓57	23♓60	24♓02	24♓05	24♓08	24♓11	24♓14	24♓18	24♓22
/♆	7♓25	7♓27	7♓29	7♓31	7♓34	7♓36	7♓39	7♓42	7♓45	7♓49	7♓52	7♓56	8♓00	8♓04	8♓09
/♇	11♒14	11♒17	11♒20	11♒23	11♒26	11♒29	11♒33	11♒36	11♒40	11♒44	11♒49	11♒53	11♒58	12♒02	12♒07
/☊	0♒31	0♒34	0♒36	0♒38	0♒40	0♒42	0♒44	0♒46	0♒48	0♒51	0♒54	0♒57	1♒01	1♒06	1♒10
♃/♄	28♋32	28♋32	28♋32	28♋32	28♋32	28♋32	28♋32	28♋32	28♋32	28♋32	28♋32	28♋33	28♋33	28♋33	28♋34
/♅	16♈55	16♈51	16♈47	16♈43	16♈39	16♈36	16♈32	16♈28	16♈25	16♈21	16♈18	16♈15	16♈12	16♈09	16♈06
/♆	0♈33	0♈30	0♈26	0♈23	0♈20	0♈17	0♈14	0♈11	0♈08	0♈05	0♈03	29♓60	29♓58	29♓55	29♓53
/♇	4♓22	4♓20	4♓17	4♓15	4♓12	4♓10	4♓07	4♓05	4♓03	4♓01	3♓59	3♓57	3♓55	3♓53	3♓52
/☊	23♒39	23♒37	23♒34	23♒30	23♒27	23♒23	23♒18	23♒14	23♒10	23♒07	23♒04	23♒01	22♒59	22♒56	22♒54
♄/♅	12♑30	12♑33	12♑36	12♑38	12♑41	12♑44	12♑47	12♑50	12♑52	12♑55	12♑58	13♑01	13♑03	13♑06	13♑09
/♆	26♐08	26♐11	26♐15	26♐18	26♐22	26♐25	26♐29	26♐32	26♐36	26♐39	26♐42	26♐46	26♐49	26♐53	26♐56
/♇	29♏57	0♐01	0♐06	0♐10	0♐14	0♐18	0♐22	0♐26	0♐30	0♐35	0♐39	0♐43	0♐47	0♐51	0♐55
/☊	19♏14	19♏18	19♏22	19♏26	19♏28	19♏31	19♏33	19♏36	19♏38	19♏41	19♏44	19♏47	19♏50	19♏54	19♏57
♅/♆	14♓31	14♓31	14♓30	14♓30	14♓29	14♓29	14♓29	14♓29	14♓28	14♓28	14♓28	14♓28	14♓28	14♓28	14♓28
/♇	18♒20	18♒21	18♒21	18♒21	18♒22	18♒22	18♒22	18♒23	18♒23	18♒24	18♒24	18♒25	18♒26	18♒26	18♒27
/☊	7♒37	7♒38	7♒38	7♒37	7♒36	7♒35	7♒34	7♒32	7♒31	7♒30	7♒29	7♒29	7♒29	7♒29	7♒29
♆/♇	1♒58	1♒59	2♒00	2♒01	2♒02	2♒03	2♒04	2♒05	2♒07	2♒08	2♒09	2♒10	2♒11	2♒13	2♒14
/☊	21♑15	21♑16	21♑17	21♑17	21♑17	21♑16	21♑15	21♑15	21♑14	21♑14	21♑14	21♑14	21♑15	21♑16	21♑16
♇/☊	25♐05	25♐06	25♐07	25♐08	25♐09	25♐09	25♐09	25♐09	25♐09	25♐09	25♐10	25♐11	25♐13	25♐14	25♐15

November 2011

	1	2	3	4	5	6	7	8	9	10	11	12	13	14	15	16
☉/☽	15♑20	22♑07	28♑45	5♒16	11♒44	18♒09	24♒35	1♓02	7♓33	14♓08	20♍48	27♍34	4♎26	11♎24	18♎30	25♎42
/☿	12♐20	12♐14	12♐05	11♐55	11♐44	11♐34	11♐26	11♐22	11♐22	11♐27	11♐38	11♐55	12♐17	12♐44	13♐17	13♐54
/♀	21♐59	23♐07	24♐15	25♐22	26♐30	27♐37	28♐45	29♐53	1♑00	2♑08	3♑15	4♑23	5♑30	6♑38	7♑46	8♑53
/♂	23♎53	24♎36	25♎19	26♎02	26♎45	27♎28	28♎11	28♎53	29♎36	0♏18	1♏00	1♏42	2♏24	3♏05	3♏47	4♏28
/⚳	28♑18	28♑53	29♑27	0♒02	0♒37	1♒13	1♒48	2♒24	2♒59	3♒35	4♒11	4♒47	5♒24	6♒00	6♒37	7♒13
/♃	19♒56	20♒24	20♒52	21♒20	21♒48	22♒16	22♒45	23♒13	23♒42	24♒11	24♒40	25♒09	25♒38	26♒07	26♒36	27♒06
/♄	17♏04	17♏38	18♏11	18♏44	19♏18	19♏51	20♏24	20♏58	21♏31	22♏04	22♏37	23♏10	23♏44	24♏17	24♏50	25♏23
/♅	4♒33	5♒03	5♒34	6♒04	6♒34	7♒04	7♒35	8♒05	8♒36	9♒06	9♒37	10♒07	10♒38	11♒08	11♒39	12♒09
/♆	18♑21	18♑52	19♑22	19♑53	20♑24	20♑55	21♑26	21♑57	22♑28	22♑59	23♑30	24♑01	24♑32	25♑03	25♑34	26♑05
/♇	22♐20	22♐52	23♐23	23♐54	24♐26	24♐57	25♐29	26♐00	26♐32	27♐03	27♐35	28♐06	28♐38	29♐09	29♐41	0♑12
/☊	11♐22	11♐52	12♐23	12♐53	13♐24	13♐54	14♐24	14♐55	15♐25	15♐56	16♐26	16♐57	17♐27	17♐57	18♐27	18♐57
☽/☿	19♑14	24♑54	0♒23	5♒43	10♒58	16♒13	21♒30	26♒52	2♓22	8♍01	13♍51	19♍53	26♍06	2♎31	9♎08	15♎57
/♀	28♑54	5♒47	12♒32	19♒10	25♒44	2♓17	8♓49	15♓23	22♓00	28♓42	5♈28	12♈21	19♈20	26♎25	3♏37	10♏56
/♂	0♐47	7♐16	13♊37	19♊50	25♊60	2♋07	8♋15	14♋24	20♋36	26♋52	3♌13	9♌40	16♌13	22♌52	29♌38	6♍31
/⚳	5♓12	11♓33	17♓45	23♓50	29♓52	5♈52	11♈52	17♈54	23♈59	0♉09	6♉24	12♉45	19♉13	25♉47	2♊28	9♊16
/♃	26♓50	3♈04	9♈09	15♈08	21♈03	26♈56	2♉49	8♉44	14♉42	20♉45	26♉53	3♊07	9♊27	15♊54	22♊28	29♊09
/♄	23♐59	0♑18	6♑28	12♑32	18♑32	24♑30	0♌28	6♌28	12♌31	18♌38	24♌50	1♍09	7♍33	14♍04	20♍41	27♍26
/♅	11♓28	17♓44	23♓51	29♓52	5♈49	11♈44	17♈39	23♈36	29♈36	5♉40	11♉50	18♉05	24♉27	0♊55	7♊30	14♊12
/♆	25♒15	1♓32	7♓40	13♓41	19♓39	25♓34	1♈30	7♈27	13♈28	19♈33	25♈43	1♉59	8♉21	14♉50	21♉25	28♉08
/♇	29♑15	5♒32	11♒40	17♒42	23♒40	29♒37	5♓33	11♓31	17♓32	23♓37	29♓48	6♈04	12♎27	18♎56	25♎32	2♏15
/☊	18♑16	24♑33	0♒40	6♒41	12♒38	18♒33	24♒28	0♓25	6♓25	12♓30	18♍39	24♍55	1♎16	7♎44	14♎18	20♎60
☿/♀	25♐53	25♐55	25♐53	25♐49	25♐45	25♐41	25♐40	25♐43	25♐50	26♐02	26♐19	26♐42	27♐11	27♐45	28♐24	29♐08
/♂	27♎47	27♎24	26♎57	26♎29	26♎00	25♎32	25♎06	24♎44	24♎25	24♎12	24♎04	24♎01	24♎04	24♎12	24♎25	24♎43
/⚳	2♒12	1♒40	1♒05	0♒29	29♑52	29♑17	28♑43	28♑14	27♑49	27♑29	27♑15	27♑07	27♑04	27♑07	27♑15	27♑28
/♃	23♒50	23♒11	22♒30	21♒46	21♒03	20♒20	19♒40	19♒04	18♒32	18♒05	17♒44	17♒28	17♒18	17♒14	17♒15	17♒21
/♄	20♏58	20♏25	19♏49	19♏11	18♏33	17♏55	17♏20	16♏48	16♏20	15♏58	15♏41	15♏30	15♏24	15♏24	15♏28	15♏38
/♅	8♒27	7♒51	7♒12	6♒31	5♒49	5♒08	4♒30	3♒55	3♒25	2♒60	2♒40	2♒26	2♒18	2♒15	2♒17	2♒24
/♆	22♑15	21♑39	21♑00	20♑20	19♑39	18♑59	18♑21	17♑47	17♑17	16♑53	16♑33	16♑20	16♑12	16♑10	16♑12	16♑20
/♇	26♐14	25♐39	25♐01	24♐21	23♐41	23♐01	22♐24	21♐50	21♐21	20♐57	20♐38	20♐25	20♐18	20♐16	20♐19	20♐27
/☊	15♐16	14♐40	14♐01	13♐20	12♐38	11♐58	11♐20	10♐45	10♐15	9♐50	9♐30	9♐16	9♐07	9♐04	9♐05	9♐12
♀/♂	7♏26	8♏17	9♏07	9♏56	10♏46	11♏36	12♏25	13♏14	14♏03	14♏52	15♏41	16♏29	17♏18	18♏06	18♏54	19♏42
/⚳	11♒52	12♒33	13♒15	13♒56	14♒38	15♒20	16♒02	16♒45	17♒27	18♒09	18♒52	19♒35	20♒18	21♒01	21♒44	22♒27
/♃	3♓29	4♓04	4♓39	5♓14	5♓49	6♓24	6♓59	7♓34	8♓10	8♓45	9♓21	9♓56	10♓32	11♓08	11♓44	12♓20
/♄	0♐38	1♐18	1♐58	2♐38	3♐18	3♐58	4♐38	5♐18	5♐58	6♐38	7♐18	7♐58	8♐38	9♐17	9♐57	10♐37
/♅	18♒07	18♒44	19♒21	19♒58	20♒35	21♒12	21♒49	22♒26	23♒03	23♒40	24♒17	24♒54	25♒32	26♒09	26♒46	27♒23
/♆	1♒54	2♒32	3♒10	3♒47	4♒25	5♒02	5♒40	6♒18	6♒55	7♒33	8♒10	8♒48	9♒26	10♒03	10♒41	11♒19
/♇	5♑54	6♑32	7♑10	7♑48	8♑27	9♑05	9♑43	10♑21	10♑59	11♑37	12♑15	12♑54	13♑32	14♑10	14♑48	15♑26
/☊	24♐56	25♐33	26♐10	26♐47	27♐24	28♐01	28♐38	29♐16	29♐53	0♑30	1♑07	1♑44	2♑21	2♑57	3♑34	4♑11
♂/⚳	13♊45	14♊02	14♊19	14♊37	14♊54	15♊11	15♊28	15♊45	16♊02	16♊20	16♊37	16♊54	17♊11	17♊28	17♊45	18♊02
/♃	5♋23	5♋33	5♋44	5♋54	6♋04	6♋15	6♋25	6♋35	6♋45	6♋55	7♋05	7♋15	7♋25	7♋35	7♋45	7♋54
/♄	2♎31	2♎47	3♎03	3♎19	3♎34	3♎49	4♎04	4♎19	4♎34	4♎48	5♎03	5♎17	5♎31	5♎45	5♎58	6♎11
/♅	20♊00	20♊13	20♊26	20♊38	20♊50	21♊03	21♊15	21♊27	21♊39	21♊50	22♊02	22♊13	22♊25	22♊36	22♊47	22♊58
/♆	3♐48	4♐01	4♐14	4♐27	4♐40	4♐53	5♐06	5♐18	5♐31	5♐43	5♐55	6♐07	6♐19	6♐31	6♐42	6♐54
/♇	7♏47	8♏01	8♏15	8♏29	8♏42	8♏56	9♏09	9♏22	9♏35	9♏48	10♏00	10♏13	10♏25	10♏37	10♏49	11♏01
/☊	26♎49	27♎02	27♎15	27♎27	27♎40	27♎52	28♎04	28♎16	28♎28	28♎40	28♎52	29♎03	29♎14	29♎25	29♎35	29♎45
⚳/♃	9♈48	9♈50	9♈52	9♈54	9♈56	9♈59	10♈02	10♈05	10♈09	10♈13	10♈17	10♈21	10♈25	10♈30	10♈34	10♈40
/♄	6♑57	7♑04	7♑11	7♑19	7♑26	7♑34	7♑42	7♑50	7♑58	8♑06	8♑14	8♑22	8♑31	8♑39	8♑48	8♑57
/♅	24♓25	24♓29	24♓34	24♓38	24♓43	24♓47	24♓52	24♓57	25♓02	25♓08	25♓13	25♓19	25♓25	25♓31	25♓37	25♓43
/♆	8♓13	8♓18	8♓22	8♓27	8♓33	8♓38	8♓43	8♓49	8♓55	9♓00	9♓06	9♓13	9♓19	9♓25	9♓32	9♓39
/♇	12♒12	12♒18	12♒23	12♒29	12♒34	12♒40	12♒46	12♒52	12♒58	13♒05	13♒11	13♒18	13♒25	13♒32	13♒39	13♒46
/☊	1♒14	1♒19	1♒23	1♒27	1♒32	1♒37	1♒42	1♒47	1♒52	1♒58	2♒03	2♒09	2♒14	2♒19	2♒25	2♒31
♃/♄	28♋34	28♋35	28♋35	28♋36	28♋37	28♋38	28♋38	28♋39	28♋40	28♋41	28♋43	28♋44	28♋45	28♋46	28♋48	28♋49
/♅	16♈03	16♈00	15♈58	15♈55	15♈53	15♈51	15♈49	15♈47	15♈45	15♈43	15♈42	15♈40	15♈39	15♈38	15♈37	15♈36
/♆	29♓51	29♓49	29♓47	29♓45	29♓43	29♓41	29♓40	29♓39	29♓37	29♓36	29♓35	29♓34	29♓33	29♓32	29♓32	29♓31
/♇	3♓50	3♓49	3♓47	3♓46	3♓45	3♓44	3♓43	3♓42	3♓41	3♓41	3♓40	3♓40	3♓39	3♓39	3♓39	3♓39
/☊	22♒52	22♒50	22♒47	22♒45	22♒43	22♒40	22♒38	22♒37	22♒35	22♒33	22♒32	22♒30	22♒28	22♒27	22♒25	22♒23
♄/♅	13♑12	13♑15	13♑17	13♑20	13♑23	13♑26	13♑28	13♑31	13♑34	13♑37	13♑39	13♑42	13♑45	13♑47	13♑50	13♑53
/♆	26♐59	27♐03	27♐06	27♐09	27♐13	27♐16	27♐19	27♐23	27♐26	27♐29	27♐32	27♐36	27♐39	27♐42	27♐45	27♐48
/♇	0♐59	1♐03	1♐07	1♐11	1♐15	1♐18	1♐22	1♐26	1♐30	1♐34	1♐37	1♐41	1♐45	1♐49	1♐52	1♐56
/☊	20♏01	20♏04	20♏07	20♏09	20♏12	20♏15	20♏18	20♏21	20♏24	20♏26	20♏29	20♏32	20♏34	20♏36	20♏38	20♏40
♅/♆	14♓28	14♓28	14♓29	14♓29	14♓29	14♓29	14♓30	14♓30	14♓31	14♓31	14♓32	14♓32	14♓33	14♓33	14♓34	14♓35
/♇	18♒28	18♒29	18♒29	18♒30	18♒31	18♒32	18♒33	18♒34	18♒35	18♒36	18♒37	18♒38	18♒39	18♒40	18♒41	18♒42
/☊	7♒29	7♒29	7♒29	7♒29	7♒29	7♒28	7♒28	7♒28	7♒28	7♒28	7♒28	7♒28	7♒28	7♒28	7♒27	7♒27
♆/♇	2♒15	2♒17	2♒18	2♒19	2♒21	2♒22	2♒24	2♒25	2♒27	2♒28	2♒30	2♒31	2♒33	2♒35	2♒36	2♒38
/☊	21♑17	21♑18	21♑18	21♑18	21♑19	21♑19	21♑19	21♑20	21♑20	21♑21	21♑21	21♑22	21♑22	21♑22	21♑22	21♑22
♇/☊	25♐17	25♐18	25♐19	25♐19	25♐20	25♐21	25♐22	25♐23	25♐24	25♐26	25♐27	25♐27	25♐28	25♐29	25♐29	25♐30

	17	18	19	20	21	22	23	24	25	26	27	28	29	30	31	
☉/☽	3♏02	10♏28	18♏02	25♏41	3♐26	11♐13	19♐01	26♐46	4♑26	11♑58	19♑20	26♑31	3♒31	10♒20	16♒59	☉/☽
/☿	14♐36	15♐22	16♐11	17♐03	17♐58	18♐55	19♐55	20♐56	21♐59	23♐04	24♐10	25♐17	26♐25	27♐34	28♐43	/☿
/♀	10♑01	11♑08	12♑16	13♑23	14♑31	15♑39	16♑46	17♑54	19♑01	20♑09	21♑16	22♑24	23♑31	24♑39	25♑46	/♀
/♂	5♏09	5♏50	6♏31	7♏11	7♏52	8♏32	9♏12	9♏52	10♏31	11♏11	11♏50	12♏29	13♏08	13♏46	14♏24	/♂
/⚳	7♒50	8♒27	9♒04	9♒41	10♒18	10♒56	11♒33	12♒11	12♒49	13♒26	14♒04	14♒42	15♒21	15♒59	16♒37	/⚳
/♃	27♒35	28♒05	28♒35	29♒05	29♒35	0♓05	0♓35	1♓05	1♓36	2♓06	2♓37	3♓08	3♓38	4♓09	4♓40	/♃
/♄	25♏56	26♏29	27♏02	27♏35	28♏08	28♏41	29♏13	29♏46	0♐19	0♐52	1♐25	1♐57	2♐30	3♐02	3♐35	/♄
/♅	12♒40	13♒11	13♒42	14♒12	14♒43	15♒14	15♒45	16♒16	16♒47	17♒18	17♒49	18♒20	18♒51	19♒22	19♒53	/♅
/♆	26♑36	27♑07	27♑38	28♑10	28♑41	29♑12	29♑43	0♒15	0♒46	1♒17	1♒49	2♒20	2♒51	3♒23	3♒54	/♆
/♇	0♑44	1♑16	1♑47	2♑19	2♑50	3♑22	3♑54	4♑25	4♑57	5♑29	6♑00	6♑32	7♑03	7♑35	8♑07	/♇
/☊	19♐27	19♐57	20♐28	20♐59	21♐30	22♐01	22♐32	23♐03	23♐33	24♐02	24♐32	25♐00	25♐29	25♐58	26♐28	/☊
☽/☿	22♎57	0♏08	7♏30	15♏01	22♏39	0♐22	8♐09	15♐54	23♐36	1♑12	8♑38	15♑55	23♑01	29♑58	6♒46	☽/☿
/♀	18♏22	25♏55	3♐35	11♐21	19♐12	27♐06	4♑60	12♑52	20♑38	28♑17	5♒45	13♒02	20♒08	27♒03	3♓49	/♀
/♂	13♍30	20♍37	27♍50	5♎09	12♎33	19♎59	27♎26	4♏50	12♏08	19♏19	26♏19	3♐07	9♐44	16♐10	22♊27	/♂
/⚳	16♊11	23♐14	0♑23	7♑39	14♑59	22♑23	29♑47	7♒09	14♒26	21♒34	28♒33	5♓21	11♓57	18♓23	24♓40	/⚳
/♃	5♋57	12♋52	19♋54	27♋02	4♒16	11♒32	18♒49	26♒03	3♓13	10♓14	17♓06	23♓46	0♈15	6♈34	12♈43	/♃
/♄	4♎17	11♎16	18♎21	25♎33	2♏49	10♏08	17♏27	24♏44	1♐56	8♐60	15♐53	22♐36	29♐06	5♑27	11♑38	/♄
/♅	21♊01	27♊58	5♑01	12♑10	19♑24	26♑41	3♒59	11♒14	18♒24	25♒26	2♓17	8♓58	15♓27	21♓46	27♓56	/♅
/♆	4♐57	11♐54	18♐58	26♐07	3♑22	10♑39	17♑57	25♑13	2♒23	9♒25	16♒17	22♒58	29♒28	5♓47	11♓57	/♆
/♇	9♏05	16♏02	23♏06	0♐16	7♐31	14♐49	22♐07	29♐23	6♑34	13♑36	20♑29	27♑10	3♒40	9♒59	16♒10	/♇
/☊	27♎48	4♏44	11♏47	18♏57	26♏11	3♐28	10♐46	18♐01	25♐10	2♑10	9♑00	15♑39	22♑06	28♑23	4♒31	/☊
☿/♀	29♐56	0♑48	1♑44	2♑43	3♑44	4♑48	5♑54	7♑02	8♑11	9♑22	10♑34	11♑48	13♑02	14♑17	15♑33	☿/♀
/♂	25♎05	25♎30	25♎59	26♎31	27♎05	27♎41	28♎20	28♎60	29♎41	0♏24	1♏08	1♏53	2♏38	3♏25	4♏11	/♂
/⚳	27♑45	28♑07	28♑32	29♑00	29♑31	0♒05	0♒41	1♒19	1♒59	2♒40	3♒22	4♒06	4♒51	5♒37	6♒24	/⚳
/♃	17♒31	17♒45	18♒03	18♒24	18♒48	19♒14	19♒43	20♒13	20♒46	21♒20	21♒55	22♒32	23♒09	23♒48	24♒27	/♃
/♄	15♏51	16♏09	16♏30	16♏54	17♏21	17♏50	18♏21	18♏54	19♏29	20♏05	20♏43	21♏21	22♏01	22♏41	23♏22	/♄
/♅	2♒36	2♒51	3♒10	3♒32	3♒56	4♒23	4♒53	5♒24	5♒57	6♒31	7♒07	7♒44	8♒22	9♒00	9♒40	/♅
/♆	16♑32	16♑47	17♑06	17♑29	17♑54	18♑21	18♑51	19♑23	19♑56	20♑31	21♑07	21♑44	22♑22	23♑01	23♑41	/♆
/♇	20♐39	20♐56	21♐15	21♐38	22♐03	22♐31	23♐01	23♐33	24♐07	24♐42	25♐18	25♐56	26♐34	27♐14	27♐54	/♇
/☊	9♐23	9♐37	9♐56	10♐18	10♐43	11♐11	11♐40	12♐11	12♐43	13♐16	13♐50	14♐24	15♐00	15♐37	16♐15	/☊
♀/♂	20♏29	21♏17	22♏04	22♏51	23♏38	24♏25	25♏11	25♏57	26♏43	27♏29	28♏14	28♏60	29♏45	0♐29	1♐14	♀/♂
/⚳	23♒10	23♒54	24♒37	25♒21	26♒04	26♒48	27♒32	28♒16	29♒00	29♒45	0♓29	1♓13	1♓58	2♓42	3♓27	/⚳
/♃	12♓56	13♓32	14♓08	14♓44	15♓21	15♓57	16♓34	17♓11	17♓47	18♓24	19♓01	19♓38	20♓16	20♓53	21♓30	/♃
/♄	11♐16	11♐56	12♐35	13♐15	13♐54	14♐33	15♐12	15♐52	16♐31	17♐10	17♐49	18♐28	19♐07	19♐46	20♐25	/♄
/♅	28♒00	28♒38	29♒15	29♒52	0♓29	1♓07	1♓44	2♓21	2♓58	3♓36	4♓13	4♓51	5♓28	6♓05	6♓43	/♅
/♆	11♒56	12♒34	13♒12	13♒49	14♒27	15♒05	15♒42	16♒20	16♒58	17♒35	18♒13	18♒51	19♒28	20♒06	20♒44	/♆
/♇	16♑04	16♑42	17♑20	17♑58	18♑36	19♑15	19♑53	20♑31	21♑09	21♑47	22♑25	23♑03	23♑41	24♑19	24♑56	/♇
/☊	4♑47	5♑24	6♑01	6♑39	7♑16	7♑54	8♑31	9♑08	9♑45	10♑20	10♑56	11♑31	12♑06	12♑42	13♑18	/☊
♂/⚳	18♊19	18♊35	18♊52	19♊09	19♊25	19♊42	19♊58	20♊14	20♊31	20♊47	21♊03	21♊18	21♊34	21♊50	22♊05	♂/⚳
/♃	8♋04	8♋14	8♋23	8♋32	8♋42	8♋51	8♋60	9♋09	9♋18	9♋26	9♋35	9♋44	9♋52	10♋00	10♋08	/♃
/♄	6♎25	6♎37	6♎50	7♎03	7♎15	7♎27	7♎38	7♎50	8♎01	8♎12	8♎23	8♎33	8♎43	8♎53	9♎03	/♄
/♅	23♊09	23♊19	23♊30	23♊40	23♊50	24♊00	24♊10	24♊19	24♊29	24♊38	24♊47	24♊56	25♊04	25♊13	25♊21	/♅
/♆	7♐05	7♐16	7♐27	7♐37	7♐48	7♐58	8♐08	8♐18	8♐28	8♐38	8♐47	8♐56	9♐05	9♐13	9♐22	/♆
/♇	11♏13	11♏24	11♏35	11♏46	11♏57	12♏08	12♏19	12♏29	12♏39	12♏49	12♏58	13♏08	13♏17	13♏26	13♏35	/♇
/☊	29♎56	0♏06	0♏16	0♏27	0♏37	0♏47	0♏57	1♏06	1♏15	1♏23	1♏30	1♏36	1♏43	1♏49	1♏56	/☊
⚳/♃	10♈45	10♈50	10♈56	11♈02	11♈08	11♈14	11♈21	11♈28	11♈35	11♈42	11♈49	11♈57	12♈05	12♈13	12♈21	⚳/♃
/♄	9♑05	9♑14	9♑23	9♑32	9♑41	9♑50	9♑60	10♑09	10♑18	10♑28	10♑37	10♑47	10♑56	11♑06	11♑16	/♄
/♅	25♓50	25♓56	26♓03	26♓10	26♓17	26♓24	26♓31	26♓38	26♓46	26♓54	27♓01	27♓09	27♓17	27♓25	27♓34	/♅
/♆	9♓46	9♓53	9♓60	10♓07	10♓14	10♓22	10♓29	10♓37	10♓45	10♓53	11♓01	11♓09	11♓18	11♓26	11♓35	/♆
/♇	13♒53	14♒01	14♒08	14♒16	14♒24	14♒32	14♒40	14♒48	14♒56	15♒04	15♒13	15♒21	15♒30	15♒39	15♒48	/♇
/☊	2♒36	2♒43	2♒49	2♒56	3♒04	3♒11	3♒18	3♒25	3♒32	3♒38	3♒44	3♒50	3♒56	4♒02	4♒09	/☊
♃/♄	28♋51	28♋52	28♋54	28♋56	28♋58	28♋59	29♋01	29♋03	29♋05	29♋08	29♋10	29♋12	29♋14	29♋17	29♋19	♃/♄
/♅	15♈35	15♈34	15♈34	15♈33	15♈33	15♈33	15♈33	15♈33	15♈33	15♈33	15♈34	15♈34	15♈35	15♈36	15♈37	/♅
/♆	29♓31	29♓31	29♓31	29♓31	29♓31	29♓31	29♓31	29♓32	29♓32	29♓33	29♓34	29♓35	29♓36	29♓37	29♓38	/♆
/♇	3♓39	3♓39	3♓39	3♓40	3♓40	3♓41	3♓41	3♓42	3♓43	3♓44	3♓45	3♓47	3♓48	3♓49	3♓51	/♇
/☊	22♒22	22♒21	22♒20	22♒20	22♒20	22♒20	22♒20	22♒20	22♒19	22♒18	22♒17	22♒15	22♒14	22♒13	22♒12	/☊
♄/♅	13♑55	13♑58	14♑01	14♑03	14♑06	14♑09	14♑11	14♑14	14♑16	14♑19	14♑22	14♑24	14♑27	14♑29	14♑32	♄/♅
/♆	27♐51	27♐55	27♐58	28♐01	28♐04	28♐07	28♐10	28♐13	28♐16	28♐19	28♐21	28♐24	28♐27	28♐30	28♐33	/♆
/♇	1♐59	2♐03	2♐06	2♐10	2♐13	2♐17	2♐20	2♐23	2♐27	2♐30	2♐33	2♐36	2♐39	2♐42	2♐45	/♇
/☊	20♏42	20♏45	20♏47	20♏50	20♏53	20♏56	20♏59	21♏01	21♏03	21♏04	21♏04	21♏05	21♏05	21♏06	21♏07	/☊
♅/♆	14♓36	14♓36	14♓37	14♓38	14♓39	14♓40	14♓41	14♓42	14♓43	14♓44	14♓46	14♓47	14♓48	14♓49	14♓51	♅/♆
/♇	18♒44	18♒45	18♒46	18♒47	18♒49	18♒50	18♒51	18♒53	18♒54	18♒56	18♒57	18♒59	19♒00	19♒02	19♒03	/♇
/☊	7♒27	7♒27	7♒27	7♒28	7♒28	7♒29	7♒30	7♒30	7♒30	7♒30	7♒29	7♒27	7♒26	7♒25	7♒25	/☊
♆/♇	2♒40	2♒41	2♒43	2♒45	2♒46	2♒48	2♒50	2♒52	2♒53	2♒55	2♒57	2♒59	3♒01	3♒03	3♒04	♆/♇
/☊	21♑23	21♑23	21♑24	21♑25	21♑26	21♑27	21♑28	21♑29	21♑29	21♑29	21♑28	21♑27	21♑27	21♑26	21♑26	/☊
♇/☊	25♐30	25♐31	25♐33	25♐34	25♐36	25♐37	25♐39	25♐40	25♐40	25♐40	25♐40	25♐39	25♐39	25♐38	25♐38	♇/☊

January 2012

	1	2	3	4	5	6	7	8	9	10	11	12	13	14	15	16
☉/☽	23♒32	29♒60	6♓25	12♓51	19♓19	25♓52	2♈32	9♈19	16♈14	23♎18	0♏29	7♏48	15♏12	22♏40	0♐11	7♐45
/☿	29♐54	1♑05	2♑16	3♑28	4♑41	5♑54	7♑07	8♑21	9♑35	10♑49	12♑04	13♑19	14♑34	15♑50	17♑05	18♑21
/♀	26♑53	28♑01	29♑08	0♒15	1♒23	2♒30	3♒37	4♒45	5♒52	6♒59	8♒06	9♒13	10♒20	11♒27	12♒34	13♒41
/♂	15♏02	15♏40	16♏17	16♏54	17♏31	18♏08	18♏44	19♏20	19♏56	20♏32	21♏07	21♏42	22♏16	22♏51	23♏25	23♏58
/⚳	17♒16	17♒54	18♒33	19♒11	19♒50	20♒29	21♒08	21♒47	22♒26	23♒05	23♒45	24♒24	25♒03	25♒43	26♒23	27♒02
/♃	5♓12	5♓43	6♓14	6♓46	7♓17	7♓49	8♓21	8♓53	9♓25	9♓57	10♓29	11♓01	11♓33	12♓06	12♓38	13♓11
/♄	4♐07	4♐40	5♐12	5♐45	6♐17	6♐49	7♐21	7♐54	8♐26	8♐58	9♐30	10♐02	10♐34	11♐05	11♐37	12♐09
/♅	20♒24	20♒55	21♒26	21♒58	22♒29	22♒60	23♒31	24♒03	24♒34	25♒05	25♒36	26♒08	26♒39	27♒11	27♒42	28♒14
/♆	4♒25	4♒57	5♒28	5♒60	6♒31	7♒03	7♒34	8♒05	8♒37	9♒08	9♒40	10♒11	10♒43	11♒14	11♒46	12♒17
/♇	8♑38	9♑10	9♑42	10♑13	10♑45	11♑17	11♑48	12♑20	12♑52	13♑23	13♑55	14♑26	14♑58	15♑30	16♑01	16♑33
/☊	26♐58	27♐29	27♐60	28♐31	29♐03	29♐34	0♑05	0♑35	1♑04	1♑32	1♑59	2♑27	2♑54	3♑22	3♑51	4♑21
☽/☿	13♒28	20♒06	26♒42	3♓18	9♓58	16♓43	23♓34	0♎34	7♎42	14♎59	22♎24	29♎56	7♏35	15♏17	23♏03	0♐52
/♀	10♓28	17♓02	23♓34	0♈06	6♈40	13♈19	20♈05	26♈58	3♉59	11♉09	18♉26	25♉51	3♐21	10♐55	18♐32	26♐11
/♂	28♊37	4♋41	10♋43	16♋45	22♋49	28♋57	5♌12	11♌34	18♌04	24♌42	1♍27	8♍19	15♍17	22♍18	29♍23	6♎28
/⚳	0♈50	6♈55	12♈58	19♈01	25♈07	1♉18	7♉35	14♉00	20♉34	27♉15	4♊05	11♊02	18♊04	25♊11	2♑21	9♑32
/♃	18♈46	24♈44	0♉40	6♉36	12♉35	18♉38	24♉48	1♊06	7♊32	14♊06	20♊49	27♊39	4♋34	11♋34	18♋36	25♋41
/♄	17♑42	23♑41	29♋38	5♌35	11♌34	17♌38	23♌49	0♍07	6♍33	13♍08	19♍50	26♍39	3♎34	10♎33	17♎35	24♎39
/♅	3♈58	9♈56	15♈52	21♈48	27♈46	3♉49	9♉59	16♉16	22♉41	29♉15	5♊57	12♊45	19♊40	26♊38	3♑40	10♑44
/♆	17♓60	23♓58	29♓54	5♈50	11♈48	17♈52	24♈01	0♉19	6♉44	13♉18	20♉00	26♉49	3♐43	10♐42	17♐44	24♐48
/♇	22♒13	28♒11	4♓07	10♓03	16♓02	22♓06	28♓16	4♈33	10♎59	17♎33	24♎15	1♏04	7♏59	14♏57	21♏59	29♏03
/☊	10♒32	16♒30	22♒25	28♒22	4♓20	10♓23	16♍32	22♍48	29♍11	5♎42	12♎20	19♎04	25♎55	2♏50	9♏49	16♏51
☿/♀	16♑50	18♑07	19♑25	20♑43	22♑02	23♑21	24♑40	25♑60	27♑20	28♑40	0♒01	1♒22	2♒43	4♒05	5♒26	6♒48
/♂	4♏58	5♏46	6♏34	7♏22	8♏10	8♏59	9♏47	10♏36	11♏25	12♏13	13♏02	13♏51	14♏39	15♏28	16♏17	17♏05
/⚳	7♒12	8♒00	8♒49	9♒39	10♒29	11♒20	12♒11	13♒02	13♒55	14♒47	15♒40	16♒33	17♒27	18♒20	19♒15	20♒09
/♃	25♒08	25♒49	26♒31	27♒13	27♒56	28♒40	29♒24	0♓08	0♓53	1♓38	2♓24	3♓10	3♓56	4♓43	5♓30	6♓18
/♄	24♏04	24♏46	25♏29	26♏12	26♏56	27♏40	28♏24	29♏09	29♏54	0♐39	1♐25	2♐11	2♐57	3♐43	4♐29	5♐16
/♅	10♒20	11♒01	11♒43	12♒25	13♒08	13♒51	14♒34	15♒18	16♒02	16♒47	17♒32	18♒17	19♒02	19♒48	20♒34	21♒21
/♆	24♑22	25♑03	25♑45	26♑27	27♑10	27♑53	28♑37	29♑21	0♒05	0♒50	1♒35	2♒20	3♒06	3♒52	4♒38	5♒25
/♇	28♐35	29♐16	29♐58	0♑41	1♑24	2♑07	2♑51	3♑35	4♑20	5♑05	5♑50	6♑35	7♑21	8♑07	8♑53	9♑40
/☊	16♐54	17♐35	18♐16	18♐59	19♐42	20♐25	21♐08	21♐50	22♐32	23♐13	23♐55	24♐36	25♐17	25♐60	26♐43	27♐28
♀/♂	1♐58	2♐42	3♐26	4♐09	4♐52	5♐35	6♐17	6♐60	7♐41	8♐23	9♐04	9♐45	10♐26	11♐06	11♐46	12♐25
/⚳	4♓11	4♓56	5♓41	6♓26	7♓11	7♓56	8♓41	9♓26	10♓11	10♓57	11♓42	12♓27	13♓13	13♓58	14♓44	15♓29
/♃	22♓08	22♓45	23♓23	24♓00	24♓38	25♓16	25♓54	26♓32	27♓10	27♓48	28♓26	29♓04	29♓42	0♈21	0♈59	1♈38
/♄	21♐03	21♐42	22♐21	22♐59	23♐38	24♐16	24♐54	25♐33	26♐11	26♐49	27♐27	28♐05	28♐43	29♐21	29♐58	0♑36
/♅	7♓20	7♓57	8♓35	9♓12	9♓49	10♓27	11♓04	11♓42	12♓19	12♓56	13♓34	14♓11	14♓48	15♓26	16♓03	16♓40
/♆	21♒21	21♒59	22♒37	23♒14	23♒52	24♒29	25♒07	25♒45	26♒22	26♒60	27♒37	28♒15	28♒52	29♒29	0♓07	0♓44
/♇	25♑34	26♑12	26♑50	27♑28	28♑06	28♑44	29♑21	29♑59	0♒37	1♒14	1♒52	2♒30	3♒07	3♒45	4♒22	4♒60
/☊	13♑54	14♑31	15♑08	15♑46	16♑24	17♑01	17♑38	18♑14	18♑49	19♑23	19♑57	20♑30	21♑03	21♑37	22♑12	22♑48
♂/⚳	22♊20	22♊35	22♊50	23♊05	23♊20	23♊34	23♊48	24♊02	24♊16	24♊29	24♊43	24♊56	25♊09	25♊21	25♊34	25♊46
/♃	10♋16	10♋24	10♋32	10♋39	10♋47	10♋54	11♋01	11♋08	11♋14	11♋21	11♋27	11♋33	11♋39	11♋44	11♋50	11♋55
/♄	9♎12	9♎21	9♎30	9♎38	9♎46	9♎54	10♎01	10♎08	10♎15	10♎22	10♎28	10♎34	10♎39	10♎44	10♎49	10♎53
/♅	25♊29	25♊36	25♊44	25♊51	25♊58	26♊05	26♊11	26♊18	26♊23	26♊29	26♊35	26♊40	26♊45	26♊49	26♊53	26♊57
/♆	9♐30	9♐38	9♐46	9♐53	10♐00	10♐07	10♐14	10♐20	10♐27	10♐32	10♐38	10♐43	10♐48	10♐53	10♐57	11♐01
/♇	13♏43	13♏51	13♏59	14♏07	14♏14	14♏21	14♏28	14♏35	14♏41	14♏47	14♏53	14♏58	15♏03	15♏08	15♏12	15♏17
/☊	2♏03	2♏10	2♏17	2♏25	2♏32	2♏39	2♏45	2♏50	2♏53	2♏56	2♏58	2♏59	2♏60	3♏01	3♏02	3♏05
⚳/♃	12♈30	12♈38	12♈47	12♈56	13♈05	13♈15	13♈24	13♈34	13♈44	13♈54	14♈05	14♈15	14♈26	14♈37	14♈48	14♈59
/♄	11♑26	11♑35	11♑45	11♑55	12♑05	12♑15	12♑25	12♑35	12♑45	12♑55	13♑06	13♑16	13♑26	13♑36	13♑46	13♑57
/♅	27♓42	27♓51	27♓59	28♓08	28♓17	28♓26	28♓35	28♓44	28♓53	29♓03	29♓12	29♓22	29♓32	29♓41	29♓51	0♈01
/♆	11♓43	11♓52	12♓01	12♓10	12♓19	12♓28	12♓38	12♓47	12♓57	13♓06	13♓16	13♓25	13♓35	13♓45	13♓55	14♓05
/♇	15♒57	16♒06	16♒15	16♒24	16♒33	16♒43	16♒52	17♒02	17♒11	17♒21	17♒31	17♒40	17♒50	18♒00	18♒10	18♒21
/☊	4♒16	4♒24	4♒33	4♒42	4♒51	5♒00	5♒09	5♒16	5♒23	5♒30	5♒35	5♒41	5♒47	5♒53	6♒00	6♒09
♃/♄	29♋22	29♋24	29♋27	29♋29	29♋32	29♋35	29♋38	29♋41	29♋44	29♋47	29♋50	29♋53	29♋56	29♋59	0♌02	0♌06
/♅	15♈38	15♈39	15♈41	15♈42	15♈44	15♈46	15♈48	15♈50	15♈52	15♈54	15♈56	15♈59	16♈02	16♈04	16♈07	16♈10
/♆	29♓40	29♓41	29♓43	29♓44	29♓46	29♓48	29♓50	29♓53	29♓55	29♓57	29♓60	0♈02	0♈05	0♈08	0♈11	0♈14
/♇	3♓53	3♓54	3♓56	3♓58	4♓00	4♓02	4♓05	4♓07	4♓09	4♓12	4♓15	4♓17	4♓20	4♓23	4♓26	4♓29
/☊	22♒12	22♒13	22♒14	22♒16	22♒18	22♒20	22♒21	22♒22	22♒22	22♒21	22♒19	22♒18	22♒17	22♒16	22♒16	22♒18
♄/♅	14♑34	14♑36	14♑39	14♑41	14♑44	14♑46	14♑48	14♑51	14♑53	14♑55	14♑57	14♑60	15♑02	15♑04	15♑06	15♑08
/♆	28♐35	28♐38	28♐41	28♐43	28♐46	28♐48	28♐51	28♐53	28♐56	28♐58	29♐01	29♐03	29♐05	29♐08	29♐10	29♐12
/♇	2♐48	2♐51	2♐54	2♐57	2♐60	3♐03	3♐05	3♐08	3♐11	3♐13	3♐16	3♐18	3♐20	3♐23	3♐25	3♐27
/☊	21♏08	21♏10	21♏12	21♏15	21♏18	21♏20	21♏22	21♏23	21♏23	21♏22	21♏20	21♏18	21♏17	21♏16	21♏15	21♏16
♅/♆	14♓52	14♓53	14♓55	14♓56	14♓58	14♓59	15♓01	15♓02	15♓04	15♓06	15♓08	15♓09	15♓11	15♓13	15♓15	15♓17
/♇	19♒05	19♒07	19♒08	19♒10	19♒12	19♒13	19♒15	19♒17	19♒19	19♒21	19♒22	19♒24	19♒26	19♒28	19♒30	19♒32
/☊	7♒25	7♒25	7♒27	7♒28	7♒30	7♒31	7♒32	7♒32	7♒31	7♒29	7♒27	7♒25	7♒22	7♒21	7♒20	7♒20
♆/♇	3♒06	3♒08	3♒10	3♒12	3♒14	3♒16	3♒18	3♒20	3♒22	3♒24	3♒26	3♒28	3♒30	3♒32	3♒34	3♒36
/☊	21♑26	21♑27	21♑28	21♑30	21♑32	21♑33	21♑34	21♑35	21♑34	21♑33	21♑30	21♑28	21♑26	21♑25	21♑24	21♑24
♇/☊	25♐39	25♐40	25♐42	25♐44	25♐46	25♐48	25♐49	25♐49	25♐49	25♐47	25♐45	25♐43	25♐41	25♐40	25♐39	25♐39

	17	18	19	20	21	22	23	24	25	26	27	28	29	30	31
☉/☽	15♐19	22♐54	0♑28	8♑02	15♑33	23♑00	0♒22	7♒36	14♒43	21♒40	28♒28	5♓08	11♓41	18♓08	24♓34
/☿	19♑38	20♑54	22♑11	23♑28	24♑46	26♑03	27♑21	28♑40	29♑58	1♒17	2♒36	3♒55	5♒15	6♒35	7♒56
/♀	14♒48	15♒55	17♒02	18♒09	19♒16	20♒22	21♒29	22♒36	23♒43	24♒49	25♒56	27♒02	28♒09	29♒15	0♓21
/♂	24♏31	25♏04	25♏37	26♏09	26♏41	27♏12	27♏44	28♏14	28♏45	29♏15	29♏44	0♐13	0♐42	1♐11	1♐39
/⚳	27♒42	28♒22	29♒02	29♒42	0♓21	1♓02	1♓42	2♓22	3♓02	3♓42	4♓23	5♓03	5♓43	6♓24	7♓04
/♃	13♓44	14♓16	14♓49	15♓22	15♓55	16♓29	17♓02	17♓35	18♓09	18♓42	19♓16	19♓49	20♓23	20♓57	21♓31
/♄	12♐41	13♐12	13♐44	14♐16	14♐47	15♐18	15♐50	16♐21	16♐52	17♐24	17♐55	18♐26	18♐57	19♐28	19♐59
/♅	28♒45	29♒16	29♒48	0♓20	0♓51	1♓23	1♓54	2♓26	2♓57	3♓29	4♓01	4♓32	5♓04	5♓36	6♓07
/♆	12♒49	13♒21	13♒52	14♒24	14♒55	15♒27	15♒58	16♒30	17♒01	17♒33	18♒05	18♒36	19♒08	19♒39	20♒11
/♇	17♑04	17♑36	18♑08	18♑39	19♑11	19♑42	20♑14	20♑45	21♑17	21♑48	22♑20	22♑51	23♑23	23♑54	24♑25
/☊	4♑52	5♑23	5♑54	6♑25	6♑55	7♑23	7♑51	8♑17	8♑43	9♑09	9♑34	10♑01	10♑29	10♑58	11♑28
☽/☿	8♐41	16♐32	24♐22	2♑11	9♑59	17♑42	25♑21	2♒53	10♒17	17♒32	24♒38	1♓36	8♓28	15♓15	21♓59
/♀	3♑52	11♑32	19♑13	26♑52	4♒29	12♒02	19♒29	26♒49	4♓01	11♓04	17♓58	24♓43	1♈21	7♈54	14♈25
/♂	13♎35	20♎42	27♎48	4♏52	11♏54	18♏52	25♏43	2♐28	9♐03	15♐29	21♐46	27♊54	3♋55	9♋50	15♋42
/⚳	16♑45	23♑59	1♒12	8♒24	15♒34	22♒41	29♒41	6♓35	13♓21	19♓57	26♓25	2♈44	8♈56	15♈03	21♈08
/♃	2♒47	9♒54	17♒00	24♒05	1♓08	8♓08	15♓02	21♓49	28♓27	4♈57	11♈18	17♈30	23♈36	29♈36	5♉34
/♄	1♏44	8♏50	15♏55	22♏58	29♏60	6♐58	13♐50	20♐34	27♐11	3♑38	9♑57	16♑06	22♑09	28♑07	4♌02
/♅	17♑48	24♑54	1♒59	9♒02	16♒04	23♒02	29♒54	6♓39	13♓16	19♓44	26♓03	2♈13	8♈16	14♈15	20♈11
/♆	1♑52	8♑58	16♑03	23♑07	0♒08	7♒06	13♒58	20♒43	27♒20	3♓48	10♓06	16♓17	22♓20	28♓19	4♈14
/♇	6♐08	13♐13	20♐18	27♐22	4♑24	11♑21	18♑13	24♑59	1♒35	8♒03	14♒22	20♒32	26♒35	2♓33	8♓29
/☊	23♏55	0♐60	8♐05	15♐08	22♐07	29♐02	5♑50	12♑30	19♑01	25♑23	1♒36	7♒42	13♒41	19♒37	25♒31
☿/♀	8♒11	9♒33	10♒56	12♒18	13♒42	15♒05	16♒29	17♒52	19♒16	20♒41	22♒05	23♒30	24♒56	26♒21	27♒47
/♂	17♏54	18♏42	19♏30	20♏19	21♏07	21♏55	22♏43	23♏31	24♏19	25♏06	25♏54	26♏42	27♏29	28♏17	29♏04
/⚳	21♒04	21♒59	22♒55	23♒51	24♒47	25♒44	26♒41	27♒38	28♒36	29♒34	0♓32	1♓31	2♓30	3♓30	4♓30
/♃	7♓06	7♓54	8♓43	9♓32	10♓21	11♓11	12♓01	12♓52	13♓43	14♓34	15♓26	16♓18	17♓10	18♓03	18♓56
/♄	6♐03	6♐50	7♐37	8♐25	9♐13	10♐01	10♐49	11♐38	12♐26	13♐15	14♐05	14♐54	15♐44	16♐34	17♐24
/♅	22♒07	22♒54	23♒42	24♒29	25♒17	26♒05	26♒54	27♒42	28♒31	29♒21	0♓11	1♓01	1♓51	2♓42	3♓33
/♆	6♒11	6♒58	7♒46	8♒33	9♒21	10♒09	10♒58	11♒46	12♒35	13♒25	14♒14	15♒04	15♒55	16♒45	17♒36
/♇	10♑27	11♑14	12♑01	12♑49	13♑36	14♑25	15♑13	16♑02	16♑51	17♑40	18♑30	19♑19	20♑10	21♑00	21♑51
/☊	28♐14	29♐01	29♐47	0♑34	1♑20	2♑06	2♑50	3♑34	4♑17	5♑00	5♑44	6♑29	7♑16	8♑04	8♑53
♀/♂	13♐04	13♐43	14♐21	14♐59	15♐37	16♐14	16♐51	17♐27	18♐03	18♐39	19♐14	19♐48	20♐23	20♐56	21♐30
/⚳	16♓15	17♓00	17♓46	18♓32	19♓17	20♓03	20♓49	21♓35	22♓20	23♓06	23♓52	24♓38	25♓24	26♓10	26♓56
/♃	2♈16	2♈55	3♈34	4♈12	4♈51	5♈30	6♈09	6♈48	7♈27	8♈06	8♈45	9♈24	10♈04	10♈43	11♈22
/♄	1♑13	1♑51	2♑28	3♑06	3♑43	4♑20	4♑57	5♑34	6♑11	6♑48	7♑24	8♑01	8♑37	9♑14	9♑50
/♅	17♓18	17♓55	18♓32	19♓10	19♓47	20♓24	21♓01	21♓39	22♓16	22♓53	23♓30	24♓07	24♓44	25♓21	25♓59
/♆	1♓22	1♓59	2♓36	3♓14	3♓51	4♓28	5♓05	5♓43	6♓20	6♓57	7♓34	8♓11	8♓48	9♓25	10♓02
/♇	5♒37	6♒14	6♒52	7♒29	8♒06	8♒44	9♒21	9♒58	10♒35	11♒12	11♒49	12♒26	13♒03	13♒40	14♒17
/☊	23♑24	24♑01	24♑38	25♑15	25♑50	26♑25	26♑58	27♑30	28♑01	28♑32	29♑04	29♑36	0♒09	0♒44	1♒19
♂/⚳	25♊58	26♊09	26♊21	26♊32	26♊43	26♊53	27♊03	27♊13	27♊23	27♊32	27♊41	27♊49	27♊57	28♊05	28♊13
/♃	11♋60	12♋04	12♋09	12♋13	12♋17	12♋20	12♋23	12♋26	12♋29	12♋32	12♋34	12♋36	12♋37	12♋38	12♋39
/♄	10♎57	11♎00	11♎03	11♎06	11♎08	11♎10	11♎11	11♎12	11♎13	11♎13	11♎13	11♎12	11♎11	11♎09	11♎07
/♅	27♊01	27♊04	27♊07	27♊10	27♊12	27♊14	27♊16	27♊17	27♊18	27♊19	27♊19	27♊19	27♊18	27♊17	27♊16
/♆	11♐05	11♐08	11♐11	11♐14	11♐16	11♐18	11♐20	11♐21	11♐22	11♐23	11♐23	11♐22	11♐22	11♐21	11♐19
/♇	15♏20	15♏24	15♏27	15♏29	15♏32	15♏34	15♏35	15♏36	15♏37	15♏38	15♏38	15♏37	15♏37	15♏35	15♏34
/☊	3♏08	3♏11	3♏13	3♏15	3♏16	3♏15	3♏12	3♏08	3♏03	2♏58	2♏53	2♏47	2♏43	2♏39	2♏36
⚳/♃	15♈10	15♈22	15♈33	15♈45	15♈57	16♈09	16♈22	16♈34	16♈47	16♈59	17♈12	17♈25	17♈38	17♈52	18♈05
/♄	14♑07	14♑17	14♑28	14♑38	14♑49	14♑59	15♑09	15♑20	15♑30	15♑41	15♑51	16♑02	16♑12	16♑23	16♑33
/♅	0♈11	0♈22	0♈32	0♈42	0♈53	1♈03	1♈14	1♈25	1♈35	1♈46	1♈57	2♈08	2♈19	2♈30	2♈42
/♆	14♓15	14♓26	14♓36	14♓46	14♓57	15♓07	15♓18	15♓29	15♓39	15♓50	16♓01	16♓12	16♓23	16♓34	16♓45
/♇	18♒31	18♒41	18♒51	19♒02	19♒12	19♒23	19♒33	19♒44	19♒55	20♒05	20♒16	20♒27	20♒38	20♒49	20♒60
/☊	6♒18	6♒28	6♒38	6♒47	6♒56	7♒04	7♒10	7♒16	7♒21	7♒26	7♒31	7♒37	7♒44	7♒53	8♒02
♃/♄	0♌09	0♌12	0♌16	0♌19	0♌23	0♌26	0♌30	0♌33	0♌37	0♌41	0♌44	0♌48	0♌52	0♌56	0♌59
/♅	16♈13	16♈16	16♈20	16♈23	16♈27	16♈30	16♈34	16♈38	16♈42	16♈46	16♈50	16♈55	16♈59	17♈03	17♈08
/♆	0♈17	0♈20	0♈24	0♈27	0♈31	0♈34	0♈38	0♈42	0♈46	0♈50	0♈54	0♈58	1♈03	1♈07	1♈12
/♇	4♓33	4♓36	4♓39	4♓43	4♓46	4♓50	4♓54	4♓57	5♓01	5♓05	5♓09	5♓13	5♓18	5♓22	5♓26
/☊	22♒20	22♒23	22♒26	22♒28	22♒30	22♒31	22♒31	22♒29	22♒27	22♒26	22♒24	22♒23	22♒24	22♒26	22♒29
♄/♅	15♑10	15♑12	15♑14	15♑16	15♑18	15♑20	15♑22	15♑24	15♑26	15♑28	15♑29	15♑31	15♑33	15♑34	15♑36
/♆	29♐14	29♐16	29♐18	29♐20	29♐22	29♐24	29♐26	29♐28	29♐30	29♐32	29♐33	29♐35	29♐36	29♐38	29♐40
/♇	3♐30	3♐32	3♐34	3♐36	3♐38	3♐40	3♐42	3♐43	3♐45	3♐47	3♐48	3♐50	3♐51	3♐53	3♐54
/☊	21♏17	21♏18	21♏20	21♏21	21♏22	21♏21	21♏18	21♏15	21♏11	21♏07	21♏03	20♏60	20♏58	20♏57	20♏56
♅/♆	15♓18	15♓20	15♓22	15♓24	15♓26	15♓28	15♓31	15♓33	15♓35	15♓37	15♓39	15♓41	15♓44	15♓46	15♓48
/♇	19♒34	19♒36	19♒38	19♒40	19♒42	19♒44	19♒46	19♒48	19♒50	19♒52	19♒54	19♒56	19♒58	20♒01	20♒03
/☊	7♒21	7♒23	7♒24	7♒25	7♒26	7♒25	7♒23	7♒20	7♒16	7♒12	7♒09	7♒06	7♒05	7♒04	7♒05
♆/♇	3♒38	3♒40	3♒42	3♒44	3♒46	3♒48	3♒50	3♒52	3♒54	3♒56	3♒58	4♒00	4♒02	4♒04	4♒06
/☊	21♑25	21♑27	21♑28	21♑29	21♑30	21♑29	21♑27	21♑24	21♑20	21♑16	21♑13	21♑10	21♑09	21♑08	21♑09
♇/☊	25♐40	25♐42	25♐44	25♐45	25♐45	25♐44	25♐42	25♐39	25♐36	25♐32	25♐28	25♐25	25♐23	25♐23	25♐23

January 2012

February 2012

	1	2	3	4	5	6	7	8	9	10	11	12	13	14	15
☉/☽	0♈59	7♈27	14♈00	20♈41	27♈32	4♉34	11♉47	19♏11	26♏43	4♐21	12♐03	19♐45	27♐25	5♑02	12♑34
/☿	9♒16	10♒37	11♒59	13♒20	14♒42	16♒05	17♒28	18♒51	20♒14	21♒38	23♒02	24♒27	25♒52	27♒17	28♒42
/♀	1♓28	2♓34	3♓40	4♓46	5♓52	6♓58	8♓04	9♓10	10♓15	11♓21	12♓26	13♓32	14♓37	15♓43	16♓48
/♂	2♐06	2♐33	3♐00	3♐26	3♐52	4♐18	4♐43	5♐08	5♐32	5♐56	6♐20	6♐43	7♐06	7♐28	7♐50
/⚷	7♓45	8♓26	9♓06	9♓47	10♓28	11♓09	11♓49	12♓30	13♓11	13♓52	14♓33	15♓14	15♓55	16♓36	17♓17
/♃	22♓05	22♓39	23♓13	23♓47	24♓21	24♓55	25♓30	26♓04	26♓39	27♓13	27♓48	28♓22	28♓57	29♓32	0♈07
/♄	20♐30	21♐00	21♐31	22♐02	22♐32	23♐03	23♐33	24♐04	24♐34	25♐04	25♐34	26♐05	26♐35	27♐05	27♐35
/♅	6♓39	7♓11	7♓42	8♓14	8♓46	9♓18	9♓49	10♓21	10♓53	11♓24	11♓56	12♓28	12♓60	13♓31	14♓03
/♆	20♒42	21♒14	21♒46	22♒17	22♒49	23♒20	23♒52	24♒23	24♒55	25♒26	25♒58	26♒29	27♒01	27♒32	28♒03
/♇	24♑57	25♑28	25♑60	26♑31	27♑02	27♑34	28♑05	28♑36	29♑07	29♑39	0♒10	0♒41	1♒12	1♒43	2♒14
/☊	11♑58	12♑29	12♑60	13♑30	13♑59	14♑26	14♑52	15♑17	15♑42	16♑07	16♑33	16♑59	17♑28	17♑57	18♑27
☽/☿	28♓44	5♈32	12♈26	19♈28	26♈40	4♉04	11♉39	19♏24	27♏20	5♐21	13♐26	21♐32	29♐36	7♑38	15♑34
/♀	20♈55	27♈29	4♉07	10♉54	17♉50	24♉57	2♊15	9♊43	17♊20	25♊04	2♋50	10♑37	18♑22	26♑04	3♒40
/♂	21♋34	27♋28	3♌28	9♌34	15♌50	22♌17	28♌54	5♍41	12♍37	19♍39	26♍44	3♎48	10♎51	17♎49	24♎43
/⚷	27♈13	3♉21	9♉34	15♉55	22♉26	29♉07	6♊00	13♊04	20♊16	27♊35	4♋57	12♑19	19♑40	26♑57	4♒09
/♃	11♉33	17♉34	23♉40	29♉55	6♊19	12♊54	19♊41	26♊38	3♋44	10♋56	18♋12	25♋28	2♌42	9♒53	16♒59
/♄	9♌58	15♌55	21♌59	28♌09	4♍30	11♍02	17♍44	24♍37	1♎39	8♎47	15♎58	23♎10	0♏19	7♏25	14♏27
/♅	26♈07	2♉06	8♉10	14♉22	20♉44	27♉16	4♊00	10♊55	17♊58	25♊07	2♑20	9♑33	16♑44	23♑52	0♒56
/♆	10♈10	16♈09	22♈13	28♈25	4♉46	11♉19	18♉03	24♉57	1♐60	9♐09	16♐21	23♐34	0♑45	7♑53	14♑56
/♇	14♓25	20♓23	26♓27	2♈39	9♎00	15♎32	22♎16	29♎10	6♏13	13♏21	20♏34	27♏46	4♐57	12♐04	19♐07
/☊	1♓26	7♓24	13♍27	19♍38	25♍56	2♎25	9♎03	15♎51	22♎47	29♎50	6♏56	14♏05	21♏12	28♏18	5♐20
☿/♀	29♒13	0♓39	2♓06	3♓33	4♓60	6♓27	7♓55	9♓24	10♓52	12♓21	13♓50	15♓19	16♓49	18♓18	19♓48
/♂	29♏51	0♐39	1♐26	2♐13	3♐00	3♐47	4♐35	5♐22	6♐09	6♐56	7♐43	8♐30	9♐17	10♐04	10♐51
/⚷	5♓30	6♓31	7♓32	8♓34	9♓36	10♓38	11♓41	12♓44	13♓48	14♓52	15♓56	17♓01	18♓06	19♓12	20♓17
/♃	19♓50	20♓44	21♓39	22♓34	23♓29	24♓25	25♓21	26♓18	27♓15	28♓13	29♓11	0♈10	1♈08	2♈08	3♈07
/♄	18♐15	19♐06	19♐57	20♐48	21♐40	22♐32	23♐25	24♐18	25♐11	26♐04	26♐58	27♐52	28♐46	29♐40	0♑35
/♅	4♓24	5♓16	6♓08	7♓01	7♓54	8♓47	9♓41	10♓35	11♓29	12♓24	13♓19	14♓15	15♓11	16♓07	17♓04
/♆	18♒28	19♒19	20♒11	21♒04	21♒57	22♒50	23♒43	24♒37	25♒31	26♒26	27♒21	28♒16	29♒12	0♓08	1♓04
/♇	22♑42	23♑34	24♑25	25♑18	26♑10	27♑03	27♑56	28♑50	29♑44	0♒38	1♒33	2♒28	3♒23	4♒19	5♒15
/☊	9♑44	10♑35	11♑26	12♑17	13♑07	13♑56	14♑44	15♑31	16♑19	17♑07	17♑56	18♑46	19♑39	20♑33	21♑27
♀/♂	22♐03	22♊35	23♊07	23♊39	24♊10	24♊40	25♊11	25♊40	26♊10	26♊39	27♊07	27♊35	28♊03	28♊30	28♊57
/⚷	27♓42	28♓28	29♓13	29♓59	0♈45	1♈31	2♈17	3♈03	3♈49	4♈35	5♈20	6♈06	6♈52	7♈38	8♈23
/♃	12♈01	12♈41	13♈20	13♈59	14♈39	15♈18	15♈57	16♈37	17♈16	17♈56	18♈35	19♈15	19♈54	20♈34	21♈13
/♄	10♑26	11♑02	11♑38	12♑14	12♑50	13♑25	14♑01	14♑36	15♑12	15♑47	16♑22	16♑57	17♑32	18♑06	18♑41
/♅	26♓36	27♓13	27♓49	28♓26	29♓03	29♓40	0♈17	0♈54	1♈30	2♈07	2♈44	3♈20	3♈57	4♈33	5♈09
/♆	10♓39	11♓16	11♓53	12♓29	13♓06	13♓43	14♓19	14♓56	15♓32	16♓09	16♓45	17♓21	17♓58	18♓34	19♓10
/♇	14♒53	15♒30	16♒07	16♒43	17♒20	17♒56	18♒33	19♒09	19♒45	20♒21	20♒57	21♒33	22♒09	22♒45	23♒21
/☊	1♒55	2♒31	3♒07	3♒42	4♒16	4♒49	5♒20	5♒50	6♒20	6♒49	7♒20	7♒52	8♒24	8♒59	9♒33
♂/⚷	28♊20	28♊27	28♊34	28♊40	28♊46	28♊51	28♊56	29♊01	29♊06	29♊10	29♊14	29♊17	29♊20	29♊23	29♊26
/♃	12♋40	12♋40	12♋40	12♋40	12♋39	12♋38	12♋37	12♋35	12♋33	12♋31	12♋28	12♋26	12♋22	12♋19	12♋15
/♄	11♎05	11♎02	10♎58	10♎54	10♎50	10♎45	10♎40	10♎35	10♎29	10♎22	10♎15	10♎08	9♎60	9♎52	9♎43
/♅	27♊14	27♊12	27♊10	27♊07	27♊04	27♊00	26♊56	26♊52	26♊47	26♊42	26♊37	26♊31	26♊25	26♊19	26♊12
/♆	11♐18	11♐15	11♐13	11♐10	11♐06	11♐03	10♐59	10♐54	10♐49	10♐44	10♐38	10♐32	10♐26	10♐19	10♐12
/♇	15♏32	15♏30	15♏27	15♏24	15♏20	15♏16	15♏12	15♏07	15♏02	14♏56	14♏50	14♏44	14♏37	14♏30	14♏23
/☊	2♏34	2♏31	2♏27	2♏23	2♏16	2♏09	1♏59	1♏48	1♏37	1♏25	1♏13	1♏02	0♏53	0♏44	0♏36
⚷/♃	18♈19	18♈33	18♈46	19♈00	19♈14	19♈29	19♈43	19♈58	20♈12	20♈27	20♈42	20♈57	21♈12	21♈27	21♈42
/♄	16♑44	16♑54	17♑05	17♑15	17♑26	17♑36	17♑47	17♑57	18♑07	18♑18	18♑28	18♑39	18♑49	18♑60	19♑10
/♅	2♈53	3♈04	3♈16	3♈27	3♈39	3♈51	4♈02	4♈14	4♈26	4♈38	4♈50	5♈02	5♈14	5♈26	5♈39
/♆	16♓56	17♓08	17♓19	17♓30	17♓42	17♓53	18♓05	18♓16	18♓28	18♓40	18♓51	19♓03	19♓15	19♓27	19♓39
/♇	21♒11	21♒22	21♒33	21♒44	21♒56	22♒07	22♒18	22♒29	22♒41	22♒52	23♒04	23♒15	23♒27	23♒38	23♒50
/☊	8♒13	8♒23	8♒34	8♒43	8♒52	8♒59	9♒05	9♒11	9♒15	9♒21	9♒26	9♒33	9♒42	9♒52	10♒02
♃/♄	1♌03	1♌07	1♌11	1♌15	1♌19	1♌23	1♌27	1♌31	1♌35	1♌39	1♌43	1♌47	1♌51	1♌56	1♌60
/♅	17♈13	17♈18	17♈22	17♈27	17♈33	17♈38	17♈43	17♈48	17♈54	17♈59	18♈05	18♈11	18♈16	18♈22	18♈28
/♆	1♈16	1♈21	1♈26	1♈30	1♈35	1♈40	1♈45	1♈50	1♈56	2♈01	2♈06	2♈12	2♈17	2♈23	2♈29
/♇	5♓31	5♓35	5♓40	5♓44	5♓49	5♓54	5♓59	6♓03	6♓08	6♓13	6♓19	6♓24	6♓29	6♓34	6♓39
/☊	22♒32	22♒36	22♒40	22♒43	22♒45	22♒46	22♒46	22♒45	22♒43	22♒42	22♒41	22♒42	22♒44	22♒48	22♒52
♄/♅	15♑38	15♑39	15♑41	15♑42	15♑44	15♑45	15♑46	15♑48	15♑49	15♑50	15♑52	15♑53	15♑54	15♑55	15♑56
/♆	29♐41	29♐42	29♐44	29♐45	29♐46	29♐48	29♐49	29♐50	29♐51	29♐52	29♐53	29♐54	29♐55	29♐56	29♐56
/♇	3♐55	3♐57	3♐58	3♐59	4♐00	4♐01	4♐02	4♐03	4♐04	4♐04	4♐05	4♐06	4♐06	4♐07	4♐07
/☊	20♏57	20♏58	20♏58	20♏58	20♏56	20♏54	20♏49	20♏44	20♏38	20♏33	20♏28	20♏24	20♏22	20♏21	20♏20
♅/♆	15♓50	15♓53	15♓55	15♓58	15♓60	16♓02	16♓05	16♓07	16♓10	16♓12	16♓15	16♓17	16♓20	16♓22	16♓25
/♇	20♒05	20♒07	20♒09	20♒11	20♒14	20♒16	20♒18	20♒20	20♒22	20♒25	20♒27	20♒29	20♒31	20♒34	20♒36
/☊	7♒06	7♒08	7♒10	7♒10	7♒10	7♒08	7♒05	7♒01	6♒57	6♒53	6♒50	6♒48	6♒47	6♒47	6♒49
♆/♇	4♒08	4♒10	4♒12	4♒14	4♒16	4♒18	4♒20	4♒22	4♒24	4♒26	4♒28	4♒30	4♒32	4♒34	4♒36
/☊	21♑10	21♑11	21♑13	21♑13	21♑13	21♑11	21♑08	21♑04	20♑59	20♑55	20♑51	20♑49	20♑48	20♑48	20♑49
♇/☊	25♐24	25♐26	25♐27	25♐27	25♐26	25♐24	25♐21	25♐17	25♐12	25♐07	25♐03	25♐01	24♐59	24♐59	24♐60

	16	17	18	19	20	21	22	23	24	25	26	27	28	29	
☉/☽	20♑02	27♑25	4♒43	11♒57	19♒06	26♒09	3♓06	9♓57	16♓40	23♓17	29♓48	6♈14	12♈39	19♈03	☉/☽
/☿	0♓08	1♓33	2♓59	4♓25	5♓50	7♓15	8♓40	10♓05	11♓28	12♓51	14♓13	15♓33	16♓52	18♓08	/☿
/♀	17♓53	18♓58	20♓03	21♓08	22♓13	23♓18	24♓23	25♓27	26♓32	27♓36	28♓40	29♓44	0♈48	1♈52	/♀
/♂	8♐12	8♐33	8♐55	9♐15	9♐36	9♐56	10♐16	10♐35	10♐55	11♐14	11♐33	11♐52	12♐11	12♐29	/♂
/⚷	17♓58	18♓39	19♓20	20♓02	20♓43	21♓24	22♓05	22♓47	23♓28	24♓09	24♓51	25♓32	26♓14	26♓55	/⚷
/♃	0♈42	1♈17	1♈52	2♈27	3♈02	3♈37	4♈12	4♈47	5♈23	5♈58	6♈33	7♈09	7♈44	8♈20	/♃
/♄	28♐05	28♐34	29♐04	29♐34	0♑04	0♑33	1♑03	1♑32	2♑01	2♑31	3♑00	3♑29	3♑58	4♑27	/♄
/♅	14♓35	15♓07	15♓39	16♓10	16♓42	17♓14	17♓46	18♓17	18♓49	19♓21	19♓53	20♓24	20♓56	21♓28	/♅
/♆	28♒35	29♒06	29♒38	0♓09	0♓41	1♓12	1♓43	2♓15	2♓46	3♓17	3♓49	4♓20	4♓51	5♓23	/♆
/♇	2♒45	3♒17	3♒48	4♒19	4♒50	5♒21	5♒52	6♒23	6♒53	7♒24	7♒55	8♒26	8♒57	9♒28	/♇
/☊	18♑57	19♑27	19♑56	20♑24	20♑49	21♑14	21♑37	22♑00	22♑24	22♑48	23♑14	23♑41	24♑09	24♑39	/☊
☽/☿	23♑27	1♒15	8♒59	16♒38	24♒12	1♓40	9♓01	16♓15	23♓22	0♈21	7♈13	13♈60	20♈42	27♈23	☽/☿
/♀	11♒13	18♒40	26♒03	3♓21	10♓35	17♓42	24♓43	1♈38	8♈25	15♈06	21♈41	28♈11	4♉39	11♉07	/♀
/♂	1♏31	8♏15	14♏54	21♏28	27♏57	4♐20	10♐37	16♐46	22♊48	28♊44	4♋34	10♋19	16♋01	21♋44	/♂
/⚷	11♒18	18♒21	25♒20	2♓15	9♓04	15♓48	22♓26	28♓57	5♈22	11♈39	17♈51	23♈59	0♉04	6♉10	/⚷
/♃	24♒01	0♓58	7♓51	14♓40	21♓23	28♓01	4♈33	10♈58	17♈16	23♈28	29♈34	5♉35	11♉35	17♉34	/♃
/♄	21♏24	28♏16	5♐04	11♐47	18♐25	24♐57	1♑23	7♑43	13♑55	20♑01	26♑00	1♌56	7♌49	13♌42	/♄
/♅	7♒54	14♒49	21♒38	28♒23	5♓03	11♓38	18♓06	24♓28	0♈43	6♈51	12♈53	18♈51	24♈47	0♉43	/♅
/♆	21♑54	28♑48	5♒38	12♒22	19♒02	25♒36	2♓04	8♓25	14♓40	20♓47	26♓49	2♈47	8♈42	14♈37	/♆
/♇	26♐05	2♑58	9♑47	16♑32	23♑11	29♑45	6♒12	12♒33	18♒47	24♒54	0♓56	6♓53	12♓48	18♓42	/♇
/☊	12♐17	19♐09	25♐56	2♑37	9♑11	15♑38	21♑58	28♑11	4♒17	10♒18	16♒14	22♒08	28♒00	3♓54	/☊
☿/♀	21♓18	22♓49	24♓19	25♓49	27♓19	28♓48	0♈17	1♈46	3♈14	4♈40	6♈06	7♈30	8♈52	10♈13	☿/♀
/♂	11♐37	12♐24	13♐10	13♐56	14♐41	15♐26	16♐11	16♐54	17♊37	18♊18	18♊59	19♊37	20♊14	20♊49	/♂
/⚷	21♓23	22♓30	23♓36	24♓42	25♓48	26♓54	28♓00	29♓05	0♈10	1♈14	2♈16	3♈18	4♈17	5♈15	/⚷
/♃	4♈07	5♈07	6♈07	7♈07	8♈07	9♈07	10♈07	11♈06	12♈05	13♈02	13♈59	14♈54	15♈48	16♈40	/♃
/♄	1♑30	2♑25	3♑20	4♑14	5♑09	6♑03	6♑57	7♑51	8♑43	9♑35	10♑26	11♑15	12♑02	12♑48	/♄
/♅	18♓00	18♓57	19♓54	20♓51	21♓48	22♓44	23♓40	24♓36	25♓31	26♓25	27♓18	28♓10	29♓00	29♓48	/♅
/♆	2♓00	2♓57	3♓53	4♓50	5♓46	6♓42	7♓38	8♓33	9♓28	10♓22	11♓14	12♓06	12♓55	13♓43	/♆
/♇	6♒11	7♒07	8♒03	8♒59	9♒55	10♒51	11♒46	12♒41	13♒35	14♒29	15♒21	16♒12	17♒01	17♒48	/♇
/☊	22♑23	23♑18	24♑12	25♑04	25♑55	26♑44	27♑32	28♑19	29♑06	29♑53	0♒40	1♒27	2♒13	2♒59	/☊
♀/♂	29♊23	29♊49	0♋14	0♋40	1♋04	1♋29	1♋53	2♋17	2♋40	3♋03	3♋26	3♋49	4♋11	4♋33	♀/♂
/⚷	9♈09	9♈55	10♈40	11♈26	12♈11	12♈57	13♈42	14♈28	15♈13	15♈59	16♈44	17♈29	18♈14	18♈59	/⚷
/♃	21♈53	22♈32	23♈11	23♈51	24♈30	25♈10	25♈49	26♈28	27♈08	27♈47	28♈26	29♈05	29♈45	0♉24	/♃
/♄	19♑15	19♑50	20♑24	20♑58	21♑32	22♑06	22♑40	23♑13	23♑47	24♑20	24♑53	25♑26	25♑59	26♑32	/♄
/♅	5♈46	6♈22	6♈58	7♈34	8♈11	8♈47	9♈23	9♈58	10♈34	11♈10	11♈46	12♈21	12♈57	13♈32	/♅
/♆	19♓46	20♓22	20♓58	21♓33	22♓09	22♓45	23♓20	23♓56	24♓31	25♓07	25♓42	26♓17	26♓52	27♓27	/♆
/♇	23♒56	24♒32	25♒07	25♒43	26♒18	26♒53	27♒29	28♒04	28♒39	29♒13	29♒48	0♓23	0♓57	1♓32	/♇
/☊	10♒08	10♒43	11♒16	11♒48	12♒18	12♒47	13♒14	13♒42	14♒09	14♒37	15♒07	15♒38	16♒10	16♒43	/☊
♂/⚷	29♊28	29♊30	29♊31	29♊33	29♊34	29♊35	29♊36	29♊36	29♊36	29♊37	29♊37	29♊36	29♊36	29♊36	♂/⚷
/♃	12♋11	12♋07	12♋03	11♋58	11♋53	11♋48	11♋42	11♋37	11♋31	11♋25	11♋19	11♋13	11♋07	11♋01	/♃
/♄	9♎34	9♎25	9♎15	9♎05	8♎55	8♎44	8♎33	8♎21	8♎10	7♎58	7♎46	7♎34	7♎21	7♎08	/♄
/♅	26♊05	25♊57	25♊50	25♊41	25♊33	25♊25	25♊16	25♊07	24♊58	24♊48	24♊38	24♊29	24♊19	24♊09	/♅
/♆	10♐05	9♐57	9♐49	9♐40	9♐32	9♐23	9♐14	9♐04	8♐55	8♐45	8♐35	8♐24	8♐14	8♐04	/♆
/♇	14♏15	14♏07	13♏59	13♏50	13♏41	13♏31	13♏22	13♏12	13♏02	12♏52	12♏41	12♏30	12♏20	12♏09	/♇
/☊	0♏27	0♏18	0♏07	29♎55	29♎40	29♎25	29♎08	28♎50	28♎32	28♎16	27♎60	27♎45	27♎32	27♎20	/☊
⚷/♃	21♈57	22♈13	22♈29	22♈44	23♈00	23♈16	23♈32	23♈48	24♈04	24♈20	24♈37	24♈53	25♈10	25♈26	⚷/♃
/♄	19♑20	19♑31	19♑41	19♑51	20♑02	20♑12	20♑22	20♑33	20♑43	20♑53	21♑04	21♑14	21♑24	21♑34	/♄
/♅	5♈51	6♈03	6♈15	6♈28	6♈40	6♈53	7♈05	7♈18	7♈31	7♈43	7♈56	8♈09	8♈22	8♈35	/♅
/♆	19♓51	20♓03	20♓15	20♓27	20♓39	20♓51	21♓03	21♓15	21♓28	21♓40	21♓52	22♓05	22♓17	22♓29	/♆
/♇	24♒01	24♒13	24♒25	24♒36	24♒48	24♒60	25♒11	25♒23	25♒35	25♒47	25♒59	26♒11	26♒22	26♒34	/♇
/☊	10♒13	10♒24	10♒33	10♒41	10♒48	10♒53	10♒57	11♒01	11♒06	11♒11	11♒17	11♒26	11♒35	11♒46	/☊
♃/♄	2♌04	2♌08	2♌12	2♌16	2♌21	2♌25	2♌29	2♌33	2♌38	2♌42	2♌46	2♌50	2♌55	2♌59	♃/♄
/♅	18♈34	18♈40	18♈47	18♈53	18♈59	19♈06	19♈12	19♈19	19♈25	19♈32	19♈39	19♈45	19♈52	19♈59	/♅
/♆	2♈34	2♈40	2♈46	2♈52	2♈58	3♈04	3♈10	3♈16	3♈22	3♈28	3♈35	3♈41	3♈48	3♈54	/♆
/♇	6♓45	6♓50	6♓56	7♓01	7♓07	7♓12	7♓18	7♓24	7♓30	7♓35	7♓41	7♓47	7♓53	7♓59	/♇
/☊	22♒57	23♒01	23♒04	23♒06	23♒06	23♒06	23♒04	23♒02	23♒00	22♒59	22♒60	23♒02	23♒06	23♒10	/☊
♄/♅	15♑57	15♑58	15♑59	16♑00	16♑01	16♑02	16♑03	16♑03	16♑04	16♑05	16♑05	16♑06	16♑07	16♑07	♄/♅
/♆	29♐57	29♐58	29♐58	29♐59	29♐59	29♐60	0♑00	0♑01	0♑01	0♑01	0♑02	0♑02	0♑02	0♑02	/♆
/♇	4♐08	4♐08	4♐08	4♐08	4♐09	4♐09	4♐09	4♐09	4♐08	4♐08	4♐08	4♐08	4♐07	4♐07	/♇
/☊	20♏20	20♏19	20♏17	20♏13	20♏08	20♏02	19♏54	19♏46	19♏39	19♏32	19♏27	19♏23	19♏20	19♏18	/☊
♅/♆	16♓28	16♓30	16♓33	16♓35	16♓38	16♓41	16♓43	16♓46	16♓49	16♓51	16♓54	16♓57	16♓60	17♓02	♅/♆
/♇	20♒38	20♒40	20♒43	20♒45	20♒47	20♒49	20♒52	20♒54	20♒56	20♒58	21♒01	21♒03	21♒05	21♒07	/♇
/☊	6♒50	6♒51	6♒51	6♒50	6♒47	6♒42	6♒37	6♒32	6♒27	6♒22	6♒19	6♒18	6♒18	6♒19	/☊
♆/♇	4♒38	4♒40	4♒42	4♒44	4♒46	4♒48	4♒49	4♒51	4♒53	4♒55	4♒57	4♒59	5♒00	5♒02	♆/♇
/☊	20♑50	20♑51	20♑50	20♑49	20♑45	20♑41	20♑35	20♑29	20♑24	20♑19	20♑15	20♑14	20♑13	20♑13	/☊
♇/☊	25♐01	25♐01	25♐00	24♐58	24♐54	24♐49	24♐43	24♐37	24♐31	24♐26	24♐22	24♐20	24♐18	24♐18	♇/☊

February 2012

March 2012

	1	2	3	4	5	6	7	8	9	10	11	12	13	14	15	16
☉/☽	25♈30	2♉02	8♉42	15♉33	22♉36	29♉53	7♊23	15♊05	22♐55	0♑49	8♑44	16♑36	24♑21	1♒57	9♒25	16♒45
/☿	19♓23	20♓35	21♓44	22♓50	23♓53	24♓52	25♓47	26♓38	27♓25	28♓07	28♓45	29♓19	29♓48	0♈13	0♈34	0♈51
/♀	2♈56	3♈60	5♈03	6♈07	7♈10	8♈13	9♈16	10♈19	11♈22	12♈24	13♈27	14♈29	15♈31	16♈33	17♈35	18♈37
/♂	12♐48	13♐06	13♐24	13♊42	14♊00	14♊19	14♊37	14♊55	15♊13	15♊32	15♊50	16♊09	16♊28	16♊47	17♊06	17♊25
/⚳	27♓36	28♓18	28♓59	29♓41	0♈22	1♈04	1♈45	2♈27	3♈08	3♈50	4♈31	5♈13	5♈54	6♈36	7♈17	7♈59
/♃	8♈55	9♈31	10♈06	10♈42	11♈18	11♈53	12♈29	13♈05	13♈40	14♈16	14♈52	15♈28	16♈04	16♈40	17♈16	17♈52
/♄	4♑56	5♑25	5♑54	6♑23	6♑52	7♑21	7♑49	8♑18	8♑46	9♑15	9♑43	10♑12	10♑40	11♑08	11♑36	12♑05
/♅	21♓60	22♓31	23♓03	23♓35	24♓06	24♓38	25♓10	25♓41	26♓13	26♓45	27♓16	27♓48	28♓20	28♓51	29♓23	29♓54
/♆	5♓54	6♓25	6♓56	7♓28	7♓59	8♓30	9♓01	9♓32	10♓03	10♓34	11♓05	11♓36	12♓07	12♓38	13♓09	13♓40
/♇	9♒58	10♒29	10♒60	11♒30	12♒01	12♒32	13♒02	13♒33	14♒03	14♒34	15♒04	15♒34	16♒05	16♒35	17♒06	17♒36
/☊	25♑09	25♑39	26♑08	26♑37	27♑04	27♑29	27♑54	28♑18	28♑42	29♑07	29♑33	0♒01	0♒30	0♒59	1♒29	1♒59
☽/☿	4♉04	10♉48	17♉37	24♉34	1♊40	8♊56	16♊21	23♊53	1♋30	9♑08	16♑41	24♑06	1♒20	8♒22	15♒11	21♒48
/♀	17♉37	24♉13	0♊56	7♊51	14♊57	22♊17	29♊50	7♋35	15♋28	23♋25	1♌22	9♒16	17♒03	24♒42	2♓12	9♓34
/♂	27♋29	3♌19	9♌17	15♌26	21♌47	28♌22	5♍11	12♍11	19♍19	26♍32	3♎46	10♎56	17♎60	24♎55	1♏43	8♏22
/⚳	12♉17	18♉31	24♉52	1♊24	8♊09	15♊07	22♊19	29♊42	7♋14	14♋50	22♑26	29♑59	7♒26	14♒44	21♒54	28♒56
/♃	23♉36	29♉44	5♊59	12♊26	19♊04	25♊57	3♋03	10♋20	17♋46	25♋17	2♌47	10♒15	17♒36	24♒48	1♓53	8♓48
/♄	19♌38	25♌38	1♍47	8♍07	14♍39	21♍24	28♍23	5♎33	12♎52	20♎15	27♎39	4♏58	12♏12	19♏17	26♏13	3♐01
/♅	6♉41	12♉44	18♉56	25♉19	1♊53	8♊42	15♊44	22♊57	0♋19	7♑45	15♑12	22♑35	29♑52	7♒00	13♒60	20♒51
/♆	20♈35	26♈38	2♉49	9♉11	15♉46	22♉34	29♉35	6♐47	14♐09	21♐35	29♐01	6♑23	13♑39	20♑47	27♑46	4♒37
/♇	24♓40	0♈42	6♈53	13♎14	19♎48	26♎35	3♏36	10♏48	18♏09	25♏34	2♐60	10♐21	17♐37	24♐44	1♑43	8♑33
/☊	9♍50	15♍52	22♍01	28♍20	4♎51	11♎33	18♎28	25♎34	2♏48	10♏08	17♏29	24♏48	2♐01	9♐08	16♐06	22♐56
☿/♀	11♈31	12♈46	13♈59	15♈08	16♈14	17♈16	18♈14	19♈08	19♈58	20♈43	21♈23	21♈59	22♈31	22♈58	23♈20	23♈39
/♂	21♊22	21♊52	22♊19	22♊43	23♊04	23♊21	23♊35	23♊44	23♊49	23♊50	23♊47	23♊39	23♊27	23♊11	22♊51	22♊28
/⚳	6♈11	7♈04	7♈54	8♈42	9♈26	10♈06	10♈43	11♈15	11♈44	12♈08	12♈27	12♈43	12♈53	13♈00	13♈03	13♈01
/♃	17♈30	18♈17	19♈02	19♈43	20♈21	20♈56	21♈27	21♈54	22♈16	22♈34	22♈48	22♈58	23♈03	23♈04	23♈01	22♈54
/♄	13♑31	14♑12	14♑50	15♑24	15♑56	16♑23	16♑47	17♑07	17♑22	17♑33	17♑40	17♑42	17♑39	17♑33	17♑22	17♑07
/♅	0♈34	1♈18	1♈58	2♈36	3♈10	3♈41	4♈08	4♈30	4♈49	5♈03	5♈13	5♈18	5♈19	5♈16	5♈08	4♈57
/♆	14♓28	15♓11	15♓52	16♓29	17♓02	17♓33	17♓59	18♓21	18♓39	18♓52	19♓02	19♓06	19♓07	19♓03	18♓55	18♓43
/♇	18♒33	19♒15	19♒55	20♒32	21♒05	21♒34	21♒60	22♒22	22♒39	22♒52	23♒00	23♒04	23♒04	22♒60	22♒51	22♒38
/☊	3♒43	4♒25	5♒04	5♒38	6♒08	6♒32	6♒52	7♒07	7♒18	7♒25	7♒30	7♒31	7♒29	7♒24	7♒15	7♒02
♀/♂	4♋55	5♋17	5♋39	6♋00	6♋22	6♋43	7♋04	7♋25	7♋46	8♋07	8♋28	8♋49	9♋10	9♋31	9♋52	10♋14
/⚳	19♈44	20♈29	21♈14	21♈59	22♈43	23♈28	24♈12	24♈57	25♈41	26♈25	27♈09	27♈53	28♈37	29♈20	0♉04	0♉47
/♃	1♉03	1♉42	2♉21	2♉60	3♉39	4♉17	4♉56	5♉35	6♉13	6♉52	7♉30	8♉08	8♉46	9♉24	10♉02	10♉40
/♄	27♑04	27♑37	28♑09	28♑41	29♋13	29♋45	0♌16	0♌48	1♌19	1♌50	2♌21	2♌52	3♌22	3♌53	4♌23	4♌53
/♅	14♈07	14♈43	15♈18	15♈53	16♈28	17♈02	17♈37	18♈11	18♈46	19♈20	19♈54	20♈28	21♈02	21♈36	22♈10	22♈43
/♆	28♓02	28♓36	29♓11	29♓45	0♈20	0♈54	1♈28	2♈02	2♈36	3♈10	3♈43	4♈17	4♈50	5♈23	5♈56	6♈29
/♇	2♓06	2♓40	3♓14	3♓48	4♓22	4♓56	5♓29	6♓03	6♓36	7♓09	7♓42	8♓15	8♓47	9♓20	9♓52	10♓24
/☊	17♒17	17♒50	18♒23	18♒55	19♒25	19♒54	20♒21	20♒48	21♒15	21♒43	22♒11	22♒41	23♒12	23♒44	24♒16	24♒48
♂/⚳	29♊35	29♊35	29♊35	29♊34	29♊34	29♊33	29♊33	29♊32	29♊32	29♊32	29♊32	29♊33	29♊33	29♊34	29♊35	29♊36
/♃	10♋54	10♋48	10♋42	10♋35	10♋29	10♋23	10♋17	10♋11	10♋05	9♋59	9♋53	9♋48	9♋43	9♋38	9♋33	9♋28
/♄	6♎56	6♎43	6♎30	6♎16	6♎03	5♎50	5♎37	5♎24	5♎11	4♎58	4♎45	4♎32	4♎19	4♎06	3♎54	3♎41
/♅	23♊59	23♊49	23♊38	23♊28	23♊18	23♊08	22♊58	22♊47	22♊37	22♊27	22♊18	22♊08	21♊59	21♊49	21♊40	21♊31
/♆	7♐53	7♐42	7♐32	7♐21	7♐10	6♐59	6♐49	6♐38	6♐27	6♐17	6♐07	5♐56	5♐46	5♐36	5♐27	5♐17
/♇	11♏57	11♏46	11♏35	11♏24	11♏12	11♏01	10♏50	10♏39	10♏27	10♏16	10♏05	9♏55	9♏44	9♏33	9♏23	9♏13
/☊	27♎08	26♎56	26♎44	26♎30	26♎15	25♎59	25♎42	25♎24	25♎07	24♎50	24♎35	24♎21	24♎09	23♎57	23♎47	23♎36
⚳/♃	25♈43	25♈60	26♈17	26♈34	26♈51	27♈08	27♈25	27♈42	27♈59	28♈17	28♈34	28♈52	29♈09	29♈27	29♈44	0♉02
/♄	21♑44	21♑55	22♑05	22♑15	22♑25	22♑35	22♑45	22♑55	23♑05	23♑15	23♑25	23♑35	23♑45	23♑55	24♑05	24♑15
/♅	8♈48	9♈00	9♈13	9♈26	9♈40	9♈53	10♈06	10♈19	10♈32	10♈45	10♈58	11♈12	11♈25	11♈38	11♈52	12♈05
/♆	22♓42	22♓54	23♓07	23♓19	23♓32	23♓44	23♓57	24♓09	24♓22	24♓35	24♓47	24♓60	25♓13	25♓25	25♓38	25♓51
/♇	26♒46	26♒58	27♒10	27♒22	27♒34	27♒46	27♒58	28♒10	28♒22	28♒34	28♒46	28♒58	29♒10	29♒22	29♒34	29♒46
/☊	11♒57	12♒08	12♒19	12♒28	12♒37	12♒44	12♒50	12♒56	13♒01	13♒08	13♒15	13♒24	13♒35	13♒46	13♒58	14♒10
♃/♄	3♌03	3♌07	3♌12	3♌16	3♌20	3♌25	3♌29	3♌33	3♌38	3♌42	3♌46	3♌51	3♌55	3♌59	4♌04	4♌08
/♅	20♈06	20♈13	20♈21	20♈28	20♈35	20♈42	20♈50	20♈57	21♈04	21♈12	21♈19	21♈27	21♈35	21♈42	21♈50	21♈58
/♆	4♈01	4♈07	4♈14	4♈20	4♈27	4♈34	4♈41	4♈48	4♈54	5♈01	5♈08	5♈15	5♈22	5♈29	5♈37	5♈44
/♇	8♓05	8♓11	8♓17	8♓23	8♓30	8♓36	8♓42	8♓48	8♓54	9♓01	9♓07	9♓14	9♓20	9♓26	9♓33	9♓39
/☊	23♒16	23♒21	23♒26	23♒30	23♒32	23♒34	23♒34	23♒34	23♒34	23♒34	23♒36	23♒40	23♒45	23♒50	23♒57	24♒02
♄/♅	16♑08	16♑08	16♑09	16♑09	16♑09	16♑10	16♑10	16♑10	16♑10	16♑11	16♑11	16♑11	16♑11	16♑11	16♑11	16♑11
/♆	0♑02	0♑02	0♑02	0♑02	0♑02	0♑01	0♑01	0♑01	0♑00	29♐60	29♐59	29♐59	29♐58	29♐58	29♐57	29♐57
/♇	4♐06	4♐06	4♐05	4♐05	4♐04	4♐03	4♐02	4♐01	4♐00	3♐59	3♐58	3♐57	3♐56	3♐55	3♐54	3♐52
/☊	19♏17	19♏16	19♏14	19♏11	19♏07	19♏01	18♏54	18♏47	18♏40	18♏33	18♏28	18♏24	18♏21	18♏19	18♏17	18♏15
♅/♆	17♓05	17♓08	17♓11	17♓13	17♓16	17♓19	17♓22	17♓24	17♓27	17♓30	17♓33	17♓35	17♓38	17♓41	17♓44	17♓47
/♇	21♒10	21♒12	21♒14	21♒16	21♒18	21♒21	21♒23	21♒25	21♒27	21♒29	21♒32	21♒34	21♒36	21♒38	21♒40	21♒42
/☊	6♒20	6♒22	6♒23	6♒23	6♒21	6♒18	6♒15	6♒10	6♒06	6♒03	6♒01	5♒60	6♒01	6♒02	6♒04	6♒05
♆/♇	5♒04	5♒06	5♒07	5♒09	5♒11	5♒12	5♒14	5♒16	5♒17	5♒19	5♒20	5♒22	5♒23	5♒25	5♒26	5♒28
/☊	20♑14	20♑15	20♑16	20♑15	20♑13	20♑10	20♑06	20♑01	19♑56	19♑52	19♑50	19♑48	19♑48	19♑49	19♑50	19♑51
♇/☊	24♐19	24♐19	24♐19	24♐18	24♐16	24♐12	24♐07	24♐02	23♐56	23♐52	23♐48	23♐46	23♐46	23♐46	23♐46	23♐47

	17	18	19	20	21	22	23	24	25	26	27	28	29	30	31
☉/☽	23♒57	1♓01	7♓59	14♓52	21♓39	28♓20	4♈57	11♈28	17♈56	24♈21	0♉44	7♉07	13♉33	20♉04	26♉42
/☿	1♈04	1♈15	1♈22	1♈28	1♈32	1♈35	1♈38	1♈41	1♈44	1♈49	1♈56	2♈04	2♈15	2♈28	2♈43
/♀	19♈38	20♈39	21♈41	22♈42	23♈42	24♈43	25♈43	26♈43	27♈43	28♈43	29♈42	0♉42	1♉41	2♉39	3♉38
/♂	17♊45	18♊04	18♊24	18♊45	19♊05	19♊26	19♊47	20♊09	20♊31	20♊53	21♊15	21♊38	22♊02	22♊25	22♊49
/⚳	8♈40	9♈22	10♈03	10♈45	11♈27	12♈08	12♈50	13♈31	14♈13	14♈55	15♈36	16♈18	16♈59	17♈41	18♈22
/♃	18♈28	19♈04	19♈40	20♈16	20♈52	21♈28	22♈04	22♈40	23♈16	23♈52	24♈28	25♈05	25♈41	26♈17	26♈53
/♄	12♑33	13♑01	13♑29	13♑57	14♑25	14♑52	15♑20	15♑48	16♑16	16♑44	17♑11	17♑39	18♑06	18♑34	19♑01
/♅	0♈26	0♈58	1♈29	2♈01	2♈32	3♈04	3♈35	4♈07	4♈38	5♈10	5♈41	6♈12	6♈44	7♈15	7♈46
/♆	14♓11	14♓42	15♓13	15♓44	16♓15	16♓45	17♓16	17♓47	18♓18	18♓48	19♓19	19♓50	20♓20	20♓51	21♓22
/♇	18♒06	18♒36	19♒07	19♒37	20♒07	20♒37	21♒07	21♒37	22♒07	22♒37	23♒07	23♒37	24♒07	24♒37	25♒06
/☊	2♒28	2♒55	3♒21	3♒46	4♒10	4♒33	4♒57	5♒21	5♒47	6♒14	6♒42	7♒12	7♒42	8♒12	8♒41
☽/☿	28♒13	4♓28	10♓35	16♓33	22♓24	28♓09	3♈49	9♈24	14♈56	20♈26	25♈56	1♉28	7♉05	12♉50	18♉45
/♀	16♓47	23♓53	0♈53	7♈46	14♈34	21♈17	27♈54	4♉26	10♉54	17♉19	23♉42	0♊06	6♊31	13♊02	19♊39
/♂	14♏53	21♏18	27♏37	3♐50	9♊57	16♊00	21♊58	27♊52	3♋42	9♋29	15♋16	21♋02	26♋52	2♌47	8♌51
/⚳	5♓49	12♓36	19♓16	25♓50	2♈19	8♈42	15♈01	21♈14	27♈24	3♉31	9♉36	15♉42	21♉50	28♉03	4♊24
/♃	15♓36	22♓17	28♓52	5♈21	11♈44	18♈02	24♈15	0♉23	6♉27	12♉29	18♉29	24♉29	0♊32	6♊39	12♊55
/♄	9♐41	16♐14	22♐41	29♐02	5♑17	11♑26	17♑31	23♑31	29♋27	5♌20	11♌11	17♌03	22♌57	28♌56	5♍03
/♅	27♒35	4♓11	10♓41	17♓06	23♓24	29♓38	5♈46	11♈50	17♈49	23♈46	29♈41	5♉37	11♉34	17♉37	23♉48
/♆	11♒20	17♒56	24♒25	0♓49	7♓07	13♓19	19♓27	25♓30	1♈29	7♈25	13♈19	19♈14	25♈11	1♉13	7♉23
/♇	15♑15	21♑50	28♑19	4♒42	10♒59	17♒11	23♒18	29♒20	5♓18	11♓13	17♓07	23♓01	28♓57	4♈59	11♎08
/☊	29♐36	6♑09	12♑33	18♑51	25♑02	1♒07	7♒08	13♒04	18♒58	24♒50	0♓42	6♓36	12♍32	18♍34	24♍43
☿/♀	23♈55	24♈06	24♈16	24♈23	24♈28	24♈32	24♈35	24♈39	24♈43	24♈48	24♈54	25♈03	25♈13	25♈25	25♈40
/♂	22♊01	21♊31	20♊59	20♊26	19♊51	19♊15	18♊40	18♊04	17♊30	16♊58	16♊27	15♊59	15♊34	15♊11	14♊52
/⚳	12♈57	12♈49	12♈39	12♈26	12♈12	11♈57	11♈42	11♈27	11♈13	10♈59	10♈48	10♈39	10♈31	10♈27	10♈25
/♃	22♈44	22♈31	22♈15	21♈57	21♈37	21♈17	20♈56	20♈36	20♈16	19♈57	19♈40	19♈26	19♈13	19♈03	18♈56
/♄	16♑49	16♑28	16♑04	15♑38	15♑10	14♑42	14♑13	13♑44	13♑15	12♑49	12♑23	11♑60	11♑39	11♑20	11♑04
/♅	4♈42	4♈25	4♈04	3♈42	3♈18	2♈53	2♈27	2♈02	1♈38	1♈15	0♈53	0♈33	0♈16	0♈01	29♓49
/♆	18♓27	18♓09	17♓48	17♓25	17♓00	16♓34	16♓08	15♓43	15♓17	14♓53	14♓31	14♓11	13♓53	13♓37	13♓24
/♇	22♒22	22♒03	21♒42	21♒18	20♒52	20♒26	19♒59	19♒33	19♒07	18♒42	18♒19	17♒58	17♒39	17♒23	17♒09
/☊	6♒44	6♒22	5♒56	5♒27	4♒55	4♒22	3♒49	3♒17	2♒47	2♒19	1♒54	1♒33	1♒14	0♒58	0♒44
♀/♂	10♋35	10♋56	11♋18	11♋39	12♋01	12♋23	12♋45	13♋07	13♋29	13♋52	14♋14	14♋37	14♋60	15♋23	15♋46
/⚳	1♉31	2♉14	2♉57	3♉40	4♉22	5♉05	5♉47	6♉29	7♉11	7♉53	8♉35	9♉16	9♉57	10♉38	11♉19
/♃	11♉18	11♉55	12♉33	13♉10	13♉47	14♉24	15♉01	15♉38	16♉15	16♉51	17♉27	18♉03	18♉39	19♉15	19♉50
/♄	5♌23	5♌53	6♌22	6♌51	7♌20	7♌49	8♌18	8♌46	9♌14	9♌42	10♌10	10♌37	11♌05	11♌32	11♌58
/♅	23♈16	23♈49	24♈22	24♈55	25♈28	26♈00	26♈33	27♈05	27♈37	28♈08	28♈40	29♈11	29♈42	0♉13	0♉43
/♆	7♈01	7♈34	8♈06	8♈38	9♈10	9♈42	10♈14	10♈45	11♈16	11♈47	12♈18	12♈48	13♈19	13♈49	14♈19
/♇	10♓56	11♓28	11♓60	12♓31	13♓03	13♓34	14♓04	14♓35	15♓06	15♓36	16♓06	16♓36	17♓05	17♓34	18♓03
/☊	25♒18	25♒47	26♒14	26♒40	27♒05	27♒30	27♒54	28♒20	28♒46	29♒13	29♒41	0♓10	0♓40	1♓09	1♓38
♂/⚳	29♊37	29♊39	29♊41	29♊43	29♊45	29♊48	29♊51	29♊55	29♊59	0♋03	0♋08	0♋13	0♋18	0♋24	0♋31
/♃	9♋24	9♋20	9♋17	9♋13	9♋10	9♋08	9♋06	9♋04	9♋02	9♋01	9♋00	9♋00	9♋00	9♋01	9♋02
/♄	3♎29	3♎17	3♎06	2♎54	2♎43	2♎33	2♎22	2♎12	2♎02	1♎52	1♎43	1♎34	1♎26	1♎17	1♎10
/♅	21♊23	21♊14	21♊06	20♊58	20♊51	20♊44	20♊37	20♊30	20♊24	20♊18	20♊13	20♊08	20♊03	19♊59	19♊55
/♆	5♐08	4♐59	4♐50	4♐42	4♐33	4♐25	4♐18	4♐11	4♐04	3♐57	3♐51	3♐45	3♐40	3♐35	3♐30
/♇	9♏03	8♏53	8♏44	8♏34	8♏26	8♏17	8♏09	8♏01	7♏53	7♏46	7♏39	7♏32	7♏26	7♏20	7♏15
/☊	23♎24	23♎12	22♎58	22♎44	22♎28	22♎13	21♎59	21♎45	21♎33	21♎23	21♎14	21♎07	21♎01	20♎55	20♎50
⚳/♃	0♉20	0♉38	0♉56	1♉14	1♉32	1♉50	2♉08	2♉26	2♉44	3♉03	3♉21	3♉39	3♉58	4♉16	4♉35
/♄	24♑25	24♑35	24♑45	24♑55	25♑05	25♑15	25♑24	25♑34	25♑44	25♑54	26♑04	26♑13	26♑23	26♑33	26♑43
/♅	12♈18	12♈32	12♈45	12♈59	13♈12	13♈26	13♈39	13♈53	14♈06	14♈20	14♈33	14♈47	15♈01	15♈14	15♈28
/♆	26♓04	26♓16	26♓29	26♓42	26♓55	27♓07	27♓20	27♓33	27♓46	27♓59	28♓12	28♓24	28♓37	28♓50	29♓03
/♇	29♒59	0♓11	0♓23	0♓35	0♓47	0♓59	1♓11	1♓23	1♓35	1♓47	1♓59	2♓12	2♓24	2♓36	2♓48
/☊	14♒20	14♒29	14♒37	14♒44	14♒50	14♒55	15♒01	15♒08	15♒15	15♒24	15♒35	15♒46	15♒58	16♒11	16♒23
♃/♄	4♌12	4♌17	4♌21	4♌25	4♌30	4♌34	4♌39	4♌43	4♌47	4♌52	4♌56	5♌00	5♌05	5♌09	5♌14
/♅	22♈06	22♈14	22♈21	22♈29	22♈37	22♈45	22♈53	23♈01	23♈10	23♈18	23♈26	23♈34	23♈42	23♈51	23♈59
/♆	5♈51	5♈58	6♈05	6♈12	6♈20	6♈27	6♈34	6♈42	6♈49	6♈57	7♈04	7♈11	7♈19	7♈26	7♈34
/♇	9♓46	9♓52	9♓59	10♓05	10♓12	10♓19	10♓25	10♓32	10♓39	10♓45	10♓52	10♓59	11♓05	11♓12	11♓19
/☊	24♒07	24♒11	24♒13	24♒14	24♒15	24♒15	24♒15	24♒16	24♒19	24♒22	24♒27	24♒33	24♒40	24♒47	24♒54
♄/♅	16♑11	16♑11	16♑11	16♑10	16♑10	16♑10	16♑10	16♑10	16♑09	16♑09	16♑09	16♑08	16♑08	16♑07	16♑07
/♆	29♐56	29♐55	29♐54	29♐54	29♐53	29♐52	29♐51	29♐50	29♐49	29♐48	29♐47	29♐46	29♐44	29♐43	29♐42
/♇	3♐51	3♐49	3♐48	3♐46	3♐45	3♐43	3♐42	3♐40	3♐38	3♐36	3♐35	3♐33	3♐31	3♐29	3♐27
/☊	18♏12	18♏08	18♏02	17♏56	17♏48	17♏40	17♏32	17♏24	17♏18	17♏13	17♏10	17♏07	17♏06	17♏04	17♏02
♅/♆	17♓49	17♓52	17♓55	17♓58	18♓00	18♓03	18♓06	18♓08	18♓11	18♓14	18♓17	18♓19	18♓22	18♓25	18♓27
/♇	21♒44	21♒46	21♒48	21♒50	21♒52	21♒55	21♒57	21♒59	22♒00	22♒02	22♒04	22♒06	22♒08	22♒10	22♒12
/☊	6♒06	6♒05	6♒03	5♒59	5♒55	5♒51	5♒46	5♒43	5♒41	5♒39	5♒40	5♒41	5♒43	5♒45	5♒47
♆/♇	5♒29	5♒31	5♒32	5♒34	5♒35	5♒36	5♒38	5♒39	5♒40	5♒41	5♒43	5♒44	5♒45	5♒46	5♒47
/☊	19♑51	19♑49	19♑47	19♑43	19♑38	19♑32	19♑27	19♑23	19♑20	19♑18	19♑18	19♑18	19♑20	19♑21	19♑22
♇/☊	23♐46	23♐44	23♐40	23♐36	23♐30	23♐24	23♐18	23♐13	23♐09	23♐07	23♐06	23♐06	23♐06	23♐07	23♐07

March 2012

April 2012

	1	2	3	4	5	6	7	8	9	10
☉/☽	3♊31	10♊32	17♊48	25♊17	3♋01	10♋56	18♑57	27♑01	5♒03	12♒58
/☿	3♈02	3♈23	3♈47	4♈14	4♈44	5♈17	5♈52	6♈29	7♈09	7♈51
/♀	4♉36	5♉34	6♉31	7♉29	8♉26	9♉22	10♉19	11♉15	12♉11	13♉06
/♂	23♊14	23♊38	24♊03	24♊29	24♊55	25♊21	25♊47	26♊14	26♊42	27♊09
/⚷	19♈04	19♈45	20♈27	21♈08	21♈50	22♈31	23♈13	23♈54	24♈36	25♈17
/♃	27♈29	28♈06	28♈42	29♈18	29♈54	0♉31	1♉07	1♉43	2♉19	2♉56
/♄	19♑29	19♑56	20♑24	20♑51	21♑18	21♑46	22♑13	22♑40	23♑07	23♑34
/♅	8♈18	8♈49	9♈20	9♈52	10♈23	10♈54	11♈25	11♈56	12♈28	12♈59
/♆	21♓52	22♓23	22♓53	23♓24	23♓54	24♓24	24♓55	25♓25	25♓56	26♓26
/♇	25♒36	26♒06	26♒36	27♒05	27♒35	28♒05	28♒34	29♒04	29♒33	0♓03
/☊	9♒10	9♒39	10♒06	10♒32	10♒57	11♒23	11♒49	12♒16	12♒44	13♒13
☽/☿	24♉53	1♊16	7♊57	14♊54	22♊08	29♐36	7♑14	14♑57	22♑39	0♒18
/♀	26♊27	3♋27	10♋41	18♋09	25♋50	3♌42	11♌41	19♌43	27♌41	5♍32
/♂	15♌05	21♌31	28♌12	5♍09	12♍19	19♍41	27♍10	4♎42	12♎12	19♎36
/⚷	10♊55	17♊38	24♊36	1♋48	9♋14	16♋51	24♋36	2♒22	10♒06	17♒44
/♃	19♊20	25♊59	2♋51	9♋58	17♋19	24♋50	2♌29	10♌11	17♒50	25♒22
/♄	11♍20	17♍49	24♍33	1♎31	8♎43	16♎05	23♎35	1♏08	8♏38	16♏01
/♅	0♊09	6♊42	13♊29	20♊31	27♊47	5♑14	12♑48	20♑24	27♑58	5♒25
/♆	13♉43	20♉16	27♉02	4♐03	11♐18	18♐44	26♐17	3♑53	11♑26	18♑52
/♇	17♎27	23♎59	0♏45	7♏45	14♏59	22♏24	29♏57	7♐31	15♐03	22♐29
/☊	1♎01	7♎32	14♎15	21♎12	28♎22	5♏43	13♏12	20♏44	28♏14	5♐39
☿/♀	25♈58	26♈18	26♈41	27♈06	27♈33	28♈03	28♈36	29♈10	29♈47	0♉26
/♂	14♊35	14♊22	14♊12	14♊06	14♊02	14♊02	14♊04	14♊10	14♊18	14♊29
/⚷	10♈26	10♈29	10♈36	10♈45	10♈58	11♈12	11♈30	11♈50	12♈13	12♈37
/♃	18♈51	18♈50	18♈51	18♈55	19♈02	19♈12	19♈24	19♈39	19♈56	20♈15
/♄	10♑51	10♑40	10♑33	10♑28	10♑26	10♑27	10♑30	10♑36	10♑44	10♑54
/♅	29♓40	29♓33	29♓29	29♓29	29♓30	29♓35	29♓42	29♓52	0♈04	0♈19
/♆	13♓14	13♓07	13♓02	13♓01	13♓02	13♓05	13♓12	13♓21	13♓32	13♓46
/♇	16♒58	16♒50	16♒45	16♒42	16♒43	16♒46	16♒51	16♒59	17♒10	17♒23
/☊	0♒32	0♒23	0♒15	0♒09	0♒05	0♒04	0♒06	0♒11	0♒20	0♒33
♀/♂	16♋09	16♋33	16♋56	17♋20	17♋44	18♋08	18♋32	18♋56	19♋20	19♋44
/⚷	11♉60	12♉40	13♉20	13♉60	14♉39	15♉18	15♉57	16♉36	17♉14	17♉52
/♃	20♉25	21♉00	21♉35	22♉09	22♉43	23♉17	23♉51	24♉24	24♉57	25♉30
/♄	12♌25	12♌51	13♌17	13♌42	14♌07	14♌32	14♌57	15♌21	15♌45	16♌09
/♅	1♉14	1♉44	2♉13	2♉43	3♉12	3♉41	4♉09	4♉38	5♉06	5♉33
/♆	14♈48	15♈17	15♈46	16♈15	16♈43	17♈11	17♈39	18♈06	18♈33	19♈00
/♇	18♓32	19♓01	19♓29	19♓57	20♓24	20♓51	21♓18	21♓45	22♓11	22♓37
/☊	2♓06	2♓33	2♓59	3♓23	3♓46	4♓10	4♓33	4♓57	5♓22	5♓47
♂/⚷	0♋37	0♋44	0♋52	0♋60	1♋08	1♋17	1♋26	1♋35	1♋45	1♋55
/♃	9♋03	9♋05	9♋07	9♋09	9♋12	9♋16	9♋20	9♋24	9♋28	9♋33
/♄	1♎02	0♎55	0♎48	0♎42	0♎36	0♎31	0♎26	0♎21	0♎16	0♎12
/♅	19♊51	19♊48	19♊45	19♊43	19♊41	19♊39	19♊38	19♊37	19♊37	19♊37
/♆	3♐26	3♐22	3♐18	3♐15	3♐12	3♐10	3♐08	3♐06	3♐05	3♐04
/♇	7♏10	7♏05	7♏01	6♏57	6♏53	6♏50	6♏47	6♏44	6♏42	6♏41
/☊	20♎44	20♎38	20♎30	20♎23	20♎15	20♎08	20♎02	19♎57	19♎53	19♎51
⚷/♃	4♉53	5♉12	5♉30	5♉49	6♉08	6♉26	6♉45	7♉04	7♉23	7♉41
/♄	26♑53	27♑02	27♋12	27♋22	27♋32	27♋41	27♋51	28♋01	28♋11	28♋20
/♅	15♈42	15♈55	16♈09	16♈23	16♈36	16♈50	17♈04	17♈17	17♈31	17♈45
/♆	29♓16	29♓29	29♓42	29♓55	0♈07	0♈20	0♈33	0♈46	0♈59	1♈12
/♇	2♓60	3♓12	3♓24	3♓36	3♓48	4♓00	4♓12	4♓24	4♓37	4♓49
/☊	16♒34	16♒45	16♒54	17♒03	17♒11	17♒19	17♒27	17♒37	17♒47	17♒59
♃/♄	5♌18	5♌23	5♌27	5♌31	5♌36	5♌40	5♌45	5♌49	5♌54	5♌58
/♅	24♈07	24♈15	24♈24	24♈32	24♈41	24♈49	24♈57	25♈06	25♈14	25♈23
/♆	7♈42	7♈49	7♈57	8♈04	8♈12	8♈19	8♈27	8♈35	8♈42	8♈50
/♇	11♓26	11♓32	11♓39	11♓46	11♓53	11♓59	12♓06	12♓13	12♓20	12♓27
/☊	24♒60	25♒05	25♒09	25♒12	25♒15	25♒18	25♒21	25♒25	25♒31	25♒37
♄/♅	16♑07	16♑06	16♑06	16♑05	16♑04	16♑04	16♑03	16♑03	16♑02	16♑02
/♆	29♐41	29♐40	29♐38	29♐37	29♐36	29♐34	29♐33	29♐32	29♐30	29♐29
/♇	3♐25	3♐23	3♐21	3♐19	3♐17	3♐14	3♐12	3♐10	3♐08	3♐06
/☊	16♏59	16♏56	16♏51	16♏45	16♏39	16♏33	16♏27	16♏22	16♏18	16♏16
♅/♆	18♓30	18♓33	18♓35	18♓38	18♓40	18♓43	18♓45	18♓48	18♓51	18♓53
/♇	22♒14	22♒16	22♒18	22♒19	22♒21	22♒23	22♒25	22♒26	22♒28	22♒30
/☊	5♒48	5♒48	5♒48	5♒46	5♒44	5♒41	5♒40	5♒39	5♒39	5♒40
♆/♇	5♒48	5♒49	5♒50	5♒51	5♒52	5♒53	5♒54	5♒55	5♒56	5♒57
/☊	19♑23	19♑22	19♑20	19♑18	19♑15	19♑12	19♑09	19♑07	19♑07	19♑07
♇/☊	23♐07	23♐05	23♐03	22♐59	22♐56	22♐52	22♐48	22♐46	22♐44	22♐44

	11	12	13	14	15	16	17	18	19	20
☉/☽	20♒43	28♒16	5♓39	12♓50	19♓51	26♓43	3♈28	10♈07	16♈41	23♈11
/☿	8♈36	9♈22	10♈11	11♈01	11♈54	12♈47	13♈43	14♈40	15♈39	16♈39
/♀	14♉01	14♉55	15♉50	16♉43	17♉37	18♉30	19♉22	20♉14	21♉05	21♉56
/♂	27♊38	28♊06	28♊35	29♊04	29♊33	0♋03	0♋33	1♋04	1♋35	2♋06
/⚷	25♈59	26♈40	27♈22	28♈03	28♈45	29♈26	0♉08	0♉49	1♉30	2♉12
/♃	3♉32	4♉08	4♉44	5♉21	5♉57	6♉33	7♉09	7♉46	8♉22	8♉58
/♄	24♑02	24♑29	24♑56	25♑23	25♑50	26♋17	26♋44	27♋11	27♋38	28♋05
/♅	13♈30	14♈01	14♈32	15♈03	15♈34	16♈05	16♈36	17♈07	17♈38	18♈09
/♆	26♓56	27♓26	27♓57	28♓27	28♓57	29♓27	29♓57	0♈27	0♈57	1♈27
/♇	0♓32	1♓01	1♓31	2♓00	2♓30	2♓59	3♓28	3♓57	4♓27	4♓56
/☊	13♒43	14♒13	14♒43	15♒12	15♒40	16♒08	16♒35	17♒01	17♒27	17♒53
☽/☿	7♒48	15♒10	22♒21	29♒24	6♓19	13♓06	19♓48	26♓26	2♈59	9♈31
/♀	13♓13	20♓42	27♓60	5♈06	12♈02	18♈48	25♈27	1♉60	8♉26	14♉49
/♂	26♎50	3♏53	10♏45	17♏27	23♏58	0♐22	6♊39	12♊50	18♊56	24♊58
/⚷	25♒11	2♓27	9♓32	16♓26	23♓10	29♓45	6♈13	12♈35	18♈51	25♈04
/♃	2♓44	9♓55	16♓55	23♓43	0♈22	6♈52	13♈15	19♈31	25♈43	1♉50
/♄	23♏14	0♐16	7♐06	13♐46	20♐15	26♐36	2♑49	8♑57	14♑59	20♑57
/♅	12♒42	19♒48	26♒42	3♓26	9♓59	16♓24	22♓41	28♓53	4♈59	11♈01
/♆	26♑08	3♒13	10♒07	16♒49	23♒22	29♒46	6♓02	12♓13	18♓18	24♓19
/♇	29♐44	6♑49	13♑41	20♑23	26♑55	3♒18	9♒33	15♒43	21♒47	27♒48
/☊	12♐55	19♐60	26♐53	3♑35	10♑06	16♑27	22♑40	28♑47	4♒48	10♒45
☿/♀	1♉06	1♉49	2♉32	3♉18	4♉05	4♉53	5♉42	6♉32	7♉24	8♉16
/♂	14♊43	14♊59	15♊18	15♊38	16♊01	16♊26	16♊53	17♊22	17♊53	18♊26
/⚷	13♈04	13♈34	14♈05	14♈38	15♈13	15♈49	16♈27	17♈07	17♈49	18♈31
/♃	20♈37	21♈01	21♈27	21♈55	22♈25	22♈56	23♈29	24♈04	24♈40	25♈18
/♄	11♑07	11♑22	11♑39	11♑57	12♑18	12♑40	13♑04	13♑29	13♑56	14♑25
/♅	0♈35	0♈54	1♈15	1♈37	2♈02	2♈28	2♈56	3♈25	3♈56	4♈28
/♆	14♓02	14♓19	14♓39	15♓01	15♓25	15♓50	16♓17	16♓46	17♓15	17♓47
/♇	17♒38	17♒55	18♒14	18♒35	18♒57	19♒22	19♒48	20♒16	20♒45	21♒15
/☊	0♒48	1♒06	1♒25	1♒46	2♒08	2♒31	2♒55	3♒19	3♒45	4♒13
♀/♂	20♋08	20♋32	20♋56	21♋20	21♋44	22♋08	22♋32	22♋56	23♋20	23♋44
/⚷	18♉29	19♉06	19♉43	20♉20	20♉56	21♉31	22♉07	22♉41	23♉15	23♉49
/♃	26♉02	26♉34	27♉06	27♉37	28♉08	28♉38	29♉08	29♉38	0♊07	0♊36
/♄	16♌32	16♌55	17♌17	17♌39	18♌01	18♌22	18♌43	19♌03	19♌23	19♌43
/♅	6♉00	6♉27	6♉53	7♉19	7♉45	8♉10	8♉35	8♉59	9♉23	9♉46
/♆	19♈26	19♈52	20♈18	20♈43	21♈08	21♈32	21♈56	22♈19	22♈42	23♈05
/♇	23♓02	23♓28	23♓52	24♓17	24♓41	25♓04	25♓27	25♓50	26♓12	26♓33
/☊	6♍13	6♍39	7♍04	7♍28	7♍51	8♍13	8♍34	8♍53	9♍12	9♍31
♂/⚷	2♋06	2♋17	2♋28	2♋40	2♋52	3♋05	3♋18	3♋31	3♋45	3♋59
/♃	9♋39	9♋45	9♋51	9♋58	10♋05	10♋12	10♋20	10♋28	10♋36	10♋45
/♄	0♎09	0♎05	0♎02	29♍60	29♍58	29♍56	29♍54	29♍53	29♍53	29♍52
/♅	19♊37	19♊38	19♊39	19♊40	19♊42	19♊44	19♊46	19♊49	19♊52	19♊56
/♆	3♐03	3♐03	3♐03	3♐04	3♐05	3♐06	3♐08	3♐09	3♐12	3♐14
/♇	6♏39	6♏38	6♏38	6♏37	6♏37	6♏38	6♏39	6♏40	6♏41	6♏43
/☊	19♎50	19♎49	19♎49	19♎49	19♎48	19♎47	19♎45	19♎43	19♎41	19♎40
⚷/♃	8♉00	8♉19	8♉38	8♉57	9♉16	9♉35	9♉54	10♉13	10♉32	10♉51
/♄	28♋30	28♋40	28♋50	28♋59	29♋09	29♋19	29♋29	29♋38	29♋48	29♋58
/♅	17♈58	18♈12	18♈26	18♈39	18♈53	19♈07	19♈21	19♈34	19♈48	20♈02
/♆	1♈25	1♈37	1♈50	2♈03	2♈16	2♈29	2♈42	2♈54	3♈07	3♈20
/♇	5♓01	5♓13	5♓25	5♓37	5♓49	6♓01	6♓13	6♓25	6♓37	6♓49
/☊	18♒11	18♒24	18♒36	18♒48	18♒60	19♒10	19♒19	19♒28	19♒37	19♒46
♃/♄	6♌03	6♌08	6♌12	6♌17	6♌21	6♌26	6♌30	6♌35	6♌40	6♌44
/♅	25♈31	25♈40	25♈48	25♈57	26♈05	26♈14	26♈22	26♈31	26♈39	26♈48
/♆	8♈57	9♈05	9♈13	9♈20	9♈28	9♈36	9♈44	9♈51	9♈59	10♈07
/♇	12♓33	12♓40	12♓47	12♓54	13♓01	13♓08	13♓14	13♓21	13♓28	13♓35
/☊	25♒44	25♒51	25♒59	26♒06	26♒12	26♒17	26♒21	26♒25	26♒29	26♒32
♄/♅	16♑01	16♑00	15♑60	15♑59	15♑58	15♑58	15♑57	15♑56	15♑56	15♑55
/♆	29♐27	29♐26	29♐24	29♐23	29♐21	29♐20	29♐18	29♐17	29♐15	29♐13
/♇	3♐03	3♐01	2♐59	2♐56	2♐54	2♐52	2♐49	2♐47	2♐44	2♐42
/☊	16♏14	16♏12	16♏10	16♏08	16♏05	16♏01	15♏56	15♏50	15♏45	15♏39
♅/♆	18♓56	18♓58	19♓00	19♓03	19♓05	19♓08	19♓10	19♓12	19♓15	19♓17
/♇	22♒31	22♒33	22♒35	22♒36	22♒38	22♒40	22♒41	22♒43	22♒44	22♒46
/☊	5♒42	5♒44	5♒46	5♒48	5♒49	5♒49	5♒48	5♒46	5♒44	5♒43
♆/♇	5♒58	5♒59	5♒59	6♒00	6♒01	6♒02	6♒02	6♒03	6♒03	6♒04
/☊	19♑08	19♑10	19♑11	19♑12	19♑12	19♑11	19♑09	19♑07	19♑04	19♑01
♇/☊	22♐44	22♐45	22♐45	22♐45	22♐44	22♐43	22♐40	22♐37	22♐33	22♐30

	21	22	23	24	25	26	27	28	29	30
☉/☽	29♈38	6♉02	12♉25	18♉48	25♉12	1♊39	8♊11	14♊49	21♊37	28♊35
/☿	17♈40	18♈42	19♈46	20♈51	21♈58	23♈05	24♈13	25♈23	26♈33	27♈45
/♀	22♉47	23♉37	24♉26	25♉15	26♉03	26♉51	27♉38	28♉24	29♉09	29♉54
/♂	2♋38	3♋10	3♋42	4♋14	4♋47	5♋20	5♋54	6♋27	7♋01	7♋36
/⚷	2♉53	3♉35	4♉16	4♉57	5♉39	6♉20	7♉01	7♉43	8♉24	9♉05
/♃	9♉35	10♉11	10♉47	11♉23	11♉60	12♉36	13♉12	13♉48	14♉25	15♉01
/♄	28♋32	28♋59	29♋26	29♋53	0♌20	0♌47	1♌14	1♌41	2♌08	2♌35
/♅	18♈40	19♈11	19♈41	20♈12	20♈43	21♈14	21♈44	22♈15	22♈46	23♈16
/♆	1♈57	2♈27	2♈57	3♈27	3♈57	4♈27	4♈57	5♈26	5♈56	6♈26
/♇	5♓25	5♓54	6♓23	6♓52	7♓21	7♓50	8♓19	8♓48	9♓17	9♓46
/☊	18♒20	18♒47	19♒15	19♒43	20♒13	20♒43	21♒13	21♒43	22♒12	22♒42
☽/☿	16♈00	22♈29	28♈57	5♉26	11♉58	18♉34	25♉16	2♊05	9♊05	16♊17
/♀	21♉07	27♉23	3♊37	9♊50	16♊04	22♊20	28♊40	5♋06	11♋41	18♋26
/♂	0♋58	6♋56	12♋52	18♋49	24♋48	0♌49	6♌56	13♌10	19♌33	26♌08
/⚷	1♉14	7♉21	13♉27	19♉32	25♉39	1♊49	8♊04	14♊25	20♊56	27♊37
/♃	7♉55	13♉57	19♉58	25♉58	2♊00	8♊05	14♊14	20♊31	26♊56	3♋33
/♄	26♋52	2♌45	8♌37	14♌28	20♌21	26♌16	2♍16	8♍23	14♍40	21♍07
/♅	17♈00	22♈57	28♈52	4♉47	10♉44	16♉43	22♉47	28♉58	5♊18	11♊49
/♆	0♈18	6♈13	12♈08	18♈02	23♈58	29♈56	5♉59	12♉09	18♉28	24♉58
/♇	3♓45	9♓40	15♓34	21♓27	27♓22	3♈19	9♈21	15♎30	21♎49	28♎18
/☊	16♒40	22♒33	28♒25	4♓19	10♍14	16♍12	22♍15	28♍25	4♎44	11♎14
☿/♀	9♉09	10♉03	10♉58	11♉53	12♉49	13♉45	14♉42	15♉40	16♉37	17♉35
/♂	18♊60	19♊36	20♊13	20♊52	21♊33	22♊15	22♊58	23♊43	24♊29	25♊17
/⚷	19♈15	20♈01	20♈48	21♈35	22♈25	23♈15	24♈06	24♈58	25♈52	26♈46
/♃	25♈57	26♈37	27♈19	28♈01	28♈45	29♈31	0♉17	1♉04	1♉53	2♉42
/♄	14♑54	15♑25	15♑58	16♑31	17♑06	17♑42	18♑19	18♑57	19♑36	20♑16
/♅	5♈02	5♈37	6♈13	6♈50	7♈29	8♈09	8♈49	9♈31	10♈14	10♈58
/♆	18♓20	18♓54	19♓29	20♓05	20♓43	21♓22	22♓01	22♓42	23♓24	24♓07
/♇	21♒47	22♒20	22♒55	23♒30	24♒07	24♒45	25♒24	26♒04	26♒45	27♒27
/☊	4♒42	5♒13	5♒46	6♒22	6♒59	7♒38	8♒18	8♒59	9♒40	10♒23
♀/♂	24♋07	24♋30	24♋53	25♋16	25♋39	26♋01	26♋23	26♋44	27♋05	27♋26
/⚷	24♉23	24♉55	25♉28	25♉59	26♉30	27♉01	27♉30	27♉60	28♉28	28♉56
/♃	1♊04	1♊32	1♊59	2♊25	2♊51	3♊17	3♊41	4♊05	4♊29	4♊51
/♄	20♌01	20♌20	20♌38	20♌55	21♌12	21♌28	21♌43	21♌58	22♌12	22♌25
/♅	10♉09	10♉31	10♉53	11♉14	11♉35	11♉54	12♉14	12♉32	12♉50	13♉07
/♆	23♈27	23♈48	24♈09	24♈29	24♈49	25♈07	25♈26	25♈43	26♈00	26♈16
/♇	26♓54	27♓15	27♓35	27♓54	28♓13	28♓31	28♓48	29♓05	29♓21	29♓36
/☊	9♍49	10♍07	10♍26	10♍45	11♍04	11♍23	11♍42	11♍60	12♍17	12♍32
♂/⚷	4♋13	4♋28	4♋43	4♋58	5♋14	5♋30	5♋46	6♋03	6♋20	6♋37
/♃	10♋55	11♋04	11♋14	11♋24	11♋35	11♋46	11♋57	12♋09	12♋21	12♋33
/♄	29♍52	29♍53	29♍53	29♍54	29♍55	29♍57	29♍59	0♎01	0♎04	0♎07
/♅	19♊60	20♊04	20♊08	20♊13	20♊18	20♊24	20♊30	20♊36	20♊42	20♊49
/♆	3♐17	3♐21	3♐24	3♐28	3♐32	3♐37	3♐42	3♐47	3♐52	3♐58
/♇	6♏45	6♏47	6♏50	6♏53	6♏57	7♏00	7♏04	7♏08	7♏13	7♏18
/☊	19♎40	19♎40	19♎42	19♎45	19♎48	19♎53	19♎58	20♎03	20♎09	20♎14
⚷/♃	11♉10	11♉29	11♉48	12♉07	12♉27	12♉46	13♉05	13♉24	13♉43	14♉02
/♄	0♌08	0♌18	0♌27	0♌37	0♌47	0♌57	1♌07	1♌17	1♌27	1♌37
/♅	20♈15	20♈29	20♈43	20♈56	21♈10	21♈24	21♈37	21♈51	22♈05	22♈18
/♆	3♈33	3♈46	3♈58	4♈11	4♈24	4♈37	4♈49	5♈02	5♈15	5♈28
/♇	7♓00	7♓12	7♓24	7♓36	7♓48	8♓00	8♓12	8♓24	8♓36	8♓47
/☊	19♒55	20♒05	20♒16	20♒28	20♒40	20♒53	21♒06	21♒19	21♒31	21♒43
♃/♄	6♌49	6♌54	6♌59	7♌03	7♌08	7♌13	7♌18	7♌22	7♌27	7♌32
/♅	26♈57	27♈05	27♈14	27♈22	27♈31	27♈40	27♈48	27♈57	28♈05	28♈14
/♆	10♈14	10♈22	10♈30	10♈37	10♈45	10♈53	11♈00	11♈08	11♈16	11♈23
/♇	13♓42	13♓49	13♓55	14♓02	14♓09	14♓16	14♓23	14♓30	14♓36	14♓43
/☊	26♒36	26♒41	26♒47	26♒54	27♒01	27♒09	27♒17	27♒24	27♒32	27♒39
♄/♅	15♑54	15♑54	15♑53	15♑52	15♑51	15♑51	15♑50	15♑49	15♑49	15♑48
/♆	29♐12	29♐10	29♐09	29♐07	29♐05	29♐04	29♐02	29♐01	28♐59	28♐57
/♇	2♐39	2♐37	2♐34	2♐32	2♐30	2♐27	2♐25	2♐22	2♐20	2♐17
/☊	15♏34	15♏30	15♏26	15♏23	15♏21	15♏20	15♏18	15♏17	15♏15	15♏13
♅/♆	19♓19	19♓22	19♓24	19♓26	19♓28	19♓31	19♓33	19♓35	19♓37	19♓39
/♇	22♒47	22♒48	22♒50	22♒51	22♒52	22♒54	22♒55	22♒56	22♒58	22♒59
/☊	5♒42	5♒41	5♒41	5♒43	5♒44	5♒46	5♒49	5♒51	5♒53	5♒55
♆/♇	6♒05	6♒05	6♒06	6♒06	6♒06	6♒07	6♒07	6♒08	6♒08	6♒08
/☊	18♑59	18♑58	18♑57	18♑57	18♑58	18♑60	19♑01	19♑02	19♑03	19♑04
♇/☊	22♐27	22♐25	22♐23	22♐22	22♐22	22♐23	22♐23	22♐24	22♐24	22♐24

April 2012

May 2012

	1	2	3	4	5	6	7	8	9	10	11	12	13	14	15	16
☉/☽	5♋47	13♋12	20♋51	28♋42	6♌43	14♌48	22♒54	0♓54	8♓47	16♓27	23♓55	1♈09	8♈11	15♈03	21♈45	28♈20
/☿	28♈57	0♉11	1♉25	2♉40	3♉57	5♉14	6♉32	7♉52	9♉12	10♉33	11♉55	13♉18	14♉42	16♉07	17♉33	19♉00
/♀	0♊38	1♊21	2♊03	2♊45	3♊25	4♊05	4♊44	5♊22	5♊58	6♊34	7♊09	7♊43	8♊15	8♊46	9♊17	9♊46
/♂	8♋10	8♋45	9♋20	9♋55	10♋31	11♋07	11♋43	12♋19	12♋55	13♋32	14♋09	14♋46	15♋24	16♋01	16♋39	17♋17
/⚳	9♉46	10♉28	11♉09	11♉50	12♉31	13♉12	13♉53	14♉35	15♉16	15♉57	16♉38	17♉19	17♉60	18♉41	19♉22	20♉03
/♃	15♉37	16♉13	16♉49	17♉25	18♉02	18♉38	19♉14	19♉50	20♉26	21♉02	21♉38	22♉14	22♉51	23♉27	24♉03	24♉39
/♄	3♌02	3♌29	3♌56	4♌23	4♌50	5♌17	5♌44	6♌11	6♌38	7♌05	7♌32	7♌59	8♌26	8♌53	9♌20	9♌47
/♅	23♈47	24♈18	24♈48	25♈19	25♈49	26♈20	26♈50	27♈21	27♈51	28♈21	28♈52	29♈22	29♈52	0♉23	0♉53	1♉23
/♆	6♈56	7♈25	7♈55	8♈24	8♈54	9♈24	9♈53	10♈23	10♈52	11♈21	11♈51	12♈20	12♈49	13♈19	13♈48	14♈17
/♇	10♓15	10♓43	11♓12	11♓41	12♓10	12♓38	13♓07	13♓36	14♓04	14♓33	15♓01	15♓30	15♓58	16♓27	16♓55	17♓24
/☊	23♒10	23♒38	24♒06	24♒33	25♒01	25♒29	25♒58	26♒27	26♒56	27♒26	27♒56	28♒25	28♒54	29♒23	29♒51	0♓20
☽/☿	23♊42	1♋23	9♋18	17♋27	25♑45	4♒10	12♒36	20♒58	29♒12	7♓16	15♓07	22♓47	0♈15	7♈34	14♈44	21♈48
/♀	25♋23	2♌33	9♌57	17♌31	25♌14	3♍01	10♍47	18♍28	25♓58	3♈17	10♈21	17♈11	23♈48	0♉13	6♉27	12♉33
/♂	2♍55	9♍57	17♍13	24♍41	2♎19	10♎02	17♎46	25♎25	2♏55	10♏15	17♏21	24♏15	0♐57	7♐28	13♊50	20♊05
/⚳	4♋32	11♋40	19♋02	26♋36	4♌20	12♒08	19♒57	27♒40	5♓16	12♓39	19♓50	26♓48	3♈33	10♈07	16♈33	22♈51
/♃	10♋22	17♋25	24♋42	2♌12	9♌50	17♌34	25♒17	2♓56	10♓26	17♓45	24♓51	1♈43	8♈24	14♈53	21♈13	27♈26
/♄	27♍47	4♎41	11♎49	19♎09	26♎38	4♏12	11♏47	19♏17	26♏38	3♐47	10♐44	17♐27	23♐59	0♑19	6♑31	12♑35
/♅	18♊32	25♊30	2♋41	10♑05	17♑38	25♑15	2♒53	10♒27	17♒51	25♒04	2♓04	8♓51	15♓25	21♓49	28♓03	4♈11
/♆	1♊41	8♐38	15♐48	23♐11	0♑42	8♑19	15♑56	23♑28	0♒52	8♒04	15♒03	21♒49	28♒22	4♓45	10♓59	17♓05
/♇	4♏60	11♏56	19♏05	26♏27	3♐58	11♐34	19♐10	26♐41	4♑04	11♑15	18♑13	24♑59	1♒31	7♒53	14♒06	20♒11
/☊	17♎55	24♎50	1♏59	9♏20	16♏50	24♏25	2♐01	9♐33	16♐56	24♐09	1♑08	7♑54	14♑27	20♑49	27♑02	3♒07
☿/♀	18♉33	19♉32	20♉30	21♉29	22♉28	23♉27	24♉26	25♉25	26♉24	27♉23	28♉22	29♉20	0♊19	1♊17	2♊16	3♊14
/♂	26♊06	26♊56	27♊47	28♊39	29♊33	0♋28	1♋25	2♋22	3♋21	4♋21	5♋22	6♋24	7♋28	8♋32	9♋38	10♋45
/⚳	27♈42	28♈38	29♈36	0♉34	1♉34	2♉34	3♉35	4♉38	5♉41	6♉45	7♉51	8♉57	10♉04	11♉12	12♉21	13♉31
/♃	3♉32	4♉24	5♉16	6♉10	7♉04	7♉60	8♉56	9♉53	10♉52	11♉51	12♉51	13♉52	14♉55	15♉58	17♉02	18♉07
/♄	20♑57	21♑39	22♑23	23♑07	23♑52	24♑38	25♋26	26♋14	27♋03	27♋53	28♋44	29♋37	0♌30	1♌24	2♌19	3♌15
/♅	11♈43	12♈28	13♈15	14♈03	14♈52	15♈41	16♈32	17♈24	18♈16	19♈10	20♈04	20♈60	21♈56	22♈54	23♈52	24♈51
/♆	24♓51	25♓36	26♓22	27♓09	27♓57	28♓45	29♓35	0♈26	1♈17	2♈10	3♈03	3♈58	4♈53	5♈50	6♈47	7♈46
/♇	28♒10	28♒54	29♒39	0♓25	1♓12	2♓00	2♓49	3♓39	4♓30	5♓21	6♓14	7♓08	8♓02	8♓58	9♓54	10♓52
/☊	11♒06	11♒49	12♒33	13♒18	14♒04	14♒51	15♒40	16♒30	17♒22	18♒15	19♒08	20♒03	20♒58	21♒54	22♒50	23♒48
♀/♂	27♋46	28♋06	28♋25	28♋44	29♋02	29♋19	29♋36	29♋52	0♌07	0♌22	0♌35	0♌48	1♌00	1♌11	1♌22	1♌31
/⚳	29♉23	29♉49	0♊14	0♊39	1♊02	1♊25	1♊47	2♊08	2♊28	2♊46	3♊04	3♊21	3♊37	3♊51	4♊05	4♊17
/♃	5♊13	5♊34	5♊55	6♊14	6♊33	6♊51	7♊07	7♊23	7♊38	7♊52	8♊05	8♊17	8♊27	8♊37	8♊45	8♊52
/♄	22♌38	22♌50	23♌01	23♌11	23♌21	23♌29	23♌37	23♌44	23♌50	23♌54	23♌58	24♌01	24♌02	24♌03	24♌02	24♌01
/♅	13♉23	13♉39	13♉54	14♉07	14♉20	14♉32	14♉44	14♉54	15♉03	15♉11	15♉18	15♉24	15♉29	15♉33	15♉35	15♉37
/♆	26♈32	26♈46	27♈00	27♈13	27♈25	27♈36	27♈46	27♈56	28♈04	28♈11	28♈17	28♈22	28♈26	28♈29	28♈31	28♈31
/♇	29♓51	0♈05	0♈17	0♈30	0♈41	0♈51	1♈00	1♈09	1♈16	1♈22	1♈28	1♈32	1♈35	1♈37	1♈38	1♈37
/☊	12♍46	12♍59	13♍11	13♍22	13♍32	13♍42	13♍51	14♍00	14♍08	14♍16	14♍22	14♍27	14♍31	14♍33	14♍34	14♍33
♂/⚳	6♋55	7♋13	7♋31	7♋49	8♋08	8♋26	8♋46	9♋05	9♋25	9♋44	10♋04	10♋25	10♋45	11♋06	11♋27	11♋48
/♃	12♋45	12♋58	13♋11	13♋25	13♋38	13♋52	14♋06	14♋20	14♋35	14♋50	15♋05	15♋20	15♋36	15♋52	16♋08	16♋24
/♄	0♎10	0♎14	0♎18	0♎22	0♎26	0♎31	0♎36	0♎41	0♎46	0♎52	0♎58	1♎05	1♎11	1♎18	1♎25	1♎32
/♅	20♊56	21♊03	21♊10	21♊18	21♊26	21♊34	21♊42	21♊51	21♊60	22♊09	22♊18	22♊28	22♊38	22♊47	22♊58	23♊08
/♆	4♐04	4♐10	4♐17	4♐23	4♐30	4♐38	4♐45	4♐53	5♐01	5♐09	5♐17	5♐26	5♐35	5♐44	5♐53	6♐02
/♇	7♏23	7♏28	7♏34	7♏40	7♏46	7♏52	7♏59	8♏06	8♏13	8♏20	8♏28	8♏36	8♏44	8♏52	9♏00	9♏09
/☊	20♎18	20♎23	20♎28	20♎32	20♎38	20♎44	20♎50	20♎57	21♎05	21♎14	21♎22	21♎31	21♎39	21♎48	21♎56	22♎05
⚳/♃	14♉22	14♉41	15♉00	15♉19	15♉38	15♉58	16♉17	16♉36	16♉55	17♉15	17♉34	17♉53	18♉12	18♉31	18♉51	19♉10
/♄	1♌46	1♌56	2♌06	2♌16	2♌26	2♌36	2♌47	2♌57	3♌07	3♌17	3♌27	3♌37	3♌47	3♌58	4♌08	4♌18
/♅	22♈32	22♈45	22♈59	23♈13	23♈26	23♈40	23♈53	24♈07	24♈20	24♈34	24♈47	25♈00	25♈14	25♈27	25♈41	25♈54
/♆	5♈40	5♈53	6♈06	6♈18	6♈31	6♈43	6♈56	7♈09	7♈21	7♈34	7♈46	7♈59	8♈11	8♈24	8♈36	8♈48
/♇	8♓59	9♓11	9♓23	9♓35	9♓46	9♓58	10♓10	10♓22	10♓33	10♓45	10♓57	11♓08	11♓20	11♓32	11♓43	11♓55
/☊	21♒55	22♒06	22♒17	22♒27	22♒38	22♒49	23♒01	23♒13	23♒26	23♒38	23♒51	24♒03	24♒16	24♒28	24♒39	24♒51
♃/♄	7♌37	7♌42	7♌47	7♌52	7♌57	8♌02	8♌07	8♌12	8♌17	8♌22	8♌28	8♌33	8♌38	8♌43	8♌48	8♌54
/♅	28♈22	28♈31	28♈40	28♈48	28♈57	29♈05	29♈14	29♈22	29♈31	29♈39	29♈48	29♈56	0♉04	0♉13	0♉21	0♉30
/♆	11♈31	11♈39	11♈46	11♈54	12♈01	12♈09	12♈16	12♈24	12♈32	12♈39	12♈47	12♈54	13♈02	13♈09	13♈17	13♈24
/♇	14♓50	14♓57	15♓03	15♓10	15♓17	15♓24	15♓30	15♓37	15♓44	15♓51	15♓57	16♓04	16♓11	16♓17	16♓24	16♓30
/☊	27♒45	27♒51	27♒57	28♒03	28♒09	28♒15	28♒21	28♒29	28♒36	28♒44	28♒51	28♒59	29♒06	29♒13	29♒20	29♒26
♄/♅	15♑47	15♑47	15♑46	15♑45	15♑45	15♑44	15♑43	15♑43	15♑42	15♑41	15♑41	15♑40	15♑40	15♑39	15♑39	15♑38
/♆	28♐56	28♐54	28♐53	28♐51	28♐49	28♐48	28♐46	28♐45	28♐43	28♐41	28♐40	28♐38	28♐37	28♐35	28♐34	28♐32
/♇	2♐15	2♐12	2♐10	2♐07	2♐05	2♐02	2♐00	1♐58	1♐55	1♐53	1♐50	1♐48	1♐46	1♐43	1♐41	1♐39
/☊	15♏10	15♏07	15♏03	14♏60	14♏57	14♏54	14♏51	14♏49	14♏47	14♏46	14♏45	14♏43	14♏41	14♏39	14♏37	14♏35
♅/♆	19♓41	19♓43	19♓45	19♓47	19♓49	19♓51	19♓53	19♓55	19♓56	19♓58	19♓60	20♓02	20♓03	20♓05	20♓07	20♓08
/♇	23♒00	23♒01	23♒02	23♒03	23♒05	23♒06	23♒07	23♒08	23♒09	23♒10	23♒10	23♒11	23♒12	23♒13	23♒14	23♒15
/☊	5♒55	5♒56	5♒56	5♒56	5♒56	5♒57	5♒58	5♒59	6♒01	6♒03	6♒05	6♒06	6♒08	6♒09	6♒10	6♒11
♆/♇	6♒08	6♒09	6♒09	6♒09	6♒09	6♒09	6♒09	6♒10	6♒10	6♒10	6♒10	6♒10	6♒09	6♒09	6♒09	6♒09
/☊	19♑04	19♑03	19♑03	19♑02	19♑01	19♑00	19♑01	19♑01	19♑02	19♑03	19♑04	19♑05	19♑05	19♑05	19♑05	19♑05
♇/☊	22♐23	22♐22	22♐20	22♐18	22♐16	22♐15	22♐14	22♐14	22♐14	22♐14	22♐14	22♐14	22♐14	22♐13	22♐12	22♐11

	17	18	19	20	21	22	23	24	25	26	27	28	29	30	31
☉/☽	4♉49	11♉15	17♉38	24♉01	0♊24	6♊48	13♊15	19♊45	26♊21	3♋03	9♋52	16♋51	24♋00	1♌21	8♌53
/☿	20♉28	21♉57	23♉27	24♉57	26♉28	28♉01	29♉33	1♊07	2♊41	4♊15	5♊50	7♊24	8♊59	10♊34	12♊08
/♀	10♊14	10♊40	11♊06	11♊30	11♊53	12♊15	12♊35	12♊55	13♊13	13♊30	13♊46	14♊01	14♊15	14♊28	14♊41
/♂	17♋55	18♋34	19♋12	19♋51	20♋30	21♋09	21♋48	22♋28	23♋08	23♋47	24♋27	25♋08	25♋48	26♋28	27♋09
/⚳	20♉44	21♉25	22♉06	22♉47	23♉28	24♉09	24♉50	25♉31	26♉11	26♉52	27♉33	28♉14	28♉55	29♉35	0♊16
/♃	25♉15	25♉51	26♉27	27♉03	27♉39	28♉15	28♉51	29♉27	0♊02	0♊38	1♊14	1♊50	2♊26	3♊02	3♊37
/♄	10♌14	10♌41	11♌09	11♌36	12♌03	12♌30	12♌58	13♌25	13♌52	14♌20	14♌47	15♌15	15♌42	16♌10	16♌37
/♅	1♉53	2♉23	2♉53	3♉24	3♉54	4♉24	4♉54	5♉24	5♉54	6♉23	6♉53	7♉23	7♉53	8♉23	8♉53
/♆	14♈47	15♈16	15♈45	16♈14	16♈43	17♈12	17♈41	18♈10	18♈39	19♈08	19♈37	20♈06	20♈35	21♈04	21♈33
/♇	17♓52	18♓21	18♓49	19♓17	19♓46	20♓14	20♓42	21♓11	21♓39	22♓07	22♓35	23♓03	23♓32	23♓60	24♓28
/☊	0♓48	1♓16	1♓45	2♓13	2♓42	3♓11	3♓40	4♓09	4♓38	5♍07	5♍35	6♍04	6♍33	7♍02	7♍31
☽/☿	28♈47	5♉44	12♉39	19♉35	26♉31	3♊30	10♊32	17♊38	24♊50	2♋08	9♋35	17♋11	24♋57	2♌55	11♌04
/♀	18♉33	24♉27	0♊18	6♊07	11♊56	17♊44	23♊34	29♊26	5♋22	11♋23	17♋32	23♋48	0♌14	6♌50	13♌37
/♂	26♊15	2♋21	8♋25	14♋29	20♋33	26♋38	2♌47	8♌59	15♌17	21♌41	28♌13	4♍54	11♍46	18♍50	26♍05
/⚳	29♈03	5♉12	11♉19	17♉25	23♉31	29♉38	5♊48	12♊02	18♊21	24♊46	1♋18	8♋00	14♋53	21♋57	29♋12
/♃	3♉34	9♉38	15♉40	21♉40	27♉41	3♊44	9♊49	15♊58	22♊12	28♊32	4♋60	11♋37	18♋24	25♋23	2♌33
/♄	18♑34	24♋29	0♌21	6♌13	12♌06	17♌60	23♌56	29♌56	6♍02	12♍13	18♍33	25♍01	1♎40	8♎31	15♎33
/♅	10♈12	16♈10	22♈06	28♈01	3♉56	9♉53	15♉52	21♉55	28♉03	4♊17	10♊39	17♊10	23♊51	0♋44	7♑49
/♆	23♓06	29♓03	4♈58	10♈52	16♈46	22♈42	28♈40	4♉42	10♉49	17♉02	23♉23	29♉53	6♐34	13♐25	20♐29
/♇	26♒11	2♓08	8♓02	13♓55	19♓48	25♓43	1♈41	7♈42	13♎48	20♎00	26♎21	2♏50	9♏30	16♏21	23♏24
/☊	9♒07	15♒03	20♒58	26♒51	2♓45	8♍40	14♍38	20♍40	26♍47	3♎00	9♎21	15♎51	22♎31	29♎23	6♏27
☿/♀	4♊12	5♊09	6♊07	7♊04	8♊00	8♊57	9♊52	10♊47	11♊42	12♊36	13♊29	14♊21	15♊12	16♊02	16♊52
/♂	11♋54	13♋03	14♋13	15♋25	16♋37	17♋51	19♋05	20♋21	21♋36	22♋53	24♋10	25♋27	26♋45	28♋02	29♋20
/⚳	14♉42	15♉54	17♉07	18♉21	19♉35	20♉51	22♉07	23♉23	24♉40	25♉58	27♉16	28♉33	29♉51	1♊09	2♊27
/♃	19♉13	20♉20	21♉28	22♉37	23♉46	24♉56	26♉07	27♉19	28♉31	29♉44	0♊57	2♊10	3♊23	4♊36	5♊48
/♄	4♌13	5♌11	6♌10	7♌10	8♌11	9♌12	10♌15	11♌18	12♌21	13♌25	14♌30	15♌34	16♌39	17♌44	18♌48
/♅	25♈51	26♈53	27♈55	28♈57	0♉01	1♉05	2♉11	3♉16	4♉22	5♉29	6♉36	7♉43	8♉50	9♉57	11♉03
/♆	8♈45	9♈45	10♈46	11♈48	12♈51	13♈54	14♈58	16♈03	17♈08	18♈14	19♈20	20♈26	21♈32	22♈38	23♈44
/♇	11♓50	12♓50	13♓50	14♓51	15♓53	16♓56	17♓59	19♓03	20♓08	21♓12	22♓18	23♓23	24♓28	25♓34	26♓39
/☊	24♒46	25♒46	26♒46	27♒47	28♒50	29♒53	0♓57	2♓01	3♓07	4♓12	5♍18	6♍24	7♍30	8♍36	9♍41
♀/♂	1♌39	1♌46	1♌52	1♌58	2♌02	2♌05	2♌07	2♌09	2♌09	2♌08	2♌07	2♌04	2♌01	1♌57	1♌52
/⚳	4♊28	4♊38	4♊46	4♊54	4♊60	5♊05	5♊09	5♊11	5♊13	5♊13	5♊12	5♊10	5♊08	5♊04	4♊60
/♃	8♊58	9♊03	9♊07	9♊09	9♊11	9♊11	9♊09	9♊07	9♊04	8♊59	8♊53	8♊47	8♊39	8♊30	8♊21
/♄	23♌58	23♌54	23♌49	23♌43	23♌35	23♌26	23♌17	23♌06	22♌54	22♌40	22♌26	22♌11	21♌55	21♌38	21♌21
/♅	15♉37	15♉36	15♉34	15♉30	15♉25	15♉20	15♉12	15♉04	14♉55	14♉44	14♉32	14♉20	14♉06	13♉52	13♉36
/♆	28♈30	28♈28	28♈25	28♈21	28♈15	28♈08	28♈00	27♈51	27♈41	27♈29	27♈17	27♈03	26♈48	26♈33	26♈17
/♇	1♈36	1♈33	1♈29	1♈24	1♈18	1♈10	1♈01	0♈51	0♈40	0♈28	0♈14	29♓60	29♓45	29♓28	29♓11
/☊	14♍32	14♍29	14♍25	14♍20	14♍14	14♍07	13♍59	13♍49	13♍39	13♍27	13♍15	13♍01	12♍46	12♍30	12♍14
♂/⚳	12♋09	12♋31	12♋53	13♋15	13♋37	13♋59	14♋22	14♋44	15♋07	15♋30	15♋53	16♋17	16♋40	17♋04	17♋28
/♃	16♋40	16♋57	17♋14	17♋31	17♋48	18♋05	18♋23	18♋40	18♋58	19♋16	19♋35	19♋53	20♋11	20♋30	20♋49
/♄	1♎40	1♎47	1♎55	2♎04	2♎12	2♎21	2♎30	2♎39	2♎48	2♎58	3♎08	3♎18	3♎28	3♎38	3♎49
/♅	23♊19	23♊29	23♊40	23♊51	24♊03	24♊14	24♊26	24♊37	24♊49	25♊01	25♊14	25♊26	25♊39	25♊51	26♊04
/♆	6♐12	6♐22	6♐32	6♐42	6♐52	7♐03	7♐13	7♐24	7♐35	7♐46	7♐58	8♐09	8♐21	8♐33	8♐45
/♇	9♏18	9♏27	9♏36	9♏45	9♏55	10♏04	10♏14	10♏24	10♏35	10♏45	10♏56	11♏06	11♏17	11♏28	11♏39
/☊	22♎13	22♎22	22♎32	22♎41	22♎51	23♎01	23♎12	23♎23	23♎34	23♎45	23♎56	24♎07	24♎19	24♎30	24♎42
⚳/♃	19♉29	19♉48	20♉07	20♉26	20♉46	21♉05	21♉24	21♉43	22♉02	22♉21	22♉40	22♉59	23♉18	23♉37	23♉56
/♄	4♌28	4♌39	4♌49	4♌60	5♌10	5♌20	5♌31	5♌41	5♌52	6♌03	6♌13	6♌24	6♌35	6♌45	6♌56
/♅	26♈07	26♈21	26♈34	26♈47	27♈00	27♈14	27♈27	27♈40	27♈53	28♈06	28♈19	28♈32	28♈45	28♈58	29♈11
/♆	9♈01	9♈13	9♈26	9♈38	9♈50	10♈02	10♈15	10♈27	10♈39	10♈51	11♈03	11♈16	11♈28	11♈40	11♈52
/♇	12♓06	12♓18	12♓29	12♓41	12♓53	13♓04	13♓16	13♓27	13♓38	13♓50	14♓01	14♓13	14♓24	14♓35	14♓47
/☊	25♒02	25♒14	25♒25	25♒37	25♒49	26♒01	26♒13	26♒25	26♒37	26♒49	27♒01	27♒13	27♒25	27♒37	27♒50
♃/♄	8♌59	9♌05	9♌10	9♌15	9♌21	9♌26	9♌32	9♌37	9♌43	9♌49	9♌54	10♌00	10♌06	10♌11	10♌17
/♅	0♉38	0♉46	0♉55	1♉03	1♉11	1♉20	1♉28	1♉36	1♉44	1♉52	2♉00	2♉09	2♉17	2♉25	2♉33
/♆	13♈31	13♈39	13♈46	13♈54	14♈01	14♈08	14♈16	14♈23	14♈30	14♈37	14♈45	14♈52	14♈59	15♈06	15♈13
/♇	16♓37	16♓44	16♓50	16♓57	17♓03	17♓10	17♓16	17♓23	17♓29	17♓36	17♓42	17♓49	17♓55	18♓02	18♓08
/☊	29♒33	29♒39	29♒46	29♒53	29♒60	0♓07	0♓14	0♓21	0♓28	0♓36	0♓43	0♓50	0♓57	1♓04	1♓11
♄/♅	15♑38	15♑37	15♑37	15♑36	15♑36	15♑35	15♑35	15♑35	15♑34	15♑34	15♑34	15♑33	15♑33	15♑33	15♑32
/♆	28♐31	28♐30	28♐28	28♐27	28♐25	28♐24	28♐23	28♐21	28♐20	28♐19	28♐18	28♐16	28♐15	28♐14	28♐13
/♇	1♐37	1♐34	1♐32	1♐30	1♐28	1♐26	1♐23	1♐21	1♐19	1♐17	1♐15	1♐13	1♐11	1♐10	1♐08
/☊	14♏32	14♏30	14♏28	14♏26	14♏24	14♏23	14♏21	14♏20	14♏18	14♏17	14♏16	14♏14	14♏13	14♏12	14♏11
♅/♆	20♓10	20♓11	20♓13	20♓14	20♓16	20♓17	20♓19	20♓20	20♓21	20♓23	20♓24	20♓25	20♓26	20♓27	20♓28
/♇	23♒15	23♒16	23♒17	23♒18	23♒18	23♒19	23♒19	23♒20	23♒21	23♒21	23♒22	23♒22	23♒22	23♒23	23♒23
/☊	6♒11	6♒12	6♒13	6♒14	6♒15	6♒16	6♒17	6♒18	6♒20	6♒21	6♒22	6♒23	6♒24	6♒25	6♒26
♆/♇	6♒09	6♒09	6♒08	6♒08	6♒08	6♒08	6♒07	6♒07	6♒06	6♒06	6♒06	6♒05	6♒05	6♒04	6♒04
/☊	19♑05	19♑04	19♑04	19♑04	19♑04	19♑05	19♑05	19♑05	19♑05	19♑06	19♑06	19♑06	19♑06	19♑06	19♑06
♇/☊	22♐10	22♐09	22♐08	22♐07	22♐07	22♐06	22♐06	22♐05	22♐05	22♐04	22♐04	22♐03	22♐02	22♐02	22♐01

May 2012

June 2012

	1	2	3	4	5	6	7	8	9	10	11	12	13	14	15	16	17	18	19	20	21	22	23	24	25	26	27	28	29	30	
☉/☽	16♌37	24♌29	2♍28	10♍29	18♓29	26♓22	4♈06	11♈38	18♈56	26♈01	2♉54	9♉36	16♉10	22♉38	29♉02	5♊24	11♊46	18♊11	24♊38	1♋10	7♋47	14♋30	21♋19	28♋15	5♌18	12♌29	19♌49	27♌16	4♍52	12♍34	☉/☽
/☿	13♊42	15♊16	16♊48	18♊21	19♊52	21♊22	22♊52	24♊20	25♊47	27♊13	28♊38	0♋02	1♋24	2♋45	4♋05	5♋24	6♋42	7♋58	9♋13	10♋26	11♋39	12♋50	13♋59	15♋08	16♋15	17♋20	18♋25	19♋27	20♋29	21♋28	/☿
/♀	14♊53	15♊04	15♊14	15♊24	15♊34	15♊44	15♊54	16♊04	16♊14	16♊25	16♊36	16♊47	16♊60	17♊13	17♊27	17♊42	17♊57	18♊14	18♊32	18♊51	19♊12	19♊33	19♊55	20♊19	20♊44	21♊10	21♊38	22♊06	22♊36	23♊06	/♀
/♂	27♋50	28♋30	29♋11	29♋53	0♌34	1♌15	1♌57	2♌38	3♌20	4♌02	4♌44	5♌26	6♌09	6♌51	7♌33	8♌16	8♌59	9♌42	10♌25	11♌08	11♌51	12♌34	13♌17	14♌01	14♌44	15♌28	16♌12	16♌56	17♌40	18♌24	/♂
/⚳	0♊57	1♊37	2♊18	2♊59	3♊39	4♊20	5♊01	5♊41	6♊22	7♊02	7♊43	8♊23	9♊04	9♊44	10♊25	11♊05	11♊45	12♊26	13♊06	13♊46	14♊27	15♊07	15♊47	16♊27	17♊08	17♊48	18♊28	19♊08	19♊48	20♊28	/⚳
/♃	4♊13	4♊49	5♊25	6♊00	6♊36	7♊12	7♊47	8♊23	8♊58	9♊34	10♊09	10♊45	11♊20	11♊56	12♊31	13♊07	13♊42	14♊18	14♊53	15♊28	16♊04	16♊39	17♊14	17♊49	18♊25	18♊60	19♊35	20♊10	20♊45	21♊20	/♃
/♄	17♌05	17♌32	17♌60	18♌28	18♌55	19♌23	19♌51	20♌19	20♌47	21♌14	21♌42	22♌10	22♌38	23♌07	23♌35	24♌03	24♌31	24♌59	25♌28	25♌56	26♌24	26♌53	27♌21	27♌50	28♌18	28♌47	29♌16	29♌44	0♍13	0♍42	/♄
/♅	9♉22	9♉52	10♉22	10♉51	11♉21	11♉51	12♉20	12♉50	13♉19	13♉49	14♉18	14♉48	15♉17	15♉46	16♉16	16♉45	17♉14	17♉44	18♉13	18♉42	19♉11	19♉40	20♉09	20♉39	21♉08	21♉37	22♉06	22♉35	23♉04	23♉33	/♅
/♆	22♈02	22♈31	22♈59	23♈28	23♈57	24♈26	24♈54	25♈23	25♈51	26♈20	26♈49	27♈17	27♈46	28♈14	28♈43	29♈11	29♈40	0♉08	0♉37	1♉05	1♉33	2♉02	2♉30	2♉59	3♉27	3♉55	4♉23	4♉52	5♉20	5♉48	/♆
/♇	24♓56	25♓24	25♓52	26♓20	26♓48	27♓16	27♓44	28♓12	28♓40	29♓08	29♓36	0♈04	0♈32	1♈00	1♈28	1♈56	2♈24	2♈52	3♈20	3♈48	4♈15	4♈43	5♈11	5♈39	6♈07	6♈35	7♈03	7♈30	7♈58	8♎26	/♇
/☊	7♍60	8♍29	8♍58	9♍26	9♍55	10♍23	10♍51	11♍19	11♍47	12♍15	12♍44	13♍12	13♍41	14♍11	14♍40	15♍10	15♍39	16♍07	16♍36	17♍03	17♍30	17♍57	18♍23	18♍50	19♍17	19♍45	20♍13	20♍42	21♍11	21♍40	/☊
☽/☿	19♌24	27♌52	6♍27	15♍03	23♍36	2♈03	10♈18	18♈21	26♈09	3♉43	11♉03	18♉11	25♉10	2♊02	8♊49	15♊32	22♊15	28♊58	5♋43	12♋32	19♋24	26♋20	3♌22	10♌29	17♌42	25♌02	2♍28	10♍01	17♍40	25♍26	☽/☿
/♀	20♌34	27♌41	4♍53	12♍07	19♓19	26♓25	3♈21	10♈05	16♈36	22♈54	29♈01	4♉57	10♉46	16♉30	22♉10	27♉50	3♊31	9♊15	15♊03	20♊57	26♊56	3♋03	9♋18	15♋40	22♋11	28♋52	5♌41	12♌40	19♌47	27♌04	/♀
/♂	3♎31	11♎07	18♎50	26♎35	4♏18	11♏56	19♏24	26♏39	3♐42	10♐32	17♐09	23♊36	29♊55	6♋08	12♋17	18♋24	24♋32	0♌42	6♌55	13♌13	19♌36	26♌04	2♍40	9♍22	16♍12	23♍09	0♎15	7♎29	14♎51	22♎21	/♂
/⚳	6♌39	14♌14	21♒56	29♒41	7♓24	15♓01	22♓27	29♓42	6♈44	13♈32	20♈08	26♈33	2♉50	9♉01	15♉08	21♉13	27♉19	3♊26	9♊37	15♊52	22♊12	28♊37	5♋10	11♋49	18♋35	25♋29	2♌31	9♌42	16♌60	24♌25	/⚳
/♃	9♌55	17♌26	25♌03	2♓43	10♓20	17♓52	25♓14	2♈24	9♈20	16♈03	22♈34	28♈55	5♉07	11♉13	17♉15	23♉15	29♉16	5♊18	11♊24	17♊34	23♊49	0♋09	6♋37	13♋11	19♋52	26♋41	3♌38	10♌43	17♌57	25♌17	/♃
/♄	22♎47	0♏09	7♏38	15♏10	22♏40	0♐04	7♐18	14♐20	21♐08	27♐44	4♑07	10♑20	16♑25	22♑23	28♋18	4♌11	10♌05	15♌60	21♌58	28♌01	4♍09	10♍23	16♍44	23♍11	29♍46	6♎28	13♎19	20♎18	27♎25	4♏39	/♄
/♅	15♑04	22♑29	0♒00	7♒34	15♒05	22♒31	29♒47	6♓51	13♓41	20♓18	26♓43	2♈57	9♈03	15♈03	20♈59	26♈53	2♉48	8♉44	14♉44	20♉47	26♉56	3♊11	9♊32	15♊60	22♊35	29♊18	6♋09	13♑08	20♑15	27♑30	/♅
/♆	27♐44	5♑07	12♑38	20♑10	27♑41	5♒06	12♒21	19♒24	26♒13	2♓50	9♓14	15♓27	21♓32	27♓31	3♈26	9♈20	15♈13	21♈09	27♈07	3♉10	9♉18	15♉32	21♉53	28♉20	4♐54	11♐36	18♐27	25♐25	2♑32	9♑45	/♆
/♇	0♐38	8♐01	15♐30	23♐02	0♑33	7♑57	15♑11	22♑13	29♑02	5♒38	12♒01	18♒14	24♒18	0♓17	6♓11	12♓04	17♓57	23♓52	29♓50	5♈53	12♎00	18♎14	24♎34	1♏00	7♏34	14♏16	21♏06	28♏04	5♐10	12♐23	/♇
/☊	13♏41	21♏06	28♏36	6♐09	13♐39	21♐04	28♐18	5♑20	12♑09	18♑45	25♑09	1♒22	7♒28	13♒28	19♒24	25♒18	1♓12	7♍08	13♍06	19♍08	25♍15	1♎27	7♎46	14♎11	20♎44	27♎26	4♏16	11♏15	18♏23	25♏37	/☊
☿/♀	17♊40	18♊27	19♊13	19♊58	20♊42	21♊24	22♊06	22♊47	23♊27	24♊06	24♊45	25♊23	26♊00	26♊37	27♊14	27♊50	28♊26	29♊02	29♊37	0♋13	0♋48	1♋23	1♋58	2♋33	3♋08	3♋43	4♋17	4♋51	5♋24	5♋58	☿/♀
/♂	0♌37	1♌54	3♌10	4♌26	5♌41	6♌55	8♌09	9♌21	10♌33	11♌44	12♌53	14♌02	15♌09	16♌15	17♌20	18♌25	19♌27	20♌29	21♌30	22♌29	23♌27	24♌24	25♌20	26♌15	27♌08	28♌00	28♌51	29♌40	0♍28	1♍15	/♂
/⚳	3♊44	5♊01	6♊17	7♊32	8♊47	10♊00	11♊13	12♊24	13♊35	14♊44	15♊52	16♊59	18♊04	19♊09	20♊12	21♊13	22♊14	23♊13	24♊11	25♊08	26♊03	26♊57	27♊50	28♊41	29♊31	0♋20	1♋07	1♋53	2♋37	3♋20	/⚳
/♃	7♊00	8♊12	9♊23	10♊34	11♊43	12♊52	13♊59	15♊06	16♊11	17♊16	18♊19	19♊20	20♊21	21♊20	22♊19	23♊15	24♊11	25♊05	25♊58	26♊50	27♊40	28♊29	29♊17	0♋03	0♋48	1♋32	2♋14	2♋55	3♋34	4♋11	/♃
/♄	19♌52	20♌56	21♌59	23♌01	24♌03	25♌03	26♌03	27♌02	27♌59	28♌56	29♌52	0♍46	1♍39	2♍31	3♍22	4♍11	4♍60	5♍47	6♍33	7♍18	8♍01	8♍43	9♍24	10♍04	10♍42	11♍19	11♍55	12♍29	13♍02	13♍33	/♄
/♅	12♉10	13♉15	14♉20	15♉25	16♉28	17♉31	18♉32	19♉33	20♉32	21♉30	22♉27	23♉23	24♉17	25♉11	26♉03	26♉53	27♉43	28♉31	29♉18	0♊04	0♊48	1♊31	2♊12	2♊53	3♊31	4♊09	4♊45	5♊19	5♊52	6♊24	/♅
/♆	24♈49	25♈54	26♈58	28♈02	29♈04	0♉06	1♉06	2♉06	3♉04	4♉02	4♉58	5♉53	6♉46	7♉39	8♉30	9♉20	10♉08	10♉56	11♉42	12♉27	13♉10	13♉52	14♉33	15♉13	15♉51	16♉27	17♉03	17♉36	18♉09	18♉39	/♆
/♇	27♓43	28♓47	29♓51	0♈54	1♈55	2♈56	3♈56	4♈55	5♈53	6♈50	7♈45	8♈40	9♎33	10♎24	11♎15	12♎04	12♎52	13♎39	14♎25	15♎09	15♎52	16♎34	17♎14	17♎53	18♎31	19♎07	19♎42	20♎15	20♎47	21♎17	/♇
/☊	10♍47	11♍52	12♍56	13♍60	15♍02	16♍03	17♍04	18♍02	19♍00	19♍57	20♍53	21♍48	22♍42	23♍35	24♍27	25♍18	26♍07	26♍55	27♍41	28♍25	29♍07	29♍47	0♎26	1♎04	1♎41	2♎17	2♎52	3♎26	3♎60	4♎31	/☊
♀/♂	1♌47	1♌42	1♌36	1♌30	1♌24	1♌18	1♌12	1♌06	1♌00	0♌55	0♌51	0♌48	0♌45	0♌43	0♌42	0♌42	0♌43	0♌46	0♌49	0♌54	1♌00	1♌08	1♌16	1♌26	1♌38	1♌50	2♌04	2♌19	2♌35	2♌53	♀/♂
/⚳	4♊55	4♊49	4♊43	4♊36	4♊29	4♊22	4♊15	4♊08	4♊02	3♊56	3♊50	3♊44	3♊40	3♊36	3♊33	3♊31	3♊30	3♊30	3♊31	3♊33	3♊36	3♊41	3♊46	3♊53	4♊01	4♊10	4♊20	4♊31	4♊44	4♊57	/⚳
/♃	8♊11	8♊00	7♊49	7♊38	7♊26	7♊14	7♊02	6♊50	6♊39	6♊27	6♊16	6♊06	5♊57	5♊48	5♊40	5♊33	5♊27	5♊22	5♊18	5♊15	5♊13	5♊13	5♊13	5♊15	5♊18	5♊22	5♊27	5♊33	5♊41	5♊49	/♃
/♄	21♌03	20♌44	20♌25	20♌05	19♌45	19♌25	19♌06	18♌46	18♌27	18♌08	17♌49	17♌32	17♌15	16♌58	16♌43	16♌29	16♌16	16♌03	15♌52	15♌43	15♌34	15♌26	15♌20	15♌15	15♌12	15♌09	15♌08	15♌08	15♌09	15♌11	/♄
/♅	13♉20	13♉03	12♉46	12♉29	12♉11	11♉53	11♉35	11♉17	10♉59	10♉42	10♉25	10♉09	9♉53	9♉38	9♉24	9♉11	8♉59	8♉48	8♉38	8♉29	8♉21	8♉14	8♉08	8♉04	8♉01	7♉59	7♉58	7♉58	7♉59	8♉02	/♅
/♆	25♈60	25♈42	25♈24	25♈05	24♈47	24♈28	24♈09	23♈50	23♈32	23♈13	22♈56	22♈38	22♈22	22♈06	21♈51	21♈37	21♈24	21♈12	21♈01	20♈52	20♈43	20♈35	20♈29	20♈24	20♈20	20♈17	20♈15	20♈15	20♈16	20♈17	/♆
/♇	28♓54	28♓35	28♓17	27♓57	27♓38	27♓19	26♓59	26♓40	26♓20	26♓02	25♓43	25♓25	25♓08	24♓52	24♓36	24♓22	24♓08	23♓56	23♓44	23♓34	23♓25	23♓17	23♓10	23♓04	23♓00	22♓57	22♓55	22♓54	22♓54	22♓55	/♇
/☊	11♍57	11♍40	11♍22	11♍04	10♍45	10♍26	10♍06	9♍47	9♍27	9♍09	8♍51	8♍34	8♍18	8♍03	7♍49	7♍36	7♍23	7♍12	7♍00	6♍50	6♍40	6♍31	6♍22	6♍16	6♍10	6♍07	6♍05	6♍05	6♍07	6♍09	/☊
♂/⚳	17♋52	18♋16	18♋40	19♋04	19♋29	19♋53	20♋18	20♋43	21♋08	21♋33	21♋58	22♋23	22♋49	23♋14	23♋40	24♋05	24♋31	24♋57	25♋23	25♋49	26♋15	26♋42	27♋08	27♋34	28♋01	28♋28	28♋54	29♋21	29♋48	0♌15	♂/⚳
/♃	21♋08	21♋27	21♋46	22♋06	22♋25	22♋45	23♋05	23♋24	23♋44	24♋05	24♋25	24♋45	25♋05	25♋26	25♋47	26♋07	26♋28	26♋49	27♋10	27♋31	27♋52	28♋14	28♋35	28♋56	29♋18	29♋39	0♌01	0♌23	0♌45	1♌06	/♃
/♄	3♎60	4♎11	4♎22	4♎33	4♎45	4♎56	5♎08	5♎20	5♎33	5♎45	5♎58	6♎10	6♎23	6♎37	6♎50	7♎03	7♎17	7♎31	7♎45	7♎59	8♎13	8♎28	8♎42	8♎57	9♎12	9♎27	9♎42	9♎57	10♎13	10♎28	/♄
/♅	26♊17	26♊30	26♊43	26♊57	27♊10	27♊24	27♊37	27♊51	28♊05	28♊19	28♊33	28♊48	29♊02	29♊16	29♊31	29♊45	0♋00	0♋15	0♋30	0♋45	0♋60	1♋15	1♋30	1♋46	2♋01	2♋16	2♋32	2♋48	3♋03	3♋19	/♅
/♆	8♐57	9♐09	9♐21	9♐34	9♐46	9♐59	10♐12	10♐24	10♐38	10♐51	11♐04	11♐17	11♐31	11♐44	11♐58	12♐12	12♐26	12♐40	12♐54	13♐08	13♐22	13♐37	13♐51	14♐06	14♐20	14♐35	14♐50	15♐05	15♐19	15♐35	/♆
/♇	11♏51	12♏02	12♏14	12♏26	12♏37	12♏49	13♏02	13♏14	13♏26	13♏39	13♏51	14♏04	14♏17	14♏30	14♏43	14♏56	15♏10	15♏23	15♏37	15♏50	16♏04	16♏18	16♏32	16♏46	17♏00	17♏15	17♏29	17♏43	17♏58	18♏13	/♇
/☊	24♎54	25♎07	25♎19	25♎32	25♎44	25♎57	26♎09	26♎21	26♎33	26♎46	26♎59	27♎12	27♎26	27♎41	27♎55	28♎10	28♎25	28♎39	28♎53	29♎06	29♎19	29♎32	29♎44	29♎57	0♏10	0♏24	0♏39	0♏54	1♏10	1♏27	/☊
⚳/♃	24♉15	24♉34	24♉53	25♉12	25♉31	25♉50	26♉08	26♉27	26♉46	27♉05	27♉23	27♉42	28♉01	28♉19	28♉38	28♉56	29♉15	29♉33	29♉52	0♊10	0♊28	0♊47	1♊05	1♊23	1♊41	1♊59	2♊17	2♊35	2♊53	3♊11	⚳/♃
/♄	7♌07	7♌18	7♌28	7♌39	7♌50	8♌01	8♌12	8♌23	8♌34	8♌45	8♌56	9♌07	9♌19	9♌30	9♌41	9♌52	10♌04	10♌15	10♌26	10♌38	10♌49	11♌01	11♌12	11♌23	11♌35	11♌47	11♌58	12♌10	12♌21	12♌33	/♄
/♅	29♈24	29♈37	29♈50	0♉03	0♉16	0♉29	0♉41	0♉54	1♉07	1♉19	1♉32	1♉45	1♉57	2♉10	2♉22	2♉34	2♉47	2♉59	3♉11	3♉24	3♉36	3♉48	4♉00	4♉12	4♉24	4♉36	4♉48	5♉00	5♉12	5♉24	/♅
/♆	12♈04	12♈16	12♈28	12♈40	12♈52	13♈04	13♈15	13♈27	13♈39	13♈51	14♈03	14♈14	14♈26	14♈38	14♈49	15♈01	15♈12	15♈24	15♈35	15♈47	15♈58	16♈10	16♈21	16♈32	16♈43	16♈55	17♈06	17♈17	17♈28	17♈39	/♆
/♇	14♓58	15♓09	15♓21	15♓32	15♓43	15♓54	16♓05	16♓17	16♓28	16♓39	16♓50	17♓01	17♓12	17♓23	17♓34	17♓45	17♓56	18♓07	18♓18	18♓29	18♓40	18♓51	19♓02	19♓13	19♓24	19♓34	19♓45	19♓56	20♓07	20♓17	/♇
/☊	28♒02	28♒14	28♒26	28♒38	28♒50	29♒01	29♒13	29♒24	29♒35	29♒46	29♒58	0♓09	0♓22	0♓34	0♓47	0♓59	1♓11	1♓23	1♓34	1♓45	1♓55	2♓05	2♓14	2♓24	2♓34	2♓44	2♓55	3♓07	3♓19	3♓31	/☊
♃/♄	10♌23	10♌29	10♌35	10♌41	10♌47	10♌53	10♌59	11♌05	11♌11	11♌17	11♌23	11♌29	11♌35	11♌42	11♌48	11♌54	12♌00	12♌07	12♌13	12♌20	12♌26	12♌32	12♌39	12♌45	12♌52	12♌58	13♌05	13♌12	13♌18	13♌25	♃/♄
/♅	2♉41	2♉49	2♉57	3♉04	3♉12	3♉20	3♉28	3♉36	3♉43	3♉51	3♉59	4♉06	4♉14	4♉21	4♉29	4♉36	4♉44	4♉51	4♉58	5♉06	5♉13	5♉20	5♉27	5♉34	5♉41	5♉48	5♉55	6♉02	6♉09	6♉15	/♅
/♆	15♈20	15♈27	15♈34	15♈41	15♈48	15♈55	16♈02	16♈09	16♈16	16♈23	16♈29	16♈36	16♈43	16♈49	16♈56	17♈03	17♈09	17♈16	17♈22	17♈29	17♈35	17♈41	17♈48	17♈54	18♈00	18♈07	18♈13	18♈19	18♈25	18♈31	/♆
/♇	18♓14	18♓21	18♓27	18♓33	18♓40	18♓46	18♓52	18♓58	19♓04	19♓11	19♓17	19♓23	19♓29	19♓35	19♓41	19♓47	19♓53	19♓59	20♓05	20♓11	20♓17	20♓23	20♓29	20♓35	20♓40	20♓46	20♓52	20♓58	21♓03	21♓09	/♇
/☊	1♓18	1♓25	1♓32	1♓40	1♓46	1♓53	1♓59	2♓05	2♓12	2♓18	2♓24	2♓31	2♓38	2♓46	2♓53	3♓01	3♓08	3♓15	3♓21	3♓27	3♓32	3♓37	3♓41	3♓46	3♓51	3♓56	4♓02	4♓09	4♓16	4♓23	/☊
♄/♅	15♑32	15♑32	15♑32	15♑32	15♑32	15♑32	15♑32	15♑32	15♑32	15♑32	15♑32	15♑32	15♑32	15♑32	15♑32	15♑32	15♑32	15♑33	15♑33	15♑33	15♑34	15♑34	15♑34	15♑35	15♑35	15♑35	15♑36	15♑36	15♑37	15♑38	♄/♅
/♆	28♐12	28♐11	28♐10	28♐09	28♐08	28♐07	28♐06	28♐05	28♐04	28♐03	28♐02	28♐01	28♐01	27♐60	27♐59	27♐59	27♐58	27♐57	27♐57	27♐56	27♐56	27♐55	27♐55	27♐55	27♐54	27♐54	27♐54	27♐53	27♐53	27♐53	/♆
/♇	1♐06	1♐04	1♐02	1♐01	0♐59	0♐57	0♐56	0♐54	0♐53	0♐51	0♐50	0♐48	0♐47	0♐46	0♐44	0♐43	0♐42	0♐41	0♐40	0♐39	0♐38	0♐37	0♐36	0♐35	0♐34	0♐34	0♐33	0♐32	0♐32	0♐31	/♇
/☊	14♏10	14♏09	14♏08	14♏07	14♏06	14♏04	14♏03	14♏01	13♏60	13♏58	13♏57	13♏57	13♏56	13♏56	13♏57	13♏57	13♏57	13♏57	13♏56	13♏54	13♏53	13♏50	13♏48	13♏46	13♏44	13♏43	13♏43	13♏43	13♏44	13♏45	/☊
♅/♆	20♓29	20♓30	20♓31	20♓32	20♓33	20♓34	20♓35	20♓36	20♓36	20♓37	20♓38	20♓39	20♓39	20♓40	20♓40	20♓41	20♓41	20♓42	20♓42	20♓42	20♓43	20♓43	20♓43	20♓43	20♓43	20♓44	20♓44	20♓44	20♓44	20♓44	♅/♆
/♇	23♒23	23♒24	23♒24	23♒24	23♒25	23♒25	23♒25	23♒25	23♒25	23♒25	23♒25	23♒25	23♒25	23♒25	23♒25	23♒25	23♒25	23♒25	23♒25	23♒25	23♒25	23♒24	23♒24	23♒24	23♒24	23♒23	23♒23	23♒22	23♒22	23♒22	/♇
/☊	6♒27	6♒28	6♒30	6♒31	6♒31	6♒32	6♒32	6♒32	6♒32	6♒32	6♒33	6♒34	6♒35	6♒36	6♒38	6♒39	6♒40	6♒41	6♒41	6♒40	6♒39	6♒38	6♒36	6♒35	6♒34	6♒33	6♒33	6♒34	6♒35	6♒36	/☊
♆/♇	6♒03	6♒02	6♒02	6♒01	6♒00	5♒60	5♒59	5♒58	5♒58	5♒57	5♒56	5♒55	5♒54	5♒53	5♒53	5♒52	5♒51	5♒50	5♒49	5♒48	5♒47	5♒46	5♒45	5♒44	5♒43	5♒42	5♒41	5♒39	5♒38	5♒37	♆/♇
/☊	19♑07	19♑07	19♑07	19♑07	19♑07	19♑07	19♑06	19♑05	19♑05	19♑04	19♑04	19♑03	19♑04	19♑04	19♑05	19♑05	19♑06	19♑05	19♑05	19♑04	19♑02	18♑59	18♑57	18♑55	18♑53	18♑51	18♑51	18♑51	18♑51	18♑51	/☊
♇/☊	22♐01	22♐00	21♐60	21♐59	21♐59	21♐58	21♐56	21♐55	21♐53	21♐52	21♐51	21♐50	21♐50	21♐50	21♐50	21♐50	21♐50	21♐49	21♐48	21♐46	21♐44	21♐41	21♐38	21♐35	21♐33	21♐31	21♐30	21♐29	21♐29	21♐29	♇/☊

June 2012

July 2012

	1	2	3	4	5	6	7	8	9	10	11	12	13	14	15	16	17	18	19	20	21	22	23	24	25	26	27	28	29	30	31	
☉/☽	20♍23	28♍14	6♎05	13♈53	21♈34	29♈04	6♉23	13♉29	20♉23	27♉07	3♊41	10♊09	16♊33	22♊55	29♊18	5♋45	12♋17	18♋54	25♋39	2♌32	9♌31	16♌38	23♌50	1♍08	8♍31	15♍59	23♍30	1♎05	8♎43	16♎22	24♎02	☉/☽
/☿	22♋27	23♋23	24♋18	25♋11	26♋02	26♋52	27♋40	28♋25	29♋09	29♋50	0♌30	1♌07	1♌41	2♌14	2♌44	3♌11	3♌37	3♌60	4♌20	4♌38	4♌54	5♌08	5♌20	5♌31	5♌40	5♌48	5♌55	6♌02	6♌09	6♌16	6♌24	/☿
/♀	23♊38	24♊11	24♊45	25♊20	25♊56	26♊33	27♊11	27♊50	28♊29	29♊10	29♊51	0♋34	1♋17	2♋00	2♋45	3♋30	4♋16	5♋02	5♋49	6♋36	7♋25	8♋13	9♋02	9♋52	10♋42	11♋33	12♋24	13♋16	14♋08	14♋60	15♋53	/♀
/♂	19♌08	19♌52	20♌36	21♌20	22♌05	22♌49	23♌34	24♌19	25♌04	25♌48	26♌33	27♌18	28♌03	28♌49	29♌34	0♍19	1♍05	1♍50	2♍36	3♍22	4♍07	4♍53	5♍39	6♍25	7♍11	7♍57	8♍43	9♍30	10♍16	11♍02	11♍49	/♂
/⚳	21♊08	21♊48	22♊28	23♊08	23♊48	24♊28	25♊08	25♊48	26♊28	27♊07	27♊47	28♊27	29♊07	29♊46	0♋26	1♋06	1♋45	2♋25	3♋04	3♋44	4♋23	5♋03	5♋42	6♋22	7♋01	7♋40	8♋20	8♋59	9♋38	10♋17	10♋56	/⚳
/♃	21♊55	22♊30	23♊05	23♊40	24♊15	24♊49	25♊24	25♊59	26♊34	27♊09	27♊43	28♊18	28♊52	29♊27	0♋02	0♋36	1♋11	1♋45	2♋19	2♋54	3♋28	4♋02	4♋37	5♋11	5♋45	6♋19	6♋53	7♋27	8♋01	8♋35	9♋09	/♃
/♄	1♍11	1♍40	2♍09	2♍38	3♍07	3♍36	4♍05	4♍34	5♍03	5♍33	6♍02	6♍31	7♍01	7♍30	8♍00	8♍30	8♍59	9♍29	9♍59	10♍29	10♍58	11♍28	11♍58	12♍28	12♍58	13♍29	13♍59	14♍29	14♍59	15♍29	15♍60	/♄
/♅	24♉02	24♉30	24♉59	25♉28	25♉57	26♉26	26♉54	27♉23	27♉52	28♉21	28♉49	29♉18	29♉47	0♊15	0♊44	1♊12	1♊41	2♊09	2♊38	3♊06	3♊35	4♊03	4♊32	5♊00	5♊29	5♊57	6♊25	6♊54	7♊22	7♊50	8♊19	/♅
/♆	6♉16	6♉44	7♉13	7♉41	8♉09	8♉37	9♉05	9♉33	10♉01	10♉29	10♉58	11♉26	11♉54	12♉22	12♉50	13♉18	13♉46	14♉14	14♉42	15♉10	15♉38	16♉06	16♉34	17♉02	17♉30	17♉58	18♉26	18♉54	19♉22	19♉50	20♉18	/♆
/♇	8♎54	9♎22	9♎50	10♎17	10♎45	11♎13	11♎41	12♎09	12♎37	13♎05	13♎32	14♎00	14♎28	14♎56	15♎24	15♎52	16♎20	16♎48	17♎16	17♎44	18♎11	18♎39	19♎07	19♎35	20♎03	20♎31	20♎59	21♎27	21♎55	22♎23	22♎51	/♇
/☊	22♍09	22♍37	23♍05	23♍32	23♍58	24♍23	24♍49	25♍15	25♍41	26♍09	26♍37	27♍06	27♍35	28♍04	28♍33	29♍01	29♍28	29♍54	0♎19	0♎43	1♎07	1♎31	1♎56	2♎22	2♎49	3♎17	3♎45	4♎14	4♎43	5♎11	5♎37	/☊
☽/☿	3♎15	11♎05	18♎54	26♎38	4♏13	11♉36	18♉45	25♉40	2♊20	8♊48	15♊04	21♊12	27♊13	3♋11	9♋07	15♋04	21♋04	27♋07	3♌15	9♌28	15♌47	22♌10	28♌37	5♍09	11♍43	18♍21	25♍03	1♎47	8♎35	15♎24	22♎14	☽/☿
/♀	4♍26	11♓53	19♓22	26♓47	4♈07	11♈17	18♈17	25♈05	1♉41	8♉08	14♉26	20♉39	26♉49	2♊57	9♊08	15♊22	21♊43	28♊09	4♋44	11♋27	18♋17	25♋15	2♌19	9♌30	16♌46	24♌06	1♍32	9♍01	16♍33	24♓08	1♈42	/♀
/♂	29♎56	7♏34	15♏13	22♏48	0♐15	7♐33	14♐40	21♐34	28♐15	4♋46	11♋08	17♋24	23♋35	29♋46	5♌57	12♌12	18♌32	24♌58	1♍31	8♍12	14♍60	21♍55	28♍56	6♎03	13♎14	20♎31	27♎51	5♏15	12♏42	20♏10	27♏38	/♂
/⚳	1♍56	9♓31	17♓05	24♓35	1♈59	9♈12	16♈14	23♈03	29♈39	6♉05	12♉22	18♉32	24♉39	0♊43	6♊49	12♊58	19♊12	25♊32	1♋60	8♋34	15♋16	22♋05	28♋59	5♌59	13♌04	20♌14	27♌27	4♍44	12♍04	19♓25	26♓46	/⚳
/♃	2♍43	10♓12	17♓41	25♓07	2♈25	9♈34	16♈30	23♈14	29♈46	6♉06	12♉18	18♉23	24♉24	0♊24	6♊25	12♊29	18♊38	24♊53	1♋15	7♋44	14♋21	21♋04	27♋54	4♌49	11♌48	18♌52	26♌01	3♍12	10♓27	17♓43	24♓59	/♃
/♄	11♏59	19♏22	26♏45	4♐05	11♐17	18♐20	25♐11	1♑49	8♑15	14♑30	20♑37	26♋37	2♌33	8♌28	14♌23	20♌22	26♌26	2♍37	8♍54	15♍19	21♍51	28♍30	5♎15	12♎06	19♎02	26♎02	3♏06	10♏14	17♏25	24♏37	1♐50	/♄
/♅	4♒50	12♒13	19♒36	26♒55	4♓07	11♓10	18♓00	24♓38	1♈04	7♈18	13♈24	19♈23	25♈18	1♉12	7♉07	13♉05	19♉08	25♉17	1♊33	7♊57	14♊27	21♊05	27♊49	4♋38	11♑32	18♑30	25♑33	2♒39	9♒48	16♒58	24♒08	/♅
/♆	17♑05	24♑27	1♒49	9♒08	16♒19	23♒21	0♓11	6♓48	13♓13	19♓27	25♓32	1♈31	7♈26	13♈19	19♈13	25♈11	1♉13	7♉21	13♉37	20♉00	26♉31	3♐08	9♐51	16♐40	23♐33	0♑31	7♑33	14♑39	21♑47	28♑58	6♒07	/♆
/♇	19♐42	27♐04	4♑26	11♑45	18♑56	25♑57	2♒47	9♒24	15♒48	22♒02	28♒07	4♓06	10♓00	15♓53	21♓47	27♓45	3♈47	9♎55	16♎11	22♎34	29♎04	5♏41	12♏24	19♏13	26♏07	3♐05	10♐07	17♐13	24♐21	1♑31	8♑41	/♇
/☊	2♐57	10♐20	17♐42	24♐59	2♑08	9♑07	15♑55	22♑30	28♑53	5♒06	11♒12	17♒11	23♒07	29♒01	4♍56	10♍54	16♍55	23♍02	29♍14	5♎34	11♎60	18♎33	25♎13	1♏60	8♏52	15♏50	22♏53	29♏60	7♐09	14♐19	21♐27	/☊
☿/♀	6♋30	7♋03	7♋34	8♋05	8♋35	9♋05	9♋33	10♋00	10♋26	10♋51	11♋15	11♋37	11♋57	12♋16	12♋33	12♋49	13♋03	13♋15	13♋25	13♋33	13♋40	13♋45	13♋49	13♋52	13♋54	13♋56	13♋57	13♋58	13♋59	14♋01	14♋05	☿/♀
/♂	1♍60	2♍43	3♍25	4♍06	4♍44	5♍21	5♍56	6♍29	7♍00	7♍30	7♍57	8♍22	8♍44	9♍05	9♍23	9♍38	9♍52	10♍03	10♍12	10♍18	10♍23	10♍25	10♍26	10♍25	10♍23	10♍20	10♍16	10♍12	10♍07	10♍04	10♍01	/♂
/⚳	4♋01	4♋40	5♋18	5♋53	6♋28	6♋60	7♋30	7♋58	8♋25	8♋49	9♋10	9♋30	9♋47	10♋02	10♋15	10♋25	10♋32	10♋38	10♋40	10♋41	10♋39	10♋35	10♋29	10♋22	10♋13	10♋03	9♋52	9♋41	9♋30	9♋19	9♋08	/⚳
/♃	4♋47	5♋22	5♋54	6♋25	6♋54	7♋21	7♋46	8♋10	8♋31	8♋50	9♋07	9♋21	9♋33	9♋43	9♋50	9♋55	9♋58	9♋58	9♋55	9♋51	9♋44	9♋35	9♋24	9♋11	8♋57	8♋42	8♋26	8♋09	7♋53	7♋36	7♋21	/♃
/♄	14♍03	14♍31	14♍58	15♍23	15♍46	16♍08	16♍27	16♍45	17♍00	17♍14	17♍25	17♍35	17♍42	17♍46	17♍49	17♍49	17♍46	17♍42	17♍35	17♍25	17♍14	17♍01	16♍45	16♍29	16♍10	15♍51	15♍31	15♍11	14♍51	14♍31	14♍12	/♄
/♅	6♊54	7♊22	7♊49	8♊13	8♊36	8♊57	9♊17	9♊34	9♊49	10♊02	10♊13	10♊21	10♊27	10♊31	10♊32	10♊31	10♊28	10♊22	10♊14	10♊03	9♊50	9♊36	9♊19	9♊00	8♊41	8♊20	7♊58	7♊36	7♊14	6♊52	6♊31	/♅
/♆	19♉09	19♉36	20♉02	20♉26	20♉48	21♉09	21♉27	21♉44	21♉58	22♉11	22♉21	22♉29	22♉34	22♉38	22♉39	22♉37	22♉33	22♉27	22♉18	22♉07	21♉53	21♉38	21♉21	21♉02	20♉42	20♉21	19♉58	19♉36	19♉13	18♉51	18♉30	/♆
/♇	21♎46	22♎13	22♎39	23♎03	23♎25	23♎45	24♎03	24♎19	24♎34	24♎46	24♎56	25♎03	25♎09	25♎12	25♎13	25♎11	25♎07	25♎00	24♎51	24♎40	24♎27	24♎12	23♎54	23♎36	23♎15	22♎54	22♎32	22♎09	21♎47	21♎25	21♎04	/♇
/☊	5♎01	5♎29	5♎54	6♎17	6♎37	6♎55	7♎11	7♎25	7♎38	7♎50	8♎00	8♎09	8♎16	8♎20	8♎22	8♎20	8♎15	8♎07	7♎55	7♎40	7♎23	7♎04	6♎43	6♎22	6♎01	5♎39	5♎18	4♎56	4♎35	4♎12	3♎49	/☊
♀/♂	3♌12	3♌31	3♌53	4♌15	4♌38	5♌02	5♌28	5♌54	6♌21	6♌49	7♌19	7♌49	8♌19	8♌51	9♌23	9♌57	10♌31	11♌05	11♌41	12♌17	12♌53	13♌30	14♌08	14♌46	15♌25	16♌05	16♌45	17♌25	18♌06	18♌47	19♌29	♀/♂
/⚳	5♊12	5♊28	5♊45	6♊02	6♊21	6♊41	7♊01	7♊23	7♊45	8♊08	8♊32	8♊57	9♊23	9♊49	10♊16	10♊43	11♊11	11♊40	12♊09	12♊39	13♊09	13♊40	14♊11	14♊43	15♊15	15♊48	16♊21	16♊55	17♊28	18♊02	18♊37	/⚳
/♃	5♊59	6♊10	6♊21	6♊34	6♊48	7♊02	7♊18	7♊34	7♊51	8♊10	8♊28	8♊48	9♊08	9♊29	9♊51	10♊13	10♊36	11♊00	11♊24	11♊49	12♊14	12♊40	13♊06	13♊32	13♊59	14♊27	14♊55	15♊23	15♊51	16♊20	16♊50	/♃
/♄	15♌15	15♌19	15♌25	15♌32	15♌40	15♌49	15♌59	16♌09	16♌21	16♌34	16♌47	17♌02	17♌17	17♌33	17♌50	18♌07	18♌25	18♌44	19♌03	19♌24	19♌44	20♌06	20♌27	20♌50	21♌13	21♌36	22♌00	22♌25	22♌49	23♌15	23♌40	/♄
/♅	8♉05	8♉10	8♉16	8♉22	8♉30	8♉38	8♉48	8♉58	9♉10	9♉22	9♉34	9♉48	10♉02	10♉18	10♉33	10♉50	11♉07	11♉24	11♉43	12♉01	12♉21	12♉41	13♉01	13♉22	13♉43	14♉05	14♉27	14♉49	15♉12	15♉35	15♉59	/♅
/♆	20♈20	20♈24	20♈29	20♈35	20♈42	20♈50	20♈59	21♈08	21♈19	21♈31	21♈43	21♈56	22♈10	22♈24	22♈39	22♈55	23♈12	23♈29	23♈47	24♈05	24♈24	24♈43	25♈03	25♈23	25♈44	26♈06	26♈27	26♈49	27♈12	27♈35	27♈58	/♆
/♇	22♓58	23♓01	23♓06	23♓12	23♓18	23♓26	23♓35	23♓44	23♓54	24♓06	24♓18	24♓30	24♓44	24♓58	25♓13	25♓29	25♓46	26♓03	26♓20	26♓39	26♓57	27♓17	27♓36	27♓57	28♓18	28♓39	29♓01	29♓23	29♓46	0♈09	0♈32	/♇
/☊	6♍13	6♍17	6♍21	6♍26	6♍31	6♍36	6♍42	6♍50	6♍59	7♍10	7♍22	7♍36	7♍51	8♍06	8♍22	8♍38	8♍54	9♍09	9♍24	9♍38	9♍53	10♍09	10♍25	10♍43	11♍03	11♍24	11♍47	12♍10	12♍33	12♍56	13♍18	/☊
♂/⚳	0♌42	1♌09	1♌36	2♌03	2♌30	2♌57	3♌25	3♌52	4♌19	4♌47	5♌14	5♌42	6♌09	6♌37	7♌05	7♌33	8♌00	8♌28	8♌56	9♌24	9♌52	10♌20	10♌48	11♌16	11♌44	12♌12	12♌40	13♌09	13♌37	14♌05	14♌33	♂/⚳
/♃	1♌28	1♌50	2♌12	2♌34	2♌57	3♌19	3♌41	4♌03	4♌26	4♌48	5♌10	5♌33	5♌55	6♌18	6♌40	7♌03	7♌26	7♌48	8♌11	8♌34	8♌57	9♌19	9♌42	10♌05	10♌28	10♌51	11♌14	11♌37	11♌60	12♌23	12♌46	/♃
/♄	10♎44	11♎00	11♎16	11♎32	11♎49	12♎05	12♎22	12♎38	12♎55	13♎12	13♎29	13♎46	14♎04	14♎21	14♎39	14♎57	15♎14	15♎32	15♎50	16♎09	16♎27	16♎45	17♎04	17♎23	17♎41	18♎00	18♎19	18♎38	18♎58	19♎17	19♎36	/♄
/♅	3♋35	3♋51	4♋07	4♋23	4♋39	4♋55	5♋11	5♋27	5♋44	5♋60	6♋16	6♋33	6♋49	7♋06	7♋23	7♋39	7♋56	8♋13	8♋30	8♑47	9♑03	9♑20	9♑37	9♑55	10♑12	10♑29	10♑46	11♑03	11♑21	11♑38	11♑55	/♅
/♆	15♐50	16♐05	16♐20	16♐35	16♐51	17♐06	17♐22	17♐37	17♐53	18♐09	18♐25	18♐41	18♐57	19♐13	19♐29	19♐45	20♐01	20♐17	20♐34	20♐50	21♐06	21♐23	21♐40	21♐56	22♐13	22♐30	22♐47	23♐03	23♐20	23♐37	23♐54	/♆
/♇	18♏27	18♏42	18♏57	19♏12	19♏27	19♏42	19♏58	20♏13	20♏28	20♏44	20♏60	21♏15	21♏31	21♏47	22♏03	22♏19	22♏35	22♏51	23♏07	23♏24	23♏40	23♏56	24♏13	24♏30	24♏46	25♏03	25♏20	25♏37	25♏54	26♏11	26♏28	/♇
/☊	1♏42	1♏58	2♏13	2♏26	2♏40	2♏53	3♏06	3♏19	3♏33	3♏48	4♏04	4♏21	4♏38	4♏55	5♏12	5♏28	5♏43	5♏57	6♏11	6♏23	6♏36	6♏48	7♏02	7♏16	7♏32	7♏49	8♏06	8♏24	8♏42	8♏58	9♏14	/☊
⚳/♃	3♊29	3♊47	4♊04	4♊22	4♊40	4♊57	5♊15	5♊32	5♊50	6♊07	6♊24	6♊41	6♊58	7♊16	7♊32	7♊49	8♊06	8♊23	8♊40	8♊56	9♊13	9♊29	9♊46	10♊02	10♊18	10♊34	10♊50	11♊06	11♊22	11♊38	11♊53	⚳/♃
/♄	12♌45	12♌57	13♌08	13♌20	13♌32	13♌44	13♌55	14♌07	14♌19	14♌31	14♌43	14♌55	15♌07	15♌19	15♌31	15♌43	15♌55	16♌07	16♌19	16♌31	16♌43	16♌55	17♌07	17♌19	17♌32	17♌44	17♌56	18♌08	18♌20	18♌32	18♌44	/♄
/♅	5♉35	5♉47	5♉59	6♉10	6♉22	6♉33	6♉45	6♉56	7♉08	7♉19	7♉30	7♉41	7♉53	8♉04	8♉15	8♉26	8♉37	8♉47	8♉58	9♉09	9♉20	9♉30	9♉41	9♉51	10♉02	10♉12	10♉22	10♉33	10♉43	10♉53	11♉03	/♅
/♆	17♈50	18♈01	18♈12	18♈23	18♈34	18♈45	18♈56	19♈06	19♈17	19♈28	19♈39	19♈49	19♈60	20♈10	20♈21	20♈31	20♈42	20♈52	21♈02	21♈12	21♈23	21♈33	21♈43	21♈53	22♈03	22♈13	22♈23	22♈33	22♈43	22♈52	23♈02	/♆
/♇	20♓28	20♓39	20♓49	20♓60	21♓10	21♓21	21♓32	21♓42	21♓52	22♓03	22♓13	22♓24	22♓34	22♓45	22♓55	23♓05	23♓15	23♓26	23♓36	23♓46	23♓56	24♓06	24♓16	24♓26	24♓36	24♓46	24♓56	25♓06	25♓16	25♓26	25♓36	/♇
/☊	3♓43	3♓54	4♓05	4♓14	4♓23	4♍31	4♍39	4♍48	4♍57	5♍07	5♍18	5♍29	5♍41	5♍53	6♍04	6♍14	6♍24	6♍32	6♍39	6♍46	6♍52	6♍58	7♍05	7♍13	7♍22	7♍32	7♍43	7♍53	8♍04	8♍13	8♍22	/☊
♃/♄	13♌32	13♌38	13♌45	13♌52	13♌58	14♌05	14♌12	14♌19	14♌25	14♌32	14♌39	14♌46	14♌53	14♌60	15♌06	15♌13	15♌20	15♌27	15♌34	15♌41	15♌48	15♌55	16♌02	16♌09	16♌15	16♌22	16♌29	16♌36	16♌43	16♌50	16♌57	♃/♄
/♅	6♉22	6♉29	6♉35	6♉42	6♉49	6♉55	7♉01	7♉08	7♉14	7♉20	7♉26	7♉32	7♉38	7♉44	7♉50	7♉56	8♉02	8♉08	8♉13	8♉19	8♉24	8♉30	8♉35	8♉40	8♉46	8♉51	8♉56	9♉01	9♉06	9♉11	9♉15	/♅
/♆	18♈37	18♈43	18♈49	18♈55	19♈01	19♈06	19♈12	19♈18	19♈23	19♈29	19♈35	19♈40	19♈46	19♈51	19♈56	20♈02	20♈07	20♈12	20♈17	20♈22	20♈27	20♈32	20♈37	20♈42	20♈47	20♈52	20♈56	21♈01	21♈06	21♈10	21♈15	/♆
/♇	21♓15	21♓20	21♓26	21♓31	21♓37	21♓42	21♓48	21♓53	21♓59	22♓04	22♓09	22♓15	22♓20	22♓25	22♓30	22♓36	22♓41	22♓46	22♓51	22♓56	23♓01	23♓06	23♓11	23♓16	23♓20	23♓25	23♓30	23♓35	23♓39	23♓44	23♓48	/♇
/☊	4♓30	4♓36	4♓41	4♍46	4♍49	4♍53	4♍56	4♍59	5♍03	5♍08	5♍14	5♍20	5♍27	5♍33	5♍39	5♍45	5♍49	5♍52	5♍54	5♍56	5♍57	5♍58	5♍59	6♍02	6♍06	6♍11	6♍16	6♍22	6♍27	6♍31	6♍34	/☊
♄/♅	15♑38	15♑39	15♑39	15♑40	15♑41	15♑41	15♑42	15♑43	15♑44	15♑44	15♑45	15♑46	15♑47	15♑48	15♑49	15♑50	15♑51	15♑52	15♑53	15♑54	15♑55	15♑56	15♑57	15♑58	15♑59	16♑00	16♑01	16♑03	16♑04	16♑05	16♑06	♄/♅
/♆	27♐53	27♐53	27♐53	27♐53	27♐53	27♐53	27♐53	27♐53	27♐53	27♐53	27♐53	27♐54	27♐54	27♐54	27♐55	27♐55	27♐56	27♐56	27♐57	27♐57	27♐58	27♐58	27♐59	27♐60	28♐00	28♐01	28♐02	28♐03	28♐04	28♐05	28♐05	/♆
/♇	0♐31	0♐30	0♐30	0♐29	0♐29	0♐29	0♐29	0♐28	0♐28	0♐28	0♐28	0♐28	0♐28	0♐29	0♐29	0♐29	0♐29	0♐30	0♐30	0♐31	0♐31	0♐32	0♐32	0♐33	0♐34	0♐35	0♐35	0♐36	0♐37	0♐38	0♐39	/♇
/☊	13♏46	13♏46	13♏45	13♏44	13♏42	13♏39	13♏36	13♏34	13♏33	13♏32	13♏33	13♏34	13♏35	13♏37	13♏38	13♏38	13♏38	13♏36	13♏34	13♏31	13♏27	13♏24	13♏21	13♏20	13♏19	13♏20	13♏22	13♏23	13♏25	13♏26	13♏25	/☊
♅/♆	20♓44	20♓43	20♓43	20♓43	20♓43	20♓43	20♓42	20♓42	20♓42	20♓41	20♓41	20♓40	20♓40	20♓39	20♓38	20♓38	20♓37	20♓36	20♓36	20♓35	20♓34	20♓33	20♓32	20♓31	20♓31	20♓30	20♓29	20♓28	20♓26	20♓25	20♓24	♅/♆
/♇	23♒21	23♒21	23♒20	23♒20	23♒19	23♒19	23♒18	23♒17	23♒17	23♒16	23♒15	23♒15	23♒14	23♒13	23♒13	23♒12	23♒11	23♒10	23♒09	23♒08	23♒08	23♒07	23♒06	23♒05	23♒04	23♒03	23♒02	23♒01	23♒00	22♒59	22♒58	/♇
/☊	6♒36	6♒36	6♒36	6♒34	6♒32	6♒29	6♒26	6♒23	6♒21	6♒20	6♒20	6♒20	6♒21	6♒21	6♒22	6♒21	6♒19	6♒17	6♒13	6♒08	6♒03	5♒59	5♒55	5♒51	5♒49	5♒48	5♒48	5♒48	5♒48	5♒46	5♒44	/☊
♆/♇	5♒36	5♒35	5♒34	5♒32	5♒31	5♒30	5♒29	5♒28	5♒26	5♒25	5♒24	5♒22	5♒21	5♒20	5♒19	5♒17	5♒16	5♒15	5♒13	5♒12	5♒11	5♒09	5♒08	5♒07	5♒05	5♒04	5♒03	5♒01	4♒60	4♒59	4♒57	♆/♇
/☊	18♑51	18♑50	18♑49	18♑47	18♑44	18♑40	18♑37	18♑33	18♑31	18♑29	18♑28	18♑28	18♑28	18♑28	18♑28	18♑27	18♑24	18♑21	18♑17	18♑12	18♑07	18♑01	17♑57	17♑53	17♑51	17♑49	17♑49	17♑48	17♑48	17♑46	17♑43	/☊
♇/☊	21♐29	21♐28	21♐26	21♐23	21♐20	21♐16	21♐12	21♐09	21♐06	21♐04	21♐03	21♐02	21♐02	21♐02	21♐02	21♐00	20♐58	20♐55	20♐51	20♐45	20♐40	20♐35	20♐30	20♐27	20♐24	20♐23	20♐22	20♐22	20♐21	20♐20	20♐17	♇/☊

July 2012

August 2012

	1	2	3	4	5	6	7	8	9	10	11	12	13	14	15	16	17	18	19	20	21	22	23	24	25	26	27	28	29	30	31	
☉/☽	1♏39	9♏10	16♉34	23♉49	0♊53	7♊46	14♊29	21♊03	27♊31	3♋55	10♋18	16♋43	23♋11	29♋46	6♌29	13♌21	20♌23	27♌34	4♍53	12♍18	19♍48	27♍20	4♎53	12♎26	19♎58	27♎29	4♏59	12♏27	19♏51	27♏11	4♐24	☉/☽
/☿	6♌33	6♌44	6♌57	7♌12	7♌29	7♌49	8♌12	8♌39	9♌08	9♌41	10♌18	10♌58	11♌41	12♌28	13♌19	14♌13	15♌10	16♌11	17♌14	18♌21	19♌30	20♌42	21♌57	23♌14	24♌33	25♌53	27♌15	28♌39	0♍04	1♍29	2♍56	/☿
/♀	16♋46	17♋39	18♋33	19♋27	20♋22	21♋17	22♋12	23♋07	24♋03	24♋59	25♋55	26♋52	27♋49	28♋46	29♋43	0♌41	1♌39	2♌37	3♌35	4♌33	5♌32	6♌31	7♌30	8♌29	9♌29	10♌28	11♌28	12♌28	13♌28	14♌28	15♌29	/♀
/♂	12♍35	13♍22	14♍08	14♍55	15♍42	16♍29	17♍16	18♍03	18♍50	19♍37	20♍24	21♍11	21♍59	22♍46	23♍34	24♍21	25♍09	25♍57	26♍44	27♍32	28♍20	29♍08	29♍56	0♎44	1♎32	2♎20	3♎09	3♎57	4♎45	5♎34	6♎22	/♂
/⚳	11♋36	12♋15	12♋54	13♋33	14♋11	14♋50	15♋29	16♋08	16♋47	17♋26	18♋04	18♋43	19♋22	20♋00	20♋39	21♋17	21♋55	22♋34	23♋12	23♋50	24♋29	25♋07	25♋45	26♋23	27♋01	27♋39	28♋17	28♋54	29♋32	0♌10	0♌47	/⚳
/♃	9♋43	10♋17	10♋50	11♋24	11♋58	12♋31	13♋05	13♋38	14♋12	14♋45	15♋19	15♋52	16♋25	16♋58	17♋32	18♋05	18♋38	19♋11	19♋44	20♋17	20♋49	21♋22	21♋55	22♋28	23♋00	23♋33	24♋05	24♋38	25♋10	25♋42	26♋14	/♃
/♄	16♍30	17♍01	17♍31	18♍02	18♍32	19♍03	19♍34	20♍04	20♍35	21♍06	21♍37	22♍08	22♍39	23♍10	23♍41	24♍12	24♍43	25♍14	25♍46	26♍17	26♍48	27♍20	27♍51	28♍23	28♍54	29♍26	29♍58	0♎29	1♎01	1♎33	2♎04	/♄
/♅	8♊47	9♊15	9♊43	10♊11	10♊40	11♊08	11♊36	12♊04	12♊32	13♊01	13♊29	13♊57	14♊25	14♊53	15♊21	15♊49	16♊17	16♊45	17♊13	17♊42	18♊10	18♊38	19♊06	19♊34	20♊02	20♊30	20♊58	21♊26	21♊54	22♊22	22♊50	/♅
/♆	20♉46	21♉14	21♉42	22♉10	22♉37	23♉05	23♉33	24♉01	24♉29	24♉57	25♉25	25♉53	26♉21	26♉49	27♉17	27♉45	28♉13	28♉41	29♉10	29♉38	0♊06	0♊34	1♊02	1♊30	1♐58	2♐26	2♐54	3♐22	3♐51	4♐19	4♐47	/♆
/♇	23♎20	23♎48	24♎16	24♎44	25♎12	25♎40	26♎08	26♎36	27♎05	27♎33	28♎01	28♎29	28♎58	29♎26	29♎54	0♏23	0♏51	1♏20	1♏48	2♏16	2♏45	3♏13	3♏42	4♏11	4♏39	5♏08	5♏36	6♏05	6♏34	7♏02	7♏31	/♇
/☊	6♎03	6♎27	6♎50	7♎13	7♎37	8♎02	8♎27	8♎54	9♎22	9♎51	10♎20	10♎48	11♎16	11♎42	12♎08	12♎32	12♎55	13♎18	13♎40	14♎04	14♎29	14♎55	15♎23	15♎51	16♎20	16♎49	17♎17	17♎43	18♎08	18♎32	18♎55	/☊
☽/☿	29♎02	5♉47	12♉27	18♉59	25♉23	1♊38	7♊47	13♊50	19♊50	25♊50	1♋52	7♋59	14♋13	20♋38	27♋13	4♌02	11♌03	18♌17	25♌42	3♍16	10♍57	18♍43	26♍33	4♎25	12♎18	20♎12	28♎07	6♏00	13♏51	21♏39	29♉20	☽/☿
/♀	9♈15	16♈43	24♈03	1♉15	8♉15	15♉06	21♉47	28♉19	4♊45	11♊08	17♊29	23♊53	0♋21	6♋55	13♋38	20♋30	27♋32	4♌43	12♌03	19♌28	26♌59	4♍32	12♍06	19♍40	27♍14	4♎47	12♎19	19♎49	27♈15	4♉37	11♉53	/♀
/♂	5♐04	12♐25	19♐39	26♐42	3♑36	10♑18	16♑51	23♋14	29♋32	5♌46	11♌58	18♌12	24♌31	0♍55	7♍28	14♍10	21♍02	28♍03	5♎12	12♎27	19♎47	27♎09	4♏32	11♏55	19♏18	26♏40	3♐60	11♐18	18♐33	25♐43	2♑47	/♂
/⚳	4♈05	11♈18	18♈24	25♈20	2♉05	8♉40	15♉04	21♉20	27♉29	3♊34	9♊38	15♊44	21♊53	28♊09	4♋33	11♋06	17♋49	24♋40	1♌40	8♌45	15♌55	23♌08	0♍21	7♍34	14♍47	21♍58	29♓08	6♈15	13♈20	20♈19	27♈12	/⚳
/♃	2♈12	9♈20	16♈20	23♈11	29♈51	6♉21	12♉40	18♉50	24♉54	0♊54	6♊53	12♊53	18♊57	25♊08	1♋26	7♋54	14♋31	21♋17	28♋11	5♌12	12♌16	19♌23	26♌31	3♍39	10♍46	17♓52	24♓56	1♈59	8♈57	15♈51	22♈39	/♃
/♄	8♐59	16♐04	23♐01	29♐49	6♑26	12♑52	19♑08	25♋16	1♌17	7♌15	13♌11	19♌09	25♌11	1♍19	7♍35	14♍01	20♍37	27♍21	4♎13	11♎12	18♎15	25♎21	2♏27	9♏34	16♏40	23♏45	0♐49	7♐50	14♐48	21♐42	28♐29	/♄
/♅	1♓16	8♓19	15♓13	21♓59	28♓33	4♈57	11♈11	17♈16	23♈15	29♈09	5♉03	10♉58	16♉57	23♉02	29♉16	5♊38	12♊11	18♊52	25♊41	2♋37	9♑36	16♑38	23♑42	0♒45	7♒48	14♒49	21♒49	28♒47	5♓41	12♓31	19♓14	/♅
/♆	13♒15	20♒17	27♒12	3♓57	10♓31	16♓55	23♓08	29♓13	5♈12	11♈06	16♈59	22♈54	28♈53	4♉59	11♉12	17♉35	24♉07	0♊48	7♐37	14♐33	21♐32	28♐35	5♑38	12♑41	19♑44	26♑45	3♒46	10♒43	17♒38	24♒28	1♓12	/♆
/♇	15♑49	22♑51	29♑46	6♒31	13♒06	19♒29	25♒43	1♓48	7♓47	13♓42	19♓35	25♓30	1♈30	7♎35	13♎49	20♎12	26♎44	3♏26	10♏16	17♏12	24♏12	1♐14	8♐18	15♐22	22♐25	29♐27	6♑28	13♑26	20♑21	27♑11	3♒56	/♇
/☊	28♐32	5♑30	12♑20	19♑01	25♑31	1♒51	8♒02	14♒06	20♒04	25♒59	1♓54	7♍49	13♍48	19♍52	26♍02	2♎21	8♎48	15♎24	22♎08	28♎59	5♏56	12♏56	19♏59	27♏02	4♐06	11♐08	18♐08	25♐04	1♑55	8♑41	15♑19	/☊
☿/♀	14♋10	14♋16	14♋25	14♋37	14♋52	15♋09	15♋30	15♋54	16♋22	16♋54	17♋29	18♋08	18♋51	19♋37	20♋28	21♋21	22♋19	23♋20	24♋24	25♋31	26♋41	27♋54	29♋10	0♌28	1♌49	3♌11	4♌35	6♌01	7♌28	8♌56	10♌24	☿/♀
/♂	9♍59	9♍59	10♍01	10♍05	10♍12	10♍21	10♍34	10♍50	11♍09	11♍32	11♍58	12♍28	13♍01	13♍38	14♍18	15♍02	15♍49	16♍40	17♍33	18♍30	19♍29	20♍32	21♍36	22♍43	23♍52	25♍03	26♍16	27♍30	28♍45	0♎01	1♎18	/♂
/⚳	8♋59	8♋52	8♋46	8♋42	8♋41	8♋43	8♋48	8♋55	9♋06	9♋20	9♋38	9♋59	10♋24	10♋52	11♋23	11♋58	12♋36	13♋17	14♋01	14♋48	15♋38	16♋30	17♋25	18♋22	19♋21	20♋22	21♋24	22♋27	23♋32	24♋37	25♋43	/⚳
/♃	7♋07	6♋54	6♋43	6♋34	6♋28	6♋24	6♋23	6♋26	6♋31	6♋40	6♋52	7♋08	7♋27	7♋50	8♋16	8♋45	9♋18	9♋54	10♋33	11♋14	11♋59	12♋46	13♋35	14♋27	15♋20	16♋16	17♋13	18♋11	19♋10	20♋10	21♋10	/♃
/♄	13♍54	13♍38	13♍24	13♍12	13♍02	12♍56	12♍52	12♍52	12♍54	13♍01	13♍11	13♍24	13♍41	14♍01	14♍25	14♍53	15♍23	15♍57	16♍35	17♍15	17♍58	18♍43	19♍32	20♍22	21♍15	22♍09	23♍05	24♍02	25♍01	26♍00	27♍00	/♄
/♅	6♊11	5♊52	5♊36	5♊21	5♊10	5♊01	4♊54	4♊51	4♊52	4♊55	5♊02	5♊13	5♊27	5♊45	6♊06	6♊30	6♊58	7♊28	8♊02	8♊39	9♊19	10♊01	10♊46	11♊33	12♊22	13♊13	14♊05	14♊59	15♊54	16♊49	17♊46	/♅
/♆	18♉10	17♉51	17♉34	17♉19	17♉07	16♉58	16♉52	16♉49	16♉49	16♉52	16♉59	17♉10	17♉23	17♉41	18♉02	18♉26	18♉54	19♉24	19♉58	20♉35	21♉15	21♉57	22♉42	23♉29	24♉18	25♉09	26♉02	26♉55	27♉50	28♉46	29♉43	/♆
/♇	20♎43	20♎25	20♎08	19♎54	19♎42	19♎33	19♎27	19♎24	19♎24	19♎28	19♎35	19♎46	19♎60	20♎18	20♎39	21♎03	21♎31	22♎03	22♎37	23♎14	23♎54	24♎37	25♎22	26♎10	26♎59	27♎51	28♎44	29♎38	0♏33	1♏30	2♏27	/♇
/☊	3♎27	3♎04	2♎43	2♎23	2♎07	1♎54	1♎46	1♎41	1♎41	1♎45	1♎53	2♎04	2♎18	2♎34	2♎52	3♎12	3♎35	4♎01	4♎29	5♎02	5♎38	6♎19	7♎03	7♎51	8♎40	9♎32	10♎24	11♎16	12♎08	12♎59	13♎51	/☊
♀/♂	20♌11	20♌54	21♌37	22♌21	23♌05	23♌49	24♌33	25♌18	26♌04	26♌49	27♌35	28♌22	29♌08	29♌55	0♍42	1♍30	2♍18	3♍06	3♍54	4♍42	5♍31	6♍20	7♍09	7♍59	8♍48	9♍38	10♍28	11♍19	12♍09	13♍00	13♍51	♀/♂
/⚳	19♊12	19♊47	20♊22	20♊58	21♊34	22♊10	22♊47	23♊24	24♊01	24♊38	25♊16	25♊53	26♊31	27♊09	27♊47	28♊26	29♊04	29♊43	0♋22	1♋01	1♋40	2♋19	2♋58	3♋38	4♋17	4♋57	5♋36	6♋16	6♋56	7♋36	8♋16	/⚳
/♃	17♊19	17♊49	18♊19	18♊50	19♊20	19♊51	20♊23	20♊54	21♊26	21♊58	22♊30	23♊02	23♊35	24♊07	24♊40	25♊13	25♊47	26♊20	26♊53	27♊27	28♊01	28♊34	29♊08	29♊42	0♋16	0♋51	1♋25	1♋59	2♋34	3♋08	3♋43	/♃
/♄	24♌06	24♌33	24♌60	25♌27	25♌55	26♌23	26♌51	27♌20	27♌49	28♌18	28♌48	29♌18	29♌48	0♍19	0♍50	1♍21	1♍52	2♍24	2♍55	3♍27	3♍60	4♍32	5♍05	5♍38	6♍11	6♍44	7♍17	7♍51	8♍25	8♍59	9♍33	/♄
/♅	16♉23	16♉47	17♉12	17♉37	18♉02	18♉28	18♉54	19♉20	19♉46	20♉13	20♉40	21♉07	21♉34	22♉02	22♉30	22♉58	23♉26	23♉54	24♉23	24♉52	25♉21	25♉50	26♉19	26♉48	27♉18	27♉48	28♉18	28♉48	29♉18	29♉48	0♊18	/♅
/♆	28♈22	28♈46	29♈10	29♈35	0♉00	0♉26	0♉51	1♉17	1♉43	2♉10	2♉37	3♉04	3♉31	3♉58	4♉26	4♉54	5♉22	5♉51	6♉19	6♉48	7♉17	7♉46	8♉15	8♉45	9♉14	9♉44	10♉14	10♉44	11♉15	11♉45	12♉16	/♆
/♇	0♈56	1♈20	1♈45	2♈09	2♈35	3♈00	3♈26	3♈52	4♈19	4♈45	5♈12	5♈40	6♈07	6♈35	7♈03	7♎31	7♎60	8♎29	8♎58	9♎27	9♎56	10♎26	10♎55	11♎25	11♎55	12♎26	12♎56	13♎27	13♎58	14♎29	14♎60	/♇
/☊	13♍39	13♍59	14♍19	14♍39	14♍60	15♍22	15♍45	16♍10	16♍36	17♍03	17♍31	17♍58	18♍25	18♍51	19♍16	19♍40	20♍04	20♍27	20♍50	21♍14	21♍40	22♍07	22♍36	23♍06	23♍36	24♍07	24♍36	25♍05	25♍32	25♍58	26♍23	/☊
♂/⚳	15♌01	15♌30	15♌58	16♌26	16♌54	17♌23	17♌51	18♌19	18♌48	19♌16	19♌44	20♌13	20♌41	21♌09	21♌38	22♌06	22♌34	23♌03	23♌31	23♌59	24♌28	24♌56	25♌24	25♌53	26♌21	26♌49	27♌17	27♌45	28♌14	28♌42	29♌10	♂/⚳
/♃	13♌09	13♌32	13♌55	14♌18	14♌41	15♌04	15♌27	15♌50	16♌13	16♌36	16♌59	17♌22	17♌45	18♌08	18♌31	18♌54	19♌17	19♌40	20♌03	20♌26	20♌49	21♌12	21♌34	21♌57	22♌20	22♌43	23♌06	23♌29	23♌51	24♌14	24♌37	/♃
/♄	19♎56	20♎16	20♎35	20♎55	21♎15	21♎35	21♎55	22♎16	22♎36	22♎56	23♎17	23♎38	23♎58	24♎19	24♎40	25♎01	25♎22	25♎43	26♎05	26♎26	26♎48	27♎09	27♎31	27♎52	28♎14	28♎36	28♎58	29♎20	29♎42	0♏05	0♏27	/♄
/♅	12♑13	12♑30	12♑48	13♑05	13♑23	13♑40	13♑58	14♑15	14♑33	14♑51	15♑09	15♑27	15♑44	16♑02	16♑20	16♑38	16♑56	17♑14	17♑32	17♑51	18♑09	18♑27	18♑45	19♑03	19♑22	19♑40	19♑58	20♑17	20♑35	20♑54	21♑12	/♅
/♆	24♐11	24♐29	24♐46	25♐03	25♐20	25♐38	25♐55	26♐13	26♐30	26♐48	27♐05	27♐23	27♐41	27♐59	28♐17	28♐34	28♐52	29♐10	29♐28	29♐47	0♑05	0♑23	0♑41	0♑60	1♑18	1♑36	1♑55	2♑13	2♑32	2♑51	3♑09	/♆
/♇	26♏45	27♏03	27♏20	27♏37	27♏55	28♏12	28♏30	28♏48	29♏05	29♏23	29♏41	29♏59	0♐17	0♐35	0♐54	1♐12	1♐30	1♐48	2♐07	2♐25	2♐44	3♐03	3♐21	3♐40	3♐59	4♐18	4♐37	4♐56	5♐15	5♐34	5♐53	/♇
/☊	9♏28	9♏42	9♏54	10♏07	10♏20	10♏34	10♏49	11♏05	11♏23	11♏41	11♏60	12♏18	12♏35	12♏52	13♏07	13♏21	13♏34	13♏46	13♏59	14♏13	14♏28	14♏44	15♏02	15♏21	15♏40	15♏59	16♏17	16♏34	16♏49	17♏04	17♏17	/☊
⚳/♃	12♊09	12♊24	12♊40	12♊55	13♊10	13♊25	13♊40	13♊55	14♊10	14♊24	14♊39	14♊53	15♊07	15♊22	15♊36	15♊50	16♊03	16♊17	16♊31	16♊44	16♊57	17♊10	17♊23	17♊36	17♊49	18♊01	18♊14	18♊26	18♊38	18♊50	19♊02	⚳/♃
/♄	18♌56	19♌08	19♌21	19♌33	19♌45	19♌57	20♌09	20♌21	20♌33	20♌45	20♌57	21♌09	21♌21	21♌33	21♌45	21♌57	22♌09	22♌21	22♌33	22♌44	22♌56	23♌08	23♌20	23♌31	23♌43	23♌55	24♌06	24♌18	24♌29	24♌41	24♌52	/♄
/♅	11♉13	11♉23	11♉33	11♉42	11♉52	12♉02	12♉11	12♉21	12♉30	12♉40	12♉49	12♉58	13♉07	13♉16	13♉25	13♉34	13♉43	13♉52	14♉00	14♉09	14♉17	14♉26	14♉34	14♉42	14♉50	14♉58	15♉06	15♉14	15♉22	15♉30	15♉37	/♅
/♆	23♈12	23♈21	23♈31	23♈40	23♈50	23♈59	24♈09	24♈18	24♈27	24♈36	24♈46	24♈55	25♈04	25♈13	25♈21	25♈30	25♈39	25♈48	25♈56	26♈05	26♈13	26♈22	26♈30	26♈38	26♈47	26♈55	27♈03	27♈11	27♈19	27♈27	27♈34	/♆
/♇	25♓46	25♓55	26♓05	26♓15	26♓24	26♓34	26♓44	26♓53	27♓03	27♓12	27♓21	27♓31	27♓40	27♓49	27♓58	28♓08	28♓17	28♓26	28♓35	28♓44	28♓53	29♓02	29♓10	29♓19	29♓28	29♓36	29♓45	29♓53	0♈02	0♈10	0♈19	/♇
/☊	8♍29	8♍35	8♍40	8♍44	8♍50	8♍56	9♍03	9♍11	9♍20	9♍30	9♍40	9♍49	9♍58	10♍06	10♍12	10♍17	10♍20	10♍24	10♍27	10♍31	10♍37	10♍43	10♍51	10♍60	11♍09	11♍17	11♍25	11♍31	11♍36	11♍40	11♍42	/☊
♃/♄	17♌04	17♌10	17♌17	17♌24	17♌31	17♌38	17♌44	17♌51	17♌58	18♌05	18♌11	18♌18	18♌25	18♌31	18♌38	18♌45	18♌51	18♌58	19♌04	19♌11	19♌17	19♌23	19♌30	19♌36	19♌42	19♌49	19♌55	20♌01	20♌07	20♌13	20♌19	♃/♄
/♅	9♉20	9♉25	9♉29	9♉34	9♉38	9♉43	9♉47	9♉51	9♉55	9♉59	10♉03	10♉07	10♉11	10♉15	10♉18	10♉22	10♉25	10♉29	10♉32	10♉35	10♉38	10♉41	10♉44	10♉47	10♉50	10♉52	10♉55	10♉57	10♉60	11♉02	11♉04	/♅
/♆	21♈19	21♈23	21♈28	21♈32	21♈36	21♈40	21♈44	21♈48	21♈52	21♈56	21♈60	22♈04	22♈07	22♈11	22♈14	22♈18	22♈21	22♈25	22♈28	22♈31	22♈34	22♈37	22♈40	22♈43	22♈46	22♈49	22♈51	22♈54	22♈57	22♈59	23♈01	/♆
/♇	23♓53	23♓57	24♓02	24♓06	24♓11	24♓15	24♓19	24♓23	24♓28	24♓32	24♓36	24♓40	24♓44	24♓48	24♓51	24♓55	24♓59	25♓03	25♓06	25♓10	25♓14	25♓17	25♓20	25♓24	25♓27	25♓30	25♓34	25♓37	25♓40	25♓43	25♓46	/♇
/☊	6♍36	6♍37	6♍36	6♍36	6♍36	6♍36	6♍38	6♍41	6♍45	6♍49	6♍54	6♍58	7♍02	7♍04	7♍05	7♍04	7♍03	7♍01	6♍59	6♍58	6♍57	6♍59	7♍01	7♍05	7♍08	7♍11	7♍14	7♍15	7♍14	7♍12	7♍09	/☊
♄/♅	16♑08	16♑09	16♑10	16♑12	16♑13	16♑14	16♑16	16♑17	16♑19	16♑20	16♑21	16♑23	16♑24	16♑26	16♑28	16♑29	16♑31	16♑32	16♑34	16♑35	16♑37	16♑39	16♑40	16♑42	16♑44	16♑46	16♑47	16♑49	16♑51	16♑53	16♑54	♄/♅
/♆	28♐06	28♐07	28♐09	28♐10	28♐11	28♐12	28♐13	28♐14	28♐16	28♐17	28♐18	28♐19	28♐21	28♐22	28♐24	28♐25	28♐27	28♐28	28♐30	28♐32	28♐33	28♐35	28♐37	28♐38	28♐40	28♐42	28♐44	28♐46	28♐48	28♐50	28♐52	/♆
/♇	0♐40	0♐41	0♐43	0♐44	0♐45	0♐47	0♐48	0♐49	0♐51	0♐52	0♐54	0♐56	0♐57	0♐59	1♐01	1♐03	1♐04	1♐06	1♐08	1♐10	1♐12	1♐15	1♐17	1♐19	1♐21	1♐24	1♐26	1♐28	1♐31	1♐33	1♐36	/♇
/☊	13♏23	13♏21	13♏17	13♏14	13♏10	13♏08	13♏07	13♏07	13♏08	13♏10	13♏12	13♏14	13♏15	13♏15	13♏14	13♏12	13♏08	13♏04	13♏01	12♏58	12♏56	12♏56	12♏58	12♏60	13♏02	13♏05	13♏06	13♏06	13♏05	13♏03	12♏59	/☊
♅/♆	20♓23	20♓22	20♓21	20♓19	20♓18	20♓17	20♓16	20♓14	20♓13	20♓11	20♓10	20♓08	20♓07	20♓05	20♓04	20♓02	20♓01	19♓59	19♓58	19♓56	19♓54	19♓53	19♓51	19♓49	19♓48	19♓46	19♓44	19♓42	19♓41	19♓39	19♓37	♅/♆
/♇	22♒57	22♒56	22♒55	22♒54	22♒53	22♒51	22♒50	22♒49	22♒48	22♒47	22♒46	22♒45	22♒43	22♒42	22♒41	22♒40	22♒39	22♒37	22♒36	22♒35	22♒34	22♒32	22♒31	22♒30	22♒29	22♒27	22♒26	22♒25	22♒24	22♒22	22♒21	/♇
/☊	5♒40	5♒35	5♒29	5♒23	5♒18	5♒13	5♒09	5♒07	5♒05	5♒05	5♒04	5♒03	5♒02	4♒59	4♒54	4♒49	4♒42	4♒35	4♒29	4♒22	4♒18	4♒14	4♒12	4♒11	4♒10	4♒08	4♒06	4♒03	3♒58	3♒52	3♒45	/☊
♆/♇	4♒56	4♒54	4♒53	4♒52	4♒50	4♒49	4♒48	4♒46	4♒45	4♒44	4♒42	4♒41	4♒40	4♒39	4♒37	4♒36	4♒35	4♒33	4♒32	4♒31	4♒30	4♒28	4♒27	4♒26	4♒25	4♒24	4♒23	4♒21	4♒20	4♒19	4♒18	♆/♇
/☊	17♑39	17♑34	17♑28	17♑21	17♑16	17♑11	17♑07	17♑04	17♑02	17♑02	17♑01	16♑60	16♑58	16♑55	16♑51	16♑45	16♑38	16♑31	16♑25	16♑19	16♑14	16♑10	16♑08	16♑07	16♑06	16♑05	16♑03	15♑59	15♑55	15♑49	15♑42	/☊
♇/☊	20♐13	20♐08	20♐02	19♐56	19♐50	19♐45	19♐42	19♐39	19♐38	19♐37	19♐37	19♐36	19♐34	19♐32	19♐28	19♐22	19♐16	19♐10	19♐03	18♐57	18♐53	18♐50	18♐48	18♐47	18♐47	18♐46	18♐45	18♐42	18♐38	18♐32	18♐26	♇/☊

August 2012

September 2012

	1	2	3	4	5	6	7	8	9	10
☉/☽	11♊30	18♊28	25♊17	1♋57	8♋30	14♋58	21♋22	27♋45	4♌10	10♌39
/☿	4♍23	5♍50	7♍18	8♍45	10♍13	11♍40	13♍07	14♍34	16♍01	17♍27
/♀	16♌29	17♌30	18♌31	19♌32	20♌33	21♌34	22♌36	23♌37	24♌39	25♌41
/♂	7♎11	7♎59	8♎48	9♎37	10♎26	11♎15	12♎04	12♎53	13♎42	14♎31
/⚳	1♌25	2♌02	2♌40	3♌17	3♌54	4♌32	5♌09	5♌46	6♌23	6♌60
/♃	26♋47	27♋19	27♋51	28♋23	28♋54	29♋26	29♋58	0♌30	1♌01	1♌33
/♄	2♎36	3♎08	3♎40	4♎12	4♎44	5♎16	5♎48	6♎20	6♎52	7♎25
/♅	23♊18	23♊46	24♊14	24♊42	25♊10	25♊38	26♊06	26♊34	27♊02	27♊30
/♆	5♐15	5♐43	6♐12	6♐40	7♐08	7♐36	8♐05	8♐33	9♐01	9♐30
/♇	7♏60	8♏29	8♏57	9♏26	9♏55	10♏24	10♏53	11♏22	11♏51	12♏20
/☊	19♎18	19♎41	20♎05	20♎30	20♎57	21♎25	21♎53	22♎22	22♎52	23♎20
☽/☿	6♊55	14♊22	21♊40	28♊50	5♋53	12♋49	19♋42	26♋34	3♌27	10♌24
/♀	19♉02	26♉02	2♊53	9♊37	16♊13	22♊44	29♊11	5♋37	12♋05	18♋38
/♂	9♑43	16♑32	23♑11	29♑42	6♒06	12♌24	18♌39	24♌52	1♍08	7♍28
/⚳	3♉57	10♉34	17♉03	23♉22	29♉34	5♊41	11♊44	17♊46	23♊49	29♊57
/♃	29♈19	5♉51	12♉13	18♉28	24♉34	0♊36	6♊33	12♊30	18♊28	24♊30
/♄	5♑09	11♑40	18♑03	24♑17	0♌24	6♌25	12♌23	18♌20	24♌19	0♍22
/♅	25♓50	2♈18	8♈37	14♈47	20♈50	26♈47	2♉41	8♉34	14♉28	20♉27
/♆	7♓48	14♓15	20♓34	26♓45	2♈48	8♈46	14♈40	20♈33	26♈28	2♉27
/♇	10♒32	17♒01	23♒20	29♒31	5♓35	11♓33	17♓28	23♓22	29♓17	5♈17
/☊	21♑50	28♑13	4♒28	10♒35	16♒37	22♒34	28♒28	4♍22	10♍18	16♍18
☿/♀	11♌54	13♌24	14♌54	16♌25	17♌55	19♌26	20♌56	22♌27	23♌57	25♌26
/♂	2♎36	3♎54	5♎12	6♎30	7♎48	9♎06	10♎24	11♎42	12♎59	14♎16
/⚳	26♋50	27♋56	29♋03	0♌10	1♌17	2♌23	3♌29	4♌35	5♌40	6♌45
/♃	22♋11	23♋13	24♋14	25♋16	26♋17	27♋18	28♋19	29♋19	0♌19	1♌18
/♄	28♍01	29♍02	0♎04	1♎05	2♎06	3♎08	4♎09	5♎10	6♎10	7♎10
/♅	18♊43	19♊40	20♊37	21♊35	22♊32	23♊30	24♊27	25♊23	26♊20	27♊15
/♆	0♊40	1♐37	2♐35	3♐33	4♐31	5♐28	6♐25	7♐22	8♐19	9♐15
/♇	3♏25	4♏23	5♏21	6♏19	7♏18	8♏16	9♏14	10♏11	11♏08	12♏05
/☊	14♎42	15♎35	16♎28	17♎23	18♎19	19♎16	20♎14	21♎12	22♎09	23♎06
♀/♂	14♍42	15♍33	16♍25	17♍17	18♍08	19♍00	19♍53	20♍45	21♍38	22♍30
/⚳	8♋56	9♋36	10♋16	10♋57	11♋37	12♋17	12♋58	13♋38	14♋19	14♋59
/♃	4♋18	4♋53	5♋27	6♋02	6♋37	7♋12	7♋47	8♋22	8♋57	9♋32
/♄	10♍07	10♍42	11♍17	11♍52	12♍27	13♍02	13♍37	14♍13	14♍48	15♍24
/♅	0♊49	1♊20	1♊51	2♊21	2♊53	3♊24	3♊55	4♊26	4♊58	5♊30
/♆	12♉46	13♉17	13♉48	14♉19	14♉51	15♉22	15♉54	16♉25	16♉57	17♉29
/♇	15♎31	16♎02	16♎34	17♎06	17♎38	18♎10	18♎42	19♎14	19♎47	20♎19
/☊	26♍49	27♍15	27♍41	28♍10	28♍39	29♍10	29♍42	0♎15	0♎48	1♎20
♂/⚳	29♌38	0♍06	0♍34	1♍02	1♍30	1♍58	2♍26	2♍53	3♍21	3♍49
/♃	24♌60	25♌22	25♌45	26♌07	26♌30	26♌52	27♌15	27♌37	27♌60	28♌22
/♄	0♏49	1♏12	1♏34	1♏57	2♏20	2♏42	3♏05	3♏28	3♏51	4♏14
/♅	21♑31	21♑49	22♑08	22♑27	22♑45	23♑04	23♑23	23♑42	24♑01	24♑19
/♆	3♑28	3♑47	4♑06	4♑25	4♑44	5♑03	5♑22	5♑41	5♑60	6♑19
/♇	6♐13	6♐32	6♐52	7♐11	7♐31	7♐50	8♐10	8♐30	8♐49	9♐09
/☊	17♏31	17♏44	17♏59	18♏15	18♏32	18♏51	19♏10	19♏30	19♏50	20♏10
⚳/♃	19♊14	19♊25	19♊36	19♊48	19♊59	20♊09	20♊20	20♊30	20♊41	20♊51
/♄	25♌03	25♌15	25♌26	25♌37	25♌48	25♌59	26♌10	26♌21	26♌32	26♌43
/♅	15♉45	15♉52	15♉60	16♉07	16♉14	16♉21	16♉28	16♉35	16♉42	16♉48
/♆	27♈42	27♈50	27♈57	28♈05	28♈12	28♈19	28♈27	28♈34	28♈41	28♈48
/♇	0♈27	0♈35	0♈43	0♈51	0♈59	1♈07	1♈15	1♈23	1♈30	1♈38
/☊	11♍45	11♍47	11♍51	11♍55	12♍01	12♍08	12♍15	12♍23	12♍31	12♍38
♃/♄	20♌25	20♌31	20♌37	20♌42	20♌48	20♌54	20♌60	21♌05	21♌11	21♌16
/♅	11♉07	11♉09	11♉10	11♉12	11♉14	11♉16	11♉17	11♉19	11♉20	11♉21
/♆	23♈04	23♈06	23♈08	23♈10	23♈12	23♈14	23♈16	23♈18	23♈19	23♈21
/♇	25♓48	25♓51	25♓54	25♓57	25♓59	26♓02	26♓04	26♓07	26♓09	26♓11
/☊	7♍06	7♍03	7♍01	7♍00	7♍01	7♍02	7♍05	7♍07	7♍10	7♍12
♄/♅	16♑56	16♑58	16♑60	17♑02	17♑04	17♑06	17♑07	17♑09	17♑11	17♑13
/♆	28♐54	28♐56	28♐58	28♐60	29♐02	29♐04	29♐06	29♐08	29♐11	29♐13
/♇	1♐38	1♐41	1♐43	1♐46	1♐49	1♐52	1♐54	1♐57	2♐00	2♐03
/☊	12♏56	12♏53	12♏51	12♏50	12♏50	12♏52	12♏55	12♏58	13♏01	13♏03
♅/♆	19♓35	19♓33	19♓31	19♓30	19♓28	19♓26	19♓24	19♓22	19♓20	19♓18
/♇	22♒20	22♒18	22♒17	22♒16	22♒15	22♒13	22♒12	22♒11	22♒10	22♒08
/☊	3♒38	3♒31	3♒25	3♒20	3♒16	3♒14	3♒13	3♒12	3♒10	3♒09
♆/♇	4♒17	4♒16	4♒15	4♒14	4♒13	4♒12	4♒11	4♒10	4♒09	4♒08
/☊	15♑35	15♑28	15♑22	15♑18	15♑15	15♑12	15♑11	15♑11	15♑10	15♑08
♇/☊	18♐20	18♐13	18♐08	18♐04	18♐01	18♐00	17♐60	17♐59	17♐59	17♐59

	11	12	13	14	15	16	17	18	19	20
☉/☽	17♌15	24♌01	0♍57	8♍06	15♍26	22♍56	0♎34	8♎16	16♎01	23♎45
/☿	18♍53	20♍18	21♍43	23♍07	24♍31	25♍54	27♍17	28♍39	0♎01	1♎22
/♀	26♌43	27♌45	28♌47	29♌50	0♍52	1♍55	2♍58	4♍01	5♍04	6♍07
/♂	15♎20	16♎09	16♎59	17♎48	18♎38	19♎27	20♎17	21♎06	21♎56	22♎46
/⚳	7♌36	8♌13	8♌50	9♌26	10♌03	10♌39	11♌15	11♌52	12♌28	13♌04
/♃	2♌04	2♌36	3♌07	3♌38	4♌09	4♌41	5♌12	5♌43	6♌13	6♌44
/♄	7♎57	8♎29	9♎02	9♎34	10♎06	10♎39	11♎11	11♎44	12♎16	12♎49
/♅	27♊58	28♊26	28♊54	29♊22	29♊50	0♋18	0♋47	1♋15	1♋43	2♋11
/♆	9♐58	10♐27	10♐55	11♐23	11♐52	12♐20	12♐49	13♐18	13♐46	14♐15
/♇	12♏49	13♏18	13♏47	14♏16	14♏45	15♏15	15♏44	16♏13	16♏42	17♏12
/☊	23♎48	24♎14	24♎39	25♎04	25♎28	25♎52	26♎16	26♎42	27♎09	27♎37
☽/☿	17♌28	24♌41	2♍03	9♍38	17♍23	25♍18	3♎20	11♎26	19♎34	27♎40
/♀	25♋18	2♌08	9♌08	16♌21	23♌45	1♍19	9♍01	16♍48	24♍37	2♎25
/♂	13♍55	20♍32	27♍20	4♎19	11♎30	18♎51	26♎20	3♏54	11♏29	19♏04
/⚳	6♋12	12♋36	19♋11	25♋57	2♌55	10♌03	17♌19	24♌39	2♍01	9♍22
/♃	0♋40	6♋58	13♋28	20♋09	27♋02	4♌04	11♌15	18♌30	25♌47	3♍03
/♄	6♍32	12♍52	19♍22	26♍05	2♎59	10♎03	17♎14	24♎31	1♏50	9♏07
/♅	26♉33	2♊49	9♊15	15♊53	22♊43	29♊42	6♋50	14♑02	21♑16	28♑29
/♆	8♉34	14♉49	21♉16	27♉54	4♐44	11♐44	18♐52	26♐05	3♑19	10♑33
/♇	11♎24	17♎41	24♎08	0♏47	7♏38	14♏38	21♏47	29♏01	6♐16	13♐30
/☊	22♍23	28♍37	5♎00	11♎35	18♎20	25♎15	2♏19	9♏29	16♏42	23♏56
☿/♀	26♌56	28♌25	29♌53	1♍22	2♍49	4♍17	5♍44	7♍10	8♍36	10♍02
/♂	15♎33	16♎49	18♎05	19♎20	20♎35	21♎49	23♎03	24♎16	25♎29	26♎41
/⚳	7♌49	8♌53	9♌56	10♌58	11♌60	13♌01	14♌02	15♌01	16♌01	16♌59
/♃	2♌17	3♌15	4♌13	5♌10	6♌07	7♌02	7♌58	8♌52	9♌46	10♌40
/♄	8♎10	9♎09	10♎08	11♎06	12♎03	13♎01	13♎57	14♎54	15♎49	16♎44
/♅	28♊11	29♊06	0♋00	0♋54	1♋47	2♋40	3♋33	4♋24	5♋16	6♋06
/♆	10♐11	11♐06	12♐01	12♐55	13♐49	14♐42	15♐35	16♐27	17♐19	18♐10
/♇	13♏02	13♏58	14♏53	15♏48	16♏43	17♏37	18♏30	19♏23	20♏15	21♏07
/☊	24♎01	24♎54	25♎45	26♎36	27♎25	28♎13	29♎02	29♎52	0♏42	1♏33
♀/♂	23♍23	24♍16	25♍09	26♍03	26♍56	27♍50	28♍44	29♍38	0♎32	1♎26
/⚳	15♋40	16♋20	17♋01	17♋41	18♋22	19♋02	19♋43	20♋23	21♋04	21♋44
/♃	10♋07	10♋43	11♋18	11♋53	12♋28	13♋03	13♋39	14♋14	14♋49	15♋24
/♄	16♍00	16♍36	17♍12	17♍49	18♍25	19♍02	19♍38	20♍15	20♍52	21♍29
/♅	6♊01	6♊33	7♊05	7♊37	8♊09	8♊41	9♊14	9♊46	10♊19	10♊51
/♆	18♉01	18♉34	19♉06	19♉38	20♉11	20♉43	21♉16	21♉49	22♉22	22♉55
/♇	20♎52	21♎25	21♎58	22♎31	23♎04	23♎38	24♎11	24♎45	25♎18	25♎52
/☊	1♎51	2♎21	2♎50	3♎19	3♎46	4♎15	4♎43	5♎13	5♎45	6♎18
♂/⚳	4♍17	4♍44	5♍12	5♍39	6♍07	6♍34	7♍02	7♍29	7♍56	8♍23
/♃	28♌45	29♌07	29♌29	29♌51	0♍13	0♍36	0♍58	1♍20	1♍42	2♍04
/♄	4♏37	5♏00	5♏24	5♏47	6♏10	6♏34	6♏57	7♏21	7♏45	8♏08
/♅	24♑38	24♑57	25♑16	25♑35	25♑54	26♑14	26♑33	26♑52	27♑11	27♑30
/♆	6♑38	6♑58	7♑17	7♑36	7♑56	8♑15	8♑35	8♑55	9♑14	9♑34
/♇	9♐29	9♐49	10♐09	10♐29	10♐49	11♐10	11♐30	11♐50	12♐11	12♐31
/☊	20♏28	20♏45	21♏01	21♏17	21♏32	21♏47	22♏02	22♏19	22♏37	22♏57
⚳/♃	21♊01	21♊11	21♊20	21♊30	21♊39	21♊48	21♊56	22♊05	22♊13	22♊22
/♄	26♌54	27♌04	27♌15	27♌25	27♌36	27♌46	27♌56	28♌06	28♌16	28♌26
/♅	16♉55	17♉01	17♉07	17♉14	17♉20	17♉26	17♉31	17♉37	17♉43	17♉48
/♆	28♈55	29♈01	29♈08	29♈15	29♈21	29♈28	29♈34	29♈40	29♈46	29♈52
/♇	1♈45	1♈53	2♈00	2♈08	2♈15	2♈22	2♈29	2♈36	2♈43	2♈49
/☊	12♍44	12♍49	12♍53	12♍55	12♍57	12♍59	13♍01	13♍05	13♍09	13♍15
♃/♄	21♌21	21♌27	21♌32	21♌37	21♌42	21♌47	21♌52	21♌57	22♌02	22♌07
/♅	11♉23	11♉24	11♉25	11♉26	11♉26	11♉27	11♉28	11♉28	11♉29	11♉29
/♆	23♈23	23♈24	23♈25	23♈27	23♈28	23♈29	23♈30	23♈31	23♈32	23♈32
/♇	26♓13	26♓16	26♓18	26♓20	26♓21	26♓23	26♓25	26♓27	26♓28	26♓30
/☊	7♍12	7♍12	7♍10	7♍07	7♍04	7♍00	6♍57	6♍55	6♍55	6♍55
♄/♅	17♑15	17♑17	17♑19	17♑21	17♑23	17♑25	17♑27	17♑29	17♑31	17♑34
/♆	29♐15	29♐18	29♐20	29♐22	29♐25	29♐27	29♐30	29♐32	29♐35	29♐37
/♇	2♐06	2♐09	2♐12	2♐15	2♐18	2♐21	2♐25	2♐28	2♐31	2♐34
/☊	13♏05	13♏05	13♏04	13♏03	13♏00	12♏58	12♏57	12♏57	12♏58	13♏00
♅/♆	19♓16	19♓15	19♓13	19♓11	19♓09	19♓07	19♓05	19♓03	19♓01	18♓59
/♇	22♒07	22♒06	22♒05	22♒04	22♒02	22♒01	21♒60	21♒59	21♒58	21♒56
/☊	3♒06	3♒02	2♒57	2♒51	2♒44	2♒38	2♒32	2♒28	2♒24	2♒22
♆/♇	4♒07	4♒06	4♒06	4♒05	4♒04	4♒03	4♒02	4♒02	4♒01	4♒00
/☊	15♑06	15♑03	14♑58	14♑52	14♑46	14♑40	14♑35	14♑30	14♑27	14♑26
♇/☊	17♐57	17♐54	17♐50	17♐45	17♐40	17♐34	17♐30	17♐26	17♐24	17♐23

	21	22	23	24	25	26	27	28	29	30	
☉/☽	1♏25	9♏01	16♏32	23♏58	1♐17	8♐32	15♐40	22♐42	29♐37	6♑26	☉/☽
/☿	2♎43	4♎03	5♎23	6♎42	8♎01	9♎19	10♎37	11♎54	13♎11	14♎28	/☿
/♀	7♍10	8♍13	9♍16	10♍20	11♍23	12♍27	13♍31	14♍35	15♍39	16♍43	/♀
/♂	23♎36	24♎26	25♎16	26♎06	26♎56	27♎46	28♎36	29♎26	0♏16	1♏07	/♂
/⚳	13♌40	14♌15	14♌51	15♌27	16♌02	16♌38	17♌13	17♌48	18♌23	18♌58	/⚳
/♃	7♌15	7♌45	8♌16	8♌46	9♌17	9♌47	10♌17	10♌48	11♌18	11♌48	/♃
/♄	13♎22	13♎54	14♎27	14♎60	15♎32	16♎05	16♎38	17♎11	17♎44	18♎17	/♄
/♅	2♋39	3♋07	3♋35	4♋04	4♋32	4♋60	5♋28	5♋56	6♋25	6♑53	/♅
/♆	14♐43	15♐12	15♐41	16♐09	16♐38	17♐07	17♐36	18♐04	18♐33	19♐02	/♆
/♇	17♏41	18♏11	18♏40	19♏09	19♏39	20♏08	20♏38	21♏08	21♏37	22♏07	/♇
/☊	28♎07	28♎36	29♎06	29♎35	0♏03	0♏29	0♏55	1♏20	1♏45	2♏10	/☊
☽/☿	5♏43	13♏40	21♏32	29♏18	6♐58	14♐32	21♐59	29♐20	6♑33	13♑40	☽/☿
/♀	10♎10	17♎51	25♎26	2♏56	10♏21	17♏40	24♉53	2♊00	9♊01	15♊55	/♀
/♂	26♏36	4♐03	11♐25	18♐42	25♐53	2♑58	9♑58	16♑51	23♑38	0♒19	/♂
/⚳	16♍40	23♍53	1♈01	8♈03	14♈60	21♈50	28♈35	5♉13	11♉45	18♉10	/⚳
/♃	10♍15	17♓23	24♓26	1♈23	8♈14	14♈60	21♈40	28♈13	4♉40	10♉60	/♃
/♄	16♏22	23♏32	0♐37	7♐36	14♐30	21♐18	28♐00	4♑36	11♑06	17♑29	/♄
/♅	5♒39	12♒45	19♒45	26♒40	3♓29	10♓13	16♓50	23♓22	29♓47	6♈05	/♅
/♆	17♑44	24♑50	1♒51	8♒46	15♒36	22♒20	28♒58	5♓30	11♓55	18♓14	/♆
/♇	20♐42	27♐48	4♑50	11♑46	18♑36	25♑21	2♒00	8♒33	14♒59	21♒19	/♇
/☊	1♐07	8♐14	15♐16	22♐11	29♐00	5♑42	12♑17	18♑45	25♑07	1♒22	/☊
☿/♀	11♍27	12♍52	14♍17	15♍41	17♍04	18♍27	19♍50	21♍13	22♍35	23♍57	☿/♀
/♂	27♎53	29♎05	0♏16	1♏26	2♏36	3♏46	4♏55	6♏04	7♏12	8♏21	/♂
/⚳	17♌57	18♌55	19♌51	20♌47	21♌43	22♌38	23♌32	24♌26	25♌19	26♌12	/⚳
/♃	11♌32	12♌25	13♌16	14♌07	14♌58	15♌47	16♌37	17♌25	18♌14	19♌01	/♃
/♄	17♎39	18♎33	19♎27	20♎20	21♎13	22♎05	22♎57	23♎49	24♎40	25♎30	/♄
/♅	6♑57	7♑46	8♑35	9♑24	10♑12	11♑00	11♑47	12♑34	13♑21	14♑07	/♅
/♆	19♐01	19♐51	20♐41	21♐30	22♐19	23♐07	23♐55	24♐42	25♐29	26♐16	/♆
/♇	21♏59	22♏50	23♏40	24♏30	25♏20	26♏09	26♏57	27♏46	28♏33	29♏21	/♇
/☊	2♏24	3♏16	4♏06	4♏55	5♏43	6♏29	7♏14	7♏58	8♏41	9♏23	/☊
♀/♂	2♎20	3♎15	4♎09	5♎04	5♎59	6♎54	7♎49	8♎44	9♎40	10♎35	♀/♂
/⚳	22♋24	23♋05	23♋45	24♋25	25♋06	25♋46	26♋26	27♋06	27♋46	28♋27	/⚳
/♃	15♋60	16♋35	17♋10	17♋45	18♋20	18♋56	19♋31	20♋06	20♋41	21♋16	/♃
/♄	22♍06	22♍44	23♍21	23♍58	24♍36	25♍14	25♍51	26♍29	27♍07	27♍45	/♄
/♅	11♊24	11♊57	12♊29	13♊02	13♊35	14♊08	14♊41	15♊15	15♊48	16♊21	/♅
/♆	23♉28	24♉01	24♉35	25♉08	25♉42	26♉15	26♉49	27♉23	27♉56	28♉30	/♆
/♇	26♎26	26♎60	27♎34	28♎08	28♎42	29♎17	29♎51	0♏26	1♏01	1♏35	/♇
/☊	6♎51	7♎26	7♎60	8♎33	9♎06	9♎38	10♎08	10♎38	11♎08	11♎38	/☊
♂/⚳	8♍50	9♍17	9♍44	10♍11	10♍38	11♍05	11♍31	11♍58	12♍24	12♍51	♂/⚳
/♃	2♍25	2♍47	3♍09	3♍31	3♍53	4♍14	4♍36	4♍57	5♍19	5♍40	/♃
/♄	8♏32	8♏56	9♏20	9♏44	10♏08	10♏32	10♏56	11♏21	11♏45	12♏09	/♄
/♅	27♑50	28♑09	28♑28	28♑48	29♑07	29♑27	29♑46	0♒06	0♒26	0♒45	/♅
/♆	9♑54	10♑14	10♑34	10♑54	11♑14	11♑34	11♑54	12♑14	12♑34	12♑54	/♆
/♇	12♐52	13♐12	13♐33	13♐54	14♐15	14♐35	14♐56	15♐17	15♐38	15♐59	/♇
/☊	23♏17	23♏38	23♏59	24♏19	24♏38	24♏56	25♏13	25♏30	25♏46	26♏02	/☊
⚳/♃	22♊30	22♊37	22♊45	22♊52	22♊59	23♊06	23♊13	23♊19	23♊25	23♊31	⚳/♃
/♄	28♌36	28♌46	28♌56	29♌05	29♌15	29♌24	29♌33	29♌43	29♌52	0♍00	/♄
/♅	17♉54	17♉59	18♉04	18♉09	18♉14	18♉19	18♉23	18♉28	18♉32	18♉37	/♅
/♆	29♈58	0♉04	0♉09	0♉15	0♉20	0♉26	0♉31	0♉36	0♉41	0♉46	/♆
/♇	2♈56	3♈02	3♈09	3♈15	3♈21	3♈27	3♈33	3♈39	3♈45	3♈51	/♇
/☊	13♍21	13♍28	13♍35	13♍40	13♍45	13♍48	13♍50	13♍51	13♍52	13♍53	/☊
♃/♄	22♌11	22♌16	22♌21	22♌25	22♌29	22♌34	22♌38	22♌42	22♌46	22♌50	♃/♄
/♅	11♉29	11♉29	11♉29	11♉29	11♉29	11♉28	11♉28	11♉27	11♉27	11♉26	/♅
/♆	23♈33	23♈34	23♈34	23♈35	23♈35	23♈35	23♈35	23♈35	23♈35	23♈35	/♆
/♇	26♓31	26♓32	26♓34	26♓35	26♓36	26♓37	26♓38	26♓39	26♓39	26♓40	/♇
/☊	6♍57	6♍58	6♍60	7♍00	6♍60	6♍58	6♍55	6♍51	6♍47	6♍43	/☊
♄/♅	17♑36	17♑38	17♑40	17♑42	17♑44	17♑46	17♑49	17♑51	17♑53	17♑55	♄/♅
/♆	29♐40	29♐43	29♐45	29♐48	29♐51	29♐53	29♐56	29♐59	0♑02	0♑04	/♆
/♇	2♐38	2♐41	2♐45	2♐48	2♐51	2♐55	2♐59	3♐02	3♐06	3♐09	/♇
/☊	13♏03	13♏07	13♏11	13♏13	13♏15	13♏16	13♏15	13♏14	13♏13	13♏12	/☊
♅/♆	18♓57	18♓55	18♓54	18♓52	18♓50	18♓48	18♓46	18♓44	18♓42	18♓41	♅/♆
/♇	21♒55	21♒54	21♒53	21♒52	21♒51	21♒50	21♒49	21♒48	21♒46	21♒45	/♇
/☊	2♒21	2♒20	2♒19	2♒17	2♒14	2♒10	2♒05	1♒60	1♒54	1♒48	/☊
♆/♇	3♒59	3♒59	3♒58	3♒58	3♒57	3♒56	3♒56	3♒55	3♒55	3♒55	♆/♇
/☊	14♑25	14♑25	14♑24	14♑23	14♑21	14♑17	14♑13	14♑08	14♑02	13♑57	/☊
♇/☊	17♐23	17♐23	17♐24	17♐23	17♐22	17♐19	17♐15	17♐11	17♐06	17♐02	♇/☊

September 2012

	1	2	3	4	5	6	7	8	9	10	11	12	13	14	15	16
☉/☽	13♋08	19♋44	26♋15	2♌41	9♌05	15♌28	21♌52	28♌21	4♍58	11♍43	18♍40	25♍50	3♎13	10♎49	18♎35	26♎29
/☿	15♎44	16♎60	18♎15	19♎30	20♎45	21♎59	23♎13	24♎26	25♎39	26♎52	28♎04	29♎16	0♏27	1♏38	2♏48	3♏58
/♀	17♍47	18♍51	19♍55	20♍60	22♍04	23♍09	24♍14	25♍18	26♍23	27♍28	28♍33	29♍38	0♎44	1♎49	2♎54	3♎60
/♂	1♏57	2♏48	3♏38	4♏29	5♏19	6♏10	7♏01	7♏52	8♏43	9♏34	10♏25	11♏16	12♏07	12♏58	13♏49	14♏40
/⚳	19♌33	20♌07	20♌42	21♌16	21♌51	22♌25	22♌59	23♌33	24♌07	24♌40	25♌14	25♌47	26♌20	26♌54	27♌26	27♌59
/♃	12♌17	12♌47	13♌17	13♌47	14♌16	14♌46	15♌15	15♌44	16♌14	16♌43	17♌12	17♌41	18♌10	18♌38	19♌07	19♌36
/♄	18♎50	19♎23	19♎56	20♎29	21♎02	21♎35	22♎08	22♎41	23♎14	23♎47	24♎21	24♎54	25♎27	26♎00	26♎34	27♎07
/♅	7♑21	7♑49	8♑18	8♑46	9♑14	9♑43	10♑11	10♑40	11♑08	11♑36	12♑05	12♑33	13♑02	13♑31	13♑59	14♑28
/♆	19♐31	19♐60	20♐29	20♐58	21♐27	21♐56	22♐25	22♐54	23♐23	23♐52	24♐21	24♐50	25♐20	25♐49	26♐18	26♐47
/♇	22♏36	23♏06	23♏36	24♏06	24♏35	25♏05	25♏35	26♏05	26♏35	27♏05	27♏35	28♏05	28♏35	29♏05	29♏35	0♐06
/☊	2♏35	3♏02	3♏30	3♏59	4♏29	4♏59	5♏29	5♏59	6♏29	6♏58	7♏25	7♏53	8♏19	8♏46	9♏14	9♏41
☽/☿	20♑39	27♋32	4♌19	11♌01	17♌40	24♌18	0♍58	7♍41	14♍31	21♍29	28♍39	6♎01	13♎36	21♎23	29♎20	7♏24
/♀	22♊42	29♊23	5♋59	12♋31	18♋60	25♋28	1♌58	8♌33	15♌15	22♌06	29♌08	6♍24	13♍53	21♍34	29♍27	7♎26
/♂	6♒52	13♒20	19♒42	25♒59	2♍15	8♍29	14♍46	21♍06	27♍34	4♎11	10♎60	18♎01	25♎16	2♏44	10♏22	18♏07
/⚳	24♉28	0♊40	6♊46	12♊47	18♊46	24♊44	0♋44	6♋48	12♋58	19♋18	25♋49	2♌33	9♌30	16♌39	23♌59	1♍26
/♃	17♉13	23♉19	29♉21	5♊17	11♊11	17♊05	22♊60	28♊59	5♋05	11♋20	17♋47	24♋26	1♌19	8♌24	15♌40	23♌03
/♄	23♑45	29♋55	5♌59	11♌59	17♌57	23♌54	29♌53	5♍56	12♍06	18♍25	24♍56	1♎39	8♎36	15♎46	23♎06	0♏34
/♅	12♈16	18♈22	24♈21	0♉17	6♉10	12♉02	17♉56	23♉54	29♉59	6♊14	12♊40	19♊19	26♊11	3♋16	10♑32	17♑54
/♆	24♓26	0♈32	6♈32	12♈28	18♈22	24♈15	0♉09	6♉08	12♉14	18♉29	24♉56	1♐36	8♐29	15♐34	22♐51	0♑14
/♇	27♒32	3♓38	9♓40	15♓36	21♓31	27♓24	3♈20	9♎20	15♎26	21♎43	28♎10	4♏51	11♏44	18♏51	26♏08	3♐32
/☊	7♒31	13♒34	19♒34	25♒30	1♍24	7♍18	13♍14	19♍14	25♍20	1♎35	8♎00	14♎38	21♎29	28♎32	5♏46	13♏08
☿/♀	25♍18	26♍39	27♍60	29♍20	0♎40	1♎60	3♎19	4♎38	5♎56	7♎15	8♎32	9♎50	11♎07	12♎23	13♎39	14♎55
/♂	9♏28	10♏35	11♏42	12♏49	13♏55	15♏01	16♏06	17♏11	18♏16	19♏20	20♏24	21♏27	22♏30	23♏32	24♏34	25♏36
/⚳	27♌04	27♌55	28♌46	29♌37	0♍26	1♍16	2♍04	2♍52	3♍40	4♍27	5♍13	5♍59	6♍44	7♍28	8♍12	8♍55
/♃	19♌48	20♌35	21♌21	22♌07	22♌52	23♌36	24♌20	25♌04	25♌47	26♌29	27♌11	27♌52	28♌33	29♌13	29♌52	0♍31
/♄	26♎21	27♎10	27♎60	28♎49	29♎37	0♏25	1♏13	2♏00	2♏47	3♏34	4♏20	5♏05	5♏50	6♏35	7♏19	8♏03
/♅	14♑52	15♑37	16♑22	17♑06	17♑50	18♑33	19♑16	19♑59	20♑41	21♑23	22♑04	22♑45	23♑25	24♑05	24♑44	25♑23
/♆	27♐02	27♐48	28♐33	29♐18	0♑02	0♑46	1♑30	2♑13	2♑56	3♑38	4♑20	5♑02	5♑43	6♑23	7♑03	7♑43
/♇	0♐08	0♐54	1♐40	2♐26	3♐11	3♐56	4♐40	5♐24	6♐08	6♐51	7♐34	8♐17	8♐58	9♐40	10♐21	11♐01
/☊	10♏06	10♏50	11♏34	12♏19	13♏04	13♏49	14♏34	15♏19	16♏02	16♏44	17♏25	18♏04	18♏43	19♏21	19♏59	20♏37
♀/♂	11♎31	12♎27	13♎22	14♎18	15♎14	16♎11	17♎07	18♎03	18♎60	19♎56	20♎53	21♎50	22♎47	23♎44	24♎41	25♎38
/⚳	29♋06	29♋46	0♌26	1♌06	1♌46	2♌25	3♌05	3♌44	4♌24	5♌03	5♌42	6♌21	7♌00	7♌39	8♌18	8♌57
/♃	21♋51	22♋26	23♋01	23♋36	24♋11	24♋46	25♋21	25♋56	26♋31	27♋05	27♋40	28♋15	28♋50	29♋24	29♋59	0♌33
/♄	28♍23	29♍02	29♍40	0♎18	0♎57	1♎35	2♎14	2♎53	3♎31	4♎10	4♎49	5♎28	6♎07	6♎46	7♎26	8♎05
/♅	16♊55	17♊28	18♊02	18♊36	19♊09	19♊43	20♊17	20♊51	21♊25	21♊59	22♊33	23♊08	23♊42	24♊16	24♊51	25♊25
/♆	29♉04	29♉39	0♊13	0♐47	1♐22	1♐56	2♐31	3♐05	3♐40	4♐15	4♐50	5♐25	5♐60	6♐35	7♐10	7♐45
/♇	2♏10	2♏45	3♏20	3♏55	4♏30	5♏06	5♏41	6♏17	6♏52	7♏28	8♏04	8♏39	9♏15	9♏51	10♏27	11♏03
/☊	12♎09	12♎41	13♎14	13♎48	14♎24	14♎59	15♎35	16♎11	16♎46	17♎20	17♎54	18♎27	18♎59	19♎32	20♎05	20♎39
♂/⚳	13♍17	13♍43	14♍09	14♍35	15♍01	15♍27	15♍52	16♍18	16♍43	17♍08	17♍34	17♍59	18♍24	18♍49	19♍13	19♍38
/♃	6♍01	6♍23	6♍44	7♍05	7♍26	7♍47	8♍08	8♍29	8♍50	9♍11	9♍31	9♍52	10♍13	10♍33	10♍54	11♍14
/♄	12♏34	12♏58	13♏23	13♏47	14♏12	14♏36	15♏01	15♏26	15♏51	16♏15	16♏40	17♏05	17♏30	17♏55	18♏21	18♏46
/♅	1♒05	1♒25	1♒45	2♒05	2♒24	2♒44	3♒04	3♒24	3♒44	4♒05	4♒25	4♒45	5♒05	5♒25	5♒46	6♒06
/♆	13♑15	13♑35	13♑56	14♑16	14♑37	14♑57	15♑18	15♑38	15♑59	16♑20	16♑41	17♑02	17♑23	17♑44	18♑05	18♑26
/♇	16♐20	16♐42	17♐03	17♐24	17♐46	18♐07	18♐28	18♐50	19♐11	19♐33	19♐55	20♐17	20♐38	21♐00	21♐22	21♐44
/☊	26♏19	26♏38	26♏57	27♏17	27♏39	28♏00	28♏22	28♏44	29♏05	29♏26	29♏45	0♐04	0♐23	0♐41	1♐00	1♐20
⚳/♃	23♊37	23♊43	23♊48	23♊53	23♊58	24♊02	24♊06	24♊10	24♊14	24♊18	24♊21	24♊24	24♊27	24♊29	24♊31	24♊33
/♄	0♍09	0♍18	0♍26	0♍35	0♍43	0♍51	0♍59	1♍07	1♍15	1♍22	1♍30	1♍37	1♍44	1♍51	1♍58	2♍04
/♅	18♉41	18♉45	18♉49	18♉52	18♉56	18♉59	19♉03	19♉06	19♉09	19♉11	19♉14	19♉17	19♉19	19♉21	19♉23	19♉25
/♆	0♉50	0♉55	0♉59	1♉04	1♉08	1♉12	1♉16	1♉20	1♉23	1♉27	1♉30	1♉33	1♉36	1♉39	1♉42	1♉45
/♇	3♈56	4♈02	4♈07	4♈12	4♈17	4♈22	4♈27	4♈31	4♈36	4♈40	4♈44	4♈48	4♈52	4♈56	4♈59	5♈03
/☊	13♍55	13♍57	14♍01	14♍05	14♍10	14♍15	14♍21	14♍25	14♍29	14♍32	14♍35	14♍36	14♍36	14♍37	14♍38	14♍39
♃/♄	22♌54	22♌58	23♌01	23♌05	23♌08	23♌12	23♌15	23♌18	23♌22	23♌25	23♌28	23♌30	23♌33	23♌36	23♌39	23♌41
/♅	11♉25	11♉24	11♉23	11♉22	11♉21	11♉20	11♉18	11♉17	11♉15	11♉14	11♉12	11♉10	11♉08	11♉06	11♉04	11♉02
/♆	23♈35	23♈35	23♈34	23♈34	23♈33	23♈33	23♈32	23♈31	23♈30	23♈29	23♈28	23♈27	23♈26	23♈24	23♈23	23♈21
/♇	26♓41	26♓41	26♓42	26♓42	26♓42	26♓42	26♓43	26♓43	26♓42	26♓42	26♓42	26♓42	26♓41	26♓41	26♓40	26♓39
/☊	6♍40	6♍37	6♍36	6♍35	6♍35	6♍36	6♍37	6♍37	6♍36	6♍35	6♍32	6♍29	6♍26	6♍22	6♍18	6♍15
♄/♅	17♑58	17♑60	18♑02	18♑04	18♑07	18♑09	18♑11	18♑14	18♑16	18♑18	18♑21	18♑23	18♑26	18♑28	18♑31	18♑33
/♆	0♑07	0♑10	0♑13	0♑16	0♑19	0♑22	0♑25	0♑28	0♑31	0♑34	0♑37	0♑40	0♑43	0♑46	0♑49	0♑53
/♇	3♐13	3♐17	3♐20	3♐24	3♐28	3♐32	3♐35	3♐39	3♐43	3♐47	3♐51	3♐55	3♐59	4♐03	4♐07	4♐11
/☊	13♏12	13♏13	13♏14	13♏17	13♏21	13♏25	13♏29	13♏33	13♏37	13♏40	13♏41	13♏42	13♏43	13♏44	13♏45	13♏47
♅/♆	18♓39	18♓37	18♓35	18♓33	18♓32	18♓30	18♓28	18♓26	18♓25	18♓23	18♓21	18♓20	18♓18	18♓16	18♓15	18♓13
/♇	21♒44	21♒43	21♒42	21♒41	21♒41	21♒40	21♒39	21♒38	21♒37	21♒36	21♒35	21♒34	21♒34	21♒33	21♒32	21♒31
/☊	1♒43	1♒39	1♒37	1♒35	1♒34	1♒33	1♒33	1♒32	1♒31	1♒29	1♒26	1♒22	1♒18	1♒14	1♒10	1♒07
♆/♇	3♒54	3♒54	3♒53	3♒53	3♒53	3♒52	3♒52	3♒52	3♒52	3♒52	3♒51	3♒51	3♒51	3♒51	3♒51	3♒51
/☊	13♑53	13♑50	13♑47	13♑46	13♑46	13♑46	13♑46	13♑46	13♑45	13♑44	13♑42	13♑39	13♑35	13♑32	13♑29	13♑27
♇/☊	16♐59	16♐56	16♐55	16♐54	16♐55	16♐56	16♐57	16♐58	16♐58	16♐57	16♐56	16♐54	16♐51	16♐49	16♐47	16♐45

	17	18	19	20	21	22	23	24	25	26	27	28	29	30	31
☉/☽	4♏26	12♏22	20♏14	27♏60	5♐36	13♐03	20♐21	27♐29	4♑30	11♑23	18♑09	24♑49	1♒24	7♌55	14♌23
/☿	5♏07	6♏15	7♏23	8♏30	9♏37	10♏43	11♏48	12♏51	13♏54	14♏56	15♏56	16♏55	17♏52	18♏48	19♏41
/♀	5♎05	6♎11	7♎16	8♎22	9♎28	10♎33	11♎39	12♎45	13♎51	14♎57	16♎03	17♎09	18♎16	19♎22	20♎28
/♂	15♏32	16♏23	17♏15	18♏06	18♏58	19♏49	20♏41	21♏33	22♏25	23♏16	24♏08	25♏00	25♏52	26♏44	27♏36
/⚳	28♌32	29♌04	29♌37	0♍09	0♍41	1♍13	1♍44	2♍16	2♍47	3♍18	3♍49	4♍20	4♍50	5♍21	5♍51
/♃	20♌04	20♌33	21♌01	21♌30	21♌58	22♌26	22♌54	23♌22	23♌50	24♌18	24♌46	25♌13	25♌41	26♌08	26♌36
/♄	27♎41	28♎14	28♎47	29♎21	29♎54	0♏28	1♏01	1♏35	2♏08	2♏42	3♏15	3♏49	4♏22	4♏56	5♏30
/♅	14♑56	15♑25	15♑54	16♑22	16♑51	17♑20	17♑49	18♑18	18♑46	19♑15	19♑44	20♑13	20♑42	21♑11	21♑40
/♆	27♐17	27♐46	28♐16	28♐45	29♐15	29♐44	0♑14	0♑43	1♑13	1♑42	2♑12	2♑42	3♑11	3♑41	4♑11
/♇	0♐36	1♐06	1♐36	2♐07	2♐37	3♐07	3♐38	4♐08	4♐38	5♐09	5♐39	6♐10	6♐41	7♐11	7♐42
/☊	10♏10	10♏40	11♏10	11♏41	12♏11	12♏41	13♏11	13♏40	14♏08	14♏37	15♏05	15♏33	16♏01	16♏30	16♏60
☽/☿	15♏31	23♏36	1♐37	9♐30	17♐13	24♐46	2♑09	9♑22	16♑25	23♑20	0♒06	6♒46	13♒18	19♒45	26♒06
/♀	15♎29	23♎32	1♏30	9♏21	17♏04	24♏37	2♐01	9♐15	16♐22	23♐21	0♋14	7♋00	13♋42	20♋19	26♋53
/♂	25♏56	3♐44	11♐28	19♐05	26♐34	3♑53	11♑02	18♑03	24♑55	1♒40	8♒18	14♒51	21♒18	27♒41	4♓01
/⚳	8♍56	16♍25	23♍50	1♎08	8♈17	15♈16	22♈05	28♈46	5♉18	11♉42	17♉59	24♉10	0♊16	6♊18	12♊15
/♃	0♍29	7♍54	15♍15	22♓29	29♓34	6♈29	13♈15	19♈52	26♈21	2♉42	8♉56	15♉04	21♉07	27♉05	3♊00
/♄	8♏05	15♏35	23♏01	0♐20	7♐30	14♐31	21♐23	28♐05	4♑39	11♑06	17♑26	23♑40	29♑49	5♌53	11♌54
/♅	25♑21	2♒46	10♒07	17♒22	24♒27	1♓23	8♓10	14♓48	21♓17	27♓39	3♈54	10♈04	16♈08	22♈08	28♈04
/♆	7♑41	15♑07	22♑29	29♑44	6♒51	13♒48	20♒35	27♒13	3♓43	10♓06	16♓22	22♓32	28♓38	4♈38	10♈35
/♇	11♐00	18♐27	25♐50	3♑06	10♑13	17♑11	23♑59	0♒38	7♒09	13♒33	19♒50	26♒01	2♓07	8♓08	14♓06
/☊	20♏34	28♏01	5♐24	12♐40	19♐47	26♐45	3♑32	10♑10	16♑39	23♑00	29♑15	5♒24	11♒27	17♒27	23♒24
☿/♀	16♎10	17♎25	18♎39	19♎52	21♎05	22♎16	23♎27	24♎37	25♎46	26♎54	28♎01	29♎06	0♏10	1♏11	2♏11
/♂	26♏37	27♏37	28♏37	29♏36	0♐35	1♐32	2♐29	3♐25	4♐20	5♐13	6♐06	6♐57	7♐46	8♐34	9♐19
/⚳	9♍37	10♍19	10♍59	11♍39	12♍18	12♍56	13♍32	14♍08	14♍42	15♍15	15♍46	16♍16	16♍44	17♍10	17♍34
/♃	1♍10	1♍47	2♍24	2♍60	3♍35	4♍09	4♍42	5♍14	5♍45	6♍15	6♍43	7♍10	7♍35	7♍58	8♍19
/♄	8♏46	9♏28	10♏10	10♏51	11♏31	12♏11	12♏49	13♏27	14♏04	14♏39	15♏13	15♏45	16♏16	16♏46	17♏13
/♅	26♑02	26♑39	27♑16	27♑53	28♑28	29♑03	29♑37	0♒10	0♒42	1♒12	1♒42	2♒10	2♒36	3♒01	3♒23
/♆	8♑22	9♑00	9♑38	10♑15	10♑52	11♑27	12♑02	12♑35	13♑08	13♑39	14♑10	14♑38	15♑05	15♑31	15♑54
/♇	11♐41	12♐20	12♐59	13♐37	14♐14	14♐50	15♐26	16♐00	16♐34	17♐06	17♐37	18♐07	18♐34	19♐01	19♐25
/☊	21♏15	21♏54	22♏33	23♏11	23♏48	24♏24	24♏59	25♏32	26♏04	26♏34	27♏02	27♏29	27♏55	28♏20	28♏43
♀/♂	26♎35	27♎33	28♎30	29♎28	0♏25	1♏23	2♏21	3♏19	4♏17	5♏15	6♏13	7♏11	8♏09	9♏08	10♏06
/⚳	9♌35	10♌14	10♌52	11♌30	12♌08	12♌46	13♌24	14♌02	14♌39	15♌16	15♌54	16♌31	17♌08	17♌44	18♌21
/♃	1♌08	1♌42	2♌17	2♌51	3♌25	3♌60	4♌34	5♌08	5♌42	6♌16	6♌50	7♌24	7♌58	8♌32	9♌06
/♄	8♎44	9♎23	10♎03	10♎42	11♎22	12♎01	12♎41	13♎21	14♎01	14♎40	15♎20	15♎60	16♎40	17♎20	17♎60
/♅	25♊60	26♊35	27♊09	27♊44	28♊19	28♊54	29♊29	0♋04	0♋39	1♋14	1♋49	2♋24	2♋59	3♋35	4♋10
/♆	8♐20	8♐56	9♐31	10♐07	10♐42	11♐18	11♐53	12♐29	13♐05	13♐41	14♐17	14♐53	15♐29	16♐05	16♐41
/♇	11♏39	12♏15	12♏52	13♏28	14♏05	14♏41	15♏17	15♏54	16♏31	17♏07	17♏44	18♏21	18♏58	19♏35	20♏12
/☊	21♎14	21♎49	22♎25	23♎02	23♎39	24♎15	24♎51	25♎26	26♎01	26♎35	27♎09	27♎44	28♎19	28♎54	29♎30
♂/⚳	20♍02	20♍26	20♍51	21♍15	21♍38	22♍02	22♍26	22♍49	23♍12	23♍36	23♍59	24♍21	24♍44	25♍06	25♍29
/♃	11♍35	11♍55	12♍15	12♍35	12♍56	13♍16	13♍36	13♍56	14♍16	14♍35	14♍55	15♍15	15♓35	15♓54	16♓14
/♄	19♏11	19♏36	20♏01	20♏27	20♏52	21♏17	21♏43	22♏08	22♏34	22♏59	23♏25	23♏51	24♏16	24♏42	25♏08
/♅	6♒27	6♒47	7♒08	7♒28	7♒49	8♒10	8♒30	8♒51	9♒12	9♒33	9♒54	10♒15	10♒36	10♒57	11♒18
/♆	18♑47	19♑08	19♑30	19♑51	20♑12	20♑34	20♑55	21♑17	21♑38	21♑60	22♑22	22♑43	23♑05	23♑27	23♑49
/♇	22♐06	22♐28	22♐50	23♐12	23♐35	23♐57	24♐19	24♐42	25♐04	25♐27	25♐49	26♐12	26♐34	26♐57	27♐20
/☊	1♐41	2♐02	2♐24	2♐46	3♐09	3♐31	3♐53	4♐14	4♐34	4♐54	5♐14	5♐35	5♐55	6♐16	6♐38
⚳/♃	24♊35	24♊36	24♊37	24♊38	24♊39	24♊39	24♊39	24♊38	24♊38	24♊37	24♊36	24♊34	24♊33	24♊31	24♊28
/♄	2♍11	2♍17	2♍23	2♍29	2♍35	2♍41	2♍46	2♍51	2♍56	3♍01	3♍06	3♍10	3♍14	3♍18	3♍22
/♅	19♉27	19♉28	19♉30	19♉31	19♉32	19♉33	19♉33	19♉34	19♉34	19♉34	19♉34	19♉34	19♉34	19♉33	19♉33
/♆	1♉47	1♉49	1♉52	1♉53	1♉55	1♉57	1♉58	1♉60	2♉01	2♉02	2♉02	2♉03	2♉03	2♉03	2♉04
/♇	5♈06	5♈09	5♈12	5♈15	5♈18	5♈20	5♈22	5♈24	5♈26	5♈28	5♈30	5♈31	5♈32	5♈33	5♈34
/☊	14♍41	14♍43	14♍46	14♍49	14♍52	14♍54	14♍56	14♍56	14♍56	14♍56	14♍55	14♍54	14♍53	14♍53	14♍52
♃/♄	23♌43	23♌46	23♌48	23♌50	23♌52	23♌54	23♌56	23♌58	23♌59	24♌01	24♌02	24♌04	24♌05	24♌06	24♌07
/♅	10♉59	10♉57	10♉54	10♉52	10♉49	10♉46	10♉43	10♉40	10♉37	10♉34	10♉31	10♉28	10♉25	10♉21	10♉18
/♆	23♈20	23♈18	23♈16	23♈14	23♈12	23♈10	23♈08	23♈06	23♈04	23♈01	22♈59	22♈56	22♈54	22♈51	22♈49
/♇	26♓39	26♓38	26♓37	26♓36	26♓35	26♓34	26♓32	26♓31	26♓30	26♓28	26♓26	26♓25	26♓23	26♓21	26♓19
/☊	6♍13	6♍12	6♍11	6♍10	6♍09	6♍08	6♍06	6♍03	5♍59	5♍56	5♍52	5♍48	5♍44	5♍40	5♍38
♄/♅	18♑35	18♑38	18♑40	18♑43	18♑46	18♑48	18♑51	18♑53	18♑56	18♑58	19♑01	19♑04	19♑06	19♑09	19♑12
/♆	0♑56	0♑59	1♑02	1♑06	1♑09	1♑12	1♑15	1♑19	1♑22	1♑25	1♑29	1♑32	1♑36	1♑39	1♑42
/♇	4♐15	4♐19	4♐23	4♐27	4♐31	4♐35	4♐40	4♐44	4♐48	4♐52	4♐56	5♐00	5♐05	5♐09	5♐13
/☊	13♏49	13♏53	13♏57	14♏01	14♏05	14♏09	14♏13	14♏16	14♏18	14♏20	14♏21	14♏23	14♏26	14♏28	14♏31
♅/♆	18♓12	18♓10	18♓09	18♓07	18♓06	18♓04	18♓03	18♓02	18♓00	17♓59	17♓58	17♓56	17♓55	17♓54	17♓53
/♇	21♒31	21♒30	21♒29	21♒29	21♒28	21♒28	21♒27	21♒26	21♒26	21♒26	21♒25	21♒25	21♒24	21♒24	21♒24
/☊	1♒05	1♒04	1♒03	1♒03	1♒02	1♒02	1♒00	0♒58	0♒56	0♒53	0♒50	0♒47	0♒45	0♒43	0♒42
♆/♇	3♒51	3♒51	3♒51	3♒51	3♒51	3♒52	3♒52	3♒52	3♒52	3♒53	3♒53	3♒53	3♒54	3♒54	3♒54
/☊	13♑25	13♑25	13♑25	13♑25	13♑26	13♑26	13♑25	13♑24	13♑22	13♑20	13♑18	13♑16	13♑14	13♑13	13♑13
♇/☊	16♐44	16♐45	16♐46	16♐47	16♐48	16♐49	16♐49	16♐49	16♐48	16♐47	16♐46	16♐44	16♐44	16♐43	16♐43

November 2012

	1	2	3	4	5	6	7	8	9	10	11	12	13	14	15
☉/☽	20♌47	27♌11	3♍35	10♍00	16♍30	23♍06	29♍50	6♎45	13♎51	21♎12	28♎46	6♏33	14♏30	22♏34	0♐40
/☿	20♏33	21♏21	22♏08	22♏51	23♏30	24♏06	24♏38	25♏06	25♏29	25♏48	26♏01	26♏09	26♏12	26♏11	26♏07
/♀	21♎35	22♎41	23♎48	24♎54	26♎01	27♎08	28♎14	29♎21	0♏28	1♏35	2♏42	3♏49	4♏56	6♏03	7♏10
/♂	28♏28	29♏20	0♐13	1♐05	1♐57	2♐50	3♐42	4♐34	5♐27	6♐20	7♐12	8♐05	8♐58	9♐50	10♐43
/⚷	6♍21	6♍51	7♍20	7♍50	8♍19	8♍48	9♍17	9♍46	10♍14	10♍43	11♍11	11♍39	12♍07	12♍34	13♍02
/♃	27♌03	27♌31	27♌58	28♌25	28♌52	29♌19	29♌46	0♍13	0♍40	1♍07	1♍34	2♍01	2♍27	2♍54	3♍21
/♄	6♏03	6♏37	7♏11	7♏44	8♏18	8♏52	9♏25	9♏59	10♏33	11♏06	11♏40	12♏14	12♏48	13♏21	13♏55
/♅	22♑09	22♑38	23♑07	23♑36	24♑06	24♑35	25♑04	25♑33	26♑03	26♑32	27♑01	27♑31	28♑00	28♑30	28♑59
/♆	4♑41	5♑11	5♑40	6♑10	6♑40	7♑10	7♑40	8♑10	8♑40	9♑11	9♑41	10♑11	10♑41	11♑11	11♑42
/♇	8♐12	8♐43	9♐14	9♐44	10♐15	10♐46	11♐17	11♐48	12♐19	12♐49	13♐20	13♐51	14♐22	14♐53	15♐24
/☊	17♏30	18♏00	18♏31	19♏02	19♏32	20♏03	20♏33	21♏03	21♏33	22♏03	22♏32	23♏02	23♏32	24♏02	24♏32
☽/☿	2♍22	8♍34	14♍44	20♍53	27♍02	3♎14	9♎30	15♎52	22♎21	28♎60	5♏47	12♏42	19♏42	26♏44	3♐45
/♀	3♌24	9♌54	16♌24	22♌56	29♌32	6♍15	13♍05	20♍06	27♍20	4♎47	12♎28	20♎21	28♎25	6♏35	14♏48
/♂	10♓18	16♓33	22♍49	29♍07	5♎29	11♎57	18♎33	25♎20	2♏19	9♏32	16♏58	24♏37	2♐27	10♐23	18♐21
/⚷	18♊10	24♊03	29♊57	5♋52	11♋51	17♋55	24♋08	0♌31	7♌06	13♌55	20♌57	28♌11	5♍36	13♍07	20♍40
/♃	8♊53	14♊43	20♊34	26♊27	2♋24	8♋27	14♋37	20♋59	27♋32	4♌19	11♌20	18♌33	25♌57	3♍27	10♍59
/♄	17♌53	23♌50	29♌47	5♍46	11♍50	17♍59	24♍16	0♎44	7♎25	14♎19	21♎26	28♎46	6♏17	13♏54	21♏33
/♅	3♉58	9♉51	15♉44	21♉39	27♉37	3♊42	9♊55	16♊19	22♊55	29♊44	6♑47	14♑03	21♑30	29♑03	6♒37
/♆	16♈30	22♈23	28♈17	4♉13	10♉12	16♉18	22♉31	28♉56	5♐33	12♐23	19♐27	26♐43	4♑10	11♑44	19♑20
/♇	20♓02	25♓56	1♈50	7♎47	13♎47	19♎53	26♎08	2♏33	9♏11	16♏02	23♏06	0♐24	7♐52	15♐26	23♐02
/☊	29♌19	5♍13	11♍07	17♍04	23♍04	29♍10	5♎24	11♎49	18♎25	25♎15	2♏18	9♏35	17♏01	24♏35	2♐11
☿/♀	3♏09	4♏04	4♏57	5♏46	6♏33	7♏15	7♏54	8♏28	8♏58	9♏23	9♏42	9♏57	10♏07	10♏13	10♏15
/♂	10♐03	10♐44	11♐22	11♐57	12♐29	12♐57	13♐22	13♐42	13♐57	14♐07	14♐13	14♐14	14♐09	14♐01	13♐48
/⚷	17♍55	18♍14	18♍30	18♍42	18♍51	18♍56	18♍57	18♍53	18♍44	18♍31	18♍12	17♍48	17♍18	16♍45	16♍07
/♃	8♍38	8♍54	9♍07	9♍17	9♍24	9♍27	9♍26	9♍20	9♍10	8♍55	8♍35	8♍09	7♍39	7♍04	6♍26
/♄	17♏38	18♏00	18♏20	18♏36	18♏50	18♏59	19♏05	19♏06	19♏03	18♏54	18♏41	18♏23	17♏59	17♏32	17♏00
/♅	3♒43	4♒01	4♒17	4♒29	4♒37	4♒43	4♒44	4♒40	4♒33	4♒20	4♒02	3♒40	3♒12	2♒40	2♒04
/♆	16♑15	16♑34	16♑50	17♑03	17♑12	17♑18	17♑20	17♑17	17♑10	16♑58	16♑42	16♑20	15♑53	15♑22	14♑47
/♇	19♐47	20♐06	20♐23	20♐37	20♐47	20♐54	20♐56	20♐55	20♐48	20♐37	20♐21	20♐00	19♐34	19♐04	18♐29
/☊	29♏04	29♏23	29♏40	29♏54	0♐04	0♐11	0♐13	0♐10	0♐03	29♏51	29♏33	29♏11	28♏44	28♏13	27♏38
♀/♂	11♏05	12♏03	13♏02	14♏01	14♏60	15♏58	16♏57	17♏56	18♏55	19♏55	20♏54	21♏53	22♏52	23♏52	24♏51
/⚷	18♌57	19♌34	20♌10	20♌46	21♌21	21♌57	22♌32	23♌08	23♌43	24♌18	24♌53	25♌27	26♌02	26♌36	27♌10
/♃	9♌40	10♌13	10♌47	11♌21	11♌55	12♌28	13♌02	13♌35	14♌09	14♌42	15♌16	15♌49	16♌22	16♌56	17♌29
/♄	18♎40	19♎20	19♎60	20♎40	21♎20	22♎00	22♎41	23♎21	24♎01	24♎41	25♎22	26♎02	26♎42	27♎23	28♎03
/♅	4♋46	5♑21	5♑57	6♑32	7♑08	7♑44	8♑19	8♑55	9♑31	10♑07	10♑43	11♑19	11♑55	12♑31	13♑08
/♆	17♐17	17♐54	18♐30	19♐06	19♐43	20♐19	20♐56	21♐32	22♐09	22♐46	23♐22	23♐59	24♐36	25♐13	25♐50
/♇	20♏49	21♏26	22♏03	22♏40	23♏18	23♏55	24♏32	25♏10	25♏47	26♏24	27♏02	27♏40	28♏17	28♏55	29♏33
/☊	0♏06	0♏43	1♏20	1♏58	2♏35	3♏12	3♏49	4♏25	5♏01	5♏38	6♏14	6♏50	7♏27	8♏04	8♏41
♂/⚷	25♍51	26♍13	26♍35	26♍56	27♍18	27♍39	28♍00	28♍21	28♍42	29♍03	29♍23	29♍43	0♎03	0♎23	0♎43
/♃	16♓33	16♓53	17♓12	17♓32	17♓51	18♓10	18♓29	18♓49	19♓08	19♓27	19♓46	20♓05	20♓24	20♓43	21♓02
/♄	25♏33	25♏59	26♏25	26♏51	27♏17	27♏42	28♏08	28♏34	29♏00	29♏26	29♏52	0♐18	0♐44	1♐10	1♐37
/♅	11♒39	12♒00	12♒22	12♒43	13♒04	13♒26	13♒47	14♒09	14♒30	14♒52	15♒14	15♒35	15♒57	16♒19	16♒41
/♆	24♑11	24♑33	24♑55	25♑17	25♑39	26♑01	26♑23	26♑46	27♑08	27♑30	27♑53	28♑15	28♑38	29♑01	29♑23
/♇	27♐42	28♐05	28♐28	28♐51	29♐14	29♐37	29♐60	0♑23	0♑46	1♑09	1♑33	1♑56	2♑19	2♑42	3♑06
/☊	6♐60	7♐23	7♐45	8♐08	8♐31	8♐54	9♐16	9♐39	10♐01	10♐23	10♐45	11♐07	11♐29	11♐51	12♐14
⚷/♃	24♊26	24♊23	24♊20	24♊16	24♊13	24♊09	24♊05	24♊00	23♊55	23♊50	23♊45	23♊39	23♊33	23♊27	23♊21
/♄	3♍26	3♍29	3♍33	3♍36	3♍38	3♍41	3♍44	3♍46	3♍48	3♍49	3♍51	3♍52	3♍53	3♍54	3♍55
/♅	19♉32	19♉31	19♉29	19♉28	19♉26	19♉24	19♉22	19♉20	19♉18	19♉15	19♉12	19♉09	19♉06	19♉03	18♉59
/♆	2♉03	2♉03	2♉03	2♉02	2♉01	1♉60	1♉59	1♉57	1♉55	1♉54	1♉52	1♉49	1♉47	1♉44	1♉42
/♇	5♈35	5♈35	5♈36	5♈36	5♈36	5♈36	5♈35	5♈34	5♈34	5♈32	5♈31	5♈30	5♈28	5♈26	5♈24
/☊	14♍53	14♍53	14♍53	14♍53	14♍53	14♍52	14♍51	14♍50	14♍48	14♍46	14♍43	14♍41	14♍38	14♍35	14♍32
♃/♄	24♌08	24♌09	24♌10	24♌11	24♌12	24♌12	24♌13	24♌13	24♌14	24♌14	24♌14	24♌14	24♌14	24♌14	24♌14
/♅	10♉14	10♉11	10♉07	10♉03	9♉59	9♉55	9♉52	9♉48	9♉44	9♉39	9♉35	9♉31	9♉27	9♉23	9♉18
/♆	22♈46	22♈43	22♈40	22♈37	22♈34	22♈31	22♈28	22♈25	22♈21	22♈18	22♈15	22♈11	22♈08	22♈04	22♈01
/♇	26♓17	26♓15	26♓13	26♓11	26♓09	26♓07	26♓04	26♓02	25♓59	25♓57	25♓54	25♓52	25♓49	25♓46	25♓43
/☊	5♍35	5♍33	5♍31	5♍28	5♍26	5♍24	5♍21	5♍17	5♍14	5♍10	5♍06	5♍03	4♍59	4♍55	4♍52
♄/♅	19♑14	19♑17	19♑20	19♑22	19♑25	19♑28	19♑30	19♑33	19♑36	19♑39	19♑42	19♑44	19♑47	19♑50	19♑53
/♆	1♑46	1♑49	1♑53	1♑56	1♑60	2♑03	2♑07	2♑10	2♑14	2♑17	2♑21	2♑24	2♑28	2♑32	2♑35
/♇	5♐17	5♐22	5♐26	5♐30	5♐35	5♐39	5♐43	5♐48	5♐52	5♐56	6♐00	6♐05	6♐09	6♐13	6♐18
/☊	14♏35	14♏39	14♏43	14♏48	14♏52	14♏56	14♏60	15♏03	15♏06	15♏09	15♏12	15♏16	15♏19	15♏22	15♏26
♅/♆	17♓52	17♓51	17♓49	17♓48	17♓47	17♓46	17♓46	17♓45	17♓44	17♓43	17♓42	17♓41	17♓41	17♓40	17♓39
/♇	21♒23	21♒23	21♒23	21♒22	21♒22	21♒22	21♒22	21♒22	21♒22	21♒22	21♒22	21♒22	21♒22	21♒22	21♒22
/☊	0♒41	0♒40	0♒40	0♒40	0♒40	0♒39	0♒38	0♒37	0♒36	0♒35	0♒34	0♒33	0♒32	0♒31	0♒30
♆/♇	3♒55	3♒55	3♒56	3♒56	3♒57	3♒58	3♒58	3♒59	3♒60	4♒00	4♒01	4♒02	4♒03	4♒04	4♒04
/☊	13♑12	13♑13	13♑13	13♑14	13♑14	13♑15	13♑15	13♑14	13♑14	13♑14	13♑13	13♑13	13♑13	13♑12	13♑13
♇/☊	16♐44	16♐45	16♐46	16♐48	16♐49	16♐50	16♐51	16♐52	16♐52	16♐52	16♐53	16♐53	16♐54	16♐54	16♐55

	16	17	18	19	20	21	22	23	24	25	26	27	28	29	30
☉/☽	8♐43	16♐39	24♐25	1♑59	9♑20	16♑28	23♑26	0♒14	6♒54	13♒29	19♒58	26♒25	2♓50	9♍14	15♍39
/☿	25♏59	25♏49	25♏39	25♏29	25♏22	25♏18	25♏17	25♏23	25♏33	25♏49	26♏12	26♏39	27♏13	27♏51	28♏34
/♀	8♏17	9♏24	10♏31	11♏39	12♏46	13♏53	15♏01	16♏08	17♏15	18♏23	19♏30	20♏38	21♏45	22♏53	24♏01
/♂	11♐36	12♐29	13♐22	14♐15	15♐08	16♐01	16♐54	17♐47	18♐40	19♐33	20♐26	21♐20	22♐13	23♐06	23♐60
/⚷	13♍29	13♍56	14♍23	14♍49	15♍16	15♍42	16♍08	16♍34	16♍60	17♍26	17♍51	18♍16	18♍41	19♍06	19♍31
/♃	3♍47	4♍14	4♍40	5♍07	5♍33	5♍60	6♍26	6♍53	7♍19	7♍45	8♍12	8♍38	9♍04	9♍31	9♍57
/♄	14♏29	15♏03	15♏36	16♏10	16♏44	17♏18	17♏51	18♏25	18♏59	19♏32	20♏06	20♏40	21♏13	21♏47	22♏21
/♅	29♑29	29♑58	0♒28	0♒58	1♒27	1♒57	2♒27	2♒57	3♒27	3♒56	4♒26	4♒56	5♒26	5♒56	6♒26
/♆	12♑12	12♑42	13♑13	13♑43	14♑14	14♑44	15♑14	15♑45	16♑15	16♑46	17♑17	17♑47	18♑18	18♑49	19♑19
/♇	15♐55	16♐26	16♐58	17♐29	17♐60	18♐31	19♐02	19♐33	20♐05	20♐36	21♐07	21♐38	22♐10	22♐41	23♐12
/☊	25♏03	25♏33	26♏03	26♏34	27♏04	27♏34	28♏05	28♏35	29♏06	29♏36	0♐07	0♐38	1♐08	1♐38	2♐08
☽/☿	10♐40	17♐26	24♐01	0♑24	6♑37	12♑41	18♑38	24♑31	0♒21	6♒11	12♒02	17♒56	23♌53	29♌55	6♍02
/♀	22♏58	1♐01	8♐53	16♐34	24♐01	1♑17	8♑21	15♑16	22♑03	28♑44	5♌21	11♌54	18♌26	24♌57	1♍29
/♂	26♐17	4♑05	11♑44	19♑10	26♑23	3♒24	10♒15	16♒55	23♒28	29♒55	6♓17	12♓36	18♓54	25♓11	1♈28
/⚷	28♍10	5♈32	12♈44	19♈44	26♈31	3♉06	9♉29	15♉42	21♉48	27♉47	3♊41	9♊33	15♊22	21♊11	26♊60
/♃	18♓28	25♓50	3♈02	10♈02	16♈49	23♈24	29♈47	6♉01	12♉07	18♉07	24♉02	29♉54	5♊45	11♊35	17♊25
/♄	29♏10	6♐39	13♐58	21♐05	27♐59	4♑41	11♑12	17♑33	23♑46	29♑54	5♒56	11♌56	17♌54	23♌51	29♌49
/♅	14♒10	21♒35	28♒50	5♓53	12♓43	19♓21	25♓48	2♈05	8♈14	14♈18	20♈17	26♈13	2♉07	8♉00	13♉54
/♆	26♑53	4♒19	11♒34	18♒38	25♒29	2♓08	8♓35	14♓53	21♓03	27♓07	3♈07	9♈04	14♈59	20♈53	26♈47
/♇	0♑36	8♑03	15♑19	22♑24	29♑15	5♒55	12♒23	18♒42	24♒52	0♓57	6♓57	12♓55	18♓50	24♓45	0♈40
/☊	9♐44	17♐10	24♐25	1♑29	8♑19	14♑58	21♑25	27♑43	3♒54	9♒58	15♒58	21♒54	27♌49	3♍43	9♍36
☿/♀	10♏14	10♏11	10♏07	10♏04	10♏04	10♏06	10♏13	10♏24	10♏42	11♏05	11♏34	12♏09	12♏49	13♏34	14♏24
/♂	13♐33	13♐15	12♐58	12♐40	12♐25	12♐13	12♐06	12♐03	12♐06	12♐15	12♐30	12♐51	13♐16	13♐47	14♐23
/⚷	15♍26	14♍42	13♍58	13♍15	12♍33	11♍55	11♍20	10♍51	10♍26	10♍08	9♍55	9♍47	9♍45	9♍47	9♍54
/♃	5♍44	5♍01	4♍16	3♍33	2♍51	2♍13	1♍38	1♍09	0♍45	0♍27	0♍15	0♍09	0♍08	0♍12	0♍20
/♄	16♏26	15♏49	15♏12	14♏36	14♏01	13♏30	13♏03	12♏41	12♏25	12♏14	12♏10	12♏11	12♏17	12♏28	12♏44
/♅	1♒26	0♒45	0♒04	29♑23	28♑45	28♑10	27♑39	27♑13	26♑53	26♑39	26♑30	26♑27	26♑30	26♑37	26♑49
/♆	14♑09	13♑29	12♑49	12♑09	11♑31	10♑57	10♑27	10♑01	9♑42	9♑28	9♑20	9♑18	9♑21	9♑29	9♑42
/♇	17♐52	17♐13	16♐33	15♐54	15♐17	14♐44	14♐14	13♐50	13♐31	13♐18	13♐11	13♐09	13♐13	13♐22	13♐35
/☊	26♏60	26♏20	25♏39	24♏59	24♏22	23♏47	23♏17	22♏52	22♏32	22♏19	22♏11	22♏09	22♏11	22♏19	22♏31
♀/♂	25♏51	26♏50	27♏50	28♏50	29♏49	0♐49	1♐49	2♐49	3♐49	4♐49	5♐49	6♐49	7♐49	8♐49	9♐49
/⚷	27♌44	28♌17	28♌51	29♌24	29♌58	0♍31	1♍03	1♍36	2♍09	2♍41	3♍13	3♍45	4♍17	4♍49	5♍21
/♃	18♌02	18♌36	19♌09	19♌42	20♌15	20♌48	21♌22	21♌55	22♌28	23♌01	23♌34	24♌07	24♌40	25♌13	25♌47
/♄	28♎44	29♎24	0♏05	0♏45	1♏25	2♏06	2♏46	3♏27	4♏07	4♏48	5♏28	6♏09	6♏49	7♏30	8♏10
/♅	13♑44	14♑20	14♑56	15♑33	16♑09	16♑46	17♑22	17♑59	18♑35	19♑12	19♑49	20♑25	21♑02	21♑39	22♑16
/♆	26♐27	27♐04	27♐41	28♐18	28♐55	29♐32	0♑10	0♑47	1♑24	2♑02	2♑39	3♑16	3♑54	4♑31	5♑09
/♇	0♐10	0♐48	1♐26	2♐04	2♐42	3♐19	3♐57	4♐35	5♐13	5♐51	6♐29	7♐07	7♐46	8♐24	9♐02
/☊	9♏18	9♏55	10♏32	11♏09	11♏46	12♏23	12♏60	13♏37	14♏14	14♏52	15♏29	16♏07	16♏44	17♏21	17♏58
♂/⚷	1♎03	1♎22	1♎41	2♎00	2♎19	2♈38	2♈57	3♈15	3♈33	3♈51	4♈09	4♈27	4♈45	5♈03	5♈20
/♃	21♓21	21♓40	21♓59	22♓18	22♓37	22♓56	23♓15	23♓34	23♓52	24♓11	24♓30	24♓49	25♓08	25♓27	25♓46
/♄	2♐03	2♐29	2♐55	3♐21	3♐47	4♐13	4♐40	5♐06	5♐32	5♐58	6♐25	6♐51	7♐17	7♐43	8♐10
/♅	17♒03	17♒25	17♒47	18♒09	18♒31	18♒53	19♒15	19♒38	19♒60	20♒22	20♒45	21♒07	21♒30	21♒52	22♒15
/♆	29♑46	0♒09	0♒31	0♒54	1♒17	1♒40	2♒03	2♒26	2♒49	3♒12	3♒35	3♒58	4♒21	4♒45	5♒08
/♇	3♑29	3♑53	4♑16	4♑40	5♑03	5♑27	5♑51	6♑14	6♑38	7♑02	7♑26	7♑49	8♑13	8♑37	9♑01
/☊	12♐37	12♐59	13♐22	13♐45	14♐07	14♐30	14♐53	15♐16	15♐39	16♐02	16♐26	16♐49	17♐12	17♐34	17♐57
⚷/♃	23♊14	23♊07	23♊00	22♊53	22♊45	22♊37	22♊29	22♊21	22♊12	22♊04	21♊55	21♊46	21♊36	21♊27	21♊17
/♄	3♍56	3♍56	3♍56	3♍56	3♍55	3♍55	3♍54	3♍53	3♍52	3♍51	3♍49	3♍47	3♍45	3♍43	3♍41
/♅	18♉56	18♉52	18♉48	18♉43	18♉39	18♉35	18♉30	18♉25	18♉20	18♉15	18♉09	18♉04	17♉58	17♉52	17♉47
/♆	1♉39	1♉36	1♉32	1♉29	1♉25	1♉21	1♉17	1♉13	1♉09	1♉04	0♉60	0♉55	0♉50	0♉45	0♉40
/♇	5♈22	5♈20	5♈17	5♈14	5♈11	5♈08	5♈05	5♈02	4♈58	4♈54	4♈50	4♈46	4♈42	4♈37	4♈33
/☊	14♍30	14♍26	14♍23	14♍19	14♍16	14♍12	14♍07	14♍03	13♍59	13♍55	13♍50	13♍45	13♍40	13♍35	13♍29
♃/♄	24♌14	24♌14	24♌14	24♌13	24♌13	24♌13	24♌12	24♌12	24♌11	24♌10	24♌10	24♌09	24♌08	24♌08	24♌07
/♅	9♉14	9♉10	9♉05	9♉01	8♉57	8♉52	8♉48	8♉43	8♉39	8♉34	8♉30	8♉26	8♉21	8♉17	8♉12
/♆	21♈57	21♈54	21♈50	21♈46	21♈43	21♈39	21♈35	21♈32	21♈28	21♈24	21♈20	21♈17	21♈13	21♈09	21♈05
/♇	25♓41	25♓38	25♓35	25♓32	25♓29	25♓26	25♓23	25♓20	25♓17	25♓14	25♓11	25♓08	25♓05	25♓01	24♓58
/☊	4♍48	4♍44	4♍41	4♍37	4♍33	4♍29	4♍25	4♍22	4♍18	4♍14	4♍11	4♍07	4♍03	3♍59	3♍54
♄/♅	19♑56	19♑58	20♑01	20♑04	20♑07	20♑10	20♑13	20♑16	20♑19	20♑21	20♑24	20♑27	20♑30	20♑33	20♑36
/♆	2♑39	2♑42	2♑46	2♑49	2♑53	2♑57	3♑00	3♑04	3♑07	3♑11	3♑15	3♑18	3♑22	3♑25	3♑29
/♇	6♐22	6♐26	6♐31	6♐35	6♐39	6♐44	6♐48	6♐52	6♐57	7♐01	7♐05	7♐09	7♐14	7♐18	7♐22
/☊	15♏30	15♏33	15♏37	15♏40	15♏43	15♏47	15♏50	15♏54	15♏58	16♏01	16♏05	16♏09	16♏12	16♏15	16♏18
♅/♆	17♓39	17♓38	17♓38	17♓37	17♓37	17♓36	17♓36	17♓36	17♓35	17♓35	17♓35	17♓35	17♓35	17♓35	17♓35
/♇	21♒22	21♒22	21♒23	21♒23	21♒23	21♒23	21♒24	21♒24	21♒24	21♒25	21♒25	21♒26	21♒26	21♒27	21♒28
/☊	0♒30	0♒29	0♒28	0♒28	0♒27	0♒27	0♒26	0♒26	0♒26	0♒26	0♒25	0♒25	0♒25	0♒24	0♒23
♆/♇	4♒05	4♒06	4♒07	4♒08	4♒09	4♒10	4♒11	4♒12	4♒13	4♒15	4♒16	4♒17	4♒18	4♒19	4♒21
/☊	13♑13	13♑13	13♑13	13♑13	13♑13	13♑13	13♑14	13♑14	13♑15	13♑15	13♑16	13♑16	13♑17	13♑17	13♑16
♇/☊	16♐56	16♐57	16♐58	16♐59	16♐60	17♐00	17♐01	17♐02	17♐04	17♐05	17♐06	17♐07	17♐08	17♐09	17♐09

November 2012

December 2012

	1	2	3	4	5	6	7	8	9	10	11	12	13	14	15	16
☉/☽	22♍05	28♍34	5♎07	11♎45	18♎29	25♎23	2♏26	9♏41	17♏08	24♏49	2♐41	10♐42	18♐48	26♐55	4♑58	12♑51
/☿	29♏21	0♐12	1♐06	2♐03	3♐02	4♐04	5♐08	6♐13	7♐20	8♐28	9♐38	10♐48	11♐59	13♐11	14♐23	15♐36
/♀	25♏08	26♏16	27♏24	28♏31	29♏39	0♐47	1♐55	3♐02	4♐10	5♐18	6♐26	7♐34	8♐42	9♐50	10♐58	12♐06
/♂	24♐53	25♐47	26♐40	27♐33	28♐27	29♐21	0♑14	1♑08	2♑01	2♑55	3♑49	4♑43	5♑36	6♑30	7♑24	8♑18
/⚳	19♍56	20♍21	20♍45	21♍09	21♍34	21♍58	22♍22	22♍46	23♍10	23♍33	23♍57	24♍21	24♍44	25♍08	25♍31	25♍55
/♃	10♍23	10♍50	11♍16	11♓42	12♓09	12♓35	13♓01	13♓28	13♓54	14♓21	14♓47	15♓14	15♓40	16♓07	16♓34	17♓00
/♄	22♏54	23♏28	24♏02	24♏35	25♏09	25♏43	26♏16	26♏50	27♏23	27♏57	28♏30	29♏04	29♏37	0♐11	0♐44	1♐18
/♅	6♒56	7♒26	7♒57	8♒27	8♒57	9♒27	9♒57	10♒28	10♒58	11♒28	11♒59	12♒29	12♒60	13♒30	14♒01	14♒32
/♆	19♑50	20♑21	20♑52	21♑22	21♑53	22♑24	22♑55	23♑26	23♑57	24♑28	24♑59	25♑30	26♑01	26♑32	27♑03	27♑34
/♇	23♐44	24♐15	24♐46	25♐18	25♐49	26♐21	26♐52	27♐24	27♐55	28♐27	28♐58	29♐30	0♑01	0♑33	1♑04	1♑36
/☊	2♐38	3♐07	3♐36	4♐06	4♐35	5♐05	5♐35	6♐06	6♐37	7♐09	7♐40	8♐10	8♐40	9♐10	9♐38	10♐07
☽/☿	12♍15	18♍33	24♍59	1♎33	8♎17	15♎11	22♎17	29♎36	7♏10	14♏57	22♏57	1♐08	9♐24	17♐42	25♐56	4♑01
/♀	8♍02	14♍37	21♍17	28♍02	4♎53	11♎53	19♎04	26♎25	3♏60	11♏47	19♏46	27♏54	6♐07	14♐21	22♐31	0♑31
/♂	7♈47	14♎08	20♎33	27♎04	3♏41	10♏27	17♏23	24♏31	1♐51	9♐24	17♐09	25♐02	3♑02	11♑01	18♑57	26♑43
/⚳	2♋50	8♋42	14♋39	20♋40	26♋48	3♌04	9♌31	16♌09	22♌59	0♍02	7♍17	14♍41	22♍10	29♓39	7♈04	14♈20
/♃	23♊17	29♊11	5♋09	11♋13	17♋23	23♋42	0♌10	6♌51	13♌44	20♌50	28♌07	5♍33	13♓05	20♓38	28♓06	5♈26
/♄	5♍48	11♍50	17♍55	24♍06	0♎23	6♎49	13♎25	20♎13	27♎13	4♏26	11♏50	19♏24	27♏02	4♐42	12♐17	19♐43
/♅	19♉50	25♉48	1♊50	7♊57	14♊11	20♊34	27♊06	3♋51	10♑48	17♑57	25♑19	2♒49	10♒25	18♒02	25♒34	2♓57
/♆	2♉44	8♉42	14♉45	20♉53	27♉07	3♐31	10♐04	16♐49	23♐46	0♑57	8♑18	15♑49	23♑26	1♒03	8♒36	15♒59
/♇	6♈37	12♎37	18♎40	24♎48	1♏03	7♏27	14♏01	20♏47	27♏45	4♐55	12♐18	19♐49	27♐26	5♑04	12♑37	20♑01
/☊	15♍31	21♍29	27♍30	3♎36	9♎49	16♎12	22♎44	29♎29	6♏27	13♏37	20♏59	28♏30	6♐05	13♐41	21♐11	28♐32
☿/♀	15♏17	16♏15	17♏16	18♏20	19♏26	20♏35	21♏46	22♏58	24♏12	25♏27	26♏43	27♏60	29♏18	0♐36	1♐56	3♐15
/♂	15♐02	15♐46	16♐32	17♐22	18♐14	19♐09	20♐05	21♐03	22♐03	23♐04	24♐06	25♐09	26♐12	27♐17	28♐22	29♐28
/⚳	10♍05	10♍20	10♍38	10♍58	11♍21	11♍46	12♍13	12♍41	13♍11	13♍42	14♍14	14♍47	15♍20	15♍55	16♍29	17♍05
/♃	0♍33	0♍49	1♍08	1♍31	1♍56	2♍23	2♍52	3♍23	3♍56	4♍29	5♍04	5♍40	6♍16	6♍54	7♍31	8♍10
/♄	13♏04	13♏27	13♏54	14♏24	14♏56	15♏31	16♏07	16♏45	17♏25	18♏05	18♏47	19♏30	20♏13	20♏57	21♏42	22♏27
/♅	27♑06	27♑26	27♑49	28♑15	28♑44	29♑15	29♑48	0♒23	0♒60	1♒37	2♒16	2♒55	3♒36	4♒17	4♒59	5♒41
/♆	9♑59	10♑20	10♑44	11♑11	11♑40	12♑12	12♑46	13♑21	13♑58	14♑36	15♑16	15♑56	16♑37	17♑18	18♑01	18♑44
/♇	13♐53	14♐14	14♐39	15♐06	15♐37	16♐09	16♐43	17♐19	17♐56	18♐35	19♐15	19♐56	20♐37	21♐19	22♐02	22♐45
/☊	22♏47	23♏06	23♏29	23♏54	24♏22	24♏53	25♏26	26♏02	26♏39	27♏17	27♏57	28♏36	29♏16	29♏56	0♐36	1♐16
♀/♂	10♐50	11♐50	12♐50	13♐51	14♐51	15♐51	16♐52	17♐52	18♐53	19♐53	20♐54	21♐55	22♐55	23♐56	24♐57	25♐58
/⚳	5♍52	6♍24	6♍55	7♍26	7♍58	8♍29	8♍59	9♍30	10♍01	10♍32	11♍02	11♍33	12♍03	12♍34	13♍04	13♍35
/♃	26♌20	26♌53	27♌26	27♌59	28♌32	29♌06	29♌39	0♍12	0♍46	1♍19	1♍52	2♍26	2♍59	3♍33	4♍06	4♍40
/♄	8♏51	9♏31	10♏12	10♏52	11♏33	12♏13	12♏54	13♏34	14♏15	14♏55	15♏35	16♏16	16♏56	17♏37	18♏17	18♏57
/♅	22♑53	23♑30	24♑07	24♑44	25♑21	25♑58	26♑35	27♑12	27♑49	28♑27	29♑04	29♑41	0♒19	0♒56	1♒34	2♒11
/♆	5♑46	6♑24	7♑02	7♑39	8♑17	8♑55	9♑33	10♑10	10♑48	11♑26	12♑04	12♑42	13♑20	13♑58	14♑36	15♑14
/♇	9♐40	10♐18	10♐57	11♐35	12♐13	12♐51	13♐30	14♐08	14♐46	15♐25	16♐03	16♐42	17♐20	17♐59	18♐37	19♐16
/☊	18♏34	19♏10	19♏46	20♏23	20♏59	21♏36	22♏13	22♏51	23♏29	24♏07	24♏45	25♏22	25♏59	26♏35	27♏11	27♏46
♂/⚳	5♈37	5♈55	6♈12	6♈29	6♈46	7♈02	7♈19	7♈36	7♈52	8♈09	8♈25	8♈42	8♈58	9♈14	9♈31	9♈47
/♃	26♓05	26♓24	26♓43	27♓02	27♓21	27♓40	27♓59	28♓18	28♓37	28♓56	29♓15	29♓35	29♓54	0♈13	0♈33	0♈52
/♄	8♐36	9♐02	9♐28	9♐55	10♐21	10♐47	11♐13	11♐40	12♐06	12♐32	12♐58	13♐25	13♐51	14♐17	14♐43	15♐10
/♅	22♒38	23♒00	23♒23	23♒46	24♒09	24♒32	24♒55	25♒18	25♒41	26♒04	26♒27	26♒50	27♒13	27♒37	28♒00	28♒23
/♆	5♒31	5♒55	6♒18	6♒42	7♒05	7♒29	7♒52	8♒16	8♒39	9♒03	9♒27	9♒51	10♒14	10♒38	11♒02	11♒26
/♇	9♑25	9♑49	10♑13	10♑37	11♑01	11♑25	11♑49	12♑13	12♑38	13♑02	13♑26	13♑50	14♑15	14♑39	15♑03	15♑28
/☊	18♐19	18♐41	19♐03	19♐25	19♐47	20♐10	20♐33	20♐56	21♐20	21♐44	22♐08	22♐31	22♐54	23♐16	23♐37	23♐59
⚳/♃	21♊08	20♊58	20♊48	20♊37	20♊27	20♊17	20♊06	19♊56	19♊45	19♊34	19♊23	19♊13	19♊02	18♊51	18♊40	18♊29
/♄	3♍39	3♍36	3♍33	3♍31	3♍28	3♍24	3♍21	3♍18	3♍14	3♍10	3♍07	3♍03	2♍59	2♍55	2♍51	2♍46
/♅	17♉41	17♉34	17♉28	17♉22	17♉15	17♉09	17♉02	16♉56	16♉49	16♉42	16♉35	16♉28	16♉21	16♉14	16♉07	16♉00
/♆	0♉34	0♉29	0♉23	0♉18	0♉12	0♉06	29♈60	29♈54	29♈48	29♈41	29♈35	29♈29	29♈22	29♈16	29♈09	29♈03
/♇	4♈28	4♈23	4♈18	4♈13	4♈08	4♈02	3♈57	3♈51	3♈46	3♈40	3♈34	3♈28	3♈23	3♈17	3♈11	3♈05
/☊	13♍22	13♍15	13♍08	13♍01	12♍54	12♍47	12♍40	12♍34	12♍28	12♍22	12♍16	12♍09	12♍02	11♍54	11♍45	11♍35
♃/♄	24♌06	24♌05	24♌04	24♌03	24♌02	24♌01	24♌01	23♌60	23♌59	23♌58	23♌57	23♌56	23♌55	23♌54	23♌53	23♌52
/♅	8♉08	8♉03	7♉59	7♉55	7♉50	7♉46	7♉42	7♉38	7♉33	7♉29	7♉25	7♉21	7♉17	7♉13	7♉10	7♉06
/♆	21♈02	20♈58	20♈54	20♈50	20♈47	20♈43	20♈39	20♈36	20♈32	20♈29	20♈25	20♈22	20♈18	20♈15	20♈11	20♈08
/♇	24♓55	24♓52	24♓49	24♓46	24♓43	24♓40	24♓37	24♓33	24♓30	24♓27	24♓24	24♓21	24♓19	24♓16	24♓13	24♓10
/☊	3♍49	3♍44	3♍39	3♍34	3♍29	3♍24	3♍20	3♍16	3♍13	3♍09	3♍06	3♍02	2♍58	2♍53	2♍47	2♍41
♄/♅	20♑39	20♑42	20♑45	20♑48	20♑51	20♑54	20♑57	20♑60	21♑02	21♑05	21♑08	21♑11	21♑14	21♑17	21♑20	21♑23
/♆	3♑33	3♑36	3♑40	3♑43	3♑47	3♑51	3♑54	3♑58	4♑01	4♑05	4♑08	4♑12	4♑15	4♑19	4♑22	4♑26
/♇	7♐26	7♐30	7♐35	7♐39	7♐43	7♐47	7♐51	7♐55	7♐59	8♐03	8♐08	8♐12	8♐16	8♐20	8♐23	8♐27
/☊	16♏20	16♏23	16♏25	16♏27	16♏29	16♏32	16♏35	16♏38	16♏42	16♏46	16♏49	16♏52	16♏55	16♏56	16♏57	16♏58
♅/♆	17♓35	17♓35	17♓35	17♓35	17♓35	17♓35	17♓35	17♓36	17♓36	17♓36	17♓37	17♓37	17♓38	17♓38	17♓39	17♓40
/♇	21♒28	21♒29	21♒30	21♒30	21♒31	21♒32	21♒33	21♒33	21♒34	21♒35	21♒36	21♒37	21♒38	21♒39	21♒40	21♒41
/☊	0♒22	0♒21	0♒19	0♒18	0♒17	0♒16	0♒16	0♒16	0♒17	0♒17	0♒18	0♒18	0♒17	0♒16	0♒14	0♒12
♆/♇	4♒22	4♒23	4♒24	4♒26	4♒27	4♒29	4♒30	4♒31	4♒33	4♒34	4♒36	4♒37	4♒39	4♒41	4♒42	4♒44
/☊	13♑16	13♑15	13♑14	13♑14	13♑13	13♑13	13♑13	13♑14	13♑15	13♑17	13♑18	13♑18	13♑18	13♑17	13♑16	13♑15
♇/☊	17♐10	17♐09	17♐09	17♐09	17♐09	17♐10	17♐11	17♐12	17♐14	17♐15	17♐17	17♐18	17♐18	17♐18	17♐17	17♐16

	17	18	19	20	21	22	23	24	25	26	27	28	29	30	31
☉/☽	20♑33	28♑00	5♒13	12♒12	19♒00	25♒39	2♓10	8♓37	15♓01	21♓25	27♓50	4♈17	10♎48	17♎22	24♎01
/☿	16♐49	18♐03	19♐17	20♐31	21♐46	23♐01	24♐16	25♐31	26♐47	28♐03	29♐19	0♑35	1♑51	3♑08	4♑24
/♀	13♐14	14♐22	15♐30	16♐38	17♐46	18♐54	20♐02	21♐10	22♐18	23♐26	24♐34	25♐42	26♐50	27♐58	29♐07
/♂	9♑12	10♑06	10♑60	11♑54	12♑48	13♑42	14♑36	15♑30	16♑24	17♑18	18♑12	19♑06	19♑60	20♑54	21♑48
/⚳	26♍18	26♍42	27♓05	27♓29	27♓52	28♓16	28♓39	29♓03	29♓26	29♓50	0♈14	0♈37	1♈01	1♈25	1♈49
/♃	17♓27	17♓54	18♓21	18♓47	19♓14	19♓41	20♓08	20♓36	21♓03	21♓30	21♓57	22♓25	22♓52	23♓20	23♓47
/♄	1♐51	2♐24	2♐58	3♐31	4♐04	4♐38	5♐11	5♐44	6♐17	6♐50	7♐23	7♐56	8♐29	9♐02	9♐35
/♅	15♒02	15♒33	16♒03	16♒34	17♒05	17♒36	18♒06	18♒37	19♒08	19♒39	20♒10	20♒41	21♒12	21♒43	22♒14
/♆	28♑05	28♑36	29♑07	29♑39	0♒10	0♒41	1♒12	1♒44	2♒15	2♒46	3♒17	3♒49	4♒20	4♒51	5♒23
/♇	2♑07	2♑39	3♑11	3♑42	4♑14	4♑45	5♑17	5♑49	6♑20	6♑52	7♑23	7♑55	8♑27	8♑58	9♑30
/☊	10♐35	11♐04	11♐33	12♐03	12♐34	13♐05	13♐37	14♐08	14♐39	15♐09	15♐38	16♐06	16♐33	16♐60	17♐26
☽/☿	11♑55	19♑35	27♑01	4♒13	11♒15	18♒07	24♒52	1♓34	8♓13	14♓51	21♓31	28♍13	4♎59	11♎48	18♎42
/♀	8♑19	15♑54	23♑13	0♒20	7♒14	13♒60	20♒38	27♒12	3♓43	10♓14	16♍46	23♍20	29♍58	6♎39	13♎25
/♂	4♒18	11♒38	18♒43	25♒36	2♓16	8♓48	15♓12	21♓32	27♓49	4♈06	10♈24	16♈44	23♈07	29♈35	6♏06
/⚳	21♈24	28♈14	4♉49	11♉11	17♉21	23♉22	29♉15	5♊05	10♊52	16♊38	22♊26	28♊15	4♋09	10♋06	16♋07
/♃	12♈33	19♈26	26♈04	2♉29	8♉43	14♉47	20♉45	26♉38	2♊28	8♊18	14♊09	20♊03	25♊60	2♋00	8♋06
/♄	26♐57	3♑56	10♑41	17♑13	23♑33	29♑44	5♒47	11♌46	17♌43	23♌38	29♌35	5♍35	11♍37	17♍43	23♍53
/♅	10♓08	17♓05	23♓47	0♈16	6♈34	12♈42	18♈43	24♈39	0♉34	6♉27	12♉22	18♉19	24♉19	0♊23	6♊32
/♆	23♒11	0♓08	6♓51	13♓21	19♓39	25♓47	1♈49	7♈46	13♈40	19♈34	25♈29	1♉27	7♉27	13♉32	19♉41
/♇	27♑13	4♒11	10♒54	17♒24	23♒42	29♒51	5♓53	11♓51	17♓46	23♓40	29♓35	5♈33	11♎34	17♎39	23♎48
/☊	5♑41	12♑36	19♑17	25♑45	2♒03	8♒11	14♒13	20♒10	26♌04	1♍57	7♍50	13♍44	19♍41	25♍40	1♎44
☿/♀	4♐36	5♐56	7♐17	8♐39	10♐00	11♐22	12♐44	14♐07	15♐29	16♐52	18♐15	19♐38	21♐01	22♐25	23♐48
/♂	0♑34	1♑40	2♑47	3♑55	5♑02	6♑10	7♑18	8♑26	9♑35	10♑44	11♑52	13♑01	14♑11	15♑20	16♑30
/⚳	17♍40	18♍16	18♍53	19♍30	20♍07	20♍44	21♍21	21♍59	22♍37	23♍16	23♍54	24♍33	25♓12	25♓51	26♓31
/♃	8♍49	9♓28	10♓08	10♓48	11♓29	12♓10	12♓51	13♓32	14♓14	14♓56	15♓38	16♓20	17♓03	17♓46	18♓29
/♄	23♏13	23♏59	24♏45	25♏32	26♏19	27♏06	27♏53	28♏41	29♏28	0♐16	1♐04	1♐52	2♐40	3♐28	4♐17
/♅	6♒24	7♒07	7♒51	8♒35	9♒19	10♒04	10♒49	11♒34	12♒19	13♒05	13♒50	14♒36	15♒23	16♒09	16♒55
/♆	19♑27	20♑11	20♑55	21♑40	22♑24	23♑09	23♑55	24♑40	25♑26	26♑12	26♑58	27♑44	28♑31	29♑17	0♒04
/♇	23♐29	24♐14	24♐58	25♐43	26♐28	27♐14	27♐59	28♐45	29♐31	0♑18	1♑04	1♑51	2♑37	3♑24	4♑12
/☊	1♐57	2♐38	3♐21	4♐04	4♐48	5♐33	6♐19	7♐05	7♐50	8♐35	9♐19	10♐02	10♐44	11♐26	12♐07
♀/♂	26♐59	27♐59	29♐00	0♑01	1♑02	2♑03	3♑04	4♑05	5♑06	6♑07	7♑08	8♑09	9♑10	10♑11	11♑12
/⚳	14♍05	14♍35	15♍06	15♍36	16♍06	16♍37	17♍07	17♍38	18♍08	18♍39	19♍10	19♍40	20♍11	20♍42	21♍13
/♃	5♍14	5♍47	6♍21	6♍55	7♍29	8♍03	8♍37	9♓11	9♓45	10♓19	10♓53	11♓28	12♓02	12♓37	13♓11
/♄	19♏38	20♏18	20♏58	21♏38	22♏19	22♏59	23♏39	24♏19	24♏59	25♏39	26♏19	26♏59	27♏39	28♏19	28♏59
/♅	2♒49	3♒26	4♒04	4♒42	5♒19	5♒57	6♒35	7♒12	7♒50	8♒28	9♒06	9♒44	10♒22	10♒60	11♒38
/♆	15♑52	16♑30	17♑08	17♑46	18♑24	19♑02	19♑41	20♑19	20♑57	21♑35	22♑13	22♑52	23♑30	24♑08	24♑47
/♇	19♐54	20♐33	21♐11	21♐50	22♐28	23♐07	23♐45	24♐24	25♐02	25♐41	26♐19	26♐58	27♐37	28♐15	28♐54
/☊	28♏22	28♏57	29♏34	0♐11	0♐48	1♐26	2♐05	2♐43	3♐21	3♐58	4♐34	5♐09	5♐43	6♐17	6♐50
♂/⚳	10♈03	10♈19	10♈36	10♈52	11♈08	11♈25	11♈41	11♈57	12♈14	12♈31	12♈47	13♈04	13♈21	13♈38	13♈55
/♃	1♈12	1♈31	1♈51	2♈11	2♈31	2♈50	3♈10	3♈30	3♈51	4♈11	4♈31	4♈51	5♈12	5♈32	5♈53
/♄	15♐36	16♐02	16♐28	16♐54	17♐20	17♐47	18♐13	18♐39	19♐05	19♐31	19♐57	20♐23	20♐49	21♐15	21♐41
/♅	28♒47	29♒10	29♒34	29♒57	0♓21	0♓45	1♓08	1♓32	1♓56	2♓20	2♓43	3♓07	3♓31	3♓55	4♓19
/♆	11♒50	12♒14	12♒38	13♒02	13♒26	13♒50	14♒14	14♒38	15♒03	15♒27	15♒51	16♒15	16♒40	17♒04	17♒28
/♇	15♑52	16♑17	16♑41	17♑05	17♑30	17♑54	18♑19	18♑43	19♑08	19♑32	19♑57	20♑22	20♑46	21♑11	21♑35
/☊	24♐20	24♐41	25♐04	25♐26	25♐50	26♐14	26♐38	27♐03	27♐26	27♐49	28♐12	28♐33	28♐53	29♐12	29♐31
⚳/♃	18♊18	18♊07	17♊57	17♊46	17♊35	17♊24	17♊14	17♊03	16♊53	16♊43	16♊33	16♊23	16♊13	16♊03	15♊54
/♄	2♍42	2♍38	2♍34	2♍29	2♍25	2♍21	2♍16	2♍12	2♍07	2♍03	1♍59	1♍54	1♍50	1♍46	1♍42
/♅	15♉53	15♉46	15♉39	15♉32	15♉25	15♉19	15♉12	15♉05	14♉58	14♉52	14♉45	14♉39	14♉33	14♉26	14♉20
/♆	28♈56	28♈50	28♈43	28♈37	28♈30	28♈24	28♈18	28♈11	28♈05	27♈59	27♈53	27♈47	27♈41	27♈35	27♈29
/♇	2♈59	2♈53	2♈46	2♈40	2♈34	2♈28	2♈22	2♈16	2♈10	2♈05	1♈59	1♈53	1♈47	1♈42	1♈36
/☊	11♍26	11♍17	11♍09	11♍01	10♍54	10♍48	10♍42	10♍36	10♍29	10♍22	10♍13	10♍04	9♍54	9♍43	9♍32
♃/♄	23♌51	23♌50	23♌49	23♌48	23♌47	23♌46	23♌46	23♌45	23♌44	23♌43	23♌43	23♌42	23♌41	23♌41	23♌40
/♅	7♉02	6♉58	6♉55	6♉51	6♉48	6♉44	6♉41	6♉38	6♉35	6♉32	6♉29	6♉26	6♉24	6♉21	6♉18
/♆	20♈05	20♈02	19♈59	19♈56	19♈53	19♈50	19♈47	19♈44	19♈42	19♈39	19♈37	19♈34	19♈32	19♈30	19♈27
/♇	24♓07	24♓05	24♓02	23♓59	23♓57	23♓54	23♓52	23♓49	23♓47	23♓45	23♓43	23♓41	23♓39	23♓37	23♓35
/☊	2♍35	2♍29	2♍24	2♍20	2♍17	2♍14	2♍11	2♍09	2♍06	2♍02	1♍57	1♍52	1♍45	1♍38	1♍31
♄/♅	21♑26	21♑29	21♑32	21♑35	21♑38	21♑41	21♑44	21♑46	21♑49	21♑52	21♑55	21♑58	22♑01	22♑04	22♑06
/♆	4♑29	4♑32	4♑36	4♑39	4♑43	4♑46	4♑49	4♑53	4♑56	4♑59	5♑03	5♑06	5♑09	5♑12	5♑15
/♇	8♐31	8♐35	8♐39	8♐43	8♐47	8♐50	8♐54	8♐58	9♐01	9♐05	9♐09	9♐12	9♐16	9♐19	9♐23
/☊	16♏59	16♏60	17♏02	17♏04	17♏07	17♏10	17♏14	17♏17	17♏20	17♏22	17♏23	17♏23	17♏22	17♏20	17♏19
♅/♆	17♓40	17♓41	17♓42	17♓42	17♓43	17♓44	17♓45	17♓46	17♓47	17♓48	17♓49	17♓50	17♓51	17♓52	17♓54
/♇	21♒42	21♒44	21♒45	21♒46	21♒47	21♒48	21♒50	21♒51	21♒52	21♒54	21♒55	21♒57	21♒58	21♒59	22♒01
/☊	0♒10	0♒08	0♒07	0♒07	0♒07	0♒08	0♒09	0♒10	0♒11	0♒11	0♒10	0♒07	0♒04	0♒01	29♑57
♆/♇	4♒45	4♒47	4♒49	4♒50	4♒52	4♒54	4♒56	4♒57	4♒59	5♒01	5♒03	5♒04	5♒06	5♒08	5♒10
/☊	13♑13	13♑12	13♑11	13♑11	13♑12	13♑14	13♑15	13♑17	13♑18	13♑18	13♑17	13♑15	13♑13	13♑09	13♑06
♇/☊	17♐15	17♐15	17♐14	17♐15	17♐16	17♐18	17♐20	17♐22	17♐23	17♐24	17♐23	17♐22	17♐19	17♐16	17♐13

December 2012

January 2013

	1	2	3	4	5	6	7	8	9	10	11	12	13	14	15	16
☉/☽	0♏45	7♏34	14♏30	21♏34	28♏46	6♐08	13♐39	21♐21	29♐12	7♑10	15♑11	23♑10	1♒04	8♒48	16♒19	23♒35
/☿	5♑41	6♑58	8♑15	9♑32	10♑50	12♑07	13♑25	14♑43	16♑02	17♑20	18♑39	19♑58	21♑17	22♑36	23♑56	25♑16
/♀	0♑15	1♑23	2♑31	3♑39	4♑47	5♑55	7♑04	8♑12	9♑20	10♑28	11♑36	12♑44	13♑53	15♑01	16♑09	17♑17
/♂	22♑42	23♑36	24♑31	25♑25	26♑19	27♑13	28♑07	29♑02	29♑56	0♒50	1♒44	2♒38	3♒33	4♒27	5♒21	6♒16
/⚳	2♈13	2♈38	3♈02	3♈26	3♈51	4♈16	4♈41	5♈06	5♈31	5♈56	6♈22	6♈48	7♈14	7♈40	8♈06	8♈32
/♃	24♓15	24♓43	25♓11	25♓39	26♓07	26♓35	27♓03	27♓31	27♓60	28♓28	28♓57	29♓25	29♓54	0♈23	0♈52	1♈21
/♄	10♐08	10♐41	11♐14	11♐47	12♐19	12♐52	13♐25	13♐58	14♐30	15♐03	15♐35	16♐08	16♐40	17♐13	17♐45	18♐17
/♅	22♒45	23♒16	23♒47	24♒18	24♒49	25♒20	25♒51	26♒23	26♒54	27♒25	27♒56	28♒28	28♒59	29♒30	0♓02	0♓33
/♆	5♒54	6♒25	6♒57	7♒28	7♒60	8♒31	9♒02	9♒34	10♒05	10♒37	11♒08	11♒40	12♒11	12♒43	13♒14	13♒46
/♇	10♑02	10♑33	11♑05	11♑36	12♑08	12♑40	13♑11	13♑43	14♑15	14♑46	15♑18	15♑50	16♑21	16♑53	17♑24	17♑56
/☊	17♐52	18♐19	18♐47	19♐16	19♐46	20♐17	20♐48	21♐19	21♐49	22♐18	22♐45	23♐12	23♐38	24♐03	24♐29	24♐56
☽/☿	25♎42	2♏47	9♏59	17♏19	24♏47	2♐26	10♐14	18♐13	26♐21	4♑36	12♑54	21♑12	29♑23	7♒25	15♒15	22♒50
/♀	20♎16	27♎12	4♏15	11♏26	18♏45	26♏13	3♐52	11♐41	19♐39	27♐44	5♑52	13♑58	21♑59	29♑50	7♒28	14♒52
/♂	12♏43	19♏26	26♏15	3♐11	10♐16	17♐31	24♐56	2♑31	10♑15	18♑06	25♑60	3♒52	11♒39	19♒16	26♒40	3♓50
/⚳	22♋14	28♋27	4♌46	11♌13	17♌49	24♌34	1♍29	8♍35	15♍50	23♓12	0♈37	8♈02	15♈20	22♈29	29♈25	6♉07
/♃	14♋16	20♋32	26♋55	3♌25	10♌04	16♌53	23♌52	1♍01	8♓19	15♓44	23♓12	0♈39	8♈01	15♈12	22♈11	28♈55
/♄	0♎09	6♎30	12♎58	19♎33	26♎17	3♏10	10♏13	17♏27	24♏49	2♐18	9♐51	17♐22	24♐47	2♑02	9♑04	15♑52
/♅	12♊46	19♊05	25♊31	2♋05	8♑47	15♑38	22♑40	29♑52	7♒13	14♒41	22♒12	29♒42	7♓06	14♓20	21♓21	28♓08
/♆	25♉55	2♐15	8♐41	15♐15	21♐57	28♐49	5♑51	13♑03	20♑25	27♑53	5♒24	12♒54	20♒18	27♒32	4♓33	11♓20
/♇	0♏02	6♏22	12♏49	19♏23	26♏06	2♐58	9♐60	17♐12	24♐34	2♑02	9♑33	17♑03	24♑28	1♒42	8♒43	15♒30
/☊	7♎53	14♎08	20♎31	27♎03	3♏43	10♏35	17♏36	24♏48	2♐08	9♐33	17♐01	24♐26	1♑44	8♑52	15♑48	22♑31
☿/♀	25♐12	26♐36	28♐00	29♐24	0♑49	2♑13	3♑38	5♑03	6♑29	7♑54	9♑20	10♑46	12♑12	13♑38	15♑05	16♑32
/♂	17♑40	18♑49	19♑60	21♑10	22♑20	23♑31	24♑42	25♑53	27♑04	28♑16	29♑28	0♒40	1♒52	3♒04	4♒17	5♒30
/⚳	27♓11	27♓51	28♓31	29♓12	29♓53	0♈34	1♈15	1♈57	2♈40	3♈22	4♈05	4♈49	5♈33	6♈17	7♈02	7♈47
/♃	19♓12	19♓56	20♓40	21♓24	22♓08	22♓53	23♓38	24♓23	25♓08	25♓54	26♓40	27♓27	28♓13	29♓00	29♓48	0♈36
/♄	5♐05	5♐54	6♐43	7♐32	8♐21	9♐10	9♐60	10♐49	11♐39	12♐29	13♐19	14♐09	14♐59	15♐50	16♐41	17♐32
/♅	17♒42	18♒29	19♒16	20♒03	20♒51	21♒38	22♒26	23♒14	24♒03	24♒51	25♒40	26♒29	27♒18	28♒08	28♒58	29♒48
/♆	0♒51	1♒38	2♒26	3♒13	4♒01	4♒49	5♒37	6♒26	7♒14	8♒03	8♒52	9♒41	10♒31	11♒20	12♒10	13♒01
/♇	4♑59	5♑46	6♑34	7♑22	8♑10	8♑58	9♑46	10♑35	11♑23	12♑12	13♑01	13♑51	14♑40	15♑30	16♑20	17♑10
/☊	12♐49	13♐32	14♐16	15♐01	15♐47	16♐35	17♐22	18♐10	18♐57	19♐44	20♐29	21♐13	21♐57	22♐41	23♐25	24♐11
♀/♂	12♑13	13♑14	14♑15	15♑17	16♑18	17♑19	18♑20	19♑21	20♑23	21♑24	22♑25	23♑26	24♑28	25♑29	26♑30	27♑32
/⚳	21♍44	22♍15	22♍47	23♓18	23♓50	24♓22	24♓54	25♓26	25♓58	26♓30	27♓03	27♓36	28♓09	28♓42	29♓15	29♓48
/♃	13♓46	14♓21	14♓56	15♓31	16♓06	16♓41	17♓16	17♓51	18♓27	19♓02	19♓38	20♓13	20♓49	21♓25	22♓01	22♓37
/♄	29♏39	0♐19	0♐59	1♐39	2♐18	2♐58	3♐38	4♐17	4♐57	5♐37	6♐16	6♐56	7♐35	8♐15	8♐54	9♐33
/♅	12♒16	12♒54	13♒32	14♒10	14♒48	15♒26	16♒04	16♒43	17♒21	17♒59	18♒37	19♒16	19♒54	20♒32	21♒11	21♒49
/♆	25♑25	26♑03	26♑42	27♑20	27♑59	28♑37	29♑15	29♑54	0♒32	1♒11	1♒49	2♒28	3♒06	3♒45	4♒24	5♒02
/♇	29♐32	0♑11	0♑50	1♑28	2♑07	2♑46	3♑24	4♑03	4♑42	5♑20	5♑59	6♑38	7♑16	7♑55	8♑33	9♑12
/☊	7♐23	7♐57	8♐32	9♐08	9♐45	10♐23	11♐01	11♐39	12♐16	12♐52	13♐26	13♐60	14♐33	15♐05	15♐38	16♐12
♂/⚳	14♈12	14♈29	14♈46	15♈04	15♈22	15♈39	15♈57	16♈16	16♈34	16♈52	17♈11	17♈30	17♈49	18♈08	18♈27	18♈47
/♃	6♈14	6♈34	6♈55	7♈16	7♈37	7♈58	8♈20	8♈41	9♈02	9♈24	9♈46	10♈07	10♈29	10♈51	11♈13	11♈36
/♄	22♐07	22♐33	22♐58	23♐24	23♐50	24♐16	24♐42	25♐07	25♐33	25♐59	26♐24	26♐50	27♐15	27♐41	28♐06	28♐32
/♅	4♓43	5♓07	5♓31	5♓55	6♓20	6♓44	7♓08	7♓32	7♓57	8♓21	8♓45	9♓10	9♓34	9♓59	10♓23	10♓48
/♆	17♒53	18♒17	18♒41	19♒06	19♒30	19♒55	20♒19	20♒44	21♒08	21♒33	21♒57	22♒22	22♒47	23♒11	23♒36	24♒00
/♇	22♑00	22♑25	22♑49	23♑14	23♑39	24♑03	24♑28	24♑53	25♑17	25♑42	26♑07	26♑32	26♑56	27♑21	27♑46	28♑10
/☊	29♐51	0♑11	0♑31	0♑53	1♑16	1♑40	2♑04	2♑28	2♑52	3♑14	3♑34	3♑54	4♑13	4♑32	4♑51	5♑11
⚳/♃	15♊45	15♊36	15♊27	15♊18	15♊09	15♊01	14♊53	14♊45	14♊38	14♊30	14♊23	14♊17	14♊10	14♊04	13♊58	13♊52
/♄	1♍38	1♍34	1♍30	1♍26	1♍22	1♍19	1♍15	1♍12	1♍08	1♍05	1♍02	0♍59	0♍56	0♍53	0♍51	0♍48
/♅	14♉14	14♉08	14♉03	13♉57	13♉52	13♉47	13♉42	13♉37	13♉32	13♉27	13♉23	13♉19	13♉15	13♉11	13♉08	13♉05
/♆	27♈24	27♈18	27♈13	27♈07	27♈02	26♈57	26♈53	26♈48	26♈43	26♈39	26♈35	26♈31	26♈27	26♈24	26♈20	26♈17
/♇	1♈31	1♈26	1♈21	1♈16	1♈11	1♈06	1♈01	0♈57	0♈53	0♈49	0♈45	0♈41	0♈37	0♈34	0♈30	0♈27
/☊	9♍22	9♍12	9♍03	8♍55	8♍49	8♍43	8♍38	8♍33	8♍27	8♍20	8♍12	8♍03	7♍54	7♍44	7♍35	7♍27
♃/♄	23♌40	23♌39	23♌39	23♌38	23♌38	23♌38	23♌37	23♌37	23♌37	23♌37	23♌37	23♌37	23♌37	23♌37	23♌37	23♌37
/♅	6♉16	6♉14	6♉12	6♉09	6♉07	6♉06	6♉04	6♉02	6♉01	5♉59	5♉58	5♉57	5♉56	5♉55	5♉54	5♉53
/♆	19♈25	19♈23	19♈21	19♈20	19♈18	19♈16	19♈15	19♈13	19♈12	19♈11	19♈10	19♈09	19♈08	19♈07	19♈07	19♈06
/♇	23♓33	23♓31	23♓29	23♓28	23♓26	23♓25	23♓24	23♓22	23♓21	23♓20	23♓19	23♓18	23♓18	23♓17	23♓16	23♓16
/☊	1♍24	1♍17	1♍12	1♍07	1♍04	1♍02	1♍00	0♍58	0♍55	0♍52	0♍47	0♍41	0♍34	0♍28	0♍21	0♍16
♄/♅	22♑09	22♑12	22♑15	22♑17	22♑20	22♑23	22♑26	22♑28	22♑31	22♑34	22♑36	22♑39	22♑42	22♑44	22♑47	22♑49
/♆	5♑18	5♑22	5♑25	5♑28	5♑31	5♑34	5♑37	5♑40	5♑43	5♑45	5♑48	5♑51	5♑54	5♑57	5♑59	6♑02
/♇	9♐26	9♐29	9♐33	9♐36	9♐39	9♐42	9♐46	9♐49	9♐52	9♐55	9♐58	10♐01	10♐04	10♐06	10♐09	10♐12
/☊	17♏17	17♏15	17♏15	17♏15	17♏17	17♏19	17♏22	17♏24	17♏26	17♏26	17♏25	17♏23	17♏20	17♏17	17♏14	17♏12
♅/♆	17♓55	17♓56	17♓58	17♓59	18♓00	18♓02	18♓03	18♓05	18♓06	18♓08	18♓10	18♓11	18♓13	18♓15	18♓16	18♓18
/♇	22♒02	22♒04	22♒06	22♒07	22♒09	22♒10	22♒12	22♒14	22♒16	22♒17	22♒19	22♒21	22♒23	22♒24	22♒26	22♒28
/☊	29♑53	29♑50	29♑48	29♑47	29♑47	29♑47	29♑49	29♑49	29♑50	29♑49	29♑47	29♑43	29♑39	29♑35	29♑31	29♑28
♆/♇	5♒12	5♒14	5♒16	5♒17	5♒19	5♒21	5♒23	5♒25	5♒27	5♒29	5♒31	5♒33	5♒35	5♒37	5♒39	5♒41
/☊	13♑02	12♑60	12♑58	12♑57	12♑57	12♑58	12♑60	13♑01	13♑01	13♑01	12♑59	12♑55	12♑52	12♑47	12♑44	12♑41
♇/☊	17♐10	17♐07	17♐06	17♐05	17♐06	17♐07	17♐08	17♐10	17♐10	17♐10	17♐08	17♐05	17♐01	16♐57	16♐54	16♐51

	17	18	19	20	21	22	23	24	25	26	27	28	29	30	31	
☉/☽	0♓38	7♓28	14♓08	20♓39	27♓06	3♈30	9♈54	16♈20	22♈50	29♈25	6♉06	12♏53	19♏46	26♏44	3♐49	☉/☽
/☿	26♑36	27♑56	29♑17	0♒37	1♒59	3♒20	4♒42	6♒04	7♒26	8♒48	10♒11	11♒34	12♒57	14♒20	15♒43	/☿
/♀	18♑25	19♑33	20♑42	21♑50	22♑58	24♑06	25♑14	26♑22	27♑30	28♑38	29♑46	0♒54	2♒02	3♒11	4♒19	/♀
/♂	7♒10	8♒04	8♒58	9♒53	10♒47	11♒41	12♒35	13♒29	14♒24	15♒18	16♒12	17♒06	18♒00	18♒55	19♒49	/♂
/⚳	8♈59	9♈26	9♈53	10♈20	10♈47	11♈15	11♈43	12♈11	12♈39	13♈07	13♈36	14♈05	14♈34	15♈03	15♈32	/⚳
/♃	1♈50	2♈19	2♈49	3♈18	3♈48	4♈17	4♈47	5♈17	5♈47	6♈17	6♈47	7♈17	7♈47	8♈17	8♈48	/♃
/♄	18♐49	19♐21	19♐54	20♐26	20♐58	21♐30	22♐02	22♐33	23♐05	23♐37	24♐09	24♐40	25♐12	25♐43	26♐15	/♄
/♅	1♓05	1♓36	2♓07	2♓39	3♓10	3♓42	4♓13	4♓45	5♓16	5♓48	6♓19	6♓51	7♓23	7♓54	8♓26	/♅
/♆	14♒18	14♒49	15♒21	15♒52	16♒24	16♒55	17♒27	17♒58	18♒30	19♒01	19♒33	20♒04	20♒36	21♒07	21♒39	/♆
/♇	18♑28	18♑59	19♑31	20♑02	20♑34	21♑05	21♑37	22♑08	22♑40	23♑11	23♑43	24♑14	24♑46	25♑17	25♑48	/♇
/☊	25♐24	25♐54	26♐24	26♐54	27♐25	27♐55	28♐25	28♐52	29♐19	29♐44	0♑08	0♑32	0♑56	1♑20	1♑46	/☊
☽/☿	0♓12	7♓21	14♓20	21♓11	27♓58	4♈42	11♈27	18♈14	25♈05	2♉02	9♉04	16♏13	23♏28	0♐49	8♐15	☽/☿
/♀	22♒01	28♒58	5♓45	12♓23	18♓57	25♓28	1♈59	8♈32	15♈10	21♎52	28♎40	5♏34	12♏34	19♏40	26♏51	/♀
/♂	10♓46	17♓29	24♓01	0♈26	6♈46	13♈03	19♈20	25♈40	2♉03	8♉31	15♉05	21♉46	28♏32	5♐24	12♐21	/♂
/⚳	12♉35	18♉51	24♉56	0♊54	6♊46	12♊37	18♊28	24♊21	0♋18	6♋21	12♋29	18♋44	25♋05	1♌32	8♌05	/⚳
/♃	5♉26	11♉44	17♉52	23♉52	29♉47	5♊39	11♊32	17♊27	23♊26	29♊30	5♋40	11♋56	18♋18	24♋47	1♌20	/♃
/♄	22♑25	28♑46	4♒57	10♌59	16♌57	22♌52	28♌47	4♍44	10♍45	16♍50	23♍02	29♍20	5♎43	12♎12	18♎47	/♄
/♅	4♈41	11♈01	17♈11	23♈13	29♈09	5♉04	10♉58	16♉55	22♉56	29♉01	5♊13	11♊30	17♊54	24♊23	0♋58	/♅
/♆	17♓53	24♓14	0♈24	6♈26	12♈23	18♈17	24♈12	0♉09	6♉09	12♉15	18♉26	24♉44	1♊07	7♐37	14♐11	/♆
/♇	22♒03	28♒24	4♓34	10♓36	16♓33	22♓27	28♓22	4♈19	10♎19	16♎25	22♎36	28♎53	5♏17	11♏46	18♏21	/♇
/☊	29♑00	5♒18	11♒27	17♒28	23♒24	29♌17	5♍10	11♍03	16♍58	22♍57	29♍01	5♎11	11♎27	17♎49	24♎18	/☊
☿/♀	17♑59	19♑26	20♑54	22♑22	23♑50	25♑18	26♑47	28♑16	29♑45	1♒15	2♒45	4♒15	5♒45	7♒15	8♒45	☿/♀
/♂	6♒43	7♒57	9♒11	10♒25	11♒39	12♒53	14♒08	15♒23	16♒39	17♒54	19♒10	20♒26	21♒43	22♒59	24♒15	/♂
/⚳	8♈32	9♈19	10♈05	10♈52	11♈40	12♈27	13♈16	14♈05	14♈54	15♈44	16♈34	17♈25	18♈16	19♈07	19♈59	/⚳
/♃	1♈24	2♈12	3♈01	3♈50	4♈40	5♈30	6♈20	7♈11	8♈02	8♈53	9♈45	10♈37	11♈29	12♈22	13♈15	/♃
/♄	18♐23	19♐14	20♐06	20♐58	21♐50	22♐42	23♐35	24♐27	25♐20	26♐14	27♐07	28♐00	28♐54	29♐48	0♑41	/♄
/♅	0♓38	1♓29	2♓20	3♓11	4♓03	4♓54	5♓46	6♓39	7♓32	8♓25	9♓18	10♓11	11♓05	11♓59	12♓52	/♅
/♆	13♒51	14♒42	15♒33	16♒24	17♒16	18♒08	18♒60	19♒52	20♒45	21♒38	22♒31	23♒25	24♒18	25♒12	26♒06	/♆
/♇	18♑01	18♑52	19♑43	20♑34	21♑26	22♑18	23♑10	24♑02	24♑55	25♑48	26♑41	27♑34	28♑28	29♑21	0♒15	/♇
/☊	24♐58	25♐46	26♐36	27♐26	28♐17	29♐08	29♐58	0♑46	1♑34	2♑21	3♑06	3♑52	4♑38	5♑24	6♑13	/☊
♀/♂	28♑33	29♑34	0♒36	1♒37	2♒38	3♒39	4♒41	5♒42	6♒43	7♒45	8♒46	9♒47	10♒49	11♒50	12♒51	♀/♂
/⚳	0♈22	0♈56	1♈30	2♈04	2♈39	3♈13	3♈48	4♈23	4♈59	5♈34	6♈10	6♈46	7♈22	7♈58	8♈35	/⚳
/♃	23♓13	23♓50	24♓26	25♓02	25♓39	26♓16	26♓52	27♓29	28♓06	28♓43	29♓21	29♓58	0♈35	1♈13	1♈50	/♃
/♄	10♐12	10♐52	11♐31	12♐10	12♐49	13♐28	14♐07	14♐46	15♐25	16♐04	16♐42	17♐21	17♐60	18♐39	19♐17	/♄
/♅	22♒28	23♒06	23♒45	24♒23	25♒02	25♒40	26♒19	26♒57	27♒36	28♒15	28♒53	29♒32	0♓11	0♓49	1♓28	/♅
/♆	5♒41	6♒19	6♒58	7♒36	8♒15	8♒54	9♒32	10♒11	10♒49	11♒28	12♒07	12♒45	13♒24	14♒03	14♒41	/♆
/♇	9♑51	10♑29	11♑08	11♑47	12♑25	13♑04	13♑42	14♑21	14♑59	15♑38	16♑17	16♑55	17♑34	18♑12	18♑51	/♇
/☊	16♐47	17♐24	18♐01	18♐39	19♐17	19♐54	20♐30	21♐05	21♐39	22♐11	22♐42	23♐13	23♐44	24♐15	24♐48	/☊
♂/⚳	19♈07	19♈27	19♈47	20♈07	20♈28	20♈48	21♈09	21♈31	21♈52	22♈14	22♈36	22♈58	23♈20	23♈42	24♈05	♂/⚳
/♃	11♈58	12♈20	12♈43	13♈05	13♈28	13♈51	14♈14	14♈37	14♈60	15♈23	15♈46	16♈10	16♈33	16♈57	17♈21	/♃
/♄	28♐57	29♐22	29♐48	0♑13	0♑38	1♑03	1♑28	1♑53	2♑18	2♑43	3♑08	3♑33	3♑58	4♑23	4♑47	/♄
/♅	11♓12	11♓37	12♓01	12♓26	12♓51	13♓15	13♓40	14♓05	14♓30	14♓54	15♓19	15♓44	16♓09	16♓34	16♓58	/♅
/♆	24♒25	24♒50	25♒15	25♒39	26♒04	26♒29	26♒53	27♒18	27♒43	28♒08	28♒32	28♒57	29♒22	29♒47	0♓12	/♆
/♇	28♑35	28♑60	29♑25	29♑49	0♒14	0♒39	1♒04	1♒28	1♒53	2♒18	2♒42	3♒07	3♒32	3♒56	4♒21	/♇
/☊	5♑32	5♑54	6♑18	6♑42	7♑05	7♑29	7♑51	8♑12	8♑32	8♑50	9♑08	9♑25	9♑42	9♑59	10♑18	/☊
⚳/♃	13♊47	13♊42	13♊37	13♊33	13♊29	13♊25	13♊21	13♊18	13♊15	13♊12	13♊10	13♊08	13♊07	13♊05	13♊04	⚳/♃
/♄	0♍46	0♍44	0♍42	0♍40	0♍39	0♍37	0♍36	0♍35	0♍34	0♍33	0♍32	0♍32	0♍31	0♍31	0♍31	/♄
/♅	13♉01	12♉59	12♉56	12♉54	12♉51	12♉49	12♉48	12♉46	12♉45	12♉44	12♉43	12♉42	12♉42	12♉42	12♉42	/♅
/♆	26♈14	26♈12	26♈09	26♈07	26♈05	26♈03	26♈01	25♈60	25♈58	25♈57	25♈56	25♈56	25♈55	25♈55	25♈55	/♆
/♇	0♈24	0♈22	0♈19	0♈17	0♈15	0♈13	0♈11	0♈10	0♈08	0♈07	0♈06	0♈06	0♈05	0♈05	0♈05	/♇
/☊	7♍21	7♍16	7♍12	7♍09	7♍06	7♍03	6♍59	6♍54	6♍47	6♍40	6♍32	6♍23	6♍15	6♍08	6♍02	/☊
♃/♄	23♌37	23♌38	23♌38	23♌38	23♌39	23♌39	23♌40	23♌41	23♌41	23♌42	23♌43	23♌44	23♌45	23♌45	23♌46	♃/♄
/♅	5♉53	5♉52	5♉52	5♉52	5♉52	5♉52	5♉52	5♉52	5♉52	5♉53	5♉54	5♉54	5♉55	5♉56	5♉58	/♅
/♆	19♈06	19♈05	19♈05	19♈05	19♈05	19♈05	19♈05	19♈05	19♈06	19♈06	19♈07	19♈08	19♈09	19♈10	19♈11	/♆
/♇	23♓16	23♓15	23♓15	23♓15	23♓15	23♓15	23♓15	23♓16	23♓16	23♓16	23♓17	23♓18	23♓18	23♓19	23♓20	/♇
/☊	0♍12	0♍10	0♍08	0♍07	0♍06	0♍05	0♍03	29♌60	29♌55	29♌49	29♌42	29♌35	29♌28	29♌22	29♌18	/☊
♄/♅	22♑52	22♑54	22♑57	22♑59	23♑02	23♑04	23♑06	23♑09	23♑11	23♑13	23♑16	23♑18	23♑20	23♑22	23♑24	♄/♅
/♆	6♑05	6♑07	6♑10	6♑12	6♑15	6♑17	6♑20	6♑22	6♑24	6♑27	6♑29	6♑31	6♑33	6♑35	6♑38	/♆
/♇	10♐15	10♐17	10♐20	10♐23	10♐25	10♐27	10♐30	10♐32	10♐34	10♐37	10♐39	10♐41	10♐43	10♐45	10♐47	/♇
/☊	17♏11	17♏12	17♏13	17♏15	17♏16	17♏18	17♏18	17♏16	17♏14	17♏09	17♏04	16♏59	16♏53	16♏48	16♏44	/☊
♅/♆	18♓20	18♓22	18♓24	18♓26	18♓28	18♓30	18♓32	18♓34	18♓36	18♓38	18♓40	18♓42	18♓44	18♓46	18♓49	♅/♆
/♇	22♒30	22♒32	22♒34	22♒36	22♒38	22♒40	22♒42	22♒44	22♒46	22♒48	22♒50	22♒52	22♒54	22♒56	22♒58	/♇
/☊	29♑27	29♑26	29♑27	29♑28	29♑29	29♑30	29♑29	29♑28	29♑25	29♑20	29♑15	29♑09	29♑04	28♑59	28♑55	/☊
♆/♇	5♒43	5♒45	5♒47	5♒49	5♒51	5♒53	5♒55	5♒57	5♒59	6♒01	6♒03	6♒05	6♒07	6♒09	6♒11	♆/♇
/☊	12♑40	12♑39	12♑40	12♑41	12♑42	12♑43	12♑43	12♑41	12♑38	12♑34	12♑28	12♑23	12♑17	12♑12	12♑09	/☊
♇/☊	16♐50	16♐49	16♐50	16♐51	16♐52	16♐53	16♐53	16♐51	16♐48	16♐44	16♐38	16♐32	16♐27	16♐22	16♐18	♇/☊

January 2013

February 2013

	1	2	3	4	5	6	7	8	9	10	11	12	13	14	15	16	17	18	19	20	21	22	23	24	25	26	27	28	
☉/☽	10♐58	18♐14	25♐35	3♑02	10♑36	18♑16	26♑01	3♒49	11♒38	19♒22	26♒59	4♓27	11♓42	18♓45	25♓36	2♈17	8♈49	15♈17	21♈41	28♈06	4♉33	11♉05	17♉44	24♉30	1♊24	8♐27	15♐37	22♐53	☉/☽
/☿	17♒06	18♒29	19♒52	21♒15	22♒38	24♒00	25♒22	26♒42	28♒02	29♒21	0♓38	1♓53	3♓06	4♓17	5♓25	6♓30	7♓32	8♓30	9♓23	10♓13	10♓57	11♓37	12♓12	12♓41	13♓06	13♓26	13♓41	13♓53	/☿
/♀	5♒27	6♒35	7♒43	8♒51	9♒59	11♒07	12♒15	13♒23	14♒31	15♒39	16♒46	17♒54	19♒02	20♒10	21♒18	22♒26	23♒34	24♒41	25♒49	26♒57	28♒05	29♒13	0♓20	1♓28	2♓36	3♓43	4♓51	5♓58	/♀
/♂	20♒43	21♒37	22♒31	23♒25	24♒19	25♒14	26♒08	27♒02	27♒56	28♒50	29♒44	0♓38	1♓32	2♓26	3♓20	4♓14	5♓08	6♓02	6♓56	7♓49	8♓43	9♓37	10♓31	11♓25	12♓18	13♓12	14♓06	14♓59	/♂
/⚷	16♈02	16♈32	17♈02	17♈32	18♈03	18♈33	19♈04	19♈35	20♈06	20♈38	21♈10	21♈41	22♈13	22♈46	23♈18	23♈51	24♈23	24♈56	25♈29	26♈03	26♈36	27♈10	27♈43	28♈17	28♈51	29♈26	0♉00	0♉35	/⚷
/♃	9♈18	9♈49	10♈20	10♈51	11♈22	11♈53	12♈24	12♈55	13♈26	13♈58	14♈29	15♈01	15♈32	16♈04	16♈36	17♈08	17♈40	18♈12	18♈44	19♈16	19♈49	20♈21	20♈53	21♈26	21♈58	22♈31	23♈04	23♈37	/♃
/♄	26♐46	27♐17	27♐49	28♐20	28♐51	29♐22	29♐53	0♑24	0♑55	1♑26	1♑57	2♑28	2♑58	3♑29	3♑59	4♑30	5♑00	5♑31	6♑01	6♑31	7♑01	7♑31	8♑01	8♑31	9♑01	9♑31	10♑01	10♑30	/♄
/♅	8♓57	9♓29	10♓01	10♓32	11♓04	11♓36	12♓07	12♓39	13♓11	13♓42	14♓14	14♓46	15♓17	15♓49	16♓21	16♓53	17♓24	17♓56	18♓28	18♓59	19♓31	20♓03	20♓35	21♓06	21♓38	22♓10	22♓41	23♓13	/♅
/♆	22♒11	22♒42	23♒14	23♒45	24♒17	24♒48	25♒20	25♒51	26♒23	26♒54	27♒26	27♒57	28♒29	29♒00	29♒32	0♓03	0♓34	1♓06	1♓37	2♓09	2♓40	3♓11	3♓43	4♓14	4♓45	5♓17	5♓48	6♓19	/♆
/♇	26♑20	26♑51	27♑23	27♑54	28♑25	28♑56	29♑28	29♑59	0♒30	1♒02	1♒33	2♒04	2♒35	3♒06	3♒37	4♒09	4♒40	5♒11	5♒42	6♒13	6♒44	7♒15	7♒45	8♒16	8♒47	9♒18	9♒49	10♒20	/♇
/☊	2♑13	2♑42	3♑12	3♑42	4♑12	4♑42	5♑10	5♑37	6♑02	6♑26	6♑50	7♑15	7♑40	8♑06	8♑34	9♑04	9♑34	10♑04	10♑34	11♑03	11♑31	11♑58	12♑23	12♑47	13♑11	13♑35	13♑59	14♑25	/☊
☽/☿	15♐47	23♐25	1♑08	8♑58	16♑54	24♑55	3♒01	11♒09	19♒16	27♒18	5♓12	12♓54	20♓22	27♓35	4♈34	11♈19	17♈52	24♈17	0♉34	6♉48	12♉59	19♉10	25♉23	1♊39	7♊58	14♊20	20♐45	27♐12	☽/☿
/♀	4♐08	11♐30	18♐59	26♐33	4♑14	12♑01	19♑54	27♑49	5♒44	13♒36	21♒21	28♒55	6♓18	13♓28	20♓26	27♓14	3♈54	10♈29	17♈00	23♈32	0♉07	6♉46	13♉32	20♉26	27♉27	4♐37	11♐54	19♐18	/♀
/♂	19♐24	26♐33	3♑47	11♑08	18♑35	26♑08	3♒47	11♒28	19♒10	26♒47	4♓18	11♓39	18♓48	25♓44	2♈28	9♈02	15♈28	21♈49	28♈07	4♉25	10♉45	17♉11	23♉43	0♊22	7♊10	14♊06	21♐09	28♐18	/♂
/⚷	14♌43	21♌28	28♌18	5♍15	12♍18	19♍28	26♓43	4♈02	11♈20	18♈35	25♈44	2♉42	9♉29	16♉03	22♉26	28♉39	4♊44	10♊43	16♊40	22♊38	28♊38	4♋43	10♋55	17♋15	23♋43	0♌20	7♌04	13♌54	/⚷
/♃	7♌60	14♌45	21♌36	28♌33	5♍37	12♓48	20♓03	27♓21	4♈40	11♈55	19♈03	26♈02	2♉48	9♉22	15♉44	21♉56	28♉00	3♊59	9♊55	15♊51	21♊50	27♊54	4♋05	10♋24	16♋50	23♋25	0♌07	6♌56	/♃
/♄	25♎27	2♏13	9♏05	16♏03	23♏07	0♐17	7♐32	14♐51	22♐09	29♐24	6♑31	13♑28	20♑14	26♑47	3♒08	9♒18	15♌21	21♌18	27♌12	3♍06	9♍03	15♍05	21♍13	27♍29	3♎53	10♎25	17♎04	23♎49	/♄
/♅	7♑39	14♑25	21♑17	28♑15	5♒20	12♒30	19♒46	27♒05	4♓24	11♓40	18♓48	25♓47	2♈33	9♈07	15♈29	21♈41	27♈45	3♉43	9♉39	15♉34	21♉33	27♉36	3♊46	10♊04	16♊30	23♊04	29♊45	6♋32	/♅
/♆	20♐52	27♐38	4♑30	11♑28	18♑32	25♑43	2♒59	10♒18	17♒36	24♒52	1♓60	8♓58	15♓44	22♓18	28♓40	4♈51	10♈55	16♈53	22♈48	28♈44	4♉42	10♉45	16♉54	23♉12	29♉37	6♐11	12♐51	19♐38	/♆
/♇	25♏01	1♐47	8♐38	15♐36	22♐41	29♐51	7♑07	14♑26	21♑44	28♑59	6♒07	13♒05	19♒51	26♒24	2♓46	8♓57	15♓00	20♓58	26♓53	2♈48	8♈45	14♎48	20♎57	27♎14	3♏39	10♏12	16♏52	23♏39	/♇
/☊	0♏54	7♏37	14♏28	21♏25	28♏28	5♐37	12♐49	20♐03	27♐16	4♑24	11♑24	18♑15	24♑55	1♒24	7♒43	13♒52	19♒54	25♌51	1♍45	7♍38	13♍33	19♍31	25♍34	1♎45	8♎03	14♎29	21♎03	27♎44	/☊
☿/♀	10♒16	11♒46	13♒16	14♒46	16♒16	17♒45	19♒14	20♒42	22♒09	23♒35	24♒59	26♒22	27♒42	29♒00	0♓16	1♓28	2♓37	3♓42	4♓43	5♓39	6♓31	7♓18	8♓00	8♓37	9♓09	9♓36	9♓59	10♓18	☿/♀
/♂	25♒32	26♒48	28♒05	29♒21	0♓37	1♓52	3♓07	4♓21	5♓34	6♓46	7♓57	9♓05	10♓12	11♓16	12♓18	13♓16	14♓11	15♓02	15♓49	16♓32	17♓10	17♓43	18♓11	18♓34	18♓52	19♓05	19♓14	19♓19	/♂
/⚷	20♈51	21♈43	22♈36	23♈28	24♈20	25♈12	26♈04	26♈55	27♈45	28♈34	29♈22	0♉09	0♉53	1♉36	2♉16	2♉53	3♉26	3♉56	4♉23	4♉45	5♉02	5♉15	5♉23	5♉27	5♉25	5♉19	5♉08	4♉54	/⚷
/♃	14♈08	15♈01	15♈53	16♈46	17♈39	18♈31	19♈23	20♈14	21♈05	21♈54	22♈42	23♈28	24♈12	24♈54	25♈33	26♈10	26♈43	27♈12	27♈37	27♈58	28♈15	28♈26	28♈33	28♈35	28♈32	28♈24	28♈12	27♈56	/♃
/♄	1♑35	2♑29	3♑22	4♑16	5♑09	6♑01	6♑53	7♑44	8♑34	9♑22	10♑10	10♑55	11♑38	12♑19	12♑57	13♑32	14♑03	14♑31	14♑54	15♑13	15♑27	15♑37	15♑41	15♑40	15♑35	15♑24	15♑09	14♑50	/♄
/♅	13♓46	14♓40	15♓34	16♓28	17♓21	18♓14	19♓07	19♓58	20♓49	21♓39	22♓27	23♓13	23♓57	24♓39	25♓18	25♓55	26♓27	26♓56	27♓21	27♓42	27♓57	28♓08	28♓14	28♓15	28♓12	28♓03	27♓50	27♓32	/♅
/♆	26♒60	27♒53	28♒47	29♒41	0♓34	1♓27	2♓19	3♓11	4♓01	4♓51	5♓38	6♓24	7♓08	7♓50	8♓29	9♓05	9♓37	10♓06	10♓31	10♓51	11♓06	11♓17	11♓23	11♓23	11♓19	11♓10	10♓56	10♓38	/♆
/♇	1♒09	2♒03	2♒56	3♒50	4♒43	5♒35	6♒27	7♒19	8♒09	8♒58	9♒45	10♒31	11♒15	11♒56	12♒35	13♒10	13♒43	14♒11	14♒35	14♒55	15♒10	15♒20	15♒25	15♒26	15♒21	15♒11	14♒57	14♒39	/♇
/☊	7♑02	7♑53	8♑45	9♑38	10♑30	11♑21	12♑09	12♑56	13♑40	14♑23	15♑03	15♑42	16♑20	16♑56	17♑32	18♑06	18♑37	19♑04	19♑27	19♑45	19♑57	20♑03	20♑03	19♑56	19♑44	19♑28	19♑07	18♑44	/☊
♀/♂	13♒52	14♒54	15♒55	16♒56	17♒58	18♒59	20♒00	21♒01	22♒03	23♒04	24♒05	25♒06	26♒08	27♒09	28♒10	29♒11	0♓12	1♓14	2♓15	3♓16	4♓17	5♓18	6♓19	7♓20	8♓21	9♓22	10♓23	11♓24	♀/♂
/⚷	9♈12	9♈49	10♈26	11♈03	11♈41	12♈19	12♈57	13♈35	14♈13	14♈52	15♈31	16♈10	16♈49	17♈28	18♈08	18♈48	19♈28	20♈08	20♈48	21♈29	22♈10	22♈51	23♈32	24♈13	24♈54	25♈36	26♈18	26♈60	/⚷
/♃	2♈28	3♈06	3♈44	4♈22	4♈60	5♈38	6♈16	6♈55	7♈33	8♈12	8♈50	9♈29	10♈08	10♈47	11♈26	12♈05	12♈44	13♈24	14♈03	14♈43	15♈22	16♈02	16♈42	17♈22	18♈01	18♈41	19♈22	20♈02	/♃
/♄	19♐56	20♐34	21♐13	21♐51	22♐29	23♐08	23♐46	24♐24	25♐02	25♐40	26♐18	26♐56	27♐34	28♐12	28♐49	29♐27	0♑05	0♑42	1♑20	1♑57	2♑35	3♑12	3♑50	4♑27	5♑04	5♑41	6♑18	6♑55	/♄
/♅	2♓07	2♓46	3♓24	4♓03	4♓42	5♓21	5♓60	6♓39	7♓17	7♓56	8♓35	9♓14	9♓53	10♓32	11♓11	11♓50	12♓29	13♓08	13♓47	14♓26	15♓05	15♓44	16♓23	17♓02	17♓41	18♓20	18♓59	19♓38	/♅
/♆	15♒20	15♒59	16♒37	17♒16	17♒55	18♒33	19♒12	19♒51	20♒30	21♒08	21♒47	22♒26	23♒04	23♒43	24♒22	25♒00	25♒39	26♒18	26♒56	27♒35	28♒14	28♒52	29♒31	0♓10	0♓48	1♓27	2♓06	2♓44	/♆
/♇	19♑29	20♑08	20♑46	21♑25	22♑03	22♑42	23♑20	23♑59	24♑37	25♑16	25♑54	26♑32	27♑11	27♑49	28♑28	29♑06	29♑44	0♒23	1♒01	1♒39	2♒17	2♒56	3♒34	4♒12	4♒50	5♒28	6♒07	6♒45	/♇
/☊	25♐23	25♐58	26♐35	27♐13	27♐50	28♐27	29♐02	29♐36	0♑09	0♑40	1♑11	1♑43	2♑15	2♑49	3♑25	4♑01	4♑38	5♑16	5♑53	6♑29	7♑05	7♑39	8♑11	8♑43	9♑14	9♑45	10♑17	10♑50	/☊
♂/⚷	24♈28	24♈51	25♈14	25♈38	26♈02	26♈26	26♈50	27♈14	27♈39	28♈03	28♈28	28♈53	29♈19	29♈44	0♉10	0♉36	1♉02	1♉28	1♉55	2♉21	2♉48	3♉15	3♉42	4♉10	4♉37	5♉05	5♉33	6♉01	♂/⚷
/♃	17♈44	18♈08	18♈32	18♈56	19♈21	19♈45	20♈09	20♈34	20♈58	21♈23	21♈48	22♈13	22♈38	23♈03	23♈28	23♈53	24♈19	24♈44	25♈10	25♈35	26♈01	26♈26	26♈52	27♈18	27♈44	28♈10	28♈36	29♈03	/♃
/♄	5♑12	5♑37	6♑01	6♑26	6♑50	7♑14	7♑39	8♑03	8♑27	8♑52	9♑16	9♑40	10♑04	10♑28	10♑51	11♑15	11♑39	12♑03	12♑26	12♑50	13♑13	13♑37	14♑00	14♑24	14♑47	15♑10	15♑33	15♑56	/♄
/♅	17♓23	17♓48	18♓13	18♓38	19♓03	19♓28	19♓53	20♓18	20♓43	21♓08	21♓33	21♓58	22♓23	22♓48	23♓13	23♓38	24♓03	24♓28	24♓53	25♓18	25♓43	26♓08	26♓34	26♓59	27♓24	27♓49	28♓14	28♓39	/♅
/♆	0♓36	1♓01	1♓26	1♓51	2♓16	2♓40	3♓05	3♓30	3♓55	4♓20	4♓44	5♓09	5♓34	5♓59	6♓24	6♓48	7♓13	7♓38	8♓03	8♓27	8♓52	9♓17	9♓42	10♓06	10♓31	10♓56	11♓20	11♓45	/♆
/♇	4♒46	5♒10	5♒35	5♒60	6♒24	6♒49	7♒13	7♒38	8♒02	8♒27	8♒52	9♒16	9♒41	10♒05	10♒29	10♒54	11♒18	11♒43	12♒07	12♒32	12♒56	13♒20	13♒44	14♒09	14♒33	14♒57	15♒21	15♒46	/♇
/☊	10♑39	11♑01	11♑24	11♑48	12♑11	12♑34	12♑55	13♑15	13♑34	13♑52	14♑09	14♑27	14♑45	15♑05	15♑27	15♑49	16♑12	16♑36	16♑59	17♑22	17♑43	18♑03	18♑22	18♑39	18♑56	19♑14	19♑32	19♑51	/☊
⚷/♃	13♊03	13♊03	13♊03	13♊03	13♊04	13♊05	13♊06	13♊07	13♊09	13♊11	13♊13	13♊16	13♊19	13♊22	13♊26	13♊30	13♊34	13♊38	13♊43	13♊48	13♊54	13♊59	14♊05	14♊11	14♊17	14♊24	14♊31	14♊38	⚷/♃
/♄	0♍31	0♍31	0♍32	0♍32	0♍33	0♍34	0♍35	0♍37	0♍38	0♍39	0♍41	0♍43	0♍45	0♍47	0♍49	0♍52	0♍54	0♍57	1♍00	1♍03	1♍06	1♍09	1♍13	1♍16	1♍20	1♍24	1♍28	1♍32	/♄
/♅	12♉42	12♉43	12♉44	12♉45	12♉46	12♉48	12♉49	12♉51	12♉53	12♉56	12♉58	13♉01	13♉04	13♉07	13♉11	13♉15	13♉19	13♉23	13♉27	13♉31	13♉36	13♉41	13♉46	13♉51	13♉57	14♉02	14♉08	14♉14	/♅
/♆	25♈56	25♈56	25♈57	25♈58	25♈59	26♈00	26♈02	26♈03	26♈05	26♈08	26♈10	26♈13	26♈15	26♈18	26♈22	26♈25	26♈29	26♈32	26♈36	26♈41	26♈45	26♈49	26♈54	26♈59	27♈04	27♈09	27♈15	27♈20	/♆
/♇	0♈05	0♈05	0♈06	0♈06	0♈07	0♈08	0♈10	0♈11	0♈13	0♈15	0♈17	0♈19	0♈22	0♈25	0♈27	0♈31	0♈34	0♈37	0♈41	0♈45	0♈49	0♈53	0♈57	1♈01	1♈06	1♈11	1♈16	1♈21	/♇
/☊	5♍58	5♍56	5♍55	5♍55	5♍54	5♍54	5♍52	5♍49	5♍45	5♍40	5♍35	5♍30	5♍27	5♍25	5♍25	5♍26	5♍28	5♍31	5♍33	5♍35	5♍36	5♍36	5♍34	5♍32	5♍30	5♍27	5♍26	5♍26	/☊
♃/♄	23♌48	23♌49	23♌50	23♌51	23♌52	23♌54	23♌55	23♌56	23♌58	23♌59	24♌01	24♌02	24♌04	24♌06	24♌07	24♌09	24♌11	24♌13	24♌15	24♌17	24♌19	24♌21	24♌23	24♌25	24♌27	24♌29	24♌31	24♌34	♃/♄
/♅	5♉59	6♉00	6♉02	6♉03	6♉05	6♉07	6♉09	6♉11	6♉13	6♉16	6♉18	6♉21	6♉23	6♉26	6♉29	6♉32	6♉35	6♉38	6♉42	6♉45	6♉49	6♉52	6♉56	6♉60	7♉04	7♉08	7♉12	7♉16	/♅
/♆	19♈12	19♈13	19♈15	19♈16	19♈18	19♈19	19♈21	19♈23	19♈25	19♈27	19♈30	19♈32	19♈34	19♈37	19♈40	19♈42	19♈45	19♈48	19♈51	19♈54	19♈57	20♈01	20♈04	20♈08	20♈11	20♈15	20♈19	20♈22	/♆
/♇	23♓21	23♓22	23♓24	23♓25	23♓26	23♓28	23♓29	23♓31	23♓33	23♓35	23♓37	23♓39	23♓41	23♓43	23♓45	23♓48	23♓50	23♓53	23♓56	23♓58	24♓01	24♓04	24♓07	24♓10	24♓13	24♓16	24♓20	24♓23	/♇
/☊	29♌15	29♌13	29♌13	29♌13	29♌13	29♌13	29♌12	29♌09	29♌04	28♌59	28♌54	28♌49	28♌46	28♌43	28♌42	28♌43	28♌44	28♌46	28♌48	28♌49	28♌48	28♌47	28♌44	28♌41	28♌37	28♌33	28♌30	28♌28	/☊
♄/♅	23♑26	23♑29	23♑31	23♑33	23♑35	23♑36	23♑38	23♑40	23♑42	23♑44	23♑46	23♑47	23♑49	23♑51	23♑52	23♑54	23♑55	23♑57	23♑58	23♑60	24♑01	24♑03	24♑04	24♑05	24♑06	24♑08	24♑09	24♑10	♄/♅
/♆	6♑40	6♑42	6♑43	6♑45	6♑47	6♑49	6♑51	6♑52	6♑54	6♑56	6♑57	6♑59	7♑00	7♑02	7♑03	7♑04	7♑06	7♑07	7♑08	7♑09	7♑10	7♑11	7♑12	7♑13	7♑14	7♑15	7♑15	7♑16	/♆
/♇	10♐49	10♐51	10♐52	10♐54	10♐56	10♐57	10♐59	11♐00	11♐02	11♐03	11♐04	11♐06	11♐07	11♐08	11♐09	11♐10	11♐11	11♐12	11♐12	11♐13	11♐14	11♐14	11♐15	11♐15	11♐16	11♐16	11♐16	11♐16	/♇
/☊	16♏42	16♏41	16♏42	16♏42	16♏43	16♏43	16♏41	16♏38	16♏33	16♏28	16♏22	16♏16	16♏11	16♏08	16♏06	16♏05	16♏05	16♏05	16♏05	16♏03	16♏01	15♏57	15♏52	15♏46	15♏39	15♏33	15♏26	15♏22	/☊
♅/♆	18♓51	18♓53	18♓55	18♓58	19♓00	19♓02	19♓05	19♓07	19♓10	19♓12	19♓15	19♓17	19♓19	19♓22	19♓25	19♓27	19♓30	19♓32	19♓35	19♓37	19♓40	19♓43	19♓45	19♓48	19♓51	19♓53	19♓56	19♓59	♅/♆
/♇	23♒00	23♒02	23♒04	23♒06	23♒09	23♒11	23♒13	23♒15	23♒17	23♒19	23♒22	23♒24	23♒26	23♒28	23♒30	23♒33	23♒35	23♒37	23♒39	23♒41	23♒44	23♒46	23♒48	23♒50	23♒53	23♒55	23♒57	23♒59	/♇
/☊	28♑53	28♑53	28♑53	28♑55	28♑56	28♑56	28♑55	28♑53	28♑49	28♑44	28♑39	28♑34	28♑31	28♑28	28♑27	28♑28	28♑29	28♑30	28♑32	28♑32	28♑31	28♑29	28♑25	28♑21	28♑16	28♑11	28♑07	28♑04	/☊
♆/♇	6♒13	6♒15	6♒17	6♒19	6♒21	6♒23	6♒25	6♒27	6♒29	6♒31	6♒33	6♒35	6♒37	6♒39	6♒41	6♒43	6♒45	6♒47	6♒49	6♒51	6♒53	6♒54	6♒56	6♒58	6♒60	7♒02	7♒04	7♒05	♆/♇
/☊	12♑07	12♑06	12♑06	12♑07	12♑08	12♑09	12♑07	12♑05	12♑01	11♑56	11♑51	11♑46	11♑42	11♑39	11♑38	11♑38	11♑39	11♑40	11♑41	11♑41	11♑40	11♑37	11♑34	11♑29	11♑23	11♑18	11♑14	11♑10	/☊
♇/☊	16♐16	16♐15	16♐15	16♐16	16♐17	16♐17	16♐16	16♐13	16♐08	16♐03	15♐58	15♐53	15♐48	15♐45	15♐44	15♐44	15♐44	15♐45	15♐45	15♐45	15♐44	15♐41	15♐36	15♐31	15♐25	15♐20	15♐15	15♐11	♇/☊

February 2013

March 2013

	1	2	3	4	5	6	7	8	9	10	11	12	13	14	15	16
☉/☽	0♑14	7♑38	15♑06	22♑36	0♒09	7♒43	15♒18	22♒53	0♓27	7♓57	15♓22	22♓39	29♓46	6♈44	13♈33	20♈12
/☿	14♓00	14♓05	14♓07	14♓07	14♓06	14♓05	14♓05	14♓06	14♓08	14♓13	14♓20	14♓30	14♓43	14♓59	15♓18	15♓41
/♀	7♓06	8♓14	9♓21	10♓29	11♓36	12♓44	13♓51	14♓59	16♓06	17♓14	18♓21	19♓28	20♓36	21♓43	22♓50	23♓58
/♂	15♓53	16♓47	17♓40	18♓34	19♓27	20♓21	21♓14	22♓07	23♓01	23♓54	24♓48	25♓41	26♓34	27♓27	28♓21	29♓14
/⚷	1♉09	1♉44	2♉19	2♉54	3♉30	4♉05	4♉41	5♉16	5♉52	6♉28	7♉04	7♉41	8♉17	8♉53	9♉30	10♉07
/♃	24♈10	24♈42	25♈16	25♈49	26♈22	26♈55	27♈28	28♈02	28♈35	29♈09	29♈42	0♉16	0♉49	1♉23	1♉57	2♉31
/♄	10♑60	11♑29	11♑59	12♑28	12♑58	13♑27	13♑56	14♑25	14♑55	15♑24	15♑53	16♑21	16♑50	17♑19	17♑48	18♑17
/♅	23♓45	24♓16	24♓48	25♓20	25♓51	26♓23	26♓55	27♓26	27♓58	28♓30	29♓01	29♓33	0♈05	0♈36	1♈08	1♈39
/♆	6♓50	7♓22	7♓53	8♓24	8♓55	9♓26	9♓58	10♓29	10♓60	11♓31	12♓02	12♓33	13♓04	13♓35	14♓06	14♓37
/♇	10♒50	11♒21	11♒52	12♒23	12♒53	13♒24	13♒54	14♒25	14♒56	15♒26	15♒57	16♒27	16♒57	17♒28	17♒58	18♒28
/☊	14♑52	15♑20	15♑50	16♑20	16♑50	17♑20	17♑49	18♑16	18♑42	19♑07	19♑32	19♑57	20♑23	20♑50	21♑18	21♑47
☽/☿	3♑40	10♑09	16♑39	23♑09	29♑41	6♒14	12♒49	19♒25	26♒01	2♓36	9♓07	15♓34	21♓55	28♓09	4♈17	10♈19
/♀	26♐46	4♑18	11♑53	19♑31	27♑11	4♒52	12♒35	20♒18	27♒59	5♓36	13♓08	20♓33	27♓48	4♈53	11♈49	18♈36
/♂	5♑33	12♑51	20♑12	27♑36	5♒02	12♒29	19♒58	27♒26	4♓53	12♓17	19♓35	26♓45	3♈46	10♈38	17♈19	23♈52
/⚷	20♌49	27♌49	4♍51	11♍57	19♍04	26♓14	3♈24	10♈35	17♈45	24♈51	1♉52	8♉45	15♉29	22♉04	28♉29	4♊45
/♃	13♌49	20♌47	27♌48	4♍51	11♓56	19♓03	26♓12	3♈21	10♈28	17♈31	24♈29	1♉20	8♉01	14♉33	20♉55	27♉09
/♄	0♏40	7♏34	14♏31	21♏30	28♏32	5♐35	12♐40	19♐44	26♐47	3♑46	10♑40	17♑26	24♑02	0♒29	6♒46	12♌55
/♅	13♑25	20♑21	27♑20	4♒22	11♒26	18♒32	25♒38	2♓45	9♓51	16♓52	23♓49	0♈37	7♈17	13♈46	20♈06	26♈18
/♆	26♐30	3♑26	10♑25	17♑26	24♑30	1♒35	8♒41	15♒48	22♒52	29♒54	6♓49	13♓37	20♓16	26♓45	3♈05	9♈15
/♇	0♐30	7♐26	14♐24	21♐25	28♐28	5♑32	12♑38	19♑44	26♑48	3♒49	10♒44	17♒31	24♒10	0♓38	6♓57	13♓07
/☊	4♏32	11♏25	18♏22	25♏22	2♐25	9♐28	16♐32	23♐35	0♑34	7♑30	14♑19	21♑01	27♑35	4♒00	10♒17	16♒26
☿/♀	10♓33	10♓44	10♓54	11♓02	11♓08	11♓15	11♓22	11♓30	11♓40	11♓52	12♓06	12♓24	12♓44	13♓08	13♓35	14♓05
/♂	19♓19	19♓17	19♓13	19♓06	18♓59	18♓52	18♓45	18♓39	18♓35	18♓32	18♓33	18♓36	18♓43	18♓52	19♓05	19♓21
/⚷	4♉36	4♉15	3♉52	3♉27	3♉02	2♉36	2♉11	1♉48	1♉26	1♉06	0♉50	0♉36	0♉26	0♉18	0♉15	0♉14
/♃	27♈36	27♈13	26♈48	26♈21	25♈54	25♈26	24♈59	24♈33	24♈09	23♈47	23♈27	23♈11	22♈58	22♈48	22♈41	22♈38
/♄	14♑26	14♑00	13♑32	13♑01	12♑30	11♑58	11♑27	10♑57	10♑28	10♑02	9♑38	9♑17	8♑59	8♑44	8♑32	8♑24
/♅	27♓11	26♓47	26♓21	25♓53	25♓23	24♓54	24♓25	23♓58	23♓32	23♓08	22♓47	22♓28	22♓13	22♓01	21♓52	21♓47
/♆	10♓17	9♓52	9♓25	8♓57	8♓27	7♓57	7♓28	6♓60	6♓33	6♓09	5♓47	5♓28	5♓13	4♓60	4♓51	4♓44
/♇	14♒17	13♒52	13♒25	12♒55	12♒25	11♒55	11♒25	10♒56	10♒29	10♒04	9♒42	9♒22	9♒06	8♒53	8♒43	8♒36
/☊	18♑18	17♑51	17♑23	16♑53	16♑22	15♑51	15♑19	14♑47	14♑15	13♑45	13♑17	12♑53	12♑32	12♑15	12♑02	11♑54
♀/♂	12♓25	13♓26	14♓27	15♓28	16♓29	17♓30	18♓31	19♓32	20♓33	21♓33	22♓34	23♓35	24♓36	25♓36	26♓37	27♓38
/⚷	27♈42	28♈24	29♈06	29♈49	0♉32	1♉14	1♉57	2♉41	3♉24	4♉07	4♉51	5♉35	6♉18	7♉02	7♉46	8♉31
/♃	20♈42	21♈22	22♈03	22♈43	23♈24	24♈04	24♈45	25♈26	26♈07	26♈48	27♈29	28♈10	28♈51	29♈32	0♉13	0♉55
/♄	7♑32	8♑09	8♑46	9♑23	9♑60	10♑36	11♑13	11♑50	12♑26	13♑03	13♑39	14♑15	14♑52	15♑28	16♑04	16♑40
/♅	20♓17	20♓56	21♓35	22♓14	22♓53	23♓32	24♓11	24♓51	25♓30	26♓09	26♓48	27♓27	28♓06	28♓45	29♓24	0♈03
/♆	3♓23	4♓01	4♓40	5♓19	5♓57	6♓36	7♓14	7♓53	8♓31	9♓10	9♓48	10♓27	11♓05	11♓44	12♓22	13♓01
/♇	7♒23	8♒01	8♒39	9♒17	9♒55	10♒33	11♒11	11♒49	12♒27	13♒05	13♒43	14♒21	14♒59	15♒37	16♒15	16♒52
/☊	11♑24	12♑00	12♑37	13♑15	13♑52	14♑29	15♑05	15♑40	16♑13	16♑46	17♑18	17♑51	18♑24	18♑59	19♑34	20♑11
♂/⚷	6♉29	6♉57	7♉25	7♉54	8♉23	8♉51	9♉20	9♉49	10♉19	10♉48	11♉18	11♉47	12♉17	12♉47	13♉17	13♉47
/♃	29♈29	29♈55	0♉22	0♉48	1♉15	1♉41	2♉08	2♉35	3♉01	3♉28	3♉55	4♉22	4♉49	5♉16	5♉44	6♉11
/♄	16♑19	16♑42	17♑05	17♑28	17♑51	18♑13	18♑36	18♑58	19♑21	19♑43	20♑06	20♑28	20♑50	21♑12	21♑35	21♑57
/♅	29♓04	29♓29	29♓54	0♈19	0♈44	1♈09	1♈34	1♈59	2♈24	2♈49	3♈14	3♈39	4♈04	4♈29	4♈54	5♈19
/♆	12♓10	12♓34	12♓59	13♓23	13♓48	14♓13	14♓37	15♓02	15♓26	15♓51	16♓15	16♓40	17♓04	17♓28	17♓53	18♓17
/♇	16♒10	16♒34	16♒58	17♒22	17♒46	18♒10	18♒34	18♒58	19♒22	19♒46	20♒10	20♒34	20♒57	21♒21	21♒45	22♒09
/☊	20♑11	20♑33	20♑56	21♑20	21♑43	22♑06	22♑28	22♑49	23♑08	23♑27	23♑45	24♑04	24♑23	24♑43	25♑05	25♑27
⚷/♃	14♊45	14♊53	15♊01	15♊09	15♊17	15♊26	15♊35	15♊44	15♊53	16♊02	16♊12	16♊22	16♊32	16♊42	16♊53	17♊04
/♄	1♍36	1♍40	1♍44	1♍49	1♍53	1♍58	2♍02	2♍07	2♍12	2♍17	2♍22	2♍28	2♍33	2♍38	2♍44	2♍50
/♅	14♉20	14♉27	14♉33	14♉40	14♉47	14♉54	15♉01	15♉08	15♉16	15♉23	15♉31	15♉39	15♉47	15♉55	16♉04	16♉12
/♆	27♈26	27♈32	27♈38	27♈44	27♈51	27♈57	28♈04	28♈11	28♈18	28♈25	28♈32	28♈39	28♈47	28♈54	29♈02	29♈10
/♇	1♈26	1♈32	1♈37	1♈43	1♈49	1♈55	2♈01	2♈07	2♈13	2♈20	2♈26	2♈33	2♈40	2♈47	2♈54	3♈01
/☊	5♍28	5♍31	5♍35	5♍40	5♍46	5♍51	5♍55	5♍58	5♍60	6♍01	6♍02	6♍03	6♍06	6♍09	6♍14	6♍20
♃/♄	24♌36	24♌38	24♌40	24♌43	24♌45	24♌48	24♌50	24♌53	24♌55	24♌58	25♌00	25♌03	25♌05	25♌08	25♌11	25♌13
/♅	7♉21	7♉25	7♉30	7♉34	7♉39	7♉44	7♉49	7♉54	7♉59	8♉04	8♉09	8♉14	8♉20	8♉25	8♉31	8♉36
/♆	20♈26	20♈30	20♈34	20♈38	20♈43	20♈47	20♈51	20♈56	21♈00	21♈05	21♈10	21♈14	21♈19	21♈24	21♈29	21♈34
/♇	24♓26	24♓30	24♓33	24♓37	24♓41	24♓44	24♓48	24♓52	24♓56	25♓00	25♓04	25♓08	25♓12	25♓17	25♓21	25♓25
/☊	28♌28	28♌29	28♌31	28♌35	28♌38	28♌41	28♌42	28♌43	28♌42	28♌41	28♌40	28♌38	28♌38	28♌39	28♌41	28♌44
♄/♅	24♑11	24♑12	24♑13	24♑14	24♑15	24♑16	24♑16	24♑17	24♑18	24♑19	24♑19	24♑20	24♑21	24♑21	24♑22	24♑22
/♆	7♑17	7♑17	7♑18	7♑18	7♑19	7♑19	7♑19	7♑20	7♑20	7♑20	7♑20	7♑20	7♑20	7♑20	7♑20	7♑20
/♇	11♐17	11♐17	11♐17	11♐17	11♐17	11♐16	11♐16	11♐16	11♐15	11♐15	11♐15	11♐14	11♐13	11♐13	11♐12	11♐11
/☊	15♏18	15♏16	15♏15	15♏14	15♏14	15♏13	15♏10	15♏07	15♏02	14♏56	14♏50	14♏44	14♏39	14♏35	14♏32	14♏30
♅/♆	20♓01	20♓04	20♓07	20♓10	20♓12	20♓15	20♓18	20♓21	20♓23	20♓26	20♓29	20♓32	20♓34	20♓37	20♓40	20♓43
/♇	24♒01	24♒04	24♒06	24♒08	24♒10	24♒12	24♒15	24♒17	24♒19	24♒21	24♒23	24♒26	24♒28	24♒30	24♒32	24♒34
/☊	28♑03	28♑03	28♑04	28♑06	28♑07	28♑09	28♑09	28♑08	28♑05	28♑02	27♑59	27♑56	27♑53	27♑52	27♑52	27♑53
♆/♇	7♒07	7♒09	7♒11	7♒12	7♒14	7♒16	7♒17	7♒19	7♒21	7♒22	7♒24	7♒26	7♒27	7♒29	7♒30	7♒32
/☊	11♑09	11♑08	11♑09	11♑10	11♑11	11♑12	11♑12	11♑10	11♑07	11♑03	10♑59	10♑56	10♑53	10♑51	10♑50	10♑50
♇/☊	15♐09	15♐08	15♐08	15♐08	15♐09	15♐09	15♐08	15♐06	15♐03	14♐59	14♐54	14♐50	14♐46	14♐43	14♐42	14♐42

	17	18	19	20	21	22	23	24	25	26	27	28	29	30	31
☉/☽	26♈45	3♉12	9♉37	16♉01	22♉29	29♉01	5♊41	12♊30	19♊29	26♊38	3♋57	11♑24	18♑58	26♑35	4♒15
/☿	16♓07	16♓36	17♓07	17♓42	18♓19	18♓59	19♓42	20♓26	21♓13	22♓02	22♓53	23♓45	24♓40	25♓36	26♓33
/♀	25♓05	26♓12	27♓19	28♓27	29♓34	0♈41	1♈48	2♈55	4♈02	5♈09	6♈16	7♈23	8♈30	9♈37	10♈44
/♂	0♈07	1♈00	1♈53	2♈46	3♈39	4♈32	5♈25	6♈18	7♈11	8♈04	8♈56	9♈49	10♈42	11♈34	12♈27
/⚷	10♉44	11♉21	11♉58	12♉35	13♉12	13♉49	14♉27	15♉04	15♉42	16♉20	16♉57	17♉35	18♉13	18♉51	19♉30
/♃	3♉05	3♉38	4♉12	4♉46	5♉21	5♉55	6♉29	7♉03	7♉37	8♉12	8♉46	9♉20	9♉55	10♉29	11♉04
/♄	18♑45	19♑14	19♑42	20♑11	20♑39	21♑07	21♑36	22♑04	22♑32	22♑60	23♑28	23♑56	24♑24	24♑52	25♑20
/♅	2♈11	2♈42	3♈14	3♈45	4♈17	4♈48	5♈20	5♈51	6♈23	6♈54	7♈26	7♈57	8♈28	8♈60	9♈31
/♆	15♓08	15♓39	16♓10	16♓41	17♓12	17♓42	18♓13	18♓44	19♓15	19♓45	20♓16	20♓47	21♓17	21♓48	22♓19
/♇	18♒59	19♒29	19♒59	20♒29	20♒60	21♒30	21♒60	22♒30	22♒60	23♒30	23♒60	24♒30	24♒60	25♒30	25♒59
/☊	22♑17	22♑48	23♑18	23♑48	24♑17	24♑45	25♑13	25♑39	26♑05	26♑31	26♑57	27♑25	27♑53	28♑22	28♑51
☽/☿	16♈18	22♈14	28♈11	4♉11	10♉16	16♉29	22♉51	29♉25	6♊12	13♐10	20♐21	27♐41	5♑10	12♑44	20♑22
/♀	25♈16	1♉51	8♉23	14♉55	21♉30	28♉10	4♊58	11♊54	19♊00	26♊17	3♋44	11♑19	18♑60	26♑45	4♒32
/♂	0♉18	6♉39	12♉57	19♉15	25♉36	2♊02	8♊35	15♊17	22♊09	29♊12	6♋24	13♑45	21♑12	28♑43	6♒16
/⚷	10♊55	16♊59	23♊01	29♊03	5♋08	11♋19	17♋36	24♋03	0♌40	7♌28	14♌25	21♌31	28♌43	5♍60	13♍18
/♃	3♊16	9♊17	15♊16	21♊15	27♊17	3♋24	9♋39	16♋02	22♋36	29♋20	6♌14	13♌16	20♌25	27♌38	4♍52
/♄	18♌56	24♌52	0♍46	6♍39	12♍35	18♍37	24♍45	1♎03	7♎30	14♎08	20♎56	27♎52	4♏54	12♏00	19♏08
/♅	2♉22	8♉21	14♉18	20♉14	26♉13	2♊18	8♊30	14♊50	21♊21	28♊02	4♋53	11♑53	18♑58	26♑08	3♒20
/♆	15♈19	21♈18	27♈13	3♉09	9♉08	15♉12	21♉23	27♉43	4♐13	10♐54	17♐44	24♐42	1♑47	8♑56	16♑07
/♇	19♓10	25♓08	1♈03	6♈58	12♎56	18♎59	25♎10	1♏29	7♏58	14♏38	21♏28	28♏26	5♐30	12♐38	19♐48
/☊	22♌28	28♌26	4♍22	10♍17	16♍14	22♍15	28♍22	4♎38	11♎04	17♎39	24♎25	1♏20	8♏23	15♏30	22♏40
☿/♀	14♓38	15♓15	15♓54	16♓36	17♓21	18♓08	18♓58	19♓51	20♓45	21♓41	22♓40	23♓40	24♓42	25♓45	26♓50
/♂	19♓40	20♓03	20♓28	20♓56	21♓26	21♓60	22♓36	23♓14	23♓54	24♓36	25♓20	26♓06	26♓54	27♓43	28♓34
/⚷	0♉17	0♉23	0♉32	0♉44	0♉59	1♉17	1♉37	1♉60	2♉25	2♉52	3♉21	3♉52	4♉25	5♉00	5♉36
/♃	22♈38	22♈41	22♈47	22♈56	23♈08	23♈22	23♈39	23♈59	24♈20	24♈44	25♈10	25♈37	26♈07	26♈38	27♈10
/♄	8♑18	8♑16	8♑17	8♑20	8♑26	8♑35	8♑46	8♑59	9♑15	9♑32	9♑52	10♑13	10♑36	11♑00	11♑26
/♅	21♓44	21♓45	21♓49	21♓55	22♓04	22♓16	22♓30	22♓47	23♓06	23♓27	23♓49	24♓14	24♓40	25♓08	25♓38
/♆	4♓41	4♓41	4♓44	4♓50	4♓59	5♓10	5♓24	5♓40	5♓58	6♓18	6♓40	7♓04	7♓29	7♓57	8♓25
/♇	8♒32	8♒31	8♒34	8♒39	8♒47	8♒57	9♒10	9♒26	9♒43	10♒02	10♒24	10♒47	11♒12	11♒38	12♒06
/☊	11♑50	11♑50	11♑53	11♑58	12♑04	12♑13	12♑23	12♑35	12♑48	13♑04	13♑21	13♑42	14♑05	14♑30	14♑58
♀/♂	28♓38	29♓39	0♈40	1♈40	2♈41	3♈41	4♈42	5♈42	6♈42	7♈43	8♈43	9♈44	10♈44	11♈44	12♈44
/⚷	9♉15	9♉59	10♉44	11♉29	12♉13	12♉58	13♉43	14♉28	15♉14	15♉59	16♉44	17♉30	18♉16	19♉01	19♉47
/♃	1♉36	2♉17	2♉59	3♉40	4♉22	5♉04	5♉45	6♉27	7♉09	7♉51	8♉33	9♉15	9♉57	10♉39	11♉21
/♄	17♑17	17♑53	18♑29	19♑05	19♑40	20♑16	20♑52	21♑28	22♑04	22♑39	23♑15	23♑51	24♑26	25♑02	25♑37
/♅	0♈42	1♈21	2♈00	2♈39	3♈18	3♈58	4♈37	5♈16	5♈55	6♈34	7♈13	7♈52	8♈31	9♈10	9♈49
/♆	13♓39	14♓18	14♓56	15♓35	16♓13	16♓51	17♓30	18♓08	18♓46	19♓25	20♓03	20♓41	21♓20	21♓58	22♓36
/♇	17♒30	18♒08	18♒46	19♒23	20♒01	20♒39	21♒16	21♒54	22♒32	23♒09	23♒47	24♒24	25♒02	25♒39	26♒17
/☊	20♑49	21♑27	22♑04	22♑42	23♑19	23♑54	24♑29	25♑03	25♑37	26♑10	26♑44	27♑19	27♑55	28♑31	29♑09
♂/⚷	14♉17	14♉47	15♉18	15♉48	16♉19	16♉50	17♉21	17♉51	18♉22	18♉54	19♉25	19♉56	20♉27	20♉59	21♉30
/♃	6♉38	7♉05	7♉33	8♉00	8♉28	8♉55	9♉23	9♉50	10♉18	10♉45	11♉13	11♉41	12♉09	12♉37	13♉04
/♄	22♑19	22♑41	23♑02	23♑24	23♑46	24♑08	24♑29	24♑51	25♑12	25♑34	25♑55	26♑17	26♑38	26♑59	27♑20
/♅	5♈44	6♈09	6♈34	6♈59	7♈24	7♈49	8♈14	8♈39	9♈03	9♈28	9♈53	10♈18	10♈42	11♈07	11♈32
/♆	18♓41	19♓06	19♓30	19♓54	20♓19	20♓43	21♓07	21♓31	21♓55	22♓19	22♓43	23♓07	23♓31	23♓55	24♓19
/♇	22♒32	22♒56	23♒20	23♒43	24♒07	24♒30	24♒54	25♒17	25♒40	26♒04	26♒27	26♒50	27♒14	27♒37	28♒00
/☊	25♑51	26♑14	26♑38	27♑02	27♑24	27♑46	28♑06	28♑26	28♑46	29♑05	29♑25	29♑45	0♒07	0♒29	0♒52
⚷/♃	17♊15	17♊26	17♊37	17♊49	18♊00	18♊12	18♊24	18♊37	18♊49	19♊02	19♊14	19♊27	19♊40	19♊54	20♊07
/♄	2♍55	3♍01	3♍07	3♍13	3♍19	3♍25	3♍31	3♍37	3♍44	3♍50	3♍56	4♍03	4♍10	4♍16	4♍23
/♅	16♉21	16♉30	16♉39	16♉48	16♉57	17♉06	17♉15	17♉25	17♉35	17♉44	17♉54	18♉04	18♉14	18♉24	18♉34
/♆	29♈18	29♈26	29♈34	29♈43	29♈51	29♈60	0♉09	0♉17	0♉26	0♉35	0♉45	0♉54	1♉03	1♉12	1♉22
/♇	3♈09	3♈16	3♈24	3♈32	3♈39	3♈47	3♈55	4♈03	4♈12	4♈20	4♈28	4♈37	4♈45	4♈54	5♈03
/☊	6♍27	6♍35	6♍43	6♍50	6♍57	7♍03	7♍08	7♍13	7♍17	7♍21	7♍26	7♍32	7♍38	7♍46	7♍55
♃/♄	25♌16	25♌19	25♌22	25♌25	25♌27	25♌30	25♌33	25♌36	25♌39	25♌42	25♌45	25♌48	25♌51	25♌54	25♌57
/♅	8♉42	8♉48	8♉53	8♉59	9♉05	9♉11	9♉18	9♉24	9♉30	9♉36	9♉43	9♉49	9♉55	10♉02	10♉09
/♆	21♈39	21♈44	21♈49	21♈55	21♈60	22♈05	22♈11	22♈16	22♈22	22♈27	22♈33	22♈39	22♈44	22♈50	22♈56
/♇	25♓30	25♓34	25♓39	25♓43	25♓48	25♓53	25♓57	26♓02	26♓07	26♓12	26♓17	26♓22	26♓27	26♓32	26♓37
/☊	28♌48	28♌53	28♌58	29♌02	29♌06	29♌08	29♌10	29♌11	29♌12	29♌13	29♌14	29♌17	29♌20	29♌24	29♌29
♄/♅	24♑23	24♑23	24♑23	24♑24	24♑24	24♑24	24♑24	24♑24	24♑25	24♑25	24♑25	24♑25	24♑25	24♑25	24♑25
/♆	7♑20	7♑19	7♑19	7♑19	7♑18	7♑18	7♑17	7♑17	7♑16	7♑16	7♑15	7♑14	7♑14	7♑13	7♑12
/♇	11♐10	11♐10	11♐09	11♐08	11♐06	11♐05	11♐04	11♐03	11♐02	11♐00	10♐59	10♐57	10♐56	10♐54	10♐53
/☊	14♏29	14♏28	14♏27	14♏26	14♏24	14♏21	14♏17	14♏12	14♏07	14♏01	13♏57	13♏52	13♏49	13♏47	13♏45
♅/♆	20♓45	20♓48	20♓51	20♓54	20♓56	20♓59	21♓02	21♓05	21♓07	21♓10	21♓13	21♓15	21♓18	21♓21	21♓23
/♇	24♒36	24♒38	24♒40	24♒42	24♒44	24♒47	24♒49	24♒51	24♒53	24♒55	24♒57	24♒59	25♒00	25♒02	25♒04
/☊	27♑55	27♑57	27♑59	28♑01	28♑02	28♑02	28♑01	27♑60	27♑58	27♑56	27♑54	27♑53	27♑53	27♑54	27♑56
♆/♇	7♒33	7♒35	7♒36	7♒38	7♒39	7♒40	7♒42	7♒43	7♒44	7♒46	7♒47	7♒48	7♒49	7♒51	7♒52
/☊	10♑52	10♑53	10♑55	10♑56	10♑57	10♑56	10♑55	10♑52	10♑50	10♑47	10♑45	10♑43	10♑42	10♑43	10♑44
♇/☊	14♐42	14♐43	14♐44	14♐45	14♐45	14♐43	14♐41	14♐38	14♐35	14♐31	14♐28	14♐26	14♐25	14♐24	14♐25

March 2013

April 2013

	1	2	3	4	5	6	7	8	9	10	11	12	13	14	15
☉/☽	11♒55	19♒33	27♒08	4♓39	12♓07	19♓29	26♓46	3♈56	10♈60	17♈56	24♈45	1♉27	8♉02	14♉33	20♉59
/☿	27♓32	28♓32	29♓34	0♈36	1♈40	2♈45	3♈51	4♈59	6♈07	7♈16	8♈26	9♈37	10♈49	12♈01	13♈15
/♀	11♈51	12♈57	14♈04	15♈11	16♈18	17♈24	18♈31	19♈38	20♈45	21♈51	22♈58	24♈05	25♈11	26♈18	27♈24
/♂	13♈20	14♈12	15♈05	15♈57	16♈49	17♈42	18♈34	19♈27	20♈19	21♈11	22♈03	22♈55	23♈48	24♈40	25♈32
/⚳	20♉08	20♉46	21♉25	22♉03	22♉42	23♉20	23♉59	24♉38	25♉17	25♉56	26♉35	27♉14	27♉53	28♉32	29♉11
/♃	11♉38	12♉13	12♉47	13♉22	13♉57	14♉31	15♉06	15♉41	16♉16	16♉51	17♉26	18♉00	18♉35	19♉10	19♉45
/♄	25♑47	26♑15	26♑43	27♑11	27♑38	28♑06	28♑33	29♑01	29♑28	29♑56	0♒23	0♒50	1♒18	1♒45	2♒12
/♅	10♈02	10♈34	11♈05	11♈36	12♈08	12♈39	13♈10	13♈41	14♈12	14♈44	15♈15	15♈46	16♈17	16♈48	17♈19
/♆	22♓49	23♓20	23♓50	24♓21	24♓51	25♓22	25♓52	26♓22	26♓53	27♓23	27♓53	28♓24	28♓54	29♓24	29♓54
/♇	26♒29	26♒59	27♒29	27♒58	28♒28	28♒58	29♒27	29♒57	0♓27	0♓56	1♓26	1♓55	2♓24	2♓54	3♓23
/☊	29♑22	29♑52	0♒22	0♒51	1♒20	1♒48	2♒15	2♒42	3♒10	3♒37	4♒05	4♒34	5♒04	5♒34	6♒04
☽/☿	28♑01	5♒40	13♒18	20♒53	28♒25	5♓53	13♓17	20♓35	27♓48	4♈55	11♈55	18♈49	25♈37	2♉21	9♉03
/♀	12♒20	20♒05	27♒48	5♓27	13♓02	20♓32	27♓57	5♈15	12♈26	19♈30	26♈27	3♉17	9♉60	16♉38	23♉12
/♂	13♒49	21♒20	28♒49	6♓13	13♓34	20♓50	27♓60	5♈03	12♈00	18♈50	25♈32	2♉08	8♉36	14♉60	21♉19
/⚳	20♍37	27♍54	5♈09	12♈20	19♈26	26♈28	3♉24	10♉15	16♉58	23♉35	0♊04	6♊26	12♊42	18♊52	24♊59
/♃	12♓07	19♓21	26♓31	3♈38	10♈41	17♈39	24♈32	1♉18	7♉57	14♉30	20♉55	27♉13	3♊24	9♊30	15♊33
/♄	26♏17	3♐23	10♐27	17♐27	24♐23	1♑13	7♑59	14♑38	21♑10	27♑35	3♒52	10♌02	16♌06	22♌05	27♌60
/♅	10♒32	17♒42	24♒49	1♓53	8♓52	15♓47	22♓36	29♓18	5♈54	12♈23	18♈44	24♈58	1♉06	7♉08	13♉07
/♆	23♑18	0♒28	7♒34	14♒37	21♒36	28♒29	5♓18	11♓59	18♓34	25♓02	1♈23	7♈36	13♈43	19♈44	25♈42
/♇	26♐58	4♑07	11♑13	18♑15	25♑13	2♒06	8♒53	15♒34	22♒08	28♒35	4♓55	11♓07	17♓13	23♓14	29♓11
/☊	29♏51	7♐00	14♐06	21♐08	28♐05	4♑56	11♑41	18♑19	24♑51	1♒16	7♒35	13♒46	19♌52	25♌54	1♍51
☿/♀	27♓57	29♓05	0♈14	1♈24	2♈36	3♈49	5♈02	6♈17	7♈33	8♈50	10♈08	11♈26	12♈46	14♈07	15♈28
/♂	29♓26	0♈20	1♈14	2♈10	3♈08	4♈06	5♈05	6♈06	7♈07	8♈10	9♈13	10♈17	11♈23	12♈29	13♈35
/⚳	6♉14	6♉54	7♉34	8♉16	8♉60	9♉44	10♉30	11♉17	12♉05	12♉54	13♉45	14♉36	15♉28	16♉21	17♉15
/♃	27♈45	28♈20	28♈57	29♈35	0♉15	0♉56	1♉37	2♉20	3♉04	3♉49	4♉35	5♉22	6♉10	6♉59	7♉49
/♄	11♑54	12♑23	12♑53	13♑24	13♑56	14♑30	15♑04	15♑40	16♑17	16♑54	17♑33	18♑12	18♑53	19♑34	20♑16
/♅	26♓09	26♓41	27♓15	27♓50	28♓26	29♓03	29♓41	0♈21	1♈01	1♈42	2♈25	3♈08	3♈52	4♈37	5♈23
/♆	8♓56	9♓27	10♓00	10♓34	11♓09	11♓46	12♓23	13♓02	13♓41	14♓22	15♓03	15♓46	16♓29	17♓13	17♓58
/♇	12♒36	13♒06	13♒39	14♒12	14♒46	15♒22	15♒59	16♒36	17♒15	17♒55	18♒35	19♒17	19♒59	20♒43	21♒27
/☊	15♑28	15♑59	16♑32	17♑05	17♑38	18♑12	18♑47	19♑22	19♑58	20♑36	21♑15	21♑56	22♑39	23♑22	24♑07
♀/♂	13♈45	14♈45	15♈45	16♈45	17♈45	18♈45	19♈45	20♈45	21♈45	22♈45	23♈45	24♈45	25♈45	26♈45	27♈45
/⚳	20♉33	21♉19	22♉05	22♉51	23♉37	24♉24	25♉10	25♉57	26♉43	27♉30	28♉17	29♉03	29♉50	0♊37	1♊24
/♃	12♉03	12♉45	13♉28	14♉10	14♉52	15♉35	16♉17	16♉60	17♉42	18♉25	19♉07	19♉50	20♉33	21♉15	21♉58
/♄	26♑13	26♑48	27♑23	27♑59	28♑34	29♑09	29♑44	0♒19	0♒55	1♒30	2♒05	2♒40	3♒15	3♒50	4♒25
/♅	10♈28	11♈06	11♈45	12♈24	13♈03	13♈42	14♈21	15♈00	15♈39	16♈18	16♈57	17♈35	18♈14	18♈53	19♈32
/♆	23♓14	23♓52	24♓31	25♓09	25♓47	26♓25	27♓03	27♓41	28♓19	28♓57	29♓35	0♈13	0♈51	1♈29	2♈07
/♇	26♒54	27♒32	28♒09	28♒47	29♒24	0♓01	0♓38	1♓16	1♓53	2♓30	3♓07	3♓45	4♓22	4♓59	5♓36
/☊	29♑47	0♒25	1♒02	1♒39	2♒16	2♒51	3♒26	4♒01	4♒36	5♒11	5♒47	6♒24	7♒01	7♒39	8♒17
♂/⚳	22♉02	22♉34	23♉05	23♉37	24♉09	24♉41	25♉13	25♉45	26♉17	26♉50	27♉22	27♉54	28♉27	28♉59	29♉32
/♃	13♉32	14♉00	14♉28	14♉56	15♉24	15♉52	16♉20	16♉48	17♉16	17♉45	18♉13	18♉41	19♉09	19♉37	20♉06
/♄	27♑42	28♑03	28♑24	28♑45	29♑06	29♑26	29♑47	0♒08	0♒29	0♒50	1♒10	1♒31	1♒51	2♒12	2♒32
/♅	11♈57	12♈21	12♈46	13♈10	13♈35	13♈60	14♈24	14♈49	15♈13	15♈38	16♈02	16♈26	16♈51	17♈15	17♈39
/♆	24♓43	25♓07	25♓31	25♓55	26♓19	26♓42	27♓06	27♓30	27♓54	28♓17	28♓41	29♓04	29♓28	29♓51	0♈15
/♇	28♒23	28♒46	29♒10	29♒33	29♒56	0♓19	0♓41	1♓04	1♓27	1♓50	2♓13	2♓36	2♓58	3♓21	3♓44
/☊	1♒16	1♒39	2♒03	2♒25	2♒47	3♒09	3♒29	3♒50	4♒10	4♒31	4♒53	5♒15	5♒37	6♒01	6♒24
⚳/♃	20♊21	20♊34	20♊48	21♊02	21♊16	21♊31	21♊45	21♊60	22♊14	22♊29	22♊44	22♊59	23♊15	23♊30	23♊45
/♄	4♍30	4♍37	4♍44	4♍51	4♍58	5♍05	5♍12	5♍19	5♍27	5♍34	5♍42	5♍49	5♍57	6♍04	6♍12
/♅	18♉45	18♉55	19♉06	19♉16	19♉27	19♉38	19♉49	19♉60	20♉11	20♉22	20♉33	20♉45	20♉56	21♉08	21♉19
/♆	1♉32	1♉41	1♉51	2♉01	2♉11	2♉21	2♉31	2♉41	2♉51	3♉02	3♉12	3♉23	3♉33	3♉44	3♉54
/♇	5♈12	5♈21	5♈30	5♈39	5♈48	5♈57	6♈06	6♈16	6♈25	6♈35	6♈44	6♈54	7♈04	7♈13	7♈23
/☊	8♍04	8♍14	8♍23	8♍32	8♍40	8♍47	8♍54	9♍01	9♍08	9♍16	9♍24	9♍33	9♍43	9♍53	10♍04
♃/♄	26♌00	26♌03	26♌06	26♌10	26♌13	26♌16	26♌19	26♌23	26♌26	26♌29	26♌32	26♌36	26♌39	26♌43	26♌46
/♅	10♉15	10♉22	10♉29	10♉35	10♉42	10♉49	10♉56	11♉03	11♉10	11♉17	11♉24	11♉31	11♉39	11♉46	11♉53
/♆	23♈02	23♈08	23♈14	23♈20	23♈26	23♈32	23♈38	23♈44	23♈50	23♈57	24♈03	24♈09	24♈16	24♈22	24♈29
/♇	26♓42	26♓47	26♓52	26♓58	27♓03	27♓08	27♓13	27♓19	27♓24	27♓30	27♓35	27♓41	27♓46	27♓52	27♓57
/☊	29♌34	29♌40	29♌46	29♌50	29♌55	29♌58	0♍01	0♍04	0♍07	0♍11	0♍15	0♍20	0♍25	0♍31	0♍38
♄/♅	24♑24	24♑24	24♑24	24♑24	24♑24	24♑23	24♑23	24♑23	24♑22	24♑22	24♑22	24♑21	24♑21	24♑20	24♑20
/♆	7♑11	7♑10	7♑09	7♑08	7♑07	7♑06	7♑05	7♑04	7♑03	7♑02	7♑00	6♑59	6♑58	6♑56	6♑55
/♇	10♐51	10♐50	10♐48	10♐46	10♐44	10♐42	10♐40	10♐39	10♐37	10♐35	10♐32	10♐30	10♐28	10♐26	10♐24
/☊	13♏44	13♏43	13♏41	13♏39	13♏36	13♏32	13♏28	13♏24	13♏20	13♏16	13♏12	13♏10	13♏07	13♏06	13♏04
♅/♆	21♓26	21♓29	21♓31	21♓34	21♓37	21♓39	21♓42	21♓45	21♓47	21♓50	21♓52	21♓55	21♓57	21♓60	22♓02
/♇	25♒06	25♒08	25♒10	25♒12	25♒14	25♒16	25♒17	25♒19	25♒21	25♒23	25♒24	25♒26	25♒28	25♒29	25♒31
/☊	27♑59	28♑01	28♑03	28♑05	28♑06	28♑06	28♑05	28♑04	28♑04	28♑04	28♑04	28♑05	28♑07	28♑09	28♑11
♆/♇	7♒53	7♒54	7♒55	7♒56	7♒57	7♒58	7♒59	8♒00	8♒01	8♒02	8♒03	8♒04	8♒05	8♒06	8♒06
/☊	10♑45	10♑47	10♑48	10♑49	10♑49	10♑48	10♑47	10♑46	10♑44	10♑43	10♑43	10♑43	10♑44	10♑45	10♑47
♇/☊	14♐26	14♐26	14♐27	14♐27	14♐26	14♐25	14♐23	14♐20	14♐18	14♐16	14♐15	14♐14	14♐14	14♐15	14♐16

	16	17	18	19	20	21	22	23	24	25	26	27	28	29	30
☉/☽	27♉23	3♊47	10♊14	16♊46	23♊25	0♋13	7♋12	14♋23	21♋46	29♋21	7♒04	14♒54	22♒46	0♓38	8♓27
/☿	14♈30	15♈45	17♈01	18♈18	19♈36	20♈54	22♈14	23♈34	24♈55	26♈17	27♈39	29♈03	0♉27	1♉52	3♉19
/♀	28♈31	29♈37	0♉44	1♉50	2♉56	4♉03	5♉09	6♉15	7♉22	8♉28	9♉34	10♉40	11♉46	12♉53	13♉59
/♂	26♈24	27♈16	28♈08	28♈59	29♈51	0♉43	1♉35	2♉26	3♉18	4♉10	5♉01	5♉53	6♉44	7♉36	8♉27
/⚳	29♉51	0♊30	1♊10	1♊49	2♊29	3♊08	3♊48	4♊28	5♊07	5♊47	6♊27	7♊07	7♊47	8♊27	9♊07
/♃	20♉20	20♉55	21♉31	22♉06	22♉41	23♉16	23♉51	24♉26	25♉01	25♉37	26♉12	26♉47	27♉22	27♉58	28♉33
/♄	2♒39	3♒06	3♒34	4♒01	4♒28	4♒55	5♒22	5♒49	6♒16	6♒43	7♒10	7♒36	8♒03	8♌30	8♌57
/♅	17♈50	18♈21	18♈52	19♈23	19♈54	20♈25	20♈56	21♈27	21♈58	22♈28	22♈59	23♈30	24♈01	24♈31	25♈02
/♆	0♈25	0♈55	1♈25	1♈55	2♈25	2♈55	3♈25	3♈55	4♈25	4♈55	5♈25	5♈54	6♈24	6♈54	7♈24
/♇	3♓53	4♓22	4♓51	5♓20	5♓50	6♓19	6♓48	7♓17	7♓46	8♓15	8♓44	9♓13	9♓42	10♓11	10♓40
/☊	6♒34	7♒04	7♒34	8♒03	8♒32	9♒01	9♒29	9♒57	10♒25	10♒54	11♒23	11♒52	12♒21	12♒51	13♒20
☽/☿	15♉43	22♉23	29♉08	5♊58	12♊56	20♊04	27♊24	4♋57	12♋42	20♑40	28♑48	7♒03	15♒21	23♒40	1♓56
/♀	29♉44	6♊16	12♊50	19♊30	26♊17	3♋13	10♋19	17♋38	25♋09	2♌51	10♌43	18♒40	26♒41	4♓40	12♓36
/♂	27♉37	3♊54	10♊14	16♊39	23♊11	29♊53	6♋45	13♋49	21♋06	28♋33	6♒10	13♒53	21♒38	29♒24	7♓05
/⚳	1♋04	7♋09	13♋16	19♋29	25♋49	2♌18	8♌58	15♌51	22♌55	0♍11	7♍35	15♍07	22♍41	0♎14	7♎44
/♃	21♊33	27♊34	3♋37	9♋46	16♋01	22♋26	29♋01	5♌49	12♌49	20♌00	27♌20	4♍47	12♍16	19♓45	27♓11
/♄	3♍52	9♍45	15♍40	21♍40	27♍48	4♎05	10♎32	17♎12	24♎03	1♏06	8♏18	15♏36	22♏57	0♐18	7♐35
/♅	19♉03	24♉60	0♊59	7♊03	13♊14	19♊35	26♊06	2♋50	9♋45	16♑52	24♑08	1♒30	8♒55	16♒19	23♒40
/♆	1♉38	7♉33	13♉32	19♉35	25♉45	2♊05	8♐35	15♐18	22♐13	29♐18	6♑33	13♑54	21♑18	28♑42	6♒01
/♇	5♈06	11♈01	16♎58	23♎00	29♎10	5♏29	11♏58	18♏40	25♏34	2♐39	9♐53	17♐13	24♐36	1♑59	9♑17
/☊	7♍47	13♍43	19♍41	25♍43	1♎52	8♎10	14♎39	21♎20	28♎13	5♏18	12♏31	19♏52	27♏16	4♐39	11♐58
☿/♀	16♈50	18♈13	19♈37	21♈02	22♈27	23♈54	25♈21	26♈49	28♈18	29♈47	1♉18	2♉49	4♉21	5♉54	7♉28
/♂	14♈43	15♈52	17♈01	18♈11	19♈22	20♈34	21♈47	22♈60	24♈14	25♈29	26♈45	28♈02	29♈19	0♉38	1♉57
/⚳	18♉10	19♉06	20♉03	21♉01	21♉59	22♉59	23♉60	25♉01	26♉03	27♉06	28♉11	29♉16	0♊22	1♊29	2♊36
/♃	8♉40	9♉31	10♉24	11♉17	12♉12	13♉07	14♉03	14♉60	15♉57	16♉56	17♉56	18♉56	19♉57	20♉59	22♉03
/♄	20♑59	21♑42	22♑27	23♑12	23♑59	24♑46	25♑33	26♑22	27♑12	28♑02	28♑53	29♑45	0♒38	1♒32	2♒27
/♅	6♈10	6♈57	7♈46	8♈35	9♈25	10♈16	11♈08	12♈00	12♈54	13♈48	14♈43	15♈39	16♈36	17♈33	18♈32
/♆	18♓44	19♓31	20♓18	21♓07	21♓56	22♓46	23♓37	24♓28	25♓21	26♓14	27♓08	28♓03	28♓59	29♓56	0♈53
/♇	22♒12	22♒58	23♒45	24♒32	25♒20	26♒10	26♒60	27♒50	28♒42	29♒34	0♓28	1♓22	2♓17	3♓13	4♓09
/☊	24♑53	25♑40	26♑27	27♑15	28♑03	28♑51	29♑41	0♒31	1♒21	2♒14	3♒07	4♒01	4♒56	5♒53	6♒50
♀/♂	28♈44	29♈44	0♉44	1♉43	2♉43	3♉43	4♉42	5♉42	6♉41	7♉40	8♉40	9♉39	10♉39	11♉38	12♉37
/⚳	2♊11	2♊58	3♊46	4♊33	5♊20	6♊08	6♊55	7♊43	8♊30	9♊18	10♊05	10♊53	11♊41	12♊29	13♊17
/♃	22♉41	23♉24	24♉07	24♉50	25♉32	26♉15	26♉58	27♉41	28♉24	29♉07	29♉50	0♊33	1♊16	1♊60	2♊43
/♄	4♒60	5♒35	6♒10	6♒44	7♒19	7♒54	8♒29	9♌04	9♌39	10♌13	10♌48	11♌23	11♌58	12♌32	13♌07
/♅	20♈11	20♈50	21♈28	22♈07	22♈46	23♈24	24♈03	24♈42	25♈20	25♈59	26♈38	27♈16	27♈55	28♈33	29♈12
/♆	2♈45	3♈23	4♈01	4♈39	5♈17	5♈54	6♈32	7♈10	7♈48	8♈25	9♈03	9♈41	10♈18	10♈56	11♈34
/♇	6♓13	6♓50	7♓27	8♓04	8♓41	9♓18	9♓55	10♓32	11♓09	11♓46	12♓23	12♓59	13♓36	14♓13	14♓50
/☊	8♒55	9♒32	10♒10	10♒47	11♒24	11♒60	12♒36	13♒12	13♒48	14♒25	15♒01	15♒38	16♒16	16♌53	17♌30
♂/⚳	0♊04	0♊37	1♊10	1♊42	2♊15	2♊48	3♊21	3♊54	4♊27	4♊60	5♊33	6♊06	6♊39	7♊12	7♊45
/♃	20♉34	21♉02	21♉31	21♉59	22♉27	22♉56	23♉24	23♉52	24♉21	24♉49	25♉18	25♉46	26♉14	26♉43	27♉11
/♄	2♒53	3♒13	3♒34	3♒54	4♒14	4♒34	4♒55	5♒15	5♒35	5♒55	6♒15	6♒35	6♒55	7♒15	7♒35
/♅	18♈04	18♈28	18♈52	19♈16	19♈41	20♈05	20♈29	20♈53	21♈17	21♈41	22♈05	22♈29	22♈53	23♈17	23♈40
/♆	0♈38	1♈02	1♈25	1♈48	2♈12	2♈35	2♈58	3♈21	3♈44	4♈07	4♈30	4♈53	5♈16	5♈39	6♈02
/♇	4♓06	4♓29	4♓51	5♓14	5♓36	5♓58	6♓21	6♓43	7♓05	7♓28	7♓50	8♓12	8♓34	8♓56	9♓18
/☊	6♒48	7♒11	7♒34	7♒56	8♒19	8♒40	9♒02	9♒23	9♒45	10♒07	10♒29	10♒51	11♒14	11♒36	11♒59
⚳/♃	24♊01	24♊17	24♊33	24♊49	25♊05	25♊21	25♊37	25♊53	26♊10	26♊26	26♊43	26♊60	27♊17	27♊34	27♊51
/♄	6♍20	6♍28	6♍36	6♍44	6♍52	6♍60	7♍08	7♍16	7♍24	7♍32	7♍41	7♍49	7♍58	8♍06	8♍15
/♅	21♉31	21♉42	21♉54	22♉06	22♉18	22♉30	22♉42	22♉54	23♉06	23♉18	23♉30	23♉43	23♉55	24♉07	24♉20
/♆	4♉05	4♉16	4♉27	4♉38	4♉49	4♉60	5♉11	5♉22	5♉33	5♉45	5♉56	6♉07	6♉19	6♉30	6♉42
/♇	7♈33	7♈43	7♈53	8♈03	8♈13	8♈24	8♈34	8♈44	8♈55	9♈05	9♈15	9♈26	9♈36	9♈47	9♈58
/☊	10♍15	10♍25	10♍36	10♍46	10♍56	11♍05	11♍15	11♍24	11♍34	11♍44	11♍54	12♍05	12♍16	12♍27	12♍38
♃/♄	26♌50	26♌53	26♌57	27♌00	27♌04	27♌07	27♌11	27♌15	27♌18	27♌22	27♌26	27♌30	27♌33	27♌37	27♌41
/♅	12♉00	12♉08	12♉15	12♉23	12♉30	12♉38	12♉45	12♉53	13♉00	13♉08	13♉15	13♉23	13♉31	13♉38	13♉46
/♆	24♈35	24♈41	24♈48	24♈54	25♈01	25♈08	25♈14	25♈21	25♈28	25♈34	25♈41	25♈48	25♈54	26♈01	26♈08
/♇	28♓03	28♓09	28♓14	28♓20	28♓26	28♓31	28♓37	28♓43	28♓49	28♓54	29♓00	29♓06	29♓12	29♓18	29♓24
/☊	0♍44	0♍51	0♍57	1♍03	1♍08	1♍13	1♍18	1♍23	1♍28	1♍33	1♍39	1♍45	1♍52	1♍58	2♍04
♄/♅	24♑19	24♑19	24♑18	24♑18	24♑17	24♑16	24♑16	24♑15	24♑14	24♑14	24♑13	24♑12	24♑12	24♑11	24♑10
/♆	6♑54	6♑52	6♑51	6♑49	6♑48	6♑46	6♑45	6♑43	6♑42	6♑40	6♑39	6♑37	6♑35	6♑34	6♑32
/♇	10♐22	10♐19	10♐17	10♐15	10♐13	10♐10	10♐08	10♐05	10♐03	10♐00	9♐58	9♐56	9♐53	9♐51	9♐48
/☊	13♏03	13♏02	12♏60	12♏58	12♏55	12♏52	12♏49	12♏46	12♏42	12♏40	12♏37	12♏35	12♏33	12♏31	12♏29
♅/♆	22♓05	22♓07	22♓10	22♓12	22♓14	22♓17	22♓19	22♓21	22♓24	22♓26	22♓28	22♓30	22♓33	22♓35	22♓37
/♇	25♒33	25♒34	25♒36	25♒37	25♒39	25♒40	25♒42	25♒43	25♒45	25♒46	25♒48	25♒49	25♒50	25♒52	25♒53
/☊	28♑14	28♑16	28♑18	28♑20	28♑21	28♑22	28♑23	28♑24	28♑24	28♑25	28♑27	28♑28	28♑30	28♑32	28♑34
♆/♇	8♒07	8♒08	8♒09	8♒09	8♒10	8♒10	8♒11	8♒12	8♒12	8♒13	8♒13	8♒14	8♒14	8♒14	8♒15
/☊	10♑48	10♑50	10♑51	10♑52	10♑52	10♑52	10♑52	10♑52	10♑52	10♑52	10♑52	10♑53	10♑53	10♑54	10♑55
♇/☊	14♐16	14♐17	14♐17	14♐17	14♐17	14♐16	14♐15	14♐14	14♐13	14♐12	14♐11	14♐11	14♐11	14♐11	14♐11

April 2013

May 2013

	1	2	3	4	5	6	7	8
☉/☽	16♓09	23♓43	1♈08	8♈24	15♈32	22♈32	29♈24	6♉09
/☿	4♉45	6♉13	7♉42	9♉11	10♉41	12♉12	13♉44	15♉16
/♀	15♉05	16♉11	17♉17	18♉23	19♉29	20♉35	21♉41	22♉47
/♂	9♉19	10♉10	11♉01	11♉52	12♉44	13♉35	14♉26	15♉17
/⚳	9♊47	10♊27	11♊07	11♊47	12♊28	13♊08	13♊48	14♊29
/♃	29♉08	29♉44	0♊19	0♊54	1♊30	2♊05	2♊40	3♊16
/♄	9♌24	9♌51	10♌18	10♌44	11♌11	11♌38	12♌05	12♌32
/♅	25♈33	26♈03	26♈34	27♈05	27♈35	28♈06	28♈36	29♈07
/♆	7♈54	8♈23	8♈53	9♈23	9♈52	10♈22	10♈51	11♈21
/♇	11♓09	11♓37	12♓06	12♓35	13♓04	13♓33	14♓01	14♓30
/☊	13♒50	14♒19	14♒48	15♒17	15♒46	16♒15	16♒44	17♌13
☽/☿	10♓07	18♓11	26♓06	3♈54	11♈34	19♉06	26♈32	3♉51
/♀	20♓26	28♓08	5♈41	13♉06	20♈21	27♈29	4♉29	11♉22
/♂	14♓40	22♓07	29♓26	6♈35	13♈36	20♈29	27♈14	3♉52
/⚳	15♈08	22♈24	29♈32	6♉30	13♉20	20♉02	26♉36	3♊04
/♃	4♈30	11♈41	18♈43	25♈37	2♉22	8♉59	15♉28	21♉51
/♄	14♐45	21♐48	28♐42	5♑27	12♑04	18♑32	24♑53	1♒07
/♅	0♓54	8♓01	14♓58	21♓47	28♓27	4♈59	11♈24	17♈42
/♆	13♒15	20♒21	27♒17	4♓05	10♓44	17♓15	23♓39	29♓56
/♇	16♑30	23♑35	0♒31	7♒18	13♒56	20♒26	26♒49	3♓05
/☊	19♐11	26♐16	3♑13	9♑60	16♑38	23♑09	29♑32	5♒48
☿/♀	9♉03	10♉39	12♉15	13♉52	15♉31	17♉09	18♉49	20♉29
/♂	3♉17	4♉38	5♉59	7♉22	8♉45	10♉09	11♉34	12♉59
/⚳	3♊45	4♊55	6♊05	7♊17	8♊29	9♊42	10♊56	12♊11
/♃	23♉07	24♉11	25♉17	26♉24	27♉31	28♉39	29♉48	0♊58
/♄	3♒22	4♒19	5♒16	6♒14	7♒13	8♌12	9♌13	10♌14
/♅	19♈31	20♈31	21♈32	22♈34	23♈37	24♈40	25♈44	26♈49
/♆	1♈52	2♈51	3♈51	4♈52	5♈54	6♈56	7♈59	9♈03
/♇	5♓07	6♓05	7♓05	8♓05	9♓05	10♓07	11♓09	12♓12
/☊	7♒48	8♒47	9♒46	10♒47	11♒48	12♒49	13♒52	14♒55
♀/♂	13♉36	14♉36	15♉35	16♉34	17♉33	18♉32	19♉31	20♉30
/⚳	14♊05	14♊53	15♊41	16♊29	17♊17	18♊05	18♊53	19♊41
/♃	3♊26	4♊09	4♊52	5♊36	6♊19	7♊02	7♊45	8♊29
/♄	13♌42	14♌16	14♌51	15♌26	16♌00	16♌35	17♌10	17♌44
/♅	29♈50	0♉29	1♉07	1♉46	2♉24	3♉03	3♉41	4♉19
/♆	12♈11	12♈49	13♈26	14♈04	14♈41	15♈19	15♈56	16♈34
/♇	15♓26	16♓03	16♓40	17♓16	17♓53	18♓30	19♓06	19♓43
/☊	18♌08	18♌45	19♌22	19♌58	20♌35	21♌12	21♌49	22♌26
♂/⚳	8♊18	8♊52	9♊25	9♊58	10♊31	11♊05	11♊38	12♊12
/♃	27♉40	28♉08	28♉37	29♉05	29♉33	0♊02	0♊30	0♊59
/♄	7♒55	8♌15	8♌35	8♌55	9♌15	9♌35	9♌55	10♌15
/♅	24♈04	24♈28	24♈52	25♈15	25♈39	26♈03	26♈26	26♈50
/♆	6♈25	6♈48	7♈11	7♈33	7♈56	8♈19	8♈41	9♈04
/♇	9♓40	10♓02	10♓24	10♓46	11♓08	11♓30	11♓51	12♓13
/☊	12♒21	12♒44	13♒06	13♒28	13♒50	14♒12	14♒34	14♒56
⚳/♃	28♊08	28♊25	28♊42	28♊60	29♊17	29♊35	29♊53	0♋10
/♄	8♍24	8♍32	8♍41	8♍50	8♍59	9♍08	9♍17	9♍26
/♅	24♉32	24♉45	24♉58	25♉10	25♉23	25♉36	25♉48	26♉01
/♆	6♉53	7♉05	7♉16	7♉28	7♉40	7♉52	8♉03	8♉15
/♇	10♈08	10♈19	10♈30	10♈41	10♈52	11♈02	11♈13	11♈24
/☊	12♍50	13♍01	13♍12	13♍23	13♍34	13♍45	13♍56	14♍08
♃/♄	27♌45	27♌49	27♌53	27♌57	28♌01	28♌05	28♌09	28♌13
/♅	13♉54	14♉02	14♉09	14♉17	14♉25	14♉33	14♉40	14♉48
/♆	26♈15	26♈21	26♈28	26♈35	26♈42	26♈49	26♈56	27♈02
/♇	29♓30	29♓36	29♓42	29♓48	29♓54	29♓60	0♈06	0♈12
/☊	2♍11	2♍17	2♍23	2♍30	2♍36	2♍42	2♍48	2♍55
♄/♅	24♑09	24♑09	24♑08	24♑07	24♑06	24♑06	24♑05	24♑04
/♆	6♑30	6♑29	6♑27	6♑25	6♑24	6♑22	6♑20	6♑18
/♇	9♐45	9♐43	9♐40	9♐38	9♐35	9♐33	9♐30	9♐27
/☊	12♏27	12♏24	12♏22	12♏20	12♏17	12♏15	12♏13	12♏11
♅/♆	22♓39	22♓41	22♓43	22♓45	22♓47	22♓49	22♓51	22♓53
/♇	25♒54	25♒55	25♒57	25♒58	25♒59	26♒00	26♒01	26♒02
/☊	28♑35	28♑37	28♑39	28♑40	28♑41	28♑43	28♑44	28♑46
♆/♇	8♒15	8♒15	8♒16	8♒16	8♒16	8♒16	8♒17	8♒17
/☊	10♑56	10♑57	10♑58	10♑58	10♑58	10♑59	10♑59	10♑60
♇/☊	14♐11	14♐11	14♐11	14♐11	14♐10	14♐10	14♐09	14♐09

	9	10	11	12	13	14	15	16
☉/☽	12♉49	19♉23	25♉54	2♊20	8♊45	15♊08	21♊33	27♊59
/☿	16♉49	18♉23	19♉56	21♉30	23♉05	24♉39	26♉14	27♉48
/♀	23♉53	24♉59	26♉05	27♉11	28♉16	29♉22	0♊28	1♊34
/♂	16♉08	16♉59	17♉50	18♉41	19♉32	20♉23	21♉14	22♉05
/⚳	15♊09	15♊49	16♊30	17♊10	17♊51	18♊32	19♊12	19♊53
/♃	3♊51	4♊27	5♊02	5♊38	6♊13	6♊49	7♊24	7♊60
/♄	12♌58	13♌25	13♌52	14♌19	14♌46	15♌13	15♌39	16♌06
/♅	29♈37	0♉08	0♉38	1♉08	1♉39	2♉09	2♉39	3♉10
/♆	11♈50	12♈20	12♈49	13♈19	13♈48	14♈17	14♈47	15♈16
/♇	14♓59	15♓27	15♓56	16♓24	16♓53	17♓22	17♓50	18♓19
/☊	17♌42	18♌11	18♌40	19♌09	19♌38	20♌06	20♌35	21♌03
☽/☿	11♉06	18♉16	25♉22	2♊25	9♊26	16♊26	23♊26	0♋29
/♀	18♉10	24♉52	1♊30	8♊05	14♊37	21♊09	27♊41	4♋15
/♂	10♉25	16♉52	23♉16	29♉35	5♊53	12♊09	18♊27	24♊46
/⚳	9♊26	15♊43	21♊55	28♊05	4♋12	10♋18	16♋25	22♋34
/♃	28♉08	4♊20	10♊27	16♊32	22♊34	28♊35	4♋37	10♋41
/♄	7♒15	13♌18	19♌17	25♌13	1♍06	6♍59	12♍52	18♍48
/♅	23♈54	0♉01	6♉03	12♉02	17♉59	23♉55	29♉52	5♊51
/♆	6♈07	12♈13	18♈15	24♈13	0♉09	6♉04	11♉59	17♉57
/♇	9♓15	15♓20	21♓21	27♓19	3♈14	9♈08	15♎03	20♎60
/☊	11♒59	18♌04	24♌05	0♍03	5♍58	11♍53	17♍47	23♍45
☿/♀	22♉10	23♉51	25♉33	27♉15	28♉57	0♊40	2♊22	4♊04
/♂	14♉25	15♉52	17♉18	18♉46	20♉13	21♉40	23♉08	24♉35
/⚳	13♊26	14♊42	15♊58	17♊15	18♊32	19♊49	21♊06	22♊23
/♃	2♊08	3♊19	4♊30	5♊42	6♊54	8♊06	9♊18	10♊30
/♄	11♌15	12♌18	13♌20	14♌23	15♌26	16♌30	17♌33	18♌36
/♅	27♈54	28♈60	0♉06	1♉13	2♉19	3♉26	4♉33	5♉40
/♆	10♈07	11♈12	12♈17	13♈23	14♈29	15♈35	16♈40	17♈46
/♇	13♓15	14♓20	15♓24	16♓29	17♓34	18♓39	19♓44	20♓49
/☊	15♒59	17♌03	18♌08	19♌13	20♌18	21♌23	22♌28	23♌33
♀/♂	21♉29	22♉28	23♉27	24♉26	25♉24	26♉23	27♉22	28♉21
/⚳	20♊30	21♊18	22♊06	22♊55	23♊43	24♊32	25♊20	26♊09
/♃	9♊12	9♊55	10♊39	11♊22	12♊05	12♊49	13♊32	14♊16
/♄	18♌19	18♌54	19♌29	20♌03	20♌38	21♌13	21♌47	22♌22
/♅	4♉58	5♉36	6♉14	6♉53	7♉31	8♉09	8♉47	9♉26
/♆	17♈11	17♈48	18♈26	19♈03	19♈40	20♈18	20♈55	21♈32
/♇	20♓19	20♓56	21♓32	22♓09	22♓45	23♓22	23♓58	24♓35
/☊	23♌03	23♌40	24♌17	24♌53	25♌30	26♌06	26♌43	27♌19
♂/⚳	12♊45	13♊19	13♊52	14♊26	14♊59	15♊33	16♊06	16♊40
/♃	1♊27	1♊56	2♊24	2♊53	3♊21	3♊50	4♊18	4♊46
/♄	10♌35	10♌54	11♌14	11♌34	11♌54	12♌13	12♌33	12♌53
/♅	27♈13	27♈37	28♈00	28♈23	28♈47	29♈10	29♈33	29♈56
/♆	9♈26	9♈49	10♈11	10♈34	10♈56	11♈18	11♈41	12♈03
/♇	12♓35	12♓56	13♓18	13♓39	14♓01	14♓22	14♓44	15♓05
/☊	15♒18	15♒40	16♒02	16♒24	16♒46	17♌07	17♌29	17♌50
⚳/♃	0♋28	0♋46	1♋04	1♋22	1♋40	1♋58	2♋16	2♋35
/♄	9♍35	9♍44	9♍54	10♍03	10♍13	10♍22	10♍32	10♍41
/♅	26♉14	26♉27	26♉40	26♉53	27♉06	27♉19	27♉32	27♉45
/♆	8♉27	8♉39	8♉51	9♉03	9♉15	9♉27	9♉39	9♉51
/♇	11♎35	11♎46	11♎58	12♎09	12♎20	12♎31	12♎42	12♎54
/☊	14♍19	14♍30	14♍42	14♍53	15♍05	15♍16	15♍27	15♍38
♃/♄	28♌18	28♌22	28♌26	28♌30	28♌35	28♌39	28♌43	28♌48
/♅	14♉56	15♉04	15♉12	15♉20	15♉28	15♉36	15♉43	15♉51
/♆	27♈09	27♈16	27♈23	27♈30	27♈37	27♈44	27♈51	27♈58
/♇	0♈18	0♈24	0♈30	0♈36	0♈42	0♈48	0♈54	1♈00
/☊	3♍01	3♍08	3♍14	3♍20	3♍27	3♍33	3♍39	3♍45
♄/♅	24♑03	24♑03	24♑02	24♑01	24♑00	23♑59	23♑59	23♑58
/♆	6♑17	6♑15	6♑13	6♑11	6♑10	6♑08	6♑06	6♑04
/♇	9♐25	9♐22	9♐20	9♐17	9♐15	9♐12	9♐09	9♐07
/☊	12♏08	12♏06	12♏04	12♏02	11♏59	11♏57	11♏54	11♏51
♅/♆	22♓55	22♓57	22♓59	23♓01	23♓03	23♓04	23♓06	23♓08
/♇	26♒04	26♒05	26♒06	26♒07	26♒08	26♒08	26♒09	26♒10
/☊	28♑47	28♑49	28♑50	28♑51	28♑52	28♑53	28♑54	28♑55
♆/♇	8♒17	8♒17	8♒17	8♒17	8♒17	8♒17	8♒17	8♒17
/☊	11♑00	11♑01	11♑01	11♑01	11♑02	11♑02	11♑01	11♑01
♇/☊	14♐09	14♐08	14♐08	14♐07	14♐06	14♐06	14♐05	14♐04

	17	18	19	20	21	22	23	24
☉/☽	4♋30	11♋08	17♋54	24♋50	1♌59	9♌21	16♌56	24♌43
/☿	29♉22	0♊55	2♊28	3♊60	5♊31	7♊01	8♊30	9♊58
/♀	2♊40	3♊45	4♊51	5♊57	7♊02	8♊08	9♊14	10♊19
/♂	22♉55	23♉46	24♉37	25♉27	26♉18	27♉09	27♉59	28♉50
/⚳	20♊34	21♊14	21♊55	22♊36	23♊17	23♊58	24♊38	25♊19
/♃	8♊35	9♊11	9♊46	10♊22	10♊57	11♊33	12♊08	12♊44
/♄	16♌33	16♌60	17♌27	17♌54	18♌20	18♌47	19♌14	19♌41
/♅	3♉40	4♉10	4♉40	5♉10	5♉41	6♉11	6♉41	7♉11
/♆	15♈45	16♈15	16♈44	17♈13	17♈42	18♈11	18♈40	19♈09
/♇	18♓47	19♓15	19♓44	20♓12	20♓41	21♓09	21♓37	22♓05
/☊	21♌32	22♌01	22♌29	22♌59	23♌28	23♌57	24♌27	24♌56
☽/☿	7♋36	14♋49	22♋10	29♋41	7♌23	15♌18	23♌24	1♍42
/♀	10♋54	17♋39	24♋33	1♌38	8♌55	16♌25	24♌08	2♍03
/♂	1♋10	7♋40	14♋19	21♋09	28♋10	5♌25	12♌53	20♌33
/⚳	28♋48	5♌08	11♌37	18♌17	25♌09	2♍14	9♍32	17♍03
/♃	16♋50	23♋05	29♋28	6♌03	12♌49	19♌49	27♌02	4♍27
/♄	24♍47	0♎54	7♎09	13♎35	20♎13	27♎04	4♏08	11♏24
/♅	11♊54	18♊04	24♊23	0♋52	7♋33	14♑27	21♑35	28♑54
/♆	23♉60	0♊09	6♐26	12♐54	19♐34	26♐28	3♑34	10♑53
/♇	27♎01	3♏09	9♏26	15♏53	22♏33	29♏25	6♐31	13♐49
/☊	29♍46	5♎55	12♎12	18♎40	25♎20	2♏14	9♏21	16♏39
☿/♀	5♊46	7♊27	9♊08	10♊48	12♊27	14♊05	15♊42	17♊18
/♂	26♉01	27♉28	28♉53	0♊18	1♊42	3♊05	4♊27	5♊48
/⚳	23♊40	24♊56	26♊12	27♊27	28♊41	29♊54	1♋06	2♋18
/♃	11♊41	12♊52	14♊03	15♊12	16♊21	17♊29	18♊36	19♊42
/♄	19♌39	20♌41	21♌43	22♌44	23♌45	24♌44	25♌42	26♌40
/♅	6♉46	7♉52	8♉57	10♉01	11♉05	12♉07	13♉09	14♉09
/♆	18♈51	19♈56	21♈00	22♈04	23♈06	24♈08	25♈09	26♈08
/♇	21♓53	22♓57	24♓00	25♓03	26♓05	27♓06	28♓05	29♓04
/☊	24♌38	25♌42	26♌46	27♌49	28♌52	29♌54	0♍55	1♍54
♀/♂	29♉19	0♊18	1♊17	2♊15	3♊14	4♊12	5♊11	6♊09
/⚳	26♊58	27♊46	28♊35	29♊24	0♋12	1♋01	1♋50	2♋39
/♃	14♊59	15♊42	16♊26	17♊09	17♊53	18♊36	19♊20	20♊03
/♄	22♌57	23♌32	24♌07	24♌41	25♌16	25♌51	26♌26	27♌01
/♅	10♉04	10♉42	11♉20	11♉58	12♉36	13♉14	13♉52	14♉30
/♆	22♈09	22♈46	23♈24	24♈01	24♈38	25♈15	25♈52	26♈29
/♇	25♓11	25♓47	26♓24	26♓60	27♓36	28♓12	28♓49	29♓25
/☊	27♌56	28♌32	29♌09	29♌46	0♍24	1♍01	1♍38	2♍15
♂/⚳	17♊13	17♊47	18♊21	18♊54	19♊28	20♊02	20♊35	21♊09
/♃	5♊15	5♊43	6♊12	6♊40	7♊08	7♊37	8♊05	8♊33
/♄	13♌13	13♌32	13♌52	14♌12	14♌32	14♌51	15♌11	15♌31
/♅	0♉20	0♉43	1♉06	1♉29	1♉52	2♉15	2♉38	3♉01
/♆	12♈25	12♈47	13♈09	13♈31	13♈53	14♈15	14♈37	14♈59
/♇	15♓27	15♓48	16♓09	16♓31	16♓52	17♓13	17♓34	17♓55
/☊	18♌11	18♌33	18♌55	19♌17	19♌39	20♌02	20♌24	20♌45
⚳/♃	2♋53	3♋11	3♋30	3♋48	4♋07	4♋26	4♋44	5♋03
/♄	10♍51	11♍01	11♍10	11♍20	11♍30	11♍40	11♍50	12♍01
/♅	27♉58	28♉11	28♉24	28♉37	28♉50	29♉04	29♉17	29♉30
/♆	10♉03	10♉15	10♉28	10♉40	10♉52	11♉04	11♉17	11♉29
/♇	13♎05	13♎16	13♎28	13♎39	13♎50	14♎02	14♎13	14♎25
/☊	15♍50	16♍01	16♍13	16♍25	16♍38	16♍50	17♍03	17♍15
♃/♄	28♌52	28♌57	29♌01	29♌06	29♌11	29♌15	29♌20	29♌25
/♅	15♉59	16♉07	16♉15	16♉23	16♉31	16♉39	16♉47	16♉55
/♆	28♈05	28♈12	28♈19	28♈26	28♈33	28♈39	28♈46	28♈53
/♇	1♈06	1♈12	1♈19	1♈25	1♈31	1♈37	1♈43	1♈49
/☊	3♍51	3♍58	4♍04	4♍11	4♍18	4♍26	4♍33	4♍40
♄/♅	23♑57	23♑56	23♑56	23♑55	23♑54	23♑53	23♑53	23♑52
/♆	6♑03	6♑01	5♑59	5♑57	5♑56	5♑54	5♑52	5♑51
/♇	9♐04	9♐02	8♐59	8♐57	8♐54	8♐52	8♐49	8♐47
/☊	11♏49	11♏47	11♏45	11♏43	11♏42	11♏40	11♏39	11♏37
♅/♆	23♓10	23♓11	23♓13	23♓14	23♓16	23♓17	23♓19	23♓20
/♇	26♒11	26♒12	26♒13	26♒14	26♒14	26♒15	26♒16	26♒16
/☊	28♑56	28♑57	28♑58	29♑00	29♑02	29♑04	29♑05	29♑07
♆/♇	8♒17	8♒16	8♒16	8♒16	8♒16	8♒16	8♒15	8♒15
/☊	11♑01	11♑02	11♑02	11♑03	11♑03	11♑04	11♑05	11♑05
♇/☊	14♐03	14♐02	14♐02	14♐02	14♐02	14♐02	14♐02	14♐01

	25	26	27	28	29	30	31	
☉/☽	2♍39	10♓41	18♓44	26♓43	4♈34	12♈14	19♈42	☉/☽
/☿	11♊25	12♊50	14♊15	15♊37	16♊59	18♊18	19♊37	/☿
/♀	11♊25	12♊30	13♊36	14♊41	15♊47	16♊52	17♊58	/♀
/♂	29♉40	0♊30	1♊21	2♊11	3♊01	3♊52	4♊42	/♂
/⚳	26♊00	26♊41	27♊22	28♊03	28♊44	29♊25	0♋06	/⚳
/♃	13♊19	13♊55	14♊30	15♊06	15♊41	16♊17	16♊52	/♃
/♄	20♌08	20♌35	21♌02	21♌29	21♌56	22♌23	22♌50	/♄
/♅	7♉41	8♉11	8♉41	9♉11	9♉41	10♉10	10♉40	/♅
/♆	19♈38	20♈08	20♈37	21♈05	21♈34	22♈03	22♈32	/♆
/♇	22♓34	23♓02	23♓30	23♓58	24♓27	24♓55	25♓23	/♇
/☊	25♌24	25♌53	26♌20	26♌48	27♌15	27♌43	28♌11	/☊
☽/☿	10♍07	18♍36	27♓06	5♈30	13♈44	21♈47	29♈37	☽/☿
/♀	10♍07	18♍16	26♓27	4♈34	12♈33	20♈21	27♈58	/♀
/♂	28♒22	6♓16	14♓12	22♓03	29♓47	7♈21	14♈42	/♂
/⚳	24♍42	2♎27	10♎13	17♎55	25♈30	2♉54	10♉06	/⚳
/♃	12♍01	19♍41	27♓21	4♈58	12♈27	19♈46	26♈52	/♃
/♄	18♏50	26♏21	3♐53	11♐21	18♐42	25♐52	2♑50	/♄
/♅	6♒23	13♒57	21♒32	29♒03	6♓26	13♓39	20♓40	/♅
/♆	18♑20	25♑54	3♒28	10♒58	18♒20	25♒32	2♓32	/♆
/♇	21♐16	28♐48	6♑21	13♑51	21♑12	28♑24	5♒23	/♇
/☊	24♏06	1♐39	9♐11	16♐40	24♐01	1♑12	8♑11	/☊
☿/♀	18♊52	20♊26	21♊58	23♊29	24♊58	26♊26	27♊52	☿/♀
/♂	7♊08	8♊26	9♊43	10♊58	12♊12	13♊25	14♊36	/♂
/⚳	3♋28	4♋36	5♋44	6♋50	7♋55	8♋58	10♋00	/⚳
/♃	20♊47	21♊50	22♊52	23♊53	24♊52	25♊50	26♊47	/♃
/♄	27♌36	28♌30	29♌24	0♍16	1♍07	1♍56	2♍44	/♄
/♅	15♉08	16♉06	17♉03	17♉58	18♉51	19♉44	20♉34	/♅
/♆	27♈06	28♈03	28♈58	29♈52	0♉45	1♉36	2♉26	/♆
/♇	0♈01	0♈57	1♈52	2♈45	3♈37	4♈28	5♈17	/♇
/☊	2♍52	3♍48	4♍42	5♍35	6♍26	7♍16	8♍05	/☊
♀/♂	7♊07	8♊06	9♊04	10♊02	11♊01	11♊59	12♊57	♀/♂
/⚳	3♋28	4♋16	5♋05	5♋54	6♋43	7♋32	8♋21	/⚳
/♃	20♊47	21♊30	22♊14	22♊57	23♊41	24♊24	25♊08	/♃
/♄	27♌35	28♌10	28♌45	29♌20	29♌55	0♍30	1♍05	/♄
/♅	15♉08	15♉46	16♉24	17♉02	17♉40	18♉18	18♉55	/♅
/♆	27♈06	27♈43	28♈20	28♈57	29♈34	0♉10	0♉47	/♆
/♇	0♈01	0♈37	1♈13	1♈50	2♈26	3♈02	3♈38	/♇
/☊	2♍52	3♍28	4♍04	4♍39	5♍15	5♍50	6♍26	/☊
♂/⚳	21♊43	22♊16	22♊50	23♊24	23♊58	24♊31	25♊05	♂/⚳
/♃	9♊02	9♊30	9♊58	10♊27	10♊55	11♊23	11♊52	/♃
/♄	15♌51	16♌10	16♌30	16♌50	17♌10	17♌29	17♌49	/♄
/♅	3♉23	3♉46	4♉09	4♉32	4♉54	5♉17	5♉39	/♅
/♆	15♈21	15♈43	16♈05	16♈26	16♈48	17♈10	17♈31	/♆
/♇	18♓16	18♓37	18♓58	19♓19	19♓40	20♓01	20♓22	/♇
/☊	21♌07	21♌28	21♌48	22♌09	22♌29	22♌49	23♌10	/☊
⚳/♃	5♋22	5♋41	5♋60	6♋19	6♋38	6♋57	7♋16	⚳/♃
/♄	12♍11	12♍21	12♍31	12♍42	12♍52	13♍03	13♍13	/♄
/♅	29♉44	29♉57	0♊10	0♊24	0♊37	0♊50	1♊04	/♅
/♆	11♉41	11♉54	12♉06	12♉18	12♉31	12♉43	12♉56	/♆
/♇	14♎36	14♎48	14♎60	15♎11	15♎23	15♎35	15♎46	/♇
/☊	17♍27	17♍39	17♍50	18♍01	18♍12	18♍23	18♍35	/☊
♃/♄	29♌30	29♌35	29♌40	29♌45	29♌50	29♌55	29♌60	♃/♄
/♅	17♉03	17♉10	17♉18	17♉26	17♉34	17♉42	17♉50	/♅
/♆	29♈00	29♈07	29♈14	29♈21	29♈28	29♈35	29♈42	/♆
/♇	1♈55	2♈02	2♈08	2♈14	2♈20	2♈26	2♈32	/♇
/☊	4♍46	4♍52	4♍58	5♍03	5♍09	5♍15	5♍21	/☊
♄/♅	23♑51	23♑51	23♑50	23♑49	23♑49	23♑48	23♑47	♄/♅
/♆	5♑49	5♑47	5♑46	5♑44	5♑43	5♑41	5♑39	/♆
/♇	8♐44	8♐42	8♐39	8♐37	8♐35	8♐32	8♐30	/♇
/☊	11♏35	11♏32	11♏30	11♏27	11♏24	11♏21	11♏18	/☊
♅/♆	23♓22	23♓23	23♓25	23♓26	23♓27	23♓28	23♓30	♅/♆
/♇	26♒17	26♒18	26♒18	26♒19	26♒19	26♒20	26♒20	/♇
/☊	29♑08	29♑08	29♑08	29♑08	29♑08	29♑08	29♑09	/☊
♆/♇	8♒15	8♒14	8♒14	8♒14	8♒13	8♒13	8♒12	♆/♇
/☊	11♑05	11♑05	11♑04	11♑03	11♑02	11♑01	11♑01	/☊
♇/☊	14♐01	13♐59	13♐58	13♐56	13♐54	13♐52	13♐51	♇/☊

May 2013

June 2013

	1	2	3	4	5	6	7	8	9	10	11	12	13	14	15
☉/☽	26♈58	4♉03	10♉56	17♉41	24♉19	0♊51	7♊20	13♊45	20♊09	26♊33	2♋57	9♋22	15♋50	22♋21	28♋59
/☿	20♊54	22♊09	23♊23	24♊36	25♊47	26♊56	28♊04	29♊11	0♋15	1♋18	2♋20	3♋19	4♋17	5♋13	6♋08
/♀	19♊03	20♊09	21♊14	22♊20	23♊25	24♊30	25♊36	26♊41	27♊47	28♊52	29♊57	1♋02	2♋08	3♋13	4♋18
/♂	5♊32	6♊22	7♊12	8♊02	8♊53	9♊43	10♊33	11♊23	12♊12	13♊02	13♊52	14♊42	15♊32	16♊22	17♊11
/⚳	0♋47	1♋28	2♋10	2♋51	3♋32	4♋13	4♋55	5♋36	6♋17	6♋58	7♋40	8♋21	9♋03	9♋44	10♋25
/♃	17♊28	18♊04	18♊39	19♊15	19♊50	20♊26	21♊01	21♊37	22♊13	22♊48	23♊24	23♊59	24♊35	25♊10	25♊46
/♄	23♌17	23♌44	24♌11	24♌39	25♌06	25♌33	26♌00	26♌28	26♌55	27♌22	27♌50	28♌17	28♌45	29♌12	29♌40
/♅	11♉10	11♉40	12♉10	12♉39	13♉09	13♉39	14♉09	14♉38	15♉08	15♉37	16♉07	16♉36	17♉06	17♉35	18♉05
/♆	23♈01	23♈30	23♈59	24♈28	24♈56	25♈25	25♈54	26♈23	26♈51	27♈20	27♈49	28♈17	28♈46	29♈14	29♈43
/♇	25♓51	26♓19	26♓47	27♓15	27♓43	28♓11	28♓40	29♓08	29♓36	0♈04	0♈32	0♈60	1♈28	1♈56	2♈23
/☊	28♌40	29♌09	29♌38	0♍08	0♍37	1♍06	1♍35	2♍02	2♍29	2♍56	3♍21	3♍47	4♍13	4♍39	5♍06
☽/☿	7♉12	14♉34	21♉44	28♉44	5♊36	12♊20	18♊59	25♊33	2♋05	8♋34	15♋01	21♋29	27♋57	4♌28	11♌02
/♀	5♉21	12♉33	19♉35	26♉28	3♊14	9♊54	16♊30	23♊04	29♊36	6♋07	12♋39	19♋12	25♋48	2♌28	9♌13
/♂	21♈50	28♈47	5♉33	12♉11	18♉41	25♉06	1♊27	7♊45	14♊02	20♊18	26♊34	2♋52	9♋12	15♋36	22♋06
/⚳	17♉05	23♉53	0♊30	6♊59	13♊21	19♊37	25♊49	1♋58	8♋06	14♋14	20♋22	26♋31	2♌43	8♌59	15♌20
/♃	3♉46	10♉28	16♉60	23♉23	29♉39	5♊49	11♊56	17♊60	24♊02	0♋04	6♋06	12♋09	18♋15	24♋25	0♌41
/♄	9♑35	16♑09	22♑32	28♑47	4♒54	10♌57	16♌55	22♌50	28♌44	4♍38	10♍31	16♍27	22♍25	28♍27	4♎34
/♅	27♓28	4♈05	10♈31	16♈48	22♈58	29♈02	5♉03	11♉01	16♉57	22♉53	28♉49	4♊46	10♊46	16♊50	22♊60
/♆	9♓19	15♓55	22♓20	28♓36	4♈45	10♈49	16♈48	22♈45	28♈41	4♉35	10♉30	16♉27	22♉26	28♉29	4♊38
/♇	12♒09	18♒44	25♒08	1♓24	7♓32	13♓35	19♓34	25♓30	1♈25	7♈19	13♎13	19♎09	25♎08	1♏10	7♏18
/☊	14♑58	21♑34	27♑59	4♒16	10♒26	16♒30	22♌29	28♌25	4♍19	10♍11	16♍03	21♍57	27♍53	3♎54	10♎00
☿/♀	29♊17	0♋40	2♋02	3♋23	4♋42	5♋59	7♋15	8♋29	9♋42	10♋53	12♋02	13♋10	14♋15	15♋19	16♋22
/♂	15♊46	16♊54	18♊00	19♊06	20♊09	21♊11	22♊12	23♊11	24♊08	25♊03	25♊57	26♊49	27♊40	28♊28	29♊15
/⚳	11♋01	12♋00	12♋58	13♋54	14♋49	15♋42	16♋34	17♋24	18♋12	18♋59	19♋45	20♋28	21♋10	21♋50	22♋29
/♃	27♊42	28♊35	29♊27	0♋18	1♋07	1♋55	2♋41	3♋25	4♋08	4♋49	5♋29	6♋06	6♋43	7♋17	7♋49
/♄	3♍31	4♍16	4♍59	5♍42	6♍22	7♍02	7♍39	8♍16	8♍50	9♍23	9♍55	10♍24	10♍52	11♍19	11♍43
/♅	21♉24	22♉12	22♉58	23♉43	24♉26	25♉08	25♉48	26♉26	27♉03	27♉38	28♉12	28♉44	29♉14	29♉42	0♊08
/♆	3♉15	4♉02	4♉47	5♉31	6♉13	6♉54	7♉33	8♉10	8♉46	9♉21	9♉53	10♉24	10♉53	11♉21	11♉46
/♇	6♈05	6♈51	7♈35	8♈18	9♈00	9♈40	10♈19	10♎56	11♎31	12♎04	12♎36	13♎07	13♎35	14♎02	14♎27
/☊	8♍53	9♍41	10♍26	11♍11	11♍54	12♍35	13♍14	13♍50	14♍25	14♍56	15♍26	15♍54	16♍20	16♍45	17♍09
♀/♂	13♊55	14♊53	15♊51	16♊49	17♊47	18♊45	19♊43	20♊41	21♊39	22♊37	23♊35	24♊32	25♊30	26♊28	27♊25
/⚳	9♋10	9♋59	10♋49	11♋38	12♋27	13♋16	14♋05	14♋54	15♋44	16♋33	17♋22	18♋11	19♋01	19♋50	20♋39
/♃	25♊51	26♊35	27♊18	28♊02	28♊45	29♊29	0♋12	0♋56	1♋39	2♋23	3♋06	3♋50	4♋33	5♋16	5♋60
/♄	1♍40	2♍15	2♍50	3♍25	4♍01	4♍36	5♍11	5♍46	6♍21	6♍57	7♍32	8♍07	8♍43	9♍18	9♍54
/♅	19♉33	20♉11	20♉49	21♉26	22♉04	22♉42	23♉19	23♉57	24♉34	25♉12	25♉49	26♉27	27♉04	27♉42	28♉19
/♆	1♉24	2♉01	2♉38	3♉14	3♉51	4♉28	5♉04	5♉41	6♉18	6♉54	7♉31	8♉07	8♉44	9♉20	9♉57
/♇	4♈14	4♈50	5♈26	6♈02	6♈38	7♈14	7♈50	8♈26	9♈02	9♈38	10♈14	10♎50	11♎26	12♎02	12♎37
/☊	7♍03	7♍40	8♍17	8♍55	9♍32	10♍09	10♍45	11♍21	11♍56	12♍30	13♍04	13♍37	14♍11	14♍45	15♍20
♂/⚳	25♊39	26♊13	26♊47	27♊20	27♊54	28♊28	29♊02	29♊36	0♋10	0♋43	1♋17	1♋51	2♋25	2♋59	3♋33
/♃	12♊20	12♊48	13♊16	13♊44	14♊13	14♊41	15♊09	15♊37	16♊05	16♊33	17♊01	17♊29	17♊57	18♊25	18♊53
/♄	18♌09	18♌29	18♌48	19♌08	19♌28	19♌48	20♌08	20♌28	20♌47	21♌07	21♌27	21♌47	22♌07	22♌27	22♌47
/♅	6♉02	6♉24	6♉47	7♉09	7♉31	7♉54	8♉16	8♉38	9♉00	9♉22	9♉44	10♉06	10♉28	10♉50	11♉12
/♆	17♈53	18♈14	18♈36	18♈57	19♈19	19♈40	20♈01	20♈22	20♈44	21♈05	21♈26	21♈47	22♈08	22♈29	22♈50
/♇	20♓43	21♓03	21♓24	21♓45	22♓06	22♓26	22♓47	23♓07	23♓28	23♓49	24♓09	24♓29	24♓50	25♓10	25♓31
/☊	23♌32	23♌53	24♌15	24♌38	24♌60	25♌21	25♌42	26♌02	26♌22	26♌41	26♌59	27♌17	27♌35	27♌54	28♌13
⚳/♃	7♋35	7♋54	8♋13	8♋33	8♋52	9♋11	9♋31	9♋50	10♋10	10♋29	10♋49	11♋08	11♋28	11♋47	12♋07
/♄	13♍24	13♍35	13♍46	13♍57	14♍07	14♍18	14♍30	14♍41	14♍52	15♍03	15♍15	15♍26	15♍38	15♍49	16♍01
/♅	1♊17	1♊31	1♊44	1♊57	2♊11	2♊24	2♊38	2♊51	3♊05	3♊18	3♊32	3♊45	3♊59	4♊13	4♊26
/♆	13♉08	13♉21	13♉33	13♉46	13♉58	14♉11	14♉23	14♉36	14♉48	15♉01	15♉14	15♉26	15♉39	15♉51	16♉04
/♇	15♎58	16♎10	16♎21	16♎33	16♎45	16♎57	17♎09	17♎21	17♎33	17♎45	17♎57	18♎09	18♎21	18♎33	18♎45
/☊	18♍47	18♍60	19♍13	19♍26	19♍39	19♍52	20♍04	20♍16	20♍26	20♍37	20♍46	20♍56	21♍06	21♍16	21♍27
♃/♄	0♍05	0♍10	0♍15	0♍20	0♍26	0♍31	0♍37	0♍42	0♍47	0♍53	0♍59	1♍04	1♍10	1♍16	1♍21
/♅	17♉58	18♉06	18♉13	18♉21	18♉29	18♉37	18♉45	18♉53	19♉00	19♉08	19♉16	19♉24	19♉31	19♉39	19♉47
/♆	29♈49	29♈56	0♉03	0♉09	0♉16	0♉23	0♉30	0♉37	0♉44	0♉51	0♉57	1♉04	1♉11	1♉18	1♉25
/♇	2♈39	2♈45	2♈51	2♈57	3♈03	3♈10	3♈16	3♈22	3♈28	3♈34	3♈40	3♈47	3♈53	3♈59	4♈05
/☊	5♍28	5♍35	5♍42	5♍50	5♍57	6♍04	6♍11	6♍17	6♍22	6♍26	6♍30	6♍34	6♍38	6♍42	6♍48
♄/♅	23♑47	23♑46	23♑46	23♑45	23♑45	23♑44	23♑44	23♑43	23♑43	23♑42	23♑42	23♑41	23♑41	23♑41	23♑40
/♆	5♑38	5♑36	5♑35	5♑33	5♑32	5♑30	5♑29	5♑27	5♑26	5♑25	5♑23	5♑22	5♑21	5♑20	5♑18
/♇	8♐28	8♐25	8♐23	8♐21	8♐19	8♐17	8♐15	8♐13	8♐10	8♐08	8♐06	8♐05	8♐03	8♐01	7♐59
/☊	11♏17	11♏15	11♏14	11♏14	11♏13	11♏12	11♏10	11♏07	11♏04	11♏00	10♏56	10♏52	10♏48	10♏44	10♏41
♅/♆	23♓31	23♓32	23♓33	23♓34	23♓35	23♓36	23♓37	23♓38	23♓39	23♓40	23♓41	23♓41	23♓42	23♓43	23♓44
/♇	26♒21	26♒21	26♒22	26♒22	26♒22	26♒23	26♒23	26♒23	26♒23	26♒24	26♒24	26♒24	26♒24	26♒24	26♒24
/☊	29♑10	29♑11	29♑13	29♑15	29♑16	29♑17	29♑18	29♑18	29♑17	29♑16	29♑14	29♑11	29♑09	29♑08	29♑07
♆/♇	8♒12	8♒11	8♒11	8♒10	8♒09	8♒09	8♒08	8♒07	8♒07	8♒06	8♒05	8♒05	8♒04	8♒03	8♒02
/☊	11♑01	11♑01	11♑02	11♑03	11♑03	11♑04	11♑03	11♑02	11♑01	10♑58	10♑55	10♑52	10♑49	10♑46	10♑44
♇/☊	13♐50	13♐50	13♐50	13♐50	13♐50	13♐50	13♐49	13♐47	13♐45	13♐42	13♐38	13♐34	13♐31	13♐28	13♐25

	16	17	18	19	20	21	22	23	24	25	26	27	28	29	30	
☉/☽	5♌44	12♌38	19♌43	27♌01	4♍32	12♍16	20♍12	28♍15	6♈23	14♈28	22♈26	0♉13	7♉46	15♉05	22♉09	☉/☽
/☿	7♋00	7♋51	8♋39	9♋26	10♋10	10♋52	11♋32	12♋10	12♋46	13♋19	13♋50	14♋19	14♋45	15♋09	15♋31	/☿
/♀	5♋23	6♋29	7♋34	8♋39	9♋44	10♋49	11♋54	12♋59	14♋05	15♋10	16♋15	17♋20	18♋25	19♋30	20♋35	/♀
/♂	18♊01	18♊51	19♊40	20♊30	21♊20	22♊09	22♊59	23♊48	24♊37	25♊27	26♊16	27♊06	27♊55	28♊44	29♊34	/♂
/⚳	11♋07	11♋48	12♋30	13♋11	13♋53	14♋34	15♋16	15♋58	16♋39	17♋21	18♋02	18♋44	19♋26	20♋07	20♋49	/⚳
/♃	26♊21	26♊57	27♊33	28♊08	28♊44	29♊19	29♊55	0♋30	1♋06	1♋41	2♋17	2♋52	3♋27	4♋03	4♋38	/♃
/♄	0♍07	0♍35	1♍02	1♍30	1♍58	2♍26	2♍54	3♍21	3♍49	4♍17	4♍45	5♍13	5♍41	6♍09	6♍38	/♄
/♅	18♉34	19♉04	19♉33	20♉02	20♉32	21♉01	21♉30	21♉59	22♉29	22♉58	23♉27	23♉56	24♉25	24♉54	25♉23	/♅
/♆	0♉11	0♉40	1♉08	1♉37	2♉05	2♉34	3♉02	3♉30	3♉59	4♉27	4♉55	5♉24	5♉52	6♉20	6♉49	/♆
/♇	2♈51	3♈19	3♈47	4♈15	4♈43	5♈11	5♈39	6♈07	6♈35	7♈02	7♈30	7♈58	8♈26	8♈54	9♈22	/♇
/☊	5♍34	6♍02	6♍31	7♍00	7♍30	7♍58	8♍26	8♍52	9♍18	9♍43	10♍09	10♍34	11♍00	11♍27	11♍55	/☊
☽/☿	17♌42	24♌30	1♍26	8♍33	15♍51	23♍21	0♎59	8♎43	16♎29	24♈10	1♉42	9♉00	16♉03	22♉48	29♉18	☽/☿
/♀	16♌06	23♌08	0♍21	7♍46	15♍25	23♍18	1♎21	9♎33	17♎48	26♎01	4♉06	12♉01	19♉42	27♉09	4♊21	/♀
/♂	28♋43	5♌30	12♌27	19♌37	27♌01	4♍37	12♍25	20♓21	28♓20	6♈18	14♈08	21♈47	29♈12	6♉23	13♉20	/♂
/⚳	21♌49	28♌27	5♍17	12♍19	19♍34	27♍03	4♎43	12♎31	20♎22	28♎12	5♉54	13♉26	20♉43	27♉46	4♊35	/⚳
/♃	7♌04	13♌36	20♌19	27♌15	4♍25	11♍47	19♍21	27♍03	4♈49	12♈32	20♈08	27♈33	4♉45	11♉42	18♉25	/♃
/♄	10♎49	17♎14	23♎49	0♏38	7♏39	14♏54	22♏20	29♏54	7♐32	15♐08	22♐37	29♐55	6♑59	13♑48	20♑24	/♄
/♅	29♊16	5♋43	12♑20	19♑10	26♑13	3♒29	10♒57	18♒33	26♒12	3♓49	11♓19	18♓38	25♓43	2♈33	9♈10	/♅
/♆	10♐54	17♐19	23♐55	0♑44	7♑47	15♑02	22♑29	0♒04	7♒42	15♒18	22♒47	0♓05	7♓10	13♓59	20♓35	/♆
/♇	13♏34	19♏58	26♏34	3♐23	10♐24	17♐39	25♐05	2♑40	10♑18	17♑53	25♑22	2♒40	9♒43	16♒33	23♒08	/♇
/☊	16♎16	22♎41	29♎18	6♏08	13♏11	20♏26	27♏52	5♐26	13♐01	20♐34	28♐00	5♑15	12♑18	19♑06	25♑42	/☊
☿/♀	17♋22	18♋20	19♋17	20♋11	21♋03	21♋54	22♋42	23♋27	24♋11	24♋52	25♋31	26♋07	26♋42	27♋14	27♋43	☿/♀
/♂	29♊60	0♋43	1♋23	2♋02	2♋39	3♋13	3♋46	4♋16	4♋44	5♋09	5♋32	5♋53	6♋12	6♋28	6♋42	/♂
/⚳	23♋05	23♋40	24♋13	24♋44	25♋12	25♋39	26♋03	26♋25	26♋45	27♋03	27♋18	27♋32	27♋43	27♋51	27♋58	/⚳
/♃	8♋20	8♋49	9♋16	9♋40	10♋03	10♋23	10♋42	10♋58	11♋12	11♋23	11♋33	11♋40	11♋44	11♋47	11♋47	/♃
/♄	12♍06	12♍27	12♍45	13♍02	13♍17	13♍30	13♍41	13♍49	13♍55	13♍59	14♍01	14♍01	13♍58	13♍53	13♍46	/♄
/♅	0♊33	0♊55	1♊16	1♊35	1♊51	2♊05	2♊17	2♊27	2♊35	2♊40	2♊43	2♊44	2♊42	2♊38	2♊32	/♅
/♆	12♉10	12♉32	12♉51	13♉09	13♉25	13♉38	13♉49	13♉58	14♉05	14♉09	14♉12	14♉11	14♉09	14♉04	13♉57	/♆
/♇	14♎50	15♎11	15♎30	15♎47	16♎02	16♎15	16♎26	16♎35	16♎41	16♎45	16♎46	16♎46	16♎43	16♎38	16♎30	/♇
/☊	17♍32	17♍54	18♍14	18♍33	18♍49	19♍02	19♍13	19♍20	19♍24	19♍26	19♍25	19♍22	19♍17	19♍11	19♍04	/☊
♀/♂	28♊23	29♊21	0♋18	1♋16	2♋13	3♋10	4♋08	5♋05	6♋02	6♋60	7♋57	8♋54	9♋51	10♋48	11♋45	♀/♂
/⚳	21♋29	22♋18	23♋08	23♋57	24♋46	25♋36	26♋25	27♋15	28♋04	28♋54	29♋43	0♌33	1♌22	2♌12	3♌01	/⚳
/♃	6♋43	7♋27	8♋10	8♋54	9♋37	10♋20	11♋04	11♋47	12♋31	13♋14	13♋57	14♋40	15♋24	16♋07	16♋50	/♃
/♄	10♍29	11♍05	11♍40	12♍16	12♍51	13♍27	14♍03	14♍38	15♍14	15♍50	16♍26	17♍02	17♍38	18♍14	18♍50	/♄
/♅	28♉56	29♉34	0♊11	0♊48	1♊25	2♊02	2♊39	3♊17	3♊54	4♊31	5♊08	5♊45	6♊21	6♊58	7♊35	/♅
/♆	10♉33	11♉10	11♉46	12♉22	12♉59	13♉35	14♉11	14♉48	15♉24	15♉60	16♉36	17♉12	17♉48	18♉24	19♉00	/♆
/♇	13♎13	13♎49	14♎25	15♎01	15♎37	16♎12	16♎48	17♎24	17♎60	18♎35	19♎11	19♎47	20♎22	20♎58	21♎34	/♇
/☊	15♍55	16♍32	17♍09	17♍46	18♍23	18♍59	19♍35	20♍10	20♍43	21♍16	21♍49	22♍22	22♍56	23♍31	24♍07	/☊
♂/⚳	4♋06	4♋40	5♋14	5♋48	6♋22	6♋56	7♋29	8♋03	8♋37	9♋11	9♋45	10♋18	10♋52	11♋26	11♋60	♂/⚳
/♃	19♊21	19♊49	20♊17	20♊45	21♊12	21♊40	22♊08	22♊36	23♊03	23♊31	23♊59	24♊26	24♊54	25♊22	25♊49	/♃
/♄	23♌07	23♌27	23♌47	24♌07	24♌27	24♌47	25♌07	25♌27	25♌47	26♌07	26♌27	26♌48	27♌08	27♌28	27♌48	/♄
/♅	11♉34	11♉56	12♉17	12♉39	13♉01	13♉22	13♉44	14♉05	14♉27	14♉48	15♉09	15♉30	15♉52	16♉13	16♉34	/♅
/♆	23♈11	23♈32	23♈53	24♈13	24♈34	24♈55	25♈15	25♈36	25♈57	26♈17	26♈38	26♈58	27♈19	27♈39	27♈59	/♆
/♇	25♓51	26♓11	26♓32	26♓52	27♓12	27♓32	27♓52	28♓12	28♓32	28♓53	29♓13	29♓33	29♓53	0♈12	0♈32	/♇
/☊	28♌33	28♌54	29♌15	29♌37	29♌58	0♍19	0♍39	0♍58	1♍16	1♍34	1♍51	2♍08	2♍27	2♍46	3♍06	/☊
⚳/♃	12♋27	12♋47	13♋06	13♋26	13♋46	14♋06	14♋25	14♋45	15♋05	15♋25	15♋45	16♋05	16♋25	16♋45	17♋05	⚳/♃
/♄	16♍13	16♍24	16♍36	16♍48	17♍00	17♍12	17♍24	17♍37	17♍49	18♍01	18♍14	18♍26	18♍39	18♍51	19♍04	/♄
/♅	4♊40	4♊53	5♊07	5♊20	5♊34	5♊47	6♊01	6♊15	6♊28	6♊42	6♊55	7♊09	7♊22	7♊36	7♊50	/♅
/♆	16♉17	16♉29	16♉42	16♉55	17♉07	17♉20	17♉33	17♉46	17♉58	18♉11	18♉24	18♉37	18♉49	19♉02	19♉15	/♆
/♇	18♎57	19♎09	19♎21	19♎33	19♎45	19♎57	20♎10	20♎22	20♎34	20♎46	20♎59	21♎11	21♎23	21♎36	21♎48	/♇
/☊	21♍39	21♍52	22♍05	22♍18	22♍32	22♍45	22♍57	23♍08	23♍18	23♍27	23♍37	23♍47	23♍57	24♍09	24♍22	/☊
♃/♄	1♍27	1♍33	1♍39	1♍45	1♍51	1♍57	2♍03	2♍09	2♍15	2♍21	2♍28	2♍34	2♍40	2♍47	2♍53	♃/♄
/♅	19♉54	20♉02	20♉10	20♉17	20♉25	20♉32	20♉40	20♉47	20♉55	21♉02	21♉09	21♉17	21♉24	21♉32	21♉39	/♅
/♆	1♉31	1♉38	1♉45	1♉51	1♉58	2♉05	2♉12	2♉18	2♉25	2♉31	2♉38	2♉45	2♉51	2♉58	3♉04	/♆
/♇	4♈11	4♈18	4♈24	4♈30	4♈36	4♈42	4♈48	4♈54	5♈01	5♈07	5♈13	5♈19	5♈25	5♈31	5♈37	/♇
/☊	6♍54	7♍00	7♍08	7♍15	7♍22	7♍29	7♍35	7♍40	7♍44	7♍48	7♍51	7♍55	7♍59	8♍05	8♍11	/☊
♄/♅	23♑40	23♑40	23♑39	23♑39	23♑39	23♑39	23♑39	23♑38	23♑38	23♑38	23♑38	23♑38	23♑38	23♑38	23♑38	♄/♅
/♆	5♑17	5♑16	5♑15	5♑14	5♑13	5♑11	5♑10	5♑09	5♑08	5♑08	5♑07	5♑06	5♑05	5♑04	5♑03	/♆
/♇	7♐57	7♐55	7♐54	7♐52	7♐50	7♐49	7♐47	7♐46	7♐44	7♐43	7♐41	7♐40	7♐39	7♐38	7♐36	/♇
/☊	10♏39	10♏38	10♏37	10♏37	10♏37	10♏36	10♏34	10♏31	10♏28	10♏24	10♏20	10♏16	10♏13	10♏11	10♏10	/☊
♅/♆	23♓44	23♓45	23♓45	23♓46	23♓46	23♓47	23♓47	23♓48	23♓48	23♓48	23♓48	23♓49	23♓49	23♓49	23♓49	♅/♆
/♇	26♒24	26♒24	26♒24	26♒24	26♒24	26♒24	26♒24	26♒24	26♒24	26♒23	26♒23	26♒23	26♒23	26♒22	26♒22	/♇
/☊	29♑06	29♑07	29♑08	29♑09	29♑11	29♑11	29♑11	29♑10	29♑07	29♑04	29♑01	28♑59	28♑57	28♑56	28♑56	/☊
♆/♇	8♒01	8♒00	7♒60	7♒59	7♒58	7♒57	7♒56	7♒55	7♒54	7♒53	7♒52	7♒51	7♒50	7♒49	7♒47	♆/♇
/☊	10♑43	10♑43	10♑43	10♑44	10♑44	10♑44	10♑43	10♑41	10♑37	10♑34	10♑30	10♑27	10♑24	10♑22	10♑21	/☊
♇/☊	13♐23	13♐23	13♐22	13♐22	13♐22	13♐21	13♐19	13♐17	13♐13	13♐09	13♐05	13♐01	12♐58	12♐56	12♐54	♇/☊

June 2013

	1	2	3	4	5	6	7	8	9	10	11	12	13	14	15	16
☉/☽	29♉02	5♊44	12♊18	18♊46	25♊11	1♋35	7♋58	14♋21	20♋47	27♋15	3♌47	10♌22	17♌03	23♌49	0♍44	7♍47
/☿	15♋51	16♋09	16♋25	16♋40	16♋53	17♋04	17♋15	17♋25	17♋35	17♋45	17♋54	18♋05	18♋16	18♋29	18♋43	18♋59
/♀	21♋40	22♋45	23♋50	24♋55	25♋60	27♋05	28♋09	29♋14	0♌19	1♌24	2♌29	3♌34	4♌39	5♌44	6♌49	7♌53
/♂	0♋23	1♋12	2♋01	2♋50	3♋40	4♋29	5♋18	6♋07	6♋56	7♋45	8♋34	9♋23	10♋12	11♋01	11♋50	12♋39
/⚷	21♋31	22♋13	22♋54	23♋36	24♋18	24♋60	25♋42	26♋24	27♋05	27♋47	28♋29	29♋11	29♋53	0♌35	1♌17	1♌59
/♃	5♋14	5♋49	6♋25	7♋00	7♋36	8♋11	8♋46	9♋22	9♋57	10♋33	11♋08	11♋43	12♋19	12♋54	13♋29	14♋04
/♄	7♍06	7♍34	8♍02	8♍31	8♍59	9♍28	9♍56	10♍25	10♍53	11♍22	11♍51	12♍20	12♍48	13♍17	13♍46	14♍15
/♅	25♉52	26♉21	26♉50	27♉19	27♉48	28♉17	28♉46	29♉15	29♉44	0♊12	0♊41	1♊10	1♊39	2♊07	2♊36	3♊05
/♆	7♉17	7♉45	8♉13	8♉41	9♉10	9♉38	10♉06	10♉34	11♉02	11♉30	11♉59	12♉27	12♉55	13♉23	13♉51	14♉19
/♇	9♈50	10♈17	10♎45	11♎13	11♎41	12♎09	12♎37	13♎05	13♎32	14♎00	14♎28	14♎56	15♎24	15♎52	16♎20	16♎48
/☊	12♍24	12♍53	13♍22	13♍51	14♍18	14♍44	15♍09	15♍33	15♍56	16♍19	16♍42	17♍06	17♍30	17♍56	18♍24	18♍52
☽/☿	5♊33	11♊36	17♊29	23♊14	28♊55	4♋33	10♋09	15♋46	21♋24	27♋05	2♌49	8♌38	14♌32	20♌34	26♌46	3♍08
/♀	11♊21	18♊11	24♊53	1♋29	8♋02	14♋33	21♋04	27♋35	4♌09	10♌45	17♌24	24♌07	0♍55	7♍49	14♍51	22♍02
/♂	20♉04	26♉38	3♊04	9♊25	15♊42	21♊57	28♊12	4♋28	10♋45	17♋05	23♋29	29♋56	6♌28	13♌06	19♌52	26♌47
/⚷	11♊12	17♊39	23♊58	0♋11	6♋20	12♋28	18♋36	24♋44	0♌55	7♌08	13♌24	19♌44	26♌09	2♍40	9♍19	16♍08
/♃	24♉55	1♊16	7♊28	13♊35	19♊38	25♊39	1♋41	7♋43	13♋46	19♋53	26♋02	2♌16	8♌34	14♌59	21♌31	28♌13
/♄	26♑47	3♒00	9♌06	15♌05	21♌02	26♌56	2♍51	8♍46	14♍43	20♍42	26♍45	2♎52	9♎04	15♎23	21♎49	28♎24
/♅	15♈34	21♈48	27♈54	3♉54	9♉51	15♉46	21♉40	27♉36	3♊33	9♊33	15♊36	21♊43	27♊55	4♋13	10♋38	17♑13
/♆	26♓58	3♈11	9♈17	15♈16	21♈12	27♈06	3♉00	8♉55	14♉52	20♉51	26♉53	2♊59	9♐11	15♐28	21♐53	28♐27
/♇	29♒31	5♓44	11♓48	17♓48	23♓43	29♓37	5♈31	11♎25	17♎22	23♎21	29♎23	5♏29	11♏40	17♏57	24♏22	0♐56
/☊	2♒06	8♒20	14♒25	20♌25	26♌20	2♍13	8♍03	13♍54	19♍45	25♍39	1♎36	7♎38	13♎46	20♎02	26♎26	3♏00
☿/♀	28♋11	28♋37	29♋01	29♋23	29♋43	0♌03	0♌21	0♌39	0♌56	1♌14	1♌31	1♌49	2♌09	2♌29	2♌51	3♌14
/♂	6♋54	7♋04	7♋12	7♋18	7♋23	7♋27	7♋30	7♋32	7♋33	7♋35	7♋36	7♋39	7♋42	7♋46	7♋52	7♋60
/⚷	28♋02	28♋05	28♋05	28♋04	28♋02	27♋58	27♋53	27♋48	27♋43	27♋37	27♋32	27♋27	27♋23	27♋20	27♋19	27♋20
/♃	11♋45	11♋41	11♋36	11♋28	11♋19	11♋09	10♋58	10♋46	10♋34	10♋22	10♋10	9♋59	9♋48	9♋39	9♋31	9♋25
/♄	13♍37	13♍26	13♍13	12♍59	12♍43	12♍26	12♍08	11♍49	11♍31	11♍12	10♍53	10♍35	10♍18	10♍03	9♍48	9♍36
/♅	2♊24	2♊13	2♊01	1♊47	1♊32	1♊15	0♊58	0♊39	0♊21	0♊02	29♉43	29♉26	29♉08	28♉53	28♉38	28♉26
/♆	13♉48	13♉37	13♉24	13♉10	12♉53	12♉36	12♉18	11♉59	11♉39	11♉20	11♉01	10♉42	10♉24	10♉08	9♉53	9♉40
/♇	16♎21	16♎09	15♎56	15♎41	15♎25	15♎07	14♎48	14♎29	14♎09	13♎50	13♎30	13♎11	12♎54	12♎37	12♎22	12♎08
/☊	18♍55	18♍45	18♍33	18♍19	18♍02	17♍42	17♍21	16♍58	16♍33	16♍08	15♍44	15♍21	14♍60	14♍41	14♍26	14♍13
♀/♂	12♋42	13♋39	14♋36	15♋33	16♋30	17♋27	18♋24	19♋21	20♋18	21♋14	22♋11	23♋08	24♋04	25♋01	25♋57	26♋54
/⚷	3♌51	4♌40	5♌30	6♌19	7♌09	7♌58	8♌48	9♌37	10♌27	11♌17	12♌06	12♌56	13♌45	14♌35	15♌24	16♌14
/♃	17♋34	18♋17	18♋60	19♋43	20♋26	21♋09	21♋53	22♋36	23♋19	24♋02	24♋45	25♋28	26♋11	26♋54	27♋37	28♋19
/♄	19♍26	20♍02	20♍38	21♍14	21♍50	22♍26	23♍02	23♍39	24♍15	24♍51	25♍28	26♍04	26♍41	27♍17	27♍54	28♍30
/♅	8♊12	8♊49	9♊25	10♊02	10♊39	11♊15	11♊52	12♊29	13♊05	13♊42	14♊18	14♊55	15♊31	16♊07	16♊43	17♊20
/♆	19♉37	20♉13	20♉48	21♉24	22♉00	22♉36	23♉12	23♉48	24♉24	24♉60	25♉35	26♉11	26♉47	27♉23	27♉58	28♉34
/♇	22♎09	22♎45	23♎20	23♎56	24♎32	25♎07	25♎43	26♎18	26♎54	27♎29	28♎05	28♎40	29♎16	29♎51	0♏27	1♏02
/☊	24♍44	25♍21	25♍57	26♍33	27♍09	27♍43	28♍15	28♍47	29♍18	29♍48	0♎19	0♎50	1♎22	1♎56	2♎31	3♎07
♂/⚷	12♋34	13♋07	13♋41	14♋15	14♋49	15♋22	15♋56	16♋30	17♋04	17♋37	18♋11	18♋45	19♋18	19♋52	20♋26	20♋59
/♃	26♊17	26♊44	27♊11	27♊39	28♊06	28♊34	29♊01	29♊28	29♊55	0♋23	0♋50	1♋17	1♋44	2♋11	2♋38	3♋05
/♄	28♌09	28♌29	28♌49	29♌10	29♌30	29♌50	0♍11	0♍31	0♍52	1♍12	1♍33	1♍53	2♍14	2♍34	2♍55	3♍16
/♅	16♉55	17♉16	17♉37	17♉58	18♉19	18♉40	19♉00	19♉21	19♉42	20♉02	20♉23	20♉44	21♉04	21♉24	21♉45	22♉05
/♆	28♈20	28♈40	29♈00	29♈20	29♈40	0♉00	0♉21	0♉41	1♉01	1♉20	1♉40	2♉00	2♉20	2♉40	2♉60	3♉19
/♇	0♈52	1♈12	1♈32	1♈52	2♈12	2♈31	2♈51	3♈11	3♈31	3♈50	4♈10	4♈30	4♈49	5♈09	5♈28	5♈48
/☊	3♍27	3♍48	4♍09	4♍29	4♍49	5♍07	5♍24	5♍39	5♍54	6♍09	6♍24	6♍39	6♍56	7♍13	7♍32	7♍52
⚷/♃	17♋25	17♋45	18♋05	18♋25	18♋45	19♋05	19♋25	19♋45	20♋05	20♋25	20♋45	21♋05	21♋25	21♋45	22♋05	22♋25
/♄	19♍17	19♍29	19♍42	19♍55	20♍08	20♍21	20♍35	20♍48	21♍01	21♍14	21♍28	21♍41	21♍55	22♍09	22♍22	22♍36
/♅	8♊03	8♊17	8♊30	8♊44	8♊57	9♊11	9♊24	9♊38	9♊51	10♊05	10♊18	10♊32	10♊45	10♊59	11♊12	11♊26
/♆	19♉28	19♉40	19♉53	20♉06	20♉19	20♉32	20♉44	20♉57	21♉10	21♉23	21♉36	21♉48	22♉01	22♉14	22♉27	22♉40
/♇	22♎00	22♎13	22♎25	22♎38	22♎50	23♎03	23♎15	23♎28	23♎40	23♎53	24♎05	24♎18	24♎30	24♎43	24♎56	25♎08
/☊	24♍35	24♍49	25♍02	25♍15	25♍27	25♍38	25♍47	25♍56	26♍04	26♍11	26♍19	26♍27	26♍37	26♍47	26♍59	27♍12
♃/♄	2♍60	3♍06	3♍13	3♍19	3♍26	3♍33	3♍39	3♍46	3♍53	3♍60	4♍06	4♍13	4♍20	4♍27	4♍34	4♍41
/♅	21♉46	21♉53	22♉00	22♉08	22♉15	22♉22	22♉29	22♉36	22♉43	22♉50	22♉57	23♉04	23♉11	23♉17	23♉24	23♉31
/♆	3♉11	3♉17	3♉23	3♉30	3♉36	3♉43	3♉49	3♉55	4♉02	4♉08	4♉14	4♉20	4♉27	4♉33	4♉39	4♉45
/♇	5♈43	5♈49	5♈55	6♈02	6♈08	6♈14	6♈20	6♈26	6♈32	6♈38	6♈44	6♈50	6♈56	7♈02	7♈08	7♈14
/☊	8♍18	8♍25	8♍32	8♍39	8♍45	8♍49	8♍52	8♍54	8♍55	8♍56	8♍57	8♍59	9♍02	9♍06	9♍11	9♍18
♄/♅	23♑38	23♑38	23♑38	23♑38	23♑38	23♑39	23♑39	23♑39	23♑39	23♑40	23♑40	23♑40	23♑40	23♑41	23♑41	23♑42
/♆	5♑03	5♑02	5♑01	5♑01	5♑00	4♑59	4♑59	4♑58	4♑58	4♑58	4♑57	4♑57	4♑57	4♑56	4♑56	4♑56
/♇	7♐35	7♐34	7♐33	7♐32	7♐31	7♐30	7♐30	7♐29	7♐28	7♐27	7♐27	7♐26	7♐26	7♐25	7♐25	7♐24
/☊	10♏10	10♏10	10♏10	10♏10	10♏08	10♏06	10♏02	9♏57	9♏52	9♏46	9♏40	9♏36	9♏32	9♏30	9♏29	9♏29
♅/♆	23♓49	23♓49	23♓49	23♓49	23♓49	23♓49	23♓49	23♓48	23♓48	23♓48	23♓48	23♓47	23♓47	23♓46	23♓46	23♓45
/♇	26♒22	26♒21	26♒21	26♒21	26♒20	26♒20	26♒19	26♒19	26♒18	26♒18	26♒17	26♒16	26♒16	26♒15	26♒15	26♒14
/☊	28♑56	28♑57	28♑58	28♑58	28♑57	28♑55	28♑52	28♑47	28♑42	28♑36	28♑31	28♑26	28♑22	28♑20	28♑18	28♑18
♆/♇	7♒46	7♒45	7♒44	7♒43	7♒42	7♒41	7♒39	7♒38	7♒37	7♒36	7♒34	7♒33	7♒32	7♒31	7♒29	7♒28
/☊	10♑21	10♑21	10♑21	10♑20	10♑19	10♑16	10♑12	10♑07	10♑01	9♑54	9♑48	9♑43	9♑38	9♑35	9♑33	9♑32
♇/☊	12♐54	12♐53	12♐53	12♐52	12♐50	12♐47	12♐42	12♐37	12♐31	12♐24	12♐18	12♐12	12♐07	12♐04	12♐02	12♐01

	17	18	19	20	21	22	23	24	25	26	27	28	29	30	31	
☉/☽	15♍01	22♍27	0♎05	7♎54	15♎53	23♎57	2♉01	9♉60	17♉49	25♉25	2♊46	9♊53	16♊47	23♊29	0♋03	☉/☽
/☿	19♋17	19♋38	20♋00	20♋25	20♋53	21♋24	21♋58	22♋34	23♋13	23♋56	24♋41	25♋29	26♋21	27♋15	28♋12	/☿
/♀	8♌58	10♌03	11♌08	12♌12	13♌17	14♌22	15♌27	16♌31	17♌36	18♌41	19♌45	20♌50	21♌55	22♌59	24♌04	/♀
/♂	13♋28	14♋16	15♋05	15♋54	16♋43	17♋32	18♋20	19♋09	19♋58	20♋46	21♋35	22♋24	23♋12	24♋01	24♋50	/♂
/⚷	2♌41	3♌23	4♌05	4♌47	5♌29	6♌11	6♌54	7♌36	8♌18	8♌60	9♌42	10♌24	11♌07	11♌49	12♌31	/⚷
/♃	14♋40	15♋15	15♋50	16♋26	17♋01	17♋36	18♋11	18♋46	19♋21	19♋57	20♋32	21♋07	21♋42	22♋17	22♋52	/♃
/♄	14♍44	15♍13	15♍43	16♍12	16♍41	17♍10	17♍40	18♍09	18♍38	19♍08	19♍37	20♍07	20♍37	21♍06	21♍36	/♄
/♅	3♊33	4♊02	4♊31	4♊59	5♊28	5♊56	6♊25	6♊53	7♊22	7♊50	8♊19	8♊47	9♊16	9♊44	10♊12	/♅
/♆	14♉47	15♉15	15♉43	16♉11	16♉39	17♉07	17♉35	18♉03	18♉31	18♉59	19♉27	19♉55	20♉23	20♉51	21♉19	/♆
/♇	17♎15	17♎43	18♎11	18♎39	19♎07	19♎35	20♎03	20♎31	20♎59	21♎27	21♎55	22♎23	22♎51	23♎19	23♎47	/♇
/☊	19♍20	19♍49	20♍17	20♍44	21♍10	21♍34	21♍58	22♍21	22♍45	23♍09	23♍35	24♍02	24♍30	24♍59	25♍28	/☊
☽/☿	9♍43	16♍31	23♍35	0♎52	8♎22	15♈59	23♈39	1♉17	8♉48	16♉10	23♉19	0♊17	7♊05	13♊44	20♊17	☽/☿
/♀	29♍23	6♎57	14♎42	22♎39	0♏45	8♏57	17♏08	25♏14	3♊11	10♊55	18♊23	25♊38	2♋39	9♋28	16♋09	/♀
/♂	3♍53	11♍10	18♍40	26♍21	4♎11	12♈06	20♈02	27♈52	5♉33	13♉00	20♉13	27♉11	3♊56	10♊30	16♊55	/♂
/⚷	23♍07	0♎17	7♎40	15♎14	22♎58	0♏46	8♏35	16♉19	23♉53	1♊14	8♊20	15♊12	21♊50	28♊18	4♋36	/⚷
/♃	5♍05	12♍09	19♍25	26♍53	4♎29	12♈11	19♈53	27♈29	4♉56	12♉10	19♉10	25♉54	2♊26	8♊46	14♊57	/♃
/♄	5♏10	12♏07	19♏17	26♏39	4♐09	11♐45	19♐21	26♐52	4♑13	11♑22	18♑15	24♑55	1♒21	7♌35	13♌42	/♄
/♅	23♑59	0♒56	8♒06	15♒26	22♒56	0♓31	8♓06	15♓37	22♓57	0♈04	6♈57	13♈35	19♈60	26♈13	2♉18	/♅
/♆	5♑12	12♑09	19♑18	26♑38	4♒07	11♒42	19♒17	26♒46	4♓06	11♓13	18♓05	24♓43	1♈07	7♈20	13♈25	/♆
/♇	7♐41	14♐37	21♐46	29♐06	6♑35	14♑10	21♑44	29♑14	6♒34	13♒41	20♒33	27♒10	3♓35	9♓48	15♓52	/♇
/☊	9♏46	16♏43	23♏52	1♐11	8♐38	16♐09	23♐39	1♑04	8♑20	15♑23	22♑13	28♑50	5♒14	11♒28	17♌33	/☊
☿/♀	3♌40	4♌08	4♌38	5♌10	5♌46	6♌24	7♌05	7♌49	8♌36	9♌25	10♌18	11♌14	12♌12	13♌14	14♌18	☿/♀
/♂	8♋09	8♋21	8♋35	8♋52	9♋11	9♋34	9♋59	10♋27	10♋57	11♋31	12♋08	12♋47	13♋30	14♋15	15♋04	/♂
/⚷	27♋23	27♋28	27♋35	27♋45	27♋58	28♋13	28♋32	28♋53	29♋17	29♋45	0♌15	0♌48	1♌24	2♌03	2♌45	/⚷
/♃	9♋21	9♋20	9♋20	9♋23	9♋29	9♋38	9♋49	10♋04	10♋21	10♋41	11♋04	11♋30	11♋59	12♋31	13♋06	/♃
/♄	9♍26	9♍18	9♍12	9♍10	9♍10	9♍12	9♍18	9♍26	9♍38	9♍53	10♍10	10♍31	10♍54	11♍21	11♍50	/♄
/♅	28♉15	28♉07	28♉01	27♉57	27♉56	27♉58	28♉03	28♉11	28♉22	28♉35	28♉52	29♉11	29♉33	29♉58	0♊26	/♅
/♆	9♉29	9♉20	9♉13	9♉09	9♉08	9♉09	9♉13	9♉21	9♉31	9♉44	9♉60	10♉19	10♉41	11♉05	11♉33	/♆
/♇	11♎57	11♎48	11♎41	11♎37	11♎36	11♎37	11♎41	11♎48	11♎58	12♎11	12♎27	12♎46	13♎08	13♎33	14♎01	/♇
/☊	14♍02	13♍54	13♍47	13♍42	13♍38	13♍36	13♍36	13♍39	13♍44	13♍54	14♍08	14♍26	14♍48	15♍13	15♍42	/☊
♀/♂	27♋50	28♋46	29♋43	0♌39	1♌35	2♌32	3♌28	4♌24	5♌20	6♌16	7♌12	8♌08	9♌04	9♌60	10♌56	♀/♂
/⚷	17♌04	17♌53	18♌43	19♌32	20♌22	21♌11	22♌01	22♌50	23♌40	24♌30	25♌19	26♌09	26♌58	27♌47	28♌37	/⚷
/♃	29♋02	29♋45	0♌28	1♌11	1♌53	2♌36	3♌18	4♌01	4♌44	5♌26	6♌09	6♌51	7♌33	8♌16	8♌58	/♃
/♄	29♍07	29♍43	0♎20	0♎57	1♎33	2♎10	2♎47	3♎24	4♎01	4♎37	5♎14	5♎51	6♎28	7♎05	7♎42	/♄
/♅	17♊56	18♊32	19♊08	19♊44	20♊20	20♊56	21♊32	22♊08	22♊44	23♊20	23♊56	24♊31	25♊07	25♊43	26♊18	/♅
/♆	29♉10	29♉45	0♊21	0♊56	1♊32	2♊07	2♊43	3♊18	3♊53	4♊29	5♐04	5♐39	6♐15	6♐50	7♐25	/♆
/♇	1♏38	2♏13	2♏49	3♏24	3♏60	4♏35	5♏10	5♏46	6♏21	6♏56	7♏32	8♏07	8♏42	9♏18	9♏53	/♇
/☊	3♎43	4♎19	4♎55	5♎29	6♎02	6♎34	7♎05	7♎36	8♎07	8♎39	9♎12	9♎47	10♎22	10♎58	11♎34	/☊
♂/⚷	21♋33	22♋07	22♋40	23♋14	23♋48	24♋21	24♋55	25♋28	26♋02	26♋35	27♋09	27♋42	28♋16	28♋49	29♋23	♂/⚷
/♃	3♋32	3♋59	4♋25	4♋52	5♋19	5♋46	6♋12	6♋39	7♋05	7♋32	7♋58	8♋25	8♋51	9♋18	9♋44	/♃
/♄	3♍36	3♍57	4♍18	4♍38	4♍59	5♍20	5♍41	6♍01	6♍22	6♍43	7♍04	7♍25	7♍46	8♍07	8♍28	/♄
/♅	22♉25	22♉46	23♉06	23♉26	23♉46	24♉06	24♉26	24♉46	25♉06	25♉26	25♉46	26♉05	26♉25	26♉45	27♉04	/♅
/♆	3♉39	3♉59	4♉18	4♉38	4♉57	5♉17	5♉36	5♉56	6♉15	6♉35	6♉54	7♉13	7♉32	7♉52	8♉11	/♆
/♇	6♈07	6♈27	6♈46	7♈06	7♈25	7♈45	8♈04	8♈23	8♈43	9♈02	9♈21	9♎41	10♎00	10♎19	10♎39	/♇
/☊	8♍12	8♍33	8♍52	9♍11	9♍28	9♍44	9♍59	10♍14	10♍29	10♍45	11♍02	11♍20	11♍40	11♍60	12♍19	/☊
⚷/♃	22♋45	23♋05	23♋25	23♋45	24♋05	24♋25	24♋45	25♋05	25♋25	25♋45	26♋05	26♋25	26♋45	27♋05	27♋25	⚷/♃
/♄	22♍50	23♍04	23♍18	23♍32	23♍46	23♍60	24♍14	24♍28	24♍42	24♍57	25♍11	25♍26	25♍40	25♍55	26♍09	/♄
/♅	11♊39	11♊52	12♊06	12♊19	12♊33	12♊46	12♊59	13♊13	13♊26	13♊39	13♊53	14♊06	14♊19	14♊32	14♊46	/♅
/♆	22♉53	23♉05	23♉18	23♉31	23♉44	23♉57	24♉10	24♉22	24♉35	24♉48	25♉01	25♉14	25♉27	25♉39	25♉52	/♆
/♇	25♎21	25♎34	25♎46	25♎59	26♎12	26♎24	26♎37	26♎50	27♎03	27♎16	27♎29	27♎41	27♎54	28♎07	28♎20	/♇
/☊	27♍26	27♍39	27♍52	28♍04	28♍14	28♍24	28♍32	28♍40	28♍49	28♍58	29♍09	29♍21	29♍34	29♍47	0♎01	/☊
♃/♄	4♍48	4♍55	5♍03	5♍10	5♍17	5♍24	5♍31	5♍39	5♍46	5♍53	6♍01	6♍08	6♍15	6♍23	6♍30	♃/♄
/♅	23♉38	23♉44	23♉51	23♉57	24♉04	24♉10	24♉17	24♉23	24♉30	24♉36	24♉42	24♉48	24♉54	25♉01	25♉07	/♅
/♆	4♉51	4♉57	5♉03	5♉09	5♉15	5♉21	5♉27	5♉33	5♉39	5♉45	5♉50	5♉56	6♉02	6♉08	6♉13	/♆
/♇	7♈19	7♈25	7♈31	7♈37	7♈43	7♈49	7♈55	8♈01	8♈06	8♈12	8♈18	8♈24	8♈30	8♈35	8♈41	/♇
/☊	9♍25	9♍31	9♍37	9♍42	9♍46	9♍48	9♍50	9♍51	9♍52	9♍55	9♍59	10♍03	10♍09	10♍16	10♍22	/☊
♄/♅	23♑42	23♑43	23♑43	23♑44	23♑44	23♑45	23♑45	23♑46	23♑46	23♑47	23♑48	23♑49	23♑49	23♑50	23♑51	♄/♅
/♆	4♑56	4♑56	4♑55	4♑55	4♑55	4♑55	4♑56	4♑56	4♑56	4♑56	4♑56	4♑56	4♑57	4♑57	4♑57	/♆
/♇	7♐24	7♐24	7♐24	7♐23	7♐23	7♐23	7♐23	7♐23	7♐23	7♐24	7♐24	7♐24	7♐24	7♐25	7♐25	/♇
/☊	9♏29	9♏30	9♏29	9♏28	9♏26	9♏22	9♏18	9♏13	9♏09	9♏06	9♏04	9♏04	9♏04	9♏05	9♏06	/☊
♅/♆	23♓45	23♓44	23♓44	23♓43	23♓42	23♓42	23♓41	23♓40	23♓39	23♓38	23♓38	23♓37	23♓36	23♓35	23♓34	♅/♆
/♇	26♒13	26♒12	26♒12	26♒11	26♒10	26♒09	26♒09	26♒08	26♒07	26♒06	26♒05	26♒04	26♒03	26♒02	26♒01	/♇
/☊	28♑18	28♑18	28♑18	28♑16	28♑13	28♑09	28♑03	27♑58	27♑53	27♑49	27♑46	27♑44	27♑43	27♑43	27♑42	/☊
♆/♇	7♒27	7♒25	7♒24	7♒23	7♒22	7♒20	7♒19	7♒18	7♒16	7♒15	7♒14	7♒12	7♒11	7♒09	7♒08	♆/♇
/☊	9♑32	9♑31	9♑30	9♑28	9♑24	9♑19	9♑14	9♑08	9♑02	8♑58	8♑54	8♑52	8♑50	8♑50	8♑49	/☊
♇/☊	12♐00	11♐59	11♐58	11♐56	11♐52	11♐47	11♐41	11♐35	11♐30	11♐25	11♐22	11♐19	11♐18	11♐17	11♐17	♇/☊

	1	2	3	4	5	6	7	8	9	10	11	12	13	14	15	16	17	18	19	20	21	22	23	24	25	26	27	28	29	30	31	
☉/☽	6♋31	12♋55	19♋18	25♋42	2♌08	8♌37	15♌10	21♌47	28♌29	5♍17	12♍09	19♍08	26♍14	3♎28	10♎51	18♎24	26♎05	3♏55	11♏49	19♏44	27♏37	5♊21	12♊55	20♊17	27♊25	4♋20	11♋04	17♋39	24♋08	0♌33	6♌57	☉/☽
/☿	29♋12	0♌14	1♌20	2♌27	3♌38	4♌51	6♌06	7♌23	8♌43	10♌04	11♌27	12♌51	14♌17	15♌43	17♌11	18♌39	20♌08	21♌38	23♌07	24♌37	26♌06	27♌36	29♌05	0♍33	2♍02	3♍30	4♍57	6♍24	7♍50	9♍16	10♍41	/☿
/♀	25♌08	26♌13	27♌18	28♌22	29♌27	0♍31	1♍36	2♍40	3♍45	4♍49	5♍54	6♍58	8♍03	9♍07	10♍12	11♍16	12♍20	13♍25	14♍29	15♍33	16♍38	17♍42	18♍46	19♍50	20♍55	21♍59	23♍03	24♍07	25♍11	26♍16	27♍20	/♀
/♂	25♋38	26♋27	27♋15	28♋04	28♋52	29♋41	0♌29	1♌18	2♌06	2♌55	3♌43	4♌32	5♌20	6♌08	6♌57	7♌45	8♌33	9♌22	10♌10	10♌58	11♌47	12♌35	13♌23	14♌11	14♌60	15♌48	16♌36	17♌24	18♌12	19♌01	19♌49	/♂
/⚳	13♌13	13♌56	14♌38	15♌20	16♌02	16♌45	17♌27	18♌10	18♌52	19♌34	20♌17	20♌59	21♌42	22♌24	23♌07	23♌49	24♌32	25♌14	25♌57	26♌39	27♌22	28♌04	28♌47	29♌29	0♍12	0♍55	1♍37	2♍20	3♍03	3♍45	4♍28	/⚳
/♃	23♋27	24♋02	24♋37	25♋12	25♋47	26♋22	26♋57	27♋32	28♋07	28♋42	29♋16	29♋51	0♌26	1♌01	1♌36	2♌10	2♌45	3♌20	3♌54	4♌29	5♌03	5♌38	6♌12	6♌47	7♌21	7♌56	8♌30	9♌05	9♌39	10♌13	10♌48	/♃
/♄	22♍06	22♍36	23♍06	23♍36	24♍06	24♍36	25♍06	25♍36	26♍06	26♍37	27♍07	27♍38	28♍08	28♍39	29♍09	29♍40	0♎10	0♎41	1♎12	1♎43	2♎13	2♎44	3♎15	3♎46	4♎17	4♎49	5♎20	5♎51	6♎22	6♎53	7♎25	/♄
/♅	10♊41	11♊09	11♊38	12♊06	12♊34	13♊02	13♊31	13♊59	14♊27	14♊56	15♊24	15♊52	16♊20	16♊48	17♊17	17♊45	18♊13	18♊41	19♊09	19♊37	20♊05	20♊34	21♊02	21♊30	21♊58	22♊26	22♊54	23♊22	23♊50	24♊18	24♊46	/♅
/♆	21♉47	22♉15	22♉43	23♉11	23♉39	24♉07	24♉35	25♉03	25♉31	25♉59	26♉27	26♉55	27♉23	27♉51	28♉19	28♉47	29♉15	29♉43	0♊11	0♊39	1♊07	1♊35	2♊03	2♊32	2♊60	3♊28	3♊56	4♐24	4♐52	5♐20	5♐49	/♆
/♇	24♎15	24♎43	25♎11	25♎39	26♎07	26♎35	27♎04	27♎32	28♎00	28♎28	28♎56	29♎25	29♎53	0♏21	0♏50	1♏18	1♏46	2♏15	2♏43	3♏11	3♏40	4♏08	4♏37	5♏05	5♏34	6♏02	6♏31	6♏60	7♏28	7♏57	8♏26	/♇
/☊	25♍56	26♍23	26♍48	27♍13	27♍36	27♍58	28♍20	28♍42	29♍05	29♍29	29♍55	0♎22	0♎50	1♎18	1♎47	2♎15	2♎43	3♎08	3♎33	3♎57	4♎21	4♎45	5♎09	5♎35	6♎02	6♎31	6♎60	7♎29	7♎58	8♎26	8♎53	/☊
☽/☿	26♊47	3♋17	9♋48	16♋22	23♋01	29♋45	6♌36	13♌33	20♌37	27♌48	5♍06	12♍31	20♍05	27♍49	5♎42	13♎45	21♎58	0♏19	8♏45	17♏12	25♉36	3♊53	11♊58	19♊50	27♊28	4♋53	12♋07	19♋11	26♋08	3♌01	9♌52	☽/☿
/♀	22♋44	29♋16	5♌46	12♌17	18♌50	25♌26	2♍06	8♍50	15♍39	22♍33	29♍33	6♎39	13♎52	21♎12	28♎42	6♏21	14♏10	22♏06	0♐07	8♐09	16♐07	23♐59	1♑39	9♋07	16♋21	23♋23	0♌13	6♌54	13♌29	20♌01	26♌31	/♀
/♂	23♊14	29♊29	5♋44	11♋58	18♋15	24♋35	0♌59	7♌28	14♌01	20♌39	27♌22	4♍12	11♍09	18♍14	25♍27	2♎51	10♎23	18♎03	25♈48	3♉34	11♉16	18♉52	26♉16	3♊28	10♊26	17♊12	23♊46	0♋11	6♋30	12♋46	18♋60	/♂
/⚳	10♋49	16♋58	23♋06	29♋15	5♌25	11♌39	17♌57	24♌19	0♍46	7♍18	13♍56	20♍40	27♍31	4♎29	11♎37	18♎55	26♎21	3♏55	11♏34	19♏14	26♉52	4♊21	11♊40	18♊46	25♊39	2♋18	8♋47	15♋07	21♋20	27♋30	3♌39	/⚳
/♃	21♊03	27♊05	3♋05	9♋07	15♋10	21♋17	27♋27	3♌42	10♌01	16♌26	22♌56	29♌32	6♍15	13♍06	20♍06	27♍16	4♎34	12♈01	19♈32	27♈04	4♉33	11♉55	19♉06	26♉04	2♊48	9♊20	15♊40	21♊52	27♊57	3♋58	9♋59	/♃
/♄	19♌42	25♌39	1♍34	7♍30	13♍29	19♍30	25♍36	1♎46	8♎01	14♎21	20♎46	27♎18	3♏57	10♏44	17♏40	24♏45	1♐60	9♐22	16♐49	24♐18	1♑43	9♑01	16♑09	23♑03	29♑44	6♒12	12♌30	18♌38	24♌40	0♍39	6♍36	/♄
/♅	8♉17	14♉12	20♉06	26♉00	1♊57	7♊57	14♊01	20♊09	26♊22	2♋40	9♋03	15♑32	22♑09	28♑54	5♒47	12♒50	20♒02	27♒22	4♓47	12♓13	19♓35	26♓50	3♈55	10♈46	17♈24	23♈50	0♉04	6♉09	12♉08	18♉03	23♉58	/♅
/♆	19♈23	25♈18	1♉11	7♉06	13♉02	19♉02	25♉05	1♊13	7♐25	13♐43	20♐06	26♐36	3♑12	9♑56	16♑50	23♑53	1♒05	8♒24	15♒49	23♒15	0♓37	7♓52	14♓57	21♓48	28♓26	4♈52	11♈06	17♈11	23♈10	29♈05	4♉60	/♆
/♇	21♓51	27♓46	3♈39	9♎34	15♎30	21♎30	27♎34	3♏42	9♏54	16♏12	22♏36	29♏05	5♐42	12♐27	19♐20	26♐23	3♑36	10♑56	18♑21	25♑47	3♒10	10♒25	17♒30	24♒22	1♓00	7♓26	13♓41	19♓47	25♓46	1♈42	7♈37	/♇
/☊	23♌32	29♌25	5♍17	11♍07	16♍59	22♍53	28♍50	4♎52	10♎60	17♎13	23♎34	0♏02	6♏38	13♏24	20♏18	27♏21	4♐32	11♐49	19♐11	26♐32	3♑50	11♑01	18♑02	24♑52	1♒29	7♒55	14♌10	20♌16	26♌16	2♍11	8♍04	/☊
☿/♀	15♌25	16♌35	17♌47	19♌02	20♌20	21♌40	23♌02	24♌26	25♌52	27♌20	28♌50	0♍22	1♍54	3♍28	5♍02	6♍37	8♍13	9♍49	11♍25	13♍01	14♍37	16♍13	17♍49	19♍24	20♍58	22♍33	24♍06	25♍39	27♍12	28♍44	0♎15	☿/♀
/♂	15♋55	16♋48	17♋45	18♋44	19♋45	20♋49	21♋55	23♋04	24♋14	25♋26	26♋40	27♋55	29♋11	0♌29	1♌47	3♌06	4♌26	5♌46	7♌06	8♌26	9♌46	11♌06	12♌25	13♌45	15♌03	16♌22	17♌39	18♌56	20♌13	21♌29	22♌44	/♂
/⚳	3♌30	4♌17	5♌07	6♌00	6♌55	7♌53	8♌53	9♌55	10♌59	12♌06	13♌13	14♌22	15♌33	16♌45	17♌57	19♌10	20♌24	21♌38	22♌53	24♌07	25♌21	26♌35	27♌49	29♌03	0♍16	1♍28	2♍41	3♍52	5♍03	6♍13	7♍23	/⚳
/♃	13♋44	14♋24	15♋07	15♋52	16♋40	17♋30	18♋23	19♋18	20♋14	21♋13	22♋13	23♋15	24♋17	25♋21	26♋26	27♋32	28♋37	29♋44	0♌50	1♌57	3♌03	4♌09	5♌15	6♌20	7♌25	8♌30	9♌34	10♌37	11♌39	12♌41	13♌43	/♃
/♄	12♍22	12♍57	13♍35	14♍16	14♍59	15♍44	16♍32	17♍22	18♍14	19♍08	20♍04	21♍01	21♍59	22♍59	23♍60	25♍01	26♍03	27♍05	28♍08	29♍10	0♎13	1♎16	2♎18	3♎20	4♎21	5♎22	6♎23	7♎23	8♎23	9♎22	10♎20	/♄
/♅	0♊57	1♊31	2♊07	2♊46	3♊27	4♊11	4♊57	5♊45	6♊35	7♊27	8♊20	9♊15	10♊11	11♊09	12♊07	13♊06	14♊05	15♊05	16♊05	17♊05	18♊05	19♊05	20♊04	21♊03	22♊02	22♊60	23♊57	24♊54	25♊51	26♊46	27♊42	/♅
/♆	12♉04	12♉37	13♉13	13♉51	14♉32	15♉15	16♉01	16♉49	17♉39	18♉30	19♉23	20♉18	21♉14	22♉11	23♉10	24♉08	25♉08	26♉07	27♉07	28♉07	29♉07	0♊07	1♊06	2♊05	3♊03	4♐02	4♐59	5♐56	6♐53	7♐49	8♐44	/♆
/♇	14♎31	15♎05	15♎41	16♎19	17♎00	17♎44	18♎30	19♎18	20♎08	20♎59	21♎53	22♎48	23♎44	24♎42	25♎40	26♎39	27♎39	28♎39	29♎39	0♏39	1♏39	2♏40	3♏39	4♏39	5♏38	6♏36	7♏34	8♏32	9♏29	10♏25	11♏21	/♇
/☊	16♍12	16♍44	17♍18	17♍53	18♍29	19♍07	19♍46	20♍28	21♍13	22♍00	22♍51	23♍45	24♍41	25♍39	26♍38	27♍37	28♍35	29♍33	0♎29	1♎25	2♎20	3♎16	4♎12	5♎09	6♎06	7♎05	8♎03	9♎01	9♎58	10♎54	11♎48	/☊
♀/♂	11♌51	12♌47	13♌43	14♌38	15♌34	16♌30	17♌25	18♌21	19♌16	20♌11	21♌07	22♌02	22♌57	23♌53	24♌48	25♌43	26♌38	27♌33	28♌28	29♌23	0♍17	1♍12	2♍07	3♍02	3♍56	4♍51	5♍45	6♍40	7♍34	8♍28	9♍23	♀/♂
/⚳	29♌26	0♍16	1♍05	1♍55	2♍44	3♍34	4♍23	5♍12	6♍02	6♍51	7♍40	8♍30	9♍19	10♍08	10♍58	11♍47	12♍36	13♍25	14♍14	15♍04	15♍53	16♍42	17♍31	18♍20	19♍09	19♍58	20♍47	21♍36	22♍24	23♍13	24♍02	/⚳
/♃	9♌40	10♌22	11♌05	11♌47	12♌29	13♌11	13♌53	14♌35	15♌17	15♌58	16♌40	17♌22	18♌03	18♌45	19♌27	20♌08	20♌49	21♌31	22♌12	22♌53	23♌34	24♌15	24♌56	25♌37	26♌18	26♌59	27♌40	28♌20	29♌01	29♌41	0♍22	/♃
/♄	8♎19	8♎56	9♎33	10♎10	10♎48	11♎25	12♎02	12♎39	13♎16	13♎54	14♎31	15♎08	15♎45	16♎23	17♎00	17♎37	18♎15	18♎52	19♎30	20♎07	20♎44	21♎22	21♎59	22♎37	23♎14	23♎52	24♎29	25♎06	25♎44	26♎21	26♎59	/♄
/♅	26♊54	27♊30	28♊05	28♊40	29♊16	29♊51	0♋27	1♋02	1♋37	2♋12	2♋47	3♋23	3♋58	4♋33	5♋08	5♋42	6♋17	6♋52	7♋27	8♋02	8♋36	9♋11	9♋45	10♋20	10♋54	11♋29	12♑03	12♑38	13♑12	13♑46	14♑20	/♅
/♆	8♐00	8♐35	9♐11	9♐46	10♐21	10♐56	11♐31	12♐06	12♐41	13♐16	13♐51	14♐26	15♐00	15♐35	16♐10	16♐45	17♐20	17♐54	18♐29	19♐04	19♐38	20♐13	20♐47	21♐22	21♐56	22♐31	23♐05	23♐40	24♐14	24♐48	25♐23	/♆
/♇	10♏28	11♏03	11♏39	12♏14	12♏49	13♏24	13♏59	14♏35	15♏10	15♏45	16♏20	16♏55	17♏30	18♏06	18♏41	19♏16	19♏51	20♏26	21♏01	21♏36	22♏11	22♏46	23♏21	23♏56	24♏31	25♏05	25♏40	26♏15	26♏50	27♏25	27♏60	/♇
/☊	12♎09	12♎43	13♎16	13♎47	14♎18	14♎47	15♎16	15♎45	16♎15	16♎46	17♎18	17♎52	18♎27	19♎03	19♎38	20♎13	20♎47	21♎20	21♎51	22♎21	22♎52	23♎22	23♎53	24♎26	24♎59	25♎34	26♎09	26♎45	27♎20	27♎54	28♎27	/☊
♂/⚳	29♋56	0♌30	1♌03	1♌36	2♌10	2♌43	3♌17	3♌50	4♌23	4♌57	5♌30	6♌03	6♌36	7♌10	7♌43	8♌16	8♌49	9♌22	9♌55	10♌28	11♌02	11♌35	12♌08	12♌41	13♌14	13♌47	14♌19	14♌52	15♌25	15♌58	16♌31	♂/⚳
/♃	10♋10	10♋36	11♋02	11♋28	11♋54	12♋20	12♋46	13♋12	13♋38	14♋04	14♋30	14♋55	15♋21	15♋46	16♋12	16♋37	17♋02	17♋28	17♋53	18♋18	18♋43	19♋08	19♋33	19♋58	20♋23	20♋48	21♋12	21♋37	22♋02	22♋26	22♋51	/♃
/♄	8♍49	9♍10	9♍31	9♍52	10♍13	10♍34	10♍55	11♍17	11♍38	11♍59	12♍20	12♍41	13♍03	13♍24	13♍45	14♍07	14♍28	14♍49	15♍11	15♍32	15♍53	16♍15	16♍36	16♍58	17♍19	17♍40	18♍02	18♍23	18♍45	19♍06	19♍28	/♄
/♅	27♉24	27♉43	28♉03	28♉22	28♉42	29♉01	29♉20	29♉39	29♉59	0♊18	0♊37	0♊56	1♊15	1♊34	1♊53	2♊12	2♊30	2♊49	3♊08	3♊27	3♊45	4♊04	4♊22	4♊41	4♊59	5♊18	5♊36	5♊55	6♊13	6♊31	6♊49	/♅
/♆	8♉30	8♉49	9♉08	9♉27	9♉46	10♉05	10♉24	10♉43	11♉02	11♉21	11♉40	11♉59	12♉18	12♉36	12♉55	13♉14	13♉33	13♉51	14♉10	14♉29	14♉47	15♉06	15♉24	15♉43	16♉01	16♉20	16♉38	16♉57	17♉15	17♉33	17♉52	/♆
/♇	10♎58	11♎17	11♎36	11♎56	12♎15	12♎34	12♎53	13♎12	13♎31	13♎50	14♎10	14♎29	14♎48	15♎07	15♎26	15♎45	16♎04	16♎23	16♎42	17♎01	17♎20	17♎39	17♎58	18♎17	18♎35	18♎54	19♎13	19♎32	19♎51	20♎10	20♎29	/♇
/☊	12♍39	12♍57	13♍14	13♍29	13♍43	13♍57	14♍10	14♍23	14♍36	14♍51	15♍08	15♍25	15♍44	16♍04	16♍23	16♍42	17♍00	17♍17	17♍32	17♍46	18♍00	18♍15	18♍30	18♍46	19♍04	19♍23	19♍42	20♍01	20♍21	20♍39	20♍56	/☊
⚳/♃	27♋45	28♋05	28♋25	28♋45	29♋05	29♋24	29♋44	0♌04	0♌24	0♌43	1♌03	1♌23	1♌42	2♌02	2♌22	2♌41	3♌01	3♌20	3♌40	3♌59	4♌18	4♌38	4♌57	5♌16	5♌35	5♌55	6♌14	6♌33	6♌52	7♌11	7♌30	⚳/♃
/♄	26♍24	26♍39	26♍54	27♍08	27♍23	27♍38	27♍53	28♍08	28♍23	28♍39	28♍54	29♍09	29♍24	29♍40	29♍55	0♎11	0♎26	0♎42	0♎57	1♎13	1♎28	1♎44	1♎60	2♎16	2♎31	2♎47	3♎03	3♎19	3♎35	3♎51	4♎07	/♄
/♅	14♊59	15♊12	15♊25	15♊38	15♊52	16♊05	16♊18	16♊31	16♊44	16♊57	17♊10	17♊23	17♊37	17♊50	18♊03	18♊16	18♊29	18♊42	18♊54	19♊07	19♊20	19♊33	19♊46	19♊59	20♊12	20♊25	20♊38	20♊50	21♊03	21♊16	21♊29	/♅
/♆	26♉05	26♉18	26♉31	26♉44	26♉57	27♉09	27♉22	27♉35	27♉48	28♉01	28♉14	28♉27	28♉39	28♉52	29♉05	29♉18	29♉31	29♉44	29♉57	0♊09	0♊22	0♊35	0♊48	1♊01	1♊14	1♊27	1♊39	1♊52	2♊05	2♊18	2♊31	/♆
/♇	28♎33	28♎46	28♎59	29♎12	29♎25	29♎38	29♎51	0♏04	0♏17	0♏30	0♏43	0♏56	1♏09	1♏22	1♏36	1♏49	2♏02	2♏15	2♏28	2♏42	2♏55	3♏08	3♏21	3♏35	3♏48	4♏01	4♏15	4♏28	4♏41	4♏55	5♏08	/♇
/☊	0♎14	0♎26	0♎36	0♎46	0♎54	1♎01	1♎07	1♎14	1♎22	1♎31	1♎41	1♎53	2♎06	2♎20	2♎33	2♎46	2♎58	3♎09	3♎19	3♎27	3♎36	3♎44	3♎54	4♎05	4♎17	4♎30	4♎43	4♎57	5♎11	5♎24	5♎35	/☊
♃/♄	6♍38	6♍45	6♍53	7♍00	7♍08	7♍15	7♍23	7♍31	7♍38	7♍46	7♍53	8♍01	8♍09	8♍16	8♍24	8♍32	8♍39	8♍47	8♍55	9♍03	9♍10	9♍18	9♍26	9♍33	9♍41	9♍49	9♍56	10♍04	10♍12	10♍19	10♍27	♃/♄
/♅	25♉13	25♉19	25♉25	25♉30	25♉36	25♉42	25♉48	25♉53	25♉59	26♉05	26♉10	26♉16	26♉21	26♉26	26♉32	26♉37	26♉42	26♉47	26♉52	26♉57	27♉02	27♉07	27♉12	27♉17	27♉21	27♉26	27♉30	27♉35	27♉39	27♉44	27♉48	/♅
/♆	6♉19	6♉25	6♉30	6♉36	6♉41	6♉47	6♉52	6♉57	7♉03	7♉08	7♉13	7♉19	7♉24	7♉29	7♉34	7♉39	7♉44	7♉49	7♉54	7♉59	8♉04	8♉09	8♉14	8♉18	8♉23	8♉28	8♉32	8♉37	8♉42	8♉46	8♉50	/♆
/♇	8♈47	8♈52	8♈58	9♈04	9♈09	9♈15	9♈21	9♎26	9♎32	9♎37	9♎43	9♎48	9♎54	9♎59	10♎05	10♎10	10♎15	10♎21	10♎26	10♎31	10♎37	10♎42	10♎47	10♎52	10♎57	11♎02	11♎08	11♎13	11♎18	11♎23	11♎28	/♇
/☊	10♍28	10♍32	10♍36	10♍37	10♍38	10♍38	10♍37	10♍37	10♍37	10♍38	10♍41	10♍45	10♍50	10♍56	11♍02	11♍07	11♍12	11♍15	11♍16	11♍17	11♍17	11♍18	11♍19	11♍22	11♍26	11♍31	11♍36	11♍42	11♍47	11♍52	11♍55	/☊
♄/♅	23♑52	23♑52	23♑53	23♑54	23♑55	23♑56	23♑57	23♑58	23♑59	23♑60	24♑01	24♑02	24♑03	24♑04	24♑05	24♑06	24♑07	24♑09	24♑10	24♑11	24♑12	24♑13	24♑15	24♑16	24♑17	24♑19	24♑20	24♑21	24♑23	24♑24	24♑26	♄/♅
/♆	4♑58	4♑58	4♑59	4♑59	4♑60	5♑00	5♑01	5♑02	5♑02	5♑03	5♑04	5♑05	5♑06	5♑07	5♑08	5♑09	5♑10	5♑11	5♑12	5♑13	5♑14	5♑15	5♑17	5♑18	5♑19	5♑20	5♑22	5♑23	5♑25	5♑26	5♑28	/♆
/♇	7♐26	7♐26	7♐27	7♐27	7♐28	7♐29	7♐30	7♐31	7♐31	7♐32	7♐33	7♐35	7♐36	7♐37	7♐38	7♐39	7♐41	7♐42	7♐44	7♐45	7♐47	7♐48	7♐50	7♐52	7♐53	7♐55	7♐57	7♐59	8♐01	8♐03	8♐05	/♇
/☊	9♏06	9♏06	9♏04	9♏01	8♏57	8♏52	8♏46	8♏41	8♏37	8♏33	8♏32	8♏31	8♏32	8♏34	8♏36	8♏37	8♏37	8♏36	8♏34	8♏31	8♏27	8♏24	8♏22	8♏21	8♏22	8♏23	8♏26	8♏28	8♏30	8♏32	8♏32	/☊
♅/♆	23♓33	23♓32	23♓31	23♓29	23♓28	23♓27	23♓26	23♓25	23♓23	23♓22	23♓21	23♓19	23♓18	23♓16	23♓15	23♓14	23♓12	23♓11	23♓09	23♓08	23♓06	23♓04	23♓03	23♓01	22♓59	22♓58	22♓56	22♓54	22♓53	22♓51	22♓49	♅/♆
/♇	26♒01	25♒60	25♒59	25♒58	25♒57	25♒55	25♒54	25♒53	25♒52	25♒51	25♒50	25♒49	25♒48	25♒47	25♒46	25♒44	25♒43	25♒42	25♒41	25♒40	25♒39	25♒37	25♒36	25♒35	25♒34	25♒33	25♒31	25♒30	25♒29	25♒28	25♒26	/♇
/☊	27♑41	27♑39	27♑36	27♑31	27♑25	27♑18	27♑11	27♑04	26♑57	26♑52	26♑48	26♑46	26♑44	26♑44	26♑43	26♑42	26♑39	26♑36	26♑31	26♑25	26♑19	26♑14	26♑09	26♑05	26♑02	26♑01	26♑00	25♑59	25♑58	25♑57	25♑54	/☊
♆/♇	7♒07	7♒05	7♒04	7♒03	7♒01	7♒00	6♒59	6♒57	6♒56	6♒55	6♒53	6♒52	6♒51	6♒49	6♒48	6♒47	6♒46	6♒44	6♒43	6♒42	6♒40	6♒39	6♒38	6♒37	6♒36	6♒34	6♒33	6♒32	6♒31	6♒30	6♒29	♆/♇
/☊	8♑48	8♑45	8♑41	8♑36	8♑30	8♑23	8♑15	8♑08	8♑01	7♑56	7♑51	7♑49	7♑47	7♑46	7♑46	7♑44	7♑42	7♑38	7♑33	7♑27	7♑21	7♑15	7♑10	7♑07	7♑04	7♑03	7♑02	7♑01	7♑00	6♑59	6♑56	/☊
♇/☊	11♐15	11♐13	11♐10	11♐05	10♐58	10♐51	10♐44	10♐37	10♐30	10♐25	10♐21	10♐19	10♐17	10♐17	10♐16	10♐15	10♐13	10♐10	10♐05	9♐60	9♐54	9♐48	9♐44	9♐40	9♐38	9♐37	9♐37	9♐37	9♐37	9♐35	9♐33	♇/☊

September 2013

	1	2	3	4	5	6	7	8	9	10
☉/☽	13♌22	19♌50	26♌23	3♍02	9♍46	16♍37	23♍34	0♎37	7♎45	14♎59
/☿	12♍05	13♍29	14♍52	16♍15	17♍37	18♍59	20♍20	21♍40	22♍60	24♍19
/♀	28♍24	29♍28	0♎32	1♎36	2♎40	3♎44	4♎48	5♎52	6♎56	7♎60
/♂	20♌37	21♌25	22♌13	23♌01	23♌49	24♌38	25♌26	26♌14	27♌02	27♌50
/⚳	5♍11	5♍53	6♍36	7♍19	8♍02	8♍44	9♍27	10♍10	10♍53	11♍36
/♃	11♌22	11♌56	12♌30	13♌04	13♌38	14♌13	14♌47	15♌21	15♌54	16♌28
/♄	7♎56	8♎28	8♎59	9♎31	10♎02	10♎34	11♎06	11♎38	12♎09	12♎41
/♅	25♊14	25♊42	26♊11	26♊39	27♊07	27♊35	28♊03	28♊31	28♊59	29♊27
/♆	6♐17	6♐45	7♐13	7♐41	8♐10	8♐38	9♐06	9♐35	10♐03	10♐31
/♇	8♏54	9♏23	9♏52	10♏21	10♏50	11♏18	11♏47	12♏16	12♏45	13♏14
/☊	9♎19	9♎44	10♎08	10♎32	10♎56	11♎20	11♎46	12♎12	12♎40	13♎09
☽/☿	16♌44	23♌38	0♍36	7♍39	14♍47	22♍01	29♍21	6♎46	14♎16	21♎51
/♀	3♍02	9♍37	16♍15	22♍60	29♍50	6♎47	13♎49	20♎58	28♎12	5♏32
/♂	25♋15	1♌34	7♌57	14♌25	20♌60	27♌40	4♍27	11♍20	18♍18	25♍22
/⚳	9♌49	16♌02	22♌20	28♌43	5♍12	11♍47	18♍29	25♍16	2♎09	9♎07
/♃	16♋00	22♋05	28♋14	4♌28	10♌49	17♌15	23♌48	0♍26	7♍11	14♍00
/♄	12♍35	18♍36	24♍43	0♎55	7♎13	13♎37	20♎07	26♎43	3♏25	10♏13
/♅	29♉53	5♊51	11♊54	18♊02	24♊17	0♋37	7♋04	13♑37	20♑15	26♑59
/♆	10♉55	16♉54	22♉57	29♉05	5♐20	11♐41	18♐08	24♐41	1♑19	8♑03
/♇	13♎33	19♎32	25♎35	1♏44	7♏60	14♏21	20♏49	27♏22	4♐01	10♐46
/☊	13♍58	19♍53	25♍51	1♎55	8♎06	14♎23	20♎47	27♎18	3♏56	10♏41
☿/♀	1♎45	3♎15	4♎45	6♎13	7♎41	9♎08	10♎35	12♎01	13♎27	14♎51
/♂	23♌59	25♌12	26♌26	27♌38	28♌50	0♍02	1♍13	2♍23	3♍32	4♍41
/⚳	8♍32	9♍41	10♍49	11♍56	13♍03	14♍09	15♍14	16♍19	17♍23	18♍27
/♃	14♌43	15♌43	16♌43	17♌41	18♌39	19♌37	20♌34	21♌30	22♌25	23♌20
/♄	11♎18	12♎15	13♎12	14♎08	15♎03	15♎58	16♎53	17♎47	18♎40	19♎33
/♅	28♊36	29♊30	0♋23	1♋16	2♋08	2♋59	3♋50	4♋40	5♋30	6♋18
/♆	9♐38	10♐32	11♐26	12♐19	13♐11	14♐02	14♐53	15♐44	16♐33	17♐23
/♇	12♏16	13♏11	14♏05	14♏58	15♏51	16♏43	17♏34	18♏25	19♏16	20♏06
/☊	12♎41	13♎31	14♎21	15♎09	15♎57	16♎44	17♎33	18♎21	19♎11	20♎01
♀/♂	10♍17	11♍11	12♍05	12♍59	13♍53	14♍47	15♍41	16♍35	17♍29	18♍22
/⚳	24♍51	25♍40	26♍28	27♍17	28♍06	28♍54	29♍43	0♎31	1♎20	2♎08
/♃	1♍02	1♍42	2♍22	3♍02	3♍42	4♍22	5♍02	5♍42	6♍21	7♍01
/♄	27♎36	28♎14	28♎51	29♎29	0♏06	0♏44	1♏21	1♏59	2♏36	3♏14
/♅	14♑54	15♑29	16♑03	16♑37	17♑11	17♑44	18♑18	18♑52	19♑26	19♑60
/♆	25♐57	26♐31	27♐05	27♐39	28♐14	28♐48	29♐22	29♐56	0♑30	1♑04
/♇	28♏35	29♏09	29♏44	0♐19	0♐54	1♐28	2♐03	2♐38	3♐12	3♐47
/☊	28♎59	29♎30	0♏00	0♏30	0♏59	1♏30	2♏01	2♏33	3♏07	3♏42
♂/⚳	17♌04	17♌37	18♌09	18♌42	19♌15	19♌48	20♌20	20♌53	21♌26	21♌58
/♃	23♋15	23♋39	24♋04	24♋28	24♋52	25♋16	25♋40	26♋03	26♋27	26♋51
/♄	19♍49	20♍11	20♍33	20♍54	21♍16	21♍37	21♍59	22♍21	22♍42	23♍04
/♅	7♊08	7♊26	7♊44	8♊02	8♊20	8♊38	8♊56	9♊14	9♊32	9♊50
/♆	18♉10	18♉28	18♉47	19♉05	19♉23	19♉41	19♉59	20♉18	20♉36	20♉54
/♇	20♎48	21♎06	21♎25	21♎44	22♎03	22♎22	22♎40	22♎59	23♎18	23♎37
/☊	21♍12	21♍27	21♍41	21♍55	22♍09	22♍23	22♍39	22♍55	23♍13	23♍32
⚳/♃	7♌49	8♌08	8♌26	8♌45	9♌04	9♌23	9♌41	9♌60	10♌18	10♌37
/♄	4♎23	4♎39	4♎56	5♎12	5♎28	5♎44	6♎00	6♎17	6♎33	6♎49
/♅	21♊41	21♊54	22♊07	22♊20	22♊32	22♊45	22♊58	23♊10	23♊23	23♊35
/♆	2♊44	2♊57	3♊09	3♊22	3♊35	3♐48	4♐01	4♐14	4♐27	4♐40
/♇	5♏21	5♏35	5♏48	6♏02	6♏15	6♏29	6♏42	6♏56	7♏09	7♏22
/☊	5♎46	5♎56	6♎04	6♎13	6♎21	6♎30	6♎40	6♎51	7♎04	7♎17
♃/♄	10♍34	10♍42	10♍50	10♍57	11♍05	11♍12	11♍20	11♍27	11♍35	11♍42
/♅	27♉53	27♉57	28♉01	28♉05	28♉09	28♉13	28♉17	28♉21	28♉24	28♉28
/♆	8♉55	8♉59	9♉04	9♉08	9♉12	9♉16	9♉20	9♉24	9♉28	9♉32
/♇	11♎33	11♎37	11♎42	11♎47	11♎52	11♎57	12♎01	12♎06	12♎11	12♎15
/☊	11♍57	11♍58	11♍58	11♍58	11♍58	11♍58	11♍59	12♍02	12♍06	12♍10
♄/♅	24♑27	24♑28	24♑30	24♑31	24♑33	24♑35	24♑36	24♑38	24♑39	24♑41
/♆	5♑29	5♑31	5♑33	5♑34	5♑36	5♑38	5♑40	5♑41	5♑43	5♑45
/♇	8♐07	8♐09	8♐11	8♐14	8♐16	8♐18	8♐21	8♐23	8♐26	8♐28
/☊	8♏32	8♏30	8♏27	8♏25	8♏22	8♏20	8♏19	8♏19	8♏20	8♏23
♅/♆	22♓47	22♓46	22♓44	22♓42	22♓40	22♓38	22♓37	22♓35	22♓33	22♓31
/♇	25♒25	25♒24	25♒23	25♒21	25♒20	25♒19	25♒18	25♒16	25♒15	25♒14
/☊	25♑50	25♑45	25♑39	25♑32	25♑26	25♑20	25♑16	25♑12	25♑10	25♑09
♆/♇	6♒27	6♒26	6♒25	6♒24	6♒23	6♒22	6♒21	6♒20	6♒19	6♒18
/☊	6♑52	6♑47	6♑41	6♑35	6♑29	6♑24	6♑19	6♑16	6♑14	6♑13
♇/☊	9♐30	9♐25	9♐20	9♐14	9♐09	9♐04	9♐00	8♐58	8♐56	8♐56

	11	12	13	14	15	16	17	18	19	20
☉/☽	22♎19	29♎44	7♏15	14♏51	22♏31	0♐14	7♐57	15♐37	23♐11	0♋37
/☿	25♍37	26♍56	28♍13	29♍30	0♎46	2♎02	3♎18	4♎33	5♎47	7♎01
/♀	9♎04	10♎08	11♎12	12♎15	13♎19	14♎23	15♎26	16♎30	17♎34	18♎37
/♂	28♌38	29♌26	0♍14	1♍02	1♍50	2♍38	3♍26	4♍14	5♍02	5♍50
/⚳	12♍19	13♍01	13♍44	14♍27	15♍10	15♍53	16♍36	17♍18	18♍01	18♍44
/♃	17♌02	17♌36	18♌10	18♌44	19♌17	19♌51	20♌24	20♌58	21♌31	22♌05
/♄	13♎13	13♎45	14♎17	14♎49	15♎21	15♎53	16♎25	16♎58	17♎30	18♎02
/♅	29♊55	0♋23	0♋51	1♋19	1♋48	2♋16	2♋44	3♋12	3♋40	4♋08
/♆	10♐60	11♐28	11♐57	12♐25	12♐53	13♐22	13♐50	14♐19	14♐47	15♐16
/♇	13♏43	14♏12	14♏41	15♏11	15♏40	16♏09	16♏38	17♏07	17♏36	18♏06
/☊	13♎39	14♎08	14♎38	15♎06	15♎34	16♎01	16♎27	16♎52	17♎18	17♎45
☽/☿	29♎30	7♏15	15♏05	23♏00	0♐58	8♐58	16♐58	24♐55	2♑45	10♑26
/♀	12♏57	20♏28	28♏04	5♐45	13♐31	21♐19	29♐07	6♑52	14♑31	22♑02
/♂	2♎31	9♎46	17♎06	24♎32	2♏02	9♏34	17♉06	24♉36	1♊60	9♊15
/⚳	16♎12	23♎21	0♏37	7♏57	15♏22	22♏49	0♐16	7♐40	14♊59	22♊09
/♃	20♍55	27♍56	5♎02	12♎14	19♈29	26♈47	4♉05	11♉20	18♉29	25♉30
/♄	17♏06	24♏05	1♐09	8♐19	15♐33	22♐49	0♑06	7♑19	14♑27	21♑27
/♅	3♒48	10♒43	17♒44	24♒50	1♓59	9♓12	16♓24	23♓34	0♈38	7♈33
/♆	14♑53	21♑48	28♑49	5♒55	13♒05	20♒18	27♒31	4♓41	11♓45	18♓41
/♇	17♐36	24♐32	1♑34	8♑41	15♑51	23♑05	0♒18	7♒29	14♒34	21♒31
/☊	17♏32	24♏28	1♐30	8♐36	15♐46	22♐57	0♑07	7♑14	14♑16	21♑10
☿/♀	16♎15	17♎39	19♎02	20♎24	21♎46	23♎07	24♎28	25♎48	27♎07	28♎26
/♂	5♍50	6♍57	8♍05	9♍11	10♍17	11♍23	12♍28	13♍32	14♍36	15♍39
/⚳	19♍30	20♍33	21♍35	22♍36	23♍37	24♍37	25♍37	26♍36	27♍35	28♍33
/♃	24♌14	25♌07	26♌00	26♌53	27♌44	28♌35	29♌26	0♍16	1♍05	1♍54
/♄	20♎25	21♎16	22♎08	22♎58	23♎48	24♎38	25♎27	26♎15	27♎03	27♎51
/♅	7♋07	7♋55	8♋42	9♋29	10♋15	11♋00	11♑45	12♑30	13♑14	13♑57
/♆	18♐11	18♐59	19♐47	20♐34	21♐21	22♐06	22♐52	23♐37	24♐21	25♐05
/♇	20♏55	21♏44	22♏32	23♏20	24♏07	24♏53	25♏39	26♏25	27♏10	27♏55
/☊	20♎50	21♎40	22♎28	23♎15	24♎01	24♎45	25♎28	26♎10	26♎52	27♎34
♀/♂	19♍16	20♍10	21♍03	21♍56	22♍50	23♍43	24♍36	25♍29	26♍22	27♍15
/⚳	2♎57	3♎45	4♎33	5♎21	6♎10	6♎58	7♎46	8♎34	9♎22	10♎10
/♃	7♍40	8♍20	8♍59	9♍38	10♍17	10♍56	11♍35	12♍13	12♍52	13♍30
/♄	3♏51	4♏29	5♏06	5♏43	6♏21	6♏58	7♏35	8♏13	8♏50	9♏27
/♅	20♑33	21♑07	21♑40	22♑14	22♑47	23♑21	23♑54	24♑27	25♑00	25♑34
/♆	1♑38	2♑12	2♑46	3♑19	3♑53	4♑27	5♑01	5♑34	6♑08	6♑41
/♇	4♐21	4♐56	5♐30	6♐05	6♐39	7♐14	7♐48	8♐22	8♐57	9♐31
/☊	4♏17	4♏52	5♏27	6♏01	6♏34	7♏06	7♏37	8♏08	8♏39	9♏10
♂/⚳	22♌31	23♌03	23♌36	24♌08	24♌41	25♌13	25♌45	26♌18	26♌50	27♌22
/♃	27♋14	27♋38	28♋01	28♋25	28♋48	29♋11	29♋34	29♋57	0♌20	0♌43
/♄	23♍25	23♍47	24♍09	24♍30	24♍52	25♍13	25♍35	25♍57	26♍18	26♍40
/♅	10♊07	10♊25	10♊43	11♊01	11♊18	11♊36	11♊54	12♊11	12♊29	12♊46
/♆	21♉12	21♉30	21♉48	22♉06	22♉24	22♉42	23♉00	23♉18	23♉36	23♉54
/♇	23♎55	24♎14	24♎33	24♎52	25♎10	25♎29	25♎48	26♎06	26♎25	26♎44
/☊	23♍51	24♍10	24♍29	24♍47	25♍05	25♍21	25♍36	25♍52	26♍07	26♍23
⚳/♃	10♌55	11♌13	11♌31	11♌50	12♌08	12♌26	12♌44	13♌02	13♌19	13♌37
/♄	7♎06	7♎22	7♎39	7♎55	8♎12	8♎28	8♎45	9♎01	9♎18	9♎34
/♅	23♊48	24♊00	24♊13	24♊26	24♊38	24♊51	25♊03	25♊16	25♊28	25♊40
/♆	4♐52	5♐05	5♐18	5♐31	5♐44	5♐57	6♐10	6♐23	6♐35	6♐48
/♇	7♏36	7♏50	8♏03	8♏17	8♏30	8♏44	8♏57	9♏11	9♏24	9♏38
/☊	7♎31	7♎46	7♎59	8♎12	8♎24	8♎36	8♎46	8♎56	9♎06	9♎17
♃/♄	11♍50	11♍57	12♍04	12♍12	12♍19	12♍26	12♍33	12♍41	12♍48	12♍55
/♅	28♉32	28♉35	28♉39	28♉42	28♉45	28♉49	28♉52	28♉55	28♉58	29♉01
/♆	9♉36	9♉40	9♉44	9♉48	9♉51	9♉55	9♉58	10♉02	10♉05	10♉09
/♇	12♎20	12♎24	12♎29	12♎33	12♎37	12♎42	12♎46	12♎50	12♎54	12♎59
/☊	12♍15	12♍20	12♍25	12♍29	12♍32	12♍34	12♍35	12♍36	12♍37	12♍38
♄/♅	24♑43	24♑44	24♑46	24♑48	24♑49	24♑51	24♑53	24♑55	24♑56	24♑58
/♆	5♑47	5♑49	5♑51	5♑53	5♑55	5♑57	5♑59	6♑02	6♑04	6♑06
/♇	8♐31	8♐33	8♐36	8♐39	8♐41	8♐44	8♐47	8♐50	8♐53	8♐56
/☊	8♏26	8♏29	8♏32	8♏34	8♏36	8♏36	8♏36	8♏35	8♏35	8♏35
♅/♆	22♓29	22♓27	22♓25	22♓24	22♓22	22♓20	22♓18	22♓16	22♓14	22♓12
/♇	25♒13	25♒11	25♒10	25♒09	25♒08	25♒07	25♒05	25♒04	25♒03	25♒02
/☊	25♑08	25♑08	25♑07	25♑05	25♑02	24♑58	24♑54	24♑50	24♑45	24♑41
♆/♇	6♒17	6♒16	6♒15	6♒15	6♒14	6♒13	6♒12	6♒11	6♒10	6♒10
/☊	6♑13	6♑12	6♑12	6♑10	6♑08	6♑05	6♑01	5♑56	5♑52	5♑49
♇/☊	8♐56	8♐57	8♐57	8♐56	8♐54	8♐52	8♐48	8♐45	8♐41	8♐39

	21	22	23	24	25	26	27	28	29	30
☉/☽	7♋53	14♋58	21♋52	28♋37	5♌13	11♌43	18♌09	24♌35	1♍01	7♍31
/☿	8♎14	9♎27	10♎39	11♎51	13♎02	14♎13	15♎23	16♎33	17♎42	18♎50
/♀	19♎41	20♎44	21♎48	22♎51	23♎55	24♎58	26♎01	27♎05	28♎08	29♎11
/♂	6♍38	7♍26	8♍14	9♍02	9♍50	10♍38	11♍25	12♍13	13♍01	13♍49
/⚳	19♍27	20♍10	20♍53	21♍36	22♍19	23♍02	23♍45	24♍28	25♍11	25♍54
/♃	22♌38	23♌12	23♌45	24♌18	24♌51	25♌25	25♌58	26♌31	27♌04	27♌37
/♄	18♎34	19♎07	19♎39	20♎11	20♎44	21♎16	21♎49	22♎22	22♎54	23♎27
/♅	4♋36	5♋04	5♋33	6♋01	6♋29	6♋57	7♋25	7♋54	8♋22	8♋50
/♆	15♐45	16♐13	16♐42	17♐10	17♐39	18♐08	18♐37	19♐05	19♐34	20♐03
/♇	18♏35	19♏04	19♏34	20♏03	20♏33	21♏02	21♏32	22♏01	22♏31	23♏00
/☊	18♎13	18♎41	19♎10	19♎40	20♎10	20♎40	21♎10	21♎39	22♎08	22♎36
☽/☿	17♑57	25♋16	2♌24	9♌21	16♌10	22♌52	29♌29	6♍05	12♍42	19♍21
/♀	29♑23	6♒33	13♌32	20♌21	27♌02	3♍37	10♍08	16♍37	23♍08	29♍42
/♂	16♊20	23♊14	29♊58	6♋32	12♋57	19♋16	25♋32	1♌46	8♌02	14♌20
/⚳	29♊09	5♋59	12♋37	19♋06	25♋26	1♌41	7♌51	14♌00	20♌11	26♌25
/♃	2♊21	9♊00	15♊29	21♊48	27♊59	4♋03	10♋04	16♋03	22♋04	28♋08
/♄	28♑17	4♒55	11♌23	17♌41	23♌51	29♌55	5♍55	11♍54	17♍55	23♍58
/♅	14♈19	20♈53	27♈17	3♉31	9♉36	15♉36	21♉32	27♉26	3♊22	9♊22
/♆	25♓27	2♈02	8♈26	14♈40	20♈46	26♈47	2♉43	8♉38	14♉34	20♉34
/♇	28♒17	4♓53	11♓18	17♓33	23♓40	29♓41	5♈38	11♎34	17♎31	23♎32
/☊	27♑55	4♒30	10♌54	17♌10	23♌18	29♌19	5♍17	11♍12	17♍08	23♍07
☿/♀	29♎45	1♏02	2♏19	3♏36	4♏52	6♏07	7♏21	8♏35	9♏49	11♏01
/♂	16♍42	17♍44	18♍45	19♍46	20♍47	21♍46	22♍46	23♍44	24♍42	25♍39
/⚳	29♍31	0♎28	1♎24	2♎20	3♎16	4♎11	5♎05	5♎58	6♎51	7♎44
/♃	2♍42	3♍30	4♍16	5♍03	5♍48	6♍33	7♍18	8♍01	8♍44	9♍27
/♄	28♎38	29♎24	0♏10	0♏56	1♏41	2♏25	3♏09	3♏52	4♏35	5♏17
/♅	14♑40	15♑22	16♑04	16♑45	17♑26	18♑06	18♑45	19♑24	20♑03	20♑40
/♆	25♐48	26♐31	27♐13	27♐55	28♐36	29♐17	29♐57	0♑36	1♑15	1♑53
/♇	28♏39	29♏22	0♐05	0♐48	1♐30	2♐11	2♐52	3♐32	4♐11	4♐50
/☊	28♎16	28♎59	29♎42	0♏25	1♏07	1♏49	2♏30	3♏10	3♏49	4♏26
♀/♂	28♍08	29♍01	29♍54	0♎46	1♎39	2♎31	3♎24	4♎16	5♎08	6♎00
/⚳	10♎57	11♎45	12♎33	13♎21	14♎08	14♎56	15♎43	16♎30	17♎18	18♎05
/♃	14♍09	14♍47	15♍25	16♍03	16♍41	17♍18	17♍56	18♍33	19♍11	19♍48
/♄	10♏05	10♏42	11♏19	11♏56	12♏33	13♏10	13♏47	14♏24	15♏01	15♏38
/♅	26♑07	26♑40	27♑13	27♑45	28♑18	28♑51	29♑24	29♑56	0♒29	1♒01
/♆	7♑15	7♑48	8♑22	8♑55	9♑28	10♑02	10♑35	11♑08	11♑41	12♑14
/♇	10♐05	10♐39	11♐14	11♐48	12♐22	12♐56	13♐30	14♐04	14♐38	15♐12
/☊	9♏43	10♏16	10♏50	11♏25	11♏60	12♏34	13♏09	13♏42	14♏15	14♏47
♂/⚳	27♌54	28♌27	28♌59	29♌31	0♍03	0♍35	1♍07	1♍39	2♍11	2♍43
/♃	1♌06	1♌28	1♌51	2♌13	2♌36	2♌58	3♌20	3♌42	4♌04	4♌26
/♄	27♍02	27♍23	27♍45	28♍06	28♍28	28♍50	29♍11	29♍33	29♍55	0♎16
/♅	13♊04	13♊21	13♊38	13♊56	14♊13	14♊30	14♊48	15♊05	15♊22	15♊39
/♆	24♉12	24♉30	24♉48	25♉05	25♉23	25♉41	25♉59	26♉17	26♉34	26♉52
/♇	27♎02	27♎21	27♎40	27♎58	28♎17	28♎35	28♎54	29♎12	29♎31	29♎50
/☊	26♍40	26♍58	27♍16	27♍35	27♍54	28♍14	28♍33	28♍51	29♍08	29♍25
⚳/♃	13♌55	14♌12	14♌30	14♌47	15♌05	15♌22	15♌39	15♌56	16♌14	16♌30
/♄	9♎51	10♎07	10♎24	10♎41	10♎57	11♎14	11♎31	11♎47	12♎04	12♎21
/♅	25♊53	26♊05	26♊18	26♊30	26♊42	26♊55	27♊07	27♊19	27♊32	27♊44
/♆	7♐01	7♐14	7♐27	7♐40	7♐53	8♐05	8♐18	8♐31	8♐44	8♐57
/♇	9♏52	10♏05	10♏19	10♏32	10♏46	10♏60	11♏13	11♏27	11♏41	11♏54
/☊	9♎29	9♎42	9♎55	10♎09	10♎24	10♎38	10♎52	11♎05	11♎18	11♎30
♃/♄	13♍02	13♍09	13♍16	13♍23	13♍30	13♍37	13♍44	13♍50	13♍57	14♍04
/♅	29♉04	29♉07	29♉10	29♉12	29♉15	29♉17	29♉20	29♉22	29♉25	29♉27
/♆	10♉12	10♉16	10♉19	10♉22	10♉25	10♉28	10♉31	10♉34	10♉37	10♉40
/♇	13♎03	13♎07	13♎11	13♎15	13♎19	13♎22	13♎26	13♎30	13♎33	13♎37
/☊	12♍40	12♍43	12♍47	12♍52	12♍56	13♍01	13♍05	13♍08	13♍11	13♍13
♄/♅	24♑60	25♑02	25♑04	25♑06	25♑07	25♑09	25♑11	25♑13	25♑15	25♑17
/♆	6♑08	6♑11	6♑13	6♑15	6♑18	6♑20	6♑22	6♑25	6♑27	6♑30
/♇	8♐59	9♐02	9♐05	9♐08	9♐11	9♐14	9♐17	9♐21	9♐24	9♐27
/☊	8♏36	8♏38	8♏41	8♏45	8♏49	8♏53	8♏56	8♏59	9♏01	9♏03
♅/♆	22♓10	22♓08	22♓06	22♓05	22♓03	22♓01	21♓59	21♓57	21♓55	21♓53
/♇	25♒01	24♒60	24♒58	24♒57	24♒56	24♒55	24♒54	24♒53	24♒52	24♒51
/☊	24♑38	24♑36	24♑35	24♑34	24♑34	24♑33	24♑33	24♑31	24♑29	24♑26
♆/♇	6♒09	6♒08	6♒08	6♒07	6♒06	6♒06	6♒05	6♒04	6♒04	6♒03
/☊	5♑46	5♑45	5♑44	5♑44	5♑44	5♑44	5♑44	5♑43	5♑41	5♑39
♇/☊	8♐37	8♐36	8♐36	8♐37	8♐37	8♐38	8♐39	8♐39	8♐38	8♐36

September 2013

October 2013

	1	2	3	4	5	6	7	8	9	10
☉/☽	14♍07	20♍49	27♍40	4♎39	11♎46	19♎01	26♎22	3♏49	11♏20	18♏54
/☿	19♎57	21♎04	22♎10	23♎15	24♎20	25♎23	26♎26	27♎27	28♎27	29♎26
/♀	0♏14	1♏17	2♏20	3♏23	4♏26	5♏29	6♏32	7♏35	8♏37	9♏40
/♂	14♍37	15♍25	16♍13	17♍00	17♍48	18♍36	19♍24	20♍12	20♍59	21♍47
/⚷	26♍37	27♍20	28♍03	28♍46	29♍29	0♎12	0♎55	1♎38	2♎21	3♎04
/♃	28♌09	28♌42	29♌15	29♌48	0♍20	0♍53	1♍25	1♍58	2♍30	3♍03
/♄	23♎60	24♎32	25♎05	25♎38	26♎11	26♎44	27♎17	27♎50	28♎23	28♎56
/♅	9♋18	9♋47	10♋15	10♑43	11♑12	11♑40	12♑08	12♑37	13♑05	13♑34
/♆	20♐32	21♐01	21♐30	21♐58	22♐27	22♐56	23♐25	23♐55	24♐24	24♐53
/♇	23♏30	23♏60	24♏29	24♏59	25♏29	25♏59	26♏28	26♏58	27♏28	27♏58
/☊	23♎03	23♎30	23♎57	24♎25	24♎53	25♎21	25♎51	26♎21	26♎51	27♎21
☽/☿	26♍05	2♎55	9♎53	16♎58	24♎11	1♏30	8♏55	16♏24	23♏56	1♐29
/♀	6♎22	13♎09	20♎03	27♎06	4♏17	11♏36	19♏01	26♏32	4♐06	11♐43
/♂	20♌45	27♌16	3♍55	10♍43	17♍39	24♍43	1♎53	9♎08	16♎28	23♎50
/⚷	2♍45	9♍11	15♍45	22♍28	29♍19	6♎18	13♎24	20♎34	27♎49	5♏07
/♃	4♌17	10♌34	16♌58	23♌30	0♍11	6♍60	13♍54	20♍55	27♍59	5♎06
/♄	0♎07	6♎24	12♎48	19♎21	26♎02	2♏50	9♏46	16♏46	23♏51	0♐59
/♅	15♊26	21♊38	27♊58	4♋26	11♑03	17♑47	24♑38	1♒34	8♒34	15♒37
/♆	26♉40	2♊52	9♐12	15♐41	22♐18	29♐03	5♑54	12♑51	19♑52	26♑56
/♇	29♎38	5♏51	12♏12	18♏42	25♏20	2♐05	8♐57	15♐55	22♐57	0♑01
/☊	29♍11	5♎22	11♎40	18♎07	24♎44	1♏28	8♏20	15♏17	22♏19	29♏24
☿/♀	12♏13	13♏24	14♏34	15♏43	16♏51	17♏58	19♏04	20♏09	21♏13	22♏15
/♂	26♍35	27♍31	28♍26	29♍20	0♎13	1♎05	1♎56	2♎46	3♎35	4♎22
/⚷	8♎35	9♎26	10♎16	11♎05	11♎53	12♎41	13♎27	14♎12	14♎56	15♎39
/♃	10♍08	10♍49	11♍28	12♍07	12♍45	13♍22	13♍58	14♍33	15♍06	15♍38
/♄	5♏58	6♏39	7♏19	7♏58	8♏36	9♏13	9♏49	10♏24	10♏58	11♏31
/♅	21♑17	21♑53	22♑28	23♑03	23♑37	24♑09	24♑41	25♑11	25♑41	26♑09
/♆	2♑30	3♑07	3♑43	4♑18	4♑52	5♑26	5♑58	6♑29	6♑59	7♑28
/♇	5♐28	6♐06	6♐43	7♐19	7♐54	8♐28	9♐01	9♐33	10♐04	10♐33
/☊	5♏02	5♏37	6♏11	6♏44	7♏18	7♏51	8♏23	8♏55	9♏26	9♏56
♀/♂	6♎52	7♎44	8♎36	9♎28	10♎20	11♎11	12♎02	12♎54	13♎45	14♎36
/⚷	18♎52	19♎39	20♎26	21♎13	21♎60	22♎47	23♎33	24♎20	25♎06	25♎53
/♃	20♍25	21♍02	21♍39	22♍15	22♍52	23♍28	24♍04	24♍40	25♍16	25♍51
/♄	16♏15	16♏52	17♏29	18♏05	18♏42	19♏19	19♏55	20♏32	21♏08	21♏44
/♅	1♒34	2♒06	2♒39	3♒11	3♒43	4♒15	4♒47	5♒19	5♒51	6♒23
/♆	12♑47	13♑20	13♑53	14♑26	14♑59	15♑31	16♑04	16♑37	17♑09	17♑42
/♇	15♐45	16♐19	16♐53	17♐26	18♐00	18♐34	19♐07	19♐40	20♐14	20♐47
/☊	15♏19	15♏50	16♏21	16♏52	17♏24	17♏56	18♏29	19♏03	19♏36	20♏10
♂/⚷	3♍15	3♍47	4♍18	4♍50	5♍22	5♍54	6♍25	6♍57	7♍28	7♍60
/♃	4♌48	5♌09	5♌31	5♌52	6♌14	6♌35	6♌56	7♌17	7♌38	7♌59
/♄	0♎38	0♎59	1♎21	1♎43	2♎04	2♎26	2♎47	3♎09	3♎30	3♎52
/♅	15♊57	16♊14	16♊31	16♊48	17♊05	17♊22	17♊39	17♊56	18♊13	18♊30
/♆	27♉10	27♉28	27♉45	28♉03	28♉21	28♉38	28♉56	29♉14	29♉31	29♉49
/♇	0♏08	0♏27	0♏45	1♏04	1♏22	1♏41	1♏59	2♏17	2♏36	2♏54
/☊	29♍41	29♍57	0♎13	0♎29	0♎46	1♎03	1♎21	1♎40	1♎58	2♎17
⚷/♃	16♌47	17♌04	17♌21	17♌37	17♌54	18♌10	18♌27	18♌43	18♌59	19♌15
/♄	12♎38	12♎54	13♎11	13♎28	13♎44	14♎01	14♎18	14♎35	14♎51	15♎08
/♅	27♊56	28♊09	28♊21	28♊33	28♊45	28♊58	29♊10	29♊22	29♊34	29♊46
/♆	9♐10	9♐23	9♐35	9♐48	10♐01	10♐14	10♐27	10♐40	10♐52	11♐05
/♇	12♏08	12♏21	12♏35	12♏49	13♏02	13♏16	13♏30	13♏43	13♏57	14♏11
/☊	11♎41	11♎52	12♎03	12♎15	12♎26	12♎39	12♎52	13♎06	13♎20	13♎34
♃/♄	14♍10	14♍17	14♍23	14♍30	14♍36	14♍42	14♍49	14♍55	15♍01	15♍07
/♅	29♉29	29♉31	29♉33	29♉35	29♉37	29♉39	29♉41	29♉42	29♉44	29♉45
/♆	10♉42	10♉45	10♉48	10♉50	10♉53	10♉55	10♉58	10♉60	11♉02	11♉04
/♇	13♎41	13♎44	13♎47	13♎51	13♎54	13♎57	14♎01	14♎04	14♎07	14♎10
/☊	13♍14	13♍15	13♍16	13♍17	13♍18	13♍20	13♍23	13♍26	13♍29	13♍33
♄/♅	25♑19	25♑21	25♑23	25♑25	25♑27	25♑30	25♑32	25♑34	25♑36	25♑38
/♆	6♑33	6♑35	6♑38	6♑41	6♑43	6♑46	6♑49	6♑52	6♑54	6♑57
/♇	9♐31	9♐34	9♐38	9♐41	9♐45	9♐48	9♐52	9♐55	9♐59	10♐03
/☊	9♏04	9♏05	9♏06	9♏07	9♏09	9♏11	9♏14	9♏18	9♏22	9♏26
♅/♆	21♓51	21♓50	21♓48	21♓46	21♓44	21♓42	21♓41	21♓39	21♓37	21♓35
/♇	24♒50	24♒49	24♒48	24♒46	24♒45	24♒45	24♒44	24♒43	24♒42	24♒41
/☊	24♑23	24♑19	24♑16	24♑12	24♑09	24♑07	24♑06	24♑05	24♑04	24♑04
♆/♇	6♒03	6♒02	6♒02	6♒02	6♒01	6♒01	6♒01	6♒00	5♒60	5♒60
/☊	5♑36	5♑33	5♑30	5♑27	5♑25	5♑24	5♑23	5♑23	5♑23	5♑23
♇/☊	8♐34	8♐32	8♐30	8♐28	8♐27	8♐26	8♐26	8♐26	8♐27	8♐28

	11	12	13	14	15	16	17	18	19	20
☉/☽	26♏30	4♐05	11♐41	19♐14	26♐44	4♑11	11♑31	18♑45	25♋51	2♌50
/☿	0♏24	1♏20	2♏14	3♏07	3♏57	4♏45	5♏31	6♏14	6♏54	7♏31
/♀	10♏43	11♏45	12♏47	13♏50	14♏52	15♏54	16♏56	17♏58	18♏60	20♏01
/♂	22♍35	23♍23	24♍10	24♍58	25♍46	26♍33	27♍21	28♍09	28♍56	29♍44
/⚷	3♎47	4♎30	5♎13	5♎56	6♎39	7♎22	8♎05	8♎48	9♎31	10♎13
/♃	3♍35	4♍07	4♍39	5♍11	5♍43	6♍15	6♍47	7♍19	7♍50	8♍22
/♄	29♎29	0♏02	0♏35	1♏08	1♏41	2♏14	2♏48	3♏21	3♏54	4♏27
/♅	14♑02	14♑31	14♑59	15♑28	15♑56	16♑25	16♑53	17♑22	17♑51	18♑19
/♆	25♐22	25♐51	26♐20	26♐49	27♐19	27♐48	28♐17	28♐47	29♐16	29♐45
/♇	28♏28	28♏58	29♏28	29♏58	0♐28	0♐58	1♐29	1♐59	2♐29	2♐59
/☊	27♎51	28♎21	28♎51	29♎20	29♎49	0♏17	0♏46	1♏15	1♏44	2♏14
☽/☿	9♐03	16♐35	24♐06	1♑32	8♑53	16♑08	23♑15	0♒12	6♒59	13♒35
/♀	19♐22	27♐01	4♑39	12♑15	19♑48	27♑17	4♒40	11♒57	19♒05	26♒05
/♂	1♏14	8♏38	16♏02	23♏23	0♊42	7♊57	15♊05	22♊07	29♊02	5♋48
/⚷	12♏26	19♏45	27♏04	4♐21	11♐35	18♐45	25♊49	2♋46	9♋36	16♋17
/♃	12♎14	19♎23	26♈31	3♉37	10♉40	17♉38	24♉31	1♊17	7♊56	14♊26
/♄	8♐08	15♐17	22♐26	29♐33	6♑38	13♑38	20♑32	27♑19	3♒59	10♒31
/♅	22♒41	29♒46	6♓51	13♓53	20♓53	27♓48	4♈38	11♈21	17♈56	24♈23
/♆	4♒01	11♒07	18♒12	25♒15	2♓15	9♓11	16♓01	22♓45	29♓21	5♈49
/♇	7♑07	14♑14	21♑20	28♑24	5♒25	12♒22	19♒13	25♒57	2♓34	9♓03
/☊	6♐31	13♐37	20♐42	27♐45	4♑45	11♑40	18♑30	25♑14	1♒50	8♌18
☿/♀	23♏16	24♏15	25♏12	26♏08	27♏01	27♏52	28♏40	29♏25	0♐08	0♐47
/♂	5♎08	5♎53	6♎35	7♎16	7♎55	8♎31	9♎05	9♎36	10♎04	10♎29
/⚷	16♎20	16♎60	17♎38	18♎14	18♎48	19♎19	19♎48	20♎15	20♎38	20♎59
/♃	16♍08	16♍37	17♍04	17♍29	17♍52	18♍13	18♍31	18♍46	18♍58	19♍07
/♄	12♏02	12♏32	12♏60	13♏26	13♏50	14♏12	14♏31	14♏48	15♏02	15♏13
/♅	26♑36	27♑01	27♑24	27♑46	28♑05	28♑22	28♑37	28♑49	28♑58	29♑04
/♆	7♑55	8♑21	8♑45	9♑07	9♑28	9♑46	10♑01	10♑14	10♑24	10♑30
/♇	11♐02	11♐28	11♐53	12♐16	12♐37	12♐56	13♐12	13♐26	13♐37	13♐44
/☊	10♏25	10♏51	11♏16	11♏38	11♏58	12♏15	12♏30	12♏42	12♏52	12♏59
♀/♂	15♎27	16♎18	17♎09	17♎59	18♎50	19♎40	20♎30	21♎20	22♎10	22♎60
/⚷	26♎39	27♎25	28♎11	28♎57	29♎43	0♏28	1♏14	1♏59	2♏44	3♏29
/♃	26♍27	27♍02	27♍37	28♍12	28♍47	29♍22	29♍56	0♎30	1♎04	1♎38
/♄	22♏21	22♏57	23♏33	24♏09	24♏45	25♏21	25♏57	26♏32	27♏08	27♏43
/♅	6♒54	7♒26	7♒57	8♒29	9♒00	9♒31	10♒02	10♒33	11♒04	11♒35
/♆	18♑14	18♑46	19♑18	19♑50	20♑22	20♑54	21♑26	21♑58	22♑30	23♑01
/♇	21♐20	21♐53	22♐26	22♐59	23♐32	24♐05	24♐38	25♐10	25♐43	26♐15
/☊	20♏44	21♏17	21♏49	22♏21	22♏52	23♏24	23♏55	24♏27	24♏58	25♏30
♂/⚷	8♍31	9♍03	9♍34	10♍05	10♍36	11♍08	11♍39	12♍10	12♍41	13♍12
/♃	8♌19	8♌40	9♌00	9♌21	9♌41	10♌01	10♌21	10♌41	11♌00	11♌20
/♄	4♎13	4♎35	4♎56	5♎17	5♎39	6♎00	6♎22	6♎43	7♎04	7♎26
/♅	18♊47	19♊04	19♊20	19♊37	19♊54	20♊11	20♊27	20♊44	21♊01	21♊17
/♆	0♊06	0♊24	0♊41	0♊59	1♊16	1♊34	1♊51	2♊09	2♊26	2♊43
/♇	3♏13	3♏31	3♏49	4♏08	4♏26	4♏44	5♏03	5♏21	5♏39	5♏57
/☊	2♎36	2♎54	3♎12	3♎29	3♎46	4♎03	4♎20	4♎37	4♎55	5♎12
⚷/♃	19♌31	19♌47	20♌03	20♌18	20♌34	20♌49	21♌04	21♌20	21♌35	21♌50
/♄	15♎25	15♎42	15♎58	16♎15	16♎32	16♎49	17♎05	17♎22	17♎39	17♎55
/♅	29♊58	0♋11	0♋23	0♋35	0♋47	0♋59	1♋11	1♋23	1♋35	1♋47
/♆	11♐18	11♐31	11♐44	11♐56	12♐09	12♐22	12♐35	12♐48	13♐00	13♐13
/♇	14♏24	14♏38	14♏52	15♏05	15♏19	15♏33	15♏46	15♏60	16♏13	16♏27
/☊	13♎48	14♎01	14♎14	14♎27	14♎39	14♎51	15♎04	15♎16	15♎29	15♎42
♃/♄	15♍13	15♍19	15♍25	15♍31	15♍36	15♍42	15♍47	15♍53	15♍58	16♍04
/♅	29♉47	29♉48	29♉49	29♉50	29♉51	29♉52	29♉53	29♉54	29♉55	29♉55
/♆	11♉06	11♉08	11♉10	11♉12	11♉14	11♉15	11♉17	11♉19	11♉20	11♉21
/♇	14♎13	14♎15	14♎18	14♎21	14♎23	14♎26	14♎28	14♎31	14♎33	14♎35
/☊	13♍36	13♍39	13♍41	13♍42	13♍44	13♍45	13♍46	13♍47	13♍49	13♍50
♄/♅	25♑40	25♑43	25♑45	25♑47	25♑49	25♑52	25♑54	25♑56	25♑59	26♑01
/♆	7♑00	7♑03	7♑06	7♑09	7♑12	7♑15	7♑18	7♑21	7♑24	7♑27
/♇	10♐06	10♐10	10♐14	10♐18	10♐21	10♐25	10♐29	10♐33	10♐37	10♐41
/☊	9♏30	9♏33	9♏36	9♏39	9♏42	9♏44	9♏47	9♏49	9♏53	9♏56
♅/♆	21♓34	21♓32	21♓30	21♓28	21♓27	21♓25	21♓24	21♓22	21♓20	21♓19
/♇	24♒40	24♒39	24♒38	24♒37	24♒36	24♒36	24♒35	24♒34	24♒33	24♒33
/☊	24♑03	24♑02	24♑01	23♑59	23♑57	23♑55	23♑52	23♑51	23♑49	23♑48
♆/♇	5♒59	5♒59	5♒59	5♒59	5♒59	5♒59	5♒59	5♒59	5♒59	5♒59
/☊	5♑23	5♑23	5♑22	5♑21	5♑19	5♑18	5♑16	5♑15	5♑14	5♑14
♇/☊	8♐29	8♐30	8♐30	8♐29	8♐29	8♐28	8♐28	8♐27	8♐27	8♐28

	21	22	23	24	25	26	27	28	29	30	31
☉/☽	9♌40	16♌22	22♌58	29♌28	5♍55	12♍21	18♍48	25♍18	1♎54	8♎37	15♎30
/☿	8♏04	8♏34	8♏59	9♏21	9♏37	9♏50	9♏58	10♏01	10♏01	9♏57	9♏50
/♀	21♏03	22♏05	23♏06	24♏07	25♏08	26♏09	27♏10	28♏11	29♏12	0♐12	1♐12
/♂	0♎31	1♎19	2♎06	2♎54	3♎42	4♎29	5♎17	6♎04	6♎51	7♎39	8♎26
/⚷	10♎56	11♎39	12♎22	13♎05	13♎48	14♎31	15♎14	15♎57	16♎40	17♎23	18♎06
/♃	8♍53	9♍25	9♍56	10♍28	10♍59	11♍30	12♍01	12♍32	13♍03	13♍34	14♍04
/♄	5♏01	5♏34	6♏08	6♏41	7♏14	7♏48	8♏21	8♏55	9♏28	10♏02	10♏35
/♅	18♑48	19♑17	19♑45	20♑14	20♑43	21♑12	21♑41	22♑09	22♑38	23♑07	23♑36
/♆	0♑15	0♑44	1♑14	1♑43	2♑13	2♑42	3♑12	3♑42	4♑11	4♑41	5♑11
/♇	3♐29	3♐60	4♐30	5♐00	5♐31	6♐01	6♐32	7♐02	7♐33	8♐03	8♐34
/☊	2♏44	3♏14	3♏45	4♏15	4♏45	5♏15	5♏45	6♏15	6♏45	7♏15	7♏45
☽/☿	19♌58	26♌11	2♍12	8♍04	13♍49	19♍27	25♍02	0♎36	6♎11	11♎51	17♎37
/♀	2♓57	9♓42	16♓19	22♍51	29♍20	5♎47	12♎14	18♎45	25♎22	2♏06	8♏59
/♂	12♋26	18♋56	25♋20	1♌38	7♌53	14♌06	20♌21	26♌38	3♍02	9♍33	16♍13
/⚷	22♋51	29♋16	5♌35	11♌49	17♌59	24♌08	0♍18	6♍31	12♍50	19♍17	25♍52
/♃	20♊48	27♊02	3♋09	9♋11	15♋10	21♋07	27♋05	3♌06	9♌13	15♌27	21♌51
/♄	16♌55	23♌11	29♌21	5♍25	11♍26	17♍25	23♍26	29♍29	5♎39	11♎56	18♎22
/♅	0♉42	6♉54	12♉58	18♉58	24♉54	0♊49	6♊45	12♊44	18♊49	25♊01	1♋23
/♆	12♈09	18♈21	24♈27	0♉27	6♉24	12♉20	18♉16	24♉16	0♊21	6♐35	12♐57
/♇	15♓24	21♓37	27♓43	3♈44	9♎42	15♎38	21♎36	27♎37	3♏43	9♏57	16♏21
/☊	14♌38	20♌51	26♌58	2♍59	8♍56	14♍52	20♍49	26♍49	2♎55	9♎08	15♎31
☿/♀	1♐22	1♐53	2♐21	2♐43	3♐02	3♐15	3♐24	3♐28	3♐29	3♐25	3♐19
/♂	10♎50	11♎08	11♎21	11♎30	11♎35	11♎35	11♎30	11♎21	11♎09	10♎52	10♎33
/⚷	21♎15	21♎28	21♎37	21♎41	21♎41	21♎37	21♎28	21♎14	20♎57	20♎36	20♎12
/♃	19♍12	19♍14	19♍11	19♍04	18♍52	18♍36	18♍15	17♍49	17♍20	16♍47	16♍11
/♄	15♏20	15♏23	15♏22	15♏17	15♏08	14♏54	14♏35	14♏12	13♏45	13♏15	12♏42
/♅	29♑07	29♑05	28♑60	28♑50	28♑36	28♑17	27♑54	27♑27	26♑55	26♑20	25♑43
/♆	10♑34	10♑33	10♑28	10♑19	10♑06	9♑48	9♑26	8♑59	8♑28	7♑54	7♑17
/♇	13♐48	13♐48	13♐45	13♐37	13♐24	13♐07	12♐45	12♐20	11♐50	11♐17	10♐41
/☊	13♏03	13♏03	12♏59	12♏51	12♏38	12♏21	11♏59	11♏32	11♏02	10♏28	9♏51
♀/♂	23♎49	24♎39	25♎28	26♎17	27♎06	27♎54	28♎43	29♎31	0♏19	1♏07	1♏55
/⚷	4♏14	4♏59	5♏44	6♏28	7♏12	7♏57	8♏41	9♏24	10♏08	10♏51	11♏35
/♃	2♎11	2♎44	3♎18	3♎50	4♎23	4♎55	5♎27	5♎59	6♎31	7♎02	7♎33
/♄	28♏19	28♏54	29♏29	0♐04	0♐39	1♐13	1♐48	2♐22	2♐56	3♐30	4♐04
/♅	12♒06	12♒36	13♒07	13♒37	14♒07	14♒37	15♒07	15♒37	16♒06	16♒36	17♒05
/♆	23♑32	24♑04	24♑35	25♑06	25♑37	26♑08	26♑38	27♑09	27♑39	28♑09	28♑40
/♇	26♐47	27♐19	27♐51	28♐23	28♐55	29♐27	29♐58	0♑30	1♑01	1♑32	2♑03
/☊	26♏02	26♏34	27♏06	27♏38	28♏09	28♏41	29♏12	29♏42	0♐13	0♐43	1♐14
♂/⚷	13♍43	14♍13	14♍44	15♍15	15♍46	16♍16	16♍47	17♍17	17♍48	18♍18	18♍48
/♃	11♌40	11♌59	12♌18	12♌37	12♌56	13♌15	13♌34	13♌52	14♌11	14♌29	14♌47
/♄	7♎47	8♎08	8♎29	8♎51	9♎12	9♎33	9♎54	10♎15	10♎36	10♎57	11♎18
/♅	21♊34	21♊51	22♊07	22♊24	22♊40	22♊57	23♊13	23♊30	23♊46	24♊03	24♊19
/♆	3♐01	3♐18	3♐35	3♐53	4♐10	4♐27	4♐45	5♐02	5♐19	5♐36	5♐53
/♇	6♏16	6♏34	6♏52	7♏10	7♏28	7♏46	8♏04	8♏23	8♏41	8♏59	9♏17
/☊	5♎30	5♎48	6♎06	6♎24	6♎42	7♎00	7♎18	7♎35	7♎53	8♎10	8♎27
⚷/♃	22♌05	22♌19	22♌34	22♌48	23♌03	23♌17	23♌31	23♌45	23♌59	24♌13	24♌27
/♄	18♎12	18♎29	18♎45	19♎02	19♎18	19♎35	19♎52	20♎08	20♎25	20♎41	20♎58
/♅	1♋59	2♋11	2♋23	2♋35	2♋47	2♋59	3♋11	3♋23	3♋35	3♋46	3♋58
/♆	13♐26	13♐39	13♐51	14♐04	14♐17	14♐30	14♐42	14♐55	15♐08	15♐20	15♐33
/♇	16♏41	16♏54	17♏08	17♏21	17♏35	17♏48	18♏02	18♏16	18♏29	18♏43	18♏56
/☊	15♎55	16♎09	16♎22	16♎36	16♎49	17♎02	17♎15	17♎28	17♎41	17♎54	18♎07
♃/♄	16♍09	16♍14	16♍19	16♍24	16♍29	16♍34	16♍39	16♍43	16♍48	16♍52	16♍56
/♅	29♉56	29♉57	29♉57	29♉57	29♉57	29♉58	29♉58	29♉58	29♉58	29♉57	29♉57
/♆	11♉23	11♉24	11♉25	11♉26	11♉27	11♉28	11♉29	11♉30	11♉31	11♉31	11♉32
/♇	14♎38	14♎40	14♎42	14♎44	14♎45	14♎47	14♎49	14♎51	14♎52	14♎53	14♎55
/☊	13♍52	13♍54	13♍56	13♍58	13♍60	14♍01	14♍02	14♍03	14♍04	14♍05	14♍06
♄/♅	26♑03	26♑06	26♑08	26♑11	26♑13	26♑16	26♑18	26♑21	26♑23	26♑26	26♑28
/♆	7♑30	7♑33	7♑37	7♑40	7♑43	7♑46	7♑49	7♑53	7♑56	7♑59	8♑03
/♇	10♐45	10♐49	10♐53	10♐57	11♐01	11♐05	11♐09	11♐13	11♐18	11♐22	11♐26
/☊	9♏60	10♏03	10♏07	10♏11	10♏15	10♏19	10♏23	10♏26	10♏30	10♏33	10♏37
♅/♆	21♓17	21♓16	21♓14	21♓13	21♓11	21♓10	21♓09	21♓07	21♓06	21♓05	21♓03
/♇	24♒32	24♒31	24♒31	24♒30	24♒30	24♒29	24♒28	24♒28	24♒27	24♒27	24♒27
/☊	23♑47	23♑46	23♑45	23♑45	23♑44	23♑43	23♑42	23♑41	23♑40	23♑38	23♑37
♆/♇	5♒59	5♒59	5♒59	5♒59	5♒59	5♒60	5♒60	6♒00	6♒00	6♒01	6♒01
/☊	5♑13	5♑13	5♑14	5♑14	5♑14	5♑13	5♑13	5♑13	5♑13	5♑12	5♑12
♇/☊	8♐28	8♐29	8♐30	8♐31	8♐32	8♐32	8♐33	8♐34	8♐34	8♐34	8♐35

October 2013

November 2013

	1	2	3	4	5	6	7	8	9	10	11	12	13	14	15
☉/☽	22♎34	29♎48	7♏13	14♏48	22♏30	0♐16	8♐03	15♐49	23♐31	1♑08	8♑37	15♑60	23♑15	0♒23	7♒25
/☿	9♏42	9♏33	9♏25	9♏18	9♏15	9♏15	9♏20	9♏31	9♏47	10♏10	10♏37	11♏11	11♏50	12♏33	13♏22
/♀	2♐12	3♐12	4♐12	5♐12	6♐11	7♐11	8♐10	9♐08	10♐07	11♐05	12♐03	13♐01	13♐59	14♐56	15♐53
/♂	9♎14	10♎01	10♎48	11♎36	12♎23	13♎10	13♎57	14♎45	15♎32	16♎19	17♎06	17♎53	18♎40	19♎27	20♎14
/⚷	18♎49	19♎31	20♎14	20♎57	21♎40	22♎23	23♎05	23♎48	24♎31	25♎14	25♎56	26♎39	27♎22	28♎04	28♎47
/♃	14♍35	15♍06	15♍36	16♍07	16♍37	17♍07	17♍37	18♍08	18♍38	19♍07	19♍37	20♍07	20♍37	21♍06	21♍36
/♄	11♏09	11♏43	12♏16	12♏50	13♏24	13♏57	14♏31	15♏05	15♏39	16♏12	16♏46	17♏20	17♏54	18♏27	19♏01
/♅	24♑05	24♑34	25♑03	25♑32	26♑01	26♑31	26♑60	27♑29	27♑58	28♑28	28♑57	29♑26	29♑55	0♒25	0♒54
/♆	5♑40	6♑10	6♑40	7♑10	7♑40	8♑10	8♑40	9♑10	9♑40	10♑10	10♑40	11♑10	11♑40	12♑11	12♑41
/♇	9♐04	9♐35	10♐06	10♐36	11♐07	11♐38	12♐09	12♐40	13♐10	13♐41	14♐12	14♐43	15♐14	15♐45	16♐16
/☊	8♏15	8♏45	9♏15	9♏45	10♏15	10♏45	11♏14	11♏44	12♏14	12♏44	13♏14	13♏45	14♏15	14♏46	15♏17
☽/☿	23♎32	29♎38	5♏55	12♏23	19♏00	25♏47	2♐39	9♐36	16♐34	23♐32	0♑29	7♑25	14♑19	21♑10	27♑60
/♀	16♏03	23♏17	0♐42	8♐16	15♐57	23♐42	1♑28	9♑13	16♑53	24♑28	1♒55	9♒15	16♒28	23♒33	0♓31
/♂	23♍04	0♎06	7♎18	14♎40	22♎09	29♎42	7♏16	14♏49	22♏18	29♏41	6♐58	14♐07	21♊09	28♊04	4♋52
/⚷	2♎39	9♎36	16♎44	24♎01	1♏26	8♏54	16♏24	23♏53	1♐17	8♐36	15♐48	22♐53	29♐51	6♋41	13♋25
/♃	28♌25	5♍10	12♍06	19♍11	26♍23	3♎39	10♎56	18♎12	25♈24	2♉30	9♉29	16♉21	23♉06	29♉43	6♊14
/♄	24♎59	1♏47	8♏46	15♏54	23♏09	0♐29	7♐50	15♐09	22♐25	29♐35	6♑38	13♑34	20♑23	27♑04	3♒39
/♅	7♋55	14♑39	21♑33	28♑37	5♒47	13♒02	20♒19	27♒34	4♓45	11♓50	18♓49	25♓40	2♈24	9♈02	15♈32
/♆	19♐31	26♐15	3♑10	10♑14	17♑26	24♑42	1♒59	9♒14	16♒26	23♒32	0♓32	7♓24	14♓09	20♓47	27♓19
/♇	22♏55	29♏40	6♐36	13♐41	20♐53	28♐10	5♑28	12♑44	19♑57	27♑04	4♒04	10♒57	17♒43	24♒22	0♓54
/☊	22♎05	28♎50	5♏45	12♏49	20♏01	27♏16	4♐33	11♐49	19♐00	26♐06	3♑06	9♑59	16♑44	23♑23	29♑55
☿/♀	3♐11	3♐02	2♐53	2♐46	2♐42	2♐42	2♐46	2♐55	3♐09	3♐30	3♐55	4♐26	5♐02	5♐43	6♐28
/♂	10♎12	9♎51	9♎29	9♎10	8♎54	8♎41	8♎34	8♎31	8♎34	8♎43	8♎58	9♎18	9♎44	10♎14	10♎49
/⚷	19♎47	19♎21	18♎55	18♎32	18♎11	17♎54	17♎42	17♎35	17♎33	17♎38	17♎48	18♎04	18♎25	18♎51	19♎21
/♃	15♍34	14♍55	14♍17	13♍41	13♍08	12♍38	12♍14	11♍54	11♍40	11♍32	11♍29	11♍32	11♍40	11♍53	12♍10
/♄	12♏08	11♏32	10♏57	10♏25	9♏54	9♏28	9♏07	8♏51	8♏41	8♏37	8♏38	8♏45	8♏57	9♏14	9♏36
/♅	25♑04	24♑24	23♑44	23♑07	22♑32	22♑02	21♑36	21♑15	21♑01	20♑52	20♑49	20♑51	20♑59	21♑12	21♑29
/♆	6♑39	5♑60	5♑21	4♑45	4♑11	3♑41	3♑16	2♑56	2♑42	2♑34	2♑32	2♑36	2♑44	2♑58	3♑16
/♇	10♐03	9♐25	8♐47	8♐11	7♐38	7♐09	6♐45	6♐26	6♐13	6♐06	6♐04	6♐08	6♐18	6♐32	6♐51
/☊	9♏13	8♏34	7♏56	7♏19	6♏46	6♏16	5♏51	5♏31	5♏16	5♏08	5♏06	5♏10	5♏19	5♏33	5♏52
♀/♂	2♏43	3♏30	4♏17	5♏04	5♏50	6♏37	7♏23	8♏09	8♏54	9♏39	10♏24	11♏09	11♏53	12♏37	13♏20
/⚷	12♏18	13♏00	13♏43	14♏25	15♏07	15♏49	16♏31	17♏12	17♏53	18♏34	19♏14	19♏54	20♏34	21♏14	21♏53
/♃	8♎04	8♎35	9♎05	9♎35	10♎04	10♎34	11♎03	11♎31	11♎60	12♎28	12♎55	13♎22	13♎49	14♎16	14♎42
/♄	4♐38	5♐12	5♐45	6♐18	6♐51	7♐24	7♐56	8♐29	9♐01	9♐32	10♐04	10♐35	11♐06	11♐37	12♐07
/♅	17♒34	18♒03	18♒32	19♒00	19♒29	19♒57	20♒25	20♒53	21♒20	21♒48	22♒15	22♒42	23♒08	23♒34	24♒00
/♆	29♑09	29♑39	0♒09	0♒38	1♒07	1♒36	2♒05	2♒34	3♒02	3♒30	3♒58	4♒26	4♒53	5♒20	5♒47
/♇	2♑33	3♑04	3♑34	4♑05	4♑35	5♑04	5♑34	6♑03	6♑33	7♑02	7♑30	7♑59	8♑27	8♑54	9♑22
/☊	1♐44	2♐14	2♐44	3♐13	3♐42	4♐11	4♐40	5♐08	5♐36	6♐04	6♐32	7♐00	7♐28	7♐56	8♐23
♂/⚷	19♍19	19♍49	20♍19	20♍49	21♍19	21♍49	22♍19	22♍48	23♍18	23♍48	24♍17	24♍46	25♍16	25♍45	26♍14
/♃	15♌05	15♌23	15♌41	15♌59	16♌16	16♌33	16♌51	17♌08	17♌25	17♌41	17♌58	18♌14	18♌31	18♌47	19♌03
/♄	11♎39	12♎00	12♎21	12♎42	13♎03	13♎24	13♎44	14♎05	14♎26	14♎46	15♎07	15♎27	15♎48	16♎08	16♎28
/♅	24♊35	24♊52	25♊08	25♊24	25♊41	25♊57	26♊13	26♊29	26♊45	27♊01	27♊18	27♊34	27♊50	28♊06	28♊22
/♆	6♐11	6♐28	6♐45	7♐02	7♐19	7♐36	7♐53	8♐10	8♐27	8♐44	9♐01	9♐18	9♐35	9♐51	10♐08
/♇	9♏35	9♏53	10♏10	10♏28	10♏46	11♏04	11♏22	11♏40	11♏57	12♏15	12♏33	12♏51	13♏08	13♏26	13♏43
/☊	8♎45	9♎02	9♎20	9♎37	9♎54	10♎11	10♎28	10♎44	11♎01	11♎18	11♎35	11♎52	12♎09	12♎27	12♎44
⚷/♃	24♌40	24♌54	25♌07	25♌20	25♌33	25♌46	25♌59	26♌11	26♌24	26♌36	26♌48	27♌00	27♌12	27♌24	27♌36
/♄	21♎14	21♎31	21♎47	22♎03	22♎20	22♎36	22♎52	23♎08	23♎25	23♎41	23♎57	24♎13	24♎29	24♎45	25♎01
/♅	4♋10	4♋22	4♋34	4♋46	4♋57	5♋09	5♋21	5♋33	5♋44	5♋56	6♋08	6♋19	6♋31	6♋43	6♋54
/♆	15♐46	15♐58	16♐11	16♐23	16♐36	16♐48	17♐01	17♐14	17♐26	17♐39	17♐51	18♐03	18♐16	18♐28	18♐41
/♇	19♏09	19♏23	19♏36	19♏50	20♏03	20♏17	20♏30	20♏43	20♏57	21♏10	21♏23	21♏36	21♏49	22♏03	22♏16
/☊	18♎20	18♎33	18♎45	18♎58	19♎11	19♎23	19♎36	19♎48	20♎00	20♎12	20♎25	20♎38	20♎51	21♎04	21♎17
♃/♄	17♍01	17♍05	17♍09	17♍13	17♍17	17♍21	17♍24	17♍28	17♍31	17♍35	17♍38	17♍41	17♍44	17♍47	17♍50
/♅	29♉57	29♉56	29♉56	29♉55	29♉55	29♉54	29♉53	29♉52	29♉51	29♉50	29♉49	29♉47	29♉46	29♉45	29♉43
/♆	11♉32	11♉33	11♉33	11♉33	11♉33	11♉33	11♉33	11♉33	11♉33	11♉32	11♉32	11♉32	11♉31	11♉30	11♉30
/♇	14♎56	14♎57	14♎58	14♎59	15♎00	15♎01	15♎02	15♎03	15♎03	15♎04	15♎04	15♎04	15♎05	15♎05	15♎05
/☊	14♍06	14♍07	14♍08	14♍08	14♍08	14♍08	14♍08	14♍07	14♍07	14♍06	14♍06	14♍06	14♍06	14♍06	14♍06
♄/♅	26♑31	26♑33	26♑36	26♑39	26♑41	26♑44	26♑47	26♑49	26♑52	26♑55	26♑57	27♑00	27♑03	27♑06	27♑09
/♆	8♑06	8♑09	8♑13	8♑16	8♑20	8♑23	8♑27	8♑30	8♑34	8♑37	8♑41	8♑44	8♑48	8♑51	8♑55
/♇	11♐30	11♐34	11♐38	11♐43	11♐47	11♐51	11♐56	11♐60	12♐04	12♐08	12♐13	12♐17	12♐21	12♐26	12♐30
/☊	10♏40	10♏44	10♏48	10♏51	10♏55	10♏58	11♏01	11♏04	11♏08	11♏11	11♏15	11♏19	11♏23	11♏27	11♏31
♅/♆	21♓02	21♓01	20♓60	20♓59	20♓58	20♓56	20♓55	20♓54	20♓53	20♓52	20♓52	20♓51	20♓50	20♓49	20♓48
/♇	24♒26	24♒26	24♒25	24♒25	24♒25	24♒25	24♒24	24♒24	24♒24	24♒24	24♒24	24♒24	24♒23	24♒23	24♒23
/☊	23♑36	23♑35	23♑35	23♑34	23♑32	23♑31	23♑30	23♑29	23♑27	23♑26	23♑26	23♑25	23♑25	23♑25	23♑24
♆/♇	6♒01	6♒02	6♒02	6♒03	6♒03	6♒04	6♒04	6♒05	6♒06	6♒06	6♒07	6♒08	6♒08	6♒09	6♒10
/☊	5♑12	5♑12	5♑11	5♑11	5♑11	5♑11	5♑10	5♑10	5♑09	5♑09	5♑09	5♑09	5♑10	5♑10	5♑11
♇/☊	8♐36	8♐36	8♐37	8♐38	8♐38	8♐39	8♐39	8♐39	8♐40	8♐40	8♐41	8♐42	8♐43	8♐45	8♐46

	16	17	18	19	20	21	22	23	24	25	26	27	28	29	30
☉/☽	14♒20	21♒09	27♌52	4♍30	11♍03	17♍33	24♍00	0♎26	6♎53	13♎22	19♎56	26♎38	3♏29	10♏32	17♏48
/☿	14♏14	15♏09	16♏08	17♏09	18♏13	19♏19	20♏27	21♏36	22♏46	23♏58	25♏10	26♏23	27♏37	28♏51	0♐06
/♀	16♐50	17♐46	18♐42	19♐37	20♐33	21♐28	22♐22	23♐16	24♐10	25♐03	25♐56	26♐48	27♐40	28♐31	29♐21
/♂	21♎01	21♎48	22♎35	23♎22	24♎09	24♎55	25♎42	26♎29	27♎15	28♎02	28♎49	29♎35	0♏22	1♏08	1♏54
/⚷	29♎29	0♏12	0♏54	1♏37	2♏19	3♏01	3♏44	4♏26	5♏08	5♏51	6♏33	7♏15	7♏57	8♏39	9♏21
/♃	22♍05	22♍34	23♍04	23♍33	24♍02	24♍31	24♍60	25♍28	25♍57	26♍26	26♍54	27♍23	27♍51	28♍19	28♍48
/♄	19♏35	20♏09	20♏42	21♏16	21♏50	22♏24	22♏58	23♏32	24♏05	24♏39	25♏13	25♏47	26♏21	26♏55	27♏29
/♅	1♒24	1♒53	2♒23	2♒52	3♒22	3♒52	4♒21	4♒51	5♒21	5♒50	6♒20	6♒50	7♒20	7♒50	8♒20
/♆	13♑11	13♑41	14♑12	14♑42	15♑12	15♑43	16♑13	16♑44	17♑14	17♑45	18♑15	18♑46	19♑16	19♑47	20♑18
/♇	16♐47	17♐18	17♐49	18♐20	18♐51	19♐22	19♐53	20♐25	20♐56	21♐27	21♐58	22♐29	23♐01	23♐32	24♐03
/☊	15♏47	16♏17	16♏47	17♏16	17♏45	18♏13	18♏42	19♏10	19♏39	20♏09	20♏39	21♏10	21♏41	22♏12	22♏43
☽/☿	4♌46	11♌30	18♌12	24♌51	1♍28	8♍02	14♍36	21♍11	27♍47	4♎27	11♎13	18♎07	25♎12	2♏28	9♏58
/♀	7♓22	14♓07	20♓46	27♓19	3♈47	10♈11	16♎32	22♎51	29♎11	5♏33	11♏59	18♏32	25♏14	2♐08	9♐13
/♂	11♋34	18♋09	24♋39	1♌03	7♌23	13♌39	19♌52	26♌04	2♍16	8♍32	14♍52	21♍19	27♍56	4♎45	11♎46
/⚷	20♋02	26♋33	2♌58	9♌18	15♌33	21♌45	27♌54	4♍01	10♍09	16♍20	22♍36	28♍59	5♎32	12♎16	19♎13
/♃	12♊38	18♊55	25♊08	1♋14	7♋16	13♋14	19♋09	25♋04	0♌58	6♌55	12♌58	19♌07	25♌26	1♍56	8♍40
/♄	10♒07	16♌30	22♌46	28♌58	5♍04	11♍07	17♍08	23♍07	29♍07	5♎09	11♎16	17♎31	23♎56	0♏32	7♏21
/♅	21♈56	28♈14	4♉27	10♉34	16♉36	22♉35	28♉31	4♊26	10♊22	16♊20	22♊23	28♊34	4♋55	11♑27	18♑12
/♆	3♈44	10♈02	16♈16	22♈23	28♈27	4♉26	10♉23	16♉19	22♉15	28♉14	4♐18	10♐30	16♐51	23♐24	0♑10
/♇	7♓20	13♓39	19♓53	26♓01	2♈05	8♈06	14♎03	19♎60	25♎57	1♏57	8♏02	14♏14	20♏36	27♏09	3♐55
/☊	6♒20	12♌38	18♌51	24♌58	0♍59	6♍57	12♍52	18♍46	24♍41	0♎39	6♎42	12♎54	19♎16	25♎49	2♏35
☿/♀	7♐16	8♐07	9♐02	9♐58	10♐57	11♐57	12♐58	14♐01	15♐04	16♐08	17♐13	18♐17	19♐22	20♐27	21♐32
/♂	11♎28	12♎10	12♎55	13♎42	14♎33	15♎25	16♎18	17♎14	18♎10	19♎07	20♎06	21♎05	22♎04	23♎04	24♎05
/⚷	19♎56	20♎33	21♎14	21♎57	22♎43	23♎31	24♎20	25♎11	26♎03	26♎56	27♎50	28♎45	29♎40	0♏35	1♏32
/♃	12♍31	12♍56	13♍23	13♍53	14♍26	15♍00	15♍36	16♍13	16♍52	17♍31	18♍11	18♍52	19♍34	20♍16	20♍58
/♄	10♏01	10♏30	11♏02	11♏37	12♏14	12♏53	13♏34	14♏16	15♏00	15♏45	16♏30	17♏16	18♏03	18♏51	19♏39
/♅	21♑50	22♑15	22♑43	23♑13	23♑46	24♑21	24♑57	25♑36	26♑15	26♑56	27♑37	28♑19	29♑02	29♑46	0♒30
/♆	3♑37	4♑03	4♑31	5♑03	5♑36	6♑12	6♑49	7♑28	8♑09	8♑50	9♑32	10♑15	10♑59	11♑43	12♑28
/♇	7♐13	7♐40	8♐09	8♐41	9♐15	9♐52	10♐30	11♐09	11♐50	12♐32	13♐15	13♐59	14♐43	15♐28	16♐14
/☊	6♏14	6♏39	7♏07	7♏37	8♏09	8♏43	9♏18	9♏55	10♏34	11♏14	11♏56	12♏39	13♏24	14♏08	14♏53
♀/♂	14♏03	14♏46	15♏29	16♏10	16♏52	17♏33	18♏14	18♏54	19♏34	20♏13	20♏51	21♏29	22♏07	22♏44	23♏20
/⚷	22♏31	23♏10	23♏48	24♏25	25♏03	25♏39	26♏15	26♏51	27♏27	28♏01	28♏36	29♏09	29♏42	0♐15	0♐47
/♃	15♎07	15♎33	15♎57	16♎21	16♎45	17♎09	17♎31	17♎54	18♎15	18♎36	18♎57	19♎17	19♎36	19♈55	20♈13
/♄	12♐37	13♐07	13♐36	14♐05	14♐34	15♐02	15♐29	15♐57	16♐24	16♐50	17♐16	17♐41	18♐06	18♐30	18♐54
/♅	24♒26	24♒51	25♒16	25♒41	26♒05	26♒29	26♒53	27♒16	27♒39	28♒01	28♒23	28♒44	29♒05	29♒25	29♒45
/♆	6♒13	6♒39	7♒05	7♒31	7♒56	8♒20	8♒45	9♒09	9♒32	9♒55	10♒18	10♒40	11♒02	11♒23	11♒43
/♇	9♑49	10♑16	10♑43	11♑09	11♑35	12♑00	12♑25	12♑50	13♑14	13♑38	14♑01	14♑24	14♑46	15♑08	15♑29
/☊	8♐50	9♐15	9♐41	10♐05	10♐28	10♐51	11♐14	11♐36	11♐58	12♐20	12♐42	13♐04	13♐26	13♐48	14♐09
♂/⚷	26♍43	27♍12	27♍41	28♍10	28♍38	29♍07	29♍36	0♎04	0♎32	1♎00	1♎29	1♎57	2♎24	2♎52	3♎20
/♃	19♌19	19♌35	19♌50	20♌06	20♌21	20♌36	20♌51	21♌06	21♌21	21♌35	21♌50	22♌04	22♌18	22♌32	22♌46
/♄	16♎49	17♎09	17♎29	17♎49	18♎09	18♎30	18♎49	19♎09	19♎29	19♎49	20♎09	20♎28	20♎48	21♎08	21♎27
/♅	28♊38	28♊54	29♊09	29♊25	29♊41	29♊57	0♋13	0♋29	0♋44	1♋00	1♋16	1♋31	1♋47	2♋03	2♋18
/♆	10♐25	10♐42	10♐58	11♐15	11♐32	11♐48	12♐05	12♐21	12♐38	12♐54	13♐11	13♐27	13♐44	13♐60	14♐16
/♇	14♏01	14♏18	14♏36	14♏53	15♏11	15♏28	15♏45	16♏02	16♏20	16♏37	16♏54	17♏11	17♏28	17♏45	18♏02
/☊	13♎01	13♎18	13♎34	13♎49	14♎04	14♎19	14♎34	14♎48	15♎03	15♎19	15♎35	15♎51	16♎08	16♎25	16♎42
⚷/♃	27♌47	27♌58	28♌10	28♌21	28♌32	28♌42	28♌53	29♌04	29♌14	29♌24	29♌34	29♌44	29♌54	0♍04	0♍13
/♄	25♎17	25♎33	25♎49	26♎04	26♎20	26♎36	26♎51	27♎07	27♎22	27♎38	27♎53	28♎08	28♎24	28♎39	28♎54
/♅	7♋06	7♋17	7♋29	7♋40	7♋52	8♋03	8♋15	8♋26	8♋37	8♑49	9♑00	9♑11	9♑23	9♑34	9♑45
/♆	18♐53	19♐05	19♐18	19♐30	19♐42	19♐54	20♐07	20♐19	20♐31	20♐43	20♐55	21♐07	21♐19	21♐31	21♐43
/♇	22♏29	22♏42	22♏55	23♏08	23♏21	23♏34	23♏47	23♏60	24♏13	24♏25	24♏38	24♏51	25♏04	25♏16	25♏29
/☊	21♎29	21♎41	21♎53	22♎04	22♎15	22♎25	22♎35	22♎46	22♎56	23♎07	23♎19	23♎31	23♎44	23♎56	24♎09
♃/♄	17♍53	17♍55	17♍58	18♍00	18♍03	18♍05	18♍07	18♍09	18♍11	18♍13	18♍14	18♍16	18♍18	18♍19	18♍20
/♅	29♉42	29♉40	29♉38	29♉36	29♉34	29♉32	29♉30	29♉28	29♉26	29♉24	29♉21	29♉19	29♉17	29♉14	29♉11
/♆	11♉29	11♉28	11♉27	11♉26	11♉25	11♉24	11♉22	11♉21	11♉20	11♉18	11♉16	11♉15	11♉13	11♉11	11♉09
/♇	15♎05	15♎05	15♎04	15♎04	15♎04	15♎03	15♎03	15♎02	15♎01	15♎00	14♎60	14♎59	14♎57	14♎56	14♎55
/☊	14♍05	14♍04	14♍02	14♍00	13♍57	13♍54	13♍51	13♍48	13♍45	13♍42	13♍40	13♍39	13♍38	13♍37	13♍35
♄/♅	27♑11	27♑14	27♑17	27♑20	27♑23	27♑26	27♑29	27♑31	27♑34	27♑37	27♑40	27♑43	27♑46	27♑49	27♑52
/♆	8♑59	9♑02	9♑06	9♑10	9♑13	9♑17	9♑21	9♑24	9♑28	9♑32	9♑35	9♑39	9♑43	9♑46	9♑50
/♇	12♐35	12♐39	12♐43	12♐48	12♐52	12♐56	13♐01	13♐05	13♐10	13♐14	13♐18	13♐23	13♐27	13♐32	13♐36
/☊	11♏35	11♏38	11♏41	11♏44	11♏46	11♏48	11♏49	11♏51	11♏53	11♏56	11♏59	12♏03	12♏07	12♏12	12♏16
♅/♆	20♓48	20♓47	20♓46	20♓46	20♓45	20♓44	20♓44	20♓43	20♓43	20♓43	20♓42	20♓42	20♓42	20♓42	20♓41
/♇	24♒23	24♒23	24♒24	24♒24	24♒24	24♒24	24♒24	24♒24	24♒25	24♒25	24♒25	24♒26	24♒26	24♒27	24♒27
/☊	23♑24	23♑23	23♑22	23♑20	23♑18	23♑15	23♑13	23♑10	23♑08	23♑07	23♑06	23♑06	23♑06	23♑07	23♑07
♆/♇	6♒11	6♒12	6♒12	6♒13	6♒14	6♒15	6♒16	6♒17	6♒18	6♒19	6♒20	6♒22	6♒23	6♒24	6♒25
/☊	5♑11	5♑11	5♑10	5♑09	5♑08	5♑06	5♑05	5♑03	5♑02	5♑01	5♑01	5♑02	5♑03	5♑04	5♑05
♇/☊	8♐47	8♐48	8♐48	8♐48	8♐47	8♐46	8♐45	8♐44	8♐44	8♐44	8♐44	8♐46	8♐47	8♐49	8♐51

November 2013

December 2013

	1	2	3	4	5	6	7	8	9	10	11	12	13	14	15	16
☉/☽	25♏17	2♐59	10♐52	18♐51	26♐53	4♑52	12♑45	20♑29	28♑02	5♒23	12♒33	19♒34	26♒26	3♓12	9♓53	16♓29
/☿	1♐21	2♐37	3♐53	5♐09	6♐25	7♐41	8♐58	10♐14	11♐31	12♐48	14♐05	15♐22	16♐38	17♐55	19♐13	20♐30
/♀	0♑12	1♑01	1♑50	2♑38	3♑26	4♑12	4♑59	5♑44	6♑28	7♑12	7♑55	8♑37	9♑18	9♑57	10♑36	11♑14
/♂	2♏41	3♏27	4♏13	4♏60	5♏46	6♏32	7♏18	8♏04	8♏50	9♏35	10♏21	11♏07	11♏52	12♏38	13♏23	14♏09
/⚳	10♏03	10♏45	11♏27	12♏09	12♏51	13♏33	14♏14	14♏56	15♏38	16♏19	17♏01	17♏42	18♏23	19♏05	19♏46	20♏27
/♃	29♍16	29♍44	0♎12	0♎40	1♎08	1♎35	2♎03	2♎31	2♎58	3♎26	3♎53	4♎21	4♎48	5♎15	5♎42	6♎09
/♄	28♏02	28♏36	29♏10	29♏44	0♐18	0♐52	1♐25	1♐59	2♐33	3♐07	3♐40	4♐14	4♐48	5♐22	5♐55	6♐29
/♅	8♒50	9♒20	9♒50	10♒20	10♒50	11♒20	11♒50	12♒20	12♒51	13♒21	13♒51	14♒22	14♒52	15♒22	15♒53	16♒23
/♆	20♑48	21♑19	21♑50	22♑21	22♑51	23♑22	23♑53	24♑24	24♑55	25♑26	25♑57	26♑28	26♑59	27♑30	28♑01	28♑32
/♇	24♐35	25♐06	25♐37	26♐09	26♐40	27♐12	27♐43	28♐15	28♐46	29♐17	29♐49	0♑20	0♑52	1♑23	1♑55	2♑26
/☊	23♏14	23♏44	24♏13	24♏41	25♏09	25♏36	26♏04	26♏33	27♏02	27♏33	28♏04	28♏35	29♏06	29♏37	0♐06	0♐34
☽/☿	17♏42	25♏39	3♐46	12♐00	20♐18	28♐32	6♑41	14♑40	22♑29	0♒06	7♒32	14♒48	21♒57	28♒59	5♓55	12♓48
/♀	16♐32	24♐03	1♑43	9♑30	17♑18	25♑04	2♒42	10♒10	17♒26	24♒30	1♓22	8♓03	14♓36	21♓01	27♓19	3♈32
/♂	19♎01	26♎29	4♏07	11♏51	19♏38	27♏23	5♐01	12♐30	19♐47	26♐53	3♋48	10♋34	17♋11	23♋41	0♌06	6♌27
/⚳	26♎24	3♏47	11♏20	19♏01	26♏44	4♐24	11♐58	19♐22	26♐35	3♑37	10♑28	17♋09	23♋42	0♌08	6♌28	12♌45
/♃	15♍36	22♍46	0♎05	7♎32	15♎00	22♈27	29♈47	6♉57	13♉56	20♉44	27♉20	3♊47	10♊06	16♊18	22♊25	28♊27
/♄	14♏23	21♏38	29♏03	6♐36	14♐10	21♐43	29♐09	6♑25	13♑31	20♑25	27♑08	3♒41	10♒06	16♒25	22♌38	28♌47
/♅	25♑10	2♒21	9♒43	17♒11	24♒42	2♓11	9♓34	16♓47	23♓48	0♈39	7♈18	13♈48	20♈10	26♈25	2♉35	8♉41
/♆	7♑09	14♑21	21♑43	29♑12	6♒44	14♒13	21♒36	28♒50	5♓53	12♓44	19♓24	25♓54	2♈17	8♈33	14♈43	20♈50
/♇	10♐55	18♐08	25♐31	3♑01	10♑33	18♑03	25♑26	2♒41	9♒44	16♒35	23♒16	29♒47	6♓10	12♓27	18♓38	24♓44
/☊	9♏34	16♏45	24♏06	1♐33	9♐01	16♐27	23♐48	0♑59	8♑00	14♑51	21♑31	28♑02	4♒24	10♌40	16♌49	22♌52
☿/♀	22♐36	23♐40	24♐44	25♐47	26♐50	27♐53	28♐54	29♐55	0♑55	1♑55	2♑53	3♑51	4♑48	5♑44	6♑39	7♑33
/♂	25♎05	26♎06	27♎08	28♎09	29♎10	0♏12	1♏13	2♏15	3♏17	4♏18	5♏20	6♏21	7♏23	8♏24	9♏26	10♏28
/⚳	2♏28	3♏25	4♏21	5♏18	6♏16	7♏13	8♏10	9♏07	10♏05	11♏02	11♏59	12♏57	13♏54	14♏51	15♏48	16♏46
/♃	21♍40	22♍23	23♍06	23♍49	24♍32	25♍16	25♍59	26♍42	27♍25	28♍09	28♍52	29♍35	0♎19	1♎02	1♎45	2♎28
/♄	20♏27	21♏16	22♏04	22♏53	23♏42	24♏32	25♏21	26♏10	26♏60	27♏50	28♏39	29♏29	0♐19	1♐08	1♐58	2♐48
/♅	1♒14	1♒59	2♒44	3♒29	4♒15	5♒00	5♒46	6♒32	7♒18	8♒04	8♒50	9♒36	10♒22	11♒09	11♒55	12♒42
/♆	13♑13	13♑58	14♑44	15♑30	16♑16	17♑02	17♑49	18♑35	19♑22	20♑09	20♑55	21♑42	22♑29	23♑16	24♑03	24♑50
/♇	16♐59	17♐45	18♐32	19♐18	20♐05	20♐52	21♐39	22♐26	23♐13	24♐00	24♐48	25♐35	26♐22	27♐10	27♐58	28♐45
/☊	15♏38	16♏23	17♏07	17♏50	18♏33	19♏16	19♏60	20♏44	21♏29	22♏16	23♏02	23♏50	24♏37	25♏23	26♏09	26♏53
♀/♂	23♏56	24♏31	25♏05	25♏38	26♏11	26♏43	27♏14	27♏44	28♏14	28♏42	29♏10	29♏36	0♐02	0♐26	0♐50	1♐12
/⚳	1♐18	1♐49	2♐19	2♐48	3♐16	3♐44	4♐11	4♐37	5♐02	5♐26	5♐49	6♐12	6♐33	6♐53	7♐12	7♐30
/♃	20♈31	20♈47	21♈03	21♈19	21♈33	21♈47	21♈60	22♈12	22♈23	22♈33	22♈42	22♈50	22♈58	23♈04	23♈09	23♈13
/♄	19♐17	19♐40	20♐01	20♐23	20♐43	21♐03	21♐22	21♐40	21♐57	22♐14	22♐29	22♐44	22♐58	23♐10	23♐22	23♐32
/♅	0♓04	0♓23	0♓41	0♓59	1♓15	1♓31	1♓47	2♓01	2♓15	2♓28	2♓40	2♓51	3♓02	3♓11	3♓19	3♓27
/♆	12♒03	12♒22	12♒41	12♒59	13♒17	13♒34	13♒50	14♒05	14♒19	14♒33	14♒46	14♒57	15♒08	15♒18	15♒27	15♒35
/♇	15♑49	16♑09	16♑29	16♑48	17♑06	17♑23	17♑40	17♑55	18♑10	18♑24	18♑38	18♑50	19♑02	19♑12	19♑21	19♑30
/☊	14♐29	14♐47	15♐04	15♐20	15♐34	15♐48	16♐01	16♐14	16♐27	16♐40	16♐53	17♐05	17♐16	17♐25	17♐32	17♐38
♂/⚳	3♎47	4♎15	4♎42	5♎09	5♎36	6♎03	6♎30	6♎57	7♎23	7♎50	8♎16	8♎42	9♎08	9♎34	9♎59	10♎25
/♃	22♌60	23♌13	23♌27	23♌40	23♌53	24♌06	24♌19	24♌31	24♌44	24♌56	25♌08	25♌20	25♌32	25♌44	25♌56	26♌07
/♄	21♎46	22♎06	22♎25	22♎44	23♎03	23♎22	23♎41	23♎60	24♎18	24♎37	24♎56	25♎14	25♎32	25♎51	26♎09	26♎27
/♅	2♋34	2♋49	3♋05	3♋20	3♋35	3♋51	4♋06	4♋21	4♋36	4♋51	5♋06	5♋21	5♋36	5♋51	6♋06	6♋21
/♆	14♐32	14♐48	15♐05	15♐21	15♐37	15♐53	16♐09	16♐25	16♐40	16♐56	17♐12	17♐27	17♐43	17♐59	18♐14	18♐30
/♇	18♏19	18♏35	18♏52	19♏09	19♏26	19♏42	19♏59	20♏15	20♏31	20♏48	21♏04	21♏20	21♏36	21♏52	22♏08	22♏24
/☊	16♎58	17♎13	17♎27	17♎41	17♎54	18♎07	18♎20	18♎33	18♎48	19♎03	19♎19	19♎35	19♎51	20♎06	20♎19	20♎32
⚳/♃	0♍22	0♍32	0♍41	0♍50	0♍58	1♍07	1♍15	1♍24	1♍32	1♍40	1♍48	1♍56	2♍03	2♍11	2♍18	2♍26
/♄	29♎09	29♎24	29♎39	29♎54	0♏08	0♏23	0♏38	0♏52	1♏07	1♏21	1♏35	1♏49	2♏03	2♏17	2♏31	2♏45
/♅	9♑56	10♑07	10♑18	10♑30	10♑41	10♑52	11♑03	11♑13	11♑24	11♑35	11♑46	11♑57	12♑07	12♑18	12♑29	12♑39
/♆	21♐55	22♐07	22♐19	22♐30	22♐42	22♐54	23♐05	23♐17	23♐28	23♐40	23♐51	24♐03	24♐14	24♐25	24♐37	24♐48
/♇	25♏41	25♏54	26♏06	26♏19	26♏31	26♏43	26♏55	27♏08	27♏20	27♏32	27♏44	27♏56	28♏07	28♏19	28♏31	28♏42
/☊	24♎20	24♎31	24♎41	24♎51	24♎59	25♎08	25♎17	25♎26	25♎36	25♎47	25♎59	26♎10	26♎22	26♎32	26♎42	26♎50
♃/♄	18♍21	18♍23	18♍23	18♍24	18♍25	18♍26	18♍26	18♍27	18♍27	18♍28	18♍28	18♍28	18♍28	18♍28	18♍28	18♍28
/♅	29♉09	29♉06	29♉03	29♉00	28♉57	28♉54	28♉51	28♉48	28♉45	28♉42	28♉39	28♉35	28♉32	28♉29	28♉25	28♉22
/♆	11♉07	11♉05	11♉03	11♉01	10♉59	10♉56	10♉54	10♉52	10♉49	10♉47	10♉44	10♉41	10♉39	10♉36	10♉33	10♉30
/♇	14♎54	14♎52	14♎51	14♎49	14♎48	14♎46	14♎44	14♎42	14♎40	14♎38	14♎36	14♎34	14♎32	14♎30	14♎27	14♎25
/☊	13♍33	13♍30	13♍26	13♍21	13♍16	13♍11	13♍05	13♍01	12♍57	12♍54	12♍51	12♍49	12♍46	12♍43	12♍38	12♍33
♄/♅	27♑55	27♑58	28♑01	28♑04	28♑07	28♑10	28♑13	28♑17	28♑20	28♑23	28♑26	28♑29	28♑32	28♑35	28♑38	28♑41
/♆	9♑54	9♑58	10♑01	10♑05	10♑09	10♑13	10♑16	10♑20	10♑24	10♑28	10♑31	10♑35	10♑39	10♑42	10♑46	10♑50
/♇	13♐40	13♐45	13♐49	13♐53	13♐58	14♐02	14♐06	14♐11	14♐15	14♐19	14♐23	14♐28	14♐32	14♐36	14♐40	14♐45
/☊	12♏19	12♏22	12♏24	12♏25	12♏26	12♏27	12♏27	12♏29	12♏31	12♏35	12♏38	12♏42	12♏46	12♏49	12♏51	12♏52
♅/♆	20♓41	20♓41	20♓41	20♓41	20♓41	20♓41	20♓41	20♓41	20♓42	20♓42	20♓42	20♓42	20♓43	20♓43	20♓43	20♓44
/♇	24♒28	24♒28	24♒29	24♒29	24♒30	24♒30	24♒31	24♒32	24♒33	24♒33	24♒34	24♒35	24♒36	24♒37	24♒38	24♒39
/☊	23♑07	23♑06	23♑04	23♑01	22♑58	22♑55	22♑52	22♑50	22♑49	22♑49	22♑49	22♑50	22♑50	22♑50	22♑49	22♑47
♆/♇	6♒26	6♒27	6♒29	6♒30	6♒31	6♒33	6♒34	6♒35	6♒37	6♒38	6♒40	6♒41	6♒43	6♒44	6♒46	6♒47
/☊	5♑05	5♑05	5♑04	5♑02	4♑60	4♑57	4♑55	4♑54	4♑53	4♑54	4♑55	4♑56	4♑57	4♑57	4♑57	4♑55
♇/☊	8♐52	8♐52	8♐52	8♐50	8♐49	8♐47	8♐45	8♐44	8♐44	8♐45	8♐47	8♐49	8♐50	8♐51	8♐51	8♐50

	17	18	19	20	21	22	23	24	25	26	27	28	29	30	31
☉/☽	23♓02	29♍32	5♎60	12♎27	18♎53	25♎20	1♏49	8♏23	15♏02	21♏50	28♏49	6♐01	13♐28	21♐09	29♐03
/☿	21♐47	23♐04	24♐22	25♐39	26♐56	28♐14	29♐32	0♑50	2♑08	3♑26	4♑44	6♑02	7♑21	8♑39	9♑58
/♀	11♑51	12♑27	13♑01	13♑35	14♑07	14♑38	15♑08	15♑37	16♑04	16♑30	16♑55	17♑19	17♑41	18♑02	18♑22
/♂	14♏54	15♏39	16♏24	17♏10	17♏55	18♏39	19♏24	20♏09	20♏54	21♏38	22♏23	23♏07	23♏51	24♏36	25♏20
/⚳	21♏08	21♏49	22♏30	23♏11	23♏52	24♏32	25♏13	25♏53	26♏34	27♏14	27♏55	28♏35	29♏15	29♏55	0♐35
/♃	6♎37	7♎04	7♎31	7♎57	8♎24	8♎51	9♎18	9♎45	10♎11	10♎38	11♎05	11♎31	11♎58	12♎25	12♎51
/♄	7♐03	7♐36	8♐10	8♐44	9♐17	9♐51	10♐24	10♐58	11♐31	12♐05	12♐38	13♐12	13♐45	14♐18	14♐52
/♅	16♒54	17♒24	17♒55	18♒25	18♒56	19♒27	19♒57	20♒28	20♒59	21♒29	22♒00	22♒31	23♒02	23♒33	24♒04
/♆	29♑03	29♑34	0♒05	0♒36	1♒07	1♒38	2♒10	2♒41	3♒12	3♒43	4♒15	4♒46	5♒17	5♒48	6♒20
/♇	2♑58	3♑30	4♑01	4♑33	5♑04	5♑36	6♑07	6♑39	7♑11	7♑42	8♑14	8♑45	9♑17	9♑49	10♑20
/☊	1♐01	1♐28	1♐53	2♐18	2♐44	3♐10	3♐37	4♐06	4♐35	5♐06	5♐37	6♐07	6♐38	7♐07	7♐34
☽/☿	19♍37	26♍23	3♎07	9♎50	16♎33	23♎17	0♏03	6♏53	13♏49	20♏54	28♏10	5♐39	13♐23	21♐22	29♐34
/♀	9♈41	15♈46	21♈47	27♈46	3♏44	9♏41	15♏39	21♏40	27♏45	3♐58	10♐21	16♐56	23♐43	0♑45	7♑58
/♂	12♌44	18♌58	25♌10	1♍21	7♍31	13♍42	19♍55	26♍12	2♎35	9♎07	15♎49	22♎44	29♎54	7♏18	14♏55
/⚳	18♌58	25♌08	1♍16	7♍22	13♍28	19♍35	25♍44	1♎56	8♎15	14♎43	21♎21	28♎12	5♏17	12♏37	20♏10
/♃	4♋26	10♋22	16♋16	22♋09	28♋01	3♌54	9♌49	15♌48	21♌53	28♌07	4♍31	11♍09	18♍01	25♍07	2♎27
/♄	4♍52	10♍55	16♍56	22♍55	28♍54	4♎53	10♎55	17♎01	23♎13	29♎33	6♏05	12♏49	19♏47	27♏01	4♐27
/♅	14♉43	20♉43	26♉40	2♊37	8♊33	14♊29	20♊28	26♊31	2♋40	8♑58	15♑27	22♑08	29♑04	6♒15	13♒39
/♆	26♈52	2♉53	8♉51	14♉48	20♉44	26♉41	2♊40	8♐44	14♐54	21♐12	27♐41	4♑23	11♑20	18♑31	25♑55
/♇	0♈48	6♈48	12♎47	18♎44	24♎41	0♏38	6♏38	12♏42	18♏52	25♏11	1♐40	8♐23	15♐20	22♐31	29♐56
/☊	28♌51	4♍46	10♍39	16♍30	22♍20	28♍13	4♎08	10♎09	16♎17	22♎34	29♎03	5♏45	12♏40	19♏49	27♏10
☿/♀	8♑26	9♑18	10♑09	10♑59	11♑47	12♑35	13♑21	14♑07	14♑51	15♑34	16♑16	16♑57	17♑36	18♑15	18♑53
/♂	11♏29	12♏30	13♏32	14♏33	15♏35	16♏36	17♏38	18♏39	19♏41	20♏42	21♏44	22♏45	23♏47	24♏48	25♏50
/⚳	17♏43	18♏40	19♏37	20♏35	21♏32	22♏29	23♏26	24♏23	25♏21	26♏18	27♏15	28♏13	29♏10	0♐08	1♐05
/♃	3♎11	3♎55	4♎38	5♎21	6♎05	6♎48	7♎31	8♎15	8♎58	9♎42	10♎26	11♎10	11♎53	12♎37	13♎22
/♄	3♐38	4♐27	5♐17	6♐07	6♐57	7♐47	8♐38	9♐28	10♐18	11♐09	11♐59	12♐50	13♐40	14♐31	15♐22
/♅	13♒29	14♒15	15♒02	15♒49	16♒36	17♒23	18♒11	18♒58	19♒46	20♒33	21♒21	22♒09	22♒57	23♒46	24♒34
/♆	25♑38	26♑25	27♑12	27♑60	28♑47	29♑35	0♒23	1♒11	1♒59	2♒47	3♒35	4♒24	5♒12	6♒01	6♒50
/♇	29♐33	0♑21	1♑09	1♑57	2♑45	3♑33	4♑21	5♑09	5♑58	6♑46	7♑35	8♑24	9♑12	10♑02	10♑51
/☊	27♏36	28♏19	29♏00	29♏42	0♐24	1♐07	1♐51	2♐36	3♐22	4♐10	4♐57	5♐45	6♐33	7♐19	8♐05
♀/♂	1♐33	1♐53	2♐12	2♐29	2♐45	3♐00	3♐14	3♐26	3♐37	3♐47	3♐55	4♐02	4♐07	4♐11	4♐14
/⚳	7♐47	8♐03	8♐17	8♐30	8♐42	8♐53	9♐02	9♐10	9♐17	9♐22	9♐27	9♐29	9♐31	9♐31	9♐30
/♃	23♈16	23♈17	23♈18	23♈17	23♈15	23♈12	23♈08	23♈02	22♈55	22♈46	22♈37	22♈26	22♈14	22♈01	21♈46
/♄	23♐42	23♐50	23♐57	24♐03	24♐08	24♐12	24♐14	24♐15	24♐15	24♐13	24♐10	24♐06	24♐01	23♐54	23♐47
/♅	3♓33	3♓38	3♓42	3♓45	3♓47	3♓47	3♓47	3♓45	3♓42	3♓38	3♓32	3♓26	3♓18	3♓09	2♓59
/♆	15♒42	15♒48	15♒52	15♒56	15♒58	15♒59	15♒59	15♒58	15♒55	15♒52	15♒47	15♒40	15♒33	15♒24	15♒15
/♇	19♑37	19♑43	19♑48	19♑52	19♑55	19♑57	19♑57	19♑56	19♑54	19♑51	19♑46	19♑40	19♑33	19♑25	19♑15
/☊	17♐41	17♐41	17♐40	17♐38	17♐35	17♐31	17♐27	17♐23	17♐18	17♐14	17♐09	17♐02	16♐53	16♐43	16♐29
♂/⚳	10♎50	11♎15	11♎40	12♎05	12♎30	12♎54	13♎19	13♎43	14♎07	14♎31	14♎54	15♎18	15♎41	16♎04	16♎27
/♃	26♌19	26♌30	26♌41	26♌52	27♌03	27♌13	27♌24	27♌34	27♌45	27♌55	28♌05	28♌15	28♌24	28♌34	28♌43
/♄	26♎45	27♎03	27♎20	27♎38	27♎55	28♎13	28♎30	28♎47	29♎04	29♎21	29♎38	29♎55	0♏11	0♏28	0♏44
/♅	6♋36	6♋50	7♋05	7♋20	7♋34	7♋49	8♋03	8♋17	8♋32	8♑46	9♑00	9♑14	9♑28	9♑42	9♑56
/♆	18♐45	19♐00	19♐15	19♐31	19♐46	20♐01	20♐16	20♐30	20♐45	20♐60	21♐14	21♐29	21♐43	21♐58	22♐12
/♇	22♏40	22♏56	23♏12	23♏27	23♏43	23♏58	24♏13	24♏29	24♏44	24♏59	25♏14	25♏29	25♏43	25♏58	26♏13
/☊	20♎44	20♎54	21♎03	21♎13	21♎22	21♎32	21♎43	21♎55	22♎08	22♎22	22♎37	22♎51	23♎04	23♎16	23♎27
⚳/♃	2♍33	2♍40	2♍46	2♍53	2♍60	3♍06	3♍12	3♍19	3♍25	3♍31	3♍36	3♍42	3♍48	3♍53	3♍59
/♄	2♏59	3♏12	3♏26	3♏39	3♏52	4♏06	4♏19	4♏32	4♏45	4♏57	5♏10	5♏22	5♏35	5♏47	5♏59
/♅	12♑50	13♑00	13♑11	13♑21	13♑31	13♑42	13♑52	14♑02	14♑12	14♑22	14♑32	14♑42	14♑52	15♑01	15♑11
/♆	24♐59	25♐10	25♐21	25♐32	25♐43	25♐53	26♐04	26♐15	26♐25	26♐36	26♐46	26♐57	27♐07	27♐17	27♐27
/♇	28♏54	29♏06	29♏17	29♏28	29♏40	29♏51	0♐02	0♐13	0♐24	0♐35	0♐46	0♐56	1♐07	1♐17	1♐28
/☊	26♎57	27♎04	27♎09	27♎14	27♎19	27♎25	27♎32	27♎40	27♎48	27♎58	28♎08	28♎18	28♎27	28♎35	28♎42
♃/♄	18♍27	18♍27	18♍26	18♍26	18♍25	18♍25	18♍24	18♍23	18♍22	18♍21	18♍20	18♍19	18♍18	18♍17	18♍16
/♅	28♉18	28♉15	28♉11	28♉08	28♉04	28♉00	27♉57	27♉53	27♉50	27♉46	27♉42	27♉39	27♉35	27♉31	27♉27
/♆	10♉27	10♉24	10♉21	10♉18	10♉15	10♉12	10♉09	10♉06	10♉03	9♉60	9♉57	9♉53	9♉50	9♉47	9♉44
/♇	14♎23	14♎20	14♎18	14♎15	14♎12	14♎10	14♎07	14♎04	14♎01	13♎59	13♎56	13♎53	13♎50	13♎47	13♎44
/☊	12♍26	12♍18	12♍10	12♍01	11♍52	11♍44	11♍37	11♍31	11♍26	11♍22	11♍19	11♍15	11♍11	11♍05	10♍58
♄/♅	28♑44	28♑47	28♑51	28♑54	28♑57	28♑60	29♑03	29♑06	29♑09	29♑12	29♑16	29♑19	29♑22	29♑25	29♑28
/♆	10♑53	10♑57	11♑01	11♑05	11♑08	11♑12	11♑15	11♑19	11♑23	11♑26	11♑30	11♑33	11♑37	11♑41	11♑44
/♇	14♐49	14♐53	14♐57	15♐01	15♐05	15♐09	15♐13	15♐17	15♐21	15♐25	15♐29	15♐33	15♐37	15♐41	15♐45
/☊	12♏52	12♏51	12♏49	12♏47	12♏45	12♏43	12♏43	12♏44	12♏46	12♏49	12♏52	12♏55	12♏57	12♏59	12♏59
♅/♆	20♓44	20♓45	20♓46	20♓46	20♓47	20♓48	20♓48	20♓49	20♓50	20♓51	20♓52	20♓53	20♓54	20♓55	20♓56
/♇	24♒40	24♒41	24♒42	24♒43	24♒44	24♒45	24♒46	24♒47	24♒49	24♒50	24♒51	24♒53	24♒54	24♒55	24♒57
/☊	22♑43	22♑39	22♑34	22♑28	22♑23	22♑19	22♑16	22♑14	22♑13	22♑13	22♑14	22♑14	22♑14	22♑13	22♑11
♆/♇	6♒49	6♒50	6♒52	6♒54	6♒55	6♒57	6♒59	7♒00	7♒02	7♒04	7♒06	7♒07	7♒09	7♒11	7♒13
/☊	4♑52	4♑48	4♑44	4♑39	4♑35	4♑31	4♑28	4♑27	4♑27	4♑27	4♑28	4♑29	4♑30	4♑29	4♑27
♇/☊	8♐47	8♐44	8♐40	8♐36	8♐32	8♐28	8♐26	8♐25	8♐25	8♐26	8♐28	8♐29	8♐30	8♐29	8♐27

January 2014

	1	2	3	4	5	6	7	8	9	10	11	12	13	14	15	16
☉/☽	7♑08	15♑18	23♑28	1♒32	9♒25	17♒05	24♒30	1♓41	8♓41	15♓29	22♓10	28♓46	5♈17	11♈45	18♈13	24♈40
/☿	11♑17	12♑36	13♑55	15♑15	16♑34	17♑54	19♑14	20♑34	21♑54	23♑15	24♑35	25♑56	27♑16	28♑37	29♑58	1♒19
/♀	18♑41	18♑59	19♑16	19♑32	19♑47	20♑02	20♑15	20♑28	20♑41	20♑54	21♑06	21♑18	21♑30	21♑42	21♑55	22♑08
/♂	26♏04	26♏48	27♏31	28♏15	28♏58	29♏42	0♐25	1♐08	1♐51	2♐34	3♐17	3♐59	4♐42	5♐24	6♐06	6♐48
/⚳	1♐15	1♐54	2♐34	3♐13	3♐53	4♐32	5♐11	5♐50	6♐29	7♐08	7♐47	8♐25	9♐04	9♐42	10♐20	10♐59
/♃	13♎18	13♎44	14♎11	14♎38	15♎04	15♈31	15♈57	16♈24	16♈50	17♈17	17♈43	18♈10	18♈36	19♈03	19♈30	19♈56
/♄	15♐25	15♐58	16♐32	17♐05	17♐38	18♐11	18♐44	19♐17	19♐50	20♐23	20♐56	21♐29	22♐02	22♐35	23♐08	23♐41
/♅	24♒35	25♒06	25♒37	26♒08	26♒39	27♒10	27♒41	28♒12	28♒43	29♒14	29♒45	0♓17	0♓48	1♓19	1♓50	2♓22
/♆	6♒51	7♒23	7♒54	8♒25	8♒57	9♒28	9♒60	10♒31	11♒02	11♒34	12♒05	12♒37	13♒08	13♒40	14♒11	14♒43
/♇	10♑52	11♑24	11♑55	12♑27	12♑59	13♑30	14♑02	14♑34	15♑05	15♑37	16♑08	16♑40	17♑12	17♑43	18♑15	18♑46
/☊	8♐01	8♐27	8♐52	9♐18	9♐44	10♐12	10♐41	11♐11	11♐42	12♐13	12♐42	13♐11	13♐38	14♐04	14♐28	14♐51
☽/☿	7♑56	16♑24	24♑52	3♒14	11♒25	19♒24	27♒08	4♓38	11♓57	19♓05	26♓05	2♈60	9♈51	16♈39	23♈26	0♉13
/♀	15♑21	22♑47	0♒13	7♒31	14♒39	21♒32	28♒09	4♓33	10♓44	16♓44	22♓36	28♓22	4♈04	9♈44	15♈23	21♎02
/♂	22♏43	0♐36	8♐28	16♐14	23♐50	1♑12	8♑19	15♋13	21♋54	28♋24	4♌47	11♌03	17♌16	23♌26	29♌34	5♍42
/⚳	27♏54	5♐42	13♐31	21♐13	28♐44	6♑02	13♑05	19♑55	26♋32	2♌58	9♌17	15♌30	21♌38	27♌44	3♍48	9♍52
/♃	9♎57	17♈33	25♈08	2♉37	9♉55	17♉00	23♉51	0♊28	6♊53	13♊07	19♊13	25♊14	1♋11	7♋05	12♋58	18♋50
/♄	12♐04	19♐47	27♐28	5♑04	12♑29	19♑41	26♑38	3♒22	9♒53	16♒14	22♌27	28♌33	4♍36	10♍37	16♍36	22♍34
/♅	21♒14	28♒54	6♓33	14♓07	21♓30	28♓40	5♈35	12♈16	18♈46	25♈05	1♉16	7♉21	13♉22	19♉21	25♉18	1♊15
/♆	3♒30	11♒11	18♒51	26♒25	3♓48	10♓58	17♓54	24♓35	1♈05	7♈24	13♈35	19♈41	25♈42	1♉41	7♉39	13♉36
/♇	7♑31	15♑12	22♑52	0♒26	7♒50	15♒00	21♒56	28♒38	5♓08	11♓27	17♓39	23♓44	29♓46	5♈45	11♈43	17♎40
/☊	4♐40	12♐15	19♐49	27♐17	4♑35	11♑42	18♑35	25♑16	1♒45	8♌03	14♌13	20♌15	26♌12	2♍05	7♍56	13♍45
☿/♀	19♑29	20♑05	20♑40	21♑14	21♑48	22♑21	22♑53	23♑25	23♑57	24♑29	25♑00	25♑32	26♑04	26♑36	27♑08	27♑41
/♂	26♏52	27♏54	28♏55	29♏57	0♐59	2♐01	3♐03	4♐05	5♐07	6♐09	7♐11	8♐14	9♐16	10♐18	11♐19	12♐21
/⚳	2♐03	3♐00	3♐58	4♐56	5♐54	6♐51	7♐49	8♐47	9♐45	10♐44	11♐42	12♐40	13♐38	14♐36	15♐34	16♐32
/♃	14♎06	14♎50	15♎35	16♈20	17♈05	17♈50	18♈35	19♈21	20♈06	20♈52	21♈38	22♈24	23♈10	23♈57	24♈43	25♈29
/♄	16♐13	17♐04	17♐56	18♐47	19♐39	20♐31	21♐22	22♐14	23♐07	23♐59	24♐51	25♐44	26♐36	27♐29	28♐21	29♐14
/♅	25♒23	26♒12	27♒01	27♒50	28♒39	29♒29	0♓19	1♓09	1♓59	2♓50	3♓40	4♓31	5♓22	6♓13	7♓04	7♓55
/♆	7♒39	8♒29	9♒18	10♒08	10♒57	11♒47	12♒38	13♒28	14♒19	15♒09	16♒00	16♒51	17♒42	18♒33	19♒25	20♒16
/♇	11♑40	12♑30	13♑19	14♑09	14♑59	15♑50	16♑40	17♑31	18♑21	19♑12	20♑03	20♑54	21♑46	22♑37	23♑28	24♑19
/☊	8♐49	9♐33	10♐16	10♐60	11♐45	12♐31	13♐19	14♐08	14♐58	15♐48	16♐37	17♐25	18♐12	18♐57	19♐41	20♐24
♀/♂	4♐16	4♐17	4♐16	4♐15	4♐12	4♐09	4♐05	3♐60	3♐54	3♐48	3♐42	3♐36	3♐29	3♐23	3♐16	3♐10
/⚳	9♐27	9♐24	9♐19	9♐13	9♐07	8♐59	8♐51	8♐42	8♐32	8♐23	8♐12	8♐02	7♐51	7♐41	7♐31	7♐21
/♃	21♈30	21♈14	20♈56	20♈37	20♈18	19♈58	19♈37	19♈15	18♈53	18♈31	18♈09	17♈46	17♈24	17♈02	16♈40	16♈19
/♄	23♐38	23♐28	23♐17	23♐05	22♐52	22♐38	22♐24	22♐09	21♐54	21♐38	21♐22	21♐06	20♐50	20♐34	20♐18	20♐03
/♅	2♓47	2♓35	2♓22	2♓08	1♓53	1♓37	1♓20	1♓04	0♓46	0♓29	0♓11	29♒53	29♒35	29♒18	29♒01	28♒44
/♆	15♒04	14♒52	14♒39	14♒25	14♒11	13♒55	13♒39	13♒23	13♒05	12♒48	12♒31	12♒13	11♒56	11♒38	11♒22	11♒05
/♇	19♑05	18♑53	18♑40	18♑27	18♑12	17♑57	17♑41	17♑25	17♑08	16♑51	16♑34	16♑16	15♑59	15♑42	15♑25	15♑09
/☊	16♐14	15♐56	15♐37	15♐17	14♐58	14♐39	14♐21	14♐03	13♐45	13♐27	13♐08	12♐47	12♐26	12♐02	11♐38	11♐14
♂/⚳	16♎50	17♎12	17♎34	17♎56	18♎18	18♎39	19♎01	19♎22	19♎42	20♎03	20♎23	20♎43	21♎03	21♎22	21♎42	22♎01
/♃	28♌53	29♌02	29♌11	29♌20	29♌29	29♌38	29♌46	29♌55	0♍03	0♍11	0♍20	0♍28	0♍35	0♍43	0♍51	0♍58
/♄	1♏00	1♏16	1♏32	1♏48	2♏03	2♏18	2♏34	2♏49	3♏03	3♏18	3♏33	3♏47	4♏01	4♏15	4♏29	4♏43
/♅	10♑10	10♑23	10♑37	10♑50	11♑04	11♑17	11♑30	11♑43	11♑56	12♑09	12♑22	12♑34	12♑47	12♑59	13♑12	13♑24
/♆	22♐26	22♐40	22♐54	23♐08	23♐22	23♐35	23♐49	24♐02	24♐15	24♐29	24♐42	24♐55	25♐07	25♐20	25♐32	25♐45
/♇	26♏27	26♏41	26♏56	27♏10	27♏24	27♏37	27♏51	28♏05	28♏18	28♏32	28♏45	28♏58	29♏11	29♏23	29♏36	29♏48
/☊	23♎36	23♎44	23♎52	24♎00	24♎09	24♎19	24♎30	24♎43	24♎55	25♎07	25♎19	25♎29	25♎37	25♎44	25♎49	25♎54
⚳/♃	4♍04	4♍09	4♍14	4♍19	4♍23	4♍28	4♍33	4♍37	4♍41	4♍46	4♍50	4♍54	4♍58	5♍02	5♍05	5♍09
/♄	6♏11	6♏23	6♏35	6♏46	6♏58	7♏09	7♏20	7♏31	7♏42	7♏52	8♏03	8♏13	8♏24	8♏34	8♏43	8♏53
/♅	15♑21	15♑30	15♑40	15♑49	15♑58	16♑07	16♑16	16♑25	16♑34	16♑43	16♑52	17♑01	17♑09	17♑18	17♑26	17♑34
/♆	27♐37	27♐47	27♐57	28♐07	28♐16	28♐26	28♐35	28♐44	28♐54	29♐03	29♐12	29♐21	29♐30	29♐38	29♐47	29♐55
/♇	1♐38	1♐48	1♐58	2♐08	2♐18	2♐28	2♐37	2♐47	2♐56	3♐06	3♐15	3♐24	3♐33	3♐42	3♐50	3♐59
/☊	28♎47	28♎51	28♎55	28♎59	29♎04	29♎10	29♎17	29♎25	29♎33	29♎42	29♎49	29♎55	29♎60	0♏02	0♏04	0♏04
♃/♄	18♍14	18♍13	18♍12	18♍10	18♍09	18♍07	18♍06	18♍04	18♍03	18♍01	17♍59	17♍58	17♍56	17♍54	17♍53	17♍51
/♅	27♉24	27♉20	27♉17	27♉13	27♉09	27♉06	27♉02	26♉59	26♉55	26♉52	26♉48	26♉45	26♉42	26♉38	26♉35	26♉32
/♆	9♉40	9♉37	9♉34	9♉31	9♉27	9♉24	9♉21	9♉18	9♉14	9♉11	9♉08	9♉05	9♉02	8♉59	8♉56	8♉53
/♇	13♎41	13♎38	13♎35	13♎32	13♎29	13♎26	13♎23	13♎20	13♎17	13♎14	13♎11	13♎08	13♎05	13♎02	12♎60	12♎57
/☊	10♍50	10♍41	10♍32	10♍23	10♍15	10♍08	10♍03	9♍58	9♍54	9♍50	9♍45	9♍39	9♍32	9♍23	9♍13	9♍02
♄/♅	29♑31	29♑34	29♑37	29♑40	29♑43	29♑46	29♑49	29♑52	29♑55	29♑58	0♒01	0♒04	0♒07	0♒10	0♒13	0♒16
/♆	11♑48	11♑51	11♑54	11♑58	12♑01	12♑05	12♑08	12♑11	12♑15	12♑18	12♑21	12♑25	12♑28	12♑31	12♑34	12♑37
/♇	15♐48	15♐52	15♐56	15♐60	16♐03	16♐07	16♐10	16♐14	16♐18	16♐21	16♐24	16♐28	16♐31	16♐35	16♐38	16♐41
/☊	12♏57	12♏55	12♏52	12♏50	12♏49	12♏49	12♏50	12♏52	12♏54	12♏57	12♏58	12♏59	12♏58	12♏55	12♏51	12♏46
♅/♆	20♓57	20♓58	20♓59	21♓01	21♓02	21♓03	21♓05	21♓06	21♓07	21♓09	21♓10	21♓12	21♓13	21♓15	21♓17	21♓18
/♇	24♒58	24♒59	25♒01	25♒02	25♒04	25♒05	25♒07	25♒09	25♒10	25♒12	25♒13	25♒15	25♒17	25♒19	25♒20	25♒22
/☊	22♑07	22♑02	21♑57	21♑53	21♑49	21♑47	21♑46	21♑46	21♑47	21♑48	21♑48	21♑46	21♑43	21♑39	21♑34	21♑27
♆/♇	7♒14	7♒16	7♒18	7♒20	7♒22	7♒24	7♒26	7♒28	7♒30	7♒31	7♒33	7♒35	7♒37	7♒39	7♒41	7♒43
/☊	4♑23	4♑19	4♑15	4♑11	4♑07	4♑06	4♑05	4♑05	4♑06	4♑07	4♑07	4♑06	4♑04	3♑60	3♑54	3♑48
♇/☊	8♐24	8♐20	8♐16	8♐12	8♐09	8♐08	8♐07	8♐08	8♐09	8♐10	8♐10	8♐10	8♐07	8♐03	7♐58	7♐52

	17	18	19	20	21	22	23	24	25	26	27	28	29	30	31	
☉/☽	1♏07	7♏34	14♏03	20♏35	27♏10	3♐50	10♐38	17♐34	24♐41	2♑02	9♑36	17♑25	25♑25	3♒33	11♒43	☉/☽
/☿	2♒40	4♒00	5♒21	6♒41	8♒00	9♒19	10♒38	11♒55	13♒12	14♒27	15♒40	16♒52	18♒01	19♒08	20♒12	/☿
/♀	22♑22	22♑36	22♑52	23♑08	23♑25	23♑43	24♑02	24♑22	24♑43	25♑06	25♑30	25♑55	26♑21	26♑49	27♑18	/♀
/♂	7♐30	8♐11	8♐53	9♐34	10♐15	10♐56	11♐37	12♐18	12♐58	13♐39	14♐19	14♐58	15♐38	16♐18	16♐57	/♂
/⚳	11♐36	12♐14	12♐52	13♐29	14♐07	14♐44	15♐21	15♐58	16♐35	17♐11	17♐48	18♐24	19♐00	19♐36	20♐12	/⚳
/♃	20♈23	20♈50	21♈16	21♈43	22♈10	22♈37	23♈04	23♈31	23♈58	24♈25	24♈52	25♈19	25♈46	26♈13	26♈41	/♃
/♄	24♐13	24♐46	25♐19	25♐51	26♐24	26♐56	27♐29	28♐01	28♐33	29♐06	29♐38	0♑10	0♑42	1♑14	1♑46	/♄
/♅	2♓53	3♓24	3♓56	4♓27	4♓58	5♓30	6♓01	6♓32	7♓04	7♓35	8♓07	8♓38	9♓10	9♓41	10♓13	/♅
/♆	15♒14	15♒46	16♒17	16♒49	17♒20	17♒52	18♒23	18♒55	19♒26	19♒58	20♒29	21♒01	21♒32	22♒04	22♒36	/♆
/♇	19♑18	19♑49	20♑21	20♑53	21♑24	21♑56	22♑27	22♑59	23♑30	24♑02	24♑33	25♑05	25♑36	26♑08	26♑39	/♇
/☊	15♐14	15♐38	16♐02	16♐27	16♐54	17♐22	17♐52	18♐22	18♐53	19♐23	19♐51	20♐19	20♐45	21♐10	21♐35	/☊
☽/☿	6♉59	13♏46	20♏35	27♏26	4♐19	11♐18	18♐22	25♐35	2♑58	10♑32	18♑19	26♑18	4♒27	12♒40	20♒54	☽/☿
/♀	26♎42	2♏23	8♏06	13♏52	19♏44	25♏41	1♐46	8♐02	14♐30	21♐12	28♐09	5♑21	12♑47	20♑21	27♑60	/♀
/♂	11♍49	17♍58	24♍07	0♎19	6♎34	12♎55	19♎22	25♎57	2♏44	9♏44	16♏58	24♏25	2♐04	9♐50	17♐39	/♂
/⚳	15♍56	22♍00	28♍06	4♎14	10♎26	16♎42	23♎05	29♎38	6♏21	13♏17	20♏27	27♏51	5♐26	13♐09	20♐54	/⚳
/♃	24♋42	0♌36	6♌31	12♌28	18♌29	24♌35	0♍48	7♍10	13♍44	20♍30	27♍31	4♎45	12♎11	19♈46	27♈22	/♃
/♄	28♍33	4♎32	10♎33	16♎36	22♎42	28♎54	5♏13	11♏40	18♏19	25♏11	2♐17	9♐36	17♐07	24♐46	2♑28	/♄
/♅	7♊12	13♊10	19♊10	25♊12	1♋17	7♋28	13♑45	20♑12	26♑50	3♒41	10♒46	18♒05	25♒35	3♓14	10♓55	/♅
/♆	19♉34	25♉32	1♊31	7♐33	13♐39	19♐50	26♐07	2♑34	9♑12	16♑03	23♑08	0♒27	7♒58	15♒36	23♒17	/♆
/♇	23♎37	29♎36	5♏35	11♏37	17♏43	23♏54	0♐11	6♐38	13♐16	20♐07	27♐12	4♑31	12♑01	19♑40	27♑21	/♇
/☊	19♍34	25♍24	1♎16	7♎12	13♎13	19♎20	25♎36	2♏02	8♏39	15♏28	22♏30	29♏45	7♐10	14♐42	22♐16	/☊
☿/♀	28♑15	28♑49	29♑23	29♑58	0♒34	1♒10	1♒46	2♒23	2♒60	3♒37	4♒13	4♒49	5♒23	5♒57	6♒29	☿/♀
/♂	13♐23	14♐24	15♐25	16♐25	17♐25	18♐24	19♐22	20♐19	21♐15	22♐09	23♐02	23♐52	24♐40	25♐25	26♐08	/♂
/⚳	17♐29	18♐26	19♐23	20♐20	21♐16	22♐11	23♐06	23♐59	24♐51	25♐42	26♐31	27♐18	28♐02	28♐44	29♐23	/⚳
/♃	26♈16	27♈02	27♈48	28♈34	29♈19	0♉04	0♉48	1♉32	2♉14	2♉55	3♉35	4♉12	4♉48	5♉21	5♉51	/♃
/♄	0♑06	0♑58	1♑50	2♑42	3♑33	4♑23	5♑13	6♑02	6♑50	7♑36	8♑21	9♑04	9♑44	10♑22	10♑57	/♄
/♅	8♓46	9♓36	10♓27	11♓17	12♓07	12♓57	13♓46	14♓33	15♓20	16♓06	16♓50	17♓32	18♓12	18♓49	19♓24	/♅
/♆	21♒07	21♒58	22♒49	23♒39	24♒29	25♒19	26♒08	26♒56	27♒43	28♒28	29♒12	29♒54	0♓34	1♓12	1♓46	/♆
/♇	25♑11	26♑02	26♑53	27♑43	28♑33	29♑23	0♒12	0♒60	1♒47	2♒32	3♒16	3♒58	4♒38	5♒15	5♒50	/♇
/☊	21♐07	21♐50	22♐33	23♐18	24♐03	24♐49	25♐36	26♐23	27♐09	27♐53	28♐34	29♐12	29♐47	0♑18	0♑45	/☊
♀/♂	3♐05	2♐60	2♐55	2♐52	2♐49	2♐47	2♐46	2♐46	2♐46	2♐48	2♐51	2♐55	3♐00	3♐06	3♐13	♀/♂
/⚳	7♐11	7♐03	6♐54	6♐47	6♐40	6♐34	6♐30	6♐26	6♐23	6♐21	6♐21	6♐21	6♐22	6♐25	6♐29	/⚳
/♃	15♈58	15♈38	15♈19	15♈01	14♈43	14♈27	14♈12	13♈58	13♈46	13♈34	13♈24	13♈15	13♈08	13♈02	12♈57	/♃
/♄	19♐48	19♐34	19♐21	19♐09	18♐57	18♐46	18♐37	18♐29	18♐21	18♐15	18♐10	18♐07	18♐04	18♐03	18♐03	/♄
/♅	28♒28	28♒13	27♒58	27♒44	27♒32	27♒20	27♒10	27♒00	26♒52	26♒45	26♒39	26♒35	26♒32	26♒30	26♒29	/♅
/♆	10♒49	10♒34	10♒20	10♒06	9♒54	9♒42	9♒32	9♒22	9♒14	9♒08	9♒02	8♒58	8♒54	8♒53	8♒52	/♆
/♇	14♑53	14♑38	14♑24	14♑10	13♑58	13♑46	13♑36	13♑26	13♑18	13♑11	13♑06	13♑01	12♑58	12♑56	12♑56	/♇
/☊	10♐49	10♐26	10♐04	9♐44	9♐27	9♐13	9♐00	8♐50	8♐41	8♐32	8♐24	8♐15	8♐07	7♐59	7♐51	/☊
♂/⚳	22♎19	22♎38	22♎56	23♎14	23♎31	23♎48	24♎05	24♎22	24♎38	24♎54	25♎09	25♎24	25♎39	25♎54	26♎08	♂/⚳
/♃	1♍06	1♍13	1♍20	1♍27	1♍34	1♍41	1♍48	1♍54	2♍01	2♍07	2♍13	2♍19	2♍25	2♍30	2♍36	/♃
/♄	4♏56	5♏09	5♏22	5♏35	5♏48	6♏00	6♏12	6♏24	6♏36	6♏48	6♏59	7♏10	7♏21	7♏31	7♏42	/♄
/♅	13♑36	13♑48	13♑59	14♑11	14♑23	14♑34	14♑45	14♑56	15♑07	15♑18	15♑28	15♑38	15♑49	15♑59	16♑08	/♅
/♆	25♐57	26♐09	26♐21	26♐33	26♐44	26♐56	27♐07	27♐18	27♐29	27♐40	27♐51	28♐01	28♐11	28♐21	28♐31	/♆
/♇	0♐01	0♐13	0♐25	0♐37	0♐48	0♐60	1♐11	1♐22	1♐33	1♐44	1♐54	2♐05	2♐15	2♐25	2♐34	/♇
/☊	25♎57	26♎01	26♎06	26♎11	26♎18	26♎26	26♎36	26♎46	26♎56	27♎05	27♎13	27♎19	27♎24	27♎27	27♎30	/☊
⚳/♃	5♍12	5♍16	5♍19	5♍22	5♍25	5♍28	5♍31	5♍34	5♍37	5♍40	5♍42	5♍45	5♍47	5♍49	5♍52	⚳/♃
/♄	9♏03	9♏12	9♏21	9♏30	9♏39	9♏48	9♏56	10♏05	10♏13	10♏21	10♏28	10♏36	10♏43	10♏50	10♏57	/♄
/♅	17♑42	17♑50	17♑58	18♑06	18♑14	18♑21	18♑29	18♑36	18♑43	18♑50	18♑57	19♑04	19♑11	19♑17	19♑24	/♅
/♆	0♑04	0♑12	0♑20	0♑28	0♑36	0♑43	0♑51	0♑58	1♑06	1♑13	1♑20	1♑27	1♑34	1♑40	1♑46	/♆
/♇	4♐07	4♐16	4♐24	4♐32	4♐40	4♐47	4♐55	5♐02	5♐10	5♐17	5♐24	5♐31	5♐37	5♐44	5♐50	/♇
/☊	0♏04	0♏04	0♏04	0♏06	0♏09	0♏14	0♏20	0♏26	0♏32	0♏38	0♏42	0♏45	0♏46	0♏46	0♏45	/☊
♃/♄	17♍49	17♍47	17♍46	17♍44	17♍42	17♍41	17♍39	17♍37	17♍35	17♍34	17♍32	17♍30	17♍29	17♍27	17♍26	♃/♄
/♅	26♉29	26♉26	26♉23	26♉20	26♉17	26♉14	26♉11	26♉09	26♉06	26♉04	26♉01	25♉59	25♉56	25♉54	25♉52	/♅
/♆	8♉50	8♉47	8♉44	8♉42	8♉39	8♉36	8♉34	8♉31	8♉28	8♉26	8♉24	8♉21	8♉19	8♉17	8♉15	/♆
/♇	12♎54	12♎51	12♎48	12♎45	12♎43	12♎40	12♎37	12♎35	12♎32	12♎30	12♎27	12♎25	12♎23	12♎20	12♎18	/♇
/☊	8♍50	8♍39	8♍29	8♍20	8♍13	8♍07	8♍02	7♍58	7♍55	7♍51	7♍46	7♍39	7♍32	7♍23	7♍14	/☊
♄/♅	0♒19	0♒22	0♒25	0♒28	0♒31	0♒33	0♒36	0♒39	0♒42	0♒45	0♒47	0♒50	0♒53	0♒55	0♒58	♄/♅
/♆	12♑40	12♑44	12♑47	12♑50	12♑53	12♑56	12♑58	13♑01	13♑04	13♑07	13♑10	13♑12	13♑15	13♑18	13♑20	/♆
/♇	16♐44	16♐47	16♐50	16♐54	16♐57	16♐59	17♐02	17♐05	17♐08	17♐11	17♐14	17♐16	17♐19	17♐21	17♐24	/♇
/☊	12♏41	12♏35	12♏31	12♏28	12♏26	12♏26	12♏27	12♏29	12♏31	12♏32	12♏32	12♏30	12♏28	12♏24	12♏20	/☊
♅/♆	21♓20	21♓22	21♓24	21♓25	21♓27	21♓29	21♓31	21♓33	21♓35	21♓37	21♓39	21♓41	21♓43	21♓45	21♓47	♅/♆
/♇	25♒24	25♒26	25♒27	25♒29	25♒31	25♒33	25♒35	25♒37	25♒39	25♒41	25♒43	25♒45	25♒47	25♒49	25♒51	/♇
/☊	21♑20	21♑14	21♑08	21♑04	21♑01	20♑60	20♑60	21♑00	21♑01	21♑02	21♑01	20♑59	20♑55	20♑51	20♑46	/☊
♆/♇	7♒45	7♒47	7♒49	7♒51	7♒53	7♒55	7♒57	7♒59	8♒01	8♒03	8♒05	8♒07	8♒09	8♒11	8♒13	♆/♇
/☊	3♑42	3♑35	3♑30	3♑26	3♑23	3♑22	3♑22	3♑23	3♑24	3♑24	3♑23	3♑21	3♑18	3♑14	3♑09	/☊
♇/☊	7♐45	7♐39	7♐34	7♐29	7♐27	7♐26	7♐26	7♐27	7♐27	7♐28	7♐27	7♐25	7♐22	7♐17	7♐12	♇/☊

January 2014

February 2014

	1	2	3	4	5	6	7	8	9	10	11	12	13	14
☉/☽	19♒50	27♒49	5♓34	13♓05	20♓21	27♓24	4♈14	10♈54	17♈28	23♈57	0♉24	6♉50	13♉16	19♉44
/☿	21♒13	22♒09	23♒02	23♒50	24♒33	25♒11	25♒44	26♒11	26♒33	26♒49	27♒00	27♒07	27♒10	27♒10
/♀	27♑48	28♑19	28♑51	29♑25	29♑60	0♒35	1♒12	1♒50	2♒29	3♒09	3♒50	4♒31	5♒14	5♒57
/♂	17♐36	18♐15	18♐53	19♐31	20♐09	20♐47	21♐25	22♐02	22♐39	23♐16	23♐52	24♐28	25♐04	25♐40
/⚳	20♐48	21♐23	21♐59	22♐34	23♐09	23♐43	24♐18	24♐52	25♐26	26♐00	26♐34	27♐08	27♐41	28♐14
/♃	27♈08	27♈35	28♈03	28♈30	28♈58	29♈26	29♈54	0♉21	0♉49	1♉17	1♉45	2♉13	2♉42	3♉10
/♄	2♑18	2♑50	3♑22	3♑54	4♑26	4♑57	5♑29	6♑00	6♑32	7♑03	7♑35	8♑06	8♑37	9♑09
/♅	10♓44	11♓16	11♓48	12♓19	12♓51	13♓22	13♓54	14♓26	14♓57	15♓29	16♓00	16♓32	17♓04	17♓35
/♆	23♒07	23♒39	24♒10	24♒42	25♒13	25♒45	26♒16	26♒48	27♒19	27♒51	28♒22	28♒54	29♒25	29♒56
/♇	27♑10	27♑42	28♑13	28♑45	29♑16	29♑47	0♒19	0♒50	1♒21	1♒52	2♒24	2♒55	3♒26	3♒57
/☊	21♐59	22♐25	22♐52	23♐21	23♐51	24♐21	24♐51	25♐21	25♐50	26♐18	26♐44	27♐09	27♐33	27♐57
☽/☿	29♒01	6♓55	14♓32	21♓51	28♓49	5♈28	11♈50	17♈57	23♈52	29♈37	5♉14	10♉46	16♉15	21♉42
/♀	5♒36	13♒05	20♒22	27♒26	4♓15	10♓52	17♓19	23♓36	29♓48	5♈56	12♈03	18♎10	24♎18	0♏29
/♂	25♐24	3♑00	10♑23	17♑32	24♋25	1♌04	7♌31	13♌48	19♌58	26♌03	2♍06	8♍07	14♍09	20♍12
/⚳	28♐36	6♑09	13♑29	20♑34	27♑24	4♌00	10♌24	16♌38	22♌46	28♌48	4♍48	10♍46	16♍45	22♍46
/♃	4♉56	12♉21	19♉33	26♉31	3♊14	9♊43	15♊60	22♊08	28♊09	4♋05	9♋59	15♋52	21♋46	27♋42
/♄	10♑06	17♑36	24♑52	1♒54	8♒41	15♒14	21♒35	27♌47	3♍51	9♍51	15♍48	21♍45	27♍42	3♎40
/♅	18♓32	26♓02	3♈18	10♈20	17♈06	23♈39	0♉00	6♉12	12♉16	18♉16	24♉14	0♊11	6♊08	12♊07
/♆	0♓55	8♓24	15♓41	22♓42	29♓29	6♈02	12♈23	18♈34	24♈38	0♉38	6♉36	12♉32	18♉29	24♉28
/♇	4♒58	12♒27	19♒44	26♒45	3♓32	10♓04	16♓25	22♓36	28♓40	4♈40	10♈37	16♎33	22♎30	28♎29
/☊	29♐47	7♑11	14♑23	21♑21	28♑06	4♌38	10♌58	17♌08	23♌10	29♌06	4♍58	10♍48	16♍38	22♍29
☿/♀	6♒58	7♒25	7♒49	8♒10	8♒27	8♒40	8♒49	8♒53	8♒53	8♒48	8♒40	8♒27	8♒12	7♒55
/♂	26♐46	27♐21	27♐51	28♐16	28♐37	28♐52	29♐01	29♐05	29♐03	28♐55	28♐42	28♐24	28♐03	27♐37
/⚳	29♐58	0♑30	0♑57	1♑19	1♑36	1♑48	1♑54	1♑55	1♑50	1♑40	1♑24	1♑04	0♑39	0♑12
/♃	6♉18	6♉42	7♉01	7♉16	7♉26	7♉30	7♉30	7♉24	7♉13	6♉57	6♉35	6♉10	5♉40	5♉08
/♄	11♑29	11♑56	12♑20	12♑39	12♑53	13♑02	13♑05	13♑03	12♑56	12♑43	12♑25	12♑02	11♑36	11♑06
/♅	19♓55	20♓22	20♓46	21♓04	21♓18	21♓27	21♓30	21♓28	21♓21	21♓08	20♓50	20♓28	20♓02	19♓33
/♆	2♓17	2♓45	3♓08	3♓27	3♓41	3♓49	3♓53	3♓50	3♓43	3♓30	3♓12	2♓50	2♓23	1♓54
/♇	6♒21	6♒48	7♒11	7♒30	7♒43	7♒52	7♒55	7♒53	7♒45	7♒32	7♒13	6♒51	6♒24	5♒55
/☊	1♑10	1♑31	1♑50	2♑06	2♑18	2♑26	2♑28	2♑24	2♑14	1♑57	1♑34	1♑05	0♑32	29♐55
♀/♂	3♐21	3♐30	3♐40	3♐51	4♐03	4♐16	4♐29	4♐44	4♐59	5♐15	5♐31	5♐49	6♐06	6♐25
/⚳	6♐33	6♐39	6♐46	6♐54	7♐02	7♐12	7♐23	7♐34	7♐46	7♐59	8♐13	8♐28	8♐43	8♐59
/♃	12♈54	12♈51	12♈50	12♈51	12♈52	12♈55	12♈58	13♈03	13♈09	13♈16	13♈25	13♈34	13♈44	13♈55
/♄	18♐04	18♐06	18♐09	18♐14	18♐19	18♐26	18♐34	18♐42	18♐52	19♐03	19♐14	19♐26	19♐40	19♐54
/♅	26♒30	26♒32	26♒35	26♒39	26♒45	26♒51	26♒59	27♒07	27♒17	27♒28	27♒40	27♒52	28♒06	28♒20
/♆	8♒53	8♒54	8♒58	9♒02	9♒07	9♒13	9♒21	9♒30	9♒39	9♒50	10♒01	10♒14	10♒27	10♒42
/♇	12♑56	12♑58	13♑01	13♑05	13♑10	13♑16	13♑23	13♑32	13♑41	13♑51	14♑03	14♑15	14♑28	14♑42
/☊	7♐45	7♐41	7♐40	7♐41	7♐44	7♐50	7♐56	8♐03	8♐10	8♐17	8♐24	8♐30	8♐36	8♐42
♂/⚳	26♎21	26♎35	26♎48	27♎00	27♎12	27♎24	27♎35	27♎46	27♎56	28♎06	28♎16	28♎25	28♎34	28♎42
/♃	2♍41	2♍47	2♍52	2♍57	3♍02	3♍06	3♍11	3♍15	3♍19	3♍23	3♍27	3♍31	3♍34	3♍38
/♄	7♏52	8♏02	8♏11	8♏20	8♏29	8♏38	8♏46	8♏54	9♏02	9♏09	9♏17	9♏23	9♏30	9♏36
/♅	16♑18	16♑27	16♑37	16♑46	16♑54	17♑03	17♑11	17♑19	17♑27	17♑35	17♑42	17♑49	17♑56	18♑03
/♆	28♐41	28♐50	28♐59	29♐08	29♐17	29♐25	29♐33	29♐41	29♐49	29♐57	0♑04	0♑11	0♑18	0♑24
/♇	2♐44	2♐53	3♐02	3♐11	3♐19	3♐28	3♐36	3♐44	3♐51	3♐58	4♐05	4♐12	4♐18	4♐25
/☊	27♎33	27♎37	27♎41	27♎47	27♎54	28♎02	28♎09	28♎15	28♎20	28♎24	28♎26	28♎27	28♎26	28♎25
⚳/♃	5♍54	5♍56	5♍57	5♍59	6♍01	6♍03	6♍04	6♍05	6♍07	6♍08	6♍09	6♍10	6♍11	6♍12
/♄	11♏04	11♏10	11♏17	11♏23	11♏28	11♏34	11♏39	11♏44	11♏49	11♏54	11♏58	12♏03	12♏07	12♏10
/♅	19♑30	19♑36	19♑42	19♑48	19♑54	19♑59	20♑04	20♑10	20♑15	20♑19	20♑24	20♑29	20♑33	20♑37
/♆	1♑53	1♑59	2♑05	2♑10	2♑16	2♑21	2♑27	2♑32	2♑37	2♑41	2♑46	2♑50	2♑54	2♑58
/♇	5♐56	6♐02	6♐08	6♐13	6♐19	6♐24	6♐29	6♐34	6♐38	6♐43	6♐47	6♐51	6♐55	6♐59
/☊	0♏45	0♏45	0♏47	0♏50	0♏53	0♏58	1♏02	1♏05	1♏08	1♏09	1♏08	1♏06	1♏03	0♏59
♃/♄	17♍24	17♍22	17♍21	17♍19	17♍18	17♍16	17♍15	17♍14	17♍12	17♍11	17♍10	17♍09	17♍07	17♍06
/♅	25♉50	25♉48	25♉46	25♉45	25♉43	25♉42	25♉40	25♉39	25♉38	25♉36	25♉35	25♉34	25♉34	25♉33
/♆	8♉13	8♉11	8♉09	8♉07	8♉05	8♉04	8♉02	8♉01	7♉60	7♉58	7♉57	7♉56	7♉55	7♉54
/♇	12♈16	12♈14	12♈12	12♈10	12♈08	12♈06	12♈05	12♈03	12♈01	11♈60	11♈59	11♈57	11♈56	11♈55
/☊	7♍05	6♍58	6♍51	6♍46	6♍43	6♍40	6♍38	6♍35	6♍31	6♍26	6♍19	6♍12	6♍03	5♍55
♄/♅	1♒00	1♒03	1♒06	1♒08	1♒11	1♒13	1♒15	1♒18	1♒20	1♒23	1♒25	1♒27	1♒29	1♒32
/♆	13♑23	13♑26	13♑28	13♑31	13♑33	13♑35	13♑38	13♑40	13♑42	13♑44	13♑47	13♑49	13♑51	13♑53
/♇	17♐26	17♐29	17♐31	17♐33	17♐36	17♐38	17♐40	17♐42	17♐44	17♐46	17♐48	17♐50	17♐52	17♐53
/☊	12♏15	12♏12	12♏10	12♏10	12♏10	12♏12	12♏13	12♏14	12♏13	12♏12	12♏09	12♏04	11♏59	11♏53
♅/♆	21♓49	21♓51	21♓54	21♓56	21♓58	22♓00	22♓03	22♓05	22♓07	22♓10	22♓12	22♓15	22♓17	22♓19
/♇	25♒53	25♒55	25♒57	25♒59	26♒01	26♒03	26♒05	26♒07	26♒09	26♒11	26♒14	26♒16	26♒18	26♒20
/☊	20♑42	20♑38	20♑36	20♑35	20♑36	20♑37	20♑38	20♑39	20♑39	20♑37	20♑34	20♑30	20♑25	20♑20
♆/♇	8♒15	8♒17	8♒19	8♒21	8♒23	8♒25	8♒27	8♒29	8♒31	8♒33	8♒35	8♒37	8♒39	8♒41
/☊	3♑04	3♑01	2♑58	2♑58	2♑58	2♑59	3♑00	3♑01	3♑01	2♑59	2♑56	2♑52	2♑47	2♑41
♇/☊	7♐08	7♐04	7♐02	7♐01	7♐01	7♐02	7♐03	7♐03	7♐02	7♐01	6♐57	6♐53	6♐48	6♐42

	15	16	17	18	19	20	21	22	23	24	25	26	27	28
☉/☽	26♏14	2♐47	9♐24	16♐04	22♐49	29♐41	6♑39	13♑46	21♑04	28♑32	6♒12	14♒01	21♒59	29♒60
/☿	27♒08	27♒04	26♒60	26♒56	26♒53	26♒53	26♒55	26♒60	27♒08	27♒20	27♒36	27♒55	28♒18	28♒45
/♀	6♒42	7♒27	8♒13	8♒59	9♒46	10♒34	11♒23	12♒12	13♒02	13♒52	14♒43	15♒35	16♒27	17♒19
/♂	26♐15	26♐50	27♐25	27♐59	28♐33	29♐07	29♐41	0♑14	0♑46	1♑19	1♑51	2♑23	2♑54	3♑25
/⚳	28♐47	29♐20	29♐52	0♑25	0♑57	1♑29	2♑00	2♑32	3♑03	3♑34	4♑05	4♑35	5♑06	5♑36
/♃	3♉38	4♉07	4♉35	5♉04	5♉33	6♉01	6♉30	6♉59	7♉28	7♉57	8♉27	8♉56	9♉25	9♉55
/♄	9♑40	10♑11	10♑42	11♑13	11♑44	12♑14	12♑45	13♑16	13♑47	14♑17	14♑48	15♑18	15♑48	16♑19
/♅	18♓07	18♓39	19♓10	19♓42	20♓13	20♓45	21♓17	21♓48	22♓20	22♓52	23♓23	23♓55	24♓27	24♓58
/♆	0♓28	0♓59	1♓31	2♓02	2♓33	3♓05	3♓36	4♓08	4♓39	5♓10	5♓42	6♓13	6♓44	7♓16
/♇	4♒28	4♒59	5♒30	6♒01	6♒32	7♒03	7♒34	8♒05	8♒36	9♒07	9♒38	10♒09	10♒40	11♒11
/☊	28♐21	28♐46	29♐11	29♐39	0♑07	0♑37	1♑07	1♑38	2♑08	2♑38	3♑06	3♑34	4♑00	4♑26
☽/☿	27♉09	2♐38	8♐09	13♐45	19♐28	25♐18	1♑18	7♑30	13♑55	20♑35	27♑30	4♒39	11♒58	19♒26
/♀	6♏43	13♏01	19♏22	25♏49	2♐21	8♐59	15♐46	22♐42	29♐49	7♑07	14♑37	22♑18	0♒07	8♒00
/♂	26♍17	2♎24	8♎35	14♎49	21♎08	27♎32	4♏04	10♏43	17♏33	24♏34	1♐45	9♐06	16♐34	24♐06
/⚳	28♍48	4♎54	11♎02	17♎14	23♎31	29♎54	6♏23	13♏02	19♏50	26♏49	3♐59	11♐19	18♐46	26♐17
/♃	3♌40	9♌41	15♌45	21♌54	28♌07	4♍26	10♍53	17♍29	24♍15	1♎12	8♎20	15♈39	23♈05	0♉36
/♄	9♎41	15♎45	21♎51	28♎02	4♏18	10♏39	17♏08	23♏46	0♐33	7♐32	14♐42	22♐01	29♐29	6♑60
/♅	18♊08	24♊12	0♋20	6♋31	12♑48	19♑10	25♑40	2♒18	9♒07	16♒07	23♒17	0♓38	8♓07	15♓39
/♆	0♊29	6♐33	12♐40	18♐52	25♐08	1♑30	7♑59	14♑37	21♑26	28♑25	5♒36	12♒56	20♒24	27♒57
/♇	4♏29	10♏33	16♏40	22♏51	29♏07	5♐28	11♐57	18♐35	25♐23	2♑22	9♑32	16♑52	24♑20	1♒52
/☊	28♍22	4♎20	10♎21	16♎28	22♎41	29♎02	5♏30	12♏08	18♏55	25♏52	3♐00	10♐17	17♐40	25♐07
☿/♀	7♒36	7♒17	6♒58	6♒40	6♒25	6♒12	6♒02	5♒56	5♒53	5♒55	6♒02	6♒12	6♒27	6♒45
/♂	27♐10	26♐40	26♐10	25♐40	25♐11	24♐44	24♐19	23♐57	23♐38	23♐22	23♐09	22♐60	22♐54	22♐51
/⚳	29♐42	29♐10	28♐38	28♐06	27♐35	27♐06	26♐39	26♐15	25♐54	25♐37	25♐23	25♐13	25♐06	25♐02
/♃	4♉33	3♉57	3♉21	2♉45	2♉11	1♉39	1♉09	0♉43	0♉20	0♉00	29♈45	29♈33	29♈25	29♈21
/♄	10♑34	10♑01	9♑27	8♑54	8♑22	7♑52	7♑24	6♑59	6♑38	6♑20	6♑06	5♑55	5♑48	5♑45
/♅	19♓02	18♓29	17♓56	17♓23	16♓52	16♓22	15♓56	15♓32	15♓12	14♓55	14♓42	14♓32	14♓27	14♓25
/♆	1♓22	0♓50	0♓16	29♒43	29♒12	28♒42	28♒15	27♒51	27♒30	27♒13	26♒60	26♒50	26♒44	26♒42
/♇	5♒23	4♒49	4♒16	3♒43	3♒11	2♒41	2♒13	1♒49	1♒28	1♒10	0♒56	0♒46	0♒40	0♒37
/☊	29♐16	28♐36	27♐57	27♐20	26♐45	26♐14	25♐46	25♐21	24♐60	24♐41	24♐25	24♐11	24♐00	23♐52
♀/♂	6♐44	7♐03	7♐23	7♐44	8♐05	8♐26	8♐47	9♐09	9♐32	9♐54	10♐17	10♐39	11♐02	11♐25
/⚳	9♐16	9♐33	9♐51	10♐09	10♐28	10♐47	11♐07	11♐27	11♐48	12♐09	12♐31	12♐52	13♐14	13♐36
/♃	14♈07	14♈20	14♈34	14♈49	15♈04	15♈20	15♈37	15♈55	16♈13	16♈32	16♈52	17♈13	17♈34	17♈55
/♄	20♐08	20♐24	20♐40	20♐57	21♐15	21♐33	21♐52	22♐12	22♐32	22♐52	23♐13	23♐35	23♐57	24♐19
/♅	28♒36	28♒52	29♒09	29♒26	29♒45	0♓04	0♓24	0♓44	1♓05	1♓27	1♓49	2♓12	2♓35	2♓59
/♆	10♒57	11♒13	11♒29	11♒47	12♒05	12♒24	12♒43	13♒03	13♒24	13♒45	14♒07	14♒30	14♒53	15♒16
/♇	14♑57	15♑13	15♑29	15♑46	16♑04	16♑22	16♑41	17♑01	17♑21	17♑42	18♑04	18♑26	18♑48	19♑11
/☊	8♐50	8♐59	9♐10	9♐23	9♐38	9♐56	10♐14	10♐34	10♐53	11♐13	11♐32	11♐50	12♐09	12♐27
♂/⚳	28♎49	28♎56	29♎03	29♎09	29♎15	29♎20	29♎25	29♎29	29♎32	29♎36	29♎38	29♎40	29♎41	29♎42
/♃	3♍41	3♍43	3♍46	3♍49	3♍51	3♍53	3♍55	3♍56	3♍58	3♍59	3♍60	4♍00	4♍01	4♍01
/♄	9♏42	9♏47	9♏53	9♏57	10♏02	10♏06	10♏10	10♏13	10♏16	10♏19	10♏21	10♏23	10♏24	10♏25
/♅	18♑09	18♑15	18♑21	18♑27	18♑32	18♑37	18♑41	18♑46	18♑50	18♑53	18♑57	18♑60	19♑02	19♑05
/♆	0♑30	0♑36	0♑42	0♑47	0♑52	0♑56	1♑01	1♑05	1♑08	1♑12	1♑15	1♑17	1♑20	1♑22
/♇	4♐30	4♐36	4♐41	4♐46	4♐51	4♐55	4♐59	5♐03	5♐06	5♐09	5♐11	5♐14	5♐15	5♐17
/☊	28♎23	28♎22	28♎22	28♎23	28♎25	28♎28	28♎32	28♎35	28♎38	28♎39	28♎39	28♎38	28♎36	28♎32
⚳/♃	6♍13	6♍13	6♍14	6♍14	6♍14	6♍14	6♍15	6♍14	6♍14	6♍14	6♍14	6♍13	6♍13	6♍12
/♄	12♏14	12♏17	12♏20	12♏23	12♏25	12♏27	12♏29	12♏31	12♏33	12♏34	12♏35	12♏35	12♏36	12♏36
/♅	20♑41	20♑45	20♑48	20♑52	20♑55	20♑58	21♑01	21♑04	21♑06	21♑08	21♑11	21♑12	21♑14	21♑16
/♆	3♑02	3♑06	3♑09	3♑12	3♑15	3♑18	3♑21	3♑23	3♑25	3♑27	3♑29	3♑30	3♑32	3♑33
/♇	7♐02	7♐06	7♐09	7♐11	7♐14	7♐17	7♐19	7♐21	7♐22	7♐24	7♐25	7♐26	7♐27	7♐28
/☊	0♏55	0♏52	0♏50	0♏49	0♏49	0♏50	0♏51	0♏53	0♏54	0♏54	0♏53	0♏51	0♏47	0♏43
♃/♄	17♍05	17♍04	17♍03	17♍02	17♍01	17♍00	16♍59	16♍59	16♍58	16♍57	16♍56	16♍56	16♍55	16♍55
/♅	25♉32	25♉32	25♉31	25♉31	25♉31	25♉31	25♉31	25♉31	25♉31	25♉32	25♉32	25♉33	25♉34	25♉34
/♆	7♉53	7♉53	7♉52	7♉51	7♉51	7♉51	7♉50	7♉50	7♉50	7♉50	7♉50	7♉51	7♉51	7♉52
/♇	11♈54	11♈53	11♈52	11♈51	11♈50	11♈49	11♈49	11♈48	11♈48	11♈47	11♈47	11♈47	11♈47	11♈47
/☊	5♍46	5♍39	5♍33	5♍28	5♍25	5♍23	5♍21	5♍21	5♍20	5♍18	5♍15	5♍11	5♍07	5♍02
♄/♅	1♒34	1♒36	1♒38	1♒40	1♒42	1♒44	1♒46	1♒48	1♒50	1♒52	1♒53	1♒55	1♒57	1♒58
/♆	13♑55	13♑57	13♑58	14♑00	14♑02	14♑04	14♑05	14♑07	14♑09	14♑10	14♑12	14♑13	14♑14	14♑16
/♇	17♐55	17♐57	17♐58	17♐60	18♐01	18♐02	18♐04	18♐05	18♐06	18♐07	18♐08	18♐09	18♐10	18♐11
/☊	11♏48	11♏43	11♏39	11♏37	11♏36	11♏36	11♏36	11♏37	11♏38	11♏38	11♏36	11♏34	11♏30	11♏26
♅/♆	22♓22	22♓24	22♓27	22♓29	22♓32	22♓34	22♓37	22♓40	22♓42	22♓45	22♓47	22♓50	22♓53	22♓55
/♇	26♒22	26♒24	26♒26	26♒29	26♒31	26♒33	26♒35	26♒37	26♒40	26♒42	26♒44	26♒46	26♒48	26♒51
/☊	20♑15	20♑11	20♑08	20♑06	20♑06	20♑06	20♑08	20♑10	20♑11	20♑12	20♑12	20♑11	20♑09	20♑06
♆/♇	8♒43	8♒45	8♒47	8♒49	8♒51	8♒53	8♒55	8♒57	8♒58	9♒00	9♒02	9♒04	9♒06	9♒08
/☊	2♑36	2♑31	2♑28	2♑26	2♑26	2♑26	2♑27	2♑29	2♑30	2♑31	2♑30	2♑29	2♑26	2♑23
♇/☊	6♐36	6♐31	6♐28	6♐25	6♐24	6♐25	6♐26	6♐27	6♐28	6♐28	6♐27	6♐25	6♐22	6♐18

February 2014

March 2014

	1	2	3	4	5	6	7	8
☉/☽	7♓60	15♓54	23♓39	1♈11	8♈30	15♈35	22♈29	29♈11
/☿	29♒15	29♒48	0♓24	1♓03	1♓44	2♓29	3♓15	4♓04
/♀	18♒12	19♒06	19♒59	20♒54	21♒48	22♒43	23♒38	24♒34
/♂	3♑55	4♑26	4♑55	5♑25	5♑54	6♑22	6♑51	7♑19
/⚳	6♑06	6♑35	7♑05	7♑34	8♑03	8♑32	9♑00	9♑29
/♃	10♉24	10♉54	11♉24	11♉53	12♉23	12♉53	13♉23	13♉53
/♄	16♑49	17♑19	17♑49	18♑19	18♑49	19♑19	19♑49	20♑19
/♅	25♓30	26♓02	26♓33	27♓05	27♓37	28♓08	28♓40	29♓12
/♆	7♓47	8♓18	8♓49	9♓21	9♓52	10♓23	10♓54	11♓25
/♇	11♒42	12♒12	12♒43	13♒14	13♒45	14♒15	14♒46	15♒16
/☊	4♑52	5♑19	5♑47	6♑16	6♑46	7♑16	7♑47	8♑18
☽/☿	26♒55	4♓23	11♓43	18♓55	25♓55	2♈44	9♈24	15♈55
/♀	15♒53	23♒41	1♓19	8♓45	15♓58	22♓59	29♓47	6♈25
/♂	1♑36	9♑01	16♑15	23♑17	0♌04	6♌38	12♌59	19♌10
/⚳	3♑47	11♑11	18♑25	25♑26	2♌13	8♌47	15♌09	21♌20
/♃	8♉05	15♉29	22♉43	29♉45	6♊34	13♊09	19♊32	25♊45
/♄	14♑30	21♑54	29♑09	6♒11	12♒60	19♒35	25♌58	2♍10
/♅	23♓11	0♈37	7♈53	14♈57	21♈47	28♈24	4♉49	11♉03
/♆	5♓28	12♓53	20♓09	27♓12	4♈02	10♈38	17♈03	23♈17
/♇	9♒22	16♒47	24♒03	1♓06	7♓55	14♓31	20♓54	27♓08
/☊	2♑33	9♑54	17♑07	24♑08	0♌56	7♌32	13♌56	20♌09
☿/♀	7♒08	7♒34	8♒04	8♒37	9♒13	9♒52	10♒33	11♒17
/♂	22♐51	22♐54	22♐60	23♐08	23♐18	23♐31	23♐46	24♐02
/⚳	25♐01	25♐04	25♐09	25♐17	25♐28	25♐40	25♐55	26♐12
/♃	29♈20	29♈22	29♈28	29♈36	29♈48	0♉02	0♉18	0♉37
/♄	5♑45	5♑48	5♑54	6♑02	6♑14	6♑28	6♑44	7♑02
/♅	14♓26	14♓30	14♓38	14♓48	15♓01	15♓17	15♓35	15♓55
/♆	26♒42	26♒47	26♒54	27♒04	27♒16	27♒32	27♒49	28♒09
/♇	0♒37	0♒41	0♒47	0♒57	1♒09	1♒24	1♒41	1♒60
/☊	23♐48	23♐48	23♐51	23♐59	24♐10	24♐25	24♐42	25♐01
♀/♂	11♐49	12♐12	12♐35	12♐59	13♐22	13♐46	14♐09	14♐32
/⚳	13♐59	14♐22	14♐45	15♐08	15♐31	15♐55	16♐19	16♐42
/♃	18♈17	18♈40	19♈03	19♈27	19♈52	20♈16	20♈42	21♈07
/♄	24♐42	25♐06	25♐29	25♐53	26♐18	26♐42	27♐07	27♐33
/♅	3♓23	3♓48	4♓13	4♓39	5♓05	5♓31	5♓58	6♓25
/♆	15♒40	16♒04	16♒29	16♒54	17♒20	17♒46	18♒12	18♒39
/♇	19♑35	19♑59	20♑23	20♑48	21♑13	21♑38	22♑04	22♑30
/☊	12♐46	13♐06	13♐27	13♐50	14♐14	14♐39	15♐05	15♐32
♂/⚳	29♎42	29♎42	29♎41	29♎39	29♎37	29♎34	29♎31	29♎27
/♃	4♍01	4♍00	3♍60	3♍59	3♍57	3♍56	3♍54	3♍52
/♄	10♏25	10♏26	10♏25	10♏25	10♏23	10♏22	10♏20	10♏17
/♅	19♑07	19♑08	19♑09	19♑10	19♑11	19♑11	19♑11	19♑10
/♆	1♑23	1♑24	1♑25	1♑26	1♑26	1♑25	1♑25	1♑24
/♇	5♐18	5♐19	5♐19	5♐19	5♐19	5♐18	5♐17	5♐15
/☊	28♎29	28♎26	28♎23	28♎21	28♎20	28♎19	28♎18	28♎16
⚳/♃	6♍11	6♍10	6♍09	6♍08	6♍06	6♍05	6♍04	6♍02
/♄	12♏36	12♏35	12♏35	12♏34	12♏33	12♏31	12♏29	12♏27
/♅	21♑17	21♑18	21♑19	21♑19	21♑20	21♑20	21♑20	21♑20
/♆	3♑34	3♑34	3♑35	3♑35	3♑35	3♑35	3♑34	3♑34
/♇	7♐28	7♐29	7♐29	7♐28	7♐28	7♐27	7♐26	7♐25
/☊	0♏39	0♏35	0♏33	0♏30	0♏29	0♏28	0♏27	0♏26
♃/♄	16♍54	16♍54	16♍53	16♍53	16♍53	16♍53	16♍52	16♍52
/♅	25♉35	25♉36	25♉38	25♉39	25♉40	25♉42	25♉43	25♉45
/♆	7♉52	7♉53	7♉53	7♉54	7♉55	7♉56	7♉57	7♉59
/♇	11♈47	11♈47	11♈47	11♈48	11♈48	11♈48	11♈49	11♈50
/☊	4♍58	4♍54	4♍51	4♍50	4♍49	4♍50	4♍50	4♍51
♄/♅	2♒00	2♒02	2♒03	2♒05	2♒06	2♒08	2♒09	2♒10
/♆	14♑17	14♑18	14♑19	14♑20	14♑21	14♑22	14♑23	14♑24
/♇	18♐12	18♐12	18♐13	18♐14	18♐14	18♐15	18♐15	18♐15
/☊	11♏22	11♏19	11♏17	11♏16	11♏15	11♏16	11♏16	11♏17
♅/♆	22♓58	23♓01	23♓03	23♓06	23♓09	23♓11	23♓14	23♓17
/♇	26♒53	26♒55	26♒57	26♒59	27♒01	27♒04	27♒06	27♒08
/☊	20♑04	20♑02	20♑01	20♑01	20♑03	20♑05	20♑07	20♑09
♆/♇	9♒09	9♒11	9♒13	9♒15	9♒16	9♒18	9♒20	9♒22
/☊	2♑20	2♑18	2♑17	2♑17	2♑18	2♑19	2♑21	2♑23
♇/☊	6♐15	6♐12	6♐11	6♐10	6♐11	6♐12	6♐13	6♐14

	9	10	11	12	13	14	15	16
☉/☽	5♉46	12♉16	18♉42	25♉08	1♊35	8♊04	14♊37	21♊14
/☿	4♓54	5♓47	6♓41	7♓37	8♓34	9♓33	10♓34	11♓35
/♀	25♒30	26♒26	27♒23	28♒19	29♒17	0♓14	1♓12	2♓09
/♂	7♑46	8♑13	8♑40	9♑06	9♑32	9♑57	10♑22	10♑47
/⚳	9♑57	10♑24	10♑52	11♑19	11♑47	12♑13	12♑40	13♑07
/♃	14♉24	14♉54	15♉24	15♉55	16♉25	16♉56	17♉27	17♉57
/♄	20♑49	21♑18	21♑48	22♑17	22♑47	23♑16	23♑45	24♑15
/♅	29♓43	0♈15	0♈46	1♈18	1♈50	2♈21	2♈53	3♈24
/♆	11♓56	12♓27	12♓59	13♓30	14♓01	14♓32	15♓03	15♓34
/♇	15♒47	16♒18	16♒48	17♒18	17♒49	18♒19	18♒50	19♒20
/☊	8♑48	9♑17	9♑45	10♑13	10♑40	11♑06	11♑33	11♑60
☽/☿	22♈20	28♈43	5♉03	11♉25	17♉49	24♉18	0♐51	7♐30
/♀	12♈56	19♈22	25♈45	2♉07	8♏31	14♏58	21♏29	28♏05
/♂	25♌12	1♍09	7♍02	12♍54	18♍46	24♍41	0♎40	6♎42
/⚳	27♌23	3♍20	9♍14	15♍07	21♍01	26♍58	2♎58	9♎02
/♃	1♋50	7♋50	13♋47	19♋43	25♋40	1♌40	7♌44	13♌53
/♄	8♍15	14♍14	20♍10	26♍05	2♎02	8♎00	14♎03	20♎10
/♅	17♉09	23♉11	29♉09	5♊06	11♊04	17♊05	23♊10	29♊20
/♆	29♈23	5♉23	11♉21	17♉18	23♉15	29♉16	5♊20	11♐29
/♇	3♈13	9♈13	15♎10	21♎06	27♎04	3♏04	9♏07	15♏15
/☊	26♌14	2♍13	8♍08	14♍01	19♍55	25♍51	1♎50	7♎55
☿/♀	12♒04	12♒53	13♒44	14♒37	15♒31	16♒28	17♒26	18♒25
/♂	24♐20	24♐40	25♐01	25♐23	25♐46	26♐11	26♐36	27♐03
/⚳	26♐31	26♐51	27♐13	27♐37	28♐01	28♐27	28♐54	29♐23
/♃	0♉58	1♉21	1♉45	2♉12	2♉40	3♉10	3♉41	4♉13
/♄	7♑23	7♑45	8♑09	8♑34	9♑01	9♑30	9♑60	10♑31
/♅	16♓17	16♓42	17♓08	17♓35	18♓04	18♓35	19♓07	19♓40
/♆	28♒31	28♒54	29♒20	29♒47	0♓15	0♓45	1♓17	1♓50
/♇	2♒21	2♒44	3♒09	3♒36	4♒04	4♒33	5♒04	5♒36
/☊	25♐22	25♐44	26♐06	26♐30	26♐54	27♐20	27♐47	28♐16
♀/♂	14♐56	15♐19	15♐42	16♐05	16♐28	16♐51	17♐14	17♐37
/⚳	17♐06	17♐30	17♐55	18♐19	18♐43	19♐08	19♐32	19♐57
/♃	21♈33	21♈60	22♈27	22♈54	23♈22	23♈50	24♈19	24♈48
/♄	27♐58	28♐24	28♐50	29♐17	29♐44	0♑10	0♑38	1♑05
/♅	6♓53	7♓21	7♓49	8♓18	8♓46	9♓15	9♓45	10♓15
/♆	19♒06	19♒34	20♒01	20♒29	20♒57	21♒26	21♒55	22♒24
/♇	22♑57	23♑24	23♑51	24♑18	24♑46	25♑14	25♑42	26♑10
/☊	15♐58	16♐23	16♐48	17♐12	17♐37	18♐01	18♐25	18♐50
♂/⚳	29♎22	29♎17	29♎12	29♎05	28♎58	28♎51	28♎43	28♎34
/♃	3♍50	3♍47	3♍44	3♍41	3♍37	3♍33	3♍29	3♍25
/♄	10♏14	10♏11	10♏07	10♏03	9♏59	9♏54	9♏48	9♏42
/♅	19♑09	19♑08	19♑06	19♑04	19♑01	18♑59	18♑55	18♑52
/♆	1♑22	1♑20	1♑18	1♑16	1♑13	1♑09	1♑05	1♑01
/♇	5♐13	5♐10	5♐08	5♐04	5♐01	4♐57	4♐52	4♐48
/☊	28♎14	28♎10	28♎05	27♎59	27♎52	27♎44	27♎36	27♎27
⚳/♃	6♍00	5♍58	5♍56	5♍54	5♍52	5♍50	5♍47	5♍45
/♄	12♏25	12♏23	12♏20	12♏17	12♏14	12♏10	12♏06	12♏02
/♅	21♑20	21♑19	21♑18	21♑18	21♑16	21♑15	21♑14	21♑12
/♆	3♑33	3♑32	3♑31	3♑29	3♑27	3♑26	3♑23	3♑21
/♇	7♐24	7♐22	7♐20	7♐18	7♐16	7♐13	7♐11	7♐08
/☊	0♏24	0♏21	0♏17	0♏12	0♏07	0♏00	29♎54	29♎47
♃/♄	16♍52	16♍52	16♍52	16♍52	16♍52	16♍52	16♍53	16♍53
/♅	25♉47	25♉49	25♉51	25♉53	25♉55	25♉57	25♉60	26♉02
/♆	7♉60	8♉01	8♉03	8♉04	8♉06	8♉08	8♉10	8♉12
/♇	11♈51	11♈51	11♈52	11♈53	11♈54	11♈56	11♈57	11♈58
/☊	4♍51	4♍51	4♍50	4♍48	4♍45	4♍43	4♍40	4♍38
♄/♅	2♒12	2♒13	2♒14	2♒15	2♒17	2♒18	2♒19	2♒20
/♆	14♑25	14♑26	14♑26	14♑27	14♑28	14♑28	14♑29	14♑29
/♇	18♐16	18♐16	18♐16	18♐16	18♐16	18♐16	18♐16	18♐16
/☊	11♏16	11♏15	11♏13	11♏10	11♏07	11♏03	10♏59	10♏55
♅/♆	23♓20	23♓22	23♓25	23♓28	23♓31	23♓33	23♓36	23♓39
/♇	27♒10	27♒12	27♒14	27♒17	27♒19	27♒21	27♒23	27♒25
/☊	20♑11	20♑12	20♑12	20♑11	20♑10	20♑08	20♑06	20♑05
♆/♇	9♒23	9♒25	9♒27	9♒28	9♒30	9♒31	9♒33	9♒35
/☊	2♑24	2♑24	2♑24	2♑23	2♑21	2♑18	2♑16	2♑14
♇/☊	6♐15	6♐15	6♐13	6♐11	6♐09	6♐06	6♐03	6♐01

	17	18	19	20	21	22	23	24
☉/☽	27♐57	4♑45	11♑40	18♑40	25♑46	2♒59	10♒20	17♒47
/☿	12♓38	13♓42	14♓46	15♓52	16♓59	18♓07	19♓16	20♓25
/♀	3♓08	4♓06	5♓04	6♓03	7♓02	8♓01	9♓01	10♓00
/♂	11♑11	11♑35	11♑58	12♑21	12♑44	13♑06	13♑28	13♑50
/⚳	13♑33	13♑59	14♑25	14♑51	15♑16	15♑41	16♑06	16♑31
/♃	18♉28	18♉59	19♉30	20♉01	20♉32	21♉03	21♉35	22♉06
/♄	24♑44	25♑13	25♑42	26♑11	26♑40	27♑09	27♑38	28♑06
/♅	3♈56	4♈27	4♈59	5♈30	6♈02	6♈33	7♈05	7♈36
/♆	16♓05	16♓36	17♓06	17♓37	18♓08	18♓39	19♓10	19♓41
/♇	19♒50	20♒21	20♒51	21♒21	21♒51	22♒21	22♒52	23♒22
/☊	12♑28	12♑56	13♑25	13♑55	14♑26	14♑56	15♑27	15♑57
☽/☿	14♐16	21♐09	28♐08	5♑14	12♑28	19♑49	27♑19	4♒56
/♀	4♐46	11♐33	18♐26	25♐25	2♑31	9♑44	17♑04	24♑31
/♂	12♎49	19♎02	25♎20	1♏43	8♏13	14♏49	21♏31	28♏21
/⚳	15♎11	21♎26	27♎46	4♏12	10♏45	17♏24	24♏09	1♐02
/♃	20♌06	26♌26	2♍51	9♍23	16♍01	22♍46	29♍38	6♎37
/♄	26♎22	2♏40	9♏03	15♏33	22♏09	28♏51	5♐41	12♐37
/♅	5♋34	11♑54	18♑20	24♑52	1♒30	8♒16	15♒08	22♒07
/♆	17♐43	24♐02	0♑28	6♑59	13♑37	20♑21	27♑13	4♒11
/♇	21♏29	27♏48	4♐12	10♐43	17♐20	24♐04	0♑55	7♑53
/☊	14♎06	20♎23	26♎47	3♏17	9♏54	16♏39	23♏30	0♐28
☿/♀	19♒26	20♒29	21♒33	22♒38	23♒44	24♒51	25♒60	27♒10
/♂	27♐30	27♐58	28♐26	28♐56	29♐26	29♐56	0♑27	0♑59
/⚳	29♐52	0♑22	0♑53	1♑25	1♑58	2♑31	3♑06	3♑41
/♃	4♉47	5♉22	5♉58	6♉36	7♉14	7♉54	8♉34	9♉15
/♄	11♑03	11♑36	12♑10	12♑45	13♑22	13♑59	14♑37	15♑16
/♅	20♓15	20♓50	21♓27	22♓05	22♓44	23♓23	24♓04	24♓45
/♆	2♓23	2♓59	3♓35	4♓12	4♓50	5♓29	6♓09	6♓50
/♇	6♒09	6♒44	7♒19	7♒56	8♒33	9♒12	9♒51	10♒31
/☊	28♐46	29♐19	29♐54	0♑30	1♑07	1♑46	2♑26	3♑06
♀/♂	17♐60	18♐22	18♐44	19♐07	19♐29	19♐51	20♐12	20♐34
/⚳	20♐22	20♐46	21♐11	21♐36	22♐01	22♐26	22♐51	23♐16
/♃	25♈17	25♈46	26♈16	26♈46	27♈17	27♈48	28♈19	28♈50
/♄	1♑32	2♑00	2♑28	2♑56	3♑25	3♑53	4♑22	4♑50
/♅	10♓44	11♓15	11♓45	12♓16	12♓47	13♓18	13♓49	14♓20
/♆	22♒53	23♒23	23♒53	24♒23	24♒53	25♒23	25♒54	26♒25
/♇	26♑39	27♑08	27♑37	28♑06	28♑36	29♑06	29♑36	0♒06
/☊	19♐16	19♐43	20♐11	20♐41	21♐10	21♐41	22♐11	22♐41
♂/⚳	28♎25	28♎15	28♎05	27♎54	27♎43	27♎31	27♎18	27♎05
/♃	3♍20	3♍15	3♍10	3♍05	2♍59	2♍53	2♍46	2♍40
/♄	9♏36	9♏29	9♏22	9♏14	9♏06	8♏58	8♏49	8♏40
/♅	18♑48	18♑43	18♑39	18♑34	18♑28	18♑23	18♑16	18♑10
/♆	0♑57	0♑52	0♑46	0♑41	0♑35	0♑28	0♑22	0♑14
/♇	4♐42	4♐37	4♐31	4♐25	4♐18	4♐11	4♐03	3♐55
/☊	27♎20	27♎12	27♎05	26♎59	26♎52	26♎45	26♎38	26♎31
⚳/♃	5♍42	5♍40	5♍37	5♍34	5♍31	5♍28	5♍25	5♍21
/♄	11♏58	11♏53	11♏49	11♏44	11♏38	11♏33	11♏27	11♏22
/♅	21♑10	21♑08	21♑05	21♑03	21♑00	20♑58	20♑55	20♑51
/♆	3♑19	3♑16	3♑13	3♑10	3♑07	3♑03	2♑60	2♑56
/♇	7♐04	7♐01	6♐58	6♐54	6♐50	6♐46	6♐42	6♐37
/☊	29♎42	29♎37	29♎32	29♎28	29♎24	29♎21	29♎17	29♎12
♃/♄	16♍53	16♍53	16♍54	16♍54	16♍55	16♍55	16♍56	16♍56
/♅	26♉05	26♉08	26♉11	26♉14	26♉17	26♉20	26♉23	26♉26
/♆	8♉14	8♉16	8♉18	8♉21	8♉23	8♉25	8♉28	8♉31
/♇	11♈60	12♈01	12♈03	12♈04	12♈06	12♈08	12♈10	12♈12
/☊	4♍37	4♍37	4♍37	4♍38	4♍40	4♍43	4♍45	4♍47
♄/♅	2♒21	2♒22	2♒23	2♒23	2♒24	2♒25	2♒26	2♒26
/♆	14♑30	14♑30	14♑30	14♑30	14♑31	14♑31	14♑31	14♑31
/♇	18♐15	18♐15	18♐15	18♐14	18♐14	18♐13	18♐13	18♐12
/☊	10♏53	10♏50	10♏49	10♏48	10♏48	10♏48	10♏48	10♏47
♅/♆	23♓42	23♓44	23♓47	23♓50	23♓53	23♓55	23♓58	24♓01
/♇	27♒27	27♒29	27♒31	27♒34	27♒36	27♒38	27♒40	27♒42
/☊	20♑04	20♑05	20♑06	20♑08	20♑10	20♑12	20♑15	20♑17
♆/♇	9♒36	9♒38	9♒39	9♒41	9♒42	9♒43	9♒45	9♒46
/☊	2♑13	2♑13	2♑13	2♑15	2♑16	2♑18	2♑20	2♑21
♇/☊	5♐59	5♐58	5♐58	5♐59	5♐60	6♐01	6♐02	6♐02

	25	26	27	28	29	30	31	
☉/☽	25♒21	3♓02	10♓46	18♓33	26♓20	4♈02	11♈38	☉/☽
/☿	21♓36	22♓47	23♓59	25♓12	26♓25	27♓40	28♓55	/☿
/♀	11♓00	11♓60	13♓00	14♓00	15♓01	16♓01	17♓02	/♀
/♂	14♑11	14♑32	14♑53	15♑13	15♑33	15♑53	16♑12	/♂
/⚳	16♑56	17♑21	17♑45	18♑09	18♑33	18♑57	19♑21	/⚳
/♃	22♉38	23♉09	23♉41	24♉12	24♉44	25♉16	25♉48	/♃
/♄	28♑35	29♑04	29♑32	0♒01	0♒29	0♒57	1♒26	/♄
/♅	8♈08	8♈39	9♈10	9♈42	10♈13	10♈45	11♈16	/♅
/♆	20♓11	20♓42	21♓13	21♓44	22♓14	22♓45	23♓16	/♆
/♇	23♒52	24♒22	24♒52	25♒22	25♒52	26♒22	26♒52	/♇
/☊	16♑26	16♑55	17♑24	17♑52	18♑20	18♑49	19♑18	/☊
☽/☿	12♒41	20♒34	28♒31	6♓31	14♓32	22♓29	0♈20	☽/☿
/♀	2♒06	9♒46	17♒32	25♒20	3♓07	10♓51	18♓28	/♀
/♂	5♐17	12♐19	19♐25	26♐33	3♑39	10♑42	17♑38	/♂
/⚳	8♐02	15♐07	22♐17	29♐29	6♑40	13♑47	20♑47	/⚳
/♃	13♈43	20♈56	28♈13	5♉32	12♉51	20♉06	27♉14	/♃
/♄	19♐41	26♐50	4♑04	11♑20	18♑36	25♑47	2♒52	/♄
/♅	29♒13	6♓26	13♓42	21♓01	28♓20	5♈34	12♈42	/♅
/♆	11♒17	18♒29	25♒45	3♓03	10♓21	17♓35	24♓41	/♆
/♇	14♑57	22♑08	29♑24	6♒41	13♒58	21♒11	28♒17	/♇
/☊	7♐32	14♐42	21♐56	29♐11	6♑27	13♑38	20♑43	/☊
☿/♀	28♒20	29♒32	0♓45	1♓58	3♓13	4♓28	5♓45	☿/♀
/♂	1♑31	2♑04	2♑37	3♑11	3♑45	4♑20	4♑55	/♂
/⚳	4♑16	4♑53	5♑30	6♑07	6♑46	7♑24	8♑04	/⚳
/♃	9♉58	10♉41	11♉25	12♉10	12♉56	13♉43	14♉31	/♃
/♄	15♑55	16♑36	17♑17	17♑59	18♑41	19♑25	20♑09	/♄
/♅	25♓28	26♓11	26♓55	27♓40	28♓25	29♓12	29♓59	/♅
/♆	7♓32	8♓14	8♓58	9♓42	10♓26	11♓12	11♓58	/♆
/♇	11♒12	11♒54	12♒36	13♒20	14♒04	14♒49	15♒34	/♇
/☊	3♑46	4♑27	5♑08	5♑50	6♑32	7♑16	8♑00	/☊
♀/♂	20♐56	21♐17	21♐38	21♐59	22♐20	22♐41	23♐02	♀/♂
/⚳	23♐41	24♐06	24♐31	24♐56	25♐21	25♐46	26♐11	/⚳
/♃	29♈22	29♈54	0♉26	0♉59	1♉32	2♉05	2♉38	/♃
/♄	5♑19	5♑48	6♑18	6♑47	7♑16	7♑46	8♑16	/♄
/♅	14♓52	15♓24	15♓56	16♓28	17♓01	17♓33	18♓06	/♅
/♆	26♒56	27♒27	27♒58	28♒30	29♒02	29♒34	0♓06	/♆
/♇	0♒36	1♒07	1♒37	2♒08	2♒39	3♒10	3♒41	/♇
/☊	23♐11	23♐40	24♐09	24♐38	25♐08	25♐37	26♐07	/☊
♂/⚳	26♎52	26♎38	26♎23	26♎08	25♎53	25♎37	25♎21	♂/⚳
/♃	2♍33	2♍26	2♍19	2♍12	2♍04	1♍56	1♍48	/♃
/♄	8♏30	8♏21	8♏10	7♏60	7♏49	7♏38	7♏26	/♄
/♅	18♑03	17♑56	17♑49	17♑41	17♑33	17♑25	17♑16	/♅
/♆	0♑07	29♐59	29♐51	29♐43	29♐34	29♐25	29♐16	/♆
/♇	3♐47	3♐39	3♐30	3♐21	3♐12	3♐02	2♐52	/♇
/☊	26♎22	26♎12	26♎02	25♎51	25♎40	25♎29	25♎18	/☊
⚳/♃	5♍18	5♍15	5♍11	5♍08	5♍04	5♍01	4♍57	⚳/♃
/♄	11♏15	11♏09	11♏03	10♏56	10♏49	10♏42	10♏35	/♄
/♅	20♑48	20♑45	20♑41	20♑37	20♑33	20♑29	20♑25	/♅
/♆	2♑52	2♑48	2♑44	2♑39	2♑34	2♑30	2♑25	/♆
/♇	6♐32	6♐27	6♐22	6♐17	6♐12	6♐06	6♐01	/♇
/☊	29♎07	29♎01	28♎54	28♎47	28♎40	28♎33	28♎27	/☊
♃/♄	16♍57	16♍58	16♍58	16♍59	17♍00	17♍01	17♍02	♃/♄
/♅	26♉30	26♉33	26♉37	26♉40	26♉44	26♉48	26♉52	/♅
/♆	8♉33	8♉36	8♉39	8♉42	8♉45	8♉48	8♉52	/♆
/♇	12♈14	12♈16	12♈18	12♈20	12♈23	12♈25	12♈28	/♇
/☊	4♍48	4♍49	4♍50	4♍51	4♍51	4♍52	4♍54	/☊
♄/♅	2♒27	2♒28	2♒28	2♒29	2♒29	2♒30	2♒30	♄/♅
/♆	14♑31	14♑31	14♑31	14♑30	14♑30	14♑30	14♑30	/♆
/♇	18♐11	18♐10	18♐09	18♐09	18♐08	18♐07	18♐05	/♇
/☊	10♏46	10♏44	10♏41	10♏39	10♏36	10♏34	10♏31	/☊
♅/♆	24♓03	24♓06	24♓09	24♓12	24♓14	24♓17	24♓20	♅/♆
/♇	27♒44	27♒46	27♒48	27♒50	27♒52	27♒54	27♒56	/♇
/☊	20♑18	20♑19	20♑20	20♑20	20♑20	20♑21	20♑22	/☊
♆/♇	9♒48	9♒49	9♒50	9♒52	9♒53	9♒54	9♒55	♆/♇
/☊	2♑22	2♑22	2♑22	2♑22	2♑21	2♑21	2♑21	/☊
♇/☊	6♐02	6♐02	6♐01	5♐60	5♐59	5♐58	5♐57	♇/☊

March 2014

April 2014

	1	2	3	4	5	6	7	8	9	10	11	12	13	14	15
☉/☽	19♈04	26♈20	3♉24	10♉18	17♉02	23♉39	0♊09	6♊36	13♊02	19♊29	25♊59	2♋34	9♋15	16♋04	23♋00
/☿	0♈10	1♈27	2♈44	4♈02	5♈21	6♈40	7♈60	9♈21	10♈42	12♈04	13♈27	14♈51	16♈15	17♈40	19♈06
/♀	18♓03	19♓03	20♓04	21♓06	22♓07	23♓08	24♓10	25♓11	26♓13	27♓14	28♓16	29♓18	0♈20	1♈22	2♈24
/♂	16♑31	16♑50	17♑09	17♑28	17♑46	18♑05	18♑23	18♑41	18♋59	19♋17	19♋35	19♋53	20♋11	20♋29	20♋47
/⚷	19♑45	20♑08	20♑32	20♑55	21♑18	21♑41	22♑04	22♑27	22♑50	23♑13	23♑35	23♑58	24♑20	24♑43	25♑06
/♃	26♉20	26♉52	27♉24	27♉56	28♉28	29♉01	29♉33	0♊05	0♊38	1♊10	1♊43	2♊16	2♊48	3♊21	3♊54
/♄	1♒54	2♒22	2♒50	3♒18	3♒47	4♒14	4♒42	5♒10	5♒38	6♒06	6♒34	7♒01	7♒29	7♒56	8♒24
/♅	11♈47	12♈19	12♈50	13♈21	13♈53	14♈24	14♈55	15♈26	15♈58	16♈29	16♈60	17♈31	18♈02	18♈33	19♈04
/♆	23♓46	24♓17	24♓47	25♓18	25♓48	26♓19	26♓49	27♓20	27♓50	28♓21	28♓51	29♓21	29♓51	0♈22	0♈52
/♇	27♒21	27♒51	28♒21	28♒51	29♒21	29♒50	0♓20	0♓50	1♓19	1♓49	2♓18	2♓48	3♓17	3♓47	4♓16
/☊	19♑47	20♑17	20♑47	21♑17	21♑47	22♑17	22♑47	23♑16	23♑46	24♑15	24♑44	25♑13	25♑42	26♑11	26♑40
☽/☿	8♈03	15♈36	22♈59	0♉11	7♉15	14♉12	21♉03	27♉52	4♊40	11♊30	18♊24	25♊24	2♋31	9♋46	17♑09
/♀	25♓55	3♈13	10♈19	17♈15	24♈01	0♉40	7♉13	13♉42	20♉11	26♉40	3♊13	9♐51	16♐36	23♐27	0♑27
/♂	24♋24	0♌60	7♌24	13♌37	19♌41	25♌36	1♍26	7♍12	12♍57	18♍43	24♍32	0♎26	6♎26	12♎34	18♎50
/⚷	27♑38	4♌18	10♌46	17♌04	23♌13	29♌13	5♍07	10♍58	16♍48	22♍39	28♍32	4♎31	10♎36	16♎48	23♎09
/♃	4♊13	11♊01	17♊39	24♊06	0♋23	6♋32	12♋36	18♋37	24♋36	0♌36	6♌40	12♌49	19♌04	25♌26	1♍57
/♄	9♒47	16♒32	23♌05	29♌28	5♍41	11♍46	17♍46	23♍41	29♍36	5♎32	11♎31	17♎34	23♎45	0♏02	6♏27
/♅	19♈40	26♈28	3♉05	9♉31	15♉47	21♉56	27♉58	3♊57	9♊56	15♊55	21♊57	28♊04	4♋18	10♋39	17♑07
/♆	1♈39	8♈26	15♈02	21♈27	27♈43	3♉51	9♉53	15♉51	21♉48	27♉47	3♊48	9♐54	16♐07	22♐27	28♐55
/♇	5♓14	12♓01	18♓36	25♓00	1♈15	7♈22	13♈23	19♎21	25♎17	1♏15	7♏15	13♏21	19♏33	25♏52	2♐19
/☊	27♑40	4♌26	11♌02	17♌26	23♌42	29♌49	5♍50	11♍48	17♍44	23♍41	29♍41	5♎46	11♎57	18♎16	24♎43
☿/♀	7♓02	8♓20	9♓39	10♓59	12♓19	13♓41	15♓03	16♓27	17♓51	19♓16	20♓41	22♓08	23♓35	25♓04	26♓33
/♂	5♑31	6♑07	6♑44	7♑21	7♑59	8♑38	9♑17	9♑56	10♑37	11♑18	12♑00	12♑43	13♑26	14♑10	14♑56
/⚷	8♑44	9♑25	10♑06	10♑48	11♑31	12♑14	12♑58	13♑42	14♑28	15♑14	16♑00	16♑48	17♑36	18♑25	19♑14
/♃	15♉19	16♉08	16♉58	17♉49	18♉41	19♉33	20♉27	21♉21	22♉16	23♉12	24♉08	25♉05	26♉04	27♉03	28♉03
/♄	20♑53	21♑39	22♑25	23♑12	23♑59	24♑47	25♑36	26♑26	27♑16	28♑07	28♑59	29♑51	0♒44	1♒38	2♒33
/♅	0♈47	1♈35	2♈25	3♈15	4♈05	4♈57	5♈49	6♈42	7♈35	8♈30	9♈25	10♈21	11♈18	12♈15	13♈13
/♆	12♓46	13♓33	14♓22	15♓11	16♓01	16♓52	17♓43	18♓35	19♓28	20♓22	21♓16	22♓11	23♓07	24♓03	25♓01
/♇	16♒21	17♒08	17♒56	18♒44	19♒33	20♒23	21♒14	22♒05	22♒57	23♒50	24♒43	25♒38	26♒33	27♒28	28♒25
/☊	8♑46	9♑33	10♑21	11♑10	11♑60	12♑50	13♑41	14♑32	15♑24	16♑16	17♑09	18♑02	18♑57	19♑52	20♑49
♀/♂	23♐23	23♐44	24♐04	24♐25	24♐45	25♐06	25♐26	25♐47	26♐08	26♐28	26♐49	27♐10	27♐31	27♐52	28♐14
/⚷	26♐36	27♐01	27♐26	27♐52	28♐17	28♐42	29♐08	29♐33	29♐58	0♑24	0♑50	1♑15	1♑41	2♑07	2♑33
/♃	3♉11	3♉45	4♉19	4♉53	5♉27	6♉02	6♉36	7♉11	7♉46	8♉22	8♉57	9♉33	10♉09	10♉45	11♉21
/♄	8♑45	9♑15	9♑45	10♑15	10♑45	11♑16	11♑46	12♑16	12♑47	13♑17	13♑48	14♑19	14♑49	15♑20	15♑51
/♅	18♓39	19♓12	19♓45	20♓18	20♓51	21♓25	21♓59	22♓32	23♓06	23♓40	24♓14	24♓48	25♓23	25♓57	26♓31
/♆	0♓38	1♓10	1♓42	2♓15	2♓47	3♓20	3♓53	4♓26	4♓59	5♓32	6♓05	6♓38	7♓12	7♓45	8♓19
/♇	4♒13	4♒44	5♒16	5♒48	6♒19	6♒51	7♒23	7♒56	8♒28	9♒00	9♒33	10♒05	10♒38	11♒10	11♒43
/☊	26♐38	27♐10	27♐42	28♐14	28♐46	29♐18	29♐50	0♑22	0♑54	1♑26	1♑58	2♑30	3♑02	3♑34	4♑07
♂/⚷	25♎05	24♎48	24♎31	24♎14	23♎57	23♎39	23♎21	23♎03	22♎45	22♎27	22♎08	21♎50	21♎32	21♎13	20♎55
/♃	1♍40	1♍32	1♍24	1♍15	1♍07	0♍58	0♍50	0♍41	0♍33	0♍24	0♍16	0♍08	29♌60	29♌51	29♌43
/♄	7♏14	7♏02	6♏50	6♏38	6♏25	6♏12	5♏59	5♏46	5♏33	5♏20	5♏07	4♏53	4♏40	4♏27	4♏14
/♅	17♑08	16♑59	16♑50	16♑40	16♑31	16♑22	16♑12	16♑02	15♑53	15♑43	15♑33	15♑23	15♑13	15♑04	14♑54
/♆	29♐07	28♐57	28♐47	28♐37	28♐27	28♐17	28♐06	27♐56	27♐45	27♐35	27♐24	27♐13	27♐03	26♐52	26♐42
/♇	2♐42	2♐31	2♐21	2♐10	1♐59	1♐48	1♐37	1♐26	1♐14	1♐03	0♐51	0♐40	0♐28	0♐17	0♐06
/☊	25♎07	24♎57	24♎46	24♎36	24♎26	24♎15	24♎04	23♎52	23♎41	23♎29	23♎17	23♎05	22♎53	22♎41	22♎30
⚷/♃	4♍53	4♍50	4♍46	4♍42	4♍39	4♍35	4♍31	4♍27	4♍24	4♍20	4♍16	4♍13	4♍09	4♍06	4♍02
/♄	10♏28	10♏20	10♏12	10♏05	9♏57	9♏49	9♏40	9♏32	9♏24	9♏15	9♏07	8♏58	8♏50	8♏41	8♏32
/♅	20♑21	20♑17	20♑12	20♑07	20♑03	19♑58	19♑53	19♑48	19♑43	19♑38	19♑33	19♑28	19♑23	19♑18	19♑13
/♆	2♑20	2♑15	2♑09	2♑04	1♑59	1♑53	1♑47	1♑42	1♑36	1♑30	1♑24	1♑18	1♑12	1♑06	1♑00
/♇	5♐55	5♐49	5♐43	5♐37	5♐31	5♐24	5♐18	5♐11	5♐05	4♐58	4♐52	4♐45	4♐38	4♐31	4♐24
/☊	28♎20	28♎15	28♎09	28♎03	27♎57	27♎51	27♎45	27♎38	27♎31	27♎24	27♎17	27♎10	27♎03	26♎55	26♎48
♃/♄	17♍03	17♍04	17♍05	17♍06	17♍07	17♍08	17♍09	17♍11	17♍12	17♍13	17♍15	17♍16	17♍18	17♍19	17♍21
/♅	26♉56	27♉00	27♉04	27♉09	27♉13	27♉18	27♉22	27♉27	27♉31	27♉36	27♉41	27♉46	27♉51	27♉56	28♉01
/♆	8♉55	8♉58	9♉02	9♉05	9♉09	9♉13	9♉16	9♉20	9♉24	9♉28	9♉32	9♉36	9♉40	9♉44	9♉49
/♇	12♈30	12♈33	12♈35	12♈38	12♈41	12♈44	12♈47	12♈50	12♈53	12♈56	12♈59	13♈03	13♈06	13♈09	13♈13
/☊	4♍56	4♍58	5♍01	5♍04	5♍08	5♍11	5♍14	5♍17	5♍19	5♍22	5♍25	5♍27	5♍30	5♍33	5♍37
♄/♅	2♒30	2♒31	2♒31	2♒31	2♒31	2♒31	2♒31	2♒32	2♒32	2♒32	2♒32	2♒31	2♒31	2♒31	2♒31
/♆	14♑29	14♑29	14♑28	14♑28	14♑27	14♑26	14♑26	14♑25	14♑24	14♑23	14♑23	14♑22	14♑21	14♑20	14♑19
/♇	18♐04	18♐03	18♐02	18♐01	17♐59	17♐58	17♐56	17♐55	17♐53	17♐52	17♐50	17♐48	17♐46	17♐45	17♐43
/☊	10♏30	10♏29	10♏28	10♏27	10♏26	10♏25	10♏23	10♏22	10♏20	10♏18	10♏15	10♏13	10♏11	10♏09	10♏07
♅/♆	24♓22	24♓25	24♓28	24♓31	24♓33	24♓36	24♓38	24♓41	24♓44	24♓46	24♓49	24♓51	24♓54	24♓57	24♓59
/♇	27♒58	27♒60	28♒02	28♒03	28♒05	28♒07	28♒09	28♒11	28♒13	28♒14	28♒16	28♒18	28♒20	28♒21	28♒23
/☊	20♑23	20♑25	20♑27	20♑30	20♑32	20♑34	20♑36	20♑38	20♑39	20♑40	20♑42	20♑43	20♑44	20♑46	20♑47
♆/♇	9♒57	9♒58	9♒59	10♒00	10♒01	10♒02	10♒03	10♒04	10♒05	10♒06	10♒07	10♒08	10♒09	10♒10	10♒11
/☊	2♑22	2♑23	2♑25	2♑26	2♑28	2♑29	2♑30	2♑31	2♑32	2♑32	2♑33	2♑33	2♑34	2♑34	2♑35
♇/☊	5♐57	5♐58	5♐58	5♐59	5♐60	6♐00	6♐01	6♐01	6♐01	6♐00	5♐60	5♐60	5♐59	5♐59	5♐59

	16	17	18	19	20	21	22	23	24	25	26	27	28	29	30
☉/☽	0♒05	7♒17	14♒35	21♒60	29♒29	7♓02	14♓37	22♓13	29♓49	7♈24	14♈55	22♈23	29♈45	6♉60	14♉07
/☿	20♈32	21♈60	23♈28	24♈57	26♈26	27♈56	29♈27	0♉59	2♉31	4♉03	5♉36	7♉10	8♉43	10♉17	11♉51
/♀	3♈26	4♈29	5♈31	6♈33	7♈36	8♈38	9♈41	10♈44	11♈46	12♈49	13♈52	14♈55	15♈58	17♈01	18♈04
/♂	21♋05	21♋23	21♋41	21♋60	22♋18	22♋37	22♋56	23♋15	23♋35	23♋55	24♋15	24♋35	24♋55	25♋16	25♋37
/⚷	25♋28	25♋51	26♋13	26♋36	26♋58	27♋21	27♋43	28♋06	28♋29	28♋52	29♋14	29♋37	0♌00	0♌24	0♌47
/♃	4♊27	4♊60	5♊33	6♊06	6♊39	7♊12	7♊45	8♊18	8♊51	9♊25	9♊58	10♊31	11♊05	11♊38	12♊12
/♄	8♒51	9♒19	9♒46	10♒14	10♒41	11♒08	11♒35	12♒03	12♒30	12♒57	13♒24	13♒51	14♒18	14♒45	15♒12
/♅	19♈35	20♈06	20♈37	21♈08	21♈39	22♈10	22♈41	23♈12	23♈43	24♈14	24♈45	25♈15	25♈46	26♈17	26♈48
/♆	1♈22	1♈52	2♈22	2♈52	3♈23	3♈53	4♈23	4♈53	5♈23	5♈53	6♈23	6♈52	7♈22	7♈52	8♈22
/♇	4♓45	5♓15	5♓44	6♓13	6♓42	7♓12	7♓41	8♓10	8♓39	9♓08	9♓37	10♓06	10♓35	11♓04	11♓33
/☊	27♑09	27♑39	28♑08	28♋37	29♋07	29♋36	0♌05	0♌34	1♌04	1♌33	2♌03	2♌32	3♌02	3♌31	3♌60
☽/☿	24♑41	2♒22	10♒10	18♒05	26♒05	4♓09	12♓17	20♓26	28♓35	6♈44	14♈50	22♈53	0♉50	8♉40	16♉23
/♀	7♑35	14♑51	22♑13	29♑41	7♒14	14♒51	22♒30	0♓11	7♓51	15♓30	23♓06	0♈38	8♈04	15♈24	22♈36
/♂	25♎14	1♏45	8♏24	15♏08	21♏57	28♏50	5♐46	12♐43	19♐40	26♐35	3♑28	10♑18	17♋02	23♋39	0♌09
/⚷	29♎37	6♏13	12♏55	19♏44	26♏37	3♐34	10♐33	17♐33	24♐33	1♑32	8♑28	15♑20	22♑07	28♋47	5♌19
/♃	8♍35	15♍22	22♍15	29♍14	6♎17	13♎25	20♈34	27♈45	4♉56	12♉05	19♉12	26♉14	3♊11	10♊01	16♊44
/♄	13♏00	19♏41	26♏28	3♐22	10♐20	17♐21	24♐25	1♑30	8♑34	15♑38	22♑38	29♑34	6♒24	13♒08	19♒44
/♅	23♑44	0♒28	7♒19	14♒16	21♒18	28♒23	5♓31	12♓39	19♓48	26♓54	3♈59	10♈58	17♈53	24♈40	1♉20
/♆	5♑31	12♑14	19♑05	26♑01	3♒01	10♒06	17♒12	24♒20	1♓27	8♓33	15♓36	22♓35	29♓29	6♈15	12♈54
/♇	8♐54	15♐37	22♐26	29♐21	6♑21	13♑25	20♑30	27♑37	4♒44	11♒49	18♒51	25♒49	2♓42	9♓27	16♓05
/☊	1♏18	8♏01	14♏50	21♏45	28♏45	5♐49	12♐55	20♐02	27♐08	4♑14	11♑17	18♑15	25♑08	1♌54	8♌32
☿/♀	28♓03	29♓34	1♈06	2♈38	4♈12	5♈46	7♈21	8♈56	10♈33	12♈09	13♈47	15♈25	17♈03	18♈41	20♈19
/♂	15♑42	16♋28	17♋16	18♋05	18♋54	19♋45	20♋36	21♋28	22♋21	23♋15	24♋10	25♋05	26♋00	26♋57	27♋53
/⚷	20♑05	20♑56	21♑48	22♑41	23♑34	24♋28	25♋23	26♋19	27♋15	28♋12	29♋09	0♌07	1♌06	2♌04	3♌03
/♃	29♉03	0♊05	1♊07	2♊10	3♊14	4♊19	5♊25	6♊31	7♊38	8♊45	9♊53	11♊01	12♊10	13♊19	14♊28
/♄	3♒28	4♒24	5♒21	6♒18	7♒17	8♒16	9♒15	10♒15	11♒16	12♒17	13♒19	14♒21	15♒23	16♒25	17♒28
/♅	14♈12	15♈12	16♈12	17♈13	18♈15	19♈18	20♈21	21♈25	22♈29	23♈34	24♈40	25♈45	26♈51	27♈57	29♈04
/♆	25♓59	26♓58	27♓57	28♓57	29♓58	1♈00	2♈02	3♈05	4♈09	5♈13	6♈17	7♈22	8♈27	9♈33	10♈38
/♇	29♒22	0♓20	1♓19	2♓18	3♓18	4♓19	5♓21	6♓23	7♓25	8♓29	9♓32	10♓36	11♓40	12♓45	13♓49
/☊	21♑46	22♑44	23♑43	24♑42	25♑43	26♑43	27♑45	28♋47	29♋50	0♌54	1♌58	3♌02	4♌07	5♌11	6♌16
♀/♂	28♐35	28♐57	29♐19	29♐41	0♑04	0♑27	0♑50	1♑13	1♑37	2♑01	2♑25	2♑50	3♑15	3♑40	4♑06
/⚷	2♑59	3♑25	3♑51	4♑17	4♑44	5♑10	5♑37	6♑04	6♑31	6♑58	7♑25	7♑52	8♑20	8♑48	9♑16
/♃	11♉57	12♉34	13♉10	13♉47	14♉24	15♉01	15♉38	16♉16	16♉53	17♉31	18♉08	18♉46	19♉24	20♉03	20♉41
/♄	16♑22	16♑53	17♑24	17♑55	18♑26	18♑57	19♑29	20♑00	20♑31	21♑03	21♑34	22♑06	22♑37	23♑09	23♑41
/♅	27♓06	27♓40	28♓15	28♓50	29♓25	29♓60	0♈35	1♈10	1♈45	2♈20	2♈55	3♈30	4♈06	4♈41	5♈17
/♆	8♓53	9♓26	10♓00	10♓34	11♓08	11♓42	12♓16	12♓50	13♓24	13♓59	14♓33	15♓07	15♓42	16♓16	16♓51
/♇	12♒16	12♒49	13♒22	13♒55	14♒28	15♒01	15♒34	16♒07	16♒41	17♒14	17♒48	18♒21	18♒55	19♒28	20♒02
/☊	4♑40	5♑13	5♑46	6♑19	6♑52	7♑25	7♑59	8♑32	9♑06	9♑39	10♑13	10♑47	11♑21	11♑55	12♑28
♂/⚷	20♎37	20♎19	20♎01	19♎44	19♎26	19♎09	18♎52	18♎36	18♎19	18♎03	17♎48	17♎32	17♎18	17♎03	16♎49
/♃	29♌36	29♌28	29♌21	29♌14	29♌07	29♌00	28♌54	28♌48	28♌42	28♌36	28♌31	28♌26	28♌22	28♌18	28♌15
/♄	4♏00	3♏47	3♏34	3♏22	3♏09	2♏56	2♏44	2♏32	2♏20	2♏08	1♏57	1♏46	1♏35	1♏25	1♏15
/♅	14♑44	14♑35	14♑26	14♑16	14♑07	13♑59	13♑50	13♑41	13♋33	13♋25	13♋18	13♋10	13♋03	12♋57	12♋50
/♆	26♐31	26♐21	26♐11	26♐01	25♐51	25♐41	25♐31	25♐22	25♐13	25♐04	24♐56	24♐47	24♐39	24♐32	24♐24
/♇	29♏54	29♏43	29♏32	29♏21	29♏10	28♏60	28♏50	28♏39	28♏29	28♏20	28♏10	28♏01	27♏52	27♏44	27♏36
/☊	22♎18	22♎07	21♎56	21♎46	21♎35	21♎24	21♎14	21♎04	20♎54	20♎45	20♎36	20♎27	20♎19	20♎11	20♎02
⚷/♃	3♍59	3♍56	3♍52	3♍49	3♍46	3♍44	3♍41	3♍38	3♍36	3♍33	3♍31	3♍29	3♍27	3♍25	3♍24
/♄	8♏24	8♏15	8♏06	7♏57	7♏49	7♏40	7♏31	7♏23	7♏14	7♏06	6♏57	6♏49	6♏40	6♏32	6♏24
/♅	19♑08	19♑02	18♑57	18♑52	18♑47	18♑42	18♑37	18♑32	18♑27	18♑22	18♑18	18♑13	18♑08	18♑04	17♑60
/♆	0♑54	0♑48	0♑42	0♑36	0♑30	0♑25	0♑19	0♑13	0♑07	0♑01	29♐56	29♐50	29♐45	29♐39	29♐34
/♇	4♐18	4♐11	4♐04	3♐57	3♐50	3♐43	3♐37	3♐30	3♐23	3♐17	3♐10	3♐04	2♐57	2♐51	2♐45
/☊	26♎42	26♎35	26♎28	26♎21	26♎15	26♎08	26♎01	25♎55	25♎48	25♎42	25♎36	25♎30	25♎24	25♎18	25♎12
♃/♄	17♍22	17♍24	17♍26	17♍27	17♍29	17♍31	17♍33	17♍35	17♍37	17♍39	17♍41	17♍43	17♍45	17♍47	17♍49
/♅	28♉06	28♉11	28♉17	28♉22	28♉27	28♉33	28♉39	28♉44	28♉50	28♉55	29♉01	29♉07	29♉13	29♉19	29♉25
/♆	9♉53	9♉57	10♉02	10♉06	10♉11	10♉15	10♉20	10♉25	10♉29	10♉34	10♉39	10♉44	10♉49	10♉54	10♉59
/♇	13♈16	13♈20	13♈23	13♈27	13♈31	13♎34	13♎38	13♎42	13♎46	13♎50	13♎54	13♎58	14♎02	14♎06	14♎10
/☊	5♍40	5♍44	5♍47	5♍51	5♍55	5♍59	6♍03	6♍06	6♍11	6♍15	6♍19	6♍24	6♍28	6♍33	6♍37
♄/♅	2♒31	2♒31	2♒30	2♒30	2♒30	2♒29	2♒29	2♒29	2♒28	2♒28	2♒27	2♒27	2♒26	2♒26	2♒25
/♆	14♑18	14♑17	14♑15	14♑14	14♑13	14♑12	14♑11	14♑09	14♑08	14♑06	14♑05	14♑04	14♑02	14♑01	13♑59
/♇	17♐41	17♐39	17♐37	17♐35	17♐33	17♐31	17♐29	17♐26	17♐24	17♐22	17♐20	17♐17	17♐15	17♐13	17♐10
/☊	10♏05	10♏03	10♏01	9♏59	9♏57	9♏55	9♏53	9♏51	9♏49	9♏47	9♏45	9♏44	9♏42	9♏39	9♏37
♅/♆	25♓02	25♓04	25♓07	25♓09	25♓11	25♓14	25♓16	25♓19	25♓21	25♓23	25♓26	25♓28	25♓30	25♓33	25♓35
/♇	28♒25	28♒26	28♒28	28♒30	28♒31	28♒33	28♒34	28♒36	28♒37	28♒39	28♒40	28♒42	28♒43	28♒45	28♒46
/☊	20♑49	20♑51	20♑52	20♑54	20♑56	20♑57	20♑59	21♑00	21♑02	21♑04	21♑06	21♑08	21♑10	21♑11	21♑13
♆/♇	10♒12	10♒12	10♒13	10♒14	10♒15	10♒15	10♒16	10♒17	10♒17	10♒18	10♒18	10♒19	10♒19	10♒20	10♒20
/☊	2♑36	2♑37	2♑37	2♑38	2♑39	2♑40	2♑40	2♑41	2♑42	2♑43	2♑44	2♑45	2♑46	2♑46	2♑47
♇/☊	5♐59	5♐59	5♐59	5♐59	5♐59	5♐59	5♐58	5♐58	5♐58	5♐58	5♐59	5♐59	5♐59	5♐59	5♐58

April 2014

May 2014

	1	2	3	4	5	6	7	8	9	10	11	12	13	14	15	16
☉/☽	21♉06	27♉56	4♊39	11♊15	17♊45	24♊12	0♋38	7♋04	13♋34	20♋09	26♋52	3♌44	10♌46	17♌59	25♒22	2♓54
/☿	13♉24	14♉57	16♉30	18♉02	19♉34	21♉04	22♉34	24♉02	25♉30	26♉55	28♉20	29♉42	1♊04	2♊23	3♊41	4♊57
/♀	19♈07	20♈10	21♈13	22♈16	23♈19	24♈22	25♈26	26♈29	27♈32	28♈36	29♈39	0♉42	1♉46	2♉49	3♉53	4♉56
/♂	25♋59	26♋21	26♋43	27♋06	27♋28	27♋52	28♋15	28♋40	29♋04	29♋29	29♋54	0♌20	0♌46	1♌12	1♌39	2♌06
/⚳	1♌10	1♌34	1♌57	2♌21	2♌45	3♌08	3♌33	3♌57	4♌21	4♌46	5♌10	5♌35	6♌00	6♌25	6♌51	7♌16
/♃	12♊46	13♊19	13♊53	14♊27	15♊00	15♊34	16♊08	16♊42	17♊16	17♊50	18♊24	18♊58	19♊32	20♊06	20♊40	21♊14
/♄	15♒39	16♒06	16♒33	16♒60	17♒27	17♒53	18♒20	18♒47	19♒14	19♒40	20♌07	20♌34	21♌01	21♌27	21♌54	22♌21
/♅	27♈19	27♈49	28♈20	28♈51	29♈21	29♈52	0♉22	0♉53	1♉23	1♉54	2♉24	2♉55	3♉25	3♉56	4♉26	4♉56
/♆	8♈52	9♈21	9♈51	10♈21	10♈51	11♈20	11♈50	12♈19	12♈49	13♈18	13♈48	14♈17	14♈47	15♈16	15♈45	16♈15
/♇	12♓02	12♓31	12♓60	13♓29	13♓57	14♓26	14♓55	15♓24	15♓52	16♓21	16♓50	17♓18	17♓47	18♓15	18♓44	19♓12
/☊	4♌28	4♌57	5♌25	5♌53	6♌21	6♌49	7♌18	7♌47	8♌17	8♌47	9♌16	9♌46	10♌15	10♌44	11♌12	11♌39
☽/☿	23♉57	1♊22	8♊40	15♊49	22♊53	29♊52	6♋49	13♋46	20♋45	27♋48	4♌57	12♌14	19♌40	27♌14	4♍58	12♍48
/♀	29♈39	6♉35	13♉22	20♉03	26♉38	3♊10	9♊41	16♊13	22♊48	29♊28	6♋17	13♑14	20♑22	27♑41	5♒09	12♒47
/♂	6♌31	12♌46	18♌52	24♌52	0♍48	6♍40	12♍31	18♍23	24♍19	0♎21	6♎31	12♎51	19♎22	26♎03	2♏55	9♏56
/⚳	11♌43	17♌58	24♌06	0♍08	6♍04	11♍56	17♍48	23♍41	29♍37	5♎38	11♎48	18♎07	24♎36	1♏17	8♏07	15♏07
/♃	23♊18	29♊44	6♋02	12♋14	18♋20	24♋22	0♌23	6♌26	12♌31	18♌42	25♌01	1♍29	8♍08	14♍57	21♍56	29♍05
/♄	26♌12	2♍31	8♍42	14♍47	20♍46	26♍41	2♎36	8♎31	14♎29	20♎33	26♎45	3♏06	9♏37	16♏18	23♏10	0♐11
/♅	7♉51	14♉14	20♉29	26♉37	2♊40	8♊40	14♊38	20♊37	26♊39	2♋47	9♋02	15♑26	22♑01	28♑47	5♒42	12♒47
/♆	19♈24	25♈46	2♉00	8♉08	14♉10	20♉08	26♉05	2♊03	8♐04	14♐11	20♐25	26♐49	3♑23	10♑07	17♑02	24♑05
/♇	22♓35	28♓56	5♈09	11♈16	17♎17	23♎14	29♎10	5♏07	11♏08	17♏14	23♏27	29♏50	6♐23	13♐07	20♐00	27♐03
/☊	15♌01	21♌21	27♌34	3♍40	9♍40	15♍37	21♍34	27♍31	3♎32	9♎39	15♎54	22♎18	28♎51	5♏35	12♏28	19♏30
☿/♀	21♈58	23♈36	25♈13	26♈51	28♈27	0♉03	1♉37	3♉11	4♉43	6♉15	7♉44	9♉13	10♉39	12♉04	13♉28	14♉50
/♂	28♋50	29♋47	0♌44	1♌40	2♌36	3♌32	4♌27	5♌22	6♌15	7♌08	7♌59	8♌50	9♌39	10♌27	11♌14	11♌59
/⚳	4♌01	4♌59	5♌58	6♌55	7♌52	8♌49	9♌44	10♌39	11♌32	12♌25	13♌16	14♌05	14♌54	15♌40	16♌26	17♌10
/♃	15♊37	16♊45	17♊53	19♊01	20♊08	21♊14	22♊20	23♊24	24♊27	25♊29	26♊29	27♊28	28♊25	29♊21	0♋15	1♋08
/♄	18♒30	19♒32	20♒33	21♌34	22♌34	23♌34	24♌32	25♌29	26♌25	27♌19	28♌12	29♌04	29♌54	0♍42	1♍29	2♍14
/♅	0♉09	1♉15	2♉20	3♉25	4♉29	5♉32	6♉34	7♉35	8♉35	9♉33	10♉30	11♉25	12♉19	13♉11	14♉01	14♉50
/♆	11♈43	12♈47	13♈52	14♈55	15♈58	17♈00	18♈01	19♈01	19♈60	20♈57	21♈53	22♈47	23♈40	24♈31	25♈21	26♈08
/♇	14♓53	15♓57	17♓00	18♓03	19♓05	20♓06	21♓07	22♓06	23♓03	23♓60	24♓55	25♓48	26♓40	27♓30	28♓19	29♓06
/☊	7♌19	8♌23	9♌25	10♌27	11♌29	12♌30	13♌30	14♌29	15♌28	16♌26	17♌22	18♌16	19♌09	19♌59	20♌47	21♌33
♀/♂	4♑32	4♑59	5♑26	5♑54	6♑22	6♑50	7♑19	7♑48	8♑18	8♑48	9♑19	9♋50	10♋21	10♋53	11♋26	11♋58
/⚳	9♑44	10♑12	10♑40	11♑09	11♑38	12♑07	12♑36	13♑05	13♑35	14♑05	14♑35	15♑05	15♑36	16♑07	16♑38	17♑09
/♃	21♉19	21♉58	22♉36	23♉15	23♉54	24♉33	25♉12	25♉51	26♉30	27♉09	27♉48	28♉28	29♉07	29♉47	0♊27	1♊07
/♄	24♑12	24♑44	25♑16	25♑48	26♑20	26♑52	27♑24	27♑56	28♑28	28♑60	29♑32	0♒04	0♒36	1♒09	1♒41	2♒13
/♅	5♈52	6♈28	7♈03	7♈39	8♈14	8♈50	9♈26	10♈02	10♈37	11♈13	11♈49	12♈25	13♈01	13♈37	14♈13	14♈49
/♆	17♓25	17♓60	18♓34	19♓09	19♓44	20♓18	20♓53	21♓28	22♓03	22♓38	23♓13	23♓47	24♓22	24♓57	25♓32	26♓07
/♇	20♒36	21♒09	21♒43	22♒17	22♒51	23♒25	23♒58	24♒32	25♒06	25♒40	26♒14	26♒48	27♒22	27♒57	28♒31	29♒05
/☊	13♑02	13♑35	14♑08	14♑41	15♑14	15♑48	16♑22	16♑56	17♑31	18♑06	18♑41	19♑16	19♑51	20♑25	20♑59	21♑32
♂/⚳	16♎36	16♎23	16♎10	15♎58	15♎47	15♎36	15♎26	15♎16	15♎07	14♎58	14♎50	14♎42	14♎36	14♎29	14♎23	14♎18
/♃	28♌11	28♌09	28♌06	28♌04	28♌03	28♌02	28♌01	28♌01	28♌01	28♌02	28♌03	28♌05	28♌07	28♌10	28♌13	28♌16
/♄	1♏05	0♏55	0♏46	0♏37	0♏29	0♏21	0♏13	0♏06	29♎59	29♎53	29♎47	29♎41	29♎36	29♎31	29♎27	29♎23
/♅	12♋44	12♋39	12♋33	12♋28	12♋24	12♋19	12♋16	12♋12	12♋09	12♋06	12♋04	12♋02	12♋01	11♋59	11♋59	11♋58
/♆	24♐17	24♐11	24♐04	23♐59	23♐53	23♐48	23♐43	23♐38	23♐34	23♐31	23♐27	23♐25	23♐22	23♐20	23♐18	23♐17
/♇	27♏28	27♏20	27♏13	27♏06	26♏60	26♏54	26♏48	26♏43	26♏38	26♏33	26♏29	26♏26	26♏22	26♏19	26♏17	26♏14
/☊	19♎54	19♎46	19♎38	19♎30	19♎23	19♎17	19♎11	19♎07	19♎03	18♎59	18♎56	18♎53	18♎51	18♎48	18♎45	18♎41
⚳/♃	3♍23	3♍21	3♍20	3♍20	3♍19	3♍19	3♍18	3♍18	3♍19	3♍19	3♍20	3♍21	3♍22	3♍23	3♍25	3♍26
/♄	6♏16	6♏08	6♏00	5♏53	5♏45	5♏38	5♏30	5♏23	5♏16	5♏10	5♏03	4♏57	4♏51	4♏45	4♏39	4♏33
/♅	17♑55	17♑51	17♑47	17♑43	17♑40	17♑36	17♑33	17♑29	17♑26	17♑23	17♑20	17♑18	17♑15	17♑13	17♑11	17♑09
/♆	29♐29	29♐24	29♐19	29♐14	29♐09	29♐04	29♐00	28♐56	28♐52	28♐48	28♐44	28♐40	28♐37	28♐33	28♐30	28♐27
/♇	2♐39	2♐33	2♐27	2♐22	2♐16	2♐11	2♐05	2♐00	1♐55	1♐50	1♐46	1♐41	1♐37	1♐33	1♐29	1♐25
/☊	25♎05	24♎59	24♎52	24♎46	24♎40	24♎34	24♎29	24♎24	24♎20	24♎16	24♎12	24♎09	24♎05	24♎01	23♎56	23♎52
♃/♄	17♍51	17♍54	17♍56	17♍58	18♍01	18♍03	18♍06	18♍09	18♍11	18♍14	18♍17	18♍19	18♍22	18♍25	18♍28	18♍31
/♅	29♉31	29♉37	29♉43	29♉49	29♉56	0♊02	0♊08	0♊14	0♊21	0♊27	0♊34	0♊40	0♊47	0♊53	0♊60	1♊06
/♆	11♉04	11♉09	11♉14	11♉20	11♉25	11♉30	11♉36	11♉41	11♉46	11♉52	11♉57	12♉03	12♉08	12♉14	12♉19	12♉25
/♇	14♎15	14♎19	14♎23	14♎27	14♎32	14♎36	14♎41	14♎45	14♎50	14♎54	14♎59	15♎04	15♎08	15♎13	15♎18	15♎23
/☊	6♍41	6♍44	6♍48	6♍52	6♍55	6♍59	7♍04	7♍09	7♍14	7♍20	7♍26	7♍31	7♍37	7♍42	7♍46	7♍49
♄/♅	2♒24	2♒24	2♒23	2♒22	2♒22	2♒21	2♒20	2♒19	2♒19	2♒18	2♒17	2♒16	2♒16	2♒15	2♒14	2♒13
/♆	13♑58	13♑56	13♑54	13♑53	13♑51	13♑49	13♑48	13♑46	13♑44	13♑42	13♑41	13♑39	13♑37	13♑35	13♑33	13♑32
/♇	17♐08	17♐05	17♐03	17♐00	16♐58	16♐55	16♐53	16♐50	16♐48	16♐45	16♐42	16♐40	16♐37	16♐35	16♐32	16♐29
/☊	9♏34	9♏31	9♏28	9♏25	9♏22	9♏19	9♏16	9♏14	9♏12	9♏11	9♏09	9♏08	9♏06	9♏03	8♏60	8♏56
♅/♆	25♓37	25♓39	25♓41	25♓44	25♓46	25♓48	25♓50	25♓52	25♓54	25♓56	25♓58	25♓60	26♓02	26♓03	26♓05	26♓07
/♇	28♒47	28♒49	28♒50	28♒51	28♒53	28♒54	28♒55	28♒56	28♒57	28♒58	28♒60	29♒01	29♒02	29♒03	29♒04	29♒05
/☊	21♑14	21♑14	21♑15	21♑15	21♑16	21♑17	21♑18	21♑20	21♑22	21♑24	21♑26	21♑28	21♑30	21♑31	21♑32	21♑32
♆/♇	10♒21	10♒21	10♒21	10♒22	10♒22	10♒22	10♒22	10♒23	10♒23	10♒23	10♒23	10♒23	10♒23	10♒23	10♒23	10♒23
/☊	2♑47	2♑47	2♑46	2♑46	2♑45	2♑45	2♑46	2♑46	2♑47	2♑49	2♑50	2♑51	2♑52	2♑52	2♑51	2♑50
♇/☊	5♐57	5♐56	5♐55	5♐54	5♐52	5♐52	5♐51	5♐51	5♐51	5♐51	5♐52	5♐52	5♐52	5♐51	5♐50	5♐48

	17	18	19	20	21	22	23	24	25	26	27	28	29	30	31	
☉/☽	10♓33	18♓15	25♓58	3♈40	11♈18	18♈51	26♈18	3♉39	10♉54	18♉02	25♉05	2♊01	8♊52	15♊36	22♊14	☉/☽
/☿	6♊12	7♊24	8♊35	9♊44	10♊52	11♊57	13♊00	14♊02	15♊01	15♊59	16♊54	17♊48	18♊39	19♊28	20♊15	/☿
/♀	5♉60	7♉03	8♉07	9♉11	10♉14	11♉18	12♉22	13♉25	14♉29	15♉33	16♉37	17♉41	18♉44	19♉48	20♉52	/♀
/♂	2♌33	3♌01	3♌30	3♌58	4♌27	4♌57	5♌27	5♌57	6♌27	6♌58	7♌29	8♌01	8♌33	9♌05	9♌38	/♂
/⚳	7♌42	8♌08	8♌34	9♌00	9♌26	9♌53	10♌20	10♌47	11♌14	11♌41	12♌09	12♌37	13♌05	13♌33	14♌01	/⚳
/♃	21♊48	22♊22	22♊57	23♊31	24♊05	24♊40	25♊14	25♊48	26♊23	26♊57	27♊32	28♊06	28♊41	29♊15	29♊50	/♃
/♄	22♌47	23♌14	23♌41	24♌07	24♌34	25♌01	25♌27	25♌54	26♌21	26♌47	27♌14	27♌41	28♌08	28♌34	29♌01	/♄
/♅	5♉27	5♉57	6♉27	6♉57	7♉28	7♉58	8♉28	8♉58	9♉28	9♉58	10♉28	10♉58	11♉28	11♉58	12♉28	/♅
/♆	16♈44	17♈13	17♈43	18♈12	18♈41	19♈10	19♈39	20♈09	20♈38	21♈07	21♈36	22♈05	22♈34	23♈03	23♈32	/♆
/♇	19♓41	20♓09	20♓38	21♓06	21♓35	22♓03	22♓31	22♓60	23♓28	23♓56	24♓24	24♓53	25♓21	25♓49	26♓17	/♇
/☊	12♌06	12♌33	13♌00	13♌28	13♌56	14♌25	14♌54	15♌24	15♌53	16♌22	16♌50	17♌18	17♌44	18♌10	18♌35	/☊
☽/☿	20♓43	28♓40	6♈36	14♈29	22♈17	29♈57	7♉30	14♉55	22♉11	29♉20	6♊20	13♊12	19♊56	26♊32	3♋00	☽/☿
/♀	20♒31	28♒19	6♓08	13♓56	21♓40	29♓18	6♈52	14♈19	21♈39	28♈54	6♉03	13♉05	20♉02	26♉52	3♊37	/♀
/♂	17♏05	24♏17	1♐31	8♐43	15♐52	22♐57	29♐56	6♑50	13♋37	20♋19	26♋55	3♌26	9♌50	16♌09	22♌23	/♂
/⚳	22♏13	29♏23	6♐35	13♐45	20♐52	27♐53	4♑50	11♑40	18♑24	25♋03	1♌35	8♌02	14♌22	20♌37	26♌46	/⚳
/♃	6♎19	13♎38	20♈58	28♈16	5♉30	12♉40	19♉44	26♉41	3♊33	10♊18	16♊58	23♊31	29♊58	6♋19	12♋35	/♃
/♄	7♐19	14♐30	21♐42	28♐52	5♑59	13♑01	19♑57	26♑47	3♒31	10♒09	16♒40	23♌06	29♌25	5♍39	11♍46	/♄
/♅	19♒58	27♒12	4♓28	11♓42	18♓53	25♓58	2♈58	9♈51	16♈38	23♈19	29♈54	6♉23	12♉46	19♉02	25♉13	/♅
/♆	1♒15	8♒29	15♒44	22♒57	0♓06	7♓11	14♓09	21♓02	27♓48	4♈28	11♈02	17♈30	23♈51	0♉07	6♉17	/♆
/♇	4♑12	11♑25	18♑39	25♑51	2♒60	10♒03	17♒01	23♒53	0♓38	7♓17	13♓50	20♓17	26♓38	2♈53	9♈02	/♇
/☊	26♏37	3♐49	11♐01	18♐13	25♐21	2♑25	9♑24	16♑17	23♑03	29♋43	6♌16	12♌42	19♌01	25♌14	1♍20	/☊
☿/♀	16♉10	17♉28	18♉45	20♉00	21♉13	22♉24	23♉34	24♉41	25♉47	26♉51	27♉52	28♉52	29♉49	0♊45	1♊38	☿/♀
/♂	12♌44	13♌26	14♌08	14♌48	15♌26	16♌03	16♌39	17♌12	17♌45	18♌16	18♌45	19♌12	19♌38	20♌01	20♌23	/♂
/⚳	17♌52	18♌33	19♌12	19♌49	20♌25	20♌59	21♌32	22♌03	22♌32	22♌59	23♌24	23♌48	24♌10	24♌29	24♌47	/⚳
/♃	1♋58	2♋47	3♋35	4♋20	5♋04	5♋46	6♋26	7♋04	7♋40	8♋15	8♋47	9♋17	9♋46	10♋12	10♋36	/♃
/♄	2♍58	3♍39	4♍19	4♍57	5♍33	6♍07	6♍39	7♍10	7♍38	8♍05	8♍30	8♍52	9♍12	9♍31	9♍47	/♄
/♅	15♉37	16♉22	17♉05	17♉47	18♉26	19♉04	19♉40	20♉14	20♉46	21♉16	21♉44	22♉09	22♉33	22♉55	23♉14	/♅
/♆	26♈54	27♈38	28♈21	29♈01	29♈40	0♉17	0♉51	1♉24	1♉55	2♉24	2♉51	3♉16	3♉39	3♉59	4♉18	/♆
/♇	29♓51	0♈34	1♈16	1♈55	2♈33	3♈09	3♈43	4♈15	4♈46	5♈14	5♈40	6♈04	6♈26	6♈46	7♈03	/♇
/☊	22♌16	22♌58	23♌38	24♌17	24♌55	25♌31	26♌06	26♌39	27♌11	27♌40	28♌06	28♌29	28♌49	29♌06	29♌21	/☊
♀/♂	12♋32	13♋05	13♋39	14♋14	14♋49	15♋24	16♋00	16♋36	17♋13	17♋50	18♋27	19♋05	19♋43	20♋22	21♋00	♀/♂
/⚳	17♑40	18♑12	18♑44	19♋16	19♋48	20♋21	20♋53	21♋26	21♋60	22♋33	23♋07	23♋41	24♋15	24♋49	25♋24	/⚳
/♃	1♊46	2♊26	3♊06	3♊47	4♊27	5♊07	5♊47	6♊28	7♊08	7♊49	8♊30	9♊10	9♊51	10♊32	11♊13	/♃
/♄	2♒46	3♒18	3♒51	4♒23	4♒56	5♒28	6♒01	6♒34	7♒06	7♒39	8♒12	8♒45	9♒18	9♒51	10♒24	/♄
/♅	15♈25	16♈01	16♈37	17♈13	17♈49	18♈25	19♈01	19♈38	20♈14	20♈50	21♈26	22♈02	22♈39	23♈15	23♈51	/♅
/♆	26♓42	27♓17	27♓52	28♓28	29♓03	29♓38	0♈13	0♈48	1♈23	1♈58	2♈34	3♈09	3♈44	4♈19	4♈55	/♆
/♇	29♒39	0♓13	0♓48	1♓22	1♓56	2♓30	3♓05	3♓39	4♓13	4♓48	5♓22	5♓57	6♓31	7♓06	7♓40	/♇
/☊	22♑04	22♑37	23♑10	23♑43	24♑17	24♑52	25♑28	26♑03	26♑39	27♑14	27♑48	28♋22	28♋54	29♋26	29♋58	/☊
♂/⚳	14♎14	14♎10	14♎06	14♎03	14♎01	13♎59	13♎58	13♎58	13♎58	13♎58	13♎59	14♎01	14♎03	14♎06	14♎09	♂/⚳
/♃	28♌20	28♌24	28♌29	28♌34	28♌40	28♌46	28♌52	28♌59	29♌06	29♌14	29♌22	29♌31	29♌39	29♌49	29♌58	/♃
/♄	29♎19	29♎16	29♎13	29♎11	29♎09	29♎07	29♎06	29♎05	29♎04	29♎04	29♎05	29♎05	29♎06	29♎08	29♎09	/♄
/♅	11♋58	11♋59	11♋59	12♋01	12♋02	12♋04	12♋06	12♋09	12♋12	12♋15	12♋19	12♋23	12♋27	12♋32	12♋36	/♅
/♆	23♐16	23♐15	23♐15	23♐15	23♐16	23♐16	23♐18	23♐19	23♐21	23♐23	23♐26	23♐29	23♐32	23♐36	23♐40	/♆
/♇	26♏13	26♏11	26♏10	26♏09	26♏09	26♏09	26♏10	26♏10	26♏11	26♏13	26♏15	26♏17	26♏19	26♏22	26♏26	/♇
/☊	18♎38	18♎35	18♎33	18♎31	18♎30	18♎31	18♎32	18♎34	18♎37	18♎39	18♎41	18♎42	18♎43	18♎43	18♎43	/☊
⚳/♃	3♍28	3♍31	3♍33	3♍36	3♍39	3♍42	3♍46	3♍49	3♍53	3♍57	4♍02	4♍06	4♍11	4♍16	4♍22	⚳/♃
/♄	4♏28	4♏22	4♏17	4♏12	4♏08	4♏03	3♏59	3♏55	3♏51	3♏48	3♏44	3♏41	3♏38	3♏35	3♏33	/♄
/♅	17♑07	17♑05	17♑04	17♑02	17♑01	17♑00	16♑60	16♑59	16♑59	16♑58	16♑58	16♑58	16♑59	16♑59	17♑00	/♅
/♆	28♐24	28♐22	28♐19	28♐17	28♐15	28♐13	28♐11	28♐09	28♐08	28♐07	28♐06	28♐05	28♐04	28♐04	28♐04	/♆
/♇	1♐21	1♐18	1♐14	1♐11	1♐08	1♐05	1♐03	1♐01	0♐58	0♐56	0♐55	0♐53	0♐51	0♐50	0♐49	/♇
/☊	23♎46	23♎41	23♎37	23♎33	23♎30	23♎27	23♎26	23♎25	23♎24	23♎22	23♎20	23♎18	23♎15	23♎11	23♎06	/☊
♃/♄	18♍34	18♍37	18♍40	18♍43	18♍47	18♍50	18♍53	18♍57	18♍60	19♍03	19♍07	19♍11	19♍14	19♍18	19♍22	♃/♄
/♅	1♊13	1♊20	1♊27	1♊33	1♊40	1♊47	1♊54	2♊00	2♊07	2♊14	2♊21	2♊28	2♊35	2♊42	2♊49	/♅
/♆	12♉31	12♉36	12♉42	12♉48	12♉54	12♉59	13♉05	13♉11	13♉17	13♉23	13♉29	13♉34	13♉40	13♉46	13♉52	/♆
/♇	15♎27	15♎32	15♎37	15♎42	15♎47	15♎52	15♎57	16♎02	16♎07	16♎12	16♎17	16♎22	16♎28	16♎33	16♎38	/♇
/☊	7♍53	7♍56	7♍60	8♍04	8♍08	8♍14	8♍20	8♍26	8♍32	8♍38	8♍43	8♍47	8♍51	8♍53	8♍55	/☊
♄/♅	2♒12	2♒11	2♒11	2♒10	2♒09	2♒08	2♒07	2♒06	2♒05	2♒04	2♒04	2♒03	2♒02	2♒01	2♒00	♄/♅
/♆	13♑30	13♑28	13♑26	13♑24	13♑22	13♑20	13♑19	13♑17	13♑15	13♑13	13♑11	13♑09	13♑07	13♑05	13♑04	/♆
/♇	16♐27	16♐24	16♐21	16♐18	16♐16	16♐13	16♐10	16♐08	16♐05	16♐02	15♐60	15♐57	15♐54	15♐52	15♐49	/♇
/☊	8♏52	8♏48	8♏44	8♏40	8♏37	8♏35	8♏33	8♏32	8♏30	8♏28	8♏26	8♏22	8♏17	8♏12	8♏06	/☊
♅/♆	26♓09	26♓11	26♓12	26♓14	26♓16	26♓17	26♓19	26♓21	26♓22	26♓24	26♓25	26♓27	26♓28	26♓29	26♓31	♅/♆
/♇	29♒06	29♒07	29♒08	29♒08	29♒09	29♒10	29♒11	29♒12	29♒12	29♒13	29♒14	29♒14	29♒15	29♒16	29♒16	/♇
/☊	21♑31	21♑30	21♑30	21♑30	21♑31	21♑32	21♑34	21♑36	21♑38	21♑39	21♑40	21♑39	21♑38	21♑36	21♑34	/☊
♆/♇	10♒23	10♒23	10♒23	10♒23	10♒23	10♒23	10♒22	10♒22	10♒22	10♒22	10♒21	10♒21	10♒21	10♒20	10♒20	♆/♇
/☊	2♑49	2♑47	2♑46	2♑45	2♑44	2♑44	2♑45	2♑46	2♑47	2♑48	2♑47	2♑46	2♑44	2♑41	2♑37	/☊
♇/☊	5♐45	5♐43	5♐41	5♐39	5♐38	5♐37	5♐37	5♐37	5♐37	5♐37	5♐36	5♐34	5♐31	5♐27	5♐23	♇/☊

June 2014

	1	2	3	4	5	6	7	8	9	10
☉/☽	28♊47	5♋16	11♋42	18♋07	24♋32	1♌00	7♌35	14♌17	21♌09	28♌14
/☿	20♊60	21♊42	22♊23	23♊01	23♊36	24♊10	24♊41	25♊09	25♊36	25♊60
/♀	21♉56	22♉60	24♉04	25♉08	26♉12	27♉16	28♉20	29♉24	0♊28	1♊32
/♂	10♌10	10♌44	11♌17	11♌51	12♌25	12♌60	13♌34	14♌09	14♌45	15♌20
/⚷	14♌30	14♌58	15♌27	15♌56	16♌25	16♌55	17♌25	17♌54	18♌24	18♌54
/♃	0♋25	0♋59	1♋34	2♋08	2♋43	3♋18	3♋53	4♋27	5♋02	5♋37
/♄	29♌28	29♌55	0♍21	0♍48	1♍15	1♍42	2♍09	2♍36	3♍02	3♍29
/♅	12♉58	13♉28	13♉58	14♉28	14♉58	15♉27	15♉57	16♉27	16♉56	17♉26
/♆	24♈01	24♈30	24♈58	25♈27	25♈56	26♈25	26♈54	27♈22	27♈51	28♈20
/♇	26♓45	27♓14	27♓42	28♓10	28♓38	29♓06	29♓34	0♈02	0♈30	0♈58
/☊	18♌60	19♌25	19♌51	20♌17	20♌45	21♌13	21♌42	22♌12	22♌41	23♌09
☽/☿	9♋21	15♋34	21♋43	27♋48	3♌52	9♌56	16♌03	22♌17	28♌38	5♍10
/♀	10♊17	16♊52	23♊24	29♊55	6♋27	13♋02	19♋43	26♋31	3♌30	10♌42
/♂	28♌31	4♍36	10♍37	16♍38	22♍40	28♍46	4♎57	11♎17	17♎47	24♎30
/⚷	2♍50	8♍50	14♍47	20♍44	26♍41	2♎41	8♎47	15♎02	21♎27	28♎04
/♃	18♋45	24♋51	0♌54	6♌56	12♌58	19♌04	25♌15	1♍35	8♍05	14♍47
/♄	17♍48	23♍47	29♍42	5♎36	11♎30	17♎28	23♎32	29♎43	6♏05	12♏39
/♅	1♊19	7♊20	13♊18	19♊15	25♊13	1♋14	7♋20	13♋34	19♑59	26♑36
/♆	12♉21	18♉21	24♉19	0♊15	6♊11	12♐11	18♐17	24♐30	0♑54	7♑30
/♇	15♎06	21♎06	27♎02	2♏57	8♏53	14♏52	20♏57	27♏10	3♐33	10♐08
/☊	7♍20	13♍17	19♍11	25♍05	1♎00	6♎60	13♎05	19♎19	25♎43	2♏19
☿/♀	2♊29	3♊18	4♊05	4♊49	5♊31	6♊11	6♊49	7♊24	7♊57	8♊28
/♂	20♌44	21♌02	21♌18	21♌32	21♌45	21♌55	22♌03	22♌10	22♌14	22♌17
/⚷	25♌03	25♌16	25♌28	25♌38	25♌45	25♌50	25♌53	25♌55	25♌54	25♌51
/♃	10♋58	11♋17	11♋35	11♋50	12♋03	12♋13	12♋22	12♋28	12♋31	12♋33
/♄	10♍01	10♍13	10♍22	10♍30	10♍35	10♍37	10♍38	10♍36	10♍32	10♍26
/♅	23♉31	23♉46	23♉59	24♉09	24♉17	24♉23	24♉26	24♉27	24♉26	24♉22
/♆	4♉34	4♉48	4♉59	5♉09	5♉16	5♉20	5♉23	5♉23	5♉20	5♉16
/♇	7♈19	7♈32	7♈43	7♈51	7♈58	8♈01	8♈03	8♈02	7♈60	7♈54
/☊	29♌33	29♌43	29♌52	29♌59	0♍04	0♍09	0♍11	0♍12	0♍10	0♍05
♀/♂	21♋40	22♋19	22♋59	23♋40	24♋20	25♋01	25♋43	26♋24	27♋06	27♋48
/⚷	25♋59	26♋34	27♋09	27♋45	28♋20	28♋56	29♋33	0♌09	0♌46	1♌22
/♃	11♊54	12♊35	13♊16	13♊57	14♊38	15♊19	16♊01	16♊42	17♊23	18♊05
/♄	10♒57	11♒30	12♒03	12♒37	13♒10	13♒43	14♒17	14♒50	15♒24	15♒57
/♅	24♈27	25♈04	25♈40	26♈16	26♈53	27♈29	28♈05	28♈41	29♈18	29♈54
/♆	5♈30	6♈05	6♈40	7♈16	7♈51	8♈26	9♈02	9♈37	10♈12	10♈48
/♇	8♓15	8♓49	9♓24	9♓58	10♓33	11♓08	11♓42	12♓17	12♓52	13♓26
/☊	0♌29	1♌00	1♌33	2♌06	2♌40	3♌15	3♌51	4♌26	5♌02	5♌37
♂/⚷	14♎13	14♎18	14♎23	14♎28	14♎34	14♎40	14♎47	14♎55	15♎03	15♎11
/♃	0♍08	0♍18	0♍29	0♍40	0♍52	1♍03	1♍15	1♍28	1♍40	1♍53
/♄	29♎11	29♎14	29♎17	29♎20	29♎23	29♎27	29♎32	29♎36	29♎41	29♎46
/♅	12♋42	12♋47	12♋53	12♋59	13♋06	13♋13	13♋20	13♋27	13♋35	13♋43
/♆	23♐44	23♐49	23♐54	23♐59	24♐05	24♐10	24♐16	24♐23	24♐29	24♐36
/♇	26♏29	26♏33	26♏37	26♏42	26♏46	26♏52	26♏57	27♏03	27♏09	27♏15
/☊	18♎43	18♎44	18♎46	18♎49	18♎53	18♎59	19♎05	19♎12	19♎19	19♎26
⚷/♃	4♍27	4♍33	4♍39	4♍45	4♍52	4♍59	5♍05	5♍13	5♍20	5♍28
/♄	3♏31	3♏29	3♏27	3♏25	3♏24	3♏23	3♏22	3♏21	3♏20	3♏20
/♅	17♑01	17♑02	17♑03	17♑05	17♑06	17♑08	17♑10	17♑12	17♑14	17♑17
/♆	28♐03	28♐04	28♐04	28♐04	28♐05	28♐06	28♐07	28♐08	28♐09	28♐10
/♇	0♐48	0♐48	0♐47	0♐47	0♐47	0♐47	0♐47	0♐47	0♐48	0♐49
/☊	23♎02	22♎59	22♎56	22♎54	22♎54	22♎54	22♎55	22♎57	22♎59	22♎60
♃/♄	19♍26	19♍29	19♍33	19♍37	19♍41	19♍46	19♍50	19♍54	19♍58	20♍02
/♅	2♊56	3♊03	3♊10	3♊17	3♊24	3♊31	3♊38	3♊45	3♊52	3♊59
/♆	13♉58	14♉04	14♉10	14♉16	14♉22	14♉29	14♉35	14♉41	14♉47	14♉53
/♇	16♎43	16♎48	16♎54	16♎59	17♎04	17♎10	17♎15	17♎20	17♎26	17♎31
/☊	8♍57	8♍60	9♍03	9♍06	9♍11	9♍17	9♍23	9♍30	9♍37	9♍42
♄/♅	1♒59	1♒58	1♒57	1♒57	1♒56	1♒55	1♒54	1♒53	1♒53	1♒52
/♆	13♑02	12♑60	12♑58	12♑56	12♑54	12♑53	12♑51	12♑49	12♑47	12♑45
/♇	15♐47	15♐44	15♐41	15♐39	15♐36	15♐34	15♐31	15♐29	15♐26	15♐24
/☊	8♏01	7♏55	7♏50	7♏46	7♏43	7♏41	7♏40	7♏38	7♏37	7♏35
♅/♆	26♓32	26♓33	26♓34	26♓36	26♓37	26♓38	26♓39	26♓40	26♓41	26♓42
/♇	29♒17	29♒17	29♒18	29♒18	29♒19	29♒19	29♒20	29♒20	29♒20	29♒21
/☊	21♑31	21♑29	21♑27	21♑26	21♑26	21♑26	21♑28	21♑29	21♑31	21♑32
♆/♇	10♒19	10♒19	10♒18	10♒18	10♒17	10♒17	10♒16	10♒16	10♒15	10♒14
/☊	2♑33	2♑30	2♑27	2♑25	2♑24	2♑24	2♑24	2♑25	2♑25	2♑25
♇/☊	5♐18	5♐14	5♐11	5♐08	5♐06	5♐05	5♐05	5♐05	5♐05	5♐04

	11	12	13	14	15	16	17	18	19	20
☉/☽	5♍31	13♍02	20♍44	28♓34	6♈30	14♈25	22♈17	0♉01	7♉37	15♉02
/☿	26♊22	26♊42	27♊01	27♊17	27♊33	27♊46	27♊59	28♊11	28♊23	28♊35
/♀	2♊36	3♊40	4♊44	5♊48	6♊52	7♊56	9♊00	10♊04	11♊09	12♊13
/♂	15♌56	16♌32	17♌09	17♌45	18♌22	18♌60	19♌37	20♌15	20♌52	21♌31
/⚷	19♌25	19♌55	20♌26	20♌57	21♌28	21♌59	22♌30	23♌02	23♌34	24♌05
/♃	6♋12	6♋46	7♋21	7♋56	8♋31	9♋06	9♋41	10♋16	10♋51	11♋26
/♄	3♍56	4♍23	4♍50	5♍17	5♍44	6♍11	6♍39	7♍06	7♍33	8♍00
/♅	17♉56	18♉25	18♉55	19♉24	19♉54	20♉24	20♉53	21♉22	21♉52	22♉21
/♆	28♈48	29♈17	29♈46	0♉14	0♉43	1♉11	1♉40	2♉08	2♉37	3♉05
/♇	1♈26	1♈54	2♈22	2♈50	3♈18	3♈46	4♈14	4♈42	5♈10	5♈38
/☊	23♌37	24♌03	24♌29	24♌53	25♌18	25♌42	26♌08	26♌34	27♌02	27♌30
☽/☿	11♍52	18♍46	25♍49	2♈59	10♈12	17♈24	24♈31	1♉30	8♉20	15♉00
/♀	18♒06	25♒43	3♓32	11♓29	19♓31	27♓34	5♈32	13♈23	21♈06	28♈38
/♂	1♏26	8♏36	15♏57	23♏27	1♐02	8♐37	16♐09	23♐34	0♑50	7♑56
/⚷	4♏55	11♏59	19♏14	26♏38	4♐07	11♐36	19♐02	26♐21	3♑31	10♑31
/♃	21♍42	28♍50	6♎09	13♎37	21♎10	28♈43	6♉13	13♉35	20♉48	27♉51
/♄	19♏26	26♏27	3♐38	10♐59	18♐24	25♐49	3♑10	10♑25	17♑30	24♑26
/♅	3♒26	10♒29	17♒43	25♒06	2♓33	10♓01	17♓25	24♓41	1♈49	8♈47
/♆	14♑19	21♑20	28♑34	5♒56	13♒22	20♒49	28♒12	5♓27	12♓34	19♓31
/♇	16♐56	23♐58	1♑10	8♑31	15♑57	23♑24	0♒46	8♒01	15♒07	22♒03
/☊	9♏07	16♏07	23♏17	0♐35	7♐57	15♐20	22♐40	29♐53	6♑59	13♑56
☿/♀	8♊57	9♊24	9♊49	10♊12	10♊34	10♊55	11♊15	11♊34	11♊52	12♊11
/♂	22♌17	22♌16	22♌14	22♌10	22♌04	21♌58	21♌51	21♌44	21♌36	21♌28
/⚷	25♌46	25♌39	25♌31	25♌21	25♌10	24♌58	24♌45	24♌31	24♌17	24♌03
/♃	12♋33	12♋30	12♋26	12♋20	12♋13	12♋05	11♋55	11♋45	11♋34	11♋24
/♄	10♍17	10♍07	9♍55	9♍42	9♍26	9♍10	8♍53	8♍35	8♍16	7♍58
/♅	24♉17	24♉09	23♉60	23♉49	23♉36	23♉22	23♉07	22♉52	22♉35	22♉19
/♆	5♉09	5♉01	4♉51	4♉39	4♉25	4♉10	3♉54	3♉38	3♉21	3♉03
/♇	7♈47	7♈38	7♈27	7♈14	7♈00	6♈45	6♈28	6♈11	5♈53	5♈36
/☊	29♌58	29♌47	29♌34	29♌18	28♌60	28♌41	28♌22	28♌04	27♌46	27♌28
♀/♂	28♋31	29♋14	29♋57	0♌40	1♌24	2♌08	2♌52	3♌37	4♌22	5♌07
/⚷	1♌59	2♌37	3♌14	3♌52	4♌29	5♌08	5♌46	6♌24	7♌03	7♌42
/♃	18♊46	19♊28	20♊09	20♊51	21♊33	22♊14	22♊56	23♊38	24♊20	25♊02
/♄	16♒31	17♒05	17♒38	18♌12	18♌46	19♌20	19♌54	20♌28	21♌02	21♌36
/♅	0♉30	1♉07	1♉43	2♉19	2♉56	3♉32	4♉08	4♉45	5♉21	5♉57
/♆	11♈23	11♈58	12♈34	13♈09	13♈45	14♈20	14♈55	15♈31	16♈06	16♈42
/♇	14♓01	14♓36	15♓10	15♓45	16♓20	16♓55	17♓29	18♓04	18♓39	19♓14
/☊	6♌11	6♌45	7♌17	7♌48	8♌19	8♌51	9♌23	9♌57	10♌31	11♌06
♂/⚷	15♎20	15♎29	15♎39	15♎49	15♎60	16♎11	16♎22	16♎34	16♎46	16♎59
/♃	2♍07	2♍20	2♍34	2♍49	3♍03	3♍18	3♍33	3♍48	4♍04	4♍19
/♄	29♎51	29♎57	0♏03	0♏10	0♏16	0♏23	0♏30	0♏38	0♏46	0♏54
/♅	13♋51	13♋59	14♋08	14♋17	14♋26	14♋35	14♋45	14♋55	15♋05	15♋15
/♆	24♐44	24♐51	24♐59	25♐07	25♐15	25♐23	25♐32	25♐41	25♐50	25♐59
/♇	27♏21	27♏28	27♏35	27♏43	27♏50	27♏58	28♏06	28♏14	28♏23	28♏31
/☊	19♎32	19♎37	19♎42	19♎46	19♎50	19♎54	19♎60	20♎07	20♎15	20♎24
⚷/♃	5♍35	5♍43	5♍52	5♍60	6♍08	6♍17	6♍26	6♍35	6♍45	6♍54
/♄	3♏20	3♏20	3♏20	3♏21	3♏22	3♏23	3♏24	3♏25	3♏27	3♏29
/♅	17♑19	17♑22	17♑25	17♑28	17♑31	17♑35	17♑38	17♑42	17♑46	17♑50
/♆	28♐12	28♐14	28♐16	28♐18	28♐20	28♐23	28♐25	28♐28	28♐31	28♐34
/♇	0♐50	0♐51	0♐52	0♐54	0♐56	0♐57	0♐59	1♐02	1♐04	1♐06
/☊	23♎00	23♎00	22♎59	22♎57	22♎55	22♎54	22♎53	22♎54	22♎56	22♎59
♃/♄	20♍07	20♍11	20♍16	20♍20	20♍25	20♍30	20♍34	20♍39	20♍44	20♍49
/♅	4♊06	4♊13	4♊20	4♊28	4♊35	4♊42	4♊49	4♊56	5♊03	5♊10
/♆	14♉59	15♉05	15♉11	15♉17	15♉24	15♉30	15♉36	15♉42	15♉48	15♉54
/♇	17♎37	17♎42	17♎48	17♎53	17♎59	18♎04	18♎10	18♎15	18♎21	18♎27
/☊	9♍47	9♍51	9♍54	9♍56	9♍58	10♍01	10♍04	10♍08	10♍13	10♍19
♄/♅	1♒51	1♒50	1♒49	1♒49	1♒48	1♒47	1♒47	1♒46	1♒45	1♒45
/♆	12♑44	12♑42	12♑40	12♑38	12♑37	12♑35	12♑34	12♑32	12♑30	12♑29
/♇	15♐21	15♐19	15♐17	15♐14	15♐12	15♐10	15♐08	15♐05	15♐03	15♐01
/☊	7♏32	7♏28	7♏23	7♏18	7♏12	7♏06	7♏01	6♏58	6♏55	6♏54
♅/♆	26♓43	26♓44	26♓45	26♓46	26♓46	26♓47	26♓48	26♓49	26♓49	26♓50
/♇	29♒21	29♒21	29♒21	29♒22	29♒22	29♒22	29♒22	29♒22	29♒22	29♒22
/☊	21♑31	21♑30	21♑28	21♑25	21♑21	21♑18	21♑16	21♑15	21♑14	21♑15
♆/♇	10♒14	10♒13	10♒12	10♒11	10♒11	10♒10	10♒09	10♒08	10♒07	10♒06
/☊	2♑24	2♑22	2♑19	2♑14	2♑10	2♑06	2♑03	2♑01	1♑59	1♑59
♇/☊	5♐02	4♐59	4♐55	4♐50	4♐45	4♐41	4♐37	4♐34	4♐32	4♐31

	21	22	23	24	25	26	27	28	29	30
☉/☽	22♉18	29♉25	6♊25	13♊17	20♊04	26♊46	3♋23	9♋56	16♋26	22♋52
/☿	28♊46	28♊58	29♊11	29♊24	29♊39	29♊55	0♋13	0♋33	0♋55	1♋19
/♀	13♊17	14♊21	15♊26	16♊30	17♊34	18♊39	19♊43	20♊47	21♊52	22♊56
/♂	22♌09	22♌47	23♌26	24♌05	24♌44	25♌24	26♌03	26♌43	27♌23	28♌04
/⚷	24♌37	25♌10	25♌42	26♌15	26♌47	27♌20	27♌53	28♌26	28♌59	29♌33
/♃	12♋01	12♋36	13♋11	13♋46	14♋21	14♋56	15♋31	16♋06	16♋41	17♋16
/♄	8♍27	8♍55	9♍22	9♍49	10♍17	10♍44	11♍12	11♍39	12♍07	12♍34
/♅	22♉51	23♉20	23♉49	24♉19	24♉48	25♉17	25♉46	26♉16	26♉45	27♉14
/♆	3♉34	4♉02	4♉31	4♉59	5♉28	5♉56	6♉24	6♉53	7♉21	7♉49
/♇	6♈06	6♈34	7♈01	7♈29	7♈57	8♈25	8♈53	9♈21	9♈49	10♈17
/☊	27♌59	28♌28	28♌56	29♌23	29♌49	0♍13	0♍37	0♍59	1♍21	1♍44
☽/☿	21♉30	27♉52	4♊07	10♊16	16♊20	22♊21	28♊19	4♋14	10♋08	16♋02
/♀	6♉01	13♉15	20♉22	27♉21	4♊15	11♊04	17♊48	24♊28	1♋05	7♋39
/♂	14♋53	21♋41	28♋22	4♌57	11♌25	17♌49	24♌09	0♍25	6♍37	12♍46
/⚷	17♑22	24♋04	0♌38	7♌06	13♌28	19♌45	25♌58	2♍07	8♍13	14♍15
/♃	4♊45	11♊30	18♊07	24♊37	1♋02	7♋21	13♋36	19♋47	25♋55	1♌59
/♄	1♒11	7♒49	14♒18	20♌41	26♌58	3♍10	9♍17	15♍20	21♍20	27♍17
/♅	15♈35	22♈14	28♈45	5♉10	11♉29	17♉43	23♉52	29♉57	5♊58	11♊57
/♆	26♓18	2♈56	9♈27	15♈51	22♈08	28♈21	4♉30	10♉34	16♉34	22♉32
/♇	28♒50	5♓28	11♓57	18♓21	24♓38	0♈51	6♈58	13♎02	19♎02	24♎59
/☊	20♑43	27♋22	3♌52	10♌15	16♌30	22♌39	28♌42	4♍40	10♍35	16♍27
☿/♀	12♊29	12♊48	13♊08	13♊28	13♊50	14♊14	14♊39	15♊06	15♊34	16♊06
/♂	21♌21	21♌14	21♌08	21♌04	21♌00	20♌59	20♌59	21♌02	21♌06	21♌13
/⚷	23♌50	23♌36	23♌24	23♌13	23♌03	22♌55	22♌49	22♌44	22♌42	22♌42
/♃	11♋13	11♋02	10♋53	10♋44	10♋37	10♋31	10♋27	10♋24	10♋24	10♋26
/♄	7♍39	7♍21	7♍04	6♍48	6♍33	6♍19	6♍07	5♍58	5♍50	5♍44
/♅	22♉03	21♉47	21♉32	21♉17	21♉04	20♉52	20♉42	20♉34	20♉28	20♉24
/♆	2♉46	2♉29	2♉13	1♉58	1♉44	1♉31	1♉20	1♉11	1♉04	0♉59
/♇	5♈18	5♈00	4♈44	4♈28	4♈13	4♈00	3♈49	3♈39	3♈32	3♈26
/☊	27♌11	26♌55	26♌38	26♌22	26♌05	25♌48	25♌32	25♌17	25♌04	24♌54
♀/♂	5♌52	6♌37	7♌23	8♌09	8♌56	9♌42	10♌29	11♌16	12♌03	12♌50
/⚷	8♌21	8♌60	9♌39	10♌19	10♌58	11♌38	12♌18	12♌58	13♌39	14♌19
/♃	25♊44	26♊26	27♊08	27♊50	28♊32	29♊14	29♊56	0♋38	1♋21	2♋03
/♄	22♌10	22♌45	23♌19	23♌53	24♌28	25♌02	25♌37	26♌12	26♌46	27♌21
/♅	6♉34	7♉10	7♉46	8♉23	8♉59	9♉35	10♉12	10♉48	11♉24	12♉01
/♆	17♈17	17♈52	18♈28	19♈03	19♈39	20♈14	20♈50	21♈25	22♈01	22♈36
/♇	19♓49	20♓24	20♓59	21♓33	22♓08	22♓43	23♓18	23♓53	24♓28	25♓03
/☊	11♌42	12♌18	12♌53	13♌27	14♌00	14♌32	15♌02	15♌32	16♌01	16♌31
♂/⚷	17♎12	17♎26	17♎40	17♎54	18♎08	18♎23	18♎39	18♎54	19♎11	19♎27
/♃	4♍35	4♍52	5♍08	5♍25	5♍42	5♍59	6♍17	6♍34	6♍52	7♍10
/♄	1♏02	1♏11	1♏20	1♏29	1♏38	1♏48	1♏58	2♏08	2♏18	2♏29
/♅	15♋25	15♋36	15♋47	15♋58	16♋09	16♑21	16♑32	16♑44	16♑56	17♑08
/♆	26♐09	26♐18	26♐28	26♐39	26♐49	26♐59	27♐10	27♐21	27♐32	27♐44
/♇	28♏40	28♏50	28♏59	29♏09	29♏19	29♏29	29♏39	29♏49	0♐00	0♐11
/☊	20♎34	20♎44	20♎54	21♎03	21♎10	21♎17	21♎22	21♎28	21♎33	21♎38
⚷/♃	7♍04	7♍14	7♍24	7♍34	7♍45	7♍55	8♍06	8♍17	8♍28	8♍40
/♄	3♏31	3♏33	3♏35	3♏38	3♏41	3♏44	3♏47	3♏50	3♏54	3♏58
/♅	17♑54	17♑58	18♑03	18♑07	18♑12	18♑17	18♑22	18♑27	18♑32	18♑37
/♆	28♐37	28♐41	28♐44	28♐48	28♐52	28♐56	28♐60	29♐04	29♐08	29♐13
/♇	1♐09	1♐12	1♐15	1♐18	1♐21	1♐25	1♐28	1♐32	1♐36	1♐40
/☊	23♎03	23♎06	23♎10	23♎12	23♎13	23♎13	23♎12	23♎10	23♎09	23♎07
♃/♄	20♍54	20♍59	21♍04	21♍09	21♍14	21♍20	21♍25	21♍30	21♍36	21♍41
/♅	5♊17	5♊24	5♊31	5♊39	5♊46	5♊53	5♊60	6♊07	6♊14	6♊21
/♆	16♉01	16♉07	16♉13	16♉19	16♉25	16♉31	16♉38	16♉44	16♉50	16♉56
/♇	18♎32	18♎38	18♎44	18♎49	18♎55	19♎01	19♎06	19♎12	19♎18	19♎24
/☊	10♍26	10♍32	10♍38	10♍43	10♍47	10♍49	10♍50	10♍50	10♍50	10♍51
♄/♅	1♒44	1♒43	1♒43	1♒42	1♒42	1♒41	1♒41	1♒40	1♒40	1♒39
/♆	12♑27	12♑26	12♑24	12♑23	12♑21	12♑20	12♑18	12♑17	12♑16	12♑14
/♇	14♐59	14♐57	14♐55	14♐53	14♐51	14♐49	14♐47	14♐45	14♐43	14♐42
/☊	6♏52	6♏51	6♏50	6♏47	6♏43	6♏37	6♏31	6♏23	6♏16	6♏09
♅/♆	26♓50	26♓51	26♓52	26♓52	26♓52	26♓53	26♓53	26♓53	26♓54	26♓54
/♇	29♒22	29♒22	29♒22	29♒22	29♒22	29♒22	29♒22	29♒22	29♒22	29♒21
/☊	21♑16	21♑17	21♑17	21♑16	21♑14	21♑10	21♑05	20♑60	20♑54	20♑49
♆/♇	10♒06	10♒05	10♒04	10♒03	10♒02	10♒01	9♒60	9♒59	9♒58	9♒57
/☊	1♑59	1♑59	1♑58	1♑57	1♑53	1♑49	1♑43	1♑37	1♑30	1♑24
♇/☊	4♐31	4♐30	4♐29	4♐27	4♐23	4♐18	4♐12	4♐05	3♐58	3♐51

June 2014

July 2014

	1	2	3	4	5	6	7	8	9	10	11	12	13	14	15	16	17	18	19	20	21	22	23	24	25	26	27	28	29	30	31	
☉/☽	29♋17	5♌40	12♌05	18♌32	25♌05	1♍45	8♍36	15♍40	22♍57	0♎30	8♎16	16♎13	24♈17	2♉22	10♉23	18♉16	25♉58	3♊27	10♊43	17♊48	24♊43	1♋30	8♋10	14♋46	21♋17	27♋46	4♌12	10♌37	17♌01	23♌25	29♌50	☉/☽
/☿	1♋45	2♋14	2♋45	3♋18	3♋54	4♋32	5♋13	5♋57	6♋42	7♋31	8♋22	9♋15	10♋11	11♋09	12♋09	13♋12	14♋17	15♋25	16♋34	17♋46	18♋60	20♋16	21♋34	22♋53	24♋15	25♋38	27♋03	28♋29	29♋56	1♌25	2♌54	/☿
/♀	24♊00	25♊05	26♊09	27♊14	28♊18	29♊23	0♋27	1♋32	2♋36	3♋41	4♋46	5♋50	6♋55	7♋59	9♋04	10♋09	11♋14	12♋18	13♋23	14♋28	15♋33	16♋38	17♋42	18♋47	19♋52	20♋57	22♋02	23♋07	24♋12	25♋17	26♋23	/♀
/♂	28♌44	29♌25	0♍05	0♍46	1♍27	2♍09	2♍50	3♍32	4♍14	4♍56	5♍38	6♍20	7♍02	7♍45	8♍28	9♍11	9♍54	10♍37	11♍20	12♍04	12♍47	13♍31	14♍15	14♍59	15♍43	16♍27	17♍12	17♍56	18♍41	19♍25	20♍10	/♂
/⚳	0♍06	0♍40	1♍14	1♍48	2♍22	2♍56	3♍30	4♍05	4♍39	5♍14	5♍49	6♍24	6♍59	7♍34	8♍10	8♍45	9♍21	9♍56	10♍32	11♍08	11♍44	12♍20	12♍56	13♍33	14♍09	14♍46	15♍22	15♍59	16♍36	17♍13	17♍50	/⚳
/♃	17♋51	18♋27	19♋02	19♋37	20♋12	20♋47	21♋22	21♋58	22♋33	23♋08	23♋43	24♋18	24♋54	25♋29	26♋04	26♋39	27♋15	27♋50	28♋25	29♋01	29♋36	0♌11	0♌46	1♌22	1♌57	2♌32	3♌08	3♌43	4♌19	4♌54	5♌29	/♃
/♄	13♍02	13♍30	13♍57	14♍25	14♍53	15♍21	15♍49	16♍17	16♍45	17♍13	17♍41	18♍09	18♍37	19♍06	19♍34	20♍02	20♍31	20♍59	21♍28	21♍56	22♍25	22♍53	23♍22	23♍51	24♍20	24♍49	25♍18	25♍47	26♍16	26♍45	27♍14	/♄
/♅	27♉43	28♉12	28♉41	29♉10	29♉39	0♊08	0♊37	1♊06	1♊35	2♊04	2♊33	3♊02	3♊31	3♊60	4♊28	4♊57	5♊26	5♊55	6♊23	6♊52	7♊21	7♊49	8♊18	8♊47	9♊15	9♊44	10♊12	10♊41	11♊09	11♊38	12♊06	/♅
/♆	8♉18	8♉46	9♉14	9♉42	10♉11	10♉39	11♉07	11♉35	12♉03	12♉31	12♉60	13♉28	13♉56	14♉24	14♉52	15♉20	15♉48	16♉16	16♉44	17♉12	17♉40	18♉08	18♉37	19♉05	19♉33	20♉01	20♉29	20♉57	21♉25	21♉53	22♉21	/♆
/♇	10♈45	11♈12	11♈40	12♈08	12♎36	13♎04	13♎32	13♎59	14♎27	14♎55	15♎23	15♎51	16♎19	16♎47	17♎14	17♎42	18♎10	18♎38	19♎06	19♎34	20♎02	20♎30	20♎58	21♎26	21♎54	22♎22	22♎50	23♎18	23♎46	24♎14	24♎42	/♇
/☊	2♍07	2♍32	2♍58	3♍25	3♍53	4♍21	4♍50	5♍18	5♍45	6♍11	6♍35	6♍59	7♍22	7♍45	8♍10	8♍35	9♍02	9♍30	9♍59	10♍27	10♍55	11♍22	11♍47	12♍11	12♍34	12♍56	13♍18	13♍40	14♍03	14♍28	14♍53	/☊
☽/☿	21♋55	27♋50	3♌48	9♌52	16♌03	22♌25	28♌60	5♍49	12♍56	20♍19	27♍59	5♈52	13♈55	22♈01	0♉05	8♉04	15♉53	23♉32	1♊01	8♊20	15♊32	22♊37	29♊38	6♋36	13♋32	20♋27	27♋20	4♌14	11♌08	18♌03	24♌60	☽/☿
/♀	14♋10	20♋41	27♋13	3♌48	10♌28	17♌16	24♌14	1♍24	8♍49	16♍29	24♓23	2♈27	10♈39	18♈51	27♈00	5♉00	12♉49	20♉26	27♉50	5♊02	12♊05	18♊59	25♊47	2♋30	9♋10	15♋46	22♋20	28♋52	5♌24	11♌56	18♌29	/♀
/♂	18♍54	25♍01	1♎09	7♎20	13♎37	20♎02	26♎37	3♏25	10♏27	17♏44	25♏15	2♐57	10♐46	18♐37	26♐24	4♑02	11♑30	18♑44	25♑47	2♌38	9♌19	15♌52	22♌20	28♌42	5♍00	11♍16	17♍29	23♍41	29♍52	6♎04	12♎16	/♂
/⚳	20♍16	26♍16	2♎18	8♎22	14♎31	20♎49	27♎17	3♏58	10♏53	18♏03	25♏26	3♐01	10♐43	18♐26	26♐06	3♑37	10♑57	18♑04	24♋59	1♌42	8♌16	14♌42	21♌01	27♌16	3♍26	9♍34	15♍40	21♍44	27♍48	3♎51	9♎56	/⚳
/♃	8♌01	14♌03	20♌05	26♌11	2♍22	8♍40	15♍09	21♍50	28♍46	5♎56	13♎20	20♎56	28♎38	6♉21	14♉00	21♉31	28♉51	5♊57	12♊52	19♊35	26♊08	2♋33	8♋51	15♋05	21♋14	27♋21	3♌25	9♌28	15♌30	21♌32	27♌35	/♃
/♄	3♎12	9♎06	15♎01	20♎59	27♎03	3♏14	9♏35	16♏09	22♏58	0♐01	7♐18	14♐46	22♐21	29♐58	7♑30	14♑54	22♑06	29♑07	5♒54	12♒30	18♌57	25♌15	1♍27	7♍34	13♍37	19♍37	25♍35	1♎32	7♎27	13♎23	19♎20	/♄
/♅	17♊53	23♊49	29♊45	5♋44	11♋49	18♑01	24♑24	0♒59	7♒48	14♒52	22♒10	29♒39	7♓15	14♓52	22♓24	29♓49	7♈02	14♈02	20♈50	27♈26	3♉53	10♉11	16♉23	22♉30	28♉32	4♊32	10♊30	16♊26	22♊21	28♊16	4♋12	/♅
/♆	28♉28	4♊22	10♐18	16♐16	22♐20	28♐32	4♑53	11♑28	18♑16	25♑20	2♒37	10♒05	17♒40	25♒16	2♓48	10♓12	17♓24	24♓24	1♈11	7♈47	14♈12	20♈30	26♈41	2♉48	8♉50	14♉49	20♉46	26♉42	2♊36	8♐31	14♐27	/♆
/♇	0♏54	6♏49	12♏44	18♏42	24♏45	0♐57	7♐18	13♐52	20♐40	27♐43	5♑00	12♑28	20♑03	27♑39	5♒10	12♒34	19♒46	26♒46	3♓33	10♓08	16♓34	22♓51	29♓02	5♈09	11♈11	17♎10	23♎07	29♎03	4♏57	10♏52	16♏48	/♇
/☊	22♍17	28♍08	4♎01	9♎59	16♎02	22♎14	28♎36	5♏11	11♏58	18♏59	26♏12	3♐36	11♐06	18♐37	26♐06	3♑27	10♑38	17♑37	24♋25	1♌01	7♌27	13♌43	19♌52	25♌54	1♍52	7♍45	13♍36	19♍25	25♍15	1♎06	6♎59	/☊
☿/♀	16♊39	17♊15	17♊53	18♊34	19♊17	20♊02	20♊51	21♊41	22♊35	23♊30	24♊29	25♊29	26♊33	27♊38	28♊46	29♊56	1♋09	2♋24	3♋41	5♋00	6♋22	7♋45	9♋11	10♋38	12♋07	13♋38	15♋10	16♋44	18♋19	19♋55	21♋32	☿/♀
/♂	21♌22	21♌34	21♌49	22♌06	22♌26	22♌48	23♌14	23♌41	24♌12	24♌45	25♌21	25♌59	26♌40	27♌24	28♌10	28♌58	29♌49	0♍42	1♍38	2♍36	3♍36	4♍38	5♍43	6♍49	7♍58	9♍08	10♍20	11♍33	12♍47	14♍03	15♍20	/♂
/⚳	22♌45	22♌50	22♌57	23♌07	23♌20	23♌36	23♌54	24♌14	24♌38	25♌04	25♌32	26♌03	26♌37	27♌13	27♌52	28♌33	29♌16	0♍02	0♍50	1♍40	2♍33	3♍28	4♍25	5♍23	6♍24	7♍26	8♍30	9♍36	10♍43	11♍51	12♍60	/⚳
/♃	10♋30	10♋36	10♋45	10♋57	11♋10	11♋27	11♋46	12♋07	12♋31	12♋57	13♋26	13♋58	14♋31	15♋08	15♋46	16♋27	17♋10	17♋56	18♋43	19♋33	20♋25	21♋19	22♋15	23♋12	24♋12	25♋13	26♋16	27♋20	28♋25	29♋32	0♌39	/♃
/♄	5♍41	5♍40	5♍41	5♍45	5♍51	6♍01	6♍12	6♍26	6♍43	7♍02	7♍24	7♍48	8♍15	8♍44	9♍16	9♍50	10♍26	11♍05	11♍46	12♍29	13♍14	14♍01	14♍50	15♍42	16♍35	17♍29	18♍26	19♍23	20♍22	21♍23	22♍24	/♄
/♅	20♉22	20♉22	20♉25	20♉30	20♉38	20♉48	21♉01	21♉16	21♉34	21♉54	22♉16	22♉41	23♉09	23♉38	24♉10	24♉45	25♉21	26♉00	26♉41	27♉24	28♉10	28♉57	29♉46	0♊37	1♊30	2♊24	3♊20	4♊18	5♊16	6♊16	7♊16	/♅
/♆	0♉56	0♉56	0♉58	1♉02	1♉09	1♉18	1♉30	1♉45	2♉02	2♉21	2♉43	3♉07	3♉34	4♉03	4♉34	5♉08	5♉44	6♉22	7♉02	7♉45	8♉29	9♉16	10♉05	10♉55	11♉47	12♉41	13♉37	14♉33	15♉31	16♉30	17♉30	/♆
/♇	3♈23	3♈22	3♈24	3♈28	3♈34	3♈43	3♈55	4♈09	4♈26	4♈45	5♈06	5♈30	5♈57	6♈25	6♈57	7♈30	8♈06	8♈44	9♈24	10♈06	10♈51	11♈37	12♎26	13♎16	14♎08	15♎02	15♎58	16♎54	17♎52	18♎51	19♎51	/♇
/☊	24♌46	24♌42	24♌41	24♌45	24♌51	25♌01	25♌13	25♌27	25♌43	26♌00	26♌18	26♌38	26♌60	27♌24	27♌52	28♌23	28♌58	29♌36	0♍16	0♍59	1♍44	2♍29	3♍15	4♍02	4♍49	5♍37	6♍26	7♍17	8♍10	9♍05	10♍03	/☊
♀/♂	13♌38	14♌26	15♌14	16♌02	16♌50	17♌39	18♌28	19♌17	20♌06	20♌55	21♌45	22♌34	23♌24	24♌14	25♌04	25♌55	26♌45	27♌36	28♌27	29♌18	0♍09	1♍00	1♍52	2♍43	3♍35	4♍27	5♍19	6♍11	7♍04	7♍56	8♍49	♀/♂
/⚳	15♌00	15♌41	16♌22	17♌03	17♌45	18♌26	19♌08	19♌50	20♌32	21♌14	21♌56	22♌38	23♌21	24♌04	24♌46	25♌29	26♌12	26♌56	27♌39	28♌22	29♌06	29♌50	0♍33	1♍17	2♍01	2♍46	3♍30	4♍14	4♍59	5♍44	6♍28	/⚳
/♃	2♋45	3♋28	4♋10	4♋52	5♋35	6♋17	6♋60	7♋42	8♋25	9♋07	9♋50	10♋33	11♋15	11♋58	12♋41	13♋24	14♋06	14♋49	15♋32	16♋15	16♋58	17♋41	18♋23	19♋06	19♋49	20♋32	21♋15	21♋58	22♋41	23♋24	24♋07	/♃
/♄	27♌56	28♌31	29♌06	29♌41	0♍16	0♍51	1♍26	2♍02	2♍37	3♍12	3♍48	4♍23	4♍59	5♍35	6♍11	6♍46	7♍22	7♍58	8♍34	9♍10	9♍47	10♍23	10♍59	11♍36	12♍12	12♍49	13♍25	14♍02	14♍39	15♍15	15♍52	/♄
/♅	12♉37	13♉13	13♉50	14♉26	15♉02	15♉39	16♉15	16♉51	17♉27	18♉04	18♉40	19♉16	19♉52	20♉29	21♉05	21♉41	22♉18	22♉54	23♉30	24♉06	24♉43	25♉19	25♉55	26♉31	27♉07	27♉44	28♉20	28♉56	29♉32	0♊09	0♊45	/♅
/♆	23♈11	23♈47	24♈22	24♈58	25♈33	26♈09	26♈44	27♈20	27♈55	28♈31	29♈07	29♈42	0♉18	0♉53	1♉29	2♉04	2♉40	3♉15	3♉51	4♉27	5♉02	5♉38	6♉14	6♉49	7♉25	8♉01	8♉36	9♉12	9♉48	10♉23	10♉59	/♆
/♇	25♓38	26♓13	26♓49	27♓24	27♓59	28♓34	29♓09	29♓44	0♈19	0♈55	1♈30	2♈05	2♈41	3♈16	3♈51	4♈27	5♈02	5♈37	6♈13	6♈48	7♈24	7♈59	8♈35	9♈10	9♈46	10♈22	10♈57	11♈33	12♎09	12♎44	13♎20	/♇
/☊	17♌01	17♌33	18♌06	18♌40	19♌16	19♌52	20♌27	21♌03	21♌37	22♌10	22♌42	23♌13	23♌44	24♌15	24♌46	25♌19	25♌54	26♌29	27♌05	27♌41	28♌17	28♌51	29♌24	29♌56	0♍27	0♍56	1♍26	1♍56	2♍26	2♍58	3♍31	/☊
♂/⚳	19♎44	20♎01	20♎18	20♎36	20♎54	21♎12	21♎31	21♎50	22♎09	22♎28	22♎48	23♎08	23♎29	23♎49	24♎10	24♎31	24♎53	25♎14	25♎36	25♎58	26♎20	26♎43	27♎06	27♎29	27♎52	28♎15	28♎39	29♎03	29♎27	29♎51	0♏16	♂/⚳
/♃	7♍29	7♍47	8♍06	8♍25	8♍44	9♍03	9♍23	9♍42	10♍02	10♍22	10♍42	11♍03	11♍23	11♍44	12♍05	12♍25	12♍46	13♍08	13♍29	13♍50	14♍12	14♍34	14♍56	15♍18	15♍40	16♍02	16♍25	16♍47	17♍10	17♍32	17♍55	/♃
/♄	2♏39	2♏51	3♏02	3♏13	3♏25	3♏37	3♏49	4♏02	4♏14	4♏27	4♏40	4♏53	5♏07	5♏20	5♏34	5♏48	6♏02	6♏17	6♏31	6♏46	7♏01	7♏16	7♏31	7♏47	8♏03	8♏18	8♏34	8♏51	9♏07	9♏23	9♏40	/♄
/♅	17♑21	17♑33	17♑46	17♑58	18♑11	18♑25	18♑38	18♑51	19♑05	19♑18	19♑32	19♑46	20♑00	20♑14	20♑29	20♑43	20♑58	21♑12	21♑27	21♑42	21♑57	22♑12	22♑27	22♑43	22♑58	23♑13	23♑29	23♑45	24♑01	24♑16	24♑32	/♅
/♆	27♐55	28♐07	28♐18	28♐30	28♐43	28♐55	29♐07	29♐20	29♐33	29♐46	29♐59	0♑12	0♑25	0♑39	0♑52	1♑06	1♑20	1♑34	1♑48	2♑02	2♑17	2♑31	2♑46	3♑01	3♑15	3♑30	3♑45	4♑01	4♑16	4♑31	4♑47	/♆
/♇	0♐22	0♐33	0♐45	0♐56	1♐08	1♐20	1♐32	1♐44	1♐57	2♐09	2♐22	2♐35	2♐48	3♐01	3♐15	3♐28	3♐42	3♐56	4♐10	4♐24	4♐38	4♐53	5♐07	5♐22	5♐36	5♐51	6♐06	6♐22	6♐37	6♐52	7♐08	/♇
/☊	21♎45	21♎53	22♎02	22♎13	22♎25	22♎38	22♎50	23♎03	23♎14	23♎25	23♎34	23♎43	23♎51	24♎00	24♎10	24♎21	24♎34	24♎48	25♎02	25♎17	25♎31	25♎45	25♎57	26♎07	26♎17	26♎26	26♎35	26♎44	26♎55	27♎06	27♎19	/☊
⚳/♃	8♍51	9♍03	9♍14	9♍26	9♍38	9♍51	10♍03	10♍15	10♍28	10♍41	10♍54	11♍07	11♍20	11♍33	11♍46	11♍60	12♍14	12♍27	12♍41	12♍55	13♍09	13♍23	13♍37	13♍52	14♍06	14♍21	14♍35	14♍50	15♍05	15♍20	15♍35	⚳/♃
/♄	4♏02	4♏06	4♏10	4♏15	4♏19	4♏24	4♏29	4♏35	4♏40	4♏46	4♏51	4♏57	5♏03	5♏10	5♏16	5♏23	5♏29	5♏36	5♏43	5♏51	5♏58	6♏05	6♏13	6♏21	6♏29	6♏37	6♏45	6♏54	7♏02	7♏11	7♏20	/♄
/♅	18♑43	18♑48	18♑54	18♑60	19♑06	19♑12	19♑18	19♑24	19♑31	19♑37	19♑44	19♑50	19♑57	20♑04	20♑11	20♑18	20♑25	20♑32	20♑39	20♑46	20♑54	21♑01	21♑09	21♑17	21♑24	21♑32	21♑40	21♑48	21♑56	22♑04	22♑12	/♅
/♆	29♐17	29♐22	29♐27	29♐32	29♐37	29♐42	29♐48	29♐53	29♐59	0♑04	0♑10	0♑16	0♑22	0♑28	0♑34	0♑41	0♑47	0♑54	1♑00	1♑07	1♑14	1♑21	1♑28	1♑35	1♑42	1♑49	1♑56	2♑04	2♑11	2♑19	2♑26	/♆
/♇	1♐44	1♐49	1♐53	1♐58	2♐02	2♐07	2♐12	2♐17	2♐23	2♐28	2♐34	2♐39	2♐45	2♐51	2♐57	3♐03	3♐09	3♐15	3♐22	3♐28	3♐35	3♐42	3♐49	3♐56	4♐03	4♐10	4♐17	4♐25	4♐32	4♐40	4♐47	/♇
/☊	23♎07	23♎08	23♎10	23♎14	23♎19	23♎25	23♎31	23♎36	23♎40	23♎43	23♎46	23♎47	23♎48	23♎49	23♎52	23♎56	24♎01	24♎07	24♎14	24♎22	24♎28	24♎34	24♎38	24♎41	24♎43	24♎45	24♎46	24♎47	24♎50	24♎54	24♎59	/☊
♃/♄	21♍47	21♍52	21♍58	22♍04	22♍10	22♍16	22♍21	22♍27	22♍33	22♍39	22♍46	22♍52	22♍58	23♍04	23♍11	23♍17	23♍23	23♍30	23♍36	23♍43	23♍50	23♍56	24♍03	24♍10	24♍17	24♍24	24♍31	24♍38	24♍45	24♍52	24♍59	♃/♄
/♅	6♊28	6♊35	6♊42	6♊49	6♊56	7♊03	7♊10	7♊17	7♊24	7♊31	7♊38	7♊45	7♊51	7♊58	8♊05	8♊12	8♊19	8♊25	8♊32	8♊39	8♊46	8♊52	8♊59	9♊06	9♊12	9♊19	9♊25	9♊32	9♊38	9♊45	9♊51	/♅
/♆	17♉02	17♉09	17♉15	17♉21	17♉27	17♉33	17♉40	17♉46	17♉52	17♉58	18♉04	18♉10	18♉17	18♉23	18♉29	18♉35	18♉41	18♉47	18♉53	18♉59	19♉05	19♉11	19♉18	19♉24	19♉30	19♉36	19♉42	19♉48	19♉54	19♉60	20♉06	/♆
/♇	19♎29	19♎35	19♎41	19♎47	19♎53	19♎58	20♎04	20♎10	20♎16	20♎22	20♎28	20♎34	20♎39	20♎45	20♎51	20♎57	21♎03	21♎09	21♎15	21♎21	21♎27	21♎33	21♎39	21♎45	21♎51	21♎57	22♎03	22♎09	22♎15	22♎21	22♎27	/♇
/☊	10♍52	10♍55	10♍58	11♍03	11♍09	11♍16	11♍23	11♍29	11♍33	11♍37	11♍40	11♍41	11♍42	11♍44	11♍46	11♍50	11♍55	12♍01	12♍07	12♍14	12♍20	12♍25	12♍28	12♍30	12♍31	12♍31	12♍31	12♍31	12♍32	12♍35	12♍38	/☊
♄/♅	1♒39	1♒38	1♒38	1♒37	1♒37	1♒37	1♒36	1♒36	1♒36	1♒36	1♒35	1♒35	1♒35	1♒35	1♒35	1♒35	1♒35	1♒35	1♒35	1♒35	1♒35	1♒35	1♒35	1♒35	1♒35	1♒35	1♒35	1♒35	1♒36	1♒36	1♒36	♄/♅
/♆	12♑13	12♑12	12♑11	12♑09	12♑08	12♑07	12♑06	12♑05	12♑04	12♑03	12♑02	12♑01	12♑00	11♑59	11♑58	11♑58	11♑57	11♑56	11♑56	11♑55	11♑54	11♑54	11♑53	11♑53	11♑52	11♑52	11♑52	11♑51	11♑51	11♑51	11♑50	/♆
/♇	14♐40	14♐38	14♐37	14♐35	14♐34	14♐32	14♐31	14♐29	14♐28	14♐27	14♐25	14♐24	14♐23	14♐22	14♐21	14♐20	14♐19	14♐18	14♐17	14♐16	14♐16	14♐15	14♐14	14♐14	14♐13	14♐13	14♐12	14♐12	14♐12	14♐12	14♐11	/♇
/☊	6♏03	5♏58	5♏54	5♏52	5♏51	5♏50	5♏49	5♏48	5♏46	5♏42	5♏37	5♏32	5♏26	5♏21	5♏16	5♏13	5♏11	5♏10	5♏10	5♏10	5♏09	5♏07	5♏04	4♏60	4♏54	4♏48	4♏41	4♏35	4♏30	4♏25	4♏23	/☊
♅/♆	26♓54	26♓54	26♓54	26♓55	26♓55	26♓55	26♓55	26♓54	26♓54	26♓54	26♓54	26♓54	26♓54	26♓53	26♓53	26♓53	26♓52	26♓52	26♓51	26♓51	26♓50	26♓50	26♓49	26♓48	26♓48	26♓47	26♓46	26♓45	26♓45	26♓44	26♓43	♅/♆
/♇	29♒21	29♒21	29♒21	29♒20	29♒20	29♒20	29♒19	29♒19	29♒18	29♒18	29♒17	29♒17	29♒16	29♒16	29♒15	29♒15	29♒14	29♒14	29♒13	29♒12	29♒12	29♒11	29♒10	29♒10	29♒09	29♒08	29♒07	29♒06	29♒06	29♒05	29♒04	/♇
/☊	20♑44	20♑40	20♑38	20♑37	20♑37	20♑37	20♑38	20♑37	20♑36	20♑33	20♑30	20♑25	20♑20	20♑15	20♑11	20♑08	20♑06	20♑05	20♑05	20♑05	20♑05	20♑03	19♑60	19♑55	19♑49	19♑43	19♑36	19♑29	19♑23	19♑19	19♑15	/☊
♆/♇	9♒56	9♒54	9♒53	9♒52	9♒51	9♒50	9♒49	9♒48	9♒46	9♒45	9♒44	9♒43	9♒42	9♒40	9♒39	9♒38	9♒37	9♒35	9♒34	9♒33	9♒31	9♒30	9♒29	9♒27	9♒26	9♒25	9♒24	9♒22	9♒21	9♒19	9♒18	♆/♇
/☊	1♑18	1♑14	1♑11	1♑09	1♑08	1♑08	1♑07	1♑06	1♑04	1♑01	0♑56	0♑51	0♑45	0♑39	0♑34	0♑31	0♑28	0♑27	0♑27	0♑26	0♑25	0♑22	0♑18	0♑13	0♑07	29♐60	29♐52	29♐45	29♐39	29♐33	29♐30	/☊
♇/☊	3♐45	3♐40	3♐37	3♐35	3♐33	3♐33	3♐32	3♐30	3♐28	3♐24	3♐20	3♐14	3♐08	3♐02	2♐57	2♐53	2♐50	2♐49	2♐48	2♐47	2♐46	2♐43	2♐40	2♐34	2♐28	2♐21	2♐13	2♐06	1♐60	1♐54	1♐51	♇/☊

July 2014

August 2014

	1	2	3	4	5	6	7	8	9	10	11	12	13	14	15	16
☉/☽	6♍19	12♍52	19♍32	26♍21	3♎23	10♎38	18♎07	25♎51	3♏47	11♏52	20♉01	28♉07	6♊06	13♊54	21♊28	28♊48
/☿	4♌24	5♌55	7♌26	8♌57	10♌28	11♌59	13♌30	15♌01	16♌32	18♌02	19♌31	21♌00	22♌28	23♌56	25♌23	26♌49
/♀	27♋28	28♋33	29♋38	0♌43	1♌48	2♌54	3♌59	5♌04	6♌10	7♌15	8♌20	9♌26	10♌31	11♌37	12♌42	13♌48
/♂	20♍55	21♍40	22♍26	23♍11	23♍56	24♍42	25♍28	26♍13	26♍59	27♍45	28♍31	29♍18	0♎04	0♎50	1♎37	2♎23
/⚳	18♍27	19♍04	19♍42	20♍19	20♍57	21♍34	22♍12	22♍49	23♍27	24♍05	24♍43	25♍21	25♍59	26♍38	27♍16	27♍54
/♃	6♌05	6♌40	7♌15	7♌51	8♌26	9♌01	9♌37	10♌12	10♌47	11♌23	11♌58	12♌33	13♌09	13♌44	14♌19	14♌55
/♄	27♍43	28♍12	28♍42	29♍11	29♍41	0♎10	0♎40	1♎09	1♎39	2♎09	2♎38	3♎08	3♎38	4♎08	4♎38	5♎08
/♅	12♊35	13♊03	13♊32	14♊00	14♊29	14♊57	15♊25	15♊54	16♊22	16♊50	17♊19	17♊47	18♊15	18♊44	19♊12	19♊40
/♆	22♉49	23♉17	23♉45	24♉13	24♉41	25♉09	25♉37	26♉05	26♉33	27♉01	27♉29	27♉57	28♉25	28♉53	29♉21	29♉49
/♇	25♎10	25♎38	26♎06	26♎34	27♎02	27♎30	27♎58	28♎26	28♎55	29♎23	29♎51	0♏19	0♏47	1♏16	1♏44	2♏12
/☊	15♍20	15♍48	16♍17	16♍46	17♍14	17♍42	18♍08	18♍34	18♍58	19♍22	19♍46	20♍11	20♍38	21♍05	21♍33	22♍02
☽/☿	2♍01	9♍07	16♍21	23♍44	1♎19	9♎08	17♎11	25♎29	3♏58	12♏35	21♉16	29♉53	8♊23	16♊41	24♊44	2♋33
/♀	25♌05	1♍45	8♍33	15♍31	22♍40	0♎02	7♎40	15♎31	23♎36	1♉49	10♉05	18♉19	26♉26	4♊21	12♊03	19♊31
/♂	18♎32	24♎53	1♏21	7♏58	14♏48	21♏51	29♏08	6♐41	14♐25	22♐19	0♑16	8♑11	15♑59	23♑35	0♒58	8♒07
/⚳	16♎04	22♎17	28♎37	5♏06	11♏48	18♏43	25♏53	3♐17	10♐53	18♐39	26♐28	4♑15	11♑54	19♑22	26♑37	3♌38
/♃	3♍41	9♍52	16♍11	22♍38	29♍17	6♎10	13♎18	20♎39	28♎14	5♉56	13♉43	21♉27	29♉03	6♊29	13♊41	20♊39
/♄	25♎20	1♏25	7♏37	13♏59	20♏32	27♏19	4♐20	11♐37	19♐05	26♐42	4♑23	12♑02	19♑33	26♑53	3♒59	10♒52
/♅	10♋12	16♋16	22♑27	28♑48	5♒20	12♒06	19♒06	26♒21	3♓48	11♓24	19♓03	26♓40	4♈10	11♈28	18♈33	25♈24
/♆	20♐26	26♐29	2♑40	9♑00	15♑32	22♑17	29♑18	6♒32	13♒59	21♒34	29♒13	6♓50	14♓19	21♓37	28♓42	5♈33
/♇	22♏47	28♏50	5♐01	11♐21	17♐53	24♐39	1♑39	8♑54	16♑21	23♑56	1♒36	9♒13	16♒42	24♒00	1♓05	7♓56
/☊	12♎57	19♎01	25♎12	1♏33	8♏05	14♏50	21♏49	29♏01	6♐24	13♐56	21♐31	29♐05	6♑32	13♑50	20♑55	27♋46
☿/♀	23♋10	24♋48	26♋27	28♋06	29♋45	1♌24	3♌03	4♌42	6♌20	7♌58	9♌35	11♌12	12♌48	14♌24	15♌58	17♌33
/♂	16♍38	17♍56	19♍15	20♍34	21♍53	23♍13	24♍32	25♍51	27♍10	28♍28	29♍46	1♎04	2♎21	3♎37	4♎53	6♎09
/⚳	14♍09	15♍20	16♍31	17♍42	18♍53	20♍05	21♍16	22♍27	23♍38	24♍48	25♍58	27♍07	28♍16	29♍25	0♎32	1♎39
/♃	1♌47	2♌55	4♌04	5♌13	6♌23	7♌32	8♌41	9♌50	10♌58	12♌06	13♌13	14♌20	15♌26	16♌31	17♌36	18♌40
/♄	23♍25	24♍28	25♍31	26♍34	27♍37	28♍41	29♍44	0♎47	1♎49	2♎52	3♎53	4♎54	5♎55	6♎55	7♎54	8♎53
/♅	8♊17	9♊19	10♊21	11♊23	12♊25	13♊28	14♊30	15♊31	16♊32	17♊33	18♊34	19♊33	20♊32	21♊31	22♊28	23♊25
/♆	18♉31	19♉32	20♉34	21♉36	22♉37	23♉39	24♉41	25♉42	26♉43	27♉44	28♉44	29♉43	0♊42	1♊40	2♊37	3♊34
/♇	20♎52	21♎53	22♎55	23♎57	24♎59	26♎01	27♎02	28♎04	29♎05	0♏06	1♏06	2♏05	3♏04	4♏03	5♏00	5♏57
/☊	11♍02	12♍04	13♍06	14♍08	15♍11	16♍12	17♍12	18♍11	19♍08	20♍05	21♍01	21♍58	22♍55	23♍52	24♍50	25♍48
♀/♂	9♍41	10♍34	11♍27	12♍20	13♍13	14♍07	15♍00	15♍54	16♍48	17♍41	18♍35	19♍29	20♍23	21♍18	22♍12	23♍07
/⚳	7♍13	7♍58	8♍43	9♍28	10♍14	10♍59	11♍44	12♍30	13♍16	14♍01	14♍47	15♍33	16♍19	17♍05	17♍51	18♍37
/♃	24♋51	25♋34	26♋17	26♋60	27♋43	28♋26	29♋09	29♋52	0♌36	1♌19	2♌02	2♌45	3♌28	4♌12	4♌55	5♌38
/♄	16♍29	17♍06	17♍43	18♍20	18♍58	19♍35	20♍12	20♍50	21♍27	22♍05	22♍42	23♍20	23♍58	24♍35	25♍13	25♍51
/♅	1♊21	1♊57	2♊33	3♊09	3♊46	4♊22	4♊58	5♊34	6♊10	6♊46	7♊23	7♊59	8♊35	9♊11	9♊47	10♊23
/♆	11♉35	12♉10	12♉46	13♉22	13♉58	14♉34	15♉09	15♉45	16♉21	16♉57	17♉33	18♉08	18♉44	19♉20	19♉56	20♉32
/♇	13♎56	14♎32	15♎07	15♎43	16♎19	16♎55	17♎31	18♎07	18♎43	19♎19	19♎55	20♎31	21♎07	21♎43	22♎19	22♎56
/☊	4♍06	4♍42	5♍18	5♍55	6♍31	7♍06	7♍41	8♍14	8♍46	9♍18	9♍50	10♍23	10♍57	11♍32	12♍09	12♍46
♂/⚳	0♏41	1♏06	1♏31	1♏56	2♏22	2♏47	3♏13	3♏39	4♏05	4♏32	4♏58	5♏25	5♏52	6♏19	6♏46	7♏13
/♃	18♍18	18♍41	19♍04	19♍28	19♍51	20♍14	20♍38	21♍02	21♍25	21♍49	22♍13	22♍37	23♍01	23♍25	23♍50	24♍14
/♄	9♏57	10♏14	10♏31	10♏48	11♏06	11♏23	11♏41	11♏59	12♏17	12♏35	12♏53	13♏12	13♏30	13♏49	14♏08	14♏27
/♅	24♑49	25♑05	25♑21	25♑37	25♑54	26♑10	26♑27	26♑43	27♑00	27♑17	27♑34	27♑51	28♑08	28♑25	28♑42	28♑59
/♆	5♑02	5♑18	5♑34	5♑50	6♑06	6♑22	6♑38	6♑54	7♑11	7♑27	7♑44	8♑00	8♑17	8♑34	8♑51	9♑08
/♇	7♐23	7♐39	7♐55	8♐11	8♐27	8♐43	8♐60	9♐16	9♐33	9♐49	10♐06	10♐23	10♐40	10♐57	11♐14	11♐31
/☊	27♎34	27♎49	28♎06	28♎23	28♎39	28♎55	29♎10	29♎23	29♎36	29♎49	0♏01	0♏15	0♏30	0♏46	1♏03	1♏21
⚳/♃	15♍50	16♍05	16♍20	16♍36	16♍51	17♍07	17♍22	17♍38	17♍53	18♍09	18♍25	18♍41	18♍57	19♍13	19♍29	19♍45
/♄	7♏29	7♏38	7♏47	7♏56	8♏06	8♏15	8♏25	8♏35	8♏45	8♏55	9♏05	9♏16	9♏26	9♏37	9♏47	9♏58
/♅	22♑20	22♑29	22♑37	22♑45	22♑54	23♑02	23♑11	23♑19	23♑28	23♑37	23♑46	23♑54	24♑03	24♑12	24♑21	24♑30
/♆	2♑34	2♑42	2♑50	2♑58	3♑06	3♑14	3♑22	3♑30	3♑39	3♑47	3♑56	4♑04	4♑13	4♑21	4♑30	4♑39
/♇	4♐55	5♐03	5♐11	5♐19	5♐27	5♐35	5♐44	5♐52	6♐01	6♐09	6♐18	6♐27	6♐35	6♐44	6♐53	7♐02
/☊	25♎05	25♎13	25♎22	25♎31	25♎39	25♎47	25♎54	25♎59	26♎04	26♎08	26♎13	26♎19	26♎25	26♎33	26♎43	26♎52
♃/♄	25♍06	25♍13	25♍21	25♍28	25♍35	25♍43	25♍50	25♍57	26♍05	26♍13	26♍20	26♍28	26♍35	26♍43	26♍51	26♍59
/♅	9♊58	10♊04	10♊11	10♊17	10♊23	10♊29	10♊36	10♊42	10♊48	10♊54	11♊00	11♊07	11♊13	11♊19	11♊25	11♊31
/♆	20♉12	20♉18	20♉24	20♉29	20♉35	20♉41	20♉47	20♉53	20♉59	21♉05	21♉10	21♉16	21♉22	21♉28	21♉34	21♉39
/♇	22♎33	22♎39	22♎45	22♎51	22♎57	23♎03	23♎09	23♎15	23♎21	23♎27	23♎33	23♎39	23♎45	23♎51	23♎57	24♎03
/☊	12♍43	12♍49	12♍56	13♍02	13♍09	13♍14	13♍19	13♍22	13♍24	13♍26	13♍28	13♍31	13♍35	13♍40	13♍46	13♍53
♄/♅	1♒36	1♒37	1♒37	1♒37	1♒38	1♒38	1♒39	1♒39	1♒40	1♒40	1♒41	1♒41	1♒42	1♒42	1♒43	1♒44
/♆	11♑50	11♑50	11♑50	11♑50	11♑50	11♑50	11♑50	11♑50	11♑50	11♑51	11♑51	11♑51	11♑51	11♑52	11♑52	11♑52
/♇	14♐11	14♐11	14♐11	14♐11	14♐11	14♐11	14♐12	14♐12	14♐12	14♐13	14♐13	14♐14	14♐14	14♐15	14♐15	14♐16
/☊	4♏22	4♏21	4♏22	4♏23	4♏23	4♏23	4♏21	4♏19	4♏16	4♏12	4♏08	4♏06	4♏04	4♏04	4♏05	4♏06
♅/♆	26♓42	26♓41	26♓40	26♓39	26♓38	26♓37	26♓36	26♓35	26♓33	26♓32	26♓31	26♓30	26♓29	26♓27	26♓26	26♓25
/♇	29♒03	29♒02	29♒01	29♒00	28♒59	28♒58	28♒57	28♒56	28♒55	28♒54	28♒53	28♒52	28♒51	28♒50	28♒49	28♒48
/☊	19♑13	19♑12	19♑12	19♑12	19♑11	19♑10	19♑07	19♑03	18♑59	18♑54	18♑49	18♑45	18♑41	18♑39	18♑38	18♑38
♆/♇	9♒17	9♒15	9♒14	9♒13	9♒11	9♒10	9♒09	9♒07	9♒06	9♒05	9♒03	9♒02	9♒01	8♒59	8♒58	8♒57
/☊	29♐27	29♐26	29♐25	29♐24	29♐23	29♐22	29♐19	29♐14	29♐09	29♐04	28♐59	28♐54	28♐51	28♐49	28♐47	28♐47
♇/☊	1♐48	1♐47	1♐46	1♐46	1♐45	1♐43	1♐40	1♐36	1♐31	1♐26	1♐21	1♐17	1♐14	1♐12	1♐11	1♐10

	17	18	19	20	21	22	23	24	25	26	27	28	29	30	31
☉/☽	5♋55	12♋50	19♋36	26♋14	2♌47	9♌15	15♌41	22♌06	28♌30	4♍55	11♍22	17♍50	24♍22	0♎59	7♎42
/☿	28♌15	29♌40	1♍04	2♍28	3♍51	5♍13	6♍34	7♍55	9♍15	10♍35	11♍54	13♍12	14♍29	15♍46	17♍03
/♀	14♌53	15♌59	17♌04	18♌10	19♌16	20♌21	21♌27	22♌33	23♌39	24♌45	25♌51	26♌56	28♌02	29♌08	0♍14
/♂	3♎10	3♎57	4♎44	5♎31	6♎18	7♎05	7♎52	8♎40	9♎27	10♎15	11♎02	11♎50	12♎38	13♎26	14♎14
/⚳	28♍33	29♍11	29♍50	0♎29	1♎07	1♎46	2♎25	3♎04	3♎43	4♎22	5♎01	5♎41	6♎20	6♎59	7♎39
/♃	15♌30	16♌05	16♌41	17♌16	17♌51	18♌27	19♌02	19♌37	20♌13	20♌48	21♌23	21♌59	22♌34	23♌09	23♌45
/♄	5♎38	6♎08	6♎38	7♎09	7♎39	8♎09	8♎40	9♎10	9♎41	10♎12	10♎42	11♎13	11♎44	12♎15	12♎45
/♅	20♊08	20♊37	21♊05	21♊33	22♊01	22♊29	22♊58	23♊26	23♊54	24♊22	24♊50	25♊18	25♊47	26♊15	26♊43
/♆	0♊17	0♊45	1♊13	1♊41	2♊09	2♊37	3♊05	3♊33	4♊01	4♊30	4♊58	5♊26	5♊54	6♐22	6♐50
/♇	2♏41	3♏09	3♏37	4♏06	4♏34	5♏03	5♏31	5♏60	6♏28	6♏57	7♏25	7♏54	8♏22	8♏51	9♏20
/☊	22♍32	23♍00	23♍28	23♍56	24♍21	24♍46	25♍11	25♍35	25♍59	26♍24	26♍50	27♍17	27♍45	28♍14	28♍43
☽/☿	10♋08	17♋31	24♋43	1♌47	8♌45	15♌37	22♌27	29♌15	6♍02	12♍48	19♍35	26♍24	3♎16	10♎12	17♎13
/♀	26♊46	3♋50	10♋43	17♋29	24♋09	0♌46	7♌20	13♌53	20♌25	26♌58	3♍32	10♍09	16♍49	23♍33	0♎25
/♂	15♌03	21♌48	28♌23	4♍50	11♍12	17♍30	23♍45	29♍59	6♎13	12♎28	18♎44	25♎03	1♏24	7♏51	14♏24
/⚳	10♌26	17♌02	23♌29	29♌48	6♍01	12♍11	18♍18	24♍24	0♎29	6♎35	12♎43	18♎53	25♎06	1♏24	7♏49
/♃	27♊23	3♋56	10♋20	16♋35	22♋45	28♋51	4♌55	10♌57	16♌59	23♌01	29♌05	5♍11	11♍20	17♍34	23♍55
/♄	17♌31	23♌59	0♍17	6♍28	12♍33	18♍34	24♍33	0♎30	6♎27	12♎25	18♎24	24♎25	0♏30	6♏40	12♏56
/♅	2♉01	8♉27	14♉44	20♉52	26♉55	2♊54	8♊50	14♊45	20♊40	26♊35	2♋32	8♋31	14♋33	20♑40	26♑53
/♆	12♈10	18♈36	24♈52	1♉00	7♉03	13♉02	18♉58	24♉53	0♊48	6♐43	12♐39	18♐38	24♐40	0♑47	7♑01
/♇	14♓34	20♓60	27♓16	3♈25	9♈28	15♎27	21♎24	27♎19	3♏14	9♏10	15♏07	21♏06	27♏09	3♐16	9♐30
/☊	4♌25	10♌51	17♌07	23♌15	29♌15	5♍11	11♍03	16♍54	22♍45	28♍37	4♎32	10♎29	16♎31	22♎39	28♎54
☿/♀	19♌06	20♌39	22♌11	23♌43	25♌14	26♌44	28♌13	29♌42	1♍10	2♍37	4♍04	5♍30	6♍56	8♍21	9♍45
/♂	7♎23	8♎37	9♎51	11♎04	12♎16	13♎27	14♎38	15♎49	16♎58	18♎08	19♎16	20♎24	21♎32	22♎39	23♎45
/⚳	2♎46	3♎52	4♎57	6♎01	7♎05	8♎08	9♎11	10♎13	11♎14	12♎15	13♎15	14♎15	15♎14	16♎12	17♎09
/♃	19♌43	20♌46	21♌48	22♌49	23♌49	24♌49	25♌48	26♌46	27♌44	28♌41	29♌37	0♍33	1♍28	2♍22	3♍15
/♄	9♎51	10♎49	11♎45	12♎42	13♎37	14♎32	15♎26	16♎19	17♎12	18♎04	18♎56	19♎47	20♎37	21♎27	22♎16
/♅	24♊21	25♊17	26♊12	27♊06	27♊59	28♊52	29♊44	0♋35	1♋25	2♋15	3♋04	3♋52	4♋40	5♋27	6♋14
/♆	4♊30	5♊25	6♊20	7♐14	8♐07	8♐59	9♐51	10♐42	11♐33	12♐22	13♐11	13♐60	14♐48	15♐35	16♐21
/♇	6♏54	7♏49	8♏44	9♏39	10♏32	11♏25	12♏17	13♏09	13♏59	14♏49	15♏39	16♏28	17♏16	18♏04	18♏50
/☊	26♍45	27♍41	28♍35	29♍28	0♎19	1♎09	1♎57	2♎44	3♎30	4♎17	5♎04	5♎51	6♎39	7♎26	8♎14
♀/♂	24♍01	24♍56	25♍51	26♍46	27♍41	28♍36	29♍31	0♎26	1♎22	2♎17	3♎13	4♎09	5♎05	6♎00	6♎56
/⚳	19♍24	20♍10	20♍57	21♍43	22♍30	23♍17	24♍04	24♍51	25♍38	26♍25	27♍12	27♍59	28♍46	29♍34	0♎21
/♃	6♌21	7♌05	7♌48	8♌31	9♌14	9♌58	10♌41	11♌24	12♌07	12♌51	13♌34	14♌17	15♌00	15♌44	16♌27
/♄	26♍29	27♍07	27♍45	28♍24	29♍02	29♍40	0♎19	0♎57	1♎36	2♎14	2♎53	3♎31	4♎10	4♎49	5♎28
/♅	10♊59	11♊36	12♊12	12♊48	13♊24	14♊00	14♊36	15♊12	15♊49	16♊25	17♊01	17♊37	18♊13	18♊49	19♊25
/♆	21♉08	21♉44	22♉20	22♉56	23♉32	24♉08	24♉44	25♉20	25♉56	26♉32	27♉08	27♉44	28♉20	28♉57	29♉33
/♇	23♎32	24♎08	24♎44	25♎21	25♎57	26♎33	27♎10	27♎46	28♎23	28♎59	29♎36	0♏12	0♏49	1♏25	2♏02
/☊	13♍23	13♍59	14♍35	15♍10	15♍44	16♍17	16♍49	17♍21	17♍54	18♍27	19♍00	19♍35	20♍11	20♍48	21♍26
♂/⚳	7♏41	8♏08	8♏36	9♏04	9♏32	10♏00	10♏29	10♏57	11♏26	11♏55	12♏24	12♏53	13♏22	13♏51	14♏21
/♃	24♍38	25♍03	25♍27	25♍52	26♍16	26♍41	27♍06	27♍31	27♍56	28♍21	28♍46	29♍11	29♍36	0♎01	0♎27
/♄	14♏46	15♏05	15♏25	15♏44	16♏04	16♏24	16♏44	17♏04	17♏24	17♏44	18♏05	18♏25	18♏46	19♏07	19♏28
/♅	29♑16	29♑34	29♑51	0♒09	0♒26	0♒44	1♒01	1♒19	1♒37	1♒55	2♒13	2♒31	2♒49	3♒07	3♒25
/♆	9♑25	9♑42	9♑59	10♑17	10♑34	10♑52	11♑09	11♑27	11♑44	12♑02	12♑20	12♑38	12♑56	13♑14	13♑32
/♇	11♐49	12♐06	12♐24	12♐41	12♐59	13♐17	13♐35	13♐53	14♐11	14♐29	14♐48	15♐06	15♐25	15♐43	16♐02
/☊	1♏40	1♏58	2♏15	2♏31	2♏46	3♏01	3♏15	3♏28	3♏42	3♏57	4♏12	4♏29	4♏47	5♏06	5♏26
⚳/♃	20♍01	20♍17	20♍33	20♍50	21♍06	21♍22	21♍39	21♍55	22♍12	22♍28	22♍45	23♍01	23♍18	23♍35	23♍51
/♄	10♏09	10♏20	10♏31	10♏42	10♏54	11♏05	11♏16	11♏28	11♏40	11♏52	12♏04	12♏16	12♏28	12♏40	12♏52
/♅	24♑39	24♑48	24♑57	25♑06	25♑16	25♑25	25♑34	25♑43	25♑53	26♑02	26♑12	26♑21	26♑31	26♑40	26♑50
/♆	4♑48	4♑56	5♑05	5♑14	5♑23	5♑33	5♑42	5♑51	6♑00	6♑10	6♑19	6♑29	6♑38	6♑48	6♑57
/♇	7♐11	7♐21	7♐30	7♐39	7♐49	7♐58	8♐08	8♐17	8♐27	8♐37	8♐47	8♐56	9♐06	9♐16	9♐27
/☊	27♎02	27♎12	27♎21	27♎29	27♎36	27♎42	27♎47	27♎52	27♎58	28♎04	28♎11	28♎20	28♎29	28♎39	28♎50
♃/♄	27♍06	27♍14	27♍22	27♍30	27♍38	27♍46	27♍54	28♍02	28♍10	28♍18	28♍26	28♍34	28♍42	28♍50	28♍58
/♅	11♊36	11♊42	11♊48	11♊54	11♊60	12♊06	12♊11	12♊17	12♊23	12♊28	12♊34	12♊39	12♊45	12♊50	12♊56
/♆	21♉45	21♉51	21♉56	22♉02	22♉08	22♉13	22♉19	22♉24	22♉30	22♉36	22♉41	22♉47	22♉52	22♉58	23♉03
/♇	24♎09	24♎15	24♎21	24♎27	24♎33	24♎39	24♎45	24♎51	24♎57	25♎03	25♎09	25♎15	25♎21	25♎26	25♎32
/☊	13♍60	14♍06	14♍12	14♍17	14♍20	14♍23	14♍24	14♍26	14♍28	14♍30	14♍33	14♍38	14♍43	14♍49	14♍56
♄/♅	1♒44	1♒45	1♒46	1♒47	1♒47	1♒48	1♒49	1♒50	1♒51	1♒52	1♒53	1♒54	1♒54	1♒55	1♒56
/♆	11♑53	11♑53	11♑54	11♑55	11♑55	11♑56	11♑57	11♑57	11♑58	11♑59	11♑60	12♑01	12♑02	12♑03	12♑04
/♇	14♐17	14♐18	14♐18	14♐19	14♐20	14♐21	14♐23	14♐24	14♐25	14♐26	14♐27	14♐29	14♐30	14♐32	14♐33
/☊	4♏08	4♏09	4♏10	4♏09	4♏08	4♏05	4♏02	3♏59	3♏56	3♏54	3♏52	3♏52	3♏53	3♏55	3♏57
♅/♆	26♓23	26♓22	26♓20	26♓19	26♓17	26♓16	26♓14	26♓13	26♓11	26♓10	26♓08	26♓06	26♓05	26♓03	26♓01
/♇	28♒47	28♒46	28♒45	28♒44	28♒42	28♒41	28♒40	28♒39	28♒38	28♒37	28♒35	28♒34	28♒33	28♒32	28♒31
/☊	18♑38	18♑37	18♑36	18♑33	18♑30	18♑25	18♑20	18♑14	18♑09	18♑04	18♑00	17♑57	17♑56	17♑55	17♑54
♆/♇	8♒55	8♒54	8♒53	8♒52	8♒50	8♒49	8♒48	8♒47	8♒45	8♒44	8♒43	8♒42	8♒41	8♒39	8♒38
/☊	28♐46	28♐46	28♐44	28♐41	28♐38	28♐33	28♐27	28♐22	28♐16	28♐12	28♐08	28♐05	28♐03	28♐02	28♐02
♇/☊	1♐10	1♐10	1♐08	1♐06	1♐03	0♐58	0♐53	0♐48	0♐43	0♐39	0♐35	0♐33	0♐31	0♐31	0♐31

August 2014

September 2014

	1	2	3	4	5	6	7	8	9	10	11	12	13	14	15	16	17	18	19	20	21	22	23	24	25	26	27	28	29	30
☉/☽	14♎33	21♎35	28♎47	6♏13	13♏51	21♏40	29♏39	7♐42	15♐46	23♊45	1♋34	9♋12	16♋37	23♋48	0♌46	7♌34	14♌12	20♌45	27♌12	3♍38	10♍02	16♍28	22♍55	29♍26	6♎00	12♎39	19♎24	26♎14	3♏12	10♏18
/☿	18♍18	19♍33	20♍48	22♍01	23♍14	24♍27	25♍39	26♍50	28♍00	29♍10	0♎19	1♎27	2♎35	3♎42	4♎48	5♎53	6♎57	8♎01	9♎03	10♎04	11♎04	12♎03	13♎01	13♎57	14♎52	15♎45	16♎36	17♎25	18♎12	18♎57
/♀	1♍20	2♍26	3♍32	4♍39	5♍45	6♍51	7♍57	9♍03	10♍09	11♍16	12♍22	13♍28	14♍35	15♍41	16♍48	17♍54	19♍01	20♍07	21♍14	22♍20	23♍27	24♍34	25♍40	26♍47	27♍54	29♍00	0♎07	1♎14	2♎21	3♎28
/♂	15♎02	15♎50	16♎39	17♎27	18♎15	19♎04	19♎53	20♎41	21♎30	22♎19	23♎08	23♎57	24♎46	25♎35	26♎24	27♎14	28♎03	28♎53	29♎42	0♏32	1♏21	2♏11	3♏01	3♏51	4♏41	5♏31	6♏21	7♏12	8♏02	8♏52
/⚳	8♎18	8♎58	9♎37	10♎17	10♎57	11♎37	12♎17	12♎57	13♎36	14♎17	14♎57	15♎37	16♎17	16♎57	17♎38	18♎18	18♎58	19♎39	20♎19	20♎60	21♎41	22♎21	23♎02	23♎43	24♎24	25♎05	25♎46	26♎27	27♎08	27♎49
/♃	24♌20	24♌55	25♌30	26♌05	26♌41	27♌16	27♌51	28♌26	29♌01	29♌36	0♍12	0♍47	1♍22	1♍57	2♍32	3♍07	3♍42	4♍17	4♍52	5♍27	6♍02	6♍37	7♍12	7♍47	8♍22	8♍56	9♍31	10♍06	10♍41	11♍15
/♄	13♎16	13♎47	14♎18	14♎50	15♎21	15♎52	16♎23	16♎54	17♎26	17♎57	18♎29	19♎00	19♎32	20♎03	20♎35	21♎06	21♎38	22♎10	22♎42	23♎14	23♎46	24♎18	24♎50	25♎22	25♎54	26♎26	26♎58	27♎31	28♎03	28♎35
/♅	27♊11	27♊39	28♊07	28♊35	29♊04	29♊32	29♊60	0♋28	0♋56	1♋24	1♋52	2♋20	2♋49	3♋17	3♋45	4♋13	4♋41	5♋09	5♋37	6♋06	6♋34	7♋02	7♋30	7♋58	8♋27	8♋55	9♋23	9♋51	10♋20	10♋48
/♆	7♐19	7♐47	8♐15	8♐43	9♐11	9♐40	10♐08	10♐36	11♐05	11♐33	12♐01	12♐30	12♐58	13♐26	13♐55	14♐23	14♐52	15♐20	15♐49	16♐17	16♐46	17♐15	17♐43	18♐12	18♐40	19♐09	19♐38	20♐07	20♐35	21♐04
/♇	9♏48	10♏17	10♏46	11♏15	11♏43	12♏12	12♏41	13♏10	13♏39	14♏08	14♏37	15♏06	15♏35	16♏04	16♏33	17♏02	17♏31	18♏00	18♏30	18♏59	19♏28	19♏57	20♏27	20♏56	21♏26	21♏55	22♏25	22♏54	23♏24	23♏53
/☊	29♍13	29♍43	0♎12	0♎40	1♎07	1♎34	2♎01	2♎28	2♎55	3♎22	3♎51	4♎20	4♎50	5♎20	5♎50	6♎19	6♎48	7♎17	7♎45	8♎12	8♎40	9♎07	9♎35	10♎04	10♎32	11♎02	11♎31	12♎01	12♎32	13♎02
☽/☿	24♎22	1♏40	9♏09	16♏50	24♏43	2♐47	10♐59	19♐15	27♐31	5♑41	13♋42	21♋30	29♋03	6♌23	13♌29	20♌23	27♌07	3♍44	10♍16	16♍44	23♍10	29♍36	6♎02	12♎30	19♎00	25♎33	2♏10	8♏51	15♏37	22♏29
/♀	7♎24	14♎33	21♎54	29♎27	7♏13	15♏11	23♏17	1♐29	9♊40	17♊47	25♊45	3♋31	11♋03	18♋22	25♋28	2♌24	9♌11	15♌51	22♌27	28♌60	5♍33	12♍06	18♍41	25♍20	2♎02	8♎49	15♎42	22♎40	29♎46	6♏60
/♂	21♏06	27♏57	4♐60	12♐15	19♐44	27♐24	5♑13	13♑07	21♑01	28♑50	6♒31	13♒59	21♒14	28♒16	5♍05	11♍44	18♍13	24♍36	0♎55	7♎12	13♎27	19♎44	26♎02	2♏24	8♏50	15♏20	21♏56	28♏38	5♐27	12♐24
/⚳	14♏22	21♏04	27♏59	5♐06	12♐25	19♐57	27♐37	5♑22	13♑07	20♑48	28♑19	5♒39	12♌45	19♌38	26♌18	2♍48	9♍09	15♍23	21♍32	27♍40	3♎46	9♎54	16♎03	22♎16	28♎32	4♏54	11♏20	17♏53	24♏33	1♐21
/♃	0♎23	7♎02	13♎52	20♎54	28♎09	5♏36	13♉11	20♉52	28♉32	6♊08	13♊34	20♊49	27♊50	4♋38	11♋13	17♋37	23♋52	0♌01	6♌05	12♌07	18♌08	24♌09	0♍13	6♍20	12♍30	18♍45	25♍06	1♎32	8♎06	14♎47
/♄	19♏20	25♏54	2♐40	9♐38	16♐49	24♐12	1♑43	9♑20	16♑56	24♑28	1♒51	9♒02	15♒60	22♌44	29♌16	5♍36	11♍48	17♍54	23♍55	29♍54	5♎51	11♎50	17♎51	23♎55	0♏03	6♏15	12♏33	18♏57	25♏28	2♐07
/♅	3♒15	9♒46	16♒29	23♒24	0♓32	7♓51	15♓20	22♓53	0♈27	7♈55	15♈15	22♈23	29♈17	5♉57	12♉26	18♉43	24♉51	0♊53	6♊50	12♊45	18♊40	24♊34	0♋31	6♋31	12♋35	18♑44	24♑58	1♒18	7♒45	14♒20
/♆	13♑22	19♑53	26♑36	3♒32	10♒40	17♒60	25♒28	3♓02	10♓35	18♓04	25♓24	2♈32	9♈26	16♈07	22♈36	28♈53	5♉02	11♉04	17♉02	22♉57	28♉52	4♊47	10♐44	16♐45	22♐49	28♐58	5♑12	11♑33	18♑01	24♑36
/♇	15♐52	22♐24	29♐07	6♑03	13♑12	20♑32	28♑01	5♒35	13♒10	20♒39	27♒60	5♓08	12♓03	18♓45	25♓14	1♈32	7♈41	13♎44	19♎43	25♎39	1♏34	7♏30	13♏28	19♏29	25♏34	1♐44	7♐59	14♐20	20♐49	27♐25
/☊	5♏17	11♏49	18♏33	25♏28	2♐36	9♐54	17♐21	24♐53	2♑25	9♑54	17♑14	24♋22	1♌18	8♌01	14♌31	20♌49	26♌59	3♍01	8♍58	14♍52	20♍46	26♍40	2♎37	8♎37	14♎41	20♎51	27♎06	3♏28	9♏57	16♏34
☿/♀	11♍09	12♍32	13♍54	15♍16	16♍37	17♍57	19♍17	20♍36	21♍55	23♍12	24♍30	25♍46	27♍01	28♍16	29♍30	0♎43	1♎56	3♎07	4♎17	5♎27	6♎35	7♎42	8♎47	9♎51	10♎54	11♎55	12♎54	13♎51	14♎46	15♎39
/♂	24♎50	25♎56	27♎00	28♎04	29♎08	0♏10	1♏13	2♏14	3♏15	4♏16	5♏15	6♏14	7♏13	8♏10	9♏07	10♏03	10♏58	11♏52	12♏46	13♏38	14♏29	15♏19	16♏08	16♏55	17♏41	18♏26	19♏08	19♏49	20♏27	21♏04
/⚳	18♎07	19♎03	19♎59	20♎54	21♎49	22♎43	23♎37	24♎29	25♎22	26♎13	27♎04	27♎54	28♎44	29♎32	0♏20	1♏07	1♏54	2♏39	3♏23	4♏06	4♏48	5♏29	6♏09	6♏47	7♏24	7♏59	8♏32	9♏04	9♏33	9♏60
/♃	4♍08	5♍00	5♍52	6♍43	7♍33	8♍22	9♍11	9♍59	10♍47	11♍33	12♍19	13♍04	13♍48	14♍32	15♍15	15♍56	16♍37	17♍17	17♍56	18♍33	19♍10	19♍45	20♍19	20♍51	21♍22	21♍51	22♍18	22♍43	23♍06	23♍27
/♄	23♎05	23♎53	24♎40	25♎27	26♎13	26♎58	27♎43	28♎27	29♎11	29♎54	0♏36	1♏17	1♏58	2♏38	3♏17	3♏56	4♏33	5♏10	5♏46	6♏20	6♏54	7♏26	7♏57	8♏26	8♏54	9♏21	9♏45	10♏08	10♏28	10♏47
/♅	6♋59	7♋44	8♋29	9♋13	9♋56	10♋38	11♋20	12♋01	12♋41	13♋21	13♋60	14♋38	15♋15	15♑52	16♑27	17♑02	17♑36	18♑09	18♑41	19♑12	19♑42	20♑10	20♑37	21♑03	21♑27	21♑49	22♑10	22♑28	22♑45	22♑59
/♆	17♐07	17♐52	18♐37	19♐20	20♐04	20♐46	21♐28	22♐09	22♐50	23♐30	24♐09	24♐47	25♐25	26♐02	26♐38	27♐13	27♐47	28♐20	28♐53	29♐24	29♐54	0♑23	0♑50	1♑16	1♑41	2♑03	2♑25	2♑44	3♑01	3♑15
/♇	19♏37	20♏22	21♏07	21♏52	22♏36	23♏19	24♏01	24♏43	25♏24	26♏05	26♏44	27♏23	28♏02	28♏39	29♏16	29♏51	0♐26	1♐00	1♐33	2♐05	2♐36	3♐05	3♐34	4♐01	4♐26	4♐49	5♐11	5♐31	5♐49	6♐04
/☊	9♎01	9♎48	10♎33	11♎17	11♎60	12♎41	13♎21	14♎00	14♎40	15♎19	15♎58	16♎38	17♎17	17♎55	18♎33	19♎09	19♎44	20♎17	20♎48	21♎19	21♎48	22♎16	22♎42	23♎08	23♎33	23♎56	24♎18	24♎39	24♎57	25♎13
♀/♂	7♎53	8♎49	9♎45	10♎41	11♎38	12♎34	13♎31	14♎28	15♎24	16♎21	17♎18	18♎15	19♎12	20♎09	21♎07	22♎04	23♎01	23♎59	24♎57	25♎54	26♎52	27♎50	28♎47	29♎45	0♏43	1♏41	2♏40	3♏38	4♏36	5♏34
/⚳	1♎09	1♎56	2♎44	3♎32	4♎19	5♎07	5♎55	6♎43	7♎31	8♎19	9♎07	9♎55	10♎43	11♎32	12♎20	13♎08	13♎57	14♎45	15♎34	16♎22	17♎11	17♎60	18♎48	19♎37	20♎26	21♎15	22♎04	22♎53	23♎42	24♎31
/♃	17♌10	17♌53	18♌37	19♌20	20♌03	20♌46	21♌29	22♌13	22♌56	23♌39	24♌22	25♌05	25♌48	26♌31	27♌14	27♌57	28♌40	29♌23	0♍06	0♍49	1♍32	2♍15	2♍58	3♍41	4♍24	5♍07	5♍49	6♍32	7♍15	7♍57
/♄	6♎07	6♎46	7♎25	8♎04	8♎43	9♎22	10♎01	10♎41	11♎20	11♎59	12♎39	13♎18	13♎58	14♎38	15♎17	15♎57	16♎37	17♎16	17♎56	18♎36	19♎16	19♎56	20♎36	21♎16	21♎56	22♎36	23♎17	23♎57	24♎37	25♎17
/♅	20♊01	20♊38	21♊14	21♊50	22♊26	23♊02	23♊38	24♊14	24♊50	25♊27	26♊03	26♊39	27♊15	27♊51	28♊27	29♊03	29♊39	0♋16	0♋52	1♋28	2♋04	2♋40	3♋16	3♋53	4♋29	5♋05	5♋41	6♋17	6♋54	7♋30
/♆	0♊09	0♊45	1♊21	1♊58	2♊34	3♊10	3♊46	4♊23	4♊59	5♊35	6♐12	6♐48	7♐24	8♐01	8♐37	9♐14	9♐50	10♐27	11♐03	11♐40	12♐16	12♐53	13♐29	14♐06	14♐43	15♐19	15♐56	16♐33	17♐09	17♐46
/♇	2♏39	3♏16	3♏52	4♏29	5♏06	5♏43	6♏19	6♏56	7♏33	8♏10	8♏47	9♏24	10♏01	10♏38	11♏15	11♏52	12♏30	13♏07	13♏44	14♏21	14♏59	15♏36	16♏13	16♏50	17♏28	18♏05	18♏43	19♏20	19♏58	20♏35
/☊	22♍04	22♍41	23♍18	23♍54	24♍30	25♍05	25♍39	26♍14	26♍49	27♍25	28♍01	28♍39	29♍16	29♍54	0♎32	1♎10	1♎47	2♎23	2♎59	3♎35	4♎10	4♎46	5♎22	5♎58	6♎35	7♎12	7♎50	8♎28	9♎06	9♎43
♂/⚳	14♏50	15♏20	15♏50	16♏20	16♏50	17♏20	17♏50	18♏21	18♏51	19♏22	19♏53	20♏24	20♏54	21♏26	21♏57	22♏28	22♏59	23♏31	24♏02	24♏34	25♏06	25♏37	26♏09	26♏41	27♏13	27♏46	28♏18	28♏50	29♏23	29♏55
/♃	0♎52	1♎17	1♎43	2♎08	2♎34	2♎59	3♎25	3♎51	4♎16	4♎42	5♎08	5♎34	5♎59	6♎25	6♎51	7♎17	7♎43	8♎09	8♎35	9♎01	9♎27	9♎53	10♎19	10♎45	11♎11	11♎37	12♎04	12♎30	12♎56	13♎22
/♄	19♏49	20♏10	20♏31	20♏52	21♏14	21♏35	21♏57	22♏19	22♏41	23♏03	23♏25	23♏47	24♏09	24♏31	24♏54	25♏16	25♏39	26♏02	26♏25	26♏48	27♏11	27♏34	27♏57	28♏20	28♏44	29♏07	29♏31	29♏54	0♐18	0♐42
/♅	3♒43	4♒02	4♒20	4♒38	4♒57	5♒15	5♒34	5♒52	6♒11	6♒30	6♒48	7♒07	7♒26	7♒45	8♒04	8♒23	8♒42	9♒01	9♒20	9♒39	9♒59	10♒18	10♒37	10♒57	11♒16	11♒36	11♒55	12♒15	12♒35	12♒54
/♆	13♑51	14♑09	14♑28	14♑46	15♑05	15♑23	15♑42	16♑01	16♑20	16♑38	16♑57	17♑16	17♑36	17♑55	18♑14	18♑33	18♑53	19♑12	19♑32	19♑51	20♑11	20♑31	20♑50	21♑10	21♑30	21♑50	22♑10	22♑30	22♑51	23♑11
/♇	16♐21	16♐39	16♐58	17♐17	17♐37	17♐56	18♐15	18♐34	18♐54	19♐13	19♐33	19♐53	20♐12	20♐32	20♐52	21♐12	21♐32	21♐52	22♐12	22♐33	22♐53	23♐14	23♐34	23♐55	24♐15	24♐36	24♐57	25♐18	25♐39	25♐60
/☊	5♏45	6♏05	6♏24	6♏43	7♏01	7♏18	7♏35	7♏52	8♏10	8♏28	8♏47	9♏07	9♏27	9♏48	10♏09	10♏29	10♏49	11♏09	11♏28	11♏46	12♏05	12♏24	12♏43	13♏02	13♏22	13♏43	14♏04	14♏25	14♏47	15♏08
⚳/♃	24♍08	24♍25	24♍42	24♍58	25♍15	25♍32	25♍49	26♍06	26♍23	26♍40	26♍57	27♍13	27♍30	27♍47	28♍04	28♍21	28♍38	28♍55	29♍12	29♍29	29♍46	0♎03	0♎20	0♎37	0♎54	1♎11	1♎28	1♎45	2♎02	2♎18
/♄	13♏05	13♏17	13♏30	13♏42	13♏55	14♏08	14♏21	14♏34	14♏47	15♏00	15♏13	15♏27	15♏40	15♏54	16♏07	16♏21	16♏34	16♏48	17♏02	17♏16	17♏30	17♏44	17♏58	18♏12	18♏26	18♏41	18♏55	19♏09	19♏24	19♏38
/♅	26♑59	27♑09	27♑19	27♑28	27♑38	27♑48	27♑58	28♑08	28♑17	28♑27	28♑37	28♑47	28♑57	29♑07	29♑17	29♑27	29♑37	29♑47	29♑58	0♒08	0♒18	0♒28	0♒38	0♒49	0♒59	1♒09	1♒20	1♒30	1♒40	1♒51
/♆	7♑07	7♑17	7♑26	7♑36	7♑46	7♑56	8♑06	8♑16	8♑26	8♑36	8♑46	8♑56	9♑07	9♑17	9♑27	9♑38	9♑48	9♑58	10♑09	10♑19	10♑30	10♑41	10♑51	11♑02	11♑13	11♑24	11♑34	11♑45	11♑56	12♑07
/♇	9♐37	9♐47	9♐57	10♐08	10♐18	10♐29	10♐39	10♐50	11♐00	11♐11	11♐22	11♐33	11♐43	11♐54	12♐05	12♐16	12♐27	12♐39	12♐50	13♐01	13♐12	13♐24	13♐35	13♐46	13♐58	14♐09	14♐21	14♐33	14♐44	14♐56
/☊	29♎01	29♎13	29♎23	29♎33	29♎42	29♎51	29♎59	0♏07	0♏16	0♏25	0♏36	0♏47	0♏59	1♏10	1♏22	1♏34	1♏45	1♏55	2♏05	2♏15	2♏24	2♏34	2♏44	2♏54	3♏05	3♏16	3♏28	3♏40	3♏52	4♏04
♃/♄	29♍06	29♍14	29♍23	29♍31	29♍39	29♍47	29♍55	0♎04	0♎12	0♎20	0♎28	0♎37	0♎45	0♎53	1♎02	1♎10	1♎18	1♎26	1♎35	1♎43	1♎51	1♎59	2♎08	2♎16	2♎24	2♎32	2♎41	2♎49	2♎57	3♎05
/♅	13♊01	13♊06	13♊11	13♊17	13♊22	13♊27	13♊32	13♊37	13♊42	13♊47	13♊52	13♊57	14♊02	14♊07	14♊12	14♊16	14♊21	14♊26	14♊30	14♊35	14♊39	14♊44	14♊48	14♊52	14♊57	15♊01	15♊05	15♊09	15♊13	15♊18
/♆	23♉08	23♉14	23♉19	23♉25	23♉30	23♉35	23♉40	23♉46	23♉51	23♉56	24♉01	24♉06	24♉11	24♉17	24♉22	24♉27	24♉32	24♉37	24♉42	24♉46	24♉51	24♉56	25♉01	25♉06	25♉11	25♉15	25♉20	25♉25	25♉29	25♉34
/♇	25♎38	25♎44	25♎50	25♎56	26♎02	26♎08	26♎14	26♎19	26♎25	26♎31	26♎37	26♎42	26♎48	26♎54	26♎60	27♎05	27♎11	27♎17	27♎22	27♎28	27♎34	27♎39	27♎45	27♎50	27♎56	28♎01	28♎07	28♎12	28♎17	28♎23
/☊	15♍03	15♍10	15♍16	15♍21	15♍26	15♍30	15♍33	15♍37	15♍41	15♍45	15♍51	15♍57	16♍03	16♍10	16♍17	16♍23	16♍28	16♍33	16♍38	16♍42	16♍45	16♍49	16♍53	16♍58	17♍03	17♍08	17♍14	17♍19	17♍25	17♍31
♄/♅	1♒58	1♒59	1♒60	2♒01	2♒02	2♒03	2♒04	2♒05	2♒07	2♒08	2♒09	2♒10	2♒12	2♒13	2♒14	2♒16	2♒17	2♒19	2♒20	2♒22	2♒23	2♒25	2♒26	2♒28	2♒29	2♒31	2♒32	2♒34	2♒36	2♒37
/♆	12♑05	12♑06	12♑07	12♑09	12♑10	12♑11	12♑12	12♑14	12♑15	12♑17	12♑18	12♑20	12♑21	12♑23	12♑24	12♑26	12♑28	12♑30	12♑31	12♑33	12♑35	12♑37	12♑39	12♑41	12♑43	12♑45	12♑47	12♑49	12♑52	12♑54
/♇	14♐35	14♐37	14♐38	14♐40	14♐42	14♐44	14♐46	14♐47	14♐49	14♐52	14♐54	14♐56	14♐58	15♐00	15♐03	15♐05	15♐07	15♐10	15♐12	15♐15	15♐17	15♐20	15♐23	15♐25	15♐28	15♐31	15♐34	15♐37	15♐40	15♐43
/☊	3♏60	4♏02	4♏04	4♏05	4♏06	4♏06	4♏05	4♏05	4♏05	4♏06	4♏08	4♏10	4♏13	4♏16	4♏19	4♏22	4♏24	4♏26	4♏27	4♏28	4♏29	4♏30	4♏31	4♏33	4♏35	4♏38	4♏41	4♏44	4♏48	4♏51
♅/♆	25♓60	25♓58	25♓56	25♓54	25♓53	25♓51	25♓49	25♓47	25♓46	25♓44	25♓42	25♓40	25♓38	25♓36	25♓34	25♓33	25♓31	25♓29	25♓27	25♓25	25♓23	25♓21	25♓19	25♓18	25♓16	25♓14	25♓12	25♓10	25♓08	25♓06
/♇	28♒30	28♒28	28♒27	28♒26	28♒25	28♒23	28♒22	28♒21	28♒20	28♒19	28♒17	28♒16	28♒15	28♒14	28♒13	28♒11	28♒10	28♒09	28♒08	28♒07	28♒05	28♒04	28♒03	28♒02	28♒01	27♒60	27♒59	27♒57	27♒56	27♒55
/☊	17♑54	17♑54	17♑53	17♑51	17♑49	17♑46	17♑42	17♑39	17♑35	17♑33	17♑31	17♑31	17♑30	17♑30	17♑29	17♑29	17♑27	17♑25	17♑23	17♑20	17♑17	17♑14	17♑12	17♑09	17♑08	17♑06	17♑05	17♑05	17♑04	17♑04
♆/♇	8♒37	8♒36	8♒35	8♒34	8♒33	8♒32	8♒30	8♒29	8♒28	8♒27	8♒26	8♒25	8♒24	8♒24	8♒23	8♒22	8♒21	8♒20	8♒19	8♒18	8♒18	8♒17	8♒16	8♒15	8♒15	8♒14	8♒13	8♒13	8♒12	8♒12
/☊	28♐02	28♐01	28♐01	27♐59	27♐57	27♐54	27♐50	27♐47	27♐44	27♐42	27♐40	27♐40	27♐40	27♐40	27♐39	27♐39	27♐38	27♐36	27♐34	27♐32	27♐29	27♐27	27♐25	27♐23	27♐22	27♐21	27♐20	27♐20	27♐20	27♐20
♇/☊	0♐32	0♐32	0♐32	0♐30	0♐29	0♐26	0♐23	0♐21	0♐18	0♐17	0♐16	0♐16	0♐16	0♐17	0♐18	0♐18	0♐17	0♐17	0♐15	0♐13	0♐12	0♐10	0♐08	0♐07	0♐07	0♐07	0♐07	0♐08	0♐08	0♐09

September 2014

October 2014

	1	2	3	4	5	6	7	8	9	10	11	12	13	14	15	16
☉/☽	17♏32	24♏56	2♐28	10♐09	17♐57	25♐49	3♑43	11♑34	19♋19	26♋55	4♌20	11♌33	18♌34	25♌25	2♍05	8♍39
/☿	19♎39	20♎19	20♎56	21♎29	21♎60	22♎26	22♎49	23♎08	23♎23	23♎34	23♎41	23♎45	23♎45	23♎42	23♎37	23♎30
/♀	4♎35	5♎42	6♎48	7♎55	9♎02	10♎09	11♎16	12♎23	13♎31	14♎38	15♎45	16♎52	17♎59	19♎06	20♎14	21♎21
/♂	9♏43	10♏33	11♏24	12♏15	13♏05	13♏56	14♏47	15♏38	16♏29	17♏20	18♏11	19♏02	19♏53	20♏45	21♏36	22♏27
/⚷	28♎30	29♎11	29♎52	0♏34	1♏15	1♏56	2♏38	3♏19	4♏00	4♏42	5♏23	6♏05	6♏47	7♏28	8♏10	8♏52
/♃	11♍50	12♍25	12♍59	13♍34	14♍09	14♍43	15♍18	15♍52	16♍27	17♍01	17♍35	18♍10	18♍44	19♍18	19♍52	20♍27
/♄	29♎08	29♎40	0♏13	0♏45	1♏18	1♏50	2♏23	2♏56	3♏28	4♏01	4♏34	5♏07	5♏40	6♏13	6♏45	7♏18
/♅	11♋16	11♋44	12♋13	12♋41	13♋09	13♋38	14♋06	14♑34	15♑03	15♑31	15♑60	16♑28	16♑57	17♑25	17♑54	18♑22
/♆	21♐33	22♐02	22♐31	22♐60	23♐28	23♐57	24♐26	24♐55	25♐24	25♐53	26♐23	26♐52	27♐21	27♐50	28♐19	28♐48
/♇	24♏23	24♏52	25♏22	25♏52	26♏21	26♏51	27♏21	27♏51	28♏21	28♏50	29♏20	29♏50	0♐20	0♐50	1♐20	1♐50
/☊	13♎31	14♎01	14♎30	14♎59	15♎29	15♎58	16♎27	16♎56	17♎26	17♎56	18♎25	18♎55	19♎25	19♎54	20♎24	20♎54
☽/☿	29♏27	6♐31	13♐41	20♐57	28♐16	5♑36	12♑53	20♑04	27♑05	3♌52	10♌25	16♌42	22♌44	28♌32	4♍09	9♍36
/♀	14♏22	21♏53	29♏34	7♐23	15♐19	23♐19	1♑20	9♑19	17♋12	24♋56	2♌29	9♌50	16♌59	23♌57	0♍46	7♍27
/♂	19♐30	26♐45	4♑09	11♑42	19♑21	27♑05	4♒51	12♒33	20♒10	27♒38	4♓55	11♓60	18♓53	25♍35	2♎08	8♎33
/⚷	8♐17	15♐23	22♐38	0♑01	7♑31	15♑05	22♑41	0♒14	7♒42	14♒60	22♒07	29♌03	5♍46	12♍19	18♍42	24♍58
/♃	21♎37	28♎37	5♏45	13♏01	20♉25	27♉52	5♊21	12♊47	20♊08	27♊19	4♋19	11♋07	17♋43	24♋09	0♌24	6♌33
/♄	8♐55	15♐52	22♐58	0♑13	7♑34	14♑60	22♑27	29♑51	7♒10	14♒19	21♒18	28♌04	4♍39	11♍03	17♍17	23♍25
/♅	21♒03	27♒56	4♓58	12♓08	19♓25	26♓47	4♈10	11♈30	18♈44	25♈49	2♉43	9♉26	15♉56	22♉16	28♉25	4♊28
/♆	1♒20	8♒14	15♒16	22♒27	29♒45	7♓07	14♓30	21♓51	29♓06	6♈11	13♈06	19♈49	26♈20	2♉40	8♉51	14♉54
/♇	4♑10	11♑04	18♑07	25♑19	2♒38	10♒00	17♒25	24♒46	2♓02	9♓08	16♓04	22♓48	29♓20	5♈41	11♎52	17♎56
/☊	23♏19	0♐13	7♐16	14♐27	21♐45	29♐07	6♑31	13♑52	21♋07	28♋14	5♌09	11♌53	18♌24	24♌45	0♍56	6♍60
☿/♀	16♎29	17♎17	18♎02	18♎43	19♎21	19♎56	20♎27	20♎54	21♎16	21♎35	21♎50	22♎01	22♎09	22♎14	22♎17	22♎18
/♂	21♏37	22♏09	22♏37	23♏02	23♏24	23♏42	23♏57	24♏08	24♏15	24♏17	24♏16	24♏12	24♏03	23♏52	23♏39	23♏25
/⚷	10♏24	10♏46	11♏05	11♏21	11♏34	11♏43	11♏48	11♏49	11♏46	11♏40	11♏29	11♏15	10♏57	10♏36	10♏13	9♏49
/♃	23♍45	24♍00	24♍12	24♍22	24♍27	24♍30	24♍28	24♍22	24♍12	23♍59	23♍41	23♍19	22♍54	22♍26	21♍56	21♍24
/♄	11♏02	11♏15	11♏26	11♏33	11♏37	11♏37	11♏33	11♏26	11♏14	10♏59	10♏39	10♏16	9♏50	9♏20	8♏49	8♏16
/♅	23♑11	23♑20	23♑26	23♑29	23♑28	23♑24	23♑16	23♑04	22♑49	22♑29	22♑05	21♑38	21♑07	20♑33	19♑57	19♑19
/♆	3♑28	3♑37	3♑44	3♑47	3♑47	3♑44	3♑37	3♑25	3♑10	2♑51	2♑28	2♑01	1♑31	0♑58	0♑22	29♐46
/♇	6♐17	6♐28	6♐35	6♐39	6♐40	6♐38	6♐31	6♐21	6♐06	5♐48	5♐26	4♐60	4♐30	3♐58	3♐24	2♐48
/☊	25♎26	25♎36	25♎43	25♎47	25♎47	25♎44	25♎37	25♎26	25♎12	24♎53	24♎31	24♎05	23♎35	23♎02	22♎27	21♎51
♀/♂	6♏33	7♏31	8♏30	9♏28	10♏27	11♏26	12♏24	13♏23	14♏22	15♏21	16♏20	17♏19	18♏18	19♏17	20♏16	21♏15
/⚷	25♎20	26♎09	26♎58	27♎47	28♎36	29♎26	0♏15	1♏04	1♏53	2♏43	3♏32	4♏22	5♏11	6♏01	6♏50	7♏40
/♃	8♍40	9♍23	10♍05	10♍48	11♍30	12♍13	12♍55	13♍37	14♍20	15♍02	15♍44	16♍26	17♍08	17♍50	18♍32	19♍14
/♄	25♎58	26♎38	27♎18	27♎59	28♎39	29♎20	0♏00	0♏41	1♏21	2♏02	2♏43	3♏23	4♏04	4♏45	5♏26	6♏06
/♅	8♋06	8♋42	9♋18	9♋55	10♋31	11♋07	11♋43	12♋20	12♋56	13♋32	14♋08	14♑45	15♑21	15♑57	16♑34	17♑10
/♆	18♐23	18♐60	19♐36	20♐13	20♐50	21♐27	22♐04	22♐41	23♐17	23♐54	24♐31	25♐08	25♐45	26♐22	26♐59	27♐36
/♇	21♏13	21♏50	22♏28	23♏05	23♏43	24♏21	24♏58	25♏36	26♏14	26♏51	27♏29	28♏07	28♏45	29♏23	0♐00	0♐38
/☊	10♎21	10♎59	11♎36	12♎13	12♎50	13♎27	14♎04	14♎42	15♎19	15♎57	16♎34	17♎12	17♎49	18♎27	19♎04	19♎42
♂/⚷	0♐28	1♐01	1♐33	2♐06	2♐39	3♐12	3♐45	4♐18	4♐52	5♐25	5♐58	6♐32	7♐05	7♐39	8♐12	8♐46
/♃	13♎48	14♎14	14♎41	15♎07	15♎33	15♎59	16♎25	16♎52	17♎18	17♎44	18♎10	18♎36	19♎03	19♎29	19♎55	20♎21
/♄	1♐06	1♐30	1♐54	2♐18	2♐42	3♐06	3♐31	3♐55	4♐20	4♐44	5♐09	5♐33	5♐58	6♐23	6♐48	7♐13
/♅	13♒14	13♒34	13♒54	14♒14	14♒34	14♒54	15♒14	15♒34	15♒54	16♒14	16♒35	16♒55	17♒15	17♒36	17♒56	18♒16
/♆	23♑31	23♑51	24♑12	24♑32	24♑53	25♑14	25♑34	25♑55	26♑16	26♑37	26♑57	27♑18	27♑39	28♑00	28♑22	28♑43
/♇	26♐21	26♐42	27♐03	27♐25	27♐46	28♐07	28♐29	28♐50	29♐12	29♐34	29♐55	0♑17	0♑39	1♑01	1♑23	1♑45
/☊	15♏29	15♏51	16♏11	16♏32	16♏53	17♏14	17♏35	17♏56	18♏17	18♏39	19♏00	19♏22	19♏43	20♏05	20♏27	20♏48
⚷/♃	2♎35	2♎52	3♎09	3♎26	3♎43	3♎59	4♎16	4♎33	4♎49	5♎06	5♎23	5♎39	5♎56	6♎12	6♎29	6♎45
/♄	19♏53	20♏08	20♏22	20♏37	20♏52	21♏07	21♏21	21♏36	21♏51	22♏06	22♏21	22♏36	22♏52	23♏07	23♏22	23♏37
/♅	2♒01	2♒12	2♒22	2♒33	2♒43	2♒54	3♒04	3♒15	3♒26	3♒36	3♒47	3♒58	4♒09	4♒19	4♒30	4♒41
/♆	12♑18	12♑29	12♑40	12♑51	13♑02	13♑14	13♑25	13♑36	13♑47	13♑59	14♑10	14♑21	14♑33	14♑44	14♑56	15♑07
/♇	15♐08	15♐20	15♐32	15♐43	15♐55	16♐07	16♐19	16♐31	16♐44	16♐56	17♐08	17♐20	17♐32	17♐45	17♐57	18♐09
/☊	4♏16	4♏28	4♏40	4♏51	5♏03	5♏14	5♏25	5♏37	5♏49	6♏01	6♏13	6♏25	6♏37	6♏49	7♏01	7♏13
♃/♄	3♎13	3♎21	3♎29	3♎37	3♎45	3♎54	4♎02	4♎09	4♎17	4♎25	4♎33	4♎41	4♎49	4♎57	5♎04	5♎12
/♅	15♊22	15♊25	15♊29	15♊33	15♊37	15♊41	15♊45	15♊48	15♊52	15♊55	15♊59	16♊02	16♊06	16♊09	16♊12	16♊16
/♆	25♉38	25♉43	25♉47	25♉52	25♉56	26♉01	26♉05	26♉09	26♉13	26♉18	26♉22	26♉26	26♉30	26♉34	26♉38	26♉42
/♇	28♎28	28♎33	28♎39	28♎44	28♎49	28♎54	28♎59	29♎05	29♎10	29♎15	29♎20	29♎25	29♎30	29♎34	29♎39	29♎44
/☊	17♍37	17♍42	17♍47	17♍52	17♍56	18♍01	18♍05	18♍10	18♍15	18♍20	18♍25	18♍29	18♍34	18♍39	18♍43	18♍47
♄/♅	2♒39	2♒41	2♒43	2♒44	2♒46	2♒48	2♒50	2♒52	2♒54	2♒56	2♒58	2♒59	3♒01	3♒03	3♒06	3♒08
/♆	12♑56	12♑58	13♑01	13♑03	13♑05	13♑08	13♑10	13♑13	13♑15	13♑18	13♑20	13♑23	13♑26	13♑28	13♑31	13♑34
/♇	15♐46	15♐49	15♐52	15♐55	15♐58	16♐02	16♐05	16♐08	16♐11	16♐15	16♐18	16♐22	16♐25	16♐29	16♐32	16♐36
/☊	4♏54	4♏57	5♏00	5♏03	5♏05	5♏08	5♏11	5♏14	5♏17	5♏20	5♏23	5♏27	5♏30	5♏33	5♏36	5♏39
♅/♆	25♓04	25♓02	25♓01	24♓59	24♓57	24♓55	24♓53	24♓51	24♓50	24♓48	24♓46	24♓44	24♓43	24♓41	24♓39	24♓38
/♇	27♒54	27♒53	27♒52	27♒51	27♒50	27♒49	27♒48	27♒47	27♒46	27♒45	27♒44	27♒43	27♒42	27♒41	27♒40	27♒40
/☊	17♑03	17♑02	17♑00	16♑59	16♑57	16♑55	16♑54	16♑53	16♑51	16♑50	16♑49	16♑48	16♑47	16♑45	16♑44	16♑43
♆/♇	8♒11	8♒10	8♒10	8♒09	8♒09	8♒09	8♒08	8♒08	8♒08	8♒07	8♒07	8♒07	8♒06	8♒06	8♒06	8♒06
/☊	27♐20	27♐19	27♐18	27♐17	27♐16	27♐15	27♐14	27♐13	27♐13	27♐12	27♐12	27♐11	27♐11	27♐10	27♐10	27♐09
♇/☊	0♐09	0♐10	0♐10	0♐09	0♐09	0♐09	0♐09	0♐09	0♐09	0♐09	0♐10	0♐10	0♐10	0♐11	0♐11	0♐11

	17	18	19	20	21	22	23	24	25	26	27	28	29	30	31
☉/☽	15♍07	21♍33	27♍58	4♎25	10♎55	17♎31	24♎12	0♏60	7♏55	14♏57	22♏07	29♏22	6♐44	14♐11	21♐43
/☿	23♎23	23♎17	23♎12	23♎11	23♎13	23♎19	23♎30	23♎47	24♎09	24♎38	25♎11	25♎51	26♎35	27♎23	28♎16
/♀	22♎28	23♎35	24♎43	25♎50	26♎58	28♎05	29♎12	0♏20	1♏27	2♏35	3♏42	4♏50	5♏57	7♏05	8♏13
/♂	23♏19	24♏10	25♏02	25♏54	26♏45	27♏37	28♏29	29♏21	0♐13	1♐05	1♐57	2♐49	3♐41	4♐34	5♐26
/⚷	9♏34	10♏15	10♏57	11♏39	12♏21	13♏03	13♏45	14♏27	15♏09	15♏51	16♏33	17♏16	17♏58	18♏40	19♏22
/♃	21♍01	21♍35	22♍09	22♍43	23♍17	23♍51	24♍25	24♍58	25♍32	26♍06	26♍39	27♍13	27♍47	28♍20	28♍54
/♄	7♏51	8♏25	8♏58	9♏31	10♏04	10♏37	11♏10	11♏44	12♏17	12♏50	13♏24	13♏57	14♏30	15♏04	15♏37
/♅	18♑51	19♑19	19♑48	20♑16	20♑45	21♑14	21♑42	22♑11	22♑40	23♑09	23♑37	24♑06	24♑35	25♑04	25♑33
/♆	29♐18	29♐47	0♑16	0♑46	1♑15	1♑44	2♑14	2♑43	3♑13	3♑43	4♑12	4♑42	5♑11	5♑41	6♑11
/♇	2♐21	2♐51	3♐21	3♐51	4♐21	4♐52	5♐22	5♐52	6♐23	6♐53	7♐23	7♐54	8♐24	8♐55	9♐25
/☊	21♎24	21♎54	22♎24	22♎54	23♎24	23♎54	24♎24	24♎54	25♎23	25♎53	26♎22	26♎50	27♎19	27♎49	28♎19
☽/☿	14♍58	20♍18	25♍39	1♎05	6♎37	12♎19	18♎12	24♎17	0♏35	7♏05	13♏49	20♏44	27♏50	5♐06	12♐30
/♀	14♍03	20♍37	27♍10	3♎44	10♎22	17♎05	23♎54	0♏50	7♏53	15♏03	22♏20	29♏43	7♐12	14♐47	22♐26
/♂	14♎54	21♎12	27♎29	3♏48	10♏10	16♏37	23♏11	29♏51	6♐38	13♐33	20♐34	27♐42	4♑56	12♑16	19♑39
/⚷	1♎09	7♎17	13♎24	19♎33	25♎46	2♏03	8♏27	14♏57	21♏34	28♏19	5♐11	12♐09	19♐13	26♐22	3♑36
/♃	12♌36	18♌36	24♌36	0♍37	6♍41	12♍51	19♍06	25♍28	1♎57	8♎34	15♎17	22♎06	29♎02	6♏02	13♏07
/♄	29♍26	5♎26	11♎24	17♎25	23♎29	29♎37	5♏52	12♏13	18♏42	25♏18	2♐01	8♐50	15♐45	22♐46	29♐51
/♅	10♊26	16♊20	22♊15	28♊10	4♋10	10♋14	16♑24	22♑41	29♑05	5♒36	12♒15	18♒59	25♒50	2♓46	9♓47
/♆	20♉53	26♉48	2♊43	8♐40	14♐40	20♐45	26♐55	3♑13	9♑38	16♑10	22♑49	29♑35	6♒26	13♒23	20♒24
/♇	23♎56	29♎52	5♏48	11♏45	17♏46	23♏52	0♐03	6♐22	12♐48	19♐21	26♐01	2♑47	9♑39	16♑37	23♑39
/☊	12♍59	18♍55	24♍50	0♎48	6♎49	12♎54	19♎06	25♎24	1♏49	8♏20	14♏59	21♏44	28♏34	5♐31	12♐32
☿/♀	22♎19	22♎20	22♎24	22♎30	22♎39	22♎53	23♎12	23♎37	24♎07	24♎43	25♎24	26♎11	27♎03	27♎59	28♎60
/♂	23♏10	22♏55	22♏43	22♏33	22♏27	22♏25	22♏29	22♏38	22♏53	23♏13	23♏39	24♏10	24♏47	25♏28	26♏13
/⚷	9♏24	9♏00	8♏38	8♏19	8♏03	7♏51	7♏45	7♏44	7♏49	7♏59	8♏15	8♏37	9♏03	9♏34	10♏10
/♃	20♍51	20♍20	19♍50	19♍22	18♍58	18♍39	18♍24	18♍15	18♍12	18♍14	18♍22	18♍34	18♍52	19♍14	19♍41
/♄	7♏42	7♏10	6♏39	6♏10	5♏46	5♏25	5♏10	5♏01	4♏57	4♏58	5♏06	5♏18	5♏36	5♏58	6♏25
/♅	18♑41	18♑04	17♑29	16♑56	16♑27	16♑02	15♑42	15♑28	15♑20	15♑17	15♑20	15♑28	15♑41	15♑58	16♑20
/♆	29♐08	28♐32	27♐57	27♐25	26♐57	26♐33	26♐14	26♐00	25♐53	25♐51	25♐54	26♐03	26♐17	26♐35	26♐58
/♇	2♐11	1♐36	1♐02	0♐31	0♐03	29♏40	29♏22	29♏09	29♏02	29♏01	29♏05	29♏15	29♏30	29♏49	0♐13
/☊	21♎14	20♎39	20♎05	19♎33	19♎06	18♎43	18♎24	18♎11	18♎03	18♎01	18♎04	18♎12	18♎25	18♎43	19♎06
♀/♂	22♏15	23♏14	24♏13	25♏13	26♏12	27♏12	28♏11	29♏11	0♐10	1♐10	2♐10	3♐10	4♐10	5♐09	6♐09
/⚷	8♏29	9♏19	10♏08	10♏58	11♏48	12♏38	13♏27	14♏17	15♏07	15♏57	16♏46	17♏36	18♏26	19♏16	20♏06
/♃	19♍56	20♍38	21♍20	22♍02	22♍43	23♍25	24♍07	24♍48	25♍30	26♍11	26♍52	27♍34	28♍15	28♍56	29♍37
/♄	6♏47	7♏28	8♏09	8♏50	9♏31	10♏12	10♏53	11♏34	12♏15	12♏56	13♏37	14♏18	14♏59	15♏40	16♏21
/♅	17♑46	18♑23	18♑59	19♑35	20♑12	20♑48	21♑25	22♑01	22♑37	23♑14	23♑50	24♑27	25♑03	25♑40	26♑16
/♆	28♐13	28♐50	29♐28	0♑05	0♑42	1♑19	1♑56	2♑33	3♑11	3♑48	4♑25	5♑02	5♑40	6♑17	6♑54
/♇	1♐16	1♐54	2♐32	3♐10	3♐48	4♐26	5♐04	5♐42	6♐20	6♐58	7♐36	8♐14	8♐53	9♐31	10♐09
/☊	20♎19	20♎57	21♎35	22♎13	22♎51	23♎29	24♎06	24♎44	25♎21	25♎58	26♎34	27♎11	27♎48	28♎25	29♎02
♂/⚷	9♐20	9♐54	10♐28	11♐02	11♐36	12♐10	12♐44	13♐18	13♐52	14♐27	15♐01	15♐35	16♐10	16♐44	17♐19
/♃	20♎47	21♎13	21♎39	22♎05	22♎31	22♎57	23♎23	23♎49	24♎15	24♎41	25♎07	25♎33	25♎59	26♎25	26♎50
/♄	7♐38	8♐03	8♐28	8♐53	9♐18	9♐44	10♐09	10♐35	11♐00	11♐26	11♐51	12♐17	12♐42	13♐08	13♐34
/♅	18♒37	18♒58	19♒18	19♒39	19♒60	20♒20	20♒41	21♒02	21♒23	21♒44	22♒05	22♒26	22♒47	23♒08	23♒30
/♆	29♑04	29♑25	29♑47	0♒08	0♒30	0♒51	1♒13	1♒34	1♒56	2♒18	2♒40	3♒01	3♒23	3♒45	4♒07
/♇	2♑07	2♑29	2♑51	3♑14	3♑36	3♑58	4♑21	4♑43	5♑06	5♑28	5♑51	6♑14	6♑36	6♑59	7♑22
/☊	21♏10	21♏32	21♏54	22♏16	22♏39	23♏01	23♏23	23♏45	24♏07	24♏28	24♏49	25♏10	25♏32	25♏53	26♏15
⚷/♃	7♎02	7♎18	7♎34	7♎51	8♎07	8♎23	8♎39	8♎55	9♎12	9♎28	9♎44	9♎59	10♎15	10♎31	10♎47
/♄	23♏53	24♏08	24♏23	24♏39	24♏54	25♏10	25♏25	25♏41	25♏56	26♏12	26♏28	26♏43	26♏59	27♏15	27♏30
/♅	4♒52	5♒03	5♒13	5♒24	5♒35	5♒46	5♒57	6♒08	6♒19	6♒30	6♒41	6♒53	7♒04	7♒15	7♒26
/♆	15♑19	15♑30	15♑42	15♑54	16♑05	16♑17	16♑29	16♑41	16♑52	17♑04	17♑16	17♑28	17♑40	17♑52	18♑04
/♇	18♐22	18♐34	18♐47	18♐59	19♐12	19♐24	19♐37	19♐49	20♐02	20♐15	20♐27	20♐40	20♐53	21♐06	21♐19
/☊	7♏25	7♏37	7♏49	8♏02	8♏14	8♏27	8♏39	8♏51	9♏03	9♏14	9♏26	9♏37	9♏48	9♏60	10♏12
♃/♄	5♎20	5♎27	5♎35	5♎42	5♎50	5♎57	6♎05	6♎12	6♎19	6♎27	6♎34	6♎41	6♎48	6♎55	7♎02
/♅	16♊19	16♊22	16♊25	16♊28	16♊31	16♊34	16♊37	16♊40	16♊42	16♊45	16♊48	16♊50	16♊53	16♊55	16♊57
/♆	26♉46	26♉50	26♉54	26♉57	27♉01	27♉05	27♉08	27♉12	27♉15	27♉19	27♉22	27♉26	27♉29	27♉32	27♉35
/♇	29♎49	29♎53	29♎58	0♏03	0♏07	0♏12	0♏16	0♏21	0♏25	0♏29	0♏33	0♏38	0♏42	0♏46	0♏50
/☊	18♍52	18♍56	19♍01	19♍05	19♍10	19♍14	19♍19	19♍22	19♍26	19♍29	19♍32	19♍34	19♍37	19♍40	19♍43
♄/♅	3♒10	3♒12	3♒14	3♒16	3♒18	3♒20	3♒23	3♒25	3♒27	3♒29	3♒32	3♒34	3♒36	3♒39	3♒41
/♆	13♑37	13♑40	13♑42	13♑45	13♑48	13♑51	13♑54	13♑57	14♑00	14♑03	14♑06	14♑09	14♑13	14♑16	14♑19
/♇	16♐40	16♐43	16♐47	16♐51	16♐54	16♐58	17♐02	17♐06	17♐10	17♐14	17♐18	17♐22	17♐26	17♐30	17♐34
/☊	5♏43	5♏46	5♏50	5♏53	5♏57	6♏01	6♏04	6♏08	6♏11	6♏13	6♏16	6♏18	6♏21	6♏23	6♏27
♅/♆	24♓36	24♓34	24♓33	24♓31	24♓29	24♓28	24♓26	24♓25	24♓23	24♓22	24♓20	24♓19	24♓17	24♓16	24♓15
/♇	27♒39	27♒38	27♒37	27♒36	27♒36	27♒35	27♒34	27♒33	27♒33	27♒32	27♒31	27♒31	27♒30	27♒30	27♒29
/☊	16♑42	16♑41	16♑40	16♑39	16♑38	16♑37	16♑36	16♑35	16♑34	16♑32	16♑30	16♑27	16♑25	16♑24	16♑22
♆/♇	8♒06	8♒06	8♒06	8♒06	8♒06	8♒06	8♒06	8♒06	8♒06	8♒06	8♒06	8♒06	8♒06	8♒07	8♒07
/☊	27♐09	27♐09	27♐08	27♐08	27♐08	27♐08	27♐08	27♐07	27♐07	27♐05	27♐04	27♐03	27♐02	27♐01	27♐00
♇/☊	0♐12	0♐12	0♐13	0♐14	0♐15	0♐15	0♐16	0♐16	0♐16	0♐16	0♐16	0♐15	0♐15	0♐14	0♐15

October 2014

November 2014

	1	2	3	4	5	6	7	8	9	10	11	12	13	14	15	16	17	18	19	20	21	22	23	24	25	26	27	28	29	30	
☉/☽	29♐18	6♑56	14♑36	22♑16	29♑54	7♒27	14♌55	22♌15	29♌26	6♍27	13♍18	19♍60	26♍35	3♎04	9♎30	15♎56	22♎23	28♎55	5♏33	12♏19	19♏15	26♏21	3♐36	10♐60	18♐30	26♐04	3♑41	11♑18	18♑54	26♑28	☉/☽
/☿	29♎13	0♏13	1♏16	2♏22	3♏29	4♏39	5♏50	7♏03	8♏17	9♏31	10♏46	12♏02	13♏19	14♏36	15♏53	17♏11	18♏28	19♏46	21♏04	22♏22	23♏40	24♏58	26♏16	27♏34	28♏52	0♐09	1♐27	2♐45	4♐03	5♐20	/☿
/♀	9♏20	10♏28	11♏35	12♏43	13♏51	14♏58	16♏06	17♏14	18♏22	19♏29	20♏37	21♏45	22♏53	24♏01	25♏08	26♏16	27♏24	28♏32	29♏40	0♐48	1♐56	3♐04	4♐12	5♐20	6♐28	7♐36	8♐44	9♐52	10♐60	12♐08	/♀
/♂	6♐18	7♐10	8♐03	8♐55	9♐48	10♐40	11♐33	12♐26	13♐18	14♐11	15♐04	15♐57	16♐50	17♐43	18♐36	19♐29	20♐22	21♐15	22♐08	23♐01	23♐54	24♐47	25♐41	26♐34	27♐27	28♐21	29♐14	0♑08	1♑01	1♑55	/♂
/⚳	20♏05	20♏47	21♏29	22♏12	22♏54	23♏36	24♏19	25♏01	25♏44	26♏26	27♏09	27♏51	28♏34	29♏16	29♏59	0♐42	1♐24	2♐07	2♐50	3♐33	4♐15	4♐58	5♐41	6♐24	7♐06	7♐49	8♐32	9♐15	9♐58	10♐41	/⚳
/♃	29♍27	0♎00	0♎34	1♎07	1♎40	2♎13	2♎46	3♎19	3♎52	4♎25	4♎57	5♎30	6♎03	6♎35	7♎08	7♎40	8♎12	8♎45	9♎17	9♎49	10♎21	10♎53	11♎25	11♎57	12♎28	12♎60	13♎31	14♎03	14♎34	15♎06	/♃
/♄	16♏11	16♏44	17♏18	17♏51	18♏25	18♏58	19♏32	20♏06	20♏39	21♏13	21♏47	22♏20	22♏54	23♏28	24♏02	24♏36	25♏09	25♏43	26♏17	26♏51	27♏25	27♏59	28♏33	29♏06	29♏40	0♐14	0♐48	1♐22	1♐56	2♐30	/♄
/♅	26♑02	26♑31	26♑60	27♑29	27♑58	28♑27	28♑56	29♑25	29♑54	0♒23	0♒53	1♒22	1♒51	2♒20	2♒50	3♒19	3♒49	4♒18	4♒47	5♒17	5♒46	6♒16	6♒46	7♒15	7♒45	8♒15	8♒44	9♒14	9♒44	10♒14	/♅
/♆	6♑40	7♑10	7♑40	8♑10	8♑40	9♑10	9♑39	10♑09	10♑39	11♑09	11♑39	12♑10	12♑40	13♑10	13♑40	14♑10	14♑40	15♑11	15♑41	16♑11	16♑42	17♑12	17♑42	18♑13	18♑43	19♑14	19♑44	20♑15	20♑46	21♑16	/♆
/♇	9♐56	10♐27	10♐57	11♐28	11♐58	12♐29	12♐60	13♐31	14♐01	14♐32	15♐03	15♐34	16♐05	16♐36	17♐07	17♐38	18♐09	18♐40	19♐11	19♐42	20♐13	20♐44	21♐15	21♐46	22♐18	22♐49	23♐20	23♐51	24♐23	24♐54	/♇
/☊	28♎49	29♎19	29♎50	0♏21	0♏51	1♏21	1♏50	2♏19	2♏47	3♏14	3♏42	4♏10	4♏39	5♏08	5♏38	6♏09	6♏40	7♏11	7♏42	8♏12	8♏41	9♏10	9♏37	10♏04	10♏30	10♏57	11♏25	11♏53	12♏23	12♏53	/☊
☽/☿	20♐02	27♐40	5♑23	13♑08	20♑54	28♋37	6♌16	13♌48	21♌12	28♌28	5♍34	12♍32	19♍23	26♍08	2♎51	9♎34	16♎18	23♎07	0♏03	7♏07	14♏20	21♏43	29♏15	6♐56	14♐44	22♐36	0♑30	8♑24	16♑17	24♑07	☽/☿
/♀	0♑09	7♑55	15♑42	23♑30	1♒15	8♒56	16♒32	23♌59	1♍17	8♍26	15♍24	22♍14	28♍56	5♎33	12♎07	18♎39	25♎14	1♏53	8♏39	15♏33	22♏36	29♏49	7♐12	14♐42	22♐20	0♑02	7♑46	15♑31	23♑14	0♒55	/♀
/♂	27♑07	4♒38	12♒10	19♒42	27♒12	4♓38	11♓59	19♓11	26♓14	3♈08	9♈51	16♎26	22♎53	29♎15	5♏34	11♏52	18♏12	24♏36	1♐07	7♐46	14♐34	21♐33	28♐41	5♑57	13♑20	20♑47	28♑17	5♒46	13♒15	20♒42	/♂
/⚳	10♑54	18♑14	25♑36	2♒58	10♒18	17♒34	24♒44	1♓47	8♍40	15♍23	21♍56	28♍20	4♎37	10♎49	16♎57	23♎05	29♎14	5♏28	11♏49	18♏17	24♏55	1♐43	8♐41	15♐46	22♐59	0♑15	7♑34	14♑54	22♑12	29♑28	/⚳
/♃	20♏16	27♉27	4♊40	11♊53	19♊04	26♊11	3♋12	10♋04	16♋48	23♋21	29♋45	5♌59	12♌06	18♌08	24♌06	0♍03	6♍02	12♍06	18♍16	24♍34	1♎01	7♎38	14♎25	21♎19	28♎21	5♏26	12♏34	19♏42	26♉48	3♊53	/♃
/♄	6♑60	14♑11	21♑25	28♑38	5♒49	12♒56	19♒58	26♌51	3♍35	10♍10	16♍34	22♍50	28♍58	5♎00	10♎60	16♎59	22♎59	29♎04	5♏16	11♏36	18♏05	24♏44	1♐32	8♐29	15♐33	22♐40	29♐50	7♑01	14♑10	21♑17	/♄
/♅	16♓51	23♓58	1♈07	8♈15	15♈22	22♈25	29♈22	6♉10	12♉50	19♉20	25♉40	1♊51	7♊55	13♊53	19♊48	25♊42	1♋39	7♋39	13♑46	20♑02	26♑27	3♒01	9♒45	16♒38	23♒37	0♓41	7♓47	14♓53	21♓58	29♓01	/♅
/♆	27♒29	4♓37	11♓47	18♓56	26♓04	3♈08	10♈05	16♈55	23♈35	0♉06	6♉27	12♉39	18♉43	24♉42	0♊38	6♐33	12♐30	18♐32	24♐40	0♑56	7♑22	13♑57	20♑42	27♑36	4♒36	11♒40	18♒47	25♒54	2♓60	10♓03	/♆
/♇	0♒45	7♒54	15♒04	22♒14	29♒23	6♓27	13♓26	20♓16	26♓57	3♈29	9♈50	16♎03	22♎08	28♎08	4♏05	10♏01	15♏59	22♏01	28♏10	4♐27	10♐53	17♐29	24♐15	1♑09	8♑10	15♑15	22♑22	29♑30	6♒36	13♒41	/♇
/☊	19♐38	26♐46	3♑57	11♑07	18♑15	25♋19	2♌16	9♌04	15♌42	22♌11	28♌29	4♍39	10♍42	16♍41	22♍37	28♍32	4♎30	10♎33	16♎41	22♎57	29♎21	5♏55	12♏37	19♏27	26♏23	3♐24	10♐27	17♐32	24♐37	1♑40	/☊
☿/♀	0♏04	1♏12	2♏23	3♏36	4♏51	6♏08	7♏27	8♏47	10♏08	11♏30	12♏53	14♏17	15♏41	17♏05	18♏30	19♏54	21♏20	22♏45	24♏10	25♏35	27♏01	28♏26	29♏51	1♐16	2♐42	4♐07	5♐32	6♐57	8♐22	9♐47	☿/♀
/♂	27♏02	27♏55	28♏50	29♏48	0♐48	1♐50	2♐54	3♐59	5♐05	6♐12	7♐20	8♐28	9♐37	10♐47	11♐57	13♐07	14♐17	15♐27	16♐38	17♐48	18♐59	20♐10	21♐20	22♐31	23♐41	24♐52	26♐03	27♐13	28♐24	29♐34	/♂
/⚳	10♏49	11♏31	12♏16	13♏04	13♏54	14♏46	15♏39	16♏34	17♏30	18♏27	19♏25	20♏23	21♏22	22♏21	23♏20	24♏20	25♏20	26♏20	27♏20	28♏20	29♏20	0♐20	1♐20	2♐20	3♐20	4♐20	5♐20	6♐20	7♐20	8♐20	/⚳
/♃	20♍11	20♍44	21♍21	21♍59	22♍40	23♍23	24♍07	24♍52	25♍38	26♍25	27♍13	28♍02	28♍50	29♍39	0♎29	1♎18	2♎08	2♎57	3♎47	4♎36	5♎26	6♎15	7♎04	7♎53	8♎42	9♎31	10♎20	11♎08	11♎57	12♎45	/♃
/♄	6♏55	7♏28	8♏05	8♏44	9♏25	10♏08	10♏53	11♏39	12♏26	13♏14	14♏03	14♏52	15♏42	16♏32	17♏23	18♏14	19♏05	19♏56	20♏47	21♏38	22♏29	23♏21	24♏12	25♏03	25♏54	26♏45	27♏36	28♏27	29♏18	0♐09	/♄
/♅	16♑46	17♑15	17♑47	18♑21	18♑58	19♑36	20♑17	20♑58	21♑41	22♑24	23♑09	23♑53	24♑39	25♑25	26♑11	26♑57	27♑44	28♑31	29♑17	0♒04	0♒51	1♒38	2♒25	3♒12	3♒59	4♒46	5♒33	6♒19	7♒06	7♒53	/♅
/♆	27♐25	27♐54	28♐27	29♐02	29♐40	0♑19	1♑00	1♑43	2♑26	3♑10	3♑55	4♑41	5♑27	6♑14	7♑01	7♑48	8♑36	9♑23	10♑11	10♑59	11♑46	12♑34	13♑22	14♑10	14♑57	15♑45	16♑33	17♑20	18♑08	18♑55	/♆
/♇	0♐40	1♐11	1♐44	2♐20	2♐59	3♐39	4♐21	5♐04	5♐48	6♐33	7♐19	8♐06	8♐53	9♐40	10♐28	11♐16	12♐04	12♐52	13♐41	14♐29	15♐18	16♐06	16♐55	17♐43	18♐32	19♐20	20♐08	20♐57	21♐45	22♐33	/♇
/☊	19♎33	20♎03	20♎37	21♎13	21♎51	22♎30	23♎11	23♎52	24♎33	25♎15	25♎58	26♎42	27♎27	28♎13	28♎60	29♎47	0♏36	1♏24	2♏12	2♏60	3♏46	4♏32	5♏17	6♏01	6♏44	7♏28	8♏13	8♏59	9♏45	10♏33	/☊
♀/♂	7♐09	8♐09	9♐09	10♐09	11♐09	12♐09	13♐10	14♐10	15♐10	16♐10	17♐11	18♐11	19♐11	20♐12	21♐12	22♐12	23♐13	24♐13	25♐14	26♐14	27♐15	28♐16	29♐16	0♑17	1♑18	2♑18	3♑19	4♑20	5♑21	6♑21	♀/♂
/⚳	20♏56	21♏46	22♏36	23♏25	24♏15	25♏05	25♏55	26♏45	27♏35	28♏25	29♏15	0♐05	0♐55	1♐45	2♐36	3♐26	4♐16	5♐06	5♐56	6♐46	7♐36	8♐26	9♐16	10♐06	10♐57	11♐47	12♐37	13♐27	14♐17	15♐07	/⚳
/♃	0♎18	0♎59	1♎40	2♎21	3♎01	3♎42	4♎22	5♎03	5♎43	6♎24	7♎04	7♎44	8♎24	9♎04	9♎44	10♎24	11♎04	11♎43	12♎23	13♎02	13♎42	14♎21	15♎00	15♎39	16♎18	16♎57	17♎36	18♎15	18♎54	19♎32	/♃
/♄	17♏02	17♏43	18♏24	19♏05	19♏46	20♏28	21♏09	21♏50	22♏31	23♏12	23♏53	24♏35	25♏16	25♏57	26♏38	27♏19	28♏01	28♏42	29♏23	0♐04	0♐46	1♐27	2♐08	2♐49	3♐31	4♐12	4♐53	5♐34	6♐15	6♐57	/♄
/♅	26♑53	27♑30	28♑06	28♑43	29♑19	29♑56	0♒32	1♒09	1♒46	2♒22	2♒59	3♒36	4♒13	4♒49	5♒26	6♒03	6♒40	7♒17	7♒54	8♒30	9♒07	9♒44	10♒21	10♒58	11♒35	12♒12	12♒49	13♒26	14♒03	14♒40	/♅
/♆	7♑32	8♑09	8♑46	9♑24	10♑01	10♑39	11♑16	11♑54	12♑31	13♑09	13♑46	14♑24	15♑01	15♑39	16♑16	16♑54	17♑32	18♑09	18♑47	19♑25	20♑02	20♑40	21♑18	21♑56	22♑34	23♑11	23♑49	24♑27	25♑05	25♑43	/♆
/♇	10♐47	11♐25	12♐03	12♐42	13♐20	13♐58	14♐36	15♐15	15♐53	16♐31	17♐10	17♐48	18♐26	19♐05	19♐43	20♐22	21♐00	21♐38	22♐17	22♐55	23♐34	24♐12	24♐51	25♐29	26♐08	26♐46	27♐25	28♐03	28♐42	29♐20	/♇
/☊	29♎40	0♏18	0♏56	1♏34	2♏12	2♏50	3♏27	4♏03	4♏38	5♏13	5♏49	6♏24	7♏00	7♏37	8♏15	8♏53	9♏31	10♏10	10♏48	11♏26	12♏02	12♏38	13♏13	13♏47	14♏21	14♏55	15♏30	16♏05	16♏42	17♏20	/☊
♂/⚳	17♐54	18♐28	19♐03	19♐38	20♐12	20♐47	21♐22	21♐57	22♐32	23♐07	23♐42	24♐17	24♐52	25♐27	26♐03	26♐38	27♐13	27♐48	28♐24	28♐59	29♐34	0♑10	0♑45	1♑21	1♑56	2♑32	3♑07	3♑43	4♑19	4♑54	♂/⚳
/♃	27♎16	27♎42	28♎07	28♎33	28♎58	29♎24	29♎49	0♏15	0♏40	1♏05	1♏31	1♏56	2♏21	2♏46	3♏11	3♏36	4♏01	4♏26	4♏51	5♏15	5♏40	6♏05	6♏29	6♏54	7♏18	7♏43	8♏07	8♏31	8♏55	9♏19	/♃
/♄	13♐60	14♐26	14♐52	15♐17	15♐43	16♐09	16♐36	17♐02	17♐28	17♐54	18♐20	18♐46	19♐13	19♐39	20♐05	20♐32	20♐58	21♐25	21♐51	22♐17	22♐44	23♐10	23♐37	24♐04	24♐30	24♐57	25♐23	25♐50	26♐17	26♐43	/♄
/♅	23♒51	24♒12	24♒34	24♒55	25♒16	25♒38	25♒59	26♒21	26♒43	27♒04	27♒26	27♒48	28♒10	28♒31	28♒53	29♒15	29♒37	29♒59	0♓21	0♓44	1♓06	1♓28	1♓50	2♓12	2♓35	2♓57	3♓20	3♓42	4♓05	4♓27	/♅
/♆	4♒29	4♒52	5♒14	5♒36	5♒58	6♒21	6♒43	7♒05	7♒28	7♒50	8♒13	8♒35	8♒58	9♒21	9♒44	10♒06	10♒29	10♒52	11♒15	11♒38	12♒01	12♒24	12♒47	13♒10	13♒33	13♒56	14♒20	14♒43	15♒06	15♒30	/♆
/♇	7♑45	8♑08	8♑31	8♑54	9♑17	9♑40	10♑03	10♑27	10♑50	11♑13	11♑36	11♑60	12♑23	12♑47	13♑10	13♑34	13♑57	14♑21	14♑45	15♑08	15♑32	15♑56	16♑20	16♑44	17♑07	17♑31	17♑55	18♑19	18♑43	19♑07	/♇
/☊	26♏38	27♏01	27♏24	27♏47	28♏09	28♏32	28♏53	29♏14	29♏35	29♏55	0♐16	0♐36	0♐57	1♐19	1♐42	2♐05	2♐29	2♐53	3♐16	3♐39	4♐01	4♐22	4♐42	5♐01	5♐20	5♐40	6♐00	6♐21	6♐44	7♐07	/☊
⚳/♃	11♎02	11♎18	11♎34	11♎49	12♎04	12♎20	12♎35	12♎50	13♎05	13♎21	13♎36	13♎50	14♎05	14♎20	14♎35	14♎49	15♎04	15♎18	15♎33	15♎47	16♎01	16♎15	16♎29	16♎43	16♎57	17♎11	17♎25	17♎38	17♎52	18♎05	⚳/♃
/♄	27♏46	28♏02	28♏18	28♏34	28♏50	29♏05	29♏21	29♏37	29♏53	0♐09	0♐25	0♐41	0♐57	1♐13	1♐29	1♐45	2♐01	2♐17	2♐33	2♐49	3♐05	3♐21	3♐37	3♐53	4♐09	4♐25	4♐41	4♐57	5♐13	5♐29	/♄
/♅	7♒37	7♒49	7♒60	8♒11	8♒22	8♒34	8♒45	8♒56	9♒08	9♒19	9♒31	9♒42	9♒54	10♒05	10♒17	10♒28	10♒40	10♒52	11♒03	11♒15	11♒27	11♒38	11♒50	12♒02	12♒14	12♒26	12♒38	12♒49	13♒01	13♒13	/♅
/♆	18♑16	18♑28	18♑40	18♑52	19♑04	19♑16	19♑29	19♑41	19♑53	20♑05	20♑18	20♑30	20♑42	20♑55	21♑07	21♑19	21♑32	21♑44	21♑57	22♑09	22♑22	22♑34	22♑47	22♑60	23♑12	23♑25	23♑38	23♑50	24♑03	24♑16	/♆
/♇	21♐31	21♐44	21♐57	22♐10	22♐23	22♐36	22♐49	23♐02	23♐15	23♐28	23♐41	23♐54	24♐08	24♐21	24♐34	24♐47	25♐00	25♐13	25♐27	25♐40	25♐53	26♐06	26♐20	26♐33	26♐46	26♐60	27♐13	27♐26	27♐40	27♐53	/♇
/☊	10♏24	10♏37	10♏50	11♏03	11♏16	11♏28	11♏39	11♏50	12♏00	12♏10	12♏20	12♏31	12♏42	12♏53	13♏05	13♏18	13♏32	13♏45	13♏58	14♏10	14♏22	14♏32	14♏42	14♏51	14♏59	15♏08	15♏18	15♏29	15♏40	15♏53	/☊
♃/♄	7♎09	7♎15	7♎22	7♎29	7♎35	7♎42	7♎48	7♎55	8♎01	8♎07	8♎14	8♎20	8♎26	8♎32	8♎37	8♎43	8♎49	8♎54	8♎60	9♎05	9♎11	9♎16	9♎21	9♎26	9♎31	9♎36	9♎41	9♎45	9♎50	9♎54	♃/♄
/♅	16♊60	17♊02	17♊04	17♊06	17♊08	17♊10	17♊12	17♊14	17♊16	17♊18	17♊19	17♊21	17♊23	17♊24	17♊25	17♊27	17♊28	17♊29	17♊30	17♊31	17♊32	17♊33	17♊34	17♊35	17♊36	17♊36	17♊37	17♊37	17♊38	17♊38	/♅
/♆	27♉38	27♉41	27♉44	27♉47	27♉50	27♉53	27♉56	27♉59	28♉01	28♉04	28♉06	28♉09	28♉11	28♉13	28♉16	28♉18	28♉20	28♉22	28♉24	28♉26	28♉28	28♉29	28♉31	28♉33	28♉34	28♉36	28♉37	28♉38	28♉39	28♉41	/♆
/♇	0♏54	0♏58	1♏02	1♏05	1♏09	1♏13	1♏16	1♏20	1♏23	1♏27	1♏30	1♏33	1♏36	1♏39	1♏42	1♏45	1♏48	1♏51	1♏54	1♏56	1♏59	2♏01	2♏04	2♏06	2♏08	2♏10	2♏13	2♏14	2♏16	2♏18	/♇
/☊	19♍47	19♍50	19♍54	19♍58	20♍01	20♍04	20♍06	20♍08	20♍08	20♍09	20♍09	20♍09	20♍10	20♍12	20♍14	20♍17	20♍20	20♍23	20♍25	20♍27	20♍27	20♍27	20♍26	20♍24	20♍21	20♍19	20♍17	20♍17	20♍17	20♍18	/☊
♄/♅	3♒44	3♒46	3♒48	3♒51	3♒53	3♒56	3♒58	4♒01	4♒04	4♒06	4♒09	4♒11	4♒14	4♒17	4♒20	4♒22	4♒25	4♒28	4♒31	4♒33	4♒36	4♒39	4♒42	4♒45	4♒48	4♒51	4♒54	4♒57	4♒60	5♒02	♄/♅
/♆	14♑22	14♑25	14♑29	14♑32	14♑35	14♑39	14♑42	14♑45	14♑49	14♑52	14♑56	14♑59	15♑03	15♑06	15♑10	15♑13	15♑17	15♑20	15♑24	15♑28	15♑31	15♑35	15♑39	15♑42	15♑46	15♑50	15♑54	15♑57	16♑01	16♑05	/♆
/♇	17♐38	17♐42	17♐46	17♐50	17♐54	17♐58	18♐02	18♐07	18♐11	18♐15	18♐19	18♐24	18♐28	18♐32	18♐37	18♐41	18♐45	18♐50	18♐54	18♐58	19♐03	19♐07	19♐11	19♐16	19♐20	19♐25	19♐29	19♐34	19♐38	19♐42	/♇
/☊	6♏30	6♏34	6♏39	6♏43	6♏47	6♏50	6♏52	6♏54	6♏56	6♏57	6♏58	6♏60	7♏02	7♏05	7♏08	7♏12	7♏17	7♏21	7♏25	7♏29	7♏31	7♏33	7♏33	7♏33	7♏33	7♏33	7♏34	7♏36	7♏38	7♏42	/☊
♅/♆	24♓13	24♓12	24♓11	24♓09	24♓08	24♓07	24♓06	24♓05	24♓04	24♓03	24♓02	24♓01	23♓60	23♓59	23♓58	23♓57	23♓56	23♓55	23♓55	23♓54	23♓53	23♓52	23♓52	23♓51	23♓51	23♓50	23♓50	23♓49	23♓49	23♓49	♅/♆
/♇	27♒29	27♒28	27♒28	27♒27	27♒27	27♒27	27♒26	27♒26	27♒26	27♒25	27♒25	27♒25	27♒25	27♒25	27♒25	27♒24	27♒24	27♒24	27♒24	27♒24	27♒24	27♒25	27♒25	27♒25	27♒25	27♒25	27♒25	27♒26	27♒26	27♒26	/♇
/☊	16♑21	16♑21	16♑21	16♑20	16♑19	16♑18	16♑16	16♑14	16♑11	16♑07	16♑04	16♑01	15♑59	15♑57	15♑56	15♑56	15♑56	15♑56	15♑56	15♑55	15♑53	15♑50	15♑47	15♑42	15♑38	15♑34	15♑30	15♑28	15♑26	15♑26	/☊
♆/♇	8♒07	8♒08	8♒08	8♒08	8♒09	8♒09	8♒10	8♒10	8♒11	8♒11	8♒12	8♒13	8♒13	8♒14	8♒15	8♒15	8♒16	8♒17	8♒18	8♒19	8♒20	8♒21	8♒21	8♒22	8♒23	8♒24	8♒25	8♒27	8♒28	8♒29	♆/♇
/☊	27♐00	27♐00	27♐01	27♐01	27♐01	27♐01	26♐60	26♐58	26♐56	26♐54	26♐51	26♐49	26♐47	26♐46	26♐46	26♐47	26♐48	26♐49	26♐49	26♐49	26♐48	26♐46	26♐43	26♐40	26♐36	26♐33	26♐30	26♐29	26♐28	26♐28	/☊
♇/☊	0♐16	0♐17	0♐18	0♐19	0♐20	0♐21	0♐20	0♐19	0♐18	0♐16	0♐15	0♐13	0♐13	0♐13	0♐13	0♐14	0♐16	0♐18	0♐19	0♐20	0♐19	0♐18	0♐16	0♐13	0♐10	0♐08	0♐06	0♐05	0♐05	0♐06	♇/☊

November 2014

December 2014

	1	2	3	4	5	6	7	8	9	10	11	12	13	14	15	16
☉/☽	3♒59	11♒27	18♒52	26♒12	3♓27	10♓37	17♍40	24♍36	1♎24	8♎05	14♎40	21♎09	27♎35	3♏60	10♏26	16♏57
/☿	6♐38	7♐56	9♐13	10♐31	11♐48	13♐06	14♐24	15♐41	16♐59	18♐16	19♐34	20♐52	22♐09	23♐27	24♐45	26♐03
/♀	13♐16	14♐24	15♐32	16♐40	17♐48	18♐56	20♐04	21♐12	22♐21	23♐29	24♐37	25♐45	26♐53	28♐01	29♐09	0♑18
/♂	2♑48	3♑42	4♑35	5♑29	6♑23	7♑16	8♑10	9♑04	9♑58	10♑51	11♑45	12♑39	13♑33	14♑27	15♑20	16♑14
/⚳	11♐24	12♐06	12♐49	13♐32	14♐15	14♐58	15♐41	16♐24	17♐07	17♐50	18♐33	19♐15	19♐58	20♐41	21♐24	22♐07
/♃	15♎37	16♎08	16♎39	17♎10	17♎41	18♎12	18♎42	19♎13	19♎43	20♎14	20♎44	21♎14	21♎44	22♎14	22♎44	23♎14
/♄	3♐04	3♐38	4♐12	4♐46	5♐20	5♐53	6♐27	7♐01	7♐35	8♐09	8♐43	9♐17	9♐51	10♐25	10♐59	11♐33
/♅	10♒44	11♒14	11♒44	12♒13	12♒43	13♒13	13♒44	14♒14	14♒44	15♒14	15♒44	16♒14	16♒45	17♒15	17♒45	18♒15
/♆	21♑47	22♑18	22♑48	23♑19	23♑50	24♑20	24♑51	25♑22	25♑53	26♑24	26♑55	27♑26	27♑56	28♑27	28♑58	29♑29
/♇	25♐25	25♐56	26♐28	26♐59	27♐30	28♐02	28♐33	29♐05	29♐36	0♑07	0♑39	1♑10	1♑42	2♑13	2♑45	3♑16
/☊	13♏24	13♏55	14♏25	14♏55	15♏23	15♏49	16♏15	16♏40	17♏05	17♏30	17♏56	18♏23	18♏52	19♏22	19♏52	20♏23
☽/☿	1♒55	9♒40	17♒21	24♒58	2♓31	9♓57	17♍17	24♍29	1♎34	8♎32	15♎23	22♎08	28♎51	5♏33	12♏16	19♏04
/♀	8♒33	16♒08	23♒40	1♓07	8♓30	15♓47	22♓58	0♎01	6♎56	13♎44	20♎26	27♎02	3♏35	10♏07	16♏41	23♏19
/♂	28♒05	5♓26	12♓43	19♓56	27♓05	4♈07	11♈03	17♈52	24♈33	1♉07	7♏34	13♏56	20♏14	26♏32	2♐52	9♐16
/⚳	6♒41	13♒51	20♒57	27♒59	4♓57	11♓49	18♍34	25♍12	1♎42	8♎05	14♎21	20♎32	26♎40	2♏47	8♏56	15♏09
/♃	10♊54	17♊52	24♊47	1♋37	8♋23	15♋02	21♋35	28♋01	4♌19	10♌29	16♌33	22♌31	28♌26	4♍20	10♍16	16♍16
/♄	28♑21	5♒22	12♒20	19♒13	26♒02	2♍44	9♍21	15♍50	22♍11	28♍25	4♎32	10♎34	16♎33	22♎31	28♎30	4♏34
/♅	6♈01	12♈58	19♈51	26♈41	3♉25	10♉04	16♉37	23♉02	29♉19	5♊29	11♊33	17♊31	23♊26	29♊21	5♋17	11♋17
/♆	17♓04	24♓02	0♈56	7♈46	14♈32	21♈11	27♈44	4♉10	10♉28	16♉39	22♉43	28♉42	4♊38	10♐33	16♐30	22♐31
/♇	20♒42	27♒41	4♓36	11♓26	18♓12	24♓53	1♈26	7♈53	14♎12	20♎23	26♎28	2♏27	8♏24	14♏19	20♏16	26♏18
/☊	8♑41	15♑39	22♋33	29♋22	6♌05	12♌40	19♌08	25♌28	1♍40	7♍45	13♍45	19♍40	25♍34	1♎27	7♎24	13♎25
☿/♀	11♐12	12♐37	14♐02	15♐27	16♐51	18♐16	19♐41	21♐06	22♐30	23♐55	25♐20	26♐45	28♐10	29♐35	0♑59	2♑24
/♂	0♑44	1♑55	3♑05	4♑16	5♑26	6♑36	7♑47	8♑57	10♑07	11♑18	12♑28	13♑39	14♑49	15♑60	17♑10	18♑21
/⚳	9♐20	10♐19	11♐19	12♐19	13♐18	14♐18	15♐17	16♐17	17♐16	18♐16	19♐16	20♐15	21♐15	22♐15	23♐14	24♐14
/♃	13♎33	14♎21	15♎09	15♎56	16♎44	17♎31	18♎19	19♎06	19♎53	20♎40	21♎27	22♎14	23♎01	23♎48	24♎34	25♎21
/♄	0♐60	1♐51	2♐41	3♐32	4♐23	5♐13	6♐04	6♐54	7♐45	8♐36	9♐26	10♐17	11♐07	11♐58	12♐49	13♐40
/♅	8♒40	9♒26	10♒13	10♒60	11♒47	12♒33	13♒20	14♒07	14♒54	15♒40	16♒27	17♒14	18♒01	18♒48	19♒35	20♒22
/♆	19♑43	20♑30	21♑18	22♑05	22♑53	23♑40	24♑28	25♑15	26♑03	26♑50	27♑38	28♑25	29♑13	0♒01	0♒49	1♒36
/♇	23♐21	24♐09	24♐57	25♐46	26♐34	27♐22	28♐10	28♐58	29♐46	0♑34	1♑22	2♑10	2♑58	3♑47	4♑35	5♑23
/☊	11♏20	12♏08	12♏55	13♏41	14♏26	15♏09	15♏51	16♏33	17♏15	17♏57	18♏39	19♏23	20♏09	20♏55	21♏42	22♏30
♀/♂	7♑22	8♑23	9♑24	10♑25	11♑26	12♑26	13♑27	14♑28	15♑29	16♑30	17♑31	18♑32	19♑33	20♑34	21♑35	22♑36
/⚳	15♐57	16♐48	17♐38	18♐28	19♐18	20♐08	20♐58	21♐48	22♐38	23♐28	24♐19	25♐09	25♐59	26♐49	27♐39	28♐29
/♃	20♎11	20♎49	21♎27	22♎06	22♎44	23♎22	23♎59	24♎37	25♎15	25♎53	26♎30	27♎07	27♎45	28♎22	28♎59	29♎36
/♄	7♐38	8♐19	9♐00	9♐41	10♐22	11♐04	11♐45	12♐26	13♐07	13♐48	14♐29	15♐10	15♐51	16♐32	17♐13	17♐54
/♅	15♒18	15♒55	16♒32	17♒09	17♒46	18♒24	19♒01	19♒38	20♒15	20♒53	21♒30	22♒07	22♒45	23♒22	23♒60	24♒37
/♆	26♑21	26♑59	27♑37	28♑15	28♑53	29♑31	0♒09	0♒47	1♒25	2♒03	2♒41	3♒19	3♒57	4♒35	5♒13	5♒51
/♇	29♐59	0♑38	1♑16	1♑55	2♑33	3♑12	3♑51	4♑29	5♑08	5♑46	6♑25	7♑04	7♑42	8♑21	8♑59	9♑38
/☊	17♏58	18♏36	19♏14	19♏50	20♏25	20♏59	21♏32	22♏04	22♏37	23♏09	23♏42	24♏17	24♏52	25♏29	26♏07	26♏45
♂/⚳	5♑30	6♑05	6♑41	7♑17	7♑52	8♑28	9♑04	9♑40	10♑15	10♑51	11♑27	12♑03	12♑38	13♑14	13♑50	14♑26
/♃	9♏43	10♏07	10♏31	10♏54	11♏18	11♏42	12♏05	12♏29	12♏52	13♏15	13♏38	14♏01	14♏24	14♏47	15♏10	15♏33
/♄	27♐10	27♐37	28♐04	28♐30	28♐57	29♐24	29♐50	0♑17	0♑44	1♑11	1♑37	2♑04	2♑31	2♑58	3♑24	3♑51
/♅	4♓50	5♓13	5♓35	5♓58	6♓21	6♓44	7♓06	7♓29	7♓52	8♓15	8♓38	9♓01	9♓24	9♓48	10♓11	10♓34
/♆	15♒53	16♒17	16♒40	17♒04	17♒27	17♒51	18♒14	18♒38	19♒01	19♒25	19♒49	20♒13	20♒36	21♒00	21♒24	21♒48
/♇	19♑31	19♑55	20♑20	20♑44	21♑08	21♑32	21♑56	22♑20	22♑45	23♑09	23♑33	23♑57	24♑22	24♑46	25♑10	25♑35
/☊	7♐30	7♐54	8♐17	8♐39	8♐60	9♐19	9♐38	9♐56	10♐13	10♐32	10♐50	11♐11	11♐32	11♐54	12♐18	12♐41
⚳/♃	18♎18	18♎31	18♎45	18♎58	19♎10	19♎23	19♎36	19♎49	20♎01	20♎13	20♎26	20♎38	20♎50	21♎02	21♎14	21♎26
/♄	5♐45	6♐01	6♐17	6♐33	6♐49	7♐05	7♐21	7♐37	7♐53	8♐09	8♐25	8♐41	8♐57	9♐12	9♐28	9♐44
/♅	13♒25	13♒37	13♒49	14♒01	14♒13	14♒25	14♒37	14♒49	15♒01	15♒14	15♒26	15♒38	15♒50	16♒02	16♒15	16♒27
/♆	24♑28	24♑41	24♑54	25♑07	25♑19	25♑32	25♑45	25♑58	26♑11	26♑23	26♑36	26♑49	27♑02	27♑15	27♑28	27♑41
/♇	28♐07	28♐20	28♐33	28♐47	29♐00	29♐14	29♐27	29♐40	29♐54	0♑07	0♑21	0♑34	0♑47	1♑01	1♑14	1♑28
/☊	16♏06	16♏19	16♏31	16♏42	16♏52	17♏01	17♏09	17♏16	17♏23	17♏30	17♏38	17♏47	17♏58	18♏09	18♏22	18♏34
♃/♄	9♎59	10♎03	10♎07	10♎11	10♎15	10♎19	10♎23	10♎26	10♎30	10♎33	10♎36	10♎39	10♎42	10♎45	10♎48	10♎51
/♅	17♊38	17♊39	17♊39	17♊39	17♊39	17♊39	17♊39	17♊38	17♊38	17♊38	17♊37	17♊37	17♊36	17♊35	17♊35	17♊34
/♆	28♉42	28♉43	28♉44	28♉44	28♉45	28♉46	28♉46	28♉47	28♉47	28♉48	28♉48	28♉48	28♉48	28♉48	28♉48	28♉48
/♇	2♏20	2♏22	2♏23	2♏24	2♏26	2♏27	2♏28	2♏29	2♏30	2♏31	2♏32	2♏33	2♏33	2♏34	2♏34	2♏35
/☊	20♍19	20♍20	20♍21	20♍20	20♍18	20♍15	20♍10	20♍05	19♍59	19♍54	19♍49	19♍46	19♍44	19♍42	19♍42	19♍41
♄/♅	5♒05	5♒09	5♒12	5♒15	5♒18	5♒21	5♒24	5♒27	5♒30	5♒33	5♒36	5♒39	5♒43	5♒46	5♒49	5♒52
/♆	16♑09	16♑12	16♑16	16♑20	16♑24	16♑28	16♑32	16♑35	16♑39	16♑43	16♑47	16♑51	16♑55	16♑58	17♑02	17♑06
/♇	19♐47	19♐51	19♐56	20♐00	20♐05	20♐09	20♐14	20♐18	20♐22	20♐27	20♐31	20♐36	20♐40	20♐44	20♐49	20♐53
/☊	7♏46	7♏50	7♏53	7♏56	7♏57	7♏57	7♏55	7♏53	7♏51	7♏49	7♏49	7♏49	7♏50	7♏53	7♏56	7♏60
♅/♆	23♓49	23♓48	23♓48	23♓48	23♓48	23♓48	23♓48	23♓48	23♓48	23♓48	23♓48	23♓48	23♓48	23♓48	23♓49	23♓49
/♇	27♒27	27♒27	27♒28	27♒28	27♒29	27♒29	27♒30	27♒30	27♒31	27♒31	27♒32	27♒33	27♒34	27♒34	27♒35	27♒36
/☊	15♑26	15♑26	15♑25	15♑24	15♑21	15♑17	15♑11	15♑06	14♑60	14♑54	14♑49	14♑46	14♑44	14♑43	14♑43	14♑43
♆/♇	8♒30	8♒31	8♒32	8♒34	8♒35	8♒36	8♒37	8♒39	8♒40	8♒41	8♒43	8♒44	8♒46	8♒47	8♒49	8♒50
/☊	26♐29	26♐30	26♐30	26♐29	26♐27	26♐24	26♐19	26♐14	26♐09	26♐04	26♐00	25♐57	25♐56	25♐55	25♐56	25♐57
♇/☊	0♐07	0♐09	0♐09	0♐09	0♐08	0♐05	0♐01	29♏57	29♏52	29♏48	29♏44	29♏42	29♏41	29♏41	29♏42	29♏44

	17	18	19	20	21	22	23	24	25	26	27	28	29	30	31
☉/☽	23♏36	0♐24	7♐23	14♐35	21♐60	29♐35	7♑20	15♑09	23♑00	0♒49	8♒32	16♒09	23♒38	1♓00	8♓16
/☿	27♐21	28♐39	29♐57	1♑15	2♑33	3♑52	5♑10	6♑29	7♑47	9♑06	10♑24	11♑43	13♑01	14♑20	15♑38
/♀	1♑26	2♑34	3♑42	4♑50	5♑58	7♑07	8♑15	9♑23	10♑31	11♑39	12♑48	13♑56	15♑04	16♑12	17♑20
/♂	17♑08	18♑02	18♑56	19♑50	20♑44	21♑38	22♑32	23♑26	24♑20	25♑14	26♑08	27♑02	27♑56	28♑50	29♑44
/⚳	22♐50	23♐33	24♐16	24♐59	25♐42	26♐25	27♐08	27♐51	28♐34	29♐17	29♐59	0♑42	1♑25	2♑08	2♑51
/♃	23♎44	24♎14	24♎43	25♎13	25♎42	26♎12	26♎41	27♎10	27♎39	28♎08	28♎37	29♎05	29♎34	0♏03	0♏31
/♄	12♐06	12♐40	13♐14	13♐48	14♐22	14♐56	15♐30	16♐03	16♐37	17♐11	17♐45	18♐18	18♐52	19♐26	19♐59
/♅	18♒46	19♒16	19♒47	20♒17	20♒48	21♒18	21♒49	22♒19	22♒50	23♒21	23♒51	24♒22	24♒53	25♒24	25♒54
/♆	0♒00	0♒32	1♒03	1♒34	2♒05	2♒36	3♒07	3♒38	4♒10	4♒41	5♒12	5♒43	6♒15	6♒46	7♒17
/♇	3♑48	4♑19	4♑51	5♑23	5♑54	6♑26	6♑57	7♑29	8♑01	8♑32	9♑04	9♑35	10♑07	10♑39	11♑10
/☊	20♏53	21♏23	21♏52	22♏19	22♏45	23♏10	23♏35	23♏59	24♏25	24♏52	25♏21	25♏51	26♏21	26♏52	27♏21
☽/☿	25♏60	3♐04	10♐21	17♐50	25♐32	3♑25	11♑26	19♑33	27♑41	5♒47	13♒48	21♒42	29♒29	7♓09	14♓41
/♀	0♐05	6♐60	14♐06	21♐25	28♐57	6♑40	14♑31	22♑28	0♒26	8♒21	16♒12	23♒55	1♓32	9♓01	16♓23
/♂	15♐47	22♐28	29♐20	6♑25	13♑42	21♑11	28♑48	6♒31	14♒14	21♒56	29♒32	7♓02	14♓24	21♓39	28♓47
/⚳	21♏29	27♏59	4♐40	11♐34	18♐40	25♐58	3♑24	10♑55	18♑28	25♑58	3♒23	10♒42	17♒53	24♒57	1♓54
/♃	22♍23	28♍39	5♎07	11♎48	18♎41	25♎45	2♏57	10♏15	17♏33	24♉49	2♊01	9♊05	16♊02	22♊51	29♊34
/♄	10♏45	17♏06	23♏38	0♐23	7♐20	14♐29	21♐46	29♐08	6♑31	13♑52	21♑08	28♑18	5♒20	12♒14	19♒02
/♅	17♑25	23♑42	0♒11	6♒52	13♒46	20♒51	28♒05	5♓24	12♓44	20♓02	27♓15	4♈22	11♈21	18♈12	24♈58
/♆	28♐39	4♑57	11♑27	18♑09	25♑03	2♒09	9♒24	16♒43	24♒04	1♓22	8♓36	15♓43	22♓42	29♓35	6♈20
/♇	2♐27	8♐45	15♐15	21♐58	28♐53	5♑59	13♑14	20♑34	27♑55	5♒14	12♒28	19♒35	26♒35	3♓27	10♓13
/☊	19♎32	25♎49	2♏16	8♏54	15♏43	22♏43	29♏51	7♐04	14♐20	21♐34	28♐45	5♑50	12♑49	19♋40	26♋24
☿/♀	3♑50	5♑15	6♑40	8♑05	9♑31	10♑56	12♑21	13♑47	15♑13	16♑38	18♑04	19♑29	20♑55	22♑21	23♑46
/♂	19♑32	20♑43	21♑54	23♑05	24♑16	25♑27	26♑39	27♑50	29♑01	0♒13	1♒24	2♒36	3♒47	4♒59	6♒10
/⚳	25♐14	26♐14	27♐14	28♐14	29♐14	0♑14	1♑14	2♑15	3♑15	4♑15	5♑16	6♑16	7♑16	8♑16	9♑17
/♃	26♎08	26♎54	27♎41	28♎28	29♎14	0♏01	0♏47	1♏34	2♏20	3♏07	3♏53	4♏39	5♏25	6♏11	6♏57
/♄	14♐30	15♐21	16♐12	17♐03	17♐54	18♐45	19♐36	20♐27	21♐18	22♐10	23♐01	23♐52	24♐43	25♐34	26♐25
/♅	21♒10	21♒57	22♒45	23♒32	24♒20	25♒08	25♒55	26♒43	27♒31	28♒19	29♒08	29♒56	0♓44	1♓32	2♓20
/♆	2♒24	3♒12	4♒00	4♒49	5♒37	6♒25	7♒14	8♒02	8♒51	9♒39	10♒28	11♒17	12♒06	12♒54	13♒43
/♇	6♑12	7♑00	7♑49	8♑37	9♑26	10♑15	11♑04	11♑53	12♑42	13♑31	14♑20	15♑09	15♑58	16♑47	17♑36
/☊	23♏17	24♏04	24♏50	25♏34	26♏17	26♏59	27♏41	28♏23	29♏06	29♏51	0♐37	1♐24	2♐12	2♐60	3♐47
♀/♂	23♑37	24♑38	25♑39	26♑40	27♑41	28♑42	29♑43	0♒44	1♒46	2♒47	3♒48	4♒49	5♒50	6♒51	7♒52
/⚳	29♐19	0♑09	0♑59	1♑49	2♑39	3♑29	4♑19	5♑09	5♑59	6♑49	7♑39	8♑29	9♑19	10♑09	10♑59
/♃	0♏13	0♏50	1♏26	2♏03	2♏39	3♏16	3♏52	4♏28	5♏04	5♏40	6♏16	6♏52	7♏28	8♏03	8♏39
/♄	18♐35	19♐16	19♐57	20♐38	21♐19	22♐00	22♐41	23♐22	24♐03	24♐43	25♐24	26♐05	26♐46	27♐26	28♐07
/♅	25♒15	25♒52	26♒30	27♒07	27♒45	28♒23	29♒00	29♒38	0♓16	0♓53	1♓31	2♓09	2♓47	3♓24	4♓02
/♆	6♒29	7♒08	7♒46	8♒24	9♒02	9♒40	10♒19	10♒57	11♒35	12♒13	12♒52	13♒30	14♒08	14♒47	15♒25
/♇	10♑17	10♑55	11♑34	12♑13	12♑51	13♑30	14♑09	14♑47	15♑26	16♑05	16♑43	17♑22	18♑01	18♑39	19♑18
/☊	27♏22	27♏59	28♏35	29♏09	29♏42	0♐14	0♐46	1♐18	1♐51	2♐25	3♐00	3♐37	4♐15	4♐52	5♐29
♂/⚳	15♑01	15♑37	16♑13	16♑49	17♑25	18♑01	18♑36	19♑12	19♑48	20♑24	20♑60	21♑35	22♑11	22♑47	23♑23
/♃	15♏55	16♏18	16♏40	17♏03	17♏25	17♏47	18♏09	18♏31	18♏53	19♏15	19♏37	19♏58	20♏20	20♏42	21♏03
/♄	4♑18	4♑45	5♑11	5♑38	6♑05	6♑31	6♑58	7♑25	7♑51	8♑18	8♑45	9♑11	9♑38	10♑04	10♑31
/♅	10♓57	11♓20	11♓44	12♓07	12♓30	12♓54	13♓17	13♓41	14♓04	14♓28	14♓52	15♓15	15♓39	16♓02	16♓26
/♆	22♒12	22♒36	22♒60	23♒24	23♒48	24♒12	24♒36	24♒60	25♒24	25♒48	26♒12	26♒36	27♒00	27♒25	27♒49
/♇	25♑59	26♑24	26♑48	27♑12	27♑37	28♑01	28♑26	28♑50	29♑15	29♑39	0♒04	0♒28	0♒53	1♒17	1♒42
/☊	13♐05	13♐27	13♐49	14♐09	14♐28	14♐46	15♐03	15♐21	15♐39	15♐59	16♐21	16♐44	17♐07	17♐30	17♐53
⚳/♃	21♎37	21♎49	22♎00	22♎12	22♎23	22♎34	22♎45	22♎56	23♎07	23♎18	23♎28	23♎39	23♎49	23♎59	24♎10
/♄	9♐60	10♐15	10♐31	10♐47	11♐03	11♐18	11♐34	11♐49	12♐05	12♐20	12♐36	12♐51	13♐07	13♐22	13♐38
/♅	16♒39	16♒51	17♒04	17♒16	17♒28	17♒41	17♒53	18♒06	18♒18	18♒30	18♒43	18♒55	19♒08	19♒20	19♒33
/♆	27♑54	28♑07	28♑20	28♑33	28♑46	28♑59	29♑12	29♑24	29♑37	29♑50	0♒03	0♒16	0♒29	0♒42	0♒55
/♇	1♑41	1♑55	2♑08	2♑21	2♑35	2♑48	3♑02	3♑15	3♑28	3♑42	3♑55	4♑09	4♑22	4♑35	4♑48
/☊	18♏47	18♏58	19♏09	19♏18	19♏26	19♏32	19♏39	19♏46	19♏53	20♏02	20♏12	20♏24	20♏36	20♏48	20♏60
♃/♄	10♎54	10♎56	10♎58	11♎01	11♎03	11♎05	11♎07	11♎09	11♎10	11♎12	11♎13	11♎15	11♎16	11♎17	11♎18
/♅	17♊33	17♊32	17♊31	17♊30	17♊29	17♊27	17♊26	17♊25	17♊23	17♊22	17♊20	17♊18	17♊17	17♊15	17♊13
/♆	28♉48	28♉47	28♉47	28♉46	28♉46	28♉45	28♉44	28♉44	28♉43	28♉42	28♉41	28♉40	28♉38	28♉37	28♉36
/♇	2♏35	2♏35	2♏35	2♏35	2♏35	2♏35	2♏35	2♏34	2♏34	2♏33	2♏32	2♏32	2♏31	2♏30	2♏29
/☊	19♍41	19♍39	19♍36	19♍32	19♍26	19♍19	19♍12	19♍05	18♍58	18♍53	18♍49	18♍47	18♍45	18♍43	18♍40
♄/♅	5♒55	5♒59	6♒02	6♒05	6♒08	6♒12	6♒15	6♒18	6♒21	6♒25	6♒28	6♒31	6♒35	6♒38	6♒41
/♆	17♑10	17♑14	17♑18	17♑22	17♑26	17♑29	17♑33	17♑37	17♑41	17♑45	17♑49	17♑52	17♑56	17♑60	18♑04
/♇	20♐57	21♐02	21♐06	21♐10	21♐15	21♐19	21♐23	21♐28	21♐32	21♐36	21♐40	21♐44	21♐49	21♐53	21♐57
/☊	8♏03	8♏06	8♏07	8♏07	8♏06	8♏03	8♏01	7♏58	7♏56	7♏56	7♏57	7♏60	8♏03	8♏06	8♏08
♅/♆	23♓49	23♓50	23♓50	23♓51	23♓51	23♓52	23♓53	23♓53	23♓54	23♓55	23♓55	23♓56	23♓57	23♓58	23♓59
/♇	27♒37	27♒38	27♒39	27♒40	27♒41	27♒42	27♒43	27♒44	27♒45	27♒46	27♒47	27♒48	27♒50	27♒51	27♒52
/☊	14♑42	14♑42	14♑40	14♑36	14♑31	14♑26	14♑20	14♑14	14♑09	14♑06	14♑04	14♑03	14♑04	14♑04	14♑03
♆/♇	8♒52	8♒53	8♒55	8♒56	8♒58	8♒59	9♒01	9♒03	9♒04	9♒06	9♒08	9♒09	9♒11	9♒13	9♒15
/☊	25♐57	25♐57	25♐55	25♐53	25♐49	25♐44	25♐38	25♐33	25♐29	25♐26	25♐25	25♐25	25♐25	25♐26	25♐26
♇/☊	29♏45	29♏45	29♏44	29♏42	29♏38	29♏33	29♏28	29♏24	29♏20	29♏17	29♏16	29♏17	29♏18	29♏19	29♏19

December 2014

January 2015

	1	2	3	4	5	6	7	8
☉/☽	15♓25	22♓29	29♓27	6♈20	13♈08	19♎50	26♎27	2♏59
/☿	16♑57	18♑15	19♑32	20♑50	22♑07	23♑23	24♑39	25♑54
/♀	18♑29	19♑37	20♑45	21♑53	23♑01	24♑09	25♑17	26♑25
/♂	0♒38	1♒32	2♒27	3♒21	4♒15	5♒09	6♒03	6♒57
/⚳	3♑34	4♑17	4♑59	5♑42	6♑25	7♑08	7♑50	8♑33
/♃	0♏60	1♏28	1♏56	2♏24	2♏52	3♏20	3♏48	4♏16
/♄	20♐33	21♐06	21♐40	22♐14	22♐47	23♐21	23♐54	24♐27
/♅	26♒25	26♒56	27♒27	27♒58	28♒29	28♒60	29♒31	0♓02
/♆	7♒48	8♒20	8♒51	9♒22	9♒54	10♒25	10♒57	11♒28
/♇	11♑42	12♑13	12♑45	13♑17	13♑48	14♑20	14♑52	15♑23
/☊	27♏50	28♏17	28♏43	29♏07	29♏31	29♏54	0♐18	0♐42
☽/☿	22♓08	29♓29	6♈44	13♈53	20♈57	27♈54	4♏46	11♏31
/♀	23♓40	0♈51	7♈56	14♈56	21♈51	28♈40	5♏24	12♏03
/♂	5♈50	12♈46	19♈38	26♈24	3♉04	9♉40	16♉09	22♉34
/⚳	8♓45	15♓31	22♓11	28♍45	5♎15	11♎38	17♎57	24♎10
/♃	6♋11	12♋42	19♋08	25♋28	1♌42	7♌51	13♌55	19♌53
/♄	25♒44	2♍20	8♍51	15♍17	21♍37	27♍51	4♎00	10♎04
/♅	1♉37	8♉10	14♉38	21♉01	27♉19	3♊31	9♊37	15♊39
/♆	12♈60	19♈34	26♈02	2♉26	8♉44	14♉56	21♉03	27♉05
/♇	16♓53	23♓27	29♓56	6♈20	12♈38	18♎51	24♎58	1♏00
/☊	3♌01	9♌31	15♌54	22♌11	28♌21	4♍25	10♍24	16♍19
☿/♀	25♑11	26♑36	28♑01	29♑26	0♒50	2♒13	3♒36	4♒58
/♂	7♒21	8♒32	9♒43	10♒53	12♒03	13♒13	14♒21	15♒29
/⚳	10♑16	11♑16	12♑16	13♑15	14♑14	15♑12	16♑09	17♑06
/♃	7♏42	8♏28	9♏13	9♏57	10♏41	11♏24	12♏07	12♏49
/♄	27♐16	28♐06	28♐56	29♐46	0♑36	1♑25	2♑13	2♑60
/♅	3♓08	3♓56	4♓43	5♓31	6♓17	7♓04	7♓49	8♓34
/♆	14♒31	15♒19	16♒07	16♒55	17♒42	18♒29	19♒15	20♒00
/♇	18♑25	19♑13	20♑01	20♑49	21♑37	22♑24	23♑10	23♑56
/☊	4♐33	5♐17	5♐59	6♐40	7♐19	7♐58	8♐36	9♐15
♀/♂	8♒53	9♒54	10♒55	11♒56	12♒57	13♒58	14♒59	16♒01
/⚳	11♑48	12♑38	13♑28	14♑18	15♑08	15♑57	16♑47	17♑37
/♃	9♏14	9♏50	10♏25	11♏00	11♏35	12♏10	12♏45	13♏20
/♄	28♐48	29♐28	0♑09	0♑49	1♑30	2♑10	2♑51	3♑31
/♅	4♓40	5♓18	5♓56	6♓34	7♓12	7♓50	8♓27	9♓05
/♆	16♒03	16♒41	17♒20	17♒58	18♒37	19♒15	19♒53	20♒32
/♇	19♑57	20♑35	21♑14	21♑52	22♑31	23♑10	23♑48	24♑27
/☊	6♐05	6♐39	7♐12	7♐43	8♐14	8♐44	9♐14	9♐46
♂/⚳	23♑58	24♑34	25♑10	25♑45	26♑21	26♑57	27♑33	28♑08
/♃	21♏24	21♉46	22♉07	22♉28	22♉49	23♉10	23♉30	23♉51
/♄	10♑57	11♑24	11♑50	12♑17	12♑43	13♑10	13♑36	14♑02
/♅	16♓50	17♓14	17♓37	18♓01	18♓25	18♓49	19♓13	19♓37
/♆	28♒13	28♒37	29♒02	29♒26	29♒50	0♓14	0♓39	1♓03
/♇	2♒06	2♒31	2♒56	3♒20	3♒45	4♒09	4♒34	4♒58
/☊	18♐15	18♐35	18♐53	19♐11	19♐27	19♐43	19♐60	20♐17
⚳/♃	24♎20	24♎30	24♎40	24♎49	24♎59	25♎09	25♎18	25♎28
/♄	13♐53	14♐08	14♐23	14♐38	14♐54	15♐09	15♐24	15♐39
/♅	19♒45	19♒58	20♒10	20♒23	20♒35	20♒48	21♒00	21♒13
/♆	1♒08	1♒21	1♒34	1♒47	2♒00	2♒13	2♒26	2♒39
/♇	5♑02	5♑15	5♑28	5♑42	5♑55	6♑08	6♑21	6♑34
/☊	21♏10	21♏19	21♏26	21♏32	21♏37	21♏42	21♏47	21♏54
♃/♄	11♎19	11♎20	11♎20	11♎21	11♎21	11♎22	11♎22	11♎22
/♅	17♊11	17♊09	17♊07	17♊05	17♊03	17♊01	16♊58	16♊56
/♆	28♉34	28♉33	28♉31	28♉30	28♉28	28♉26	28♉24	28♉22
/♇	2♏28	2♏27	2♏25	2♏24	2♏22	2♏21	2♏19	2♏18
/☊	18♍36	18♍30	18♍23	18♍14	18♍05	17♍55	17♍45	17♍37
♄/♅	6♒44	6♒48	6♒51	6♒54	6♒58	7♒01	7♒04	7♒07
/♆	18♑08	18♑11	18♑15	18♑19	18♑22	18♑26	18♑30	18♑34
/♇	22♐01	22♐05	22♐09	22♐13	22♐17	22♐21	22♐25	22♐29
/☊	8♏09	8♏09	8♏07	8♏04	7♏60	7♏55	7♏51	7♏48
♅/♆	23♓60	24♓01	24♓02	24♓03	24♓04	24♓05	24♓07	24♓08
/♇	27♒53	27♒55	27♒56	27♒57	27♒59	28♒00	28♒02	28♒03
/☊	14♑02	13♑59	13♑54	13♑48	13♑41	13♑34	13♑28	13♑22
♆/♇	9♒16	9♒18	9♒20	9♒22	9♒24	9♒26	9♒27	9♒29
/☊	25♐25	25♐22	25♐18	25♐13	25♐06	24♐60	24♐54	24♐48
♇/☊	29♏18	29♏16	29♏12	29♏07	29♏01	28♏54	28♏49	28♏44

	9	10	11	12	13	14	15	16
☉/☽	9♏27	15♏52	22♏16	28♏42	5♐11	11♐48	18♐34	25♐33
/☿	27♑08	28♑21	29♑32	0♒42	1♒49	2♒54	3♒57	4♒56
/♀	27♑34	28♑42	29♑50	0♒58	2♒06	3♒14	4♒22	5♒30
/♂	7♒51	8♒45	9♒39	10♒33	11♒27	12♒21	13♒15	14♒09
/⚳	9♑16	9♑58	10♑41	11♑24	12♑06	12♑49	13♑32	14♑14
/♃	4♏44	5♏12	5♏39	6♏07	6♏34	7♏02	7♏29	7♏56
/♄	25♐01	25♐34	26♐07	26♐41	27♐14	27♐47	28♐20	28♐54
/♅	0♓33	1♓04	1♓35	2♓06	2♓37	3♓08	3♓39	4♓11
/♆	11♒59	12♒31	13♒02	13♒34	14♒05	14♒36	15♒08	15♒39
/♇	15♑55	16♑26	16♑58	17♑30	18♑01	18♑33	19♑04	19♑36
/☊	1♐08	1♐36	2♐04	2♐34	3♐05	3♐35	4♐05	4♐34
☽/☿	18♏12	24♏48	1♐23	7♐57	14♐33	21♐14	28♐01	4♑58
/♀	18♏37	25♏09	1♐41	8♐13	14♐50	21♐34	28♐27	5♑32
/♂	28♏55	5♐13	11♐30	17♐48	24♐11	0♑41	7♑20	14♑11
/⚳	0♏19	6♏26	12♏32	18♏39	24♏50	1♐09	7♐36	14♐16
/♃	25♌48	1♍39	7♍30	13♍22	19♍18	25♍21	1♎34	7♎58
/♄	16♎04	22♎02	27♎58	3♏56	9♏58	16♏07	22♏25	28♏55
/♅	21♊36	27♊31	3♋26	9♋21	15♑21	21♑28	27♑44	4♒12
/♆	3♊03	8♐58	14♐53	20♐49	26♐49	2♑56	9♑13	15♑41
/♇	6♏58	12♏54	18♏49	24♏45	0♐45	6♐52	13♐09	19♐38
/☊	22♍12	28♍03	3♎55	9♎50	15♎49	21♎55	28♎10	4♏36
☿/♀	6♒19	7♒39	8♒57	10♒13	11♒28	12♒40	13♒49	14♒55
/♂	16♒36	17♒42	18♒46	19♒48	20♒49	21♒47	22♒42	23♒34
/⚳	18♑01	18♑55	19♑48	20♑39	21♑28	22♑15	22♑59	23♑39
/♃	13♏29	14♏09	14♏46	15♏22	15♏56	16♏27	16♏56	17♏21
/♄	3♑46	4♑31	5♑15	5♑56	6♑36	7♑13	7♑48	8♑19
/♅	9♓18	10♓01	10♓42	11♓21	11♓59	12♓34	13♓06	13♓36
/♆	20♒45	21♒28	22♒09	22♒49	23♒27	24♒02	24♒35	25♒05
/♇	24♑40	25♑23	26♑05	26♑45	27♑23	27♑59	28♑31	29♑01
/☊	9♐53	10♐32	11♐11	11♐50	12♐26	13♐01	13♐32	13♐59
♀/♂	17♒02	18♒03	19♒04	20♒05	21♒06	22♒07	23♒08	24♒09
/⚳	18♑26	19♑16	20♑06	20♑55	21♑45	22♑34	23♑24	24♑13
/♃	13♏55	14♏29	15♏04	15♏38	16♏13	16♏47	17♏21	17♏56
/♄	4♑12	4♑52	5♑32	6♑12	6♑53	7♑33	8♑13	8♑53
/♅	9♓43	10♓21	10♓59	11♓38	12♓16	12♓54	13♓32	14♓10
/♆	21♒10	21♒48	22♒27	23♒05	23♒44	24♒22	25♒00	25♒39
/♇	25♑05	25♑44	26♑23	27♑01	27♑40	28♑18	28♑57	29♑35
/☊	10♐19	10♐53	11♐29	12♐06	12♐43	13♐21	13♐58	14♐33
♂/⚳	28♑44	29♑19	29♑55	0♒30	1♒06	1♒42	2♒17	2♒52
/♃	24♉12	24♉33	24♉53	25♉14	25♉34	25♉54	26♉14	26♉35
/♄	14♑29	14♑55	15♑21	15♑48	16♑14	16♑40	17♑06	17♑32
/♅	20♓01	20♓25	20♓49	21♓13	21♓37	22♓01	22♓25	22♓49
/♆	1♓27	1♓52	2♓16	2♓40	3♓05	3♓29	3♓53	4♓18
/♇	5♒23	5♒47	6♒12	6♒36	7♒01	7♒25	7♒50	8♒14
/☊	20♐36	20♐56	21♐18	21♐41	22♐04	22♐28	22♐51	23♐12
⚳/♃	25♎37	25♎46	25♎55	26♎04	26♎13	26♎22	26♎31	26♎40
/♄	15♐54	16♐09	16♐23	16♐38	16♐53	17♐08	17♐22	17♐37
/♅	21♒26	21♒38	21♒51	22♒03	22♒16	22♒29	22♒41	22♒54
/♆	2♒52	3♒05	3♒18	3♒31	3♒44	3♒57	4♒10	4♒23
/♇	6♑48	7♑01	7♑14	7♑27	7♑40	7♑53	8♑06	8♑19
/☊	22♏01	22♏10	22♏20	22♏32	22♏44	22♏56	23♏07	23♏17
♃/♄	11♎22	11♎22	11♎22	11♎21	11♎21	11♎20	11♎20	11♎19
/♅	16♊54	16♊51	16♊49	16♊46	16♊44	16♊41	16♊39	16♊36
/♆	28♉20	28♉18	28♉16	28♉14	28♉12	28♉10	28♉07	28♉05
/♇	2♏16	2♏14	2♏12	2♏10	2♏08	2♏06	2♏04	2♏01
/☊	17♍29	17♍23	17♍18	17♍15	17♍12	17♍08	17♍05	16♍60
♄/♅	7♒11	7♒14	7♒17	7♒20	7♒24	7♒27	7♒30	7♒33
/♆	18♑37	18♑41	18♑45	18♑48	18♑52	18♑55	18♑59	19♑02
/♇	22♐33	22♐37	22♐40	22♐44	22♐48	22♐52	22♐55	22♐59
/☊	7♏46	7♏46	7♏47	7♏49	7♏51	7♏54	7♏56	7♏57
♅/♆	24♓09	24♓11	24♓12	24♓13	24♓15	24♓16	24♓18	24♓19
/♇	28♒05	28♒06	28♒08	28♒09	28♒11	28♒12	28♒14	28♒16
/☊	13♑18	13♑15	13♑14	13♑14	13♑14	13♑15	13♑15	13♑14
♆/♇	9♒31	9♒33	9♒35	9♒37	9♒39	9♒41	9♒43	9♒45
/☊	24♐45	24♐42	24♐41	24♐42	24♐42	24♐43	24♐43	24♐43
♇/☊	28♏40	28♏38	28♏37	28♏38	28♏38	28♏39	28♏40	28♏39

	17	18	19	20	21	22	23	24
☉/☽	2♑45	10♑11	17♑52	25♑45	3♒45	11♒48	19♒49	27♒43
/☿	5♒51	6♒43	7♒30	8♒13	8♒50	9♒21	9♒47	10♒07
/♀	6♒38	7♒46	8♒54	10♒02	11♒10	12♒18	13♒26	14♒34
/♂	15♒03	15♒57	16♒51	17♒45	18♒39	19♒33	20♒27	21♒21
/⚳	14♑57	15♑39	16♑22	17♑04	17♑46	18♑29	19♑11	19♑54
/♃	8♏23	8♏51	9♏18	9♏45	10♏12	10♏39	11♏06	11♏32
/♄	29♐27	29♐60	0♑33	1♑06	1♑39	2♑12	2♑45	3♑18
/♅	4♓42	5♓13	5♓44	6♓16	6♓47	7♓18	7♓49	8♓21
/♆	16♒11	16♒42	17♒14	17♒45	18♒17	18♒48	19♒20	19♒51
/♇	20♑08	20♑39	21♑11	21♑42	22♑14	22♑45	23♑17	23♑48
/☊	5♐02	5♐28	5♐53	6♐18	6♐43	7♐09	7♐36	8♐04
☽/☿	12♑04	19♑22	26♑48	4♒22	11♒58	19♒31	26♒57	4♓10
/♀	12♑51	20♑25	28♑12	6♒12	14♒19	22♒29	0♓36	8♓38
/♂	21♑16	28♑36	6♒09	13♒55	21♒48	29♒44	7♓37	15♓25
/⚳	21♐09	28♐18	5♑40	13♑13	20♑55	28♑39	6♒21	13♒57
/♃	14♎36	21♎29	28♎36	5♏54	13♏20	20♉49	28♉16	5♊36
/♄	5♐40	12♐38	19♐51	27♐15	4♑47	12♑22	19♑55	27♑21
/♅	10♒55	17♒52	25♒02	2♓25	9♓55	17♓28	24♓60	2♈24
/♆	22♑24	29♑21	6♒32	13♒55	21♒25	28♒59	6♓30	13♓55
/♇	26♐20	3♑18	10♑29	17♑52	25♑22	2♒56	10♒27	17♒52
/☊	11♏14	18♏06	25♏11	2♐27	9♐51	17♐19	24♐46	2♑08
☿/♀	15♒58	16♒56	17♒50	18♒40	19♒24	20♒02	20♒34	21♒01
/♂	24♒23	25♒07	25♒47	26♒23	26♒52	27♒17	27♒35	27♒48
/⚳	24♑16	24♑49	25♑18	25♑41	25♑60	26♑12	26♑19	26♑21
/♃	17♏43	18♏01	18♏14	18♏22	18♏25	18♏22	18♏14	17♏60
/♄	8♑46	9♑10	9♑29	9♑43	9♑52	9♑56	9♑53	9♑45
/♅	14♓01	14♓23	14♓40	14♓53	15♓00	15♓02	14♓58	14♓48
/♆	25♒30	25♒52	26♒10	26♒23	26♒30	26♒32	26♒28	26♒19
/♇	29♑27	29♑49	0♒07	0♒20	0♒27	0♒29	0♒25	0♒16
/☊	14♐21	14♐38	14♐49	14♐55	14♐56	14♐52	14♐44	14♐31
♀/♂	25♒09	26♒10	27♒11	28♒12	29♒13	0♓14	1♓15	2♓16
/⚳	25♑03	25♑52	26♑42	27♑31	28♑20	29♑10	29♑59	0♒48
/♃	18♏30	19♏04	19♏38	20♉12	20♉46	21♉20	21♉53	22♉27
/♄	9♑33	10♑13	10♑53	11♑33	12♑13	12♑53	13♑33	14♑12
/♅	14♓48	15♓26	16♓04	16♓43	17♓21	17♓59	18♓37	19♓15
/♆	26♒17	26♒56	27♒34	28♒12	28♒51	29♒29	0♓08	0♓46
/♇	0♒14	0♒52	1♒31	2♒09	2♒48	3♒26	4♒05	4♒43
/☊	15♐08	15♐41	16♐13	16♐45	17♐17	17♐50	18♐23	18♐59
♂/⚳	3♒28	4♒03	4♒39	5♒14	5♒49	6♒25	6♒60	7♒35
/♃	26♉55	27♉15	27♉35	27♉55	28♉15	28♉35	28♉54	29♉14
/♄	17♑58	18♑24	18♑50	19♑16	19♑42	20♑08	20♑34	20♑59
/♅	23♓13	23♓37	24♓01	24♓26	24♓50	25♓14	25♓38	26♓02
/♆	4♓42	5♓07	5♓31	5♓55	6♓20	6♓44	7♓09	7♓33
/♇	8♒39	9♒03	9♒28	9♒52	10♒17	10♒41	11♒06	11♒30
/☊	23♐33	23♐52	24♐10	24♐28	24♐46	25♐05	25♐24	25♐46
⚳/♃	26♎48	26♎57	27♎05	27♎14	27♎22	27♎30	27♎38	27♎46
/♄	17♐52	18♐06	18♐20	18♐35	18♐49	19♐03	19♐18	19♐32
/♅	23♒06	23♒19	23♒32	23♒44	23♒57	24♒10	24♒22	24♒35
/♆	4♒36	4♒48	5♒01	5♒14	5♒27	5♒40	5♒53	6♒05
/♇	8♑32	8♑45	8♑58	9♑11	9♑24	9♑37	9♑50	10♑02
/☊	23♏26	23♏34	23♏41	23♏47	23♏53	24♏00	24♏08	24♏18
♃/♄	11♎18	11♎18	11♎17	11♎16	11♎14	11♎13	11♎12	11♎11
/♅	16♊33	16♊31	16♊28	16♊25	16♊22	16♊19	16♊17	16♊14
/♆	28♉03	28♉00	27♉58	27♉55	27♉52	27♉50	27♉47	27♉44
/♇	1♏59	1♏57	1♏54	1♏52	1♏49	1♏47	1♏44	1♏41
/☊	16♍53	16♍46	16♍37	16♍28	16♍18	16♍10	16♍03	15♍57
♄/♅	7♒37	7♒40	7♒43	7♒46	7♒49	7♒53	7♒56	7♒59
/♆	19♑06	19♑09	19♑13	19♑16	19♑20	19♑23	19♑26	19♑30
/♇	23♐02	23♐06	23♐10	23♐13	23♐17	23♐20	23♐23	23♐27
/☊	7♏57	7♏55	7♏52	7♏49	7♏46	7♏43	7♏42	7♏42
♅/♆	24♓21	24♓22	24♓24	24♓26	24♓27	24♓29	24♓31	24♓33
/♇	28♒17	28♒19	28♒21	28♒23	28♒24	28♒26	28♒28	28♒30
/☊	13♑12	13♑08	13♑03	12♑58	12♋53	12♋49	12♋47	12♋45
♆/♇	9♒47	9♒49	9♒50	9♒52	9♒54	9♒56	9♒58	10♒00
/☊	24♐41	24♐37	24♐33	24♐28	24♐23	24♐20	24♐17	24♐16
♇/☊	28♏37	28♏34	28♏30	28♏25	28♏20	28♏17	28♏14	28♏13

	25	26	27	28	29	30	31
☉/☽	5♓29	13♓03	20♓27	27♓40	4♈45	11♈41	18♈31
/☿	10♒21	10♒30	10♒34	10♒33	10♒30	10♒24	10♒17
/♀	15♒42	16♒50	17♒58	19♒06	20♒14	21♒21	22♒29
/♂	22♒15	23♒09	24♒03	24♒57	25♒51	26♒45	27♒38
/⚳	20♑36	21♑18	22♑00	22♑42	23♑25	24♑07	24♑49
/♃	11♏59	12♏26	12♏53	13♏19	13♏46	14♏12	14♏39
/♄	3♑50	4♑23	4♑56	5♑29	6♑01	6♑34	7♑06
/♅	8♓52	9♓24	9♓55	10♓26	10♓58	11♓29	12♓01
/♆	20♒23	20♒54	21♒26	21♒58	22♒29	23♒01	23♒32
/♇	24♑20	24♑51	25♑23	25♑54	26♑26	26♑57	27♑29
/☊	8♐34	9♐04	9♐35	10♐05	10♐35	11♐03	11♐29
☽/☿	11♓09	17♓51	24♓18	0♈30	6♈30	12♈20	18♈02
/♀	16♓30	24♓12	1♈42	9♈03	16♈14	23♈17	0♉14
/♂	23♓03	0♈31	7♈47	14♈54	21♈51	28♈40	5♉23
/⚳	21♒24	28♒40	5♓45	12♓39	19♓25	26♓02	2♈33
/♃	12♊47	19♊48	26♊37	3♋16	9♋46	16♋08	22♋24
/♄	4♒38	11♒45	18♒40	25♒25	2♓01	8♍30	14♍51
/♅	9♈40	16♈45	23♈39	0♉23	6♉58	13♉25	19♉45
/♆	21♓11	28♓16	5♈10	11♈54	18♈29	24♈56	1♉17
/♇	25♒08	2♓13	9♓07	15♓51	22♓26	28♓53	5♈13
/☊	9♑22	16♋26	23♋19	0♌02	6♌35	12♌58	19♌14
☿/♀	21♒22	21♒38	21♒49	21♒56	21♒59	22♒00	22♒00
/♂	27♒55	27♒57	27♒54	27♒47	27♒36	27♒23	27♒09
/⚳	26♑16	26♑06	25♑51	25♑32	25♑10	24♑46	24♑20
/♃	17♏39	17♏14	16♏44	16♏09	15♏31	14♏51	14♏10
/♄	9♑31	9♑11	8♑47	8♑18	7♑47	7♑13	6♑37
/♅	14♓32	14♓12	13♓46	13♓16	12♓43	12♓08	11♓32
/♆	26♒03	25♒43	25♒17	24♒47	24♒15	23♒39	23♒03
/♇	0♒00	29♑40	29♑14	28♑44	28♑11	27♑36	26♑60
/☊	14♐14	13♐52	13♐26	12♐55	12♐20	11♐42	11♐00
♀/♂	3♓17	4♓18	5♓18	6♓19	7♓20	8♓21	9♓21
/⚳	1♒37	2♒27	3♒16	4♒05	4♒54	5♒43	6♒32
/♃	23♉01	23♉34	24♉08	24♉41	25♉15	25♉48	26♉22
/♄	14♑52	15♑32	16♑11	16♑51	17♑30	18♑10	18♑49
/♅	19♓54	20♓32	21♓10	21♓49	22♓27	23♓05	23♓43
/♆	1♓25	2♓03	2♓41	3♓20	3♓58	4♓37	5♓15
/♇	5♒22	5♒60	6♒38	7♒17	7♒55	8♒33	9♒12
/☊	19♐35	20♐13	20♐50	21♐28	22♐04	22♐39	23♐12
♂/⚳	8♒10	8♒46	9♒21	9♒56	10♒31	11♒06	11♒41
/♃	29♉34	29♉53	0♊13	0♊33	0♊52	1♊12	1♊31
/♄	21♑25	21♑51	22♑16	22♑42	23♑07	23♑33	23♑58
/♅	26♓27	26♓51	27♓15	27♓40	28♓04	28♓28	28♓53
/♆	7♓58	8♓22	8♓46	9♓11	9♓35	9♓60	10♓24
/♇	11♒55	12♒19	12♒43	13♒08	13♒32	13♒56	14♒21
/☊	26♐08	26♐32	26♐55	27♐19	27♐41	28♐02	28♐21
⚳/♃	27♎54	28♎02	28♎10	28♎18	28♎26	28♎34	28♎41
/♄	19♐46	19♐60	20♐14	20♐28	20♐41	20♐55	21♐09
/♅	24♒47	25♒00	25♒13	25♒25	25♒38	25♒50	26♒03
/♆	6♒18	6♒31	6♒44	6♒56	7♒09	7♒22	7♒34
/♇	10♑15	10♑28	10♑41	10♑53	11♑06	11♑19	11♑31
/☊	24♏29	24♏41	24♏53	25♏04	25♏15	25♏24	25♏32
♃/♄	11♎09	11♎08	11♎06	11♎04	11♎03	11♎01	10♎59
/♅	16♊11	16♊08	16♊05	16♊02	15♊59	15♊56	15♊53
/♆	27♉42	27♉39	27♉36	27♉33	27♉30	27♉28	27♉25
/♇	1♏39	1♏36	1♏33	1♏30	1♏27	1♏24	1♏21
/☊	15♍53	15♍49	15♍45	15♍41	15♍36	15♍30	15♍22
♄/♅	8♒02	8♒05	8♒08	8♒11	8♒14	8♒17	8♒20
/♆	19♑33	19♑36	19♑39	19♑43	19♑46	19♑49	19♑52
/♇	23♐30	23♐33	23♐36	23♐39	23♐43	23♐46	23♐49
/☊	7♏44	7♏46	7♏48	7♏50	7♏51	7♏51	7♏49
♅/♆	24♓35	24♓36	24♓38	24♓40	24♓42	24♓44	24♓46
/♇	28♒32	28♒33	28♒35	28♒37	28♒39	28♒41	28♒43
/☊	12♋45	12♋46	12♋47	12♋48	12♋48	12♋46	12♋44
♆/♇	10♒02	10♒04	10♒06	10♒08	10♒10	10♒12	10♒14
/☊	24♐16	24♐17	24♐19	24♐19	24♐19	24♐18	24♐15
♇/☊	28♏13	28♏14	28♏15	28♏16	28♏16	28♏15	28♏12

January 2015

February 2015

	1	2	3	4	5	6	7	8	9	10	11	12	13	14
☉/☽	25♈15	1♉55	8♉30	15♏01	21♏30	27♏55	4♐20	10♐44	17♐10	23♐40	0♑16	6♑60	13♑55	21♑04
/☿	10♒11	10♒05	10♒01	9♒59	10♒01	10♒07	10♒17	10♒31	10♒49	11♒11	11♒37	12♒07	12♒41	13♒17
/♀	23♒37	24♒45	25♒52	27♒00	28♒08	29♒15	0♓23	1♓31	2♓38	3♓46	4♓53	6♓01	7♓08	8♓16
/♂	28♒32	29♒26	0♓20	1♓13	2♓07	3♓01	3♓55	4♓48	5♓42	6♓35	7♓29	8♓23	9♓16	10♓10
/⚷	25♑31	26♑13	26♑55	27♑37	28♑18	29♑00	29♑42	0♒24	1♒05	1♒47	2♒29	3♒10	3♒52	4♒33
/♃	15♏06	15♏32	15♏59	16♏25	16♏51	17♏18	17♉44	18♉11	18♉37	19♉03	19♉30	19♉56	20♉23	20♉49
/♄	7♑39	8♑11	8♑44	9♑16	9♑48	10♑20	10♑52	11♑25	11♑57	12♑29	13♑01	13♑32	14♑04	14♑36
/♅	12♓32	13♓03	13♓35	14♓06	14♓38	15♓09	15♓41	16♓12	16♓44	17♓16	17♓47	18♓19	18♓50	19♓22
/♆	24♒04	24♒35	25♒07	25♒38	26♒10	26♒41	27♒13	27♒44	28♒15	28♒47	29♒18	29♒50	0♓21	0♓53
/♇	28♑00	28♑32	29♑03	29♑34	0♒06	0♒37	1♒08	1♒40	2♒11	2♒42	3♒13	3♒45	4♒16	4♒47
/☊	11♐55	12♐20	12♐44	13♐09	13♐35	14♐02	14♐29	14♐59	15♐29	15♐60	16♐31	17♐01	17♐31	18♐01
☽/☿	23♈39	29♈11	4♉42	10♏11	15♏40	21♏11	26♏44	2♐22	8♐05	13♐56	19♐58	26♐11	2♑39	9♑24
/♀	7♉05	13♉51	20♉33	27♉12	3♊47	10♊19	16♐50	23♐22	29♐54	6♑31	13♑13	20♑05	27♑07	4♒22
/♂	12♉00	18♉33	25♉01	1♊25	7♊46	14♊05	20♐22	26♐39	2♑58	9♑21	15♑49	22♑27	29♑15	6♒16
/⚷	8♈59	15♎19	21♎36	27♎48	3♏57	10♏04	16♏09	22♏15	28♏22	4♐32	10♐49	17♐14	23♐50	0♑39
/♃	28♋34	4♌39	10♌39	16♌36	22♌30	28♌22	4♍12	10♍02	15♍53	21♍49	27♍50	4♎00	10♎21	16♎55
/♄	21♍07	27♍18	3♎24	9♎27	15♎27	21♎24	27♎20	3♏16	9♏13	15♏14	21♏21	27♏36	4♐03	10♐42
/♅	26♉00	2♊10	8♊16	14♊18	20♊17	26♊13	2♋08	8♋03	14♑00	20♑01	26♑07	2♒23	8♒49	15♒28
/♆	7♉32	13♉42	19♉47	25♉49	1♊48	7♐45	13♐40	19♐35	25♐32	1♑32	7♑39	13♑54	20♑20	26♑59
/♇	11♈28	17♎38	23♎44	29♎46	5♏44	11♏41	17♏36	23♏31	29♏27	5♐27	11♐34	17♐48	24♐14	0♑53
/☊	25♌23	1♍26	7♍25	13♍21	19♍14	25♍05	0♎57	6♎50	12♎45	18♎45	24♎51	1♏05	7♏30	14♏07
☿/♀	22♒00	22♒01	22♒04	22♒10	22♒18	22♒31	22♒48	23♒08	23♒33	24♒02	24♒35	25♒12	25♒52	26♒36
/♂	26♒55	26♒42	26♒31	26♒23	26♒18	26♒17	26♒19	26♒26	26♒37	26♒52	27♒11	27♒34	28♒00	28♒30
/⚷	23♑54	23♑29	23♑06	22♑46	22♑29	22♑16	22♑07	22♑02	22♑01	22♑04	22♑11	22♑21	22♑36	22♑53
/♃	13♏29	12♏49	12♏10	11♏34	11♏02	10♏33	10♏09	9♏48	9♏32	9♏20	9♏12	9♏07	9♏07	9♏09
/♄	6♑02	5♑28	4♑55	4♑25	3♑59	3♑36	3♑17	3♑02	2♑52	2♑45	2♑43	2♑44	2♑48	2♑56
/♅	10♓55	10♓20	9♓47	9♓16	8♓49	8♓25	8♓06	7♓50	7♓39	7♓32	7♓29	7♓30	7♓34	7♓42
/♆	22♒27	21♒52	21♒18	20♒48	20♒20	19♒57	19♒37	19♒22	19♒11	19♒04	19♒00	19♒01	19♒05	19♒13
/♇	26♑23	25♑48	25♑15	24♑44	24♑16	23♑53	23♑33	23♑17	23♑06	22♑59	22♑55	22♑56	22♑60	23♑07
/☊	10♐18	9♐36	8♐56	8♐19	7♐46	7♐17	6♐54	6♐37	6♐24	6♐16	6♐13	6♐13	6♐16	6♐21
♀/♂	10♓22	11♓23	12♓23	13♓24	14♓24	15♓25	16♓25	17♓26	18♓26	19♓27	20♓27	21♓27	22♓28	23♓28
/⚷	7♒20	8♒09	8♒58	9♒47	10♒36	11♒24	12♒13	13♒01	13♒50	14♒38	15♒27	16♒15	17♒03	17♒51
/♃	26♉55	27♉29	28♉02	28♉35	29♉08	29♉42	0♊15	0♊48	1♊21	1♊55	2♊28	3♊01	3♊34	4♊07
/♄	19♑28	20♑08	20♑47	21♑26	22♑05	22♑44	23♑23	24♑02	24♑41	25♑20	25♑58	26♑37	27♑16	27♑54
/♅	24♓22	25♓00	25♓38	26♓17	26♓55	27♓33	28♓12	28♓50	29♓28	0♈07	0♈45	1♈23	2♈02	2♈40
/♆	5♓53	6♓32	7♓10	7♓48	8♓27	9♓05	9♓43	10♓22	10♓60	11♓38	12♓16	12♓55	13♓33	14♓11
/♇	9♒50	10♒28	11♒06	11♒45	12♒23	13♒01	13♒39	14♒17	14♒55	15♒33	16♒11	16♒49	17♒27	18♒05
/☊	23♐45	24♐16	24♐48	25♐19	25♐52	26♐25	27♐00	27♐36	28♐13	28♐51	29♐29	0♑06	0♑43	1♑19
♂/⚷	12♒16	12♒51	13♒25	14♒00	14♒35	15♒10	15♒44	16♒19	16♒53	17♒28	18♒02	18♒37	19♒11	19♒45
/♃	1♊50	2♊10	2♊29	2♊49	3♊08	3♊27	3♊46	4♊06	4♊25	4♊44	5♊04	5♊23	5♊42	6♊01
/♄	24♑24	24♑49	25♑14	25♑39	26♑05	26♑30	26♑55	27♑20	27♑45	28♑09	28♑34	28♑59	29♑24	29♑48
/♅	29♓17	29♓41	0♈06	0♈30	0♈54	1♈19	1♈43	2♈08	2♈32	2♈56	3♈21	3♈45	4♈10	4♈34
/♆	10♓48	11♓13	11♓37	12♓02	12♓26	12♓50	13♓15	13♓39	14♓03	14♓28	14♓52	15♓16	15♓41	16♓05
/♇	14♒45	15♒09	15♒34	15♒58	16♒22	16♒46	17♒11	17♒35	17♒59	18♒23	18♒47	19♒11	19♒35	19♒59
/☊	28♐40	28♐58	29♐15	29♐33	29♐51	0♑11	0♑32	0♑54	1♑17	1♑41	2♑04	2♑28	2♑51	3♑13
⚷/♃	28♎49	28♎57	29♎04	29♎12	29♎19	29♎27	29♎34	29♎41	29♎49	29♎56	0♏03	0♏10	0♏18	0♏25
/♄	21♐22	21♐36	21♐49	22♐03	22♐16	22♐29	22♐42	22♐55	23♐08	23♐21	23♐34	23♐47	23♐59	24♐12
/♅	26♒16	26♒28	26♒41	26♒53	27♒06	27♒18	27♒31	27♒43	27♒56	28♒08	28♒20	28♒33	28♒45	28♒58
/♆	7♒47	7♒60	8♒12	8♒25	8♒37	8♒50	9♒02	9♒15	9♒27	9♒39	9♒52	10♒04	10♒16	10♒29
/♇	11♑44	11♑56	12♑09	12♑21	12♑33	12♑46	12♑58	13♑10	13♑22	13♑35	13♑47	13♑59	14♑11	14♑23
/☊	25♏39	25♏44	25♏50	25♏56	26♏03	26♏10	26♏19	26♏29	26♏40	26♏52	27♏04	27♏16	27♏26	27♏36
♃/♄	10♎57	10♎55	10♎53	10♎51	10♎49	10♎47	10♎44	10♎42	10♎40	10♎37	10♎35	10♎33	10♎30	10♎28
/♅	15♊50	15♊47	15♊44	15♊42	15♊39	15♊36	15♊33	15♊30	15♊27	15♊24	15♊22	15♊19	15♊16	15♊13
/♆	27♉22	27♉19	27♉16	27♉13	27♉10	27♉07	27♉04	27♉02	26♉59	26♉56	26♉53	26♉50	26♉47	26♉44
/♇	1♏18	1♏15	1♏12	1♏09	1♏06	1♏03	1♏00	0♏57	0♏54	0♏51	0♏48	0♏45	0♏42	0♏39
/☊	15♍13	15♍04	14♍54	14♍44	14♍35	14♍28	14♍21	14♍16	14♍12	14♍08	14♍05	14♍02	13♍57	13♍52
♄/♅	8♒23	8♒26	8♒29	8♒32	8♒35	8♒38	8♒41	8♒44	8♒47	8♒50	8♒52	8♒55	8♒58	9♒00
/♆	19♑55	19♑58	20♑01	20♑04	20♑07	20♑10	20♑13	20♑15	20♑18	20♑21	20♑24	20♑26	20♑29	20♑31
/♇	23♐52	23♐55	23♐57	24♐00	24♐03	24♐06	24♐08	24♐11	24♐14	24♐16	24♐19	24♐21	24♐23	24♐26
/☊	7♏46	7♏43	7♏39	7♏35	7♏32	7♏30	7♏30	7♏30	7♏32	7♏34	7♏36	7♏38	7♏39	7♏39
♅/♆	24♓48	24♓50	24♓52	24♓55	24♓57	24♓59	25♓01	25♓03	25♓06	25♓08	25♓10	25♓13	25♓15	25♓17
/♇	28♒45	28♒47	28♒49	28♒51	28♒53	28♒55	28♒57	28♒59	29♒01	29♒03	29♒05	29♒07	29♒09	29♒11
/☊	12♋40	12♋35	12♋30	12♋26	12♋22	12♋19	12♋18	12♋18	12♋19	12♋21	12♋22	12♋24	12♋25	12♋25
♆/♇	10♒16	10♒18	10♒20	10♒22	10♒24	10♒26	10♒28	10♒30	10♒32	10♒34	10♒36	10♒38	10♒40	10♒42
/☊	24♐11	24♐07	24♐02	23♐57	23♐54	23♐51	23♐50	23♐50	23♐50	23♐52	23♐54	23♐55	23♐56	23♐56
♇/☊	28♏08	28♏03	27♏58	27♏54	27♏50	27♏47	27♏45	27♏45	27♏46	27♏47	27♏49	27♏50	27♏51	27♏50

	15	16	17	18	19	20	21	22	23	24	25	26	27	28
☉/☽	28♑27	6♒04	13♒55	21♒57	0♓04	8♓12	16♓15	24♓10	1♈53	9♈23	16♈40	23♈45	0♉40	7♉26
/☿	13♒57	14♒40	15♒25	16♒13	17♒03	17♒55	18♒49	19♒45	20♒42	21♒41	22♒41	23♒42	24♒45	25♒49
/♀	9♓23	10♓30	11♓38	12♓45	13♓52	14♓59	16♓07	17♓14	18♓21	19♓28	20♓35	21♓42	22♓49	23♓56
/♂	11♓03	11♓57	12♓50	13♓44	14♓37	15♓30	16♓24	17♓17	18♓10	19♓03	19♓57	20♓50	21♓43	22♓36
/⚷	5♒15	5♒56	6♒37	7♒18	7♒60	8♒41	9♒22	10♒03	10♒44	11♒25	12♒05	12♒46	13♒27	14♒08
/♃	21♉15	21♉42	22♉08	22♉35	23♉01	23♉28	23♉54	24♉21	24♉47	25♉14	25♉41	26♉07	26♉34	27♉01
/♄	15♑08	15♑39	16♑11	16♑43	17♑14	17♑45	18♑17	18♑48	19♑19	19♑51	20♑22	20♑53	21♑24	21♑55
/♅	19♓53	20♓25	20♓57	21♓28	21♓60	22♓31	23♓03	23♓35	24♓06	24♓38	25♓09	25♓41	26♓13	26♓44
/♆	1♓24	1♓56	2♓27	2♓59	3♓30	4♓01	4♓33	5♓04	5♓35	6♓07	6♓38	7♓09	7♓41	8♓12
/♇	5♒18	5♒49	6♒20	6♒51	7♒23	7♒54	8♒25	8♒56	9♒27	9♒58	10♒28	10♒59	11♒30	12♒01
/☊	18♐29	18♐56	19♐23	19♐50	20♐17	20♐46	21♐15	21♐45	22♐16	22♐47	23♐17	23♐48	24♐17	24♐46
☽/☿	16♑26	23♑46	1♒21	9♒10	17♒06	25♒06	3♓03	10♓52	18♓32	26♓00	3♈17	10♈24	17♈21	24♈10
/♀	11♒52	19♒36	27♒34	5♓42	13♓56	22♓10	0♈20	8♈22	16♈11	23♈48	1♉12	8♉24	15♉25	22♉18
/♂	13♒32	21♒02	28♒46	6♓40	14♓40	22♓41	0♈37	8♈25	16♈00	23♈23	0♉33	7♉31	14♉19	20♉58
/⚷	7♑43	15♑01	22♑33	0♒15	8♒03	15♒52	23♒35	1♓10	8♓34	15♓44	22♓42	29♓28	6♈03	12♈29
/♃	23♎44	0♏47	8♏04	15♏32	23♉05	0♊39	8♊08	15♊29	22♊38	29♊34	6♋17	12♋49	19♋10	25♋23
/♄	17♐36	24♐45	2♑07	9♑39	17♑17	24♑56	2♒30	9♒56	17♒10	24♒10	0♓58	7♍34	13♍60	20♍16
/♅	22♒22	29♒31	6♓53	14♓25	22♓03	29♓42	7♈17	14♈42	21♈56	28♈58	5♉46	12♉23	18♉49	25♉06
/♆	3♒53	11♒01	18♒23	25♒55	3♓33	11♓12	18♓46	26♓12	3♈26	10♈27	17♈15	23♈51	0♉17	6♉34
/♇	7♑47	14♑55	22♑16	29♑48	7♒26	15♒04	22♒38	0♓03	7♓17	14♓17	21♓05	27♓41	4♈06	10♈23
/☊	20♏57	28♏02	5♐19	12♐47	20♐21	27♐56	5♑28	12♋53	20♋06	27♋06	3♌54	10♌29	16♌53	23♌08
☿/♀	27♒22	28♒12	29♒04	29♒58	0♓55	1♓54	2♓54	3♓57	5♓01	6♓06	7♓13	8♓21	9♓30	10♓40
/♂	29♒02	29♒38	0♓16	0♓57	1♓40	2♓24	3♓11	3♓60	4♓50	5♓41	6♓34	7♓29	8♓24	9♓20
/⚷	23♑14	23♑37	24♑03	24♑32	25♑02	25♑35	26♑09	26♑46	27♑23	28♑03	28♑43	29♑25	0♒08	0♒52
/♃	9♏15	9♏23	9♏34	9♏48	10♏04	10♏22	10♏42	11♏04	11♏27	11♏52	12♏18	12♏46	13♏15	13♏45
/♄	3♑07	3♑21	3♑37	3♑56	4♑17	4♑40	5♑04	5♑31	5♑59	6♑28	6♑59	7♑31	8♑05	8♑39
/♅	7♓53	8♓06	8♓23	8♓41	9♓02	9♓26	9♓51	10♓17	10♓46	11♓16	11♓47	12♓20	12♓54	13♓29
/♆	19♒24	19♒37	19♒53	20♒12	20♒33	20♒55	21♒20	21♒47	22♒15	22♒45	23♒16	23♒48	24♒22	24♒57
/♇	23♑17	23♑31	23♑46	24♑05	24♑25	24♑48	25♑12	25♑38	26♑06	26♑35	27♑06	27♑38	28♑11	28♑46
/☊	6♐28	6♐38	6♐49	7♐03	7♐20	7♐40	8♐02	8♐28	8♐55	9♐25	9♐55	10♐27	10♐58	11♐31
♀/♂	24♓28	25♓28	26♓29	27♓29	28♓29	29♓29	0♈29	1♈29	2♈29	3♈29	4♈29	5♈28	6♈28	7♈28
/⚷	18♒39	19♒28	20♒16	21♒04	21♒51	22♒39	23♒27	24♒15	25♒02	25♒50	26♒37	27♒25	28♒12	28♒59
/♃	4♊40	5♊14	5♊47	6♊20	6♊53	7♊26	7♊60	8♊33	9♊06	9♊39	10♊13	10♊46	11♊19	11♊53
/♄	28♑33	29♑11	29♑49	0♒28	1♒06	1♒44	2♒22	3♒00	3♒38	4♒16	4♒54	5♒31	6♒09	6♒46
/♅	3♈18	3♈57	4♈35	5♈13	5♈52	6♈30	7♈08	7♈47	8♈25	9♈03	9♈41	10♈20	10♈58	11♈36
/♆	14♓49	15♓27	16♓06	16♓44	17♓22	17♓60	18♓38	19♓16	19♓54	20♓32	21♓10	21♓48	22♓26	23♓04
/♇	18♒43	19♒21	19♒59	20♒37	21♒14	21♒52	22♒30	23♒08	23♒45	24♒23	25♒00	25♒38	26♒16	26♒53
/☊	1♑54	2♑28	3♑02	3♑35	4♑09	4♑44	5♑20	5♑57	6♑34	7♑12	7♑49	8♑26	9♑03	9♑38
♂/⚷	20♒20	20♒54	21♒28	22♒02	22♒36	23♒10	23♒44	24♒18	24♒52	25♒25	25♒59	26♒32	27♒06	27♒39
/♃	6♊21	6♊40	6♊59	7♊18	7♊38	7♊57	8♊16	8♊36	8♊55	9♊15	9♊34	9♊54	10♊13	10♊33
/♄	0♒13	0♒37	1♒02	1♒26	1♒51	2♒15	2♒39	3♒03	3♒27	3♒51	4♒15	4♒39	5♒03	5♒26
/♅	4♈59	5♈23	5♈47	6♈12	6♈36	7♈01	7♈25	7♈50	8♈14	8♈39	9♈03	9♈27	9♈52	10♈16
/♆	16♓29	16♓54	17♓18	17♓42	18♓06	18♓31	18♓55	19♓19	19♓43	20♓07	20♓32	20♓56	21♓20	21♓44
/♇	20♒23	20♒47	21♒11	21♒35	21♒59	22♒23	22♒47	23♒11	23♒34	23♒58	24♒22	24♒46	25♒09	25♒33
/☊	3♑34	3♑54	4♑14	4♑34	4♑54	5♑15	5♑37	5♑60	6♑23	6♑47	7♑11	7♑34	7♑56	8♑18
⚷/♃	0♏32	0♏39	0♏46	0♏53	1♏01	1♏08	1♏15	1♏22	1♏29	1♏36	1♏43	1♏50	1♏57	2♏04
/♄	24♐24	24♐37	24♐49	25♐01	25♐13	25♐25	25♐37	25♐49	26♐01	26♐12	26♐24	26♐35	26♐47	26♐58
/♅	29♒10	29♒22	29♒35	29♒47	29♒59	0♓11	0♓23	0♓36	0♓48	0♓60	1♓12	1♓24	1♓36	1♓48
/♆	10♒41	10♒53	11♒05	11♒17	11♒29	11♒41	11♒53	12♒05	12♒17	12♒29	12♒40	12♒52	13♒04	13♒15
/♇	14♑35	14♑46	14♑58	15♑10	15♑22	15♑33	15♑45	15♑57	16♑08	16♑19	16♑31	16♑42	16♑53	17♑05
/☊	27♏45	27♏53	28♏01	28♏09	28♏17	28♏25	28♏35	28♏46	28♏57	29♏09	29♏20	29♏31	29♏40	29♏50
♃/♄	10♎25	10♎23	10♎20	10♎18	10♎15	10♎12	10♎10	10♎07	10♎04	10♎02	9♎59	9♎57	9♎54	9♎51
/♅	15♊11	15♊08	15♊06	15♊03	15♊01	14♊58	14♊56	14♊54	14♊51	14♊49	14♊47	14♊45	14♊43	14♊41
/♆	26♉42	26♉39	26♉36	26♉33	26♉31	26♉28	26♉26	26♉23	26♉21	26♉18	26♉16	26♉13	26♉11	26♉09
/♇	0♏35	0♏32	0♏29	0♏26	0♏23	0♏20	0♏18	0♏15	0♏12	0♏09	0♏06	0♏03	0♏01	29♎58
/☊	13♍46	13♍39	13♍32	13♍25	13♍18	13♍13	13♍08	13♍04	13♍01	12♍58	12♍55	12♍52	12♍48	12♍43
♄/♅	9♒03	9♒06	9♒08	9♒11	9♒13	9♒16	9♒18	9♒21	9♒23	9♒26	9♒28	9♒30	9♒33	9♒35
/♆	20♑34	20♑36	20♑39	20♑41	20♑44	20♑46	20♑48	20♑50	20♑52	20♑55	20♑57	20♑59	21♑01	21♑02
/♇	24♐28	24♐30	24♐32	24♐34	24♐36	24♐38	24♐40	24♐42	24♐44	24♐45	24♐47	24♐49	24♐50	24♐52
/☊	7♏39	7♏37	7♏35	7♏33	7♏31	7♏30	7♏30	7♏31	7♏33	7♏34	7♏36	7♏37	7♏37	7♏37
♅/♆	25♓20	25♓22	25♓24	25♓27	25♓29	25♓32	25♓34	25♓37	25♓39	25♓42	25♓44	25♓47	25♓50	25♓52
/♇	29♒13	29♒16	29♒18	29♒20	29♒22	29♒24	29♒26	29♒28	29♒31	29♒33	29♒35	29♒37	29♒39	29♒41
/☊	12♋24	12♋23	12♋20	12♋18	12♋17	12♋16	12♋16	12♋18	12♋20	12♋22	12♋24	12♋25	12♋26	12♋26
♆/♇	10♒44	10♒46	10♒48	10♒50	10♒52	10♒54	10♒56	10♒58	10♒60	11♒02	11♒03	11♒05	11♒07	11♒09
/☊	23♐55	23♐53	23♐51	23♐49	23♐47	23♐46	23♐46	23♐47	23♐49	23♐51	23♐52	23♐54	23♐54	23♐54
♇/☊	27♏49	27♏47	27♏44	27♏42	27♏40	27♏38	27♏38	27♏39	27♏40	27♏41	27♏43	27♏44	27♏44	27♏43

February 2015

March 2015

	1	2	3	4	5	6	7	8	9	10	11	12	13	14	15	16	17	18	19	20	21	22	23	24	25	26	27	28	29	30	31	
☉/☽	14♉05	20♉38	27♉08	3♊35	10♊00	16♐25	22♐49	29♐16	5♑44	12♑17	18♑55	25♑40	2♒35	9♒40	16♒58	24♒29	2♓12	10♓06	18♓08	26♓13	4♈17	12♈15	20♈03	27♈39	5♉01	12♉11	19♉07	25♉54	2♊31	9♊03	15♊29	☉/☽
/☿	26♒53	27♒59	29♒06	0♓13	1♓22	2♓31	3♓41	4♓52	6♓03	7♓15	8♓28	9♓41	10♓55	12♓10	13♓25	14♓41	15♓58	17♓15	18♓33	19♓51	21♓10	22♓30	23♓50	25♓11	26♓32	27♓55	29♓17	0♈41	2♈05	3♈29	4♈55	/☿
/♀	25♓03	26♓10	27♓16	28♓23	29♓30	0♈37	1♈43	2♈50	3♈56	5♈03	6♈09	7♈15	8♈22	9♈28	10♈34	11♈40	12♈47	13♈53	14♈59	16♈05	17♈11	18♈17	19♈22	20♈28	21♈34	22♈40	23♈45	24♈51	25♈56	27♈01	28♈07	/♀
/♂	23♓29	24♓22	25♓15	26♓08	27♓01	27♓54	28♓47	29♓39	0♈32	1♈25	2♈18	3♈10	4♈03	4♈55	5♈48	6♈40	7♈33	8♈25	9♈18	10♈10	11♈03	11♈55	12♈47	13♈39	14♈31	15♈24	16♈16	17♈08	17♈60	18♈52	19♈44	/♂
/⚳	14♒48	15♒29	16♒09	16♒49	17♒30	18♒10	18♒50	19♒30	20♒10	20♒50	21♒30	22♒10	22♒49	23♒29	24♒09	24♒48	25♒27	26♒07	26♒46	27♒25	28♒04	28♒43	29♒22	0♓01	0♓40	1♓18	1♓57	2♓35	3♓13	3♓52	4♓30	/⚳
/♃	27♉28	27♉55	28♉22	28♉48	29♉15	29♉43	0♊10	0♊37	1♊04	1♊31	1♊59	2♊26	2♊53	3♊21	3♊49	4♊16	4♊44	5♊12	5♊40	6♊08	6♊36	7♊04	7♊32	8♊00	8♊29	8♊57	9♊25	9♊54	10♊23	10♊51	11♊20	/♃
/♄	22♑25	22♑56	23♑27	23♑58	24♑28	24♑59	25♑29	25♑59	26♑30	26♑60	27♑30	28♑00	28♑30	29♑00	29♑30	0♒00	0♒30	0♒60	1♒29	1♒59	2♒28	2♒58	3♒27	3♒57	4♒26	4♒55	5♒24	5♒53	6♒22	6♒51	7♒20	/♄
/♅	27♓16	27♓48	28♓19	28♓51	29♓22	29♓54	0♈25	0♈57	1♈29	2♈00	2♈32	3♈03	3♈35	4♈06	4♈38	5♈09	5♈41	6♈12	6♈44	7♈15	7♈47	8♈18	8♈50	9♈21	9♈53	10♈24	10♈56	11♈27	11♈58	12♈30	13♈01	/♅
/♆	8♓43	9♓15	9♓46	10♓17	10♓48	11♓19	11♓51	12♓22	12♓53	13♓24	13♓55	14♓26	14♓57	15♓28	15♓59	16♓30	17♓01	17♓32	18♓03	18♓34	19♓05	19♓36	20♓07	20♓38	21♓08	21♓39	22♓10	22♓41	23♓11	23♓42	24♓13	/♆
/♇	12♒32	13♒03	13♒33	14♒04	14♒35	15♒06	15♒36	16♒07	16♒37	17♒08	17♒38	18♒09	18♒39	19♒10	19♒40	20♒11	20♒41	21♒11	21♒42	22♒12	22♒42	23♒12	23♒43	24♒13	24♒43	25♒13	25♒43	26♒13	26♒43	27♒13	27♒43	/♇
/☊	25♐14	25♐42	26♐09	26♐37	27♐05	27♐34	28♐03	28♐32	29♐03	29♐33	0♑04	0♑35	1♑05	1♑35	2♑05	2♑34	3♑03	3♑32	4♑01	4♑31	5♑01	5♑30	6♑00	6♑31	7♑01	7♑31	8♑00	8♑30	8♑60	9♑29	9♑59	/☊
☽/☿	0♉54	7♉33	14♉09	20♏43	27♏17	3♐51	10♐25	17♐02	23♐42	0♑26	7♑17	14♑16	21♑25	28♑45	6♒19	14♒05	22♒06	0♓17	8♓37	17♓01	25♓24	3♈42	11♈51	19♈48	27♈33	5♉04	12♉25	19♉35	26♉37	3♊34	10♊26	☽/☿
/♀	29♉03	5♊44	12♊20	18♊53	25♊25	1♋56	8♋27	15♋00	21♑35	28♑14	4♒59	11♒50	18♒51	26♒03	3♓28	11♓05	18♓54	26♓55	5♈03	13♈14	21♈24	29♈29	7♉23	15♉05	22♉34	29♉49	6♊52	13♊45	20♊28	27♊06	3♋39	/♀
/♂	27♉29	3♊56	10♊18	16♊38	22♊56	29♊13	5♋31	11♋50	18♑11	24♑36	1♒07	7♒45	14♒32	21♒31	28♒41	6♓05	13♓41	21♓27	29♓22	7♈20	15♈16	23♈07	0♉48	8♉16	15♉32	22♉33	29♉23	6♊02	12♊32	18♊56	25♊15	/♂
/⚳	18♈49	25♎03	1♏12	7♏20	13♏25	19♏29	25♏34	1♐40	7♐49	14♐01	20♐19	26♐45	3♑19	10♑04	17♑02	24♑12	1♒35	9♒09	16♒50	24♒35	2♓18	9♓55	17♓23	24♓38	1♈40	8♈28	15♈04	21♈29	27♈46	3♏56	10♏01	/⚳
/♃	1♌28	7♌29	13♌25	19♌19	25♌11	1♍02	6♍54	12♍47	18♍43	24♍43	0♎48	7♎01	13♎23	19♎56	26♎42	3♏41	10♏52	18♉14	25♉44	3♊17	10♊49	18♊16	25♊33	2♋37	9♋29	16♋07	22♋33	28♋48	4♌55	10♌56	16♌52	/♃
/♄	26♍26	2♎30	8♎30	14♎28	20♎23	26♎18	2♏13	8♏10	14♏09	20♏11	26♏20	2♐35	8♐60	15♐36	22♐24	29♐24	6♑38	14♑02	21♑33	29♑08	6♒42	14♒10	21♒28	28♒34	5♍26	12♍05	18♍31	24♍47	0♎55	6♎55	12♎52	/♄
/♅	1♊16	7♊21	13♊23	19♊21	25♊18	1♋13	7♋10	13♋07	19♑07	25♑12	1♒21	7♒38	14♒04	20♒42	27♒31	4♓34	11♓49	19♓14	26♓48	4♈25	12♈01	19♈31	26♈51	3♉58	10♉53	17♉34	24♉03	0♊21	6♊31	12♊34	18♊33	/♅
/♆	12♉44	18♉48	24♉49	0♊47	6♊43	12♐39	18♐35	24♐32	0♑32	6♑35	12♑45	19♑01	25♑27	2♒04	8♒53	15♒54	23♒09	0♓34	8♓07	15♓44	23♓19	0♈48	8♈07	15♈15	22♈08	28♈49	5♉17	11♉35	17♉44	23♉46	29♉44	/♆
/♇	16♎32	22♎37	28♎37	4♏34	10♏30	16♏25	22♏20	28♏17	4♐16	10♐19	16♐28	22♐44	29♐09	5♑45	12♑34	19♑35	26♑49	4♒13	11♒46	19♒22	26♒56	4♓25	11♓43	18♓50	25♓43	2♈23	8♈50	15♈07	21♎15	27♎17	3♏15	/♇
/☊	29♌15	5♍16	11♍13	17♍07	23♍00	28♍53	4♎47	10♎43	16♎42	22♎45	28♎54	5♏10	11♏35	18♏11	24♏58	1♐58	9♐11	16♐34	24♐05	1♑40	9♑14	16♋42	24♋01	1♌08	8♌01	14♌40	21♌08	27♌24	3♍32	9♍34	15♍31	/☊
☿/♀	11♓52	13♓04	14♓17	15♓32	16♓47	18♓02	19♓19	20♓36	21♓54	23♓12	24♓32	25♓52	27♓12	28♓33	29♓55	1♈17	2♈40	4♈04	5♈28	6♈53	8♈18	9♈44	11♈10	12♈37	14♈05	15♈33	17♈02	18♈32	20♈02	21♈33	23♈04	☿/♀
/♂	10♓18	11♓17	12♓16	13♓16	14♓18	15♓19	16♓22	17♓26	18♓30	19♓35	20♓40	21♓46	22♓53	24♓01	25♓09	26♓17	27♓27	28♓36	29♓47	0♈58	2♈10	3♈22	4♈35	5♈48	7♈03	8♈17	9♈33	10♈49	12♈05	13♈23	14♈41	/♂
/⚳	1♒37	2♒23	3♒10	3♒58	4♒46	5♒36	6♒26	7♒16	8♒08	8♒60	9♒53	10♒46	11♒40	12♒34	13♒29	14♒25	15♒21	16♒18	17♒15	18♒13	19♒11	20♒10	21♒10	22♒10	23♒11	24♒12	25♒14	26♒16	27♒19	28♒23	29♒27	/⚳
/♃	14♏17	14♉49	15♉23	15♉57	16♉32	17♉08	17♉45	18♉23	19♉02	19♉41	20♉21	21♉02	21♉44	22♉26	23♉09	23♉53	24♉38	25♉23	26♉09	26♉56	27♉43	28♉31	29♉20	0♊09	0♊60	1♊51	2♊43	3♊35	4♊28	5♊22	6♊17	/♃
/♄	9♑14	9♑51	10♑28	11♑06	11♑45	12♑24	13♑05	13♑46	14♑27	15♑10	15♑53	16♑36	17♑21	18♑05	18♑51	19♑37	20♑23	21♑11	21♑58	22♑47	23♑36	24♑25	25♑15	26♑06	26♑57	27♑49	28♑41	29♑34	0♒28	1♒22	2♒17	/♄
/♅	14♓05	14♓42	15♓20	15♓59	16♓39	17♓20	18♓01	18♓43	19♓26	20♓10	20♓54	21♓39	22♓25	23♓12	23♓59	24♓46	25♓35	26♓24	27♓13	28♓03	28♓54	29♓46	0♈38	1♈31	2♈24	3♈18	4♈13	5♈08	6♈04	7♈01	7♈58	/♅
/♆	25♒32	26♒09	26♒47	27♒25	28♒05	28♒45	29♒26	0♓08	0♓51	1♓34	2♓18	3♓02	3♓47	4♓33	5♓20	6♓07	6♓55	7♓43	8♓32	9♓22	10♓12	11♓03	11♓55	12♓47	13♓39	14♓33	15♓27	16♓22	17♓17	18♓13	19♓10	/♆
/♇	29♑21	29♑57	0♒34	1♒13	1♒52	2♒31	3♒12	3♒53	4♒35	5♒18	6♒01	6♒45	7♒30	8♒15	9♒01	9♒48	10♒35	11♒22	12♒11	12♒60	13♒49	14♒40	15♒30	16♒22	17♒14	18♒07	19♒00	19♒54	20♒49	21♒44	22♒40	/♇
/☊	12♐03	12♐36	13♐10	13♐45	14♐22	14♐59	15♐38	16♐19	17♐00	17♐43	18♐27	19♐11	19♐56	20♐40	21♐26	22♐11	22♐57	23♐43	24♐31	25♐19	26♐08	26♐58	27♐48	28♐40	29♐32	0♑24	1♑17	2♑11	3♑05	4♑00	4♑56	/☊
♀/♂	8♈28	9♈27	10♈27	11♈26	12♈26	13♈25	14♈25	15♈24	16♈23	17♈22	18♈21	19♈21	20♈20	21♈19	22♈18	23♈17	24♈15	25♈14	26♈13	27♈12	28♈10	29♈09	0♉07	1♉06	2♉04	3♉02	4♉01	4♉59	5♉57	6♉55	7♉53	♀/♂
/⚳	29♒47	0♓34	1♓21	2♓08	2♓55	3♓41	4♓28	5♓15	6♓01	6♓48	7♓34	8♓20	9♓06	9♓52	10♓38	11♓24	12♓10	12♓55	13♓41	14♓26	15♓12	15♓57	16♓42	17♓27	18♓12	18♓57	19♓42	20♓26	21♓10	21♓55	22♓39	/⚳
/♃	12♊26	12♊60	13♊33	14♊07	14♊40	15♊14	15♊48	16♊21	16♊55	17♊29	18♊03	18♊36	19♊10	19♊44	20♊18	20♊52	21♊26	22♊01	22♊35	23♊09	23♊43	24♊18	24♊52	25♊27	26♊01	26♊36	27♊10	27♊45	28♊20	28♊55	29♊29	/♃
/♄	7♒24	8♒01	8♒39	9♒16	9♒53	10♒30	11♒07	11♒44	12♒21	12♒57	13♒34	14♒11	14♒47	15♒24	15♒60	16♒36	17♒12	17♒48	18♒24	19♒00	19♒36	20♒12	20♒47	21♒23	21♒58	22♒34	23♒09	23♒44	24♒19	24♒54	25♒29	/♄
/♅	12♈14	12♈53	13♈31	14♈09	14♈47	15♈25	16♈03	16♈42	17♈20	17♈58	18♈36	19♈14	19♈52	20♈30	21♈08	21♈45	22♈23	23♈01	23♈39	24♈17	24♈55	25♈32	26♈10	26♈48	27♈25	28♈03	28♈41	29♈18	29♈56	0♉33	1♉10	/♅
/♆	23♓42	24♓20	24♓58	25♓35	26♓13	26♓51	27♓29	28♓06	28♓44	29♓21	29♓59	0♈36	1♈14	1♈51	2♈29	3♈06	3♈44	4♈21	4♈58	5♈35	6♈13	6♈50	7♈27	8♈04	8♈41	9♈18	9♈55	10♈32	11♈08	11♈45	12♈22	/♆
/♇	27♒30	28♒08	28♒45	29♒22	29♒60	0♓37	1♓14	1♓51	2♓28	3♓05	3♓42	4♓19	4♓56	5♓33	6♓10	6♓47	7♓23	8♓00	8♓37	9♓13	9♓50	10♓26	11♓03	11♓39	12♓15	12♓52	13♓28	14♓04	14♓40	15♓16	15♓52	/♇
/☊	10♑13	10♋47	11♋21	11♋55	12♋30	13♋05	13♋41	14♋17	14♋54	15♋31	16♋08	16♋45	17♋22	17♋59	18♋35	19♋10	19♋46	20♋21	20♋57	21♋32	22♋08	22♋44	23♋21	23♋57	24♋33	25♋09	25♋45	26♋21	26♋57	27♋32	28♋08	/☊
♂/⚳	28♒13	28♒46	29♒19	29♒52	0♓25	0♓58	1♓31	2♓04	2♓37	3♓10	3♓42	4♓15	4♓47	5♓20	5♓52	6♓24	6♓56	7♓28	8♓00	8♓32	9♓04	9♓35	10♓07	10♓38	11♓10	11♓41	12♓12	12♓43	13♓14	13♓45	14♓16	♂/⚳
/♃	10♊52	11♊12	11♊32	11♊52	12♊11	12♊31	12♊51	13♊11	13♊31	13♊51	14♊11	14♊31	14♊51	15♊12	15♊32	15♊52	16♊13	16♊33	16♊54	17♊14	17♊35	17♊56	18♊17	18♊38	18♊59	19♊20	19♊41	20♊02	20♊23	20♊45	21♊06	/♃
/♄	5♒50	6♒14	6♒37	7♒01	7♒24	7♒47	8♒10	8♒34	8♒57	9♒20	9♒43	10♒05	10♒28	10♒51	11♒14	11♒36	11♒59	12♒21	12♒43	13♒06	13♒28	13♒50	14♒12	14♒34	14♒56	15♒18	15♒40	16♒01	16♒23	16♒44	17♒06	/♄
/♅	10♈41	11♈05	11♈29	11♈54	12♈18	12♈42	13♈07	13♈31	13♈55	14♈20	14♈44	15♈08	15♈33	15♈57	16♈21	16♈45	17♈10	17♈34	17♈58	18♈22	18♈46	19♈11	19♈35	19♈59	20♈23	20♈47	21♈11	21♈35	21♈59	22♈23	22♈47	/♅
/♆	22♓08	22♓32	22♓56	23♓20	23♓44	24♓08	24♓32	24♓56	25♓20	25♓44	26♓07	26♓31	26♓55	27♓19	27♓43	28♓06	28♓30	28♓54	29♓17	29♓41	0♈04	0♈28	0♈51	1♈15	1♈38	2♈02	2♈25	2♈49	3♈12	3♈35	3♈59	/♆
/♇	25♒57	26♒20	26♒44	27♒07	27♒31	27♒54	28♒18	28♒41	29♒04	29♒28	29♒51	0♓14	0♓37	1♓00	1♓24	1♓47	2♓10	2♓33	2♓56	3♓19	3♓42	4♓05	4♓27	4♓50	5♓13	5♓36	5♓58	6♓21	6♓44	7♓06	7♓29	/♇
/☊	8♑39	8♑59	9♑20	9♑40	10♑01	10♋22	10♋44	11♋07	11♋30	11♋53	12♋17	12♋40	13♋03	13♋26	13♋48	14♋10	14♋32	14♋54	15♋16	15♋38	15♋60	16♋23	16♋45	17♋08	17♋31	17♋53	18♋16	18♋38	19♋00	19♋23	19♋45	/☊
⚳/♃	2♏12	2♏19	2♏26	2♏33	2♏40	2♏47	2♏54	3♏02	3♏09	3♏16	3♏23	3♏31	3♏38	3♏45	3♏53	3♏60	4♏07	4♏15	4♏22	4♏29	4♏37	4♏44	4♏52	4♏59	5♏07	5♏14	5♏22	5♏29	5♏37	5♏45	5♏52	⚳/♃
/♄	27♐09	27♐20	27♐31	27♐42	27♐53	28♐03	28♐14	28♐24	28♐35	28♐45	28♐55	29♐05	29♐15	29♐24	29♐34	29♐44	29♐53	0♑02	0♑12	0♑21	0♑30	0♑38	0♑47	0♑56	1♑04	1♑12	1♑21	1♑29	1♑37	1♑44	1♑52	/♄
/♅	1♓60	2♓12	2♓23	2♓35	2♓47	2♓59	3♓10	3♓22	3♓33	3♓45	3♓56	4♓08	4♓19	4♓31	4♓42	4♓53	5♓04	5♓15	5♓26	5♓37	5♓48	5♓59	6♓10	6♓20	6♓31	6♓42	6♓52	7♓02	7♓13	7♓23	7♓33	/♅
/♆	13♒27	13♒39	13♒50	14♒01	14♒13	14♒24	14♒35	14♒47	14♒58	15♒09	15♒20	15♒31	15♒42	15♒52	16♒03	16♒14	16♒24	16♒35	16♒45	16♒56	17♒06	17♒16	17♒26	17♒37	17♒47	17♒56	18♒06	18♒16	18♒26	18♒35	18♒45	/♆
/♇	17♑16	17♑27	17♑38	17♑49	17♑60	18♑10	18♑21	18♑32	18♑42	18♑53	19♑03	19♑14	19♑24	19♑34	19♑44	19♑54	20♑04	20♑14	20♑24	20♑34	20♑43	20♑53	21♑02	21♑12	21♑21	21♑30	21♑39	21♑49	21♑57	22♑06	22♑15	/♇
/☊	29♏58	0♐06	0♐14	0♐21	0♐30	0♐38	0♐47	0♐57	1♐08	1♐18	1♐29	1♐39	1♐50	1♐60	2♐09	2♐18	2♐26	2♐35	2♐44	2♐53	3♐02	3♐11	3♐20	3♐30	3♐39	3♐48	3♐57	4♐06	4♐14	4♐23	4♐31	/☊
♃/♄	9♎49	9♎46	9♎44	9♎41	9♎39	9♎36	9♎33	9♎31	9♎28	9♎26	9♎24	9♎21	9♎19	9♎17	9♎14	9♎12	9♎10	9♎07	9♎05	9♎03	9♎01	8♎59	8♎57	8♎55	8♎53	8♎51	8♎49	8♎48	8♎46	8♎44	8♎42	♃/♄
/♅	14♊39	14♊38	14♊36	14♊34	14♊33	14♊31	14♊30	14♊29	14♊27	14♊26	14♊25	14♊24	14♊23	14♊23	14♊22	14♊21	14♊21	14♊20	14♊20	14♊20	14♊20	14♊20	14♊20	14♊20	14♊20	14♊20	14♊21	14♊21	14♊22	14♊23	14♊24	/♅
/♆	26♉07	26♉05	26♉03	26♉01	25♉59	25♉57	25♉55	25♉53	25♉52	25♉50	25♉48	25♉47	25♉46	25♉44	25♉43	25♉42	25♉41	25♉40	25♉39	25♉38	25♉38	25♉37	25♉36	25♉36	25♉36	25♉35	25♉35	25♉35	25♉35	25♉35	25♉35	/♆
/♇	29♎55	29♎53	29♎50	29♎48	29♎45	29♎43	29♎41	29♎38	29♎36	29♎34	29♎32	29♎30	29♎28	29♎26	29♎24	29♎23	29♎21	29♎19	29♎18	29♎16	29♎15	29♎14	29♎12	29♎11	29♎10	29♎09	29♎08	29♎07	29♎07	29♎06	29♎05	/♇
/☊	12♍38	12♍32	12♍26	12♍21	12♍15	12♍11	12♍07	12♍04	12♍02	11♍59	11♍58	11♍56	11♍54	11♍52	11♍49	11♍46	11♍43	11♍40	11♍38	11♍35	11♍33	11♍32	11♍30	11♍29	11♍28	11♍27	11♍26	11♍24	11♍23	11♍22	11♍21	/☊
♄/♅	9♒37	9♒39	9♒41	9♒43	9♒45	9♒47	9♒49	9♒51	9♒53	9♒55	9♒57	9♒58	10♒00	10♒02	10♒03	10♒05	10♒07	10♒08	10♒10	10♒11	10♒12	10♒14	10♒15	10♒16	10♒17	10♒18	10♒20	10♒21	10♒22	10♒23	10♒24	♄/♅
/♆	21♑04	21♑06	21♑08	21♑10	21♑11	21♑13	21♑14	21♑16	21♑17	21♑19	21♑20	21♑21	21♑23	21♑24	21♑25	21♑26	21♑27	21♑28	21♑29	21♑30	21♑30	21♑31	21♑32	21♑32	21♑33	21♑33	21♑34	21♑34	21♑35	21♑35	21♑35	/♆
/♇	24♐53	24♐54	24♐56	24♐57	24♐58	24♐59	25♐00	25♐01	25♐02	25♐03	25♐03	25♐04	25♐05	25♐05	25♐06	25♐06	25♐07	25♐07	25♐07	25♐07	25♐08	25♐08	25♐08	25♐08	25♐07	25♐07	25♐07	25♐07	25♐06	25♐06	25♐05	/♇
/☊	7♏35	7♏34	7♏32	7♏30	7♏28	7♏27	7♏26	7♏27	7♏27	7♏28	7♏29	7♏30	7♏31	7♏31	7♏31	7♏30	7♏29	7♏28	7♏27	7♏26	7♏26	7♏26	7♏25	7♏25	7♏25	7♏25	7♏24	7♏24	7♏23	7♏22	7♏21	/☊
♅/♆	25♓55	25♓58	26♓00	26♓03	26♓05	26♓08	26♓11	26♓13	26♓16	26♓19	26♓22	26♓24	26♓27	26♓30	26♓32	26♓35	26♓38	26♓41	26♓43	26♓46	26♓49	26♓52	26♓54	26♓57	26♓60	27♓03	27♓05	27♓08	27♓11	27♓13	27♓16	♅/♆
/♇	29♒43	29♒46	29♒48	29♒50	29♒52	29♒54	29♒56	29♒59	0♓01	0♓03	0♓05	0♓07	0♓09	0♓11	0♓14	0♓16	0♓18	0♓20	0♓22	0♓24	0♓26	0♓28	0♓30	0♓32	0♓34	0♓36	0♓39	0♓41	0♓43	0♓45	0♓46	/♇
/☊	12♋26	12♋25	12♋24	12♋23	12♋22	12♋22	12♋23	12♋24	12♋26	12♋28	12♋31	12♋33	12♋35	12♋37	12♋38	12♋39	12♋40	12♋41	12♋42	12♋43	12♋44	12♋46	12♋48	12♋50	12♋52	12♋54	12♋56	12♋58	12♋59	13♋01	13♋02	/☊
♆/♇	11♒11	11♒13	11♒14	11♒16	11♒18	11♒20	11♒22	11♒23	11♒25	11♒27	11♒28	11♒30	11♒32	11♒33	11♒35	11♒36	11♒38	11♒40	11♒41	11♒43	11♒44	11♒46	11♒47	11♒49	11♒50	11♒51	11♒53	11♒54	11♒55	11♒57	11♒58	♆/♇
/☊	23♐53	23♐52	23♐50	23♐49	23♐48	23♐48	23♐48	23♐49	23♐50	23♐52	23♐54	23♐56	23♐57	23♐59	23♐60	23♐60	24♐00	24♐01	24♐01	24♐02	24♐02	24♐04	24♐05	24♐06	24♐08	24♐09	24♐10	24♐11	24♐12	24♐13	24♐14	/☊
♇/☊	27♏42	27♏40	27♏38	27♏36	27♏35	27♏34	27♏34	27♏34	27♏35	27♏36	27♏38	27♏39	27♏40	27♏40	27♏41	27♏41	27♏40	27♏40	27♏40	27♏39	27♏40	27♏40	27♏41	27♏42	27♏42	27♏43	27♏43	27♏44	27♏44	27♏44	27♏44	♇/☊

March 2015

♅/♇ → ♓ This month.
Higher Heart Chakra.

April 2015

	1	2	3	4	5	6	7	8	9	10	11	12	13	14	15
☉/☽	21♊54	28♊17	4♋42	11♋08	17♑38	24♑11	0♒50	7♒34	14♒25	21♒23	28♒30	5♓46	13♓12	20♓47	28♓30
/☿	6♈21	7♈47	9♈15	10♈43	12♈11	13♈40	15♈10	16♈41	18♈12	19♈43	21♈15	22♈47	24♈19	25♈52	27♈24
/♀	29♈12	0♉17	1♉22	2♉27	3♉32	4♉37	5♉42	6♉47	7♉52	8♉56	10♉01	11♉06	12♉10	13♉14	14♉19
/♂	20♈35	21♈27	22♈19	23♈11	24♈02	24♈54	25♈46	26♈37	27♈29	28♈20	29♈12	0♉03	0♉54	1♉46	2♉37
/⚳	5♓08	5♓46	6♓23	7♓01	7♓39	8♓16	8♓54	9♓31	10♓08	10♓45	11♓22	11♓59	12♓36	13♓12	13♓49
/♃	11♊49	12♊18	12♊47	13♊16	13♊45	14♊14	14♊44	15♊13	15♊42	16♊12	16♊42	17♊11	17♊41	18♊11	18♊41
/♄	7♒49	8♒17	8♒46	9♒15	9♒43	10♒12	10♒40	11♒09	11♒37	12♒05	12♒33	13♒01	13♒29	13♒57	14♒25
/♅	13♈32	14♈04	14♈35	15♈06	15♈38	16♈09	16♈40	17♈11	17♈43	18♈14	18♈45	19♈16	19♈47	20♈18	20♈49
/♆	24♓43	25♓14	25♓44	26♓15	26♓45	27♓16	27♓46	28♓17	28♓47	29♓18	29♓48	0♈18	0♈49	1♈19	1♈49
/♇	28♒13	28♒43	29♒12	29♒42	0♓12	0♓42	1♓11	1♓41	2♓11	2♓40	3♓10	3♓39	4♓09	4♓38	5♓08
/☊	10♋29	10♋58	11♋28	11♋58	12♋27	12♋56	13♋26	13♋55	14♋23	14♋52	15♋21	15♋51	16♋20	16♋50	17♋20
☽/☿	17♊18	24♊09	1♋01	7♑56	14♑55	21♑59	29♑08	6♒24	13♒47	21♒18	28♒58	6♓47	14♓46	22♓55	1♈12
/♀	10♋09	16♋39	23♋09	29♋41	6♌17	12♌56	19♌40	26♒30	3♓27	10♓31	17♓44	25♓06	2♈37	10♈17	18♈06
/♂	1♋32	7♋48	14♋05	20♋24	26♋47	3♌13	9♒44	16♒21	23♒04	29♒55	6♓55	14♓03	21♓21	28♓49	6♈25
/⚳	16♏05	22♏07	28♏10	4♐15	10♐23	16♐35	22♐52	29♐14	5♑43	12♑20	19♑05	25♑59	3♒02	10♒15	17♒36
/♃	22♌46	28♌39	4♍33	10♍30	16♍29	22♍33	28♍42	4♎56	11♎18	17♎47	24♎25	1♏11	8♏08	15♉14	22♉29
/♄	18♎46	24♎39	0♏33	6♏28	12♏27	18♏30	24♏38	0♐52	7♐12	13♐40	20♐16	27♐01	3♑56	11♑00	18♑13
/♅	24♊29	0♋25	6♋22	12♋20	18♑22	24♑27	0♒38	6♒55	13♒18	19♒49	26♒28	3♓16	10♓14	17♓21	24♓37
/♆	5♊40	11♐35	17♐31	23♐29	29♐30	5♑35	11♑45	18♑00	24♑23	0♒53	7♒31	14♒18	21♒15	28♒22	5♓37
/♇	9♏10	15♏04	20♏59	26♏56	2♐56	9♐00	15♐09	21♐24	27♐46	4♑15	10♑53	17♑39	24♑36	1♒41	8♒55
/☊	21♍25	27♍20	3♎14	9♎11	15♎11	21♎15	27♎24	3♏38	9♏59	16♏27	23♏04	29♏51	6♐47	13♐53	21♐08
☿/♀	24♈36	26♈09	27♈42	29♈16	0♉50	2♉25	4♉01	5♉37	7♉14	8♉51	10♉28	12♉06	13♉44	15♉22	17♉00
/♂	15♈59	17♈19	18♈38	19♈59	21♈20	22♈42	24♈04	25♈27	26♈51	28♈15	29♈39	1♉04	2♉29	3♉54	5♉19
/⚳	0♓32	1♓37	2♓43	3♓49	4♓57	6♓04	7♓12	8♓21	9♓30	10♓40	11♓49	12♓60	14♓10	15♓20	16♓30
/♃	7♊13	8♊09	9♊06	10♊04	11♊03	12♊02	13♊02	14♊03	15♊05	16♊07	17♊09	18♊12	19♊15	20♊19	21♊23
/♄	3♒13	4♒09	5♒06	6♒03	7♒01	7♒60	8♒59	9♒59	10♒59	11♒60	13♒01	14♒02	15♒04	16♒05	17♒07
/♅	8♈56	9♈55	10♈55	11♈55	12♈55	13♈57	14♈59	16♈01	17♈05	18♈08	19♈12	20♈17	21♈21	22♈26	23♈31
/♆	20♓07	21♓05	22♓04	23♓03	24♓03	25♓04	26♓05	27♓07	28♓09	29♓12	0♈15	1♈19	2♈23	3♈27	4♈31
/♇	23♒37	24♒34	25♒32	26♒31	27♒30	28♒30	29♒30	0♓31	1♓33	2♓35	3♓37	4♓40	5♓43	6♓46	7♓49
/☊	5♑52	6♑50	7♑47	8♑46	9♑45	10♋44	11♋44	12♋45	13♋46	14♋47	15♋49	16♋51	17♋54	18♋58	20♋02
♀/♂	8♉51	9♉48	10♉46	11♉44	12♉41	13♉39	14♉36	15♉34	16♉31	17♉28	18♉25	19♉22	20♉19	21♉16	22♉13
/⚳	23♓23	24♓07	24♓51	25♓34	26♓18	27♓01	27♓44	28♓27	29♓10	29♓53	0♈36	1♈18	2♈01	2♈43	3♈25
/♃	0♋04	0♋39	1♋14	1♋49	2♋24	2♋59	3♋34	4♋10	4♋45	5♋20	5♋55	6♋31	7♋06	7♋41	8♋17
/♄	26♒04	26♒39	27♒13	27♒48	28♒22	28♒57	29♒31	0♓05	0♓39	1♓13	1♓47	2♓21	2♓54	3♓28	4♓01
/♅	1♉48	2♉25	3♉02	3♉40	4♉17	4♉54	5♉31	6♉08	6♉45	7♉22	7♉59	8♉35	9♉12	9♉49	10♉25
/♆	12♈59	13♈35	14♈12	14♈48	15♈24	16♈01	16♈37	17♈13	17♈50	18♈26	19♈02	19♈38	20♈14	20♈49	21♈25
/♇	16♓28	17♓04	17♓40	18♓15	18♓51	19♓27	20♓02	20♓38	21♓13	21♓48	22♓23	22♓59	23♓34	24♓09	24♓44
/☊	28♋44	29♋19	29♋55	0♌31	1♌06	1♌41	2♌16	2♌51	3♌26	4♌00	4♌35	5♌10	5♌45	6♌21	6♌56
♂/⚳	14♓46	15♓17	15♓47	16♓17	16♓48	17♓18	17♓48	18♓18	18♓47	19♓17	19♓46	20♓16	20♓45	21♓14	21♓43
/♃	21♊28	21♊49	22♊11	22♊32	22♊54	23♊16	23♊38	23♊60	24♊22	24♊44	25♊06	25♊28	25♊51	26♊13	26♊35
/♄	17♒27	17♒49	18♒10	18♒31	18♒52	19♒13	19♒34	19♒55	20♒16	20♒37	20♒58	21♒18	21♒39	21♒59	22♒20
/♅	23♈11	23♈35	23♈59	24♈23	24♈47	25♈10	25♈34	25♈58	26♈22	26♈46	27♈09	27♈33	27♈57	28♈20	28♈44
/♆	4♈22	4♈45	5♈08	5♈31	5♈54	6♈18	6♈41	7♈04	7♈27	7♈49	8♈12	8♈35	8♈58	9♈21	9♈44
/♇	7♓51	8♓14	8♓36	8♓59	9♓21	9♓43	10♓05	10♓28	10♓50	11♓12	11♓34	11♓56	12♓18	12♓40	13♓02
/☊	20♋07	20♋29	20♋52	21♋14	21♋36	21♋58	22♋20	22♋41	23♋03	23♋24	23♋46	24♋08	24♋30	24♋52	25♋14
⚳/♃	5♏60	6♏07	6♏15	6♏23	6♏30	6♏38	6♏46	6♏53	7♏01	7♏09	7♏16	7♏24	7♏32	7♏39	7♏47
/♄	1♑60	2♑07	2♑14	2♑22	2♑29	2♑35	2♑42	2♑49	2♑55	3♑02	3♑08	3♑14	3♑20	3♑26	3♑31
/♅	7♓43	7♓53	8♓03	8♓13	8♓23	8♓33	8♓42	8♓52	9♓01	9♓10	9♓20	9♓29	9♓38	9♓47	9♓55
/♆	18♒54	19♒03	19♒13	19♒22	19♒31	19♒40	19♒48	19♒57	20♒06	20♒14	20♒23	20♒31	20♒39	20♒47	20♒55
/♇	22♑24	22♑32	22♑41	22♑49	22♑57	23♑05	23♑13	23♑21	23♑29	23♑37	23♑44	23♑52	23♑59	24♑07	24♑14
/☊	4♐39	4♐48	4♐56	5♐04	5♐12	5♐20	5♐28	5♐35	5♐42	5♐49	5♐56	6♐03	6♐11	6♐18	6♐26
♃/♄	8♎41	8♎39	8♎38	8♎36	8♎35	8♎34	8♎32	8♎31	8♎30	8♎29	8♎28	8♎26	8♎25	8♎25	8♎24
/♅	14♊25	14♊26	14♊27	14♊28	14♊29	14♊31	14♊32	14♊34	14♊35	14♊37	14♊39	14♊41	14♊43	14♊45	14♊48
/♆	25♉35	25♉36	25♉36	25♉37	25♉37	25♉38	25♉39	25♉39	25♉40	25♉41	25♉42	25♉43	25♉45	25♉46	25♉47
/♇	29♎05	29♎04	29♎04	29♎04	29♎04	29♎03	29♎03	29♎03	29♎04	29♎04	29♎04	29♎04	29♎05	29♎05	29♎06
/☊	11♍21	11♍20	11♍20	11♍19	11♍19	11♍18	11♍18	11♍17	11♍16	11♍16	11♍16	11♍16	11♍16	11♍17	11♍18
♄/♅	10♒24	10♒25	10♒26	10♒27	10♒27	10♒28	10♒29	10♒29	10♒30	10♒30	10♒31	10♒31	10♒32	10♒32	10♒32
/♆	21♑35	21♑35	21♑35	21♑35	21♑35	21♑35	21♑35	21♑35	21♑35	21♑34	21♑34	21♑34	21♑33	21♑33	21♑32
/♇	25♐05	25♐04	25♐03	25♐03	25♐02	25♐01	24♐60	24♐59	24♐58	24♐57	24♐56	24♐54	24♐53	24♐52	24♐50
/☊	7♏20	7♏20	7♏19	7♏18	7♏17	7♏16	7♏14	7♏13	7♏11	7♏09	7♏07	7♏06	7♏05	7♏04	7♏03
♅/♆	27♓19	27♓22	27♓24	27♓27	27♓30	27♓32	27♓35	27♓38	27♓40	27♓43	27♓46	27♓48	27♓51	27♓53	27♓56
/♇	0♓48	0♓50	0♓52	0♓54	0♓56	0♓58	0♓60	1♓02	1♓04	1♓05	1♓07	1♓09	1♓11	1♓13	1♓14
/☊	13♋04	13♋06	13♋08	13♋10	13♋11	13♋13	13♋14	13♋15	13♋17	13♋18	13♋19	13♋21	13♋22	13♋24	13♋27
♆/♇	11♒59	12♒00	12♒02	12♒03	12♒04	12♒05	12♒06	12♒07	12♒08	12♒09	12♒10	12♒11	12♒12	12♒13	12♒14
/☊	24♐15	24♐16	24♐17	24♐18	24♐19	24♐20	24♐20	24♐21	24♐21	24♐22	24♐22	24♐23	24♐24	24♐25	24♐27
♇/☊	27♏45	27♏45	27♏45	27♏45	27♏46	27♏46	27♏45	27♏45	27♏45	27♏44	27♏44	27♏44	27♏44	27♏44	27♏45

	16	17	18	19	20	21	22	23	24	25	26	27	28	29	30
☉/☽	6♈21	14♈16	22♈11	0♉04	7♉50	15♉27	22♉51	0♊03	7♊02	13♊50	20♊28	26♊59	3♋25	9♋49	16♋12
/☿	28♈57	0♉29	2♉01	3♉32	5♉02	6♉32	8♉00	9♉27	10♉53	12♉18	13♉40	15♉01	16♉20	17♉38	18♉53
/♀	15♉23	16♉27	17♉31	18♉35	19♉39	20♉43	21♉47	22♉51	23♉54	24♉58	26♉01	27♉04	28♉08	29♉11	0♊14
/♂	3♉28	4♉20	5♉11	6♉02	6♉53	7♉44	8♉35	9♉26	10♉17	11♉08	11♉59	12♉50	13♉40	14♉31	15♉22
/⚳	14♓25	15♓01	15♓38	16♓14	16♓49	17♓25	18♓01	18♓36	19♓12	19♓47	20♓22	20♓57	21♓32	22♓06	22♓41
/♃	19♊11	19♊41	20♊11	20♊41	21♊12	21♊42	22♊13	22♊43	23♊14	23♊45	24♊15	24♊46	25♊17	25♊48	26♊19
/♄	14♒53	15♒21	15♒49	16♒17	16♒44	17♒12	17♒40	18♒07	18♒35	19♒02	19♒30	19♒57	20♒24	20♒52	21♒19
/♅	21♈20	21♈52	22♈23	22♈54	23♈25	23♈56	24♈27	24♈58	25♈28	25♈59	26♈30	27♈01	27♈32	28♈03	28♈33
/♆	2♈19	2♈50	3♈20	3♈50	4♈20	4♈50	5♈20	5♈50	6♈20	6♈50	7♈20	7♈50	8♈20	8♈50	9♈20
/♇	5♓37	6♓06	6♓36	7♓05	7♓34	8♓04	8♓33	9♓02	9♓31	10♓00	10♓30	10♓59	11♓28	11♓57	12♓26
/☊	17♋50	18♋20	18♋49	19♋18	19♋46	20♋14	20♋42	21♋10	21♋38	22♋06	22♋35	23♋05	23♋35	24♋05	24♋35
☽/☿	9♈36	18♈04	26♈33	4♉58	13♉16	21♉23	29♉18	6♊58	14♊25	21♊39	28♊41	5♋35	12♋21	19♋04	25♋44
/♀	26♈02	4♉03	12♉04	20♉02	27♉53	5♊35	13♊04	20♊21	27♊26	4♋19	11♋02	17♋38	24♋09	0♌37	7♌05
/♂	14♈08	21♈55	29♈43	7♉28	15♉07	22♉36	29♉53	6♊57	13♊49	20♊29	26♊60	3♋23	9♋41	15♋57	22♋13
/⚳	25♒04	2♓37	10♓10	17♓40	25♓03	2♈17	9♈18	16♈07	22♈43	29♈08	5♏23	11♏30	17♏33	23♏33	29♏32
/♃	29♉50	7♊16	14♊44	22♊08	29♊26	6♋34	13♋30	20♋14	26♋45	3♌06	9♌16	15♌20	21♌18	27♌14	3♍10
/♄	25♑33	2♒57	10♒21	17♒43	24♒58	2♓04	8♍57	15♍38	22♍06	28♍23	4♎30	10♎30	16♎25	22♎18	28♎10
/♅	1♈60	9♈27	16♈55	24♈20	1♉39	8♉47	15♉44	22♉28	29♉00	5♊20	11♊31	17♊34	23♊33	29♊29	5♋25
/♆	12♓59	20♓25	27♓52	5♈16	12♈34	19♈42	26♈38	3♉21	9♉52	16♉11	22♉21	28♉24	4♊21	10♐16	16♐11
/♇	16♒16	23♒42	1♓08	8♓32	15♓48	22♓55	29♓51	6♈33	13♈03	19♎21	25♎30	1♏32	7♏29	13♏23	19♏17
/☊	28♐29	5♑55	13♋21	20♋44	28♋00	5♌06	11♌60	18♌41	25♌09	1♍27	7♍36	13♍38	19♍36	25♍31	1♎26
☿/♀	18♉38	20♉16	21♉53	23♉29	25♉05	26♉40	28♉14	29♉46	1♊17	2♊46	4♊14	5♊40	7♊04	8♊26	9♊46
/♂	6♉44	8♉08	9♉33	10♉56	12♉19	13♉41	15♉02	16♉22	17♉40	18♉57	20♉12	21♉25	22♉37	23♉46	24♉54
/⚳	17♓40	18♓50	19♓59	21♓08	22♓15	23♓22	24♓28	25♓32	26♓34	27♓36	28♓35	29♓32	0♈28	1♈21	2♈13
/♃	22♊26	23♊30	24♊33	25♊36	26♊38	27♊39	28♊39	29♊39	0♋37	1♋33	2♋28	3♋22	4♋13	5♋03	5♋51
/♄	18♒09	19♒10	20♒11	21♒11	22♒10	23♒09	24♒06	25♒03	25♒58	26♒51	27♒43	28♒32	29♒21	0♓07	0♓51
/♅	24♈36	25♈40	26♈44	27♈48	28♈51	29♈53	0♉53	1♉53	2♉51	3♉48	4♉43	5♉37	6♉28	7♉18	8♉05
/♆	5♈35	6♈38	7♈42	8♈44	9♈46	10♈47	11♈47	12♈46	13♈43	14♈39	15♈33	16♈26	17♈16	18♈05	18♈52
/♇	8♓52	9♓55	10♓58	11♓59	13♓00	14♓01	14♓60	15♓58	16♓54	17♓49	18♓42	19♓34	20♓24	21♓12	21♓58
/☊	21♋05	22♋08	23♋11	24♋12	25♋12	26♋11	27♋09	28♋05	29♋01	29♋55	0♌48	1♌40	2♌31	3♌20	4♌07
♀/♂	23♉10	24♉07	25♉03	25♉60	26♉56	27♉52	28♉48	29♉45	0♊41	1♊37	2♊32	3♊28	4♊24	5♊19	6♊15
/⚳	4♈07	4♈48	5♈30	6♈11	6♈52	7♈33	8♈14	8♈55	9♈35	10♈16	10♈56	11♈36	12♈15	12♈55	13♈34
/♃	8♋52	9♋28	10♋04	10♋39	11♋15	11♋50	12♋26	13♋02	13♋37	14♋13	14♋49	15♋25	16♋00	16♋36	17♋12
/♄	4♍35	5♍08	5♍41	6♍14	6♍47	7♍20	7♍53	8♍26	8♍58	9♍31	10♍03	10♍36	11♍08	11♍40	12♍12
/♅	11♉02	11♉38	12♉15	12♉51	13♉28	14♉04	14♉40	15♉16	15♉52	16♉28	17♉04	17♉40	18♉15	18♉51	19♉27
/♆	22♈01	22♈37	23♈12	23♈48	24♈23	24♈58	25♈34	26♈09	26♈44	27♈19	27♈54	28♈29	29♈04	29♈38	0♉13
/♇	25♓19	25♓53	26♓28	27♓03	27♓37	28♓12	28♓46	29♓21	29♓55	0♈29	1♈03	1♈37	2♈11	2♈45	3♈19
/☊	7♌31	8♌07	8♌41	9♌16	9♌49	10♌22	10♌55	11♌28	12♌01	12♌35	13♌09	13♌43	14♌18	14♌53	15♌28
♂/⚳	22♓12	22♓41	23♓09	23♓38	24♓06	24♓34	25♓02	25♓30	25♓58	26♓26	26♓53	27♓21	27♓48	28♓15	28♓42
/♃	26♊58	27♊20	27♊43	28♊06	28♊29	28♊51	29♊14	29♊37	0♋00	0♋23	0♋47	1♋10	1♋33	1♋56	2♋20
/♄	22♒40	23♒01	23♒21	23♒41	24♒01	24♒21	24♒41	25♒01	25♒21	25♒41	26♒01	26♒21	26♒40	27♒00	27♒20
/♅	29♈07	29♈31	29♈54	0♉18	0♉41	1♉05	1♉28	1♉52	2♉15	2♉38	3♉02	3♉25	3♉48	4♉11	4♉34
/♆	10♈06	10♈29	10♈52	11♈14	11♈37	11♈60	12♈22	12♈44	13♈07	13♈29	13♈52	14♈14	14♈36	14♈59	15♈21
/♇	13♓24	13♓46	14♓08	14♓29	14♓51	15♓13	15♓35	15♓56	16♓18	16♓39	17♓01	17♓22	17♓44	18♓05	18♓26
/☊	25♋37	25♋59	26♋21	26♋42	27♋03	27♋24	27♋44	28♋04	28♋24	28♋45	29♋07	29♋28	29♋51	0♌13	0♌35
⚳/♃	7♏55	8♏02	8♏10	8♏17	8♏25	8♏32	8♏40	8♏48	8♏55	9♏02	9♏10	9♏17	9♏25	9♏32	9♏39
/♄	3♑37	3♑42	3♑48	3♑53	3♑58	4♑02	4♑07	4♑12	4♑16	4♑20	4♑24	4♑28	4♑32	4♑35	4♑39
/♅	10♓04	10♓13	10♓21	10♓30	10♓38	10♓46	10♓54	11♓02	11♓10	11♓17	11♓25	11♓32	11♓39	11♓47	11♓54
/♆	21♒03	21♒11	21♒18	21♒26	21♒33	21♒41	21♒48	21♒55	22♒02	22♒08	22♒15	22♒21	22♒28	22♒34	22♒40
/♇	24♑21	24♑28	24♑34	24♑41	24♑48	24♑54	25♑00	25♑06	25♑12	25♑18	25♑24	25♑30	25♑35	25♑40	25♑46
/☊	6♐34	6♐41	6♐48	6♐54	6♐59	7♐05	7♐09	7♐14	7♐19	7♐24	7♐30	7♐36	7♐42	7♐48	7♐55
♃/♄	8♎23	8♎22	8♎21	8♎21	8♎20	8♎19	8♎19	8♎18	8♎18	8♎18	8♎18	8♎17	8♎17	8♎17	8♎17
/♅	14♊50	14♊52	14♊55	14♊57	15♊00	15♊03	15♊06	15♊09	15♊12	15♊15	15♊18	15♊21	15♊25	15♊28	15♊32
/♆	25♉49	25♉51	25♉52	25♉54	25♉56	25♉58	25♉60	26♉02	26♉04	26♉06	26♉08	26♉11	26♉13	26♉15	26♉18
/♇	29♎07	29♎07	29♎08	29♎09	29♎10	29♎11	29♎12	29♎13	29♎15	29♎16	29♎17	29♎19	29♎20	29♎22	29♎24
/☊	11♍19	11♍20	11♍21	11♍22	11♍22	11♍22	11♍21	11♍21	11♍21	11♍22	11♍23	11♍25	11♍27	11♍30	11♍33
♄/♅	10♒32	10♒33	10♒33	10♒33	10♒33	10♒33	10♒33	10♒33	10♒33	10♒33	10♒32	10♒32	10♒32	10♒32	10♒31
/♆	21♑31	21♑31	21♑30	21♑29	21♑28	21♑28	21♑27	21♑26	21♑25	21♑24	21♑23	21♑21	21♑20	21♑19	21♑18
/♇	24♐49	24♐47	24♐46	24♐44	24♐43	24♐41	24♐39	24♐37	24♐36	24♐34	24♐32	24♐30	24♐28	24♐26	24♐24
/☊	7♏02	7♏01	6♏59	6♏57	6♏54	6♏52	6♏48	6♏45	6♏42	6♏40	6♏37	6♏36	6♏35	6♏34	6♏33
♅/♆	27♓58	28♓01	28♓04	28♓06	28♓09	28♓11	28♓14	28♓16	28♓18	28♓21	28♓23	28♓26	28♓28	28♓30	28♓33
/♇	1♓16	1♓18	1♓20	1♓21	1♓23	1♓24	1♓26	1♓28	1♓29	1♓31	1♓32	1♓34	1♓35	1♓37	1♓38
/☊	13♋29	13♋31	13♋33	13♋34	13♋35	13♋35	13♋35	13♋35	13♋36	13♋37	13♋38	13♋40	13♋42	13♋45	13♋47
♆/♇	12♒15	12♒16	12♒17	12♒18	12♒18	12♒19	12♒20	12♒21	12♒21	12♒22	12♒22	12♒23	12♒24	12♒24	12♒25
/☊	24♐28	24♐29	24♐30	24♐30	24♐30	24♐30	24♐29	24♐28	24♐28	24♐28	24♐28	24♐29	24♐31	24♐32	24♐34
♇/☊	27♏46	27♏46	27♏46	27♏45	27♏44	27♏43	27♏42	27♏40	27♏39	27♏38	27♏37	27♏37	27♏38	27♏39	27♏39

April 2015

May 2015

	1	2	3	4	5	6	7	8	9	10	11	12	13	14	15	16
☉/☽	22♋37	29♋06	5♌40	12♌20	19♒07	26♒00	3♓01	10♓08	17♓22	24♓42	2♈07	9♈38	17♈13	24♈53	2♉35	10♉18
/☿	20♉06	21♉17	22♉26	23♉32	24♉37	25♉39	26♉39	27♉36	28♉31	29♉24	0♊14	1♊02	1♊47	2♊30	3♊10	3♊48
/♀	1♊17	2♊20	3♊22	4♊25	5♊28	6♊30	7♊32	8♊35	9♊37	10♊39	11♊41	12♊42	13♊44	14♊46	15♊47	16♊48
/♂	16♉12	17♉03	17♉53	18♉44	19♉34	20♉25	21♉15	22♉06	22♉56	23♉46	24♉36	25♉27	26♉17	27♉07	27♉57	28♉47
/⚳	23♓15	23♓50	24♓24	24♓58	25♓31	26♓05	26♓39	27♓12	27♓45	28♓18	28♓51	29♓24	29♓56	0♈29	1♈01	1♈33
/♃	26♊50	27♊21	27♊52	28♊24	28♊55	29♊27	29♊58	0♋30	1♋01	1♋33	2♋05	2♋37	3♋08	3♋40	4♋12	4♋44
/♄	21♒46	22♒13	22♒40	23♒07	23♒34	24♒01	24♒28	24♒55	25♒22	25♒49	26♒16	26♒43	27♒09	27♒36	28♒03	28♒30
/♅	29♈04	29♈35	0♉06	0♉36	1♉07	1♉38	2♉08	2♉39	3♉09	3♉40	4♉10	4♉41	5♉11	5♉42	6♉12	6♉43
/♆	9♈50	10♈19	10♈49	11♈19	11♈49	12♈18	12♈48	13♈17	13♈47	14♈17	14♈46	15♈16	15♈45	16♈15	16♈44	17♈13
/♇	12♓54	13♓23	13♓52	14♓21	14♓50	15♓19	15♓47	16♓16	16♓45	17♓14	17♓42	18♓11	18♓40	19♓08	19♓37	20♓05
/☊	25♋04	25♋33	26♋02	26♋29	26♋56	27♋22	27♋48	28♋14	28♋41	29♋08	29♋37	0♌06	0♌35	1♌05	1♌34	2♌02
☽/☿	2♌24	9♌06	15♌50	22♌39	29♌32	6♓29	13♓32	20♓38	27♓49	5♈03	12♈21	19♈41	27♈04	4♉28	11♉53	19♉16
/♀	13♌35	20♌08	26♌47	3♍31	10♍23	17♍21	24♍25	1♈37	8♈55	16♈18	23♈47	1♉22	9♉01	16♉44	24♉30	2♊16
/♂	28♋31	4♌52	11♌18	17♌50	24♌29	1♓15	8♓08	15♓08	22♓14	29♓26	6♈43	14♈06	21♈34	29♈06	6♉40	14♉15
/⚳	5♐33	11♐38	17♐48	24♐04	0♑26	6♑56	13♑32	20♑14	27♑03	3♒58	10♒58	18♒03	25♒13	2♓27	9♓44	17♓01
/♃	9♍08	15♍10	21♍17	27♍30	3♎50	10♎17	16♎51	23♎32	0♏19	7♏12	14♉12	21♉16	28♉25	5♊39	12♊55	20♊12
/♄	4♏04	10♏02	16♏05	22♏14	28♏29	4♐52	11♐21	17♐58	24♐40	1♑29	8♑23	15♑22	22♑27	29♑35	6♒46	13♒57
/♅	11♋22	17♋24	23♑30	29♑43	6♒02	12♒28	19♒01	25♒41	2♓27	9♓19	16♓17	23♓21	0♈28	7♈40	14♈55	22♈10
/♆	22♐08	28♐08	4♑14	10♑25	16♑44	23♑09	29♑41	6♒20	13♒05	19♒56	26♒53	3♓55	11♓02	18♓13	25♓27	2♈41
/♇	25♏13	1♐12	7♐17	13♐28	19♐45	26♐09	2♑41	9♑19	16♑03	22♑53	29♑49	6♒50	13♒57	21♒07	28♒19	5♓33
/☊	7♎22	13♎22	19♎26	25♎35	1♏51	8♏13	14♏41	21♏16	27♏59	4♐48	11♐43	18♐45	25♐52	3♑03	10♋16	17♋30
☿/♀	11♊04	12♊19	13♊33	14♊44	15♊53	16♊59	18♊03	19♊05	20♊04	21♊00	21♊55	22♊46	23♊35	24♊21	25♊05	25♊46
/♂	25♉59	27♉03	28♉04	29♉03	29♉59	0♊54	1♊46	2♊36	3♊23	4♊08	4♊50	5♊30	6♊08	6♊43	7♊15	7♊45
/⚳	3♈02	3♈49	4♈34	5♈16	5♈56	6♈34	7♈09	7♈42	8♈12	8♈40	9♈05	9♈27	9♈47	10♈05	10♈19	10♈31
/♃	6♋37	7♋21	8♋03	8♋43	9♋20	9♋56	10♋29	10♋60	11♋28	11♋55	12♋19	12♋40	12♋59	13♋16	13♋31	13♋42
/♄	1♓33	2♓13	2♓50	3♍26	3♍59	4♍30	4♍59	5♍25	5♍49	6♍11	6♍30	6♍46	7♍01	7♍12	7♍21	7♍28
/♅	8♉51	9♉35	10♉16	10♉55	11♉32	12♉07	12♉39	13♉09	13♉36	14♉02	14♉24	14♉45	15♉02	15♉18	15♉31	15♉41
/♆	19♈37	20♈19	20♈59	21♈38	22♈14	22♈47	23♈19	23♈48	24♈14	24♈38	25♈00	25♈19	25♈36	25♈50	26♈02	26♈11
/♇	22♓41	23♓23	24♓03	24♓40	25♓15	25♓48	26♓18	26♓46	27♓12	27♓35	27♓56	28♓15	28♓31	28♓44	28♓55	29♓03
/☊	4♌51	5♌33	6♌12	6♌48	7♌21	7♌51	8♌19	8♌44	9♌08	9♌30	9♌50	10♌09	10♌26	10♌40	10♌52	11♌00
♀/♂	7♊10	8♊05	9♊00	9♊55	10♊50	11♊45	12♊40	13♊34	14♊29	15♊23	16♊17	17♊11	18♊05	18♊59	19♊52	20♊46
/⚳	14♈13	14♈52	15♈31	16♈09	16♈47	17♈25	18♈03	18♈40	19♈18	19♈55	20♈31	21♈08	21♈44	22♈20	22♈56	23♈32
/♃	17♋48	18♋24	18♋59	19♋35	20♋11	20♋47	21♋22	21♋58	22♋34	23♋10	23♋45	24♋21	24♋56	25♋32	26♋08	26♋43
/♄	12♍44	13♍15	13♍47	14♍19	14♍50	15♍21	15♍53	16♍24	16♍55	17♍26	17♍56	18♍27	18♍57	19♍28	19♍58	20♍28
/♅	20♉02	20♉37	21♉13	21♉48	22♉23	22♉58	23♉33	24♉07	24♉42	25♉17	25♉51	26♉25	26♉59	27♉34	28♉07	28♉41
/♆	0♉47	1♉22	1♉56	2♉30	3♉04	3♉38	4♉12	4♉46	5♉20	5♉53	6♉27	6♉60	7♉33	8♉06	8♉39	9♉12
/♇	3♈52	4♈26	4♈59	5♈32	6♈06	6♈39	7♈12	7♈45	8♈18	8♈50	9♈23	9♈55	10♈28	10♈60	11♈32	12♈04
/☊	16♌02	16♌36	17♌08	17♌40	18♌12	18♌42	19♌12	19♌43	20♌13	20♌45	21♌17	21♌50	22♌23	22♌56	23♌29	24♌01
♂/⚳	29♓09	29♓35	0♈02	0♈28	0♈54	1♈20	1♈46	2♈11	2♈37	3♈02	3♈27	3♈52	4♈17	4♈42	5♈06	5♈30
/♃	2♋43	3♋07	3♋30	3♋54	4♋18	4♋42	5♋05	5♋29	5♋53	6♋17	6♋41	7♋05	7♋29	7♋53	8♋18	8♋42
/♄	27♒39	27♒59	28♒18	28♒38	28♒57	29♒16	29♒36	29♒55	0♓14	0♓33	0♓52	1♓11	1♓30	1♓49	2♓08	2♍27
/♅	4♉57	5♉21	5♉44	6♉07	6♉30	6♉53	7♉15	7♉38	8♉01	8♉24	8♉47	9♉10	9♉32	9♉55	10♉18	10♉40
/♆	15♈43	16♈05	16♈27	16♈49	17♈11	17♈33	17♈55	18♈17	18♈39	19♈01	19♈22	19♈44	20♈06	20♈28	20♈49	21♈11
/♇	18♓48	19♓09	19♓30	19♓51	20♓13	20♓34	20♓55	21♓16	21♓37	21♓58	22♓19	22♓40	23♓00	23♓21	23♓42	24♓03
/☊	0♌57	1♌19	1♌39	1♌59	2♌18	2♌37	2♌55	3♌14	3♌33	3♌52	4♌13	4♌34	4♌56	5♌18	5♌39	5♌60
⚳/♃	9♏46	9♏53	10♏01	10♏08	10♏15	10♏22	10♏29	10♏35	10♏42	10♏49	10♏56	11♏02	11♏09	11♏15	11♏21	11♏28
/♄	4♑42	4♑45	4♑48	4♑51	4♑54	4♑56	4♑59	5♑01	5♑03	5♑05	5♑07	5♑08	5♑10	5♑11	5♑12	5♑13
/♅	12♓00	12♓07	12♓14	12♓20	12♓27	12♓33	12♓39	12♓45	12♓50	12♓56	13♓01	13♓07	13♓12	13♓17	13♓21	13♓26
/♆	22♒46	22♒52	22♒57	23♒03	23♒08	23♒13	23♒18	23♒23	23♒28	23♒33	23♒37	23♒41	23♒45	23♒49	23♒53	23♒57
/♇	25♑51	25♑56	26♑00	26♑05	26♑09	26♑14	26♑18	26♑22	26♑26	26♑30	26♑33	26♑37	26♑40	26♑43	26♑46	26♑48
/☊	8♐00	8♐05	8♐10	8♐13	8♐15	8♐17	8♐19	8♐20	8♐22	8♐24	8♐27	8♐31	8♐35	8♐39	8♐43	8♐45
♃/♄	8♎17	8♎17	8♎17	8♎17	8♎18	8♎18	8♎18	8♎19	8♎19	8♎20	8♎20	8♎21	8♎22	8♎23	8♎23	8♎24
/♅	15♊35	15♊39	15♊43	15♊46	15♊50	15♊54	15♊58	16♊02	16♊07	16♊11	16♊15	16♊19	16♊24	16♊28	16♊33	16♊37
/♆	26♉21	26♉23	26♉26	26♉29	26♉32	26♉35	26♉38	26♉41	26♉44	26♉47	26♉51	26♉54	26♉57	27♉01	27♉04	27♉08
/♇	29♎26	29♎27	29♎29	29♎31	29♎33	29♎35	29♎38	29♎40	29♎42	29♎44	29♎47	29♎49	29♎52	29♎55	29♎57	29♎60
/☊	11♍35	11♍37	11♍39	11♍39	11♍39	11♍39	11♍38	11♍38	11♍38	11♍39	11♍41	11♍44	11♍47	11♍51	11♍54	11♍57
♄/♅	10♒31	10♒31	10♒30	10♒30	10♒30	10♒29	10♒29	10♒28	10♒27	10♒27	10♒26	10♒26	10♒25	10♒24	10♒23	10♒23
/♆	21♑17	21♑15	21♑14	21♑12	21♑11	21♑10	21♑08	21♑07	21♑05	21♑03	21♑02	21♑00	20♑58	20♑57	20♑55	20♑53
/♇	24♐21	24♐19	24♐17	24♐15	24♐12	24♐10	24♐08	24♐05	24♐03	24♐00	23♐58	23♐56	23♐53	23♐50	23♐48	23♐45
/☊	6♏31	6♏29	6♏26	6♏23	6♏18	6♏13	6♏08	6♏03	5♏59	5♏55	5♏52	5♏50	5♏48	5♏47	5♏45	5♏42
♅/♆	28♓35	28♓37	28♓39	28♓42	28♓44	28♓46	28♓48	28♓50	28♓52	28♓54	28♓56	28♓58	29♓00	29♓02	29♓04	29♓06
/♇	1♓40	1♓41	1♓42	1♓44	1♓45	1♓46	1♓48	1♓49	1♓50	1♓51	1♓53	1♓54	1♓55	1♓56	1♓57	1♓58
/☊	13♋49	13♋51	13♋52	13♋52	13♋51	13♋50	13♋48	13♋47	13♋46	13♋46	13♋47	13♋48	13♋50	13♋52	13♋54	13♋55
♆/♇	12♒25	12♒26	12♒26	12♒26	12♒27	12♒27	12♒27	12♒28	12♒28	12♒28	12♒28	12♒28	12♒29	12♒29	12♒29	12♒29
/☊	24♐35	24♐35	24♐35	24♐34	24♐33	24♐30	24♐28	24♐26	24♐24	24♐23	24♐22	24♐23	24♐24	24♐25	24♐26	24♐26
♇/☊	27♏40	27♏39	27♏38	27♏36	27♏34	27♏31	27♏28	27♏24	27♏22	27♏20	27♏19	27♏18	27♏18	27♏19	27♏19	27♏18

	17	18	19	20	21	22	23	24	25	26	27	28	29	30	31
☉/☽	17♉59	25♉36	3♊06	10♊26	17♊36	24♊35	1♋23	8♋01	14♋32	20♋58	27♋22	3♌45	10♌11	16♌42	23♌20
/☿	4♊23	4♊56	5♊26	5♊54	6♊20	6♊43	7♊04	7♊24	7♊41	7♊57	8♊12	8♊25	8♊38	8♊50	9♊02
/♀	17♊50	18♊51	19♊52	20♊52	21♊53	22♊53	23♊54	24♊54	25♊54	26♊54	27♊54	28♊53	29♊52	0♋52	1♋51
/♂	29♉37	0♊27	1♊17	2♊07	2♊57	3♊47	4♊37	5♊27	6♊16	7♊06	7♊56	8♊45	9♊35	10♊25	11♊14
/⚳	2♈05	2♈37	3♈08	3♈40	4♈11	4♈42	5♈13	5♈43	6♈14	6♈44	7♈14	7♈44	8♈14	8♈44	9♈13
/♃	5♋17	5♋49	6♋21	6♋53	7♋26	7♋58	8♋31	9♋03	9♋36	10♋08	10♋41	11♋14	11♋47	12♋19	12♋52
/♄	28♒56	29♒23	29♒50	0♓17	0♓43	1♓10	1♓36	2♍03	2♍30	2♍56	3♍23	3♍49	4♍16	4♍43	5♍09
/♅	7♉13	7♉43	8♉14	8♉44	9♉14	9♉45	10♉15	10♉45	11♉15	11♉45	12♉16	12♉46	13♉16	13♉46	14♉16
/♆	17♈43	18♈12	18♈41	19♈11	19♈40	20♈09	20♈38	21♈07	21♈37	22♈06	22♈35	23♈04	23♈33	24♈02	24♈31
/♇	20♓34	21♓02	21♓31	21♓59	22♓28	22♓56	23♓24	23♓53	24♓21	24♓49	25♓18	25♓46	26♓14	26♓42	27♓11
/☊	2♌29	2♌56	3♌21	3♌46	4♌11	4♌36	5♌02	5♌29	5♌56	6♌25	6♌54	7♌23	7♌52	8♌20	8♌47
☽/☿	26♉34	3♊46	10♊48	17♊39	24♊17	0♋41	6♋53	12♋53	18♋44	24♋28	0♌08	5♌48	11♌29	17♌15	23♌07
/♀	10♊01	17♊41	25♊14	2♋37	9♋50	16♋52	23♋42	0♌23	6♌57	13♌25	19♌50	26♌16	2♍44	9♍16	15♍56
/♂	21♉48	29♉17	6♊39	13♊52	20♊54	27♊45	4♋25	10♋56	17♋19	23♋37	29♋52	6♌08	12♌26	18♌49	25♌19
/⚳	24♓16	1♈27	8♈30	15♈25	22♈08	28♈40	5♉01	11♏13	17♏17	23♏15	29♏11	5♐07	11♐05	17♐08	23♐18
/♃	27♊28	4♋39	11♋43	18♋38	25♋23	1♌56	8♌19	14♌32	20♌38	26♌39	2♍38	8♍36	14♍38	20♍44	26♍57
/♄	21♒08	28♒13	5♍12	12♍02	18♍40	25♍08	1♎25	7♎32	13♎32	19♎27	25♎19	1♏12	7♏07	13♏07	19♏14
/♅	29♈24	6♉34	13♉36	20♉29	27♉12	3♊43	10♊03	16♊14	22♊18	28♊16	4♋12	10♋08	16♋07	22♑10	28♑21
/♆	9♈54	17♈02	24♈04	0♉56	7♉37	14♉07	20♉27	26♉37	2♊39	8♊37	14♐31	20♐26	26♐24	2♑27	8♑36
/♇	12♓45	19♓52	26♓53	3♈44	10♈25	16♎54	23♎13	29♎22	5♏24	11♏20	17♏14	23♏08	29♏05	5♐07	11♐16
/☊	24♋41	1♌46	8♌43	15♌31	22♌08	28♌34	4♍50	10♍58	16♍59	22♍56	28♍51	4♎46	10♎43	16♎45	22♎52
☿/♀	26♊25	27♊01	27♊34	28♊05	28♊34	28♊60	29♊24	29♊45	0♋05	0♋23	0♋40	0♋56	1♋10	1♋24	1♋37
/♂	8♊13	8♊38	9♊00	9♊20	9♊38	9♊53	10♊07	10♊18	10♊28	10♊36	10♊42	10♊48	10♊53	10♊57	11♊01
/⚳	10♈40	10♈47	10♈51	10♈52	10♈52	10♈48	10♈43	10♈35	10♈25	10♈14	10♈01	9♈47	9♈32	9♈16	8♈60
/♃	13♋52	13♋59	14♋04	14♋06	14♋06	14♋04	14♋00	13♋55	13♋47	13♋38	13♋28	13♋16	13♋04	12♋52	12♋39
/♄	7♍32	7♍33	7♍33	7♍29	7♍24	7♍16	7♍06	6♍54	6♍41	6♍26	6♍09	5♍52	5♍34	5♍15	4♍56
/♅	15♉49	15♉54	15♉57	15♉57	15♉55	15♉51	15♉45	15♉37	15♉27	15♉15	15♉02	14♉48	14♉33	14♉18	14♉02
/♆	26♈18	26♈22	26♈24	26♈24	26♈21	26♈15	26♈08	25♈59	25♈48	25♈35	25♈21	25♈06	24♈51	24♈34	24♈17
/♇	29♓09	29♓13	29♓14	29♓12	29♓08	29♓02	28♓54	28♓44	28♓32	28♓19	28♓04	27♓49	27♓32	27♓15	26♓57
/☊	11♌05	11♌06	11♌04	10♌59	10♌51	10♌42	10♌31	10♌20	10♌08	9♌55	9♌41	9♌26	9♌10	8♌52	8♌34
♀/♂	21♊39	22♊32	23♊25	24♊18	25♊11	26♊04	26♊56	27♊48	28♊41	29♊33	0♋24	1♋16	2♋07	2♋58	3♋49
/⚳	24♈07	24♈42	25♈16	25♈51	26♈25	26♈59	27♈32	28♈05	28♈38	29♈11	29♈43	0♉15	0♉46	1♉18	1♉48
/♃	27♋18	27♋54	28♋29	29♋05	29♋40	0♌15	0♌50	1♌25	1♌60	2♌35	3♌10	3♌44	4♌19	4♌53	5♌28
/♄	20♍58	21♍28	21♍58	22♍28	22♍57	23♍27	23♍56	24♍25	24♍54	25♍23	25♍51	26♍20	26♍48	27♍16	27♍44
/♅	29♉15	29♉49	0♊22	0♊55	1♊28	2♊01	2♊34	3♊07	3♊40	4♊12	4♊44	5♊16	5♊48	6♊20	6♊51
/♆	9♉45	10♉17	10♉50	11♉22	11♉54	12♉26	12♉58	13♉29	14♉01	14♉32	15♉03	15♉34	16♉05	16♉36	17♉06
/♇	12♈36	13♈07	13♈39	14♈10	14♈42	15♈13	15♎44	16♎15	16♎45	17♎16	17♎46	18♎16	18♎46	19♎16	19♎46
/☊	24♌31	25♌01	25♌29	25♌57	26♌25	26♌53	27♌21	27♌50	28♌21	28♌51	29♌23	29♌54	0♍24	0♍54	1♍23
♂/⚳	5♈54	6♈18	6♈42	7♈06	7♈29	7♈52	8♈15	8♈38	9♈01	9♈23	9♈45	10♈07	10♈29	10♈51	11♈12
/♃	9♋06	9♋31	9♋55	10♋19	10♋44	11♋08	11♋33	11♋58	12♋22	12♋47	13♋12	13♋36	14♋01	14♋26	14♋51
/♄	2♍46	3♍05	3♍24	3♍43	4♍01	4♍20	4♍39	4♍58	5♍16	5♍35	5♍54	6♍12	6♍31	6♍49	7♍08
/♅	11♉03	11♉25	11♉48	12♉10	12♉33	12♉55	13♉17	13♉40	14♉02	14♉24	14♉46	15♉08	15♉31	15♉53	16♉15
/♆	21♈32	21♈54	22♈15	22♈37	22♈58	23♈19	23♈41	24♈02	24♈23	24♈44	25♈06	25♈27	25♈48	26♈09	26♈30
/♇	24♓23	24♓44	25♓05	25♓25	25♓46	26♓06	26♓27	26♓47	27♓08	27♓28	27♓48	28♓09	28♓29	28♓49	29♓09
/☊	6♌19	6♌38	6♌55	7♌12	7♌29	7♌46	8♌04	8♌23	8♌43	9♌04	9♌25	9♌46	10♌07	10♌27	10♌46
⚳/♃	11♏34	11♏40	11♏46	11♏52	11♏58	12♏03	12♏09	12♏15	12♏20	12♏25	12♏30	12♏36	12♏41	12♏45	12♏50
/♄	5♑14	5♑14	5♑15	5♑15	5♑15	5♑15	5♑15	5♑14	5♑14	5♑13	5♑12	5♑11	5♑10	5♑09	5♑07
/♅	13♓30	13♓35	13♓39	13♓43	13♓46	13♓50	13♓53	13♓56	13♓60	14♓02	14♓05	14♓07	14♓10	14♓12	14♓14
/♆	23♒60	24♒03	24♒06	24♒09	24♒12	24♒14	24♒17	24♒19	24♒21	24♒23	24♒24	24♒26	24♒27	24♒28	24♒29
/♇	26♑51	26♑53	26♑56	26♑58	26♑60	27♑01	27♑03	27♑04	27♑05	27♑06	27♑07	27♑08	27♑08	27♑08	27♑09
/☊	8♐47	8♐47	8♐46	8♐44	8♐43	8♐41	8♐40	8♐40	8♐41	8♐42	8♐44	8♐45	8♐46	8♐46	8♐45
♃/♄	8♎25	8♎26	8♎28	8♎29	8♎30	8♎31	8♎33	8♎34	8♎36	8♎37	8♎39	8♎41	8♎42	8♎44	8♎46
/♅	16♊42	16♊47	16♊52	16♊56	17♊01	17♊06	17♊11	17♊16	17♊21	17♊26	17♊32	17♊37	17♊42	17♊47	17♊53
/♆	27♉12	27♉15	27♉19	27♉23	27♉27	27♉31	27♉35	27♉39	27♉43	27♉47	27♉51	27♉55	27♉59	28♉04	28♉08
/♇	0♏03	0♏06	0♏08	0♏11	0♏14	0♏18	0♏21	0♏24	0♏27	0♏30	0♏34	0♏37	0♏41	0♏44	0♏48
/☊	11♍58	11♍59	11♍59	11♍58	11♍57	11♍57	11♍58	11♍60	12♍02	12♍06	12♍10	12♍15	12♍19	12♍22	12♍24
♄/♅	10♒22	10♒21	10♒20	10♒20	10♒19	10♒18	10♒17	10♒16	10♒15	10♒14	10♒13	10♒12	10♒11	10♒11	10♒10
/♆	20♑52	20♑50	20♑48	20♑46	20♑44	20♑42	20♑40	20♑38	20♑37	20♑35	20♑33	20♑31	20♑29	20♑27	20♑25
/♇	23♐43	23♐40	23♐37	23♐35	23♐32	23♐29	23♐27	23♐24	23♐21	23♐18	23♐16	23♐13	23♐10	23♐07	23♐04
/☊	5♏38	5♏33	5♏28	5♏21	5♏15	5♏09	5♏04	4♏59	4♏56	4♏54	4♏52	4♏50	4♏48	4♏45	4♏41
♅/♆	29♓08	29♓10	29♓12	29♓14	29♓15	29♓17	29♓19	29♓21	29♓22	29♓24	29♓25	29♓27	29♓28	29♓30	29♓31
/♇	1♓59	2♓00	2♓01	2♓02	2♓03	2♓04	2♓05	2♓06	2♓07	2♓07	2♓08	2♓09	2♓10	2♓10	2♓11
/☊	13♋55	13♋54	13♋52	13♋49	13♋46	13♋44	13♋42	13♋42	13♋42	13♋43	13♋45	13♋46	13♋48	13♋48	13♋48
♆/♇	12♒29	12♒29	12♒29	12♒29	12♒29	12♒29	12♒28	12♒28	12♒28	12♒28	12♒28	12♒27	12♒27	12♒27	12♒26
/☊	24♐25	24♐22	24♐19	24♐15	24♐12	24♐08	24♐06	24♐04	24♐03	24♐03	24♐04	24♐05	24♐05	24♐04	24♐03
♇/☊	27♏16	27♏13	27♏09	27♏04	26♏59	26♏55	26♏52	26♏49	26♏48	26♏47	26♏47	26♏47	26♏46	26♏45	26♏43

May 2015

June 2015

	1	2	3	4	5	6	7	8	9	10	11	12	13	14	15
☉/☽	0♍07	7♍02	14♓06	21♓18	28♓37	6♈02	13♈30	21♈01	28♈33	6♉06	13♉39	21♉11	28♉41	6♊10	13♊34
/☿	9♊14	9♊26	9♊39	9♊53	10♊07	10♊24	10♊41	11♊01	11♊22	11♊46	12♊11	12♊39	13♊09	13♊41	14♊16
/♀	2♋49	3♋48	4♋46	5♋44	6♋42	7♋40	8♋38	9♋35	10♋32	11♋29	12♋25	13♋22	14♋18	15♋14	16♋09
/♂	12♊04	12♊53	13♊43	14♊32	15♊21	16♊11	16♊60	17♊49	18♊39	19♊28	20♊17	21♊06	21♊55	22♊45	23♊34
/⚳	9♈42	10♈11	10♈40	11♈09	11♈37	12♈06	12♈34	13♈02	13♈30	13♈57	14♈24	14♈52	15♈19	15♈45	16♈12
/♃	13♋25	13♋58	14♋31	15♋04	15♋37	16♋10	16♋44	17♋17	17♋50	18♋24	18♋57	19♋30	20♋04	20♋37	21♋11
/♄	5♍36	6♍02	6♍29	6♍55	7♍22	7♍48	8♍15	8♍42	9♍08	9♍35	10♍02	10♍28	10♍55	11♍22	11♍48
/♅	14♉46	15♉16	15♉46	16♉16	16♉45	17♉15	17♉45	18♉15	18♉45	19♉14	19♉44	20♉14	20♉44	21♉13	21♉43
/♆	24♈60	25♈29	25♈58	26♈27	26♈55	27♈24	27♈53	28♈22	28♈51	29♈19	29♈48	0♉17	0♉45	1♉14	1♉43
/♇	27♓39	28♓07	28♓35	29♓03	29♓31	29♓59	0♈28	0♈56	1♈24	1♈52	2♈20	2♈48	3♈16	3♈44	4♈12
/☊	9♌13	9♌38	10♌01	10♌25	10♌48	11♌13	11♌38	12♌05	12♌33	13♌01	13♌30	13♌58	14♌26	14♌52	15♌17
☽/☿	29♌08	5♍17	11♓37	18♓05	24♓42	1♈26	8♈14	15♈07	22♈04	29♈02	6♉03	13♉05	20♉09	27♉12	4♊13
/♀	22♍43	29♍39	6♎44	13♎57	21♎17	28♎42	6♉11	13♉41	21♉13	28♉45	6♊17	13♊48	21♊18	28♊44	6♋07
/♂	1♍57	8♍44	15♓41	22♓45	29♓56	7♈13	14♈33	21♈56	29♈20	6♉44	14♉09	21♉33	28♉55	6♊15	13♊31
/⚳	29♐36	6♑03	12♑38	19♑22	26♑12	3♒08	10♒07	17♒08	24♒11	1♓14	8♓16	15♓18	22♓18	29♓16	6♈10
/♃	3♎19	9♎50	16♎29	23♎17	0♏12	7♏12	14♏17	21♉23	28♉31	5♊40	12♊49	19♊57	27♊04	4♋08	11♋09
/♄	25♏29	1♐54	8♐27	15♐08	21♐57	28♐50	5♑48	12♑48	19♑49	26♑51	3♒53	10♒55	17♒55	24♒52	1♍46
/♅	4♒40	11♒07	17♒44	24♒28	1♓20	8♓17	15♓18	22♓21	29♓26	6♈31	13♈36	20♈40	27♈43	4♉44	11♉40
/♆	14♑54	21♑20	27♑56	4♒39	11♒30	18♒26	25♒26	2♓28	9♓32	16♓36	23♓40	0♈43	7♈45	14♈45	21♈40
/♇	17♐33	23♐58	0♑33	7♑16	14♑06	21♑01	28♑01	5♒02	12♒05	19♒08	26♒11	3♓14	10♓16	17♓14	24♓09
/☊	29♎07	5♏29	11♏59	18♏38	25♏23	2♐15	9♐11	16♐11	23♐14	0♑18	7♋22	14♋25	21♋26	28♋22	5♌14
☿/♀	1♋50	2♋04	2♋17	2♋32	2♋47	3♋04	3♋22	3♋41	4♋02	4♋25	4♋50	5♋16	5♋45	6♋16	6♋48
/♂	11♊05	11♊09	11♊14	11♊19	11♊26	11♊34	11♊44	11♊55	12♊09	12♊24	12♊41	13♊01	13♊23	13♊47	14♊13
/⚳	8♈43	8♈27	8♈11	7♈56	7♈42	7♈29	7♈18	7♈08	6♈60	6♈53	6♈49	6♈46	6♈46	6♈48	6♈51
/♃	12♋26	12♋14	12♋02	11♋52	11♋42	11♋34	11♋28	11♋23	11♋20	11♋20	11♋21	11♋25	11♋31	11♋39	11♋50
/♄	4♍37	4♍18	3♍60	3♍43	3♍27	3♍12	2♍59	2♍48	2♍38	2♍31	2♍26	2♍23	2♍22	2♍24	2♍28
/♅	13♉47	13♉31	13♉17	13♉03	12♉50	12♉39	12♉29	12♉21	12♉15	12♉11	12♉09	12♉09	12♉11	12♉15	12♉22
/♆	24♈01	23♈45	23♈29	23♈14	23♈00	22♈48	22♈37	22♈28	22♈21	22♈16	22♈12	22♈11	22♈13	22♈16	22♈22
/♇	26♓40	26♓23	26♓06	25♓51	25♓36	25♓23	25♓12	25♓02	24♓54	24♓48	24♓44	24♓42	24♓43	24♓46	24♓51
/☊	8♌14	7♌53	7♌32	7♌12	6♌53	6♌36	6♌22	6♌11	6♌03	5♌57	5♌54	5♌53	5♌53	5♌54	5♌56
♀/♂	4♋40	5♋31	6♋21	7♋11	8♋01	8♋51	9♋40	10♋29	11♋18	12♋07	12♋55	13♋44	14♋31	15♋19	16♋06
/⚳	2♉19	2♉49	3♉19	3♉48	4♉17	4♉46	5♉14	5♉42	6♉09	6♉36	7♉03	7♉29	7♉55	8♉20	8♉45
/♃	6♌02	6♌36	7♌10	7♌43	8♌17	8♌51	9♌24	9♌57	10♌30	11♌03	11♌35	12♌08	12♌40	13♌12	13♌44
/♄	28♍12	28♍40	29♍07	29♍35	0♎02	0♎29	0♎55	1♎22	1♎48	2♎14	2♎40	3♎06	3♎31	3♎56	4♎21
/♅	7♊22	7♊53	8♊24	8♊55	9♊25	9♊55	10♊25	10♊55	11♊24	11♊54	12♊23	12♊51	13♊20	13♊48	14♊16
/♆	17♉36	18♉06	18♉36	19♉06	19♉35	20♉04	20♉33	21♉02	21♉30	21♉59	22♉26	22♉54	23♉21	23♉49	24♉15
/♇	20♎15	20♎45	21♎14	21♎43	22♎11	22♎40	23♎08	23♎36	24♎04	24♎31	24♎58	25♎25	25♎52	26♎18	26♎44
/☊	1♍50	2♍15	2♍40	3♍04	3♍28	3♍53	4♍18	4♍45	5♍13	5♍41	6♍09	6♍36	7♍02	7♍26	7♍49
♂/⚳	11♈33	11♈54	12♈15	12♈36	12♈56	13♈16	13♈36	13♈56	14♈16	14♈35	14♈54	15♈13	15♈32	15♈51	16♈09
/♃	15♋16	15♋41	16♋06	16♋31	16♋56	17♋21	17♋46	18♋11	18♋36	19♋02	19♋27	19♋52	20♋17	20♋43	21♋08
/♄	7♍26	7♍45	8♍04	8♍22	8♍41	8♍59	9♍18	9♍36	9♍55	10♍13	10♍32	10♍50	11♍09	11♍27	11♍45
/♅	16♉37	16♉59	17♉20	17♉42	18♉04	18♉26	18♉48	19♉09	19♉31	19♉53	20♉14	20♉36	20♉57	21♉19	21♉40
/♆	26♈51	27♈12	27♈32	27♈53	28♈14	28♈35	28♈56	29♈16	29♈37	29♈57	0♉18	0♉39	0♉59	1♉19	1♉40
/♇	29♓30	29♓50	0♈10	0♈30	0♈50	1♈10	1♈30	1♈50	2♈10	2♈30	2♈50	3♈10	3♈29	3♈49	4♈09
/☊	11♌04	11♌20	11♌36	11♌51	12♌07	12♌23	12♌41	12♌59	13♌19	13♌39	14♌00	14♌20	14♌39	14♌57	15♌14
⚳/♃	12♏55	12♏59	13♏04	13♏08	13♏12	13♏16	13♏20	13♏24	13♏27	13♏31	13♏34	13♏38	13♏41	13♏44	13♏47
/♄	5♑05	5♑03	5♑01	4♑59	4♑57	4♑54	4♑51	4♑49	4♑46	4♑42	4♑39	4♑35	4♑32	4♑28	4♑24
/♅	14♓15	14♓17	14♓18	14♓19	14♓20	14♓21	14♓21	14♓22	14♓22	14♓22	14♓22	14♓21	14♓20	14♓20	14♓19
/♆	24♒29	24♒30	24♒30	24♒30	24♒30	24♒30	24♒29	24♒29	24♒28	24♒27	24♒25	24♒24	24♒22	24♒20	24♒18
/♇	27♑08	27♑08	27♑08	27♑07	27♑06	27♑05	27♑04	27♑03	27♑01	26♑59	26♑57	26♑55	26♑53	26♑50	26♑47
/☊	8♐43	8♐39	8♐34	8♐29	8♐23	8♐18	8♐15	8♐12	8♐10	8♐09	8♐08	8♐06	8♐03	7♐58	7♐52
♃/♄	8♎48	8♎50	8♎52	8♎54	8♎57	8♎59	9♎01	9♎04	9♎06	9♎09	9♎11	9♎14	9♎17	9♎20	9♎23
/♅	17♊58	18♊04	18♊09	18♊15	18♊20	18♊26	18♊31	18♊37	18♊43	18♊48	18♊54	18♊60	19♊06	19♊11	19♊17
/♆	28♉12	28♉17	28♉21	28♉26	28♉30	28♉35	28♉39	28♉44	28♉48	28♉53	28♉58	29♉03	29♉07	29♉12	29♉17
/♇	0♏51	0♏55	0♏59	1♏02	1♏06	1♏10	1♏14	1♏18	1♏22	1♏26	1♏30	1♏34	1♏38	1♏42	1♏46
/☊	12♍25	12♍25	12♍25	12♍24	12♍23	12♍23	12♍24	12♍27	12♍31	12♍35	12♍40	12♍44	12♍48	12♍50	12♍51
♄/♅	10♒09	10♒08	10♒07	10♒06	10♒05	10♒04	10♒03	10♒02	10♒01	9♒60	9♒59	9♒58	9♒57	9♒56	9♒55
/♆	20♑23	20♑21	20♑19	20♑17	20♑15	20♑13	20♑11	20♑09	20♑07	20♑05	20♑03	20♑01	19♑59	19♑57	19♑55
/♇	23♐02	22♐59	22♐56	22♐53	22♐51	22♐48	22♐45	22♐42	22♐40	22♐37	22♐34	22♐32	22♐29	22♐26	22♐24
/☊	4♏36	4♏29	4♏22	4♏15	4♏08	4♏01	3♏56	3♏52	3♏49	3♏47	3♏45	3♏42	3♏39	3♏34	3♏28
♅/♆	29♓33	29♓34	29♓36	29♓37	29♓38	29♓39	29♓41	29♓42	29♓43	29♓44	29♓45	29♓46	29♓47	29♓48	29♓49
/♇	2♓12	2♓12	2♓13	2♓14	2♓14	2♓15	2♓15	2♓16	2♓16	2♓17	2♓17	2♓17	2♓18	2♓18	2♓18
/☊	13♋46	13♋43	13♋39	13♋35	13♋31	13♋28	13♋26	13♋25	13♋25	13♋26	13♋27	13♋28	13♋28	13♋26	13♋23
♆/♇	12♒26	12♒26	12♒25	12♒25	12♒24	12♒24	12♒23	12♒23	12♒22	12♒21	12♒21	12♒20	12♒19	12♒19	12♒18
/☊	24♐00	23♐56	23♐51	23♐46	23♐41	23♐37	23♐34	23♐32	23♐31	23♐31	23♐31	23♐31	23♐29	23♐27	23♐23
♇/☊	26♏39	26♏34	26♏29	26♏23	26♏17	26♏12	26♏08	26♏06	26♏04	26♏03	26♏03	26♏02	25♏60	25♏57	25♏52

	16	17	18	19	20	21	22	23	24	25	26	27	28	29	30
☉/☽	20♊53	28♊04	5♋08	12♋02	18♋47	25♋24	1♌54	8♌19	14♌42	21♌05	27♌32	4♍04	10♍44	17♍35	24♍36
/☿	14♊52	15♊31	16♊13	16♊56	17♊42	18♊30	19♊20	20♊12	21♊06	22♊02	23♊00	24♊00	25♊02	26♊06	27♊12
/♀	17♋04	17♋59	18♋54	19♋48	20♋42	21♋35	22♋29	23♋21	24♋14	25♋06	25♋57	26♋49	27♋39	28♋29	29♋19
/♂	24♊23	25♊12	26♊01	26♊50	27♊39	28♊28	29♊17	0♋06	0♋55	1♋43	2♋32	3♋21	4♋10	4♋59	5♋47
/⚳	16♈39	17♈05	17♈31	17♈57	18♈22	18♈48	19♈13	19♈39	20♈04	20♈28	20♈53	21♈18	21♈42	22♈06	22♈30
/♃	21♋45	22♋18	22♋52	23♋26	23♋59	24♋33	25♋07	25♋41	26♋15	26♋49	27♋23	27♋57	28♋31	29♋05	29♋39
/♄	12♍15	12♍42	13♍09	13♍35	14♍02	14♍29	14♍56	15♍23	15♍50	16♍17	16♍44	17♍11	17♍38	18♍05	18♍32
/♅	22♉12	22♉42	23♉12	23♉41	24♉11	24♉40	25♉10	25♉39	26♉08	26♉38	27♉07	27♉36	28♉06	28♉35	29♉04
/♆	2♉11	2♉40	3♉08	3♉37	4♉06	4♉34	5♉03	5♉31	5♉59	6♉28	6♉56	7♉25	7♉53	8♉21	8♉50
/♇	4♈40	5♈08	5♈36	6♈04	6♈32	6♈60	7♈27	7♈55	8♈23	8♈51	9♈19	9♈47	10♈15	10♈43	11♈10
/☊	15♌40	16♌03	16♌25	16♌48	17♌12	17♌37	18♌04	18♌31	18♌59	19♌28	19♌56	20♌24	20♌50	21♌16	21♌40
☽/☿	11♊11	18♊05	24♊52	1♋32	8♋06	14♋33	20♋56	27♋16	3♌36	9♌58	16♌25	23♌01	29♌46	6♍43	13♍53
/♀	13♋23	20♋32	27♋33	4♌24	11♌06	17♌39	24♌05	0♍26	6♍44	13♍02	19♍23	25♍49	2♎23	9♎06	15♎60
/♂	20♊42	27♊45	4♋40	11♋26	18♋03	24♋31	0♌53	7♌10	13♌24	19♌39	25♌58	2♍21	8♍53	15♍35	22♍28
/⚳	12♈58	19♈38	26♈10	2♉33	8♏46	14♏51	20♏49	26♏43	2♐34	8♐24	14♐18	20♐18	26♐25	2♑43	9♑11
/♃	18♋04	24♋52	1♌31	8♌02	14♌23	20♌37	26♌43	2♍45	8♍45	14♍45	20♍48	26♍57	3♎14	9♎41	16♎20
/♄	8♍34	15♍15	21♍48	28♍11	4♎26	10♎32	16♎32	22♎27	28♎20	4♏13	10♏09	16♏11	22♏21	28♏41	5♐12
/♅	18♉31	25♉15	1♊51	8♊17	14♊34	20♊43	26♊46	2♋43	8♋38	14♋34	20♑32	26♑37	2♒49	9♒11	15♒45
/♆	28♈30	5♉13	11♉48	18♉13	24♉29	0♊37	6♊39	12♐35	18♐29	24♐24	0♑22	6♑25	12♑36	18♑58	25♑30
/♇	0♈59	7♈41	14♈15	20♎40	26♎55	3♏03	9♏04	14♏59	20♏53	26♏47	2♐44	8♐47	14♐58	21♐19	27♐51
/☊	11♌59	18♌36	25♌05	1♍24	7♍36	13♍40	19♍40	25♍35	1♎29	7♎24	13♎22	19♎24	25♎34	1♏52	8♏20
☿/♀	7♋23	7♋60	8♋38	9♋19	10♋01	10♋45	11♋31	12♋18	13♋08	13♋59	14♋51	15♋45	16♋41	17♋38	18♋36
/♂	14♊41	15♊12	15♊45	16♊20	16♊58	17♊37	18♊19	19♊03	19♊48	20♊36	21♊26	22♊18	23♊11	24♊07	25♊04
/⚳	6♈57	7♈05	7♈15	7♈27	7♈41	7♈57	8♈16	8♈36	8♈57	9♈21	9♈47	10♈14	10♈44	11♈15	11♈47
/♃	12♋03	12♋19	12♋36	12♋56	13♋18	13♋43	14♋09	14♋38	15♋09	15♋42	16♋16	16♋53	17♋32	18♋13	18♋56
/♄	2♍34	2♍42	2♍53	3♍06	3♍21	3♍38	3♍58	4♍20	4♍44	5♍09	5♍37	6♍07	6♍39	7♍13	7♍49
/♅	12♉31	12♉42	12♉56	13♉12	13♉30	13♉50	14♉12	14♉36	15♉02	15♉31	16♉01	16♉33	17♉07	17♉43	18♉21
/♆	22♈30	22♈40	22♈53	23♈08	23♈24	23♈44	24♈05	24♈28	24♈53	25♈21	25♈50	26♈21	26♈55	27♈30	28♈07
/♇	24♓58	25♓08	25♓20	25♓34	25♓50	26♓09	26♓30	26♓52	27♓17	27♓44	28♓13	28♓44	29♓16	29♓51	0♈27
/☊	5♌59	6♌03	6♌10	6♌19	6♌31	6♌47	7♌06	7♌28	7♌53	8♌21	8♌50	9♌21	9♌52	10♌24	10♌57
♀/♂	16♋53	17♋40	18♋26	19♋12	19♋58	20♋43	21♋28	22♋12	22♋56	23♋40	24♋23	25♋06	25♋48	26♋30	27♋11
/⚳	9♏09	9♏33	9♏56	10♏19	10♏41	11♏03	11♏25	11♏45	12♏05	12♏25	12♏44	13♏03	13♏20	13♏38	13♏54
/♃	14♌15	14♌46	15♌17	15♌48	16♌18	16♌48	17♌18	17♌48	18♌17	18♌45	19♌14	19♌42	20♌09	20♌36	21♌03
/♄	4♎46	5♎10	5♎34	5♎58	6♎21	6♎44	7♎07	7♎29	7♎52	8♎13	8♎35	8♎55	9♎16	9♎36	9♎56
/♅	14♊43	15♊10	15♊37	16♊03	16♊30	16♊55	17♊21	17♊46	18♊10	18♊34	18♊58	19♊21	19♊44	20♊06	20♊28
/♆	24♉42	25♉08	25♉34	25♉59	26♉24	26♉49	27♉14	27♉38	28♉01	28♉25	28♉47	29♉10	29♉31	29♉53	0♊14
/♇	27♎10	27♎36	28♎01	28♎26	28♎51	29♎15	29♎39	0♏02	0♏25	0♏48	1♏10	1♏32	1♏53	2♏14	2♏34
/☊	8♍11	8♍31	8♍51	9♍11	9♍31	9♍52	10♍15	10♍38	11♍01	11♍25	11♍47	12♍09	12♍29	12♍47	13♍04
♂/⚳	16♈28	16♈46	17♈03	17♈21	17♈38	17♈56	18♈13	18♈29	18♈46	19♈03	19♈19	19♈35	19♈51	20♈07	20♈22
/♃	21♋34	21♋59	22♋24	22♋50	23♋15	23♋41	24♋06	24♋32	24♋57	25♋23	25♋49	26♋14	26♋40	27♋05	27♋31
/♄	12♍04	12♍22	12♍41	12♍60	13♍18	13♍37	13♍55	14♍14	14♍32	14♍51	15♍09	15♍28	15♍47	16♍05	16♍24
/♅	22♉01	22♉23	22♉44	23♉05	23♉27	23♉48	24♉09	24♉30	24♉51	25♉12	25♉33	25♉54	26♉15	26♉36	26♉56
/♆	2♉00	2♉21	2♉41	3♉01	3♉21	3♉42	4♉02	4♉22	4♉42	5♉02	5♉22	5♉42	6♉02	6♉22	6♉42
/♇	4♈29	4♈48	5♈08	5♈28	5♈47	6♈07	6♈27	6♈46	7♈06	7♈25	7♈45	8♈04	8♈24	8♈43	9♈03
/☊	15♌29	15♌44	15♌58	16♌12	16♌28	16♌45	17♌03	17♌22	17♌42	18♌02	18♌22	18♌41	18♌59	19♌16	19♌32
⚳/♃	13♏49	13♏52	13♏54	13♏57	13♏59	14♏01	14♏03	14♏05	14♏06	14♏08	14♏09	14♏11	14♏12	14♏13	14♏14
/♄	4♑20	4♑15	4♑11	4♑06	4♑02	3♑57	3♑52	3♑47	3♑41	3♑36	3♑30	3♑25	3♑19	3♑13	3♑07
/♅	14♓17	14♓16	14♓14	14♓12	14♓10	14♓08	14♓05	14♓03	13♓60	13♓57	13♓54	13♓50	13♓47	13♓43	13♓39
/♆	24♒16	24♒14	24♒11	24♒08	24♒05	24♒02	23♒58	23♒55	23♒51	23♒47	23♒43	23♒39	23♒34	23♒29	23♒25
/♇	26♑45	26♑41	26♑38	26♑35	26♑31	26♑27	26♑23	26♑19	26♑15	26♑10	26♑06	26♑01	25♑56	25♑51	25♑45
/☊	7♐45	7♐37	7♐28	7♐19	7♐12	7♐05	6♐59	6♐55	6♐51	6♐47	6♐43	6♐38	6♐32	6♐24	6♐15
♃/♄	9♎26	9♎29	9♎32	9♎35	9♎39	9♎42	9♎45	9♎49	9♎52	9♎56	9♎60	10♎04	10♎08	10♎11	10♎15
/♅	19♊23	19♊29	19♊35	19♊41	19♊47	19♊53	19♊59	20♊05	20♊11	20♊17	20♊23	20♊30	20♊36	20♊42	20♊48
/♆	29♉22	29♉27	29♉32	29♉37	29♉42	29♉47	29♉52	29♉57	0♊02	0♊07	0♊13	0♊18	0♊23	0♊28	0♊33
/♇	1♏51	1♏55	1♏59	2♏04	2♏08	2♏12	2♏17	2♏21	2♏26	2♏31	2♏35	2♏40	2♏45	2♏49	2♏54
/☊	12♍51	12♍50	12♍49	12♍48	12♍49	12♍50	12♍53	12♍57	13♍02	13♍07	13♍13	13♍17	13♍20	13♍23	13♍23
♄/♅	9♒54	9♒53	9♒52	9♒51	9♒50	9♒49	9♒48	9♒47	9♒46	9♒45	9♒44	9♒43	9♒42	9♒42	9♒41
/♆	19♑53	19♑51	19♑49	19♑47	19♑45	19♑43	19♑41	19♑39	19♑37	19♑35	19♑33	19♑32	19♑30	19♑28	19♑26
/♇	22♐21	22♐18	22♐16	22♐13	22♐11	22♐08	22♐06	22♐03	22♐01	21♐58	21♐56	21♐54	21♐51	21♐49	21♐47
/☊	3♏21	3♏13	3♏05	2♏58	2♏51	2♏46	2♏42	2♏39	2♏37	2♏35	2♏33	2♏31	2♏27	2♏22	2♏16
♅/♆	29♓50	29♓51	29♓52	29♓52	29♓53	29♓54	29♓55	29♓55	29♓56	29♓56	29♓57	29♓57	29♓58	29♓58	29♓59
/♇	2♓18	2♓19	2♓19	2♓19	2♓19	2♓19	2♓20	2♓20	2♓20	2♓20	2♓20	2♓20	2♓20	2♓20	2♓19
/☊	13♋19	13♋14	13♋09	13♋04	12♋60	12♋57	12♋56	12♋55	12♋56	12♋56	12♋57	12♋57	12♋55	12♋53	12♋49
♆/♇	12♒17	12♒17	12♒16	12♒15	12♒14	12♒13	12♒12	12♒12	12♒11	12♒10	12♒09	12♒08	12♒07	12♒06	12♒05
/☊	23♐18	23♐12	23♐05	22♐60	22♐55	22♐51	22♐49	22♐47	22♐47	22♐46	22♐46	22♐45	22♐43	22♐39	22♐34
♇/☊	25♏46	25♏39	25♏33	25♏26	25♏21	25♏16	25♏13	25♏12	25♏11	25♏10	25♏09	25♏07	25♏04	25♏00	24♏55

June 2015

July 2015

	1	2	3	4	5	6	7	8	9	10	11	12	13	14	15	16
☉/☽	1♎49	9♎12	16♈43	24♈21	2♉01	9♉42	17♉21	24♉57	2♊29	9♊56	17♊18	24♊36	1♋48	8♋55	15♋56	22♋50
/☿	28♊20	29♊30	0♋41	1♋54	3♋09	4♋26	5♋45	7♋05	8♋26	9♋50	11♋15	12♋41	14♋08	15♋37	17♋07	18♋37
/♀	0♌08	0♌57	1♌45	2♌33	3♌20	4♌06	4♌52	5♌37	6♌21	7♌05	7♌48	8♌30	9♌11	9♌52	10♌32	11♌11
/♂	6♋36	7♋25	8♋13	9♋02	9♋51	10♋39	11♋28	12♋16	13♋05	13♋54	14♋42	15♋31	16♋19	17♋08	17♋56	18♋45
/⚷	22♈54	23♈18	23♈42	24♈05	24♈29	24♈52	25♈15	25♈38	26♈01	26♈24	26♈46	27♈09	27♈32	27♈54	28♈16	28♈39
/♃	0♌13	0♌47	1♌22	1♌56	2♌30	3♌04	3♌39	4♌13	4♌48	5♌22	5♌56	6♌31	7♌06	7♌40	8♌15	8♌49
/♄	18♍59	19♍26	19♍53	20♍21	20♍48	21♍15	21♍43	22♍10	22♍37	23♍05	23♍32	24♍00	24♍28	24♍55	25♍23	25♍51
/♅	29♉33	0♊03	0♊32	1♊01	1♊30	1♊59	2♊28	2♊57	3♊26	3♊55	4♊24	4♊53	5♊22	5♊51	6♊20	6♊49
/♆	9♉18	9♉46	10♉15	10♉43	11♉11	11♉39	12♉08	12♉36	13♉04	13♉32	14♉00	14♉29	14♉57	15♉25	15♉53	16♉21
/♇	11♈38	12♈06	12♈34	13♈02	13♈30	13♈58	14♎25	14♎53	15♎21	15♎49	16♎17	16♎45	17♎13	17♎40	18♎08	18♎36
/☊	22♌03	22♌26	22♌48	23♌12	23♌37	24♌03	24♌31	24♌59	25♌28	25♌56	26♌23	26♌50	27♌14	27♌38	28♌01	28♌23
☽/☿	21♓16	28♓51	6♈37	14♈31	22♈29	0♉30	8♉30	16♉29	24♉25	2♊18	10♊08	17♊55	25♊38	3♋16	10♋49	18♋16
/♀	23♎04	0♏19	7♏41	15♏09	22♏39	0♊10	7♊37	15♊01	22♊20	29♊33	6♋42	13♋44	20♋41	27♋31	4♌14	10♌50
/♂	29♍32	6♈47	14♈10	21♈39	29♈11	6♉43	14♉13	21♉41	29♉04	6♊22	13♊36	20♊45	27♊49	4♋47	11♋39	18♋24
/⚷	15♑50	22♑40	29♑38	6♒42	13♒48	20♒55	28♒00	5♓02	11♓59	18♓52	25♓40	2♈23	9♈01	15♈33	21♈59	28♈18
/♃	23♎09	0♏09	7♏18	14♏32	21♏50	29♉08	6♊24	13♊37	20♊46	27♊51	4♋50	11♋45	18♋35	25♋19	1♌57	8♌28
/♄	11♐55	18♐48	25♐49	2♑57	10♑08	17♑19	24♑28	1♒34	8♒36	15♒33	22♒26	29♌14	5♍57	12♍35	19♍06	25♍30
/♅	22♒29	29♒24	6♓28	13♓37	20♓50	28♓03	5♈14	12♈21	19♈25	26♈24	3♉18	10♉08	16♉52	23♉30	0♊03	6♊28
/♆	2♒14	9♒08	16♒11	23♒19	0♓31	7♓43	14♓53	21♓60	29♓03	6♈01	12♈54	19♈43	26♈26	3♉04	9♉35	16♉00
/♇	4♑34	11♑28	18♑30	25♑38	2♒50	10♒01	17♒11	24♒17	1♓20	8♓18	15♓11	21♓59	28♓42	5♈20	11♈51	18♎15
/☊	14♏59	21♏47	28♏45	5♐49	12♐57	20♐07	27♐16	4♑23	11♋26	18♋25	25♋17	2♌04	8♌44	15♌17	21♌43	28♌03
☿/♀	19♋36	20♋37	21♋39	22♋43	23♋48	24♋54	26♋01	27♋09	28♋18	29♋27	0♌38	1♌49	3♌01	4♌13	5♌25	6♌37
/♂	26♊04	27♊05	28♊08	29♊12	0♋19	1♋27	2♋37	3♋48	5♋02	6♋16	7♋32	8♋50	10♋09	11♋28	12♋49	14♋11
/⚷	12♈22	12♈58	13♈36	14♈15	14♈57	15♈39	16♈24	17♈10	17♈57	18♈46	19♈37	20♈28	21♈21	22♈15	23♈10	24♈05
/♃	19♋41	20♋27	21♋16	22♋06	22♋58	23♋52	24♋48	25♋45	26♋44	27♋45	28♋47	29♋50	0♌55	2♌01	3♌08	4♌16
/♄	8♍26	9♍06	9♍47	10♍31	11♍16	12♍03	12♍51	13♍42	14♍34	15♍27	16♍23	17♍19	18♍17	19♍16	20♍16	21♍17
/♅	19♉01	19♉43	20♉26	21♉11	21♉58	22♉47	23♉37	24♉29	25♉23	26♉18	27♉15	28♉12	29♉12	0♊12	1♊13	2♊16
/♆	28♈46	29♈26	0♉09	0♉53	1♉39	2♉27	3♉16	4♉08	5♉00	5♉55	6♉50	7♉48	8♉46	9♉46	10♉46	11♉48
/♇	1♈06	1♈46	2♈28	3♈12	3♈58	4♈45	5♈34	6♈25	7♈18	8♈12	9♈07	10♈04	11♈02	12♈01	13♈02	14♎03
/☊	11♌30	12♌06	12♌43	13♌22	14♌05	14♌51	15♌40	16♌31	17♌24	18♌19	19♌14	20♌09	21♌04	21♌59	22♌54	23♌50
♀/♂	27♋52	28♋32	29♋12	29♋51	0♌29	1♌07	1♌44	2♌20	2♌56	3♌31	4♌05	4♌39	5♌12	5♌43	6♌14	6♌44
/⚷	14♏10	14♏25	14♏40	14♏54	15♏07	15♏19	15♏31	15♏42	15♏52	16♏01	16♏10	16♏17	16♏24	16♏30	16♏35	16♏39
/♃	21♌29	21♌55	22♌20	22♌44	23♌08	23♌32	23♌55	24♌17	24♌39	24♌59	25♌20	25♌39	25♌58	26♌16	26♌33	26♌49
/♄	10♎15	10♎33	10♎52	11♎09	11♎26	11♎43	11♎59	12♎14	12♎28	12♎42	12♎56	13♎08	13♎20	13♎31	13♎41	13♎51
/♅	20♊49	21♊10	21♊30	21♊50	22♊08	22♊27	22♊44	23♊01	23♊17	23♊33	23♊48	24♊02	24♊15	24♊27	24♊38	24♊49
/♆	0♊34	0♊54	1♊13	1♊31	1♊49	2♊07	2♊24	2♊40	2♊55	3♊10	3♊24	3♊37	3♊49	4♊01	4♊11	4♊21
/♇	2♏54	3♏14	3♏32	3♏51	4♏08	4♏25	4♏41	4♏57	5♏12	5♏27	5♏40	5♏53	6♏05	6♏16	6♏27	6♏36
/☊	13♍19	13♍33	13♍47	14♍01	14♍15	14♍31	14♍47	15♍03	15♍19	15♍34	15♍47	15♍58	16♍07	16♍14	16♍19	16♍23
♂/⚷	20♈38	20♈53	21♈08	21♈23	21♈38	21♈53	22♈07	22♈22	22♈36	22♈50	23♈04	23♈18	23♈32	23♈46	23♈59	24♈13
/♃	27♋57	28♋22	28♋48	29♋14	29♋40	0♌05	0♌31	0♌57	1♌23	1♌48	2♌14	2♌40	3♌06	3♌32	3♌57	4♌23
/♄	16♍42	17♍01	17♍20	17♍39	17♍57	18♍16	18♍35	18♍54	19♍12	19♍31	19♍50	20♍09	20♍28	20♍47	21♍06	21♍25
/♅	27♉17	27♉38	27♉58	28♉19	28♉40	29♉00	29♉21	29♉41	0♊01	0♊22	0♊42	1♊02	1♊23	1♊43	2♊03	2♊23
/♆	7♉02	7♉21	7♉41	8♉01	8♉21	8♉40	8♉60	9♉19	9♉39	9♉59	10♉18	10♉37	10♉57	11♉16	11♉36	11♉55
/♇	9♈22	9♈41	10♈01	10♈20	10♈39	10♈58	11♈18	11♈37	11♈56	12♈15	12♈35	12♈54	13♈13	13♈32	13♈51	14♎10
/☊	19♌46	20♌01	20♌15	20♌30	20♌46	21♌04	21♌23	21♌43	22♌03	22♌22	22♌41	22♌59	23♌15	23♌29	23♌44	23♌57
⚷/♃	14♏15	14♏16	14♏16	14♏17	14♏17	14♏18	14♏18	14♏18	14♏18	14♏18	14♏18	14♏18	14♏18	14♏18	14♏18	14♏17
/♄	3♑01	2♑54	2♑48	2♑42	2♑35	2♑28	2♑22	2♑15	2♑08	2♑01	1♑54	1♑47	1♑40	1♑33	1♑26	1♑19
/♅	13♓35	13♓31	13♓27	13♓22	13♓17	13♓13	13♓08	13♓02	12♓57	12♓52	12♓46	12♓41	12♓35	12♓29	12♓23	12♓17
/♆	23♒20	23♒15	23♒09	23♒04	22♒58	22♒53	22♒47	22♒41	22♒35	22♒29	22♒22	22♒16	22♒09	22♒03	21♒56	21♒49
/♇	25♑40	25♑35	25♑29	25♑23	25♑17	25♑11	25♑05	24♑58	24♑52	24♑45	24♑39	24♑32	24♑25	24♑18	24♑11	24♑04
/☊	6♐05	5♐54	5♐43	5♐33	5♐24	5♐17	5♐10	5♐04	4♐59	4♐52	4♐45	4♐37	4♐27	4♐16	4♐04	3♐52
♃/♄	10♎20	10♎24	10♎28	10♎32	10♎37	10♎41	10♎46	10♎50	10♎55	10♎60	11♎04	11♎09	11♎14	11♎19	11♎24	11♎30
/♅	20♊54	21♊00	21♊07	21♊13	21♊19	21♊25	21♊31	21♊38	21♊44	21♊50	21♊56	22♊03	22♊09	22♊15	22♊21	22♊28
/♆	0♊39	0♊44	0♊49	0♊55	0♊60	1♊05	1♊11	1♊16	1♊21	1♊27	1♊32	1♊38	1♊43	1♊49	1♊54	1♊60
/♇	2♏59	3♏04	3♏09	3♏14	3♏19	3♏24	3♏29	3♏34	3♏39	3♏44	3♏49	3♏54	3♏59	4♏04	4♏10	4♏15
/☊	13♍24	13♍23	13♍23	13♍24	13♍26	13♍29	13♍34	13♍39	13♍45	13♍51	13♍55	13♍59	14♍01	14♍02	14♍02	14♍02
♄/♅	9♒40	9♒39	9♒38	9♒37	9♒37	9♒36	9♒35	9♒34	9♒34	9♒33	9♒32	9♒32	9♒31	9♒30	9♒30	9♒29
/♆	19♑24	19♑23	19♑21	19♑19	19♑18	19♑16	19♑14	19♑13	19♑11	19♑10	19♑08	19♑07	19♑05	19♑04	19♑03	19♑01
/♇	21♐45	21♐43	21♐40	21♐38	21♐36	21♐34	21♐32	21♐30	21♐29	21♐27	21♐25	21♐23	21♐21	21♐20	21♐18	21♐17
/☊	2♏09	2♏02	1♏55	1♏49	1♏44	1♏40	1♏38	1♏36	1♏35	1♏34	1♏31	1♏28	1♏23	1♏17	1♏11	1♏04
♅/♆	29♓59	29♓59	29♓60	29♓60	29♓60	0♈00	0♈00	0♈00	0♈00	0♈00	0♈00	0♈00	0♈00	29♓60	29♓60	29♓60
/♇	2♓19	2♓19	2♓19	2♓19	2♓19	2♓18	2♓18	2♓18	2♓18	2♓17	2♓17	2♓16	2♓16	2♓16	2♓15	2♓15
/☊	12♋44	12♋39	12♋33	12♋29	12♋26	12♋24	12♋23	12♋24	12♋24	12♋24	12♋23	12♋21	12♋18	12♋13	12♋08	12♋02
♆/♇	12♒04	12♒03	12♒02	12♒01	11♒60	11♒58	11♒57	11♒56	11♒55	11♒54	11♒53	11♒52	11♒50	11♒49	11♒48	11♒47
/☊	22♐28	22♐22	22♐16	22♐11	22♐07	22♐04	22♐03	22♐02	22♐02	22♐01	21♐59	21♐56	21♐52	21♐47	21♐40	21♐34
♇/☊	24♏49	24♏42	24♏36	24♏30	24♏26	24♏22	24♏21	24♏20	24♏19	24♏18	24♏16	24♏13	24♏08	24♏02	23♏56	23♏49

	17	18	19	20	21	22	23	24	25	26	27	28	29	30	31	
☉/☽	29♋36	6♌16	12♌49	19♌17	25♌41	2♍03	8♍26	14♍52	21♍24	28♍05	4♎56	12♎00	19♎17	26♎47	4♏27	☉/☽
/☿	20♋08	21♋40	23♋13	24♋45	26♋18	27♋51	29♋23	0♌56	2♌27	3♌59	5♌30	7♌00	8♌30	9♌59	11♌27	/☿
/♀	11♌48	12♌26	13♌02	13♌37	14♌11	14♌44	15♌16	15♌47	16♌16	16♌45	17♌12	17♌38	18♌03	18♌27	18♌50	/♀
/♂	19♋33	20♋22	21♋10	21♋58	22♋47	23♋35	24♋24	25♋12	26♋00	26♋48	27♋37	28♋25	29♋13	0♌02	0♌50	/♂
/⚷	29♈01	29♈23	29♈45	0♉07	0♉30	0♉52	1♉14	1♉36	1♉58	2♏20	2♏42	3♏04	3♏26	3♏48	4♏10	/⚷
/♃	9♌24	9♌59	10♌33	11♌08	11♌43	12♌18	12♌52	13♌27	14♌02	14♌37	15♌12	15♌47	16♌22	16♌57	17♌32	/♃
/♄	26♍19	26♍47	27♍15	27♍43	28♍11	28♍39	29♍07	29♍35	0♎03	0♎31	0♎60	1♎28	1♎57	2♎25	2♎54	/♄
/♅	7♊18	7♊47	8♊16	8♊44	9♊13	9♊42	10♊11	10♊39	11♊08	11♊37	12♊05	12♊34	13♊03	13♊31	13♊60	/♅
/♆	16♉49	17♉17	17♉45	18♉14	18♉42	19♉10	19♉38	20♉06	20♉34	21♉02	21♉30	21♉58	22♉26	22♉54	23♉22	/♆
/♇	19♎04	19♎32	19♎60	20♎28	20♎56	21♎24	21♎52	22♎20	22♎48	23♎15	23♎43	24♎11	24♎39	25♎07	25♎35	/♇
/☊	28♌47	29♌10	29♌35	0♍02	0♍29	0♍58	1♍27	1♍56	2♍24	2♍52	3♍18	3♍44	4♍08	4♍33	4♍57	/☊
☽/☿	25♋37	2♌51	9♌59	17♌02	24♌02	0♍60	7♍58	14♍59	22♍06	29♍21	6♎46	14♎22	22♎12	0♏13	8♏24	☽/☿
/♀	17♌17	23♌36	29♌48	5♍54	11♍55	17♍53	23♍50	29♍50	5♎54	12♎06	18♎28	25♎00	1♏45	8♏41	15♏47	/♀
/♂	25♋02	1♌32	7♌57	14♌16	20♌31	26♌44	2♍58	9♍15	15♍38	22♍10	28♍52	5♎47	12♎55	20♎16	27♈47	/♂
/⚷	4♏29	10♏34	16♏32	22♏25	28♏14	4♐01	9♐48	15♐39	21♐36	27♐41	3♑58	10♑26	17♑08	24♑02	1♒07	/⚷
/♃	14♌52	21♌10	27♌20	3♍25	9♍27	15♍27	21♍27	27♍31	3♎40	9♎59	16♎28	23♎09	0♏03	7♏11	14♏29	/♃
/♄	1♎47	7♎57	14♎01	19♎60	25♎55	1♏48	7♏41	13♏38	19♏41	25♏53	2♐15	8♐50	15♐38	22♐39	29♐51	/♄
/♅	12♊46	18♊58	25♊02	1♋02	6♋57	12♋51	18♋45	24♑43	0♒46	6♒58	13♒21	19♒56	26♒44	3♓45	10♓57	/♅
/♆	22♉18	28♉28	4♊32	10♐31	16♐26	22♐19	28♐12	4♑09	10♑12	16♑23	22♑46	29♑20	6♒08	13♒08	20♒19	/♆
/♇	24♎33	0♏43	6♏47	12♏45	18♏40	24♏33	0♐26	6♐23	12♐26	18♐37	24♐59	1♑34	8♑21	15♑21	22♑32	/♇
/☊	4♍15	10♍21	16♍22	22♍19	28♍13	4♎07	10♎01	15♎59	22♎02	28♎13	4♏34	11♏06	17♏50	24♏46	1♐54	/☊
☿/♀	7♌49	9♌01	10♌12	11♌22	12♌32	13♌40	14♌47	15♌53	16♌57	18♌00	19♌01	20♌00	20♌58	21♌53	22♌47	☿/♀
/♂	15♋34	16♋57	18♋20	19♋44	21♋08	22♋32	23♋55	25♋19	26♋41	28♋04	29♋26	0♌47	2♌08	3♌28	4♌47	/♂
/⚷	25♈01	25♈58	26♈56	27♈53	28♈51	29♈48	0♉45	1♉42	2♏39	3♏35	4♏31	5♏26	6♏21	7♏14	8♏07	/⚷
/♃	5♌24	6♌34	7♌44	8♌54	10♌04	11♌14	12♌24	13♌34	14♌43	15♌53	17♌01	18♌09	19♌16	20♌23	21♌29	/♃
/♄	22♍19	23♍22	24♍25	25♍28	26♍32	27♍35	28♍38	29♍42	0♎45	1♎47	2♎49	3♎50	4♎51	5♎51	6♎51	/♄
/♅	3♊18	4♊22	5♊26	6♊30	7♊34	8♊38	9♊42	10♊46	11♊49	12♊52	13♊55	14♊56	15♊57	16♊57	17♊57	/♅
/♆	12♉50	13♉52	14♉56	15♉59	17♉03	18♉06	19♉09	20♉12	21♉15	22♉17	23♉19	24♉20	25♉20	26♉20	27♉19	/♆
/♇	15♎05	16♎07	17♎10	18♎13	19♎17	20♎20	21♎23	22♎26	23♎29	24♎31	25♎33	26♎34	27♎34	28♎34	29♎32	/♇
/☊	24♌47	25♌46	26♌46	27♌47	28♌50	29♌54	0♍58	2♍02	3♍05	4♍07	5♍07	6♍06	7♍03	7♍59	8♍54	/☊
♀/♂	7♌14	7♌42	8♌09	8♌35	9♌01	9♌25	9♌48	10♌09	10♌30	10♌50	11♌08	11♌25	11♌41	11♌56	12♌09	♀/♂
/⚷	16♏42	16♏44	16♏45	16♏44	16♏43	16♏41	16♏38	16♏33	16♏28	16♏21	16♏13	16♏04	15♏54	15♏42	15♏30	/⚷
/♃	27♌05	27♌19	27♌33	27♌45	27♌57	28♌07	28♌17	28♌25	28♌32	28♌38	28♌43	28♌47	28♌50	28♌51	28♌51	/♃
/♄	13♎59	14♎07	14♎14	14♎20	14♎24	14♎28	14♎31	14♎33	14♎33	14♎33	14♎31	14♎28	14♎24	14♎19	14♎13	/♄
/♅	24♊59	25♊07	25♊15	25♊21	25♊27	25♊31	25♊35	25♊37	25♊38	25♊38	25♊37	25♊34	25♊31	25♊26	25♊19	/♅
/♆	4♊30	4♊38	4♊45	4♊51	4♊55	4♊59	5♊02	5♊03	5♊04	5♊03	5♊01	4♊58	4♊54	4♊48	4♊41	/♆
/♇	6♏45	6♏52	6♏59	7♏05	7♏10	7♏13	7♏16	7♏17	7♏18	7♏17	7♏15	7♏12	7♏07	7♏02	6♏55	/♇
/☊	16♍27	16♍31	16♍35	16♍39	16♍43	16♍47	16♍51	16♍53	16♍54	16♍53	16♍49	16♍44	16♍36	16♍27	16♍16	/☊
♂/⚷	24♈26	24♈40	24♈53	25♈06	25♈19	25♈32	25♈46	25♈59	26♈12	26♈25	26♈38	26♈51	27♈04	27♈17	27♈30	♂/⚷
/♃	4♌49	5♌15	5♌41	6♌07	6♌33	6♌59	7♌24	7♌50	8♌16	8♌42	9♌08	9♌34	9♌60	10♌26	10♌52	/♃
/♄	21♍44	22♍03	22♍22	22♍41	23♍00	23♍20	23♍39	23♍58	24♍17	24♍36	24♍56	25♍15	25♍35	25♍54	26♍13	/♄
/♅	2♊43	3♊03	3♊23	3♊43	4♊03	4♊23	4♊43	5♊02	5♊22	5♊42	6♊01	6♊21	6♊41	7♊00	7♊20	/♅
/♆	12♉14	12♉34	12♉53	13♉12	13♉31	13♉51	14♉10	14♉29	14♉48	15♉07	15♉26	15♉45	16♉04	16♉23	16♉42	/♆
/♇	14♎29	14♎48	15♎07	15♎27	15♎46	16♎05	16♎24	16♎43	17♎02	17♎21	17♎39	17♎58	18♎17	18♎36	18♎55	/♇
/☊	24♌12	24♌27	24♌43	25♌00	25♌19	25♌39	25♌59	26♌19	26♌38	26♌57	27♌14	27♌31	27♌46	28♌01	28♌17	/☊
⚷/♃	14♏17	14♏17	14♏16	14♏16	14♏15	14♏15	14♏15	14♏14	14♏14	14♏13	14♏13	14♏13	14♏12	14♏12	14♏12	⚷/♃
/♄	1♑12	1♑05	0♑57	0♑50	0♑43	0♑36	0♑29	0♑22	0♑15	0♑08	0♑01	29♐54	29♐47	29♐41	29♐34	/♄
/♅	12♓11	12♓05	11♓59	11♓52	11♓46	11♓39	11♓33	11♓26	11♓20	11♓13	11♓07	10♓60	10♓53	10♓47	10♓40	/♅
/♆	21♒42	21♒35	21♒28	21♒21	21♒14	21♒07	20♒60	20♒53	20♒45	20♒38	20♒31	20♒24	20♒17	20♒09	20♒02	/♆
/♇	23♑57	23♑50	23♑43	23♑36	23♑28	23♑21	23♑14	23♑06	22♑59	22♑52	22♑45	22♑37	22♑30	22♑23	22♑16	/♇
/☊	3♐40	3♐28	3♐18	3♐10	3♐02	2♐55	2♐49	2♐42	2♐36	2♐28	2♐19	2♐09	1♐59	1♐48	1♐37	/☊
♃/♄	11♎35	11♎40	11♎45	11♎51	11♎56	12♎02	12♎08	12♎13	12♎19	12♎25	12♎31	12♎37	12♎43	12♎49	12♎55	♃/♄
/♅	22♊34	22♊40	22♊47	22♊53	22♊59	23♊05	23♊12	23♊18	23♊24	23♊30	23♊37	23♊43	23♊49	23♊55	24♊02	/♅
/♆	2♊05	2♊11	2♊16	2♊22	2♊27	2♊33	2♊39	2♊44	2♊50	2♊55	3♊01	3♊07	3♊12	3♊18	3♊24	/♆
/♇	4♏20	4♏26	4♏31	4♏36	4♏42	4♏47	4♏53	4♏58	5♏04	5♏09	5♏15	5♏20	5♏26	5♏31	5♏37	/♇
/☊	14♍03	14♍04	14♍06	14♍10	14♍15	14♍21	14♍28	14♍34	14♍40	14♍45	14♍49	14♍52	14♍55	14♍57	14♍59	/☊
♄/♅	9♒29	9♒28	9♒28	9♒27	9♒27	9♒26	9♒26	9♒26	9♒25	9♒25	9♒24	9♒24	9♒24	9♒24	9♒23	♄/♅
/♆	19♑00	18♑59	18♑58	18♑56	18♑55	18♑54	18♑53	18♑52	18♑51	18♑50	18♑49	18♑48	18♑47	18♑46	18♑46	/♆
/♇	21♐15	21♐14	21♐12	21♐11	21♐09	21♐08	21♐07	21♐06	21♐05	21♐03	21♐02	21♐01	21♐01	20♐60	20♐59	/♇
/☊	0♏57	0♏52	0♏48	0♏45	0♏43	0♏42	0♏42	0♏42	0♏41	0♏40	0♏37	0♏34	0♏29	0♏25	0♏21	/☊
♅/♆	29♓59	29♓59	29♓59	29♓58	29♓58	29♓57	29♓57	29♓56	29♓56	29♓55	29♓55	29♓54	29♓53	29♓53	29♓52	♅/♆
/♇	2♓14	2♓14	2♓13	2♓13	2♓12	2♓11	2♓11	2♓10	2♓10	2♓09	2♓08	2♓07	2♓07	2♓06	2♓05	/♇
/☊	11♋57	11♋52	11♋49	11♋47	11♋46	11♋45	11♋46	11♋46	11♋46	11♋45	11♋43	11♋40	11♋36	11♋31	11♋27	/☊
♆/♇	11♒45	11♒44	11♒43	11♒42	11♒40	11♒39	11♒38	11♒37	11♒35	11♒34	11♒33	11♒31	11♒30	11♒29	11♒27	♆/♇
/☊	21♐28	21♐23	21♐18	21♐16	21♐14	21♐13	21♐13	21♐12	21♐12	21♐10	21♐07	21♐03	20♐59	20♐54	20♐49	/☊
♇/☊	23♏43	23♏37	23♏33	23♏30	23♏28	23♏27	23♏27	23♏26	23♏25	23♏24	23♏21	23♏17	23♏12	23♏07	23♏02	♇/☊

July 2015

	1	2	3	4	5	6	7	8	9	10	11	12	13	14	15	16
☉/☽	12♉15	20♉08	28♉01	5♊50	13♊34	21♊11	28♊39	5♋59	13♋10	20♋15	27♋12	4♌03	10♌47	17♌26	23♌59	0♍28
/☿	12♌55	14♌21	15♌47	17♌12	18♌37	20♌00	21♌23	22♌45	24♌06	25♌27	26♌47	28♌06	29♌24	0♍41	1♍58	3♍14
/♀	19♌11	19♌31	19♌50	20♌08	20♌25	20♌41	20♌56	21♌10	21♌23	21♌36	21♌48	21♌59	22♌10	22♌21	22♌31	22♌41
/♂	1♌38	2♌26	3♌15	4♌03	4♌51	5♌39	6♌27	7♌16	8♌04	8♌52	9♌40	10♌28	11♌17	12♌05	12♌53	13♌41
/⚷	4♏33	4♏55	5♏17	5♏40	6♏02	6♏25	6♏47	7♏10	7♏33	7♏56	8♏19	8♏42	9♏05	9♏29	9♏53	10♏16
/♃	18♌07	18♌42	19♌17	19♌52	20♌27	21♌02	21♌37	22♌12	22♌48	23♌23	23♌58	24♌33	25♌09	25♌44	26♌19	26♌54
/♄	3♎22	3♎51	4♎20	4♎48	5♎17	5♎46	6♎15	6♎44	7♎13	7♎42	8♎11	8♎41	9♎10	9♎39	10♎09	10♎38
/♅	14♊28	14♊57	15♊26	15♊54	16♊23	16♊51	17♊19	17♊48	18♊16	18♊45	19♊13	19♊42	20♊10	20♊38	21♊07	21♊35
/♆	23♉50	24♉18	24♉46	25♉14	25♉42	26♉10	26♉38	27♉06	27♉34	28♉02	28♉30	28♉58	29♉26	29♉54	0♊22	0♊50
/♇	26♎03	26♎31	26♎59	27♎28	27♎56	28♎24	28♎52	29♎20	29♎48	0♏16	0♏44	1♏13	1♏41	2♏09	2♏37	3♏06
/☊	5♍22	5♍48	6♍15	6♍43	7♍12	7♍41	8♍10	8♍39	9♍06	9♍33	9♍59	10♍24	10♍49	11♍14	11♍40	12♍07
☽/☿	16♏43	25♉04	3♊26	11♊43	19♊54	27♊57	5♋50	13♋34	21♋10	28♋37	5♌56	13♌08	20♌13	27♌12	4♍04	10♍52
/♀	22♏59	0♊14	7♊29	14♊39	21♊42	28♊37	5♋23	11♋59	18♋27	24♋46	0♌58	7♌02	12♌60	18♌51	24♌37	0♍19
/♂	5♉26	13♉09	20♉53	28♉34	6♊08	13♊35	20♊54	28♊05	5♋07	12♋02	18♋50	25♋31	2♌06	8♌36	14♌60	21♌19
/⚷	8♒21	15♒38	22♒56	0♓10	7♓19	14♓21	21♓14	27♓59	4♈36	11♈06	17♈29	23♈45	29♎55	5♏60	11♏59	17♏54
/♃	21♏55	29♉25	6♊55	14♊23	21♊44	28♊58	6♋04	13♋02	19♋51	26♋33	3♌08	9♌36	15♌58	22♌15	28♌26	4♍32
/♄	7♑10	14♑34	21♑58	29♑19	6♒34	13♒42	20♒42	27♒33	4♍16	10♍52	17♍21	23♍43	29♍60	6♎10	12♎15	18♎16
/♅	18♓16	25♓40	3♈04	10♈25	17♈40	24♈47	1♉46	8♉37	15♉20	21♉55	28♉23	4♊44	10♊60	17♊09	23♊13	29♊13
/♆	27♒38	5♓01	12♓25	19♓45	26♓59	4♈06	11♈05	17♈55	24♈37	1♉12	7♉40	14♉01	20♉16	26♉25	2♊29	8♊28
/♇	29♑51	7♒15	14♒38	21♒58	29♒13	6♓20	13♓19	20♓09	26♓52	3♈26	9♈54	16♎16	22♎31	28♎40	4♏44	10♏44
/☊	9♐10	16♐31	23♐54	1♑14	8♋29	15♋38	22♋37	29♋28	6♌10	12♌43	19♌08	25♌27	1♍39	7♍45	13♍47	19♍45
☿/♀	23♌38	24♌28	25♌15	26♌01	26♌45	27♌27	28♌07	28♌46	29♌23	29♌58	0♍32	1♍05	1♍36	2♍07	2♍36	3♍05
/♂	6♌05	7♌23	8♌40	9♌56	11♌11	12♌25	13♌39	14♌51	16♌03	17♌14	18♌25	19♌34	20♌43	21♌51	22♌58	24♌05
/⚷	8♏60	9♏51	10♏42	11♏32	12♏22	13♏11	13♏58	14♏46	15♏32	16♏18	17♏03	17♏48	18♏32	19♏15	19♏58	20♏40
/♃	22♌34	23♌38	24♌42	25♌45	26♌47	27♌48	28♌48	29♌48	0♍47	1♍45	2♍43	3♍39	4♍35	5♍30	6♍24	7♍18
/♄	7♎49	8♎47	9♎45	10♎41	11♎37	12♎32	13♎26	14♎20	15♎13	16♎05	16♎56	17♎46	18♎36	19♎26	20♎14	21♎02
/♅	18♊56	19♊53	20♊51	21♊47	22♊42	23♊37	24♊31	25♊24	26♊16	27♊07	27♊58	28♊47	29♊36	0♋25	1♋12	1♋59
/♆	28♉17	29♉15	0♊11	1♊07	2♊02	2♊56	3♊49	4♊42	5♊34	6♊24	7♊15	8♊04	8♊53	9♐41	10♐28	11♐14
/♇	0♏31	1♏28	2♏25	3♏20	4♏15	5♏10	6♏03	6♏56	7♏48	8♏39	9♏29	10♏19	11♏07	11♏55	12♏43	13♏29
/☊	9♍49	10♍44	11♍40	12♍36	13♍32	14♍27	15♍22	16♍15	17♍06	17♍55	18♍43	19♍30	20♍15	21♍00	21♍45	22♍30
♀/♂	12♌22	12♌33	12♌43	12♌52	12♌59	13♌06	13♌12	13♌16	13♌20	13♌23	13♌26	13♌28	13♌29	13♌30	13♌31	13♌32
/⚷	15♏16	15♏01	14♏45	14♏28	14♏10	13♏51	13♏31	13♏11	12♏49	12♏27	12♏05	11♏42	11♏18	10♏55	10♏31	10♏07
/♃	28♌50	28♌48	28♌45	28♌41	28♌35	28♌29	28♌21	28♌13	28♌04	27♌54	27♌44	27♌33	27♌21	27♌09	26♌57	26♌45
/♄	14♎06	13♎57	13♎48	13♎37	13♎25	13♎13	12♎59	12♎45	12♎30	12♎14	11♎57	11♎40	11♎23	11♎05	10♎47	10♎29
/♅	25♊12	25♊03	24♊54	24♊43	24♊31	24♊18	24♊04	23♊49	23♊33	23♊16	22♊59	22♊41	22♊23	22♊04	21♊45	21♊26
/♆	4♊34	4♊24	4♊14	4♊03	3♊50	3♊37	3♊22	3♊07	2♊51	2♊34	2♊16	1♊58	1♊39	1♊20	1♊01	0♊41
/♇	6♏47	6♏38	6♏28	6♏16	6♏04	5♏50	5♏36	5♏21	5♏05	4♏48	4♏30	4♏12	3♏54	3♏35	3♏16	2♏57
/☊	16♍06	15♍54	15♍43	15♍32	15♍20	15♍08	14♍55	14♍40	14♍23	14♍04	13♍44	13♍23	13♍02	12♍40	12♍18	11♍58
♂/⚷	27♈43	27♈56	28♈10	28♈23	28♈36	28♈49	29♈03	29♎16	29♎30	29♎43	29♎57	0♏11	0♏25	0♏39	0♏53	1♏07
/♃	11♌17	11♌43	12♌09	12♌35	13♌01	13♌27	13♌53	14♌19	14♌44	15♌10	15♌36	16♌02	16♌28	16♌54	17♌20	17♌45
/♄	26♍33	26♍52	27♍12	27♍32	27♍51	28♍11	28♍30	28♍50	29♍10	29♍30	29♍50	0♎09	0♎29	0♎49	1♎09	1♎29
/♅	7♊39	7♊59	8♊18	8♊37	8♊56	9♊16	9♊35	9♊54	10♊13	10♊32	10♊51	11♊10	11♊29	11♊48	12♊07	12♊26
/♆	17♉01	17♉20	17♉38	17♉57	18♉16	18♉35	18♉54	19♉12	19♉31	19♉50	20♉08	20♉27	20♉46	21♉04	21♉23	21♉41
/♇	19♎14	19♎33	19♎52	20♎11	20♎30	20♎48	21♎07	21♎26	21♎45	22♎04	22♎23	22♎41	23♎00	23♎19	23♎38	23♎57
/☊	28♌33	28♌49	29♌07	29♌26	29♌46	0♍06	0♍26	0♍45	1♍03	1♍20	1♍37	1♍53	2♍08	2♍24	2♍41	2♍58
⚷/♃	14♏12	14♏12	14♏12	14♏12	14♏12	14♏12	14♏13	14♏13	14♏14	14♏14	14♏15	14♏16	14♏17	14♏18	14♏19	14♏21
/♄	29♐27	29♐21	29♐15	29♐08	29♐02	28♐56	28♐50	28♐45	28♐39	28♐34	28♐28	28♐23	28♐18	28♐13	28♐09	28♐04
/♅	10♓34	10♓27	10♓20	10♓14	10♓08	10♓01	9♓55	9♓49	9♓42	9♓36	9♓30	9♓24	9♓18	9♓12	9♓07	9♓01
/♆	19♒55	19♒48	19♒41	19♒34	19♒27	19♒20	19♒13	19♒07	19♒00	18♒53	18♒47	18♒41	18♒34	18♒28	18♒22	18♒16
/♇	22♑09	22♑01	21♑54	21♑48	21♑41	21♑34	21♑27	21♑21	21♑14	21♑08	21♑01	20♑55	20♑49	20♑43	20♑37	20♑32
/☊	1♐27	1♐18	1♐10	1♐03	0♐57	0♐52	0♐46	0♐39	0♐32	0♐24	0♐16	0♐06	29♏57	29♏48	29♏40	29♏33
♃/♄	13♎02	13♎08	13♎14	13♎21	13♎27	13♎34	13♎40	13♎47	13♎54	14♎00	14♎07	14♎14	14♎21	14♎28	14♎35	14♎42
/♅	24♊08	24♊14	24♊20	24♊26	24♊32	24♊39	24♊45	24♊51	24♊57	25♊03	25♊09	25♊15	25♊21	25♊27	25♊33	25♊39
/♆	3♊29	3♊35	3♊41	3♊46	3♊52	3♊58	4♊03	4♊09	4♊15	4♊20	4♊26	4♊32	4♊37	4♊43	4♊49	4♊55
/♇	5♏43	5♏48	5♏54	5♏60	6♏06	6♏11	6♏17	6♏23	6♏29	6♏35	6♏40	6♏46	6♏52	6♏58	7♏04	7♏10
/☊	15♍01	15♍05	15♍10	15♍15	15♍22	15♍29	15♍36	15♍42	15♍47	15♍51	15♍55	15♍58	16♍00	16♍03	16♍07	16♍11
♄/♅	9♒23	9♒23	9♒23	9♒23	9♒23	9♒23	9♒22	9♒22	9♒22	9♒22	9♒23	9♒23	9♒23	9♒23	9♒23	9♒23
/♆	18♑45	18♑44	18♑43	18♑43	18♑42	18♑42	18♑41	18♑41	18♑40	18♑40	18♑39	18♑39	18♑39	18♑39	18♑38	18♑38
/♇	20♐58	20♐57	20♐57	20♐56	20♐56	20♐55	20♐55	20♐55	20♐54	20♐54	20♐54	20♐54	20♐54	20♐54	20♐54	20♐54
/☊	0♏17	0♏14	0♏12	0♏12	0♏12	0♏13	0♏13	0♏13	0♏12	0♏11	0♏08	0♏05	0♏02	29♎59	29♎56	29♎55
♅/♆	29♓51	29♓50	29♓49	29♓48	29♓47	29♓47	29♓46	29♓45	29♓43	29♓42	29♓41	29♓40	29♓39	29♓38	29♓37	29♓35
/♇	2♓04	2♓04	2♓03	2♓02	2♓01	2♓00	1♓59	1♓58	1♓57	1♓57	1♓56	1♓55	1♓54	1♓53	1♓52	1♓51
/☊	11♋23	11♋20	11♋18	11♋18	11♋18	11♋18	11♋18	11♋17	11♋16	11♋13	11♋10	11♋06	11♋02	10♋58	10♋54	10♋52
♆/♇	11♒26	11♒25	11♒23	11♒22	11♒21	11♒19	11♒18	11♒17	11♒15	11♒14	11♒13	11♒11	11♒10	11♒09	11♒07	11♒06
/☊	20♐45	20♐41	20♐39	20♐38	20♐37	20♐37	20♐36	20♐35	20♐33	20♐31	20♐27	20♐22	20♐18	20♐14	20♐10	20♐07
♇/☊	22♏58	22♏55	22♏52	22♏51	22♏51	22♏51	22♏50	22♏49	22♏48	22♏45	22♏41	22♏37	22♏33	22♏29	22♏25	22♏22

	17	18	19	20	21	22	23	24	25	26	27	28	29	30	31	
☉/☽	6♍53	13♍16	19♍38	26♍01	2♎27	8♎59	15♎39	22♎29	29♎32	6♏48	14♏18	22♏01	29♏55	7♊55	15♊57	☉/☽
/☿	4♍29	5♍43	6♍57	8♍10	9♍22	10♍33	11♍44	12♍54	14♍03	15♍11	16♍18	17♍25	18♍30	19♍34	20♍38	/☿
/♀	22♌51	23♌02	23♌12	23♌23	23♌35	23♌47	23♌59	24♌13	24♌27	24♌42	24♌59	25♌16	25♌34	25♌54	26♌15	/♀
/♂	14♌29	15♌17	16♌06	16♌54	17♌42	18♌30	19♌18	20♌06	20♌54	21♌43	22♌31	23♌19	24♌07	24♌55	25♌43	/♂
/⚷	10♏40	11♏04	11♏28	11♏53	12♏17	12♏42	13♏07	13♏32	13♏57	14♏22	14♏48	15♏13	15♏39	16♏05	16♏32	/⚷
/♃	27♌30	28♌05	28♌41	29♌16	29♌51	0♍27	1♍02	1♍38	2♍13	2♍48	3♍24	3♍59	4♍35	5♍10	5♍46	/♃
/♄	11♎08	11♎37	12♎07	12♎37	13♎06	13♎36	14♎06	14♎36	15♎06	15♎36	16♎06	16♎36	17♎07	17♎37	18♎07	/♄
/♅	22♊03	22♊32	23♊00	23♊28	23♊57	24♊25	24♊53	25♊22	25♊50	26♊18	26♊46	27♊14	27♊43	28♊11	28♊39	/♅
/♆	1♊18	1♊46	2♊15	2♊43	3♊11	3♊39	4♊07	4♊35	5♊03	5♊31	5♊59	6♊27	6♊56	7♊24	7♊52	/♆
/♇	3♏34	4♏02	4♏31	4♏59	5♏28	5♏56	6♏24	6♏53	7♏21	7♏50	8♏18	8♏47	9♏15	9♏44	10♏13	/♇
/☊	12♍34	13♍03	13♍32	14♍02	14♍31	15♍01	15♍30	15♍58	16♍26	16♍54	17♍21	17♍48	18♍15	18♍43	19♍11	/☊
☽/☿	17♍34	24♍14	0♎52	7♎30	14♎10	20♎56	27♎48	4♏51	12♏04	19♏31	27♏11	5♐02	13♐03	21♐10	29♐18	☽/☿
/♀	5♍57	11♍32	17♍07	22♍43	28♍23	4♎09	10♎04	16♎10	22♎29	29♎03	5♏51	12♏54	20♉07	27♉29	4♊54	/♀
/♂	27♌35	3♍48	10♍00	16♍14	22♍30	28♍52	5♎23	12♎03	18♎56	26♎03	3♏23	10♏56	18♉40	26♉30	4♊23	/♂
/⚷	23♏45	29♏34	5♐23	11♐12	17♐05	23♐04	29♐11	5♑28	11♑58	18♑42	25♑40	2♒51	10♒12	17♒41	25♒11	/⚷
/♃	10♍35	16♍35	22♍35	28♍36	4♎39	10♎49	17♎06	23♎34	0♏15	7♏09	14♏16	21♏37	29♏08	6♊46	14♊26	/♃
/♄	24♎13	0♏08	6♏01	11♏56	17♏55	23♏58	0♐10	6♐33	13♐08	19♐56	26♐59	4♑14	11♑40	19♑12	26♑47	/♄
/♅	5♋09	11♋02	16♋55	22♑48	28♑45	4♒47	10♒58	17♒18	23♒51	0♓38	7♓39	14♓52	22♓16	29♓46	7♈19	/♅
/♆	14♐24	20♐17	26♐09	2♑02	7♑59	14♑01	20♑11	26♑32	3♒05	9♒51	16♒52	24♒05	1♓29	8♓59	16♓32	/♆
/♇	16♏39	22♏33	28♏25	4♐19	10♐16	16♐18	22♐29	28♐50	5♑23	12♑10	19♑11	26♑24	3♒49	11♒19	18♒52	/♇
/☊	25♍40	1♎33	7♎27	13♎21	19♎20	25♎23	1♏34	7♏55	14♏28	21♏14	28♏13	5♐25	12♐48	20♐18	27♐51	/☊
☿/♀	3♍32	3♍59	4♍26	4♍52	5♍18	5♍44	6♍09	6♍35	7♍00	7♍26	7♍51	8♍17	8♍43	9♍09	9♍35	☿/♀
/♂	25♌10	26♌15	27♌19	28♌23	29♌25	0♍27	1♍28	2♍28	3♍27	4♍26	5♍23	6♍20	7♍15	8♍10	9♍04	/♂
/⚷	21♏21	22♏02	22♏42	23♏22	24♏00	24♏39	25♏16	25♏53	26♏30	27♏05	27♏40	28♏14	28♏48	29♏20	29♏52	/⚷
/♃	8♍11	9♍03	9♍54	10♍45	11♍35	12♍24	13♍12	13♍59	14♍46	15♍32	16♍16	17♍00	17♍43	18♍25	19♍06	/♃
/♄	21♎49	22♎35	23♎21	24♎06	24♎50	25♎33	26♎16	26♎58	27♎39	28♎19	28♎59	29♎37	0♏15	0♏52	1♏28	/♄
/♅	2♋45	3♋30	4♋14	4♋57	5♋40	6♋22	7♋03	7♋43	8♋23	9♋01	9♋39	10♋15	10♋51	11♋26	11♋60	/♅
/♆	11♐59	12♐44	13♐28	14♐12	14♐54	15♐36	16♐17	16♐57	17♐36	18♐14	18♐52	19♐28	20♐04	20♐39	21♐12	/♆
/♇	14♏15	15♏00	15♏45	16♏28	17♏11	17♏53	18♏34	19♏15	19♏54	20♏33	21♏11	21♏48	22♏24	22♏59	23♏33	/♇
/☊	23♍15	24♍01	24♍46	25♍31	26♍15	26♍58	27♍40	28♍20	28♍59	29♍37	0♎13	0♎49	1♎23	1♎58	2♎32	/☊
♀/♂	13♌33	13♌34	13♌35	13♌36	13♌38	13♌40	13♌43	13♌47	13♌52	13♌57	14♌04	14♌11	14♌20	14♌29	14♌40	♀/♂
/⚷	9♏44	9♏20	8♏57	8♏35	8♏13	7♏52	7♏32	7♏12	6♏54	6♏37	6♏21	6♏06	5♏52	5♏40	5♏29	/⚷
/♃	26♌33	26♌21	26♌09	25♌58	25♌47	25♌37	25♌27	25♌18	25♌10	25♌03	24♌57	24♌52	24♌48	24♌45	24♌43	/♃
/♄	10♎11	9♎53	9♎36	9♎19	9♎02	8♎46	8♎31	8♎17	8♎03	7♎51	7♎39	7♎29	7♎19	7♎11	7♎04	/♄
/♅	21♊07	20♊48	20♊29	20♊11	19♊53	19♊35	19♊18	19♊02	18♊47	18♊33	18♊19	18♊07	17♊56	17♊45	17♊36	/♅
/♆	0♊22	0♊03	29♉43	29♉25	29♉07	28♉49	28♉32	28♉16	28♉00	27♉46	27♉32	27♉20	27♉08	26♉58	26♉49	/♆
/♇	2♏37	2♏18	1♏60	1♏41	1♏23	1♏06	0♏49	0♏34	0♏18	0♏04	29♎51	29♎39	29♎28	29♎18	29♎10	/♇
/☊	11♍38	11♍19	11♍01	10♍44	10♍27	10♍11	9♍55	9♍39	9♍23	9♍08	8♍54	8♍40	8♍28	8♍17	8♍08	/☊
♂/⚷	1♏22	1♏36	1♏51	2♏05	2♏20	2♏35	2♏50	3♏06	3♏21	3♏37	3♏53	4♏08	4♏25	4♏41	4♏57	♂/⚷
/♃	18♌11	18♌37	19♌03	19♌29	19♌54	20♌20	20♌46	21♌12	21♌37	22♌03	22♌29	22♌55	23♌20	23♌46	24♌12	/♃
/♄	1♎49	2♎09	2♎29	2♎49	3♎10	3♎30	3♎50	4♎10	4♎30	4♎51	5♎11	5♎31	5♎52	6♎12	6♎33	/♄
/♅	12♊45	13♊04	13♊22	13♊41	13♊60	14♊19	14♊37	14♊56	15♊14	15♊33	15♊51	16♊10	16♊28	16♊46	17♊05	/♅
/♆	21♉60	22♉18	22♉37	22♉55	23♉14	23♉32	23♉51	24♉09	24♉27	24♉46	25♉04	25♉23	25♉41	25♉59	26♉17	/♆
/♇	24♎16	24♎34	24♎53	25♎12	25♎31	25♎49	26♎08	26♎27	26♎46	27♎05	27♎23	27♎42	28♎01	28♎20	28♎38	/♇
/☊	3♍16	3♍35	3♍54	4♍14	4♍35	4♍54	5♍14	5♍33	5♍51	6♍08	6♍26	6♍43	7♍00	7♍18	7♍37	/☊
⚷/♃	14♏22	14♏24	14♏26	14♏28	14♏30	14♏32	14♏34	14♏37	14♏40	14♏43	14♏46	14♏49	14♏53	14♏56	14♏60	⚷/♃
/♄	27♐60	27♐56	27♐52	27♐48	27♐45	27♐41	27♐38	27♐35	27♐33	27♐30	27♐28	27♐26	27♐24	27♐23	27♐21	/♄
/♅	8♓56	8♓50	8♓45	8♓40	8♓35	8♓30	8♓26	8♓21	8♓17	8♓12	8♓08	8♓04	8♓00	7♓57	7♓53	/♅
/♆	18♒11	18♒05	17♒60	17♒54	17♒49	17♒44	17♒39	17♒34	17♒30	17♒25	17♒21	17♒17	17♒13	17♒09	17♒06	/♆
/♇	20♑26	20♑21	20♑16	20♑11	20♑06	20♑01	19♑57	19♑52	19♑48	19♑44	19♑40	19♑37	19♑33	19♑30	19♑27	/♇
/☊	29♏27	29♏21	29♏17	29♏13	29♏10	29♏06	29♏02	28♏58	28♏53	28♏48	28♏43	28♏37	28♏33	28♏29	28♏25	/☊
♃/♄	14♎50	14♎57	15♎04	15♎12	15♎19	15♎26	15♎34	15♎41	15♎49	15♎57	16♎04	16♎12	16♎20	16♎28	16♎36	♃/♄
/♅	25♊45	25♊51	25♊57	26♊03	26♊09	26♊15	26♊21	26♊27	26♊33	26♊39	26♊44	26♊50	26♊56	27♊02	27♊08	/♅
/♆	5♊00	5♊06	5♊12	5♊17	5♊23	5♊29	5♊35	5♊40	5♊46	5♊52	5♊57	6♊03	6♊09	6♊15	6♊20	/♆
/♇	7♏16	7♏22	7♏28	7♏34	7♏40	7♏46	7♏52	7♏58	8♏04	8♏10	8♏17	8♏23	8♏29	8♏35	8♏41	/♇
/☊	16♍16	16♍22	16♍29	16♍37	16♍44	16♍51	16♍58	17♍04	17♍09	17♍14	17♍19	17♍23	17♍28	17♍34	17♍40	/☊
♄/♅	9♒23	9♒24	9♒24	9♒24	9♒24	9♒25	9♒25	9♒25	9♒26	9♒26	9♒27	9♒27	9♒28	9♒28	9♒29	♄/♅
/♆	18♑38	18♑38	18♑38	18♑38	18♑38	18♑38	18♑39	18♑39	18♑39	18♑39	18♑40	18♑40	18♑40	18♑41	18♑41	/♆
/♇	20♐54	20♐54	20♐54	20♐55	20♐55	20♐56	20♐56	20♐57	20♐57	20♐58	20♐59	20♐60	21♐00	21♐01	21♐02	/♇
/☊	29♎54	29♎55	29♎56	29♎57	29♎59	0♏01	0♏02	0♏02	0♏02	0♏02	0♏01	0♏00	29♎60	0♏00	0♏01	/☊
♅/♆	29♓34	29♓33	29♓31	29♓30	29♓29	29♓27	29♓26	29♓24	29♓23	29♓21	29♓20	29♓18	29♓17	29♓15	29♓13	♅/♆
/♇	1♓50	1♓49	1♓48	1♓47	1♓45	1♓44	1♓43	1♓42	1♓41	1♓40	1♓39	1♓38	1♓37	1♓35	1♓34	/♇
/☊	10♋50	10♋49	10♋49	10♋49	10♋49	10♋49	10♋49	10♋48	10♋46	10♋44	10♋41	10♋38	10♋36	10♋34	10♋33	/☊
♆/♇	11♒05	11♒03	11♒02	11♒01	10♒59	10♒58	10♒57	10♒56	10♒54	10♒53	10♒52	10♒51	10♒49	10♒48	10♒47	♆/♇
/☊	20♐05	20♐04	20♐03	20♐03	20♐03	20♐03	20♐02	20♐01	19♐59	19♐57	19♐54	19♐51	19♐49	19♐47	19♐46	/☊
♇/☊	22♏21	22♏20	22♏20	22♏20	22♏20	22♏20	22♏20	22♏19	22♏18	22♏16	22♏13	22♏11	22♏09	22♏07	22♏06	♇/☊

September 2015

	1	2	3	4	5	6	7	8	9	10
☉/☽	23♊57	1♋51	9♋36	17♋10	24♋32	1♌43	8♌44	15♌36	22♌20	28♌57
/☿	21♍40	22♍42	23♍42	24♍41	25♍38	26♍35	27♍30	28♍23	29♍14	0♎04
/♀	26♌37	26♌60	27♌24	27♌50	28♌17	28♌45	29♌14	29♌44	0♍16	0♍49
/♂	26♌31	27♌19	28♌07	28♌56	29♌44	0♍32	1♍20	2♍08	2♍56	3♍44
/⚳	16♏58	17♏25	17♏51	18♏18	18♏46	19♏13	19♏41	20♏08	20♏36	21♏05
/♃	6♍21	6♍57	7♍33	8♍08	8♍44	9♍19	9♍55	10♍30	11♍06	11♍42
/♄	18♎37	19♎08	19♎38	20♎09	20♎40	21♎10	21♎41	22♎12	22♎43	23♎14
/♅	29♊07	29♊36	0♋04	0♋32	1♋00	1♋28	1♋56	2♋25	2♋53	3♋21
/♆	8♊20	8♐48	9♐16	9♐45	10♐13	10♐41	11♐09	11♐38	12♐06	12♐34
/♇	10♏41	11♏10	11♏39	12♏07	12♏36	13♏05	13♏34	14♏03	14♏32	15♏00
/☊	19♍40	20♍10	20♍39	21♍09	21♍38	22♍08	22♍36	23♍04	23♍33	24♍01
☽/☿	7♋22	15♋19	23♋06	0♌41	8♌03	15♌12	22♌10	28♌56	5♍34	12♍03
/♀	12♊19	19♊38	26♊49	3♋50	10♋41	17♋22	23♋54	0♌18	6♌35	12♌47
/♂	12♊13	19♊57	27♊32	4♋56	12♋08	19♋09	26♋00	2♌42	9♌15	15♌43
/⚳	2♓40	10♓02	17♓16	24♓19	1♈10	7♈50	14♈21	20♈42	26♎56	3♏03
/♃	22♊03	29♊35	6♋57	14♋08	21♋08	27♋57	4♌35	11♌04	17♌25	23♌40
/♄	4♒19	11♒46	19♒03	26♒09	3♍04	9♍48	16♍21	22♍45	29♍02	5♎12
/♅	14♈49	22♈13	29♈28	6♉32	13♉25	20♉06	26♉37	2♊58	9♊12	15♊19
/♆	24♓02	1♈26	8♈41	15♈45	22♈37	29♈19	5♉50	12♉11	18♉25	24♉33
/♇	26♒23	3♓48	11♓03	18♓08	25♓01	1♈42	8♈14	14♎36	20♎51	26♎59
/☊	5♋22	12♋47	20♋04	27♋09	4♌03	10♌45	17♌16	23♌38	29♌52	5♍59
☿/♀	10♍02	10♍28	10♍54	11♍21	11♍47	12♍14	12♍39	13♍05	13♍30	13♍54
/♂	9♍56	10♍48	11♍38	12♍27	13♍14	14♍01	14♍45	15♍29	16♍10	16♍50
/⚳	0♐23	0♐53	1♐22	1♐50	2♐16	2♐42	3♐06	3♐29	3♐50	4♐10
/♃	19♍46	20♍25	21♍03	21♍39	22♍14	22♍48	23♍20	23♍51	24♍20	24♍47
/♄	2♏02	2♏36	3♏09	3♏40	4♏10	4♏39	5♏06	5♏32	5♏56	6♏19
/♅	12♋32	13♋04	13♋34	14♋03	14♋31	14♋57	15♋22	15♋45	16♋07	16♋26
/♆	21♐45	22♐16	22♐47	23♐16	23♐44	24♐10	24♐35	24♐58	25♐20	25♐40
/♇	24♏06	24♏38	25♏09	25♏39	26♏07	26♏34	26♏59	27♏23	27♏45	28♏06
/☊	3♎05	3♎38	4♎10	4♎40	5♎09	5♎36	6♎02	6♎25	6♎46	7♎06
♀/♂	14♌52	15♌06	15♌20	15♌36	15♌53	16♌11	16♌30	16♌50	17♌12	17♌34
/⚳	5♏19	5♏11	5♏04	4♏59	4♏54	4♏52	4♏50	4♏50	4♏52	4♏54
/♃	24♌43	24♌43	24♌45	24♌48	24♌52	24♌58	25♌05	25♌12	25♌21	25♌31
/♄	6♎59	6♎54	6♎51	6♎49	6♎48	6♎49	6♎51	6♎54	6♎58	7♎03
/♅	17♊28	17♊22	17♊16	17♊12	17♊09	17♊07	17♊06	17♊07	17♊08	17♊11
/♆	26♉41	26♉34	26♉29	26♉25	26♉22	26♉20	26♉19	26♉20	26♉21	26♉24
/♇	29♎02	28♎56	28♎51	28♎48	28♎45	28♎44	28♎44	28♎45	28♎47	28♎50
/☊	8♍01	7♍56	7♍52	7♍49	7♍47	7♍46	7♍46	7♍47	7♍48	7♍51
♂/⚳	5♏14	5♏30	5♏47	6♏04	6♏21	6♏39	6♏56	7♏14	7♏32	7♏50
/♃	24♌37	25♌03	25♌28	25♌54	26♌20	26♌45	27♌11	27♌36	28♌02	28♌27
/♄	6♎53	7♎14	7♎34	7♎55	8♎16	8♎36	8♎57	9♎18	9♎38	9♎59
/♅	17♊23	17♊41	17♊60	18♊18	18♊36	18♊54	19♊12	19♊30	19♊48	20♊06
/♆	26♉36	26♉54	27♉12	27♉31	27♉49	28♉07	28♉25	28♉43	29♉02	29♉20
/♇	28♎57	29♎16	29♎35	29♎53	0♏12	0♏31	0♏50	1♏08	1♏27	1♏46
/☊	7♍56	8♍16	8♍35	8♍55	9♍14	9♍33	9♍52	10♍10	10♍28	10♍46
⚳/♃	15♏04	15♏08	15♏12	15♏17	15♏21	15♏26	15♏31	15♏36	15♏42	15♏47
/♄	27♐20	27♐19	27♐18	27♐18	27♐17	27♐17	27♐17	27♐18	27♐18	27♐19
/♅	7♓50	7♓47	7♓43	7♓41	7♓38	7♓35	7♓33	7♓31	7♓29	7♓27
/♆	17♒02	16♒59	16♒56	16♒53	16♒51	16♒48	16♒46	16♒44	16♒42	16♒40
/♇	19♑24	19♑21	19♑18	19♑16	19♑14	19♑12	19♑10	19♑09	19♑07	19♑06
/☊	28♏23	28♏21	28♏19	28♏18	28♏16	28♏15	28♏13	28♏10	28♏08	28♏06
♃/♄	16♎43	16♎51	16♎59	17♎07	17♎15	17♎24	17♎32	17♎40	17♎48	17♎56
/♅	27♊13	27♊19	27♊25	27♊30	27♊36	27♊42	27♊47	27♊53	27♊58	28♊04
/♆	6♊26	6♊32	6♊37	6♊43	6♊49	6♊54	7♊00	7♊06	7♊11	7♊17
/♇	8♏47	8♏53	8♏60	9♏06	9♏12	9♏18	9♏24	9♏31	9♏37	9♏43
/☊	17♍46	17♍53	18♍00	18♍07	18♍14	18♍21	18♍27	18♍33	18♍38	18♍43
♄/♅	9♒29	9♒30	9♒31	9♒31	9♒32	9♒33	9♒33	9♒34	9♒35	9♒36
/♆	18♑42	18♑43	18♑43	18♑44	18♑45	18♑45	18♑46	18♑47	18♑48	18♑49
/♇	21♐03	21♐04	21♐06	21♐07	21♐08	21♐09	21♐11	21♐12	21♐14	21♐15
/☊	0♏02	0♏04	0♏06	0♏08	0♏10	0♏12	0♏13	0♏14	0♏15	0♏15
♅/♆	29♓12	29♓10	29♓09	29♓07	29♓05	29♓03	29♓02	28♓60	28♓58	28♓56
/♇	1♓33	1♓32	1♓31	1♓30	1♓28	1♓27	1♓26	1♓25	1♓24	1♓23
/☊	10♋32	10♋32	10♋32	10♋31	10♋31	10♋30	10♋28	10♋27	10♋25	10♋23
♆/♇	10♒46	10♒45	10♒44	10♒42	10♒41	10♒40	10♒39	10♒38	10♒37	10♒36
/☊	19♐45	19♐44	19♐44	19♐44	19♐44	19♐43	19♐41	19♐40	19♐38	19♐36
♇/☊	22♏06	22♏06	22♏07	22♏07	22♏07	22♏07	22♏06	22♏05	22♏03	22♏02

	11	12	13	14	15	16	17	18	19	20
☉/☽	5♍30	11♍58	18♍23	24♍46	1♎09	7♎32	13♎57	20♎25	26♎58	3♏39
/☿	0♎52	1♎38	2♎22	3♎03	3♎42	4♎18	4♎51	5♎21	5♎48	6♎11
/♀	1♍23	1♍58	2♍34	3♍11	3♍49	4♍28	5♍07	5♍48	6♍30	7♍12
/♂	4♍33	5♍21	6♍09	6♍57	7♍45	8♍33	9♍21	10♍10	10♍58	11♍46
/⚳	21♏33	22♏02	22♏30	22♏59	23♏28	23♏58	24♏27	24♏57	25♏27	25♏57
/♃	12♍17	12♍53	13♍29	14♍04	14♍40	15♍16	15♍51	16♍27	17♍02	17♍38
/♄	23♎45	24♎16	24♎47	25♎18	25♎49	26♎20	26♎52	27♎23	27♎54	28♎26
/♅	3♋49	4♋17	4♋46	5♋14	5♋42	6♋10	6♋38	7♋07	7♋35	8♋03
/♆	13♐03	13♐31	13♐59	14♐28	14♐56	15♐25	15♐53	16♐22	16♐50	17♐19
/♇	15♏29	15♏58	16♏27	16♏56	17♏25	17♏55	18♏24	18♏53	19♏22	19♏51
/☊	24♍29	24♍57	25♍26	25♍55	26♍24	26♍54	27♍23	27♍53	28♍23	28♍52
☽/☿	18♍24	24♍40	0♎51	6♎57	12♎60	19♎00	24♎60	0♏59	7♏01	13♏06
/♀	18♌55	24♌60	1♍03	7♍05	13♍07	19♍10	25♍16	1♎27	7♎43	14♎07
/♂	22♌05	28♌23	4♍38	10♍51	17♍03	23♍16	29♍30	5♎48	12♎11	18♎41
/⚳	9♏05	15♏04	20♏59	26♏53	2♐47	8♐40	14♐36	20♐36	26♐40	2♑52
/♃	29♌50	5♍55	11♍58	17♍58	23♍58	29♍58	6♎00	12♎05	18♎16	24♎33
/♄	11♎17	17♎18	23♎16	29♎12	5♏07	11♏03	17♏00	23♏01	29♏08	5♐21
/♅	21♊22	27♊20	3♋15	9♋08	15♋00	20♑53	26♑47	2♒45	8♒48	14♒58
/♆	0♊35	6♊33	12♐29	18♐22	24♐14	0♑07	6♑02	12♑00	18♑03	24♑14
/♇	3♏02	9♏01	14♏56	20♏50	26♏44	2♐37	8♐33	14♐31	20♐35	26♐46
/☊	12♍01	17♍59	23♍55	29♍49	5♎42	11♎36	17♎32	23♎31	29♎36	5♏47
☿/♀	14♍18	14♍40	15♍01	15♍21	15♍39	15♍56	16♍10	16♍23	16♍33	16♍40
/♂	17♍27	18♍03	18♍36	19♍07	19♍36	20♍01	20♍24	20♍44	21♍00	21♍13
/⚳	4♐28	4♐44	4♐58	5♐10	5♐19	5♐26	5♐30	5♐31	5♐30	5♐25
/♃	25♍12	25♍35	25♍56	26♍15	26♍30	26♍44	26♍54	27♍01	27♍05	27♍06
/♄	6♏39	6♏58	7♏14	7♏28	7♏40	7♏48	7♏54	7♏57	7♏57	7♏53
/♅	16♋44	16♋60	17♋13	17♋24	17♋33	17♋38	17♋41	17♋41	17♋37	17♋31
/♆	25♐58	26♐13	26♐27	26♐38	26♐47	26♐53	26♐56	26♐56	26♐53	26♐46
/♇	28♏24	28♏41	28♏55	29♏07	29♏16	29♏23	29♏26	29♏27	29♏25	29♏19
/☊	7♎24	7♎40	7♎53	8♎05	8♎15	8♎22	8♎26	8♎27	8♎25	8♎20
♀/♂	17♌58	18♌23	18♌48	19♌15	19♌43	20♌11	20♌41	21♌11	21♌43	22♌15
/⚳	4♏58	5♏03	5♏10	5♏17	5♏26	5♏36	5♏47	5♏59	6♏12	6♏26
/♃	25♌43	25♌55	26♌08	26♌22	26♌38	26♌54	27♌11	27♌29	27♌47	28♌07
/♄	7♎10	7♎18	7♎26	7♎36	7♎47	7♎58	8♎11	8♎25	8♎39	8♎55
/♅	17♊15	17♊19	17♊25	17♊32	17♊40	17♊48	17♊58	18♊08	18♊20	18♊32
/♆	26♉28	26♉33	26♉39	26♉46	26♉54	27♉03	27♉13	27♉24	27♉35	27♉48
/♇	28♎55	29♎00	29♎07	29♎15	29♎23	29♎33	29♎43	29♎55	0♏07	0♏20
/☊	7♍54	7♍59	8♍05	8♍13	8♍22	8♍32	8♍43	8♍55	9♍08	9♍21
♂/⚳	8♏08	8♏27	8♏45	9♏04	9♏23	9♏42	10♏01	10♏20	10♏40	10♏60
/♃	28♌53	29♌18	29♌43	0♍09	0♍34	0♍59	1♍25	1♍50	2♍15	2♍40
/♄	10♎20	10♎41	11♎02	11♎22	11♎43	12♎04	12♎25	12♎46	13♎07	13♎28
/♅	20♊24	20♊42	21♊00	21♊18	21♊36	21♊54	22♊12	22♊30	22♊48	23♊05
/♆	29♉38	29♉56	0♊14	0♊32	0♊51	1♊09	1♊27	1♊45	2♊03	2♊21
/♇	2♏05	2♏23	2♏42	3♏01	3♏20	3♏38	3♏57	4♏16	4♏35	4♏54
/☊	11♍04	11♍22	11♍41	11♍59	12♍18	12♍38	12♍57	13♍16	13♍35	13♍54
⚳/♃	15♏53	15♏59	16♏05	16♏11	16♏17	16♏24	16♏31	16♏38	16♏45	16♏52
/♄	27♐20	27♐22	27♐23	27♐25	27♐27	27♐29	27♐31	27♐34	27♐36	27♐39
/♅	7♓25	7♓23	7♓22	7♓21	7♓20	7♓19	7♓18	7♓17	7♓17	7♓17
/♆	16♒38	16♒37	16♒36	16♒35	16♒34	16♒33	16♒33	16♒32	16♒32	16♒32
/♇	19♑05	19♑04	19♑04	19♑03	19♑03	19♑03	19♑03	19♑04	19♑04	19♑05
/☊	28♏05	28♏03	28♏02	28♏02	28♏02	28♏02	28♏03	28♏04	28♏05	28♏06
♃/♄	18♎05	18♎13	18♎21	18♎30	18♎38	18♎46	18♎55	19♎03	19♎12	19♎20
/♅	28♊09	28♊15	28♊20	28♊26	28♊31	28♊36	28♊42	28♊47	28♊52	28♊58
/♆	7♊23	7♊28	7♊34	7♊40	7♊45	7♊51	7♊57	8♐02	8♐08	8♐13
/♇	9♏49	9♏56	10♏02	10♏08	10♏14	10♏21	10♏27	10♏33	10♏40	10♏46
/☊	18♍49	18♍55	19♍00	19♍07	19♍13	19♍20	19♍27	19♍33	19♍40	19♍47
♄/♅	9♒37	9♒37	9♒38	9♒39	9♒40	9♒41	9♒42	9♒43	9♒44	9♒45
/♆	18♑50	18♑51	18♑52	18♑53	18♑54	18♑56	18♑57	18♑58	18♑60	19♑01
/♇	21♐17	21♐18	21♐20	21♐22	21♐24	21♐26	21♐27	21♐29	21♐31	21♐33
/☊	0♏16	0♏17	0♏19	0♏20	0♏22	0♏25	0♏27	0♏30	0♏32	0♏34
♅/♆	28♓55	28♓53	28♓51	28♓49	28♓47	28♓46	28♓44	28♓42	28♓40	28♓38
/♇	1♓21	1♓20	1♓19	1♓18	1♓17	1♓15	1♓14	1♓13	1♓12	1♓11
/☊	10♋21	10♋19	10♋18	10♋16	10♋15	10♋15	10♋14	10♋13	10♋12	10♋12
♆/♇	10♒35	10♒34	10♒33	10♒32	10♒31	10♒30	10♒29	10♒28	10♒27	10♒26
/☊	19♐34	19♐33	19♐31	19♐30	19♐30	19♐29	19♐29	19♐28	19♐28	19♐27
♇/☊	22♏01	21♏60	21♏59	21♏59	21♏59	21♏59	21♏59	21♏59	21♏60	21♏60

	21	22	23	24	25	26	27	28	29	30
☉/☽	10♏28	17♏28	24♏41	2♐07	9♐46	17♐37	25♐37	3♑42	11♋48	19♋50
/☿	6♎31	6♎48	7♎01	7♎10	7♎16	7♎19	7♎19	7♎18	7♎14	7♎10
/♀	7♍56	8♍40	9♍25	10♍10	10♍57	11♍44	12♍31	13♍20	14♍09	14♍58
/♂	12♍34	13♍22	14♍10	14♍59	15♍47	16♍35	17♍23	18♍11	18♍59	19♍47
/⚳	26♏28	26♏58	27♏29	27♏60	28♏31	29♏02	29♏33	0♐05	0♐37	1♐09
/♃	18♍14	18♍49	19♍25	20♍01	20♍36	21♍12	21♍48	22♍23	22♍59	23♍35
/♄	28♎57	29♎29	0♏01	0♏32	1♏04	1♏36	2♏07	2♏39	3♏11	3♏43
/♅	8♋31	8♋59	9♋28	9♋56	10♋24	10♋52	11♋21	11♋49	12♋17	12♋45
/♆	17♐47	18♐16	18♐44	19♐13	19♐42	20♐10	20♐39	21♐08	21♐36	22♐05
/♇	20♏20	20♏50	21♏19	21♏48	22♏18	22♏47	23♏17	23♏46	24♏15	24♏45
/☊	29♍21	29♍51	0♎20	0♎49	1♎19	1♎48	2♎18	2♎47	3♎16	3♎46
☽/☿	19♏17	25♏35	2♐02	8♐39	15♐25	22♐20	29♐22	6♑27	13♋30	20♋28
/♀	20♎42	27♎27	4♏26	11♏39	19♏06	26♉45	4♊34	12♊29	20♊25	28♊17
/♂	25♎20	2♏10	9♏12	16♏27	23♏56	1♊36	9♊26	17♊20	25♊15	3♋06
/⚳	9♑13	15♑45	22♑30	29♑28	6♒40	14♒03	21♒36	29♒14	6♓53	14♓27
/♃	0♏60	7♏37	14♏26	21♏29	28♏45	6♐13	13♊50	21♊32	29♊15	6♋53
/♄	11♐43	18♐16	25♐02	2♑01	9♑13	16♑37	24♑10	1♒48	9♒27	17♒02
/♅	21♒17	27♒47	4♓29	11♓24	18♓33	25♓54	3♈23	10♈58	18♈33	26♈04
/♆	0♒33	7♒03	13♒46	20♒42	27♒51	5♓12	12♓42	20♓17	27♓52	5♈24
/♇	3♑06	9♑37	16♑20	23♑17	0♒27	7♒48	15♒19	22♒55	0♓31	8♓04
/☊	12♏07	18♏38	25♏21	2♐18	9♐28	16♐49	24♐20	1♋56	9♋33	17♋04
☿/♀	16♍45	16♍47	16♍46	16♍42	16♍36	16♍27	16♍16	16♍04	15♍51	15♍37
/♂	21♍23	21♍29	21♍31	21♍30	21♍26	21♍18	21♍08	20♍55	20♍41	20♍26
/⚳	5♐16	5♐05	4♐50	4♐31	4♐10	3♐45	3♐18	2♐49	2♐19	1♐47
/♃	27♍03	26♍56	26♍46	26♍33	26♍16	25♍55	25♍33	25♍08	24♍41	24♍13
/♄	7♏46	7♏36	7♏22	7♏04	6♏43	6♏19	5♏52	5♏24	4♏53	4♏22
/♅	17♋20	17♋06	16♋49	16♋28	16♋03	15♋36	15♋06	14♋33	13♋59	13♋24
/♆	26♐36	26♐23	26♐06	25♐45	25♐21	24♐54	24♐24	23♐52	23♐18	22♐44
/♇	29♏09	28♏57	28♏40	28♏20	27♏57	27♏31	27♏01	26♏30	25♏57	25♏24
/☊	8♎10	7♎58	7♎41	7♎21	6♎58	6♎32	6♎03	5♎31	4♎58	4♎24
♀/♂	22♌48	23♌21	23♌56	24♌31	25♌06	25♌43	26♌20	26♌58	27♌36	28♌15
/⚳	6♏41	6♏57	7♏14	7♏32	7♏50	8♏10	8♏30	8♏51	9♏13	9♏36
/♃	28♌27	28♌49	29♌10	29♌33	29♌56	0♍20	0♍45	1♍10	1♍35	2♍02
/♄	9♎11	9♎28	9♎46	10♎04	10♎24	10♎44	11♎04	11♎26	11♎48	12♎10
/♅	18♊45	18♊59	19♊13	19♊28	19♊44	20♊00	20♊18	20♊35	20♊54	21♊13
/♆	28♉01	28♉15	28♉30	28♉45	29♉01	29♉18	29♉36	29♉54	0♊13	0♊32
/♇	0♏34	0♏49	1♏04	1♏21	1♏38	1♏55	2♏13	2♏32	2♏52	3♏12
/☊	9♍35	9♍50	10♍05	10♍22	10♍39	10♍56	11♍15	11♍34	11♍53	12♍13
♂/⚳	11♏19	11♏39	11♏60	12♏20	12♏40	13♏01	13♏22	13♏43	14♏04	14♏25
/♃	3♍06	3♍31	3♍56	4♍21	4♍46	5♍11	5♍36	6♍01	6♍26	6♍51
/♄	13♎49	14♎10	14♎31	14♎52	15♎14	15♎35	15♎56	16♎17	16♎38	16♎60
/♅	23♊23	23♊41	23♊58	24♊16	24♊34	24♊51	25♊09	25♊27	25♊44	26♊02
/♆	2♊39	2♊57	3♊15	3♊33	3♊51	4♊09	4♊27	4♊45	5♊04	5♊22
/♇	5♏12	5♏31	5♏50	6♏09	6♏27	6♏46	7♏05	7♏24	7♏43	8♏01
/☊	14♍13	14♍32	14♍51	15♍10	15♍28	15♍47	16♍06	16♍25	16♍44	17♍02
⚳/♃	16♏59	17♏07	17♏14	17♏22	17♏30	17♏38	17♏47	17♏55	18♏03	18♏12
/♄	27♐43	27♐46	27♐50	27♐54	27♐58	28♐02	28♐06	28♐11	28♐16	28♐21
/♅	7♓17	7♓17	7♓17	7♓17	7♓18	7♓19	7♓19	7♓20	7♓22	7♓23
/♆	16♒33	16♒33	16♒34	16♒34	16♒35	16♒37	16♒38	16♒39	16♒41	16♒43
/♇	19♑06	19♑07	19♑08	19♑10	19♑11	19♑13	19♑15	19♑18	19♑20	19♑23
/☊	28♏07	28♏08	28♏09	28♏11	28♏12	28♏14	28♏16	28♏19	28♏21	28♏23
♃/♄	19♎29	19♎38	19♎46	19♎55	20♎03	20♎12	20♎21	20♎29	20♎38	20♎47
/♅	29♊03	29♊08	29♊13	29♊18	29♊24	29♊29	29♊34	29♊39	29♊44	29♊49
/♆	8♐19	8♐24	8♐30	8♐36	8♐41	8♐47	8♐52	8♐58	9♐03	9♐09
/♇	10♏52	10♏58	11♏05	11♏11	11♏17	11♏23	11♏30	11♏36	11♏42	11♏48
/☊	19♍53	19♍59	20♍06	20♍12	20♍18	20♍25	20♍31	20♍37	20♍43	20♍49
♄/♅	9♒46	9♒48	9♒49	9♒50	9♒51	9♒52	9♒54	9♒55	9♒56	9♒57
/♆	19♑02	19♑04	19♑05	19♑07	19♑09	19♑10	19♑12	19♑14	19♑15	19♑17
/♇	21♐36	21♐38	21♐40	21♐42	21♐45	21♐47	21♐49	21♐52	21♐54	21♐57
/☊	0♏37	0♏39	0♏41	0♏43	0♏46	0♏48	0♏51	0♏53	0♏56	0♏58
♅/♆	28♓36	28♓34	28♓33	28♓31	28♓29	28♓27	28♓25	28♓23	28♓21	28♓19
/♇	1♓10	1♓08	1♓07	1♓06	1♓05	1♓04	1♓03	1♓01	1♓00	0♓59
/☊	10♋10	10♋09	10♋08	10♋07	10♋06	10♋05	10♋04	10♋03	10♋01	9♋60
♆/♇	10♒26	10♒25	10♒24	10♒23	10♒22	10♒22	10♒21	10♒20	10♒20	10♒19
/☊	19♐27	19♐26	19♐25	19♐24	19♐23	19♐23	19♐22	19♐21	19♐21	19♐20
♇/☊	21♏60	21♏60	21♏60	21♏60	21♏60	21♏60	21♏60	21♏60	21♏60	21♏60

September 2015

October 2015

	1	2	3	4	5	6	7	8	9	10	11	12	13	14	15	16
☉/☽	27♋43	5♌24	12♌53	20♌07	27♌09	3♍60	10♍41	17♍15	23♍43	0♎08	6♎32	12♎55	19♎19	25♎45	2♏14	8♏47
/☿	7♎05	7♎02	7♎00	7♎01	7♎06	7♎14	7♎28	7♎46	8♎09	8♎38	9♎13	9♎52	10♎37	11♎26	12♎20	13♎17
/♀	15♍48	16♍39	17♍30	18♍22	19♍14	20♍07	21♍00	21♍54	22♍48	23♍43	24♍38	25♍33	26♍29	27♍25	28♍21	29♍18
/♂	20♍36	21♍24	22♍12	23♍00	23♍48	24♍37	25♍25	26♍13	27♍01	27♍50	28♍38	29♍26	0♎14	1♎03	1♎51	2♎39
/⚳	1♐41	2♐13	2♐46	3♐18	3♐51	4♐24	4♐57	5♐31	6♐04	6♐38	7♐12	7♐46	8♐20	8♐54	9♐29	10♐03
/♃	24♍10	24♍46	25♍21	25♍57	26♍33	27♍08	27♍44	28♍20	28♍55	29♍31	0♎06	0♎42	1♎17	1♎53	2♎28	3♎04
/♄	4♏15	4♏47	5♏19	5♏52	6♏24	6♏56	7♏28	8♏01	8♏33	9♏06	9♏38	10♏11	10♏43	11♏16	11♏49	12♏21
/♅	13♋14	13♋42	14♋10	14♋39	15♋07	15♋35	16♋04	16♋32	17♋00	17♋29	17♋57	18♋26	18♑54	19♑23	19♑51	20♑20
/♆	22♐34	23♐03	23♐32	24♐00	24♐29	24♐58	25♐27	25♐56	26♐25	26♐54	27♐23	27♐52	28♐21	28♐51	29♐20	29♐49
/♇	25♏15	25♏44	26♏14	26♏43	27♏13	27♏43	28♏13	28♏42	29♏12	29♏42	0♐12	0♐42	1♐12	1♐42	2♐12	2♐42
/☊	4♎15	4♎44	5♎13	5♎42	6♎12	6♎41	7♎11	7♎42	8♎12	8♎42	9♎12	9♎42	10♎11	10♎40	11♎08	11♎36
☽/☿	27♋18	3♌57	10♌25	16♌42	22♌49	28♌49	4♍44	10♍37	16♍30	22♍24	28♍23	4♎26	10♎35	16♎51	23♎14	29♎46
/♀	6♋01	13♋34	20♋55	28♋02	4♌57	11♌41	18♌17	24♌45	1♍08	7♍29	13♍48	20♍07	26♍27	2♎50	9♎16	15♎46
/♂	10♋48	18♋19	25♋37	2♌40	9♌31	16♌11	22♌41	29♌04	5♍22	11♍36	17♍48	23♍60	0♎13	6♎28	12♎46	19♎07
/⚳	21♓54	29♓08	6♈10	12♈58	19♈34	25♈58	2♏14	8♏22	14♏24	20♏24	26♏22	2♐19	8♐18	14♐19	20♐23	26♐32
/♃	14♋23	21♋41	28♋46	5♌37	12♌16	18♌43	25♌00	1♍10	7♍15	13♍17	19♍16	25♍16	1♎16	7♎18	13♎23	19♎32
/♄	24♒28	1♍43	8♍44	15♍32	22♍07	28♍30	4♎45	10♎52	16♎53	22♎52	28♎48	4♏44	10♏42	16♏41	22♏43	28♏50
/♅	3♉26	10♉37	17♉35	24♉19	0♊50	7♊10	13♊20	19♊23	25♊21	1♋15	7♋07	12♋60	18♑53	24♑48	0♒46	6♒48
/♆	12♈47	19♈58	26♈56	3♉41	10♉12	16♉33	22♉44	28♉47	4♊45	10♐40	16♐33	22♐26	28♐20	4♑16	10♑15	16♑17
/♇	15♓27	22♓39	29♓38	6♈23	12♈56	19♎17	25♎29	1♏33	7♏32	13♏28	19♏22	25♏16	1♐10	7♐07	13♐06	19♐10
/☊	24♋28	1♌39	8♌38	15♌22	21♌55	28♌16	4♍28	10♍33	16♍32	22♍28	28♍22	4♎16	10♎09	16♎05	22♎03	28♎04
☿/♀	15♍24	15♍12	15♍03	14♍56	14♍54	14♍56	15♍04	15♍16	15♍35	15♍59	16♍29	17♍04	17♍45	18♍31	19♍22	20♍16
/♂	20♍11	19♍57	19♍44	19♍35	19♍28	19♍26	19♍28	19♍35	19♍48	20♍06	20♍29	20♍58	21♍31	22♍09	22♍51	23♍38
/⚳	1♐16	0♐46	0♐18	29♏53	29♏31	29♏13	29♏01	28♏53	28♏51	28♏54	29♏03	29♏17	29♏37	0♐01	0♐29	1♐02
/♃	23♍46	23♍19	22♍54	22♍31	22♍12	21♍57	21♍47	21♍42	21♍42	21♍47	21♍58	22♍13	22♍34	22♍59	23♍29	24♍03
/♄	3♏51	3♏20	2♏52	2♏26	2♏03	1♏45	1♏32	1♏23	1♏20	1♏22	1♏29	1♏42	1♏60	2♏22	2♏49	3♏20
/♅	12♋49	12♋15	11♋43	11♋13	10♋47	10♋24	10♋07	9♋54	9♋47	9♋45	9♋49	9♋57	10♋11	10♋29	10♋52	11♋18
/♆	22♐09	21♐36	21♐04	20♐35	20♐09	19♐47	19♐30	19♐18	19♐12	19♐11	19♐15	19♐24	19♐38	19♐57	20♐20	20♐48
/♇	24♏50	24♏17	23♏46	23♏18	22♏53	22♏32	22♏16	22♏05	21♏59	21♏58	22♏03	22♏13	22♏28	22♏48	23♏12	23♏40
/☊	3♎50	3♎17	2♎45	2♎17	1♎51	1♎31	1♎15	1♎04	0♎59	0♎58	1♎03	1♎13	1♎28	1♎46	2♎09	2♎35
♀/♂	28♌54	29♌34	0♍14	0♍55	1♍37	2♍18	3♍01	3♍43	4♍27	5♍10	5♍54	6♍38	7♍23	8♍08	8♍53	9♍38
/⚳	9♏59	10♏23	10♏48	11♏13	11♏39	12♏06	12♏33	13♏01	13♏29	13♏58	14♏28	14♏58	15♏28	15♏59	16♏31	17♏02
/♃	2♍29	2♍56	3♍24	3♍52	4♍21	4♍50	5♍20	5♍50	6♍20	6♍51	7♍22	7♍54	8♍26	8♍58	9♍30	10♍03
/♄	12♎34	12♎57	13♎22	13♎47	14♎12	14♎38	15♎04	15♎31	15♎58	16♎26	16♎54	17♎23	17♎52	18♎21	18♎51	19♎21
/♅	21♊32	21♊52	22♊13	22♊34	22♊55	23♊17	23♊40	24♊02	24♊26	24♊49	25♊13	25♊38	26♊03	26♊28	26♊53	27♊19
/♆	0♊52	1♊13	1♊34	1♊55	2♊18	2♊40	3♊03	3♊27	3♊50	4♊15	4♊39	5♊04	5♊30	5♊56	6♊22	6♊48
/♇	3♏33	3♏54	4♏16	4♏38	5♏01	5♏25	5♏48	6♏13	6♏37	7♏02	7♏28	7♏54	8♏20	8♏47	9♏14	9♏41
/☊	12♍33	12♍54	13♍15	13♍37	13♍60	14♍23	14♍47	15♍12	15♍37	16♍03	16♍28	16♍54	17♍19	17♍45	18♍10	18♍35
♂/⚳	14♏46	15♏08	15♏30	15♏51	16♏13	16♏36	16♏58	17♏20	17♏43	18♏05	18♏28	18♏51	19♏14	19♏37	20♏00	20♏24
/♃	7♍16	7♍41	8♍05	8♍30	8♍55	9♍20	9♍44	10♍09	10♍34	10♍58	11♍23	11♍47	12♍11	12♍36	13♍00	13♍24
/♄	17♎21	17♎42	18♎03	18♎25	18♎46	19♎07	19♎29	19♎50	20♎12	20♎33	20♎54	21♎16	21♎37	21♎59	22♎20	22♎42
/♅	26♊19	26♊37	26♊54	27♊12	27♊29	27♊47	28♊04	28♊22	28♊39	28♊56	29♊14	29♊31	29♊48	0♋06	0♋23	0♋40
/♆	5♊40	5♊58	6♊16	6♊34	6♊52	7♊10	7♊28	7♐46	8♐04	8♐22	8♐40	8♐58	9♐16	9♐34	9♐52	10♐10
/♇	8♏20	8♏39	8♏58	9♏17	9♏35	9♏54	10♏13	10♏32	10♏51	11♏09	11♏28	11♏47	12♏06	12♏25	12♏43	13♏02
/☊	17♍20	17♍39	17♍57	18♍15	18♍34	18♍53	19♍12	19♍31	19♍50	20♍10	20♍28	20♍47	21♍05	21♍23	21♍40	21♍57
⚳/♃	18♏21	18♏30	18♏39	18♏48	18♏58	19♏07	19♏17	19♏27	19♏36	19♏46	19♏56	20♏07	20♏17	20♏27	20♏38	20♏49
/♄	28♐26	28♐31	28♐37	28♐43	28♐49	28♐55	29♐01	29♐08	29♐14	29♐21	29♐28	29♐35	29♐43	29♐50	29♐58	0♑06
/♅	7♓24	7♓26	7♓28	7♓30	7♓32	7♓34	7♓37	7♓39	7♓42	7♓45	7♓48	7♓51	7♓54	7♓57	8♓01	8♓04
/♆	16♒45	16♒47	16♒49	16♒52	16♒54	16♒57	17♒00	17♒03	17♒06	17♒10	17♒13	17♒17	17♒21	17♒25	17♒29	17♒34
/♇	19♑25	19♑28	19♑31	19♑35	19♑38	19♑42	19♑45	19♑49	19♑53	19♑58	20♑02	20♑07	20♑11	20♑16	20♑21	20♑26
/☊	28♏26	28♏28	28♏31	28♏34	28♏37	28♏40	28♏44	28♏49	28♏53	28♏58	29♏02	29♏07	29♏11	29♏14	29♏18	29♏21
♃/♄	20♎55	21♎04	21♎13	21♎22	21♎30	21♎39	21♎48	21♎57	22♎05	22♎14	22♎23	22♎32	22♎40	22♎49	22♎58	23♎07
/♅	29♊54	29♊59	0♋04	0♋09	0♋13	0♋18	0♋23	0♋28	0♋33	0♋37	0♋42	0♋47	0♋51	0♋56	1♋01	1♋05
/♆	9♐14	9♐20	9♐25	9♐30	9♐36	9♐41	9♐47	9♐52	9♐57	10♐03	10♐08	10♐13	10♐19	10♐24	10♐29	10♐34
/♇	11♏55	12♏01	12♏07	12♏13	12♏20	12♏26	12♏32	12♏38	12♏44	12♏50	12♏57	13♏03	13♏09	13♏15	13♏21	13♏27
/☊	20♍55	21♍01	21♍07	21♍12	21♍18	21♍25	21♍31	21♍38	21♍44	21♍51	21♍57	22♍03	22♍08	22♍13	22♍17	22♍21
♄/♅	9♒59	10♒00	10♒02	10♒03	10♒05	10♒06	10♒08	10♒09	10♒11	10♒12	10♒14	10♒16	10♒17	10♒19	10♒21	10♒22
/♆	19♑19	19♑21	19♑23	19♑25	19♑27	19♑29	19♑31	19♑33	19♑35	19♑38	19♑40	19♑42	19♑45	19♑47	19♑49	19♑52
/♇	21♐60	22♐02	22♐05	22♐08	22♐11	22♐14	22♐16	22♐19	22♐22	22♐25	22♐28	22♐32	22♐35	22♐38	22♐41	22♐44
/☊	1♏00	1♏02	1♏04	1♏07	1♏09	1♏12	1♏15	1♏19	1♏22	1♏26	1♏29	1♏32	1♏34	1♏36	1♏38	1♏39
♅/♆	28♓18	28♓16	28♓14	28♓12	28♓10	28♓08	28♓06	28♓05	28♓03	28♓01	27♓59	27♓57	27♓56	27♓54	27♓52	27♓50
/♇	0♓58	0♓57	0♓56	0♓55	0♓54	0♓53	0♓52	0♓51	0♓50	0♓49	0♓48	0♓47	0♓46	0♓45	0♓44	0♓43
/☊	9♋58	9♋57	9♋55	9♋54	9♋53	9♋51	9♋51	9♋50	9♋49	9♋49	9♋48	9♋47	9♋45	9♋43	9♋40	9♋37
♆/♇	10♒18	10♒18	10♒17	10♒17	10♒16	10♒16	10♒15	10♒15	10♒14	10♒14	10♒14	10♒13	10♒13	10♒13	10♒13	10♒12
/☊	19♐19	19♐18	19♐17	19♐16	19♐15	19♐14	19♐14	19♐14	19♐14	19♐14	19♐14	19♐13	19♐12	19♐11	19♐09	19♐07
♇/☊	21♏59	21♏59	21♏59	21♏59	21♏59	21♏59	21♏60	22♏00	22♏01	22♏02	22♏03	22♏03	22♏03	22♏02	22♏01	21♏59

	17	18	19	20	21	22	23	24	25	26	27	28	29	30	31	
☉/☽	15♏25	22♏09	29♏01	6♐01	13♐10	20♐31	28♐03	5♑46	13♑39	21♑38	29♑41	7♌43	15♌39	23♌26	0♍59	☉/☽
/☿	14♎18	15♎22	16♎29	17♎39	18♎50	20♎03	21♎18	22♎34	23♎50	25♎08	26♎26	27♎45	29♎04	0♏23	1♏43	/☿
/♀	0♎15	1♎12	2♎10	3♎08	4♎06	5♎05	6♎04	7♎03	8♎02	9♎02	10♎02	11♎02	12♎02	13♎03	14♎03	/♀
/♂	3♎27	4♎16	5♎04	5♎52	6♎40	7♎29	8♎17	9♎05	9♎53	10♎41	11♎30	12♎18	13♎06	13♎54	14♎43	/♂
/⚳	10♐38	11♐13	11♐48	12♐23	12♐58	13♐34	14♐09	14♐45	15♐21	15♐57	16♐33	17♐09	17♐46	18♐22	18♐59	/⚳
/♃	3♎39	4♎15	4♎50	5♎26	6♎01	6♎36	7♎12	7♎47	8♎22	8♎58	9♎33	10♎08	10♎43	11♎19	11♎54	/♃
/♄	12♏54	13♏27	13♏60	14♏33	15♏05	15♏38	16♏11	16♏44	17♏17	17♏51	18♏24	18♏57	19♏30	20♏03	20♏36	/♄
/♅	20♑48	21♑17	21♑45	22♑14	22♑43	23♑11	23♑40	24♑09	24♑37	25♑06	25♑35	26♑03	26♑32	27♑01	27♑30	/♅
/♆	0♑18	0♑48	1♑17	1♑46	2♑16	2♑45	3♑14	3♑44	4♑13	4♑43	5♑12	5♑42	6♑11	6♑41	7♑11	/♆
/♇	3♐12	3♐42	4♐12	4♐42	5♐12	5♐43	6♐13	6♐43	7♐14	7♐44	8♐14	8♐45	9♐15	9♐46	10♐16	/♇
/☊	12♎04	12♎32	13♎01	13♎30	13♎59	14♎29	14♎60	15♎30	16♎01	16♎30	16♎59	17♎28	17♎55	18♎22	18♎50	/☊
☽/☿	6♏25	13♏14	20♏13	27♏23	4♐44	12♐18	20♐05	28♐04	6♑14	14♑31	22♋53	1♌14	9♌29	17♌35	25♌28	☽/☿
/♀	22♎22	29♎04	5♏53	12♏52	20♏00	27♏20	4♐51	12♐33	20♊26	28♊25	6♋28	14♋30	22♋27	0♌14	7♌48	/♀
/♂	25♎34	2♏07	8♏47	15♏36	22♏34	29♏43	7♐04	14♐35	22♊17	0♋05	7♋56	15♋47	23♋31	1♌06	8♌27	/♂
/⚳	2♑45	9♑04	15♑31	22♑07	28♑52	5♒49	12♒57	20♒16	27♒44	5♓20	12♓60	20♓38	28♓11	5♈34	12♈44	/⚳
/♃	25♎46	2♏06	8♏34	15♏09	21♏55	28♏51	5♐59	13♐18	20♊46	28♊21	5♋60	13♋37	21♋08	28♋30	5♌38	/♃
/♄	5♐01	11♐18	17♐43	24♐16	0♑59	7♑53	14♑59	22♑15	29♑41	7♒14	14♒50	22♒26	29♒55	7♍14	14♍21	/♄
/♅	12♒55	19♒08	25♒29	1♓58	8♓37	15♓26	22♓27	29♓39	7♈01	14♈29	22♈01	29♈32	6♉57	14♉12	21♉15	/♅
/♆	22♑25	28♑39	5♒00	11♒30	18♒10	24♒60	2♓02	9♓14	16♓37	24♓06	1♈39	9♈11	16♈36	23♈52	0♉55	/♆
/♇	25♐19	1♑33	7♑55	14♑26	21♑06	27♑58	5♒00	12♒14	19♒37	27♒07	4♓41	12♓13	19♓40	26♓57	4♈01	/♇
/☊	4♏11	10♏24	16♏44	23♏13	29♏53	6♐44	13♐47	21♐01	28♐24	5♋54	13♋26	20♋56	28♋20	5♌34	12♌34	/☊
☿/♀	21♍15	22♍17	23♍22	24♍30	25♍40	26♍52	28♍06	29♍21	0♎37	1♎55	3♎13	4♎32	5♎52	7♎12	8♎32	☿/♀
/♂	24♍27	25♍20	26♍16	27♍14	28♍14	29♍16	0♎19	1♎23	2♎28	3♎35	4♎41	5♎48	6♎56	8♎04	9♎11	/♂
/⚳	1♐38	2♐18	3♐00	3♐45	4♐32	5♐21	6♐12	7♐03	7♐56	8♐50	9♐45	10♐40	11♐35	12♐31	13♐28	/⚳
/♃	24♍40	25♍20	26♍02	26♍48	27♍35	28♍24	29♍14	0♎05	0♎58	1♎51	2♎44	3♎39	4♎33	5♎28	6♎22	/♃
/♄	3♏54	4♏32	5♏12	5♏54	6♏39	7♏26	8♏13	9♏03	9♏53	10♏44	11♏35	12♏27	13♏20	14♏12	15♏05	/♄
/♅	11♋48	12♋22	12♋58	13♋36	14♋16	14♋58	15♋42	16♋27	17♋13	17♑59	18♑46	19♑34	20♑22	21♑10	21♑59	/♅
/♆	21♐18	21♐52	22♐29	23♐08	23♐49	24♐32	25♐16	26♐02	26♐48	27♐36	28♐24	29♐12	0♑01	0♑50	1♑39	/♆
/♇	24♏12	24♏47	25♏24	26♏04	26♏46	27♏30	28♏15	29♏01	29♏49	0♐37	1♐26	2♐15	3♐05	3♐55	4♐45	/♇
/☊	3♎04	3♎37	4♎13	4♎51	5♎33	6♎16	7♎02	7♎49	8♎36	9♎24	10♎11	10♎58	11♎45	12♎31	13♎18	/☊
♀/♂	10♍24	11♍10	11♍57	12♍43	13♍30	14♍17	15♍05	15♍52	16♍40	17♍28	18♍17	19♍05	19♍54	20♍43	21♍32	♀/♂
/⚳	17♏35	18♏08	18♏41	19♏14	19♏48	20♏23	20♏57	21♏33	22♏08	22♏44	23♏20	23♏56	24♏33	25♏10	25♏48	/⚳
/♃	10♍36	11♍10	11♍43	12♍17	12♍51	13♍25	13♍60	14♍34	15♍09	15♍44	16♍20	16♍55	17♍31	18♍07	18♍43	/♃
/♄	19♎51	20♎22	20♎52	21♎24	21♎55	22♎27	22♎59	23♎32	24♎04	24♎37	25♎10	25♎44	26♎17	26♎51	27♎25	/♄
/♅	27♊45	28♊12	28♊38	29♊05	29♊33	0♋00	0♋28	0♋56	1♋24	1♋53	2♋22	2♋51	3♋20	3♋49	4♋19	/♅
/♆	7♊15	7♐42	8♐10	8♐37	9♐05	9♐34	10♐02	10♐31	11♐00	11♐29	11♐59	12♐29	12♐59	13♐29	13♐60	/♆
/♇	10♏09	10♏37	11♏05	11♏34	12♏02	12♏31	13♏01	13♏31	14♏00	14♏31	15♏01	15♏32	16♏03	16♏34	17♏05	/♇
/☊	19♍01	19♍27	19♍53	20♍21	20♍49	21♍18	21♍48	22♍18	22♍48	23♍17	23♍46	24♍15	24♍43	25♍11	25♍39	/☊
♂/⚳	20♏47	21♏11	21♏35	21♏58	22♏22	22♏46	23♏11	23♏35	23♏59	24♏24	24♏48	25♏13	25♏38	26♏02	26♏27	♂/⚳
/♃	13♍49	14♍13	14♍37	15♍01	15♍25	15♍49	16♍13	16♍37	17♍01	17♍24	17♍48	18♍12	18♍35	18♍59	19♍22	/♃
/♄	23♎03	23♎25	23♎46	24♎08	24♎29	24♎51	25♎12	25♎34	25♎55	26♎17	26♎39	27♎00	27♎22	27♎43	28♎05	/♄
/♅	0♋58	1♋15	1♋32	1♋49	2♋07	2♋24	2♋41	2♋58	3♋15	3♋33	3♋50	4♋07	4♋24	4♋41	4♋58	/♅
/♆	10♐28	10♐46	11♐03	11♐21	11♐39	11♐57	12♐15	12♐33	12♐51	13♐09	13♐27	13♐45	14♐03	14♐21	14♐39	/♆
/♇	13♏21	13♏40	13♏59	14♏18	14♏36	14♏55	15♏14	15♏33	15♏52	16♏10	16♏29	16♏48	17♏07	17♏26	17♏44	/♇
/☊	22♍13	22♍30	22♍47	23♍05	23♍23	23♍42	24♍01	24♍20	24♍39	24♍57	25♍14	25♍31	25♍47	26♍02	26♍18	/☊
⚳/♃	20♏59	21♏10	21♏21	21♏32	21♏43	21♏54	22♏06	22♏17	22♏28	22♏40	22♏51	23♏03	23♏15	23♏27	23♏38	⚳/♃
/♄	0♑14	0♑22	0♑30	0♑39	0♑47	0♑56	1♑05	1♑14	1♑23	1♑33	1♑42	1♑52	2♑01	2♑11	2♑21	/♄
/♅	8♓08	8♓12	8♓16	8♓20	8♓25	8♓29	8♓34	8♓38	8♓43	8♓48	8♓53	8♓58	9♓04	9♓09	9♓15	/♅
/♆	17♒38	17♒43	17♒48	17♒52	17♒58	18♒03	18♒08	18♒14	18♒19	18♒25	18♒31	18♒37	18♒43	18♒49	18♒55	/♆
/♇	20♑32	20♑37	20♑43	20♑49	20♑54	21♑01	21♑07	21♑13	21♑19	21♑26	21♑33	21♑39	21♑46	21♑53	22♑01	/♇
/☊	29♏24	29♏27	29♏31	29♏36	29♏41	29♏47	29♏54	0♐00	0♐07	0♐13	0♐18	0♐22	0♐27	0♐30	0♐34	/☊
♃/♄	23♎15	23♎24	23♎33	23♎41	23♎50	23♎59	24♎07	24♎16	24♎25	24♎33	24♎42	24♎50	24♎59	25♎07	25♎16	♃/♄
/♅	1♋10	1♋14	1♋19	1♋23	1♋27	1♋32	1♋36	1♋40	1♋45	1♋49	1♋53	1♋57	2♋01	2♋05	2♋09	/♅
/♆	10♐40	10♐45	10♐50	10♐55	11♐00	11♐05	11♐10	11♐15	11♐20	11♐25	11♐30	11♐35	11♐40	11♐45	11♐50	/♆
/♇	13♏33	13♏39	13♏45	13♏51	13♏57	14♏03	14♏09	14♏15	14♏21	14♏27	14♏32	14♏38	14♏44	14♏50	14♏55	/♇
/☊	22♍25	22♍29	22♍34	22♍38	22♍44	22♍50	22♍56	23♍02	23♍08	23♍13	23♍18	23♍21	23♍24	23♍27	23♍29	/☊
♄/♅	10♒24	10♒26	10♒28	10♒30	10♒32	10♒34	10♒36	10♒38	10♒40	10♒42	10♒44	10♒46	10♒48	10♒50	10♒52	♄/♅
/♆	19♑54	19♑57	19♑59	20♑02	20♑05	20♑07	20♑10	20♑13	20♑15	20♑18	20♑21	20♑24	20♑27	20♑30	20♑33	/♆
/♇	22♐48	22♐51	22♐55	22♐58	23♐02	23♐05	23♐09	23♐12	23♐16	23♐19	23♐23	23♐27	23♐31	23♐34	23♐38	/♇
/☊	1♏40	1♏41	1♏43	1♏45	1♏48	1♏52	1♏55	1♏59	2♏03	2♏06	2♏08	2♏10	2♏11	2♏11	2♏12	/☊
♅/♆	27♓49	27♓47	27♓45	27♓43	27♓42	27♓40	27♓39	27♓37	27♓35	27♓34	27♓32	27♓31	27♓29	27♓28	27♓26	♅/♆
/♇	0♓42	0♓41	0♓40	0♓40	0♓39	0♓38	0♓37	0♓36	0♓36	0♓35	0♓34	0♓34	0♓33	0♓32	0♓32	/♇
/☊	9♋34	9♋31	9♋29	9♋27	9♋25	9♋25	9♋24	9♋24	9♋23	9♋22	9♋19	9♋17	9♋13	9♋09	9♋05	/☊
♆/♇	10♒12	10♒12	10♒12	10♒12	10♒12	10♒12	10♒12	10♒12	10♒12	10♒12	10♒12	10♒12	10♒12	10♒12	10♒12	♆/♇
/☊	19♐04	19♐02	19♐00	18♐59	18♐58	18♐58	18♐58	18♐59	18♐59	18♐58	18♐57	18♐55	18♐52	18♐49	18♐46	/☊
♇/☊	21♏58	21♏56	21♏55	21♏55	21♏55	21♏56	21♏57	21♏58	21♏59	21♏59	21♏59	21♏58	21♏56	21♏54	21♏51	♇/☊

October 2015

November 2015

	1	2	3	4	5	6	7	8	9	10
☉/☽	8♍18	15♍24	22♍16	28♍58	5♎31	11♎59	18♎23	24♎46	1♏10	7♏37
/☿	3♏03	4♏22	5♏42	7♏02	8♏21	9♏41	11♏00	12♏20	13♏39	14♏58
/♀	15♎04	16♎05	17♎07	18♎08	19♎10	20♎12	21♎14	22♎17	23♎19	24♎22
/♂	15♎31	16♎19	17♎07	17♎56	18♎44	19♎32	20♎21	21♎09	21♎57	22♎45
/⚳	19♐36	20♐13	20♐50	21♐27	22♐04	22♐41	23♐19	23♐56	24♐34	25♐12
/♃	12♎29	13♎04	13♎39	14♎14	14♎49	15♎24	15♎59	16♎34	17♎09	17♎44
/♄	21♏10	21♏43	22♏16	22♏50	23♏23	23♏57	24♏30	25♏04	25♏37	26♏11
/♅	27♑59	28♑28	28♑57	29♑26	29♑55	0♒24	0♒53	1♒22	1♒51	2♒20
/♆	7♑40	8♑10	8♑40	9♑10	9♑39	10♑09	10♑39	11♑09	11♑39	12♑09
/♇	10♐47	11♐17	11♐48	12♐18	12♐49	13♐20	13♐50	14♐21	14♐52	15♐23
/☊	19♎17	19♎46	20♎15	20♎45	21♎15	21♎46	22♎17	22♎47	23♎17	23♎45
☽/☿	3♍07	10♍32	17♍44	24♍46	1♎38	8♎25	15♎09	21♎51	28♎34	5♏20
/♀	15♌08	22♌15	29♌09	5♍52	12♍27	18♍56	25♍23	1♎48	8♎14	14♎43
/♂	15♌35	22♌29	29♌10	5♍39	12♍01	18♍16	24♍29	0♎40	6♎52	13♎07
/⚳	19♈40	26♈22	2♏52	9♏10	15♏21	21♏25	27♏27	3♐27	9♐29	15♐33
/♃	12♌33	19♌13	25♌41	1♍58	8♍06	14♍08	20♍07	26♍05	2♎04	8♎05
/♄	21♍14	27♍53	4♎18	10♎34	16♎40	22♎41	28♎38	4♏35	10♏32	16♏32
/♅	28♉03	4♊37	10♊59	17♊09	23♊11	29♊08	5♋01	10♋53	16♋46	22♑41
/♆	7♉44	14♉20	20♉42	26♉53	2♊56	8♐54	14♐47	20♐40	26♐34	2♑31
/♇	10♈51	17♎27	23♎50	0♏02	6♏06	12♏04	17♏59	23♏52	29♏47	5♐44
/☊	19♌21	25♌55	2♍17	8♍29	14♍32	20♍31	26♍25	2♎18	8♎12	14♎06
☿/♀	9♎53	11♎14	12♎35	13♎56	15♎17	16♎39	17♎60	19♎21	20♎43	22♎04
/♂	10♎19	11♎27	12♎35	13♎43	14♎51	15♎59	17♎06	18♎14	19♎21	20♎28
/⚳	14♐24	15♐21	16♐17	17♐14	18♐11	19♐08	20♐04	21♐01	21♐58	22♐54
/♃	7♎17	8♎12	9♎07	10♎01	10♎56	11♎50	12♎45	13♎39	14♎32	15♎26
/♄	15♏58	16♏51	17♏44	18♏37	19♏30	20♏23	21♏16	22♏09	23♏01	23♏53
/♅	22♑47	23♑36	24♑24	25♑13	26♑01	26♑50	27♑38	28♑26	29♑14	0♒02
/♆	2♑29	3♑18	4♑08	4♑57	5♑46	6♑36	7♑25	8♑14	9♑03	9♑51
/♇	5♐35	6♐25	7♐15	8♐06	8♐56	9♐46	10♐36	11♐26	12♐16	13♐05
/☊	14♎06	14♎54	15♎43	16♎32	17♎22	18♎13	19♎03	19♎52	20♎40	21♎27
♀/♂	22♍21	23♍10	23♍60	24♍50	25♍40	26♍30	27♍20	28♍10	29♍01	29♍51
/⚳	26♏26	27♏04	27♏42	28♏21	28♏60	29♏39	0♐18	0♐58	1♐38	2♐18
/♃	19♍19	19♍55	20♍32	21♍08	21♍45	22♍22	22♍58	23♍35	24♍13	24♍50
/♄	27♎60	28♎34	29♎09	29♎44	0♏19	0♏54	1♏30	2♏05	2♏41	3♏17
/♅	4♋49	5♋19	5♋49	6♋20	6♋50	7♋21	7♋52	8♋23	8♋55	9♋26
/♆	14♐30	15♐01	15♐32	16♐04	16♐35	17♐07	17♐39	18♐11	18♐43	19♐15
/♇	17♏37	18♏08	18♏40	19♏12	19♏45	20♏17	20♏50	21♏23	21♏56	22♏29
/☊	26♍07	26♍37	27♍07	27♍39	28♍11	28♍44	29♍17	29♍49	0♎20	0♎51
♂/⚳	26♏52	27♏18	27♏43	28♏08	28♏33	28♏59	29♏24	29♏50	0♐16	0♐41
/♃	19♍46	20♍09	20♍32	20♍55	21♍19	21♍42	22♍05	22♍28	22♍50	23♍13
/♄	28♎26	28♎48	29♎10	29♎31	29♎53	0♏14	0♏36	0♏57	1♏19	1♏41
/♅	5♋15	5♋33	5♋50	6♋07	6♋24	6♋41	6♋58	7♋15	7♋32	7♋50
/♆	14♐57	15♐15	15♐33	15♐51	16♐09	16♐27	16♐45	17♐03	17♐21	17♐39
/♇	18♏03	18♏22	18♏41	18♏60	19♏18	19♏37	19♏56	20♏15	20♏34	20♏52
/☊	26♍34	26♍51	27♍08	27♍26	27♍45	28♍04	28♍23	28♍41	28♍58	29♍15
⚳/♃	23♏50	24♏02	24♏14	24♏26	24♏38	24♏51	25♏03	25♏15	25♏27	25♏40
/♄	2♑31	2♑41	2♑52	3♑02	3♑13	3♑23	3♑34	3♑45	3♑56	4♑07
/♅	9♓20	9♓26	9♓32	9♓38	9♓44	9♓50	9♓56	10♓03	10♓09	10♓16
/♆	19♒02	19♒08	19♒15	19♒22	19♒29	19♒36	19♒43	19♒50	19♒58	20♒05
/♇	22♑08	22♑15	22♑23	22♑31	22♑38	22♑46	22♑54	23♑02	23♑10	23♑19
/☊	0♐39	0♐44	0♐50	0♐57	1♐05	1♐13	1♐21	1♐29	1♐35	1♐41
♃/♄	25♎24	25♎33	25♎41	25♎50	25♎58	26♎06	26♎14	26♎23	26♎31	26♎39
/♅	2♋13	2♋17	2♋21	2♋25	2♋29	2♋33	2♋37	2♋40	2♋44	2♋48
/♆	11♐55	11♐60	12♐04	12♐09	12♐14	12♐19	12♐23	12♐28	12♐32	12♐37
/♇	15♏01	15♏07	15♏12	15♏18	15♏23	15♏29	15♏34	15♏40	15♏45	15♏51
/☊	23♍32	23♍35	23♍40	23♍45	23♍50	23♍56	24♍01	24♍06	24♍10	24♍13
♄/♅	10♒54	10♒57	10♒59	11♒01	11♒03	11♒06	11♒08	11♒10	11♒13	11♒15
/♆	20♑36	20♑39	20♑42	20♑45	20♑48	20♑51	20♑55	20♑58	21♑01	21♑04
/♇	23♐42	23♐46	23♐50	23♐54	23♐58	24♐02	24♐06	24♐10	24♐14	24♐18
/☊	2♏13	2♏14	2♏17	2♏20	2♏24	2♏28	2♏33	2♏36	2♏39	2♏40
♅/♆	27♓25	27♓23	27♓22	27♓21	27♓19	27♓18	27♓17	27♓16	27♓14	27♓13
/♇	0♓31	0♓30	0♓30	0♓29	0♓29	0♓28	0♓28	0♓28	0♓27	0♓27
/☊	9♋02	8♋59	8♋57	8♋56	8♋56	8♋55	8♋55	8♋54	8♋52	8♋49
♆/♇	10♒13	10♒13	10♒13	10♒13	10♒14	10♒14	10♒15	10♒15	10♒16	10♒16
/☊	18♐43	18♐41	18♐40	18♐40	18♐40	18♐41	18♐41	18♐41	18♐40	18♐38
♇/☊	21♏50	21♏48	21♏48	21♏49	21♏50	21♏51	21♏53	21♏53	21♏53	21♏52

	11	12	13	14	15	16	17	18	19	20
☉/☽	14♏08	20♏43	27♏24	4♐10	11♐03	18♐01	25♐06	2♑17	9♑36	17♑03
/☿	16♏17	17♏36	18♏54	20♏13	21♏31	22♏49	24♏07	25♏25	26♏43	28♏01
/♀	25♎25	26♎27	27♎31	28♎34	29♎37	0♏41	1♏44	2♏48	3♏52	4♏56
/♂	23♎34	24♎22	25♎10	25♎58	26♎47	27♎35	28♎23	29♎11	29♎59	0♏48
/⚳	25♐50	26♐28	27♐06	27♐44	28♐22	29♐01	29♐39	0♑18	0♑56	1♑35
/♃	18♎18	18♎53	19♎28	20♎02	20♎37	21♎12	21♎46	22♎21	22♎55	23♎30
/♄	26♏45	27♏18	27♏52	28♏25	28♏59	29♏33	0♐07	0♐40	1♐14	1♐48
/♅	2♒49	3♒18	3♒47	4♒17	4♒46	5♒15	5♒45	6♒14	6♒43	7♒13
/♆	12♑39	13♑09	13♑39	14♑09	14♑39	15♑10	15♑40	16♑10	16♑40	17♑11
/♇	15♐53	16♐24	16♐55	17♐26	17♐57	18♐28	18♐59	19♐30	20♐01	20♐32
/☊	24♎12	24♎38	25♎04	25♎29	25♎54	26♎21	26♎48	27♎16	27♎46	28♎16
☽/☿	12♏09	19♏03	26♏02	3♐06	10♐17	17♐33	24♐55	2♑24	9♑60	17♑44
/♀	21♎16	27♎54	4♏38	11♏27	18♏23	25♏24	2♐32	9♐47	17♐09	24♐39
/♂	19♎25	25♎49	2♏17	8♏52	15♏32	22♏18	29♏10	6♐10	13♐16	20♐30
/⚳	21♐42	27♐55	4♑13	10♑37	17♑08	23♑44	0♒27	7♒16	14♒13	21♒18
/♃	14♎10	20♎20	26♎35	2♏56	9♏22	15♏55	22♏34	29♏19	6♐12	13♐12
/♄	22♏36	28♏45	4♐59	11♐19	17♐45	24♐16	0♑54	7♑39	14♑31	21♑31
/♅	28♑41	4♒45	10♒55	17♒10	23♒31	29♒58	6♓32	13♓12	19♓60	26♓55
/♆	8♑31	14♑36	20♑47	27♑03	3♒25	9♒53	16♒27	23♒08	29♒57	6♓53
/♇	11♐45	17♐51	24♐03	0♑20	6♑42	13♑11	19♑46	26♑28	3♒18	10♒15
/☊	20♎04	26♎05	2♏11	8♏22	14♏40	21♏04	27♏35	4♐15	11♐03	17♐59
☿/♀	23♎26	24♎47	26♎08	27♎30	28♎51	0♏12	1♏34	2♏55	4♏16	5♏37
/♂	21♎35	22♎41	23♎48	24♎54	26♎00	27♎06	28♎12	29♎18	0♏23	1♏29
/⚳	23♐51	24♐47	25♐44	26♐40	27♐36	28♐32	29♐28	0♑24	1♑20	2♑16
/♃	16♎19	17♎13	18♎06	18♎58	19♎51	20♎43	21♎35	22♎27	23♎19	24♎11
/♄	24♏46	25♏38	26♏30	27♏21	28♏13	29♏04	29♏56	0♐47	1♐38	2♐29
/♅	0♒50	1♒38	2♒25	3♒13	3♒60	4♒47	5♒34	6♒21	7♒07	7♒54
/♆	10♑40	11♑29	12♑17	13♑05	13♑53	14♑41	15♑29	16♑17	17♑04	17♑52
/♇	13♐55	14♐44	15♐33	16♐22	17♐11	17♐59	18♐48	19♐37	20♐25	21♐13
/☊	22♎13	22♎58	23♎42	24♎25	25♎08	25♎52	26♎37	27♎23	28♎10	28♎58
♀/♂	0♎42	1♎33	2♎24	3♎15	4♎06	4♎58	5♎49	6♎40	7♎32	8♎24
/⚳	2♐58	3♐39	4♐20	5♐01	5♐42	6♐24	7♐05	7♐47	8♐29	9♐11
/♃	25♍27	26♍04	26♍42	27♍19	27♍57	28♍35	29♍12	29♍50	0♎28	1♎06
/♄	3♏53	4♏29	5♏06	5♏42	6♏19	6♏56	7♏33	8♏10	8♏47	9♏24
/♅	9♋58	10♋29	11♋01	11♋33	12♋06	12♋38	13♋11	13♋43	14♋16	14♋49
/♆	19♐48	20♐20	20♐53	21♐26	21♐59	22♐32	23♐06	23♐39	24♐13	24♐47
/♇	23♏02	23♏36	24♏09	24♏43	25♏17	25♏51	26♏25	26♏59	27♏34	28♏08
/☊	1♎21	1♎50	2♎18	2♎46	3♎14	3♎44	4♎14	4♎46	5♎19	5♎53
♂/⚳	1♐07	1♐33	1♐59	2♐25	2♐51	3♐18	3♐44	4♐10	4♐36	5♐03
/♃	23♍36	23♍59	24♍21	24♍44	25♍06	25♍29	25♍51	26♍13	26♍35	26♍57
/♄	2♏02	2♏24	2♏45	3♏07	3♏28	3♏50	4♏11	4♏33	4♏54	5♏16
/♅	8♋07	8♋24	8♋41	8♋58	9♋15	9♋32	9♋49	10♋06	10♋23	10♋40
/♆	17♐57	18♐15	18♐33	18♐51	19♐08	19♐26	19♐44	20♐02	20♐20	20♐38
/♇	21♏11	21♏30	21♏49	22♏07	22♏26	22♏45	23♏04	23♏22	23♏41	23♏60
/☊	29♍30	29♍44	29♍57	0♎10	0♎24	0♎38	0♎53	1♎09	1♎26	1♎44
⚳/♃	25♏52	26♏05	26♏17	26♏29	26♏42	26♏55	27♏07	27♏20	27♏32	27♏45
/♄	4♑18	4♑30	4♑41	4♑52	5♑04	5♑16	5♑28	5♑39	5♑51	6♑03
/♅	10♓23	10♓30	10♓37	10♓44	10♓51	10♓58	11♓05	11♓13	11♓20	11♓28
/♆	20♒13	20♒21	20♒28	20♒36	20♒44	20♒52	21♒01	21♒09	21♒17	21♒26
/♇	23♑27	23♑36	23♑44	23♑53	24♑02	24♑11	24♑20	24♑29	24♑38	24♑47
/☊	1♐46	1♐50	1♐53	1♐56	1♐59	2♐04	2♐09	2♐15	2♐23	2♐32
♃/♄	26♎47	26♎55	27♎03	27♎11	27♎19	27♎27	27♎35	27♎42	27♎50	27♎58
/♅	2♋51	2♋55	2♋59	3♋02	3♋06	3♋09	3♋12	3♋16	3♋19	3♋22
/♆	12♐41	12♐46	12♐50	12♐55	12♐59	13♐03	13♐08	13♐12	13♐16	13♐20
/♇	15♏56	16♏01	16♏06	16♏12	16♏17	16♏22	16♏27	16♏32	16♏37	16♏42
/☊	24♍15	24♍15	24♍15	24♍14	24♍14	24♍15	24♍16	24♍18	24♍22	24♍26
♄/♅	11♒18	11♒20	11♒23	11♒25	11♒28	11♒30	11♒33	11♒35	11♒38	11♒41
/♆	21♑08	21♑11	21♑14	21♑18	21♑21	21♑25	21♑28	21♑32	21♑35	21♑39
/♇	24♐22	24♐26	24♐30	24♐35	24♐39	24♐43	24♐47	24♐51	24♐56	25♐00
/☊	2♏41	2♏40	2♏39	2♏37	2♏36	2♏36	2♏36	2♏38	2♏41	2♏44
♅/♆	27♓12	27♓11	27♓10	27♓09	27♓08	27♓07	27♓06	27♓05	27♓04	27♓03
/♇	0♓27	0♓26	0♓26	0♓26	0♓26	0♓25	0♓25	0♓25	0♓25	0♓25
/☊	8♋45	8♋40	8♋35	8♋29	8♋23	8♋18	8♋14	8♋12	8♋10	8♋09
♆/♇	10♒17	10♒17	10♒18	10♒18	10♒19	10♒20	10♒20	10♒21	10♒22	10♒23
/☊	18♐35	18♐31	18♐26	18♐21	18♐16	18♐12	18♐09	18♐08	18♐07	18♐07
♇/☊	21♏50	21♏46	21♏42	21♏38	21♏34	21♏31	21♏29	21♏28	21♏28	21♏28

	21	22	23	24	25	26	27	28	29	30	
☉/☽	24♑37	2♒19	10♒08	18♒01	25♒54	3♍45	11♍28	19♍02	26♍22	3♎30	☉/☽
/☿	29♏19	0♐36	1♐54	3♐11	4♐28	5♐45	7♐03	8♐20	9♐37	10♐54	/☿
/♀	6♏00	7♏04	8♏09	9♏13	10♏18	11♏23	12♏27	13♏32	14♏37	15♏42	/♀
/♂	1♏36	2♏24	3♏12	4♏00	4♏48	5♏36	6♏24	7♏13	8♏01	8♏49	/♂
/⚳	2♑14	2♑53	3♑32	4♑11	4♑50	5♑30	6♑09	6♑48	7♑28	8♑08	/⚳
/♃	24♎04	24♎38	25♎12	25♎46	26♎21	26♎55	27♎29	28♎03	28♎36	29♎10	/♃
/♄	2♐22	2♐56	3♐29	4♐03	4♐37	5♐11	5♐45	6♐19	6♐53	7♐27	/♄
/♅	7♒42	8♒12	8♒41	9♒11	9♒40	10♒10	10♒39	11♒09	11♒39	12♒09	/♅
/♆	17♑41	18♑11	18♑42	19♑12	19♑42	20♑13	20♑43	21♑14	21♑44	22♑15	/♆
/♇	21♐03	21♐34	22♐05	22♐36	23♐07	23♐39	24♐10	24♐41	25♐12	25♐43	/♇
/☊	28♎47	29♎17	29♎47	0♏15	0♏42	1♏08	1♏33	1♏57	2♏23	2♏49	/☊
☽/☿	25♑35	3♒34	11♒40	19♒49	27♒59	6♓06	14♍07	21♍56	29♍34	6♎57	☽/☿
/♀	2♑17	10♑03	17♋55	25♋52	3♌49	11♌44	19♌31	27♌09	4♍34	11♍46	/♀
/♂	27♐52	5♑22	12♋58	20♋38	28♋19	5♌57	13♌28	20♌49	27♌57	4♍52	/♂
/⚳	28♒31	5♓51	13♓18	20♓49	28♓22	5♈51	13♈13	20♈25	27♈25	4♉11	/⚳
/♃	20♊20	27♊36	4♋59	12♋25	19♋52	27♋16	4♌33	11♌39	18♌33	25♌14	/♃
/♄	28♑38	5♒54	13♒16	20♒42	28♒08	5♓32	12♍49	19♍55	26♍50	3♎30	/♄
/♅	3♈59	11♈10	18♈27	25♈49	3♉11	10♉31	17♉43	24♉46	1♊36	8♊12	/♅
/♆	13♓57	21♓09	28♓28	5♈50	13♈14	20♈34	27♈47	4♉50	11♉41	18♉19	/♆
/♇	17♒20	24♒32	1♓51	9♓15	16♓39	23♓60	1♈14	8♈18	15♎09	21♎47	/♇
/☊	25♐04	2♋16	9♋33	16♋53	24♋13	1♌29	8♌37	15♌34	22♌20	28♌53	/☊
☿/♀	6♏58	8♏20	9♏41	11♏02	12♏23	13♏44	15♏06	16♏27	17♏48	19♏10	☿/♀
/♂	2♏34	3♏39	4♏44	5♏49	6♏54	7♏58	9♏03	10♏07	11♏12	12♏16	/♂
/⚳	3♑12	4♑08	5♑04	5♑60	6♑56	7♑52	8♑47	9♑43	10♑39	11♑35	/⚳
/♃	25♎02	25♎53	26♎44	27♎35	28♎26	29♎17	0♏07	0♏57	1♏48	2♏38	/♃
/♄	3♐20	4♐11	5♐01	5♐52	6♐42	7♐33	8♐23	9♐14	10♐04	10♐54	/♄
/♅	8♒40	9♒27	10♒13	10♒59	11♒46	12♒32	13♒18	14♒04	14♒50	15♒36	/♅
/♆	18♑39	19♑26	20♑13	21♑01	21♑48	22♑35	23♑22	24♑09	24♑55	25♑42	/♆
/♇	22♐01	22♐49	23♐37	24♐25	25♐13	26♐00	26♐48	27♐36	28♐23	29♐11	/♇
/☊	29♎45	0♏33	1♏19	2♏04	2♏47	3♏29	4♏11	4♏52	5♏34	6♏17	/☊
♀/♂	9♎15	10♎07	10♎59	11♎51	12♎43	13♎35	14♎28	15♎20	16♎12	17♎05	♀/♂
/⚳	9♐54	10♐36	11♐19	12♐02	12♐45	13♐29	14♐12	14♐56	15♐39	16♐23	/⚳
/♃	1♎44	2♎22	2♎60	3♎38	4♎16	4♎54	5♎32	6♎10	6♎48	7♎26	/♃
/♄	10♏02	10♏39	11♏17	11♏54	12♏32	13♏10	13♏48	14♏26	15♏04	15♏43	/♄
/♅	15♋22	15♋55	16♋28	17♑02	17♑35	18♑09	18♑43	19♑16	19♑50	20♑24	/♅
/♆	25♐21	25♐55	26♐29	27♐03	27♐37	28♐12	28♐46	29♐21	29♐56	0♑31	/♆
/♇	28♏43	29♏18	29♏52	0♐27	1♐02	1♐38	2♐13	2♐48	3♐24	3♐59	/♇
/☊	6♎27	7♎01	7♎34	8♎06	8♎37	9♎07	9♎36	10♎05	10♎34	11♎05	/☊
♂/⚳	5♐29	5♐56	6♐22	6♐49	7♐16	7♐43	8♐09	8♐36	9♐03	9♐30	♂/⚳
/♃	27♍19	27♍41	28♍03	28♍24	28♍46	29♍07	29♍29	29♍50	0♎11	0♎33	/♃
/♄	5♏37	5♏58	6♏20	6♏41	7♏03	7♏24	7♏45	8♏07	8♏28	8♏49	/♄
/♅	10♋57	11♋14	11♋32	11♋49	12♋06	12♋23	12♋40	12♋57	13♋14	13♋31	/♅
/♆	20♐56	21♐14	21♐32	21♐50	22♐08	22♐26	22♐44	23♐01	23♐19	23♐37	/♆
/♇	24♏18	24♏37	24♏56	25♏14	25♏33	25♏51	26♏10	26♏29	26♏47	27♏06	/♇
/☊	2♎02	2♎20	2♎37	2♎53	3♎07	3♎20	3♎33	3♎45	3♎58	4♎12	/☊
⚳/♃	27♏58	28♏10	28♏23	28♏35	28♏48	29♏01	29♏13	29♏26	29♏39	29♏51	⚳/♃
/♄	6♑15	6♑28	6♑40	6♑52	7♑05	7♑17	7♑30	7♑42	7♑55	8♑08	/♄
/♅	11♓36	11♓44	11♓52	11♓60	12♓08	12♓16	12♓24	12♓33	12♓41	12♓50	/♅
/♆	21♒35	21♒43	21♒52	22♒01	22♒10	22♒19	22♒28	22♒37	22♒47	22♒56	/♆
/♇	24♑57	25♑06	25♑16	25♑25	25♑35	25♑45	25♑55	26♑05	26♑15	26♑25	/♇
/☊	2♐41	2♐49	2♐57	3♐04	3♐09	3♐14	3♐17	3♐21	3♐25	3♐30	/☊
♃/♄	28♎05	28♎13	28♎20	28♎28	28♎35	28♎42	28♎49	28♎57	29♎04	29♎11	♃/♄
/♅	3♋26	3♋29	3♋32	3♋35	3♋38	3♋41	3♋44	3♋47	3♋50	3♋52	/♅
/♆	13♐24	13♐28	13♐32	13♐36	13♐40	13♐44	13♐48	13♐51	13♐55	13♐59	/♆
/♇	16♏46	16♏51	16♏56	17♏01	17♏05	17♏10	17♏14	17♏19	17♏23	17♏27	/♇
/☊	24♍30	24♍34	24♍38	24♍39	24♍40	24♍39	24♍37	24♍35	24♍34	24♍33	/☊
♄/♅	11♒44	11♒46	11♒49	11♒52	11♒55	11♒57	12♒00	12♒03	12♒06	12♒09	♄/♅
/♆	21♑42	21♑46	21♑49	21♑53	21♑57	22♑00	22♑04	22♑08	22♑11	22♑15	/♆
/♇	25♐04	25♐09	25♐13	25♐17	25♐22	25♐26	25♐31	25♐35	25♐39	25♐44	/♇
/☊	2♏48	2♏52	2♏55	2♏56	2♏56	2♏55	2♏53	2♏51	2♏50	2♏49	/☊
♅/♆	27♓03	27♓02	27♓01	27♓00	26♓60	26♓59	26♓59	26♓58	26♓58	26♓57	♅/♆
/♇	0♓25	0♓25	0♓25	0♓25	0♓25	0♓25	0♓25	0♓25	0♓25	0♓26	/♇
/☊	8♋09	8♋08	8♋06	8♋03	7♋59	7♋54	7♋48	7♋42	7♋36	7♋31	/☊
♆/♇	10♒23	10♒24	10♒25	10♒26	10♒27	10♒28	10♒29	10♒30	10♒31	10♒32	♆/♇
/☊	18♐07	18♐08	18♐07	18♐05	18♐01	17♐57	17♐52	17♐46	17♐41	17♐38	/☊
♇/☊	21♏30	21♏30	21♏30	21♏29	21♏26	21♏23	21♏18	21♏14	21♏09	21♏06	♇/☊

December 2015

	1	2	3	4	5	6	7	8	9	10	11	12	13	14	15	16
☉/☽	10♎25	17♎09	23♎43	0♏12	6♏36	13♏00	19♏26	25♏55	2♐30	9♐12	16♐01	22♐58	0♑02	7♑11	14♑26	21♑45
/☿	12♐11	13♐28	14♐45	16♐02	17♐19	18♐35	19♐52	21♐09	22♐26	23♐43	24♐59	26♐16	27♐32	28♐49	0♑05	1♑21
/♀	16♏47	17♏53	18♏58	20♏03	21♏09	22♏15	23♏20	24♏26	25♏32	26♏38	27♏44	28♏50	29♏56	1♐02	2♐08	3♐15
/♂	9♏37	10♏25	11♏13	12♏01	12♏49	13♏37	14♏25	15♏13	16♏01	16♏49	17♏37	18♏25	19♏12	20♏00	20♏48	21♏36
/⚳	8♑47	9♑27	10♑07	10♑47	11♑27	12♑07	12♑47	13♑27	14♑07	14♑47	15♑28	16♑08	16♑49	17♑29	18♑10	18♑51
/♃	29♎44	0♏18	0♏51	1♏25	1♏58	2♏32	3♏05	3♏39	4♏12	4♏45	5♏18	5♏51	6♏24	6♏57	7♏30	8♏02
/♄	8♐01	8♐35	9♐09	9♐43	10♐17	10♐51	11♐25	11♐59	12♐33	13♐07	13♐41	14♐15	14♐49	15♐23	15♐57	16♐31
/♅	12♒38	13♒08	13♒38	14♒08	14♒38	15♒08	15♒38	16♒08	16♒38	17♒08	17♒38	18♒08	18♒38	19♒08	19♒38	20♒09
/♆	22♑45	23♑16	23♑47	24♑17	24♑48	25♑19	25♑50	26♑20	26♑51	27♑22	27♑53	28♑24	28♑55	29♑26	29♑57	0♒28
/♇	26♐15	26♐46	27♐17	27♐49	28♐20	28♐51	29♐23	29♐54	0♑26	0♑57	1♑28	1♑60	2♑31	3♑03	3♑34	4♑06
/☊	3♏17	3♏46	4♏16	4♏46	5♏16	5♏46	6♏15	6♏43	7♏09	7♏34	7♏58	8♏22	8♏45	9♏10	9♏36	10♏03
☽/☿	14♎09	21♎08	27♎59	4♏44	11♏24	18♏04	24♏46	1♐31	8♐22	15♐19	22♐24	29♐37	6♑56	14♑21	21♑51	29♑25
/♀	18♍45	25♍33	2♎13	8♎45	15♎15	21♎43	28♎14	4♏48	11♏28	18♏15	25♏09	2♐11	9♐19	16♐34	23♐54	1♑19
/♂	11♍35	18♍06	24♍27	0♎43	6♎55	13♎06	19♎18	25♎35	1♏57	8♏26	15♏02	21♏45	28♏36	5♐32	12♐34	19♐40
/⚳	10♏45	17♏08	23♏21	29♏29	5♐32	11♐35	17♐40	23♐49	0♑03	6♑24	12♑53	19♑29	26♑12	3♒01	9♒56	16♒55
/♃	1♍42	7♍58	14♍06	20♍07	26♍04	2♎01	7♎59	14♎00	20♎08	26♎22	2♏43	9♏12	15♏47	22♏29	29♏16	6♐07
/♄	9♎59	16♎15	22♎23	28♎24	4♏22	10♏19	16♏18	22♏20	28♏28	4♐43	11♐06	17♐35	24♐12	0♑55	7♑43	14♑35
/♅	14♊36	20♊49	26♊52	2♋50	8♋43	14♋36	20♑31	26♑29	2♒34	8♒45	15♒03	21♒29	28♒01	4♓40	11♓24	18♓13
/♆	24♉43	0♊57	7♊01	12♐59	18♐54	24♐47	0♑43	6♑42	12♑47	18♑59	25♑18	1♒45	8♒18	14♒58	21♒42	28♒32
/♇	28♎13	4♏27	10♏32	16♏31	22♏26	28♏20	4♐16	10♐16	16♐21	22♐34	28♐54	5♑21	11♑55	18♑35	25♑20	2♒10
/☊	5♍15	11♍26	17♍30	23♍28	29♍22	5♎15	11♎09	17♎05	23♎05	29♎11	5♏23	11♏42	18♏09	24♏42	1♐22	8♐08
☿/♀	20♏31	21♏52	23♏14	24♏35	25♏57	27♏19	28♏40	0♐02	1♐24	2♐45	4♐07	5♐28	6♐50	8♐11	9♐33	10♐54
/♂	13♏20	14♏25	15♏29	16♏33	17♏37	18♏41	19♏45	20♏49	21♏52	22♏56	23♏60	25♏03	26♏07	27♏10	28♏13	29♏15
/⚳	12♑31	13♑27	14♑23	15♑19	16♑15	17♑11	18♑07	19♑03	19♑59	20♑55	21♑51	22♑47	23♑43	24♑39	25♑34	26♑30
/♃	3♏28	4♏18	5♏07	5♏57	6♏46	7♏36	8♏25	9♏14	10♏03	10♏52	11♏41	12♏30	13♏18	14♏06	14♏54	15♏42
/♄	11♐44	12♐34	13♐24	14♐15	15♐05	15♐55	16♐45	17♐34	18♐24	19♐14	20♐04	20♐53	21♐43	22♐32	23♐21	24♐10
/♅	16♒22	17♒08	17♒54	18♒40	19♒26	20♒12	20♒58	21♒43	22♒29	23♒15	24♒01	24♒47	25♒32	26♒18	27♒03	27♒48
/♆	26♑29	27♑16	28♑03	28♑49	29♑36	0♒23	1♒10	1♒56	2♒43	3♒29	4♒16	5♒02	5♒49	6♒35	7♒21	8♒07
/♇	29♐58	0♑46	1♑33	2♑21	3♑08	3♑55	4♑43	5♑30	6♑17	7♑04	7♑52	8♑39	9♑25	10♑12	10♑59	11♑45
/☊	7♏00	7♏45	8♏31	9♏18	10♏05	10♏50	11♏35	12♏19	13♏01	13♏42	14♏21	15♏00	15♏39	16♏19	17♏00	17♏43
♀/♂	17♎57	18♎50	19♎42	20♎35	21♎27	22♎20	23♎13	24♎06	24♎59	25♎51	26♎44	27♎37	28♎30	29♎23	0♏16	1♏09
/⚳	17♐07	17♐52	18♐36	19♐21	20♐05	20♐50	21♐35	22♐20	23♐05	23♐50	24♐35	25♐21	26♐07	26♐52	27♐38	28♐24
/♃	8♎04	8♎42	9♎21	9♎59	10♎37	11♎15	11♎53	12♎31	13♎10	13♎48	14♎26	15♎04	15♎42	16♎20	16♎58	17♎36
/♄	16♏21	16♏59	17♏38	18♏16	18♏55	19♏34	20♏13	20♏51	21♏30	22♏09	22♏48	23♏27	24♏06	24♏46	25♏25	26♏04
/♅	20♑59	21♑33	22♑07	22♑42	23♑16	23♑51	24♑26	25♑00	25♑35	26♑10	26♑45	27♑21	27♑56	28♑31	29♑07	29♑42
/♆	1♑06	1♑41	2♑16	2♑51	3♑27	4♑02	4♑38	5♑13	5♑49	6♑25	7♑01	7♑36	8♑12	8♑49	9♑25	10♑01
/♇	4♐35	5♐11	5♐47	6♐22	6♐58	7♐35	8♐11	8♐47	9♐23	9♐60	10♐36	11♐13	11♐49	12♐26	13♐02	13♐39
/☊	11♎37	12♎10	12♎45	13♎20	13♎55	14♎30	15♎03	15♎36	16♎07	16♎37	17♎06	17♎34	18♎03	18♎33	19♎04	19♎37
♂/⚳	9♐57	10♐24	10♐51	11♐18	11♐45	12♐12	12♐39	13♐07	13♐34	14♐01	14♐28	14♐56	15♐23	15♐50	16♐18	16♐45
/♃	0♎54	1♎15	1♎35	1♎56	2♎17	2♎37	2♎58	3♎18	3♎38	3♎59	4♎19	4♎38	4♎58	5♎18	5♎38	5♎57
/♄	9♏10	9♏31	9♏53	10♏14	10♏35	10♏56	11♏17	11♏38	11♏59	12♏20	12♏41	13♏02	13♏23	13♏44	14♏05	14♏25
/♅	13♋48	14♋05	14♋22	14♋39	14♋56	15♋13	15♋30	15♋47	16♋04	16♋21	16♋38	16♑55	17♑12	17♑29	17♑46	18♑03
/♆	23♐55	24♐13	24♐31	24♐49	25♐07	25♐24	25♐42	26♐00	26♐18	26♐36	26♐53	27♐11	27♐29	27♐47	28♐04	28♐22
/♇	27♏24	27♏43	28♏01	28♏20	28♏38	28♏57	29♏15	29♏34	29♏52	0♐11	0♐29	0♐47	1♐06	1♐24	1♐42	2♐00
/☊	4♎26	4♎43	4♎60	5♎17	5♎35	5♎52	6♎08	6♎23	6♎36	6♎48	6♎58	7♎09	7♎19	7♎31	7♎44	7♎58
⚳/♃	0♐04	0♐17	0♐29	0♐42	0♐55	1♐07	1♐20	1♐32	1♐45	1♐57	2♐10	2♐22	2♐35	2♐47	2♐59	3♐12
/♄	8♑21	8♑34	8♑47	8♑60	9♑13	9♑26	9♑39	9♑52	10♑06	10♑19	10♑32	10♑46	10♑59	11♑13	11♑26	11♑40
/♅	12♓58	13♓07	13♓16	13♓25	13♓34	13♓43	13♓52	14♓01	14♓11	14♓20	14♓29	14♓39	14♓49	14♓58	15♓08	15♓18
/♆	23♒06	23♒15	23♒25	23♒34	23♒44	23♒54	24♒04	24♒14	24♒24	24♒34	24♒45	24♒55	25♒05	25♒16	25♒26	25♒37
/♇	26♑35	26♑45	26♑55	27♑06	27♑16	27♑27	27♑37	27♑48	27♑59	28♑09	28♑20	28♑31	28♑42	28♑53	29♑04	29♑15
/☊	3♐37	3♐45	3♐54	4♐03	4♐13	4♐22	4♐30	4♐37	4♐42	4♐46	4♐50	4♐53	4♐56	5♐00	5♐06	5♐13
♃/♄	29♎18	29♎24	29♎31	29♎38	29♎44	29♎51	29♎57	0♏04	0♏10	0♏16	0♏23	0♏29	0♏35	0♏40	0♏46	0♏52
/♅	3♋55	3♋58	4♋01	4♋03	4♋06	4♋08	4♋11	4♋13	4♋15	4♋18	4♋20	4♋22	4♋24	4♋26	4♋28	4♋30
/♆	14♐02	14♐06	14♐09	14♐13	14♐16	14♐19	14♐23	14♐26	14♐29	14♐32	14♐35	14♐38	14♐41	14♐43	14♐46	14♐49
/♇	17♏32	17♏36	17♏40	17♏44	17♏48	17♏52	17♏56	17♏59	18♏03	18♏07	18♏10	18♏14	18♏17	18♏21	18♏24	18♏27
/☊	24♍34	24♍35	24♍38	24♍41	24♍44	24♍47	24♍48	24♍48	24♍47	24♍44	24♍40	24♍35	24♍31	24♍28	24♍25	24♍25
♄/♅	12♒12	12♒15	12♒18	12♒21	12♒24	12♒27	12♒30	12♒33	12♒36	12♒39	12♒42	12♒45	12♒49	12♒52	12♒55	12♒58
/♆	22♑19	22♑23	22♑27	22♑30	22♑34	22♑38	22♑42	22♑46	22♑50	22♑53	22♑57	23♑01	23♑05	23♑09	23♑13	23♑17
/♇	25♐48	25♐53	25♐57	26♐02	26♐06	26♐11	26♐15	26♐19	26♐24	26♐28	26♐33	26♐37	26♐42	26♐46	26♐51	26♐55
/☊	2♏50	2♏52	2♏55	2♏59	3♏03	3♏06	3♏08	3♏08	3♏08	3♏05	3♏02	2♏59	2♏56	2♏53	2♏52	2♏53
♅/♆	26♓57	26♓56	26♓56	26♓56	26♓55	26♓55	26♓55	26♓55	26♓55	26♓55	26♓55	26♓55	26♓55	26♓55	26♓55	26♓55
/♇	0♓26	0♓26	0♓26	0♓27	0♓27	0♓28	0♓28	0♓28	0♓29	0♓30	0♓30	0♓31	0♓31	0♓32	0♓33	0♓33
/☊	7♋28	7♋26	7♋25	7♋24	7♋24	7♋23	7♋21	7♋17	7♋13	7♋07	6♋60	6♋52	6♋45	6♋39	6♋34	6♋31
♆/♇	10♒33	10♒34	10♒35	10♒36	10♒38	10♒39	10♒40	10♒41	10♒43	10♒44	10♒45	10♒47	10♒48	10♒49	10♒51	10♒52
/☊	17♐35	17♐34	17♐33	17♐34	17♐34	17♐34	17♐33	17♐30	17♐26	17♐21	17♐15	17♐08	17♐02	16♐56	16♐52	16♐50
♇/☊	21♏04	21♏04	21♏04	21♏05	21♏06	21♏06	21♏06	21♏04	21♏01	20♏56	20♏50	20♏44	20♏38	20♏34	20♏30	20♏28

	17	18	19	20	21	22	23	24	25	26	27	28	29	30	31	
☉/☽	29♑09	6♒36	14♒07	21♒41	29♒19	6♓59	14♓39	22♓17	29♓50	7♎16	14♎32	21♎37	28♎31	5♏16	11♏51	☉/☽
/☿	2♑36	3♑52	5♑07	6♑21	7♑35	8♑48	10♑00	11♑12	12♑22	13♑30	14♑38	15♑43	16♑46	17♑46	18♑44	/☿
/♀	4♐21	5♐27	6♐34	7♐40	8♐47	9♐53	10♐60	12♐07	13♐13	14♐20	15♐27	16♐34	17♐40	18♐47	19♐54	/♀
/♂	22♏24	23♏11	23♏59	24♏47	25♏34	26♏22	27♏09	27♏57	28♏45	29♏32	0♐19	1♐07	1♐54	2♐42	3♐29	/♂
/⚳	19♑31	20♑12	20♑53	21♑34	22♑15	22♑56	23♑37	24♑18	24♑59	25♑40	26♑21	27♑02	27♑44	28♑25	29♑06	/⚳
/♃	8♏35	9♏08	9♏40	10♏12	10♏45	11♏17	11♏49	12♏21	12♏53	13♏25	13♏57	14♏28	14♏60	15♏31	16♏03	/♃
/♄	17♐05	17♐39	18♐13	18♐47	19♐21	19♐55	20♐29	21♐03	21♐37	22♐10	22♐44	23♐18	23♐52	24♐26	24♐60	/♄
/♅	20♒39	21♒09	21♒40	22♒10	22♒40	23♒11	23♒41	24♒12	24♒42	25♒13	25♒43	26♒14	26♒45	27♒15	27♒46	/♅
/♆	0♒59	1♒30	2♒01	2♒32	3♒03	3♒34	4♒05	4♒36	5♒07	5♒38	6♒10	6♒41	7♒12	7♒43	8♒15	/♆
/♇	4♑37	5♑09	5♑40	6♑12	6♑44	7♑15	7♑47	8♑18	8♑50	9♑21	9♑53	10♑25	10♑56	11♑28	11♑59	/♇
/☊	10♏32	11♏02	11♏33	12♏03	12♏33	13♏01	13♏27	13♏52	14♏17	14♏41	15♏05	15♏31	15♏58	16♏26	16♏55	/☊
☽/☿	7♒03	14♒44	22♒29	0♓17	8♓07	15♓59	23♓51	1♈39	9♈21	16♈54	24♈16	1♏26	8♏22	15♏05	21♏37	☽/☿
/♀	8♑47	16♑20	23♑56	1♒36	9♒19	17♒05	24♌50	2♍34	10♍12	17♍44	25♍05	2♎16	9♎16	16♎06	22♎47	/♀
/♂	26♐50	4♑04	11♑21	18♑43	26♋07	3♌33	10♌60	18♌24	25♌44	2♍56	9♍58	16♍50	23♍30	0♎00	6♎22	/♂
/⚳	23♒58	1♓05	8♓15	15♓30	22♓47	0♈07	7♈27	14♈45	21♈58	29♈04	5♉60	12♉45	19♏20	25♏44	1♐59	/⚳
/♃	13♐02	20♐00	27♊03	4♋08	11♋17	18♋28	25♋39	2♌48	9♌52	16♌49	23♌35	0♍11	6♍36	12♍50	18♍56	/♃
/♄	21♑31	28♑31	5♒35	12♒43	19♒53	27♒06	4♓19	11♍30	18♍36	25♍34	2♎23	9♎01	15♎28	21♎45	27♎53	/♄
/♅	25♓06	2♈02	9♈02	16♈06	23♈13	0♉22	7♉32	14♉39	21♉42	28♉37	5♊22	11♊57	18♊21	24♊34	0♋39	/♅
/♆	5♓25	12♓22	19♓23	26♓28	3♈35	10♈45	17♈55	25♈03	2♉07	9♉02	15♉48	22♉24	28♉48	5♊02	11♐08	/♆
/♇	9♒04	16♒01	23♒03	0♓08	7♓16	14♓26	21♓37	28♓45	5♈49	12♈45	19♎32	26♎07	2♏32	8♏47	14♏53	/♇
/☊	14♐59	21♐55	28♊55	5♋59	13♋05	20♋12	27♋17	4♌19	11♌16	18♌04	24♌44	1♍14	7♍34	13♍45	19♍49	/☊
☿/♀	12♐15	13♐35	14♐56	16♐16	17♐35	18♐53	20♐11	21♐28	22♐44	23♐58	25♐11	26♐22	27♐31	28♐37	29♐40	☿/♀
/♂	0♐18	1♐20	2♐21	3♐22	4♐22	5♐22	6♐21	7♐19	8♐15	9♐10	10♐04	10♐55	11♐44	12♐31	13♐15	/♂
/⚳	27♑25	28♑20	29♑15	0♒09	1♒03	1♒56	2♒48	3♒39	4♒29	5♒18	6♒05	6♒51	7♒34	8♒14	8♒52	/⚳
/♃	16♏29	17♏16	18♏02	18♏48	19♏33	20♏17	21♏00	21♏43	22♏24	23♏03	23♏41	24♏17	24♏50	25♏21	25♏49	/♃
/♄	24♐59	25♐47	26♐35	27♐22	28♐09	28♐55	29♐40	0♑24	1♑07	1♑49	2♑29	3♑07	3♑42	4♑16	4♑46	/♄
/♅	28♒33	29♒18	0♓02	0♓45	1♓29	2♓11	2♓53	3♓33	4♓13	4♓51	5♓28	6♓02	6♓35	7♓05	7♓32	/♅
/♆	8♒53	9♒38	10♒23	11♒07	11♒51	12♒34	13♒16	13♒58	14♒38	15♒17	15♒54	16♒29	17♒02	17♒33	18♒01	/♆
/♇	12♑31	13♑17	14♑02	14♑47	15♑32	16♑15	16♑58	17♑40	18♑20	18♑60	19♑37	20♑13	20♑46	21♑17	21♑45	/♇
/☊	18♏26	19♏11	19♏55	20♏39	21♏21	22♏01	22♏38	23♏14	23♏47	24♏19	24♏49	25♏19	25♏48	26♏16	26♏41	/☊
♀/♂	2♏02	2♏55	3♏48	4♏41	5♏34	6♏27	7♏21	8♏14	9♏07	9♏60	10♏53	11♏46	12♏39	13♏32	14♏25	♀/♂
/⚳	29♐10	29♐56	0♑42	1♑28	2♑15	3♑01	3♑48	4♑34	5♑21	6♑08	6♑55	7♑41	8♑28	9♑15	10♑03	/⚳
/♃	18♎14	18♎51	19♎29	20♎07	20♎45	21♎22	22♎00	22♎38	23♎15	23♎53	24♎30	25♎07	25♎45	26♎22	26♎59	/♃
/♄	26♏43	27♏23	28♏02	28♏41	29♏21	0♐00	0♐40	1♐19	1♐59	2♐38	3♐18	3♐57	4♐37	5♐17	5♐56	/♄
/♅	0♒18	0♒53	1♒29	2♒05	2♒40	3♒16	3♒52	4♒28	5♒04	5♒41	6♒17	6♒53	7♒29	8♒06	8♒42	/♅
/♆	10♑37	11♑14	11♑50	12♑26	13♑03	13♑39	14♑16	14♑53	15♑29	16♑06	16♑43	17♑20	17♑57	18♑34	19♑11	/♆
/♇	14♐16	14♐53	15♐30	16♐07	16♐44	17♐21	17♐58	18♐35	19♐12	19♐49	20♐26	21♐04	21♐41	22♐18	22♐56	/♇
/☊	20♎11	20♎46	21♎22	21♎58	22♎33	23♎06	23♎38	24♎09	24♎39	25♎08	25♎39	26♎10	26♎43	27♎17	27♎52	/☊
♂/⚳	17♐13	17♐40	18♐07	18♐35	19♐02	19♐30	19♐57	20♐25	20♐52	21♐20	21♐47	22♐15	22♐42	23♐10	23♐37	♂/⚳
/♃	6♎16	6♎35	6♎55	7♎14	7♎32	7♎51	8♎10	8♎28	8♎47	9♎05	9♎23	9♎41	9♎59	10♎16	10♎34	/♃
/♄	14♏46	15♏07	15♏27	15♏48	16♏08	16♏29	16♏49	17♏10	17♏30	17♏50	18♏11	18♏31	18♏51	19♏11	19♏31	/♄
/♅	18♑20	18♑37	18♑54	19♑11	19♑28	19♑45	20♑02	20♑19	20♑36	20♑53	21♑10	21♑26	21♑43	22♑00	22♑17	/♅
/♆	28♐40	28♐58	29♐15	29♐33	29♐50	0♑08	0♑26	0♑43	1♑01	1♑18	1♑36	1♑53	2♑11	2♑28	2♑46	/♆
/♇	2♐19	2♐37	2♐55	3♐13	3♐31	3♐49	4♐07	4♐25	4♐43	5♐01	5♐19	5♐37	5♐55	6♐13	6♐30	/♇
/☊	8♎14	8♎30	8♎47	9♎04	9♎20	9♎35	9♎48	9♎59	10♎10	10♎20	10♎31	10♎43	10♎56	11♎11	11♎27	/☊
⚳/♃	3♐24	3♐36	3♐48	4♐01	4♐13	4♐25	4♐37	4♐49	5♐01	5♐13	5♐24	5♐36	5♐48	5♐60	6♐11	⚳/♃
/♄	11♑54	12♑07	12♑21	12♑35	12♑49	13♑03	13♑16	13♑30	13♑44	13♑58	14♑12	14♑26	14♑40	14♑54	15♑08	/♄
/♅	15♓28	15♓38	15♓48	15♓58	16♓08	16♓19	16♓29	16♓40	16♓50	17♓01	17♓11	17♓22	17♓33	17♓43	17♓54	/♅
/♆	25♒48	25♒58	26♒09	26♒20	26♒31	26♒42	26♒53	27♒04	27♒15	27♒26	27♒37	27♒49	28♒00	28♒12	28♒23	/♆
/♇	29♑26	29♑38	29♑49	0♒00	0♒12	0♒23	0♒34	0♒46	0♒57	1♒09	1♒21	1♒32	1♒44	1♒56	2♒08	/♇
/☊	5♐21	5♐31	5♐41	5♐51	6♐01	6♐08	6♐15	6♐20	6♐24	6♐28	6♐33	6♐39	6♐46	6♐54	7♐04	/☊
♃/♄	0♏57	1♏03	1♏08	1♏14	1♏19	1♏24	1♏29	1♏34	1♏38	1♏43	1♏48	1♏52	1♏57	2♏01	2♏05	♃/♄
/♅	4♋32	4♋33	4♋35	4♋37	4♋38	4♋40	4♋42	4♋43	4♋44	4♋46	4♋47	4♋48	4♋49	4♋50	4♋51	/♅
/♆	14♐51	14♐54	14♐56	14♐59	15♐01	15♐03	15♐05	15♐07	15♐09	15♐11	15♐13	15♐15	15♐16	15♐18	15♐20	/♆
/♇	18♏30	18♏33	18♏36	18♏39	18♏42	18♏44	18♏47	18♏49	18♏52	18♏54	18♏56	18♏58	19♏00	19♏02	19♏04	/♇
/☊	24♍25	24♍27	24♍29	24♍30	24♍31	24♍30	24♍27	24♍23	24♍19	24♍13	24♍09	24♍05	24♍02	24♍01	24♍00	/☊
♄/♅	13♒01	13♒05	13♒08	13♒11	13♒14	13♒18	13♒21	13♒24	13♒28	13♒31	13♒34	13♒38	13♒41	13♒45	13♒48	♄/♅
/♆	23♑21	23♑25	23♑29	23♑33	23♑37	23♑41	23♑45	23♑49	23♑53	23♑57	24♑01	24♑05	24♑09	24♑13	24♑17	/♆
/♇	26♐60	27♐04	27♐09	27♐13	27♐18	27♐22	27♐26	27♐31	27♐35	27♐40	27♐44	27♐48	27♐53	27♐57	28♐01	/♇
/☊	2♏55	2♏58	3♏01	3♏04	3♏07	3♏07	3♏07	3♏05	3♏02	2♏59	2♏56	2♏55	2♏54	2♏55	2♏58	/☊
♅/♆	26♓55	26♓56	26♓56	26♓56	26♓57	26♓57	26♓57	26♓58	26♓59	26♓59	26♓60	27♓00	27♓01	27♓02	27♓03	♅/♆
/♇	0♓34	0♓35	0♓36	0♓36	0♓37	0♓38	0♓39	0♓40	0♓41	0♓42	0♓43	0♓44	0♓45	0♓46	0♓47	/♇
/☊	6♋29	6♋28	6♋28	6♋28	6♋26	6♋24	6♋19	6♋14	6♋08	6♋01	5♋55	5♋50	5♋47	5♋45	5♋44	/☊
♆/♇	10♒54	10♒55	10♒57	10♒58	10♒60	11♒01	11♒03	11♒04	11♒06	11♒08	11♒09	11♒11	11♒13	11♒14	11♒16	♆/♇
/☊	16♐49	16♐49	16♐49	16♐49	16♐49	16♐47	16♐43	16♐38	16♐33	16♐27	16♐22	16♐17	16♐14	16♐13	16♐12	/☊
♇/☊	20♏27	20♏28	20♏29	20♏30	20♏29	20♏28	20♏25	20♏20	20♏15	20♏10	20♏05	20♏01	19♏58	19♏57	19♏57	♇/☊

December 2015

January 2016

	1	2	3	4	5	6	7	8	9	10	11	12	13	14	15	16
☉/☽	18♏20	24♏46	1♐10	7♐36	14♐07	20♐45	27♐30	4♑26	11♑31	18♑45	26♑08	3♒36	11♒08	18♒42	26♒18	3♓52
/☿	19♑38	20♑28	21♑14	21♑56	22♑32	23♑03	23♑28	23♑47	24♑01	24♑08	24♑11	24♑09	24♑03	23♑55	23♑46	23♑37
/♀	21♐01	22♐08	23♐15	24♐22	25♐29	26♐36	27♐44	28♐51	29♐58	1♑05	2♑12	3♑20	4♑27	5♑34	6♑42	7♑49
/♂	4♐16	5♐03	5♐51	6♐38	7♐25	8♐12	8♐59	9♐46	10♐33	11♐20	12♐06	12♐53	13♐40	14♐27	15♐13	15♐60
/⚳	29♑48	0♒29	1♒10	1♒52	2♒33	3♒15	3♒57	4♒38	5♒20	6♒02	6♒43	7♒25	8♒07	8♒49	9♒30	10♒12
/♃	16♏34	17♏05	17♏36	18♏07	18♏38	19♏09	19♏40	20♏11	20♏41	21♏12	21♏42	22♏12	22♏42	23♏13	23♏42	24♏12
/♄	25♐34	26♐08	26♐41	27♐15	27♐49	28♐23	28♐56	29♐30	0♑04	0♑38	1♑11	1♑45	2♑18	2♑52	3♑26	3♑59
/♅	28♒17	28♒47	29♒18	29♒49	0♓20	0♓51	1♓21	1♓52	2♓23	2♓54	3♓25	3♓56	4♓27	4♓58	5♓29	6♓01
/♆	8♒46	9♒17	9♒48	10♒20	10♒51	11♒22	11♒54	12♒25	12♒57	13♒28	13♒59	14♒31	15♒02	15♒34	16♒05	16♒37
/♇	12♑31	13♑03	13♑34	14♑06	14♑37	15♑09	15♑41	16♑12	16♑44	17♑15	17♑47	18♑19	18♑50	19♑22	19♑54	20♑25
/☊	17♏26	17♏57	18♏27	18♏57	19♏25	19♏52	20♏18	20♏43	21♏08	21♏32	21♏58	22♏25	22♏53	23♏22	23♏52	24♏23
☽/☿	27♏59	4♐14	10♐23	16♐30	22♐36	28♐43	4♑53	11♑06	17♑23	23♑44	0♒08	6♒33	12♒58	19♒24	25♒49	2♓13
/♀	29♎22	5♏54	12♏24	18♏56	25♏33	2♐16	9♐08	16♐10	23♐21	0♑41	8♑09	15♑44	23♑22	1♒03	8♒44	16♒25
/♂	12♎37	18♎49	24♎59	1♏12	7♏28	13♏52	20♏23	27♏05	3♐56	10♐56	18♐03	25♐17	2♑35	9♑55	17♑16	24♑36
/⚳	8♐09	14♐15	20♐19	26♐26	2♑37	8♑55	15♑21	21♑57	28♑43	5♒38	12♒40	19♒49	27♒02	4♓17	11♓33	18♓48
/♃	24♍55	0♎51	6♎45	12♎41	18♎42	24♎49	1♏05	7♏29	14♏04	20♏48	27♏39	4♐36	11♐38	18♐41	25♊45	2♋48
/♄	3♏55	9♏53	15♏50	21♏49	27♏53	4♐03	10♐21	16♐49	23♐27	0♑14	7♑08	14♑09	21♑14	28♑20	5♒28	12♒35
/♅	6♋38	12♋33	18♑27	24♑23	0♒23	6♒30	12♒46	19♒11	25♒46	2♓30	9♓22	16♓20	23♓22	0♈27	7♈32	14♈37
/♆	17♐07	23♐03	28♐57	4♑54	10♑55	17♑02	23♑18	29♑44	6♒19	13♒04	19♒56	26♒55	3♓57	11♓02	18♓08	25♓13
/♇	20♏52	26♏48	2♐43	8♐40	14♐41	20♐49	27♐05	3♑31	10♑07	16♑51	23♑44	0♒43	7♒46	14♒50	21♒56	29♒01
/☊	25♍47	1♎42	7♎36	13♎31	19♎29	25♎32	1♏43	8♏02	14♏31	21♏08	27♏55	4♐49	11♐48	18♐51	25♊55	2♋60
☿/♀	0♑40	1♑36	2♑28	3♑16	3♑58	4♑35	5♑06	5♑31	5♑50	6♑04	6♑12	6♑17	6♑17	6♑15	6♑13	6♑10
/♂	13♐55	14♐32	15♐04	15♐31	15♐54	16♐10	16♐21	16♐26	16♐25	16♐18	16♐06	15♐50	15♐30	15♐08	14♐44	14♐21
/⚳	9♒27	9♒57	10♒24	10♒45	11♒02	11♒13	11♒19	11♒18	11♒12	11♒00	10♒43	10♒22	9♒57	9♒30	9♒01	8♒33
/♃	26♏13	26♏34	26♏50	27♏01	27♏07	27♏08	27♏02	26♏51	26♏34	26♏10	25♏42	25♏09	24♏33	23♏54	23♏13	22♏33
/♄	5♑13	5♑36	5♑55	6♑09	6♑18	6♑21	6♑19	6♑10	5♑56	5♑36	5♑11	4♑42	4♑09	3♑33	2♑57	2♑20
/♅	7♓56	8♓16	8♓31	8♓42	8♓48	8♓49	8♓44	8♓33	8♓16	7♓53	7♓25	6♓53	6♓17	5♓39	5♓00	4♓22
/♆	18♒25	18♒45	19♒02	19♒13	19♒20	19♒21	19♒16	19♒05	18♒49	18♒27	17♒59	17♒28	16♒52	16♒15	15♒36	14♒58
/♇	22♑10	22♑31	22♑47	22♑59	23♑06	23♑07	23♑03	22♑52	22♑36	22♑14	21♑47	21♑16	20♑40	20♑03	19♑25	18♑46
/☊	27♏05	27♏25	27♏40	27♏50	27♏54	27♏51	27♏40	27♏23	27♏00	26♏31	25♏58	25♏21	24♏43	24♏03	23♏23	22♏44
♀/♂	15♏18	16♏11	17♏05	17♏58	18♏51	19♏44	20♏37	21♏30	22♏23	23♏16	24♏08	25♏01	25♏54	26♏47	27♏40	28♏32
/⚳	10♑50	11♑37	12♑24	13♑12	13♑59	14♑47	15♑34	16♑22	17♑10	17♑57	18♑45	19♑33	20♑21	21♑09	21♑57	22♑45
/♃	27♎36	28♎13	28♎50	29♎27	0♏04	0♏41	1♏18	1♏54	2♏31	3♏08	3♏44	4♏20	4♏57	5♏33	6♏09	6♏45
/♄	6♐36	7♐16	7♐55	8♐35	9♐15	9♐54	10♐34	11♐14	11♐54	12♐33	13♐13	13♐53	14♐33	15♐12	15♐52	16♐32
/♅	9♒19	9♒55	10♒32	11♒09	11♒46	12♒22	12♒59	13♒36	14♒13	14♒50	15♒27	16♒04	16♒41	17♒19	17♒56	18♒33
/♆	19♑48	20♑25	21♑02	21♑40	22♑17	22♑54	23♑32	24♑09	24♑46	25♑24	26♑01	26♑39	27♑16	27♑54	28♑32	29♑09
/♇	23♐33	24♐11	24♐48	25♐26	26♐03	26♐41	27♐18	27♐56	28♐34	29♐11	29♐49	0♑27	1♑04	1♑42	2♑20	2♑58
/☊	28♎28	29♎05	29♎41	0♏16	0♏51	1♏24	1♏56	2♏27	2♏58	3♏28	3♏60	4♏33	5♏07	5♏42	6♏19	6♏56
♂/⚳	24♐05	24♐32	24♐60	25♐27	25♐55	26♐22	26♐50	27♐17	27♐44	28♐12	28♐39	29♐07	29♐34	0♑01	0♑28	0♑56
/♃	10♎51	11♎09	11♎26	11♎43	11♎60	12♎16	12♎33	12♎49	13♎06	13♎22	13♎38	13♎54	14♎10	14♎25	14♎41	14♎56
/♄	19♏51	20♏11	20♏31	20♏51	21♏10	21♏30	21♏49	22♏09	22♏28	22♏48	23♏07	23♏26	23♏46	24♏05	24♏24	24♏42
/♅	22♑34	22♑51	23♑07	23♑24	23♑41	23♑58	24♑15	24♑31	24♑48	25♑05	25♑21	25♑38	25♑54	26♑11	26♑27	26♑44
/♆	3♑03	3♑20	3♑38	3♑55	4♑12	4♑30	4♑47	5♑04	5♑21	5♑38	5♑55	6♑12	6♑29	6♑46	7♑03	7♑20
/♇	6♐48	7♐06	7♐23	7♐41	7♐59	8♐16	8♐34	8♐51	9♐08	9♐26	9♐43	10♐00	10♐17	10♐35	10♐52	11♐09
/☊	11♎43	11♎60	12♎16	12♎32	12♎46	12♎59	13♎11	13♎22	13♎32	13♎43	13♎54	14♎06	14♎20	14♎35	14♎51	15♎07
⚳/♃	6♐23	6♐34	6♐46	6♐57	7♐08	7♐20	7♐31	7♐42	7♐53	8♐04	8♐15	8♐26	8♐36	8♐47	8♐58	9♐08
/♄	15♑22	15♑36	15♑51	16♑05	16♑19	16♑33	16♑47	17♑01	17♑16	17♑30	17♑44	17♑58	18♑12	18♑27	18♑41	18♑55
/♅	18♓05	18♓16	18♓27	18♓38	18♓50	19♓01	19♓12	19♓24	19♓35	19♓46	19♓58	20♓10	20♓21	20♓33	20♓45	20♓56
/♆	28♒34	28♒46	28♒58	29♒09	29♒21	29♒33	29♒45	29♒56	0♓08	0♓20	0♓32	0♓44	0♓56	1♓08	1♓20	1♓33
/♇	2♒20	2♒31	2♒43	2♒55	3♒07	3♒19	3♒31	3♒43	3♒56	4♒08	4♒20	4♒32	4♒44	4♒57	5♒09	5♒21
/☊	7♐14	7♐25	7♐36	7♐46	7♐55	8♐03	8♐09	8♐14	8♐19	8♐25	8♐31	8♐38	8♐47	8♐57	9♐08	9♐19
♃/♄	2♏09	2♏13	2♏17	2♏20	2♏24	2♏27	2♏31	2♏34	2♏37	2♏40	2♏43	2♏45	2♏48	2♏50	2♏53	2♏55
/♅	4♋52	4♋53	4♋53	4♋54	4♋55	4♋55	4♋56	4♋56	4♋56	4♋57	4♋57	4♋57	4♋57	4♋57	4♋57	4♋57
/♆	15♐21	15♐22	15♐24	15♐25	15♐26	15♐27	15♐28	15♐29	15♐30	15♐30	15♐31	15♐31	15♐32	15♐32	15♐32	15♐33
/♇	19♏06	19♏08	19♏09	19♏11	19♏12	19♏14	19♏15	19♏16	19♏17	19♏18	19♏19	19♏19	19♏20	19♏20	19♏21	19♏21
/☊	24♍01	24♍02	24♍02	24♍02	23♍60	23♍57	23♍52	23♍47	23♍41	23♍35	23♍29	23♍25	23♍22	23♍21	23♍20	23♍19
♄/♅	13♒51	13♒55	13♒58	14♒02	14♒05	14♒09	14♒12	14♒16	14♒19	14♒22	14♒26	14♒29	14♒33	14♒36	14♒40	14♒43
/♆	24♑21	24♑25	24♑29	24♑33	24♑36	24♑40	24♑44	24♑48	24♑52	24♑56	25♑00	25♑04	25♑08	25♑12	25♑15	25♑19
/♇	28♐06	28♐10	28♐14	28♐19	28♐23	28♐27	28♐31	28♐35	28♐40	28♐44	28♐48	28♐52	28♐56	28♐60	29♐04	29♐08
/☊	3♏01	3♏04	3♏07	3♏09	3♏11	3♏10	3♏09	3♏06	3♏03	3♏01	2♏59	2♏58	2♏58	3♏00	3♏03	3♏06
♅/♆	27♓04	27♓04	27♓05	27♓06	27♓07	27♓08	27♓09	27♓11	27♓12	27♓13	27♓14	27♓15	27♓17	27♓18	27♓19	27♓21
/♇	0♓49	0♓50	0♓51	0♓52	0♓54	0♓55	0♓56	0♓58	0♓59	1♓00	1♓02	1♓03	1♓05	1♓06	1♓08	1♓09
/☊	5♋44	5♋44	5♋44	5♋43	5♋41	5♋38	5♋34	5♋29	5♋23	5♋17	5♋13	5♋09	5♋07	5♋06	5♋07	5♋08
♆/♇	11♒18	11♒20	11♒21	11♒23	11♒25	11♒27	11♒29	11♒30	11♒32	11♒34	11♒36	11♒38	11♒40	11♒42	11♒44	11♒45
/☊	16♐13	16♐14	16♐14	16♐14	16♐13	16♐10	16♐06	16♐01	15♐56	15♐51	15♐47	15♐44	15♐42	15♐42	15♐42	15♐44
♇/☊	19♏58	19♏59	19♏60	19♏60	19♏59	19♏57	19♏53	19♏48	19♏43	19♏39	19♏34	19♏32	19♏30	19♏30	19♏31	19♏32

	17	18	19	20	21	22	23	24	25	26	27	28	29	30	31	
☉/☽	11♓26	18♓59	26♓29	3♈57	11♈21	18♈40	25♈53	2♉58	9♏55	16♏44	23♏26	29♏60	6♐29	12♐54	19♐19	☉/☽
/☿	23♑30	23♑25	23♑23	23♑25	23♑31	23♑42	23♑57	24♑17	24♑42	25♑11	25♑44	26♑20	26♑60	27♑43	28♑29	/☿
/♀	8♑56	10♑04	11♑11	12♑18	13♑26	14♑33	15♑40	16♑48	17♑55	19♑02	20♑10	21♑17	22♑25	23♑32	24♑40	/♀
/♂	16♐46	17♐33	18♐19	19♐05	19♐51	20♐38	21♐24	22♐10	22♐56	23♐41	24♐27	25♐13	25♐59	26♐44	27♐30	/♂
/⚳	10♒54	11♒36	12♒18	12♒60	13♒42	14♒24	15♒05	15♒47	16♒29	17♒11	17♒53	18♒35	19♒17	19♒59	20♒41	/⚳
/♃	24♏42	25♏12	25♏41	26♏11	26♏40	27♏09	27♏38	28♏08	28♏36	29♏05	29♏34	0♐03	0♐31	0♐60	1♐28	/♃
/♄	4♑32	5♑06	5♑39	6♑13	6♑46	7♑19	7♑53	8♑26	8♑59	9♑32	10♑05	10♑38	11♑11	11♑44	12♑17	/♄
/♅	6♓32	7♓03	7♓34	8♓05	8♓36	9♓07	9♓39	10♓10	10♓41	11♓12	11♓44	12♓15	12♓46	13♓18	13♓49	/♅
/♆	17♒08	17♒39	18♒11	18♒42	19♒14	19♒45	20♒17	20♒48	21♒20	21♒51	22♒23	22♒54	23♒26	23♒57	24♒29	/♆
/♇	20♑57	21♑28	21♑60	22♑31	23♑03	23♑34	24♑06	24♑38	25♑09	25♑41	26♑12	26♑43	27♑15	27♑46	28♑18	/♇
/☊	24♏54	25♏24	25♏53	26♏21	26♏48	27♏14	27♏40	28♏06	28♏33	29♏01	29♏30	29♏60	0♐31	1♐02	1♐33	/☊
☽/☿	8♓39	15♓05	21♓32	28♓01	4♈30	10♈59	17♎26	23♎51	0♏12	6♏28	12♏41	18♏51	24♏59	1♐07	7♐16	☽/☿
/♀	24♒05	1♓44	9♓20	16♓54	24♓25	1♎50	9♎09	16♎21	23♎25	0♏20	7♏08	13♏48	20♏24	26♏56	3♐27	/♀
/♂	1♒55	9♌13	16♌28	23♌41	0♍50	7♍55	14♍52	21♍43	28♍25	4♎59	11♎25	17♎44	23♎58	0♏08	6♏17	/♂
/⚳	26♓03	3♈16	10♈27	17♈36	24♈41	1♉40	8♉34	15♉21	21♉59	28♉29	4♐51	11♐06	17♐16	23♐23	29♐29	/⚳
/♃	9♋51	16♋52	23♋51	0♌47	7♌39	14♌26	21♌07	27♌41	4♍06	10♍23	16♍32	22♍34	28♍30	4♎23	10♎15	/♃
/♄	19♒41	26♒46	3♓49	10♓49	17♍45	24♍36	1♎21	7♎59	14♎29	20♎50	27♎03	3♏09	9♏10	15♏08	21♏04	/♄
/♅	21♈40	28♈43	5♉43	12♉41	19♉35	26♉24	3♊07	9♊43	16♊11	22♊30	28♊41	4♋46	10♋45	16♋41	22♑36	/♅
/♆	2♈17	9♈20	16♈20	23♈18	0♉13	7♉02	13♉46	20♉22	26♉49	3♊09	9♐21	15♐25	21♐25	27♐21	3♑16	/♆
/♇	6♓06	13♓08	20♓09	27♓07	4♈02	10♈51	17♎35	24♎11	0♏39	6♏58	13♏10	19♏15	25♏14	1♐10	7♐05	/♇
/☊	10♋03	17♋04	24♋03	0♌57	7♌47	14♌31	21♌09	27♌39	4♍02	10♍18	16♍28	22♍31	28♍30	4♎25	10♎20	/☊
☿/♀	6♑09	6♑10	6♑14	6♑22	6♑35	6♑52	7♑14	7♑40	8♑11	8♑46	9♑26	10♑09	10♑55	11♑44	12♑37	☿/♀
/♂	13♐59	13♐39	13♐22	13♐09	13♐01	12♐57	12♐57	13♐02	13♐12	13♐25	13♐43	14♐04	14♐29	14♐57	15♐27	/♂
/⚳	8♒06	7♒42	7♒21	7♒04	6♒51	6♒43	6♒39	6♒40	6♒46	6♒55	7♒09	7♒27	7♒48	8♒12	8♒39	/⚳
/♃	21♏54	21♏18	20♏44	20♏15	19♏49	19♏28	19♏12	19♏00	18♏53	18♏49	18♏50	18♏54	19♏02	19♏12	19♏25	/♃
/♄	1♑45	1♑12	0♑42	0♑17	29♐55	29♐38	29♐26	29♐18	29♐15	29♐16	29♐21	29♐30	29♐41	29♐57	0♑14	/♄
/♅	3♓44	3♓09	2♓37	2♓09	1♓45	1♓26	1♓12	1♓02	0♓57	0♓56	0♓59	1♓06	1♓16	1♓30	1♓46	/♅
/♆	14♒20	13♒46	13♒14	12♒46	12♒23	12♒04	11♒50	11♒41	11♒36	11♒35	11♒39	11♒46	11♒56	12♒10	12♒26	/♆
/♇	18♑09	17♑34	17♑03	16♑35	16♑12	15♑53	15♑39	15♑30	15♑25	15♑24	15♑28	15♑35	15♑45	15♑59	16♑15	/♇
/☊	22♏07	21♏30	20♏56	20♏25	19♏57	19♏33	19♏13	18♏59	18♏49	18♏45	18♏45	18♏51	19♏01	19♏14	19♏30	/☊
♀/♂	29♏25	0♐18	1♐10	2♐03	2♐55	3♐48	4♐40	5♐33	6♐25	7♐17	8♐09	9♐02	9♐54	10♐46	11♐38	♀/♂
/⚳	23♑33	24♑21	25♑09	25♑57	26♑46	27♑34	28♑22	29♑10	29♑59	0♒47	1♒35	2♒24	3♒12	4♒01	4♒49	/⚳
/♃	7♏21	7♏57	8♏33	9♏08	9♏44	10♏20	10♏55	11♏30	12♏06	12♏41	13♏16	13♏51	14♏26	15♏01	15♏36	/♃
/♄	17♐11	17♐51	18♐31	19♐10	19♐50	20♐29	21♐09	21♐49	22♐28	23♐08	23♐47	24♐27	25♐06	25♐46	26♐25	/♄
/♅	19♒10	19♒48	20♒25	21♒03	21♒40	22♒18	22♒55	23♒33	24♒10	24♒48	25♒26	26♒03	26♒41	27♒19	27♒57	/♅
/♆	29♑47	0♒25	1♒02	1♒40	2♒18	2♒56	3♒33	4♒11	4♒49	5♒27	6♒05	6♒43	7♒21	7♒59	8♒37	/♆
/♇	3♑36	4♑13	4♑51	5♑29	6♑07	6♑45	7♑23	8♑00	8♑38	9♑16	9♑54	10♑32	11♑10	11♑48	12♑26	/♇
/☊	7♏33	8♏09	8♏45	9♏19	9♏52	10♏24	10♏56	11♏29	12♏02	12♏36	13♏12	13♏48	14♏26	15♏03	15♏41	/☊
♂/⚳	1♑23	1♑50	2♑17	2♑44	3♑11	3♑38	4♑05	4♑32	4♑59	5♑26	5♑53	6♑20	6♑46	7♑13	7♑40	♂/⚳
/♃	15♎11	15♎26	15♎41	15♎55	16♎10	16♎24	16♎38	16♎52	17♎06	17♎20	17♎34	17♎47	18♎00	18♎13	18♎26	/♃
/♄	25♏01	25♏20	25♏39	25♏57	26♏16	26♏34	26♏52	27♏11	27♏29	27♏47	28♏05	28♏22	28♏40	28♏58	29♏15	/♄
/♅	27♑00	27♑17	27♑33	27♑50	28♑06	28♑22	28♑39	28♑55	29♑11	29♑27	29♑43	29♑59	0♒15	0♒31	0♒47	/♅
/♆	7♑37	7♑54	8♑10	8♑27	8♑44	9♑00	9♑17	9♑33	9♑50	10♑06	10♑22	10♑39	10♑55	11♑11	11♑27	/♆
/♇	11♐26	11♐42	11♐59	12♐16	12♐33	12♐49	13♐06	13♐22	13♐39	13♐55	14♐12	14♐28	14♐44	14♐60	15♐16	/♇
/☊	15♎23	15♎38	15♎53	16♎06	16♎18	16♎29	16♎40	16♎51	17♎03	17♎15	17♎29	17♎44	17♎60	18♎15	18♎31	/☊
⚳/♃	9♐19	9♐29	9♐39	9♐50	9♐60	10♐10	10♐20	10♐30	10♐40	10♐50	10♐60	11♐09	11♐19	11♐29	11♐38	⚳/♃
/♄	19♑09	19♑23	19♑38	19♑52	20♑06	20♑20	20♑34	20♑48	21♑03	21♑17	21♑31	21♑45	21♑59	22♑13	22♑27	/♄
/♅	21♓08	21♓20	21♓32	21♓44	21♓56	22♓08	22♓20	22♓32	22♓45	22♓57	23♓09	23♓22	23♓34	23♓46	23♓59	/♅
/♆	1♓45	1♓57	2♓09	2♓21	2♓34	2♓46	2♓59	3♓11	3♓23	3♓36	3♓48	4♓01	4♓13	4♓26	4♓39	/♆
/♇	5♒33	5♒46	5♒58	6♒10	6♒23	6♒35	6♒48	7♒00	7♒13	7♒25	7♒38	7♒50	8♒03	8♒15	8♒28	/♇
/☊	9♐31	9♐42	9♐52	10♐00	10♐08	10♐15	10♐22	10♐29	10♐36	10♐45	10♐55	11♐06	11♐18	11♐31	11♐43	/☊
♃/♄	2♏57	2♏59	3♏01	3♏03	3♏04	3♏06	3♏07	3♏08	3♏10	3♏11	3♏11	3♏12	3♏13	3♏13	3♏14	♃/♄
/♅	4♋56	4♋56	4♋56	4♋55	4♋55	4♋54	4♋53	4♋53	4♋52	4♋51	4♋50	4♋49	4♋48	4♋47	4♋46	/♅
/♆	15♐33	15♐33	15♐33	15♐32	15♐32	15♐32	15♐32	15♐31	15♐30	15♐30	15♐29	15♐28	15♐27	15♐26	15♐25	/♆
/♇	19♏21	19♏22	19♏22	19♏21	19♏21	19♏21	19♏21	19♏20	19♏20	19♏19	19♏18	19♏17	19♏17	19♏15	19♏14	/♇
/☊	23♍19	23♍18	23♍15	23♍11	23♍06	23♍01	22♍55	22♍49	22♍43	22♍39	22♍36	22♍34	22♍32	22♍31	22♍30	/☊
♄/♅	14♒47	14♒50	14♒54	14♒57	15♒00	15♒04	15♒07	15♒11	15♒14	15♒18	15♒21	15♒24	15♒28	15♒31	15♒34	♄/♅
/♆	25♑23	25♑27	25♑31	25♑34	25♑38	25♑42	25♑46	25♑49	25♑53	25♑57	26♑00	26♑04	26♑07	26♑11	26♑14	/♆
/♇	29♐12	29♐16	29♐20	29♐23	29♐27	29♐31	29♐35	29♐38	29♐42	29♐46	29♐49	29♐53	29♐56	29♐60	0♑03	/♇
/☊	3♏09	3♏12	3♏13	3♏13	3♏12	3♏11	3♏09	3♏07	3♏06	3♏06	3♏07	3♏09	3♏12	3♏15	3♏19	/☊
♅/♆	27♓22	27♓24	27♓25	27♓27	27♓28	27♓30	27♓32	27♓33	27♓35	27♓37	27♓39	27♓40	27♓42	27♓44	27♓46	♅/♆
/♇	1♓11	1♓13	1♓14	1♓16	1♓17	1♓19	1♓21	1♓23	1♓24	1♓26	1♓28	1♓30	1♓31	1♓33	1♓35	/♇
/☊	5♋08	5♋09	5♋08	5♋06	5♋02	4♋59	4♋55	4♋51	4♋48	4♋46	4♋46	4♋46	4♋47	4♋49	4♋50	/☊
♆/♇	11♒47	11♒49	11♒51	11♒53	11♒55	11♒57	11♒59	12♒01	12♒03	12♒05	12♒07	12♒09	12♒11	12♒13	12♒15	♆/♇
/☊	15♐45	15♐45	15♐45	15♐43	15♐40	15♐37	15♐33	15♐29	15♐27	15♐25	15♐25	15♐25	15♐27	15♐28	15♐30	/☊
♇/☊	19♏34	19♏34	19♏34	19♏32	19♏29	19♏26	19♏22	19♏19	19♏16	19♏14	19♏14	19♏14	19♏16	19♏18	19♏19	♇/☊

January 2016

February 2016

	1	2	3	4	5	6	7	8	9	10	11	12	13	14	15
☉/☽	25♐45	2♑15	8♑53	15♑39	22♑36	29♑44	7♒05	14♒36	22♒15	0♓01	7♓49	15♓37	23♓22	1♈03	8♈37
/☿	29♑17	0♒08	1♒01	1♒56	2♒53	3♒52	4♒52	5♒53	6♒55	7♒59	9♒04	10♒09	11♒16	12♒23	13♒32
/♀	25♑47	26♑54	28♑02	29♑09	0♒17	1♒24	2♒32	3♒39	4♒47	5♒54	7♒01	8♒09	9♒16	10♒24	11♒31
/♂	28♐15	29♐00	29♐46	0♑31	1♑16	2♑01	2♑46	3♑31	4♑15	4♑60	5♑44	6♑29	7♑13	7♑57	8♑41
/⚳	21♒24	22♒06	22♒48	23♒30	24♒12	24♒54	25♒36	26♒18	27♒00	27♒42	28♒24	29♒06	29♒49	0♓31	1♓13
/♃	1♐56	2♐25	2♐53	3♐21	3♐49	4♐17	4♐44	5♐12	5♐40	6♐07	6♐35	7♐02	7♐29	7♐56	8♐24
/♄	12♑50	13♑23	13♑56	14♑29	15♑01	15♑34	16♑07	16♑39	17♑12	17♑44	18♑17	18♑49	19♑21	19♑54	20♑26
/♅	14♓20	14♓52	15♓23	15♓54	16♓26	16♓57	17♓29	18♓00	18♓32	19♓03	19♓35	20♓06	20♓38	21♓09	21♓41
/♆	25♒00	25♒32	26♒03	26♒35	27♒06	27♒38	28♒09	28♒41	29♒12	29♒44	0♓15	0♓47	1♓18	1♓49	2♓21
/♇	28♑49	29♑21	29♑52	0♒23	0♒55	1♒26	1♒57	2♒29	3♒00	3♒31	4♒03	4♒34	5♒05	5♒36	6♒07
/☊	2♐04	2♐34	3♐03	3♐32	3♐60	4♐27	4♐55	5♐22	5♐51	6♐20	6♐50	7♐21	7♐52	8♐23	8♐54
☽/☿	13♐30	19♐50	26♐20	3♑00	9♑53	16♑59	24♑18	1♒50	9♒31	17♒20	25♒12	3♓05	10♓56	18♓43	26♓25
/♀	9♐59	16♐36	23♐20	0♑13	7♑16	14♑32	21♑59	29♑36	7♒23	15♒15	23♒10	1♓04	8♓56	16♓43	24♓25
/♂	12♏28	18♏43	25♏04	1♐35	8♐16	15♐08	22♐13	29♐28	6♑51	14♑21	21♑53	29♑24	6♒53	14♒17	21♒35
/⚳	5♑36	11♑48	18♑06	24♑33	1♒11	8♒01	15♒03	22♒15	29♒36	7♓03	14♓33	22♓02	29♓29	6♈50	14♈06
/♃	16♎09	22♎07	28♎11	4♏24	10♏48	17♏24	24♏11	1♐09	8♐16	15♐28	22♊43	29♊58	7♋09	14♋16	21♋17
/♄	27♏03	3♐05	9♐14	15♐32	22♐01	28♐41	5♑33	12♑36	19♑48	27♑05	4♒25	11♒45	19♒01	26♒13	3♓19
/♅	28♑33	4♒34	10♒41	16♒58	23♒26	0♓05	6♓56	13♓57	21♓08	28♓24	5♈43	13♈02	20♈18	27♈29	4♉34
/♆	9♑13	15♑14	21♑22	27♑38	4♒06	10♒45	17♒36	24♒38	1♓48	9♓04	16♓23	23♓42	0♈58	8♈09	15♈14
/♇	13♐02	19♐03	25♐10	1♑27	7♑54	14♑34	21♑24	28♑26	5♒36	12♒52	20♒11	27♒29	4♓45	11♓56	19♓01
/☊	16♎16	22♎16	28♎22	4♏36	10♏59	17♏35	24♏21	1♐19	8♐27	15♐41	22♊58	0♋16	7♋32	14♋43	21♋47
☿/♀	13♑32	14♑29	15♑29	16♑30	17♑34	18♑39	19♑45	20♑53	22♑02	23♑13	24♑24	25♑37	26♑50	28♑04	29♑19
/♂	16♐00	16♐35	17♐13	17♐52	18♐33	19♐16	19♐60	20♐45	21♐31	22♐19	23♐07	23♐57	24♐47	25♐38	26♐29
/⚳	9♒08	9♒40	10♒15	10♒51	11♒29	12♒09	12♒50	13♒32	14♒16	15♒01	15♒47	16♒34	17♒22	18♒11	19♒01
/♃	19♏41	19♏60	20♏20	20♏42	21♏06	21♏31	21♏58	22♏26	22♏56	23♏26	23♏57	24♏30	25♏03	25♏37	26♏12
/♄	0♑35	0♑58	1♑23	1♑50	2♑18	2♑49	3♑20	3♑53	4♑28	5♑03	5♑39	6♑17	6♑55	7♑34	8♑14
/♅	2♓05	2♓27	2♓50	3♓16	3♓43	4♓12	4♓43	5♓14	5♓48	6♓22	6♓57	7♓34	8♓11	8♓50	9♓29
/♆	12♒45	13♒07	13♒30	13♒56	14♒23	14♒52	15♒23	15♒55	16♒28	17♒02	17♒38	18♒14	18♒52	19♒30	20♒09
/♇	16♑34	16♑56	17♑19	17♑45	18♑12	18♑41	19♑11	19♑43	20♑16	20♑50	21♑25	22♑02	22♑39	23♑17	23♑56
/☊	19♏49	20♏09	20♏30	20♏53	21♏17	21♏42	22♏08	22♏37	23♏07	23♏39	24♏13	24♏49	25♏26	26♏04	26♏42
♀/♂	12♐30	13♐22	14♐13	15♐05	15♐57	16♐48	17♐40	18♐31	19♐23	20♐14	21♐05	21♐56	22♐47	23♐38	24♐29
/⚳	5♒38	6♒27	7♒15	8♒04	8♒53	9♒41	10♒30	11♒19	12♒07	12♒56	13♒45	14♒34	15♒22	16♒11	17♒00
/♃	16♏11	16♏46	17♏20	17♏55	18♏29	19♏04	19♏38	20♏13	20♏47	21♏21	21♏55	22♏29	23♏03	23♏37	24♏11
/♄	27♐05	27♐44	28♐23	29♐03	29♐42	0♑21	1♑00	1♑40	2♑19	2♑58	3♑37	4♑16	4♑55	5♑34	6♑13
/♅	28♒35	29♒13	29♒51	0♓29	1♓07	1♓45	2♓23	3♓01	3♓39	4♓17	4♓55	5♓33	6♓12	6♓50	7♓28
/♆	9♒15	9♒53	10♒31	11♒09	11♒47	12♒25	13♒03	13♒41	14♒19	14♒57	15♒36	16♒14	16♒52	17♒30	18♒08
/♇	13♑04	13♑42	14♑20	14♑58	15♑35	16♑13	16♑51	17♑29	18♑07	18♑45	19♑23	20♑01	20♑39	21♑17	21♑55
/☊	16♏18	16♏55	17♏31	18♏06	18♏40	19♏14	19♏48	20♏23	20♏58	21♏34	22♏11	22♏48	23♏26	24♏04	24♏41
♂/⚳	8♑06	8♑33	8♑59	9♑25	9♑52	10♑18	10♑44	11♑10	11♑36	12♑02	12♑28	12♑54	13♑19	13♑45	14♑10
/♃	18♎39	18♎52	19♎04	19♎17	19♎29	19♎41	19♎52	20♎04	20♎16	20♎27	20♎38	20♎49	20♎60	21♎11	21♎21
/♄	29♏33	29♏50	0♐07	0♐24	0♐41	0♐58	1♐15	1♐31	1♐48	2♐04	2♐20	2♐36	2♐52	3♐08	3♐23
/♅	1♒03	1♒19	1♒34	1♒50	2♒06	2♒21	2♒37	2♒52	3♒08	3♒23	3♒38	3♒53	4♒08	4♒23	4♒38
/♆	11♑43	11♑59	12♑15	12♑30	12♑46	13♑02	13♑17	13♑33	13♑48	14♑03	14♑19	14♑34	14♑49	15♑04	15♑18
/♇	15♐32	15♐48	16♐03	16♐19	16♐35	16♐50	17♐06	17♐21	17♐36	17♐51	18♐06	18♐21	18♐36	18♐50	19♐05
/☊	18♎47	19♎01	19♎15	19♎28	19♎40	19♎51	20♎03	20♎14	20♎27	20♎40	20♎54	21♎08	21♎23	21♎37	21♎51
⚳/♃	11♐47	11♐57	12♐06	12♐15	12♐24	12♐34	12♐43	12♐52	13♐00	13♐09	13♐18	13♐27	13♐36	13♐44	13♐53
/♄	22♑41	22♑55	23♑09	23♑23	23♑37	23♑51	24♑05	24♑19	24♑33	24♑46	25♑00	25♑14	25♑28	25♑41	25♑55
/♅	24♓11	24♓24	24♓36	24♓49	25♓02	25♓14	25♓27	25♓40	25♓53	26♓05	26♓18	26♓31	26♓44	26♓57	27♓10
/♆	4♓51	5♓04	5♓17	5♓29	5♓42	5♓55	6♓07	6♓20	6♓33	6♓46	6♓59	7♓11	7♓24	7♓37	7♓50
/♇	8♒40	8♒53	9♒05	9♒18	9♒31	9♒43	9♒56	10♒08	10♒21	10♒34	10♒46	10♒59	11♒11	11♒24	11♒37
/☊	11♐55	12♐06	12♐17	12♐26	12♐35	12♐44	12♐53	13♐02	13♐12	13♐22	13♐34	13♐46	13♐58	14♐11	14♐23
♃/♄	3♏14	3♏14	3♏14	3♏14	3♏14	3♏14	3♏13	3♏13	3♏12	3♏11	3♏10	3♏09	3♏08	3♏07	3♏06
/♅	4♋44	4♋43	4♋42	4♋40	4♋39	4♋37	4♋35	4♋34	4♋32	4♋30	4♋28	4♋27	4♋25	4♋23	4♋21
/♆	15♐24	15♐23	15♐22	15♐20	15♐19	15♐17	15♐16	15♐14	15♐12	15♐11	15♐09	15♐07	15♐05	15♐03	15♐01
/♇	19♏13	19♏12	19♏10	19♏09	19♏07	19♏06	19♏04	19♏02	19♏00	18♏58	18♏56	18♏54	18♏52	18♏50	18♏47
/☊	22♍28	22♍25	22♍22	22♍18	22♍12	22♍07	22♍01	21♍56	21♍51	21♍47	21♍44	21♍41	21♍39	21♍36	21♍34
♄/♅	15♒38	15♒41	15♒44	15♒48	15♒51	15♒54	15♒58	16♒01	16♒04	16♒07	16♒10	16♒14	16♒17	16♒20	16♒23
/♆	26♑18	26♑21	26♑25	26♑28	26♑31	26♑35	26♑38	26♑41	26♑45	26♑48	26♑51	26♑54	26♑57	27♑00	27♑03
/♇	0♑07	0♑10	0♑13	0♑17	0♑20	0♑23	0♑26	0♑29	0♑32	0♑35	0♑38	0♑41	0♑44	0♑47	0♑50
/☊	3♏21	3♏24	3♏25	3♏25	3♏25	3♏24	3♏23	3♏23	3♏23	3♏24	3♏26	3♏28	3♏31	3♏34	3♏36
♅/♆	27♓48	27♓50	27♓52	27♓54	27♓56	27♓58	28♓00	28♓02	28♓05	28♓07	28♓09	28♓11	28♓13	28♓16	28♓18
/♇	1♓37	1♓39	1♓41	1♓43	1♓45	1♓47	1♓48	1♓50	1♓52	1♓54	1♓56	1♓58	2♓00	2♓02	2♓05
/☊	4♋52	4♋52	4♋52	4♋51	4♋50	4♋48	4♋46	4♋44	4♋43	4♋43	4♋44	4♋45	4♋47	4♋49	4♋51
♆/♇	12♒17	12♒19	12♒21	12♒23	12♒25	12♒27	12♒29	12♒31	12♒33	12♒35	12♒37	12♒39	12♒41	12♒43	12♒45
/☊	15♐32	15♐32	15♐32	15♐31	15♐30	15♐28	15♐26	15♐24	15♐24	15♐24	15♐24	15♐26	15♐28	15♐30	15♐31
♇/☊	19♏21	19♏21	19♏21	19♏20	19♏18	19♏16	19♏14	19♏13	19♏11	19♏11	19♏12	19♏13	19♏15	19♏16	19♏18

	16	17	18	19	20	21	22	23	24	25	26	27	28	29
☉/☽	16♈05	23♈26	0♉39	7♉46	14♉46	21♉39	28♉26	5♐07	11♐43	18♐14	24♐41	1♑06	7♑30	13♑56
/☿	14♒41	15♒50	17♒01	18♒12	19♒24	20♒36	21♒49	23♒02	24♒16	25♒30	26♒45	28♒01	29♒17	0♓33
/♀	12♒38	13♒46	14♒53	16♒00	17♒08	18♒15	19♒22	20♒30	21♒37	22♒44	23♒52	24♒59	26♒06	27♒13
/♂	9♑25	10♑09	10♑53	11♑36	12♑20	13♑03	13♑46	14♑29	15♑12	15♑55	16♑37	17♑20	18♑02	18♑44
/⚳	1♓55	2♓37	3♓19	4♓01	4♓43	5♓25	6♓07	6♓49	7♓31	8♓13	8♓55	9♓37	10♓19	11♓01
/♃	8♐51	9♐18	9♐45	10♐11	10♐38	11♐05	11♐32	11♐58	12♐25	12♐51	13♐18	13♐44	14♐10	14♐37
/♄	20♑58	21♑30	22♑02	22♑34	23♑06	23♑38	24♑10	24♑42	25♑13	25♑45	26♑16	26♑48	27♑19	27♑51
/♅	22♓12	22♓44	23♓15	23♓47	24♓18	24♓50	25♓21	25♓53	26♓24	26♓56	27♓28	27♓59	28♓31	29♓02
/♆	2♓52	3♓24	3♓55	4♓27	4♓58	5♓29	6♓01	6♓32	7♓03	7♓35	8♓06	8♓37	9♓09	9♓40
/♇	6♒39	7♒10	7♒41	8♒12	8♒43	9♒14	9♒45	10♒16	10♒47	11♒18	11♒49	12♒20	12♒51	13♒21
/☊	9♐24	9♐54	10♐23	10♐51	11♐20	11♐48	12♐17	12♐47	13♐17	13♐47	14♐17	14♐48	15♐19	15♐50
☽/☿	4♈01	11♈31	18♈55	26♈12	3♉23	10♏28	17♏28	24♏22	1♐11	7♐55	14♐37	21♐17	27♐57	4♑40
/♀	1♈59	9♈26	16♈47	24♈01	1♉07	8♏08	15♏02	21♏49	28♏32	5♐09	11♐43	18♐15	24♐47	1♑20
/♂	28♌46	5♍50	12♍46	19♍36	26♍19	2♎55	9♎25	15♎49	22♎07	28♎20	4♏29	10♏36	16♏43	22♏51
/⚳	21♈15	28♈18	5♉13	12♉01	18♉43	25♉18	1♊46	8♊09	14♐26	20♐38	26♐47	2♑53	8♑60	15♑07
/♃	28♋11	4♌58	11♌38	18♌12	24♌38	0♍57	7♍11	13♍18	19♍19	25♍16	1♎09	7♎01	12♎51	18♎43
/♄	10♓19	17♍11	23♍56	0♎34	7♎06	13♎31	19♎49	26♎01	2♏08	8♏10	14♏08	20♏04	26♏00	1♐57
/♅	11♉33	18♉24	25♉09	1♊47	8♊18	14♊42	21♊01	27♊13	3♋19	9♋21	15♋19	21♑15	27♑11	3♒08
/♆	22♈13	29♈04	5♉49	12♉27	18♉58	25♉22	1♊40	7♊52	13♐58	19♐60	25♐58	1♑54	7♑49	13♑46
/♇	25♓59	2♈50	9♈35	16♈12	22♎43	29♎07	5♏24	11♏36	17♏42	23♏43	29♏41	5♐36	11♐31	17♐28
/☊	28♋45	5♌34	12♌16	18♌51	25♌19	1♍41	7♍56	14♍06	20♍11	26♍12	2♎09	8♎05	13♎60	19♎56
☿/♀	0♒35	1♒51	3♒09	4♒26	5♒45	7♒04	8♒24	9♒44	11♒05	12♒26	13♒48	15♒10	16♒33	17♒57
/♂	27♐22	28♐15	29♐08	0♑02	0♑57	1♑52	2♑47	3♑43	4♑40	5♑37	6♑34	7♑32	8♑30	9♑28
/⚳	19♒51	20♒42	21♒34	22♒27	23♒20	24♒14	25♒08	26♒03	26♒59	27♒55	28♒52	29♒49	0♓46	1♓45
/♃	26♏47	27♏23	27♏60	28♏37	29♏15	29♏54	0♐33	1♐12	1♐52	2♐33	3♐14	3♐56	4♐38	5♐21
/♄	8♑55	9♑36	10♑18	11♑00	11♑43	12♑27	13♑11	13♑56	14♑41	15♑27	16♑13	16♑60	17♑47	18♑35
/♅	10♓09	10♓49	11♓31	12♓13	12♓55	13♓39	14♓23	15♓07	15♓52	16♓38	17♓24	18♓11	18♓58	19♓46
/♆	20♒49	21♒29	22♒11	22♒52	23♒35	24♒18	25♒02	25♒46	26♒31	27♒16	28♒02	28♒49	29♒36	0♓23
/♇	24♑35	25♑15	25♑56	26♑38	27♑20	28♑03	28♑46	29♑30	0♒15	0♒60	1♒45	2♒31	3♒18	4♒05
/☊	27♏20	27♏59	28♏38	29♏17	29♏57	0♐37	1♐19	2♐01	2♐44	3♐29	4♐14	4♐60	5♐46	6♐33
♀/♂	25♐19	26♐10	27♐00	27♐51	28♐41	29♐31	0♑21	1♑11	2♑01	2♑51	3♑40	4♑30	5♑19	6♑08
/⚳	17♒49	18♒38	19♒27	20♒16	21♒04	21♒53	22♒42	23♒31	24♒20	25♒09	25♒58	26♒47	27♒36	28♒25
/♃	24♏45	25♏19	25♏52	26♏26	26♏60	27♏33	28♏07	28♏40	29♏14	29♏47	0♐20	0♐54	1♐27	2♐00
/♄	6♑52	7♑31	8♑10	8♑49	9♑27	10♑06	10♑45	11♑24	12♑02	12♑41	13♑19	13♑58	14♑36	15♑15
/♅	8♓06	8♓45	9♓23	10♓01	10♓40	11♓18	11♓56	12♓35	13♓13	13♓52	14♓30	15♓09	15♓47	16♓26
/♆	18♒47	19♒25	20♒03	20♒41	21♒19	21♒58	22♒36	23♒14	23♒52	24♒30	25♒09	25♒47	26♒25	27♒03
/♇	22♑33	23♑11	23♑49	24♑26	25♑04	25♑42	26♑20	26♑58	27♑36	28♑14	28♑52	29♑29	0♒07	0♒45
/☊	25♏18	25♏54	26♏30	27♏06	27♏41	28♏17	28♏52	29♏29	0♐05	0♐43	1♐20	1♐58	2♐36	3♐13
♂/⚳	14♑36	15♑01	15♑26	15♑51	16♑16	16♑41	17♑06	17♑30	17♑55	18♑19	18♑44	19♑08	19♑32	19♑56
/♃	21♎32	21♎42	21♎52	22♎02	22♎11	22♎21	22♎30	22♎39	22♎49	22♎57	23♎06	23♎15	23♎23	23♎32
/♄	3♐39	3♐54	4♐09	4♐24	4♐39	4♐54	5♐08	5♐23	5♐37	5♐51	6♐05	6♐19	6♐32	6♐46
/♅	4♒53	5♒08	5♒22	5♒37	5♒51	6♒06	6♒20	6♒34	6♒48	7♒02	7♒16	7♒30	7♒43	7♒57
/♆	15♑33	15♑48	16♑02	16♑17	16♑31	16♑45	16♑59	17♑13	17♑27	17♑41	17♑54	18♑08	18♑21	18♑34
/♇	19♐19	19♐34	19♐48	20♐02	20♐16	20♐30	20♐44	20♐57	21♐11	21♐24	21♐37	21♐50	22♐03	22♐16
/☊	22♎05	22♎18	22♎30	22♎41	22♎53	23♎04	23♎16	23♎28	23♎40	23♎53	24♎06	24♎19	24♎32	24♎44
⚳/♃	14♐01	14♐10	14♐18	14♐26	14♐35	14♐43	14♐51	14♐60	15♐08	15♐16	15♐24	15♐32	15♐40	15♐48
/♄	26♑09	26♑22	26♑36	26♑49	27♑03	27♑16	27♑30	27♑43	27♑56	28♑09	28♑23	28♑36	28♑49	29♑02
/♅	27♓23	27♓36	27♓49	28♓02	28♓15	28♓28	28♓41	28♓54	29♓07	29♓21	29♓34	29♓47	0♈00	0♈13
/♆	8♓03	8♓16	8♓29	8♓42	8♓55	9♓07	9♓20	9♓33	9♓46	9♓59	10♓12	10♓25	10♓38	10♓51
/♇	11♒49	12♒02	12♒14	12♒27	12♒40	12♒52	13♒05	13♒17	13♒30	13♒42	13♒55	14♒08	14♒20	14♒33
/☊	14♐35	14♐46	14♐56	15♐06	15♐16	15♐27	15♐37	15♐48	15♐59	16♐11	16♐24	16♐36	16♐49	17♐01
♃/♄	3♏04	3♏03	3♏01	2♏60	2♏58	2♏56	2♏54	2♏52	2♏50	2♏48	2♏45	2♏43	2♏41	2♏38
/♅	4♋19	4♋17	4♋14	4♋12	4♋10	4♋08	4♋06	4♋03	4♋01	3♋59	3♋56	3♋54	3♋52	3♋49
/♆	14♐59	14♐57	14♐54	14♐52	14♐50	14♐47	14♐45	14♐42	14♐40	14♐37	14♐35	14♐32	14♐30	14♐27
/♇	18♏45	18♏43	18♏40	18♏37	18♏35	18♏32	18♏29	18♏26	18♏24	18♏21	18♏18	18♏15	18♏12	18♏09
/☊	21♍30	21♍26	21♍22	21♍17	21♍12	21♍06	21♍02	20♍57	20♍53	20♍50	20♍46	20♍43	20♍40	20♍37
♄/♅	16♒26	16♒29	16♒32	16♒35	16♒38	16♒41	16♒44	16♒47	16♒50	16♒52	16♒55	16♒58	17♒01	17♒03
/♆	27♑06	27♑09	27♑12	27♑15	27♑18	27♑20	27♑23	27♑26	27♑28	27♑31	27♑34	27♑36	27♑39	27♑41
/♇	0♑52	0♑55	0♑58	1♑00	1♑03	1♑05	1♑07	1♑10	1♑12	1♑14	1♑16	1♑19	1♑21	1♑23
/☊	3♏38	3♏39	3♏39	3♏39	3♏39	3♏39	3♏40	3♏40	3♏42	3♏43	3♏45	3♏47	3♏49	3♏51
♅/♆	28♓20	28♓23	28♓25	28♓27	28♓30	28♓32	28♓35	28♓37	28♓40	28♓42	28♓45	28♓47	28♓50	28♓52
/♇	2♓07	2♓09	2♓11	2♓13	2♓15	2♓17	2♓19	2♓21	2♓23	2♓25	2♓27	2♓30	2♓32	2♓34
/☊	4♋52	4♋52	4♋52	4♋52	4♋52	4♋51	4♋51	4♋52	4♋53	4♋54	4♋56	4♋58	5♋00	5♋02
♆/♇	12♒47	12♒49	12♒51	12♒53	12♒55	12♒56	12♒58	13♒00	13♒02	13♒04	13♒06	13♒08	13♒10	13♒11
/☊	15♐32	15♐32	15♐32	15♐32	15♐31	15♐31	15♐31	15♐31	15♐32	15♐33	15♐35	15♐36	15♐38	15♐40
♇/☊	19♏18	19♏18	19♏18	19♏17	19♏16	19♏16	19♏15	19♏15	19♏15	19♏16	19♏17	19♏19	19♏20	19♏21

February 2016

March 2016

	1	2	3	4	5	6	7	8	9	10	11	12	13	14	15	16	17	18	19	20	21	22	23	24	25	26	27	28	29	30	31	
☉/☽	20♑26	27♑01	3♒46	10♒40	17♒47	25♒07	2♓39	10♓24	18♓17	26♓16	4♈17	12♈14	20♈05	27♈47	5♉19	12♉39	19♉48	26♉48	3♊39	10♊23	17♊01	23♊34	0♋03	6♑30	12♑55	19♑19	25♑44	2♒11	8♒41	15♒16	21♒59	☉/☽
/☿	1♓50	3♓08	4♓26	5♓45	7♓04	8♓24	9♓44	11♓04	12♓26	13♓47	15♓10	16♓33	17♓56	19♓20	20♓45	22♓10	23♓36	25♓02	26♓29	27♓57	29♓25	0♈53	2♈22	3♈52	5♈22	6♈52	8♈23	9♈53	11♈24	12♈55	14♈26	/☿
/♀	28♒21	29♒28	0♓35	1♓42	2♓49	3♓57	5♓04	6♓11	7♓18	8♓25	9♓32	10♓39	11♓46	12♓53	14♓00	15♓07	16♓14	17♓21	18♓28	19♓35	20♓42	21♓49	22♓56	24♓03	25♓09	26♓16	27♓23	28♓30	29♓36	0♈43	1♈50	/♀
/♂	19♑26	20♑08	20♑50	21♑32	22♑13	22♑54	23♑35	24♑16	24♑57	25♑37	26♑18	26♑58	27♑38	28♑17	28♑57	29♑36	0♒15	0♒54	1♒32	2♒11	2♒49	3♒27	4♒04	4♒42	5♒19	5♒56	6♒32	7♒09	7♒45	8♒21	8♒56	/♂
/⚳	11♓43	12♓25	13♓07	13♓49	14♓31	15♓12	15♓54	16♓36	17♓18	17♓60	18♓42	19♓23	20♓05	20♓47	21♓29	22♓10	22♓52	23♓34	24♓15	24♓57	25♓38	26♓20	27♓01	27♓43	28♓24	29♓06	29♓47	0♈28	1♈10	1♈51	2♈32	/⚳
/♃	15♐03	15♐29	15♐56	16♐22	16♐48	17♐14	17♐40	18♐06	18♊32	18♊59	19♊25	19♊51	20♊17	20♊43	21♊09	21♊35	22♊01	22♊27	22♊53	23♊19	23♊45	24♊11	24♊37	25♊03	25♊30	25♊56	26♊22	26♊48	27♊15	27♊41	28♊07	/♃
/♄	28♑22	28♑54	29♑25	29♑56	0♒27	0♒58	1♒29	1♒60	2♒31	3♒02	3♒32	4♒03	4♒34	5♒04	5♒35	6♒05	6♒35	7♒06	7♒36	8♒06	8♒36	9♒06	9♒36	10♒06	10♒35	11♒05	11♒35	12♒04	12♒34	13♒03	13♒33	/♄
/♅	29♓34	0♈05	0♈37	1♈08	1♈40	2♈11	2♈43	3♈15	3♈46	4♈18	4♈49	5♈21	5♈52	6♈24	6♈55	7♈27	7♈58	8♈30	9♈01	9♈33	10♈04	10♈35	11♈07	11♈38	12♈10	12♈41	13♈12	13♈44	14♈15	14♈46	15♈18	/♅
/♆	10♓11	10♓42	11♓14	11♓45	12♓16	12♓47	13♓18	13♓49	14♓21	14♓52	15♓23	15♓54	16♓25	16♓56	17♓27	17♓58	18♓29	18♓60	19♓31	20♓02	20♓33	21♓04	21♓34	22♓05	22♓36	23♓07	23♓37	24♓08	24♓39	25♓10	25♓40	/♆
/♇	13♒52	14♒23	14♒54	15♒25	15♒55	16♒26	16♒57	17♒27	17♒58	18♒28	18♒59	19♒29	19♒60	20♒30	21♒01	21♒31	22♒02	22♒32	23♒02	23♒32	24♒03	24♒33	25♒03	25♒33	26♒03	26♒33	27♒03	27♒33	28♒03	28♒33	29♒03	/♇
/☊	16♐20	16♐50	17♐20	17♐50	18♐20	18♐50	19♐19	19♐49	20♐19	20♐49	21♐19	21♊49	22♊19	22♊49	23♊19	23♊48	24♊18	24♊49	25♊19	25♊49	26♊19	26♊49	27♊19	27♊48	28♊17	28♊46	29♊15	29♊43	0♋12	0♋40	1♋10	/☊
☽/☿	11♑26	18♑19	25♑21	2♒35	10♒00	17♒40	25♒32	3♓37	11♓52	20♓13	28♓36	6♈56	15♈11	23♈17	1♉13	8♉59	16♉34	24♉01	1♊19	8♊31	15♊37	22♊39	29♊38	6♑35	13♑30	20♑25	27♑21	4♒20	11♒21	18♒29	25♒43	☽/☿
/♀	7♑56	14♑39	21♑30	28♑32	5♒46	13♒13	20♒52	28♒44	6♓44	14♓51	22♓58	1♈03	9♈01	16♈50	24♈29	1♉56	9♉13	16♉20	23♉18	0♊09	6♊54	13♐35	20♐11	26♐45	3♑18	9♑49	16♑22	22♑56	29♑33	6♒16	13♒06	/♀
/♂	29♏02	5♐20	11♐45	18♐21	25♐09	2♑10	9♑24	16♑49	24♑23	2♒03	9♒44	17♒21	24♒52	2♓14	9♍25	16♍25	23♍14	29♍52	6♎22	12♎45	19♎01	25♎13	1♏20	7♏25	13♏27	19♏29	25♏31	1♐35	7♐42	13♐54	20♐13	/♂
/⚳	21♑19	27♑36	4♒02	10♒38	17♒27	24♒28	1♓43	9♓09	16♓45	24♓25	2♈08	9♈47	17♈20	24♈44	1♉57	8♉59	15♉50	22♉32	29♉05	5♊31	11♊51	18♊06	24♐17	0♑26	6♑33	12♑39	18♑46	24♑55	1♒07	7♒24	13♒49	/⚳
/♃	24♎39	0♏41	6♏51	13♏12	19♏44	26♏30	3♐29	10♐39	17♐59	25♊24	2♋51	10♋14	17♋31	24♋40	1♌37	8♌24	14♌59	21♌25	27♌43	3♍53	9♍57	15♍57	21♍53	27♍46	3♎38	9♎29	15♎21	21♎14	27♎12	3♏14	9♏24	/♃
/♄	7♐58	14♐05	20♐20	26♐46	3♑23	10♑14	17♑18	24♑33	1♒57	9♒27	16♒58	24♒27	1♓48	9♓01	16♓03	22♍54	29♍34	6♎04	12♎26	18♎40	24♎48	0♏52	6♏51	12♏48	18♏44	24♏38	0♐33	6♐30	12♐31	18♐36	24♐49	/♄
/♅	9♒09	15♒17	21♒32	27♒58	4♓36	11♓28	18♓32	25♓48	3♈13	10♈43	18♈15	25♈44	3♉07	10♉21	17♉24	24♉15	0♊57	7♊28	13♊51	20♊07	26♊16	2♋21	8♋23	14♋21	20♑18	26♑14	2♒11	8♒10	14♒12	20♒20	26♒34	/♅
/♆	19♑47	25♑54	2♒09	8♒35	15♒12	22♒03	29♒07	6♓22	13♓47	21♓17	28♓49	6♈17	13♈40	20♈53	27♈55	4♉47	11♉28	17♉58	24♉21	0♊36	6♊45	12♐49	18♐50	24♐48	0♑44	6♑40	12♑36	18♑34	24♑36	0♒43	6♒57	/♆
/♇	23♐28	29♐34	5♑49	12♑14	18♑52	25♑42	2♒45	10♒00	17♒24	24♒54	2♓25	9♓53	17♓15	24♓27	1♈29	8♈20	15♈00	21♎30	27♎52	4♏07	10♏15	16♏19	22♏19	28♏16	4♐12	10♐07	16♐02	21♐60	28♐00	4♑06	10♑20	/♇
/☊	25♎56	2♏02	8♏16	14♏40	21♏16	28♏06	5♐08	12♐22	19♐45	27♊15	4♋45	12♋13	19♋34	26♋46	3♌47	10♌37	17♌17	23♌47	0♍09	6♍23	12♍31	18♍35	24♍34	0♎31	6♎26	12♎19	18♎13	24♎09	0♏09	6♏14	12♏26	/☊
☿/♀	19♒21	20♒46	22♒11	23♒36	25♒03	26♒29	27♒57	29♒24	0♓53	2♓22	3♓51	5♓21	6♓52	8♓23	9♓55	11♓27	13♓00	14♓34	16♓08	17♓43	19♓18	20♓54	22♓30	24♓07	25♓45	27♓22	29♓00	0♈39	2♈17	3♈55	5♈34	☿/♀
/♂	10♑27	11♑26	12♑26	13♑26	14♑26	15♑27	16♑28	17♑30	18♑32	19♑34	20♑37	21♑40	22♑43	23♑47	24♑51	25♑56	27♑01	28♑07	29♑12	0♒19	1♒25	2♒32	3♒39	4♒47	5♒54	7♒02	8♒10	9♒18	10♒25	11♒33	12♒40	/♂
/⚳	2♓43	3♓43	4♓43	5♓43	6♓44	7♓45	8♓47	9♓50	10♓53	11♓56	13♓01	14♓05	15♓11	16♓17	17♓23	18♓30	19♓38	20♓46	21♓55	23♓05	24♓14	25♓25	26♓36	27♓48	28♓59	0♈12	1♈24	2♈37	3♈50	5♈03	6♈16	/⚳
/♃	6♐04	6♐47	7♐31	8♐16	9♐01	9♐47	10♐33	11♐20	12♐07	12♐55	13♐44	14♐33	15♐22	16♐13	17♐03	17♊55	18♊47	19♊40	20♊33	21♊27	22♊21	23♊16	24♊12	25♊08	26♊05	27♊02	27♊59	28♊57	29♊55	0♋53	1♋51	/♃
/♄	19♑23	20♑11	21♑01	21♑50	22♑40	23♑31	24♑22	25♑14	26♑06	26♑58	27♑51	28♑45	29♑39	0♒34	1♒29	2♒25	3♒21	4♒18	5♒16	6♒14	7♒12	8♒11	9♒10	10♒10	11♒11	12♒11	13♒12	14♒13	15♒14	16♒15	17♒16	/♄
/♅	20♓34	21♓23	22♓13	23♓03	23♓53	24♓44	25♓36	26♓28	27♓21	28♓14	29♓08	0♈03	0♈58	1♈54	2♈50	3♈47	4♈44	5♈42	6♈41	7♈40	8♈40	9♈41	10♈42	11♈43	12♈45	13♈47	14♈50	15♈53	16♈56	17♈59	19♈02	/♅
/♆	1♓12	2♓00	2♓49	3♓39	4♓29	5♓20	6♓11	7♓03	7♓55	8♓48	9♓42	10♓36	11♓31	12♓26	13♓22	14♓18	15♓15	16♓13	17♓11	18♓10	19♓09	20♓09	21♓09	22♓10	23♓11	24♓13	25♓15	26♓17	27♓19	28♓22	29♓24	/♆
/♇	4♒53	5♒41	6♒30	7♒19	8♒08	8♒59	9♒49	10♒41	11♒33	12♒25	13♒18	14♒11	15♒06	16♒00	16♒55	17♒51	18♒48	19♒45	20♒42	21♒40	22♒39	23♒38	24♒38	25♒38	26♒39	27♒39	28♒41	29♒42	0♓44	1♓46	2♓47	/♇
/☊	7♐21	8♐08	8♐56	9♐44	10♐33	11♐22	12♐12	13♐03	13♐54	14♐46	15♐38	16♐31	17♐25	18♐19	19♐13	20♐09	21♐05	22♊01	22♊59	23♊57	24♊55	25♊54	26♊54	27♊53	28♊53	29♊52	0♋52	1♋52	2♋52	3♋53	4♋53	/☊
♀/♂	6♑57	7♑46	8♑35	9♑23	10♑12	11♑00	11♑48	12♑36	13♑24	14♑12	14♑59	15♑46	16♑33	17♑20	18♑07	18♑53	19♑40	20♑26	21♑11	21♑57	22♑43	23♑28	24♑13	24♑57	25♑42	26♑26	27♑10	27♑54	28♑37	29♑21	0♒03	♀/♂
/⚳	29♒14	0♓02	0♓51	1♓40	2♓29	3♓18	4♓07	4♓56	5♓45	6♓34	7♓23	8♓12	9♓01	9♓50	10♓39	11♓28	12♓16	13♓05	13♓54	14♓43	15♓32	16♓21	17♓10	17♓58	18♓47	19♓36	20♓25	21♓14	22♓02	22♓51	23♓40	/⚳
/♃	2♐34	3♐07	3♐40	4♐13	4♐47	5♐20	5♐53	6♐26	6♐60	7♐33	8♐06	8♐39	9♐12	9♐46	10♐19	10♐52	11♐25	11♐59	12♐32	13♐05	13♐39	14♐12	14♐46	15♐19	15♐53	16♊26	16♊60	17♊33	18♊07	18♊41	19♊15	/♃
/♄	15♑53	16♑31	17♑09	17♑48	18♑26	19♑04	19♑42	20♑20	20♑58	21♑36	22♑14	22♑52	23♑29	24♑07	24♑45	25♑22	25♑60	26♑37	27♑15	27♑52	28♑29	29♑07	29♑44	0♒21	0♒58	1♒35	2♒12	2♒49	3♒26	4♒03	4♒40	/♄
/♅	17♓04	17♓43	18♓21	19♓00	19♓39	20♓17	20♓56	21♓35	22♓13	22♓52	23♓31	24♓09	24♓48	25♓27	26♓05	26♓44	27♓23	28♓01	28♓40	29♓19	29♓58	0♈36	1♈15	1♈54	2♈33	3♈11	3♈50	4♈29	5♈08	5♈46	6♈25	/♅
/♆	27♒42	28♒20	28♒58	29♒36	0♓15	0♓53	1♓31	2♓09	2♓48	3♓26	4♓04	4♓42	5♓21	5♓59	6♓37	7♓15	7♓54	8♓32	9♓10	9♓48	10♓26	11♓04	11♓43	12♓21	12♓59	13♓37	14♓15	14♓53	15♓31	16♓10	16♓48	/♆
/♇	1♒23	2♒01	2♒38	3♒16	3♒54	4♒32	5♒09	5♒47	6♒25	7♒03	7♒40	8♒18	8♒56	9♒33	10♒11	10♒49	11♒26	12♒04	12♒41	13♒19	13♒56	14♒34	15♒11	15♒49	16♒26	17♒04	17♒41	18♒18	18♒56	19♒33	20♒11	/♇
/☊	3♐51	4♐28	5♐05	5♐42	6♐19	6♐55	7♐32	8♐09	8♐46	9♐23	10♐00	10♐38	11♐15	11♐52	12♐29	13♐06	13♐43	14♐20	14♐58	15♐35	16♐13	16♐50	17♐27	18♐04	18♐40	19♐17	19♐52	20♐28	21♐04	21♊40	22♊17	/☊
♂/⚳	20♑19	20♑43	21♑06	21♑30	21♑53	22♑16	22♑39	23♑01	23♑24	23♑46	24♑08	24♑30	24♑52	25♑14	25♑35	25♑56	26♑17	26♑38	26♑58	27♑19	27♑39	27♑59	28♑18	28♑38	28♑57	29♑16	29♑34	29♑53	0♒11	0♒28	0♒46	♂/⚳
/♃	23♎40	23♎48	23♎55	24♎03	24♎10	24♎18	24♎25	24♎32	24♎38	24♎45	24♎51	24♎58	25♎04	25♎10	25♎15	25♎21	25♎26	25♎31	25♎36	25♎41	25♎46	25♎50	25♎54	25♎58	26♎02	26♎06	26♎09	26♎12	26♎15	26♎18	26♎21	/♃
/♄	6♐59	7♐12	7♐24	7♐37	7♐49	8♐02	8♐14	8♐25	8♐37	8♐48	8♐59	9♐10	9♐21	9♐31	9♐41	9♐51	10♐00	10♐10	10♐19	10♐28	10♐36	10♐45	10♐53	11♐00	11♐08	11♐15	11♐22	11♐28	11♐35	11♐41	11♐46	/♄
/♅	8♒10	8♒23	8♒37	8♒49	9♒02	9♒15	9♒27	9♒40	9♒52	10♒04	10♒16	10♒28	10♒39	10♒51	11♒02	11♒13	11♒23	11♒34	11♒44	11♒55	12♒05	12♒14	12♒24	12♒33	12♒42	12♒51	12♒60	13♒08	13♒16	13♒24	13♒31	/♅
/♆	18♑48	19♑00	19♑13	19♑26	19♑38	19♑51	20♑03	20♑15	20♑27	20♑38	20♑50	21♑01	21♑12	21♑23	21♑33	21♑44	21♑54	22♑04	22♑14	22♑24	22♑33	22♑42	22♑51	22♑60	23♑08	23♑17	23♑25	23♑32	23♑40	23♑47	23♑54	/♆
/♇	22♐29	22♐41	22♐53	23♐06	23♐18	23♐29	23♐41	23♐52	24♐04	24♐15	24♐26	24♐36	24♐47	24♐57	25♐07	25♐17	25♐27	25♐36	25♐45	25♐54	26♐03	26♐12	26♐20	26♐28	26♐36	26♐43	26♐51	26♐58	27♐04	27♐11	27♐17	/♇
/☊	24♎57	25♎09	25♎20	25♎31	25♎42	25♎53	26♎04	26♎14	26♎25	26♎35	26♎46	26♎56	27♎06	27♎16	27♎25	27♎34	27♎44	27♎53	28♎02	28♎11	28♎20	28♎28	28♎36	28♎43	28♎50	28♎56	29♎02	29♎07	29♎13	29♎18	29♎23	/☊
⚳/♃	15♐56	16♐04	16♐12	16♐20	16♐28	16♐36	16♐44	16♐52	16♐60	17♐07	17♐15	17♐23	17♐31	17♊39	17♊47	17♊55	18♊03	18♊11	18♊19	18♊27	18♊35	18♊43	18♊51	18♊59	19♊07	19♊16	19♊24	19♊32	19♊40	19♊49	19♊57	⚳/♃
/♄	29♑15	29♑28	29♑41	29♑54	0♒07	0♒20	0♒33	0♒45	0♒58	1♒11	1♒23	1♒36	1♒48	2♒01	2♒13	2♒25	2♒37	2♒50	3♒02	3♒14	3♒26	3♒38	3♒50	4♒01	4♒13	4♒25	4♒37	4♒48	4♒60	5♒11	5♒23	/♄
/♅	0♈27	0♈40	0♈53	1♈07	1♈20	1♈33	1♈47	1♈60	2♈13	2♈27	2♈40	2♈53	3♈07	3♈20	3♈34	3♈47	4♈00	4♈14	4♈27	4♈41	4♈54	5♈07	5♈21	5♈34	5♈48	6♈01	6♈14	6♈28	6♈41	6♈54	7♈08	/♅
/♆	11♓04	11♓17	11♓30	11♓43	11♓56	12♓09	12♓22	12♓35	12♓48	13♓01	13♓14	13♓27	13♓39	13♓52	14♓05	14♓18	14♓31	14♓44	14♓57	15♓10	15♓23	15♓35	15♓48	16♓01	16♓14	16♓27	16♓39	16♓52	17♓05	17♓17	17♓30	/♆
/♇	14♒45	14♒58	15♒10	15♒23	15♒35	15♒48	16♒00	16♒13	16♒25	16♒37	16♒50	17♒02	17♒14	17♒27	17♒39	17♒51	18♒04	18♒16	18♒28	18♒40	18♒53	19♒05	19♒17	19♒29	19♒41	19♒53	20♒05	20♒17	20♒29	20♒41	20♒53	/♇
/☊	17♐13	17♐25	17♐37	17♐48	17♐60	18♐11	18♐23	18♐34	18♐46	18♐58	19♐10	19♐22	19♐33	19♐45	19♐57	20♐09	20♐21	20♐33	20♐45	20♐57	21♐09	21♐21	21♐33	21♐44	21♊55	22♊06	22♊17	22♊27	22♊38	22♊48	22♊60	/☊
♃/♄	2♏35	2♏33	2♏30	2♏27	2♏24	2♏21	2♏19	2♏16	2♏12	2♏09	2♏06	2♏03	1♏60	1♏56	1♏53	1♏50	1♏46	1♏43	1♏40	1♏36	1♏33	1♏29	1♏26	1♏22	1♏19	1♏15	1♏12	1♏08	1♏04	1♏01	0♏57	♃/♄
/♅	3♋47	3♋44	3♋42	3♋40	3♋37	3♋35	3♋32	3♋30	3♋28	3♋25	3♋23	3♋21	3♋18	3♋16	3♋14	3♋11	3♋09	3♋07	3♋05	3♋03	3♋01	2♋59	2♋57	2♋55	2♋53	2♋51	2♋49	2♋48	2♋46	2♋44	2♋43	/♅
/♆	14♐24	14♐22	14♐19	14♐16	14♐13	14♐11	14♐08	14♐05	14♐02	13♐59	13♐57	13♐54	13♐51	13♐48	13♐46	13♐43	13♐40	13♐37	13♐35	13♐32	13♐29	13♐27	13♐24	13♐22	13♐19	13♐17	13♐14	13♐12	13♐10	13♐07	13♐05	/♆
/♇	18♏05	18♏02	17♏59	17♏56	17♏53	17♏49	17♏46	17♏43	17♏39	17♏36	17♏33	17♏29	17♏26	17♏23	17♏19	17♏16	17♏13	17♏09	17♏06	17♏03	16♏59	16♏56	16♏53	16♏50	16♏46	16♏43	16♏40	16♏37	16♏34	16♏31	16♏28	/♇
/☊	20♍33	20♍30	20♍26	20♍22	20♍17	20♍13	20♍09	20♍05	20♍01	19♍57	19♍53	19♍49	19♍45	19♍41	19♍37	19♍33	19♍30	19♍26	19♍22	19♍19	19♍16	19♍12	19♍09	19♍05	19♍01	18♍56	18♍52	18♍47	18♍42	18♍38	18♍34	/☊
♄/♅	17♒06	17♒09	17♒11	17♒14	17♒16	17♒19	17♒21	17♒24	17♒26	17♒28	17♒31	17♒33	17♒35	17♒37	17♒40	17♒42	17♒44	17♒46	17♒48	17♒50	17♒52	17♒53	17♒55	17♒57	17♒59	18♒00	18♒02	18♒04	18♒05	18♒07	18♒08	♄/♅
/♆	27♑43	27♑46	27♑48	27♑50	27♑52	27♑55	27♑57	27♑59	28♑01	28♑03	28♑04	28♑06	28♑08	28♑10	28♑11	28♑13	28♑14	28♑16	28♑17	28♑19	28♑20	28♑21	28♑23	28♑24	28♑25	28♑26	28♑27	28♑28	28♑29	28♑30	28♑30	/♆
/♇	1♑25	1♑26	1♑28	1♑30	1♑32	1♑33	1♑35	1♑36	1♑38	1♑39	1♑40	1♑42	1♑43	1♑44	1♑45	1♑46	1♑47	1♑48	1♑49	1♑49	1♑50	1♑51	1♑51	1♑52	1♑52	1♑53	1♑53	1♑53	1♑53	1♑53	1♑53	/♇
/☊	3♏53	3♏54	3♏55	3♏56	3♏56	3♏57	3♏57	3♏58	3♏59	3♏60	4♏01	4♏01	4♏02	4♏02	4♏03	4♏03	4♏04	4♏05	4♏05	4♏06	4♏07	4♏07	4♏07	4♏07	4♏06	4♏05	4♏04	4♏03	4♏02	4♏01	3♏60	/☊
♅/♆	28♓55	28♓57	29♓00	29♓03	29♓05	29♓08	29♓11	29♓13	29♓16	29♓19	29♓21	29♓24	29♓27	29♓29	29♓32	29♓35	29♓37	29♓40	29♓43	29♓46	29♓48	29♓51	29♓54	29♓57	29♓59	0♈02	0♈05	0♈07	0♈10	0♈13	0♈16	♅/♆
/♇	2♓36	2♓38	2♓40	2♓42	2♓45	2♓47	2♓49	2♓51	2♓53	2♓55	2♓57	2♓59	3♓02	3♓04	3♓06	3♓08	3♓10	3♓12	3♓14	3♓16	3♓18	3♓20	3♓22	3♓25	3♓27	3♓29	3♓31	3♓33	3♓35	3♓37	3♓39	/♇
/☊	5♋04	5♋06	5♋07	5♋08	5♋09	5♋10	5♋11	5♋13	5♋14	5♋16	5♋17	5♋19	5♋21	5♋22	5♋24	5♋25	5♋27	5♋29	5♋31	5♋33	5♋35	5♋37	5♋38	5♋40	5♋41	5♋41	5♋42	5♋42	5♋43	5♋44	5♋45	/☊
♆/♇	13♒13	13♒15	13♒17	13♒19	13♒21	13♒22	13♒24	13♒26	13♒28	13♒29	13♒31	13♒33	13♒34	13♒36	13♒38	13♒39	13♒41	13♒42	13♒44	13♒45	13♒47	13♒48	13♒50	13♒51	13♒53	13♒54	13♒56	13♒57	13♒58	13♒60	14♒01	♆/♇
/☊	15♐41	15♐43	15♐44	15♐44	15♐45	15♐46	15♐47	15♐48	15♐49	15♐50	15♐51	15♐52	15♐53	15♐54	15♐55	15♐56	15♐58	15♐59	16♐00	16♐02	16♐03	16♐05	16♐06	16♐06	16♐07	16♐07	16♐07	16♐07	16♐07	16♐07	16♐07	/☊
♇/☊	19♏22	19♏23	19♏24	19♏24	19♏24	19♏25	19♏25	19♏25	19♏26	19♏27	19♏27	19♏28	19♏28	19♏29	19♏29	19♏30	19♏30	19♏31	19♏32	19♏33	19♏33	19♏34	19♏34	19♏34	19♏34	19♏34	19♏33	19♏32	19♏31	19♏31	19♏30	♇/☊

March 2016

April 2016

	1	2	3	4	5	6	7	8	9	10	11	12	13	14	15
☉/☽	28♒51	5♓53	13♓08	20♓37	28♓18	6♈12	14♈13	22♈20	0♉25	8♉25	16♉16	23♉54	1♊18	8♊28	15♊26
/☿	15♈57	17♈27	18♈57	20♈26	21♈54	23♈21	24♈46	26♈10	27♈33	28♈53	0♉12	1♉28	2♉42	3♉54	5♉03
/♀	2♈57	4♈03	5♈10	6♈16	7♈23	8♈30	9♈36	10♈43	11♈49	12♈56	14♈02	15♈09	16♈15	17♈22	18♈28
/♂	9♒31	10♒06	10♒41	11♒15	11♒49	12♒23	12♒56	13♒29	14♒01	14♒34	15♒06	15♒37	16♒08	16♒39	17♒10
/⚳	3♈14	3♈55	4♈36	5♈17	5♈58	6♈40	7♈21	8♈02	8♈43	9♈24	10♈05	10♈46	11♈26	12♈07	12♈48
/♃	28♊34	29♊00	29♊27	29♊53	0♋20	0♋46	1♋13	1♋40	2♋07	2♋33	3♋00	3♋27	3♋54	4♋22	4♋49
/♄	14♒02	14♒31	15♒00	15♒29	15♒58	16♒27	16♒56	17♒25	17♒54	18♒23	18♒51	19♒20	19♒49	20♒17	20♒46
/♅	15♈49	16♈20	16♈52	17♈23	17♈54	18♈26	18♈57	19♈28	19♈59	20♈30	21♈02	21♈33	22♈04	22♈35	23♈06
/♆	26♓11	26♓41	27♓12	27♓43	28♓13	28♓44	29♓14	29♓45	0♈15	0♈45	1♈16	1♈46	2♈16	2♈47	3♈17
/♇	29♒33	0♓03	0♓33	1♓03	1♓32	2♓02	2♓32	3♓01	3♓31	4♓01	4♓30	4♓60	5♓29	5♓59	6♓28
/☊	1♋39	2♋09	2♋39	3♋10	3♋40	4♋09	4♋38	5♋07	5♋35	6♋02	6♋29	6♋57	7♋25	7♋54	8♋24
☽/☿	3♓06	10♓40	18♓25	26♓23	4♈34	12♈55	21♈23	29♈55	8♉24	16♉45	24♉55	2♊51	10♊30	17♊53	25♊02
/♀	20♒05	27♒16	4♓38	12♓14	20♓03	28♓04	6♈13	14♈27	22♈40	0♉48	8♉46	16♉31	24♉03	1♊21	8♊26
/♂	26♐40	3♑18	10♑09	17♑13	24♑29	1♒57	9♒33	17♒13	24♒52	2♓26	9♍49	16♍60	23♍56	0♎38	7♎08
/⚳	20♒23	27♒07	4♓04	11♓15	18♓38	26♓14	3♈58	11♈46	19♈34	27♈16	4♉48	12♉08	19♉14	26♉06	2♊46
/♃	15♏43	22♏12	28♏55	5♐51	12♐60	20♊21	27♊50	5♋24	12♋58	20♋26	27♋44	4♌50	11♌42	18♌21	24♌47
/♄	1♑11	7♑43	14♑29	21♑27	28♑39	6♒02	13♒33	21♒10	28♒45	6♓15	13♓35	20♍43	27♍36	4♎16	10♎44
/♅	2♓58	9♓33	16♓20	23♓21	0♈34	7♈60	15♈34	23♈12	0♉50	8♉23	15♉45	22♉55	29♉51	6♊34	13♊04
/♆	13♒20	19♒54	26♒40	3♓40	10♓53	18♓18	25♓51	3♈29	11♈06	18♈38	25♈59	3♉09	10♉04	16♉46	23♉15
/♇	16♑42	23♑15	0♒01	7♒00	14♒12	21♒36	29♒09	6♓46	14♓22	21♓53	29♓14	6♈22	13♈17	19♎58	26♎27
/☊	18♏48	25♏21	2♐08	9♐07	16♐20	23♊44	1♋15	8♋51	16♋26	23♋54	1♌13	8♌20	15♌13	21♌54	28♌22
☿/♀	7♈12	8♈50	10♈27	12♈03	13♈39	15♈13	16♈46	18♈18	19♈48	21♈16	22♈42	24♈06	25♈28	26♈47	28♈04
/♂	13♒47	14♒52	15♒58	17♒02	18♒04	19♒06	20♒06	21♒04	21♒60	22♒54	23♒45	24♒34	25♒21	26♒05	26♒45
/⚳	7♈29	8♈41	9♈53	11♈04	12♈14	13♈23	14♈30	15♈37	16♈41	17♈44	18♈44	19♈43	20♈39	21♈33	22♈24
/♃	2♋49	3♋46	4♋43	5♋40	6♋35	7♋30	8♋23	9♋15	10♋05	10♋53	11♋40	12♋24	13♋07	13♋47	14♋25
/♄	18♒17	19♒17	20♒17	21♒16	22♒14	23♒11	24♒06	25♒00	25♒52	26♒43	27♒31	28♒17	29♒01	29♒42	0♓21
/♅	20♈04	21♈07	22♈09	23♈10	24♈10	25♈09	26♈07	27♈03	27♈57	28♈50	29♈41	0♉30	1♉16	2♉00	2♉42
/♆	0♈26	1♈28	2♈29	3♈29	4♈29	5♈27	6♈24	7♈19	8♈13	9♈05	9♈55	10♈43	11♈29	12♈12	12♈53
/♇	3♓48	4♓49	5♓50	6♓49	7♓48	8♓45	9♓42	10♓36	11♓29	12♓21	13♓10	13♓57	14♓42	15♓24	16♓04
/☊	5♋54	6♋55	7♋56	8♋56	9♋55	10♋53	11♋48	12♋42	13♋33	14♋22	15♋09	15♋54	16♋38	17♋20	17♋60
♀/♂	0♒46	1♒28	2♒11	2♒52	3♒34	4♒15	4♒56	5♒36	6♒16	6♒56	7♒36	8♒15	8♒54	9♒32	10♒10
/⚳	24♓29	25♓17	26♓06	26♓55	27♓43	28♓32	29♓20	0♈09	0♈58	1♈46	2♈35	3♈23	4♈12	5♈00	5♈49
/♃	19♊49	20♊22	20♊56	21♊30	22♊05	22♊39	23♊13	23♊47	24♊22	24♊56	25♊31	26♊05	26♊40	27♊14	27♊49
/♄	5♒17	5♒54	6♒30	7♒07	7♒43	8♒20	8♒56	9♒33	10♒09	10♒45	11♒22	11♒58	12♒34	13♒10	13♒46
/♅	7♈04	7♈43	8♈22	9♈00	9♈39	10♈18	10♈57	11♈35	12♈14	12♈53	13♈32	14♈10	14♈49	15♈28	16♈07
/♆	17♓26	18♓04	18♓42	19♓20	19♓58	20♓36	21♓14	21♓52	22♓30	23♓08	23♓46	24♓24	25♓02	25♓40	26♓18
/♇	20♒48	21♒25	22♒03	22♒40	23♒17	23♒54	24♒32	25♒09	25♒46	26♒23	27♒00	27♒38	28♒15	28♒52	29♒29
/☊	22♊54	23♊31	24♊09	24♊47	25♊25	26♊02	26♊38	27♊14	27♊50	28♊25	28♊60	29♊35	0♋11	0♋47	1♋25
♂/⚳	1♒03	1♒20	1♒37	1♒53	2♒09	2♒25	2♒40	2♒55	3♒10	3♒24	3♒38	3♒52	4♒05	4♒18	4♒30
/♃	26♎23	26♎25	26♎27	26♎29	26♎30	26♎32	26♎33	26♎33	26♎34	26♎34	26♎34	26♎33	26♎33	26♎32	26♎31
/♄	11♐51	11♐56	12♐01	12♐05	12♐09	12♐13	12♐16	12♐19	12♐21	12♐23	12♐25	12♐26	12♐27	12♐28	12♐28
/♅	13♒39	13♒46	13♒52	13♒59	14♒05	14♒11	14♒16	14♒21	14♒26	14♒31	14♒35	14♒39	14♒42	14♒45	14♒48
/♆	24♑00	24♑07	24♑13	24♑18	24♑24	24♑29	24♑34	24♑38	24♑42	24♑46	24♑49	24♑52	24♑55	24♑57	24♑59
/♇	27♐23	27♐28	27♐33	27♐38	27♐43	27♐47	27♐51	27♐55	27♐58	28♐01	28♐04	28♐06	28♐08	28♐09	28♐10
/☊	29♎29	29♎34	29♎40	29♎45	29♎50	29♎55	29♎58	0♏00	0♏02	0♏02	0♏03	0♏03	0♏04	0♏05	0♏06
⚳/♃	20♊06	20♊14	20♊23	20♊31	20♊40	20♊49	20♊57	21♊06	21♊15	21♊24	21♊33	21♊42	21♊51	22♊00	22♊09
/♄	5♒34	5♒45	5♒56	6♒08	6♒19	6♒30	6♒41	6♒52	7♒02	7♒13	7♒24	7♒35	7♒45	7♒56	8♒06
/♅	7♈21	7♈34	7♈48	8♈01	8♈14	8♈28	8♈41	8♈54	9♈08	9♈21	9♈34	9♈47	10♈00	10♈14	10♈27
/♆	17♓43	17♓55	18♓08	18♓21	18♓33	18♓46	18♓58	19♓11	19♓23	19♓36	19♓48	20♓01	20♓13	20♓25	20♓38
/♇	21♒05	21♒17	21♒29	21♒41	21♒52	22♒04	22♒16	22♒28	22♒39	22♒51	23♒03	23♒14	23♒26	23♒37	23♒49
/☊	23♊11	23♊23	23♊35	23♊48	23♊60	24♊12	24♊23	24♊33	24♊43	24♊52	25♊02	25♊12	25♊22	25♊33	25♊45
♃/♄	0♏54	0♏50	0♏47	0♏43	0♏40	0♏37	0♏33	0♏30	0♏26	0♏23	0♏20	0♏16	0♏13	0♏10	0♏07
/♅	2♋41	2♋40	2♋38	2♋37	2♋36	2♋35	2♋33	2♋32	2♋31	2♋31	2♋30	2♋29	2♋28	2♋28	2♋27
/♆	13♐03	13♐01	12♐59	12♐57	12♐55	12♐53	12♐51	12♐49	12♐47	12♐46	12♐44	12♐42	12♐41	12♐40	12♐38
/♇	16♏25	16♏22	16♏19	16♏17	16♏14	16♏11	16♏08	16♏06	16♏03	16♏01	15♏58	15♏56	15♏54	15♏52	15♏49
/☊	18♍31	18♍28	18♍26	18♍24	18♍21	18♍18	18♍15	18♍11	18♍07	18♍02	17♍58	17♍53	17♍50	17♍47	17♍45
♄/♅	18♒09	18♒11	18♒12	18♒13	18♒15	18♒16	18♒17	18♒18	18♒19	18♒20	18♒21	18♒22	18♒23	18♒23	18♒24
/♆	28♑31	28♑32	28♑32	28♑33	28♑33	28♑34	28♑34	28♑34	28♑35	28♑35	28♑35	28♑35	28♑35	28♑35	28♑35
/♇	1♑53	1♑53	1♑53	1♑53	1♑53	1♑52	1♑52	1♑51	1♑51	1♑50	1♑50	1♑49	1♑48	1♑47	1♑46
/☊	3♏59	3♏59	3♏60	3♏60	3♏60	3♏60	3♏58	3♏57	3♏54	3♏51	3♏49	3♏46	3♏44	3♏43	3♏42
♅/♆	0♈18	0♈21	0♈24	0♈26	0♈29	0♈32	0♈34	0♈37	0♈40	0♈42	0♈45	0♈48	0♈50	0♈53	0♈56
/♇	3♓41	3♓43	3♓44	3♓46	3♓48	3♓50	3♓52	3♓54	3♓56	3♓58	3♓60	4♓01	4♓03	4♓05	4♓07
/☊	5♋47	5♋49	5♋51	5♋53	5♋56	5♋58	5♋59	5♋59	5♋59	5♋59	5♋59	5♋59	5♋59	6♋01	6♋03
♆/♇	14♒02	14♒04	14♒05	14♒06	14♒07	14♒08	14♒09	14♒11	14♒12	14♒13	14♒14	14♒15	14♒16	14♒17	14♒18
/☊	16♐08	16♐10	16♐11	16♐13	16♐15	16♐16	16♐16	16♐16	16♐15	16♐14	16♐13	16♐12	16♐12	16♐12	16♐13
♇/☊	19♏31	19♏31	19♏32	19♏33	19♏34	19♏34	19♏34	19♏33	19♏31	19♏29	19♏27	19♏26	19♏25	19♏24	19♏25

	16	17	18	19	20	21	22	23	24	25	26	27	28	29	30	
☉/☽	22♊13	28♊52	5♋24	11♋52	18♋17	24♋40	1♌04	7♒29	13♒56	20♒25	26♒58	3♓36	10♓20	17♓11	24♓11	☉/☽
/☿	6♉10	7♉14	8♉15	9♉14	10♉10	11♉03	11♉53	12♉40	13♉24	14♉05	14♉43	15♉19	15♉51	16♉21	16♉48	/☿
/♀	19♈34	20♈41	21♈47	22♈53	23♈60	25♈06	26♈12	27♈18	28♈25	29♈31	0♉37	1♉43	2♉49	3♉55	5♉01	/♀
/♂	17♒40	18♒09	18♒39	19♒08	19♒36	20♒04	20♒32	20♒60	21♒27	21♒53	22♒19	22♒45	23♒11	23♒36	24♒00	/♂
/⚳	13♈29	14♈10	14♈50	15♈31	16♈12	16♈52	17♈33	18♈13	18♈54	19♈34	20♈14	20♈55	21♈35	22♈15	22♈56	/⚳
/♃	5♋16	5♋43	6♋11	6♋38	7♋05	7♋33	8♋01	8♋28	8♋56	9♋24	9♋52	10♋20	10♋48	11♋16	11♋44	/♃
/♄	21♒14	21♒42	22♒10	22♒39	23♒07	23♒35	24♒03	24♒31	24♒59	25♒26	25♒54	26♒22	26♒49	27♒17	27♒45	/♄
/♅	23♈37	24♈08	24♈39	25♈10	25♈41	26♈12	26♈43	27♈14	27♈45	28♈16	28♈47	29♈18	29♈48	0♉19	0♉50	/♅
/♆	3♈47	4♈17	4♈48	5♈18	5♈48	6♈18	6♈48	7♈18	7♈48	8♈18	8♈48	9♈18	9♈48	10♈18	10♈47	/♆
/♇	6♓58	7♓27	7♓56	8♓26	8♓55	9♓24	9♓53	10♓23	10♓52	11♓21	11♓50	12♓19	12♓48	13♓17	13♓46	/♇
/☊	8♋54	9♋24	9♋54	10♋24	10♋52	11♋20	11♋47	12♋13	12♋38	13♋03	13♋28	13♋54	14♋21	14♋48	15♋17	/☊
☽/☿	1♋57	8♋41	15♋16	21♋44	28♋06	4♌24	10♌39	16♌53	23♒05	29♒17	5♓30	11♓45	18♓03	24♓26	0♈55	☽/☿
/♀	15♊21	22♊08	28♊47	5♋23	11♋56	18♋27	24♑59	1♒31	8♒06	14♒43	21♒24	28♒09	5♓01	11♓60	19♓08	/♀
/♂	13♎27	19♎36	25♎39	1♏37	7♏32	13♏26	19♏19	25♏12	1♐08	7♐05	13♐06	19♐11	25♐22	1♑40	8♑07	/♂
/⚳	9♊16	15♊36	21♊51	28♊00	4♑07	10♑13	16♑19	22♑26	28♑35	4♒46	11♒01	17♒21	23♒47	0♓20	7♓02	/⚳
/♃	1♍03	7♍10	13♍11	19♍07	25♍01	0♎54	6♎47	12♎41	18♎37	24♎36	0♏39	6♏46	12♏60	19♏21	25♏51	/♃
/♄	17♎01	23♎09	29♎11	5♏08	11♏03	16♏56	22♏49	28♏43	4♐40	10♐38	16♐41	22♐48	29♐01	5♑22	11♑51	/♄
/♅	19♊24	25♊35	1♋40	7♋40	13♋37	19♋33	25♑30	1♒27	7♒26	13♒28	19♒34	25♒44	2♓00	8♓24	14♓56	/♅
/♆	29♉34	5♊44	11♐48	17♐47	23♐44	29♐39	5♑35	11♑31	17♑29	23♑30	29♑35	5♒44	11♒59	18♒22	24♒54	/♆
/♇	2♏44	8♏54	14♏57	20♏55	26♏51	2♐45	8♐40	14♐35	20♐33	26♐33	2♑37	8♑45	14♑60	21♑21	27♑52	/♇
/☊	4♍41	10♍51	16♍54	22♍53	28♍48	4♎41	10♎33	16♎26	22♎19	28♎15	4♏15	10♏20	16♏32	22♏53	29♏23	/☊
☿/♀	29♈18	0♉30	1♉39	2♉45	3♉49	4♉49	5♉47	6♉42	7♉34	8♉23	9♉09	9♉52	10♉32	11♉10	11♉45	☿/♀
/♂	27♒24	27♒59	28♒31	28♒60	29♒25	29♒48	0♓07	0♓23	0♓36	0♓45	0♓51	0♓54	0♓54	0♓50	0♓44	/♂
/⚳	23♈13	23♈59	24♈42	25♈23	26♈01	26♈36	27♈08	27♈37	28♈03	28♈26	28♈46	29♈04	29♈18	29♈30	29♈39	/⚳
/♃	14♋60	15♋32	16♋02	16♋30	16♋55	17♋16	17♋36	17♋52	18♋05	18♋16	18♋24	18♋29	18♋31	18♋31	18♋28	/♃
/♄	0♓58	1♓31	2♓02	2♓30	2♓56	3♓18	3♓38	3♓54	4♓08	4♓18	4♓26	4♓31	4♓33	4♓32	4♓28	/♄
/♅	3♉21	3♉57	4♉31	5♉02	5♉30	5♉56	6♉18	6♉38	6♉54	7♉08	7♉19	7♉27	7♉32	7♉34	7♉33	/♅
/♆	13♈31	14♈07	14♈40	15♈10	15♈37	16♈01	16♈23	16♈42	16♈57	17♈10	17♈20	17♈27	17♈31	17♈32	17♈31	/♆
/♇	16♓41	17♓16	17♓48	18♓18	18♓44	19♓08	19♓28	19♓46	20♓01	20♓13	20♓22	20♓28	20♓31	20♓32	20♓29	/♇
/☊	18♋38	19♋13	19♋46	20♋16	20♋41	21♋03	21♋22	21♋36	21♋47	21♋55	22♋00	22♋03	22♋04	22♋03	22♋00	/☊
♀/♂	10♒48	11♒25	12♒02	12♒39	13♒15	13♒51	14♒27	15♒02	15♒36	16♒11	16♒45	17♒18	17♒52	18♒24	18♒57	♀/♂
/⚳	6♈37	7♈25	8♈14	9♈02	9♈51	10♈39	11♈27	12♈15	13♈03	13♈52	14♈40	15♈28	16♈16	17♈04	17♈52	/⚳
/♃	28♊24	28♊59	29♊34	0♋09	0♋44	1♋20	1♋55	2♋30	3♋06	3♋42	4♋17	4♋53	5♋29	6♋05	6♋41	/♃
/♄	14♒22	14♒58	15♒34	16♒10	16♒46	17♒21	17♒57	18♒33	19♒08	19♒44	20♒20	20♒55	21♒31	22♒06	22♒41	/♄
/♅	16♈45	17♈24	18♈03	18♈41	19♈20	19♈59	20♈38	21♈16	21♈55	22♈34	23♈12	23♈51	24♈29	25♈08	25♈47	/♅
/♆	26♓55	27♓33	28♓11	28♓49	29♓27	0♈05	0♈42	1♈20	1♈58	2♈36	3♈13	3♈51	4♈29	5♈06	5♈44	/♆
/♇	0♓06	0♓43	1♓20	1♓57	2♓34	3♓11	3♓48	4♓25	5♓02	5♓38	6♓15	6♓52	7♓29	8♓06	8♓43	/♇
/☊	2♋02	2♋40	3♋18	3♋55	4♋31	5♋07	5♋41	6♋15	6♋48	7♋21	7♋54	8♋27	9♋02	9♋37	10♋14	/☊
♂/⚳	4♒42	4♒54	5♒05	5♒16	5♒27	5♒37	5♒47	5♒56	6♒05	6♒14	6♒22	6♒30	6♒37	6♒44	6♒51	♂/⚳
/♃	26♎29	26♎28	26♎26	26♎23	26♎21	26♎18	26♎15	26♎12	26♎08	26♎04	25♎60	25♎55	25♎50	25♎45	25♎40	/♃
/♄	12♐27	12♐27	12♐26	12♐24	12♐22	12♐20	12♐17	12♐14	12♐10	12♐06	12♐02	11♐57	11♐52	11♐46	11♐40	/♄
/♅	14♒51	14♒53	14♒54	14♒56	14♒57	14♒57	14♒58	14♒57	14♒57	14♒56	14♒55	14♒53	14♒51	14♒48	14♒45	/♅
/♆	25♑01	25♑02	25♑03	25♑03	25♑03	25♑03	25♑02	25♑01	24♑60	24♑58	24♑56	24♑53	24♑50	24♑47	24♑43	/♆
/♇	28♐11	28♐12	28♐12	28♐11	28♐10	28♐09	28♐08	28♐06	28♐04	28♐01	27♐58	27♐54	27♐50	27♐46	27♐41	/♇
/☊	0♏07	0♏09	0♏09	0♏09	0♏08	0♏05	0♏01	29♎56	29♎50	29♎43	29♎36	29♎29	29♎23	29♎17	29♎12	/☊
⚳/♃	22♊19	22♊28	22♊37	22♊47	22♊56	23♊06	23♊15	23♊25	23♊35	23♊45	23♊55	24♊05	24♊15	24♊25	24♊35	⚳/♃
/♄	8♒17	8♒27	8♒37	8♒47	8♒57	9♒08	9♒18	9♒27	9♒37	9♒47	9♒57	10♒07	10♒16	10♒26	10♒35	/♄
/♅	10♈40	10♈53	11♈06	11♈19	11♈32	11♈45	11♈58	12♈11	12♈24	12♈37	12♈50	13♈02	13♈15	13♈28	13♈41	/♅
/♆	20♓50	21♓02	21♓14	21♓26	21♓39	21♓51	22♓03	22♓15	22♓27	22♓39	22♓51	23♓03	23♓15	23♓26	23♓38	/♆
/♇	24♒00	24♒12	24♒23	24♒34	24♒46	24♒57	25♒08	25♒19	25♒31	25♒42	25♒53	26♒04	26♒15	26♒26	26♒37	/♇
/☊	25♊57	26♊09	26♊21	26♊32	26♊43	26♊53	27♊02	27♊10	27♊17	27♊24	27♊31	27♊39	27♊48	27♊57	28♊08	/☊
♃/♄	0♏04	0♏00	29♎57	29♎54	29♎51	29♎48	29♎46	29♎43	29♎40	29♎37	29♎34	29♎32	29♎29	29♎27	29♎24	♃/♄
/♅	2♋27	2♋26	2♋26	2♋26	2♋26	2♋26	2♋26	2♋26	2♋26	2♋27	2♋27	2♋27	2♋28	2♋29	2♋29	/♅
/♆	12♐37	12♐36	12♐35	12♐34	12♐33	12♐32	12♐31	12♐30	12♐29	12♐29	12♐28	12♐28	12♐27	12♐27	12♐27	/♆
/♇	15♏47	15♏45	15♏43	15♏41	15♏40	15♏38	15♏36	15♏35	15♏33	15♏32	15♏30	15♏29	15♏28	15♏26	15♏25	/♇
/☊	17♍44	17♍42	17♍41	17♍39	17♍37	17♍34	17♍30	17♍25	17♍19	17♍14	17♍09	17♍04	17♍00	16♍58	16♍56	/☊
♄/♅	18♒25	18♒25	18♒26	18♒27	18♒27	18♒28	18♒28	18♒28	18♒29	18♒29	18♒29	18♒30	18♒30	18♒30	18♒30	♄/♅
/♆	28♑35	28♑35	28♑34	28♑34	28♑34	28♑33	28♑33	28♑32	28♑32	28♑31	28♑31	28♑30	28♑29	28♑28	28♑27	/♆
/♇	1♑45	1♑44	1♑43	1♑42	1♑41	1♑40	1♑38	1♑37	1♑35	1♑34	1♑32	1♑31	1♑29	1♑28	1♑26	/♇
/☊	3♏42	3♏41	3♏41	3♏40	3♏38	3♏35	3♏32	3♏27	3♏22	3♏16	3♏11	3♏06	3♏02	2♏59	2♏57	/☊
♅/♆	0♈58	1♈01	1♈03	1♈06	1♈08	1♈11	1♈13	1♈16	1♈18	1♈21	1♈23	1♈26	1♈28	1♈30	1♈33	♅/♆
/♇	4♓09	4♓10	4♓12	4♓14	4♓15	4♓17	4♓19	4♓20	4♓22	4♓23	4♓25	4♓27	4♓28	4♓30	4♓31	/♇
/☊	6♋05	6♋07	6♋10	6♋12	6♋13	6♋13	6♋12	6♋10	6♋08	6♋06	6♋03	6♋02	6♋01	6♋01	6♋02	/☊
♆/♇	14♒19	14♒20	14♒20	14♒21	14♒22	14♒23	14♒24	14♒24	14♒25	14♒26	14♒26	14♒27	14♒28	14♒28	14♒29	♆/♇
/☊	16♐15	16♐17	16♐18	16♐19	16♐19	16♐19	16♐17	16♐14	16♐11	16♐08	16♐05	16♐02	16♐00	15♐59	15♐60	/☊
♇/☊	19♏25	19♏26	19♏27	19♏27	19♏26	19♏25	19♏22	19♏19	19♏15	19♏11	19♏07	19♏03	19♏00	18♏59	18♏58	♇/☊

April 2016

May 2016

	1	2	3	4	5	6	7	8	9	10	11	12	13	14	15	16
☉/☽	1♈22	8♈44	16♈19	24♈06	2♉03	10♉06	18♉12	26♉14	4♊08	11♊51	19♊19	26♊32	3♋31	10♋18	16♋55	23♋26
/☿	17♉13	17♉35	17♉55	18♉12	18♉28	18♉42	18♉55	19♉07	19♉18	19♉29	19♉40	19♉51	20♉02	20♉15	20♉28	20♉43
/♀	6♉08	7♉14	8♉20	9♉26	10♉32	11♉38	12♉44	13♉50	14♉56	16♉02	17♉08	18♉13	19♉19	20♉25	21♉31	22♉37
/♂	24♒24	24♒48	25♒12	25♒35	25♒58	26♒20	26♒42	27♒04	27♒25	27♒46	28♒07	28♒27	28♒47	29♒07	29♒27	29♒46
/⚷	23♈36	24♈16	24♈56	25♈36	26♈16	26♈56	27♈36	28♈16	28♈56	29♈36	0♉15	0♉55	1♉35	2♉14	2♉54	3♉33
/♃	12♋13	12♋41	13♋09	13♋38	14♋07	14♋35	15♋04	15♋33	16♋02	16♋31	16♋60	17♋29	17♋58	18♋28	18♋57	19♋26
/♄	28♒12	28♒40	29♒07	29♒35	0♓02	0♓29	0♓56	1♓24	1♓51	2♓18	2♓45	3♓12	3♓39	4♓06	4♓33	4♓60
/♅	1♉21	1♉52	2♉22	2♉53	3♉24	3♉54	4♉25	4♉56	5♉26	5♉57	6♉27	6♉58	7♉28	7♉59	8♉29	8♉60
/♆	11♈17	11♈47	12♈17	12♈47	13♈16	13♈46	14♈16	14♈45	15♈15	15♈44	16♈14	16♈44	17♈13	17♈42	18♈12	18♈41
/♇	14♓15	14♓44	15♓13	15♓42	16♓10	16♓39	17♓08	17♓37	18♓06	18♓34	19♓03	19♓32	20♓00	20♓29	20♓57	21♓26
/☊	15♋46	16♋16	16♋45	17♋14	17♋42	18♋08	18♋34	18♋58	19♋23	19♋48	20♋14	20♋41	21♋09	21♋38	22♋07	22♋36
☽/☿	7♈32	14♈18	21♈14	28♈21	5♉35	12♉55	20♉15	27♉31	4♊38	11♊33	18♊14	24♊40	0♋53	6♋54	12♋47	18♋35
/♀	26♓26	3♈57	11♈39	19♈34	27♈39	5♉50	14♉04	22♉14	0♊16	8♊06	15♊42	23♊03	0♋10	7♋05	13♋50	20♋29
/♂	14♑43	21♑31	28♑31	5♒43	13♒05	20♒32	28♒02	5♓28	12♍45	19♍50	26♍41	3♎16	9♎38	15♎47	21♎46	27♎38
/⚷	13♓55	20♓59	28♓16	5♈44	13♈23	21♈08	28♈56	6♉40	14♉16	21♉40	28♉50	5♊45	12♊25	18♊54	25♊13	1♋25
/♃	2♐31	9♐24	16♊29	23♊46	1♋14	8♋48	16♋24	23♋57	1♌22	8♌35	15♌34	22♌19	28♌49	5♍08	11♍16	17♍18
/♄	18♑31	25♑23	2♒27	9♒43	17♒09	24♒42	2♓16	9♓48	17♍11	24♍22	1♎19	8♎02	14♎30	20♎46	26♎52	2♏52
/♅	21♓40	28♓35	5♈42	13♈01	20♈31	28♈07	5♉45	13♉20	20♉47	28♉01	5♊02	11♊47	18♊19	24♊39	0♋49	6♋52
/♆	1♓36	8♓30	15♓37	22♓55	0♈23	7♈58	15♈36	23♈09	0♉35	7♉49	14♉48	21♉33	28♉04	4♊22	10♊31	16♐33
/♇	4♒34	11♒27	18♒32	25♒50	3♓17	10♓52	18♓28	26♓01	3♈26	10♈39	17♎37	24♎21	0♏51	7♏09	13♏17	19♏18
/☊	6♐05	12♐59	20♐05	27♊22	4♋49	12♋21	19♋54	27♋23	4♌43	11♌52	18♌48	25♌30	1♍60	8♍18	14♍26	20♍28
☿/♀	12♉17	12♉47	13♉15	13♉40	14♉04	14♉26	14♉47	15♉07	15♉26	15♉44	16♉03	16♉22	16♉41	17♉02	17♉23	17♉46
/♂	0♓34	0♓22	0♓07	29♒49	29♒30	29♒08	28♒45	28♒20	27♒55	27♒29	27♒02	26♒35	26♒09	25♒43	25♒19	24♒55
/⚷	29♈45	29♈49	29♈51	29♈51	29♈48	29♈44	29♈39	29♈33	29♈26	29♈18	29♈11	29♈03	28♈57	28♈51	28♈46	28♈43
/♃	18♋22	18♋14	18♋04	17♋52	17♋39	17♋23	17♋07	16♋50	16♋32	16♋13	15♋55	15♋37	15♋20	15♋04	14♋49	14♋36
/♄	4♓22	4♓13	4♓02	3♓49	3♓34	3♓17	2♓59	2♓40	2♓21	2♓01	1♓40	1♓20	1♓01	0♓43	0♓25	0♓09
/♅	7♉30	7♉25	7♉17	7♉07	6♉56	6♉43	6♉28	6♉12	5♉56	5♉40	5♉23	5♉06	4♉50	4♉35	4♉21	4♉09
/♆	17♈27	17♈21	17♈12	17♈01	16♈48	16♈34	16♈19	16♈02	15♈45	15♈27	15♈09	14♈52	14♈35	14♈19	14♈04	13♈50
/♇	20♓25	20♓17	20♓08	19♓56	19♓43	19♓28	19♓11	18♓54	18♓35	18♓17	17♓58	17♓40	17♓22	17♓05	16♓49	16♓35
/☊	21♋56	21♋49	21♋40	21♋29	21♋14	20♋56	20♋37	20♋15	19♋53	19♋31	19♋09	18♋49	18♋31	18♋14	17♋59	17♋45
♀/♂	19♒29	20♒01	20♒32	21♒03	21♒33	22♒04	22♒33	23♒03	23♒32	24♒01	24♒30	24♒58	25♒26	25♒54	26♒22	26♒49
/⚷	18♈40	19♈28	20♈16	21♈04	21♈52	22♈40	23♈28	24♈15	25♈03	25♈51	26♈39	27♈26	28♈14	29♈01	29♈49	0♉36
/♃	7♋17	7♋53	8♋30	9♋06	9♋42	10♋19	10♋56	11♋32	12♋09	12♋46	13♋23	14♋00	14♋37	15♋15	15♋52	16♋30
/♄	23♒17	23♒52	24♒27	25♒03	25♒38	26♒13	26♒48	27♒23	27♒58	28♒33	29♒08	29♒43	0♓18	0♓53	1♓28	2♓03
/♅	26♈25	27♈04	27♈42	28♈21	28♈60	29♈38	0♉17	0♉55	1♉34	2♉12	2♉51	3♉29	4♉08	4♉46	5♉24	6♉03
/♆	6♈22	6♈59	7♈37	8♈15	8♈52	9♈30	10♈07	10♈45	11♈22	11♈60	12♈37	13♈15	13♈52	14♈30	15♈07	15♈44
/♇	9♓19	9♓56	10♓33	11♓10	11♓46	12♓23	12♓60	13♓36	14♓13	14♓50	15♓26	16♓03	16♓39	17♓16	17♓52	18♓29
/☊	10♋51	11♋28	12♋06	12♋42	13♋18	13♋52	14♋25	14♋58	15♋30	16♋03	16♋37	17♋12	17♋48	18♋25	19♋02	19♋39
♂/⚷	6♒57	7♒03	7♒08	7♒13	7♒18	7♒22	7♒26	7♒29	7♒32	7♒35	7♒38	7♒40	7♒42	7♒43	7♒44	7♒46
/♃	25♎34	25♎28	25♎22	25♎15	25♎08	25♎01	24♎54	24♎46	24♎38	24♎30	24♎22	24♎14	24♎05	23♎56	23♎48	23♎39
/♄	11♐34	11♐27	11♐19	11♐12	11♐04	10♐55	10♐46	10♐37	10♐27	10♐17	10♐07	9♐57	9♐46	9♐35	9♐24	9♐12
/♅	14♒42	14♒39	14♒34	14♒30	14♒25	14♒20	14♒15	14♒09	14♒03	13♒56	13♒50	13♒43	13♒35	13♒28	13♒20	13♒12
/♆	24♑39	24♑34	24♑29	24♑24	24♑18	24♑12	24♑05	23♑59	23♑51	23♑44	23♑36	23♑28	23♑20	23♑11	23♑03	22♑53
/♇	27♐36	27♐31	27♐25	27♐19	27♐12	27♐05	26♐58	26♐50	26♐42	26♐34	26♐25	26♐16	26♐07	25♐58	25♐48	25♐38
/☊	29♎08	29♎03	28♎58	28♎51	28♎43	28♎34	28♎23	28♎12	27♎60	27♎48	27♎36	27♎26	27♎16	27♎07	26♎58	26♎48
⚷/♃	24♊45	24♊55	25♊06	25♊16	25♊27	25♊37	25♊48	25♊59	26♊09	26♊20	26♊31	26♊42	26♊53	27♊04	27♊15	27♊26
/♄	10♒45	10♒54	11♒04	11♒13	11♒22	11♒31	11♒40	11♒49	11♒58	12♒07	12♒16	12♒25	12♒34	12♒42	12♒51	12♒59
/♅	13♈53	14♈06	14♈19	14♈31	14♈44	14♈56	15♈09	15♈21	15♈34	15♈46	15♈58	16♈11	16♈23	16♈35	16♈47	16♈59
/♆	23♓50	24♓02	24♓13	24♓25	24♓37	24♓48	24♓60	25♓11	25♓22	25♓34	25♓45	25♓56	26♓08	26♓19	26♓30	26♓41
/♇	26♒48	26♒58	27♒09	27♒20	27♒31	27♒41	27♒52	28♒03	28♒13	28♒24	28♒34	28♒44	28♒55	29♒05	29♒15	29♒26
/☊	28♊19	28♊31	28♊42	28♊52	29♊02	29♊10	29♊18	29♊24	29♊31	29♊37	29♊45	29♊54	0♋03	0♋14	0♋25	0♋36
♃/♄	29♎22	29♎19	29♎17	29♎15	29♎13	29♎10	29♎08	29♎06	29♎04	29♎02	29♎01	28♎59	28♎57	28♎56	28♎54	28♎53
/♅	2♋30	2♋31	2♋32	2♋33	2♋34	2♋36	2♋37	2♋38	2♋40	2♋41	2♋43	2♋45	2♋47	2♋48	2♋50	2♋52
/♆	12♐27	12♐27	12♐27	12♐27	12♐27	12♐27	12♐28	12♐28	12♐28	12♐29	12♐30	12♐30	12♐31	12♐32	12♐33	12♐34
/♇	15♏24	15♏23	15♏23	15♏22	15♏21	15♏20	15♏20	15♏19	15♏19	15♏19	15♏19	15♏18	15♏18	15♏18	15♏18	15♏19
/☊	16♍56	16♍56	16♍55	16♍54	16♍52	16♍49	16♍46	16♍41	16♍37	16♍33	16♍30	16♍28	16♍27	16♍27	16♍28	16♍29
♄/♅	18♒30	18♒30	18♒30	18♒30	18♒30	18♒30	18♒29	18♒29	18♒29	18♒28	18♒28	18♒28	18♒27	18♒27	18♒26	18♒26
/♆	28♑26	28♑25	28♑24	28♑23	28♑22	28♑21	28♑20	28♑19	28♑17	28♑16	28♑15	28♑13	28♑12	28♑10	28♑09	28♑07
/♇	1♑24	1♑22	1♑20	1♑18	1♑16	1♑14	1♑12	1♑10	1♑08	1♑06	1♑04	1♑01	0♑59	0♑57	0♑54	0♑52
/☊	2♏55	2♏54	2♏53	2♏51	2♏48	2♏43	2♏38	2♏32	2♏26	2♏20	2♏15	2♏11	2♏08	2♏06	2♏04	2♏02
♅/♆	1♈35	1♈37	1♈40	1♈42	1♈44	1♈46	1♈49	1♈51	1♈53	1♈55	1♈57	1♈59	2♈01	2♈03	2♈05	2♈07
/♇	4♓33	4♓34	4♓35	4♓37	4♓38	4♓40	4♓41	4♓42	4♓44	4♓45	4♓46	4♓47	4♓48	4♓50	4♓51	4♓52
/☊	6♋04	6♋06	6♋08	6♋09	6♋10	6♋09	6♋07	6♋04	6♋01	5♋59	5♋57	5♋57	5♋57	5♋59	6♋00	6♋02
♆/♇	14♒29	14♒30	14♒30	14♒31	14♒31	14♒31	14♒32	14♒32	14♒32	14♒32	14♒33	14♒33	14♒33	14♒33	14♒33	14♒33
/☊	16♐01	16♐02	16♐03	16♐03	16♐02	16♐00	15♐57	15♐54	15♐50	15♐46	15♐44	15♐42	15♐42	15♐42	15♐43	15♐44
♇/☊	18♏58	18♏58	18♏59	18♏58	18♏56	18♏53	18♏50	18♏45	18♏40	18♏36	18♏33	18♏30	18♏29	18♏28	18♏28	18♏28

	17	18	19	20	21	22	23	24	25	26	27	28	29	30	31
☉/☽	29♋51	6♌14	12♌37	19♌02	25♌28	1♓58	8♓32	15♓11	21♓55	28♓43	5♈38	12♈40	19♈50	27♈10	4♉39
/☿	20♉59	21♉18	21♉38	21♉60	22♉24	22♉51	23♉19	23♉50	24♉23	24♉59	25♉37	26♉16	26♉58	27♉43	28♉29
/♀	23♉43	24♉48	25♉54	26♉60	28♉06	29♉11	0♊17	1♊23	2♊28	3♊34	4♊40	5♊45	6♊51	7♊57	9♊02
/♂	0♓05	0♓24	0♓43	1♓02	1♓20	1♓39	1♍57	2♍15	2♍34	2♍52	3♍10	3♍29	3♍47	4♍05	4♍24
/⚷	4♉13	4♉52	5♉32	6♉11	6♉50	7♉29	8♉08	8♉48	9♉27	10♉06	10♉45	11♉23	12♉02	12♉41	13♉20
/♃	19♋56	20♋26	20♋55	21♋25	21♋55	22♋25	22♋55	23♋25	23♋55	24♋25	24♋56	25♋26	25♋56	26♋27	26♋58
/♄	5♓27	5♓54	6♓20	6♓47	7♓14	7♓41	8♓07	8♓34	9♓01	9♓27	9♓54	10♓20	10♓47	11♓14	11♓40
/♅	9♉30	10♉01	10♉31	11♉01	11♉32	12♉02	12♉32	13♉02	13♉32	14♉03	14♉33	15♉03	15♉33	16♉03	16♉33
/♆	19♈11	19♈40	20♈09	20♈39	21♈08	21♈37	22♈06	22♈35	23♈05	23♈34	24♈03	24♈32	25♈01	25♈30	25♈59
/♇	21♓54	22♓23	22♓51	23♓20	23♓48	24♓17	24♓45	25♓13	25♓42	26♓10	26♓38	27♓07	27♓35	28♓03	28♓31
/☊	23♋04	23♋32	23♋58	24♋23	24♋46	25♋09	25♋32	25♋54	26♋18	26♋42	27♋08	27♋35	28♋03	28♋32	29♋01
☽/☿	24♋19	0♌03	5♌48	11♌37	17♒30	23♒29	29♒34	5♓46	12♓05	18♓32	25♓07	1♈51	8♈45	15♈51	23♈09
/♀	27♋02	3♌33	10♌04	16♌37	23♌11	29♒50	6♓32	13♓18	20♓10	27♓07	4♈10	11♈20	18♈38	26♈05	3♉42
/♂	3♏25	9♏09	14♏53	20♏38	26♏26	2♐17	8♐12	14♐11	20♐15	26♐25	2♑40	9♑03	15♑34	22♑14	29♑04
/⚷	7♋32	13♑37	19♑42	25♑48	1♒56	8♒07	14♒23	20♒43	27♒08	3♓38	10♓15	16♓58	23♓49	0♈50	7♈60
/♃	23♍16	29♍11	5♎06	11♎02	17♎01	23♎03	29♎09	5♏20	11♏36	17♏58	24♏26	1♐00	7♐43	14♊35	21♊37
/♄	8♏46	14♏39	20♏31	26♏24	2♐20	8♐19	14♐22	20♐29	26♐42	2♑60	9♑24	15♑55	22♑34	29♑22	6♒20
/♅	12♋50	18♋46	24♑41	0♒38	6♒37	12♒40	18♒47	24♒58	1♓14	7♓35	14♓03	20♓37	27♓20	4♈12	11♈13
/♆	22♐30	28♐25	4♑20	10♑15	16♑14	22♑15	28♑21	4♒31	10♒46	17♒06	23♒33	0♓06	6♓48	13♓38	20♓39
/♇	25♏14	1♐08	7♐02	12♐57	18♐54	24♐55	0♑60	7♑09	13♑23	19♑43	26♑08	2♒41	9♒22	16♒12	23♒11
/☊	26♍24	2♎17	8♎08	13♎59	19♎52	25♎47	1♏46	7♏50	13♏59	20♏15	26♏38	3♐10	9♐50	16♐41	23♊41
☿/♀	18♉10	18♉37	19♉05	19♉35	20♉07	20♉42	21♉18	21♉57	22♉39	23♉22	24♉08	24♉56	25♉46	26♉38	27♉33
/♂	24♒33	24♒12	23♒54	23♒37	23♒22	23♒09	22♒59	22♒50	22♒44	22♒40	22♒38	22♒39	22♒42	22♒47	22♒54
/⚷	28♈41	28♈40	28♈42	28♈46	28♈52	28♈60	29♈10	29♈22	29♈37	29♈54	0♉13	0♉34	0♉57	1♉23	1♉50
/♃	14♋24	14♋14	14♋06	14♋00	13♋56	13♋55	13♋56	13♋60	14♋05	14♋13	14♋24	14♋36	14♋51	15♋08	15♋28
/♄	29♒54	29♒42	29♒31	29♒22	29♒15	29♒11	29♒09	29♒09	29♒11	29♒15	29♒22	29♒31	29♒42	29♒55	0♓10
/♅	3♉58	3♉49	3♉41	3♉36	3♉33	3♉32	3♉33	3♉37	3♉43	3♉51	4♉01	4♉13	4♉28	4♉45	5♉03
/♆	13♈38	13♈28	13♈20	13♈14	13♈09	13♈07	13♈08	13♈10	13♈15	13♈22	13♈31	13♈42	13♈56	14♈11	14♈29
/♇	16♓22	16♓11	16♓02	15♓55	15♓50	15♓47	15♓46	15♓48	15♓52	15♓58	16♓07	16♓17	16♓30	16♓45	17♓01
/☊	17♋32	17♋20	17♋09	16♋58	16♋48	16♋39	16♋33	16♋29	16♋28	16♋30	16♋36	16♋46	16♋58	17♋14	17♋31
♀/♂	27♒16	27♒43	28♒10	28♒37	29♒03	29♒30	29♒56	0♓23	0♓49	1♍15	1♍42	2♍08	2♍35	3♍01	3♍28
/⚷	1♉24	2♉11	2♉59	3♉46	4♉33	5♉20	6♉08	6♉55	7♉42	8♉29	9♉16	10♉03	10♉50	11♉37	12♉24
/♃	17♋07	17♋45	18♋22	19♋00	19♋38	20♋16	20♋54	21♋32	22♋10	22♋49	23♋27	24♋05	24♋44	25♋23	26♋01
/♄	2♓38	3♓13	3♓47	4♓22	4♓57	5♓32	6♓06	6♓41	7♓16	7♓51	8♓25	8♓60	9♓35	10♓09	10♓44
/♅	6♉41	7♉20	7♉58	8♉36	9♉15	9♉53	10♉31	11♉10	11♉48	12♉26	13♉04	13♉42	14♉21	14♉59	15♉37
/♆	16♈22	16♈59	17♈36	18♈14	18♈51	19♈28	20♈05	20♈43	21♈20	21♈57	22♈34	23♈11	23♈48	24♈26	25♈03
/♇	19♓05	19♓42	20♓18	20♓55	21♓31	22♓08	22♓44	23♓21	23♓57	24♓33	25♓10	25♓46	26♓22	26♓59	27♓35
/☊	20♋15	20♋51	21♋25	21♋58	22♋29	23♋00	23♋31	24♋01	24♋33	25♋05	25♋39	26♋15	26♋51	27♋28	28♋05
♂/⚷	7♒46	7♒47	7♒47	7♒48	7♒48	7♒48	7♒48	7♒47	7♒47	7♒47	7♒46	7♒46	7♒46	7♒45	7♒45
/♃	23♎30	23♎20	23♎11	23♎02	22♎53	22♎43	22♎34	22♎25	22♎16	22♎06	21♎57	21♎49	21♎40	21♎31	21♎23
/♄	9♐00	8♐48	8♐36	8♐24	8♐12	7♐59	7♐46	7♐34	7♐21	7♐08	6♐56	6♐43	6♐30	6♐18	6♐05
/♅	13♒04	12♒55	12♒47	12♒38	12♒29	12♒20	12♒11	12♒02	11♒53	11♒44	11♒35	11♒26	11♒16	11♒07	10♒59
/♆	22♑44	22♑35	22♑25	22♑15	22♑06	21♑56	21♑45	21♑35	21♑25	21♑15	21♑05	20♑54	20♑44	20♑34	20♑24
/♇	25♐28	25♐18	25♐07	24♐57	24♐46	24♐35	24♐24	24♐13	24♐02	23♐51	23♐40	23♐29	23♐18	23♐07	22♐57
/☊	26♎38	26♎27	26♎14	25♎60	25♎44	25♎28	25♎11	24♎54	24♎38	24♎23	24♎10	23♎58	23♎47	23♎36	23♎26
⚷/♃	27♊37	27♊48	27♊60	28♊11	28♊22	28♊34	28♊45	28♊57	29♊09	29♊20	29♊32	29♊43	29♊55	0♋07	0♋19
/♄	13♒08	13♒16	13♒25	13♒33	13♒41	13♒50	13♒58	14♒06	14♒14	14♒22	14♒30	14♒38	14♒46	14♒54	15♒01
/♅	17♈11	17♈23	17♈35	17♈47	17♈59	18♈11	18♈23	18♈34	18♈46	18♈58	19♈09	19♈20	19♈32	19♈43	19♈54
/♆	26♓52	27♓03	27♓14	27♓25	27♓35	27♓46	27♓57	28♓07	28♓18	28♓29	28♓39	28♓49	28♓60	29♓10	29♓20
/♇	29♒36	29♒46	29♒56	0♓06	0♓16	0♓26	0♓36	0♓45	0♓55	1♓05	1♓14	1♓24	1♓34	1♓43	1♓52
/☊	0♋46	0♋55	1♋02	1♋09	1♋14	1♋18	1♋22	1♋26	1♋31	1♋37	1♋44	1♋53	2♋02	2♋12	2♋22
♃/♄	28♎51	28♎50	28♎49	28♎47	28♎46	28♎45	28♎44	28♎43	28♎42	28♎42	28♎41	28♎40	28♎40	28♎39	28♎39
/♅	2♋55	2♋57	2♋59	3♋01	3♋04	3♋06	3♋09	3♋12	3♋14	3♋17	3♋20	3♋23	3♋26	3♋29	3♋32
/♆	12♐35	12♐36	12♐37	12♐39	12♐40	12♐42	12♐43	12♐45	12♐46	12♐48	12♐50	12♐52	12♐54	12♐56	12♐58
/♇	15♏19	15♏19	15♏20	15♏20	15♏21	15♏21	15♏22	15♏23	15♏24	15♏24	15♏25	15♏27	15♏28	15♏29	15♏30
/☊	16♍29	16♍28	16♍26	16♍23	16♍19	16♍14	16♍08	16♍04	15♍59	15♍57	15♍55	15♍55	15♍56	15♍58	15♍60
♄/♅	18♒25	18♒25	18♒24	18♒23	18♒23	18♒22	18♒21	18♒21	18♒20	18♒19	18♒18	18♒17	18♒17	18♒16	18♒15
/♆	28♑06	28♑04	28♑03	28♑01	27♑59	27♑57	27♑56	27♑54	27♑52	27♑50	27♑48	27♑46	27♑44	27♑42	27♑40
/♇	0♑50	0♑47	0♑45	0♑42	0♑40	0♑37	0♑34	0♑32	0♑29	0♑26	0♑24	0♑21	0♑18	0♑15	0♑13
/☊	1♏60	1♏56	1♏51	1♏45	1♏38	1♏29	1♏21	1♏13	1♏05	0♏58	0♏53	0♏50	0♏47	0♏45	0♏42
♅/♆	2♈09	2♈11	2♈13	2♈15	2♈17	2♈19	2♈20	2♈22	2♈24	2♈26	2♈27	2♈29	2♈30	2♈32	2♈34
/♇	4♓53	4♓54	4♓55	4♓56	4♓57	4♓58	4♓59	5♓00	5♓01	5♓02	5♓03	5♓04	5♓04	5♓05	5♓06
/☊	6♋03	6♋03	6♋02	5♋59	5♋55	5♋51	5♋46	5♋41	5♋37	5♋34	5♋32	5♋32	5♋33	5♋34	5♋35
♆/♇	14♒34	14♒34	14♒34	14♒34	14♒33	14♒33	14♒33	14♒33	14♒33	14♒33	14♒33	14♒32	14♒32	14♒32	14♒32
/☊	15♐43	15♐42	15♐40	15♐36	15♐32	15♐26	15♐20	15♐14	15♐09	15♐05	15♐02	15♐01	15♐01	15♐01	15♐01
♇/☊	18♏27	18♏25	18♏22	18♏18	18♏12	18♏05	17♏59	17♏52	17♏46	17♏41	17♏38	17♏36	17♏35	17♏34	17♏33

May 2016

June 2016

	1	2	3	4	5	6	7	8	9	10	11	12	13	14	15
☉/☽	12♉17	20♉05	27♉60	5♊57	13♊54	21♊44	29♊25	6♋53	14♋07	21♋07	27♋56	4♌34	11♌04	17♌30	23♌53
/☿	29♉17	0♊07	0♊59	1♊53	2♊48	3♊46	4♊45	5♊46	6♊48	7♊52	8♊58	10♊05	11♊14	12♊24	13♊36
/♀	10♊08	11♊14	12♊19	13♊25	14♊30	15♊36	16♊42	17♊47	18♊53	19♊58	21♊04	22♊09	23♊15	24♊20	25♊26
/♂	4♍43	5♍01	5♍20	5♍39	5♍59	6♍18	6♍38	6♍58	7♍19	7♍39	8♍00	8♍22	8♍43	9♍05	9♍28
/⚳	13♉59	14♉37	15♉16	15♉54	16♉33	17♉11	17♉49	18♉28	19♉06	19♉44	20♉22	21♉00	21♉38	22♉16	22♉54
/♃	27♋28	27♋59	28♋30	29♋01	29♋32	0♌03	0♌34	1♌05	1♌36	2♌08	2♌39	3♌10	3♌42	4♌14	4♌45
/♄	12♓07	12♓33	12♓60	13♍26	13♍53	14♍19	14♍46	15♍12	15♍39	16♍05	16♍32	16♍58	17♍25	17♍51	18♍18
/♅	17♉03	17♉33	18♉03	18♉33	19♉03	19♉33	20♉03	20♉33	21♉03	21♉33	22♉02	22♉32	23♉02	23♉32	24♉01
/♆	26♈28	26♈57	27♈26	27♈55	28♈24	28♈52	29♈21	29♈50	0♉19	0♉48	1♉16	1♉45	2♉14	2♉42	3♉11
/♇	28♓59	29♓28	29♓56	0♈24	0♈52	1♈20	1♈48	2♈16	2♈45	3♈13	3♈41	4♈09	4♈37	5♈05	5♈33
/☊	29♋29	29♋55	0♌21	0♌45	1♌08	1♌31	1♌55	2♌19	2♌45	3♌12	3♌40	4♌08	4♌37	5♌05	5♌32
☽/☿	0♉38	8♉19	16♉08	24♉02	1♊56	9♊47	17♊29	25♊00	2♋19	9♋26	16♋23	23♋11	29♋52	6♌31	13♌09
/♀	11♉29	19♉25	27♉28	5♊34	13♊38	21♊37	29♊26	7♋02	14♋24	21♋33	28♋29	5♌15	11♌54	18♌28	24♌59
/♂	6♒04	13♒13	20♒29	27♌48	5♍07	12♍19	19♍22	26♍13	2♎50	9♎14	15♎25	21♎27	27♎22	3♏13	9♏01
/⚳	15♈20	22♈49	0♉24	8♉03	15♉40	23♉12	0♊33	7♊42	14♊37	21♊18	27♊47	4♋06	10♋17	16♋23	22♑27
/♃	28♊50	6♋11	13♋38	21♋10	28♋39	6♌04	13♌18	20♌20	27♌07	3♍42	10♍04	16♍16	22♍21	28♍21	4♎18
/♄	13♒28	20♒45	28♒08	5♓35	13♍00	20♍20	27♍30	4♎27	11♎10	17♎39	23♎57	0♏04	6♏04	11♏58	17♏51
/♅	18♈25	25♈45	3♉12	10♉42	18♉11	25♉34	2♊47	9♊47	16♊34	23♊07	29♊27	5♋38	11♋41	17♋39	23♋35
/♆	27♓49	5♈08	12♈34	20♈04	27♈31	4♉53	12♉05	19♉05	25♉50	2♊22	8♊41	14♐51	20♐53	26♐50	2♑44
/♇	0♓21	7♓39	15♓04	22♓33	29♓60	7♈21	14♈32	21♎31	28♎16	4♏47	11♏06	17♏14	23♏16	29♏12	5♐06
/☊	0♋50	8♋07	15♋30	22♋54	0♌16	7♌32	14♌39	21♌34	28♌16	4♍46	11♍05	17♍14	23♍16	29♍12	5♎06
☿/♀	28♉29	29♉27	0♊27	1♊29	2♊33	3♊38	4♊46	5♊55	7♊05	8♊17	9♊31	10♊47	12♊03	13♊22	14♊42
/♂	23♒03	23♒15	23♒28	23♒44	24♒01	24♒21	24♒42	25♒06	25♒31	25♌58	26♌28	26♌59	27♌32	28♌07	28♌44
/⚳	2♉19	2♉51	3♉24	3♉58	4♉35	5♉13	5♉53	6♉35	7♉18	8♉03	8♉49	9♉37	10♉27	11♉17	12♉10
/♃	15♋49	16♋12	16♋38	17♋05	17♋34	18♋05	18♋38	19♋12	19♋49	20♋27	21♋06	21♋47	22♋30	23♋15	24♋01
/♄	0♓27	0♓46	1♓08	1♓30	1♓55	2♓21	2♓50	3♓20	3♓51	4♓24	4♓59	5♓35	6♓13	6♓53	7♓33
/♅	5♉24	5♉47	6♉11	6♉37	7♉06	7♉35	8♉07	8♉40	9♉15	9♉52	10♉30	11♉09	11♉50	12♉33	13♉17
/♆	14♈49	15♈10	15♈34	15♈59	16♈26	16♈55	17♈25	17♈57	18♈31	19♈07	19♈44	20♈22	21♈02	21♈44	22♈27
/♇	17♓20	17♓41	18♓04	18♓28	18♓54	19♓23	19♓52	20♓24	20♓57	21♓32	22♓08	22♓46	23♓25	24♓06	24♓48
/☊	17♋49	18♋09	18♋29	18♋49	19♋11	19♋34	19♋59	20♋27	20♋57	21♋31	22♋07	22♋45	23♋25	24♋07	24♋48
♀/♂	3♍54	4♍21	4♍48	5♍16	5♍43	6♍11	6♍39	7♍07	7♍36	8♍05	8♍34	9♍03	9♍33	10♍03	10♍34
/⚳	13♉10	13♉57	14♉44	15♉31	16♉17	17♉04	17♉50	18♉37	19♉23	20♉09	20♉56	21♉42	22♉28	23♉14	24♉00
/♃	26♋40	27♋19	27♋58	28♋37	29♋16	29♋55	0♌35	1♌14	1♌53	2♌33	3♌12	3♌52	4♌32	5♌12	5♌51
/♄	11♓19	11♓53	12♓28	13♓02	13♍37	14♍12	14♍46	15♍21	15♍56	16♍30	17♍05	17♍40	18♍14	18♍49	19♍24
/♅	16♉15	16♉53	17♉31	18♉10	18♉48	19♉26	20♉04	20♉42	21♉20	21♉58	22♉36	23♉14	23♉52	24♉30	25♉07
/♆	25♈40	26♈17	26♈54	27♈31	28♈08	28♈45	29♈22	29♈59	0♉36	1♉13	1♉50	2♉27	3♉04	3♉40	4♉17
/♇	28♓11	28♓48	29♓24	0♈00	0♈37	1♈13	1♈49	2♈25	3♈02	3♈38	4♈14	4♈50	5♈26	6♈03	6♈39
/☊	28♋41	29♋16	29♋49	0♌21	0♌53	1♌24	1♌56	2♌28	3♌02	3♌37	4♌13	4♌50	5♌27	6♌03	6♌39
♂/⚳	7♒45	7♒45	7♒45	7♒45	7♒45	7♒46	7♒47	7♒48	7♒49	7♒50	7♒52	7♒54	7♒56	7♒59	8♒02
/♃	21♎15	21♎07	20♎59	20♎52	20♎44	20♎38	20♎31	20♎25	20♎19	20♎14	20♎09	20♎04	20♎00	19♎56	19♎53
/♄	5♐53	5♐41	5♐29	5♐17	5♐05	4♐54	4♐43	4♐32	4♐22	4♐11	4♐02	3♐52	3♐43	3♐34	3♐26
/♅	10♒50	10♒41	10♒32	10♒24	10♒16	10♒08	10♒00	9♒53	9♒46	9♒39	9♒32	9♒26	9♒20	9♒15	9♒09
/♆	20♑14	20♑05	19♑55	19♑46	19♑36	19♑27	19♑19	19♑10	19♑02	18♑54	18♑46	18♑39	18♑32	18♑25	18♑19
/♇	22♐46	22♐35	22♐25	22♐15	22♐05	21♐55	21♐46	21♐36	21♐27	21♐19	21♐10	21♐02	20♐55	20♐48	20♐41
/☊	23♎15	23♎03	22♎50	22♎36	22♎21	22♎06	21♎52	21♎39	21♎28	21♎18	21♎10	21♎02	20♎55	20♎48	20♎40
⚳/♃	0♋31	0♋43	0♋54	1♋06	1♋18	1♋30	1♋42	1♋54	2♋06	2♋19	2♋31	2♋43	2♋55	3♋07	3♋19
/♄	15♒09	15♒17	15♒24	15♒32	15♒39	15♒47	15♒54	16♒02	16♒09	16♒16	16♒23	16♒30	16♒38	16♒45	16♒52
/♅	20♈06	20♈17	20♈28	20♈39	20♈50	21♈01	21♈12	21♈22	21♈33	21♈44	21♈54	22♈05	22♈15	22♈25	22♈35
/♆	29♓30	29♓40	29♓50	0♈00	0♈10	0♈20	0♈30	0♈39	0♈49	0♈59	1♈08	1♈17	1♈27	1♈36	1♈45
/♇	2♓02	2♓11	2♓20	2♓30	2♓39	2♓48	2♓57	3♓06	3♓15	3♓24	3♓32	3♓41	3♓50	3♓58	4♓07
/☊	2♋31	2♋39	2♋46	2♋51	2♋55	2♋59	3♋03	3♋09	3♋15	3♋23	3♋32	3♋41	3♋50	3♋59	4♋06
♃/♄	28♎39	28♎39	28♎38	28♎38	28♎38	28♎38	28♎39	28♎39	28♎39	28♎40	28♎40	28♎41	28♎41	28♎42	28♎43
/♅	3♋35	3♋39	3♋42	3♋45	3♋49	3♋52	3♋56	3♋60	4♋03	4♋07	4♋11	4♋15	4♋19	4♋23	4♋27
/♆	12♐60	13♐02	13♐04	13♐07	13♐09	13♐12	13♐14	13♐17	13♐19	13♐22	13♐25	13♐28	13♐31	13♐33	13♐36
/♇	15♏32	15♏33	15♏34	15♏36	15♏38	15♏39	15♏41	15♏43	15♏45	15♏47	15♏49	15♏51	15♏53	15♏56	15♏58
/☊	16♍01	16♍01	15♍60	15♍57	15♍54	15♍51	15♍48	15♍46	15♍46	15♍46	15♍48	15♍51	15♍54	15♍56	15♍58
♄/♅	18♒14	18♒13	18♒12	18♒11	18♒10	18♒09	18♒08	18♒07	18♒06	18♒05	18♒04	18♒02	18♒01	18♒00	17♒59
/♆	27♑38	27♑36	27♑34	27♑32	27♑30	27♑28	27♑26	27♑24	27♑22	27♑20	27♑18	27♑15	27♑13	27♑11	27♑09
/♇	0♑10	0♑07	0♑04	0♑02	29♐59	29♐56	29♐53	29♐50	29♐47	29♐45	29♐42	29♐39	29♐36	29♐33	29♐30
/☊	0♏39	0♏35	0♏29	0♏23	0♏15	0♏07	29♎60	29♎53	29♎48	29♎44	29♎41	29♎39	29♎37	29♎34	29♎30
♅/♆	2♈35	2♈37	2♈38	2♈39	2♈41	2♈42	2♈43	2♈45	2♈46	2♈47	2♈48	2♈49	2♈50	2♈52	2♈53
/♇	5♓07	5♓07	5♓08	5♓09	5♓09	5♓10	5♓10	5♓11	5♓12	5♓12	5♓12	5♓13	5♓13	5♓14	5♓14
/☊	5♋36	5♋35	5♋33	5♋30	5♋26	5♋21	5♋17	5♋14	5♋12	5♋11	5♋12	5♋13	5♋14	5♋14	5♋14
♆/♇	14♒31	14♒31	14♒30	14♒30	14♒30	14♒29	14♒29	14♒28	14♒28	14♒27	14♒26	14♒26	14♒25	14♒25	14♒24
/☊	15♐00	14♐59	14♐56	14♐51	14♐46	14♐40	14♐35	14♐31	14♐28	14♐26	14♐26	14♐26	14♐26	14♐25	14♐24
♇/☊	17♏32	17♏30	17♏26	17♏20	17♏14	17♏08	17♏02	16♏57	16♏54	16♏51	16♏50	16♏49	16♏48	16♏47	16♏45

	16	17	18	19	20	21	22	23	24	25	26	27	28	29	30
☉/☽	0♍17	6♍42	13♍12	19♍46	26♍26	3♈12	10♈04	17♈02	24♈05	1♉14	8♉28	15♉49	23♉17	0♊50	8♊30
/☿	14♊49	16♊04	17♊20	18♊38	19♊57	21♊17	22♊39	24♊03	25♊28	26♊54	28♊21	29♊49	1♋19	2♋49	4♋21
/♀	26♊31	27♊37	28♊42	29♊48	0♋53	1♋59	3♋04	4♋10	5♋15	6♋21	7♋26	8♋32	9♋37	10♋43	11♋48
/♂	9♍51	10♍14	10♍37	11♍01	11♍25	11♍50	12♍15	12♍41	13♍07	13♍33	13♍60	14♍27	14♍54	15♍22	15♍51
/⚳	23♉32	24♉09	24♉47	25♉24	26♉02	26♉39	27♉17	27♉54	28♉31	29♉08	29♉45	0♊22	0♊59	1♊36	2♊13
/♃	5♌17	5♌49	6♌20	6♌52	7♌24	7♌56	8♌28	9♌01	9♌33	10♌05	10♌37	11♌10	11♌42	12♌15	12♌47
/♄	18♍44	19♍11	19♍37	20♍04	20♍30	20♍57	21♍23	21♍50	22♍17	22♍43	23♍10	23♍37	24♍03	24♍30	24♍57
/♅	24♉31	25♉01	25♉30	25♉60	26♉29	26♉59	27♉28	27♉58	28♉27	28♉57	29♉26	29♉56	0♊25	0♊54	1♊24
/♆	3♉40	4♉08	4♉37	5♉05	5♉34	6♉02	6♉31	6♉59	7♉28	7♉56	8♉25	8♉53	9♉22	9♉50	10♉18
/♇	6♈01	6♈29	6♈56	7♈24	7♈52	8♈20	8♈48	9♈16	9♈44	10♈12	10♈40	11♈08	11♈36	12♈03	12♈31
/☊	5♌58	6♌23	6♌46	7♌09	7♌31	7♌54	8♌17	8♌41	9♌07	9♌34	10♌02	10♌31	10♌59	11♌28	11♌55
☽/☿	19♌48	26♌32	3♍20	10♓15	17♓17	24♓26	1♈43	9♈06	16♈37	24♈15	1♉60	9♉52	17♉52	25♉59	4♊12
/♀	1♍31	8♍05	14♍43	21♍25	28♍14	5♈08	12♈08	19♈14	26♈25	3♉42	11♉05	18♉34	26♉10	3♊52	11♊40
/♂	14♏50	20♏42	26♏37	2♐38	8♐46	14♐59	21♐19	27♐44	4♑16	10♑54	17♑39	24♑30	1♒27	8♒32	15♒42
/⚳	28♑31	4♒37	10♒47	17♒02	23♒22	29♒48	6♓20	12♓58	19♓41	26♓30	3♈24	10♈25	17♈32	24♈45	2♉04
/♃	10♎16	16♎17	22♎21	28♎30	4♏44	11♏05	17♏32	24♏04	0♐43	7♐26	14♐16	21♊12	28♊15	5♋24	12♋39
/♄	23♏44	29♏39	5♐37	11♐41	17♐50	24♐06	0♑27	6♑54	13♑26	20♑05	26♑49	3♒39	10♒36	17♒39	24♒48
/♅	29♑30	5♒29	11♒30	17♒37	23♒49	0♓08	6♓32	13♓02	19♓37	26♓18	3♈05	9♈58	16♈58	24♈04	1♉15
/♆	8♑39	14♑36	20♑37	26♑43	2♒54	9♒11	15♒34	22♒03	28♒38	5♓18	12♓04	18♓56	25♓54	2♈59	10♈10
/♇	11♐00	16♐56	22♐57	29♐02	5♑12	11♑29	17♑52	24♑20	0♒54	7♒33	14♒19	21♒10	28♒08	5♓13	12♓23
/☊	10♎58	16♎51	22♎47	28♎46	4♏51	11♏02	17♏20	23♏45	0♐17	6♐55	13♐41	20♊33	27♊32	4♋37	11♋46
☿/♀	16♊03	17♊26	18♊51	20♊17	21♊44	23♊13	24♊43	26♊15	27♊48	29♊22	0♋58	2♋34	4♋12	5♋51	7♋30
/♂	29♌22	0♍03	0♍45	1♍30	2♍16	3♍04	3♍54	4♍46	5♍39	6♍34	7♍31	8♍29	9♍29	10♍31	11♍33
/⚳	13♉03	13♉59	14♉55	15♉53	16♉53	17♉53	18♉55	19♉59	21♉04	22♉10	23♉17	24♉25	25♉34	26♉44	27♉55
/♃	24♋49	25♋38	26♋29	27♋21	28♋15	29♋10	0♌07	1♌06	2♌05	3♌06	4♌09	5♌12	6♌17	7♌23	8♌30
/♄	8♓16	8♓60	9♓45	10♓32	11♓21	12♍11	13♍02	13♍55	14♍49	15♍45	16♍41	17♍39	18♍38	19♍38	20♍39
/♅	14♉03	14♉50	15♉38	16♉29	17♉20	18♉13	19♉07	20♉03	20♉60	21♉58	22♉58	23♉58	24♉60	26♉02	27♉06
/♆	23♈12	23♈58	24♈45	25♈34	26♈25	27♈16	28♈10	29♈04	0♉00	0♉58	1♉56	2♉56	3♉56	4♉58	6♉01
/♇	25♓32	26♓18	27♓05	27♓53	28♓43	29♓34	0♈27	1♈21	2♈16	3♈13	4♈11	5♈10	6♈10	7♈12	8♈14
/☊	25♋30	26♋12	26♋55	27♋38	28♋22	29♋08	29♋56	0♌46	1♌39	2♌35	3♌33	4♌33	5♌34	6♌36	7♌37
♀/♂	11♍05	11♍36	12♍08	12♍40	13♍13	13♍46	14♍19	14♍53	15♍27	16♍02	16♍37	17♍12	17♍48	18♍24	19♍01
/⚳	24♉46	25♉32	26♉18	27♉04	27♉49	28♉35	29♉20	0♊06	0♊51	1♊37	2♊22	3♊07	3♊52	4♊38	5♊23
/♃	6♌31	7♌11	7♌51	8♌31	9♌12	9♌52	10♌32	11♌13	11♌53	12♌34	13♌14	13♌55	14♌36	15♌16	15♌57
/♄	19♍59	20♍33	21♍08	21♍43	22♍18	22♍52	23♍27	24♍02	24♍37	25♍12	25♍47	26♍22	26♍57	27♍32	28♍07
/♅	25♉45	26♉23	27♉01	27♉39	28♉17	28♉54	29♉32	0♊10	0♊48	1♊25	2♊03	2♊41	3♊18	3♊56	4♊33
/♆	4♉54	5♉31	6♉08	6♉44	7♉21	7♉58	8♉35	9♉11	9♉48	10♉25	11♉02	11♉38	12♉15	12♉51	13♉28
/♇	7♈15	7♈51	8♈27	9♈03	9♈40	10♈16	10♈52	11♈28	12♈04	12♈40	13♈17	13♈53	14♈29	15♈05	15♈41
/☊	7♌13	7♌46	8♌17	8♌48	9♌19	9♌49	10♌21	10♌53	11♌27	12♌02	12♌39	13♌16	13♌53	14♌29	15♌04
♂/⚳	8♒05	8♒09	8♒12	8♒17	8♒21	8♒26	8♒31	8♒37	8♒43	8♒49	8♒56	9♒03	9♒10	9♒17	9♒25
/♃	19♎50	19♎48	19♎46	19♎45	19♎44	19♎43	19♎43	19♎44	19♎44	19♎46	19♎48	19♎50	19♎53	19♎56	19♎60
/♄	3♐18	3♐10	3♐03	2♐56	2♐50	2♐44	2♐38	2♐33	2♐28	2♐24	2♐20	2♐17	2♐14	2♐11	2♐09
/♅	9♒04	8♒60	8♒56	8♒52	8♒49	8♒46	8♒43	8♒41	8♒39	8♒38	8♒36	8♒36	8♒36	8♒36	8♒36
/♆	18♑13	18♑08	18♑02	17♑58	17♑53	17♑49	17♑46	17♑42	17♑40	17♑37	17♑35	17♑33	17♑32	17♑31	17♑31
/♇	20♐34	20♐28	20♐22	20♐17	20♐12	20♐07	20♐03	19♐59	19♐56	19♐53	19♐50	19♐48	19♐46	19♐45	19♐44
/☊	20♎32	20♎22	20♎12	20♎01	19♎51	19♎40	19♎32	19♎24	19♎19	19♎15	19♎12	19♎11	19♎10	19♎09	19♎07
⚳/♃	3♋31	3♋44	3♋56	4♋08	4♋20	4♋32	4♋45	4♋57	5♋09	5♋21	5♋33	5♋45	5♋58	6♋10	6♋22
/♄	16♒59	17♒06	17♒12	17♒19	17♒26	17♒33	17♒39	17♒46	17♒53	17♒59	18♒06	18♒12	18♒19	18♒25	18♒31
/♅	22♈45	22♈55	23♈05	23♈15	23♈25	23♈35	23♈44	23♈54	24♈03	24♈13	24♈22	24♈31	24♈40	24♈49	24♈58
/♆	1♈54	2♈03	2♈12	2♈21	2♈30	2♈38	2♈47	2♈56	3♈04	3♈12	3♈21	3♈29	3♈37	3♈45	3♈53
/♇	4♓15	4♓23	4♓32	4♓40	4♓48	4♓56	5♓04	5♓12	5♓20	5♓28	5♓36	5♓43	5♓51	5♓58	6♓06
/☊	4♋13	4♋18	4♋22	4♋25	4♋27	4♋30	4♋33	4♋37	4♋43	4♋50	4♋58	5♋06	5♋15	5♋22	5♋29
♃/♄	28♎44	28♎45	28♎46	28♎47	28♎48	28♎50	28♎51	28♎53	28♎54	28♎56	28♎58	28♎60	29♎02	29♎04	29♎06
/♅	4♋31	4♋35	4♋39	4♋43	4♋48	4♋52	4♋56	5♋01	5♋05	5♋10	5♋14	5♋19	5♋23	5♋28	5♋33
/♆	13♐40	13♐43	13♐46	13♐49	13♐52	13♐55	13♐59	14♐02	14♐06	14♐09	14♐13	14♐16	14♐20	14♐24	14♐27
/♇	16♏00	16♏03	16♏05	16♏08	16♏11	16♏13	16♏16	16♏19	16♏22	16♏25	16♏28	16♏31	16♏34	16♏37	16♏40
/☊	15♍58	15♍57	15♍55	15♍53	15♍49	15♍47	15♍45	15♍44	15♍45	15♍47	15♍50	15♍54	15♍58	16♍01	16♍04
♄/♅	17♒58	17♒57	17♒56	17♒55	17♒53	17♒52	17♒51	17♒50	17♒49	17♒48	17♒47	17♒45	17♒44	17♒43	17♒42
/♆	27♑07	27♑05	27♑02	27♑00	26♑58	26♑56	26♑54	26♑52	26♑49	26♑47	26♑45	26♑43	26♑41	26♑39	26♑37
/♇	29♐28	29♐25	29♐22	29♐19	29♐16	29♐14	29♐11	29♐08	29♐06	29♐03	29♐00	28♐58	28♐55	28♐52	28♐50
/☊	29♎25	29♎19	29♎12	29♎04	28♎55	28♎47	28♎40	28♎33	28♎28	28♎25	28♎22	28♎21	28♎19	28♎16	28♎13
♅/♆	2♈54	2♈55	2♈55	2♈56	2♈57	2♈58	2♈59	2♈59	3♈00	3♈01	3♈01	3♈02	3♈03	3♈03	3♈04
/♇	5♓14	5♓15	5♓15	5♓15	5♓16	5♓16	5♓16	5♓16	5♓16	5♓16	5♓16	5♓17	5♓17	5♓17	5♓17
/☊	5♋12	5♋09	5♋05	4♋60	4♋54	4♋49	4♋45	4♋41	4♋39	4♋38	4♋39	4♋40	4♋40	4♋41	4♋40
♆/♇	14♒23	14♒22	14♒22	14♒21	14♒20	14♒19	14♒19	14♒18	14♒17	14♒16	14♒15	14♒14	14♒13	14♒12	14♒11
/☊	14♐21	14♐17	14♐12	14♐06	13♐59	13♐53	13♐47	13♐43	13♐40	13♐38	13♐37	13♐37	13♐37	13♐36	13♐35
♇/☊	16♏42	16♏37	16♏31	16♏25	16♏17	16♏11	16♏04	15♏59	15♏56	15♏54	15♏52	15♏52	15♏51	15♏50	15♏48

July 2016

	1	2	3	4	5	6	7	8	9	10	11	12	13	14	15	16	17	18	19	20	21	22	23	24	25	26	27	28	29	30	31	
☉/☽	16♊14	23♊59	1♋44	9♋24	16♋57	24♋19	1♌30	8♌29	15♌17	21♌55	28♌27	4♍53	11♍17	17♍42	24♍09	0♎41	7♎19	14♎04	20♎58	27♈59	5♉07	12♉22	19♉42	27♉07	4♊35	12♊06	19♊40	27♊15	4♋51	12♋25	19♋56	☉/☽
/☿	5♋53	7♋26	8♋59	10♋32	12♋06	13♋40	15♋14	16♋47	18♋20	19♋53	21♋25	22♋57	24♋28	25♋58	27♋27	28♋55	0♌23	1♌50	3♌16	4♌41	6♌05	7♌28	8♌50	10♌12	11♌32	12♌52	14♌11	15♌29	16♌46	18♌02	19♌18	/☿
/♀	12♋54	13♋59	15♋05	16♋10	17♋16	18♋21	19♋27	20♋32	21♋37	22♋43	23♋48	24♋54	25♋59	27♋05	28♋10	29♋16	0♌21	1♌27	2♌32	3♌38	4♌43	5♌49	6♌54	7♌60	9♌05	10♌11	11♌16	12♌22	13♌27	14♌33	15♌39	/♀
/♂	16♍20	16♍49	17♍19	17♍49	18♍19	18♍50	19♍21	19♍53	20♍25	20♍57	21♍30	22♍03	22♍37	23♍11	23♍45	24♍20	24♍55	25♍30	26♍05	26♍41	27♍18	27♍54	28♍31	29♍08	29♍46	0♎23	1♎01	1♎40	2♎18	2♎57	3♎37	/♂
/⚳	2♊49	3♊26	4♊03	4♊39	5♊15	5♊52	6♊28	7♊04	7♊40	8♊16	8♊52	9♊27	10♊03	10♊38	11♊14	11♊49	12♊24	12♊60	13♊35	14♊09	14♊44	15♊19	15♊54	16♊28	17♊02	17♊37	18♊11	18♊45	19♊19	19♊53	20♊26	/⚳
/♃	13♌20	13♌53	14♌25	14♌58	15♌31	16♌04	16♌37	17♌10	17♌43	18♌16	18♌49	19♌23	19♌56	20♌29	21♌03	21♌36	22♌10	22♌43	23♌17	23♌50	24♌24	24♌58	25♌31	26♌05	26♌39	27♌13	27♌47	28♌21	28♌55	29♌29	0♍03	/♃
/♄	25♍24	25♍50	26♍17	26♍44	27♍11	27♍38	28♍05	28♍32	28♍59	29♍26	29♍53	0♎20	0♎47	1♎15	1♎42	2♎09	2♎37	3♎04	3♎31	3♎59	4♎26	4♎54	5♎22	5♎49	6♎17	6♎45	7♎13	7♎40	8♎08	8♎36	9♎04	/♄
/♅	1♊53	2♊22	2♊51	3♊21	3♊50	4♊19	4♊48	5♊17	5♊47	6♊16	6♊45	7♊14	7♊43	8♊12	8♊41	9♊10	9♊39	10♊08	10♊37	11♊05	11♊34	12♊03	12♊32	13♊01	13♊30	13♊58	14♊27	14♊56	15♊24	15♊53	16♊22	/♅
/♆	10♉47	11♉15	11♉43	12♉12	12♉40	13♉08	13♉36	14♉05	14♉33	15♉01	15♉29	15♉58	16♉26	16♉54	17♉22	17♉50	18♉18	18♉46	19♉14	19♉43	20♉11	20♉39	21♉07	21♉35	22♉03	22♉31	22♉59	23♉27	23♉55	24♉23	24♉51	/♆
/♇	12♈59	13♈27	13♈55	14♈23	14♈51	15♈19	15♈46	16♎14	16♎42	17♎10	17♎38	18♎06	18♎34	19♎01	19♎29	19♎57	20♎25	20♎53	21♎21	21♎49	22♎17	22♎45	23♎12	23♎40	24♎08	24♎36	25♎04	25♎32	26♎00	26♎28	26♎56	/♇
/☊	12♌21	12♌45	13♌09	13♌33	13♌57	14♌22	14♌48	15♌15	15♌43	16♌12	16♌41	17♌10	17♌38	18♌06	18♌32	18♌58	19♌22	19♌47	20♌11	20♌36	21♌02	21♌29	21♌57	22♌26	22♌55	23♌24	23♌53	24♌22	24♌49	25♌16	25♌42	/☊
☽/☿	12♊31	20♊52	29♊13	7♋30	15♋39	23♋37	1♌25	8♌60	16♌24	23♌38	0♍44	7♍45	14♍43	21♍40	28♍39	5♎42	12♎51	20♎06	27♎28	4♏57	12♏32	20♉12	27♉58	5♊47	13♊38	21♊32	29♊27	7♋23	15♋18	23♋11	1♌01	☽/☿
/♀	19♊32	27♊26	5♋19	13♋07	20♋48	28♋19	5♌38	12♌45	19♌41	26♌28	3♍07	9♍42	16♍14	22♍47	29♍23	6♎03	12♎49	19♎43	26♎44	3♏54	11♉10	18♉33	26♉02	3♊34	11♊11	18♊51	26♊33	4♋16	11♋60	19♋42	27♋22	/♀
/♂	22♒58	0♍16	7♍33	14♍46	21♍52	28♍47	5♎32	12♎06	18♎28	24♎42	0♏49	6♏51	12♏52	18♏53	24♏57	1♐07	7♐22	13♐46	20♐18	26♐57	3♑45	10♑39	17♑38	24♑43	1♒52	9♒03	16♒18	23♒34	0♍51	8♍06	15♍20	/♂
/⚳	9♉28	16♉53	24♉17	1♊36	8♊48	15♊49	22♊39	29♊17	5♋43	12♋01	18♋10	24♋15	0♒18	6♒21	12♒26	18♒36	24♒52	1♓16	7♓47	14♓25	21♓11	28♓03	5♈01	12♈03	19♈08	26♈17	3♉27	10♉39	17♉51	25♉02	2♊10	/⚳
/♃	19♋58	27♋19	4♌40	11♌55	19♌04	26♌02	2♍48	9♍23	15♍47	22♍01	28♍08	4♎11	10♎11	16♎12	22♎15	28♎23	4♏37	10♏59	17♏29	24♏06	0♐51	7♐42	14♐39	21♊40	28♊45	5♋53	13♋03	20♋15	27♋27	4♌38	11♌46	/♃
/♄	2♓02	9♓17	16♍31	23♍41	0♎43	7♎35	14♎16	20♎45	27♎02	3♏11	9♏12	15♏08	21♏02	26♏57	2♐54	8♐56	15♐04	21♐20	27♐44	4♑15	10♑53	17♑38	24♑29	1♒24	8♒23	15♒25	22♒29	29♒34	6♓40	13♍45	20♍48	/♄
/♅	8♉31	15♉49	23♉06	0♊18	7♊22	14♊17	20♊59	27♊30	3♋50	10♋00	16♋04	22♋02	27♑58	3♒54	9♒53	15♒57	22♒07	28♒24	4♓49	11♓21	18♓01	24♓47	1♈39	8♈35	15♈35	22♈38	29♈43	6♉50	13♉57	21♉02	28♉05	/♅
/♆	17♈25	24♈42	1♉57	9♉09	16♉12	23♉06	29♉47	6♊17	12♐36	18♐46	24♐48	0♑45	6♑41	12♑36	18♑34	24♑37	0♒46	7♒02	13♒27	19♒58	26♒38	3♓23	10♓14	17♓10	24♓09	1♈11	8♈15	15♈21	22♈27	29♈32	6♉34	/♆
/♇	19♓37	26♓54	4♈09	11♈20	18♎23	25♎16	1♏57	8♏27	14♏46	20♏55	26♏57	2♐54	8♐49	14♐44	20♐42	26♐44	2♑53	9♑09	15♑33	22♑05	28♑44	5♒29	12♒20	19♒15	26♒14	3♓16	10♓21	17♓26	24♓32	1♈37	8♈39	/♇
/☊	18♋59	26♋12	3♌24	10♌30	17♌30	24♌20	0♍59	7♍28	13♍47	19♍57	26♍00	1♎58	7♎53	13♎48	19♎44	25♎45	1♏50	8♏03	14♏23	20♏52	27♏29	4♐14	11♐04	18♊01	25♊01	2♋04	9♋10	16♋16	23♋21	0♌25	7♌25	/☊
☿/♀	9♋11	10♋52	12♋33	14♋15	15♋57	17♋39	19♋21	21♋03	22♋44	24♋25	26♋06	27♋46	29♋25	1♌03	2♌41	4♌17	5♌53	7♌28	9♌03	10♌36	12♌08	13♌40	15♌10	16♌40	18♌09	19♌37	21♌04	22♌30	23♌55	25♌19	26♌43	☿/♀
/♂	12♍37	13♍42	14♍47	15♍54	17♍01	18♍08	19♍16	20♍24	21♍32	22♍40	23♍48	24♍55	26♍02	27♍09	28♍15	29♍21	0♎27	1♎31	2♎36	3♎39	4♎42	5♎45	6♎47	7♎48	8♎49	9♎49	10♎49	11♎48	12♎46	13♎44	14♎41	/♂
/⚳	29♉07	0♊19	1♊31	2♊44	3♊57	5♊10	6♊23	7♊35	8♊47	9♊58	11♊09	12♊19	13♊28	14♊37	15♊44	16♊51	17♊56	19♊01	20♊05	21♊07	22♊09	23♊10	24♊10	25♊08	26♊06	27♊03	27♊58	28♊53	29♊47	0♋39	1♋31	/⚳
/♃	9♌37	10♌46	11♌54	13♌03	14♌13	15♌22	16♌32	17♌41	18♌50	19♌59	21♌07	22♌14	23♌21	24♌28	25♌33	26♌38	27♌42	28♌45	29♌47	0♍48	1♍49	2♍49	3♍47	4♍45	5♍42	6♍39	7♍34	8♍29	9♍23	10♍16	11♍08	/♃
/♄	21♍41	22♍43	23♍46	24♍49	25♍53	26♍56	27♍60	29♍03	0♎06	1♎09	2♎11	3♎12	4♎13	5♎13	6♎12	7♎11	8♎09	9♎06	10♎02	10♎57	11♎51	12♎45	13♎37	14♎29	15♎20	16♎10	16♎60	17♎48	18♎36	19♎23	20♎09	/♄
/♅	28♉10	29♉15	0♊20	1♊26	2♊32	3♊37	4♊43	5♊49	6♊54	7♊58	9♊02	10♊06	11♊08	12♊10	13♊11	14♊11	15♊11	16♊09	17♊07	18♊03	18♊59	19♊54	20♊48	21♊41	22♊33	23♊24	24♊14	25♊04	25♊52	26♊40	27♊26	/♅
/♆	7♉04	8♉08	9♉12	10♉17	11♉22	12♉27	13♉31	14♉36	15♉40	16♉44	17♉47	18♉49	19♉51	20♉52	21♉52	22♉52	23♉50	24♉48	25♉45	26♉41	27♉36	28♉30	29♉23	0♊15	1♊06	1♊57	2♊46	3♊35	4♊23	5♊10	5♊56	/♆
/♇	9♈16	10♈20	11♈24	12♈28	13♈32	14♈37	15♈41	16♎45	17♎49	18♎52	19♎55	20♎57	21♎59	22♎60	23♎60	24♎59	25♎57	26♎55	27♎51	28♎47	29♎42	0♏35	1♏28	2♏20	3♏12	4♏02	4♏51	5♏40	6♏28	7♏15	8♏01	/♇
/☊	8♌38	9♌38	10♌38	11♌38	12♌39	13♌40	14♌43	15♌46	16♌50	17♌55	18♌59	20♌02	21♌04	22♌04	23♌03	23♌59	24♌54	25♌48	26♌42	27♌34	28♌27	29♌20	0♍13	1♍06	1♍58	2♍50	3♍40	4♍29	5♍17	6♍02	6♍46	/☊
♀/♂	19♍38	20♍15	20♍53	21♍31	22♍10	22♍49	23♍29	24♍09	24♍49	25♍30	26♍11	26♍52	27♍34	28♍16	28♍59	29♍42	0♎25	1♎08	1♎52	2♎36	3♎21	4♎06	4♎51	5♎36	6♎22	7♎08	7♎54	8♎41	9♎27	10♎14	11♎02	♀/♂
/⚳	6♊07	6♊52	7♊37	8♊22	9♊06	9♊51	10♊35	11♊20	12♊04	12♊48	13♊32	14♊16	15♊00	15♊44	16♊28	17♊11	17♊55	18♊38	19♊21	20♊04	20♊48	21♊30	22♊13	22♊56	23♊39	24♊21	25♊04	25♊46	26♊28	27♊10	27♊52	/⚳
/♃	16♌38	17♌19	17♌60	18♌41	19♌22	20♌03	20♌45	21♌26	22♌07	22♌49	23♌30	24♌12	24♌53	25♌35	26♌16	26♌58	27♌40	28♌22	29♌03	29♌45	0♍27	1♍09	1♍51	2♍33	3♍15	3♍57	4♍40	5♍22	6♍04	6♍46	7♍29	/♃
/♄	28♍42	29♍17	29♍52	0♎27	1♎02	1♎37	2♎13	2♎48	3♎23	3♎58	4♎34	5♎09	5♎45	6♎20	6♎56	7♎31	8♎07	8♎42	9♎18	9♎54	10♎30	11♎05	11♎41	12♎17	12♎53	13♎29	14♎05	14♎41	15♎17	15♎53	16♎30	/♄
/♅	5♊11	5♊49	6♊26	7♊04	7♊41	8♊19	8♊56	9♊33	10♊11	10♊48	11♊25	12♊03	12♊40	13♊17	13♊55	14♊32	15♊09	15♊46	16♊23	17♊00	17♊38	18♊15	18♊52	19♊29	20♊06	20♊43	21♊20	21♊56	22♊33	23♊10	23♊47	/♅
/♆	14♉05	14♉41	15♉18	15♉54	16♉31	17♉08	17♉44	18♉21	18♉57	19♉34	20♉10	20♉46	21♉23	21♉59	22♉36	23♉12	23♉48	24♉25	25♉01	25♉38	26♉14	26♉50	27♉26	28♉03	28♉39	29♉15	29♉52	0♊28	1♊04	1♊40	2♊17	/♆
/♇	16♈17	16♎53	17♎29	18♎06	18♎42	19♎18	19♎54	20♎30	21♎06	21♎42	22♎19	22♎55	23♎31	24♎07	24♎43	25♎19	25♎55	26♎31	27♎08	27♎44	28♎20	28♎56	29♎32	0♏08	0♏44	1♏21	1♏57	2♏33	3♏09	3♏45	4♏22	/♇
/☊	15♌39	16♌12	16♌44	17♌16	17♌48	18♌21	18♌56	19♌31	20♌07	20♌45	21♌22	21♌59	22♌36	23♌11	23♌46	24♌20	24♌53	25♌25	25♌58	26♌31	27♌05	27♌41	28♌17	28♌54	29♌31	0♍09	0♍46	1♍22	1♍58	2♍33	3♍07	/☊
♂/⚳	9♒34	9♒42	9♒51	10♒00	10♒10	10♒20	10♒30	10♒41	10♒51	11♒03	11♒14	11♒26	11♒38	11♒50	12♒02	12♒15	12♒28	12♒41	12♒54	13♒08	13♒22	13♒36	13♒50	14♒04	14♒19	14♒34	14♒49	15♒04	15♒19	15♒34	15♒50	♂/⚳
/♃	20♎04	20♎09	20♎14	20♎20	20♎26	20♎32	20♎39	20♎47	20♎55	21♎03	21♎12	21♎21	21♎31	21♎41	21♎51	22♎02	22♎13	22♎25	22♎37	22♎49	23♎02	23♎15	23♎28	23♎42	23♎56	24♎10	24♎25	24♎40	24♎55	25♎11	25♎27	/♃
/♄	2♐08	2♐07	2♐06	2♐06	2♐06	2♐06	2♐07	2♐09	2♐11	2♐13	2♐16	2♐19	2♐22	2♐26	2♐30	2♐35	2♐40	2♐45	2♐51	2♐57	3♐04	3♐11	3♐18	3♐26	3♐33	3♐42	3♐50	3♐59	4♐08	4♐18	4♐28	/♄
/♅	8♒37	8♒38	8♒40	8♒42	8♒45	8♒47	8♒51	8♒54	8♒58	9♒03	9♒07	9♒12	9♒18	9♒23	9♒29	9♒36	9♒42	9♒49	9♒56	10♒04	10♒12	10♒20	10♒28	10♒37	10♒46	10♒55	11♒05	11♒14	11♒24	11♒35	11♒45	/♅
/♆	17♑31	17♑31	17♑32	17♑33	17♑35	17♑36	17♑39	17♑41	17♑45	17♑48	17♑52	17♑56	18♑00	18♑05	18♑10	18♑16	18♑22	18♑28	18♑34	18♑41	18♑48	18♑56	19♑03	19♑11	19♑19	19♑28	19♑37	19♑46	19♑55	20♑05	20♑15	/♆
/♇	19♐43	19♐43	19♐44	19♐44	19♐45	19♐47	19♐49	19♐51	19♐54	19♐57	20♐00	20♐04	20♐08	20♐13	20♐18	20♐23	20♐29	20♐34	20♐41	20♐47	20♐54	21♐01	21♐09	21♐17	21♐25	21♐33	21♐42	21♐51	22♐00	22♐10	22♐20	/♇
/☊	19♎05	19♎02	18♎58	18♎55	18♎52	18♎50	18♎50	18♎52	18♎55	18♎59	19♎04	19♎08	19♎13	19♎17	19♎21	19♎23	19♎26	19♎28	19♎31	19♎35	19♎40	19♎46	19♎54	20♎02	20♎12	20♎21	20♎31	20♎40	20♎49	20♎57	21♎05	/☊
⚳/♃	6♋34	6♋46	6♋58	7♋10	7♋22	7♋34	7♋46	7♋58	8♋10	8♋21	8♋33	8♋45	8♋57	9♋08	9♋20	9♋31	9♋43	9♋54	10♋06	10♋17	10♋28	10♋39	10♋51	11♋02	11♋12	11♋23	11♋34	11♋45	11♋56	12♋06	12♋17	⚳/♃
/♄	18♒37	18♒44	18♒50	18♒56	19♒02	19♒08	19♒14	19♒20	19♒25	19♒31	19♒37	19♒43	19♒48	19♒54	19♒59	20♒05	20♒10	20♒15	20♒20	20♒26	20♒31	20♒36	20♒41	20♒46	20♒50	20♒55	20♒60	21♒04	21♒09	21♒13	21♒18	/♄
/♅	25♈07	25♈15	25♈24	25♈33	25♈41	25♈49	25♈57	26♈05	26♈13	26♈21	26♈29	26♈36	26♈44	26♈51	26♈58	27♈05	27♈12	27♈19	27♈26	27♈32	27♈39	27♈45	27♈51	27♈57	28♈03	28♈09	28♈14	28♈20	28♈25	28♈30	28♈35	/♅
/♆	4♈01	4♈08	4♈16	4♈23	4♈31	4♈38	4♈45	4♈52	4♈59	5♈06	5♈13	5♈20	5♈26	5♈33	5♈39	5♈45	5♈52	5♈58	6♈03	6♈09	6♈15	6♈20	6♈26	6♈31	6♈36	6♈41	6♈46	6♈51	6♈56	7♈00	7♈05	/♆
/♇	6♓13	6♓20	6♓27	6♓35	6♓42	6♓48	6♓55	7♓02	7♓09	7♓15	7♓22	7♓28	7♓34	7♓40	7♓47	7♓53	7♓58	8♓04	8♓10	8♓15	8♓21	8♓26	8♓32	8♓37	8♓42	8♓47	8♓51	8♓56	9♓01	9♓05	9♓10	/♇
/☊	5♋34	5♋39	5♋42	5♋45	5♋48	5♋52	5♋57	6♋03	6♋10	6♋17	6♋25	6♋32	6♋39	6♋45	6♋49	6♋53	6♋56	6♋58	7♋00	7♋03	7♋06	7♋11	7♋16	7♋22	7♋28	7♋35	7♋40	7♋45	7♋50	7♋53	7♋55	/☊
♃/♄	29♎08	29♎10	29♎13	29♎15	29♎18	29♎20	29♎23	29♎26	29♎29	29♎32	29♎35	29♎38	29♎41	29♎45	29♎48	29♎52	29♎55	29♎59	0♏03	0♏06	0♏10	0♏14	0♏18	0♏23	0♏27	0♏31	0♏36	0♏40	0♏45	0♏50	0♏54	♃/♄
/♅	5♋37	5♋42	5♋47	5♋52	5♋57	6♋02	6♋06	6♋11	6♋16	6♋21	6♋26	6♋32	6♋37	6♋42	6♋47	6♋52	6♋57	7♋02	7♋08	7♋13	7♋18	7♋24	7♋29	7♋34	7♋40	7♋45	7♋50	7♋56	8♋01	8♋06	8♋12	/♅
/♆	14♐31	14♐35	14♐39	14♐43	14♐47	14♐51	14♐55	14♐59	15♐03	15♐07	15♐11	15♐15	15♐19	15♐24	15♐28	15♐32	15♐37	15♐41	15♐46	15♐50	15♐55	15♐59	16♐04	16♐08	16♐13	16♐18	16♐22	16♐27	16♐32	16♐36	16♐41	/♆
/♇	16♏44	16♏47	16♏50	16♏54	16♏57	17♏01	17♏05	17♏08	17♏12	17♏16	17♏20	17♏23	17♏27	17♏31	17♏35	17♏39	17♏44	17♏48	17♏52	17♏56	18♏01	18♏05	18♏09	18♏14	18♏18	18♏23	18♏27	18♏32	18♏37	18♏42	18♏46	/♇
/☊	16♍05	16♍05	16♍05	16♍04	16♍04	16♍04	16♍06	16♍09	16♍13	16♍18	16♍23	16♍28	16♍32	16♍36	16♍38	16♍40	16♍41	16♍42	16♍42	16♍44	16♍46	16♍50	16♍54	16♍59	17♍05	17♍11	17♍16	17♍21	17♍26	17♍29	17♍32	/☊
♄/♅	17♒41	17♒40	17♒39	17♒38	17♒37	17♒35	17♒34	17♒33	17♒32	17♒31	17♒30	17♒29	17♒28	17♒27	17♒26	17♒25	17♒24	17♒23	17♒22	17♒22	17♒21	17♒20	17♒19	17♒18	17♒17	17♒17	17♒16	17♒15	17♒14	17♒14	17♒13	♄/♅
/♆	26♑35	26♑33	26♑31	26♑28	26♑26	26♑24	26♑22	26♑20	26♑19	26♑17	26♑15	26♑13	26♑11	26♑09	26♑07	26♑06	26♑04	26♑02	26♑00	25♑59	25♑57	25♑55	25♑54	25♑52	25♑51	25♑49	25♑48	25♑46	25♑45	25♑44	25♑42	/♆
/♇	28♐47	28♐45	28♐42	28♐40	28♐37	28♐35	28♐32	28♐30	28♐28	28♐25	28♐23	28♐21	28♐19	28♐17	28♐15	28♐13	28♐11	28♐09	28♐07	28♐05	28♐03	28♐01	27♐59	27♐58	27♐56	27♐55	27♐53	27♐52	27♐50	27♐49	27♐47	/♇
/☊	28♎09	28♎03	27♎57	27♎50	27♎44	27♎38	27♎34	27♎31	27♎29	27♎28	27♎27	27♎25	27♎24	27♎21	27♎17	27♎13	27♎08	27♎02	26♎57	26♎52	26♎49	26♎46	26♎44	26♎43	26♎43	26♎43	26♎42	26♎41	26♎39	26♎36	26♎33	/☊
♅/♆	3♈04	3♈04	3♈05	3♈05	3♈05	3♈06	3♈06	3♈06	3♈06	3♈06	3♈06	3♈06	3♈06	3♈06	3♈06	3♈06	3♈06	3♈06	3♈05	3♈05	3♈05	3♈05	3♈04	3♈04	3♈03	3♈03	3♈02	3♈02	3♈01	3♈01	2♈60	♅/♆
/♇	5♓17	5♓16	5♓16	5♓16	5♓16	5♓16	5♓16	5♓16	5♓15	5♓15	5♓15	5♓15	5♓14	5♓14	5♓14	5♓13	5♓13	5♓12	5♓12	5♓11	5♓11	5♓10	5♓10	5♓09	5♓09	5♓08	5♓08	5♓07	5♓06	5♓06	5♓05	/♇
/☊	4♋38	4♋35	4♋31	4♋27	4♋23	4♋20	4♋18	4♋17	4♋17	4♋17	4♋18	4♋19	4♋19	4♋18	4♋16	4♋14	4♋10	4♋06	4♋02	3♋59	3♋56	3♋55	3♋54	3♋55	3♋55	3♋56	3♋57	3♋56	3♋55	3♋53	3♋51	/☊
♆/♇	14♒10	14♒09	14♒08	14♒07	14♒06	14♒05	14♒04	14♒03	14♒02	14♒01	13♒59	13♒58	13♒57	13♒56	13♒55	13♒53	13♒52	13♒51	13♒50	13♒49	13♒47	13♒46	13♒45	13♒43	13♒42	13♒41	13♒40	13♒38	13♒37	13♒36	13♒34	♆/♇
/☊	13♐32	13♐28	13♐23	13♐18	13♐13	13♐09	13♐06	13♐04	13♐03	13♐03	13♐03	13♐03	13♐02	13♐00	12♐58	12♐54	12♐50	12♐45	12♐40	12♐36	12♐33	12♐31	12♐29	12♐29	12♐29	12♐29	12♐29	12♐28	12♐26	12♐23	12♐20	/☊
♇/☊	15♏44	15♏40	15♏34	15♏29	15♏23	15♏19	15♏16	15♏13	15♏12	15♏12	15♏11	15♏11	15♏10	15♏08	15♏05	15♏01	14♏56	14♏51	14♏47	14♏42	14♏39	14♏36	14♏35	14♏34	14♏34	14♏34	14♏34	14♏33	14♏31	14♏28	14♏25	♇/☊

July 2016

August 2016

	1	2	3	4	5	6	7	8	9	10	11
☉/☽	27♋23	4♌43	11♌56	18♌59	25♌53	2♍38	9♍15	15♍46	22♍13	28♍38	5♎03
/☿	20♌32	21♌46	22♌58	24♌10	25♌21	26♌31	27♌40	28♌48	29♌55	1♍01	2♍06
/♀	16♌44	17♌50	18♌55	20♌01	21♌06	22♌12	23♌18	24♌23	25♌29	26♌35	27♌40
/♂	4♎16	4♎56	5♎36	6♎16	6♎56	7♎37	8♎18	8♎59	9♎41	10♎22	11♎04
/⚳	21♊00	21♊34	22♊07	22♊40	23♊13	23♊46	24♊19	24♊52	25♊24	25♊57	26♊29
/♃	0♍37	1♍12	1♍46	2♍20	2♍55	3♍29	4♍03	4♍38	5♍12	5♍47	6♍22
/♄	9♎32	10♎01	10♎29	10♎57	11♎25	11♎54	12♎22	12♎51	13♎19	13♎48	14♎16
/♅	16♊51	17♊19	17♊48	18♊16	18♊45	19♊14	19♊42	20♊11	20♊39	21♊08	21♊36
/♆	25♉19	25♉47	26♉15	26♉43	27♉11	27♉40	28♉08	28♉36	29♉04	29♉32	29♉60
/♇	27♎24	27♎52	28♎20	28♎49	29♎17	29♎45	0♏13	0♏41	1♏09	1♏37	2♏05
/☊	26♌08	26♌34	27♌01	27♌28	27♌57	28♌25	28♌55	29♌24	29♌54	0♍23	0♍52
☽/☿	8♌45	16♌21	23♌48	1♍06	8♍13	15♍11	21♍60	28♍41	5♎18	11♎51	18♎23
/♀	4♌57	12♌25	19♌45	26♌57	3♍59	10♍52	17♍37	24♍16	0♎51	7♎24	13♎57
/♂	22♍29	29♍31	6♎26	13♎12	19♎49	26♎17	2♏38	8♏52	15♏03	21♏12	27♏21
/⚳	9♊13	16♊09	22♊57	29♊36	6♋05	12♋26	18♋39	24♋45	0♌47	6♒46	12♒46
/♃	18♌50	25♌47	2♍36	9♍16	15♍47	22♍09	28♍23	4♎31	10♎35	16♎36	22♎39
/♄	27♍45	4♎36	11♎19	17♎53	24♎18	0♏34	6♏42	12♏44	18♏41	24♏37	0♐33
/♅	5♊03	11♊54	18♊38	25♊12	1♋37	7♋53	14♋02	20♋04	26♑02	1♒57	7♒53
/♆	13♉32	20♉23	27♉05	3♊39	10♊04	16♐19	22♐27	28♐29	4♑26	10♑21	16♑17
/♇	15♈37	22♎28	29♎10	5♏44	12♏09	18♏25	24♏32	0♐34	6♐31	12♐27	18♐23
/☊	14♌21	21♌10	27♌51	4♍24	10♍49	17♍05	23♍14	29♍18	5♎16	11♎13	17♎09
☿/♀	28♌05	29♌27	0♍48	2♍08	3♍27	4♍45	6♍02	7♍18	8♍34	9♍48	11♍01
/♂	15♎37	16♎33	17♎28	18♎23	19♎17	20♎10	21♎03	21♎54	22♎45	23♎36	24♎25
/⚳	2♋21	3♋11	3♋60	4♋47	5♋34	6♋19	7♋04	7♋47	8♋29	9♋10	9♋50
/♃	11♍59	12♍49	13♍39	14♍27	15♍15	16♍02	16♍48	17♍33	18♍17	19♍00	19♍42
/♄	20♎54	21♎38	22♎22	23♎04	23♎46	24♎27	25♎07	25♎46	26♎24	27♎01	27♎37
/♅	28♊12	28♊57	29♊41	0♋24	1♋06	1♋47	2♋27	3♋06	3♋44	4♋21	4♋57
/♆	6♊41	7♊25	8♊08	8♊51	9♊32	10♊13	10♊52	11♐31	12♐08	12♐45	13♐20
/♇	8♏46	9♏30	10♏13	10♏56	11♏37	12♏18	12♏57	13♏36	14♏14	14♏51	15♏26
/☊	7♍29	8♍12	8♍54	9♍36	10♍17	10♍59	11♍39	12♍20	12♍59	13♍37	14♍13
♀/♂	11♎49	12♎37	13♎25	14♎14	15♎02	15♎51	16♎40	17♎30	18♎19	19♎09	19♎59
/⚳	28♊34	29♊15	29♊57	0♋38	1♋19	2♋00	2♋41	3♋22	4♋03	4♋43	5♋23
/♃	8♍11	8♍53	9♍36	10♍18	11♍01	11♍43	12♍26	13♍08	13♍51	14♍33	15♍16
/♄	17♎06	17♎42	18♎19	18♎55	19♎31	20♎08	20♎44	21♎21	21♎58	22♎34	23♎11
/♅	24♊24	25♊01	25♊38	26♊14	26♊51	27♊28	28♊04	28♊41	29♊18	29♊54	0♋31
/♆	2♊53	3♊29	4♊05	4♊41	5♊18	5♊54	6♊30	7♊06	7♊42	8♊18	8♊54
/♇	4♏58	5♏34	6♏10	6♏46	7♏23	7♏59	8♏35	9♏11	9♏48	10♏24	11♏00
/☊	3♍42	4♍16	4♍51	5♍26	6♍03	6♍40	7♍17	7♍55	8♍32	9♍10	9♍47
♂/⚳	16♒05	16♒21	16♒37	16♒53	17♒09	17♒25	17♒42	17♒58	18♒14	18♒31	18♒47
/♃	25♎43	25♎59	26♎16	26♎33	26♎51	27♎08	27♎26	27♎44	28♎03	28♎21	28♎40
/♄	4♐38	4♐48	4♐59	5♐10	5♐21	5♐33	5♐45	5♐57	6♐09	6♐22	6♐35
/♅	11♒56	12♒07	12♒18	12♒29	12♒41	12♒53	13♒05	13♒17	13♒29	13♒42	13♒55
/♆	20♑25	20♑35	20♑46	20♑56	21♑07	21♑19	21♑30	21♑42	21♑54	22♑06	22♑18
/♇	22♐30	22♐40	22♐51	23♐01	23♐13	23♐24	23♐35	23♐47	23♐59	24♐12	24♐24
/☊	21♎13	21♎22	21♎31	21♎41	21♎53	22♎05	22♎17	22♎31	22♎44	22♎58	23♎11
⚳/♃	12♋27	12♋37	12♋47	12♋57	13♋07	13♋17	13♋27	13♋37	13♋46	13♋56	14♋05
/♄	21♒22	21♒26	21♒30	21♒34	21♒38	21♒42	21♒46	21♒49	21♒53	21♒56	21♒60
/♅	28♈40	28♈45	28♈49	28♈54	28♈58	29♈02	29♈06	29♈09	29♈13	29♈16	29♈19
/♆	7♈09	7♈13	7♈17	7♈21	7♈24	7♈28	7♈31	7♈34	7♈37	7♈40	7♈43
/♇	9♓14	9♓18	9♓22	9♓26	9♓29	9♓33	9♓36	9♓40	9♓43	9♓46	9♓49
/☊	7♋58	7♋60	8♋02	8♋06	8♋09	8♋14	8♋18	8♋23	8♋28	8♋32	8♋35
♃/♄	0♏59	1♏04	1♏09	1♏14	1♏19	1♏25	1♏30	1♏36	1♏41	1♏47	1♏52
/♅	8♋17	8♋23	8♋28	8♋34	8♋39	8♋45	8♋50	8♋56	9♋01	9♋07	9♋12
/♆	16♐46	16♐51	16♐56	17♐01	17♐06	17♐11	17♐16	17♐21	17♐26	17♐31	17♐36
/♇	18♏51	18♏56	19♏01	19♏06	19♏11	19♏16	19♏21	19♏26	19♏31	19♏36	19♏41
/☊	17♍35	17♍38	17♍42	17♍46	17♍51	17♍57	18♍03	18♍09	18♍16	18♍22	18♍28
♄/♅	17♒12	17♒12	17♒11	17♒10	17♒10	17♒09	17♒09	17♒08	17♒08	17♒07	17♒07
/♆	25♑41	25♑40	25♑39	25♑37	25♑36	25♑35	25♑34	25♑33	25♑32	25♑31	25♑30
/♇	27♐46	27♐45	27♐44	27♐43	27♐41	27♐40	27♐39	27♐39	27♐38	27♐37	27♐36
/☊	26♎30	26♎27	26♎24	26♎23	26♎22	26♎21	26♎21	26♎22	26♎23	26♎23	26♎23
♅/♆	2♈59	2♈58	2♈58	2♈57	2♈56	2♈55	2♈54	2♈53	2♈52	2♈51	2♈50
/♇	5♓04	5♓03	5♓03	5♓02	5♓01	5♓00	4♓60	4♓59	4♓58	4♓57	4♓56
/☊	3♋48	3♋45	3♋43	3♋42	3♋41	3♋41	3♋42	3♋42	3♋43	3♋43	3♋43
♆/♇	13♒33	13♒32	13♒30	13♒29	13♒28	13♒26	13♒25	13♒24	13♒22	13♒21	13♒20
/☊	12♐17	12♐14	12♐11	12♐09	12♐08	12♐07	12♐07	12♐07	12♐07	12♐07	12♐06
♇/☊	14♏22	14♏19	14♏16	14♏14	14♏13	14♏12	14♏12	14♏12	14♏13	14♏13	14♏12

	12	13	14	15	16	17	18	19	20	21
☉/☽	11♎30	18♎03	24♎43	1♏32	8♏30	15♏38	22♏57	0♊23	7♊57	15♊35
/☿	3♍10	4♍13	5♍15	6♍15	7♍14	8♍12	9♍09	10♍04	10♍57	11♍49
/♀	28♌46	29♌51	0♍57	2♍03	3♍08	4♍14	5♍20	6♍25	7♍31	8♍37
/♂	11♎46	12♎29	13♎11	13♎54	14♎37	15♎20	16♎03	16♎47	17♎30	18♎14
/⚳	27♊01	27♊33	28♊05	28♊36	29♊08	29♊39	0♋11	0♋42	1♋13	1♋43
/♃	6♍56	7♍31	8♍06	8♍40	9♍15	9♍50	10♍25	10♍59	11♍34	12♍09
/♄	14♎45	15♎14	15♎43	16♎11	16♎40	17♎09	17♎38	18♎07	18♎37	19♎06
/♅	22♊05	22♊33	23♊02	23♊30	23♊58	24♊27	24♊55	25♊24	25♊52	26♊20
/♆	0♊28	0♊56	1♊24	1♊52	2♊20	2♊48	3♊16	3♊44	4♊12	4♊40
/♇	2♏34	3♏02	3♏30	3♏58	4♏27	4♏55	5♏23	5♏52	6♏20	6♏48
/☊	1♍21	1♍49	2♍16	2♍43	3♍11	3♍38	4♍06	4♍35	5♍04	5♍33
☽/☿	24♎58	1♏36	8♏20	15♏11	22♏11	29♏20	6♐36	14♐00	21♐30	29♊02
/♀	20♎33	27♎14	4♏02	10♏59	18♏05	25♏21	2♐47	10♐22	18♊03	25♊50
/♂	3♐34	9♐51	16♐16	22♐50	29♐33	6♑27	13♑31	20♑43	28♑03	5♒27
/⚳	18♒48	24♒56	1♓10	7♓32	14♓05	20♓47	27♓38	4♈38	11♈45	18♈56
/♃	28♎43	4♏53	11♏10	17♏36	24♏12	0♐57	7♐52	14♐56	22♐07	29♊22
/♄	6♐32	12♐36	18♐47	25♐07	1♑37	8♑17	15♑06	22♑04	29♑09	6♒19
/♅	13♒52	19♒56	26♒07	2♓26	8♓55	15♓34	22♓23	29♓20	6♈24	13♈33
/♆	22♑15	28♑18	4♒29	10♒48	17♒16	23♒55	0♓44	7♓41	14♓44	21♓53
/♇	24♐21	0♑24	6♑35	12♑54	19♑23	26♑02	2♒51	9♒48	16♒52	24♒01
/☊	23♎08	29♎11	5♏21	11♏39	18♏07	24♏46	1♐34	8♐31	15♊36	22♊46
☿/♀	12♍13	13♍24	14♍34	15♍42	16♍49	17♍55	18♍60	20♍02	21♍04	22♍04
/♂	25♎13	26♎01	26♎48	27♎33	28♎18	29♎01	29♎43	0♏24	1♏03	1♏41
/⚳	10♋28	11♋05	11♋41	12♋16	12♋49	13♋20	13♋50	14♋19	14♋45	15♋10
/♃	20♍23	21♍03	21♍42	22♍20	22♍56	23♍31	24♍04	24♍37	25♍07	25♍36
/♄	28♎12	28♎46	29♎19	29♎51	0♏21	0♏50	1♏18	1♏45	2♏09	2♏33
/♅	5♋32	6♋06	6♋38	7♋09	7♋39	8♋08	8♋35	9♋01	9♋25	9♋47
/♆	13♐55	14♐28	15♐00	15♐31	16♐01	16♐29	16♐56	17♐21	17♐45	18♐07
/♇	16♏01	16♏34	17♏07	17♏38	18♏08	18♏36	19♏03	19♏29	19♏53	20♏15
/☊	14♍48	15♍21	15♍53	16♍23	16♍52	17♍19	17♍46	18♍12	18♍36	18♍60
♀/♂	20♎49	21♎39	22♎30	23♎21	24♎11	25♎03	25♎54	26♎45	27♎37	28♎29
/⚳	6♋04	6♋44	7♋24	8♋03	8♋43	9♋22	10♋01	10♋40	11♋19	11♋58
/♃	15♍59	16♍42	17♍24	18♍07	18♍50	19♍33	20♍15	20♍58	21♍41	22♍24
/♄	23♎48	24♎24	25♎01	25♎38	26♎15	26♎52	27♎29	28♎06	28♎43	29♎20
/♅	1♋07	1♋44	2♋20	2♋57	3♋33	4♋10	4♋46	5♋22	5♋59	6♋35
/♆	9♊30	10♊06	10♊43	11♐19	11♐55	12♐31	13♐07	13♐43	14♐19	14♐55
/♇	11♏36	12♏13	12♏49	13♏25	14♏01	14♏38	15♏14	15♏50	16♏27	17♏03
/☊	10♍23	10♍59	11♍35	12♍10	12♍46	13♍21	13♍57	14♍33	15♍10	15♍47
♂/⚳	19♒04	19♒21	19♒37	19♒54	20♒11	20♒28	20♒45	21♒02	21♒18	21♒35
/♃	28♎59	29♎19	29♎38	29♎58	0♏18	0♏38	0♏59	1♏19	1♏40	2♏01
/♄	6♐48	7♐02	7♐15	7♐29	7♐43	7♐58	8♐12	8♐27	8♐42	8♐58
/♅	14♒08	14♒21	14♒34	14♒48	15♒02	15♒15	15♒29	15♒44	15♒58	16♒12
/♆	22♑31	22♑44	22♑57	23♑10	23♑23	23♑36	23♑50	24♑04	24♑18	24♑32
/♇	24♐37	24♐50	25♐03	25♐16	25♐30	25♐43	25♐57	26♐11	26♐26	26♐40
/☊	23♎24	23♎36	23♎49	24♎01	24♎14	24♎27	24♎40	24♎55	25♎09	25♎25
⚳/♃	14♋14	14♋23	14♋32	14♋41	14♋49	14♋58	15♋06	15♋15	15♋23	15♋31
/♄	22♒03	22♒06	22♒09	22♒12	22♒15	22♒17	22♒20	22♒23	22♒25	22♒27
/♅	29♈23	29♈25	29♈28	29♈31	29♈33	29♈35	29♈37	29♈39	29♈40	29♈42
/♆	7♈46	7♈48	7♈50	7♈52	7♈54	7♈56	7♈58	7♈59	8♈00	8♈02
/♇	9♓51	9♓54	9♓57	9♓59	10♓01	10♓03	10♓05	10♓07	10♓08	10♓10
/☊	8♋38	8♋41	8♋43	8♋44	8♋45	8♋47	8♋48	8♋50	8♋52	8♋54
♃/♄	1♏58	2♏04	2♏10	2♏16	2♏22	2♏28	2♏34	2♏40	2♏47	2♏53
/♅	9♋18	9♋23	9♋29	9♋34	9♋40	9♋45	9♋51	9♋57	10♋02	10♋08
/♆	17♐41	17♐46	17♐51	17♐56	18♐01	18♐06	18♐12	18♐17	18♐22	18♐27
/♇	19♏47	19♏52	19♏57	20♏03	20♏08	20♏13	20♏19	20♏24	20♏30	20♏36
/☊	18♍34	18♍39	18♍43	18♍48	18♍52	18♍57	19♍02	19♍08	19♍14	19♍20
♄/♅	17♒07	17♒06	17♒06	17♒06	17♒05	17♒05	17♒05	17♒04	17♒04	17♒04
/♆	25♑30	25♑29	25♑28	25♑27	25♑27	25♑26	25♑25	25♑25	25♑24	25♑24
/♇	27♐36	27♐35	27♐34	27♐34	27♐33	27♐33	27♐33	27♐32	27♐32	27♐32
/☊	26♎22	26♎22	26♎20	26♎19	26♎18	26♎16	26♎16	26♎16	26♎16	26♎16
♅/♆	2♈49	2♈48	2♈47	2♈46	2♈45	2♈44	2♈42	2♈41	2♈40	2♈39
/♇	4♓55	4♓54	4♓53	4♓52	4♓52	4♓51	4♓50	4♓49	4♓48	4♓47
/☊	3♋42	3♋41	3♋39	3♋38	3♋36	3♋34	3♋33	3♋32	3♋31	3♋31
♆/♇	13♒18	13♒17	13♒16	13♒14	13♒13	13♒12	13♒10	13♒09	13♒08	13♒06
/☊	12♐05	12♐04	12♐02	11♐59	11♐57	11♐55	11♐53	11♐52	11♐51	11♐51
♇/☊	14♏11	14♏10	14♏08	14♏06	14♏04	14♏02	14♏01	13♏60	13♏59	13♏59

	22	23	24	25	26	27	28	29	30	31	
☉/☽	23♊16	0♋57	8♋36	16♋12	23♋44	1♌11	8♌31	15♌45	22♌53	29♌53	☉/☽
/☿	12♍39	13♍27	14♍14	14♍58	15♍40	16♍20	16♍57	17♍31	18♍03	18♍33	/☿
/♀	9♍42	10♍48	11♍54	12♍60	14♍05	15♍11	16♍17	17♍23	18♍28	19♍34	/♀
/♂	18♎58	19♎42	20♎27	21♎11	21♎56	22♎41	23♎26	24♎11	24♎57	25♎42	/♂
/⚳	2♋14	2♋45	3♋15	3♋45	4♋15	4♋45	5♋14	5♋44	6♋13	6♋42	/⚳
/♃	12♍44	13♍19	13♍54	14♍29	15♍05	15♍40	16♍15	16♍50	17♍25	18♍01	/♃
/♄	19♎35	20♎04	20♎34	21♎03	21♎33	22♎02	22♎32	23♎02	23♎32	24♎01	/♄
/♅	26♊49	27♊17	27♊45	28♊14	28♊42	29♊10	29♊39	0♋07	0♋35	1♋04	/♅
/♆	5♊08	5♊36	6♊05	6♊33	7♊01	7♊29	7♊57	8♊25	8♊53	9♊22	/♆
/♇	7♏17	7♏45	8♏14	8♏42	9♏11	9♏39	10♏08	10♏36	11♏05	11♏34	/♇
/☊	6♍02	6♍32	7♍01	7♍30	7♍59	8♍27	8♍56	9♍25	9♍53	10♍22	/☊
☽/☿	6♋35	14♋06	21♋34	28♋57	6♌13	13♌21	20♌21	27♌12	3♍53	10♍25	☽/☿
/♀	3♋38	11♋27	19♋14	26♋58	4♌38	12♌13	19♌41	27♌03	4♍18	11♍26	/♀
/♂	12♒54	20♒21	27♒47	5♓10	12♍29	19♍42	26♍50	3♎52	10♎46	17♎34	/♂
/⚳	26♈10	3♉24	10♉35	17♉44	24♉48	1♊46	8♊39	15♊24	22♊03	28♊35	/⚳
/♃	6♋40	13♋58	21♋15	28♋28	5♌37	12♌41	19♌39	26♌30	3♍15	9♍53	/♃
/♄	13♒31	20♒43	27♒54	5♓02	12♍06	19♍04	25♍56	2♎42	9♎21	15♎54	/♄
/♅	20♈45	27♈56	5♉06	12♉13	19♉15	26♉12	3♊03	9♊47	16♊25	22♊56	/♅
/♆	29♓04	6♈15	13♈25	20♈32	27♈34	4♉30	11♉21	18♉06	24♉43	1♊14	/♆
/♇	1♓13	8♓24	15♓34	22♓41	29♓43	6♈41	13♈32	20♎17	26♎55	3♏26	/♇
/☊	29♊58	7♋11	14♋21	21♋29	28♋32	5♌29	12♌20	19♌05	25♌43	2♍14	/☊
☿/♀	23♍02	23♍58	24♍52	25♍44	26♍34	27♍21	28♍06	28♍49	29♍29	0♎06	☿/♀
/♂	2♏17	2♏52	3♏25	3♏56	4♏24	4♏51	5♏16	5♏37	5♏57	6♏14	/♂
/⚳	15♋33	15♋54	16♋13	16♋29	16♋44	16♋55	17♋04	17♋10	17♋14	17♋14	/⚳
/♃	26♍03	26♍29	26♍52	27♍14	27♍33	27♍50	28♍04	28♍16	28♍26	28♍32	/♃
/♄	2♏54	3♏14	3♏32	3♏48	4♏01	4♏13	4♏22	4♏28	4♏32	4♏33	/♄
/♅	10♋08	10♋27	10♋43	10♋58	11♋11	11♋21	11♋28	11♋33	11♋36	11♋35	/♅
/♆	18♐27	18♐46	19♐03	19♐17	19♐29	19♐39	19♐47	19♐52	19♐54	19♐53	/♆
/♇	20♏36	20♏55	21♏12	21♏26	21♏39	21♏49	21♏57	22♏03	22♏05	22♏05	/♇
/☊	19♍21	19♍41	19♍59	20♍14	20♍27	20♍38	20♍46	20♍51	20♍54	20♍53	/☊
♀/♂	29♎21	0♏13	1♏05	1♏57	2♏50	3♏43	4♏36	5♏29	6♏22	7♏15	♀/♂
/⚳	12♋37	13♋15	13♋53	14♋31	15♋09	15♋47	16♋24	17♋01	17♋38	18♋15	/⚳
/♃	23♍07	23♍50	24♍33	25♍16	25♍58	26♍41	27♍24	28♍07	28♍50	29♍34	/♃
/♄	29♎58	0♏35	1♏12	1♏49	2♏27	3♏04	3♏42	4♏19	4♏57	5♏34	/♄
/♅	7♋11	7♋47	8♋24	8♋60	9♋36	10♋12	10♋48	11♋24	12♋01	12♋37	/♅
/♆	15♐31	16♐07	16♐43	17♐19	17♐55	18♐31	19♐07	19♐43	20♐19	20♐55	/♆
/♇	17♏39	18♏16	18♏52	19♏28	20♏05	20♏41	21♏17	21♏54	22♏30	23♏06	/♇
/☊	16♍25	17♍02	17♍39	18♍16	18♍53	19♍29	20♍06	20♍42	21♍18	21♍55	/☊
♂/⚳	21♒52	22♒09	22♒26	22♒43	22♒60	23♒16	23♒33	23♒50	24♒07	24♒23	♂/⚳
/♃	2♏22	2♏44	3♏05	3♏27	3♏49	4♏11	4♏34	4♏56	5♏19	5♏41	/♃
/♄	9♐13	9♐29	9♐45	10♐01	10♐17	10♐34	10♐51	11♐08	11♐25	11♐42	/♄
/♅	16♒27	16♒42	16♒57	17♒12	17♒27	17♒42	17♒57	18♒13	18♒29	18♒45	/♅
/♆	24♑46	25♑01	25♑16	25♑30	25♑45	26♑01	26♑16	26♑31	26♑47	27♑03	/♆
/♇	26♐55	27♐10	27♐25	27♐40	27♐55	28♐11	28♐26	28♐42	28♐58	29♐14	/♇
/☊	25♎40	25♎56	26♎12	26♎28	26♎43	26♎59	27♎15	27♎31	27♎47	28♎03	/☊
⚳/♃	15♋38	15♋46	15♋54	16♋01	16♋08	16♋15	16♋22	16♋29	16♋35	16♋42	⚳/♃
/♄	22♒29	22♒31	22♒33	22♒35	22♒37	22♒38	22♒39	22♒41	22♒42	22♒43	/♄
/♅	29♈43	29♈44	29♈45	29♈45	29♈46	29♈46	29♈46	29♈46	29♈46	29♈45	/♅
/♆	8♈02	8♈03	8♈04	8♈04	8♈04	8♈05	8♈04	8♈04	8♈04	8♈03	/♆
/♇	10♓11	10♓12	10♓13	10♓14	10♓14	10♓15	10♓15	10♓15	10♓15	10♓15	/♇
/☊	8♋56	8♋58	9♋00	9♋01	9♋02	9♋03	9♋03	9♋03	9♋03	9♋03	/☊
♃/♄	2♏59	3♏06	3♏13	3♏19	3♏26	3♏33	3♏40	3♏47	3♏54	4♏01	♃/♄
/♅	10♋13	10♋19	10♋24	10♋30	10♋35	10♋41	10♋46	10♋52	10♋58	11♋03	/♅
/♆	18♐33	18♐38	18♐43	18♐49	18♐54	18♐59	19♐05	19♐10	19♐16	19♐21	/♆
/♇	20♏41	20♏47	20♏52	20♏58	21♏04	21♏10	21♏15	21♏21	21♏27	21♏33	/♇
/☊	19♍26	19♍33	19♍40	19♍46	19♍52	19♍58	20♍04	20♍10	20♍15	20♍21	/☊
♄/♅	17♒04	17♒04	17♒04	17♒04	17♒04	17♒04	17♒04	17♒04	17♒04	17♒04	♄/♅
/♆	25♑24	25♑23	25♑23	25♑23	25♑22	25♑22	25♑22	25♑22	25♑22	25♑22	/♆
/♇	27♐32	27♐32	27♐32	27♐32	27♐32	27♐32	27♐33	27♐33	27♐33	27♐34	/♇
/☊	26♎17	26♎18	26♎19	26♎20	26♎20	26♎21	26♎21	26♎21	26♎22	26♎22	/☊
♅/♆	2♈37	2♈36	2♈34	2♈33	2♈32	2♈30	2♈29	2♈27	2♈26	2♈24	♅/♆
/♇	4♓46	4♓45	4♓44	4♓42	4♓41	4♓40	4♓39	4♓38	4♓37	4♓36	/♇
/☊	3♋31	3♋31	3♋31	3♋30	3♋30	3♋29	3♋28	3♋26	3♋25	3♋24	/☊
♆/♇	13♒05	13♒04	13♒03	13♒01	13♒00	12♒59	12♒58	12♒56	12♒55	12♒54	♆/♇
/☊	11♐51	11♐50	11♐50	11♐49	11♐48	11♐47	11♐46	11♐45	11♐44	11♐42	/☊
♇/☊	13♏59	13♏59	13♏59	13♏59	13♏58	13♏57	13♏57	13♏56	13♏55	13♏54	♇/☊

August 2016

September 2016

	1	2	3	4	5	6	7	8	9	10
☉/☽	6♍47	13♍33	20♍13	26♍48	3♎17	9♎43	16♎08	22♎33	29♎01	5♏33
/☿	18♍59	19♍22	19♍42	19♍59	20♍13	20♍23	20♍31	20♍37	20♍39	20♍40
/♀	20♍40	21♍46	22♍52	23♍57	25♍03	26♍09	27♍15	28♍21	29♍27	0♎32
/♂	26♎28	27♎14	27♎60	28♎46	29♎32	0♏19	1♏05	1♏52	2♏39	3♏26
/⚳	7♋11	7♋40	8♋09	8♋37	9♋06	9♋34	10♋02	10♋30	10♋57	11♋25
/♃	18♍36	19♍11	19♍47	20♍22	20♍57	21♍33	22♍08	22♍44	23♍19	23♍55
/♄	24♎31	25♎01	25♎31	26♎01	26♎32	27♎02	27♎32	28♎02	28♎33	29♎03
/♅	1♋32	2♋00	2♋28	2♋57	3♋25	3♋53	4♋22	4♋50	5♋18	5♋46
/♆	9♊50	10♊18	10♐46	11♐15	11♐43	12♐11	12♐39	13♐08	13♐36	14♐04
/♇	12♏02	12♏31	12♏60	13♏28	13♏57	14♏26	14♏55	15♏24	15♏52	16♏21
/☊	10♍51	11♍20	11♍49	12♍18	12♍47	13♍16	13♍45	14♍14	14♍43	15♍13
☽/☿	16♍46	22♍58	28♍60	4♎53	10♎38	16♎17	21♎51	27♎23	2♏56	8♏31
/♀	18♍27	25♍22	2♎09	8♎51	15♎29	22♎03	28♎35	5♏07	11♏43	18♏22
/♂	24♎15	0♏50	7♏17	13♏40	19♏58	26♏12	2♐25	8♐39	14♐55	21♐16
/⚳	4♋59	11♋16	17♋27	23♋31	29♋31	5♒27	11♒22	17♒16	23♒13	29♒15
/♃	16♍23	22♍47	29♍04	5♎16	11♎23	17♎26	23♎28	29♎31	5♏35	11♏45
/♄	22♎19	28♎37	4♏49	10♏55	16♏57	22♏55	28♏52	4♐49	10♐49	16♐53
/♅	29♊19	5♋36	11♋46	17♋51	23♋50	29♑47	5♒42	11♒37	17♒34	23♒36
/♆	7♊37	13♐54	20♐04	26♐09	2♑08	8♑05	13♑59	19♑54	25♑52	1♒54
/♇	9♏50	16♏07	22♏17	28♏22	4♐23	10♐19	16♐15	22♐10	28♐08	4♑11
/☊	8♍38	14♍56	21♍07	27♍12	3♎13	9♎10	15♎05	21♎01	26♎59	3♏03
☿/♀	0♎39	1♎10	1♎38	2♎03	2♎24	2♎43	2♎58	3♎11	3♎21	3♎30
/♂	6♏27	6♏38	6♏46	6♏51	6♏53	6♏52	6♏48	6♏42	6♏34	6♏23
/⚳	17♋11	17♋05	16♋56	16♋43	16♋27	16♋07	15♋45	15♋20	14♋52	14♋22
/♃	28♍35	28♍36	28♍33	28♍27	28♍18	28♍06	27♍52	27♍34	27♍14	26♍52
/♄	4♏31	4♏26	4♏18	4♏07	3♏52	3♏35	3♏15	2♏52	2♏27	2♏01
/♅	11♋31	11♋25	11♋15	11♋02	10♋46	10♋27	10♋05	9♋40	9♋13	8♋44
/♆	19♐49	19♐43	19♐33	19♐20	19♐04	18♐45	18♐23	17♐58	17♐31	17♐02
/♇	22♏02	21♏56	21♏46	21♏34	21♏18	20♏59	20♏38	20♏14	19♏47	19♏19
/☊	20♍50	20♍45	20♍36	20♍23	20♍08	19♍50	19♍29	19♍05	18♍38	18♍10
♀/♂	8♏08	9♏02	9♏56	10♏50	11♏44	12♏38	13♏32	14♏26	15♏21	16♏15
/⚳	18♋52	19♋29	20♋05	20♋41	21♋17	21♋53	22♋28	23♋04	23♋39	24♋14
/♃	0♎17	0♎60	1♎43	2♎26	3♎09	3♎52	4♎35	5♎18	6♎01	6♎44
/♄	6♏12	6♏50	7♏27	8♏05	8♏43	9♏21	9♏59	10♏37	11♏15	11♏53
/♅	13♋13	13♋49	14♋25	15♋01	15♋36	16♋12	16♋48	17♋24	17♋60	18♋36
/♆	21♐30	22♐06	22♐42	23♐18	23♐54	24♐30	25♐06	25♐42	26♐18	26♐54
/♇	23♏43	24♏19	24♏56	25♏32	26♏09	26♏45	27♏21	27♏58	28♏34	29♏11
/☊	22♍32	23♍08	23♍45	24♍22	24♍59	25♍35	26♍12	26♍49	27♍25	28♍02
♂/⚳	24♒40	24♒57	25♒13	25♒30	25♒46	26♒02	26♒19	26♒35	26♒51	27♒07
/♃	6♏04	6♏28	6♏51	7♏14	7♏38	8♏01	8♏25	8♏49	9♏13	9♏38
/♄	11♐60	12♐18	12♐36	12♐54	13♐12	13♐30	13♐49	14♐08	14♐27	14♐46
/♅	19♒00	19♒17	19♒33	19♒49	20♒05	20♒22	20♒39	20♒55	21♒12	21♒29
/♆	27♑18	27♑34	27♑50	28♑07	28♑23	28♑40	28♑56	29♑13	29♑30	29♑47
/♇	29♐31	29♐47	0♑04	0♑21	0♑37	0♑55	1♑12	1♑29	1♑46	2♑04
/☊	28♎19	28♎36	28♎53	29♎10	29♎28	29♎45	0♏02	0♏20	0♏37	0♏55
⚳/♃	16♋48	16♋54	17♋00	17♋06	17♋11	17♋17	17♋22	17♋27	17♋32	17♋37
/♄	22♒44	22♒44	22♒45	22♒45	22♒46	22♒46	22♒46	22♒45	22♒45	22♒45
/♅	29♈44	29♈43	29♈42	29♈41	29♈39	29♈37	29♈35	29♈33	29♈31	29♈28
/♆	8♈02	8♈01	7♈60	7♈58	7♈57	7♈55	7♈53	7♈51	7♈48	7♈46
/♇	10♓14	10♓14	10♓13	10♓12	10♓11	10♓10	10♓08	10♓07	10♓05	10♓03
/☊	9♋03	9♋03	9♋03	9♋02	9♋01	9♋00	8♋59	8♋58	8♋56	8♋54
♃/♄	4♏08	4♏15	4♏22	4♏30	4♏37	4♏45	4♏52	4♏60	5♏07	5♏15
/♅	11♋09	11♋14	11♋20	11♋25	11♋31	11♋36	11♋42	11♋47	11♋53	11♋58
/♆	19♐26	19♐32	19♐37	19♐43	19♐48	19♐54	19♐59	20♐05	20♐11	20♐16
/♇	21♏39	21♏45	21♏51	21♏57	22♏03	22♏09	22♏15	22♏21	22♏27	22♏33
/☊	20♍28	20♍34	20♍40	20♍47	20♍53	20♍59	21♍05	21♍12	21♍18	21♍24
♄/♅	17♒04	17♒04	17♒04	17♒05	17♒05	17♒05	17♒05	17♒06	17♒06	17♒06
/♆	25♑22	25♑22	25♑22	25♑22	25♑23	25♑23	25♑23	25♑24	25♑24	25♑24
/♇	27♐34	27♐35	27♐35	27♐36	27♐37	27♐38	27♐39	27♐39	27♐40	27♐41
/☊	26♎23	26♎24	26♎25	26♎26	26♎27	26♎28	26♎29	26♎30	26♎31	26♎33
♅/♆	2♈23	2♈21	2♈19	2♈18	2♈16	2♈14	2♈13	2♈11	2♈09	2♈08
/♇	4♓35	4♓34	4♓33	4♓32	4♓30	4♓29	4♓28	4♓27	4♓26	4♓25
/☊	3♋24	3♋23	3♋22	3♋21	3♋21	3♋20	3♋19	3♋18	3♋17	3♋16
♆/♇	12♒53	12♒52	12♒50	12♒49	12♒48	12♒47	12♒46	12♒45	12♒44	12♒43
/☊	11♐41	11♐41	11♐40	11♐39	11♐38	11♐37	11♐37	11♐36	11♐35	11♐34
♇/☊	13♏54	13♏53	13♏53	13♏53	13♏53	13♏52	13♏52	13♏51	13♏51	13♏51

	11	12	13	14	15	16	17	18	19	20
☉/☽	12♏12	19♏01	26♏00	3♐12	10♐35	18♐11	25♊55	3♋47	11♋42	19♋36
/☿	20♍40	20♍39	20♍37	20♍36	20♍37	20♍39	20♍44	20♍52	21♍04	21♍21
/♀	1♎38	2♎44	3♎50	4♎56	6♎02	7♎08	8♎14	9♎19	10♎25	11♎31
/♂	4♏13	5♏00	5♏47	6♏35	7♏23	8♏10	8♏58	9♏46	10♏34	11♏22
/⚳	11♋52	12♋19	12♋46	13♋13	13♋39	14♋06	14♋32	14♋58	15♋24	15♋50
/♃	24♍30	25♍06	25♍42	26♍17	26♍53	27♍29	28♍04	28♍40	29♍16	29♍52
/♄	29♎34	0♏04	0♏35	1♏05	1♏36	2♏07	2♏38	3♏09	3♏40	4♏11
/♅	6♋15	6♋43	7♋11	7♋39	8♋07	8♋36	9♋04	9♋32	10♋00	10♋29
/♆	14♐33	15♐01	15♐29	15♐58	16♐26	16♐55	17♐23	17♐52	18♐20	18♐49
/♇	16♏50	17♏19	17♏48	18♏17	18♏46	19♏15	19♏44	20♏14	20♏43	21♏12
/☊	15♍42	16♍11	16♍41	17♍10	17♍40	18♍09	18♍38	19♍07	19♍36	20♍04
☽/☿	14♏11	20♏00	25♏60	2♐12	8♐37	15♐16	22♊08	29♊09	6♋17	13♋29
/♀	25♏09	2♐05	9♐12	16♐31	24♐02	1♑45	9♑37	17♑36	25♋38	3♌40
/♂	27♐44	4♑21	11♑10	18♑10	25♑23	2♒47	10♒22	18♒03	25♒47	3♓31
/⚳	5♓23	11♓40	18♓08	24♓48	1♈40	8♈43	15♈55	23♈15	0♉37	7♉58
/♃	18♏02	24♏27	1♐04	7♐53	14♐53	22♐06	29♐28	6♋57	14♋29	21♋60
/♄	23♐05	29♐25	5♑57	12♑41	19♑37	26♑44	4♒01	11♒25	18♒53	26♒19
/♅	29♒46	6♓04	12♓33	19♓14	26♓08	3♈13	10♈28	17♈49	25♈13	2♉37
/♆	8♒04	14♒22	20♒52	27♒33	4♓27	11♓32	18♓47	26♓08	3♈33	10♈57
/♇	10♑21	16♑41	23♑10	29♑52	6♒47	13♒53	21♒08	28♒30	5♓56	13♓20
/☊	9♏13	15♏33	22♏03	28♏46	5♐40	12♊46	20♊02	27♊24	4♋49	12♋13
☿/♀	3♎37	3♎43	3♎49	3♎56	4♎04	4♎13	4♎26	4♎41	5♎01	5♎24
/♂	6♏12	5♏59	5♏47	5♏35	5♏24	5♏16	5♏10	5♏08	5♏09	5♏15
/⚳	13♋51	13♋18	12♋45	12♋13	11♋41	11♋11	10♋44	10♋20	9♋59	9♋43
/♃	26♍29	26♍05	25♍41	25♍17	24♍55	24♍34	24♍16	24♍02	23♍51	23♍45
/♄	1♏32	1♏03	0♏34	0♏05	29♎38	29♎13	28♎50	28♎31	28♎15	28♎04
/♅	8♋13	7♋42	7♋10	6♋39	6♋09	5♋41	5♋16	4♋54	4♋36	4♋22
/♆	16♐31	16♐00	15♐29	14♐58	14♐28	14♐00	13♐35	13♐13	12♐55	12♐42
/♇	18♏49	18♏18	17♏47	17♏17	16♏48	16♏21	15♏57	15♏35	15♏18	15♏05
/☊	17♍41	17♍10	16♍40	16♍10	15♍42	15♍15	14♍51	14♍29	14♍11	13♍57
♀/♂	17♏10	18♏05	18♏59	19♏54	20♏49	21♏45	22♏40	23♏35	24♏31	25♏26
/⚳	24♋49	25♋23	25♋58	26♋32	27♋06	27♋40	28♋14	28♋47	29♋20	29♋53
/♃	7♎27	8♎10	8♎54	9♎37	10♎20	11♎03	11♎46	12♎29	13♎12	13♎55
/♄	12♏31	13♏09	13♏47	14♏25	15♏03	15♏41	16♏20	16♏58	17♏36	18♏14
/♅	19♋11	19♋47	20♋23	20♋59	21♋34	22♋10	22♋46	23♋21	23♑57	24♑32
/♆	27♐30	28♐05	28♐41	29♐17	29♐53	0♑29	1♑05	1♑41	2♑16	2♑52
/♇	29♏47	0♐24	1♐00	1♐37	2♐13	2♐50	3♐26	4♐03	4♐39	5♐16
/☊	28♍39	29♍16	29♍53	0♎30	1♎07	1♎44	2♎20	2♎56	3♎32	4♎08
♂/⚳	27♒23	27♒39	27♒55	28♒11	28♒27	28♒43	28♒58	29♒14	29♒29	29♒44
/♃	10♏02	10♏26	10♏51	11♏16	11♏41	12♏06	12♏31	12♏56	13♏21	13♏46
/♄	15♐05	15♐25	15♐44	16♐04	16♐24	16♐44	17♐04	17♐24	17♐45	18♐05
/♅	21♒46	22♒03	22♒20	22♒38	22♒55	23♒13	23♒30	23♒48	24♒06	24♒23
/♆	0♒04	0♒21	0♒39	0♒56	1♒14	1♒32	1♒49	2♒07	2♒25	2♒43
/♇	2♑22	2♑40	2♑58	3♑16	3♑34	3♑52	4♑11	4♑29	4♑48	5♑07
/☊	1♏13	1♏32	1♏50	2♏09	2♏28	2♏46	3♏05	3♏23	3♏41	3♏59
⚳/♃	17♋41	17♋45	17♋50	17♋53	17♋57	18♋01	18♋04	18♋08	18♋11	18♋14
/♄	22♒44	22♒44	22♒43	22♒42	22♒41	22♒39	22♒38	22♒36	22♒35	22♒33
/♅	29♈25	29♈22	29♈19	29♈15	29♈12	29♈08	29♈04	28♈60	28♈55	28♈51
/♆	7♈43	7♈40	7♈37	7♈34	7♈31	7♈27	7♈23	7♈19	7♈15	7♈11
/♇	10♓01	9♓59	9♓56	9♓53	9♓51	9♓48	9♓44	9♓41	9♓38	9♓34
/☊	8♋52	8♋51	8♋49	8♋47	8♋44	8♋42	8♋38	8♋35	8♋31	8♋26
♃/♄	5♏23	5♏31	5♏38	5♏46	5♏54	6♏02	6♏10	6♏18	6♏26	6♏35
/♅	12♋04	12♋09	12♋15	12♋20	12♋26	12♋31	12♋36	12♋42	12♋47	12♋53
/♆	20♐22	20♐27	20♐33	20♐39	20♐44	20♐50	20♐56	21♐01	21♐07	21♐13
/♇	22♏39	22♏46	22♏52	22♏58	23♏04	23♏11	23♏17	23♏23	23♏30	23♏36
/☊	21♍31	21♍38	21♍44	21♍51	21♍58	22♍05	22♍11	22♍17	22♍23	22♍28
♄/♅	17♒07	17♒07	17♒08	17♒08	17♒09	17♒09	17♒10	17♒11	17♒11	17♒12
/♆	25♑25	25♑26	25♑26	25♑27	25♑27	25♑28	25♑29	25♑30	25♑31	25♑32
/♇	27♐43	27♐44	27♐45	27♐46	27♐48	27♐49	27♐50	27♐52	27♐53	27♐55
/☊	26♎34	26♎36	26♎38	26♎39	26♎41	26♎43	26♎44	26♎46	26♎46	26♎47
♅/♆	2♈06	2♈04	2♈02	2♈01	1♈59	1♈57	1♈55	1♈53	1♈52	1♈50
/♇	4♓23	4♓22	4♓21	4♓20	4♓19	4♓18	4♓17	4♓15	4♓14	4♓13
/☊	3♋15	3♋14	3♋14	3♋13	3♋13	3♋12	3♋11	3♋09	3♋07	3♋05
♆/♇	12♒42	12♒41	12♒40	12♒39	12♒38	12♒37	12♒36	12♒35	12♒34	12♒33
/☊	11♐33	11♐33	11♐32	11♐32	11♐31	11♐31	11♐30	11♐28	11♐27	11♐25
♇/☊	13♏51	13♏51	13♏51	13♏51	13♏51	13♏51	13♏51	13♏50	13♏50	13♏49

	21	22	23	24	25	26	27	28	29	30
☉/☽	27♋26	5♌09	12♌42	20♌07	27♌21	4♍27	11♍24	18♍15	24♍59	1♎37
/☿	21♍41	22♍07	22♍38	23♍14	23♍54	24♍39	25♍29	26♍23	27♍21	28♍23
/♀	12♎37	13♎43	14♎49	15♎55	17♎01	18♎07	19♎13	20♎19	21♎25	22♎31
/♂	12♏11	12♏59	13♏48	14♏36	15♏25	16♏14	17♏03	17♏52	18♏41	19♏30
/⚳	16♋15	16♋41	17♋06	17♋31	17♋56	18♋21	18♋46	19♋10	19♋35	19♋59
/♃	0♎27	1♎03	1♎39	2♎15	2♎51	3♎27	4♎03	4♎38	5♎14	5♎50
/♄	4♏42	5♏13	5♏44	6♏15	6♏47	7♏18	7♏49	8♏21	8♏53	9♏24
/♅	10♋57	11♋25	11♋53	12♋22	12♋50	13♋18	13♋47	14♋15	14♋43	15♋12
/♆	19♐17	19♐46	20♐14	20♐43	21♐12	21♐40	22♐09	22♐38	23♐06	23♐35
/♇	21♏41	22♏10	22♏40	23♏09	23♏38	24♏08	24♏37	25♏07	25♏36	26♏06
/☊	20♍33	21♍01	21♍30	21♍60	22♍29	22♍60	23♍30	23♍60	24♍29	24♍59
☽/☿	20♋41	27♋51	4♌57	11♌58	18♌54	25♌46	2♍35	9♍20	16♍04	22♍45
/♀	11♌37	19♌27	27♌08	4♍40	12♍01	19♍14	26♍19	3♎16	10♎07	16♎53
/♂	11♓10	18♓43	26♓07	3♎21	10♎25	17♎21	24♎08	0♏49	7♏23	13♏52
/⚳	15♉15	22♉24	29♉25	6♊16	12♊56	19♊28	25♊51	2♋07	8♋17	14♋21
/♃	29♋27	6♌47	13♌58	20♌59	27♌51	4♍34	11♍08	17♍35	23♍56	0♎12
/♄	3♓41	10♓57	18♍03	24♍60	1♎47	8♎25	14♎55	21♎18	27♎35	3♏46
/♅	9♉57	17♉09	24♉12	1♊06	7♊50	14♊25	20♊52	27♊12	3♋25	9♋33
/♆	18♈17	25♈29	2♉33	9♉27	16♉12	22♉47	29♉14	5♊34	11♐48	17♐57
/♇	20♓41	27♓54	4♈59	11♈53	18♎39	25♎15	1♏43	8♏04	14♏18	20♏27
/☊	19♋32	26♋45	3♌49	10♌44	17♌30	24♌07	0♍35	6♍57	13♍11	19♍20
☿/♀	5♎53	6♎26	7♎03	7♎46	8♎34	9♎27	10♎24	11♎25	12♎30	13♎39
/♂	5♏26	5♏41	6♏02	6♏27	6♏58	7♏33	8♏13	8♏58	9♏46	10♏38
/⚳	9♋31	9♋23	9♋20	9♋22	9♋29	9♋41	9♋56	10♋16	10♋40	11♋07
/♃	23♍43	23♍46	23♍53	24♍06	24♍24	24♍46	25♍13	25♍44	26♍19	26♍58
/♄	27♎57	27♎55	27♎58	28♎07	28♎20	28♎38	29♎00	29♎27	29♎57	0♏32
/♅	4♋12	4♋08	4♋08	4♋13	4♋23	4♋38	4♋57	5♋21	5♋48	6♋19
/♆	12♐32	12♐28	12♐29	12♐34	12♐45	12♐60	13♐19	13♐43	14♐11	14♐43
/♇	14♏56	14♏53	14♏54	15♏00	15♏11	15♏27	15♏48	16♏12	16♏41	17♏13
/☊	13♍48	13♍44	13♍45	13♍51	14♍03	14♍19	14♍40	15♍06	15♍34	16♍06
♀/♂	26♏22	27♏17	28♏13	29♏09	0♐05	1♐01	1♐57	2♐53	3♐49	4♐46
/⚳	0♌26	0♌59	1♌32	2♌04	2♌36	3♌08	3♒40	4♒12	4♒43	5♒15
/♃	14♎38	15♎21	16♎05	16♎48	17♎31	18♎14	18♎57	19♎40	20♎23	21♎06
/♄	18♏53	19♏31	20♏10	20♏48	21♏27	22♏05	22♏44	23♏22	24♏01	24♏40
/♅	25♑08	25♑44	26♑19	26♑55	27♑30	28♑05	28♑41	29♑16	29♑52	0♒27
/♆	3♑28	4♑04	4♑40	5♑16	5♑52	6♑27	7♑03	7♑39	8♑15	8♑51
/♇	5♐52	6♐29	7♐05	7♐42	8♐18	8♐55	9♐31	10♐08	10♐45	11♐21
/☊	4♎44	5♎20	5♎56	6♎32	7♎09	7♎47	8♎24	9♎01	9♎38	10♎14
♂/⚳	29♒60	0♓15	0♓30	0♓45	0♓60	1♓15	1♓30	1♓44	1♓59	2♓14
/♃	14♏12	14♏37	15♏03	15♏29	15♏55	16♏21	16♏47	17♏13	17♏39	18♏05
/♄	18♐26	18♐47	19♐08	19♐29	19♐51	20♐12	20♐33	20♐55	21♐17	21♐39
/♅	24♒41	24♒59	25♒17	25♒36	25♒54	26♒12	26♒31	26♒49	27♒08	27♒26
/♆	3♒02	3♒20	3♒38	3♒57	4♒15	4♒34	4♒53	5♒12	5♒31	5♒50
/♇	5♑26	5♑45	6♑04	6♑23	6♑42	7♑02	7♑21	7♑41	8♑01	8♑20
/☊	4♏17	4♏35	4♏54	5♏14	5♏33	5♏53	6♏14	6♏34	6♏54	7♏13
⚳/♃	18♋16	18♋19	18♋21	18♋24	18♋26	18♋28	18♋29	18♋31	18♋33	18♋34
/♄	22♒31	22♒29	22♒27	22♒24	22♒22	22♒19	22♒16	22♒14	22♒11	22♒08
/♅	28♈46	28♈41	28♈36	28♈31	28♈25	28♈19	28♈14	28♈08	28♈01	27♈55
/♆	7♈06	7♈02	6♈57	6♈52	6♈47	6♈41	6♈36	6♈30	6♈24	6♈19
/♇	9♓30	9♓26	9♓22	9♓18	9♓13	9♓09	9♓04	8♓59	8♓54	8♓49
/☊	8♋22	8♋17	8♋13	8♋08	8♋04	8♋01	7♋57	7♋52	7♋48	7♋42
♃/♄	6♏43	6♏51	6♏60	7♏08	7♏16	7♏25	7♏33	7♏42	7♏50	7♏59
/♅	12♋58	13♋03	13♋09	13♋14	13♋20	13♋25	13♋30	13♋36	13♋41	13♋46
/♆	21♐18	21♐24	21♐30	21♐35	21♐41	21♐47	21♐53	21♐58	22♐04	22♐10
/♇	23♏42	23♏49	23♏55	24♏02	24♏08	24♏14	24♏21	24♏27	24♏34	24♏41
/☊	22♍34	22♍40	22♍46	22♍52	22♍59	23♍06	23♍14	23♍21	23♍27	23♍33
♄/♅	17♒13	17♒13	17♒14	17♒15	17♒16	17♒16	17♒17	17♒18	17♒19	17♒20
/♆	25♑33	25♑34	25♑35	25♑36	25♑37	25♑38	25♑40	25♑41	25♑42	25♑44
/♇	27♐57	27♐58	28♐00	28♐02	28♐04	28♐06	28♐08	28♐10	28♐12	28♐14
/☊	26♎48	26♎49	26♎51	26♎53	26♎55	26♎58	27♎00	27♎03	27♎05	27♎07
♅/♆	1♈48	1♈46	1♈44	1♈42	1♈40	1♈39	1♈37	1♈35	1♈33	1♈31
/♇	4♓12	4♓11	4♓10	4♓08	4♓07	4♓06	4♓05	4♓04	4♓03	4♓02
/☊	3♋03	3♋02	3♋00	2♋59	2♋58	2♋58	2♋58	2♋57	2♋56	2♋55
♆/♇	12♒32	12♒31	12♒30	12♒30	12♒29	12♒28	12♒27	12♒27	12♒26	12♒25
/☊	11♐24	11♐22	11♐21	11♐20	11♐20	11♐20	11♐20	11♐20	11♐19	11♐18
♇/☊	13♏48	13♏47	13♏46	13♏46	13♏47	13♏47	13♏48	13♏49	13♏49	13♏49

September 2016

October 2016

	1	2	3	4	5	6	7	8	9	10	11	12	13	14	15	16
☉/☽	8♎12	14♎42	21♎10	27♎36	4♏00	10♏26	16♏53	23♏25	0♐02	6♐49	13♐46	20♐55	28♐18	5♑56	13♑46	21♑45
/☿	29♍28	0♎36	1♎47	2♎60	4♎14	5♎31	6♎48	8♎07	9♎27	10♎47	12♎08	13♎30	14♎51	16♎13	17♎35	18♎57
/♀	23♎37	24♎43	25♎49	26♎55	28♎01	29♎07	0♏14	1♏20	2♏26	3♏32	4♏38	5♏44	6♏50	7♏56	9♏02	10♏08
/♂	20♏20	21♏09	21♏59	22♏48	23♏38	24♏28	25♏18	26♏08	26♏58	27♏48	28♏38	29♏28	0♐19	1♐09	1♐60	2♐50
/⚷	20♋23	20♋47	21♋11	21♋35	21♋59	22♋22	22♋46	23♋09	23♋33	23♋56	24♋19	24♋42	25♋05	25♋29	25♋52	26♋15
/♃	6♎26	7♎02	7♎38	8♎14	8♎50	9♎26	10♎03	10♎39	11♎15	11♎51	12♎27	13♎03	13♎39	14♎15	14♎51	15♎27
/♄	9♏56	10♏27	10♏59	11♏31	12♏03	12♏35	13♏07	13♏39	14♏11	14♏43	15♏15	15♏47	16♏20	16♏52	17♏24	17♏57
/♅	15♋40	16♋08	16♋37	17♋05	17♋33	18♋02	18♋30	18♋59	19♋27	19♋55	20♋24	20♋52	21♋21	21♋49	22♋18	22♑46
/♆	24♐04	24♐33	25♐02	25♐30	25♐59	26♐28	26♐57	27♐26	27♐55	28♐24	28♐53	29♐22	29♐51	0♑21	0♑50	1♑19
/♇	26♏35	27♏05	27♏34	28♏04	28♏34	29♏03	29♏33	0♐03	0♐33	1♐03	1♐33	2♐02	2♐32	3♐02	3♐32	4♐02
/☊	25♍27	25♍55	26♍22	26♍49	27♍16	27♍43	28♍11	28♍39	29♍09	29♍38	0♎09	0♎39	1♎09	1♎39	2♎08	2♎36
☽/☿	29♍25	6♎05	12♎44	19♎23	26♎04	2♏46	9♏32	16♏23	23♏22	0♐29	7♐48	15♐19	23♐05	1♑04	9♑17	17♋39
/♀	23♎34	0♏12	6♏46	13♏19	19♏51	26♏23	2♐57	9♐36	16♐20	23♐13	0♑17	7♑33	15♑03	22♑47	0♒44	8♒50
/♂	20♏17	26♏38	2♐56	9♐12	15♐27	21♐43	28♐01	4♑24	10♑52	17♑30	24♑17	1♒18	8♒32	16♒00	23♒42	1♓33
/⚷	20♋20	26♋16	2♌08	7♒59	13♒48	19♒38	25♒30	1♓25	7♓27	13♓38	19♓59	26♓32	3♈19	10♈20	17♈33	24♈57
/♃	6♎23	12♎31	18♎36	24♎38	0♏40	6♏42	12♏46	18♏55	25♏09	1♐32	8♐06	14♐52	21♐52	29♐06	6♑33	14♋09
/♄	9♏53	15♏56	21♏56	27♏55	3♐52	9♐50	15♐51	21♐55	28♐06	4♑25	10♑55	17♑37	24♑33	1♒43	9♒06	16♒39
/♅	15♋37	21♋37	27♑34	3♒29	9♒23	15♒17	21♒14	27♒15	3♓22	9♓37	16♓03	22♓42	29♓34	6♈40	13♈59	21♈28
/♆	24♐01	0♑01	5♑59	11♑54	17♑49	23♑44	29♑41	5♒42	11♒50	18♒06	24♒33	1♓12	8♓05	15♓12	22♓31	0♈01
/♇	26♏32	2♐33	8♐32	14♐28	20♐23	26♐19	2♑17	8♑19	14♑27	20♑44	27♑12	3♒52	10♒46	17♒53	25♒14	2♓44
/☊	25♍24	1♎24	7♎19	13♎13	19♎06	24♎59	0♏55	6♏56	13♏03	19♏20	25♏48	2♐29	9♐23	16♊30	23♊49	1♋18
☿/♀	14♎51	16♎06	17♎23	18♎43	20♎05	21♎28	22♎53	24♎18	25♎45	27♎12	28♎40	0♏08	1♏36	3♏05	4♏33	6♏02
/♂	11♏33	12♏32	13♏33	14♏36	15♏41	16♏48	17♏57	19♏06	20♏17	21♏28	22♏40	23♏53	25♏05	26♏18	27♏31	28♏44
/⚷	11♋37	12♋10	12♋45	13♋23	14♋02	14♋43	15♋25	16♋08	16♋52	17♋36	18♋21	19♋07	19♋52	20♋37	21♋23	22♋08
/♃	27♍40	28♍25	29♍12	0♎02	0♎54	1♎47	2♎42	3♎37	4♎34	5♎31	6♎29	7♎27	8♎25	9♎24	10♎22	11♎21
/♄	1♏09	1♏50	2♏33	3♏19	4♏06	4♏56	5♏46	6♏38	7♏30	8♏24	9♏17	10♏12	11♏06	12♏01	12♏56	13♏50
/♅	6♋54	7♋31	8♋11	8♋53	9♋37	10♋22	11♋09	11♋57	12♋46	13♋36	14♋26	15♋16	16♋07	16♋58	17♋49	18♋40
/♆	15♐18	15♐55	16♐36	17♐18	18♐03	18♐49	19♐36	20♐25	21♐14	22♐05	22♐55	23♐46	24♐38	25♐29	26♐21	27♐12
/♇	17♏49	18♏27	19♏09	19♏52	20♏37	21♏24	22♏12	23♏02	23♏52	24♏43	25♏35	26♏27	27♏19	28♏11	29♏04	29♏56
/☊	16♍41	17♍18	17♍56	18♍37	19♍20	20♍04	20♍50	21♍38	22♍28	23♍19	24♍11	25♍03	25♍56	26♍48	27♍39	28♍29
♀/♂	5♐42	6♐39	7♐35	8♐32	9♐28	10♐25	11♐22	12♐19	13♐16	14♐13	15♐10	16♐07	17♐04	18♐01	18♐58	19♐55
/⚷	5♒46	6♒17	6♒48	7♒19	7♒49	8♒20	8♒50	9♒20	9♒51	10♒21	10♒51	11♒21	11♒51	12♒20	12♒50	13♒20
/♃	21♎49	22♎32	23♎15	23♎58	24♎41	25♎24	26♎07	26♎50	27♎33	28♎16	28♎58	29♎41	0♏24	1♏07	1♏50	2♏32
/♄	25♏18	25♏57	26♏36	27♏15	27♏53	28♏32	29♏11	29♏50	0♐29	1♐08	1♐47	2♐26	3♐05	3♐44	4♐23	5♐02
/♅	1♒02	1♒38	2♒13	2♒49	3♒24	3♒59	4♒34	5♒10	5♒45	6♒20	6♒55	7♒31	8♒06	8♒41	9♒16	9♒51
/♆	9♑27	10♑02	10♑38	11♑14	11♑50	12♑26	13♑02	13♑37	14♑13	14♑49	15♑25	16♑01	16♑36	17♑12	17♑48	18♑24
/♇	11♐58	12♐34	13♐11	13♐48	14♐24	15♐01	15♐38	16♐14	16♐51	17♐27	18♐04	18♐41	19♐17	19♐54	20♐31	21♐07
/☊	10♎50	11♎25	11♎59	12♎33	13♎07	13♎41	14♎15	14♎51	15♎27	16♎03	16♎40	17♎18	17♎54	18♎31	19♎06	19♎41
♂/⚷	2♓28	2♓43	2♓57	3♓11	3♓26	3♓40	3♓54	4♓09	4♓23	4♓37	4♓51	5♓05	5♓19	5♓33	5♓48	6♓02
/♃	18♏31	18♏58	19♏24	19♏51	20♏18	20♏44	21♏11	21♏38	22♏05	22♏32	22♏59	23♏26	23♏53	24♏20	24♏47	25♏14
/♄	22♐01	22♐23	22♐45	23♐08	23♐30	23♐53	24♐15	24♐38	25♐01	25♐24	25♐47	26♐10	26♐34	26♐57	27♐20	27♐44
/♅	27♒45	28♒04	28♒23	28♒41	29♒00	29♒19	29♒39	29♒58	0♓17	0♓36	0♓56	1♓15	1♓35	1♓54	2♓14	2♓33
/♆	6♒09	6♒28	6♒47	7♒07	7♒26	7♒46	8♒06	8♒25	8♒45	9♒05	9♒25	9♒45	10♒05	10♒25	10♒46	11♒06
/♇	8♑40	9♑00	9♑20	9♑41	10♑01	10♑21	10♑42	11♑02	11♑23	11♑44	12♑04	12♑25	12♑46	13♑07	13♑28	13♑49
/☊	7♏32	7♏50	8♏08	8♏26	8♏43	9♏01	9♏20	9♏39	9♏59	10♏19	10♏41	11♏02	11♏23	11♏44	12♏04	12♏23
⚷/♃	18♋35	18♋36	18♋37	18♋38	18♋38	18♋39	18♋39	18♋39	18♋40	18♋40	18♋40	18♋40	18♋39	18♋39	18♋39	18♋39
/♄	22♒04	22♒01	21♒58	21♒54	21♒51	21♒47	21♒43	21♒40	21♒36	21♒32	21♒28	21♒24	21♒20	21♒16	21♒12	21♒08
/♅	27♈49	27♈42	27♈35	27♈28	27♈21	27♈14	27♈07	26♈59	26♈52	26♈44	26♈37	26♈29	26♈21	26♈13	26♈05	25♈57
/♆	6♈13	6♈06	6♈00	5♈54	5♈47	5♈41	5♈34	5♈27	5♈20	5♈13	5♈06	4♈59	4♈52	4♈45	4♈37	4♈30
/♇	8♓44	8♓38	8♓33	8♓27	8♓22	8♓16	8♓10	8♓04	7♓58	7♓52	7♓45	7♓39	7♓33	7♓26	7♓20	7♓14
/☊	7♋36	7♋29	7♋21	7♋13	7♋04	6♋56	6♋48	6♋40	6♋34	6♋27	6♋22	6♋16	6♋10	6♋03	5♋55	5♋47
♃/♄	8♏08	8♏16	8♏25	8♏34	8♏42	8♏51	9♏00	9♏09	9♏18	9♏27	9♏36	9♏45	9♏54	10♏03	10♏12	10♏21
/♅	13♋52	13♋57	14♋02	14♋08	14♋13	14♋18	14♋23	14♋29	14♋34	14♋39	14♋44	14♋50	14♋55	14♋60	15♋05	15♋10
/♆	22♐16	22♐22	22♐27	22♐33	22♐39	22♐45	22♐51	22♐56	23♐02	23♐08	23♐14	23♐20	23♐25	23♐31	23♐37	23♐43
/♇	24♏47	24♏54	25♏00	25♏07	25♏13	25♏20	25♏27	25♏33	25♏40	25♏46	25♏53	25♏60	26♏06	26♏13	26♏20	26♏26
/☊	23♍39	23♍44	23♍48	23♍52	23♍56	23♍60	24♍04	24♍10	24♍16	24♍22	24♍29	24♍36	24♍43	24♍50	24♍55	24♍60
♄/♅	17♒21	17♒22	17♒23	17♒24	17♒25	17♒27	17♒28	17♒29	17♒30	17♒31	17♒33	17♒34	17♒35	17♒37	17♒38	17♒40
/♆	25♑45	25♑47	25♑48	25♑50	25♑51	25♑53	25♑55	25♑57	25♑58	26♑00	26♑02	26♑04	26♑06	26♑08	26♑10	26♑12
/♇	28♐16	28♐19	28♐21	28♐23	28♐26	28♐28	28♐31	28♐33	28♐36	28♐39	28♐41	28♐44	28♐47	28♐50	28♐53	28♐56
/☊	27♎08	27♎09	27♎09	27♎09	27♎08	27♎08	27♎09	27♎10	27♎12	27♎14	27♎18	27♎21	27♎24	27♎27	27♎28	27♎29
♅/♆	1♈29	1♈27	1♈26	1♈24	1♈22	1♈20	1♈18	1♈16	1♈14	1♈13	1♈11	1♈09	1♈07	1♈05	1♈04	1♈02
/♇	4♓01	3♓59	3♓58	3♓57	3♓56	3♓55	3♓54	3♓53	3♓52	3♓51	3♓50	3♓49	3♓48	3♓47	3♓46	3♓45
/☊	2♋52	2♋50	2♋46	2♋42	2♋39	2♋35	2♋32	2♋30	2♋28	2♋27	2♋26	2♋26	2♋25	2♋24	2♋22	2♋19
♆/♇	12♒25	12♒24	12♒23	12♒23	12♒22	12♒22	12♒21	12♒21	12♒20	12♒20	12♒19	12♒19	12♒19	12♒18	12♒18	12♒18
/☊	11♐16	11♐14	11♐11	11♐08	11♐05	11♐02	10♐59	10♐57	10♐56	10♐56	10♐56	10♐56	10♐56	10♐55	10♐54	10♐51
♇/☊	13♏48	13♏46	13♏44	13♏42	13♏39	13♏37	13♏35	13♏34	13♏34	13♏34	13♏35	13♏36	13♏37	13♏37	13♏36	13♏35

17	18	19	20	21	22	23	24	25	26	27	28	29	30	31	
29♋51	7♌57	15♌59	23♌51	1♍32	8♍59	16♍14	23♍16	0♎08	6♎52	13♎30	20♎03	26♎32	2♏60	9♏26	☉/☽
20♎19	21♎40	23♎02	24♎23	25♎44	27♎05	28♎26	29♎47	1♏07	2♏27	3♏46	5♏06	6♏25	7♏44	9♏03	/☿
11♏14	12♏21	13♏27	14♏33	15♏39	16♏45	17♏51	18♏57	20♏03	21♏10	22♏16	23♏22	24♏28	25♏34	26♏40	/♀
3♐41	4♐32	5♐23	6♐14	7♐05	7♐56	8♐47	9♐38	10♐29	11♐20	12♐12	13♐03	13♐55	14♐46	15♐38	/♂
26♋37	27♋00	27♋23	27♋46	28♋09	28♑32	28♑55	29♑18	29♑41	0♒04	0♒27	0♒51	1♒14	1♒37	2♒01	/⚷
16♎03	16♎40	17♎16	17♎52	18♎28	19♎04	19♎40	20♎16	20♎53	21♎29	22♎05	22♎41	23♎17	23♎53	24♎29	/♃
18♏29	19♏02	19♏34	20♏07	20♏39	21♏12	21♏45	22♏18	22♏50	23♏23	23♏56	24♏29	25♏02	25♏35	26♏08	/♄
23♑15	23♑43	24♑12	24♑40	25♑09	25♑38	26♑06	26♑35	27♑04	27♑32	28♑01	28♑30	28♑59	29♑28	29♑56	/♅
1♑48	2♑17	2♑47	3♑16	3♑45	4♑15	4♑44	5♑13	5♑43	6♑12	6♑42	7♑12	7♑41	8♑11	8♑40	/♆
4♐32	5♐02	5♐33	6♐03	6♐33	7♐03	7♐33	8♐04	8♐34	9♐04	9♐35	10♐05	10♐36	11♐06	11♐37	/♇
3♎03	3♎29	3♎56	4♎23	4♎50	5♎19	5♎49	6♎19	6♎49	7♎20	7♎49	8♎18	8♎45	9♎11	9♎36	/☊
26♋07	4♌35	12♌59	21♌13	29♌15	7♍04	14♍39	22♍02	29♍15	6♎19	13♎16	20♎09	26♎58	3♏44	10♏29	☽/☿
17♒03	25♒15	3♍23	11♍22	19♍10	26♍43	4♎04	11♎13	18♎12	25♎02	1♏46	8♏25	15♏01	21♏34	28♏06	/♀
9♓29	17♓27	25♓19	3♈03	10♈35	17♎54	24♎60	1♏54	8♏37	15♏13	21♏42	28♏06	4♐27	10♐46	17♐04	/♂
2♉26	9♉55	17♉20	24♉36	1♊40	8♊31	15♊08	21♊34	27♊49	3♋57	9♋57	15♋54	21♋46	27♑37	3♒27	/⚷
21♋52	29♋34	7♌12	14♌42	21♌59	29♌03	5♍53	12♍32	19♍01	25♍21	1♎35	7♎44	13♎50	19♎53	25♎56	/♃
24♒17	1♓56	9♓31	16♍56	24♍10	1♎11	7♎58	14♎33	20♎59	27♎16	3♏26	9♏32	15♏35	21♏35	27♏34	/♄
29♈03	6♉38	14♉09	21♉30	28♉40	5♊36	12♊19	18♊51	25♊12	1♋25	7♋31	13♋33	19♋31	25♑27	1♒22	/♅
7♈36	15♈12	22♈43	0♉06	7♉16	14♉13	20♉57	27♉29	3♊51	10♐05	16♐12	22♐14	28♐14	4♑11	10♑07	/♆
10♓21	17♓57	25♓29	2♈52	10♈04	17♎02	23♎47	0♏19	6♏42	12♏57	19♏05	25♏08	1♐08	7♐06	13♐03	/♇
8♋51	16♋24	23♋52	1♌12	8♌21	15♌18	22♌02	28♌35	4♍58	11♍12	17♍19	23♍21	29♍18	5♎11	11♎02	/☊
7♏30	8♏59	10♏27	11♏55	13♏22	14♏50	16♏17	17♏43	19♏10	20♏36	22♏02	23♏28	24♏54	26♏19	27♏44	☿/♀
29♏57	1♐10	2♐23	3♐35	4♐48	6♐00	7♐12	8♐24	9♐36	10♐47	11♐59	13♐10	14♐20	15♐31	16♐41	/♂
22♋53	23♋38	24♋23	25♋08	25♋52	26♋37	27♋21	28♑04	28♑48	29♑31	0♒14	0♒57	1♒39	2♒22	3♒04	/⚷
12♎19	13♎18	14♎16	15♎14	16♎11	17♎09	18♎06	19♎03	19♎59	20♎56	21♎52	22♎47	23♎43	24♎38	25♎33	/♃
14♏45	15♏40	16♏34	17♏29	18♏23	19♏17	20♏10	21♏04	21♏57	22♏50	23♏43	24♏35	25♏28	26♏20	27♏12	/♄
19♋31	20♋21	21♋12	22♋02	22♑52	23♑42	24♑32	25♑21	26♑10	26♑59	27♑48	28♑36	29♑24	0♒12	0♒60	/♅
28♐04	28♐55	29♐47	0♑38	1♑29	2♑19	3♑10	3♑60	4♑50	5♑39	6♑29	7♑18	8♑07	8♑55	9♑44	/♆
0♐48	1♐40	2♐33	3♐24	4♐16	5♐08	5♐59	6♐50	7♐41	8♐31	9♐21	10♐11	11♐01	11♐51	12♐40	/♇
29♍19	0♎07	0♎56	1♎44	2♎34	3♎24	4♎14	5♎05	5♎56	6♎47	7♎36	8♎24	9♎11	9♎56	10♎39	/☊
20♐53	21♐50	22♐47	23♐45	24♐42	25♐40	26♐37	27♐35	28♐32	29♐30	0♑28	1♑25	2♑23	3♑21	4♑19	♀/♂
13♒49	14♒19	14♒48	15♒18	15♒47	16♒16	16♒46	17♒15	17♒44	18♒14	18♒43	19♒13	19♒42	20♒12	20♒41	/⚷
3♏15	3♏58	4♏40	5♏23	6♏06	6♏48	7♏31	8♏13	8♏56	9♏38	10♏21	11♏03	11♏45	12♏28	13♏10	/♃
5♐41	6♐20	6♐59	7♐38	8♐17	8♐56	9♐35	10♐15	10♐54	11♐33	12♐12	12♐51	13♐30	14♐10	14♐49	/♄
10♒26	11♒01	11♒37	12♒12	12♒47	13♒22	13♒57	14♒32	15♒07	15♒42	16♒17	16♒52	17♒27	18♒02	18♒37	/♅
18♑60	19♑36	20♑11	20♑47	21♑23	21♑59	22♑35	23♑10	23♑46	24♑22	24♑58	25♑34	26♑09	26♑45	27♑21	/♆
21♐44	22♐21	22♐57	23♐34	24♐11	24♐47	25♐24	26♐01	26♐37	27♐14	27♐51	28♐27	29♐04	29♐41	0♑17	/♇
20♎14	20♎47	21♎20	21♎54	22♎28	23♎03	23♎39	24♎16	24♎53	25♎29	26♎05	26♎40	27♎13	27♎46	28♎17	/☊
6♓16	6♓30	6♓44	6♓58	7♓13	7♓27	7♓41	7♓56	8♓10	8♓25	8♓39	8♓54	9♓09	9♓24	9♓39	♂/⚷
25♏42	26♏09	26♏37	27♏04	27♏31	27♏59	28♏26	28♏54	29♏22	29♏49	0♐17	0♐45	1♐12	1♐40	2♐08	/♃
28♐08	28♐31	28♐55	29♐19	29♐43	0♑07	0♑31	0♑55	1♑19	1♑44	2♑08	2♑33	2♑57	3♑22	3♑47	/♄
2♓53	3♓13	3♓33	3♓53	4♓12	4♓32	4♓52	5♓13	5♓33	5♓53	6♓13	6♓33	6♓54	7♓14	7♓35	/♅
11♒26	11♒47	12♒07	12♒28	12♒49	13♒09	13♒30	13♒51	14♒12	14♒33	14♒54	15♒15	15♒36	15♒58	16♒19	/♆
14♑11	14♑32	14♑53	15♑15	15♑36	15♑58	16♑20	16♑41	17♑03	17♑25	17♑47	18♑09	18♑31	18♑53	19♑15	/♇
12♏41	12♏59	13♏16	13♏35	13♏54	14♏14	14♏35	14♏57	15♏18	15♏40	16♏01	16♏21	16♏40	16♏58	17♏14	/☊
18♋38	18♋38	18♋37	18♋37	18♋36	18♋35	18♋35	18♋34	18♋34	18♋33	18♋32	18♋32	18♋31	18♋31	18♋30	⚷/♃
21♒04	20♒60	20♒56	20♒52	20♒47	20♒43	20♒39	20♒35	20♒32	20♒28	20♒24	20♒20	20♒16	20♒13	20♒09	/♄
25♈49	25♈41	25♈33	25♈25	25♈17	25♈09	25♈01	24♈53	24♈45	24♈37	24♈29	24♈21	24♈13	24♈05	23♈57	/♅
4♈23	4♈15	4♈08	4♈01	3♈53	3♈46	3♈39	3♈31	3♈24	3♈17	3♈10	3♈02	2♈55	2♈48	2♈41	/♆
7♓07	7♓01	6♓54	6♓47	6♓41	6♓34	6♓28	6♓21	6♓15	6♓09	6♓02	5♓56	5♓50	5♓44	5♓38	/♇
5♋37	5♋27	5♋17	5♋07	4♋58	4♋50	4♋43	4♋37	4♋31	4♋24	4♋17	4♋09	3♋59	3♋49	3♋37	/☊
10♏30	10♏39	10♏48	10♏57	11♏06	11♏15	11♏25	11♏34	11♏43	11♏52	12♏01	12♏10	12♏20	12♏29	12♏38	♃/♄
15♋15	15♋21	15♋26	15♋31	15♋36	15♋41	15♋46	15♋51	15♋56	16♋01	16♋06	16♋11	16♋16	16♋21	16♋26	/♅
23♐49	23♐55	24♐00	24♐06	24♐12	24♐18	24♐24	24♐30	24♐35	24♐41	24♐47	24♐53	24♐59	25♐04	25♐10	/♆
26♏33	26♏40	26♏46	26♏53	26♏60	27♏06	27♏13	27♏20	27♏26	27♏33	27♏40	27♏46	27♏53	27♏60	28♏06	/♇
25♍03	25♍06	25♍09	25♍13	25♍17	25♍22	25♍28	25♍35	25♍42	25♍48	25♍54	25♍59	26♍02	26♍05	26♍06	/☊
17♒41	17♒43	17♒44	17♒46	17♒47	17♒49	17♒51	17♒52	17♒54	17♒56	17♒58	17♒59	18♒01	18♒03	18♒05	♄/♅
26♑14	26♑17	26♑19	26♑21	26♑24	26♑26	26♑28	26♑31	26♑33	26♑36	26♑38	26♑41	26♑44	26♑46	26♑49	/♆
28♐59	29♐02	29♐05	29♐08	29♐11	29♐14	29♐18	29♐21	29♐24	29♐28	29♐31	29♐35	29♐38	29♐42	29♐45	/♇
27♎29	27♎28	27♎28	27♎28	27♎29	27♎30	27♎33	27♎36	27♎40	27♎43	27♎46	27♎47	27♎48	27♎47	27♎45	/☊
1♈00	0♈58	0♈57	0♈55	0♈53	0♈51	0♈50	0♈48	0♈47	0♈45	0♈43	0♈42	0♈40	0♈39	0♈37	♅/♆
3♓44	3♓43	3♓42	3♓42	3♓41	3♓40	3♓39	3♓38	3♓38	3♓37	3♓36	3♓35	3♓35	3♓34	3♓33	/♇
2♋15	2♋10	2♋06	2♋02	1♋58	1♋56	1♋54	1♋54	1♋53	1♋52	1♋51	1♋48	1♋44	1♋39	1♋33	/☊
12♒18	12♒17	12♒17	12♒17	12♒17	12♒17	12♒17	12♒17	12♒17	12♒17	12♒17	12♒17	12♒17	12♒17	12♒17	♆/♇
10♐48	10♐44	10♐40	10♐37	10♐34	10♐33	10♐32	10♐32	10♐32	10♐32	10♐31	10♐30	10♐27	10♐22	10♐17	/☊
13♏32	13♏29	13♏26	13♏24	13♏22	13♏21	13♏21	13♏22	13♏23	13♏24	13♏24	13♏23	13♏21	13♏17	13♏13	♇/☊

October 2016

November 2016

	1	2	3	4	5	6	7	8	9	10	11	12	13	14	15
☉/☽	15♏51	22♏17	28♏44	5♐13	11♐46	18♐24	25♐08	2♑02	9♑08	16♑26	23♑59	1♒46	9♒45	17♒53	26♌05
/☿	10♏22	11♏40	12♏58	14♏16	15♏34	16♏51	18♏08	19♏26	20♏43	21♏59	23♏16	24♏33	25♏49	27♏05	28♏21
/♀	27♏46	28♏53	29♏59	1♐05	2♐11	3♐17	4♐23	5♐29	6♐35	7♐41	8♐48	9♐54	10♐60	12♐06	13♐12
/♂	16♐30	17♐21	18♐13	19♐05	19♐57	20♐49	21♐41	22♐33	23♐25	24♐17	25♐09	26♐02	26♐54	27♐46	28♐39
/⚳	2♒24	2♒48	3♒11	3♒35	3♒59	4♒23	4♒47	5♒12	5♒36	6♒01	6♒26	6♒51	7♒16	7♒41	8♒06
/♃	25♎06	25♎42	26♎18	26♎54	27♎30	28♎06	28♎42	29♎18	29♎54	0♏30	1♏06	1♏42	2♏18	2♏54	3♏30
/♄	26♏41	27♏15	27♏48	28♏21	28♏54	29♏27	0♐01	0♐34	1♐08	1♐41	2♐14	2♐48	3♐21	3♐55	4♐28
/♅	0♒25	0♒54	1♒23	1♒52	2♒21	2♒50	3♒19	3♒48	4♒17	4♒46	5♒15	5♒44	6♒13	6♒43	7♒12
/♆	9♑10	9♑40	10♑10	10♑39	11♑09	11♑39	12♑09	12♑39	13♑09	13♑39	14♑09	14♑39	15♑09	15♑39	16♑09
/♇	12♐07	12♐38	13♐08	13♐39	14♐09	14♐40	15♐11	15♐42	16♐12	16♐43	17♐14	17♐45	18♐16	18♐46	19♐17
/☊	10♎00	10♎24	10♎49	11♎14	11♎40	12♎08	12♎37	13♎07	13♎37	14♎07	14♎37	15♎05	15♎32	15♎58	16♎23
☽/☿	17♏13	23♏57	0♐42	7♐29	14♐19	21♐14	28♐16	5♑27	12♑49	20♑25	28♑14	6♒17	14♒32	22♒56	1♓23
/♀	4♐38	11♐10	17♐43	24♐18	0♑57	7♑40	14♑31	21♑31	28♑42	6♒07	13♒45	21♒38	29♒43	7♓56	16♓13
/♂	23♐21	29♐39	5♑58	12♑18	18♑43	25♑12	1♒49	8♒35	15♒32	22♒42	0♓07	7♓46	15♓37	23♓37	1♈40
/⚳	9♒16	15♒05	20♒56	26♒49	2♓45	8♓47	14♓55	21♓13	27♓43	4♈26	11♈23	18♈35	25♈59	3♉32	11♉08
/♃	1♏57	7♏59	14♏02	20♏07	26♏16	2♐29	8♐50	15♐20	22♐01	28♐55	6♑04	13♋26	21♋01	28♋45	6♌31
/♄	3♐33	9♐32	15♐32	21♐34	27♐40	3♑51	10♑09	16♑36	23♑14	0♒06	7♒12	14♒32	22♒05	29♒46	7♓30
/♅	7♒17	13♒12	19♒07	25♒05	1♓07	7♓13	13♓27	19♓50	26♓24	3♈11	10♈13	17♈29	24♈57	2♉33	10♉13
/♆	16♑02	21♑57	27♑54	3♒53	9♒55	16♒02	22♒17	28♒40	5♓16	12♓04	19♓06	26♓23	3♈52	11♈30	19♈11
/♇	18♐59	24♐55	0♑53	6♑52	12♑55	19♑03	25♑19	1♒43	8♒19	15♒08	22♒12	29♒29	6♓59	14♓37	22♓19
/☊	16♎52	22♎42	28♎33	4♏27	10♏26	16♏31	22♏45	29♏09	5♐44	12♊33	19♊35	26♊50	4♋15	11♋49	19♋24
☿/♀	29♏08	0♐33	1♐57	3♐21	4♐44	6♐08	7♐31	8♐54	10♐17	11♐40	13♐02	14♐24	15♐46	17♐08	18♐30
/♂	17♐52	19♐02	20♐11	21♐21	22♐30	23♐40	24♐49	25♐58	27♐07	28♐15	29♐24	0♑32	1♑41	2♑49	3♑57
/⚳	3♒46	4♒28	5♒10	5♒51	6♒33	7♒14	7♒55	8♒37	9♒18	9♒59	10♒40	11♒21	12♒02	12♒44	13♒25
/♃	26♎27	27♎22	28♎16	29♎10	0♏03	0♏57	1♏50	2♏43	3♏36	4♏28	5♏21	6♏13	7♏05	7♏57	8♏48
/♄	28♏03	28♏55	29♏46	0♐37	1♐28	2♐18	3♐09	3♐59	4♐49	5♐39	6♐29	7♐19	8♐08	8♐58	9♐47
/♅	1♒47	2♒34	3♒21	4♒08	4♒54	5♒41	6♒27	7♒13	7♒59	8♒44	9♒30	10♒15	11♒00	11♒45	12♒30
/♆	10♑32	11♑20	12♑08	12♑55	13♑43	14♑30	15♑17	16♑04	16♑50	17♑37	18♑23	19♑10	19♑56	20♑42	21♑27
/♇	13♐29	14♐18	15♐06	15♐55	16♐43	17♐31	18♐19	19♐06	19♐54	20♐41	21♐28	22♐15	23♐02	23♐49	24♐36
/☊	11♎22	12♎04	12♎47	13♎30	14♎14	14♎59	15♎45	16♎32	17♎19	18♎06	18♎52	19♎36	20♎19	21♎01	21♎41
♀/♂	5♑16	6♑14	7♑12	8♑10	9♑08	10♑06	11♑04	12♑02	12♑60	13♑57	14♑55	15♑53	16♑51	17♑49	18♑47
/⚳	21♒11	21♒41	22♒10	22♒40	23♒10	23♒40	24♒10	24♒40	25♒11	25♒41	26♒12	26♒42	27♒13	27♒44	28♒15
/♃	13♏52	14♏34	15♏17	15♏59	16♏41	17♏23	18♏05	18♏47	19♏29	20♏10	20♏52	21♏34	22♏15	22♏57	23♏39
/♄	15♐28	16♐07	16♐47	17♐26	18♐05	18♐44	19♐24	20♐03	20♐42	21♐21	22♐00	22♐40	23♐19	23♐58	24♐37
/♅	19♒12	19♒47	20♒22	20♒57	21♒32	22♒07	22♒42	23♒17	23♒51	24♒26	25♒01	25♒36	26♒11	26♒46	27♒20
/♆	27♑57	28♑33	29♑09	29♑44	0♒20	0♒56	1♒32	2♒07	2♒43	3♒19	3♒55	4♒30	5♒06	5♒42	6♒18
/♇	0♑54	1♑30	2♑07	2♑44	3♑20	3♑57	4♑34	5♑10	5♑47	6♑23	6♑60	7♑36	8♑13	8♑49	9♑26
/☊	28♎47	29♎17	29♎48	0♏19	0♏51	1♏25	1♏60	2♏36	3♏12	3♏48	4♏23	4♏57	5♏30	6♏01	6♏32
♂/⚳	9♓54	10♓09	10♓25	10♓40	10♓56	11♓12	11♓28	11♓44	12♓00	12♓17	12♓34	12♓50	13♓07	13♓25	13♓42
/♃	2♐36	3♐03	3♐31	3♐59	4♐27	4♐55	5♐23	5♐50	6♐18	6♐46	7♐14	7♐42	8♐10	8♐38	9♐05
/♄	4♑11	4♑36	5♑01	5♑26	5♑51	6♑16	6♑41	7♑06	7♑32	7♑57	8♑22	8♑48	9♑13	9♑38	10♑04
/♅	7♓55	8♓16	8♓36	8♓57	9♓18	9♓39	9♓59	10♓20	10♓41	11♓02	11♓23	11♓44	12♓05	12♓26	12♓47
/♆	16♒40	17♒02	17♒23	17♒45	18♒06	18♒28	18♒49	19♒11	19♒33	19♒55	20♒17	20♒39	21♒00	21♒22	21♒45
/♇	19♑37	19♑59	20♑22	20♑44	21♑06	21♑29	21♑51	22♑14	22♑36	22♑59	23♑22	23♑44	24♑07	24♑30	24♑53
/☊	17♏30	17♏46	18♏02	18♏19	18♏37	18♏57	19♏18	19♏39	20♏01	20♏23	20♏45	21♏05	21♏24	21♏42	21♏58
⚳/♃	18♋30	18♋30	18♋29	18♋29	18♋29	18♋29	18♋29	18♋29	18♋29	18♋30	18♋30	18♋31	18♋31	18♋32	18♋33
/♄	20♒06	20♒03	19♒59	19♒56	19♒53	19♒50	19♒48	19♒45	19♒43	19♒41	19♒38	19♒37	19♒35	19♒33	19♒32
/♅	23♈50	23♈42	23♈35	23♈27	23♈20	23♈13	23♈06	22♈59	22♈52	22♈46	22♈39	22♈33	22♈27	22♈21	22♈15
/♆	2♈35	2♈28	2♈21	2♈15	2♈08	2♈02	1♈56	1♈50	1♈44	1♈38	1♈33	1♈27	1♈22	1♈17	1♈12
/♇	5♓32	5♓26	5♓20	5♓14	5♓09	5♓03	4♓58	4♓53	4♓48	4♓43	4♓38	4♓33	4♓29	4♓25	4♓21
/☊	3♋25	3♋12	3♋00	2♋49	2♋40	2♋31	2♋24	2♋18	2♋13	2♋07	2♋01	1♋54	1♋46	1♋36	1♋26
♃/♄	12♏47	12♏56	13♏06	13♏15	13♏24	13♏33	13♏42	13♏52	14♏01	14♏10	14♏19	14♏28	14♏37	14♏46	14♏55
/♅	16♋31	16♋36	16♋41	16♋46	16♋51	16♋56	17♋00	17♋05	17♋10	17♋15	17♋20	17♋25	17♋29	17♋34	17♋39
/♆	25♐16	25♐22	25♐28	25♐33	25♐39	25♐45	25♐51	25♐56	26♐02	26♐08	26♐13	26♐19	26♐25	26♐30	26♐36
/♇	28♏13	28♏20	28♏26	28♏33	28♏39	28♏46	28♏52	28♏59	29♏05	29♏12	29♏18	29♏25	29♏31	29♏38	29♏44
/☊	26♍06	26♍06	26♍07	26♍08	26♍10	26♍14	26♍19	26♍24	26♍30	26♍36	26♍42	26♍45	26♍48	26♍49	26♍50
♄/♅	18♒07	18♒09	18♒11	18♒13	18♒15	18♒17	18♒19	18♒21	18♒24	18♒26	18♒28	18♒30	18♒33	18♒35	18♒37
/♆	26♑52	26♑55	26♑57	27♑00	27♑03	27♑06	27♑09	27♑12	27♑15	27♑18	27♑22	27♑25	27♑28	27♑31	27♑34
/♇	29♐49	29♐52	29♐56	29♐60	0♑04	0♑07	0♑11	0♑15	0♑19	0♑23	0♑27	0♑31	0♑35	0♑39	0♑43
/☊	27♎42	27♎39	27♎37	27♎35	27♎34	27♎35	27♎37	27♎40	27♎44	27♎47	27♎50	27♎51	27♎51	27♎50	27♎48
♅/♆	0♈36	0♈34	0♈33	0♈31	0♈30	0♈29	0♈27	0♈26	0♈25	0♈24	0♈22	0♈21	0♈20	0♈19	0♈18
/♇	3♓33	3♓32	3♓31	3♓31	3♓30	3♓30	3♓29	3♓29	3♓28	3♓28	3♓27	3♓27	3♓27	3♓26	3♓26
/☊	1♋26	1♋19	1♋12	1♋06	1♋01	0♋58	0♋55	0♋54	0♋53	0♋52	0♋51	0♋48	0♋43	0♋38	0♋32
♆/♇	12♒18	12♒18	12♒18	12♒18	12♒19	12♒19	12♒19	12♒20	12♒20	12♒21	12♒21	12♒22	12♒22	12♒23	12♒23
/☊	10♐11	10♐04	9♐59	9♐53	9♐50	9♐47	9♐46	9♐45	9♐45	9♐45	9♐44	9♐42	9♐39	9♐34	9♐29
♇/☊	13♏08	13♏02	12♏57	12♏53	12♏50	12♏48	12♏47	12♏48	12♏49	12♏49	12♏49	12♏48	12♏46	12♏42	12♏37

	16	17	18	19	20	21	22	23	24	25	26	27	28	29	30
☉/☽	4♍13	12♍14	20♍02	27♍36	4♎55	11♎59	18♎51	25♎34	2♏09	8♏38	15♏05	21♏31	27♏57	4♐24	10♐52
/☿	29♏37	0♐53	2♐09	3♐25	4♐40	5♐55	7♐11	8♐26	9♐41	10♐55	12♐10	13♐24	14♐38	15♐52	17♐05
/♀	14♐18	15♐24	16♐29	17♐35	18♐41	19♐47	20♐53	21♐59	23♐05	24♐11	25♐16	26♐22	27♐28	28♐34	29♐39
/♂	29♐31	0♑23	1♑16	2♑08	3♑01	3♑53	4♑46	5♑39	6♑31	7♑24	8♑17	9♑10	10♑02	10♑55	11♑48
/⚳	8♒32	8♒58	9♒24	9♒50	10♒16	10♒43	11♒09	11♒36	12♒03	12♒31	12♒58	13♒26	13♒54	14♒22	14♒50
/♃	4♏06	4♏42	5♏18	5♏53	6♏29	7♏05	7♏41	8♏16	8♏52	9♏28	10♏03	10♏39	11♏15	11♏50	12♏26
/♄	5♐02	5♐36	6♐09	6♐43	7♐17	7♐50	8♐24	8♐58	9♐32	10♐05	10♐39	11♐13	11♐47	12♐21	12♐55
/♅	7♒41	8♒10	8♒40	9♒09	9♒38	10♒08	10♒37	11♒07	11♒36	12♒06	12♒35	13♒05	13♒34	14♒04	14♒34
/♆	16♑39	17♑09	17♑39	18♑10	18♑40	19♑10	19♑41	20♑11	20♑41	21♑12	21♑42	22♑13	22♑43	23♑14	23♑44
/♇	19♐48	20♐19	20♐50	21♐21	21♐52	22♐23	22♐54	23♐25	23♐57	24♐28	24♐59	25♐30	26♐01	26♐32	27♐04
/☊	16♎48	17♎13	17♎39	18♎07	18♎36	19♎05	19♎36	20♎06	20♎35	21♎03	21♎30	21♎55	22♎19	22♎42	23♎05
☽/☿	9♍47	18♍03	26♍07	3♎56	11♎29	18♎49	25♎55	2♏52	9♏41	16♏25	23♏06	29♏45	6♐24	13♐04	19♐45
/♀	24♓28	2♈34	10♎27	18♎07	25♎31	2♏40	9♏38	16♏25	23♏05	29♏40	6♐13	12♐43	19♐14	25♐46	2♑19
/♂	9♈41	17♈33	25♈14	2♉40	9♏50	16♏47	23♏31	0♐05	6♐32	12♐54	19♐13	25♐31	1♑49	8♑07	14♑28
/⚳	18♉42	26♉08	3♊22	10♊21	17♊05	23♊36	29♊54	6♋03	12♋04	18♋00	23♑54	29♑47	5♒40	11♒34	17♒30
/♃	14♌16	21♌52	29♌16	6♍25	13♍18	19♍58	26♍25	2♎43	8♎53	14♎58	20♎60	27♎00	3♏01	9♏02	15♏05
/♄	15♓12	22♍46	0♎07	7♎14	14♎06	20♎43	27♎09	3♏24	9♏32	15♏35	21♏35	27♏34	3♐33	9♐33	15♐34
/♅	17♉51	25♉20	2♊38	9♊40	16♊28	23♊01	29♊22	5♋33	11♋37	17♋36	23♑31	29♑26	5♒21	11♒16	17♒13
/♆	26♈49	4♉19	11♉37	18♉41	25♉29	2♊03	8♊25	14♐37	20♐42	26♐42	2♑38	8♑34	14♑29	20♑26	26♑24
/♇	29♓58	7♈29	14♈48	21♎52	28♎41	5♏16	11♏39	17♏52	23♏57	29♏58	5♐55	11♐51	17♐47	23♐45	29♐43
/☊	26♋58	4♌23	11♌37	18♌38	25♌25	1♍59	8♍20	14♍32	20♍36	26♍33	2♎26	8♎17	14♎05	19♎54	25♎45
☿/♀	19♐52	21♐13	22♐34	23♐55	25♐16	26♐37	27♐57	29♐17	0♑37	1♑57	3♑17	4♑36	5♑55	7♑14	8♑32
/♂	5♑05	6♑13	7♑20	8♑28	9♑36	10♑43	11♑50	12♑57	14♑04	15♑11	16♑17	17♑24	18♑30	19♑35	20♑41
/⚳	14♒06	14♒47	15♒28	16♒09	16♒51	17♒32	18♒13	18♒55	19♒36	20♒17	20♒58	21♒40	22♒21	23♒02	23♒43
/♃	9♏40	10♏31	11♏22	12♏13	13♏04	13♏54	14♏45	15♏35	16♏25	17♏15	18♏04	18♏53	19♏42	20♏30	21♏18
/♄	10♐36	11♐25	12♐14	13♐03	13♐51	14♐40	15♐28	16♐16	17♐04	17♐52	18♐40	19♐27	20♐14	21♐01	21♐47
/♅	13♒15	13♒60	14♒44	15♒29	16♒13	16♒57	17♒41	18♒25	19♒09	19♒52	20♒36	21♒19	22♒02	22♒44	23♒26
/♆	22♑13	22♑59	23♑44	24♑29	25♑15	25♑60	26♑45	27♑29	28♑14	28♑58	29♑43	0♒27	1♒10	1♒54	2♒37
/♇	25♐22	26♐09	26♐55	27♐41	28♐27	29♐13	29♐58	0♑44	1♑29	2♑14	2♑59	3♑44	4♑28	5♑13	5♑56
/☊	22♎22	23♎02	23♎44	24♎26	25♎10	25♎55	26♎40	27♎24	28♎08	28♎50	29♎31	0♏09	0♏46	1♏22	1♏58
♀/♂	19♑45	20♑43	21♑41	22♑39	23♑37	24♑35	25♑33	26♑30	27♑28	28♑26	29♑24	0♒22	1♒19	2♒17	3♒15
/⚳	28♒46	29♒17	29♒49	0♓20	0♓52	1♓24	1♓56	2♓28	3♓00	3♓33	4♓05	4♓38	5♓11	5♓44	6♓17
/♃	24♏20	25♏01	25♏43	26♏24	27♏05	27♏46	28♏27	29♏08	29♏49	0♐30	1♐11	1♐51	2♐32	3♐12	3♐53
/♄	25♐16	25♐55	26♐34	27♐13	27♐52	28♐32	29♐11	29♐50	0♑28	1♑07	1♑46	2♑25	3♑04	3♑43	4♑22
/♅	27♒55	28♒30	29♒05	29♒40	0♓14	0♓49	1♓24	1♓58	2♓33	3♓08	3♓42	4♓17	4♓51	5♓26	6♓01
/♆	6♒53	7♒29	8♒05	8♒40	9♒16	9♒51	10♒27	11♒03	11♒38	12♒14	12♒49	13♒25	14♒00	14♒36	15♒11
/♇	10♑02	10♑39	11♑15	11♑52	12♑28	13♑04	13♑41	14♑17	14♑53	15♑30	16♑06	16♑42	17♑18	17♑54	18♑31
/☊	7♏02	7♏33	8♏04	8♏37	9♏11	9♏47	10♏22	10♏58	11♏32	12♏05	12♏37	13♏07	13♏36	14♏04	14♏32
♂/⚳	13♓59	14♓17	14♓35	14♓53	15♓11	15♓30	15♓49	16♓08	16♓27	16♓46	17♓06	17♓25	17♓45	18♓05	18♓26
/♃	9♐33	10♐01	10♐29	10♐57	11♐25	11♐52	12♐20	12♐48	13♐16	13♐43	14♐11	14♐39	15♐06	15♐34	16♐02
/♄	10♑29	10♑55	11♑21	11♑46	12♑12	12♑38	13♑03	13♑29	13♑55	14♑21	14♑47	15♑13	15♑39	16♑05	16♑31
/♅	13♓09	13♓30	13♓51	14♓12	14♓34	14♓55	15♓17	15♓38	15♓60	16♓21	16♓43	17♓04	17♓26	17♓48	18♓10
/♆	22♒07	22♒29	22♒51	23♒13	23♒35	23♒58	24♒20	24♒42	25♒05	25♒27	25♒50	26♒12	26♒35	26♒57	27♒20
/♇	25♑16	25♑39	26♑02	26♑25	26♑48	27♑11	27♑34	27♑57	28♑20	28♑43	29♑06	29♑30	29♑53	0♒16	0♒40
/☊	22♏15	22♏32	22♏51	23♏10	23♏31	23♏53	24♏15	24♏37	24♏59	25♏19	25♏38	25♏55	26♏11	26♏26	26♏41
⚳/♃	18♋34	18♋35	18♋37	18♋38	18♋40	18♋41	18♋43	18♋45	18♋48	18♋50	18♋52	18♋55	18♋58	19♋00	19♋04
/♄	19♒30	19♒29	19♒28	19♒28	19♒27	19♒27	19♒27	19♒27	19♒27	19♒27	19♒28	19♒29	19♒30	19♒31	19♒33
/♅	22♈10	22♈04	21♈59	21♈54	21♈49	21♈44	21♈40	21♈36	21♈31	21♈28	21♈24	21♈20	21♈17	21♈14	21♈11
/♆	1♈08	1♈03	0♈59	0♈55	0♈51	0♈47	0♈43	0♈40	0♈37	0♈34	0♈31	0♈28	0♈26	0♈24	0♈22
/♇	4♓17	4♓13	4♓09	4♓06	4♓03	3♓60	3♓57	3♓54	3♓52	3♓50	3♓48	3♓46	3♓44	3♓43	3♓41
/☊	1♋16	1♋07	0♋58	0♋52	0♋46	0♋42	0♋38	0♋35	0♋31	0♋25	0♋19	0♋11	0♋02	29♊52	29♊43
♃/♄	15♏04	15♏13	15♏22	15♏31	15♏40	15♏49	15♏58	16♏07	16♏16	16♏25	16♏33	16♏42	16♏51	16♏60	17♏08
/♅	17♋43	17♋48	17♋53	17♋57	18♋02	18♋07	18♋11	18♋16	18♋20	18♋25	18♋29	18♋34	18♋38	18♋43	18♋47
/♆	26♐41	26♐47	26♐53	26♐58	27♐04	27♐09	27♐15	27♐20	27♐26	27♐31	27♐36	27♐42	27♐47	27♐52	27♐58
/♇	29♏51	29♏57	0♐03	0♐10	0♐16	0♐22	0♐28	0♐35	0♐41	0♐47	0♐53	0♐59	1♐05	1♐11	1♐17
/☊	26♍50	26♍51	26♍52	26♍55	26♍59	27♍04	27♍10	27♍15	27♍20	27♍23	27♍24	27♍24	27♍23	27♍21	27♍18
♄/♅	18♒40	18♒42	18♒45	18♒47	18♒50	18♒52	18♒55	18♒57	18♒60	19♒02	19♒05	19♒08	19♒11	19♒13	19♒16
/♆	27♑38	27♑41	27♑44	27♑48	27♑51	27♑55	27♑58	28♑01	28♑05	28♑09	28♑12	28♑16	28♑19	28♑23	28♑27
/♇	0♑47	0♑51	0♑55	0♑59	1♑03	1♑08	1♑12	1♑16	1♑20	1♑25	1♑29	1♑33	1♑37	1♑42	1♑46
/☊	27♎46	27♎45	27♎44	27♎45	27♎47	27♎50	27♎53	27♎56	27♎59	28♎00	28♎00	27♎58	27♎55	27♎52	27♎47
♅/♆	0♈17	0♈16	0♈15	0♈14	0♈13	0♈12	0♈11	0♈10	0♈10	0♈09	0♈08	0♈07	0♈07	0♈06	0♈06
/♇	3♓26	3♓26	3♓25	3♓25	3♓25	3♓25	3♓25	3♓25	3♓25	3♓25	3♓25	3♓25	3♓25	3♓25	3♓25
/☊	0♋25	0♋19	0♋14	0♋11	0♋08	0♋07	0♋06	0♋05	0♋03	0♋01	29♊56	29♊50	29♊43	29♊35	29♊26
♆/♇	12♒24	12♒25	12♒25	12♒26	12♒27	12♒27	12♒28	12♒29	12♒30	12♒31	12♒32	12♒33	12♒34	12♒35	12♒36
/☊	9♐23	9♐18	9♊14	9♊12	9♊10	9♊10	9♊10	9♊10	9♊09	9♊07	9♊03	8♊58	8♊52	8♊44	8♊37
♇/☊	12♏32	12♏28	12♏25	12♏23	12♏22	12♏23	12♏23	12♏24	12♏24	12♏23	12♏20	12♏15	12♏10	12♏03	11♏56

November 2016

	1	2	3	4	5	6	7	8	9	10	11	12	13	14	15	16
☉/☽	17♐23	23♐56	0♑33	7♑14	14♑01	20♑55	27♑59	5♒13	12♒40	20♒19	28♒10	6♓11	14♓17	22♓23	0♎24	8♎16
/☿	18♐18	19♐30	20♐42	21♐53	23♐04	24♐13	25♐22	26♐29	27♐35	28♐40	29♐43	0♑43	1♑41	2♑37	3♑29	4♑18
/♀	0♑45	1♑50	2♑56	4♑01	5♑07	6♑12	7♑18	8♑23	9♑28	10♑33	11♑39	12♑44	13♑49	14♑53	15♑58	17♑03
/♂	12♑41	13♑34	14♑27	15♑20	16♑13	17♑06	17♑59	18♑52	19♑45	20♑38	21♑31	22♑24	23♑17	24♑11	25♑04	25♑57
/⚳	15♒19	15♒47	16♒16	16♒45	17♒15	17♒44	18♒14	18♒44	19♒14	19♒45	20♒15	20♒46	21♒17	21♒48	22♒20	22♒51
/♃	13♏01	13♏37	14♏12	14♏48	15♏23	15♏58	16♏33	17♏09	17♏44	18♏19	18♏54	19♏29	20♏04	20♏39	21♏14	21♏48
/♄	13♐29	14♐03	14♐37	15♐11	15♐45	16♐19	16♐53	17♐27	18♐01	18♐35	19♐09	19♐43	20♐17	20♐51	21♐25	21♐59
/♅	15♒03	15♒33	16♒03	16♒33	17♒03	17♒32	18♒02	18♒32	19♒02	19♒32	20♒02	20♒32	21♒02	21♒32	22♒03	22♒33
/♆	24♑15	24♑45	25♑16	25♑47	26♑17	26♑48	27♑19	27♑50	28♑20	28♑51	29♑22	29♑53	0♒24	0♒55	1♒26	1♒57
/♇	27♐35	28♐06	28♐38	29♐09	29♐40	0♑12	0♑43	1♑14	1♑46	2♑17	2♑49	3♑20	3♑51	4♑23	4♑54	5♑26
/☊	23♎28	23♎52	24♎18	24♎45	25♎13	25♎43	26♎13	26♎43	27♎13	27♎42	28♎09	28♎35	29♎00	29♎25	29♎51	0♏17
☽/☿	26♐27	3♑12	9♑60	16♑51	23♑48	0♒51	8♒02	15♒23	22♒55	0♓37	8♓30	16♓31	24♓34	2♈35	10♈27	18♎06
/♀	8♑54	15♑32	22♑14	28♑60	5♒51	12♒50	19♒58	27♒17	4♓47	12♓31	20♓26	28♓31	6♈41	14♈51	22♈56	0♉51
/♂	20♑50	27♑16	3♒45	10♒18	16♒57	23♒44	0♓39	7♓46	15♓04	22♓36	0♈19	8♈12	16♈10	24♈09	2♉02	9♉45
/⚳	23♒28	29♒29	5♓34	11♓44	17♓59	24♓22	0♈54	7♈38	14♈34	21♈42	29♈03	6♉33	14♉10	21♉46	29♉18	6♊39
/♃	21♏11	27♏19	3♐30	9♐46	16♐07	22♐36	29♐14	6♑02	13♑03	20♋16	27♋42	5♌16	12♌56	20♌37	28♌12	5♍37
/♄	21♐38	27♐44	3♑54	10♑09	16♑29	22♑56	29♑33	6♒20	13♒20	20♒32	27♒56	5♓30	13♓09	20♍49	28♍23	5♎47
/♅	23♒13	29♒15	5♓21	11♓31	17♓47	24♓10	0♈43	7♈26	14♈21	21♈30	28♈50	6♉20	13♉55	21♉30	29♉01	6♊21
/♆	2♒24	8♒27	14♒34	20♒45	27♒02	3♓26	9♓59	16♓43	23♓40	0♈49	8♈10	15♈40	23♈16	0♉53	8♉24	15♉45
/♇	5♑44	11♑48	17♑55	24♑07	0♒25	6♒49	13♒23	20♒08	27♒05	4♓15	11♓36	19♓07	26♓44	4♈21	11♈53	19♎14
/☊	1♏37	7♏34	13♏35	19♏43	25♏57	2♐20	8♊53	15♊37	22♊32	29♊39	6♋57	14♋23	21♋53	29♋23	6♌49	14♌05
☿/♀	9♑49	11♑07	12♑23	13♑39	14♑54	16♑08	17♑21	18♑33	19♑43	20♑52	21♑59	23♑03	24♑06	25♑05	26♑01	26♑54
/♂	21♑46	22♑50	23♑54	24♑57	25♑60	27♑02	28♑02	29♑02	0♒00	0♒57	1♒51	2♒44	3♒34	4♒22	5♒07	5♒47
/⚳	24♒23	25♒04	25♒43	26♒23	27♒02	27♒40	28♒18	28♒54	29♒29	0♓03	0♓35	1♓06	1♓34	1♓60	2♓22	2♓42
/♃	22♏06	22♏53	23♏39	24♏25	25♏10	25♏54	26♏37	27♏18	27♏59	28♏37	29♏14	29♏49	0♐21	0♐50	1♐16	1♐39
/♄	22♐33	23♐19	24♐04	24♐48	25♐32	26♐14	26♐56	27♐37	28♐16	28♐53	29♐29	0♑03	0♑34	1♑02	1♑28	1♑49
/♅	24♒08	24♒49	25♒30	26♒10	26♒50	27♒28	28♒06	28♒42	29♒17	29♒51	0♓22	0♓52	1♓19	1♓44	2♓05	2♓23
/♆	3♒19	4♒02	4♒43	5♒24	6♒05	6♒44	7♒22	7♒60	8♒35	9♒10	9♒42	10♒13	10♒41	11♒06	11♒28	11♒47
/♇	6♑40	7♑22	8♑05	8♑46	9♑27	10♑07	10♑46	11♑24	12♑01	12♑36	13♑09	13♑40	14♑09	14♑34	14♑57	15♑16
/☊	2♏33	3♏08	3♏45	4♏22	5♏00	5♏38	6♏16	6♏53	7♏28	8♏00	8♏29	8♏55	9♏17	9♏37	9♏53	10♏07
♀/♂	4♒13	5♒10	6♒08	7♒06	8♒03	9♒01	9♒58	10♒56	11♒53	12♒50	13♒47	14♒45	15♒42	16♒39	17♒36	18♒33
/⚳	6♓50	7♓24	7♓57	8♓31	9♓05	9♓39	10♓13	10♓48	11♓22	11♓57	12♓31	13♓06	13♓41	14♓16	14♓52	15♓27
/♃	4♐33	5♐13	5♐53	6♐33	7♐13	7♐53	8♐33	9♐12	9♐52	10♐31	11♐10	11♐49	12♐28	13♐07	13♐46	14♐24
/♄	5♑00	5♑39	6♑18	6♑56	7♑35	8♑13	8♑52	9♑30	10♑08	10♑47	11♑25	12♑03	12♑41	13♑19	13♑57	14♑35
/♅	6♓35	7♓10	7♓44	8♓18	8♓53	9♓27	10♓02	10♓36	11♓10	11♓44	12♓18	12♓53	13♓27	14♓01	14♓35	15♓08
/♆	15♒46	16♒22	16♒57	17♒32	18♒08	18♒43	19♒18	19♒53	20♒28	21♒03	21♒38	22♒13	22♒48	23♒23	23♒58	24♒32
/♇	19♑07	19♑43	20♑19	20♑55	21♑30	22♑06	22♑42	23♑18	23♑54	24♑29	25♑05	25♑40	26♑16	26♑51	27♑26	28♑02
/☊	14♏60	15♏29	15♏59	16♏30	17♏03	17♏37	18♏12	18♏47	19♏21	19♏54	20♏25	20♏56	21♏25	21♏53	22♏23	22♏53
♂/⚳	18♓46	19♓07	19♓28	19♓50	20♓11	20♓33	20♓55	21♓17	21♓39	22♓01	22♓24	22♓47	23♓10	23♓33	23♓57	24♓21
/♃	16♐29	16♐57	17♐24	17♐52	18♐19	18♐46	19♐14	19♐41	20♐08	20♐36	21♐03	21♐30	21♐57	22♐24	22♐51	23♐18
/♄	16♑57	17♑23	17♑49	18♑15	18♑41	19♑07	19♑33	19♑59	20♑25	20♑51	21♑18	21♑44	22♑10	22♑36	23♑02	23♑28
/♅	18♓31	18♓53	19♓15	19♓37	19♓59	20♓21	20♓43	21♓05	21♓27	21♓49	22♓11	22♓33	22♓55	23♓18	23♓40	24♓02
/♆	27♒43	28♒05	28♒28	28♒51	29♒14	29♒37	29♒59	0♓22	0♓45	1♓08	1♓31	1♓54	2♓17	2♓40	3♓03	3♓26
/♇	1♒03	1♒26	1♒50	2♒13	2♒36	2♒60	3♒23	3♒47	4♒10	4♒34	4♒58	5♒21	5♒45	6♒08	6♒32	6♒55
/☊	26♏56	27♏12	27♏30	27♏49	28♏09	28♏31	28♏53	29♏16	29♏38	29♏59	0♐18	0♐36	0♐54	1♐11	1♐28	1♐46
⚳/♃	19♋07	19♋10	19♋14	19♋17	19♋21	19♋25	19♋29	19♋33	19♋38	19♋42	19♋47	19♋52	19♋57	20♋02	20♋07	20♋12
/♄	19♒34	19♒36	19♒38	19♒40	19♒43	19♒45	19♒48	19♒51	19♒55	19♒58	20♒02	20♒05	20♒09	20♒14	20♒18	20♒23
/♅	21♈09	21♈06	21♈04	21♈02	21♈01	20♈59	20♈58	20♈57	20♈56	20♈56	20♈55	20♈55	20♈55	20♈55	20♈56	20♈56
/♆	0♈20	0♈19	0♈17	0♈16	0♈16	0♈15	0♈15	0♈14	0♈14	0♈15	0♈15	0♈16	0♈17	0♈18	0♈19	0♈20
/♇	3♓40	3♓40	3♓39	3♓39	3♓38	3♓38	3♓39	3♓39	3♓40	3♓40	3♓42	3♓43	3♓44	3♓46	3♓48	3♓50
/☊	29♊34	29♊25	29♊19	29♊14	29♊11	29♊09	29♊09	29♊08	29♊07	29♊05	29♊02	28♊58	28♊53	28♊48	28♊44	28♊41
♃/♄	17♏17	17♏25	17♏34	17♏42	17♏51	17♏59	18♏07	18♏16	18♏24	18♏32	18♏40	18♏48	18♏56	19♏04	19♏12	19♏20
/♅	18♋52	18♋56	19♋00	19♋05	19♋09	19♋13	19♋17	19♋21	19♋26	19♋30	19♋34	19♋38	19♋42	19♋46	19♋50	19♋54
/♆	28♐03	28♐08	28♐13	28♐19	28♐24	28♐29	28♐34	28♐39	28♐44	28♐49	28♐54	28♐59	29♐03	29♐08	29♐13	29♐18
/♇	1♐23	1♐29	1♐35	1♐41	1♐46	1♐52	1♐58	2♐04	2♐09	2♐15	2♐20	2♐26	2♐31	2♐36	2♐42	2♐47
/☊	27♍16	27♍15	27♍15	27♍16	27♍19	27♍23	27♍28	27♍33	27♍37	27♍39	27♍41	27♍41	27♍40	27♍39	27♍38	27♍38
♄/♅	19♒19	19♒22	19♒25	19♒28	19♒31	19♒33	19♒36	19♒39	19♒42	19♒46	19♒49	19♒52	19♒55	19♒58	20♒01	20♒04
/♆	28♑30	28♑34	28♑38	28♑42	28♑45	28♑49	28♑53	28♑57	29♑01	29♑05	29♑09	29♑12	29♑16	29♑20	29♑24	29♑28
/♇	1♑51	1♑55	1♑59	2♑04	2♑08	2♑13	2♑17	2♑22	2♑26	2♑30	2♑35	2♑39	2♑44	2♑48	2♑53	2♑57
/☊	27♎44	27♎41	27♎39	27♎39	27♎41	27♎44	27♎47	27♎51	27♎53	27♎55	27♎56	27♎55	27♎53	27♎51	27♎49	27♎48
♅/♆	0♈05	0♈05	0♈04	0♈04	0♈03	0♈03	0♈03	0♈03	0♈02	0♈02	0♈02	0♈02	0♈02	0♈02	0♈02	0♈02
/♇	3♓25	3♓25	3♓26	3♓26	3♓26	3♓26	3♓27	3♓27	3♓28	3♓28	3♓28	3♓29	3♓30	3♓30	3♓31	3♓31
/☊	29♊18	29♊11	29♊06	29♊01	28♊59	28♊58	28♊57	28♊56	28♊55	28♊53	28♊49	28♊44	28♊38	28♊32	28♊27	28♊22
♆/♇	12♒37	12♒38	12♒39	12♒40	12♒41	12♒42	12♒43	12♒45	12♒46	12♒47	12♒48	12♒50	12♒51	12♒52	12♒54	12♒55
/☊	8♊30	8♊24	8♊19	8♊15	8♊14	8♊13	8♊13	8♊14	8♊13	8♊12	8♊09	8♊05	8♊00	7♊55	7♊50	7♊46
♇/☊	11♏50	11♏44	11♏40	11♏38	11♏37	11♏37	11♏37	11♏38	11♏39	11♏38	11♏36	11♏32	11♏28	11♏23	11♏19	11♏15

	17	18	19	20	21	22	23	24	25	26	27	28	29	30	31	
☉/☽	15♎54	23♎17	0♏25	7♏21	14♏05	20♏41	27♏11	3♐38	10♐03	16♐30	22♐58	29♐29	6♑05	12♑44	19♑29	☉/☽
/☿	5♑03	5♑43	6♑19	6♑49	7♑14	7♑32	7♑45	7♑53	7♑55	7♑52	7♑46	7♑37	7♑26	7♑16	7♑07	/☿
/♀	18♑08	19♑12	20♑17	21♑21	22♑26	23♑30	24♑34	25♑38	26♑42	27♑46	28♑50	29♑54	0♒57	2♒01	3♒04	/♀
/♂	26♑50	27♑43	28♑36	29♑30	0♒23	1♒16	2♒09	3♒02	3♒56	4♒49	5♒42	6♒35	7♒29	8♒22	9♒15	/♂
/⚳	23♒23	23♒55	24♒27	24♒59	25♒32	26♒04	26♒37	27♒10	27♒44	28♒17	28♒51	29♒25	29♒58	0♓33	1♓07	/⚳
/♃	22♏23	22♏58	23♏32	24♏07	24♏41	25♏16	25♏50	26♏25	26♏59	27♏33	28♏07	28♏41	29♏15	29♏49	0♐23	/♃
/♄	22♐33	23♐07	23♐41	24♐15	24♐49	25♐23	25♐57	26♐31	27♐05	27♐40	28♐14	28♐48	29♐22	29♐56	0♑30	/♄
/♅	23♒03	23♒33	24♒03	24♒34	25♒04	25♒34	26♒05	26♒35	27♒06	27♒36	28♒07	28♒37	29♒08	29♒38	0♓09	/♅
/♆	2♒28	2♒59	3♒30	4♒01	4♒32	5♒03	5♒34	6♒05	6♒36	7♒07	7♒38	8♒10	8♒41	9♒12	9♒43	/♆
/♇	5♑57	6♑29	7♑00	7♑32	8♑03	8♑35	9♑07	9♑38	10♑10	10♑41	11♑13	11♑44	12♑16	12♑48	13♑19	/♇
/☊	0♏44	1♏13	1♏43	2♏14	2♏45	3♏15	3♏44	4♏12	4♏39	5♏05	5♏29	5♏54	6♏19	6♏44	7♏11	/☊
☽/☿	25♎28	2♏30	9♏14	15♏38	21♏46	27♏40	3♐22	8♐55	14♐21	19♐43	25♐04	0♑25	5♑49	11♑18	16♑52	☽/☿
/♀	8♉33	15♏60	23♏12	0♐11	6♐58	13♐37	20♐11	26♐40	3♑09	9♑38	16♑09	22♑43	29♑20	6♒02	12♒49	/♀
/♂	17♉15	24♉31	1♐31	8♐19	14♐55	21♐23	27♐45	4♑04	10♑22	16♑40	23♑01	29♑24	5♒52	12♒23	18♒60	/♂
/⚳	13♊48	20♊42	27♊22	3♋49	10♋04	16♋12	22♑14	28♑12	4♒10	10♒09	16♒09	22♒13	28♒22	4♓34	10♓51	/⚳
/♃	12♍48	19♍45	26♍27	2♎56	9♎14	15♎23	21♎27	27♎27	3♏25	9♏25	15♏26	21♏30	27♏38	3♐51	10♐08	/♃
/♄	12♎58	19♎54	26♎36	3♏04	9♏22	15♏31	21♏34	27♏33	3♐32	9♐31	15♐32	21♐37	27♐45	3♑57	10♑14	/♄
/♅	13♊28	20♊20	26♊58	3♋23	9♋36	15♋42	21♑41	27♑37	3♒32	9♒27	15♒25	21♒26	27♒31	3♓40	9♓53	/♅
/♆	22♉53	29♉46	6♊25	12♐50	19♐04	25♐10	1♑10	7♑07	13♑02	18♑59	24♑57	0♒59	7♒04	13♒14	19♒28	/♆
/♇	26♎23	3♏16	9♏55	16♏21	22♏36	28♏42	4♐43	10♐40	16♐36	22♐33	28♐31	4♑33	10♑39	16♑49	23♑04	/♇
/☊	21♌09	28♌01	4♍38	11♍03	17♍17	23♍22	29♍20	5♎14	11♎05	16♎56	22♎48	28♎43	4♏42	10♏46	16♏55	/☊
☿/♀	27♑42	28♑26	29♑05	29♑39	0♒07	0♒29	0♒45	0♒55	0♒60	1♒00	0♒56	0♒50	0♒42	0♒34	0♒27	☿/♀
/♂	6♒24	6♒57	7♒25	7♒47	8♒04	8♒15	8♒20	8♒19	8♒13	8♒03	7♒48	7♒31	7♒13	6♒55	6♒38	/♂
/⚳	2♓57	3♓08	3♓15	3♓17	3♓13	3♓03	2♓48	2♓27	2♓01	1♓31	0♓57	0♓21	29♒43	29♒06	28♒30	/⚳
/♃	1♐57	2♐11	2♐21	2♐24	2♐22	2♐15	2♐01	1♐41	1♐17	0♐47	0♐13	29♏37	28♏60	28♏22	27♏46	/♃
/♄	2♑07	2♑21	2♑29	2♑33	2♑30	2♑22	2♑08	1♑48	1♑23	0♑53	0♑20	29♐44	29♐06	28♐29	27♐53	/♄
/♅	2♓37	2♓47	2♓51	2♓51	2♓45	2♓33	2♓15	1♓52	1♓23	0♓50	0♓13	29♒33	28♒52	28♒11	27♒32	/♅
/♆	12♒02	12♒12	12♒18	12♒18	12♒13	12♒01	11♒44	11♒22	10♒54	10♒21	9♒45	9♒06	8♒25	7♒45	7♒06	/♆
/♇	15♑32	15♑43	15♑49	15♑49	15♑44	15♑34	15♑17	14♑55	14♑27	13♑55	13♑19	12♑40	12♑01	11♑21	10♑42	/♇
/☊	10♏19	10♏27	10♏31	10♏31	10♏26	10♏14	9♏55	9♏29	8♏57	8♏18	7♏36	6♏50	6♏03	5♏17	4♏34	/☊
♀/♂	19♒29	20♒26	21♒23	22♒19	23♒16	24♒12	25♒09	26♒05	27♒01	27♒57	28♒53	29♒49	0♓44	1♓40	2♓35	♀/♂
/⚳	16♓02	16♓38	17♓13	17♓49	18♓25	19♓01	19♓37	20♓13	20♓49	21♓25	22♓01	22♓38	23♓14	23♓51	24♓27	/⚳
/♃	15♐03	15♐41	16♐19	16♐57	17♐35	18♐12	18♐50	19♐27	20♐04	20♐41	21♐18	21♐55	22♐31	23♐07	23♐43	/♃
/♄	15♑12	15♑50	16♑28	17♑05	17♑42	18♑20	18♑57	19♑34	20♑11	20♑48	21♑24	22♑01	22♑37	23♑14	23♑50	/♄
/♅	15♓42	16♓16	16♓50	17♓24	17♓57	18♓31	19♓04	19♓37	20♓11	20♓44	21♓17	21♓50	22♓23	22♓56	23♓29	/♅
/♆	25♒07	25♒42	26♒16	26♒50	27♒25	27♒59	28♒33	29♒07	29♒41	0♓15	0♓49	1♓23	1♓57	2♓30	3♓03	/♆
/♇	28♑37	29♑12	29♑47	0♒22	0♒57	1♒31	2♒06	2♒41	3♒15	3♒49	4♒24	4♒58	5♒32	6♒06	6♒39	/♇
/☊	23♏24	23♏56	24♏30	25♏04	25♏38	26♏11	26♏44	27♏15	27♏44	28♏13	28♏40	29♏07	29♏34	0♐02	0♐31	/☊
♂/⚳	24♓45	25♓09	25♓33	25♓57	26♓22	26♓47	27♓12	27♓37	28♓02	28♓28	28♓53	29♓19	29♓45	0♈12	0♈38	♂/⚳
/♃	23♐45	24♐12	24♐38	25♐05	25♐32	25♐58	26♐25	26♐51	27♐17	27♐44	28♐10	28♐36	29♐02	29♐28	29♐54	/♃
/♄	23♑55	24♑21	24♑47	25♑13	25♑39	26♑06	26♑32	26♑58	27♑24	27♑50	28♑16	28♑42	29♑09	29♑35	0♒01	/♄
/♅	24♓25	24♓47	25♓09	25♓32	25♓54	26♓17	26♓39	27♓02	27♓24	27♓47	28♓09	28♓32	28♓54	29♓17	29♓40	/♅
/♆	3♓49	4♓12	4♓35	4♓59	5♓22	5♓45	6♓08	6♓31	6♓55	7♓18	7♓41	8♓04	8♓28	8♓51	9♓14	/♆
/♇	7♒19	7♒43	8♒06	8♒30	8♒54	9♒17	9♒41	10♒05	10♒28	10♒52	11♒16	11♒39	12♒03	12♒27	12♒50	/♇
/☊	2♐06	2♐27	2♐49	3♐12	3♐35	3♐57	4♐18	4♐39	4♐57	5♐15	5♊32	5♊49	6♊06	6♊23	6♊42	/☊
⚳/♃	20♋18	20♋23	20♋29	20♋35	20♋41	20♋47	20♋53	20♋59	21♋06	21♋12	21♋19	21♋25	21♋32	21♋39	21♋46	⚳/♃
/♄	20♒27	20♒32	20♒38	20♒43	20♒48	20♒54	20♒60	21♒06	21♒12	21♒18	21♒25	21♒32	21♒38	21♒45	21♒53	/♄
/♅	20♈57	20♈59	20♈60	21♈01	21♈03	21♈05	21♈07	21♈10	21♈12	21♈15	21♈18	21♈21	21♈24	21♈28	21♈32	/♅
/♆	0♈22	0♈24	0♈26	0♈28	0♈31	0♈34	0♈36	0♈39	0♈43	0♈46	0♈50	0♈54	0♈58	1♈02	1♈06	/♆
/♇	3♓52	3♓54	3♓57	3♓60	4♓03	4♓06	4♓09	4♓13	4♓16	4♓20	4♓24	4♓28	4♓33	4♓37	4♓42	/♇
/☊	28♊39	28♊39	28♊40	28♊42	28♊44	28♊46	28♊47	28♊47	28♊46	28♊43	28♊41	28♊38	28♊35	28♊34	28♊34	/☊
♃/♄	19♏28	19♏35	19♏43	19♏51	19♏58	20♏06	20♏13	20♏20	20♏27	20♏34	20♏41	20♏48	20♏55	21♏02	21♏09	♃/♄
/♅	19♋58	20♋01	20♋05	20♋09	20♋13	20♋17	20♋20	20♋24	20♋27	20♋31	20♑34	20♑38	20♑41	20♑45	20♑48	/♅
/♆	29♐22	29♐27	29♐32	29♐36	29♐41	29♐45	29♐49	29♐54	29♐58	0♑02	0♑06	0♑10	0♑15	0♑19	0♑23	/♆
/♇	2♐52	2♐57	3♐02	3♐07	3♐12	3♐17	3♐22	3♐27	3♐32	3♐36	3♐41	3♐45	3♐50	3♐54	3♐58	/♇
/☊	27♍39	27♍42	27♍45	27♍49	27♍53	27♍57	27♍60	28♍01	28♍01	27♍60	27♍57	27♍55	27♍52	27♍51	27♍50	/☊
♄/♅	20♒08	20♒11	20♒14	20♒17	20♒21	20♒24	20♒27	20♒31	20♒34	20♒37	20♒41	20♒44	20♒48	20♒51	20♒54	♄/♅
/♆	29♑32	29♑36	29♑40	29♑44	29♑48	29♑52	29♑56	0♒00	0♒04	0♒09	0♒13	0♒17	0♒21	0♒25	0♒29	/♆
/♇	3♑02	3♑07	3♑11	3♑16	3♑20	3♑25	3♑29	3♑34	3♑38	3♑43	3♑47	3♑52	3♑56	4♑00	4♑05	/♇
/☊	27♎49	27♎51	27♎54	27♎57	28♎01	28♎04	28♎07	28♎08	28♎07	28♎06	28♎04	28♎01	27♎59	27♎57	27♎57	/☊
♅/♆	0♈02	0♈02	0♈02	0♈03	0♈03	0♈03	0♈04	0♈04	0♈05	0♈05	0♈06	0♈06	0♈07	0♈07	0♈08	♅/♆
/♇	3♓32	3♓33	3♓33	3♓34	3♓35	3♓36	3♓36	3♓37	3♓38	3♓39	3♓40	3♓41	3♓42	3♓43	3♓44	/♇
/☊	28♊19	28♊17	28♊16	28♊16	28♊16	28♊15	28♊14	28♊11	28♊07	28♊02	27♊57	27♊50	27♊45	27♊40	27♊36	/☊
♆/♇	12♒57	12♒58	12♒60	13♒01	13♒03	13♒04	13♒06	13♒07	13♒09	13♒10	13♒12	13♒14	13♒15	13♒17	13♒19	♆/♇
/☊	7♊44	7♊42	7♊42	7♊43	7♊44	7♊44	7♊43	7♊41	7♊38	7♊34	7♊29	7♊23	7♊18	7♊13	7♊10	/☊
♇/☊	11♏13	11♏13	11♏13	11♏14	11♏15	11♏16	11♏16	11♏14	11♏12	11♏08	11♏03	10♏58	10♏53	10♏49	10♏46	♇/☊

January 2017

	1	2	3	4	5	6	7	8	9	10	11	12	13	14	15	16
☉/☽	26♑18	3♒12	10♒12	17♒20	24♒35	1♓59	9♓31	17♓13	25♓02	2♈55	10♈50	18♈42	26♎27	4♏02	11♏25	18♏35
/☿	7♑01	6♑58	6♑60	7♑06	7♑18	7♑34	7♑56	8♑23	8♑53	9♑29	10♑08	10♑50	11♑36	12♑25	13♑16	14♑10
/♀	4♒07	5♒10	6♒13	7♒16	8♒19	9♒21	10♒23	11♒26	12♒28	13♒29	14♒31	15♒32	16♒33	17♒34	18♒35	19♒35
/♂	10♒08	11♒02	11♒55	12♒48	13♒41	14♒35	15♒28	16♒21	17♒14	18♒07	19♒00	19♒54	20♒47	21♒40	22♒33	23♒26
/⯰	1♓41	2♓16	2♓51	3♓26	4♓01	4♓36	5♓11	5♓47	6♓22	6♓58	7♓34	8♓10	8♓46	9♓23	9♓59	10♓36
/♃	0♐57	1♐31	2♐04	2♐38	3♐11	3♐45	4♐18	4♐51	5♐25	5♐58	6♐31	7♐03	7♐36	8♐09	8♐42	9♐14
/♄	1♑04	1♑38	2♑12	2♑46	3♑20	3♑54	4♑27	5♑01	5♑35	6♑09	6♑43	7♑17	7♑51	8♑24	8♑58	9♑32
/♅	0♓39	1♓10	1♓41	2♓12	2♓42	3♓13	3♓44	4♓15	4♓45	5♓16	5♓47	6♓18	6♓49	7♓20	7♓51	8♓22
/♆	10♒15	10♒46	11♒17	11♒49	12♒20	12♒51	13♒23	13♒54	14♒25	14♒57	15♒28	15♒59	16♒31	17♒02	17♒34	18♒05
/♇	13♑51	14♑23	14♑54	15♑26	15♑57	16♑29	17♑01	17♑32	18♑04	18♑35	19♑07	19♑39	20♑10	20♑42	21♑13	21♑45
/☊	7♏39	8♏08	8♏39	9♏10	9♏41	10♏11	10♏41	11♏10	11♏38	12♏06	12♏33	12♏60	13♏28	13♏56	14♏26	14♏57
☽/☿	22♑33	28♑24	4♒25	10♒37	17♒03	23♒42	0♓35	7♓42	15♓01	22♓28	0♎01	7♎34	15♎04	22♎27	29♎40	6♏43
/♀	19♒40	26♒36	3♓38	10♓47	18♓04	25♓29	3♈03	10♈45	18♈35	26♈29	4♉24	12♉16	20♉01	27♉36	4♊59	12♊08
/♂	25♒41	2♓27	9♓20	16♓19	23♓26	0♈42	8♈07	15♈41	23♈21	1♉07	8♉54	16♉38	24♉15	1♊42	8♊57	15♊59
/⯰	17♓14	23♓42	0♈16	6♈57	13♈46	20♈44	27♈51	5♉06	12♉30	19♉58	27♉27	4♊54	12♊14	19♊25	26♊23	3♋09
/♃	16♐29	22♐56	29♐29	6♑09	12♑56	19♑52	26♋57	4♌11	11♌32	18♌57	26♌24	3♍47	11♍04	18♍11	25♍05	1♎47
/♄	16♑36	23♑03	29♑37	6♒17	13♒05	20♒01	27♒07	4♓21	11♓42	19♓09	26♍36	4♎01	11♎18	18♎26	25♎22	2♏05
/♅	16♓12	22♓36	29♓06	5♈43	12♈27	19♈21	26♈23	3♉34	10♉53	18♉16	25♉40	3♊02	10♊17	17♊22	24♊15	0♋55
/♆	25♒47	2♓12	8♓42	15♓20	22♓05	28♓59	6♈02	13♈13	20♈32	27♈56	5♉21	12♉43	19♉59	27♉04	3♊57	10♐38
/♇	29♑23	5♒48	12♒19	18♒57	25♒42	2♓37	9♓40	16♓52	24♓11	1♈35	9♈00	16♈22	23♎38	0♏44	7♏37	14♏18
/☊	23♏11	29♏34	6♊03	12♊41	19♊26	26♊19	3♋21	10♋30	17♋46	25♋05	2♌26	9♌44	16♌56	23♌58	0♍50	7♍30
☿/♀	0♒23	0♒22	0♒26	0♒34	0♒47	1♒05	1♒27	1♒55	2♒26	3♒02	3♒42	4♒25	5♒10	5♒59	6♒50	7♒43
/♂	6♒24	6♒13	6♒07	6♒06	6♒09	6♒18	6♒32	6♒50	7♒13	7♒40	8♒11	8♒46	9♒24	10♒05	10♒48	11♒34
/⯰	27♒57	27♒28	27♒03	26♒43	26♒29	26♒19	26♒15	26♒16	26♒21	26♒31	26♒45	27♒03	27♒24	27♒48	28♒14	28♒43
/♃	27♏13	26♏43	26♏17	25♏56	25♏39	25♏28	25♏22	25♏20	25♏23	25♏31	25♏42	25♏56	26♏13	26♏34	26♏57	27♏22
/♄	27♐19	26♐50	26♐24	26♐03	25♐48	25♐37	25♐31	25♐31	25♐34	25♐42	25♐54	26♐09	26♐28	26♐49	27♐13	27♐39
/♅	26♒55	26♒22	25♒53	25♒29	25♒10	24♒56	24♒48	24♒44	24♒44	24♒49	24♒58	25♒11	25♒26	25♒45	26♒06	26♒30
/♆	6♒30	5♒58	5♒30	5♒06	4♒48	4♒35	4♒26	4♒23	4♒24	4♒30	4♒39	4♒52	5♒08	5♒27	5♒49	6♒13
/♇	10♑07	9♑34	9♑06	8♑43	8♑25	8♑12	8♑04	8♑01	8♑03	8♑08	8♑18	8♑31	8♑47	9♑07	9♑28	9♑52
/☊	3♏55	3♏20	2♏51	2♏27	2♏09	1♏55	1♏45	1♏40	1♏37	1♏39	1♏44	1♏52	2♏05	2♏21	2♏41	3♏04
♀/♂	3♓30	4♓26	5♓21	6♓15	7♓10	8♓05	8♓59	9♓53	10♓47	11♓41	12♓34	13♓28	14♓21	15♓14	16♓07	16♓59
/⯰	25♓03	25♓40	26♓16	26♓53	27♓30	28♓06	28♓43	29♓19	29♓55	0♈32	1♈08	1♈45	2♈21	2♈57	3♈33	4♈09
/♃	24♐19	24♐55	25♐30	26♐05	26♐40	27♐15	27♐49	28♐24	28♐57	29♐31	0♑05	0♑38	1♑11	1♑43	2♑15	2♑47
/♄	24♑26	25♑02	25♑37	26♑13	26♑48	27♑24	27♑59	28♑34	29♑08	29♑43	0♒17	0♒51	1♒25	1♒58	2♒32	3♒05
/♅	24♓02	24♓34	25♓07	25♓39	26♓11	26♓43	27♓15	27♓47	28♓18	28♓50	29♓21	29♓52	0♈23	0♈54	1♈25	1♈55
/♆	3♓37	4♓10	4♓43	5♓16	5♓49	6♓21	6♓54	7♓26	7♓58	8♓30	9♓02	9♓34	10♓05	10♓36	11♓07	11♓38
/♇	7♒13	7♒46	8♒20	8♒53	9♒26	9♒59	10♒32	11♒04	11♒37	12♒09	12♒41	13♒13	13♒44	14♒16	14♒47	15♒18
/☊	1♐01	1♐32	2♐04	2♐37	3♐09	3♐42	4♐13	4♊43	5♊11	5♊39	6♊07	6♊34	7♊02	7♊31	7♊60	8♊30
♂/⯰	1♈04	1♈31	1♈58	2♈25	2♈52	3♈19	3♈47	4♈14	4♈42	5♈10	5♈38	6♈06	6♈34	7♈03	7♈31	7♈60
/♃	0♑20	0♑46	1♑12	1♑37	2♑03	2♑28	2♑54	3♑19	3♑44	4♑09	4♑34	4♑59	5♑24	5♑49	6♑13	6♑38
/♄	0♒27	0♒53	1♒19	1♒45	2♒11	2♒37	3♒03	3♒29	3♒55	4♒21	4♒47	5♒12	5♒38	6♒04	6♒30	6♒56
/♅	0♈03	0♈25	0♈48	1♈11	1♈34	1♈56	2♈19	2♈42	3♈05	3♈28	3♈51	4♈14	4♈37	4♈60	5♈23	5♈46
/♆	9♓38	10♓01	10♓24	10♓48	11♓11	11♓35	11♓58	12♓21	12♓45	13♓08	13♓32	13♓55	14♓18	14♓42	15♓05	15♓29
/♇	13♒14	13♒38	14♒01	14♒25	14♒49	15♒12	15♒36	15♒60	16♒23	16♒47	17♒11	17♒34	17♒58	18♒21	18♒45	19♒09
/☊	7♊02	7♊23	7♊46	8♊09	8♊32	8♊55	9♊17	9♊38	9♊58	10♊17	10♊36	10♊56	11♊15	11♊36	11♊58	12♊20
⯰/♃	21♋53	22♋00	22♋07	22♋15	22♋22	22♋30	22♋37	22♋45	22♋52	23♋00	23♋08	23♋16	23♋24	23♋32	23♋40	23♋48
/♄	21♒60	22♒07	22♒15	22♒23	22♒30	22♒38	22♒47	22♒55	23♒03	23♒12	23♒20	23♒29	23♒38	23♒47	23♒56	24♒05
/♅	21♈36	21♈40	21♈44	21♈48	21♈53	21♈58	22♈03	22♈08	22♈13	22♈19	22♈25	22♈30	22♈36	22♈43	22♈49	22♈55
/♆	1♈11	1♈15	1♈20	1♈25	1♈31	1♈36	1♈42	1♈47	1♈53	1♈59	2♈05	2♈12	2♈18	2♈25	2♈32	2♈38
/♇	4♓47	4♓52	4♓57	5♓03	5♓08	5♓14	5♓20	5♓26	5♓32	5♓38	5♓44	5♓51	5♓58	6♓04	6♓11	6♓18
/☊	28♊35	28♊38	28♊42	28♊46	28♊51	28♊56	29♊01	29♊04	29♊06	29♊08	29♊10	29♊12	29♊15	29♊19	29♊24	29♊30
♃/♄	21♏15	21♏22	21♏28	21♏35	21♏41	21♏47	21♏53	21♏59	22♏05	22♏11	22♏17	22♏22	22♏28	22♏33	22♏38	22♏44
/♅	20♑51	20♑54	20♑58	21♑01	21♑04	21♑07	21♑10	21♑13	21♑15	21♑18	21♑21	21♑24	21♑26	21♑29	21♑31	21♑34
/♆	0♑26	0♑30	0♑34	0♑38	0♑41	0♑45	0♑48	0♑52	0♑55	0♑58	1♑02	1♑05	1♑08	1♑11	1♑14	1♑17
/♇	4♐03	4♐07	4♐11	4♐15	4♐19	4♐23	4♐26	4♐30	4♐34	4♐37	4♐41	4♐44	4♐47	4♐51	4♐54	4♐57
/☊	27♍51	27♍52	27♍55	27♍59	28♍02	28♍05	28♍07	28♍08	28♍08	28♍08	28♍06	28♍05	28♍05	28♍05	28♍07	28♍09
♄/♅	20♒58	21♒01	21♒05	21♒08	21♒12	21♒15	21♒19	21♒23	21♒26	21♒30	21♒33	21♒37	21♒41	21♒44	21♒48	21♒51
/♆	0♒33	0♒37	0♒41	0♒45	0♒50	0♒54	0♒58	1♒02	1♒06	1♒10	1♒14	1♒18	1♒22	1♒26	1♒30	1♒34
/♇	4♑09	4♑14	4♑18	4♑23	4♑27	4♑31	4♑36	4♑40	4♑44	4♑49	4♑53	4♑57	5♑02	5♑06	5♑10	5♑14
/☊	27♎57	27♎59	28♎03	28♎06	28♎10	28♎14	28♎17	28♎18	28♎19	28♎19	28♎19	28♎19	28♎19	28♎21	28♎23	28♎26
♅/♆	0♈09	0♈10	0♈10	0♈11	0♈12	0♈13	0♈14	0♈15	0♈16	0♈17	0♈18	0♈20	0♈21	0♈22	0♈23	0♈25
/♇	3♓45	3♓46	3♓47	3♓48	3♓50	3♓51	3♓52	3♓53	3♓55	3♓56	3♓57	3♓59	4♓00	4♓02	4♓03	4♓04
/☊	27♊33	27♊32	27♊32	27♊32	27♊33	27♊33	27♊33	27♊32	27♊29	27♊26	27♊23	27♊20	27♊18	27♊16	27♊16	27♊16
♆/♇	13♒20	13♒22	13♒24	13♒26	13♒27	13♒29	13♒31	13♒33	13♒34	13♒36	13♒38	13♒40	13♒42	13♒44	13♒46	13♒48
/☊	7♊08	7♊08	7♊08	7♊09	7♊11	7♊12	7♊12	7♊11	7♊09	7♊07	7♊04	7♊01	6♊59	6♊58	6♊58	6♊59
♇/☊	10♏45	10♏44	10♏45	10♏46	10♏48	10♏49	10♏50	10♏49	10♏48	10♏45	10♏43	10♏41	10♏39	10♏38	10♏38	10♏39

	17	18	19	20	21	22	23	24	25	26	27	28	29	30	31
☉/☽	25♏33	2♐21	8♐59	15♐31	21♐58	28♐25	4♑52	11♑21	17♑55	24♑35	1♒20	8♒13	15♒12	22♒18	29♒29
/☿	15♑06	16♑03	17♑03	18♑04	19♑06	20♑10	21♑14	22♑20	23♑27	24♑34	25♑43	26♑52	28♑02	29♑12	0♒23
/♀	20♒36	21♒36	22♒35	23♒35	24♒34	25♒33	26♒32	27♒30	28♒28	29♒26	0♓23	1♓20	2♓17	3♓13	4♓09
/♂	24♒19	25♒12	26♒05	26♒58	27♒51	28♒44	29♒37	0♓30	1♓23	2♓16	3♓09	4♓02	4♓55	5♓48	6♓41
/⯰	11♓13	11♓49	12♓26	13♓03	13♓41	14♓18	14♓55	15♓33	16♓10	16♓48	17♓26	18♓04	18♓42	19♓20	19♓58
/♃	9♐47	10♐19	10♐51	11♐23	11♐56	12♐28	12♐59	13♐31	14♐03	14♐35	15♐06	15♐38	16♐09	16♐40	17♐11
/♄	10♑05	10♑39	11♑13	11♑46	12♑20	12♑54	13♑27	14♑01	14♑34	15♑08	15♑41	16♑14	16♑48	17♑21	17♑54
/♅	8♓53	9♓24	9♓55	10♓26	10♓57	11♓28	11♓59	12♓31	13♓02	13♓33	14♓04	14♓35	15♓07	15♓38	16♓09
/♆	18♒36	19♒08	19♒39	20♒11	20♒42	21♒14	21♒45	22♒17	22♒48	23♒20	23♒51	24♒23	24♒54	25♒25	25♒57
/♇	22♑16	22♑48	23♑20	23♑51	24♑23	24♑54	25♑26	25♑57	26♑29	27♑00	27♑32	28♑03	28♑35	29♑06	29♑38
/☊	15♏28	15♏59	16♏31	17♏01	17♏31	18♏01	18♏29	18♏58	19♏26	19♏54	20♏22	20♏51	21♏20	21♏50	22♏21
☽/☿	13♏36	20♏20	26♏56	3♐28	9♐57	16♐26	22♐56	29♐31	6♑10	12♑56	19♑49	26♑50	3♒58	11♒13	18♒35
/♀	19♐06	25♐52	2♑29	8♑59	15♑25	21♑49	28♑14	4♒41	11♒11	17♒48	24♒30	1♓18	8♓13	15♓14	22♓21
/♂	22♐49	29♐28	5♑59	12♑22	18♑42	25♑00	1♒19	7♒41	14♒07	20♒38	27♒16	4♓00	10♓51	17♓49	24♓52
/⯰	9♋43	16♋05	22♋20	28♑27	4♒31	10♒34	16♒37	22♒43	28♒54	5♓10	11♓33	18♓02	24♓38	1♈21	8♈10
/♃	8♎17	14♎35	20♎45	26♎48	2♏46	8♏43	14♏41	20♏42	26♏46	2♐56	9♐13	15♐36	22♐05	28♐41	5♑23
/♄	8♏35	14♏55	21♏06	27♏10	3♐11	9♐09	15♐09	21♐11	27♐17	3♑29	9♑47	16♑12	22♑44	29♑22	6♒06
/♅	7♋23	13♋40	19♋48	25♑50	1♒48	7♒44	13♒41	19♒41	25♒45	1♓55	8♓11	14♓33	21♓03	27♓39	4♈21
/♆	17♐06	23♐24	29♐33	5♑35	11♑33	17♑30	23♑27	29♑27	5♒31	11♒41	17♒58	24♒20	0♓50	7♓26	14♓09
/♇	20♏46	27♏04	3♐13	9♐15	15♐13	21♐10	27♐07	3♑08	9♑12	15♑22	21♑38	28♑01	4♒31	11♒07	17♒49
/☊	13♍58	20♍15	26♍24	2♎25	8♎22	14♎17	20♎11	26♎08	2♏09	8♏15	14♏28	20♏49	27♏16	3♊51	10♊33
☿/♀	8♒38	9♒35	10♒33	11♒32	12♒33	13♒34	14♒36	15♒40	16♒43	17♒47	18♒52	19♒57	21♒03	22♒09	23♒15
/♂	12♒21	13♒11	14♒03	14♒55	15♒50	16♒45	17♒42	18♒40	19♒38	20♒38	21♒38	22♒39	23♒41	24♒43	25♒46
/⯰	29♒15	29♒48	0♓24	1♓01	1♓39	2♓19	2♓60	3♓42	4♓26	5♓10	5♓55	6♓41	7♓28	8♓15	9♓04
/♃	27♏49	28♏18	28♏49	29♏21	29♏54	0♐29	1♐04	1♐41	2♐18	2♐56	3♐35	4♐15	4♐55	5♐35	6♐16
/♄	28♐08	28♐38	29♐10	29♐44	0♑18	0♑55	1♑32	2♑10	2♑49	3♑29	4♑10	4♑51	5♑33	6♑16	6♑60
/♅	26♒55	27♒23	27♒52	28♒23	28♒56	29♒29	0♓04	0♓40	1♓17	1♓55	2♓33	3♓12	3♓52	4♓33	5♓14
/♆	6♒39	7♒07	7♒37	8♒08	8♒41	9♒15	9♒50	10♒26	11♒03	11♒41	12♒20	12♒60	13♒40	14♒21	15♒02
/♇	10♑19	10♑47	11♑17	11♑48	12♑21	12♑55	13♑30	14♑07	14♑44	15♑22	16♑01	16♑40	17♑20	18♑01	18♑43
/☊	3♏30	3♏58	4♏28	4♏59	5♏30	6♏02	6♏34	7♏07	7♏41	8♏15	8♏51	9♏28	10♏06	10♏46	11♏26
♀/♂	17♓51	18♓43	19♓35	20♓27	21♓18	22♓09	22♓59	23♓50	24♓40	25♓29	26♓19	27♓08	27♓56	28♓44	29♓32
/⯰	4♈45	5♈21	5♈56	6♈32	7♈07	7♈42	8♈17	8♈52	9♈27	10♈01	10♈36	11♈10	11♈43	12♈17	12♈50
/♃	3♑19	3♑50	4♑21	4♑52	5♑22	5♑52	6♑21	6♑51	7♑19	7♑48	8♑16	8♑43	9♑10	9♑37	10♑03
/♄	3♒38	4♒10	4♒43	5♒15	5♒46	6♒18	6♒49	7♒20	7♒50	8♒21	8♒50	9♒20	9♒49	10♒18	10♒46
/♅	2♈25	2♈55	3♈25	3♈54	4♈24	4♈53	5♈21	5♈50	6♈18	6♈46	7♈14	7♈41	8♈08	8♈35	9♈01
/♆	12♓09	12♓39	13♓09	13♓39	14♓09	14♓38	15♓07	15♓36	16♓04	16♓33	17♓00	17♓28	17♓55	18♓22	18♓49
/♇	15♒49	16♒19	16♒49	17♒19	17♒49	18♒19	18♒48	19♒17	19♒45	20♒13	20♒41	21♒09	21♒36	22♒03	22♒29
/☊	9♊00	9♊30	10♊00	10♊30	10♊58	11♊25	11♊51	12♊17	12♊42	13♊07	13♊31	13♊56	14♊21	14♊47	15♊13
♂/⯰	8♈28	8♈57	9♈26	9♈55	10♈24	10♈54	11♈23	11♈52	12♈22	12♈52	13♈21	13♈51	14♈21	14♈51	15♈21
/♃	7♑02	7♑27	7♑51	8♑15	8♑39	9♑03	9♑27	9♑51	10♑14	10♑38	11♑01	11♑25	11♑48	12♑11	12♑34
/♄	7♒21	7♒47	8♒12	8♒38	9♒04	9♒29	9♒55	10♒20	10♒46	11♒11	11♒36	12♒02	12♒27	12♒52	13♒17
/♅	6♈09	6♈32	6♈55	7♈18	7♈41	8♈04	8♈27	8♈50	9♈13	9♈36	9♈60	10♈23	10♈46	11♈09	11♈32
/♆	15♓52	16♓16	16♓39	17♓02	17♓26	17♓49	18♓13	18♓36	18♓60	19♓23	19♓46	20♓10	20♓33	20♓57	21♓20
/♇	19♒32	19♒56	20♒19	20♒43	21♒06	21♒30	21♒53	22♒17	22♒40	23♒04	23♒27	23♒50	24♒14	24♒37	25♒01
/☊	12♊44	13♊07	13♊30	13♊53	14♊15	14♊36	14♊57	15♊17	15♊37	15♊57	16♊17	16♊38	16♊59	17♊22	17♊44
⯰/♃	23♋56	24♋04	24♋12	24♋20	24♋28	24♋37	24♋45	24♋53	25♋02	25♋10	25♋18	25♋27	25♋35	25♋44	25♋52
/♄	24♒15	24♒24	24♒34	24♒43	24♒53	25♒03	25♒13	25♒23	25♒33	25♒43	25♒53	26♒03	26♒14	26♒24	26♒35
/♅	23♈02	23♈09	23♈16	23♈23	23♈30	23♈37	23♈45	23♈53	24♈00	24♈08	24♈16	24♈25	24♈33	24♈41	24♈50
/♆	2♈46	2♈53	3♈00	3♈07	3♈15	3♈23	3♈31	3♈39	3♈47	3♈55	4♈03	4♈12	4♈20	4♈29	4♈38
/♇	6♓26	6♓33	6♓40	6♓48	6♓56	7♓03	7♓11	7♓19	7♓27	7♓36	7♓44	7♓52	8♓01	8♓10	8♓18
/☊	29♊37	29♊44	29♊51	29♊58	0♋04	0♋10	0♋15	0♋20	0♋24	0♋29	0♋34	0♋40	0♋46	0♋54	1♋02
♃/♄	22♏49	22♏54	22♏59	23♏03	23♏08	23♏12	23♏17	23♏21	23♏25	23♏29	23♏33	23♏37	23♏41	23♏44	23♏48
/♅	21♑36	21♑38	21♑41	21♑43	21♑45	21♑47	21♑49	21♑51	21♑53	21♑55	21♑56	21♑58	21♑60	22♑01	22♑03
/♆	1♑20	1♑22	1♑25	1♑28	1♑30	1♑32	1♑35	1♑37	1♑39	1♑41	1♑43	1♑45	1♑47	1♑49	1♑50
/♇	4♐60	5♐03	5♐05	5♐08	5♐11	5♐13	5♐15	5♐18	5♐20	5♐22	5♐24	5♐26	5♐28	5♐29	5♐31
/☊	28♍11	28♍14	28♍16	28♍18	28♍19	28♍20	28♍19	28♍18	28♍17	28♍15	28♍14	28♍13	28♍13	28♍14	28♍15
♄/♅	21♒55	21♒59	22♒02	22♒06	22♒09	22♒13	22♒17	22♒20	22♒24	22♒28	22♒31	22♒35	22♒39	22♒42	22♒46
/♆	1♒38	1♒42	1♒46	1♒50	1♒54	1♒58	2♒02	2♒06	2♒10	2♒14	2♒18	2♒22	2♒26	2♒30	2♒34
/♇	5♑18	5♑23	5♑27	5♑31	5♑35	5♑39	5♑43	5♑47	5♑51	5♑55	5♑59	6♑03	6♑06	6♑10	6♑14
/☊	28♎30	28♎34	28♎38	28♎41	28♎44	28♎46	28♎47	28♎47	28♎48	28♎48	28♎49	28♎50	28♎52	28♎55	28♎58
♅/♆	0♈26	0♈27	0♈29	0♈30	0♈32	0♈33	0♈35	0♈36	0♈38	0♈40	0♈41	0♈43	0♈45	0♈47	0♈48
/♇	4♓06	4♓07	4♓09	4♓11	4♓12	4♓14	4♓15	4♓17	4♓19	4♓20	4♓22	4♓24	4♓25	4♓27	4♓29
/☊	27♊17	27♊19	27♊20	27♊21	27♊21	27♊20	27♊19	27♊17	27♊15	27♊14	27♊12	27♊11	27♊11	27♊12	27♊13
♆/♇	13♒49	13♒51	13♒53	13♒55	13♒57	13♒59	14♒01	14♒03	14♒05	14♒07	14♒09	14♒11	14♒13	14♒15	14♒17
/☊	7♊01	7♊03	7♊04	7♊05	7♊06	7♊06	7♊05	7♊03	7♊02	7♊00	6♊59	6♊58	6♊58	6♊59	7♊00
♇/☊	10♏41	10♏43	10♏45	10♏46	10♏46	10♏46	10♏45	10♏44	10♏42	10♏41	10♏40	10♏39	10♏39	10♏40	10♏41

January 2017

February 2017

	1	2	3	4	5	6	7	8	9	10	11	12	13	14
☉/☽	6♓47	14♓10	21♓38	29♓10	6♈46	14♈25	22♈05	29♈45	7♉22	14♉53	22♉18	29♏34	6♐40	13♐36
/☿	1♒35	2♒47	3♒59	5♒12	6♒26	7♒40	8♒54	10♒09	11♒24	12♒40	13♒56	15♒13	16♒29	17♒47
/♀	5♓05	5♓60	6♓54	7♓49	8♓42	9♓36	10♓28	11♓20	12♓12	13♓03	13♓53	14♓43	15♓32	16♓20
/♂	7♓34	8♓26	9♓19	10♓12	11♓05	11♓57	12♓50	13♓43	14♓35	15♓28	16♓20	17♓13	18♓05	18♓58
/⚳	20♓37	21♓15	21♓54	22♓32	23♓11	23♓50	24♓29	25♓07	25♓46	26♓26	27♓05	27♓44	28♓23	29♓02
/♃	17♐42	18♐13	18♐44	19♐15	19♐45	20♐16	20♐46	21♐16	21♐46	22♐17	22♐46	23♐16	23♐46	24♐16
/♄	18♑28	19♑01	19♑34	20♑07	20♑40	21♑13	21♑46	22♑19	22♑52	23♑25	23♑57	24♑30	25♑03	25♑36
/♅	16♓41	17♓12	17♓43	18♓14	18♓46	19♓17	19♓49	20♓20	20♓51	21♓23	21♓54	22♓25	22♓57	23♓28
/♆	26♒28	26♒60	27♒31	28♒03	28♒34	29♒06	29♒37	0♓09	0♓40	1♓12	1♓43	2♓15	2♓46	3♓17
/♇	0♒09	0♒40	1♒12	1♒43	2♒14	2♒46	3♒17	3♒48	4♒20	4♒51	5♒22	5♒53	6♒25	6♒56
/☊	22♏52	23♏24	23♏55	24♏25	24♏56	25♏25	25♏55	26♏24	26♏54	27♏24	27♏53	28♏24	28♏54	29♏25
☽/☿	26♒03	3♓37	11♓17	19♓01	26♓50	4♈42	12♈36	20♈29	28♈21	6♏07	13♏47	21♏19	28♏41	5♐55
/♀	29♓33	6♈50	14♈12	21♈38	29♈07	6♉38	14♉10	21♉41	29♉08	6♊30	13♊44	20♊49	27♊44	4♋28
/♂	2♈02	9♈17	16♈37	24♈01	1♉29	8♉60	16♉32	24♉03	1♊32	8♊55	16♊11	23♊19	0♋17	7♋06
/⚳	15♈05	22♈06	29♈11	6♉21	13♉35	20♉52	28♉10	5♊28	12♊43	19♊53	26♊56	3♋50	10♋35	17♋10
/♃	12♑11	19♑03	26♋01	3♌04	10♌09	17♌18	24♌28	1♍37	8♍43	15♍44	22♍38	29♍23	5♎58	12♎23
/♄	12♒56	19♒51	26♒51	3♓56	11♓04	18♓15	25♍28	2♎39	9♎48	16♎52	23♎49	0♏36	7♏15	13♏43
/♅	11♈09	18♈02	25♈01	2♉03	9♉10	16♉19	23♉30	0♊40	7♊48	14♊50	21♊45	28♊32	5♋09	11♋36
/♆	20♓57	27♓50	4♈49	11♈52	18♈59	26♈08	3♉19	10♉29	17♉37	24♉39	1♊34	8♊21	14♐58	21♐25
/♇	24♒37	1♓31	8♓29	15♓32	22♓39	29♓48	6♈59	14♈09	21♎16	28♎18	5♏13	11♏60	18♏36	25♏04
/☊	17♊21	24♊14	1♋12	8♋14	15♋20	22♋28	29♋37	6♌45	13♌50	20♌51	27♌45	4♍30	11♍06	17♍33
☿/♀	24♒21	25♒27	26♒33	27♒40	28♒46	29♒52	0♓59	2♓05	3♓11	4♓17	5♓22	6♓28	7♓33	8♓38
/♂	26♒49	27♒53	28♒58	0♓03	1♓08	2♓14	3♓20	4♓27	5♓34	6♓42	7♓50	8♓58	10♓07	11♓16
/⚳	9♓53	10♓42	11♓32	12♓23	13♓15	14♓06	14♓59	15♓52	16♓45	17♓39	18♓34	19♓29	20♓25	21♓21
/♃	6♐58	7♐40	8♐23	9♐06	9♐49	10♐32	11♐16	12♐01	12♐45	13♐30	14♐16	15♐02	15♐48	16♐34
/♄	7♑43	8♑28	9♑13	9♑58	10♑44	11♑30	12♑16	13♑03	13♑51	14♑39	15♑27	16♑15	17♑04	17♑54
/♅	5♓56	6♓39	7♓22	8♓05	8♓49	9♓34	10♓19	11♓04	11♓50	12♓37	13♓23	14♓11	14♓58	15♓46
/♆	15♒44	16♒27	17♒10	17♒54	18♒38	19♒23	20♒08	20♒53	21♒39	22♒26	23♒12	23♒60	24♒47	25♒36
/♇	19♑25	20♑07	20♑50	21♑34	22♑18	23♑03	23♑47	24♑33	25♑19	26♑05	26♑52	27♑39	28♑26	29♑14
/☊	12♏08	12♏51	13♏33	14♏16	14♏59	15♏42	16♏25	17♏09	17♏53	18♏37	19♏23	20♏09	20♏56	21♏43
♀/♂	0♈20	1♈07	1♈53	2♈39	3♈25	4♈10	4♈54	5♈38	6♈22	7♈05	7♈47	8♈28	9♈09	9♈49
/⚳	13♈23	13♈55	14♈28	14♈60	15♈31	16♈02	16♈33	17♈03	17♈33	18♈02	18♈31	18♈59	19♈27	19♈54
/♃	10♑28	10♑53	11♑18	11♑42	12♑05	12♑28	12♑50	13♑12	13♑33	13♑53	14♑13	14♑32	14♑50	15♑07
/♄	11♒14	11♒41	12♒08	12♒34	13♒00	13♒26	13♒50	14♒15	14♒38	15♒01	15♒24	15♒46	16♒07	16♒27
/♅	9♈27	9♈52	10♈17	10♈42	11♈06	11♈30	11♈53	12♈16	12♈38	12♈59	13♈20	13♈41	14♈01	14♈20
/♆	19♓15	19♓40	20♓05	20♓30	20♓55	21♓18	21♓42	22♓05	22♓27	22♓48	23♓10	23♓30	23♓50	24♓09
/♇	22♒55	23♒21	23♒46	24♒10	24♒35	24♒58	25♒22	25♒44	26♒06	26♒28	26♒49	27♒09	27♒28	27♒47
/☊	15♊38	16♊04	16♊29	16♊53	17♊16	17♊38	17♊59	18♊20	18♊40	19♊00	19♊20	19♊39	19♊58	20♊16
♂/⚳	15♈52	16♈22	16♈52	17♈23	17♈53	18♈24	18♈55	19♈26	19♈56	20♈27	20♈58	21♈29	22♈00	22♈32
/♃	12♑57	13♑20	13♑43	14♑05	14♑28	14♑50	15♑12	15♑34	15♑56	16♑18	16♑40	17♑02	17♑23	17♑45
/♄	13♒42	14♒08	14♒33	14♒58	15♒23	15♒47	16♒12	16♒37	17♒02	17♒27	17♒51	18♒16	18♒40	19♒05
/♅	11♈55	12♈19	12♈42	13♈05	13♈28	13♈52	14♈15	14♈38	15♈01	15♈25	15♈48	16♈11	16♈34	16♈58
/♆	21♓43	22♓07	22♓30	22♓54	23♓17	23♓40	24♓04	24♓27	24♓50	25♓14	25♓37	26♓00	26♓23	26♓47
/♇	25♒24	25♒47	26♒10	26♒34	26♒57	27♒20	27♒43	28♒07	28♒30	28♒53	29♒16	29♒39	0♓02	0♓25
/☊	18♊07	18♊30	18♊53	19♊16	19♊38	19♊60	20♊21	20♊43	21♊04	21♊25	21♊47	22♊09	22♊32	22♊54
⚳/♃	26♋00	26♋09	26♋17	26♋26	26♋34	26♋42	26♋51	26♋59	27♋08	27♋16	27♋24	27♋33	27♋41	27♋50
/♄	26♒46	26♒56	27♒07	27♒18	27♒29	27♒40	27♒51	28♒02	28♒13	28♒24	28♒35	28♒47	28♒58	29♒09
/♅	24♈59	25♈07	25♈16	25♈25	25♈35	25♈44	25♈53	26♈03	26♈12	26♈22	26♈32	26♈42	26♈52	27♈02
/♆	4♈47	4♈56	5♈05	5♈14	5♈23	5♈33	5♈42	5♈52	6♈01	6♈11	6♈21	6♈31	6♈41	6♈51
/♇	8♓27	8♓36	8♓45	8♓54	9♓03	9♓13	9♓22	9♓31	9♓41	9♓50	10♓00	10♓10	10♓20	10♓30
/☊	1♋10	1♋19	1♋28	1♋36	1♋44	1♋52	1♋60	2♋07	2♋15	2♋23	2♋31	2♋40	2♋49	2♋59
♃/♄	23♏51	23♏54	23♏57	24♏00	24♏03	24♏06	24♏08	24♏11	24♏13	24♏15	24♏17	24♏19	24♏21	24♏23
/♅	22♑04	22♑05	22♑07	22♑08	22♑09	22♑10	22♑11	22♑12	22♑13	22♑13	22♑14	22♑14	22♑15	22♑15
/♆	1♑52	1♑54	1♑55	1♑56	1♑57	1♑59	1♑60	2♑01	2♑01	2♑02	2♑03	2♑04	2♑04	2♑04
/♇	5♐33	5♐34	5♐35	5♐36	5♐38	5♐39	5♐39	5♐40	5♐41	5♐42	5♐42	5♐42	5♐43	5♐43
/☊	28♍16	28♍17	28♍18	28♍19	28♍19	28♍18	28♍17	28♍16	28♍15	28♍14	28♍13	28♍13	28♍12	28♍12
♄/♅	22♒49	22♒53	22♒57	23♒00	23♒04	23♒07	23♒11	23♒14	23♒18	23♒21	23♒25	23♒28	23♒32	23♒35
/♆	2♒37	2♒41	2♒45	2♒49	2♒52	2♒56	2♒60	3♒03	3♒07	3♒10	3♒14	3♒17	3♒21	3♒24
/♇	6♑18	6♑21	6♑25	6♑29	6♑32	6♑36	6♑39	6♑43	6♑46	6♑50	6♑53	6♑56	6♑60	7♑03
/☊	29♎01	29♎05	29♎08	29♎11	29♎13	29♎15	29♎17	29♎19	29♎20	29♎22	29♎24	29♎27	29♎29	29♎32
♅/♆	0♈50	0♈52	0♈54	0♈56	0♈58	1♈00	1♈02	1♈04	1♈06	1♈08	1♈10	1♈13	1♈15	1♈17
/♇	4♓31	4♓33	4♓34	4♓36	4♓38	4♓40	4♓42	4♓44	4♓46	4♓48	4♓50	4♓52	4♓53	4♓55
/☊	27♊14	27♊16	27♊17	27♊18	27♊19	27♊20	27♊20	27♊20	27♊20	27♊20	27♊21	27♊22	27♊23	27♊25
♆/♇	14♒19	14♒21	14♒23	14♒25	14♒27	14♒29	14♒31	14♒33	14♒35	14♒37	14♒39	14♒41	14♒43	14♒45
/☊	7♊02	7♊04	7♊06	7♊07	7♊08	7♊08	7♊09	7♊09	7♊09	7♊09	7♊10	7♊11	7♊12	7♊14
♇/☊	10♏43	10♏44	10♏46	10♏47	10♏48	10♏48	10♏48	10♏48	10♏48	10♏49	10♏49	10♏50	10♏51	10♏52

	15	16	17	18	19	20	21	22	23	24	25	26	27	28
☉/☽	20♐24	27♐03	3♑36	10♑05	16♑32	22♑59	29♑28	6♒03	12♒44	19♒33	26♒32	3♓40	10♓57	18♓22
/☿	19♒05	20♒23	21♒41	23♒00	24♒20	25♒40	27♒00	28♒21	29♒42	1♓04	2♓26	3♓49	5♓12	6♓36
/♀	17♓08	17♓55	18♓41	19♓26	20♓11	20♓55	21♓38	22♓20	23♓01	23♓41	24♓20	24♓58	25♓35	26♓10
/♂	19♓50	20♓43	21♓35	22♓27	23♓20	24♓12	25♓04	25♓56	26♓49	27♓41	28♓33	29♓25	0♈17	1♈09
/⚳	29♓42	0♈21	1♈01	1♈40	2♈20	2♈60	3♈40	4♈19	4♈59	5♈39	6♈19	6♈59	7♈39	8♈20
/♃	24♐45	25♐15	25♐44	26♐13	26♐42	27♐11	27♐40	28♐09	28♐38	29♐06	29♐35	0♑03	0♑31	0♑60
/♄	26♑08	26♑41	27♑13	27♑46	28♑18	28♑51	29♑23	29♑55	0♒27	0♒59	1♒32	2♒04	2♒36	3♒08
/♅	23♓60	24♓31	25♓03	25♓34	26♓06	26♓37	27♓08	27♓40	28♓11	28♓43	29♓14	29♓46	0♈17	0♈49
/♆	3♓49	4♓20	4♓52	5♓23	5♓54	6♓26	6♓57	7♓28	7♓60	8♓31	9♓02	9♓34	10♓05	10♓36
/♇	7♒27	7♒58	8♒29	9♒00	9♒31	10♒02	10♒33	11♒04	11♒35	12♒06	12♒37	13♒08	13♒39	14♒10
/☊	29♏56	0♐26	0♐57	1♐27	1♐57	2♐28	2♐58	3♊28	3♊58	4♊29	4♊59	5♊29	5♊59	6♊29
☽/☿	12♐59	19♐56	26♐47	3♑34	10♑20	17♑07	23♑56	0♒51	7♒53	15♒04	22♒24	29♒55	7♓35	15♓23
/♀	11♑02	17♑28	23♑47	0♒00	6♒11	12♒21	18♒33	24♒49	1♓11	7♓40	14♓18	21♓03	27♓57	4♈58
/♂	13♑45	20♑16	26♑41	3♒01	9♒20	15♒39	22♒00	28♒26	4♓59	11♓41	18♓31	25♓31	2♈40	9♈56
/⚳	23♋36	29♋55	6♒07	12♒14	18♒20	24♒26	0♓35	6♓49	13♓10	19♓39	26♓17	3♈05	10♈02	17♈07
/♃	18♎40	24♎48	0♏50	6♏47	12♏42	18♏38	24♏36	0♐39	6♐48	13♐06	19♐33	26♐09	2♑54	9♑47
/♄	20♏03	26♏14	2♐19	8♐20	14♐18	20♐17	26♐19	2♑25	8♑38	14♑59	21♑30	28♑09	4♒58	11♒55
/♅	17♋54	24♑04	0♒08	6♒08	12♒06	18♒04	24♒04	0♓10	6♓22	12♓43	19♓12	25♓52	2♈40	9♈36
/♆	27♐43	3♑53	9♑57	15♑57	21♑54	27♑52	3♒53	9♒58	16♒11	22♒31	29♒00	5♓39	12♓27	19♓24
/♇	1♐21	7♐31	13♐35	19♐34	25♐32	1♑29	7♑29	13♑34	19♑46	26♑06	2♒35	9♒14	16♒02	22♒57
/☊	23♍50	29♍59	6♎02	12♎01	17♎58	23♎54	29♎54	5♏58	12♏09	18♏28	24♏57	1♐35	8♊22	15♊17
☿/♀	9♓43	10♓48	11♓52	12♓56	13♓59	15♓03	16♓05	17♓08	18♓10	19♓11	20♓12	21♓12	22♓12	23♓11
/♂	12♓26	13♓36	14♓46	15♓57	17♓08	18♓20	19♓32	20♓45	21♓58	23♓11	24♓25	25♓40	26♓55	28♓10
/⚳	22♓17	23♓14	24♓12	25♓10	26♓09	27♓08	28♓07	29♓08	0♈08	1♈10	2♈12	3♈14	4♈17	5♈21
/♃	17♐21	18♐08	18♐55	19♐43	20♐31	21♐19	22♐08	22♐57	23♐47	24♐37	25♐27	26♐18	27♐09	28♐01
/♄	18♑44	19♑34	20♑24	21♑15	22♑07	22♑58	23♑51	24♑43	25♑36	26♑30	27♑24	28♑18	29♑13	0♒09
/♅	16♓35	17♓24	18♓14	19♓04	19♓54	20♓45	21♓36	22♓28	23♓21	24♓13	25♓07	26♓01	26♓55	27♓50
/♆	26♒24	27♒13	28♒03	28♒52	29♒43	0♓34	1♓25	2♓17	3♓09	4♓02	4♓55	5♓48	6♓43	7♓37
/♇	0♒02	0♒51	1♒40	2♒30	3♒20	4♒10	5♒01	5♒53	6♒45	7♒37	8♒30	9♒23	10♒17	11♒11
/☊	22♏31	23♏19	24♏08	24♏57	25♏46	26♏36	27♏26	28♏16	29♏07	29♏59	0♐51	1♐44	2♐37	3♊30
♀/♂	10♈29	11♈08	11♈46	12♈23	12♈59	13♈35	14♈09	14♈43	15♈16	15♈48	16♈19	16♈48	17♈17	17♈45
/⚳	20♈20	20♈46	21♈11	21♈36	21♈60	22♈23	22♈45	23♈06	23♈27	23♈46	24♈05	24♈23	24♈39	24♈55
/♃	15♑24	15♑40	15♑55	16♑09	16♑22	16♑34	16♑45	16♑56	17♑05	17♑13	17♑20	17♑26	17♑31	17♑35
/♄	16♒47	17♒06	17♒24	17♒41	17♒58	18♒13	18♒28	18♒42	18♒55	19♒06	19♒17	19♒27	19♒36	19♒43
/♅	14♈38	14♈56	15♈13	15♈30	15♈45	15♈60	16♈14	16♈27	16♈39	16♈50	17♈00	17♈09	17♈17	17♈24
/♆	24♓27	24♓45	25♓02	25♓18	25♓34	25♓48	26♓02	26♓15	26♓27	26♓38	26♓48	26♓57	27♓05	27♓12
/♇	28♒06	28♒23	28♒40	28♒56	29♒11	29♒25	29♒39	29♒51	0♓03	0♓13	0♓23	0♓32	0♓39	0♓46
/☊	20♊34	20♊51	21♊07	21♊23	21♊37	21♊50	22♊03	22♊15	22♊26	22♊36	22♊44	22♊52	22♊59	23♊05
♂/⚳	23♈03	23♈34	24♈06	24♈37	25♈08	25♈40	26♈11	26♈43	27♈15	27♈46	28♈18	28♈50	29♈22	29♈54
/♃	18♑06	18♑28	18♑49	19♑10	19♑31	19♑51	20♑12	20♑33	20♑53	21♑13	21♑34	21♑54	22♑14	22♋34
/♄	19♒29	19♒54	20♒18	20♒42	21♒06	21♒31	21♒55	22♒19	22♒43	23♒07	23♒31	23♒54	24♒18	24♒42
/♅	17♈21	17♈44	18♈07	18♈31	18♈54	19♈17	19♈40	20♈04	20♈27	20♈50	21♈13	21♈37	21♈60	22♈23
/♆	27♓10	27♓33	27♓56	28♓19	28♓43	29♓06	29♓29	29♓52	0♈15	0♈38	1♈01	1♈24	1♈47	2♈11
/♇	0♓48	1♓11	1♓34	1♓57	2♓20	2♓43	3♓05	3♓28	3♓51	4♓14	4♓36	4♓59	5♓22	5♓44
/☊	23♊17	23♊39	24♊01	24♊24	24♊46	25♊08	25♊30	25♊52	26♊14	26♊36	26♊58	27♊20	27♊42	28♊03
⚳/♃	27♋58	28♋06	28♋14	28♋23	28♋31	28♋39	28♋47	28♋56	29♋04	29♋12	29♋20	29♋28	29♋36	29♋44
/♄	29♒21	29♒32	29♒44	29♒55	0♓07	0♓18	0♓30	0♓42	0♓53	1♓05	1♓17	1♓29	1♓40	1♓52
/♅	27♈12	27♈23	27♈33	27♈44	27♈54	28♈05	28♈16	28♈27	28♈38	28♈49	28♈60	29♈11	29♈22	29♈34
/♆	7♈01	7♈12	7♈22	7♈32	7♈43	7♈54	8♈04	8♈15	8♈26	8♈37	8♈48	8♈59	9♈10	9♈21
/♇	10♓40	10♓50	10♓60	11♓10	11♓20	11♓30	11♓41	11♓51	12♓02	12♓12	12♓23	12♓33	12♓44	12♓55
/☊	3♋08	3♋18	3♋27	3♋37	3♋46	3♋56	4♋05	4♋15	4♋24	4♋34	4♋44	4♋54	5♋04	5♋14
♃/♄	24♏24	24♏26	24♏27	24♏28	24♏29	24♏30	24♏31	24♏31	24♏32	24♏32	24♏32	24♏32	24♏32	24♏32
/♅	22♑16	22♑16	22♑16	22♑16	22♑16	22♑16	22♑16	22♑16	22♑16	22♑16	22♑15	22♑15	22♑14	22♑14
/♆	2♑05	2♑05	2♑05	2♑05	2♑05	2♑05	2♑05	2♑05	2♑04	2♑04	2♑03	2♑03	2♑02	2♑01
/♇	5♐43	5♐43	5♐43	5♐43	5♐42	5♐42	5♐41	5♐41	5♐40	5♐39	5♐38	5♐37	5♐36	5♐35
/☊	28♍12	28♍11	28♍10	28♍09	28♍08	28♍07	28♍06	28♍04	28♍03	28♍01	27♍60	27♍58	27♍56	27♍54
♄/♅	23♒39	23♒42	23♒46	23♒49	23♒52	23♒56	23♒59	24♒02	24♒06	24♒09	24♒12	24♒15	24♒18	24♒22
/♆	3♒28	3♒31	3♒34	3♒38	3♒41	3♒44	3♒48	3♒51	3♒54	3♒57	3♒60	4♒03	4♒06	4♒09
/♇	7♑06	7♑09	7♑12	7♑15	7♑18	7♑21	7♑24	7♑27	7♑30	7♑32	7♑35	7♑38	7♑40	7♑43
/☊	29♎35	29♎37	29♎40	29♎42	29♎44	29♎46	29♎48	29♎50	29♎52	29♎54	29♎56	29♎58	0♏00	0♏02
♅/♆	1♈19	1♈22	1♈24	1♈26	1♈28	1♈31	1♈33	1♈36	1♈38	1♈40	1♈43	1♈45	1♈48	1♈50
/♇	4♓57	4♓59	5♓01	5♓03	5♓05	5♓08	5♓10	5♓12	5♓14	5♓16	5♓18	5♓20	5♓22	5♓24
/☊	27♊26	27♊28	27♊29	27♊30	27♊32	27♊33	27♊34	27♊35	27♊36	27♊38	27♊39	27♊41	27♊42	27♊43
♆/♇	14♒46	14♒48	14♒50	14♒52	14♒54	14♒56	14♒58	15♒00	15♒02	15♒04	15♒06	15♒08	15♒10	15♒11
/☊	7♊15	7♊17	7♊18	7♊19	7♊20	7♊21	7♊22	7♊24	7♊25	7♊26	7♊27	7♊28	7♊30	7♊31
♇/☊	10♏53	10♏54	10♏56	10♏57	10♏57	10♏58	10♏59	10♏60	11♏01	11♏01	11♏02	11♏03	11♏04	11♏04

February 2017

March 2017

	1	2	3	4	5	6	7	8	9	10	11	12	13	14	15	16	17	18	19	20	21	22	23	24	25	26	27	28	29	30	31	
☉/☽	25♓54	3♈30	11♈09	18♈48	26♈25	4♉01	11♉32	18♉59	26♉22	3♊38	10♊49	17♊53	24♐50	1♑41	8♑24	15♑02	21♑34	28♑02	4♒29	10♒55	17♒24	23♒57	0♓37	7♓27	14♓27	21♓40	29♓05	6♈40	14♈25	22♈15	0♉07	☉/☽
/☿	8♓00	9♓25	10♓50	12♓16	13♓42	15♓09	16♓36	18♓03	19♓31	20♓59	22♓28	23♓57	25♓26	26♓55	28♓24	29♓53	1♈22	2♈50	4♈18	5♈45	7♈11	8♈36	9♈59	11♈21	12♈41	13♈59	15♈14	16♈27	17♈38	18♈46	19♈50	/☿
/♀	26♓45	27♓19	27♓51	28♓22	28♓52	29♓21	29♓48	0♈14	0♈39	1♈03	1♈25	1♈46	2♈06	2♈25	2♈42	2♈59	3♈14	3♈28	3♈42	3♈55	4♈07	4♈19	4♈31	4♈42	4♈53	5♈03	5♈14	5♈26	5♈37	5♈49	6♈01	/♀
/♂	2♈01	2♈53	3♈45	4♈37	5♈29	6♈21	7♈12	8♈04	8♈56	9♈48	10♈39	11♈31	12♈22	13♈14	14♈05	14♈57	15♈48	16♈39	17♈31	18♈22	19♈13	20♈05	20♈56	21♈47	22♈38	23♈29	24♈20	25♈11	26♈02	26♈53	27♈44	/♂
/⚳	8♈60	9♈40	10♈20	11♈01	11♈41	12♈21	13♈02	13♈42	14♈23	15♈03	15♈44	16♈25	17♈05	17♈46	18♈27	19♈07	19♈48	20♈29	21♈10	21♈51	22♈32	23♈12	23♈53	24♈34	25♈15	25♈56	26♈37	27♈18	27♈59	28♈41	29♈22	/⚳
/♃	1♑28	1♑56	2♑24	2♑51	3♑19	3♑47	4♑14	4♑42	5♑09	5♑36	6♑03	6♑31	6♑58	7♑24	7♑51	8♑18	8♑45	9♑11	9♑38	10♑04	10♑31	10♑57	11♑23	11♑50	12♑16	12♑42	13♑08	13♑34	13♑60	14♑26	14♑52	/♃
/♄	3♒39	4♒11	4♒43	5♒15	5♒46	6♒18	6♒49	7♒21	7♒52	8♒24	8♒55	9♒26	9♒57	10♒28	10♒59	11♒30	12♒01	12♒32	13♒03	13♒33	14♒04	14♒35	15♒05	15♒36	16♒06	16♒36	17♒07	17♒37	18♒07	18♒37	19♒07	/♄
/♅	1♈20	1♈52	2♈23	2♈55	3♈26	3♈58	4♈29	5♈01	5♈32	6♈04	6♈35	7♈07	7♈38	8♈10	8♈41	9♈13	9♈44	10♈16	10♈47	11♈18	11♈50	12♈21	12♈53	13♈24	13♈55	14♈27	14♈58	15♈29	16♈01	16♈32	17♈04	/♅
/♆	11♓08	11♓39	12♓10	12♓41	13♓13	13♓44	14♓15	14♓46	15♓17	15♓48	16♓19	16♓50	17♓21	17♓53	18♓24	18♓55	19♓26	19♓56	20♓27	20♓58	21♓29	22♓00	22♓31	23♓02	23♓33	24♓03	24♓34	25♓05	25♓36	26♓06	26♓37	/♆
/♇	14♒41	15♒12	15♒43	16♒13	16♒44	17♒15	17♒45	18♒16	18♒47	19♒17	19♒48	20♒18	20♒49	21♒19	21♒50	22♒20	22♒51	23♒21	23♒51	24♒21	24♒52	25♒22	25♒52	26♒22	26♒53	27♒23	27♒53	28♒23	28♒53	29♒23	29♒53	/♇
/☊	6♊59	7♊29	7♊58	8♊28	8♊58	9♊28	9♊58	10♊29	10♊59	11♊30	11♊60	12♊30	12♊59	13♊28	13♊56	14♊24	14♊52	15♊20	15♊49	16♊18	16♊48	17♊18	17♊48	18♊19	18♊49	19♊19	19♊48	20♊17	20♊44	21♊11	21♊38	/☊
☽/☿	23♓19	1♈19	9♈23	17♈27	25♈31	3♉33	11♉32	19♉26	27♉16	5♊01	12♊41	20♊14	27♊40	4♑60	12♑13	19♑20	26♑21	3♒18	10♒12	17♒06	24♒01	0♓59	8♓04	15♓15	22♓36	0♈07	7♈48	15♈38	23♈33	1♉32	9♉29	☽/☿
/♀	12♈04	19♈13	26♈24	3♉34	10♉42	17♉45	24♉44	1♊38	8♊25	15♊05	21♊38	28♊03	4♋20	10♋30	16♑31	22♑25	28♑13	3♒56	9♒37	15♒16	20♒58	26♒43	2♓35	8♓36	14♓48	21♓12	27♓48	4♈36	11♈32	18♈35	25♈41	/♀
/♂	17♈20	24♈48	2♉18	9♉49	17♉18	24♉45	2♊08	9♊27	16♊41	23♊50	0♋52	7♋48	14♋37	21♋19	27♋54	4♒23	10♒47	17♒07	23♒25	29♒43	6♓04	12♓28	19♓00	25♓42	2♈34	9♈38	16♈54	24♈21	1♉57	9♉39	17♉23	/♂
/⚳	24♈18	1♉35	8♉53	16♉12	23♉30	0♊46	7♊58	15♊06	22♊08	29♊06	5♋57	12♋42	19♋20	25♋51	2♌16	8♌34	14♒47	20♒57	27♒04	3♓12	9♓22	15♓36	21♓58	28♓29	5♈11	12♈05	19♈11	26♈29	3♉55	11♉27	19♉01	/⚳
/♃	16♑46	23♋50	0♌56	8♌03	15♌08	22♌11	29♌10	6♍05	12♍54	19♍38	26♍16	2♎48	9♎12	15♎29	21♎40	27♎45	3♏44	9♏39	15♏32	21♏26	27♏21	3♐21	9♐28	15♐44	22♐12	28♐51	5♑42	12♑44	19♋55	27♋12	4♌31	/♃
/♄	18♒58	26♒06	3♓16	10♓26	17♓36	24♓42	1♎45	8♎44	15♎38	22♎26	29♎08	5♏43	12♏12	18♏33	24♏48	0♐57	7♐00	12♐60	18♐57	24♐55	0♑54	6♑59	13♑10	19♑30	26♑02	2♒45	9♒40	16♒47	24♒02	1♓23	8♓46	/♄
/♅	16♈39	23♈46	0♉56	8♉07	15♉16	22♉22	29♉25	6♊24	13♊18	20♊06	26♊48	3♋24	9♋53	16♋15	22♋30	28♑39	4♒43	10♒43	16♒41	22♒40	28♒40	4♓45	10♓57	17♓19	23♓51	0♈36	7♈32	14♈40	21♈56	29♈19	6♉43	/♅
/♆	26♓26	3♈33	10♈43	17♈53	25♈02	2♉08	9♉11	16♉09	23♉03	29♉50	6♊32	13♐07	19♐36	25♐58	2♑12	8♑21	14♑25	20♑24	26♑22	2♒20	8♒19	14♒24	20♒36	26♒57	3♓28	10♓12	17♓08	24♓15	1♈31	8♈53	16♈16	/♆
/♇	29♒60	7♓06	14♓15	21♓25	28♓33	5♈39	12♈41	19♎39	26♎32	3♏19	10♏01	16♏35	23♏03	29♏24	5♐39	11♐47	17♐50	23♐49	29♐46	5♑43	11♑42	17♑46	23♑57	0♒17	6♒48	13♒31	20♒27	27♒33	4♓48	12♓09	19♓32	/♇
/☊	22♊18	29♊23	6♋31	13♋40	20♋47	27♋52	4♌54	11♌52	18♌45	25♌32	2♍13	8♍47	15♍13	21♍33	27♍45	3♎51	9♎51	15♎48	21♎43	27♎39	3♏38	9♏42	15♏53	22♏14	28♏45	5♊28	12♊22	19♊27	26♊39	3♋57	11♋17	/☊
☿/♀	24♓10	25♓08	26♓05	27♓02	27♓58	28♓53	29♓48	0♈41	1♈34	2♈26	3♈17	4♈07	4♈56	5♈44	6♈31	7♈16	8♈01	8♈44	9♈26	10♈06	10♈45	11♈22	11♈57	12♈30	13♈02	13♈31	13♈58	14♈23	14♈46	15♈06	15♈24	☿/♀
/♂	29♓26	0♈43	1♈59	3♈17	4♈35	5♈53	7♈12	8♈31	9♈51	11♈11	12♈31	13♈52	15♈12	16♈33	17♈54	19♈14	20♈35	21♈55	23♈14	24♈33	25♈51	27♈07	28♈22	29♈35	0♉47	1♉57	3♉04	4♉08	5♉11	6♉10	7♉06	/♂
/⚳	6♈25	7♈29	8♈35	9♈41	10♈47	11♈54	13♈01	14♈09	15♈18	16♈27	17♈36	18♈45	19♈55	21♈05	22♈15	23♈25	24♈35	25♈44	26♈53	28♈01	29♈09	0♉15	1♉20	2♉23	3♉24	4♉24	5♉21	6♉16	7♉08	7♉57	8♉44	/⚳
/♃	28♐53	29♐45	0♑38	1♑31	2♑25	3♑19	4♑14	5♑09	6♑04	6♑59	7♑55	8♑51	9♑47	10♑44	11♑40	12♑36	13♑32	14♑27	15♑21	16♑15	17♑08	17♑60	18♑50	19♑38	20♋25	21♋09	21♋52	22♋31	23♋09	23♋43	24♋14	/♃
/♄	1♒04	2♒01	2♒57	3♒55	4♒52	5♒50	6♒49	7♒48	8♒47	9♒47	10♒47	11♒47	12♒47	13♒48	14♒48	15♒48	16♒48	17♒47	18♒46	19♒44	20♒41	21♒37	22♒31	23♒24	24♒15	25♒04	25♒50	26♒34	27♒15	27♒54	28♒29	/♄
/♅	28♓45	29♓41	0♈38	1♈35	2♈32	3♈30	4♈29	5♈28	6♈27	7♈27	8♈27	9♈28	10♈28	11♈29	12♈30	13♈30	14♈31	15♈31	16♈30	17♈29	18♈27	19♈24	20♈19	21♈13	22♈04	22♈54	23♈42	24♈27	25♈09	25♈49	26♈26	/♅
/♆	8♓33	9♓28	10♓24	11♓21	12♓18	13♓16	14♓14	15♓13	16♓12	17♓11	18♓11	19♓11	20♓11	21♓12	22♓12	23♓12	24♓12	25♓12	26♓11	27♓09	28♓06	29♓03	29♓57	0♈50	1♈42	2♈31	3♈18	4♈02	4♈44	5♈23	5♈59	/♆
/♇	12♒06	13♒01	13♒57	14♒53	15♒50	16♒47	17♒45	18♒43	19♒42	20♒40	21♒40	22♒39	23♒39	24♒39	25♒38	26♒38	27♒37	28♒36	29♒35	0♓32	1♓29	2♓24	3♓19	4♓11	5♓02	5♓50	6♓36	7♓20	8♓01	8♓40	9♓15	/♇
/☊	4♊24	5♊18	6♊13	7♊08	8♊04	9♊00	9♊58	10♊56	11♊54	12♊53	13♊52	14♊51	15♊49	16♊47	17♊45	18♊42	19♊39	20♊36	21♊32	22♊29	23♊25	24♊20	25♊15	26♊08	26♊58	27♊47	28♊32	29♊14	29♊53	0♋28	1♋00	/☊
♀/♂	18♈11	18♈36	19♈00	19♈23	19♈45	20♈05	20♈25	20♈42	20♈59	21♈14	21♈28	21♈41	21♈52	22♈03	22♈12	22♈20	22♈27	22♈33	22♈39	22♈43	22♈47	22♈51	22♈54	22♈56	22♈59	23♈01	23♈04	23♈07	23♈10	23♈13	23♈17	♀/♂
/⚳	25♈10	25♈23	25♈36	25♈47	25♈57	26♈06	26♈14	26♈21	26♈26	26♈30	26♈33	26♈35	26♈35	26♈35	26♈33	26♈31	26♈27	26♈23	26♈18	26♈12	26♈05	25♈58	25♈51	25♈44	25♈36	25♈29	25♈21	25♈14	25♈07	25♈01	24♈55	/⚳
/♃	17♑38	17♑39	17♑39	17♑38	17♑35	17♑32	17♑26	17♑20	17♑12	17♑03	16♑52	16♑41	16♑28	16♑13	15♑58	15♑41	15♑24	15♑05	14♑46	14♑26	14♑05	13♑43	13♑21	12♑59	12♑37	12♑14	11♑52	11♑30	11♑08	10♑46	10♑25	/♃
/♄	19♒49	19♒54	19♒58	20♒01	20♒03	20♒03	20♒02	19♒59	19♒55	19♒50	19♒44	19♒36	19♒27	19♒17	19♒06	18♒54	18♒40	18♒26	18♒11	17♒55	17♒38	17♒21	17♒03	16♒45	16♒27	16♒09	15♒50	15♒32	15♒15	14♒57	14♒40	/♄
/♅	17♈30	17♈35	17♈39	17♈41	17♈43	17♈43	17♈42	17♈39	17♈35	17♈30	17♈24	17♈17	17♈08	16♈59	16♈48	16♈36	16♈23	16♈09	15♈55	15♈40	15♈24	15♈07	14♈50	14♈33	14♈16	13♈59	13♈42	13♈25	13♈09	12♈52	12♈37	/♅
/♆	27♓17	27♓22	27♓25	27♓28	27♓29	27♓28	27♓27	27♓24	27♓20	27♓15	27♓08	27♓01	26♓52	26♓41	26♓30	26♓18	26♓05	25♓50	25♓35	25♓20	25♓03	24♓46	24♓29	24♓11	23♓54	23♓36	23♓18	23♓01	22♓43	22♓27	22♓11	/♆
/♇	0♓51	0♓55	0♓58	0♓60	1♓00	0♓59	0♓57	0♓54	0♓50	0♓44	0♓37	0♓28	0♓19	0♓08	29♒56	29♒43	29♒30	29♒15	28♒59	28♒43	28♒26	28♒08	27♒50	27♒32	27♒13	26♒55	26♒37	26♒18	26♒00	25♒43	25♒26	/♇
/☊	23♊09	23♊12	23♊14	23♊14	23♊14	23♊12	23♊10	23♊07	23♊02	22♊56	22♊49	22♊40	22♊29	22♊17	22♊03	21♊47	21♊31	21♊14	20♊57	20♊39	20♊22	20♊04	19♊46	19♊29	19♊10	18♊52	18♊32	18♊12	17♊52	17♊31	17♊11	/☊
♂/⚳	0♉26	0♉58	1♉30	2♉02	2♉34	3♉06	3♉38	4♉10	4♉43	5♉15	5♉47	6♉19	6♉52	7♉24	7♉56	8♉29	9♉01	9♉34	10♉06	10♉39	11♉11	11♉44	12♉16	12♉49	13♉22	13♉54	14♉27	14♉59	15♉32	16♉05	16♉38	♂/⚳
/♃	22♋54	23♋13	23♋33	23♋53	24♋12	24♋31	24♋51	25♋10	25♋29	25♋48	26♋07	26♋25	26♋44	27♋03	27♋21	27♋40	27♋58	28♋16	28♋34	28♋52	29♋11	29♋29	29♋46	0♌04	0♌22	0♌40	0♌58	1♌15	1♌33	1♌50	2♌08	/♃
/♄	25♒05	25♒29	25♒52	26♒16	26♒39	27♒03	27♒26	27♒49	28♒12	28♒35	28♒58	29♒21	29♒44	0♓06	0♓29	0♓52	1♓14	1♓37	1♓59	2♓22	2♓44	3♓06	3♓28	3♓50	4♓12	4♓34	4♓56	5♓18	5♓40	6♓01	6♓23	/♄
/♅	22♈46	23♈10	23♈33	23♈56	24♈19	24♈43	25♈06	25♈29	25♈52	26♈15	26♈38	27♈02	27♈25	27♈48	28♈11	28♈34	28♈57	29♈20	29♈43	0♉06	0♉30	0♉53	1♉16	1♉39	2♉02	2♉25	2♉48	3♉11	3♉34	3♉56	4♉19	/♅
/♆	2♈34	2♈57	3♈19	3♈42	4♈05	4♈28	4♈51	5♈14	5♈37	5♈60	6♈22	6♈45	7♈08	7♈31	7♈53	8♈16	8♈39	9♈01	9♈24	9♈46	10♈09	10♈32	10♈54	11♈16	11♈39	12♈01	12♈24	12♈46	13♈08	13♈31	13♈53	/♆
/♇	6♓07	6♓29	6♓52	7♓14	7♓37	7♓59	8♓22	8♓44	9♓06	9♓29	9♓51	10♓13	10♓35	10♓57	11♓20	11♓42	12♓04	12♓26	12♓48	13♓10	13♓32	13♓53	14♓15	14♓37	14♓59	15♓21	15♓42	16♓04	16♓26	16♓47	17♓09	/♇
/☊	28♊25	28♊46	29♊08	29♊29	29♊51	0♋12	0♋34	0♋57	1♋19	1♋41	2♋03	2♋25	2♋45	3♋06	3♋26	3♋46	4♋05	4♋25	4♋45	5♋06	5♋27	5♋49	6♋11	6♋34	6♋56	7♋17	7♋38	7♋58	8♋17	8♋35	8♋54	/☊
⚳/♃	29♋52	0♌00	0♌08	0♌16	0♌24	0♌32	0♌40	0♌48	0♌56	1♌04	1♌11	1♌19	1♌27	1♌35	1♌42	1♌50	1♌58	2♌06	2♌13	2♌21	2♌29	2♌36	2♌44	2♌52	2♌59	3♌07	3♌15	3♌22	3♌30	3♌38	3♌45	⚳/♃
/♄	2♓04	2♓16	2♓28	2♓40	2♓51	3♓03	3♓15	3♓27	3♓39	3♓51	4♓03	4♓15	4♓27	4♓39	4♓51	5♓02	5♓14	5♓26	5♓38	5♓50	6♓02	6♓14	6♓26	6♓38	6♓50	7♓01	7♓13	7♓25	7♓37	7♓49	8♓01	/♄
/♅	29♈45	29♈56	0♉08	0♉20	0♉31	0♉43	0♉55	1♉07	1♉19	1♉31	1♉43	1♉55	2♉08	2♉20	2♉32	2♉45	2♉57	3♉10	3♉22	3♉35	3♉48	4♉00	4♉13	4♉26	4♉39	4♉52	5♉05	5♉18	5♉31	5♉44	5♉57	/♅
/♆	9♈32	9♈43	9♈55	10♈06	10♈18	10♈29	10♈41	10♈52	11♈04	11♈16	11♈27	11♈39	11♈51	12♈03	12♈15	12♈27	12♈39	12♈51	13♈03	13♈15	13♈27	13♈39	13♈52	14♈04	14♈16	14♈29	14♈41	14♈53	15♈06	15♈18	15♈31	/♆
/♇	13♓05	13♓16	13♓27	13♓38	13♓49	14♓00	14♓11	14♓22	14♓33	14♓45	14♓56	15♓07	15♓18	15♓30	15♓41	15♓52	16♓04	16♓15	16♓27	16♓38	16♓50	17♓01	17♓13	17♓24	17♓36	17♓48	17♓59	18♓11	18♓23	18♓35	18♓46	/♇
/☊	5♋24	5♋33	5♋43	5♋53	6♋03	6♋13	6♋24	6♋35	6♋46	6♋57	7♋08	7♋18	7♋28	7♋38	7♋47	7♋56	8♋05	8♋15	8♋24	8♋35	8♋46	8♋57	9♋09	9♋21	9♋33	9♋44	9♋55	10♋05	10♋14	10♋23	10♋31	/☊
♃/♄	24♏32	24♏32	24♏31	24♏30	24♏30	24♏29	24♏28	24♏26	24♏25	24♏24	24♏22	24♏21	24♏19	24♏17	24♏15	24♏13	24♏11	24♏09	24♏06	24♏04	24♏01	23♏59	23♏56	23♏53	23♏50	23♏47	23♏44	23♏41	23♏37	23♏34	23♏31	♃/♄
/♅	22♑13	22♑12	22♑11	22♋11	22♋10	22♋09	22♋08	22♋06	22♋05	22♋04	22♋03	22♋01	21♋60	21♋59	21♋57	21♋55	21♋54	21♋52	21♋51	21♋49	21♋47	21♋45	21♋43	21♋41	21♋39	21♋38	21♋36	21♋34	21♋31	21♋29	21♋27	/♅
/♆	2♑00	1♑59	1♑58	1♑57	1♑56	1♑54	1♑53	1♑52	1♑50	1♑48	1♑47	1♑45	1♑43	1♑41	1♑39	1♑37	1♑35	1♑33	1♑31	1♑29	1♑26	1♑24	1♑22	1♑19	1♑17	1♑14	1♑12	1♑09	1♑06	1♑04	1♑01	/♆
/♇	5♐33	5♐32	5♐30	5♐29	5♐27	5♐25	5♐24	5♐22	5♐20	5♐17	5♐15	5♐13	5♐11	5♐08	5♐06	5♐03	5♐00	4♐58	4♐55	4♐52	4♐49	4♐46	4♐43	4♐40	4♐37	4♐33	4♐30	4♐27	4♐23	4♐20	4♐17	/♇
/☊	27♍52	27♍49	27♍46	27♍43	27♍41	27♍38	27♍36	27♍34	27♍32	27♍30	27♍27	27♍24	27♍21	27♍17	27♍12	27♍07	27♍02	26♍57	26♍52	26♍48	26♍45	26♍42	26♍39	26♍36	26♍34	26♍30	26♍26	26♍21	26♍15	26♍08	26♍02	/☊
♄/♅	24♒25	24♒28	24♒31	24♒34	24♒37	24♒40	24♒43	24♒46	24♒49	24♒51	24♒54	24♒57	24♒60	25♒02	25♒05	25♒08	25♒10	25♒13	25♒15	25♒18	25♒20	25♒23	25♒25	25♒27	25♒30	25♒32	25♒34	25♒36	25♒38	25♒40	25♒42	♄/♅
/♆	4♒12	4♒15	4♒17	4♒20	4♒23	4♒26	4♒28	4♒31	4♒33	4♒36	4♒38	4♒41	4♒43	4♒45	4♒47	4♒50	4♒52	4♒54	4♒56	4♒58	4♒60	5♒02	5♒03	5♒05	5♒07	5♒09	5♒10	5♒12	5♒13	5♒15	5♒16	/♆
/♇	7♑45	7♑48	7♑50	7♑52	7♑54	7♑57	7♑59	8♑01	8♑03	8♑05	8♑07	8♑08	8♑10	8♑12	8♑14	8♑15	8♑17	8♑18	8♑20	8♑21	8♑22	8♑24	8♑25	8♑26	8♑27	8♑28	8♑29	8♑30	8♑30	8♑31	8♑32	/♇
/☊	0♏03	0♏04	0♏06	0♏07	0♏08	0♏10	0♏11	0♏13	0♏15	0♏17	0♏19	0♏20	0♏20	0♏20	0♏20	0♏19	0♏18	0♏18	0♏17	0♏17	0♏18	0♏19	0♏21	0♏22	0♏24	0♏24	0♏24	0♏23	0♏21	0♏19	0♏17	/☊
♅/♆	1♈53	1♈55	1♈58	2♈00	2♈03	2♈06	2♈08	2♈11	2♈13	2♈16	2♈19	2♈21	2♈24	2♈27	2♈29	2♈32	2♈35	2♈37	2♈40	2♈43	2♈45	2♈48	2♈51	2♈54	2♈56	2♈59	3♈02	3♈04	3♈07	3♈10	3♈13	♅/♆
/♇	5♓26	5♓28	5♓30	5♓32	5♓35	5♓37	5♓39	5♓41	5♓43	5♓45	5♓47	5♓49	5♓51	5♓53	5♓56	5♓58	5♓60	6♓02	6♓04	6♓06	6♓08	6♓10	6♓12	6♓14	6♓16	6♓18	6♓20	6♓22	6♓24	6♓26	6♓28	/♇
/☊	27♊44	27♊45	27♊46	27♊47	27♊48	27♊50	27♊51	27♊53	27♊55	27♊57	27♊59	28♊01	28♊01	28♊02	28♊02	28♊02	28♊01	28♊01	28♊01	28♊02	28♊04	28♊06	28♊08	28♊11	28♊13	28♊15	28♊16	28♊16	28♊15	28♊14	28♊13	/☊
♆/♇	15♒13	15♒15	15♒17	15♒19	15♒21	15♒22	15♒24	15♒26	15♒28	15♒29	15♒31	15♒33	15♒35	15♒36	15♒38	15♒39	15♒41	15♒43	15♒44	15♒46	15♒47	15♒49	15♒51	15♒52	15♒53	15♒55	15♒56	15♒58	15♒59	16♒01	16♒02	♆/♇
/☊	7♊31	7♊32	7♊33	7♊33	7♊34	7♊35	7♊37	7♊38	7♊40	7♊42	7♊43	7♊44	7♊45	7♊45	7♊44	7♊43	7♊43	7♊42	7♊42	7♊42	7♊43	7♊45	7♊47	7♊49	7♊50	7♊52	7♊52	7♊52	7♊50	7♊49	7♊47	/☊
♇/☊	11♏05	11♏05	11♏05	11♏05	11♏06	11♏06	11♏07	11♏08	11♏10	11♏11	11♏12	11♏12	11♏12	11♏11	11♏10	11♏09	11♏08	11♏07	11♏06	11♏06	11♏06	11♏07	11♏08	11♏09	11♏10	11♏11	11♏10	11♏09	11♏07	11♏05	11♏03	♇/☊

March 2017

April 2017

	1	2	3	4	5	6	7	8	9	10	11	12	13	14	15
☉/☽	7♉57	15♉43	23♉21	0♊51	8♊12	15♊25	22♊30	29♊29	6♋21	13♋08	19♋50	26♑28	3♒01	9♒31	15♒58
/☿	20♈52	21♈50	22♈45	23♈37	24♈25	25♈10	25♈52	26♈29	27♈04	27♈35	28♈03	28♈27	28♈49	29♈08	29♈24
/♀	6♈15	6♈28	6♈43	6♈59	7♈15	7♈33	7♈52	8♈11	8♈32	8♈55	9♈18	9♈43	10♈09	10♈36	11♈04
/♂	28♈35	29♈26	0♉16	1♉07	1♉58	2♉48	3♉39	4♉29	5♉20	6♉10	7♉01	7♉51	8♉42	9♉32	10♉22
/⚳	0♉03	0♉44	1♉25	2♉06	2♉47	3♉29	4♉10	4♉51	5♉32	6♉13	6♉55	7♉36	8♉17	8♉58	9♉40
/♃	15♑18	15♑43	16♑09	16♑35	17♑01	17♑26	17♑52	18♋18	18♋43	19♋09	19♋35	20♋00	20♋26	20♋51	21♋17
/♄	19♒37	20♒07	20♒36	21♒06	21♒36	22♒05	22♒35	23♒04	23♒34	24♒03	24♒32	25♒01	25♒30	25♒59	26♒28
/♅	17♈35	18♈06	18♈37	19♈09	19♈40	20♈11	20♈42	21♈14	21♈45	22♈16	22♈47	23♈18	23♈49	24♈20	24♈52
/♆	27♓08	27♓38	28♓09	28♓40	29♓10	29♓41	0♈11	0♈42	1♈12	1♈42	2♈13	2♈43	3♈14	3♈44	4♈14
/♇	0♓23	0♓53	1♓22	1♓52	2♓22	2♓52	3♓22	3♓51	4♓21	4♓51	5♓20	5♓50	6♓19	6♓49	7♓18
/☊	22♊05	22♊33	23♊01	23♊30	24♊00	24♊31	25♊01	25♊30	25♊58	26♊26	26♊52	27♊17	27♊42	28♊06	28♊31
☽/☿	17♉22	25♉07	2♊41	10♊03	17♊13	24♊12	0♋60	7♋37	14♋05	20♋24	26♋35	2♌39	8♒35	14♒24	20♒09
/♀	2♉45	9♉45	16♉38	23♉25	0♊03	6♊35	12♊60	19♊19	25♊34	1♑44	7♑51	13♑54	19♑54	25♑52	1♒49
/♂	25♉05	2♊42	10♊12	17♊33	24♊46	1♋50	8♋47	15♋37	22♋21	28♋60	5♌34	12♌03	18♌28	24♌49	1♓07
/⚳	26♉33	4♊00	11♊20	18♊32	25♊35	2♋30	9♋18	15♋59	22♋33	29♋03	5♌27	11♌47	18♌03	24♒15	0♓25
/♃	11♌48	18♌60	26♌05	3♍01	9♍49	16♍28	23♍00	29♍25	5♎45	11♎58	18♎07	24♎11	0♏12	6♏08	12♏02
/♄	16♓07	23♓23	0♎32	7♎32	14♎24	21♎07	27♎43	4♏12	10♏35	16♏52	23♏05	29♏13	5♐16	11♐16	17♐13
/♅	14♉05	21♉22	28♉33	5♊35	12♊28	19♊13	25♊50	2♋21	8♋46	15♋05	21♋20	27♑30	3♒35	9♒37	15♒37
/♆	23♈38	0♉55	8♉04	15♉06	21♉58	28♉42	5♊19	11♊49	18♐13	24♐32	0♑46	6♑55	12♑59	19♑01	24♑59
/♇	26♓53	4♈09	11♈18	18♈18	25♎10	1♏54	8♏30	14♏59	21♏22	27♏40	3♐53	10♐01	16♐05	22♐05	28♐03
/☊	18♋35	25♋49	2♌56	9♌56	16♌48	23♌32	0♍09	6♍38	12♍60	19♍15	25♍25	1♎29	7♎28	13♎23	19♎16
☿/♀	15♈39	15♈52	16♈03	16♈11	16♈17	16♈20	16♈21	16♈20	16♈16	16♈11	16♈03	15♈53	15♈42	15♈29	15♈15
/♂	7♉59	8♉49	9♉36	10♉19	10♉59	11♉36	12♉09	12♉38	13♉04	13♉26	13♉46	14♉02	14♉15	14♉25	14♉33
/⚳	9♉27	10♉08	10♉45	11♉19	11♉49	12♉16	12♉39	12♉59	13♉16	13♉29	13♉39	13♉46	13♉50	13♉52	13♉51
/♃	24♋42	25♋07	25♋29	25♋47	26♋02	26♋14	26♋22	26♋26	26♋27	26♋25	26♋19	26♋11	25♋59	25♋45	25♋28
/♄	29♒01	29♒31	29♒56	0♓19	0♓37	0♓53	1♓04	1♓13	1♓18	1♓19	1♓17	1♓12	1♓04	0♓53	0♓39
/♅	26♈60	27♈30	27♈57	28♈21	28♈42	28♈59	29♈12	29♈22	29♈29	29♈32	29♈32	29♈29	29♈23	29♈14	29♈03
/♆	6♈32	7♈02	7♈29	7♈52	8♈12	8♈28	8♈41	8♈50	8♈56	8♈59	8♈58	8♈54	8♈47	8♈37	8♈25
/♇	9♓47	10♓17	10♓42	11♓05	11♓24	11♓39	11♓51	11♓60	12♓05	12♓07	12♓05	12♓00	11♓53	11♓42	11♓29
/☊	1♋30	1♋56	2♋21	2♋43	3♋02	3♋18	3♋30	3♋39	3♋42	3♋42	3♋37	3♋28	3♋15	2♋60	2♋42
♀/♂	23♈22	23♈27	23♈34	23♈41	23♈49	23♈58	24♈09	24♈20	24♈33	24♈46	25♈01	25♈17	25♈35	25♈53	26♈13
/⚳	24♈50	24♈46	24♈42	24♈40	24♈39	24♈38	24♈39	24♈41	24♈45	24♈49	24♈55	25♈02	25♈10	25♈20	25♈31
/♃	10♑05	9♑45	9♑27	9♑09	8♑52	8♑36	8♑22	8♑08	7♑56	7♑45	7♑35	7♑26	7♑19	7♑13	7♑08
/♄	14♒24	14♒09	13♒54	13♒40	13♒27	13♒15	13♒04	12♒55	12♒46	12♒39	12♒32	12♒27	12♒24	12♒21	12♒19
/♅	12♈22	12♈08	11♈55	11♈43	11♈31	11♈21	11♈12	11♈04	10♈57	10♈52	10♈47	10♈44	10♈43	10♈42	10♈43
/♆	21♓55	21♓40	21♓26	21♓14	21♓02	20♓51	20♓41	20♓32	20♓25	20♓18	20♓13	20♓09	20♓07	20♓05	20♓05
/♇	25♒10	24♒55	24♒40	24♒26	24♒13	24♒02	23♒51	23♒42	23♒33	23♒26	23♒20	23♒16	23♒12	23♒10	23♒09
/☊	16♊52	16♊35	16♊19	16♊04	15♊52	15♊41	15♊30	15♊21	15♊11	15♊02	14♊52	14♊43	14♊35	14♊28	14♊22
♂/⚳	17♉10	17♉43	18♉16	18♉48	19♉21	19♉54	20♉27	20♉59	21♉32	22♉05	22♉38	23♉11	23♉43	24♉16	24♉49
/♃	2♌25	2♌43	2♌60	3♌17	3♌35	3♌52	4♌09	4♌26	4♌43	5♌01	5♌18	5♌35	5♌52	6♌09	6♌26
/♄	6♓44	7♓06	7♓27	7♓48	8♓10	8♓31	8♓52	9♓13	9♓34	9♓55	10♓15	10♓36	10♓57	11♓17	11♓38
/♅	4♉42	5♉05	5♉28	5♉51	6♉14	6♉37	6♉59	7♉22	7♉45	8♉08	8♉30	8♉53	9♉16	9♉38	10♉01
/♆	14♈15	14♈37	14♈60	15♈22	15♈44	16♈06	16♈28	16♈50	17♈12	17♈34	17♈56	18♈18	18♈40	19♈02	19♈24
/♇	17♓30	17♓52	18♓13	18♓35	18♓56	19♓17	19♓39	19♓60	20♓21	20♓42	21♓03	21♓24	21♓46	22♓07	22♓28
/☊	9♋12	9♋32	9♋52	10♋13	10♋34	10♋56	11♋18	11♋39	11♋59	12♋17	12♋35	12♋52	13♋08	13♋24	13♋40
⚳/♃	3♌53	4♌01	4♌09	4♌16	4♌24	4♌32	4♌40	4♌48	4♌56	5♌03	5♌11	5♌19	5♌27	5♌35	5♌44
/♄	8♓12	8♓24	8♓36	8♓48	8♓59	9♓11	9♓23	9♓34	9♓46	9♓57	10♓09	10♓21	10♓32	10♓44	10♓55
/♅	6♉10	6♉24	6♉37	6♉50	7♉03	7♉17	7♉30	7♉44	7♉57	8♉10	8♉24	8♉38	8♉51	9♉05	9♉18
/♆	15♈43	15♈56	16♈08	16♈21	16♈34	16♈46	16♈59	17♈12	17♈24	17♈37	17♈50	18♈03	18♈15	18♈28	18♈41
/♇	18♓58	19♓10	19♓22	19♓34	19♓46	19♓57	20♓09	20♓21	20♓33	20♓45	20♓57	21♓09	21♓21	21♓33	21♓45
/☊	10♋40	10♋50	11♋01	11♋12	11♋24	11♋36	11♋48	12♋00	12♋11	12♋20	12♋29	12♋36	12♋43	12♋50	12♋58
♃/♄	23♏27	23♏24	23♏20	23♏16	23♏13	23♏09	23♏05	23♏01	22♏57	22♏53	22♏49	22♏45	22♏41	22♏37	22♏32
/♅	21♋25	21♋23	21♋21	21♋19	21♋17	21♋15	21♋13	21♋10	21♋08	21♋06	21♋04	21♋02	20♋60	20♋58	20♋56
/♆	0♑58	0♑55	0♑53	0♑50	0♑47	0♑44	0♑41	0♑38	0♑36	0♑33	0♑30	0♑27	0♑24	0♑21	0♑18
/♇	4♐13	4♐10	4♐06	4♐03	3♐59	3♐55	3♐52	3♐48	3♐44	3♐41	3♐37	3♐33	3♐30	3♐26	3♐22
/☊	25♍55	25♍50	25♍45	25♍41	25♍37	25♍34	25♍31	25♍27	25♍22	25♍16	25♍09	25♍01	24♍52	24♍43	24♍35
♄/♅	25♒44	25♒46	25♒48	25♒50	25♒52	25♒54	25♒55	25♒57	25♒58	26♒00	26♒02	26♒03	26♒04	26♒06	26♒07
/♆	5♒17	5♒19	5♒20	5♒21	5♒22	5♒23	5♒24	5♒25	5♒26	5♒27	5♒27	5♒28	5♒29	5♒29	5♒30
/♇	8♑32	8♑33	8♑33	8♑34	8♑34	8♑34	8♑34	8♑35	8♑35	8♑35	8♑35	8♑34	8♑34	8♑34	8♑34
/☊	0♏14	0♏13	0♏12	0♏12	0♏12	0♏13	0♏14	0♏13	0♏12	0♏10	0♏06	0♏02	29♎57	29♎52	29♎46
♅/♆	3♈15	3♈18	3♈21	3♈24	3♈26	3♈29	3♈32	3♈34	3♈37	3♈40	3♈42	3♈45	3♈48	3♈50	3♈53
/♇	6♓30	6♓32	6♓34	6♓36	6♓38	6♓40	6♓42	6♓44	6♓46	6♓48	6♓50	6♓51	6♓53	6♓55	6♓57
/☊	28♊12	28♊12	28♊13	28♊14	28♊17	28♊19	28♊21	28♊23	28♊23	28♊23	28♊21	28♊19	28♊16	28♊13	28♊10
♆/♇	16♒03	16♒05	16♒06	16♒07	16♒08	16♒10	16♒11	16♒12	16♒13	16♒14	16♒15	16♒16	16♒17	16♒18	16♒19
/☊	7♊45	7♊45	7♊45	7♊45	7♊47	7♊48	7♊50	7♊51	7♊51	7♊49	7♊47	7♊44	7♊40	7♊36	7♊32
♇/☊	11♏00	10♏59	10♏58	10♏58	10♏59	10♏60	11♏00	11♏00	10♏60	10♏58	10♏54	10♏50	10♏46	10♏41	10♏36

	16	17	18	19	20	21	22	23	24	25	26	27	28	29	30
☉/☽	22♒23	28♒49	5♓16	11♓48	18♓26	25♓13	2♈12	9♈24	16♈50	24♈30	2♉22	10♉22	18♉25	26♉27	4♊22
/☿	29♈38	29♈50	0♉01	0♉10	0♉19	0♉27	0♉35	0♉43	0♉53	1♉03	1♉15	1♉28	1♉43	2♉00	2♉20
/♀	11♈33	12♈04	12♈36	13♈09	13♈42	14♈18	14♈54	15♈31	16♈09	16♈48	17♈28	18♈08	18♈50	19♈32	20♈15
/♂	11♉13	12♉03	12♉53	13♉43	14♉33	15♉23	16♉13	17♉03	17♉53	18♉43	19♉33	20♉23	21♉13	22♉03	22♉52
/⚳	10♉21	11♉02	11♉43	12♉25	13♉06	13♉47	14♉29	15♉10	15♉51	16♉33	17♉14	17♉55	18♉37	19♉18	19♉60
/♃	21♋42	22♋08	22♋34	22♋59	23♋25	23♋50	24♋16	24♋42	25♋07	25♋33	25♋59	26♋25	26♋51	27♋16	27♋42
/♄	26♒57	27♒26	27♒55	28♒24	28♒52	29♒21	29♒49	0♓18	0♓46	1♓15	1♓43	2♓11	2♓39	3♓08	3♓36
/♅	25♈23	25♈54	26♈25	26♈56	27♈27	27♈58	28♈29	28♈60	29♈31	0♉02	0♉33	1♉03	1♉34	2♉05	2♉36
/♆	4♈44	5♈15	5♈45	6♈15	6♈45	7♈15	7♈45	8♈16	8♈46	9♈16	9♈46	10♈16	10♈46	11♈15	11♈45
/♇	7♓48	8♓17	8♓46	9♓16	9♓45	10♓14	10♓44	11♓13	11♓42	12♓11	12♓40	13♓09	13♓39	14♓08	14♓37
/☊	28♊56	29♊23	29♊50	0♋19	0♋48	1♋18	1♋47	2♋16	2♋44	3♋10	3♋36	4♋00	4♋25	4♋49	5♋15
☽/☿	25♒50	1♓28	7♓08	12♓50	18♓38	24♓35	0♈44	7♈06	13♈43	20♈35	27♈40	4♉54	12♉15	19♉35	26♉51
/♀	7♒45	13♒42	19♒43	25♒48	2♓02	8♓26	15♓02	21♓53	28♓59	6♈19	13♈52	21♈35	29♈21	7♉07	14♉47
/♂	7♓24	13♓41	19♓60	26♓23	2♈53	9♈32	16♈22	23♈25	0♉43	8♉15	15♉58	23♉49	1♊44	9♊37	17♊24
/⚳	6♓32	12♓40	18♓50	25♓05	1♈26	7♈56	14♈37	21♈32	28♈41	6♉04	13♉39	21♉22	29♉08	6♊53	14♊31
/♃	17♏54	23♏46	29♏41	5♐39	11♐44	17♐59	24♐25	1♑04	7♑57	15♑05	22♋24	29♋51	7♌22	14♌51	22♌14
/♄	23♐09	29♐04	5♑02	11♑04	17♑12	23♑29	29♑58	6♒40	13♒36	20♒46	28♒08	5♓38	13♓11	20♓42	28♍07
/♅	21♒34	27♒32	3♓32	9♓36	15♓46	22♓06	28♓37	5♈22	12♈21	19♈33	26♈57	4♉30	12♉06	19♉40	27♉07
/♆	0♒56	6♒53	12♒52	18♒55	25♒05	1♓24	7♓54	14♓38	21♓36	28♓47	6♈11	13♈42	21♈17	28♈50	6♉17
/♇	3♑59	9♑55	15♑53	21♑56	28♑05	4♒23	10♒52	17♒35	24♒32	1♓43	9♓05	16♓36	24♓10	1♈42	9♈08
/☊	25♎08	1♏01	6♏57	12♏59	19♏08	25♏26	1♊56	8♊38	15♊34	22♊42	0♋01	7♋27	14♋56	22♋24	29♋46
☿/♀	14♈60	14♈44	14♈27	14♈11	13♈55	13♈40	13♈25	13♈12	13♈01	12♈52	12♈45	12♈41	12♈39	12♈40	12♈44
/♂	14♉39	14♉43	14♉45	14♉45	14♉46	14♉45	14♉45	14♉45	14♉46	14♉47	14♉51	14♉55	15♉02	15♉11	15♉21
/⚳	13♉47	13♉42	13♉35	13♉27	13♉18	13♉09	13♉00	12♉52	12♉44	12♉37	12♉32	12♉28	12♉26	12♉26	12♉28
/♃	25♋09	24♋48	24♋25	24♋02	23♋37	23♋12	22♋48	22♋23	21♋60	21♋37	21♋16	20♋57	20♋40	20♋24	20♋11
/♄	0♓24	0♓06	29♒47	29♒26	29♒05	28♒43	28♒21	27♒60	27♒39	27♒19	27♒00	26♒44	26♒28	26♒15	26♒04
/♅	28♈49	28♈33	28♈16	27♈58	27♈39	27♈20	27♈00	26♈41	26♈23	26♈06	25♈50	25♈36	25♈23	25♈13	25♈05
/♆	8♈11	7♈54	7♈37	7♈17	6♈58	6♈37	6♈17	5♈57	5♈38	5♈20	5♈03	4♈48	4♈35	4♈23	4♈14
/♇	11♓14	10♓57	10♓38	10♓18	9♓57	9♓36	9♓15	8♓54	8♓34	8♓15	7♓58	7♓42	7♓28	7♓15	7♓05
/☊	2♋23	2♋03	1♋42	1♋21	1♋01	0♋40	0♋19	29♊58	29♊36	29♊15	28♊53	28♊33	28♊14	27♊57	27♊43
♀/♂	26♈34	26♈56	27♈20	27♈44	28♈09	28♈36	29♈04	29♈32	0♉02	0♉32	1♉03	1♉36	2♉09	2♉42	3♉17
/⚳	25♈43	25♈56	26♈10	26♈26	26♈42	27♈00	27♈19	27♈39	27♈60	28♈22	28♈44	29♈08	29♈33	29♈58	0♉24
/♃	7♑04	7♑02	7♑00	7♑00	7♑01	7♑03	7♑06	7♑11	7♑16	7♑22	7♑29	7♑37	7♑46	7♑56	8♑07
/♄	12♒19	12♒20	12♒22	12♒25	12♒29	12♒34	12♒40	12♒47	12♒55	13♒04	13♒13	13♒24	13♒35	13♒47	14♒00
/♅	10♈44	10♈47	10♈51	10♈57	11♈03	11♈11	11♈19	11♈29	11♈39	11♈51	12♈03	12♈16	12♈30	12♈45	13♈01
/♆	20♓06	20♓08	20♓12	20♓16	20♓22	20♓28	20♓36	20♓44	20♓54	21♓04	21♓16	21♓28	21♓41	21♓55	22♓10
/♇	23♒09	23♒11	23♒13	23♒17	23♒21	23♒27	23♒34	23♒42	23♒50	24♒00	24♒11	24♒22	24♒34	24♒47	25♒01
/☊	14♊18	14♊16	14♊17	14♊20	14♊25	14♊31	14♊38	14♊45	14♊52	14♊59	15♊06	15♊13	15♊20	15♊29	15♊39
♂/⚳	25♉22	25♉55	26♉27	27♉00	27♉33	28♉06	28♉39	29♉11	29♉44	0♊17	0♊50	1♊23	1♊56	2♊28	3♊01
/♃	6♌43	7♌00	7♌18	7♌35	7♌52	8♌09	8♌26	8♌43	9♌00	9♌18	9♌35	9♌52	10♌09	10♌27	10♌44
/♄	11♓58	12♓19	12♓39	12♓59	13♓19	13♓39	13♓59	14♓19	14♓39	14♓59	15♓19	15♓39	15♓58	16♓18	16♓37
/♅	10♉24	10♉46	11♉09	11♉31	11♉54	12♉16	12♉39	13♉01	13♉24	13♉46	14♉08	14♉31	14♉53	15♉15	15♉38
/♆	19♈45	20♈07	20♈29	20♈51	21♈12	21♈34	21♈55	22♈17	22♈39	23♈00	23♈22	23♈43	24♈04	24♈26	24♈47
/♇	22♓49	23♓09	23♓30	23♓51	24♓12	24♓33	24♓54	25♓14	25♓35	25♓56	26♓16	26♓37	26♓57	27♓18	27♓38
/☊	13♋57	14♋15	14♋34	14♋54	15♋15	15♋36	15♋57	16♋18	16♋37	16♋55	17♋12	17♋28	17♋43	17♋59	18♋16
⚳/♃	5♌52	5♌60	6♌08	6♌16	6♌25	6♌33	6♌41	6♌50	6♌59	7♌07	7♌16	7♌25	7♌33	7♌42	7♌51
/♄	11♓07	11♓18	11♓29	11♓41	11♓52	12♓04	12♓15	12♓26	12♓37	12♓49	12♓60	13♓11	13♓22	13♓33	13♓44
/♅	9♉32	9♉46	9♉59	10♉13	10♉27	10♉40	10♉54	11♉08	11♉22	11♉36	11♉49	12♉03	12♉17	12♉31	12♉45
/♆	18♈54	19♈06	19♈19	19♈32	19♈45	19♈58	20♈11	20♈24	20♈37	20♈50	21♈02	21♈15	21♈28	21♈41	21♈54
/♇	21♓57	22♓09	22♓21	22♓33	22♓45	22♓57	23♓09	23♓21	23♓33	23♓45	23♓57	24♓09	24♓21	24♓33	24♓46
/☊	13♋06	13♋15	13♋25	13♋36	13♋48	14♋01	14♋13	14♋24	14♋35	14♋44	14♋53	15♋00	15♋07	15♋15	15♋23
♃/♄	22♏28	22♏24	22♏20	22♏15	22♏11	22♏07	22♏02	21♏58	21♏53	21♏49	21♏45	21♏40	21♏36	21♏32	21♏27
/♅	20♋53	20♋51	20♋49	20♋47	20♋45	20♋44	20♋42	20♋40	20♋38	20♋36	20♋34	20♋33	20♋31	20♋29	20♋28
/♆	0♑15	0♑12	0♑10	0♑07	0♑04	0♑01	29♐58	29♐55	29♐53	29♐50	29♐47	29♐45	29♐42	29♐40	29♐37
/♇	3♐18	3♐15	3♐11	3♐07	3♐04	3♐00	2♐56	2♐53	2♐49	2♐46	2♐42	2♐39	2♐35	2♐32	2♐28
/☊	24♍27	24♍21	24♍15	24♍11	24♍07	24♍04	24♍00	23♍56	23♍51	23♍45	23♍38	23♍29	23♍21	23♍13	23♍06
♄/♅	26♒08	26♒10	26♒11	26♒12	26♒13	26♒14	26♒15	26♒16	26♒17	26♒18	26♒18	26♒19	26♒20	26♒20	26♒21
/♆	5♒30	5♒31	5♒31	5♒31	5♒31	5♒31	5♒32	5♒32	5♒32	5♒32	5♒31	5♒31	5♒31	5♒31	5♒30
/♇	8♑33	8♑33	8♑32	8♑32	8♑31	8♑30	8♑30	8♑29	8♑28	8♑27	8♑26	8♑25	8♑24	8♑23	8♑22
/☊	29♎42	29♎39	29♎36	29♎35	29♎34	29♎34	29♎34	29♎32	29♎30	29♎26	29♎22	29♎16	29♎10	29♎04	28♎59
♅/♆	3♈55	3♈58	4♈01	4♈03	4♈06	4♈08	4♈11	4♈13	4♈16	4♈18	4♈21	4♈23	4♈26	4♈28	4♈31
/♇	6♓59	7♓00	7♓02	7♓04	7♓06	7♓07	7♓09	7♓11	7♓12	7♓14	7♓16	7♓17	7♓19	7♓20	7♓22
/☊	28♊07	28♊06	28♊06	28♊07	28♊09	28♊11	28♊13	28♊14	28♊14	28♊13	28♊11	28♊08	28♊05	28♊02	27♊60
♆/♇	16♒20	16♒21	16♒22	16♒23	16♒24	16♒25	16♒26	16♒27	16♒27	16♒28	16♒29	16♒29	16♒30	16♒31	16♒31
/☊	7♊29	7♊27	7♊26	7♊26	7♊27	7♊28	7♊30	7♊30	7♊29	7♊27	7♊24	7♊20	7♊16	7♊12	7♊09
♇/☊	10♏32	10♏30	10♏28	10♏27	10♏27	10♏27	10♏28	10♏27	10♏26	10♏23	10♏19	10♏14	10♏09	10♏04	10♏00

April 2017

May 2017

	1	2	3	4	5	6	7	8	9	10	11	12	13	14	15	16	17	18	19	20	21	22	23	24	25	26	27	28	29	30	31
☉/☽	12♊07	19♊40	27♊02	4♋11	11♋11	18♋02	24♋47	1♌26	8♌01	14♌32	21♒01	27♒28	3♓53	10♓18	16♓43	23♓11	29♓42	6♈19	13♈05	20♈01	27♈10	4♉33	12♉12	20♉03	28♉05	6♊13	14♊20	22♊22	0♋14	7♋53	15♋18
/☿	2♉41	3♉05	3♉31	3♉60	4♉31	5♉04	5♉40	6♉18	6♉58	7♉40	8♉25	9♉11	9♉59	10♉50	11♉42	12♉35	13♉31	14♉28	15♉26	16♉27	17♉28	18♉31	19♉36	20♉42	21♉49	22♉57	24♉07	25♉18	26♉31	27♉44	28♉59
/♀	20♈59	21♈44	22♈29	23♈15	24♈02	24♈49	25♈36	26♈25	27♈14	28♈03	28♈53	29♈43	0♉34	1♉25	2♉17	3♉09	4♉02	4♉55	5♉48	6♉42	7♉36	8♉30	9♉25	10♉19	11♉15	12♉10	13♉06	14♉02	14♉58	15♉55	16♉51
/♂	23♉42	24♉32	25♉22	26♉11	27♉01	27♉50	28♉40	29♉29	0♊19	1♊08	1♊57	2♊47	3♊36	4♊25	5♊15	6♊04	6♊53	7♊42	8♊31	9♊20	10♊09	10♊59	11♊48	12♊37	13♊26	14♊15	15♊03	15♊52	16♊41	17♊30	18♊19
/⚷	20♉41	21♉22	22♉04	22♉45	23♉26	24♉08	24♉49	25♉30	26♉12	26♉53	27♉35	28♉16	28♉57	29♉39	0♊20	1♊01	1♊43	2♊24	3♊05	3♊47	4♊28	5♊10	5♊51	6♊32	7♊14	7♊55	8♊36	9♊18	9♊59	10♊40	11♊22
/♃	28♋08	28♋34	29♋00	29♋26	29♋52	0♌19	0♌45	1♌11	1♌37	2♌04	2♌30	2♌57	3♌23	3♌50	4♌16	4♌43	5♌10	5♌37	6♌04	6♌31	6♌58	7♌25	7♌52	8♌20	8♌47	9♌14	9♌42	10♌10	10♌37	11♌05	11♌33
/♄	4♓04	4♓32	4♓59	5♓27	5♓55	6♓23	6♓50	7♓18	7♓46	8♓13	8♓41	9♓08	9♓35	10♓03	10♓30	10♓57	11♓24	11♓51	12♓19	12♓46	13♓13	13♓40	14♓07	14♓33	15♓00	15♓27	15♓54	16♓21	16♓48	17♓14	17♓41
/♅	3♉07	3♉38	4♉08	4♉39	5♉10	5♉41	6♉11	6♉42	7♉13	7♉43	8♉14	8♉44	9♉15	9♉45	10♉16	10♉46	11♉17	11♉47	12♉18	12♉48	13♉18	13♉49	14♉19	14♉49	15♉20	15♉50	16♉20	16♉50	17♉21	17♉51	18♉21
/♆	12♈15	12♈45	13♈15	13♈45	14♈14	14♈44	15♈14	15♈43	16♈13	16♈43	17♈12	17♈42	18♈11	18♈41	19♈10	19♈40	20♈09	20♈38	21♈08	21♈37	22♈06	22♈36	23♈05	23♈34	24♈03	24♈33	25♈02	25♈31	25♈60	26♈29	26♈58
/♇	15♓06	15♓35	16♓04	16♓32	17♓01	17♓30	17♓59	18♓28	18♓56	19♓25	19♓54	20♓23	20♓51	21♓20	21♓48	22♓17	22♓46	23♓14	23♓43	24♓11	24♓40	25♓08	25♓36	26♓05	26♓33	27♓02	27♓30	27♓58	28♓26	28♓55	29♓23
/☊	5♋41	6♋09	6♋38	7♋07	7♋36	8♋04	8♋31	8♋57	9♋21	9♋44	10♋07	10♋29	10♋51	11♋14	11♋39	12♋05	12♋32	12♋60	13♋29	13♋57	14♋26	14♋53	15♋19	15♋43	16♋07	16♋31	16♋54	17♋19	17♋45	18♋12	18♋40
☽/☿	3♊59	10♊58	17♊47	24♊27	1♋00	7♋27	13♋49	20♋08	26♑25	2♒41	8♒56	15♒11	21♒27	27♒44	4♓03	10♓27	16♓55	23♓32	0♈18	7♈17	14♈30	21♈59	29♈44	7♉43	15♉55	24♉13	2♊33	10♊49	18♊55	26♊50	4♋32
/♀	22♉17	29♉37	6♊45	13♊43	20♊31	27♊11	3♋45	10♑15	16♑40	23♑03	29♑24	5♒43	12♒02	18♒20	24♒39	1♓01	7♓27	13♓59	20♓40	27♓32	4♈37	11♈57	19♈32	27♈21	5♉21	13♉26	21♉32	29♉32	7♊23	15♊00	22♊24
/♂	25♊00	2♋25	9♋38	16♋39	23♋30	0♌13	6♌49	13♌19	19♌45	26♌08	2♍29	8♍47	15♓04	21♓20	27♓37	3♈55	10♈18	16♈46	23♈23	0♉11	7♉11	14♉26	21♉55	29♉38	7♊32	15♊31	23♊29	1♋23	9♋06	16♋36	23♋52
/⚷	21♊59	29♊15	6♋20	13♋13	19♋56	26♋30	2♌58	9♌20	15♌39	21♌54	28♌06	4♍16	10♓25	16♓33	22♓42	28♓53	5♈07	11♈28	17♈57	24♈37	1♉30	8♉37	15♉59	23♉34	1♊20	9♊11	17♊02	24♊48	2♋24	9♋46	16♋55
/♃	29♌26	6♍27	13♍16	19♍54	26♍22	2♎41	8♎54	15♎01	21♎04	27♎04	3♏01	8♏57	14♏51	20♏44	26♏38	2♐35	8♐35	14♐41	20♐55	27♐21	3♑59	10♑52	18♋00	25♋21	2♌53	10♌31	18♌08	25♌40	3♍02	10♍11	17♍06
/♄	5♎22	12♎25	19♎16	25♎55	2♏24	8♏45	14♏59	21♏08	27♏12	3♐13	9♐12	15♐08	21♐03	26♐57	2♑52	8♑48	14♑49	20♑55	27♑10	3♒36	10♒14	17♒07	24♒14	1♓35	9♓07	16♓43	24♓20	1♎51	9♎12	16♎20	23♎14
/♅	4♊25	11♊31	18♊25	25♊07	1♋39	8♋03	14♋20	20♋32	26♑39	2♒43	8♒45	14♒44	20♒42	26♒40	2♓38	8♓38	14♓41	20♓51	27♓09	3♈38	10♈20	17♈16	24♈27	1♉51	9♉26	17♉06	24♉46	2♊21	9♊45	16♊57	23♊54
/♆	13♉33	20♉38	27♉31	4♊12	10♊44	17♐06	23♐23	29♐33	5♑40	11♑43	17♑43	23♑42	29♑39	5♒35	11♒32	17♒31	23♒34	29♒42	5♓59	12♓27	19♓08	26♓03	3♈13	10♈36	18♈10	25♈49	3♉28	11♉01	18♉24	25♉35	2♊31
/♇	16♈24	23♎28	0♏20	7♏00	13♏31	19♏53	26♏08	2♐18	8♐23	14♐26	20♐25	26♐23	2♑19	8♑14	14♑10	20♑08	26♑10	2♒18	8♒34	15♒01	21♒41	28♒35	5♓44	13♓07	20♓39	28♓18	5♈56	13♈29	20♎51	28♎01	4♏56
/☊	6♌59	14♌02	20♌54	27♌35	4♍05	10♍27	16♍40	22♍47	28♍48	4♎45	10♎38	16♎29	22♎19	28♎09	4♏01	9♏56	15♏56	22♏04	28♏20	4♊48	11♊27	18♊20	25♊27	2♋45	10♋13	17♋47	25♋20	2♌49	10♌09	17♌18	24♌13
☿/♀	12♈51	13♈02	13♈15	13♈31	13♈51	14♈13	14♈38	15♈07	15♈38	16♈11	16♈48	17♈26	18♈08	18♈51	19♈37	20♈25	21♈15	22♈07	23♈02	23♈58	24♈55	25♈55	26♈57	27♈60	29♈04	0♉11	1♉19	2♉28	3♉39	4♉52	6♉06
/♂	15♉34	15♉50	16♉07	16♉27	16♉50	17♉15	17♉42	18♉11	18♉43	19♉16	19♉52	20♉30	21♉10	21♉51	22♉35	23♉20	24♉06	24♉55	25♉45	26♉36	27♉29	28♉24	29♉20	0♊17	1♊15	2♊15	3♊16	4♊19	5♊22	6♊27	7♊33
/⚷	12♉33	12♉40	12♉49	13♉01	13♉15	13♉32	13♉51	14♉12	14♉36	15♉01	15♉29	15♉59	16♉31	17♉04	17♉40	18♉17	18♉56	19♉37	20♉19	21♉03	21♉48	22♉35	23♉23	24♉12	25♉03	25♉56	26♉49	27♉44	28♉40	29♉37	0♊36
/♃	20♋00	19♋52	19♋46	19♋43	19♋42	19♋43	19♋47	19♋53	20♋01	20♋12	20♋25	20♋40	20♋57	21♋16	21♋36	21♋59	22♋23	22♋50	23♋17	23♋47	24♋18	24♋50	25♋24	25♋60	26♋37	27♋15	27♋55	28♋36	29♋18	0♌02	0♌47
/♄	25♒56	25♒49	25♒45	25♒43	25♒44	25♒47	25♒52	25♒60	26♒10	26♒21	26♒35	26♒51	27♒09	27♒28	27♒50	28♒13	28♒38	29♒04	29♒32	0♓02	0♓32	1♓05	1♓39	2♓14	2♓50	3♓28	4♓07	4♓47	5♓29	6♓11	6♓55
/♅	24♈59	24♈55	24♈54	24♈55	24♈59	25♈05	25♈13	25♈24	25♈36	25♈51	26♈08	26♈27	26♈48	27♈11	27♈36	28♈02	28♈30	28♈60	29♈31	0♉04	0♉38	1♉14	1♉51	2♉30	3♉09	3♉50	4♉33	5♉17	6♉02	6♉48	7♉35
/♆	4♈07	4♈03	4♈01	4♈01	4♈03	4♈08	4♈16	4♈25	4♈37	4♈51	5♈07	5♈25	5♈45	6♈07	6♈30	6♈55	7♈22	7♈51	8♈21	8♈53	9♈26	10♈01	10♈37	11♈14	11♈53	12♈33	13♈14	13♈57	14♈41	15♈26	16♈12
/♇	6♓58	6♓52	6♓49	6♓49	6♓50	6♓54	7♓01	7♓10	7♓20	7♓33	7♓49	8♓06	8♓25	8♓46	9♓08	9♓33	9♓59	10♓27	10♓56	11♓27	11♓59	12♓33	13♓08	13♓45	14♓23	15♓02	15♓43	16♓24	17♓07	17♓52	18♓37
/☊	27♊33	27♊27	27♊23	27♊23	27♊25	27♊29	27♊33	27♊39	27♊45	27♊53	28♊01	28♊12	28♊25	28♊40	28♊59	29♊20	29♊45	0♋13	0♋42	1♋13	1♋46	2♋18	2♋51	3♋24	3♋57	4♋31	5♋07	5♋45	6♋26	7♋09	7♋54
♀/♂	3♉52	4♉28	5♉05	5♉43	6♉21	6♉59	7♉38	8♉18	8♉58	9♉39	10♉20	11♉02	11♉44	12♉27	13♉10	13♉54	14♉38	15♉22	16♉07	16♉51	17♉37	18♉22	19♉08	19♉55	20♉41	21♉28	22♉15	23♉02	23♉50	24♉37	25♉25
/⚷	0♉51	1♉19	1♉47	2♉16	2♉46	3♉17	3♉48	4♉19	4♉52	5♉24	5♉58	6♉31	7♉06	7♉40	8♉16	8♉51	9♉27	10♉04	10♉41	11♉18	11♉55	12♉33	13♉12	13♉50	14♉29	15♉08	15♉48	16♉28	17♉08	17♉48	18♉28
/♃	8♑19	8♑31	8♑44	8♑58	9♑12	9♑27	9♑43	9♑60	10♑17	10♑35	10♑53	11♑12	11♑31	11♑51	12♑12	12♑33	12♑55	13♑17	13♑39	14♋02	14♋25	14♋49	15♋13	15♋38	16♋03	16♋28	16♋53	17♋19	17♋46	18♋13	18♋40
/♄	14♒14	14♒28	14♒43	14♒59	15♒15	15♒32	15♒49	16♒07	16♒25	16♒44	17♒03	17♒23	17♒44	18♒04	18♒25	18♒47	19♒09	19♒31	19♒54	20♒17	20♒40	21♒03	21♒27	21♒51	22♒16	22♒41	23♒05	23♒31	23♒56	24♒22	24♒48
/♅	13♈17	13♈34	13♈52	14♈11	14♈30	14♈49	15♈10	15♈31	15♈52	16♈14	16♈37	16♈60	17♈23	17♈47	18♈11	18♈36	19♈01	19♈27	19♈53	20♈19	20♈46	21♈13	21♈40	22♈07	22♈35	23♈03	23♈32	24♈00	24♈29	24♈58	25♈27
/♆	22♓25	22♓42	22♓58	23♓16	23♓34	23♓53	24♓12	24♓32	24♓53	25♓14	25♓35	25♓57	26♓20	26♓42	27♓06	27♓30	27♓54	28♓18	28♓43	29♓08	29♓34	29♓60	0♈26	0♈52	1♈19	1♈46	2♈13	2♈41	3♈08	3♈36	4♈05
/♇	25♒16	25♒31	25♒47	26♒04	26♒21	26♒39	26♒57	27♒17	27♒36	27♒56	28♒17	28♒38	28♒60	29♒22	29♒44	0♓07	0♓30	0♓54	1♓18	1♓42	2♓07	2♓32	2♓57	3♓23	3♓49	4♓15	4♓41	5♓08	5♓35	6♓02	6♓29
/☊	15♊51	16♊06	16♊21	16♊38	16♊56	17♊13	17♊30	17♊46	18♊01	18♊16	18♊30	18♊44	18♊60	19♊16	19♊34	19♊54	20♊16	20♊40	21♊04	21♊29	21♊53	22♊17	22♊40	23♊01	23♊23	23♊44	24♊06	24♊29	24♊53	25♊19	25♊46
♂/⚷	3♊34	4♊07	4♊40	5♊13	5♊45	6♊18	6♊51	7♊24	7♊57	8♊29	9♊02	9♊35	10♊08	10♊40	11♊13	11♊46	12♊18	12♊51	13♊24	13♊57	14♊29	15♊02	15♊35	16♊07	16♊40	17♊13	17♊45	18♊18	18♊51	19♊23	19♊56
/♃	11♌01	11♌19	11♌36	11♌54	12♌11	12♌29	12♌47	13♌04	13♌22	13♌40	13♌58	14♌15	14♌33	14♌51	15♌09	15♌28	15♌46	16♌04	16♌22	16♌41	16♌59	17♌18	17♌36	17♌55	18♌13	18♌32	18♌51	19♌10	19♌29	19♌48	20♌07
/♄	16♓57	17♓16	17♓36	17♓55	18♓14	18♓33	18♓52	19♓11	19♓30	19♓49	20♓08	20♓27	20♓46	21♓04	21♓23	21♓41	22♓00	22♓19	22♓37	22♓55	23♓14	23♓32	23♓50	24♓09	24♓27	24♓45	25♓03	25♓21	25♓39	25♍57	26♍15
/♅	16♉00	16♉22	16♉45	17♉07	17♉29	17♉51	18♉13	18♉35	18♉57	19♉19	19♉41	20♉03	20♉25	20♉47	21♉09	21♉31	21♉53	22♉14	22♉36	22♉58	23♉20	23♉41	24♉03	24♉25	24♉46	25♉08	25♉29	25♉51	26♉12	26♉34	26♉55
/♆	25♈08	25♈30	25♈51	26♈12	26♈33	26♈54	27♈16	27♈37	27♈58	28♈19	28♈40	29♈01	29♈22	29♈42	0♉03	0♉24	0♉45	1♉06	1♉26	1♉47	2♉08	2♉28	2♉49	3♉09	3♉30	3♉50	4♉11	4♉31	4♉52	5♉12	5♉32
/♇	27♓59	28♓19	28♓40	28♓60	29♓20	29♓41	0♈01	0♈21	0♈41	1♈01	1♈21	1♈41	2♈01	2♈21	2♈41	3♈01	3♈21	3♈41	4♈01	4♈21	4♈41	5♈00	5♈20	5♈40	5♈60	6♈19	6♈39	6♈58	7♈18	7♈38	7♈57
/☊	18♋34	18♋54	19♋14	19♋34	19♋55	20♋15	20♋33	20♋50	21♋06	21♋21	21♋34	21♋48	22♋01	22♋16	22♋32	22♋49	23♋07	23♋27	23♋47	24♋07	24♋27	24♋45	25♋03	25♋19	25♋34	25♋48	26♋03	26♋19	26♋36	26♋55	27♋14
⚷/♃	8♌00	8♌09	8♌19	8♌28	8♌37	8♌46	8♌56	9♌06	9♌15	9♌25	9♌35	9♌45	9♌55	10♌05	10♌15	10♌25	10♌35	10♌46	10♌56	11♌07	11♌18	11♌29	11♌39	11♌50	12♌02	12♌13	12♌24	12♌35	12♌47	12♌58	13♌10
/♄	13♓56	14♓07	14♓18	14♓29	14♓40	14♓51	15♓02	15♓13	15♓23	15♓34	15♓45	15♓56	16♓07	16♓18	16♓28	16♓39	16♓50	17♓00	17♓11	17♓22	17♓32	17♓43	17♓54	18♓04	18♓15	18♓25	18♓36	18♓47	18♓57	19♓08	19♓18
/♅	12♉59	13♉13	13♉27	13♉41	13♉55	14♉08	14♉22	14♉36	14♉50	15♉04	15♉18	15♉32	15♉46	16♉00	16♉14	16♉28	16♉42	16♉56	17♉10	17♉24	17♉38	17♉52	18♉06	18♉20	18♉34	18♉48	19♉02	19♉16	19♉30	19♉44	19♉58
/♆	22♈07	22♈20	22♈33	22♈46	22♈59	23♈12	23♈25	23♈38	23♈51	24♈04	24♈17	24♈30	24♈43	24♈56	25♈09	25♈22	25♈35	25♈47	26♈00	26♈13	26♈26	26♈39	26♈52	27♈05	27♈18	27♈31	27♈44	27♈57	28♈09	28♈22	28♈35
/♇	24♓58	25♓10	25♓22	25♓34	25♓46	25♓58	26♓10	26♓22	26♓34	26♓46	26♓58	27♓11	27♓23	27♓35	27♓47	27♓59	28♓11	28♓23	28♓35	28♓47	28♓59	29♓11	29♓24	29♓36	29♓48	29♓60	0♈12	0♈24	0♈36	0♈48	1♈00
/☊	15♋33	15♋44	15♋56	16♋08	16♋21	16♋32	16♋43	16♋52	16♋59	17♋06	17♋11	17♋17	17♋23	17♋29	17♋37	17♋47	17♋57	18♋09	18♋21	18♋34	18♋46	18♋56	19♋06	19♋14	19♋22	19♋29	19♋36	19♋45	19♋54	20♋05	20♋17
♃/♄	21♏23	21♏19	21♏14	21♏10	21♏06	21♏01	20♏57	20♏53	20♏49	20♏45	20♏41	20♏37	20♏33	20♏29	20♏25	20♏21	20♏17	20♏13	20♏09	20♏06	20♏02	19♏59	19♏55	19♏52	19♏48	19♏45	19♏42	19♏38	19♏35	19♏32	19♏29
/♅	20♋26	20♋25	20♋23	20♋22	20♋21	20♋19	20♋18	20♋17	20♋16	20♋15	20♋14	20♋13	20♋12	20♋11	20♋11	20♋10	20♋09	20♋09	20♋09	20♋08	20♋08	20♋08	20♋08	20♋08	20♋08	20♋08	20♋08	20♋08	20♋08	20♋09	20♋09
/♆	29♐35	29♐32	29♐30	29♐27	29♐25	29♐23	29♐21	29♐18	29♐16	29♐14	29♐12	29♐10	29♐09	29♐07	29♐05	29♐03	29♐02	29♐00	28♐59	28♐57	28♐56	28♐55	28♐53	28♐52	28♐51	28♐50	28♐49	28♐48	28♐48	28♐47	28♐46
/♇	2♐25	2♐22	2♐18	2♐15	2♐12	2♐09	2♐06	2♐03	1♐60	1♐57	1♐54	1♐51	1♐49	1♐46	1♐43	1♐41	1♐38	1♐36	1♐34	1♐31	1♐29	1♐27	1♐25	1♐23	1♐21	1♐19	1♐17	1♐16	1♐14	1♐13	1♐11
/☊	23♍00	22♍56	22♍53	22♍50	22♍47	22♍43	22♍38	22♍32	22♍25	22♍16	22♍07	21♍58	21♍48	21♍40	21♍34	21♍28	21♍24	21♍22	21♍20	21♍18	21♍15	21♍12	21♍07	21♍02	20♍55	20♍48	20♍42	20♍37	20♍32	20♍30	20♍28
♄/♅	26♒21	26♒22	26♒22	26♒23	26♒23	26♒23	26♒24	26♒24	26♒24	26♒24	26♒24	26♒24	26♒24	26♒24	26♒24	26♒24	26♒24	26♒24	26♒23	26♒23	26♒23	26♒22	26♒22	26♒21	26♒21	26♒20	26♒20	26♒19	26♒19	26♒18	26♒17
/♆	5♒30	5♒29	5♒29	5♒28	5♒28	5♒27	5♒26	5♒25	5♒25	5♒24	5♒23	5♒22	5♒21	5♒20	5♒18	5♒17	5♒16	5♒15	5♒13	5♒12	5♒11	5♒09	5♒08	5♒06	5♒05	5♒03	5♒01	4♒60	4♒58	4♒56	4♒54
/♇	8♑20	8♑19	8♑18	8♑16	8♑15	8♑13	8♑11	8♑10	8♑08	8♑06	8♑04	8♑03	8♑01	7♑59	7♑57	7♑55	7♑53	7♑50	7♑48	7♑46	7♑44	7♑41	7♑39	7♑37	7♑34	7♑32	7♑29	7♑27	7♑24	7♑22	7♑19
/☊	28♎56	28♎53	28♎52	28♎51	28♎49	28♎47	28♎44	28♎39	28♎33	28♎26	28♎17	28♎09	28♎01	27♎53	27♎47	27♎42	27♎39	27♎36	27♎34	27♎32	27♎30	27♎26	27♎22	27♎15	27♎08	27♎01	26♎54	26♎48	26♎43	26♎39	26♎36
♅/♆	4♈33	4♈35	4♈38	4♈40	4♈43	4♈45	4♈47	4♈49	4♈52	4♈54	4♈56	4♈58	5♈00	5♈02	5♈04	5♈07	5♈09	5♈11	5♈13	5♈15	5♈16	5♈18	5♈20	5♈22	5♈24	5♈26	5♈28	5♈29	5♈31	5♈33	5♈34
/♇	7♓24	7♓25	7♓27	7♓28	7♓29	7♓31	7♓32	7♓34	7♓35	7♓36	7♓38	7♓39	7♓40	7♓41	7♓43	7♓44	7♓45	7♓46	7♓47	7♓49	7♓50	7♓51	7♓52	7♓53	7♓54	7♓55	7♓56	7♓57	7♓57	7♓58	7♓59
/☊	27♊59	27♊59	28♊01	28♊02	28♊04	28♊05	28♊05	28♊03	27♊60	27♊56	27♊51	27♊45	27♊40	27♊36	27♊33	27♊32	27♊31	27♊32	27♊34	27♊35	27♊36	27♊36	27♊34	27♊31	27♊28	27♊24	27♊20	27♊17	27♊16	27♊15	27♊16
♆/♇	16♒32	16♒32	16♒33	16♒33	16♒34	16♒34	16♒35	16♒35	16♒35	16♒36	16♒36	16♒36	16♒37	16♒37	16♒37	16♒37	16♒37	16♒37	16♒38	16♒38	16♒38	16♒38	16♒38	16♒37	16♒37	16♒37	16♒37	16♒37	16♒37	16♒37	16♒36
/☊	7♊07	7♊07	7♊07	7♊08	7♊09	7♊08	7♊07	7♊04	7♊00	6♊55	6♊49	6♊43	6♊37	6♊31	6♊27	6♊25	6♊24	6♊23	6♊24	6♊24	6♊24	6♊23	6♊20	6♊16	6♊11	6♊06	6♊02	5♊58	5♊55	5♊54	5♊53
♇/☊	9♏58	9♏56	9♏56	9♏56	9♏55	9♏54	9♏52	9♏49	9♏44	9♏38	9♏31	9♏23	9♏17	9♏11	9♏06	9♏02	9♏00	8♏59	8♏58	8♏58	8♏57	8♏55	8♏51	8♏47	8♏41	8♏35	8♏30	8♏25	8♏22	8♏19	8♏18

May 2017

June 2017

	1	2	3	4	5	6	7	8	9	10
☉/☽	22♋29	29♋28	6♌17	12♌58	19♌33	26♌04	2♍31	8♍57	15♍22	21♓47
/☿	0♊15	1♊33	2♊51	4♊11	5♊32	6♊54	8♊17	9♊42	11♊08	12♊35
/♀	17♉48	18♉45	19♉43	20♉40	21♉38	22♉36	23♉34	24♉32	25♉30	26♉29
/♂	19♊08	19♊56	20♊45	21♊34	22♊23	23♊11	23♊60	24♊48	25♊37	26♊25
/⚳	12♊03	12♊44	13♊26	14♊07	14♊48	15♊30	16♊11	16♊52	17♊34	18♊15
/♃	12♌01	12♌29	12♌57	13♌25	13♌54	14♌22	14♌50	15♌19	15♌47	16♌16
/♄	18♓08	18♓34	19♓01	19♓28	19♓54	20♓21	20♓47	21♓14	21♓40	22♓07
/♅	18♉51	19♉21	19♉51	20♉21	20♉51	21♉21	21♉51	22♉21	22♉51	23♉21
/♆	27♈27	27♈56	28♈25	28♈54	29♈23	29♈52	0♉21	0♉50	1♉18	1♉47
/♇	29♓51	0♈19	0♈48	1♈16	1♈44	2♈12	2♈40	3♈08	3♈36	4♈04
/☊	19♋09	19♋37	20♋06	20♋33	20♋59	21♋23	21♋46	22♋09	22♋32	22♋54
☽/☿	12♋02	19♋21	26♋31	3♌34	10♌33	17♌28	24♌22	1♍15	8♓08	15♓02
/♀	29♊35	6♋34	13♋23	20♋04	26♋39	3♒10	9♒38	16♒05	22♒31	28♒57
/♂	0♌55	7♌45	14♌25	20♌57	27♌23	3♍45	10♍04	16♍21	22♍37	28♍53
/⚳	23♋50	0♌33	7♌06	13♌31	19♌49	26♌04	2♍15	8♍25	14♍34	20♓43
/♃	23♍48	0♎18	6♎37	12♎49	18♎54	24♎56	0♏54	6♏51	12♏48	18♏44
/♄	29♎55	6♏23	12♏41	18♏51	24♏55	0♐55	6♐51	12♐46	18♐40	24♐34
/♅	0♋38	7♋10	13♋31	19♋45	25♋52	1♒55	7♒55	13♒54	19♒51	25♒49
/♆	9♊14	15♐45	22♐05	28♐18	4♑24	10♑26	16♑25	22♑22	28♑19	4♒15
/♇	11♏38	18♏08	24♏28	0♐39	6♐45	12♐46	18♐44	24♐41	0♑37	6♑32
/☊	0♍56	7♍26	13♍46	19♍56	25♍59	1♎57	7♎51	13♎42	19♎32	25♎22
☿/♀	7♉21	8♉38	9♉56	11♉16	12♉37	14♉00	15♉24	16♉50	18♉17	19♉45
/♂	8♊41	9♊49	10♊59	12♊10	13♊22	14♊36	15♊50	17♊06	18♊23	19♊41
/⚳	1♊36	2♊37	3♊40	4♊43	5♊48	6♊54	8♊02	9♊10	10♊20	11♊31
/♃	1♌34	2♌22	3♌11	4♌01	4♌53	5♌46	6♌41	7♌36	8♌33	9♌32
/♄	7♓41	8♓27	9♓15	10♓04	10♓54	11♓45	12♓38	13♓31	14♓26	15♓22
/♅	8♉24	9♉14	10♉05	10♉57	11♉51	12♉46	13♉42	14♉39	15♉37	16♉37
/♆	17♈00	17♈49	18♈39	19♈30	20♈23	21♈16	22♈11	23♈07	24♈04	25♈03
/♇	19♓24	20♓12	21♓01	21♓52	22♓44	23♓37	24♓31	25♓26	26♓22	27♓20
/☊	8♋42	9♋30	10♋19	11♋09	11♋58	12♋48	13♋37	14♋27	15♋18	16♋10
♀/♂	26♉14	27♉02	27♉50	28♉39	29♉28	0♊17	1♊07	1♊56	2♊46	3♊35
/⚳	19♉09	19♉50	20♉31	21♉13	21♉54	22♉36	23♉18	23♉60	24♉42	25♉25
/♃	19♋07	19♋34	20♋02	20♋31	20♋59	21♋28	21♋57	22♋26	22♋56	23♋26
/♄	25♒14	25♒40	26♒06	26♒33	26♒60	27♒27	27♒54	28♒21	28♒49	29♒17
/♅	25♈57	26♈27	26♈57	27♈27	27♈57	28♈27	28♈58	29♈29	29♈60	0♉31
/♆	4♈33	5♈02	5♈30	5♈59	6♈29	6♈58	7♈27	7♈57	8♈27	8♈57
/♇	6♓57	7♓25	7♓53	8♓21	8♓50	9♓18	9♓47	10♓16	10♓45	11♓14
/☊	26♊15	26♊43	27♊11	27♊38	28♊04	28♊29	28♊53	29♊17	29♊40	0♋04
♂/⚳	20♊29	21♊01	21♊34	22♊06	22♊39	23♊11	23♊44	24♊16	24♊49	25♊21
/♃	20♌26	20♌46	21♌05	21♌24	21♌44	22♌03	22♌23	22♌43	23♌03	23♌22
/♄	26♍33	26♍51	27♍09	27♍27	27♍44	28♍02	28♍20	28♍38	28♍55	29♍13
/♅	27♉16	27♉38	27♉59	28♉20	28♉42	29♉03	29♉24	29♉45	0♊06	0♊27
/♆	5♉52	6♉13	6♉33	6♉53	7♉13	7♉33	7♉53	8♉14	8♉34	8♉54
/♇	8♈17	8♈36	8♈55	9♈15	9♈34	9♈54	10♈13	10♈32	10♈52	11♈11
/☊	27♋34	27♋54	28♋13	28♋32	28♋49	29♋05	29♋19	29♋33	29♋47	0♌01
⚳/♃	13♌22	13♌34	13♌46	13♌58	14♌10	14♌22	14♌34	14♌47	14♌59	15♌12
/♄	19♓29	19♓39	19♓50	19♓60	20♓10	20♓21	20♓31	20♓42	20♓52	21♓03
/♅	20♉12	20♉26	20♉40	20♉54	21♉08	21♉21	21♉35	21♉49	22♉03	22♉17
/♆	28♈48	29♈01	29♈14	29♈26	29♈39	29♈52	0♉05	0♉18	0♉30	0♉43
/♇	1♈12	1♈24	1♈36	1♈48	2♈00	2♈12	2♈24	2♈36	2♈48	3♈00
/☊	20♋30	20♋42	20♋54	21♋05	21♋15	21♋23	21♋31	21♋37	21♋43	21♋50
♃/♄	19♏26	19♏24	19♏21	19♏18	19♏15	19♏13	19♏11	19♏08	19♏06	19♏04
/♅	20♋10	20♋10	20♋11	20♋12	20♋13	20♋14	20♋14	20♋16	20♋17	20♋18
/♆	28♐46	28♐45	28♐45	28♐45	28♐44	28♐44	28♐44	28♐44	28♐44	28♐44
/♇	1♐10	1♐09	1♐07	1♐06	1♐05	1♐04	1♐03	1♐03	1♐02	1♐01
/☊	20♍27	20♍27	20♍25	20♍23	20♍20	20♍15	20♍10	20♍04	19♍57	19♍51
♄/♅	26♒16	26♒16	26♒15	26♒14	26♒13	26♒12	26♒11	26♒10	26♒10	26♒09
/♆	4♒53	4♒51	4♒49	4♒47	4♒45	4♒43	4♒41	4♒39	4♒37	4♒35
/♇	7♑17	7♑14	7♑11	7♑09	7♑06	7♑03	7♑00	6♑58	6♑55	6♑52
/☊	26♎34	26♎32	26♎29	26♎26	26♎21	26♎14	26♎07	25♎58	25♎50	25♎42
♅/♆	5♈36	5♈37	5♈39	5♈41	5♈42	5♈43	5♈45	5♈46	5♈48	5♈49
/♇	7♓60	8♓01	8♓02	8♓02	8♓03	8♓04	8♓04	8♓05	8♓06	8♓06
/☊	27♊17	27♊19	27♊20	27♊19	27♊18	27♊15	27♊11	27♊06	27♊01	26♊56
♆/♇	16♒36	16♒36	16♒35	16♒35	16♒35	16♒34	16♒34	16♒33	16♒33	16♒32
/☊	5♊54	5♊54	5♊53	5♊52	5♊49	5♊45	5♊40	5♊34	5♊28	5♊22
♇/☊	8♏18	8♏17	8♏16	8♏14	8♏10	8♏06	7♏60	7♏53	7♏46	7♏39

	11	12	13	14	15	16	17	18	19	20
☉/☽	28♓12	4♈40	11♈09	17♈43	24♈22	1♉08	8♉04	15♉11	22♉30	0♊04
/☿	14♊03	15♊32	17♊02	18♊33	20♊05	21♊37	23♊11	24♊44	26♊18	27♊53
/♀	27♉28	28♉27	29♉26	0♊25	1♊24	2♊24	3♊23	4♊23	5♊23	6♊23
/♂	27♊14	28♊03	28♊51	29♊39	0♋28	1♋16	2♋05	2♋53	3♋42	4♋30
/⚳	18♊56	19♊38	20♊19	21♊00	21♊41	22♊23	23♊04	23♊45	24♊26	25♊08
/♃	16♌45	17♌14	17♌43	18♌12	18♌41	19♌10	19♌39	20♌08	20♌38	21♌07
/♄	22♓33	22♓60	23♓26	23♓53	24♓19	24♍45	25♍12	25♍38	26♍05	26♍31
/♅	23♉51	24♉21	24♉50	25♉20	25♉50	26♉20	26♉50	27♉19	27♉49	28♉19
/♆	2♉16	2♉45	3♉13	3♉42	4♉11	4♉39	5♉08	5♉37	6♉05	6♉34
/♇	4♈32	5♈01	5♈29	5♈57	6♈25	6♈53	7♈21	7♈49	8♈16	8♈44
/☊	23♋18	23♋42	24♋08	24♋35	25♋03	25♋32	26♋01	26♋30	26♋58	27♋24
☽/☿	21♓59	28♓58	5♈60	13♈07	20♈21	27♈42	5♉14	12♉57	20♉54	29♉04
/♀	5♓24	11♓52	18♓24	24♓59	1♈40	8♈29	15♈27	22♈36	29♈58	7♉34
/♂	5♈10	11♈28	17♈49	24♈14	0♉44	7♉21	14♉08	21♉06	28♉17	5♊42
/⚳	26♓52	3♈03	9♈17	15♈34	21♈57	28♈28	5♉07	11♉58	19♉02	26♉19
/♃	24♏41	0♐39	6♐41	12♐46	18♐57	25♐15	1♑42	8♑22	15♋13	22♋19
/♄	0♑29	6♑25	12♑24	18♑27	24♑35	0♒50	7♒15	13♒51	20♒40	27♒43
/♅	1♓47	7♓46	13♓49	19♓54	26♓06	2♈25	8♈53	15♈32	22♈25	29♈30
/♆	10♒12	16♒10	22♒11	28♒16	4♓27	10♓44	17♓11	23♓50	0♈41	7♈46
/♇	12♑28	18♑26	24♑27	0♒31	6♒40	12♒58	19♒24	26♒02	2♓52	9♓56
/☊	1♏14	7♏08	13♏06	19♏09	25♏19	1♊37	8♊05	14♊43	21♊33	28♊36
☿/♀	21♉14	22♉45	24♉16	25♉49	27♉23	28♉58	0♊34	2♊10	3♊46	5♊24
/♂	21♊00	22♊21	23♊42	25♊04	26♊27	27♊51	29♊15	0♋40	2♋05	3♋31
/⚳	12♊43	13♊56	15♊10	16♊25	17♊40	18♊57	20♊14	21♊32	22♊50	24♊08
/♃	10♌31	11♌32	12♌33	13♌36	14♌40	15♌44	16♌49	17♌55	19♌01	20♌08
/♄	16♓20	17♓18	18♓17	19♓17	20♓18	21♓20	22♓22	23♓25	24♍28	25♍32
/♅	17♉37	18♉39	19♉41	20♉45	21♉49	22♉54	23♉60	25♉06	26♉12	27♉19
/♆	26♈02	27♈03	28♈04	29♈07	0♉10	1♉14	2♉18	3♉23	4♉29	5♉35
/♇	28♓19	29♓19	0♈19	1♈21	2♈24	3♈27	4♈31	5♈35	6♈40	7♈45
/☊	17♋04	18♋00	18♋59	19♋60	21♋02	22♋07	23♋11	24♋17	25♋21	26♋25
♀/♂	4♊25	5♊15	6♊06	6♊56	7♊46	8♊37	9♊28	10♊19	11♊10	12♊01
/⚳	26♉07	26♉50	27♉33	28♉17	28♉60	29♉43	0♊27	1♊11	1♊54	2♊38
/♃	23♋56	24♋26	24♋57	25♋28	25♋59	26♋30	27♋02	27♋34	28♋06	28♋38
/♄	29♒44	0♓12	0♓41	1♓09	1♓37	2♓06	2♓35	3♓04	3♓33	4♓02
/♅	1♉02	1♉33	2♉05	2♉37	3♉08	3♉40	4♉12	4♉45	5♉17	5♉49
/♆	9♈27	9♈57	10♈28	10♈59	11♈29	12♈00	12♈31	13♈02	13♈33	14♈05
/♇	11♓44	12♓13	12♓43	13♓13	13♓43	14♓13	14♓43	15♓14	15♓44	16♓15
/☊	0♋29	0♋55	1♋23	1♋52	2♋22	2♋53	3♋24	3♋55	4♋26	4♋55
♂/⚳	25♊54	26♊26	26♊59	27♊31	28♊04	28♊36	29♊08	29♊41	0♋13	0♋46
/♃	23♌42	24♌02	24♌22	24♌43	25♌03	25♌23	25♌44	26♌04	26♌25	26♌45
/♄	29♍31	29♍48	0♎06	0♎24	0♎41	0♎59	1♎16	1♎34	1♎51	2♎09
/♅	0♊48	1♊09	1♊30	1♊51	2♊12	2♊33	2♊54	3♊15	3♊36	3♊56
/♆	9♉13	9♉33	9♉53	10♉13	10♉33	10♉53	11♉13	11♉32	11♉52	12♉12
/♇	11♈30	11♈49	12♈08	12♈28	12♈47	13♈06	13♈25	13♈44	14♈03	14♈22
/☊	0♌15	0♌31	0♌48	1♌06	1♌26	1♌46	2♌06	2♌25	2♌44	3♌02
⚳/♃	15♌25	15♌37	15♌50	16♌03	16♌16	16♌29	16♌43	16♌56	17♌09	17♌23
/♄	21♓13	21♓23	21♓34	21♓44	21♓55	22♓05	22♓15	22♓26	22♓36	22♓47
/♅	22♉31	22♉44	22♉58	23♉12	23♉26	23♉39	23♉53	24♉07	24♉21	24♉34
/♆	0♉56	1♉08	1♉21	1♉34	1♉46	1♉59	2♉12	2♉24	2♉37	2♉49
/♇	3♈12	3♈24	3♈36	3♈48	4♈00	4♈12	4♈24	4♈36	4♈48	5♈00
/☊	21♋57	22♋06	22♋16	22♋27	22♋39	22♋52	23♋05	23♋17	23♋29	23♋40
♃/♄	19♏02	18♏60	18♏58	18♏56	18♏54	18♏52	18♏51	18♏49	18♏48	18♏46
/♅	20♋19	20♋21	20♋22	20♋23	20♋25	20♋27	20♋28	20♋30	20♋32	20♋34
/♆	28♐44	28♐45	28♐45	28♐45	28♐46	28♐46	28♐47	28♐48	28♐48	28♐49
/♇	1♐01	1♐00	0♐60	0♐60	0♐59	0♐59	0♐59	0♐59	0♐59	0♐60
/☊	19♍46	19♍42	19♍40	19♍38	19♍38	19♍39	19♍40	19♍41	19♍41	19♍40
♄/♅	26♒08	26♒07	26♒05	26♒04	26♒03	26♒02	26♒01	25♒60	25♒59	25♒58
/♆	4♒33	4♒31	4♒28	4♒26	4♒24	4♒22	4♒20	4♒17	4♒15	4♒13
/♇	6♑49	6♑46	6♑44	6♑41	6♑38	6♑35	6♑32	6♑29	6♑26	6♑23
/☊	25♎34	25♎28	25♎23	25♎19	25♎17	25♎15	25♎13	25♎11	25♎07	25♎03
♅/♆	5♈50	5♈52	5♈53	5♈54	5♈55	5♈56	5♈57	5♈58	5♈59	6♈00
/♇	8♓07	8♓07	8♓08	8♓08	8♓09	8♓09	8♓10	8♓10	8♓11	8♓11
/☊	26♊52	26♊49	26♊47	26♊47	26♊48	26♊49	26♊50	26♊51	26♊52	26♊51
♆/♇	16♒32	16♒31	16♒31	16♒30	16♒30	16♒29	16♒28	16♒28	16♒27	16♒26
/☊	5♊17	5♊13	5♊10	5♊09	5♊08	5♊09	5♊09	5♊09	5♊08	5♊06
♇/☊	7♏34	7♏29	7♏26	7♏23	7♏22	7♏22	7♏21	7♏21	7♏19	7♏17

	21	22	23	24	25	26	27	28	29	30
☉/☽	7♊50	15♊47	23♊51	1♋56	9♋58	17♋52	25♋34	3♌03	10♌18	17♌19
/☿	29♊27	1♋02	2♋36	4♋10	5♋44	7♋17	8♋49	10♋21	11♋52	13♋22
/♀	7♊23	8♊23	9♊24	10♊24	11♊25	12♊25	13♊26	14♊27	15♊28	16♊29
/♂	5♋18	6♋07	6♋55	7♋43	8♋32	9♋20	10♋08	10♋56	11♋45	12♋33
/⚳	25♊49	26♊30	27♊12	27♊53	28♊34	29♊15	29♊57	0♋38	1♋19	2♋00
/♃	21♌37	22♌07	22♌36	23♌06	23♌36	24♌06	24♌36	25♌07	25♌37	26♌07
/♄	26♍58	27♍24	27♍50	28♍17	28♍43	29♍10	29♍36	0♎03	0♎29	0♎56
/♅	28♉48	29♉18	29♉47	0♊17	0♊47	1♊16	1♊46	2♊15	2♊45	3♊14
/♆	7♉02	7♉31	7♉60	8♉28	8♉57	9♉25	9♉54	10♉22	10♉50	11♉19
/♇	9♈12	9♈40	10♈08	10♈36	11♈04	11♈32	11♈60	12♈28	12♈56	13♈24
/☊	27♋50	28♋15	28♋40	29♋05	29♋30	29♋57	0♌24	0♌53	1♌22	1♌51
☽/☿	7♊28	16♊02	24♊43	3♋25	12♋04	20♋33	28♋51	6♌54	14♌42	22♌16
/♀	15♉23	23♉23	1♊30	9♊39	17♊44	25♊42	3♋27	10♋59	18♋18	25♋23
/♂	13♊19	21♊07	29♊02	6♋58	14♋51	22♋36	0♌10	7♌29	14♌35	21♌27
/⚳	3♊50	11♊30	19♊18	27♊08	4♋54	12♋32	19♋58	27♋11	4♌09	10♌55
/♃	29♋37	7♌07	14♌43	22♌21	29♌56	7♍23	14♍38	21♍39	28♍27	5♎02
/♄	4♓58	12♓24	19♓57	27♍32	5♎03	12♎26	19♎38	26♎36	3♏19	9♏50
/♅	6♉49	14♉18	21♉54	29♉32	7♊06	14♊33	21♊47	28♊48	5♋35	12♋08
/♆	15♈03	22♈31	0♉06	7♉43	15♉16	22♉42	29♉55	6♊55	13♊41	20♐13
/♇	17♓13	24♓40	2♈15	9♈51	17♈24	24♎49	2♏01	9♏01	15♏46	22♏18
/☊	5♋51	13♋15	20♋46	28♋20	5♌50	13♌13	20♌26	27♌25	4♍12	10♍45
☿/♀	7♊01	8♊38	10♊16	11♊53	13♊30	15♊06	16♊42	18♊17	19♊52	21♊26
/♂	4♋56	6♋22	7♋47	9♋12	10♋37	12♋01	13♋24	14♋47	16♋09	17♋30
/⚳	25♊27	26♊45	28♊04	29♊22	0♋39	1♋56	3♋13	4♋29	5♋44	6♋58
/♃	21♌15	22♌22	23♌29	24♌35	25♌41	26♌47	27♌53	28♌57	0♍01	1♍05
/♄	26♍35	27♍39	28♍43	29♍46	0♎49	1♎51	2♎53	3♎54	4♎54	5♎53
/♅	28♉26	29♉33	0♊40	1♊46	2♊52	3♊57	5♊02	6♊06	7♊09	8♊11
/♆	6♉40	7♉46	8♉52	9♉57	11♉02	12♉06	13♉10	14♉13	15♉15	16♉16
/♇	8♈50	9♈55	11♈00	12♈05	13♈09	14♈13	15♈16	16♈19	17♈20	18♈21
/☊	27♋28	28♋30	29♋32	0♌34	1♌35	2♌38	3♌40	4♌43	5♌46	6♌48
♀/♂	12♊52	13♊43	14♊35	15♊26	16♊18	17♊09	18♊01	18♊53	19♊45	20♊37
/⚳	3♊23	4♊07	4♊51	5♊36	6♊20	7♊05	7♊49	8♊34	9♊19	10♊04
/♃	29♋11	29♋43	0♌16	0♌49	1♌22	1♌56	2♌29	3♌03	3♌37	4♌11
/♄	4♓31	5♓01	5♓30	5♓60	6♓29	6♓59	7♓29	7♓59	8♓30	8♓60
/♅	6♉22	6♉54	7♉27	7♉60	8♉33	9♉06	9♉39	10♉12	10♉45	11♉18
/♆	14♈36	15♈08	15♈39	16♈11	16♈43	17♈15	17♈46	18♈19	18♈51	19♈23
/♇	16♓46	17♓17	17♓48	18♓19	18♓50	19♓21	19♓53	20♓24	20♓56	21♓28
/☊	5♋24	5♋52	6♋19	6♋47	7♋16	7♋46	8♋17	8♋49	9♋22	9♋55
♂/⚳	1♋18	1♋50	2♋23	2♋55	3♋27	3♋59	4♋32	5♋04	5♋36	6♋08
/♃	27♌06	27♌27	27♌47	28♌08	28♌29	28♌50	29♌12	29♌33	29♌54	0♍15
/♄	2♎26	2♎44	3♎01	3♎19	3♎36	3♎54	4♎11	4♎29	4♎46	5♎04
/♅	4♊17	4♊38	4♊58	5♊19	5♊40	6♊00	6♊21	6♊41	7♊02	7♊22
/♆	12♉31	12♉51	13♉11	13♉30	13♉50	14♉09	14♉29	14♉48	15♉08	15♉27
/♇	14♈41	15♈00	15♈19	15♈38	15♈57	16♈16	16♈35	16♈54	17♈13	17♈32
/☊	3♌19	3♌35	3♌51	4♌07	4♌23	4♌41	4♌59	5♌19	5♌39	5♌59
⚳/♃	17♌37	17♌50	18♌04	18♌18	18♌32	18♌46	18♌60	19♌14	19♌28	19♌43
/♄	22♓57	23♓08	23♓18	23♓29	23♓39	23♍49	23♍60	24♍10	24♍21	24♍31
/♅	24♉48	25♉01	25♉15	25♉29	25♉42	25♉56	26♉09	26♉23	26♉36	26♉50
/♆	3♉02	3♉15	3♉27	3♉40	3♉52	4♉05	4♉17	4♉30	4♉42	4♉54
/♇	5♈12	5♈24	5♈36	5♈48	5♈60	6♈12	6♈24	6♈35	6♈47	6♈59
/☊	23♋50	23♋59	24♋07	24♋16	24♋26	24♋36	24♋48	25♋00	25♋13	25♋26
♃/♄	18♏45	18♏44	18♏43	18♏42	18♏41	18♏40	18♏40	18♏39	18♏39	18♏38
/♅	20♋36	20♋38	20♋40	20♋42	20♋44	20♋47	20♋49	20♋51	20♋54	20♋57
/♆	28♐50	28♐51	28♐52	28♐53	28♐54	28♐56	28♐57	28♐58	28♐60	29♐01
/♇	0♐60	1♐00	1♐01	1♐01	1♐02	1♐03	1♐03	1♐04	1♐05	1♐06
/☊	19♍38	19♍35	19♍32	19♍30	19♍28	19♍27	19♍28	19♍29	19♍31	19♍33
♄/♅	25♒56	25♒55	25♒54	25♒53	25♒51	25♒50	25♒49	25♒48	25♒46	25♒45
/♆	4♒11	4♒08	4♒06	4♒04	4♒02	3♒59	3♒57	3♒55	3♒52	3♒50
/♇	6♑21	6♑18	6♑15	6♑12	6♑09	6♑06	6♑03	6♑00	5♑58	5♑55
/☊	24♎58	24♎53	24♎46	24♎40	24♎35	24♎31	24♎28	24♎25	24♎24	24♎22
♅/♆	6♈01	6♈02	6♈03	6♈04	6♈05	6♈05	6♈06	6♈07	6♈08	6♈08
/♇	8♓11	8♓11	8♓12	8♓12	8♓12	8♓12	8♓13	8♓13	8♓13	8♓13
/☊	26♊49	26♊46	26♊43	26♊40	26♊38	26♊37	26♊37	26♊38	26♊39	26♊40
♆/♇	16♒25	16♒25	16♒24	16♒23	16♒22	16♒21	16♒21	16♒20	16♒19	16♒18
/☊	5♊03	4♊60	4♊55	4♊52	4♊48	4♊46	4♊45	4♊44	4♊45	4♊45
♇/☊	7♏13	7♏09	7♏04	6♏60	6♏56	6♏53	6♏51	6♏50	6♏50	6♏50

June 2017

July 2017

	1	2	3	4	5	6	7	8	9	10
☉/☽	24♌09	0♍50	7♍24	13♍53	20♍19	26♍44	3♎08	9♎34	16♎02	22♈33
/☿	14♋51	16♋20	17♋47	19♋13	20♋39	22♋03	23♋27	24♋49	26♋10	27♋31
/♀	17♊30	18♊31	19♊32	20♊34	21♊35	22♊37	23♊38	24♊40	25♊42	26♊43
/♂	13♋21	14♋09	14♋57	15♋46	16♋34	17♋22	18♋10	18♋58	19♋46	20♋34
/⚳	2♋42	3♋23	4♋04	4♋45	5♋26	6♋07	6♋49	7♋30	8♋11	8♋52
/♃	26♌38	27♌08	27♌39	28♌09	28♌40	29♌11	29♌42	0♍13	0♍44	1♍15
/♄	1♎22	1♎49	2♎15	2♎42	3♎09	3♎35	4♎02	4♎28	4♎55	5♎22
/♅	3♊43	4♊13	4♊42	5♊11	5♊41	6♊10	6♊39	7♊09	7♊38	8♊07
/♆	11♉47	12♉16	12♉44	13♉12	13♉41	14♉09	14♉37	15♉05	15♉34	16♉02
/♇	13♈52	14♈19	14♈47	15♈15	15♈43	16♈11	16♈39	17♈07	17♈34	18♈02
/☊	2♌20	2♌48	3♌15	3♌42	4♌08	4♌33	4♌58	5♌23	5♌48	6♌15
☽/☿	29♌39	6♍51	13♍55	20♍53	27♍47	4♎39	11♎30	18♎21	25♎13	2♏07
/♀	2♌17	9♌02	15♌40	22♌13	28♌43	5♓12	11♓41	18♓12	24♓44	1♈20
/♂	28♌08	4♍40	11♍05	17♍25	23♍42	29♍57	6♎13	12♎30	18♎49	25♈11
/⚳	17♌29	23♌54	0♍12	6♍25	12♍34	18♍43	24♍52	1♈02	7♈14	13♈29
/♃	11♎25	17♎39	23♎46	29♎49	5♏48	11♏47	17♏45	23♏45	29♏47	5♐52
/♄	16♏10	22♏20	28♏23	4♐21	10♐17	16♐11	22♐05	28♐00	3♑58	9♑58
/♅	18♋31	24♋44	0♒50	6♒51	12♒49	18♒46	24♒42	0♓40	6♓41	12♓44
/♆	26♐35	2♑47	8♑52	14♑52	20♑49	26♑44	2♒40	8♒37	14♒36	20♒39
/♇	28♏39	4♐50	10♐55	16♐55	22♐51	28♐46	4♑42	10♑38	16♑37	22♑39
/☊	17♍07	23♍19	29♍23	5♎21	11♎16	17♎08	23♎01	28♎55	4♏51	10♏51
☿/♀	22♊59	24♊31	26♊03	27♊33	29♊03	0♋32	1♋60	3♋27	4♋52	6♋18
/♂	18♋50	20♋10	21♋28	22♋45	24♋02	25♋17	26♋31	27♋45	28♋57	0♌08
/⚳	8♋11	9♋23	10♋35	11♋45	12♋54	14♋03	15♋10	16♋16	17♋22	18♋26
/♃	2♍07	3♍09	4♍09	5♍09	6♍08	7♍06	8♍03	8♍59	9♍55	10♍49
/♄	6♎52	7♎49	8♎46	9♎42	10♎37	11♎30	12♎23	13♎15	14♎06	14♎56
/♅	9♊13	10♊13	11♊13	12♊11	13♊09	14♊05	15♊01	15♊55	16♊49	17♊41
/♆	17♉17	18♉16	19♉15	20♉12	21♉09	22♉04	22♉59	23♉52	24♉45	25♉36
/♇	19♎21	20♎20	21♎18	22♎15	23♎11	24♎06	25♎00	25♎53	26♎45	27♎36
/☊	7♌49	8♌49	9♌46	10♌42	11♌36	12♌28	13♌19	14♌09	14♌59	15♌49
♀/♂	21♊29	22♊21	23♊13	24♊06	24♊58	25♊50	26♊43	27♊36	28♊28	29♊21
/⚳	10♊49	11♊35	12♊20	13♊05	13♊51	14♊36	15♊22	16♊07	16♊53	17♊39
/♃	4♌46	5♌20	5♌55	6♌29	7♌04	7♌40	8♌15	8♌50	9♌26	10♌02
/♄	9♓30	10♓01	10♓31	11♓02	11♓33	12♓04	12♓35	13♓06	13♓37	14♓09
/♅	11♉51	12♉25	12♉58	13♉32	14♉05	14♉39	15♉12	15♉46	16♉20	16♉54
/♆	19♈55	20♈27	20♈60	21♈32	22♈05	22♈38	23♈10	23♈43	24♈16	24♈49
/♇	21♓59	22♓31	23♓03	23♓35	24♓07	24♓40	25♓12	25♓44	26♓17	26♓49
/☊	10♋28	10♋60	11♋31	12♋02	12♋32	13♋01	13♋31	14♋00	14♋30	15♋01
♂/⚳	6♋41	7♋13	7♋45	8♋17	8♋49	9♋21	9♋53	10♋26	10♋58	11♋30
/♃	0♍37	0♍58	1♍20	1♍41	2♍03	2♍25	2♍47	3♍08	3♍30	3♍52
/♄	5♎21	5♎39	5♎56	6♎14	6♎32	6♎49	7♎07	7♎24	7♎42	7♎59
/♅	7♊43	8♊03	8♊23	8♊43	9♊04	9♊24	9♊44	10♊04	10♊24	10♊44
/♆	15♉46	16♉06	16♉25	16♉44	17♉03	17♉23	17♉42	18♉01	18♉20	18♉39
/♇	17♈51	18♈09	18♎28	18♎47	19♎06	19♎25	19♎44	20♎02	20♎21	20♎40
/☊	6♌19	6♌38	6♌56	7♌14	7♌30	7♌47	8♌02	8♌18	8♌35	8♌52
⚳/♃	19♌57	20♌12	20♌26	20♌41	20♌56	21♌11	21♌25	21♌40	21♌55	22♌10
/♄	24♍42	24♍52	25♍03	25♍14	25♍24	25♍35	25♍45	25♍56	26♍07	26♍17
/♅	27♉03	27♉16	27♉30	27♉43	27♉56	28♉10	28♉23	28♉36	28♉49	29♉02
/♆	5♉07	5♉19	5♉32	5♉44	5♉56	6♉08	6♉21	6♉33	6♉45	6♉57
/♇	7♈11	7♈23	7♈35	7♈47	7♈59	8♈10	8♈22	8♈34	8♈46	8♈58
/☊	25♋39	25♋52	26♋03	26♋13	26♋23	26♋32	26♋41	26♋50	26♋60	27♋10
♃/♄	18♏38	18♏38	18♏38	18♏38	18♏38	18♏38	18♏39	18♏39	18♏39	18♏40
/♅	20♋59	21♋02	21♋05	21♋07	21♋10	21♋13	21♋16	21♋19	21♋22	21♋25
/♆	29♐03	29♐05	29♐06	29♐08	29♐10	29♐12	29♐14	29♐16	29♐18	29♐20
/♇	1♐07	1♐08	1♐10	1♐11	1♐12	1♐14	1♐15	1♐17	1♐19	1♐21
/☊	19♍36	19♍37	19♍38	19♍38	19♍37	19♍36	19♍34	19♍33	19♍33	19♍33
♄/♅	25♒44	25♒43	25♒41	25♒40	25♒39	25♒37	25♒36	25♒35	25♒33	25♒32
/♆	3♒48	3♒45	3♒43	3♒41	3♒38	3♒36	3♒34	3♒32	3♒29	3♒27
/♇	5♑52	5♑49	5♑46	5♑44	5♑41	5♑38	5♑35	5♑33	5♑30	5♑27
/☊	24♎20	24♎18	24♎15	24♎10	24♎05	23♎60	23♎54	23♎49	23♎44	23♎40
♅/♆	6♈09	6♈09	6♈10	6♈10	6♈11	6♈11	6♈11	6♈12	6♈12	6♈12
/♇	8♓13	8♓13	8♓13	8♓13	8♓13	8♓13	8♓13	8♓13	8♓13	8♓13
/☊	26♊41	26♊42	26♊41	26♊40	26♊38	26♊35	26♊32	26♊29	26♊27	26♊25
♆/♇	16♒17	16♒16	16♒15	16♒14	16♒13	16♒12	16♒11	16♒10	16♒09	16♒08
/☊	4♊45	4♊44	4♊43	4♊41	4♊37	4♊34	4♊30	4♊26	4♊22	4♊20
♇/☊	6♏49	6♏48	6♏46	6♏44	6♏40	6♏36	6♏31	6♏27	6♏23	6♏20

	11	12	13	14	15	16	17	18	19	20
☉/☽	29♈08	5♉47	12♉32	19♉24	26♉23	3♊32	10♊50	18♊19	25♊59	3♋47
/☿	28♋50	0♌08	1♌26	2♌42	3♌58	5♌12	6♌25	7♌37	8♌49	9♌59
/♀	27♊45	28♊47	29♊49	0♋52	1♋54	2♋56	3♋58	5♋01	6♋03	7♋06
/♂	21♋22	22♋10	22♋58	23♋46	24♋34	25♋22	26♋10	26♋58	27♋46	28♋35
/⚳	9♋33	10♋14	10♋56	11♋37	12♋18	12♋59	13♋40	14♋21	15♋02	15♋44
/♃	1♍46	2♍17	2♍49	3♍20	3♍52	4♍23	4♍55	5♍27	5♍58	6♍30
/♄	5♎49	6♎15	6♎42	7♎09	7♎36	8♎03	8♎30	8♎56	9♎23	9♎51
/♅	8♊36	9♊05	9♊34	10♊04	10♊33	11♊02	11♊31	11♊60	12♊29	12♊58
/♆	16♉30	16♉58	17♉27	17♉55	18♉23	18♉51	19♉19	19♉47	20♉16	20♉44
/♇	18♎30	18♎58	19♎26	19♎54	20♎22	20♎49	21♎17	21♎45	22♎13	22♎41
/☊	6♌42	7♌10	7♌39	8♌08	8♌37	9♌06	9♌35	10♌03	10♌31	10♌58
☽/☿	9♉04	16♉05	23♉10	0♊20	7♊38	15♊04	22♊38	0♋22	8♋16	16♋17
/♀	7♈60	14♈44	21♈33	28♈30	5♉34	12♉48	20♉12	27♉46	5♊30	13♊24
/♂	1♉36	8♉07	14♉42	21♉25	28♉15	5♊14	12♊24	19♊43	27♊13	4♋52
/⚳	19♈47	26♈11	2♉40	9♉15	15♉58	22♉51	29♉53	7♊06	14♊29	22♊01
/♃	12♐00	18♐14	24♐33	0♑58	7♑32	14♑15	21♋08	28♋12	5♌25	12♌48
/♄	16♑03	22♑12	28♑26	4♒47	11♒16	17♒54	24♒43	1♓41	8♓50	16♓08
/♅	18♓50	25♓02	1♈18	7♈42	14♈13	20♈53	27♈44	4♉45	11♉56	19♉15
/♆	26♒44	2♓55	9♓10	15♓33	22♓03	28♓43	5♈32	12♈32	19♈43	27♈01
/♇	28♑44	4♒54	11♒10	17♒32	24♒02	0♓41	7♓31	14♓30	21♓40	28♓59
/☊	16♏56	23♏06	29♉23	5♊46	12♊18	18♊58	25♊48	2♋48	9♋58	17♋16
☿/♀	7♋42	9♋05	10♋27	11♋48	13♋09	14♋28	15♋46	17♋04	18♋20	19♋36
/♂	1♌18	2♌28	3♌36	4♌43	5♌49	6♌54	7♌58	9♌02	10♌04	11♌04
/⚳	19♋30	20♋32	21♋33	22♋33	23♋33	24♋31	25♋28	26♋24	27♋19	28♋14
/♃	11♍42	12♍35	13♍26	14♍17	15♍07	15♍55	16♍43	17♍30	18♍15	19♍00
/♄	15♎45	16♎33	17♎20	18♎06	18♎51	19♎35	20♎18	20♎60	21♎41	22♎20
/♅	18♊32	19♊23	20♊12	21♊00	21♊47	22♊34	23♊19	24♊03	24♊46	25♊28
/♆	26♉26	27♉16	28♉04	28♉51	29♉38	0♊23	1♊07	1♊50	2♊33	3♊14
/♇	28♎26	29♎15	0♏03	0♏50	1♏36	2♏21	3♏05	3♏48	4♏30	5♏11
/☊	16♌38	17♌27	18♌16	19♌05	19♌52	20♌38	21♌23	22♌07	22♌48	23♌28
♀/♂	0♋14	1♋07	1♋59	2♋52	3♋45	4♋39	5♋32	6♋25	7♋18	8♋12
/⚳	18♊25	19♊11	19♊57	20♊43	21♊29	22♊15	23♊01	23♊48	24♊34	25♊21
/♃	10♌38	11♌14	11♌50	12♌26	13♌03	13♌39	14♌16	14♌53	15♌30	16♌07
/♄	14♓40	15♓12	15♓43	16♓15	16♓47	17♓19	17♓51	18♓23	18♓55	19♓28
/♅	17♉28	18♉02	18♉36	19♉10	19♉44	20♉18	20♉52	21♉26	22♉00	22♉35
/♆	25♈22	25♈55	26♈28	27♈01	27♈34	28♈07	28♈41	29♈14	29♈47	0♉21
/♇	27♓22	27♓54	28♓27	28♓60	29♓33	0♈06	0♈39	1♈12	1♈45	2♈18
/☊	15♋33	16♋06	16♋40	17♋14	17♋48	18♋23	18♋57	19♋30	20♋03	20♋35
♂/⚳	12♋02	12♋34	13♋06	13♋38	14♋10	14♋42	15♋13	15♋45	16♋17	16♋49
/♃	4♍14	4♍37	4♍59	5♍21	5♍43	6♍06	6♍28	6♍51	7♍13	7♍36
/♄	8♎17	8♎34	8♎52	9♎10	9♎27	9♎45	10♎03	10♎21	10♎38	10♎56
/♅	11♊04	11♊24	11♊44	12♊04	12♊24	12♊44	13♊04	13♊24	13♊44	14♊03
/♆	18♉58	19♉18	19♉37	19♉56	20♉15	20♉34	20♉53	21♉11	21♉30	21♉49
/♇	20♎58	21♎17	21♎36	21♎55	22♎13	22♎32	22♎51	23♎09	23♎28	23♎47
/☊	9♌10	9♌29	9♌49	10♌09	10♌29	10♌49	11♌09	11♌28	11♌46	12♌04
⚳/♃	22♌26	22♌41	22♌56	23♌11	23♌27	23♌42	23♌58	24♌14	24♌29	24♌45
/♄	26♍28	26♍39	26♍49	27♍00	27♍11	27♍22	27♍33	27♍43	27♍54	28♍05
/♅	29♉16	29♉29	29♉42	29♉55	0♊08	0♊21	0♊34	0♊47	0♊60	1♊12
/♆	7♉10	7♉22	7♉34	7♉46	7♉58	8♉10	8♉22	8♉34	8♉46	8♉58
/♇	9♈10	9♈21	9♈33	9♈45	9♈57	10♈09	10♈20	10♈32	10♈44	10♈56
/☊	27♋21	27♋33	27♋46	27♋59	28♋12	28♋26	28♋38	28♋50	29♋02	29♋13
♃/♄	18♏41	18♏42	18♏43	18♏44	18♏45	18♏46	18♏47	18♏49	18♏50	18♏52
/♅	21♋28	21♋32	21♋35	21♋38	21♋42	21♋45	21♋48	21♋52	21♋56	21♋59
/♆	29♐22	29♐25	29♐27	29♐29	29♐32	29♐34	29♐37	29♐40	29♐42	29♐45
/♇	1♐22	1♐24	1♐26	1♐28	1♐31	1♐33	1♐35	1♐38	1♐40	1♐42
/☊	19♍34	19♍36	19♍39	19♍43	19♍46	19♍50	19♍53	19♍56	19♍58	19♍60
♄/♅	25♒31	25♒30	25♒28	25♒27	25♒26	25♒24	25♒23	25♒22	25♒21	25♒19
/♆	3♒25	3♒23	3♒20	3♒18	3♒16	3♒14	3♒12	3♒09	3♒07	3♒05
/♇	5♑25	5♑22	5♑20	5♑17	5♑15	5♑12	5♑10	5♑07	5♑05	5♑03
/☊	23♎36	23♎34	23♎32	23♎31	23♎30	23♎29	23♎28	23♎26	23♎23	23♎20
♅/♆	6♈12	6♈13	6♈13	6♈13	6♈13	6♈13	6♈13	6♈13	6♈13	6♈13
/♇	8♓12	8♓12	8♓12	8♓12	8♓12	8♓11	8♓11	8♓11	8♓10	8♓10
/☊	26♊24	26♊24	26♊25	26♊26	26♊27	26♊28	26♊29	26♊29	26♊28	26♊27
♆/♇	16♒06	16♒05	16♒04	16♒03	16♒02	16♒01	15♒59	15♒58	15♒57	15♒56
/☊	4♊18	4♊17	4♊17	4♊17	4♊17	4♊18	4♊17	4♊16	4♊15	4♊13
♇/☊	6♏18	6♏17	6♏16	6♏16	6♏16	6♏16	6♏16	6♏14	6♏13	6♏10

	21	22	23	24	25	26	27	28	29	30	31
☉/☽	11♋41	19♋37	27♋32	5♌21	13♌01	20♌30	27♌46	4♍50	11♍42	18♍25	24♍60
/☿	11♌08	12♌16	13♌23	14♌29	15♌33	16♌37	17♌39	18♌40	19♌39	20♌38	21♌34
/♀	8♋09	9♋11	10♋14	11♋17	12♋20	13♋23	14♋26	15♋29	16♋32	17♋35	18♋38
/♂	29♋23	0♌11	0♌59	1♌47	2♌35	3♌23	4♌11	4♌59	5♌47	6♌34	7♌22
/⚳	16♋25	17♋06	17♋47	18♋28	19♋09	19♋50	20♋31	21♋12	21♋53	22♋34	23♋15
/♃	7♍02	7♍34	8♍06	8♍39	9♍11	9♍43	10♍16	10♍48	11♍21	11♍53	12♍26
/♄	10♎18	10♎45	11♎12	11♎39	12♎06	12♎34	13♎01	13♎28	13♎56	14♎23	14♎51
/♅	13♊27	13♊56	14♊25	14♊54	15♊22	15♊51	16♊20	16♊49	17♊18	17♊47	18♊15
/♆	21♉12	21♉40	22♉08	22♉36	23♉04	23♉32	24♉01	24♉29	24♉57	25♉25	25♉53
/♇	23♎09	23♎37	24♎05	24♎33	25♎01	25♎29	25♎57	26♎25	26♎53	27♎21	27♎49
/☊	11♌25	11♌52	12♌19	12♌47	13♌16	13♌44	14♌14	14♌43	15♌12	15♌41	16♌10
☽/☿	24♋22	2♌30	10♌34	18♌32	26♌19	3♍54	11♍15	18♍22	25♍17	2♎00	8♎34
/♀	21♊23	29♊25	7♋25	15♋20	23♋06	0♌40	8♌02	15♌11	22♌09	28♌58	5♍38
/♂	12♋37	20♋24	28♋10	5♌50	13♌21	20♌40	27♌47	4♍41	11♍24	17♍57	24♍23
/⚳	29♊39	7♋19	14♋58	22♋31	29♋55	7♌08	14♌07	20♌55	27♌31	3♍57	10♍16
/♃	20♌17	27♌48	5♍18	12♍42	19♍57	27♍01	3♎52	10♎31	16♎58	23♎16	29♎26
/♄	23♍32	0♎58	8♎23	15♎42	22♎52	29♎51	6♏37	13♏11	19♏33	25♏46	1♐51
/♅	26♉41	4♊09	11♊36	18♊57	26♊08	3♋09	9♋56	16♋32	22♋55	29♑09	5♒16
/♆	4♉26	11♉54	19♉19	26♉39	3♊50	10♊50	17♐37	24♐11	0♑34	6♑47	12♑53
/♇	6♈23	13♈51	21♎16	28♎36	5♏47	12♏46	19♏33	26♏07	2♐30	8♐43	14♐49
/☊	24♋40	2♌06	9♌31	16♌50	24♌02	1♍02	7♍50	14♍26	20♍50	27♍04	3♎10
☿/♀	20♋50	22♋04	23♋16	24♋28	25♋38	26♋47	27♋55	29♋01	0♌06	1♌10	2♌13
/♂	12♌04	13♌03	14♌01	14♌57	15♌52	16♌47	17♌39	18♌31	19♌21	20♌10	20♌57
/⚳	29♋06	29♋58	0♌49	1♌39	2♌27	3♌14	4♌00	4♌45	5♌28	6♌10	6♌50
/♃	19♍44	20♍27	21♍09	21♍49	22♍29	23♍07	23♍44	24♍20	24♍55	25♍28	26♍00
/♄	22♎59	23♎37	24♎14	24♎50	25♎24	25♎58	26♎30	27♎01	27♎30	27♎58	28♎25
/♅	26♊09	26♊48	27♊27	28♊04	28♊40	29♊15	29♊49	0♋21	0♋52	1♋22	1♋50
/♆	3♊54	4♊33	5♊10	5♊47	6♊22	6♊56	7♊29	8♊01	8♊31	8♊60	9♊27
/♇	5♏51	6♏29	7♏07	7♏43	8♏19	8♏53	9♏26	9♏57	10♏27	10♏56	11♏23
/☊	24♌07	24♌45	25♌22	25♌58	26♌34	27♌08	27♌43	28♌15	28♌47	29♌17	29♌45
♀/♂	9♋05	9♋58	10♋52	11♋45	12♋39	13♋32	14♋26	15♋20	16♋14	17♋07	18♋01
/⚳	26♊07	26♊54	27♊40	28♊27	29♊13	0♋00	0♋47	1♋34	2♋20	3♋07	3♋54
/♃	16♌45	17♌22	17♌60	18♌37	19♌15	19♌53	20♌31	21♌09	21♌48	22♌26	23♌04
/♄	19♓60	20♓32	21♓05	21♓38	22♍11	22♍43	23♍16	23♍50	24♍23	24♍56	25♍29
/♅	23♉09	23♉43	24♉18	24♉52	25♉27	26♉01	26♉36	27♉10	27♉45	28♉20	28♉54
/♆	0♉54	1♉28	2♉01	2♉35	3♉09	3♉42	4♉16	4♉50	5♉24	5♉58	6♉32
/♇	2♈51	3♈25	3♈58	4♈32	5♈05	5♈39	6♈12	6♈46	7♈20	7♈54	8♈27
/☊	21♋07	21♋40	22♋13	22♋46	23♋20	23♋54	24♋29	25♋04	25♋39	26♋14	26♋49
♂/⚳	17♋21	17♋53	18♋25	18♋56	19♋28	19♋60	20♋32	21♋03	21♋35	22♋07	22♋38
/♃	7♍59	8♍21	8♍44	9♍07	9♍30	9♍53	10♍16	10♍39	11♍02	11♍25	11♍49
/♄	11♎14	11♎32	11♎50	12♎07	12♎25	12♎43	13♎01	13♎19	13♎37	13♎55	14♎13
/♅	14♊23	14♊43	15♊02	15♊22	15♊42	16♊01	16♊21	16♊40	16♊60	17♊19	17♊38
/♆	22♉08	22♉27	22♉46	23♉05	23♉23	23♉42	24♉01	24♉20	24♉38	24♉57	25♉16
/♇	24♎05	24♎24	24♎43	25♎01	25♎20	25♎38	25♎57	26♎16	26♎34	26♎53	27♎12
/☊	12♌21	12♌39	12♌57	13♌16	13♌35	13♌54	14♌14	14♌34	14♌54	15♌14	15♌33
⚳/♃	25♌01	25♌17	25♌32	25♌48	26♌04	26♌21	26♌37	26♌53	27♌09	27♌25	27♌42
/♄	28♍16	28♍27	28♍38	28♍49	28♍60	29♍11	29♍22	29♍33	29♍44	29♍55	0♎06
/♅	1♊25	1♊38	1♊51	2♊03	2♊16	2♊29	2♊41	2♊54	3♊06	3♊19	3♊31
/♆	9♉10	9♉22	9♉34	9♉46	9♉58	10♉10	10♉22	10♉33	10♉45	10♉57	11♉09
/♇	11♈07	11♈19	11♈31	11♈43	11♈54	12♈06	12♈18	12♈29	12♈41	12♈53	13♈05
/☊	29♋24	29♋34	29♋45	29♋57	0♌09	0♌22	0♌35	0♌48	1♌01	1♌14	1♌26
♃/♄	18♏54	18♏56	18♏57	18♏60	19♏02	19♏04	19♏06	19♏09	19♏11	19♏14	19♏17
/♅	22♋03	22♋07	22♋10	22♋14	22♋18	22♋22	22♋26	22♋30	22♋34	22♋38	22♋42
/♆	29♐48	29♐51	29♐54	29♐57	29♐60	0♑03	0♑06	0♑09	0♑12	0♑16	0♑19
/♇	1♐45	1♐48	1♐50	1♐53	1♐56	1♐59	2♐02	2♐05	2♐08	2♐12	2♐15
/☊	20♍01	20♍03	20♍05	20♍08	20♍11	20♍15	20♍19	20♍24	20♍28	20♍32	20♍36
♄/♅	25♒18	25♒17	25♒16	25♒14	25♒13	25♒12	25♒11	25♒10	25♒09	25♒08	25♒06
/♆	3♒03	3♒01	2♒59	2♒57	2♒55	2♒53	2♒51	2♒49	2♒47	2♒46	2♒44
/♇	5♑00	4♑58	4♑56	4♑54	4♑52	4♑49	4♑47	4♑45	4♑43	4♑42	4♑40
/☊	23♎16	23♎13	23♎10	23♎08	23♎06	23♎05	23♎04	23♎04	23♎03	23♎02	23♎01
♅/♆	6♈12	6♈12	6♈12	6♈12	6♈11	6♈11	6♈11	6♈10	6♈10	6♈09	6♈09
/♇	8♓10	8♓09	8♓09	8♓08	8♓08	8♓07	8♓07	8♓06	8♓06	8♓05	8♓05
/☊	26♊26	26♊24	26♊23	26♊23	26♊23	26♊23	26♊24	26♊25	26♊25	26♊26	26♊26
♆/♇	15♒55	15♒53	15♒52	15♒51	15♒50	15♒48	15♒47	15♒46	15♒44	15♒43	15♒42
/☊	4♊11	4♊09	4♊07	4♊05	4♊04	4♊04	4♊04	4♊04	4♊04	4♊04	4♊03
♇/☊	6♏08	6♏06	6♏03	6♏02	6♏01	6♏00	6♏00	6♏00	6♏00	5♏60	5♏59

July 2017

August 2017

	1	2	3	4	5	6	7	8	9	10	11	12	13	14	15	16	17	18	19	20	21	22	23	24	25	26	27	28	29	30	31
☉/☽	1♎29	7♎55	14♎20	20♎45	27♎13	3♏45	10♏21	17♉03	23♉51	0♊45	7♊47	14♊55	22♊10	29♊32	7♋01	14♋36	22♋15	29♋58	7♌42	15♌25	23♌03	0♍35	7♍59	15♍13	22♍16	29♍09	5♎52	12♎28	18♎58	25♎25	1♏50
/☿	22♌29	23♌23	24♌15	25♌05	25♌53	26♌40	27♌24	28♌06	28♌46	29♌24	29♌60	0♍32	1♍03	1♍30	1♍55	2♍17	2♍36	2♍53	3♍07	3♍18	3♍27	3♍34	3♍38	3♍42	3♍44	3♍46	3♍48	3♍50	3♍54	3♍59	4♍06
/♀	19♋42	20♋45	21♋48	22♋52	23♋55	24♋59	26♋02	27♋06	28♋10	29♋14	0♌18	1♌21	2♌25	3♌29	4♌34	5♌38	6♌42	7♌46	8♌50	9♌55	10♌59	12♌04	13♌08	14♌13	15♌17	16♌22	17♌27	18♌32	19♌36	20♌41	21♌46
/♂	8♌10	8♌58	9♌46	10♌34	11♌22	12♌10	12♌58	13♌46	14♌34	15♌22	16♌10	16♌58	17♌46	18♌34	19♌22	20♌10	20♌58	21♌46	22♌34	23♌22	24♌10	24♌58	25♌46	26♌34	27♌22	28♌10	28♌58	29♌46	0♍35	1♍23	2♍11
/⚳	23♋57	24♋38	25♋19	25♋60	26♋41	27♋21	28♋02	28♋43	29♋24	0♌05	0♌46	1♌27	2♌08	2♌49	3♌30	4♌11	4♌52	5♌33	6♌13	6♌54	7♌35	8♌16	8♌57	9♌38	10♌18	10♌59	11♌40	12♌21	13♌01	13♌42	14♌23
/♃	12♍58	13♍31	14♍04	14♍37	15♍10	15♍43	16♍16	16♍49	17♍22	17♍56	18♍29	19♍02	19♍36	20♍09	20♍43	21♍17	21♍50	22♍24	22♍58	23♍32	24♍06	24♍40	25♍14	25♍48	26♍22	26♍56	27♍31	28♍05	28♍39	29♍14	29♍48
/♄	15♎18	15♎46	16♎13	16♎41	17♎09	17♎37	18♎04	18♎32	19♎00	19♎28	19♎56	20♎24	20♎53	21♎21	21♎49	22♎17	22♎46	23♎14	23♎43	24♎11	24♎40	25♎09	25♎38	26♎06	26♎35	27♎04	27♎33	28♎02	28♎31	29♎01	29♎30
/♅	18♊44	19♊13	19♊42	20♊10	20♊39	21♊08	21♊36	22♊05	22♊34	23♊02	23♊31	23♊59	24♊28	24♊57	25♊25	25♊54	26♊22	26♊51	27♊19	27♊48	28♊16	28♊45	29♊13	29♊41	0♋10	0♋38	1♋07	1♋35	2♋04	2♋32	3♋00
/♆	26♉21	26♉49	27♉17	27♉45	28♉13	28♉41	29♉09	29♉37	0♊05	0♊33	1♊01	1♊29	1♊57	2♊25	2♊54	3♊22	3♊50	4♊18	4♊46	5♊14	5♊42	6♊10	6♊38	7♊06	7♊35	8♊03	8♊31	8♊59	9♊27	9♊55	10♊24
/♇	28♎17	28♎45	29♎13	29♎41	0♏09	0♏37	1♏05	1♏33	2♏01	2♏29	2♏58	3♏26	3♏54	4♏22	4♏50	5♏19	5♏47	6♏15	6♏44	7♏12	7♏40	8♏09	8♏37	9♏06	9♏34	10♏03	10♏31	10♏60	11♏28	11♏57	12♏25
/☊	16♌39	17♌07	17♌35	18♌02	18♌30	18♌58	19♌26	19♌55	20♌24	20♌53	21♌22	21♌51	22♌20	22♌49	23♌17	23♌46	24♌15	24♌44	25♌13	25♌42	26♌11	26♌40	27♌09	27♌37	28♌06	28♌34	29♌03	29♌31	29♌60	0♍29	0♍58
☽/☿	15♎01	21♎23	27♎43	4♏01	10♏20	16♏40	23♏03	29♏30	6♐01	12♊36	19♊15	25♊58	2♋46	9♋38	16♋34	23♋33	0♌34	7♌36	14♌36	21♌32	28♌22	5♍03	11♍34	17♍53	24♍00	29♍57	5♎45	11♎25	17♎01	22♎34	28♎09
/♀	12♍14	18♍46	25♍16	1♎48	8♈22	14♈59	21♈42	28♈30	5♉24	12♉25	19♉33	26♉47	4♊09	11♊37	19♊13	26♊54	4♋40	12♋29	20♋20	28♋09	5♌54	13♌33	21♌03	28♌24	5♍34	12♍33	19♍24	26♍06	2♎43	9♎17	15♎49
/♂	0♎42	6♎59	13♎14	19♎30	25♎49	2♏11	8♏38	15♉10	21♉48	28♉33	5♊25	12♊24	19♊29	26♊42	4♋01	11♋26	18♋56	26♋29	4♌03	11♌36	19♌05	26♌27	3♍41	10♍45	17♍38	24♍22	0♎55	7♎21	13♎42	19♎58	26♎13
/⚳	16♍28	22♍38	28♍46	4♎56	11♈07	17♈22	23♈42	0♉07	6♉39	13♉17	20♉01	26♉53	3♊52	10♊57	18♊09	25♊27	2♋50	10♋16	17♋43	25♋08	2♌30	9♌45	16♌52	23♌48	0♍35	7♍10	13♍37	19♍55	26♍08	2♎17	8♎25
/♃	5♏30	11♏32	17♏32	23♏33	29♏36	5♐44	11♐55	18♐13	24♐37	1♑07	7♑44	14♑28	21♋19	28♋17	5♌22	12♌33	19♌48	27♌07	4♍27	11♍46	19♍01	26♍09	3♎09	9♎59	16♎38	23♎08	29♎28	5♏40	11♏46	17♏49	23♏51
/♄	7♐50	13♐46	19♐41	25♐37	1♑35	7♑37	13♑44	19♑56	26♑15	2♒40	9♒12	15♒50	22♒36	29♒29	6♓28	13♓34	20♓44	27♍57	5♎12	12♎26	19♎35	26♎38	3♏33	10♏17	16♏52	23♏16	29♏30	5♐37	11♐38	17♐36	23♐33
/♅	11♒16	17♒14	23♒10	29♒06	5♓06	11♓08	17♓16	23♓29	29♓48	6♈14	12♈46	19♈25	26♈12	3♉05	10♉04	17♉10	24♉20	1♊34	8♊48	16♊02	23♊11	0♋14	7♋08	13♋52	20♋26	26♋50	3♒04	9♒10	15♒11	21♒07	27♒03
/♆	18♑53	24♑49	0♒45	6♒41	12♒40	18♒42	24♒49	1♓01	7♓20	13♓45	20♓17	26♓55	3♈41	10♈34	17♈33	24♈38	1♉48	9♉01	16♉15	23♉28	0♊37	7♊40	14♐33	21♐17	27♐51	4♑14	10♑28	16♑34	22♑34	28♑31	4♒26
/♇	20♐49	26♐45	2♑41	8♑37	14♑35	20♑37	26♑44	2♒57	9♒16	15♒41	22♒13	28♒52	5♓37	12♓30	19♓30	26♓35	3♈45	10♈58	18♎13	25♎26	2♏35	9♏38	16♏32	23♏16	29♏50	6♐14	12♐28	18♐34	24♐35	0♑32	6♑28
/☊	9♎11	15♎07	21♎02	26♎58	2♏57	8♏59	15♏06	21♏19	27♉38	4♊04	10♊37	17♊17	24♊03	0♋57	7♋57	15♋02	22♋13	29♋27	6♌42	13♌56	21♌06	28♌09	5♍04	11♍48	18♍22	24♍45	0♎59	7♎06	13♎07	19♎04	25♎01
☿/♀	3♌14	4♌13	5♌11	6♌07	7♌02	7♌54	8♌45	9♌33	10♌20	11♌04	11♌45	12♌25	13♌01	13♌35	14♌06	14♌35	15♌01	15♌24	15♌44	16♌02	16♌18	16♌31	16♌43	16♌53	17♌02	17♌11	17♌19	17♌28	17♌39	17♌51	18♌05
/♂	21♌43	22♌27	23♌09	23♌50	24♌29	25♌06	25♌41	26♌13	26♌44	27♌12	27♌38	28♌01	28♌22	28♌40	28♌55	29♌07	29♌17	29♌24	29♌28	29♌29	29♌29	29♌26	29♌21	29♌14	29♌07	28♌59	28♌51	28♌43	28♌37	28♌32	28♌30
/⚳	7♌29	8♌06	8♌41	9♌15	9♌47	10♌17	10♌45	11♌11	11♌34	11♌55	12♌14	12♌30	12♌44	12♌55	13♌03	13♌08	13♌11	13♌10	13♌07	13♌02	12♌54	12♌43	12♌31	12♌18	12♌03	11♌48	11♌32	11♌17	11♌04	10♌51	10♌41
/♃	26♍31	26♍60	27♍27	27♍53	28♍17	28♍39	28♍59	29♍16	29♍32	29♍46	29♍57	0♎06	0♎12	0♎15	0♎16	0♎14	0♎09	0♎02	29♍52	29♍39	29♍24	29♍07	28♍48	28♍28	28♍07	27♍45	27♍23	27♍02	26♍42	26♍23	26♍07
/♄	28♎50	29♎14	29♎36	29♎57	0♏15	0♏32	0♏47	0♏60	1♏10	1♏18	1♏24	1♏28	1♏28	1♏27	1♏22	1♏15	1♏05	0♏52	0♏37	0♏19	29♎59	29♎36	29♎12	28♎46	28♎20	27♎53	27♎26	26♎59	26♎34	26♎10	25♎49
/♅	2♋17	2♋41	3♋05	3♋26	3♋46	4♋03	4♋19	4♋32	4♋43	4♋52	4♋59	5♋03	5♋04	5♋02	4♋58	4♋51	4♋41	4♋28	4♋13	3♋55	3♋35	3♋12	2♋48	2♋22	1♋54	1♋27	0♋59	0♋32	0♋06	29♊41	29♊19
/♆	9♊53	10♊17	10♊40	11♊01	11♊20	11♊37	11♊52	12♊04	12♊15	12♊23	12♊29	12♊33	12♊33	12♊31	12♊27	12♊19	12♊09	11♊56	11♊40	11♊21	11♊01	10♊38	10♊13	9♊46	9♊19	8♊51	8♊23	7♊56	7♊29	7♊05	6♊42
/♇	11♏49	12♏13	12♏36	12♏57	13♏15	13♏32	13♏48	14♏00	14♏11	14♏20	14♏25	14♏29	14♏30	14♏28	14♏23	14♏16	14♏06	13♏53	13♏37	13♏19	12♏59	12♏36	12♏12	11♏46	11♏19	10♏51	10♏23	9♏56	9♏30	9♏06	8♏44
/☊	0♍11	0♍35	0♍57	1♍18	1♍37	1♍54	2♍09	2♍22	2♍34	2♍43	2♍50	2♍54	2♍56	2♍54	2♍50	2♍44	2♍34	2♍22	2♍07	1♍49	1♍29	1♍07	0♍43	0♍17	29♌50	29♌23	28♌55	28♌28	28♌02	27♌38	27♌17
♀/♂	18♋55	19♋49	20♋43	21♋37	22♋31	23♋25	24♋19	25♋13	26♋07	27♋02	27♋56	28♋50	29♋45	0♌39	1♌33	2♌28	3♌22	4♌17	5♌12	6♌06	7♌01	7♌56	8♌50	9♌45	10♌40	11♌35	12♌30	13♌25	14♌20	15♌14	16♌09
/⚳	4♋41	5♋28	6♋15	7♋02	7♋49	8♋36	9♋23	10♋11	10♋58	11♋45	12♋32	13♋19	14♋07	14♋54	15♋41	16♋29	17♋16	18♋04	18♋51	19♋39	20♋26	21♋13	22♋01	22♋48	23♋36	24♋24	25♋11	25♋59	26♋46	27♋34	28♋21
/♃	23♌43	24♌22	25♌01	25♌40	26♌19	26♌58	27♌37	28♌16	28♌56	29♌35	0♍15	0♍55	1♍35	2♍14	2♍55	3♍35	4♍15	4♍55	5♍36	6♍16	6♍57	7♍37	8♍18	8♍59	9♍40	10♍21	11♍02	11♍43	12♍24	13♍06	13♍47
/♄	26♍03	26♍36	27♍10	27♍44	28♍17	28♍51	29♍25	29♍59	0♎34	1♎08	1♎42	2♎17	2♎51	3♎26	4♎01	4♎35	5♎10	5♎45	6♎21	6♎56	7♎31	8♎06	8♎42	9♎17	9♎53	10♎29	11♎05	11♎40	12♎16	12♎53	13♎29
/♅	29♉29	0♊04	0♊38	1♊13	1♊48	2♊22	2♊57	3♊32	4♊07	4♊42	5♊17	5♊52	6♊27	7♊02	7♊37	8♊12	8♊47	9♊22	9♊57	10♊32	11♊07	11♊42	12♊17	12♊52	13♊28	14♊03	14♊38	15♊13	15♊49	16♊24	16♊59
/♆	7♉05	7♉39	8♉14	8♉48	9♉22	9♉56	10♉30	11♉04	11♉39	12♉13	12♉47	13♉22	13♉56	14♉31	15♉05	15♉40	16♉14	16♉49	17♉24	17♉58	18♉33	19♉08	19♉43	20♉17	20♉52	21♉27	22♉02	22♉37	23♉12	23♉47	24♉22
/♇	9♈01	9♈35	10♈09	10♈43	11♈18	11♈52	12♈26	13♈00	13♈35	14♈09	14♈43	15♈18	15♈53	16♈27	17♈02	17♎37	18♎11	18♎46	19♎21	19♎56	20♎31	21♎06	21♎41	22♎17	22♎52	23♎27	24♎02	24♎38	25♎13	25♎49	26♎24
/☊	27♋23	27♋57	28♋31	29♋05	29♋39	0♌13	0♌47	1♌22	1♌57	2♌32	3♌08	3♌43	4♌18	4♌54	5♌29	6♌04	6♌40	7♌15	7♌51	8♌26	9♌02	9♌37	10♌13	10♌48	11♌23	11♌59	12♌34	13♌09	13♌45	14♌21	14♌57
♂/⚳	23♋10	23♋41	24♋13	24♋45	25♋16	25♋48	26♋19	26♋50	27♋22	27♋53	28♋25	28♋56	29♋27	29♋59	0♌30	1♌01	1♌32	2♌03	2♌35	3♌06	3♌37	4♌08	4♌39	5♌10	5♌41	6♌12	6♌43	7♌14	7♌44	8♌15	8♌46
/♃	12♍12	12♍35	12♍59	13♍22	13♍46	14♍09	14♍33	14♍56	15♍20	15♍44	16♍07	16♍31	16♍55	17♍19	17♍43	18♍07	18♍31	18♍55	19♍19	19♍43	20♍08	20♍32	20♍56	21♍20	21♍45	22♍09	22♍33	22♍58	23♍22	23♍47	24♍11
/♄	14♎32	14♎50	15♎08	15♎26	15♎44	16♎03	16♎21	16♎39	16♎58	17♎16	17♎35	17♎53	18♎12	18♎30	18♎49	19♎08	19♎26	19♎45	20♎04	20♎23	20♎42	21♎01	21♎20	21♎39	21♎58	22♎17	22♎36	22♎55	23♎15	23♎34	23♎53
/♅	17♊58	18♊17	18♊36	18♊55	19♊15	19♊34	19♊53	20♊12	20♊31	20♊50	21♊09	21♊28	21♊47	22♊06	22♊25	22♊44	23♊03	23♊22	23♊40	23♊59	24♊18	24♊37	24♊55	25♊14	25♊32	25♊51	26♊10	26♊28	26♊47	27♊05	27♊24
/♆	25♉34	25♉53	26♉12	26♉30	26♉49	27♉07	27♉26	27♉44	28♉03	28♉21	28♉40	28♉58	29♉17	29♉35	29♉53	0♊12	0♊30	0♊49	1♊07	1♊25	1♊44	2♊02	2♊20	2♊39	2♊57	3♊15	3♊34	3♊52	4♊10	4♊29	4♊47
/♇	27♎30	27♎49	28♎07	28♎26	28♎44	29♎03	29♎22	29♎40	29♎59	0♏17	0♏36	0♏55	1♏13	1♏32	1♏50	2♏09	2♏28	2♏46	3♏05	3♏23	3♏42	4♏01	4♏19	4♏38	4♏57	5♏15	5♏34	5♏53	6♏11	6♏30	6♏49
/☊	15♌52	16♌11	16♌29	16♌47	17♌06	17♌24	17♌43	18♌02	18♌21	18♌41	19♌00	19♌20	19♌39	19♌58	20♌17	20♌37	20♌56	21♌15	21♌34	21♌53	22♌13	22♌32	22♌51	23♌10	23♌28	23♌47	24♌05	24♌24	24♌43	25♌02	25♌22
⚳/♃	27♌58	28♌14	28♌31	28♌47	29♌04	29♌20	29♌37	29♌54	0♍10	0♍27	0♍44	1♍00	1♍17	1♍34	1♍51	2♍08	2♍25	2♍42	2♍59	3♍16	3♍33	3♍50	4♍07	4♍24	4♍41	4♍58	5♍15	5♍32	5♍49	6♍06	6♍23
/♄	0♎18	0♎29	0♎40	0♎51	1♎03	1♎14	1♎25	1♎37	1♎48	1♎60	2♎11	2♎22	2♎34	2♎45	2♎57	3♎09	3♎20	3♎32	3♎44	3♎55	4♎07	4♎19	4♎30	4♎42	4♎54	5♎06	5♎18	5♎29	5♎41	5♎53	6♎05
/♅	3♊44	3♊56	4♊08	4♊21	4♊33	4♊45	4♊57	5♊09	5♊21	5♊33	5♊45	5♊57	6♊09	6♊21	6♊33	6♊45	6♊56	7♊08	7♊20	7♊31	7♊43	7♊54	8♊06	8♊17	8♊29	8♊40	8♊51	9♊02	9♊13	9♊24	9♊35
/♆	11♉20	11♉32	11♉44	11♉55	12♉07	12♉18	12♉30	12♉42	12♉53	13♉05	13♉16	13♉27	13♉39	13♉50	14♉01	14♉13	14♉24	14♉35	14♉47	14♉58	15♉09	15♉20	15♉31	15♉42	15♉53	16♉04	16♉15	16♉26	16♉37	16♉48	16♉59
/♇	13♈16	13♈28	13♈39	13♈51	14♈03	14♈14	14♈26	14♈38	14♈49	15♈01	15♈12	15♈24	15♈35	15♈47	15♈58	16♈10	16♈21	16♈33	16♈44	16♈56	17♈07	17♎19	17♎30	17♎41	17♎53	18♎04	18♎15	18♎27	18♎38	18♎49	19♎00
/☊	1♌38	1♌50	2♌01	2♌13	2♌24	2♌36	2♌47	2♌59	3♌12	3♌24	3♌36	3♌49	4♌01	4♌13	4♌25	4♌37	4♌49	5♌01	5♌14	5♌26	5♌38	5♌50	6♌01	6♌13	6♌24	6♌36	6♌47	6♌58	7♌10	7♌21	7♌33
♃/♄	19♏20	19♏23	19♏26	19♏29	19♏32	19♏35	19♏39	19♏42	19♏46	19♏50	19♏54	19♏58	20♏02	20♏06	20♏10	20♏14	20♏19	20♏23	20♏28	20♏33	20♏38	20♏42	20♏47	20♏53	20♏58	21♏03	21♏08	21♏14	21♏19	21♏25	21♏31
/♅	22♋46	22♋50	22♋54	22♋58	23♋02	23♋07	23♋11	23♋15	23♋20	23♋24	23♋28	23♋33	23♋37	23♋42	23♋46	23♋51	23♋55	23♋60	24♋04	24♋09	24♋14	24♋18	24♋23	24♋28	24♋32	24♋37	24♋42	24♋47	24♋51	24♋56	25♋01
/♆	0♑22	0♑26	0♑29	0♑33	0♑36	0♑40	0♑44	0♑47	0♑51	0♑55	0♑59	1♑03	1♑07	1♑11	1♑15	1♑19	1♑23	1♑27	1♑31	1♑35	1♑40	1♑44	1♑48	1♑53	1♑57	2♑01	2♑06	2♑10	2♑15	2♑20	2♑24
/♇	2♐18	2♐22	2♐25	2♐29	2♐32	2♐36	2♐40	2♐43	2♐47	2♐51	2♐55	2♐59	3♐03	3♐07	3♐11	3♐16	3♐20	3♐24	3♐29	3♐33	3♐38	3♐42	3♐47	3♐52	3♐56	4♐01	4♐06	4♐11	4♐16	4♐21	4♐26
/☊	20♍40	20♍43	20♍47	20♍50	20♍53	20♍57	21♍01	21♍05	21♍10	21♍14	21♍19	21♍24	21♍29	21♍34	21♍38	21♍43	21♍48	21♍53	21♍58	22♍03	22♍08	22♍13	22♍18	22♍23	22♍28	22♍33	22♍38	22♍43	22♍48	22♍53	22♍59
♄/♅	25♒05	25♒04	25♒03	25♒02	25♒01	25♒00	24♒59	24♒58	24♒57	24♒56	24♒56	24♒55	24♒54	24♒53	24♒52	24♒51	24♒51	24♒50	24♒49	24♒49	24♒48	24♒47	24♒47	24♒46	24♒46	24♒45	24♒45	24♒44	24♒44	24♒43	24♒43
/♆	2♒42	2♒40	2♒39	2♒37	2♒35	2♒34	2♒32	2♒30	2♒29	2♒27	2♒26	2♒25	2♒23	2♒22	2♒21	2♒19	2♒18	2♒17	2♒16	2♒15	2♒14	2♒13	2♒12	2♒11	2♒10	2♒09	2♒09	2♒08	2♒07	2♒07	2♒06
/♇	4♑38	4♑36	4♑34	4♑33	4♑31	4♑29	4♑28	4♑26	4♑25	4♑24	4♑22	4♑21	4♑20	4♑19	4♑18	4♑17	4♑16	4♑15	4♑14	4♑13	4♑12	4♑11	4♑11	4♑10	4♑10	4♑09	4♑09	4♑08	4♑08	4♑08	4♑08
/☊	22♎60	22♎58	22♎56	22♎54	22♎52	22♎51	22♎49	22♎48	22♎47	22♎47	22♎46	22♎46	22♎46	22♎45	22♎45	22♎44	22♎44	22♎43	22♎43	22♎43	22♎43	22♎42	22♎42	22♎42	22♎41	22♎41	22♎40	22♎40	22♎40	22♎40	22♎41
♅/♆	6♈08	6♈07	6♈07	6♈06	6♈05	6♈05	6♈04	6♈03	6♈02	6♈01	6♈01	5♈60	5♈59	5♈58	5♈57	5♈56	5♈55	5♈53	5♈52	5♈51	5♈50	5♈49	5♈47	5♈46	5♈45	5♈43	5♈42	5♈41	5♈39	5♈38	5♈36
/♇	8♓04	8♓03	8♓03	8♓02	8♓01	8♓01	7♓60	7♓59	7♓58	7♓58	7♓57	7♓56	7♓55	7♓54	7♓54	7♓53	7♓52	7♓51	7♓50	7♓49	7♓48	7♓47	7♓46	7♓45	7♓44	7♓43	7♓42	7♓41	7♓40	7♓39	7♓38
/☊	26♊26	26♊25	26♊24	26♊23	26♊23	26♊22	26♊21	26♊21	26♊21	26♊21	26♊21	26♊21	26♊21	26♊21	26♊21	26♊20	26♊20	26♊20	26♊19	26♊19	26♊19	26♊18	26♊18	26♊17	26♊16	26♊15	26♊14	26♊13	26♊12	26♊11	26♊11
♆/♇	15♒41	15♒39	15♒38	15♒37	15♒35	15♒34	15♒33	15♒31	15♒30	15♒29	15♒27	15♒26	15♒25	15♒23	15♒22	15♒21	15♒19	15♒18	15♒17	15♒15	15♒14	15♒13	15♒12	15♒10	15♒09	15♒08	15♒06	15♒05	15♒04	15♒03	15♒01
/☊	4♊02	4♊01	3♊60	3♊58	3♊57	3♊55	3♊54	3♊53	3♊52	3♊52	3♊51	3♊51	3♊50	3♊50	3♊49	3♊48	3♊47	3♊47	3♊46	3♊45	3♊45	3♊44	3♊43	3♊42	3♊41	3♊39	3♊38	3♊37	3♊36	3♊35	3♊34
♇/☊	5♏58	5♏57	5♏55	5♏54	5♏52	5♏51	5♏50	5♏49	5♏48	5♏48	5♏48	5♏47	5♏47	5♏46	5♏46	5♏45	5♏45	5♏44	5♏44	5♏43	5♏43	5♏42	5♏42	5♏41	5♏40	5♏39	5♏38	5♏37	5♏37	5♏36	5♏36

August 2017

September 2017

	1	2	3	4	5	6	7	8	9	10
☉/☽	8♏16	14♏46	21♏20	28♏02	4♐51	11♐48	18♊55	26♊09	3♋30	10♋57
/☿	4♍16	4♍30	4♍47	5♍07	5♍32	6♍01	6♍35	7♍13	7♍55	8♍42
/♀	22♌51	23♌56	25♌01	26♌06	27♌11	28♌17	29♌22	0♍27	1♍33	2♍38
/♂	2♍59	3♍47	4♍35	5♍23	6♍11	6♍59	7♍48	8♍36	9♍24	10♍12
/⚳	15♌03	15♌44	16♌24	17♌05	17♌46	18♌26	19♌07	19♌47	20♌28	21♌08
/♃	0♎23	0♎57	1♎32	2♎07	2♎41	3♎16	3♎51	4♎26	5♎01	5♎35
/♄	29♎59	0♏29	0♏58	1♏28	1♏57	2♏27	2♏56	3♏26	3♏56	4♏26
/♅	3♋29	3♋57	4♋25	4♋54	5♋22	5♋50	6♋19	6♋47	7♋15	7♋44
/♆	10♊52	11♊20	11♊48	12♊16	12♊45	13♐13	13♐41	14♐09	14♐38	15♐06
/♇	12♏54	13♏23	13♏51	14♏20	14♏49	15♏17	15♏46	16♏15	16♏44	17♏13
/☊	1♍28	1♍57	2♍27	2♍57	3♍26	3♍55	4♍23	4♍51	5♍18	5♍46
☽/☿	3♏47	9♏32	15♏25	21♏29	27♏45	4♊14	10♊55	17♊50	24♊55	2♋11
/♀	22♎22	28♎58	5♏40	12♉28	19♉24	26♉29	3♊42	11♊04	18♊32	26♊06
/♂	2♏30	8♏49	15♏14	21♏45	28♏24	5♊12	12♊08	19♊12	26♊24	3♋41
/⚳	14♎34	20♎46	27♈03	3♉27	9♉59	16♉39	23♉27	0♊24	7♊27	14♊37
/♃	29♏53	5♐59	12♐11	18♐28	24♐54	1♑28	8♑11	15♑02	22♑00	29♋04
/♄	29♐30	5♑31	11♑37	17♑49	24♑10	0♒39	7♒17	14♒03	20♒56	27♒54
/♅	2♓59	8♓59	15♓04	21♓16	27♓35	4♈03	10♈39	17♈24	24♈15	1♉12
/♆	10♒23	16♒22	22♒27	28♒38	4♓58	11♓25	18♓02	24♓46	1♈37	8♈35
/♇	12♑25	18♑25	24♑30	0♒42	7♒02	13♒30	20♒07	26♒52	3♓44	10♓41
/☊	0♏59	6♏60	13♏06	19♏19	25♉39	2♊07	8♊43	15♊27	22♊18	29♊14
☿/♀	18♌22	18♌42	19♌06	19♌34	20♌06	20♌42	21♌23	22♌08	22♌57	23♌51
/♂	28♌30	28♌33	28♌40	28♌51	29♌06	29♌25	29♌48	0♍16	0♍49	1♍25
/⚳	10♌34	10♌30	10♌29	10♌33	10♌40	10♌51	11♌07	11♌28	11♌52	12♌21
/♃	25♍54	25♍43	25♍37	25♍34	25♍36	25♍41	25♍52	26♍06	26♍25	26♍49
/♄	25♎30	25♎15	25♎03	24♎55	24♎51	24♎52	24♎57	25♎07	25♎21	25♎39
/♅	28♊60	28♊43	28♊30	28♊21	28♊16	28♊16	28♊19	28♊27	28♊40	28♊57
/♆	6♊23	6♊06	5♊53	5♊44	5♊39	5♊38	5♊42	5♊50	6♊02	6♊19
/♇	8♏25	8♏09	7♏56	7♏48	7♏43	7♏43	7♏47	7♏56	8♏09	8♏26
/☊	26♌59	26♌44	26♌32	26♌24	26♌20	26♌20	26♌24	26♌31	26♌43	26♌59
♀/♂	17♌04	17♌60	18♌55	19♌50	20♌45	21♌40	22♌35	23♌31	24♌26	25♌21
/⚳	29♋09	29♋56	0♌44	1♌32	2♌19	3♌07	3♌54	4♌42	5♌30	6♌17
/♃	14♍28	15♍10	15♍51	16♍33	17♍15	17♍57	18♍39	19♍20	20♍02	20♍45
/♄	14♎05	14♎41	15♎18	15♎54	16♎31	17♎07	17♎44	18♎21	18♎58	19♎35
/♅	17♊34	18♊10	18♊45	19♊20	19♊56	20♊31	21♊06	21♊42	22♊17	22♊53
/♆	24♉57	25♉33	26♉08	26♉43	27♉18	27♉54	28♉29	29♉04	29♉40	0♊15
/♇	26♎60	27♎35	28♎11	28♎47	29♎22	29♎58	0♏34	1♏10	1♏46	2♏22
/☊	15♌33	16♌10	16♌47	17♌23	17♌59	18♌35	19♌11	19♌46	20♌20	20♌55
♂/⚳	9♌17	9♌47	10♌18	10♌48	11♌19	11♌50	12♌20	12♌50	13♌21	13♌51
/♃	24♍36	25♍01	25♍25	25♍50	26♍15	26♍39	27♍04	27♍29	27♍54	28♍19
/♄	24♎13	24♎32	24♎51	25♎11	25♎31	25♎50	26♎10	26♎29	26♎49	27♎09
/♅	27♊42	28♊00	28♊19	28♊37	28♊55	29♊14	29♊32	29♊50	0♋09	0♋27
/♆	5♊05	5♊23	5♊42	5♊60	6♊18	6♊36	6♊55	7♊13	7♊31	7♊49
/♇	7♏07	7♏26	7♏45	8♏03	8♏22	8♏41	8♏60	9♏18	9♏37	9♏56
/☊	25♌41	26♌01	26♌21	26♌40	26♌59	27♌18	27♌36	27♌54	28♌12	28♌29
⚳/♃	6♍40	6♍58	7♍15	7♍32	7♍49	8♍06	8♍23	8♍40	8♍58	9♍15
/♄	6♎17	6♎29	6♎41	6♎53	7♎05	7♎17	7♎29	7♎41	7♎53	8♎05
/♅	9♊46	9♊57	10♊08	10♊19	10♊30	10♊40	10♊51	11♊02	11♊12	11♊23
/♆	17♉10	17♉20	17♉31	17♉42	17♉52	18♉03	18♉14	18♉24	18♉35	18♉45
/♇	19♎12	19♎23	19♎34	19♎45	19♎56	20♎08	20♎19	20♎30	20♎41	20♎52
/☊	7♌46	7♌58	8♌10	8♌22	8♌34	8♌45	8♌55	9♌05	9♌15	9♌25
♃/♄	21♏36	21♏42	21♏48	21♏54	22♏00	22♏07	22♏13	22♏19	22♏26	22♏32
/♅	25♋06	25♋11	25♋16	25♋21	25♋25	25♋30	25♋35	25♋40	25♋45	25♋50
/♆	2♑29	2♑34	2♑38	2♑43	2♑48	2♑53	2♑58	3♑03	3♑08	3♑13
/♇	4♐31	4♐36	4♐42	4♐47	4♐52	4♐57	5♐03	5♐08	5♐14	5♐19
/☊	23♍05	23♍11	23♍17	23♍24	23♍29	23♍35	23♍39	23♍44	23♍48	23♍52
♄/♅	24♒42	24♒42	24♒42	24♒42	24♒41	24♒41	24♒41	24♒41	24♒41	24♒40
/♆	2♒06	2♒05	2♒05	2♒04	2♒04	2♒04	2♒03	2♒03	2♒03	2♒03
/♇	4♑08	4♑08	4♑08	4♑08	4♑08	4♑08	4♑08	4♑09	4♑09	4♑10
/☊	22♎42	22♎43	22♎44	22♎44	22♎45	22♎45	22♎45	22♎44	22♎44	22♎43
♅/♆	5♈35	5♈33	5♈32	5♈30	5♈29	5♈27	5♈26	5♈24	5♈22	5♈21
/♇	7♓37	7♓36	7♓35	7♓34	7♓33	7♓32	7♓31	7♓30	7♓28	7♓27
/☊	26♊11	26♊11	26♊11	26♊11	26♊10	26♊09	26♊07	26♊05	26♊03	26♊00
♆/♇	15♒00	14♒59	14♒58	14♒57	14♒55	14♒54	14♒53	14♒52	14♒51	14♒50
/☊	3♊34	3♊34	3♊34	3♊33	3♊33	3♊31	3♊30	3♊28	3♊25	3♊23
♇/☊	5♏36	5♏37	5♏37	5♏37	5♏37	5♏36	5♏35	5♏33	5♏31	5♏30

	11	12	13	14	15	16	17	18	19	20
☉/☽	18♋29	26♋02	3♌37	11♌13	18♌47	26♌19	3♍49	11♍14	18♍34	25♍48
/☿	9♍33	10♍28	11♍27	12♍29	13♍35	14♍43	15♍55	17♍09	18♍25	19♍42
/♀	3♍43	4♍49	5♍54	7♍00	8♍06	9♍11	10♍17	11♍23	12♍29	13♍35
/♂	11♍00	11♍48	12♍37	13♍25	14♍13	15♍02	15♍50	16♍38	17♍26	18♍15
/⚳	21♌48	22♌29	23♌09	23♌50	24♌30	25♌10	25♌51	26♌31	27♌11	27♌51
/♃	6♎10	6♎45	7♎21	7♎56	8♎31	9♎06	9♎41	10♎17	10♎52	11♎27
/♄	4♏56	5♏26	5♏56	6♏26	6♏56	7♏26	7♏57	8♏27	8♏57	9♏28
/♅	8♋12	8♋40	9♋08	9♋37	10♋05	10♋33	11♋02	11♋30	11♋58	12♋27
/♆	15♐34	16♐03	16♐31	16♐59	17♐28	17♐56	18♐25	18♐53	19♐22	19♐50
/♇	17♏42	18♏10	18♏39	19♏08	19♏37	20♏06	20♏36	21♏05	21♏34	22♏03
/☊	6♍14	6♍42	7♍10	7♍40	8♍10	8♍40	9♍09	9♍39	10♍08	10♍36
☽/☿	9♋34	17♋05	24♋40	2♌19	10♌01	17♌43	25♌26	3♍06	10♍44	18♍17
/♀	3♋45	11♋26	19♋08	26♋50	4♌32	12♌11	19♌48	27♌21	4♍48	12♍10
/♂	11♋02	18♋25	25♋50	3♌15	10♌39	18♌01	25♌21	2♍36	9♍46	16♍49
/⚳	21♊50	29♊06	6♋23	13♋40	20♋56	28♋10	5♌21	12♌28	19♌30	26♌26
/♃	6♌12	13♌22	20♌34	27♌46	4♍57	12♍06	19♍12	26♍14	3♎11	10♎02
/♄	4♓57	12♓03	19♓09	26♍16	3♎22	10♎26	17♎27	24♎25	1♏17	8♏03
/♅	8♉13	15♉17	22♉22	29♉27	6♊31	13♊33	20♊32	27♊28	4♋18	11♋01
/♆	15♈36	22♈40	29♈45	6♉50	13♉54	20♉56	27♉56	4♊51	11♊41	18♐25
/♇	17♓43	24♓47	1♈53	8♈59	16♈04	23♎06	0♏06	7♏02	13♏53	20♏38
/☊	6♋15	13♋19	20♋24	27♋30	4♌36	11♌39	18♌40	25♌36	2♍27	9♍10
☿/♀	24♌49	25♌51	26♌57	28♌07	29♌20	0♍36	1♍54	3♍15	4♍38	6♍04
/♂	2♍06	2♍51	3♍40	4♍32	5♍27	6♍26	7♍27	8♍30	9♍36	10♍43
/⚳	12♌54	13♌31	14♌12	14♌56	15♌44	16♌34	17♌28	18♌23	19♌21	20♌20
/♃	27♍16	27♍48	28♍23	29♍02	29♍45	0♎30	1♎18	2♎09	3♎02	3♎56
/♄	26♎01	26♎28	26♎59	27♎33	28♎10	28♎50	29♎34	0♏19	1♏07	1♏57
/♅	29♊18	29♊43	0♋11	0♋44	1♋19	1♋58	2♋39	3♋22	4♋08	4♋55
/♆	6♊40	7♊05	7♊34	8♊06	8♊42	9♊20	10♊02	10♊46	11♊31	12♊19
/♇	8♏47	9♏13	9♏42	10♏15	10♏51	11♏31	12♏13	12♏57	13♏43	14♏32
/☊	27♌19	27♌44	28♌13	28♌46	29♌23	0♍04	0♍46	1♍31	2♍17	3♍04
♀/♂	26♌16	27♌12	28♌07	29♌03	29♌58	0♍54	1♍49	2♍45	3♍40	4♍36
/⚳	7♌05	7♌52	8♌40	9♌27	10♌15	11♌02	11♌50	12♌38	13♌25	14♌12
/♃	21♍27	22♍09	22♍51	23♍33	24♍16	24♍58	25♍41	26♍23	27♍06	27♍49
/♄	20♎12	20♎49	21♎26	22♎04	22♎41	23♎19	23♎56	24♎34	25♎11	25♎49
/♅	23♊28	24♊04	24♊39	25♊15	25♊50	26♊26	27♊01	27♊37	28♊12	28♊48
/♆	0♊51	1♊26	2♊02	2♊37	3♊13	3♊49	4♊24	4♊60	5♊36	6♊12
/♇	2♏58	3♏34	4♏10	4♏46	5♏22	5♏59	6♏35	7♏11	7♏48	8♏24
/☊	21♌30	22♌05	22♌41	23♌18	23♌55	24♌32	25♌09	25♌46	26♌22	26♌57
♂/⚳	14♌22	14♌52	15♌22	15♌52	16♌22	16♌53	17♌23	17♌53	18♌23	18♌52
/♃	28♍44	29♍08	29♍33	29♍58	0♎23	0♎48	1♎13	1♎38	2♎03	2♎29
/♄	27♎29	27♎49	28♎09	28♎28	28♎48	29♎09	29♎29	29♎49	0♏09	0♏29
/♅	0♋45	1♋03	1♋21	1♋39	1♋58	2♋16	2♋34	2♋52	3♋10	3♋28
/♆	8♊07	8♊26	8♊44	9♊02	9♊20	9♊39	9♊57	10♊15	10♊33	10♊51
/♇	10♏15	10♏33	10♏52	11♏11	11♏30	11♏49	12♏08	12♏26	12♏45	13♏04
/☊	28♌47	29♌05	29♌23	29♌42	0♍02	0♍22	0♍41	1♍01	1♍19	1♍37
⚳/♃	9♍32	9♍49	10♍06	10♍23	10♍40	10♍57	11♍14	11♍31	11♍48	12♍05
/♄	8♎17	8♎29	8♎41	8♎53	9♎05	9♎17	9♎29	9♎41	9♎54	10♎06
/♅	11♊33	11♊44	11♊54	12♊04	12♊14	12♊24	12♊34	12♊45	12♊54	13♊04
/♆	18♉56	19♉06	19♉16	19♉27	19♉37	19♉47	19♉58	20♉08	20♉18	20♉28
/♇	21♎03	21♎14	21♎25	21♎36	21♎47	21♎57	22♎08	22♎19	22♎30	22♎41
/☊	9♌35	9♌45	9♌56	10♌07	10♌19	10♌31	10♌42	10♌53	11♌04	11♌13
♃/♄	22♏39	22♏46	22♏52	22♏59	23♏06	23♏13	23♏20	23♏27	23♏35	23♏42
/♅	25♋55	26♋00	26♋05	26♋10	26♋15	26♋20	26♋25	26♋30	26♋35	26♋41
/♆	3♑18	3♑23	3♑28	3♑33	3♑38	3♑43	3♑48	3♑54	3♑59	4♑04
/♇	5♐25	5♐30	5♐36	5♐42	5♐48	5♐53	5♐59	6♐05	6♐11	6♐17
/☊	23♍57	24♍02	24♍07	24♍13	24♍20	24♍26	24♍33	24♍39	24♍45	24♍49
♄/♅	24♒40	24♒40	24♒40	24♒40	24♒40	24♒40	24♒41	24♒41	24♒41	24♒41
/♆	2♒03	2♒03	2♒03	2♒03	2♒03	2♒03	2♒04	2♒04	2♒04	2♒05
/♇	4♑10	4♑11	4♑11	4♑12	4♑13	4♑14	4♑14	4♑15	4♑16	4♑17
/☊	22♎42	22♎42	22♎42	22♎43	22♎45	22♎47	22♎48	22♎49	22♎50	22♎50
♅/♆	5♈19	5♈17	5♈16	5♈14	5♈12	5♈10	5♈09	5♈07	5♈05	5♈03
/♇	7♓26	7♓25	7♓24	7♓23	7♓22	7♓21	7♓20	7♓18	7♓17	7♓16
/☊	25♊58	25♊56	25♊55	25♊54	25♊54	25♊54	25♊53	25♊53	25♊51	25♊49
♆/♇	14♒49	14♒48	14♒47	14♒46	14♒45	14♒44	14♒43	14♒42	14♒41	14♒40
/☊	3♊21	3♊19	3♊18	3♊17	3♊17	3♊17	3♊16	3♊16	3♊14	3♊12
♇/☊	5♏28	5♏27	5♏26	5♏26	5♏26	5♏27	5♏27	5♏27	5♏26	5♏25

	21	22	23	24	25	26	27	28	29	30
☉/☽	2♎55	9♎54	16♎44	23♎27	0♏03	6♏33	12♏59	19♏24	25♏50	2♐20
/☿	21♍02	22♍22	23♍44	25♍06	26♍29	27♍53	29♍17	0♎41	2♎05	3♎29
/♀	14♍41	15♍47	16♍53	17♍59	19♍05	20♍11	21♍17	22♍24	23♍30	24♍36
/♂	19♍03	19♍51	20♍40	21♍28	22♍17	23♍05	23♍53	24♍42	25♍30	26♍19
/⚳	28♌31	29♌12	29♌52	0♍32	1♍12	1♍52	2♍32	3♍11	3♍51	4♍31
/♃	12♎03	12♎38	13♎14	13♎49	14♎25	15♎01	15♎36	16♎12	16♎48	17♎23
/♄	9♏59	10♏29	10♏60	11♏31	12♏01	12♏32	13♏03	13♏34	14♏05	14♏36
/♅	12♋55	13♋23	13♋52	14♋20	14♋48	15♋17	15♋45	16♋13	16♋42	17♋10
/♆	20♐19	20♐47	21♐16	21♐45	22♐13	22♐42	23♐11	23♐39	24♐08	24♐37
/♇	22♏32	23♏01	23♏31	24♏00	24♏29	24♏59	25♏28	25♏57	26♏27	26♏56
/☊	11♍03	11♍29	11♍55	12♍22	12♍48	13♍15	13♍44	14♍13	14♍42	15♍12
☽/☿	25♍44	3♎05	10♎18	17♎25	24♎25	1♏20	8♏11	15♏01	21♏53	28♏47
/♀	19♍24	26♍30	3♎28	10♎18	17♎01	23♎38	0♏12	6♏44	13♏18	19♏55
/♂	23♍46	0♎34	7♎15	13♎47	20♎12	26♎32	2♏48	9♏02	15♏18	21♏37
/⚳	3♍14	9♍54	16♍26	22♍50	29♍07	5♎18	11♎26	17♎32	23♎39	29♎49
/♃	16♎46	23♎21	29♎49	6♏08	12♏20	18♏27	24♏31	0♐32	6♐35	12♐42
/♄	14♏41	21♏12	27♏35	3♐49	9♐57	15♐59	21♐58	27♐55	3♑53	9♑55
/♅	17♋38	24♋06	0♒26	6♒39	12♒44	18♒43	24♒39	0♓34	6♓29	12♓28
/♆	25♐02	1♑30	7♑51	14♑03	20♑09	26♑09	2♒05	7♒60	13♒55	19♒55
/♇	27♏15	3♐44	10♐05	16♐19	22♐25	28♐25	4♑22	10♑18	16♑14	22♑15
/☊	15♍45	22♍12	28♍30	4♎40	10♎44	16♎42	22♎38	28♎33	4♏30	10♏31
☿/♀	7♍30	8♍58	10♍27	11♍57	13♍27	14♍58	16♍29	18♍01	19♍32	21♍04
/♂	11♍52	13♍03	14♍14	15♍26	16♍39	17♍52	19♍05	20♍19	21♍33	22♍46
/⚳	21♌21	22♌23	23♌26	24♌30	25♌34	26♌39	27♌44	28♌49	29♌54	0♍59
/♃	4♎52	5♎50	6♎48	7♎47	8♎47	9♎48	10♎48	11♎49	12♎50	13♎51
/♄	2♏48	3♏40	4♏34	5♏28	6♏24	7♏19	8♏15	9♏11	10♏08	11♏04
/♅	5♋44	6♋35	7♋26	8♋18	9♋10	10♋04	10♋57	11♋50	12♋44	13♋38
/♆	13♐08	13♐59	14♐50	15♐42	16♐35	17♐29	18♐22	19♐16	20♐10	21♐04
/♇	15♏22	16♏13	17♏05	17♏58	18♏52	19♏46	20♏40	21♏35	22♏29	23♏24
/☊	3♍52	4♍40	5♍30	6♍19	7♍10	8♍02	8♍56	9♍50	10♍45	11♍40
♀/♂	5♍32	6♍27	7♍23	8♍19	9♍15	10♍10	11♍06	12♍02	12♍58	13♍54
/⚳	14♌60	15♌47	16♌35	17♌22	18♌10	18♌57	19♌44	20♌31	21♌19	22♌06
/♃	28♍31	29♍14	29♍57	0♎40	1♎23	2♎06	2♎49	3♎32	4♎15	4♎58
/♄	26♎27	27♎05	27♎43	28♎21	28♎59	29♎38	0♏16	0♏54	1♏33	2♏11
/♅	29♊24	29♊59	0♋35	1♋10	1♋46	2♋22	2♋58	3♋33	4♋09	4♋45
/♆	6♊47	7♊23	7♊59	8♊35	9♊11	9♊47	10♊23	10♊59	11♊35	12♊11
/♇	9♏01	9♏37	10♏14	10♏51	11♏27	12♏04	12♏41	13♏17	13♏54	14♏31
/☊	27♌31	28♌05	28♌39	29♌12	29♌46	0♍21	0♍56	1♍33	2♍10	2♍47
♂/⚳	19♌22	19♌52	20♌22	20♌51	21♌21	21♌51	22♌20	22♌50	23♌19	23♌48
/♃	2♎54	3♎19	3♎44	4♎09	4♎34	4♎60	5♎25	5♎50	6♎15	6♎41
/♄	0♏49	1♏10	1♏30	1♏50	2♏11	2♏31	2♏52	3♏12	3♏33	3♏54
/♅	3♋46	4♋04	4♋22	4♋40	4♋58	5♋16	5♋34	5♋51	6♋09	6♋27
/♆	11♊10	11♊28	11♊46	12♊04	12♐23	12♐41	12♐59	13♐17	13♐36	13♐54
/♇	13♏23	13♏42	14♏01	14♏20	14♏39	14♏58	15♏17	15♏36	15♏55	16♏14
/☊	1♍54	2♍10	2♍26	2♍41	2♍58	3♍15	3♍32	3♍51	4♍10	4♍30
⚳/♃	12♍22	12♍39	12♍56	13♍13	13♍29	13♍46	14♍03	14♍20	14♍36	14♍53
/♄	10♎18	10♎30	10♎42	10♎54	11♎06	11♎18	11♎30	11♎42	11♎54	12♎06
/♅	13♊14	13♊24	13♊34	13♊43	13♊53	14♊02	14♊12	14♊21	14♊30	14♊40
/♆	20♉38	20♉48	20♉58	21♉08	21♉18	21♉27	21♉37	21♉47	21♉57	22♉06
/♇	22♎51	23♎02	23♎13	23♎23	23♎34	23♎44	23♎55	24♎05	24♎16	24♎26
/☊	11♌22	11♌30	11♌37	11♌45	11♌53	12♌01	12♌10	12♌20	12♌31	12♌42
♃/♄	23♏49	23♏57	24♏04	24♏12	24♏19	24♏27	24♏35	24♏42	24♏50	24♏58
/♅	26♋46	26♋51	26♋56	27♋01	27♋06	27♋11	27♋16	27♋22	27♑27	27♑32
/♆	4♑09	4♑15	4♑20	4♑26	4♑31	4♑36	4♑42	4♑47	4♑53	4♑59
/♇	6♐23	6♐29	6♐35	6♐41	6♐47	6♐53	6♐59	7♐06	7♐12	7♐18
/☊	24♍53	24♍57	24♍60	25♍03	25♍06	25♍10	25♍15	25♍21	25♍27	25♍34
♄/♅	24♒41	24♒42	24♒42	24♒42	24♒43	24♒43	24♒43	24♒44	24♒44	24♒45
/♆	2♒05	2♒06	2♒06	2♒07	2♒07	2♒08	2♒09	2♒10	2♒11	2♒11
/♇	4♑18	4♑20	4♑21	4♑22	4♑24	4♑25	4♑26	4♑28	4♑30	4♑31
/☊	22♎49	22♎47	22♎46	22♎44	22♎42	22♎42	22♎42	22♎43	22♎45	22♎47
♅/♆	5♈02	4♈60	4♈58	4♈56	4♈54	4♈52	4♈51	4♈49	4♈47	4♈45
/♇	7♓15	7♓14	7♓13	7♓12	7♓10	7♓09	7♓08	7♓07	7♓06	7♓05
/☊	25♊45	25♊42	25♊37	25♊33	25♊29	25♊26	25♊24	25♊22	25♊21	25♊21
♆/♇	14♒39	14♒38	14♒37	14♒36	14♒35	14♒35	14♒34	14♒33	14♒32	14♒32
/☊	3♊09	3♊06	3♊02	2♊58	2♊54	2♊51	2♊49	2♊48	2♊48	2♊47
♇/☊	5♏23	5♏20	5♏16	5♏13	5♏10	5♏08	5♏07	5♏06	5♏07	5♏07

September 2017

October 2017

	1	2	3	4	5	6	7	8
☉/☽	8♐55	15♐39	22♐33	29♐39	6♑55	14♋22	21♋58	29♋40
/☿	4♎53	6♎17	7♎41	9♎04	10♎27	11♎50	13♎12	14♎34
/♀	25♍43	26♍49	27♍56	29♍02	0♎09	1♎15	2♎22	3♎28
/♂	27♍07	27♍56	28♍44	29♍33	0♎21	1♎10	1♎58	2♎47
/⚳	5♍11	5♍51	6♍30	7♍10	7♍49	8♍29	9♍08	9♍48
/♃	17♎59	18♎35	19♎11	19♎47	20♎23	20♎59	21♎35	22♎11
/♄	15♏08	15♏39	16♏10	16♏41	17♏13	17♏44	18♏16	18♏47
/♅	17♋38	18♋07	18♋35	19♋03	19♋32	20♋00	20♋29	20♋57
/♆	25♐05	25♐34	26♐03	26♐32	27♐01	27♐30	27♐58	28♐27
/♇	27♏26	27♏55	28♏25	28♏55	29♏24	29♏54	0♐24	0♐53
/☊	15♍43	16♍12	16♍42	17♍10	17♍37	18♍03	18♍29	18♍54
☽/☿	5♐48	12♐57	20♐16	27♐45	5♑26	13♋17	21♋16	29♋20
/♀	26♏38	3♐29	10♐30	17♊43	25♊07	2♋42	10♋25	18♋14
/♂	28♏02	4♐36	11♐19	18♊14	25♊20	2♋37	10♋02	17♋33
/⚳	6♉06	12♉30	19♉05	25♉51	2♊48	9♊56	17♊12	24♊34
/♃	18♐54	25♐15	1♑46	8♑28	15♑21	22♑25	29♋38	6♌57
/♄	16♑02	22♑19	28♑45	5♒22	12♒11	19♒11	26♒19	3♓33
/♅	18♓33	24♓47	1♈10	7♈45	14♈30	21♈27	28♈32	5♉43
/♆	26♒00	2♓14	8♓38	15♓13	21♓59	28♓56	6♈02	13♈13
/♇	28♑21	4♒35	10♒60	17♒36	24♒23	1♓21	8♓27	15♓39
/☊	16♏38	22♏52	29♉17	5♊51	12♊36	19♊30	26♊32	3♋40
☿/♀	22♍35	24♍07	25♍38	27♍08	28♍39	0♎09	1♎39	3♎09
/♂	23♍60	25♍13	26♍26	27♍39	28♍52	0♎04	1♎16	2♎27
/⚳	2♍03	3♍08	4♍12	5♍16	6♍20	7♍23	8♍26	9♍28
/♃	14♎52	15♎53	16♎53	17♎53	18♎53	19♎53	20♎52	21♎51
/♄	12♏00	12♏56	13♏52	14♏48	15♏43	16♏38	17♏33	18♏28
/♅	14♋31	15♋24	16♋17	17♋10	18♋02	18♋54	19♋46	20♋37
/♆	21♐58	22♐52	23♐45	24♐38	25♐31	26♐24	27♐16	28♐08
/♇	24♏19	25♏13	26♏07	27♏01	27♏55	28♏48	29♏41	0♐34
/☊	12♍35	13♍30	14♍24	15♍16	16♍07	16♍57	17♍46	18♍34
♀/♂	14♍49	15♍45	16♍41	17♍37	18♍33	19♍29	20♍25	21♍21
/⚳	22♌53	23♌40	24♌27	25♌14	26♌01	26♌48	27♌35	28♌22
/♃	5♎41	6♎25	7♎08	7♎51	8♎35	9♎18	10♎01	10♎45
/♄	2♏50	3♏28	4♏07	4♏46	5♏25	6♏04	6♏43	7♏22
/♅	5♋21	5♋56	6♋32	7♋08	7♋44	8♋20	8♋55	9♋31
/♆	12♐48	13♐24	14♐00	14♐36	15♐13	15♐49	16♐25	17♐02
/♇	15♏08	15♏45	16♏22	16♏59	17♏36	18♏13	18♏50	19♏28
/☊	3♍25	4♍02	4♍39	5♍14	5♍49	6♍22	6♍56	7♍28
♂/⚳	24♌18	24♌47	25♌16	25♌45	26♌14	26♌43	27♌12	27♌41
/♃	7♎06	7♎31	7♎57	8♎22	8♎47	9♎13	9♎38	10♎03
/♄	4♏14	4♏35	4♏56	5♏17	5♏37	5♏58	6♏19	6♏40
/♅	6♋45	7♋03	7♋21	7♋39	7♋56	8♋14	8♋32	8♋50
/♆	14♐12	14♐30	14♐49	15♐07	15♐25	15♐44	16♐02	16♐20
/♇	16♏33	16♏52	17♏11	17♏30	17♏49	18♏08	18♏27	18♏46
/☊	4♍49	5♍09	5♍27	5♍45	6♍02	6♍17	6♍32	6♍47
⚳/♃	15♍10	15♍26	15♍43	15♍59	16♍15	16♍32	16♍48	17♍04
/♄	12♎18	12♎30	12♎42	12♎54	13♎06	13♎17	13♎29	13♎41
/♅	14♊49	14♊58	15♊07	15♊16	15♊25	15♊33	15♊42	15♊51
/♆	22♉16	22♉25	22♉35	22♉44	22♉53	23♉03	23♉12	23♉21
/♇	24♎36	24♎47	24♎57	25♎07	25♎17	25♎27	25♎37	25♎47
/☊	12♌53	13♌04	13♌13	13♌22	13♌30	13♌36	13♌42	13♌48
♃/♄	25♏06	25♏14	25♏22	25♏31	25♏39	25♏47	25♏55	26♏04
/♅	27♑37	27♑42	27♑47	27♑53	27♑58	28♑03	28♑08	28♑13
/♆	5♑04	5♑10	5♑15	5♑21	5♑27	5♑32	5♑38	5♑44
/♇	7♐25	7♐31	7♐37	7♐44	7♐50	7♐57	8♐03	8♐10
/☊	25♍41	25♍48	25♍54	25♍59	26♍03	26♍06	26♍08	26♍11
♄/♅	24♒45	24♒46	24♒47	24♒47	24♒48	24♒49	24♒49	24♒50
/♆	2♒12	2♒13	2♒14	2♒16	2♒17	2♒18	2♒19	2♒21
/♇	4♑33	4♑35	4♑37	4♑38	4♑40	4♑42	4♑44	4♑46
/☊	22♎50	22♎52	22♎53	22♎54	22♎53	22♎52	22♎49	22♎47
♅/♆	4♈43	4♈41	4♈40	4♈38	4♈36	4♈34	4♈32	4♈30
/♇	7♓04	7♓03	7♓02	7♓00	6♓59	6♓58	6♓57	6♓56
/☊	25♊20	25♊20	25♊18	25♊16	25♊12	25♊08	25♊02	24♊57
♆/♇	14♒31	14♒30	14♒29	14♒29	14♒28	14♒28	14♒27	14♒27
/☊	2♊47	2♊47	2♊46	2♊44	2♊41	2♊37	2♊32	2♊27
♇/☊	5♏08	5♏08	5♏08	5♏07	5♏05	5♏01	4♏57	4♏53

	9	10	11	12	13	14	15	16
☉/☽	7♌25	15♌09	22♌51	0♍27	7♍59	15♍24	22♍43	29♍57
/☿	15♎56	17♎18	18♎39	19♎59	21♎20	22♎40	23♎60	25♎19
/♀	4♎35	5♎42	6♎49	7♎55	9♎02	10♎09	11♎16	12♎23
/♂	3♎35	4♎24	5♎13	6♎01	6♎50	7♎39	8♎27	9♎16
/⚳	10♍27	11♍06	11♍46	12♍25	13♍04	13♍43	14♍22	15♍01
/♃	22♎47	23♎23	23♎59	24♎35	25♎11	25♎47	26♎24	26♎60
/♄	19♏19	19♏51	20♏22	20♏54	21♏26	21♏58	22♏30	23♏02
/♅	21♋25	21♋54	22♋22	22♋51	23♋19	23♋48	24♋16	24♋45
/♆	28♐56	29♐25	29♐54	0♑23	0♑52	1♑22	1♑51	2♑20
/♇	1♐23	1♐53	2♐23	2♐53	3♐22	3♐52	4♐22	4♐52
/☊	19♍20	19♍46	20♍14	20♍43	21♍13	21♍43	22♍13	22♍42
☽/☿	7♌28	15♌34	23♌37	1♍36	9♍28	17♍14	24♍53	2♎27
/♀	26♋07	3♌58	11♌47	19♌32	27♌10	4♍43	12♍10	19♍31
/♂	25♋07	2♌41	10♌11	17♌37	24♌58	2♍12	9♍21	16♍24
/⚳	1♋59	9♋23	16♋44	24♋01	1♌12	8♌17	15♌16	22♌09
/♃	14♌18	21♌39	28♌57	6♍11	13♍19	20♍21	27♍17	4♎08
/♄	10♓50	18♓07	25♍21	2♎30	9♎34	16♎32	23♎24	0♏10
/♅	12♉57	20♉10	27♉21	4♊27	11♊27	18♊22	25♊10	1♋53
/♆	20♈28	27♈42	4♉53	11♉59	19♉00	25♉55	2♊44	9♊28
/♇	22♓54	0♈09	7♈21	14♈29	21♎30	28♎26	5♏16	12♏00
/☊	10♋51	18♋03	25♋13	2♌19	9♌21	16♌16	23♌06	29♌50
☿/♀	4♎38	6♎07	7♎35	9♎04	10♎31	11♎59	13♎26	14♎53
/♂	3♎38	4♎49	5♎60	7♎10	8♎19	9♎28	10♎37	11♎46
/⚳	10♍30	11♍32	12♍33	13♍33	14♍33	15♍33	16♍32	17♍31
/♃	22♎50	23♎48	24♎46	25♎43	26♎40	27♎37	28♎34	29♎30
/♄	19♏22	20♏16	21♏09	22♏02	22♏55	23♏48	24♏40	25♏32
/♅	21♋28	22♋19	23♋09	23♋59	24♋48	25♋38	26♋26	27♑15
/♆	28♐59	29♐50	0♑41	1♑32	2♑22	3♑11	4♑01	4♑50
/♇	1♐26	2♐18	3♐09	4♐01	4♐52	5♐42	6♐32	7♐22
/☊	19♍23	20♍12	21♍01	21♍51	22♍42	23♍32	24♍23	25♍12
♀/♂	22♍17	23♍13	24♍09	25♍06	26♍02	26♍58	27♍54	28♍50
/⚳	29♌09	29♌56	0♍42	1♍29	2♍16	3♍02	3♍49	4♍35
/♃	11♎28	12♎12	12♎56	13♎39	14♎23	15♎06	15♎50	16♎34
/♄	8♏01	8♏40	9♏19	9♏58	10♏38	11♏17	11♏56	12♏36
/♅	10♋07	10♋43	11♋19	11♋55	12♋31	13♋07	13♋43	14♋19
/♆	17♐38	18♐15	18♐51	19♐28	20♐04	20♐41	21♐17	21♐54
/♇	20♏05	20♏42	21♏19	21♏57	22♏34	23♏12	23♏49	24♏26
/☊	8♍02	8♍36	9♍11	9♍47	10♍24	11♍02	11♍39	12♍16
♂/⚳	28♌09	28♌38	29♌07	29♌35	0♍04	0♍32	1♍00	1♍28
/♃	10♎29	10♎54	11♎20	11♎45	12♎11	12♎36	13♎01	13♎27
/♄	7♏01	7♏22	7♏43	8♏04	8♏25	8♏47	9♏08	9♏29
/♅	9♋08	9♋25	9♋43	10♋01	10♋19	10♋36	10♋54	11♋12
/♆	16♐38	16♐57	17♐15	17♐33	17♐52	18♐10	18♐29	18♐47
/♇	19♏05	19♏24	19♏44	20♏03	20♏22	20♏41	21♏00	21♏19
/☊	7♍02	7♍18	7♍35	7♍53	8♍12	8♍31	8♍51	9♍09
⚳/♃	17♍20	17♍37	17♍53	18♍09	18♍25	18♍40	18♍56	19♍12
/♄	13♎53	14♎04	14♎16	14♎28	14♎39	14♎51	15♎03	15♎14
/♅	15♊59	16♊08	16♊16	16♊24	16♊33	16♊41	16♊49	16♊57
/♆	23♉30	23♉39	23♉48	23♉57	24♉06	24♉15	24♉23	24♉32
/♇	25♎57	26♎07	26♎17	26♎26	26♎36	26♎46	26♎55	27♎05
/☊	13♌54	14♌00	14♌08	14♌17	14♌26	14♌36	14♌45	14♌54
♃/♄	26♏12	26♏21	26♏29	26♏38	26♏46	26♏55	27♏04	27♏13
/♅	28♑19	28♑24	28♑29	28♑34	28♑40	28♑45	28♑50	28♑56
/♆	5♑50	5♑55	6♑01	6♑07	6♑13	6♑19	6♑25	6♑31
/♇	8♐16	8♐23	8♐30	8♐36	8♐43	8♐50	8♐56	9♐03
/☊	26♍13	26♍17	26♍21	26♍27	26♍33	26♍40	26♍47	26♍53
♄/♅	24♒51	24♒52	24♒53	24♒54	24♒55	24♒56	24♒57	24♒58
/♆	2♒22	2♒23	2♒25	2♒26	2♒28	2♒29	2♒31	2♒33
/♇	4♑49	4♑51	4♑53	4♑55	4♑58	5♑00	5♑03	5♑05
/☊	22♎45	22♎44	22♎45	22♎46	22♎48	22♎51	22♎53	22♎55
♅/♆	4♈28	4♈27	4♈25	4♈23	4♈21	4♈19	4♈17	4♈16
/♇	6♓55	6♓54	6♓53	6♓52	6♓51	6♓50	6♓49	6♓48
/☊	24♊52	24♊48	24♊45	24♊42	24♊41	24♊40	24♊39	24♊38
♆/♇	14♒26	14♒26	14♒25	14♒25	14♒24	14♒24	14♒24	14♒23
/☊	2♊23	2♊19	2♊17	2♊15	2♊14	2♊14	2♊14	2♊13
♇/☊	4♏50	4♏47	4♏45	4♏44	4♏44	4♏45	4♏45	4♏45

	17	18	19	20	21	22	23	24
☉/☽	7♎05	14♎08	21♎06	27♎57	4♏42	11♏21	17♏55	24♏24
/☿	26♎38	27♎57	29♎15	0♏33	1♏51	3♏09	4♏26	5♏43
/♀	13♎30	14♎37	15♎44	16♎51	17♎59	19♎06	20♎13	21♎20
/♂	10♎05	10♎54	11♎42	12♎31	13♎20	14♎09	14♎58	15♎46
/⚳	15♍40	16♍19	16♍58	17♍36	18♍15	18♍54	19♍32	20♍10
/♃	27♎36	28♎12	28♎49	29♎25	0♏01	0♏38	1♏14	1♏51
/♄	23♏34	24♏06	24♏38	25♏10	25♏43	26♏15	26♏47	27♏20
/♅	25♋13	25♋42	26♋10	26♑39	27♑08	27♑36	28♑05	28♑34
/♆	2♑49	3♑18	3♑48	4♑17	4♑46	5♑15	5♑45	6♑14
/♇	5♐22	5♐52	6♐23	6♐53	7♐23	7♐53	8♐23	8♐53
/☊	23♍10	23♍37	24♍02	24♍27	24♍50	25♍14	25♍38	26♍03
☽/☿	9♎55	17♎17	24♎33	1♏43	8♏46	15♏43	22♏34	29♏21
/♀	26♍47	3♎57	11♎02	18♎01	24♎54	1♏40	8♏22	14♏58
/♂	23♍22	0♎14	7♎00	13♎41	20♎15	26♎43	3♏06	9♏24
/⚳	28♌57	5♍39	12♍16	18♍46	25♍10	1♎28	7♎41	13♎48
/♃	10♎53	17♎33	24♎07	0♏35	6♏56	13♏12	19♏23	25♏28
/♄	6♏51	13♏26	19♏56	26♏20	2♐38	8♐50	14♐56	20♐58
/♅	8♋30	15♋02	21♋28	27♑49	4♒03	10♒11	16♒13	22♒11
/♆	16♐06	22♐39	29♐05	5♑26	11♑41	17♑50	23♑53	29♑52
/♇	18♏39	25♏13	1♐40	8♐02	14♐18	20♐28	26♐32	2♑31
/☊	6♍27	12♍57	19♍20	25♍36	1♎45	7♎49	13♎47	19♎41
☿/♀	16♎20	17♎46	19♎12	20♎37	22♎03	23♎28	24♎52	26♎17
/♂	12♎54	14♎02	15♎10	16♎17	17♎24	18♎31	19♎37	20♎43
/⚳	18♍30	19♍28	20♍25	21♍22	22♍19	23♍15	24♍11	25♍07
/♃	0♏25	1♏21	2♏16	3♏11	4♏05	4♏60	5♏54	6♏47
/♄	26♏23	27♏15	28♏06	28♏56	29♏47	0♐37	1♐27	2♐17
/♅	28♑03	28♑50	29♑38	0♒25	1♒12	1♒58	2♒44	3♒30
/♆	5♑38	6♑27	7♑15	8♑03	8♑50	9♑37	10♑24	11♑11
/♇	8♐12	9♐01	9♐50	10♐39	11♐27	12♐15	13♐03	13♐50
/☊	25♍59	26♍45	27♍30	28♍12	28♍54	29♍36	0♎17	0♎60
♀/♂	29♍46	0♎43	1♎39	2♎35	3♎32	4♎28	5♎24	6♎20
/⚳	5♍22	6♍08	6♍54	7♍41	8♍27	9♍13	9♍59	10♍45
/♃	17♎18	18♎01	18♎45	19♎29	20♎13	20♎57	21♎41	22♎25
/♄	13♏16	13♏55	14♏35	15♏15	15♏54	16♏34	17♏14	17♏54
/♅	14♋55	15♋31	16♋07	16♋43	17♋19	17♋55	18♋31	19♋08
/♆	22♐31	23♐07	23♐44	24♐21	24♐58	25♐35	26♐11	26♐48
/♇	25♏04	25♏42	26♏19	26♏57	27♏34	28♏12	28♏50	29♏28
/☊	12♍52	13♍26	13♍59	14♍31	15♍02	15♍33	16♍05	16♍37
♂/⚳	1♍56	2♍24	2♍52	3♍20	3♍48	4♍16	4♍43	5♍11
/♃	13♎52	14♎18	14♎43	15♎09	15♎34	15♎60	16♎25	16♎51
/♄	9♏50	10♏12	10♏33	10♏54	11♏16	11♏37	11♏59	12♏20
/♅	11♋30	11♋47	12♋05	12♋23	12♋41	12♋58	13♋16	13♋34
/♆	19♐05	19♐24	19♐42	20♐01	20♐19	20♐38	20♐56	21♐14
/♇	21♏39	21♏58	22♏17	22♏36	22♏56	23♏15	23♏34	23♏54
/☊	9♍26	9♍42	9♍57	10♍10	10♍23	10♍36	10♍49	11♍03
⚳/♃	19♍28	19♍43	19♍59	20♍14	20♍29	20♍45	20♍60	21♍15
/♄	15♎26	15♎37	15♎48	15♎60	16♎11	16♎22	16♎33	16♎44
/♅	17♊05	17♊13	17♊20	17♊28	17♊36	17♊43	17♊51	17♊58
/♆	24♉41	24♉49	24♉58	25♉06	25♉14	25♉22	25♉31	25♉39
/♇	27♎14	27♎23	27♎33	27♎42	27♎51	27♎60	28♎09	28♎18
/☊	15♌02	15♌08	15♌12	15♌16	15♌18	15♌21	15♌24	15♌27
♃/♄	27♏21	27♏30	27♏39	27♏48	27♏57	28♏06	28♏15	28♏24
/♅	29♑01	29♑06	29♑11	29♑17	29♑22	29♑27	29♑33	29♑38
/♆	6♑37	6♑43	6♑49	6♑55	7♑01	7♑07	7♑13	7♑19
/♇	9♐10	9♐17	9♐23	9♐30	9♐37	9♐44	9♐51	9♐58
/☊	26♍58	27♍01	27♍03	27♍04	27♍05	27♍05	27♍06	27♍08
♄/♅	24♒59	24♒60	25♒01	25♒02	25♒03	25♒05	25♒06	25♒07
/♆	2♒34	2♒36	2♒38	2♒40	2♒42	2♒44	2♒46	2♒48
/♇	5♑08	5♑10	5♑13	5♑16	5♑19	5♑21	5♑24	5♑27
/☊	22♎55	22♎55	22♎53	22♎50	22♎46	22♎42	22♎39	22♎37
♅/♆	4♈14	4♈12	4♈10	4♈09	4♈07	4♈05	4♈03	4♈02
/♇	6♓47	6♓46	6♓45	6♓44	6♓43	6♓43	6♓42	6♓41
/☊	24♊35	24♊31	24♊25	24♊18	24♊11	24♊04	23♊57	23♊51
♆/♇	14♒23	14♒23	14♒22	14♒22	14♒22	14♒22	14♒22	14♒22
/☊	2♊11	2♊07	2♊02	1♊56	1♊50	1♊43	1♊37	1♊31
♇/☊	4♏44	4♏41	4♏37	4♏32	4♏26	4♏20	4♏15	4♏10

	25	26	27	28	29	30	31
☉/☽	0♐50	7♐14	13♐39	20♐08	26♐42	3♑26	10♑21
/☿	6♏60	8♏16	9♏32	10♏48	12♏04	13♏19	14♏35
/♀	22♎28	23♎35	24♎42	25♎50	26♎57	28♎04	29♎12
/♂	16♎35	17♎24	18♎13	19♎02	19♎51	20♎40	21♎29
/⚳	20♍49	21♍27	22♍05	22♍43	23♍21	23♍59	24♍37
/♃	2♏27	3♏03	3♏40	4♏16	4♏53	5♏29	6♏06
/♄	27♏52	28♏25	28♏57	29♏30	0♐03	0♐35	1♐08
/♅	29♑02	29♑31	29♑60	0♒28	0♒57	1♒26	1♒55
/♆	6♑44	7♑13	7♑43	8♑12	8♑42	9♑11	9♑41
/♇	9♐24	9♐54	10♐24	10♐55	11♐25	11♐56	12♐26
/☊	26♍29	26♍57	27♍26	27♍56	28♍26	28♍56	29♍25
☽/☿	6♐03	12♐44	19♐26	26♐10	3♑01	10♑00	17♑10
/♀	21♏31	28♏03	4♐36	11♐12	17♐54	24♐45	1♑47
/♂	15♏39	21♏52	28♏07	4♐24	10♐48	17♐20	24♐04
/⚳	19♎53	25♎55	1♏59	8♏05	14♉18	20♉40	27♉12
/♃	1♐31	7♐32	13♐34	19♐39	25♐50	2♑10	8♑41
/♄	26♐56	2♑53	8♑51	14♑52	20♑60	27♑16	3♒44
/♅	28♒06	3♓59	9♓53	15♓51	21♓54	28♓07	4♈30
/♆	5♒47	11♒41	17♒36	23♒34	29♒39	5♓52	12♓16
/♇	8♑27	14♑22	20♑18	26♑17	2♒22	8♒36	15♒01
/☊	25♎33	1♏25	7♏20	13♏18	19♏23	25♉36	2♊00
☿/♀	27♎41	29♎05	0♏29	1♏52	3♏16	4♏39	6♏01
/♂	21♎49	22♎54	23♎60	25♎05	26♎09	27♎14	28♎18
/⚳	26♍02	26♍57	27♍52	28♍46	29♍40	0♎33	1♎26
/♃	7♏41	8♏34	9♏27	10♏19	11♏12	12♏04	12♏55
/♄	3♐06	3♐55	4♐44	5♐33	6♐21	7♐10	7♐58
/♅	4♒16	5♒01	5♒46	6♒31	7♒16	8♒00	8♒44
/♆	11♑57	12♑43	13♑29	14♑15	15♑00	15♑45	16♑30
/♇	14♐37	15♐24	16♐11	16♐57	17♐44	18♐30	19♐15
/☊	1♎43	2♎27	3♎13	3♎58	4♎44	5♎30	6♎14
♀/♂	7♎17	8♎13	9♎10	10♎06	11♎02	11♎59	12♎55
/⚳	11♍30	12♍16	13♍02	13♍47	14♍33	15♍18	16♍03
/♃	23♎09	23♎53	24♎37	25♎20	26♎04	26♎48	27♎32
/♄	18♏34	19♏14	19♏54	20♏34	21♏14	21♏54	22♏35
/♅	19♋44	20♋20	20♋56	21♋32	22♋09	22♋45	23♋21
/♆	27♐25	28♐02	28♐39	29♐16	29♐53	0♑30	1♑07
/♇	0♐05	0♐43	1♐21	1♐59	2♐37	3♐15	3♐53
/☊	17♍11	17♍46	18♍23	18♍60	19♍37	20♍15	20♍51
♂/⚳	5♍38	6♍05	6♍32	6♍59	7♍26	7♍53	8♍20
/♃	17♎16	17♎42	18♎07	18♎33	18♎58	19♎24	19♎49
/♄	12♏42	13♏03	13♏25	13♏46	14♏08	14♏30	14♏51
/♅	13♋51	14♋09	14♋27	14♋45	15♋02	15♋20	15♋38
/♆	21♐33	21♐51	22♐10	22♐29	22♐47	23♐06	23♐24
/♇	24♏13	24♏32	24♏52	25♏11	25♏30	25♏50	26♏09
/☊	11♍19	11♍35	11♍53	12♍12	12♍31	12♍50	13♍08
⚳/♃	21♍30	21♍45	21♍59	22♍14	22♍29	22♍43	22♍57
/♄	16♎55	17♎06	17♎17	17♎28	17♎38	17♎49	17♎60
/♅	18♊05	18♊12	18♊19	18♊26	18♊33	18♊40	18♊46
/♆	25♉46	25♉54	26♉02	26♉10	26♉17	26♉25	26♉32
/♇	28♎27	28♎35	28♎44	28♎52	29♎01	29♎09	29♎17
/☊	15♌32	15♌38	15♌45	15♌53	16♌01	16♌09	16♌16
♃/♄	28♏33	28♏43	28♏52	29♏01	29♏10	29♏20	29♏29
/♅	29♑43	29♑49	29♑54	29♑59	0♒05	0♒10	0♒15
/♆	7♑25	7♑31	7♑37	7♑43	7♑49	7♑55	8♑02
/♇	10♐05	10♐12	10♐19	10♐26	10♐33	10♐40	10♐47
/☊	27♍11	27♍15	27♍20	27♍27	27♍33	27♍40	27♍45
♄/♅	25♒09	25♒10	25♒11	25♒13	25♒14	25♒16	25♒18
/♆	2♒50	2♒52	2♒54	2♒57	2♒59	3♒01	3♒04
/♇	5♑30	5♑33	5♑36	5♑39	5♑42	5♑46	5♑49
/☊	22♎36	22♎36	22♎38	22♎40	22♎43	22♎46	22♎47
♅/♆	3♈60	3♈58	3♈57	3♈55	3♈53	3♈52	3♈50
/♇	6♓40	6♓39	6♓38	6♓38	6♓37	6♓36	6♓35
/☊	23♊46	23♊42	23♊40	23♊39	23♊37	23♊36	23♊34
♆/♇	14♒21	14♒21	14♒21	14♒21	14♒21	14♒22	14♒22
/☊	1♊27	1♊24	1♊23	1♊22	1♊22	1♊22	1♊20
♇/☊	4♏07	4♏05	4♏05	4♏05	4♏05	4♏06	4♏05

October 2017

November 2017

	1	2	3	4	5	6	7	8	9	10
☉/☽	17♑29	24♑50	2♒26	10♒13	18♌08	26♌06	4♍04	11♍56	19♍41	27♍15
/☿	15♏50	17♏05	18♏19	19♏33	20♏48	22♏01	23♏15	24♏28	25♏41	26♏54
/♀	0♏19	1♏27	2♏34	3♏42	4♏49	5♏57	7♏05	8♏12	9♏20	10♏28
/♂	22♎17	23♎06	23♎55	24♎44	25♎33	26♎22	27♎11	28♎00	28♎49	29♎38
/⚷	25♍14	25♍52	26♍29	27♍07	27♍44	28♍21	28♍58	29♍35	0♎12	0♎49
/♃	6♏43	7♏19	7♏56	8♏32	9♏09	9♏45	10♏22	10♏59	11♏35	12♏12
/♄	1♐41	2♐14	2♐47	3♐20	3♐53	4♐25	4♐59	5♐32	6♐05	6♐38
/♅	2♒23	2♒52	3♒21	3♒50	4♒19	4♒48	5♒17	5♒46	6♒15	6♒44
/♆	10♑11	10♑40	11♑10	11♑40	12♑09	12♑39	13♑09	13♑39	14♑09	14♑39
/♇	12♐56	13♐27	13♐58	14♐28	14♐59	15♐29	15♐60	16♐31	17♐01	17♐32
/☊	29♍53	0♎19	0♎44	1♎09	1♎33	1♎58	2♎23	2♎50	3♎18	3♎48
☽/☿	24♑33	2♒10	9♒60	18♒01	26♒10	4♍22	12♍33	20♍38	28♍35	6♎23
/♀	9♑03	16♑32	24♑15	2♌09	10♌11	18♌18	26♌23	4♍23	12♍14	19♍57
/♂	1♑01	8♋12	15♋36	23♋12	0♌55	8♌43	16♌29	24♌11	1♍44	9♍07
/⚷	3♊58	10♊57	18♊10	25♊34	3♋06	10♋42	18♋16	25♋45	3♌06	10♌18
/♃	15♑26	22♑24	29♑36	6♌59	14♌31	22♌06	29♌40	7♍09	14♍30	21♍41
/♄	10♒24	17♒19	24♒27	1♓47	9♓15	16♓46	24♓16	1♎42	8♎59	16♎07
/♅	11♈07	17♈57	25♈02	2♉17	9♉41	17♉08	24♉35	1♊56	9♊09	16♊13
/♆	18♓54	25♓45	2♈50	10♈07	17♈31	24♈60	2♉27	9♉49	17♉03	24♉08
/♇	21♒40	28♒32	5♓38	12♓55	20♓21	27♓50	5♈18	12♈41	19♎56	27♎01
/☊	8♊36	15♊24	22♊25	29♊36	6♋55	14♋18	21♋41	29♋00	6♌13	13♌17
☿/♀	7♏24	8♏46	10♏08	11♏30	12♏51	14♏13	15♏34	16♏54	18♏15	19♏35
/♂	29♎22	0♏26	1♏29	2♏32	3♏35	4♏38	5♏40	6♏42	7♏44	8♏46
/⚷	2♎19	3♎11	4♎03	4♎55	5♎46	6♎37	7♎27	8♎17	9♎07	9♎56
/♃	13♏47	14♏38	15♏29	16♏20	17♏11	18♏01	18♏51	19♏41	20♏30	21♏19
/♄	8♐45	9♐33	10♐20	11♐08	11♐54	12♐41	13♐28	14♐14	14♐60	15♐45
/♅	9♒28	10♒12	10♒55	11♒38	12♒21	13♒03	13♒46	14♒28	15♒10	15♒51
/♆	17♑15	17♑59	18♑44	19♑28	20♑11	20♑55	21♑38	22♑21	23♑04	23♑46
/♇	20♐01	20♐46	21♐31	22♐16	23♐01	23♐45	24♐29	25♐13	25♐56	26♐39
/☊	6♎57	7♎38	8♎18	8♎57	9♎35	10♎13	10♎52	11♎32	12♎13	12♎55
♀/♂	13♎51	14♎48	15♎44	16♎41	17♎37	18♎34	19♎30	20♎27	21♎23	22♎20
/⚷	16♍48	17♍33	18♍18	19♍03	19♍48	20♍33	21♍17	22♍02	22♍46	23♍30
/♃	28♎17	29♎01	29♎45	0♏29	1♏13	1♏57	2♏41	3♏25	4♏09	4♏53
/♄	23♏15	23♏55	24♏36	25♏16	25♏56	26♏37	27♏17	27♏58	28♏38	29♏19
/♅	23♋57	24♋34	25♋10	25♋46	26♑23	26♑59	27♑36	28♑12	28♑48	29♑25
/♆	1♑45	2♑22	2♑59	3♑36	4♑13	4♑51	5♑28	6♑05	6♑42	7♑20
/♇	4♐30	5♐08	5♐46	6♐24	7♐03	7♐41	8♐19	8♐57	9♐35	10♐13
/☊	21♍27	22♍01	22♍33	23♍05	23♍37	24♍09	24♍42	25♍16	25♍52	26♍29
♂/⚷	8♍47	9♍13	9♍39	10♍06	10♍32	10♍58	11♍24	11♍50	12♍15	12♍41
/♃	20♎15	20♎40	21♎06	21♎31	21♎57	22♎22	22♎47	23♎13	23♎38	24♎04
/♄	15♏13	15♏35	15♏57	16♏18	16♏40	17♏02	17♏24	17♏46	18♏08	18♏30
/♅	15♋56	16♋13	16♋31	16♋49	17♋07	17♋24	17♋42	18♋00	18♋18	18♋36
/♆	23♐43	24♐01	24♐20	24♐39	24♐57	25♐16	25♐34	25♐53	26♐12	26♐31
/♇	26♏29	26♏48	27♏08	27♏27	27♏46	28♏06	28♏25	28♏45	29♏04	29♏24
/☊	13♍25	13♍40	13♍54	14♍08	14♍21	14♍34	14♍49	15♍04	15♍21	15♍40
⚷/♃	23♍12	23♍26	23♍40	23♍54	24♍07	24♍21	24♍34	24♍48	25♍01	25♍14
/♄	18♎10	18♎20	18♎31	18♎41	18♎51	19♎01	19♎11	19♎21	19♎31	19♎40
/♅	18♊53	18♊59	19♊05	19♊11	19♊17	19♊23	19♊29	19♊35	19♊41	19♊46
/♆	26♉40	26♉47	26♉54	27♉01	27♉08	27♉15	27♉21	27♉28	27♉35	27♉41
/♇	29♎26	29♎34	29♎42	29♎49	29♎57	0♏05	0♏12	0♏20	0♏27	0♏34
/☊	16♌22	16♌26	16♌29	16♌30	16♌32	16♌33	16♌36	16♌39	16♌44	16♌50
♃/♄	29♏38	29♏48	29♏57	0♐06	0♐16	0♐25	0♐35	0♐44	0♐54	1♐03
/♅	0♒21	0♒26	0♒31	0♒37	0♒42	0♒48	0♒53	0♒58	1♒04	1♒09
/♆	8♑08	8♑14	8♑20	8♑26	8♑33	8♑39	8♑45	8♑51	8♑58	9♑04
/♇	10♐54	11♐01	11♐08	11♐15	11♐22	11♐29	11♐36	11♐43	11♐50	11♐57
/☊	27♍50	27♍53	27♍55	27♍56	27♍56	27♍57	27♍59	28♍03	28♍07	28♍13
♄/♅	25♒19	25♒21	25♒22	25♒24	25♒26	25♒28	25♒29	25♒31	25♒33	25♒35
/♆	3♒06	3♒09	3♒11	3♒14	3♒16	3♒19	3♒22	3♒24	3♒27	3♒30
/♇	5♑52	5♑55	5♑59	6♑02	6♑06	6♑09	6♑13	6♑16	6♑20	6♑23
/☊	22♎48	22♎48	22♎46	22♎43	22♎40	22♎37	22♎36	22♎36	22♎37	22♎39
♅/♆	3♈49	3♈47	3♈46	3♈44	3♈43	3♈41	3♈40	3♈38	3♈37	3♈36
/♇	6♓35	6♓34	6♓33	6♓33	6♓32	6♓31	6♓31	6♓30	6♓30	6♓29
/☊	23♊31	23♊26	23♊20	23♊13	23♊06	22♊60	22♊54	22♊50	22♊47	22♊45
♆/♇	14♒22	14♒22	14♒22	14♒22	14♒22	14♒23	14♒23	14♒23	14♒24	14♒24
/☊	1♊18	1♊14	1♊09	1♊03	0♊57	0♊51	0♊46	0♊43	0♊41	0♊40
♇/☊	4♏04	4♏01	3♏57	3♏52	3♏46	3♏41	3♏37	3♏35	3♏33	3♏33

	11	12	13	14	15	16	17	18	19	20
☉/☽	4♎40	11♎56	19♎03	26♎03	2♏56	9♏44	16♏28	23♏06	29♏41	6♐11
/☿	28♏06	29♏18	0♐30	1♐41	2♐51	4♐01	5♐10	6♐19	7♐27	8♐34
/♀	11♏35	12♏43	13♏51	14♏59	16♏07	17♏15	18♏22	19♏30	20♏38	21♏46
/♂	0♏28	1♏17	2♏06	2♏55	3♏44	4♏33	5♏22	6♏11	7♏01	7♏50
/⚷	1♎25	2♎02	2♎38	3♎15	3♎51	4♎27	5♎03	5♎38	6♎14	6♎49
/♃	12♏48	13♏25	14♏02	14♏38	15♏15	15♏52	16♏28	17♏05	17♏42	18♏18
/♄	7♐11	7♐44	8♐18	8♐51	9♐24	9♐58	10♐31	11♐05	11♐38	12♐12
/♅	7♒13	7♒42	8♒11	8♒40	9♒09	9♒38	10♒08	10♒37	11♒06	11♒36
/♆	15♑09	15♑39	16♑09	16♑39	17♑09	17♑39	18♑09	18♑39	19♑09	19♑40
/♇	18♐03	18♐34	19♐04	19♐35	20♐06	20♐37	21♐08	21♐39	22♐10	22♐41
/☊	4♎18	4♎48	5♎17	5♎45	6♎12	6♎37	7♎01	7♎24	7♎47	8♎10
☽/☿	13♎60	21♎27	28♎45	5♏55	12♏59	19♏57	26♏49	3♐36	10♐17	16♐54
/♀	27♍29	4♎52	12♎06	19♎14	26♎15	3♏10	10♏01	16♏47	23♏29	0♐07
/♂	16♍21	23♍25	0♎21	7♎10	13♎52	20♎29	27♎01	3♏28	9♏51	16♏10
/⚷	17♌19	24♌11	0♍54	7♍29	13♍59	20♍22	26♍41	2♎55	9♎04	15♎10
/♃	28♍42	5♎34	12♎17	18♎53	25♎23	1♏47	8♏07	14♏22	20♏32	26♏39
/♄	23♎05	29♎53	6♏33	13♏06	19♏32	25♏53	2♐09	8♐21	14♐28	20♐32
/♅	23♊06	29♊50	6♋26	12♋55	19♋17	25♑34	1♒46	7♒53	13♒56	19♒56
/♆	1♊02	7♊47	14♐24	20♐53	27♐17	3♑34	9♑47	15♑56	21♑60	27♑60
/♇	3♏56	10♏42	17♏20	23♏50	0♐14	6♐33	12♐46	18♐55	25♐00	1♑01
/☊	20♌11	26♌57	3♍33	10♍00	16♍20	22♍33	28♍39	4♎40	10♎37	16♎30
☿/♀	20♏55	22♏14	23♏33	24♏52	26♏10	27♏27	28♏44	29♏60	1♐15	2♐29
/♂	9♏47	10♏47	11♏48	12♏47	13♏47	14♏45	15♏43	16♏41	17♏37	18♏33
/⚷	10♎45	11♎33	12♎20	13♎07	13♎54	14♎39	15♎24	16♎08	16♎50	17♎32
/♃	22♏08	22♏56	23♏44	24♏31	25♏18	26♏04	26♏50	27♏34	28♏18	29♏01
/♄	16♐30	17♐15	17♐60	18♐44	19♐27	20♐10	20♐52	21♐34	22♐15	22♐54
/♅	16♒32	17♒13	17♒53	18♒33	19♒12	19♒51	20♒29	21♒06	21♒43	22♒18
/♆	24♑28	25♑09	25♑51	26♑31	27♑11	27♑51	28♑30	29♑08	29♑46	0♒22
/♇	27♐22	28♐04	28♐46	29♐28	0♑09	0♑49	1♑29	2♑08	2♑46	3♑24
/☊	13♎37	14♎19	14♎59	15♎38	16♎15	16♎49	17♎22	17♎53	18♎23	18♎53
♀/♂	23♎16	24♎13	25♎09	26♎06	27♎02	27♎59	28♎55	29♎52	0♏49	1♏45
/⚷	24♍14	24♍58	25♍42	26♍26	27♍09	27♍52	28♍36	29♍19	0♎02	0♎45
/♃	5♏37	6♏21	7♏05	7♏49	8♏33	9♏18	10♏02	10♏46	11♏30	12♏14
/♄	29♏60	0♐40	1♐21	2♐02	2♐43	3♐23	4♐04	4♐45	5♐26	6♐07
/♅	0♒01	0♒38	1♒14	1♒51	2♒28	3♒04	3♒41	4♒17	4♒54	5♒31
/♆	7♑57	8♑35	9♑12	9♑50	10♑27	11♑05	11♑42	12♑20	12♑57	13♑35
/♇	10♐51	11♐30	12♐08	12♐46	13♐25	14♐03	14♐41	15♐20	15♐58	16♐36
/☊	27♍07	27♍44	28♍21	28♍56	29♍30	0♎03	0♎34	1♎04	1♎35	2♎06
♂/⚷	13♍06	13♍31	13♍57	14♍21	14♍46	15♍11	15♍36	15♍60	16♍24	16♍48
/♃	24♎29	24♎55	25♎20	25♎45	26♎11	26♎36	27♎01	27♎27	27♎52	28♎17
/♄	18♏52	19♏14	19♏36	19♏58	20♏20	20♏42	21♏04	21♏26	21♏48	22♏10
/♅	18♋53	19♋11	19♋29	19♋47	20♋05	20♋23	20♋41	20♋59	21♋16	21♋34
/♆	26♐49	27♐08	27♐27	27♐45	28♐04	28♐23	28♐42	29♐01	29♐20	29♐38
/♇	29♏43	0♐03	0♐23	0♐42	1♐02	1♐21	1♐41	2♐01	2♐20	2♐40
/☊	15♍59	16♍17	16♍35	16♍52	17♍07	17♍21	17♍34	17♍46	17♍57	18♍09
⚷/♃	25♍27	25♍40	25♍53	26♍05	26♍17	26♍30	26♍42	26♍54	27♍05	27♍17
/♄	19♎50	19♎59	20♎08	20♎18	20♎27	20♎36	20♎44	20♎53	21♎02	21♎10
/♅	19♊51	19♊57	20♊02	20♊07	20♊12	20♊16	20♊21	20♊25	20♊30	20♊34
/♆	27♉47	27♉53	27♉59	28♉05	28♉11	28♉17	28♉22	28♉28	28♉33	28♉38
/♇	0♏41	0♏48	0♏55	1♏02	1♏09	1♏15	1♏21	1♏27	1♏33	1♏39
/☊	16♌57	17♌03	17♌08	17♌12	17♌14	17♌15	17♌14	17♌12	17♌10	17♌09
♃/♄	1♐13	1♐22	1♐32	1♐41	1♐51	2♐01	2♐10	2♐20	2♐30	2♐39
/♅	1♒14	1♒20	1♒25	1♒31	1♒36	1♒41	1♒47	1♒52	1♒58	2♒03
/♆	9♑10	9♑16	9♑23	9♑29	9♑35	9♑42	9♑48	9♑54	10♑01	10♑07
/♇	12♐04	12♐12	12♐19	12♐26	12♐33	12♐40	12♐47	12♐54	13♐01	13♐08
/☊	28♍20	28♍26	28♍31	28♍36	28♍39	28♍40	28♍40	28♍39	28♍38	28♍38
♄/♅	25♒37	25♒39	25♒41	25♒43	25♒45	25♒47	25♒49	25♒52	25♒54	25♒56
/♆	3♒33	3♒36	3♒39	3♒42	3♒45	3♒48	3♒51	3♒54	3♒57	4♒00
/♇	6♑27	6♑31	6♑35	6♑38	6♑42	6♑46	6♑50	6♑54	6♑58	7♑02
/☊	22♎42	22♎45	22♎47	22♎48	22♎48	22♎46	22♎43	22♎39	22♎35	22♎31
♅/♆	3♈34	3♈33	3♈32	3♈31	3♈30	3♈28	3♈27	3♈26	3♈25	3♈24
/♇	6♓29	6♓28	6♓28	6♓27	6♓27	6♓27	6♓26	6♓26	6♓26	6♓25
/☊	22♊44	22♊43	22♊41	22♊37	22♊33	22♊27	22♊19	22♊11	22♊03	21♊55
♆/♇	14♒25	14♒25	14♒25	14♒26	14♒26	14♒27	14♒28	14♒28	14♒29	14♒29
/☊	0♊40	0♊39	0♊38	0♊36	0♊32	0♊27	0♊20	0♊13	0♊06	29♉59
♇/☊	3♏34	3♏34	3♏34	3♏33	3♏30	3♏25	3♏19	3♏13	3♏06	3♏00

	21	22	23	24	25	26	27	28	29	30
☉/☽	12♐38	19♐03	25♐27	1♑52	8♑20	14♑53	21♑35	28♑28	5♒33	12♒54
/☿	9♐40	10♐44	11♐48	12♐49	13♐49	14♐47	15♐43	16♐36	17♐26	18♐13
/♀	22♏54	24♏02	25♏10	26♏18	27♏26	28♏34	29♏42	0♐50	1♐59	3♐07
/♂	8♏39	9♏28	10♏17	11♏07	11♏56	12♏45	13♏34	14♏24	15♏13	16♏02
/⚷	7♎25	7♎60	8♎35	9♎10	9♎44	10♎19	10♎53	11♎27	12♎01	12♎35
/♃	18♏55	19♏32	20♏08	20♏45	21♏22	21♏58	22♏35	23♏12	23♏48	24♏25
/♄	12♐45	13♐19	13♐52	14♐26	14♐60	15♐33	16♐07	16♐41	17♐15	17♐48
/♅	12♒05	12♒34	13♒04	13♒33	14♒02	14♒32	15♒01	15♒31	16♒00	16♒30
/♆	20♑10	20♑40	21♑10	21♑41	22♑11	22♑41	23♑12	23♑42	24♑13	24♑43
/♇	23♐12	23♐43	24♐14	24♐45	25♐16	25♐47	26♐19	26♐50	27♐21	27♐52
/☊	8♎35	9♎00	9♎28	9♎56	10♎26	10♎57	11♎27	11♎57	12♎26	12♎53
☽/☿	23♐27	29♐55	6♑22	12♑48	19♑15	25♑46	2♒22	9♒07	16♒02	23♒08
/♀	6♐41	13♐13	19♐45	26♐17	2♑52	9♑33	16♑22	23♑22	0♒35	8♒03
/♂	22♏26	28♏39	4♐52	11♐05	17♐22	23♐44	0♑14	6♑55	13♑49	20♑58
/⚷	21♎11	27♎11	3♏09	9♏08	15♏10	21♉17	27♉33	3♊59	10♊38	17♊31
/♃	2♐42	8♐43	14♐43	20♐44	26♐48	2♑57	9♑14	15♑43	22♑24	29♑21
/♄	26♐32	2♑30	8♑27	14♑25	20♑26	26♑32	2♒47	9♒12	15♒51	22♒44
/♅	25♒52	1♓45	7♓38	13♓32	19♓28	25♓30	1♈41	8♈02	14♈37	21♈26
/♆	3♒57	9♒51	15♒45	21♒39	27♒37	3♓40	9♓51	16♓14	22♓49	29♓39
/♇	6♑59	12♑54	18♑49	24♑44	0♒42	6♒46	12♒58	19♒21	25♒57	2♓48
/☊	22♎22	28♎12	4♏02	9♏55	15♏52	21♉55	28♉06	4♊28	11♊02	17♊49
☿/♀	3♐42	4♐54	6♐05	7♐14	8♐21	9♐27	10♐30	11♐30	12♐27	13♐21
/♂	19♏27	20♏20	21♏12	22♏02	22♏51	23♏37	24♏22	25♏03	25♏42	26♏17
/⚷	18♎13	18♎52	19♎29	20♎05	20♎39	21♎11	21♎40	22♎07	22♎30	22♎50
/♃	29♏43	0♐24	1♐03	1♐41	2♐17	2♐51	3♐22	3♐51	4♐17	4♐40
/♄	23♐33	24♐11	24♐47	25♐22	25♐55	26♐26	26♐54	27♐20	27♐43	28♐03
/♅	22♒53	23♒26	23♒58	24♒29	24♒57	25♒24	25♒49	26♒10	26♒29	26♒45
/♆	0♒58	1♒32	2♒05	2♒36	3♒06	3♒34	3♒59	4♒22	4♒42	4♒58
/♇	4♑00	4♑35	5♑09	5♑41	6♑11	6♑40	7♑06	7♑29	7♑50	8♑07
/☊	19♎23	19♎53	20♎22	20♎52	21♎21	21♎49	22♎14	22♎36	22♎54	23♎08
♀/♂	2♏42	3♏38	4♏35	5♏31	6♏28	7♏25	8♏21	9♏18	10♏14	11♏11
/⚷	1♎27	2♎10	2♎52	3♎34	4♎16	4♎58	5♎40	6♎22	7♎03	7♎44
/♃	12♏58	13♏42	14♏26	15♏10	15♏54	16♏38	17♏22	18♏06	18♏50	19♏34
/♄	6♐48	7♐29	8♐10	8♐51	9♐32	10♐13	10♐54	11♐35	12♐16	12♐57
/♅	6♒08	6♒44	7♒21	7♒58	8♒35	9♒11	9♒48	10♒25	11♒02	11♒39
/♆	14♑12	14♑50	15♑28	16♑06	16♑43	17♑21	17♑59	18♑37	19♑14	19♑52
/♇	17♐15	17♐53	18♐32	19♐10	19♐48	20♐27	21♐05	21♐44	22♐22	23♐01
/☊	2♎37	3♎10	3♎45	4♎21	4♎58	5♎36	6♎14	6♎51	7♎27	8♎02
♂/⚷	17♍12	17♍36	17♍59	18♍23	18♍46	19♍09	19♍32	19♍55	20♍17	20♍40
/♃	28♎43	29♎08	29♎33	29♎58	0♏24	0♏49	1♏14	1♏39	2♏04	2♏29
/♄	22♏33	22♏55	23♏17	23♏39	24♏01	24♏24	24♏46	25♏08	25♏30	25♏53
/♅	21♋52	22♋10	22♋28	22♋46	23♋04	23♋22	23♋40	23♋58	24♋16	24♋34
/♆	29♐57	0♑16	0♑35	0♑54	1♑13	1♑32	1♑51	2♑10	2♑29	2♑48
/♇	2♐59	3♐19	3♐39	3♐58	4♐18	4♐38	4♐57	5♐17	5♐37	5♐56
/☊	18♍22	18♍36	18♍52	19♍10	19♍28	19♍47	20♍06	20♍24	20♍41	20♍58
⚷/♃	27♍28	27♍39	27♍50	28♍01	28♍12	28♍22	28♍33	28♍43	28♍53	29♍02
/♄	21♎18	21♎26	21♎34	21♎42	21♎50	21♎57	22♎05	22♎12	22♎19	22♎26
/♅	20♊38	20♊42	20♊46	20♊49	20♊53	20♊56	20♊59	21♊02	21♊05	21♊07
/♆	28♉43	28♉48	28♉52	28♉57	29♉01	29♉05	29♉10	29♉13	29♉17	29♉21
/♇	1♏45	1♏51	1♏56	2♏01	2♏06	2♏11	2♏16	2♏21	2♏25	2♏30
/☊	17♌08	17♌08	17♌10	17♌13	17♌16	17♌20	17♌25	17♌28	17♌30	17♌31
♃/♄	2♐49	2♐58	3♐08	3♐18	3♐27	3♐37	3♐47	3♐56	4♐06	4♐15
/♅	2♒08	2♒14	2♒19	2♒25	2♒30	2♒35	2♒41	2♒46	2♒52	2♒57
/♆	10♑13	10♑20	10♑26	10♑32	10♑39	10♑45	10♑51	10♑58	11♑04	11♑10
/♇	13♐16	13♐23	13♐30	13♐37	13♐44	13♐51	13♐58	14♐05	14♐12	14♐19
/☊	28♍38	28♍40	28♍43	28♍48	28♍54	29♍00	29♍06	29♍12	29♍17	29♍20
♄/♅	25♒58	26♒01	26♒03	26♒06	26♒08	26♒10	26♒13	26♒15	26♒18	26♒21
/♆	4♒03	4♒07	4♒10	4♒13	4♒17	4♒20	4♒23	4♒27	4♒30	4♒34
/♇	7♑06	7♑10	7♑14	7♑18	7♑22	7♑26	7♑30	7♑34	7♑38	7♑43
/☊	22♎28	22♎27	22♎27	22♎29	22♎32	22♎35	22♎38	22♎41	22♎43	22♎44
♅/♆	3♈23	3♈22	3♈21	3♈20	3♈19	3♈19	3♈18	3♈17	3♈16	3♈16
/♇	6♓25	6♓25	6♓25	6♓25	6♓25	6♓24	6♓24	6♓24	6♓24	6♓24
/☊	21♊48	21♊42	21♊38	21♊36	21♊34	21♊34	21♊33	21♊31	21♊29	21♊25
♆/♇	14♒30	14♒31	14♒32	14♒32	14♒33	14♒34	14♒35	14♒36	14♒37	14♒38
/☊	29♉53	29♉48	29♉45	29♉44	29♉43	29♉43	29♉43	29♉43	29♉41	29♉39
♇/☊	2♏55	2♏51	2♏49	2♏48	2♏48	2♏49	2♏50	2♏50	2♏50	2♏48

November 2017

December 2017

	1	2	3	4	5	6	7	8	9	10
☉/☽	20♒29	28♒19	6♓20	14♍27	22♍35	0♎39	8♎33	16♎17	23♎47	1♏05
/☿	18♐56	19♐35	20♐09	20♐38	21♐03	21♐21	21♐34	21♐42	21♐44	21♐41
/♀	4♐15	5♐23	6♐31	7♐39	8♐47	9♐55	11♐04	12♐12	13♐20	14♐28
/♂	16♏51	17♏41	18♏30	19♏19	20♏08	20♏58	21♏47	22♏36	23♏26	24♏15
/⚳	13♎09	13♎42	14♎16	14♎49	15♎22	15♎55	16♎27	16♎60	17♎32	18♎04
/♃	25♏01	25♏38	26♏14	26♏51	27♏27	28♏04	28♏40	29♏17	29♏53	0♐30
/♄	18♐22	18♐56	19♐30	20♐04	20♐38	21♐11	21♐45	22♐19	22♐53	23♐27
/♅	16♒60	17♒29	17♒59	18♒29	18♒58	19♒28	19♒58	20♒28	20♒58	21♒27
/♆	25♑14	25♑44	26♑15	26♑46	27♑16	27♑47	28♑18	28♑48	29♑19	29♑50
/♇	28♐23	28♐55	29♐26	29♐57	0♑28	0♑60	1♑31	2♑02	2♑34	3♑05
/☊	13♎20	13♎45	14♎10	14♎36	15♎02	15♎29	15♎58	16♎28	16♎59	17♎30
☽/☿	0♓26	7♓54	15♓29	23♓04	0♎36	7♎57	15♎04	21♎54	28♎26	4♏40
/♀	15♒46	23♒43	1♓51	10♍05	18♍20	26♍31	4♎33	12♎24	20♎02	27♎27
/♂	28♋22	6♌00	13♌50	21♌45	29♌42	7♍34	15♍17	22♍48	0♎07	7♎14
/⚳	24♊40	2♋02	9♋35	17♋15	24♋55	2♌31	9♌57	17♌12	24♌14	1♍03
/♃	6♒32	13♌58	21♌34	29♌17	7♍01	14♍40	22♍10	29♍29	6♎35	13♎29
/♄	29♒53	7♓16	14♓50	22♓30	0♎11	7♎47	15♎15	22♎31	29♎35	6♏26
/♅	28♈31	5♉49	13♉19	20♉55	28♉31	6♊04	13♊28	20♊40	27♊39	4♋26
/♆	6♈45	14♈04	21♈35	29♈12	6♉49	14♉23	21♉47	29♉00	6♊01	12♐49
/♇	9♓54	17♓14	24♓46	2♈23	10♈02	17♈36	25♎01	2♏15	9♏16	16♏04
/☊	24♊51	2♋05	9♋30	17♋02	24♋35	2♌05	9♌28	16♌40	23♌41	0♍29
☿/♀	14♐12	14♐58	15♐40	16♐16	16♐48	17♐14	17♐34	17♐49	17♐58	18♐03
/♂	26♏48	27♏16	27♏39	27♏57	28♏09	28♏16	28♏18	28♏14	28♏04	27♏50
/⚳	23♎06	23♎18	23♎25	23♎26	23♎23	23♎13	22♎58	22♎37	22♎10	21♎39
/♃	4♐58	5♐13	5♐23	5♐28	5♐28	5♐22	5♐11	4♐54	4♐32	4♐05
/♄	28♐19	28♐31	28♐39	28♐41	28♐38	28♐30	28♐16	27♐57	27♐32	27♐02
/♅	26♒57	27♒04	27♒08	27♒06	26♒59	26♒47	26♒29	26♒05	25♒36	25♒02
/♆	5♒11	5♒20	5♒24	5♒23	5♒17	5♒05	4♒48	4♒26	3♒57	3♒25
/♇	8♑20	8♑30	8♑35	8♑35	8♑29	8♑18	8♑02	7♑40	7♑12	6♑40
/☊	23♎17	23♎20	23♎19	23♎13	23♎03	22♎48	22♎29	22♎06	21♎38	21♎05
♀/♂	12♏08	13♏04	14♏01	14♏57	15♏54	16♏50	17♏47	18♏44	19♏40	20♏37
/⚳	8♎25	9♎06	9♎47	10♎27	11♎07	11♎47	12♎27	13♎07	13♎46	14♎26
/♃	20♏18	21♏01	21♏45	22♏29	23♏13	23♏57	24♏40	25♏24	26♏08	26♏51
/♄	13♐38	14♐19	15♐01	15♐42	16♐23	17♐04	17♐45	18♐27	19♐08	19♐49
/♅	12♒16	12♒53	13♒30	14♒07	14♒44	15♒21	15♒58	16♒35	17♒12	17♒49
/♆	20♑30	21♑08	21♑46	22♑24	23♑02	23♑40	24♑18	24♑56	25♑34	26♑12
/♇	23♐40	24♐18	24♐57	25♐35	26♐14	26♐52	27♐31	28♐10	28♐48	29♐27
/☊	8♎36	9♎09	9♎41	10♎14	10♎47	11♎22	11♎58	12♎36	13♎14	13♎52
♂/⚳	21♍02	21♍24	21♍45	22♍07	22♍28	22♍50	23♍11	23♍32	23♍52	24♍13
/♃	2♏54	3♏19	3♏44	4♏09	4♏34	4♏59	5♏24	5♏49	6♏13	6♏38
/♄	26♏15	26♏37	26♏60	27♏22	27♏44	28♏06	28♏29	28♏51	29♏13	29♏36
/♅	24♋52	25♑11	25♑29	25♑47	26♑05	26♑23	26♑41	26♑59	27♑18	27♑36
/♆	3♑07	3♑26	3♑45	4♑04	4♑23	4♑42	5♑01	5♑20	5♑39	5♑58
/♇	6♐16	6♐36	6♐56	7♐15	7♐35	7♐55	8♐15	8♐34	8♐54	9♐14
/☊	21♍12	21♍26	21♍40	21♍54	22♍09	22♍24	22♍42	23♍00	23♍19	23♍38
⚳/♃	29♍12	29♍21	29♍30	29♍39	29♍47	29♍56	0♎04	0♎12	0♎20	0♎27
/♄	22♎32	22♎39	22♎45	22♎52	22♎58	23♎03	23♎09	23♎14	23♎20	23♎25
/♅	21♊10	21♊12	21♊15	21♊17	21♊18	21♊20	21♊22	21♊23	21♊24	21♊25
/♆	29♉24	29♉27	29♉31	29♉33	29♉36	29♉39	29♉41	29♉43	29♉45	29♉47
/♇	2♏34	2♏38	2♏41	2♏45	2♏48	2♏52	2♏55	2♏58	3♏00	3♏03
/☊	17♌30	17♌28	17♌26	17♌24	17♌22	17♌21	17♌22	17♌24	17♌26	17♌27
♃/♄	4♐25	4♐34	4♐44	4♐54	5♐03	5♐13	5♐22	5♐32	5♐41	5♐50
/♅	3♒02	3♒08	3♒13	3♒19	3♒24	3♒29	3♒35	3♒40	3♒45	3♒51
/♆	11♑17	11♑23	11♑29	11♑36	11♑42	11♑48	11♑54	12♑01	12♑07	12♑13
/♇	14♐26	14♐33	14♐40	14♐47	14♐54	15♐01	15♐08	15♐15	15♐22	15♐28
/☊	29♍22	29♍24	29♍25	29♍26	29♍28	29♍31	29♍35	29♍41	29♍47	29♍53
♄/♅	26♒23	26♒26	26♒29	26♒31	26♒34	26♒37	26♒40	26♒42	26♒45	26♒48
/♆	4♒37	4♒41	4♒45	4♒48	4♒52	4♒56	4♒59	5♒03	5♒07	5♒11
/♇	7♑47	7♑51	7♑55	7♑60	8♑04	8♑08	8♑13	8♑17	8♑22	8♑26
/☊	22♎43	22♎42	22♎40	22♎38	22♎38	22♎38	22♎40	22♎43	22♎47	22♎51
♅/♆	3♈15	3♈14	3♈14	3♈13	3♈13	3♈12	3♈12	3♈11	3♈11	3♈11
/♇	6♓24	6♓25	6♓25	6♓25	6♓25	6♓25	6♓25	6♓26	6♓26	6♓26
/☊	21♊21	21♊15	21♊09	21♊03	20♊58	20♊55	20♊53	20♊52	20♊51	20♊51
♆/♇	14♒39	14♒40	14♒41	14♒42	14♒43	14♒44	14♒45	14♒46	14♒47	14♒49
/☊	29♉35	29♉30	29♉25	29♉20	29♉16	29♉14	29♉12	29♉12	29♉13	29♉13
♇/☊	2♏44	2♏40	2♏36	2♏32	2♏29	2♏27	2♏26	2♏26	2♏27	2♏29

	11	12	13	14	15	16	17	18	19	20
☉/☽	8♏12	15♏09	21♏57	28♏39	5♐16	11♐49	18♐19	24♐46	1♑12	7♑37
/☿	21♐35	21♐26	21♐15	21♐04	20♐54	20♐47	20♐44	20♐45	20♐51	21♐03
/♀	15♐36	16♐45	17♐53	19♐01	20♐10	21♐18	22♐26	23♐34	24♐43	25♐51
/♂	25♏04	25♏54	26♏43	27♏32	28♏22	29♏11	0♐00	0♐50	1♐39	2♐28
/⚳	18♎36	19♎07	19♎39	20♎10	20♎41	21♎12	21♎43	22♎13	22♎43	23♎13
/♃	1♐06	1♐42	2♐19	2♐55	3♐31	4♐08	4♐44	5♐20	5♐56	6♐33
/♄	24♐01	24♐35	25♐09	25♐43	26♐17	26♐51	27♐25	27♐60	28♐34	29♐08
/♅	21♒57	22♒27	22♒57	23♒27	23♒57	24♒27	24♒57	25♒28	25♒58	26♒28
/♆	0♒21	0♒51	1♒22	1♒53	2♒24	2♒55	3♒26	3♒57	4♒28	4♒59
/♇	3♑37	4♑08	4♑39	5♑11	5♑42	6♑14	6♑45	7♑17	7♑48	8♑20
/☊	18♎00	18♎30	18♎58	19♎25	19♎51	20♎16	20♎41	21♎07	21♎33	22♎01
☽/☿	10♏39	16♏26	22♏03	27♏33	2♐59	8♐24	13♐49	19♐17	24♐47	0♑23
/♀	4♏41	11♏45	18♏41	25♏30	2♐14	8♐54	15♐31	22♐06	28♐39	5♑11
/♂	14♎09	20♎54	27♎31	4♏01	10♏27	16♏48	23♏06	29♏21	5♐35	11♐48
/⚳	7♍40	14♍08	20♍27	26♍39	2♎46	8♎49	14♎48	20♎45	26♎40	2♏33
/♃	20♎11	26♎43	3♏07	9♏24	15♏36	21♏44	27♏49	3♐52	9♐53	15♐53
/♄	13♏06	19♏36	25♏57	2♐12	8♐22	14♐28	20♐31	26♐31	2♑30	8♑28
/♅	11♋02	17♋28	23♋45	29♑56	6♒02	12♒04	18♒03	23♒59	29♒54	5♓48
/♆	19♐25	25♐52	2♑10	8♑22	14♑29	20♑32	26♑31	2♒28	8♒24	14♒19
/♇	22♏41	29♏08	5♐27	11♐40	17♐47	23♐50	29♐51	5♑48	11♑45	17♑40
/☊	7♍05	13♍30	19♍46	25♍54	1♎56	7♎53	13♎47	19♎39	25♎29	1♏21
☿/♀	18♐04	18♐02	17♐58	17♐55	17♐52	17♐53	17♐56	18♐05	18♐18	18♐37
/♂	27♏32	27♏11	26♏48	26♏26	26♏05	25♏46	25♏31	25♏20	25♏15	25♏14
/⚳	21♎03	20♎25	19♎44	19♎04	18♎24	17♎47	17♎13	16♎43	16♎19	15♎59
/♃	3♐34	2♐60	2♐24	1♐49	1♐14	0♐42	0♐14	29♏51	29♏32	29♏19
/♄	26♐29	25♐53	25♐15	24♐37	24♐00	23♐26	22♐56	22♐30	22♐09	21♐54
/♅	24♒25	23♒45	23♒03	22♒21	21♒40	21♒02	20♒28	19♒58	19♒33	19♒14
/♆	2♒48	2♒09	1♒28	0♒47	0♒07	29♑30	28♑56	28♑27	28♑03	27♑45
/♇	6♑04	5♑25	4♑45	4♑04	3♑25	2♑49	2♑16	1♑47	1♑24	1♑06
/☊	20♎28	19♎47	19♎03	18♎18	17♎34	16♎51	16♎12	15♎37	15♎09	14♎47
♀/♂	21♏33	22♏30	23♏27	24♏23	25♏20	26♏16	27♏13	28♏09	29♏06	0♐03
/⚳	15♎05	15♎44	16♎22	17♎01	17♎39	18♎17	18♎55	19♎33	20♎10	20♎47
/♃	27♏35	28♏19	29♏02	29♏46	0♐29	1♐13	1♐56	2♐40	3♐23	4♐07
/♄	20♐30	21♐12	21♐53	22♐34	23♐15	23♐57	24♐38	25♐19	26♐01	26♐42
/♅	18♒26	19♒04	19♒41	20♒18	20♒55	21♒33	22♒10	22♒47	23♒25	24♒02
/♆	26♑50	27♑28	28♑06	28♑44	29♑22	0♒00	0♒38	1♒17	1♒55	2♒33
/♇	0♑06	0♑44	1♑23	2♑02	2♑40	3♑19	3♑58	4♑37	5♑15	5♑54
/☊	14♎29	15♎06	15♎41	16♎16	16♎49	17♎22	17♎54	18♎27	19♎00	19♎35
♂/⚳	24♍33	24♍53	25♍12	25♍32	25♍51	26♍11	26♍29	26♍48	27♍07	27♍25
/♃	7♏03	7♏28	7♏52	8♏17	8♏42	9♏06	9♏31	9♏55	10♏20	10♏44
/♄	29♏58	0♐20	0♐43	1♐05	1♐28	1♐50	2♐12	2♐35	2♐57	3♐19
/♅	27♑54	28♑13	28♑31	28♑49	29♑07	29♑26	29♑44	0♒03	0♒21	0♒39
/♆	6♑17	6♑37	6♑56	7♑15	7♑34	7♑53	8♑13	8♑32	8♑51	9♑10
/♇	9♐34	9♐53	10♐13	10♐33	10♐53	11♐12	11♐32	11♐52	12♐12	12♐31
/☊	23♍57	24♍15	24♍31	24♍47	25♍01	25♍15	25♍28	25♍42	25♍57	26♍12
⚳/♃	0♎34	0♎42	0♎48	0♎55	1♎01	1♎07	1♎13	1♎19	1♎24	1♎29
/♄	23♎30	23♎34	23♎39	23♎43	23♎47	23♎51	23♎55	23♎58	24♎01	24♎04
/♅	21♊26	21♊26	21♊27	21♊27	21♊27	21♊27	21♊27	21♊26	21♊25	21♊24
/♆	29♉49	29♉50	29♉52	29♉53	29♉54	29♉54	29♉55	29♉55	29♉55	29♉55
/♇	3♏05	3♏07	3♏09	3♏11	3♏12	3♏13	3♏14	3♏15	3♏16	3♏16
/☊	17♌29	17♌29	17♌27	17♌25	17♌21	17♌16	17♌11	17♌05	17♌01	16♌57
♃/♄	5♐60	6♐09	6♐19	6♐28	6♐37	6♐47	6♐56	7♐05	7♐14	7♐23
/♅	3♒56	4♒01	4♒07	4♒12	4♒17	4♒23	4♒28	4♒33	4♒38	4♒44
/♆	12♑19	12♑25	12♑32	12♑38	12♑44	12♑50	12♑56	13♑02	13♑08	13♑14
/♇	15♐35	15♐42	15♐49	15♐56	16♐02	16♐09	16♐16	16♐22	16♐29	16♐35
/☊	29♍59	0♎04	0♎07	0♎10	0♎11	0♎11	0♎12	0♎12	0♎14	0♎16
♄/♅	26♒51	26♒54	26♒57	27♒00	27♒03	27♒06	27♒09	27♒12	27♒16	27♒19
/♆	5♒14	5♒18	5♒22	5♒26	5♒30	5♒34	5♒38	5♒42	5♒46	5♒50
/♇	8♑30	8♑35	8♑39	8♑44	8♑48	8♑53	8♑57	9♑02	9♑06	9♑11
/☊	22♎54	22♎56	22♎58	22♎58	22♎57	22♎55	22♎53	22♎52	22♎51	22♎51
♅/♆	3♈11	3♈10	3♈10	3♈10	3♈10	3♈10	3♈10	3♈10	3♈10	3♈10
/♇	6♓27	6♓27	6♓27	6♓28	6♓28	6♓29	6♓29	6♓30	6♓30	6♓31
/☊	20♊50	20♊49	20♊46	20♊42	20♊37	20♊31	20♊25	20♊20	20♊15	20♊12
♆/♇	14♒50	14♒51	14♒52	14♒54	14♒55	14♒56	14♒58	14♒59	15♒00	15♒02
/☊	29♉13	29♉13	29♉11	29♉08	29♉03	28♉59	28♉54	28♉49	28♉45	28♉43
♇/☊	2♏29	2♏29	2♏28	2♏25	2♏22	2♏18	2♏13	2♏09	2♏06	2♏04

	21	22	23	24	25	26	27	28	29	30	31
☉/☽	14♑02	20♑28	26♑58	3♒32	10♒14	17♒04	24♒07	1♓22	8♓53	16♓37	24♓33
/☿	21♐20	21♐43	22♐10	22♐43	23♐20	24♐01	24♐46	25♐34	26♐25	27♐19	28♐15
/♀	26♐59	28♐08	29♐16	0♑24	1♑33	2♑41	3♑49	4♑58	6♑06	7♑14	8♑23
/♂	3♐18	4♐07	4♐56	5♐46	6♐35	7♐24	8♐14	9♐03	9♐52	10♐42	11♐31
/⚳	23♎43	24♎13	24♎42	25♎11	25♎40	26♎09	26♎37	27♎06	27♎34	28♎01	28♎29
/♃	7♐09	7♐45	8♐21	8♐57	9♐33	10♐09	10♐45	11♐20	11♐56	12♐32	13♐08
/♄	29♐42	0♑16	0♑50	1♑24	1♑58	2♑32	3♑06	3♑41	4♑15	4♑49	5♑23
/♅	26♒58	27♒28	27♒59	28♒29	28♒59	29♒30	0♓00	0♓30	1♓01	1♓31	2♓02
/♆	5♒30	6♒01	6♒32	7♒03	7♒34	8♒05	8♒36	9♒08	9♒39	10♒10	10♒41
/♇	8♑51	9♑23	9♑54	10♑26	10♑58	11♑29	12♑01	12♑32	13♑04	13♑35	14♑07
/☊	22♎29	22♎59	23♎29	24♎01	24♎32	25♎03	25♎34	26♎03	26♎32	27♎00	27♎28
☽/☿	6♑04	11♑52	17♑48	23♑54	0♒11	6♒42	13♒28	20♒31	27♒51	5♓28	13♓20
/♀	11♑43	18♑17	24♑54	1♒35	8♒24	15♒22	22♒31	29♒54	7♓31	15♓23	23♓27
/♂	18♐02	24♐16	0♑34	6♑57	13♑26	20♑05	26♑56	3♒60	11♒18	18♌50	26♌35
/⚳	8♏27	14♏22	20♉20	26♉22	2♊31	8♊49	15♊19	22♊02	28♊59	6♋10	13♋33
/♃	21♐53	27♐54	3♑58	10♑08	16♑24	22♑49	29♑26	6♒17	13♒22	20♌41	28♌12
/♄	14♑26	20♑25	26♑28	2♒35	8♒49	15♒13	21♒48	28♒37	5♓40	12♓57	20♓27
/♅	11♓42	17♓38	23♓36	29♓40	5♈50	12♈10	18♈42	25♈27	2♉26	9♉40	17♉06
/♆	20♒14	26♒10	2♓10	8♓14	14♓25	20♓46	27♓18	4♈04	11♈04	18♈19	25♈45
/♇	23♑35	29♑32	5♒32	11♒37	17♒49	24♒10	0♓43	7♓29	14♓29	21♓44	29♓11
/☊	7♏13	13♏08	19♉07	25♉11	1♊23	7♊44	14♊15	20♊60	27♊57	5♋09	12♋32
☿/♀	19♐01	19♐31	20♐06	20♐46	21♐30	22♐18	23♐10	24♐06	25♐04	26♐05	27♐09
/♂	25♏20	25♏31	25♏46	26♏07	26♏32	27♏02	27♏35	28♏11	28♏51	29♏33	0♐17
/⚳	15♎45	15♎36	15♎32	15♎33	15♎37	15♎46	15♎58	16♎14	16♎32	16♎53	17♎15
/♃	29♏11	29♏08	29♏11	29♏18	29♏30	29♏46	0♐06	0♐29	0♐54	1♐23	1♐54
/♄	21♐44	21♐39	21♐40	21♐46	21♐56	22♐10	22♐28	22♐49	23♐13	23♐40	24♐09
/♅	19♒00	18♒52	18♒49	18♒50	18♒57	19♒07	19♒21	19♒39	19♒59	20♒22	20♒48
/♆	27♑32	27♑24	27♑22	27♑24	27♑32	27♑43	27♑58	28♑16	28♑37	29♑01	29♑27
/♇	0♑53	0♑46	0♑44	0♑47	0♑55	1♑07	1♑22	1♑40	2♑02	2♑26	2♑53
/☊	14♎31	14♎22	14♎19	14♎22	14♎29	14♎40	14♎55	15♎11	15♎30	15♎51	16♎14
♀/♂	0♐59	1♐56	2♐52	3♐49	4♐45	5♐42	6♐38	7♐35	8♐31	9♐28	10♐24
/⚳	21♎24	22♎01	22♎38	23♎14	23♎50	24♎26	25♎02	25♎37	26♎13	26♎48	27♎22
/♃	4♐50	5♐33	6♐17	6♐60	7♐43	8♐26	9♐09	9♐52	10♐35	11♐18	12♐01
/♄	27♐23	28♐05	28♐46	29♐27	0♑08	0♑50	1♑31	2♑12	2♑54	3♑35	4♑16
/♅	24♒40	25♒17	25♒54	26♒32	27♒09	27♒47	28♒25	29♒02	29♒40	0♓17	0♓55
/♆	3♒11	3♒50	4♒28	5♒06	5♒44	6♒23	7♒01	7♒39	8♒18	8♒56	9♒34
/♇	6♑33	7♑12	7♑50	8♑29	9♑08	9♑47	10♑25	11♑04	11♑43	12♑22	13♑00
/☊	20♎10	20♎47	21♎25	22♎04	22♎42	23♎20	23♎58	24♎35	25♎11	25♎46	26♎21
♂/⚳	27♍43	28♍01	28♍18	28♍36	28♍53	29♍10	29♍26	29♍43	29♍59	0♎15	0♎31
/♃	11♏08	11♏33	11♏57	12♏21	12♏45	13♏09	13♏34	13♏58	14♏21	14♏45	15♏09
/♄	3♐42	4♐04	4♐26	4♐49	5♐11	5♐33	5♐55	6♐18	6♐40	7♐02	7♐24
/♅	0♒58	1♒16	1♒35	1♒53	2♒12	2♒30	2♒49	3♒08	3♒26	3♒45	4♒03
/♆	9♑30	9♑49	10♑08	10♑27	10♑47	11♑06	11♑25	11♑45	12♑04	12♑23	12♑43
/♇	12♐51	13♐11	13♐31	13♐50	14♐10	14♐30	14♐50	15♐09	15♐29	15♐49	16♐09
/☊	26♍29	26♍47	27♍06	27♍25	27♍45	28♍04	28♍22	28♍40	28♍57	29♍14	29♍29
⚳/♃	1♎34	1♎38	1♎43	1♎47	1♎50	1♎54	1♎57	2♎00	2♎03	2♎05	2♎07
/♄	24♎07	24♎09	24♎12	24♎14	24♎16	24♎18	24♎19	24♎20	24♎21	24♎22	24♎23
/♅	21♊23	21♊22	21♊20	21♊19	21♊17	21♊15	21♊13	21♊10	21♊07	21♊05	21♊02
/♆	29♉55	29♉54	29♉54	29♉53	29♉52	29♉50	29♉49	29♉47	29♉45	29♉43	29♉41
/♇	3♏16	3♏16	3♏16	3♏16	3♏15	3♏14	3♏13	3♏12	3♏10	3♏09	3♏07
/☊	16♌54	16♌52	16♌51	16♌50	16♌50	16♌48	16♌46	16♌43	16♌39	16♌33	16♌28
♃/♄	7♐32	7♐42	7♐51	7♐60	8♐08	8♐17	8♐26	8♐35	8♐44	8♐52	9♐01
/♅	4♒49	4♒54	4♒59	5♒04	5♒10	5♒15	5♒20	5♒25	5♒30	5♒35	5♒40
/♆	13♑21	13♑27	13♑33	13♑38	13♑44	13♑50	13♑56	14♑02	14♑08	14♑14	14♑19
/♇	16♐42	16♐49	16♐55	17♐01	17♐08	17♐14	17♐20	17♐27	17♐33	17♐39	17♐45
/☊	0♎20	0♎24	0♎30	0♎36	0♎42	0♎48	0♎53	0♎58	1♎01	1♎04	1♎06
♄/♅	27♒22	27♒25	27♒28	27♒32	27♒35	27♒38	27♒42	27♒45	27♒49	27♒52	27♒55
/♆	5♒54	5♒58	6♒02	6♒06	6♒10	6♒14	6♒18	6♒22	6♒26	6♒31	6♒35
/♇	9♑15	9♑20	9♑24	9♑29	9♑33	9♑38	9♑42	9♑47	9♑51	9♑56	10♑01
/☊	22♎53	22♎56	22♎59	23♎03	23♎08	23♎12	23♎15	23♎18	23♎20	23♎21	23♎21
♅/♆	3♈10	3♈10	3♈10	3♈11	3♈11	3♈11	3♈12	3♈12	3♈13	3♈13	3♈14
/♇	6♓32	6♓32	6♓33	6♓34	6♓34	6♓35	6♓36	6♓37	6♓38	6♓39	6♓40
/☊	20♊09	20♊08	20♊08	20♊08	20♊09	20♊09	20♊09	20♊08	20♊06	20♊03	20♊00
♆/♇	15♒03	15♒05	15♒06	15♒08	15♒09	15♒11	15♒12	15♒14	15♒16	15♒17	15♒19
/☊	28♉41	28♉41	28♉41	28♉42	28♉44	28♉45	28♉45	28♉45	28♉44	28♉42	28♉40
♇/☊	2♏03	2♏03	2♏04	2♏05	2♏07	2♏09	2♏09	2♏10	2♏09	2♏07	2♏06

December 2017

January 2018

	1	2	3	4	5	6	7	8	9	10	11
☉/☽	2♈39	10♈48	18♎56	26♎58	4♏49	12♏28	19♏52	27♏03	4♐02	10♐51	17♐31
/☿	29♐14	0♑14	1♑16	2♑19	3♑24	4♑30	5♑36	6♑44	7♑53	9♑02	10♑12
/♀	9♑31	10♑39	11♑48	12♑56	14♑04	15♑12	16♑21	17♑29	18♑37	19♑46	20♑54
/♂	12♐20	13♐09	13♐59	14♐48	15♐37	16♐27	17♐16	18♐05	18♐54	19♐43	20♐33
/⚳	28♎57	29♎24	29♎51	0♏18	0♏44	1♏11	1♏37	2♏03	2♏29	2♏55	3♏20
/♃	13♐43	14♐19	14♐54	15♐30	16♐05	16♐41	17♐16	17♐51	18♐27	19♐02	19♐37
/♄	5♑57	6♑31	7♑05	7♑39	8♑13	8♑47	9♑21	9♑55	10♑29	11♑03	11♑37
/♅	2♓32	3♓03	3♓33	4♓04	4♓35	5♓05	5♓36	6♓07	6♓37	7♓08	7♓39
/♆	11♒12	11♒44	12♒15	12♒46	13♒17	13♒49	14♒20	14♒51	15♒23	15♒54	16♒25
/♇	14♑39	15♑10	15♑42	16♑13	16♑45	17♑17	17♑48	18♑20	18♑51	19♑23	19♑54
/☊	27♎56	28♎24	28♎53	29♎23	29♎54	0♏25	0♏56	1♏27	1♏58	2♏29	2♏58
☽/☿	21♍22	29♍31	7♎40	15♎44	23♎38	1♏21	8♏52	16♏09	23♏16	0♐13	7♐02
/♀	1♈39	9♎56	18♎11	26♎20	4♏19	12♏04	19♏36	26♏54	4♐00	10♐56	17♐43
/♂	4♍29	12♍26	20♍23	28♍12	5♎52	13♎18	20♎31	27♎30	4♏17	10♏54	17♏22
/⚳	21♋05	28♋41	6♌15	13♌42	20♌59	28♌02	4♍52	11♍28	17♍52	24♍05	0♎10
/♃	5♍52	13♍36	21♍18	28♍54	6♎20	13♎33	20♎31	27♎17	3♏50	10♏12	16♏26
/♄	28♓05	5♎48	13♎29	21♎03	28♎28	5♏39	12♏36	19♏20	25♏52	2♐14	8♐27
/♅	24♉41	2♊20	9♊57	17♊28	24♊49	1♋57	8♋51	15♋32	22♋00	28♑18	4♒28
/♆	3♉21	11♉00	18♉39	26♉10	3♊32	10♊40	17♐35	24♐16	0♑45	7♑04	13♑15
/♇	6♈47	14♈27	22♎06	29♎38	6♏59	14♏08	21♏03	27♏45	4♐14	10♐33	16♐44
/☊	20♋04	27♋41	5♌17	12♌47	20♌08	27♌17	4♍11	10♍53	17♍21	23♍39	29♍48
☿/♀	28♐14	29♐22	0♑31	1♑41	2♑53	4♑06	5♑20	6♑35	7♑51	9♑07	10♑25
/♂	1♐04	1♐52	2♐42	3♐33	4♐26	5♐20	6♐15	7♐11	8♐08	9♐05	10♐03
/⚳	17♎40	18♎06	18♎34	19♎03	19♎33	20♎04	20♎36	21♎09	21♎42	22♎16	22♎51
/♃	2♐27	3♐01	3♐38	4♐15	4♐54	5♐34	6♐15	6♐57	7♐40	8♐23	9♐08
/♄	24♐40	25♐13	25♐48	26♐25	27♐02	27♐41	28♐21	29♐01	29♐43	0♑25	1♑08
/♅	21♒16	21♒45	22♒17	22♒49	23♒24	23♒59	24♒35	25♒13	25♒51	26♒30	27♒09
/♆	29♑56	0♒26	0♒58	1♒31	2♒06	2♒42	3♒19	3♒57	4♒36	5♒15	5♒56
/♇	3♑22	3♑53	4♑25	4♑59	5♑34	6♑10	6♑47	7♑26	8♑05	8♑44	9♑25
/☊	16♎39	17♎06	17♎36	18♎08	18♎43	19♎18	19♎56	20♎33	21♎12	21♎50	22♎29
♀/♂	11♐21	12♐17	13♐14	14♐10	15♐06	16♐03	16♐59	17♐56	18♐52	19♐49	20♐45
/⚳	27♎57	28♎31	29♎06	29♎40	0♏14	0♏47	1♏21	1♏54	2♏27	2♏60	3♏32
/♃	12♐44	13♐27	14♐09	14♐52	15♐35	16♐17	16♐60	17♐42	18♐25	19♐07	19♐49
/♄	4♑57	5♑39	6♑20	7♑01	7♑42	8♑24	9♑05	9♑46	10♑27	11♑08	11♑50
/♅	1♓33	2♓11	2♓48	3♓26	4♓04	4♓42	5♓20	5♓57	6♓35	7♓13	7♓51
/♆	10♒13	10♒51	11♒30	12♒08	12♒47	13♒25	14♒03	14♒42	15♒20	15♒59	16♒37
/♇	13♑39	14♑18	14♑57	15♑35	16♑14	16♑53	17♑32	18♑10	18♑49	19♑28	20♑07
/☊	26♎56	27♎32	28♎08	28♎45	29♎23	0♏01	0♏40	1♏18	1♏56	2♏34	3♏10
♂/⚳	0♎46	1♎02	1♎17	1♎32	1♎47	2♎01	2♎16	2♎30	2♎44	2♎57	3♎11
/♃	15♏33	15♏57	16♏20	16♏44	17♏08	17♏31	17♏55	18♏18	18♏41	19♏05	19♏28
/♄	7♐47	8♐09	8♐31	8♐53	9♐16	9♐38	9♐60	10♐22	10♐44	11♐06	11♐28
/♅	4♒22	4♒41	4♒60	5♒18	5♒37	5♒56	6♒15	6♒33	6♒52	7♒11	7♒30
/♆	13♑02	13♑21	13♑41	14♑00	14♑20	14♑39	14♑58	15♑18	15♑37	15♑57	16♑16
/♇	16♐28	16♐48	17♐08	17♐28	17♐47	18♐07	18♐27	18♐46	19♐06	19♐26	19♐45
/☊	29♍45	0♎02	0♎19	0♎37	0♎56	1♎15	1♎35	1♎54	2♎13	2♎31	2♎49
⚳/♃	2♎09	2♎11	2♎13	2♎14	2♎15	2♎15	2♎16	2♎16	2♎16	2♎16	2♎15
/♄	24♎23	24♎23	24♎23	24♎23	24♎23	24♎22	24♎21	24♎20	24♎19	24♎17	24♎16
/♅	20♊59	20♊55	20♊52	20♊48	20♊44	20♊40	20♊36	20♊31	20♊27	20♊22	20♊17
/♆	29♉38	29♉36	29♉33	29♉30	29♉27	29♉23	29♉20	29♉16	29♉12	29♉08	29♉04
/♇	3♏05	3♏02	2♏60	2♏57	2♏54	2♏51	2♏48	2♏44	2♏41	2♏37	2♏33
/☊	16♌22	16♌16	16♌11	16♌07	16♌03	15♌60	15♌56	15♌52	15♌48	15♌42	15♌36
♃/♄	9♐10	9♐18	9♐27	9♐35	9♐44	9♐52	10♐00	10♐08	10♐17	10♐25	10♐33
/♅	5♒45	5♒50	5♒55	6♒00	6♒05	6♒10	6♒15	6♒20	6♒25	6♒29	6♒34
/♆	14♑25	14♑31	14♑37	14♑42	14♑48	14♑53	14♑59	15♑04	15♑10	15♑15	15♑20
/♇	17♐51	17♐57	18♐03	18♐09	18♐15	18♐21	18♐27	18♐33	18♐38	18♐44	18♐50
/☊	1♎09	1♎11	1♎15	1♎19	1♎24	1♎30	1♎35	1♎41	1♎45	1♎50	1♎53
♄/♅	27♒59	28♒02	28♒06	28♒09	28♒13	28♒16	28♒20	28♒24	28♒27	28♒31	28♒34
/♆	6♒39	6♒43	6♒47	6♒51	6♒56	6♒60	7♒04	7♒08	7♒12	7♒17	7♒21
/♇	10♑05	10♑10	10♑14	10♑19	10♑23	10♑28	10♑32	10♑37	10♑41	10♑46	10♑50
/☊	23♎22	23♎23	23♎25	23♎28	23♎32	23♎36	23♎40	23♎44	23♎48	23♎51	23♎54
♅/♆	3♈14	3♈15	3♈16	3♈16	3♈17	3♈18	3♈19	3♈20	3♈20	3♈21	3♈22
/♇	6♓41	6♓42	6♓43	6♓44	6♓45	6♓46	6♓47	6♓48	6♓49	6♓50	6♓52
/☊	19♊58	19♊55	19♊54	19♊53	19♊53	19♊54	19♊55	19♊56	19♊56	19♊56	19♊55
♆/♇	15♒21	15♒22	15♒24	15♒26	15♒27	15♒29	15♒31	15♒33	15♒34	15♒36	15♒38
/☊	28♉38	28♉36	28♉35	28♉35	28♉36	28♉37	28♉39	28♉40	28♉41	28♉42	28♉42
♇/☊	2♏04	2♏03	2♏02	2♏03	2♏04	2♏05	2♏07	2♏09	2♏10	2♏11	2♏11

	12	13	14	15	16	17	18	19	20	21
☉/☽	24♐05	0♑34	7♑01	13♑26	19♑51	26♑17	2♒45	9♒16	15♒50	22♒29
/☿	11♑23	12♑34	13♑46	14♑58	16♑11	17♑24	18♑38	19♑52	21♑06	22♑20
/♀	22♑02	23♑11	24♑19	25♑27	26♑36	27♑44	28♑52	0♒00	1♒09	2♒17
/♂	21♐22	22♐11	23♐00	23♐49	24♐39	25♐28	26♐17	27♐06	27♐55	28♐44
/⚳	3♏45	4♏11	4♏36	5♏01	5♏25	5♏50	6♏14	6♏39	7♏03	7♏27
/♃	20♐12	20♐47	21♐22	21♐57	22♐32	23♐07	23♐41	24♐16	24♐51	25♐25
/♄	12♑11	12♑45	13♑19	13♑53	14♑27	15♑01	15♑35	16♑09	16♑43	17♑17
/♅	8♓10	8♓41	9♓11	9♓42	10♓13	10♓44	11♓15	11♓46	12♓17	12♓48
/♆	16♒57	17♒28	17♒59	18♒31	19♒02	19♒34	20♒05	20♒36	21♒08	21♒39
/♇	20♑26	20♑58	21♑29	22♑01	22♑32	23♑04	23♑36	24♑07	24♑39	25♑10
/☊	3♏27	3♏56	4♏25	4♏53	5♏22	5♏52	6♏22	6♏52	7♏23	7♏54
☽/☿	13♐45	20♐25	27♐02	3♑38	10♑15	16♑53	23♑33	0♒16	7♒04	13♒57
/♀	24♐24	1♑01	7♑35	14♑07	20♑39	27♑13	3♒47	10♒25	17♒07	23♒53
/♂	23♏44	0♐01	6♐16	12♐29	18♐42	24♐56	1♑12	7♑31	13♑53	20♑20
/⚳	6♎08	12♎01	17♎52	23♎40	29♎29	5♏19	11♏10	17♉03	23♉01	29♉03
/♃	22♏34	28♏38	4♐38	10♐37	16♐36	22♐35	28♐37	4♑41	10♑49	17♑01
/♄	14♐33	20♐36	26♐35	2♑33	8♑31	14♑30	20♑30	26♑34	2♒41	8♒53
/♅	10♒32	16♒31	22♒27	28♒22	4♓17	10♓13	16♓10	22♓11	28♓15	4♈24
/♆	19♑19	25♑18	1♒15	7♒11	13♒06	19♒02	25♒00	1♓01	7♓06	13♓15
/♇	22♐48	28♐48	4♑45	10♑41	16♑36	22♑33	28♑31	4♒32	10♒37	16♒46
/☊	5♎49	11♎46	17♎40	23♎33	29♎26	5♏21	11♏17	17♉17	23♉21	29♉31
☿/♀	11♑42	13♑01	14♑20	15♑39	16♑59	18♑19	19♑40	21♑01	22♑23	23♑44
/♂	11♐02	12♐01	13♐01	14♐01	15♐02	16♐03	17♐05	18♐07	19♐09	20♐12
/⚳	23♎26	24♎01	24♎36	25♎12	25♎49	26♎25	27♎02	27♎39	28♎17	28♎54
/♃	9♐52	10♐37	11♐23	12♐09	12♐55	13♐42	14♐29	15♐17	16♐04	16♐52
/♄	1♑51	2♑35	3♑20	4♑05	4♑51	5♑37	6♑23	7♑10	7♑57	8♑44
/♅	27♒50	28♒31	29♒12	29♒54	0♓37	1♓20	2♓03	2♓47	3♓31	4♓15
/♆	6♒37	7♒18	8♒00	8♒43	9♒26	10♒09	10♒53	11♒37	12♒22	13♒07
/♇	10♑06	10♑48	11♑30	12♑13	12♑56	13♑40	14♑24	15♑08	15♑53	16♑38
/☊	23♎07	23♎46	24♎25	25♎05	25♎46	26♎27	27♎10	27♎53	28♎37	29♎22
♀/♂	21♐41	22♐38	23♐34	24♐30	25♐27	26♐23	27♐19	28♐16	29♐12	0♑08
/⚳	4♏05	4♏37	5♏09	5♏41	6♏13	6♏45	7♏17	7♏48	8♏19	8♏51
/♃	20♐32	21♐14	21♐56	22♐38	23♐20	24♐02	24♐44	25♐26	26♐07	26♐49
/♄	12♑31	13♑12	13♑53	14♑34	15♑15	15♑56	16♑37	17♑18	17♑59	18♑40
/♅	8♓29	9♓07	9♓45	10♓23	11♓01	11♓39	12♓17	12♓56	13♓34	14♓12
/♆	17♒16	17♒55	18♒33	19♒12	19♒50	20♒29	21♒07	21♒46	22♒25	23♒03
/♇	20♑45	21♑24	22♑03	22♑42	23♑20	23♑59	24♑38	25♑17	25♑55	26♑34
/☊	3♏47	4♏23	4♏58	5♏34	6♏10	6♏47	7♏24	8♏02	8♏40	9♏18
♂/⚳	3♎24	3♎38	3♎51	4♎04	4♎16	4♎29	4♎41	4♎54	5♎06	5♎18
/♃	19♏51	20♏14	20♏37	21♏00	21♏23	21♏46	22♏08	22♏31	22♏54	23♏16
/♄	11♐50	12♐12	12♐34	12♐56	13♐18	13♐40	14♐02	14♐24	14♐46	15♐08
/♅	7♒49	8♒08	8♒26	8♒45	9♒04	9♒23	9♒42	10♒01	10♒20	10♒39
/♆	16♑36	16♑55	17♑14	17♑34	17♑53	18♑13	18♑32	18♑52	19♑11	19♑30
/♇	20♐05	20♐25	20♐44	21♐04	21♐24	21♐43	22♐03	22♐22	22♐42	23♐01
/☊	3♎06	3♎23	3♎40	3♎56	4♎13	4♎31	4♎49	5♎08	5♎26	5♎46
⚳/♃	2♎15	2♎14	2♎13	2♎11	2♎10	2♎08	2♎06	2♎04	2♎01	1♎59
/♄	24♎14	24♎12	24♎10	24♎07	24♎05	24♎02	23♎60	23♎57	23♎54	23♎50
/♅	20♊12	20♊07	20♊02	19♊56	19♊51	19♊45	19♊40	19♊34	19♊28	19♊22
/♆	28♉59	28♉55	28♉50	28♉45	28♉40	28♉35	28♉30	28♉24	28♉19	28♉13
/♇	2♏29	2♏24	2♏20	2♏15	2♏10	2♏05	2♏00	1♏55	1♏50	1♏44
/☊	15♌30	15♌23	15♌15	15♌07	15♌00	14♌53	14♌46	14♌40	14♌34	14♌28
♃/♄	10♐41	10♐48	10♐56	11♐04	11♐12	11♐19	11♐27	11♐34	11♐41	11♐49
/♅	6♒39	6♒44	6♒48	6♒53	6♒58	7♒02	7♒07	7♒11	7♒16	7♒20
/♆	15♑26	15♑31	15♑36	15♑41	15♑47	15♑52	15♑57	16♑02	16♑07	16♑11
/♇	18♐55	19♐01	19♐06	19♐11	19♐17	19♐22	19♐27	19♐32	19♐37	19♐42
/☊	1♎56	1♎59	2♎01	2♎04	2♎07	2♎10	2♎14	2♎18	2♎22	2♎26
♄/♅	28♒38	28♒42	28♒45	28♒49	28♒53	28♒57	29♒00	29♒04	29♒08	29♒12
/♆	7♒25	7♒29	7♒33	7♒38	7♒42	7♒46	7♒50	7♒54	7♒59	8♒03
/♇	10♑54	10♑59	11♑03	11♑08	11♑12	11♑16	11♑21	11♑25	11♑30	11♑34
/☊	23♎56	23♎57	23♎59	24♎00	24♎02	24♎04	24♎07	24♎10	24♎14	24♎18
♅/♆	3♈23	3♈24	3♈26	3♈27	3♈28	3♈29	3♈30	3♈32	3♈33	3♈34
/♇	6♓53	6♓54	6♓55	6♓57	6♓58	6♓59	7♓01	7♓02	7♓04	7♓05
/☊	19♊54	19♊52	19♊51	19♊49	19♊48	19♊47	19♊47	19♊48	19♊48	19♊49
♆/♇	15♒40	15♒42	15♒43	15♒45	15♒47	15♒49	15♒51	15♒53	15♒55	15♒57
/☊	28♉41	28♉40	28♉39	28♉38	28♉37	28♉37	28♉37	28♉38	28♉39	28♉41
♇/☊	2♏10	2♏10	2♏09	2♏08	2♏07	2♏07	2♏08	2♏09	2♏10	2♏12

	22	23	24	25	26	27	28	29	30	31	
☉/☽	29♒15	6♓08	13♓10	20♓23	27♓47	5♈23	13♈09	21♈04	29♈05	7♉07	☉/☽
/☿	23♑35	24♑51	26♑06	27♑22	28♑38	29♑55	1♒12	2♒29	3♒46	5♒04	/☿
/♀	3♒25	4♒33	5♒42	6♒50	7♒58	9♒06	10♒14	11♒22	12♒31	13♒39	/♀
/♂	29♐33	0♑22	1♑11	2♑00	2♑49	3♑38	4♑27	5♑16	6♑05	6♑54	/♂
/⚳	7♏51	8♏15	8♏38	9♏02	9♏26	9♏49	10♏13	10♏36	10♏60	11♏23	/⚳
/♃	25♐59	26♐34	27♐08	27♐42	28♐16	28♐50	29♐24	29♐58	0♑32	1♑06	/♃
/♄	17♑50	18♑24	18♑58	19♑32	20♑05	20♑39	21♑13	21♑46	22♑20	22♑53	/♄
/♅	13♓19	13♓50	14♓21	14♓52	15♓23	15♓54	16♓26	16♓57	17♓28	17♓59	/♅
/♆	22♒11	22♒42	23♒14	23♒45	24♒17	24♒48	25♒19	25♒51	26♒22	26♒54	/♆
/♇	25♑42	26♑13	26♑45	27♑16	27♑48	28♑19	28♑51	29♑22	29♑54	0♒25	/♇
/☊	8♏26	8♏57	9♏28	9♏58	10♏29	10♏59	11♏29	11♏59	12♏29	12♏59	/☊
☽/☿	20♒56	28♒03	5♓20	12♓48	20♓27	28♓18	6♈21	14♈32	22♈50	1♏09	☽/☿
/♀	0♓46	7♓46	14♓56	22♓16	29♓47	7♈30	15♈23	23♈26	1♉34	9♉43	/♀
/♂	26♑54	3♒35	10♒25	17♒26	24♒38	2♍02	9♍36	17♍19	25♍08	2♎58	/♂
/⚳	5♊11	11♊27	17♊52	24♊28	1♋15	8♋13	15♋22	22♋39	0♌03	7♌27	/⚳
/♃	23♑20	29♑47	6♒22	13♒08	20♒05	27♌14	4♍33	12♍01	19♍35	27♍10	/♃
/♄	15♒11	21♒37	28♒12	4♓57	11♓54	19♓02	26♓22	3♈49	11♎23	18♎58	/♄
/♅	10♈40	17♈03	23♈35	0♉18	7♉12	14♉18	21♉34	28♉60	6♊31	14♊03	/♅
/♆	19♓31	25♓55	2♈28	9♈11	16♈05	23♈12	0♉28	7♉54	15♉25	22♉58	/♆
/♇	23♒02	29♒26	5♓59	12♓42	19♓37	26♓43	3♈60	11♈25	18♈57	26♎30	/♇
/☊	5♊46	12♊09	18♊42	25♊24	2♋17	9♋22	16♋38	24♋02	1♌32	9♌04	/☊
☿/♀	25♑06	26♑29	27♑52	29♑15	0♒38	2♒02	3♒26	4♒50	6♒15	7♒40	☿/♀
/♂	21♐14	22♐18	23♐21	24♐25	25♐29	26♐34	27♐39	28♐44	29♐49	0♑55	/♂
/⚳	29♎32	0♏10	0♏48	1♏27	2♏06	2♏45	3♏24	4♏04	4♏44	5♏24	/⚳
/♃	17♐41	18♐29	19♐18	20♐07	20♐57	21♐46	22♐36	23♐26	24♐17	25♐07	/♃
/♄	9♑32	10♑20	11♑08	11♑57	12♑46	13♑35	14♑24	15♑14	16♑04	16♑55	/♄
/♅	5♓00	5♓46	6♓31	7♓17	8♓04	8♓50	9♓37	10♓25	11♓12	12♓00	/♅
/♆	13♒52	14♒38	15♒24	16♒10	16♒57	17♒44	18♒31	19♒19	20♒07	20♒55	/♆
/♇	17♑23	18♑09	18♑55	19♑41	20♑28	21♑15	22♑02	22♑50	23♑38	24♑27	/♇
/☊	0♏07	0♏52	1♏38	2♏23	3♏09	3♏55	4♏41	5♏27	6♏14	7♏01	/☊
♀/♂	1♑04	2♑00	2♑57	3♑53	4♑49	5♑45	6♑41	7♑37	8♑33	9♑29	♀/♂
/⚳	9♏22	9♏53	10♏24	10♏55	11♏25	11♏56	12♉27	12♉58	13♉28	13♉59	/⚳
/♃	27♐31	28♐12	28♐54	29♐35	0♑16	0♑57	1♑39	2♑20	3♑01	3♑42	/♃
/♄	19♑21	20♑02	20♑43	21♑24	22♑05	22♑46	23♑27	24♑08	24♑48	25♑29	/♄
/♅	14♓50	15♓28	16♓07	16♓45	17♓23	18♓01	18♓40	19♓18	19♓56	20♓35	/♅
/♆	23♒42	24♒20	24♒59	25♒38	26♒16	26♒55	27♒34	28♒12	28♒51	29♒30	/♆
/♇	27♑13	27♑52	28♑30	29♑09	29♑48	0♒26	1♒05	1♒44	2♒22	3♒01	/♇
/☊	9♏57	10♏35	11♏13	11♏51	12♏28	13♏06	13♏43	14♏20	14♉58	15♉35	/☊
♂/⚳	5♎30	5♎42	5♎53	6♎05	6♎17	6♎28	6♎40	6♎51	7♎02	7♎14	♂/⚳
/♃	23♏39	24♏01	24♏23	24♏45	25♏07	25♏29	25♏51	26♏13	26♏35	26♏56	/♃
/♄	15♐29	15♐51	16♐13	16♐35	16♐56	17♐18	17♐40	18♐01	18♐23	18♐44	/♄
/♅	10♒58	11♒17	11♒36	11♒55	12♒14	12♒33	12♒52	13♒11	13♒31	13♒50	/♅
/♆	19♑50	20♑09	20♑29	20♑48	21♑08	21♑27	21♑46	22♑06	22♑25	22♑45	/♆
/♇	23♐21	23♐40	23♐60	24♐19	24♐39	24♐58	25♐18	25♐37	25♐56	26♐16	/♇
/☊	6♎05	6♎24	6♎43	7♎01	7♎20	7♎38	7♎56	8♎14	8♎32	8♎50	/☊
⚳/♃	1♎56	1♎53	1♎50	1♎47	1♎44	1♎41	1♎37	1♎33	1♎30	1♎26	⚳/♃
/♄	23♎47	23♎44	23♎40	23♎37	23♎33	23♎29	23♎25	23♎21	23♎17	23♎13	/♄
/♅	19♊16	19♊10	19♊03	18♊57	18♊51	18♊44	18♊38	18♊32	18♊25	18♊19	/♅
/♆	28♉07	28♉02	27♉56	27♉50	27♉44	27♉38	27♉32	27♉26	27♉20	27♉14	/♆
/♇	1♏38	1♏33	1♏27	1♏21	1♏15	1♏09	1♏03	0♏57	0♏51	0♏45	/♇
/☊	14♌22	14♌16	14♌10	14♌03	13♌56	13♌49	13♌41	13♌34	13♌27	13♌19	/☊
♃/♄	11♐56	12♐03	12♐10	12♐17	12♐24	12♐30	12♐37	12♐43	12♐50	12♐56	♃/♄
/♅	7♒24	7♒29	7♒33	7♒37	7♒42	7♒46	7♒50	7♒54	7♒58	8♒02	/♅
/♆	16♑16	16♑21	16♑26	16♑30	16♑35	16♑39	16♑44	16♑48	16♑52	16♑57	/♆
/♇	19♐47	19♐52	19♐57	20♐01	20♐06	20♐11	20♐15	20♐19	20♐24	20♐28	/♇
/☊	2♎31	2♎35	2♎40	2♎43	2♎47	2♎50	2♎53	2♎56	2♎59	3♎02	/☊
♄/♅	29♒15	29♒19	29♒23	29♒27	29♒30	29♒34	29♒38	29♒42	29♒46	29♒49	♄/♅
/♆	8♒07	8♒11	8♒15	8♒20	8♒24	8♒28	8♒32	8♒36	8♒40	8♒44	/♆
/♇	11♑38	11♑42	11♑47	11♑51	11♑55	11♑59	12♑03	12♑07	12♑11	12♑16	/♇
/☊	24♎22	24♎26	24♎29	24♎33	24♎36	24♎39	24♎41	24♎44	24♎47	24♎50	/☊
♅/♆	3♈36	3♈37	3♈39	3♈40	3♈42	3♈43	3♈45	3♈47	3♈48	3♈50	♅/♆
/♇	7♓07	7♓08	7♓10	7♓11	7♓13	7♓15	7♓16	7♓18	7♓19	7♓21	/♇
/☊	19♊51	19♊52	19♊53	19♊53	19♊54	19♊54	19♊54	19♊55	19♊55	19♊55	/☊
♆/♇	15♒58	16♒00	16♒02	16♒04	16♒06	16♒08	16♒10	16♒12	16♒14	16♒16	♆/♇
/☊	28♉42	28♉44	28♉45	28♉46	28♉47	28♉48	28♉48	28♉49	28♉49	28♉50	/☊
♇/☊	2♏13	2♏15	2♏16	2♏17	2♏18	2♏19	2♏19	2♏20	2♏21	2♏22	♇/☊

January 2018

February 2018

	1	2	3	4	5	6	7	8	9	10	11	12	13	14
☉/☽	15♏07	22♏59	0♐41	8♐11	15♐27	22♐30	29♐22	6♑03	12♑37	19♑06	25♑31	1♒55	8♒21	14♒48
/☿	6♒22	7♒41	8♒60	10♒19	11♒39	12♒58	14♒19	15♒39	17♒00	18♒22	19♒44	21♒06	22♒29	23♒52
/♀	14♒47	15♒55	17♒03	18♒11	19♒19	20♒27	21♒35	22♒43	23♒51	24♒59	26♒07	27♒15	28♒23	29♒31
/♂	7♑42	8♑31	9♑20	10♑09	10♑57	11♑46	12♑35	13♑24	14♑12	15♑01	15♑49	16♑38	17♑26	18♑15
/⚷	11♉46	12♉10	12♉33	12♉56	13♉20	13♉43	14♉07	14♉30	14♉54	15♉17	15♉41	16♉05	16♉29	16♉52
/♃	1♑39	2♑13	2♑46	3♑20	3♑53	4♑26	4♑59	5♑32	6♑05	6♑38	7♑11	7♑44	8♑16	8♑49
/♄	23♑27	24♑00	24♑34	25♑07	25♑41	26♑14	26♑47	27♑21	27♑54	28♑27	29♑00	29♑33	0♒06	0♒39
/♅	18♓30	19♓01	19♓33	20♓04	20♓35	21♓06	21♓38	22♓09	22♓40	23♓11	23♓43	24♓14	24♓45	25♓17
/♆	27♒25	27♒57	28♒28	28♒60	29♒31	0♓03	0♓34	1♓05	1♓37	2♓08	2♓40	3♓11	3♓43	4♓14
/♇	0♒56	1♒28	1♒59	2♒31	3♒02	3♒33	4♒05	4♒36	5♒07	5♒39	6♒10	6♒41	7♒12	7♒43
/☊	13♏30	14♏00	14♏31	15♉01	15♉32	16♉02	16♉32	17♉03	17♉33	18♉04	18♉34	19♉05	19♉36	20♉07
☽/☿	9♏26	17♏36	25♏36	3♐24	10♐59	18♐21	25♐32	2♑33	9♑27	16♑16	23♑03	29♑49	6♒36	13♒26
/♀	17♏50	25♏50	3♐39	11♐16	18♐39	25♐49	2♑48	9♑37	16♑18	22♑54	29♑26	5♒58	12♒30	19♒05
/♂	10♎46	18♎26	25♎56	3♏13	10♏17	17♏09	23♏48	0♐17	6♐39	12♐55	19♐09	25♐21	1♑34	7♑49
/⚷	14♌49	22♌04	29♌09	6♍01	12♍40	19♍06	25♍20	1♎24	7♎20	13♎12	19♎00	24♎47	0♏36	6♏27
/♃	4♎43	12♎08	19♎22	26♎24	3♏13	9♏49	16♏12	22♏26	28♏32	4♐33	10♐30	16♐27	22♐24	28♐23
/♄	26♎30	3♏55	11♏10	18♏12	25♏01	1♐36	8♐00	14♐14	20♐21	26♐22	2♑19	8♑16	14♑14	20♑14
/♅	21♊33	28♊56	6♋08	13♋08	19♋55	26♑29	2♒51	9♒03	15♒07	21♒06	27♒02	2♓57	8♓53	14♓51
/♆	0♊28	7♊51	15♐04	22♐04	28♐51	5♑25	11♑47	17♑59	24♑04	0♒03	5♒59	11♒54	17♒50	23♒48
/♇	3♏60	11♏23	18♏35	25♏35	2♐22	8♐56	15♐18	21♐30	27♐34	3♑33	9♑29	15♑24	21♑20	27♑18
/☊	16♌33	23♌55	1♍07	8♍06	14♍52	21♍24	27♍45	3♎56	9♎60	15♎58	21♎54	27♎48	3♏43	9♏41
☿/♀	9♒05	10♒31	11♒57	13♒24	14♒50	16♒17	17♒45	19♒13	20♒41	22♒10	23♒39	25♒08	26♒38	28♒08
/♂	2♑01	3♑08	4♑14	5♑21	6♑29	7♑37	8♑45	9♑53	11♑02	12♑12	13♑21	14♑31	15♑42	16♑53
/⚷	6♏05	6♏46	7♏27	8♏09	8♏51	9♏34	10♉17	10♉60	11♉44	12♉28	13♉13	13♉58	14♉44	15♉30
/♃	25♐58	26♐49	27♐41	28♐32	29♐24	0♑17	1♑09	2♑02	2♑56	3♑49	4♑43	5♑37	6♑32	7♑27
/♄	17♑46	18♑37	19♑28	20♑20	21♑12	22♑04	22♑57	23♑50	24♑44	25♑38	26♑32	27♑27	28♑22	29♑17
/♅	12♓49	13♓38	14♓27	15♓16	16♓06	16♓57	17♓47	18♓39	19♓30	20♓22	21♓15	22♓07	23♓01	23♓55
/♆	21♒44	22♒33	23♒22	24♒12	25♒02	25♒53	26♒44	27♒35	28♒27	29♒19	0♓12	1♓05	1♓58	2♓52
/♇	25♑15	26♑04	26♑54	27♑43	28♑33	29♑24	0♒15	1♒06	1♒57	2♒49	3♒42	4♒34	5♒28	6♒21
/☊	7♏49	8♏37	9♏25	10♏14	11♏03	11♏52	12♏42	13♏32	14♏23	15♉14	16♉06	16♉59	17♉51	18♉44
♀/♂	10♑25	11♑21	12♑17	13♑13	14♑09	15♑05	16♑01	16♑57	17♑53	18♑49	19♑45	20♑40	21♑36	22♑32
/⚷	14♉29	14♉60	15♉30	16♉01	16♉32	17♉02	17♉33	18♉04	18♉34	19♉05	19♉36	20♉07	20♉38	21♉09
/♃	4♑22	5♑03	5♑44	6♑24	7♑05	7♑45	8♑26	9♑06	9♑46	10♑26	11♑06	11♑46	12♑26	13♑06
/♄	26♑10	26♑51	27♑31	28♑12	28♑52	29♑33	0♒14	0♒54	1♒34	2♒15	2♒55	3♒36	4♒16	4♒56
/♅	21♓13	21♓52	22♓30	23♓08	23♓47	24♓25	25♓04	25♓42	26♓21	26♓59	27♓38	28♓16	28♓55	29♓34
/♆	0♓08	0♓47	1♓26	2♓04	2♓43	3♓22	4♓00	4♓39	5♓18	5♓56	6♓35	7♓14	7♓52	8♓31
/♇	3♒39	4♒18	4♒57	5♒35	6♒14	6♒52	7♒31	8♒09	8♒48	9♒26	10♒05	10♒43	11♒22	12♒00
/☊	16♉13	16♉50	17♉28	18♉06	18♉43	19♉21	19♉58	20♉36	21♉14	21♉52	22♉30	23♉08	23♉46	24♉24
♂/⚷	7♎25	7♎36	7♎48	7♎59	8♎10	8♎21	8♎33	8♎44	8♎56	9♎07	9♎19	9♎30	9♎42	9♎54
/♃	27♏18	27♏40	28♏01	28♏22	28♏43	29♏05	29♏26	29♏46	0♐07	0♐28	0♐49	1♐09	1♐30	1♐50
/♄	19♐06	19♐27	19♐48	20♐10	20♐31	20♐52	21♐13	21♐35	21♐56	22♐17	22♐38	22♐59	23♐20	23♐41
/♅	14♒09	14♒28	14♒47	15♒06	15♒25	15♒44	16♒04	16♒23	16♒42	17♒01	17♒20	17♒40	17♒59	18♒18
/♆	23♑04	23♑23	23♑43	24♑02	24♑21	24♑41	25♑00	25♑19	25♑39	25♑58	26♑17	26♑37	26♑56	27♑15
/♇	26♐35	26♐54	27♐14	27♐33	27♐52	28♐12	28♐31	28♐50	29♐09	29♐28	29♐47	0♑06	0♑26	0♑45
/☊	9♎08	9♎27	9♎45	10♎04	10♎22	10♎40	10♎58	11♎17	11♎35	11♎53	12♎12	12♎31	12♎49	13♎08
⚷/♃	1♎22	1♎18	1♎14	1♎10	1♎06	1♎02	0♎57	0♎53	0♎49	0♎44	0♎40	0♎36	0♎32	0♎27
/♄	23♎09	23♎05	23♎01	22♎57	22♎53	22♎49	22♎45	22♎41	22♎37	22♎33	22♎29	22♎26	22♎22	22♎18
/♅	18♊13	18♊06	18♊00	17♊54	17♊48	17♊41	17♊35	17♊29	17♊23	17♊18	17♊12	17♊06	17♊01	16♊55
/♆	27♉08	27♉02	26♉56	26♉50	26♉44	26♉38	26♉32	26♉26	26♉20	26♉14	26♉09	26♉03	25♉58	25♉53
/♇	0♏39	0♏33	0♏27	0♏21	0♏15	0♏09	0♏02	29♎57	29♎51	29♎45	29♎39	29♎33	29♎28	29♎22
/☊	13♌12	13♌05	12♌58	12♌51	12♌44	12♌37	12♌30	12♌23	12♌16	12♌10	12♌04	11♌57	11♌51	11♌45
♃/♄	13♐03	13♐09	13♐15	13♐21	13♐27	13♐32	13♐38	13♐43	13♐49	13♐54	13♐59	14♐05	14♐10	14♐14
/♅	8♒06	8♒10	8♒13	8♒17	8♒21	8♒25	8♒28	8♒32	8♒35	8♒39	8♒42	8♒45	8♒49	8♒52
/♆	17♑01	17♑05	17♑09	17♑13	17♑17	17♑21	17♑25	17♑28	17♑32	17♑36	17♑39	17♑42	17♑46	17♑49
/♇	20♐32	20♐36	20♐40	20♐44	20♐48	20♐52	20♐55	20♐59	21♐02	21♐06	21♐09	21♐12	21♐15	21♐18
/☊	3♎05	3♎09	3♎12	3♎15	3♎18	3♎20	3♎23	3♎26	3♎28	3♎31	3♎34	3♎36	3♎39	3♎42
♄/♅	29♒53	29♒57	0♓01	0♓05	0♓08	0♓12	0♓16	0♓20	0♓24	0♓27	0♓31	0♓35	0♓39	0♓42
/♆	8♒48	8♒52	8♒56	9♒00	9♒05	9♒08	9♒12	9♒16	9♒20	9♒24	9♒28	9♒32	9♒36	9♒40
/♇	12♑20	12♑24	12♑28	12♑32	12♑35	12♑39	12♑43	12♑47	12♑51	12♑54	12♑58	13♑02	13♑06	13♑09
/☊	24♎53	24♎56	24♎59	25♎02	25♎05	25♎08	25♎11	25♎14	25♎17	25♎20	25♎23	25♎26	25♎29	25♎32
♅/♆	3♈52	3♈53	3♈55	3♈57	3♈59	4♈01	4♈03	4♈05	4♈07	4♈09	4♈11	4♈13	4♈15	4♈17
/♇	7♓23	7♓25	7♓26	7♓28	7♓30	7♓32	7♓33	7♓35	7♓37	7♓39	7♓41	7♓43	7♓45	7♓46
/☊	19♊56	19♊57	19♊58	19♊59	19♊59	20♊00	20♊01	20♊02	20♊03	20♊04	20♊05	20♊07	20♊08	20♊10
♆/♇	16♒18	16♒20	16♒22	16♒24	16♒26	16♒28	16♒30	16♒32	16♒34	16♒36	16♒38	16♒40	16♒42	16♒44
/☊	28♉51	28♉52	28♉53	28♉54	28♉55	28♉56	28♉57	28♉58	28♉60	29♉01	29♉02	29♉04	29♉05	29♉07
♇/☊	2♏23	2♏24	2♏25	2♏26	2♏26	2♏27	2♏28	2♏29	2♏30	2♏31	2♏32	2♏34	2♏35	2♏36

	15	16	17	18	19	20	21	22	23	24	25	26	27	28
☉/☽	21♒20	27♒56	4♓38	11♓25	18♓20	25♓21	2♈29	9♈44	17♈07	24♈37	2♉14	9♉57	17♉44	25♉33
/☿	25♒15	26♒39	28♒03	29♒28	0♓53	2♓18	3♓44	5♓10	6♓37	8♓03	9♓30	10♓57	12♓24	13♓51
/♀	0♓39	1♓46	2♓54	4♓02	5♓10	6♓18	7♓25	8♓33	9♓41	10♓49	11♓56	13♓04	14♓11	15♓19
/♂	19♑03	19♑52	20♑40	21♑29	22♑17	23♑05	23♑53	24♑42	25♑30	26♑18	27♑06	27♑54	28♑42	29♑30
/⚷	17♉17	17♉41	18♉05	18♉29	18♉54	19♉19	19♉43	20♉08	20♉33	20♉59	21♉24	21♉50	22♉16	22♉42
/♃	9♑21	9♑53	10♑26	10♑58	11♑30	12♑02	12♑33	13♑05	13♑37	14♑08	14♑39	15♑11	15♑42	16♑13
/♄	1♒13	1♒45	2♒18	2♒51	3♒24	3♒57	4♒30	5♒02	5♒35	6♒08	6♒40	7♒13	7♒45	8♒17
/♅	25♓48	26♓20	26♓51	27♓22	27♓54	28♓25	28♓57	29♓28	29♓59	0♈31	1♈02	1♈34	2♈05	2♈36
/♆	4♓45	5♓17	5♓48	6♓20	6♓51	7♓22	7♓54	8♓25	8♓56	9♓28	9♓59	10♓30	11♓02	11♓33
/♇	8♒15	8♒46	9♒17	9♒48	10♒19	10♒50	11♒21	11♒52	12♒23	12♒54	13♒25	13♒56	14♒27	14♒58
/☊	20♉37	21♉07	21♉37	22♉06	22♉36	23♉05	23♉34	24♉03	24♉33	25♉03	25♉34	26♉05	26♉36	27♉06
☽/☿	20♒20	27♒20	4♓25	11♓37	18♓56	26♓22	3♈55	11♈36	19♈25	27♈21	5♉25	13♉34	21♉48	0♊04
/♀	25♒44	2♓27	9♓16	16♓11	23♓13	0♈21	7♈36	14♈59	22♈29	0♉06	7♉50	15♉41	23♉35	1♊32
/♂	14♑09	20♑33	27♑02	3♒38	10♒20	17♒09	24♒04	1♓07	8♓18	15♓36	23♍00	0♎31	8♎06	15♎43
/⚷	12♉22	18♉21	24♉27	0♊39	6♊57	13♊22	19♊54	26♊34	3♋22	10♋17	17♋19	24♋27	1♌39	8♌54
/♃	4♑26	10♑34	16♑48	23♑07	29♑33	6♒05	12♒44	19♒31	26♌25	3♍26	10♍34	17♍48	25♍06	2♎26
/♄	26♑18	2♒26	8♒40	15♒00	21♒27	28♒00	4♓41	11♓28	18♓23	25♓25	2♈34	9♎49	17♎09	24♎30
/♅	20♓53	27♓00	3♈13	9♈31	15♈57	22♈29	29♈08	5♉54	12♉47	19♉49	26♉57	4♊10	11♊29	18♊49
/♆	29♒51	5♓58	12♓10	18♓29	24♓54	1♈26	8♈05	14♈51	21♈45	28♈46	5♉53	13♉07	20♉25	27♉46
/♇	3♒20	9♒27	15♒39	21♒57	28♒22	4♓54	11♓32	18♓18	25♓12	2♈12	9♈20	16♈33	23♎51	1♏11
/☊	15♉42	21♉48	27♉59	4♊16	10♊38	17♊08	23♊45	0♋29	7♋21	14♋21	21♋28	28♋42	5♌59	13♌19
☿/♀	29♒39	1♓10	2♓42	4♓14	5♓46	7♓19	8♓52	10♓25	11♓59	13♓33	15♓07	16♓41	18♓15	19♓50
/♂	18♑04	19♑16	20♑28	21♑40	22♑53	24♑06	25♑20	26♑34	27♑48	29♑02	0♒17	1♒31	2♒46	4♒01
/⚷	16♉17	17♉05	17♉52	18♉41	19♉30	20♉20	21♉10	22♉00	22♉52	23♉43	24♉35	25♉27	26♉20	27♉12
/♃	8♑22	9♑17	10♑13	11♑09	12♑06	13♑03	13♑60	14♑57	15♑55	16♑52	17♑50	18♑48	19♑46	20♑44
/♄	0♒13	1♒09	2♒06	3♒03	4♒00	4♒58	5♒56	6♒54	7♒53	8♒52	9♒51	10♒50	11♒49	12♒48
/♅	24♓49	25♓43	26♓38	27♓34	28♓30	29♓26	0♈23	1♈20	2♈17	3♈15	4♈13	5♈11	6♈09	7♈07
/♆	3♓46	4♓41	5♓36	6♓31	7♓27	8♓24	9♓20	10♓17	11♓15	12♓12	13♓10	14♓08	15♓06	16♓04
/♇	7♒15	8♒10	9♒05	9♒60	10♒55	11♒51	12♒48	13♒44	14♒41	15♒39	16♒36	17♒34	18♒31	19♒29
/☊	19♉38	20♉31	21♉25	22♉18	23♉12	24♉06	25♉00	25♉55	26♉51	27♉48	28♉45	29♉42	0♊40	1♊37
♀/♂	23♑27	24♑23	25♑19	26♑14	27♑10	28♑05	29♑01	29♑56	0♒52	1♒47	2♒43	3♒38	4♒33	5♒28
/⚷	21♉41	22♉12	22♉44	23♉15	23♉47	24♉19	24♉51	25♉23	25♉56	26♉28	27♉01	27♉34	28♉07	28♉40
/♃	13♑45	14♑25	15♑04	15♑44	16♑23	17♑02	17♑41	18♑20	18♑59	19♑38	20♑16	20♑55	21♑33	22♑11
/♄	5♒37	6♒17	6♒57	7♒37	8♒17	8♒57	9♒37	10♒17	10♒57	11♒37	12♒17	12♒57	13♒36	14♒16
/♅	0♈12	0♈51	1♈29	2♈08	2♈47	3♈25	4♈04	4♈43	5♈21	6♈00	6♈39	7♈18	7♈56	8♈35
/♆	9♓10	9♓48	10♓27	11♓05	11♓44	12♓23	13♓01	13♓40	14♓19	14♓57	15♓36	16♓14	16♓53	17♓31
/♇	12♒39	13♒17	13♒56	14♒34	15♒12	15♒51	16♒29	17♒07	17♒46	18♒24	19♒02	19♒40	20♒18	20♒57
/☊	25♉01	25♉39	26♉16	26♉52	27♉29	28♉05	28♉41	29♉18	29♉55	0♊33	1♊11	1♊49	2♊27	3♊05
♂/⚷	10♎05	10♎17	10♎29	10♎42	10♎54	11♎06	11♎19	11♎32	11♎45	11♎58	12♎11	12♎24	12♎37	12♎51
/♃	2♐10	2♐30	2♐50	3♐10	3♐30	3♐49	4♐09	4♐28	4♐48	5♐07	5♐26	5♐45	6♐04	6♐22
/♄	24♐01	24♐22	24♐43	25♐04	25♐24	25♐45	26♐05	26♐26	26♐46	27♐06	27♐27	27♐47	28♐07	28♐27
/♅	18♒37	18♒56	19♒15	19♒35	19♒54	20♒13	20♒32	20♒51	21♒10	21♒30	21♒49	22♒08	22♒27	22♒46
/♆	27♑34	27♑54	28♑13	28♑32	28♑51	29♑10	29♑29	29♑48	0♒08	0♒27	0♒46	1♒05	1♒24	1♒43
/♇	1♑04	1♑23	1♑42	2♑00	2♑19	2♑38	2♑57	3♑16	3♑34	3♑53	4♑12	4♑30	4♑49	5♑08
/☊	13♎26	13♎44	14♎02	14♎19	14♎36	14♎52	15♎09	15♎27	15♎44	16♎02	16♎20	16♎39	16♎58	17♎16
⚷/♃	0♎23	0♎19	0♎15	0♎11	0♎07	0♎03	29♍59	29♍55	29♍51	29♍48	29♍44	29♍41	29♍37	29♍34
/♄	22♎15	22♎11	22♎08	22♎04	22♎01	21♎58	21♎55	21♎52	21♎50	21♎47	21♎45	21♎43	21♎41	21♎39
/♅	16♊50	16♊45	16♊40	16♊35	16♊31	16♊26	16♊22	16♊18	16♊14	16♊10	16♊07	16♊04	16♊01	15♊58
/♆	25♉47	25♉42	25♉38	25♉33	25♉28	25♉24	25♉19	25♉15	25♉11	25♉07	25♉04	25♉00	24♉57	24♉54
/♇	29♎17	29♎11	29♎06	29♎01	28♎56	28♎52	28♎47	28♎42	28♎38	28♎34	28♎30	28♎26	28♎23	28♎19
/☊	11♌39	11♌33	11♌26	11♌19	11♌13	11♌06	10♌59	10♌53	10♌48	10♌43	10♌39	10♌35	10♌31	10♌27
♃/♄	14♐19	14♐24	14♐28	14♐33	14♐37	14♐41	14♐45	14♐49	14♐53	14♐57	15♐00	15♐04	15♐07	15♐10
/♅	8♒55	8♒58	9♒01	9♒04	9♒07	9♒09	9♒12	9♒15	9♒17	9♒20	9♒22	9♒25	9♒27	9♒29
/♆	17♑52	17♑55	17♑58	18♑01	18♑04	18♑07	18♑09	18♑12	18♑14	18♑17	18♑19	18♑21	18♑23	18♑25
/♇	21♐21	21♐24	21♐27	21♐30	21♐32	21♐35	21♐37	21♐39	21♐41	21♐43	21♐45	21♐47	21♐49	21♐51
/☊	3♎44	3♎46	3♎47	3♎48	3♎48	3♎49	3♎49	3♎50	3♎51	3♎52	3♎54	3♎56	3♎57	3♎59
♄/♅	0♓46	0♓50	0♓54	0♓57	1♓01	1♓05	1♓08	1♓12	1♓16	1♓19	1♓23	1♓26	1♓30	1♓33
/♆	9♒43	9♒47	9♒51	9♒55	9♒58	10♒02	10♒06	10♒09	10♒13	10♒16	10♒20	10♒23	10♒27	10♒30
/♇	13♑13	13♑16	13♑20	13♑23	13♑27	13♑30	13♑33	13♑36	13♑40	13♑43	13♑46	13♑49	13♑52	13♑55
/☊	25♎35	25♎38	25♎40	25♎41	25♎43	25♎44	25♎46	25♎47	25♎49	25♎52	25♎55	25♎58	26♎01	26♎03
♅/♆	4♈19	4♈21	4♈23	4♈26	4♈28	4♈30	4♈32	4♈35	4♈37	4♈39	4♈42	4♈44	4♈47	4♈49
/♇	7♓48	7♓50	7♓52	7♓54	7♓56	7♓58	8♓00	8♓02	8♓04	8♓06	8♓08	8♓10	8♓12	8♓14
/☊	20♊11	20♊12	20♊12	20♊12	20♊12	20♊12	20♊12	20♊13	20♊14	20♊15	20♊17	20♊19	20♊21	20♊22
♆/♇	16♒46	16♒48	16♒50	16♒51	16♒53	16♒55	16♒57	16♒59	17♒01	17♒03	17♒05	17♒07	17♒09	17♒11
/☊	29♉08	29♉09	29♉10	29♉10	29♉10	29♉10	29♉10	29♉10	29♉11	29♉12	29♉14	29♉15	29♉17	29♉19
♇/☊	2♏37	2♏38	2♏38	2♏38	2♏38	2♏38	2♏37	2♏37	2♏38	2♏39	2♏40	2♏41	2♏43	2♏44

February 2018

March 2018

	1	2	3	4	5	6	7	8	9	10	11	12	13	14	15	16	17	18	19	20	21	22	23	24	25	26	27	28	29	30	31
☉/☽	3♊22	11♊06	18♐44	26♐12	3♑29	10♑34	17♑27	24♑10	0♒45	7♒14	13♒39	20♒03	26♒29	2♓58	9♓33	16♓15	23♓04	0♈02	7♈08	14♈21	21♈40	29♈04	6♉31	14♉02	21♉35	29♉10	6♊45	14♊21	21♊55	29♊26	6♋52
/☿	15♓18	16♓44	18♓10	19♓36	21♓00	22♓24	23♓46	25♓07	26♓26	27♓43	28♓58	0♈10	1♈20	2♈26	3♈29	4♈29	5♈24	6♈17	7♈05	7♈49	8♈29	9♈05	9♈36	10♈04	10♈28	10♈49	11♈06	11♈20	11♈31	11♈40	11♈47
/♀	16♓26	17♓34	18♓41	19♓49	20♓56	22♓04	23♓11	24♓18	25♓26	26♓33	27♓40	28♓48	29♓55	1♈02	2♈09	3♈16	4♈23	5♈30	6♈37	7♈44	8♈51	9♈58	11♈05	12♈12	13♈19	14♈26	15♈33	16♈39	17♈46	18♈53	19♈59
/♂	0♒18	1♒06	1♒54	2♒41	3♒29	4♒17	5♒04	5♒52	6♒40	7♒27	8♒15	9♒02	9♒49	10♒37	11♒24	12♒11	12♒58	13♒45	14♒32	15♒19	16♒06	16♒53	17♒40	18♒27	19♒13	19♒60	20♒46	21♒33	22♒19	23♒05	23♒52
/⚳	23♉08	23♉34	24♉01	24♉27	24♉54	25♉21	25♉48	26♉16	26♉44	27♉12	27♉40	28♉08	28♉36	29♉05	29♉34	0♊03	0♊32	1♊02	1♊32	2♊02	2♊32	3♊02	3♊32	4♊03	4♊34	5♊05	5♊36	6♊08	6♊39	7♊11	7♊43
/♃	16♑44	17♑15	17♑45	18♑16	18♑46	19♑17	19♑47	20♑17	20♑47	21♑17	21♑47	22♑17	22♑47	23♑16	23♑46	24♑15	24♑44	25♑13	25♑42	26♑11	26♑40	27♑08	27♑37	28♑05	28♑34	29♑02	29♑30	29♑58	0♒26	0♒54	1♒21
/♄	8♒50	9♒22	9♒54	10♒26	10♒59	11♒31	12♒03	12♒35	13♒06	13♒38	14♒10	14♒42	15♒13	15♒45	16♒17	16♒48	17♒20	17♒51	18♒22	18♒54	19♒25	19♒56	20♒27	20♒58	21♒29	21♒60	22♒31	23♒01	23♒32	24♒03	24♒33
/♅	3♈08	3♈39	4♈11	4♈42	5♈14	5♈45	6♈16	6♈48	7♈19	7♈51	8♈22	8♈54	9♈25	9♈56	10♈28	10♈59	11♈31	12♈02	12♈34	13♈05	13♈36	14♈08	14♈39	15♈10	15♈42	16♈13	16♈44	17♈16	17♈47	18♈18	18♈50
/♆	12♓04	12♓35	13♓07	13♓38	14♓09	14♓40	15♓11	15♓43	16♓14	16♓45	17♓16	17♓47	18♓18	18♓49	19♓20	19♓51	20♓22	20♓53	21♓24	21♓55	22♓26	22♓57	23♓28	23♓59	24♓30	25♓00	25♓31	26♓02	26♓33	27♓03	27♓34
/♇	15♒29	15♒60	16♒31	17♒01	17♒32	18♒03	18♒33	19♒04	19♒35	20♒05	20♒36	21♒07	21♒37	22♒08	22♒38	23♒09	23♒39	24♒09	24♒40	25♒10	25♒40	26♒11	26♒41	27♒11	27♒41	28♒11	28♒41	29♒12	29♒42	0♓12	0♓42
/☊	27♉36	28♉05	28♉34	29♉02	29♉30	29♉57	0♊25	0♊54	1♊23	1♊53	2♊24	2♊55	3♊25	3♊56	4♊25	4♊54	5♊22	5♊48	6♊15	6♊40	7♊07	7♊33	8♊01	8♊30	8♊59	9♊29	9♊60	10♊29	10♊58	11♊25	11♊52
☽/☿	8♊19	16♊30	24♐33	2♑26	10♑08	17♑36	24♑52	1♒56	8♒50	15♒36	22♒16	28♒52	5♓27	12♓03	18♓41	25♓23	2♈08	8♈58	15♈53	22♈50	29♈49	6♉49	13♉50	20♉49	27♉46	4♊42	11♊35	18♊25	25♊11	1♋52	8♋26
/♀	9♊27	17♊19	25♐04	2♑39	10♑04	17♑16	24♑17	1♒07	7♒50	14♒26	20♒58	27♒30	4♓03	10♓39	17♓21	24♓10	1♈07	8♈12	15♈25	22♈46	0♉12	7♉43	15♉18	22♉56	0♊37	8♊19	16♊02	23♊44	1♋26	9♋04	16♋38
/♂	23♎19	0♏51	8♏16	15♏32	22♏36	29♏29	6♐10	12♐41	19♐03	25♐20	1♑32	7♑44	13♑57	20♑14	26♑36	3♒05	9♒42	16♒27	23♒20	0♓20	7♓27	14♓38	21♓53	29♓11	6♎31	13♎53	21♎15	28♎38	5♏59	13♏17	20♏30
/⚳	16♌09	23♌19	0♍23	7♍18	14♍02	20♍34	26♍54	3♎05	9♎08	15♎04	20♎58	26♎50	2♏44	8♉42	14♉46	20♉57	27♉16	3♊44	10♊19	17♊03	23♊52	0♋47	7♋46	14♋47	21♋52	28♋58	6♌05	13♌13	20♌19	27♌23	4♍22
/♃	9♎45	17♎00	24♎08	1♏07	7♏54	14♏29	20♏53	27♏06	3♐11	9♐10	15♐05	20♐59	26♐54	2♑53	8♑58	15♑09	21♑28	27♑55	4♒30	11♒12	18♒00	24♌53	1♍50	8♍50	15♍51	22♍55	29♍59	7♎03	14♎06	21♎05	28♎00
/♄	1♏51	9♏07	16♏17	23♏17	0♐06	6♐43	13♐08	19♐24	25♐30	1♑31	7♑28	13♑24	19♑21	25♑22	1♒29	7♒42	14♒04	20♒33	27♒10	3♓55	10♓45	17♓41	24♓40	1♈42	8♎47	15♎53	22♎60	0♏06	7♏12	14♏14	21♏12
/♅	26♊09	3♋25	10♋33	17♋33	24♋21	0♒57	7♒22	13♒37	19♒43	25♒43	1♓40	7♓36	13♓33	19♓34	25♓40	1♈53	8♈15	14♈44	21♈21	28♈06	4♉57	11♉53	18♉52	25♉55	2♊60	10♊06	17♊14	24♊21	1♋27	8♋30	15♋29
/♆	5♊05	12♊21	19♐29	26♐29	3♑16	9♑53	16♑17	22♑32	28♑38	4♒38	10♒34	16♒29	22♒26	28♒26	4♓32	10♓45	17♓06	23♓35	0♈12	6♈56	13♈47	20♈42	27♈41	4♉43	11♉47	18♉53	26♉00	3♊07	10♊13	17♐15	24♐13
/♇	8♏30	15♏45	22♏53	29♏52	6♐39	13♐15	19♐39	25♐53	1♑59	7♑58	13♑54	19♑49	25♑45	1♒45	7♒50	14♒03	20♒23	26♒51	3♓28	10♓11	17♓01	23♓55	0♈54	7♈55	14♈59	22♎04	29♎10	6♏17	13♏22	20♏23	27♏20
/☊	20♌37	27♌51	4♍57	11♍52	18♍37	25♍10	1♎31	7♎43	13♎47	19♎46	25♎42	1♏37	7♏33	13♏33	19♉37	25♉48	2♊06	8♊30	15♊02	21♊42	28♊27	5♋18	12♋14	19♋14	26♋17	3♌22	10♌29	17♌34	24♌38	1♍37	8♍30
☿/♀	21♓24	22♓58	24♓31	26♓04	27♓35	29♓06	0♈36	2♈04	3♈30	4♈55	6♈17	7♈36	8♈53	10♈07	11♈17	12♈24	13♈27	14♈27	15♈22	16♈14	17♈01	17♈44	18♈23	18♈59	19♈30	19♈58	20♈22	20♈43	21♈02	21♈18	21♈33
/♂	5♒15	6♒29	7♒43	8♒56	10♒08	11♒19	12♒29	13♒38	14♒44	15♒49	16♒51	17♒51	18♒48	19♒42	20♒32	21♒19	22♒02	22♒42	23♒17	23♒48	24♒16	24♒39	24♒58	25♒13	25♒24	25♒32	25♒36	25♒37	25♒35	25♒31	25♒25
/⚳	28♉05	28♉58	29♉50	0♊42	1♊33	2♊24	3♊13	4♊02	4♊48	5♊33	6♊16	6♊57	7♊35	8♊10	8♊42	9♊11	9♊36	9♊58	10♊16	10♊31	10♊41	10♊48	10♊50	10♊49	10♊45	10♊37	10♊26	10♊12	9♊55	9♊37	9♊17
/♃	21♑41	22♑38	23♑35	24♑31	25♑26	26♑20	27♑12	28♑03	28♑52	29♑39	0♒24	1♒06	1♒45	2♒21	2♒54	3♒23	3♒48	4♒09	4♒27	4♒40	4♒49	4♒54	4♒55	4♒52	4♒45	4♒34	4♒19	4♒02	3♒42	3♒19	2♒55
/♄	13♒47	14♒46	15♒44	16♒41	17♒38	18♒33	19♒28	20♒20	21♒11	22♒00	22♒47	23♒31	24♒12	24♒50	25♒25	25♒56	26♒24	26♒47	27♒07	27♒23	27♒34	27♒42	27♒45	27♒44	27♒40	27♒32	27♒20	27♒05	26♒48	26♒28	26♒07
/♅	8♈05	9♈03	10♈00	10♈57	11♈53	12♈48	13♈41	14♈34	15♈24	16♈13	16♈59	17♈42	18♈23	19♈01	19♈36	20♈07	20♈35	20♈58	21♈18	21♈34	21♈46	21♈53	21♈57	21♈57	21♈53	21♈45	21♈34	21♈20	21♈03	20♈44	20♈23
/♆	17♓02	17♓59	18♓56	19♓53	20♓48	21♓43	22♓36	23♓28	24♓18	25♓07	25♓53	26♓36	27♓17	27♓54	28♓28	28♓59	29♓26	29♓50	0♈09	0♈24	0♈36	0♈43	0♈46	0♈45	0♈41	0♈32	0♈21	0♈06	29♓49	29♓29	29♓08
/♇	20♒26	21♒23	22♒20	23♒16	24♒11	25♒05	25♒58	26♒50	27♒40	28♒27	29♒13	29♒55	0♓35	1♓12	1♓46	2♓16	2♓43	3♓06	3♓24	3♓39	3♓50	3♓56	3♓59	3♓57	3♓52	3♓43	3♓31	3♓16	2♓58	2♓37	2♓15
/☊	2♊33	3♊29	4♊23	5♊17	6♊09	6♊60	7♊50	8♊40	9♊28	10♊15	11♊00	11♊43	12♊24	13♊01	13♊33	14♊02	14♊26	14♊45	14♊59	15♊10	15♊16	15♊19	15♊19	15♊16	15♊10	15♊01	14♊49	14♊33	14♊14	13♊51	13♊25
♀/♂	6♒24	7♒19	8♒14	9♒09	10♒04	10♒59	11♒54	12♒49	13♒44	14♒39	15♒33	16♒28	17♒23	18♒18	19♒12	20♒07	21♒01	21♒56	22♒50	23♒44	24♒38	25♒33	26♒27	27♒21	28♒15	29♒09	0♓03	0♓56	1♓50	2♓44	3♓37
/⚳	29♉14	29♉47	0♊21	0♊55	1♊29	2♊04	2♊38	3♊13	3♊48	4♊23	4♊59	5♊34	6♊10	6♊46	7♊22	7♊59	8♊35	9♊12	9♊49	10♊26	11♊04	11♊41	12♊19	12♊57	13♊36	14♊14	14♊53	15♊31	16♊10	16♊50	17♊29
/♃	22♑50	23♑28	24♑06	24♑44	25♑22	25♑59	26♑37	27♑14	27♑52	28♑29	29♑06	29♑43	0♒20	0♒57	1♒34	2♒10	2♒47	3♒23	3♒60	4♒36	5♒12	5♒48	6♒24	6♒60	7♒35	8♒11	8♒46	9♒22	9♒57	10♒32	11♒07
/♄	14♒56	15♒35	16♒15	16♒54	17♒34	18♒13	18♒52	19♒32	20♒11	20♒50	21♒29	22♒08	22♒47	23♒26	24♒05	24♒44	25♒22	26♒01	26♒40	27♒18	27♒57	28♒35	29♒14	29♒52	0♓31	1♓09	1♓47	2♓25	3♓03	3♓41	4♓19
/♅	9♈14	9♈52	10♈31	11♈10	11♈49	12♈27	13♈06	13♈45	14♈24	15♈02	15♈41	16♈20	16♈59	17♈37	18♈16	18♈55	19♈34	20♈12	20♈51	21♈30	22♈09	22♈47	23♈26	24♈05	24♈43	25♈22	26♈01	26♈39	27♈18	27♈57	28♈35
/♆	18♓10	18♓49	19♓27	20♓06	20♓44	21♓23	22♓01	22♓40	23♓18	23♓56	24♓35	25♓13	25♓52	26♓30	27♓08	27♓47	28♓25	29♓03	29♓42	0♈20	0♈58	1♈37	2♈15	2♈53	3♈31	4♈09	4♈47	5♈26	6♈04	6♈42	7♈20
/♇	21♒35	22♒13	22♒51	23♒29	24♒07	24♒45	25♒23	26♒01	26♒39	27♒17	27♒55	28♒33	29♒11	29♒48	0♓26	1♓04	1♓42	2♓20	2♓57	3♓35	4♓13	4♓50	5♓28	6♓05	6♓43	7♓20	7♓58	8♓35	9♓13	9♓50	10♓27
/☊	3♊42	4♊18	4♊54	5♊30	6♊05	6♊40	7♊15	7♊51	8♊27	9♊05	9♊43	10♊21	10♊59	11♊37	12♊13	12♊50	13♊25	13♊59	14♊32	15♊05	15♊39	16♊13	16♊48	17♊24	18♊01	18♊38	19♊16	19♊53	20♊29	21♊04	21♊37
♂/⚳	13♎05	13♎19	13♎33	13♎47	14♎02	14♎17	14♎32	14♎47	15♎02	15♎17	15♎33	15♎49	16♎05	16♎21	16♎37	16♎54	17♎10	17♎27	17♎44	18♎01	18♎19	18♎36	18♎54	19♎12	19♎30	19♎48	20♎06	20♎25	20♎43	21♎02	21♎21
/♃	6♐41	6♐60	7♐18	7♐36	7♐54	8♐12	8♐30	8♐48	9♐06	9♐23	9♐40	9♐58	10♐15	10♐32	10♐49	11♐05	11♐22	11♐38	11♐55	12♐11	12♐27	12♐43	12♐58	13♐14	13♐29	13♐45	13♐60	14♐15	14♐30	14♐45	14♐59
/♄	28♐47	29♐07	29♐27	29♐47	0♑06	0♑26	0♑46	1♑05	1♑25	1♑44	2♑03	2♑23	2♑42	3♑01	3♑20	3♑39	3♑57	4♑16	4♑35	4♑53	5♑12	5♑30	5♑48	6♑07	6♑25	6♑43	7♑01	7♑18	7♑36	7♑54	8♑11
/♅	23♒05	23♒24	23♒43	24♒02	24♒21	24♒40	24♒59	25♒18	25♒37	25♒56	26♒15	26♒34	26♒53	27♒12	27♒31	27♒50	28♒09	28♒27	28♒46	29♒05	29♒23	29♒42	0♓01	0♓19	0♓38	0♓56	1♓14	1♓33	1♓51	2♓09	2♓28
/♆	2♒01	2♒20	2♒39	2♒58	3♒17	3♒36	3♒54	4♒13	4♒32	4♒51	5♒09	5♒28	5♒46	6♒05	6♒23	6♒42	7♒00	7♒18	7♒37	7♒55	8♒13	8♒31	8♒49	9♒07	9♒25	9♒43	10♒01	10♒19	10♒37	10♒54	11♒12
/♇	5♑26	5♑45	6♑03	6♑21	6♑40	6♑58	7♑16	7♑35	7♑53	8♑11	8♑29	8♑47	9♑05	9♑23	9♑41	9♑59	10♑17	10♑34	10♑52	11♑10	11♑27	11♑45	12♑02	12♑20	12♑37	12♑54	13♑11	13♑29	13♑46	14♑03	14♑20
/☊	17♎33	17♎50	18♎06	18♎22	18♎37	18♎53	19♎08	19♎24	19♎41	19♎59	20♎17	20♎35	20♎53	21♎11	21♎28	21♎44	21♎59	22♎14	22♎27	22♎40	22♎54	23♎08	23♎22	23♎38	23♎55	24♎12	24♎30	24♎46	25♎02	25♎16	25♎30
⚳/♃	29♍31	29♍28	29♍25	29♍22	29♍19	29♍17	29♍14	29♍12	29♍10	29♍07	29♍05	29♍04	29♍02	29♍00	28♍59	28♍57	28♍56	28♍55	28♍54	28♍53	28♍52	28♍51	28♍51	28♍51	28♍50	28♍50	28♍50	28♍50	28♍50	28♍51	28♍51
/♄	21♎37	21♎35	21♎34	21♎33	21♎31	21♎30	21♎30	21♎29	21♎29	21♎28	21♎28	21♎28	21♎29	21♎29	21♎30	21♎31	21♎32	21♎33	21♎34	21♎36	21♎37	21♎39	21♎41	21♎43	21♎46	21♎48	21♎51	21♎53	21♎56	21♎60	22♎03
/♅	15♊55	15♊53	15♊50	15♊48	15♊46	15♊45	15♊44	15♊42	15♊42	15♊41	15♊40	15♊40	15♊40	15♊40	15♊41	15♊42	15♊43	15♊44	15♊45	15♊47	15♊49	15♊51	15♊53	15♊56	15♊58	16♊01	16♊05	16♊08	16♊12	16♊15	16♊19
/♆	24♉51	24♉49	24♉46	24♉44	24♉42	24♉40	24♉39	24♉37	24♉36	24♉35	24♉34	24♉34	24♉33	24♉33	24♉33	24♉34	24♉34	24♉35	24♉36	24♉37	24♉39	24♉40	24♉42	24♉44	24♉46	24♉49	24♉51	24♉54	24♉57	25♉00	25♉04
/♇	28♎16	28♎13	28♎10	28♎07	28♎05	28♎03	28♎01	27♎59	27♎57	27♎56	27♎54	27♎53	27♎52	27♎52	27♎51	27♎51	27♎51	27♎51	27♎51	27♎52	27♎53	27♎54	27♎55	27♎56	27♎58	27♎60	28♎02	28♎04	28♎06	28♎09	28♎11
/☊	10♌23	10♌19	10♌13	10♌08	10♌02	9♌57	9♌52	9♌48	9♌45	9♌43	9♌42	9♌41	9♌41	9♌40	9♌38	9♌36	9♌34	9♌30	9♌26	9♌22	9♌19	9♌16	9♌15	9♌15	9♌16	9♌18	9♌20	9♌21	9♌22	9♌22	9♌21
♃/♄	15♐13	15♐16	15♐19	15♐21	15♐24	15♐26	15♐28	15♐30	15♐32	15♐34	15♐36	15♐37	15♐39	15♐40	15♐41	15♐42	15♐43	15♐44	15♐45	15♐45	15♐45	15♐45	15♐46	15♐45	15♐45	15♐45	15♐44	15♐44	15♐43	15♐42	15♐41
/♅	9♒31	9♒33	9♒35	9♒37	9♒39	9♒41	9♒42	9♒44	9♒45	9♒47	9♒48	9♒49	9♒50	9♒52	9♒53	9♒53	9♒54	9♒55	9♒56	9♒56	9♒57	9♒57	9♒58	9♒58	9♒58	9♒58	9♒58	9♒58	9♒58	9♒58	9♒58
/♆	18♑27	18♑29	18♑31	18♑33	18♑34	18♑36	18♑37	18♑38	18♑40	18♑41	18♑42	18♑43	18♑44	18♑44	18♑45	18♑45	18♑46	18♑46	18♑46	18♑47	18♑47	18♑47	18♑46	18♑46	18♑46	18♑45	18♑45	18♑44	18♑44	18♑43	18♑42
/♇	21♐52	21♐54	21♐55	21♐56	21♐57	21♐58	21♐59	22♐00	22♐01	22♐01	22♐02	22♐02	22♐02	22♐03	22♐03	22♐03	22♐03	22♐02	22♐02	22♐01	22♐01	22♐00	21♐59	21♐58	21♐57	21♐56	21♐55	21♐54	21♐53	21♐51	21♐49
/☊	3♎59	3♎59	3♎58	3♎57	3♎55	3♎53	3♎51	3♎50	3♎49	3♎49	3♎50	3♎50	3♎51	3♎51	3♎50	3♎48	3♎45	3♎41	3♎37	3♎32	3♎27	3♎23	3♎20	3♎17	3♎16	3♎15	3♎13	3♎12	3♎09	3♎05	2♎59
♄/♅	1♓37	1♓41	1♓44	1♓47	1♓51	1♓54	1♓58	2♓01	2♓04	2♓08	2♓11	2♓14	2♓17	2♓21	2♓24	2♓27	2♓30	2♓33	2♓36	2♓39	2♓42	2♓45	2♓48	2♓51	2♓53	2♓56	2♓59	3♓02	3♓04	3♓07	3♓09
/♆	10♒33	10♒37	10♒40	10♒43	10♒46	10♒50	10♒53	10♒56	10♒59	11♒02	11♒05	11♒08	11♒10	11♒13	11♒16	11♒19	11♒21	11♒24	11♒27	11♒29	11♒32	11♒34	11♒37	11♒39	11♒41	11♒43	11♒46	11♒48	11♒50	11♒52	11♒54
/♇	13♑58	14♑01	14♑04	14♑07	14♑09	14♑12	14♑15	14♑17	14♑20	14♑22	14♑25	14♑27	14♑29	14♑32	14♑34	14♑36	14♑38	14♑40	14♑42	14♑44	14♑46	14♑48	14♑49	14♑51	14♑53	14♑54	14♑56	14♑57	14♑59	14♑60	15♑01
/☊	26♎05	26♎07	26♎07	26♎07	26♎07	26♎06	26♎06	26♎07	26♎08	26♎10	26♎12	26♎15	26♎18	26♎20	26♎21	26♎21	26♎21	26♎19	26♎17	26♎14	26♎12	26♎10	26♎10	26♎10	26♎11	26♎12	26♎14	26♎15	26♎15	26♎14	26♎11
♅/♆	4♈51	4♈54	4♈56	4♈59	5♈01	5♈04	5♈06	5♈09	5♈12	5♈14	5♈17	5♈19	5♈22	5♈25	5♈27	5♈30	5♈33	5♈35	5♈38	5♈41	5♈43	5♈46	5♈49	5♈51	5♈54	5♈57	5♈59	6♈02	6♈05	6♈08	6♈10
/♇	8♓16	8♓18	8♓20	8♓22	8♓24	8♓26	8♓28	8♓31	8♓33	8♓35	8♓37	8♓39	8♓41	8♓43	8♓45	8♓47	8♓49	8♓51	8♓53	8♓55	8♓57	8♓60	9♓02	9♓04	9♓06	9♓08	9♓10	9♓12	9♓14	9♓16	9♓18
/☊	20♊23	20♊24	20♊24	20♊23	20♊22	20♊21	20♊20	20♊20	20♊21	20♊22	20♊24	20♊27	20♊29	20♊31	20♊32	20♊33	20♊32	20♊30	20♊28	20♊26	20♊24	20♊22	20♊22	20♊22	20♊24	20♊26	20♊28	20♊29	20♊30	20♊30	20♊28
♆/♇	17♒13	17♒14	17♒16	17♒18	17♒20	17♒22	17♒23	17♒25	17♒27	17♒29	17♒31	17♒32	17♒34	17♒36	17♒37	17♒39	17♒41	17♒42	17♒44	17♒46	17♒47	17♒49	17♒50	17♒52	17♒53	17♒55	17♒56	17♒58	17♒59	18♒01	18♒02
/☊	29♉20	29♉20	29♉20	29♉19	29♉17	29♉16	29♉15	29♉15	29♉15	29♉17	29♉18	29♉20	29♉22	29♉24	29♉25	29♉25	29♉23	29♉22	29♉19	29♉16	29♉13	29♉12	29♉11	29♉11	29♉12	29♉13	29♉15	29♉16	29♉16	29♉15	29♉12
♇/☊	2♏44	2♏44	2♏43	2♏42	2♏40	2♏39	2♏37	2♏37	2♏36	2♏37	2♏38	2♏40	2♏41	2♏42	2♏42	2♏42	2♏40	2♏38	2♏34	2♏31	2♏28	2♏25	2♏23	2♏23	2♏23	2♏24	2♏25	2♏25	2♏25	2♏23	2♏20

March 2018

April 2018

	1	2	3	4	5	6	7	8	9	10	11	12	13	14	15
☉/☽	14♑12	21♑23	28♑25	5♒16	11♒59	18♒34	25♒02	1♓27	7♓51	14♓17	20♓47	27♓23	4♈08	11♈04	18♈10
/☿	11♈53	11♈58	12♈03	12♈08	12♈13	12♈20	12♈28	12♈38	12♈50	13♈04	13♈20	13♈40	14♈01	14♈26	14♈53
/♀	21♈06	22♈12	23♈19	24♈25	25♈32	26♈38	27♈45	28♈51	29♈57	1♉03	2♉10	3♉16	4♉22	5♉28	6♉34
/♂	24♒38	25♒24	26♒10	26♒56	27♒42	28♒27	29♒13	29♒59	0♓44	1♓30	2♓15	3♓00	3♓45	4♓31	5♓16
/⚷	8♊15	8♊48	9♊20	9♊53	10♊26	10♊59	11♊32	12♊05	12♊39	13♊13	13♊46	14♊20	14♊54	15♊29	16♊03
/♃	1♒49	2♒16	2♒44	3♒11	3♒38	4♒05	4♒32	4♒59	5♒26	5♒53	6♒20	6♒46	7♒13	7♒39	8♒06
/♄	25♒04	25♒34	26♒04	26♒35	27♒05	27♒35	28♒05	28♒35	29♒05	29♒35	0♓05	0♓35	1♓04	1♓34	2♓04
/♅	19♈21	19♈52	20♈23	20♈55	21♈26	21♈57	22♈28	22♈60	23♈31	24♈02	24♈33	25♈04	25♈35	26♈07	26♈38
/♆	28♓05	28♓35	29♓06	29♓37	0♈07	0♈38	1♈08	1♈39	2♈09	2♈40	3♈10	3♈40	4♈11	4♈41	5♈12
/♇	1♓11	1♓41	2♓11	2♓41	3♓11	3♓41	4♓10	4♓40	5♓10	5♓40	6♓09	6♓39	7♓08	7♓38	8♓07
/☊	12♊17	12♊41	13♊06	13♊30	13♊56	14♊23	14♊51	15♊20	15♊49	16♊19	16♊48	17♊17	17♊44	18♊10	18♊35
☽/☿	14♑52	21♑09	27♑16	3♒14	9♒03	14♒45	20♒23	25♒59	1♓36	7♓16	13♓04	19♓01	25♓09	1♈30	8♈04
/♀	24♋05	1♌23	8♒32	15♒31	22♒21	29♒04	5♓40	12♓12	18♓43	25♓16	1♈53	8♈37	15♈29	22♈32	29♈45
/♂	27♏37	4♐35	11♐23	18♐02	24♐31	0♑53	7♑08	13♑20	19♑30	25♑42	1♒58	8♒21	14♒53	21♒34	28♒27
/⚷	11♍14	17♍59	24♍34	0♎59	7♎15	13♎24	19♎27	25♎26	1♏25	7♉25	13♉30	19♉41	26♉02	2♊33	9♊14
/♃	4♏48	11♏27	17♏57	24♏17	0♐28	6♐31	12♐28	18♐20	24♐12	0♑06	6♑03	12♑07	18♑20	24♑43	1♒17
/♄	28♏03	4♐45	11♐18	17♐41	23♐55	0♑00	6♑00	11♑56	17♑51	23♑47	29♑48	5♒56	12♒12	18♒38	25♒15
/♅	22♋20	29♑03	5♒37	12♒01	18♒16	24♒23	0♓23	6♓21	12♓17	18♓14	24♓16	0♈25	6♈43	13♈10	19♈49
/♆	1♑04	7♑46	14♑19	20♑43	26♑57	3♒03	9♒03	14♒60	20♒55	26♒52	2♓53	9♓01	15♓18	21♓45	28♓23
/♇	4♐11	10♐52	17♐25	23♐47	0♑01	6♑06	12♑06	18♑01	23♑56	29♑52	5♒53	11♒60	18♒16	24♒42	1♓19
/☊	15♍16	21♍52	28♍19	4♎37	10♎46	16♎48	22♎46	28♎41	4♏35	10♏31	16♉32	22♉38	28♉51	5♊14	11♊46
☿/♀	21♈46	21♈58	22♈11	22♈23	22♈36	22♈50	23♈05	23♈22	23♈41	24♈03	24♈27	24♈53	25♈22	25♈54	26♈29
/♂	25♒18	25♒10	25♒02	24♒53	24♒46	24♒39	24♒34	24♒30	24♒28	24♒29	24♒32	24♒38	24♒46	24♒56	25♒10
/⚷	8♊56	8♊34	8♊12	7♊50	7♊30	7♊10	6♊53	6♊37	6♊23	6♊12	6♊04	5♊58	5♊55	5♊55	5♊57
/♃	2♒29	2♒03	1♒36	1♒09	0♒42	0♒17	29♑53	29♑31	29♑11	28♑53	28♑37	28♑24	28♑13	28♑05	27♑60
/♄	25♒44	25♒20	24♒56	24♒32	24♒09	23♒47	23♒26	23♒07	22♒49	22♒35	22♒22	22♒12	22♒05	21♒60	21♒58
/♅	20♈01	19♈38	19♈15	18♈52	18♈30	18♈09	17♈49	17♈31	17♈15	17♈02	16♈50	16♈42	16♈36	16♈33	16♈32
/♆	28♓45	28♓22	27♓58	27♓34	27♓11	26♓49	26♓29	26♓10	25♓53	25♓39	25♓27	25♓18	25♓11	25♓07	25♓06
/♇	1♓52	1♓28	1♓03	0♓39	0♓15	29♒52	29♒31	29♒12	28♒54	28♒39	28♒26	28♒16	28♒09	28♒04	28♒02
/☊	12♊57	12♊27	11♊57	11♊28	11♊00	10♊34	10♊11	9♊51	9♊34	9♊18	9♊06	8♊54	8♊44	8♊36	8♊29
♀/♂	4♓31	5♓24	6♓17	7♓11	8♓04	8♓57	9♓50	10♓43	11♓36	12♓29	13♓21	14♓14	15♓07	15♓59	16♓51
/⚷	18♊08	18♊48	19♊28	20♊08	20♊48	21♊29	22♊09	22♊50	23♊31	24♊12	24♊53	25♊34	26♊16	26♊57	27♊39
/♃	11♒42	12♒17	12♒52	13♒26	14♒01	14♒35	15♒10	15♒44	16♒18	16♒52	17♒26	18♒00	18♒34	19♒08	19♒41
/♄	4♓57	5♓34	6♓12	6♓50	7♓27	8♓05	8♓42	9♓20	9♓57	10♓34	11♓11	11♓48	12♓25	13♓02	13♓39
/♅	29♈14	29♈53	0♉31	1♉10	1♉48	2♉27	3♉06	3♉44	4♉23	5♉01	5♉40	6♉18	6♉57	7♉35	8♉13
/♆	7♈58	8♈36	9♈14	9♈52	10♈30	11♈07	11♈45	12♈23	13♈01	13♈39	14♈17	14♈54	15♈32	16♈10	16♈47
/♇	11♓05	11♓42	12♓19	12♓56	13♓33	14♓11	14♓48	15♓25	16♓02	16♓39	17♓16	17♓53	18♓30	19♓06	19♓43
/☊	22♊10	22♊42	23♊13	23♊45	24♊18	24♊53	25♊28	26♊04	26♊41	27♊18	27♊55	28♊31	29♊05	29♊39	0♋11
♂/⚷	21♎40	21♎60	22♎19	22♎38	22♎58	23♎18	23♎38	23♎58	24♎18	24♎38	24♎58	25♎18	25♎39	25♎60	26♎20
/♃	15♐14	15♐28	15♐43	15♐57	16♐11	16♐24	16♐38	16♐52	17♐05	17♐18	17♐31	17♐44	17♐57	18♐10	18♐23
/♄	8♑29	8♑46	9♑03	9♑20	9♑37	9♑54	10♑11	10♑27	10♑44	11♑00	11♑17	11♑33	11♑49	12♑05	12♑20
/♅	2♓46	3♓04	3♓22	3♓40	3♓58	4♓16	4♓34	4♓52	5♓10	5♓27	5♓45	6♓02	6♓20	6♓37	6♓55
/♆	11♒30	11♒47	12♒05	12♒22	12♒39	12♒57	13♒14	13♒31	13♒48	14♒05	14♒22	14♒39	14♒55	15♒12	15♒28
/♇	14♑36	14♑53	15♑10	15♑27	15♑43	15♑60	16♑16	16♑32	16♑49	17♑05	17♑21	17♑37	17♑53	18♑09	18♑24
/☊	25♎42	25♎53	26♎04	26♎16	26♎28	26♎42	26♎56	27♎12	27♎28	27♎44	28♎00	28♎15	28♎29	28♎41	28♎52
⚷/♃	28♍52	28♍52	28♍53	28♍54	28♍55	28♍56	28♍57	28♍58	28♍60	29♍01	29♍03	29♍05	29♍06	29♍08	29♍10
/♄	22♎06	22♎10	22♎14	22♎17	22♎21	22♎25	22♎30	22♎34	22♎39	22♎43	22♎48	22♎53	22♎58	23♎03	23♎08
/♅	16♊24	16♊28	16♊33	16♊37	16♊42	16♊48	16♊53	16♊59	17♊04	17♊10	17♊16	17♊23	17♊29	17♊36	17♊42
/♆	25♉07	25♉11	25♉15	25♉19	25♉24	25♉28	25♉33	25♉38	25♉43	25♉48	25♉53	25♉59	26♉04	26♉10	26♉16
/♇	28♎14	28♎17	28♎20	28♎24	28♎27	28♎31	28♎35	28♎39	28♎43	28♎48	28♎52	28♎57	29♎02	29♎07	29♎12
/☊	9♌19	9♌17	9♌15	9♌13	9♌12	9♌13	9♌15	9♌19	9♌23	9♌27	9♌31	9♌35	9♌38	9♌39	9♌39
♃/♄	15♐40	15♐39	15♐37	15♐36	15♐34	15♐32	15♐30	15♐28	15♐26	15♐24	15♐21	15♐19	15♐16	15♐13	15♐11
/♅	9♒57	9♒57	9♒56	9♒56	9♒55	9♒54	9♒54	9♒53	9♒52	9♒51	9♒50	9♒49	9♒47	9♒46	9♒45
/♆	18♑41	18♑40	18♑39	18♑38	18♑36	18♑35	18♑33	18♑32	18♑30	18♑28	18♑27	18♑25	18♑23	18♑21	18♑19
/♇	21♐48	21♐46	21♐44	21♐42	21♐40	21♐38	21♐36	21♐33	21♐31	21♐28	21♐26	21♐23	21♐20	21♐17	21♐15
/☊	2♎53	2♎46	2♎38	2♎31	2♎25	2♎20	2♎16	2♎13	2♎10	2♎08	2♎05	2♎01	1♎56	1♎50	1♎42
♄/♅	3♓12	3♓14	3♓17	3♓19	3♓22	3♓24	3♓26	3♓28	3♓31	3♓33	3♓35	3♓37	3♓39	3♓41	3♓43
/♆	11♒56	11♒57	11♒59	12♒01	12♒03	12♒04	12♒06	12♒07	12♒09	12♒10	12♒12	12♒13	12♒14	12♒15	12♒16
/♇	15♑02	15♑04	15♑05	15♑06	15♑07	15♑07	15♑08	15♑09	15♑10	15♑10	15♑11	15♑11	15♑12	15♑12	15♑12
/☊	26♎08	26♎03	25♎59	25♎55	25♎52	25♎50	25♎48	25♎48	25♎49	25♎50	25♎50	25♎49	25♎47	25♎44	25♎40
♅/♆	6♈13	6♈16	6♈18	6♈21	6♈24	6♈27	6♈29	6♈32	6♈35	6♈37	6♈40	6♈43	6♈45	6♈48	6♈51
/♇	9♓20	9♓22	9♓24	9♓26	9♓28	9♓30	9♓32	9♓33	9♓35	9♓37	9♓39	9♓41	9♓43	9♓45	9♓47
/☊	20♊25	20♊21	20♊18	20♊15	20♊13	20♊12	20♊12	20♊13	20♊15	20♊17	20♊18	20♊19	20♊19	20♊17	20♊14
♆/♇	18♒03	18♒05	18♒06	18♒07	18♒09	18♒10	18♒11	18♒13	18♒14	18♒15	18♒16	18♒17	18♒18	18♒19	18♒20
/☊	29♉09	29♉05	29♉00	28♉57	28♉54	28♉52	28♉52	28♉52	28♉53	28♉54	28♉55	28♉55	28♉54	28♉51	28♉48
♇/☊	2♏15	2♏11	2♏06	2♏01	1♏58	1♏55	1♏54	1♏54	1♏54	1♏54	1♏54	1♏54	1♏52	1♏48	1♏44

16	17	18	19	20	21	22	23	24	25	26	27	28	29	30	
25♈26	2♉51	10♉23	17♉60	25♉38	3♊16	10♊51	18♊24	25♊54	3♋20	10♋42	17♋60	25♋13	2♌21	9♌22	☉/☽
15♈22	15♈55	16♈29	17♈07	17♈46	18♈28	19♈12	19♈58	20♈46	21♈35	22♈27	23♈20	24♈15	25♈12	26♈10	/☿
7♉40	8♉46	9♉53	10♉58	12♉04	13♉10	14♉16	15♉22	16♉28	17♉33	18♉39	19♉45	20♉50	21♉56	23♉02	/♀
6♓00	6♓45	7♓30	8♓14	8♓59	9♓43	10♓28	11♓12	11♓56	12♓40	13♓23	14♓07	14♓51	15♓34	16♓17	/♂
16♊38	17♊13	17♊47	18♊22	18♊58	19♊33	20♊08	20♊44	21♊20	21♊55	22♊31	23♊07	23♊43	24♊20	24♊56	/⚷
8♒32	8♒58	9♒24	9♒50	10♒16	10♒42	11♒08	11♒34	11♒60	12♒25	12♒51	13♒17	13♒42	14♒08	14♒33	/♃
2♓33	3♓02	3♓32	4♓01	4♓30	4♓60	5♓29	5♓58	6♓27	6♓56	7♓25	7♓53	8♓22	8♓51	9♓19	/♄
27♈09	27♈40	28♈11	28♈42	29♈13	29♈44	0♉15	0♉46	1♉17	1♉48	2♉19	2♉50	3♉21	3♉51	4♉22	/♅
5♈42	6♈12	6♈42	7♈13	7♈43	8♈13	8♈43	9♈13	9♈43	10♈13	10♈43	11♈13	11♈43	12♈13	12♈43	/♆
8♓37	9♓06	9♓36	10♓05	10♓35	11♓04	11♓33	12♓03	12♓32	13♓01	13♓30	13♓59	14♓28	14♓57	15♓26	/♇
18♊59	19♊22	19♊46	20♊10	20♊36	21♊03	21♊32	22♊01	22♊30	22♊59	23♊26	23♊53	24♊17	24♊41	25♊04	/☊
14♈51	21♈50	28♈58	6♉13	13♉32	20♉53	28♉14	5♊34	12♊53	20♊10	27♊26	4♋39	11♑49	18♑54	25♑55	☽/☿
7♉09	14♉42	22♉21	0♊05	7♊50	15♊35	23♊18	0♋58	8♋35	16♋08	23♋38	1♌03	8♌24	15♌39	22♌47	/♀
5♓29	12♓40	19♓58	27♓21	4♈45	12♈08	19♎30	26♎48	4♏03	11♏15	18♏22	25♏25	2♐24	9♐17	16♐03	/♂
16♊06	23♊08	0♋16	7♋29	14♋43	21♋58	29♋10	6♌20	13♌27	20♌30	27♌30	4♍26	11♍17	18♍02	24♍41	/⚷
8♒00	14♒53	21♌53	28♌57	6♍02	13♍07	20♍10	27♍10	4♎07	11♎00	17♎50	24♎35	1♏15	7♏50	14♏18	/♃
2♓02	8♓58	16♓00	23♓07	0♈16	7♈24	14♎31	21♎34	28♎34	5♏31	12♏23	19♏12	25♏55	2♐33	9♐04	/♄
26♈37	3♉35	10♉39	17♉48	24♉59	2♊09	9♊17	16♊22	23♊24	0♋23	7♋18	14♋08	20♋54	27♋34	4♒08	/♅
5♈10	12♈07	19♈11	26♈19	3♉28	10♉38	17♉45	24♉50	1♊51	8♊48	15♊42	22♐32	29♐17	5♑56	12♑28	/♆
8♓06	15♓02	22♓04	29♓11	6♈20	13♈29	20♈35	27♎39	4♏39	11♏36	18♏29	25♏18	2♐02	8♐40	15♐12	/♇
18♊27	25♊17	2♋14	9♋17	16♋22	23♋28	0♌34	7♌37	14♌37	21♌34	28♌25	5♍11	11♍51	18♍23	24♍49	/☊
27♈06	27♈45	28♈27	29♈12	29♈58	0♉47	1♉39	2♉32	3♉27	4♉24	5♉23	6♉24	7♉26	8♉30	9♉35	☿/♀
25♒26	25♒44	26♒05	26♒28	26♒53	27♒20	27♒50	28♒22	28♒55	29♒30	0♓07	0♓46	1♓26	2♓08	2♓51	/♂
6♊03	6♊11	6♊22	6♊36	6♊52	7♊10	7♊31	7♊54	8♊19	8♊46	9♊15	9♊46	10♊19	10♊53	11♊29	/⚷
27♑57	27♑57	27♑59	28♑03	28♑10	28♑19	28♑31	28♑44	28♑59	29♑16	29♑35	29♑55	0♒18	0♒41	1♒07	/♃
21♒58	22♒01	22♒07	22♒14	22♒24	22♒37	22♒51	23♒08	23♒26	23♒46	24♒08	24♒32	24♒57	25♒24	25♒53	/♄
16♈34	16♈38	16♈46	16♈55	17♈07	17♈21	17♈37	17♈56	18♈16	18♈39	19♈03	19♈29	19♈56	20♈25	20♈56	/♅
25♓07	25♓11	25♓17	25♓26	25♓37	25♓50	26♓06	26♓23	26♓43	27♓04	27♓27	27♓52	28♓19	28♓47	29♓17	/♆
28♒02	28♒05	28♒11	28♒18	28♒29	28♒41	28♒56	29♒12	29♒31	29♒52	0♓14	0♓38	1♓04	1♓31	1♓60	/♇
8♊24	8♊21	8♊21	8♊24	8♊30	8♊41	8♊54	9♊11	9♊29	9♊49	10♊10	10♊31	10♊53	11♊14	11♊37	/☊
17♓43	18♓36	19♓28	20♓19	21♓11	22♓03	22♓54	23♓46	24♓37	25♓28	26♓19	27♓10	28♓01	28♓52	29♓42	♀/♂
28♊21	29♊03	29♊45	0♋27	1♋10	1♋53	2♋35	3♋18	4♋01	4♋44	5♋27	6♋11	6♋54	7♋37	8♋21	/⚷
20♒15	20♒49	21♌22	21♌55	22♌29	23♌02	23♌35	24♌08	24♌41	25♌14	25♌47	26♌20	26♌53	27♌25	27♌58	/♃
14♓16	14♓53	15♓30	16♓06	16♓43	17♓19	17♓56	18♓32	19♓08	19♓44	20♓21	20♓57	21♓33	22♓08	22♓44	/♄
8♉52	9♉30	10♉09	10♉47	11♉25	12♉04	12♉42	13♉20	13♉58	14♉37	15♉15	15♉53	16♉31	17♉09	17♉47	/♅
17♈25	18♈03	18♈40	19♈18	19♈55	20♈33	21♈10	21♈47	22♈25	23♈02	23♈39	24♈17	24♈54	25♈31	26♈08	/♆
20♓20	20♓57	21♓34	22♓10	22♓47	23♓24	24♓00	24♓37	25♓13	25♓50	26♓26	27♓03	27♓39	28♓15	28♓52	/♇
0♋42	1♋13	1♋44	2♋15	2♋49	3♋23	3♋59	4♋35	5♋12	5♋48	6♋22	6♋56	7♋28	7♋59	8♋29	/☊
26♎41	27♎02	27♎23	27♎43	28♎04	28♎26	28♎47	29♎08	29♎29	29♎50	0♏11	0♏33	0♏54	1♏15	1♏37	♂/⚷
18♐35	18♐47	18♐59	19♐11	19♐23	19♐35	19♐46	19♐58	20♐09	20♐20	20♐31	20♐42	20♐53	21♐04	21♐14	/♃
12♑36	12♑52	13♑07	13♑22	13♑37	13♑52	14♑07	14♑22	14♑36	14♑51	15♑05	15♑19	15♑33	15♑47	16♑00	/♄
7♓12	7♓29	7♓46	8♓03	8♓20	8♓37	8♓53	9♓10	9♓26	9♓43	9♓59	10♓15	10♓31	10♓47	11♓03	/♅
15♒45	16♒01	16♒17	16♒34	16♒50	17♒06	17♒21	17♒37	17♒53	18♒08	18♒24	18♒39	18♒54	19♒09	19♒24	/♆
18♑40	18♑56	19♑11	19♑26	19♑41	19♑57	20♑12	20♑26	20♑41	20♑56	21♑10	21♑25	21♑39	21♑53	22♑07	/♇
29♎02	29♎11	29♎21	29♎31	29♎43	29♎56	0♏10	0♏25	0♏40	0♏54	1♏07	1♏18	1♏28	1♏37	1♏44	/☊
29♍12	29♍15	29♍17	29♍19	29♍22	29♍24	29♍27	29♍30	29♍33	29♍36	29♍39	29♍42	29♍46	29♍49	29♍53	⚷/♃
23♎14	23♎19	23♎25	23♎30	23♎36	23♎42	23♎48	23♎54	23♎60	24♎06	24♎13	24♎19	24♎25	24♎32	24♎39	/♄
17♊49	17♊56	18♊04	18♊11	18♊19	18♊26	18♊34	18♊42	18♊50	18♊59	19♊07	19♊15	19♊24	19♊33	19♊42	/♅
26♉22	26♉29	26♉35	26♉42	26♉48	26♉55	27♉02	27♉09	27♉17	27♉24	27♉31	27♉39	27♉47	27♉55	28♉03	/♆
29♎17	29♎23	29♎29	29♎34	29♎40	29♎46	29♎52	29♎59	0♏05	0♏12	0♏18	0♏25	0♏32	0♏39	0♏46	/♇
9♌39	9♌39	9♌39	9♌39	9♌42	9♌46	9♌51	9♌57	10♌03	10♌09	10♌14	10♌18	10♌21	10♌22	10♌23	/☊
15♐08	15♐05	15♐01	14♐58	14♐55	14♐51	14♐48	14♐44	14♐40	14♐36	14♐32	14♐28	14♐24	14♐20	14♐16	♃/♄
9♒43	9♒42	9♒40	9♒39	9♒37	9♒36	9♒34	9♒32	9♒30	9♒29	9♒27	9♒25	9♒23	9♒21	9♒19	/♅
18♑16	18♑14	18♑12	18♑09	18♑07	18♑05	18♑02	17♑59	17♑57	17♑54	17♑51	17♑48	17♑46	17♑43	17♑40	/♆
21♐12	21♐08	21♐05	21♐02	20♐59	20♐56	20♐52	20♐49	20♐45	20♐42	20♐38	20♐34	20♐31	20♐27	20♐23	/♇
1♎33	1♎24	1♎15	1♎07	1♎00	0♎55	0♎51	0♎47	0♎44	0♎39	0♎34	0♎28	0♎20	0♎10	0♎00	/☊
3♓44	3♓46	3♓48	3♓50	3♓51	3♓53	3♓55	3♓56	3♓57	3♓59	4♓00	4♓02	4♓03	4♓04	4♓05	♄/♅
12♒18	12♒19	12♒19	12♒20	12♒21	12♒22	12♒23	12♒23	12♒24	12♒24	12♒25	12♒25	12♒25	12♒26	12♒26	/♆
15♑13	15♑13	15♑13	15♑13	15♑13	15♑13	15♑13	15♑12	15♑12	15♑12	15♑11	15♑11	15♑10	15♑10	15♑09	/♇
25♎34	25♎29	25♎23	25♎18	25♎15	25♎12	25♎11	25♎11	25♎11	25♎10	25♎08	25♎04	24♎59	24♎53	24♎46	/☊
6♈53	6♈56	6♈59	7♈01	7♈04	7♈06	7♈09	7♈11	7♈14	7♈17	7♈19	7♈22	7♈24	7♈27	7♈29	♅/♆
9♓48	9♓50	9♓52	9♓54	9♓56	9♓57	9♓59	10♓01	10♓02	10♓04	10♓06	10♓07	10♓09	10♓11	10♓12	/♇
20♊10	20♊06	20♊02	19♊59	19♊57	19♊57	19♊58	19♊59	20♊01	20♊02	20♊02	20♊01	19♊58	19♊54	19♊49	/☊
18♒21	18♒22	18♒23	18♒24	18♒25	18♒26	18♒27	18♒28	18♒29	18♒30	18♒30	18♒31	18♒32	18♒33	18♒33	♆/♇
28♉43	28♉38	28♉33	28♉30	28♉27	28♉26	28♉26	28♉26	28♉27	28♉27	28♉27	28♉24	28♉21	28♉16	28♉10	/☊
1♏38	1♏32	1♏27	1♏22	1♏19	1♏17	1♏16	1♏16	1♏16	1♏15	1♏13	1♏10	1♏06	1♏00	0♏54	♇/☊

April 2018

May 2018

	1	2	3	4	5	6	7	8	9	10	11	12	13	14	15	16
☉/☽	16♒15	23♒02	29♒40	6♓13	12♓40	19♓04	25♓27	1♈52	8♈21	14♈58	21♈44	28♈42	5♉52	13♉15	20♉49	28♉32
/☿	27♈09	28♈10	29♈13	0♉16	1♉21	2♉27	3♉34	4♉43	5♉52	7♉03	8♉15	9♉28	10♉42	11♉57	13♉13	14♉30
/♀	24♉07	25♉12	26♉18	27♉23	28♉29	29♉34	0♊39	1♊44	2♊50	3♊55	4♊60	6♊05	7♊10	8♊15	9♊20	10♊25
/♂	17♓00	17♓44	18♓26	19♓09	19♓52	20♓34	21♓17	21♓59	22♓41	23♓23	24♓04	24♓46	25♓27	26♓08	26♓50	27♓30
/⚳	25♊32	26♊09	26♊46	27♊22	27♊59	28♊36	29♊13	29♊51	0♋28	1♋05	1♋43	2♋20	2♋58	3♋36	4♋14	4♋51
/♃	14♒58	15♒24	15♒49	16♒15	16♒40	17♒05	17♒30	17♒56	18♒21	18♌46	19♌11	19♌36	20♌01	20♌27	20♌52	21♌17
/♄	9♓48	10♓16	10♓45	11♓13	11♓41	12♓10	12♓38	13♓06	13♓34	14♓02	14♓30	14♓58	15♓26	15♓53	16♓21	16♓49
/♅	4♉53	5♉24	5♉55	6♉26	6♉56	7♉27	7♉58	8♉28	8♉59	9♉30	10♉00	10♉31	11♉02	11♉32	12♉03	12♉33
/♆	13♈13	13♈43	14♈13	14♈43	15♈12	15♈42	16♈12	16♈41	17♈11	17♈41	18♈10	18♈40	19♈10	19♈39	20♈09	20♈38
/♇	15♓55	16♓24	16♓53	17♓22	17♓51	18♓20	18♓49	19♓18	19♓47	20♓15	20♓44	21♓13	21♓42	22♓10	22♓39	23♓07
/☊	25♊26	25♊49	26♊13	26♊38	27♊05	27♊32	28♊01	28♊30	28♊59	29♊27	29♊54	0♋20	0♋45	1♋09	1♋32	1♋56
☽/☿	2♒50	9♒39	16♒22	22♒60	29♒34	6♓06	12♓38	19♓13	25♓54	2♈43	9♈43	16♈56	24♈22	2♉02	9♉54	17♉56
/♀	29♌48	6♍41	13♓27	20♓07	26♓41	3♈12	9♈43	16♈15	22♈51	29♈35	6♉28	13♉33	20♉50	28♉20	6♊02	13♊52
/♂	22♐41	29♐12	5♑36	11♑53	18♑04	24♑13	0♒20	6♒29	12♒42	19♒03	25♒33	2♓14	9♓07	16♓14	23♓31	0♈57
/⚳	1♎13	7♎38	13♎55	20♎06	26♎12	2♏15	8♏17	14♉21	20♉29	26♉45	3♊11	9♊48	16♊38	23♊41	0♋55	8♋18
/♃	20♏39	26♏53	2♐59	8♐58	14♐52	20♐44	26♐34	2♑26	8♑22	14♑26	20♑39	27♑04	3♒41	10♒32	17♒33	24♌44
/♄	15♐28	21♐45	27♐54	3♑57	9♑54	15♑48	21♑41	27♑36	3♒35	9♒42	15♒58	22♒25	29♒06	5♓58	13♓02	20♓15
/♅	10♒34	16♒53	23♒04	29♒09	5♓09	11♓06	17♓01	22♓59	29♓01	5♈10	11♈29	17♈59	24♈42	1♉37	8♉44	15♉60
/♆	18♑54	25♑12	1♒22	7♒26	13♒25	19♒21	25♒15	1♓12	7♓13	13♓21	19♓39	26♓08	2♈50	9♈44	16♈50	24♈05
/♇	21♐36	27♐53	4♑03	10♑06	16♑04	21♑59	27♑53	3♒48	9♒48	15♒55	22♒12	28♒41	5♓22	12♓15	19♓20	26♓34
/☊	1♎07	7♎18	13♎22	19♎22	25♎17	1♏11	7♏05	13♉00	19♉01	25♉07	1♊23	7♊48	14♊25	21♊14	28♊13	5♋22
☿/♀	10♉42	11♉50	12♉59	14♉10	15♉22	16♉36	17♉50	19♉06	20♉22	21♉40	22♉59	24♉19	25♉40	27♉02	28♉25	29♉49
/♂	3♓35	4♓21	5♓08	5♓56	6♓45	7♓36	8♓27	9♓20	10♓13	11♓08	12♓03	12♓60	13♓57	14♓55	15♓55	16♓55
/⚳	12♊07	12♊46	13♊27	14♊09	14♊53	15♊38	16♊24	17♊12	18♊00	18♊51	19♊42	20♊34	21♊28	22♊23	23♊19	24♊16
/♃	1♒33	2♒01	2♒31	3♒01	3♒33	4♒07	4♒41	5♒17	5♒53	6♒31	7♒10	7♒50	8♒31	9♒14	9♒57	10♒41
/♄	26♒22	26♒54	27♒26	27♒60	28♒35	29♒11	29♒48	0♓27	1♓06	1♓47	2♓29	3♓12	3♓55	4♓40	5♓26	6♓13
/♅	21♈28	22♈01	22♈36	23♈12	23♈50	24♈29	25♈08	25♈50	26♈32	27♈15	27♈59	28♈45	29♈32	0♉19	1♉08	1♉58
/♆	29♓48	0♈20	0♈54	1♈29	2♈06	2♈44	3♈23	4♈03	4♈44	5♈26	6♈09	6♈54	7♈40	8♈26	9♈14	10♈02
/♇	2♓30	3♓02	3♓35	4♓09	4♓45	5♓22	5♓60	6♓39	7♓19	8♓01	8♓43	9♓27	10♓11	10♓57	11♓44	12♓32
/☊	12♊01	12♊27	12♊55	13♊25	13♊58	14♊34	15♊12	15♊51	16♊32	17♊12	17♊53	18♊34	19♊15	19♊56	20♊37	21♊20
♀/♂	0♈33	1♈23	2♈13	3♈03	3♈53	4♈43	5♈32	6♈22	7♈11	7♈60	8♈49	9♈37	10♈26	11♈14	12♈02	12♈50
/⚳	9♋05	9♋49	10♋32	11♋16	12♋00	12♋45	13♋29	14♋13	14♋58	15♋42	16♋27	17♋12	17♋56	18♋41	19♋26	20♋11
/♃	28♌31	29♌03	29♌36	0♍09	0♍41	1♍13	1♍46	2♍18	2♍51	3♍23	3♍55	4♍28	4♍60	5♍32	6♍04	6♍37
/♄	23♓20	23♓56	24♓31	25♓07	25♓42	26♓18	26♓53	27♓29	28♓04	28♓39	29♓14	29♓49	0♈24	0♈59	1♈34	2♈08
/♅	18♉25	19♉04	19♉42	20♉20	20♉57	21♉35	22♉13	22♉51	23♉29	24♉07	24♉45	25♉22	26♉00	26♉38	27♉15	27♉53
/♆	26♈45	27♈22	27♈60	28♈37	29♈14	29♈50	0♉27	1♉04	1♉41	2♉18	2♉55	3♉31	4♉08	4♉45	5♉21	5♉58
/♇	29♓28	0♈04	0♈40	1♈16	1♈52	2♈28	3♈05	3♈41	4♈16	4♈52	5♈28	6♈04	6♈40	7♈16	7♈51	8♈27
/☊	8♋58	9♋29	9♋60	10♋32	11♋06	11♋41	12♋17	12♋53	13♋29	14♋04	14♋39	15♋12	15♋43	16♋14	16♋45	17♋15
♂/⚳	1♏58	2♏20	2♏41	3♏02	3♏24	3♏45	4♏06	4♏28	4♏49	5♏10	5♏31	5♏52	6♏14	6♏35	6♏55	7♏16
/♃	21♐24	21♐34	21♐45	21♐54	22♐04	22♐14	22♐23	22♐33	22♐42	22♐51	22♐60	23♐08	23♐17	23♐25	23♐34	23♐42
/♄	16♑14	16♑27	16♑40	16♑53	17♑06	17♑18	17♑31	17♑43	17♑55	18♑07	18♑18	18♑30	18♑41	18♑52	19♑03	19♑14
/♅	11♓19	11♓35	11♓50	12♓05	12♓21	12♓36	12♓51	13♓05	13♓20	13♓35	13♓49	14♓03	14♓17	14♓31	14♓45	14♓58
/♆	19♒39	19♒54	20♒08	20♒22	20♒37	20♒51	21♒05	21♒19	21♒32	21♒46	21♒59	22♒12	22♒25	22♒38	22♒51	23♒03
/♇	22♑21	22♑35	22♑49	23♑02	23♑16	23♑29	23♑42	23♑55	24♑08	24♑20	24♑33	24♑45	24♑57	25♑09	25♑21	25♑32
/☊	1♏52	1♏60	2♏08	2♏18	2♏29	2♏41	2♏54	3♏07	3♏20	3♏32	3♏43	3♏52	4♏00	4♏07	4♏14	4♏20
⚳/♃	29♍56	29♍60	0♎04	0♎08	0♎12	0♎16	0♎20	0♎24	0♎29	0♎33	0♎38	0♎43	0♎48	0♎53	0♎58	1♎03
/♄	24♎45	24♎52	24♎59	25♎06	25♎13	25♎20	25♎27	25♎35	25♎42	25♎49	25♎57	26♎04	26♎12	26♎19	26♎27	26♎35
/♅	19♊51	19♊60	20♊09	20♊19	20♊28	20♊38	20♊47	20♊57	21♊07	21♊17	21♊27	21♊38	21♊48	21♊58	22♊09	22♊19
/♆	28♉11	28♉19	28♉27	28♉36	28♉44	28♉53	29♉02	29♉10	29♉19	29♉28	29♉37	29♉47	29♉56	0♊05	0♊15	0♊24
/♇	0♏53	1♏00	1♏08	1♏15	1♏23	1♏31	1♏39	1♏47	1♏55	2♏03	2♏11	2♏19	2♏28	2♏36	2♏45	2♏53
/☊	10♌24	10♌25	10♌28	10♌31	10♌37	10♌43	10♌51	10♌59	11♌07	11♌15	11♌21	11♌27	11♌31	11♌35	11♌38	11♌42
♃/♄	14♐12	14♐07	14♐03	13♐58	13♐54	13♐49	13♐44	13♐40	13♐35	13♐30	13♐25	13♐20	13♐15	13♐10	13♐05	13♐00
/♅	9♒17	9♒15	9♒13	9♒11	9♒09	9♒06	9♒04	9♒02	9♒00	8♒58	8♒56	8♒53	8♒51	8♒49	8♒47	8♒45
/♆	17♑37	17♑34	17♑31	17♑28	17♑25	17♑22	17♑18	17♑15	17♑12	17♑09	17♑06	17♑02	16♑59	16♑56	16♑53	16♑50
/♇	20♐19	20♐15	20♐11	20♐08	20♐04	19♐60	19♐56	19♐52	19♐47	19♐43	19♐39	19♐35	19♐31	19♐27	19♐23	19♐19
/☊	29♍50	29♍40	29♍31	29♍23	29♍17	29♍12	29♍08	29♍04	28♍60	28♍55	28♍50	28♍43	28♍35	28♍26	28♍16	28♍07
♄/♅	4♓06	4♓07	4♓08	4♓09	4♓10	4♓11	4♓12	4♓12	4♓13	4♓14	4♓14	4♓15	4♓15	4♓16	4♓16	4♓17
/♆	12♒26	12♒26	12♒26	12♒26	12♒26	12♒26	12♒26	12♒26	12♒25	12♒25	12♒24	12♒24	12♒23	12♒23	12♒22	12♒21
/♇	15♑09	15♑08	15♑07	15♑06	15♑05	15♑04	15♑03	15♑02	15♑01	14♑59	14♑58	14♑57	14♑55	14♑54	14♑52	14♑51
/☊	24♎39	24♎32	24♎27	24♎22	24♎19	24♎16	24♎15	24♎14	24♎13	24♎11	24♎08	24♎04	23♎59	23♎52	23♎45	23♎39
♅/♆	7♈32	7♈34	7♈36	7♈39	7♈41	7♈44	7♈46	7♈48	7♈50	7♈53	7♈55	7♈57	7♈59	8♈02	8♈04	8♈06
/♇	10♓14	10♓15	10♓17	10♓19	10♓20	10♓22	10♓23	10♓24	10♓26	10♓27	10♓29	10♓30	10♓31	10♓33	10♓34	10♓35
/☊	19♊45	19♊40	19♊37	19♊34	19♊34	19♊34	19♊35	19♊37	19♊38	19♊39	19♊39	19♊37	19♊35	19♊31	19♊27	19♊23
♆/♇	18♒34	18♒34	18♒35	18♒36	18♒36	18♒37	18♒37	18♒38	18♒38	18♒38	18♒39	18♒39	18♒39	18♒40	18♒40	18♒40
/☊	28♉04	27♉59	27♉55	27♉51	27♉50	27♉49	27♉49	27♉50	27♉50	27♉50	27♉49	27♉46	27♉43	27♉38	27♉33	27♉28
♇/☊	0♏47	0♏41	0♏35	0♏31	0♏28	0♏27	0♏26	0♏26	0♏26	0♏25	0♏23	0♏19	0♏15	0♏09	0♏03	29♎57

	17	18	19	20	21	22	23	24	25	26	27	28	29	30	31
☉/☽	6♊21	14♊11	21♊59	29♊43	7♋20	14♋50	22♋13	29♋28	6♌37	13♌40	20♌36	27♌27	4♍11	10♓50	17♓23
/☿	15♉48	17♉07	18♉27	19♉49	21♉11	22♉34	23♉59	25♉24	26♉50	28♉18	29♉46	1♊16	2♊46	4♊17	5♊49
/♀	11♊30	12♊35	13♊40	14♊45	15♊49	16♊54	17♊59	19♊03	20♊08	21♊12	22♊17	23♊21	24♊26	25♊30	26♊34
/♂	28♓11	28♓51	29♓32	0♈12	0♈52	1♈31	2♈11	2♈50	3♈29	4♈07	4♈46	5♈24	6♈02	6♈40	7♈18
/⚳	5♋29	6♋08	6♋46	7♋24	8♋02	8♋41	9♋19	9♋58	10♋36	11♋15	11♋54	12♋32	13♋11	13♋50	14♋29
/♃	21♌42	22♌07	22♌32	22♌58	23♌23	23♌48	24♌13	24♌39	25♌04	25♌29	25♌55	26♌20	26♌45	27♌11	27♌36
/♄	17♓16	17♓44	18♓12	18♓39	19♓06	19♓34	20♓01	20♓28	20♓56	21♓23	21♓50	22♓17	22♓44	23♓11	23♓38
/♅	13♉04	13♉34	14♉05	14♉35	15♉06	15♉36	16♉07	16♉37	17♉07	17♉38	18♉08	18♉38	19♉08	19♉39	20♉09
/♆	21♈08	21♈37	22♈06	22♈36	23♈05	23♈35	24♈04	24♈33	25♈02	25♈32	26♈01	26♈30	26♈59	27♈28	27♈57
/♇	23♓36	24♓05	24♓33	25♓02	25♓30	25♓59	26♓27	26♓56	27♓24	27♓52	28♓21	28♓49	29♓17	29♓46	0♈14
/☊	2♋20	2♋45	3♋12	3♋40	4♋09	4♋38	5♋07	5♋35	6♋01	6♋26	6♋51	7♋14	7♋37	8♋01	8♋26
☽/☿	26♉05	4♊17	12♊28	20♊35	28♊37	6♋32	14♋22	22♋05	29♋42	7♌15	14♌42	22♌04	29♒21	6♓34	13♓41
/♀	21♊47	29♊45	7♋40	15♋31	23♋15	0♌52	8♌22	15♌44	22♌60	0♍09	7♍13	14♍10	21♍01	27♍47	4♎27
/♂	8♈28	16♈01	23♈32	0♉58	8♏17	15♏29	22♏33	29♏31	6♐21	13♐04	19♐42	26♐13	2♑38	8♑57	15♑10
/⚳	15♋47	23♋17	0♌46	8♌10	15♌28	22♌39	29♌42	6♍38	13♍28	20♍12	26♍49	3♎21	9♎47	16♎07	22♎22
/♃	1♍59	9♍17	16♍33	23♍44	0♎48	7♎46	14♎36	21♎19	27♎56	4♏26	10♏50	17♏09	23♏21	29♏27	5♐29
/♄	27♓34	4♈54	12♎12	19♎25	26♎32	3♏32	10♏24	17♏09	23♏48	0♐20	6♐46	13♐06	19♐20	25♐28	1♑30
/♅	23♉21	0♊44	8♊05	15♊21	22♊31	29♊34	6♋29	13♋18	19♋59	26♋34	3♒04	9♒27	15♒44	21♒55	28♒01
/♆	1♉25	8♉47	16♉07	23♉22	0♊31	7♊32	14♊27	21♐14	27♐54	4♑28	10♑56	17♑18	23♑34	29♑45	5♒49
/♇	3♈53	11♈14	18♈33	25♎48	2♏56	9♏57	16♏50	23♏36	0♐16	6♐49	13♐16	19♐37	25♐53	2♑02	8♑06
/☊	12♋37	19♋55	27♋12	4♌26	11♌35	18♌36	25♌30	2♍15	8♍53	15♍23	21♍46	28♍03	4♎13	10♎18	16♎18
☿/♀	1♊15	2♊41	4♊08	5♊36	7♊06	8♊36	10♊07	11♊40	13♊13	14♊47	16♊23	17♊59	19♊36	21♊14	22♊53
/♂	17♓56	18♓57	19♓60	21♓04	22♓08	23♓13	24♓19	25♓26	26♓34	27♓42	28♓52	0♈02	1♈13	2♈24	3♈36
/⚳	25♊14	26♊14	27♊14	28♊16	29♊19	0♋23	1♋28	2♋34	3♋41	4♋50	5♋59	7♋10	8♋22	9♋34	10♋48
/♃	11♒27	12♒13	13♒01	13♒49	14♒39	15♒30	16♒22	17♌15	18♌09	19♌04	20♌00	20♌58	21♌56	22♌55	23♌55
/♄	7♓01	7♓50	8♓40	9♓31	10♓23	11♓16	12♓10	13♓05	14♓01	14♓58	15♓56	16♓55	17♓54	18♓55	19♓56
/♅	2♉48	3♉40	4♉33	5♉27	6♉22	7♉18	8♉15	9♉13	10♉12	11♉12	12♉14	13♉16	14♉19	15♉22	16♉27
/♆	10♈52	11♈43	12♈35	13♈28	14♈22	15♈17	16♈12	17♈09	18♈07	19♈06	20♈06	21♈07	22♈09	23♈12	24♈15
/♇	13♓21	14♓11	15♓02	15♓54	16♓47	17♓41	18♓36	19♓32	20♓29	21♓27	22♓26	23♓26	24♓27	25♓29	26♓32
/☊	22♊04	22♊51	23♊41	24♊32	25♊25	26♊20	27♊15	28♊11	29♊06	0♋01	0♋56	1♋52	2♋48	3♋45	4♋44
♀/♂	13♈38	14♈25	15♈12	15♈59	16♈46	17♈33	18♈19	19♈05	19♈51	20♈37	21♈22	22♈07	22♈52	23♈37	24♈21
/⚳	20♋56	21♋41	22♋26	23♋12	23♋57	24♋42	25♋28	26♋13	26♋59	27♋44	28♋30	29♋16	0♌01	0♌47	1♌33
/♃	7♍09	7♍41	8♍13	8♍45	9♍18	9♍50	10♍22	10♍54	11♍26	11♍59	12♍31	13♍03	13♍35	14♍08	14♍40
/♄	2♈43	3♈18	3♈52	4♈27	5♈01	5♈36	6♈10	6♈44	7♈18	7♈52	8♎26	9♎00	9♎34	10♎08	10♎42
/♅	28♉31	29♉08	29♉46	0♊23	1♊00	1♊38	2♊15	2♊53	3♊30	4♊07	4♊44	5♊21	5♊58	6♊35	7♊12
/♆	6♉34	7♉11	7♉47	8♉24	8♉60	9♉36	10♉13	10♉49	11♉25	12♉01	12♉37	13♉13	13♉49	14♉25	15♉01
/♇	9♈03	9♈38	10♈14	10♈49	11♈25	12♈00	12♈36	13♈11	13♈46	14♈22	14♈57	15♈32	16♈07	16♈42	17♈17
/☊	17♋47	18♋19	18♋53	19♋28	20♋04	20♋40	21♋15	21♋50	22♋24	22♋56	23♋27	23♋57	24♋27	24♋58	25♋29
♂/⚳	7♏37	7♏58	8♏18	8♏39	8♏59	9♏20	9♏40	9♏60	10♏20	10♏39	10♏59	11♏19	11♏38	11♏57	12♏16
/♃	23♐50	23♐57	24♐05	24♐13	24♐20	24♐27	24♐34	24♐41	24♐47	24♐54	25♐00	25♐06	25♐12	25♐18	25♐23
/♄	19♑24	19♑34	19♑44	19♑54	20♑03	20♑13	20♑22	20♑30	20♑39	20♑47	20♑55	21♑03	21♑11	21♑18	21♑25
/♅	15♓11	15♓25	15♓37	15♓50	16♓03	16♓15	16♓27	16♓39	16♓51	17♓02	17♓13	17♓24	17♓35	17♓45	17♓56
/♆	23♒15	23♒27	23♒39	23♒51	24♒02	24♒13	24♒24	24♒35	24♒46	24♒56	25♒06	25♒16	25♒26	25♒35	25♒44
/♇	25♑44	25♑55	26♑06	26♑17	26♑27	26♑38	26♑48	26♑58	27♑07	27♑17	27♑26	27♑35	27♑44	27♑52	28♑01
/☊	4♏27	4♏36	4♏45	4♏55	5♏06	5♏17	5♏27	5♏37	5♏44	5♏51	5♏56	6♏00	6♏04	6♏08	6♏12
⚳/♃	1♎08	1♎14	1♎19	1♎25	1♎31	1♎37	1♎43	1♎49	1♎55	2♎01	2♎08	2♎14	2♎21	2♎28	2♎35
/♄	26♎43	26♎50	26♎58	27♎06	27♎14	27♎22	27♎30	27♎38	27♎47	27♎55	28♎03	28♎11	28♎20	28♎28	28♎37
/♅	22♊30	22♊41	22♊52	23♊02	23♊13	23♊25	23♊36	23♊47	23♊58	24♊10	24♊21	24♊32	24♊44	24♊56	25♊07
/♆	0♊34	0♊43	0♊53	1♊03	1♊13	1♊23	1♊33	1♊43	1♊53	2♊04	2♊14	2♊24	2♊35	2♊45	2♊56
/♇	3♏02	3♏11	3♏20	3♏29	3♏38	3♏47	3♏56	4♏06	4♏15	4♏24	4♏34	4♏43	4♏53	5♏03	5♏12
/☊	11♌46	11♌52	11♌59	12♌07	12♌17	12♌27	12♌36	12♌45	12♌52	12♌58	13♌04	13♌08	13♌13	13♌18	13♌24
♃/♄	12♐55	12♐50	12♐45	12♐40	12♐35	12♐30	12♐24	12♐19	12♐14	12♐09	12♐04	11♐59	11♐54	11♐49	11♐44
/♅	8♒43	8♒40	8♒38	8♒36	8♒34	8♒32	8♒30	8♒28	8♒26	8♒24	8♒22	8♒20	8♒18	8♒16	8♒14
/♆	16♑46	16♑43	16♑40	16♑37	16♑34	16♑30	16♑27	16♑24	16♑21	16♑18	16♑15	16♑12	16♑09	16♑06	16♑03
/♇	19♐15	19♐11	19♐07	19♐03	18♐58	18♐54	18♐50	18♐46	18♐43	18♐39	18♐35	18♐31	18♐27	18♐23	18♐20
/☊	27♍59	27♍51	27♍46	27♍41	27♍37	27♍34	27♍30	27♍25	27♍20	27♍13	27♍05	26♍56	26♍47	26♍39	26♍31
♄/♅	4♓17	4♓17	4♓17	4♓17	4♓18	4♓18	4♓18	4♓18	4♓18	4♓17	4♓17	4♓17	4♓17	4♓16	4♓16
/♆	12♒21	12♒20	12♒19	12♒18	12♒17	12♒16	12♒15	12♒14	12♒13	12♒11	12♒10	12♒09	12♒07	12♒06	12♒05
/♇	14♑49	14♑47	14♑46	14♑44	14♑42	14♑40	14♑38	14♑36	14♑34	14♑32	14♑30	14♑28	14♑26	14♑23	14♑21
/☊	23♎33	23♎28	23♎25	23♎22	23♎21	23♎20	23♎18	23♎15	23♎11	23♎06	22♎60	22♎53	22♎46	22♎39	22♎33
♅/♆	8♈08	8♈10	8♈12	8♈14	8♈16	8♈18	8♈20	8♈22	8♈24	8♈26	8♈28	8♈30	8♈32	8♈33	8♈35
/♇	10♓37	10♓38	10♓39	10♓40	10♓41	10♓43	10♓44	10♓45	10♓46	10♓47	10♓48	10♓49	10♓50	10♓51	10♓52
/☊	19♊20	19♊19	19♊18	19♊19	19♊20	19♊22	19♊23	19♊24	19♊23	19♊21	19♊18	19♊14	19♊10	19♊06	19♊04
♆/♇	18♒40	18♒40	18♒41	18♒41	18♒41	18♒41	18♒41	18♒41	18♒41	18♒41	18♒41	18♒41	18♒41	18♒40	18♒40
/☊	27♉24	27♉21	27♉20	27♉19	27♉20	27♉20	27♉21	27♉20	27♉18	27♉15	27♉11	27♉06	27♉01	26♉56	26♉52
♇/☊	29♎53	29♎49	29♎46	29♎45	29♎45	29♎45	29♎44	29♎42	29♎40	29♎36	29♎31	29♎25	29♎19	29♎13	29♎09

May 2018

June 2018

	1	2	3	4	5	6	7	8	9	10	11	12	13	14	15
☉/☽	23♓52	0♈16	6♈39	13♈02	19♈26	25♈55	2♉31	9♉16	16♉13	23♉23	0♊47	8♊25	16♊13	24♊09	2♋09
/☿	7♊22	8♊55	10♊29	12♊03	13♊38	15♊12	16♊47	18♊22	19♊56	21♊30	23♊04	24♊37	26♊09	27♊41	29♊11
/♀	27♊39	28♊43	29♊47	0♋51	1♋55	2♋59	4♋03	5♋07	6♋11	7♋15	8♋19	9♋23	10♋27	11♋30	12♋34
/♂	7♈55	8♈32	9♈09	9♈45	10♈21	10♈57	11♈33	12♈08	12♈43	13♈18	13♈53	14♈27	15♈00	15♈34	16♈07
/⚳	15♋08	15♋47	16♋27	17♋06	17♋45	18♋25	19♋04	19♋43	20♋23	21♋03	21♋42	22♋22	23♋02	23♋41	24♋21
/♃	28♌02	28♌28	28♌53	29♌19	29♌45	0♍11	0♍36	1♍02	1♍28	1♍54	2♍21	2♍47	3♍13	3♍39	4♍06
/♄	24♓05	24♓32	24♓59	25♓26	25♓52	26♓19	26♓46	27♓13	27♓39	28♓06	28♓33	28♓59	29♓26	29♓52	0♈19
/♅	20♉39	21♉09	21♉39	22♉09	22♉39	23♉09	23♉39	24♉09	24♉39	25♉09	25♉39	26♉09	26♉39	27♉09	27♉39
/♆	28♈26	28♈55	29♈24	29♈53	0♉22	0♉51	1♉20	1♉49	2♉18	2♉47	3♉16	3♉44	4♉13	4♉42	5♉11
/♇	0♈42	1♈10	1♈38	2♈07	2♈35	3♈03	3♈31	3♈59	4♈27	4♈56	5♈24	5♈52	6♈20	6♈48	7♈16
/☊	8♋51	9♋18	9♋46	10♋14	10♋44	11♋13	11♋42	12♋10	12♋37	13♋03	13♋29	13♋54	14♋19	14♋45	15♋12
☽/☿	20♓45	27♓46	4♈45	11♈44	18♈46	25♈52	3♉05	10♉27	18♉01	25♉48	3♊48	12♊01	20♊25	28♊55	7♋28
/♀	11♎02	17♈34	24♈03	0♉32	7♉03	13♉39	20♉21	27♉13	4♊16	11♊33	19♊04	26♊47	4♋42	12♋45	20♋51
/♂	21♑18	27♑23	3♒25	9♒26	15♒29	21♒37	27♒51	4♓14	10♓48	17♓36	24♓37	1♈51	9♈16	16♈49	24♈24
/⚳	28♎32	4♏38	10♏43	16♏47	22♉53	29♉04	5♊22	11♊49	18♊28	25♊20	2♋27	9♋47	17♋17	24♋56	2♌38
/♃	11♐25	17♐18	23♐09	29♐00	4♑53	10♑50	16♑54	23♑08	29♑33	6♒12	13♒05	20♌11	27♌29	4♍54	12♍23
/♄	7♑28	13♑23	19♑15	25♑07	1♒00	6♒59	13♒04	19♒18	25♒44	2♓24	9♓17	16♓24	23♓42	1♈07	8♎36
/♅	4♓02	9♓60	15♓55	21♓50	27♓47	3♈49	9♈57	16♈15	22♈44	29♈27	6♉24	13♉34	20♉55	28♉24	5♊56
/♆	11♒50	17♒46	23♒40	29♒34	5♓30	11♓30	17♓38	23♓54	0♈23	7♈04	14♈00	21♈09	28♈29	5♉57	13♉28
/♇	14♑05	20♑01	25♑55	1♒48	7♒43	13♒42	19♒49	26♒05	2♓32	9♓13	16♓08	23♓16	0♈36	8♈03	15♈33
/☊	22♎14	28♎09	4♏02	9♉55	15♉52	21♉52	27♉59	4♊15	10♊42	17♊21	24♊13	1♋19	8♋35	15♋60	23♋29
☿/♀	24♊32	26♊12	27♊53	29♊34	1♋15	2♋56	4♋38	6♋19	7♋60	9♋40	11♋20	12♋60	14♋39	16♋16	17♋53
/♂	4♈48	6♈01	7♈14	8♈28	9♈41	10♈54	12♈07	13♈20	14♈32	15♈43	16♈54	18♈04	19♈12	20♈20	21♈26
/⚳	12♋02	13♋17	14♋32	15♋48	17♋05	18♋21	19♋38	20♋55	22♋11	23♋28	24♋44	25♋59	27♋14	28♋27	29♋41
/♃	24♌55	25♌57	26♌59	28♌01	29♌04	0♍07	1♍11	2♍14	3♍17	4♍20	5♍22	6♍24	7♍25	8♍25	9♍25
/♄	20♓58	22♓01	23♓04	24♓08	25♓12	26♓16	27♓20	28♓24	29♓28	0♈31	1♈34	2♈36	3♈38	4♈38	5♈38
/♅	17♉32	18♉38	19♉45	20♉52	21♉59	23♉06	24♉14	25♉21	26♉28	27♉35	28♉41	29♉46	0♊51	1♊55	2♊58
/♆	25♈20	26♈24	27♈30	28♈36	29♈42	0♉48	1♉54	3♉00	4♉06	5♉12	6♉17	7♉21	8♉25	9♉28	10♉30
/♇	27♓35	28♓39	29♓44	0♈49	1♈54	2♈60	4♈05	5♈11	6♈16	7♈21	8♈25	9♈29	10♈32	11♈34	12♈35
/☊	5♋45	6♋47	7♋51	8♋57	10♋03	11♋10	12♋16	13♋21	14♋26	15♋29	16♋30	17♋31	18♋31	19♋31	20♋31
♀/♂	25♈05	25♈49	26♈33	27♈16	27♈59	28♈41	29♈23	0♉05	0♉47	1♉28	2♉09	2♉50	3♉30	4♉10	4♉49
/⚳	2♌19	3♌05	3♌50	4♌36	5♌22	6♌08	6♌54	7♌40	8♌26	9♌13	9♌59	10♌45	11♌31	12♌17	13♌03
/♃	15♍12	15♍45	16♍17	16♍50	17♍22	17♍54	18♍27	18♍59	19♍32	20♍04	20♍37	21♍10	21♍42	22♍15	22♍48
/♄	11♎15	11♎49	12♎23	12♎56	13♎30	14♎03	14♎36	15♎10	15♎43	16♎16	16♎49	17♎22	17♎55	18♎28	19♎01
/♅	7♊49	8♊26	9♊03	9♊40	10♊17	10♊53	11♊30	12♊06	12♊43	13♊19	13♊56	14♊32	15♊09	15♊45	16♊21
/♆	15♉37	16♉12	16♉48	17♉24	17♉59	18♉35	19♉11	19♉46	20♉21	20♉57	21♉32	22♉07	22♉42	23♉18	23♉53
/♇	17♈52	18♈27	19♈02	19♈37	20♈12	20♈47	21♎22	21♎56	22♎31	23♎06	23♎40	24♎15	24♎49	25♎24	25♎58
/☊	26♋02	26♋35	27♋10	27♋45	28♋21	28♋57	29♋32	0♌07	0♌41	1♌13	1♌45	2♌17	2♌49	3♌21	3♌54
♂/⚳	12♏35	12♏54	13♏12	13♏30	13♏48	14♏06	14♏24	14♏41	14♏59	15♏15	15♏32	15♏49	16♏05	16♏21	16♏36
/♃	25♐29	25♐34	25♐39	25♐44	25♐48	25♐52	25♐56	26♐00	26♐04	26♐07	26♐10	26♐13	26♐16	26♐18	26♐21
/♄	21♑32	21♑38	21♑44	21♑50	21♑56	22♑01	22♑06	22♑11	22♑15	22♑19	22♑23	22♑26	22♑29	22♑32	22♑34
/♅	18♓06	18♓15	18♓25	18♓34	18♓43	18♓51	18♓59	19♓07	19♓15	19♓22	19♓29	19♓36	19♓42	19♓48	19♓54
/♆	25♒53	26♒01	26♒10	26♒18	26♒26	26♒33	26♒40	26♒47	26♒53	26♒60	27♒05	27♒11	27♒16	27♒21	27♒26
/♇	28♑09	28♑17	28♑24	28♑31	28♑38	28♑45	28♑51	28♑57	29♑03	29♑08	29♑14	29♑18	29♑23	29♑27	29♑31
/☊	6♏18	6♏24	6♏31	6♏39	6♏47	6♏55	7♏02	7♏08	7♉13	7♉16	7♉19	7♉21	7♉22	7♉24	7♉27
⚳/♃	2♎42	2♎49	2♎57	3♎04	3♎12	3♎20	3♎27	3♎35	3♎44	3♎52	4♎00	4♎09	4♎17	4♎26	4♎35
/♄	28♎45	28♎54	29♎02	29♎11	29♎20	29♎28	29♎37	29♎46	29♎55	0♏03	0♏12	0♏21	0♏30	0♏39	0♏48
/♅	25♊19	25♊31	25♊43	25♊54	26♊06	26♊18	26♊30	26♊43	26♊55	27♊07	27♊19	27♊31	27♊44	27♊56	28♊08
/♆	3♊06	3♊17	3♊28	3♊38	3♊49	4♊00	4♊11	4♊22	4♊33	4♊44	4♊55	5♊06	5♊18	5♊29	5♊40
/♇	5♏22	5♏32	5♏42	5♏52	6♏02	6♏12	6♏22	6♏32	6♏43	6♏53	7♏03	7♏14	7♏24	7♏35	7♏45
/☊	13♌31	13♌40	13♌49	13♌60	14♌11	14♌22	14♌33	14♌43	14♌52	15♌01	15♌09	15♌16	15♌24	15♌32	15♌41
♃/♄	11♐39	11♐34	11♐29	11♐24	11♐19	11♐14	11♐09	11♐05	10♐60	10♐55	10♐51	10♐46	10♐42	10♐37	10♐33
/♅	8♒13	8♒11	8♒09	8♒08	8♒06	8♒04	8♒03	8♒01	8♒00	7♒59	7♒57	7♒56	7♒55	7♒54	7♒53
/♆	15♑60	15♑57	15♑54	15♑52	15♑49	15♑46	15♑44	15♑41	15♑38	15♑36	15♑33	15♑31	15♑29	15♑27	15♑24
/♇	18♐16	18♐12	18♐09	18♐05	18♐01	17♐58	17♐55	17♐51	17♐48	17♐45	17♐42	17♐38	17♐35	17♐32	17♐30
/☊	26♍25	26♍20	26♍16	26♍13	26♍10	26♍08	26♍05	26♍02	25♍58	25♍53	25♍47	25♍41	25♍35	25♍30	25♍25
♄/♅	4♓16	4♓15	4♓15	4♓14	4♓14	4♓13	4♓12	4♓12	4♓11	4♓10	4♓10	4♓09	4♓08	4♓07	4♓06
/♆	12♒03	12♒01	11♒60	11♒58	11♒57	11♒55	11♒53	11♒51	11♒49	11♒48	11♒46	11♒44	11♒42	11♒40	11♒38
/♇	14♑19	14♑16	14♑14	14♑12	14♑09	14♑07	14♑04	14♑02	13♑59	13♑56	13♑54	13♑51	13♑48	13♑46	13♑43
/☊	22♎28	22♎24	22♎21	22♎19	22♎18	22♎17	22♎15	22♎12	22♎09	22♎04	21♎59	21♎54	21♎48	21♎43	21♎39
♅/♆	8♈37	8♈39	8♈40	8♈42	8♈43	8♈45	8♈47	8♈48	8♈50	8♈51	8♈52	8♈54	8♈55	8♈56	8♈58
/♇	10♓53	10♓54	10♓54	10♓55	10♓56	10♓57	10♓58	10♓58	10♓59	10♓60	11♓00	11♓01	11♓02	11♓02	11♓03
/☊	19♊02	19♊01	19♊02	19♊03	19♊05	19♊07	19♊08	19♊09	19♊09	19♊08	19♊06	19♊04	19♊01	18♊60	18♊59
♆/♇	18♒40	18♒40	18♒40	18♒39	18♒39	18♒39	18♒38	18♒38	18♒37	18♒37	18♒37	18♒36	18♒36	18♒35	18♒35
/☊	26♉49	26♉47	26♉47	26♉47	26♉48	26♉48	26♉49	26♉48	26♉47	26♉45	26♉42	26♉39	26♉35	26♉32	26♉30
♇/☊	29♎05	29♎02	29♎01	29♎00	29♎00	29♎00	28♎60	28♎59	28♎57	28♎54	28♎50	28♎46	28♎42	28♎38	28♎36

	16	17	18	19	20	21	22	23	24	25	26	27	28	29	30
☉/☽	10♋08	18♋01	25♋46	3♌22	10♌46	18♌01	25♌06	2♍02	8♍51	15♍33	22♍09	28♍41	5♎09	11♈34	17♈57
/☿	0♋41	2♋10	3♋37	5♋04	6♋29	7♋53	9♋17	10♋39	11♋60	13♋19	14♋38	15♋55	17♋12	18♋27	19♋41
/♀	13♋38	14♋41	15♋45	16♋48	17♋52	18♋55	19♋58	21♋02	22♋05	23♋08	24♋11	25♋14	26♋17	27♋20	28♋23
/♂	16♈40	17♈12	17♈44	18♈16	18♈47	19♈18	19♈49	20♈19	20♈49	21♈18	21♈47	22♈16	22♈44	23♈12	23♈40
/⚳	25♋01	25♋41	26♋21	27♋01	27♋41	28♋22	29♋02	29♋42	0♌22	1♌03	1♌43	2♌23	3♌04	3♌44	4♌25
/♃	4♍32	4♍59	5♍25	5♍52	6♍19	6♍46	7♍13	7♍40	8♍07	8♍34	9♍01	9♍28	9♍56	10♍23	10♍51
/♄	0♈46	1♈12	1♈39	2♈05	2♈32	2♈58	3♈24	3♈51	4♈17	4♈44	5♈10	5♈36	6♎03	6♎29	6♎56
/♅	28♉09	28♉39	29♉09	29♉38	0♊08	0♊38	1♊07	1♊37	2♊07	2♊36	3♊06	3♊36	4♊05	4♊35	5♊04
/♆	5♉39	6♉08	6♉37	7♉05	7♉34	8♉03	8♉31	8♉60	9♉28	9♉57	10♉25	10♉54	11♉22	11♉51	12♉19
/♇	7♈44	8♈12	8♈40	9♈08	9♈36	10♈04	10♈32	10♈60	11♈28	11♈56	12♈23	12♈51	13♈19	13♈47	14♈15
/☊	15♋39	16♋08	16♋37	17♋06	17♋35	18♋04	18♋32	18♋59	19♋25	19♋51	20♋17	20♋43	21♋10	21♋37	22♋04
☽/☿	15♋59	24♋24	2♌39	10♌44	18♌37	26♌19	3♍49	11♍11	18♍23	25♍28	2♎25	9♎17	16♎04	22♎47	29♎27
/♀	28♋56	6♌56	14♌47	22♌29	29♌60	7♍20	14♍31	21♍33	28♍28	5♎16	11♎59	18♎36	25♎10	1♏40	8♏09
/♂	1♉58	9♏26	16♏46	23♏56	0♐55	7♐43	14♐21	20♐51	27♐12	3♑26	9♑35	15♑38	21♑37	27♑33	3♒26
/⚳	10♌19	17♌56	25♌23	2♍42	9♍49	16♍47	23♍35	0♎14	6♎45	13♎11	19♎30	25♎45	1♏57	8♏05	14♏11
/♃	19♍50	27♍13	4♎28	11♎32	18♎27	25♎11	1♏45	8♏11	14♏30	20♏42	26♏49	2♐51	8♐49	14♐44	20♐37
/♄	16♎04	23♎26	0♏41	7♏45	14♏39	21♏23	27♏57	4♐23	10♐41	16♐52	22♐58	28♐59	4♑56	10♑50	16♑42
/♅	13♊27	20♊53	28♊11	5♋19	12♋16	19♋03	25♋40	2♒09	8♒30	14♒45	20♒54	26♒58	2♓58	8♓55	14♓51
/♆	20♉58	28♉22	5♊39	12♊46	19♐42	26♐28	3♑04	9♑32	15♑52	22♑05	28♑13	4♒16	10♒15	16♒11	22♒06
/♇	23♎02	0♏26	7♏42	14♏48	21♏44	28♏29	5♐05	11♐32	17♐51	24♐04	0♑11	6♑14	12♑12	18♑08	24♑01
/☊	0♌58	8♌22	15♌39	22♌47	29♌43	6♍29	13♍05	19♍31	25♍48	1♎59	8♎05	14♎05	20♎02	25♎57	1♏51
☿/♀	19♋29	21♋04	22♋38	24♋11	25♋42	27♋13	28♋42	0♌10	1♌37	3♌03	4♌27	5♌50	7♌12	8♌33	9♌53
/♂	22♈31	23♈35	24♈37	25♈38	26♈38	27♈36	28♈32	29♈27	0♉21	1♉13	2♉03	2♉52	3♉40	4♉26	5♉10
/⚳	0♌53	2♌04	3♌14	4♌24	5♌32	6♌39	7♌45	8♌50	9♌54	10♌57	11♌59	12♌59	13♌59	14♌57	15♌55
/♃	10♍24	11♍22	12♍19	13♍14	14♍09	15♍03	15♍56	16♍48	17♍39	18♍28	19♍17	20♍05	20♍51	21♍36	22♍21
/♄	6♈37	7♎35	8♎32	9♎28	10♎22	11♎16	12♎08	12♎59	13♎49	14♎38	15♎26	16♎13	16♎58	17♎42	18♎25
/♅	4♊00	5♊02	6♊02	7♊01	7♊59	8♊55	9♊51	10♊46	11♊39	12♊31	13♊22	14♊12	15♊00	15♊48	16♊34
/♆	11♉31	12♉31	13♉30	14♉28	15♉25	16♉20	17♉15	18♉08	19♉00	19♉51	20♉41	21♉30	22♉18	23♉04	23♉49
/♇	13♈35	14♈35	15♈33	16♈30	17♈26	18♈22	19♈15	20♈08	20♎60	21♎50	22♎39	23♎28	24♎15	25♎00	25♎45
/☊	21♋31	22♋31	23♋30	24♋29	25♋26	26♋22	27♋15	28♋07	28♋57	29♋46	0♌33	1♌19	2♌05	2♌50	3♌34
♀/♂	5♉28	6♉07	6♉45	7♉23	8♉00	8♉37	9♏14	9♏50	10♏26	11♏01	11♏36	12♏11	12♏45	13♏19	13♏52
/⚳	13♌50	14♌36	15♌22	16♌08	16♌55	17♌41	18♌27	19♌13	19♌59	20♌46	21♌32	22♌18	23♌04	23♌50	24♌37
/♃	23♍21	23♍53	24♍26	24♍59	25♍32	26♍05	26♍38	27♍11	27♍44	28♍17	28♍50	29♍23	29♍56	0♎30	1♎03
/♄	19♎34	20♎07	20♎39	21♎12	21♎45	22♎17	22♎50	23♎22	23♎55	24♎27	24♎59	25♎31	26♎03	26♎36	27♎08
/♅	16♊57	17♊33	18♊09	18♊45	19♊21	19♊57	20♊33	21♊08	21♊44	22♊20	22♊55	23♊30	24♊06	24♊41	25♊16
/♆	24♉28	25♉03	25♉38	26♉12	26♉47	27♉22	27♉57	28♉31	29♉06	29♉40	0♊14	0♊49	1♊23	1♊57	2♊31
/♇	26♎32	27♎07	27♎41	28♎15	28♎49	29♎23	29♎57	0♏31	1♏05	1♏39	2♏13	2♏46	3♏20	3♏54	4♏27
/☊	4♌28	5♌02	5♌38	6♌13	6♌48	7♌23	7♌57	8♌30	9♌02	9♌34	10♌06	10♌38	11♌10	11♌43	12♌16
♂/⚳	16♏52	17♏07	17♏21	17♏36	17♏50	18♏04	18♏17	18♏31	18♏43	18♏56	19♏08	19♏20	19♏32	19♏43	19♏54
/♃	26♐22	26♐24	26♐25	26♐27	26♐27	26♐28	26♐28	26♐28	26♐28	26♐27	26♐26	26♐25	26♐24	26♐22	26♐20
/♄	22♑36	22♑37	22♑39	22♑40	22♑40	22♑40	22♑40	22♑39	22♑39	22♑37	22♑36	22♑33	22♑31	22♑28	22♑25
/♅	19♓59	20♓04	20♓09	20♓13	20♓17	20♓20	20♓23	20♓26	20♓28	20♓30	20♓31	20♓33	20♓33	20♓34	20♓34
/♆	27♒30	27♒33	27♒37	27♒40	27♒43	27♒45	27♒47	27♒48	27♒50	27♒50	27♒51	27♒51	27♒50	27♒50	27♒49
/♇	29♑34	29♑37	29♑40	29♑42	29♑44	29♑46	29♑47	29♑48	29♑49	29♑49	29♑49	29♑48	29♑47	29♑46	29♑44
/☊	7♉30	7♉33	7♉37	7♉41	7♉44	7♉46	7♉47	7♉47	7♉46	7♉45	7♉42	7♉40	7♉38	7♉36	7♉34
⚳/♃	4♎44	4♎53	5♎03	5♎12	5♎22	5♎31	5♎41	5♎51	6♎01	6♎12	6♎22	6♎32	6♎43	6♎54	7♎05
/♄	0♏58	1♏07	1♏16	1♏25	1♏34	1♏44	1♏53	2♏03	2♏12	2♏21	2♏31	2♏41	2♏50	2♏60	3♏10
/♅	28♊21	28♊33	28♊46	28♊58	29♊11	29♊24	29♊36	29♊49	0♋02	0♋14	0♋27	0♋40	0♋53	1♋05	1♋18
/♆	5♊51	6♊03	6♊14	6♊25	6♊37	6♊48	6♊60	7♊11	7♊23	7♊35	7♊46	7♊58	8♊10	8♊21	8♊33
/♇	7♏56	8♏06	8♏17	8♏28	8♏39	8♏50	9♏00	9♏11	9♏22	9♏33	9♏44	9♏55	10♏07	10♏18	10♏29
/☊	15♌51	16♌02	16♌14	16♌26	16♌38	16♌50	17♌00	17♌10	17♌20	17♌29	17♌38	17♌47	17♌57	18♌07	18♌18
♃/♄	10♐28	10♐24	10♐20	10♐16	10♐12	10♐08	10♐04	10♐00	9♐56	9♐53	9♐49	9♐46	9♐42	9♐39	9♐36
/♅	7♒52	7♒51	7♒50	7♒49	7♒48	7♒48	7♒47	7♒46	7♒46	7♒46	7♒45	7♒45	7♒45	7♒44	7♒44
/♆	15♑22	15♑20	15♑18	15♑16	15♑14	15♑12	15♑11	15♑09	15♑07	15♑06	15♑04	15♑03	15♑02	15♑01	14♑59
/♇	17♐27	17♐24	17♐21	17♐19	17♐16	17♐14	17♐11	17♐09	17♐07	17♐05	17♐03	17♐01	16♐59	16♐57	16♐55
/☊	25♍22	25♍20	25♍18	25♍17	25♍16	25♍14	25♍11	25♍08	25♍04	25♍00	24♍56	24♍52	24♍49	24♍46	24♍45
♄/♅	4♓05	4♓04	4♓03	4♓02	4♓01	3♓60	3♓59	3♓58	3♓57	3♓55	3♓54	3♓53	3♓52	3♓50	3♓49
/♆	11♒36	11♒34	11♒31	11♒29	11♒27	11♒25	11♒23	11♒20	11♒18	11♒16	11♒13	11♒11	11♒09	11♒06	11♒04
/♇	13♑40	13♑37	13♑35	13♑32	13♑29	13♑26	13♑23	13♑20	13♑17	13♑15	13♑12	13♑09	13♑06	13♑03	12♑60
/☊	21♎36	21♎33	21♎32	21♎30	21♎28	21♎26	21♎23	21♎19	21♎15	21♎10	21♎05	21♎00	20♎56	20♎52	20♎49
♅/♆	8♈59	9♈00	9♈01	9♈02	9♈04	9♈05	9♈06	9♈07	9♈08	9♈09	9♈09	9♈10	9♈11	9♈12	9♈13
/♇	11♓03	11♓04	11♓04	11♓05	11♓05	11♓06	11♓06	11♓07	11♓07	11♓07	11♓08	11♓08	11♓08	11♓08	11♓09
/☊	18♊59	18♊60	19♊01	19♊03	19♊05	19♊06	19♊06	19♊06	19♊05	19♊03	19♊01	18♊60	18♊58	18♊58	18♊58
♆/♇	18♒34	18♒33	18♒33	18♒32	18♒31	18♒31	18♒30	18♒29	18♒28	18♒28	18♒27	18♒26	18♒25	18♒24	18♒23
/☊	26♉29	26♉29	26♉30	26♉30	26♉31	26♉31	26♉30	26♉28	26♉26	26♉23	26♉20	26♉18	26♉15	26♉14	26♉13
♇/☊	28♎34	28♎33	28♎33	28♎33	28♎33	28♎32	28♎30	28♎28	28♎25	28♎22	28♎19	28♎15	28♎12	28♎10	28♎09

July 2018

	1	2	3	4	5	6	7	8	9	10	11	12	13	14	15	16
☉/☽	24♈19	0♉42	7♉08	13♉37	20♉13	26♉58	3♊53	11♊01	18♊22	25♊57	3♋45	11♋42	19♋44	27♋48	5♌49	13♌42
/☿	20♋53	22♋05	23♋15	24♋24	25♋32	26♋39	27♋44	28♋48	29♋50	0♌52	1♌51	2♌50	3♌46	4♌42	5♌35	6♌27
/♀	29♋26	0♌28	1♌31	2♌34	3♌36	4♌39	5♌41	6♌43	7♌46	8♌48	9♌50	10♌52	11♌54	12♌56	13♌58	14♌60
/♂	24♈07	24♈34	25♈01	25♈27	25♈52	26♈18	26♈43	27♈08	27♈32	27♈56	28♈19	28♈43	29♈06	29♈28	29♈51	0♉13
/⚳	5♌05	5♌46	6♌26	7♌07	7♌48	8♌29	9♌09	9♌50	10♌31	11♌12	11♌53	12♌34	13♌15	13♌56	14♌37	15♌18
/♃	11♍19	11♍46	12♍14	12♍42	13♍10	13♍38	14♍07	14♍35	15♍03	15♍32	16♍00	16♍29	16♍58	17♍27	17♍56	18♍25
/♄	7♎22	7♎48	8♎15	8♎41	9♎08	9♎34	10♎01	10♎27	10♎53	11♎20	11♎46	12♎13	12♎39	13♎06	13♎33	13♎59
/♅	5♊34	6♊03	6♊33	7♊02	7♊31	8♊01	8♊30	8♊60	9♊29	9♊58	10♊28	10♊57	11♊26	11♊55	12♊25	12♊54
/♆	12♉48	13♉16	13♉44	14♉13	14♉41	15♉09	15♉38	16♉06	16♉34	17♉03	17♉31	17♉59	18♉27	18♉56	19♉24	19♉52
/♇	14♈43	15♈11	15♈39	16♈07	16♈34	17♈02	17♈30	17♈58	18♈26	18♈54	19♈22	19♈50	20♎17	20♎45	21♎13	21♎41
/☊	22♋33	23♋02	23♋31	24♋01	24♋30	24♋59	25♋27	25♋56	26♋23	26♋51	27♋18	27♋46	28♋14	28♋42	29♋11	29♋40
☽/☿	6♉05	12♉42	19♉20	26♉02	2♊49	9♊43	16♊46	24♊01	1♋27	9♋06	16♋56	24♋54	2♌56	10♌58	18♌55	26♌43
/♀	14♏37	21♉05	27♉36	4♊11	10♊53	17♊42	24♊43	1♋56	9♋22	17♋02	24♋54	2♌56	11♌04	19♌13	27♌18	5♍15
/♂	9♒19	15♒11	21♒06	27♒04	3♓09	9♓22	15♓45	22♓20	29♓09	6♈10	13♈24	20♈47	28♈16	5♉45	13♏11	20♏29
/⚳	20♏17	26♏23	2♊32	8♊45	15♊04	21♊33	28♊11	5♋03	12♋08	19♋26	26♋57	4♌38	12♌25	20♌13	27♌57	5♍34
/♃	26♐30	2♑23	8♑19	14♑20	20♑27	26♑42	3♒09	9♒47	16♌40	23♌46	1♍05	8♍33	16♍08	23♍43	1♎16	8♎40
/♄	22♑33	28♑26	4♒20	10♒19	16♒24	22♒38	29♒03	5♓40	12♓30	19♓34	26♓51	4♈17	11♎49	19♎23	26♎53	4♏15
/♅	20♓45	26♓40	2♈38	8♈40	14♈48	21♈05	27♈32	4♉12	11♉06	18♉13	25♉32	3♊01	10♊36	18♊12	25♊44	3♋09
/♆	27♒59	3♓53	9♓50	15♓50	21♓58	28♓13	4♈40	11♈19	18♈11	25♈17	2♉35	10♉04	17♉37	25♉12	2♊44	10♊08
/♇	29♑54	5♒48	11♒44	17♒44	23♒51	0♓06	6♓32	13♓11	20♓03	27♓08	4♈26	11♈54	19♈27	27♎02	4♏33	11♏57
/☊	7♉44	13♉39	19♉37	25♉38	1♊46	8♊03	14♊30	21♊08	28♊00	5♋05	12♋23	19♋50	27♋24	4♌59	12♌31	19♌56
☿/♀	11♌11	12♌28	13♌44	14♌58	16♌11	17♌23	18♌34	19♌43	20♌51	21♌57	23♌01	24♌05	25♌06	26♌06	27♌04	28♌00
/♂	5♉53	6♉34	7♉13	7♉51	8♉28	9♏03	9♏36	10♏07	10♏37	11♏05	11♏31	11♏55	12♏18	12♏38	12♏57	13♏13
/⚳	16♌51	17♌46	18♌39	19♌32	20♌23	21♌13	22♌02	22♌50	23♌36	24♌21	25♌04	25♌46	26♌27	27♌06	27♌43	28♌19
/♃	23♍04	23♍46	24♍27	25♍07	25♍46	26♍23	26♍59	27♍34	28♍08	28♍41	29♍12	29♍41	0♎10	0♎37	1♎02	1♎25
/♄	19♎07	19♎48	20♎28	21♎06	21♎43	22♎19	22♎53	23♎27	23♎58	24♎29	24♎58	25♎25	25♎51	26♎16	26♎39	26♎60
/♅	17♊19	18♊03	18♊45	19♊27	20♊07	20♊46	21♊23	21♊59	22♊34	23♊07	23♊39	24♊09	24♊38	25♊05	25♊31	25♊54
/♆	24♉33	25♉16	25♉57	26♉37	27♉16	27♉54	28♉31	29♉06	29♉39	0♊12	0♊42	1♊12	1♊39	2♊06	2♊30	2♊53
/♇	26♎28	27♎11	27♎52	28♎31	29♎10	29♎47	0♏23	0♏58	1♏31	2♏03	2♏33	3♏02	3♏29	3♏55	4♏19	4♏42
/☊	4♌18	5♌02	5♌44	6♌25	7♌05	7♌44	8♌20	8♌55	9♌28	9♌60	10♌30	10♌58	11♌26	11♌52	12♌17	12♌41
♀/♂	14♏25	14♏57	15♏29	16♏01	16♏32	17♏02	17♏33	18♏02	18♏32	19♏01	19♏29	19♏57	20♏25	20♏53	21♏20	21♏46
/⚳	25♌23	26♌09	26♌55	27♌41	28♌27	29♌13	29♌59	0♍45	1♍31	2♍17	3♍03	3♍49	4♍35	5♍20	6♍06	6♍52
/♃	1♎36	2♎09	2♎43	3♎16	3♎50	4♎23	4♎56	5♎30	6♎03	6♎37	7♎10	7♎44	8♎17	8♎51	9♎25	9♎58
/♄	27♎40	28♎12	28♎43	29♎15	29♎47	0♏19	0♏50	1♏22	1♏53	2♏25	2♏56	3♏28	3♏59	4♏30	5♏02	5♏33
/♅	25♊51	26♊26	27♊01	27♊36	28♊11	28♊45	29♊20	29♊55	0♋29	1♋03	1♋37	2♋12	2♋46	3♋20	3♋53	4♋27
/♆	3♊05	3♊39	4♊13	4♊47	5♊20	5♊54	6♊28	7♊01	7♊34	8♊08	8♊41	9♊14	9♊47	10♊20	10♊53	11♊26
/♇	5♏01	5♏34	6♏07	6♏41	7♏14	7♏47	8♏20	8♏53	9♏26	9♏59	10♏32	11♏04	11♏37	12♏10	12♏42	13♏15
/☊	12♌51	13♌25	13♌60	14♌35	15♌09	15♌44	16♌17	16♌51	17♌23	17♌56	18♌28	19♌01	19♌34	20♌07	20♌40	21♌14
♂/⚳	20♏05	20♏15	20♏25	20♏34	20♏44	20♏53	21♏01	21♏09	21♏17	21♏25	21♏32	21♏39	21♏46	21♏53	21♏59	22♏05
/♃	26♐18	26♐15	26♐13	26♐09	26♐06	26♐02	25♐58	25♐54	25♐49	25♐45	25♐40	25♐34	25♐29	25♐23	25♐17	25♐11
/♄	22♑21	22♑17	22♑13	22♑08	22♑03	21♑58	21♑52	21♑46	21♑40	21♑33	21♑26	21♑18	21♑11	21♑03	20♑54	20♑46
/♅	20♓33	20♓32	20♓31	20♓29	20♓27	20♓25	20♓22	20♓19	20♓15	20♓11	20♓07	20♓02	19♓57	19♓52	19♓46	19♓40
/♆	27♒47	27♒45	27♒43	27♒40	27♒37	27♒33	27♒29	27♒25	27♒21	27♒16	27♒10	27♒05	26♒59	26♒52	26♒46	26♒39
/♇	29♑42	29♑40	29♑37	29♑34	29♑30	29♑26	29♑22	29♑17	29♑12	29♑07	29♑01	28♑55	28♑49	28♑42	28♑35	28♑28
/☊	7♉32	7♉31	7♉30	7♉28	7♉26	7♉23	7♉19	7♉15	7♉09	7♉04	6♉58	6♉51	6♉45	6♉39	6♉33	6♉27
⚳/♃	7♎16	7♎27	7♎38	7♎50	8♎01	8♎13	8♎25	8♎37	8♎49	9♎01	9♎13	9♎26	9♎38	9♎51	10♎04	10♎17
/♄	3♏19	3♏29	3♏39	3♏49	3♏59	4♏09	4♏19	4♏29	4♏39	4♏49	4♏59	5♏10	5♏20	5♏30	5♏41	5♏51
/♅	1♋31	1♋44	1♋57	2♋10	2♋23	2♋36	2♋48	3♋01	3♋14	3♋27	3♋40	3♋53	4♋07	4♋20	4♋33	4♋46
/♆	8♊45	8♊57	9♊08	9♊20	9♊32	9♊44	9♊56	10♊08	10♊20	10♊32	10♊44	10♊56	11♊08	11♊20	11♊32	11♊44
/♇	10♏40	10♏52	11♏03	11♏14	11♏26	11♏37	11♏48	11♏60	12♏11	12♏23	12♏35	12♏46	12♏58	13♏10	13♏21	13♏33
/☊	18♌30	18♌43	18♌55	19♌08	19♌21	19♌34	19♌46	19♌57	20♌09	20♌20	20♌31	20♌43	20♌54	21♌07	21♌19	21♌32
♃/♄	9♐33	9♐30	9♐27	9♐24	9♐21	9♐18	9♐16	9♐13	9♐11	9♐09	9♐07	9♐05	9♐03	9♐01	8♐59	8♐58
/♅	7♒44	7♒44	7♒45	7♒45	7♒45	7♒45	7♒46	7♒46	7♒47	7♒47	7♒48	7♒49	7♒49	7♒50	7♒51	7♒52
/♆	14♑58	14♑57	14♑56	14♑55	14♑55	14♑54	14♑53	14♑53	14♑52	14♑52	14♑51	14♑51	14♑51	14♑51	14♑51	14♑51
/♇	16♐54	16♐52	16♐51	16♐49	16♐48	16♐47	16♐46	16♐45	16♐44	16♐43	16♐42	16♐41	16♐41	16♐40	16♐40	16♐40
/☊	24♍44	24♍43	24♍43	24♍43	24♍43	24♍43	24♍43	24♍42	24♍41	24♍40	24♍39	24♍38	24♍37	24♍37	24♍38	24♍39
♄/♅	3♓48	3♓46	3♓45	3♓44	3♓42	3♓41	3♓40	3♓38	3♓37	3♓35	3♓34	3♓32	3♓31	3♓30	3♓28	3♓27
/♆	11♒02	10♒59	10♒57	10♒54	10♒52	10♒50	10♒47	10♒45	10♒42	10♒40	10♒37	10♒35	10♒32	10♒30	10♒28	10♒25
/♇	12♑57	12♑54	12♑51	12♑48	12♑45	12♑42	12♑40	12♑37	12♑34	12♑31	12♑28	12♑25	12♑22	12♑20	12♑17	12♑14
/☊	20♎47	20♎45	20♎44	20♎42	20♎41	20♎39	20♎37	20♎34	20♎31	20♎28	20♎25	20♎22	20♎19	20♎17	20♎15	20♎13
♅/♆	9♈13	9♈14	9♈15	9♈15	9♈16	9♈16	9♈17	9♈17	9♈18	9♈18	9♈18	9♈19	9♈19	9♈19	9♈19	9♈20
/♇	11♓09	11♓09	11♓09	11♓09	11♓09	11♓09	11♓09	11♓09	11♓09	11♓09	11♓09	11♓09	11♓09	11♓09	11♓09	11♓09
/☊	18♊59	18♊60	19♊02	19♊03	19♊05	19♊06	19♊07	19♊07	19♊07	19♊06	19♊06	19♊05	19♊05	19♊06	19♊07	19♊07
♆/♇	18♒23	18♒22	18♒21	18♒20	18♒19	18♒18	18♒17	18♒16	18♒15	18♒14	18♒13	18♒12	18♒10	18♒09	18♒08	18♒07
/☊	26♉13	26♉13	26♉13	26♉14	26♉14	26♉14	26♉14	26♉13	26♉12	26♉11	26♉09	26♉08	26♉07	26♉06	26♉06	26♉06
♇/☊	28♎08	28♎08	28♎08	28♎08	28♎08	28♎07	28♎07	28♎05	28♎04	28♎02	27♎60	27♎58	27♎57	27♎56	27♎55	27♎55

	17	18	19	20	21	22	23	24	25	26	27	28	29	30	31	
☉/☽	21♌24	28♌55	6♍12	13♍18	20♍12	26♍57	3♎34	10♎06	16♎33	22♎58	29♎20	5♉43	12♉06	18♉32	25♉01	☉/☽
/☿	7♌17	8♌05	8♌51	9♌35	10♌17	10♌57	11♌35	12♌10	12♌43	13♌13	13♌41	14♌06	14♌29	14♌50	15♌08	/☿
/♀	16♌01	17♌03	18♌05	19♌06	20♌07	21♌09	22♌10	23♌11	24♌12	25♌13	26♌14	27♌14	28♌15	29♌15	0♍16	/♀
/♂	0♉35	0♉56	1♉18	1♉39	2♉00	2♉21	2♉42	3♉03	3♉23	3♉44	4♉04	4♏25	4♏45	5♏06	5♏26	/♂
/⚳	15♌59	16♌41	17♌22	18♌03	18♌44	19♌26	20♌07	20♌48	21♌30	22♌11	22♌53	23♌34	24♌16	24♌57	25♌39	/⚳
/♃	18♍54	19♍23	19♍52	20♍22	20♍51	21♍21	21♍51	22♍20	22♍50	23♍20	23♍50	24♍21	24♍51	25♍21	25♍52	/♃
/♄	14♎26	14♎52	15♎19	15♎46	16♎12	16♎39	17♎06	17♎33	17♎60	18♎26	18♎53	19♎20	19♎47	20♎14	20♎41	/♄
/♅	13♊23	13♊52	14♊21	14♊50	15♊19	15♊48	16♊17	16♊46	17♊15	17♊44	18♊13	18♊42	19♊11	19♊40	20♊09	/♅
/♆	20♉20	20♉49	21♉17	21♉45	22♉13	22♉41	23♉09	23♉38	24♉06	24♉34	25♉02	25♉30	25♉58	26♉26	26♉54	/♆
/♇	22♎09	22♎37	23♎05	23♎33	24♎01	24♎29	24♎57	25♎24	25♎52	26♎20	26♎48	27♎16	27♎44	28♎12	28♎40	/♇
/☊	0♌09	0♌38	1♌07	1♌36	2♌04	2♌33	3♌01	3♌29	3♌58	4♌26	4♌55	5♌23	5♌52	6♌21	6♌49	/☊
☽/☿	4♍18	11♍39	18♍45	25♍37	2♎17	8♎44	15♎02	21♎11	27♎14	3♏12	9♏05	14♏56	20♏45	26♉33	2♊22	☽/☿
/♀	13♍02	20♍37	27♍59	5♎08	12♎07	18♎56	25♎37	2♏13	8♏43	15♏11	21♏38	28♏04	4♐30	10♐59	17♐30	/♀
/♂	27♏36	4♐30	11♐12	17♐41	23♐60	0♑08	6♑09	12♑04	17♑55	23♑42	29♑28	5♒14	11♒01	16♒49	22♒41	/♂
/⚳	13♍00	20♍14	27♍16	4♎05	10♎44	17♎13	23♎34	29♎50	6♏01	12♏10	18♏17	24♏24	0♐31	6♐41	12♐54	/⚳
/♃	15♎55	22♎57	29♎47	6♏24	12♏51	19♏08	25♏18	1♐22	7♐22	13♐19	19♐15	25♐10	1♑06	7♑05	13♑06	/♃
/♄	11♏27	18♏26	25♏13	1♐48	8♐12	14♐26	20♐33	26♐34	2♑31	8♑25	14♑17	20♑10	26♑03	1♒58	7♒56	/♄
/♅	10♋24	17♋26	24♋15	0♌52	7♒19	13♒36	19♒45	25♒48	1♓47	7♓43	13♓37	19♓32	25♓27	1♈24	7♈24	/♅
/♆	17♐21	24♐22	1♑11	7♑47	14♑12	20♑28	26♑37	2♒39	8♒37	14♒32	20♒26	26♒19	2♓14	8♓10	14♓09	/♆
/♇	19♏10	26♏11	2♐59	9♐35	16♐00	22♐16	28♐24	4♑26	10♑24	16♑19	22♑12	28♑06	3♒60	9♒56	15♒55	/♇
/☊	27♌10	4♍12	11♍01	17♍38	24♍04	0♎20	6♎28	12♎31	18♎29	24♎25	0♏19	6♉13	12♉07	18♉04	24♉04	/☊
☿/♀	28♌55	29♌47	0♍38	1♍26	2♍12	2♍56	3♍37	4♍16	4♍53	5♍27	5♍58	6♍27	6♍53	7♍17	7♍38	☿/♀
/♂	13♏28	13♏41	13♏51	13♏59	14♏05	14♏08	14♏09	14♏08	14♏04	13♏58	13♏49	13♏38	13♏24	13♏07	12♏48	/♂
/⚳	28♌53	29♌25	29♌55	0♍23	0♍49	1♍13	1♍35	1♍54	2♍11	2♍25	2♍38	2♍47	2♍54	2♍59	3♍01	/⚳
/♃	1♎47	2♎07	2♎25	2♎42	2♎56	3♎08	3♎18	3♎26	3♎31	3♎34	3♎35	3♎33	3♎29	3♎23	3♎14	/♃
/♄	27♎19	27♎36	27♎52	28♎06	28♎17	28♎26	28♎33	28♎38	28♎41	28♎41	28♎38	28♎33	28♎26	28♎16	28♎03	/♄
/♅	26♊16	26♊36	26♊54	27♊10	27♊24	27♊35	27♊45	27♊52	27♊56	27♊58	27♊58	27♊55	27♊50	27♊41	27♊31	/♅
/♆	3♊14	3♊33	3♊50	4♊05	4♊18	4♊28	4♊37	4♊43	4♊47	4♊48	4♊47	4♊43	4♊36	4♊28	4♊16	/♆
/♇	5♏02	5♏21	5♏38	5♏53	6♏05	6♏16	6♏24	6♏30	6♏33	6♏34	6♏33	6♏29	6♏23	6♏14	6♏02	/♇
/☊	13♌02	13♌22	13♌40	13♌56	14♌09	14♌20	14♌28	14♌35	14♌39	14♌40	14♌39	14♌36	14♌30	14♌22	14♌11	/☊
♀/♂	22♏13	22♏39	23♏05	23♏30	23♏55	24♏20	24♏45	25♏09	25♏34	25♏58	26♏22	26♏45	27♏09	27♏33	27♏56	♀/♂
/⚳	7♍37	8♍23	9♍08	9♍54	10♍39	11♍25	12♍10	12♍55	13♍40	14♍25	15♍10	15♍55	16♍40	17♍24	18♍09	/⚳
/♃	10♎32	11♎05	11♎39	12♎13	12♎46	13♎20	13♎53	14♎27	15♎01	15♎34	16♎08	16♎41	17♎15	17♎48	18♎21	/♃
/♄	6♏04	6♏35	7♏06	7♏37	8♏07	8♏38	9♏09	9♏39	10♏10	10♏40	11♏11	11♏41	12♏11	12♏41	13♏11	/♄
/♅	5♋01	5♋34	6♋08	6♋41	7♋14	7♋47	8♋20	8♋53	9♋26	9♋58	10♋31	11♋03	11♋35	12♋07	12♋39	/♅
/♆	11♊58	12♊31	13♊03	13♊36	14♊08	14♊40	15♊12	15♊44	16♐16	16♐48	17♐19	17♐51	18♐22	18♐53	19♐24	/♆
/♇	13♏47	14♏19	14♏51	15♏24	15♏56	16♏27	16♏59	17♏31	18♏03	18♏34	19♏06	19♏37	20♏08	20♏39	21♏10	/♇
/☊	21♌47	22♌21	22♌54	23♌27	23♌59	24♌32	25♌04	25♌36	26♌08	26♌40	27♌12	27♌44	28♌16	28♌48	29♌19	/☊
♂/⚳	22♏11	22♏16	22♏22	22♏27	22♏32	22♏37	22♏42	22♏47	22♏51	22♏56	23♏01	23♏05	23♏10	23♏15	23♏20	♂/⚳
/♃	25♐05	24♐59	24♐52	24♐46	24♐39	24♐32	24♐26	24♐19	24♐12	24♐05	23♐58	23♐52	23♐45	23♐39	23♐32	/♃
/♄	20♑37	20♑28	20♑19	20♑10	20♑00	19♑51	19♑41	19♑31	19♑21	19♑11	19♑01	18♑51	18♑42	18♑32	18♑22	/♄
/♅	19♓34	19♓28	19♓21	19♓14	19♓07	18♓60	18♓52	18♓45	18♓37	18♓29	18♓21	18♓13	18♓05	17♓58	17♓50	/♅
/♆	26♒32	26♒24	26♒17	26♒09	26♒01	25♒53	25♒44	25♒36	25♒27	25♒19	25♒10	25♒01	24♒52	24♒44	24♒35	/♆
/♇	28♑20	28♑13	28♑05	27♑57	27♑48	27♑40	27♑31	27♑23	27♑14	27♑05	26♑56	26♑47	26♑38	26♑30	26♑21	/♇
/☊	6♉20	6♉14	6♉07	5♉60	5♏52	5♏44	5♏36	5♏28	5♏19	5♏11	5♏03	4♏55	4♏46	4♏38	4♏30	/☊
⚳/♃	10♎30	10♎43	10♎56	11♎10	11♎23	11♎37	11♎51	12♎05	12♎19	12♎33	12♎47	13♎01	13♎16	13♎30	13♎45	⚳/♃
/♄	6♏02	6♏12	6♏23	6♏34	6♏44	6♏55	7♏06	7♏17	7♏28	7♏39	7♏50	8♏01	8♏12	8♏23	8♏35	/♄
/♅	4♋59	5♋12	5♋25	5♋38	5♋51	6♋04	6♋17	6♋30	6♋44	6♋57	7♋10	7♋23	7♋36	7♋49	8♋02	/♅
/♆	11♊56	12♊08	12♊21	12♊33	12♊45	12♊57	13♊09	13♊22	13♊34	13♊46	13♊58	14♊11	14♊23	14♊35	14♊48	/♆
/♇	13♏45	13♏57	14♏09	14♏21	14♏33	14♏44	14♏56	15♏08	15♏21	15♏33	15♏45	15♏57	16♏09	16♏21	16♏33	/♇
/☊	21♌45	21♌58	22♌11	22♌24	22♌36	22♌49	23♌01	23♌13	23♌26	23♌38	23♌51	24♌04	24♌17	24♌30	24♌43	/☊
♃/♄	8♐56	8♐55	8♐54	8♐52	8♐51	8♐50	8♐50	8♐49	8♐48	8♐48	8♐47	8♐47	8♐47	8♐47	8♐47	♃/♄
/♅	7♒53	7♒54	7♒56	7♒57	7♒58	7♒60	8♒01	8♒02	8♒04	8♒06	8♒07	8♒09	8♒11	8♒13	8♒15	/♅
/♆	14♑51	14♑51	14♑51	14♑52	14♑52	14♑52	14♑53	14♑54	14♑54	14♑55	14♑56	14♑57	14♑58	14♑59	15♑00	/♆
/♇	16♐39	16♐39	16♐39	16♐39	16♐40	16♐40	16♐40	16♐41	16♐41	16♐42	16♐42	16♐43	16♐44	16♐45	16♐46	/♇
/☊	24♍40	24♍41	24♍42	24♍42	24♍43	24♍44	24♍45	24♍45	24♍46	24♍47	24♍49	24♍50	24♍52	24♍54	24♍55	/☊
♄/♅	3♓25	3♓24	3♓22	3♓21	3♓19	3♓18	3♓16	3♓15	3♓13	3♓12	3♓10	3♓09	3♓07	3♓06	3♓05	♄/♅
/♆	10♒23	10♒20	10♒18	10♒15	10♒13	10♒11	10♒08	10♒06	10♒04	10♒01	9♒59	9♒57	9♒54	9♒52	9♒50	/♆
/♇	12♑11	12♑09	12♑06	12♑03	12♑01	11♑58	11♑55	11♑53	11♑50	11♑48	11♑45	11♑43	11♑40	11♑38	11♑36	/♇
/☊	20♎11	20♎10	20♎08	20♎06	20♎04	20♎02	19♎60	19♎58	19♎56	19♎54	19♎52	19♎50	19♎48	19♎47	19♎45	/☊
♅/♆	9♈20	9♈20	9♈20	9♈20	9♈20	9♈20	9♈20	9♈20	9♈19	9♈19	9♈19	9♈19	9♈18	9♈18	9♈18	♅/♆
/♇	11♓08	11♓08	11♓08	11♓08	11♓07	11♓07	11♓07	11♓06	11♓06	11♓06	11♓05	11♓05	11♓04	11♓04	11♓03	/♇
/☊	19♊08	19♊09	19♊10	19♊11	19♊11	19♊11	19♊11	19♊11	19♊11	19♊11	19♊12	19♊12	19♊12	19♊12	19♊13	/☊
♆/♇	18♒06	18♒05	18♒04	18♒02	18♒01	18♒00	17♒59	17♒58	17♒56	17♒55	17♒54	17♒53	17♒51	17♒50	17♒49	♆/♇
/☊	26♉06	26♉06	26♉06	26♉05	26♉05	26♉04	26♉03	26♉02	26♉02	26♉01	26♉00	25♉60	25♉59	25♉59	25♉58	/☊
♇/☊	27♎55	27♎54	27♎54	27♎53	27♎52	27♎51	27♎50	27♎49	27♎48	27♎47	27♎47	27♎46	27♎45	27♎45	27♎44	♇/☊

July 2018

August 2018

	1	2	3	4	5	6	7	8	9	10	11	12	13	14	15	16
☉/☽	1♊34	8♊13	14♊59	21♊55	29♊01	6♋18	13♋48	21♋29	29♋20	7♌19	15♌21	23♌23	1♍19	9♍06	16♍41	24♍03
/☿	15♌23	15♌36	15♌48	15♌57	16♌05	16♌11	16♌17	16♌22	16♌27	16♌33	16♌39	16♌46	16♌55	17♌07	17♌20	17♌37
/♀	1♍16	2♍16	3♍16	4♍16	5♍15	6♍15	7♍14	8♍14	9♍13	10♍12	11♍11	12♍10	13♍08	14♍07	15♍05	16♍03
/♂	5♏47	6♏08	6♏28	6♏49	7♏10	7♏32	7♏53	8♏15	8♏37	8♏59	9♏21	9♏44	10♏07	10♏30	10♏54	11♏18
/⚳	26♌21	27♌02	27♌44	28♌26	29♌07	29♌49	0♍31	1♍13	1♍55	2♍36	3♍18	4♍00	4♍42	5♍24	6♍06	6♍48
/♃	26♍22	26♍53	27♍23	27♍54	28♍25	28♍56	29♍27	29♍58	0♎29	1♎01	1♎32	2♎04	2♎35	3♎07	3♎39	4♎10
/♄	21♎08	21♎35	22♎03	22♎30	22♎57	23♎24	23♎52	24♎19	24♎47	25♎14	25♎42	26♎09	26♎37	27♎05	27♎32	28♎00
/♅	20♊38	21♊07	21♊35	22♊04	22♊33	23♊02	23♊31	23♊59	24♊28	24♊57	25♊26	25♊54	26♊23	26♊52	27♊20	27♊49
/♆	27♉22	27♉50	28♉18	28♉47	29♉15	29♉43	0♊11	0♊39	1♊07	1♊35	2♊03	2♊31	2♊59	3♊27	3♊55	4♊23
/♇	29♎08	29♎36	0♏04	0♏32	1♏00	1♏28	1♏56	2♏25	2♏53	3♏21	3♏49	4♏17	4♏45	5♏14	5♏42	6♏10
/☊	7♌18	7♌46	8♌15	8♌43	9♌12	9♌41	10♌10	10♌39	11♌08	11♌37	12♌06	12♌35	13♌03	13♌31	13♌58	14♌26
☽/☿	8♊14	14♊09	20♊09	26♊17	2♋33	8♋60	15♋37	22♋26	29♋25	6♌31	13♌42	20♌54	28♌01	5♍02	11♍53	18♍34
/♀	24♊06	0♋48	7♋37	14♋35	21♋44	29♋03	6♌35	14♌18	22♌10	0♍11	8♍14	16♍17	24♍14	2♎02	9♎38	16♎60
/♂	28♒38	4♓40	10♓50	17♓09	23♓39	0♈20	7♈13	14♈18	21♈34	28♈57	6♏25	13♏51	21♏13	28♏26	5♐27	12♐15
/⚳	19♊11	25♊35	2♋05	8♋45	15♋36	22♋37	29♋51	7♌16	14♌52	22♌35	0♍22	8♍08	15♍48	23♍20	0♎39	7♎45
/♃	19♑13	25♑25	1♒45	8♒14	14♌53	21♌44	28♌47	6♍02	13♍27	20♍59	28♍35	6♎11	13♎41	21♎02	28♎12	5♏07
/♄	13♒59	20♒08	26♒24	2♓50	9♓25	16♓13	23♓12	0♈23	7♎44	15♎13	22♎45	0♏17	7♏43	14♏60	22♏05	28♏57
/♅	13♈28	19♈39	25♈57	2♉24	9♉01	15♉50	22♉51	0♊03	7♊26	14♊55	22♊29	0♋02	7♋29	14♋47	21♋53	28♋46
/♆	20♓13	26♓23	2♈40	9♈06	15♈43	22♈31	29♈31	6♉43	14♉04	21♉34	29♉06	6♊38	14♊05	21♐23	28♐28	5♑21
/♇	21♒59	28♒09	4♓26	10♓52	17♓28	24♓17	1♈17	8♈28	15♈50	23♎19	0♏52	8♏24	15♏51	23♏09	0♐15	7♐07
/☊	0♊09	6♊19	12♊36	19♊03	25♊40	2♋29	9♋30	16♋43	24♋06	1♌36	9♌09	16♌42	24♌09	1♍26	8♍31	15♍23
☿/♀	7♍56	8♍12	8♍26	8♍38	8♍48	8♍56	9♍04	9♍11	9♍18	9♍24	9♍32	9♍41	9♍51	10♍03	10♍17	10♍34
/♂	12♏27	12♏04	11♏38	11♏11	10♏43	10♏13	9♏42	9♏12	8♏41	8♏11	7♏42	7♏15	6♏49	6♏26	6♏06	5♏49
/⚳	3♍01	2♍58	2♍54	2♍47	2♍40	2♍30	2♍20	2♍10	1♍59	1♍49	1♍39	1♍31	1♍25	1♍20	1♍18	1♍19
/♃	3♎02	2♎49	2♎33	2♎16	1♎57	1♎37	1♎17	0♎55	0♎34	0♎13	29♍53	29♍35	29♍18	29♍03	28♍51	28♍41
/♄	27♎48	27♎32	27♎13	26♎52	26♎29	26♎06	25♎41	25♎16	24♎51	24♎27	24♎03	23♎40	23♎19	23♎01	22♎44	22♎31
/♅	27♊18	27♊03	26♊45	26♊26	26♊05	25♊43	25♊20	24♊56	24♊33	24♊09	23♊47	23♊25	23♊05	22♊48	22♊32	22♊20
/♆	4♊02	3♊46	3♊28	3♊08	2♊47	2♊24	2♊00	1♊36	1♊12	0♊47	0♊24	0♊02	29♉42	29♉23	29♉07	28♉54
/♇	5♏48	5♏32	5♏14	4♏54	4♏33	4♏10	3♏46	3♏22	2♏57	2♏33	2♏10	1♏48	1♏28	1♏10	0♏54	0♏41
/☊	13♌58	13♌42	13♌25	13♌05	12♌44	12♌22	11♌59	11♌36	11♌13	10♌50	10♌27	10♌05	9♌45	9♌27	9♌10	8♌57
♀/♂	28♏20	28♏43	29♏06	29♏30	29♏53	0♐16	0♐40	1♐03	1♐27	1♐51	2♐14	2♐38	3♐02	3♐26	3♐51	4♐15
/⚳	18♍53	19♍38	20♍22	21♍06	21♍50	22♍34	23♍18	24♍01	24♍45	25♍28	26♍12	26♍55	27♍38	28♍20	29♍03	29♍45
/♃	18♎55	19♎28	20♎01	20♎35	21♎08	21♎41	22♎14	22♎47	23♎20	23♎53	24♎25	24♎58	25♎31	26♎03	26♎35	27♎08
/♄	13♏41	14♏11	14♏41	15♏10	15♏40	16♏09	16♏39	17♏08	17♏37	18♏06	18♏35	19♏04	19♏32	20♏01	20♏29	20♏57
/♅	13♋11	13♋42	14♋13	14♋45	15♋16	15♋47	16♋17	16♋48	17♋18	17♋49	18♋19	18♋49	19♋18	19♋48	20♋17	20♋46
/♆	19♐55	20♐26	20♐56	21♐27	21♐57	22♐28	22♐58	23♐28	23♐57	24♐27	24♐56	25♐25	25♐55	26♐23	26♐52	27♐21
/♇	21♏41	22♏12	22♏42	23♏13	23♏43	24♏13	24♏43	25♏13	25♏43	26♏13	26♏42	27♏11	27♏41	28♏10	28♏38	29♏07
/☊	29♌51	0♍22	0♍53	1♍24	1♍55	2♍26	2♍57	3♍28	3♍59	4♍29	4♍59	5♍29	5♍58	6♍27	6♍55	7♍23
♂/⚳	23♏24	23♏29	23♏34	23♏40	23♏45	23♏51	23♏56	24♏02	24♏09	24♏15	24♏22	24♏29	24♏36	24♏44	24♏52	25♏01
/♃	23♐26	23♐20	23♐14	23♐08	23♐03	22♐57	22♐52	22♐48	22♐43	22♐39	22♐36	22♐32	22♐29	22♐27	22♐25	22♐23
/♄	18♑12	18♑03	17♑53	17♑44	17♑35	17♑26	17♑17	17♑09	17♑01	16♑53	16♑45	16♑38	16♑31	16♑24	16♑18	16♑12
/♅	17♓42	17♓34	17♓26	17♓18	17♓11	17♓03	16♓56	16♓49	16♓42	16♓35	16♓29	16♓23	16♓17	16♓11	16♓06	16♓01
/♆	24♒26	24♒18	24♒09	24♒01	23♒52	23♒44	23♒36	23♒28	23♒21	23♒14	23♒07	22♒60	22♒53	22♒47	22♒41	22♒36
/♇	26♑12	26♑03	25♑55	25♑46	25♑38	25♑30	25♑22	25♑14	25♑07	24♑59	24♑52	24♑46	24♑39	24♑33	24♑28	24♑22
/☊	4♏22	4♏13	4♏05	3♏57	3♏50	3♏42	3♏35	3♏29	3♏22	3♏16	3♏09	3♏03	2♏57	2♏50	2♏44	2♏39
⚳/♃	13♎60	14♎14	14♎29	14♎44	14♎60	15♎15	15♎30	15♎46	16♎01	16♎17	16♎33	16♎49	17♎05	17♎21	17♎37	17♎53
/♄	8♏46	8♏57	9♏09	9♏20	9♏32	9♏43	9♏55	10♏07	10♏19	10♏30	10♏42	10♏54	11♏06	11♏18	11♏31	11♏43
/♅	8♋15	8♋28	8♋42	8♋55	9♋08	9♋21	9♋34	9♋47	10♋00	10♋13	10♋26	10♋39	10♋52	11♋05	11♋18	11♋31
/♆	14♊60	15♊12	15♊25	15♊37	15♊49	16♐02	16♐14	16♐26	16♐39	16♐51	17♐04	17♐16	17♐29	17♐41	17♐54	18♐06
/♇	16♏46	16♏58	17♏10	17♏23	17♏35	17♏47	17♏60	18♏12	18♏25	18♏37	18♏50	19♏02	19♏15	19♏27	19♏40	19♏53
/☊	24♌55	25♌08	25♌21	25♌34	25♌47	25♌60	26♌13	26♌27	26♌40	26♌54	27♌07	27♌20	27♌32	27♌44	27♌57	28♌09
♃/♄	8♐47	8♐48	8♐48	8♐49	8♐49	8♐50	8♐51	8♐52	8♐53	8♐55	8♐56	8♐58	8♐59	9♐01	9♐03	9♐05
/♅	8♒17	8♒19	8♒21	8♒23	8♒25	8♒28	8♒30	8♒32	8♒35	8♒37	8♒40	8♒43	8♒45	8♒48	8♒51	8♒54
/♆	15♑01	15♑03	15♑04	15♑05	15♑07	15♑09	15♑10	15♑12	15♑14	15♑16	15♑17	15♑19	15♑21	15♑24	15♑26	15♑28
/♇	16♐47	16♐48	16♐50	16♐51	16♐53	16♐54	16♐56	16♐58	16♐59	17♐01	17♐03	17♐05	17♐08	17♐10	17♐12	17♐15
/☊	24♍57	24♍59	25♍00	25♍02	25♍04	25♍07	25♍09	25♍12	25♍15	25♍18	25♍20	25♍23	25♍25	25♍27	25♍29	25♍31
♄/♅	3♓03	3♓02	3♓00	2♓59	2♓58	2♓56	2♓55	2♓53	2♓52	2♓51	2♓49	2♓48	2♓47	2♓46	2♓44	2♓43
/♆	9♒48	9♒45	9♒43	9♒41	9♒39	9♒37	9♒35	9♒33	9♒31	9♒29	9♒27	9♒25	9♒23	9♒21	9♒20	9♒18
/♇	11♑33	11♑31	11♑29	11♑27	11♑25	11♑23	11♑21	11♑19	11♑17	11♑15	11♑13	11♑11	11♑09	11♑08	11♑06	11♑04
/☊	19♎43	19♎41	19♎40	19♎38	19♎36	19♎35	19♎34	19♎33	19♎32	19♎31	19♎30	19♎28	19♎27	19♎25	19♎23	19♎21
♅/♆	9♈17	9♈17	9♈16	9♈16	9♈15	9♈14	9♈14	9♈13	9♈12	9♈12	9♈11	9♈10	9♈09	9♈08	9♈07	9♈07
/♇	11♓03	11♓02	11♓02	11♓01	11♓01	11♓00	10♓59	10♓59	10♓58	10♓57	10♓57	10♓56	10♓55	10♓55	10♓54	10♓53
/☊	19♊13	19♊13	19♊12	19♊12	19♊12	19♊13	19♊13	19♊13	19♊14	19♊14	19♊14	19♊13	19♊13	19♊12	19♊10	19♊09
♆/♇	17♒47	17♒46	17♒45	17♒44	17♒42	17♒41	17♒40	17♒38	17♒37	17♒36	17♒34	17♒33	17♒32	17♒30	17♒29	17♒28
/☊	25♉57	25♉56	25♉55	25♉55	25♉54	25♉53	25♉53	25♉53	25♉52	25♉52	25♉51	25♉50	25♉49	25♉47	25♉46	25♉44
♇/☊	27♎43	27♎42	27♎41	27♎40	27♎40	27♎39	27♎39	27♎38	27♎38	27♎38	27♎37	27♎36	27♎35	27♎34	27♎32	27♎30

	17	18	19	20	21	22	23	24	25	26	27	28	29	30	31
☉/☽	1♎11	8♎07	14♎52	21♎28	27♎57	4♏22	10♏45	17♏08	23♏32	29♏58	6♊29	13♊03	19♊44	26♊29	3♋22
/☿	17♌56	18♌19	18♌45	19♌15	19♌49	20♌27	21♌08	21♌54	22♌43	23♌36	24♌32	25♌32	26♌35	27♌41	28♌51
/♀	17♍01	17♍58	18♍56	19♍53	20♍50	21♍47	22♍44	23♍40	24♍36	25♍32	26♍27	27♍22	28♍17	29♍12	0♎06
/♂	11♏43	12♏07	12♏33	12♏58	13♏24	13♏51	14♏18	14♏45	15♏12	15♏41	16♏09	16♏38	17♏07	17♏37	18♏07
/⚳	7♍31	8♍13	8♍55	9♍37	10♍19	11♍01	11♍44	12♍26	13♍08	13♍50	14♍33	15♍15	15♍57	16♍40	17♍22
/♃	4♎42	5♎14	5♎46	6♎19	6♎51	7♎23	7♎56	8♎28	9♎01	9♎33	10♎06	10♎39	11♎12	11♎44	12♎17
/♄	28♎28	28♎56	29♎24	29♎52	0♏20	0♏48	1♏16	1♏45	2♏13	2♏41	3♏10	3♏38	4♏07	4♏35	5♏04
/♅	28♊18	28♊46	29♊15	29♊43	0♋12	0♋40	1♋09	1♋37	2♋06	2♋34	3♋03	3♋31	3♋60	4♋28	4♋57
/♆	4♊52	5♊20	5♊48	6♊16	6♊44	7♊12	7♊40	8♊08	8♊36	9♊05	9♊33	10♊01	10♊29	10♊57	11♊25
/♇	6♏38	7♏07	7♏35	8♏03	8♏32	8♏60	9♏28	9♏57	10♏25	10♏54	11♏22	11♏50	12♏19	12♏48	13♏16
/☊	14♌54	15♌23	15♌52	16♌21	16♌51	17♌21	17♌50	18♌19	18♌48	19♌16	19♌44	20♌11	20♌37	21♌04	21♌30
☽/☿	25♍04	1♎25	7♎38	13♎47	19♎52	25♎57	2♏04	8♏14	14♉29	20♉51	27♉19	3♊56	10♊41	17♊36	24♊40
/♀	24♎08	1♏04	7♏49	14♏24	20♏53	27♏17	3♐39	9♐60	16♐22	22♐47	29♐15	5♑47	12♑24	19♑06	25♋55
/♂	18♐50	25♐13	1♑25	7♑29	13♑27	19♑21	25♑13	1♒05	6♒59	12♒55	18♒56	25♒02	1♓14	7♓31	13♓56
/⚳	14♎38	21♎18	27♎48	4♏08	10♏22	16♏31	22♏39	28♏46	4♐54	11♐05	17♐20	23♐39	0♋04	6♋34	13♋11
/♃	11♏50	18♏20	24♏39	0♐50	6♐54	12♐53	18♐51	24♐48	0♑47	6♑48	12♑53	19♑03	25♑18	1♒39	8♒06
/♄	5♐36	12♐02	18♐17	24♐23	0♑23	6♑18	12♑12	18♑05	23♑59	29♑56	5♒57	12♒02	18♒13	24♒30	0♓53
/♅	5♒25	11♒52	18♒08	24♒14	0♓15	6♓11	12♓04	17♓58	23♓52	29♓49	5♈50	11♈56	18♈06	24♈23	0♉46
/♆	11♑59	18♑25	24♑41	0♒47	6♒47	12♒42	18♒36	24♒28	0♓23	6♓19	12♓20	18♓25	24♓35	0♈52	7♈14
/♇	13♐46	20♐12	26♐28	2♑34	8♑34	14♑30	20♑24	26♑17	2♒11	8♒08	14♒09	20♒15	26♒25	2♓42	9♓05
/☊	22♍02	28♍29	4♎45	10♎52	16♎54	22♎51	28♎45	4♏40	10♉34	16♉31	22♉31	28♉35	4♊43	10♊58	17♊19
☿/♀	10♍53	11♍16	11♍42	12♍12	12♍45	13♍22	14♍02	14♍46	15♍33	16♍24	17♍18	18♍15	19♍15	20♍18	21♍24
/♂	5♏35	5♏25	5♏19	5♏17	5♏19	5♏25	5♏36	5♏51	6♏10	6♏33	6♏60	7♏31	8♏05	8♏43	9♏25
/⚳	1♍23	1♍30	1♍41	1♍56	2♍14	2♍36	3♍02	3♍32	4♍05	4♍42	5♍23	6♍08	6♍55	7♍46	8♍40
/♃	28♍35	28♍32	28♍33	28♍37	28♍46	28♍58	29♍14	29♍34	29♍58	0♎25	0♎57	1♎31	2♎09	2♎51	3♎35
/♄	22♎21	22♎14	22♎10	22♎11	22♎15	22♎23	22♎35	22♎50	23♎10	23♎33	24♎00	24♎31	25♎05	25♎42	26♎21
/♅	22♊10	22♊04	22♊01	22♊02	22♊07	22♊15	22♊27	22♊43	23♊03	23♊27	23♊54	24♊24	24♊58	25♊35	26♊14
/♆	28♉44	28♉37	28♉34	28♉35	28♉39	28♉47	28♉59	29♉14	29♉34	29♉57	0♊23	0♊53	1♊27	2♊03	2♊43
/♇	0♏31	0♏24	0♏21	0♏22	0♏26	0♏35	0♏47	1♏03	1♏22	1♏46	2♏13	2♏43	3♏17	3♏54	4♏34
/☊	8♌47	8♌41	8♌38	8♌40	8♌46	8♌55	9♌09	9♌25	9♌45	10♌08	10♌34	11♌03	11♌35	12♌10	12♌48
♀/♂	4♐40	5♐05	5♐30	5♐55	6♐20	6♐45	7♐11	7♐37	8♐03	8♐29	8♐55	9♐21	9♐48	10♐14	10♐41
/⚳	0♎28	1♎10	1♎52	2♎33	3♎15	3♎56	4♎37	5♎18	5♎58	6♎39	7♎19	7♎58	8♎38	9♎17	9♎55
/♃	27♎40	28♎12	28♎43	29♎15	29♎47	0♏18	0♏49	1♏20	1♏51	2♏21	2♏52	3♏22	3♏52	4♏21	4♏51
/♄	21♏25	21♏53	22♏21	22♏48	23♏16	23♏43	24♏10	24♏37	25♏03	25♏29	25♏55	26♏21	26♏47	27♏12	27♏37
/♅	21♋15	21♋43	22♋12	22♋40	23♋08	23♋35	24♋02	24♋29	24♋56	25♋23	25♋49	26♋15	26♋40	27♋05	27♋30
/♆	27♐49	28♐17	28♐45	29♐12	29♐40	0♑07	0♑34	1♑00	1♑27	1♑53	2♑19	2♑44	3♑09	3♑34	3♑59
/♇	29♏36	0♐04	0♐32	0♐60	1♐27	1♐55	2♐22	2♐49	3♐15	3♐42	4♐08	4♐34	4♐59	5♐24	5♐49
/☊	7♍52	8♍20	8♍49	9♍18	9♍47	10♍15	10♍44	11♍11	11♍38	12♍04	12♍30	12♍54	13♍17	13♍40	14♍03
♂/⚳	25♏10	25♏19	25♏29	25♏39	25♏49	25♏60	26♏11	26♏23	26♏35	26♏47	27♏00	27♏14	27♏27	27♏42	27♏56
/♃	22♐21	22♐21	22♐20	22♐20	22♐21	22♐22	22♐23	22♐25	22♐27	22♐30	22♐34	22♐37	22♐42	22♐46	22♐52
/♄	16♑07	16♑02	15♑58	15♑54	15♑50	15♑47	15♑44	15♑42	15♑40	15♑38	15♑37	15♑37	15♑37	15♑37	15♑38
/♅	15♓57	15♓52	15♓48	15♓45	15♓42	15♓39	15♓37	15♓34	15♓33	15♓32	15♓31	15♓30	15♓30	15♓30	15♓31
/♆	22♒31	22♒26	22♒22	22♒17	22♒14	22♒11	22♒08	22♒05	22♒03	22♒02	22♒00	21♒60	21♒59	21♒59	21♒59
/♇	24♑17	24♑13	24♑09	24♑05	24♑01	23♑58	23♑56	23♑54	23♑52	23♑51	23♑50	23♑49	23♑49	23♑49	23♑50
/☊	2♏34	2♏29	2♏26	2♏23	2♏21	2♏19	2♏18	2♏16	2♏15	2♏13	2♏11	2♏09	2♏07	2♏05	2♏04
⚳/♃	18♎09	18♎26	18♎42	18♎59	19♎16	19♎32	19♎49	20♎06	20♎23	20♎40	20♎57	21♎14	21♎32	21♎49	22♎06
/♄	11♏55	12♏07	12♏20	12♏32	12♏45	12♏57	13♏10	13♏23	13♏35	13♏48	14♏01	14♏14	14♏27	14♏40	14♏53
/♅	11♋45	11♋58	12♋11	12♋24	12♋37	12♋50	13♋02	13♋15	13♋28	13♋41	13♋54	14♋07	14♋20	14♋33	14♋46
/♆	18♐19	18♐31	18♐44	18♐56	19♐09	19♐21	19♐34	19♐46	19♐59	20♐11	20♐24	20♐37	20♐49	21♐02	21♐14
/♇	20♏05	20♏18	20♏31	20♏43	20♏56	21♏09	21♏22	21♏35	21♏48	22♏00	22♏13	22♏26	22♏39	22♏52	23♏05
/☊	28♌21	28♌34	28♌48	29♌01	29♌15	29♌30	29♌44	29♌57	0♍11	0♍23	0♍35	0♍46	0♍57	1♍08	1♍19
♃/♄	9♐07	9♐09	9♐11	9♐14	9♐16	9♐19	9♐22	9♐25	9♐28	9♐31	9♐34	9♐37	9♐41	9♐45	9♐48
/♅	8♒56	8♒59	9♒02	9♒05	9♒08	9♒11	9♒15	9♒18	9♒21	9♒24	9♒28	9♒31	9♒34	9♒38	9♒41
/♆	15♑30	15♑33	15♑35	15♑38	15♑40	15♑43	15♑46	15♑49	15♑51	15♑54	15♑57	16♑00	16♑03	16♑06	16♑10
/♇	17♐17	17♐20	17♐22	17♐25	17♐28	17♐31	17♐34	17♐37	17♐40	17♐43	17♐47	17♐50	17♐53	17♐57	18♐00
/☊	25♍33	25♍36	25♍39	25♍43	25♍47	25♍51	25♍56	25♍60	26♍03	26♍06	26♍08	26♍10	26♍11	26♍13	26♍14
♄/♅	2♓42	2♓41	2♓40	2♓39	2♓37	2♓36	2♓35	2♓34	2♓33	2♓32	2♓31	2♓30	2♓29	2♓28	2♓28
/♆	9♒16	9♒14	9♒13	9♒11	9♒10	9♒08	9♒06	9♒05	9♒04	9♒02	9♒01	8♒60	8♒58	8♒57	8♒56
/♇	11♑03	11♑01	10♑60	10♑58	10♑57	10♑56	10♑55	10♑53	10♑52	10♑51	10♑50	10♑49	10♑48	10♑48	10♑47
/☊	19♎19	19♎18	19♎17	19♎16	19♎16	19♎16	19♎16	19♎16	19♎15	19♎14	19♎12	19♎09	19♎07	19♎04	19♎01
♅/♆	9♈06	9♈05	9♈04	9♈02	9♈01	9♈00	8♈59	8♈58	8♈57	8♈56	8♈54	8♈53	8♈52	8♈50	8♈49
/♇	10♓52	10♓51	10♓51	10♓50	10♓49	10♓48	10♓47	10♓46	10♓45	10♓45	10♓44	10♓43	10♓42	10♓41	10♓40
/☊	19♊08	19♊08	19♊08	19♊08	19♊08	19♊09	19♊09	19♊09	19♊08	19♊07	19♊05	19♊03	18♊60	18♊57	18♊54
♆/♇	17♒26	17♒25	17♒24	17♒22	17♒21	17♒20	17♒18	17♒17	17♒16	17♒15	17♒13	17♒12	17♒11	17♒10	17♒08
/☊	25♉42	25♉41	25♉41	25♉40	25♉40	25♉40	25♉40	25♉40	25♉39	25♉37	25♉35	25♉32	25♉29	25♉26	25♉22
♇/☊	27♎29	27♎28	27♎28	27♎28	27♎28	27♎28	27♎28	27♎28	27♎28	27♎26	27♎24	27♎22	27♎19	27♎16	27♎13

August 2018

September 2018

	1	2	3	4	5	6	7	8	9	10
☉/☽	10♋22	17♋29	24♋45	2♌10	9♌44	17♌26	25♌16	3♍09	11♍05	18♍57
/☿	0♍03	1♍17	2♍34	3♍53	5♍13	6♍35	7♍58	9♍22	10♍47	12♍13
/♀	1♎00	1♎54	2♎48	3♎41	4♎33	5♎25	6♎17	7♎09	7♎60	8♎50
/♂	18♏38	19♏09	19♏40	20♏12	20♏44	21♏17	21♏50	22♏24	22♏57	23♏32
/⚳	18♍05	18♍47	19♍30	20♍12	20♍55	21♍37	22♍20	23♍02	23♍45	24♍28
/♃	12♎51	13♎24	13♎57	14♎30	15♎04	15♎37	16♎11	16♎44	17♎18	17♎52
/♄	5♏33	6♏01	6♏30	6♏59	7♏28	7♏57	8♏26	8♏55	9♏25	9♏54
/♅	5♋25	5♋54	6♋22	6♋51	7♋19	7♋47	8♋16	8♋44	9♋13	9♋41
/♆	11♊54	12♊22	12♊50	13♊18	13♊46	14♊15	14♊43	15♐11	15♐40	16♐08
/♇	13♏45	14♏13	14♏42	15♏11	15♏39	16♏08	16♏37	17♏06	17♏34	18♏03
/☊	21♌57	22♌25	22♌54	23♌23	23♌53	24♌22	24♌52	25♌21	25♌48	26♌15
☽/☿	1♋53	9♋17	16♋52	24♋37	2♌33	10♌39	18♌54	27♌13	5♍35	13♍55
/♀	2♌51	9♌54	17♌05	24♌25	1♍54	9♍30	17♍13	25♍00	2♎48	10♎33
/♂	20♓28	27♓09	3♈58	10♈57	18♈05	25♈22	2♏46	10♏15	17♏46	25♏14
/⚳	19♋55	26♋47	3♌47	10♌57	18♌15	25♌42	3♍15	10♍54	18♍33	26♍10
/♃	14♒41	21♌24	28♌15	5♍15	12♍24	19♍42	27♍06	4♎36	12♎06	19♎34
/♄	7♓23	14♓01	20♓48	27♓44	4♎48	12♎02	19♎22	26♎47	4♏13	11♏36
/♅	7♉16	13♉54	20♉40	27♉35	4♊39	11♊52	19♊11	26♊36	4♋01	11♋23
/♆	13♈44	20♈22	27♈08	4♉03	11♉07	18♉19	25♉39	3♊03	10♊28	17♐50
/♇	15♓35	22♓13	28♓60	5♈55	12♈60	20♎13	27♎32	4♏57	12♏23	19♏46
/☊	23♊48	0♋25	7♋12	14♋08	21♋13	28♋27	5♌47	13♌12	20♌36	27♌57
☿/♀	22♍32	23♍42	24♍54	26♍08	27♍23	28♍39	29♍55	1♎13	2♎30	3♎48
/♂	10♏09	10♏57	11♏47	12♏39	13♏34	14♏30	15♏28	16♏28	17♏28	18♏30
/⚳	9♍36	10♍35	11♍36	12♍39	13♍44	14♍50	15♍58	17♍06	18♍16	19♍26
/♃	4♎22	5♎12	6♎04	6♎57	7♎53	8♎50	9♎49	10♎48	11♎49	12♎50
/♄	27♎04	27♎49	28♎37	29♎26	0♏18	1♏10	2♏04	2♏59	3♏55	4♏52
/♅	26♊57	27♊42	28♊29	29♊18	0♋08	1♋01	1♋54	2♋48	3♋43	4♋39
/♆	3♊25	4♊10	4♊57	5♊45	6♊36	7♊28	8♊21	9♊15	10♊10	11♊06
/♇	5♏16	6♏01	6♏49	7♏38	8♏29	9♏21	10♏15	11♏10	12♏05	13♏01
/☊	13♌29	14♌13	15♌00	15♌50	16♌42	17♌36	18♌30	19♌25	20♌19	21♌13
♀/♂	11♐07	11♐34	12♐01	12♐27	12♐54	13♐21	13♐47	14♐14	14♐41	15♐07
/⚳	10♎34	11♎12	11♎50	12♎27	13♎04	13♎41	14♎17	14♎53	15♎28	16♎03
/♃	5♏20	5♏49	6♏17	6♏45	7♏13	7♏41	8♏08	8♏35	9♏01	9♏27
/♄	28♏02	28♏26	28♏50	29♏14	29♏38	0♐01	0♐24	0♐46	1♐08	1♐29
/♅	27♋55	28♋19	28♋42	29♋06	29♋29	29♋51	0♌13	0♌35	0♌56	1♌17
/♆	4♑23	4♑47	5♑10	5♑33	5♑56	6♑18	6♑40	7♑02	7♑23	7♑43
/♇	6♐14	6♐38	7♐02	7♐26	7♐49	8♐12	8♐34	8♐56	9♐18	9♐39
/☊	14♍27	14♍50	15♍14	15♍38	16♍02	16♍26	16♍49	17♍11	17♍32	17♍51
♂/⚳	28♏11	28♏27	28♏43	28♏59	29♏15	29♏33	29♏50	0♐08	0♐26	0♐45
/♃	22♐57	23♐03	23♐10	23♐17	23♐24	23♐32	23♐41	23♐50	23♐59	24♐09
/♄	15♑39	15♑41	15♑43	15♑46	15♑49	15♑52	15♑56	16♑01	16♑06	16♑11
/♅	15♓32	15♓33	15♓35	15♓37	15♓40	15♓43	15♓46	15♓50	15♓54	15♓58
/♆	22♒00	22♒01	22♒03	22♒05	22♒07	22♒10	22♒13	22♒17	22♒21	22♒25
/♇	23♑51	23♑53	23♑55	23♑57	24♑00	24♑03	24♑07	24♑11	24♑15	24♑20
/☊	2♏04	2♏05	2♏07	2♏10	2♏14	2♏18	2♏22	2♏26	2♏29	2♏32
⚳/♃	22♎24	22♎42	22♎59	23♎17	23♎35	23♎53	24♎11	24♎29	24♎47	25♎05
/♄	15♏06	15♏19	15♏32	15♏46	15♏59	16♏13	16♏26	16♏40	16♏53	17♏07
/♅	14♋59	15♋12	15♋24	15♋37	15♋50	16♋03	16♋16	16♋29	16♋41	16♋54
/♆	21♐27	21♐40	21♐52	22♐05	22♐18	22♐30	22♐43	22♐56	23♐08	23♐21
/♇	23♏18	23♏31	23♏44	23♏57	24♏10	24♏24	24♏37	24♏50	25♏03	25♏16
/☊	1♍31	1♍43	1♍56	2♍10	2♍24	2♍38	2♍52	3♍05	3♍17	3♍28
♃/♄	9♐52	9♐56	9♐60	10♐04	10♐08	10♐13	10♐17	10♐22	10♐26	10♐31
/♅	9♒45	9♒48	9♒52	9♒55	9♒59	10♒03	10♒07	10♒10	10♒14	10♒18
/♆	16♑13	16♑16	16♑20	16♑23	16♑27	16♑30	16♑34	16♑37	16♑41	16♑45
/♇	18♐04	18♐08	18♐12	18♐16	18♐19	18♐23	18♐28	18♐32	18♐36	18♐40
/☊	26♍17	26♍20	26♍23	26♍28	26♍33	26♍38	26♍43	26♍47	26♍50	26♍52
♄/♅	2♓27	2♓26	2♓25	2♓24	2♓24	2♓23	2♓22	2♓21	2♓21	2♓20
/♆	8♒55	8♒54	8♒53	8♒52	8♒51	8♒50	8♒49	8♒48	8♒48	8♒47
/♇	10♑46	10♑45	10♑45	10♑44	10♑44	10♑43	10♑43	10♑43	10♑43	10♑42
/☊	18♎59	18♎57	18♎57	18♎57	18♎57	18♎58	18♎58	18♎58	18♎56	18♎54
♅/♆	8♈48	8♈46	8♈45	8♈43	8♈42	8♈40	8♈39	8♈37	8♈36	8♈34
/♇	10♓39	10♓38	10♓37	10♓36	10♓35	10♓34	10♓33	10♓32	10♓31	10♓30
/☊	18♊51	18♊50	18♊49	18♊48	18♊48	18♊48	18♊48	18♊47	18♊44	18♊41
♆/♇	17♒07	17♒06	17♒05	17♒03	17♒02	17♒01	16♒60	16♒59	16♒58	16♒56
/☊	25♉20	25♉18	25♉16	25♉16	25♉16	25♉15	25♉15	25♉14	25♉11	25♉08
♇/☊	27♎11	27♎09	27♎08	27♎08	27♎09	27♎09	27♎09	27♎08	27♎06	27♎04

	11	12	13	14	15	16	17	18	19	20
☉/☽	26♍43	4♎19	11♎43	18♎53	25♎51	2♏37	9♏14	15♏43	22♏08	28♏31
/☿	13♍39	15♍05	16♍31	17♍58	19♍24	20♍50	22♍16	23♍41	25♍07	26♍32
/♀	9♎40	10♎30	11♎19	12♎08	12♎56	13♎43	14♎30	15♎16	16♎01	16♎46
/♂	24♏06	24♏41	25♏17	25♏53	26♏29	27♏05	27♏42	28♏19	28♏57	29♏35
/⚳	25♍10	25♍53	26♍36	27♍19	28♍01	28♍44	29♍27	0♎10	0♎53	1♎36
/♃	18♎26	18♎59	19♎33	20♎07	20♎41	21♎16	21♎50	22♎24	22♎58	23♎33
/♄	10♏23	10♏53	11♏22	11♏52	12♏21	12♏51	13♏21	13♏51	14♏21	14♏50
/♅	10♋09	10♋38	11♋06	11♋35	12♋03	12♋31	12♋60	13♋28	13♋56	14♋25
/♆	16♐36	17♐05	17♐33	18♐01	18♐30	18♐58	19♐27	19♐55	20♐24	20♐52
/♇	18♏32	19♏01	19♏30	19♏59	20♏28	20♏57	21♏26	21♏55	22♏24	22♏53
/☊	26♌41	27♌07	27♌33	27♌59	28♌26	28♌54	29♌23	29♌52	0♍22	0♍52
☽/☿	22♍09	0♎12	8♎04	15♎43	23♎08	0♏22	7♏26	14♏23	21♏14	28♏04
/♀	18♎10	25♎37	2♏52	9♏53	16♏40	23♏15	29♏40	5♐57	12♐09	18♐18
/♂	2♐36	9♐49	16♐50	23♐38	0♑13	6♑37	12♑52	19♑00	25♑04	1♒07
/⚳	3♎40	11♎01	18♎09	25♎04	1♏46	8♏16	14♏37	20♏51	27♏00	3♐08
/♃	26♎55	4♏07	11♏06	17♏52	24♏26	0♐48	7♐00	13♐05	19♐06	25♐05
/♄	18♏53	26♏00	2♐55	9♐37	16♐06	22♐23	28♐31	4♑32	10♑28	16♑23
/♅	18♋39	25♋45	2♒39	9♒20	15♒47	22♒03	28♒10	4♓09	10♓04	15♓57
/♆	25♐06	2♑12	9♑06	15♑46	22♑14	28♑30	4♒37	10♒36	16♒31	22♒24
/♇	27♏02	4♐09	11♐03	17♐44	24♐12	0♑29	6♑36	12♑36	18♑32	24♑25
/☊	5♍11	12♍14	19♍05	25♍44	2♎10	8♎26	14♎33	20♎33	26♎30	2♏24
☿/♀	5♎06	6♎23	7♎40	8♎57	10♎13	11♎28	12♎42	13♎55	15♎07	16♎18
/♂	19♏32	20♏35	21♏38	22♏42	23♏46	24♏50	25♏54	26♏59	28♏03	29♏07
/⚳	20♍36	21♍47	22♍57	24♍08	25♍19	26♍29	27♍39	28♍49	29♍59	1♎08
/♃	13♎51	14♎53	15♎55	16♎57	17♎59	19♎00	20♎02	21♎03	22♎04	23♎05
/♄	5♏49	6♏46	7♏44	8♏41	9♏39	10♏36	11♏33	12♏30	13♏26	14♏23
/♅	5♋35	6♋31	7♋28	8♋24	9♋20	10♋16	11♋12	12♋07	13♋02	13♋57
/♆	12♊02	12♊58	13♊54	14♊51	15♐47	16♐43	17♐39	18♐34	19♐29	20♐24
/♇	13♏58	14♏55	15♏51	16♏48	17♏45	18♏42	19♏38	20♏34	21♏30	22♏25
/☊	22♌07	23♌00	23♌54	24♌48	25♌43	26♌39	27♌35	28♌32	29♌28	0♍24
♀/♂	15♐34	15♐60	16♐26	16♐52	17♐18	17♐43	18♐08	18♐33	18♐57	19♐21
/⚳	16♎38	17♎12	17♎45	18♎18	18♎50	19♎22	19♎53	20♎24	20♎53	21♎22
/♃	9♏53	10♏18	10♏43	11♏07	11♏30	11♏53	12♏16	12♏38	12♏59	13♏20
/♄	1♐51	2♐11	2♐31	2♐51	3♐10	3♐29	3♐47	4♐04	4♐21	4♐37
/♅	1♌37	1♌56	2♒15	2♒34	2♒52	3♒09	3♒26	3♒42	3♒57	4♒12
/♆	8♑04	8♑23	8♑42	9♑01	9♑19	9♑36	9♑53	10♑09	10♑24	10♑39
/♇	9♐59	10♐20	10♐39	10♐58	11♐17	11♐35	11♐52	12♐09	12♐25	12♐40
/☊	18♍08	18♍25	18♍42	18♍58	19♍15	19♍32	19♍49	20♍06	20♍23	20♍39
♂/⚳	1♐04	1♐23	1♐43	2♐03	2♐23	2♐44	3♐05	3♐27	3♐49	4♐11
/♃	24♐19	24♐29	24♐40	24♐52	25♐03	25♐16	25♐28	25♐41	25♐55	26♐08
/♄	16♑17	16♑23	16♑29	16♑36	16♑43	16♑51	16♑59	17♑08	17♑17	17♑26
/♅	16♓03	16♓08	16♓13	16♓19	16♓25	16♓31	16♓38	16♓45	16♓53	17♓00
/♆	22♒29	22♒34	22♒40	22♒46	22♒52	22♒58	23♒05	23♒12	23♒20	23♒27
/♇	24♑25	24♑31	24♑37	24♑43	24♑50	24♑57	25♑04	25♑12	25♑20	25♑29
/☊	2♏34	2♏37	2♏39	2♏43	2♏48	2♏54	3♏01	3♏09	3♏18	3♏27
⚳/♃	25♎23	25♎41	25♎59	26♎18	26♎36	26♎55	27♎13	27♎32	27♎50	28♎09
/♄	17♏21	17♏34	17♏48	18♏02	18♏16	18♏30	18♏44	18♏58	19♏12	19♏27
/♅	17♋07	17♋20	17♋32	17♋45	17♋58	18♋10	18♋23	18♋36	18♋48	19♋01
/♆	23♐34	23♐46	23♐59	24♐12	24♐25	24♐37	24♐50	25♐03	25♐16	25♐28
/♇	25♏30	25♏43	25♏56	26♏09	26♏23	26♏36	26♏49	27♏03	27♏16	27♏30
/☊	3♍39	3♍49	3♍59	4♍09	4♍21	4♍33	4♍46	4♍60	5♍14	5♍28
♃/♄	10♐36	10♐41	10♐46	10♐51	10♐56	11♐02	11♐07	11♐13	11♐18	11♐24
/♅	10♒22	10♒26	10♒30	10♒34	10♒38	10♒42	10♒46	10♒50	10♒54	10♒58
/♆	16♑49	16♑53	16♑56	17♑00	17♑05	17♑09	17♑13	17♑17	17♑21	17♑26
/♇	18♐45	18♐49	18♐54	18♐58	19♐03	19♐07	19♐12	19♐17	19♐22	19♐27
/☊	26♍54	26♍55	26♍56	26♍58	27♍01	27♍04	27♍09	27♍14	27♍20	27♍25
♄/♅	2♓20	2♓19	2♓19	2♓18	2♓18	2♓17	2♓17	2♓17	2♓16	2♓16
/♆	8♒46	8♒46	8♒45	8♒45	8♒44	8♒44	8♒44	8♒43	8♒43	8♒43
/♇	10♑42	10♑42	10♑42	10♑42	10♑43	10♑43	10♑43	10♑43	10♑44	10♑44
/☊	18♎51	18♎48	18♎45	18♎42	18♎40	18♎40	18♎40	18♎41	18♎42	18♎43
♅/♆	8♈33	8♈31	8♈29	8♈28	8♈26	8♈24	8♈23	8♈21	8♈19	8♈17
/♇	10♓29	10♓27	10♓26	10♓25	10♓24	10♓23	10♓22	10♓21	10♓20	10♓19
/☊	18♊37	18♊33	18♊29	18♊25	18♊22	18♊20	18♊19	18♊18	18♊18	18♊17
♆/♇	16♒55	16♒54	16♒53	16♒52	16♒51	16♒50	16♒49	16♒48	16♒47	16♒46
/☊	25♉04	24♉60	24♉56	24♉52	24♉49	24♉47	24♉46	24♉45	24♉45	24♉45
♇/☊	27♎00	26♎56	26♎53	26♎49	26♎47	26♎46	26♎45	26♎45	26♎46	26♎46

	21	22	23	24	25	26	27	28	29	30
☉/☽	4♐55	11♐21	17♐52	24♐28	1♑11	8♋00	14♋57	21♋59	29♋08	6♌22
/☿	27♍56	29♍20	0♎44	2♎07	3♎29	4♎52	6♎13	7♎35	8♎55	10♎16
/♀	17♎30	18♎14	18♎56	19♎38	20♎19	20♎59	21♎38	22♎16	22♎54	23♎30
/♂	0♐13	0♐51	1♐30	2♐09	2♐49	3♐29	4♐09	4♐49	5♐29	6♐10
/⚳	2♎18	3♎01	3♎44	4♎27	5♎10	5♎53	6♎36	7♎19	8♎02	8♎45
/♃	24♎07	24♎42	25♎16	25♎51	26♎26	27♎01	27♎35	28♎10	28♎45	29♎20
/♄	15♏20	15♏50	16♏21	16♏51	17♏21	17♏51	18♏22	18♏52	19♏23	19♏53
/♅	14♋53	15♋22	15♋50	16♋18	16♋47	17♋15	17♋43	18♋12	18♋40	19♋08
/♆	21♐21	21♐49	22♐18	22♐46	23♐15	23♐43	24♐12	24♐41	25♐09	25♐38
/♇	23♏22	23♏52	24♏21	24♏50	25♏19	25♏49	26♏18	26♏47	27♏17	27♏46
/☊	1♍21	1♍49	2♍17	2♍43	3♍08	3♍32	3♍56	4♍20	4♍46	5♍12
☽/☿	4♐53	11♐45	18♐40	25♐41	2♑47	10♋00	17♋19	24♋45	2♌15	9♌51
/♀	24♐27	0♑38	6♑53	13♑12	19♑37	26♑08	2♒44	9♒26	16♌13	23♌05
/♂	7♒10	13♒16	19♒27	25♒44	2♓07	8♓37	15♓15	21♓59	28♓49	5♈45
/⚳	9♐16	15♐26	21♐41	28♐01	4♑28	11♋02	17♋42	24♋29	1♌22	8♌20
/♃	1♑04	7♑06	13♑13	19♑25	25♑44	2♒09	8♒42	15♒20	22♌05	28♌55
/♄	22♑18	28♑15	4♒17	10♒25	16♒39	23♒00	29♒28	6♓02	12♓42	19♓28
/♅	21♓50	27♓46	3♈46	9♈52	16♈05	22♈24	28♈50	5♉22	11♉60	18♉44
/♆	28♒18	4♓14	10♓14	16♓20	22♓33	28♓52	5♈18	11♈51	18♈29	25♈13
/♇	0♒20	6♒16	12♒17	18♒24	24♒37	0♓57	7♓24	13♓57	20♓37	27♓21
/☊	8♉18	14♉14	20♉13	26♉17	2♊26	8♊41	15♊02	21♊30	28♊05	4♋47
☿/♀	17♎28	18♎37	19♎44	20♎50	21♎55	22♎59	24♎01	25♎02	26♎01	26♎59
/♂	0♐11	1♐15	2♐19	3♐22	4♐25	5♐29	6♐31	7♐34	8♐37	9♐39
/⚳	2♎16	3♎25	4♎33	5♎40	6♎47	7♎53	8♎59	10♎05	11♎10	12♎14
/♃	24♎05	25♎05	26♎05	27♎04	28♎02	29♎00	29♎58	0♏56	1♏52	2♏49
/♄	15♏18	16♏14	17♏09	18♏03	18♏58	19♏51	20♏45	21♏38	22♏30	23♏22
/♅	14♋51	15♋45	16♋38	17♋31	18♋23	19♋15	20♋06	20♋57	21♋47	22♋37
/♆	21♐19	22♐12	23♐06	23♐59	24♐51	25♐43	26♐35	27♐26	28♐17	29♐07
/♇	23♏20	24♏15	25♏09	26♏03	26♏56	27♏49	28♏41	29♏33	0♐24	1♐15
/☊	1♍19	2♍13	3♍05	3♍55	4♍44	5♍32	6♍19	7♍06	7♍53	8♍41
♀/♂	19♐45	20♐08	20♐31	20♐53	21♐15	21♐36	21♐56	22♐16	22♐35	22♐53
/⚳	21♎51	22♎18	22♎45	23♎11	23♎36	24♎00	24♎24	24♎46	25♎08	25♎28
/♃	13♏40	13♏59	14♏17	14♏35	14♏52	15♏08	15♏23	15♏37	15♏51	16♏03
/♄	4♐53	5♐07	5♐21	5♐35	5♐47	5♐59	6♐09	6♐19	6♐28	6♐36
/♅	4♒25	4♒38	4♒51	5♒02	5♒13	5♒22	5♒31	5♒39	5♒46	5♒51
/♆	10♑53	11♑06	11♑18	11♑30	11♑41	11♑51	11♑60	12♑08	12♑15	12♑21
/♇	12♐55	13♐09	13♐22	13♐34	13♐45	13♐56	14♐06	14♐14	14♐22	14♐29
/☊	20♍53	21♍06	21♍17	21♍26	21♍34	21♍39	21♍44	21♍47	21♍51	21♍55
♂/⚳	4♐33	4♐56	5♐19	5♐43	6♐06	6♐30	6♐54	7♐19	7♐44	8♐09
/♃	26♐22	26♐37	26♐51	27♐06	27♐22	27♐38	27♐54	28♐10	28♐26	28♐43
/♄	17♑35	17♑45	17♑56	18♑06	18♑17	18♑28	18♑40	18♑52	19♑04	19♑17
/♅	17♓08	17♓16	17♓25	17♓34	17♓43	17♓52	18♓02	18♓11	18♓21	18♓32
/♆	23♒35	23♒44	23♒53	24♒02	24♒11	24♒20	24♒30	24♒40	24♒51	25♒01
/♇	25♑37	25♑46	25♑56	26♑05	26♑15	26♑26	26♑36	26♑47	26♑58	27♑09
/☊	3♏36	3♏44	3♏52	3♏58	4♏04	4♏09	4♉14	4♉20	4♉27	4♉35
⚳/♃	28♎28	28♎47	29♎05	29♎24	29♎43	0♏02	0♏21	0♏40	0♏59	1♏18
/♄	19♏41	19♏55	20♏10	20♏24	20♏38	20♏53	21♏08	21♏22	21♏37	21♏52
/♅	19♋14	19♋26	19♋39	19♋51	20♋04	20♋17	20♋29	20♋42	20♋54	21♋07
/♆	25♐41	25♐54	26♐07	26♐19	26♐32	26♐45	26♐58	27♐11	27♐23	27♐36
/♇	27♏43	27♏56	28♏10	28♏23	28♏37	28♏50	29♏04	29♏17	29♏31	29♏44
/☊	5♍42	5♍54	6♍06	6♍16	6♍25	6♍34	6♍42	6♍50	6♍60	7♍10
♃/♄	11♐30	11♐36	11♐42	11♐48	11♐54	12♐00	12♐07	12♐13	12♐20	12♐26
/♅	11♒03	11♒07	11♒11	11♒15	11♒20	11♒24	11♒28	11♒33	11♒37	11♒42
/♆	17♑30	17♑34	17♑39	17♑43	17♑48	17♑52	17♑57	18♑02	18♑06	18♑11
/♇	19♐32	19♐37	19♐42	19♐47	19♐52	19♐58	20♐03	20♐08	20♐14	20♐19
/☊	27♍30	27♍35	27♍38	27♍40	27♍41	27♍41	27♍41	27♍41	27♍43	27♍45
♄/♅	2♓16	2♓15	2♓15	2♓15	2♓15	2♓15	2♓15	2♓15	2♓15	2♓15
/♆	8♒43	8♒43	8♒43	8♒43	8♒43	8♒43	8♒43	8♒44	8♒44	8♒44
/♇	10♑45	10♑45	10♑46	10♑47	10♑48	10♑48	10♑49	10♑50	10♑51	10♑52
/☊	18♎44	18♎43	18♎42	18♎39	18♎36	18♎32	18♎27	18♎23	18♎20	18♎18
♅/♆	8♈16	8♈14	8♈12	8♈10	8♈09	8♈07	8♈05	8♈03	8♈01	7♈60
/♇	10♓18	10♓17	10♓15	10♓14	10♓13	10♓12	10♓11	10♓10	10♓09	10♓08
/☊	18♊16	18♊14	18♊11	18♊07	18♊02	17♊55	17♊49	17♊43	17♊38	17♊33
♆/♇	16♒45	16♒44	16♒43	16♒42	16♒41	16♒40	16♒40	16♒39	16♒38	16♒37
/☊	24♉44	24♉42	24♉39	24♉35	24♉30	24♉24	24♉18	24♉12	24♉07	24♉03
♇/☊	26♎46	26♎44	26♎42	26♎39	26♎34	26♎29	26♎24	26♎19	26♎14	26♎11

October 2018

	1	2	3	4	5	6	7	8	9	10	11	12	13	14	15	16	17	18	19	20	21	22	23	24	25	26	27	28	29	30	31	
☉/☽	13♌42	21♌06	28♌36	6♍11	13♍50	21♍33	29♍16	6♎58	14♎36	22♎07	29♎28	6♏37	13♏35	20♏21	26♏59	3♐29	9♐55	16♐18	22♐43	29♐11	5♑45	12♑26	19♑16	26♑15	3♌23	10♌38	17♌59	25♌25	2♍54	10♍25	17♍57	☉/☽
/☿	11♎36	12♎55	14♎15	15♎33	16♎52	18♎10	19♎27	20♎44	22♎01	23♎18	24♎34	25♎50	27♎05	28♎20	29♎35	0♏49	2♏03	3♏17	4♏31	5♏44	6♏56	8♏08	9♏20	10♏32	11♏43	12♏53	14♏03	15♏13	16♏22	17♏30	18♏38	/☿
/♀	24♎05	24♎39	25♎13	25♎45	26♎16	26♎46	27♎15	27♎42	28♎09	28♎34	28♎58	29♎21	29♎42	0♏03	0♏22	0♏41	0♏58	1♏14	1♏30	1♏44	1♏58	2♏11	2♏24	2♏36	2♏48	2♏60	3♏11	3♏23	3♏35	3♏47	3♏59	/♀
/♂	6♐51	7♐33	8♐14	8♐56	9♐38	10♐21	11♐03	11♐46	12♐29	13♐12	13♐56	14♐39	15♐23	16♐07	16♐52	17♐36	18♐21	19♐06	19♐51	20♐36	21♐21	22♐07	22♐53	23♐38	24♐24	25♐10	25♐57	26♐43	27♐30	28♐16	29♐03	/♂
/⚳	9♎28	10♎11	10♎54	11♎38	12♎21	13♎04	13♎47	14♎30	15♎13	15♎57	16♎40	17♎23	18♎06	18♎50	19♎33	20♎16	20♎60	21♎43	22♎26	23♎09	23♎53	24♎36	25♎19	26♎03	26♎46	27♎30	28♎13	28♎56	29♎40	0♏23	1♏06	/⚳
/♃	29♎55	0♏30	1♏05	1♏41	2♏16	2♏51	3♏27	4♏02	4♏38	5♏13	5♏49	6♏24	7♏00	7♏36	8♏12	8♏47	9♏23	9♏59	10♏35	11♏11	11♏47	12♏23	12♏59	13♏35	14♏12	14♏48	15♏24	16♏00	16♏37	17♏13	17♏50	/♃
/♄	20♏24	20♏55	21♏25	21♏56	22♏27	22♏58	23♏29	24♏00	24♏31	25♏02	25♏34	26♏05	26♏36	27♏08	27♏39	28♏11	28♏43	29♏14	29♏46	0♐18	0♐50	1♐21	1♐53	2♐25	2♐57	3♐30	4♐02	4♐34	5♐06	5♐38	6♐11	/♄
/♅	19♋37	20♋05	20♋34	21♋02	21♋31	21♋59	22♋27	22♋56	23♋24	23♋53	24♋21	24♋50	25♋18	25♋47	26♋15	26♋44	27♋12	27♋41	28♋09	28♋38	29♋07	29♋35	0♌04	0♌32	1♒01	1♒30	1♒58	2♒27	2♒56	3♒25	3♒53	/♅
/♆	26♐07	26♐36	27♐04	27♐33	28♐02	28♐31	28♐60	29♐29	29♐58	0♑27	0♑56	1♑25	1♑54	2♑23	2♑52	3♑21	3♑50	4♑19	4♑48	5♑18	5♑47	6♑16	6♑46	7♑15	7♑44	8♑14	8♑43	9♑13	9♑42	10♑12	10♑41	/♆
/♇	28♏16	28♏45	29♏15	29♏44	0♐14	0♐43	1♐13	1♐43	2♐13	2♐42	3♐12	3♐42	4♐12	4♐42	5♐12	5♐42	6♐12	6♐42	7♐12	7♐42	8♐12	8♐42	9♐12	9♐42	10♐13	10♐43	11♐13	11♐43	12♐14	12♐44	13♐15	/♇
/☊	5♍40	6♍08	6♍38	7♍08	7♍37	8♍05	8♍32	8♍58	9♍22	9♍46	10♍10	10♍34	10♍60	11♍26	11♍54	12♍23	12♍53	13♍23	13♍52	14♍20	14♍47	15♍13	15♍37	16♍01	16♍24	16♍48	17♍12	17♍38	18♍05	18♍34	19♍04	/☊
☽/☿	17♌31	25♌17	3♍07	11♍01	18♍60	27♍01	5♎03	13♎03	20♎59	28♎46	6♏24	13♏50	21♏04	28♏06	4♐59	11♐44	18♐24	25♐02	1♑40	8♑22	15♑09	22♑03	29♑05	6♒16	13♒34	21♒00	28♌32	6♍08	13♍46	21♍25	29♍05	☽/☿
/♀	0♍01	7♍01	14♍05	21♍13	28♍24	5♎37	12♎50	20♎01	27♎06	4♏03	10♏48	17♏21	23♏41	29♏49	5♐46	11♐35	17♐19	22♐59	28♐40	4♑23	10♑11	16♑06	22♑09	28♑20	4♌40	11♌07	17♌40	24♌18	0♍59	7♍42	14♍26	/♀
/♂	12♈47	19♈54	27♈07	4♉24	11♏46	19♏12	26♏39	4♐05	11♐27	18♐41	25♐46	2♑40	9♑22	15♑53	22♑16	28♑31	4♒42	10♒51	17♒01	23♒14	29♒34	6♓01	12♓37	19♓22	26♓16	3♈18	10♈26	17♈38	24♈54	2♉11	9♉30	/♂
/⚳	15♌24	22♌33	29♌47	7♍06	14♍29	21♍55	29♍23	6♎49	14♎11	21♎25	28♎30	5♏23	12♏05	18♏36	24♏57	1♐11	7♐20	13♐28	19♐36	25♐48	2♑05	8♑30	15♑04	21♋47	28♋38	5♌37	12♌42	19♌51	27♌04	4♍18	11♍33	/⚳
/♃	5♍51	12♍52	19♍58	27♍09	4♎24	11♎43	19♎03	26♎21	3♏35	10♏42	17♏39	24♏24	0♐59	7♐22	13♐35	19♐42	25♐44	1♑44	7♑45	13♑49	19♑60	26♑17	2♒44	9♒19	16♒03	22♒55	29♌53	6♍55	14♍01	21♍08	28♍17	/♃
/♄	26♓20	3♎16	10♎18	17♎24	24♎35	1♏49	9♏05	16♏19	23♏29	0♐31	7♐24	14♐05	20♐35	26♐54	3♑03	9♑05	15♑03	20♑59	26♑56	2♒56	9♒02	15♒16	21♒38	28♒09	4♓49	11♓37	18♓30	25♓29	2♈30	9♎33	16♎38	/♄
/♅	25♉33	2♊27	9♊26	16♊30	23♊39	0♋50	8♋03	15♋15	22♋22	29♋21	6♒11	12♒50	19♒17	25♒33	1♓39	7♓38	13♓33	19♓26	25♓19	1♈16	7♈19	13♈29	19♈48	26♈16	2♉53	9♉37	16♉27	23♉22	0♊20	7♊20	14♊20	/♅
/♆	2♉02	8♉57	15♉57	23♉01	0♊10	7♊22	14♐36	21♐48	28♐55	5♑55	12♑46	19♑25	25♑52	2♒09	8♒16	14♒15	20♒11	26♒04	1♓58	7♓56	13♓60	20♓10	26♓30	2♈59	9♈36	16♈21	23♈12	0♉08	7♉06	14♉07	21♉08	/♆
/♇	4♈11	11♈07	18♈07	25♎12	2♏22	9♏35	16♏49	24♏02	1♐10	8♐11	15♐02	21♐42	28♐10	4♑28	10♑35	16♑36	22♑32	28♑26	4♒21	10♒20	16♒24	22♒36	28♒57	5♓26	12♓04	18♓50	25♓42	2♈38	9♈38	16♈39	23♎42	/♇
/☊	11♋35	18♋30	25♋30	2♌36	9♌45	16♌57	24♌08	1♍17	8♍20	15♍15	21♍60	28♍34	4♎58	11♎12	17♎18	23♎18	29♎13	5♉07	11♉02	16♉59	22♉60	29♉07	5♊22	11♊45	18♊16	24♊55	1♋41	8♋33	15♋29	22♋29	29♋31	/☊
☿/♀	27♎55	28♎50	29♎43	0♏35	1♏25	2♏14	3♏01	3♏47	4♏31	5♏13	5♏54	6♏34	7♏11	7♏48	8♏22	8♏56	9♏28	9♏58	10♏27	10♏55	11♏22	11♏48	12♏13	12♏37	12♏60	13♏22	13♏44	14♏05	14♏26	14♏47	15♏07	☿/♀
/♂	10♐41	11♐43	12♐45	13♐46	14♐48	15♐49	16♐50	17♐51	18♐51	19♐52	20♐52	21♐52	22♐52	23♐52	24♐52	25♐51	26♐50	27♐49	28♐48	29♐47	0♑45	1♑43	2♑41	3♑39	4♑36	5♑33	6♑29	7♑26	8♑21	9♑16	10♑11	/♂
/⚳	13♎18	14♎22	15♎25	16♎28	17♎30	18♎32	19♎34	20♎35	21♎36	22♎36	23♎36	24♎36	25♎35	26♎34	27♎33	28♎31	29♎29	0♏26	1♏24	2♏20	3♏17	4♏13	5♏08	6♏03	6♏58	7♏52	8♏46	9♏39	10♏31	11♏23	12♏14	/⚳
/♃	3♏45	4♏41	5♏36	6♏31	7♏25	8♏20	9♏13	10♏07	10♏60	11♏53	12♏45	13♏37	14♏29	15♏20	16♏12	17♏02	17♏53	18♏43	19♏33	20♏22	21♏11	21♏60	22♏48	23♏36	24♏23	25♏10	25♏57	26♏43	27♏28	28♏13	28♏57	/♃
/♄	24♏14	25♏05	25♏56	26♏46	27♏37	28♏26	29♏16	0♐05	0♐54	1♐42	2♐30	3♐18	4♐05	4♐52	5♐39	6♐26	7♐12	7♐58	8♐43	9♐29	10♐13	10♐58	11♐42	12♐26	13♐09	13♐52	14♐34	15♐16	15♐58	16♐38	17♐18	/♄
/♅	23♋27	24♋16	25♋04	25♋52	26♋40	27♋27	28♋14	29♋01	29♋47	0♌32	1♒18	2♒03	2♒47	3♒31	4♒15	4♒59	5♒42	6♒24	7♒07	7♒49	8♒30	9♒12	9♒52	10♒33	11♒13	11♒52	12♒31	13♒09	13♒47	14♒24	15♒01	/♅
/♆	29♐57	0♑46	1♑35	2♑23	3♑11	3♑59	4♑46	5♑33	6♑20	7♑06	7♑52	8♑37	9♑23	10♑07	10♑52	11♑36	12♑20	13♑03	13♑46	14♑29	15♑11	15♑53	16♑34	17♑15	17♑56	18♑36	19♑16	19♑55	20♑34	21♑12	21♑49	/♆
/♇	2♐06	2♐56	3♐45	4♐35	5♐23	6♐12	6♐60	7♐48	8♐35	9♐22	10♐09	10♐55	11♐41	12♐26	13♐12	13♐56	14♐41	15♐25	16♐09	16♐53	17♐36	18♐18	19♐01	19♐43	20♐24	21♐05	21♐46	22♐26	23♐05	23♐44	24♐22	/♇
/☊	9♍29	10♍19	11♍08	11♍58	12♍46	13♍34	14♍19	15♍03	15♍45	16♍26	17♍06	17♍47	18♍28	19♍11	19♍54	20♍38	21♍22	22♍06	22♍49	23♍31	24♍11	24♍49	25♍26	26♍01	26♍36	27♍10	27♍45	28♍20	28♍57	29♍34	0♎11	/☊
♀/♂	23♐11	23♐27	23♐43	23♐58	24♐12	24♐25	24♐37	24♐49	24♐59	25♐08	25♐16	25♐23	25♐30	25♐35	25♐39	25♐43	25♐45	25♐47	25♐48	25♐48	25♐47	25♐46	25♐45	25♐43	25♐41	25♐39	25♐37	25♐35	25♐34	25♐33	25♐32	♀/♂
/⚳	25♎48	26♎06	26♎23	26♎39	26♎55	27♎08	27♎21	27♎33	27♎43	27♎52	28♎00	28♎07	28♎13	28♎17	28♎20	28♎23	28♎24	28♎24	28♎23	28♎21	28♎19	28♎16	28♎12	28♎08	28♎03	27♎58	27♎53	27♎48	27♎44	27♎39	27♎35	/⚳
/♃	16♏14	16♏25	16♏34	16♏43	16♏50	16♏56	17♏01	17♏05	17♏07	17♏09	17♏09	17♏08	17♏06	17♏03	16♏59	16♏54	16♏47	16♏40	16♏32	16♏23	16♏13	16♏03	15♏52	15♏40	15♏29	15♏17	15♏05	14♏53	14♏41	14♏29	14♏18	/♃
/♄	6♐43	6♐49	6♐54	6♐58	7♐01	7♐03	7♐03	7♐03	7♐01	6♐58	6♐54	6♐49	6♐43	6♐35	6♐27	6♐17	6♐07	5♐55	5♐43	5♐29	5♐15	5♐01	4♐46	4♐30	4♐14	3♐58	3♐42	3♐26	3♐10	2♐55	2♐40	/♄
/♅	5♒56	5♒60	6♒02	6♒04	6♒04	6♒04	6♒02	5♒58	5♒54	5♒48	5♒42	5♒34	5♒25	5♒14	5♒03	4♒50	4♒36	4♒22	4♒06	3♒50	3♒33	3♒15	2♒56	2♒37	2♒18	1♒58	1♒39	1♒19	0♒60	0♒41	0♒22	/♅
/♆	12♑26	12♑30	12♑33	12♑35	12♑36	12♑35	12♑34	12♑31	12♑27	12♑22	12♑16	12♑09	11♑60	11♑50	11♑39	11♑27	11♑14	11♑00	10♑45	10♑29	10♑13	9♑56	9♑38	9♑20	9♑01	8♑42	8♑24	8♑05	7♑46	7♑28	7♑10	/♆
/♇	14♐35	14♐40	14♐43	14♐46	14♐48	14♐48	14♐47	14♐45	14♐42	14♐38	14♐33	14♐26	14♐18	14♐09	13♐59	13♐48	13♐36	13♐23	13♐08	12♐53	12♐38	12♐21	12♐04	11♐47	11♐29	11♐11	10♐54	10♐36	10♐18	10♐00	9♐43	/♇
/☊	21♍59	22♍03	22♍07	22♍09	22♍11	22♍10	22♍06	22♍00	21♍52	21♍42	21♍30	21♍18	21♍06	20♍54	20♍42	20♍30	20♍17	20♍04	19♍49	19♍32	19♍13	18♍52	18♍30	18♍06	17♍41	17♍16	16♍53	16♍30	16♍10	15♍50	15♍33	/☊
♂/⚳	8♐34	8♐59	9♐25	9♐51	10♐17	10♐43	11♐10	11♐37	12♐04	12♐31	12♐58	13♐26	13♐54	14♐22	14♐50	15♐18	15♐46	16♐15	16♐44	17♐13	17♐42	18♐11	18♐40	19♐10	19♐39	20♐09	20♐39	21♐09	21♐39	22♐09	22♐39	♂/⚳
/♃	29♐01	29♐18	29♐36	29♐54	0♑12	0♑31	0♑49	1♑08	1♑28	1♑47	2♑07	2♑27	2♑47	3♑08	3♑28	3♑49	4♑10	4♑31	4♑53	5♑14	5♑36	5♑58	6♑20	6♑42	7♑05	7♑27	7♑50	8♑13	8♑36	8♑59	9♑22	/♃
/♄	19♑29	19♑42	19♑56	20♑09	20♑23	20♑37	20♑52	21♑06	21♑21	21♑37	21♑52	22♑08	22♑24	22♑40	22♑56	23♑13	23♑29	23♑46	24♑04	24♑21	24♑39	24♑56	25♑14	25♑32	25♑51	26♑09	26♑28	26♑46	27♑05	27♑24	27♑44	/♄
/♅	18♓42	18♓53	19♓04	19♓15	19♓27	19♓38	19♓50	20♓02	20♓14	20♓27	20♓40	20♓52	21♓05	21♓19	21♓32	21♓45	21♓59	22♓13	22♓27	22♓41	22♓56	23♓10	23♓25	23♓39	23♓54	24♓09	24♓24	24♓40	24♓55	25♓11	25♓26	/♅
/♆	25♒12	25♒23	25♒35	25♒46	25♒58	26♒10	26♒22	26♒35	26♒48	27♒01	27♒14	27♒27	27♒41	27♒55	28♒09	28♒23	28♒37	28♒51	29♒06	29♒21	29♒36	29♒51	0♓06	0♓22	0♓38	0♓53	1♓09	1♓25	1♓41	1♓58	2♓14	/♆
/♇	27♑21	27♑33	27♑45	27♑57	28♑10	28♑23	28♑36	28♑49	29♑03	29♑17	29♑30	29♑45	29♑59	0♒14	0♒28	0♒43	0♒58	1♒14	1♒29	1♒45	2♒01	2♒17	2♒33	2♒49	3♒06	3♒22	3♒39	3♒56	4♒13	4♒30	4♒47	/♇
/☊	4♉45	4♉56	5♉08	5♉21	5♉33	5♉45	5♉55	6♉04	6♉12	6♉20	6♉28	6♉37	6♉47	6♉58	7♉11	7♉25	7♉40	7♉55	8♉10	8♉23	8♉36	8♉48	8♉58	9♉08	9♉17	9♉27	9♉38	9♉51	10♉05	10♉20	10♉37	/☊
⚳/♃	1♏38	1♏57	2♏16	2♏35	2♏55	3♏14	3♏33	3♏53	4♏12	4♏32	4♏51	5♏11	5♏30	5♏50	6♏10	6♏29	6♏49	7♏08	7♏28	7♏48	8♏08	8♏27	8♏47	9♏07	9♏27	9♏47	10♏06	10♏26	10♏46	11♏06	11♏26	⚳/♃
/♄	22♏06	22♏21	22♏36	22♏51	23♏06	23♏21	23♏36	23♏51	24♏06	24♏21	24♏36	24♏51	25♏07	25♏22	25♏37	25♏53	26♏08	26♏24	26♏39	26♏54	27♏10	27♏26	27♏41	27♏57	28♏12	28♏28	28♏44	28♏60	29♏15	29♏31	29♏47	/♄
/♅	21♋19	21♋32	21♋44	21♋57	22♋09	22♋22	22♋34	22♋46	22♋59	23♋11	23♋24	23♋36	23♋48	24♋01	24♋13	24♋26	24♋38	24♋50	25♋02	25♋15	25♋27	25♋39	25♋52	26♋04	26♋16	26♋28	26♋41	26♋53	27♋05	27♋17	27♋29	/♅
/♆	27♐49	28♐02	28♐15	28♐28	28♐41	28♐54	29♐06	29♐19	29♐32	29♐45	29♐58	0♑11	0♑24	0♑37	0♑50	1♑03	1♑16	1♑29	1♑42	1♑54	2♑07	2♑20	2♑33	2♑46	2♑59	3♑12	3♑25	3♑38	3♑51	4♑04	4♑17	/♆
/♇	29♏58	0♐12	0♐25	0♐39	0♐53	1♐06	1♐20	1♐34	1♐47	2♐01	2♐15	2♐28	2♐42	2♐56	3♐10	3♐23	3♐37	3♐51	4♐05	4♐18	4♐32	4♐46	4♐60	5♐14	5♐28	5♐41	5♐55	6♐09	6♐23	6♐37	6♐51	/♇
/☊	7♍22	7♍35	7♍48	8♍02	8♍16	8♍28	8♍39	8♍48	8♍57	9♍05	9♍12	9♍21	9♍30	9♍40	9♍52	10♍05	10♍18	10♍32	10♍45	10♍57	11♍08	11♍17	11♍25	11♍32	11♍39	11♍46	11♍54	12♍04	12♍15	12♍27	12♍40	/☊
♃/♄	12♐33	12♐40	12♐47	12♐54	13♐01	13♐08	13♐15	13♐23	13♐30	13♐37	13♐45	13♐53	14♐00	14♐08	14♐16	14♐24	14♐32	14♐40	14♐48	14♐56	15♐04	15♐13	15♐21	15♐29	15♐38	15♐46	15♐55	16♐04	16♐12	16♐21	16♐30	♃/♄
/♅	11♒46	11♒51	11♒55	11♒60	12♒04	12♒09	12♒14	12♒18	12♒23	12♒28	12♒33	12♒37	12♒42	12♒47	12♒52	12♒57	13♒02	13♒06	13♒11	13♒16	13♒21	13♒26	13♒31	13♒36	13♒42	13♒47	13♒52	13♒57	14♒02	14♒07	14♒13	/♅
/♆	18♑16	18♑21	18♑26	18♑31	18♑36	18♑41	18♑46	18♑51	18♑56	19♑02	19♑07	19♑12	19♑17	19♑23	19♑28	19♑34	19♑39	19♑45	19♑50	19♑56	20♑02	20♑07	20♑13	20♑19	20♑25	20♑31	20♑37	20♑42	20♑48	20♑54	21♑00	/♆
/♇	20♐25	20♐31	20♐36	20♐42	20♐48	20♐54	20♐59	21♐05	21♐11	21♐17	21♐23	21♐30	21♐36	21♐42	21♐48	21♐54	22♐01	22♐07	22♐14	22♐20	22♐27	22♐33	22♐40	22♐46	22♐53	22♐60	23♐06	23♐13	23♐20	23♐27	23♐34	/♇
/☊	27♍49	27♍54	27♍59	28♍05	28♍11	28♍15	28♍18	28♍20	28♍21	28♍21	28♍21	28♍22	28♍23	28♍26	28♍31	28♍36	28♍42	28♍48	28♍54	28♍59	29♍02	29♍04	29♍05	29♍05	29♍05	29♍05	29♍06	29♍08	29♍12	29♍17	29♍23	/☊
♄/♅	2♓15	2♓15	2♓15	2♓15	2♓15	2♓16	2♓16	2♓16	2♓17	2♓17	2♓17	2♓18	2♓18	2♓19	2♓20	2♓20	2♓21	2♓22	2♓22	2♓23	2♓24	2♓25	2♓25	2♓26	2♓27	2♓28	2♓29	2♓30	2♓32	2♓33	2♓34	♄/♅
/♆	8♒45	8♒45	8♒46	8♒46	8♒47	8♒48	8♒48	8♒49	8♒50	8♒51	8♒52	8♒53	8♒54	8♒55	8♒56	8♒57	8♒59	8♒60	9♒01	9♒03	9♒04	9♒06	9♒07	9♒09	9♒11	9♒12	9♒14	9♒16	9♒18	9♒20	9♒22	/♆
/♇	10♑54	10♑55	10♑56	10♑57	10♑59	11♑00	11♑02	11♑03	11♑05	11♑07	11♑08	11♑10	11♑12	11♑14	11♑16	11♑18	11♑20	11♑22	11♑24	11♑27	11♑29	11♑31	11♑34	11♑36	11♑39	11♑41	11♑44	11♑47	11♑49	11♑52	11♑55	/♇
/☊	18♎18	18♎18	18♎19	18♎21	18♎22	18♎22	18♎21	18♎18	18♎15	18♎10	18♎06	18♎02	17♎60	17♎58	17♎59	17♎60	18♎01	18♎03	18♎05	18♎05	18♎04	18♎02	17♎59	17♎55	17♎50	17♎46	17♎43	17♎41	17♎41	17♎42	17♎44	/☊
♅/♆	7♈58	7♈56	7♈54	7♈52	7♈50	7♈49	7♈47	7♈45	7♈43	7♈41	7♈39	7♈37	7♈36	7♈34	7♈32	7♈30	7♈28	7♈27	7♈25	7♈23	7♈21	7♈19	7♈18	7♈16	7♈14	7♈13	7♈11	7♈09	7♈07	7♈06	7♈04	♅/♆
/♇	10♓07	10♓06	10♓04	10♓03	10♓02	10♓01	10♓00	9♓59	9♓58	9♓57	9♓56	9♓55	9♓54	9♓53	9♓52	9♓51	9♓50	9♓49	9♓48	9♓47	9♓46	9♓45	9♓44	9♓43	9♓42	9♓42	9♓41	9♓40	9♓39	9♓38	9♓37	/♇
/☊	17♊31	17♊29	17♊28	17♊27	17♊25	17♊23	17♊19	17♊14	17♊08	17♊01	16♊54	16♊47	16♊42	16♊37	16♊34	16♊32	16♊31	16♊30	16♊28	16♊25	16♊21	16♊16	16♊09	16♊02	15♊54	15♊46	15♊40	15♊35	15♊31	15♊28	15♊27	/☊
♆/♇	16♒37	16♒36	16♒35	16♒34	16♒34	16♒33	16♒32	16♒32	16♒31	16♒31	16♒30	16♒30	16♒29	16♒29	16♒28	16♒28	16♒28	16♒27	16♒27	16♒27	16♒26	16♒26	16♒26	16♒26	16♒26	16♒26	16♒25	16♒25	16♒25	16♒25	16♒25	♆/♇
/☊	24♉00	23♉59	23♉58	23♉58	23♉57	23♉55	23♉51	23♉47	23♉41	23♉34	23♉28	23♉22	23♉17	23♉13	23♉11	23♉10	23♉09	23♉08	23♉07	23♉05	23♉02	22♉57	22♉51	22♉44	22♉37	22♉30	22♉25	22♉20	22♉17	22♉15	22♉15	/☊
♇/☊	26♎09	26♎09	26♎09	26♎09	26♎09	26♎07	26♎05	26♎01	25♎56	25♎50	25♎45	25♎39	25♎35	25♎32	25♎31	25♎30	25♎30	25♎31	25♎30	25♎29	25♎27	25♎23	25♎18	25♎12	25♎05	24♎60	24♎55	24♎51	24♎49	24♎48	24♎48	♇/☊

October 2018

November 2018

	1	2	3	4	5	6	7	8	9	10	11	12	13	14	15
☉/☽	25♍30	3♎03	10♎35	18♎07	25♎36	3♏02	10♏21	17♏33	24♏37	1♐31	8♐16	14♐52	21♐22	27♐48	4♑12
/☿	19♏45	20♏51	21♏56	23♏00	24♏03	25♏05	26♏06	27♏04	28♏01	28♏57	29♏49	0♐40	1♐27	2♐11	2♐52
/♀	4♏12	4♏26	4♏40	4♏56	5♏12	5♏29	5♏47	6♏07	6♏27	6♏49	7♏12	7♏36	8♏01	8♏28	8♏55
/♂	29♐50	0♑37	1♑24	2♑12	2♑59	3♑47	4♑34	5♑22	6♑10	6♑58	7♑46	8♑35	9♑23	10♑11	10♑60
/⚳	1♏50	2♏33	3♏17	4♏00	4♏44	5♏27	6♏10	6♏54	7♏37	8♏21	9♏04	9♏48	10♏31	11♏14	11♏58
/♃	18♏26	19♏03	19♏39	20♏16	20♏52	21♏29	22♏05	22♏42	23♏19	23♏56	24♏32	25♏09	25♏46	26♏23	26♏60
/♄	6♐43	7♐16	7♐48	8♐21	8♐53	9♐26	9♐59	10♐32	11♐04	11♐37	12♐10	12♐43	13♐16	13♐49	14♐22
/♅	4♒22	4♒51	5♒20	5♒49	6♒17	6♒46	7♒15	7♒44	8♒13	8♒42	9♒11	9♒40	10♒09	10♒38	11♒07
/♆	11♑11	11♑40	12♑10	12♑40	13♑10	13♑39	14♑09	14♑39	15♑09	15♑39	16♑09	16♑39	17♑08	17♑38	18♑09
/♇	13♐45	14♐15	14♐46	15♐16	15♐47	16♐18	16♐48	17♐19	17♐50	18♐20	18♐51	19♐22	19♐53	20♐23	20♐54
/☊	19♍34	20♍03	20♍32	20♍59	21♍25	21♍50	22♍14	22♍38	23♍02	23♍27	23♍54	24♍22	24♍51	25♍22	25♍52
☽/☿	6♎44	14♎23	22♎01	29♎37	7♏09	14♏36	21♏56	29♏07	6♐07	12♐55	19♐33	25♐59	2♑17	8♑26	14♑31
/♀	21♍12	27♍58	4♎45	11♎32	18♎18	24♎60	1♏38	8♏09	14♏32	20♏48	26♏55	2♐55	8♐51	14♐43	20♐34
/♂	16♉50	24♏10	1♐29	8♐48	16♐05	23♐18	0♑25	7♑24	14♑15	20♑57	27♑30	3♒54	10♒12	16♒26	22♒38
/⚳	18♍49	26♍06	3♎22	10♎37	17♎49	24♎58	2♏01	8♏56	15♏43	22♏20	28♏48	5♐07	11♐20	17♐29	23♐36
/♃	5♎26	12♎35	19♎44	26♎52	3♏58	10♏60	17♏56	24♏44	1♐24	7♐55	14♐16	20♐29	26♐36	2♑38	8♑38
/♄	23♎43	0♏48	7♏53	14♏57	21♏59	28♏57	5♐49	12♐34	19♐10	25♐36	1♑54	8♑03	14♑06	20♑04	26♑01
/♅	21♊22	28♊23	5♋25	12♋25	19♋23	26♋17	3♒06	9♒46	16♒18	22♒41	28♒55	4♓60	10♓59	16♓53	22♓46
/♆	28♉10	5♊13	12♊15	19♐16	26♐15	3♑10	9♑59	16♑41	23♑14	29♑38	5♒52	11♒58	17♒58	23♒53	29♒47
/♇	0♏45	7♏48	14♏51	21♏53	28♏53	5♐49	12♐39	19♐21	25♐55	2♑19	8♑35	14♑42	20♑42	26♑38	2♒33
/☊	6♌33	13♌36	20♌37	27♌36	4♍31	11♍21	18♍04	24♍40	1♎07	7♎26	13♎37	19♎42	25♎41	1♉36	7♉31
☿/♀	15♏27	15♏46	16♏06	16♏25	16♏45	17♏03	17♏22	17♏40	17♏57	18♏13	18♏29	18♏43	18♏55	19♏06	19♏14
/♂	11♑05	11♑58	12♑50	13♑42	14♑32	15♑21	16♑09	16♑55	17♑40	18♑23	19♑04	19♑42	20♑17	20♑49	21♑18
/⚳	13♏04	13♏54	14♏42	15♏30	16♏16	17♏01	17♏45	18♏27	19♏07	19♏45	20♏21	20♏55	21♏25	21♏53	22♏16
/♃	29♏41	0♐23	1♐05	1♐45	2♐25	3♐03	3♐40	4♐15	4♐49	5♐20	5♐50	6♐16	6♐40	7♐01	7♐18
/♄	17♐58	18♐36	19♐14	19♐51	20♐26	21♐01	21♐34	22♐05	22♐34	23♐02	23♐27	23♐50	24♐10	24♐27	24♐41
/♅	15♒37	16♒12	16♒45	17♒18	17♒50	18♒21	18♒50	19♒17	19♒43	20♒07	20♒28	20♒47	21♒04	21♒17	21♒26
/♆	22♑25	23♑01	23♑36	24♑10	24♑42	25♑14	25♑44	26♑12	26♑39	27♑03	27♑26	27♑46	28♑03	28♑17	28♑27
/♇	24♐59	25♐36	26♐12	26♐46	27♐20	27♐52	28♐23	28♐52	29♐20	29♐45	0♑08	0♑29	0♑47	1♑02	1♑13
/☊	0♎48	1♎24	1♎58	2♎29	2♎58	3♎24	3♎48	4♎11	4♎32	4♎52	5♎11	5♎29	5♎46	5♎60	6♎11
♀/♂	25♐32	25♐33	25♐34	25♐37	25♐40	25♐45	25♐51	25♐58	26♐06	26♐15	26♐26	26♐38	26♐51	27♐06	27♐21
/⚳	27♎32	27♎29	27♎27	27♎25	27♎25	27♎25	27♎27	27♎29	27♎33	27♎38	27♎44	27♎51	27♎59	28♎09	28♎20
/♃	14♏08	13♏58	13♏49	13♏41	13♏33	13♏27	13♏22	13♏17	13♏14	13♏12	13♏12	13♏12	13♏14	13♏17	13♏21
/♄	2♐25	2♐11	1♐58	1♐46	1♐35	1♐24	1♐15	1♐07	0♐60	0♐54	0♐50	0♐46	0♐44	0♐44	0♐44
/♅	0♌04	29♋46	29♋30	29♋14	28♋59	28♋44	28♋31	28♋19	28♋09	27♋59	27♋51	27♋43	27♋37	27♋33	27♋29
/♆	6♑53	6♑36	6♑20	6♑05	5♑51	5♑37	5♑25	5♑14	5♑04	4♑55	4♑48	4♑42	4♑37	4♑33	4♑30
/♇	9♐27	9♐11	8♐56	8♐42	8♐28	8♐16	8♐04	7♐54	7♐45	7♐37	7♐30	7♐25	7♐21	7♐18	7♐16
/☊	15♍16	14♍59	14♍42	14♍24	14♍06	13♍48	13♍30	13♍13	12♍57	12♍44	12♍33	12♍25	12♍20	12♍16	12♍14
♂/⚳	23♐10	23♐40	24♐11	24♐41	25♐12	25♐43	26♐14	26♐45	27♐16	27♐47	28♐18	28♐50	29♐21	29♐52	0♑24
/♃	9♑46	10♑09	10♑33	10♑57	11♑21	11♑45	12♑09	12♑33	12♑58	13♑22	13♑47	14♑11	14♑36	15♑01	15♑26
/♄	28♑03	28♑23	28♑42	29♑02	29♑22	29♑42	0♒02	0♒23	0♒43	1♒04	1♒24	1♒45	2♒06	2♒27	2♒48
/♅	25♓42	25♓58	26♓14	26♓30	26♓46	27♓02	27♓19	27♓35	27♓52	28♓09	28♓25	28♓42	28♓59	29♓16	29♓34
/♆	2♓31	2♓47	3♓04	3♓21	3♓38	3♓55	4♓13	4♓30	4♓47	5♓05	5♓23	5♓41	5♓58	6♓16	6♓35
/♇	5♒05	5♒22	5♒40	5♒58	6♒16	6♒34	6♒52	7♒10	7♒28	7♒47	8♒05	8♒24	8♒43	9♒01	9♒20
/☊	10♉54	11♉10	11♉26	11♉41	11♉54	12♉06	12♉17	12♉29	12♉41	12♉54	13♉08	13♉24	13♉41	13♉60	14♉18
⚳/♃	11♏46	12♏05	12♏25	12♏45	13♏05	13♏25	13♏45	14♏05	14♏25	14♏44	15♏04	15♏24	15♏44	16♏04	16♏24
/♄	0♐03	0♐19	0♐35	0♐50	1♐06	1♐22	1♐38	1♐54	2♐10	2♐26	2♐42	2♐58	3♐14	3♐30	3♐46
/♅	27♋42	27♋54	28♋06	28♋18	28♋30	28♋42	28♋55	29♋07	29♋19	29♋31	29♋43	29♑55	0♒07	0♒19	0♒32
/♆	4♑30	4♑43	4♑56	5♑09	5♑22	5♑35	5♑48	6♑01	6♑15	6♑28	6♑41	6♑54	7♑07	7♑20	7♑33
/♇	7♐04	7♐18	7♐32	7♐46	7♐60	8♐14	8♐28	8♐42	8♐55	9♐09	9♐23	9♐37	9♐51	10♐05	10♐18
/☊	12♍53	13♍06	13♍18	13♍29	13♍38	13♍46	13♍53	14♍00	14♍08	14♍16	14♍26	14♍37	14♍50	15♍03	15♍16
♃/♄	16♐39	16♐48	16♐57	17♐06	17♐15	17♐24	17♐33	17♐43	17♐52	18♐01	18♐11	18♐20	18♐29	18♐39	18♐48
/♅	14♒18	14♒23	14♒28	14♒34	14♒39	14♒44	14♒50	14♒55	15♒01	15♒06	15♒11	15♒17	15♒22	15♒28	15♒33
/♆	21♑07	21♑13	21♑19	21♑25	21♑31	21♑37	21♑44	21♑50	21♑56	22♑02	22♑09	22♑15	22♑22	22♑28	22♑35
/♇	23♐41	23♐48	23♐55	24♐02	24♐09	24♐16	24♐23	24♐30	24♐37	24♐44	24♐51	24♐59	25♐06	25♐13	25♐20
/☊	29♍30	29♍36	29♍41	29♍44	29♍47	29♍48	29♍48	29♍49	29♍49	29♍51	29♍54	29♍59	0♎05	0♎11	0♎18
♄/♅	2♓35	2♓36	2♓38	2♓39	2♓40	2♓42	2♓43	2♓45	2♓46	2♓48	2♓49	2♓51	2♓53	2♓54	2♓56
/♆	9♒24	9♒26	9♒28	9♒30	9♒32	9♒35	9♒37	9♒39	9♒42	9♒44	9♒47	9♒49	9♒52	9♒54	9♒57
/♇	11♑58	12♑01	12♑04	12♑07	12♑10	12♑13	12♑16	12♑19	12♑23	12♑26	12♑29	12♑33	12♑36	12♑39	12♑43
/☊	17♎47	17♎49	17♎50	17♎50	17♎48	17♎45	17♎42	17♎38	17♎35	17♎33	17♎32	17♎33	17♎35	17♎38	17♎41
♅/♆	7♈03	7♈01	6♈59	6♈58	6♈56	6♈55	6♈53	6♈52	6♈50	6♈49	6♈48	6♈46	6♈45	6♈44	6♈42
/♇	9♓37	9♓36	9♓35	9♓35	9♓34	9♓33	9♓33	9♓32	9♓31	9♓31	9♓30	9♓30	9♓29	9♓29	9♓28
/☊	15♊26	15♊24	15♊21	15♊17	15♊12	15♊05	14♊58	14♊51	14♊44	14♊38	14♊33	14♊30	14♊28	14♊27	14♊26
♆/♇	16♒25	16♒26	16♒26	16♒26	16♒26	16♒26	16♒26	16♒27	16♒27	16♒27	16♒28	16♒28	16♒28	16♒29	16♒29
/☊	22♉14	22♉14	22♉12	22♉09	22♉04	21♉58	21♉52	21♉45	21♉39	21♉34	21♉30	21♉28	21♉27	21♉27	21♉27
♇/☊	24♎48	24♎49	24♎48	24♎45	24♎42	24♎37	24♎31	24♎25	24♎20	24♎16	24♎13	24♎11	24♎11	24♎12	24♎13

	16	17	18	19	20	21	22	23	24	25	26	27	28	29	30
☉/☽	10♑37	17♑06	23♑41	0♒24	7♒18	14♒23	21♒39	29♒05	6♍40	14♍20	22♍03	29♍46	7♎26	15♎04	22♎37
/☿	3♐29	4♐02	4♐30	4♐54	5♐12	5♐25	5♐32	5♐35	5♐33	5♐27	5♐18	5♐08	4♐57	4♐47	4♐40
/♀	9♏24	9♏55	10♏26	10♏59	11♏33	12♏08	12♏44	13♏21	13♏59	14♏39	15♏19	16♏01	16♏43	17♏26	18♏10
/♂	11♑48	12♑37	13♑26	14♑15	15♑03	15♑52	16♑41	17♑31	18♑20	19♑09	19♑58	20♑48	21♑37	22♑27	23♑16
/⚳	12♏41	13♏25	14♏08	14♏51	15♏35	16♏18	17♏01	17♏45	18♏28	19♏11	19♏55	20♏38	21♏21	22♏04	22♏48
/♃	27♏37	28♏13	28♏50	29♏27	0♐04	0♐41	1♐18	1♐55	2♐32	3♐09	3♐46	4♐23	5♐00	5♐37	6♐14
/♄	14♐55	15♐29	16♐02	16♐35	17♐08	17♐42	18♐15	18♐48	19♐22	19♐55	20♐29	21♐02	21♐36	22♐09	22♐43
/♅	11♒37	12♒06	12♒35	13♒04	13♒33	14♒03	14♒32	15♒01	15♒30	15♒60	16♒29	16♒59	17♒28	17♒57	18♒27
/♆	18♑39	19♑09	19♑39	20♑09	20♑39	21♑09	21♑39	22♑10	22♑40	23♑10	23♑41	24♑11	24♑41	25♑12	25♑42
/♇	21♐25	21♐56	22♐27	22♐58	23♐29	23♐60	24♐31	25♐02	25♐33	26♐04	26♐35	27♐06	27♐37	28♐08	28♐40
/☊	26♍22	26♍52	27♍20	27♍48	28♍14	28♍39	29♍04	29♍30	29♍56	0♎23	0♎51	1♎21	1♎51	2♎22	2♎53
☽/☿	20♑32	26♑33	2♒36	8♒42	14♒53	21♒11	27♒34	4♓02	10♍34	17♍08	23♍41	0♎13	6♎43	13♎10	19♎35
/♀	26♐27	2♑26	8♑32	14♑47	21♑15	27♋54	4♌46	11♌49	19♌01	26♌20	3♍42	11♍06	18♍28	25♍48	3♎05
/♂	28♒51	5♓08	11♓31	18♓03	24♓45	1♈39	8♈43	15♈58	23♈21	0♉50	8♉21	15♉53	23♉23	0♊49	8♊11
/⚳	29♐44	5♑56	12♑13	18♑40	25♑16	2♒04	9♌03	16♌12	23♌29	0♍52	8♍18	15♍43	23♍06	0♎26	7♎42
/♃	14♑40	20♑45	26♑56	3♒16	9♒46	16♒27	23♒20	0♓23	7♍34	14♍50	22♍09	29♍28	6♎46	13♎59	21♎09
/♄	1♒58	7♒60	14♒07	20♒23	26♒50	3♓28	10♓17	17♓16	24♓23	1♈36	8♎51	16♎07	23♎21	0♏31	7♏37
/♅	28♓40	4♈37	10♈40	16♈53	23♈15	29♈49	6♉34	13♉29	20♉32	27♉41	4♊52	12♊04	19♊13	26♊20	3♋22
/♆	5♓42	11♓40	17♓44	23♓57	0♈21	6♈55	13♈41	20♈37	27♈41	4♉51	12♉04	19♉16	26♉27	3♊34	10♊37
/♇	8♒28	14♒27	20♒33	26♒46	3♓11	9♓46	16♓33	23♓29	0♈34	7♈45	14♈58	22♎11	29♎23	6♏31	13♏34
/☊	13♉25	19♉23	25♉26	1♊36	7♊56	14♊25	21♊06	27♊57	4♋57	12♋04	19♋14	26♋26	3♌37	10♌44	17♌48
☿/♀	19♏20	19♏22	19♏21	19♏17	19♏08	18♏56	18♏39	18♏18	17♏54	17♏27	16♏58	16♏28	15♏59	15♏32	15♏08
/♂	21♑43	22♑04	22♑21	22♑33	22♑39	22♑40	22♑37	22♑28	22♑14	21♑57	21♑37	21♑15	20♑53	20♑32	20♑14
/⚳	22♏36	22♏52	23♏03	23♏09	23♏10	23♏06	22♏56	22♏42	22♏23	21♏59	21♏33	21♏05	20♏37	20♏10	19♏45
/♃	7♐32	7♐41	7♐46	7♐45	7♐40	7♐29	7♐13	6♐52	6♐27	5♐57	5♐25	4♐51	4♐16	3♐43	3♐12
/♄	24♐51	24♐56	24♐57	24♐53	24♐44	24♐30	24♐10	23♐45	23♐16	22♐43	22♐07	21♐30	20♐52	20♐15	19♐40
/♅	21♒32	21♒33	21♒30	21♒22	21♒09	20♒51	20♒27	19♒58	19♒25	18♒48	18♒08	17♒26	16♒44	16♒03	15♒24
/♆	28♑34	28♑36	28♑34	28♑27	28♑15	27♑57	27♑35	27♑07	26♑35	25♑58	25♑19	24♑39	23♑58	23♑18	22♑40
/♇	1♑20	1♑24	1♑22	1♑16	1♑04	0♑48	0♑26	29♐59	29♐27	28♐52	28♐14	27♐34	26♐53	26♐14	25♐37
/☊	6♎17	6♎19	6♎16	6♎06	5♎50	5♎27	4♎59	4♎27	3♎50	3♎11	2♎30	1♎49	1♎08	0♎28	29♍50
♀/♂	27♐39	27♐57	28♐17	28♐38	29♐00	29♐24	29♐48	0♑14	0♑41	1♑09	1♑38	2♑08	2♑39	3♑11	3♑44
/⚳	28♎32	28♎45	28♎59	29♎15	29♎31	29♎49	0♏08	0♏28	0♏49	1♏11	1♏34	1♏58	2♏23	2♏48	3♏15
/♃	13♏27	13♏34	13♏42	13♏51	14♏01	14♏12	14♏25	14♏39	14♏53	15♏09	15♏26	15♏43	16♏02	16♏21	16♏42
/♄	0♐46	0♐49	0♐53	0♐58	1♐05	1♐13	1♐22	1♐32	1♐43	1♐55	2♐08	2♐22	2♐37	2♐53	3♐10
/♅	27♋27	27♋26	27♋26	27♋27	27♋30	27♋34	27♋39	27♋44	27♋51	27♋60	28♋09	28♋19	28♋30	28♋42	28♋54
/♆	4♑29	4♑29	4♑30	4♑32	4♑36	4♑40	4♑46	4♑53	5♑01	5♑10	5♑20	5♑31	5♑43	5♑56	6♑10
/♇	7♐16	7♐16	7♐18	7♐21	7♐26	7♐31	7♐38	7♐45	7♐54	8♐04	8♐15	8♐26	8♐39	8♐53	9♐07
/☊	12♍13	12♍12	12♍12	12♍11	12♍11	12♍10	12♍11	12♍13	12♍17	12♍23	12♍31	12♍41	12♍53	13♍06	13♍20
♂/⚳	0♑55	1♑27	1♑59	2♑30	3♑02	3♑34	4♑06	4♑37	5♑09	5♑41	6♑13	6♑45	7♑17	7♑49	8♑21
/♃	15♑51	16♑16	16♑41	17♑06	17♑32	17♑57	18♑22	18♑48	19♑13	19♑39	20♑05	20♑31	20♑56	21♑22	21♑48
/♄	3♒10	3♒31	3♒52	4♒14	4♒36	4♒57	5♒19	5♒41	6♒03	6♒25	6♒47	7♒09	7♒32	7♒54	8♒16
/♅	29♓51	0♈08	0♈26	0♈43	1♈01	1♈18	1♈36	1♈54	2♈12	2♈30	2♈48	3♈06	3♈24	3♈42	4♈01
/♆	6♓53	7♓11	7♓29	7♓48	8♓06	8♓25	8♓44	9♓03	9♓21	9♓40	9♓59	10♓18	10♓38	10♓57	11♓16
/♇	9♒39	9♒58	10♒18	10♒37	10♒56	11♒16	11♒35	11♒55	12♒14	12♒34	12♒54	13♒13	13♒33	13♒53	14♒13
/☊	14♉36	14♉54	15♉11	15♉27	15♉41	15♉55	16♉09	16♉22	16♉37	16♉53	17♉10	17♉28	17♉47	18♉07	18♉27
⚳/♃	16♏44	17♏03	17♏23	17♏43	18♏03	18♏23	18♏42	19♏02	19♏22	19♏41	20♏01	20♏21	20♏40	20♏60	21♏19
/♄	4♐03	4♐19	4♐35	4♐51	5♐07	5♐23	5♐39	5♐55	6♐11	6♐27	6♐43	6♐59	7♐16	7♐32	7♐48
/♅	0♒44	0♒56	1♒08	1♒20	1♒32	1♒44	1♒56	2♒08	2♒20	2♒32	2♒44	2♒56	3♒08	3♒20	3♒32
/♆	7♑46	7♑59	8♑12	8♑25	8♑38	8♑51	9♑04	9♑17	9♑30	9♑43	9♑56	10♑08	10♑21	10♑34	10♑47
/♇	10♐32	10♐46	10♐60	11♐14	11♐27	11♐41	11♐55	12♐09	12♐22	12♐36	12♐50	13♐04	13♐17	13♐31	13♐45
/☊	15♍29	15♍42	15♍53	16♍03	16♍12	16♍21	16♍28	16♍36	16♍45	16♍55	17♍06	17♍18	17♍31	17♍45	17♍58
♃/♄	18♐58	19♐07	19♐17	19♐27	19♐36	19♐46	19♐56	20♐06	20♐15	20♐25	20♐35	20♐45	20♐55	21♐05	21♐15
/♅	15♒39	15♒45	15♒50	15♒56	16♒01	16♒07	16♒13	16♒18	16♒24	16♒30	16♒36	16♒41	16♒47	16♒53	16♒59
/♆	22♑41	22♑48	22♑54	23♑01	23♑07	23♑14	23♑20	23♑27	23♑34	23♑40	23♑47	23♑54	24♑01	24♑07	24♑14
/♇	25♐28	25♐35	25♐42	25♐50	25♐57	26♐04	26♐12	26♐19	26♐27	26♐34	26♐42	26♐49	26♐56	27♐04	27♐11
/☊	0♎25	0♎31	0♎36	0♎39	0♎42	0♎44	0♎45	0♎47	0♎49	0♎53	0♎58	1♎04	1♎11	1♎18	1♎25
♄/♅	2♓58	2♓60	3♓02	3♓04	3♓05	3♓07	3♓09	3♓12	3♓14	3♓16	3♓18	3♓20	3♓22	3♓25	3♓27
/♆	9♒60	10♒03	10♒05	10♒08	10♒11	10♒14	10♒17	10♒20	10♒23	10♒26	10♒29	10♒33	10♒36	10♒39	10♒42
/♇	12♑46	12♑50	12♑54	12♑57	13♑01	13♑05	13♑08	13♑12	13♑16	13♑20	13♑24	13♑28	13♑32	13♑36	13♑40
/☊	17♎44	17♎46	17♎47	17♎47	17♎46	17♎44	17♎42	17♎40	17♎39	17♎39	17♎40	17♎42	17♎46	17♎50	17♎53
♅/♆	6♈41	6♈40	6♈39	6♈37	6♈36	6♈35	6♈34	6♈33	6♈32	6♈31	6♈30	6♈29	6♈28	6♈27	6♈27
/♇	9♓28	9♓27	9♓27	9♓26	9♓26	9♓26	9♓25	9♓25	9♓25	9♓25	9♓24	9♓24	9♓24	9♓24	9♓24
/☊	14♊25	14♊23	14♊20	14♊16	14♊11	14♊05	13♊59	13♊53	13♊48	13♊43	13♊41	13♊39	13♊38	13♊38	13♊37
♆/♇	16♒30	16♒30	16♒31	16♒31	16♒32	16♒32	16♒33	16♒34	16♒35	16♒35	16♒36	16♒37	16♒38	16♒38	16♒39
/☊	21♉27	21♉26	21♉24	21♉21	21♉17	21♉12	21♉07	21♉02	20♉57	20♉54	20♉52	20♉52	20♉52	20♉52	20♉53
♇/☊	24♎13	24♎13	24♎12	24♎10	24♎07	24♎02	23♎58	23♎54	23♎50	23♎48	23♎47	23♎47	23♎48	23♎49	23♎50

November 2018

December 2018

	1	2	3	4	5	6	7	8	9	10	11	12	13	14	15	16
☉/☽	0♏06	7♏29	14♏48	22♏01	29♏08	6♐08	13♐02	19♐49	26♐29	3♑02	9♑31	15♑56	22♑20	28♑45	5♒13	11♒47
/☿	4♐36	4♐37	4♐43	4♐54	5♐11	5♐34	6♐02	6♐36	7♐14	7♐57	8♐44	9♐34	10♐28	11♐24	12♐22	13♐23
/♀	18♏55	19♏41	20♏27	21♏15	22♏03	22♏51	23♏41	24♏31	25♏21	26♏13	27♏05	27♏57	28♏50	29♏43	0♐37	1♐31
/♂	24♑06	24♑56	25♑45	26♑35	27♑25	28♑15	29♑05	29♑55	0♒45	1♒35	2♒25	3♒16	4♒06	4♒56	5♒46	6♒37
/⚷	23♏31	24♏14	24♏57	25♏40	26♏24	27♏07	27♏50	28♏33	29♏16	29♏59	0♐42	1♐25	2♐08	2♐51	3♐34	4♐17
/♃	6♐52	7♐29	8♐06	8♐43	9♐20	9♐57	10♐34	11♐11	11♐49	12♐26	13♐03	13♐40	14♐17	14♐54	15♐31	16♐09
/♄	23♐16	23♐50	24♐24	24♐57	25♐31	26♐05	26♐39	27♐13	27♐46	28♐20	28♐54	29♐28	0♑02	0♑36	1♑10	1♑44
/♅	18♒56	19♒26	19♒56	20♒25	20♒55	21♒25	21♒54	22♒24	22♒54	23♒24	23♒53	24♒23	24♒53	25♒23	25♒53	26♒23
/♆	26♑13	26♑43	27♑14	27♑44	28♑15	28♑46	29♑16	29♑47	0♒18	0♒49	1♒19	1♒50	2♒21	2♒52	3♒23	3♒53
/♇	29♐11	29♐42	0♑13	0♑45	1♑16	1♑47	2♑19	2♑50	3♑21	3♑53	4♑24	4♑55	5♑27	5♑58	6♑30	7♑01
/☊	3♎23	3♎52	4♎20	4♎47	5♎13	5♎40	6♎06	6♎34	7♎02	7♎31	8♎01	8♎32	9♎04	9♎35	10♎06	10♎37
☽/☿	25♎59	2♏22	8♏45	15♏09	21♏32	27♏55	4♐16	10♐35	16♐52	23♐08	29♐22	5♑37	11♑53	18♑13	24♑39	1♒13
/♀	10♎17	17♎26	24♎30	1♏29	8♏24	15♏12	21♏54	28♏30	4♐59	11♐23	17♐43	23♐60	0♑16	6♑33	12♑54	19♑21
/♂	15♐28	22♐41	29♐48	6♑50	13♑46	20♑35	27♑18	3♒54	10♒23	16♒46	23♒04	29♒18	5♓32	11♓46	18♓03	24♓26
/⚷	14♎53	21♎59	29♎00	5♏55	12♏45	19♏27	26♏03	2♐32	8♐54	15♐10	21♐21	27♐28	3♑34	9♑41	15♑51	22♑06
/♃	28♎14	5♏14	12♏09	18♏58	25♏41	2♐18	8♐48	15♐10	21♐27	27♐36	3♑41	9♑43	15♑43	21♑44	27♑48	3♒58
/♄	14♏39	21♏35	28♏26	5♐12	11♐52	18♐25	24♐52	1♑12	7♑24	13♑31	19♑33	25♑31	1♒28	7♒26	13♒27	19♒34
/♅	10♋19	17♋11	23♋58	0♒40	7♒16	13♒45	20♒08	26♒23	2♓32	8♓34	14♓32	20♓26	26♓19	2♈13	8♈10	14♈13
/♆	17♐35	24♐29	1♑17	7♑59	14♑36	21♑06	27♑30	3♒46	9♒56	15♒59	21♒58	27♒53	3♓47	9♓41	15♓39	21♓43
/♇	20♏33	27♏27	4♐16	10♐59	17♐37	24♐08	0♑32	6♑49	12♑59	19♑03	25♑02	0♒58	6♒53	12♒48	18♒46	24♒51
/☊	24♌45	1♍37	8♍23	15♍02	21♍34	28♍00	4♎19	10♎33	16♎40	22♎42	28♈40	4♉35	10♉30	16♉25	22♉23	28♉26
☿/♀	14♏48	14♏33	14♏25	14♏23	14♏27	14♏38	14♏55	15♏17	15♏45	16♏18	16♏56	17♏37	18♏23	19♏11	20♏03	20♏57
/♂	19♑59	19♑48	19♑43	19♑43	19♑49	20♑01	20♑19	20♑41	21♑09	21♑41	22♑17	22♑56	23♑39	24♑24	25♑12	26♑02
/⚷	19♏24	19♏07	18♏55	18♏49	18♏48	18♏53	19♏04	19♏19	19♏40	20♏05	20♏33	21♏06	21♏41	22♏19	22♏60	23♏42
/♃	2♐44	2♐21	2♐03	1♐51	1♐44	1♐44	1♐48	1♐58	2♐12	2♐31	2♐54	3♐21	3♐50	4♐22	4♐57	5♐34
/♄	19♐09	18♐43	18♐21	18♐06	17♐56	17♐51	17♐53	17♐59	18♐10	18♐26	18♐46	19♐09	19♐35	20♐04	20♐36	21♐09
/♅	14♒49	14♒19	13♒53	13♒33	13♒19	13♒11	13♒08	13♒10	13♒18	13♒29	13♒45	14♒04	14♒26	14♒51	15♒19	15♒48
/♆	22♑06	21♑36	21♑11	20♑53	20♑39	20♑32	20♑30	20♑34	20♑42	20♑54	21♑11	21♑31	21♑54	22♑20	22♑48	23♑19
/♇	25♐04	24♐35	24♐11	23♐53	23♐40	23♐34	23♐32	23♐36	23♐45	23♐58	24♐15	24♐36	24♐60	25♐26	25♐55	26♐27
/☊	29♍16	28♍45	28♍17	27♍55	27♍38	27♍26	27♍20	27♍20	27♍26	27♍37	27♍53	28♍13	28♍37	29♍03	29♍32	0♎02
♀/♂	4♑17	4♑52	5♑28	6♑04	6♑41	7♑19	7♑57	8♑36	9♑16	9♑56	10♑37	11♑19	12♑01	12♑44	13♑27	14♑10
/⚷	3♏42	4♏11	4♏39	5♏09	5♏39	6♏10	6♏42	7♏14	7♏47	8♏20	8♏54	9♏28	10♏03	10♏39	11♏14	11♏51
/♃	17♏03	17♏25	17♏48	18♏12	18♏36	19♏01	19♏26	19♏53	20♏19	20♏47	21♏15	21♏43	22♏12	22♏42	23♏12	23♏42
/♄	3♐28	3♐47	4♐06	4♐26	4♐47	5♐09	5♐31	5♐54	6♐17	6♐41	7♐06	7♐31	7♐57	8♐24	8♐50	9♐18
/♅	29♋08	29♑23	29♑38	29♑54	0♒11	0♒28	0♒46	1♒05	1♒25	1♒45	2♒05	2♒27	2♒48	3♒11	3♒33	3♒57
/♆	6♑24	6♑40	6♑56	7♑13	7♑31	7♑49	8♑08	8♑28	8♑49	9♑10	9♑31	9♑53	10♑16	10♑39	11♑03	11♑27
/♇	9♐22	9♐39	9♐56	10♐13	10♐32	10♐51	11♐11	11♐31	11♐52	12♐14	12♐36	12♐59	13♐22	13♐46	14♐10	14♐35
/☊	13♍35	13♍48	14♍02	14♍15	14♍29	14♍43	14♍58	15♍15	15♍33	15♍52	16♍13	16♍36	16♍59	17♍23	17♍47	18♍11
♂/⚷	8♑53	9♑25	9♑58	10♑30	11♑02	11♑34	12♑06	12♑38	13♑10	13♑43	14♑15	14♑47	15♑19	15♑51	16♑24	16♑56
/♃	22♑14	22♑40	23♑06	23♑32	23♑58	24♑24	24♑51	25♑17	25♑43	26♑09	26♑36	27♑02	27♑28	27♑55	28♑21	28♑48
/♄	8♒39	9♒01	9♒24	9♒47	10♒09	10♒32	10♒55	11♒18	11♒41	12♒04	12♒27	12♒50	13♒13	13♒36	13♒60	14♒23
/♅	4♈19	4♈37	4♈56	5♈14	5♈33	5♈52	6♈11	6♈29	6♈48	7♈07	7♈26	7♈45	8♈04	8♈23	8♈43	9♈02
/♆	11♓35	11♓55	12♓14	12♓34	12♓53	13♓13	13♓33	13♓52	14♓12	14♓32	14♓52	15♓12	15♓32	15♓52	16♓12	16♓32
/♇	14♒33	14♒53	15♒14	15♒34	15♒54	16♒14	16♒35	16♒55	17♒16	17♒36	17♒57	18♒17	18♒38	18♒59	19♒19	19♒40
/☊	18♉45	19♉03	19♉20	19♉36	19♉51	20♉07	20♉22	20♉39	20♉56	21♉15	21♉34	21♉54	22♉15	22♉36	22♉56	23♉16
⚷/♃	21♏39	21♏58	22♏18	22♏37	22♏57	23♏16	23♏35	23♏55	24♏14	24♏33	24♏52	25♏12	25♏31	25♏50	26♏09	26♏28
/♄	8♐04	8♐20	8♐36	8♐52	9♐08	9♐24	9♐40	9♐56	10♐12	10♐28	10♐44	10♐60	11♐16	11♐31	11♐47	12♐03
/♅	3♒44	3♒56	4♒08	4♒20	4♒32	4♒44	4♒55	5♒07	5♒19	5♒31	5♒43	5♒55	6♒07	6♒18	6♒30	6♒42
/♆	11♑00	11♑13	11♑26	11♑39	11♑52	12♑05	12♑18	12♑30	12♑43	12♑56	13♑09	13♑22	13♑34	13♑47	13♑60	14♑13
/♇	13♐58	14♐12	14♐25	14♐39	14♐53	15♐06	15♐20	15♐33	15♐47	16♐00	16♐14	16♐27	16♐40	16♐54	17♐07	17♐20
/☊	18♍10	18♍22	18♍32	18♍41	18♍50	18♍59	19♍07	19♍17	19♍27	19♍39	19♍51	20♍04	20♍17	20♍31	20♍44	20♍56
♃/♄	21♐24	21♐34	21♐44	21♐54	22♐04	22♐14	22♐24	22♐34	22♐44	22♐54	23♐05	23♐15	23♐25	23♐35	23♐45	23♐55
/♅	17♒05	17♒10	17♒16	17♒22	17♒28	17♒34	17♒40	17♒46	17♒52	17♒58	18♒04	18♒10	18♒16	18♒22	18♒28	18♒34
/♆	24♑21	24♑28	24♑35	24♑41	24♑48	24♑55	25♑02	25♑09	25♑16	25♑23	25♑30	25♑37	25♑43	25♑50	25♑57	26♑04
/♇	27♐19	27♐26	27♐34	27♐42	27♐49	27♐57	28♐04	28♐12	28♐19	28♐27	28♐34	28♐42	28♐49	28♐57	29♐04	29♐12
/☊	1♎31	1♎36	1♎41	1♎44	1♎46	1♎49	1♎52	1♎55	1♎60	2♎05	2♎12	2♎19	2♎26	2♎34	2♎41	2♎48
♄/♅	3♓29	3♓32	3♓34	3♓37	3♓39	3♓42	3♓44	3♓47	3♓50	3♓52	3♓55	3♓58	4♓01	4♓03	4♓06	4♓09
/♆	10♒46	10♒49	10♒53	10♒56	10♒59	11♒03	11♒06	11♒10	11♒14	11♒17	11♒21	11♒25	11♒28	11♒32	11♒36	11♒40
/♇	13♑44	13♑48	13♑52	13♑56	14♑00	14♑04	14♑09	14♑13	14♑17	14♑21	14♑26	14♑30	14♑34	14♑39	14♑43	14♑47
/☊	17♎56	17♎58	17♎58	17♎58	17♎58	17♎57	17♎56	17♎57	17♎58	17♎60	18♎03	18♎07	18♎11	18♎16	18♎20	18♎23
♅/♆	6♈26	6♈25	6♈24	6♈24	6♈23	6♈23	6♈22	6♈21	6♈21	6♈21	6♈20	6♈20	6♈19	6♈19	6♈19	6♈19
/♇	9♓24	9♓24	9♓24	9♓24	9♓24	9♓24	9♓24	9♓24	9♓24	9♓25	9♓25	9♓25	9♓25	9♓26	9♓26	9♓26
/☊	13♊36	13♊34	13♊30	13♊26	13♊21	13♊16	13♊12	13♊08	13♊05	13♊03	13♊02	13♊02	13♊02	13♊03	13♊03	13♊02
♆/♇	16♒40	16♒41	16♒42	16♒43	16♒44	16♒45	16♒46	16♒47	16♒48	16♒50	16♒51	16♒52	16♒53	16♒54	16♒56	16♒57
/☊	20♉52	20♉51	20♉49	20♉45	20♉42	20♉38	20♉34	20♉31	20♉29	20♉28	20♉28	20♉29	20♉30	20♉31	20♉32	20♉33
♇/☊	23♎50	23♎50	23♎48	23♎45	23♎42	23♎39	23♎36	23♎34	23♎32	23♎32	23♎33	23♎34	23♎36	23♎38	23♎39	23♎40

	17	18	19	20	21	22	23	24	25	26	27	28	29	30	31
☉/☽	18♒30	25♒23	2♓28	9♓47	17♓18	25♓00	2♎51	10♎47	18♎44	26♎38	4♏26	12♏07	19♏38	27♏01	4♐14
/☿	14♐26	15♐30	16♐36	17♐43	18♐51	19♐60	21♐09	22♐20	23♐31	24♐43	25♐55	27♐08	28♐21	29♐35	0♑49
/♀	2♐26	3♐21	4♐17	5♐13	6♐10	7♐06	8♐04	9♐01	9♐59	10♐57	11♐56	12♐54	13♐54	14♐53	15♐53
/♂	7♒27	8♒17	9♒08	9♒58	10♒49	11♒39	12♒30	13♒20	14♒11	15♒02	15♒52	16♒43	17♒34	18♒24	19♒15
/⚷	4♐60	5♐42	6♐25	7♐08	7♐51	8♐33	9♐16	9♐58	10♐41	11♐23	12♐06	12♐48	13♐31	14♐13	14♐55
/♃	16♐46	17♐23	17♐60	18♐37	19♐14	19♐51	20♐28	21♐05	21♐42	22♐19	22♐56	23♐33	24♐10	24♐47	25♐24
/♄	2♑18	2♑52	3♑26	3♑60	4♑34	5♑08	5♑42	6♑16	6♑50	7♑24	7♑58	8♑32	9♑07	9♑41	10♑15
/♅	26♒53	27♒23	27♒53	28♒23	28♒53	29♒23	29♒53	0♓24	0♓54	1♓24	1♓54	2♓25	2♓55	3♓25	3♓56
/♆	4♒24	4♒55	5♒26	5♒57	6♒28	6♒59	7♒30	8♒01	8♒32	9♒03	9♒34	10♒05	10♒37	11♒08	11♒39
/♇	7♑33	8♑04	8♑36	9♑07	9♑38	10♑10	10♑42	11♑13	11♑45	12♑16	12♑48	13♑19	13♑51	14♑22	14♑54
/☊	11♎07	11♎36	12♎04	12♎32	13♎01	13♎29	13♎59	14♎28	14♎59	15♎30	16♎01	16♎33	17♎03	17♎34	18♎04
☽/☿	7♒57	14♒53	22♒03	29♒27	7♓05	14♍56	22♍55	1♎01	9♎08	17♎13	25♎12	3♏04	10♏48	18♏23	25♏49
/♀	25♑57	2♒45	9♒44	16♌58	24♌24	2♍03	9♍50	17♍42	25♍35	3♎27	11♎12	18♎51	26♎20	3♏41	10♏52
/♂	0♈58	7♈41	14♈35	21♈43	29♈04	6♉36	14♉16	22♉01	29♉48	7♊31	15♊09	22♊39	0♑00	7♑12	14♑15
/⚷	28♑31	5♒05	11♒53	18♌53	26♌05	3♍29	11♍02	18♍39	26♍17	3♎53	11♎23	18♎45	25♎57	3♏01	9♏55
/♃	10♒17	16♒46	23♒27	0♓22	7♓29	14♍47	22♍14	29♍46	7♎19	14♎49	22♎13	29♎29	6♏37	13♏35	20♏24
/♄	25♒49	2♓15	8♓53	15♓45	22♓49	0♈04	7♈28	14♎57	22♎27	29♎54	7♏15	14♏29	21♏33	28♏28	5♐14
/♅	20♈24	26♈46	3♉20	10♉08	17♉08	24♉19	1♊39	9♊04	16♊30	23♊54	1♋11	8♋21	15♋22	22♋13	28♑55
/♆	27♓55	4♈18	10♈54	17♈42	24♈43	1♉55	9♉16	16♉42	24♉09	1♊33	8♊51	16♐02	23♐03	29♐55	6♑39
/♇	1♓04	7♓27	14♓03	20♓52	27♓53	5♈06	12♈28	19♈54	27♎21	4♏46	12♏04	19♏15	26♏17	3♐10	9♐54
/☊	4♊38	10♊59	17♊32	24♊17	1♋16	8♋26	15♋45	23♋09	0♌35	7♌60	15♌18	22♌29	29♌30	6♍22	13♍04
☿/♀	21♏53	22♏52	23♏52	24♏54	25♏57	27♏02	28♏08	29♏15	0♐23	1♐32	2♐41	3♐52	5♐03	6♐15	7♐27
/♂	26♑54	27♑48	28♑43	29♑39	0♒36	1♒35	2♒34	3♒34	4♒35	5♒36	6♒38	7♒40	8♒43	9♒46	10♒50
/⚷	24♏27	25♏13	25♏60	26♏49	27♏38	28♏29	29♏20	0♐12	1♐05	1♐58	2♐52	3♐46	4♐40	5♐35	6♐30
/♃	6♐13	6♐53	7♐35	8♐18	9♐02	9♐47	10♐32	11♐19	12♐06	12♐54	13♐42	14♐31	15♐20	16♐09	16♐59
/♄	21♐45	22♐22	23♐01	23♐41	24♐22	25♐04	25♐46	26♐30	27♐14	27♐59	28♐44	29♐30	0♑16	1♑03	1♑50
/♅	16♒20	16♒53	17♒28	18♒04	18♒41	19♒19	19♒58	20♒37	21♒18	21♒59	22♒40	23♒22	24♒05	24♒47	25♒31
/♆	23♑51	24♑25	25♑01	25♑38	26♑16	26♑55	27♑34	28♑15	28♑56	29♑38	0♒20	1♒03	1♒46	2♒30	3♒14
/♇	26♐60	27♐34	28♐10	28♐48	29♐26	0♑06	0♑46	1♑27	2♑08	2♑51	3♑33	4♑17	5♑00	5♑44	6♑29
/☊	0♎34	1♎06	1♎39	2♎13	2♎48	3♎25	4♎03	4♎42	5♎23	6♎05	6♎47	7♎30	8♎13	8♎56	9♎39
♀/♂	14♑55	15♑39	16♑24	17♑10	17♑55	18♑42	19♑28	20♑15	21♑03	21♑50	22♑38	23♑27	24♑15	25♑04	25♑53
/⚷	12♏27	13♏04	13♏41	14♏19	14♏57	15♏36	16♏14	16♏53	17♏33	18♏12	18♏52	19♏32	20♏12	20♏53	21♏34
/♃	24♏13	24♏44	25♏16	25♏48	26♏21	26♏53	27♏27	27♏60	28♏34	29♏08	29♏42	0♐17	0♐52	1♐27	2♐02
/♄	9♐45	10♐14	10♐42	11♐11	11♐41	12♐10	12♐41	13♐11	13♐42	14♐13	14♐44	15♐16	15♐48	16♐21	16♐53
/♅	4♒20	4♒45	5♒09	5♒34	5♒60	6♒26	6♒52	7♒18	7♒45	8♒13	8♒40	9♒08	9♒37	10♒05	10♒34
/♆	11♑52	12♑17	12♑42	13♑08	13♑35	14♑01	14♑29	14♑56	15♑24	15♑52	16♑20	16♑49	17♑18	17♑48	18♑17
/♇	15♐00	15♐26	15♐52	16♐18	16♐45	17♐12	17♐40	18♐08	18♐36	19♐05	19♐34	20♐03	20♐32	21♐02	21♐32
/☊	18♍34	18♍57	19♍21	19♍44	20♍07	20♍32	20♍57	21♍23	21♍51	22♍19	22♍47	23♍16	23♍45	24♍14	24♍42
♂/⚷	17♑28	18♑00	18♑32	19♑04	19♑36	20♑09	20♑41	21♑13	21♑45	22♑17	22♑49	23♑21	23♑52	24♑24	24♑56
/♃	29♑14	29♑40	0♒07	0♒33	0♒60	1♒26	1♒53	2♒19	2♒46	3♒12	3♒39	4♒05	4♒32	4♒58	5♒25
/♄	14♒46	15♒10	15♒33	15♒56	16♒20	16♒43	17♒07	17♒30	17♒54	18♒17	18♒41	19♒05	19♒28	19♒52	20♒16
/♅	9♈21	9♈41	10♈00	10♈20	10♈39	10♈59	11♈18	11♈38	11♈58	12♈17	12♈37	12♈57	13♈17	13♈37	13♈56
/♆	16♓53	17♓13	17♓33	17♓54	18♓14	18♓34	18♓55	19♓15	19♓36	19♓56	20♓17	20♓38	20♓58	21♓19	21♓40
/♇	20♒01	20♒22	20♒43	21♒03	21♒24	21♒45	22♒06	22♒27	22♒48	23♒09	23♒30	23♒51	24♒12	24♒34	24♒55
/☊	23♉35	23♉53	24♉11	24♉29	24♉47	25♉05	25♉23	25♉43	26♉03	26♉23	26♉44	27♉05	27♉25	27♉45	28♉05
⚷/♃	26♏47	27♏05	27♏24	27♏43	28♏02	28♏20	28♏39	28♏57	29♏16	29♏34	29♏52	0♐11	0♐29	0♐47	1♐05
/♄	12♐19	12♐35	12♐50	13♐06	13♐22	13♐37	13♐53	14♐08	14♐24	14♐39	14♐55	15♐10	15♐25	15♐41	15♐56
/♅	6♒54	7♒06	7♒17	7♒29	7♒41	7♒52	8♒04	8♒16	8♒27	8♒39	8♒51	9♒02	9♒14	9♒25	9♒37
/♆	14♑25	14♑38	14♑51	15♑03	15♑16	15♑28	15♑41	15♑53	16♑06	16♑18	16♑31	16♑43	16♑55	17♑08	17♑20
/♇	17♐33	17♐47	17♐60	18♐13	18♐26	18♐39	18♐52	19♐05	19♐18	19♐31	19♐44	19♐57	20♐10	20♐22	20♐35
/☊	21♍08	21♍18	21♍29	21♍38	21♍48	21♍59	22♍09	22♍21	22♍33	22♍45	22♍58	23♍10	23♍22	23♍34	23♍45
♃/♄	24♐05	24♐15	24♐25	24♐35	24♐45	24♐55	25♐05	25♐15	25♐25	25♐35	25♐45	25♐55	26♐05	26♐15	26♐25
/♅	18♒40	18♒46	18♒52	18♒58	19♒04	19♒10	19♒16	19♒22	19♒29	19♒35	19♒41	19♒47	19♒53	19♒59	20♒05
/♆	26♑11	26♑18	26♑25	26♑32	26♑39	26♑46	26♑53	26♑60	27♑07	27♑14	27♑21	27♑28	27♑35	27♑42	27♑49
/♇	29♐19	29♐27	29♐35	29♐42	29♐49	29♐57	0♑04	0♑12	0♑19	0♑27	0♑34	0♑42	0♑49	0♑56	1♑04
/☊	2♎54	2♎59	3♎03	3♎07	3♎12	3♎16	3♎21	3♎27	3♎34	3♎41	3♎48	3♎55	4♎02	4♎08	4♎14
♄/♅	4♓12	4♓15	4♓18	4♓21	4♓24	4♓27	4♓30	4♓34	4♓37	4♓40	4♓43	4♓46	4♓50	4♓53	4♓56
/♆	11♒43	11♒47	11♒51	11♒55	11♒59	12♒03	12♒07	12♒11	12♒15	12♒19	12♒23	12♒27	12♒31	12♒35	12♒40
/♇	14♑52	14♑56	15♑01	15♑05	15♑09	15♑14	15♑18	15♑23	15♑27	15♑32	15♑36	15♑41	15♑45	15♑50	15♑55
/☊	18♎26	18♎28	18♎29	18♎30	18♎32	18♎33	18♎35	18♎38	18♎42	18♎46	18♎50	18♎54	18♎58	19♎02	19♎05
♅/♆	6♈19	6♈18	6♈18	6♈18	6♈18	6♈18	6♈18	6♈18	6♈19	6♈19	6♈19	6♈19	6♈20	6♈20	6♈20
/♇	9♓27	9♓27	9♓28	9♓28	9♓29	9♓29	9♓30	9♓30	9♓31	9♓32	9♓32	9♓33	9♓34	9♓35	9♓35
/☊	13♊01	12♊59	12♊56	12♊54	12♊51	12♊49	12♊47	12♊46	12♊45	12♊46	12♊46	12♊46	12♊47	12♊46	12♊46
♆/♇	16♒58	16♒59	17♒01	17♒02	17♒04	17♒05	17♒06	17♒08	17♒09	17♒11	17♒12	17♒14	17♒15	17♒17	17♒19
/☊	20♉32	20♉31	20♉30	20♉28	20♉26	20♉24	20♉23	20♉23	20♉24	20♉25	20♉26	20♉27	20♉28	20♉29	20♉29
♇/☊	23♎40	23♎40	23♎39	23♎38	23♎36	23♎35	23♎35	23♎35	23♎36	23♎38	23♎39	23♎41	23♎42	23♎43	23♎44

December 2018

January 2019

	1	2	3	4	5	6	7	8	9	10	11	12	13	14	15	16
☉/☽	11♐18	18♐15	25♐05	1♑49	8♑27	15♑01	21♑30	27♑57	4♒22	10♒46	17♒11	23♒39	0♓12	6♓53	13♓43	20♓45
/☿	2♑03	3♑18	4♑33	5♑48	7♑03	8♑19	9♑35	10♑51	12♑07	13♑23	14♑40	15♑57	17♑14	18♑31	19♑49	21♑07
/♀	16♐52	17♐53	18♐53	19♐54	20♐54	21♐55	22♐57	23♐58	24♐60	26♐01	27♐03	28♐06	29♐08	0♑10	1♑13	2♑15
/♂	20♒06	20♒56	21♒47	22♒38	23♒29	24♒20	25♒10	26♒01	26♒52	27♒43	28♒34	29♒25	0♓16	1♓06	1♓57	2♓48
/⚳	15♐38	16♐20	17♐02	17♐44	18♐26	19♐08	19♐50	20♐32	21♐14	21♐55	22♐37	23♐19	24♐00	24♐42	25♐23	26♐05
/♃	26♐01	26♐38	27♐14	27♐51	28♐28	29♐05	29♐42	0♑18	0♑55	1♑32	2♑08	2♑45	3♑21	3♑58	4♑34	5♑11
/♄	10♑49	11♑23	11♑57	12♑31	13♑06	13♑40	14♑14	14♑48	15♑22	15♑56	16♑30	17♑04	17♑38	18♑13	18♑47	19♑21
/♅	4♓26	4♓57	5♓27	5♓58	6♓28	6♓59	7♓29	7♓60	8♓30	9♓01	9♓32	10♓02	10♓33	11♓04	11♓35	12♓05
/♆	12♒10	12♒41	13♒13	13♒44	14♒15	14♒46	15♒18	15♒49	16♒20	16♒52	17♒23	17♒54	18♒26	18♒57	19♒28	19♒60
/♇	15♑25	15♑57	16♑29	17♑00	17♑32	18♑03	18♑35	19♑07	19♑38	20♑10	20♑41	21♑13	21♑45	22♑16	22♑48	23♑19
/☊	18♎34	19♎03	19♎33	20♎02	20♎32	21♎02	21♎33	22♎03	22♎34	23♎05	23♎36	24♎07	24♎38	25♎08	25♎39	26♎09
☽/☿	3♐06	10♐17	17♐20	24♐18	1♑10	7♑58	14♑42	21♑24	28♑04	4♒43	11♒24	18♒08	24♒57	1♓54	9♓00	16♓19
/♀	17♏56	24♏51	1♐41	8♐24	15♐02	21♐35	28♐05	4♑31	10♑56	17♑21	23♑47	0♒16	6♒51	13♒33	20♒24	27♒27
/♂	21♑09	27♑55	4♒35	11♒08	17♒36	23♒59	0♓18	6♓35	12♓49	19♓03	25♓18	1♈36	7♈59	14♈29	21♈09	28♈00
/⚳	16♏41	23♏19	29♏50	6♐14	12♐33	18♐48	24♐58	1♑05	7♑10	13♑15	19♑21	25♑30	1♒43	8♒04	14♒35	21♒17
/♃	27♏04	3♐36	10♐02	16♐21	22♐35	28♐44	4♑50	10♑52	16♑52	22♑51	28♑52	4♒56	11♒04	17♒20	23♒46	0♓23
/♄	11♐52	18♐22	24♐45	1♑02	7♑13	13♑19	19♑22	25♑21	1♒19	7♒16	13♒14	19♒15	25♒21	1♓35	7♓58	14♓33
/♅	5♒29	11♒55	18♒15	24♒28	0♓35	6♓38	12♓37	18♓33	24♓27	0♈21	6♈16	12♈13	18♈16	24♈26	0♉46	7♉17
/♆	13♑13	19♑40	26♑00	2♒14	8♒22	14♒26	20♒25	26♒22	2♓17	8♓11	14♓07	20♓05	26♓09	2♈19	8♈40	15♈12
/♇	16♐29	22♐56	29♐16	5♑30	11♑39	17♑43	23♑43	29♑40	5♒35	11♒30	17♒25	23♒24	29♒28	5♓39	11♓59	18♓31
/☊	19♍37	26♍02	2♎20	8♎32	14♎39	20♎42	26♎40	2♉37	8♉31	14♉25	20♉20	26♉18	2♊21	8♊31	14♊50	21♊21
☿/♀	8♐40	9♐54	11♐08	12♐23	13♐38	14♐53	16♐09	17♐25	18♐42	19♐59	21♐16	22♐34	23♐52	25♐11	26♐30	27♐50
/♂	11♒54	12♒58	14♒02	15♒07	16♒12	17♒17	18♒23	19♒28	20♒34	21♒40	22♒47	23♒53	25♒00	26♒07	27♒15	28♒22
/⚳	7♐26	8♐21	9♐17	10♐13	11♐09	12♐06	13♐02	13♐59	14♐56	15♐53	16♐50	17♐47	18♐45	19♐43	20♐41	21♐39
/♃	17♐49	18♐39	19♐29	20♐20	21♐11	22♐02	22♐54	23♐45	24♐37	25♐29	26♐21	27♐14	28♐06	28♐59	29♐52	0♑45
/♄	2♑37	3♑24	4♑12	5♑00	5♑49	6♑37	7♑26	8♑15	9♑04	9♑54	10♑43	11♑33	12♑23	13♑13	14♑04	14♑55
/♅	26♒14	26♒58	27♒42	28♒26	29♒11	29♒56	0♓41	1♓27	2♓13	2♓58	3♓45	4♓31	5♓18	6♓05	6♓52	7♓40
/♆	3♒58	4♒43	5♒28	6♒13	6♒58	7♒44	8♒30	9♒16	10♒02	10♒49	11♒36	12♒23	13♒10	13♒58	14♒46	15♒34
/♇	7♑13	7♑58	8♑44	9♑29	10♑15	11♑01	11♑47	12♑34	13♑20	14♑07	14♑54	15♑42	16♑29	17♑17	18♑05	18♑53
/☊	10♎22	11♎05	11♎48	12♎31	13♎15	13♎60	14♎45	15♎30	16♎16	17♎03	17♎49	18♎36	19♎22	20♎09	20♎56	21♎44
♀/♂	26♑43	27♑33	28♑23	29♑13	0♒03	0♒54	1♒45	2♒36	3♒27	4♒18	5♒10	6♒02	6♒54	7♒46	8♒38	9♒31
/⚳	22♏15	22♏56	23♏37	24♏19	25♏00	25♏42	26♏24	27♏06	27♏49	28♏31	29♏13	29♏56	0♐39	1♐22	2♐04	2♐47
/♃	2♐38	3♐14	3♐50	4♐26	5♐02	5♐39	6♐16	6♐53	7♐30	8♐07	8♐45	9♐22	9♐60	10♐38	11♐16	11♐54
/♄	17♐26	17♐59	18♐33	19♐06	19♐40	20♐14	20♐48	21♐22	21♐57	22♐32	23♐07	23♐42	24♐17	24♐52	25♐28	26♐03
/♅	11♒03	11♒33	12♒02	12♒32	13♒02	13♒33	14♒03	14♒34	15♒05	15♒37	16♒08	16♒40	17♒12	17♒44	18♒16	18♒48
/♆	18♑47	19♑17	19♑48	20♑19	20♑49	21♑21	21♑52	22♑23	22♑55	23♑27	23♑59	24♑31	25♑04	25♑37	26♑09	26♑42
/♇	22♐03	22♐33	23♐04	23♐35	24♐06	24♐38	25♐09	25♐41	26♐13	26♐45	27♐18	27♐50	28♐23	28♐56	29♐29	0♑02
/☊	25♍11	25♍39	26♍08	26♍37	27♍06	27♍36	28♍07	28♍38	29♍09	29♍41	0♎12	0♎44	1♎16	1♎48	2♎20	2♎52
♂/⚳	25♑28	25♑60	26♑31	27♑03	27♑35	28♑06	28♑38	29♑10	29♑41	0♒12	0♒44	1♒15	1♒46	2♒18	2♒49	3♒20
/♃	5♒51	6♒18	6♒44	7♒10	7♒37	8♒03	8♒30	8♒56	9♒22	9♒49	10♒15	10♒41	11♒08	11♒34	12♒00	12♒26
/♄	20♒39	21♒03	21♒27	21♒50	22♒14	22♒38	23♒02	23♒26	23♒49	24♒13	24♒37	25♒01	25♒25	25♒48	26♒12	26♒36
/♅	14♈16	14♈36	14♈57	15♈17	15♈37	15♈57	16♈17	16♈37	16♈58	17♈18	17♈38	17♈59	18♈19	18♈40	19♈00	19♈21
/♆	22♓00	22♓21	22♓42	23♓03	23♓24	23♓45	24♓06	24♓27	24♓48	25♓09	25♓30	25♓51	26♓12	26♓33	26♓54	27♓15
/♇	25♒16	25♒37	25♒58	26♒19	26♒41	27♒02	27♒23	27♒44	28♒06	28♒27	28♒48	29♒09	29♒31	29♒52	0♓13	0♓35
/☊	28♉24	28♉43	29♉02	29♉21	29♉41	0♊00	0♊21	0♊41	1♊01	1♊22	1♊43	2♊03	2♊24	2♊44	3♊05	3♊25
⚳/♃	1♐23	1♐41	1♐59	2♐16	2♐34	2♐52	3♐09	3♐27	3♐44	4♐01	4♐18	4♐35	4♐52	5♐09	5♐26	5♐43
/♄	16♐11	16♐26	16♐41	16♐57	17♐12	17♐26	17♐41	17♐56	18♐11	18♐26	18♐40	18♐55	19♐09	19♐24	19♐38	19♐52
/♅	9♒48	9♒60	10♒11	10♒23	10♒34	10♒45	10♒57	11♒08	11♒19	11♒31	11♒42	11♒53	12♒04	12♒15	12♒26	12♒37
/♆	17♑32	17♑45	17♑57	18♑09	18♑21	18♑33	18♑45	18♑57	19♑09	19♑21	19♑33	19♑45	19♑56	20♑08	20♑20	20♑31
/♇	20♐48	21♐00	21♐13	21♐25	21♐38	21♐50	22♐03	22♐15	22♐27	22♐39	22♐52	23♐04	23♐16	23♐28	23♐39	23♐51
/☊	23♍56	24♍07	24♍17	24♍27	24♍38	24♍49	25♍00	25♍12	25♍23	25♍35	25♍46	25♍58	26♍09	26♍20	26♍31	26♍41
♃/♄	26♐34	26♐44	26♐54	27♐04	27♐14	27♐23	27♐33	27♐43	27♐52	28♐02	28♐11	28♐21	28♐30	28♐40	28♐49	28♐59
/♅	20♒12	20♒18	20♒24	20♒30	20♒36	20♒42	20♒48	20♒55	21♒01	21♒07	21♒13	21♒19	21♒25	21♒31	21♒37	21♒44
/♆	27♑55	28♑02	28♑09	28♑16	28♑23	28♑30	28♑37	28♑44	28♑50	28♑57	29♑04	29♑11	29♑18	29♑24	29♑31	29♑38
/♇	1♑11	1♑18	1♑25	1♑33	1♑40	1♑47	1♑54	2♑01	2♑09	2♑16	2♑23	2♑30	2♑37	2♑44	2♑51	2♑57
/☊	4♎19	4♎24	4♎29	4♎35	4♎40	4♎46	4♎52	4♎58	5♎04	5♎11	5♎17	5♎24	5♎30	5♎36	5♎42	5♎48
♄/♅	4♓60	5♓03	5♓07	5♓10	5♓14	5♓17	5♓21	5♓24	5♓28	5♓31	5♓35	5♓39	5♓42	5♓46	5♓50	5♓53
/♆	12♒44	12♒48	12♒52	12♒56	13♒00	13♒05	13♒09	13♒13	13♒17	13♒22	13♒26	13♒30	13♒35	13♒39	13♒43	13♒47
/♇	15♑59	16♑04	16♑08	16♑13	16♑17	16♑22	16♑26	16♑31	16♑36	16♑40	16♑45	16♑49	16♑54	16♑58	17♑03	17♑07
/☊	19♎07	19♎10	19♎12	19♎15	19♎17	19♎20	19♎24	19♎28	19♎31	19♎35	19♎39	19♎43	19♎47	19♎50	19♎54	19♎57
♅/♆	6♈21	6♈21	6♈22	6♈22	6♈23	6♈24	6♈24	6♈25	6♈26	6♈27	6♈28	6♈28	6♈29	6♈30	6♈31	6♈32
/♇	9♓36	9♓37	9♓38	9♓39	9♓40	9♓41	9♓42	9♓43	9♓44	9♓45	9♓46	9♓47	9♓48	9♓50	9♓51	9♓52
/☊	12♊45	12♊43	12♊42	12♊41	12♊40	12♊39	12♊39	12♊39	12♊40	12♊40	12♊41	12♊41	12♊42	12♊42	12♊42	12♊42
♆/♇	17♒20	17♒22	17♒23	17♒25	17♒27	17♒29	17♒30	17♒32	17♒34	17♒35	17♒37	17♒39	17♒41	17♒43	17♒44	17♒46
/☊	20♉29	20♉28	20♉27	20♉27	20♉27	20♉27	20♉28	20♉29	20♉30	20♉31	20♉32	20♉33	20♉34	20♉35	20♉36	20♉36
♇/☊	23♎44	23♎44	23♎44	23♎44	23♎44	23♎44	23♎45	23♎46	23♎48	23♎49	23♎50	23♎52	23♎53	23♎54	23♎55	23♎56

	17	18	19	20	21	22	23	24	25	26	27	28	29	30	31
☉/☽	27♓59	5♈28	13♈10	21♈03	29♈05	7♏11	15♏16	23♏16	1♐08	8♐47	16♐14	23♐28	0♑30	7♑22	14♑06
/☿	22♑25	23♑43	25♑02	26♑21	27♑40	28♑59	0♒19	1♒39	2♒59	4♒19	5♒40	7♒01	8♒23	9♒45	11♒07
/♀	3♑18	4♑21	5♑24	6♑28	7♑31	8♑34	9♑38	10♑42	11♑45	12♑49	13♑53	14♑57	16♑01	17♑06	18♑10
/♂	3♓39	4♓30	5♓21	6♓12	7♓02	7♓53	8♓44	9♓35	10♓26	11♓16	12♓07	12♓58	13♓49	14♓40	15♓31
/⚳	26♐46	27♐27	28♐08	28♐49	29♐30	0♑11	0♑52	1♑33	2♑13	2♑54	3♑35	4♑15	4♑55	5♑36	6♑16
/♃	5♑47	6♑24	6♑60	7♑36	8♑12	8♑49	9♑25	10♑01	10♑37	11♑13	11♑49	12♑25	13♑00	13♑36	14♑12
/♄	19♑55	20♑29	21♑03	21♑37	22♑11	22♑45	23♑19	23♑52	24♑26	25♑00	25♑34	26♑08	26♑42	27♑16	27♑49
/♅	12♓36	13♓07	13♓38	14♓09	14♓40	15♓11	15♓42	16♓12	16♓43	17♓14	17♓45	18♓16	18♓47	19♓19	19♓50
/♆	20♒31	21♒02	21♒34	22♒05	22♒37	23♒08	23♒39	24♒11	24♒42	25♒14	25♒45	26♒16	26♒48	27♒19	27♒51
/♇	23♑51	24♑22	24♑54	25♑26	25♑57	26♑29	27♑00	27♑32	28♑03	28♑35	29♑06	29♑38	0♒09	0♒40	1♒12
/☊	26♎40	27♈11	27♈41	28♈12	28♈42	29♈13	29♈43	0♉13	0♉43	1♉13	1♉44	2♉14	2♉45	3♉16	3♉47
☽/☿	23♓50	1♈36	9♈35	17♈46	26♎06	4♏31	12♏55	21♏14	29♏24	7♐23	15♐10	22♐44	0♑07	7♑20	14♑24
/♀	4♓44	12♍14	19♍58	27♍53	5♎57	14♎06	22♎14	0♏17	8♏11	15♏53	23♏23	0♐40	7♐46	14♐41	21♐28
/♂	5♉04	12♉23	19♉54	27♉37	5♊29	13♊25	21♊20	29♊10	6♋51	14♋21	21♑37	28♑41	5♒33	12♒15	18♒48
/⚳	28♌11	5♍20	12♍42	20♍15	27♍57	5♎43	13♎28	21♎08	28♎39	5♏58	13♏04	19♏58	26♏40	3♐11	9♐33
/♃	7♓13	14♓16	21♍33	29♍02	6♎39	14♎20	22♎01	29♎36	7♏02	14♏17	21♏19	28♏08	4♐45	11♐11	17♐30
/♄	21♓20	28♓22	5♈36	13♈02	20♎37	28♎16	5♏55	13♏28	20♏52	28♏04	5♐04	11♐51	18♐26	24♐51	1♑07
/♅	14♉02	20♉60	28♉11	5♊35	13♊06	20♊42	28♊18	5♋48	13♋09	20♋18	27♋15	3♒59	10♒32	16♒54	23♒07
/♆	21♈57	28♈55	6♉07	13♉31	21♉03	28♉40	6♊15	13♊46	21♐08	28♐18	5♑15	11♑60	18♑32	24♑55	1♒09
/♇	25♓16	2♈15	9♈28	16♈51	24♎24	2♏00	9♏36	17♏07	24♏29	1♐39	8♐36	15♐21	21♐53	28♐16	4♑30
/☊	28♊06	5♋03	12♋15	19♋38	27♋09	4♌44	12♌19	19♌49	27♌09	4♍17	11♍13	17♍57	24♍29	0♎51	7♎04
☿/♀	29♐09	0♑29	1♑50	3♑11	4♑32	5♑54	7♑16	8♑39	10♑02	11♑25	12♑49	14♑13	15♑38	17♑03	18♑29
/♂	29♒30	0♓38	1♓46	2♓55	4♓04	5♓13	6♓22	7♓32	8♓42	9♓53	11♓03	12♓14	13♓26	14♓37	15♓49
/⚳	22♐37	23♐35	24♐34	25♐33	26♐32	27♐31	28♐30	29♐30	0♑30	1♑30	2♑31	3♑31	4♑32	5♑33	6♑34
/♃	1♑38	2♑32	3♑26	4♑20	5♑14	6♑08	7♑03	7♑58	8♑53	9♑49	10♑45	11♑41	12♑37	13♑34	14♑31
/♄	15♑46	16♑37	17♑28	18♑20	19♑12	20♑04	20♑57	21♑50	22♑43	23♑36	24♑30	25♑24	26♑18	27♑13	28♑08
/♅	8♓27	9♓15	10♓04	10♓52	11♓41	12♓30	13♓20	14♓10	14♓60	15♓50	16♓41	17♓33	18♓24	19♓16	20♓08
/♆	16♒22	17♒11	17♒59	18♒49	19♒38	20♒28	21♒18	22♒08	22♒59	23♒50	24♒41	25♒33	26♒25	27♒17	28♒09
/♇	19♑42	20♑31	21♑20	22♑09	22♑59	23♑48	24♑39	25♑29	26♑20	27♑11	28♑02	28♑54	29♑46	0♒38	1♒31
/☊	22♎31	23♎19	24♎07	24♎55	25♎44	26♎33	27♈22	28♈11	28♈60	29♈49	0♉39	1♉30	2♉21	3♉13	4♉05
♀/♂	10♒23	11♒16	12♒09	13♒02	13♒55	14♒48	15♒42	16♒35	17♒29	18♒22	19♒16	20♒10	21♒04	21♒58	22♒52
/⚳	3♐30	4♐13	4♐57	5♐40	6♐23	7♐06	7♐50	8♐33	9♐17	10♐00	10♐44	11♐27	12♐11	12♐54	13♐38
/♃	12♐32	13♐10	13♐48	14♐27	15♐05	15♐44	16♐22	17♐01	17♐40	18♐19	18♐58	19♐37	20♐16	20♐55	21♐34
/♄	26♐39	27♐15	27♐51	28♐27	29♐03	29♐40	0♑16	0♑53	1♑29	2♑06	2♑43	3♑20	3♑57	4♑34	5♑11
/♅	19♒21	19♒53	20♒26	20♒59	21♒32	22♒06	22♒39	23♒13	23♒46	24♒20	24♒54	25♒28	26♒03	26♒37	27♒11
/♆	27♑15	27♑49	28♑22	28♑56	29♑29	0♒03	0♒37	1♒11	1♒45	2♒20	2♒54	3♒29	4♒03	4♒38	5♒13
/♇	0♑35	1♑09	1♑42	2♑16	2♑50	3♑24	3♑58	4♑32	5♑06	5♑41	6♑15	6♑50	7♑24	7♑59	8♑34
/☊	3♎24	3♎57	4♎29	5♎02	5♎35	6♎08	6♎41	7♎14	7♎46	8♎19	8♎52	9♎26	9♎60	10♎34	11♎08
♂/⚳	3♒51	4♒22	4♒53	5♒24	5♒55	6♒25	6♒56	7♒26	7♒57	8♒27	8♒58	9♒28	9♒58	10♒28	10♒58
/♃	12♒52	13♒18	13♒45	14♒11	14♒37	15♒03	15♒28	15♒54	16♒20	16♒46	17♒12	17♒37	18♒03	18♒29	18♒54
/♄	26♒60	27♒24	27♒47	28♒11	28♒35	28♒59	29♒22	29♒46	0♓10	0♓34	0♓57	1♓21	1♓45	2♓08	2♓32
/♅	19♈41	20♈02	20♈23	20♈43	21♈04	21♈25	21♈45	22♈06	22♈27	22♈48	23♈08	23♈29	23♈50	24♈11	24♈32
/♆	27♓36	27♓57	28♓18	28♓40	29♓01	29♓22	29♓43	0♈04	0♈26	0♈47	1♈08	1♈29	1♈51	2♈12	2♈33
/♇	0♓56	1♓17	1♓39	1♓60	2♓21	2♓43	3♓04	3♓25	3♓47	4♓08	4♓29	4♓51	5♓12	5♓33	5♓54
/☊	3♊45	4♊05	4♊26	4♊46	5♊07	5♊27	5♊47	6♊07	6♊27	6♊47	7♊07	7♊27	7♊47	8♊08	8♊29
⚳/♃	5♐59	6♐16	6♐32	6♐48	7♐05	7♐21	7♐36	7♐52	8♐08	8♐24	8♐39	8♐54	9♐10	9♐25	9♐40
/♄	20♐07	20♐21	20♐35	20♐49	21♐03	21♐17	21♐30	21♐44	21♐58	22♐11	22♐25	22♐38	22♐51	23♐04	23♐17
/♅	12♒48	12♒59	13♒10	13♒21	13♒32	13♒43	13♒53	14♒04	14♒15	14♒25	14♒36	14♒46	14♒57	15♒07	15♒17
/♆	20♑43	20♑55	21♑06	21♑17	21♑29	21♑40	21♑51	22♑02	22♑13	22♑24	22♑35	22♑46	22♑57	23♑08	23♑19
/♇	24♐03	24♐15	24♐26	24♐38	24♐49	25♐01	25♐12	25♐23	25♐34	25♐45	25♐56	26♐07	26♐18	26♐29	26♐40
/☊	26♍52	27♍03	27♍13	27♍24	27♍35	27♍45	27♍55	28♍05	28♍15	28♍24	28♍34	28♍44	28♍54	29♍04	29♍14
♃/♄	29♐08	29♐17	29♐27	29♐36	29♐45	29♐54	0♑03	0♑12	0♑21	0♑30	0♑39	0♑47	0♑56	1♑05	1♑13
/♅	21♒50	21♒56	22♒02	22♒08	22♒14	22♒20	22♒26	22♒32	22♒38	22♒44	22♒50	22♒56	23♒02	23♒08	23♒13
/♆	29♑44	29♑51	29♑58	0♒04	0♒11	0♒17	0♒24	0♒30	0♒37	0♒43	0♒50	0♒56	1♒02	1♒08	1♒15
/♇	3♑04	3♑11	3♑18	3♑25	3♑31	3♑38	3♑45	3♑51	3♑58	4♑04	4♑11	4♑17	4♑23	4♑30	4♑36
/☊	5♎53	5♎59	6♎05	6♎11	6♎17	6♎22	6♎28	6♎33	6♎38	6♎43	6♎48	6♎53	6♎59	7♎05	7♎10
♄/♅	5♓57	6♓01	6♓05	6♓08	6♓12	6♓16	6♓20	6♓24	6♓28	6♓31	6♓35	6♓39	6♓43	6♓47	6♓51
/♆	13♒52	13♒56	14♒00	14♒05	14♒09	14♒13	14♒18	14♒22	14♒26	14♒31	14♒35	14♒39	14♒44	14♒48	14♒52
/♇	17♑12	17♑16	17♑21	17♑25	17♑30	17♑34	17♑38	17♑43	17♑47	17♑52	17♑56	18♑00	18♑05	18♑09	18♑13
/☊	20♎01	20♎04	20♎08	20♎11	20♎15	20♎18	20♎21	20♎25	20♎28	20♎30	20♎34	20♎37	20♎40	20♎44	20♎48
♅/♆	6♈33	6♈35	6♈36	6♈37	6♈38	6♈39	6♈41	6♈42	6♈43	6♈45	6♈46	6♈48	6♈49	6♈51	6♈52
/♇	9♓53	9♓55	9♓56	9♓57	9♓59	10♓00	10♓01	10♓03	10♓04	10♓06	10♓07	10♓09	10♓10	10♓12	10♓13
/☊	12♊42	12♊43	12♊43	12♊44	12♊44	12♊44	12♊44	12♊45	12♊45	12♊45	12♊45	12♊45	12♊46	12♊47	12♊48
♆/♇	17♒48	17♒50	17♒52	17♒54	17♒56	17♒57	17♒59	18♒01	18♒03	18♒05	18♒07	18♒09	18♒11	18♒13	18♒15
/☊	20♉37	20♉38	20♉39	20♉40	20♉41	20♉42	20♉42	20♉43	20♉43	20♉44	20♉44	20♉45	20♉46	20♉48	20♉49
♇/☊	23♎57	23♎58	23♎59	24♎00	24♎01	24♎02	24♎03	24♎04	24♎04	24♎05	24♎05	24♎06	24♎07	24♎09	24♎11

January 2019

February 2019

	1	2	3	4	5	6	7	8	9	10	11	12	13	14
☉/☽	20♑42	27♑14	3♒42	10♒07	16♒32	22♒56	29♒22	5♓49	12♓20	18♓55	25♓35	2♈24	9♈22	16♈31
/☿	12♒29	13♒52	15♒15	16♒38	18♒02	19♒26	20♒50	22♒15	23♒39	25♒04	26♒28	27♒53	29♒18	0♓42
/♀	19♑14	20♑19	21♑23	22♑28	23♑33	24♑37	25♑42	26♑47	27♑52	28♑57	0♒02	1♒07	2♒12	3♒17
/♂	16♓21	17♓12	18♓03	18♓54	19♓44	20♓35	21♓26	22♓17	23♓07	23♓58	24♓49	25♓39	26♓30	27♓21
/⚳	6♑56	7♑36	8♑16	8♑56	9♑35	10♑15	10♑54	11♑34	12♑13	12♑52	13♑31	14♑10	14♑49	15♑28
/♃	14♑48	15♑23	15♑59	16♑34	17♑10	17♑45	18♑20	18♑56	19♑31	20♑06	20♑41	21♑16	21♑51	22♑26
/♄	28♑23	28♑57	29♑31	0♒04	0♒38	1♒12	1♒45	2♒19	2♒52	3♒26	3♒59	4♒33	5♒06	5♒40
/♅	20♓21	20♓52	21♓23	21♓54	22♓25	22♓56	23♓28	23♓59	24♓30	25♓01	25♓33	26♓04	26♓35	27♓06
/♆	28♒22	28♒54	29♒25	29♒57	0♓28	0♓60	1♓31	2♓02	2♓34	3♓05	3♓37	4♓08	4♓40	5♓11
/♇	1♒43	2♒15	2♒46	3♒18	3♒49	4♒20	4♒52	5♒23	5♒54	6♒26	6♒57	7♒28	7♒59	8♒31
/☊	4♉18	4♉49	5♉20	5♉50	6♉20	6♉49	7♉18	7♉46	8♉15	8♉43	9♉12	9♉42	10♉12	10♉42
☽/☿	21♑23	28♑16	5♒06	11♒54	18♒41	25♒29	2♓18	9♓09	16♓03	23♓02	0♈06	7♈19	14♈41	22♈14
/♀	28♐08	4♑43	11♑14	17♑44	24♑12	0♒40	7♒10	13♒41	20♒16	26♒55	3♓40	10♓33	17♓35	24♓49
/♂	25♒15	1♓36	7♓54	14♓09	20♓24	26♓38	2♈53	9♈11	15♈31	21♈56	28♈27	5♉05	11♉53	18♉52
/⚳	15♐49	21♐60	28♐07	4♑11	10♑15	16♑18	22♑22	28♑28	4♒37	10♒50	17♒09	23♒36	0♓12	6♍60
/♃	23♐41	29♐47	5♑50	11♑50	17♑49	23♑48	29♑48	5♒50	11♒55	18♒04	24♒19	0♓42	7♓14	13♓58
/♄	7♑17	13♑21	19♑22	25♑20	1♒17	7♒15	13♒13	19♒13	25♒16	1♓24	7♓37	13♓59	20♓30	27♓11
/♅	29♒14	5♓16	11♓14	17♓10	23♓05	28♓59	4♈55	10♈53	16♈54	22♈59	29♈11	5♉30	11♉58	18♉38
/♆	7♒16	13♒18	19♒16	25♒12	1♓07	7♓03	12♓59	18♓57	24♓58	1♈03	7♈15	13♈34	20♈03	26♈43
/♇	10♑37	16♑39	22♑37	28♑33	4♒28	10♒23	16♒19	22♒17	28♒18	4♓24	10♓35	16♓54	23♓23	0♈02
/☊	13♎11	19♎13	25♎11	1♉06	6♉59	12♉52	18♉45	24♉40	0♊38	6♊41	12♊50	19♊08	25♊35	2♋14
☿/♀	19♑55	21♑21	22♑48	24♑15	25♑42	27♑10	28♑38	0♒07	1♒35	3♒04	4♒33	6♒02	7♒31	8♒60
/♂	17♓01	18♓14	19♓27	20♓40	21♓54	23♓08	24♓22	25♓36	26♓51	28♓05	29♓20	0♈34	1♈49	3♈03
/⚳	7♑36	8♑38	9♑40	10♑42	11♑45	12♑47	13♑50	14♑53	15♑56	16♑59	18♑02	19♑05	20♑08	21♑10
/♃	15♑28	16♑25	17♑23	18♑21	19♑19	20♑18	21♑16	22♑15	23♑14	24♑13	25♑12	26♑11	27♑10	28♑08
/♄	29♑03	29♑59	0♒55	1♒51	2♒48	3♒44	4♒41	5♒38	6♒36	7♒33	8♒30	9♒28	10♒25	11♒22
/♅	21♓01	21♓54	22♓47	23♓41	24♓35	25♓29	26♓24	27♓18	28♓13	29♓08	0♈04	0♈59	1♈54	2♈49
/♆	29♒02	29♒56	0♓49	1♓43	2♓38	3♓32	4♓27	5♓22	6♓17	7♓12	8♓08	9♓03	9♓58	10♓53
/♇	2♒24	3♒17	4♒10	5♒04	5♒58	6♒53	7♒48	8♒43	9♒38	10♒33	11♒28	12♒23	13♒18	14♒13
/☊	4♉58	5♉51	6♉44	7♉37	8♉29	9♉22	10♉14	11♉06	11♉58	12♉50	13♉43	14♉37	15♉30	16♉25
♀/♂	23♒47	24♒41	25♒35	26♒30	27♒24	28♒19	29♒14	0♓09	1♓03	1♓58	2♓53	3♓48	4♓43	5♓38
/⚳	14♐21	15♐05	15♐48	16♐32	17♐15	17♐59	18♐42	19♐26	20♐09	20♐53	21♐36	22♐19	23♐02	23♐46
/♃	22♐13	22♐52	23♐31	24♐11	24♐50	25♐29	26♐08	26♐48	27♐27	28♐06	28♐46	29♐25	0♑04	0♑44
/♄	5♑49	6♑26	7♑03	7♑41	8♑18	8♑56	9♑33	10♑11	10♑49	11♑26	12♑04	12♑42	13♑20	13♑57
/♅	27♒46	28♒21	28♒56	29♒30	0♓05	0♓40	1♓16	1♓51	2♓26	3♓02	3♓37	4♓13	4♓48	5♓24
/♆	5♒48	6♒23	6♒58	7♒33	8♒08	8♒44	9♒19	9♒54	10♒30	11♒06	11♒41	12♒17	12♒53	13♒29
/♇	9♑09	9♑44	10♑19	10♑54	11♑29	12♑04	12♑40	13♑15	13♑50	14♑26	15♑01	15♑37	16♑13	16♑48
/☊	11♎43	12♎18	12♎52	13♎26	13♎60	14♎33	15♎06	15♎38	16♎11	16♎44	17♎17	17♎50	18♎25	19♎00
♂/⚳	11♒28	11♒58	12♒28	12♒57	13♒27	13♒57	14♒26	14♒55	15♒24	15♒54	16♒23	16♒51	17♒20	17♒49
/♃	19♒20	19♒45	20♒11	20♒36	21♒02	21♒27	21♒52	22♒17	22♒42	23♒07	23♒32	23♒57	24♒22	24♒47
/♄	2♓56	3♓19	3♓43	4♓06	4♓30	4♓53	5♓17	5♓40	6♓04	6♓27	6♓51	7♓14	7♓37	8♓01
/♅	24♈53	25♈14	25♈35	25♈56	26♈17	26♈38	26♈59	27♈20	27♈41	28♈03	28♈24	28♈45	29♈06	29♈27
/♆	2♈55	3♈16	3♈37	3♈59	4♈20	4♈41	5♈03	5♈24	5♈45	6♈07	6♈28	6♈49	7♈11	7♈32
/♇	6♓16	6♓37	6♓58	7♓20	7♓41	8♓02	8♓23	8♓45	9♓06	9♓27	9♓48	10♓09	10♓31	10♓52
/☊	8♊50	9♊11	9♊32	9♊52	10♊12	10♊31	10♊49	11♊08	11♊26	11♊45	12♊03	12♊23	12♊43	13♊03
⚳/♃	9♐54	10♐09	10♐24	10♐38	10♐52	11♐07	11♐21	11♐34	11♐48	12♐02	12♐15	12♐28	12♐41	12♐54
/♄	23♐30	23♐43	23♐56	24♐08	24♐21	24♐33	24♐45	24♐58	25♐10	25♐22	25♐33	25♐45	25♐57	26♐08
/♅	15♒28	15♒38	15♒48	15♒58	16♒08	16♒18	16♒28	16♒38	16♒47	16♒57	17♒06	17♒16	17♒25	17♒35
/♆	23♑29	23♑40	23♑50	24♑01	24♑11	24♑21	24♑31	24♑41	24♑51	25♑01	25♑11	25♑20	25♑30	25♑39
/♇	26♐50	27♐01	27♐11	27♐21	27♐32	27♐42	27♐52	28♐02	28♐12	28♐21	28♐31	28♐40	28♐50	28♐59
/☊	29♍25	29♍35	29♍45	29♍54	0♎02	0♎10	0♎18	0♎25	0♎32	0♎39	0♎46	0♎54	1♎02	1♎11
♃/♄	1♑22	1♑30	1♑39	1♑47	1♑55	2♑03	2♑11	2♑19	2♑27	2♑35	2♑43	2♑51	2♑58	3♑06
/♅	23♒19	23♒25	23♒31	23♒37	23♒42	23♒48	23♒54	23♒59	24♒05	24♒11	24♒16	24♒22	24♒27	24♒33
/♆	1♒21	1♒27	1♒33	1♒39	1♒45	1♒51	1♒57	2♒03	2♒09	2♒15	2♒20	2♒26	2♒32	2♒37
/♇	4♑42	4♑48	4♑54	5♑00	5♑06	5♑12	5♑18	5♑24	5♑29	5♑35	5♑41	5♑46	5♑52	5♑57
/☊	7♎16	7♎22	7♎28	7♎32	7♎37	7♎41	7♎44	7♎47	7♎50	7♎53	7♎56	7♎60	8♎04	8♎09
♄/♅	6♓55	6♓59	7♓03	7♓07	7♓11	7♓15	7♓19	7♓23	7♓27	7♓31	7♓35	7♓39	7♓43	7♓46
/♆	14♒57	15♒01	15♒05	15♒09	15♒14	15♒18	15♒22	15♒26	15♒30	15♒35	15♒39	15♒43	15♒47	15♒51
/♇	18♑18	18♑22	18♑26	18♑30	18♑34	18♑39	18♑43	18♑47	18♑51	18♑55	18♑59	19♑03	19♑07	19♑11
/☊	20♎52	20♎56	20♎59	21♎03	21♎05	21♎07	21♎09	21♎10	21♎11	21♎13	21♎14	21♎16	21♎19	21♎22
♅/♆	6♈54	6♈56	6♈57	6♈59	7♈01	7♈03	7♈04	7♈06	7♈08	7♈10	7♈12	7♈14	7♈16	7♈18
/♇	10♓15	10♓17	10♓18	10♓20	10♓22	10♓23	10♓25	10♓27	10♓29	10♓30	10♓32	10♓34	10♓36	10♓38
/☊	12♊50	12♊51	12♊52	12♊52	12♊52	12♊52	12♊51	12♊50	12♊49	12♊48	12♊47	12♊47	12♊48	12♊49
♆/♇	18♒17	18♒19	18♒21	18♒23	18♒25	18♒26	18♒28	18♒30	18♒32	18♒34	18♒36	18♒38	18♒40	18♒42
/☊	20♉51	20♉53	20♉54	20♉55	20♉55	20♉55	20♉55	20♉54	20♉53	20♉52	20♉52	20♉52	20♉52	20♉54
♇/☊	24♎12	24♎14	24♎15	24♎16	24♎16	24♎16	24♎15	24♎14	24♎13	24♎12	24♎12	24♎12	24♎12	24♎14

15	16	17	18	19	20	21	22	23	24	25	26	27	28	
23♈53	1♉28	9♉15	17♉13	25♉19	3♐27	11♐33	19♐32	27♐19	4♑52	12♑11	19♑16	26♑07	2♒49	☉/☽
2♓06	3♓29	4♓52	6♓14	7♓34	8♓54	10♓12	11♓28	12♓41	13♓52	15♓01	16♓06	17♓08	18♓06	/☿
4♒22	5♒28	6♒33	7♒38	8♒43	9♒49	10♒54	11♒60	13♒05	14♒10	15♒16	16♒21	17♒27	18♒33	/♀
28♓11	29♓02	29♓52	0♈43	1♈33	2♈24	3♈14	4♈05	4♈55	5♈45	6♈36	7♈26	8♈17	9♈07	/♂
16♑06	16♑45	17♑23	18♑01	18♑40	19♑18	19♑55	20♑33	21♑11	21♑48	22♑26	23♑03	23♑40	24♑17	/⚳
23♑01	23♑35	24♑10	24♑44	25♑19	25♑53	26♑28	27♑02	27♑36	28♑10	28♑44	29♑18	29♑52	0♒26	/♃
6♒13	6♒46	7♒19	7♒53	8♒26	8♒59	9♒32	10♒05	10♒38	11♒11	11♒44	12♒17	12♒50	13♒22	/♄
27♓38	28♓09	28♓40	29♓11	29♓43	0♈14	0♈45	1♈17	1♈48	2♈19	2♈51	3♈22	3♈53	4♈25	/♅
5♓42	6♓14	6♓45	7♓17	7♓48	8♓19	8♓51	9♓22	9♓53	10♓25	10♓56	11♓27	11♓58	12♓30	/♆
9♒02	9♒33	10♒04	10♒35	11♒06	11♒37	12♒09	12♒40	13♒11	13♒42	14♒13	14♒43	15♒14	15♒45	/♇
11♉13	11♉44	12♉15	12♉45	13♉15	13♉43	14♉11	14♉38	15♉06	15♉34	16♉02	16♉32	17♉02	17♉33	/☊
29♈59	7♉56	16♉06	24♉25	2♊51	11♊18	19♐42	27♐56	5♑56	13♑40	21♑07	28♑16	5♒10	11♒49	☽/☿
2♈15	9♈55	17♎46	25♎49	3♏60	12♏13	20♏24	28♏28	6♐20	13♐58	21♐22	28♐32	5♑29	12♑16	/♀
26♉04	3♊29	11♊06	18♊54	26♊50	4♋48	12♋44	20♋33	28♋10	5♌33	12♒42	19♒37	26♒18	2♓50	/♂
13♍59	21♍12	28♍37	6♎13	13♎56	21♎42	29♎25	7♏01	14♏26	21♏36	28♏32	5♐13	11♐42	17♐60	/⚳
20♍53	28♍02	5♎24	12♎56	20♎35	28♎17	5♏57	13♏30	20♏51	27♏58	4♐50	11♐28	17♐54	24♐09	/♃
4♈06	11♈13	18♎33	26♎04	3♏42	11♏23	19♏02	26♏33	3♐53	10♐59	17♐50	24♐27	0♑52	7♑06	/♄
25♉30	2♊36	9♊54	17♊23	24♊59	2♋38	10♋15	17♋45	25♋03	2♒07	8♒57	15♒32	21♒55	28♒08	/♅
3♉35	10♉41	17♉59	25♉28	3♊04	10♊43	18♐20	25♐50	3♑08	10♑13	17♑02	23♑38	0♒00	6♒13	/♆
6♈55	13♈60	21♈18	28♎47	6♏23	14♏02	21♏38	29♏08	6♐26	13♐30	20♐19	26♐54	3♑16	9♑28	/♇
9♋06	16♋11	23♋29	0♌57	8♌31	16♌08	23♌41	1♍07	8♍21	15♍22	22♍09	28♍42	5♎04	11♎16	/☊
10♒28	11♒56	13♒23	14♒50	16♒16	17♒40	19♒03	20♒23	21♒42	22♒58	24♒12	25♒22	26♒29	27♒33	☿/♀
4♈17	5♈30	6♈43	7♈55	9♈05	10♈15	11♈23	12♈29	13♈32	14♈33	15♈32	16♈27	17♈19	18♈07	/♂
22♑12	23♑13	24♑14	25♑13	26♑12	27♑09	28♑04	28♑57	29♑48	0♒36	1♒22	2♒04	2♒42	3♒17	/⚳
29♑06	0♒04	1♒01	1♒56	2♒51	3♒44	4♒36	5♒26	6♒13	6♒58	7♒40	8♒19	8♒54	9♒26	/♃
12♒19	13♒15	14♒10	15♒05	15♒58	16♒50	17♒40	18♒29	19♒15	19♒59	20♒40	21♒18	21♒52	22♒23	/♄
3♈43	4♈37	5♈31	6♈23	7♈15	8♈05	8♈54	9♈41	10♈25	11♈07	11♈47	12♈23	12♈56	13♈25	/♅
11♓48	12♓42	13♓36	14♓29	15♓20	16♓10	16♓59	17♓46	18♓30	19♓13	19♓52	20♓28	21♓01	21♓30	/♆
15♒08	16♒02	16♒55	17♒47	18♒39	19♒29	20♒17	21♒03	21♒48	22♒30	23♒09	23♒44	24♒17	24♒45	/♇
17♉19	18♉13	19♉06	19♉57	20♉47	21♉34	22♉20	23♉02	23♉43	24♉22	24♉58	25♉33	26♉04	26♉33	/☊
6♓33	7♓29	8♓24	9♓19	10♓14	11♓10	12♓05	13♓00	13♓56	14♓51	15♓47	16♓42	17♓38	18♓34	♀/♂
24♐29	25♐12	25♐55	26♐38	27♐21	28♐04	28♐46	29♐29	0♑12	0♑54	1♑37	2♑19	3♑01	3♑44	/⚳
1♑23	2♑02	2♑41	3♑21	3♑60	4♑39	5♑18	5♑58	6♑37	7♑16	7♑55	8♑34	9♑13	9♑52	/♃
14♑35	15♑13	15♑51	16♑29	17♑07	17♑45	18♑23	19♑01	19♑39	20♑17	20♑55	21♑33	22♑11	22♑49	/♄
5♓60	6♓36	7♓12	7♓48	8♓24	9♓00	9♓36	10♓13	10♓49	11♓25	12♓02	12♓38	13♓15	13♓52	/♅
14♒05	14♒41	15♒17	15♒53	16♒29	17♒05	17♒41	18♒18	18♒54	19♒31	20♒07	20♒43	21♒20	21♒57	/♆
17♑24	17♑60	18♑36	19♑12	19♑47	20♑23	20♑59	21♑35	22♑11	22♑48	23♑24	23♑60	24♑36	25♑12	/♇
19♎36	20♎11	20♎47	21♎22	21♎56	22♎29	23♎02	23♎34	24♎07	24♎40	25♎13	25♎48	26♈23	26♈59	/☊
18♒17	18♒46	19♒14	19♒42	20♒11	20♒39	21♒06	21♒34	22♒02	22♒29	22♒57	23♒24	23♒51	24♒18	♂/⚳
25♒12	25♒36	26♒01	26♒25	26♒50	27♒14	27♒39	28♒03	28♒27	28♒51	29♒15	29♒39	0♓03	0♓27	/♃
8♓24	8♓47	9♓10	9♓34	9♓57	10♓20	10♓43	11♓06	11♓29	11♓52	12♓15	12♓38	13♓01	13♓24	/♄
29♈49	0♉10	0♉31	0♉52	1♉14	1♉35	1♉56	2♉18	2♉39	3♉00	3♉22	3♉43	4♉04	4♉26	/♅
7♈53	8♈15	8♈36	8♈58	9♈19	9♈40	10♈02	10♈23	10♈44	11♈06	11♈27	11♈48	12♈10	12♈31	/♆
11♓13	11♓34	11♓55	12♓16	12♓37	12♓58	13♓19	13♓41	14♓02	14♓23	14♓44	15♓05	15♓25	15♓46	/♇
13♊24	13♊45	14♊06	14♊26	14♊46	15♊04	15♊22	15♊39	15♊57	16♊15	16♊33	16♊53	17♊13	17♊34	/☊
13♐07	13♐19	13♐32	13♐44	13♐56	14♐08	14♐20	14♐31	14♐43	14♐54	15♐05	15♐15	15♐26	15♐36	⚳/♃
26♐19	26♐30	26♐41	26♐52	27♐03	27♐14	27♐24	27♐35	27♐45	27♐55	28♐05	28♐14	28♐24	28♐33	/♄
17♒44	17♒53	18♒02	18♒11	18♒20	18♒29	18♒38	18♒46	18♒55	19♒03	19♒11	19♒20	19♒28	19♒36	/♅
25♑49	25♑58	26♑07	26♑16	26♑25	26♑34	26♑43	26♑51	26♑60	27♑08	27♑17	27♑25	27♑33	27♑41	/♆
29♐08	29♐17	29♐26	29♐35	29♐44	29♐52	0♑01	0♑09	0♑17	0♑25	0♑33	0♑41	0♑49	0♑56	/♇
1♎20	1♎29	1♎37	1♎45	1♎52	1♎58	2♎03	2♎08	2♎13	2♎17	2♎23	2♎29	2♎36	2♎43	/☊
3♑13	3♑21	3♑28	3♑35	3♑42	3♑49	3♑56	4♑03	4♑10	4♑17	4♑23	4♑30	4♑36	4♑42	♃/♄
24♒38	24♒43	24♒49	24♒54	24♒59	25♒05	25♒10	25♒15	25♒20	25♒25	25♒30	25♒35	25♒40	25♒44	/♅
2♒43	2♒48	2♒54	2♒59	3♒04	3♒10	3♒15	3♒20	3♒25	3♒30	3♒35	3♒40	3♒45	3♒49	/♆
6♑02	6♑08	6♑13	6♑18	6♑23	6♑28	6♑33	6♑38	6♑42	6♑47	6♑52	6♑56	7♑01	7♑05	/♇
8♎14	8♎19	8♎24	8♎28	8♎31	8♎34	8♎35	8♎37	8♎38	8♎39	8♎41	8♎44	8♎48	8♎52	/☊
7♓50	7♓54	7♓58	8♓02	8♓06	8♓10	8♓14	8♓18	8♓22	8♓26	8♓30	8♓34	8♓38	8♓41	♄/♅
15♒55	15♒59	16♒03	16♒07	16♒11	16♒15	16♒19	16♒23	16♒27	16♒31	16♒35	16♒39	16♒43	16♒46	/♆
19♑15	19♑19	19♑22	19♑26	19♑30	19♑34	19♑37	19♑41	19♑45	19♑48	19♑52	19♑55	19♑59	20♑02	/♇
21♎26	21♎30	21♎33	21♎36	21♎38	21♎39	21♎40	21♎40	21♎40	21♎40	21♎41	21♎43	21♎46	21♎49	/☊
7♈20	7♈22	7♈24	7♈26	7♈28	7♈31	7♈33	7♈35	7♈37	7♈39	7♈42	7♈44	7♈46	7♈49	♅/♆
10♓39	10♓41	10♓43	10♓45	10♓47	10♓49	10♓51	10♓53	10♓54	10♓56	10♓58	11♓00	11♓02	11♓04	/♇
12♊51	12♊53	12♊54	12♊55	12♊55	12♊55	12♊53	12♊51	12♊50	12♊49	12♊48	12♊48	12♊50	12♊51	/☊
18♒44	18♒46	18♒48	18♒50	18♒52	18♒54	18♒56	18♒58	18♒60	19♒02	19♒04	19♒05	19♒07	19♒09	♆/♇
20♉56	20♉58	20♉59	21♉00	21♉00	20♉60	20♉58	20♉57	20♉55	20♉54	20♉53	20♉54	20♉55	20♉56	/☊
24♎15	24♎17	24♎18	24♎19	24♎19	24♎18	24♎16	24♎14	24♎12	24♎11	24♎10	24♎10	24♎11	24♎12	♇/☊

February 2019

March 2019

	1	2	3	4	5	6	7	8	9	10	11	12	13	14	15	16
☉/☽	9♒22	15♒50	22♒15	28♒39	5♓02	11♓28	17♓56	24♓27	1♈02	7♈42	14♈27	21♈18	28♈17	5♉24	12♉40	20♉08
/☿	18♓60	19♓50	20♓35	21♓16	21♓52	22♓23	22♓50	23♓12	23♓30	23♓44	23♓54	24♓01	24♓06	24♓09	24♓11	24♓12
/♀	19♒38	20♒44	21♒50	22♒55	24♒01	25♒07	26♒12	27♒18	28♒24	29♒29	0♓35	1♓41	2♓47	3♓52	4♓58	6♓04
/♂	9♈57	10♈47	11♈38	12♈28	13♈18	14♈08	14♈59	15♈49	16♈39	17♈29	18♈19	19♈09	19♈59	20♈49	21♈39	22♈29
/⚳	24♑54	25♑30	26♑07	26♑43	27♑19	27♑55	28♑31	29♑07	29♑42	0♒18	0♒53	1♒28	2♒03	2♒38	3♒12	3♒47
/♃	0♒59	1♒33	2♒06	2♒40	3♒13	3♒46	4♒19	4♒52	5♒25	5♒58	6♒31	7♒04	7♒36	8♒09	8♒41	9♒13
/♄	13♒55	14♒28	15♒01	15♒33	16♒06	16♒38	17♒11	17♒43	18♒16	18♒48	19♒20	19♒52	20♒24	20♒57	21♒29	22♒01
/♅	4♈56	5♈28	5♈59	6♈30	7♈02	7♈33	8♈04	8♈36	9♈07	9♈39	10♈10	10♈41	11♈13	11♈44	12♈16	12♈47
/♆	13♓01	13♓32	14♓04	14♓35	15♓06	15♓37	16♓08	16♓40	17♓11	17♓42	18♓13	18♓44	19♓15	19♓46	20♓17	20♓48
/♇	16♒16	16♒47	17♒18	17♒49	18♒20	18♒50	19♒21	19♒52	20♒22	20♒53	21♒24	21♒54	22♒25	22♒55	23♒26	23♒56
/☊	18♉03	18♉34	19♉04	19♉33	20♉01	20♉28	20♉54	21♉19	21♉44	22♉09	22♉35	23♉01	23♉29	23♉59	24♉28	24♉59
☽/☿	18♒16	24♒34	0♓44	6♓47	12♓47	18♓44	24♓38	0♈31	6♈25	12♈18	18♈14	24♈13	0♉16	6♉26	12♉45	19♉13
/♀	18♑55	25♑28	1♒58	8♒27	14♒56	21♒27	28♒01	4♓38	11♓19	18♓04	24♓55	1♈52	8♈56	16♈09	23♈32	1♉05
/♂	9♓14	15♓32	21♓46	27♓60	4♈14	10♈29	16♈47	23♈08	29♈34	6♉04	12♉39	19♉20	26♉09	3♊06	10♊13	17♊30
/⚳	24♐10	0♑14	6♑15	12♑15	18♑15	24♑16	0♒20	6♒26	12♒37	18♒52	25♒13	1♓39	8♓13	14♍54	21♍46	28♍48
/♃	0♑16	6♑17	12♑15	18♑12	24♑08	0♒07	6♒08	12♒12	18♒20	24♒33	0♓51	7♓15	13♓46	20♓26	27♍15	4♎14
/♄	13♑12	19♑12	25♑09	1♒05	7♒01	12♒59	18♒59	25♒03	1♓10	7♓23	13♓40	20♓04	26♓34	3♈13	10♈02	17♈02
/♅	4♓13	10♓12	16♓08	22♓02	27♓57	3♈54	9♈53	15♈55	22♈02	28♈13	4♉30	10♉53	17♉23	24♉01	0♊49	7♊48
/♆	12♒17	18♒16	24♒12	0♓07	6♓01	11♓58	17♓57	23♓59	0♈06	6♈17	12♈33	18♈55	25♈25	2♉03	8♉51	15♉49
/♇	15♑33	21♑31	27♑27	3♒21	9♒15	15♒11	21♒09	27♒11	3♓17	9♓28	15♓44	22♓05	28♓35	5♈12	11♈60	18♈57
/☊	17♎20	23♎18	29♈13	5♉05	10♉57	16♉49	22♉42	28♉39	4♊39	10♊43	16♊54	23♊13	29♊39	6♋15	13♋02	19♋60
☿/♀	28♒32	29♒27	0♓18	1♓04	1♓46	2♓22	2♓55	3♓22	3♓46	4♓06	4♓22	4♓35	4♓46	4♓55	5♓03	5♓10
/♂	18♈51	19♈31	20♈06	20♈37	21♈03	21♈24	21♈41	21♈53	22♈01	22♈05	22♈06	22♈03	21♈58	21♈52	21♈43	21♈35
/⚳	3♒47	4♒13	4♒35	4♒52	5♒04	5♒11	5♒13	5♒11	5♒05	4♒54	4♒40	4♒22	4♒02	3♒40	3♒17	2♒52
/♃	9♒53	10♒16	10♒35	10♒49	10♒58	11♒02	11♒02	10♒57	10♒48	10♒35	10♒18	9♒58	9♒36	9♒11	8♒45	8♒19
/♄	22♒49	23♒11	23♒29	23♒42	23♒50	23♒54	23♒53	23♒48	23♒38	23♒24	23♒07	22♒47	22♒24	21♒59	21♒33	21♒06
/♅	13♈50	14♈11	14♈27	14♈39	14♈46	14♈49	14♈47	14♈40	14♈30	14♈15	13♈57	13♈36	13♈12	12♈47	12♈20	11♈53
/♆	21♓55	22♓16	22♓32	22♓44	22♓51	22♓53	22♓51	22♓44	22♓33	22♓18	21♓60	21♓38	21♓14	20♓49	20♓22	19♓54
/♇	25♒10	25♒30	25♒46	25♒58	26♒04	26♒06	26♒03	25♒56	25♒45	25♒29	25♒10	24♒49	24♒24	23♒58	23♒30	23♒02
/☊	26♉57	27♉17	27♉33	27♉42	27♉46	27♉44	27♉36	27♉23	27♉06	26♉45	26♉21	25♉56	25♉29	25♉01	24♉33	24♉05
♀/♂	19♓29	20♓25	21♓21	22♓16	23♓12	24♓08	25♓04	25♓59	26♓55	27♓51	28♓47	29♓43	0♈39	1♈35	2♈30	3♈26
/⚳	4♑26	5♑08	5♑50	6♑31	7♑13	7♑55	8♑36	9♑18	9♑59	10♑40	11♑21	12♑02	12♑42	13♑23	14♑04	14♑44
/♃	10♑31	11♑10	11♑49	12♑28	13♑07	13♑46	14♑24	15♑03	15♑42	16♑20	16♑59	17♑37	18♑16	18♑54	19♑32	20♑11
/♄	23♑27	24♑05	24♑44	25♑22	25♑60	26♑38	27♑16	27♑54	28♑32	29♑10	29♑48	0♒26	1♒04	1♒42	2♒20	2♒58
/♅	14♓28	15♓05	15♓42	16♓19	16♓56	17♓33	18♓10	18♓47	19♓24	20♓01	20♓38	21♓15	21♓52	22♓30	23♓07	23♓44
/♆	22♒33	23♒10	23♒46	24♒23	24♒60	25♒37	26♒13	26♒50	27♒27	28♒04	28♒41	29♒18	29♒55	0♓32	1♓09	1♓46
/♇	25♑48	26♑25	27♑01	27♑37	28♑13	28♑50	29♑26	0♒02	0♒39	1♒15	1♒52	2♒28	3♒04	3♒41	4♒17	4♒54
/☊	27♈36	28♈12	28♈47	29♈22	29♈55	0♉28	0♉59	1♉30	2♉00	2♉31	3♉02	3♉35	4♉09	4♉44	5♉20	5♉56
♂/⚳	24♒45	25♒11	25♒38	26♒04	26♒30	26♒57	27♒22	27♒48	28♒14	28♒39	29♒05	29♒30	29♒55	0♓20	0♓44	1♓09
/♃	0♓50	1♓14	1♓37	2♓01	2♓24	2♓48	3♓11	3♓34	3♓57	4♓20	4♓43	5♓06	5♓28	5♓51	6♓13	6♓36
/♄	13♓46	14♓09	14♓32	14♓54	15♓17	15♓40	16♓02	16♓25	16♓47	17♓10	17♓32	17♓54	18♓16	18♓39	19♓01	19♓23
/♅	4♉47	5♉09	5♉30	5♉52	6♉13	6♉34	6♉56	7♉17	7♉39	8♉00	8♉22	8♉43	9♉05	9♉26	9♉48	10♉09
/♆	12♈52	13♈13	13♈35	13♈56	14♈17	14♈39	14♈60	15♈21	15♈42	16♈04	16♈25	16♈46	17♈07	17♈28	17♈50	18♈11
/♇	16♓07	16♓28	16♓49	17♓10	17♓31	17♓52	18♓12	18♓33	18♓54	19♓15	19♓35	19♓56	20♓17	20♓37	20♓58	21♓19
/☊	17♊55	18♊15	18♊35	18♊55	19♊13	19♊29	19♊45	20♊00	20♊15	20♊30	20♊46	21♊03	21♊21	21♊41	22♊01	22♊21
⚳/♃	15♐47	15♐57	16♐06	16♐16	16♐25	16♐34	16♐43	16♐52	17♐00	17♐09	17♐17	17♐24	17♐32	17♐39	17♐46	17♐53
/♄	28♐43	28♐52	29♐01	29♐09	29♐18	29♐26	29♐35	29♐43	29♐51	29♐58	0♑06	0♑13	0♑20	0♑27	0♑34	0♑41
/♅	19♒44	19♒51	19♒59	20♒07	20♒14	20♒21	20♒28	20♒35	20♒42	20♒49	20♒56	21♒02	21♒09	21♒15	21♒21	21♒27
/♆	27♑48	27♑56	28♑04	28♑11	28♑18	28♑25	28♑32	28♑39	28♑46	28♑52	28♑59	29♑05	29♑11	29♑17	29♑23	29♑28
/♇	1♑04	1♑11	1♑18	1♑25	1♑32	1♑38	1♑45	1♑51	1♑57	2♑04	2♑09	2♑15	2♑21	2♑26	2♑31	2♑36
/☊	2♎51	2♎58	3♎04	3♎10	3♎14	3♎16	3♎18	3♎18	3♎19	3♎19	3♎20	3♎22	3♎25	3♎29	3♎34	3♎39
♃/♄	4♑48	4♑54	5♑00	5♑06	5♑12	5♑18	5♑23	5♑28	5♑34	5♑39	5♑44	5♑49	5♑54	5♑58	6♑03	6♑07
/♅	25♒49	25♒54	25♒59	26♒03	26♒08	26♒12	26♒17	26♒21	26♒25	26♒30	26♒34	26♒38	26♒42	26♒46	26♒50	26♒54
/♆	3♒54	3♒59	4♒03	4♒08	4♒12	4♒16	4♒21	4♒25	4♒29	4♒33	4♒37	4♒41	4♒44	4♒48	4♒52	4♒55
/♇	7♑09	7♑14	7♑18	7♑22	7♑26	7♑29	7♑33	7♑37	7♑41	7♑44	7♑47	7♑51	7♑54	7♑57	8♑00	8♑03
/☊	8♎57	9♎01	9♎04	9♎06	9♎07	9♎07	9♎06	9♎04	9♎02	8♎60	8♎58	8♎58	8♎59	9♎00	9♎03	9♎05
♄/♅	8♓45	8♓49	8♓53	8♓57	9♓01	9♓04	9♓08	9♓12	9♓16	9♓19	9♓23	9♓27	9♓30	9♓34	9♓37	9♓41
/♆	16♒50	16♒54	16♒58	17♒01	17♒05	17♒08	17♒12	17♒16	17♒19	17♒22	17♒26	17♒29	17♒33	17♒36	17♒39	17♒42
/♇	20♑05	20♑09	20♑12	20♑15	20♑18	20♑22	20♑25	20♑28	20♑31	20♑34	20♑37	20♑39	20♑42	20♑45	20♑48	20♑50
/☊	21♎53	21♎56	21♎58	21♎60	22♎00	21♎59	21♎57	21♎55	21♎52	21♎49	21♎47	21♎47	21♎47	21♎48	21♎50	21♎53
♅/♆	7♈51	7♈53	7♈56	7♈58	8♈01	8♈03	8♈06	8♈08	8♈11	8♈13	8♈16	8♈18	8♈21	8♈23	8♈26	8♈29
/♇	11♓06	11♓08	11♓10	11♓12	11♓14	11♓16	11♓18	11♓20	11♓22	11♓24	11♓26	11♓28	11♓30	11♓33	11♓35	11♓37
/☊	12♊53	12♊55	12♊57	12♊57	12♊56	12♊54	12♊51	12♊48	12♊44	12♊40	12♊37	12♊36	12♊35	12♊36	12♊37	12♊39
♆/♇	19♒11	19♒13	19♒15	19♒17	19♒19	19♒20	19♒22	19♒24	19♒26	19♒28	19♒29	19♒31	19♒33	19♒35	19♒36	19♒38
/☊	20♉58	21♉00	21♉01	21♉01	21♉00	20♉58	20♉55	20♉51	20♉47	20♉43	20♉40	20♉38	20♉37	20♉38	20♉39	20♉40
♇/☊	24♎14	24♎15	24♎16	24♎15	24♎14	24♎11	24♎08	24♎03	23♎59	23♎55	23♎51	23♎48	23♎47	23♎47	23♎48	23♎48

	17	18	19	20	21	22	23	24	25	26	27	28	29	30	31	
☉/☽	27♉46	5♊34	13♊31	21♊32	29♊35	7♑32	15♑21	22♑57	0♒19	7♒26	14♒20	21♒03	27♒36	4♓04	10♓28	☉/☽
/☿	24♓14	24♓15	24♓19	24♓23	24♓30	24♓39	24♓51	25♓06	25♓23	25♓44	26♓07	26♓34	27♓03	27♓36	28♓11	/☿
/♀	7♓10	8♓15	9♓21	10♓27	11♓33	12♓39	13♓44	14♓50	15♓56	17♓02	18♓07	19♓13	20♓19	21♓25	22♓31	/♀
/♂	23♈19	24♈09	24♈59	25♈48	26♈38	27♈28	28♈18	29♈07	29♈57	0♉47	1♉36	2♉26	3♉15	4♉05	4♉55	/♂
/⚳	4♒21	4♒55	5♒28	6♒02	6♒36	7♒09	7♒42	8♒15	8♒47	9♒20	9♒52	10♒24	10♒56	11♒28	11♒60	/⚳
/♃	9♒45	10♒18	10♒49	11♒21	11♒53	12♒25	12♒56	13♒28	13♒59	14♒30	15♒01	15♒32	16♒03	16♒34	17♒05	/♃
/♄	22♒33	23♒04	23♒36	24♒08	24♒40	25♒11	25♒43	26♒14	26♒46	27♒17	27♒49	28♒20	28♒51	29♒22	29♒53	/♄
/♅	13♈18	13♈50	14♈21	14♈52	15♈24	15♈55	16♈26	16♈58	17♈29	18♈00	18♈31	19♈03	19♈34	20♈05	20♈37	/♅
/♆	21♓19	21♓50	22♓21	22♓52	23♓23	23♓54	24♓25	24♓56	25♓27	25♓57	26♓28	26♓59	27♓30	28♓01	28♓31	/♆
/♇	24♒27	24♒57	25♒28	25♒58	26♒28	26♒58	27♒29	27♒59	28♒29	28♒59	29♒29	29♒60	0♓30	0♓60	1♓30	/♇
/☊	25♉29	25♉58	26♉26	26♉52	27♉18	27♉42	28♉07	28♉32	28♉58	29♉25	29♉54	0♊23	0♊53	1♊22	1♊51	/☊
☽/☿	25♉53	2♊44	9♊44	16♊50	23♐60	1♑07	8♑08	14♑59	21♑39	28♑08	4♒26	10♒35	16♒39	22♒39	28♒39	☽/☿
/♀	8♉49	16♉44	24♏46	2♐54	11♐02	19♐06	27♐01	4♑43	12♑12	19♑25	26♑25	3♒14	9♒54	16♒28	22♒59	/♀
/♂	24♊58	2♋37	10♋24	18♋15	26♋08	3♌56	11♌34	19♌01	26♒13	3♓10	9♓54	16♓27	22♓51	29♓09	5♈23	/♂
/⚳	6♎00	13♎23	20♎54	28♎29	6♏05	13♏36	20♏59	28♏08	5♐03	11♐44	18♐10	24♐26	0♑32	6♑32	12♑28	/⚳
/♃	11♎25	18♎46	26♎15	3♏48	11♏23	18♏52	26♏13	3♐21	10♐15	16♐54	23♐19	29♐34	5♑39	11♑38	17♑33	/♃
/♄	24♎12	1♏32	9♏01	16♏35	24♏09	1♐39	8♐60	16♐08	23♐02	29♐41	6♑07	12♑21	18♑27	24♑26	0♒22	/♄
/♅	14♊58	22♊18	29♊46	7♋19	14♋53	22♋23	29♋43	6♒51	13♒45	20♒24	26♒50	3♓04	9♓10	15♓09	21♓05	/♅
/♆	22♉59	0♊18	7♊46	15♊19	22♐53	0♑22	7♑42	14♑49	21♑42	28♑21	4♒46	11♒00	17♒05	23♒04	28♒60	/♆
/♇	26♎06	3♏25	10♏53	18♏25	25♏58	3♐26	10♐45	17♐52	24♐45	1♑23	7♑48	14♑01	20♑05	26♑03	1♒58	/♇
/☊	27♋08	4♌26	11♌51	19♌19	26♌47	4♍10	11♍24	18♍25	25♍14	1♎49	8♎12	14♎24	20♎28	26♈26	2♉20	/☊
☿/♀	5♓17	5♓25	5♓34	5♓45	5♓58	6♓13	6♓31	6♓52	7♓16	7♓43	8♓13	8♓46	9♓22	10♓00	10♓42	☿/♀
/♂	21♈26	21♈18	21♈11	21♈06	21♈03	21♈03	21♈05	21♈09	21♈17	21♈28	21♈42	21♈59	22♈18	22♈41	23♈06	/♂
/⚳	2♒28	2♒04	1♒41	1♒20	1♒01	0♒43	0♒29	0♒17	0♒08	0♒01	29♑58	29♑57	29♑59	0♒04	0♒11	/⚳
/♃	7♒53	7♒27	7♒02	6♒39	6♒18	5♒59	5♒43	5♒30	5♒19	5♒12	5♒07	5♒05	5♒06	5♒10	5♒16	/♃
/♄	20♒40	20♒14	19♒49	19♒26	19♒05	18♒46	18♒30	18♒16	18♒06	17♒59	17♒54	17♒53	17♒54	17♒58	18♒05	/♄
/♅	11♈26	10♈59	10♈34	10♈10	9♈49	9♈30	9♈13	8♈60	8♈49	8♈42	8♈37	8♈35	8♈37	8♈41	8♈48	/♅
/♆	19♓27	18♓60	18♓34	18♓10	17♓48	17♓29	17♓12	16♓58	16♓47	16♓39	16♓34	16♓32	16♓33	16♓36	16♓43	/♆
/♇	22♒34	22♒07	21♒40	21♒16	20♒53	20♒33	20♒16	20♒01	19♒49	19♒41	19♒35	19♒32	19♒32	19♒35	19♒41	/♇
/☊	23♉36	23♉07	22♉39	22♉10	21♉43	21♉17	20♉54	20♉34	20♉18	20♉07	19♉59	19♉56	19♉56	19♉58	20♉03	/☊
♀/♂	4♈22	5♈18	6♈14	7♈10	8♈06	9♈02	9♈58	10♈54	11♈50	12♈46	13♈42	14♈38	15♈34	16♈30	17♈26	♀/♂
/⚳	15♑24	16♑04	16♑44	17♑24	18♑03	18♑43	19♑22	20♑01	20♑40	21♑19	21♑58	22♑36	23♑15	23♑53	24♑31	/⚳
/♃	20♑49	21♑27	22♑05	22♑43	23♑21	23♑59	24♑36	25♑14	25♑52	26♑29	27♑07	27♑44	28♑22	28♑59	29♑36	/♃
/♄	3♒36	4♒14	4♒52	5♒30	6♒07	6♒45	7♒23	8♒01	8♒39	9♒16	9♒54	10♒32	11♒09	11♒47	12♒25	/♄
/♅	24♓22	24♓59	25♓36	26♓14	26♓51	27♓29	28♓06	28♓44	29♓22	29♓59	0♈37	1♈15	1♈52	2♈30	3♈08	/♅
/♆	2♓23	2♓60	3♓37	4♓14	4♓51	5♓28	6♓05	6♓42	7♓19	7♓57	8♓34	9♓11	9♓48	10♓25	11♓02	/♆
/♇	5♒30	6♒07	6♒43	7♒20	7♒56	8♒32	9♒09	9♒45	10♒22	10♒58	11♒35	12♒11	12♒48	13♒24	14♒01	/♇
/☊	6♉32	7♉07	7♉41	8♉14	8♉46	9♉16	9♉47	10♉19	10♉51	11♉24	11♉59	12♉35	13♉11	13♉47	14♉23	/☊
♂/⚳	1♓33	1♓57	2♓21	2♓45	3♓09	3♓32	3♓55	4♓19	4♓41	5♓04	5♓27	5♓49	6♓11	6♓33	6♓55	♂/⚳
/♃	6♓58	7♓20	7♓42	8♓04	8♓26	8♓48	9♓10	9♓31	9♓53	10♓14	10♓36	10♓57	11♓18	11♓39	11♓60	/♃
/♄	19♓45	20♓07	20♓29	20♓51	21♓13	21♓35	21♓56	22♓18	22♓40	23♓01	23♓23	23♓44	24♓06	24♓27	24♓49	/♄
/♅	10♉31	10♉52	11♉14	11♉35	11♉57	12♉18	12♉40	13♉01	13♉23	13♉44	14♉06	14♉27	14♉49	15♉10	15♉32	/♅
/♆	18♈32	18♈53	19♈14	19♈35	19♈56	20♈17	20♈38	20♈60	21♈21	21♈42	22♈03	22♈24	22♈45	23♈05	23♈26	/♆
/♇	21♓39	21♓60	22♓20	22♓41	23♓01	23♓22	23♓42	24♓03	24♓23	24♓43	25♓04	25♓24	25♓44	26♓05	26♓25	/♇
/☊	22♊41	23♊01	23♊19	23♊35	23♊51	24♊06	24♊21	24♊36	24♊52	25♊09	25♊28	25♊48	26♊07	26♊27	26♊47	/☊
⚳/♃	17♐60	18♐06	18♐12	18♐18	18♐24	18♐29	18♐34	18♐39	18♐43	18♐48	18♐52	18♐55	18♐59	19♐02	19♐05	⚳/♃
/♄	0♑47	0♑53	0♑59	1♑05	1♑10	1♑16	1♑21	1♑26	1♑30	1♑35	1♑39	1♑43	1♑47	1♑50	1♑54	/♄
/♅	21♒33	21♒38	21♒44	21♒49	21♒54	21♒59	22♒04	22♒09	22♒13	22♒18	22♒22	22♒26	22♒30	22♒33	22♒37	/♅
/♆	29♑34	29♑39	29♑44	29♑49	29♑54	29♑58	0♒03	0♒07	0♒11	0♒15	0♒19	0♒22	0♒25	0♒29	0♒32	/♆
/♇	2♑41	2♑46	2♑50	2♑55	2♑59	3♑03	3♑07	3♑10	3♑14	3♑17	3♑20	3♑23	3♑25	3♑28	3♑30	/♇
/☊	3♎43	3♎46	3♎48	3♎49	3♎48	3♎47	3♎45	3♎43	3♎43	3♎43	3♎44	3♎46	3♎48	3♎50	3♎52	/☊
♃/♄	6♑12	6♑16	6♑20	6♑24	6♑28	6♑31	6♑35	6♑38	6♑42	6♑45	6♑48	6♑51	6♑54	6♑56	6♑59	♃/♄
/♅	26♒57	27♒01	27♒05	27♒08	27♒12	27♒15	27♒18	27♒22	27♒25	27♒28	27♒31	27♒34	27♒37	27♒39	27♒42	/♅
/♆	4♒58	5♒02	5♒05	5♒08	5♒11	5♒14	5♒17	5♒20	5♒23	5♒25	5♒28	5♒30	5♒32	5♒35	5♒37	/♆
/♇	8♑06	8♑09	8♑11	8♑14	8♑16	8♑19	8♑21	8♑23	8♑25	8♑27	8♑29	8♑31	8♑32	8♑34	8♑35	/♇
/☊	9♎08	9♎09	9♎09	9♎08	9♎06	9♎03	8♎59	8♎56	8♎54	8♎53	8♎53	8♎54	8♎55	8♎56	8♎57	/☊
♄/♅	9♓44	9♓48	9♓51	9♓55	9♓58	10♓02	10♓05	10♓08	10♓12	10♓15	10♓18	10♓21	10♓24	10♓28	10♓31	♄/♅
/♆	17♒46	17♒49	17♒52	17♒55	17♒58	18♒01	18♒04	18♒07	18♒09	18♒12	18♒15	18♒18	18♒20	18♒23	18♒25	/♆
/♇	20♑53	20♑56	20♑58	21♑00	21♑03	21♑05	21♑07	21♑10	21♑12	21♑14	21♑16	21♑18	21♑20	21♑22	21♑24	/♇
/☊	21♎55	21♎56	21♎56	21♎55	21♎52	21♎49	21♎46	21♎43	21♎41	21♎40	21♎40	21♎41	21♎43	21♎45	21♎45	/☊
♅/♆	8♈31	8♈34	8♈36	8♈39	8♈42	8♈44	8♈47	8♈50	8♈52	8♈55	8♈58	9♈00	9♈03	9♈06	9♈09	♅/♆
/♇	11♓39	11♓41	11♓43	11♓45	11♓47	11♓49	11♓51	11♓53	11♓55	11♓57	11♓59	12♓01	12♓03	12♓05	12♓07	/♇
/☊	12♊41	12♊41	12♊41	12♊39	12♊36	12♊33	12♊29	12♊26	12♊24	12♊23	12♊23	12♊24	12♊26	12♊28	12♊29	/☊
♆/♇	19♒40	19♒41	19♒43	19♒45	19♒46	19♒48	19♒50	19♒51	19♒53	19♒54	19♒56	19♒57	19♒59	20♒00	20♒02	♆/♇
/☊	20♉42	20♉42	20♉41	20♉39	20♉36	20♉32	20♉28	20♉24	20♉22	20♉20	20♉20	20♉21	20♉22	20♉23	20♉23	/☊
♇/☊	23♎49	23♎49	23♎48	23♎45	23♎41	23♎36	23♎32	23♎27	23♎24	23♎22	23♎21	23♎21	23♎22	23♎22	23♎22	♇/☊

March 2019

April 2019

	1	2	3	4	5	6	7	8	9	10
☉/☽	16♓51	23♓15	29♓42	6♈13	12♈50	19♈31	26♈19	3♉12	10♉10	17♉15
/☿	28♓48	29♓28	0♈11	0♈55	1♈42	2♈31	3♈21	4♈14	5♈08	6♈03
/♀	23♓36	24♓42	25♓48	26♓54	27♓59	29♓05	0♈11	1♈17	2♈22	3♈28
/♂	5♉44	6♉33	7♉23	8♉12	9♉02	9♉51	10♉40	11♉30	12♉19	13♉08
/⚷	12♒31	13♒02	13♒33	14♒04	14♒34	15♒04	15♒34	16♒04	16♒34	17♒03
/♃	17♒35	18♒06	18♒36	19♒07	19♒37	20♒07	20♒37	21♒06	21♒36	22♒06
/♄	0♓24	0♓55	1♓26	1♓57	2♓28	2♓59	3♓29	4♓00	4♓31	5♓01
/♅	21♈08	21♈39	22♈10	22♈42	23♈13	23♈44	24♈15	24♈47	25♈18	25♈49
/♆	29♓02	29♓33	0♈03	0♈34	1♈05	1♈35	2♈06	2♈36	3♈07	3♈37
/♇	1♓60	2♓30	2♓60	3♓30	3♓59	4♓29	4♓59	5♓29	5♓59	6♓28
/☊	2♊19	2♊46	3♊11	3♊35	3♊58	4♊20	4♊43	5♊07	5♊32	5♊58
☽/☿	4♓40	10♓45	16♓55	23♓12	29♓36	6♈07	12♈46	19♈33	26♈26	3♉27
/♀	29♒28	5♓59	12♓33	19♓11	25♓53	2♈42	9♈36	16♈36	23♈41	0♉52
/♂	11♈36	17♈50	24♈08	0♉29	6♉56	13♉28	20♉06	26♉49	3♊38	10♊32
/⚷	18♑23	24♑19	0♒18	6♒21	12♒28	18♒41	24♒60	1♓23	7♓53	14♍27
/♃	23♑27	29♑23	5♒21	11♒23	17♒31	23♒44	0♓02	6♓26	12♓55	19♓30
/♄	6♒16	12♒12	18♒11	24♒14	0♓22	6♓36	12♓55	19♓19	25♓49	2♈25
/♅	26♓60	2♈56	8♈55	14♈59	21♈07	27♈21	3♉41	10♉06	16♉36	23♉13
/♆	4♓54	10♓50	16♓48	22♓51	28♓59	5♈12	11♈31	17♈55	24♈25	1♉01
/♇	7♒52	13♒47	19♒44	25♒46	1♓54	8♓06	14♓24	20♓48	27♓17	3♈52
/☊	8♉11	14♉03	19♉56	25♉52	1♊52	7♊57	14♊08	20♊26	26♊51	3♋23
☿/♀	11♓26	12♓12	13♓01	13♓53	14♓46	15♓41	16♓38	17♓38	18♓38	19♓41
/♂	23♈34	24♈04	24♈36	25♈11	25♈48	26♈27	27♈08	27♈51	28♈35	29♈21
/⚷	0♒21	0♒32	0♒46	1♒03	1♒21	1♒40	2♒02	2♒25	2♒50	3♒16
/♃	5♒25	5♒36	5♒50	6♒05	6♒23	6♒43	7♒04	7♒27	7♒52	8♒19
/♄	18♒14	18♒26	18♒40	18♒56	19♒14	19♒35	19♒57	20♒21	20♒47	21♒14
/♅	8♈58	9♈10	9♈24	9♈41	9♈59	10♈20	10♈43	11♈07	11♈34	12♈02
/♆	16♓52	17♓03	17♓17	17♓33	17♓51	18♓11	18♓33	18♓57	19♓23	19♓50
/♇	19♒49	20♒00	20♒13	20♒28	20♒46	21♒05	21♒27	21♒50	22♒15	22♒41
/☊	20♉09	20♉16	20♉25	20♉34	20♉44	20♉57	21♉11	21♉28	21♉48	22♉11
♀/♂	18♈22	19♈18	20♈14	21♈10	22♈06	23♈02	23♈58	24♈54	25♈50	26♈46
/⚷	25♑09	25♑46	26♑24	27♑01	27♑38	28♑15	28♑52	29♑28	0♒05	0♒41
/♃	0♒13	0♒50	1♒27	2♒04	2♒41	3♒17	3♒54	4♒30	5♒07	5♒43
/♄	13♒02	13♒40	14♒17	14♒55	15♒32	16♒09	16♒47	17♒24	18♒01	18♒39
/♅	3♈46	4♈23	5♈01	5♈39	6♈17	6♈55	7♈33	8♈11	8♈48	9♈26
/♆	11♓40	12♓17	12♓54	13♓31	14♓09	14♓46	15♓23	16♓00	16♓37	17♓15
/♇	14♒37	15♒14	15♒50	16♒27	17♒03	17♒40	18♒16	18♒53	19♒29	20♒06
/☊	14♉57	15♉30	16♉02	16♉32	17♉02	17♉31	18♉01	18♉31	19♉03	19♉36
♂/⚷	7♓16	7♓38	7♓59	8♓20	8♓40	9♓01	9♓21	9♓41	10♓01	10♓21
/♃	12♓21	12♓42	13♓02	13♓23	13♓43	14♓03	14♓24	14♓44	15♓04	15♓23
/♄	25♓10	25♓31	25♓52	26♓13	26♓34	26♓55	27♓16	27♓37	27♓58	28♓19
/♅	15♉53	16♉15	16♉36	16♉58	17♉19	17♉41	18♉02	18♉24	18♉45	19♉07
/♆	23♈47	24♈08	24♈29	24♈50	25♈11	25♈32	25♈53	26♈13	26♈34	26♈55
/♇	26♓45	27♓05	27♓25	27♓46	28♓06	28♓26	28♓46	29♓06	29♓26	29♓46
/☊	27♊05	27♊22	27♊37	27♊51	28♊04	28♊17	28♊30	28♊44	28♊59	29♊16
⚷/♃	19♐08	19♐10	19♐12	19♐14	19♐15	19♐17	19♐18	19♐18	19♐19	19♐19
/♄	1♑57	1♑60	2♑02	2♑05	2♑07	2♑09	2♑10	2♑12	2♑13	2♑14
/♅	22♒40	22♒43	22♒46	22♒49	22♒52	22♒54	22♒56	22♒58	23♒00	23♒02
/♆	0♒34	0♒37	0♒39	0♒41	0♒43	0♒45	0♒47	0♒48	0♒49	0♒50
/♇	3♑32	3♑34	3♑35	3♑37	3♑38	3♑39	3♑40	3♑40	3♑41	3♑41
/☊	3♎52	3♎50	3♎47	3♎42	3♎37	3♎30	3♎24	3♎19	3♎14	3♎11
♃/♄	7♑01	7♑03	7♑05	7♑07	7♑09	7♑11	7♑12	7♑14	7♑15	7♑16
/♅	27♒45	27♒47	27♒50	27♒52	27♒54	27♒56	27♒58	28♒00	28♒02	28♒04
/♆	5♒39	5♒41	5♒42	5♒44	5♒46	5♒47	5♒49	5♒50	5♒51	5♒52
/♇	8♑36	8♑38	8♑39	8♑40	8♑41	8♑41	8♑42	8♑43	8♑43	8♑43
/☊	8♎56	8♎54	8♎50	8♎45	8♎39	8♎33	8♎26	8♎21	8♎17	8♎14
♄/♅	10♓34	10♓37	10♓40	10♓43	10♓46	10♓48	10♓51	10♓54	10♓57	10♓59
/♆	18♒28	18♒30	18♒33	18♒35	18♒37	18♒39	18♒42	18♒44	18♒46	18♒48
/♇	21♑25	21♑27	21♑29	21♑30	21♑32	21♑33	21♑35	21♑36	21♑37	21♑39
/☊	21♎45	21♎43	21♎40	21♎36	21♎30	21♎25	21♎19	21♎14	21♎11	21♎09
♅/♆	9♈11	9♈14	9♈17	9♈19	9♈22	9♈25	9♈27	9♈30	9♈33	9♈36
/♇	12♓09	12♓11	12♓13	12♓15	12♓17	12♓19	12♓21	12♓23	12♓25	12♓27
/☊	12♊29	12♊27	12♊24	12♊20	12♊15	12♊10	12♊05	12♊01	11♊58	11♊57
♆/♇	20♒03	20♒04	20♒06	20♒07	20♒09	20♒10	20♒11	20♒12	20♒14	20♒15
/☊	20♉23	20♉21	20♉17	20♉13	20♉07	20♉01	19♉55	19♉51	19♉47	19♉45
♇/☊	23♎20	23♎18	23♎14	23♎08	23♈02	22♈55	22♈49	22♈43	22♈39	22♈36

	11	12	13	14	15	16	17	18	19	20
☉/☽	24♉25	1♊42	9♊06	16♊38	24♊17	2♋02	9♋52	17♋42	25♋30	3♒12
/☿	7♈01	7♈59	8♈59	10♈01	11♈03	12♈07	13♈12	14♈18	15♈25	16♈34
/♀	4♈34	5♈39	6♈45	7♈51	8♈56	10♈02	11♈08	12♈13	13♈19	14♈25
/♂	13♉58	14♉47	15♉36	16♉25	17♉14	18♉03	18♉52	19♉41	20♉30	21♉19
/⚷	17♒33	18♒02	18♒30	18♒59	19♒27	19♒55	20♒23	20♒51	21♒18	21♒46
/♃	22♒35	23♒05	23♒34	24♒03	24♒32	25♒01	25♒30	25♒58	26♒27	26♒56
/♄	5♓31	6♓02	6♓32	7♓02	7♓32	8♓03	8♓33	9♓02	9♓32	10♓02
/♅	26♈20	26♈51	27♈22	27♈53	28♈25	28♈56	29♈27	29♈58	0♉29	0♉60
/♆	4♈08	4♈38	5♈08	5♈39	6♈09	6♈40	7♈10	7♈40	8♈10	8♈41
/♇	6♓58	7♓28	7♓57	8♓27	8♓56	9♓26	9♓55	10♓25	10♓54	11♓23
/☊	6♊26	6♊55	7♊25	7♊54	8♊22	8♊49	9♊15	9♊40	10♊03	10♊27
☽/☿	10♉36	17♉53	25♉18	2♊52	10♊35	18♊26	26♊21	4♑19	12♑16	20♑07
/♀	8♉09	15♉33	23♉04	0♊43	8♊29	16♊21	24♊17	2♑15	10♑10	17♑58
/♂	17♊33	24♊40	1♋55	9♋17	16♋46	24♋22	2♌02	9♌43	17♌21	24♌53
/⚷	21♍08	27♍55	4♎49	11♎51	18♎59	26♎14	3♏33	10♏52	18♏09	25♏19
/♃	26♍11	2♎58	9♎53	16♎55	24♎04	1♏20	8♏39	15♏60	23♏18	0♐29
/♄	9♈07	15♈55	22♎51	29♎54	7♏05	14♏21	21♏42	29♏04	6♐23	13♐36
/♅	29♉56	6♊45	13♊41	20♊45	27♊57	5♋14	12♋36	19♋59	27♋19	4♒33
/♆	7♉43	14♉32	21♉27	28♉31	5♊41	12♊58	20♐19	27♐41	5♑01	12♑14
/♇	10♈33	17♈21	24♎16	1♏19	8♏28	15♏44	23♏05	0♐26	7♐45	14♐57
/☊	10♋02	16♋49	23♋44	0♌46	7♌54	15♌08	22♌24	29♌41	6♍54	14♍00
☿/♀	20♓45	21♓50	22♓57	24♓05	25♓15	26♓26	27♓37	28♓51	0♈05	1♈20
/♂	0♉09	0♉57	1♉48	2♉40	3♉32	4♉27	5♉22	6♉18	7♉16	8♉14
/⚷	3♒44	4♒12	4♒42	5♒13	5♒46	6♒19	6♒53	7♒28	8♒04	8♒41
/♃	8♒46	9♒15	9♒46	10♒18	10♒50	11♒24	11♒60	12♒36	13♒13	13♒51
/♄	21♒42	22♒13	22♒44	23♒17	23♒51	24♒26	25♒02	25♒40	26♒18	26♒58
/♅	12♈31	13♈02	13♈34	14♈08	14♈43	15♈19	15♈56	16♈35	17♈15	17♈55
/♆	20♓19	20♓49	21♓20	21♓53	22♓28	23♓03	23♓40	24♓17	24♓56	25♓36
/♇	23♒09	23♒38	24♒09	24♒41	25♒15	25♒49	26♒25	27♒02	27♒40	28♒19
/☊	22♉37	23♉06	23♉37	24♉08	24♉40	25♉13	25♉45	26♉17	26♉49	27♉22
♀/♂	27♈42	28♈38	29♈34	0♉30	1♉26	2♉22	3♉18	4♉14	5♉10	6♉06
/⚷	1♒17	1♒53	2♒28	3♒04	3♒39	4♒14	4♒49	5♒23	5♒58	6♒32
/♃	6♒20	6♒56	7♒32	8♒08	8♒44	9♒20	9♒55	10♒31	11♒06	11♒42
/♄	19♒16	19♒53	20♒30	21♒07	21♒44	22♒21	22♒58	23♒35	24♒12	24♒49
/♅	10♈04	10♈42	11♈20	11♈58	12♈36	13♈14	13♈52	14♈30	15♈08	15♈46
/♆	17♓52	18♓29	19♓06	19♓44	20♓21	20♓58	21♓35	22♓12	22♓50	23♓27
/♇	20♒42	21♒19	21♒55	22♒31	23♒08	23♒44	24♒21	24♒57	25♒34	26♒10
/☊	20♉11	20♉46	21♉22	21♉58	22♉34	23♉08	23♉41	24♉12	24♉43	25♉13
♂/⚷	10♓41	10♓60	11♓19	11♓38	11♓56	12♓15	12♓33	12♓51	13♓09	13♓27
/♃	15♓43	16♓03	16♓22	16♓42	17♓01	17♓21	17♓40	17♓59	18♓18	18♓37
/♄	28♓39	29♓00	29♓21	29♓41	0♈02	0♈22	0♈42	1♈03	1♈23	1♈43
/♅	19♉28	19♉50	20♉11	20♉32	20♉54	21♉15	21♉37	21♉58	22♉19	22♉41
/♆	27♈16	27♈36	27♈57	28♈18	28♈38	28♈59	29♈20	29♈40	0♉01	0♉21
/♇	0♈06	0♈26	0♈46	1♈06	1♈26	1♈45	2♈05	2♈25	2♈45	3♈04
/☊	29♊34	29♊53	0♋13	0♋33	0♋51	1♋09	1♋25	1♋40	1♋54	2♋08
⚷/♃	19♐18	19♐18	19♐17	19♐16	19♐14	19♐13	19♐11	19♐09	19♐06	19♐03
/♄	2♑15	2♑15	2♑15	2♑15	2♑15	2♑14	2♑14	2♑13	2♑11	2♑10
/♅	23♒03	23♒04	23♒05	23♒06	23♒07	23♒07	23♒08	23♒08	23♒08	23♒07
/♆	0♒51	0♒51	0♒52	0♒52	0♒52	0♒51	0♒51	0♒50	0♒49	0♒48
/♇	3♑41	3♑41	3♑40	3♑40	3♑39	3♑38	3♑36	3♑35	3♑33	3♑31
/☊	3♎09	3♎08	3♎08	3♎07	3♎05	3♎01	2♎56	2♎50	2♎42	2♎34
♃/♄	7♑17	7♑18	7♑19	7♑19	7♑20	7♑20	7♑20	7♑20	7♑20	7♑20
/♅	28♒06	28♒07	28♒09	28♒10	28♒12	28♒13	28♒14	28♒15	28♒16	28♒17
/♆	5♒53	5♒54	5♒55	5♒56	5♒56	5♒57	5♒57	5♒58	5♒58	5♒58
/♇	8♑44	8♑44	8♑44	8♑44	8♑44	8♑43	8♑43	8♑42	8♑42	8♑41
/☊	8♎12	8♎11	8♎11	8♎11	8♎09	8♎07	8♎03	7♎57	7♎51	7♎44
♄/♅	11♓02	11♓05	11♓07	11♓10	11♓12	11♓15	11♓17	11♓19	11♓22	11♓24
/♆	18♒50	18♒51	18♒53	18♒55	18♒57	18♒58	19♒00	19♒02	19♒03	19♒05
/♇	21♑40	21♑41	21♑42	21♑43	21♑44	21♑45	21♑46	21♑46	21♑47	21♑47
/☊	21♎08	21♎09	21♎09	21♎10	21♎10	21♎08	21♎05	21♎01	20♎56	20♎51
♅/♆	9♈38	9♈41	9♈44	9♈46	9♈49	9♈52	9♈54	9♈57	9♈60	10♈02
/♇	12♓28	12♓30	12♓32	12♓34	12♓36	12♓38	12♓40	12♓42	12♓43	12♓45
/☊	11♊57	11♊58	11♊60	12♊01	12♊02	12♊01	11♊59	11♊56	11♊52	11♊48
♆/♇	20♒16	20♒17	20♒18	20♒20	20♒21	20♒22	20♒23	20♒24	20♒25	20♒26
/☊	19♉44	19♉45	19♉46	19♉47	19♉47	19♉45	19♉43	19♉39	19♉34	19♉29
♇/☊	22♈35	22♈34	22♈34	22♈34	22♈34	22♈32	22♈28	22♈23	22♈18	22♈12

	21	22	23	24	25	26	27	28	29	30	
☉/☽	10♒43	18♒03	25♒10	2♓04	8♓48	15♓22	21♓50	28♓15	4♈39	11♈04	☉/☽
/☿	17♈43	18♈53	20♈04	21♈16	22♈30	23♈44	24♈59	26♈14	27♈31	28♈49	/☿
/♀	15♈30	16♈36	17♈41	18♈47	19♈53	20♈58	22♈04	23♈09	24♈15	25♈20	/♀
/♂	22♉08	22♉57	23♉46	24♉35	25♉23	26♉12	27♉01	27♉50	28♉39	29♉27	/♂
/⚷	22♒13	22♒40	23♒06	23♒33	23♒59	24♒25	24♒51	25♒17	25♒42	26♒07	/⚷
/♃	27♒24	27♒52	28♒20	28♒48	29♒16	29♒44	0♓12	0♓40	1♓07	1♓35	/♃
/♄	10♓32	11♓02	11♓31	12♓01	12♓30	12♓60	13♓29	13♓58	14♓28	14♓57	/♄
/♅	1♉31	2♉02	2♉33	3♉04	3♉35	4♉06	4♉37	5♉07	5♉38	6♉09	/♅
/♆	9♈11	9♈41	10♈11	10♈41	11♈11	11♈41	12♈11	12♈41	13♈11	13♈41	/♆
/♇	11♓53	12♓22	12♓51	13♓21	13♓50	14♓19	14♓48	15♓17	15♓47	16♓16	/♇
/☊	10♊51	11♊16	11♊42	12♊09	12♊38	13♊07	13♊36	14♊05	14♊33	14♊60	/☊
☽/☿	27♑49	5♒21	12♒40	19♒48	26♒47	3♓37	10♓21	17♓04	23♓46	0♈30	☽/☿
/♀	25♑37	3♒03	10♒17	17♒19	24♒09	0♓51	7♓27	13♓58	20♓29	27♓01	/♀
/♂	2♍15	9♍25	16♓22	23♓07	29♓40	6♈05	12♈24	18♈39	24♈53	1♉08	/♂
/⚷	2♐19	9♐07	15♐42	22♐05	28♐16	4♑18	10♑14	16♑06	21♑57	27♑49	/⚷
/♃	7♐30	14♐20	20♐56	27♐20	3♑33	9♑37	15♑35	21♑29	27♑21	3♒16	/♃
/♄	20♐38	27♐29	4♑07	10♑33	16♑47	22♑53	28♑52	4♒47	10♒42	16♒38	/♄
/♅	11♒37	18♒29	25♒09	1♓36	7♓52	13♓59	19♓59	25♓57	1♈53	7♈50	/♅
/♆	19♑17	26♑09	2♒47	9♒13	15♒28	21♒34	27♒34	3♓30	9♓26	15♓22	/♆
/♇	21♐59	28♐50	5♑27	11♑53	18♑07	24♑12	0♒11	6♒07	12♒01	17♒57	/♇
/☊	20♍57	27♍43	4♎18	10♎41	16♎54	22♈60	28♈59	4♉54	10♉47	16♉41	/☊
☿/♀	2♈36	3♈54	5♈12	6♈31	7♈51	9♈13	10♈35	11♈58	13♈22	14♈47	☿/♀
/♂	9♉14	10♉15	11♉16	12♉19	13♉22	14♉27	15♉32	16♉38	17♉46	18♉54	/♂
/⚷	9♒19	9♒57	10♒37	11♒17	11♒58	12♒40	13♒22	14♒05	14♒49	15♒34	/⚷
/♃	14♒30	15♒10	15♒51	16♒33	17♒15	17♒59	18♒43	19♒28	20♒14	21♒01	/♃
/♄	27♒38	28♒19	29♒02	29♒45	0♓29	1♓14	2♓00	2♓47	3♓35	4♓23	/♄
/♅	18♈37	19♈20	20♈03	20♈48	21♈34	22♈20	23♈08	23♈56	24♈45	25♈36	/♅
/♆	26♓17	26♓59	27♓41	28♓25	29♓10	29♓56	0♈42	1♈30	2♈18	3♈08	/♆
/♇	28♒59	29♒40	0♓22	1♓05	1♓49	2♓34	3♓19	4♓06	4♓54	5♓42	/♇
/☊	27♉57	28♉33	29♉12	29♉53	0♊36	1♊21	2♊07	2♊53	3♊40	4♊26	/☊
♀/♂	7♉01	7♉57	8♉53	9♉49	10♉45	11♉41	12♉37	13♉33	14♉29	15♉25	♀/♂
/⚷	7♒06	7♒40	8♒14	8♒48	9♒21	9♒54	10♒27	10♒60	11♒33	12♒05	/⚷
/♃	12♒17	12♒53	13♒28	14♒03	14♒38	15♒13	15♒48	16♒23	16♒58	17♒32	/♃
/♄	25♒25	26♒02	26♒39	27♒15	27♒52	28♒29	29♒05	29♒42	0♓18	0♓55	/♄
/♅	16♈24	17♈02	17♈40	18♈18	18♈56	19♈35	20♈13	20♈51	21♈29	22♈07	/♅
/♆	24♓04	24♓41	25♓19	25♓56	26♓33	27♓10	27♓47	28♓25	29♓02	29♓39	/♆
/♇	26♒46	27♒23	27♒59	28♒35	29♒12	29♒48	0♓24	1♓01	1♓37	2♓13	/♇
/☊	25♉44	26♉16	26♉49	27♉24	27♉59	28♉36	29♉12	29♉48	0♊23	0♊57	/☊
♂/⚷	13♓44	14♍01	14♍18	14♍35	14♍52	15♍08	15♍25	15♍41	15♍56	16♍12	♂/⚷
/♃	18♓55	19♓14	19♓32	19♓51	20♓09	20♓27	20♓45	21♓03	21♓21	21♓39	/♃
/♄	2♈03	2♈23	2♈43	3♈03	3♈23	3♈43	4♈03	4♈22	4♈42	5♈02	/♄
/♅	23♉02	23♉23	23♉45	24♉06	24♉27	24♉49	25♉10	25♉31	25♉53	26♉14	/♅
/♆	0♉42	1♉03	1♉23	1♉43	2♉04	2♉24	2♉45	3♉05	3♉26	3♉46	/♆
/♇	3♈24	3♈44	4♈03	4♈23	4♈43	5♈02	5♈22	5♈41	6♈01	6♈20	/♇
/☊	2♋22	2♋37	2♋54	3♋11	3♋30	3♋50	4♋09	4♋29	4♋47	5♋04	/☊
⚷/♃	19♐00	18♐57	18♐53	18♐49	18♐45	18♐40	18♐35	18♐30	18♐25	18♐19	⚷/♃
/♄	2♑08	2♑06	2♑04	2♑01	1♑59	1♑56	1♑53	1♑49	1♑46	1♑42	/♄
/♅	23♒07	23♒06	23♒05	23♒04	23♒03	23♒02	23♒00	22♒58	22♒56	22♒54	/♅
/♆	0♒47	0♒45	0♒44	0♒42	0♒40	0♒37	0♒35	0♒32	0♒29	0♒26	/♆
/♇	3♑29	3♑27	3♑24	3♑21	3♑18	3♑15	3♑12	3♑08	3♑04	3♑01	/♇
/☊	2♎27	2♎20	2♎14	2♎10	2♎06	2♎03	1♎59	1♎56	1♎51	1♎45	/☊
♃/♄	7♑19	7♑19	7♑18	7♑17	7♑16	7♑15	7♑14	7♑12	7♑11	7♑09	♃/♄
/♅	28♒18	28♒19	28♒19	28♒20	28♒20	28♒21	28♒21	28♒21	28♒21	28♒21	/♅
/♆	5♒58	5♒58	5♒58	5♒57	5♒57	5♒56	5♒56	5♒55	5♒54	5♒53	/♆
/♇	8♑40	8♑39	8♑38	8♑37	8♑36	8♑34	8♑33	8♑31	8♑29	8♑28	/♇
/☊	7♎38	7♎32	7♎28	7♎25	7♎23	7♎22	7♎20	7♎18	7♎16	7♎12	/☊
♄/♅	11♓26	11♓28	11♓30	11♓32	11♓34	11♓36	11♓38	11♓40	11♓42	11♓44	♄/♅
/♆	19♒06	19♒07	19♒08	19♒10	19♒11	19♒12	19♒13	19♒14	19♒15	19♒15	/♆
/♇	21♑48	21♑48	21♑49	21♑49	21♑49	21♑50	21♑50	21♑50	21♑50	21♑50	/♇
/☊	20♎46	20♎42	20♎39	20♎38	20♎37	20♎37	20♎37	20♎37	20♎36	20♎34	/☊
♅/♆	10♈05	10♈07	10♈10	10♈13	10♈15	10♈18	10♈20	10♈23	10♈25	10♈28	♅/♆
/♇	12♓47	12♓49	12♓50	12♓52	12♓54	12♓56	12♓57	12♓59	13♓01	13♓02	/♇
/☊	11♊45	11♊42	11♊41	11♊41	11♊41	11♊43	11♊45	11♊46	11♊47	11♊46	/☊
♆/♇	20♒27	20♒28	20♒29	20♒30	20♒30	20♒31	20♒32	20♒33	20♒34	20♒34	♆/♇
/☊	19♉25	19♉21	19♉19	19♉18	19♉18	19♉19	19♉20	19♉20	19♉20	19♉18	/☊
♇/☊	22♈07	22♈02	21♈59	21♈57	21♈57	21♈57	21♈57	21♈56	21♈55	21♈53	♇/☊

April 2019

May 2019

	1	2	3	4	5	6	7	8	9	10	11	12	13	14	15	16	17	18	19	20	21	22	23	24	25	26	27	28	29	30	31	
☉/☽	17♈33	24♈07	0♉48	7♉36	14♉32	21♉35	28♉44	5♊59	13♊18	20♊42	28♊09	5♋40	13♋14	20♋51	28♋29	6♌06	13♌40	21♌08	28♒29	5♓41	12♓43	19♓34	26♓16	2♈50	9♈19	15♈44	22♈08	28♈34	5♉03	11♉40	18♉23	☉/☽
/☿	0♉08	1♉27	2♉47	4♉09	5♉31	6♉54	8♉18	9♉43	11♉09	12♉35	14♉03	15♉31	17♉01	18♉31	20♉02	21♉33	23♉06	24♉39	26♉12	27♉46	29♉21	0♊55	2♊30	4♊04	5♊39	7♊13	8♊47	10♊20	11♊52	13♊24	14♊54	/☿
/♀	26♈26	27♈31	28♈37	29♈42	0♉48	1♉53	2♉59	4♉04	5♉10	6♉15	7♉21	8♉26	9♉31	10♉37	11♉42	12♉48	13♉53	14♉58	16♉04	17♉09	18♉14	19♉20	20♉25	21♉30	22♉35	23♉41	24♉46	25♉51	26♉57	28♉02	29♉07	/♀
/♂	0♊16	1♊05	1♊53	2♊42	3♊30	4♊19	5♊08	5♊56	6♊45	7♊33	8♊22	9♊10	9♊58	10♊47	11♊35	12♊23	13♊12	13♊60	14♊48	15♊36	16♊25	17♊13	18♊01	18♊49	19♊37	20♊25	21♊14	22♊02	22♊50	23♊38	24♊26	/♂
/⚳	26♒33	26♒57	27♒22	27♒47	28♒11	28♒35	28♒59	29♒23	29♒47	0♓11	0♓34	0♓57	1♓21	1♓44	2♓07	2♓30	2♓52	3♓15	3♓37	3♓60	4♓22	4♓45	5♓07	5♓29	5♓51	6♓14	6♓36	6♓58	7♍20	7♍42	8♍04	/⚳
/♃	2♓02	2♓29	2♓56	3♓23	3♓50	4♓17	4♓44	5♓11	5♓37	6♓04	6♓30	6♓56	7♓23	7♓49	8♓15	8♓41	9♓07	9♓33	9♓58	10♓24	10♓50	11♓15	11♓41	12♓06	12♓32	12♓57	13♓22	13♓48	14♓13	14♓38	15♓03	/♃
/♄	15♓26	15♓55	16♓24	16♓53	17♓22	17♓51	18♓19	18♓48	19♓17	19♓45	20♓14	20♓42	21♓11	21♓39	22♓07	22♓35	23♓03	23♓32	23♓60	24♓28	24♓55	25♓23	25♓51	26♓19	26♓47	27♓14	27♓42	28♓09	28♓37	29♓04	29♓32	/♄
/♅	6♉40	7♉11	7♉42	8♉13	8♉43	9♉14	9♉45	10♉16	10♉46	11♉17	11♉48	12♉18	12♉49	13♉20	13♉50	14♉21	14♉51	15♉22	15♉52	16♉23	16♉53	17♉24	17♉54	18♉25	18♉55	19♉25	19♉56	20♉26	20♉56	21♉27	21♉57	/♅
/♆	14♈11	14♈41	15♈11	15♈41	16♈11	16♈40	17♈10	17♈40	18♈10	18♈39	19♈09	19♈39	20♈08	20♈38	21♈07	21♈37	22♈06	22♈36	23♈05	23♈35	24♈04	24♈33	25♈03	25♈32	26♈01	26♈31	26♈60	27♈29	27♈58	28♈27	28♈56	/♆
/♇	16♓45	17♓14	17♓43	18♓12	18♓41	19♓10	19♓39	20♓07	20♓36	21♓05	21♓34	22♓03	22♓31	22♓60	23♓29	23♓57	24♓26	24♓54	25♓23	25♓52	26♓20	26♓49	27♓17	27♓45	28♓14	28♓42	29♓11	29♓39	0♈07	0♈36	1♈04	/♇
/☊	15♊25	15♊50	16♊13	16♊36	16♊60	17♊24	17♊49	18♊16	18♊43	19♊12	19♊42	20♊11	20♊39	21♊07	21♊34	21♊59	22♊24	22♊49	23♊13	23♊39	24♊06	24♊33	25♊02	25♊31	26♊01	26♊30	26♊59	27♊27	27♊55	28♊21	28♊47	/☊
☽/☿	7♈19	14♈15	21♈18	28♈29	5♉49	13♉17	20♉52	28♉33	6♊20	14♊13	22♊10	0♋11	8♋17	16♋26	24♋36	2♌47	10♌56	18♌60	26♒56	4♓44	12♓22	19♓51	27♓10	4♈21	11♈26	18♈27	25♈28	2♉29	9♉34	16♉44	24♉01	☽/☿
/♀	3♈38	10♈19	17♈08	24♈03	1♉06	8♉16	15♉33	22♉55	0♊21	7♊52	15♊27	23♊06	0♋48	8♋32	16♋17	24♋01	1♌43	9♒19	16♒48	24♒07	1♓16	8♓15	15♓05	21♓46	28♓23	4♈55	11♈27	18♈01	24♈38	1♉22	8♉14	/♀
/♂	7♉28	13♉52	20♉24	27♉03	3♊49	10♊42	17♊41	24♊46	1♋56	9♋10	16♋28	23♋50	1♌15	8♌42	16♌10	23♌37	1♍02	8♍21	15♍32	22♍34	29♍26	6♈08	12♈41	19♈05	25♈24	1♉40	7♉55	14♉11	20♉31	26♉58	3♊32	/♂
/⚳	3♒44	9♒45	15♒53	22♒08	28♒30	4♓58	11♓33	18♍14	24♍59	1♎48	8♎41	15♎37	22♎37	29♎39	6♏41	13♏43	20♏42	27♏36	4♐22	10♐58	17♐24	23♐40	29♐47	5♑45	11♑38	17♑28	23♑17	29♑07	5♒01	11♒02	17♒10	/⚳
/♃	9♒14	15♒17	21♒27	27♒44	4♓09	10♓40	17♓18	24♍01	0♎49	7♎41	14♎37	21♎36	28♎39	5♏44	12♏50	19♏55	26♏57	3♐54	10♐43	17♐22	23♐51	0♑11	6♑21	12♑23	18♑19	24♑12	0♒03	5♒57	11♒54	17♒58	24♒10	/♃
/♄	22♒38	28♒43	4♓55	11♓14	17♓40	24♓14	0♈53	7♈39	14♈28	21♎23	28♎21	5♏22	12♏27	19♏34	26♏42	3♐49	10♐54	17♐52	24♐44	1♑26	7♑57	14♑19	20♑31	26♑35	2♒34	8♒29	14♒23	20♒19	26♒18	2♓24	8♓38	/♄
/♅	13♈52	19♈59	26♈12	2♉33	9♉02	15♉37	22♉19	29♉06	5♊58	12♊54	19♊55	26♊58	4♋05	11♋15	18♋25	25♋35	2♌41	9♒43	16♒36	23♒21	29♒55	6♓19	12♓34	18♓41	24♓42	0♈40	6♈37	12♈35	18♈38	24♈47	1♉03	/♅
/♆	21♓23	27♓29	3♈42	10♈02	16♈29	23♈03	29♈44	6♉30	13♉21	20♉17	27♉16	4♊19	11♊24	18♐33	25♐42	2♑51	9♑57	16♑57	23♑49	0♒33	7♒06	13♒29	19♒42	25♒48	1♓48	7♓45	13♓41	19♓38	25♓40	1♈47	8♈03	/♆
/♇	23♒57	0♓02	6♓13	12♓33	18♓59	25♓33	2♈12	8♈58	15♈48	22♈42	29♎41	6♏42	13♏47	20♏55	28♏03	5♐11	12♐16	19♐15	26♐07	2♑50	9♑22	15♑44	21♑57	28♑02	4♒01	9♒57	15♒52	21♒48	27♒49	3♓56	10♓10	/♇
/☊	22♉37	28♉38	4♊44	10♊57	17♊18	23♊47	0♋23	7♋06	13♋55	20♋49	27♋48	4♌51	11♌56	19♌02	26♌08	3♍13	10♍14	17♍09	23♍58	0♎37	7♎08	13♎29	19♈42	25♈48	1♉48	7♉45	13♉40	19♉37	25♉36	1♊41	7♊54	/☊
☿/♀	16♈12	17♈39	19♈07	20♈35	22♈05	23♈35	25♈07	26♈39	28♈12	29♈46	1♉21	2♉57	4♉34	6♉11	7♉50	9♉29	11♉09	12♉49	14♉31	16♉12	17♉54	19♉36	21♉19	23♉01	24♉43	26♉25	28♉06	29♉47	1♊27	3♊06	4♊45	☿/♀
/♂	20♉03	21♉12	22♉23	23♉35	24♉47	26♉01	27♉15	28♉31	29♉47	1♊04	2♊22	3♊41	5♊01	6♊21	7♊43	9♊05	10♊28	11♊51	13♊15	14♊40	16♊04	17♊30	18♊55	20♊20	21♊45	23♊09	24♊33	25♊57	27♊20	28♊42	0♋03	/♂
/⚳	16♒19	17♒05	17♒52	18♒40	19♒28	20♒17	21♒07	21♒58	22♒49	23♒42	24♒35	25♒28	26♒23	27♒18	28♒14	29♒11	0♓08	1♓06	2♓04	3♓03	4♓02	5♓01	6♓01	6♓60	7♓59	8♍57	9♍56	10♍53	11♍50	12♍46	13♍41	/⚳
/♃	21♒49	22♒37	23♒26	24♒16	25♒07	25♒59	26♒52	27♒45	28♒39	29♒35	0♓31	1♓27	2♓25	3♓23	4♓23	5♓22	6♓23	7♓24	8♓25	9♓27	10♓30	11♓32	12♓35	13♓37	14♓39	15♓41	16♓42	17♓43	18♓43	19♓42	20♓40	/♃
/♄	5♓13	6♓03	6♓54	7♓46	8♓39	9♓33	10♓27	11♓23	12♓19	13♓16	14♓14	15♓13	16♓13	17♓13	18♓15	19♓17	20♓19	21♓23	22♓27	23♓31	24♓35	25♓40	26♓45	27♓49	28♓54	29♓58	1♈02	2♈05	3♈07	4♈08	5♈09	/♄
/♅	26♈27	27♈19	28♈12	29♈06	0♉00	0♉56	1♉53	2♉50	3♉49	4♉48	5♉48	6♉49	7♉51	8♉54	9♉58	11♉02	12♉07	13♉13	14♉19	15♉26	16♉33	17♉40	18♉48	19♉55	21♉02	22♉09	23♉16	24♉21	25♉27	26♉31	27♉34	/♅
/♆	3♈58	4♈49	5♈41	6♈34	7♈28	8♈22	9♈18	10♈15	11♈12	12♈10	13♈10	14♈10	15♈11	16♈12	17♈15	18♈18	19♈22	20♈27	21♈32	22♈38	23♈44	24♈50	25♈56	27♈03	28♈09	29♈14	0♉20	1♉24	2♉28	3♉32	4♉34	/♆
/♇	6♓31	7♓22	8♓13	9♓05	9♓58	10♓52	11♓46	12♓42	13♓38	14♓36	15♓34	16♓34	17♓34	18♓35	19♓36	20♓39	21♓42	22♓46	23♓50	24♓55	25♓60	27♓05	28♓11	29♓16	0♈21	1♈26	2♈31	3♈34	4♈38	5♈40	6♈41	/♇
/☊	5♊12	5♊57	6♊43	7♊29	8♊17	9♊06	9♊57	10♊50	11♊46	12♊43	13♊42	14♊42	15♊42	16♊42	17♊41	18♊41	19♊40	20♊40	21♊40	22♊42	23♊46	24♊50	25♊56	27♊02	28♊08	29♊14	0♋19	1♋23	2♋25	3♋25	4♋24	/☊
♀/♂	16♉21	17♉17	18♉13	19♉09	20♉05	21♉00	21♉56	22♉52	23♉48	24♉44	25♉40	26♉36	27♉32	28♉27	29♉23	0♊19	1♊15	2♊11	3♊06	4♊02	4♊58	5♊54	6♊50	7♊45	8♊41	9♊37	10♊33	11♊29	12♊24	13♊20	14♊16	♀/♂
/⚳	12♒37	13♒10	13♒42	14♒13	14♒45	15♒17	15♒48	16♒19	16♒51	17♒22	17♒52	18♒23	18♒54	19♒24	19♒55	20♒25	20♒55	21♒26	21♒56	22♒26	22♒56	23♒26	23♒56	24♒26	24♒55	25♒25	25♒55	26♒25	26♒55	27♒24	27♒54	/⚳
/♃	18♒07	18♒41	19♒16	19♒50	20♒24	20♒59	21♒33	22♒07	22♒41	23♒15	23♒48	24♒22	24♒56	25♒29	26♒03	26♒37	27♒10	27♒43	28♒17	28♒50	29♒23	29♒56	0♓30	1♓03	1♓36	2♓09	2♓42	3♓15	3♓48	4♓20	4♓53	/♃
/♄	1♓31	2♓07	2♓43	3♓20	3♓56	4♓32	5♓08	5♓44	6♓20	6♓56	7♓32	8♓08	8♓44	9♓20	9♓55	10♓31	11♓07	11♓42	12♓18	12♓53	13♓29	14♓04	14♓40	15♓15	15♓50	16♓26	17♓01	17♓36	18♓12	18♓47	19♓22	/♄
/♅	22♈45	23♈23	24♈01	24♈39	25♈17	25♈56	26♈34	27♈12	27♈50	28♈28	29♈06	29♈44	0♉22	1♉00	1♉38	2♉16	2♉55	3♉33	4♉11	4♉49	5♉27	6♉05	6♉43	7♉21	7♉59	8♉37	9♉15	9♉53	10♉31	11♉09	11♉47	/♅
/♆	0♈16	0♈53	1♈30	2♈08	2♈45	3♈22	3♈59	4♈36	5♈13	5♈50	6♈27	7♈04	7♈41	8♈18	8♈55	9♈33	10♈10	10♈47	11♈24	12♈00	12♈37	13♈14	13♈51	14♈28	15♈05	15♈42	16♈19	16♈56	17♈33	18♈10	18♈47	/♆
/♇	2♓50	3♓26	4♓02	4♓38	5♓15	5♓51	6♓27	7♓03	7♓40	8♓16	8♓52	9♓28	10♓04	10♓41	11♓17	11♓53	12♓29	13♓05	13♓41	14♓17	14♓53	15♓30	16♓06	16♓42	17♓18	17♓54	18♓30	19♓06	19♓42	20♓18	20♓54	/♇
/☊	1♊30	2♊02	2♊33	3♊03	3♊34	4♊05	4♊38	5♊12	5♊47	6♊23	6♊60	7♊36	8♊13	8♊48	9♊22	9♊55	10♊27	10♊59	11♊32	12♊05	12♊39	13♊14	13♊51	14♊28	15♊05	15♊42	16♊18	16♊54	17♊29	18♊04	18♊37	/☊
♂/⚳	16♍28	16♍43	16♍58	17♍13	17♍28	17♍42	17♍57	18♍11	18♍25	18♍39	18♍53	19♍07	19♍21	19♍34	19♍48	20♍01	20♍14	20♍27	20♍40	20♍53	21♍06	21♍19	21♍32	21♍45	21♍57	22♍10	22♍22	22♍35	22♍48	23♍00	23♍13	♂/⚳
/♃	21♓57	22♓15	22♓32	22♓50	23♓07	23♍24	23♍41	23♍59	24♍16	24♍32	24♍49	25♍06	25♍23	25♍39	25♍56	26♍12	26♍29	26♍45	27♍01	27♍18	27♍34	27♍50	28♍06	28♍22	28♍38	28♍53	29♍09	29♍25	29♍41	29♍56	0♎12	/♃
/♄	5♈21	5♈40	5♈60	6♈19	6♈39	6♈58	7♈17	7♈36	7♈55	8♈14	8♈33	8♈52	9♈11	9♈29	9♈48	10♈07	10♈25	10♈44	11♈02	11♈21	11♈39	11♈58	12♈16	12♈34	12♈52	13♈10	13♈29	13♈47	14♈05	14♈22	14♈40	/♄
/♅	26♉35	26♉56	27♉18	27♉39	28♉00	28♉21	28♉42	29♉04	29♉25	29♉46	0♊07	0♊28	0♊49	1♊10	1♊31	1♊52	2♊13	2♊34	2♊55	3♊16	3♊37	3♊58	4♊19	4♊40	5♊01	5♊22	5♊42	6♊03	6♊24	6♊45	7♊06	/♅
/♆	4♉06	4♉27	4♉47	5♉07	5♉27	5♉48	6♉08	6♉28	6♉48	7♉08	7♉28	7♉48	8♉08	8♉28	8♉48	9♉08	9♉28	9♉48	10♉08	10♉28	10♉48	11♉08	11♉28	11♉47	12♉07	12♉27	12♉47	13♉06	13♉26	13♉46	14♉05	/♆
/♇	6♈40	6♈59	7♈19	7♈38	7♈57	8♈17	8♈36	8♈55	9♈15	9♈34	9♈53	10♈12	10♈31	10♈51	11♈10	11♈29	11♈48	12♈07	12♈26	12♈45	13♈04	13♈23	13♈42	14♈01	14♈20	14♈39	14♈57	15♈16	15♈35	15♈54	16♈13	/♇
/☊	5♋20	5♋35	5♋49	6♋03	6♋16	6♋31	6♋47	7♋04	7♋22	7♋41	8♋01	8♋20	8♋39	8♋58	9♋15	9♋31	9♋46	10♋01	10♋16	10♋33	10♋50	11♋08	11♋27	11♋47	12♋07	12♋27	12♋46	13♋05	13♋22	13♋39	13♋56	/☊
⚳/♃	18♐14	18♐07	18♐01	17♐55	17♐48	17♐41	17♐33	17♐26	17♐18	17♐10	17♐02	16♐54	16♐45	16♐36	16♐28	16♐19	16♐09	16♐00	15♐51	15♐41	15♐31	15♐22	15♐12	15♐02	14♐52	14♐41	14♐31	14♐21	14♐11	14♐00	13♐50	⚳/♃
/♄	1♑38	1♑33	1♑29	1♑24	1♑19	1♑14	1♑09	1♑03	0♑58	0♑52	0♑46	0♑39	0♑33	0♑27	0♑20	0♑13	0♑06	29♐59	29♐52	29♐44	29♐37	29♐29	29♐22	29♐14	29♐06	28♐59	28♐51	28♐43	28♐35	28♐27	28♐19	/♄
/♅	22♒52	22♒49	22♒47	22♒44	22♒41	22♒38	22♒34	22♒31	22♒27	22♒23	22♒20	22♒16	22♒11	22♒07	22♒03	21♒58	21♒54	21♒49	21♒45	21♒40	21♒35	21♒30	21♒25	21♒20	21♒15	21♒10	21♒05	20♒59	20♒54	20♒49	20♒44	/♅
/♆	0♒23	0♒19	0♒16	0♒12	0♒08	0♒04	29♑60	29♑55	29♑50	29♑46	29♑41	29♑36	29♑31	29♑25	29♑20	29♑15	29♑09	29♑03	28♑57	28♑52	28♑46	28♑40	28♑34	28♑27	28♑21	28♑15	28♑09	28♑02	27♑56	27♑50	27♑43	/♆
/♇	2♑56	2♑52	2♑48	2♑43	2♑38	2♑33	2♑28	2♑23	2♑17	2♑11	2♑06	1♑60	1♑54	1♑48	1♑41	1♑35	1♑28	1♑22	1♑15	1♑08	1♑02	0♑55	0♑48	0♑41	0♑34	0♑27	0♑20	0♑12	0♑05	29♐58	29♐51	/♇
/☊	1♎37	1♎28	1♎18	1♎07	0♎57	0♎47	0♎38	0♎31	0♎24	0♎19	0♎13	0♎08	0♎02	29♍55	29♍46	29♍37	29♍26	29♍16	29♍06	28♍56	28♍47	28♍40	28♍33	28♍27	28♍21	28♍15	28♍08	28♍01	27♍53	27♍44	27♍34	/☊
♃/♄	7♑07	7♑05	7♑03	7♑01	6♑58	6♑56	6♑53	6♑51	6♑48	6♑45	6♑42	6♑38	6♑35	6♑32	6♑28	6♑24	6♑21	6♑17	6♑13	6♑09	6♑04	6♑00	5♑56	5♑51	5♑47	5♑42	5♑37	5♑33	5♑28	5♑23	5♑18	♃/♄
/♅	28♒21	28♒21	28♒21	28♒20	28♒20	28♒19	28♒19	28♒18	28♒17	28♒16	28♒16	28♒15	28♒13	28♒12	28♒11	28♒10	28♒08	28♒07	28♒06	28♒04	28♒02	28♒01	27♒59	27♒57	27♒55	27♒53	27♒51	27♒49	27♒47	27♒45	27♒43	/♅
/♆	5♒52	5♒51	5♒50	5♒49	5♒47	5♒46	5♒44	5♒42	5♒41	5♒39	5♒37	5♒35	5♒33	5♒31	5♒28	5♒26	5♒23	5♒21	5♒18	5♒16	5♒13	5♒10	5♒07	5♒04	5♒02	4♒58	4♒55	4♒52	4♒49	4♒46	4♒42	/♆
/♇	8♑26	8♑24	8♑22	8♑19	8♑17	8♑15	8♑12	8♑10	8♑07	8♑04	8♑02	7♑59	7♑56	7♑53	7♑49	7♑46	7♑43	7♑40	7♑36	7♑33	7♑29	7♑25	7♑22	7♑18	7♑14	7♑10	7♑06	7♑02	6♑58	6♑54	6♑50	/♇
/☊	7♎06	6♎60	6♎52	6♎44	6♎36	6♎29	6♎23	6♎18	6♎14	6♎12	6♎09	6♎07	6♎04	5♎60	5♎54	5♎48	5♎41	5♎34	5♎27	5♎20	5♎15	5♎10	5♎07	5♎04	5♎01	4♎58	4♎55	4♎51	4♎46	4♎40	4♎33	/☊
♄/♅	11♓45	11♓47	11♓48	11♓50	11♓51	11♓53	11♓54	11♓56	11♓57	11♓58	11♓59	12♓00	12♓01	12♓02	12♓03	12♓04	12♓05	12♓06	12♓07	12♓07	12♓08	12♓09	12♓09	12♓10	12♓10	12♓10	12♓11	12♓11	12♓11	12♓11	12♓11	♄/♅
/♆	19♒16	19♒17	19♒18	19♒18	19♒19	19♒19	19♒20	19♒20	19♒20	19♒20	19♒21	19♒21	19♒21	19♒21	19♒20	19♒20	19♒20	19♒20	19♒20	19♒19	19♒19	19♒18	19♒18	19♒17	19♒16	19♒16	19♒15	19♒14	19♒13	19♒12	19♒11	/♆
/♇	21♑50	21♑50	21♑49	21♑49	21♑49	21♑48	21♑48	21♑47	21♑47	21♑46	21♑45	21♑44	21♑44	21♑43	21♑42	21♑41	21♑40	21♑38	21♑37	21♑36	21♑35	21♑33	21♑32	21♑30	21♑29	21♑27	21♑26	21♑24	21♑22	21♑20	21♑19	/♇
/☊	20♈30	20♈26	20♈20	20♈14	20♈08	20♈03	19♈58	19♈56	19♈54	19♈53	19♈53	19♈53	19♈52	19♈50	19♈47	19♈43	19♈38	19♈33	19♈28	19♈24	19♈20	19♈18	19♈17	19♈16	19♈16	19♈15	19♈14	19♈12	19♈10	19♈06	19♈02	/☊
♅/♆	10♈30	10♈33	10♈35	10♈38	10♈40	10♈43	10♈45	10♈47	10♈50	10♈52	10♈54	10♈57	10♈59	11♈01	11♈04	11♈06	11♈08	11♈10	11♈12	11♈14	11♈17	11♈19	11♈21	11♈23	11♈25	11♈27	11♈29	11♈31	11♈33	11♈34	11♈36	♅/♆
/♇	13♓04	13♓06	13♓07	13♓09	13♓10	13♓12	13♓13	13♓15	13♓16	13♓18	13♓19	13♓21	13♓22	13♓23	13♓25	13♓26	13♓28	13♓29	13♓30	13♓31	13♓33	13♓34	13♓35	13♓36	13♓37	13♓39	13♓40	13♓41	13♓42	13♓43	13♓44	/♇
/☊	11♊44	11♊41	11♊38	11♊33	11♊29	11♊26	11♊24	11♊23	11♊24	11♊25	11♊27	11♊29	11♊30	11♊31	11♊30	11♊28	11♊26	11♊23	11♊21	11♊19	11♊18	11♊19	11♊20	11♊22	11♊24	11♊26	11♊28	11♊29	11♊29	11♊28	11♊27	/☊
♆/♇	20♒35	20♒36	20♒36	20♒37	20♒38	20♒38	20♒39	20♒39	20♒40	20♒40	20♒41	20♒41	20♒41	20♒42	20♒42	20♒42	20♒43	20♒43	20♒43	20♒43	20♒43	20♒43	20♒44	20♒44	20♒44	20♒44	20♒44	20♒44	20♒44	20♒44	20♒43	♆/♇
/☊	19♉15	19♉12	19♉07	19♉02	18♉57	18♉52	18♉49	18♉47	18♉47	18♉47	18♉48	18♉49	18♉49	18♉49	18♉47	18♉44	18♉41	18♉37	18♉33	18♉31	18♉29	18♉28	18♉29	18♉29	18♉31	18♉32	18♉32	18♉32	18♉31	18♉29	18♉27	/☊
♇/☊	21♈49	21♈44	21♈39	21♈32	21♈27	21♈21	21♈17	21♈15	21♈13	21♈13	21♈13	21♈13	21♈12	21♈11	21♈08	21♈04	21♈00	20♈55	20♈51	20♈48	20♈45	20♈44	20♈43	20♈43	20♈43	20♈43	20♈43	20♈42	20♈40	20♈37	20♈34	♇/☊

May 2019

June 2019

	1	2	3	4	5	6	7	8	9	10	11	12	13	14	15
☉/☽	25♉16	2♊19	9♊30	16♊50	24♊17	1♋49	9♋24	17♋00	24♋37	2♌12	9♌46	17♌16	24♌42	2♍03	9♍17
/☿	16♊24	17♊53	19♊20	20♊46	22♊11	23♊35	24♊58	26♊19	27♊39	28♊57	0♋14	1♋30	2♋45	3♋58	5♋09
/♀	0♊13	1♊18	2♊23	3♊28	4♊34	5♊39	6♊44	7♊49	8♊55	9♊60	11♊05	12♊10	13♊16	14♊21	15♊26
/♂	25♊14	26♊02	26♊50	27♊38	28♊26	29♊14	0♋02	0♋50	1♋38	2♋25	3♋13	4♋01	4♋49	5♋37	6♋25
/⚳	8♍26	8♍48	9♍10	9♍33	9♍55	10♍17	10♍39	11♍02	11♍24	11♍47	12♍10	12♍32	12♍55	13♍18	13♍41
/♃	15♓28	15♓53	16♓18	16♓43	17♓08	17♓33	17♓58	18♓23	18♓48	19♓13	19♍38	20♍02	20♍27	20♍52	21♍17
/♄	29♓59	0♈26	0♈54	1♈21	1♈48	2♈15	2♈42	3♈09	3♈36	4♈03	4♈30	4♈57	5♈24	5♈51	6♈18
/♅	22♉27	22♉57	23♉28	23♉58	24♉28	24♉58	25♉28	25♉58	26♉28	26♉58	27♉28	27♉58	28♉28	28♉58	29♉28
/♆	29♈26	29♈55	0♉24	0♉53	1♉22	1♉51	2♉20	2♉49	3♉18	3♉47	4♉15	4♉44	5♉13	5♉42	6♉11
/♇	1♈32	2♈01	2♈29	2♈57	3♈25	3♈53	4♈22	4♈50	5♈18	5♈46	6♈14	6♈42	7♈10	7♈38	8♈06
/☊	29♊13	29♊38	0♋04	0♋31	0♋59	1♋27	1♋56	2♋26	2♋55	3♋24	3♋53	4♋21	4♋48	5♋15	5♋42
☽/☿	1♊26	8♊59	16♊41	24♊30	2♋24	10♋22	18♋22	26♋22	4♌21	12♌18	20♌11	27♌59	5♍43	13♍19	20♍48
/♀	15♉14	22♉24	29♉44	7♊12	14♊46	22♊26	0♋08	7♋53	15♋37	23♋21	1♌02	8♌40	16♌14	23♌42	1♍05
/♂	10♊16	17♊09	24♊11	1♋21	8♋38	16♋00	23♋26	0♌53	8♌20	15♌46	23♌10	0♍31	7♍47	14♍58	22♍04
/⚳	23♒28	29♒55	6♍31	13♍16	20♍07	27♍04	4♎04	11♎05	18♎07	25♎08	2♏06	9♏02	15♏53	22♏40	29♏20
/♃	0♓30	6♓60	13♓39	20♍26	27♍21	4♎20	11♎22	18♎26	25♎30	2♏33	9♏34	16♏32	23♏25	0♐14	6♐56
/♄	15♓01	21♓33	28♓14	5♈04	12♈00	19♈02	26♎06	3♏13	10♏19	17♏24	24♏27	1♐26	8♐22	15♐12	21♐57
/♅	7♉29	14♉04	20♉48	27♉41	4♊40	11♊45	18♊52	26♊02	3♋11	10♋19	17♋25	24♋28	1♌26	8♒20	15♒07
/♆	14♈27	21♈01	27♈45	4♉36	11♉34	18♉37	25♉44	2♊52	10♊00	17♊07	24♐12	1♑14	8♑11	15♑03	21♑50
/♇	16♓34	23♓07	29♓50	6♈40	13♈38	20♈40	27♎46	4♏53	12♏01	19♏07	26♏11	3♐12	10♐08	16♐60	23♐45
/☊	14♊15	20♊45	27♊25	4♋14	11♋11	18♋14	25♋20	2♌29	9♌38	16♌45	23♌49	0♍50	7♍46	14♍36	21♍21
☿/♀	6♊22	7♊58	9♊34	11♊08	12♊40	14♊12	15♊42	17♊11	18♊39	20♊05	21♊30	22♊54	24♊16	25♊37	26♊57
/♂	1♋23	2♋42	4♋00	5♋17	6♋33	7♋47	8♋60	10♋12	11♋22	12♋31	13♋39	14♋45	15♋50	16♋53	17♋56
/⚳	14♍36	15♍29	16♍21	17♍12	18♍02	18♍50	19♍38	20♍24	21♍09	21♍52	22♍35	23♍16	23♍56	24♍35	25♍12
/♃	21♍38	22♍34	23♍29	24♍22	25♍15	26♍06	26♍56	27♍45	28♍32	29♍18	0♎03	0♎46	1♎28	2♎09	2♎48
/♄	6♈08	7♈07	8♈04	9♈00	9♈55	10♈48	11♈40	12♈31	13♈21	14♈09	14♈55	15♈41	16♈25	17♈07	17♈48
/♅	28♉37	29♉38	0♊38	1♊37	2♊35	3♊31	4♊26	5♊20	6♊13	7♊04	7♊54	8♊42	9♊29	10♊15	10♊59
/♆	5♉35	6♉35	7♉34	8♉32	9♉29	10♉24	11♉18	12♉11	13♉02	13♉52	14♉41	15♉28	16♉14	16♉58	17♉41
/♇	7♈42	8♈41	9♈39	10♈36	11♈32	12♈27	13♈20	14♈12	15♈02	15♈52	16♈39	17♈26	18♈11	18♈55	19♈37
/☊	5♋22	6♋19	7♋15	8♋10	9♋06	10♋00	10♋54	11♋47	12♋39	13♋30	14♋18	15♋04	15♋49	16♋31	17♋13
♀/♂	15♊12	16♊08	17♊03	17♊59	18♊55	19♊51	20♊46	21♊42	22♊38	23♊34	24♊29	25♊25	26♊21	27♊17	28♊12
/⚳	28♒24	28♒54	29♒24	29♒54	0♓24	0♓54	1♓24	1♓54	2♓25	2♓55	3♓26	3♓56	4♍27	4♍58	5♍29
/♃	5♓26	5♓59	6♓32	7♓04	7♓37	8♓10	8♓43	9♓15	9♓48	10♓21	10♓54	11♓26	11♓59	12♓32	13♓05
/♄	19♓57	20♓32	21♓07	21♓42	22♓17	22♓52	23♓27	24♓02	24♓37	25♓11	25♓46	26♓21	26♓56	27♓31	28♓05
/♅	12♉25	13♉03	13♉41	14♉19	14♉57	15♉35	16♉13	16♉51	17♉29	18♉07	18♉45	19♉22	20♉00	20♉38	21♉16
/♆	19♈23	20♈00	20♈37	21♈14	21♈51	22♈28	23♈04	23♈41	24♈18	24♈55	25♈31	26♈08	26♈45	27♈22	27♈58
/♇	21♓30	22♓06	22♓42	23♓18	23♓54	24♓30	25♓06	25♓42	26♓18	26♓54	27♓30	28♓06	28♓42	29♓18	29♓54
/☊	19♊11	19♊44	20♊18	20♊52	21♊28	22♊04	22♊41	23♊18	23♊55	24♊32	25♊09	25♊44	26♊20	26♊55	27♊29
♂/⚳	23♍25	23♍38	23♍51	24♍03	24♍16	24♍29	24♍42	24♍55	25♍08	25♍21	25♍34	25♍47	26♍00	26♍14	26♍27
/♃	0♎27	0♎43	0♎58	1♎14	1♎29	1♎45	2♎00	2♎16	2♎31	2♎46	3♎02	3♎17	3♎33	3♎48	4♎03
/♄	14♈58	15♈16	15♈34	15♈52	16♈09	16♈27	16♈44	17♈02	17♈20	17♈37	17♈54	18♈12	18♈29	18♈47	19♎04
/♅	7♊26	7♊47	8♊08	8♊28	8♊49	9♊10	9♊30	9♊51	10♊12	10♊32	10♊53	11♊13	11♊34	11♊54	12♊15
/♆	14♉25	14♉44	15♉04	15♉23	15♉43	16♉02	16♉22	16♉41	17♉01	17♉20	17♉40	17♉59	18♉18	18♉38	18♉57
/♇	16♈32	16♈50	17♈09	17♈28	17♈46	18♈05	18♈24	18♈43	19♈01	19♈20	19♈38	19♈57	20♈16	20♈34	20♈53
/☊	14♋12	14♋28	14♋45	15♋02	15♋20	15♋39	15♋58	16♋18	16♋38	16♋58	17♋17	17♋35	17♋53	18♋11	18♋28
⚳/♃	13♐40	13♐29	13♐19	13♐09	12♐58	12♐48	12♐38	12♐28	12♐18	12♐08	11♐58	11♐48	11♐39	11♐29	11♐20
/♄	28♐11	28♐02	27♐54	27♐46	27♐38	27♐30	27♐22	27♐14	27♐06	26♐58	26♐51	26♐43	26♐35	26♐28	26♐20
/♅	20♒39	20♒34	20♒28	20♒23	20♒18	20♒13	20♒08	20♒03	19♒58	19♒54	19♒49	19♒44	19♒40	19♒35	19♒31
/♆	27♑37	27♑31	27♑25	27♑18	27♑12	27♑06	26♑60	26♑54	26♑48	26♑42	26♑36	26♑30	26♑24	26♑19	26♑13
/♇	29♐44	29♐37	29♐30	29♐23	29♐16	29♐09	29♐02	28♐55	28♐48	28♐41	28♐35	28♐28	28♐22	28♐15	28♐09
/☊	27♍24	27♍15	27♍05	26♍57	26♍49	26♍42	26♍36	26♍31	26♍25	26♍19	26♍13	26♍06	25♍59	25♍52	25♍44
♃/♄	5♑13	5♑07	5♑02	4♑57	4♑52	4♑46	4♑41	4♑35	4♑30	4♑24	4♑19	4♑13	4♑07	4♑02	3♑56
/♅	27♒41	27♒38	27♒36	27♒34	27♒32	27♒29	27♒27	27♒24	27♒22	27♒19	27♒17	27♒14	27♒12	27♒09	27♒07
/♆	4♒39	4♒36	4♒32	4♒29	4♒25	4♒22	4♒18	4♒15	4♒11	4♒07	4♒04	4♒00	3♒56	3♒53	3♒49
/♇	6♑46	6♑42	6♑37	6♑33	6♑29	6♑25	6♑20	6♑16	6♑11	6♑07	6♑03	5♑58	5♑54	5♑49	5♑45
/☊	4♎26	4♎19	4♎13	4♎07	4♎02	3♎58	3♎55	3♎52	3♎49	3♎45	3♎41	3♎36	3♎31	3♎26	3♎20
♄/♅	12♓12	12♓12	12♓12	12♓11	12♓11	12♓11	12♓11	12♓11	12♓10	12♓10	12♓10	12♓09	12♓09	12♓08	12♓07
/♆	19♒10	19♒09	19♒08	19♒06	19♒05	19♒04	19♒02	19♒01	18♒60	18♒58	18♒56	18♒55	18♒53	18♒51	18♒50
/♇	21♑17	21♑15	21♑13	21♑11	21♑09	21♑07	21♑04	21♑02	20♑60	20♑58	20♑55	20♑53	20♑50	20♑48	20♑46
/☊	18♈57	18♈53	18♈48	18♈45	18♈42	18♈40	18♈39	18♈38	18♈37	18♈36	18♈34	18♈31	18♈28	18♈25	18♈21
♅/♆	11♈38	11♈40	11♈42	11♈43	11♈45	11♈47	11♈48	11♈50	11♈52	11♈53	11♈55	11♈56	11♈58	11♈59	12♈00
/♇	13♓45	13♓46	13♓47	13♓48	13♓49	13♓49	13♓50	13♓51	13♓52	13♓53	13♓54	13♓54	13♓55	13♓56	13♓56
/☊	11♊25	11♊24	11♊22	11♊22	11♊22	11♊23	11♊25	11♊27	11♊29	11♊31	11♊32	11♊33	11♊33	11♊32	11♊32
♆/♇	20♒43	20♒43	20♒43	20♒43	20♒42	20♒42	20♒42	20♒42	20♒41	20♒41	20♒40	20♒40	20♒40	20♒39	20♒39
/☊	18♉24	18♉21	18♉19	18♉17	18♉16	18♉16	18♉16	18♉17	18♉18	18♉19	18♉19	18♉18	18♉17	18♉16	18♉14
♇/☊	20♈30	20♈27	20♈24	20♈21	20♈19	20♈19	20♈18	20♈18	20♈19	20♈18	20♈18	20♈16	20♈14	20♈12	20♈10

	16	17	18	19	20	21	22	23	24	25	26	27	28	29	30
☉/☽	16♍25	23♍26	0♈18	7♈03	13♈41	20♈13	26♈41	3♉06	9♉30	15♉56	22♉26	29♉02	5♊46	12♊40	19♊46
/☿	6♋20	7♋28	8♋36	9♋42	10♋46	11♋49	12♋50	13♋50	14♋48	15♋45	16♋39	17♋32	18♋24	19♋13	20♋00
/♀	16♊31	17♊37	18♊42	19♊47	20♊52	21♊58	23♊03	24♊08	25♊13	26♊19	27♊24	28♊29	29♊34	0♋40	1♋45
/♂	7♋13	8♋00	8♋48	9♋36	10♋24	11♋11	11♋59	12♋47	13♋35	14♋22	15♋10	15♋58	16♋45	17♋33	18♋21
/⚳	14♍04	14♍28	14♍51	15♍14	15♍38	16♍02	16♍26	16♍50	17♍14	17♍39	18♍03	18♍28	18♍53	19♍18	19♍43
/♃	21♍42	22♍07	22♍32	22♍56	23♍21	23♍46	24♍11	24♍36	25♍01	25♍26	25♍51	26♍16	26♍41	27♍07	27♍32
/♄	6♈44	7♈11	7♈38	8♈04	8♈31	8♈58	9♈24	9♈51	10♈17	10♈44	11♈10	11♈37	12♈03	12♈30	12♈56
/♅	29♉58	0♊28	0♊58	1♊28	1♊58	2♊27	2♊57	3♊27	3♊57	4♊26	4♊56	5♊26	5♊55	6♊25	6♊55
/♆	6♉39	7♉08	7♉37	8♉05	8♉34	9♉03	9♉31	9♉60	10♉29	10♉57	11♉26	11♉54	12♉23	12♉51	13♉20
/♇	8♈34	9♈02	9♈30	9♈58	10♈26	10♈54	11♈22	11♈50	12♈18	12♈46	13♈14	13♈42	14♈10	14♈38	15♈06
/☊	6♋09	6♋36	7♋04	7♋32	8♋01	8♋30	8♋59	9♋29	9♋58	10♋27	10♋55	11♋24	11♋52	12♋20	12♋48
☽/☿	28♍09	5♎21	12♎24	19♎18	26♈03	2♉40	9♉12	15♉39	22♉05	28♉30	4♊57	11♊29	18♊07	24♊53	1♋49
/♀	8♍21	15♓29	22♓30	29♓23	6♈09	12♈49	19♈25	25♈57	2♉30	9♉03	15♉41	22♉25	29♉18	6♊20	13♊34
/♂	29♍02	5♎53	12♎36	19♎12	25♈40	2♉03	8♉21	14♉36	20♉51	27♉07	3♊28	9♊54	16♊29	23♊14	0♋10
/⚳	5♐54	12♐20	18♐39	24♐50	0♑55	6♑53	12♑48	18♑39	24♑31	0♒24	6♒21	12♒24	18♒36	24♒59	1♍32
/♃	13♐31	19♐59	26♐20	2♑32	8♑38	14♑38	20♑33	26♑25	2♒17	8♒11	14♒09	20♒13	26♒25	2♓47	9♓21
/♄	28♐34	5♑04	11♑26	17♑40	23♑48	29♑49	5♒46	11♒40	17♒34	23♒29	29♒28	5♓33	11♓47	18♓11	24♓45
/♅	21♒48	28♒21	4♓46	11♓04	17♓14	23♓19	29♓19	5♈16	11♈13	17♈11	23♈14	29♈22	5♉39	12♉06	18♉44
/♆	28♑29	5♒01	11♒25	17♒41	23♒51	29♒54	5♓53	11♓49	17♓45	23♓42	29♓43	5♈51	12♈06	18♈32	25♈09
/♇	0♑24	6♑55	13♑19	19♑34	25♑43	1♒46	7♒44	13♒40	19♒35	25♒31	1♓32	7♓38	13♓53	20♓19	26♓55
/☊	27♍58	4♎29	10♎52	17♎08	23♈18	29♈22	5♉21	11♉18	17♉14	23♉12	29♉13	5♊20	11♊35	18♊00	24♊37
☿/♀	28♊15	29♊32	0♋47	2♋01	3♋14	4♋24	5♋34	6♋42	7♋48	8♋52	9♋55	10♋56	11♋55	12♋53	13♋48
/♂	18♋56	19♋56	20♋54	21♋50	22♋45	23♋38	24♋30	25♋20	26♋09	26♋56	27♋41	28♋25	29♋06	29♋46	0♌24
/⚳	25♍48	26♍23	26♍56	27♍29	27♍59	28♍29	28♍57	29♍24	29♍49	0♎12	0♎34	0♎55	1♎14	1♎31	1♎46
/♃	3♎26	4♎02	4♎37	5♎11	5♎43	6♎13	6♎42	7♎10	7♎36	7♎60	8♎22	8♎43	9♎02	9♎20	9♎35
/♄	18♈28	19♎06	19♎43	20♎19	20♎52	21♎25	21♎55	22♎24	22♎52	23♎18	23♎42	24♎04	24♎24	24♎43	24♎59
/♅	11♊42	12♊23	13♊03	13♊42	14♊19	14♊54	15♊28	16♊01	16♊31	17♊00	17♊27	17♊53	18♊16	18♊38	18♊58
/♆	18♉23	19♉03	19♉42	20♉20	20♉55	21♉30	22♉02	22♉34	23♉03	23♉31	23♉57	24♉21	24♉44	25♉04	25♉23
/♇	20♈18	20♈58	21♈36	22♈13	22♎48	23♎21	23♎53	24♎24	24♎53	25♎20	25♎45	26♎09	26♎31	26♎51	27♎09
/☊	17♋53	18♋31	19♋09	19♋46	20♋22	20♋57	21♋31	22♋02	22♋32	23♋01	23♋27	23♋51	24♋13	24♋33	24♋51
♀/♂	29♊08	0♋04	0♋60	1♋55	2♋51	3♋47	4♋43	5♋38	6♋34	7♋30	8♋26	9♋21	10♋17	11♋13	12♋09
/⚳	5♍60	6♍31	7♍02	7♍34	8♍06	8♍37	9♍09	9♍42	10♍14	10♍46	11♍19	11♍52	12♍25	12♍58	13♍31
/♃	13♓37	14♓10	14♓43	15♓16	15♓49	16♓22	16♓55	17♓28	18♍01	18♍34	19♍07	19♍40	20♍13	20♍46	21♍20
/♄	28♓40	29♓15	29♓49	0♈24	0♈59	1♈33	2♈08	2♈42	3♈17	3♈51	4♈26	5♈01	5♈35	6♈10	6♈44
/♅	21♉54	22♉32	23♉10	23♉47	24♉25	25♉03	25♉41	26♉19	26♉56	27♉34	28♉12	28♉49	29♉27	0♊05	0♊43
/♆	28♈35	29♈12	29♈48	0♉25	1♉02	1♉38	2♉15	2♉51	3♉28	4♉05	4♉41	5♉18	5♉54	6♉31	7♉08
/♇	0♈30	1♈06	1♈42	2♈18	2♈54	3♈30	4♈06	4♈42	5♈18	5♈54	6♈30	7♈06	7♈42	8♈18	8♈54
/☊	28♊04	28♊40	29♊15	29♊52	0♋29	1♋06	1♋43	2♋20	2♋58	3♋34	4♋11	4♋47	5♋24	5♋60	6♋36
♂/⚳	26♍41	26♍55	27♍09	27♍23	27♍37	27♍51	28♍06	28♍20	28♍35	28♍50	29♍05	29♍20	29♍36	29♍51	0♎07
/♃	4♎19	4♎34	4♎49	5♎05	5♎20	5♎36	5♎51	6♎06	6♎22	6♎38	6♎53	7♎09	7♎24	7♎40	7♎56
/♄	19♎21	19♎38	19♎56	20♎13	20♎30	20♎47	21♎04	21♎21	21♎38	21♎55	22♎12	22♎29	22♎46	23♎03	23♎20
/♅	12♊35	12♊55	13♊16	13♊36	13♊56	14♊17	14♊37	14♊57	15♊18	15♊38	15♊58	16♊18	16♊38	16♊58	17♊19
/♆	19♉16	19♉35	19♉55	20♉14	20♉33	20♉52	21♉11	21♉30	21♉49	22♉08	22♉28	22♉47	23♉06	23♉25	23♉43
/♇	21♈11	21♈30	21♈48	22♈07	22♈25	22♎44	23♎02	23♎21	23♎39	23♎58	24♎16	24♎34	24♎53	25♎11	25♎30
/☊	18♋45	19♋03	19♋22	19♋41	19♋60	20♋20	20♋39	20♋59	21♋19	21♋38	21♋57	22♋16	22♋35	22♋53	23♋12
⚳/♃	11♐10	11♐01	10♐52	10♐43	10♐35	10♐26	10♐18	10♐10	10♐02	9♐54	9♐46	9♐39	9♐32	9♐25	9♐18
/♄	26♐13	26♐06	25♐58	25♐51	25♐44	25♐38	25♐31	25♐24	25♐18	25♐12	25♐05	24♐59	24♐54	24♐48	24♐42
/♅	19♒27	19♒23	19♒19	19♒15	19♒11	19♒07	19♒04	19♒00	18♒57	18♒54	18♒51	18♒48	18♒46	18♒43	18♒41
/♆	26♑08	26♑03	25♑57	25♑52	25♑47	25♑43	25♑38	25♑33	25♑29	25♑25	25♑21	25♑17	25♑13	25♑09	25♑06
/♇	28♐03	27♐57	27♐51	27♐45	27♐40	27♐34	27♐29	27♐24	27♐19	27♐14	27♐09	27♐05	27♐00	26♐56	26♐52
/☊	25♍37	25♍31	25♍25	25♍19	25♍14	25♍10	25♍06	25♍02	24♍59	24♍55	24♍51	24♍46	24♍42	24♍38	24♍34
♃/♄	3♑50	3♑45	3♑39	3♑33	3♑28	3♑22	3♑16	3♑10	3♑05	2♑59	2♑53	2♑48	2♑42	2♑37	2♑31
/♅	27♒04	27♒02	26♒59	26♒57	26♒54	26♒52	26♒49	26♒47	26♒44	26♒42	26♒39	26♒37	26♒34	26♒32	26♒30
/♆	3♒45	3♒42	3♒38	3♒34	3♒31	3♒27	3♒23	3♒20	3♒16	3♒12	3♒09	3♒05	3♒02	2♒58	2♒54
/♇	5♑41	5♑36	5♑32	5♑27	5♑23	5♑19	5♑14	5♑10	5♑06	5♑01	4♑57	4♑53	4♑49	4♑45	4♑41
/☊	3♎15	3♎10	3♎05	3♎01	2♎58	2♎54	2♎51	2♎48	2♎45	2♎42	2♎39	2♎35	2♎31	2♎27	2♎23
♄/♅	12♓07	12♓06	12♓05	12♓05	12♓04	12♓03	12♓02	12♓01	12♓00	11♓59	11♓58	11♓57	11♓56	11♓55	11♓54
/♆	18♒48	18♒46	18♒44	18♒42	18♒40	18♒38	18♒36	18♒34	18♒32	18♒30	18♒28	18♒26	18♒23	18♒21	18♒19
/♇	20♑43	20♑41	20♑38	20♑35	20♑33	20♑30	20♑27	20♑25	20♑22	20♑19	20♑16	20♑14	20♑11	20♑08	20♑05
/☊	18♈17	18♈14	18♈11	18♈09	18♈07	18♈06	18♈04	18♈03	18♈02	17♈60	17♈58	17♈55	17♈53	17♈50	17♈47
♅/♆	12♈02	12♈03	12♈04	12♈06	12♈07	12♈08	12♈09	12♈10	12♈12	12♈13	12♈14	12♈15	12♈16	12♈16	12♈17
/♇	13♓57	13♓58	13♓58	13♓59	13♓59	13♓60	14♓00	14♓01	14♓01	14♓02	14♓02	14♓03	14♓03	14♓03	14♓04
/☊	11♊31	11♊31	11♊32	11♊33	11♊34	11♊36	11♊37	11♊39	11♊41	11♊42	11♊43	11♊44	11♊45	11♊45	11♊45
♆/♇	20♒38	20♒38	20♒37	20♒36	20♒36	20♒35	20♒34	20♒34	20♒33	20♒32	20♒32	20♒31	20♒30	20♒29	20♒28
/☊	18♉12	18♉11	18♉10	18♉10	18♉10	18♉11	18♉12	18♉12	18♉13	18♉13	18♉13	18♉13	18♉12	18♉11	18♉10
♇/☊	20♈07	20♈06	20♈04	20♈03	20♈03	20♈03	20♈03	20♈03	20♈03	20♈02	20♈01	20♈00	19♈59	19♈58	19♈57

June 2019

July 2019

	1	2	3	4	5	6	7	8
☉/☽	27♊03	4♋31	12♋08	19♋52	27♋40	5♌29	13♌16	20♌58
/☿	20♋45	21♋29	22♋10	22♋49	23♋25	23♋60	24♋32	25♋01
/♀	2♋50	3♋56	5♋01	6♋06	7♋12	8♋17	9♋22	10♋28
/♂	19♋09	19♋56	20♋44	21♋32	22♋19	23♋07	23♋55	24♋42
/⚳	20♍09	20♍34	21♍00	21♍26	21♍52	22♍18	22♍45	23♍12
/♃	27♍57	28♍23	28♍48	29♍13	29♍39	0♎04	0♎30	0♎56
/♄	13♈23	13♈49	14♈16	14♈42	15♈09	15♈35	16♈01	16♈28
/♅	7♊24	7♊54	8♊24	8♊53	9♊23	9♊52	10♊22	10♊51
/♆	13♉48	14♉17	14♉45	15♉13	15♉42	16♉10	16♉39	17♉07
/♇	15♈34	16♈02	16♈30	16♈57	17♈25	17♈53	18♈21	18♈49
/☊	13♋16	13♋44	14♋13	14♋41	15♋10	15♋39	16♋08	16♋36
☽/☿	8♋54	16♋08	23♋29	0♌55	8♌22	15♌48	23♌10	0♍24
/♀	20♊59	28♊35	6♋20	14♋12	22♋08	0♌05	8♌00	15♌50
/♂	7♋17	14♋36	22♋03	29♋38	7♌16	14♌56	22♌33	0♍05
/⚳	8♍17	15♍13	22♍19	29♍32	6♎49	14♎07	21♎23	28♎34
/♃	16♓06	23♍02	0♎07	7♎19	14♎36	21♎53	29♎08	6♏18
/♄	1♈31	8♈28	15♈35	22♎48	0♏05	7♏23	14♏39	21♏50
/♅	25♉33	2♊33	9♊43	16♊59	24♊19	1♋41	8♋60	16♋14
/♆	1♉57	8♉56	16♉04	23♉19	0♊39	7♊59	15♊17	22♐30
/♇	3♈42	10♈41	17♈49	25♎03	2♏22	9♏42	16♏59	24♏12
/☊	1♋24	8♋23	15♋32	22♋47	0♌07	7♌27	14♌46	21♌59
☿/♀	14♋41	15♋33	16♋22	17♋09	17♋54	18♋36	19♋16	19♋54
/♂	0♌60	1♌33	2♌05	2♌34	3♌01	3♌26	3♌49	4♌09
/⚳	1♎60	2♎11	2♎21	2♎29	2♎34	2♎38	2♎39	2♎38
/♃	9♎48	9♎59	10♎09	10♎16	10♎21	10♎24	10♎24	10♎22
/♄	25♎14	25♎26	25♎37	25♎45	25♎51	25♎54	25♎55	25♎54
/♅	19♊15	19♊31	19♊44	19♊56	20♊05	20♊11	20♊16	20♊17
/♆	25♉39	25♉54	26♉06	26♉16	26♉24	26♉29	26♉33	26♉34
/♇	27♎25	27♎39	27♎50	28♎00	28♎07	28♎12	28♎15	28♎16
/☊	25♋07	25♋21	25♋33	25♋44	25♋52	25♋58	26♋02	26♋03
♀/♂	13♋05	14♋00	14♋56	15♋52	16♋48	17♋44	18♋39	19♋35
/⚳	14♍05	14♍38	15♍12	15♍46	16♍21	16♍55	17♍30	18♍05
/♃	21♍53	22♍27	23♍00	23♍34	24♍07	24♍41	25♍15	25♍48
/♄	7♈19	7♈53	8♈28	9♈02	9♈37	10♈11	10♈46	11♈21
/♅	1♊20	1♊58	2♊36	3♊13	3♊51	4♊29	5♊06	5♊44
/♆	7♉44	8♉21	8♉57	9♉34	10♉10	10♉47	11♉23	11♉60
/♇	9♈30	10♈06	10♈42	11♈18	11♈54	12♈30	13♈06	13♈42
/☊	7♋12	7♋48	8♋25	9♋02	9♋38	10♋15	10♋52	11♋29
♂/⚳	0♎23	0♎39	0♎55	1♎12	1♎28	1♎45	2♎02	2♎19
/♃	8♎11	8♎27	8♎43	8♎59	9♎15	9♎31	9♎47	10♎03
/♄	23♎37	23♎54	24♎11	24♎28	24♎45	25♎02	25♎18	25♎35
/♅	17♊39	17♊59	18♊19	18♊39	18♊59	19♊19	19♊39	19♊59
/♆	24♉02	24♉21	24♉40	24♉59	25♉18	25♉37	25♉56	26♉15
/♇	25♎48	26♎06	26♎25	26♎43	27♎02	27♎20	27♎38	27♎57
/☊	23♋30	23♋49	24♋08	24♋27	24♋46	25♋05	25♋25	25♋44
⚳/♃	9♐11	9♐05	8♐59	8♐53	8♐48	8♐42	8♐37	8♐32
/♄	24♐37	24♐32	24♐27	24♐22	24♐17	24♐13	24♐09	24♐05
/♅	18♒39	18♒37	18♒35	18♒33	18♒31	18♒30	18♒29	18♒28
/♆	25♑02	24♑59	24♑56	24♑53	24♑51	24♑48	24♑46	24♑44
/♇	26♐48	26♐44	26♐41	26♐37	26♐34	26♐31	26♐28	26♐26
/☊	24♍30	24♍27	24♍24	24♍21	24♍19	24♍17	24♍15	24♍13
♃/♄	2♑26	2♑20	2♑15	2♑09	2♑04	1♑59	1♑54	1♑48
/♅	26♒27	26♒25	26♒23	26♒20	26♒18	26♒16	26♒14	26♒12
/♆	2♒51	2♒48	2♒44	2♒41	2♒37	2♒34	2♒31	2♒28
/♇	4♑37	4♑33	4♑29	4♑25	4♑21	4♑17	4♑13	4♑10
/☊	2♎19	2♎15	2♎12	2♎09	2♎06	2♎03	1♎60	1♎57
♄/♅	11♓53	11♓52	11♓50	11♓49	11♓48	11♓47	11♓45	11♓44
/♆	18♒17	18♒14	18♒12	18♒10	18♒07	18♒05	18♒02	17♒60
/♇	20♑02	19♑59	19♑56	19♑54	19♑51	19♑48	19♑45	19♑42
/☊	17♈44	17♈42	17♈39	17♈37	17♎35	17♎33	17♎31	17♎29
♅/♆	12♈18	12♈19	12♈20	12♈21	12♈21	12♈22	12♈23	12♈23
/♇	14♓04	14♓04	14♓04	14♓05	14♓05	14♓05	14♓05	14♓05
/☊	11♊46	11♊47	11♊47	11♊48	11♊49	11♊50	11♊51	11♊52
♆/♇	20♒28	20♒27	20♒26	20♒25	20♒24	20♒23	20♒22	20♒21
/☊	18♉10	18♉09	18♉09	18♉09	18♉09	18♉09	18♉09	18♉08
♇/☊	19♈55	19♈54	19♈53	19♈53	19♈52	19♈52	19♈51	19♈50

	9	10	11	12	13	14	15	16
☉/☽	28♌33	6♍01	13♍21	20♍32	27♍36	4♎32	11♎22	18♎05
/☿	25♋29	25♋54	26♋16	26♋37	26♋55	27♋11	27♋26	27♋38
/♀	11♋33	12♋38	13♋44	14♋49	15♋55	16♋60	18♋05	19♋11
/♂	25♋30	26♋18	27♋05	27♋53	28♋41	29♋28	0♌16	1♌04
/⚳	23♍39	24♍06	24♍33	25♍00	25♍28	25♍56	26♍24	26♍52
/♃	1♎21	1♎47	2♎13	2♎39	3♎05	3♎31	3♎57	4♎23
/♄	16♈54	17♎20	17♎47	18♎13	18♎40	19♎06	19♎32	19♎59
/♅	11♊20	11♊50	12♊19	12♊49	13♊18	13♊47	14♊16	14♊46
/♆	17♉35	18♉04	18♉32	19♉00	19♉29	19♉57	20♉25	20♉53
/♇	19♈17	19♈45	20♈13	20♈41	21♈08	21♈36	22♎04	22♎32
/☊	17♋05	17♋34	18♋02	18♋31	18♋60	19♋28	19♋57	20♋26
☽/☿	7♍30	14♍25	21♍11	27♍45	4♎10	10♎26	16♎32	22♎31
/♀	23♌34	1♍10	8♍38	15♍58	23♍10	0♎14	7♎12	14♎03
/♂	7♍31	14♍49	21♍60	29♍02	5♎56	12♎43	19♎23	25♎56
/⚳	5♏40	12♏37	19♏27	26♏09	2♐43	9♐10	15♐30	21♐45
/♃	13♏22	20♏19	27♏07	3♐48	10♐20	16♐45	23♐04	29♐16
/♄	28♏55	5♐52	12♐41	19♐22	25♐55	2♑20	8♑39	14♑51
/♅	23♋21	0♌22	6♌35	13♒57	20♒33	27♒01	3♓23	9♓38
/♆	29♐35	6♑35	13♑26	20♑09	26♑44	3♒11	9♒32	15♒46
/♇	1♐18	8♐16	15♐07	21♐49	28♐24	4♑51	11♑11	17♑25
/☊	29♌06	6♍05	12♍56	19♍39	26♍15	2♎43	9♎04	15♎18
☿/♀	20♋30	21♋03	21♋34	22♋02	22♋29	22♋53	23♋16	23♋36
/♂	4♌27	4♌42	4♌55	5♌06	5♌15	5♌22	5♌26	5♌29
/⚳	2♎35	2♎30	2♎23	2♎14	2♎02	1♎49	1♎34	1♎18
/♃	10♎18	10♎12	10♎03	9♎52	9♎39	9♎24	9♎07	8♎49
/♄	25♎51	25♎45	25♎37	25♎26	25♎14	24♎59	24♎43	24♎25
/♅	20♊17	20♊14	20♊09	20♊02	19♊52	19♊40	19♊27	19♊11
/♆	26♉32	26♉28	26♉22	26♉13	26♉03	25♉50	25♉35	25♉19
/♇	28♎14	28♎09	28♎03	27♎54	27♎43	27♎29	27♎14	26♎58
/☊	26♋02	25♋58	25♋52	25♋44	25♋34	25♋21	25♋07	24♋51
♀/♂	20♋31	21♋27	22♋23	23♋19	24♋14	25♋10	26♋06	27♋02
/⚳	18♍40	19♍15	19♍50	20♍26	21♍02	21♍38	22♍14	22♍50
/♃	26♍22	26♍56	27♍30	28♍04	28♍39	29♍13	29♍47	0♎22
/♄	11♈55	12♈30	13♈04	13♈39	14♈13	14♈48	15♈23	15♈57
/♅	6♊21	6♊59	7♊36	8♊14	8♊52	9♊29	10♊07	10♊44
/♆	12♉36	13♉13	13♉49	14♉26	15♉02	15♉39	16♉15	16♉52
/♇	14♈18	14♈54	15♈30	16♈06	16♈42	17♈18	17♈54	18♈30
/☊	12♋06	12♋43	13♋19	13♋56	14♋33	15♋10	15♋47	16♋24
♂/⚳	2♎37	2♎54	3♎12	3♎30	3♎48	4♎06	4♎25	4♎43
/♃	10♎19	10♎36	10♎52	11♎08	11♎25	11♎41	11♎58	12♎15
/♄	25♎52	26♎09	26♎26	26♎43	26♎60	27♎16	27♎33	27♎50
/♅	20♊18	20♊38	20♊58	21♊18	21♊38	21♊57	22♊17	22♊37
/♆	26♉33	26♉52	27♉11	27♉30	27♉48	28♉07	28♉26	28♉44
/♇	28♎15	28♎33	28♎52	29♎10	29♎28	29♎47	0♏05	0♏23
/☊	26♋03	26♋22	26♋41	27♋00	27♋19	27♋39	27♋58	28♋17
⚳/♃	8♐28	8♐24	8♐19	8♐16	8♐12	8♐09	8♐06	8♐03
/♄	24♐01	23♐57	23♐53	23♐50	23♐47	23♐44	23♐41	23♐38
/♅	18♒27	18♒26	18♒26	18♒25	18♒25	18♒25	18♒25	18♒25
/♆	24♑42	24♑40	24♑38	24♑37	24♑36	24♑34	24♑34	24♑33
/♇	26♐23	26♐21	26♐19	26♐17	26♐15	26♐14	26♐13	26♐11
/☊	24♍11	24♍10	24♍09	24♍07	24♍07	24♍06	24♍05	24♍05
♃/♄	1♑43	1♑38	1♑33	1♑29	1♑24	1♑19	1♑14	1♑10
/♅	26♒10	26♒08	26♒06	26♒04	26♒02	26♒00	25♒58	25♒57
/♆	2♒25	2♒22	2♒19	2♒16	2♒13	2♒10	2♒07	2♒04
/♇	4♑06	4♑03	3♑59	3♑56	3♑52	3♑49	3♑46	3♑43
/☊	1♎54	1♎51	1♎49	1♎46	1♎44	1♎41	1♎39	1♎37
♄/♅	11♓42	11♓41	11♓40	11♓38	11♓37	11♓35	11♓34	11♓32
/♆	17♒57	17♒55	17♒52	17♒50	17♒47	17♒45	17♒42	17♒40
/♇	19♑39	19♑36	19♑33	19♑30	19♑27	19♑24	19♑21	19♑18
/☊	17♎27	17♎25	17♎23	17♎20	17♎18	17♎16	17♎14	17♎12
♅/♆	12♈24	12♈24	12♈25	12♈25	12♈25	12♈26	12♈26	12♈26
/♇	14♓05	14♓05	14♓05	14♓05	14♓05	14♓05	14♓05	14♓05
/☊	11♊53	11♊54	11♊55	11♊56	11♊56	11♊57	11♊58	11♊59
♆/♇	20♒20	20♒19	20♒18	20♒17	20♒16	20♒15	20♒14	20♒13
/☊	18♉08	18♉08	18♉08	18♉07	18♉07	18♉07	18♉07	18♉06
♇/☊	19♈50	19♈49	19♈48	19♈48	19♈47	19♈46	19♈46	19♈45

	17	18	19	20	21	22	23	24
☉/☽	24♈43	1♉16	7♉44	14♉10	20♉35	26♉59	3♊24	9♊54
/☿	27♋49	27♋59	28♋08	28♋16	28♋24	28♋33	28♋41	28♋51
/♀	20♋16	21♋22	22♋27	23♋33	24♋38	25♋44	26♋49	27♋55
/♂	1♌51	2♌39	3♌27	4♌14	5♌02	5♌50	6♌37	7♌25
/⚳	27♍20	27♍49	28♍18	28♍47	29♍16	29♍45	0♎14	0♎44
/♃	4♎50	5♎16	5♎43	6♎09	6♎36	7♎03	7♎29	7♎56
/♄	20♎25	20♎52	21♎18	21♎45	22♎11	22♎38	23♎04	23♎31
/♅	15♊15	15♊44	16♊13	16♊43	17♊12	17♊41	18♊10	18♊39
/♆	21♉22	21♉50	22♉18	22♉46	23♉14	23♉42	24♉11	24♉39
/♇	22♎60	23♎28	23♎56	24♎24	24♎51	25♎19	25♎47	26♎15
/☊	20♋54	21♋23	21♋51	22♋19	22♋47	23♋15	23♋43	24♋11
☽/☿	28♎22	4♉08	9♉48	15♉25	21♉00	26♉35	2♊12	7♊54
/♀	20♈49	27♈30	4♉07	10♉41	17♉14	23♉46	0♊20	6♊58
/♂	2♏24	8♏48	15♉07	21♉23	27♉38	3♊52	10♊09	16♊28
/⚳	27♐53	3♑58	9♑58	15♑55	21♑52	27♑48	3♒46	9♒47
/♃	5♑23	11♑25	17♑23	23♑18	29♑12	5♒05	11♒01	16♒60
/♄	20♑58	27♑00	2♒58	8♒53	14♒47	20♒40	26♒35	2♓34
/♅	15♓48	21♓53	27♓54	3♈51	9♈48	15♈44	21♈41	27♈43
/♆	21♒55	27♒58	3♓58	9♓55	15♓50	21♓45	27♓42	3♈42
/♇	23♑33	29♑36	5♒36	11♒32	17♒27	23♒22	29♒19	5♓19
/☊	21♈27	27♈31	3♉31	9♉28	15♉23	21♉18	27♉14	3♊14
☿/♀	23♋56	24♋14	24♋31	24♋48	25♋04	25♋20	25♋37	25♋55
/♂	5♌31	5♌31	5♌31	5♌29	5♌28	5♌26	5♌25	5♌25
/⚳	0♎60	0♎41	0♎22	0♎02	29♍41	29♍22	29♍02	28♍44
/♃	8♎29	8♎08	7♎47	7♎24	7♎02	6♎39	6♎17	5♎56
/♄	24♎05	23♎44	23♎22	22♎60	22♎37	22♎14	21♎52	21♎31
/♅	18♊55	18♊36	18♊17	17♊58	17♊38	17♊18	16♊58	16♊39
/♆	25♉01	24♉42	24♉22	24♉01	23♉40	23♉19	22♉59	22♉39
/♇	26♎39	26♎20	25♎60	25♎39	25♎17	24♎56	24♎35	24♎15
/☊	24♋34	24♋15	23♋55	23♋34	23♋13	22♋51	22♋31	22♋11
♀/♂	27♋58	28♋54	29♋50	0♌45	1♌41	2♌37	3♌33	4♌29
/⚳	23♍27	24♍04	24♍41	25♍18	25♍55	26♍33	27♍10	27♍48
/♃	0♎56	1♎31	2♎06	2♎40	3♎15	3♎50	4♎25	5♎00
/♄	16♈32	17♎06	17♎41	18♎16	18♎51	19♎25	20♎00	20♎35
/♅	11♊21	11♊59	12♊36	13♊14	13♊51	14♊29	15♊06	15♊43
/♆	17♉28	18♉04	18♉41	19♉17	19♉54	20♉30	21♉07	21♉43
/♇	19♈06	19♈43	20♈19	20♈55	21♈31	22♎07	22♎43	23♎19
/☊	17♋01	17♋37	18♋14	18♋50	19♋26	20♋02	20♋39	21♋15
♂/⚳	5♎02	5♎21	5♎40	5♎59	6♎19	6♎39	6♎59	7♎19
/♃	12♎31	12♎48	13♎05	13♎22	13♎39	13♎56	14♎13	14♎31
/♄	28♎07	28♎24	28♎41	28♎58	29♎14	29♎31	29♎48	0♏05
/♅	22♊57	23♊16	23♊36	23♊56	24♊15	24♊35	24♊54	25♊14
/♆	29♉03	29♉22	29♉40	29♉59	0♊18	0♊36	0♊55	1♊13
/♇	0♏42	0♏60	1♏18	1♏36	1♏55	2♏13	2♏31	2♏50
/☊	28♋36	28♋55	29♋13	29♋32	29♋50	0♌09	0♌27	0♌45
⚳/♃	8♐00	7♐58	7♐56	7♐54	7♐53	7♐52	7♐51	7♐50
/♄	23♐36	23♐34	23♐32	23♐30	23♐28	23♐27	23♐25	23♐24
/♅	18♒26	18♒26	18♒27	18♒28	18♒29	18♒30	18♒31	18♒33
/♆	24♑32	24♑32	24♑31	24♑31	24♑31	24♑32	24♑32	24♑32
/♇	26♐11	26♐10	26♐09	26♐09	26♐08	26♐08	26♐09	26♐09
/☊	24♍05	24♍05	24♍04	24♍04	24♍04	24♍04	24♍04	24♍05
♃/♄	1♑05	1♑01	0♑57	0♑52	0♑48	0♑44	0♑40	0♑36
/♅	25♒55	25♒53	25♒52	25♒50	25♒49	25♒48	25♒46	25♒45
/♆	2♒02	1♒59	1♒56	1♒54	1♒51	1♒49	1♒47	1♒45
/♇	3♑40	3♑37	3♑34	3♑31	3♑29	3♑26	3♑23	3♑21
/☊	1♎34	1♎32	1♎29	1♎27	1♎24	1♎21	1♎19	1♎17
♄/♅	11♓31	11♓29	11♓27	11♓26	11♓24	11♓23	11♓21	11♓19
/♆	17♒37	17♒34	17♒32	17♒29	17♒27	17♒24	17♒22	17♒19
/♇	19♑15	19♑13	19♑10	19♑07	19♑04	19♑01	18♑58	18♑55
/☊	17♎10	17♎08	17♎05	17♎02	16♎59	16♎57	16♎54	16♎51
♅/♆	12♈27	12♈27	12♈27	12♈27	12♈27	12♈27	12♈28	12♈28
/♇	14♓05	14♓05	14♓05	14♓05	14♓05	14♓04	14♓04	14♓04
/☊	11♊60	12♊00	12♊00	12♊00	12♊00	11♊60	11♊60	11♊60
♆/♇	20♒12	20♒11	20♒09	20♒08	20♒07	20♒06	20♒05	20♒04
/☊	18♉06	18♉05	18♉05	18♉04	18♉03	18♉01	18♉00	17♉59
♇/☊	19♈45	19♈44	19♈42	19♈41	19♈40	19♈38	19♈37	19♈36

	25	26	27	28	29	30	31	
☉/☽	16♊29	23♊12	0♋05	7♋10	14♋27	21♋58	29♋41	☉/☽
/☿	29♋01	29♋13	29♋27	29♋43	0♌02	0♌23	0♌46	/☿
/♀	29♋00	0♌06	1♌11	2♌17	3♌23	4♌28	5♌34	/♀
/♂	8♌13	9♌00	9♌48	10♌36	11♌23	12♌11	12♌59	/♂
/⚳	1♎14	1♎44	2♎14	2♎45	3♎15	3♎46	4♎17	/⚳
/♃	8♎23	8♎50	9♎18	9♎45	10♎12	10♎40	11♎07	/♃
/♄	23♎57	24♎24	24♎50	25♎17	25♎44	26♎10	26♎37	/♄
/♅	19♊08	19♊37	20♊06	20♊36	21♊05	21♊34	22♊03	/♅
/♆	25♉07	25♉35	26♉03	26♉31	26♉60	27♉28	27♉56	/♆
/♇	26♎43	27♎11	27♎39	28♎07	28♎35	29♎03	29♎31	/♇
/☊	24♋39	25♋08	25♋37	26♋07	26♋36	27♋05	27♋34	/☊
☽/☿	13♊42	19♊40	25♊50	2♋13	8♋52	15♋46	22♋55	☽/☿
/♀	13♊41	20♊33	27♊34	4♋47	12♋13	19♋52	27♋43	/♀
/♂	22♊54	29♊27	6♋11	13♋06	20♋14	27♋35	5♌08	/♂
/⚳	15♒55	22♒11	28♒37	5♍15	12♍05	19♍09	26♍26	/⚳
/♃	23♒04	29♒17	5♓40	12♓15	19♍03	26♍03	3♎16	/♃
/♄	8♓38	14♓51	21♓13	27♓47	4♈34	11♈34	18♎46	/♄
/♅	3♉50	10♉04	16♉29	23♉06	29♉55	6♊57	14♊11	/♅
/♆	9♈48	16♈02	22♈26	29♈01	5♉50	12♉51	20♉05	/♆
/♇	11♓24	17♓38	24♓02	0♈37	7♈25	14♈26	21♎40	/♇
/☊	9♊21	15♊35	22♊00	28♊37	5♋26	12♋29	19♋43	/☊
☿/♀	26♋14	26♋34	26♋56	27♋20	27♋47	28♋16	28♋48	☿/♀
/♂	5♌26	5♌29	5♌33	5♌39	5♌48	5♌59	6♌13	/♂
/⚳	28♍27	28♍12	27♍59	27♍48	27♍40	27♍34	27♍31	/⚳
/♃	5♎37	5♎19	5♎02	4♎48	4♎37	4♎28	4♎22	/♃
/♄	21♎11	20♎52	20♎35	20♎21	20♎08	19♎59	19♎52	/♄
/♅	16♊22	16♊06	15♊51	15♊39	15♊29	15♊22	15♊17	/♅
/♆	22♉20	22♉03	21♉48	21♉35	21♉24	21♉16	21♉10	/♆
/♇	23♎57	23♎39	23♎24	23♎11	22♎60	22♎51	22♎46	/♇
/☊	21♋53	21♋36	21♋22	21♋10	21♋00	20♋53	20♋48	/☊
♀/♂	5♌25	6♌21	7♌17	8♌13	9♌09	10♌05	11♌01	♀/♂
/⚳	28♍26	29♍05	29♍43	0♎22	1♎01	1♎40	2♎19	/⚳
/♃	5♎36	6♎11	6♎46	7♎22	7♎58	8♎33	9♎09	/♃
/♄	21♎10	21♎44	22♎19	22♎54	23♎29	24♎04	24♎39	/♄
/♅	16♊21	16♊58	17♊35	18♊13	18♊50	19♊27	20♊05	/♅
/♆	22♉19	22♉56	23♉32	24♉09	24♉45	25♉21	25♉58	/♆
/♇	23♎56	24♎32	25♎08	25♎44	26♎20	26♎57	27♎33	/♇
/☊	21♋52	22♋29	23♋06	23♋44	24♋21	24♋59	25♋36	/☊
♂/⚳	7♎39	7♎59	8♎20	8♎41	9♎01	9♎23	9♎44	♂/⚳
/♃	14♎48	15♎06	15♎23	15♎41	15♎59	16♎16	16♎34	/♃
/♄	0♏22	0♏39	0♏56	1♏13	1♏30	1♏47	2♏04	/♄
/♅	25♊33	25♊53	26♊12	26♊32	26♊51	27♊10	27♊30	/♅
/♆	1♊32	1♊50	2♊09	2♊27	2♊46	3♊04	3♊23	/♆
/♇	3♏08	3♏26	3♏45	4♏03	4♏21	4♏40	4♏58	/♇
/☊	1♌04	1♌24	1♌43	2♌03	2♌22	2♌42	3♌01	/☊
⚳/♃	7♐49	7♐49	7♐49	7♐50	7♐50	7♐51	7♐52	⚳/♃
/♄	23♐23	23♐23	23♐22	23♐22	23♐22	23♐22	23♐22	/♄
/♅	18♒34	18♒36	18♒38	18♒40	18♒43	18♒45	18♒48	/♅
/♆	24♑33	24♑34	24♑35	24♑36	24♑38	24♑39	24♑41	/♆
/♇	26♐09	26♐10	26♐11	26♐12	26♐13	26♐14	26♐16	/♇
/☊	24♍06	24♍07	24♍09	24♍11	24♍14	24♍16	24♍19	/☊
♃/♄	0♑33	0♑29	0♑26	0♑22	0♑19	0♑16	0♑13	♃/♄
/♅	25♒44	25♒43	25♒42	25♒41	25♒40	25♒39	25♒38	/♅
/♆	1♒42	1♒40	1♒38	1♒36	1♒35	1♒33	1♒31	/♆
/♇	3♑19	3♑16	3♑14	3♑12	3♑10	3♑08	3♑06	/♇
/☊	1♎15	1♎14	1♎13	1♎12	1♎11	1♎10	1♎09	/☊
♄/♅	11♓18	11♓16	11♓14	11♓13	11♓11	11♓09	11♓08	♄/♅
/♆	17♒16	17♒14	17♒11	17♒09	17♒06	17♒04	17♒01	/♆
/♇	18♑53	18♑50	18♑47	18♑44	18♑42	18♑39	18♑36	/♇
/☊	16♎49	16♎47	16♎45	16♎44	16♎43	16♎41	16♎39	/☊
♅/♆	12♈27	12♈27	12♈27	12♈27	12♈27	12♈27	12♈27	♅/♆
/♇	14♓04	14♓03	14♓03	14♓03	14♓02	14♓02	14♓02	/♇
/☊	11♊60	12♊01	12♊01	12♊02	12♊03	12♊04	12♊05	/☊
♆/♇	20♒02	20♒01	19♒60	19♒59	19♒57	19♒56	19♒55	♆/♇
/☊	17♉59	17♉58	17♉58	17♉58	17♉58	17♉58	17♉58	/☊
♇/☊	19♈35	19♈34	19♈34	19♈34	19♈34	19♈34	19♈33	♇/☊

July 2019

August 2019

	1	2	3	4	5	6	7	8	9	10	11	12	13	14	15	16
☉/☽	7♌33	15♌32	23♌32	1♍30	9♍22	17♍04	24♍34	1♎53	9♎00	15♎58	22♎46	29♎28	6♏03	12♏35	19♏03	25♉29
/☿	1♌13	1♌43	2♌16	2♌52	3♌31	4♌14	4♌60	5♌49	6♌41	7♌37	8♌35	9♌37	10♌41	11♌49	12♌59	14♌11
/♀	6♌40	7♌45	8♌51	9♌57	11♌02	12♌08	13♌14	14♌20	15♌25	16♌31	17♌37	18♌43	19♌49	20♌55	22♌00	23♌06
/♂	13♌47	14♌34	15♌22	16♌10	16♌58	17♌45	18♌33	19♌21	20♌09	20♌57	21♌44	22♌32	23♌20	24♌08	24♌56	25♌44
/⚷	4♎48	5♎19	5♎51	6♎22	6♎54	7♎26	7♎58	8♎30	9♎03	9♎35	10♎08	10♎41	11♎14	11♎47	12♎20	12♎54
/♃	11♎35	12♎03	12♎31	12♎59	13♎27	13♎55	14♎23	14♎51	15♎20	15♎48	16♎17	16♎46	17♎15	17♎44	18♎13	18♎42
/♄	27♎04	27♎31	27♎57	28♎24	28♎51	29♎18	29♎45	0♏12	0♏39	1♏06	1♏33	2♏00	2♏27	2♏55	3♏22	3♏49
/♅	22♊32	23♊01	23♊29	23♊58	24♊27	24♊56	25♊25	25♊54	26♊23	26♊52	27♊20	27♊49	28♊18	28♊47	29♊15	29♊44
/♆	28♉24	28♉52	29♉20	29♉48	0♊16	0♊44	1♊13	1♊41	2♊09	2♊37	3♊05	3♊33	4♊01	4♊29	4♊57	5♊25
/♇	29♎59	0♏27	0♏55	1♏23	1♏51	2♏19	2♏47	3♏15	3♏43	4♏12	4♏40	5♏08	5♏36	6♏04	6♏32	7♏01
/☊	28♋02	28♋30	28♋57	29♋25	29♋52	0♌19	0♌47	1♌16	1♌45	2♌15	2♌44	3♌13	3♌42	4♌10	4♌38	5♌04
☽/☿	0♌17	7♌48	15♌24	23♌01	0♍34	8♍01	15♍20	22♍30	29♍32	6♎28	13♎17	20♎03	26♎45	3♉27	10♉07	16♉48
/♀	5♌43	13♌50	21♌59	0♍06	8♍05	15♍55	23♍34	1♎01	8♎17	15♎22	22♎19	29♎09	5♏53	12♏33	19♏09	25♉43
/♂	12♌50	20♌39	28♌30	6♍19	14♍01	21♍33	28♍54	6♎03	13♎00	19♎48	26♎27	2♏58	9♏24	15♏46	22♏04	28♏21
/⚷	3♎52	11♎24	18♎59	26♎31	3♏57	11♏13	18♏18	25♏12	1♐54	8♐26	14♐50	21♐07	27♐18	3♑25	9♑29	15♑31
/♃	10♎39	18♎08	25♎39	3♏07	10♏30	17♏42	24♏43	1♐33	8♐11	14♐40	20♐59	27♐12	3♑19	9♑22	15♑21	21♑19
/♄	26♎08	3♏36	11♏06	18♏33	25♏54	3♐05	10♐05	16♐53	23♐30	29♐57	6♑15	12♑26	18♑32	24♑33	0♒31	6♒26
/♅	21♊35	29♊06	6♋38	14♋07	21♋30	28♋44	5♌45	12♒35	19♒14	25♒43	2♓03	8♓15	14♓22	20♓25	26♓24	2♈21
/♆	27♉28	4♊57	12♊28	19♐57	27♐19	4♑32	11♑33	18♑22	25♑00	1♒28	7♒47	13♒59	20♒05	26♒07	2♓06	8♓02
/♇	29♎03	6♏32	14♏03	21♏32	28♏54	6♐06	13♐08	19♐57	26♐35	3♑03	9♑22	15♑34	21♑40	27♑42	3♒41	9♒38
/☊	27♋06	4♌35	12♌06	19♌33	26♌55	4♍07	11♍08	17♍57	24♍36	1♎06	7♎26	13♎39	19♈47	25♈48	1♉46	7♉41
☿/♀	29♋23	0♌01	0♌43	1♌27	2♌14	3♌05	3♌59	4♌57	5♌57	7♌01	8♌08	9♌18	10♌31	11♌47	13♌05	14♌26
/♂	6♌30	6♌51	7♌14	7♌40	8♌10	8♌43	9♌19	9♌58	10♌41	11♌27	12♌16	13♌07	14♌02	14♌60	16♌00	17♌03
/⚷	27♍32	27♍35	27♍42	27♍52	28♍06	28♍23	28♍44	29♍07	29♍35	0♎05	0♎39	1♎16	1♎56	2♎39	3♎25	4♎13
/♃	4♎19	4♎19	4♎22	4♎29	4♎39	4♎52	5♎09	5♎29	5♎52	6♎19	6♎48	7♎21	7♎57	8♎36	9♎17	10♎01
/♄	19♎48	19♎47	19♎49	19♎55	20♎03	20♎15	20♎31	20♎49	21♎11	21♎36	22♎04	22♎35	23♎10	23♎47	24♎26	25♎09
/♅	15♊15	15♊17	15♊21	15♊29	15♊39	15♊54	16♊11	16♊31	16♊55	17♊22	17♊52	18♊24	19♊00	19♊39	20♊20	21♊04
/♆	21♉08	21♉08	21♉12	21♉19	21♉28	21♉42	21♉58	22♉18	22♉41	23♉07	23♉36	24♉08	24♉43	25♉21	26♉02	26♉45
/♇	22♎43	22♎43	22♎47	22♎53	23♎03	23♎16	23♎33	23♎53	24♎16	24♎42	25♎11	25♎43	26♎18	26♎56	27♎37	28♎20
/☊	20♋46	20♋46	20♋49	20♋55	21♋04	21♋17	21♋33	21♋53	22♋17	22♋45	23♋15	23♋49	24♋25	25♋02	25♋42	26♋24
♀/♂	11♌57	12♌53	13♌49	14♌45	15♌41	16♌37	17♌33	18♌29	19♌25	20♌21	21♌17	22♌14	23♌10	24♌06	25♌02	25♌58
/⚷	2♎58	3♎38	4♎17	4♎57	5♎37	6♎17	6♎58	7♎38	8♎19	8♎60	9♎41	10♎22	11♎03	11♎45	12♎26	13♎08
/♃	9♎45	10♎21	10♎57	11♎34	12♎10	12♎46	13♎23	13♎60	14♎36	15♎13	15♎50	16♎27	17♎04	17♎42	18♎19	18♎56
/♄	25♎14	25♎49	26♎24	26♎59	27♎34	28♎10	28♎45	29♎20	29♎55	0♏31	1♏06	1♏42	2♏17	2♏53	3♏28	4♏04
/♅	20♊42	21♊19	21♊56	22♊33	23♊11	23♊48	24♊25	25♊02	25♊39	26♊16	26♊53	27♊31	28♊08	28♊45	29♊22	29♊59
/♆	26♉34	27♉11	27♉47	28♉23	28♉60	29♉36	0♊12	0♊49	1♊25	2♊02	2♊38	3♊14	3♊51	4♊27	5♊03	5♊40
/♇	28♎09	28♎46	29♎22	29♎58	0♏34	1♏11	1♏47	2♏24	2♏60	3♏36	4♏13	4♏49	5♏26	6♏02	6♏39	7♏15
/☊	26♋12	26♋48	27♋24	27♋60	28♋35	29♋11	29♋47	0♌24	1♌02	1♌39	2♌17	2♌55	3♌32	4♌08	4♌44	5♌19
♂/⚷	10♎05	10♎27	10♎49	11♎11	11♎33	11♎55	12♎17	12♎40	13♎02	13♎25	13♎48	14♎11	14♎35	14♎58	15♎22	15♎45
/♃	16♎52	17♎10	17♎29	17♎47	18♎05	18♎24	18♎42	19♎01	19♎20	19♎39	19♎58	20♎17	20♎36	20♎55	21♎14	21♎34
/♄	2♏21	2♏38	2♏55	3♏13	3♏30	3♏47	4♏04	4♏22	4♏39	4♏56	5♏14	5♏31	5♏48	6♏06	6♏23	6♏41
/♅	27♊49	28♊08	28♊28	28♊47	29♊06	29♊25	29♊44	0♋04	0♋23	0♋42	1♋01	1♋20	1♋39	1♋58	2♋17	2♋36
/♆	3♊41	3♊60	4♊18	4♊37	4♊55	5♊13	5♊32	5♊50	6♊09	6♊27	6♊45	7♊04	7♊22	7♊40	7♊59	8♊17
/♇	5♏16	5♏35	5♏53	6♏11	6♏30	6♏48	7♏07	7♏25	7♏43	8♏02	8♏20	8♏39	8♏57	9♏15	9♏34	9♏52
/☊	3♌20	3♌38	3♌55	4♌13	4♌30	4♌48	5♌07	5♌26	5♌45	6♌05	6♌25	6♌44	7♌03	7♌22	7♌39	7♌56
⚷/♃	7♐54	7♐55	7♐57	7♐59	8♐02	8♐04	8♐07	8♐10	8♐14	8♐17	8♐21	8♐25	8♐29	8♐34	8♐39	8♐44
/♄	23♐22	23♐23	23♐24	23♐25	23♐26	23♐27	23♐29	23♐31	23♐33	23♐35	23♐37	23♐39	23♐42	23♐45	23♐48	23♐51
/♅	18♒50	18♒53	18♒56	18♒59	19♒02	19♒06	19♒09	19♒13	19♒16	19♒20	19♒24	19♒28	19♒33	19♒37	19♒41	19♒46
/♆	24♑43	24♑44	24♑47	24♑49	24♑51	24♑54	24♑57	24♑59	25♑02	25♑05	25♑09	25♑12	25♑16	25♑19	25♑23	25♑27
/♇	26♐18	26♐19	26♐21	26♐24	26♐26	26♐29	26♐31	26♐34	26♐37	26♐40	26♐44	26♐47	26♐51	26♐54	26♐58	27♐02
/☊	24♍21	24♍22	24♍24	24♍25	24♍27	24♍29	24♍31	24♍35	24♍39	24♍43	24♍48	24♍53	24♍57	25♍01	25♍04	25♍06
♃/♄	0♑10	0♑07	0♑04	0♑01	29♐59	29♐56	29♐54	29♐52	29♐50	29♐48	29♐46	29♐45	29♐43	29♐42	29♐40	29♐39
/♅	25♒37	25♒37	25♒36	25♒35	25♒35	25♒35	25♒34	25♒34	25♒34	25♒34	25♒34	25♒34	25♒34	25♒34	25♒34	25♒34
/♆	1♒30	1♒28	1♒27	1♒25	1♒24	1♒23	1♒22	1♒21	1♒20	1♒19	1♒18	1♒17	1♒17	1♒16	1♒16	1♒15
/♇	3♑05	3♑03	3♑02	3♑00	2♑59	2♑58	2♑56	2♑55	2♑54	2♑54	2♑53	2♑52	2♑52	2♑51	2♑51	2♑51
/☊	1♎08	1♎06	1♎04	1♎02	0♎59	0♎58	0♎56	0♎56	0♎56	0♎57	0♎57	0♎58	0♎58	0♎58	0♎56	0♎54
♄/♅	11♓06	11♓04	11♓03	11♓01	10♓59	10♓58	10♓56	10♓54	10♓53	10♓51	10♓50	10♓48	10♓46	10♓45	10♓43	10♓42
/♆	16♒58	16♒56	16♒53	16♒51	16♒48	16♒46	16♒44	16♒41	16♒39	16♒36	16♒34	16♒32	16♒29	16♒27	16♒25	16♒23
/♇	18♑34	18♑31	18♑28	18♑26	18♑23	18♑21	18♑18	18♑16	18♑13	18♑11	18♑09	18♑07	18♑04	18♑02	18♑00	17♑58
/☊	16♎37	16♎34	16♎31	16♎27	16♎24	16♎21	16♎18	16♎16	16♎15	16♎14	16♎13	16♎12	16♎11	16♎08	16♎05	16♎02
♅/♆	12♈26	12♈26	12♈26	12♈25	12♈25	12♈24	12♈24	12♈23	12♈23	12♈22	12♈21	12♈21	12♈20	12♈19	12♈18	12♈18
/♇	14♓01	14♓01	14♓00	13♓60	13♓59	13♓59	13♓58	13♓58	13♓57	13♓57	13♓56	13♓56	13♓55	13♓54	13♓54	13♓53
/☊	12♊04	12♊04	12♊03	12♊01	12♊00	11♊59	11♊58	11♊58	11♊59	11♊60	12♊01	12♊01	12♊01	12♊01	11♊59	11♊57
♆/♇	19♒54	19♒52	19♒51	19♒50	19♒48	19♒47	19♒46	19♒45	19♒43	19♒42	19♒41	19♒39	19♒38	19♒37	19♒35	19♒34
/☊	17♉57	17♉55	17♉53	17♉51	17♉49	17♉47	17♉46	17♉45	17♉45	17♉45	17♉45	17♉45	17♉44	17♉43	17♉41	17♉38
♇/☊	19♈32	19♈30	19♈28	19♈26	19♈24	19♈22	19♈21	19♈20	19♈20	19♈20	19♈20	19♈20	19♈19	19♈18	19♈16	19♈13

	17	18	19	20	21	22	23	24	25	26	27	28	29	30	31	
☉/☽	1♊54	8♊18	14♊43	21♊10	27♊40	4♋15	10♋57	17♋48	24♋50	2♌04	9♌32	17♌14	25♌08	3♍11	11♍18	☉/☽
/☿	15♌26	16♌44	18♌03	19♌24	20♌47	22♌11	23♌36	25♌02	26♌30	27♌57	29♌25	0♍54	2♍22	3♍51	5♍19	/☿
/♀	24♌12	25♌18	26♌24	27♌30	28♌36	29♌42	0♍48	1♍54	3♍00	4♍06	5♍12	6♍19	7♍25	8♍31	9♍37	/♀
/♂	26♌31	27♌19	28♌07	28♌55	29♌43	0♍31	1♍19	2♍07	2♍55	3♍43	4♍31	5♍19	6♍07	6♍55	7♍43	/♂
/⚷	13♎27	14♎01	14♎35	15♎09	15♎43	16♎17	16♎52	17♎26	18♎01	18♎36	19♎11	19♎46	20♎21	20♎57	21♎32	/⚷
/♃	19♎11	19♎41	20♎10	20♎40	21♎09	21♎39	22♎09	22♎39	23♎09	23♎39	24♎10	24♎40	25♎11	25♎41	26♎12	/♃
/♄	4♏17	4♏44	5♏11	5♏39	6♏06	6♏34	7♏02	7♏29	7♏57	8♏25	8♏53	9♏21	9♏49	10♏17	10♏45	/♄
/♅	0♋13	0♋42	1♋10	1♋39	2♋08	2♋36	3♋05	3♋34	4♋02	4♋31	4♋59	5♋28	5♋57	6♋25	6♋54	/♅
/♆	5♊53	6♊21	6♊50	7♊18	7♊46	8♊14	8♊42	9♊10	9♊38	10♊06	10♊35	11♊03	11♊31	11♊59	12♊27	/♆
/♇	7♏29	7♏57	8♏25	8♏54	9♏22	9♏50	10♏19	10♏47	11♏15	11♏44	12♏12	12♏41	13♏09	13♏38	14♏06	/♇
/☊	5♌30	5♌56	6♌21	6♌47	7♌13	7♌40	8♌08	8♌37	9♌06	9♌36	10♌05	10♌34	11♌01	11♌28	11♌53	/☊
☽/☿	23♉30	0♊14	7♊01	13♊51	20♊46	27♊48	4♋57	12♋17	19♋48	27♋32	5♌31	13♌43	22♌07	0♍41	9♍18	☽/☿
/♀	2♊16	8♊49	15♊22	21♊57	28♊36	5♋19	12♋09	19♋08	26♋18	3♌41	11♌18	19♌08	27♌10	5♍21	13♍36	/♀
/♂	4♊36	10♊50	17♊05	23♊22	29♊43	6♋08	12♋40	19♋21	26♋13	3♌18	10♌36	18♌08	25♌52	3♍45	11♍43	/♂
/⚷	21♑31	27♑32	3♒33	9♒36	15♒43	21♒54	28♒13	4♍41	11♍19	18♍11	25♍16	2♎35	10♎06	17♎47	25♎31	/⚷
/♃	27♑15	3♒11	9♒08	15♒07	21♒09	27♒16	3♓30	9♓53	16♍27	23♍14	0♎15	7♎29	14♎56	22♎31	0♏11	/♃
/♄	12♒21	18♒15	24♒09	0♓06	6♓06	12♓11	18♓23	24♓44	1♈15	7♈60	14♎58	22♎10	29♎34	7♏07	14♏44	/♄
/♅	8♈17	14♈12	20♈08	26♈06	2♉07	8♉13	14♉26	20♉48	27♉20	4♊06	11♊05	18♊17	25♊42	3♋15	10♋53	/♅
/♆	13♓57	19♓52	25♓48	1♈45	7♈45	13♈51	20♈03	26♈24	2♉57	9♉41	16♉40	23♉52	1♊16	8♊49	16♊27	/♆
/♇	15♒33	21♒28	27♒23	3♓21	9♓21	15♓27	21♓40	28♓01	4♈34	11♈19	18♈17	25♎30	2♏54	10♏28	18♏06	/♇
/☊	13♉34	19♉26	25♉19	1♊14	7♊12	13♊17	19♊29	25♊51	2♋24	9♋11	16♋10	23♋23	0♌46	8♌18	15♌53	/☊
☿/♀	15♌49	17♌15	18♌42	20♌11	21♌42	23♌15	24♌48	26♌23	27♌58	29♌34	1♍10	2♍47	4♍24	6♍00	7♍37	☿/♀
/♂	18♌08	19♌16	20♌25	21♌37	22♌49	24♌04	25♌19	26♌36	27♌53	29♌11	0♍29	1♍48	3♍06	4♍25	5♍43	/♂
/⚷	5♎04	5♎57	6♎53	7♎50	8♎49	9♎50	10♎52	11♎55	12♎59	14♎04	15♎09	16♎15	17♎20	18♎26	19♎32	/⚷
/♃	10♎48	11♎37	12♎28	13♎21	14♎16	15♎12	16♎09	17♎08	18♎07	19♎07	20♎08	21♎09	22♎10	23♎11	24♎12	/♃
/♄	25♎53	26♎40	27♎29	28♎20	29♎13	0♏07	1♏02	1♏58	2♏55	3♏53	4♏51	5♏49	6♏48	7♏46	8♏45	/♄
/♅	21♊50	22♊38	23♊28	24♊20	25♊14	26♊09	27♊05	28♊02	29♊00	29♊59	0♋57	1♋56	2♋56	3♋55	4♋54	/♅
/♆	27♉30	28♉18	29♉08	29♉59	0♊52	1♊47	2♊42	3♊39	4♊36	5♊34	6♊33	7♊31	8♊30	9♊29	10♊27	/♆
/♇	29♎06	29♎54	0♏43	1♏35	2♏28	3♏23	4♏19	5♏16	6♏13	7♏12	8♏10	9♏09	10♏08	11♏07	12♏06	/♇
/☊	27♋07	27♋52	28♋39	29♋28	0♌19	1♌13	2♌08	3♌05	4♌04	5♌04	6♌03	7♌02	8♌00	8♌57	9♌53	/☊
♀/♂	26♌54	27♌50	28♌46	29♌43	0♍39	1♍35	2♍31	3♍27	4♍24	5♍20	6♍16	7♍12	8♍09	9♍05	10♍01	♀/♂
/⚷	13♎50	14♎32	15♎14	15♎56	16♎39	17♎21	18♎04	18♎47	19♎30	20♎13	20♎56	21♎39	22♎23	23♎06	23♎50	/⚷
/♃	19♎34	20♎12	20♎49	21♎27	22♎05	22♎43	23♎21	23♎60	24♎38	25♎16	25♎55	26♎33	27♎12	27♎51	28♎30	/♃
/♄	4♏39	5♏15	5♏51	6♏26	7♏02	7♏38	8♏14	8♏50	9♏26	10♏02	10♏38	11♏14	11♏50	12♏27	13♏03	/♄
/♅	0♋36	1♋13	1♋50	2♋26	3♋03	3♋40	4♋17	4♋54	5♋31	6♋08	6♋45	7♋21	7♋58	8♋35	9♋12	/♅
/♆	6♊16	6♊52	7♊29	8♊05	8♊42	9♊18	9♊54	10♊31	11♊07	11♊43	12♊20	12♊56	13♊33	14♊09	14♊45	/♆
/♇	7♏52	8♏28	9♏05	9♏41	10♏18	10♏54	11♏31	12♏07	12♏44	13♏21	13♏57	14♏34	15♏11	15♏48	16♏24	/♇
/☊	5♌53	6♌27	7♌00	7♌34	8♌09	8♌44	9♌20	9♌57	10♌35	11♌13	11♌50	12♌27	13♌03	13♌38	14♌11	/☊
♂/⚷	16♎09	16♎33	16♎57	17♎21	17♎46	18♎10	18♎35	18♎60	19♎25	19♎50	20♎15	20♎40	21♎05	21♎31	21♎56	♂/⚷
/♃	21♎53	22♎13	22♎33	22♎52	23♎12	23♎32	23♎52	24♎12	24♎33	24♎53	25♎13	25♎34	25♎55	26♎15	26♎36	/♃
/♄	6♏59	7♏16	7♏34	7♏52	8♏09	8♏27	8♏45	9♏03	9♏21	9♏39	9♏57	10♏15	10♏33	10♏51	11♏09	/♄
/♅	2♋55	3♋14	3♋33	3♋52	4♋10	4♋29	4♋48	5♋07	5♋26	5♋44	6♋03	6♋22	6♋41	6♋59	7♋18	/♅
/♆	8♊35	8♊54	9♊12	9♊30	9♊49	10♊07	10♊25	10♊44	11♊02	11♊20	11♊38	11♊57	12♊15	12♊33	12♊52	/♆
/♇	10♏11	10♏29	10♏48	11♏06	11♏25	11♏43	12♏02	12♏20	12♏39	12♏58	13♏16	13♏35	13♏53	14♏12	14♏31	/♇
/☊	8♌12	8♌28	8♌43	8♌59	9♌16	9♌33	9♌51	10♌10	10♌30	10♌49	11♌09	11♌27	11♌45	12♌02	12♌18	/☊
⚷/♃	8♐49	8♐54	9♐00	9♐06	9♐12	9♐18	9♐25	9♐32	9♐39	9♐46	9♐53	10♐01	10♐09	10♐17	10♐25	⚷/♃
/♄	23♐54	23♐58	24♐01	24♐05	24♐09	24♐13	24♐18	24♐22	24♐27	24♐32	24♐37	24♐42	24♐47	24♐52	24♐58	/♄
/♅	19♒51	19♒55	20♒00	20♒05	20♒10	20♒16	20♒21	20♒26	20♒32	20♒37	20♒43	20♒49	20♒55	21♒01	21♒07	/♅
/♆	25♑31	25♑35	25♑40	25♑44	25♑49	25♑53	25♑58	26♑03	26♑08	26♑13	26♑18	26♑24	26♑29	26♑35	26♑40	/♆
/♇	27♐07	27♐11	27♐15	27♐20	27♐25	27♐30	27♐35	27♐40	27♐45	27♐50	27♐56	28♐02	28♐07	28♐13	28♐19	/♇
/☊	25♍08	25♍09	25♍11	25♍13	25♍16	25♍19	25♍24	25♍29	25♍36	25♍42	25♍49	25♍54	25♍59	26♍03	26♍06	/☊
♃/♄	29♐38	29♐37	29♐37	29♐36	29♐36	29♐35	29♐35	29♐35	29♐35	29♐35	29♐35	29♐36	29♐36	29♐37	29♐38	♃/♄
/♅	25♒35	25♒35	25♒36	25♒36	25♒37	25♒37	25♒38	25♒39	25♒40	25♒41	25♒42	25♒43	25♒44	25♒45	25♒47	/♅
/♆	1♒15	1♒15	1♒15	1♒15	1♒15	1♒15	1♒15	1♒16	1♒16	1♒16	1♒17	1♒18	1♒18	1♒19	1♒20	/♆
/♇	2♑51	2♑51	2♑51	2♑51	2♑51	2♑51	2♑52	2♑52	2♑53	2♑54	2♑55	2♑56	2♑57	2♑58	2♑59	/♇
/☊	0♎52	0♎49	0♎46	0♎44	0♎42	0♎41	0♎41	0♎42	0♎44	0♎46	0♎47	0♎48	0♎49	0♎48	0♎46	/☊
♄/♅	10♓40	10♓38	10♓37	10♓35	10♓34	10♓32	10♓31	10♓29	10♓28	10♓26	10♓25	10♓24	10♓22	10♓21	10♓20	♄/♅
/♆	16♒20	16♒18	16♒16	16♒14	16♒12	16♒10	16♒08	16♒06	16♒04	16♒02	16♒00	15♒58	15♒57	15♒55	15♒53	/♆
/♇	17♑56	17♑54	17♑52	17♑50	17♑48	17♑46	17♑44	17♑43	17♑41	17♑39	17♑38	17♑36	17♑35	17♑34	17♑32	/♇
/☊	15♎57	15♎52	15♎47	15♎43	15♎39	15♎36	15♎34	15♎32	15♎32	15♎31	15♎31	15♎29	15♎27	15♎23	15♎19	/☊
♅/♆	12♈17	12♈16	12♈15	12♈14	12♈13	12♈12	12♈11	12♈10	12♈09	12♈08	12♈07	12♈06	12♈04	12♈03	12♈02	♅/♆
/♇	13♓52	13♓52	13♓51	13♓50	13♓49	13♓48	13♓48	13♓47	13♓46	13♓45	13♓44	13♓44	13♓43	13♓42	13♓41	/♇
/☊	11♊54	11♊50	11♊46	11♊43	11♊40	11♊38	11♊37	11♊37	11♊37	11♊37	11♊37	11♊36	11♊35	11♊32	11♊28	/☊
♆/♇	19♒33	19♒31	19♒30	19♒29	19♒27	19♒26	19♒25	19♒24	19♒22	19♒21	19♒20	19♒18	19♒17	19♒16	19♒15	♆/♇
/☊	17♉34	17♉30	17♉26	17♉22	17♉18	17♉16	17♉14	17♉13	17♉13	17♉13	17♉12	17♉11	17♉09	17♉06	17♉02	/☊
♇/☊	19♈09	19♈05	19♈01	18♈58	18♈54	18♈52	18♈51	18♈50	18♈50	18♈50	18♈50	18♈49	18♈47	18♈44	18♈41	♇/☊

August 2019

	1	2	3	4	5	6	7	8	9	10	11	12	13	14	15
☉/☽	19♍25	27♍25	5♎14	12♎50	20♎12	27♎20	4♏15	11♏00	17♏38	24♏09	0♐37	7♐02	13♐27	19♐52	26♊18
/☿	6♍47	8♍15	9♍42	11♍09	12♍36	14♍02	15♍28	16♍53	18♍17	19♍41	21♍04	22♍27	23♍49	25♍11	26♍32
/♀	10♍43	11♍50	12♍56	14♍02	15♍08	16♍15	17♍21	18♍27	19♍34	20♍40	21♍46	22♍53	23♍59	25♍06	26♍12
/♂	8♍32	9♍20	10♍08	10♍56	11♍44	12♍32	13♍21	14♍09	14♍57	15♍45	16♍34	17♍22	18♍10	18♍59	19♍47
/⚳	22♎08	22♎44	23♎19	23♎55	24♎31	25♎08	25♎44	26♎20	26♎57	27♎34	28♎10	28♎47	29♎24	0♏01	0♏38
/♃	26♎43	27♎14	27♎45	28♎16	28♎47	29♎18	29♎50	0♏21	0♏53	1♏25	1♏56	2♏28	3♏00	3♏32	4♏04
/♄	11♏13	11♏41	12♏10	12♏38	13♏06	13♏35	14♏03	14♏32	15♏01	15♏29	15♏58	16♏27	16♏56	17♏25	17♏54
/♅	7♋22	7♋51	8♋19	8♋48	9♋16	9♋45	10♋13	10♋42	11♋10	11♋39	12♋07	12♋36	13♋04	13♋33	14♋01
/♆	12♊56	13♊24	13♊52	14♊20	14♊48	15♊17	15♊45	16♊13	16♊42	17♊10	17♐38	18♐07	18♐35	19♐03	19♐32
/♇	14♏35	15♏04	15♏32	16♏01	16♏29	16♏58	17♏27	17♏56	18♏24	18♏53	19♏22	19♏51	20♏20	20♏49	21♏18
/☊	12♌19	12♌44	13♌09	13♌36	14♌04	14♌32	15♌01	15♌31	16♌00	16♌29	16♌56	17♌22	17♌47	18♌11	18♌34
☽/☿	17♍55	26♍24	4♎43	12♎48	20♎38	28♎14	5♏37	12♏49	19♏52	26♏50	3♐42	10♐32	17♐21	24♐09	0♑58
/♀	21♍51	29♍59	7♎56	15♎41	23♎10	0♏26	7♏30	14♏24	21♏09	27♏49	4♐24	10♐58	17♐31	24♐03	0♋37
/♂	19♍39	27♍29	5♎08	12♎34	19♎46	26♎44	3♏30	10♏05	16♏32	22♏54	29♏12	5♐27	11♐42	17♊57	24♊12
/⚳	3♏15	10♏53	18♏20	25♏34	2♐33	9♐19	15♐53	22♐17	28♐32	4♑42	10♑48	16♑52	22♑55	28♑59	5♒04
/♃	7♏50	15♏23	22♏45	29♏54	6♐49	13♐30	19♐59	26♐18	2♑28	8♑33	14♑34	20♑33	26♑32	2♒30	8♒30
/♄	22♏21	29♏51	7♐10	14♐16	21♐08	27♐47	4♑13	10♑28	16♑36	22♑38	28♑36	4♒32	10♒27	16♒23	22♒19
/♅	18♋30	26♋00	3♌20	10♒26	17♒18	23♒57	0♓22	6♓38	12♓46	18♓47	24♓45	0♈41	6♈35	12♈30	18♈26
/♆	24♐03	1♑33	8♑53	15♑59	22♑51	29♑29	5♒54	12♒10	18♒17	24♒18	0♓16	6♓12	12♓06	18♓01	23♓57
/♇	25♏42	3♐13	10♐33	17♐39	24♐32	1♑10	7♑36	13♑52	19♑60	26♑02	1♒60	7♒56	13♒51	19♒46	25♒43
/☊	23♌26	0♍53	8♍10	15♍14	22♍06	28♍44	5♎11	11♎27	17♈36	23♈37	29♈34	5♉27	11♉18	17♉09	22♉59
☿/♀	9♍13	10♍49	12♍25	14♍00	15♍35	17♍09	18♍43	20♍16	21♍48	23♍20	24♍52	26♍23	27♍53	29♍23	0♎52
/♂	7♍01	8♍19	9♍37	10♍54	12♍11	13♍27	14♍42	15♍57	17♍12	18♍26	19♍39	20♍52	22♍04	23♍16	24♍27
/⚳	20♎38	21♎43	22♎48	23♎53	24♎58	26♎02	27♎06	28♎09	29♎12	0♏14	1♏16	2♏17	3♏18	4♏18	5♏18
/♃	25♎13	26♎13	27♎14	28♎14	29♎13	0♏13	1♏11	2♏10	3♏08	4♏05	5♏02	5♏58	6♏54	7♏50	8♏44
/♄	9♏43	10♏41	11♏39	12♏36	13♏33	14♏29	15♏25	16♏20	17♏15	18♏10	19♏04	19♏57	20♏50	21♏42	22♏34
/♅	5♋52	6♋50	7♋48	8♋46	9♋43	10♋39	11♋35	12♋30	13♋25	14♋19	15♋13	16♋06	16♋58	17♋50	18♋41
/♆	11♊25	12♊23	13♊21	14♊18	15♊15	16♊11	17♊07	18♐02	18♐56	19♐50	20♐44	21♐37	22♐29	23♐20	24♐12
/♇	13♏05	14♏03	15♏01	15♏59	16♏56	17♏53	18♏49	19♏44	20♏39	21♏34	22♏28	23♏21	24♏14	25♏06	25♏58
/☊	10♌49	11♌43	12♌38	13♌34	14♌30	15♌27	16♌23	17♌20	18♌15	19♌09	20♌02	20♌52	21♌41	22♌28	23♌14
♀/♂	10♍58	11♍54	12♍50	13♍47	14♍43	15♍39	16♍36	17♍32	18♍28	19♍25	20♍21	21♍18	22♍14	23♍10	24♍07
/⚳	24♎34	25♎18	26♎02	26♎46	27♎30	28♎15	28♎59	29♎44	0♏28	1♏13	1♏58	2♏43	3♏28	4♏13	4♏58
/♃	29♎09	29♎48	0♏27	1♏06	1♏46	2♏25	3♏05	3♏44	4♏24	5♏04	5♏44	6♏24	7♏04	7♏44	8♏24
/♄	13♏39	14♏16	14♏52	15♏29	16♏05	16♏42	17♏18	17♏55	18♏32	19♏09	19♏46	20♏22	20♏59	21♏36	22♏13
/♅	9♋48	10♋25	11♋02	11♋38	12♋15	12♋52	13♋28	14♋05	14♋42	15♋18	15♋55	16♋31	17♋08	17♋44	18♋21
/♆	15♊22	15♊58	16♊34	17♊11	17♐47	18♐24	19♐00	19♐36	20♐13	20♐49	21♐26	22♐02	22♐39	23♐15	23♐51
/♇	17♏01	17♏38	18♏15	18♏51	19♏28	20♏05	20♏42	21♏19	21♏56	22♏33	23♏10	23♏46	24♏23	25♏00	25♏37
/☊	14♌45	15♌18	15♌52	16♌27	17♌02	17♌39	18♌17	18♌54	19♌32	20♌08	20♌44	21♌18	21♌51	22♌23	22♌54
♂/⚳	22♎22	22♎48	23♎14	23♎40	24♎06	24♎32	24♎59	25♎25	25♎52	26♎18	26♎45	27♎12	27♎39	28♎06	28♎33
/♃	26♎57	27♎18	27♎39	28♎00	28♎22	28♎43	29♎05	29♎26	29♎48	0♏09	0♏31	0♏53	1♏15	1♏37	1♏59
/♄	11♏27	11♏46	12♏04	12♏23	12♏41	12♏60	13♏18	13♏37	13♏55	14♏14	14♏33	14♏52	15♏11	15♏29	15♏48
/♅	7♋37	7♋55	8♋14	8♋32	8♋51	9♋10	9♋28	9♋47	10♋05	10♋24	10♋42	11♋00	11♋19	11♋37	11♋56
/♆	13♊10	13♊28	13♊46	14♊05	14♊23	14♊41	14♊60	15♊18	15♊36	15♊55	16♊13	16♊31	16♊50	17♊08	17♐26
/♇	14♏49	15♏08	15♏27	15♏45	16♏04	16♏23	16♏42	17♏00	17♏19	17♏38	17♏57	18♏16	18♏35	18♏53	19♏12
/☊	12♌33	12♌48	13♌04	13♌21	13♌38	13♌57	14♌16	14♌36	14♌55	15♌14	15♌31	15♌47	16♌02	16♌16	16♌29
⚳/♃	10♐33	10♐42	10♐51	10♐60	11♐09	11♐18	11♐28	11♐38	11♐47	11♐57	12♐08	12♐18	12♐29	12♐39	12♐50
/♄	25♐04	25♐10	25♐16	25♐22	25♐28	25♐35	25♐41	25♐48	25♐55	26♐02	26♐09	26♐17	26♐24	26♐32	26♐40
/♅	21♒13	21♒19	21♒25	21♒32	21♒38	21♒45	21♒51	21♒58	22♒05	22♒12	22♒19	22♒26	22♒33	22♒40	22♒47
/♆	26♑46	26♑52	26♑58	27♑04	27♑10	27♑17	27♑23	27♑30	27♑36	27♑43	27♑50	27♑56	28♑03	28♑10	28♑18
/♇	28♐26	28♐32	28♐38	28♐45	28♐51	28♐58	29♐05	29♐12	29♐19	29♐26	29♐33	29♐41	29♐48	29♐56	0♑04
/☊	26♍09	26♍12	26♍15	26♍20	26♍25	26♍32	26♍40	26♍47	26♍55	27♍02	27♍07	27♍12	27♍16	27♍18	27♍20
♃/♄	29♐39	29♐40	29♐41	29♐42	29♐44	29♐46	29♐47	29♐49	29♐51	29♐53	29♐56	29♐58	0♑00	0♑03	0♑06
/♅	25♒48	25♒49	25♒51	25♒52	25♒54	25♒55	25♒57	25♒59	26♒01	26♒03	26♒05	26♒07	26♒09	26♒11	26♒13
/♆	1♒21	1♒22	1♒23	1♒25	1♒26	1♒27	1♒29	1♒30	1♒32	1♒34	1♒36	1♒38	1♒40	1♒42	1♒44
/♇	3♑01	3♑02	3♑04	3♑05	3♑07	3♑09	3♑11	3♑13	3♑15	3♑17	3♑20	3♑22	3♑24	3♑27	3♑30
/☊	0♎44	0♎42	0♎41	0♎40	0♎41	0♎43	0♎45	0♎48	0♎51	0♎53	0♎54	0♎53	0♎52	0♎49	0♎46
♄/♅	10♓18	10♓17	10♓16	10♓14	10♓13	10♓12	10♓11	10♓10	10♓09	10♓07	10♓06	10♓05	10♓04	10♓03	10♓02
/♆	15♒52	15♒50	15♒48	15♒47	15♒45	15♒44	15♒42	15♒41	15♒40	15♒39	15♒37	15♒36	15♒35	15♒34	15♒33
/♇	17♑31	17♑30	17♑28	17♑27	17♑26	17♑25	17♑24	17♑23	17♑23	17♑22	17♑21	17♑21	17♑20	17♑19	17♑19
/☊	15♎15	15♎10	15♎06	15♎03	15♎00	14♎59	14♎59	14♎59	14♎58	14♎57	14♎55	14♎52	14♎47	14♎42	14♎35
♅/♆	12♈01	11♈59	11♈58	11♈57	11♈55	11♈54	11♈52	11♈51	11♈50	11♈48	11♈47	11♈45	11♈43	11♈42	11♈40
/♇	13♓40	13♓39	13♓38	13♓37	13♓36	13♓35	13♓34	13♓33	13♓32	13♓31	13♓30	13♓29	13♓28	13♓27	13♓26
/☊	11♊24	11♊19	11♊15	11♊12	11♊10	11♊09	11♊09	11♊09	11♊08	11♊07	11♊04	11♊01	10♊56	10♊49	10♊43
♆/♇	19♒13	19♒12	19♒11	19♒10	19♒08	19♒07	19♒06	19♒05	19♒04	19♒02	19♒01	19♒00	18♒59	18♒58	18♒57
/☊	16♉57	16♉52	16♉48	16♉45	16♉43	16♉41	16♉41	16♉40	16♉39	16♉38	16♉35	16♉32	16♉26	16♉20	16♉13
♇/☊	18♈36	18♈32	18♈28	18♈25	18♈24	18♈23	18♈22	18♈23	18♈22	18♈21	18♈19	18♈16	18♈11	18♈06	17♈59

	16	17	18	19	20	21	22	23	24	25	26	27	28	29	30
☉/☽	2♋45	9♋15	15♋49	22♋26	29♋10	6♌01	13♌01	20♌12	27♌35	5♍11	13♍00	20♍60	29♍05	7♎12	15♎15
/☿	27♍53	29♍13	0♎33	1♎52	3♎10	4♎29	5♎46	7♎03	8♎20	9♎36	10♎52	12♎07	13♎22	14♎37	15♎51
/♀	27♍19	28♍25	29♍32	0♎38	1♎45	2♎51	3♎58	5♎04	6♎11	7♎18	8♎24	9♎31	10♎38	11♎45	12♎51
/♂	20♍35	21♍24	22♍12	23♍01	23♍49	24♍38	25♍26	26♍15	27♍03	27♍52	28♍41	29♍29	0♎18	1♎07	1♎56
/⚳	1♏16	1♏53	2♏30	3♏08	3♏46	4♏23	5♏01	5♏39	6♏17	6♏55	7♏33	8♏12	8♏50	9♏29	10♏07
/♃	4♏37	5♏09	5♏41	6♏14	6♏47	7♏19	7♏52	8♏25	8♏58	9♏31	10♏04	10♏37	11♏11	11♏44	12♏18
/♄	18♏23	18♏52	19♏21	19♏50	20♏20	20♏49	21♏19	21♏48	22♏18	22♏48	23♏17	23♏47	24♏17	24♏47	25♏17
/♅	14♋29	14♋58	15♋26	15♋55	16♋23	16♋52	17♋20	17♋48	18♋17	18♋45	19♋14	19♋42	20♋11	20♋39	21♋08
/♆	20♐00	20♐28	20♐57	21♐25	21♐54	22♐22	22♐51	23♐19	23♐48	24♐16	24♐45	25♐14	25♐42	26♐11	26♐40
/♇	21♏47	22♏16	22♏45	23♏14	23♏43	24♏12	24♏41	25♏10	25♏39	26♏09	26♏38	27♏07	27♏37	28♏06	28♏35
/☊	18♌57	19♌20	19♌44	20♌10	20♌36	21♌04	21♌33	22♌03	22♌32	23♌00	23♌28	23♌54	24♌18	24♌42	25♌06
☽/☿	7♋47	14♋39	21♋34	28♋32	5♌35	12♌46	20♌05	27♌34	5♍16	13♍10	21♍15	29♍31	7♎53	16♎16	24♎33
/♀	7♋13	13♋51	20♋32	27♋18	4♌10	11♌09	18♌16	25♌35	3♍07	10♍51	18♍48	26♍55	5♎08	13♎23	21♎34
/♂	0♋30	6♋50	13♋13	19♋41	26♋14	2♌55	9♌45	16♌46	23♌59	1♍25	9♍04	16♍53	24♍49	2♎46	10♎38
/⚳	11♒10	17♒19	23♒31	29♒48	6♓11	12♍41	19♍20	26♍10	3♎13	10♎28	17♎57	25♎35	3♏21	11♏07	18♏50
/♃	14♒31	20♒35	26♒42	2♓54	9♓12	15♓37	22♍11	28♍56	5♎54	13♎04	20♎27	28♎01	5♏41	13♏23	21♏00
/♄	28♒17	4♓18	10♓22	16♓31	22♓45	29♓06	5♈37	12♈19	19♎13	26♎21	3♏41	11♏11	18♏47	26♏26	3♐60
/♅	24♈24	0♉24	6♉27	12♉35	18♉48	25♉09	1♊39	8♊19	15♊12	22♊19	29♊37	7♋06	14♋41	22♋18	29♋50
/♆	29♓54	5♈54	11♈58	18♈05	24♈19	0♉40	7♉09	13♉50	20♉43	27♉50	5♊08	12♊37	20♐13	27♐50	5♑22
/♇	1♓41	7♓42	13♓45	19♓54	26♓08	2♈29	8♈60	15♈41	22♎35	29♎42	7♏01	14♏31	22♏07	29♏45	7♐18
/☊	28♉51	4♊46	10♊45	16♊50	23♊01	29♊22	5♋52	12♋34	19♋28	26♋34	3♌51	11♌17	18♌49	26♌21	3♍49
☿/♀	2♎21	3♎49	5♎17	6♎44	8♎10	9♎36	11♎02	12♎27	13♎52	15♎16	16♎39	18♎03	19♎25	20♎48	22♎10
/♂	25♍38	26♍48	27♍57	29♍06	0♎15	1♎23	2♎30	3♎37	4♎44	5♎50	6♎56	8♎01	9♎06	10♎10	11♎14
/⚳	6♏18	7♏17	8♏15	9♏13	10♏11	11♏08	12♏05	13♏02	13♏58	14♏53	15♏49	16♏43	17♏38	18♏32	19♏25
/♃	9♏39	10♏33	11♏26	12♏20	13♏12	14♏04	14♏56	15♏48	16♏39	17♏29	18♏19	19♏09	19♏58	20♏47	21♏36
/♄	23♏25	24♏16	25♏06	25♏56	26♏45	27♏34	28♏23	29♏11	29♏58	0♐46	1♐32	2♐19	3♐05	3♐50	4♐35
/♅	19♋32	20♋22	21♋11	22♋00	22♋49	23♋37	24♋24	25♋11	25♋57	26♋43	27♋29	28♋14	28♋58	29♋42	0♌26
/♆	25♐02	25♐52	26♐42	27♐31	28♐19	29♐07	29♐55	0♑42	1♑28	2♑15	3♑00	3♑45	4♑30	5♑14	5♑58
/♇	26♏49	27♏39	28♏30	29♏19	0♐08	0♐57	1♐45	2♐33	3♐20	4♐07	4♐53	5♐39	6♐24	7♐09	7♐54
/☊	23♌59	24♌44	25♌29	26♌15	27♌02	27♌49	28♌37	29♌25	0♍13	0♍58	1♍43	2♍25	3♍06	3♍45	4♍24
♀/♂	25♍03	25♍60	26♍56	27♍53	28♍49	29♍46	0♎42	1♎39	2♎35	3♎32	4♎28	5♎25	6♎21	7♎18	8♎14
/⚳	5♏43	6♏29	7♏14	7♏60	8♏45	9♏31	10♏17	11♏03	11♏49	12♏35	13♏21	14♏07	14♏53	15♏40	16♏26
/♃	9♏04	9♏45	10♏25	11♏06	11♏46	12♏27	13♏08	13♏49	14♏30	15♏10	15♏52	16♏33	17♏14	17♏55	18♏36
/♄	22♏51	23♏28	24♏05	24♏42	25♏20	25♏57	26♏34	27♏12	27♏49	28♏27	29♏05	29♏42	0♐20	0♐58	1♐36
/♅	18♋57	19♋34	20♋10	20♋47	21♋23	21♋59	22♋36	23♋12	23♋48	24♋25	25♋01	25♋37	26♋14	26♋50	27♋26
/♆	24♐28	25♐04	25♐41	26♐17	26♐54	27♐30	28♐06	28♐43	29♐19	29♐56	0♑32	1♑09	1♑45	2♑22	2♑58
/♇	26♏14	26♏51	27♏28	28♏05	28♏43	29♏20	29♏57	0♐34	1♐11	1♐48	2♐25	3♐02	3♐40	4♐17	4♐54
/☊	23♌25	23♌56	24♌28	25♌01	25♌36	26♌12	26♌49	27♌26	28♌04	28♌40	29♌15	29♌49	0♍21	0♍53	1♍25
♂/⚳	29♎00	29♎28	29♎55	0♏22	0♏50	1♏18	1♏45	2♏13	2♏41	3♏09	3♏37	4♏05	4♏34	5♏02	5♏30
/♃	2♏21	2♏44	3♏06	3♏28	3♏51	4♏14	4♏36	4♏59	5♏22	5♏45	6♏08	6♏31	6♏54	7♏17	7♏41
/♄	16♏08	16♏27	16♏46	17♏05	17♏24	17♏44	18♏03	18♏22	18♏42	19♏01	19♏21	19♏41	20♏00	20♏20	20♏40
/♅	12♋14	12♋32	12♋51	13♋09	13♋28	13♋46	14♋04	14♋23	14♋41	14♋59	15♋17	15♋36	15♋54	16♋12	16♋31
/♆	17♐45	18♐03	18♐21	18♐40	18♐58	19♐17	19♐35	19♐53	20♐12	20♐30	20♐49	21♐07	21♐26	21♐44	22♐03
/♇	19♏31	19♏50	20♏09	20♏28	20♏47	21♏06	21♏25	21♏44	22♏03	22♏23	22♏42	23♏01	23♏20	23♏39	23♏58
/☊	16♌41	16♌55	17♌09	17♌24	17♌41	17♌59	18♌18	18♌37	18♌56	19♌14	19♌31	19♌47	20♌02	20♌16	20♌29
⚳/♃	13♐01	13♐13	13♐24	13♐36	13♐47	13♐59	14♐11	14♐23	14♐36	14♐48	15♐01	15♐13	15♐26	15♐39	15♐52
/♄	26♐48	26♐56	27♐04	27♐12	27♐20	27♐29	27♐38	27♐46	27♐55	28♐04	28♐14	28♐23	28♐32	28♐42	28♐52
/♅	22♒54	23♒01	23♒09	23♒16	23♒24	23♒31	23♒39	23♒47	23♒54	24♒02	24♒10	24♒18	24♒26	24♒34	24♒42
/♆	28♑25	28♑32	28♑39	28♑47	28♑54	29♑02	29♑10	29♑18	29♑25	29♑33	29♑41	29♑50	29♑58	0♒06	0♒14
/♇	0♑11	0♑19	0♑27	0♑35	0♑43	0♑52	1♑00	1♑08	1♑17	1♑26	1♑34	1♑43	1♑52	2♑01	2♑10
/☊	27♍22	27♍24	27♍27	27♍31	27♍37	27♍44	27♍52	28♍01	28♍10	28♍17	28♍24	28♍29	28♍34	28♍37	28♍41
♃/♄	0♑09	0♑12	0♑15	0♑18	0♑22	0♑25	0♑29	0♑32	0♑36	0♑40	0♑44	0♑49	0♑53	0♑57	1♑02
/♅	26♒15	26♒18	26♒20	26♒22	26♒25	26♒27	26♒30	26♒33	26♒35	26♒38	26♒41	26♒44	26♒47	26♒50	26♒53
/♆	1♒46	1♒48	1♒51	1♒53	1♒56	1♒58	2♒01	2♒04	2♒06	2♒09	2♒12	2♒15	2♒18	2♒22	2♒25
/♇	3♑32	3♑35	3♑38	3♑41	3♑44	3♑48	3♑51	3♑54	3♑58	4♑01	4♑05	4♑09	4♑13	4♑16	4♑20
/☊	0♎43	0♎40	0♎38	0♎37	0♎38	0♎40	0♎43	0♎47	0♎50	0♎53	0♎55	0♎55	0♎54	0♎53	0♎51
♄/♅	10♓01	10♓01	9♓60	9♓59	9♓58	9♓57	9♓57	9♓56	9♓55	9♓55	9♓54	9♓53	9♓53	9♓52	9♓52
/♆	15♒32	15♒31	15♒30	15♒29	15♒29	15♒28	15♒27	15♒27	15♒26	15♒26	15♒25	15♒25	15♒25	15♒24	15♒24
/♇	17♑19	17♑18	17♑18	17♑18	17♑18	17♑18	17♑18	17♑18	17♑18	17♑18	17♑18	17♑18	17♑19	17♑19	17♑20
/☊	14♎29	14♎23	14♎18	14♎14	14♎11	14♎10	14♎10	14♎10	14♎10	14♎10	14♎08	14♎05	14♎01	13♈56	13♈51
♅/♆	11♈39	11♈37	11♈35	11♈34	11♈32	11♈30	11♈29	11♈27	11♈25	11♈24	11♈22	11♈20	11♈18	11♈16	11♈15
/♇	13♓25	13♓24	13♓23	13♓22	13♓21	13♓20	13♓19	13♓18	13♓17	13♓16	13♓15	13♓14	13♓12	13♓11	13♓10
/☊	10♊35	10♊29	10♊23	10♊18	10♊15	10♊12	10♊11	10♊10	10♊09	10♊07	10♊04	9♊60	9♊54	9♊48	9♊41
♆/♇	18♒56	18♒55	18♒54	18♒53	18♒52	18♒51	18♒50	18♒49	18♒48	18♒47	18♒46	18♒45	18♒44	18♒43	18♒43
/☊	16♉06	15♉59	15♉53	15♉49	15♉45	15♉43	15♉42	15♉41	15♉40	15♉39	15♉36	15♉31	15♉26	15♉20	15♉13
♇/☊	17♈53	17♈46	17♈41	17♈37	17♈34	17♈33	17♈32	17♈32	17♈32	17♈31	17♈29	17♈25	17♈20	17♈15	17♈09

October 2019

	1	2	3	4	5	6	7	8	9	10	11	12	13	14	15	16
☉/☽	23♎09	0♏49	8♏15	15♏26	22♏24	29♏10	5♐47	12♐17	18♐44	25♐09	1♑33	7♑60	14♑29	21♋01	27♋36	4♌16
/☿	17♎04	18♎17	19♎30	20♎42	21♎54	23♎05	24♎16	25♎26	26♎35	27♎44	28♎53	0♏00	1♏07	2♏14	3♏19	4♏24
/♀	13♎58	15♎05	16♎12	17♎19	18♎25	19♎32	20♎39	21♎46	22♎53	23♎60	25♎07	26♎14	27♎21	28♎28	29♎35	0♏42
/♂	2♎44	3♎33	4♎22	5♎11	5♎60	6♎49	7♎37	8♎26	9♎15	10♎04	10♎53	11♎42	12♎31	13♎20	14♎09	14♎59
/⚳	10♏46	11♏25	12♏03	12♏42	13♏21	14♏00	14♏39	15♏19	15♏58	16♏37	17♏17	17♏56	18♏36	19♏15	19♏55	20♏35
/♃	12♏51	13♏25	13♏59	14♏32	15♏06	15♏40	16♏14	16♏48	17♏23	17♏57	18♏31	19♏06	19♏40	20♏15	20♏49	21♏24
/♄	25♏47	26♏17	26♏47	27♏18	27♏48	28♏18	28♏49	29♏19	29♏50	0♐21	0♐51	1♐22	1♐53	2♐24	2♐55	3♐26
/♅	21♋36	22♋04	22♋33	23♋01	23♋30	23♋58	24♋27	24♋55	25♋24	25♋52	26♋21	26♋49	27♋18	27♋46	28♋15	28♋43
/♆	27♐08	27♐37	28♐06	28♐35	29♐04	29♐32	0♑01	0♑30	0♑59	1♑28	1♑57	2♑26	2♑55	3♑24	3♑53	4♑22
/♇	29♏05	29♏34	0♐04	0♐33	1♐03	1♐32	2♐02	2♐32	3♐01	3♐31	4♐01	4♐31	5♐00	5♐30	6♐00	6♐30
/☊	25♌31	25♌56	26♌23	26♌51	27♌20	27♌50	28♌19	28♌48	29♌15	29♌41	0♍06	0♍30	0♍52	1♍15	1♍38	2♍02
☽/☿	2♏42	10♏36	18♏16	25♏40	2♐50	9♐48	16♐36	23♐18	29♐55	6♑29	13♑03	19♑38	26♑15	2♒53	9♒35	16♒20
/♀	29♎35	7♏24	14♏57	22♏16	29♏21	6♐15	12♐60	19♐38	26♐12	2♑45	9♑17	15♑51	22♑28	29♑07	5♒50	12♌38
/♂	18♎22	25♎52	3♏08	10♏09	16♏56	23♏31	29♏58	6♐18	12♐35	18♐49	25♐04	1♑20	7♋38	14♋00	20♋25	26♋55
/⚳	26♏23	3♐43	10♐49	17♐40	24♐17	0♑43	7♑00	13♑11	19♑17	25♑22	1♒27	7♒34	13♒43	19♒55	26♒11	2♓31
/♃	28♏28	5♐44	12♐44	19♐30	26♐02	2♑23	8♑35	14♑41	20♑42	26♑42	2♒42	8♒43	14♒47	20♒54	27♒05	3♓20
/♄	11♐24	18♐36	25♐33	2♑15	8♑44	15♑01	21♑10	27♑11	3♒09	9♒06	15♒02	20♒60	27♒00	3♓04	9♓11	15♓22
/♅	7♒13	14♒23	21♒19	27♒59	4♓26	10♓41	16♓47	22♓47	28♓43	4♈37	10♈31	16♈27	22♈25	28♈26	4♉31	10♉39
/♆	12♑46	19♑56	26♑52	3♒32	9♒60	16♒15	22♒22	28♒22	4♓18	10♓13	16♓07	22♓03	28♓02	4♈04	10♈09	16♈18
/♇	14♐42	21♐53	28♐50	5♑31	11♑59	18♑15	24♑23	0♒24	6♒21	12♒16	18♒11	24♒08	0♓08	6♓10	12♓16	18♓26
/☊	11♍08	18♍15	25♍09	1♎49	8♎16	14♈33	20♈40	26♈40	2♉35	8♉26	14♉17	20♉07	25♉59	1♊55	7♊54	13♊58
☿/♀	23♎31	24♎52	26♎12	27♎32	28♎52	0♏10	1♏29	2♏47	4♏04	5♏21	6♏37	7♏52	9♏07	10♏20	11♏34	12♏46
/♂	12♎17	13♎20	14♎22	15♎24	16♎26	17♎27	18♎27	19♎27	20♎26	21♎25	22♎23	23♎21	24♎17	25♎13	26♎08	27♎03
/⚳	20♏19	21♏11	22♏04	22♏56	23♏47	24♏39	25♏29	26♏19	27♏09	27♏58	28♏47	29♏34	0♐22	1♐08	1♐54	2♐39
/♃	22♏24	23♏12	23♏59	24♏46	25♏33	26♏19	27♏04	27♏49	28♏34	29♏18	0♐01	0♐44	1♐26	2♐08	2♐48	3♐28
/♄	5♐20	6♐04	6♐48	7♐31	8♐14	8♐57	9♐39	10♐20	11♐01	11♐41	12♐21	13♐00	13♐39	14♐17	14♐54	15♐30
/♅	1♌09	1♌51	2♌33	3♌15	3♌56	4♌36	5♌16	5♒56	6♒35	7♒13	7♒50	8♒27	9♒04	9♒39	10♒14	10♒47
/♆	6♑41	7♑24	8♑06	8♑48	9♑30	10♑11	10♑51	11♑31	12♑10	12♑49	13♑27	14♑04	14♑41	15♑17	15♑52	16♑26
/♇	8♐38	9♐21	10♐04	10♐47	11♐29	12♐11	12♐52	13♐32	14♐12	14♐52	15♐31	16♐09	16♐46	17♐23	17♐59	18♐34
/☊	5♍03	5♍43	6♍23	7♍05	7♍46	8♍28	9♍09	9♍48	10♍26	11♍02	11♍36	12♍08	12♍38	13♍08	13♍37	14♍06
♀/♂	9♎11	10♎08	11♎04	12♎01	12♎57	13♎54	14♎51	15♎47	16♎44	17♎40	18♎37	19♎34	20♎30	21♎27	22♎24	23♎20
/⚳	17♏12	17♏59	18♏46	19♏32	20♏19	21♏06	21♏53	22♏39	23♏26	24♏13	25♏01	25♏48	26♏35	27♏22	28♏09	28♏57
/♃	19♏18	19♏59	20♏41	21♏22	22♏04	22♏46	23♏27	24♏09	24♏51	25♏33	26♏15	26♏57	27♏39	28♏21	29♏04	29♏46
/♄	2♐14	2♐52	3♐30	4♐08	4♐46	5♐24	6♐02	6♐40	7♐18	7♐57	8♐35	9♐14	9♐52	10♐31	11♐09	11♐48
/♅	28♋03	28♋39	29♋15	29♋51	0♌27	1♌04	1♌40	2♌16	2♌52	3♌28	4♌04	4♌41	5♒17	5♒53	6♒29	7♒05
/♆	3♑35	4♑12	4♑48	5♑25	6♑01	6♑38	7♑14	7♑51	8♑28	9♑04	9♑41	10♑17	10♑54	11♑31	12♑07	12♑44
/♇	5♐31	6♐09	6♐46	7♐23	8♐01	8♐38	9♐15	9♐53	10♐30	11♐07	11♐45	12♐22	12♐60	13♐37	14♐14	14♐52
/☊	1♍57	2♍30	3♍05	3♍41	4♍18	4♍55	5♍32	6♍08	6♍44	7♍17	7♍50	8♍21	8♍51	9♍22	9♍52	10♍24
♂/⚳	5♏59	6♏27	6♏56	7♏24	7♏53	8♏22	8♏51	9♏20	9♏49	10♏18	10♏47	11♏16	11♏46	12♏15	12♏44	13♏14
/♃	8♏04	8♏27	8♏51	9♏15	9♏38	10♏02	10♏26	10♏50	11♏14	11♏38	12♏02	12♏26	12♏50	13♏14	13♏39	14♏03
/♄	20♏60	21♏20	21♏40	21♏60	22♏20	22♏40	23♏00	23♏21	23♏41	24♏01	24♏22	24♏42	25♏03	25♏23	25♏44	26♏05
/♅	16♋49	17♋07	17♋25	17♋43	18♋02	18♋20	18♋38	18♋56	19♋15	19♋33	19♋51	20♋09	20♋27	20♋46	21♋04	21♋22
/♆	22♐21	22♐40	22♐58	23♐17	23♐35	23♐54	24♐13	24♐31	24♐50	25♐09	25♐27	25♐46	26♐05	26♐23	26♐42	27♐01
/♇	24♏18	24♏37	24♏56	25♏15	25♏35	25♏54	26♏14	26♏33	26♏52	27♏12	27♏31	27♏51	28♏10	28♏30	28♏49	29♏09
/☊	20♌43	20♌59	21♌15	21♌33	21♌52	22♌11	22♌30	22♌49	23♌06	23♌22	23♌36	23♌50	24♌02	24♌14	24♌27	24♌40
⚳/♃	16♐06	16♐19	16♐32	16♐46	16♐60	17♐14	17♐28	17♐42	17♐56	18♐11	18♐25	18♐40	18♐54	19♐09	19♐24	19♐39
/♄	29♐01	29♐11	29♐21	29♐31	29♐42	29♐52	0♑02	0♑13	0♑24	0♑34	0♑45	0♑56	1♑07	1♑18	1♑30	1♑41
/♅	24♒50	24♒58	25♒07	25♒15	25♒23	25♒32	25♒40	25♒49	25♒57	26♒06	26♒14	26♒23	26♒32	26♒41	26♒49	26♒58
/♆	0♒23	0♒31	0♒40	0♒48	0♒57	1♒06	1♒15	1♒24	1♒33	1♒42	1♒51	1♒60	2♒09	2♒18	2♒28	2♒37
/♇	2♑19	2♑28	2♑38	2♑47	2♑56	3♑06	3♑16	3♑25	3♑35	3♑45	3♑55	4♑05	4♑15	4♑25	4♑35	4♑45
/☊	28♍45	28♍50	28♍57	29♍05	29♍14	29♍23	29♍32	29♍41	29♍49	29♍55	29♍60	0♎04	0♎07	0♎09	0♎13	0♎17
♃/♄	1♑07	1♑11	1♑16	1♑21	1♑27	1♑32	1♑37	1♑43	1♑48	1♑54	1♑60	2♑06	2♑12	2♑18	2♑24	2♑30
/♅	26♒56	26♒59	27♒02	27♒05	27♒08	27♒12	27♒15	27♒18	27♒22	27♒25	27♒29	27♒33	27♒36	27♒40	27♒44	27♒48
/♆	2♒28	2♒32	2♒35	2♒39	2♒42	2♒46	2♒50	2♒53	2♒57	3♒01	3♒05	3♒09	3♒14	3♒18	3♒22	3♒26
/♇	4♑25	4♑29	4♑33	4♑37	4♑42	4♑46	4♑50	4♑55	4♑60	5♑04	5♑09	5♑14	5♑19	5♑24	5♑29	5♑34
/☊	0♎50	0♎50	0♎52	0♎55	0♎59	1♎03	1♎07	1♎11	1♎13	1♎15	1♎14	1♎13	1♎11	1♎09	1♎07	1♎06
♄/♅	9♓51	9♓51	9♓51	9♓50	9♓50	9♓50	9♓50	9♓49	9♓49	9♓49	9♓49	9♓49	9♓49	9♓49	9♓49	9♓49
/♆	15♒24	15♒24	15♒24	15♒24	15♒24	15♒24	15♒24	15♒24	15♒25	15♒25	15♒25	15♒26	15♒26	15♒27	15♒27	15♒28
/♇	17♑20	17♑21	17♑22	17♑22	17♑23	17♑24	17♑25	17♑26	17♑27	17♑28	17♑29	17♑31	17♑32	17♑33	17♑35	17♑36
/☊	13♈46	13♈43	13♈41	13♈40	13♈40	13♈41	13♈42	13♈42	13♈41	13♈38	13♈34	13♈29	13♈24	13♈18	13♈12	13♈08
♅/♆	11♈13	11♈11	11♈09	11♈07	11♈06	11♈04	11♈02	11♈00	10♈58	10♈56	10♈55	10♈53	10♈51	10♈49	10♈47	10♈45
/♇	13♓09	13♓08	13♓07	13♓06	13♓05	13♓04	13♓03	13♓02	13♓01	12♓60	12♓59	12♓58	12♓57	12♓56	12♓55	12♓54
/☊	9♊35	9♊30	9♊26	9♊24	9♊22	9♊21	9♊20	9♊18	9♊14	9♊10	9♊04	8♊56	8♊48	8♊40	8♊32	8♊25
♆/♇	18♒42	18♒41	18♒40	18♒39	18♒39	18♒38	18♒37	18♒37	18♒36	18♒35	18♒35	18♒34	18♒34	18♒33	18♒33	18♒32
/☊	15♉08	15♉03	14♉59	14♉57	14♉56	14♉55	14♉54	14♉53	14♉50	14♉46	14♉40	14♉33	14♉26	14♉18	14♉10	14♉04
♇/☊	17♈04	16♈60	16♈57	16♈56	16♈55	16♈55	16♈55	16♈54	16♈52	16♈49	16♈44	16♈38	16♈31	16♈24	16♈18	16♈12

	17	18	19	20	21	22	23	24	25	26	27	28	29	30	31
☉/☽	11♌00	17♌49	24♌45	1♍47	8♍58	16♍18	23♍49	1♎30	9♎20	17♎16	25♎16	3♏13	11♏03	18♏43	26♏11
/☿	5♏28	6♏30	7♏32	8♏32	9♏31	10♏28	11♏24	12♏18	13♏10	14♏00	14♏47	15♏32	16♏13	16♏52	17♏26
/♀	1♏49	2♏56	4♏03	5♏10	6♏17	7♏24	8♏31	9♏38	10♏45	11♏53	12♏60	14♏07	15♏14	16♏22	17♏29
/♂	15♎48	16♎37	17♎26	18♎15	19♎05	19♎54	20♎43	21♎32	22♎22	23♎11	24♎01	24♎50	25♎40	26♎29	27♎19
/⚳	21♏15	21♏55	22♏35	23♏15	23♏55	24♏35	25♏15	25♏55	26♏36	27♏16	27♏57	28♏37	29♏18	29♏59	0♐39
/♃	21♏59	22♏34	23♏09	23♏44	24♏19	24♏54	25♏29	26♏04	26♏39	27♏15	27♏50	28♏26	29♏01	29♏37	0♐13
/♄	3♐57	4♐28	4♐59	5♐31	6♐02	6♐33	7♐05	7♐36	8♐08	8♐40	9♐11	9♐43	10♐15	10♐47	11♐19
/♅	29♋12	29♋40	0♌09	0♌37	1♌06	1♌35	2♌03	2♌32	3♌01	3♌29	3♌58	4♌27	4♒55	5♒24	5♒53
/♆	4♑51	5♑20	5♑49	6♑19	6♑48	7♑17	7♑46	8♑16	8♑45	9♑15	9♑44	10♑13	10♑43	11♑12	11♑42
/♇	7♐00	7♐30	7♐60	8♐30	9♐00	9♐30	10♐00	10♐30	11♐01	11♐31	12♐01	12♐31	13♐02	13♐32	14♐03
/☊	2♍27	2♍54	3♍22	3♍51	4♍21	4♍51	5♍20	5♍48	6♍15	6♍40	7♍05	7♍30	7♍55	8♍21	8♍48
☽/☿	23♌08	0♍01	6♍58	14♍01	21♍11	28♍29	5♎56	13♎31	21♎14	29♎00	6♏47	14♏29	22♏01	29♏19	6♐21
/♀	19♌29	26♌26	3♍29	10♍39	17♍57	25♍25	3♎03	10♎51	18♎49	26♎53	4♏59	13♏04	21♏02	28♏49	6♐24
/♂	3♌28	10♌07	16♌52	23♌44	0♍45	7♍55	15♍15	22♍46	0♎25	8♎11	16♎00	23♎47	1♏27	8♏57	16♏13
/⚳	8♓55	15♓25	22♍01	28♍44	5♎35	12♎36	19♎47	27♎08	4♏39	12♏16	19♏56	27♏34	5♐05	12♐26	19♐34
/♃	9♓40	16♓04	22♍35	29♍13	5♎59	12♎55	20♎01	27♎17	4♏43	12♏15	19♏50	27♏23	4♐49	12♐05	19♐08
/♄	21♓38	27♓59	4♈26	10♈60	17♎42	24♎34	1♏37	8♏49	16♏11	23♏40	1♐11	8♐40	16♐02	23♐15	0♑14
/♅	16♉53	23♉11	29♉35	6♊06	12♊46	19♊36	26♊35	3♋45	11♋04	18♋29	25♋57	3♌23	10♒43	17♒52	24♒48
/♆	22♈32	28♈51	5♉16	11♉48	18♉28	25♉18	2♊18	9♊29	16♐49	24♐15	1♑43	9♑10	16♑30	23♑40	0♒37
/♇	24♓41	1♈01	7♈26	13♈59	20♈40	27♎31	4♏32	11♏44	19♏04	26♏31	4♐01	11♐28	18♐49	25♐60	2♑57
/☊	20♊08	26♊24	2♋48	9♋20	16♋01	22♋52	29♋52	7♌01	14♌18	21♌40	29♌05	6♍27	13♍42	20♍49	27♍43
☿/♀	13♏57	15♏07	16♏16	17♏24	18♏30	19♏35	20♏39	21♏40	22♏39	23♏36	24♏31	25♏23	26♏12	26♏57	27♏39
/♂	27♎56	28♎48	29♎40	0♏29	1♏18	2♏05	2♏51	3♏34	4♏16	4♏55	5♏32	6♏06	6♏37	7♏05	7♏29
/⚳	3♐23	4♐06	4♐48	5♐29	6♐08	6♐46	7♐23	7♐57	8♐30	9♐00	9♐28	9♐53	10♐15	10♐34	10♐50
/♃	4♐07	4♐45	5♐22	5♐58	6♐32	7♐05	7♐36	8♐06	8♐33	8♐59	9♐22	9♐42	9♐59	10♐13	10♐23
/♄	16♐05	16♐40	17♐13	17♐45	18♐15	18♐45	19♐12	19♐38	20♐02	20♐24	20♐43	20♐59	21♐13	21♐23	21♐29
/♅	11♒20	11♒52	12♒22	12♒52	13♒20	13♒46	14♒11	14♒34	14♒54	15♒13	15♒29	15♒43	15♒53	15♒60	16♒03
/♆	16♑59	17♑32	18♑03	18♑33	19♑01	19♑28	19♑54	20♑18	20♑39	20♑58	21♑15	21♑29	21♑40	21♑48	21♑52
/♇	19♐08	19♐41	20♐13	20♐44	21♐14	21♐41	22♐08	22♐32	22♐55	23♐15	23♐32	23♐47	23♐59	24♐08	24♐13
/☊	14♍35	15♍05	15♍35	16♍05	16♍34	17♍02	17♍27	17♍50	18♍09	18♍24	18♍36	18♍46	18♍53	18♍57	18♍59
♀/♂	24♎17	25♎14	26♎10	27♎07	28♎04	29♎01	29♎57	0♏54	1♏51	2♏48	3♏44	4♏41	5♏38	6♏35	7♏32
/⚳	29♏44	0♐31	1♐19	2♐07	2♐54	3♐42	4♐29	5♐17	6♐05	6♐53	7♐41	8♐28	9♐16	10♐04	10♐52
/♃	0♐28	1♐11	1♐53	2♐35	3♐18	4♐01	4♐43	5♐26	6♐09	6♐51	7♐34	8♐17	8♐60	9♐43	10♐26
/♄	12♐26	13♐05	13♐44	14♐23	15♐01	15♐40	16♐19	16♐58	17♐37	18♐16	18♐55	19♐34	20♐13	20♐53	21♐32
/♅	7♒41	8♒17	8♒53	9♒29	10♒05	10♒41	11♒18	11♒54	12♒30	13♒06	13♒42	14♒18	14♒54	15♒30	16♒06
/♆	13♑21	13♑57	14♑34	15♑11	15♑47	16♑24	17♑01	17♑37	18♑14	18♑51	19♑28	20♑05	20♑41	21♑18	21♑55
/♇	15♐29	16♐07	16♐44	17♐22	17♐59	18♐37	19♐15	19♐52	20♐30	21♐07	21♐45	22♐23	23♐00	23♐38	24♐16
/☊	10♍56	11♍30	12♍06	12♍43	13♍20	13♍57	14♍34	15♍10	15♍44	16♍17	16♍49	17♍21	17♍54	18♍27	19♍02
♂/⚳	13♏43	14♏13	14♏42	15♏12	15♏42	16♏12	16♏41	17♏11	17♏41	18♏11	18♏41	19♏11	19♏42	20♏12	20♏42
/♃	14♏27	14♏52	15♏16	15♏41	16♏06	16♏30	16♏55	17♏20	17♏45	18♏10	18♏35	19♏00	19♏25	19♏50	20♏16
/♄	26♏25	26♏46	27♏07	27♏28	27♏49	28♏10	28♏31	28♏52	29♏13	29♏35	29♏56	0♐17	0♐39	1♐00	1♐22
/♅	21♋40	21♋58	22♋17	22♋35	22♋53	23♋11	23♋30	23♋48	24♋06	24♋24	24♋43	25♋01	25♋19	25♋37	25♋56
/♆	27♐20	27♐38	27♐57	28♐16	28♐35	28♐54	29♐13	29♐32	29♐51	0♑10	0♑29	0♑48	1♑07	1♑26	1♑45
/♇	29♏28	29♏48	0♐08	0♐27	0♐47	1♐07	1♐27	1♐46	2♐06	2♐26	2♐46	3♐06	3♐26	3♐45	4♐05
/☊	24♌55	25♌12	25♌30	25♌48	26♌08	26♌27	26♌46	27♌04	27♌20	27♌35	27♌50	28♌04	28♌19	28♌34	28♌51
⚳/♃	19♐54	20♐10	20♐25	20♐40	20♐56	21♐11	21♐27	21♐43	21♐59	22♐15	22♐31	22♐47	23♐03	23♐20	23♐36
/♄	1♑52	2♑04	2♑16	2♑27	2♑39	2♑51	3♑03	3♑15	3♑27	3♑40	3♑52	4♑04	4♑17	4♑30	4♑42
/♅	27♒07	27♒16	27♒25	27♒34	27♒43	27♒52	28♒02	28♒11	28♒20	28♒29	28♒39	28♒48	28♒57	29♒07	29♒16
/♆	2♒47	2♒56	3♒06	3♒15	3♒25	3♒35	3♒45	3♒55	4♒05	4♒15	4♒25	4♒35	4♒45	4♒55	5♒05
/♇	4♑55	5♑06	5♑16	5♑27	5♑37	5♑48	5♑59	6♑09	6♑20	6♑31	6♑42	6♑53	7♑04	7♑15	7♑26
/☊	0♎22	0♎29	0♎38	0♎48	0♎58	1♎08	1♎18	1♎27	1♎34	1♎40	1♎46	1♎51	1♎57	2♎04	2♎12
♃/♄	2♑37	2♑43	2♑50	2♑56	3♑03	3♑10	3♑17	3♑24	3♑31	3♑38	3♑46	3♑53	4♑01	4♑08	4♑16
/♅	27♒51	27♒55	27♒59	28♒03	28♒07	28♒11	28♒15	28♒20	28♒24	28♒28	28♒32	28♒37	28♒41	28♒45	28♒50
/♆	3♒31	3♒35	3♒40	3♒44	3♒49	3♒54	3♒59	4♒03	4♒08	4♒13	4♒18	4♒23	4♒28	4♒34	4♒39
/♇	5♑40	5♑45	5♑50	5♑56	6♑01	6♑07	6♑12	6♑18	6♑24	6♑30	6♑35	6♑41	6♑47	6♑53	6♑60
/☊	1♎07	1♎09	1♎12	1♎17	1♎22	1♎27	1♎32	1♎36	1♎38	1♎39	1♎40	1♎40	1♎41	1♎42	1♎45
♄/♅	9♓49	9♓50	9♓50	9♓50	9♓51	9♓51	9♓51	9♓52	9♓52	9♓53	9♓53	9♓54	9♓55	9♓55	9♓56
/♆	15♒29	15♒30	15♒31	15♒31	15♒32	15♒33	15♒34	15♒36	15♒37	15♒38	15♒39	15♒41	15♒42	15♒44	15♒45
/♇	17♑38	17♑39	17♑41	17♑43	17♑45	17♑46	17♑48	17♑50	17♑52	17♑54	17♑57	17♑59	18♑01	18♑03	18♑06
/☊	13♈05	13♈03	13♈03	13♈04	13♈05	13♈07	13♈08	13♈08	13♈06	13♈04	13♈01	12♈57	12♈54	12♈52	12♈52
♅/♆	10♈44	10♈42	10♈40	10♈38	10♈36	10♈35	10♈33	10♈31	10♈29	10♈28	10♈26	10♈24	10♈22	10♈21	10♈19
/♇	12♓53	12♓52	12♓51	12♓50	12♓49	12♓48	12♓47	12♓46	12♓45	12♓44	12♓43	12♓42	12♓41	12♓41	12♓40
/☊	8♊19	8♊15	8♊12	8♊11	8♊09	8♊08	8♊06	8♊03	7♊59	7♊53	7♊47	7♊41	7♊35	7♊29	7♊26
♆/♇	18♒32	18♒32	18♒31	18♒31	18♒31	18♒30	18♒30	18♒30	18♒29	18♒29	18♒29	18♒29	18♒29	18♒29	18♒29
/☊	13♉59	13♉55	13♉53	13♉52	13♉51	13♉51	13♉49	13♉47	13♉44	13♉39	13♉33	13♉27	13♉22	13♉18	13♉15
♇/☊	16♈08	16♈05	16♈03	16♈03	16♈03	16♈04	16♈03	16♈02	15♈59	15♈55	15♈50	15♈45	15♈41	15♈38	15♈35

November 2019

	1	2	3	4	5	6	7	8	9	10	11	12	13	14	15
☉/☽	3♐24	10♐24	17♐13	23♐51	0♑23	6♑51	13♑16	19♑42	26♑10	2♒42	9♒19	16♒01	22♌49	29♌43	6♍42
/☿	17♏57	18♏23	18♏45	19♏02	19♏15	19♏22	19♏25	19♏24	19♏19	19♏11	19♏02	18♏52	18♏43	18♏36	18♏33
/♀	18♏36	19♏43	20♏51	21♏58	23♏05	24♏13	25♏20	26♏27	27♏35	28♏42	29♏50	0♐57	2♐04	3♐12	4♐19
/♂	28♎08	28♎58	29♎47	0♏37	1♏27	2♏16	3♏06	3♏56	4♏45	5♏35	6♏25	7♏15	8♏04	8♏54	9♏44
/⚳	1♐20	2♐01	2♐42	3♐23	4♐04	4♐45	5♐26	6♐07	6♐48	7♐29	8♐10	8♐52	9♐33	10♐14	10♐56
/♃	0♐48	1♐24	2♐00	2♐36	3♐12	3♐48	4♐24	5♐00	5♐36	6♐12	6♐49	7♐25	8♐01	8♐38	9♐14
/♄	11♐51	12♐23	12♐55	13♐27	13♐59	14♐32	15♐04	15♐36	16♐09	16♐41	17♐14	17♐46	18♐19	18♐52	19♐24
/♅	6♒22	6♒50	7♒19	7♒48	8♒17	8♒46	9♒15	9♒43	10♒12	10♒41	11♒10	11♒39	12♒08	12♒37	13♒06
/♆	12♑11	12♑41	13♑11	13♑40	14♑10	14♑40	15♑09	15♑39	16♑09	16♑39	17♑09	17♑39	18♑09	18♑38	19♑08
/♇	14♐33	15♐03	15♐34	16♐04	16♐35	17♐05	17♐36	18♐07	18♐37	19♐08	19♐39	20♐09	20♐40	21♐11	21♐42
/☊	9♍17	9♍47	10♍17	10♍48	11♍18	11♍47	12♍15	12♍42	13♍08	13♍33	13♍58	14♍23	14♍49	15♍16	15♍44
☽/☿	13♐05	19♐32	25♐42	1♑38	7♑22	12♑57	18♑25	23♑50	29♑13	4♒37	10♒04	15♒36	21♌15	27♌01	2♍56
/♀	13♐44	20♐52	27♐47	4♑34	11♑13	17♑47	24♑20	0♒53	7♒28	14♒08	20♒51	27♒41	4♓36	11♓36	18♍43
/♂	23♏16	0♐06	6♐44	13♐12	19♐34	25♐51	2♑06	8♑21	14♑39	21♑00	27♋27	3♌58	10♌36	17♌19	24♌08
/⚳	26♐28	3♑09	9♑38	15♑58	22♑11	28♑19	4♒26	10♒32	16♒42	22♒55	29♒12	5♓36	12♓04	18♓39	25♓20
/♃	25♐57	2♑33	8♑57	15♑11	21♑19	27♑22	3♒24	9♒26	15♒30	21♒38	27♒51	4♓09	10♓33	17♓02	23♓38
/♄	6♑59	13♑31	19♑52	26♑03	2♒07	8♒06	14♒04	20♒02	26♒02	2♓07	8♓16	14♓30	20♓50	27♓16	3♈48
/♅	1♓30	7♓59	14♓16	20♓24	26♓24	2♈20	8♈14	14♈09	20♈06	26♈07	2♉12	8♉23	14♉40	21♉02	27♉30
/♆	7♒20	13♒50	20♒07	26♒16	2♓17	8♓14	14♓09	20♓05	26♓03	2♈04	8♈11	14♈22	20♈40	27♈03	3♉32
/♇	9♑41	16♑12	22♑31	28♑40	4♒42	10♒40	16♒36	22♒32	28♒31	4♓33	10♓41	16♓53	23♓12	29♓36	6♈05
/☊	4♎25	10♈55	17♈14	23♈23	29♈25	5♉21	11♉15	17♉07	23♉01	28♉58	4♊60	11♊07	17♊21	23♊41	0♋08
☿/♀	28♏17	28♏51	29♏20	29♏44	0♐04	0♐19	0♐29	0♐35	0♐37	0♐37	0♐34	0♐32	0♐30	0♐30	0♐33
/♂	7♏49	8♏05	8♏17	8♏23	8♏25	8♏22	8♏15	8♏03	7♏48	7♏30	7♏10	6♏49	6♏30	6♏12	5♏58
/⚳	11♐01	11♐08	11♐11	11♐09	11♐02	10♐51	10♐35	10♐14	9♐50	9♐24	8♐55	8♐27	7♐59	7♐33	7♐10
/♃	10♐29	10♐32	10♐29	10♐22	10♐11	9♐54	9♐33	9♐08	8♐39	8♐07	7♐34	6♐60	6♐27	5♐56	5♐28
/♄	21♐32	21♐30	21♐24	21♐13	20♐58	20♐38	20♐13	19♐44	19♐11	18♐36	17♐59	17♐21	16♐44	16♐10	15♐38
/♅	16♒03	15♒58	15♒48	15♒34	15♒15	14♒52	14♒23	13♒51	13♒15	12♒36	11♒55	11♒14	10♒34	9♒55	9♒20
/♆	21♑53	21♑48	21♑40	21♑27	21♑09	20♑46	20♑18	19♑47	19♑11	18♑33	17♑54	17♑13	16♑34	15♑57	15♑23
/♇	24♐14	24♐11	24♐03	23♐51	23♐34	23♐12	22♐45	22♐14	21♐40	21♐02	20♐24	19♐44	19♐06	18♐29	17♐56
/☊	18♍58	18♍54	18♍46	18♍34	18♍16	17♍53	17♍24	16♍49	16♍10	15♍27	14♍43	13♍58	13♍15	12♍34	11♍59
♀/♂	8♏29	9♏25	10♏22	11♏19	12♏16	13♏13	14♏10	15♏06	16♏03	17♏00	17♏57	18♏54	19♏51	20♏48	21♏45
/⚳	11♐40	12♐28	13♐17	14♐05	14♐53	15♐41	16♐29	17♐18	18♐06	18♐54	19♐43	20♐31	21♐20	22♐08	22♐56
/♃	11♐09	11♐52	12♐35	13♐18	14♐01	14♐44	15♐28	16♐11	16♐54	17♐38	18♐21	19♐04	19♐48	20♐31	21♐15
/♄	22♐11	22♐51	23♐30	24♐09	24♐49	25♐28	26♐08	26♐47	27♐27	28♐06	28♐46	29♐26	0♑05	0♑45	1♑25
/♅	16♒42	17♒18	17♒54	18♒30	19♒06	19♒42	20♒18	20♒54	21♒30	22♒06	22♒43	23♒19	23♒55	24♒31	25♒07
/♆	22♑32	23♑09	23♑46	24♑23	24♑59	25♑36	26♑13	26♑50	27♑27	28♑04	28♑41	29♑18	29♑55	0♒32	1♒09
/♇	24♐53	25♐31	26♐09	26♐47	27♐24	28♐02	28♐40	29♐18	29♐55	0♑33	1♑11	1♑49	2♑27	3♑04	3♑42
/☊	19♍38	20♍14	20♍52	21♍30	22♍07	22♍43	23♍18	23♍53	24♍26	24♍58	25♍30	26♍03	26♍36	27♍10	27♍45
♂/⚳	21♏12	21♏43	22♏13	22♏44	23♏14	23♏45	24♏15	24♏46	25♏17	25♏47	26♏18	26♏49	27♏20	27♏51	28♏21
/♃	20♏41	21♏06	21♏32	21♏57	22♏22	22♏48	23♏14	23♏39	24♏05	24♏31	24♏56	25♏22	25♏48	26♏14	26♏40
/♄	1♐43	2♐05	2♐27	2♐48	3♐10	3♐32	3♐54	4♐15	4♐37	4♐59	5♐21	5♐43	6♐05	6♐28	6♐50
/♅	26♋14	26♋32	26♋51	27♋09	27♋27	27♋46	28♋04	28♋23	28♋41	28♋59	29♋18	29♋36	29♋55	0♌13	0♌32
/♆	2♑04	2♑23	2♑42	3♑01	3♑21	3♑40	3♑59	4♑18	4♑38	4♑57	5♑16	5♑36	5♑55	6♑15	6♑34
/♇	4♐25	4♐45	5♐05	5♐25	5♐45	6♐06	6♐26	6♐46	7♐06	7♐26	7♐46	8♐06	8♐27	8♐47	9♐07
/☊	29♌10	29♌29	29♌49	0♍09	0♍28	0♍47	1♍04	1♍21	1♍36	1♍51	2♍05	2♍20	2♍36	2♍52	3♍10
⚳/♃	23♐53	24♐09	24♐26	24♐43	24♐60	25♐16	25♐33	25♐50	26♐07	26♐25	26♐42	26♐59	27♐16	27♐34	27♐51
/♄	4♑55	5♑08	5♑21	5♑34	5♑47	6♑00	6♑13	6♑27	6♑40	6♑53	7♑07	7♑20	7♑34	7♑48	8♑02
/♅	29♒26	29♒35	29♒45	29♒55	0♓04	0♓14	0♓24	0♓34	0♓44	0♓54	1♓03	1♓13	1♓23	1♓33	1♓44
/♆	5♒16	5♒26	5♒37	5♒47	5♒58	6♒08	6♒19	6♒30	6♒40	6♒51	7♒02	7♒13	7♒24	7♒35	7♒46
/♇	7♑37	7♑48	7♑60	8♑11	8♑23	8♑34	8♑45	8♑57	9♑09	9♑20	9♑32	9♑44	9♑55	10♑07	10♑19
/☊	2♎21	2♎32	2♎43	2♎54	3♎05	3♎15	3♎24	3♎32	3♎39	3♎45	3♎51	3♎57	4♎04	4♎12	4♎22
♃/♄	4♑24	4♑31	4♑39	4♑47	4♑55	5♑03	5♑12	5♑20	5♑28	5♑37	5♑45	5♑54	6♑02	6♑11	6♑20
/♅	28♒54	28♒59	29♒03	29♒08	29♒13	29♒18	29♒22	29♒27	29♒32	29♒37	29♒42	29♒47	29♒52	29♒57	0♓02
/♆	4♒44	4♒50	4♒55	5♒00	5♒06	5♒12	5♒17	5♒23	5♒29	5♒34	5♒40	5♒46	5♒52	5♒58	6♒04
/♇	7♑06	7♑12	7♑18	7♑24	7♑31	7♑37	7♑44	7♑50	7♑57	8♑03	8♑10	8♑17	8♑23	8♑30	8♑37
/☊	1♎50	1♎55	2♎01	2♎08	2♎13	2♎18	2♎22	2♎25	2♎27	2♎28	2♎29	2♎31	2♎33	2♎36	2♎40
♄/♅	9♓57	9♓58	9♓58	9♓59	10♓00	10♓01	10♓02	10♓03	10♓04	10♓06	10♓07	10♓08	10♓09	10♓11	10♓12
/♆	15♒47	15♒48	15♒50	15♒52	15♒53	15♒55	15♒57	15♒59	16♒01	16♒03	16♒05	16♒07	16♒10	16♒12	16♒14
/♇	18♑08	18♑11	18♑13	18♑16	18♑18	18♑21	18♑24	18♑26	18♑29	18♑32	18♑35	18♑38	18♑41	18♑44	18♑47
/☊	12♈52	12♈54	12♈56	12♈59	13♈01	13♈02	13♈02	13♈01	12♈60	12♈57	12♈54	12♈52	12♈50	12♈50	12♈50
♅/♆	10♈17	10♈16	10♈14	10♈13	10♈11	10♈09	10♈08	10♈06	10♈05	10♈03	10♈02	10♈00	9♈59	9♈57	9♈56
/♇	12♓39	12♓38	12♓37	12♓37	12♓36	12♓35	12♓34	12♓34	12♓33	12♓32	12♓32	12♓31	12♓30	12♓30	12♓29
/☊	7♊23	7♊21	7♊21	7♊20	7♊18	7♊16	7♊13	7♊09	7♊03	6♊57	6♊51	6♊45	6♊40	6♊35	6♊32
♆/♇	18♒29	18♒29	18♒29	18♒29	18♒29	18♒29	18♒29	18♒29	18♒30	18♒30	18♒30	18♒30	18♒31	18♒31	18♒31
/☊	13♉13	13♉12	13♉12	13♉12	13♉12	13♉10	13♉08	13♉04	12♉60	12♉55	12♉49	12♉44	12♉40	12♉36	12♉34
♇/☊	15♈34	15♈34	15♈35	15♈36	15♈36	15♈36	15♈34	15♈32	15♈28	15♈24	15♈19	15♈15	15♈11	15♈09	15♈07

	16	17	18	19	20	21	22	23	24	25	26	27	28	29	30
☉/☽	13♍47	20♍58	28♍15	5♎37	13♎07	20♎42	28♎23	6♏07	13♏53	21♏38	29♏17	6♐49	14♐12	21♐23	28♐23
/☿	18♏33	18♏39	18♏50	19♏07	19♏30	19♏58	20♏33	21♏12	21♏56	22♏44	23♏35	24♏31	25♏29	26♏29	27♏32
/♀	5♐27	6♐34	7♐41	8♐49	9♐56	11♐04	12♐11	13♐19	14♐27	15♐34	16♐42	17♐49	18♐57	20♐04	21♐12
/♂	10♏34	11♏24	12♏14	13♏04	13♏54	14♏44	15♏34	16♏24	17♏14	18♏04	18♏54	19♏45	20♏35	21♏25	22♏15
/⚳	11♐37	12♐19	13♐00	13♐42	14♐24	15♐05	15♐47	16♐29	17♐11	17♐52	18♐34	19♐16	19♐58	20♐40	21♐22
/♃	9♐51	10♐27	11♐04	11♐40	12♐17	12♐54	13♐30	14♐07	14♐44	15♐21	15♐58	16♐35	17♐12	17♐48	18♐26
/♄	19♐57	20♐30	21♐03	21♐36	22♐09	22♐42	23♐15	23♐48	24♐21	24♐54	25♐27	26♐00	26♐34	27♐07	27♐40
/♅	13♒35	14♒04	14♒34	15♒03	15♒32	16♒01	16♒30	16♒60	17♒29	17♒58	18♒27	18♒57	19♒26	19♒56	20♒25
/♆	19♑38	20♑08	20♑39	21♑09	21♑39	22♑09	22♑39	23♑09	23♑40	24♑10	24♑40	25♑11	25♑41	26♑11	26♑42
/♇	22♐12	22♐43	23♐14	23♐45	24♐16	24♐47	25♐18	25♐49	26♐20	26♐51	27♐22	27♐53	28♐24	28♐55	29♐27
/☊	16♍14	16♍44	17♍15	17♍46	18♍16	18♍46	19♍15	19♍43	20♍11	20♍38	21♍06	21♍34	22♍03	22♍33	23♍03
☽/☿	9♍01	15♍17	21♍45	28♍24	5♎16	12♎19	19♎33	26♎56	4♏25	11♏57	19♏28	26♏55	4♐14	11♐26	18♐28
/♀	25♍55	3♎13	10♎36	18♎06	25♎42	3♏24	11♏12	19♏03	26♏56	4♐48	12♐34	20♐13	27♐42	5♑01	12♑07
/♂	1♍02	8♍02	15♍09	22♍21	29♍40	7♎04	14♎35	22♎08	29♎44	7♏18	14♏47	22♏09	29♏20	6♐21	13♐11
/⚳	2♎06	8♎57	15♎55	22♎59	0♏09	7♏26	14♏48	22♏13	29♏40	7♐06	14♐27	21♐40	28♐44	5♑36	12♑18
/♃	0♎19	7♎06	13♎58	20♎57	28♎03	5♏14	12♏31	19♏52	27♏14	4♐34	11♐50	18♐58	25♐57	2♑45	9♑21
/♄	10♈25	17♎08	23♎57	0♏53	7♏54	15♏02	22♏15	29♏32	6♐50	14♐07	21♐20	28♐24	5♑19	12♑03	18♑36
/♅	4♊04	10♊43	17♊28	24♊20	1♋17	8♋21	15♋31	22♋44	29♋58	7♒12	14♒20	21♒21	28♒12	4♓52	11♓21
/♆	10♉07	16♉47	23♉33	0♊26	7♊24	14♊29	21♐40	28♐54	6♑09	13♑23	20♑33	27♑34	4♒26	11♒08	17♒37
/♇	12♈41	19♈22	26♎09	3♏02	10♏02	17♏07	24♏18	1♐33	8♐50	16♐04	23♐15	0♑17	7♑10	13♑52	20♑22
/☊	6♋42	13♋23	20♋10	27♋03	4♌02	11♌07	18♌16	25♌28	2♍40	9♍51	16♍58	23♍58	0♎48	7♎29	13♈59
☿/♀	0♐41	0♐53	1♐12	1♐36	2♐05	2♐41	3♐22	4♐08	4♐59	5♐54	6♐52	7♐54	8♐59	10♐07	11♐16
/♂	5♏48	5♏43	5♏44	5♏50	6♏03	6♏21	6♏44	7♏13	7♏46	8♏24	9♏05	9♏50	10♏37	11♏27	12♏20
/⚳	6♐52	6♐38	6♐30	6♐29	6♐33	6♐42	6♐57	7♐18	7♐43	8♐12	8♐45	9♐21	10♐01	10♐43	11♐27
/♃	5♐05	4♐46	4♐34	4♐27	4♐26	4♐31	4♐41	4♐56	5♐16	5♐40	6♐08	6♐40	7♐14	7♐51	8♐30
/♄	15♐11	14♐49	14♐33	14♐22	14♐17	14♐18	14♐25	14♐37	14♐53	15♐13	15♐38	16♐06	16♐36	17♐09	17♐45
/♅	8♒50	8♒24	8♒04	7♒49	7♒41	7♒38	7♒41	7♒48	8♒01	8♒18	8♒38	9♒02	9♒29	9♒58	10♒30
/♆	14♑53	14♑28	14♑09	13♑55	13♑48	13♑46	13♑50	13♑58	14♑12	14♑29	14♑51	15♑16	15♑43	16♑14	16♑46
/♇	17♐27	17♐03	16♐44	16♐32	16♐25	16♐24	16♐28	16♐38	16♐52	17♐11	17♐33	17♐58	18♐27	18♐58	19♐31
/☊	11♍28	11♍04	10♍45	10♍32	10♍25	10♍23	10♍25	10♍32	10♍43	10♍57	11♍16	11♍39	12♍05	12♍35	13♍08
♀/♂	22♏42	23♏39	24♏35	25♏32	26♏29	27♏26	28♏23	29♏20	0♐17	1♐14	2♐11	3♐08	4♐05	5♐02	5♐59
/⚳	23♐45	24♐33	25♐22	26♐11	26♐59	27♐48	28♐36	29♐25	0♑14	1♑02	1♑51	2♑40	3♑29	4♑17	5♑06
/♃	21♐58	22♐42	23♐25	24♐09	24♐52	25♐36	26♐20	27♐03	27♐47	28♐31	29♐14	29♐58	0♑42	1♑26	2♑10
/♄	2♑05	2♑44	3♑24	4♑04	4♑44	5♑24	6♑04	6♑44	7♑24	8♑04	8♑44	9♑24	10♑04	10♑44	11♑24
/♅	25♒43	26♒19	26♒55	27♒31	28♒07	28♒43	29♒20	29♒56	0♓32	1♓08	1♓44	2♓20	2♓57	3♓33	4♓09
/♆	1♒46	2♒23	3♒00	3♒37	4♒14	4♒51	5♒28	6♒06	6♒43	7♒20	7♒57	8♒34	9♒11	9♒49	10♒26
/♇	4♑20	4♑58	5♑36	6♑14	6♑52	7♑29	8♑07	8♑45	9♑23	10♑01	10♑39	11♑17	11♑55	12♑33	13♑11
/☊	28♍21	28♍59	29♍37	0♎14	0♎52	1♎29	2♎04	2♎39	3♎14	3♎48	4♎22	4♎57	5♎33	6♎10	6♎47
♂/⚳	28♏52	29♏23	29♏54	0♐25	0♐57	1♐28	1♐59	2♐30	3♐01	3♐33	4♐04	4♐35	5♐07	5♐38	6♐10
/♃	27♏06	27♏32	27♏58	28♏24	28♏50	29♏16	29♏42	0♐08	0♐35	1♐01	1♐27	1♐54	2♐20	2♐46	3♐13
/♄	7♐12	7♐34	7♐57	8♐19	8♐41	9♐04	9♐26	9♐49	10♐12	10♐34	10♐57	11♐19	11♐42	12♐05	12♐28
/♅	0♌50	1♌09	1♌28	1♌46	2♌05	2♌23	2♌42	3♌01	3♌20	3♒38	3♒57	4♒16	4♒35	4♒54	5♒12
/♆	6♑53	7♑13	7♑33	7♑52	8♑12	8♑31	8♑51	9♑11	9♑30	9♑50	10♑10	10♑30	10♑49	11♑09	11♑29
/♇	9♐27	9♐48	10♐08	10♐29	10♐49	11♐09	11♐30	11♐50	12♐11	12♐31	12♐52	13♐12	13♐33	13♐53	14♐14
/☊	3♍29	3♍49	4♍09	4♍29	4♍49	5♍09	5♍27	5♍44	6♍01	6♍18	6♍35	6♍53	7♍11	7♍31	7♍51
⚳/♃	28♐09	28♐26	28♐44	29♐02	29♐20	29♐37	29♐55	0♑13	0♑31	0♑49	1♑07	1♑25	1♑43	2♑02	2♑20
/♄	8♑15	8♑29	8♑43	8♑57	9♑11	9♑25	9♑39	9♑54	10♑08	10♑22	10♑37	10♑51	11♑06	11♑20	11♑35
/♅	1♓54	2♓04	2♓14	2♓24	2♓35	2♓45	2♓55	3♓06	3♓16	3♓26	3♓37	3♓47	3♓58	4♓09	4♓19
/♆	7♒57	8♒08	8♒19	8♒30	8♒41	8♒53	9♒04	9♒15	9♒27	9♒38	9♒50	10♒01	10♒13	10♒24	10♒36
/♇	10♑31	10♑43	10♑55	11♑07	11♑19	11♑31	11♑43	11♑55	12♑07	12♑19	12♑32	12♑44	12♑56	13♑09	13♑21
/☊	4♎32	4♎44	4♎55	5♎07	5♎19	5♎30	5♎40	5♎49	5♎58	6♎06	6♎15	6♎24	6♎35	6♎46	6♎57
♃/♄	6♑29	6♑37	6♑46	6♑55	7♑04	7♑14	7♑23	7♑32	7♑41	7♑51	8♑00	8♑09	8♑19	8♑28	8♑38
/♅	0♓07	0♓12	0♓17	0♓23	0♓28	0♓33	0♓38	0♓44	0♓49	0♓55	1♓00	1♓06	1♓11	1♓17	1♓23
/♆	6♒10	6♒16	6♒22	6♒28	6♒35	6♒41	6♒47	6♒54	7♒00	7♒07	7♒13	7♒20	7♒26	7♒33	7♒39
/♇	8♑44	8♑51	8♑58	9♑05	9♑12	9♑19	9♑26	9♑33	9♑40	9♑48	9♑55	10♑02	10♑10	10♑17	10♑24
/☊	2♎45	2♎52	2♎59	3♎06	3♎12	3♎18	3♎23	3♎27	3♎31	3♎35	3♎38	3♎43	3♎48	3♎54	4♎01
♄/♅	10♓13	10♓15	10♓16	10♓18	10♓19	10♓21	10♓23	10♓24	10♓26	10♓28	10♓30	10♓32	10♓34	10♓36	10♓38
/♆	16♒16	16♒19	16♒21	16♒24	16♒26	16♒29	16♒32	16♒34	16♒37	16♒40	16♒43	16♒45	16♒48	16♒51	16♒54
/♇	18♑50	18♑54	18♑57	19♑00	19♑04	19♑07	19♑10	19♑14	19♑17	19♑21	19♑25	19♑28	19♑32	19♑35	19♑39
/☊	12♈52	12♈55	12♈58	13♈01	13♈04	13♈06	13♈08	13♈08	13♈08	13♈08	13♈08	13♈09	13♈10	13♈13	13♈16
♅/♆	9♈55	9♈53	9♈52	9♈51	9♈50	9♈48	9♈47	9♈46	9♈45	9♈44	9♈43	9♈42	9♈41	9♈40	9♈39
/♇	12♓29	12♓28	12♓28	12♓27	12♓27	12♓26	12♓26	12♓26	12♓25	12♓25	12♓25	12♓24	12♓24	12♓24	12♓24
/☊	6♊30	6♊29	6♊29	6♊28	6♊27	6♊26	6♊23	6♊20	6♊16	6♊12	6♊08	6♊05	6♊03	6♊01	6♊00
♆/♇	18♒32	18♒32	18♒33	18♒33	18♒34	18♒34	18♒35	18♒36	18♒36	18♒37	18♒38	18♒38	18♒39	18♒40	18♒41
/☊	12♉33	12♉33	12♉34	12♉34	12♉34	12♉34	12♉32	12♉30	12♉27	12♉24	12♉21	12♉19	12♉17	12♉17	12♉17
♇/☊	15♈07	15♈08	15♈09	15♈11	15♈11	15♈12	15♈11	15♈09	15♈07	15♈05	15♈03	15♈01	15♈01	15♈01	15♈02

November 2019

December 2019

	1	2	3	4	5	6	7	8	9	10	11	12	13	14	15	16
☉/☽	5♑13	11♑54	18♑27	24♑56	1♒23	7♒50	14♒19	20♒53	27♒32	4♓20	11♓15	18♓19	25♍30	2♎48	10♎12	17♎41
/☿	28♏37	29♏44	0♐52	2♐01	3♐11	4♐23	5♐35	6♐47	8♐00	9♐14	10♐28	11♐43	12♐57	14♐13	15♐28	16♐43
/♀	22♐19	23♐27	24♐35	25♐42	26♐50	27♐57	29♐05	0♑13	1♑20	2♑28	3♑35	4♑43	5♑50	6♑58	8♑05	9♑13
/♂	23♏05	23♏56	24♏46	25♏36	26♏27	27♏17	28♏07	28♏58	29♏48	0♐38	1♐29	2♐19	3♐10	4♐00	4♐51	5♐41
/⚳	22♐04	22♐46	23♐28	24♐10	24♐53	25♐35	26♐17	26♐59	27♐41	28♐24	29♐06	29♐48	0♑30	1♑13	1♑55	2♑37
/♃	19♐03	19♐40	20♐17	20♐54	21♐31	22♐08	22♐45	23♐23	23♐60	24♐37	25♐14	25♐52	26♐29	27♐06	27♐44	28♐21
/♄	28♐14	28♐47	29♐21	29♐54	0♑28	1♑01	1♑35	2♑08	2♑42	3♑16	3♑49	4♑23	4♑57	5♑31	6♑04	6♑38
/♅	20♒54	21♒24	21♒53	22♒23	22♒53	23♒22	23♒52	24♒21	24♒51	25♒21	25♒50	26♒20	26♒50	27♒20	27♒50	28♒19
/♆	27♑12	27♑43	28♑13	28♑44	29♑14	29♑45	0♒15	0♒46	1♒17	1♒47	2♒18	2♒49	3♒20	3♒50	4♒21	4♒52
/♇	29♐58	0♑29	1♑00	1♑32	2♑03	2♑34	3♑05	3♑37	4♑08	4♑39	5♑11	5♑42	6♑13	6♑45	7♑16	7♑48
/☊	23♍34	24♍06	24♍37	25♍08	25♍38	26♍08	26♍37	27♍06	27♍34	28♍03	28♍32	29♍01	29♍31	0♎02	0♎33	1♎04
☽/☿	25♐22	2♑08	8♑49	15♑26	22♑02	28♑39	5♒19	12♒05	18♒57	25♒57	3♍06	10♍23	17♍48	25♍20	2♎59	10♎42
/♀	19♑04	25♑51	2♒32	9♒07	15♒41	22♒14	28♒50	5♓30	12♓17	19♓11	26♓13	3♈23	10♈41	18♈05	25♎36	3♏11
/♂	19♐50	26♐20	2♑43	9♑01	15♑17	21♑34	27♑52	4♒15	10♒45	17♌22	24♌06	0♍59	8♍00	15♍08	22♍21	29♍40
/⚳	18♑49	25♑10	1♒25	7♒35	13♒43	19♒51	26♒02	2♓17	8♓38	15♓07	21♓43	28♓28	5♈21	12♎20	19♎26	26♎36
/♃	15♑47	22♑04	28♑14	4♒19	10♒22	16♒25	22♒30	28♒40	4♓57	11♓20	17♓52	24♓32	1♈19	8♎14	15♎14	22♎19
/♄	24♑58	1♒11	7♒18	13♒19	19♒18	25♒18	1♓20	7♓26	13♓39	19♓59	26♓27	3♈03	9♈47	16♈38	23♎35	0♏37
/♅	17♓39	23♓48	29♓50	5♈48	11♈43	17♈39	23♈37	29♈39	5♉48	12♉04	18♉28	25♉00	1♊40	8♊27	15♊20	22♊18
/♆	23♒57	0♓07	6♓10	12♓09	18♓05	24♓01	0♈00	6♈04	12♈14	18♈31	24♈56	1♉29	8♉10	14♉58	21♉52	28♉50
/♇	26♑42	2♒53	8♒57	14♒57	20♒53	26♒51	2♓50	8♓54	15♓05	21♓22	27♓48	4♈22	11♈04	17♈52	24♎47	1♏46
/☊	20♈19	26♈30	2♉34	8♉33	14♉29	20♉24	26♉22	2♊23	8♊31	14♊46	21♊09	27♊41	4♋22	11♋09	18♋03	25♋02
☿/♀	12♐28	13♐41	14♐56	16♐12	17♐29	18♐47	20♐06	21♐25	22♐45	24♐05	25♐26	26♐47	28♐08	29♐30	0♑52	2♑14
/♂	13♏14	14♏10	15♏08	16♏06	17♏06	18♏07	19♏08	20♏10	21♏13	22♏16	23♏20	24♏24	25♏28	26♏32	27♏37	28♏42
/⚳	12♐13	13♐01	13♐50	14♐40	15♐32	16♐24	17♐18	18♐12	19♐06	20♐01	20♐57	21♐52	22♐48	23♐45	24♐42	25♐38
/♃	9♐11	9♐54	10♐38	11♐24	12♐10	12♐58	13♐46	14♐35	15♐25	16♐15	17♐05	17♐56	18♐47	19♐38	20♐30	21♐22
/♄	18♐22	19♐02	19♐42	20♐24	21♐07	21♐51	22♐36	23♐21	24♐07	24♐53	25♐40	26♐27	27♐15	28♐03	28♐51	29♐39
/♅	11♒03	11♒38	12♒15	12♒53	13♒32	14♒12	14♒52	15♒34	16♒16	16♒58	17♒41	18♒24	19♒08	19♒52	20♒36	21♒20
/♆	17♑21	17♑57	18♑35	19♑14	19♑54	20♑34	21♑16	21♑59	22♑41	23♑25	24♑09	24♑53	25♑38	26♑22	27♑08	27♑53
/♇	20♐06	20♐43	21♐22	22♐01	22♐42	23♐24	24♐06	24♐49	25♐33	26♐17	27♐01	27♐46	28♐31	29♐17	0♑03	0♑48
/☊	13♍43	14♍20	14♍58	15♍38	16♍17	16♍57	17♍38	18♍18	18♍59	19♍40	20♍23	21♍05	21♍49	22♍34	23♍19	24♍05
♀/♂	6♐56	7♐53	8♐50	9♐47	10♐44	11♐41	12♐38	13♐35	14♐33	15♐30	16♐27	17♐24	18♐21	19♐18	20♐15	21♐12
/⚳	5♑55	6♑44	7♑33	8♑21	9♑10	9♑59	10♑48	11♑37	12♑26	13♑15	14♑04	14♑52	15♑41	16♑30	17♑19	18♑08
/♃	2♑53	3♑37	4♑21	5♑05	5♑49	6♑33	7♑16	8♑00	8♑44	9♑28	10♑12	10♑56	11♑40	12♑24	13♑08	13♑51
/♄	12♑05	12♑45	13♑25	14♑05	14♑45	15♑26	16♑06	16♑46	17♑27	18♑07	18♑47	19♑27	20♑08	20♑48	21♑28	22♑09
/♅	4♓45	5♓22	5♓58	6♓34	7♓10	7♓47	8♓23	8♓59	9♓35	10♓12	10♓48	11♓24	12♓01	12♓37	13♓13	13♓50
/♆	11♒03	11♒40	12♒18	12♒55	13♒32	14♒09	14♒47	15♒24	16♒01	16♒38	17♒16	17♒53	18♒30	19♒08	19♒45	20♒22
/♇	13♑49	14♑27	15♑05	15♑43	16♑21	16♑58	17♑36	18♑14	18♑52	19♑30	20♑08	20♑46	21♑24	22♑02	22♑40	23♑18
/☊	7♎25	8♎03	8♎41	9♈19	9♈56	10♈32	11♈08	11♈43	12♈19	12♈54	13♈30	14♈06	14♈42	15♈19	15♈56	16♈34
♂/⚳	6♐41	7♐13	7♐44	8♐16	8♐47	9♐19	9♐50	10♐22	10♐54	11♐25	11♐57	12♐29	13♐01	13♐33	14♐04	14♐36
/♃	3♐39	4♐06	4♐32	4♐59	5♐26	5♐52	6♐19	6♐46	7♐12	7♐39	8♐06	8♐32	8♐59	9♐26	9♐53	10♐20
/♄	12♐51	13♐14	13♐36	13♐59	14♐22	14♐45	15♐08	15♐31	15♐55	16♐18	16♐41	17♐04	17♐27	17♐50	18♐14	18♐37
/♅	5♒31	5♒50	6♒09	6♒28	6♒47	7♒06	7♒25	7♒44	8♒03	8♒23	8♒42	9♒01	9♒20	9♒40	9♒59	10♒18
/♆	11♑49	12♑09	12♑29	12♑49	13♑09	13♑29	13♑49	14♑09	14♑29	14♑49	15♑09	15♑30	15♑50	16♑10	16♑30	16♑51
/♇	14♐35	14♐55	15♐16	15♐37	15♐57	16♐18	16♐39	16♐60	17♐20	17♐41	18♐02	18♐23	18♐44	19♐05	19♐25	19♐46
/☊	8♍11	8♍32	8♍53	9♍13	9♍33	9♍52	10♍10	10♍29	10♍47	11♍05	11♍23	11♍42	12♍02	12♍21	12♍42	13♍02
⚳/♃	2♑38	2♑56	3♑15	3♑33	3♑52	4♑10	4♑28	4♑47	5♑05	5♑24	5♑43	6♑01	6♑20	6♑39	6♑57	7♑16
/♄	11♑49	12♑04	12♑19	12♑33	12♑48	13♑03	13♑18	13♑33	13♑48	14♑03	14♑18	14♑33	14♑48	15♑03	15♑18	15♑33
/♅	4♓30	4♓41	4♓51	5♓02	5♓13	5♓24	5♓35	5♓46	5♓57	6♓08	6♓19	6♓30	6♓41	6♓52	7♓03	7♓14
/♆	10♒48	10♒59	11♒11	11♒23	11♒35	11♒47	11♒59	12♒10	12♒22	12♒34	12♒46	12♒58	13♒11	13♒23	13♒35	13♒47
/♇	13♑33	13♑46	13♑58	14♑11	14♑23	14♑36	14♑48	15♑01	15♑14	15♑26	15♑39	15♑52	16♑04	16♑17	16♑30	16♑43
/☊	7♎10	7♎22	7♎35	7♎47	7♎59	8♎09	8♎20	8♎30	8♈40	8♈50	9♈00	9♈11	9♈22	9♈34	9♈46	9♈59
♃/♄	8♑48	8♑57	9♑07	9♑17	9♑27	9♑37	9♑46	9♑56	10♑06	10♑16	10♑26	10♑36	10♑46	10♑56	11♑07	11♑17
/♅	1♓28	1♓34	1♓40	1♓46	1♓51	1♓57	2♓03	2♓09	2♓15	2♓21	2♓27	2♓33	2♓39	2♓45	2♓52	2♓58
/♆	7♒46	7♒53	7♒60	8♒06	8♒13	8♒20	8♒27	8♒34	8♒41	8♒48	8♒55	9♒02	9♒09	9♒16	9♒23	9♒30
/♇	10♑32	10♑39	10♑47	10♑54	11♑02	11♑09	11♑17	11♑24	11♑32	11♑40	11♑47	11♑55	12♑03	12♑11	12♑18	12♑26
/☊	4♎08	4♎16	4♎23	4♎30	4♎37	4♎43	4♎48	4♎53	4♎58	5♎03	5♎09	5♎14	5♎21	5♎27	5♎35	5♎42
♄/♅	10♓40	10♓42	10♓44	10♓46	10♓48	10♓50	10♓53	10♓55	10♓57	10♓60	11♓02	11♓05	11♓07	11♓10	11♓13	11♓15
/♆	16♒57	17♒00	17♒04	17♒07	17♒10	17♒13	17♒16	17♒20	17♒23	17♒27	17♒30	17♒34	17♒37	17♒41	17♒44	17♒48
/♇	19♑43	19♑47	19♑51	19♑55	19♑58	20♑02	20♑06	20♑10	20♑14	20♑18	20♑23	20♑27	20♑31	20♑35	20♑39	20♑43
/☊	13♈19	13♈23	13♈27	13♈31	13♈34	13♈36	13♈38	13♈39	13♈41	13♈42	13♈44	13♈46	13♈49	13♈52	13♈56	13♈59
♅/♆	9♈38	9♈37	9♈36	9♈36	9♈35	9♈34	9♈33	9♈33	9♈32	9♈32	9♈31	9♈30	9♈30	9♈30	9♈29	9♈29
/♇	12♓24	12♓24	12♓23	12♓23	12♓23	12♓23	12♓23	12♓23	12♓23	12♓23	12♓23	12♓24	12♓24	12♓24	12♓24	12♓24
/☊	6♊00	6♊00	5♊60	5♊59	5♊58	5♊57	5♊55	5♊52	5♊50	5♊47	5♊45	5♊43	5♊42	5♊41	5♊41	5♊41
♆/♇	18♒41	18♒42	18♒43	18♒44	18♒45	18♒46	18♒47	18♒48	18♒49	18♒50	18♒51	18♒52	18♒53	18♒55	18♒56	18♒57
/☊	12♉18	12♉19	12♉20	12♉20	12♉20	12♉20	12♉19	12♉17	12♉15	12♉14	12♉12	12♉12	12♉11	12♉12	12♉12	12♉13
♇/☊	15♈04	15♈05	15♈07	15♈08	15♈09	15♈09	15♈08	15♈08	15♈07	15♈06	15♈05	15♈05	15♈05	15♈06	15♈07	15♈09

	17	18	19	20	21	22	23	24	25	26	27	28	29	30	31
☉/☽	25♎13	2♏48	10♏24	17♏60	25♏35	3♐08	10♐38	18♐03	25♐22	2♑34	9♑37	16♑33	23♑21	0♒01	6♒35
/☿	17♐59	19♐15	20♐31	21♐47	23♐04	24♐20	25♐37	26♐53	28♐10	29♐27	0♑44	2♑02	3♑19	4♑36	5♑54
/♀	10♑20	11♑28	12♑36	13♑43	14♑51	15♑58	17♑06	18♑13	19♑21	20♑28	21♑35	22♑43	23♑50	24♑58	26♑05
/♂	6♐32	7♐22	8♐13	9♐04	9♐54	10♐45	11♐35	12♐26	13♐17	14♐07	14♐58	15♐49	16♐40	17♐30	18♐21
/⚳	3♑20	4♑02	4♑45	5♑27	6♑10	6♑52	7♑35	8♑17	8♑60	9♑42	10♑25	11♑07	11♑50	12♑32	13♑15
/♃	28♐58	29♐36	0♑13	0♑51	1♑28	2♑05	2♑43	3♑20	3♑58	4♑35	5♑13	5♑50	6♑28	7♑05	7♑43
/♄	7♑12	7♑46	8♑20	8♑54	9♑28	10♑02	10♑36	11♑10	11♑44	12♑18	12♑52	13♑26	13♑60	14♑34	15♑08
/♅	28♒49	29♒19	29♒49	0♓19	0♓49	1♓19	1♓49	2♓19	2♓49	3♓20	3♓50	4♓20	4♓50	5♓20	5♓51
/♆	5♒23	5♒54	6♒25	6♒55	7♒26	7♒57	8♒28	8♒59	9♒30	10♒02	10♒33	11♒04	11♒35	12♒06	12♒37
/♇	8♑19	8♑50	9♑22	9♑53	10♑25	10♑56	11♑28	11♑59	12♑31	13♑02	13♑34	14♑06	14♑37	15♑09	15♑40
/☊	1♎35	2♎06	2♎36	3♎07	3♎37	4♎07	4♎37	5♎07	5♎38	6♎08	6♎39	7♎09	7♎40	8♎11	8♈41
☽/☿	18♎29	26♎18	4♏09	12♏00	19♏51	27♏39	5♐25	13♐05	20♐40	28♐07	5♑27	12♑39	19♑42	26♑39	3♒29
/♀	10♏50	18♏31	26♏14	3♐56	11♐38	19♐17	26♐53	4♑25	11♑50	19♑08	26♑18	3♒20	10♒14	17♒00	23♒40
/♂	7♎02	14♎26	21♎51	29♎17	6♏41	14♏04	21♏23	28♏38	5♐46	12♐48	19♐41	26♐26	3♑03	9♑33	15♑56
/⚳	3♏50	11♏06	18♏23	25♏40	2♐57	10♐11	17♐22	24♐29	1♑29	8♑22	15♑07	21♑44	28♑13	4♒35	10♒50
/♃	29♎28	6♏39	13♏51	21♏04	28♏15	5♐25	12♐31	19♐32	26♐27	3♑16	9♑56	16♑28	22♑51	29♑08	5♒18
/♄	7♏42	14♏49	21♏58	29♏07	6♐15	13♐21	20♐24	27♐21	4♑13	10♑58	17♑35	24♑03	0♒23	6♒36	12♒43
/♅	29♊19	6♋23	13♋27	20♋32	27♋36	4♒38	11♒37	18♒31	25♒19	1♓60	8♓33	14♓57	21♓14	27♓23	3♈26
/♆	5♊53	12♊57	20♐03	27♐09	4♑14	11♑17	18♑16	25♑11	1♒60	8♒42	15♒15	21♒41	27♒58	4♓08	10♓12
/♇	8♏49	15♏54	23♏00	0♐07	7♐12	14♐16	21♐16	28♐11	5♑00	11♑43	18♑17	24♑43	1♒01	7♒11	13♒16
/☊	2♌04	9♌09	16♌15	23♌20	0♍24	7♍27	14♍25	21♍19	28♍07	4♎48	11♈21	17♈47	24♈04	0♉13	6♉17
☿/♀	3♑36	4♑58	6♑21	7♑44	9♑06	10♑29	11♑52	13♑15	14♑38	16♑02	17♑25	18♑49	20♑12	21♑36	22♑60
/♂	29♏47	0♐53	1♐58	3♐04	4♐10	5♐16	6♐22	7♐28	8♐35	9♐41	10♐48	11♐55	13♐01	14♐08	15♐16
/⚳	26♐35	27♐33	28♐30	29♐28	0♑25	1♑23	2♑21	3♑19	4♑17	5♑16	6♑14	7♑13	8♑12	9♑10	10♑09
/♃	22♐14	23♐06	23♐59	24♐51	25♐44	26♐37	27♐30	28♐23	29♐16	0♑09	1♑03	1♑56	2♑50	3♑44	4♑37
/♄	0♑28	1♑16	2♑05	2♑54	3♑44	4♑33	5♑22	6♑12	7♑02	7♑51	8♑41	9♑31	10♑22	11♑12	12♑03
/♅	22♒05	22♒50	23♒35	24♒20	25♒05	25♒50	26♒36	27♒22	28♒07	28♒53	29♒39	0♓26	1♓12	1♓59	2♓45
/♆	28♑38	29♑24	0♒10	0♒56	1♒42	2♒29	3♒15	4♒02	4♒48	5♒35	6♒22	7♒09	7♒57	8♒44	9♒32
/♇	1♑35	2♑21	3♑07	3♑54	4♑41	5♑28	6♑14	7♑02	7♑49	8♑36	9♑24	10♑11	10♑59	11♑47	12♑35
/☊	24♍50	25♍36	26♍22	27♍07	27♍53	28♍38	29♍24	0♎10	0♎56	1♎42	2♎28	3♎15	4♎02	4♎49	5♎36
♀/♂	22♐09	23♐06	24♐03	24♐60	25♐57	26♐54	27♐51	28♐48	29♐45	0♑42	1♑39	2♑36	3♑33	4♑30	5♑27
/⚳	18♑57	19♑46	20♑35	21♑23	22♑12	23♑01	23♑50	24♑39	25♑28	26♑17	27♑05	27♑54	28♑43	29♑32	0♒21
/♃	14♑35	15♑19	16♑03	16♑47	17♑31	18♑15	18♑58	19♑42	20♑26	21♑10	21♑54	22♑37	23♑21	24♑05	24♑49
/♄	22♑49	23♑29	24♑10	24♑50	25♑30	26♑11	26♑51	27♑31	28♑12	28♑52	29♑33	0♒13	0♒53	1♒34	2♒14
/♅	14♓26	15♓03	15♓39	16♓15	16♓52	17♓28	18♓05	18♓41	19♓18	19♓54	20♓31	21♓07	21♓44	22♓20	22♓57
/♆	20♒60	21♒37	22♒14	22♒52	23♒29	24♒07	24♒44	25♒21	25♒59	26♒36	27♒13	27♒51	28♒28	29♒05	29♒43
/♇	23♑56	24♑34	25♑12	25♑50	26♑28	27♑05	27♑43	28♑21	28♑59	29♑37	0♒15	0♒53	1♒30	2♒08	2♒46
/☊	17♈12	17♈49	18♈26	19♈03	19♈40	20♈16	20♈53	21♈29	22♈06	22♈43	23♈19	23♈56	24♈33	25♈10	25♈47
♂/⚳	15♐08	15♐40	16♐12	16♐44	17♐16	17♐48	18♐20	18♐52	19♐24	19♐56	20♐28	21♐00	21♐32	22♐04	22♐37
/♃	10♐47	11♐13	11♐40	12♐07	12♐34	13♐01	13♐28	13♐55	14♐22	14♐49	15♐16	15♐43	16♐10	16♐37	17♐05
/♄	19♐00	19♐24	19♐47	20♐11	20♐34	20♐57	21♐21	21♐44	22♐08	22♐32	22♐55	23♐19	23♐42	24♐06	24♐30
/♅	10♒38	10♒57	11♒16	11♒36	11♒55	12♒15	12♒35	12♒54	13♒14	13♒33	13♒53	14♒13	14♒33	14♒53	15♒12
/♆	17♑11	17♑31	17♑52	18♑12	18♑33	18♑53	19♑14	19♑34	19♑55	20♑15	20♑36	20♑57	21♑17	21♑38	21♑59
/♇	20♐07	20♐28	20♐49	21♐10	21♐31	21♐52	22♐13	22♐34	22♐55	23♐16	23♐37	23♐59	24♐20	24♐41	25♐02
/☊	13♍23	13♍43	14♍04	14♍24	14♍43	15♍03	15♍23	15♍42	16♍02	16♍22	16♍42	17♍02	17♍23	17♍43	18♍03
⚳/♃	7♑35	7♑53	8♑12	8♑31	8♑50	9♑09	9♑27	9♑46	10♑05	10♑24	10♑43	11♑02	11♑21	11♑39	11♑58
/♄	15♑48	16♑04	16♑19	16♑34	16♑49	17♑05	17♑20	17♑35	17♑51	18♑06	18♑22	18♑37	18♑53	19♑08	19♑24
/♅	7♓26	7♓37	7♓48	7♓59	8♓11	8♓22	8♓34	8♓45	8♓57	9♓08	9♓20	9♓31	9♓43	9♓55	10♓06
/♆	13♒59	14♒11	14♒24	14♒36	14♒48	15♒01	15♒13	15♒25	15♒38	15♒50	16♒03	16♒15	16♒27	16♒40	16♒53
/♇	16♑55	17♑08	17♑21	17♑34	17♑47	17♑59	18♑12	18♑25	18♑38	18♑51	19♑04	19♑17	19♑30	19♑43	19♑56
/☊	10♈11	10♈23	10♈35	10♈47	10♈59	11♈10	11♈22	11♈33	11♈45	11♈57	12♈09	12♈21	12♈33	12♈45	12♈57
♃/♄	11♑27	11♑37	11♑47	11♑58	12♑08	12♑18	12♑29	12♑39	12♑49	12♑60	13♑10	13♑20	13♑31	13♑41	13♑52
/♅	3♓04	3♓10	3♓17	3♓23	3♓29	3♓36	3♓42	3♓49	3♓55	4♓01	4♓08	4♓15	4♓21	4♓28	4♓34
/♆	9♒38	9♒45	9♒52	9♒59	10♒07	10♒14	10♒21	10♒29	10♒36	10♒43	10♒51	10♒58	11♒06	11♒13	11♒21
/♇	12♑34	12♑42	12♑49	12♑57	13♑05	13♑13	13♑21	13♑29	13♑36	13♑44	13♑52	14♑00	14♑08	14♑16	14♑24
/☊	5♎50	5♎57	6♎04	6♎11	6♎17	6♎24	6♎30	6♎37	6♎43	6♎50	6♎57	7♎04	7♎11	7♎18	7♎25
♄/♅	11♓18	11♓21	11♓23	11♓26	11♓29	11♓32	11♓35	11♓38	11♓41	11♓44	11♓47	11♓50	11♓53	11♓56	11♓59
/♆	17♒51	17♒55	17♒59	18♒03	18♒06	18♒10	18♒14	18♒18	18♒22	18♒26	18♒30	18♒34	18♒38	18♒42	18♒46
/♇	20♑48	20♑52	20♑56	21♑00	21♑05	21♑09	21♑13	21♑18	21♑22	21♑27	21♑31	21♑36	21♑40	21♑44	21♑49
/☊	14♈03	14♈07	14♈11	14♈14	14♈17	14♈20	14♈23	14♈26	14♈29	14♈32	14♈36	14♈39	14♈43	14♈46	14♈50
♅/♆	9♈29	9♈28	9♈28	9♈28	9♈28	9♈28	9♈28	9♈28	9♈28	9♈28	9♈28	9♈28	9♈28	9♈28	9♈28
/♇	12♓25	12♓25	12♓25	12♓26	12♓26	12♓27	12♓27	12♓27	12♓28	12♓29	12♓29	12♓30	12♓30	12♓31	12♓32
/☊	5♊40	5♊40	5♊40	5♊39	5♊38	5♊37	5♊36	5♊35	5♊35	5♊34	5♊34	5♊33	5♊33	5♊33	5♊33
♆/♇	18♒58	18♒60	19♒01	19♒02	19♒03	19♒05	19♒06	19♒08	19♒09	19♒10	19♒12	19♒13	19♒15	19♒16	19♒18
/☊	12♉14	12♉15	12♉15	12♉16	12♉16	12♉16	12♉16	12♉16	12♉16	12♉16	12♉17	12♉17	12♉18	12♉18	12♉19
♇/☊	15♈10	15♈12	15♈13	15♈14	15♈14	15♈15	15♈15	15♈16	15♈16	15♈17	15♈18	15♈19	15♈20	15♈21	15♈22

December 2019

January 2020

	1	2	3	4	5	6	7	8	9	10	11	12	13	14	15	16	17	18	19	20	21	22	23	24	25	26	27	28	29	30	31	
☉/☽	13♒04	19♒31	25♒58	2♓27	9♓00	15♓40	22♓29	29♓27	6♈37	13♈57	21♎28	29♎06	6♏50	14♏37	22♏24	0♐07	7♐46	15♐18	22♐44	0♑03	7♑15	14♑20	21♑20	28♑13	5♒00	11♒42	18♒19	24♒51	1♓20	7♓46	14♓12	☉/☽
/☿	7♑12	8♑30	9♑48	11♑06	12♑24	13♑43	15♑02	16♑21	17♑40	18♑59	20♑19	21♑38	22♑58	24♑19	25♑39	26♑60	28♑21	29♑42	1♒03	2♒25	3♒47	5♒09	6♒31	7♒53	9♒15	10♒37	11♒60	13♒22	14♒44	16♒05	17♒26	/☿
/♀	27♑13	28♑20	29♑27	0♒34	1♒42	2♒49	3♒56	5♒03	6♒11	7♒18	8♒25	9♒32	10♒39	11♒46	12♒53	13♒60	15♒07	16♒13	17♒20	18♒27	19♒34	20♒40	21♒47	22♒54	24♒00	25♒07	26♒13	27♒20	28♒26	29♒32	0♓38	/♀
/♂	19♐12	20♐03	20♐53	21♐44	22♐35	23♐26	24♐16	25♐07	25♐58	26♐49	27♐40	28♐31	29♐21	0♑12	1♑03	1♑54	2♑45	3♑36	4♑27	5♑18	6♑09	6♑60	7♑50	8♑41	9♑32	10♑23	11♑14	12♑05	12♑56	13♑47	14♑38	/♂
/⚷	13♑57	14♑40	15♑23	16♑05	16♑48	17♑30	18♑13	18♑55	19♑38	20♑20	21♑03	21♑46	22♑28	23♑11	23♑53	24♑36	25♑18	26♑01	26♑43	27♑26	28♑08	28♑51	29♑33	0♒16	0♒58	1♒41	2♒23	3♒06	3♒48	4♒30	5♒13	/⚷
/♃	8♑20	8♑58	9♑35	10♑13	10♑50	11♑28	12♑05	12♑43	13♑20	13♑58	14♑35	15♑12	15♑50	16♑27	17♑05	17♑42	18♑19	18♑57	19♑34	20♑11	20♑49	21♑26	22♑03	22♑40	23♑18	23♑55	24♑32	25♑09	25♑46	26♑23	27♑00	/♃
/♄	15♑42	16♑16	16♑50	17♑24	17♑59	18♑33	19♑07	19♑41	20♑15	20♑49	21♑23	21♑57	22♑31	23♑06	23♑40	24♑14	24♑48	25♑22	25♑56	26♑30	27♑04	27♑38	28♑12	28♑46	29♑21	29♑55	0♒29	1♒03	1♒37	2♒11	2♒45	/♄
/♅	6♓21	6♓51	7♓22	7♓52	8♓23	8♓53	9♓23	9♓54	10♓24	10♓55	11♓25	11♓56	12♓27	12♓57	13♓28	13♓59	14♓29	15♓00	15♓31	16♓02	16♓32	17♓03	17♓34	18♓05	18♓36	19♓07	19♓38	20♓08	20♓39	21♓10	21♓41	/♅
/♆	13♒08	13♒39	14♒11	14♒42	15♒13	15♒44	16♒15	16♒47	17♒18	17♒49	18♒20	18♒52	19♒23	19♒54	20♒26	20♒57	21♒28	21♒60	22♒31	23♒02	23♒34	24♒05	24♒37	25♒08	25♒40	26♒11	26♒42	27♒14	27♒45	28♒17	28♒48	/♆
/♇	16♑12	16♑43	17♑15	17♑47	18♑18	18♑50	19♑21	19♑53	20♑24	20♑56	21♑28	21♑59	22♑31	23♑02	23♑34	24♑05	24♑37	25♑09	25♑40	26♑12	26♑43	27♑15	27♑46	28♑18	28♑49	29♑21	29♑52	0♒24	0♒55	1♒27	1♒58	/♇
/☊	9♈12	9♈42	10♈13	10♈43	11♈14	11♈45	12♈16	12♈47	13♈18	13♈49	14♈19	14♈49	15♈19	15♈48	16♈18	16♈48	17♈18	17♈48	18♈19	18♈51	19♈22	19♈53	20♈24	20♈54	21♈23	21♈52	22♈20	22♈48	23♈16	23♈44	24♈12	/☊
☽/☿	10♒15	16♒59	23♒43	0♓29	7♓19	14♓17	21♓23	28♓39	6♈07	13♈46	21♎34	29♎32	7♏35	15♏41	23♏47	1♐50	9♐48	17♐41	25♐27	3♑06	10♑38	18♑05	25♑25	2♒39	9♒48	16♒51	23♒49	0♓42	7♓32	14♓19	21♓05	☽/☿
/♀	0♓16	6♓49	13♓22	19♓57	26♓37	3♈23	10♈17	17♈22	24♈38	2♉04	9♉40	17♉25	25♉15	3♐08	11♐00	18♐49	26♐34	4♑12	11♑43	19♑08	26♑25	3♒37	10♒41	17♒40	24♒33	1♓20	8♓02	14♓40	21♓14	27♓46	4♈17	/♀
/♂	22♑15	28♑32	4♒48	11♒07	17♒30	23♒59	0♓38	7♍26	14♍25	21♍35	28♍55	6♎24	13♎58	21♎34	29♎10	6♏44	14♏12	21♏35	28♏50	5♐59	13♐00	19♐56	26♐45	3♑28	10♑05	16♑37	23♑03	29♑26	5♒44	12♒01	18♒17	/♂
/⚷	17♒01	23♒09	29♒18	5♓28	11♓43	18♓04	24♓34	1♈14	8♈05	15♈07	22♎19	29♎39	7♏04	14♏33	22♏01	29♏26	6♐46	13♐60	21♐07	28♐07	5♑00	11♑47	18♑28	25♑02	1♒31	7♒54	14♒12	20♒26	26♒36	2♓44	8♓52	/⚷
/♃	11♒24	17♒27	23♒30	29♒36	5♓45	12♓01	18♓26	25♓01	1♈47	8♈44	15♎51	23♎06	0♏26	7♏49	15♏12	22♏32	29♏47	6♐55	13♐57	20♐52	27♐40	4♑22	10♑57	17♑27	23♑50	0♒08	6♒21	12♒29	18♒34	24♒37	0♓39	/♃
/♄	18♒46	24♒46	0♓45	6♓47	12♓53	19♓06	25♓28	1♈60	8♈42	15♈36	22♎39	29♎51	7♏08	14♏27	21♏47	29♏04	6♐15	13♐21	20♐19	27♐11	3♑56	10♑34	17♑07	23♑33	29♑53	6♒08	12♒18	18♒23	24♒25	0♓24	6♓23	/♄
/♅	9♈25	15♈21	21♈17	27♈15	3♉17	9♉27	15♉45	22♉13	28♉52	5♊41	12♊41	19♊49	27♊03	4♋19	11♋35	18♋48	25♋57	2♒59	9♒54	16♒42	23♒24	29♒59	6♓28	12♓51	19♓08	25♓20	1♈27	7♈29	13♈28	19♈24	25♈20	/♅
/♆	16♓12	22♓09	28♓06	4♈04	10♈08	16♈18	22♈37	29♈05	5♉45	12♉36	19♉36	26♉45	3♊59	11♊16	18♐33	25♐47	2♑56	9♑58	16♑54	23♑43	0♒26	7♒01	13♒31	19♒54	26♒12	2♓24	8♓31	14♓34	20♓33	26♓30	2♈27	/♆
/♇	19♒15	25♒13	1♓10	7♓09	13♓13	19♓23	25♓42	2♈11	8♈52	15♈42	22♎43	29♎52	7♏07	14♏24	21♏41	28♏55	6♐04	13♐07	20♐03	26♐53	3♑35	10♑11	16♑41	23♑04	29♑22	5♒34	11♒41	17♒44	23♒43	29♒40	5♓37	/♇
/☊	12♉15	18♉12	24♉08	0♊06	6♊09	12♊19	18♊37	25♊06	1♋45	8♋35	15♋35	22♋42	29♋55	7♌10	14♌25	21♌37	28♌45	5♍47	12♍43	19♍31	26♍14	2♎49	9♈18	15♈40	21♈56	28♈05	4♉09	10♉08	16♉04	21♉57	27♉51	/☊
☿/♀	24♑24	25♑48	27♑12	28♑36	0♒01	1♒26	2♒50	4♒15	5♒41	7♒06	8♒31	9♒57	11♒23	12♒49	14♒15	15♒42	17♒09	18♒36	20♒03	21♒30	22♒57	24♒25	25♒53	27♒20	28♒48	0♓16	1♓43	3♓11	4♓38	6♓05	7♓31	☿/♀
/♂	16♐23	17♐30	18♐38	19♐46	20♐54	22♐02	23♐11	24♐19	25♐28	26♐37	27♐46	28♐56	0♑06	1♑16	2♑26	3♑36	4♑47	5♑58	7♑09	8♑21	9♑32	10♑44	11♑56	13♑08	14♑20	15♑32	16♑44	17♑56	19♑08	20♑20	21♑31	/♂
/⚷	11♑09	12♑08	13♑07	14♑07	15♑07	16♑07	17♑07	18♑07	19♑08	20♑09	21♑10	22♑11	23♑12	24♑14	25♑16	26♑18	27♑20	28♑23	29♑26	0♒29	1♒32	2♒35	3♒39	4♒42	5♒46	6♒50	7♒53	8♒57	10♒00	11♒03	12♒05	/⚷
/♃	5♑32	6♑26	7♑20	8♑15	9♑09	10♑04	10♑59	11♑55	12♑50	13♑46	14♑42	15♑38	16♑34	17♑31	18♑27	19♑24	20♑21	21♑19	22♑16	23♑14	24♑12	25♑10	26♑09	27♑07	28♑05	29♑04	0♒02	1♒00	1♒58	2♒56	3♒53	/♃
/♄	12♑53	13♑44	14♑35	15♑26	16♑18	17♑09	18♑01	18♑53	19♑45	20♑37	21♑30	22♑23	23♑16	24♑09	25♑02	25♑56	26♑50	27♑44	28♑39	29♑33	0♒28	1♒23	2♒18	3♒13	4♒08	5♒04	5♒59	6♒54	7♒49	8♒43	9♒37	/♄
/♅	3♓32	4♓19	5♓07	5♓54	6♓42	7♓30	8♓18	9♓06	9♓54	10♓43	11♓32	12♓21	13♓11	14♓01	14♓51	15♓41	16♓31	17♓22	18♓13	19♓04	19♓56	20♓48	21♓39	22♓31	23♓23	24♓16	25♓08	25♓60	26♓51	27♓43	28♓34	/♅
/♆	10♒19	11♒07	11♒55	12♒44	13♒32	14♒21	15♒10	15♒59	16♒48	17♒37	18♒27	19♒17	20♒07	20♒58	21♒48	22♒39	23♒31	24♒22	25♒14	26♒05	26♒58	27♒50	28♒42	29♒35	0♓27	1♓20	2♓13	3♓05	3♓57	4♓49	5♓41	/♆
/♇	13♑23	14♑11	14♑60	15♑48	16♑37	17♑26	18♑15	19♑05	19♑54	20♑44	21♑34	22♑24	23♑15	24♑06	24♑57	25♑48	26♑39	27♑31	28♑23	29♑15	0♒07	0♒59	1♒52	2♒44	3♒37	4♒30	5♒22	6♒15	7♒07	7♒59	8♒51	/♇
/☊	6♎23	7♎10	7♎58	8♈45	9♈33	10♈22	11♈10	11♈59	12♈48	13♈37	14♈26	15♈14	16♈03	16♈52	17♈41	18♈30	19♈20	20♈11	21♈02	21♈54	22♈46	23♈38	24♈29	25♈20	26♈11	27♈01	27♈50	28♈39	29♈28	0♉16	1♉05	/☊
♀/♂	6♑24	7♑21	8♑18	9♑15	10♑11	11♑08	12♑05	13♑02	13♑59	14♑56	15♑52	16♑49	17♑46	18♑43	19♑39	20♑36	21♑33	22♑29	23♑26	24♑23	25♑19	26♑16	27♑12	28♑09	29♑05	0♒02	0♒58	1♒54	2♒51	3♒47	4♒43	♀/♂
/⚷	1♒09	1♒58	2♒47	3♒36	4♒24	5♒13	6♒02	6♒50	7♒39	8♒27	9♒16	10♒04	10♒53	11♒41	12♒29	13♒18	14♒06	14♒54	15♒43	16♒31	17♒19	18♒07	18♒55	19♒43	20♒31	21♒19	22♒07	22♒55	23♒42	24♒30	25♒18	/⚷
/♃	25♑32	26♑16	26♑60	27♑43	28♑27	29♑10	29♑54	0♒37	1♒21	2♒04	2♒48	3♒31	4♒14	4♒58	5♒41	6♒24	7♒07	7♒50	8♒33	9♒16	9♒59	10♒42	11♒25	12♒08	12♒50	13♒33	14♒16	14♒58	15♒41	16♒23	17♒05	/♃
/♄	2♒54	3♒34	4♒15	4♒55	5♒35	6♒15	6♒55	7♒36	8♒16	8♒56	9♒36	10♒16	10♒56	11♒36	12♒16	12♒56	13♒36	14♒16	14♒55	15♒35	16♒15	16♒55	17♒34	18♒14	18♒53	19♒33	20♒12	20♒52	21♒31	22♒10	22♒50	/♄
/♅	23♓33	24♓10	24♓46	25♓23	25♓59	26♓36	27♓12	27♓49	28♓25	29♓02	29♓38	0♈15	0♈51	1♈28	2♈04	2♈41	3♈17	3♈54	4♈30	5♈06	5♈43	6♈19	6♈56	7♈32	8♈09	8♈45	9♈21	9♈58	10♈34	11♈10	11♈46	/♅
/♆	0♓20	0♓58	1♓35	2♓12	2♓50	3♓27	4♓04	4♓41	5♓19	5♓56	6♓33	7♓10	7♓48	8♓25	9♓02	9♓39	10♓16	10♓53	11♓30	12♓07	12♓44	13♓21	13♓58	14♓35	15♓12	15♓49	16♓26	17♓03	17♓40	18♓16	18♓53	/♆
/♇	3♒24	4♒02	4♒39	5♒17	5♒55	6♒32	7♒10	7♒48	8♒25	9♒03	9♒40	10♒18	10♒55	11♒33	12♒10	12♒47	13♒25	14♒02	14♒39	15♒17	15♒54	16♒31	17♒08	17♒45	18♒22	18♒59	19♒36	20♒13	20♒50	21♒27	22♒03	/♇
/☊	26♈24	27♈00	27♈37	28♈14	28♈51	29♈28	0♉05	0♉42	1♉19	1♉55	2♉32	3♉08	3♉43	4♉19	4♉54	5♉30	6♉06	6♉42	7♉19	7♉56	8♉32	9♉09	9♉46	10♉21	10♉56	11♉30	12♉04	12♉37	13♉10	13♉43	14♉17	/☊
♂/⚷	23♐09	23♐41	24♐13	24♐45	25♐17	25♐50	26♐22	26♐54	27♐26	27♐59	28♐31	29♐03	29♐35	0♑08	0♑40	1♑12	1♑45	2♑17	2♑49	3♑22	3♑54	4♑26	4♑59	5♑31	6♑03	6♑36	7♑08	7♑40	8♑13	8♑45	9♑17	♂/⚷
/♃	17♐32	17♐59	18♐26	18♐53	19♐20	19♐47	20♐14	20♐41	21♐08	21♐36	22♐03	22♐30	22♐57	23♐24	23♐51	24♐18	24♐46	25♐13	25♐40	26♐07	26♐34	27♐01	27♐28	27♐55	28♐23	28♐50	29♐17	29♐44	0♑11	0♑38	1♑05	/♃
/♄	24♐53	25♐17	25♐41	26♐04	26♐28	26♐52	27♐16	27♐40	28♐03	28♐27	28♐51	29♐15	29♐39	0♑02	0♑26	0♑50	1♑14	1♑38	2♑02	2♑26	2♑50	3♑14	3♑38	4♑02	4♑26	4♑49	5♑13	5♑37	6♑01	6♑25	6♑49	/♄
/♅	15♒32	15♒52	16♒12	16♒32	16♒52	17♒12	17♒32	17♒53	18♒13	18♒33	18♒53	19♒14	19♒34	19♒54	20♒15	20♒35	20♒56	21♒16	21♒37	21♒57	22♒18	22♒38	22♒59	23♒20	23♒41	24♒01	24♒22	24♒43	25♒04	25♒25	25♒46	/♅
/♆	22♑19	22♑40	23♑01	23♑22	23♑43	24♑04	24♑24	24♑45	25♑06	25♑27	25♑48	26♑09	26♑30	26♑51	27♑12	27♑33	27♑55	28♑16	28♑37	28♑58	29♑19	29♑41	0♒02	0♒23	0♒44	1♒06	1♒27	1♒49	2♒10	2♒31	2♒53	/♆
/♇	25♐23	25♐44	26♐05	26♐27	26♐48	27♐09	27♐30	27♐52	28♐13	28♐34	28♐55	29♐17	29♐38	29♐59	0♑21	0♑42	1♑03	1♑25	1♑46	2♑07	2♑29	2♑50	3♑11	3♑33	3♑54	4♑16	4♑37	4♑59	5♑20	5♑41	6♑03	/♇
/☊	18♍23	18♍43	19♍03	19♍23	19♍44	20♍04	20♍25	20♍46	21♍06	21♍27	21♍47	22♍06	22♍26	22♍45	23♍05	23♍24	23♍44	24♍04	24♍25	24♍46	25♍07	25♍28	25♍49	26♍09	26♍28	26♍47	27♍05	27♍23	27♍40	27♍58	28♍17	/☊
⚷/♃	12♑17	12♑36	12♑55	13♑14	13♑33	13♑52	14♑11	14♑29	14♑48	15♑07	15♑26	15♑45	16♑04	16♑23	16♑41	17♑00	17♑19	17♑38	17♑56	18♑15	18♑34	18♑53	19♑11	19♑30	19♑48	20♑07	20♑26	20♑44	21♑03	21♑21	21♑40	⚷/♃
/♄	19♑39	19♑54	20♑10	20♑26	20♑41	20♑57	21♑12	21♑28	21♑43	21♑59	22♑14	22♑30	22♑45	23♑01	23♑16	23♑32	23♑47	24♑03	24♑19	24♑34	24♑50	25♑05	25♑21	25♑36	25♑51	26♑07	26♑22	26♑38	26♑53	27♑09	27♑24	/♄
/♅	10♓18	10♓30	10♓41	10♓53	11♓05	11♓17	11♓29	11♓41	11♓53	12♓05	12♓17	12♓29	12♓41	12♓53	13♓05	13♓17	13♓29	13♓41	13♓53	14♓05	14♓18	14♓30	14♓42	14♓54	15♓07	15♓19	15♓31	15♓44	15♓56	16♓08	16♓21	/♅
/♆	17♒05	17♒18	17♒30	17♒43	17♒55	18♒08	18♒21	18♒33	18♒46	18♒59	19♒12	19♒24	19♒37	19♒50	20♒02	20♒15	20♒28	20♒41	20♒54	21♒06	21♒19	21♒32	21♒45	21♒58	22♒10	22♒23	22♒36	22♒49	23♒02	23♒15	23♒27	/♆
/♇	20♑09	20♑22	20♑35	20♑48	21♑01	21♑14	21♑27	21♑40	21♑53	22♑06	22♑19	22♑32	22♑45	22♑58	23♑11	23♑24	23♑37	23♑50	24♑03	24♑15	24♑28	24♑41	24♑54	25♑07	25♑20	25♑33	25♑46	25♑59	26♑12	26♑25	26♑38	/♇
/☊	13♈09	13♈21	13♈32	13♈45	13♈57	14♈09	14♈21	14♈34	14♈46	14♈58	15♈10	15♈22	15♈33	15♈44	15♈55	16♈06	16♈17	16♈29	16♈42	16♈54	17♈07	17♈20	17♈32	17♈43	17♈54	18♈04	18♈14	18♈23	18♈32	18♈42	18♈52	/☊
♃/♄	14♑02	14♑12	14♑23	14♑33	14♑44	14♑54	15♑05	15♑15	15♑25	15♑36	15♑46	15♑57	16♑07	16♑17	16♑28	16♑38	16♑49	16♑59	17♑09	17♑19	17♑30	17♑40	17♑50	18♑01	18♑11	18♑21	18♑31	18♑41	18♑51	19♑01	19♑11	♃/♄
/♅	4♓41	4♓48	4♓54	5♓01	5♓08	5♓14	5♓21	5♓28	5♓35	5♓42	5♓49	5♓55	6♓02	6♓09	6♓16	6♓23	6♓30	6♓37	6♓44	6♓51	6♓58	7♓05	7♓12	7♓19	7♓26	7♓33	7♓40	7♓47	7♓54	8♓01	8♓08	/♅
/♆	11♒28	11♒36	11♒43	11♒51	11♒58	12♒06	12♒13	12♒21	12♒28	12♒36	12♒43	12♒51	12♒59	13♒06	13♒14	13♒21	13♒29	13♒37	13♒44	13♒52	13♒59	14♒07	14♒15	14♒22	14♒30	14♒37	14♒45	14♒52	14♒60	15♒07	15♒15	/♆
/♇	14♑32	14♑40	14♑47	14♑55	15♑03	15♑11	15♑19	15♑27	15♑35	15♑43	15♑51	15♑58	16♑06	16♑14	16♑22	16♑30	16♑38	16♑45	16♑53	17♑01	17♑09	17♑16	17♑24	17♑32	17♑39	17♑47	17♑55	18♑02	18♑10	18♑18	18♑25	/♇
/☊	7♎32	7♎38	7♎45	7♎52	7♎59	8♎06	8♎14	8♎21	8♈28	8♈35	8♈42	8♈48	8♈54	9♈00	9♈06	9♈12	9♈18	9♈25	9♈32	9♈40	9♈47	9♈55	10♈02	10♈08	10♈13	10♈18	10♈23	10♈26	10♈30	10♈34	10♈39	/☊
♄/♅	12♓03	12♓06	12♓09	12♓13	12♓16	12♓19	12♓23	12♓26	12♓30	12♓33	12♓37	12♓40	12♓44	12♓47	12♓51	12♓55	12♓58	13♓02	13♓06	13♓10	13♓14	13♓17	13♓21	13♓25	13♓29	13♓33	13♓37	13♓41	13♓45	13♓49	13♓53	♄/♅
/♆	18♒50	18♒54	18♒58	19♒02	19♒06	19♒10	19♒15	19♒19	19♒23	19♒27	19♒32	19♒36	19♒40	19♒45	19♒49	19♒53	19♒58	20♒02	20♒06	20♒11	20♒15	20♒19	20♒24	20♒28	20♒33	20♒37	20♒42	20♒46	20♒50	20♒55	20♒59	/♆
/♇	21♑53	21♑58	22♑02	22♑07	22♑11	22♑16	22♑21	22♑25	22♑30	22♑34	22♑39	22♑43	22♑48	22♑52	22♑57	23♑02	23♑06	23♑11	23♑15	23♑20	23♑24	23♑29	23♑33	23♑38	23♑42	23♑47	23♑51	23♑56	24♑00	24♑05	24♑09	/♇
/☊	14♈53	14♈57	15♈00	15♈04	15♈07	15♈11	15♈15	15♈19	15♈23	15♈27	15♈30	15♈33	15♈36	15♈39	15♈41	15♈44	15♈47	15♈51	15♈54	15♈59	16♈03	16♈07	16♈11	16♈14	16♈16	16♈18	16♈19	16♈20	16♈21	16♈22	16♈23	/☊
♅/♆	9♈29	9♈29	9♈29	9♈30	9♈30	9♈31	9♈31	9♈32	9♈33	9♈33	9♈34	9♈35	9♈35	9♈36	9♈37	9♈38	9♈39	9♈40	9♈41	9♈42	9♈43	9♈44	9♈45	9♈47	9♈48	9♈49	9♈50	9♈52	9♈53	9♈55	9♈56	♅/♆
/♇	12♓32	12♓33	12♓34	12♓35	12♓36	12♓36	12♓37	12♓38	12♓39	12♓40	12♓41	12♓42	12♓43	12♓44	12♓45	12♓46	12♓48	12♓49	12♓50	12♓51	12♓52	12♓54	12♓55	12♓56	12♓58	12♓59	13♓00	13♓02	13♓03	13♓05	13♓06	/♇
/☊	5♊32	5♊32	5♊32	5♊32	5♊32	5♊32	5♊32	5♊32	5♊33	5♊33	5♊32	5♊32	5♊31	5♊30	5♊29	5♊29	5♊28	5♊29	5♊29	5♊30	5♊31	5♊32	5♊32	5♊32	5♊32	5♊30	5♊28	5♊26	5♊24	5♊22	5♊20	/☊
♆/♇	19♒20	19♒21	19♒23	19♒24	19♒26	19♒28	19♒29	19♒31	19♒33	19♒34	19♒36	19♒38	19♒40	19♒41	19♒43	19♒45	19♒47	19♒48	19♒50	19♒52	19♒54	19♒56	19♒58	19♒60	20♒01	20♒03	20♒05	20♒07	20♒09	20♒11	20♒13	♆/♇
/☊	12♉19	12♉20	12♉20	12♉21	12♉22	12♉23	12♉24	12♉25	12♉26	12♉27	12♉27	12♉28	12♉28	12♉27	12♉27	12♉27	12♉28	12♉28	12♉30	12♉31	12♉33	12♉34	12♉35	12♉36	12♉35	12♉35	12♉33	12♉31	12♉29	12♉28	12♉27	/☊
♇/☊	15♈23	15♈24	15♈25	15♈26	15♈27	15♈28	15♈30	15♈31	15♈33	15♈34	15♈35	15♈35	15♈35	15♈35	15♈35	15♈36	15♈36	15♈37	15♈38	15♈40	15♈42	15♈44	15♈45	15♈45	15♈45	15♈44	15♈43	15♈41	15♈39	15♈38	15♈37	♇/☊

January 2020

February 2020

	1	2	3	4	5	6	7	8	9	10	11	12	13	14	15
☉/☽	20♓40	27♓11	3♈49	10♈35	17♈33	24♈42	2♉06	9♉42	17♉30	25♏27	3♐28	11♐28	19♐24	27♐11	4♑47
/☿	18♒47	20♒06	21♒25	22♒43	23♒59	25♒13	26♒25	27♒35	28♒43	29♒47	0♓47	1♓44	2♓37	3♓25	4♓08
/♀	1♓45	2♓51	3♓57	5♓03	6♓09	7♓14	8♓20	9♓26	10♓32	11♓37	12♓42	13♓48	14♓53	15♓58	17♓03
/♂	15♑29	16♑20	17♑11	18♑02	18♑53	19♑44	20♑35	21♑26	22♑16	23♑07	23♑58	24♑49	25♑40	26♑31	27♑22
/⚳	5♒55	6♒37	7♒20	8♒02	8♒44	9♒26	10♒09	10♒51	11♒33	12♒15	12♒57	13♒39	14♒21	15♒03	15♒45
/♃	27♑37	28♑14	28♑51	29♑28	0♒05	0♒42	1♒18	1♒55	2♒32	3♒09	3♒45	4♒22	4♒58	5♒35	6♒11
/♄	3♒18	3♒52	4♒26	5♒00	5♒34	6♒08	6♒42	7♒15	7♒49	8♒23	8♒57	9♒30	10♒04	10♒37	11♒11
/♅	22♓12	22♓43	23♓14	23♓45	24♓16	24♓48	25♓19	25♓50	26♓21	26♓52	27♓23	27♓54	28♓25	28♓57	29♓28
/♆	29♒20	29♒51	0♓22	0♓54	1♓25	1♓57	2♓28	2♓59	3♓31	4♓02	4♓34	5♓05	5♓36	6♓08	6♓39
/♇	2♒30	3♒01	3♒32	4♒04	4♒35	5♒07	5♒38	6♒09	6♒41	7♒12	7♒43	8♒14	8♒46	9♒17	9♒48
/☊	24♈41	25♈12	25♈42	26♈13	26♈45	27♈16	27♈46	28♈15	28♈44	29♈11	29♈38	0♉05	0♉32	1♉00	1♉29
☽/☿	27♓52	4♈42	11♈38	18♈41	25♈54	3♉17	10♉52	18♉37	26♉32	4♊32	12♐33	20♐29	28♐17	5♑51	13♑11
/♀	10♈50	17♈27	24♈10	1♉01	8♉03	15♉18	22♉47	0♊28	8♊21	16♊22	24♊28	2♋33	10♑33	18♑25	26♑06
/♂	24♒35	0♓56	7♓24	14♓00	20♓48	27♍47	5♎01	12♎28	20♎06	27♎53	5♏44	13♏34	21♏20	28♏57	6♐24
/⚳	15♓01	21♓14	27♓33	4♈00	10♈39	17♈30	24♈35	1♉53	9♏22	17♏00	24♏43	2♐24	10♐01	17♐29	24♐47
/♃	6♓43	12♓50	19♓04	25♓26	1♈60	8♈46	15♎45	22♎57	0♏21	7♏54	15♏31	23♏07	0♐38	8♐01	15♐13
/♄	12♓24	18♓29	24♓39	0♈59	7♈29	14♈12	21♈08	28♎17	5♏39	13♏08	20♏42	28♏15	5♐44	13♐04	20♐13
/♅	1♉18	7♉20	13♉27	19♉44	26♉11	2♊51	9♊45	16♊52	24♊10	1♋37	9♋09	16♋39	24♋05	1♌23	8♒30
/♆	8♈25	14♈27	20♈35	26♈52	3♉20	10♉00	16♉54	24♉02	1♊20	8♊48	16♊19	23♐50	1♑16	8♑34	15♑41
/♇	11♓35	17♓37	23♓45	0♈02	6♈30	13♈10	20♈04	27♎11	4♏30	11♏57	19♏29	26♏60	4♐25	11♐43	18♐50
/☊	3♊47	9♊48	15♊55	22♊12	28♊40	5♋19	12♋12	19♋17	26♋33	3♌56	11♌24	18♌50	26♌12	3♍26	10♍31
☿/♀	8♓57	10♓22	11♓46	13♓08	14♓29	15♓49	17♓06	18♓21	19♓33	20♓42	21♓48	22♓49	23♓46	24♓39	25♓27
/♂	22♑41	23♑51	24♑60	26♑07	27♑14	28♑18	29♑21	0♒21	1♒18	2♒12	3♒03	3♒50	4♒33	5♒12	5♒45
/⚳	13♒07	14♒08	15♒09	16♒08	17♒05	18♒01	18♒54	19♒46	20♒34	21♒20	22♒02	22♒40	23♒14	23♒44	24♒08
/♃	4♒50	5♒45	6♒40	7♒34	8♒26	9♒16	10♒04	10♒50	11♒34	12♒14	12♒50	13♒23	13♒52	14♒15	14♒35
/♄	10♒31	11♒23	12♒15	13♒06	13♒55	14♒42	15♒28	16♒10	16♒51	17♒28	18♒02	18♒31	18♒57	19♒18	19♒34
/♅	29♓25	0♈14	1♈03	1♈51	2♈37	3♈22	4♈05	4♈45	5♈22	5♈57	6♈28	6♈55	7♈19	7♈37	7♈51
/♆	6♓32	7♓22	8♓11	8♓59	9♓46	10♓31	11♓14	11♓55	12♓32	13♓07	13♓39	14♓06	14♓30	14♓49	15♓03
/♇	9♒42	10♒32	11♒21	12♒09	12♒56	13♒41	14♒24	15♒04	15♒42	16♒17	16♒48	17♒16	17♒39	17♒57	18♒11
/☊	1♉54	2♉43	3♉31	4♉19	5♉06	5♉50	6♉32	7♉10	7♉45	8♉16	8♉43	9♉06	9♉25	9♉41	9♉52
♀/♂	5♒39	6♒35	7♒32	8♒28	9♒24	10♒19	11♒15	12♒11	13♒07	14♒03	14♒58	15♒54	16♒49	17♒45	18♒40
/⚳	26♒05	26♒53	27♒40	28♒28	29♒15	0♓02	0♓49	1♓36	2♓23	3♓10	3♓57	4♓44	5♓30	6♓17	7♓04
/♃	17♒48	18♒30	19♒12	19♒54	20♒36	21♒18	21♒59	22♒41	23♒22	24♒04	24♒45	25♒27	26♒08	26♒49	27♒30
/♄	23♒29	24♒08	24♒47	25♒26	26♒05	26♒44	27♒22	28♒01	28♒40	29♒18	29♒57	0♓35	1♓13	1♓51	2♓29
/♅	12♈23	12♈59	13♈35	14♈11	14♈47	15♈23	15♈59	16♈35	17♈11	17♈47	18♈23	18♈59	19♈35	20♈10	20♈46
/♆	19♓30	20♓06	20♓43	21♓20	21♓56	22♓32	23♓09	23♓45	24♓21	24♓58	25♓34	26♓10	26♓46	27♓22	27♓58
/♇	22♒40	23♒17	23♒53	24♒30	25♒06	25♒42	26♒19	26♒55	27♒31	28♒07	28♒43	29♒19	29♒55	0♓31	1♓06
/☊	14♉52	15♉27	16♉03	16♉39	17♉15	17♉51	18♉27	19♉01	19♉34	20♉06	20♉38	21♉10	21♉41	22♉14	22♉47
♂/⚳	9♑50	10♑22	10♑54	11♑27	11♑59	12♑31	13♑04	13♑36	14♑08	14♑41	15♑13	15♑45	16♑17	16♑50	17♑22
/♃	1♑32	1♑59	2♑26	2♑53	3♑20	3♑47	4♑14	4♑40	5♑07	5♑34	6♑01	6♑28	6♑55	7♑21	7♑48
/♄	7♑13	7♑37	8♑01	8♑25	8♑49	9♑13	9♑37	10♑01	10♑25	10♑48	11♑12	11♑36	12♑00	12♑24	12♑48
/♅	26♒07	26♒28	26♒49	27♒10	27♒31	27♒53	28♒14	28♒35	28♒56	29♒18	29♒39	0♓00	0♓22	0♓43	1♓05
/♆	3♒14	3♒36	3♒57	4♒19	4♒40	5♒02	5♒23	5♒45	6♒06	6♒28	6♒50	7♒11	7♒33	7♒54	8♒16
/♇	6♑24	6♑46	7♑07	7♑29	7♑50	8♑12	8♑33	8♑54	9♑16	9♑37	9♑59	10♑20	10♑42	11♑03	11♑25
/☊	28♍36	28♍56	29♍17	29♍38	29♍60	0♎21	0♎41	1♎01	1♎19	1♎37	1♎54	2♎11	2♎28	2♎47	3♎06
⚳/♃	21♑58	22♑16	22♑35	22♑53	23♑11	23♑29	23♑48	24♑06	24♑24	24♑42	24♑60	25♑18	25♑36	25♑54	26♑11
/♄	27♑39	27♑55	28♑10	28♑25	28♑40	28♑56	29♑11	29♑26	29♑41	29♑56	0♒11	0♒26	0♒41	0♒56	1♒11
/♅	16♓33	16♓45	16♓58	17♓10	17♓23	17♓35	17♓48	18♓00	18♓13	18♓25	18♓38	18♓50	19♓03	19♓15	19♓28
/♆	23♒40	23♒53	24♒06	24♒19	24♒32	24♒44	24♒57	25♒10	25♒23	25♒36	25♒48	26♒01	26♒14	26♒27	26♒39
/♇	26♑50	27♑03	27♑16	27♑29	27♑42	27♑54	28♑07	28♑20	28♑32	28♑45	28♑58	29♑10	29♑23	29♑35	29♑48
/☊	19♈02	19♈14	19♈26	19♈38	19♈51	20♈03	20♈15	20♈26	20♈35	20♈44	20♈53	21♈01	21♈09	21♈19	21♈29
♃/♄	19♑21	19♑31	19♑41	19♑51	20♑01	20♑11	20♑21	20♑30	20♑40	20♑50	20♑59	21♑09	21♑18	21♑28	21♑37
/♅	8♓15	8♓22	8♓29	8♓36	8♓44	8♓51	8♓58	9♓05	9♓12	9♓19	9♓26	9♓33	9♓40	9♓47	9♓54
/♆	15♒22	15♒30	15♒37	15♒45	15♒52	15♒60	16♒07	16♒14	16♒22	16♒29	16♒36	16♒44	16♒51	16♒58	17♒05
/♇	18♑33	18♑40	18♑47	18♑55	19♑02	19♑10	19♑17	19♑24	19♑31	19♑39	19♑46	19♑53	20♑00	20♑07	20♑14
/☊	10♈44	10♈50	10♈57	11♈04	11♈12	11♈19	11♈25	11♈30	11♈35	11♈38	11♈41	11♈44	11♈47	11♈50	11♈55
♄/♅	13♓56	14♓01	14♓05	14♓09	14♓13	14♓17	14♓21	14♓25	14♓29	14♓33	14♓37	14♓41	14♓45	14♓49	14♓54
/♆	21♒04	21♒08	21♒13	21♒17	21♒21	21♒26	21♒30	21♒35	21♒39	21♒43	21♒48	21♒52	21♒56	22♒01	22♒05
/♇	24♑14	24♑18	24♑23	24♑27	24♑31	24♑36	24♑40	24♑44	24♑49	24♑53	24♑57	25♑01	25♑06	25♑10	25♑14
/☊	16♈26	16♈29	16♈32	16♈37	16♈41	16♈45	16♈48	16♈50	16♈52	16♈52	16♈52	16♈52	16♈52	16♈53	16♈55
♅/♆	9♈58	9♈59	10♈01	10♈02	10♈04	10♈06	10♈07	10♈09	10♈11	10♈12	10♈14	10♈16	10♈18	10♈20	10♈22
/♇	13♓08	13♓09	13♓11	13♓12	13♓14	13♓15	13♓17	13♓19	13♓20	13♓22	13♓24	13♓25	13♓27	13♓29	13♓31
/☊	5♊20	5♊20	5♊21	5♊22	5♊23	5♊24	5♊25	5♊25	5♊23	5♊21	5♊19	5♊16	5♊14	5♊12	5♊12
♆/♇	20♒15	20♒17	20♒19	20♒21	20♒23	20♒25	20♒26	20♒28	20♒30	20♒32	20♒34	20♒36	20♒38	20♒40	20♒42
/☊	12♉27	12♉27	12♉29	12♉30	12♉32	12♉34	12♉34	12♉34	12♉34	12♉32	12♉29	12♉27	12♉25	12♉23	12♉23
♇/☊	15♈37	15♈37	15♈39	15♈40	15♈42	15♈44	15♈44	15♈44	15♈43	15♈41	15♈39	15♈36	15♈34	15♈32	15♈32

	16	17	18	19	20	21	22	23	24	25	26	27	28	29	
☉/☽	12♑13	19♑27	26♑32	3♒28	10♒17	17♒01	23♒39	0♓14	6♓46	13♓15	19♓42	26♓08	2♈34	9♈01	☉/☽
/☿	4♓47	5♓20	5♓48	6♓10	6♓28	6♓41	6♓50	6♓55	6♓57	6♓57	6♓55	6♓53	6♓51	6♓50	/☿
/♀	18♓09	19♓13	20♓18	21♓23	22♓28	23♓32	24♓37	25♓41	26♓46	27♓50	28♓54	29♓58	1♈02	2♈05	/♀
/♂	28♑13	29♑04	29♑55	0♒46	1♒37	2♒28	3♒18	4♒09	5♒00	5♒51	6♒42	7♒33	8♒24	9♒15	/♂
/⚳	16♒27	17♒09	17♒51	18♒33	19♒15	19♒56	20♒38	21♒20	22♒02	22♒43	23♒25	24♒07	24♒48	25♒30	/⚳
/♃	6♒48	7♒24	8♒00	8♒37	9♒13	9♒49	10♒25	11♒01	11♒37	12♒13	12♒49	13♒25	14♒01	14♒37	/♃
/♄	11♒45	12♒18	12♒52	13♒25	13♒59	14♒32	15♒05	15♒39	16♒12	16♒45	17♒18	17♒52	18♒25	18♒58	/♄
/♅	29♓59	0♈30	1♈01	1♈33	2♈04	2♈35	3♈06	3♈38	4♈09	4♈40	5♈11	5♈43	6♈14	6♈45	/♅
/♆	7♓11	7♓42	8♓13	8♓45	9♓16	9♓47	10♓19	10♓50	11♓22	11♓53	12♓24	12♓55	13♓27	13♓58	/♆
/♇	10♒19	10♒50	11♒22	11♒53	12♒24	12♒55	13♒26	13♒57	14♒28	14♒59	15♒30	16♒01	16♒32	17♒03	/♇
/☊	1♉59	2♉30	3♉01	3♉31	4♉01	4♉30	4♉57	5♉23	5♉48	6♉12	6♉36	7♉01	7♉26	7♉53	/☊
☽/☿	20♑14	27♑00	3♒32	9♒51	15♒57	21♒53	27♒40	3♓20	8♓53	14♓22	19♓47	25♓10	0♈34	5♈59	☽/☿
/♀	3♒35	10♒54	18♒03	25♒03	1♓57	8♓44	15♓27	22♓06	28♓42	5♈15	11♈46	18♈15	24♈44	1♉15	/♀
/♂	13♐40	20♐44	27♐39	4♑26	11♑06	17♑40	24♑09	0♒34	6♒57	13♒16	19♒34	25♒50	2♓07	8♓24	/♂
/⚳	1♑54	8♑50	15♑36	22♑13	28♑44	5♒08	11♒29	17♒45	23♒58	0♓08	6♓17	12♓24	18♓31	24♓39	/⚳
/♃	22♐14	29♐05	5♑45	12♑17	18♑42	25♑01	1♒16	7♒26	13♒34	19♒38	25♒41	1♓42	7♓44	13♓46	/♃
/♄	27♐11	3♑59	10♑36	17♑05	23♑27	29♑44	5♒56	12♒04	18♒08	24♒10	0♓10	6♓09	12♓08	18♓07	/♄
/♅	15♒26	22♒11	28♒46	5♓13	11♓33	17♓47	23♓57	0♈03	6♈05	12♈05	18♈03	24♈00	29♈57	5♉55	/♅
/♆	22♑37	29♑23	5♒58	12♒25	18♒45	24♒59	1♓09	7♓15	13♓18	19♓18	25♓16	1♈13	7♈10	13♈08	/♆
/♇	25♐46	2♑31	9♑06	15♑33	21♑53	28♑07	4♒16	10♒22	16♒24	22♒24	28♒22	4♓18	10♓15	16♓12	/♇
/☊	17♍26	24♍10	0♎45	7♎11	13♈30	19♈42	25♈47	1♉48	7♉44	13♉37	19♉28	25♉18	1♊09	7♊02	/☊
☿/♀	26♓10	26♓47	27♓19	27♓46	28♓08	28♓25	28♓38	28♓47	28♓53	28♓56	28♓58	28♓60	29♓01	29♓03	☿/♀
/♂	6♒14	6♒37	6♒56	7♒09	7♒17	7♒20	7♒19	7♒15	7♒07	6♒58	6♒47	6♒35	6♒23	6♒13	/♂
/⚳	24♒28	24♒43	24♒52	24♒56	24♒55	24♒49	24♒39	24♒26	24♒09	23♒50	23♒30	23♒08	22♒48	22♒28	/⚳
/♃	14♒49	14♒58	15♒01	14♒60	14♒53	14♒42	14♒26	14♒07	13♒45	13♒20	12♒54	12♒27	12♒00	11♒35	/♃
/♄	19♒46	19♒52	19♒52	19♒48	19♒39	19♒25	19♒06	18♒44	18♒19	17♒52	17♒23	16♒54	16♒24	15♒56	/♄
/♅	7♈60	8♈04	8♈02	7♈56	7♈44	7♈28	7♈07	6♈43	6♈16	5♈47	5♈16	4♈45	4♈14	3♈43	/♅
/♆	15♓12	15♓16	15♓14	15♓08	14♓56	14♓40	14♓20	13♓56	13♓29	12♓59	12♓29	11♓57	11♓26	10♓56	/♆
/♇	18♒20	18♒24	18♒22	18♒16	18♒04	17♒48	17♒27	17♒03	16♒35	16♒06	15♒35	15♒03	14♒31	14♒01	/♇
/☊	10♉00	10♉03	10♉01	9♉54	9♉41	9♉22	8♉58	8♉29	7♉55	7♉19	6♉41	6♉03	5♉26	4♉51	/☊
♀/♂	19♒36	20♒31	21♒26	22♒21	23♒16	24♒11	25♒06	26♒01	26♒56	27♒51	28♒45	29♒40	0♓34	1♓28	♀/♂
/⚳	7♓50	8♓36	9♓22	10♓08	10♓54	11♓40	12♓26	13♓12	13♓57	14♓43	15♓28	16♓13	16♓58	17♓43	/⚳
/♃	28♒10	28♒51	29♒32	0♓12	0♓53	1♓33	2♓13	2♓53	3♓33	4♓13	4♓52	5♓32	6♓11	6♓50	/♃
/♄	3♓07	3♓45	4♓23	5♓01	5♓38	6♓16	6♓53	7♓30	8♓08	8♓45	9♓22	9♓58	10♓35	11♓12	/♄
/♅	21♈22	21♈57	22♈33	23♈08	23♈44	24♈19	24♈54	25♈29	26♈05	26♈40	27♈15	27♈49	28♈24	28♈59	/♅
/♆	28♓33	29♓09	29♓45	0♈20	0♈56	1♈31	2♈07	2♈42	3♈17	3♈52	4♈27	5♈02	5♈37	6♈12	/♆
/♇	1♓42	2♓18	2♓53	3♓28	4♓04	4♓39	5♓14	5♓49	6♓24	6♓58	7♓33	8♓08	8♓42	9♓17	/♇
/☊	23♉22	23♉57	24♉32	25♉07	25♉41	26♉14	26♉45	27♉15	27♉44	28♉12	28♉40	29♉08	29♉37	0♊06	/☊
♂/⚳	17♑54	18♑27	18♑59	19♑31	20♑03	20♑35	21♑08	21♑40	22♑12	22♑44	23♑16	23♑48	24♑20	24♑53	♂/⚳
/♃	8♑15	8♑42	9♑08	9♑35	10♑02	10♑28	10♑55	11♑21	11♑48	12♑14	12♑41	13♑07	13♑33	13♑60	/♃
/♄	13♑12	13♑36	13♑59	14♑23	14♑47	15♑11	15♑35	15♑59	16♑22	16♑46	17♑10	17♑33	17♑57	18♑21	/♄
/♅	1♓26	1♓48	2♓09	2♓31	2♓52	3♓14	3♓36	3♓57	4♓19	4♓41	5♓03	5♓25	5♓46	6♓08	/♅
/♆	8♒38	8♒60	9♒21	9♒43	10♒05	10♒27	10♒48	11♒10	11♒32	11♒54	12♒15	12♒37	12♒59	13♒21	/♆
/♇	11♑46	12♑08	12♑29	12♑51	13♑12	13♑34	13♑55	14♑17	14♑38	14♑60	15♑21	15♑43	16♑04	16♑26	/♇
/☊	3♎26	3♎47	4♎08	4♎29	4♎50	5♎09	5♎26	5♎43	5♎58	6♎13	6♈28	6♈43	6♈59	7♈16	/☊
⚳/♃	26♑29	26♑47	27♑04	27♑22	27♑40	27♑57	28♑14	28♑32	28♑49	29♑06	29♑23	29♑41	29♑58	0♒15	⚳/♃
/♄	1♒26	1♒41	1♒56	2♒10	2♒25	2♒40	2♒54	3♒09	3♒24	3♒38	3♒53	4♒07	4♒21	4♒36	/♄
/♅	19♓40	19♓53	20♓05	20♓18	20♓30	20♓43	20♓56	21♓08	21♓21	21♓33	21♓46	21♓58	22♓11	22♓23	/♅
/♆	26♒52	27♒05	27♒17	27♒30	27♒43	27♒55	28♒08	28♒21	28♒33	28♒46	28♒58	29♒11	29♒23	29♒36	/♆
/♇	0♒01	0♒13	0♒26	0♒38	0♒50	1♒03	1♒15	1♒27	1♒40	1♒52	2♒04	2♒16	2♒29	2♒41	/♇
/☊	21♈40	21♈52	22♈05	22♈16	22♈28	22♈38	22♈46	22♈54	22♈60	23♈05	23♈11	23♈16	23♈23	23♈31	/☊
♃/♄	21♑47	21♑56	22♑05	22♑14	22♑23	22♑32	22♑42	22♑50	22♑59	23♑08	23♑17	23♑26	23♑34	23♑43	♃/♄
/♅	10♓01	10♓08	10♓15	10♓22	10♓29	10♓36	10♓43	10♓49	10♓56	11♓03	11♓10	11♓17	11♓24	11♓30	/♅
/♆	17♒13	17♒20	17♒27	17♒34	17♒41	17♒48	17♒55	18♒02	18♒09	18♒16	18♒23	18♒29	18♒36	18♒43	/♆
/♇	20♑21	20♑28	20♑35	20♑42	20♑49	20♑55	21♑02	21♑09	21♑15	21♑22	21♑29	21♑35	21♑41	21♑48	/♇
/☊	12♈01	12♈07	12♈14	12♈20	12♈26	12♈30	12♈33	12♈35	12♈36	12♈35	12♈35	12♈35	12♈36	12♈38	/☊
♄/♅	14♓58	15♓02	15♓06	15♓10	15♓14	15♓18	15♓23	15♓27	15♓31	15♓35	15♓39	15♓43	15♓47	15♓52	♄/♅
/♆	22♒09	22♒14	22♒18	22♒22	22♒27	22♒31	22♒35	22♒39	22♒44	22♒48	22♒52	22♒56	23♒00	23♒04	/♆
/♇	25♑18	25♑22	25♑26	25♑30	25♑34	25♑38	25♑42	25♑46	25♑50	25♑54	25♑58	26♑02	26♑05	26♑09	/♇
/☊	16♈58	17♈01	17♈05	17♈09	17♈11	17♈13	17♈13	17♈12	17♈10	17♈07	17♈04	17♈02	16♈60	16♈59	/☊
♅/♆	10♈24	10♈26	10♈28	10♈30	10♈32	10♈34	10♈36	10♈38	10♈40	10♈43	10♈45	10♈47	10♈49	10♈52	♅/♆
/♇	13♓32	13♓34	13♓36	13♓38	13♓40	13♓41	13♓43	13♓45	13♓47	13♓49	13♓51	13♓53	13♓55	13♓57	/♇
/☊	5♊12	5♊13	5♊15	5♊16	5♊17	5♊16	5♊14	5♊11	5♊07	5♊02	4♊57	4♊53	4♊49	4♊46	/☊
♆/♇	20♒44	20♒46	20♒48	20♒50	20♒52	20♒54	20♒56	20♒58	20♒60	21♒02	21♒03	21♒05	21♒07	21♒09	♆/♇
/☊	12♉24	12♉25	12♉27	12♉28	12♉29	12♉29	12♉27	12♉24	12♉20	12♉15	12♉10	12♉05	12♉02	11♉59	/☊
♇/☊	15♈33	15♈34	15♈35	15♈36	15♈37	15♈36	15♈34	15♈31	15♈26	15♈21	15♈16	15♈11	15♈07	15♈04	♇/☊

February 2020

March 2020

	1	2	3	4	5	6	7	8	9	10	11	12	13	14	15	16
☉/☽	15♈32	22♈07	28♈50	5♉44	12♉50	20♉10	27♉45	5♊35	13♊35	21♐43	29♐53	7♑58	15♑55	23♑39	1♒09	8♒25
/☿	6♓50	6♓52	6♓57	7♓05	7♓17	7♓31	7♓49	8♓10	8♓35	9♓03	9♓34	10♓08	10♓45	11♓24	12♓06	12♓51
/♀	3♈09	4♈12	5♈16	6♈19	7♈22	8♈25	9♈28	10♈30	11♈33	12♈35	13♈37	14♈39	15♈41	16♈43	17♈44	18♈45
/♂	10♒05	10♒56	11♒47	12♒38	13♒29	14♒20	15♒10	16♒01	16♒52	17♒43	18♒33	19♒24	20♒15	21♒05	21♒56	22♒47
/⚳	26♒11	26♒52	27♒34	28♒15	28♒56	29♒38	0♓19	1♓00	1♓41	2♓22	3♓03	3♓44	4♓25	5♓06	5♓47	6♓27
/♃	15♒12	15♒48	16♒23	16♒59	17♒34	18♒10	18♒45	19♒20	19♒55	20♒30	21♒05	21♒40	22♒15	22♒50	23♒25	23♒60
/♄	19♒31	20♒04	20♒37	21♒10	21♒43	22♒16	22♒48	23♒21	23♒54	24♒26	24♒59	25♒32	26♒04	26♒37	27♒09	27♒41
/♅	7♈17	7♈48	8♈19	8♈51	9♈22	9♈53	10♈24	10♈56	11♈27	11♈58	12♈30	13♈01	13♈32	14♈04	14♈35	15♈06
/♆	14♓29	15♓00	15♓32	16♓03	16♓34	17♓05	17♓36	18♓08	18♓39	19♓10	19♓41	20♓12	20♓43	21♓14	21♓45	22♓16
/♇	17♒34	18♒05	18♒35	19♒06	19♒37	20♒08	20♒38	21♒09	21♒40	22♒10	22♒41	23♒12	23♒42	24♒13	24♒43	25♒14
/☊	8♉21	8♉50	9♉19	9♉50	10♉20	10♉49	11♉17	11♉44	12♉10	12♉34	12♉59	13♉24	13♉50	14♉17	14♉45	15♉15
☽/☿	11♈30	17♈07	22♈56	28♈57	5♉14	11♉49	18♉42	25♉52	3♐18	10♐53	18♐34	26♐14	3♑47	11♑11	18♑23	25♑24
/♀	7♉49	14♉27	21♉14	28♉10	5♊19	12♊42	20♊20	28♊12	6♋15	14♋26	22♋38	0♌45	8♒43	16♒29	24♒01	1♓19
/♂	14♓45	21♓11	27♓45	4♈29	11♈26	18♎37	26♎03	3♏43	11♏35	19♏33	27♏34	5♐30	13♐17	20♐52	28♐13	5♑20
/⚳	0♈51	7♈08	13♈32	20♈07	26♈54	3♉55	11♉12	18♏42	26♏24	4♐13	12♐04	19♐50	27♐28	4♑52	12♑04	19♑01
/♃	19♓52	26♓03	2♈22	8♈51	15♈32	22♎27	29♎38	7♏02	14♏38	22♏21	0♐06	7♐46	15♐18	22♐37	29♐42	6♑33
/♄	24♓11	0♈19	6♈35	13♈01	19♈40	26♈33	3♏41	11♏03	18♏36	26♏17	3♐59	11♐38	19♐07	26♐23	3♑26	10♑15
/♅	11♉56	18♉03	24♉17	0♊42	7♊19	14♊11	21♊17	28♊38	6♋10	13♋49	21♋30	29♋07	6♒35	13♒50	20♒52	27♒39
/♆	19♈09	25♈16	1♉30	7♉54	14♉32	21♉23	28♉29	5♊49	13♊21	21♐01	28♐41	6♑18	13♑46	21♑01	28♑02	4♒49
/♇	22♓13	28♓20	4♈34	10♈58	17♈34	24♎25	1♏31	8♏51	16♏22	24♏01	1♐41	9♐18	16♐45	23♐59	0♑60	7♑47
/☊	13♊00	19♊05	25♊18	1♋41	8♋17	15♋07	22♋10	29♋26	6♌52	14♌25	21♌59	29♌30	6♍52	14♍04	21♍02	27♍48
☿/♀	29♓07	29♓13	29♓21	29♓32	29♓46	0♈03	0♈24	0♈48	1♈15	1♈45	2♈18	2♈54	3♈33	4♈15	4♈58	5♈44
/♂	6♒04	5♒57	5♒52	5♒51	5♒53	5♒58	6♒07	6♒19	6♒34	6♒53	7♒14	7♒39	8♒07	8♒38	9♒10	9♒46
/⚳	22♒09	21♒53	21♒39	21♒28	21♒20	21♒16	21♒15	21♒18	21♒23	21♒32	21♒44	21♒59	22♒17	22♒38	23♒01	23♒26
/♃	11♒10	10♒48	10♒29	10♒12	9♒58	9♒48	9♒41	9♒38	9♒38	9♒41	9♒47	9♒56	10♒08	10♒22	10♒39	10♒59
/♄	15♒29	15♒04	14♒42	14♒23	14♒07	13♒54	13♒45	13♒39	13♒36	13♒36	13♒40	13♒47	13♒56	14♒09	14♒23	14♒40
/♅	3♈15	2♈48	2♈24	2♈04	1♈46	1♈32	1♈21	1♈13	1♈09	1♈08	1♈11	1♈16	1♈25	1♈36	1♈49	2♈05
/♆	10♓27	10♓01	9♓37	9♓16	8♓58	8♓44	8♓33	8♓25	8♓21	8♓20	8♓22	8♓27	8♓35	8♓46	8♓59	9♓15
/♇	13♒32	13♒05	12♒41	12♒19	12♒01	11♒46	11♒35	11♒27	11♒22	11♒20	11♒22	11♒27	11♒34	11♒45	11♒57	12♒13
/☊	4♉19	3♉50	3♉25	3♉03	2♉44	2♉28	2♉14	2♉02	1♉52	1♉45	1♉40	1♉39	1♉42	1♉49	1♉60	2♉14
♀/♂	2♓23	3♓17	4♓11	5♓04	5♓58	6♓52	7♓45	8♓39	9♓32	10♓25	11♓18	12♓11	13♓03	13♓56	14♓48	15♓41
/⚳	18♓28	19♓13	19♓57	20♓42	21♓26	22♓10	22♓54	23♓38	24♓21	25♓05	25♓48	26♓31	27♓14	27♓56	28♓39	29♓21
/♃	7♓29	8♓08	8♓47	9♓25	10♓04	10♓42	11♓20	11♓58	12♓35	13♓13	13♓50	14♓27	15♓04	15♓41	16♓17	16♓53
/♄	11♓48	12♓24	13♓00	13♓36	14♓12	14♓48	15♓23	15♓59	16♓34	17♓09	17♓44	18♓18	18♓53	19♓27	20♓01	20♓35
/♅	29♈34	0♉08	0♉43	1♉17	1♉51	2♉25	2♉59	3♉33	4♉07	4♉41	5♉14	5♉48	6♉21	6♉54	7♉27	7♉60
/♆	6♈46	7♈21	7♈55	8♈29	9♈04	9♈38	10♈11	10♈45	11♈19	11♈52	12♈26	12♈59	13♈32	14♈05	14♈37	15♈10
/♇	9♓51	10♓25	10♓59	11♓33	12♓06	12♓40	13♓13	13♓47	14♓20	14♓53	15♓26	15♓58	16♓31	17♓03	17♓35	18♓07
/☊	0♊38	1♊10	1♊43	2♊16	2♊49	3♊21	3♊52	4♊22	4♊50	5♊17	5♊44	6♊11	6♊38	7♊07	7♊38	8♊09
♂/⚳	25♑25	25♑57	26♑29	27♑01	27♑33	28♑05	28♑36	29♑08	29♑40	0♒12	0♒44	1♒16	1♒48	2♒19	2♒51	3♒23
/♃	14♑26	14♑52	15♑18	15♑44	16♑11	16♑37	17♑03	17♑29	17♑55	18♑20	18♑46	19♑12	19♑38	20♑04	20♑29	20♑55
/♄	18♑44	19♑08	19♑32	19♑55	20♑19	20♑42	21♑06	21♑29	21♑53	22♑16	22♑40	23♑03	23♑27	23♑50	24♑13	24♑37
/♅	6♓30	6♓52	7♓14	7♓36	7♓58	8♓20	8♓42	9♓04	9♓26	9♓48	10♓10	10♓33	10♓55	11♓17	11♓39	12♓01
/♆	13♒43	14♒05	14♒27	14♒48	15♒10	15♒32	15♒54	16♒16	16♒38	16♒60	17♒22	17♒44	18♒06	18♒28	18♒49	19♒11
/♇	16♑47	17♑09	17♑30	17♑52	18♑13	18♑35	18♑56	19♑17	19♑39	20♑00	20♑22	20♑43	21♑05	21♑26	21♑47	22♑09
/☊	7♈34	7♈54	8♈14	8♈35	8♈56	9♈16	9♈35	9♈53	10♈09	10♈24	10♈40	10♈56	11♈12	11♈30	11♈50	12♈10
⚳/♃	0♒31	0♒48	1♒05	1♒22	1♒38	1♒55	2♒11	2♒28	2♒44	3♒00	3♒16	3♒32	3♒48	4♒04	4♒20	4♒35
/♄	4♒50	5♒04	5♒18	5♒33	5♒47	6♒01	6♒14	6♒28	6♒42	6♒56	7♒10	7♒23	7♒37	7♒50	8♒04	8♒17
/♅	22♓36	22♓48	23♓01	23♓13	23♓26	23♓38	23♓51	24♓03	24♓16	24♓28	24♓40	24♓53	25♓05	25♓17	25♓30	25♓42
/♆	29♒48	0♓01	0♓13	0♓26	0♓38	0♓50	1♓03	1♓15	1♓27	1♓39	1♓52	2♓04	2♓16	2♓28	2♓40	2♓52
/♇	2♒53	3♒05	3♒17	3♒29	3♒41	3♒53	4♒05	4♒16	4♒28	4♒40	4♒52	5♒03	5♒15	5♒26	5♒38	5♒49
/☊	23♈40	23♈50	24♈01	24♈12	24♈24	24♈34	24♈44	24♈51	24♈58	25♈04	25♈10	25♈16	25♈23	25♈31	25♈40	25♈51
♃/♄	23♑51	23♑60	24♑08	24♑16	24♑24	24♑33	24♑41	24♑49	24♑56	25♑04	25♑12	25♑20	25♑27	25♑35	25♑42	25♑49
/♅	11♓37	11♓44	11♓50	11♓57	12♓04	12♓10	12♓17	12♓23	12♓30	12♓36	12♓43	12♓49	12♓55	13♓02	13♓08	13♓14
/♆	18♒50	18♒56	19♒03	19♒09	19♒16	19♒22	19♒29	19♒35	19♒41	19♒48	19♒54	20♒00	20♒06	20♒12	20♒18	20♒24
/♇	21♑54	22♑00	22♑07	22♑13	22♑19	22♑25	22♑31	22♑37	22♑42	22♑48	22♑54	22♑60	23♑05	23♑11	23♑16	23♑21
/☊	12♈41	12♈45	12♈51	12♈56	13♈02	13♈06	13♈10	13♈12	13♈12	13♈12	13♈12	13♈12	13♈13	13♈15	13♈18	13♈23
♄/♅	15♓56	15♓60	16♓04	16♓08	16♓12	16♓16	16♓20	16♓24	16♓28	16♓32	16♓36	16♓40	16♓44	16♓48	16♓52	16♓56
/♆	23♒08	23♒12	23♒16	23♒20	23♒24	23♒28	23♒32	23♒36	23♒40	23♒44	23♒47	23♒51	23♒55	23♒59	24♒02	24♒06
/♇	26♑13	26♑16	26♑20	26♑24	26♑27	26♑31	26♑34	26♑37	26♑41	26♑44	26♑47	26♑51	26♑54	26♑57	27♑00	27♑03
/☊	16♈60	17♈01	17♈04	17♈07	17♈10	17♈12	17♈13	17♈12	17♈11	17♈08	17♈05	17♈03	17♈02	17♈01	17♈02	17♈04
♅/♆	10♈54	10♈56	10♈59	11♈01	11♈03	11♈06	11♈08	11♈11	11♈13	11♈16	11♈18	11♈21	11♈23	11♈26	11♈28	11♈31
/♇	13♓58	14♓00	14♓02	14♓04	14♓06	14♓08	14♓10	14♓12	14♓14	14♓16	14♓18	14♓20	14♓22	14♓24	14♓26	14♓28
/☊	4♊45	4♊45	4♊46	4♊48	4♊49	4♊50	4♊49	4♊47	4♊44	4♊40	4♊36	4♊32	4♊30	4♊29	4♊28	4♊29
♆/♇	21♒11	21♒13	21♒15	21♒17	21♒19	21♒20	21♒22	21♒24	21♒26	21♒28	21♒29	21♒31	21♒33	21♒35	21♒36	21♒38
/☊	11♉58	11♉58	11♉59	12♉00	12♉01	12♉02	12♉01	11♉59	11♉56	11♉52	11♉47	11♉43	11♉41	11♉39	11♉39	11♉39
♇/☊	15♈02	15♈02	15♈02	15♈03	15♈04	15♈04	15♈03	15♈01	14♈57	14♈52	14♈47	14♈43	14♈40	14♈37	14♈37	14♈37

	17	18	19	20	21	22	23	24	25	26	27	28	29	30	31
☉/☽	15♒28	22♒21	29♒06	5♓43	12♓16	18♓46	25♓13	1♈40	8♈05	14♈31	20♈58	27♈26	3♉58	10♉34	17♉17
/☿	13♓37	14♓26	15♓17	16♓09	17♓04	17♓60	18♓57	19♓56	20♓56	21♓58	23♓01	24♓04	25♓09	26♓15	27♓22
/♀	19♈46	20♈47	21♈48	22♈49	23♈49	24♈49	25♈49	26♈49	27♈48	28♈47	29♈46	0♉45	1♉44	2♉42	3♉40
/♂	23♒38	24♒28	25♒19	26♒10	27♒00	27♒51	28♒42	29♒32	0♓23	1♓13	2♓04	2♓54	3♓45	4♓35	5♓26
/⚳	7♓08	7♓49	8♓29	9♓10	9♓51	10♓31	11♓11	11♓52	12♓32	13♓12	13♓52	14♓33	15♓13	15♓53	16♓32
/♃	24♒34	25♒09	25♒43	26♒18	26♒52	27♒26	28♒00	28♒34	29♒08	29♒42	0♓16	0♓50	1♓23	1♓57	2♓30
/♄	28♒14	28♒46	29♒18	29♒50	0♓22	0♓54	1♓26	1♓58	2♓30	3♓02	3♓34	4♓06	4♓37	5♓09	5♓41
/♅	15♈38	16♈09	16♈40	17♈11	17♈43	18♈14	18♈45	19♈17	19♈48	20♈19	20♈50	21♈22	21♈53	22♈24	22♈56
/♆	22♓47	23♓18	23♓49	24♓20	24♓51	25♓22	25♓53	26♓24	26♓55	27♓25	27♓56	28♓27	28♓58	29♓28	29♓59
/♇	25♒44	26♒14	26♒45	27♒15	27♒45	28♒16	28♒46	29♒16	29♒47	0♓17	0♓47	1♓17	1♓47	2♓17	2♓47
/☊	15♉45	16♉14	16♉43	17♉11	17♉37	18♉02	18♉25	18♉48	19♉10	19♉33	19♉56	20♉21	20♉47	21♉15	21♉44
☽/☿	2♒14	8♒56	15♒32	22♒02	28♒30	4♓56	11♓21	17♓47	24♓14	0♈41	7♈11	13♈44	20♈21	27♈04	3♉55
/♀	8♓24	15♓18	22♓03	28♓41	5♈15	11♈45	18♈13	24♈40	1♉05	7♉31	13♉57	20♉25	26♉56	3♊31	10♊12
/♂	12♑15	18♑58	25♑34	2♒02	8♒26	14♒47	21♒06	27♒23	3♓40	9♓57	16♓15	22♓34	28♓57	5♈24	11♈58
/⚳	25♑45	2♒19	8♒44	15♒03	21♒17	27♒27	3♓36	9♓43	15♓49	21♓56	28♓03	4♈12	10♈25	16♈41	23♈05
/♃	13♑11	19♑39	25♑58	2♒10	8♒18	14♒22	20♒24	26♒25	2♓25	8♓26	14♓27	20♓30	26♓35	2♈46	9♈03
/♄	16♑51	23♑16	29♑33	5♒43	11♒48	17♒51	23♒51	29♒49	5♓48	11♓46	17♓45	23♓46	29♓49	5♈58	12♈13
/♅	4♓15	10♓39	16♓55	23♓04	29♓09	5♈10	11♈10	17♈08	23♈05	29♈03	5♉01	11♉02	17♉05	23♉13	29♉28
/♆	11♒24	17♒48	24♒04	0♓13	6♓17	12♓18	18♓17	24♓15	0♈12	6♈09	12♈07	18♈07	24♈10	0♉17	6♉31
/♇	14♑21	20♑45	26♑60	3♒08	9♒12	15♒12	21♒10	27♒07	3♓04	9♓00	14♓58	20♓57	26♓59	3♈06	9♈19
/☊	4♎22	10♈45	16♈58	23♈04	29♈03	4♉58	10♉49	16♉39	22♉27	28♉16	4♊07	10♊01	15♊59	22♊04	28♊16
☿/♀	6♈32	7♈22	8♈14	9♈08	10♈03	10♈59	11♈57	12♈56	13♈56	14♈58	15♈60	17♈03	18♈07	19♈12	20♈18
/♂	10♒24	11♒03	11♒45	12♒29	13♒14	14♒01	14♒49	15♒39	16♒31	17♒23	18♒17	19♒12	20♒08	21♒06	22♒04
/⚳	23♒54	24♒24	24♒56	25♒29	26♒04	26♒41	27♒19	27♒59	28♒40	29♒22	0♓06	0♓50	1♓36	2♓23	3♓10
/♃	11♒20	11♒44	12♒09	12♒37	13♒06	13♒36	14♒08	14♒42	15♒16	15♒52	16♒29	17♒08	17♒47	18♒27	19♒08
/♄	14♒60	15♒21	15♒44	16♒09	16♒36	17♒05	17♒34	18♒06	18♒38	19♒12	19♒47	20♒24	21♒01	21♒39	22♒18
/♅	2♈23	2♈44	3♈06	3♈31	3♈57	4♈24	4♈53	5♈24	5♈56	6♈29	7♈04	7♈40	8♈17	8♈54	9♈33
/♆	9♓33	9♓53	10♓15	10♓39	11♓05	11♓32	12♓01	12♓31	13♓03	13♓35	14♓10	14♓45	15♓21	15♓59	16♓37
/♇	12♒30	12♒49	13♒11	13♒34	13♒59	14♒26	14♒54	15♒24	15♒55	16♒27	17♒00	17♒35	18♒11	18♒47	19♒25
/☊	2♉31	2♉49	3♉09	3♉30	3♉51	4♉12	4♉33	4♉55	5♉18	5♉43	6♉10	6♉39	7♉11	7♉45	8♉22
♀/♂	16♓33	17♓25	18♓16	19♓08	19♓59	20♓50	21♓41	22♓32	23♓23	24♓13	25♓03	25♓53	26♓43	27♓32	28♓21
/⚳	0♈03	0♈45	1♈27	2♈08	2♈49	3♈30	4♈11	4♈52	5♈32	6♈12	6♈52	7♈31	8♈10	8♈49	9♈28
/♃	17♓29	18♓05	18♓40	19♓16	19♓51	20♓26	20♓60	21♓34	22♓08	22♓42	23♓15	23♓48	24♓21	24♓53	25♓26
/♄	21♓09	21♓42	22♓15	22♓48	23♓21	23♓54	24♓26	24♓58	25♓30	26♓02	26♓33	27♓04	27♓35	28♓06	28♓36
/♅	8♉33	9♉05	9♉38	10♉10	10♉42	11♉14	11♉45	12♉17	12♉48	13♉19	13♉50	14♉20	14♉51	15♉21	15♉51
/♆	15♈42	16♈14	16♈46	17♈18	17♈50	18♈21	18♈53	19♈24	19♈55	20♈25	20♈55	21♈26	21♈55	22♈25	22♈54
/♇	18♓39	19♓11	19♓42	20♓13	20♓44	21♓15	21♓46	22♓16	22♓46	23♓16	23♓46	24♓16	24♓45	25♓14	25♓42
/☊	8♊40	9♊11	9♊41	10♊09	10♊36	11♊01	11♊25	11♊48	12♊10	12♊32	12♊55	13♊20	13♊45	14♊12	14♊39
♂/⚳	3♒54	4♒26	4♒58	5♒29	6♒01	6♒32	7♒04	7♒35	8♒07	8♒38	9♒09	9♒40	10♒12	10♒43	11♒14
/♃	21♑20	21♑46	22♑11	22♑37	23♑02	23♑27	23♑52	24♑18	24♑43	25♑08	25♑33	25♑58	26♑22	26♑47	27♑12
/♄	24♑60	25♑23	25♑46	26♑09	26♑33	26♑56	27♑19	27♑42	28♑05	28♑28	28♑51	29♑14	29♑36	29♑59	0♒22
/♅	12♓24	12♓46	13♓08	13♓31	13♓53	14♓15	14♓38	15♓00	15♓22	15♓45	16♓07	16♓30	16♓52	17♓15	17♓37
/♆	19♒33	19♒55	20♒17	20♒39	21♒01	21♒23	21♒45	22♒07	22♒29	22♒51	23♒13	23♒35	23♒57	24♒19	24♒41
/♇	22♑30	22♑52	23♑13	23♑34	23♑56	24♑17	24♑38	24♑60	25♑21	25♑42	26♑04	26♑25	26♑46	27♑07	27♑29
/☊	12♈31	12♈52	13♈11	13♈30	13♈47	14♈03	14♈17	14♈31	14♈44	14♈58	15♈13	15♈29	15♈46	16♈05	16♈26
⚳/♃	4♒51	5♒06	5♒22	5♒37	5♒52	6♒07	6♒22	6♒37	6♒52	7♒07	7♒21	7♒36	7♒50	8♒04	8♒18
/♄	8♒30	8♒44	8♒57	9♒10	9♒23	9♒36	9♒49	10♒01	10♒14	10♒27	10♒39	10♒52	11♒04	11♒16	11♒29
/♅	25♓54	26♓07	26♓19	26♓31	26♓43	26♓55	27♓08	27♓20	27♓32	27♓44	27♓56	28♓08	28♓20	28♓32	28♓44
/♆	3♓04	3♓16	3♓28	3♓40	3♓52	4♓03	4♓15	4♓27	4♓38	4♓50	5♓02	5♓13	5♓24	5♓36	5♓47
/♇	6♒01	6♒12	6♒23	6♒35	6♒46	6♒57	7♒08	7♒19	7♒30	7♒41	7♒52	8♒03	8♒14	8♒25	8♒35
/☊	26♈02	26♈12	26♈22	26♈31	26♈38	26♈43	26♈47	26♈51	26♈54	26♈57	27♈01	27♈07	27♈14	27♈23	27♈32
♃/♄	25♑56	26♑03	26♑10	26♑17	26♑24	26♑31	26♑37	26♑44	26♑50	26♑57	27♑03	27♑09	27♑15	27♑21	27♑26
/♅	13♓20	13♓26	13♓32	13♓39	13♓45	13♓50	13♓56	14♓02	14♓08	14♓14	14♓19	14♓25	14♓30	14♓36	14♓41
/♆	20♒30	20♒36	20♒41	20♒47	20♒53	20♒58	21♒04	21♒09	21♒15	21♒20	21♒25	21♒30	21♒35	21♒40	21♒45
/♇	23♑27	23♑32	23♑37	23♑42	23♑47	23♑52	23♑57	24♑02	24♑07	24♑11	24♑16	24♑20	24♑25	24♑29	24♑33
/☊	13♈27	13♈32	13♈36	13♈38	13♈39	13♈38	13♈36	13♈33	13♈30	13♈27	13♈25	13♈24	13♈25	13♈27	13♈30
♄/♅	16♓60	17♓04	17♓07	17♓11	17♓15	17♓19	17♓23	17♓26	17♓30	17♓34	17♓37	17♓41	17♓45	17♓48	17♓52
/♆	24♒09	24♒13	24♒16	24♒20	24♒23	24♒27	24♒30	24♒33	24♒37	24♒40	24♒43	24♒46	24♒49	24♒52	24♒55
/♇	27♑06	27♑09	27♑12	27♑15	27♑18	27♑21	27♑23	27♑26	27♑29	27♑31	27♑34	27♑36	27♑39	27♑41	27♑43
/☊	17♈07	17♈09	17♈11	17♈11	17♈09	17♈06	17♈02	16♈57	16♈52	16♈47	16♈43	16♈40	16♈39	16♈39	16♈40
♅/♆	11♈33	11♈36	11♈39	11♈41	11♈44	11♈46	11♈49	11♈52	11♈54	11♈57	11♈60	12♈02	12♈05	12♈08	12♈10
/♇	14♓30	14♓32	14♓34	14♓36	14♓38	14♓40	14♓42	14♓44	14♓46	14♓48	14♓50	14♓52	14♓54	14♓56	14♓58
/☊	4♊31	4♊32	4♊33	4♊32	4♊30	4♊26	4♊21	4♊16	4♊10	4♊04	3♊60	3♊56	3♊55	3♊54	3♊55
♆/♇	21♒40	21♒41	21♒43	21♒45	21♒46	21♒48	21♒50	21♒51	21♒53	21♒54	21♒56	21♒57	21♒59	22♒00	22♒02
/☊	11♉41	11♉41	11♉42	11♉41	11♉38	11♉34	11♉29	11♉23	11♉16	11♉10	11♉05	11♉02	10♉59	10♉59	10♉59
♇/☊	14♈37	14♈38	14♈37	14♈36	14♈32	14♈28	14♈22	14♈15	14♈08	14♈02	13♈56	13♈51	13♈49	13♈47	13♈47

April 2020

	1	2	3	4	5	6	7	8	9	10	11	12	13	14	15
☉/☽	24♉08	1♊11	8♊26	15♊55	23♊39	1♋35	9♋41	17♋51	25♑58	3♒59	11♒48	19♒24	26♒44	3♓50	10♓44
/☿	28♓30	29♓39	0♈49	1♈60	3♈11	4♈24	5♈37	6♈51	8♈06	9♈21	10♈37	11♈55	13♈13	14♈31	15♈51
/♀	4♉37	5♉35	6♉32	7♉28	8♉25	9♉21	10♉16	11♉11	12♉06	13♉01	13♉55	14♉49	15♉42	16♉35	17♉27
/♂	6♓16	7♓07	7♓57	8♓48	9♓38	10♓28	11♓19	12♓09	12♓59	13♓50	14♓40	15♓30	16♓21	17♓11	18♓01
/⚳	17♓12	17♓52	18♓32	19♓11	19♓51	20♓31	21♓10	21♓49	22♓29	23♓08	23♓47	24♓26	25♓05	25♓44	26♓23
/♃	3♓04	3♓37	4♓10	4♓43	5♓16	5♓49	6♓22	6♓55	7♓27	8♓00	8♓33	9♓05	9♓37	10♓09	10♓41
/♄	6♓12	6♓44	7♓15	7♓46	8♓17	8♓49	9♓20	9♓51	10♓22	10♓53	11♓24	11♓55	12♓25	12♓56	13♓27
/♅	23♈27	23♈58	24♈29	25♈00	25♈32	26♈03	26♈34	27♈05	27♈36	28♈07	28♈38	29♈10	29♈41	0♉12	0♉43
/♆	0♈30	1♈01	1♈31	2♈02	2♈32	3♈03	3♈34	4♈04	4♈35	5♈05	5♈35	6♈06	6♈36	7♈07	7♈37
/♇	3♓17	3♓47	4♓17	4♓47	5♓17	5♓47	6♓16	6♓46	7♓16	7♓45	8♓15	8♓45	9♓14	9♓44	10♓14
/☊	22♉14	22♉43	23♉12	23♉40	24♉07	24♉32	24♉57	25♉21	25♉45	26♉11	26♉37	27♉05	27♉34	28♉04	28♉33
☽/☿	10♉55	18♉07	25♉33	3♊14	11♊10	19♊20	27♐39	6♑04	14♑28	22♑45	0♒52	8♒45	16♒25	23♒51	1♓06
/♀	17♊02	24♊02	1♋15	8♋43	16♋24	24♋17	2♌19	10♌25	18♌29	26♌25	4♍09	11♓39	18♓54	25♓55	2♈42
/♂	18♈41	25♈35	2♏41	10♏02	17♏37	25♏25	3♐21	11♐22	19♐22	27♐14	4♑54	12♑21	19♑33	26♑31	3♒16
/⚳	29♈37	6♉20	13♉16	20♉26	27♏50	5♐27	13♐13	21♐03	28♐51	6♑32	14♑02	21♑17	28♑18	5♒04	11♒38
/♃	15♈28	22♈05	28♎54	5♏58	13♏15	20♏45	28♏25	6♐08	13♐50	21♐24	28♐47	5♑56	12♑50	19♑29	25♑57
/♄	18♈37	25♈11	1♏59	9♏01	16♏16	23♏45	1♐22	9♐04	16♐44	24♐17	1♑38	8♑45	15♑38	22♑16	28♑42
/♅	5♊51	12♊26	19♊13	26♊15	3♋30	10♋59	18♋37	26♋18	3♌58	11♒31	18♒53	26♒00	2♓53	9♓32	15♓58
/♆	12♉54	19♉28	26♉15	3♊16	10♊31	17♊59	25♐36	3♑17	10♑57	18♑29	25♑50	2♒57	9♒49	16♒27	22♒52
/♇	15♈42	22♈15	29♎01	6♏01	13♏16	20♏43	28♏19	5♐59	13♐38	21♐10	28♐30	5♑36	12♑27	19♑04	25♑29
/☊	4♋38	11♋11	17♋56	24♋54	2♌06	9♌28	16♌59	24♌34	2♍08	9♍35	16♍52	23♍56	0♎47	7♈24	13♈49
☿/♀	21♈24	22♈31	23♈39	24♈47	25♈56	27♈05	28♈15	29♈25	0♉36	1♉47	2♉58	4♉10	5♉23	6♉35	7♉49
/♂	23♒03	24♒03	25♒04	26♒06	27♒09	28♒13	29♒17	0♓23	1♓29	2♓36	3♓44	4♓52	6♓01	7♓12	8♓23
/⚳	3♓59	4♓48	5♓39	6♓30	7♓22	8♓15	9♓09	10♓03	10♓58	11♓54	12♓51	13♓48	14♓46	15♓45	16♓45
/♃	19♒50	20♒33	21♒17	22♒02	22♒47	23♒34	24♒21	25♒08	25♒57	26♒46	27♒36	28♒27	29♒18	0♓10	1♓03
/♄	22♒59	23♒40	24♒22	25♒05	25♒48	26♒33	27♒18	28♒04	28♒51	29♒39	0♓27	1♓16	2♓06	2♓57	3♓48
/♅	10♈13	10♈54	11♈36	12♈19	13♈03	13♈47	14♈32	15♈19	16♈06	16♈53	17♈42	18♈31	19♈22	20♈13	21♈04
/♆	17♓17	17♓57	18♓38	19♓20	20♓03	20♓47	21♓32	22♓18	23♓04	23♓51	24♓39	25♓28	26♓17	27♓07	27♓58
/♇	20♒04	20♒43	21♒24	22♒05	22♒48	23♒31	24♒15	24♒60	25♒45	26♒31	27♒19	28♒07	28♒55	29♒45	0♓35
/☊	9♉00	9♉40	10♉19	10♉59	11♉38	12♉16	12♉55	13♉34	14♉15	14♉57	15♉41	16♉27	17♉15	18♉05	18♉55
♀/♂	29♓10	29♓59	0♈47	1♈35	2♈22	3♈10	3♈57	4♈43	5♈30	6♈16	7♈01	7♈46	8♈31	9♈15	9♈59
/⚳	10♈06	10♈44	11♈21	11♈59	12♈35	13♈12	13♈48	14♈24	14♈59	15♈34	16♈08	16♈42	17♈16	17♈48	18♈21
/♃	25♓57	26♓29	26♓60	27♓30	28♓01	28♓31	29♓00	29♓29	29♓58	0♈26	0♈53	1♈21	1♈47	2♈14	2♈39
/♄	29♓06	29♓35	0♈04	0♈33	1♈02	1♈30	1♈58	2♈25	2♈52	3♈19	3♈45	4♈10	4♈36	5♈00	5♈25
/♅	16♉20	16♉50	17♉19	17♉47	18♉16	18♉44	19♉12	19♉39	20♉06	20♉33	20♉59	21♉25	21♉51	22♉16	22♉41
/♆	23♈23	23♈52	24♈21	24♈49	25♈17	25♈44	26♈11	26♈38	27♈05	27♈31	27♈56	28♈22	28♈47	29♈11	29♈35
/♇	26♓11	26♓39	27♓07	27♓34	28♓01	28♓28	28♓54	29♓20	29♓46	0♈11	0♈36	1♈01	1♈25	1♈48	2♈11
/☊	15♊07	15♊35	16♊02	16♊27	16♊51	17♊13	17♊35	17♊55	18♊15	18♊37	18♊58	19♊21	19♊45	20♊08	20♊31
♂/⚳	11♒45	12♒16	12♒47	13♒18	13♒49	14♒20	14♒51	15♒21	15♒52	16♒23	16♒53	17♒24	17♒54	18♒25	18♒55
/♃	27♑36	28♑01	28♑25	28♑50	29♑14	29♑38	0♒03	0♒27	0♒51	1♒15	1♒39	2♒02	2♒26	2♒50	3♒13
/♄	0♒45	1♒07	1♒30	1♒53	2♒15	2♒38	3♒00	3♒23	3♒45	4♒08	4♒30	4♒52	5♒14	5♒36	5♒59
/♅	17♓59	18♓22	18♓44	19♓07	19♓29	19♓52	20♓14	20♓37	20♓59	21♓22	21♓45	22♓07	22♓30	22♓52	23♓15
/♆	25♒03	25♒25	25♒46	26♒08	26♒30	26♒52	27♒14	27♒36	27♒58	28♒20	28♒42	29♒03	29♒25	29♒47	0♓09
/♇	27♑50	28♑11	28♑32	28♑53	29♑15	29♑36	29♑57	0♒18	0♒39	1♒00	1♒21	1♒42	2♒03	2♒24	2♒45
/☊	16♈46	17♈07	17♈27	17♈47	18♈05	18♈21	18♈37	18♈53	19♈09	19♈25	19♈43	20♈03	20♈23	20♈44	21♈05
⚳/♃	8♒32	8♒46	9♒00	9♒14	9♒27	9♒41	9♒54	10♒07	10♒20	10♒33	10♒46	10♒58	11♒11	11♒23	11♒35
/♄	11♒41	11♒53	12♒05	12♒17	12♒28	12♒40	12♒52	13♒03	13♒14	13♒26	13♒37	13♒48	13♒59	14♒10	14♒21
/♅	28♓55	29♓07	29♓19	29♓31	29♓42	29♓54	0♈06	0♈17	0♈29	0♈40	0♈52	1♈03	1♈14	1♈26	1♈37
/♆	5♓59	6♓10	6♓21	6♓32	6♓43	6♓54	7♓05	7♓16	7♓27	7♓38	7♓49	7♓59	8♓10	8♓20	8♓31
/♇	8♒46	8♒56	9♒07	9♒17	9♒28	9♒38	9♒48	9♒58	10♒08	10♒18	10♒28	10♒38	10♒48	10♒58	11♒07
/☊	27♈42	27♈52	28♈02	28♈10	28♈18	28♈23	28♈28	28♈33	28♈38	28♈44	28♈51	28♈59	29♈08	29♈18	29♈27
♃/♄	27♑32	27♑38	27♑43	27♑48	27♑54	27♑59	28♑04	28♑08	28♑13	28♑18	28♑22	28♑27	28♑31	28♑35	28♑39
/♅	14♓47	14♓52	14♓57	15♓03	15♓08	15♓13	15♓18	15♓23	15♓27	15♓32	15♓37	15♓42	15♓46	15♓51	15♓55
/♆	21♒50	21♒55	21♒59	22♒04	22♒09	22♒13	22♒17	22♒22	22♒26	22♒30	22♒34	22♒38	22♒42	22♒46	22♒49
/♇	24♑37	24♑41	24♑45	24♑49	24♑53	24♑57	25♑00	25♑04	25♑07	25♑10	25♑14	25♑17	25♑20	25♑23	25♑26
/☊	13♈34	13♈37	13♈40	13♈42	13♈43	13♈42	13♈40	13♈38	13♈37	13♈36	13♈36	13♈37	13♈40	13♈43	13♈46
♄/♅	17♓55	17♓59	18♓02	18♓05	18♓09	18♓12	18♓15	18♓19	18♓22	18♓25	18♓28	18♓31	18♓34	18♓37	18♓40
/♆	24♒58	25♒01	25♒04	25♒07	25♒10	25♒12	25♒15	25♒18	25♒20	25♒23	25♒25	25♒28	25♒30	25♒32	25♒35
/♇	27♑46	27♑48	27♑50	27♑52	27♑54	27♑56	27♑58	27♑60	28♑01	28♑03	28♑05	28♑07	28♑08	28♑10	28♑11
/☊	16♈42	16♈44	16♈45	16♈45	16♈44	16♈42	16♈38	16♈34	16♈31	16♈28	16♈27	16♈27	16♈28	16♈29	16♈31
♅/♆	12♈13	12♈16	12♈18	12♈21	12♈24	12♈26	12♈29	12♈32	12♈34	12♈37	12♈40	12♈43	12♈45	12♈48	12♈51
/♇	15♓00	15♓02	15♓04	15♓06	15♓08	15♓10	15♓12	15♓14	15♓16	15♓18	15♓20	15♓21	15♓23	15♓25	15♓27
/☊	3♊57	3♊58	3♊59	3♊59	3♊58	3♊56	3♊52	3♊49	3♊45	3♊43	3♊42	3♊42	3♊43	3♊45	3♊47
♆/♇	22♒03	22♒05	22♒06	22♒08	22♒09	22♒10	22♒12	22♒13	22♒14	22♒15	22♒17	22♒18	22♒19	22♒20	22♒21
/☊	10♉60	11♉01	11♉01	11♉01	10♉59	10♉56	10♉52	10♉48	10♉44	10♉41	10♉39	10♉38	10♉39	10♉40	10♉41
♇/☊	13♈47	13♈47	13♈47	13♈46	13♈43	13♈39	13♈35	13♈30	13♈25	13♈21	13♈19	13♈17	13♈17	13♈17	13♈18

	16	17	18	19	20	21	22	23	24	25	26	27	28	29	30
☉/☽	17♓28	24♓04	0♈35	7♈02	13♈27	19♈52	26♈18	2♉45	9♉14	15♉46	22♉21	29♉02	5♊48	12♊42	19♊45
/☿	17♈11	18♈32	19♈54	21♈16	22♈40	24♈04	25♈29	26♈55	28♈21	29♈49	1♉17	2♉46	4♉16	5♉46	7♉17
/♀	18♉19	19♉10	20♉01	20♉52	21♉41	22♉31	23♉19	24♉07	24♉55	25♉41	26♉27	27♉13	27♉57	28♉41	29♉24
/♂	18♓51	19♓41	20♓32	21♓22	22♓12	23♓02	23♓52	24♓42	25♓32	26♓22	27♓12	28♓02	28♓52	29♓42	0♈32
/⚳	27♓02	27♓41	28♓19	28♓58	29♓36	0♈15	0♈53	1♈31	2♈10	2♈48	3♈26	4♈04	4♈42	5♈19	5♈57
/♃	11♓13	11♓45	12♓17	12♓49	13♓20	13♓52	14♓23	14♓55	15♓26	15♓57	16♓28	16♓59	17♓29	18♓00	18♓31
/♄	13♓57	14♓28	14♓58	15♓29	15♓59	16♓29	16♓60	17♓30	17♓60	18♓30	18♓60	19♓30	19♓60	20♓29	20♓59
/♅	1♉14	1♉45	2♉16	2♉47	3♉18	3♉49	4♉20	4♉51	5♉22	5♉53	6♉24	6♉55	7♉26	7♉57	8♉27
/♆	8♈07	8♈38	9♈08	9♈38	10♈08	10♈39	11♈09	11♈39	12♈09	12♈39	13♈09	13♈39	14♈09	14♈39	15♈09
/♇	10♓43	11♓13	11♓42	12♓11	12♓41	13♓10	13♓39	14♓09	14♓38	15♓07	15♓37	16♓06	16♓35	17♓04	17♓33
/☊	29♉02	29♉30	29♉57	0♊23	0♊47	1♊11	1♊34	1♊58	2♊23	2♊48	3♊15	3♊43	4♊12	4♊42	5♊11
☽/☿	8♓11	15♓10	22♓03	28♓54	5♈44	12♈35	19♈27	26♈21	3♉18	10♉19	17♉25	24♉36	1♊53	9♊19	16♊55
/♀	9♈19	15♈48	22♈11	28♈30	4♉46	11♉02	17♉17	23♉34	29♉52	6♊12	12♊35	19♊03	25♊35	2♋14	9♋02
/♂	9♒52	16♒19	22♒41	28♒60	5♓17	11♓33	17♓50	24♓08	0♈29	6♈53	13♈20	19♈52	26♈30	3♉15	10♉10
/⚳	18♒02	24♒18	0♓29	6♓36	12♓41	18♓46	24♓51	0♈58	7♈07	13♈18	19♈34	25♈54	2♉20	8♉53	15♉35
/♃	2♒14	8♒23	14♒27	20♒27	26♒25	2♓23	8♓21	14♓21	20♓23	26♓27	2♈36	8♈49	15♈07	21♈34	28♎09
/♄	4♒58	11♒06	17♒08	23♒07	29♒04	5♓00	10♓58	16♓56	22♓57	29♓01	5♈08	11♈20	17♈38	24♈03	0♉37
/♅	22♓14	28♓23	4♈26	10♈25	16♈23	22♈20	28♈18	4♉17	10♉19	16♉24	22♉32	28♉45	5♊04	11♊30	18♊05
/♆	29♒08	5♓15	11♓17	17♓16	23♓13	29♓10	5♈07	11♈05	17♈06	23♈10	29♈17	5♉29	11♉47	18♉13	24♉47
/♇	1♒43	7♒50	13♒52	19♒49	25♒45	1♓41	7♓37	13♓35	19♓35	25♓38	1♈44	7♈56	14♈13	20♈37	27♎11
/☊	20♈03	26♈08	2♉07	8♉01	13♉52	19♉42	25♉32	1♊24	7♊20	13♊19	19♊23	25♊33	1♋50	8♋15	14♋49
☿/♀	9♉02	10♉16	11♉30	12♉44	13♉59	15♉13	16♉28	17♉44	18♉59	20♉15	21♉31	22♉47	24♉02	25♉18	26♉34
/♂	9♓34	10♓47	12♓00	13♓14	14♓29	15♓45	17♓01	18♓19	19♓37	20♓56	22♓15	23♓36	24♓57	26♓19	27♓42
/⚳	17♓45	18♓46	19♓48	20♓50	21♓54	22♓58	24♓03	25♓08	26♓14	27♓21	28♓29	29♓38	0♈47	1♈57	3♈07
/♃	1♓56	2♓51	3♓46	4♓41	5♓38	6♓35	7♓33	8♓31	9♓30	10♓30	11♓31	12♓33	13♓35	14♓37	15♓41
/♄	4♓40	5♓33	6♓27	7♓21	8♓16	9♓12	10♓09	11♓06	12♓05	13♓03	14♓03	15♓04	16♓05	17♓07	18♓09
/♅	21♈57	22♈50	23♈44	24♈39	25♈35	26♈32	27♈29	28♈28	29♈27	0♉27	1♉27	2♉29	3♉31	4♉34	5♉38
/♆	28♓50	29♓43	0♈36	1♈31	2♈26	3♈21	4♈18	5♈15	6♈14	7♈13	8♈13	9♈13	10♈14	11♈17	12♈19
/♇	1♓26	2♓18	3♓10	4♓04	4♓58	5♓53	6♓49	7♓45	8♓43	9♓41	10♓40	11♓40	12♓40	13♓41	14♓43
/☊	19♉45	20♉36	21♉26	22♉15	23♉04	23♉54	24♉44	25♉35	26♉27	27♉22	28♉18	29♉17	0♊17	1♊19	2♊21
♀/♂	10♈42	11♈25	12♈08	12♈49	13♈31	14♈11	14♈52	15♈31	16♈10	16♈48	17♈26	18♈03	18♈39	19♈14	19♈49
/⚳	18♈53	19♈24	19♈55	20♈26	20♈55	21♈24	21♈53	22♈21	22♈48	23♈14	23♈40	24♈04	24♈29	24♈52	25♈14
/♃	3♈04	3♈29	3♈53	4♈16	4♈39	5♈01	5♈23	5♈44	6♈04	6♈23	6♈42	6♈59	7♈16	7♈32	7♈48
/♄	5♈48	6♈12	6♈34	6♈56	7♈18	7♈39	7♈59	8♈19	8♈38	8♈56	9♈14	9♈31	9♈47	10♈02	10♈16
/♅	23♉05	23♉29	23♉52	24♉15	24♉37	24♉59	25♉20	25♉40	25♉60	26♉19	26♉38	26♉56	27♉13	27♉29	27♉45
/♆	29♈58	0♉21	0♉44	1♉06	1♉27	1♉48	2♉08	2♉28	2♉47	3♉05	3♉23	3♉40	3♉56	4♉12	4♉26
/♇	2♈34	2♈56	3♈18	3♈39	3♈60	4♈20	4♈39	4♈58	5♈16	5♈34	5♈50	6♈06	6♈22	6♈36	6♈50
/☊	20♊53	21♊14	21♊33	21♊50	22♊06	22♊20	22♊34	22♊47	23♊01	23♊14	23♊29	23♊44	23♊59	24♊14	24♊28
♂/⚳	19♒25	19♒56	20♒26	20♒56	21♒26	21♒56	22♒26	22♒55	23♒25	23♒55	24♒24	24♒54	25♒23	25♒53	26♒22
/♃	3♒37	4♒00	4♒23	4♒47	5♒10	5♒33	5♒56	6♒18	6♒41	7♒04	7♒26	7♒49	8♒11	8♒33	8♒55
/♄	6♒21	6♒43	7♒05	7♒27	7♒48	8♒10	8♒32	8♒54	9♒15	9♒37	9♒58	10♒20	10♒41	11♒03	11♒24
/♅	23♓37	23♓60	24♓22	24♓45	25♓07	25♓30	25♓52	26♓15	26♓37	26♓60	27♓22	27♓45	28♓07	28♓30	28♓52
/♆	0♓31	0♓52	1♓14	1♓36	1♓58	2♓19	2♓41	3♓03	3♓25	3♓46	4♓08	4♓29	4♓51	5♓13	5♓34
/♇	3♒06	3♒27	3♒48	4♒09	4♒30	4♒51	5♒12	5♒33	5♒54	6♒14	6♒35	6♒56	7♒17	7♒37	7♒58
/☊	21♈26	21♈45	22♈03	22♈21	22♈36	22♈52	23♈07	23♈22	23♈38	23♈55	24♈14	24♈33	24♈54	25♈15	25♈36
⚳/♃	11♒47	11♒59	12♒11	12♒23	12♒34	12♒46	12♒57	13♒08	13♒19	13♒29	13♒40	13♒50	14♒01	14♒11	14♒21
/♄	14♒31	14♒42	14♒52	15♒03	15♒13	15♒23	15♒33	15♒43	15♒53	16♒03	16♒12	16♒22	16♒31	16♒40	16♒49
/♅	1♈48	1♈59	2♈10	2♈21	2♈32	2♈43	2♈54	3♈04	3♈15	3♈26	3♈36	3♈47	3♈57	4♈07	4♈18
/♆	8♓41	8♓52	9♓02	9♓12	9♓22	9♓32	9♓42	9♓52	10♓02	10♓12	10♓21	10♓31	10♓41	10♓50	10♓59
/♇	11♒17	11♒27	11♒36	11♒45	11♒55	12♒04	12♒13	12♒22	12♒31	12♒40	12♒49	12♒58	13♒06	13♒15	13♒23
/☊	29♈36	29♈44	29♈51	29♈57	0♉01	0♉05	0♉08	0♉11	0♉16	0♉21	0♉27	0♉35	0♉43	0♉52	1♉01
♃/♄	28♑43	28♑47	28♑50	28♑54	28♑57	29♑00	29♑03	29♑06	29♑09	29♑12	29♑14	29♑17	29♑19	29♑21	29♑23
/♅	15♓59	16♓04	16♓08	16♓12	16♓16	16♓20	16♓24	16♓27	16♓31	16♓35	16♓38	16♓42	16♓45	16♓48	16♓51
/♆	22♒53	22♒56	22♒60	23♒03	23♒06	23♒09	23♒12	23♒15	23♒18	23♒21	23♒23	23♒26	23♒28	23♒31	23♒33
/♇	25♑29	25♑31	25♑34	25♑36	25♑39	25♑41	25♑43	25♑45	25♑47	25♑49	25♑51	25♑52	25♑54	25♑55	25♑57
/☊	13♈48	13♈49	13♈49	13♈48	13♈45	13♈42	13♈38	13♈34	13♈32	13♈30	13♈29	13♈30	13♈31	13♈33	13♈35
♄/♅	18♓43	18♓46	18♓49	18♓52	18♓55	18♓57	19♓00	19♓03	19♓05	19♓08	19♓10	19♓13	19♓15	19♓17	19♓20
/♆	25♒37	25♒39	25♒41	25♒43	25♒45	25♒47	25♒49	25♒50	25♒52	25♒54	25♒56	25♒57	25♒59	26♒00	26♒01
/♇	28♑12	28♑14	28♑15	28♑16	28♑17	28♑18	28♑19	28♑20	28♑21	28♑22	28♑23	28♑24	28♑24	28♑25	28♑25
/☊	16♈32	16♈32	16♈30	16♈28	16♈24	16♈19	16♈14	16♈10	16♈06	16♈03	16♈01	16♈01	16♈01	16♈02	16♈03
♅/♆	12♈53	12♈56	12♈59	13♈01	13♈04	13♈07	13♈09	13♈12	13♈14	13♈17	13♈20	13♈22	13♈25	13♈27	13♈30
/♇	15♓29	15♓31	15♓33	15♓34	15♓36	15♓38	15♓40	15♓42	15♓43	15♓45	15♓47	15♓49	15♓50	15♓52	15♓54
/☊	3♊48	3♊49	3♊48	3♊46	3♊43	3♊39	3♊35	3♊31	3♊28	3♊26	3♊25	3♊26	3♊27	3♊30	3♊32
♆/♇	22♒22	22♒23	22♒25	22♒26	22♒27	22♒28	22♒29	22♒30	22♒30	22♒31	22♒32	22♒33	22♒34	22♒35	22♒35
/☊	10♉42	10♉41	10♉40	10♉37	10♉33	10♉28	10♉23	10♉19	10♉15	10♉12	10♉11	10♉10	10♉11	10♉12	10♉14
♇/☊	13♈17	13♈16	13♈14	13♈10	13♈05	12♈60	12♈54	12♈49	12♈44	12♈40	12♈38	12♈37	12♈37	12♈37	12♈37

April 2020

May 2020

	1	2	3	4	5	6	7	8	9	10	11	12	13	14	15	16
☉/☽	26♊58	4♋23	11♋59	19♋47	27♋43	5♌44	13♌45	21♒42	29♒30	7♓06	14♓29	21♓38	28♓34	5♈20	11♈57	18♈28
/☿	8♉49	10♉21	11♉54	13♉28	15♉01	16♉35	18♉09	19♉44	21♉18	22♉51	24♉25	25♉57	27♉29	29♉01	0♊31	2♊00
/♀	0♊06	0♊47	1♊28	2♊07	2♊46	3♊23	3♊60	4♊35	5♊10	5♊43	6♊15	6♊46	7♊16	7♊45	8♊12	8♊39
/♂	1♈22	2♈11	3♈01	3♈51	4♈41	5♈30	6♈20	7♈10	7♈59	8♈49	9♈38	10♈28	11♈17	12♈07	12♈56	13♈46
/⚳	6♈35	7♈12	7♈49	8♈27	9♈04	9♈41	10♈18	10♈55	11♈32	12♈09	12♈45	13♈22	13♈58	14♈34	15♈11	15♈47
/♃	19♓01	19♓31	20♓02	20♓32	21♓02	21♓32	22♓01	22♓31	23♓01	23♓30	23♓60	24♓29	24♓58	25♓27	25♓56	26♓25
/♄	21♓29	21♓58	22♓28	22♓57	23♓27	23♓56	24♓25	24♓54	25♓24	25♓53	26♓22	26♓51	27♓20	27♓48	28♓17	28♓46
/♅	8♉58	9♉29	9♉60	10♉31	11♉02	11♉32	12♉03	12♉34	13♉04	13♉35	14♉06	14♉37	15♉07	15♉38	16♉08	16♉39
/♆	15♈39	16♈09	16♈39	17♈09	17♈39	18♈08	18♈38	19♈08	19♈38	20♈07	20♈37	21♈07	21♈36	22♈06	22♈35	23♈05
/♇	18♓02	18♓31	19♓00	19♓29	19♓58	20♓27	20♓56	21♓25	21♓54	22♓22	22♓51	23♓20	23♓49	24♓17	24♓46	25♓15
/☊	5♊41	6♊09	6♊37	7♊04	7♊30	7♊55	8♊21	8♊48	9♊15	9♊43	10♊12	10♊42	11♊12	11♊41	12♊10	12♊38
☽/☿	24♊42	2♋41	10♋52	19♋15	27♋46	6♌23	15♌01	23♒33	1♓57	10♓09	18♓07	25♓51	3♈22	10♈41	17♈50	24♈53
/♀	15♋59	23♋07	0♌26	7♌55	15♌31	23♌11	0♍51	8♍25	15♍49	23♓01	29♓58	6♈40	13♈09	19♈25	25♈32	1♉31
/♂	17♉14	24♏31	1♐59	9♐38	17♐26	25♐18	3♑11	10♑59	18♑39	26♑07	3♒21	10♒22	17♒10	23♒47	0♓16	6♓38
/⚳	22♉28	29♉32	6♐47	14♐14	21♐49	29♐29	7♑09	14♑45	22♑12	29♑26	6♒28	13♒15	19♒51	26♒15	2♓30	8♓39
/♃	4♏54	11♏51	18♏60	26♏19	3♐47	11♐20	18♐53	26♐21	3♑40	10♑48	17♑42	24♑23	0♒50	7♒07	13♒16	19♒17
/♄	7♏22	14♏18	21♏26	28♏45	6♐12	13♐44	21♐17	28♐44	6♑03	13♑10	20♑04	26♑44	3♒12	9♒29	15♒37	21♒38
/♅	24♊51	1♋49	8♋58	16♋18	23♋47	1♌20	8♒54	16♒24	23♒44	0♓53	7♓48	14♓30	20♓60	27♓18	3♈28	9♈31
/♆	1♊32	8♊29	15♊37	22♐56	0♑24	7♑56	15♑29	22♑58	0♒17	7♒25	14♒19	21♒00	27♒29	3♓46	9♓55	15♓57
/♇	3♏55	10♏51	17♏58	25♏16	2♐43	10♐15	17♐47	25♐15	2♑33	9♑40	16♑34	23♑14	29♑41	5♒58	12♒06	18♒07
/☊	21♋33	28♋29	5♌35	12♌51	20♌15	27♌43	5♍12	12♍38	19♍55	27♍01	3♈55	10♈36	17♈04	23♈21	29♈30	5♉31
☿/♀	27♉50	29♉05	0♊20	1♊35	2♊49	4♊03	5♊15	6♊27	7♊37	8♊46	9♊54	10♊60	12♊04	13♊06	14♊06	15♊03
/♂	29♓05	0♈29	1♈54	3♈19	4♈44	6♈10	7♈35	9♈01	10♈27	11♈52	13♈17	14♈41	16♈05	17♈28	18♈49	20♈10
/⚳	4♈18	5♈30	6♈42	7♈55	9♈07	10♈20	11♈33	12♈46	13♈59	15♈12	16♈24	17♈35	18♈46	19♈55	21♈04	22♈11
/♃	16♓45	17♓49	18♓54	19♓60	21♓05	22♓11	23♓17	24♓23	25♓28	26♓33	27♓38	28♓42	29♓46	0♈48	1♈49	2♈49
/♄	19♓13	20♓16	21♓20	22♓25	23♓30	24♓35	25♓41	26♓46	27♓51	28♓56	0♈00	1♈04	2♈07	3♈09	4♈10	5♈11
/♅	6♉42	7♉47	8♉53	9♉59	11♉05	12♉12	13♉18	14♉25	15♉32	16♉38	17♉44	18♉50	19♉55	20♉59	22♉02	23♉04
/♆	13♈23	14♈27	15♈32	16♈37	17♈42	18♈48	19♈53	20♈59	22♈05	23♈10	24♈15	25♈20	26♈24	27♈27	28♈29	29♈29
/♇	15♓46	16♓49	17♓53	18♓57	20♓02	21♓06	22♓11	23♓16	24♓21	25♓26	26♓30	27♓33	28♓36	29♓38	0♈39	1♈39
/☊	3♊24	4♊27	5♊29	6♊31	7♊33	8♊35	9♊37	10♊39	11♊42	12♊46	13♊51	14♊55	15♊59	17♊02	18♊03	19♊03
♀/♂	20♈23	20♈55	21♈27	21♈58	22♈29	22♈58	23♈26	23♈53	24♈19	24♈44	25♈07	25♈30	25♈51	26♈12	26♈31	26♈49
/⚳	25♈36	25♈56	26♈16	26♈34	26♈52	27♈08	27♈24	27♈38	27♈51	28♈04	28♈14	28♈24	28♈32	28♈39	28♈45	28♈50
/♃	8♈02	8♈15	8♈28	8♈39	8♈50	8♈59	9♈07	9♈14	9♈20	9♈25	9♈29	9♈31	9♈32	9♈32	9♈31	9♈28
/♄	10♈30	10♈42	10♈54	11♈05	11♈15	11♈23	11♈31	11♈38	11♈43	11♈48	11♈51	11♈53	11♈54	11♈53	11♈52	11♈49
/♅	27♉59	28♉13	28♉26	28♉38	28♉50	28♉60	29♉09	29♉17	29♉24	29♉30	29♉35	29♉39	29♉41	29♉43	29♉43	29♉42
/♆	4♉40	4♉53	5♉05	5♉16	5♉27	5♉36	5♉44	5♉51	5♉57	6♉02	6♉06	6♉09	6♉10	6♉11	6♉10	6♉08
/♇	7♈03	7♈15	7♈26	7♈37	7♈46	7♈54	8♈02	8♈08	8♈13	8♈17	8♈20	8♈22	8♈23	8♈22	8♈21	8♈18
/☊	24♊42	24♊53	25♊03	25♊11	25♊18	25♊23	25♊27	25♊31	25♊35	25♊38	25♊42	25♊44	25♊46	25♊46	25♊45	25♊42
♂/⚳	26♒51	27♒20	27♒49	28♒18	28♒47	29♒15	29♒44	0♓13	0♓41	1♓09	1♓37	2♓06	2♓34	3♓01	3♓29	3♓57
/♃	9♒17	9♒39	10♒01	10♒23	10♒45	11♒06	11♒27	11♒49	12♒10	12♒31	12♒52	13♒13	13♒33	13♒54	14♒15	14♒35
/♄	11♒45	12♒06	12♒27	12♒48	13♒09	13♒30	13♒51	14♒12	14♒33	14♒53	15♒14	15♒34	15♒55	16♒15	16♒36	16♒56
/♅	29♓15	29♓37	29♓60	0♈22	0♈44	1♈07	1♈29	1♈51	2♈14	2♈36	2♈58	3♈20	3♈43	4♈05	4♈27	4♈49
/♆	5♓56	6♓17	6♓38	6♓60	7♓21	7♓43	8♓04	8♓25	8♓47	9♓08	9♓29	9♓50	10♓12	10♓33	10♓54	11♓15
/♇	8♒19	8♒39	8♒60	9♒20	9♒41	10♒01	10♒22	10♒42	11♒03	11♒23	11♒43	12♒04	12♒24	12♒44	13♒04	13♒25
/☊	25♈57	26♈17	26♈36	26♈55	27♈12	27♈30	27♈47	28♈05	28♈24	28♈44	29♈05	29♈26	29♈47	0♉08	0♉29	0♉48
⚳/♃	14♒31	14♒40	14♒50	14♒59	15♒08	15♒17	15♒26	15♒34	15♒43	15♒51	15♒59	16♒07	16♒14	16♒22	16♒29	16♒36
/♄	16♒58	17♒07	17♒16	17♒24	17♒33	17♒41	17♒49	17♒57	18♒05	18♒13	18♒21	18♒28	18♒36	18♒43	18♒50	18♒57
/♅	4♈28	4♈38	4♈48	4♈58	5♈08	5♈17	5♈27	5♈37	5♈46	5♈56	6♈05	6♈14	6♈23	6♈32	6♈41	6♈50
/♆	11♓09	11♓18	11♓27	11♓36	11♓45	11♓54	12♓02	12♓11	12♓19	12♓28	12♓36	12♓44	12♓52	13♓00	13♓08	13♓16
/♇	13♒32	13♒40	13♒48	13♒56	14♒04	14♒12	14♒20	14♒28	14♒35	14♒43	14♒50	14♒58	15♒05	15♒12	15♒19	15♒26
/☊	1♉10	1♉18	1♉25	1♉31	1♉36	1♉40	1♉45	1♉51	1♉57	2♉04	2♉12	2♉20	2♉28	2♉36	2♉43	2♉50
♃/♄	29♑25	29♑26	29♑28	29♑29	29♑31	29♑32	29♑33	29♑34	29♑34	29♑35	29♑35	29♑36	29♑36	29♑36	29♑36	29♑35
/♅	16♓54	16♓57	17♓00	17♓03	17♓05	17♓08	17♓11	17♓13	17♓15	17♓17	17♓19	17♓21	17♓23	17♓25	17♓27	17♓28
/♆	23♒35	23♒37	23♒39	23♒41	23♒43	23♒44	23♒46	23♒47	23♒48	23♒49	23♒51	23♒51	23♒52	23♒53	23♒54	23♒54
/♇	25♑58	25♑59	26♑00	26♑01	26♑02	26♑03	26♑03	26♑04	26♑04	26♑05	26♑05	26♑05	26♑05	26♑05	26♑04	26♑04
/☊	13♈36	13♈37	13♈37	13♈36	13♈33	13♈31	13♈29	13♈27	13♈26	13♈25	13♈26	13♈27	13♈28	13♈28	13♈29	13♈28
♄/♅	19♓22	19♓24	19♓26	19♓28	19♓30	19♓32	19♓34	19♓36	19♓38	19♓40	19♓42	19♓43	19♓45	19♓46	19♓48	19♓49
/♆	26♒03	26♒04	26♒05	26♒06	26♒07	26♒08	26♒09	26♒10	26♒11	26♒12	26♒13	26♒13	26♒14	26♒14	26♒15	26♒15
/♇	28♑26	28♑26	28♑26	28♑27	28♑27	28♑27	28♑27	28♑27	28♑27	28♑27	28♑27	28♑27	28♑26	28♑26	28♑25	28♑25
/☊	16♈04	16♈04	16♈03	16♈01	15♈58	15♈55	15♈52	15♈50	15♈49	15♈48	15♈48	15♈49	15♈49	15♈50	15♈50	15♈49
♅/♆	13♈32	13♈35	13♈37	13♈40	13♈42	13♈45	13♈47	13♈50	13♈52	13♈54	13♈57	13♈59	14♈01	14♈04	14♈06	14♈08
/♇	15♓55	15♓57	15♓59	16♓00	16♓02	16♓03	16♓05	16♓06	16♓08	16♓09	16♓11	16♓12	16♓14	16♓15	16♓17	16♓18
/☊	3♊34	3♊35	3♊35	3♊35	3♊33	3♊32	3♊30	3♊29	3♊29	3♊30	3♊32	3♊34	3♊37	3♊39	3♊41	3♊42
♆/♇	22♒36	22♒37	22♒38	22♒38	22♒39	22♒39	22♒40	22♒41	22♒41	22♒42	22♒42	22♒42	22♒43	22♒43	22♒44	22♒44
/☊	10♉15	10♉15	10♉14	10♉13	10♉10	10♉08	10♉05	10♉04	10♉03	10♉03	10♉03	10♉05	10♉06	10♉07	10♉08	10♉08
♇/☊	12♈38	12♈37	12♈35	12♈33	12♈30	12♈26	12♈23	12♈20	12♈19	12♈18	12♈17	12♈18	12♈18	12♈19	12♈18	12♈18

	17	18	19	20	21	22	23	24	25	26	27	28	29	30	31	
☉/☽	24♈55	1♉19	7♉44	14♉11	20♉40	27♉13	3♊50	10♊33	17♊21	24♊15	1♋17	8♋25	15♋41	23♋06	0♌38	☉/☽
/☿	3♊28	4♊55	6♊20	7♊45	9♊07	10♊28	11♊48	13♊06	14♊23	15♊38	16♊51	18♊03	19♊13	20♊21	21♊28	/☿
/♀	9♊04	9♊27	9♊50	10♊12	10♊32	10♊51	11♊09	11♊26	11♊41	11♊56	12♊10	12♊23	12♊35	12♊47	12♊58	/♀
/♂	14♈35	15♈24	16♈13	17♈03	17♈52	18♈41	19♈30	20♈19	21♈08	21♈57	22♈46	23♈35	24♈24	25♈13	26♈01	/♂
/⚳	16♈23	16♈59	17♈35	18♈10	18♈46	19♈21	19♈57	20♈32	21♈07	21♈42	22♈17	22♈52	23♈26	24♈01	24♈35	/⚳
/♃	26♓54	27♓22	27♓51	28♓19	28♓47	29♓16	29♓44	0♈12	0♈40	1♈07	1♈35	2♈03	2♈30	2♈58	3♈25	/♃
/♄	29♓15	29♓43	0♈12	0♈40	1♈09	1♈37	2♈05	2♈33	3♈02	3♈30	3♈58	4♈26	4♈54	5♈22	5♈50	/♄
/♅	17♉10	17♉40	18♉11	18♉41	19♉12	19♉42	20♉13	20♉43	21♉14	21♉44	22♉14	22♉45	23♉15	23♉45	24♉16	/♅
/♆	23♈34	24♈04	24♈33	25♈03	25♈32	26♈02	26♈31	27♈00	27♈30	27♈59	28♈28	28♈57	29♈26	29♈56	0♉25	/♆
/♇	25♓43	26♓12	26♓40	27♓09	27♓38	28♓06	28♓35	29♓03	29♓31	29♓60	0♈28	0♈57	1♈25	1♈53	2♈22	/♇
/☊	13♊06	13♊33	13♊59	14♊25	14♊52	15♊19	15♊46	16♊14	16♊42	17♊11	17♊41	18♊10	18♊40	19♊09	19♊37	/☊
☽/☿	1♉50	8♉43	15♉36	22♉28	29♉22	6♊19	13♊18	20♊21	27♊28	4♋40	11♋57	19♋20	26♋48	4♌24	12♌05	☽/☿
/♀	7♉25	13♉16	19♉05	24♉55	0♊47	6♊41	12♊39	18♊41	24♊47	0♋59	7♋16	13♋40	20♋11	26♋49	3♌35	/♀
/♂	12♓56	19♓13	25♓29	1♈47	8♈07	14♈31	21♈00	27♈34	4♉14	10♉60	17♉52	24♉52	1♊60	9♊15	16♐39	/♂
/⚳	14♓44	20♓47	26♓50	2♈54	9♈01	15♈12	21♈27	27♈47	4♉13	10♉44	17♉23	24♉09	1♊02	8♊03	15♐13	/⚳
/♃	25♒15	1♓11	7♓06	13♓03	19♓03	25♓06	1♈14	7♈27	13♈45	20♈10	26♈41	3♏20	10♏06	17♏00	24♏02	/♃
/♄	27♒36	3♓31	9♓27	15♓24	21♓24	27♓27	3♈35	9♈49	16♈07	22♈32	29♈04	5♏43	12♏30	19♏24	26♏27	/♄
/♅	15♈31	21♈28	27♈26	3♉25	9♉27	15♉33	21♉43	27♉58	4♊19	10♊46	17♊20	24♊02	0♋51	7♋48	14♋53	/♅
/♆	21♓56	27♓52	3♈49	9♈47	15♈47	21♈52	28♈01	4♉15	10♉35	17♉01	23♉34	0♊14	7♊02	13♊58	21♐02	/♆
/♇	24♒05	0♓00	5♓56	11♓53	17♓53	23♓56	0♈05	6♈18	12♈37	19♈02	25♎34	2♏14	9♏01	15♏56	22♏59	/♇
/☊	11♉27	17♉21	23♉15	29♉09	5♊07	11♊09	17♊16	23♊29	29♊48	6♋14	12♋47	19♋27	26♋16	3♌11	10♌15	/☊
☿/♀	15♊58	16♊51	17♊42	18♊29	19♊15	19♊57	20♊37	21♊14	21♊49	22♊21	22♊50	23♊18	23♊42	24♊05	24♊25	☿/♀
/♂	21♈30	22♈48	24♈05	25♈21	26♈35	27♈47	28♈58	0♉08	1♉16	2♉22	3♉27	4♉30	5♉31	6♉30	7♉28	/♂
/⚳	23♈18	24♈23	25♈26	26♈28	27♈29	28♈27	29♈25	0♉20	1♉14	2♉07	2♉57	3♉46	4♉33	5♉19	6♉02	/⚳
/♃	3♈48	4♈46	5♈42	6♈37	7♈30	8♈22	9♈12	10♈00	10♈47	11♈32	12♈16	12♈57	13♈37	14♈15	14♈52	/♃
/♄	6♈09	7♈07	8♈03	8♈58	9♈51	10♈43	11♈33	12♈22	13♈09	13♈55	14♈38	15♈20	16♈01	16♈40	17♈17	/♄
/♅	24♉04	25♉04	26♉02	26♉59	27♉54	28♉48	29♉41	0♊32	1♊21	2♊09	2♊55	3♊39	4♊22	5♊03	5♊43	/♅
/♆	0♉29	1♉28	2♉25	3♉21	4♉15	5♉08	5♉59	6♉49	7♉37	8♉24	9♉09	9♉52	10♉34	11♉14	11♉52	/♆
/♇	2♈38	3♈36	4♈32	5♈27	6♈20	7♈12	8♈03	8♈52	9♈39	10♈25	11♈09	11♈51	12♈32	13♈11	13♈49	/♇
/☊	20♊01	20♊57	21♊51	22♊43	23♊35	24♊25	25♊14	26♊02	26♊50	27♊36	28♊21	29♊05	29♊47	0♋27	1♋04	/☊
♀/♂	27♈05	27♈20	27♈35	27♈48	27♈59	28♈10	28♈19	28♈27	28♈34	28♈40	28♈46	28♈50	28♈53	28♈56	28♈58	♀/♂
/⚳	28♈53	28♈55	28♈56	28♈55	28♈53	28♈50	28♈45	28♈40	28♈33	28♈25	28♈16	28♈06	27♈56	27♈44	27♈32	/⚳
/♃	9♈24	9♈19	9♈12	9♈04	8♈55	8♈44	8♈33	8♈20	8♈06	7♈51	7♈35	7♈18	6♈60	6♈41	6♈22	/♃
/♄	11♈45	11♈39	11♈33	11♈25	11♈16	11♈06	10♈54	10♈41	10♈28	10♈13	9♈57	9♈41	9♈23	9♈05	8♈47	/♄
/♅	29♉40	29♉36	29♉32	29♉26	29♉19	29♉11	29♉01	28♉51	28♉40	28♉27	28♉14	27♉60	27♉45	27♉29	27♉13	/♅
/♆	6♉05	6♉00	5♉54	5♉48	5♉39	5♉30	5♉20	5♉08	4♉56	4♉42	4♉28	4♉12	3♉56	3♉39	3♉22	/♆
/♇	8♈14	8♈08	8♈02	7♈54	7♈45	7♈35	7♈23	7♈11	6♈58	6♈43	6♈28	6♈12	5♈55	5♈37	5♈19	/♇
/☊	25♊36	25♊29	25♊20	25♊10	24♊59	24♊47	24♊35	24♊22	24♊08	23♊55	23♊40	23♊25	23♊09	22♊52	22♊34	/☊
♂/⚳	4♓24	4♓52	5♓19	5♓46	6♓13	6♓40	7♓07	7♓34	7♓60	8♓26	8♓52	9♓19	9♓44	10♓10	10♓36	♂/⚳
/♃	14♒55	15♒15	15♒35	15♒55	16♒15	16♒35	16♒54	17♒13	17♒33	17♒52	18♒11	18♒30	18♒48	19♒07	19♒26	/♃
/♄	17♒16	17♒36	17♒56	18♒16	18♒36	18♒56	19♒16	19♒35	19♒55	20♒14	20♒34	20♒53	21♒12	21♒31	21♒50	/♄
/♅	5♈11	5♈33	5♈55	6♈17	6♈39	7♈01	7♈23	7♈45	8♈07	8♈28	8♈50	9♈12	9♈33	9♈55	10♈16	/♅
/♆	11♓36	11♓57	12♓18	12♓39	12♓60	13♓20	13♓41	14♓02	14♓23	14♓43	15♓04	15♓24	15♓45	16♓05	16♓25	/♆
/♇	13♒45	14♒05	14♒25	14♒45	15♒05	15♒25	15♒45	16♒05	16♒24	16♒44	17♒04	17♒24	17♒43	18♒03	18♒22	/♇
/☊	1♉07	1♉26	1♉44	2♉01	2♉19	2♉37	2♉56	3♉15	3♉35	3♉56	4♉17	4♉37	4♉58	5♉18	5♉38	/☊
⚳/♃	16♒43	16♒50	16♒56	17♒03	17♒09	17♒15	17♒21	17♒26	17♒31	17♒37	17♒42	17♒46	17♒51	17♒55	17♒59	⚳/♃
/♄	19♒04	19♒11	19♒17	19♒24	19♒30	19♒36	19♒42	19♒48	19♒53	19♒59	20♒04	20♒09	20♒14	20♒19	20♒24	/♄
/♅	6♈59	7♈08	7♈16	7♈25	7♈33	7♈41	7♈49	7♈57	8♈05	8♈13	8♈21	8♈28	8♈36	8♈43	8♈50	/♅
/♆	13♓24	13♓31	13♓39	13♓46	13♓54	14♓01	14♓08	14♓15	14♓21	14♓28	14♓34	14♓41	14♓47	14♓53	14♓59	/♆
/♇	15♒33	15♒39	15♒46	15♒53	15♒59	16♒05	16♒11	16♒17	16♒23	16♒29	16♒35	16♒40	16♒46	16♒51	16♒56	/♇
/☊	2♉55	3♉00	3♉05	3♉09	3♉13	3♉18	3♉23	3♉28	3♉34	3♉41	3♉47	3♉54	4♉00	4♉06	4♉12	/☊
♃/♄	29♑35	29♑34	29♑33	29♑33	29♑32	29♑30	29♑29	29♑28	29♑26	29♑24	29♑23	29♑21	29♑18	29♑16	29♑14	♃/♄
/♅	17♓30	17♓31	17♓32	17♓34	17♓35	17♓36	17♓37	17♓37	17♓38	17♓39	17♓39	17♓39	17♓40	17♓40	17♓40	/♅
/♆	23♒55	23♒55	23♒55	23♒55	23♒55	23♒55	23♒55	23♒54	23♒54	23♒53	23♒53	23♒52	23♒51	23♒50	23♒49	/♆
/♇	26♑04	26♑03	26♑02	26♑01	26♑01	25♑60	25♑58	25♑57	25♑56	25♑54	25♑53	25♑51	25♑50	25♑48	25♑46	/♇
/☊	13♈26	13♈24	13♈21	13♈18	13♈15	13♈12	13♈10	13♈08	13♈07	13♈06	13♈06	13♈05	13♈04	13♈03	13♈02	/☊
♄/♅	19♓51	19♓52	19♓53	19♓55	19♓56	19♓57	19♓58	19♓59	19♓60	20♓01	20♓02	20♓03	20♓03	20♓04	20♓05	♄/♅
/♆	26♒16	26♒16	26♒16	26♒16	26♒16	26♒16	26♒16	26♒16	26♒16	26♒16	26♒15	26♒15	26♒15	26♒14	26♒14	/♆
/♇	28♑24	28♑24	28♑23	28♑22	28♑22	28♑21	28♑20	28♑19	28♑18	28♑17	28♑16	28♑14	28♑13	28♑12	28♑11	/♇
/☊	15♈47	15♈45	15♈42	15♈39	15♈36	15♈33	15♈31	15♈30	15♈29	15♈28	15♈28	15♈28	15♈28	15♈27	15♈26	/☊
♅/♆	14♈11	14♈13	14♈15	14♈17	14♈19	14♈22	14♈24	14♈26	14♈28	14♈30	14♈32	14♈34	14♈36	14♈38	14♈40	♅/♆
/♇	16♓19	16♓21	16♓22	16♓23	16♓25	16♓26	16♓27	16♓29	16♓30	16♓31	16♓32	16♓33	16♓34	16♓35	16♓37	/♇
/☊	3♊42	3♊42	3♊41	3♊40	3♊39	3♊39	3♊39	3♊39	3♊41	3♊42	3♊45	3♊47	3♊49	3♊51	3♊52	/☊
♆/♇	22♒44	22♒45	22♒45	22♒45	22♒45	22♒45	22♒46	22♒46	22♒46	22♒46	22♒46	22♒46	22♒46	22♒46	22♒46	♆/♇
/☊	10♉07	10♉06	10♉04	10♉02	9♉59	9♉58	9♉57	9♉56	9♉57	9♉57	9♉58	9♉60	10♉01	10♉01	10♉02	/☊
♇/☊	12♈16	12♈14	12♈11	12♈08	12♈05	12♈02	12♈00	11♈59	11♈59	11♈58	11♈59	11♈59	11♈59	11♈59	11♈58	♇/☊

May 2020

June 2020

	1	2	3	4	5	6	7	8	9	10
☉/☽	8♌18	16♌03	23♌51	1♍40	9♍25	17♓05	24♓35	1♈55	9♈04	16♈01
/☿	22♊33	23♊36	24♊37	25♊37	26♊35	27♊31	28♊25	29♊17	0♋07	0♋54
/♀	13♊08	13♊18	13♊28	13♊38	13♊48	13♊58	14♊08	14♊19	14♊30	14♊42
/♂	26♈50	27♈39	28♈27	29♈16	0♉04	0♉53	1♉41	2♉29	3♉18	4♉06
/⚳	25♈09	25♈43	26♈17	26♈51	27♈25	27♈59	28♈32	29♈05	29♈38	0♉12
/♃	3♈52	4♈19	4♈46	5♈13	5♈40	6♈07	6♈33	6♈60	7♈26	7♈52
/♄	6♈17	6♈45	7♈13	7♈40	8♈08	8♈36	9♈03	9♈31	9♈58	10♈25
/♅	24♉46	25♉16	25♉46	26♉17	26♉47	27♉17	27♉47	28♉17	28♉47	29♉17
/♆	0♉54	1♉23	1♉52	2♉21	2♉50	3♉19	3♉48	4♉17	4♉46	5♉15
/♇	2♈50	3♈18	3♈46	4♈15	4♈43	5♈11	5♈39	6♈07	6♈35	7♈04
/☊	20♊06	20♊33	21♊01	21♊29	21♊57	22♊25	22♊54	23♊23	23♊52	24♊21
☽/☿	19♌52	27♌43	5♍35	13♍26	21♍12	28♍50	6♎17	13♈31	20♈33	27♈21
/♀	10♌28	17♌26	24♌26	1♍27	8♍25	15♓17	22♓01	28♓34	4♈56	11♈08
/♂	24♐10	1♑46	9♑25	17♑05	24♑42	2♒12	9♒33	16♒44	23♒44	0♓32
/⚳	22♐29	29♐51	7♑15	14♑41	22♑02	29♑18	6♒24	13♒20	20♒05	26♒38
/♃	1♐12	8♐26	15♐44	23♐02	0♑17	7♑26	14♑26	21♑15	27♑52	4♒19
/♄	3♐37	10♐52	18♐11	25♐30	2♑45	9♑55	16♑56	23♑45	0♒24	6♒51
/♅	22♋05	29♋23	6♌44	14♒06	21♒24	28♒36	5♓40	12♓32	19♓13	25♓44
/♆	28♐13	5♑30	12♑50	20♑10	27♑28	4♒38	11♒41	18♒32	25♒12	1♓41
/♇	0♐09	7♐25	14♐44	22♐04	29♐20	6♑30	13♑32	20♑22	27♑02	3♒30
/☊	17♌25	24♌41	1♍59	9♍18	16♍34	23♍45	0♈46	7♈38	14♈18	20♈47
☿/♀	24♊43	24♊59	25♊12	25♊24	25♊35	25♊43	25♊50	25♊55	25♊59	26♊02
/♂	8♉24	9♉19	10♉11	11♉02	11♉51	12♉38	13♉23	14♉06	14♉47	15♉25
/⚳	6♉44	7♉24	8♉02	8♉38	9♉12	9♉44	10♉14	10♉42	11♉07	11♉31
/♃	15♈26	15♈59	16♈30	16♈59	17♈26	17♈52	18♈15	18♈36	18♈55	19♈12
/♄	17♈52	18♈25	18♈57	19♈27	19♈55	20♈21	20♈45	21♈07	21♈27	21♈45
/♅	6♊20	6♊56	7♊30	8♊03	8♊33	9♊02	9♊29	9♊54	10♊16	10♊37
/♆	12♉28	13♉03	13♉36	14♉07	14♉37	15♉04	15♉30	15♉53	16♉15	16♉34
/♇	14♈24	14♈58	15♈31	16♈01	16♈29	16♈56	17♈21	17♈44	18♈04	18♈23
/☊	1♋40	2♋14	2♋45	3♋15	3♋44	4♋10	4♋36	4♋59	5♋21	5♋40
♀/♂	29♈00	29♈01	29♈02	29♈03	29♈04	29♈05	29♈07	29♈08	29♈10	29♈13
/⚳	27♈19	27♈06	26♈53	26♈39	26♈25	26♈11	25♈58	25♈44	25♈31	25♈19
/♃	6♈02	5♈42	5♈21	5♈01	4♈40	4♈19	3♈59	3♈38	3♈19	2♈59
/♄	8♈27	8♈08	7♈48	7♈28	7♈08	6♈48	6♈29	6♈09	5♈51	5♈32
/♅	26♉56	26♉39	26♉22	26♉04	25♉47	25♉30	25♉13	24♉56	24♉40	24♉24
/♆	3♉04	2♉46	2♉27	2♉09	1♉50	1♉32	1♉14	0♉56	0♉39	0♉22
/♇	4♈60	4♈41	4♈22	4♈02	3♈43	3♈24	3♈05	2♈46	2♈28	2♈11
/☊	22♊16	21♊56	21♊36	21♊17	20♊57	20♊38	20♊19	20♊02	19♊44	19♊28
♂/⚳	11♓01	11♓26	11♓51	12♓16	12♓41	13♓06	13♓30	13♓54	14♓18	14♓42
/♃	19♒44	20♒02	20♒20	20♒38	20♒56	21♒14	21♒31	21♒49	22♒06	22♒23
/♄	22♒09	22♒28	22♒47	23♒06	23♒24	23♒43	24♒01	24♒20	24♒38	24♒56
/♅	10♈38	10♈59	11♈20	11♈42	12♈03	12♈24	12♈45	13♈06	13♈27	13♈48
/♆	16♓46	17♓06	17♓26	17♓46	18♓06	18♓26	18♓46	19♓06	19♓26	19♓46
/♇	18♒42	19♒01	19♒20	19♒40	19♒59	20♒18	20♒37	20♒56	21♒16	21♒34
/☊	5♉57	6♉16	6♉35	6♉54	7♉13	7♉32	7♉52	8♉12	8♉32	8♉52
⚳/♃	18♒03	18♒07	18♒10	18♒14	18♒17	18♒20	18♒22	18♒25	18♒27	18♒29
/♄	20♒28	20♒33	20♒37	20♒41	20♒45	20♒49	20♒52	20♒56	20♒59	21♒02
/♅	8♈57	9♈04	9♈11	9♈17	9♈24	9♈30	9♈36	9♈42	9♈48	9♈54
/♆	15♓05	15♓11	15♓16	15♓22	15♓27	15♓32	15♓37	15♓42	15♓47	15♓51
/♇	17♒01	17♒06	17♒11	17♒15	17♒20	17♒24	17♒28	17♒32	17♒36	17♒40
/☊	4♉17	4♉21	4♉25	4♉30	4♉34	4♉38	4♉43	4♉48	4♉53	4♉57
♃/♄	29♑11	29♑09	29♑06	29♑03	28♑60	28♑57	28♑53	28♑50	28♑46	28♑43
/♅	17♓40	17♓40	17♓39	17♓39	17♓39	17♓38	17♓37	17♓37	17♓36	17♓35
/♆	23♒48	23♒46	23♒45	23♒44	23♒42	23♒40	23♒38	23♒36	23♒34	23♒32
/♇	25♑44	25♑42	25♑39	25♑37	25♑35	25♑32	25♑29	25♑27	25♑24	25♑21
/☊	12♈59	12♈57	12♈54	12♈51	12♈49	12♈46	12♈44	12♈42	12♈40	12♈38
♄/♅	20♓05	20♓06	20♓06	20♓06	20♓07	20♓07	20♓07	20♓08	20♓08	20♓08
/♆	26♒13	26♒12	26♒12	26♒11	26♒10	26♒09	26♒08	26♒07	26♒06	26♒05
/♇	28♑09	28♑08	28♑06	28♑04	28♑03	28♑01	27♑59	27♑58	27♑56	27♑54
/☊	15♈25	15♈23	15♈21	15♈19	15♈17	15♈15	15♈14	15♈13	15♈12	15♈11
♅/♆	14♈42	14♈43	14♈45	14♈47	14♈49	14♈51	14♈52	14♈54	14♈56	14♈57
/♇	16♓38	16♓39	16♓40	16♓41	16♓42	16♓43	16♓43	16♓44	16♓45	16♓46
/☊	3♊53	3♊54	3♊54	3♊55	3♊56	3♊57	3♊58	3♊60	4♊02	4♊03
♆/♇	22♒46	22♒45	22♒45	22♒45	22♒45	22♒45	22♒44	22♒44	22♒44	22♒44
/☊	10♉01	10♉01	10♉00	9♉59	9♉59	9♉59	9♉59	9♉60	10♉00	10♉01
♇/☊	11♈57	11♈56	11♈54	11♈53	11♈52	11♈51	11♈50	11♈50	11♈50	11♈50

	11	12	13	14	15	16	17	18	19	20
☉/☽	22♈48	29♈27	5♉58	12♉26	18♉51	25♉16	1♊44	8♊15	14♊51	21♊35
/☿	1♋40	2♋24	3♋06	3♋45	4♋22	4♋57	5♋29	5♋60	6♋28	6♋53
/♀	14♊54	15♊08	15♊22	15♊37	15♊53	16♊10	16♊29	16♊48	17♊09	17♊31
/♂	4♉54	5♉42	6♉30	7♉18	8♉06	8♉54	9♉42	10♉29	11♉17	12♉04
/⚳	0♉44	1♉17	1♉50	2♉22	2♉55	3♉27	3♉59	4♉31	5♉02	5♉34
/♃	8♈19	8♈45	9♈11	9♈37	10♈03	10♈29	10♈55	11♈20	11♈46	12♈12
/♄	10♈53	11♈20	11♈47	12♈14	12♈41	13♈08	13♈36	14♈03	14♈30	14♈57
/♅	29♉48	0♊18	0♊48	1♊18	1♊48	2♊18	2♊48	3♊17	3♊47	4♊17
/♆	5♉44	6♉13	6♉41	7♉10	7♉39	8♉08	8♉37	9♉05	9♉34	10♉03
/♇	7♈32	7♈60	8♈28	8♈56	9♈24	9♈52	10♈20	10♈48	11♈16	11♈44
/☊	24♊50	25♊19	25♊48	26♊16	26♊45	27♊13	27♊42	28♊10	28♊39	29♊08
☽/☿	3♉56	10♉21	16♉37	22♉46	28♉51	4♊54	10♊57	17♊01	23♊08	29♊20
/♀	17♈10	23♈05	28♈53	4♉39	10♉23	16♉08	21♉56	27♉49	3♊49	9♊57
/♂	7♓10	13♓39	20♓02	26♓20	2♈35	8♈51	15♈09	21♈30	27♈57	4♉31
/⚳	3♓00	9♓14	15♓21	21♓24	27♓24	3♈24	9♈26	15♈32	21♈43	28♈00
/♃	10♒35	16♒42	22♒42	28♒39	4♓32	10♓26	16♓22	22♓22	28♓27	4♈38
/♄	13♒08	19♒17	25♒19	1♓16	7♓11	13♓06	19♓03	25♓04	1♈10	7♈23
/♅	2♈03	8♈15	14♈19	20♈19	26♈17	2♉15	8♉15	14♉19	20♉28	26♉44
/♆	7♓60	14♓10	20♓13	26♓12	2♈08	8♈05	14♈04	20♈07	26♈15	2♉29
/♇	9♒48	15♒57	21♒59	27♒57	3♓53	9♓49	15♓47	21♓49	27♓57	4♈11
/☊	27♈06	3♉16	9♉19	15♉18	21♉14	27♉11	3♊09	9♊12	15♊20	21♊34
☿/♀	26♊03	26♊02	26♊01	25♊58	25♊54	25♊48	25♊42	25♊34	25♊26	25♊16
/♂	16♉02	16♉36	17♉09	17♉39	18♉06	18♉32	18♉55	19♉15	19♉34	19♉50
/⚳	11♉52	12♉12	12♉28	12♉43	12♉55	13♉05	13♉12	13♉17	13♉19	13♉19
/♃	19♈27	19♈39	19♈50	19♈58	20♈03	20♈07	20♈08	20♈06	20♈03	19♈57
/♄	22♈01	22♈14	22♈26	22♈35	22♈42	22♈46	22♈49	22♈49	22♈46	22♈42
/♅	10♊56	11♊12	11♊26	11♊38	11♊48	11♊55	12♊01	12♊04	12♊04	12♊03
/♆	16♉52	17♉07	17♉20	17♉31	17♉39	17♉46	17♉50	17♉51	17♉51	17♉48
/♇	18♈40	18♈54	19♈07	19♈17	19♈24	19♈30	19♈33	19♈34	19♈33	19♈29
/☊	5♋58	6♋13	6♋26	6♋37	6♋45	6♋51	6♋55	6♋56	6♋56	6♋53
♀/♂	29♈16	29♈20	29♈25	29♈31	29♈38	29♈45	29♈54	0♉04	0♉15	0♉27
/⚳	25♈07	24♈55	24♈45	24♈35	24♈26	24♈18	24♈11	24♈05	24♈00	23♈56
/♃	2♈41	2♈23	2♈06	1♈50	1♈35	1♈20	1♈07	0♈55	0♈44	0♈34
/♄	5♈15	4♈58	4♈42	4♈27	4♈13	3♈60	3♈48	3♈37	3♈28	3♈19
/♅	24♉10	23♉56	23♉43	23♉30	23♉19	23♉09	23♉00	22♉52	22♉45	22♉40
/♆	0♉06	29♈51	29♈36	29♈23	29♈11	28♈59	28♈49	28♈40	28♈32	28♈25
/♇	1♈54	1♈38	1♈23	1♈09	0♈56	0♈44	0♈33	0♈23	0♈14	0♈07
/☊	19♊12	18♊57	18♊43	18♊29	18♊17	18♊05	17♊54	17♊45	17♊37	17♊30
♂/⚳	15♓06	15♓30	15♓53	16♓16	16♓39	17♓02	17♓24	17♓46	18♓08	18♓30
/♃	22♒40	22♒57	23♒14	23♒31	23♒47	24♒04	24♒20	24♒36	24♒52	25♒08
/♄	25♒14	25♒32	25♒50	26♒08	26♒26	26♒43	27♒01	27♒18	27♒36	27♒53
/♅	14♈09	14♈30	14♈51	15♈11	15♈32	15♈52	16♈13	16♈33	16♈53	17♈14
/♆	20♓05	20♓25	20♓45	21♓04	21♓23	21♓43	22♓02	22♓21	22♓40	22♓59
/♇	21♒53	22♒12	22♒31	22♒50	23♒08	23♒27	23♒45	24♒04	24♒22	24♒40
/☊	9♉12	9♉31	9♉51	10♉10	10♉29	10♉48	11♉07	11♉26	11♉45	12♉04
⚳/♃	18♒31	18♒32	18♒34	18♒35	18♒36	18♒37	18♒37	18♒37	18♒38	18♒37
/♄	21♒05	21♒07	21♒10	21♒12	21♒14	21♒16	21♒18	21♒20	21♒21	21♒22
/♅	9♈60	10♈05	10♈10	10♈16	10♈21	10♈25	10♈30	10♈35	10♈39	10♈43
/♆	15♓56	16♓00	16♓04	16♓08	16♓12	16♓16	16♓19	16♓22	16♓26	16♓29
/♇	17♒44	17♒47	17♒51	17♒54	17♒57	17♒60	18♒03	18♒05	18♒08	18♒10
/☊	5♉02	5♉06	5♉11	5♉14	5♉18	5♉21	5♉24	5♉27	5♉30	5♉33
♃/♄	28♑39	28♑35	28♑31	28♑27	28♑23	28♑18	28♑14	28♑09	28♑05	28♑00
/♅	17♓34	17♓33	17♓32	17♓30	17♓29	17♓27	17♓26	17♓24	17♓23	17♓21
/♆	23♒30	23♒28	23♒25	23♒23	23♒20	23♒18	23♒15	23♒12	23♒09	23♒06
/♇	25♑18	25♑15	25♑12	25♑09	25♑05	25♑02	24♑59	24♑55	24♑51	24♑48
/☊	12♈36	12♈34	12♈32	12♈29	12♈26	12♈23	12♈20	12♈17	12♈14	12♈11
♄/♅	20♓08	20♓08	20♓08	20♓08	20♓07	20♓07	20♓07	20♓07	20♓06	20♓06
/♆	26♒04	26♒03	26♒02	26♒00	25♒59	25♒57	25♒56	25♒54	25♒53	25♒51
/♇	27♑52	27♑50	27♑48	27♑46	27♑44	27♑42	27♑39	27♑37	27♑35	27♑33
/☊	15♈10	15♈09	15♈08	15♈06	15♈05	15♈03	15♈01	14♈59	14♈58	14♈56
♅/♆	14♈59	15♈01	15♈02	15♈04	15♈05	15♈06	15♈08	15♈09	15♈11	15♈12
/♇	16♓47	16♓48	16♓49	16♓49	16♓50	16♓51	16♓51	16♓52	16♓53	16♓53
/☊	4♊05	4♊07	4♊08	4♊10	4♊11	4♊12	4♊13	4♊14	4♊15	4♊17
♆/♇	22♒43	22♒43	22♒42	22♒42	22♒41	22♒41	22♒40	22♒40	22♒39	22♒39
/☊	10♉01	10♉02	10♉02	10♉02	10♉02	10♉02	10♉02	10♉02	10♉02	10♉02
♇/☊	11♈49	11♈49	11♈49	11♈48	11♈47	11♈47	11♈46	11♈45	11♈44	11♈44

	21	22	23	24	25	26	27	28	29	30
☉/☽	28♊25	5♋23	12♋29	19♋42	27♋01	4♌26	11♌56	19♌29	27♌05	4♍41
/☿	7♋17	7♋38	7♋58	8♋16	8♋31	8♋46	8♋59	9♋11	9♋22	9♋33
/♀	17♊54	18♊18	18♊43	19♊10	19♊37	20♊06	20♊36	21♊07	21♊40	22♊13
/♂	12♉52	13♉39	14♉27	15♉14	16♉01	16♉48	17♉35	18♉22	19♉08	19♉55
/⚳	6♉05	6♉37	7♉08	7♉39	8♉09	8♉40	9♉10	9♉41	10♉11	10♉41
/♃	12♈37	13♈03	13♈28	13♈53	14♈19	14♈44	15♈09	15♈34	15♈59	16♈24
/♄	15♈23	15♈50	16♈17	16♈44	17♈11	17♈38	18♈04	18♈31	18♈58	19♈24
/♅	4♊47	5♊17	5♊47	6♊17	6♊46	7♊16	7♊46	8♊16	8♊45	9♊15
/♆	10♉31	11♉00	11♉29	11♉57	12♉26	12♉55	13♉23	13♉52	14♉20	14♉49
/♇	12♈12	12♈40	13♈08	13♈36	14♈04	14♈32	14♈60	15♈28	15♈56	16♈24
/☊	29♊36	0♋05	0♋33	1♋02	1♋30	1♋59	2♋27	2♋55	3♋24	3♋53
☽/☿	5♋37	11♋59	18♋27	25♋00	1♌38	8♌20	15♌06	21♌54	28♌43	5♍34
/♀	16♊13	22♊38	29♊12	5♋54	12♋44	19♋41	26♋43	3♌50	11♌01	18♌14
/♂	11♉12	17♉60	24♉56	1♊58	9♊08	16♊22	23♊42	1♑04	8♑30	15♑56
/⚳	4♉25	10♉57	17♉37	24♉23	1♊16	8♊14	15♐17	22♐23	29♐32	6♑41
/♃	10♈57	17♈23	23♈57	0♏38	7♏25	14♏18	21♏16	28♏17	5♐21	12♐25
/♄	13♈43	20♈11	26♈46	3♏29	10♏17	17♏12	24♏11	1♐14	8♐19	15♐25
/♅	3♊07	9♊38	16♊16	23♊01	29♊53	6♋51	13♋53	20♋58	28♋07	5♌16
/♆	8♉51	15♉21	21♉58	28♉42	5♊33	12♊29	19♊30	26♐34	3♑41	10♑50
/♇	10♈32	17♈01	23♈37	0♏21	7♏11	14♏06	21♏07	28♏11	5♐17	12♐25
/☊	27♊56	4♋26	11♋02	17♋46	24♋37	1♌33	8♌34	15♌38	22♌45	29♌54
☿/♀	25♊05	24♊54	24♊41	24♊28	24♊14	24♊00	23♊46	23♊32	23♊18	23♊05
/♂	20♉03	20♉15	20♉25	20♉32	20♉38	20♉42	20♉45	20♉46	20♉47	20♉47
/⚳	13♉17	13♉12	13♉06	12♉57	12♉46	12♉34	12♉20	12♉05	11♉49	11♉33
/♃	19♈49	19♈38	19♈26	19♈12	18♈56	18♈38	18♈19	17♈59	17♈38	17♈17
/♄	22♈35	22♈26	22♈15	22♈02	21♈48	21♈32	21♈14	20♈56	20♈36	20♈17
/♅	11♊59	11♊53	11♊45	11♊35	11♊23	11♊10	10♊56	10♊40	10♊24	10♊07
/♆	17♉43	17♉36	17♉27	17♉16	17♉03	16♉49	16♉33	16♉16	15♉59	15♉41
/♇	19♈24	19♈16	19♈06	18♈54	18♈41	18♈26	18♈10	17♈53	17♈35	17♈16
/☊	6♋48	6♋41	6♋31	6♋20	6♋07	5♋53	5♋37	5♋20	5♋03	4♋45
♀/♂	0♉40	0♉54	1♉10	1♉26	1♉44	2♉02	2♉22	2♉43	3♉05	3♉27
/⚳	23♈53	23♈52	23♈51	23♈51	23♈52	23♈54	23♈58	24♈02	24♈07	24♈13
/♃	0♈25	0♈18	0♈11	0♈06	0♈02	29♓59	29♓56	29♓55	29♓56	29♓57
/♄	3♈12	3♈05	3♈00	2♈56	2♈54	2♈52	2♈52	2♈52	2♈54	2♈56
/♅	22♉35	22♉32	22♉30	22♉29	22♉29	22♉31	22♉33	22♉37	22♉42	22♉47
/♆	28♈20	28♈15	28♈12	28♈10	28♈09	28♈09	28♈10	28♈13	28♈16	28♈21
/♇	0♈00	29♓55	29♓51	29♓49	29♓47	29♓47	29♓47	29♓49	29♓52	29♓56
/☊	17♊24	17♊20	17♊17	17♊14	17♊13	17♊13	17♊14	17♊17	17♊20	17♊25
♂/⚳	18♓52	19♓13	19♓34	19♓55	20♓16	20♓36	20♓56	21♓16	21♓36	21♓55
/♃	25♒24	25♒39	25♒55	26♒10	26♒25	26♒40	26♒55	27♒10	27♒25	27♒39
/♄	28♒10	28♒27	28♒44	29♒01	29♒17	29♒34	29♒50	0♓07	0♓23	0♓39
/♅	17♈34	17♈54	18♈13	18♈33	18♈53	19♈13	19♈32	19♈51	20♈11	20♈30
/♆	23♓18	23♓37	23♓55	24♓14	24♓32	24♓51	25♓09	25♓27	25♓45	26♓03
/♇	24♒59	25♒17	25♒35	25♒53	26♒11	26♒28	26♒46	27♒03	27♒21	27♒38
/☊	12♉23	12♉41	12♉60	13♉18	13♉37	13♉55	14♉13	14♉31	14♉49	15♉07
⚳/♃	18♒37	18♒37	18♒36	18♒35	18♒34	18♒32	18♒31	18♒29	18♒27	18♒24
/♄	21♒23	21♒24	21♒25	21♒25	21♒26	21♒26	21♒26	21♒25	21♒25	21♒24
/♅	10♈47	10♈51	10♈55	10♈58	11♈01	11♈04	11♈07	11♈10	11♈13	11♈15
/♆	16♓31	16♓34	16♓36	16♓39	16♓41	16♓43	16♓45	16♓46	16♓47	16♓49
/♇	18♒12	18♒14	18♒16	18♒17	18♒19	18♒20	18♒21	18♒22	18♒23	18♒24
/☊	5♉36	5♉39	5♉41	5♉43	5♉45	5♉47	5♉48	5♉50	5♉51	5♉53
♃/♄	27♑55	27♑50	27♑45	27♑40	27♑35	27♑30	27♑24	27♑19	27♑14	27♑08
/♅	17♓19	17♓17	17♓15	17♓13	17♓11	17♓09	17♓06	17♓04	17♓01	16♓59
/♆	23♒03	23♒00	22♒57	22♒54	22♒50	22♒47	22♒43	22♒40	22♒36	22♒33
/♇	24♑44	24♑40	24♑36	24♑32	24♑28	24♑24	24♑20	24♑16	24♑12	24♑08
/☊	12♈08	12♈05	12♈02	11♈58	11♈54	11♈51	11♈47	11♈44	11♈40	11♈37
♄/♅	20♓05	20♓05	20♓04	20♓03	20♓03	20♓02	20♓01	20♓01	19♓60	19♓59
/♆	25♒49	25♒48	25♒46	25♒44	25♒42	25♒40	25♒38	25♒36	25♒34	25♒32
/♇	27♑30	27♑28	27♑25	27♑23	27♑20	27♑18	27♑15	27♑13	27♑10	27♑07
/☊	14♈54	14♈52	14♈51	14♈49	14♈47	14♈44	14♈42	14♈40	14♈38	14♈37
♅/♆	15♈13	15♈14	15♈16	15♈17	15♈18	15♈19	15♈20	15♈21	15♈22	15♈23
/♇	16♓54	16♓55	16♓55	16♓56	16♓56	16♓57	16♓57	16♓57	16♓58	16♓58
/☊	4♊18	4♊19	4♊20	4♊21	4♊22	4♊23	4♊24	4♊25	4♊26	4♊27
♆/♇	22♒38	22♒38	22♒37	22♒36	22♒36	22♒35	22♒34	22♒33	22♒33	22♒32
/☊	10♉02	10♉02	10♉02	10♉02	10♉02	10♉01	10♉01	10♉01	10♉01	10♉01
♇/☊	11♈43	11♈42	11♈42	11♈41	11♈40	11♈39	11♈38	11♈37	11♈36	11♈36

June 2020

July 2020

	1	2	3	4	5	6	7	8	9	10	11	12	13	14	15	16	17	18	19	20	21	22	23	24	25	26	27	28	29	30	31	
☉/☽	12♍18	19♍53	27♍25	4♎51	12♎11	19♈24	26♈27	3♉22	10♉08	16♉46	23♉18	29♉46	6♊11	12♊36	19♊04	25♊36	2♋15	9♋03	16♋00	23♋08	0♌25	7♌51	15♌24	23♌02	0♍41	8♍21	15♍58	23♍32	1♎01	8♎25	15♎45	☉/☽
/☿	9♋43	9♋54	10♋05	10♋17	10♋30	10♋44	10♋59	11♋17	11♋36	11♋58	12♋22	12♋48	13♋17	13♋49	14♋23	15♋00	15♋40	16♋23	17♋08	17♋56	18♋47	19♋40	20♋36	21♋35	22♋37	23♋40	24♋47	25♋56	27♋07	28♋20	29♋36	/☿
/♀	22♊47	23♊22	23♊59	24♊36	25♊14	25♊53	26♊33	27♊14	27♊56	28♊38	29♊21	0♋05	0♋50	1♋35	2♋21	3♋08	3♋55	4♋42	5♋31	6♋20	7♋09	7♋59	8♋49	9♋40	10♋31	11♋23	12♋15	13♋07	14♋00	14♋53	15♋47	/♀
/♂	20♉42	21♉28	22♉15	23♉01	23♉47	24♉33	25♉19	26♉05	26♉51	27♉36	28♉22	29♉07	29♉52	0♊37	1♊22	2♊07	2♊52	3♊37	4♊21	5♊05	5♊49	6♊33	7♊17	8♊01	8♊44	9♊27	10♊10	10♊53	11♊36	12♊18	13♊01	/♂
/⚳	11♉10	11♉40	12♉09	12♉38	13♉08	13♉36	14♉05	14♉34	15♉02	15♉30	15♉58	16♉26	16♉54	17♉21	17♉48	18♉16	18♉43	19♉09	19♉36	20♉02	20♉29	20♉55	21♉21	21♉46	22♉12	22♉37	23♉03	23♉28	23♉53	24♉17	24♉42	/⚳
/♃	16♈49	17♈14	17♈39	18♈04	18♈29	18♈54	19♈19	19♈44	20♈08	20♈33	20♈58	21♈23	21♈47	22♈12	22♎37	23♎02	23♎26	23♎51	24♎16	24♎41	25♎06	25♎30	25♎55	26♎20	26♎45	27♎10	27♎35	28♎00	28♎25	28♎50	29♎15	/♃
/♄	19♈51	20♈17	20♈44	21♈11	21♈37	22♈04	22♈30	22♈57	23♈23	23♈49	24♈16	24♈42	25♈09	25♈35	26♈02	26♈28	26♈54	27♈21	27♈47	28♈14	28♎40	29♎07	29♎33	29♎59	0♏26	0♏52	1♏19	1♏45	2♏12	2♏38	3♏05	/♄
/♅	9♊45	10♊14	10♊44	11♊14	11♊43	12♊13	12♊42	13♊12	13♊41	14♊11	14♊40	15♊10	15♊39	16♊08	16♊38	17♊07	17♊37	18♊06	18♊35	19♊04	19♊34	20♊03	20♊32	21♊01	21♊31	21♊60	22♊29	22♊58	23♊27	23♊56	24♊25	/♅
/♆	15♉17	15♉46	16♉14	16♉42	17♉11	17♉39	18♉08	18♉36	19♉04	19♉33	20♉01	20♉29	20♉58	21♉26	21♉54	22♉23	22♉51	23♉19	23♉47	24♉16	24♉44	25♉12	25♉40	26♉08	26♉37	27♉05	27♉33	28♉01	28♉29	28♉57	29♉25	/♆
/♇	16♈52	17♈20	17♈47	18♈15	18♈43	19♈11	19♈39	20♈07	20♈35	21♈03	21♈30	21♈58	22♈26	22♈54	23♈22	23♎50	24♎18	24♎46	25♎14	25♎42	26♎09	26♎37	27♎05	27♎33	28♎01	28♎29	28♎57	29♎25	29♎53	0♏21	0♏49	/♇
/☊	4♋22	4♋51	5♋20	5♋49	6♋17	6♋45	7♋13	7♋40	8♋08	8♋35	9♋03	9♋30	9♋59	10♋28	10♋57	11♋26	11♋56	12♋25	12♋54	13♋22	13♋49	14♋16	14♋42	15♋08	15♋35	16♋02	16♋30	16♋59	17♋28	17♋57	18♋26	/☊
☽/☿	12♍24	19♍12	25♍58	2♎39	9♎15	15♈44	22♈06	28♈20	4♉29	10♉31	16♉30	22♉27	28♉24	4♊24	10♊29	16♊41	23♊02	29♊35	6♋21	13♋19	20♋30	27♋52	5♌24	13♌03	20♌47	28♌33	6♍19	14♍04	21♍47	29♍28	7♎05	☽/☿
/♀	25♌28	2♍41	9♍51	16♓58	23♓59	0♈53	7♈39	14♈18	20♈48	27♈12	3♉30	9♉44	15♉57	22♉10	28♉26	4♊48	11♊17	17♊55	24♊43	1♋42	8♋52	16♋10	23♋36	1♌08	8♌41	16♌15	23♌47	1♍16	8♍41	16♍01	23♍16	/♀
/♂	23♑22	0♒46	8♒07	15♒23	22♒32	29♒33	6♓25	13♓08	19♓43	26♓10	2♈30	8♈46	14♈59	21♈12	27♈28	3♉48	10♉14	16♉49	23♉33	0♊28	7♊32	14♊45	22♊04	29♊28	6♋54	14♋19	21♋42	29♋02	6♌16	13♌26	20♌30	/♂
/⚳	13♑51	20♑58	28♑02	5♒01	11♒52	18♒36	25♒11	1♓37	7♓54	14♓04	20♓07	26♓05	2♈00	7♈56	13♈54	19♈56	26♈05	2♉22	8♉49	15♉25	22♉11	29♉06	6♊08	13♊14	20♊22	27♊29	4♋35	11♋36	18♋33	25♋25	2♌11	/⚳
/♃	19♐30	26♐33	3♑32	10♑26	17♑14	23♑54	0♒25	6♒47	13♒01	19♒07	25♒06	1♓01	6♓54	12♓47	18♓42	24♓42	0♈49	7♈04	13♈28	20♈03	26♎48	3♏42	10♏43	17♏48	24♏55	2♐02	9♐07	16♐08	23♐05	29♐58	6♑45	/♃
/♄	22♐31	29♐36	6♑37	13♑33	20♑22	27♑04	3♒36	10♒00	16♒15	22♒23	28♒24	4♓21	10♓16	16♓10	22♓07	28♓08	4♈17	10♈33	16♈60	23♈36	0♏23	7♏18	14♏20	21♏27	28♏36	5♐44	12♐51	19♐54	26♐52	3♑46	10♑34	/♄
/♅	12♒25	19♒33	26♒37	3♓36	10♓28	17♓13	23♓49	0♈15	6♈34	12♈44	18♈49	24♈48	0♉46	6♉43	12♉43	18♉48	24♉59	1♊18	7♊48	14♊27	21♊17	28♊15	5♋20	12♋29	19♋41	26♋52	4♌01	11♌07	18♌08	25♌04	1♍55	/♅
/♆	17♑58	25♑04	2♒07	9♒05	15♒56	22♒39	29♒14	5♓40	11♓57	18♓06	24♓09	0♈08	6♈04	12♈01	17♈60	24♈03	0♉13	6♉32	12♉60	19♉38	26♉27	3♊24	10♊27	17♊36	24♐47	1♑57	9♑05	16♑09	23♑10	0♒05	6♒55	/♆
/♇	19♐32	26♐38	3♑40	10♑37	17♑28	24♑11	0♒45	7♒10	13♒27	19♒36	25♒39	1♓37	7♓33	13♓29	19♓27	25♓30	1♈40	7♈58	14♈26	21♈04	27♎52	4♏49	11♏53	19♏01	26♏11	3♐21	10♐29	17♐33	24♐33	1♑28	8♑18	/♇
/☊	7♍02	14♍09	21♍13	28♍11	5♎02	11♈45	18♈19	24♈44	1♉00	7♉09	13♉11	19♉09	25♉06	1♊03	7♊02	13♊07	19♊18	25♊37	2♋06	8♋44	15♋32	22♋27	29♋29	6♌36	13♌45	20♌54	28♌02	5♍07	12♍08	19♍05	25♍56	/☊
☿/♀	22♊53	22♊41	22♊32	22♊23	22♊17	22♊13	22♊12	22♊13	22♊17	22♊24	22♊34	22♊47	23♊03	23♊23	23♊46	24♊12	24♊42	25♊15	25♊51	26♊31	27♊14	27♊60	28♊49	29♊41	0♋36	1♋35	2♋36	3♋40	4♋46	5♋56	7♋08	☿/♀
/♂	20♉47	20♉47	20♉47	20♉48	20♉50	20♉53	20♉58	21♉04	21♉12	21♉22	21♉34	21♉49	22♉06	22♉25	22♉47	23♉12	23♉39	24♉09	24♉41	25♉16	25♉54	26♉34	27♉17	28♉02	28♉49	29♉39	0♊31	1♊26	2♊22	3♊21	4♊21	/♂
/⚳	11♉16	10♉59	10♉42	10♉26	10♉11	9♉56	9♉44	9♉32	9♉23	9♉16	9♉10	9♉08	9♉07	9♉09	9♉13	9♉20	9♉30	9♉42	9♉56	10♉14	10♉33	10♉56	11♉20	11♉48	12♉17	12♉49	13♉24	14♉00	14♉39	15♉20	16♉03	/⚳
/♃	16♈55	16♈33	16♈12	15♈52	15♈32	15♈14	14♈57	14♈42	14♈29	14♈19	14♈10	14♈04	14♈01	13♈60	14♈02	14♈06	14♈13	14♈24	14♈36	14♈52	15♈10	15♈31	15♈55	16♈21	16♈50	17♈22	17♈56	18♈32	19♈11	19♈53	20♈36	/♃
/♄	19♈56	19♈36	19♈17	18♈58	18♈40	18♈24	18♈09	17♈55	17♈44	17♈35	17♈28	17♈24	17♈22	17♈23	17♈26	17♈33	17♈42	17♈53	18♈08	18♈25	18♈45	19♈07	19♈33	20♈01	20♈31	21♈04	21♈40	22♈18	22♈58	23♈41	24♈25	/♄
/♅	9♊50	9♊33	9♊17	9♊01	8♊46	8♊33	8♊21	8♊11	8♊02	7♊56	7♊52	7♊51	7♊52	7♊56	8♊03	8♊12	8♊24	8♊38	8♊56	9♊16	9♊39	10♊04	10♊32	11♊03	11♊36	12♊12	12♊50	13♊31	14♊14	14♊59	15♊46	/♅
/♆	15♉23	15♉05	14♉47	14♉30	14♉14	13♉59	13♉46	13♉35	13♉25	13♉18	13♉13	13♉11	13♉11	13♉14	13♉19	13♉27	13♉38	13♉51	14♉08	14♉27	14♉48	15♉13	15♉40	16♉10	16♉42	17♉17	17♉54	18♉33	19♉15	19♉60	20♉46	/♆
/♇	16♈57	16♈39	16♈20	16♈03	15♈46	15♈31	15♈17	15♈06	14♈56	14♈48	14♈43	14♈40	14♈40	14♈42	14♈47	14♈54	15♈05	15♈18	15♈34	15♈53	16♈14	16♈38	17♈05	17♈34	18♈06	18♈41	19♈18	19♈57	20♈39	21♈23	22♈10	/♇
/☊	4♋27	4♋10	3♋53	3♋36	3♋20	3♋05	2♋51	2♋39	2♋29	2♋21	2♋15	2♋12	2♋12	2♋15	2♋22	2♋31	2♋43	2♋57	3♋14	3♋33	3♋54	4♋16	4♋42	5♋09	5♋40	6♋14	6♋51	7♋31	8♋14	8♋60	9♋47	/☊
♀/♂	3♉51	4♉16	4♉41	5♉07	5♉35	6♉03	6♉31	7♉01	7♉31	8♉02	8♉33	9♉05	9♉38	10♉11	10♉45	11♉19	11♉54	12♉29	13♉04	13♉40	14♉16	14♉53	15♉29	16♉07	16♉44	17♉21	17♉59	18♉37	19♉15	19♉54	20♉32	♀/♂
/⚳	24♈20	24♈27	24♈36	24♈45	24♈55	25♈06	25♈17	25♈30	25♈42	25♈56	26♈10	26♈24	26♈39	26♈55	27♈11	27♈27	27♈44	28♈02	28♈19	28♈37	28♈56	29♈14	29♈33	29♈52	0♉12	0♉32	0♉52	1♉12	1♉32	1♉53	2♉14	/⚳
/♃	29♓59	0♈02	0♈06	0♈11	0♈17	0♈24	0♈31	0♈40	0♈49	0♈59	1♈09	1♈21	1♈33	1♈46	1♈59	2♈13	2♈28	2♈43	2♈59	3♈16	3♈32	3♈50	4♈08	4♈26	4♈45	5♈04	5♈24	5♈44	6♈05	6♈26	6♈47	/♃
/♄	3♈00	3♈05	3♈11	3♈17	3♈25	3♈33	3♈42	3♈53	4♈03	4♈15	4♈28	4♈41	4♈54	5♈09	5♈24	5♈40	5♈56	6♈13	6♈31	6♈49	7♈07	7♈26	7♈45	8♈05	8♈26	8♈47	9♈08	9♈29	9♈51	10♈14	10♈36	/♄
/♅	22♉54	23♉02	23♉11	23♉20	23♉31	23♉42	23♉55	24♉08	24♉22	24♉36	24♉52	25♉08	25♉25	25♉42	26♉00	26♉19	26♉38	26♉58	27♉18	27♉39	28♉01	28♉22	28♉45	29♉07	29♉31	29♉54	0♊18	0♊42	1♊07	1♊32	1♊57	/♅
/♆	28♈27	28♈33	28♈41	28♈49	28♈59	29♈09	29♈20	29♈32	29♈45	29♈58	0♉13	0♉28	0♉43	0♉60	1♉17	1♉34	1♉53	2♉11	2♉31	2♉50	3♉11	3♉31	3♉53	4♉14	4♉36	4♉59	5♉22	5♉45	6♉09	6♉33	6♉57	/♆
/♇	0♈01	0♈07	0♈14	0♈22	0♈31	0♈41	0♈51	1♈03	1♈15	1♈28	1♈42	1♈57	2♈12	2♈28	2♈44	3♈02	3♈20	3♈38	3♈57	4♈16	4♈36	4♈57	5♈18	5♈39	6♈01	6♈23	6♈46	7♈09	7♈33	7♈56	8♈21	/♇
/☊	17♊31	17♊38	17♊46	17♊55	18♊05	18♊15	18♊25	18♊36	18♊48	19♊01	19♊14	19♊29	19♊45	20♊01	20♊19	20♊38	20♊57	21♊17	21♊37	21♊56	22♊16	22♊35	22♊54	23♊14	23♊35	23♊56	24♊19	24♊43	25♊07	25♊33	25♊58	/☊
♂/⚳	22♓14	22♓33	22♓52	23♓10	23♓28	23♓46	24♓03	24♓20	24♓37	24♓54	25♓10	25♓26	25♓42	25♓57	26♓12	26♓27	26♓42	26♓56	27♓09	27♓23	27♓36	27♓49	28♓01	28♓13	28♓25	28♓36	28♓47	28♓58	29♓08	29♓18	29♓27	♂/⚳
/♃	27♒53	28♒08	28♒22	28♒36	28♒50	29♒03	29♒17	29♒30	29♒44	29♒57	0♓10	0♓23	0♓36	0♓48	1♓01	1♓13	1♓25	1♓37	1♓49	2♓01	2♓13	2♓24	2♓36	2♓47	2♓58	3♓09	3♓19	3♓30	3♓40	3♓51	4♓01	/♃
/♄	0♓55	1♓11	1♓26	1♓42	1♓58	2♓13	2♓28	2♓43	2♓58	3♓13	3♓28	3♓43	3♓57	4♓11	4♓26	4♓40	4♓53	5♓07	5♓21	5♓34	5♓47	6♓00	6♓13	6♓26	6♓39	6♓51	7♓03	7♓15	7♓27	7♓39	7♓50	/♄
/♅	20♈49	21♈08	21♈26	21♈45	22♈04	22♈22	22♈40	22♈59	23♈17	23♈35	23♈52	24♈10	24♈27	24♈45	25♈02	25♈19	25♈36	25♈52	26♈09	26♈25	26♈41	26♈57	27♈13	27♈28	27♈43	27♈58	28♈13	28♈28	28♈43	28♈57	29♈11	/♅
/♆	26♓21	26♓39	26♓57	27♓14	27♓31	27♓49	28♓06	28♓23	28♓40	28♓57	29♓13	29♓30	29♓46	0♈02	0♈18	0♈34	0♈50	1♈05	1♈21	1♈36	1♈51	2♈06	2♈20	2♈35	2♈49	3♈03	3♈17	3♈31	3♈44	3♈58	4♈11	/♆
/♇	27♒56	28♒13	28♒30	28♒47	29♒04	29♒20	29♒37	29♒54	0♓10	0♓26	0♓43	0♓59	1♓14	1♓30	1♓46	2♓01	2♓17	2♓32	2♓47	3♓02	3♓17	3♓31	3♓46	3♓60	4♓14	4♓28	4♓41	4♓55	5♓08	5♓21	5♓34	/♇
/☊	15♉26	15♉44	16♉02	16♉20	16♉38	16♉55	17♉11	17♉27	17♉43	17♉59	18♉15	18♉31	18♉47	19♉04	19♉21	19♉38	19♉55	20♉11	20♉27	20♉42	20♉56	21♉09	21♉22	21♉35	21♉48	22♉01	22♉14	22♉29	22♉43	22♉58	23♉12	/☊
⚳/♃	18♒22	18♒19	18♒16	18♒13	18♒10	18♒07	18♒03	17♒59	17♒55	17♒51	17♒46	17♒42	17♒37	17♒32	17♒27	17♒21	17♒16	17♒10	17♒04	16♒58	16♒52	16♒46	16♒39	16♒33	16♒26	16♒19	16♒12	16♒04	15♒57	15♒50	15♒42	⚳/♃
/♄	21♒23	21♒22	21♒21	21♒20	21♒18	21♒16	21♒14	21♒12	21♒10	21♒07	21♒04	21♒02	20♒58	20♒55	20♒52	20♒48	20♒44	20♒40	20♒36	20♒31	20♒27	20♒22	20♒17	20♒12	20♒07	20♒01	19♒55	19♒50	19♒44	19♒37	19♒31	/♄
/♅	11♈17	11♈19	11♈21	11♈23	11♈24	11♈25	11♈27	11♈27	11♈28	11♈29	11♈29	11♈29	11♈29	11♈28	11♈28	11♈27	11♈26	11♈25	11♈24	11♈22	11♈20	11♈18	11♈16	11♈14	11♈11	11♈09	11♈06	11♈03	10♈59	10♈56	10♈52	/♅
/♆	16♓50	16♓51	16♓51	16♓52	16♓52	16♓52	16♓52	16♓52	16♓51	16♓51	16♓50	16♓49	16♓47	16♓46	16♓44	16♓42	16♓40	16♓38	16♓36	16♓33	16♓30	16♓27	16♓24	16♓21	16♓17	16♓14	16♓10	16♓05	16♓01	15♓57	15♓52	/♆
/♇	18♒24	18♒24	18♒25	18♒24	18♒24	18♒23	18♒23	18♒22	18♒21	18♒20	18♒19	18♒18	18♒16	18♒14	18♒12	18♒10	18♒07	18♒05	18♒02	17♒59	17♒56	17♒53	17♒49	17♒46	17♒42	17♒38	17♒34	17♒29	17♒25	17♒20	17♒16	/♇
/☊	5♉54	5♉56	5♉57	5♉58	5♉58	5♉58	5♉57	5♉56	5♉55	5♉53	5♉51	5♉50	5♉48	5♉48	5♉47	5♉46	5♉45	5♉44	5♉42	5♉39	5♉35	5♉31	5♉26	5♉21	5♉16	5♉11	5♉07	5♉03	4♉60	4♉57	4♉53	/☊
♃/♄	27♑03	26♑57	26♑51	26♑45	26♑40	26♑34	26♑28	26♑22	26♑16	26♑10	26♑04	25♑58	25♑52	25♑46	25♑40	25♑34	25♑28	25♑22	25♑16	25♑10	25♑04	24♑58	24♑52	24♑46	24♑40	24♑34	24♑28	24♑22	24♑16	24♑10	24♑05	♃/♄
/♅	16♓56	16♓54	16♓51	16♓49	16♓46	16♓43	16♓40	16♓37	16♓34	16♓31	16♓28	16♓25	16♓22	16♓19	16♓16	16♓13	16♓10	16♓07	16♓04	16♓00	15♓57	15♓54	15♓51	15♓48	15♓44	15♓41	15♓38	15♓35	15♓32	15♓29	15♓25	/♅
/♆	22♒29	22♒25	22♒21	22♒17	22♒13	22♒10	22♒06	22♒02	21♒57	21♒53	21♒49	21♒45	21♒41	21♒37	21♒33	21♒28	21♒24	21♒20	21♒16	21♒11	21♒07	21♒03	20♒59	20♒55	20♒50	20♒46	20♒42	20♒38	20♒34	20♒30	20♒26	/♆
/♇	24♑03	23♑59	23♑55	23♑50	23♑46	23♑41	23♑37	23♑32	23♑28	23♑23	23♑19	23♑14	23♑10	23♑05	23♑00	22♑56	22♑51	22♑47	22♑42	22♑37	22♑33	22♑28	22♑24	22♑19	22♑15	22♑11	22♑06	22♑02	21♑57	21♑53	21♑49	/♇
/☊	11♈34	11♈30	11♈27	11♈24	11♈20	11♈15	11♈11	11♈06	11♈01	10♈56	10♈51	10♈46	10♈42	10♈38	10♈35	10♈32	10♈29	10♈26	10♈22	10♈17	10♈12	10♈07	10♈00	9♈54	9♈49	9♈43	9♈39	9♈35	9♈32	9♈29	9♈26	/☊
♄/♅	19♓58	19♓57	19♓56	19♓55	19♓54	19♓53	19♓51	19♓50	19♓49	19♓48	19♓46	19♓45	19♓44	19♓42	19♓41	19♓40	19♓38	19♓37	19♓35	19♓33	19♓32	19♓30	19♓29	19♓27	19♓25	19♓24	19♓22	19♓20	19♓18	19♓17	19♓15	♄/♅
/♆	25♒30	25♒28	25♒26	25♒24	25♒21	25♒19	25♒17	25♒15	25♒12	25♒10	25♒07	25♒05	25♒02	24♒60	24♒57	24♒55	24♒52	24♒50	24♒47	24♒44	24♒42	24♒39	24♒36	24♒34	24♒31	24♒28	24♒26	24♒23	24♒20	24♒18	24♒15	/♆
/♇	27♑05	27♑02	26♑59	26♑57	26♑54	26♑51	26♑48	26♑45	26♑42	26♑40	26♑37	26♑34	26♑31	26♑28	26♑25	26♑22	26♑19	26♑16	26♑13	26♑10	26♑07	26♑05	26♑02	25♑59	25♑56	25♑53	25♑50	25♑47	25♑44	25♑41	25♑38	/♇
/☊	14♈35	14♈33	14♈32	14♈30	14♈28	14♈25	14♈22	14♈19	14♈15	14♈12	14♈09	14♈06	14♈04	14♈02	14♈00	13♈59	13♈57	13♈55	13♈53	13♈50	13♈47	13♈43	13♈38	13♈34	13♈29	13♈26	13♈23	13♈21	13♈19	13♈17	13♈16	/☊
♅/♆	15♈24	15♈25	15♈26	15♈27	15♈28	15♈28	15♈29	15♈30	15♈30	15♈31	15♈32	15♈32	15♈33	15♈33	15♈34	15♈34	15♈34	15♈35	15♈35	15♈35	15♈35	15♈36	15♈36	15♈36	15♈36	15♈36	15♈36	15♈36	15♈36	15♈36	15♈36	♅/♆
/♇	16♓59	16♓59	16♓59	16♓60	16♓60	17♓00	17♓00	17♓01	17♓01	17♓01	17♓01	17♓01	17♓01	17♓01	17♓01	17♓01	17♓01	17♓01	17♓01	17♓01	17♓01	17♓01	17♓01	17♓01	17♓01	17♓00	17♓00	16♓60	16♓60	16♓59	16♓59	/♇
/☊	4♊29	4♊30	4♊32	4♊33	4♊34	4♊34	4♊34	4♊34	4♊34	4♊33	4♊33	4♊33	4♊34	4♊35	4♊36	4♊38	4♊39	4♊41	4♊41	4♊41	4♊41	4♊39	4♊38	4♊36	4♊34	4♊33	4♊33	4♊33	4♊34	4♊36	4♊36	/☊
♆/♇	22♒31	22♒30	22♒29	22♒28	22♒28	22♒27	22♒26	22♒25	22♒24	22♒23	22♒22	22♒21	22♒20	22♒19	22♒18	22♒17	22♒16	22♒14	22♒13	22♒12	22♒11	22♒10	22♒09	22♒08	22♒06	22♒05	22♒04	22♒03	22♒02	22♒00	21♒59	♆/♇
/☊	10♉01	10♉02	10♉02	10♉02	10♉02	10♉01	9♉60	9♉58	9♉57	9♉55	9♉54	9♉53	9♉52	9♉52	9♉53	9♉53	9♉54	9♉54	9♉53	9♉52	9♉51	9♉48	9♉45	9♉43	9♉40	9♉38	9♉37	9♉36	9♉36	9♉37	9♉36	/☊
♇/☊	11♈36	11♈35	11♈35	11♈35	11♈34	11♈33	11♈31	11♈29	11♈27	11♈25	11♈23	11♈22	11♈21	11♈21	11♈20	11♈20	11♈21	11♈20	11♈20	11♈18	11♈16	11♈14	11♈11	11♈08	11♈05	11♈03	11♈01	11♈00	11♈00	11♈00	10♈60	♇/☊

July 2020

August 2020

	1	2	3	4	5	6	7	8	9	10	11
☉/☽	22♎58	0♏06	7♏08	14♉04	20♉52	27♉34	4♊11	10♊41	17♊08	23♊33	29♊58
/☿	0♌54	2♌13	3♌35	4♌58	6♌23	7♌49	9♌16	10♌44	12♌13	13♌43	15♌13
/♀	16♋41	17♋35	18♋30	19♋25	20♋20	21♋15	22♋11	23♋07	24♋04	25♋00	25♋57
/♂	13♊43	14♊25	15♊06	15♊48	16♊29	17♊10	17♊51	18♊32	19♊12	19♊52	20♊32
/⚷	25♉07	25♉31	25♉55	26♉19	26♉43	27♉07	27♉30	27♉54	28♉17	28♉41	29♉04
/♃	29♎41	0♏06	0♏31	0♏57	1♏22	1♏48	2♏13	2♏39	3♏04	3♏30	3♏56
/♄	3♏31	3♏58	4♏24	4♏51	5♏18	5♏44	6♏11	6♏38	7♏04	7♏31	7♏58
/♅	24♊55	25♊24	25♊53	26♊22	26♊51	27♊20	27♊49	28♊17	28♊46	29♊15	29♊44
/♆	29♉54	0♊22	0♊50	1♊18	1♊46	2♊14	2♊42	3♊10	3♊39	4♊07	4♊35
/♇	1♏17	1♏45	2♏13	2♏41	3♏09	3♏37	4♏05	4♏33	5♏01	5♏30	5♏58
/☊	18♋55	19♋23	19♋49	20♋15	20♋40	21♋05	21♋30	21♋55	22♋21	22♋47	23♋15
☽/☿	14♎39	22♎10	29♈36	6♉57	14♉13	21♉23	28♉29	5♊31	12♊29	19♊26	26♊23
/♀	0♈27	7♈31	14♈30	21♈23	28♈10	4♉50	11♉24	17♉54	24♉19	0♊43	7♊07
/♂	27♒28	4♓21	11♓07	17♓47	24♓19	0♈45	7♈04	13♈18	19♈28	25♈35	1♉42
/⚷	8♒52	15♒27	21♒56	28♒18	4♓33	10♓41	16♓44	22♓40	28♓33	4♈24	10♈14
/♃	13♑26	20♑02	26♑32	2♒55	9♒12	15♒22	21♒26	27♒25	3♓20	9♓13	15♓06
/♄	17♑17	23♑54	0♒25	6♒50	13♒08	19♒19	25♒24	1♓24	7♓20	13♓14	19♓08
/♅	8♓40	15♓20	21♓53	28♓20	4♈41	10♈54	17♈02	23♈04	29♈02	4♉58	10♉54
/♆	13♒39	20♒18	26♒50	3♓17	9♓36	15♓49	21♓56	27♓57	3♈54	9♈50	15♈45
/♇	15♑03	21♑41	28♑14	4♒40	10♒59	17♒12	23♒18	29♒20	5♓17	11♓13	17♓08
/☊	2♈41	9♈19	15♈50	22♈14	28♈30	4♉40	10♉43	16♉41	22♉37	28♉31	4♊25
☿/♀	8♋22	9♋38	10♋57	12♋18	13♋40	15♋04	16♋30	17♋57	19♋24	20♋53	22♋22
/♂	5♊24	6♊28	7♊34	8♊41	9♊50	10♊59	12♊10	13♊21	14♊33	15♊45	16♊57
/⚷	16♉48	17♉34	18♉22	19♉12	20♉03	20♉56	21♉49	22♉43	23♉38	24♉33	25♉29
/♃	21♎22	22♎09	22♎59	23♎50	24♎42	25♎36	26♎32	27♎28	28♎25	29♎23	0♏21
/♄	25♈12	26♈01	26♈52	27♎44	28♎38	29♎33	0♏30	1♏27	2♏25	3♏24	4♏23
/♅	16♊36	17♊27	18♊20	19♊15	20♊11	21♊09	22♊07	23♊07	24♊07	25♊08	26♊09
/♆	21♉35	22♉25	23♉17	24♉11	25♉06	26♉03	27♉01	27♉60	28♉59	29♉59	0♊60
/♇	22♈58	23♎48	24♎40	25♎34	26♎29	27♎26	28♎24	29♎23	0♏22	1♏22	2♏23
/☊	10♋36	11♋26	12♋17	13♋08	14♋01	14♋54	15♋48	16♋44	17♋41	18♋40	19♋40
♀/♂	21♉11	21♉50	22♉29	23♉08	23♉47	24♉26	25♉05	25♉44	26♉23	27♉02	27♉42
/⚷	2♉35	2♉56	3♉17	3♉39	4♉00	4♉22	4♉44	5♉06	5♉29	5♉51	6♉14
/♃	7♈09	7♈31	7♈53	8♈16	8♈39	9♈03	9♈27	9♈51	10♈16	10♈41	11♈06
/♄	10♈59	11♈23	11♈47	12♈11	12♈35	12♈60	13♈25	13♈50	14♈16	14♈42	15♈08
/♅	2♊23	2♊49	3♊15	3♊41	4♊08	4♊35	5♊02	5♊30	5♊58	6♊26	6♊54
/♆	7♉22	7♉47	8♉12	8♉38	9♉04	9♉30	9♉56	10♉23	10♉50	11♉17	11♉44
/♇	8♈45	9♈10	9♈35	10♈01	10♈27	10♈53	11♈19	11♈46	12♈13	12♈40	13♈07
/☊	26♊23	26♊48	27♊12	27♊35	27♊58	28♊21	28♊44	29♊07	29♊32	29♊58	0♋25
♂/⚷	29♓37	29♓45	29♓54	0♈02	0♈10	0♈17	0♈24	0♈31	0♈37	0♈43	0♈48
/♃	4♓11	4♓20	4♓30	4♓40	4♓49	4♓58	5♓07	5♓15	5♓24	5♓32	5♓40
/♄	8♓01	8♓12	8♓23	8♓34	8♓44	8♓55	9♓05	9♓14	9♓24	9♓33	9♓42
/♅	29♈25	29♈38	29♈51	0♉05	0♉17	0♉30	0♉42	0♉54	1♉06	1♉17	1♉29
/♆	4♈24	4♈36	4♈49	5♈01	5♈13	5♈25	5♈36	5♈47	5♈58	6♈09	6♈19
/♇	5♓47	5♓60	6♓12	6♓24	6♓36	6♓47	6♓59	7♓10	7♓21	7♓32	7♓42
/☊	23♉25	23♉37	23♉48	23♉58	24♉07	24♉15	24♉23	24♉32	24♉40	24♉50	24♉60
⚷/♃	15♒34	15♒27	15♒19	15♒11	15♒03	14♒54	14♒46	14♒38	14♒29	14♒21	14♒12
/♄	19♒25	19♒19	19♒12	19♒05	18♒58	18♒51	18♒44	18♒37	18♒29	18♒22	18♒14
/♅	10♈48	10♈44	10♈40	10♈36	10♈31	10♈26	10♈22	10♈17	10♈11	10♈06	10♈01
/♆	15♓47	15♓42	15♓37	15♓32	15♓27	15♓21	15♓15	15♓09	15♓03	14♓57	14♓51
/♇	17♒11	17♒06	17♒00	16♒55	16♒50	16♒44	16♒38	16♒32	16♒26	16♒20	16♒14
/☊	4♉49	4♉43	4♉37	4♉29	4♉21	4♉12	4♉03	3♉54	3♉46	3♉38	3♉32
♃/♄	23♑59	23♑54	23♑48	23♑43	23♑37	23♑32	23♑27	23♑22	23♑16	23♑12	23♑07
/♅	15♓22	15♓19	15♓16	15♓13	15♓10	15♓07	15♓04	15♓01	14♓59	14♓56	14♓53
/♆	20♒21	20♒17	20♒14	20♒10	20♒06	20♒02	19♒58	19♒54	19♒51	19♒47	19♒43
/♇	21♑45	21♑41	21♑37	21♑33	21♑29	21♑25	21♑21	21♑17	21♑14	21♑10	21♑06
/☊	9♈23	9♈18	9♈13	9♈07	8♈60	8♈53	8♈46	8♈39	8♈33	8♈28	8♈24
♄/♅	19♓13	19♓11	19♓09	19♓08	19♓06	19♓04	19♓02	19♓00	18♓58	18♓57	18♓55
/♆	24♒12	24♒09	24♒07	24♒04	24♒01	23♒59	23♒56	23♒53	23♒51	23♒48	23♒45
/♇	25♑36	25♑33	25♑30	25♑27	25♑24	25♑22	25♑19	25♑16	25♑13	25♑11	25♑08
/☊	13♈14	13♈10	13♈06	13♈01	12♈56	12♈49	12♈43	12♈38	12♈33	12♈29	12♈26
♅/♆	15♈35	15♈35	15♈35	15♈35	15♈34	15♈34	15♈33	15♈33	15♈33	15♈32	15♈32
/♇	16♓59	16♓58	16♓58	16♓58	16♓57	16♓57	16♓56	16♓56	16♓55	16♓55	16♓54
/☊	4♊37	4♊36	4♊35	4♊32	4♊29	4♊25	4♊21	4♊17	4♊15	4♊13	4♊12
♆/♇	21♒58	21♒57	21♒55	21♒54	21♒53	21♒51	21♒50	21♒49	21♒48	21♒46	21♒45
/☊	9♉36	9♉34	9♉32	9♉28	9♉24	9♉19	9♉15	9♉10	9♉07	9♉04	9♉03
♇/☊	10♈59	10♈58	10♈55	10♈51	10♈47	10♈42	10♈38	10♈33	10♈30	10♈27	10♈25

	12	13	14	15	16	17	18	19	20	21	22
☉/☽	6♋25	12♋57	19♋36	26♋25	3♌26	10♌39	18♌05	25♌43	3♍29	11♍20	19♍13
/☿	16♌43	18♌13	19♌43	21♌14	22♌44	24♌13	25♌42	27♌11	28♌39	0♍07	1♍34
/♀	26♋54	27♋52	28♋49	29♋47	0♌45	1♌43	2♌42	3♌41	4♌39	5♌39	6♌38
/♂	21♊11	21♊51	22♊30	23♊08	23♊47	24♊25	25♊03	25♊40	26♊18	26♊55	27♊31
/⚷	29♉27	29♉50	0♊13	0♊36	0♊58	1♊21	1♊44	2♊06	2♊29	2♊51	3♊13
/♃	4♏22	4♏48	5♏14	5♏40	6♏07	6♏33	6♏59	7♏26	7♏53	8♏19	8♏46
/♄	8♏25	8♏52	9♏18	9♏45	10♏12	10♏39	11♏06	11♏34	12♏01	12♏28	12♏55
/♅	0♋13	0♋42	1♋11	1♋40	2♋09	2♋37	3♋06	3♋35	4♋04	4♋32	5♋01
/♆	5♊03	5♊31	5♊59	6♊27	6♊55	7♊23	7♊52	8♊20	8♊48	9♊16	9♊44
/♇	6♏26	6♏54	7♏22	7♏50	8♏19	8♏47	9♏15	9♏43	10♏12	10♏40	11♏08
/☊	23♋44	24♋13	24♋42	25♋11	25♋40	26♋07	26♋33	26♋58	27♋22	27♋47	28♋11
☽/☿	3♋22	10♋27	17♋39	25♋01	2♌34	10♌19	18♌17	26♌25	4♍42	13♍03	21♍25
/♀	13♊34	20♊06	26♊45	3♋34	10♋36	17♋50	25♋16	2♌55	10♌42	18♌35	26♌29
/♂	7♉51	14♉05	20♉26	26♉56	3♊37	10♊31	17♊37	24♊55	2♋20	9♋51	17♋22
/⚷	16♈07	22♈04	28♈09	4♉23	10♉49	17♉27	24♉18	1♊20	8♐31	15♐47	23♐04
/♃	21♓02	27♓02	3♈10	9♈28	15♈57	22♎39	29♎34	6♏40	13♏55	21♏16	28♏37
/♄	25♓04	1♈06	7♈14	13♈33	20♈03	26♈46	3♏41	10♏48	18♏03	25♏24	2♐46
/♅	16♉53	22♉56	29♉07	5♊27	11♊59	18♊43	25♊41	2♋49	10♋06	17♋29	24♋52
/♆	21♈43	27♈45	3♉55	10♉15	16♉46	23♉30	0♊26	7♊34	14♊51	22♐12	29♐35
/♇	23♓06	29♓08	5♈18	11♈38	18♈09	24♎53	1♏50	8♏58	16♏14	23♏36	0♐59
/☊	10♊24	16♊27	22♊38	28♊59	5♋30	12♋13	19♋07	26♋12	3♌25	10♌43	18♌02
☿/♀	23♋52	25♋22	26♋53	28♋23	29♋53	1♌23	2♌53	4♌23	5♌53	7♌21	8♌50
/♂	18♊09	19♊21	20♊33	21♊44	22♊55	24♊05	25♊14	26♊23	27♊31	28♊38	29♊43
/⚷	26♉25	27♉20	28♉16	29♉11	0♊06	1♊01	1♊55	2♊49	3♊42	4♊34	5♊26
/♃	1♏20	2♏19	3♏17	4♏16	5♏15	6♏13	7♏11	8♏09	9♏06	10♏02	10♏58
/♄	5♏23	6♏22	7♏22	8♏21	9♏21	10♏19	11♏18	12♏16	13♏14	14♏11	15♏07
/♅	27♊11	28♊13	29♊14	0♋15	1♋17	2♋17	3♋18	4♋18	5♋17	6♋15	7♋13
/♆	2♊01	3♊02	4♊02	5♊03	6♊03	7♊04	8♊03	9♊02	10♊01	10♊59	11♊56
/♇	3♏24	4♏25	5♏25	6♏26	7♏27	8♏27	9♏27	10♏26	11♏25	12♏23	13♏21
/☊	20♋42	21♋44	22♋46	23♋47	24♋48	25♋47	26♋44	27♋41	28♋35	29♋30	0♌23
♀/♂	28♉21	28♉60	29♉39	0♊18	0♊57	1♊35	2♊14	2♊52	3♊31	4♊09	4♊47
/⚷	6♉36	6♉59	7♉22	7♉45	8♉08	8♉31	8♉55	9♉18	9♉42	10♉05	10♉29
/♃	11♈31	11♈57	12♈23	12♈50	13♈16	13♈43	14♈10	14♈38	15♈06	15♈34	16♈02
/♄	15♈34	16♈01	16♈28	16♈55	17♈22	17♈50	18♈17	18♈45	19♈14	19♈42	20♈11
/♅	7♊22	7♊51	8♊20	8♊49	9♊18	9♊48	10♊17	10♊47	11♊17	11♊47	12♊17
/♆	12♉12	12♉40	13♉08	13♉36	14♉05	14♉34	15♉03	15♉32	16♉01	16♉30	16♉60
/♇	13♈35	14♈03	14♈31	14♈60	15♈28	15♈57	16♈26	16♈55	17♈25	17♈54	18♈24
/☊	0♋53	1♋22	1♋51	2♋21	2♋49	3♋17	3♋44	4♋10	4♋35	5♋01	5♋27
♂/⚷	0♈53	0♈58	1♈02	1♈06	1♈10	1♈13	1♈16	1♈18	1♈20	1♈21	1♈23
/♃	5♓48	5♓56	6♓04	6♓11	6♓18	6♓25	6♓31	6♓38	6♓44	6♓50	6♓55
/♄	9♓51	9♓60	10♓08	10♓16	10♓24	10♓31	10♓38	10♓45	10♓52	10♓58	11♓04
/♅	1♉39	1♉50	2♉00	2♉10	2♉20	2♉29	2♉38	2♉47	2♉55	3♉03	3♉10
/♆	6♈29	6♈39	6♈49	6♈58	7♈07	7♈15	7♈24	7♈32	7♈39	7♈46	7♈53
/♇	7♓52	8♓02	8♓12	8♓21	8♓30	8♓39	8♓47	8♓55	9♓03	9♓10	9♓18
/☊	25♉10	25♉21	25♉32	25♉42	25♉51	25♉59	26♉05	26♉10	26♉14	26♉17	26♉20
⚷/♃	14♒04	13♒55	13♒47	13♒38	13♒29	13♒21	13♒12	13♒03	12♒55	12♒46	12♒38
/♄	18♒07	17♒59	17♒51	17♒43	17♒35	17♒27	17♒19	17♒11	17♒03	16♒55	16♒46
/♅	9♈55	9♈49	9♈43	9♈37	9♈31	9♈25	9♈19	9♈12	9♈06	8♈59	8♈53
/♆	14♓45	14♓38	14♓32	14♓25	14♓18	14♓11	14♓04	13♓57	13♓50	13♓43	13♓36
/♇	16♒08	16♒01	15♒55	15♒48	15♒41	15♒35	15♒28	15♒21	15♒14	15♒07	14♒60
/☊	3♉26	3♉20	3♉15	3♉09	3♉02	2♉55	2♉46	2♉35	2♉24	2♉13	2♉03
♃/♄	23♑02	22♑57	22♑52	22♑48	22♑43	22♑39	22♑35	22♑31	22♑27	22♑23	22♑19
/♅	14♓50	14♓47	14♓45	14♓42	14♓40	14♓37	14♓35	14♓32	14♓30	14♓28	14♓25
/♆	19♒40	19♒36	19♒33	19♒30	19♒26	19♒23	19♒20	19♒17	19♒14	19♒11	19♒08
/♇	21♑03	20♑59	20♑56	20♑53	20♑50	20♑47	20♑44	20♑41	20♑38	20♑35	20♑33
/☊	8♈21	8♈19	8♈16	8♈14	8♈11	8♈07	8♈01	7♈55	7♈48	7♈42	7♈35
♄/♅	18♓53	18♓51	18♓49	18♓47	18♓45	18♓44	18♓42	18♓40	18♓38	18♓36	18♓34
/♆	23♒43	23♒40	23♒37	23♒35	23♒32	23♒30	23♒27	23♒25	23♒22	23♒20	23♒17
/♇	25♑06	25♑03	25♑00	24♑58	24♑55	24♑53	24♑51	24♑48	24♑46	24♑44	24♑41
/☊	12♈24	12♈22	12♈21	12♈19	12♈16	12♈13	12♈08	12♈03	11♈57	11♈50	11♈44
♅/♆	15♈31	15♈30	15♈30	15♈29	15♈28	15♈28	15♈27	15♈26	15♈25	15♈24	15♈23
/♇	16♓54	16♓53	16♓53	16♓52	16♓52	16♓51	16♓50	16♓50	16♓49	16♓48	16♓48
/☊	4♊12	4♊12	4♊13	4♊13	4♊13	4♊11	4♊08	4♊04	3♊60	3♊55	3♊50
♆/♇	21♒44	21♒42	21♒41	21♒40	21♒38	21♒37	21♒36	21♒34	21♒33	21♒32	21♒31
/☊	9♉02	9♉01	9♉01	9♉01	8♉59	8♉57	8♉54	8♉49	8♉44	8♉38	8♉33
♇/☊	10♈25	10♈24	10♈24	10♈24	10♈23	10♈20	10♈17	10♈13	10♈08	10♈02	9♈58

	23	24	25	26	27	28	29	30	31	
☉/☽	27♍03	4♎47	12♎23	19♎50	27♎09	4♏21	11♏25	18♏22	25♏14	☉/☽
/☿	3♍01	4♍27	5♍52	7♍16	8♍40	10♍03	11♍26	12♍48	14♍09	/☿
/♀	7♌37	8♌37	9♌37	10♌36	11♌37	12♌37	13♌37	14♌38	15♌39	/♀
/♂	28♊07	28♊43	29♊19	29♊54	0♋29	1♋03	1♋38	2♋11	2♋45	/♂
/⚷	3♊36	3♊58	4♊20	4♊43	5♊05	5♊27	5♐50	6♐12	6♐34	/⚷
/♃	9♏13	9♏40	10♏07	10♏34	11♏02	11♏29	11♏57	12♏24	12♏52	/♃
/♄	13♏22	13♏50	14♏17	14♏44	15♏12	15♏39	16♏07	16♏34	17♏02	/♄
/♅	5♋30	5♋59	6♋27	6♋56	7♋25	7♋53	8♋22	8♋51	9♋19	/♅
/♆	10♊12	10♊40	11♊09	11♊37	12♊05	12♊33	13♊01	13♊29	13♊58	/♆
/♇	11♏37	12♏05	12♏34	13♏02	13♏30	13♏59	14♏27	14♏56	15♏24	/♇
/☊	28♋37	29♋04	29♋32	0♌00	0♌29	0♌58	1♌27	1♌54	2♌19	/☊
☽/☿	29♍44	7♎55	15♎59	23♎53	1♏38	9♏15	16♏43	24♏05	1♐20	☽/☿
/♀	4♍20	12♍06	19♍44	27♍13	4♎35	11♎48	18♎55	25♈55	2♉50	/♀
/♂	24♋50	2♒12	9♒26	16♒31	23♒27	0♓15	6♓55	13♓28	19♓56	/♂
/⚷	0♑19	7♑27	14♑28	21♑20	28♑03	4♒39	11♒07	17♒29	23♒45	/⚷
/♃	5♐56	13♐09	20♐14	27♐11	3♑60	10♑40	17♑14	23♑41	0♒03	/♃
/♄	10♐05	17♐19	24♐24	1♑21	8♑10	14♑51	21♑24	27♑52	4♒13	/♄
/♅	2♌13	9♌28	16♒35	23♒33	0♓23	7♓05	13♓40	20♓08	26♓31	/♅
/♆	6♑55	14♑09	21♑16	28♑14	5♒03	11♒44	18♒19	24♒47	1♓09	/♆
/♇	8♐20	15♐34	22♐41	29♐39	6♑29	13♑10	19♑45	26♑13	2♒36	/♇
/☊	25♌20	2♍33	9♍39	16♍37	23♍28	0♈10	6♈44	13♈11	19♈30	/☊
☿/♀	10♌18	11♌46	13♌13	14♌39	16♌05	17♌31	18♌56	20♌21	21♌45	☿/♀
/♂	0♋48	1♋52	2♋55	3♋57	4♋58	5♋58	6♋56	7♋54	8♋51	/♂
/⚷	6♊17	7♐07	7♐57	8♐46	9♐34	10♐21	11♐08	11♐55	12♐40	/⚷
/♃	11♏54	12♏49	13♏43	14♏37	15♏30	16♏23	17♏15	18♏07	18♏58	/♃
/♄	16♏03	16♏58	17♏53	18♏47	19♏41	20♏33	21♏26	22♏17	23♏08	/♄
/♅	8♋11	9♋08	10♋04	10♋59	11♋54	12♋48	13♋41	14♋34	15♋25	/♅
/♆	12♊53	13♊49	14♊45	15♊40	16♊34	17♊27	18♊20	19♊12	20♐04	/♆
/♇	14♏18	15♏14	16♏10	17♏05	17♏59	18♏53	19♏46	20♏39	21♏31	/♇
/☊	1♌18	2♌12	3♌08	4♌03	4♌58	5♌53	6♌45	7♌36	8♌25	/☊
♀/♂	5♊25	6♊02	6♊40	7♊17	7♊54	8♊31	9♊08	9♊44	10♊20	♀/♂
/⚷	10♉53	11♉17	11♉41	12♉06	12♉30	12♉55	13♉20	13♉45	14♉10	/⚷
/♃	16♈30	16♈59	17♈28	17♎57	18♎27	18♎57	19♎27	19♎57	20♎27	/♃
/♄	20♈40	21♈09	21♈38	22♈07	22♈37	23♈07	23♈37	24♈07	24♈37	/♄
/♅	12♊47	13♊18	13♊48	14♊19	14♊50	15♊21	15♊52	16♊23	16♊55	/♅
/♆	17♉30	17♉60	18♉30	18♉60	19♉30	20♉01	20♉31	21♉02	21♉33	/♆
/♇	18♈54	19♈24	19♈55	20♈25	20♈56	21♈26	21♈57	22♈29	22♎60	/♇
/☊	5♋54	6♋23	6♋53	7♋23	7♋55	8♋26	8♋57	9♋26	9♋55	/☊
♂/⚷	1♈23	1♈24	1♈24	1♈23	1♈23	1♈21	1♈20	1♈18	1♈16	♂/⚷
/♃	7♓01	7♓06	7♓10	7♓15	7♓19	7♓23	7♓27	7♓30	7♓33	/♃
/♄	11♓10	11♓15	11♓20	11♓25	11♓29	11♓33	11♓37	11♓41	11♓44	/♄
/♅	3♉18	3♉24	3♉31	3♉37	3♉42	3♉48	3♉52	3♉57	4♉01	/♅
/♆	7♈60	8♈06	8♈12	8♈17	8♈23	8♈27	8♈32	8♈36	8♈39	/♆
/♇	9♓24	9♓31	9♓37	9♓43	9♓48	9♓53	9♓58	10♓02	10♓06	/♇
/☊	26♉24	26♉29	26♉35	26♉41	26♉47	26♉53	26♉57	26♉60	27♉01	/☊
⚷/♃	12♒29	12♒20	12♒12	12♒04	11♒55	11♒47	11♒39	11♒31	11♒23	⚷/♃
/♄	16♒38	16♒30	16♒22	16♒14	16♒05	15♒57	15♒49	15♒41	15♒33	/♄
/♅	8♈46	8♈39	8♈32	8♈25	8♈18	8♈11	8♈05	7♈57	7♈50	/♅
/♆	13♓28	13♓21	13♓13	13♓06	12♓59	12♓51	12♓44	12♓36	12♓29	/♆
/♇	14♒53	14♒46	14♒38	14♒31	14♒24	14♒17	14♒10	14♒03	13♒56	/♇
/☊	1♉53	1♉44	1♉36	1♉30	1♉23	1♉16	1♉09	1♉00	0♉50	/☊
♃/♄	22♑16	22♑12	22♑09	22♑05	22♑02	21♑59	21♑56	21♑53	21♑51	♃/♄
/♅	14♓23	14♓21	14♓19	14♓17	14♓15	14♓13	14♓12	14♓10	14♓08	/♅
/♆	19♒06	19♒03	19♒00	18♒58	18♒55	18♒53	18♒51	18♒49	18♒46	/♆
/♇	20♑30	20♑28	20♑25	20♑23	20♑21	20♑19	20♑17	20♑15	20♑13	/♇
/☊	7♈30	7♈26	7♈23	7♈21	7♈20	7♈18	7♈16	7♈13	7♈08	/☊
♄/♅	18♓32	18♓31	18♓29	18♓27	18♓25	18♓24	18♓22	18♓20	18♓18	♄/♅
/♆	23♒15	23♒12	23♒10	23♒08	23♒05	23♒03	23♒01	22♒59	22♒57	/♆
/♇	24♑39	24♑37	24♑35	24♑33	24♑31	24♑29	24♑27	24♑25	24♑23	/♇
/☊	11♈39	11♈36	11♈33	11♈31	11♈30	11♈28	11♈26	11♈23	11♈18	/☊
♅/♆	15♈22	15♈21	15♈20	15♈19	15♈18	15♈17	15♈16	15♈15	15♈14	♅/♆
/♇	16♓47	16♓46	16♓45	16♓45	16♓44	16♓43	16♓42	16♓42	16♓41	/♇
/☊	3♊47	3♊45	3♊43	3♊43	3♊43	3♊43	3♊42	3♊39	3♊35	/☊
♆/♇	21♒29	21♒28	21♒27	21♒25	21♒24	21♒23	21♒22	21♒20	21♒19	♆/♇
/☊	8♉29	8♉26	8♉25	8♉24	8♉23	8♉22	8♉21	8♉18	8♉14	/☊
♇/☊	9♈54	9♈51	9♈50	9♈49	9♈49	9♈48	9♈47	9♈44	9♈40	♇/☊

August 2020

September 2020

	1	2	3	4	5	6	7	8	9	10	11	12	13	14	15
☉/☽	2♐01	8♐43	15♊20	21♊52	28♊21	4♋46	11♋10	17♋35	24♋01	0♌32	7♌10	13♌58	20♌59	28♌13	5♍43
/☿	15♍30	16♍50	18♍10	19♍28	20♍47	22♍04	23♍21	24♍38	25♍54	27♍09	28♍24	29♍39	0♎52	2♎06	3♎18
/♀	16♌39	17♌40	18♌42	19♌43	20♌44	21♌46	22♌48	23♌49	24♌51	25♌53	26♌56	27♌58	29♌01	0♍03	1♍06
/♂	3♋18	3♋50	4♋23	4♋54	5♋26	5♋57	6♋27	6♋58	7♋27	7♋57	8♋26	8♋54	9♋22	9♋50	10♋17
/⚳	6♐57	7♐19	7♐42	8♐04	8♐27	8♐49	9♐12	9♐35	9♐58	10♐21	10♐44	11♐07	11♐30	11♐54	12♐17
/♃	13♏20	13♏48	14♏16	14♏44	15♏12	15♏40	16♏09	16♏37	17♏06	17♏35	18♏04	18♏33	19♏02	19♏31	20♏01
/♄	17♏30	17♏58	18♏25	18♏53	19♏21	19♏49	20♏17	20♏45	21♏13	21♏41	22♏10	22♏38	23♏06	23♏35	24♏03
/♅	9♋48	10♋17	10♋45	11♋14	11♋42	12♋11	12♋40	13♋08	13♋37	14♋05	14♋34	15♋02	15♋31	15♋59	16♋28
/♆	14♊26	14♊54	15♊22	15♊51	16♊19	16♊47	17♊15	17♊44	18♊12	18♊40	19♊09	19♐37	20♐05	20♐34	21♐02
/♇	15♏53	16♏22	16♏50	17♏19	17♏48	18♏16	18♏45	19♏14	19♏42	20♏11	20♏40	21♏09	21♏38	22♏07	22♏36
/☊	2♌43	3♌07	3♌29	3♌52	4♌15	4♌39	5♌04	5♌31	5♌58	6♌27	6♌56	7♌25	7♌54	8♌21	8♌47
☽/☿	8♐30	15♐34	22♐32	29♊25	6♋14	12♋59	19♋42	26♋24	3♌09	9♌57	16♌51	23♌56	1♍11	8♍41	16♍24
/♀	9♉39	16♉24	23♉04	29♉40	6♊12	12♊41	19♊08	25♊36	2♋06	8♋41	15♋23	22♋15	29♋20	6♌38	14♌12
/♂	26♓18	2♈34	8♈45	14♈51	20♈53	26♈51	2♉48	8♉44	14♉42	20♉44	26♉53	3♊11	9♊41	16♊25	23♊23
/⚳	29♒57	6♓03	12♓04	18♓01	23♓54	29♓44	5♈33	11♈21	17♈12	23♈08	29♈11	5♉24	11♉49	18♉29	25♉23
/♃	6♒20	12♒31	18♒38	24♒41	0♓39	6♓35	12♓29	18♓24	24♓21	0♈22	6♈31	12♈50	19♎21	26♎06	3♏07
/♄	10♒30	16♒41	22♒48	28♒50	4♓48	10♓44	16♓38	22♓32	28♓28	4♈29	10♈37	16♈55	23♈25	0♏10	7♏09
/♅	2♈48	9♈00	15♈08	21♈11	27♈10	3♉06	9♉00	14♉55	20♉51	26♉52	3♊01	9♊19	15♊50	22♊35	29♊34
/♆	7♓26	13♓38	19♓45	25♓47	1♈46	7♈42	13♈36	19♈30	25♈26	1♉27	7♉36	13♉54	20♉24	27♉09	4♊08
/♇	8♒53	15♒05	21♒13	27♒16	3♓15	9♓11	15♓05	21♓00	26♓57	2♈58	9♈07	15♈26	21♈57	28♎42	5♏41
/☊	25♈43	1♉50	7♉52	13♉49	19♉42	25♉33	1♊24	7♊17	13♊13	19♊14	25♊23	1♋42	8♋13	14♋56	21♋52
☿/♀	23♌08	24♌31	25♌54	27♌16	28♌37	29♌58	1♍19	2♍39	3♍59	5♍18	6♍37	7♍55	9♍13	10♍30	11♍47
/♂	9♋46	10♋41	11♋35	12♋27	13♋19	14♋09	14♋59	15♋47	16♋35	17♋21	18♋07	18♋51	19♋35	20♋17	20♋58
/⚳	13♐25	14♐10	14♐54	15♐37	16♐20	17♐02	17♐44	18♐25	19♐05	19♐45	20♐25	21♐04	21♐43	22♐21	22♐59
/♃	19♏48	20♏38	21♏28	22♏17	23♏05	23♏53	24♏40	25♏27	26♏14	26♏60	27♏45	28♏30	29♏15	29♏59	0♐42
/♄	23♏59	24♏48	25♏37	26♏26	27♏14	28♏02	28♏49	29♏35	0♐21	1♐06	1♐51	2♐35	3♐19	4♐02	4♐45
/♅	16♋17	17♋07	17♋57	18♋47	19♋36	20♋24	21♋11	21♋58	22♋44	23♋30	24♋15	24♋60	25♋43	26♋27	27♋09
/♆	20♐55	21♐45	22♐35	23♐24	24♐12	24♐60	25♐47	26♐34	27♐20	28♐05	28♐50	29♐34	0♑18	1♑01	1♑44
/♇	22♏22	23♏12	24♏02	24♏52	25♏41	26♏29	27♏16	28♏04	28♏50	29♏36	0♐21	1♐06	1♐50	2♐34	3♐17
/☊	9♌12	9♌57	10♌41	11♌25	12♌08	12♌51	13♌35	14♌20	15♌06	15♌52	16♌38	17♌22	18♌06	18♌48	19♌28
♀/♂	10♊56	11♊31	12♊07	12♊42	13♊16	13♊51	14♊25	14♊59	15♊32	16♊05	16♊38	17♊11	17♊43	18♊15	18♊46
/⚳	14♉35	15♉00	15♉26	15♉51	16♉17	16♉43	17♉10	17♉36	18♉03	18♉29	18♉56	19♉24	19♉51	20♉19	20♉46
/♃	20♎58	21♎29	21♎60	22♎31	23♎03	23♎35	24♎07	24♎39	25♎11	25♎44	26♎17	26♎50	27♎23	27♎56	28♎30
/♄	25♈08	25♈39	26♎10	26♎41	27♎12	27♎43	28♎15	28♎46	29♎18	29♎50	0♏22	0♏55	1♏27	1♏60	2♏33
/♅	17♊26	17♊58	18♊29	19♊01	19♊33	20♊05	20♊37	21♊09	21♊42	22♊14	22♊46	23♊19	23♊52	24♊24	24♊57
/♆	22♉04	22♉35	23♉07	23♉38	24♉10	24♉41	25♉13	25♉45	26♉17	26♉49	27♉21	27♉54	28♉26	28♉59	29♉31
/♇	23♎31	24♎03	24♎34	25♎06	25♎38	26♎10	26♎43	27♎15	27♎47	28♎20	28♎53	29♎26	29♎59	0♏32	1♏05
/☊	10♋22	10♋48	11♋13	11♋39	12♋05	12♋33	13♋02	13♋32	14♋03	14♋36	15♋09	15♋42	16♋14	16♋46	17♋16
♂/⚳	1♈13	1♈10	1♈07	1♈03	0♈59	0♈54	0♈49	0♈44	0♈39	0♈33	0♈26	0♈20	0♈13	0♈05	29♓57
/♃	7♓36	7♓39	7♓41	7♓43	7♓44	7♓45	7♓46	7♓47	7♓47	7♓47	7♓46	7♓46	7♓44	7♓43	7♓41
/♄	11♓46	11♓49	11♓50	11♓52	11♓53	11♓54	11♓54	11♓54	11♓54	11♓53	11♓52	11♓51	11♓49	11♓46	11♓44
/♅	4♉05	4♉08	4♉10	4♉13	4♉15	4♉16	4♉17	4♉18	4♉18	4♉17	4♉16	4♉15	4♉13	4♉11	4♉08
/♆	8♈42	8♈45	8♈48	8♈49	8♈51	8♈52	8♈53	8♈53	8♈53	8♈52	8♈51	8♈50	8♈48	8♈45	8♈42
/♇	10♓10	10♓13	10♓15	10♓18	10♓20	10♓21	10♓22	10♓23	10♓23	10♓23	10♓23	10♓22	10♓20	10♓18	10♓16
/☊	26♉60	26♉58	26♉54	26♉51	26♉47	26♉44	26♉41	26♉40	26♉39	26♉39	26♉39	26♉38	26♉36	26♉32	26♉27
⚳/♃	11♒15	11♒07	10♒60	10♒52	10♒45	10♒38	10♒31	10♒24	10♒17	10♒11	10♒05	9♒58	9♒53	9♒47	9♒41
/♄	15♒25	15♒17	15♒09	15♒02	14♒54	14♒47	14♒39	14♒32	14♒25	14♒17	14♒10	14♒04	13♒57	13♒50	13♒44
/♅	7♈43	7♈36	7♈29	7♈22	7♈15	7♈09	7♈02	6♈55	6♈48	6♈41	6♈35	6♈28	6♈21	6♈15	6♈09
/♆	12♓21	12♓14	12♓07	11♓59	11♓52	11♓45	11♓37	11♓30	11♓23	11♓16	11♓09	11♓02	10♓56	10♓49	10♓43
/♇	13♒48	13♒41	13♒34	13♒27	13♒21	13♒14	13♒07	13♒00	12♒54	12♒47	12♒41	12♒34	12♒28	12♒22	12♒16
/☊	0♉39	0♉26	0♉13	0♉00	29♈48	29♈36	29♈26	29♈17	29♈10	29♈03	28♈57	28♈51	28♈44	28♈36	28♈27
♃/♄	21♑48	21♑46	21♑44	21♑42	21♑40	21♑38	21♑36	21♑34	21♑33	21♑32	21♑31	21♑30	21♑29	21♑28	21♑27
/♅	14♓07	14♓05	14♓04	14♓02	14♓01	13♓60	13♓59	13♓57	13♓56	13♓56	13♓55	13♓54	13♓53	13♓53	13♓52
/♆	18♒44	18♒43	18♒41	18♒39	18♒37	18♒36	18♒34	18♒33	18♒32	18♒31	18♒29	18♒29	18♒28	18♒27	18♒26
/♇	20♑12	20♑10	20♑09	20♑07	20♑06	20♑05	20♑04	20♑03	20♑02	20♑02	20♑01	20♑00	20♑00	19♑60	19♑60
/☊	7♈02	6♈55	6♈48	6♈40	6♈33	6♈27	6♈23	6♈20	6♈18	6♈17	6♈17	6♈17	6♈16	6♈14	6♈11
♄/♅	18♓17	18♓15	18♓13	18♓12	18♓10	18♓08	18♓07	18♓05	18♓04	18♓02	18♓01	17♓59	17♓58	17♓56	17♓55
/♆	22♒54	22♒52	22♒50	22♒48	22♒46	22♒44	22♒42	22♒41	22♒39	22♒37	22♒35	22♒34	22♒32	22♒30	22♒29
/♇	24♑22	24♑20	24♑18	24♑17	24♑15	24♑13	24♑12	24♑11	24♑09	24♑08	24♑07	24♑06	24♑04	24♑03	24♑02
/☊	11♈12	11♈05	10♈57	10♈49	10♈42	10♈36	10♈31	10♈27	10♈25	10♈24	10♈23	10♈22	10♈20	10♈17	10♈13
♅/♆	15♈13	15♈12	15♈10	15♈09	15♈08	15♈06	15♈05	15♈04	15♈02	15♈01	14♈59	14♈58	14♈56	14♈55	14♈53
/♇	16♓40	16♓39	16♓38	16♓37	16♓36	16♓35	16♓35	16♓34	16♓33	16♓32	16♓31	16♓30	16♓29	16♓28	16♓27
/☊	3♊30	3♊24	3♊17	3♊10	3♊04	2♊58	2♊54	2♊51	2♊49	2♊48	2♊47	2♊46	2♊45	2♊42	2♊38
♆/♇	21♒18	21♒16	21♒15	21♒14	21♒13	21♒12	21♒10	21♒09	21♒08	21♒07	21♒06	21♒04	21♒03	21♒02	21♒01
/☊	8♉08	8♉02	7♉54	7♉47	7♉40	7♉34	7♉29	7♉26	7♉24	7♉23	7♉22	7♉21	7♉19	7♉16	7♉12
♇/☊	9♈35	9♈29	9♈22	9♈15	9♈09	9♈03	8♈59	8♈56	8♈54	8♈54	8♈53	8♈53	8♈52	8♈49	8♈45

16	17	18	19	20	21	22	23	24	25	26	27	28	29	30	
13♍26	21♍20	29♍22	7♎26	15♎26	23♎20	1♏03	8♏35	15♏54	23♏03	0♐02	6♐54	13♐39	20♐19	26♐54	☉/☽
4♎30	5♎42	6♎52	8♎03	9♎12	10♎21	11♎29	12♎37	13♎44	14♎50	15♎55	16♎59	18♎03	19♎05	20♎06	/☿
2♍09	3♍12	4♍15	5♍18	6♍21	7♍24	8♍28	9♍31	10♍35	11♍39	12♍43	13♍46	14♍50	15♍55	16♍59	/♀
10♋44	11♋10	11♋36	12♋02	12♋27	12♋51	13♋16	13♋40	14♋03	14♋27	14♋50	15♋12	15♋34	15♋56	16♋18	/♂
12♐41	13♐05	13♐29	13♐53	14♐17	14♐42	15♐06	15♐31	15♐56	16♐21	16♐46	17♐12	17♐37	18♐03	18♐29	/⚳
20♏30	20♏60	21♏30	21♏59	22♏29	22♏59	23♏30	23♏60	24♏30	25♏01	25♏31	26♏02	26♏33	27♏04	27♏35	/♃
24♏32	25♏01	25♏29	25♏58	26♏27	26♏56	27♏25	27♏54	28♏23	28♏52	29♏21	29♏51	0♐20	0♐49	1♐19	/♄
16♋57	17♋25	17♋54	18♋22	18♋51	19♋19	19♋48	20♋16	20♋45	21♋13	21♋42	22♋10	22♋39	23♋07	23♋36	/♅
21♐31	21♐59	22♐27	22♐56	23♐24	23♐53	24♐21	24♐50	25♐19	25♐47	26♐16	26♐44	27♐13	27♐42	28♐10	/♆
23♏05	23♏34	24♏03	24♏32	25♏01	25♏30	25♏59	26♏28	26♏58	27♏27	27♏56	28♏25	28♏55	29♏24	29♏53	/♇
9♌11	9♌35	9♌59	10♌23	10♌48	11♌14	11♌42	12♌11	12♌40	13♌09	13♌38	14♌05	14♌31	14♌55	15♌19	/☊
24♍21	2♎28	10♎42	18♎57	27♎09	5♏13	13♏06	20♏46	28♏14	5♐30	12♐35	19♐32	26♐22	3♑05	9♑43	☽/☿
21♌59	29♌58	8♍04	16♍12	24♍18	2♎16	10♎04	17♎40	25♎05	2♏19	9♏23	16♏20	23♏10	29♉55	6♊35	/♀
0♋34	7♋56	15♋25	22♋56	0♒24	7♒43	14♒52	21♒49	28♒33	5♓06	11♓30	17♓45	23♓54	29♓57	5♈55	/♂
2♐31	9♐51	17♐18	24♐48	2♑14	9♑33	16♑42	23♑40	0♒26	7♒01	13♒27	19♒45	25♒56	2♓03	8♓06	/⚳
10♏21	17♏46	25♏19	2♐54	10♐26	17♐51	25♐06	2♑09	8♑60	15♑41	22♑12	28♑35	4♒52	11♒04	17♒11	/♃
14♏22	21♏47	29♏19	6♐53	14♐24	21♐48	29♐01	6♑03	12♑53	19♑32	26♑02	2♒24	8♒39	14♒49	20♒56	/♄
6♋47	14♋11	21♋43	29♋17	6♌48	14♒11	21♒24	28♒25	5♓14	11♓53	18♓22	24♓43	0♈58	7♈07	13♈12	/♅
11♊21	18♊45	26♐17	3♑51	11♑21	18♑45	25♑58	2♒59	9♒48	16♒27	22♒56	29♒17	5♓32	11♓42	17♓47	/♆
12♏55	20♏20	27♏52	5♐26	12♐58	20♐22	27♐35	4♑37	11♑27	18♑07	24♑37	0♒58	7♒14	13♒24	19♒30	/♇
29♋01	6♌21	13♌48	21♌17	28♌45	6♍06	13♍18	20♍19	27♓10	3♈49	10♈18	16♈38	22♈50	28♈56	4♉56	/☊
13♍04	14♍19	15♍35	16♍50	18♍04	19♍17	20♍30	21♍43	22♍54	24♍05	25♍16	26♍25	27♍34	28♍41	29♍48	☿/♀
21♋39	22♋18	22♋56	23♋33	24♋09	24♋44	25♋18	25♋51	26♋23	26♑53	27♑23	27♑51	28♑18	28♑43	29♑07	/♂
23♐36	24♐13	24♐49	25♐25	25♐60	26♐35	27♐09	27♐42	28♐15	28♐48	29♐19	29♐50	0♑20	0♑50	1♑18	/⚳
1♐25	2♐08	2♐50	3♐31	4♐12	4♐52	5♐32	6♐11	6♐50	7♐27	8♐04	8♐41	9♐16	9♐50	10♐24	/♃
5♐27	6♐08	6♐49	7♐30	8♐10	8♐49	9♐27	10♐05	10♐42	11♐19	11♐54	12♐29	13♐03	13♐36	14♐08	/♄
27♋51	28♋33	29♋14	29♋54	0♌33	1♌12	1♌50	2♌28	3♌04	3♌40	4♌15	4♌49	5♌22	5♌54	6♌25	/♅
2♑25	3♑07	3♑48	4♑28	5♑07	5♑46	6♑24	7♑01	7♑38	8♑14	8♑49	9♑23	9♑56	10♑28	10♑59	/♆
3♐60	4♐42	5♐23	6♐04	6♐44	7♐23	8♐02	8♐40	9♐17	9♐54	10♐29	11♐04	11♐38	12♐11	12♐43	/♇
20♌06	20♌43	21♌19	21♌54	22♌30	23♌07	23♌44	24♌22	24♌59	25♌36	26♌11	26♌44	27♌14	27♌42	28♌08	/☊
19♊17	19♊48	20♊18	20♊48	21♊18	21♊48	22♊17	22♊45	23♊14	23♊42	24♊10	24♊38	25♊05	25♊32	25♊59	♀/♂
21♉14	21♉43	22♉11	22♉40	23♉09	23♉38	24♉07	24♉37	25♉06	25♉36	26♉07	26♉37	27♉08	27♉39	28♉10	/⚳
29♎04	29♎38	0♏12	0♏46	1♏21	1♏56	2♏30	3♏06	3♏41	4♏16	4♏52	5♏28	6♏04	6♏40	7♏16	/♃
3♏05	3♏39	4♏12	4♏45	5♏18	5♏52	6♏26	6♏60	7♏34	8♏08	8♏42	9♏16	9♏51	10♏25	11♏00	/♄
25♊30	26♊03	26♊36	27♊09	27♊42	28♊15	28♊49	29♊22	29♊55	0♋29	1♋02	1♋36	2♋09	2♋43	3♋17	/♅
0♊04	0♊37	1♊10	1♊43	2♊16	2♊49	3♊22	3♊56	4♊29	5♊03	5♊36	6♊10	6♊44	7♊18	7♊52	/♆
1♏38	2♏12	2♏45	3♏19	3♏52	4♏26	5♏00	5♏34	6♏08	6♏42	7♏17	7♏51	8♏26	9♏00	9♏35	/♇
17♋45	18♋13	18♋41	19♋09	19♋39	20♋10	20♋43	21♋16	21♋51	22♋25	22♋58	23♋31	24♋02	24♋32	25♋00	/☊
29♓49	29♓41	29♓32	29♓23	29♓14	29♓05	28♓55	28♓45	28♓35	28♓24	28♓14	28♓03	27♓52	27♓41	27♓30	♂/⚳
7♓39	7♓36	7♓33	7♓30	7♓26	7♓23	7♓18	7♓14	7♓09	7♓04	6♓59	6♓53	6♓48	6♓42	6♓35	/♃
11♓40	11♓37	11♓33	11♓29	11♓24	11♓19	11♓14	11♓08	11♓02	10♓56	10♓49	10♓42	10♓35	10♓27	10♓20	/♄
4♉05	4♉01	3♉57	3♉53	3♉48	3♉42	3♉36	3♉30	3♉24	3♉17	3♉09	3♉01	2♉53	2♉45	2♉36	/♅
8♈39	8♈35	8♈31	8♈27	8♈22	8♈16	8♈10	8♈04	7♈58	7♈51	7♈43	7♈36	7♈28	7♈20	7♈11	/♆
10♓13	10♓10	10♓06	10♓02	9♓58	9♓53	9♓48	9♓42	9♓37	9♓30	9♓24	9♓17	9♓10	9♓02	8♓54	/♇
26♉20	26♉11	26♉02	25♉53	25♉45	25♉37	25♉31	25♉25	25♉19	25♉13	25♉05	24♉56	24♉46	24♉33	24♉20	/☊
9♒36	9♒31	9♒26	9♒21	9♒17	9♒13	9♒09	9♒05	9♒02	8♒58	8♒55	8♒53	8♒50	8♒48	8♒46	⚳/♃
13♒38	13♒32	13♒26	13♒20	13♒15	13♒09	13♒04	12♒59	12♒54	12♒50	12♒46	12♒41	12♒37	12♒34	12♒30	/♄
6♈02	5♈56	5♈50	5♈44	5♈38	5♈32	5♈27	5♈21	5♈16	5♈11	5♈06	5♈01	4♈56	4♈52	4♈47	/♅
10♓36	10♓30	10♓24	10♓18	10♓12	10♓06	10♓01	9♓55	9♓50	9♓45	9♓40	9♓35	9♓31	9♓26	9♓22	/♆
12♒10	12♒05	11♒59	11♒54	11♒48	11♒43	11♒38	11♒34	11♒29	11♒25	11♒20	11♒16	11♒12	11♒09	11♒05	/♇
28♈17	28♈06	27♈55	27♈44	27♈35	27♈27	27♈21	27♈16	27♈11	27♈07	27♈02	26♈56	26♈48	26♈40	26♈30	/☊
21♑27	21♑27	21♑27	21♑27	21♑27	21♑27	21♑27	21♑28	21♑29	21♑30	21♑31	21♑32	21♑33	21♑35	21♑36	♃/♄
13♓52	13♓51	13♓51	13♓51	13♓50	13♓50	13♓50	13♓50	13♓50	13♓51	13♓51	13♓51	13♓52	13♓52	13♓53	/♅
18♒26	18♒25	18♒25	18♒24	18♒24	18♒24	18♒24	18♒24	18♒24	18♒25	18♒25	18♒26	18♒26	18♒27	18♒28	/♆
19♑60	19♑60	19♑60	20♑00	20♑01	20♑01	20♑02	20♑03	20♑03	20♑04	20♑05	20♑07	20♑08	20♑09	20♑11	/♇
6♈06	6♈01	5♈56	5♈51	5♈47	5♈45	5♈44	5♈45	5♈46	5♈47	5♈47	5♈46	5♈44	5♈41	5♈36	/☊
17♓53	17♓52	17♓51	17♓49	17♓48	17♓47	17♓46	17♓44	17♓43	17♓42	17♓41	17♓40	17♓39	17♓38	17♓37	♄/♅
22♒27	22♒26	22♒25	22♒23	22♒22	22♒21	22♒19	22♒18	22♒17	22♒16	22♒15	22♒14	22♒13	22♒13	22♒12	/♆
24♑01	24♑01	23♑60	23♑59	23♑58	23♑58	23♑57	23♑57	23♑56	23♑56	23♑56	23♑55	23♑55	23♑55	23♑55	/♇
10♈08	10♈02	9♈56	9♈50	9♈45	9♈42	9♈40	9♈39	9♈39	9♈38	9♈37	9♈35	9♈31	9♈26	9♈20	/☊
14♈52	14♈50	14♈49	14♈47	14♈46	14♈44	14♈42	14♈41	14♈39	14♈37	14♈36	14♈34	14♈32	14♈30	14♈29	♅/♆
16♓26	16♓25	16♓24	16♓23	16♓22	16♓21	16♓20	16♓19	16♓18	16♓17	16♓16	16♓15	16♓14	16♓13	16♓12	/♇
2♊32	2♊26	2♊20	2♊14	2♊09	2♊05	2♊02	2♊01	2♊00	1♊59	1♊57	1♊54	1♊50	1♊44	1♊37	/☊
21♒00	20♒59	20♒58	20♒57	20♒56	20♒55	20♒54	20♒53	20♒52	20♒51	20♒50	20♒49	20♒48	20♒47	20♒46	♆/♇
7♉06	7♉00	6♉54	6♉48	6♉42	6♉39	6♉36	6♉35	6♉34	6♉33	6♉32	6♉29	6♉24	6♉19	6♉12	/☊
8♈41	8♈35	8♈29	8♈23	8♈19	8♈16	8♈14	8♈13	8♈13	8♈13	8♈12	8♈10	8♈06	8♈01	7♈55	♇/☊

September 2020

October 2020

	1	2	3	4	5	6	7	8	9	10	11	12	13	14	15	16	17	18	19	20	21	22	23	24	25	26	27	28	29	30	31	
☉/☽	3♑26	9♋55	16♋22	22♋47	29♋11	5♌36	12♌03	18♌34	25♌12	1♍59	8♍57	16♍09	23♍35	1♎17	9♎11	17♎16	25♎24	3♏32	11♏34	19♏25	27♏04	4♐28	11♐40	18♐40	25♐30	2♑12	8♑48	15♑20	21♑48	28♑15	4♒40	☉/☽
/☿	21♎07	22♎06	23♎03	23♎59	24♎54	25♎46	26♎37	27♎26	28♎13	28♎57	29♎38	0♏16	0♏51	1♏23	1♏51	2♏15	2♏35	2♏51	3♏02	3♏09	3♏12	3♏12	3♏08	3♏02	2♏54	2♏46	2♏39	2♏33	2♏30	2♏32	2♏38	/☿
/♀	18♍03	19♍07	20♍12	21♍16	22♍21	23♍26	24♍30	25♍35	26♍40	27♍45	28♍50	29♍56	1♎01	2♎06	3♎12	4♎17	5♎23	6♎28	7♎34	8♎40	9♎46	10♎52	11♎58	13♎04	14♎10	15♎16	16♎22	17♎28	18♎34	19♎41	20♎47	/♀
/♂	16♋40	17♋01	17♋22	17♋43	18♋03	18♋24	18♋44	19♋04	19♋25	19♋45	20♋05	20♋25	20♋45	21♑05	21♑25	21♑46	22♑06	22♑27	22♑47	23♑08	23♑29	23♑51	24♑13	24♑34	24♑57	25♑19	25♑42	26♑05	26♑29	26♑53	27♑17	/♂
/⚷	18♐55	19♐21	19♐48	20♐15	20♐42	21♐09	21♐36	22♐04	22♐31	22♐59	23♐27	23♐56	24♐24	24♐53	25♐22	25♐51	26♐21	26♐50	27♐20	27♐50	28♐20	28♐50	29♐21	29♐52	0♑23	0♑54	1♑25	1♑57	2♑28	3♑00	3♑32	/⚷
/♃	28♏06	28♏37	29♏09	29♏40	0♐12	0♐43	1♐15	1♐47	2♐19	2♐51	3♐23	3♐55	4♐28	5♐00	5♐33	6♐06	6♐39	7♐11	7♐45	8♐18	8♐51	9♐24	9♐57	10♐31	11♐05	11♐38	12♐12	12♐46	13♐20	13♐54	14♐28	/♃
/♄	1♐48	2♐18	2♐48	3♐17	3♐47	4♐17	4♐47	5♐17	5♐47	6♐17	6♐47	7♐18	7♐48	8♐19	8♐49	9♐20	9♐50	10♐21	10♐52	11♐23	11♐53	12♐24	12♐55	13♐26	13♐58	14♐29	15♐00	15♐31	16♐03	16♐34	17♐06	/♄
/♅	24♋04	24♋33	25♋01	25♋30	25♋58	26♋27	26♋55	27♋24	27♋52	28♋21	28♋49	29♋18	29♋46	0♌15	0♌43	1♌12	1♌41	2♌09	2♌38	3♌06	3♌35	4♌04	4♌32	5♌01	5♌30	5♌58	6♌27	6♌56	7♌25	7♌53	8♌22	/♅
/♆	28♐39	29♐08	29♐37	0♑05	0♑34	1♑03	1♑32	2♑01	2♑30	2♑59	3♑28	3♑56	4♑26	4♑55	5♑24	5♑53	6♑22	6♑51	7♑20	7♑49	8♑19	8♑48	9♑17	9♑47	10♑16	10♑45	11♑15	11♑44	12♑13	12♑43	13♑12	/♆
/♇	0♐23	0♐52	1♐22	1♐51	2♐21	2♐50	3♐20	3♐50	4♐19	4♐49	5♐19	5♐49	6♐18	6♐48	7♐18	7♐48	8♐18	8♐48	9♐18	9♐48	10♐18	10♐48	11♐18	11♐49	12♐19	12♐49	13♐19	13♐49	14♐20	14♐50	15♐20	/♇
/☊	15♌42	16♌04	16♌28	16♌52	17♌17	17♌44	18♌12	18♌42	19♌11	19♌41	20♌10	20♌39	21♌06	21♌32	21♌58	22♌23	22♌48	23♌15	23♌42	24♌11	24♌40	25♌11	25♌41	26♌11	26♌40	27♌08	27♌35	28♌01	28♌27	28♌52	29♌18	/☊
☽/☿	16♑16	22♑45	29♑10	5♒32	11♌52	18♌10	24♌29	0♍50	7♍15	13♍47	20♍27	27♍18	4♎20	11♎34	18♎57	26♎26	3♏55	11♏19	18♏32	25♏31	2♐13	8♐37	14♐46	20♐40	26♐22	1♑56	7♑25	12♑51	18♑17	23♑45	29♋17	☽/☿
/♀	13♊13	19♊47	26♊19	2♋49	9♋19	15♋50	22♋22	28♋59	5♌43	12♌35	19♌40	26♌57	4♍30	12♍17	20♍18	28♍28	6♎43	14♎57	23♎04	1♏02	8♏46	16♏17	23♏35	0♐41	7♐38	14♐26	21♐08	27♐46	4♋21	10♋54	17♋26	/♀
/♂	11♈49	17♈40	23♈29	29♈16	5♉02	10♉48	16♉36	22♉28	28♉27	4♊35	10♊54	17♊26	24♊14	1♋16	8♋31	15♋56	23♑26	0♒55	8♒18	15♒30	22♒30	29♒16	5♓50	12♓12	18♓25	24♓29	0♈28	6♈23	12♈15	18♈06	23♈56	/♂
/⚷	14♓05	20♓01	25♓55	1♈48	7♈40	13♈33	19♈28	25♈27	1♉34	7♉49	14♉17	20♉57	27♉53	5♐04	12♐28	20♐02	27♐40	5♑18	12♑50	20♑12	27♑21	4♒16	10♒58	17♒29	23♒51	0♓04	6♓11	12♓15	18♓15	24♓13	0♈11	/⚷
/♃	23♒16	29♒17	5♓16	11♓13	17♓10	23♓07	29♓07	5♈11	11♈21	17♈41	24♎12	0♏57	7♏57	15♏11	22♏39	0♐16	7♐59	15♐40	23♐15	0♑39	7♑51	14♑50	21♑35	28♑09	4♒33	10♒48	16♒58	23♒04	29♒06	5♓07	11♓07	/♃
/♄	26♒58	2♓58	8♓55	14♓50	20♓45	26♓41	2♈39	8♈41	14♈50	21♈07	27♎37	4♏19	11♏17	18♏29	25♏55	3♐30	11♐10	18♐49	26♐22	3♑44	10♑54	17♑50	24♑33	1♒04	7♒26	13♒39	19♒46	25♒49	1♓49	7♓47	13♓44	/♄
/♅	19♈14	25♈12	1♉08	7♉03	12♉56	18♉50	24♉47	0♊47	6♊55	13♊11	19♊38	26♊19	3♋15	10♋26	17♋49	25♋23	3♌01	10♒37	18♒08	25♒28	2♓36	9♓29	16♓10	22♓39	28♓58	5♈09	11♈13	17♈14	23♈11	29♈06	5♉01	/♅
/♆	23♓49	29♓47	5♈44	11♈38	17♈32	23♈27	29♈24	5♉25	11♉32	17♉49	24♉17	0♊58	7♊54	15♊05	22♐30	0♑03	7♑42	15♑19	22♑50	0♒11	7♒19	14♒13	20♒55	27♒24	3♓44	9♓55	16♓01	22♓02	28♓00	3♈56	9♈51	/♆
/♇	25♒33	1♓32	7♓29	13♓24	19♓19	25♓14	1♈12	7♈14	13♈22	19♈39	26♎08	2♏50	9♏47	16♏59	24♏24	1♐59	9♐38	17♐16	24♐48	2♑10	9♑19	16♑14	22♑56	29♑26	5♒47	11♒59	18♒06	24♒07	0♓06	6♓03	11♓59	/♇
/☊	10♉51	16♉44	22♉35	28♉25	4♊15	10♊08	16♊04	22♊05	28♊14	4♋31	10♋60	17♋40	24♋35	1♌43	9♌04	16♌34	24♌08	1♍43	9♍12	16♍33	23♓41	0♈36	7♈19	13♈49	20♈08	26♈18	2♉21	8♉19	14♉14	20♉06	25♉57	/☊
☿/♀	0♎53	1♎58	3♎01	4♎02	5♎02	6♎00	6♎57	7♎51	8♎44	9♎33	10♎21	11♎05	11♎46	12♎23	12♎57	13♎27	13♎53	14♎15	14♎33	14♎46	14♎55	15♎01	15♎03	15♎03	15♎02	14♎60	14♎59	14♎60	15♎03	15♎11	15♎24	☿/♀
/♂	29♑30	29♑51	0♒11	0♒28	0♒44	0♒59	1♒11	1♒20	1♒28	1♒33	1♒35	1♒34	1♒30	1♒22	1♒11	0♒56	0♒37	0♒13	29♑46	29♑14	28♑39	27♑60	27♑18	26♑34	25♑49	25♑03	24♑19	23♑37	22♑58	22♑23	21♑54	/♂
/⚷	1♑45	2♑12	2♑37	3♑00	3♑23	3♑44	4♑03	4♑20	4♑35	4♑47	4♑57	5♑05	5♑09	5♑10	5♑08	5♑01	4♑51	4♑37	4♑18	3♑56	3♑29	2♑59	2♑26	1♑51	1♑15	0♑38	0♑02	29♐28	28♐57	28♐31	28♐09	/⚷
/♃	10♐56	11♐27	11♐57	12♐26	12♐53	13♐18	13♐41	14♐03	14♐22	14♐39	14♐53	15♐05	15♐13	15♐17	15♐19	15♐16	15♐09	14♐58	14♐43	14♐24	14♐00	13♐33	13♐03	12♐31	11♐57	11♐22	10♐49	10♐17	9♐49	9♐24	9♐04	/♃
/♄	14♐39	15♐08	15♐36	16♐03	16♐28	16♐52	17♐13	17♐33	17♐50	18♐05	18♐18	18♐27	18♐33	18♐36	18♐35	18♐30	18♐21	18♐08	17♐50	17♐29	17♐03	16♐33	16♐01	15♐26	14♐50	14♐13	13♐37	13♐03	12♐32	12♐05	11♐42	/♄
/♅	6♌54	7♌23	7♌50	8♌15	8♌39	9♌01	9♌22	9♒40	9♒55	10♒09	10♒19	10♒27	10♒31	10♒32	10♒29	10♒22	10♒11	9♒56	9♒36	9♒12	8♌44	8♌13	7♌38	7♌01	6♌22	5♌43	5♌04	4♌27	3♌54	3♌24	2♌59	/♅
/♆	11♑29	11♑58	12♑25	12♑51	13♑15	13♑38	13♑58	14♑17	14♑33	14♑47	14♑58	15♑06	15♑10	15♑12	15♑09	15♑03	14♑52	14♑38	14♑19	13♑55	13♑28	12♑57	12♑23	11♑46	11♑08	10♑29	9♑52	9♑16	8♑42	8♑13	7♑49	/♆
/♇	13♐13	13♐43	14♐11	14♐37	15♐02	15♐25	15♐47	16♐06	16♐23	16♐37	16♐49	16♐58	17♐03	17♐05	17♐04	16♐58	16♐49	16♐35	16♐17	15♐54	15♐28	14♐57	14♐24	13♐48	13♐11	12♐33	11♐56	11♐21	10♐49	10♐20	9♐57	/♇
/☊	28♌32	28♌55	29♌16	29♌38	29♌58	0♍19	0♍39	0♍58	1♍15	1♍29	1♍41	1♍48	1♍51	1♍49	1♍43	1♍33	1♍19	1♍01	0♍41	0♍17	29♌50	29♌20	28♌47	28♌11	27♌32	26♌52	26♌12	25♌33	24♌56	24♌23	23♌55	/☊
♀/♂	26♊26	26♊53	27♊19	27♊46	28♊12	28♊38	29♊04	29♊30	29♊56	0♋22	0♋47	1♋13	1♋39	2♋05	2♋32	2♋58	3♋24	3♋51	4♋18	4♋45	5♋12	5♋40	6♋08	6♋36	7♋04	7♋33	8♋02	8♋32	9♋02	9♋32	10♋03	♀/♂
/⚷	28♉42	29♉13	29♏45	0♐18	0♐50	1♐23	1♐56	2♐29	3♐02	3♐36	4♐10	4♐44	5♐19	5♐53	6♐28	7♐03	7♐39	8♐14	8♐50	9♐26	10♐03	10♐39	11♐16	11♐53	12♐30	13♐08	13♐45	14♐23	15♐01	15♐40	16♐18	/⚷
/♃	7♏53	8♏29	9♏06	9♏43	10♏20	10♏57	11♏35	12♏12	12♏50	13♏28	14♏06	14♏44	15♏22	16♏01	16♏39	17♏18	17♏57	18♏36	19♏15	19♏54	20♏34	21♏13	21♏53	22♏32	23♏12	23♏52	24♏32	25♏12	25♏53	26♏33	27♏14	/♃
/♄	11♏35	12♏10	12♏45	13♏20	13♏56	14♏31	15♏07	15♏42	16♏18	16♏54	17♏30	18♏06	18♏42	19♏19	19♏55	20♏32	21♏09	21♏45	22♏22	22♏59	23♏36	24♏13	24♏50	25♏28	26♏05	26♏43	27♏20	27♏58	28♏36	29♏14	29♏52	/♄
/♅	3♋51	4♋25	4♋59	5♋32	6♋07	6♋41	7♋15	7♋49	8♋23	8♋57	9♋32	10♋06	10♋41	11♋15	11♋50	12♋24	12♋59	13♋34	14♋08	14♋43	15♋18	15♋53	16♋28	17♋02	17♋37	18♋12	18♋47	19♋22	19♋58	20♋33	21♋08	/♅
/♆	8♊26	8♊60	9♊34	10♊08	10♊43	11♊17	11♊51	12♊26	13♊01	13♊35	14♊10	14♊45	15♊20	15♊55	16♊30	17♊05	17♊40	18♊15	18♐51	19♐26	20♐01	20♐37	21♐12	21♐48	22♐24	22♐59	23♐35	24♐11	24♐47	25♐22	25♐58	/♆
/♇	10♏10	10♏44	11♏19	11♏54	12♏29	13♏04	13♏40	14♏15	14♏50	15♏26	16♏01	16♏37	17♏13	17♏49	18♏24	19♏00	19♏36	20♏12	20♏48	21♏25	22♏01	22♏37	23♏13	23♏50	24♏26	25♏03	25♏39	26♏16	26♏53	27♏30	28♏06	/♇
/☊	25♋28	25♋56	26♋25	26♋55	27♋26	27♋58	28♋32	29♋07	29♋42	0♌18	0♌53	1♌27	2♌01	2♌33	3♌04	3♌35	4♌07	4♌39	5♌13	5♌47	6♌23	6♌60	7♌36	8♌12	8♌48	9♌22	9♌55	10♌28	10♌60	11♌32	12♌04	/☊
♂/⚷	27♓18	27♓07	26♓55	26♓44	26♓32	26♓21	26♓09	25♓58	25♓47	25♓36	25♓24	25♓14	25♓03	24♓52	24♓42	24♓32	24♓22	24♓13	24♓04	23♓55	23♓46	23♓39	23♓31	23♓24	23♓17	23♓11	23♓05	23♓00	22♓56	22♓52	22♓48	♂/⚷
/♃	6♓29	6♓23	6♓16	6♓09	6♓02	5♓55	5♓48	5♓41	5♓34	5♓27	5♓20	5♓13	5♓06	4♓60	4♓53	4♓46	4♓40	4♓34	4♓28	4♓23	4♓17	4♓12	4♓08	4♓03	3♓59	3♓56	3♓52	3♓49	3♓47	3♓45	3♓43	/♃
/♄	10♓12	10♓03	9♓55	9♓47	9♓38	9♓29	9♓20	9♓11	9♓02	8♓53	8♓44	8♓35	8♓27	8♓18	8♓09	8♓00	7♓52	7♓43	7♓35	7♓27	7♓20	7♓12	7♓05	6♓59	6♓52	6♓46	6♓40	6♓35	6♓30	6♓25	6♓21	/♄
/♅	2♉27	2♉18	2♉09	1♉59	1♉49	1♉39	1♉28	1♉18	1♉08	0♉57	0♉46	0♉35	0♉25	0♉14	0♉03	29♈53	29♈42	29♈32	29♈21	29♈11	29♈02	28♈52	28♈42	28♈33	28♈24	28♈16	28♈08	27♈60	27♈52	27♈45	27♈38	/♅
/♆	7♈02	6♈53	6♈44	6♈35	6♈25	6♈15	6♈05	5♈55	5♈45	5♈35	5♈24	5♈14	5♈04	4♈54	4♈43	4♈33	4♈23	4♈14	4♈04	3♈54	3♈45	3♈36	3♈27	3♈19	3♈11	3♈03	2♈55	2♈48	2♈41	2♈34	2♈28	/♆
/♇	8♓46	8♓38	8♓29	8♓21	8♓12	8♓03	7♓53	7♓44	7♓35	7♓25	7♓16	7♓06	6♓57	6♓47	6♓38	6♓29	6♓20	6♓11	6♓02	5♓53	5♓45	5♓36	5♓28	5♓21	5♓13	5♓06	4♓60	4♓53	4♓47	4♓41	4♓36	/♇
/☊	24♉05	23♉50	23♉35	23♉21	23♉08	22♉56	22♉46	22♉36	22♉27	22♉17	22♉07	21♉57	21♉45	21♉31	21♉18	21♉04	20♉50	20♉37	20♉26	20♉16	20♉07	19♉59	19♉51	19♉43	19♉35	19♉25	19♉16	19♉05	18♉54	18♉44	18♉34	/☊
⚷/♃	8♒45	8♒43	8♒42	8♒41	8♒41	8♒40	8♒40	8♒41	8♒41	8♒42	8♒43	8♒44	8♒46	8♒47	8♒50	8♒52	8♒55	8♒57	9♒01	9♒04	9♒08	9♒12	9♒16	9♒20	9♒25	9♒30	9♒35	9♒41	9♒47	9♒52	9♒59	⚷/♃
/♄	12♒27	12♒24	12♒21	12♒19	12♒16	12♒14	12♒12	12♒11	12♒09	12♒08	12♒07	12♒06	12♒06	12♒06	12♒06	12♒06	12♒06	12♒07	12♒08	12♒09	12♒10	12♒12	12♒14	12♒16	12♒18	12♒21	12♒23	12♒26	12♒30	12♒33	12♒37	/♄
/♅	4♈43	4♈39	4♈35	4♈31	4♈27	4♈24	4♈20	4♈17	4♈14	4♈11	4♈09	4♈06	4♈04	4♈02	3♈60	3♈58	3♈57	3♈55	3♈54	3♈53	3♈52	3♈51	3♈51	3♈51	3♈50	3♈50	3♈51	3♈51	3♈51	3♈52	3♈53	/♅
/♆	9♓18	9♓14	9♓10	9♓07	9♓03	9♓00	8♓57	8♓54	8♓52	8♓49	8♓47	8♓45	8♓43	8♓42	8♓40	8♓39	8♓38	8♓37	8♓36	8♓36	8♓36	8♓36	8♓36	8♓36	8♓36	8♓37	8♓38	8♓39	8♓40	8♓42	8♓43	/♆
/♇	11♒02	10♒58	10♒55	10♒53	10♒50	10♒48	10♒45	10♒43	10♒42	10♒40	10♒38	10♒37	10♒36	10♒35	10♒35	10♒34	10♒34	10♒34	10♒34	10♒35	10♒35	10♒36	10♒37	10♒38	10♒39	10♒41	10♒43	10♒45	10♒47	10♒49	10♒51	/♇
/☊	26♈20	26♈10	26♈01	25♈53	25♈46	25♈41	25♈38	25♈35	25♈33	25♈32	25♈30	25♈27	25♈24	25♈19	25♈14	25♈09	25♈04	25♈01	24♈58	24♈57	24♈57	24♈58	24♈60	25♈00	25♈01	25♈00	24♈59	24♈56	24♈54	24♈51	24♈49	/☊
♃/♄	21♑38	21♑40	21♑42	21♑44	21♑46	21♑49	21♑51	21♑54	21♑57	21♑60	22♑03	22♑06	22♑09	22♑13	22♑17	22♑20	22♑24	22♑28	22♑32	22♑37	22♑41	22♑46	22♑50	22♑55	23♑00	23♑05	23♑10	23♑16	23♑21	23♑26	23♑32	♃/♄
/♅	13♓54	13♓54	13♓55	13♓56	13♓57	13♓58	13♓59	14♓00	14♓02	14♓03	14♓05	14♓06	14♓08	14♓09	14♓11	14♓13	14♓15	14♓17	14♓19	14♓21	14♓23	14♓25	14♓27	14♓30	14♓32	14♓35	14♓37	14♓40	14♓43	14♓46	14♓48	/♅
/♆	18♒29	18♒30	18♒31	18♒32	18♒33	18♒35	18♒36	18♒38	18♒39	18♒41	18♒43	18♒45	18♒47	18♒49	18♒51	18♒53	18♒56	18♒58	19♒01	19♒04	19♒06	19♒09	19♒12	19♒15	19♒18	19♒22	19♒25	19♒28	19♒32	19♒35	19♒39	/♆
/♇	20♑12	20♑14	20♑16	20♑18	20♑20	20♑22	20♑24	20♑27	20♑29	20♑32	20♑34	20♑37	20♑40	20♑43	20♑46	20♑49	20♑52	20♑55	20♑59	21♑02	21♑06	21♑10	21♑13	21♑17	21♑21	21♑25	21♑29	21♑34	21♑38	21♑42	21♑47	/♇
/☊	5♈31	5♈26	5♈22	5♈18	5♈16	5♈16	5♈16	5♈18	5♈21	5♈24	5♈26	5♈27	5♈27	5♈27	5♈25	5♈24	5♈22	5♈22	5♈23	5♈25	5♈28	5♈32	5♈36	5♈40	5♈43	5♈44	5♈45	5♈45	5♈45	5♈45	5♈45	/☊
♄/♅	17♓36	17♓35	17♓34	17♓34	17♓33	17♓32	17♓31	17♓31	17♓30	17♓29	17♓29	17♓28	17♓28	17♓27	17♓27	17♓27	17♓26	17♓26	17♓26	17♓26	17♓25	17♓25	17♓25	17♓25	17♓25	17♓25	17♓25	17♓26	17♓26	17♓26	17♓26	♄/♅
/♆	22♒11	22♒10	22♒10	22♒09	22♒09	22♒08	22♒08	22♒08	22♒07	22♒07	22♒07	22♒07	22♒07	22♒07	22♒07	22♒07	22♒08	22♒08	22♒08	22♒09	22♒09	22♒10	22♒10	22♒11	22♒11	22♒12	22♒13	22♒14	22♒15	22♒16	22♒17	/♆
/♇	23♑55	23♑55	23♑55	23♑55	23♑56	23♑56	23♑56	23♑57	23♑57	23♑58	23♑58	23♑59	23♑60	24♑01	24♑02	24♑03	24♑04	24♑05	24♑06	24♑07	24♑08	24♑10	24♑11	24♑13	24♑14	24♑16	24♑18	24♑19	24♑21	24♑23	24♑25	/♇
/☊	9♈14	9♈07	9♈01	8♈56	8♈52	8♈50	8♈48	8♈49	8♈49	8♈50	8♈50	8♈49	8♈48	8♈45	8♈41	8♈38	8♈34	8♈31	8♈30	8♈30	8♈31	8♈32	8♈34	8♈35	8♈36	8♈35	8♈33	8♈31	8♈28	8♈25	8♈23	/☊
♅/♆	14♈27	14♈25	14♈23	14♈21	14♈20	14♈18	14♈16	14♈14	14♈12	14♈11	14♈09	14♈07	14♈05	14♈03	14♈02	13♈60	13♈58	13♈56	13♈54	13♈53	13♈51	13♈49	13♈47	13♈45	13♈44	13♈42	13♈40	13♈38	13♈37	13♈35	13♈33	♅/♆
/♇	16♓11	16♓10	16♓08	16♓07	16♓06	16♓05	16♓04	16♓03	16♓02	16♓01	16♓00	15♓59	15♓58	15♓57	15♓56	15♓55	15♓54	15♓53	15♓52	15♓51	15♓50	15♓49	15♓48	15♓47	15♓46	15♓46	15♓45	15♓44	15♓43	15♓42	15♓41	/♇
/☊	1♊29	1♊22	1♊14	1♊08	1♊03	0♊59	0♊57	0♊55	0♊54	0♊53	0♊52	0♊49	0♊46	0♊41	0♊36	0♊30	0♊24	0♊20	0♊16	0♊14	0♊13	0♊12	0♊11	0♊10	0♊08	0♊05	0♊01	29♉56	29♉50	29♉44	29♉39	/☊
♆/♇	20♒46	20♒45	20♒44	20♒43	20♒42	20♒42	20♒41	20♒40	20♒40	20♒39	20♒38	20♒38	20♒37	20♒37	20♒36	20♒36	20♒35	20♒35	20♒34	20♒34	20♒34	20♒33	20♒33	20♒33	20♒33	20♒32	20♒32	20♒32	20♒32	20♒32	20♒32	♆/♇
/☊	6♉04	5♉57	5♉50	5♉44	5♉39	5♉35	5♉33	5♉32	5♉32	5♉31	5♉30	5♉28	5♉25	5♉21	5♉16	5♉11	5♉06	5♉02	4♉59	4♉57	4♉56	4♉56	4♉56	4♉55	4♉54	4♉52	4♉48	4♉44	4♉39	4♉34	4♉30	/☊
♇/☊	7♈48	7♈41	7♈35	7♈30	7♈26	7♈23	7♈22	7♈21	7♈21	7♈22	7♈21	7♈20	7♈18	7♈15	7♈10	7♈06	7♈02	6♈59	6♈56	6♈55	6♈56	6♈56	6♈57	6♈57	6♈57	6♈55	6♈53	6♈49	6♈45	6♈41	6♈37	♇/☊

October 2020

November 2020

	1	2	3	4	5	6	7	8	9	10	11	12	13	14	15
☉/☽	11♌06	17♌32	23♌59	0♍30	7♍05	13♍45	20♍34	27♍32	4♎41	12♎03	19♎38	27♎26	5♏23	13♏28	21♏34
/☿	2♏49	3♏06	3♏29	3♏58	4♏32	5♏12	5♏56	6♏45	7♏38	8♏34	9♏34	10♏37	11♏41	12♏48	13♏57
/♀	21♎54	23♎00	24♎07	25♎13	26♎20	27♎27	28♎34	29♎40	0♏47	1♏54	3♏01	4♏08	5♏15	6♏22	7♏30
/♂	27♑42	28♑07	28♑32	28♑58	29♑24	29♑51	0♒18	0♒45	1♒13	1♒42	2♒10	2♒39	3♒09	3♒39	4♒09
/⚳	4♑04	4♑37	5♑10	5♑42	6♑15	6♑48	7♑22	7♑55	8♑29	9♑03	9♑37	10♑11	10♑45	11♑20	11♑54
/♃	15♐02	15♐36	16♐10	16♐45	17♐19	17♐54	18♐29	19♐03	19♐38	20♐13	20♐48	21♐23	21♐58	22♐33	23♐09
/♄	17♐37	18♐09	18♐40	19♐12	19♐44	20♐16	20♐48	21♐20	21♐52	22♐24	22♐56	23♐28	24♐00	24♐33	25♐05
/♅	8♒51	9♒20	9♒48	10♒17	10♒46	11♒15	11♒44	12♒13	12♒41	13♒10	13♒39	14♒08	14♒37	15♒06	15♒35
/♆	13♑42	14♑12	14♑41	15♑11	15♑40	16♑10	16♑40	17♑10	17♑39	18♑09	18♑39	19♑09	19♑39	20♑09	20♑39
/♇	15♐51	16♐21	16♐52	17♐22	17♐53	18♐23	18♐54	19♐24	19♐55	20♐26	20♐56	21♐27	21♐58	22♐29	22♐59
/☊	29♌45	0♍12	0♍41	1♍10	1♍41	2♍12	2♍43	3♍13	3♍43	4♍13	4♍42	5♍10	5♍38	6♍06	6♍35
☽/☿	4♌53	10♌37	16♌27	22♌26	28♌35	4♍55	11♍28	18♍14	25♍16	2♎35	10♎09	17♎59	26♎01	4♏12	12♏26
/♀	23♋58	0♌31	7♌05	13♌42	20♌23	27♌10	4♍05	11♍10	18♍26	25♍54	3♎36	11♎30	19♎35	27♎46	5♏59
/♂	29♈46	5♉37	11♉30	17♉27	23♉27	29♉35	5♊50	12♊15	18♊52	25♊42	2♋45	10♋02	17♑29	25♑03	2♒39
/⚳	6♈09	12♈07	18♈08	24♈11	0♉19	6♉32	12♉54	19♉25	26♉07	3♐03	10♐12	17♐33	25♐05	2♑43	10♑24
/♃	17♓06	23♓07	29♓09	5♈13	11♈23	17♈38	24♎00	0♏33	7♏17	14♏13	21♏23	28♏45	6♐18	13♐57	21♐38
/♄	19♓41	25♓39	1♈39	7♈41	13♈47	19♈60	26♈20	2♏49	9♏30	16♏24	23♏31	0♐50	8♐20	15♐56	23♐34
/♅	10♉55	16♉50	22♉46	28♉46	4♊49	10♊58	17♊15	23♊42	0♋20	7♋11	14♋14	21♋30	28♋57	6♌30	14♒04
/♆	15♈46	21♈42	27♈39	3♉39	9♉44	15♉54	22♉12	28♉39	5♊18	12♊09	19♐14	26♐31	3♑58	11♑32	19♑08
/♇	17♓55	23♓52	29♓50	5♈51	11♈56	18♈07	24♎26	0♏54	7♏34	14♏26	21♏31	28♏49	6♐17	13♐52	21♐29
/☊	1♊49	7♊43	13♊39	19♊39	25♊44	1♋55	8♋14	14♋43	21♋22	28♋13	5♌17	12♌32	19♌58	27♌30	5♍04
☿/♀	15♎42	16♎05	16♎35	17♎10	17♎51	18♎37	19♎28	20♎23	21♎23	22♎26	23♎32	24♎41	25♎53	27♎07	28♎22
/♂	21♑30	21♑12	20♑60	20♑54	20♑55	21♑01	21♑12	21♑28	21♑49	22♑13	22♑41	23♑13	23♑47	24♑23	25♑02
/⚳	27♐52	27♐42	27♐37	27♐39	27♐46	27♐58	28♐16	28♐38	29♐04	29♐35	0♑08	0♑44	1♑23	2♑04	2♑47
/♃	8♐50	8♐41	8♐38	8♐41	8♐50	9♐04	9♐23	9♐46	10♐14	10♐45	11♐19	11♐56	12♐36	13♐18	14♐01
/♄	11♐25	11♐14	11♐08	11♐09	11♐14	11♐26	11♐42	12♐03	12♐27	12♐56	13♐27	14♐01	14♐38	15♐17	15♐58
/♅	2♌39	2♌24	2♌16	2♌13	2♌16	2♌25	2♌38	2♌55	3♌17	3♌42	4♌10	4♌42	5♌15	5♌51	6♌28
/♆	7♑30	7♑17	7♑09	7♑07	7♑11	7♑20	7♑34	7♑52	8♑15	8♑41	9♑10	9♑42	10♑17	10♑53	11♑31
/♇	9♐39	9♐26	9♐19	9♐19	9♐23	9♐33	9♐48	10♐07	10♐31	10♐57	11♐28	12♐00	12♐36	13♐13	13♐52
/☊	23♌33	23♌17	23♌09	23♌07	23♌11	23♌21	23♌37	23♌56	24♌19	24♌45	25♌13	25♌43	26♌16	26♌50	27♌27
♀/♂	10♋34	11♋06	11♋37	12♋10	12♋43	13♋16	13♋50	14♋24	14♋58	15♑33	16♑09	16♑44	17♑21	17♑57	18♑34
/⚳	16♐57	17♐36	18♐15	18♐54	19♐34	20♐13	20♐53	21♐34	22♐14	22♐54	23♐35	24♐16	24♐57	25♐38	26♐19
/♃	27♏54	28♏35	29♏16	29♏57	0♐38	1♐19	2♐00	2♐42	3♐23	4♐05	4♐46	5♐28	6♐10	6♐52	7♐34
/♄	0♐30	1♐08	1♐46	2♐24	3♐02	3♐41	4♐19	4♐58	5♐37	6♐15	6♐54	7♐33	8♐12	8♐51	9♐30
/♅	21♋43	22♋18	22♋54	23♋29	24♋04	24♋40	25♋15	25♋51	26♋26	27♋02	27♋38	28♋13	28♋49	29♋25	0♌00
/♆	26♐34	27♐10	27♐47	28♐23	28♐59	29♐35	0♑12	0♑48	1♑24	2♑01	2♑37	3♑14	3♑50	4♑27	5♑04
/♇	28♏43	29♏20	29♏57	0♐34	1♐11	1♐48	2♐25	3♐03	3♐40	4♐17	4♐55	5♐32	6♐09	6♐47	7♐24
/☊	12♌37	13♌11	13♌46	14♌22	14♌59	15♌37	16♌14	16♌51	17♌28	18♌04	18♌40	19♌15	19♌49	20♌24	20♌60
♂/⚳	22♓45	22♓42	22♓40	22♓39	22♓38	22♓38	22♓38	22♓39	22♓40	22♓42	22♓44	22♓47	22♓51	22♓55	22♓59
/♃	3♓42	3♓42	3♓41	3♓41	3♓42	3♓43	3♓45	3♓47	3♓49	3♓52	3♓55	3♓59	4♓04	4♓08	4♓14
/♄	6♓18	6♓14	6♓11	6♓09	6♓07	6♓05	6♓04	6♓03	6♓03	6♓03	6♓03	6♓04	6♓06	6♓08	6♓10
/♅	27♈31	27♈25	27♈19	27♈14	27♈09	27♈04	26♈60	26♈56	26♈52	26♈49	26♈47	26♈44	26♈43	26♈41	26♈40
/♆	2♈22	2♈17	2♈12	2♈07	2♈03	1♈59	1♈56	1♈53	1♈50	1♈48	1♈46	1♈45	1♈44	1♈44	1♈44
/♇	4♓31	4♓27	4♓22	4♓19	4♓15	4♓12	4♓10	4♓08	4♓06	4♓05	4♓04	4♓03	4♓03	4♓04	4♓04
/☊	18♉25	18♉18	18♉12	18♉07	18♉03	18♉01	17♉59	17♉56	17♉54	17♉52	17♉49	17♉46	17♉43	17♉41	17♉40
⚳/♃	10♒05	10♒12	10♒19	10♒26	10♒33	10♒41	10♒49	10♒57	11♒05	11♒13	11♒22	11♒31	11♒40	11♒49	11♒59
/♄	12♒40	12♒44	12♒49	12♒53	12♒58	13♒03	13♒08	13♒13	13♒18	13♒24	13♒30	13♒36	13♒42	13♒48	13♒55
/♅	3♈54	3♈55	3♈56	3♈58	3♈60	4♈02	4♈04	4♈06	4♈08	4♈10	4♈13	4♈16	4♈19	4♈22	4♈25
/♆	8♓45	8♓47	8♓49	8♓52	8♓54	8♓57	8♓60	9♓03	9♓06	9♓09	9♓13	9♓17	9♓20	9♓24	9♓29
/♇	10♒54	10♒57	10♒60	11♒03	11♒06	11♒10	11♒14	11♒18	11♒22	11♒26	11♒30	11♒35	11♒39	11♒44	11♒49
/☊	24♈48	24♈48	24♈49	24♈51	24♈55	24♈58	25♈02	25♈06	25♈10	25♈13	25♈15	25♈18	25♈19	25♈22	25♈24
♃/♄	23♑38	23♑44	23♑50	23♑56	24♑02	24♑08	24♑15	24♑21	24♑28	24♑34	24♑41	24♑48	24♑55	25♑02	25♑09
/♅	14♓51	14♓54	14♓57	15♓01	15♓04	15♓07	15♓10	15♓14	15♓17	15♓21	15♓24	15♓28	15♓32	15♓36	15♓40
/♆	19♒43	19♒46	19♒50	19♒54	19♒58	20♒02	20♒07	20♒11	20♒15	20♒20	20♒24	20♒29	20♒33	20♒38	20♒43
/♇	21♑51	21♑56	22♑01	22♑06	22♑11	22♑15	22♑21	22♑26	22♑31	22♑36	22♑41	22♑47	22♑52	22♑58	23♑04
/☊	5♈46	5♈47	5♈50	5♈54	5♈59	6♈04	6♈09	6♈14	6♈19	6♈23	6♈27	6♈30	6♈32	6♈35	6♈39
♄/♅	17♓27	17♓27	17♓27	17♓28	17♓28	17♓29	17♓30	17♓30	17♓31	17♓32	17♓32	17♓33	17♓34	17♓35	17♓36
/♆	22♒18	22♒19	22♒20	22♒22	22♒23	22♒24	22♒26	22♒27	22♒29	22♒30	22♒32	22♒34	22♒36	22♒37	22♒39
/♇	24♑27	24♑29	24♑31	24♑33	24♑35	24♑37	24♑40	24♑42	24♑44	24♑47	24♑49	24♑52	24♑55	24♑57	24♑60
/☊	8♈21	8♈20	8♈20	8♈21	8♈23	8♈26	8♈28	8♈31	8♈33	8♈34	8♈35	8♈35	8♈35	8♈35	8♈35
♅/♆	13♈31	13♈30	13♈28	13♈26	13♈25	13♈23	13♈22	13♈20	13♈19	13♈17	13♈15	13♈14	13♈12	13♈11	13♈10
/♇	15♓40	15♓39	15♓39	15♓38	15♓37	15♓36	15♓36	15♓35	15♓34	15♓33	15♓33	15♓32	15♓31	15♓31	15♓30
/☊	29♉34	29♉31	29♉28	29♉26	29♉25	29♉25	29♉24	29♉24	29♉22	29♉21	29♉18	29♉15	29♉12	29♉08	29♉05
♆/♇	20♒32	20♒32	20♒32	20♒32	20♒32	20♒32	20♒32	20♒32	20♒32	20♒32	20♒33	20♒33	20♒33	20♒33	20♒34
/☊	4♉26	4♉23	4♉21	4♉20	4♉20	4♉20	4♉21	4♉21	4♉20	4♉19	4♉18	4♉16	4♉13	4♉11	4♉09
♇/☊	6♈34	6♈32	6♈31	6♈31	6♈32	6♈33	6♈34	6♈35	6♈36	6♈36	6♈35	6♈34	6♈32	6♈31	6♈30

	16	17	18	19	20	21	22	23	24	25	26	27	28	29	30
☉/☽	29♏37	7♐32	15♐15	22♐46	0♑03	7♑07	13♑60	20♑43	27♑18	3♒48	10♒15	16♒41	23♒06	29♒33	6♓03
/☿	15♏07	16♏19	17♏31	18♏45	19♏59	21♏14	22♏29	23♏45	25♏01	26♏17	27♏34	28♏51	0♐07	1♐24	2♐41
/♀	8♏37	9♏44	10♏51	11♏59	13♏06	14♏13	15♏21	16♏28	17♏35	18♏43	19♏50	20♏58	22♏06	23♏13	24♏21
/♂	4♒40	5♒12	5♒43	6♒15	6♒48	7♒21	7♒54	8♒27	9♒01	9♒36	10♒10	10♒45	11♒21	11♒57	12♒33
/⚳	12♑29	13♑04	13♑39	14♑15	14♑50	15♑26	16♑01	16♑37	17♑13	17♑49	18♑25	19♑02	19♑38	20♑15	20♑52
/♃	23♐44	24♐19	24♐55	25♐31	26♐06	26♐42	27♐18	27♐53	28♐29	29♐05	29♐41	0♑17	0♑53	1♑29	2♑06
/♄	25♐38	26♐10	26♐43	27♐15	27♐48	28♐20	28♐53	29♐26	29♐59	0♑32	1♑04	1♑37	2♑10	2♑43	3♑16
/♅	16♒04	16♒33	17♒03	17♒32	18♒01	18♒30	18♒59	19♒28	19♒58	20♒27	20♒56	21♒25	21♒55	22♒24	22♒53
/♆	21♑09	21♑39	22♑09	22♑39	23♑09	23♑39	24♑09	24♑40	25♑10	25♑40	26♑10	26♑41	27♑11	27♑41	28♑12
/♇	23♐30	24♐01	24♐32	25♐03	25♐34	26♐05	26♐36	27♐07	27♐38	28♐09	28♐40	29♐11	29♐42	0♑13	0♑44
/☊	7♍04	7♍34	8♍04	8♍35	9♍06	9♍37	10♍08	10♍38	11♍08	11♍37	12♍06	12♍35	13♍05	13♍34	14♍04
☽/☿	20♏39	28♏45	6♐41	14♐24	21♐55	29♐13	6♑20	13♑18	20♑09	26♑55	3♒38	10♒19	17♒01	23♒44	0♍30
/♀	14♏08	22♏10	0♐01	7♐38	15♐02	22♐13	29♐12	6♑02	12♑44	19♑21	25♑55	2♒27	8♌59	15♌33	22♌10
/♂	10♒12	17♒38	24♒53	1♓55	8♓44	15♓20	21♓45	28♓01	4♈10	10♈14	16♈14	22♈14	28♈15	4♉17	10♉21
/⚳	18♑01	25♑30	2♒49	9♒54	16♒46	23♒25	29♒52	6♓11	12♓21	18♓27	24♓29	0♈31	6♈32	12♈35	18♈40
/♃	29♐16	6♑46	14♑04	21♑10	28♑02	4♒41	11♒09	17♒27	23♒38	29♒43	5♓45	11♓46	17♓47	23♓49	29♓54
/♄	1♑09	8♑36	15♑52	22♑55	29♑44	6♒20	12♒44	18♒59	25♒07	1♓09	7♓09	13♓06	19♓04	25♓03	1♈05
/♅	21♒36	28♒60	6♓12	13♓11	19♓57	26♓29	2♈50	9♈02	15♈06	21♈05	27♈00	2♉54	8♉49	14♉44	20♉42
/♆	26♑40	4♒05	11♒18	18♒19	25♒05	1♓39	8♓01	14♓13	20♓18	26♓18	2♈15	8♈10	14♈05	20♈01	26♈01
/♇	29♐02	6♑27	13♑41	20♑42	27♑30	4♒04	10♒27	16♒40	22♒46	28♒47	4♓44	10♓40	16♓36	22♓33	28♓33
/☊	12♍35	19♍60	27♓14	4♈15	11♈02	17♈37	23♈59	0♉12	6♉16	12♉15	18♉10	24♉04	29♉58	5♊54	11♊53
☿/♀	29♎39	0♏57	2♏17	3♏37	4♏58	6♏19	7♏41	9♏04	10♏27	11♏50	13♏13	14♏37	16♏01	17♏24	18♏48
/♂	25♑43	26♑25	27♑09	27♑53	28♑40	29♑27	0♒15	1♒03	1♒53	2♒43	3♒33	4♒24	5♒16	6♒08	7♒00
/⚳	3♑32	4♑17	5♑05	5♑53	6♑42	7♑32	8♑22	9♑13	10♑04	10♑56	11♑48	12♑41	13♑33	14♑26	15♑19
/♃	14♐46	15♐33	16♐20	17♐09	17♐58	18♐48	19♐38	20♐29	21♐20	22♐12	23♐04	23♐56	24♐48	25♐41	26♐33
/♄	16♐40	17♐23	18♐08	18♐53	19♐40	20♐26	21♐14	22♐02	22♐50	23♐39	24♐27	25♐16	26♐05	26♐55	27♐44
/♅	7♌07	7♌47	8♒28	9♒10	9♒53	10♒36	11♒20	12♒04	12♒49	13♒34	14♒19	15♒04	15♒50	16♒35	17♒21
/♆	12♑11	12♑52	13♑34	14♑17	15♑01	15♑45	16♑30	17♑16	18♑01	18♑47	19♑33	20♑20	21♑06	21♑53	22♑39
/♇	14♐33	15♐14	15♐57	16♐41	17♐26	18♐11	18♐57	19♐43	20♐29	21♐16	22♐03	22♐50	23♐37	24♐24	25♐12
/☊	28♌06	28♌47	29♌30	0♍14	0♍58	1♍43	2♍29	3♍14	3♍59	4♍44	5♍29	6♍14	6♍60	7♍45	8♍31
♀/♂	19♑12	19♑50	20♑28	21♑07	21♑46	22♑26	23♑06	23♑46	24♑27	25♑08	25♑50	26♑32	27♑14	27♑57	28♑39
/⚳	27♐01	27♐43	28♐24	29♐06	29♐49	0♑31	1♑13	1♑56	2♑39	3♑22	4♑05	4♑48	5♑31	6♑15	6♑58
/♃	8♐16	8♐58	9♐40	10♐22	11♐05	11♐47	12♐30	13♐12	13♐55	14♐38	15♐21	16♐03	16♐46	17♐29	18♐12
/♄	10♐09	10♐48	11♐28	12♐07	12♐46	13♐26	14♐05	14♐45	15♐25	16♐04	16♐44	17♐24	18♐04	18♐43	19♐23
/♅	0♌36	1♌12	1♌48	2♌24	2♌60	3♌35	4♌11	4♌47	5♌23	5♌60	6♌36	7♌12	7♒48	8♒24	9♒00
/♆	5♑41	6♑17	6♑54	7♑31	8♑08	8♑45	9♑22	9♑59	10♑36	11♑13	11♑50	12♑27	13♑04	13♑41	14♑19
/♇	8♐02	8♐39	9♐17	9♐55	10♐32	11♐10	11♐48	12♐26	13♐04	13♐41	14♐19	14♐57	15♐35	16♐13	16♐51
/☊	21♌36	22♌12	22♌49	23♌27	24♌05	24♌43	25♌20	25♌57	26♌34	27♌10	27♌46	28♌22	28♌58	29♌34	0♍11
♂/⚳	23♓04	23♓10	23♓16	23♓23	23♓30	23♓38	23♓47	23♓55	24♓05	24♓14	24♓25	24♓35	24♓47	24♓58	25♓10
/♃	4♓19	4♓26	4♓32	4♓39	4♓47	4♓55	5♓03	5♓12	5♓21	5♓30	5♓40	5♓51	6♓02	6♓13	6♓24
/♄	6♓13	6♓16	6♓20	6♓24	6♓28	6♓33	6♓39	6♓44	6♓50	6♓57	7♓04	7♓11	7♓19	7♓27	7♓35
/♅	26♈40	26♈39	26♈40	26♈40	26♈41	26♈43	26♈45	26♈47	26♈49	26♈52	26♈56	26♈59	27♈03	27♈07	27♈12
/♆	1♈44	1♈45	1♈46	1♈48	1♈50	1♈52	1♈55	1♈58	2♈02	2♈06	2♈10	2♈14	2♈19	2♈25	2♈30
/♇	4♓06	4♓07	4♓09	4♓12	4♓14	4♓18	4♓21	4♓25	4♓29	4♓34	4♓39	4♓45	4♓50	4♓56	5♓03
/☊	17♉39	17♉40	17♉41	17♉44	17♉47	17♉50	17♉53	17♉56	17♉59	18♉02	18♉06	18♉09	18♉13	18♉17	18♉22
⚳/♃	12♒08	12♒18	12♒28	12♒38	12♒49	12♒60	13♒10	13♒21	13♒33	13♒44	13♒55	14♒07	14♒19	14♒31	14♒43
/♄	14♒02	14♒09	14♒16	14♒23	14♒31	14♒38	14♒46	14♒54	15♒02	15♒10	15♒19	15♒27	15♒36	15♒45	15♒54
/♅	4♈29	4♈32	4♈36	4♈40	4♈44	4♈48	4♈52	4♈56	5♈01	5♈06	5♈10	5♈15	5♈21	5♈26	5♈31
/♆	9♓33	9♓38	9♓42	9♓47	9♓52	9♓57	10♓02	10♓08	10♓13	10♓19	10♓25	10♓31	10♓37	10♓43	10♓49
/♇	11♒54	11♒60	12♒05	12♒11	12♒17	12♒23	12♒29	12♒35	12♒41	12♒48	12♒54	13♒01	13♒08	13♒15	13♒22
/☊	25♈28	25♈32	25♈38	25♈43	25♈49	25♈55	26♈01	26♈06	26♈11	26♈16	26♈21	26♈25	26♈30	26♈36	26♈41
♃/♄	25♑17	25♑24	25♑31	25♑39	25♑47	25♑54	26♑02	26♑10	26♑18	26♑26	26♑35	26♑43	26♑51	26♑60	27♑08
/♅	15♓43	15♓47	15♓51	15♓56	15♓60	16♓04	16♓08	16♓13	16♓17	16♓22	16♓26	16♓31	16♓36	16♓40	16♓45
/♆	20♒48	20♒53	20♒58	21♒03	21♒08	21♒13	21♒19	21♒24	21♒29	21♒35	21♒41	21♒46	21♒52	21♒58	22♒03
/♇	23♑09	23♑15	23♑21	23♑27	23♑33	23♑39	23♑45	23♑51	23♑57	24♑04	24♑10	24♑16	24♑23	24♑29	24♑36
/☊	6♈43	6♈48	6♈53	6♈59	7♈05	7♈11	7♈17	7♈22	7♈27	7♈32	7♈36	7♈41	7♈45	7♈50	7♈55
♄/♅	17♓37	17♓38	17♓39	17♓40	17♓41	17♓43	17♓44	17♓45	17♓47	17♓48	17♓50	17♓51	17♓53	17♓54	17♓56
/♆	22♒41	22♒43	22♒45	22♒48	22♒50	22♒52	22♒54	22♒57	22♒59	23♒01	23♒04	23♒06	23♒09	23♒12	23♒14
/♇	25♑03	25♑06	25♑08	25♑11	25♑14	25♑17	25♑20	25♑24	25♑27	25♑30	25♑33	25♑37	25♑40	25♑43	25♑47
/☊	8♈36	8♈38	8♈41	8♈44	8♈47	8♈50	8♈53	8♈55	8♈57	8♈58	8♈60	9♈01	9♈02	9♈04	9♈06
♅/♆	13♈08	13♈07	13♈05	13♈04	13♈03	13♈02	13♈00	12♈59	12♈58	12♈57	12♈56	12♈55	12♈53	12♈52	12♈51
/♇	15♓30	15♓29	15♓29	15♓28	15♓27	15♓27	15♓27	15♓26	15♓26	15♓25	15♓25	15♓25	15♓24	15♓24	15♓24
/☊	29♉03	29♉02	29♉01	29♉00	29♉00	28♉60	28♉59	28♉57	28♉56	28♉54	28♉51	28♉49	28♉47	28♉45	28♉43
♆/♇	20♒34	20♒34	20♒35	20♒35	20♒36	20♒36	20♒37	20♒37	20♒38	20♒39	20♒39	20♒40	20♒41	20♒41	20♒42
/☊	4♉08	4♉07	4♉07	4♉08	4♉08	4♉09	4♉09	4♉09	4♉08	4♉07	4♉06	4♉04	4♉03	4♉02	4♉02
♇/☊	6♈29	6♈29	6♈30	6♈32	6♈33	6♈34	6♈35	6♈36	6♈36	6♈36	6♈35	6♈35	6♈34	6♈34	6♈34

November 2020

December 2020

	1	2	3	4	5	6	7	8	9	10	11	12	13	14	15	16
☉/☽	12♍36	19♍13	25♍55	2♎43	9♎38	16♎40	23♎51	1♏11	8♏40	16♏19	24♏05	1♐58	9♐53	17♐48	25♐39	3♑21
/☿	3♐59	5♐16	6♐33	7♐50	9♐08	10♐25	11♐42	12♐60	14♐17	15♐34	16♐52	18♐09	19♐27	20♐44	22♐02	23♐20
/♀	25♏28	26♏36	27♏44	28♏52	29♏59	1♐07	2♐15	3♐23	4♐31	5♐39	6♐46	7♐54	9♐02	10♐10	11♐18	12♐26
/♂	13♒09	13♒46	14♒23	14♒60	15♒38	16♒15	16♒54	17♒32	18♒11	18♒50	19♒29	20♒09	20♒48	21♒28	22♒09	22♒49
/⚷	21♑28	22♑05	22♑43	23♑20	23♑57	24♑35	25♑12	25♑50	26♑28	27♑06	27♑44	28♑22	28♑60	29♑38	0♒17	0♒55
/♃	2♑42	3♑18	3♑54	4♑31	5♑07	5♑44	6♑20	6♑57	7♑34	8♑10	8♑47	9♑24	10♑01	10♑38	11♑14	11♑51
/♄	3♑50	4♑23	4♑56	5♑29	6♑02	6♑36	7♑09	7♑42	8♑16	8♑49	9♑23	9♑56	10♑30	11♑03	11♑37	12♑11
/♅	23♒23	23♒52	24♒22	24♒51	25♒21	25♒50	26♒20	26♒49	27♒19	27♒49	28♒18	28♒48	29♒18	29♒47	0♓17	0♓47
/♆	28♑42	29♑13	29♑43	0♒14	0♒44	1♒15	1♒45	2♒16	2♒47	3♒17	3♒48	4♒19	4♒49	5♒20	5♒51	6♒22
/♇	1♑15	1♑47	2♑18	2♑49	3♑20	3♑51	4♑23	4♑54	5♑25	5♑57	6♑28	6♑59	7♑31	8♑02	8♑34	9♑05
/☊	14♍34	15♍04	15♍35	16♍06	16♍37	17♍07	17♍38	18♍09	18♍39	19♍09	19♍40	20♓10	20♓41	21♓12	21♓42	22♓13
☽/☿	7♍20	14♍13	21♍12	28♍16	5♎27	12♎46	20♎13	27♎49	5♏35	13♏30	21♏33	29♏42	7♐54	16♐06	24♐13	2♑12
/♀	28♌49	5♍33	12♍23	19♍17	26♍19	3♎28	10♎46	18♎13	25♎49	3♏35	11♏28	19♏28	27♏30	5♐32	13♐29	21♐19
/♂	16♉30	22♉43	29♉01	5♊26	11♊57	18♊37	25♊25	2♋22	9♋29	16♋46	24♑11	1♒42	9♒16	16♒50	24♒19	1♓41
/⚷	24♈49	1♉03	7♉21	13♉46	20♉17	26♉56	3♊43	10♐40	17♐46	25♐02	2♑25	9♑55	17♑27	24♑60	2♒27	9♒48
/♃	6♈03	12♈15	18♈33	24♈57	1♏27	8♏05	14♏51	21♏47	28♏52	6♐06	13♐29	20♐57	28♐28	5♑59	13♑25	20♑44
/♄	7♈10	13♈20	19♈34	25♈55	2♏22	8♏57	15♏40	22♏32	29♏34	6♐45	14♐04	21♐29	28♐57	6♑25	13♑48	21♑03
/♅	26♉44	2♊50	9♊00	15♊17	21♊40	28♊11	4♋51	11♋39	18♋37	25♋45	2♌60	10♒21	17♒45	25♒09	2♓28	9♓39
/♆	2♉03	8♉10	14♉22	20♉39	27♉04	3♊36	10♊16	17♊06	24♐05	1♑13	8♑30	15♑52	23♑17	0♒42	8♒02	15♒14
/♇	4♈36	10♈44	16♈56	23♈15	29♎40	6♏13	12♏54	19♏44	26♏44	3♐53	11♐10	18♐33	25♐58	3♑24	10♑44	17♑57
/☊	17♊55	24♊02	0♋14	6♋32	12♋56	19♋29	26♋09	2♌59	9♌57	17♌05	24♌22	1♍44	9♍09	16♍33	23♓53	1♈05
☿/♀	20♏12	21♏36	23♏01	24♏25	25♏49	27♏13	28♏37	0♐02	1♐26	2♐50	4♐15	5♐39	7♐03	8♐28	9♐52	11♐17
/♂	7♒53	8♒46	9♒39	10♒33	11♒27	12♒21	13♒16	14♒11	15♒06	16♒01	16♒57	17♒53	18♒49	19♒46	20♒43	21♒40
/⚷	16♑12	17♑06	17♑59	18♑53	19♑47	20♑41	21♑35	22♑29	23♑23	24♑17	25♑12	26♑06	27♑01	27♑56	28♑51	29♑46
/♃	27♐26	28♐18	29♐11	0♑04	0♑57	1♑50	2♑43	3♑36	4♑29	5♑22	6♑15	7♑08	8♑02	8♑55	9♑48	10♑42
/♄	28♐33	29♐23	0♑13	1♑02	1♑52	2♑42	3♑31	4♑21	5♑11	6♑01	6♑51	7♑41	8♑31	9♑21	10♑11	11♑01
/♅	18♒07	18♒53	19♒38	20♒24	21♒10	21♒56	22♒42	23♒28	24♒14	25♒00	25♒46	26♒32	27♒19	28♒05	28♒51	29♒38
/♆	23♑26	24♑13	24♑60	25♑47	26♑34	27♑21	28♑08	28♑55	29♑42	0♒29	1♒16	2♒03	2♒50	3♒38	4♒25	5♒12
/♇	25♐59	26♐47	27♐34	28♐22	29♐10	29♐57	0♑45	1♑33	2♑21	3♑08	3♑56	4♑44	5♑32	6♑20	7♑08	7♑56
/☊	9♍18	10♍05	10♍52	11♍39	12♍26	13♍13	14♍00	14♍47	15♍34	16♍21	17♍08	17♍55	18♍42	19♍29	20♓16	21♓03
♀/♂	29♑23	0♒06	0♒50	1♒34	2♒19	3♒04	3♒49	4♒34	5♒20	6♒06	6♒52	7♒38	8♒25	9♒12	9♒59	10♒47
/⚷	7♑42	8♑26	9♑10	9♑54	10♑38	11♑23	12♑07	12♑52	13♑37	14♑21	15♑06	15♑51	16♑37	17♑22	18♑07	18♑53
/♃	18♐56	19♐39	20♐22	21♐05	21♐49	22♐32	23♐15	23♐59	24♐43	25♐26	26♐10	26♐54	27♐37	28♐21	29♐05	29♐49
/♄	20♐03	20♐43	21♐23	22♐03	22♐44	23♐24	24♐04	24♐44	25♐25	26♐05	26♐45	27♐26	28♐06	28♐47	29♐28	0♑08
/♅	9♒37	10♒13	10♒49	11♒26	12♒02	12♒38	13♒15	13♒51	14♒28	15♒04	15♒41	16♒18	16♒54	17♒31	18♒08	18♒44
/♆	14♑56	15♑33	16♑11	16♑48	17♑26	18♑03	18♑40	19♑18	19♑56	20♑33	21♑11	21♑48	22♑26	23♑04	23♑42	24♑19
/♇	17♐29	18♐07	18♐45	19♐23	20♐02	20♐40	21♐18	21♐56	22♐34	23♐13	23♐51	24♐29	25♐07	25♐46	26♐24	27♐02
/☊	0♍48	1♍25	2♍03	2♍40	3♍18	3♍56	4♍33	5♍11	5♍48	6♍25	7♍03	7♍40	8♍18	8♍55	9♍33	10♍10
♂/⚷	25♓23	25♓36	25♓49	26♓03	26♓17	26♓31	26♓46	27♓01	27♓17	27♓33	27♓49	28♓06	28♓23	28♓40	28♓58	29♓16
/♃	6♓36	6♓48	7♓01	7♓14	7♓27	7♓40	7♓54	8♓08	8♓23	8♓37	8♓52	9♓08	9♓23	9♓39	9♓55	10♓12
/♄	7♓44	7♓53	8♓02	8♓12	8♓22	8♓32	8♓43	8♓54	9♓05	9♓16	9♓28	9♓40	9♓52	10♓05	10♓18	10♓31
/♅	27♈17	27♈22	27♈28	27♈34	27♈40	27♈47	27♈54	28♈01	28♈08	28♈16	28♈24	28♈32	28♈40	28♈49	28♈58	29♈07
/♆	2♈37	2♈43	2♈50	2♈56	3♈04	3♈11	3♈19	3♈27	3♈36	3♈44	3♈53	4♈03	4♈12	4♈22	4♈32	4♈42
/♇	5♓10	5♓17	5♓24	5♓32	5♓40	5♓48	5♓57	6♓05	6♓14	6♓24	6♓33	6♓43	6♓53	7♓04	7♓14	7♓25
/☊	18♉28	18♉35	18♉41	18♉49	18♉56	19♉04	19♉12	19♉20	19♉28	19♉37	19♉45	19♉54	20♉04	20♉13	20♉23	20♉33
⚷/♃	14♒55	15♒08	15♒21	15♒33	15♒46	15♒59	16♒13	16♒26	16♒40	16♒53	17♒07	17♒21	17♒35	17♒49	18♒03	18♒18
/♄	16♒03	16♒13	16♒22	16♒32	16♒41	16♒51	17♒01	17♒11	17♒22	17♒32	17♒43	17♒53	18♒04	18♒15	18♒26	18♒37
/♅	5♈37	5♈42	5♈48	5♈54	5♈60	6♈06	6♈12	6♈18	6♈25	6♈31	6♈38	6♈45	6♈52	6♈59	7♈06	7♈13
/♆	10♓56	11♓03	11♓09	11♓16	11♓23	11♓30	11♓38	11♓45	11♓53	12♓00	12♓08	12♓16	12♓24	12♓32	12♓40	12♓48
/♇	13♒29	13♒36	13♒44	13♒52	13♒59	14♒07	14♒15	14♒23	14♒31	14♒40	14♒48	14♒56	15♒05	15♒14	15♒22	15♒31
/☊	26♈48	26♈54	27♈01	27♈08	27♈16	27♈23	27♈30	27♈38	27♈45	27♈52	27♈60	28♈07	28♈15	28♈23	28♈31	28♈39
♃/♄	27♑17	27♑25	27♑34	27♑43	27♑52	28♑00	28♑09	28♑18	28♑28	28♑37	28♑46	28♑55	29♑05	29♑14	29♑24	29♑33
/♅	16♓50	16♓55	16♓60	17♓05	17♓10	17♓15	17♓20	17♓25	17♓31	17♓36	17♓42	17♓47	17♓53	17♓58	18♓04	18♓10
/♆	22♒09	22♒15	22♒21	22♒27	22♒33	22♒40	22♒46	22♒52	22♒58	23♒05	23♒11	23♒18	23♒24	23♒31	23♒38	23♒44
/♇	24♑42	24♑49	24♑56	25♑03	25♑09	25♑16	25♑23	25♑30	25♑37	25♑44	25♑51	25♑59	26♑06	26♑13	26♑20	26♑28
/☊	8♈01	8♈07	8♈13	8♈20	8♈26	8♈32	8♈39	8♈45	8♈51	8♈57	9♈03	9♈10	9♈16	9♈22	9♈29	9♈35
♄/♅	17♓58	17♓59	18♓01	18♓03	18♓05	18♓07	18♓09	18♓11	18♓13	18♓15	18♓17	18♓19	18♓22	18♓24	18♓26	18♓29
/♆	23♒17	23♒20	23♒23	23♒26	23♒28	23♒31	23♒34	23♒38	23♒41	23♒44	23♒47	23♒50	23♒53	23♒57	24♒00	24♒04
/♇	25♑50	25♑54	25♑57	26♑01	26♑04	26♑08	26♑12	26♑16	26♑19	26♑23	26♑27	26♑31	26♑35	26♑39	26♑43	26♑47
/☊	9♈09	9♈12	9♈15	9♈18	9♈21	9♈24	9♈27	9♈30	9♈33	9♈36	9♈39	9♈42	9♈45	9♈48	9♈51	9♈54
♅/♆	12♈50	12♈49	12♈49	12♈48	12♈47	12♈46	12♈45	12♈45	12♈44	12♈43	12♈43	12♈42	12♈41	12♈41	12♈40	12♈40
/♇	15♓24	15♓23	15♓23	15♓23	15♓23	15♓23	15♓23	15♓23	15♓23	15♓23	15♓23	15♓23	15♓23	15♓23	15♓23	15♓23
/☊	28♉42	28♉41	28♉40	28♉40	28♉39	28♉39	28♉38	28♉37	28♉36	28♉35	28♉34	28♉34	28♉33	28♉32	28♉31	28♉31
♆/♇	20♒43	20♒44	20♒45	20♒45	20♒46	20♒47	20♒48	20♒49	20♒50	20♒51	20♒52	20♒53	20♒54	20♒56	20♒57	20♒58
/☊	4♉02	4♉02	4♉02	4♉02	4♉03	4♉03	4♉04	4♉04	4♉04	4♉04	4♉04	4♉04	4♉05	4♉05	4♉05	4♉05
♇/☊	6♈35	6♈35	6♈37	6♈38	6♈39	6♈40	6♈41	6♈42	6♈43	6♈43	6♈44	6♈45	6♈46	6♈47	6♈48	6♈49

17	18	19	20	21	22	23	24	25	26	27	28	29	30	31	
10♑53	18♑14	25♑21	2♒17	9♒03	15♒40	22♒10	28♒37	5♓02	11♓28	17♓57	24♓30	1♈09	7♈54	14♎46	☉/☽
24♐37	25♐55	27♐13	28♐31	29♐49	1♑07	2♑25	3♑44	5♑02	6♑21	7♑39	8♑58	10♑17	11♑36	12♑55	/☿
13♐34	14♐42	15♐50	16♐59	18♐07	19♐15	20♐23	21♐31	22♐39	23♐47	24♐55	26♐03	27♐11	28♐19	29♐28	/♀
23♒30	24♒11	24♒52	25♒33	26♒15	26♒57	27♒39	28♒21	29♒03	29♒46	0♓28	1♓11	1♓54	2♓37	3♓21	/♂
1♒34	2♒13	2♒51	3♒30	4♒09	4♒48	5♒27	6♒07	6♒46	7♒25	8♒05	8♒44	9♒24	10♒04	10♒43	/⚷
12♑28	13♑05	13♑43	14♑20	14♑57	15♑34	16♑11	16♑48	17♑26	18♑03	18♑40	19♑17	19♑55	20♑32	21♑09	/♃
12♑44	13♑18	13♑52	14♑26	14♑59	15♑33	16♑07	16♑41	17♑15	17♑48	18♑22	18♑56	19♑30	20♑04	20♑38	/♄
1♓17	1♓47	2♓17	2♓47	3♓16	3♓46	4♓16	4♓46	5♓16	5♓46	6♓17	6♓47	7♓17	7♓47	8♓17	/♅
6♒53	7♒24	7♒54	8♒25	8♒56	9♒27	9♒58	10♒29	11♒00	11♒31	12♒02	12♒33	13♒04	13♒35	14♒06	/♆
9♑36	10♑08	10♑39	11♑11	11♑42	12♑14	12♑45	13♑17	13♑48	14♑20	14♑51	15♑23	15♑54	16♑26	16♑57	/♇
22♓43	23♓13	23♓43	24♓13	24♓43	25♓14	25♓45	26♓15	26♓47	27♓18	27♓49	28♓20	28♓51	29♓21	29♓51	/☊
10♑01	17♑38	25♑02	2♒15	9♒17	16♒11	22♒59	29♒43	6♓26	13♓09	19♓55	26♓46	3♈43	10♈46	17♎56	☽/☿
28♐58	6♑25	13♑40	20♑42	27♑35	4♒19	10♒56	17♒30	24♒02	0♓35	7♓11	13♓51	20♍37	27♍29	4♎28	/♀
8♓53	15♓53	22♓41	29♓17	5♈43	12♈01	18♈12	24♈20	0♉27	6♉34	12♉44	18♉59	25♉20	1♊47	8♊21	/♂
16♒57	23♒55	0♓41	7♓14	13♓38	19♓52	26♓01	2♈06	8♈10	14♈14	20♈21	26♈32	2♉49	9♉13	15♉44	/⚷
27♑52	4♒48	11♒32	18♒04	24♒25	0♓38	6♓45	12♓48	18♓49	24♓51	0♈56	7♈05	13♈20	19♈41	26♈10	/♃
28♑08	5♒01	11♒41	18♒09	24♒28	0♓37	6♓41	12♓40	18♓38	24♓37	0♈38	6♈44	12♈56	19♈14	25♈38	/♄
16♓40	23♓29	0♈06	6♈30	12♈45	18♈50	24♈50	0♉46	6♉40	12♉35	18♉33	24♉35	0♊42	6♊56	13♊17	/♅
22♒16	29♒06	5♓44	12♓09	18♓25	24♓31	0♈32	6♈28	12♈24	18♈20	24♈18	0♉21	6♉30	12♉45	19♉07	/♆
24♑60	1♒50	8♒29	14♒55	21♒11	27♒18	3♓19	9♓16	15♓12	21♓08	27♓07	3♈11	9♈20	15♈35	21♈58	/♇
8♈06	14♈55	21♈32	27♈57	4♉12	10♉18	16♉18	22♉15	28♉10	4♊06	10♊05	16♊08	22♊16	28♊30	4♋51	/☊
12♐42	14♐06	15♐31	16♐56	18♐21	19♐46	21♐11	22♐37	24♐02	25♐28	26♐53	28♐19	29♐45	1♑11	2♑37	☿/♀
22♒37	23♒35	24♒33	25♒31	26♒30	27♒28	28♒27	29♒27	0♓26	1♓26	2♓27	3♓27	4♓28	5♓29	6♓30	/♂
0♒41	1♒37	2♒32	3♒28	4♒24	5♒20	6♒16	7♒13	8♒09	9♒06	10♒03	11♒00	11♒58	12♒55	13♒53	/⚷
11♑36	12♑29	13♑23	14♑17	15♑11	16♑05	16♑60	17♑54	18♑49	19♑43	20♑38	21♑33	22♑29	23♑24	24♑19	/♃
11♑52	12♑42	13♑32	14♑23	15♑14	16♑05	16♑56	17♑47	18♑38	19♑29	20♑21	21♑12	22♑04	22♑56	23♑48	/♄
0♓24	1♓11	1♓57	2♓44	3♓31	4♓18	5♓05	5♓52	6♓40	7♓27	8♓15	9♓03	9♓51	10♓39	11♓27	/♅
5♒60	6♒47	7♒35	8♒23	9♒11	9♒59	10♒47	11♒35	12♒23	13♒12	14♒00	14♒49	15♒38	16♒27	17♒16	/♆
8♑44	9♑32	10♑20	11♑08	11♑57	12♑45	13♑34	14♑23	15♑12	16♑01	16♑50	17♑39	18♑28	19♑18	20♑07	/♇
21♓50	22♓37	23♓24	24♓11	24♓58	25♓45	26♓33	27♓21	28♓10	28♓59	29♓47	0♈36	1♈25	2♈13	3♈00	/☊
11♒34	12♒22	13♒10	13♒59	14♒47	15♒36	16♒25	17♒14	18♒03	18♒53	19♒42	20♒32	21♒22	22♒12	23♒03	♀/♂
19♑38	20♑24	21♑10	21♑56	22♑41	23♑27	24♑14	24♑60	25♑46	26♑32	27♑19	28♑05	28♑52	29♑39	0♒25	/⚷
0♑33	1♑17	2♑01	2♑45	3♑29	4♑13	4♑57	5♑41	6♑26	7♑10	7♑54	8♑38	9♑23	10♑07	10♑51	/♃
0♑49	1♑29	2♑10	2♑51	3♑31	4♑12	4♑53	5♑34	6♑15	6♑55	7♑36	8♑17	8♑58	9♑39	10♑20	/♄
19♒21	19♒58	20♒35	21♒12	21♒49	22♒26	23♒02	23♒39	24♒16	24♒53	25♒31	26♒08	26♒45	27♒22	27♒59	/♅
24♑57	25♑35	26♑13	26♑51	27♑28	28♑06	28♑44	29♑22	0♒00	0♒38	1♒16	1♒54	2♒32	3♒10	3♒48	/♆
27♐41	28♐19	28♐58	29♐36	0♑15	0♑53	1♑31	2♑10	2♑48	3♑27	4♑05	4♑44	5♑22	6♑01	6♑39	/♇
10♍47	11♍24	12♍01	12♍38	13♍16	13♍53	14♍31	15♍09	15♍47	16♍25	17♍03	17♍41	18♍19	18♍56	19♍32	/☊
29♓34	29♓52	0♈11	0♈30	0♈50	1♈10	1♈30	1♈50	2♈10	2♈31	2♈52	3♈13	3♈35	3♈56	4♈18	♂/⚷
10♓28	10♓45	11♓02	11♓20	11♓37	11♓55	12♓13	12♓31	12♓50	13♓09	13♓27	13♓46	14♓06	14♓25	14♓44	/♃
10♓44	10♓58	11♓12	11♓26	11♓40	11♓54	12♓09	12♓24	12♓39	12♓54	13♓10	13♓25	13♓41	13♓57	14♓13	/♄
29♈17	29♈27	29♈36	29♈47	29♈57	0♉08	0♉18	0♉30	0♉41	0♉52	1♉04	1♉16	1♉28	1♉40	1♉52	/♅
4♈53	5♈03	5♈14	5♈25	5♈37	5♈48	6♈00	6♈12	6♈24	6♈37	6♈49	7♈02	7♈15	7♈28	7♈41	/♆
7♓36	7♓48	7♓59	8♓11	8♓23	8♓35	8♓47	8♓60	9♓13	9♓26	9♓39	9♓52	10♓05	10♓19	10♓33	/♇
20♉43	20♉53	21♉03	21♉13	21♉24	21♉35	21♉47	21♉59	22♉11	22♉24	22♉36	22♉49	23♉02	23♉14	23♉26	/☊
18♒32	18♒47	19♒02	19♒17	19♒32	19♒47	20♒02	20♒17	20♒33	20♒48	21♒04	21♒19	21♒35	21♒51	22♒07	⚷/♃
18♒48	18♒60	19♒11	19♒23	19♒34	19♒46	19♒58	20♒10	20♒22	20♒34	20♒46	20♒58	21♒11	21♒23	21♒36	/♄
7♈21	7♈28	7♈36	7♈44	7♈51	7♈59	8♈07	8♈15	8♈24	8♈32	8♈40	8♈49	8♈57	9♈06	9♈15	/♅
12♓57	13♓05	13♓14	13♓22	13♓31	13♓40	13♓49	13♓58	14♓07	14♓17	14♓26	14♓35	14♓45	14♓54	15♓04	/♆
15♒40	15♒49	15♒59	16♒08	16♒17	16♒27	16♒36	16♒46	16♒55	17♒05	17♒15	17♒25	17♒35	17♒45	17♒55	/♇
28♈47	28♈54	29♈02	29♈10	29♈18	29♈27	29♈35	29♈44	29♈54	0♉03	0♉13	0♉22	0♉31	0♉40	0♉48	/☊
29♑43	29♑52	0♒02	0♒12	0♒22	0♒31	0♒41	0♒51	1♒01	1♒11	1♒21	1♒31	1♒42	1♒52	2♒02	♃/♄
18♓15	18♓21	18♓27	18♓33	18♓39	18♓45	18♓51	18♓57	19♓03	19♓09	19♓16	19♓22	19♓28	19♓35	19♓41	/♅
23♒51	23♒58	24♒05	24♒12	24♒19	24♒26	24♒33	24♒40	24♒47	24♒54	25♒01	25♒08	25♒16	25♒23	25♒30	/♆
26♑35	26♑42	26♑50	26♑57	27♑05	27♑12	27♑20	27♑27	27♑35	27♑43	27♑50	27♑58	28♑06	28♑14	28♑21	/♇
9♈41	9♈47	9♈53	9♈59	10♈06	10♈12	10♈19	10♈26	10♈33	10♈41	10♈48	10♈55	11♈02	11♈09	11♈14	/☊
18♓31	18♓34	18♓36	18♓39	18♓41	18♓44	18♓47	18♓49	18♓52	18♓55	18♓58	19♓01	19♓04	19♓07	19♓10	♄/♅
24♒07	24♒10	24♒14	24♒18	24♒21	24♒25	24♒28	24♒32	24♒36	24♒40	24♒43	24♒47	24♒51	24♒55	24♒59	/♆
26♑51	26♑55	26♑59	27♑03	27♑07	27♑11	27♑16	27♑20	27♑24	27♑28	27♑33	27♑37	27♑41	27♑46	27♑50	/♇
9♈57	9♈60	10♈03	10♈05	10♈08	10♈11	10♈15	10♈19	10♈22	10♈26	10♈30	10♈34	10♈38	10♈41	10♈43	/☊
12♈40	12♈39	12♈39	12♈39	12♈38	12♈38	12♈38	12♈38	12♈38	12♈38	12♈38	12♈38	12♈38	12♈38	12♈38	♅/♆
15♓23	15♓24	15♓24	15♓24	15♓24	15♓25	15♓25	15♓25	15♓26	15♓26	15♓27	15♓27	15♓28	15♓28	15♓29	/♇
28♉30	28♉29	28♉27	28♉26	28♉25	28♉25	28♉24	28♉24	28♉24	28♉24	28♉25	28♉25	28♉24	28♉23	28♉22	/☊
20♒59	21♒00	21♒02	21♒03	21♒04	21♒06	21♒07	21♒08	21♒10	21♒11	21♒12	21♒14	21♒15	21♒17	21♒18	♆/♇
4♉05	4♉05	4♉05	4♉05	4♉05	4♉06	4♉06	4♉07	4♉08	4♉09	4♉10	4♉11	4♉12	4♉12	4♉11	/☊
6♈49	6♈50	6♈50	6♈51	6♈51	6♈52	6♈53	6♈55	6♈56	6♈58	6♈59	7♈01	7♈02	7♈02	7♈02	♇/☊

December 2020

About Rique Pottenger

Rique Pottenger was born September 16, 1949, in Tucson, Arizona at 6:18 am. He has a B.Sc. in Math and Astronomy from the University of Arizona and an M.S. in Computer Science from UCLA. Though never formally trained in astrology, he has absorbed quite a bit of it over the years, as he is the eldest son of Zipporah Dobyns, and Maritha Pottenger is his sister. Rique had intended to become a mathematician until he discovered computer programming, and he has now been a programmer for more than 30 years. He has written programs for machines from 8 to 32 bits, running under many different operating systems. From 1984 to 2004, Rique was employed at Astro Computing Services and ACS Publications where he programmed some of the company's most popular interpreted reports. After the death of founder Neil F. Michelsen in 1990, Rique became responsible for maintaining and improving Astro's production programs. This included his taking the major role in implementing Michelsen's wishes to switch from main frame computers to a modern and faster Windows based PC network. After designing and programming the new system, and recommending new equipment, Rique then trained the staff in how to use the new system. Later, Rique progammed the company's *Electronic Astrologer* software series. He also assumed responsibility for maintaining and improving the ACS Atlas database.

Now semi-retired, Rique continues to do astrological programming for a small list of clients. He lives in Opelika, Alabama with his beloved wife, Zowie Wharton, and their two cats. In their spare time they work at home-improvement projects (both have lots of Virgo), play computer games on their home network, and do puzzles together.

Books by Rique Pottenger

The Asteroid Ephemeris 1900-2050 *with Chiron and the Black Moon*
The American Ephemeris 2001-2010
The International Atlas, Expanded Sixth Edition (with Thomas C. Shanks)
The New American Ephemeris for the 21st Century 2000-2100 at Midnight
The New American Ephemeris 2007-2020: Longitude, Declination, Latitude & Daily Aspectarian

and Revisions to:

The American Ephemeris for the 20th Century, Revised 5th Edition
The American Ephemeris for the 21st Century, 2000-2050, at Midnight, Expanded 2nd Edition,
The American Ephemeris for the 21st Century, 2000-2050, at Noon, Revised Second Edition
Tables of Planetary Phenomena, Second Edition

Books by Neil F. Michelsen

The American Ephemeris 1931-1980 & Book of Tables
The American Ephemeris 1901-1930
The American Ephemeris 1941-1950
The American Ephemeris 1951-1960
The American Ephemeris 1971-1980
The American Ephemeris 1981-1990
The American Ephemeris 1991-2000
The American Sidereal Ephemeris 1976-2000
*The American Sidereal Ephemeris 2001-2025**
The American Heliocentric Ephemeris 1901-2000
*The American Heliocentric Ephemeris 2001-2050**
The American Midpoint Ephemeris 1986-1990
The American Midpoint Ephemeris 1990-1995
*The American Midpoint Ephemeris 1996-2000**
*The American Midpoint Ephemeris 2001-2005**
The American Book of Tables
The Koch Book of Tables
The Michelsen Book of Tables
The Uranian Transneptune Ephemeris 1850-2050
Comet Halley Ephemeris 1901-1996
Search for the Christmas Star (with Maria Kay Simms)
The Asteroid Ephemeris (with Zip Dobyns and Rique Pottenger)

*Tables of Planetary Phenomena**
The American Ephemeris for the 20th Century 1900 to 2000 atMidnight
The American Ephemeris for the 20th Century 1900 to 2000 at Noon
The American Ephemeris for the 21th Century 1900 to 2050 at Midnight
The American Ephemeris for the 21th Century 1900 to 2050 at Noon"

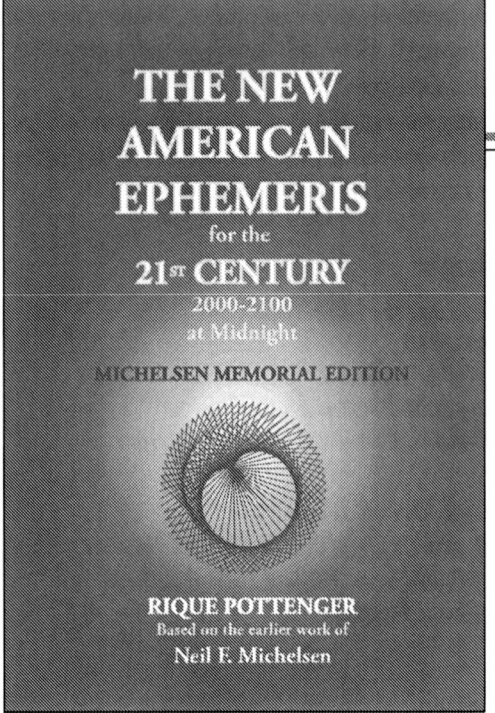

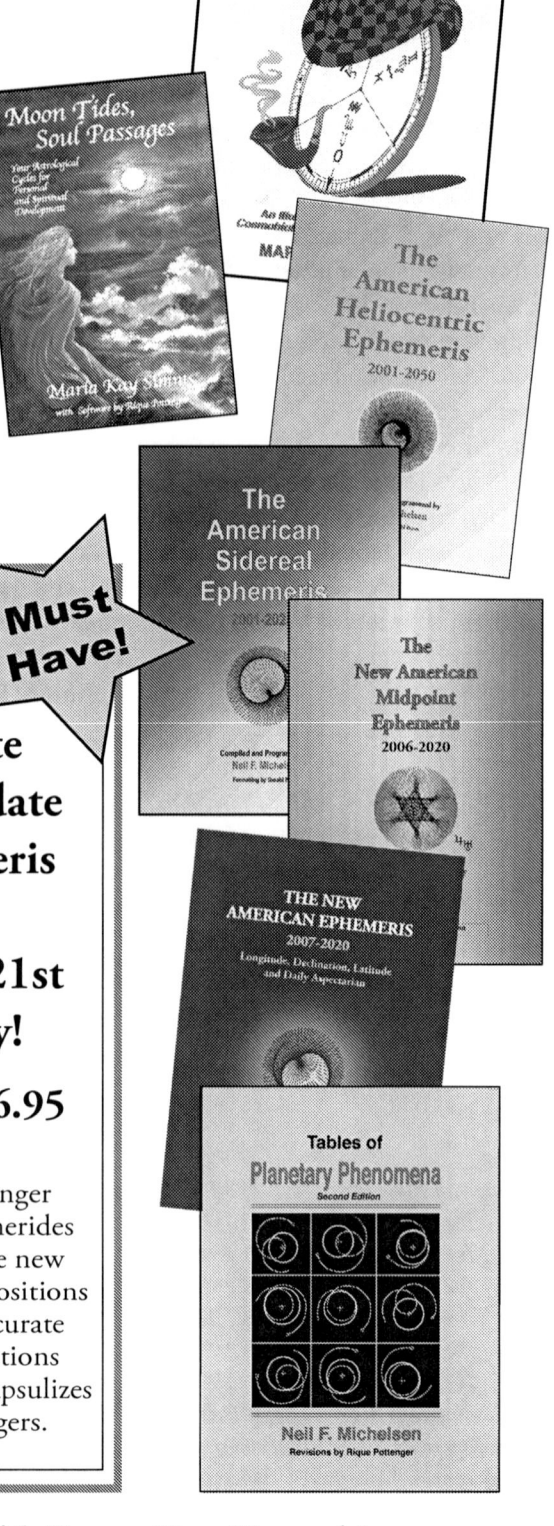

Lightning Source UK Ltd.
Milton Keynes UK
UKOW041806010212

186487UK00004B/15/A

9 780976 242277